Steuergesetze

dtv

Schnellübersicht

1. **AO** – Abgabenordnung
2. **AStG** – Außensteuergesetz
3. **BewG** – Bewertungsgesetz
4. **EGAO** – Einführungsgesetz zur Abgabenordnung
5. **EStG** – Einkommensteuergesetz mit Tabellen
6. **EStDV** – Einkommensteuer-Durchführungsverordnung
7. **ErbStG** – Erbschaftsteuergesetz
8. **ErbStDV** – Erbschaftsteuer-Durchführungsverordnung
9. **FGO** – Finanzgerichtsordnung
10. **GewStG** – Gewerbesteuergesetz
11. **GewStDV** – Gewerbesteuer-Durchführungsverordnung
12. **GrEStG** – Grunderwerbsteuergesetz
13. **GrStG** – Grundsteuergesetz
14. (unbesetzt)
15. **InvStG** – Investmentsteuergesetz
16. **KapErhStG** – Kapitalerhöhungssteuergesetz
17. **KStG** – Körperschaftsteuergesetz
18. **KStDV** – Körperschaftsteuer-Durchführungsverordnung
19. **LStDV** – Lohnsteuer-Durchführungsverordnung
20. **SolzG** – Solidaritätszuschlaggesetz
21. **SvEV** – Sozialversicherungsentgeltverordnung
22. **UmwStG** – Umwandlungssteuergesetz
23. **UStG** – Umsatzsteuergesetz
24. **UStDV** – Umsatzsteuer-Durchführungsverordnung
25. **VermBG** – Fünftes Vermögensbildungsgesetz
26. **VermBDV 1994** – Verordnung zur Durchführung des Fünften Vermögensbildungsgesetzes
27. **WoPG 1996** – Wohnungsbau-Prämiengesetz
28. (unbesetzt)
29. (unbesetzt)
30. **AEUV** – Vertrag über die Arbeitsweise der Europäischen Union (Auszug)
31. **FVG** – Finanzverwaltungsgesetz (Auszug)
32. **GG** – Grundgesetz für die Bundesrepublik Deutschland (Auszug)
33. **GKG** – Gerichtskostengesetz (Auszug)
34. **HGB** – Handelsgesetzbuch (Auszug)

Steuergesetze

Abgabenordnung
Bewertungsgesetz
Einkommensteuer
einschließlich Nebenbestimmungen
sowie Einkommensteuer-Tabellen
Erbschaftsteuer
Gewerbesteuer
Grunderwerbsteuer
Körperschaftsteuer
Umsatzsteuer
Umwandlungssteuer
u. a.

Textausgabe mit ausführlichem Sachverzeichnis

26. Auflage
Stand: 1.8. 2021

dtv

www.dtv.de
www.beck.de

Sonderausgabe
dtv Verlagsgesellschaft mbH & Co. KG,
Tumblingerstraße 21, 80337 München

Gesamtherstellung: Druckerei C. H. Beck, Nördlingen
(Adresse der Druckerei: Wilhelmstraße 9, 80801 München)
Umschlaggestaltung auf der Grundlage
der Gestaltung von Celestino Piatti

CO_2 neutral
chbeck.de/nachhaltig

ISBN 978-3-423-53104-7 (dtv)
ISBN 978-3-406-77878-0 (C. H. Beck)

9 783406 778780

Inhaltsverzeichnis

Abkürzungsverzeichnis VII
Übersicht über die Gesetzesänderungen IX

1. **AO** – Abgabenordnung 1
2. **AStG** – Außensteuergesetz 255
3. **BewG** – Bewertungsgesetz 307
4. **EGAO** – Einführungsgesetz zur Abgabenordnung 497
5. **EStG** – Einkommensteuergesetz mit Tabellen 533
6. **EStDV** – Einkommensteuer-Durchführungsverordnung 989
7. **ErbStG** – Erbschaftsteuergesetz 1025
8. **ErbStDV** – Erbschaftsteuer-Durchführungsverordnung 1077
9. **FGO** – Finanzgerichtsordnung 1093
10. **GewStG** – Gewerbesteuergesetz 1145
11. **GewStDV** – Gewerbesteuer-Durchführungsverordnung 1177
12. **GrEStG** – Grunderwerbsteuergesetz 1185
13. **GrStG** – Grundsteuergesetz 1211
14. (unbesetzt)
15. **InvStG** – Investmentsteuergesetz 1237
16. **KapErhStG** – Kapitalerhöhungssteuergesetz 1285
17. **KStG** – Körperschaftsteuergesetz 1289
18. **KStDV** – Körperschaftsteuer-Durchführungsverordnung 1357
19. **LStDV** – Lohnsteuer-Durchführungsverordnung 1359
20. **SolZG** – Solidaritätszuschlaggesetz 1365
21. **SvEV** – Sozialversicherungsentgeltverordnung 1373
22. **UmwStG** – Umwandlungssteuergesetz 1379
23. **UStG** – Umsatzsteuergesetz 1407
24. **UStDV** – Umsatzsteuer-Durchführungsverordnung 1541
25. **VermBG** – Fünftes Vermögensbildungsgesetz 1577
26. **VermBDV 1994** – Verordnung zur Durchführung des Fünften Vermögensbildungsgesetzes 1599
27. **WoPG 1996** – Wohnungsbau-Prämiengesetz 1607
28. (unbesetzt)

29. (unbesetzt)

30. **AEUV** – Vertrag über die Arbeitsweise der Europäischen Union (Auszug) 1617

31. **FVG** – Finanzverwaltungsgesetz (Auszug) 1625

32. **GG** – Grundgesetz für die Bundesrepublik Deutschland (Auszug) 1647

33. **GKG** – Gerichtskostengesetz (Auszug) 1655

34. **HGB** – Handelsgesetzbuch (Auszug) 1663

Stichwortverzeichnis 1697

Abkürzungen

ABl.	Amtsblatt
Abs.	Absatz
Abschn.	Abschnitt
AEUV	Vertrag über die Arbeitsweise der Europäischen Union
ÄndG	Änderungsgesetz
a. F.	alte Fassung
AfA	Absetzung für Abnutzung
Amtl. Anm.	Amtliche Anmerkung
angef.	angefügt
AO	Abgabenordnung
Art.	Artikel
AStG	Außensteuergesetz
aufgeh.	aufgehoben
BAnz.	Bundesanzeiger
Bek.	Bekanntmachung
ber.	berichtigt
BewG	Bewertungsgesetz
BFH	Bundesfinanzhof
BGBl.	Bundesgesetzblatt
bish.	bisher, bisherig
BMF	Bundesminister(-ium) der Finanzen
BStBl.	Bundessteuerblatt
BVerfG	Bundesverfassungsgericht
Drs.	Drucksache
DV/DVO	Durchführungsverordnung
EGAO	Einführungsgesetz zur Abgabenordnung
EigZulG	Eigenheimzulagengesetz
eingef.	eingefügt
ErbStDV	Erbschaftsteuer-Durchführungsverordnung
ErbStG	Erbschaftsteuergesetz
ErbStRG	Gesetz zur Reform des Erbschaftsteuer- und Schenkungsteuerrechts
Erl.	Erlass
EStDV	Einkommensteuer-Durchführungsverordnung
EStG	Einkommensteuergesetz
EU	Europäische Union
EUAHiG	EU-Amtshilfegesetz
EuGH	Europäischer Gerichtshof
EZ	Erhebungszeitraum
FA	Finanzamt
FG	Finanzgericht
FGO	Finanzgerichtsordnung
FM	Finanzminister(-ium)
FNA	Bundesgesetzblatt Teil I, Fundstellennachweis A (Bundesrecht ohne völkerrechtliche Vereinbarungen)
FVG	Finanzverwaltungsgesetz

Abkürzungen

G	Gesetz
geänd.	geändert
GewStDV	Durchführungsverordnung zum Gewerbesteuergesetz
GewStG	Gewerbesteuergesetz
GG	Grundgesetz für die Bundesrepublik Deutschland
GKG	Gerichtskostengesetz
GMBl	Gemeinsames Ministerialblatt
GrEStG	Grunderwerbsteuergesetz
GrStG	Grundsteuergesetz
Halbs., HS	Halbsatz
HGB	Handelsgesetzbuch
idF	in der Fassung
InvStG	Investmentsteuergesetz
InvZulG	Investitionszulagengesetz
KAGB	Kapitalanlagegesetzbuch
KapErhStG	Kapitalerhöhungssteuergesetz
KBV	Kleinbetragsverordnung
Kj	Kalenderjahr
KStDV	Verordnung zur Durchführung des Körperschaftsteuergesetzes
KStG	Körperschaftsteuergesetz
LStDV	Lohnsteuer-Durchführungsverordnung
mWv	mit Wirkung vom
neu gef.	neu gefasst
n. F.	neue Fassung
Nr., Nrn.	Nummer, Nummern
P.	Paragraph
PM	Pressemitteilung
REITG	REIT-Gesetz
RennwLottG	Rennwett- und Lotteriegesetz
RL	Richtlinie
S.	Seite
SolzG	Solidaritätszuschlaggesetz 1995
SteuerHBekV	Steuerhinterziehungsbekämpfungsverordnung
SvEV	Sozialversicherungsentgeltverordnung
UmwStG	Umwandlungssteuergesetz
UStDV	Umsatzsteuer-Durchführungsverordnung
UStG	Umsatzsteuergesetz
v.	vom
VE	Vieheinheit
VermBG	Fünftes Vermögensbildungsgesetz
VermBDV	Verordnung zur Durchführung des Fünften Vermögensbildungsgesetzes
Vfg.	Verfügung
vgl.	vergleiche
V, VO	Verordnung
VZ	Veranlagungszeitraum
WoPG	Wohnungsbau-Prämiengesetz

Übersicht
über die Gesetzesänderungen

Stand: 1. 8. 2021

Lfd. Nr.	Änderndes Gesetz	Datum	Fundstelle BGBl. I Seite	Betroffene Paragrafen
1	Gesetz zur Verbesserung der Transparenz in der Alterssicherung und der Rehabilitation sowie zur Modernisierung der Sozialversicherungswahlen und zur Änderung anderer Gesetze (Gesetz Digitale Rentenübersicht)	11.2.2012	154	*AO:* **§ 139b** *EStG:* **§§ 22a, 52** *FVG:* **§ 5**
2	Gesetz zur Verlängerung der Aussetzung der Insolvenzantragspflicht und des Anfechtungsschutzes für pandemiebedingte Stundungen sowie zur Verlängerung der Steuererklärungsfrist in beratenen Fällen und der zinsfreien Karenzzeit für den Veranlagungszeitraum 2019	15.2.2021	237	*EGAO:* **Art. 97 § 36**
3	Drittes Gesetz zur Umsetzung steuerlicher Hilfsmaßnahmen zur Bewältigung der Corona-Krise (Drittes Corona-Steuerhilfegesetz)	10.3.2021	330	*EStG:* **Inhaltsübersicht, §§ 10d, 52, 66, 110, 111** *UStG:* **§ 12**
4	Gesetz zur Einführung und Verwendung einer Identifikationsnummer in der öffentlichen Verwaltung und	28.3.2021	591	*AO:* **§§ 139a, 139b**

Lfd. Nr.	Änderndes Gesetz	Datum	Fundstelle BGBl. I Seite	Betroffene Paragrafen
	zur Änderung weiterer Gesetze (Registermodernisierungsgesetz – RegMoG)			
5	Siebtes Gesetz zur Änd. von Verbrauchsteuergesetzen	30.3.2021	607	*FVG:* **§ 5a**
6	Gesetz zur Verbesserung des Schutzes von Gerichtsvollziehern vor Gewalt sowie zur Änderung weiterer zwangsvollstreckungsrechtlicher Vorschriften und zur Änderung des Infektionsschutzgesetzes	7.5.2021	850	*AO:* **§§ 93, 249, 284, 295, 339**
7	Gesetz zur Reform des Vormundschafts- und Betreuungsrechts	4.5.2021	882	*AO:* **§§ 79, 171** *EStG:* **§ 3** *FGO:* **§ 58** *UStG:* **§ 4**
8	Gesetz zur Änderung des Grunderwerbsteuergesetzes	12.5.2021	986	*GrEStG:* **§§ 1, 5, 6, 6a, 7, 8, 13, 17, 19, 23**
9	Gesetz zur Verlängerung des erhöhten Lohnsteuereinbehalts in der Seeschifffahrt	12.5.2021	989	*EStG:* **§§ 41a, 52**
10	Gesetz zur Umsetzung der Richtlinie (EU) 2019/2034 über die Beaufsichtigung von Wertpapierinstituten	12.5.2021	990	*EStG:* **§§ 3, 15, 43, 43a, 44, 44a, 44b, 45a, 49** *ErbStG:* **§ 13b**

Übersicht über die Gesetzesänderungen

Lfd. Nr.	Änderndes Gesetz	Datum	Fundstelle BGBl. I Seite	Betroffene Paragrafen
				GewStG: **§ 35c** *GewStDV:* **§ 19** *KStG:* **§§ 5, 8b**
11	Gesetz zur Modernisierung der Entlastung von Abzugsteuern und der Bescheinigung der Kapitalertragsteuer (Abzugsteuerentlastungsmodernisierungsgesetz – AbzStEntModG)	2.6.2021	1259	*AO:* **Inhaltsübersicht, §§ 3, 88c, 89a, 141, 152, 175a, 178a, 251, 354** *AStG:* **§§ 1, 1a, 21** *EGAO:* **Art. 97 § 34** *EStG:* **Inhaltsübersicht, §§ 3, 5a, 32, 36, 39b, 43, 43b, 44a, 44b, 45b, 45c, 50, 50a, 50c, 50d, 50e, 50g, 50j, 51, 52** *EStDV:* **§§ 65, 73e, 84** *InvStG:* **§§ 7, 11, 57** *UmwStG:* **§§ 2, 4, 9, 20, 27** *UStG:* **§§ 27, 27a**
12	Gesetz zur digitalen Modernisierung von Versorgung und Pflege (Digitale-Versorgung-und-Pflege-Modernisierungs-Gesetz – DVPMG)	3.6.2021	1309	*UStG:* **§ 27**

Lfd. Nr.	Änderndes Gesetz	Datum	Fundstelle BGBl. I Seite	Betroffene Paragrafen
13	Gesetz zur Stärkung des Fondsstandorts Deutschland und zur Umsetzung der Richtlinie (EU) 2019/1160 zur Änderung der Richtlinien 2009/65/EG und 2011/61/EU im Hinblick auf den grenzüberschreitenden Vertrieb von Organismen für gemeinsame Anlagen (Fondsstandortgesetz – FoStoG)	3.6.2021	1498	*BewG:* **§§ 247, 253, 259, 266, Anl. 31** *EStG:* **Inhaltsübersicht, §§ 3, 19a, 52** *GewStG:* **§§ 9, 29, 36** *GrEStG:* **§ 1** *InvStG:* **§§ 26, 57** *SvEV:* **§ 1** *UStG:* **§ 4** *HGB:* **§ 285**
14	Gesetz zur Stärkung der Finanzmarktintegrität (Finanzmarktintegritätsstärkungsgesetz – FISG)	3.6.2021	1534	*AO:* **§ 31b** *HGB:* **§§ 264, 264b**
15	Beschl. des BVerfG – 2 BvL 1/11 –	25.3.2021	1800	*EStG:* **§ 11**
16	Gesetz zur Umsetzung der Anti-Steuervermeidungsrichtlinie (ATAD-Umsetzungsgesetz – ATADUmsG)	25.6.2021	2035	*AStG:* **Inhaltsübersicht, §§ 1, 5 6, 7, 8, 9, 10, 11, 12, 13, 14, 15, 17, 18, 20, 21** *EGAO:* **Art. 97 § 36**

Lfd. Nr.	Änderndes Gesetz	Datum	Fundstelle BGBl. I Seite	Betroffene Paragrafen
				EStG: **Inhaltsübersicht, §§ 3, 4, 4g, 4j, 4k, 6, 9, 36, 49, 50c, 50d, 52** *GewStG:* **§§ 7, 8, 9, 36** *InvStG:* **§§ 43, 57** *KStG:* **Inhaltsübersicht, §§ 8b, 12, 34**
17	Gesetz zur Modernisierung des Körperschaftsteuerrechts	25.6.2021	2050	*AStG:* **§§ 8, 21** *BewG:* **§ 97** *EStG:* **§§ 13, 17, 20, 50d, 52** *GewStG:* **§ 2** *GrEStG:* **§§ 5, 6** *InvStG:* **§§ 1, 2, 20, 57** *KStG:* **Inhaltsübersicht, §§ 1, 1a, 8b, 12, 14, 27, 34** *UmwStG:* **§§ 1, 27**
18	Gesetz zur Abwehr von Steuervermeidung und unfairem	25.6.2021	2056	*AO:* **§§ 3, 90, 147a, 162, 193**

Lfd. Nr.	Änderndes Gesetz	Datum	Fundstelle BGBl. I Seite	Betroffene Paragrafen
	Steuerwettbewerb und zur Änderung weiterer Gesetze			*BewG:* **§§ 95, 97** *EGAO:* **Art. 97 § 22** *EStG:* **§ 51** *GrEStG:* **§§ 5, 6** *KStG:* **§§ 8, 12, 33, 34**
19	Gesetz zur europäischen Vernetzung der Transparenzregister und zur Umsetzung der Richtlinie (EU) 2019/1153 des Europäischen Parlaments und des Rates vom 20. Juni 2019 zur Nutzung von Finanzinformationen für die Bekämpfung von Geldwäsche, Terrorismusfinanzierung und sonstigen schweren Straftaten (Transparenzregister- und Finanzinformationsgesetz)	25.6.2021	2083	*AO:* **§ 60a**
20	Gesetz zur Fortentwicklung der Strafprozessordnung und zur Änderung weiterer Vorschriften	25.6.2021	2099	*FGO:* **§ 78**
21	Gesetz zur Modernisierung des notariellen Berufsrechts und zur Änderung weiterer Vorschriften	25.6.2021	2154	*AO:* **§ 95**

Übersicht über die Gesetzesänderungen

Lfd. Nr.	Änderndes Gesetz	Datum	Fundstelle BGBl. I Seite	Betroffene Paragrafen
22	Verordnung zur Neufassung der Anlagen 27 bis 33 des Bewertungsgesetzes	29.6.2021	2290	***BewG:*** **Anl. 27, 28, 29, 30, 31, 32, 33**
23	Gesetz zur Neuregelung des Berufsrechts der anwaltlichen und steuerberatenden Berufsausübungsgesellschaften sowie zur Änderung weiterer Vorschriften im Bereich der rechtsberatenden Berufe	7.7.2021	2363	*FGO:* **§§ 19, 52a, 62**
24	Gesetz zur erleichterten Umsetzung der Reform der Grundsteuer und Änderung weiterer steuerrechtlicher Vorschriften (Grundsteuerreform-Umsetzungsgesetz – GrStRefUG)	16.7.2021	2931	*BewG:* **§§ 177, 179, 183, 187, 188, 191, 193, 198, 263, 265, 266, Anl. 39** *ErbStG:* **§§ 13, 37** *GrStG:* **§§ 15, 19**
25	Gesetz zur Vereinheitlichung des Stiftungsrechts und zur Änderung des Infektionsschutzgesetzes	16.7.2021	2947	*ErbStG:* **§ 7**
26	Gesetz zur Rehabilitierung der wegen einvernehmlicher homosexueller Handlungen, wegen ihrer homosexuellen Orientierung oder wegen ihrer geschlechtlichen Identität dienstrechtlich benachteiligten Soldatinnen und Soldaten	16.7.2021	2993	*EStG:* **§ 3**

1. Abgabenordnung (AO)[1)]

In der Fassung der Bekanntmachung vom 1. Oktober 2002[2)]
(BGBl. I S. 3866, ber. 2003 S. 61)

FNA 610-1-3

geänd. durch Art. 8c Zweites Gesetz für moderne Dienstleistungen am Arbeitsmarkt v. 23.12.2002 (BGBl. I S. 4621), Art. 9 Steuervergünstigungsabbaugesetz (StVergAbG) v. 16.5.2003 (BGBl. I S. 660), Art. 6 Kleinunternehmerförderungsgesetz v. 31.7.2003 (BGBl. I S. 1550), Art. 8 Steueränderungsgesetz 2003 (StÄndG 2003) v. 15.12.2003 (BGBl. I S. 2645), Art. 57 Drittes Gesetz für moderne Dienstleistungen am Arbeitsmarkt v. 23.12.2003 (BGBl. I S. 2848), Art. 2 Gesetz zur Förderung der Steuerehrlichkeit v. 23.12.2003 (BGBl. I S. 2928), Art. 31 Viertes Gesetz für moderne Dienstleistungen am Arbeitsmarkt v. 24.12.2003 (BGBl. I S. 2954), Art. 47 Gesetz zur Einordnung des Sozialhilferechts in das Sozialgesetzbuch v. 27.12.2003 (BGBl. I S. 3022), Art. 1a Gesetz zur Förderung der Ausbildung und Beschäftigung schwerbehinderter Menschen v. 23.4.2004 (BGBl. I S. 606), Art. 4 Abs. 57 Kostenrechtsmodernisierungsgesetz (KostRMoG) v. 5.5.2004 (BGBl. I S. 718), Art. 1 Gesetz zur Änderung der Abgabenordnung und weiterer Gesetze v. 21.7.2004 (BGBl. I S. 1753), Art. 12g Abs. 11 Erstes Gesetz zur Modernisierung der Justiz v. 24.8.2004 (BGBl. I S. 2198), Art. 28 Gesetz zur Organisationsreform in der gesetzlichen Rentenversicherung (RVOrgG) v. 9.12.2004 (BGBl. I S. 3242), Art. 8 Richtlinien-Umsetzungsgesetz (EURLUmsG) v. 9.12.2004 (BGBl. I S. 3310, ber. S. 3843), Art. 13 Justizkommunikationsgesetz (JKomG) v. 22.3.2005 (BGBl. I S. 837), Art. 27 Gesetz zur Umbenennung des Bundesgrenzschutzes in Bundespolizei v. 21.6.2005 (BGBl. I S. 1818), Art. 2 Abs. 13 Gesetz zur Novellierung des Verwaltungszustellungsrechts v. 12.8.2005 (BGBl. I S. 2354), Art. 4 Abs. 22 Gesetz zur Neuorganisation der Bundesfinanzverwaltung und zur Schaffung eines Refinanzierungsregisters v. 22.9.2005 (BGBl. I S. 2809), Art. 3 Gesetz zur Eindämmung missbräuchlicher Steuergestaltungen v. 28.4.2006 (BGBl. I S. 1095), Art. 9 Steueränderungsgesetz 2007 v. 19.7.2006 (BGBl. I S. 1652), Art. 6 Erstes Gesetz zum Abbau bürokratischer Hemmnisse insbesondere in der mittelständischen Wirtschaft v. 22.8.2006 (BGBl. I S. 1970), Art. 18 Föderalismusreform-Begleitgesetz v. 5.9.2006 (BGBl. I S. 2098), Art. 10 Jahressteuergesetz 2007 (JStG 2007) v. 13.12.2006 (BGBl. I S. 2878), Art. 8 Gesetz zur Änderung des Passgesetzes und weiterer Vorschriften v. 20.7.2007 (BGBl. I S. 1566), Art. 6 Unternehmensteuerreformgesetz 2008 v. 14.8.2007 (BGBl. I S. 1912), Art. 5 Zweites Gesetz zum Abbau bürokratischer Hemmnisse insbesondere in der mittelständischen Wirtschaft v. 7.9.2007 (BGBl. I S. 2246), Art. 5 Gesetz zur weiteren Stärkung des bürgerschaftlichen Engagements v. 10.10.2007 (BGBl. I S. 2332), Art. 5 Zweites Gesetz zur Änderung des Finanzverwaltungsgesetzes und anderer Gesetze v. 13.12.2007 (BGBl. I S. 2897), Art. 14 Jahressteuergesetz 2008 (JStG 2008) v. 20.12.2007 (BGBl. I S. 3150), Art. 3 Gesetz zur Neuregelung der Telekommunikationsüberwachung und anderer verdeckter Ermittlungsmaßnahmen sowie zur Umsetzung der Richtlinie 2006/24/EG v. 21.12.2007 (BGBl. I S. 3198), Art. 4 Achtes Gesetz zur Änderung des Steuerberatungsgesetzes v. 8.4.2008 (BGBl. I S. 666), Art. 7a Gesetz zur Ergänzung der Bekämpfung der Geldwäsche und der Terrorismusfinanzierung (GwBekErgG) v. 13.8.2008 (BGBl. I S. 1690), Art. 23 Gesetz zur Modernisierung des GmbH-Rechts und zur Bekämpfung von Missbräuchen (MoMiG) v. 23.10.2008 (BGBl. I S. 2026), Art. 89 Gesetz zur Reform des Verfahrens in Familiensachen und in den Angelegenheiten der freiwilligen Gerichtsbarkeit (FGG-RG) v. 17.12.2008 (BGBl. I S. 2586), Art. 10 Jahressteuergesetz 2009 (JStG 2009) v. 19.12.2008 (BGBl. I S. 2794), Art. 10 Gesetz zur Modernisierung und Entbürokratisierung des Steuerverfahrens (Steuerbürokratieabbaugesetz) v. 20.12.2008 (BGBl. I S. 2850), Art. 3 Gesetz zur Fortführung der Gesetzeslage 2006 bei der Entfernungspauschale v. 20.4.2009 (BGBl. I S. 774), Art. 13 Abs. 9 Gesetz zur Modernisierung des Bilanzrechts (Bilanzrechtsmodernisierungsgesetz – BilMoG) v. 25.5.2009 (BGBl. I S. 1102), Art. 4 und Art. 7 Abs. 3 Gesetz zur Reform des Kontopfändungsschutzes v. 7.7.2009 (BGBl. I S. 1707), Art. 2 Gesetz zur Reform der Sachaufklärung in der Zwangsvollstreckung v. 29.7.2009 (BGBl. I S. 2258), Art. 3 Gesetz zur Bekämpfung der Steuerhinterziehung (Steuerhinterziehungsbekämpfungsgesetz) v. 29.7.2009 (BGBl. I S. 2302), Art. 2 Gesetz über die Internetversteigerung in der Zwangsvollstreckung und zur Änderung anderer Gesetze v. 30.7.2009 (BGBl. I S. 2474), Art. 9 Jahressteuergesetz 2010 (JStG 2010) v. 8.12.2010 (BGBl. I S. 1768), Art. 4 Zweites Gesetz zur erbrechtlichen Gleichstellung nichtehelicher Kinder, zur Änderung der Zivilprozessordnung und der Abga-

---

[1)] Beachte Art. 97 Übergangsvorschriften des EGAO (Nr. **4**).

[2)] Neubekanntmachung der AO v. 16.3.1976 (BGBl. I S. 613, 1977 S. 269) in der ab 1.9.2002 geltenden Fassung.

benordnung v. 12.4.2011 (BGBl. I S. 615), Art. 2 Gesetz zur Verbesserung der Bekämpfung der Geldwäsche und Steuerhinterziehung (Schwarzgeldbekämpfungsgesetz) v. 28.4.2011 (BGBl. I S. 676), Art. 3 Steuervereinfachungsgesetz 2011 v. 1.11.2011 (BGBl. I S. 2131), Art. 12 Gesetz zur Umsetzung der Beitreibungsrichtlinie sowie zur Änderung steuerlicher Vorschriften (Beitreibungsrichtlinie-Umsetzungsgesetz – BeitrRLUmsG) v. 7.12.2011 (BGBl. I S. 2592), Art. 5 Gesetz zur Optimierung der Geldwäscheprävention v. 22.12.2011 (BGBl. I S. 2959), Art. 2 Abs. 54 und Art. 5 Gesetz zur Änderung von Vorschriften über Verkündung und Bekanntmachungen sowie der Zivilprozessordnung, des Gesetzes betreffend die Einführung der Zivilprozessordnung und der Abgabenordnung v. 22.12.2011 (BGBl. I S. 3044), Art. 9 Gesetz über die Vereinfachung des Austauschs von Informationen und Erkenntnissen zwischen den Strafverfolgungsbehörden der Mitgliedstaaten der Europäischen Union v. 21.7.2012 (BGBl. I S. 1566), Art. 1 Gesetz zur Stärkung des Ehrenamtes (Ehrenamtsstärkungsgesetz) v. 21.3.2013 (BGBl. I S. 556), Art. 2 Abs. 10 Gesetz zur Fortentwicklung des Meldewesens (MeldFortG) v. 3.5.2013 (BGBl. I S. 1084, geänd. durch G v. 20.11.2014, BGBl. I S. 1738), Art. 11 Gesetz zur Umsetzung der Amtshilferichtlinie sowie zur Änderung steuerlicher Vorschriften (Amtshilferichtlinie-Umsetzungsgesetz – AmtshilfeRLUmsG) v. 26.6.2013 (BGBl. I S. 1809), Art. 7 Gesetz zur Förderung der elektronischen Verwaltung sowie zur Änderung weiterer Vorschriften v. 25.7.2013 (BGBl. I S. 2749), Art. 2 Abs. 71 Gesetz zur Strukturreform des Gebührenrechts des Bundes v. 7.8.2013 (BGBl. I S. 3154), Art. 13 Gesetz zur Anpassung des Investmentsteuergesetzes und anderer Gesetze an das AIFM-Umsetzungsgesetz (AIFM-Steuer-Anpassungsgesetz – AIFM-StAnpG) v. 18.12.2013 (BGBl. I S. 4318), Art. 3 Gesetz zur Anpassung steuerlicher Regelungen an die Rechtsprechung des Bundesverfassungsgerichts v. 18.7.2014 (BGBl. I S. 1042), Art. 16 Gesetz zur Anpassung des nationalen Steuerrechts an den Beitritt Kroatiens zur EU und zur Änderung weiterer steuerlicher Vorschriften v. 25.7.2014 (BGBl. I S. 1266), Art. 1 Gesetz zur Änderung der Abgabenordnung und des Einführungsgesetzes zur Abgabenordnung v. 22.12.2014 (BGBl. I S. 2415), Art. 1 und 2 Gesetz zur Anpassung der Abgabenordnung an den Zollkodex der Union und zur Änderung weiterer steuerlicher Vorschriften v. 22.12.2014 (BGBl. I S. 2417), Art. 3 Gesetz zur Entlastung insbesondere der mittelständischen Wirtschaft von Bürokratie (Bürokratieentlastungsgesetz) v. 28.7.2015 (BGBl. I S. 1400), Art. 7 Steueränderungsgesetz 2015 v. 2.11.2015 (BGBl. I S. 1834), Art. 6 Gesetz zur Bekämpfung der Korruption v. 20.11.2015 (BGBl. I S. 2025), Art. 5 Gesetz zur Neuorganisation der Zollverwaltung v. 3.12.2015 (BGBl. I S. 2178), Art. 1 Gesetz zur Modernisierung des Besteuerungsverfahrens v. 18.7.2016 (BGBl. I S. 1679), Art. 3 Abs. 13 Neuntes Gesetz zur Änderung des Zweiten Buches Sozialgesetzbuch – Rechtsvereinfachung – sowie zur vorübergehenden Aussetzung der Insolvenzantragspflicht v. 26.7.2016 (BGBl. I S. 1824), Art. 1 und 2 Gesetz zur Umsetzung der Änderungen der EU-Amtshilferichtlinie und von weiteren Maßnahmen gegen Gewinnkürzungen und -verlagerungen v. 20.12.2016 (BGBl. I S. 3000), Art. 1 Gesetz zum Schutz vor Manipulationen an digitalen Grundaufzeichnungen v. 22.12.2016 (BGBl. I S. 3152), Art. 19 Abs. 12 Gesetz zur Stärkung der Teilhabe und Selbstbestimmung von Menschen mit Behinderungen (Bundesteilhabegesetz – BTHG) v. 23.12.2016 (BGBl. I S. 3234), Art. 3 Gesetz zur Auflösung der Bundesmonopolverwaltung für Branntwein und zur Änderung weiterer Gesetze (Branntweinmonopolverwaltung-Auflösungsgesetz – BfBAG) v. 10.3.2017 (BGBl. I S. 420), Art. 6 Abs. 32 Gesetz zur Reform der strafrechtlichen Vermögensabschöpfung v. 13.4.2017 (BGBl. I S. 872), Art. 1 Gesetz zur Bekämpfung der Steuerumgehung und zur Änderung weiterer steuerlicher Vorschriften (Steuerumgehungsbekämpfungsgesetz – StUmgBG) v. 23.6.2017 (BGBl. I S. 1682), Art. 9 Gesetz zur Umsetzung der Vierten EU-Geldwäscherichtlinie, zur Ausführung der EU-Geldtransferverordnung und zur Neuorganisation der Zentralstelle für Finanztransaktionsuntersuchungen v. 23.6. 2017 (BGBl. I S. 1822), Art. 3 Gesetz zur Verbesserung der Sachaufklärung in der Verwaltungsvollstreckung v. 30.6.2017 (BGBl. I S. 2094), Art. 2 Zweites Gesetz zur Entlastung insbesondere der mittelständischen Wirtschaft von Bürokratie (Zweites Bürokratieentlastungsgesetz) v. 30.6.2017 (BGBl. I S. 2143), Art. 17 Gesetz zur Änderung des Bundesversorgungsgesetzes und anderer Vorschriften v. 17.7.2017 (BGBl. I S. 2541), Art. 6 Gesetz zur Durchführung der Verordnung (EU) Nr. 910/2014 des Europäischen Parlaments und des Rates vom 23. Juli 2014 über elektronische Identifizierung und Vertrauensdienste für elektronische Transaktionen im Binnenmarkt und zur Aufhebung der Richtlinie 1999/93/EG (eIDAS-Durchführungsgesetz) v. 18.7.2017 (BGBl. I S. 2745), Art. 12 Gesetz zur Vermeidung von Umsatzsteuerausfällen beim Handel mit Waren im Internet und zur Änderung weiterer steuerlicher Vorschriften v. 11.12.2018 (BGBl. I S. 2338), Art. 15 Gesetz zur Umsetzung des Gesetzes zur Einführung des Rechts auf Eheschließung für Personen gleichen Geschlechts v. 18.12.2018 (BGBl. I S. 2639), Art. 10 Gesetz gegen illegale Beschäftigung und Sozialleistungsmissbrauch v. 11.7.2019 (BGBl. I S. 1066), Art. 11 Gesetz zur Reform der Psychotherapeutenausbildung v. 15.11.2019 (BGBl. I S. 1604), Art. 70 Zweites Gesetz zur Anpassung des Datenschutzrechts an die Verordnung (EU) 2016/679 und zur Umsetzung der Richtlinie (EU) 2016/680 (Zweites Datenschutz-Anpassungs- und Umsetzungsgesetz EU – 2. DSAnpUG-EU) v. 20.11.2019

(BGBl. I S. 1626), Art. 26 Abs. 8 Gesetz zur Umsetzung der Richtlinie (EU) 2016/680 im Strafverfahren sowie zur Anpassung datenschutzrechtlicher Bestimmungen an die Verordnung (EU) 2016/679 v. 20.11.2019 (BGBl. I S. 1724), Art. 3 Drittes Gesetz zur Entlastung insbesondere der mittelständischen Wirtschaft von Bürokratie (Drittes Bürokratieentlastungsgesetz) v. 22.11.2019 (BGBl. I S. 1746), Art. 4 und 5 Gesetz zur Reform des Grundsteuer- und Bewertungsrechts (Grundsteuer-Reformgesetz – GrStRefG) v. 26.11.2019 (BGBl. I S. 1794), Art. 21 Gesetz zur weiteren steuerlichen Förderung der Elektromobilität und zur Änderung weiterer steuerlicher Vorschriften v. 12.12.2019 (BGBl. I S. 2451), Art. 9 Gesetz zur Umsetzung der Änderungsrichtlinie zur Vierten EU-Geldwäscherichtlinie v. 12.12.2019 (BGBl. I S. 2602), Art. 1 Gesetz zur Einführung einer Pflicht zur Mitteilung grenzüberschreitender Steuergestaltungen v. 21.12.2019 (BGBl. I S. 2875), Art. 194 Elfte Zuständigkeitsanpassungsverordnung v. 19.6.2020 (BGBl. I S. 1328), Art. 6 Zweites Gesetz zur Umsetzung steuerlicher Hilfsmaßnahmen zur Bewältigung der Corona-Krise (Zweites Corona-Steuerhilfegesetz) v. 29.6.2020 (BGBl. I S. 1512), Art. 7 Gesetz zur Einführung der Grundrente für langjährige Versicherung in der gesetzlichen Rentenversicherung mit unterdurchschnittlichem Einkommen und für weitere Maßnahmen zur Erhöhung der Alterseinkommen (Grundrentengesetz) v. 12.8.2020 (BGBl. I S. 1879), Art. 3 Abs. 5 Gesetz zur Fortentwicklung des Rechts des Pfändungsschutzkontos und zur Änderung von Vorschriften des Pfändungsschutzes (Pfändungsschutzkonto-Fortentwicklungsgesetz – PKoFoG) v. 22.11.2020 (BGBl. I S. 2466), Art. 5 Gesetz zur Digitalisierung von Verwaltungsverfahren bei der Gewährung von Familienleistungen v. 3.12.2020 (BGBl. I S. 2668), Art. 4 Gesetz zur Stärkung der Sicherheit im Pass-, Ausweis- und ausländerrechtlichen Dokumentenwesen v. 3.12.2020 (BGBl. I S. 2744), Art. 3 Gesetz über die Umwandlung des Informationstechnikzentrums Bund in eine nichtrechtsfähige Anstalt des öffentlichen Rechts und zur Änderung weiterer Vorschriften v. 7.12.2020 (BGBl. I S. 2756), Art. 27 und 28 Jahressteuergesetz 2020 (JStG 2020) v. 21.12.2020 (BGBl. I S. 3096), Art. 8 Gesetz zur Verbesserung der Transparenz in der Alterssicherung und der Rehabilitation sowie zur Modernisierung der Sozialversicherungswahlen und zur Änderung anderer Gesetze (Gesetz Digitale Rentenübersicht) v. 11.2.2021 (BGBl. I S. 154), Art. 3 Gesetz zur Einführung und Verwendung einer Identifikationsnummer in der öffentlichen Verwaltung und zur Änderung weiterer Gesetze (Registermodernisierungsgesetz – RegMoG) v. 28.3.2021 (BGBl. I S. 591), Art. 4 Abs. 7 Gesetz zur Verbesserung des Schutzes von Gerichtsvollziehern vor Gewalt sowie zur Änderung weiterer zwangsvollstreckungsrechtlicher Vorschriften und zur Änderung des Infektionsschutzgesetzes v. 7.5.2021 (BGBl. I S. 850), Art. 15 Abs. 26 Gesetz zur Reform des Vormundschafts- und Betreuungsrechts v. 4.5.2021 (BGBl. I S. 882), Art. 6 Gesetz zur Modernisierung der Entlastung von Abzugsteuern und der Bescheinigung der Kapitalertragsteuer (Abzugsteuerentlastungsmodernisierungsgesetz – AbzStEntModG) v. 2.6.2021 (BGBl. I S. 1259), Art. 10 Gesetz zur Stärkung der Finanzmarktintegrität (Finanzmarktintegritätsstärkungsgesetz – FISG) v. 3.6.2021 (BGBl. I S. 1534), Art. 4 Gesetz zur Abwehr von Steuervermeidung und unfairem Steuerwettbewerb und zur Änderung weiterer Gesetze v. 25.6.2021 (BGBl. I S. 2056), Art. 4 Gesetz zur europäischen Vernetzung der Transparenzregister und zur Umsetzung der Richtlinie (EU) 2019/1153 des Europäischen Parlaments und des Rates vom 20. Juni 2019 zur Nutzung von Finanzinformationen für die Bekämpfung von Geldwäsche, Terrorismusfinanzierung und sonstigen schweren Straftaten (Transparenzregister- und Finanzinformationsgesetz) v. 25.6.2021 (BGBl. I S. 2083) und Art. 24 Abs. 9 Gesetz zur Modernisierung des notariellen Berufsrechts und zur Änderung weiterer Vorschriften v. 25.6.2021 (BGBl. I S. 2154)

Inhaltsübersicht

Erster Teil. Einleitende Vorschriften

Erster Abschnitt. Anwendungsbereich

§ 1 Anwendungsbereich
§ 2 Vorrang völkerrechtlicher Vereinbarungen
§ 2a Anwendungsbereich der Vorschriften über die Verarbeitung personenbezogener Daten

Zweiter Abschnitt. Steuerliche Begriffsbestimmungen

§ 3 Steuern, steuerliche Nebenleistungen
§ 4 Gesetz
§ 5 Ermessen
§ 6 Behörden, öffentliche und nicht-öffentliche Stellen, Finanzbehörden
§ 7 Amtsträger
§ 8 Wohnsitz
§ 9 Gewöhnlicher Aufenthalt
§ 10 Geschäftsleitung
§ 11 Sitz

§ 12 Betriebstätte
§ 13 Ständiger Vertreter
§ 14 Wirtschaftlicher Geschäftsbetrieb
§ 15 Angehörige

Dritter Abschnitt. Zuständigkeit der Finanzbehörden

§ 16 Sachliche Zuständigkeit
§ 17 Örtliche Zuständigkeit
§ 18 Gesonderte Feststellungen
§ 19 Steuern vom Einkommen und Vermögen natürlicher Personen
§ 20 Steuern vom Einkommen und Vermögen der Körperschaften, Personenvereinigungen, Vermögensmassen
§ 20a Steuern vom Einkommen bei Bauleistungen
§ 21 Umsatzsteuer
§ 22 Realsteuern
§ 22a Zuständigkeit auf dem Festlandsockel oder an der ausschließlichen Wirtschaftszone
§ 23 Einfuhr- und Ausfuhrabgaben und Verbrauchsteuern
§ 24 Ersatzzuständigkeit
§ 25 Mehrfache örtliche Zuständigkeit
§ 26 Zuständigkeitswechsel
§ 27 Zuständigkeitsvereinbarung
§ 28 Zuständigkeitsstreit
§ 29 Gefahr im Verzug
§ 29a Unterstützung des örtlich zuständigen Finanzamts auf Anweisung der vorgesetzten Finanzbehörde

Vierter Abschnitt. Verarbeitung geschützter Daten und Steuergeheimnis

§ 29b Verarbeitung personenbezogener Daten durch Finanzbehörden
§ 29c Verarbeitung personenbezogener Daten durch Finanzbehörden zu anderen Zwecken
§ 30 Steuergeheimnis
§ 30a (weggefallen)
§ 31 Mitteilung von Besteuerungsgrundlagen
§ 31a Mitteilungen zur Bekämpfung der illegalen Beschäftigung und des Leistungsmissbrauchs
§ 31b Mitteilungen zur Bekämpfung der Geldwäsche und der Terrorismusfinanzierung
§ 31c Verarbeitung besonderer Kategorien personenbezogener Daten durch Finanzbehörden zu statistischen Zwecken

Fünfter Abschnitt. Haftungsbeschränkung für Amtsträger

§ 32 Haftungsbeschränkung für Amtsträger

Sechster Abschnitt. Rechte der betroffenen Person

§ 32a Informationspflicht der Finanzbehörde bei Erhebung personenbezogener Daten bei betroffenen Personen
§ 32b Informationspflicht der Finanzbehörde, wenn personenbezogene Daten nicht bei der betroffenen Person erhoben wurden
§ 32c Auskunftsrecht der betroffenen Person
§ 32d Form der Information oder Auskunftserteilung
§ 32e Verhältnis zu anderen Auskunfts- und Informationszugangsansprüchen
§ 32f Recht auf Berichtigung und Löschung, Widerspruchsrecht

Siebter Abschnitt. Datenschutzaufsicht, Gerichtlicher Rechtsschutz in datenschutzrechtlichen Angelegenheiten

§ 32g Datenschutzbeauftragte der Finanzbehörden
§ 32h Datenschutzrechtliche Aufsicht, Datenschutz-Folgenabschätzung
§ 32i Gerichtlicher Rechtsschutz
§ 32j Antrag auf gerichtliche Entscheidung bei angenommener Rechtswidrigkeit eines Angemessenheitsbeschlusses der Europäischen Kommission

Zweiter Teil. Steuerschuldrecht

Erster Abschnitt. Steuerpflichtiger

§ 33 Steuerpflichtiger
§ 34 Pflichten der gesetzlichen Vertreter und der Vermögensverwalter
§ 35 Pflichten des Verfügungsberechtigten
§ 36 Erlöschen der Vertretungsmacht

Zweiter Abschnitt. Steuerschuldverhältnis

§ 37 Ansprüche aus dem Steuerschuldverhältnis
§ 38 Entstehung der Ansprüche aus dem Steuerschuldverhältnis
§ 39 Zurechnung
§ 40 Gesetz- oder sittenwidriges Handeln
§ 41 Unwirksame Rechtsgeschäfte
§ 42 Missbrauch von rechtlichen Gestaltungsmöglichkeiten
§ 43 Steuerschuldner, Steuervergütungsgläubiger
§ 44 Gesamtschuldner
§ 45 Gesamtrechtsnachfolge
§ 46 Abtretung, Verpfändung, Pfändung
§ 47 Erlöschen
§ 48 Leistung durch Dritte, Haftung Dritter
§ 49 Verschollenheit
§ 50 Erlöschen und Unbedingtwerden der Verbrauchsteuer, Übergang der bedingten Verbrauchsteuerschuld

Dritter Abschnitt. Steuerbegünstigte Zwecke

§ 51 Allgemeines
§ 52 Gemeinnützige Zwecke
§ 53 Mildtätige Zwecke
§ 54 Kirchliche Zwecke
§ 55 Selbstlosigkeit
§ 56 Ausschließlichkeit
§ 57 Unmittelbarkeit
§ 58 Steuerlich unschädliche Betätigungen
§ 58a Vertrauensschutz bei Mittelweitergaben
§ 59 Voraussetzung der Steuervergünstigung
§ 60 Anforderungen an die Satzung
§ 60a Feststellung der satzungsmäßigen Voraussetzungen
§ 60b Zuwendungsempfängerregister
§ 61 Satzungsmäßige Vermögensbindung
§ 62 Rücklagen und Vermögensbildung
§ 63 Anforderungen an die tatsächliche Geschäftsführung
§ 64 Steuerpflichtige wirtschaftliche Geschäftsbetriebe
§ 65 Zweckbetrieb
§ 66 Wohlfahrtspflege
§ 67 Krankenhäuser
§ 67a Sportliche Veranstaltungen
§ 68 Einzelne Zweckbetriebe

Vierter Abschnitt. Haftung

§ 69 Haftung der Vertreter
§ 70 Haftung des Vertretenen
§ 71 Haftung des Steuerhinterziehers und des Steuerhehlers
§ 72 Haftung bei Verletzung der Pflicht zur Kontenwahrheit
§ 72a Haftung Dritter bei Datenübermittlungen an Finanzbehörden
§ 73 Haftung bei Organschaft
§ 74 Haftung des Eigentümers von Gegenständen
§ 75 Haftung des Betriebsübernehmers
§ 76 Sachhaftung
§ 77 Duldungspflicht

Dritter Teil. Allgemeine Verfahrensvorschriften

Erster Abschnitt. Verfahrensgrundsätze

1. Unterabschnitt. Beteiligung am Verfahren

§ 78 Beteiligte
§ 79 Handlungsfähigkeit
§ 80 Bevollmächtigte und Beistände
§ 80a Elektronische Übermittlung von Vollmachtsdaten an Landesfinanzbehörden
§ 81 Bestellung eines Vertreters von Amts wegen

2. Unterabschnitt. Ausschließung und Ablehnung von Amtsträgern und anderen Personen
§ 82 Ausgeschlossene Personen
§ 83 Besorgnis der Befangenheit
§ 84 Ablehnung von Mitgliedern eines Ausschusses

3. Unterabschnitt. Besteuerungsgrundsätze, Beweismittel

I. Allgemeines
§ 85 Besteuerungsgrundsätze
§ 86 Beginn des Verfahrens
§ 87 Amtssprache
§ 87a Elektronische Kommunikation
§ 87b Bedingungen für die elektronische Übermittlung von Daten an Finanzbehörden
§ 87c Nicht amtliche Datenverarbeitungsprogramme für das Besteuerungsverfahren
§ 87d Datenübermittlungen an Finanzbehörden im Auftrag
§ 87e Ausnahmeregelung für Einfuhr- und Ausfuhrabgaben, Verbrauchsteuern und die Luftverkehrsteuer
§ 88 Untersuchungsgrundsatz
§ 88a Sammlung von geschützten Daten
§ 88b Länderübergreifender Abruf und Verwendung von Daten zur Verhütung, Ermittlung und Verfolgung von Steuerverkürzungen
§ 88c Informationsaustausch über kapitalmarktbezogene Gestaltungen
§ 89 Beratung, Auskunft
§ 89a Vorabverständigungsverfahren
§ 90 Mitwirkungspflichten der Beteiligten
§ 91 Anhörung Beteiligter
§ 92 Beweismittel

II. Beweis durch Auskünfte und Sachverständigengutachten
§ 93 Auskunftspflicht der Beteiligten und anderer Personen
§ 93a Allgemeine Mitteilungspflichten
§ 93b Automatisierter Abruf von Kontoinformationen
§ 93c Datenübermittlung durch Dritte
§ 93d Verordnungsermächtigung
§ 94 Eidliche Vernehmung
§ 95 Versicherung an Eides statt
§ 96 Hinzuziehung von Sachverständigen

III. Beweis durch Urkunden und Augenschein
§ 97 Vorlage von Urkunden
§ 98 Einnahme des Augenscheins
§ 99 Betreten von Grundstücken und Räumen
§ 100 Vorlage von Wertsachen

IV. Auskunfts- und Vorlageverweigerungsrechte
§ 101 Auskunfts- und Eidesverweigerungsrecht der Angehörigen
§ 102 Auskunftsverweigerungsrecht zum Schutz bestimmter Berufsgeheimnisse
§ 103 Auskunftsverweigerungsrecht bei Gefahr der Verfolgung wegen einer Straftat oder einer Ordnungswidrigkeit
§ 104 Verweigerung der Erstattung eines Gutachtens und der Vorlage von Urkunden
§ 105 Verhältnis der Auskunfts- und Vorlagepflicht zur Schweigepflicht öffentlicher Stellen
§ 106 Beschränkung der Auskunfts- und Vorlagepflicht bei Beeinträchtigung des staatlichen Wohls

V. Entschädigung der Auskunftspflichtigen und der Sachverständigen
§ 107 Entschädigung der Auskunftspflichtigen und der Sachverständigen

4. Unterabschnitt. Fristen, Termine, Wiedereinsetzung
§ 108 Fristen und Termine
§ 109 Verlängerung von Fristen
§ 110 Wiedereinsetzung in den vorigen Stand

5. Unterabschnitt. Rechts- und Amtshilfe
§ 111 Amtshilfepflicht
§ 112 Voraussetzungen und Grenzen der Amtshilfe
§ 113 Auswahl der Behörde
§ 114 Durchführung der Amtshilfe

§ 115 Kosten der Amtshilfe
§ 116 Anzeige von Steuerstraftaten
§ 117 Zwischenstaatliche Rechts- und Amtshilfe in Steuersachen
§ 117a Übermittlung personenbezogener Daten an Mitgliedstaaten der Europäischen Union
§ 117b Verwendung von den nach dem Rahmenbeschluss 2006/960/JI des Rates übermittelten Daten
§ 117c Umsetzung innerstaatlich anwendbarer völkerrechtlicher Vereinbarungen zur Förderung der Steuerehrlichkeit bei internationalen Sachverhalten
§ 117d Statistiken über die zwischenstaatliche Amts- und Rechtshilfe

Zweiter Abschnitt. Verwaltungsakte

§ 118 Begriff des Verwaltungsakts
§ 119 Bestimmtheit und Form des Verwaltungsakts
§ 120 Nebenbestimmungen zum Verwaltungsakt
§ 121 Begründung des Verwaltungsakts
§ 122 Bekanntgabe des Verwaltungsakts
§ 122a Bekanntgabe von Verwaltungsakten durch Bereitstellung zum Datenabruf
§ 123 Bestellung eines Empfangsbevollmächtigten
§ 124 Wirksamkeit des Verwaltungsakts
§ 125 Nichtigkeit des Verwaltungsakts
§ 126 Heilung von Verfahrens- und Formfehlern
§ 127 Folgen von Verfahrens- und Formfehlern
§ 128 Umdeutung eines fehlerhaften Verwaltungsakts
§ 129 Offenbare Unrichtigkeiten beim Erlass eines Verwaltungsakts
§ 130 Rücknahme eines rechtswidrigen Verwaltungsakts
§ 131 Widerruf eines rechtmäßigen Verwaltungsakts
§ 132 Rücknahme, Widerruf, Aufhebung und Änderung im Rechtsbehelfsverfahren
§ 133 Rückgabe von Urkunden und Sachen

Vierter Teil. Durchführung der Besteuerung

Erster Abschnitt. Erfassung der Steuerpflichtigen

1. Unterabschnitt. Personenstands- und Betriebsaufnahme

§ 134 (weggefallen)
§ 135 (weggefallen)
§ 136 (weggefallen)

2. Unterabschnitt. Anzeigepflichten

§ 137 Steuerliche Erfassung von Körperschaften, Vereinigungen und Vermögensmassen
§ 138 Anzeigen über die Erwerbstätigkeit
§ 138a Länderbezogener Bericht multinationaler Unternehmensgruppen
§ 138b Mitteilungspflicht Dritter über Beziehungen inländischer Steuerpflichtiger zu Drittstaat-Gesellschaften
§ 138c Verordnungsermächtigung
§ 138d Pflicht zur Mitteilung grenzüberschreitender Steuergestaltungen
§ 138e Kennzeichen grenzüberschreitender Steuergestaltungen
§ 138f Verfahren zur Mitteilung grenzüberschreitender Steuergestaltungen durch Intermediäre
§ 138g Verfahren zur Mitteilung grenzüberschreitender Steuergestaltungen durch Nutzer
§ 138h Mitteilungen bei marktfähigen grenzüberschreitenden Steuergestaltungen
§ 138i Information der Landesfinanzbehörden
§ 138j Auswertung der Mitteilungen grenzüberschreitender Steuergestaltungen
§ 138k Angabe der grenzüberschreitenden Steuergestaltung in der Steuererklärung
§ 139 Anmeldung von Betrieben in besonderen Fällen

3. Unterabschnitt. Identifikationsmerkmal

§ 139a Identifikationsmerkmal
§ 139b Identifikationsnummer
§ 139c Wirtschafts-Identifikationsnummer
§ 139d Verordnungsermächtigung

Zweiter Abschnitt. Mitwirkungspflichten

1. Unterabschnitt. Führung von Büchern und Aufzeichnungen

§ 140 Buchführungs- und Aufzeichnungspflichten nach anderen Gesetzen
§ 141 Buchführungspflicht bestimmter Steuerpflichtiger
§ 142 Ergänzende Vorschriften für Land- und Forstwirte

§ 143 Aufzeichnung des Wareneingangs
§ 144 Aufzeichnung des Warenausgangs
§ 145 Allgemeine Anforderungen an Buchführung und Aufzeichnungen
§ 146 Ordnungsvorschriften für die Buchführung und für Aufzeichnungen
§ 146a Ordnungsvorschrift für die Buchführung und für Aufzeichnungen mittels elektronischer Aufzeichnungssysteme; Verordnungsermächtigung
§ 146b Kassen-Nachschau
§ 147 Ordnungsvorschriften für die Aufbewahrung von Unterlagen
§ 147a Vorschriften für die Aufbewahrung von Aufzeichnungen und Unterlagen bestimmter Steuerpflichtiger
§ 148 Bewilligung von Erleichterungen

2. Unterabschnitt. Steuererklärungen

§ 149 Abgabe der Steuererklärungen
§ 150 Form und Inhalt der Steuererklärungen
§ 151 Aufnahme der Steuererklärung an Amtsstelle
§ 152 Verspätungszuschlag
§ 153 Berichtigung von Erklärungen

3. Unterabschnitt. Kontenwahrheit

§ 154 Kontenwahrheit

Dritter Abschnitt. Festsetzungs- und Feststellungsverfahren

1. Unterabschnitt. Steuerfestsetzung

I. Allgemeine Vorschriften

§ 155 Steuerfestsetzung
§ 156 Absehen von der Steuerfestsetzung
§ 157 Form und Inhalt der Steuerbescheide
§ 158 Beweiskraft der Buchführung
§ 159 Nachweis der Treuhänderschaft
§ 160 Benennung von Gläubigern und Zahlungsempfängern
§ 161 Fehlmengen bei Bestandsaufnahmen
§ 162 Schätzung von Besteuerungsgrundlagen
§ 163 Abweichende Festsetzung von Steuern aus Billigkeitsgründen
§ 164 Steuerfestsetzung unter Vorbehalt der Nachprüfung
§ 165 Vorläufige Steuerfestsetzung, Aussetzung der Steuerfestsetzung
§ 166 Drittwirkung der Steuerfestsetzung
§ 167 Steueranmeldung, Verwendung von Steuerzeichen oder Steuerstemplern
§ 168 Wirkung einer Steueranmeldung

II. Festsetzungsverjährung

§ 169 Festsetzungsfrist
§ 170 Beginn der Festsetzungsfrist
§ 171 Ablaufhemmung

III. Bestandskraft

§ 172 Aufhebung und Änderung von Steuerbescheiden
§ 173 Aufhebung oder Änderung von Steuerbescheiden wegen neuer Tatsachen oder Beweismittel
§ 173a Schreib- oder Rechenfehler bei Erstellung einer Steuererklärung
§ 174 Widerstreitende Steuerfestsetzungen
§ 175 Änderung von Steuerbescheiden auf Grund von Grundlagenbescheiden und bei rückwirkenden Ereignissen
§ 175a Umsetzung von Verständigungsvereinbarungen
§ 175b Änderung von Steuerbescheiden bei Datenübermittlung durch Dritte
§ 176 Vertrauensschutz bei der Aufhebung und Änderung von Steuerbescheiden
§ 177 Berichtigung von materiellen Fehlern

IV. Kosten

§ 178 Kosten bei besonderer Inanspruchnahme der Zollbehörden

2. Unterabschnitt. Gesonderte Feststellung von Besteuerungsgrundlagen, Festsetzung von Steuermessbeträgen

I. Gesonderte Feststellungen

§ 179 Feststellung von Besteuerungsgrundlagen
§ 180 Gesonderte Feststellung von Besteuerungsgrundlagen

§ 181 Verfahrensvorschriften für die gesonderte Feststellung, Feststellungsfrist, Erklärungspflicht
§ 182 Wirkungen der gesonderten Feststellung
§ 183 Empfangsbevollmächtigte bei der einheitlichen Feststellung

II. Festsetzung von Steuermessbeträgen

§ 184 Festsetzung von Steuermessbeträgen

3. Unterabschnitt. Zerlegung und Zuteilung

§ 185 Geltung der allgemeinen Vorschriften
§ 186 Beteiligte
§ 187 Akteneinsicht
§ 188 Zerlegungsbescheid
§ 189 Änderung der Zerlegung
§ 190 Zuteilungsverfahren

4. Unterabschnitt. Haftung

§ 191 Haftungsbescheide, Duldungsbescheide
§ 192 Vertragliche Haftung

Vierter Abschnitt. Außenprüfung

1. Unterabschnitt. Allgemeine Vorschriften

§ 193 Zulässigkeit einer Außenprüfung
§ 194 Sachlicher Umfang einer Außenprüfung
§ 195 Zuständigkeit
§ 196 Prüfungsanordnung
§ 197 Bekanntgabe der Prüfungsanordnung
§ 198 Ausweispflicht, Beginn der Außenprüfung
§ 199 Prüfungsgrundsätze
§ 200 Mitwirkungspflichten des Steuerpflichtigen
§ 201 Schlussbesprechung
§ 202 Inhalt und Bekanntgabe des Prüfungsberichts
§ 203 Abgekürzte Außenprüfung
§ 203a Außenprüfung bei Datenübermittlung durch Dritte

2. Unterabschnitt. Verbindliche Zusagen auf Grund einer Außenprüfung

§ 204 Voraussetzung der verbindlichen Zusage
§ 205 Form der verbindlichen Zusage
§ 206 Bindungswirkung
§ 207 Außerkrafttreten, Aufhebung und Änderung der verbindlichen Zusage

Fünfter Abschnitt. Steuerfahndung (Zollfahndung)

§ 208 Steuerfahndung (Zollfahndung)
§ 208a Steuerfahndung des Bundeszentralamts für Steuern

Sechster Abschnitt. Steueraufsicht in besonderen Fällen

§ 209 Gegenstand der Steueraufsicht
§ 210 Befugnisse der Finanzbehörde
§ 211 Pflichten der betroffenen Person
§ 212 Durchführungsvorschriften
§ 213 Besondere Aufsichtsmaßnahmen
§ 214 Beauftragte
§ 215 Sicherstellung im Aufsichtsweg
§ 216 Überführung in das Eigentum des Bundes
§ 217 Steuerhilfspersonen

Fünfter Teil. Erhebungsverfahren

Erster Abschnitt. Verwirklichung, Fälligkeit und Erlöschen von Ansprüchen aus dem Steuerschuldverhältnis

1. Unterabschnitt. Verwirklichung und Fälligkeit von Ansprüchen aus dem Steuerschuldverhältnis

§ 218 Verwirklichung von Ansprüchen aus dem Steuerschuldverhältnis
§ 219 Zahlungsaufforderung bei Haftungsbescheiden
§ 220 Fälligkeit
§ 221 Abweichende Fälligkeitsbestimmung
§ 222 Stundung
§ 223 (weggefallen)

2. Unterabschnitt. Zahlung, Aufrechnung, Erlass

§ 224 Leistungsort, Tag der Zahlung
§ 224a Hingabe von Kunstgegenständen an Zahlungs statt
§ 225 Reihenfolge der Tilgung
§ 226 Aufrechnung
§ 227 Erlass

3. Unterabschnitt. Zahlungsverjährung

§ 228 Gegenstand der Verjährung, Verjährungsfrist
§ 229 Beginn der Verjährung
§ 230 Hemmung der Verjährung
§ 231 Unterbrechung der Verjährung
§ 232 Wirkung der Verjährung

Zweiter Abschnitt. Verzinsung, Säumniszuschläge

1. Unterabschnitt. Verzinsung

§ 233 Grundsatz
§ 233a Verzinsung von Steuernachforderungen und Steuererstattungen
§ 234 Stundungszinsen
§ 235 Verzinsung von hinterzogenen Steuern
§ 236 Prozesszinsen auf Erstattungsbeträge
§ 237 Zinsen bei Aussetzung der Vollziehung
§ 238 Höhe und Berechnung der Zinsen
§ 239 Festsetzung der Zinsen

2. Unterabschnitt. Säumniszuschläge

§ 240 Säumniszuschläge

Dritter Abschnitt. Sicherheitsleistung

§ 241 Art der Sicherheitsleistung
§ 242 Wirkung der Hinterlegung von Zahlungsmitteln
§ 243 Verpfändung von Wertpapieren
§ 244 Taugliche Steuerbürgen
§ 245 Sicherheitsleistung durch andere Werte
§ 246 Annahmewerte
§ 247 Austausch von Sicherheiten
§ 248 Nachschusspflicht

Sechster Teil. Vollstreckung

Erster Abschnitt. Allgemeine Vorschriften

§ 249 Vollstreckungsbehörden
§ 250 Vollstreckungsersuchen
§ 251 Vollstreckbare Verwaltungsakte
§ 252 Vollstreckungsgläubiger
§ 253 Vollstreckungsschuldner
§ 254 Voraussetzungen für den Beginn der Vollstreckung
§ 255 Vollstreckung gegen juristische Personen des öffentlichen Rechts
§ 256 Einwendungen gegen die Vollstreckung
§ 257 Einstellung und Beschränkung der Vollstreckung
§ 258 Einstweilige Einstellung oder Beschränkung der Vollstreckung

Zweiter Abschnitt. Vollstreckung wegen Geldforderungen

1. Unterabschnitt. Allgemeine Vorschriften

§ 259 Mahnung
§ 260 Angabe des Schuldgrundes
§ 261 Niederschlagung
§ 262 Rechte Dritter
§ 263 Vollstreckung gegen Ehegatten oder Lebenspartner
§ 264 Vollstreckung gegen Nießbraucher
§ 265 Vollstreckung gegen Erben
§ 266 Sonstige Fälle beschränkter Haftung
§ 267 Vollstreckungsverfahren gegen nicht rechtsfähige Personenvereinigungen

2. Unterabschnitt. Aufteilung einer Gesamtschuld
§ 268 Grundsatz
§ 269 Antrag
§ 270 Allgemeiner Aufteilungsmaßstab
§ 271 Aufteilungsmaßstab für die Vermögensteuer
§ 272 Aufteilungsmaßstab für Vorauszahlungen
§ 273 Aufteilungsmaßstab für Steuernachforderungen
§ 274 Besonderer Aufteilungsmaßstab
§ 275 (weggefallen)
§ 276 Rückständige Steuer, Einleitung der Vollstreckung
§ 277 Vollstreckung
§ 278 Beschränkung der Vollstreckung
§ 279 Form und Inhalt des Aufteilungsbescheids
§ 280 Änderung des Aufteilungsbescheids

3. Unterabschnitt. Vollstreckung in das bewegliche Vermögen
I. Allgemeines
§ 281 Pfändung
§ 282 Wirkung der Pfändung
§ 283 Ausschluss von Gewährleistungsansprüchen
§ 284 Vermögensauskunft des Vollstreckungsschuldners

II. Vollstreckung in Sachen
§ 285 Vollziehungsbeamte
§ 286 Vollstreckung in Sachen
§ 287 Befugnisse des Vollziehungsbeamten
§ 288 Zuziehung von Zeugen
§ 289 Zeit der Vollstreckung
§ 290 Aufforderungen und Mitteilungen des Vollziehungsbeamten
§ 291 Niederschrift
§ 292 Abwendung der Pfändung
§ 293 Pfand- und Vorzugsrechte Dritter
§ 294 Ungetrennte Früchte
§ 295 Unpfändbarkeit von Sachen
§ 296 Verwertung
§ 297 Aussetzung der Verwertung
§ 298 Versteigerung
§ 299 Zuschlag
§ 300 Mindestgebot
§ 301 Einstellung der Versteigerung
§ 302 Wertpapiere
§ 303 Namenspapiere
§ 304 Versteigerung ungetrennter Früchte
§ 305 Besondere Verwertung
§ 306 Vollstreckung in Ersatzteile von Luftfahrzeugen
§ 307 Anschlusspfändung
§ 308 Verwertung bei mehrfacher Pfändung

III. Vollstreckung in Forderungen und andere Vermögensrechte
§ 309 Pfändung einer Geldforderung
§ 310 Pfändung einer durch Hypothek gesicherten Forderung
§ 311 Pfändung einer durch Schiffshypothek oder Registerpfandrecht an einem Luftfahrzeug gesicherten Forderung
§ 312 Pfändung einer Forderung aus indossablen Papieren
§ 313 Pfändung fortlaufender Bezüge
§ 314 Einziehungsverfügung
§ 315 Wirkung der Einziehungsverfügung
§ 316 Erklärungspflicht des Drittschuldners
§ 317 Andere Art der Verwertung
§ 318 Ansprüche auf Herausgabe oder Leistung von Sachen
§ 319 Unpfändbarkeit von Forderungen
§ 320 Mehrfache Pfändung einer Forderung
§ 321 Vollstreckung in andere Vermögensrechte

4. Unterabschnitt. Vollstreckung in das unbewegliche Vermögen
§ 322 Verfahren
§ 323 Vollstreckung gegen den Rechtsnachfolger
5. Unterabschnitt. Arrest
§ 324 Dinglicher Arrest
§ 325 Aufhebung des dinglichen Arrestes
§ 326 Persönlicher Sicherheitsarrest
6. Unterabschnitt. Verwertung von Sicherheiten
§ 327 Verwertung von Sicherheiten
Dritter Abschnitt. Vollstreckung wegen anderer Leistungen als Geldforderungen
1. Unterabschnitt. Vollstreckung wegen Handlungen, Duldungen oder Unterlassungen
§ 328 Zwangsmittel
§ 329 Zwangsgeld
§ 330 Ersatzvornahme
§ 331 Unmittelbarer Zwang
§ 332 Androhung der Zwangsmittel
§ 333 Festsetzung der Zwangsmittel
§ 334 Ersatzzwangshaft
§ 335 Beendigung des Zwangsverfahrens
2. Unterabschnitt. Erzwingung von Sicherheiten
§ 336 Erzwingung von Sicherheiten
Vierter Abschnitt. Kosten
§ 337 Kosten der Vollstreckung
§ 338 Gebührenarten
§ 339 Pfändungsgebühr
§ 340 Wegnahmegebühr
§ 341 Verwertungsgebühr
§ 342 Mehrheit von Schuldnern
§ 343 (weggefallen)
§ 344 Auslagen
§ 345 Reisekosten und Aufwandsentschädigungen
§ 346 Unrichtige Sachbehandlung, Festsetzungsfrist
Siebenter Teil. Außergerichtliches Rechtsbehelfsverfahren
Erster Abschnitt. Zulässigkeit
§ 347 Statthaftigkeit des Einspruchs
§ 348 Ausschluss des Einspruchs
§ 349 (weggefallen)
§ 350 Beschwer
§ 351 Bindungswirkung anderer Verwaltungsakte
§ 352 Einspruchsbefugnis bei der einheitlichen Feststellung
§ 353 Einspruchsbefugnis des Rechtsnachfolgers
§ 354 Einspruchsverzicht
Zweiter Abschnitt. Verfahrensvorschriften
§ 355 Einspruchsfrist
§ 356 Rechtsbehelfsbelehrung
§ 357 Einlegung des Einspruchs
§ 358 Prüfung der Zulässigkeitsvoraussetzungen
§ 359 Beteiligte
§ 360 Hinzuziehung zum Verfahren
§ 361 Aussetzung der Vollziehung
§ 362 Rücknahme des Einspruchs
§ 363 Aussetzung und Ruhen des Verfahrens
§ 364 Offenlegung der Besteuerungsunterlagen
§ 364a Erörterung des Sach- und Rechtsstands
§ 364b Fristsetzung
§ 365 Anwendung von Verfahrensvorschriften
§ 366 Form, Inhalt und Erteilung der Einspruchsentscheidung
§ 367 Entscheidung über den Einspruch

§ 368 (weggefallen)

Achter Teil. Straf- und Bußgeldvorschriften, Straf- und Bußgeldverfahren

Erster Abschnitt. Strafvorschriften

§ 369 Steuerstraftaten
§ 370 Steuerhinterziehung
§ 370a (weggefallen)
§ 371 Selbstanzeige bei Steuerhinterziehung
§ 372 Bannbruch
§ 373 Gewerbsmäßiger, gewaltsamer und bandenmäßiger Schmuggel
§ 374 Steuerhehlerei
§ 375 Nebenfolgen
§ 375a (weggefallen)
§ 376 Verfolgungsverjährung

Zweiter Abschnitt. Bußgeldvorschriften

§ 377 Steuerordnungswidrigkeiten
§ 378 Leichtfertige Steuerverkürzung
§ 379 Steuergefährdung
§ 380 Gefährdung der Abzugsteuern
§ 381 Verbrauchsteuergefährdung
§ 382 Gefährdung der Einfuhr- und Ausfuhrabgaben
§ 383 Unzulässiger Erwerb von Steuererstattungs- und Vergütungsansprüchen
§ 383a (weggefallen)
§ 383b Pflichtverletzung bei Übermittlung von Vollmachtsdaten
§ 384 Verfolgungsverjährung
§ 384a Verstöße nach Artikel 83 Absatz 4 bis 6 der Verordnung (EU) 2016/679

Dritter Abschnitt. Strafverfahren

1. Unterabschnitt. Allgemeine Vorschriften

§ 385 Geltung von Verfahrensvorschriften
§ 386 Zuständigkeit der Finanzbehörde bei Steuerstraftaten
§ 387 Sachlich zuständige Finanzbehörde
§ 388 Örtlich zuständige Finanzbehörde
§ 389 Zusammenhängende Strafsachen
§ 390 Mehrfache Zuständigkeit
§ 391 Zuständiges Gericht
§ 392 Verteidigung
§ 393 Verhältnis des Strafverfahrens zum Besteuerungsverfahren
§ 394 Übergang des Eigentums
§ 395 Akteneinsicht der Finanzbehörde
§ 396 Aussetzung des Verfahrens

2. Unterabschnitt. Ermittlungsverfahren

I. Allgemeines

§ 397 Einleitung des Strafverfahrens
§ 398 Einstellung wegen Geringfügigkeit
§ 398a Absehen von Verfolgung in besonderen Fällen

II. Verfahren der Finanzbehörde bei Steuerstraftaten

§ 399 Rechte und Pflichten der Finanzbehörde
§ 400 Antrag auf Erlass eines Strafbefehls
§ 401 Antrag auf Anordnung von Nebenfolgen im selbständigen Verfahren

III. Stellung der Finanzbehörde im Verfahren der Staatsanwaltschaft

§ 402 Allgemeine Rechte und Pflichten der Finanzbehörde
§ 403 Beteiligung der Finanzbehörde

IV. Steuer- und Zollfahndung

§ 404 Steuer- und Zollfahndung

V. Entschädigung der Zeugen und der Sachverständigen

§ 405 Entschädigung der Zeugen und der Sachverständigen

3. Unterabschnitt. Gerichtliches Verfahren

§ 406 Mitwirkung der Finanzbehörde im Strafbefehlsverfahren und im selbständigen Verfahren
§ 407 Beteiligung der Finanzbehörde in sonstigen Fällen

4. Unterabschnitt. Kosten des Verfahrens

§ 408 Kosten des Verfahrens

Vierter Abschnitt. Bußgeldverfahren

§ 409 Zuständige Verwaltungsbehörde
§ 410 Ergänzende Vorschriften für das Bußgeldverfahren
§ 411 Bußgeldverfahren gegen Rechtsanwälte, Steuerberater, Steuerbevollmächtigte, Wirtschaftsprüfer oder vereidigte Buchprüfer
§ 412 Zustellung, Vollstreckung, Kosten

Neunter Teil. Schlussvorschriften

§ 413 Einschränkung von Grundrechten
§ 414 (gegenstandslos)
§ 415 (Inkrafttreten)

Anlage 1 (zu § 60) Mustersatzung für Vereine, Stiftungen, Betriebe gewerblicher Art von juristischen Personen des öffentlichen Rechts, geistliche Genossenschaften und Kapitalgesellschaften

Erster Teil. Einleitende Vorschriften

Erster Abschnitt. Anwendungsbereich

§ 1 Anwendungsbereich. (1)[1] [1] Dieses Gesetz gilt für alle Steuern einschließlich der Steuervergütungen, die durch Bundesrecht oder Recht der Europäischen Union geregelt sind, soweit sie durch Bundesfinanzbehörden oder durch Landesfinanzbehörden verwaltet werden. [2] Es ist nur vorbehaltlich des Rechts der Europäischen Union anwendbar.

(2) Für die Realsteuern gelten, soweit ihre Verwaltung den Gemeinden übertragen worden ist, die folgenden Vorschriften dieses Gesetzes entsprechend:

1.[2] die Vorschriften des Ersten, Zweiten, Vierten, Sechsten und Siebten Abschnitts des Ersten Teils (Anwendungsbereich; Steuerliche Begriffsbestimmungen; Datenverarbeitung und Steuergeheimnis; Betroffenenrechte; Datenschutzaufsicht, Gerichtlicher Rechtsschutz in datenschutzrechtlichen Angelegenheiten),
2. die Vorschriften des Zweiten Teils (Steuerschuldrecht),
3. die Vorschriften des Dritten Teils mit Ausnahme der §§ 82 bis 84 (Allgemeine Verfahrensvorschriften),
4. die Vorschriften des Vierten Teils (Durchführung der Besteuerung),
5. die Vorschriften des Fünften Teils (Erhebungsverfahren),
6.[3] § 249 Absatz 2 Satz 2,
7.[3] die §§ 351 und 361 Abs. 1 Satz 2 und Abs. 3,
8.[3] die Vorschriften des Achten Teils (Straf- und Bußgeldvorschriften, Straf- und Bußgeldverfahren).

---

[1] § 1 Abs. 1 Sätze 1 und 2 geänd. mWv 30.6.2013 durch G v. 26.6.2013 (BGBl. I S. 1809).
[2] § 1 Abs. 2 Nr. 1 neu gef. mWv 25.5.2018 durch G v. 17.7.2017 (BGBl. I S. 2541).
[3] § 1 Abs. 2 Nr. 6 eingef., bish. Nr. 6 und 7 werden Nr. 7 und 8 mWv 29.12.2020 durch G v. 21.12.2020 (BGBl. I S. 3096).

(3)[1] [1]Auf steuerliche Nebenleistungen sind die Vorschriften dieses Gesetzes vorbehaltlich des Rechts der Europäischen Union sinngemäß anwendbar. [2]Der Dritte bis Sechste Abschnitt des Vierten Teils gilt jedoch nur, soweit dies besonders bestimmt wird.

§ 2[2] Vorrang völkerrechtlicher Vereinbarungen. (1) Verträge mit anderen Staaten im Sinne des Artikels 59 Abs. 2 Satz 1 des Grundgesetzes über die Besteuerung gehen, soweit sie unmittelbar anwendbares innerstaatliches Recht geworden sind, den Steuergesetzen vor.

(2) [1]Das Bundesministerium der Finanzen wird ermächtigt, zur Sicherung der Gleichmäßigkeit der Besteuerung und zur Vermeidung einer Doppelbesteuerung oder doppelten Nichtbesteuerung mit Zustimmung des Bundesrates Rechtsverordnungen zur Umsetzung von Konsultationsvereinbarungen zu erlassen. [2]Konsultationsvereinbarungen nach Satz 1 sind einvernehmliche Vereinbarungen der zuständigen Behörden der Vertragsstaaten eines Doppelbesteuerungsabkommens mit dem Ziel, Einzelheiten der Durchführung eines solchen Abkommens zu regeln, insbesondere Schwierigkeiten oder Zweifel, die bei der Auslegung oder Anwendung des jeweiligen Abkommens bestehen, zu beseitigen.

(3)[3] Das Bundesministerium der Finanzen wird ermächtigt, durch Rechtsverordnung mit Zustimmung des Bundesrates Vorschriften zu erlassen, die

1. Einkünfte oder Vermögen oder Teile davon bestimmen, für die die Bundesrepublik Deutschland in Anwendung der Bestimmung eines Abkommens zur Vermeidung der Doppelbesteuerung auf Grund einer auf diplomatischem Weg erfolgten Notifizierung eine Steueranrechnung vornimmt, und
2. in den Anwendungsbereich der Bestimmungen über den öffentlichen Dienst eines Abkommens zur Vermeidung der Doppelbesteuerung diejenigen Körperschaften und Einrichtungen einbeziehen, die auf Grund einer in diesem Abkommen vorgesehenen Vereinbarung zwischen den zuständigen Behörden bestimmt worden sind.

§ 2a[4] Anwendungsbereich der Vorschriften über die Verarbeitung personenbezogener Daten. (1) [1]Die Vorschriften dieses Gesetzes und der Steuergesetze über die Verarbeitung personenbezogener Daten im Anwendungsbereich dieses Gesetzes gelten bei der Verarbeitung personenbezogener Daten durch Finanzbehörden (§ 6 Absatz 2), andere öffentliche Stellen (§ 6 Absatz 1a bis 1c) und nicht-öffentliche Stellen (§ 6 Absatz 1d und 1e). [2]Das Bundesdatenschutzgesetz oder andere Datenschutzvorschriften des Bundes sowie entsprechende Landesgesetze gelten für Finanzbehörden nur, soweit dies in diesem Gesetz oder den Steuergesetzen bestimmt ist.

(2) [1]Die datenschutzrechtlichen Regelungen dieses Gesetzes gelten auch für Daten, die die Finanzbehörden im Rahmen ihrer Aufgaben bei der Überwachung des grenzüberschreitenden Warenverkehrs verarbeiten. [2]Die Daten gelten als im Rahmen eines Verfahrens in Steuersachen verarbeitet.

---

[1] § 1 Abs. 3 Satz 1 geänd. mWv 30.6.2013 durch G v. 26.6.2013 (BGBl. I S. 1809).

[2] § 2 neu gef. durch G v. 8.12.2010 (BGBl. I S. 1768); zur Anwendung siehe Art. 97 § 1 Abs. 9 EGAO (Nr. 4).

[3] § 2 Abs. 3 angef. mWv 1.1.2017 durch G v. 20.12.2016 (BGBl. I S. 3000).

[4] § 2a eingef. mWv 25.5.2018 durch G v. 17.7.2017 (BGBl. I S. 2541).

(3)[1)] Die Vorschriften dieses Gesetzes und der Steuergesetze über die Verarbeitung personenbezogener Daten finden keine Anwendung, soweit das Recht der Europäischen Union, im Besonderen die Verordnung (EU) 2016/679 des Europäischen Parlaments und des Rates vom 27. April 2016 zum Schutz natürlicher Personen bei der Verarbeitung personenbezogener Daten, zum freien Datenverkehr und zur Aufhebung der Richtlinie 95/46/EG (Datenschutz-Grundverordnung) (ABl. L 119 vom 4.5.2016, S. 1; L 314 vom 22.11.2016, S. 72; L 127 vom 23.5.2018, S. 2) in der jeweils geltenden Fassung unmittelbar oder nach Absatz 5 entsprechend gilt.

(4) Für die Verarbeitung personenbezogener Daten zum Zweck der Verhütung, Ermittlung, Aufdeckung, Verfolgung oder Ahndung von Steuerstraftaten oder Steuerordnungswidrigkeiten gelten die Vorschriften des Ersten und des Dritten Teils des Bundesdatenschutzgesetzes, soweit gesetzlich nichts anderes bestimmt ist.

(5) Soweit nichts anderes bestimmt ist, gelten die Vorschriften der Verordnung (EU) 2016/679, dieses Gesetzes und der Steuergesetze über die Verarbeitung personenbezogener Daten natürlicher Personen entsprechend für Informationen, die sich beziehen auf identifizierte oder identifizierbare

1. verstorbene natürliche Personen oder
2. Körperschaften, rechtsfähige oder nicht rechtsfähige Personenvereinigungen oder Vermögensmassen.

Zweiter Abschnitt. Steuerliche Begriffsbestimmungen

§ 3 Steuern, steuerliche Nebenleistungen. (1) Steuern sind Geldleistungen, die nicht eine Gegenleistung für eine besondere Leistung darstellen und von einem öffentlich-rechtlichen Gemeinwesen zur Erzielung von Einnahmen allen auferlegt werden, bei denen der Tatbestand zutrifft, an den das Gesetz die Leistungspflicht knüpft; die Erzielung von Einnahmen kann Nebenzweck sein.

(2) Realsteuern sind die Grundsteuer und die Gewerbesteuer.

(3)[2)] [1] Einfuhr- und Ausfuhrabgaben nach Artikel 5 Nummer 20 und 21 des Zollkodex der Union sind Steuern im Sinne dieses Gesetzes. [2] Zollkodex der Union bezeichnet die Verordnung (EU) Nr. 952/2013 des Europäischen Parlaments und des Rates vom 9. Oktober 2013 zur Festlegung des Zollkodex der Union (ABl. L 269 vom 10.10.2013, S. 1, L 287, S. 90) in der jeweils geltenden Fassung.

(4)[3)] Steuerliche Nebenleistungen sind

1.[4)] Verzögerungsgelder nach § 146 Absatz 2c,
2. Verspätungszuschläge nach § 152,
3.[5)] Zuschläge nach § 162 Absatz 4 und 4a,

[1)] § 2a Abs. 3 geänd. mWv 26.11.2019 durch G v. 20.11.2019 (BGBl. I S. 1626).
[2)] § 3 Abs. 3 neu gef. mWv 1.5.2016 durch G v. 22.12.2014 (BGBl. I S. 2417).
[3)] § 3 Abs. 4 neu gef. mWv 1.1.2017 durch G v. 18.7.2016 (BGBl. I S. 1679).
[4)] § 3 Abs. 4 Nr. 1 geänd. mWv 29.12.2020 durch G v. 21.12.2020 (BGBl. I S. 3096).
[5)] § 3 Abs. 4 Nr. 3 geänd. durch G v. 25.6.2021 (BGBl. I S. 2056); zur Anwendung ab 1.1.2022 siehe Art. 97 § 22 Abs. 4 EGAO (Nr. 4).

4.[1] Zinsen nach den §§ 233 bis 237 sowie Zinsen nach den Steuergesetzen, auf die die §§ 238 und 239 anzuwenden sind, sowie Zinsen, die über die §§ 233 bis 237 und die Steuergesetze hinaus nach dem Recht der Europäischen Union auf zu erstattende Steuern zu leisten sind,
5. Säumniszuschläge nach § 240,
6. Zwangsgelder nach § 329,
7.[2] Kosten nach den §§ 89, 89a Absatz 7 sowie den §§ 178 und 337 bis 345,
8. Zinsen auf Einfuhr- und Ausfuhrabgaben nach Artikel 5 Nummer 20 und 21 des Zollkodex der Union und
9. Verspätungsgelder nach § 22a Absatz 5 des Einkommensteuergesetzes[3].

(5)[4] [1] Das Aufkommen der Zinsen auf Einfuhr- und Ausfuhrabgaben nach Artikel 5 Nummer 20 und 21 des Zollkodex der Union steht dem Bund zu. [2] Das Aufkommen der übrigen Zinsen steht den jeweils steuerberechtigten Körperschaften zu. [3] Das Aufkommen der Kosten im Sinne des § 89 steht jeweils der Körperschaft zu, deren Behörde für die Erteilung der verbindlichen Auskunft zuständig ist. [4] Das Aufkommen der Kosten im Sinne des § 89a Absatz 7 steht dem Bund und dem jeweils betroffenen Land je zur Hälfte zu. [5] Die übrigen steuerlichen Nebenleistungen fließen den verwaltenden Körperschaften zu.

§ 4 Gesetz. Gesetz ist jede Rechtsnorm.

§ 5 Ermessen. Ist die Finanzbehörde ermächtigt, nach ihrem Ermessen zu handeln, hat sie ihr Ermessen entsprechend dem Zweck der Ermächtigung auszuüben und die gesetzlichen Grenzen des Ermessens einzuhalten.

§ 6[5] Behörden, öffentliche und nicht-öffentliche Stellen, Finanzbehörden. (1)[6] Behörde ist jede öffentliche Stelle, die Aufgaben der öffentlichen Verwaltung wahrnimmt.

(1a)[7] Öffentliche Stellen des Bundes sind die Behörden, die Organe der Rechtspflege und andere öffentlich-rechtlich organisierte Einrichtungen des Bundes, der bundesunmittelbaren Körperschaften, der Anstalten und Stiftungen des öffentlichen Rechts sowie deren Vereinigungen ungeachtet ihrer Rechtsform.

(1b)[8] Öffentliche Stellen der Länder sind die Behörden, die Organe der Rechtspflege und andere öffentlich-rechtlich organisierte Einrichtungen eines Landes, einer Gemeinde, eines Gemeindeverbandes oder sonstiger der Aufsicht des Landes unterstehender juristischer Personen des öffentlichen Rechts sowie deren Vereinigungen ungeachtet ihrer Rechtsform.

---

[1] § 3 Abs. 4 Nr. 4 geänd. mWv 9.6.2021 durch G v. 2.6.2021 (BGBl. I S. 1259).
[2] § 3 Abs. 4 Nr. 7 neu gef. mWv 9.6.2021 durch G v. 2.6.2021 (BGBl. I S. 1259).
[3] Nr. **5**.
[4] § 3 Abs. 5 neu gef. durch G v. 13.12.2006 (BGBl. I S. 2878); Satz 1 geänd. mWv 1.5.2016 durch G v. 22.12.2014 (BGBl. I S. 2417); Satz 4 neu gef. mWv 9.6.2021 durch G v. 2.6.2021 (BGBl. I S. 1259).
[5] § 6 Überschrift neu gef. mWv 25.5.2018 durch G v. 17.7.2017 (BGBl. I S. 2541).
[6] § 6 Abs. 1 neu gef. mWv 25.5.2018 durch G v. 17.7.2017 (BGBl. I S. 2541).
[7] § 6 Abs. 1a eingef. mWv 25.5.2018 durch G v. 17.7.2017 (BGBl. I S. 2541).
[8] § 6 Abs. 1b eingef. mWv 25.5.2018 durch G v. 17.7.2017 (BGBl. I S. 2541).

(1c)[1] [1] Vereinigungen des privaten Rechts von öffentlichen Stellen des Bundes und der Länder, die Aufgaben der öffentlichen Verwaltung wahrnehmen, gelten ungeachtet der Beteiligung nicht-öffentlicher Stellen als öffentliche Stellen des Bundes, wenn

1. sie über den Bereich eines Landes hinaus tätig werden oder
2. dem Bund die absolute Mehrheit der Anteile gehört oder die absolute Mehrheit der Stimmen zusteht.

[2] Anderenfalls gelten sie als öffentliche Stellen der Länder.

(1d)[2] [1] Nicht-öffentliche Stellen sind natürliche und juristische Personen, Gesellschaften und andere Personenvereinigungen des privaten Rechts, soweit sie nicht unter die Absätze 1a bis 1c fallen. [2] Nimmt eine nicht-öffentliche Stelle hoheitliche Aufgaben der öffentlichen Verwaltung wahr, ist sie insoweit öffentliche Stelle im Sinne dieses Gesetzes.

(1e)[3] Öffentliche Stellen des Bundes oder der Länder gelten als nicht-öffentliche Stellen im Sinne dieses Gesetzes, soweit sie als öffentlich-rechtliche Unternehmen am Wettbewerb teilnehmen.

(2) Finanzbehörden im Sinne dieses Gesetzes sind die folgenden im Gesetz über die Finanzverwaltung genannten Bundes- und Landesfinanzbehörden:

1. das Bundesministerium der Finanzen und die für die Finanzverwaltung zuständigen obersten Landesbehörden als oberste Behörden,
2.[4] das Bundeszentralamt für Steuern, das Informationstechnikzentrum Bund und die Generalzolldirektion als Bundesoberbehörden,
3.[5] Rechenzentren sowie Landesfinanzbehörden, denen durch eine Rechtsverordnung nach § 17 Absatz 2 Satz 3 Nummer 3 des Finanzverwaltungsgesetzes[6] die landesweite Zuständigkeit für Kassengeschäfte und das Erhebungsverfahren einschließlich der Vollstreckung übertragen worden ist, als Landesoberbehörden,
4.[7] die Oberfinanzdirektionen als Mittelbehörden,
4a.[8] die nach dem Finanzverwaltungsgesetz oder nach Landesrecht an Stelle einer Oberfinanzdirektion eingerichteten Landesfinanzbehörden,
5. die Hauptzollämter einschließlich ihrer Dienststellen, die Zollfahndungsämter, die Finanzämter und die besonderen Landesfinanzbehörden als örtliche Behörden,
6.[9] Familienkassen,
7.[10] die zentrale Stelle im Sinne des § 81 des Einkommensteuergesetzes[11] und

---

[1] § 6 Abs. 1c eingef. mWv 25.5.2018 durch G v. 17.7.2017 (BGBl. I S. 2541).
[2] § 6 Abs. 1d eingef. mWv 25.5.2018 durch G v. 17.7.2017 (BGBl. I S. 2541).
[3] § 6 Abs. 1e eingef. mWv 25.5.2018 durch G v. 17.7.2017 (BGBl. I S. 2541).
[4] § 6 Abs. 2 Nr. 2 neu gef. mWv 1.1.2016 durch G v. 3.12.2015 (BGBl. I S. 2178); geänd. mWv 1.1.2019 durch G v. 10.3.2017 (BGBl. I S. 420); geänd. mWv 1.1.2021 durch G v. 7.12.2020 (BGBl. I S. 2756).
[5] § 6 Abs. 2 Nr. 3 neu gef. mWv 6.11.2015 durch G v. 2.11.2015 (BGBl. I S. 1834).
[6] Nr. **31**.
[7] § 6 Abs. 2 Nr. 4 neu gef. mWv 1.1.2016 durch G v. 3.12.2015 (BGBl. I S. 2178).
[8] § 6 Abs. 2 Nr. 4a eingef. durch G v. 13.12.2006 (BGBl. I S. 2878).
[9] § 6 Abs. 2 Nr. 6 geänd. durch G v. 23.12.2002 (BGBl. I S. 4621).
[10] § 6 Abs. 2 Nr. 7 geänd. durch G v. 23.12.2002 (BGBl. I S. 4621).
[11] Nr. **5**.

8.[1] die Deutsche Rentenversicherung Knappschaft-Bahn-See (§ 40a Abs. 6 des Einkommensteuergesetzes).

§ 7 Amtsträger. Amtsträger ist, wer nach deutschem Recht
1. Beamter oder Richter (§ 11 Abs. 1 Nr. 3 des Strafgesetzbuchs) ist,
2. in einem sonstigen öffentlich-rechtlichen Amtsverhältnis steht oder
3.[2] sonst dazu bestellt ist, bei einer Behörde oder bei einer sonstigen öffentlichen Stelle oder in deren Auftrag Aufgaben der öffentlichen Verwaltung wahrzunehmen.

§ 8 Wohnsitz. Einen Wohnsitz hat jemand dort, wo er eine Wohnung unter Umständen innehat, die darauf schließen lassen, dass er die Wohnung beibehalten und benutzen wird.

§ 9 Gewöhnlicher Aufenthalt. [1]Den gewöhnlichen Aufenthalt hat jemand dort, wo er sich unter Umständen aufhält, die erkennen lassen, dass er an diesem Ort oder in diesem Gebiet nicht nur vorübergehend verweilt. [2]Als gewöhnlicher Aufenthalt im Geltungsbereich dieses Gesetzes ist stets und von Beginn an ein zeitlich zusammenhängender Aufenthalt von mehr als sechs Monaten Dauer anzusehen; kurzfristige Unterbrechungen bleiben unberücksichtigt. [3]Satz 2 gilt nicht, wenn der Aufenthalt ausschließlich zu Besuchs-, Erholungs-, Kur- oder ähnlichen privaten Zwecken genommen wird und nicht länger als ein Jahr dauert.

§ 10 Geschäftsleitung. Geschäftsleitung ist der Mittelpunkt der geschäftlichen Oberleitung.

§ 11 Sitz. Den Sitz hat eine Körperschaft, Personenvereinigung oder Vermögensmasse an dem Ort, der durch Gesetz, Gesellschaftsvertrag, Satzung, Stiftungsgeschäft oder dergleichen bestimmt ist.

§ 12 Betriebstätte. [1]Betriebstätte ist jede feste Geschäftseinrichtung oder Anlage, die der Tätigkeit eines Unternehmens dient. [2]Als Betriebstätten sind insbesondere anzusehen:
1. die Stätte der Geschäftsleitung,
2. Zweigniederlassungen,
3. Geschäftsstellen,
4. Fabrikations- oder Werkstätten,
5. Warenlager,
6. Ein- oder Verkaufsstellen,
7. Bergwerke, Steinbrüche oder andere stehende, örtlich fortschreitende oder schwimmende Stätten der Gewinnung von Bodenschätzen,
8. Bauausführungen oder Montagen, auch örtlich fortschreitende oder schwimmende, wenn
   a) die einzelne Bauausführung oder Montage oder

---

[1] § 6 Abs. 2 Nr. 8 angef. durch G v. 23.12.2002 (BGBl. I S. 4621); geänd. durch G v. 9.12.2004 (BGBl. I S. 3242); geänd. mWv 30.6.2013 durch G v. 26.6.2013 (BGBl. I S. 1809).
[2] § 7 Nr. 3 geänd. mWv 25.5.2018 durch G v. 17.7.2017 (BGBl. I S. 2541).

b) eine von mehreren zeitlich nebeneinander bestehenden Bauausführungen oder Montagen oder
c) mehrere ohne Unterbrechung aufeinander folgende Bauausführungen oder Montagen

länger als sechs Monate dauern.

§ 13 Ständiger Vertreter. [1] Ständiger Vertreter ist eine Person, die nachhaltig die Geschäfte eines Unternehmens besorgt und dabei dessen Sachweisungen unterliegt. [2] Ständiger Vertreter ist insbesondere eine Person, die für ein Unternehmen nachhaltig

1. Verträge abschließt oder vermittelt oder Aufträge einholt oder
2. einen Bestand von Gütern oder Waren unterhält und davon Auslieferungen vornimmt.

§ 14 Wirtschaftlicher Geschäftsbetrieb. [1] Ein wirtschaftlicher Geschäftsbetrieb ist eine selbständige nachhaltige Tätigkeit, durch die Einnahmen oder andere wirtschaftliche Vorteile erzielt werden und die über den Rahmen einer Vermögensverwaltung hinausgeht. [2] Die Absicht, Gewinn zu erzielen, ist nicht erforderlich. [3] Eine Vermögensverwaltung liegt in der Regel vor, wenn Vermögen genutzt, zum Beispiel Kapitalvermögen verzinslich angelegt oder unbewegliches Vermögen vermietet oder verpachtet wird.

§ 15 Angehörige. (1)[1)] Angehörige sind:

1. der Verlobte,
2. der Ehegatte oder Lebenspartner,
3. Verwandte und Verschwägerte gerader Linie,
4. Geschwister,
5. Kinder der Geschwister,
6. Ehegatten oder Lebenspartner der Geschwister und Geschwister der Ehegatten oder Lebenspartner,
7. Geschwister der Eltern,
8. Personen, die durch ein auf längere Dauer angelegtes Pflegeverhältnis mit häuslicher Gemeinschaft wie Eltern und Kind miteinander verbunden sind (Pflegeeltern und Pflegekinder).

(2) Angehörige sind die in Absatz 1 aufgeführten Personen auch dann, wenn

1.[2)] in den Fällen der Nummern 2, 3 und 6 die die Beziehung begründende Ehe oder Lebenspartnerschaft nicht mehr besteht;
2. in den Fällen der Nummern 3 bis 7 die Verwandtschaft oder Schwägerschaft durch Annahme als Kind erloschen ist;
3. im Fall der Nummer 8 die häusliche Gemeinschaft nicht mehr besteht, sofern die Personen weiterhin wie Eltern und Kind miteinander verbunden sind.

[1)] § 15 Abs. 1 Nr. 1, 2 und 6 geänd. durch G v. 18.7.2014 (BGBl. I S. 1042); zur Anwendung siehe Art. 97 § 1 Abs. 10 Satz 3 EGAO (Nr. **4**); Abs. 1 Nr. 1 geänd. mWv 22.12.2018 durch G v. 18.12. 2018 (BGBl. I S. 2639).

[2)] § 15 Abs. 2 Nr. 1 geänd. durch G v. 18.7.2014 (BGBl. I S. 1042); zur Anwendung siehe Art. 97 § 1 Abs. 10 Satz 3 EGAO (Nr. **4**).

Dritter Abschnitt. Zuständigkeit der Finanzbehörden

§ 16 Sachliche Zuständigkeit. Die sächliche Zuständigkeit der Finanzbehörden richtet sich, soweit nichts anderes bestimmt ist, nach dem Gesetz über die Finanzverwaltung.

§ 17 Örtliche Zuständigkeit. Die örtliche Zuständigkeit richtet sich, soweit nichts anderes bestimmt ist, nach den folgenden Vorschriften.

§ 18 Gesonderte Feststellungen. (1) Für die gesonderten Feststellungen nach § 180 ist örtlich zuständig:

1. bei Betrieben der Land- und Forstwirtschaft, bei Grundstücken, Betriebsgrundstücken und Mineralgewinnungsrechten das Finanzamt, in dessen Bezirk der Betrieb, das Grundstück, das Betriebsgrundstück, das Mineralgewinnungsrecht oder, wenn sich der Betrieb, das Grundstück, das Betriebsgrundstück oder das Mineralgewinnungsrecht auf die Bezirke mehrerer Finanzämter erstreckt, der wertvollste Teil liegt (Lagefinanzamt),
2. bei gewerblichen Betrieben mit Geschäftsleitung im Geltungsbereich dieses Gesetzes das Finanzamt, in dessen Bezirk sich die Geschäftsleitung befindet, bei gewerblichen Betrieben ohne Geschäftsleitung im Geltungsbereich dieses Gesetzes das Finanzamt, in dessen Bezirk eine Betriebstätte – bei mehreren Betriebstätten die wirtschaftlich bedeutendste – unterhalten wird (Betriebsfinanzamt),
3.[1] bei Einkünften aus selbständiger Arbeit das Finanzamt, von dessen Bezirk aus die Tätigkeit vorwiegend ausgeübt wird,
4.[2] bei einer Beteiligung mehrerer Personen an Einkünften, die keine Einkünfte aus Land- und Forstwirtschaft, aus Gewerbebetrieb oder aus selbständiger Arbeit sind und die nach § 180 Absatz 1 Satz 1 Nummer 2 Buchstabe a gesondert festgestellt werden,
   a) das Finanzamt, von dessen Bezirk die Verwaltung dieser Einkünfte ausgeht, oder
   b) das Finanzamt, in dessen Bezirk sich der wertvollste Teil des Vermögens, aus dem die gemeinsamen Einkünfte fließen, befindet, wenn die Verwaltung dieser Einkünfte im Geltungsbereich dieses Gesetzes nicht feststellbar ist.

   [2] Dies gilt entsprechend bei einer gesonderten Feststellung nach § 180 Absatz 1 Satz 1 Nummer 3 oder § 180 Absatz 2.

(2) [1] Ist eine gesonderte Feststellung mehreren Steuerpflichtigen gegenüber vorzunehmen und lässt sich nach Absatz 1 die örtliche Zuständigkeit nicht bestimmen, so ist jedes Finanzamt örtlich zuständig, das nach den §§ 19 oder 20 für die Steuern vom Einkommen und Vermögen eines Steuerpflichtigen zuständig ist, dem ein Anteil an dem Gegenstand der Feststellung zuzurechnen ist. [2] Soweit dieses Finanzamt auf Grund einer Verordnung nach § 17 Abs. 2 Satz 3 und 4 des Finanzverwaltungsgesetzes[3] sachlich nicht für die gesonderte Feststellung zuständig ist, tritt an seine Stelle das sachlich zuständige Finanzamt.

---

[1] § 18 Abs. 1 Nr. 3 geänd. durch G v. 20.12.2008 (BGBl. I S. 2850).
[2] § 18 Abs. 1 Nr. 4 neu gef. mWv 1.1.2017 durch G v. 18.7.2016 (BGBl. I S. 1679).
[3] Nr. **31**.

§ 19 Steuern vom Einkommen und Vermögen natürlicher Personen.

(1)[1] ¹ Für die Besteuerung natürlicher Personen nach dem Einkommen und Vermögen ist das Finanzamt örtlich zuständig, in dessen Bezirk der Steuerpflichtige seinen Wohnsitz oder in Ermangelung eines Wohnsitzes seinen gewöhnlichen Aufenthalt hat (Wohnsitzfinanzamt). ² Bei mehrfachem Wohnsitz im Geltungsbereich des Gesetzes ist der Wohnsitz maßgebend, an dem sich der Steuerpflichtige vorwiegend aufhält; bei mehrfachem Wohnsitz eines verheirateten oder in Lebenspartnerschaft lebenden Steuerpflichtigen, der von seinem Ehegatten oder Lebenspartner nicht dauernd getrennt lebt, ist der Wohnsitz maßgebend, an dem sich die Familie vorwiegend aufhält. ³ Für die nach § 1 Abs. 2 des Einkommensteuergesetzes[2] und nach § 1 Abs. 2 des Vermögensteuergesetzes unbeschränkt steuerpflichtigen Personen ist das Finanzamt örtlich zuständig, in dessen Bezirk sich die zahlende öffentliche Kasse befindet; das Gleiche gilt in den Fällen des § 1 Abs. 3 des Einkommensteuergesetzes bei Personen, die die Voraussetzungen des § 1 Abs. 2 Satz 1 Nr. 1 und 2 des Einkommensteuergesetzes erfüllen, und in den Fällen des § 1a Abs. 2 des Einkommensteuergesetzes.

(2)[3] ¹ Liegen die Voraussetzungen des Absatzes 1 nicht vor, so ist das Finanzamt örtlich zuständig, in dessen Bezirk sich das Vermögen des Steuerpflichtigen und, wenn dies für mehrere Finanzämter zutrifft, in dessen Bezirk sich der wertvollste Teil des Vermögens befindet. ² Hat der Steuerpflichtige kein Vermögen im Geltungsbereich des Gesetzes, so ist das Finanzamt örtlich zuständig, in dessen Bezirk die Tätigkeit im Geltungsbereich des Gesetzes vorwiegend ausgeübt oder verwertet wird oder worden ist. ³ Hat ein Steuerpflichtiger seinen Wohnsitz oder gewöhnlichen Aufenthalt im Geltungsbereich des Gesetzes aufgegeben und erzielt er im Jahr des Wegzugs keine Einkünfte im Sinne des § 49 des Einkommensteuergesetzes, ist das Finanzamt örtlich zuständig, das nach den Verhältnissen vor dem Wegzug zuletzt örtlich zuständig war.

(3) ¹ Gehören zum Bereich der Wohnsitzgemeinde mehrere Finanzämter und übt ein Steuerpflichtiger mit Einkünften aus Land- und Forstwirtschaft, Gewerbebetrieb oder freiberuflicher Tätigkeit diese Tätigkeit innerhalb der Wohnsitzgemeinde, aber im Bezirk eines anderen Finanzamts als dem des Wohnsitzfinanzamts aus, so ist abweichend von Absatz 1 jenes Finanzamt zuständig, wenn es nach § 18 Abs. 1 Nr. 1, 2 oder 3 für eine gesonderte Feststellung dieser Einkünfte zuständig wäre. ² Einkünfte aus Gewinnanteilen sind bei Anwendung des Satzes 1 nur dann zu berücksichtigen, wenn sie die einzigen Einkünfte des Steuerpflichtigen im Sinne des Satzes 1 sind.

(4) Steuerpflichtige, die zusammen zu veranlagen sind oder zusammen veranlagt werden können, sind bei Anwendung des Absatzes 3 so zu behandeln, als seien ihre Einkünfte von einem Steuerpflichtigen bezogen worden.

(5) ¹ Durch Rechtsverordnung der Landesregierung kann bestimmt werden, dass als Wohnsitzgemeinde im Sinne des Absatzes 3 ein Gebiet gilt, das mehrere Gemeinden umfasst, soweit dies mit Rücksicht auf die Wirtschafts- oder Verkehrsverhältnisse, den Aufbau der Verwaltungsbehörden oder andere örtliche Bedürfnisse zweckmäßig erscheint. ² Die Landesregierung kann die Er-

---

[1] § 19 Abs. 1 Satz 2 2. HS geänd. durch G v. 18.7.2014 (BGBl. I S. 1042); zur Anwendung siehe Art. 97 § 1 Abs. 10 Satz 1 EGAO (Nr. **4**).

[2] Nr. **5**.

[3] § 19 Abs. 2 Satz 3 angef. mWv 29.12.2020 durch G v. 21.12.2020 (BGBl. I S. 3096).

mächtigung auf die für die Finanzverwaltung zuständige oberste Landesbehörde übertragen.

(6)[1] [1]Das Bundesministerium der Finanzen kann zur Sicherstellung der Besteuerung von Personen, die nach § 1 Abs. 4 des Einkommensteuergesetzes beschränkt steuerpflichtig sind und Einkünfte im Sinne von § 49 Abs. 1 Nr. 7 und 10 des Einkommensteuergesetzes beziehen, durch Rechtsverordnung[2] mit Zustimmung des Bundesrates einer Finanzbehörde die örtliche Zuständigkeit für den Geltungsbereich des Gesetzes übertragen. [2]Satz 1 gilt auch in den Fällen, in denen ein Antrag nach § 1 Abs. 3 des Einkommensteuergesetzes gestellt wird.

§ 20 Steuern vom Einkommen und Vermögen der Körperschaften, Personenvereinigungen, Vermögensmassen. (1) Für die Besteuerung von Körperschaften, Personenvereinigungen und Vermögensmassen nach dem Einkommen und Vermögen ist das Finanzamt örtlich zuständig, in dessen Bezirk sich die Geschäftsleitung befindet.

(2) Befindet sich die Geschäftsleitung nicht im Geltungsbereich des Gesetzes oder lässt sich der Ort der Geschäftsleitung nicht feststellen, so ist das Finanzamt örtlich zuständig, in dessen Bezirk die Steuerpflichtige ihren Sitz hat.

(3) Ist weder die Geschäftsleitung noch der Sitz im Geltungsbereich des Gesetzes, so ist das Finanzamt örtlich zuständig, in dessen Bezirk sich Vermögen der Steuerpflichtigen und, wenn dies für mehrere Finanzämter zutrifft, das Finanzamt, in dessen Bezirk sich der wertvollste Teil des Vermögens befindet.

(4) Befindet sich weder die Geschäftsleitung noch der Sitz noch Vermögen der Steuerpflichtigen im Geltungsbereich des Gesetzes, so ist das Finanzamt örtlich zuständig, in dessen Bezirk die Tätigkeit im Geltungsbereich des Gesetzes vorwiegend ausgeübt oder verwertet wird oder worden ist.

§ 20a Steuern vom Einkommen bei Bauleistungen. (1)[3] [1]Abweichend von §§ 19 und 20 ist für die Besteuerung von Unternehmen, die Bauleistungen im Sinne von § 48 Abs. 1 Satz 3 des Einkommensteuergesetzes[4] erbringen, das Finanzamt zuständig, das für die Besteuerung der entsprechenden Umsätze nach § 21 Abs. 1 zuständig ist, wenn der Unternehmer seinen Wohnsitz oder das Unternehmen seine Geschäftsleitung oder seinen Sitz außerhalb des Geltungsbereiches des Gesetzes hat. [2]Das gilt auch abweichend von den §§ 38 bis 42f des Einkommensteuergesetzes beim Steuerabzug vom Arbeitslohn.

(2) [1]Für die Verwaltung der Lohnsteuer in den Fällen der Arbeitnehmerüberlassung durch ausländische Verleiher nach § 38 Abs. 1 Satz 1 Nr. 2 des Einkommensteuergesetzes ist das Finanzamt zuständig, das für die Besteuerung der entsprechenden Umsätze nach § 21 Abs. 1 zuständig ist. [2]Satz 1 gilt nur, wenn die überlassene Person im Baugewerbe eingesetzt ist.

(3) Für die Besteuerung von Personen, die von Unternehmen im Sinne des Absatzes 1 oder 2 im Inland beschäftigt werden, kann abweichend von § 19 das Bundesministerium der Finanzen durch Rechtsverordnung mit Zustimmung

---

[1] § 19 Abs. 6 angef. durch G v. 13.12.2006 (BGBl. I S. 2878); Satz 1 geänd. und Satz 2 angef. mWv 1.1.2009 durch G v. 19.12.2008 (BGBl. I S. 2794).

[2] Siehe Einkommensteuer-Zuständigkeitsverordnung v. 2.1.2009 (BGBl. I S. 3), geänd. durch VO v. 11.12.2012 (BGBl. I S. 2637).

[3] § 20a Abs. 1 Satz 1 geänd. durch G v. 9.12.2004 (BGBl. I S. 3310).

[4] Nr. **5**.

des Bundesrates die örtliche Zuständigkeit einem Finanzamt für den Geltungsbereich des Gesetzes übertragen.

§ 21 Umsatzsteuer. (1)[1] [1] Für die Umsatzsteuer mit Ausnahme der Einfuhrumsatzsteuer ist das Finanzamt zuständig, von dessen Bezirk aus der Unternehmer sein Unternehmen im Geltungsbereich des Gesetzes ganz oder vorwiegend betreibt. [2] Das Bundesministerium der Finanzen kann zur Sicherstellung der Besteuerung durch Rechtsverordnung[2] mit Zustimmung des Bundesrates für Unternehmer, die Wohnsitz, Sitz oder Geschäftsleitung außerhalb des Geltungsbereiches dieses Gesetzes haben, die örtliche Zuständigkeit einer Finanzbehörde für den Geltungsbereich des Gesetzes übertragen.

(2)[3] Für die Umsatzsteuer von Personen, die keine Unternehmer sind, ist das Finanzamt zuständig, das nach § 19 oder § 20 auch für die Besteuerung nach dem Einkommen zuständig ist; in den Fällen des § 180 Absatz 1 Satz 1 Nummer 2 Buchstabe a ist das Finanzamt für die Umsatzsteuer zuständig, das nach § 18 auch für die gesonderte Feststellung zuständig ist.

§ 22 Realsteuern. (1) [1] Für die Festsetzung und Zerlegung der Steuermessbeträge ist bei der Grundsteuer das Lagefinanzamt (§ 18 Abs. 1 Nr. 1) und bei der Gewerbesteuer das Betriebsfinanzamt (§ 18 Abs. 1 Nr. 2) örtlich zuständig. [2] Abweichend von Satz 1 ist für die Festsetzung und Zerlegung der Gewerbesteuermessbeträge bei Unternehmen, die Bauleistungen im Sinne von § 48 Abs. 1 Satz 3 des Einkommensteuergesetzes[4] erbringen, das Finanzamt zuständig, das für die Besteuerung der entsprechenden Umsätze nach § 21 Abs. 1 zuständig ist, wenn der Unternehmer seinen Wohnsitz oder das Unternehmen seine Geschäftsleitung oder seinen Sitz außerhalb des Geltungsbereiches des Gesetzes hat.

(2) [1] Soweit die Festsetzung, Erhebung und Beitreibung von Realsteuern den Finanzämtern obliegt, ist dafür das Finanzamt örtlich zuständig, zu dessen Bezirk die hebeberechtigte Gemeinde gehört. [2] Gehört eine hebeberechtigte Gemeinde zu den Bezirken mehrerer Finanzämter, so ist von diesen Finanzämtern das Finanzamt örtlich zuständig, das nach Absatz 1 zuständig ist oder zuständig wäre, wenn im Geltungsbereich dieses Gesetzes nur die in der hebeberechtigten Gemeinde liegenden Teile des Betriebs, des Grundstücks oder des Betriebsgrundstücks vorhanden wären.

(3) Absatz 2 gilt sinngemäß, soweit einem Land nach Artikel 106 Abs. 6 Satz 3 des Grundgesetzes[5] das Aufkommen der Realsteuern zusteht.

§ 22a[6] Zuständigkeit auf dem Festlandsockel oder an der ausschließlichen Wirtschaftszone. Die Zuständigkeit der Finanzbehörden der Länder nach den §§ 18 bis 22 oder nach den Steuergesetzen im Bereich des der Bundesrepublik Deutschland zustehenden Anteils an dem Festlandsockel und an der ausschließlichen Wirtschaftszone richtet sich nach dem Äquidistanzprinzip.

---

[1] § 21 Abs. 1 Satz 2 geänd. durch G v. 16.5.2003 (BGBl. I S. 660).

[2] Siehe VO über die örtliche Zuständigkeit für die USt im Ausland ansässiger Unternehmer v. 20.12.2001 (BGBl. I S. 3794, 3814), zuletzt geänd. durch G v. 21.12.2020 (BGBl. I S. 3096).

[3] § 21 Abs. 2 neu gef. mWv 1.1.2017 durch G v. 18.7.2016 (BGBl. I S. 1679).

[4] Nr. **5**.

[5] Nr. **32**.

[6] § 22a eingef. durch G v. 25.7.2014 (BGBl. I S. 1266).

§ 23 Einfuhr- und Ausfuhrabgaben und Verbrauchsteuern. (1)[1] Für die Einfuhr- und Ausfuhrabgaben nach Artikel 5 Nummer 20 und 21 des Zollkodex der Union und Verbrauchsteuern ist das Hauptzollamt örtlich zuständig, in dessen Bezirk der Tatbestand verwirklicht wird, an den das Gesetz die Steuer knüpft.

(2) [1] Örtlich zuständig ist ferner das Hauptzollamt, von dessen Bezirk aus der Steuerpflichtige sein Unternehmen betreibt. [2] Wird das Unternehmen von einem nicht zum Geltungsbereich des Gesetzes gehörenden Ort aus betrieben, so ist das Hauptzollamt zuständig, in dessen Bezirk der Unternehmer seine Umsätze im Geltungsbereich des Gesetzes ganz oder vorwiegend bewirkt.

(3)[2] Werden Einfuhr- und Ausfuhrabgaben nach Artikel 5 Nummer 20 und 21 des Zollkodex der Union und Verbrauchsteuern im Zusammenhang mit einer Steuerstraftat oder einer Steuerordnungswidrigkeit geschuldet, so ist auch das Hauptzollamt örtlich zuständig, das für die Strafsache oder die Bußgeldsache zuständig ist.

§ 24 Ersatzzuständigkeit. Ergibt sich die örtliche Zuständigkeit nicht aus anderen Vorschriften, so ist die Finanzbehörde zuständig, in deren Bezirk der Anlass für die Amtshandlung hervortritt.

§ 25 Mehrfache örtliche Zuständigkeit. [1] Sind mehrere Finanzbehörden zuständig, so entscheidet die Finanzbehörde, die zuerst mit der Sache befasst worden ist, es sei denn, die zuständigen Finanzbehörden einigen sich auf eine andere zuständige Finanzbehörde oder die gemeinsame fachlich zuständige Aufsichtsbehörde bestimmt, dass eine andere örtlich zuständige Finanzbehörde zu entscheiden hat. [2] Fehlt eine gemeinsame Aufsichtsbehörde, so treffen die fachlich zuständigen Aufsichtsbehörden die Entscheidung gemeinsam.

§ 26[3] Zuständigkeitswechsel. [1] Geht die örtliche Zuständigkeit durch eine Veränderung der sie begründenden Umstände von einer Finanzbehörde auf eine andere Finanzbehörde über, so tritt der Wechsel der Zuständigkeit in dem Zeitpunkt ein, in dem eine der beiden Finanzbehörden hiervon erfährt. [2] Die bisher zuständige Finanzbehörde kann ein Verwaltungsverfahren fortführen, wenn dies unter Wahrung der Interessen der Beteiligten der einfachen und zweckmäßigen Durchführung des Verfahrens dient und die nunmehr zuständige Finanzbehörde zustimmt. [3] Ein Zuständigkeitswechsel nach Satz 1 tritt so lange nicht ein, wie

1. über einen Insolvenzantrag noch nicht entschieden wurde,
2. ein eröffnetes Insolvenzverfahren noch nicht aufgehoben wurde oder
3. sich eine Personengesellschaft oder eine juristische Person in Liquidation befindet.

§ 27[4] Zuständigkeitsvereinbarung. [1] Im Einvernehmen mit der Finanzbehörde, die nach den Vorschriften der Steuergesetze örtlich zuständig ist, kann

[1] § 23 Abs. 1 geänd. mWv 1.5.2016 durch G v. 22.12.2014 (BGBl. I S. 2417).
[2] § 23 Abs. 3 geänd. mWv 1.5.2016 durch G v. 22.12.2014 (BGBl. I S. 2417).
[3] § 26 Satz 3 angef. durch G v. 20.12.2007 (BGBl. I S. 3150).
[4] § 27 Sätze 2 bis 4 angef. mWv 1.1.2004 durch G v. 15.12.2003 (BGBl. I S. 2645); Sätze 1 bis 4 geänd. mWv 26.11.2019 durch G v. 20.11.2019 (BGBl. I S. 1626); Satz 4 geänd. mWv 29.12.2020 durch G v. 21.12.2020 (BGBl. I S. 3096).

eine andere Finanzbehörde die Besteuerung übernehmen, wenn die betroffene Person zustimmt. [2]Eine der Finanzbehörden nach Satz 1 kann die betroffene Person auffordern, innerhalb einer angemessenen Frist die Zustimmung zu erklären. [3]Die Zustimmung gilt als erteilt, wenn die betroffene Person nicht innerhalb dieser Frist widerspricht. [4]Die betroffene Person ist auf die Wirkung ihres Schweigens ausdrücklich hinzuweisen.

§ 28 Zuständigkeitsstreit. (1) [1]Die gemeinsame fachlich zuständige Aufsichtsbehörde entscheidet über die örtliche Zuständigkeit, wenn sich mehrere Finanzbehörden für zuständig oder für unzuständig halten oder wenn die Zuständigkeit aus anderen Gründen zweifelhaft ist. [2]§ 25 Satz 2 gilt entsprechend.

(2) § 5 Abs. 1 Nr. 7 des Gesetzes über die Finanzverwaltung[1] bleibt unberührt.

§ 29 Gefahr im Verzug. [1]Bei Gefahr im Verzug ist für unaufschiebbare Maßnahmen jede Finanzbehörde örtlich zuständig, in deren Bezirk der Anlass für die Amtshandlung hervortritt. [2]Die sonst örtlich zuständige Behörde ist unverzüglich zu unterrichten.

§ 29a[2] Unterstützung des örtlich zuständigen Finanzamts auf Anweisung der vorgesetzten Finanzbehörde. [1]Die oberste Landesfinanzbehörde oder die von ihr beauftragte Landesfinanzbehörde kann zur Gewährleistung eines zeitnahen und gleichmäßigen Vollzugs der Steuergesetze anordnen, dass das örtlich zuständige Finanzamt ganz oder teilweise bei der Erfüllung seiner Aufgaben in Besteuerungsverfahren durch ein anderes Finanzamt unterstützt wird. [2]Das unterstützende Finanzamt handelt im Namen des örtlich zuständigen Finanzamts; das Verwaltungshandeln des unterstützenden Finanzamts ist dem örtlich zuständigen Finanzamt zuzurechnen.

Vierter Abschnitt.[3] Verarbeitung geschützter Daten und Steuergeheimnis

§ 29b[4] Verarbeitung personenbezogener Daten durch Finanzbehörden. (1) Die Verarbeitung personenbezogener Daten durch eine Finanzbehörde ist zulässig, wenn sie zur Erfüllung der ihr obliegenden Aufgabe oder in Ausübung öffentlicher Gewalt, die ihr übertragen wurde, erforderlich ist.

(2) [1]Abweichend von Artikel 9 Absatz 1 der Verordnung (EU) 2016/679 ist die Verarbeitung besonderer Kategorien personenbezogener Daten im Sinne des Artikels 9 Absatz 1 der Verordnung (EU) 2016/679 durch eine Finanzbehörde zulässig, soweit die Verarbeitung aus Gründen eines erheblichen öffentlichen Interesses erforderlich ist und soweit die Interessen des Verantwortlichen an der Datenverarbeitung die Interessen der betroffenen Person überwiegen. [2]Die Finanzbehörde hat in diesem Fall angemessene und spezifische Maßnahmen zur Wahrung der Interessen der betroffenen Person vorzusehen; § 22 Absatz 2 Satz 2 des Bundesdatenschutzgesetzes ist entsprechend anzuwenden.

---

[1] Nr. **31**.

[2] § 29a eingef. mWv 23.7.2016 durch G v. 18.7.2016 (BGBl. I S. 1679).

[3] 1. Teil 4. Abschnitt Überschrift neu gef. mWv 25.5.2018 durch G v. 17.7.2017 (BGBl. I S. 2541).

[4] § 29b eingef. mWv 25.5.2018 durch G v. 17.7.2017 (BGBl. I S. 2541).

§ 29c[1)] Verarbeitung personenbezogener Daten durch Finanzbehörden zu anderen Zwecken. (1) [1] Die Verarbeitung personenbezogener Daten zu einem anderen Zweck als zu demjenigen, zu dem die Daten von einer Finanzbehörde erhoben oder erfasst wurden (Weiterverarbeitung), durch Finanzbehörden im Rahmen ihrer Aufgabenerfüllung ist zulässig, wenn

1. sie einem Verwaltungsverfahren, einem Rechnungsprüfungsverfahren oder einem gerichtlichen Verfahren in Steuersachen, einem Strafverfahren wegen einer Steuerstraftat oder einem Bußgeldverfahren wegen einer Steuerordnungswidrigkeit dient,
2. die gesetzlichen Voraussetzungen vorliegen, die nach § 30 Absatz 4 oder 5 eine Offenbarung der Daten zulassen würden, oder zu prüfen ist, ob diese Voraussetzungen vorliegen,
3. offensichtlich ist, dass die Weiterverarbeitung im Interesse der betroffenen Person liegt und kein Grund zu der Annahme besteht, dass sie in Kenntnis des anderen Zwecks ihre Einwilligung verweigern würde,
4. sie für die Entwicklung, Überprüfung oder Änderung automatisierter Verfahren der Finanzbehörden erforderlich ist, weil
   a) unveränderte Daten benötigt werden oder
   b) eine Anonymisierung oder Pseudonymisierung der Daten nicht oder nur mit unverhältnismäßigem Aufwand möglich ist.

   [2] Die Nutzung personenbezogener Daten ist dabei insbesondere erforderlich, wenn personenbezogene Daten aus mehreren verschiedenen Dateisystemen eindeutig miteinander verknüpft werden sollen und die Schaffung geeigneter Testfälle nicht oder nur mit unverhältnismäßigem Aufwand möglich ist,
5. sie für die Gesetzesfolgenabschätzung erforderlich ist, weil
   a) unveränderte Daten benötigt werden oder
   b) eine Anonymisierung oder Pseudonymisierung der Daten nicht oder nur mit unverhältnismäßigem Aufwand möglich ist,

   oder
6. sie für die Wahrnehmung von Aufsichts-, Steuerungs- und Disziplinarbefugnissen der Finanzbehörde erforderlich ist. [2] Das gilt auch für die Veränderung oder Nutzung personenbezogener Daten zu Ausbildungs- und Prüfungszwecken durch die Finanzbehörde, soweit nicht überwiegende schutzwürdige Interessen der betroffenen Person entgegenstehen.

[2] In den Fällen von Satz 1 Nummer 4 dürfen die Daten ausschließlich für Zwecke der Entwicklung, Überprüfung oder Änderung automatisierter Verfahren verarbeitet werden und müssen innerhalb eines Jahres nach Beendigung dieser Maßnahmen gelöscht werden. [3] In den Fällen von Satz 1 Nummer 6 dürfen die Daten nur durch Personen verarbeitet werden, die nach § 30 zur Wahrung des Steuergeheimnisses verpflichtet sind.

(2) Die Weiterverarbeitung besonderer Kategorien personenbezogener Daten im Sinne des Artikels 9 Absatz 1 der Verordnung (EU) 2016/679 ist zulässig, wenn die Voraussetzungen des Absatzes 1 und ein Ausnahmetatbestand nach Artikel 9 Absatz 2 der Verordnung (EU) 2016/679 oder nach § 29b Absatz 2 vorliegen.

[1)] § 29c eingef. mWv 25.5.2018 durch G v. 17.7.2017 (BGBl. I S. 2541).

§ 30 Steuergeheimnis. (1) Amtsträger haben das Steuergeheimnis zu wahren.

(2)[1] Ein Amtsträger verletzt das Steuergeheimnis, wenn er

1. personenbezogene Daten eines anderen, die ihm
   a) in einem Verwaltungsverfahren, einem Rechnungsprüfungsverfahren oder einem gerichtlichen Verfahren in Steuersachen,
   b) in einem Strafverfahren wegen einer Steuerstraftat oder einem Bußgeldverfahren wegen einer Steuerordnungswidrigkeit,
   c)[2] im Rahmen einer Weiterverarbeitung nach § 29c Absatz 1 Satz 1 Nummer 4, 5 oder 6 oder aus anderem dienstlichen Anlass, insbesondere durch Mitteilung einer Finanzbehörde oder durch die gesetzlich vorgeschriebene Vorlage eines Steuerbescheids oder einer Bescheinigung über die bei der Besteuerung getroffenen Feststellungen,

   bekannt geworden sind, oder
2. ein fremdes Betriebs- oder Geschäftsgeheimnis, das ihm in einem der in Nummer 1 genannten Verfahren bekannt geworden ist,

(geschützte Daten) unbefugt offenbart oder verwertet oder

3. geschützte Daten im automatisierten Verfahren unbefugt abruft, wenn sie für eines der in Nummer 1 genannten Verfahren in einem automationsgestützten Dateisystem gespeichert sind.

(3) Den Amtsträgern stehen gleich

1. die für den öffentlichen Dienst besonders Verpflichteten (§ 11 Abs. 1 Nr. 4 des Strafgesetzbuchs),

1a. die in § 193 Abs. 2 des Gerichtsverfassungsgesetzes genannten Personen,

2. amtlich zugezogene Sachverständige,
3. die Träger von Ämtern der Kirchen und anderen Religionsgemeinschaften, die Körperschaften des öffentlichen Rechts sind.

(4)[3] Die Offenbarung oder Verwertung geschützter Daten ist zulässig, soweit

1. sie der Durchführung eines Verfahrens im Sinne des Absatzes 2 Nr. 1 Buchstaben a und b dient,

1a.[4] sie einer Verarbeitung durch Finanzbehörden nach Maßgabe des § 29c Absatz 1 Satz 1 Nummer 4 oder 6 dient,

1b.[5] sie der Durchführung eines Bußgeldverfahrens nach Artikel 83 der Verordnung (EU) 2016/679 im Anwendungsbereich dieses Gesetzes dient,

2.[6] sie durch Bundesgesetz ausdrücklich zugelassen ist,

---

[1] § 30 Abs. 2 neu gef. mWv 25.5.2018 durch G v. 17.7.2017 (BGBl. I S. 2541).

[2] § 30 Abs. 2 Nr. 1 Buchst. c neu gef. mWv 18.12.2019 durch G v. 12.12.2019 (BGBl. I S. 2451); zur Anwendung siehe Art. 97 § 1 Abs. 13 EGAO (Nr. **4**).

[3] § 30 Abs. 4 einl. Satzteil neu gef. mWv 25.5.2018 durch G v. 17.7.2017 (BGBl. I S. 2541).

[4] § 30 Abs. 4 Nr. 1a eingef. mWv 25.5.2018 durch G v. 17.7.2017 (BGBl. I S. 2541).

[5] § 30 Abs. 4 Nr. 1b eingef. mWv 25.5.2018 durch G v. 17.7.2017 (BGBl. I S. 2541).

[6] § 30 Abs. 4 Nr. 2 geänd. mWv 25.5.2018 durch G v. 17.7.2017 (BGBl. I S. 2541).

2a.[1] sie durch Recht der Europäischen Union vorgeschrieben oder zugelassen ist,

2b.[2] sie der Erfüllung der gesetzlichen Aufgaben des Statistischen Bundesamtes oder für die Erfüllung von Bundesgesetzen durch die Statistischen Landesämter dient,

2c.[3] sie der Gesetzesfolgenabschätzung dient und die Voraussetzungen für eine Weiterverarbeitung nach § 29c Absatz 1 Satz 1 Nummer 5 vorliegen,

3.[4] die betroffene Person zustimmt,

4.[5] sie der Durchführung eines Strafverfahrens wegen einer Tat dient, die keine Steuerstraftat ist, und die Kenntnisse

a) in einem Verfahren wegen einer Steuerstraftat oder Steuerordnungswidrigkeit erlangt worden sind; dies gilt jedoch nicht für solche Tatsachen, die der Steuerpflichtige in Unkenntnis der Einleitung des Strafverfahrens oder des Bußgeldverfahrens offenbart hat oder die bereits vor Einleitung des Strafverfahrens oder des Bußgeldverfahrens im Besteuerungsverfahren bekannt geworden sind, oder

b) ohne Bestehen einer steuerlichen Verpflichtung oder unter Verzicht auf ein Auskunftsverweigerungsrecht erlangt worden sind,

5. für sie ein zwingendes öffentliches Interesse besteht; ein zwingendes öffentliches Interesse ist namentlich gegeben, wenn

a)[6] die Offenbarung erforderlich ist zur Abwehr erheblicher Nachteile für das Gemeinwohl oder einer Gefahr für die öffentliche Sicherheit, die Verteidigung oder die nationale Sicherheit oder zur Verhütung oder Verfolgung von Verbrechen und vorsätzlichen schweren Vergehen gegen Leib und Leben oder gegen den Staat und seine Einrichtungen,

b) Wirtschaftsstraftaten verfolgt werden oder verfolgt werden sollen, die nach ihrer Begehungsweise oder wegen des Umfangs des durch sie verursachten Schadens geeignet sind, die wirtschaftliche Ordnung erheblich zu stören oder das Vertrauen der Allgemeinheit auf die Redlichkeit des geschäftlichen Verkehrs oder auf die ordnungsgemäße Arbeit der Behörden und der öffentlichen Einrichtungen erheblich zu erschüttern, oder

c) die Offenbarung erforderlich ist zur Richtigstellung in der Öffentlichkeit verbreiteter unwahrer Tatsachen, die geeignet sind, das Vertrauen in die Verwaltung erheblich zu erschüttern; die Entscheidung trifft die zuständige oberste Finanzbehörde im Einvernehmen mit dem Bundesministerium der Finanzen; vor der Richtigstellung soll der Steuerpflichtige gehört werden.

(5)[7] Vorsätzlich falsche Angaben der betroffenen Person dürfen den Strafverfolgungsbehörden gegenüber offenbart werden.

---

[1] § 30 Abs. 4 Nr. 2a eingef. mWv 25.5.2018 durch G v. 17.7.2017 (BGBl. I S. 2541).

[2] § 30 Abs. 4 Nr. 2b neu gef. mWv 18.12.2019 durch G v. 12.12.2019 (BGBl. I S. 2451); zur Anwendung siehe Art. 97 § 1 Abs. 13 EGAO (Nr. **4**).

[3] § 30 Abs. 4 Nr. 2c eingef. mWv 25.5.2018 durch G v. 17.7.2017 (BGBl. I S. 2541).

[4] § 30 Abs. 4 Nr. 3 geänd. mWv 26.11.2019 durch G v. 20.11.2019 (BGBl. I S. 1626).

[5] Siehe hierzu § 4 Abs. 5 Nr. 10 Satz 3 EStG (Nr. **5**).

[6] § 30 Abs. 4 Nr. 5 Buchst. a neu gef. mWv 25.5.2018 durch G v. 17.7.2017 (BGBl. I S. 2541).

[7] § 30 Abs. 5 geänd. mWv 26.11.2019 durch G v. 20.11.2019 (BGBl. I S. 1626).

(6)[1] [1] Der Abruf geschützter Daten, die für eines der in Absatz 2 Nummer 1 genannten Verfahren in einem automationsgestützten Dateisystem gespeichert sind, ist nur zulässig, soweit er der Durchführung eines Verfahrens im Sinne des Absatzes 2 Nummer 1 Buchstabe a und b oder der zulässigen Übermittlung geschützter Daten durch eine Finanzbehörde an die betroffene Person oder Dritte dient. [2] Zur Wahrung des Steuergeheimnisses kann das Bundesministerium der Finanzen durch Rechtsverordnung mit Zustimmung des Bundesrates bestimmen, welche technischen und organisatorischen Maßnahmen gegen den unbefugten Abruf von Daten zu treffen sind. [3] Insbesondere kann es nähere Regelungen treffen über die Art der Daten, deren Abruf zulässig ist, sowie über den Kreis der Amtsträger, die zum Abruf solcher Daten berechtigt sind. [4] Die Rechtsverordnung bedarf nicht der Zustimmung des Bundesrates, soweit sie die Kraftfahrzeugsteuer, die Luftverkehrsteuer, die Versicherungsteuer sowie Einfuhr- und Ausfuhrabgaben und Verbrauchsteuern, mit Ausnahme der Biersteuer, betrifft.

(7)[2] Werden dem Steuergeheimnis unterliegende Daten durch einen Amtsträger oder diesem nach Absatz 3 gleichgestellte Personen nach Maßgabe des § 87a Absatz 4 oder 7 über De-Mail-Dienste im Sinne des § 1 des De-Mail-Gesetzes versendet, liegt keine unbefugte Offenbarung, Verwertung und kein unbefugter Abruf von dem Steuergeheimnis unterliegenden Daten vor, wenn beim Versenden eine kurzzeitige automatisierte Entschlüsselung durch den akkreditierten Diensteanbieter zum Zweck der Überprüfung auf Schadsoftware und zum Zweck der Weiterleitung an den Adressaten der De-Mail-Nachricht stattfindet.

(8)[3] Die Einrichtung eines automatisierten Verfahrens, das den Abgleich geschützter Daten innerhalb einer Finanzbehörde oder zwischen verschiedenen Finanzbehörden ermöglicht, ist zulässig, soweit die Weiterverarbeitung oder Offenbarung dieser Daten zulässig und dieses Verfahren unter Berücksichtigung der schutzwürdigen Interessen der betroffenen Person und der Aufgaben der beteiligten Finanzbehörden angemessen ist.

(9)[4] Die Finanzbehörden dürfen sich bei der Verarbeitung geschützter Daten nur dann eines Auftragsverarbeiters im Sinne von Artikel 4 Nummer 8 der Verordnung (EU) 2016/679 bedienen, wenn diese Daten ausschließlich durch Personen verarbeitet werden, die zur Wahrung des Steuergeheimnisses verpflichtet sind.

(10)[5] Die Offenbarung besonderer Kategorien personenbezogener Daten im Sinne des Artikels 9 Absatz 1 der Verordnung (EU) 2016/679 durch Finanzbehörden an öffentliche oder nicht-öffentliche Stellen ist zulässig, wenn die Voraussetzungen der Absätze 4 oder 5 und ein Ausnahmetatbestand nach Artikel 9 Absatz 2 der Verordnung (EU) 2016/679 oder nach § 31c vorliegen.

(11)[6] [1] Wurden geschützte Daten

---

[1] § 30 Abs. 6 Satz 4 neu gef. mWv 30.6.2013 durch G v. 26.6.2013 (BGBl. I S. 1809); Satz 1 neu gef. mWv 25.5.2018 durch G v. 17.7.2017 (BGBl. I S. 2541).

[2] § 30 Abs. 7 angef. mWv 1.8.2013 durch G v. 25.7.2013 (BGBl. I S. 2749); geänd. mWv 25.5.2018 durch G v. 17.7.2017 (BGBl. I S. 2541).

[3] § 30 Abs. 8 angef. mWv 25.5.2018 durch G v. 17.7.2017 (BGBl. I S. 2541).

[4] § 30 Abs. 9 angef. mWv 25.5.2018 durch G v. 17.7.2017 (BGBl. I S. 2541).

[5] § 30 Abs. 10 angef. mWv 25.5.2018 durch G v. 17.7.2017 (BGBl. I S. 2541); geänd. mWv 26.11.2019 durch G v. 20.11.2019 (BGBl. I S. 1626).

[6] § 30 Abs. 11 angef. mWv 25.5.2018 durch G v. 17.7.2017 (BGBl. I S. 2541).

1. einer Person, die nicht zur Wahrung des Steuergeheimnisses verpflichtet ist,
2. einer öffentlichen Stelle, die keine Finanzbehörde ist, oder
3. einer nicht-öffentlichen Stelle

nach den Absätzen 4 oder 5 offenbart, darf der Empfänger diese Daten nur zu dem Zweck speichern, verändern, nutzen oder übermitteln, zu dem sie ihm offenbart worden sind. 2 Die Pflicht eines Amtsträgers oder einer ihm nach Absatz 3 gleichgestellten Person, dem oder der die geschützten Daten durch die Offenbarung bekannt geworden sind, zur Wahrung des Steuergeheimnisses bleibt unberührt.

§ 30a[1] *(aufgehoben)*

§ 31 Mitteilung von Besteuerungsgrundlagen. (1)[2] 1 Die Finanzbehörden sind verpflichtet, Besteuerungsgrundlagen, Steuermessbeträge und Steuerbeträge an Körperschaften des öffentlichen Rechts einschließlich der Religionsgemeinschaften, die Körperschaften des öffentlichen Rechts sind, zur Festsetzung von solchen Abgaben mitzuteilen, die an diese Besteuerungsgrundlagen, Steuermessbeträge oder Steuerbeträge anknüpfen. 2 Die Mitteilungspflicht besteht nicht, soweit deren Erfüllung mit einem unverhältnismäßigen Aufwand verbunden wäre. 3 Die Finanzbehörden dürfen Körperschaften des öffentlichen Rechts auf Ersuchen Namen und Anschriften ihrer Mitglieder, die dem Grunde nach zur Entrichtung von Abgaben im Sinne des Satzes 1 verpflichtet sind, sowie die von der Finanzbehörde für die Körperschaft festgesetzten Abgaben übermitteln, soweit die Kenntnis dieser Daten zur Erfüllung von in der Zuständigkeit der Körperschaft liegenden öffentlichen Aufgaben erforderlich ist und überwiegende schutzwürdige Interessen der betroffenen Person nicht entgegenstehen.

(2)[3] 1 Die Finanzbehörden sind verpflichtet, die nach § 30 Absatz 2 Nummer 1 geschützten personenbezogenen Daten der betroffenen Person den Trägern der gesetzlichen Sozialversicherung, der Bundesagentur für Arbeit und der Künstlersozialkasse mitzuteilen, soweit die Kenntnis dieser Daten für die Feststellung der Versicherungspflicht oder die Festsetzung von Beiträgen einschließlich der Künstlersozialabgabe erforderlich ist oder die betroffene Person einen Antrag auf Mitteilung stellt. 2 Die Mitteilungspflicht besteht nicht, soweit deren Erfüllung mit einem unverhältnismäßigen Aufwand verbunden wäre.

(3)[4] Die für die Verwaltung der Grundsteuer zuständigen Behörden sind berechtigt, die nach § 30 geschützten Namen und Anschriften von Grundstückseigentümern, die bei der Verwaltung der Grundsteuer bekannt geworden sind, zur Verwaltung anderer Abgaben sowie zur Erfüllung sonstiger öffentlicher Aufgaben zu verwenden oder den hierfür zuständigen Gerichten, Behörden oder juristischen Personen des öffentlichen Rechts auf Ersuchen mitzutei-

---

[1] § 30a aufgeh. durch G v. 23.6.2017 (BGBl. I S. 1682); zur letztmaligen Anwendung siehe Art. 97 § 1 Abs. 12 Satz 2 EGAO (Nr. **4**).

[2] § 31 Abs. 1 Satz 3 angef. durch G v. 9.12.2004 (BGBl. I S. 3310); Satz 3 geänd. mWv 26.11.2019 durch G v. 20.11.2019 (BGBl. I S. 1626).

[3] § 31 Abs. 2 Satz 1 geänd. mWv 1.1.2004 durch G v. 23.12.2003 (BGBl. I S. 2848); Satz 1 geänd. mWv 25.5.2018 durch G v. 17.7.2017 (BGBl. I S. 2541); Satz 1 geänd. mWv 26.11.2019 durch G v. 20.11.2019 (BGBl. I S. 1626); Satz 1 geänd. mWv 29.12.2020 durch G v. 21.12.2020 (BGBl. I S. 3096).

[4] § 31 Abs. 3 geänd. mWv 26.11.2019 durch G v. 20.11.2019 (BGBl. I S. 1626).

len, soweit nicht überwiegende schutzwürdige Interessen der betroffenen Person entgegenstehen.

§ 31a Mitteilungen zur Bekämpfung der illegalen Beschäftigung und des Leistungsmissbrauchs. (1)[1] Die Offenbarung der nach § 30 geschützten Daten der betroffenen Person ist zulässig, soweit sie

1. für die Durchführung eines Strafverfahrens, eines Bußgeldverfahrens oder eines anderen gerichtlichen oder Verwaltungsverfahrens mit dem Ziel
   a) der Bekämpfung von illegaler Beschäftigung oder Schwarzarbeit oder
   b) der Entscheidung
      aa) über Erteilung, Rücknahme oder Widerruf einer Erlaubnis nach dem Arbeitnehmerüberlassungsgesetz oder
      bb) über Bewilligung, Gewährung, Rückforderung, Erstattung, Weitergewährung oder Belassen einer Leistung aus öffentlichen Mitteln

   oder
2. für die Geltendmachung eines Anspruchs auf Rückgewähr einer Leistung aus öffentlichen Mitteln

erforderlich ist.

(2)[2] [1]Die Finanzbehörden sind in den Fällen des Absatzes 1 verpflichtet, der zuständigen Stelle die jeweils benötigten Tatsachen mitzuteilen. [2]In den Fällen des Absatzes 1 Nr. 1 Buchstabe b und Nr. 2 erfolgt die Mitteilung auch auf Antrag der betroffenen Person. [3]Die Mitteilungspflicht nach den Sätzen 1 und 2 besteht nicht, soweit deren Erfüllung mit einem unverhältnismäßigen Aufwand verbunden wäre.

§ 31b[3] Mitteilungen zur Bekämpfung der Geldwäsche und der Terrorismusfinanzierung. (1)[4] Die Offenbarung der nach § 30 geschützten Daten der betroffenen Person an die jeweils zuständige Stelle ist auch ohne Ersuchen zulässig, soweit sie einem der folgenden Zwecke dient:

1. der Durchführung eines Strafverfahrens wegen Geldwäsche oder Terrorismusfinanzierung nach § 1 Absatz 1 und 2 des Geldwäschegesetzes,
2. der Verhinderung, Aufdeckung und Bekämpfung von Geldwäsche oder Terrorismusfinanzierung nach § 1 Absatz 1 und 2 des Geldwäschegesetzes,
3. der Durchführung eines Bußgeldverfahrens nach § 56 des Geldwäschegesetzes gegen Verpflichtete nach § 2 Absatz 1 Nummer 13 bis 16 des Geldwäschegesetzes,
4. dem Treffen von Maßnahmen und Anordnungen nach § 51 Absatz 2 des Geldwäschegesetzes gegenüber Verpflichteten nach § 2 Absatz 1 Nummer 13 bis 16 des Geldwäschegesetzes oder
5. der Wahrnehmung von Aufgaben nach § 28 Absatz 1 des Geldwäschegesetzes durch die Zentralstelle für Finanztransaktionsuntersuchungen.

---

[1] § 31a Abs. 1 einl. Satzteil geänd. mWv 25.5.2018 durch G v. 17.7.2017 (BGBl. I S. 2541); einl. Satzteil geänd. mWv 26.11.2019 durch G v. 20.11.2019 (BGBl. I S. 1626).

[2] § 31a Abs. 2 Satz 2 geänd. mWv 26.11.2019 durch G v. 20.11.2019 (BGBl. I S. 1626).

[3] § 31b neu gef. mWv 26.6.2017 durch G v. 23.6.2017 (BGBl. I S. 1822).

[4] § 31b Abs. 1 einl. Satzteil geänd. mWv 25.5.2018 durch G v. 17.7.2017 (BGBl. I S. 2541); einl. Satzteil geänd. mWv 26.11.2019 durch G v. 20.11.2019 (BGBl. I S. 1626).

(2) [1] Die Finanzbehörden haben der Zentralstelle für Finanztransaktionsuntersuchungen unverzüglich Sachverhalte unabhängig von deren Höhe mitzuteilen, wenn Tatsachen vorliegen, die darauf hindeuten, dass

1. es sich bei Vermögensgegenständen, die mit dem mitzuteilenden Sachverhalt im Zusammenhang stehen, um den Gegenstand einer Straftat nach § 261 des Strafgesetzbuchs handelt oder
2. die Vermögensgegenstände im Zusammenhang mit Terrorismusfinanzierung stehen.

[2] Mitteilungen an die Zentralstelle für Finanztransaktionsuntersuchungen sind durch elektronische Datenübermittlung zu erstatten; hierbei ist ein sicheres Verfahren zu verwenden, das die Vertraulichkeit und Integrität des Datensatzes gewährleistet. [3] Im Fall einer Störung der Datenübertragung ist ausnahmsweise eine Mitteilung auf dem Postweg möglich. [4] § 45 Absatz 3 und 4 des Geldwäschegesetzes gilt entsprechend.

(2a)[1)] Die Finanzbehörden übermitteln der Zentralstelle für Finanztransaktionsuntersuchungen folgende Daten nach Maßgabe des § 31 Absatz 5 des Geldwäschegesetzes im automatisierten Verfahren, soweit dies zur Wahrnehmung der Aufgaben der Zentralstelle für Finanztransaktionsuntersuchungen nach § 28 Absatz 1 Satz 2 Nummer 2 des Geldwäschegesetzes erforderlich ist:

1. beim Bundeszentralamt für Steuern die nach § 5 Absatz 1 Nummer 13 des Finanzverwaltungsgesetzes[2)] vorgehaltenen Daten,
2. bei den Landesfinanzbehörden die zu einem Steuerpflichtigen gespeicherten Grundinformationen, die die Steuernummer, die Gewerbekennzahl, die Grund- und Zusatzkennbuchstaben, die Bankverbindung, die vergebene Umsatzsteuer-Identifikationsnummer sowie das zuständige Finanzamt umfassen.

(2b)[3)] [1] Wird von der Verordnungsermächtigung des § 22a des Grunderwerbsteuergesetzes[4)] zur elektronischen Übermittlung der Anzeige im Sinne des § 18 des Grunderwerbsteuergesetzes Gebrauch gemacht, übermitteln die Landesfinanzbehörden die dort eingegangenen Datensätze nach Maßgabe des § 31 Absatz 5a des Geldwäschegesetzes der Zentralstelle für Finanztransaktionsuntersuchungen zur Wahrnehmung ihrer Aufgaben nach § 28 Absatz 1 Satz 2 Nummer 2 des Geldwäschegesetzes im automatisierten Verfahren. [2] Absatz 2 Satz 2 gilt entsprechend.

(3) Die Finanzbehörden haben der zuständigen Verwaltungsbehörde unverzüglich solche Tatsachen mitzuteilen, die darauf schließen lassen, dass

1. ein Verpflichteter nach § 2 Absatz 1 Nummer 13 bis 16 des Geldwäschegesetzes eine Ordnungswidrigkeit nach § 56 des Geldwäschegesetzes begangen hat oder begeht oder
2. die Voraussetzungen für das Treffen von Maßnahmen und Anordnungen nach § 51 Absatz 2 des Geldwäschegesetzes gegenüber Verpflichteten nach § 2 Absatz 1 Nummer 13 bis 16 des Geldwäschegesetzes gegeben sind.

(4) § 47 Absatz 3 des Geldwäschegesetzes gilt entsprechend.

[1)] § 31b Abs. 2a eingef. mWv 1.7.2021 durch G v. 3.6.2021 (BGBl. I S. 1534).
[2)] Nr. **31**.
[3)] § 31b Abs. 2b eingef. mWv 1.7.2021 durch G v. 3.6.2021 (BGBl. I S. 1534).
[4)] Nr. **12**.

§ 31c[1] Verarbeitung besonderer Kategorien personenbezogener Daten durch Finanzbehörden zu statistischen Zwecken. (1) [1] Abweichend von Artikel 9 Absatz 1 der Verordnung (EU) 2016/679 ist die Verarbeitung besonderer Kategorien personenbezogener Daten im Sinne des Artikels 9 Absatz 1 der Verordnung (EU) 2016/679 durch Finanzbehörden auch ohne Einwilligung der betroffenen Person für statistische Zwecke zulässig, wenn die Verarbeitung zu diesen Zwecken erforderlich ist und die Interessen des Verantwortlichen an der Verarbeitung die Interessen der betroffenen Person an einem Ausschluss der Verarbeitung erheblich überwiegen. [2] Der Verantwortliche sieht angemessene und spezifische Maßnahmen zur Wahrung der Interessen der betroffenen Person vor; § 22 Absatz 2 Satz 2 des Bundesdatenschutzgesetzes gilt entsprechend.

(2) Die in den Artikeln 15, 16, 18 und 21 der Verordnung (EU) 2016/679 vorgesehenen Rechte der betroffenen Person sind insoweit beschränkt, als diese Rechte voraussichtlich die Verwirklichung der Statistikzwecke unmöglich machen oder ernsthaft beeinträchtigen und die Beschränkung für die Erfüllung der Statistikzwecke notwendig ist.

(3) [1] Ergänzend zu den in § 22 Absatz 2 Satz 2 des Bundesdatenschutzgesetzes genannten Maßnahmen sind zu statistischen Zwecken verarbeitete besondere Kategorien personenbezogener Daten im Sinne des Artikels 9 Absatz 1 der Verordnung (EU) 2016/679 zu pseudonymisieren oder anonymisieren, sobald dies nach dem Statistikzweck möglich ist, es sei denn, berechtigte Interessen der betroffenen Person stehen dem entgegen. [2] Bis dahin sind die Merkmale gesondert zu speichern, mit denen Einzelangaben über persönliche oder sachliche Verhältnisse einer bestimmten oder bestimmbaren Person zugeordnet werden können. [3] Sie dürfen mit den Einzelangaben nur zusammengeführt werden, soweit der Statistikzweck dies erfordert.

Fünfter Abschnitt. Haftungsbeschränkung für Amtsträger

§ 32 Haftungsbeschränkung für Amtsträger. Wird infolge der Amts- oder Dienstpflichtverletzung eines Amtsträgers

1. eine Steuer oder eine steuerliche Nebenleistung nicht, zu niedrig oder zu spät festgesetzt, erhoben oder beigetrieben oder
2. eine Steuererstattung oder Steuervergütung zu Unrecht gewährt oder
3. eine Besteuerungsgrundlage oder eine Steuerbeteiligung nicht, zu niedrig oder zu spät festgesetzt,

so kann er nur in Anspruch genommen werden, wenn die Amts- oder Dienstpflichtverletzung mit einer Strafe bedroht ist.

Sechster Abschnitt.[2] Rechte der betroffenen Person

§ 32a[2] Informationspflicht der Finanzbehörde bei Erhebung personenbezogener Daten bei betroffenen Personen. (1) Die Pflicht der Finanzbehörde zur Information der betroffenen Person gemäß Artikel 13 Absatz 3 der Verordnung (EU) 2016/679 besteht ergänzend zu der in Artikel 13

---

[1] § 31c eingef. mWv 25.5.2018 durch G v. 17.7.2017 (BGBl. I S. 2541).

[2] 1. Teil 6. Abschnitt (§§ 32a bis 32f) eingef. mWv 25.5.2018 durch G v. 17.7.2017 (BGBl. I S. 2541).

Absatz 4 der Verordnung (EU) 2016/679 genannten Ausnahme dann nicht, wenn die Erteilung der Information über die beabsichtigte Weiterverarbeitung oder Offenbarung

1. die ordnungsgemäße Erfüllung der in der Zuständigkeit der Finanzbehörden liegenden Aufgaben im Sinne des Artikels 23 Absatz 1 Buchstabe d bis h der Verordnung (EU) 2016/679 gefährden würde und die Interessen der Finanzbehörden an der Nichterteilung der Information die Interessen der betroffenen Person überwiegen,
2. die öffentliche Sicherheit oder Ordnung gefährden oder sonst dem Wohl des Bundes oder eines Landes Nachteile bereiten würde und die Interessen der Finanzbehörde an der Nichterteilung der Information die Interessen der betroffenen Person überwiegen,
3. den Rechtsträger der Finanzbehörde in der Geltendmachung, Ausübung oder Verteidigung zivilrechtlicher Ansprüche oder in der der Verteidigung gegen ihn geltend gemachter zivilrechtlicher Ansprüche im Sinne des Artikels 23 Absatz 1 Buchstabe j der Verordnung (EU) 2016/679 beeinträchtigen würde und die Finanzbehörde nach dem Zivilrecht nicht zur Information verpflichtet ist, oder
4. eine vertrauliche Offenbarung geschützter Daten gegenüber öffentlichen Stellen gefährden würde.

(2) Die ordnungsgemäße Erfüllung der in der Zuständigkeit der Finanzbehörden liegenden Aufgaben im Sinne des Artikels 23 Absatz 1 Buchstabe d bis h der Verordnung (EU) 2016/679 wird insbesondere gefährdet, wenn die Erteilung der Information

1.[1] die betroffene Person oder Dritte in die Lage versetzen könnte,
   a) steuerlich bedeutsame Sachverhalte zu verschleiern,
   b) steuerlich bedeutsame Spuren zu verwischen oder
   c) Art und Umfang der Erfüllung steuerlicher Mitwirkungspflichten auf den Kenntnisstand der Finanzbehörden einzustellen,

oder

2. Rückschlüsse auf die Ausgestaltung automationsgestützter Risikomanagementsysteme oder geplante Kontroll- oder Prüfungsmaßnahmen zulassen

und damit die Aufdeckung steuerlich bedeutsamer Sachverhalte wesentlich erschwert würde.

(3) Unterbleibt eine Information der betroffenen Person nach Maßgabe von Absatz 1, ergreift die Finanzbehörde geeignete Maßnahmen zum Schutz der berechtigten Interessen der betroffenen Person.

(4) Unterbleibt die Benachrichtigung in den Fällen des Absatzes 1 wegen eines vorübergehenden Hinderungsgrundes, kommt die Finanzbehörde der Informationspflicht unter Berücksichtigung der spezifischen Umstände der Verarbeitung innerhalb einer angemessenen Frist nach Fortfall des Hinderungsgrundes, spätestens jedoch innerhalb von zwei Wochen, nach.

(5) Bezieht sich die Informationserteilung auf die Übermittlung personenbezogener Daten durch Finanzbehörden an Verfassungsschutzbehörden, den Bun-

[1] § 32a Abs. 2 Nr. 1 einl. Satzteil geänd. mWv 26.11.2019 durch G v. 20.11.2019 (BGBl. I S. 1626).

desnachrichtendienst, den Militärischen Abschirmdienst und, soweit die Sicherheit des Bundes berührt wird, andere Behörden des Bundesministeriums der Verteidigung, ist sie nur mit Zustimmung dieser Stellen zulässig.

§ 32b[1] Informationspflicht der Finanzbehörde, wenn personenbezogene Daten nicht bei der betroffenen Person erhoben wurden. (1) [1] Die Pflicht der Finanzbehörde zur Information der betroffenen Person gemäß Artikel 14 Absatz 1, 2 und 4 der Verordnung (EU) 2016/679 besteht ergänzend zu den in Artikel 14 Absatz 5 der Verordnung (EU) 2016/679 und § 31c Absatz 2 genannten Ausnahmen nicht,

1. soweit die Erteilung der Information
   a) die ordnungsgemäße Erfüllung der in der Zuständigkeit der Finanzbehörden oder anderer öffentlicher Stellen liegenden Aufgaben im Sinne des Artikel 23 Absatz 1 Buchstabe d bis h der Verordnung (EU) 2016/679 gefährden würde oder
   b) die öffentliche Sicherheit oder Ordnung gefährden oder sonst dem Wohl des Bundes oder eines Landes Nachteile bereiten würde

oder

2. wenn die Daten, ihre Herkunft, ihre Empfänger oder die Tatsache ihrer Verarbeitung nach § 30 oder einer anderen Rechtsvorschrift oder ihrem Wesen nach, insbesondere wegen überwiegender berechtigter Interessen eines Dritten im Sinne des Artikel 23 Absatz 1 Buchstabe i der Verordnung (EU) 2016/679, geheim gehalten werden müssen

und deswegen das Interesse der betroffenen Person an der Informationserteilung zurücktreten muss. [2] § 32a Absatz 2 gilt entsprechend.

(2) Bezieht sich die Informationserteilung auf die Übermittlung personenbezogener Daten durch Finanzbehörden an Verfassungsschutzbehörden, den Bundesnachrichtendienst, den Militärischen Abschirmdienst und, soweit die Sicherheit des Bundes berührt wird, andere Behörden des Bundesministeriums der Verteidigung, ist sie nur mit Zustimmung dieser Stellen zulässig.

(3) Unterbleibt eine Information der betroffenen Person nach Maßgabe der Absätze 1 oder 2, ergreift die Finanzbehörde geeignete Maßnahmen zum Schutz der berechtigten Interessen der betroffenen Person.

§ 32c[1] Auskunftsrecht der betroffenen Person. (1) Das Recht auf Auskunft der betroffenen Person gegenüber einer Finanzbehörde gemäß Artikel 15 der Verordnung (EU) 2016/679 besteht nicht, soweit

1.[2] die betroffene Person nach § 32a Absatz 1 oder nach § 32b Absatz 1 oder 2 nicht zu informieren ist,

2.[3] die Auskunftserteilung den Rechtsträger der Finanzbehörde in der Geltendmachung, Ausübung oder Verteidigung zivilrechtlicher Ansprüche oder in der Verteidigung gegen ihn geltend gemachter zivilrechtlicher Ansprüche im Sinne des Artikels 23 Absatz 1 Buchstabe j der Verordnung

---

[1] 1. Teil 6. Abschnitt (§§ 32a bis 32f) eingef. mWv 25.5.2018 durch G v. 17.7.2017 (BGBl. I S. 2541).

[2] § 32c Abs. 1 Nr. 1 geänd. mWv 29.12.2020 durch G v. 21.12.2020 (BGBl. I S. 3096).

[3] § 32c Abs. 1 Nr. 2 geänd. mWv 29.12.2020 durch G v. 21.12.2020 (BGBl. I S. 3096).

(EU) 2016/679 beeinträchtigen würde; Auskunftspflichten der Finanzbehörde nach dem Zivilrecht bleiben unberührt,

3. die personenbezogenen Daten
   a) nur deshalb gespeichert sind, weil sie auf Grund gesetzlicher Aufbewahrungsvorschriften nicht gelöscht werden dürfen, oder
   b) ausschließlich Zwecken der Datensicherung oder der Datenschutzkontrolle dienen

   und die Auskunftserteilung einen unverhältnismäßigen Aufwand erfordern würde sowie eine Verarbeitung zu anderen Zwecken durch geeignete technische und organisatorische Maßnahmen ausgeschlossen ist.

(2) Die betroffene Person soll in dem Antrag auf Auskunft gemäß Artikel 15 der Verordnung (EU) 2016/679 die Art der personenbezogenen Daten, über die Auskunft erteilt werden soll, näher bezeichnen.

(3) Sind die personenbezogenen Daten weder automatisiert noch in nicht automatisierten Dateisystemen gespeichert, wird die Auskunft nur erteilt, soweit die betroffene Person Angaben macht, die das Auffinden der Daten ermöglichen, und der für die Erteilung der Auskunft erforderliche Aufwand nicht außer Verhältnis zu dem von der betroffenen Person geltend gemachten Informationsinteresse steht.

(4) [1] Die Ablehnung der Auskunftserteilung ist gegenüber der betroffenen Person zu begründen, soweit nicht durch die Mitteilung der tatsächlichen und rechtlichen Gründe, auf die die Entscheidung gestützt wird, der mit der Auskunftsverweigerung verfolgte Zweck gefährdet würde. [2] Die zum Zweck der Auskunftserteilung an die betroffene Person und zu deren Vorbereitung gespeicherten Daten dürfen nur für diesen Zweck sowie für Zwecke der Datenschutzkontrolle verarbeitet werden; für andere Zwecke ist die Verarbeitung nach Maßgabe des Artikels 18 der Verordnung (EU) 2016/679 einzuschränken.

(5) [1] Soweit der betroffenen Person durch eine Finanzbehörde keine Auskunft erteilt wird, ist sie auf Verlangen der betroffenen Person der oder dem Bundesbeauftragten für den Datenschutz und die Informationsfreiheit zu erteilen, soweit nicht die jeweils zuständige oberste Finanzbehörde im Einzelfall feststellt, dass dadurch die Sicherheit des Bundes oder eines Landes gefährdet würde. [2] Die Mitteilung der oder des Bundesbeauftragten für den Datenschutz und die Informationsfreiheit an die betroffene Person über das Ergebnis der datenschutzrechtlichen Prüfung darf keine Rückschlüsse auf den Erkenntnisstand der Finanzbehörde zulassen, sofern diese nicht einer weitergehenden Auskunft zustimmt.

§ 32d[1)] Form der Information oder Auskunftserteilung. (1) Soweit Artikel 12 bis 15 der Verordnung (EU) 2016/679 keine Regelungen enthalten, bestimmt die Finanzbehörde das Verfahren, insbesondere die Form der Information oder der Auskunftserteilung, nach pflichtgemäßem Ermessen.

(2) Die Finanzbehörde kann ihre Pflicht zur Information der betroffenen Person gemäß Artikel 13 oder 14 der Verordnung (EU) 2016/679 auch durch Bereitstellung der Informationen in der Öffentlichkeit erfüllen, soweit dadurch keine personenbezogenen Daten veröffentlicht werden.

[1)] 1. Teil 6. Abschnitt (§§ 32a bis 32f) eingef. mWv 25.5.2018 durch G v. 17.7.2017 (BGBl. I S. 2541).

(3) Übermittelt die Finanzbehörde der betroffenen Person die Informationen über die Erhebung oder Verarbeitung personenbezogener Daten nach Artikel 13 oder 14 der Verordnung (EU) 2016/679 elektronisch oder erteilt sie der betroffenen Person die Auskunft nach Artikel 15 der Verordnung (EU) 2016/679 elektronisch, ist § 87a Absatz 7 oder 8 entsprechend anzuwenden.

§ 32e[1)] Verhältnis zu anderen Auskunfts- und Informationszugangsansprüchen. [1] Soweit die betroffene Person oder ein Dritter nach dem Informationsfreiheitsgesetz vom 5. September 2005 (BGBl. I S. 2722) in der jeweils geltenden Fassung oder nach entsprechenden Gesetzen der Länder gegenüber der Finanzbehörde *ein*[2)] Anspruch auf Informationszugang hat, gelten die Artikel 12 bis 15 der Verordnung (EU) 2016/679 in Verbindung mit den §§ 32a bis 32d entsprechend. [2] Weitergehende Informationsansprüche über steuerliche Daten sind insoweit ausgeschlossen. [3] § 30 Absatz 4 Nummer 2 ist insoweit nicht anzuwenden.

§ 32f[1)] Recht auf Berichtigung und Löschung, Widerspruchsrecht.

(1) [1] Wird die Richtigkeit personenbezogener Daten von der betroffenen Person bestritten und lässt sich weder die Richtigkeit noch die Unrichtigkeit der Daten feststellen, gilt ergänzend zu Artikel 18 Absatz 1 Buchstabe a der Verordnung (EU) 2016/679, dass dies keine Einschränkung der Verarbeitung bewirkt, soweit die Daten einem Verwaltungsakt zugrunde liegen, der nicht mehr aufgehoben, geändert oder berichtigt werden kann. [2] Die ungeklärte Sachlage ist in geeigneter Weise festzuhalten. [3] Die bestrittenen Daten dürfen nur mit einem Hinweis hierauf verarbeitet werden.

(2) [1] Ist eine Löschung im Falle nicht automatisierter Datenverarbeitung wegen der besonderen Art der Speicherung nicht oder nur mit unverhältnismäßig hohem Aufwand möglich und ist das Interesse der betroffenen Person an der Löschung als gering anzusehen, besteht das Recht der betroffenen Person auf und die Pflicht der Finanzbehörde zur Löschung personenbezogener Daten gemäß Artikel 17 Absatz 1 der Verordnung (EU) 2016/679 ergänzend zu den in Artikel 17 Absatz 3 der Verordnung (EU) 2016/679 genannten Ausnahmen nicht. [2] In diesem Fall tritt an die Stelle einer Löschung die Einschränkung der Verarbeitung gemäß Artikel 18 der Verordnung (EU) 2016/679. [3] Die Sätze 1 und 2 finden keine Anwendung, wenn die personenbezogenen Daten unrechtmäßig verarbeitet wurden.

(3)[3)] [1] Ergänzend zu Artikel 18 Absatz 1 Buchstabe b und c der Verordnung (EU) 2016/679 gilt Absatz 2 Satz 1 und 2 entsprechend im Fall des Artikels 17 Absatz 1 Buchstabe a und d der Verordnung (EU) 2016/679, solange und soweit die Finanzbehörde Grund zu der Annahme hat, dass durch eine Löschung schutzwürdige Interessen der betroffenen Person beeinträchtigt würden. [2] Die Finanzbehörde unterrichtet die betroffene Person über die Einschränkung der Verarbeitung, sofern sich die Unterrichtung nicht als unmöglich erweist oder einen unverhältnismäßigen Aufwand erfordern würde.

[1)] 1. Teil 6. Abschnitt (§§ 32a bis 32f) eingef. mWv 25.5.2018 durch G v. 17.7.2017 (BGBl. I S. 2541).

[2)] Richtig wohl: „einen".

[3)] § 32f Abs. 3 Satz 1 geänd. mWv 26.11.2019 durch G v. 20.11.2019 (BGBl. I S. 1626).

(4)[1] Ergänzend zu Artikel 17 Absatz 3 Buchstabe b der Verordnung (EU) 2016/679 gilt Absatz 2 entsprechend im Fall des Artikels 17 Absatz 1 Buchstabe a der Verordnung (EU) 2016/679, wenn einer Löschung vertragliche Aufbewahrungsfristen entgegenstehen.

(5) Das Recht auf Widerspruch gemäß Artikel 21 Absatz 1 der Verordnung (EU) 2016/679 gegenüber einer Finanzbehörde besteht nicht, soweit an der Verarbeitung ein zwingendes öffentliches Interesse besteht, das die Interessen der betroffenen Person überwiegt, oder eine Rechtsvorschrift zur Verarbeitung verpflichtet.

Siebter Abschnitt.[2] Datenschutzaufsicht, Gerichtlicher Rechtsschutz in datenschutzrechtlichen Angelegenheiten

§ 32g[2] Datenschutzbeauftragte der Finanzbehörden. Für die von Finanzbehörden gemäß Artikel 37 der Verordnung (EU) 2016/679 zu benennenden Datenschutzbeauftragten gelten § 5 Absatz 2 bis 5 sowie die §§ 6 und 7 des Bundesdatenschutzgesetzes entsprechend.

§ 32h[2] Datenschutzrechtliche Aufsicht, Datenschutz-Folgenabschätzung. (1) [1] Die oder der Bundesbeauftragte für den Datenschutz und die Informationsfreiheit nach § 8 des Bundesdatenschutzgesetzes ist zuständig für die Aufsicht über die Finanzbehörden hinsichtlich der Verarbeitung personenbezogener Daten im Anwendungsbereich dieses Gesetzes. [2] Die §§ 13 bis 16 des Bundesdatenschutzgesetzes gelten entsprechend.

(2) [1] Entwickelt eine Finanzbehörde automatisierte Verfahren zur Verarbeitung personenbezogener Daten im Anwendungsbereich dieses Gesetzes für Finanzbehörden anderer Länder oder des Bundes, obliegt ihr zugleich die Datenschutz-Folgenabschätzung nach Artikel 35 der Verordnung (EU) 2016/679. [2] Soweit die Verfahren von den Finanzbehörden der Länder und des Bundes im Hinblick auf die datenschutzrelevanten Funktionen unverändert übernommen werden, gilt die Datenschutz-Folgenabschätzung auch für die übernehmenden Finanzbehörden.

(3) Durch Landesgesetz kann bestimmt werden, dass die oder der Bundesbeauftragte für den Datenschutz und die Informationsfreiheit für die Aufsicht über die Verarbeitung personenbezogener Daten im Rahmen landesrechtlicher oder kommunaler Steuergesetze zuständig ist, soweit die Datenverarbeitung auf bundesgesetzlich geregelten Besteuerungsgrundlagen oder auf bundeseinheitlichen Festlegungen beruht und die mit der Aufgabenübertragung verbundenen Verwaltungskosten der oder des Bundesbeauftragten für den Datenschutz und die Informationsfreiheit vom jeweiligen Land getragen werden.

§ 32i[2] Gerichtlicher Rechtsschutz. (1) [1] Für Streitigkeiten über Rechte gemäß Artikel 78 Absatz 1 und 2 der Verordnung (EU) 2016/679 hinsichtlich der Verarbeitung nach § 30 geschützter Daten zwischen einer betroffenen öffentlichen Stelle gemäß § 6 Absatz 1 bis 1c und Absatz 2 oder ihres Rechtsträgers, einer betroffenen nicht-öffentlichen Stelle gemäß § 6 Absatz 1d und 1e oder einer betroffenen Person und der zuständigen Aufsichtsbehörde des Bun-

---

[1] § 32f Abs. 4 geänd. mWv 26.11.2019 durch G v. 20.11.2019 (BGBl. I S. 1626).

[2] 1. Teil 7. Abschnitt (§§ 32g bis 32j) eingef. mWv 25.5.2018 durch G v. 17.7.2017 (BGBl. I S. 2541).

des oder eines Landes ist der Finanzrechtsweg gegeben. [2]Satz 1 gilt nicht in den Fällen des § 2a Absatz 4.

(2)[1)] [1]Für Klagen der betroffenen Person hinsichtlich der Verarbeitung personenbezogener Daten gegen Finanzbehörden oder gegen deren Auftragsverarbeiter wegen eines Verstoßes gegen datenschutzrechtliche Bestimmungen im Anwendungsbereich der Verordnung (EU) 2016/679 oder der darin enthaltenen Rechte der betroffenen Person ist der Finanzrechtsweg gegeben. [2]Der Finanzrechtsweg ist auch gegeben für Auskunfts- und Informationszugangsansprüche, deren Umfang nach § 32e begrenzt wird.

(3) [1]Hat die nach dem Bundesdatenschutzgesetz oder nach dem Landesrecht für die Aufsicht über andere öffentliche Stellen oder nicht-öffentliche Stellen zuständige Aufsichtsbehörde einen rechtsverbindlichen Beschluss erlassen, der eine Mitwirkungspflicht einer anderen öffentlichen Stelle oder einer nicht-öffentlichen Stelle gegenüber Finanzbehörden nach diesem Gesetz oder den Steuergesetzen ganz oder teilweise verneint, kann die zuständige Finanzbehörde auf Feststellung des Bestehens einer Mitwirkungspflicht klagen. [2]Die Stelle, deren Pflicht zur Mitwirkung die Finanzbehörde geltend macht, ist beizuladen.

(4) Die Finanzgerichtsordnung ist in den Fällen der Absätze 1 bis 3 nach Maßgabe der Absätze 5 bis 10 anzuwenden.

(5) [1]Für Verfahren nach Absatz 1 Satz 1 und Absatz 3 ist das Finanzgericht örtlich zuständig, in dessen Bezirk die jeweils zuständige Aufsichtsbehörde ihren Sitz hat. [2]Für Verfahren nach Absatz 2 ist das Finanzgericht örtlich zuständig, in dessen Bezirk die beklagte Finanzbehörde ihren Sitz oder der beklagte Auftragsverarbeiter seinen Sitz hat.

(6) Beteiligte eines Verfahrens nach Absatz 1 Satz 1 sind

1. die öffentliche oder nicht-öffentliche Stelle oder die betroffene Person als Klägerin oder Antragstellerin,
2. die zuständige Aufsichtsbehörde des Bundes oder eines Landes als Beklagte oder Antragsgegnerin,
3. der nach § 60 der Finanzgerichtsordnung[2)] Beigeladene sowie
4. die oberste Bundes- oder Landesfinanzbehörde, die dem Verfahren nach § 122 Absatz 2 der Finanzgerichtsordnung beigetreten ist.

(7) Beteiligte eines Verfahrens nach Absatz 2 sind

1.[3)] die betroffene Person oder die um Auskunft oder Informationszugang ersuchende Person als Klägerin oder Antragstellerin,
2. die Finanzbehörde oder der Auftragsverarbeiter als Beklagte oder Antragsgegnerin,
3. der nach § 60 der Finanzgerichtsordnung Beigeladene sowie
4. die oberste Bundes- oder Landesfinanzbehörde, die dem Verfahren nach § 122 Absatz 2 der Finanzgerichtsordnung beigetreten ist.

(8) Beteiligte eines Verfahrens nach Absatz 3 sind

1. die zuständige Finanzbehörde als Klägerin oder Antragstellerin,

---

1) § 32i Abs. 2 Satz 2 angef. mWv 29.12.2020 durch G v. 21.12.2020 (BGBl. I S. 3096).
2) Nr. **9**.
3) § 32i Abs. 7 Nr. 1 geänd. mWv 29.12.2020 durch G v. 21.12.2020 (BGBl. I S. 3096).

2. die Aufsichtsbehörde des Bundes oder eines Landes, die den rechtsverbindlichen Beschluss erlassen hat, als Beklagte oder Antragsgegnerin,
3. die Stelle, deren Pflicht zur Mitwirkung die Finanzbehörde geltend macht, als Beigeladene und
4. die oberste Bundes- oder Landesfinanzbehörde, die dem Verfahren nach § 122 Absatz 2 der Finanzgerichtsordnung beigetreten ist.

(9)[1)] [1] Ein Vorverfahren findet nicht statt. [2] Dies gilt nicht für Verfahren nach Absatz 2 Satz 2.

(10) [1] In Verfahren nach Absatz 1 Satz 1 haben eine Klage oder ein Antrag aufschiebende Wirkung. [2] Die zuständige Aufsichtsbehörde darf gegenüber einer Finanzbehörde, deren Rechtsträger oder deren Auftragsverarbeiter nicht die sofortige Vollziehung anordnen.

§ 32j[2)] Antrag auf gerichtliche Entscheidung bei angenommener Rechtswidrigkeit eines Angemessenheitsbeschlusses der Europäischen Kommission. Hält der oder die Bundesbeauftragte für den Datenschutz und die Informationsfreiheit oder eine nach Landesrecht für die Kontrolle des Datenschutzes zuständige Stelle einen Angemessenheitsbeschluss der Europäischen Kommission, auf dessen Gültigkeit es bei der Entscheidung über die Beschwerde einer betroffenen Person hinsichtlich der Verarbeitung personenbezogener Daten ankommt, für rechtswidrig, so gilt § 21 des Bundesdatenschutzgesetzes.

Zweiter Teil. Steuerschuldrecht

Erster Abschnitt. Steuerpflichtiger

§ 33 Steuerpflichtiger. (1) Steuerpflichtiger ist, wer eine Steuer schuldet, für eine Steuer haftet, eine Steuer für Rechnung eines Dritten einzubehalten und abzuführen hat, wer eine Steuererklärung abzugeben, Sicherheit zu leisten, Bücher und Aufzeichnungen zu führen oder andere ihm durch die Steuergesetze auferlegte Verpflichtungen zu erfüllen hat.

(2) Steuerpflichtiger ist nicht, wer in einer fremden Steuersache Auskunft zu erteilen, Urkunden vorzulegen, ein Sachverständigengutachten zu erstatten oder das Betreten von Grundstücken, Geschäfts- und Betriebsräumen zu gestatten hat.

§ 34 Pflichten der gesetzlichen Vertreter und der Vermögensverwalter. (1) [1] Die gesetzlichen Vertreter natürlicher und juristischer Personen und die Geschäftsführer von nicht rechtsfähigen Personenvereinigungen und Vermögensmassen haben deren steuerliche Pflichten zu erfüllen. [2] Sie haben insbesondere dafür zu sorgen, dass die Steuern aus den Mitteln entrichtet werden, die sie verwalten.

(2) [1] Soweit nicht rechtsfähige Personenvereinigungen ohne Geschäftsführer sind, haben die Mitglieder oder Gesellschafter die Pflichten im Sinne des Absatzes 1 zu erfüllen. [2] Die Finanzbehörde kann sich an jedes Mitglied oder jeden Gesellschafter halten. [3] Für nicht rechtsfähige Vermögensmassen gelten

---

[1)] § 32i Abs. 9 Satz 2 angef. mWv 29.12.2020 durch G v. 21.12.2020 (BGBl. I S. 3096).

[2)] 1. Teil 7. Abschnitt (§§ 32g bis 32j) eingef. mWv 25.5.2018 durch G v. 17.7.2017 (BGBl. I S. 2541).

die Sätze 1 und 2 mit der Maßgabe, dass diejenigen, denen das Vermögen zusteht, die steuerlichen Pflichten zu erfüllen haben.

(3) Steht eine Vermögensverwaltung anderen Personen als den Eigentümern des Vermögens oder deren gesetzlichen Vertretern zu, so haben die Vermögensverwalter die in Absatz 1 bezeichneten Pflichten, soweit ihre Verwaltung reicht.

§ 35 Pflichten des Verfügungsberechtigten. Wer als Verfügungsberechtigter im eigenen oder fremden Namen auftritt, hat die Pflichten eines gesetzlichen Vertreters (§ 34 Abs. 1), soweit er sie rechtlich und tatsächlich erfüllen kann.

§ 36 Erlöschen der Vertretungsmacht. Das Erlöschen der Vertretungsmacht oder der Verfügungsmacht lässt die nach den §§ 34 und 35 entstandenen Pflichten unberührt, soweit diese den Zeitraum betreffen, in dem die Vertretungsmacht oder Verfügungsmacht bestanden hat und soweit der Verpflichtete sie erfüllen kann.

Zweiter Abschnitt. Steuerschuldverhältnis

§ 37 Ansprüche aus dem Steuerschuldverhältnis. (1) Ansprüche aus dem Steuerschuldverhältnis sind der Steueranspruch, der Steuervergütungsanspruch, der Haftungsanspruch, der Anspruch auf eine steuerliche Nebenleistung, der Erstattungsanspruch nach Absatz 2 sowie die in Einzelsteuergesetzen geregelten Steuererstattungsansprüche.

(2) [1] Ist eine Steuer, eine Steuervergütung, ein Haftungsbetrag oder eine steuerliche Nebenleistung ohne rechtlichen Grund gezahlt oder zurückgezahlt worden, so hat derjenige, auf dessen Rechnung die Zahlung bewirkt worden ist, an den Leistungsempfänger einen Anspruch auf Erstattung des gezahlten oder zurückgezahlten Betrags. [2] Dies gilt auch dann, wenn der rechtliche Grund für die Zahlung oder Rückzahlung später wegfällt. [3] Im Fall der Abtretung, Verpfändung oder Pfändung richtet sich der Anspruch auch gegen den Abtretenden, Verpfänder oder Pfändungsschuldner.

§ 38 Entstehung der Ansprüche aus dem Steuerschuldverhältnis.

Die Ansprüche aus dem Steuerschuldverhältnis entstehen, sobald der Tatbestand verwirklicht ist, an den das Gesetz die Leistungspflicht knüpft.

§ 39 Zurechnung. (1) Wirtschaftsgüter sind dem Eigentümer zuzurechnen.

(2) Abweichend von Absatz 1 gelten die folgenden Vorschriften:

1. [1] Übt ein anderer als der Eigentümer die tatsächliche Herrschaft über ein Wirtschaftsgut in der Weise aus, dass er den Eigentümer im Regelfall für die gewöhnliche Nutzungsdauer von der Einwirkung auf das Wirtschaftsgut wirtschaftlich ausschließen kann, so ist ihm das Wirtschaftsgut zuzurechnen. [2] Bei Treuhandverhältnissen sind die Wirtschaftsgüter dem Treugeber, beim Sicherungseigentum dem Sicherungsgeber und beim Eigenbesitz dem Eigenbesitzer zuzurechnen.
2. Wirtschaftsgüter, die mehreren zur gesamten Hand zustehen, werden den Beteiligten anteilig zugerechnet, soweit eine getrennte Zurechnung für die Besteuerung erforderlich ist.

§ 40 Gesetz- oder sittenwidriges Handeln. Für die Besteuerung ist es unerheblich, ob ein Verhalten, das den Tatbestand eines Steuergesetzes ganz oder zum Teil erfüllt, gegen ein gesetzliches Gebot oder Verbot oder gegen die guten Sitten verstößt.

§ 41 Unwirksame Rechtsgeschäfte. (1) [1]Ist ein Rechtsgeschäft unwirksam oder wird es unwirksam, so ist dies für die Besteuerung unerheblich, soweit und solange die Beteiligten das wirtschaftliche Ergebnis dieses Rechtsgeschäfts gleichwohl eintreten und bestehen lassen. [2]Dies gilt nicht, soweit sich aus den Steuergesetzen etwas anderes ergibt.

(2) [1]Scheingeschäfte und Scheinhandlungen sind für die Besteuerung unerheblich. [2]Wird durch ein Scheingeschäft ein anderes Rechtsgeschäft verdeckt, so ist das verdeckte Rechtsgeschäft für die Besteuerung maßgebend.

§ 42[1)] Missbrauch von rechtlichen Gestaltungsmöglichkeiten.

(1) [1]Durch Missbrauch von Gestaltungsmöglichkeiten des Rechts kann das Steuergesetz nicht umgangen werden. [2]Ist der Tatbestand einer Regelung in einem Einzelsteuergesetz erfüllt, die der Verhinderung von Steuerumgehungen dient, so bestimmen sich die Rechtsfolgen nach jener Vorschrift. [3]Anderenfalls entsteht der Steueranspruch beim Vorliegen eines Missbrauchs im Sinne des Absatzes 2 so, wie er bei einer den wirtschaftlichen Vorgängen angemessenen rechtlichen Gestaltung entsteht.

(2) [1]Ein Missbrauch liegt vor, wenn eine unangemessene rechtliche Gestaltung gewählt wird, die beim Steuerpflichtigen oder einem Dritten im Vergleich zu einer angemessenen Gestaltung zu einem gesetzlich nicht vorgesehenen Steuervorteil führt. [2]Dies gilt nicht, wenn der Steuerpflichtige für die gewählte Gestaltung außersteuerliche Gründe nachweist, die nach dem Gesamtbild der Verhältnisse beachtlich sind.

§ 43 Steuerschuldner, Steuervergütungsgläubiger. [1]Die Steuergesetze bestimmen, wer Steuerschuldner oder Gläubiger einer Steuervergütung ist. [2]Sie bestimmen auch, ob ein Dritter die Steuer für Rechnung des Steuerschuldners zu entrichten hat.

§ 44 Gesamtschuldner. (1) [1]Personen, die nebeneinander dieselbe Leistung aus dem Steuerschuldverhältnis schulden oder für sie haften oder die zusammen zu einer Steuer zu veranlagen sind, sind Gesamtschuldner. [2]Soweit nichts anderes bestimmt ist, schuldet jeder Gesamtschuldner die gesamte Leistung.

(2) [1]Die Erfüllung durch einen Gesamtschuldner wirkt auch für die übrigen Schuldner. [2]Das Gleiche gilt für die Aufrechnung und für eine geleistete Sicherheit. [3]Andere Tatsachen wirken nur für und gegen den Gesamtschuldner, in dessen Person sie eintreten. [4]Die Vorschriften der §§ 268 bis 280 über die Beschränkung der Vollstreckung in den Fällen der Zusammenveranlagung bleiben unberührt.

§ 45 Gesamtrechtsnachfolge. (1) [1]Bei Gesamtrechtsnachfolge gehen die Forderungen und Schulden aus dem Steuerschuldverhältnis auf den Rechtsnachfolger über. [2]Dies gilt jedoch bei der Erbfolge nicht für Zwangsgelder.

[1)] § 42 neu gef. durch G v. 20.12.2007 (BGBl. I S. 3150); zur Anwendung siehe Art. 97 § 7 EGAO (Nr. **4**).

(2) [1] Erben haben für die aus dem Nachlass zu entrichtenden Schulden nach den Vorschriften des bürgerlichen Rechts über die Haftung des Erben für Nachlassverbindlichkeiten einzustehen. [2] Vorschriften, durch die eine steuerrechtliche Haftung der Erben begründet wird, bleiben unberührt.

§ 46 Abtretung, Verpfändung, Pfändung. (1) Ansprüche auf Erstattung von Steuern, Haftungsbeträgen, steuerlichen Nebenleistungen und auf Steuervergütungen können abgetreten, verpfändet und gepfändet werden.

(2) Die Abtretung wird jedoch erst wirksam, wenn sie der Gläubiger in der nach Absatz 3 vorgeschriebenen Form der zuständigen Finanzbehörde nach Entstehung des Anspruchs anzeigt.

(3) [1] Die Abtretung ist der zuständigen Finanzbehörde unter Angabe des Abtretenden, des Abtretungsempfängers sowie der Art und Höhe des abgetretenen Anspruchs und des Abtretungsgrundes auf einem amtlich vorgeschriebenen Vordruck anzuzeigen. [2] Die Anzeige ist vom Abtretenden und vom Abtretungsempfänger zu unterschreiben.

(4) [1] Der geschäftsmäßige Erwerb von Erstattungs- oder Vergütungsansprüchen zum Zweck der Einziehung oder sonstigen Verwertung auf eigene Rechnung ist nicht zulässig. [2] Dies gilt nicht für die Fälle der Sicherungsabtretung. [3] Zum geschäftsmäßigen Erwerb und zur geschäftsmäßigen Einziehung der zur Sicherung abgetretenen Ansprüche sind nur Unternehmen befugt, denen das Betreiben von Bankgeschäften erlaubt ist.

(5) Wird der Finanzbehörde die Abtretung angezeigt, so müssen Abtretender und Abtretungsempfänger der Finanzbehörde gegenüber die angezeigte Abtretung gegen sich gelten lassen, auch wenn sie nicht erfolgt oder nicht wirksam oder wegen Verstoßes gegen Absatz 4 nichtig ist.

(6) [1] Ein Pfändungs- und Überweisungsbeschluss oder eine Pfändungs- und Einziehungsverfügung dürfen nicht erlassen werden, bevor der Anspruch entstanden ist. [2] Ein entgegen diesem Verbot erwirkter Pfändungs- und Überweisungsbeschluss oder erwirkte Pfändungs- und Einziehungsverfügung sind nichtig. [3] Die Vorschriften der Absätze 2 bis 5 sind auf die Verpfändung sinngemäß anzuwenden.

(7) Bei Pfändung eines Erstattungs- oder Vergütungsanspruchs gilt die Finanzbehörde, die über den Anspruch entschieden oder zu entscheiden hat, als Drittschuldner im Sinne der §§ 829, 845 der Zivilprozessordnung.

§ 47 Erlöschen. Ansprüche aus dem Steuerschuldverhältnis erlöschen insbesondere durch Zahlung (§§ 224, 224a, 225), Aufrechnung (§ 226), Erlass (§§ 163, 227), Verjährung (§§ 169 bis 171, §§ 228 bis 232), ferner durch Eintritt der Bedingung bei auflösend bedingten Ansprüchen.

§ 48 Leistung durch Dritte, Haftung Dritter. (1) Leistungen aus dem Steuerschuldverhältnis gegenüber der Finanzbehörde können auch durch Dritte bewirkt werden.

(2) Dritte können sich vertraglich verpflichten, für Leistungen im Sinne des Absatzes 1 einzustehen.

§ 49 Verschollenheit. Bei Verschollenheit gilt für die Besteuerung der Tag als Todestag, mit dessen Ablauf der Beschluss über die Todeserklärung des Verschollenen rechtskräftig wird.

§ 50 Erlöschen und Unbedingtwerden der Verbrauchsteuer, Übergang der bedingten Verbrauchsteuerschuld. (1) Werden nach den Verbrauchsteuergesetzen Steuervergünstigungen unter der Bedingung gewährt, dass verbrauchsteuerpflichtige Waren einer besonderen Zweckbestimmung zugeführt werden, so erlischt die Steuer nach Maßgabe der Vergünstigung ganz oder teilweise, wenn die Bedingung eintritt oder wenn die Waren untergehen, ohne dass vorher die Steuer unbedingt geworden ist.

(2) Die bedingte Steuerschuld geht jeweils auf den berechtigten Erwerber über, wenn die Waren vom Steuerschuldner vor Eintritt der Bedingung im Rahmen der vorgesehenen Zweckbestimmung an ihn weitergegeben werden.

(3) Die Steuer wird unbedingt,

1. wenn die Waren entgegen der vorgesehenen Zweckbestimmung verwendet werden oder ihr nicht mehr zugeführt werden können. [2] Kann der Verbleib der Waren nicht festgestellt werden, so gelten sie als nicht der vorgesehenen Zweckbestimmung zugeführt, wenn der Begünstigte nicht nachweist, dass sie ihr zugeführt worden sind,
2. in sonstigen gesetzlich bestimmten Fällen.

Dritter Abschnitt. Steuerbegünstigte Zwecke

§ 51 Allgemeines. (1) [1] Gewährt das Gesetz eine Steuervergünstigung, weil eine Körperschaft ausschließlich und unmittelbar gemeinnützige, mildtätige oder kirchliche Zwecke (steuerbegünstigte Zwecke) verfolgt, so gelten die folgenden Vorschriften. [2] Unter Körperschaften sind die Körperschaften, Personenvereinigungen und Vermögensmassen im Sinne des Körperschaftsteuergesetzes[1] zu verstehen. [3] Funktionale Untergliederungen (Abteilungen) von Körperschaften gelten nicht als selbständige Steuersubjekte.

(2)[2] Werden die steuerbegünstigten Zwecke im Ausland verwirklicht, setzt die Steuervergünstigung voraus, dass natürliche Personen, die ihren Wohnsitz oder ihren gewöhnlichen Aufenthalt im Geltungsbereich dieses Gesetzes haben, gefördert werden oder die Tätigkeit der Körperschaft neben der Verwirklichung der steuerbegünstigten Zwecke auch zum Ansehen der Bundesrepublik Deutschland im Ausland beitragen kann.

(3)[3] [1] Eine Steuervergünstigung setzt zudem voraus, dass die Körperschaft nach ihrer Satzung und bei ihrer tatsächlichen Geschäftsführung keine Bestrebungen im Sinne des § 4 des Bundesverfassungsschutzgesetzes fördert und dem Gedanken der Völkerverständigung nicht zuwiderhandelt. [2] Bei Körperschaften, die im Verfassungsschutzbericht des Bundes oder eines Landes als extremistische Organisation aufgeführt sind, ist widerlegbar davon auszugehen, dass die Voraussetzungen des Satzes 1 nicht erfüllt sind. [3] Die Finanzbehörde teilt Tatsachen, die den Verdacht von Bestrebungen im Sinne des § 4 des Bundesverfassungsschutzgesetzes oder des Zuwiderhandelns gegen den Gedanken der Völkerverständigung begründen, der Verfassungsschutzbehörde mit.

---

[1] Nr. **17**.

[2] § 51 Abs. 2 angef. mWv 1.1.2009 durch G v. 19.12.2008 (BGBl. I S. 2794); zur Anwendung siehe Art. 97 § 1d Abs. 2 EGAO (Nr. **4**).

[3] § 51 Abs. 3 angef. mWv 1.1.2009 durch G v. 19.12.2008 (BGBl. I S. 2794); zur Anwendung siehe Art. 97 § 1d Abs. 2 EGAO (Nr. **4**).

§ 52 Gemeinnützige Zwecke. (1) [1]Eine Körperschaft verfolgt gemeinnützige Zwecke, wenn ihre Tätigkeit darauf gerichtet ist, die Allgemeinheit auf materiellem, geistigem oder sittlichem Gebiet selbstlos zu fördern. [2]Eine Förderung der Allgemeinheit ist nicht gegeben, wenn der Kreis der Personen, dem die Förderung zugute kommt, fest abgeschlossen ist, zum Beispiel Zugehörigkeit zu einer Familie oder zur Belegschaft eines Unternehmens, oder infolge seiner Abgrenzung, insbesondere nach räumlichen oder beruflichen Merkmalen, dauernd nur klein sein kann. [3]Eine Förderung der Allgemeinheit liegt nicht allein deswegen vor, weil eine Körperschaft ihre Mittel einer Körperschaft des öffentlichen Rechts zuführt.

(2)[1)] [1]Unter den Voraussetzungen des Absatzes 1 sind als Förderung der Allgemeinheit anzuerkennen:

1. die Förderung von Wissenschaft und Forschung;
2. die Förderung der Religion;
3. die Förderung des öffentlichen Gesundheitswesens und der öffentlichen Gesundheitspflege, insbesondere die Verhütung und Bekämpfung von übertragbaren Krankheiten, auch durch Krankenhäuser im Sinne des § 67, und von Tierseuchen;
4. die Förderung der Jugend- und Altenhilfe;
5. die Förderung von Kunst und Kultur;
6. die Förderung des Denkmalschutzes und der Denkmalpflege;
7. die Förderung der Erziehung, Volks- und Berufsbildung einschließlich der Studentenhilfe;
8.[2)] die Förderung des Naturschutzes und der Landschaftspflege im Sinne des Bundesnaturschutzgesetzes und der Naturschutzgesetze der Länder, des Umweltschutzes, einschließlich des Klimaschutzes, des Küstenschutzes und des Hochwasserschutzes;
9. die Förderung des Wohlfahrtswesens, insbesondere der Zwecke der amtlich anerkannten Verbände der freien Wohlfahrtspflege (§ 23 der Umsatzsteuer-Durchführungsverordnung[3)]), ihrer Unterverbände und ihrer angeschlossenen Einrichtungen und Anstalten;
10.[4)] die Förderung der Hilfe für politisch, rassistisch oder religiös Verfolgte, für Flüchtlinge, Vertriebene, Aussiedler, Spätaussiedler, Kriegsopfer, Kriegshinterbliebene, Kriegsbeschädigte und Kriegsgefangene, Zivilbeschädigte und Behinderte sowie Hilfe für Opfer von Straftaten; Förderung des Andenkens an Verfolgte, Kriegs- und Katastrophenopfer; Förderung des Suchdienstes für Vermisste, Förderung der Hilfe für Menschen, die auf Grund ihrer geschlechtlichen Identität oder ihrer geschlechtlichen Orientierung diskriminiert werden;
11. die Förderung der Rettung aus Lebensgefahr;
12. die Förderung des Feuer-, Arbeits-, Katastrophen- und Zivilschutzes sowie der Unfallverhütung;

[1)] § 52 Abs. 2 neu gef. durch G v. 10.10.2007 (BGBl. I S. 2332); zur Anwendung siehe Art. 97 § 1d EGAO (Nr. **4**).

[2)] § 52 Abs. 2 Satz 1 Nr. 8 geänd. mWv 29.12.2020 durch G v. 21.12.2020 (BGBl. I S. 3096).

[3)] Nr. **24**.

[4)] § 52 Abs. 2 Satz 1 Nr. 10 geänd. mWv 29.12.2020 durch G v. 21.12.2020 (BGBl. I S. 3096).

13. die Förderung internationaler Gesinnung, der Toleranz auf allen Gebieten der Kultur und des Völkerverständigungsgedankens;
14. die Förderung des Tierschutzes;
15. die Förderung der Entwicklungszusammenarbeit;
16. die Förderung von Verbraucherberatung und Verbraucherschutz;
17. die Förderung der Fürsorge für Strafgefangene und ehemalige Strafgefangene;
18. die Förderung der Gleichberechtigung von Frauen und Männern;
19. die Förderung des Schutzes von Ehe und Familie;
20. die Förderung der Kriminalprävention;
21. die Förderung des Sports (Schach gilt als Sport);
22.[1] die Förderung der Heimatpflege, Heimatkunde und der Ortsverschönerung;
23.[2] die Förderung der Tierzucht, der Pflanzenzucht, der Kleingärtnerei, des traditionellen Brauchtums einschließlich des Karnevals, der Fastnacht und des Faschings, der Soldaten- und Reservistenbetreuung, des Amateurfunkens, des Freifunks, des Modellflugs und des Hundesports;
24. die allgemeine Förderung des demokratischen Staatswesens im Geltungsbereich dieses Gesetzes; hierzu gehören nicht Bestrebungen, die nur bestimmte Einzelinteressen staatsbürgerlicher Art verfolgen oder die auf den kommunalpolitischen Bereich beschränkt sind;
25. die Förderung des bürgerschaftlichen Engagements zugunsten gemeinnütziger, mildtätiger und kirchlicher Zwecke;
26.[3] die Förderung der Unterhaltung und Pflege von Friedhöfen und die Förderung der Unterhaltung von Gedenkstätten für nichtbestattungspflichtige Kinder und Föten.

[2] Sofern der von der Körperschaft verfolgte Zweck nicht unter Satz 1 fällt, aber die Allgemeinheit auf materiellem, geistigem oder sittlichem Gebiet entsprechend selbstlos gefördert wird, kann dieser Zweck für gemeinnützig erklärt werden. [3] Die obersten Finanzbehörden der Länder haben jeweils eine Finanzbehörde im Sinne des Finanzverwaltungsgesetzes[4] zu bestimmen, die für Entscheidungen nach Satz 2 zuständig ist.

§ 53 Mildtätige Zwecke. Eine Körperschaft verfolgt mildtätige Zwecke, wenn ihre Tätigkeit darauf gerichtet ist, Personen selbstlos zu unterstützen,
1. die infolge ihres körperlichen, geistigen oder seelischen Zustands auf die Hilfe anderer angewiesen sind oder
2.[5] deren Bezüge nicht höher sind als das Vierfache des Regelsatzes der Sozialhilfe im Sinne des § 28 des Zwölften Buches Sozialgesetzbuch; beim Alleinstehenden oder Alleinerziehenden tritt an die Stelle des Vierfachen

---

[1] § 52 Abs. 2 Satz 1 Nr. 22 geänd. mWv 29.12.2020 durch G v. 21.12.2020 (BGBl. I S. 3096).
[2] § 52 Abs. 2 Satz 1 Nr. 23 geänd. mWv 29.12.2020 durch G v. 21.12.2020 (BGBl. I S. 3096).
[3] § 52 Abs. 2 Satz 1 Nr. 26 angef. mWv 29.12.2020 durch G v. 21.12.2020 (BGBl. I S. 3096).
[4] Auszugsweise abgedruckt unter Nr. **31**.
[5] § 53 Nr. 2 Satz 5 geänd. mWv 1.1.2005 durch G v. 24.12.2003 (BGBl. I S. 2954); Satz 1 geänd. mWv 1.1.2005 durch G v. 27.12.2003 (BGBl. I S. 3022); Sätze 5 und 6 neu gef., Sätze 7 und 8 angef. mWv 1.1.2013 durch G v. 21.3.2013 (BGBl. I S. 556); Sätze 1 und 4 geänd. mWv 1.1.2014 durch G v. 26.6.2013 (BGBl. I S. 1809).

das Fünffache des Regelsatzes. [2]Dies gilt nicht für Personen, deren Vermögen zur nachhaltigen Verbesserung ihres Unterhalts ausreicht und denen zugemutet werden kann, es dafür zu verwenden. [3]Bei Personen, deren wirtschaftliche Lage aus besonderen Gründen zu einer Notlage geworden ist, dürfen die Bezüge oder das Vermögen die genannten Grenzen übersteigen. [4]Bezüge im Sinne dieser Vorschrift sind

a) Einkünfte im Sinne des § 2 Abs. 1 des Einkommensteuergesetzes[1)] und

b) andere zur Bestreitung des Unterhalts bestimmte oder geeignete Bezüge,

aller Haushaltsangehörigen. [5]Zu berücksichtigen sind auch gezahlte und empfangene Unterhaltsleistungen. [6]Die wirtschaftliche Hilfebedürftigkeit im vorstehenden Sinne ist bei Empfängern von Leistungen nach dem Zweiten oder Zwölften Buch Sozialgesetzbuch, des Wohngeldgesetzes, bei Empfängern von Leistungen nach § 27a des Bundesversorgungsgesetzes oder nach § 6a des Bundeskindergeldgesetzes als nachgewiesen anzusehen. [7]Die Körperschaft kann den Nachweis mit Hilfe des jeweiligen Leistungsbescheids, der für den Unterstützungszeitraum maßgeblich ist, oder mit Hilfe der Bestätigung des Sozialleistungsträgers führen. [8]Auf Antrag der Körperschaft kann auf einen Nachweis der wirtschaftlichen Hilfebedürftigkeit verzichtet werden, wenn auf Grund der besonderen Art der gewährten Unterstützungsleistung sichergestellt ist, dass nur wirtschaftlich hilfebedürftige Personen im vorstehenden Sinne unterstützt werden; für den Bescheid über den Nachweisverzicht gilt § 60a Absatz 3 bis 5 entsprechend.

§ 54 Kirchliche Zwecke. (1) Eine Körperschaft verfolgt kirchliche Zwecke, wenn ihre Tätigkeit darauf gerichtet ist, eine Religionsgemeinschaft, die Körperschaft des öffentlichen Rechts ist, selbstlos zu fördern.

(2) Zu diesen Zwecken gehören insbesondere die Errichtung, Ausschmückung und Unterhaltung von Gotteshäusern und kirchlichen Gemeindehäusern, die Abhaltung von Gottesdiensten, die Ausbildung von Geistlichen, die Erteilung von Religionsunterricht, die Beerdigung und die Pflege des Andenkens der Toten, ferner die Verwaltung des Kirchenvermögens, die Besoldung der Geistlichen, Kirchenbeamten und Kirchendiener, die Alters- und Behindertenversorgung für diese Personen und die Versorgung ihrer Witwen und Waisen.

§ 55 Selbstlosigkeit. (1) Eine Förderung oder Unterstützung geschieht selbstlos, wenn dadurch nicht in erster Linie eigenwirtschaftliche Zwecke – zum Beispiel gewerbliche Zwecke oder sonstige Erwerbszwecke – verfolgt werden und wenn die folgenden Voraussetzungen gegeben sind:

1. [1]Mittel der Körperschaft dürfen nur für die satzungsmäßigen Zwecke verwendet werden. [2]Die Mitglieder oder Gesellschafter (Mitglieder im Sinne dieser Vorschriften) dürfen keine Gewinnanteile und in ihrer Eigenschaft als Mitglieder auch keine sonstigen Zuwendungen aus Mitteln der Körperschaft erhalten. [3]Die Körperschaft darf ihre Mittel weder für die unmittelbare noch für die mittelbare Unterstützung oder Förderung politischer Parteien verwenden.

[1)] Nr. 5.

2. Die Mitglieder dürfen bei ihrem Ausscheiden oder bei Auflösung oder Aufhebung der Körperschaft nicht mehr als ihre eingezahlten Kapitalanteile und den gemeinen Wert ihrer geleisteten Sacheinlagen zurückerhalten.
3. Die Körperschaft darf keine Person durch Ausgaben, die dem Zweck der Körperschaft fremd sind, oder durch unverhältnismäßig hohe Vergütungen begünstigen.
4.[1)] [1] Bei Auflösung oder Aufhebung der Körperschaft oder bei Wegfall ihres bisherigen Zwecks darf das Vermögen der Körperschaft, soweit es die eingezahlten Kapitalanteile der Mitglieder und den gemeinen Wert der von den Mitgliedern geleisteten Sacheinlagen übersteigt, nur für steuerbegünstigte Zwecke verwendet werden (Grundsatz der Vermögensbindung). [2] Diese Voraussetzung ist auch erfüllt, wenn das Vermögen einer anderen steuerbegünstigten Körperschaft oder einer juristischen Person des öffentlichen Rechts für steuerbegünstigte Zwecke übertragen werden soll.
5.[2)] [1] Die Körperschaft muss ihre Mittel vorbehaltlich des § 62 grundsätzlich zeitnah für ihre steuerbegünstigten satzungsmäßigen Zwecke verwenden. [2] Verwendung in diesem Sinne ist auch die Verwendung der Mittel für die Anschaffung oder Herstellung von Vermögensgegenständen, die satzungsmäßigen Zwecken dienen. [3] Eine zeitnahe Mittelverwendung ist gegeben, wenn die Mittel spätestens in den auf den Zufluss folgenden zwei Kalender- oder Wirtschaftsjahren für die steuerbegünstigten satzungsmäßigen Zwecke verwendet werden. [4] Satz 1 gilt nicht für Körperschaften mit jährlichen Einnahmen von nicht mehr als 45 000 Euro.

(2) Bei der Ermittlung des gemeinen Werts (Absatz 1 Nr. 2 und 4) kommt es auf die Verhältnisse zu dem Zeitpunkt an, in dem die Sacheinlagen geleistet worden sind.

(3)[3)] Die Vorschriften, die die Mitglieder der Körperschaft betreffen (Absatz 1 Nr. 1, 2 und 4), gelten bei Stiftungen für die Stifter und ihre Erben, bei Betrieben gewerblicher Art von juristischen Personen des öffentlichen Rechts für die Körperschaft sinngemäß, jedoch mit der Maßgabe, dass bei Wirtschaftsgütern, die nach § 6 Absatz 1 Nummer 4 Satz 4 des Einkommensteuergesetzes[4)] aus einem Betriebsvermögen zum Buchwert entnommen worden sind, an die Stelle des gemeinen Werts der Buchwert der Entnahme tritt.

§ 56 Ausschließlichkeit. Ausschließlichkeit liegt vor, wenn eine Körperschaft nur ihre steuerbegünstigten satzungsmäßigen Zwecke verfolgt.

§ 57 Unmittelbarkeit. (1) [1] Eine Körperschaft verfolgt unmittelbar ihre steuerbegünstigten satzungsmäßigen Zwecke, wenn sie selbst diese Zwecke verwirklicht. [2] Das kann auch durch Hilfspersonen geschehen, wenn nach den Umständen des Falls, insbesondere nach den rechtlichen und tatsächlichen

---

[1)] § 55 Abs. 1 Nr. 4 Satz 2 geänd. durch G v. 8.12.2010 (BGBl. I S. 1768); zur Anwendung siehe Art. 97 § 1d Abs. 3 EGAO (Nr. **4**).

[2)] Zur Anwendung siehe Art. 97 § 1a Abs. 3 EGAO (Nr. **4**); Abs. 1 Nr. 5 Satz 3 geänd. mWv 1.1. 2013 und Satz 1 geänd. mWv 1.1.2014 durch G v. 21.3.2013 (BGBl. I S. 556); Satz 4 angef. mWv 29.12.2020 durch G v. 21.12.2020 (BGBl. I S. 3096).

[3)] § 55 Abs. 3 geänd. durch G v. 19.7.2006 (BGBl. I S. 1652); geänd. durch G v. 20.4.2009 (BGBl. I S. 774); geänd. durch G v. 8.12.2010 (BGBl. I S. 1768); zur Anwendung siehe Art. 97 § 1d Abs. 3 EGAO (Nr. **4**).

[4)] Nr. **5**.

Beziehungen, die zwischen der Körperschaft und der Hilfsperson bestehen, das Wirken der Hilfsperson wie eigenes Wirken der Körperschaft anzusehen ist.

(2) Eine Körperschaft, in der steuerbegünstigte Körperschaften zusammengefasst sind, wird einer Körperschaft, die unmittelbar steuerbegünstigte Zwecke verfolgt, gleichgestellt.

(3)[1] [1]Eine Körperschaft verfolgt ihre steuerbegünstigten Zwecke auch dann unmittelbar im Sinne des Absatzes 1 Satz 1, wenn sie satzungsgemäß durch planmäßiges Zusammenwirken mit mindestens einer weiteren Körperschaft, die im Übrigen die Voraussetzungen der §§ 51 bis 68 erfüllt, einen steuerbegünstigten Zweck verwirklicht. [2]Die §§ 14 sowie 65 bis 68 sind mit der Maßgabe anzuwenden, dass für das Vorliegen der Eigenschaft als Zweckbetrieb bei der jeweiligen Körperschaft die Tätigkeiten der nach Satz 1 zusammenwirkenden Körperschaften zusammenzufassen sind.

(4)[2] Eine Körperschaft verfolgt ihre steuerbegünstigten Zwecke auch dann unmittelbar im Sinne des Absatzes 1 Satz 1, wenn sie ausschließlich Anteile an steuerbegünstigten Kapitalgesellschaften hält und verwaltet.

§ 58 Steuerlich unschädliche Betätigungen. Die Steuervergünstigung wird nicht dadurch ausgeschlossen, dass

1.[3] eine Körperschaft einer anderen Körperschaft oder einer juristischen Person des öffentlichen Rechts Mittel für die Verwirklichung steuerbegünstigter Zwecke zuwendet. [2]Mittel sind sämtliche Vermögenswerte der Körperschaft. [3]Die Zuwendung von Mitteln an eine beschränkt oder unbeschränkt steuerpflichtige Körperschaft des privaten Rechts setzt voraus, dass diese selbst steuerbegünstigt ist. [4]Beabsichtigt die Körperschaft, als einzige Art der Zweckverwirklichung Mittel anderen Körperschaften oder juristischen Personen des öffentlichen Rechts zuzuwenden, ist die Mittelweitergabe als Art der Zweckverwirklichung in der Satzung zu benennen,

2.[4] *(aufgehoben)*

3.[5] eine Körperschaft ihre Überschüsse der Einnahmen über die Ausgaben aus der Vermögensverwaltung, ihre Gewinne aus den wirtschaftlichen Geschäftsbetrieben ganz oder teilweise und darüber hinaus höchstens 15 Prozent ihrer sonstigen nach § 55 Absatz 1 Nummer 5 zeitnah zu verwendenden Mittel einer anderen steuerbegünstigten Körperschaft oder einer juristischen Person des öffentlichen Rechts zur Vermögensausstattung zuwendet. [2]Die aus den Vermögenserträgen zu verwirklichenden steuerbegünstigten Zwecke müssen den steuerbegünstigten satzungsmäßigen Zwecken der zuwendenden Körperschaft entsprechen. [3]Die nach dieser Nummer zugewandten Mittel und deren Erträge dürfen nicht für weitere Mittelweitergaben im Sinne des ersten Satzes verwendet werden,

---

[1] § 57 Abs. 3 angef. mWv 29.12.2020 durch G v. 21.12.2020 (BGBl. I S. 3096).

[2] § 57 Abs. 4 angef. mWv 29.12.2020 durch G v. 21.12.2020 (BGBl. I S. 3096).

[3] § 58 Nr. 1 neu gef. mWv 29.12.2020 durch G v. 21.12.2020 (BGBl. I S. 3096).

[4] § 58 Nr. 2 aufgeh. mWv 29.12.2020 durch G v. 21.12.2020 (BGBl. I S. 3096).

[5] § 58 Nr. 3 eingef., bish. Nr. 3 bis 5 werden Nr. 4 bis 6, Nr. 6 und 7 aufgeh., bish. Nr. 8 bis 10 werden Nr. 7 bis 9, Nr. 10 neu gef., Nr. 11 und 12 aufgeh. mWv 1.1.2014 durch G v. 21.3.2013 (BGBl. I S. 556).

4.[1] eine Körperschaft ihre Arbeitskräfte anderen Personen, Unternehmen, Einrichtungen oder einer juristischen Person des öffentlichen Rechts für steuerbegünstigte Zwecke zur Verfügung stellt,

5.[1] eine Körperschaft ihr gehörende Räume einer anderen, ebenfalls steuerbegünstigten Körperschaft oder einer juristischen Person des öffentlichen Rechts zur Nutzung zu steuerbegünstigten Zwecken überlässt,

6.[2] eine Stiftung einen Teil, jedoch höchstens ein Drittel ihres Einkommens dazu verwendet, um in angemessener Weise den Stifter und seine nächsten Angehörigen zu unterhalten, ihre Gräber zu pflegen und ihr Andenken zu ehren,

7.[2] eine Körperschaft gesellige Zusammenkünfte veranstaltet, die im Vergleich zu ihrer steuerbegünstigten Tätigkeit von untergeordneter Bedeutung sind,

8.[2] ein Sportverein neben dem unbezahlten auch den bezahlten Sport fördert,

9.[2] eine von einer Gebietskörperschaft errichtete Stiftung zur Erfüllung ihrer steuerbegünstigten Zwecke Zuschüsse an Wirtschaftsunternehmen vergibt,

10.[2] eine Körperschaft Mittel zum Erwerb von Gesellschaftsrechten zur Erhaltung der prozentualen Beteiligung an Kapitalgesellschaften im Jahr des Zuflusses verwendet. [2]Dieser Erwerb mindert die Höhe der Rücklage nach § 62 Absatz 1 Nummer 3.

§ 58a[3] Vertrauensschutz bei Mittelweitergaben. (1) Wendet eine steuerbegünstigte Körperschaft Mittel einer anderen Körperschaft zu, darf sie unter den Voraussetzungen des Absatzes 2 darauf vertrauen, dass die empfangende Körperschaft

1. nach § 5 Absatz 1 Nummer 9 des Körperschaftsteuergesetzes[4] im Zeitpunkt der Zuwendung steuerbegünstigt ist und
2. die Zuwendung für steuerbegünstigte Zwecke verwendet.

(2) Das Vertrauen der zuwendenden Körperschaft nach Absatz 1 ist nur schutzwürdig, wenn sich die zuwendende Körperschaft zum Zeitpunkt der Zuwendung die Steuerbegünstigung der empfangenden Körperschaft nach § 5 Absatz 1 Nummer 9 des Körperschaftsteuergesetzes hat nachweisen lassen durch eine Ausfertigung

1. der Anlage zum Körperschaftsteuerbescheid, deren Datum nicht länger als fünf Jahre zurückliegt oder
2. des Freistellungsbescheids, dessen Datum nicht länger als fünf Jahre zurückliegt oder

---

[1] § 58 Nr. 3 und 4 geänd. durch G v. 10.10.2007 (BGBl. I S. 2332); geänd. durch G v. 8.12.2010 (BGBl. I S. 1768); Nr. 3 eingef., bish. Nr. 3 bis 5 werden Nr. 4 bis 6, Nr. 6 und 7 aufgeh. mWv 1.1.2014 durch G v. 21.3.2013 (BGBl. I S. 556).

[2] § 58 Nr. 3 eingef., bish. Nr. 3 bis 5 werden Nr. 4 bis 6, Nr. 6 und 7 aufgeh., bish. Nr. 8 bis 10 werden Nr. 7 bis 9, Nr. 10 neu gef., Nr. 11 und 12 aufgeh. mWv 1.1.2014 durch G v. 21.3.2013 (BGBl. I S. 556).

[3] § 58a eingef. mWv 29.12.2020 durch G v. 21.12.2020 (BGBl. I S. 3096).

[4] Nr. **17**.

3. des Bescheids über die Feststellung der Einhaltung der satzungsmäßigen Voraussetzungen nach § 60a Absatz 1, dessen Datum nicht länger als drei Jahre zurückliegt, wenn der empfangenden Körperschaft bisher kein Freistellungsbescheid oder keine Anlage zum Körperschaftsteuerbescheid erteilt wurde.

(3) Absatz 1 ist nicht anzuwenden, wenn

1. der zuwendenden Körperschaft die Unrichtigkeit eines Verwaltungsakts nach Absatz 2 bekannt ist oder infolge grober Fahrlässigkeit nicht bekannt war oder
2. die zuwendende Körperschaft eine Verwendung für nicht steuerbegünstigte Zwecke durch die empfangende Körperschaft veranlasst hat.

§ 59 Voraussetzung der Steuervergünstigung. Die Steuervergünstigung wird gewährt, wenn sich aus der Satzung, dem Stiftungsgeschäft oder der sonstigen Verfassung (Satzung im Sinne dieser Vorschriften) ergibt, welchen Zweck die Körperschaft verfolgt, dass dieser Zweck den Anforderungen der §§ 52 bis 55 entspricht und dass er ausschließlich und unmittelbar verfolgt wird; die tatsächliche Geschäftsführung muss diesen Satzungsbestimmungen entsprechen.

§ 60 Anforderungen an die Satzung. (1)[1)] [1]Die Satzungszwecke und die Art ihrer Verwirklichung müssen so genau bestimmt sein, dass auf Grund der Satzung geprüft werden kann, ob die satzungsmäßigen Voraussetzungen für Steuervergünstigungen gegeben sind. [2]Die Satzung muss die in der Anlage 1 bezeichneten Festlegungen enthalten.

(2) Die Satzung muss den vorgeschriebenen Erfordernissen bei der Körperschaftsteuer und bei der Gewerbesteuer während des ganzen Veranlagungs- oder Bemessungszeitraums, bei den anderen Steuern im Zeitpunkt der Entstehung der Steuer entsprechen.

§ 60a[2)] Feststellung der satzungsmäßigen Voraussetzungen. (1) [1]Die Einhaltung der satzungsmäßigen Voraussetzungen nach den §§ 51, 59, 60 und 61 wird gesondert festgestellt. [2]Die Feststellung der Satzungsmäßigkeit ist für die Besteuerung der Körperschaft und der Steuerpflichtigen, die Zuwendungen in Form von Spenden und Mitgliedsbeiträgen an die Körperschaft erbringen, bindend.

(2) Die Feststellung der Satzungsmäßigkeit erfolgt

1. auf Antrag der Körperschaft oder
2. von Amts wegen bei der Veranlagung zur Körperschaftsteuer, wenn bisher noch keine Feststellung erfolgt ist.

(3) Die Bindungswirkung der Feststellung entfällt ab dem Zeitpunkt, in dem die Rechtsvorschriften, auf denen die Feststellung beruht, aufgehoben oder geändert werden.

(4) Tritt bei den für die Feststellung erheblichen Verhältnissen eine Änderung ein, ist die Feststellung mit Wirkung vom Zeitpunkt der Änderung der Verhältnisse aufzuheben.

[1)] § 60 Abs. 1 Satz 2 angef. mWv 1.1.2009 durch G v. 19.12.2008 (BGBl. I S. 2794); zur Anwendung siehe Art. 97 § 1f Abs. 2 EGAO (Nr. **4**).

[2)] § 60a eingef. durch G v. 21.3.2013 (BGBl. I S. 556).

(5) [1] Materielle Fehler im Feststellungsbescheid über die Satzungsmäßigkeit können mit Wirkung ab dem Kalenderjahr beseitigt werden, das auf die Bekanntgabe der Aufhebung der Feststellung folgt. [2] § 176 gilt entsprechend, außer es sind Kalenderjahre zu ändern, die nach der Verkündung der maßgeblichen Entscheidung eines obersten Gerichtshofes des Bundes beginnen.

(6)[1)] [1] Liegen bis zum Zeitpunkt des Erlasses des erstmaligen Körperschaftsteuerbescheids oder Freistellungsbescheids bereits Erkenntnisse vor, dass die tatsächliche Geschäftsführung gegen die satzungsmäßigen Voraussetzungen verstößt, ist die Feststellung der Einhaltung der satzungsmäßigen Voraussetzungen nach Absatz 1 Satz 1 abzulehnen. [2] Satz 1 gilt entsprechend für die Aufhebung bestehender Feststellungen nach § 60a.

(7)[2)] [1] Auf Anfrage der registerführenden Stelle nach § 18 Absatz 2 des Geldwäschegesetzes kann das für die Feststellung nach Absatz 1 zuständige Finanzamt der registerführenden Stelle bestätigen, dass eine Vereinigung, die einen Antrag nach § 24 Absatz 1 Satz 2 des Geldwäschegesetzes gestellt hat, die nach den §§ 52 bis 54 der Abgabenordnung steuerbegünstigten Zwecke verfolgt. [2] Hierzu hat die registerführende Stelle dem zuständigen Finanzamt zu bestätigen, dass das Einverständnis der Vereinigung auf Auskunftserteilung nach § 24 Absatz 1 Satz 3 des Geldwäschegesetzes vorliegt.

[*ab 1.1.2024:*

§ 60b[3)] Zuwendungsempfängerregister. (1) Das Bundeszentralamt für Steuern führt ein Register, in dem Körperschaften geführt werden, die die Voraussetzungen der §§ 51 bis 68 oder des § 34g des Einkommensteuergesetzes[4)] erfüllen (Zuwendungsempfängerregister).

(2) Im Zuwendungsempfängerregister speichert das Bundeszentralamt für Steuern zu Zwecken des Sonderausgabenabzugs nach § 10b des Einkommensteuergesetzes zu Körperschaften, die die Voraussetzungen der §§ 51 bis 68 erfüllen, folgende Daten:

1. Wirtschafts-Identifikationsnummer der Körperschaft,
2. Name der Körperschaft,
3. Anschrift der Körperschaft,
4. steuerbegünstigte Zwecke der Körperschaft,
5. das für die Festsetzung der Körperschaftsteuer der Körperschaft zuständige Finanzamt,
6. Datum der Erteilung des letzten Freistellungsbescheides oder Feststellungsbescheides nach § 60a,
7. Bankverbindung der Körperschaft.

(3) Das für die Festsetzung der Körperschaftsteuer der Körperschaft zuständige Finanzamt übermittelt dem Bundeszentralamt für Steuern die Daten nach Absatz 2 sowie unverzüglich jede Änderung dieser Daten.

(4) [1] Das Bundeszentralamt für Steuern ist befugt, die Daten nach Absatz 2 Dritten zu offenbaren. [2] § 30 steht dem nicht entgegen.]

---

1) § 60a Abs. 6 angef. mWv 29.12.2020 durch G v. 21.12.2020 (BGBl. I S. 3096).
2) § 60a Abs. 7 angef. mWv 1.8.2021 durch G v. 25.6.2021 (BGBl. I S. 2083).
3) § 60b eingef. **mWv 1.1.2024** durch G v. 21.12.2020 (BGBl. I S. 3096).
4) Nr. **5**.

§ 61 Satzungsmäßige Vermögensbindung. (1) Eine steuerlich ausreichende Vermögensbindung (§ 55 Abs. 1 Nr. 4) liegt vor, wenn der Zweck, für den das Vermögen bei Auflösung oder Aufhebung der Körperschaft oder bei Wegfall ihres bisherigen Zwecks verwendet werden soll, in der Satzung so genau bestimmt ist, dass auf Grund der Satzung geprüft werden kann, ob der Verwendungszweck steuerbegünstigt ist.

(2)[1)] *(aufgehoben)*

(3) [1] Wird die Bestimmung über die Vermögensbindung nachträglich so geändert, dass sie den Anforderungen des § 55 Abs. 1 Nr. 4 nicht mehr entspricht, so gilt sie von Anfang an als steuerlich nicht ausreichend. [2] § 175 Abs. 1 Satz 1 Nr. 2 ist mit der Maßgabe anzuwenden, dass Steuerbescheide erlassen, aufgehoben oder geändert werden können, soweit sie Steuern betreffen, die innerhalb der letzten zehn Kalenderjahre vor der Änderung der Bestimmung über die Vermögensbindung entstanden sind.

§ 62[2)] Rücklagen und Vermögensbildung. (1) Körperschaften können ihre Mittel ganz oder teilweise

1. einer Rücklage zuführen, soweit dies erforderlich ist, um ihre steuerbegünstigten, satzungsmäßigen Zwecke nachhaltig zu erfüllen;
2. einer Rücklage für die beabsichtigte Wiederbeschaffung von Wirtschaftsgütern zuführen, die zur Verwirklichung der steuerbegünstigten, satzungsmäßigen Zwecke erforderlich sind (Rücklage für Wiederbeschaffung). [2] Die Höhe der Zuführung bemisst sich nach der Höhe der regulären Absetzungen für Abnutzung eines zu ersetzenden Wirtschaftsguts. [3] Die Voraussetzungen für eine höhere Zuführung sind nachzuweisen;
3. der freien Rücklage zuführen, jedoch höchstens ein Drittel des Überschusses aus der Vermögensverwaltung und darüber hinaus höchstens 10 Prozent der sonstigen nach § 55 Absatz 1 Nummer 5 zeitnah zu verwendenden Mittel. [2] Ist der Höchstbetrag für die Bildung der freien Rücklage in einem Jahr nicht ausgeschöpft, kann diese unterbliebene Zuführung in den folgenden zwei Jahren nachgeholt werden;
4. einer Rücklage zum Erwerb von Gesellschaftsrechten zur Erhaltung der prozentualen Beteiligung an Kapitalgesellschaften zuführen, wobei die Höhe dieser Rücklage die Höhe der Rücklage nach Nummer 3 mindert.

(2) [1] Die Bildung von Rücklagen nach Absatz 1 hat innerhalb der Frist des § 55 Absatz 1 Nummer 5 Satz 3 zu erfolgen. [2] Rücklagen nach Absatz 1 Nummer 1, 2 und 4 sind unverzüglich aufzulösen, sobald der Grund für die Rücklagenbildung entfallen ist. [3] Die freigewordenen Mittel sind innerhalb der Frist nach § 55 Absatz 1 Nummer 5 Satz 3 zu verwenden.

(3) Die folgenden Mittelzuführungen unterliegen nicht der zeitnahen Mittelverwendung nach § 55 Absatz 1 Nummer 5:

1. Zuwendungen von Todes wegen, wenn der Erblasser keine Verwendung für den laufenden Aufwand der Körperschaft vorgeschrieben hat;

[1)] § 61 Abs. 2 aufgeh. mWv 1.1.2007 durch G v. 10.10.2007 (BGBl. I S. 2332); siehe auch Art. 97 § 1d EGAO (Nr. **4**).

[2)] § 62 neu gef. mWv 1.1.2014 durch G v. 21.3.2013 (BGBl. I S. 556).

2. Zuwendungen, bei denen der Zuwendende ausdrücklich erklärt, dass diese zur Ausstattung der Körperschaft mit Vermögen oder zur Erhöhung des Vermögens bestimmt sind;
3. Zuwendungen auf Grund eines Spendenaufrufs der Körperschaft, wenn aus dem Spendenaufruf ersichtlich ist, dass Beträge zur Aufstockung des Vermögens erbeten werden;
4. Sachzuwendungen, die ihrer Natur nach zum Vermögen gehören.

(4) Eine Stiftung kann im Jahr ihrer Errichtung und in den drei folgenden Kalenderjahren Überschüsse aus der Vermögensverwaltung und die Gewinne aus wirtschaftlichen Geschäftsbetrieben nach § 14 ganz oder teilweise ihrem Vermögen zuführen.

§ 63 Anforderungen an die tatsächliche Geschäftsführung. (1) Die tatsächliche Geschäftsführung der Körperschaft muss auf die ausschließliche und unmittelbare Erfüllung der steuerbegünstigten Zwecke gerichtet sein und den Bestimmungen entsprechen, die die Satzung über die Voraussetzungen für Steuervergünstigungen enthält.

(2) Für die tatsächliche Geschäftsführung gilt sinngemäß § 60 Abs. 2, für eine Verletzung der Vorschrift über die Vermögensbindung § 61 Abs. 3.

(3) Die Körperschaft hat den Nachweis, dass ihre tatsächliche Geschäftsführung den Erfordernissen des Absatzes 1 entspricht, durch ordnungsmäßige Aufzeichnungen über ihre Einnahmen und Ausgaben zu führen.

(4)[1] [1]Hat die Körperschaft ohne Vorliegen der Voraussetzungen Mittel angesammelt, kann das Finanzamt ihr eine angemessene Frist für die Verwendung der Mittel setzen. [2]Die tatsächliche Geschäftsführung gilt als ordnungsgemäß im Sinne des Absatzes 1, wenn die Körperschaft die Mittel innerhalb der Frist für steuerbegünstigte Zwecke verwendet.

(5)[2] [1]Körperschaften im Sinne des § 10b Absatz 1 Satz 2 Nummer 2 des Einkommensteuergesetzes[3] dürfen Zuwendungsbestätigungen im Sinne des § 50 Absatz 1 der Einkommensteuer-Durchführungsverordnung[4] nur ausstellen, wenn

1. das Datum der Anlage zum Körperschaftsteuerbescheid oder des Freistellungsbescheids nicht länger als fünf Jahre zurückliegt oder
2. die Feststellung der Satzungsmäßigkeit nach § 60a Absatz 1 nicht länger als drei Kalenderjahre zurückliegt und bisher kein Freistellungsbescheid oder keine Anlage zum Körperschaftsteuerbescheid erteilt wurde.

[2]Die Frist ist taggenau zu berechnen.

§ 64 Steuerpflichtige wirtschaftliche Geschäftsbetriebe. (1) Schließt das Gesetz die Steuervergünstigung insoweit aus, als ein wirtschaftlicher Geschäftsbetrieb (§ 14) unterhalten wird, so verliert die Körperschaft die Steuervergünstigung für die dem Geschäftsbetrieb zuzuordnenden Besteuerungsgrundlagen

---

[1] § 63 Abs. 4 neu gef. durch G v. 21.3.2013 (BGBl. I S. 556); Satz 2 angef. durch G v. 25.7.2014 (BGBl. I S. 1266).

[2] § 63 Abs. 5 angef. durch G v. 21.3.2013 (BGBl. I S. 556).

[3] Nr. **5**.

[4] Nr. **6**.

(Einkünfte, Umsätze, Vermögen), soweit der wirtschaftliche Geschäftsbetrieb kein Zweckbetrieb (§§ 65 bis 68) ist.

(2) Unterhält die Körperschaft mehrere wirtschaftliche Geschäftsbetriebe, die keine Zweckbetriebe (§§ 65 bis 68) sind, werden diese als ein wirtschaftlicher Geschäftsbetrieb behandelt.

(3)[1)] Übersteigen die Einnahmen einschließlich Umsatzsteuer aus wirtschaftlichen Geschäftsbetrieben, die keine Zweckbetriebe sind, insgesamt nicht 45 000 Euro im Jahr, so unterliegen die diesen Geschäftsbetrieben zuzuordnenden Besteuerungsgrundlagen nicht der Körperschaftsteuer und der Gewerbesteuer.

(4) Die Aufteilung einer Körperschaft in mehrere selbständige Körperschaften zum Zweck der mehrfachen Inanspruchnahme der Steuervergünstigung nach Absatz 3 gilt als Missbrauch von rechtlichen Gestaltungsmöglichkeiten im Sinne des § 42.

(5) Überschüsse aus der Verwertung unentgeltlich erworbenen Altmaterials außerhalb einer ständig dafür vorgehaltenen Verkaufsstelle, die der Körperschaftsteuer und der Gewerbesteuer unterliegen, können in Höhe des branchenüblichen Reingewinns geschätzt werden.

(6)[2)] Bei den folgenden steuerpflichtigen wirtschaftlichen Geschäftsbetrieben kann der Besteuerung ein Gewinn von 15 Prozent der Einnahmen zugrunde gelegt werden:

1. Werbung für Unternehmen, die im Zusammenhang mit der steuerbegünstigten Tätigkeit einschließlich Zweckbetrieben stattfindet,
2. Totalisatorbetriebe,
3. Zweite Fraktionierungsstufe der Blutspendedienste.

§ 65 Zweckbetrieb. Ein Zweckbetrieb ist gegeben, wenn

1. der wirtschaftliche Geschäftsbetrieb in seiner Gesamtrichtung dazu dient, die steuerbegünstigten satzungsmäßigen Zwecke der Körperschaft zu verwirklichen,
2. die Zwecke nur durch einen solchen Geschäftsbetrieb erreicht werden können und
3. der wirtschaftliche Geschäftsbetrieb zu nicht begünstigten Betrieben derselben oder ähnlicher Art nicht in größerem Umfang in Wettbewerb tritt, als es bei Erfüllung der steuerbegünstigten Zwecke unvermeidbar ist.

§ 66 Wohlfahrtspflege. (1) Eine Einrichtung der Wohlfahrtspflege ist ein Zweckbetrieb, wenn sie in besonderem Maß den in § 53 genannten Personen dient.

(2) [1] Wohlfahrtspflege ist die planmäßige, zum Wohle der Allgemeinheit und nicht des Erwerbs wegen ausgeübte Sorge für notleidende oder gefährdete Mitmenschen. [2] Die Sorge kann sich auf das gesundheitliche, sittliche, erzieherische oder wirtschaftliche Wohl erstrecken und Vorbeugung oder Abhilfe bezwecken.

[1)] § 64 Abs. 3 geänd. durch G v. 10.10.2007 (BGBl. I S. 2332); zur Anwendung siehe Art. 97 § 1d EGAO (Nr. **4**); geänd. mWv 29.12.2020 durch G v. 21.12.2020 (BGBl. I S. 3096).

[2)] Zur Anwendung siehe Art. 97 § 1b EGAO (Nr. **4**); § 64 Abs. 6 geänd. durch G v. 13.12.2006 (BGBl. I S. 2878).

(3) [1]Eine Einrichtung der Wohlfahrtspflege dient in besonderem Maße den in § 53 genannten Personen, wenn diesen mindestens zwei Drittel ihrer Leistungen zugute kommen. [2]Für Krankenhäuser gilt § 67.

§ 67[1)] Krankenhäuser. (1) Ein Krankenhaus, das in den Anwendungsbereich des Krankenhausentgeltgesetzes oder der Bundespflegesatzverordnung fällt, ist ein Zweckbetrieb, wenn mindestens 40 Prozent der jährlichen Belegungstage oder Berechnungstage auf Patienten entfallen, bei denen nur Entgelte für allgemeine Krankenhausleistungen (§ 7 des Krankenhausentgeltgesetzes, § 10 der Bundespflegesatzverordnung) berechnet werden.

(2) Ein Krankenhaus, das nicht in den Anwendungsbereich des Krankenhausentgeltgesetzes oder der Bundespflegesatzverordnung fällt, ist ein Zweckbetrieb, wenn mindestens 40 Prozent der jährlichen Belegungstage oder Berechnungstage auf Patienten entfallen, bei denen für die Krankenhausleistungen kein höheres Entgelt als nach Absatz 1 berechnet wird.

§ 67a Sportliche Veranstaltungen. (1)[2)] [1]Sportliche Veranstaltungen eines Sportvereins sind ein Zweckbetrieb, wenn die Einnahmen einschließlich Umsatzsteuer insgesamt 45 000 Euro im Jahr nicht übersteigen. [2]Der Verkauf von Speisen und Getränken sowie die Werbung gehören nicht zu den sportlichen Veranstaltungen.

(2) [1]Der Sportverein kann dem Finanzamt bis zur Unanfechtbarkeit des Körperschaftsteuerbescheids erklären, dass er auf die Anwendung des Absatzes 1 Satz 1 verzichtet. [2]Die Erklärung bindet den Sportverein für mindestens fünf Veranlagungszeiträume.

(3) [1]Wird auf die Anwendung des Absatzes 1 Satz 1 verzichtet, sind sportliche Veranstaltungen eines Sportvereins ein Zweckbetrieb, wenn

1. kein Sportler des Vereins teilnimmt, der für seine sportliche Betätigung oder für die Benutzung seiner Person, seines Namens, seines Bildes oder seiner sportlichen Betätigung zu Werbezwecken von dem Verein oder einem Dritten über eine Aufwandsentschädigung hinaus Vergütungen oder andere Vorteile erhält und
2. kein anderer Sportler teilnimmt, der für die Teilnahme an der Veranstaltung von dem Verein oder einem Dritten im Zusammenwirken mit dem Verein über eine Aufwandsentschädigung hinaus Vergütungen oder andere Vorteile erhält.

[2]Andere sportliche Veranstaltungen sind ein steuerpflichtiger wirtschaftlicher Geschäftsbetrieb. [3]Dieser schließt die Steuervergünstigung nicht aus, wenn die Vergütungen oder andere Vorteile ausschließlich aus wirtschaftlichen Geschäftsbetrieben, die nicht Zweckbetriebe sind, oder von Dritten geleistet werden.

(4)[3)] [1]Organisatorische Leistungen eines Sportdachverbandes zur Durchführung von sportlichen Veranstaltungen sind ein Zweckbetrieb, wenn an der sportlichen Veranstaltung überwiegend Sportler teilnehmen, die keine Lizenzsportler sind. [2]Alle sportlichen Veranstaltungen einer Saison einer Liga gelten

---

[1)] § 67 Abs. 1 neu gef., Abs. 2 geänd. durch G v. 13.12.2006 (BGBl. I S. 2878); zur Anwendung siehe Art. 97 § 1c Abs. 3 EGAO (Nr. **4**).

[2)] § 67a Abs. 1 Satz 1 geänd. durch G v. 10.10.2007 (BGBl. I S. 2332); zur Anwendung siehe Art. 97 § 1d EGAO (Nr. **4**); Satz 1 geänd. mWv 1.1.2013 durch G v. 21.3.2013 (BGBl. I S. 556).

[3)] § 67a Abs. 4 angef. mWv 1.1.2021 durch G v. 11.12.2018 (BGBl. I S. 2338).

als eine sportliche Veranstaltung im Sinne des Satzes 1. [3]Absatz 1 Satz 2 gilt entsprechend.

§ 68 Einzelne Zweckbetriebe. Zweckbetriebe sind auch:

1. a) Alten-, Altenwohn- und Pflegeheime, Erholungsheime, Mahlzeitendienste, wenn sie in besonderem Maß den in § 53 genannten Personen dienen (§ 66 Abs. 3),
   b) Kindergärten, Kinder-, Jugend- und Studentenheime, Schullandheime und Jugendherbergen,
   c)[1] Einrichtungen zur Versorgung, Verpflegung und Betreuung von Flüchtlingen. [2]Die Voraussetzungen des § 66 Absatz 2 sind zu berücksichtigen,
2.[2] a) landwirtschaftliche Betriebe und Gärtnereien, die der Selbstversorgung von Körperschaften dienen und dadurch die sachgemäße Ernährung und ausreichende Versorgung von Anstaltsangehörigen sichern,
   b) andere Einrichtungen, die für die Selbstversorgung von Körperschaften erforderlich sind, wie Tischlereien, Schlossereien,

   wenn die Lieferungen und sonstigen Leistungen dieser Einrichtungen an Außenstehende dem Wert nach 20 Prozent der gesamten Lieferungen und sonstigen Leistungen des Betriebs – einschließlich der an die Körperschaften selbst bewirkten – nicht übersteigen,
3.[3] a) Werkstätten für behinderte Menschen, die nach den Vorschriften des Dritten Buches Sozialgesetzbuch förderungsfähig sind und Personen Arbeitsplätze bieten, die wegen ihrer Behinderung nicht auf dem allgemeinen Arbeitsmarkt tätig sein können,
   b) Einrichtungen für Beschäftigungs- und Arbeitstherapie, in denen behinderte Menschen aufgrund ärztlicher Indikationen außerhalb eines Beschäftigungsverhältnisses zum Träger der Therapieeinrichtung mit dem Ziel behandelt werden, körperliche oder psychische Grundfunktionen zum Zwecke der Wiedereingliederung in das Alltagsleben wiederherzustellen oder die besonderen Fähigkeiten und Fertigkeiten auszubilden, zu fördern und zu trainieren, die für eine Teilnahme am Arbeitsleben erforderlich sind, und
   c)[4] Inklusionsbetriebe im Sinne des § 215 Absatz 1 des Neunten Buches Sozialgesetzbuch, wenn mindestens 40 Prozent der Beschäftigten besonders betroffene schwerbehinderte Menschen im Sinne des § 215 Absatz 1 des Neunten Buches Sozialgesetzbuch sind; auf die Quote werden psychisch kranke Menschen im Sinne des § 215 Absatz 4 des Neunten Buches Sozialgesetzbuch angerechnet,
4.[5] Einrichtungen, die zur Durchführung der Fürsorge für blinde Menschen, zur Durchführung der Fürsorge für körperbehinderte Menschen und zur

---

[1] § 68 Nr. 1 Buchst. c angef. mWv 29.12.2020 durch G v. 21.12.2020 (BGBl. I S. 3096).

[2] § 68 Nr. 2 abschl. Satzteil geänd. durch G v. 13.12.2006 (BGBl. I S. 2878).

[3] § 68 Nr. 3 neu gef. durch G v. 23.4.2004 (BGBl. I S. 606); zur Anwendung siehe Art. 97 § 1e Abs. 3 EGAO (Nr. **4**).

[4] § 68 Nr. 3 Buchst. c neu gef. mWv 1.1.2018 durch G v. 23.12.2016 (BGBl. I S. 3234).

[5] § 68 Nr. 4 geänd. mWv 1.1.2017 durch G v. 20.12.2016 (BGBl. I S. 3000); geänd. mWv 29.12.2020 durch G v. 21.12.2020 (BGBl. I S. 3096).

Durchführung der Fürsorge für psychische und seelische Erkrankungen beziehungsweise Behinderungen unterhalten werden,

5.[1] Einrichtungen über Tag und Nacht (Heimerziehung) oder sonstige betreute Wohnformen,

6.[2] von den zuständigen Behörden genehmigte Lotterien und Ausspielungen, wenn der Reinertrag unmittelbar und ausschließlich zur Förderung mildtätiger, kirchlicher oder gemeinnütziger Zwecke verwendet wird,

7. kulturelle Einrichtungen, wie Museen, Theater, und kulturelle Veranstaltungen, wie Konzerte, Kunstausstellungen; dazu gehört nicht der Verkauf von Speisen und Getränken,

8. Volkshochschulen und andere Einrichtungen, soweit sie selbst Vorträge, Kurse und andere Veranstaltungen wissenschaftlicher oder belehrender Art durchführen; dies gilt auch, soweit die Einrichtungen den Teilnehmern dieser Veranstaltungen selbst Beherbergung und Beköstigung gewähren,

9. Wissenschafts- und Forschungseinrichtungen, deren Träger sich überwiegend aus Zuwendungen der öffentlichen Hand oder Dritter oder aus der Vermögensverwaltung finanziert. [2]Der Wissenschaft und Forschung dient auch die Auftragsforschung. [3]Nicht zum Zweckbetrieb gehören Tätigkeiten, die sich auf die Anwendung gesicherter wissenschaftlicher Erkenntnisse beschränken, die Übernahme von Projektträgerschaften sowie wirtschaftliche Tätigkeiten ohne Forschungsbezug.

Vierter Abschnitt. Haftung

§ 69 Haftung der Vertreter. [1]Die in den §§ 34 und 35 bezeichneten Personen haften, soweit Ansprüche aus dem Steuerschuldverhältnis (§ 37) infolge vorsätzlicher oder grob fahrlässiger Verletzung der ihnen auferlegten Pflichten nicht oder nicht rechtzeitig festgesetzt oder erfüllt oder soweit infolgedessen Steuervergütungen oder Steuererstattungen ohne rechtlichen Grund gezahlt werden. [2]Die Haftung umfasst auch die infolge der Pflichtverletzung zu zahlenden Säumniszuschläge.

§ 70[3] Haftung des Vertretenen. (1) Wenn die in den §§ 34 und 35 bezeichneten Personen bei Ausübung ihrer Obliegenheiten eine Steuerhinterziehung oder eine leichtfertige Steuerverkürzung begehen oder an einer Steuerhinterziehung teilnehmen und hierdurch Steuerschuldner oder Haftende werden, so haften die Vertretenen, soweit sie nicht Steuerschuldner sind, für die durch die Tat verkürzten Steuern und die zu Unrecht gewährten Steuervorteile.

(2) [1]Absatz 1 ist nicht anzuwenden bei Taten gesetzlicher Vertreter natürlicher Personen, wenn diese aus der Tat des Vertreters keinen Vermögensvorteil erlangt haben. [2]Das Gleiche gilt, wenn die Vertretenen denjenigen, der die Steuerhinterziehung oder die leichtfertige Steuerverkürzung begangen hat, sorgfältig ausgewählt und beaufsichtigt haben.

---

[1] § 68 Nr. 5 neu gef. mWv 1.1.2014 durch G v. 26.6.2013 (BGBl. I S. 1809).
[2] Zur Anwendung siehe Art. 97 § 1e Abs. 1 EGAO (Nr. **4**).
[3] Zu § 70 siehe Art. 97a § 3 Abs. 3 EGAO (Nr. **4**).

§ 71[1)] Haftung des Steuerhinterziehers und des Steuerhehlers. Wer eine Steuerhinterziehung oder eine Steuerhehlerei begeht oder an einer solchen Tat teilnimmt, haftet für die verkürzten Steuern und die zu Unrecht gewährten Steuervorteile sowie für die Zinsen nach § 235 und die Zinsen nach § 233a, soweit diese nach § 235 Absatz 4 auf die Hinterziehungszinsen angerechnet werden.

§ 72 Haftung bei Verletzung der Pflicht zur Kontenwahrheit. Wer vorsätzlich oder grob fahrlässig der Vorschrift des § 154 Abs. 3 zuwiderhandelt, haftet, soweit dadurch die Verwirklichung von Ansprüchen aus dem Steuerschuldverhältnis beeinträchtigt wird.

§ 72a[2)] Haftung Dritter bei Datenübermittlungen an Finanzbehörden. (1) [1]Der Hersteller von Programmen im Sinne des § 87c haftet, soweit die Daten infolge einer Verletzung seiner Pflichten nach § 87c unrichtig oder unvollständig verarbeitet und dadurch Steuern verkürzt oder zu Unrecht steuerliche Vorteile erlangt werden. [2]Die Haftung entfällt, soweit der Hersteller nachweist, dass die Pflichtverletzung nicht auf grober Fahrlässigkeit oder Vorsatz beruht.

(2)[3)] [1]Wer als Auftragnehmer (§ 87d) Programme zur Verarbeitung von Daten im Auftrag im Sinne des § 87c einsetzt, haftet, soweit

1. auf Grund unrichtiger oder unvollständiger Übermittlung Steuern verkürzt oder zu Unrecht steuerliche Vorteile erlangt werden oder
2. er seine Pflichten nach § 87d Absatz 2 verletzt hat und auf Grund der von ihm übermittelten Daten Steuern verkürzt oder zu Unrecht steuerliche Vorteile erlangt werden.

[2]Die Haftung entfällt, soweit der Auftragnehmer nachweist, dass die unrichtige oder unvollständige Übermittlung der Daten oder die Verletzung der Pflichten nach § 87d Absatz 2 nicht auf grober Fahrlässigkeit oder Vorsatz beruht.

(3) Die Absätze 1 und 2 gelten nicht für Zusammenfassende Meldungen im Sinne des § 18a Absatz 1 des Umsatzsteuergesetzes[4)].

(4) Wer nach Maßgabe des § 93c Daten an die Finanzbehörden zu übermitteln hat und vorsätzlich oder grob fahrlässig

1. unrichtige oder unvollständige Daten übermittelt oder
2. Daten pflichtwidrig nicht übermittelt,

haftet für die entgangene Steuer.

§ 73[5)] Haftung bei Organschaft. [1]Eine Organgesellschaft haftet für solche Steuern des Organträgers, für welche die Organschaft zwischen ihnen steuerlich von Bedeutung ist. [2]Haftet eine Organgesellschaft, die selbst Organträger ist, nach Satz 1, haften ihre Organgesellschaften neben ihr ebenfalls nach Satz 1.

[1)] Zu § 71 siehe Art. 97a § 3 Abs. 3 EGAO (Nr. **4**); § 71 geänd. mWv 1.1.2017 durch G v. 18.7. 2016 (BGBl. I S. 1679); zur Anwendung siehe Art. 97 § 11 Abs. 3 EGAO (Nr. **4**).

[2)] § 72a eingef. mWv 1.1.2017 durch G v. 18.7.2016 (BGBl. I S. 1679); zur Anwendung siehe Art. 97 § 27 Abs. 1 und 2 EGAO (Nr. **4**).

[3)] § 72a Abs. 2 Satz 1 einl. Satzteil geänd. mWv 25.5.2018 durch G v. 17.7.2017 (BGBl. I S. 2541).

[4)] Nr. **23**.

[5)] § 73 Satz 2 eingef., bish. Satz 2 wird Satz 3 mWv 18.12.2019 durch G v. 12.12.2019 (BGBl. I S. 2451); zur Anwendung siehe Art. 97 § 11 Abs. 4 EGAO (Nr. **4**).

[3]Den Steuern stehen die Ansprüche auf Erstattung von Steuervergütungen gleich.

§ 74 Haftung des Eigentümers von Gegenständen. (1) [1]Gehören Gegenstände, die einem Unternehmen dienen, nicht dem Unternehmer, sondern einer an dem Unternehmen wesentlich beteiligten Person, so haftet der Eigentümer der Gegenstände mit diesen für diejenigen Steuern des Unternehmens, bei denen sich die Steuerpflicht auf den Betrieb des Unternehmens gründet. [2]Die Haftung erstreckt sich jedoch nur auf die Steuern, die während des Bestehens der wesentlichen Beteiligung entstanden sind. [3]Den Steuern stehen die Ansprüche auf Erstattung von Steuervergütungen gleich.

(2) [1]Eine Person ist an dem Unternehmen wesentlich beteiligt, wenn sie unmittelbar oder mittelbar zu mehr als einem Viertel am Grund- oder Stammkapital oder am Vermögen des Unternehmens beteiligt ist. [2]Als wesentlich beteiligt gilt auch, wer auf das Unternehmen einen beherrschenden Einfluss ausübt und durch sein Verhalten dazu beiträgt, dass fällige Steuern im Sinne des Absatzes 1 Satz 1 nicht entrichtet werden.

§ 75 Haftung des Betriebsübernehmers. (1) [1]Wird ein Unternehmen oder ein in der Gliederung eines Unternehmens gesondert geführter Betrieb im Ganzen übereignet, so haftet der Erwerber für Steuern, bei denen sich die Steuerpflicht auf den Betrieb des Unternehmens gründet, und für Steuerabzugsbeträge, vorausgesetzt, dass die Steuern seit dem Beginn des letzten, vor der Übereignung liegenden Kalenderjahrs entstanden sind und bis zum Ablauf von einem Jahr nach Anmeldung des Betriebs durch den Erwerber festgesetzt oder angemeldet werden. [2]Die Haftung beschränkt sich auf den Bestand des übernommenen Vermögens. [3]Den Steuern stehen die Ansprüche auf Erstattung von Steuervergütungen gleich.

(2)[1)] Absatz 1 gilt nicht für Erwerbe aus einer Insolvenzmasse und für Erwerbe im Vollstreckungsverfahren.

§ 76 Sachhaftung. (1) Verbrauchsteuerpflichtige Waren und einfuhr- und ausfuhrabgabenpflichtige Waren dienen ohne Rücksicht auf die Rechte Dritter als Sicherheit für die darauf ruhenden Steuern (Sachhaftung).

(2) Die Sachhaftung entsteht bei einfuhr- und ausfuhrabgaben- oder verbrauchsteuerpflichtigen Waren, wenn nichts anderes vorgeschrieben ist, mit ihrem Verbringen in den Geltungsbereich dieses Gesetzes, bei verbrauchsteuerpflichtigen Waren auch mit Beginn ihrer Gewinnung oder Herstellung.

(3) [1]Solange die Steuer nicht entrichtet ist, kann die Finanzbehörde die Waren mit Beschlag belegen. [2]Als Beschlagnahme genügt das Verbot an den, der die Waren im Gewahrsam hat, über sie zu verfügen.

(4) [1]Die Sachhaftung erlischt mit der Steuerschuld. [2]Sie erlischt ferner mit der Aufhebung der Beschlagnahme oder dadurch, dass die Waren mit Zustimmung der Finanzbehörde in einen steuerlich nicht beschränkten Verkehr übergehen.

(5) Von der Geltendmachung der Sachhaftung wird abgesehen, wenn die Waren dem Verfügungsberechtigten abhanden gekommen sind und die ver-

---

1) Zur Anwendung für nach dem 31.12.1998 beantragte Insolvenzverfahren siehe Art. 97 § 11a EGAO (Nr. **4**).

brauchsteuerpflichtigen Waren in einen Herstellungsbetrieb aufgenommen oder die einfuhr- und ausfuhrabgabenpflichtigen Waren eine zollrechtliche Bestimmung erhalten.

§ 77 Duldungspflicht. (1) Wer kraft Gesetzes verpflichtet ist, eine Steuer aus Mitteln, die seiner Verwaltung unterliegen, zu entrichten, ist insoweit verpflichtet, die Vollstreckung in dieses Vermögen zu dulden.

(2) [1] Wegen einer Steuer, die als öffentliche Last auf Grundbesitz ruht, hat der Eigentümer die Zwangsvollstreckung in den Grundbesitz zu dulden. [2] Zugunsten der Finanzbehörde gilt als Eigentümer, wer als solcher im Grundbuch eingetragen ist. [3] Das Recht des nicht eingetragenen Eigentümers, die ihm gegen die öffentliche Last zustehenden Einwendungen geltend zu machen, bleibt unberührt.

Dritter Teil. Allgemeine Verfahrensvorschriften

Erster Abschnitt. Verfahrensgrundsätze

1. Unterabschnitt. Beteiligung am Verfahren

§ 78 Beteiligte. Beteiligte sind

1. Antragsteller und Antragsgegner,
2. diejenigen, an die die Finanzbehörde den Verwaltungsakt richten will oder gerichtet hat,
3. diejenigen, mit denen die Finanzbehörde einen öffentlich-rechtlichen Vertrag schließen will oder geschlossen hat.

§ 79 Handlungsfähigkeit. (1) Fähig zur Vornahme von Verfahrenshandlungen sind:

1. natürliche Personen, die nach bürgerlichem Recht geschäftsfähig sind,
2. natürliche Personen, die nach bürgerlichem Recht in der Geschäftsfähigkeit beschränkt sind, soweit sie für den Gegenstand des Verfahrens durch Vorschriften des bürgerlichen Rechts als geschäftsfähig oder durch Vorschriften des öffentlichen Rechts als handlungsfähig anerkannt sind,
3. juristische Personen, Vereinigungen oder Vermögensmassen durch ihre gesetzlichen Vertreter oder durch besonders Beauftragte,
4. Behörden durch ihre Leiter, deren Vertreter oder Beauftragte.

(2)[1)] Betrifft ein Einwilligungsvorbehalt nach *§ 1903* [***ab 1.1.2023:*** § 1825] des Bürgerlichen Gesetzbuchs den Gegenstand des Verfahrens, so ist ein geschäftsfähiger Betreuter nur insoweit zur Vornahme von Verfahrenshandlungen fähig, als er nach den Vorschriften des bürgerlichen Rechts ohne Einwilligung des Betreuers handeln kann oder durch Vorschriften des öffentlichen Rechts als handlungsfähig anerkannt ist.

(3) Die §§ 53 und 55 der Zivilprozessordnung gelten entsprechend.

§ 80[2)] Bevollmächtigte und Beistände. (1) [1] Ein Beteiligter kann sich durch einen Bevollmächtigten vertreten lassen. [2] Die Vollmacht ermächtigt zu

---

[1)] § 79 Abs. 2 geänd. **mWv 1.1.2023** durch G v. 4.5.2021 (BGBl. I S. 882).
[2)] § 80 neu gef. mWv 1.1.2017 durch G v. 18.7.2016 (BGBl. I S. 1679).

allen das Verwaltungsverfahren betreffenden Verfahrenshandlungen, sofern sich aus ihrem Inhalt nicht etwas anderes ergibt; sie ermächtigt nicht zum Empfang von Steuererstattungen und Steuervergütungen. [3]Ein Widerruf der Vollmacht wird der Finanzbehörde gegenüber erst wirksam, wenn er ihr zugeht; Gleiches gilt für eine Veränderung der Vollmacht.

(2) [1]Bei Personen und Vereinigungen im Sinne der §§ 3 und 4 Nummer 11 des Steuerberatungsgesetzes, die für den Steuerpflichtigen handeln, wird eine ordnungsgemäße Bevollmächtigung vermutet. [2]Für den Abruf von bei den Landesfinanzbehörden zum Vollmachtgeber gespeicherten Daten wird eine ordnungsgemäße Bevollmächtigung nur nach Maßgabe des § 80a Absatz 2 und 3 vermutet.

(3) Die Finanzbehörde kann auch ohne Anlass den Nachweis der Vollmacht verlangen.

(4) [1]Die Vollmacht wird weder durch den Tod des Vollmachtgebers noch durch eine Veränderung in seiner Handlungsfähigkeit oder durch eine Veränderung seiner gesetzlichen Vertretung aufgehoben. [2]Der Bevollmächtigte hat jedoch, wenn er für den Rechtsnachfolger im Verwaltungsverfahren auftritt, dessen Vollmacht auf Verlangen nachzuweisen.

(5) [1]Ist für das Verfahren ein Bevollmächtigter bestellt, so soll sich die Finanzbehörde an ihn wenden. [2]Sie kann sich an den Beteiligten selbst wenden, soweit er zur Mitwirkung verpflichtet ist. [3]Wendet sich die Finanzbehörde an den Beteiligten, so soll der Bevollmächtigte verständigt werden. [4]Für die Bekanntgabe von Verwaltungsakten an einen Bevollmächtigten gilt § 122 Absatz 1 Satz 3 und 4.

(6) [1]Ein Beteiligter kann zu Verhandlungen und Besprechungen mit einem Beistand erscheinen. [2]Das von dem Beistand Vorgetragene gilt als von dem Beteiligten vorgebracht, soweit dieser nicht unverzüglich widerspricht.

(7) [1]Soweit ein Bevollmächtigter geschäftsmäßig Hilfe in Steuersachen leistet, ohne dazu befugt zu sein, ist er mit Wirkung für alle anhängigen und künftigen Verwaltungsverfahren des Vollmachtgebers im Zuständigkeitsbereich der Finanzbehörde zurückzuweisen. [2]Die Zurückweisung ist dem Vollmachtgeber und dem Bevollmächtigten bekannt zu geben. [3]Die Finanzbehörde ist befugt, andere Finanzbehörden über die Zurückweisung des Bevollmächtigten zu unterrichten.

(8) [1]Ein Bevollmächtigter kann von einem schriftlichen, elektronischen oder mündlichen Vortrag zurückgewiesen werden, soweit er hierzu ungeeignet ist. [2]Dies gilt nicht für die in § 3 Nummer 1, § 4 Nummer 1 und 2 und § 23 Absatz 3 des Steuerberatungsgesetzes bezeichneten natürlichen Personen sowie natürliche Personen, die für eine Landwirtschaftliche Buchstelle tätig und nach § 44 des Steuerberatungsgesetzes berechtigt sind, die Berufsbezeichnung „Landwirtschaftliche Buchstelle" zu führen. [3]Die Zurückweisung ist dem Vollmachtgeber und dem Bevollmächtigten bekannt zu geben.

(9)[1)] [1]Soweit ein Beistand geschäftsmäßig Hilfe in Steuersachen leistet, ohne dazu befugt zu sein, ist er mit Wirkung für alle anhängigen und künftigen Verwaltungsverfahren des Steuerpflichtigen im Zuständigkeitsbereich der Finanzbehörde zurückzuweisen; Absatz 7 Satz 2 und 3 gilt entsprechend. [2]Ferner

---

[1)] § 80 Abs. 9 neu gef. mWv 18.12.2019 durch G v. 12.12.2019 (BGBl. I S. 2451); zur Anwendung siehe Art. 97 § 1 Abs. 13 EGAO (Nr. 4).

kann er vom schriftlichen, elektronischen oder mündlichen Vortrag zurückgewiesen werden, falls er zu einem sachgemäßen Vortrag nicht fähig oder willens ist; Absatz 8 Satz 2 und 3 gilt entsprechend.

(10) Verfahrenshandlungen, die ein Bevollmächtigter oder ein Beistand vornimmt, nachdem ihm die Zurückweisung bekannt gegeben worden ist, sind unwirksam.

§ 80a[1)] Elektronische Übermittlung von Vollmachtsdaten an Landesfinanzbehörden. (1) [1]Daten aus einer Vollmacht zur Vertretung in steuerlichen Verfahren, die nach amtlich bestimmtem Formular erteilt worden sind, können den Landesfinanzbehörden nach amtlich vorgeschriebenem Datensatz über die amtlich bestimmten Schnittstellen übermittelt werden. [2]Im Datensatz ist auch anzugeben, ob der Vollmachtgeber den Bevollmächtigten zum Empfang von für ihn bestimmten Verwaltungsakten oder zum Abruf von bei den Finanzbehörden zu seiner Person gespeicherten Daten ermächtigt hat. [3]Die übermittelten Daten müssen der erteilten Vollmacht entsprechen. [4]Wird eine Vollmacht, die nach Satz 1 übermittelt worden ist, vom Vollmachtgeber gegenüber dem Bevollmächtigten widerrufen oder verändert, muss der Bevollmächtigte dies unverzüglich den Landesfinanzbehörden nach amtlich vorgeschriebenem Datensatz mitteilen.

(2) [1]Werden die Vollmachtsdaten von einem Bevollmächtigten, der nach § 3 des Steuerberatungsgesetzes zur geschäftsmäßigen Hilfeleistung in Steuersachen befugt ist, nach Maßgabe des Absatzes 1 übermittelt, so wird eine Bevollmächtigung im mitgeteilten Umfang vermutet, wenn die zuständige Kammer sicherstellt, dass Vollmachtsdaten nur von den Bevollmächtigten übermittelt werden, die zur geschäftsmäßigen Hilfeleistung in Steuersachen befugt sind. [2]Die für den Bevollmächtigten zuständige Kammer hat den Landesfinanzbehörden in diesem Fall auch den Wegfall einer Zulassung unverzüglich nach amtlich vorgeschriebenem Datensatz mitzuteilen.

(3) Absatz 2 gilt entsprechend für Vollmachtsdaten, die von einem anerkannten Lohnsteuerhilfeverein im Sinne des § 4 Nummer 11 des Steuerberatungsgesetzes übermittelt werden, sofern die für die Aufsicht zuständige Stelle in einem automatisierten Verfahren die Zulassung zur Hilfe in Steuersachen bestätigt.

§ 81 Bestellung eines Vertreters von Amts wegen. (1)[2)] Ist ein Vertreter nicht vorhanden, so hat das Betreuungsgericht, für einen minderjährigen Beteiligten das Familiengericht auf Ersuchen der Finanzbehörde einen geeigneten Vertreter zu bestellen

1. für einen Beteiligten, dessen Person unbekannt ist,
2. für einen abwesenden Beteiligten, dessen Aufenthalt unbekannt ist oder der an der Besorgung seiner Angelegenheiten verhindert ist,
3.[3)] für einen Beteiligten ohne Aufenthalt
   a) im Inland,
   b) in einem anderen Mitgliedstaat der Europäischen Union oder

---

1) § 80a eingef. mWv 1.1.2017 durch G v. 18.7.2016 (BGBl. I S. 1679).
2) § 81 Abs. 1 geänd. mWv 1.9.2009 durch G v. 17.12.2008 (BGBl. I S. 2586).
3) § 81 Abs. 1 Nr. 3 neu gef. mWv 23.7.2016 durch G v. 18.7.2016 (BGBl. I S. 1679).

c) in einem anderen Staat, auf den das Abkommen über den Europäischen Wirtschaftsraum anzuwenden ist,

wenn er der Aufforderung der Finanzbehörde, einen Vertreter zu bestellen, innerhalb der ihm gesetzten Frist nicht nachgekommen ist,

4. für einen Beteiligten, der infolge einer psychischen Krankheit oder körperlichen, geistigen oder seelischen Behinderung nicht in der Lage ist, in dem Verwaltungsverfahren selbst tätig zu werden,
5. bei herrenlosen Sachen, auf die sich das Verfahren bezieht, zur Wahrung der sich in Bezug auf die Sache ergebenden Rechte und Pflichten.

(2)[1)] Für die Bestellung des Vertreters ist in den Fällen des Absatzes 1 Nr. 4 das Betreuungsgericht, für einen minderjährigen Beteiligten das Familiengericht zuständig, in dessen Bezirk der Beteiligte seinen gewöhnlichen Aufenthalt (§ 272 Abs. 1 Nr. 2 des Gesetzes über das Verfahren in Familiensachen und in den Angelegenheiten der freiwilligen Gerichtsbarkeit) hat; im Übrigen ist das Gericht zuständig, in dessen Bezirk die ersuchende Finanzbehörde ihren Sitz hat.

(3) [1]Der Vertreter hat gegen den Rechtsträger der Finanzbehörde, die um seine Bestellung ersucht hat, Anspruch auf eine angemessene Vergütung und auf die Erstattung seiner baren Auslagen. [2]Die Finanzbehörde kann von dem Vertretenen Ersatz ihrer Aufwendungen verlangen. [3]Sie bestimmt die Vergütung und stellt die Auslagen und Aufwendungen fest.

(4) Im Übrigen gelten für die Bestellung und für das Amt des Vertreters in den Fällen des Absatzes 1 Nr. 4 die Vorschriften über die Betreuung, in den übrigen Fällen die Vorschriften über die Pflegschaft entsprechend.

2. Unterabschnitt. Ausschließung und Ablehnung von Amtsträgern und anderen Personen

§ 82 Ausgeschlossene Personen. (1) [1]In einem Verwaltungsverfahren darf für eine Finanzbehörde nicht tätig werden,

1. wer selbst Beteiligter ist,
2. wer Angehöriger (§ 15) eines Beteiligten ist,
3. wer einen Beteiligten kraft Gesetzes oder Vollmacht allgemein oder in diesem Verfahren vertritt,
4. wer Angehöriger (§ 15) einer Person ist, die für einen Beteiligten in diesem Verfahren Hilfe in Steuersachen leistet,
5. wer bei einem Beteiligten gegen Entgelt beschäftigt ist oder bei ihm als Mitglied des Vorstands, des Aufsichtsrats oder eines gleichartigen Organs tätig ist; dies gilt nicht für den, dessen Anstellungskörperschaft Beteiligte ist,
6. wer außerhalb seiner amtlichen Eigenschaft in der Angelegenheit ein Gutachten abgegeben hat oder sonst tätig geworden ist.

[2]Dem Beteiligten steht gleich, wer durch die Tätigkeit oder durch die Entscheidung einen unmittelbaren Vorteil oder Nachteil erlangen kann. [3]Dies gilt nicht, wenn der Vor- oder Nachteil nur darauf beruht, dass jemand einer Berufs- oder Bevölkerungsgruppe angehört, deren gemeinsame Interessen durch die Angelegenheit berührt werden.

[1)] § 81 Abs. 2 geänd. mWv 1.9.2009 durch G v. 17.12.2008 (BGBl. I S. 2586).

(2) Wer nach Absatz 1 ausgeschlossen ist, darf bei Gefahr im Verzug unaufschiebbare Maßnahmen treffen.

(3)[1)] [1] Hält sich ein Mitglied eines Ausschusses für ausgeschlossen oder bestehen Zweifel, ob die Voraussetzungen des Absatzes 1 gegeben sind, ist dies dem Vorsitzenden des Ausschusses mitzuteilen. [2] Der Ausschuss entscheidet über den Ausschluss. [3] Die betroffene Person darf an dieser Entscheidung nicht mitwirken. [4] Das ausgeschlossene Mitglied darf bei der weiteren Beratung und Beschlussfassung nicht zugegen sein.

§ 83 Besorgnis der Befangenheit. (1) [1] Liegt ein Grund vor, der geeignet ist, Misstrauen gegen die Unparteilichkeit des Amtsträgers zu rechtfertigen oder wird von einem Beteiligten das Vorliegen eines solchen Grundes behauptet, so hat der Amtsträger den Leiter der Behörde oder den von ihm Beauftragten zu unterrichten und sich auf dessen Anordnung der Mitwirkung zu enthalten. [2] Betrifft die Besorgnis der Befangenheit den Leiter der Behörde, so trifft diese Anordnung die Aufsichtsbehörde, sofern sich der Behördenleiter nicht selbst einer Mitwirkung enthält.

(2) Bei Mitgliedern eines Ausschusses ist sinngemäß nach § 82 Abs. 3 zu verfahren.

§ 84 Ablehnung von Mitgliedern eines Ausschusses. [1] Jeder Beteiligte kann ein Mitglied eines in einem Verwaltungsverfahren tätigen Ausschusses ablehnen, das in diesem Verwaltungsverfahren nicht tätig werden darf (§ 82) oder bei dem die Besorgnis der Befangenheit besteht (§ 83). [2] Eine Ablehnung vor einer mündlichen Verhandlung ist schriftlich oder zur Niederschrift zu erklären. [3] Die Erklärung ist unzulässig, wenn sich der Beteiligte, ohne den ihm bekannten Ablehnungsgrund geltend zu machen, in eine mündliche Verhandlung eingelassen hat. [4] Für die Entscheidung über die Ablehnung gilt § 82 Abs. 3 Sätze 2 bis 4. [5] Die Entscheidung über das Ablehnungsgesuch kann nur zusammen mit der Entscheidung angefochten werden, die das Verfahren vor dem Ausschuss abschließt.

3. Unterabschnitt. Besteuerungsgrundsätze[2)], Beweismittel

I. Allgemeines

§ 85 Besteuerungsgrundsätze. [1] Die Finanzbehörden haben die Steuern nach Maßgabe der Gesetze gleichmäßig festzusetzen und zu erheben. [2] Insbesondere haben sie sicherzustellen, dass Steuern nicht verkürzt, zu Unrecht erhoben oder Steuererstattungen und Steuervergütungen nicht zu Unrecht gewährt oder versagt werden.

§ 86 Beginn des Verfahrens. [1] Die Finanzbehörde entscheidet nach pflichtgemäßem Ermessen, ob und wann sie ein Verwaltungsverfahren durchführt. [2] Dies gilt nicht, wenn die Finanzbehörde auf Grund von Rechtsvorschriften

---

[1)] § 82 Abs. 3 Satz 3 geänd. mWv 26.11.2019 durch G v. 20.11.2019 (BGBl. I S. 1626).

[2)] Vgl. hierzu Erlass der obersten Finanzbehörden der Länder betr. Arbeitsweise in den Veranlagungsstellen v. 19.11.1996 (BStBl. I S. 1391).

1. von Amts wegen oder auf Antrag tätig werden muss,
2. nur auf Antrag tätig werden darf und ein Antrag nicht vorliegt.

§ 87 Amtssprache. (1) Die Amtssprache ist deutsch.

(2)[1)] [1] Werden bei einer Finanzbehörde in einer fremden Sprache Anträge gestellt oder Eingaben, Belege, Urkunden oder sonstige Dokumente vorgelegt, kann die Finanzbehörde verlangen, dass unverzüglich eine Übersetzung vorgelegt wird. [2] In begründeten Fällen kann die Vorlage einer beglaubigten oder von einem öffentlich bestellten oder beeidigten Dolmetscher oder Übersetzer angefertigten Übersetzung verlangt werden. [3] Wird die verlangte Übersetzung nicht unverzüglich vorgelegt, so kann die Finanzbehörde auf Kosten des Beteiligten selbst eine Übersetzung beschaffen. [4] Hat die Finanzbehörde Dolmetscher oder Übersetzer herangezogen, erhalten diese eine Vergütung in entsprechender Anwendung des Justizvergütungs- und -entschädigungsgesetzes.

(3) Soll durch eine Anzeige, einen Antrag oder die Abgabe einer Willenserklärung eine Frist in Lauf gesetzt werden, innerhalb deren die Finanzbehörde in einer bestimmten Weise tätig werden muss, und gehen diese in einer fremden Sprache ein, so beginnt der Lauf der Frist erst mit dem Zeitpunkt, in dem der Finanzbehörde eine Übersetzung vorliegt.

(4) [1] Soll durch eine Anzeige, einen Antrag oder eine Willenserklärung, die in fremder Sprache eingehen, zugunsten eines Beteiligten eine Frist gegenüber der Finanzbehörde gewahrt, ein öffentlich-rechtlicher Anspruch geltend gemacht oder eine Leistung begehrt werden, so gelten die Anzeige, der Antrag oder die Willenserklärung als zum Zeitpunkt des Eingangs bei der Finanzbehörde abgegeben, wenn auf Verlangen der Finanzbehörde innerhalb einer von dieser zu setzenden angemessenen Frist eine Übersetzung vorgelegt wird. [2] Andernfalls ist der Zeitpunkt des Eingangs der Übersetzung maßgebend, soweit sich nicht aus zwischenstaatlichen Vereinbarungen etwas anderes ergibt. [3] Auf diese Rechtsfolge ist bei der Fristsetzung hinzuweisen.

§ 87a Elektronische Kommunikation. (1)[2)] [1] Die Übermittlung elektronischer Dokumente ist zulässig, soweit der Empfänger hierfür einen Zugang eröffnet. [2] Ein elektronisches Dokument ist zugegangen, sobald die für den Empfang bestimmte Einrichtung es in für den Empfänger bearbeitbarer Weise aufgezeichnet hat; § 122 Absatz 2a sowie die §§ 122a und 123 Satz 2 und 3 bleiben unberührt. [3] Übermittelt die Finanzbehörde Daten, die dem Steuergeheimnis unterliegen, sind diese Daten mit einem geeigneten Verfahren zu verschlüsseln; soweit alle betroffenen Personen schriftlich eingewilligt haben, kann auf eine Verschlüsselung verzichtet werden. [4] Die kurzzeitige automatisierte Entschlüsselung, die beim Versenden einer De-Mail-Nachricht durch den akkreditierten Diensteanbieter zum Zweck der Überprüfung auf Schadsoftware und zum Zweck der Weiterleitung an den Adressaten der De-Mail-Nachricht erfolgt, verstößt nicht gegen das Verschlüsselungsgebot des Satzes 3. [5] Eine elektronische Benachrichtigung über die Bereitstellung von Daten zum

---

1) § 87 Abs. 2 Satz 4 geänd. durch G v. 5.5.2004 (BGBl. I S. 718).

2) § 87a Abs. 1 Satz 4 angef. mWv 1.8.2013 durch G v. 25.7.2013 (BGBl. I S. 2749); Satz 2 geänd., Satz 5 angef. mWv 1.1:2017 durch G v. 18.7.2016 (BGBl. I S. 1679); Satz 3 neu gef. mWv 18.12. 2019 durch G v. 12.12.2019 (BGBl. I S. 2451); zur Anwendung siehe Art. 97 § 1 Abs. 13 EGAO (Nr. **4**).

Abruf oder über den Zugang elektronisch an die Finanzbehörden übermittelter Daten darf auch ohne Verschlüsselung übermittelt werden.

(2) [1] Ist ein der Finanzbehörde übermitteltes elektronisches Dokument für sie zur Bearbeitung nicht geeignet, hat sie dies dem Absender unter Angabe der für sie geltenden technischen Rahmenbedingungen unverzüglich mitzuteilen. [2] Macht ein Empfänger geltend, er könne das von der Finanzbehörde übermittelte elektronische Dokument nicht bearbeiten, hat sie es ihm erneut in einem geeigneten elektronischen Format oder als Schriftstück zu übermitteln.

(3)[1)] [1] Eine durch Gesetz für Anträge, Erklärungen oder Mitteilungen an die Finanzbehörden angeordnete Schriftform kann, soweit nicht durch Gesetz etwas anderes bestimmt ist, durch die elektronische Form ersetzt werden. [2] Der elektronischen Form genügt ein elektronisches Dokument, das mit einer qualifizierten elektronischen Signatur versehen ist. [3] Bei der Signierung darf eine Person ein Pseudonym nur verwenden, wenn sie ihre Identität der Finanzbehörde nachweist. [4] Die Schriftform kann auch ersetzt werden

1. durch unmittelbare Abgabe der Erklärung in einem elektronischen Formular, das von der Behörde in einem Eingabegerät oder über öffentlich zugängliche Netze zur Verfügung gestellt wird;
2. durch Versendung eines elektronischen Dokuments an die Behörde mit der Versandart nach § 5 Absatz 5 des De-Mail-Gesetzes.

[5] In den Fällen des Satzes 4 Nummer 1 muss bei einer Eingabe über öffentlich zugängliche Netze ein elektronischer Identitätsnachweis nach § 18 des Personalausweisgesetzes, nach § 12 des eID-Karte-Gesetzes oder nach § 78 Absatz 5 des Aufenthaltsgesetzes erfolgen.

(4)[2)] [1] Eine durch Gesetz für Verwaltungsakte oder sonstige Maßnahmen der Finanzbehörden angeordnete Schriftform kann, soweit nicht durch Gesetz etwas anderes bestimmt ist, durch die elektronische Form ersetzt werden. [2] Der elektronischen Form genügt ein elektronisches Dokument, das mit einer qualifizierten elektronischen Signatur versehen ist. [3] Die Schriftform kann auch ersetzt werden durch Versendung einer De-Mail-Nachricht nach § 5 Absatz 5 des De-Mail-Gesetzes, bei der die Bestätigung des akkreditierten Diensteanbieters die erlassende Finanzbehörde als Nutzer des De-Mail-Kontos erkennen lässt. [4] Für von der Finanzbehörde aufzunehmende Niederschriften gelten die Sätze 1 und 3 nur, wenn dies durch Gesetz ausdrücklich zugelassen ist.

(5)[3)] [1] Ist ein elektronisches Dokument Gegenstand eines Beweises, wird der Beweis durch Vorlegung oder Übermittlung der Datei angetreten; befindet diese sich nicht im Besitz des Steuerpflichtigen oder der Finanzbehörde, gilt § 97 entsprechend. [2] Für die Beweiskraft elektronischer Dokumente gilt § 371a der Zivilprozessordnung entsprechend.

[1)] § 87a Abs. 3 Satz 2 neu gef., Satz 4 Nr. 1 und Satz 5 angef. mWv 1.8.2013, Satz 4 Nr. 2 neu gef. mWv 1.7.2014 durch G v. 25.7.2013 (BGBl. I S. 2749); Satz 2 geänd., Satz 3 neu gef. mWv 29.7. 2017 durch G v. 18.7.2017 (BGBl. I S. 2745); Satz 5 neu gef. mWv 12.12.2020 durch G v. 3.12.2020 (BGBl. I S. 2744).

[2)] § 87a Abs. 4 Sätze 2 und 3 neu gef., Satz 4 angef. mWv 1.7.2014 durch G v. 25.7.2013 (BGBl. I S. 2749); Satz 2 geänd. mWv 29.7.2017 durch G v. 18.7.2017 (BGBl. I S. 2745).

[3)] § 87a Abs. 5 Satz 1 geänd. mWv 30.6.2013 durch G v. 26.6.2013 (BGBl. I S. 1809); Satz 2 neu gef. mWv 29.7.2017 durch G v. 18.7.2017 (BGBl. I S. 2745).

(6)[1] [1]Soweit nichts anderes bestimmt ist, ist bei der elektronischen Übermittlung von amtlich vorgeschriebenen Datensätzen an Finanzbehörden ein sicheres Verfahren zu verwenden, das den Datenübermittler authentifiziert und die Vertraulichkeit und Integrität des Datensatzes gewährleistet. [2]Nutzt der Datenübermittler zur Authentisierung seinen elektronischen Identitätsnachweis nach § 18 des Personalausweisgesetzes, nach § 12 des eID-Karte-Gesetzes oder nach § 78 Absatz 5 des Aufenthaltsgesetzes, so dürfen die dazu erforderlichen Daten zusammen mit den übrigen übermittelten Daten gespeichert und verwendet werden.

(7)[2] [1]Wird ein elektronisch erlassener Verwaltungsakt durch Übermittlung nach § 122 Absatz 2a bekannt gegeben, ist ein sicheres Verfahren zu verwenden, das die übermittelnde Stelle oder Einrichtung der Finanzverwaltung authentifiziert und die Vertraulichkeit und Integrität des Datensatzes gewährleistet. [2]Ein sicheres Verfahren liegt insbesondere vor, wenn der Verwaltungsakt

1. mit einer qualifizierten elektronischen Signatur versehen und mit einem geeigneten Verfahren verschlüsselt ist oder
2. mit einer De-Mail-Nachricht nach § 5 Absatz 5 des De-Mail-Gesetzes versandt wird, bei der die Bestätigung des akkreditierten Diensteanbieters die erlassende Finanzbehörde als Nutzer des De-Mail-Kontos erkennen lässt.

(8)[3] [1]Wird ein elektronisch erlassener Verwaltungsakt durch Bereitstellung zum Abruf nach § 122a bekannt gegeben, ist ein sicheres Verfahren zu verwenden, das die für die Datenbereitstellung verantwortliche Stelle oder Einrichtung der Finanzverwaltung authentifiziert und die Vertraulichkeit und Integrität des Datensatzes gewährleistet. [2]Die abrufberechtigte Person hat sich zu authentisieren. [3]Absatz 6 Satz 2 gilt entsprechend.

§ 87b[4] Bedingungen für die elektronische Übermittlung von Daten an Finanzbehörden. (1) [1]Das Bundesministerium der Finanzen kann in Abstimmung mit den obersten Finanzbehörden der Länder die Datensätze und weitere technische Einzelheiten der elektronischen Übermittlung von Steuererklärungen, Unterlagen zur Steuererklärung, Daten über Vollmachten nach § 80a, Daten im Sinne des § 93c und anderer für das Besteuerungsverfahren erforderlicher Daten mittels amtlich vorgeschriebener Datensätze bestimmen. [2]Einer Abstimmung mit den obersten Finanzbehörden der Länder bedarf es nicht, soweit die Daten ausschließlich an Bundesfinanzbehörden übermittelt werden.

(2) [1]Bei der elektronischen Übermittlung von amtlich vorgeschriebenen Datensätzen an Finanzbehörden hat der Datenübermittler die hierfür nach Absatz 1 für den jeweiligen Besteuerungszeitraum oder -zeitpunkt amtlich bestimmten Schnittstellen ordnungsgemäß zu bedienen. [2]Die amtlich bestimmten Schnittstellen werden über das Internet zur Verfügung gestellt.

---

[1] § 87a Abs. 6 neu gef. mWv 1.1.2017 durch G v. 18.7.2016 (BGBl. I S. 1679); zur Anwendung siehe Art. 97 § 27 Abs. 1 EGAO (Nr. **4**); Satz 2 geänd. mWv 12.12.2020 durch G v. 3.12.2020 (BGBl. I S. 2744).

[2] § 87a Abs. 7 angef. mWv 1.1.2017 durch G v. 18.7.2016 (BGBl. I S. 1679); zur Anwendung siehe Art. 97 § 28 EGAO (Nr. **4**).

[3] § 87a Abs. 8 angef. mWv 1.1.2017 durch G v. 18.7.2016 (BGBl. I S. 1679); zur Anwendung siehe Art. 97 § 28 EGAO (Nr. **4**).

[4] § 87b eingef. mWv 1.1.2017 durch G v. 18.7.2016 (BGBl. I S. 1679); zur Anwendung siehe Art. 97 § 27 Abs. 1 EGAO (Nr. **4**).

(3) [1]Für die Verfahren, die über die zentrale Stelle im Sinne des § 81 des Einkommensteuergesetzes[1)] durchgeführt werden, kann das Bundesministerium der Finanzen durch Rechtsverordnung mit Zustimmung des Bundesrates die Grundsätze der Datenübermittlung sowie die Zuständigkeit für die Vollstreckung von Bescheiden über Forderungen der zentralen Stelle bestimmen. [2]Dabei können insbesondere geregelt werden:

1. das Verfahren zur Identifikation der am Verfahren Beteiligten,
2. das Nähere über Form, Inhalt, Verarbeitung und Sicherung der zu übermittelnden Daten,
3. die Art und Weise der Übermittlung der Daten,
4. die Mitwirkungspflichten Dritter und
5. die Erprobung der Verfahren.

[3]Zur Regelung der Datenübermittlung kann in der Rechtsverordnung auf Veröffentlichungen sachverständiger Stellen verwiesen werden. [4]Hierbei sind das Datum der Veröffentlichung, die Bezugsquelle und eine Stelle zu bezeichnen, bei der die Veröffentlichung archivmäßig gesichert niedergelegt ist.

§ 87c[2)] Nicht amtliche Datenverarbeitungsprogramme für das Besteuerungsverfahren. (1)[3)] Sind nicht amtliche Programme dazu bestimmt, für das Besteuerungsverfahren erforderliche Daten zu verarbeiten, so müssen sie im Rahmen des in der Programmbeschreibung angegebenen Programmumfangs die richtige und vollständige Verarbeitung dieser Daten gewährleisten.

(2)[4)] Auf den Programmumfang sowie auf Fallgestaltungen, in denen eine richtige und vollständige Verarbeitung ausnahmsweise nicht möglich sind, ist in der Programmbeschreibung an hervorgehobener Stelle hinzuweisen.

(3) [1]Die Programme sind vom Hersteller vor der Freigabe für den produktiven Einsatz und nach jeder für den produktiven Einsatz freigegebenen Änderung daraufhin zu prüfen, ob sie die Anforderungen nach Absatz 1 erfüllen. [2]Hierbei sind ein Protokoll über den letzten durchgeführten Testlauf und eine Programmauflistung zu erstellen, die fünf Jahre aufzubewahren sind. [3]Die Aufbewahrungsfrist nach Satz 2 beginnt mit Ablauf des Kalenderjahres der erstmaligen Freigabe für den produktiven Einsatz; im Fall einer Änderung eines bereits für den produktiven Einsatz freigegebenen Programms beginnt die Aufbewahrungsfrist nicht vor Ablauf des Kalenderjahres der erstmaligen Freigabe der Änderung für den produktiven Einsatz. [4]Elektronische, magnetische und optische Speicherverfahren, die eine jederzeitige Wiederherstellung der eingesetzten Programmversion in Papierform ermöglichen, sind der Programmauflistung gleichgestellt.

(4) [1]Die Finanzbehörden sind berechtigt, die Programme und Dokumentationen zu überprüfen. [2]Die Mitwirkungspflichten des Steuerpflichtigen nach § 200 gelten entsprechend. [3]Die Finanzbehörden haben die Hersteller oder Vertreiber eines fehlerhaften Programms unverzüglich zur Nachbesserung oder Ablösung aufzufordern. [4]Soweit eine Nachbesserung oder Ablösung nicht

---

[1)] Nr. **5**.

[2)] § 87c eingef. mWv 1.1.2017 durch G v. 18.7.2016 (BGBl. I S. 1679); zur Anwendung siehe Art. 97 § 27 Abs. 1 Satz 1 EGAO (Nr. **4**).

[3)] § 87c Abs. 1 geänd. mWv 25.5.2018 durch G v. 17.7.2017 (BGBl. I S. 2541).

[4)] § 87c Abs. 2 geänd. mWv 25.5.2018 durch G v. 17.7.2017 (BGBl. I S. 2541).

unverzüglich erfolgt, sind die Finanzbehörden berechtigt, die Programme des Herstellers von der elektronischen Übermittlung an Finanzbehörden auszuschließen. [5]Die Finanzbehörden sind nicht verpflichtet, die Programme zu prüfen. [6]§ 30 gilt entsprechend.

(5) Sind die Programme zum allgemeinen Vertrieb vorgesehen, hat der Hersteller den Finanzbehörden auf Verlangen Muster zum Zwecke der Prüfung nach Absatz 4 kostenfrei zur Verfügung zu stellen.

(6) Die Pflichten der Programmhersteller gemäß den vorstehenden Bestimmungen sind ausschließlich öffentlich-rechtlicher Art.

§ 87d[1)] Datenübermittlungen an Finanzbehörden im Auftrag.

(1) Mit der Übermittlung von Daten, die nach amtlich vorgeschriebenem Datensatz durch Datenfernübertragung über die amtlich bestimmten Schnittstellen für steuerliche Zwecke an die Finanzverwaltung zu übermitteln sind oder freiwillig übermittelt werden, können Dritte (Auftragnehmer) beauftragt werden.

(2) [1]Der Auftragnehmer muss sich vor Übermittlung der Daten Gewissheit über die Person und die Anschrift seines Auftraggebers verschaffen (Identifizierung) und die entsprechenden Angaben in geeigneter Form festhalten. [2]Von einer Identifizierung kann abgesehen werden, wenn der Auftragnehmer den Auftraggeber bereits bei früherer Gelegenheit identifiziert und die dabei erhobenen Angaben aufgezeichnet hat, es sei denn, der Auftragnehmer muss auf Grund der äußeren Umstände bezweifeln, dass die bei der früheren Identifizierung erhobenen Angaben weiterhin zutreffend sind. [3]Der Auftragnehmer hat sicherzustellen, dass er jederzeit Auskunft darüber geben kann, wer Auftraggeber der Datenübermittlung war. [4]Die Aufzeichnungen nach Satz 1 sind fünf Jahre aufzubewahren; die Aufbewahrungsfrist beginnt nach Ablauf des Jahres der letzten Datenübermittlung. [5]Die Pflicht zur Herstellung der Auskunftsbereitschaft nach Satz 3 endet mit Ablauf der Aufbewahrungsfrist nach Satz 4.

(3) [1]Der Auftragnehmer hat dem Auftraggeber die Daten in leicht nachprüfbarer Form zur Zustimmung zur Verfügung zu stellen. [2]Der Auftraggeber hat die ihm zur Verfügung gestellten Daten unverzüglich auf Vollständigkeit und Richtigkeit zu überprüfen.

§ 87e[2)] Ausnahmeregelung für Einfuhr- und Ausfuhrabgaben, Verbrauchsteuern und die Luftverkehrsteuer. Die §§ 72a und 87b bis 87d gelten nicht für Einfuhr- und Ausfuhrabgaben, Verbrauchsteuern und die Luftverkehrsteuer, soweit nichts anderes bestimmt ist.

§ 88[3)] Untersuchungsgrundsatz. (1) [1]Die Finanzbehörde ermittelt den Sachverhalt von Amts wegen. [2]Dabei hat sie alle für den Einzelfall bedeutsamen, auch die für die Beteiligten günstigen Umstände zu berücksichtigen.

(2) [1]Die Finanzbehörde bestimmt Art und Umfang der Ermittlungen nach den Umständen des Einzelfalls sowie nach den Grundsätzen der Gleichmäßigkeit, Gesetzmäßigkeit und Verhältnismäßigkeit; an das Vorbringen und an die

---

[1)] § 87d eingef. mWv 1.1.2017 durch G v. 18.7.2016 (BGBl. I S. 1679); zur Anwendung siehe Art. 97 § 27 Abs. 1 EGAO (Nr. **4**).

[2)] § 87e eingef. mWv 1.1.2017 durch G v. 18.7.2016 (BGBl. I S. 1679); zur Anwendung siehe Art. 97 § 27 Abs. 1 EGAO (Nr. **4**).

[3)] § 88 neu gef. mWv 1.1.2017 durch G v. 18.7.2016 (BGBl. I S. 1679).

Beweisanträge der Beteiligten ist sie nicht gebunden. [2]Bei der Entscheidung über Art und Umfang der Ermittlungen können allgemeine Erfahrungen der Finanzbehörden sowie Wirtschaftlichkeit und Zweckmäßigkeit berücksichtigt werden.

(3)[1)] [1]Zur Gewährleistung eines zeitnahen und gleichmäßigen Vollzugs der Steuergesetze können die obersten Finanzbehörden für bestimmte oder bestimmbare Fallgruppen Weisungen über Art und Umfang der Ermittlungen und der Verarbeitung von erhobenen oder erfassten Daten erteilen, soweit gesetzlich nicht etwas anderes bestimmt ist. [2]Bei diesen Weisungen können allgemeine Erfahrungen der Finanzbehörden sowie Wirtschaftlichkeit und Zweckmäßigkeit berücksichtigt werden. [3]Die Weisungen dürfen nicht veröffentlicht werden, soweit dies die Gleichmäßigkeit und Gesetzmäßigkeit der Besteuerung gefährden könnte. [4]Weisungen der obersten Finanzbehörden der Länder nach Satz 1 bedürfen des Einvernehmens mit dem Bundesministerium der Finanzen, soweit die Landesfinanzbehörden Steuern im Auftrag des Bundes verwalten.

(4) [1]Das Bundeszentralamt für Steuern und die zentrale Stelle im Sinne des § 81 des Einkommensteuergesetzes[2)] können auf eine Weiterleitung ihnen zugegangener und zur Weiterleitung an die Landesfinanzbehörden bestimmter Daten an die Landesfinanzbehörden verzichten, soweit sie die Daten nicht oder nur mit unverhältnismäßigem Aufwand einem bestimmten Steuerpflichtigen oder einem bestimmten Finanzamt zuordnen können. [2]Nach Satz 1 einem bestimmten Steuerpflichtigen oder einem bestimmten Finanzamt zugeordnete Daten sind unter Beachtung von Weisungen gemäß Absatz 3 des Bundesministeriums der Finanzen weiterzuleiten. [3]Nicht an die Landesfinanzbehörden weitergeleitete Daten sind vom Bundeszentralamt für Steuern für Zwecke von Verfahren im Sinne des § 30 Absatz 2 Nummer 1 Buchstabe a und b bis zum Ablauf des 15. Jahres nach dem Jahr des Datenzugangs zu speichern. [4]Nach Satz 3 gespeicherte Daten dürfen nur für Verfahren im Sinne des § 30 Absatz 2 Nummer 1 Buchstabe a und b sowie zur Datenschutzkontrolle verarbeitet werden.

(5) [1]Die Finanzbehörden können zur Beurteilung der Notwendigkeit weiterer Ermittlungen und Prüfungen für eine gleichmäßige und gesetzmäßige Festsetzung von Steuern und Steuervergütungen sowie Anrechnung von Steuerabzugsbeträgen und Vorauszahlungen automationsgestützte Systeme einsetzen (Risikomanagementsysteme). [2]Dabei soll auch der Grundsatz der Wirtschaftlichkeit der Verwaltung berücksichtigt werden. [3]Das Risikomanagementsystem muss mindestens folgende Anforderungen erfüllen:

1. die Gewährleistung, dass durch Zufallsauswahl eine hinreichende Anzahl von Fällen zur umfassenden Prüfung durch Amtsträger ausgewählt wird,
2. die Prüfung der als prüfungsbedürftig ausgesteuerten Sachverhalte durch Amtsträger,
3. die Gewährleistung, dass Amtsträger Fälle für eine umfassende Prüfung auswählen können,
4. die regelmäßige Überprüfung der Risikomanagementsysteme auf ihre Zielerfüllung.

[1)] § 88 Abs. 3 Satz 1 geänd. mWv 25.5.2018 durch G v. 17.7.2017 (BGBl. I S. 2541).
[2)] Nr. **5**.

[4] Einzelheiten der Risikomanagementsysteme dürfen nicht veröffentlicht werden, soweit dies die Gleichmäßigkeit und Gesetzmäßigkeit der Besteuerung gefährden könnte. [5] Auf dem Gebiet der von den Landesfinanzbehörden im Auftrag des Bundes verwalteten Steuern legen die obersten Finanzbehörden der Länder die Einzelheiten der Risikomanagementsysteme zur Gewährleistung eines bundeseinheitlichen Vollzugs der Steuergesetze im Einvernehmen mit dem Bundesministerium der Finanzen fest.

§ 88a[1)] Sammlung von geschützten Daten. [1] Soweit es zur Sicherstellung einer gleichmäßigen Festsetzung und Erhebung der Steuern erforderlich ist, dürfen die Finanzbehörden nach § 30 geschützte Daten auch für Zwecke künftiger Verfahren im Sinne des § 30 Abs. 2 Nr. 1 Buchstabe a und b, insbesondere zur Gewinnung von Vergleichswerten, in Dateisystemen verarbeiten. [2] Eine Verarbeitung ist nur für Verfahren im Sinne des § 30 Abs. 2 Nr. 1 Buchstabe a und b zulässig.

§ 88b[2)] Länderübergreifender Abruf und Verwendung von Daten zur Verhütung, Ermittlung und Verfolgung von Steuerverkürzungen.

(1) Für Zwecke eines Verwaltungsverfahrens in Steuersachen, eines Strafverfahrens wegen einer Steuerstraftat oder eines Bußgeldverfahrens wegen einer Steuerordnungswidrigkeit von Finanzbehörden gespeicherte Daten dürfen zum gegenseitigen Datenabruf bereitgestellt und dann von den zuständigen Finanzbehörden zur Verhütung, Ermittlung oder Verfolgung von

1. länderübergreifenden Steuerverkürzungen,
2. Steuerverkürzungen von internationaler Bedeutung oder
3. Steuerverkürzungen von erheblicher Bedeutung

untereinander abgerufen, im Wege des automatisierten Datenabgleichs überprüft, verwendet und gespeichert werden, auch soweit sie durch § 30 geschützt sind.

(2) Auswertungsergebnisse nach Absatz 1 sind den jeweils betroffenen zuständigen Finanzbehörden elektronisch zur Verfügung zu stellen.

(3) [1] Durch Rechtsverordnung der jeweils zuständigen Landesregierung wird bestimmt, welche Finanzbehörden auf Landesebene für die in den Absätzen 1 und 2 genannten Tätigkeiten zuständig sind. [2] Die Landesregierung kann diese Verpflichtung durch Rechtsverordnung auf die für die Finanzverwaltung zuständige oberste Landesbehörde übertragen.

§ 88c[3)] Informationsaustausch über kapitalmarktbezogene Gestaltungen. (1) [1] Finanzbehörden haben Tatsachen, die sie dienstlich erfahren haben und aus denen sich nach Würdigung der Gesamtumstände Anhaltspunkte für Steuergestaltungen ergeben, die die Erlangung eines Steuervorteils aus der Erhebung oder Entlastung von Kapitalertragsteuer mit erheblicher Bedeutung zum Gegenstand haben, im Einvernehmen mit der zuständigen obersten Finanzbehörde oder der von ihr bestimmten Finanzbehörde dem Bundeszentralamt für Steuern zu übermitteln. [2] Für die Beurteilung der erheblichen Bedeutung ist insbesondere die Höhe des erlangten Steuervorteils und die Möglich-

---

[1)] § 88a Sätze 1 und 2 geänd. mWv 25.5.2018 durch G v. 17.7.2017 (BGBl. I S. 2541).
[2)] § 88b eingef. mWv 23.7.2016 durch G v. 18.7.2016 (BGBl. I S. 1679).
[3)] § 88c eingef. mWv 9.6.2021 durch G v. 2.6.2021 (BGBl. I S. 1259).

keit der Nutzung der Gestaltung durch andere Schuldner der Kapitalertragsteuer zu berücksichtigen.

(2) [1]Das Bundeszentralamt für Steuern speichert die ihm von den Finanzbehörden nach Absatz 1 übermittelten Informationen und analysiert diese im Hinblick auf missbräuchliche Steuergestaltungsmodelle. [2]Benötigt das Bundeszentralamt für Steuern zur weiteren Aufklärung eines Sachverhaltes ergänzende Informationen von der nach Absatz 1 übermittelnden Finanzbehörde, hat diese dem Bundeszentralamt für Steuern die hierzu erforderlichen Informationen auf Ersuchen zu übermitteln. [3]Das Bundeszentralamt für Steuern darf die ihm nach Maßgabe dieser Vorschrift übermittelten personenbezogenen Daten speichern und verwenden, soweit dies zur Erfüllung seiner Aufgaben nach Satz 1 erforderlich ist.

(3) [1]Das Bundeszentralamt für Steuern ist berechtigt, den für die Verwaltung der Kapitalertragsteuer zuständigen Finanzbehörden seine erlangten Sachverhaltserkenntnisse zu übermitteln und im dazu erforderlichen Umfang auch personenbezogene Daten offenzulegen. [2]Die empfangende Behörde oder Stelle darf ihr nach Satz 1 übermittelte personenbezogene Daten speichern und verwenden, soweit dies zur Erfüllung ihrer Aufgaben nach diesem Gesetz erforderlich ist.

(4) Die Verarbeitung personenbezogener Daten durch Finanzbehörden nach Maßgabe der Absätze 1 bis 3 ist ein Verwaltungsverfahren in Steuersachen im Sinne dieses Gesetzes.

§ 89 Beratung, Auskunft. (1) [1]Die Finanzbehörde soll die Abgabe von Erklärungen, die Stellung von Anträgen oder die Berichtigung von Erklärungen oder Anträgen anregen, wenn diese offensichtlich nur versehentlich oder aus Unkenntnis unterblieben oder unrichtig abgegeben oder gestellt worden sind. [2]Sie erteilt, soweit erforderlich, Auskunft über die den Beteiligten im Verwaltungsverfahren zustehenden Rechte und die ihnen obliegenden Pflichten.

(2)[1)] [1]Die Finanzämter und das Bundeszentralamt für Steuern können auf Antrag verbindliche Auskünfte über die steuerliche Beurteilung von genau bestimmten, noch nicht verwirklichten Sachverhalten erteilen, wenn daran im Hinblick auf die erheblichen steuerlichen Auswirkungen ein besonderes Interesse besteht. [2]Zuständig für die Erteilung einer verbindlichen Auskunft ist die Finanzbehörde, die bei Verwirklichung des dem Antrag zugrunde liegenden Sachverhalts örtlich zuständig sein würde. [3]Bei Antragstellern, für die im Zeitpunkt der Antragstellung nach den §§ 18 bis 21 keine Finanzbehörde zuständig ist, ist auf dem Gebiet der Steuern, die von den Landesfinanzbehörden im Auftrag des Bundes verwaltet werden, abweichend von Satz 2 das Bundeszentralamt für Steuern zuständig; in diesem Fall bindet die verbindliche Auskunft auch die Finanzbehörde, die bei der Verwirklichung des der Auskunft zugrunde liegenden Sachverhalts zuständig ist. [4]Über den Antrag auf Erteilung einer verbindlichen Auskunft soll innerhalb von sechs Monaten ab Eingang des

---

[1)] § 89 Abs. 2 angef. durch G v. 5.9.2006 (BGBl. I S. 2098); Satz 3 geänd. durch G v. 13.12.2006 (BGBl. I S. 2878); Satz 5 angef. mWv 30.6.2013 durch G v. 26.6.2013 (BGBl. I S. 1809); Satz 5 eingef., bish. Satz 5 wird Satz 6 mWv 23.7.2016, Satz 4 eingef., bish. Satz 4 und neue Sätze 5 und 6 werden Sätze 5 bis 7 mWv 1.1.2017 durch G v. 18.7.2016 (BGBl. I S. 1679); zur Anwendung siehe Art. 97 § 25 Abs. 2 Satz 1 EGAO (Nr. **4**).

Antrags bei der zuständigen Finanzbehörde entschieden werden; kann die Finanzbehörde nicht innerhalb dieser Frist über den Antrag entscheiden, ist dies dem Antragsteller unter Angabe der Gründe mitzuteilen. [5] Das Bundesministerium der Finanzen wird ermächtigt, mit Zustimmung des Bundesrates durch Rechtsverordnung[1)] nähere Bestimmungen zu Form, Inhalt und Voraussetzungen des Antrages auf Erteilung einer verbindlichen Auskunft und zur Reichweite der Bindungswirkung zu treffen. [6] In der Rechtsverordnung kann auch bestimmt werden, unter welchen Voraussetzungen eine verbindliche Auskunft gegenüber mehreren Beteiligten einheitlich zu erteilen ist und welche Finanzbehörde in diesem Fall für die Erteilung der verbindlichen Auskunft zuständig ist. [7] Die Rechtsverordnung bedarf nicht der Zustimmung des Bundesrates, soweit sie die Versicherungsteuer betrifft.

(3)[2)] [1] Für die Bearbeitung eines Antrags auf Erteilung einer verbindlichen Auskunft nach Absatz 2 wird eine Gebühr erhoben. [2] Wird eine verbindliche Auskunft gegenüber mehreren Antragstellern einheitlich erteilt, ist nur eine Gebühr zu erheben; in diesem Fall sind alle Antragsteller Gesamtschuldner der Gebühr. [3] Die Gebühr ist vom Antragsteller innerhalb eines Monats nach Bekanntgabe ihrer Festsetzung zu entrichten. [4] Die Finanzbehörde kann die Entscheidung über den Antrag bis zur Entrichtung der Gebühr zurückstellen.

(4)[3)] [1] Die Gebühr wird nach dem Wert berechnet, den die verbindliche Auskunft für den Antragsteller hat (Gegenstandswert). [2] Der Antragsteller soll den Gegenstandswert und die für seine Bestimmung erheblichen Umstände in seinem Antrag auf Erteilung einer verbindlichen Auskunft darlegen. [3] Die Finanzbehörde soll der Gebührenfestsetzung den vom Antragsteller erklärten Gegenstandswert zugrunde legen, soweit dies nicht zu einem offensichtlich unzutreffenden Ergebnis führt.

(5)[4)] [1] Die Gebühr wird in entsprechender Anwendung des § 34 des Gerichtskostengesetzes[5)] mit einem Gebührensatz von 1,0 erhoben. [2] § 39 Absatz 2 des Gerichtskostengesetzes ist entsprechend anzuwenden. [3] Beträgt der Gegenstandswert weniger als 10 000 Euro, wird keine Gebühr erhoben.

(6)[6)] [1] Ist ein Gegenstandswert nicht bestimmbar und kann er auch nicht durch Schätzung bestimmt werden, ist eine Zeitgebühr zu berechnen; sie beträgt 50 Euro je angefangene halbe Stunde Bearbeitungszeit. [2] Beträgt die Bearbeitungszeit weniger als zwei Stunden, wird keine Gebühr erhoben.

(7)[7)] [1] Auf die Gebühr kann ganz oder teilweise verzichtet werden, wenn ihre Erhebung nach Lage des einzelnen Falls unbillig wäre. [2] Die Gebühr kann

---

[1)] Siehe Steuer-Auskunftsverordnung v. 30.11.2007 (BGBl. I S. 2783), zuletzt geänd. durch VO v. 12.7.2017 (BGBl. I S. 2360).

[2)] § 89 Abs. 3 angef. durch G v. 13.12.2006 (BGBl. I S. 2878); neu gef. durch G v. 1.11.2011 (BGBl. I S. 2131); zur Anwendung siehe Art. 97 § 25 Abs. 1 EGAO (Nr. **4**); Satz 2 eingef., bish. Sätze 2 und 3 werden Sätze 3 und 4 durch G v. 18.7.2016 (BGBl. I S. 1679); zur Anwendung siehe Art. 97 § 25 Abs. 2 Satz 2 EGAO (Nr. **4**).

[3)] § 89 Abs. 4 angef. durch G v. 13.12.2006 (BGBl. I S. 2878); neu gef. durch G v. 1.11.2011 (BGBl. I S. 2131); zur Anwendung siehe Art. 97 § 25 Abs. 1 EGAO (Nr. **4**).

[4)] § 89 Abs. 5 angef. durch G v. 13.12.2006 (BGBl. I S. 2878); neu gef. durch G v. 1.11.2011 (BGBl. I S. 2131); zur Anwendung siehe Art. 97 § 25 Abs. 1 EGAO (Nr. **4**).

[5)] Nr. **33**.

[6)] § 89 Abs. 6 angef. durch G v. 1.11.2011 (BGBl. I S. 2131); zur Anwendung siehe Art. 97 § 25 Abs. 1 EGAO (Nr. **4**).

[7)] § 89 Abs. 7 angef. durch G v. 1.11.2011 (BGBl. I S. 2131); zur Anwendung siehe Art. 97 § 25 Abs. 1 EGAO (Nr. **4**).

insbesondere ermäßigt werden, wenn ein Antrag auf Erteilung einer verbindlichen Auskunft vor Bekanntgabe der Entscheidung der Finanzbehörde zurückgenommen wird.

§ 89a[1] Vorabverständigungsverfahren. (1) [1]Bei Anwendbarkeit eines Abkommens zur Vermeidung der Doppelbesteuerung, welches ein Verständigungsverfahren zur Vermeidung der Doppelbesteuerung zwischen der Bundesrepublik Deutschland und einem anderen Staat oder Hoheitsgebiet (Vertragsstaat) vorsieht, kann die zuständige Behörde nach § 5 Absatz 1 Satz 1 Nummer 5 des Finanzverwaltungsgesetzes[2] im Einvernehmen mit der zuständigen obersten Landesfinanzbehörde oder der von dieser beauftragten Behörde nach den Bestimmungen dieser Vorschrift auf Antrag eines Abkommensberechtigten (Antragsteller) ein zwischenstaatliches Verfahren über die steuerliche Beurteilung von genau bestimmten, im Zeitpunkt der Antragstellung noch nicht verwirklichten Sachverhalten für einen bestimmten Geltungszeitraum, der in der Regel fünf Jahre nicht überschreiten soll, mit der zuständigen Behörde des anderen Vertragsstaates einleiten (Vorabverständigungsverfahren). [2]Satz 1 gilt nur, wenn

1. die Gefahr einer Doppelbesteuerung bezüglich des bestimmten Sachverhalts besteht und
2. es wahrscheinlich ist,
   a) die Doppelbesteuerung durch das Vorabverständigungsverfahren zu vermeiden und
   b) eine übereinstimmende Abkommensauslegung mit der zuständigen Behörde des anderen Vertragsstaates zu erreichen.

[3]Die Einleitung setzt eine nach Absatz 7 unanfechtbar gewordene Gebührenfestsetzung und die Entrichtung der Gebühr voraus. [4]Betrifft ein Sachverhalt mehrere Abkommensberechtigte und kann der Sachverhalt nur einheitlich steuerlich beurteilt werden, kann das Vorabverständigungsverfahren nur von allen betroffenen Abkommensberechtigten gemeinsam beantragt werden; Verfahrenshandlungen können in diesen Fällen nur gemeinsam vorgenommen werden. [5]Hierfür benennen die Antragsteller einen Vertreter. [6]Die Antragsteller bestellen in den Fällen des Satzes 4 einen gemeinsamen Empfangsbevollmächtigten, der ermächtigt ist, für sie alle Verwaltungsakte und Mitteilungen in Empfang zu nehmen. [7]Ist ein Steuerabzugsverfahren Gegenstand der steuerlichen Beurteilung, kann auch der Abzugsverpflichtete den Antrag auf Einleitung eines Vorabverständigungsverfahrens stellen. [8]Betrifft ein Sachverhalt die steuerliche Beurteilung im Verhältnis zu mehreren Vertragsstaaten, kann der Antragsteller einen zusammengefassten Antrag auf Einleitung mehrerer Vorabverständigungsverfahren stellen.

(2) [1]Der Antrag nach Absatz 1 hat zu enthalten:

1. die genaue Bezeichnung des Antragstellers und aller anderen Beteiligten,
2. die Bezeichnung der örtlich zuständigen Finanzbehörde sowie die maßgebliche Steuernummer,

---

[1] § 89a eingef. mWv 9.6.2021 durch G v. 2.6.2021 (BGBl. I S. 1259); zur Anwendung siehe Art. 97 § 34 Satz 1 EGAO (Nr. **4**).

[2] Nr. **31**.

3. die Identifikationsnummer nach § 139b oder die Wirtschafts-Identifikationsnummer nach § 139c; wenn die Wirtschafts-Identifikationsnummer noch nicht vergeben wurde, die Steuernummer,
4. die betroffenen Vertragsstaaten,
5. eine umfassende und in sich abgeschlossene Darstellung des Sachverhalts einschließlich des erwünschten Geltungszeitraums der Vorabverständigungsvereinbarung,
6. die Darlegung, weshalb eine Gefahr der Doppelbesteuerung besteht, sowie
7. die Erklärung, ob über den zur Beurteilung gestellten Sachverhalt eine verbindliche Auskunft nach § 89, eine verbindliche Zusage nach § 204, eine Anrufungsauskunft nach § 42e des Einkommensteuergesetzes[1)] oder in dem anderen betroffenen Vertragsstaat eine vergleichbare Auskunft oder Zusage beantragt oder erteilt wurde.

[2] Dem Antrag sind die erforderlichen Unterlagen beizufügen, insbesondere solche, die zur Würdigung des Sachverhalts erforderlich sind. [3] Der Antrag ist bei der nach Absatz 1 Satz 1 zuständigen Behörde schriftlich oder elektronisch zu stellen.

(3) [1] Im Einvernehmen mit der zuständigen obersten Landesfinanzbehörde unterzeichnet die nach Absatz 1 Satz 1 zuständige Behörde die Vorabverständigungsvereinbarung mit dem anderen Vertragsstaat nur, wenn die Vereinbarung mindestens unter der Bedingung steht, dass der Antragsteller

1. dem Inhalt der Vorabverständigungsvereinbarung zustimmt und
2. im Geltungsbereich dieses Gesetzes auf die Einlegung von Rechtsbehelfen gegen Steuerbescheide verzichtet, soweit diese die Ergebnisse der Vorabverständigungsvereinbarung für den bestimmten Geltungszeitraum zutreffend umsetzen (Rechtsbehelfsverzicht).

[2] Nach der Unterzeichnung teilt die nach Absatz 1 Satz 1 zuständige Behörde dem Antragsteller den Inhalt der Einigung mit und setzt ihm eine Frist zur Erfüllung der Bedingungen nach Satz 1. [3] Der Rechtsbehelfsverzicht des Antragstellers hat mit gesondertem Schreiben schriftlich oder zur Niederschrift gegenüber der nach Absatz 1 Satz 1 zuständigen Behörde zu erfolgen. [4] Wird keine Vorabverständigungsvereinbarung unterzeichnet, scheitert das Vorabverständigungsverfahren. [5] Dies ist insbesondere der Fall, wenn die zuständige Behörde des anderen Vertragsstaates ein Verfahren nicht einleitet oder die zuständigen Behörden zu keiner übereinstimmenden Abkommensauslegung gelangen. [6] Das Verfahren scheitert auch, wenn der Antragsteller die Bedingungen nach Satz 1 nicht fristgemäß erfüllt. [7] Ein Vorabverständigungsverfahren wird im Einvernehmen mit der zuständigen obersten Landesfinanzbehörde oder der von dieser beauftragten Behörde geführt.

(4) [1] Die örtlich zuständige Finanzbehörde ist an die unterzeichnete Vorabverständigungsvereinbarung nicht gebunden, wenn

1. die in der Vorabverständigungsvereinbarung enthaltenen Bedingungen nicht oder nicht mehr erfüllt werden,
2. der andere beteiligte Vertragsstaat die Vorabverständigungsvereinbarung nicht einhält oder

---

[1)] Nr. **5**.

3. die Rechtsvorschriften, auf denen die Vorabverständigungsvereinbarung beruht, aufgehoben oder geändert werden.

[2]Die Prüfung der Voraussetzungen nach Satz 1 obliegt der nach Absatz 1 Satz 1 zuständigen Behörde im Einvernehmen mit der zuständigen obersten Landesfinanzbehörde oder der von dieser beauftragten Behörde. [3]Die Bindungswirkung der Vorabverständigungsvereinbarung entfällt in dem Zeitpunkt, in dem eine der Voraussetzungen nach Satz 1 vorliegt.

(5) [1]Steht der Vorabverständigungsvereinbarung eine bereits erteilte verbindliche Auskunft nach § 89, eine bereits erteilte verbindliche Zusage nach § 204 oder eine Anrufungsauskunft nach § 42c des Einkommensteuergesetzes entgegen, kann die nach § 131 Absatz 4 zuständige Finanzbehörde im Einvernehmen mit der nach Absatz 1 Satz 1 zuständigen Behörde die verbindliche Auskunft, die verbindliche Zusage oder die Anrufungsauskunft widerrufen. [2]Erfolgt kein Widerruf nach Satz 1 und wurde bereits eine Vorabverständigungsvereinbarung unterzeichnet, kann die örtlich zuständige Finanzbehörde im Einvernehmen mit der nach Absatz 1 Satz 1 zuständigen Behörde gegenüber dem Antragsteller erklären, dass sie an die unterzeichnete Vorabverständigungsvereinbarung nicht gebunden ist.

(6) [1]Eine unterzeichnete Vorabverständigungsvereinbarung kann von der nach Absatz 1 Satz 1 zuständigen Behörde über den bestimmten Geltungszeitraum hinaus auf Antrag verlängert werden. [2]Die Vorabverständigungsvereinbarung kann auf Antrag auf Veranlagungszeiträume, die dem Geltungszeitraum der Vereinbarung vorangehen, angewendet werden; die Fristen für Verständigungsverfahren des jeweils maßgebenden Abkommens zur Vermeidung der Doppelbesteuerung sind zu beachten. [3]Die Sätze 1 und 2 setzen das Einvernehmen mit der zuständigen obersten Landesfinanzbehörde oder mit der von dieser beauftragten Behörde und der zuständigen Behörde des anderen Vertragsstaates voraus.

(7) [1]Die nach Absatz 1 Satz 1 zuständige Behörde erhebt für die Bearbeitung eines Antrags nach Absatz 1 oder Absatz 6 Satz 1 Gebühren, die vor Einleitung des Vorabverständigungsverfahrens oder der Bearbeitung eines Verlängerungsantrags festzusetzen sind. [2]Die Einleitung des Vorabverständigungsverfahrens oder die Bearbeitung eines Verlängerungsantrags erfolgt durch die Versendung des ersten Schriftsatzes an den anderen Vertragsstaat. [3]Die Gebühr ist vom Antragsteller innerhalb eines Monats nach Bekanntgabe ihrer Festsetzung zu entrichten. [4]Das Vorabverständigungsverfahren oder die Bearbeitung eines Verlängerungsantrags wird erst eingeleitet, wenn die Gebührenfestsetzung unanfechtbar geworden und die Gebühr entrichtet ist. [5]Die Gebühr beträgt 30 000 Euro für jeden Antrag im Sinne des Absatzes 1 sowie 15 000 Euro für jeden Verlängerungsantrag nach Absatz 6 Satz 1. [6]Sofern es sich bei dem Antrag nicht um einen Verrechnungspreisfall handelt, beträgt die Gebühr für jeden Antrag ein Viertel der Gebühren nach Satz 5; Verrechnungspreisfälle sind Fälle, die die grenzüberschreitende Gewinnabgrenzung zwischen nahestehenden Personen und die Gewinnzuordnung zu Betriebsstätten betreffen. [7]Bezieht sich der Antrag auf einen Sachverhalt, für dessen steuerliche Beurteilung im Zeitpunkt der Antragstellung bereits eine koordinierte bilaterale oder multilaterale steuerliche Außenprüfung durchgeführt wurde, die zu einem übereinstimmend festgestellten Sachverhalt und zu einer übereinstimmenden steuerlichen Würdigung geführt hat, wird die Gebühr um 75 Prozent reduziert. [8]Sofern die

Summe der von dem Vorabverständigungsverfahren erfassten Geschäftsvorfälle eines Verrechnungspreisfalls die Beträge des § 6 Absatz 2 Satz 1 der Gewinnabgrenzungsaufzeichnungs-Verordnung vom 12. Juli 2017 (BGBl. I S. 2367) voraussichtlich nicht überschreitet, beträgt die Gebühr 10 000 Euro für jeden Antrag im Sinne des Absatzes 1 und 7 500 Euro für jeden Antrag nach Absatz 6 Satz 1. 9 In den Fällen des Absatzes 1 Satz 4 und 6 liegt ein Antrag vor, für den nur eine Gebühr festzusetzen und zu entrichten ist. 10 In den Fällen des Absatzes 1 Satz 8 ist für jedes Vorabverständigungsverfahren eine gesonderte Gebühr festzusetzen und zu entrichten.

(8) 1 Nimmt der Antragsteller seinen Antrag nach Absatz 1 Satz 1 vor Bekanntgabe der Gebührenfestsetzung zurück, kann von einer Gebührenfestsetzung abgesehen werden. 2 Wird der Antrag zurückgenommen oder abgelehnt, wird eine zu diesem Zeitpunkt unanfechtbar festgesetzte Gebühr nicht erstattet; dies gilt auch im Fall des Scheiterns des Vorabverständigungsverfahrens.

§ 90 Mitwirkungspflichten der Beteiligten. (1) 1 Die Beteiligten sind zur Mitwirkung bei der Ermittlung des Sachverhalts verpflichtet. 2 Sie kommen der Mitwirkungspflicht insbesondere dadurch nach, dass sie die für die Besteuerung erheblichen Tatsachen vollständig und wahrheitsgemäß offen legen und die ihnen bekannten Beweismittel angeben. 3 Der Umfang dieser Pflichten richtet sich nach den Umständen des Einzelfalls.

(2)[1)] 1 Ist ein Sachverhalt zu ermitteln und steuerrechtlich zu beurteilen, der sich auf Vorgänge außerhalb des Geltungsbereichs dieses Gesetzes bezieht, so haben die Beteiligten diesen Sachverhalt aufzuklären und die erforderlichen Beweismittel zu beschaffen. 2 Sie haben dabei alle für sie bestehenden rechtlichen und tatsächlichen Möglichkeiten auszuschöpfen. *3 Bestehen objektiv erkennbare Anhaltspunkte für die Annahme, dass der Steuerpflichtige über Geschäftsbeziehungen zu Finanzinstituten in einem Staat oder Gebiet verfügt, mit dem kein Abkommen besteht, das die Erteilung von Auskünften entsprechend Artikel 26 des Musterabkommens der OECD zur Vermeidung der Doppelbesteuerung auf dem Gebiet der Steuern vom Einkommen und vom Vermögen in der Fassung von 2005 vorsieht, oder der Staat oder das Gebiet keine Auskünfte in einem vergleichbaren Umfang erteilt oder keine Bereitschaft zu einer entsprechenden Auskunftserteilung besteht, hat der Steuerpflichtige nach Aufforderung der Finanzbehörde die Richtigkeit und Vollständigkeit seiner Angaben an Eides statt zu versichern und die Finanzbehörde zu bevollmächtigen, in seinem Namen mögliche Auskunftsansprüche gegenüber den von der Finanzbehörde benannten Kreditinstituten außergerichtlich und gerichtlich geltend zu machen; die Versicherung an Eides statt kann nicht nach § 328 erzwungen werden.* 4 [*ab 1.1.2022:* 3] Ein Beteiligter kann sich nicht darauf berufen, dass er Sachverhalte nicht aufklären oder Beweismittel nicht beschaffen kann, wenn er sich nach Lage des Falls bei der Gestaltung seiner Verhältnisse die Möglichkeit dazu hätte beschaffen oder einräumen lassen können.

---

1) § 90 Abs. 2 Satz 3 eingef., bish. Satz 3 wird Satz 4 durch G v. 29.7.2009 (BGBl. I S. 2302); zur erstmaligen Anwendung siehe Art. 97 § 22 Abs. 2 EGAO (Nr. **4**); Satz 3 aufgeh., bish. Satz 4 wird Satz 3 durch G v. 25.6.2021 (BGBl. I S. 2056); zur Anwendung **ab 1.1.2022** siehe Art. 97 § 22 Abs. 4 EGAO (Nr. **4**).

(3)[1] [1]Ein Steuerpflichtiger hat über die Art und den Inhalt seiner Geschäftsbeziehungen im Sinne des § 1 Absatz 4 des Außensteuergesetzes[2] Aufzeichnungen zu erstellen. [2]Die Aufzeichnungspflicht umfasst neben der Darstellung der Geschäftsvorfälle (Sachverhaltsdokumentation) auch die wirtschaftlichen und rechtlichen Grundlagen für eine den Fremdvergleichsgrundsatz beachtende Vereinbarung von Bedingungen, insbesondere Preisen (Verrechnungspreisen), sowie insbesondere Informationen zum Zeitpunkt der Verrechnungspreisbestimmung, zur verwendeten Verrechnungspreismethode und zu den verwendeten Fremdvergleichsdaten (Angemessenheitsdokumentation). [3]Hat ein Steuerpflichtiger Aufzeichnungen im Sinne des Satzes 1 für ein Unternehmen zu erstellen, das Teil einer multinationalen Unternehmensgruppe ist, so gehört zu den Aufzeichnungen auch ein Überblick über die Art der weltweiten Geschäftstätigkeit der Unternehmensgruppe und über die von ihr angewandte Systematik der Verrechnungspreisbestimmung, es sei denn, der Umsatz des Unternehmens hat im vorangegangenen Wirtschaftsjahr weniger als 100 Millionen Euro betragen. [4]Eine multinationale Unternehmensgruppe besteht aus mindestens zwei in verschiedenen Staaten ansässigen, im Sinne des § 1 Absatz 2 des Außensteuergesetzes einander nahestehenden Unternehmen oder aus mindestens einem Unternehmen mit mindestens einer Betriebsstätte in einem anderen Staat. [5]Die Finanzbehörde soll die Vorlage von Aufzeichnungen im Regelfall nur für die Durchführung einer Außenprüfung verlangen. [6]Die Vorlage richtet sich nach § 97. [7]Sie hat jeweils auf Anforderung innerhalb einer Frist von 60 Tagen zu erfolgen. [8]Aufzeichnungen über außergewöhnliche Geschäftsvorfälle sind zeitnah zu erstellen und innerhalb einer Frist von 30 Tagen nach Anforderung durch die Finanzbehörde vorzulegen. [9]In begründeten Einzelfällen kann die Vorlagefrist nach den Sätzen 7 und 8 verlängert werden. [10]Die Aufzeichnungen sind auf Anforderung der Finanzbehörde zu ergänzen. [11]Um eine einheitliche Rechtsanwendung sicherzustellen, wird das Bundesministerium der Finanzen ermächtigt, mit Zustimmung des Bundesrates durch Rechtsverordnung Art, Inhalt und Umfang der zu erstellenden Aufzeichnungen zu bestimmen.

§ 91 Anhörung Beteiligter. (1) [1]Bevor ein Verwaltungsakt erlassen wird, der in Rechte eines Beteiligten eingreift, soll diesem Gelegenheit gegeben werden, sich zu den für die Entscheidung erheblichen Tatsachen zu äußern. [2]Dies gilt insbesondere, wenn von dem in der Steuererklärung erklärten Sachverhalt zuungunsten des Steuerpflichtigen wesentlich abgewichen werden soll.

(2) Von der Anhörung kann abgesehen werden, wenn sie nach den Umständen des Einzelfalls nicht geboten ist, insbesondere wenn

1. eine sofortige Entscheidung wegen Gefahr im Verzug oder im öffentlichen Interesse notwendig erscheint,
2. durch die Anhörung die Einhaltung einer für die Entscheidung maßgeblichen Frist in Frage gestellt würde,
3. von den tatsächlichen Angaben eines Beteiligten, die dieser in einem Antrag oder einer Erklärung gemacht hat, nicht zu seinen Ungunsten abgewichen werden soll,

---

[1] § 90 Abs. 3 neu gef. durch G v. 20.12.2016 (BGBl. I S. 3000); zur Anwendung siehe Art. 97 § 22 Abs. 1 Satz 4 EGAO (Nr. **4**).

[2] Nr. **2**.

4. die Finanzbehörde eine Allgemeinverfügung oder gleichartige Verwaltungsakte in größerer Zahl oder Verwaltungsakte mit Hilfe automatischer Einrichtungen erlassen will,
5. Maßnahmen in der Vollstreckung getroffen werden sollen.

(3) Eine Anhörung unterbleibt, wenn ihr ein zwingendes öffentliches Interesse entgegensteht.

§ 92 Beweismittel. [1] Die Finanzbehörde bedient sich der Beweismittel, die sie nach pflichtgemäßem Ermessen zur Ermittlung des Sachverhalts für erforderlich hält. [2] Sie kann insbesondere

1. Auskünfte jeder Art von den Beteiligten und anderen Personen einholen,
2. Sachverständige zuziehen,
3. Urkunden und Akten beiziehen,
4. den Augenschein einnehmen.

II. Beweis durch Auskünfte und Sachverständigengutachten

§ 93 Auskunftspflicht der Beteiligten und anderer Personen. (1) [1] Die Beteiligten und andere Personen haben der Finanzbehörde die zur Feststellung eines für die Besteuerung erheblichen Sachverhalts erforderlichen Auskünfte zu erteilen. [2] Dies gilt auch für nicht rechtsfähige Vereinigungen, Vermögensmassen, Behörden und Betriebe gewerblicher Art der Körperschaften des öffentlichen Rechts. [3] Andere Personen als die Beteiligten sollen erst dann zur Auskunft angehalten werden, wenn die Sachverhaltsaufklärung durch die Beteiligten nicht zum Ziel führt oder keinen Erfolg verspricht.

(1a)[1)] [1] Die Finanzbehörde darf an andere Personen als die Beteiligten Auskunftsersuchen über eine ihr noch unbekannte Anzahl von Sachverhalten mit dem Grunde nach bestimmbaren, ihr noch nicht bekannten Personen stellen (Sammelauskunftsersuchen). [2] Voraussetzung für ein Sammelauskunftsersuchen ist, dass ein hinreichender Anlass für die Ermittlungen besteht und andere zumutbare Maßnahmen zur Sachverhaltsaufklärung keinen Erfolg versprechen. [3] Absatz 1 Satz 3 ist nicht anzuwenden.

(2) [1] In dem Auskunftsersuchen ist anzugeben, worüber Auskünfte erteilt werden sollen und ob die Auskunft für die Besteuerung des Auskunftspflichtigen oder für die Besteuerung anderer Personen angefordert wird. [2] Auskunftsersuchen haben auf Verlangen des Auskunftspflichtigen schriftlich zu ergehen.

(3) [1] Die Auskünfte sind wahrheitsgemäß nach bestem Wissen und Gewissen zu erteilen. [2] Auskunftspflichtige, die nicht aus dem Gedächtnis Auskunft geben können, haben Bücher, Aufzeichnungen, Geschäftspapiere und andere Urkunden, die ihnen zur Verfügung stehen, einzusehen und, soweit nötig, Aufzeichnungen daraus zu entnehmen.

(4) [1] Der Auskunftspflichtige kann die Auskunft schriftlich, elektronisch, mündlich oder fernmündlich erteilen. [2] Die Finanzbehörde kann verlangen, dass der Auskunftspflichtige schriftlich Auskunft erteilt, wenn dies sachdienlich ist.

[1)] § 93 Abs. 1a eingef. mWv 25.6.2017 durch G v. 23.6.2017 (BGBl. I S. 1682); zur Anwendung siehe Art. 97 § 1 Abs. 12 Satz 1 EGAO (Nr. **4**).

(5) [1]Die Finanzbehörde kann anordnen, dass der Auskunftspflichtige eine mündliche Auskunft an Amtsstelle erteilt. [2]Hierzu ist sie insbesondere dann befugt, wenn trotz Aufforderung eine schriftliche Auskunft nicht erteilt worden ist oder eine schriftliche Auskunft nicht zu einer Klärung des Sachverhalts geführt hat. [3]Absatz 2 Satz 1 gilt entsprechend.

(6) [1]Auf Antrag des Auskunftspflichtigen ist über die mündliche Auskunft an Amtsstelle eine Niederschrift aufzunehmen. [2]Die Niederschrift soll den Namen der anwesenden Personen, den Ort, den Tag und den wesentlichen Inhalt der Auskunft enthalten. [3]Sie soll von dem Amtsträger, dem die mündliche Auskunft erteilt wird, und dem Auskunftspflichtigen unterschrieben werden. [4]Den Beteiligten ist eine Abschrift der Niederschrift zu überlassen.

(7)[1)] [1]Ein automatisierter Abruf von Kontoinformationen nach § 93b ist nur zulässig, soweit

1. der Steuerpflichtige eine Steuerfestsetzung nach § 32d Abs. 6 des Einkommensteuergesetzes[2)] beantragt oder

2.[3)] *(aufgehoben)*

und der Abruf in diesen Fällen zur Festsetzung der Einkommensteuer erforderlich ist oder er erforderlich ist

3. zur Feststellung von Einkünften nach den §§ 20 und 23 Abs. 1 des Einkommensteuergesetzes in Veranlagungszeiträumen bis einschließlich des Jahres 2008 oder

4.[4)] zur Erhebung von bundesgesetzlich geregelten Steuern oder Rückforderungsansprüchen bundesgesetzlich geregelter Steuererstattungen und Steuervergütungen oder

4a.[5)] zur Ermittlung, in welchen Fällen ein inländischer Steuerpflichtiger im Sinne des § 138 Absatz 2 Satz 1 Verfügungsberechtigter oder wirtschaftlich Berechtigter im Sinne des Geldwäschegesetzes eines Kontos oder Depots einer natürlichen Person, Personengesellschaft, Körperschaft, Personenvereinigung oder Vermögensmasse mit Wohnsitz, gewöhnlichem Aufenthalt, Sitz, Hauptniederlassung oder Geschäftsleitung außerhalb des Geltungsbereichs dieses Gesetzes ist, oder

4b.[6)] zur Ermittlung der Besteuerungsgrundlagen in den Fällen des § 208 Absatz 1 Satz 1 Nummer 3

oder

5. der Steuerpflichtige zustimmt.

[1)] § 93 Abs. 7 neu gef. mWv 1.1.2009 durch G v. 14.8.2007 (BGBl. I S. 1912); Satz 2 geänd. durch G v. 23.6.2017 (BGBl. I S. 1682); zur Anwendung von Satz 2 1. HS ab 1.1.2020 siehe Art. 97 § 26 Abs. 3 EGAO, zur Anwendung von Satz 2 2. HS ab 1.1.2018 siehe Art. 97 § 26 Abs. 2 EGAO (Nr. **4**); Satz 2 geänd. mWv 25.5.2018 durch G v. 17.7.2017 (BGBl. I S. 2541).

[2)] Nr. **5**.

[3)] § 93 Abs. 7 Satz 1 Nr. 2 aufgeh. durch G v. 1.11.2011 (BGBl. I S. 2131); zur Anwendung siehe Art. 97 § 26 EGAO (Nr. **4**).

[4)] § 93 Abs. 7 Satz 1 Nr. 4 neu gef. durch G v. 23.6.2017 (BGBl. I S. 1682); zur Anwendung siehe Art. 97 § 26 Abs. 2 EGAO (Nr. **4**).

[5)] § 93 Abs. 7 Satz 1 Nr. 4a eingef. durch G v. 23.6.2017 (BGBl. I S. 1682); zur Anwendung siehe Art. 97 § 26 Abs. 2 EGAO (Nr. **4**); geänd. mWv 26.6.2017 durch G v. 23.6.2017 (BGBl. I S. 1822).

[6)] § 93 Abs. 7 Satz 1 Nr. 4b eingef. durch G v. 23.6.2017 (BGBl. I S. 1682); zur Anwendung siehe Art. 97 § 26 Abs. 2 EGAO (Nr. **4**).

[2] In diesen Fällen darf die Finanzbehörde oder in den Fällen des § 1 Abs. 2 die Gemeinde das Bundeszentralamt für Steuern ersuchen, bei den Kreditinstituten einzelne Daten aus den nach § 93b Absatz 1 und 1a zu führenden Dateisystemen abzurufen; in den Fällen des Satzes 1 Nummer 1 bis 4b darf ein Abrufersuchen nur dann erfolgen, wenn ein Auskunftsersuchen an den Steuerpflichtigen nicht zum Ziel geführt hat oder keinen Erfolg verspricht.

(8)[1)] [1] Das Bundeszentralamt für Steuern erteilt auf Ersuchen Auskunft über die in § 93b Absatz 1 und 1a bezeichneten Daten, ausgenommen die Identifikationsnummer nach § 139b,

1. den für die Verwaltung
   a) der Grundsicherung für Arbeitsuchende nach dem Zweiten Buch Sozialgesetzbuch,
   b) der Sozialhilfe nach dem Zwölften Buch Sozialgesetzbuch,
   c) der Ausbildungsförderung nach dem Bundesausbildungsförderungsgesetz,
   d) der Aufstiegsfortbildungsförderung nach dem Aufstiegsfortbildungsförderungsgesetz,
   e) des Wohngeldes nach dem Wohngeldgesetz,
   f)[2)] der Leistungen nach dem Asylbewerberleistungsgesetz und
   g)[3)] des Zuschlags an Entgeltpunkten für langjährige Versicherung nach dem Sechsten Buch Sozialgesetzbuch

   zuständigen Behörden, soweit dies zur Überprüfung des Vorliegens der Anspruchsvoraussetzungen erforderlich ist und ein vorheriges Auskunftsersuchen an die betroffene Person nicht zum Ziel geführt hat oder keinen Erfolg verspricht;
2. den Polizeivollzugsbehörden des Bundes und der Länder, soweit dies zur Abwehr einer erheblichen Gefahr für die öffentliche Sicherheit erforderlich ist, und
3. den Verfassungsschutzbehörden der Länder, soweit dies für ihre Aufgabenerfüllung erforderlich ist und durch Landesgesetz ausdrücklich zugelassen ist.

[Fassung bis 31.12.2021:]
[2] Die für die Vollstreckung nach dem Verwaltungs-Vollstreckungsgesetz und nach den Verwaltungsvollstreckungsgesetzen der Länder zuständigen Behörden dürfen zur Durchführung der Vollstreckung das Bundeszentralamt für Steuern ersuchen, bei den Kreditinstituten die in § 93b Absatz 1 und 1a

[Fassung ab 1.1.2022:[4)]]
[2] Die für die Vollstreckung nach dem Verwaltungs-Vollstreckungsgesetz und nach den Verwaltungsvollstreckungsgesetzen der Länder zuständigen Behörden dürfen zur Durchführung der Vollstreckung das Bundeszentralamt für Steuern ersuchen, bei den Kreditinstituten die in § 93b Absatz 1 und 1a

---

[1)] § 93 Abs. 8 neu gef. mWv 18.8.2007 durch G v. 14.8.2007 (BGBl. I S. 1912); Satz 1 abschl. Satzteil und Satz 2 geänd. durch G v. 23.6.2017 (BGBl. I S. 1682); Satz 1 neu gef. mWv 26.6.2017 durch G v. 23.6.2017 (BGBl. I S. 1822); Satz 2 eingef., bish. Satz 2 wird Satz 3 mWv 6.7.2017 durch G v. 30.6.2017 (BGBl. I S. 2094); Satz 1 Nr. 1 abschl. Satzteil und Satz 3 geänd. mWv 26.11.2019, Sätze 1 und 2 jeweils einl. Satzteil und Satz 3 geänd. mWv 1.1.2020 durch G v. 20.11.2019 (BGBl. I S. 1626).

[2)] § 93 Abs. 8 Satz 1 Nr. 1 Buchst. f angef. mWv 18.7.2019 durch G v. 11.7.2019 (BGBl. I S. 1066).

[3)] § 93 Abs. 8 Satz 1 Nr. 1 Buchst. g angef. mWv 1.1.2021 durch G v. 12.8.2020 (BGBl. I S. 1879).

[4)] § 93 Abs. 8 Satz 2 neu gef. **mWv 1.1.2022** durch G v. 7.5.2021 (BGBl. I S. 850).

[Fassung bis 31.12.2021:]
bezeichneten Daten, ausgenommen die Identifikationsnummer nach § 139b, abzurufen, wenn
1. der Vollstreckungsschuldner seiner Pflicht, eine Vermögensauskunft zu erteilen, nicht nachkommt oder
2. bei einer Vollstreckung in die Vermögensgegenstände, die in der Vermögensauskunft angegeben sind, eine vollständige Befriedigung der Forderung, wegen der die Vermögensauskunft verlangt wird, voraussichtlich nicht zu erwarten ist.

[Fassung ab 1.1.2022:]
bezeichneten Daten, ausgenommen die Identifikationsnummer nach § 139b, abzurufen, wenn
1. die Ladung zu dem Termin zur Abgabe der Vermögensauskunft an den Vollstreckungsschuldner nicht zustellbar ist und
   a) die Anschrift, unter der die Zustellung ausgeführt werden sollte, mit der Anschrift übereinstimmt, die von einer der in § 755 Absatz 1 und 2 der Zivilprozessordnung genannten Stellen innerhalb von drei Monaten vor oder nach dem Zustellungsversuch mitgeteilt wurde, oder
   b) die Meldebehörde nach dem Zustellungsversuch die Auskunft erteilt, dass ihr keine derzeitige Anschrift des Vollstreckungsschuldners bekannt ist, oder
   c) die Meldebehörde innerhalb von drei Monaten vor Erlass der Vollstreckungsanordnung die Auskunft erteilt hat, dass ihr keine derzeitige Anschrift des Vollstreckungsschuldners bekannt ist;
2. der Vollstreckungsschuldner seiner Pflicht zur Abgabe der Vermögensauskunft in dem dem Ersuchen zugrundeliegenden Vollstreckungsverfahren nicht nachkommt oder
3. bei einer Vollstreckung in die in der Vermögensauskunft aufgeführten Vermögensgegenstände eine vollständige Befriedigung der Forderung nicht zu erwarten ist.

³ Für andere Zwecke ist ein Abrufersuchen an das Bundeszentralamt für Steuern hinsichtlich der in § 93b Absatz 1 und 1a bezeichneten Daten, ausgenommen die Identifikationsnummer nach § 139b, nur zulässig, soweit dies durch ein Bundesgesetz ausdrücklich zugelassen ist.

(8a)[1] ¹ Kontenabrufersuchen an das Bundeszentralamt für Steuern sind nach amtlich vorgeschriebenem Datensatz über die amtlich bestimmten Schnittstellen zu übermitteln; § 87a Absatz 6 und § 87b Absatz 1 und 2 gelten entsprechend. ² Das Bundeszentralamt für Steuern kann Ausnahmen von der elektronischen Übermittlung zulassen. ³ Das Bundeszentralamt für Steuern soll der

[1] § 93 Abs. 8a eingef. mWv 18.7.2019 durch G v. 11.7.2019 (BGBl. I S. 1066).

ersuchenden Stelle die Ergebnisse des Kontenabrufs elektronisch übermitteln; § 87a Absatz 7 und 8 gilt entsprechend.

(9)[1] [1] Vor einem Abrufersuchen nach Absatz 7 oder Absatz 8 ist die betroffene Person auf die Möglichkeit eines Kontenabrufs hinzuweisen; dies kann auch durch ausdrücklichen Hinweis in amtlichen Vordrucken und Merkblättern geschehen. [2] Nach Durchführung eines Kontenabrufs ist die betroffene Person vom Ersuchenden über die Durchführung zu benachrichtigen. [3] Ein Hinweis nach Satz 1 erster Halbsatz und eine Benachrichtigung nach Satz 2 unterbleiben, soweit die Voraussetzungen des § 32b Absatz 1 vorliegen oder die Information der betroffenen Person gesetzlich ausgeschlossen ist. [4] § 32c Absatz 5 ist entsprechend anzuwenden. [5] In den Fällen des Absatzes 8 gilt Satz 4 entsprechend, soweit gesetzlich nichts anderes bestimmt ist. [6] Die Sätze 1 und 2 sind nicht anzuwenden in den Fällen des Absatzes 8 Satz 1 Nummer 2 oder 3 oder soweit dies bundesgesetzlich ausdrücklich bestimmt ist.

(10)[2] Ein Abrufersuchen nach Absatz 7 oder Absatz 8 und dessen Ergebnis sind vom Ersuchenden zu dokumentieren.

§ 93a Allgemeine Mitteilungspflichten. (1)[3] [1] Zur Sicherung der Besteuerung nach § 85 kann die Bundesregierung durch Rechtsverordnung mit Zustimmung des Bundesrates Behörden und andere öffentliche Stellen einschließlich öffentlich-rechtlicher Rundfunkanstalten (§ 6 Absatz 1 bis 1c) verpflichten,

1. den Finanzbehörden Folgendes mitzuteilen:
   a)[4] den Empfänger gewährter Leistungen sowie den Rechtsgrund, die Höhe, den Zeitpunkt dieser Leistungen und bei unbarer Auszahlung die Bankverbindung, auf die die Leistung erbracht wurde,
   b)[5] Verwaltungsakte, die für die betroffene Person die Versagung oder Einschränkung einer steuerlichen Vergünstigung zur Folge haben oder die der betroffenen Person steuerpflichtige Einnahmen ermöglichen,
   c) vergebene Subventionen und ähnliche Förderungsmaßnahmen sowie
   d) Anhaltspunkte für Schwarzarbeit, unerlaubte Arbeitnehmerüberlassung oder unerlaubte Ausländerbeschäftigung,
   e)[6] die Adressaten und die Höhe von im Verfahren nach § 335 des Handelsgesetzbuchs festgesetzten Ordnungsgeldern;

---

[1] § 93 Abs. 9 angef. mWv 18.8.2007 durch G v. 14.8.2007 (BGBl. I S. 1912); Satz 4 angef. mWv 26.6.2017 durch G v. 23.6.2017 (BGBl. I S. 1822); Satz 3 neu gef., Sätze 4 und 5 eingef., bish. Satz 4 wird Satz 6 mWv 25.5.2018 durch G v. 17.7.2017 (BGBl. I S. 2541); Satz 1 geänd. mWv 26.11.2019 durch G v. 20.11.2019 (BGBl. I S. 1626); Satz 2 geänd. mWv 29.12.2020 durch G v. 21.12.2020 (BGBl. I S. 3096).

[2] § 93 Abs. 10 angef. mWv 18.8.2007 durch G v. 14.8.2007 (BGBl. I S. 1912).

[3] § 93a Abs. 1 neu gef. mWv 1.1.2017 durch G v. 18.7.2016 (BGBl. I S. 1679); Satz 1 einl. Satzteil geänd. mWv 29.12.2020 durch G v. 21.12.2020 (BGBl. I S. 3096).

[4] § 93a Abs. 1 Satz 1 Nr. 1 Buchst. a geänd. durch G v. 21.12.2020 (BGBl. I S. 3096); zur Anwendung siehe Art. 97 § 1 Abs. 14 Sätze 1 und 2 EGAO (Nr. **4**).

[5] § 93a Abs. 1 Satz 1 Nr. 1 Buchst. b geänd. mWv 26.11.2019 durch G v. 20.11.2019 (BGBl. I S. 1626).

[6] § 93a Abs. 1 Satz 1 Nr. 1 Buchst. e angef. durch G v. 21.12.2020 (BGBl. I S. 3096); zur Anwendung siehe Art. 97 § 1 Abs. 14 Satz 3 EGAO (Nr. **4**).

2. den Empfänger im Sinne der Nummer 1 Buchstabe a über die Summe der jährlichen Leistungen sowie über die Auffassung der Finanzbehörden zu den daraus entstehenden Steuerpflichten zu unterrichten.

[2] In der Rechtsverordnung kann auch bestimmt werden, inwieweit die Mitteilungen nach Maßgabe des § 93c zu übermitteln sind oder übermittelt werden können; in diesem Fall ist § 72a Absatz 4 nicht anzuwenden. [3] Die Verpflichtung der Behörden, anderer öffentlicher Stellen und der öffentlich-rechtlichen Rundfunkanstalten zu Mitteilungen, Auskünften, Anzeigen und zur Amtshilfe auf Grund anderer Vorschriften bleibt unberührt.

(2)[1)] [1] Schuldenverwaltungen, Kreditinstitute, Betriebe gewerblicher Art von juristischen Personen des öffentlichen Rechts im Sinne des Körperschaftsteuergesetzes[2)], öffentliche Beteiligungsunternehmen ohne Hoheitsbefugnisse, Berufskammern und Versicherungsunternehmen sind von der Mitteilungspflicht ausgenommen. [2] Dies gilt nicht, soweit die in Satz 1 genannten Stellen Aufgaben der öffentlichen Verwaltung wahrnehmen.

(3)[3)] [1] In der Rechtsverordnung sind die mitteilenden Stellen, die Verpflichtung zur Unterrichtung der betroffenen Personen, die mitzuteilenden Angaben und die für die Entgegennahme der Mitteilungen zuständigen Finanzbehörden näher zu bestimmen sowie der Umfang, der Zeitpunkt und das Verfahren der Mitteilung zu regeln. [2] In der Rechtsverordnung können Ausnahmen von der Mitteilungspflicht, insbesondere für Fälle geringer steuerlicher Bedeutung, zugelassen werden.

(4)[4)] [1] Ist die mitteilungspflichtige Stelle nach der Mitteilungsverordnung verpflichtet, in der Mitteilung die Identifikationsnummer nach § 139b oder ein anderes steuerliches Ordnungsmerkmal

1. des Empfängers der gewährten Leistung im Sinne des Absatzes 1 Satz 1 Nummer 1 Buchstabe a,
2. des Inhaltsadressaten des Verwaltungsakts im Sinne des Absatzes 1 Satz 1 Nummer 1 Buchstabe b oder e,
3. des Empfängers der vergebenen Subvention im Sinne des Absatzes 1 Satz 1 Nummer 1 Buchstabe c oder
4. der betroffenen Personen im Sinne des Absatzes 1 Satz 1 Nummer 1 Buchstabe d

anzugeben, haben die Mitwirkungspflichtigen (§ 90) nach den Nummern 1 bis 4 der mitteilungspflichtigen Stelle diese Daten zu übermitteln. [2] Wird der Mitwirkungspflicht nach Satz 1 nicht innerhalb von zwei Wochen nach Aufforderung durch die mitteilungspflichtige Stelle entsprochen und weder die Identifikationsnummer noch ein anderes steuerliches Ordnungsmerkmal übermittelt, hat die mitteilungspflichtige Stelle die Möglichkeit, die Identifikationsnummer der betroffenen Mitwirkungspflichtigen nach Satz 1 Nummer 1 bis 4 nach amtlich vorgeschriebenem Datensatz beim Bundeszentralamt für Steuern abzufragen. [3] Die Abfrage ist mindestens zwei Wochen vor dem Zeitpunkt zu

---

1) § 93a Abs. 2 geänd. durch G v. 19.12.2008 (BGBl. I S. 2794); Satz 2 angef. durch G v. 21.12.2020 (BGBl. I S. 3096); zur Anwendung siehe Art. 97 § 1 Abs. 14 Sätze 1 und 2 EGAO (Nr. **4**).

2) Nr. **17**.

3) § 93a Abs. 3 Satz 1 geänd. mWv 26.11.2019 durch G v. 20.11.2019 (BGBl. I S. 1626).

4) § 93a Abs. 4 angef. durch G v. 21.12.2020 (BGBl. I S. 3096); zur Anwendung siehe Art. 97 § 1 Abs. 14 Sätze 1 und 2 EGAO (Nr. **4**).

stellen, zu dem die Mitteilung nach der Mitteilungsverordnung zu übermitteln ist. [4]In der Abfrage dürfen nur die in § 139b Absatz 3 genannten Daten der betroffenen Mitwirkungspflichtigen nach Satz 1 Nummer 1 bis 4 angegeben werden. [5]Das Bundeszentralamt für Steuern entspricht dem Ersuchen, wenn die übermittelten Daten den beim Bundeszentralamt für Steuern hinterlegten Daten entsprechen.

§ 93b[1)] Automatisierter Abruf von Kontoinformationen. (1)[2)] Kreditinstitute haben das nach § 24c Absatz 1 des Kreditwesengesetzes zu führende Dateisystem auch für Abrufe nach § 93 Absatz 7 und 8 zu führen.

(1a)[3)] [1]Kreditinstitute haben für Kontenabrufersuchen nach § 93 Absatz 7 oder 8 zusätzlich zu den in § 24c Absatz 1 des Kreditwesengesetzes bezeichneten Daten für jeden Verfügungsberechtigten und jeden wirtschaftlich Berechtigten im Sinne des Geldwäschegesetzes auch die Adressen sowie die in § 154 Absatz 2a bezeichneten Daten zu speichern. [2]§ 154 Absatz 2d und Artikel 97 § 26 Absatz 5 Nummer 3 und 4 des Einführungsgesetzes zur Abgabenordnung[4)] bleiben unberührt.

(2)[5)] [1]Das Bundeszentralamt für Steuern darf in den Fällen des § 93 Absatz 7 und 8 auf Ersuchen bei den Kreditinstituten einzelne Daten aus den nach den Absätzen 1 und 1a zu führenden Dateisystemen im automatisierten Verfahren abrufen und sie an den Ersuchenden übermitteln. [2]Die Identifikationsnummer nach § 139b eines Verfügungsberechtigten oder eines wirtschaftlich Berechtigten darf das Bundeszentralamt für Steuern nur Finanzbehörden mitteilen.

(3) Die Verantwortung für die Zulässigkeit des Datenabrufs und der Datenübermittlung trägt der Ersuchende.

(4) § 24c Abs. 1 Satz 2 bis 6, Abs. 4 bis 8 des Kreditwesengesetzes gilt entsprechend.

§ 93c[6)] Datenübermittlung durch Dritte. (1) Sind steuerliche Daten eines Steuerpflichtigen auf Grund gesetzlicher Vorschriften von einem Dritten (mitteilungspflichtige Stelle) an Finanzbehörden elektronisch zu übermitteln, so gilt vorbehaltlich abweichender Bestimmungen in den Steuergesetzen Folgendes:

1. Die mitteilungspflichtige Stelle muss die Daten nach Ablauf des Besteuerungszeitraums bis zum letzten Tag des Monats Februar des folgenden Jahres nach amtlich vorgeschriebenem Datensatz durch Datenfernübertragung über die amtlich bestimmte Schnittstelle übermitteln; bezieht sich die Übermittlungspflicht auf einen Besteuerungszeitpunkt, sind die Daten bis zum Ablauf des zweiten Kalendermonats nach Ablauf des Monats zu übermitteln, in dem der Besteuerungszeitpunkt liegt.

---

1) § 93b neu gef. durch G v. 14.8.2007 (BGBl. I S. 1912).

2) § 93b Abs. 1 neu gef. mWv 25.5.2018 durch G v. 17.7.2017 (BGBl. I S. 2541).

3) § 93b Abs. 1a eingef. durch G v. 23.6.2017 (BGBl. I S. 1682); zur Anwendung ab 1.1.2020 siehe Art. 97 § 26 Abs. 3 EGAO (Nr. **4**).

4) Nr. **4**.

5) § 93b Abs. 2 neu gef. durch G v. 23.6.2017 (BGBl. I S. 1682); zur Anwendung ab 1.1.2020 siehe Art. 97 § 26 Abs. 3 EGAO (Nr. **4**).

6) § 93c eingef. mWv 1.1.2017 durch G v. 18.7.2016 (BGBl. I S. 1679); zur Anwendung siehe Art. 97 § 27 Abs. 2 EGAO (Nr. **4**).

2. Der Datensatz muss folgende Angaben enthalten:
   a) den Namen, die Anschrift, das Ordnungsmerkmal und die Kontaktdaten der mitteilungspflichtigen Stelle sowie ihr Identifikationsmerkmal nach den §§ 139a bis 139c oder, soweit dieses nicht vergeben wurde, ihre Steuernummer;
   b) hat die mitteilungspflichtige Stelle einen Auftragnehmer im Sinne des § 87d mit der Datenübermittlung beauftragt, so sind zusätzlich zu den Angaben nach Buchstabe a der Name, die Anschrift und die Kontaktdaten des Auftragnehmers sowie dessen Identifikationsmerkmal nach den §§ 139a bis 139c oder, wenn dieses nicht vergeben wurde, dessen Steuernummer anzugeben;
   c) den Familiennamen, den Vornamen, den Tag der Geburt, die Anschrift des Steuerpflichtigen und dessen Identifikationsnummer nach § 139b;
   d) handelt es sich bei dem Steuerpflichtigen nicht um eine natürliche Person, so sind dessen Firma oder Name, Anschrift und Wirtschafts-Identifikationsnummer nach § 139c oder, wenn diese noch nicht vergeben wurde, dessen Steuernummer anzugeben;
   e) den Zeitpunkt der Erstellung des Datensatzes oder eines anderen Ereignisses, anhand dessen die Daten in der zeitlichen Reihenfolge geordnet werden können, die Art der Mitteilung, den betroffenen Besteuerungszeitraum oder Besteuerungszeitpunkt und die Angabe, ob es sich um eine erstmalige, korrigierte oder stornierende Mitteilung handelt.
3. [1] Die mitteilungspflichtige Stelle hat den Steuerpflichtigen darüber zu informieren, welche für seine Besteuerung relevanten Daten sie an die Finanzbehörden übermittelt hat oder übermitteln wird. [2] Diese Information hat in geeigneter Weise, mit Zustimmung des Steuerpflichtigen elektronisch, und binnen angemessener Frist zu erfolgen. [3] Auskunftspflichten nach anderen Gesetzen bleiben unberührt.
4. Die mitteilungspflichtige Stelle hat die übermittelten Daten aufzuzeichnen und diese Aufzeichnungen sowie die der Mitteilung zugrunde liegenden Unterlagen bis zum Ablauf des siebten auf den Besteuerungszeitraum oder Besteuerungszeitpunkt folgenden Kalenderjahres aufzubewahren; die §§ 146 und 147 Absatz 2, 5 und 6 gelten entsprechend.

(2) Die mitteilungspflichtige Stelle soll Daten nicht übermitteln, wenn sie erst nach Ablauf des siebten auf den Besteuerungszeitraum oder Besteuerungszeitpunkt folgenden Kalenderjahres erkennt, dass sie zur Datenübermittlung verpflichtet war.

(3) [1] Stellt die mitteilungspflichtige Stelle bis zum Ablauf des siebten auf den Besteuerungszeitraum oder Besteuerungszeitpunkt folgenden Kalenderjahres fest, dass

1. die nach Maßgabe des Absatzes 1 übermittelten Daten unzutreffend waren oder
2. ein Datensatz übermittelt wurde, obwohl die Voraussetzungen hierfür nicht vorlagen,

so hat die mitteilungspflichtige Stelle dies vorbehaltlich abweichender Bestimmungen in den Steuergesetzen unverzüglich durch Übermittlung eines weiteren Datensatzes zu korrigieren oder zu stornieren. [2] Absatz 1 Nummer 2 bis 4 gilt entsprechend.

(4) [1]Die nach den Steuergesetzen zuständige Finanzbehörde kann ermitteln, ob die mitteilungspflichtige Stelle

1. ihre Pflichten nach Absatz 1 Nummer 1, 2 und 4 und Absatz 3 erfüllt und
2. den Inhalt des Datensatzes nach den Vorgaben des jeweiligen Steuergesetzes bestimmt hat.

[2]Die Rechte und Pflichten der für die Besteuerung des Steuerpflichtigen zuständigen Finanzbehörde hinsichtlich der Ermittlung des Sachverhalts bleiben unberührt.

(5) Soweit gesetzlich nichts anderes bestimmt ist, ist die nach den Steuergesetzen für die Entgegennahme der Daten zuständige Finanzbehörde auch für die Anwendung des Absatzes 4 und des § 72a Absatz 4 zuständig.

(6)[1)] Die Finanzbehörden dürfen von den mitteilungspflichtigen Stellen mitgeteilte Daten im Sinne der Absätze 1 und 3 verarbeiten, wenn dies zur Erfüllung der ihnen obliegenden Aufgaben oder in Ausübung öffentlicher Gewalt, die ihnen übertragen wurde, erforderlich ist.

(7) Soweit gesetzlich nichts anderes bestimmt ist, darf die mitteilungspflichtige Stelle die ausschließlich zum Zweck der Übermittlung erhobenen und gespeicherten Daten des Steuerpflichtigen nur für diesen Zweck verwenden.

(8) Die Absätze 1 bis 7 sind nicht anzuwenden auf

1. Datenübermittlungspflichten nach § 51a Absatz 2c oder Abschnitt XI des Einkommensteuergesetzes[2)],
2. Datenübermittlungspflichten gegenüber den Zollbehörden,
3. Datenübermittlungen zwischen Finanzbehörden und
4. Datenübermittlungspflichten ausländischer öffentlicher Stellen.

§ 93d[3)] Verordnungsermächtigung. [1]Das Bundesministerium der Finanzen kann durch Rechtsverordnung mit Zustimmung des Bundesrates bestimmen, dass Daten im Sinne des § 93c vor der erstmaligen Übermittlung für Zwecke der Erprobung erhoben werden, soweit dies zur Entwicklung, Überprüfung oder Änderung von automatisierten Verfahren erforderlich ist. [2]Die Daten dürfen in diesem Fall ausschließlich für Zwecke der Erprobung verarbeitet und müssen innerhalb eines Jahres nach Beendigung der Erprobung gelöscht werden.

§ 94 Eidliche Vernehmung. (1) [1]Hält die Finanzbehörde mit Rücksicht auf die Bedeutung der Auskunft oder zur Herbeiführung einer wahrheitsgemäßen Auskunft die Beeidigung einer anderen Person als eines Beteiligten für geboten, so kann sie das für den Wohnsitz oder den Aufenthaltsort der zu beeidigenden Person zuständige Finanzgericht um die eidliche Vernehmung ersuchen. [2]Befindet sich der Wohnsitz oder der Aufenthaltsort der zu beeidigenden Person nicht am Sitz eines Finanzgerichts oder eines besonders errichteten Senats, so kann auch das zuständige Amtsgericht um die eidliche Vernehmung ersucht werden.

---

1) § 93c Abs. 6 neu gef. mWv 25.5.2018 durch G v. 17.7.2017 (BGBl. I S. 2541).

2) Nr. **5**.

3) § 93d eingef. mWv 1.1.2017 durch G v. 18.7.2016 (BGBl. I S. 1679); zur Anwendung siehe Art. 97 § 27 Abs. 2 EGAO (Nr. **4**).

(2) [1]In dem Ersuchen hat die Finanzbehörde den Gegenstand der Vernehmung sowie die Namen und Anschriften der Beteiligten anzugeben. [2]Das Gericht hat die Beteiligten und die ersuchende Finanzbehörde von den Terminen zu benachrichtigen. [3]Die Beteiligten und die ersuchende Finanzbehörde sind berechtigt, während der Vernehmung Fragen zu stellen.

(3) Das Gericht entscheidet über die Rechtmäßigkeit der Verweigerung des Zeugnisses oder der Eidesleistung.

§ 95 Versicherung an Eides statt. (1) [1]Die Finanzbehörde kann den Beteiligten auffordern, dass er die Richtigkeit von Tatsachen, die er behauptet, an Eides statt versichert. [2]Eine Versicherung an Eides statt soll nur gefordert werden, wenn andere Mittel zur Erforschung der Wahrheit nicht vorhanden sind, zu keinem Ergebnis geführt haben oder einen unverhältnismäßigen Aufwand erfordern. [3]Von eidesunfähigen Personen im Sinne des § 393 der Zivilprozessordnung darf eine eidesstattliche Versicherung nicht verlangt werden.

(2)[1)] [1]Die Versicherung an Eides statt wird von der Finanzbehörde zur Niederschrift aufgenommen. [2]Zur Aufnahme sind der Behördenleiter, sein ständiger Vertreter sowie Angehörige des öffentlichen Dienstes befugt, welche die Befähigung zum Richteramt haben. [3]Andere Angehörige des öffentlichen Dienstes kann der Behördenleiter oder sein ständiger Vertreter hierzu allgemein oder im Einzelfall schriftlich ermächtigen.

(3) [1]Die Angaben, deren Richtigkeit versichert werden soll, sind schriftlich festzustellen und dem Beteiligten mindestens eine Woche vor Aufnahme der Versicherung mitzuteilen. [2]Die Versicherung besteht darin, dass der Beteiligte unter Wiederholung der behaupteten Tatsachen erklärt: „Ich versichere an Eides statt, dass ich nach bestem Wissen die reine Wahrheit gesagt und nichts verschwiegen habe". [3]Bevollmächtigte und Beistände des Beteiligten sind berechtigt, an der Aufnahme der Versicherung an Eides statt teilzunehmen.

(4) [1]Vor der Aufnahme der Versicherung an Eides statt ist der Beteiligte über die Bedeutung der eidesstattlichen Versicherung und die strafrechtlichen Folgen einer unrichtigen oder unvollständigen eidesstattlichen Versicherung zu belehren. [2]Die Belehrung ist in der Niederschrift zu vermerken.

(5) [1]Die Niederschrift hat ferner die Namen der anwesenden Personen sowie den Ort und den Tag der Niederschrift zu enthalten. [2]Die Niederschrift ist dem Beteiligten, der die eidesstattliche Versicherung abgibt, zur Genehmigung vorzulesen oder auf Verlangen zur Durchsicht vorzulegen. [3]Die erteilte Genehmigung ist zu vermerken und von dem Beteiligten zu unterschreiben. [4]Die Niederschrift ist sodann von dem Amtsträger, der die Versicherung an Eides statt aufgenommen hat, sowie von dem Schriftführer zu unterschreiben.

(6) Die Versicherung an Eides statt kann nicht nach § 328 erzwungen werden.

§ 96 Hinzuziehung von Sachverständigen. (1) [1]Die Finanzbehörde bestimmt, ob ein Sachverständiger zuzuziehen ist. [2]Soweit nicht Gefahr im Verzug vorliegt, hat sie die Person, die sie zum Sachverständigen ernennen will, den Beteiligten vorher bekannt zu geben.

[1)] § 95 Abs. 2 Satz 2 geänd. mWv 1.8.2021 durch G v. 25.6.2021 (BGBl. I S. 2154).

(2) [1]Die Beteiligten können einen Sachverständigen wegen Besorgnis der Befangenheit ablehnen, wenn ein Grund vorliegt, der geeignet ist, Zweifel an seiner Unparteilichkeit zu rechtfertigen oder wenn von seiner Tätigkeit die Verletzung eines Geschäfts- oder Betriebsgeheimnisses oder Schaden für die geschäftliche Tätigkeit eines Beteiligten zu befürchten ist. [2]Die Ablehnung ist der Finanzbehörde gegenüber unverzüglich nach Bekanntgabe der Person des Sachverständigen, jedoch spätestens innerhalb von zwei Wochen unter Glaubhaftmachung der Ablehnungsgründe geltend zu machen. [3]Nach diesem Zeitpunkt ist die Ablehnung nur zulässig, wenn glaubhaft gemacht wird, dass der Ablehnungsgrund vorher nicht geltend gemacht werden konnte. [4]Über die Ablehnung entscheidet die Finanzbehörde, die den Sachverständigen ernannt hat oder ernennen will. [5]Das Ablehnungsgesuch hat keine aufschiebende Wirkung.

(3) [1]Der zum Sachverständigen Ernannte hat der Ernennung Folge zu leisten, wenn er zur Erstattung von Gutachten der erforderlichen Art öffentlich bestellt ist oder wenn er die Wissenschaft, die Kunst oder das Gewerbe, deren Kenntnis Voraussetzung der Begutachtung ist, öffentlich zum Erwerb ausübt oder wenn er zur Ausübung derselben öffentlich bestellt oder ermächtigt ist. [2]Zur Erstattung des Gutachtens ist auch derjenige verpflichtet, der sich hierzu der Finanzbehörde gegenüber bereit erklärt hat.

(4) Der Sachverständige kann die Erstattung des Gutachtens unter Angabe der Gründe wegen Besorgnis der Befangenheit ablehnen.

(5) Angehörige des öffentlichen Dienstes sind als Sachverständige nur dann zuzuziehen, wenn sie die nach dem Dienstrecht erforderliche Genehmigung erhalten.

(6) Die Sachverständigen sind auf die Vorschriften über die Wahrung des Steuergeheimnisses hinzuweisen.

(7) [1]Das Gutachten ist regelmäßig schriftlich zu erstatten. [2]Die mündliche Erstattung des Gutachtens kann zugelassen werden. [3]Die Beeidigung des Gutachtens darf nur gefordert werden, wenn die Finanzbehörde dies mit Rücksicht auf die Bedeutung des Gutachtens für geboten hält. [4]Ist der Sachverständige für die Erstattung von Gutachten der betreffenden Art im Allgemeinen beeidigt, so genügt die Berufung auf den geleisteten Eid; sie kann auch in einem schriftlichen Gutachten erklärt werden. [5]Anderenfalls gilt für die Beeidigung § 94 sinngemäß.

III. Beweis durch Urkunden und Augenschein

§ 97[1)] Vorlage von Urkunden. (1) [1]Die Beteiligten und andere Personen haben der Finanzbehörde auf Verlangen Bücher, Aufzeichnungen, Geschäftspapiere und andere Urkunden zur Einsicht und Prüfung vorzulegen. [2]Im Vorlageverlangen ist anzugeben, ob die Urkunden für die Besteuerung des zur Vorlage Aufgeforderten oder für die Besteuerung anderer Personen benötigt werden. [3]§ 93 Absatz 1 Satz 2 und 3 gilt entsprechend.

(2) [1]Die Finanzbehörde kann die Vorlage der in Absatz 1 genannten Urkunden an Amtsstelle verlangen oder sie bei dem Vorlagepflichtigen einsehen,

---

[1)] § 97 Abs. 1 neu gef., Abs. 2 aufgeh., bish. Abs. 3 wird Abs. 2 mWv 30.6.2013 durch G v. 26.6. 2013 (BGBl. I S. 1809).

wenn dieser einverstanden ist oder die Urkunden für eine Vorlage an Amtsstelle ungeeignet sind. [2] § 147 Abs. 5 gilt entsprechend.

§ 98 Einnahme des Augenscheins. (1) Führt die Finanzbehörde einen Augenschein durch, so ist das Ergebnis aktenkundig zu machen.

(2) Bei der Einnahme des Augenscheins können Sachverständige zugezogen werden.

§ 99 Betreten von Grundstücken und Räumen. (1) [1] Die von der Finanzbehörde mit der Einnahme des Augenscheins betrauten Amtsträger und die nach den §§ 96 und 98 zugezogenen Sachverständigen sind berechtigt, Grundstücke, Räume, Schiffe, umschlossene Betriebsvorrichtungen und ähnliche Einrichtungen während der üblichen Geschäfts- und Arbeitszeit zu betreten, soweit dies erforderlich ist, um im Besteuerungsinteresse Feststellungen zu treffen. [2] Die betroffenen Personen sollen angemessene Zeit vorher benachrichtigt werden. [3] Wohnräume dürfen gegen den Willen des Inhabers nur zur Verhütung dringender Gefahren für die öffentliche Sicherheit und Ordnung betreten werden.

(2) Maßnahmen nach Absatz 1 dürfen nicht zu dem Zweck angeordnet werden, nach unbekannten Gegenständen zu forschen.

§ 100 Vorlage von Wertsachen. (1) [1] Der Beteiligte und andere Personen haben der Finanzbehörde auf Verlangen Wertsachen (Geld, Wertpapiere, Kostbarkeiten) vorzulegen, soweit dies erforderlich ist, um im Besteuerungsinteresse Feststellungen über ihre Beschaffenheit und ihren Wert zu treffen. [2] § 98 Abs. 2 ist anzuwenden.

(2) Die Vorlage von Wertsachen darf nicht angeordnet werden, um nach unbekannten Gegenständen zu forschen.

IV. Auskunfts- und Vorlageverweigerungsrechte

§ 101 Auskunfts- und Eidesverweigerungsrecht der Angehörigen.

(1) [1] Die Angehörigen (§ 15) eines Beteiligten können die Auskunft verweigern, soweit sie nicht selbst als Beteiligte über ihre eigenen steuerlichen Verhältnisse auskunftspflichtig sind oder die Auskunftspflicht für einen Beteiligten zu erfüllen haben. [2] Die Angehörigen sind über das Auskunftsverweigerungsrecht zu belehren. [3] Die Belehrung ist aktenkundig zu machen.

(2) [1] Die in Absatz 1 genannten Personen haben ferner das Recht, die Beeidigung ihrer Auskunft zu verweigern. [2] Absatz 1 Sätze 2 und 3 gelten entsprechend.

§ 102 Auskunftsverweigerungsrecht zum Schutz bestimmter Berufsgeheimnisse. (1) Die Auskunft können ferner verweigern:

1. Geistliche über das, was ihnen in ihrer Eigenschaft als Seelsorger anvertraut worden oder bekannt geworden ist,
2. Mitglieder des Bundestages, eines Landtages oder einer zweiten Kammer über Personen, die ihnen in ihrer Eigenschaft als Mitglieder dieser Organe oder denen sie in dieser Eigenschaft Tatsachen anvertraut haben, sowie über diese Tatsachen selbst,
3. a) Verteidiger,

b) Rechtsanwälte, Patentanwälte, Notare, Steuerberater, Wirtschaftsprüfer, Steuerbevollmächtigte, vereidigte Buchprüfer,

c)[1] Ärzte, Zahnärzte, Psychotherapeuten, Psychologische Psychotherapeuten, Kinder- und Jugendlichenpsychotherapeuten, Apotheker und Hebammen,

über das, was ihnen in dieser Eigenschaft anvertraut worden oder bekannt geworden ist,

4. Personen, die bei der Vorbereitung, Herstellung oder Verbreitung von periodischen Druckwerken oder Rundfunksendungen berufsmäßig mitwirken oder mitgewirkt haben, über die Person des Verfassers, Einsenders oder Gewährsmanns von Beiträgen und Unterlagen sowie über die ihnen im Hinblick auf ihre Tätigkeit gemachten Mitteilungen, soweit es sich um Beiträge, Unterlagen und Mitteilungen für den redaktionellen Teil handelt; § 160 bleibt unberührt.

(2) [1]Den im Absatz 1 Nr. 1 bis 3 genannten Personen stehen ihre Gehilfen und die Personen gleich, die zur Vorbereitung auf den Beruf an der berufsmäßigen Tätigkeit teilnehmen. [2]Über die Ausübung des Rechts dieser Hilfspersonen, die Auskunft zu verweigern, entscheiden die im Absatz 1 Nr. 1 bis 3 genannten Personen, es sei denn, dass diese Entscheidung in absehbarer Zeit nicht herbeigeführt werden kann.

(3) [1]Die in Absatz 1 Nr. 3 genannten Personen dürfen die Auskunft nicht verweigern, wenn sie von der Verpflichtung zur Verschwiegenheit entbunden sind. [2]Die Entbindung von der Verpflichtung zur Verschwiegenheit gilt auch für die Hilfspersonen.

(4)[2] [1]Die gesetzlichen Anzeigepflichten der Notare und die Mitteilungspflichten der in Absatz 1 Nr. 3 Buchstabe b bezeichneten Personen nach der Zinsinformationsverordnung vom 26. Januar 2004 (BGBl. I S. 128), die zuletzt durch Artikel 4 Abs. 28 des Gesetzes vom 22. September 2005 (BGBl. I S. 2809) geändert worden ist, in der jeweils geltenden Fassung bleiben unberührt. [2]Soweit die Anzeigepflichten bestehen, sind die Notare auch zur Vorlage von Urkunden und zur Erteilung weiterer Auskünfte verpflichtet. [3]Die Mitteilungspflichten der in Absatz 1 Nummer 3 Buchstabe b bezeichneten Personen hinsichtlich der in § 138f Absatz 3 Satz 1 Nummer 1 und 4 bis 9 bezeichneten Angaben bestehen auch dann, wenn mit diesen Angaben betroffene Nutzer identifizierbar sein sollten.

§ 103[3] Auskunftsverweigerungsrecht bei Gefahr der Verfolgung wegen einer Straftat oder einer Ordnungswidrigkeit. [1]Personen, die nicht Beteiligte und nicht für einen Beteiligten auskunftspflichtig sind, können die Auskunft auf solche Fragen verweigern, deren Beantwortung sie selbst oder einen ihrer Angehörigen (§ 15) der Gefahr aussetzen würde, wegen einer Straftat oder einer Ordnungswidrigkeit verfolgt zu werden. [2]Über das Recht, die Auskunft zu verweigern, sind sie zu belehren. [3]Die Belehrung ist aktenkundig zu machen.

---

[1] § 102 Abs. 1 Nr. 3 Buchst. c geänd. mWv 1.9.2020 durch G v. 15.11.2019 (BGBl. I S. 1604).

[2] § 102 Abs. 4 Satz 1 neu gef. durch G v. 14.8.2007 (BGBl. I S. 1912); Satz 3 angef. durch G v. 21.12.2019 (BGBl. I S. 2875); zur Anwendung siehe Art. 97 § 33 Abs. 1 und 2 EGAO (Nr. **4**).

[3] § 103 Satz 1 neu gef. mWv 25.5.2018 durch G v. 17.7.2017 (BGBl. I S. 2541).

§ 104 Verweigerung der Erstattung eines Gutachtens und der Vorlage von Urkunden. (1) [1]Soweit die Auskunft verweigert werden darf, kann auch die Erstattung eines Gutachtens und die Vorlage von Urkunden oder Wertsachen verweigert werden. [2]§ 102 Abs. 4 Satz 2 bleibt unberührt.

(2) [1]Nicht verweigert werden kann die Vorlage von Urkunden und Wertsachen, die für den Beteiligten aufbewahrt werden, soweit der Beteiligte bei eigenem Gewahrsam zur Vorlage verpflichtet wäre. [2]Für den Beteiligten aufbewahrt werden auch die für ihn geführten Geschäftsbücher und sonstigen Aufzeichnungen.

§ 105 Verhältnis der Auskunfts- und Vorlagepflicht zur Schweigepflicht öffentlicher Stellen. (1) Die Verpflichtung der Behörden oder sonstiger öffentlicher Stellen einschließlich der Deutschen Bundesbank, der Staatsbanken und der Schuldenverwaltungen sowie der Organe und Bediensteten dieser Stellen zur Verschwiegenheit gilt nicht für ihre Auskunfts- und Vorlagepflicht gegenüber den Finanzbehörden.

(2) Absatz 1 gilt nicht, soweit die Behörden und die mit postdienstlichen Verrichtungen betrauten Personen gesetzlich verpflichtet sind, das Brief-, Post- und Fernmeldegeheimnis zu wahren.

§ 106 Beschränkung der Auskunfts- und Vorlagepflicht bei Beeinträchtigung des staatlichen Wohls. Eine Auskunft oder die Vorlage von Urkunden darf nicht gefordert werden, wenn die zuständige oberste Bundes- oder Landesbehörde erklärt, dass die Auskunft oder Vorlage dem Wohl des Bundes oder eines Landes erhebliche Nachteile bereiten würde.

V. Entschädigung der Auskunftspflichtigen und der Sachverständigen

§ 107[1)] Entschädigung der Auskunftspflichtigen und der Sachverständigen. [1]Auskunftspflichtige, Vorlagepflichtige und Sachverständige, die die Finanzbehörde zu Beweiszwecken herangezogen hat, erhalten auf Antrag eine Entschädigung oder Vergütung in entsprechender Anwendung des Justizvergütungs- und -entschädigungsgesetzes. [2]Dies gilt nicht für die Beteiligten und für die Personen, die für die Beteiligten die Auskunfts- oder Vorlagepflicht zu erfüllen haben.

4. Unterabschnitt. Fristen, Termine, Wiedereinsetzung

§ 108 Fristen und Termine. (1) Für die Berechnung von Fristen und für die Bestimmung von Terminen gelten die §§ 187 bis 193 des Bürgerlichen Gesetzbuchs entsprechend, soweit nicht durch die Absätze 2 bis 5 etwas anderes bestimmt ist.

(2)[2)] Der Lauf einer Frist, die von einer Behörde gesetzt wird, beginnt mit dem Tag, der auf die Bekanntgabe der Frist folgt, außer wenn der betroffenen Person etwas anderes mitgeteilt wird.

(3) Fällt das Ende einer Frist auf einen Sonntag, einen gesetzlichen Feiertag oder einen Sonnabend, so endet die Frist mit dem Ablauf des nächstfolgenden Werktags.

[1)] § 107 Satz 1 geänd. durch G v. 5.5.2004 (BGBl. I S. 718); Sätze 1 und 2 geänd. mWv 30.6.2013 durch G v. 26.6.2013 (BGBl. I S. 1809).

[2)] § 108 Abs. 2 geänd. mWv 26.11.2019 durch G v. 20.11.2019 (BGBl. I S. 1626).

(4) Hat eine Behörde Leistungen nur für einen bestimmten Zeitraum zu erbringen, so endet dieser Zeitraum auch dann mit dem Ablauf seines letzten Tages, wenn dieser auf einen Sonntag, einen gesetzlichen Feiertag oder einen Sonnabend fällt.

(5) Der von einer Behörde gesetzte Termin ist auch dann einzuhalten, wenn er auf einen Sonntag, gesetzlichen Feiertag oder Sonnabend fällt.

(6) Ist eine Frist nach Stunden bestimmt, so werden Sonntage, gesetzliche Feiertage oder Sonnabende mitgerechnet.

§ 109[1] Verlängerung von Fristen. (1) [1] Fristen zur Einreichung von Steuererklärungen und Fristen, die von einer Finanzbehörde gesetzt sind, können vorbehaltlich des Absatzes 2 verlängert werden. [2] Sind solche Fristen bereits abgelaufen, können sie vorbehaltlich des Absatzes 2 rückwirkend verlängert werden, insbesondere wenn es unbillig wäre, die durch den Fristablauf eingetretenen Rechtsfolgen bestehen zu lassen.

(2) [1] Absatz 1 ist

1. in den Fällen des § 149 Absatz 3 auf Zeiträume nach dem *letzten Tag des Monats Februar*[2] des zweiten auf den Besteuerungszeitraum folgenden Kalenderjahres und
2. in den Fällen des § 149 Absatz 4 auf Zeiträume nach dem in der Anordnung bestimmten Zeitpunkt

nur anzuwenden, falls der Steuerpflichtige ohne Verschulden verhindert ist oder war, die Steuererklärungsfrist einzuhalten. [2] Bei Steuerpflichtigen, die ihren Gewinn aus Land- und Forstwirtschaft nach einem vom Kalenderjahr abweichenden Wirtschaftsjahr ermitteln, tritt an die Stelle des letzten Tages des Monats Februar der *31. Juli*[3] des zweiten auf den Besteuerungszeitraum folgenden Kalenderjahres. [3] Das Verschulden eines Vertreters oder eines Erfüllungsgehilfen ist dem Steuerpflichtigen zuzurechnen.

(3) Die Finanzbehörde kann die Verlängerung der Frist mit einer Nebenbestimmung versehen, insbesondere von einer Sicherheitsleistung abhängig machen.

(4)[4] Fristen zur Einreichung von Steuererklärungen und Fristen, die von einer Finanzbehörde gesetzt sind, können ausschließlich automationsgestützt verlängert werden, sofern zur Prüfung der Fristverlängerung ein automationsgestütztes Risikomanagementsystem nach § 88 Absatz 5 eingesetzt wird und kein Anlass dazu besteht, den Einzelfall durch Amtsträger zu bearbeiten.

§ 110 Wiedereinsetzung in den vorigen Stand. (1) [1] War jemand ohne Verschulden verhindert, eine gesetzliche Frist einzuhalten, so ist ihm auf Antrag Wiedereinsetzung in den vorigen Stand zu gewähren. [2] Das Verschulden eines Vertreters ist dem Vertretenen zuzurechnen.

---

[1] § 109 neu gef. durch G v. 18.7.2016 (BGBl. I S. 1679); zur Anwendung siehe Art. 97 § 10a Abs. 4 Sätze 1 und 3 EGAO (Nr. **4**).

[2] Für den Besteuerungszeitraum 2020: „31. Mai 2022"; siehe Art. 97 § 36 Abs. 3 EGAO (Nr. **4**).

[3] Für den Besteuerungszeitraum 2020: „31. Oktober 2022"; siehe Art. 97 § 36 Abs. 3 EGAO (Nr. **4**).

[4] § 109 Abs. 4 angef. mWv 18.12.2019 durch G v. 12.12.2019 (BGBl. I S. 2451); zur Anwendung siehe Art. 97 § 1 Abs. 13 EGAO (Nr. **4**).

(2) [1] Der Antrag ist innerhalb eines Monats nach Wegfall des Hindernisses zu stellen. [2] Die Tatsachen zur Begründung des Antrags sind bei der Antragstellung oder im Verfahren über den Antrag glaubhaft zu machen. [3] Innerhalb der Antragsfrist ist die versäumte Handlung nachzuholen. [4] Ist dies geschehen, so kann Wiedereinsetzung auch ohne Antrag gewährt werden.

(3) Nach einem Jahr seit dem Ende der versäumten Frist kann die Wiedereinsetzung nicht mehr beantragt oder die versäumte Handlung nicht mehr nachgeholt werden, außer wenn dies vor Ablauf der Jahresfrist infolge höherer Gewalt unmöglich war.

(4) Über den Antrag auf Wiedereinsetzung entscheidet die Finanzbehörde, die über die versäumte Handlung zu befinden hat.

5. Unterabschnitt. Rechts- und Amtshilfe

§ 111 Amtshilfepflicht. (1) [1] Alle Gerichte und Behörden haben die zur Durchführung der Besteuerung erforderliche Amtshilfe zu leisten. [2] § 102 bleibt unberührt.

(2) Amtshilfe liegt nicht vor, wenn

1. Behörden einander innerhalb eines bestehenden Weisungsverhältnisses Hilfe leisten,
2. die Hilfeleistung in Handlungen besteht, die der ersuchten Behörde als eigene Aufgabe obliegen.

(3) Schuldenverwaltungen, Kreditinstitute sowie Betriebe gewerblicher Art der Körperschaften des öffentlichen Rechts fallen nicht unter diese Vorschrift.

(4) Auf dem Gebiet der Zollverwaltung erstreckt sich die Amtshilfepflicht auch auf diejenigen dem öffentlichen Verkehr oder dem öffentlichen Warenumschlag dienenden Unternehmen, die das Bundesministerium der Finanzen als Zollhilfsorgane besonders bestellt hat, und auf die Bediensteten dieser Unternehmen.

(5) Die §§ 105 und 106 sind entsprechend anzuwenden.

§ 112 Voraussetzungen und Grenzen der Amtshilfe. (1) Eine Finanzbehörde kann um Amtshilfe insbesondere dann ersuchen, wenn sie

1. aus rechtlichen Gründen die Amtshandlung nicht selbst vornehmen kann,
2. aus tatsächlichen Gründen, besonders weil die zur Vornahme der Amtshandlung erforderlichen Dienstkräfte oder Einrichtungen fehlen, die Amtshandlung nicht selbst vornehmen kann,
3. zur Durchführung ihrer Aufgaben auf die Kenntnis von Tatsachen angewiesen ist, die ihr unbekannt sind und die sie selbst nicht ermitteln kann,
4. zur Durchführung ihrer Aufgaben Urkunden oder sonstige Beweismittel benötigt, die sich im Besitz der ersuchten Behörde befinden,
5. die Amtshandlung nur mit wesentlich größerem Aufwand vornehmen könnte als die ersuchte Behörde.

(2) Die ersuchte Behörde darf Hilfe nicht leisten, wenn sie hierzu aus rechtlichen Gründen nicht in der Lage ist.

(3) Die ersuchte Behörde braucht Hilfe nicht zu leisten, wenn

1. eine andere Behörde die Hilfe wesentlich einfacher oder mit wesentlich geringerem Aufwand leisten kann,

2. sie die Hilfe nur mit unverhältnismäßig großem Aufwand leisten könnte,
3. sie unter Berücksichtigung der Aufgaben der ersuchenden Finanzbehörde durch den Umfang der Hilfeleistung die Erfüllung ihrer eigenen Aufgaben ernstlich gefährden würde.

(4) Die ersuchte Behörde darf die Hilfe nicht deshalb verweigern, weil sie das Ersuchen aus anderen als den in Absatz 3 genannten Gründen oder weil sie die mit der Amtshilfe zu verwirklichende Maßnahme für unzweckmäßig hält.

(5) [1] Hält die ersuchte Behörde sich zur Hilfe nicht für verpflichtet, so teilt sie der ersuchenden Finanzbehörde ihre Auffassung mit. [2] Besteht diese auf der Amtshilfe, so entscheidet über die Verpflichtung zur Amtshilfe die gemeinsame fachlich zuständige Aufsichtsbehörde oder, sofern eine solche nicht besteht, die für die ersuchte Behörde fachlich zuständige Aufsichtsbehörde.

§ 113 Auswahl der Behörde. Kommen für die Amtshilfe mehrere Behörden in Betracht, so soll nach Möglichkeit eine Behörde der untersten Verwaltungsstufe des Verwaltungszweigs ersucht werden, dem die ersuchende Finanzbehörde angehört.

§ 114 Durchführung der Amtshilfe. (1) Die Zulässigkeit der Maßnahme, die durch die Amtshilfe verwirklicht werden soll, richtet sich nach dem für die ersuchende Finanzbehörde, die Durchführung der Amtshilfe nach dem für die ersuchte Behörde geltenden Recht.

(2) [1] Die ersuchende Finanzbehörde trägt gegenüber der ersuchten Behörde die Verantwortung für die Rechtmäßigkeit der zu treffenden Maßnahme. [2] Die ersuchte Behörde ist für die Durchführung der Amtshilfe verantwortlich.

§ 115 Kosten der Amtshilfe. (1) [1] Die ersuchende Finanzbehörde hat der ersuchten Behörde für die Amtshilfe keine Verwaltungsgebühr zu entrichten. [2] Auslagen hat sie der ersuchten Behörde auf Anforderung zu erstatten, wenn sie im Einzelfall 25 Euro übersteigen. [3] Leisten Behörden desselben Rechtsträgers einander Amtshilfe, so werden die Auslagen nicht erstattet.

(2) Nimmt die ersuchte Behörde zur Durchführung der Amtshilfe eine kostenpflichtige Amtshandlung vor, so stehen ihr die von einem Dritten hierfür geschuldeten Kosten (Verwaltungsgebühren, Benutzungsgebühren und Auslagen) zu.

§ 116 Anzeige von Steuerstraftaten. (1)[1)] [1] Gerichte und die Behörden von Bund, Ländern und kommunalen Trägern der öffentlichen Verwaltung, die nicht Finanzbehörden sind, haben Tatsachen, die sie dienstlich erfahren und die auf eine Steuerstraftat schließen lassen, dem Bundeszentralamt für Steuern oder, soweit bekannt, den für das Steuerstrafverfahren zuständigen Finanzbehörden mitzuteilen. [2] Soweit die für das Steuerstrafverfahren zuständigen Finanzbehörden nicht bereits erkennbar unmittelbar informiert worden sind, teilt das Bundeszentralamt für Steuern ihnen diese Tatsachen mit. [3] Die für das Steuerstrafverfahren zuständigen Finanzbehörden, ausgenommen die Behörden der Bundeszollverwaltung, übermitteln die Mitteilung an das Bundeszentralamt für

---

[1)] § 116 Abs. 1 neu gef. durch G v. 5.9.2006 (BGBl. I S. 2098); Sätze 1 und 2 geänd., Satz 3 angef. durch G v. 20.12.2007 (BGBl. I S. 3150).

Steuern, soweit dieses nicht bereits erkennbar unmittelbar in Kenntnis gesetzt worden ist.

(2) § 105 Abs. 2 gilt entsprechend.

§ 117 Zwischenstaatliche Rechts- und Amtshilfe in Steuersachen.

(1) Die Finanzbehörden können zwischenstaatliche Rechts- und Amtshilfe nach Maßgabe des deutschen Rechts in Anspruch nehmen.

(2)[1)] Die Finanzbehörden können zwischenstaatliche Rechts- und Amtshilfe auf Grund innerstaatlich anwendbarer völkerrechtlicher Vereinbarungen, innerstaatlich anwendbarer Rechtsakte der Europäischen Union sowie des EU-Amtshilfegesetzes[2)] leisten.

(3) [1] Die Finanzbehörden können nach pflichtgemäßem Ermessen zwischenstaatliche Rechts- und Amtshilfe auf Ersuchen auch in anderen Fällen leisten, wenn

1. die Gegenseitigkeit verbürgt ist,
2. der ersuchende Staat gewährleistet, dass die übermittelten Auskünfte und Unterlagen nur für Zwecke seines Besteuerungs- oder Steuerstrafverfahrens (einschließlich Ordnungswidrigkeitenverfahren) verwendet werden, und dass die übermittelten Auskünfte und Unterlagen nur solchen Personen, Behörden oder Gerichten zugänglich gemacht werden, die mit der Bearbeitung der Steuersache oder Verfolgung der Steuerstraftat befasst sind,
3. der ersuchende Staat zusichert, dass er bereit ist, bei den Steuern vom Einkommen, Ertrag und Vermögen eine mögliche Doppelbesteuerung im Verständigungswege durch eine sachgerechte Abgrenzung der Besteuerungsgrundlagen zu vermeiden und
4. die Erledigung des Ersuchens die Souveränität, die Sicherheit, die öffentliche Ordnung oder andere wesentliche Interessen des Bundes oder seiner Gebietskörperschaften nicht beeinträchtigt und keine Gefahr besteht, dass dem inländischen Beteiligten ein mit dem Zweck der Rechts- und Amtshilfe nicht zu vereinbarender Schaden entsteht, falls ein Handels-, Industrie-, Gewerbe- oder Berufsgeheimnis oder ein Geschäftsverfahren, das auf Grund des Ersuchens offenbart werden soll, preisgegeben wird.

[2] Soweit die zwischenstaatliche Rechts- und Amtshilfe Steuern betrifft, die von den Landesfinanzbehörden verwaltet werden, entscheidet das Bundesministerium der Finanzen im Einvernehmen mit der zuständigen obersten Landesbehörde.

(4)[3)] [1] Bei der Durchführung der Rechts- und Amtshilfe richten sich die Befugnisse der Finanzbehörden sowie die Rechte und Pflichten der Beteiligten und anderer Personen nach den für Steuern im Sinne von § 1 Abs. 1 geltenden Vorschriften. [2] § 114 findet entsprechende Anwendung. [3] Bei der Übermittlung von Auskünften und Unterlagen gilt für inländische Beteiligte § 91 entsprechend; soweit die Rechts- und Amtshilfe Steuern betrifft, die von den Landes-

---

[1)] § 117 Abs. 2 geänd. mWv 1.1.2013 durch G v. 26.6.2013 (BGBl. I S. 1809).

[2)] Das EUAHiG v. 26.6.2013 (BGBl. I S. 1809), zuletzt geänd. durch G v. 21.12.2019 (BGBl. I S. 2875) dient der Umsetzung der Richtlinie 2011/16/EU des Rates v. 15.2.2011 über die Zusammenarbeit der Verwaltungsbehörden im Bereich der Besteuerung und zur Aufhebung der Richtlinie 77/799/EWG.

[3)] § 117 Abs. 4 Satz 3 geänd. mWv 1.1.2013 durch G v. 26.6.2013 (BGBl. I S. 1809).

finanzbehörden verwaltet werden, hat eine Anhörung des inländischen Beteiligten abweichend von § 91 Abs. 1 stets stattzufinden, es sei denn, die Umsatzsteuer ist betroffen, es findet ein Informationsaustausch auf Grund des EU-Amtshilfegesetzes statt oder es liegt eine Ausnahme nach § 91 Abs. 2 oder 3 vor.

(5) Das Bundesministerium der Finanzen wird ermächtigt, zur Förderung der zwischenstaatlichen Zusammenarbeit durch Rechtsverordnung mit Zustimmung des Bundesrates völkerrechtliche Vereinbarungen über die gegenseitige Rechts- und Amtshilfe auf dem Gebiete des Zollwesens in Kraft zu setzen, wenn sich die darin übernommenen Verpflichtungen im Rahmen der nach diesem Gesetz zulässigen zwischenstaatlichen Rechts- und Amtshilfe halten.

§ 117a[1)] Übermittlung personenbezogener Daten an Mitgliedstaaten der Europäischen Union. (1) [1] Auf ein Ersuchen einer für die Verhütung und Verfolgung von Straftaten zuständigen öffentlichen Stelle eines Mitgliedstaates der Europäischen Union können die mit der Steuerfahndung betrauten Dienststellen der Finanzbehörden personenbezogene Daten, die in Zusammenhang mit dem in § 208 bestimmten Aufgabenbereich stehen, zum Zweck der Verhütung von Straftaten übermitteln. [2] Für die Übermittlung dieser Daten gelten die Vorschriften über die Datenübermittlung im innerstaatlichen Bereich entsprechend.

(2) Die Übermittlung personenbezogener Daten nach Absatz 1 ist nur zulässig, wenn das Ersuchen mindestens folgende Angaben enthält:

1. die Bezeichnung und die Anschrift der ersuchenden Behörde,
2. die Bezeichnung der Straftat, zu deren Verhütung die Daten benötigt werden,
3. die Beschreibung des Sachverhalts, der dem Ersuchen zugrunde liegt,
4. die Benennung des Zwecks, zu dem die Daten erbeten werden,
5. den Zusammenhang zwischen dem Zweck, zu dem die Informationen oder Erkenntnisse erbeten werden, und der Person, auf die sich diese Informationen beziehen,
6. Einzelheiten zur Identität der betroffenen Person, sofern sich das Ersuchen auf eine bekannte Person bezieht, und
7. Gründe für die Annahme, dass sachdienliche Informationen und Erkenntnisse im Inland vorliegen.

(3) Die mit der Steuerfahndung betrauten Dienststellen der Finanzbehörden können auch ohne Ersuchen personenbezogene Daten im Sinne von Absatz 1 an eine für die Verhütung und Verfolgung von Straftaten zuständige öffentliche Stelle eines Mitgliedstaates der Europäischen Union übermitteln, wenn im Einzelfall die Gefahr der Begehung einer Straftat im Sinne des Artikels 2 Absatz 2 des Rahmenbeschlusses 2002/584/JI des Rates vom 13. Juni 2002 über den Europäischen Haftbefehl und die Übergabeverfahren zwischen den Mitgliedstaaten (ABl. L 190 vom 18.7.2002, S. 1), der zuletzt durch den Rahmenbeschluss 2009/299/JI (ABl. L 81 vom 27.3.2009, S. 24) geändert worden ist, besteht und konkrete Anhaltspunkte dafür vorliegen, dass die Übermittlung dieser personenbezogenen Daten dazu beitragen könnte, eine solche Straftat zu verhindern.

[1)] § 117a eingef. mWv 26.7.2012 durch G v. 21.7.2012 (BGBl. I S. 1566).

(4) [1] Für die Übermittlung der Daten nach Absatz 3 gelten die Vorschriften über die Datenübermittlung im innerstaatlichen Bereich entsprechend. [2] Die Datenübermittlung unterbleibt, soweit, auch unter Berücksichtigung des besonderen öffentlichen Interesses an der Datenübermittlung, im Einzelfall schutzwürdige Interessen der betroffenen Person überwiegen. [3] Zu den schutzwürdigen Interessen gehört auch das Vorhandensein eines angemessenen Datenschutzniveaus im Empfängerstaat. [4] Die schutzwürdigen Interessen der betroffenen Personen können auch dadurch gewahrt werden, dass der Empfängerstaat oder die empfangende zwischen- oder überstaatliche Stelle im Einzelfall einen Schutz der übermittelten Daten garantiert.

(5) Die Datenübermittlung nach den Absätzen 1 und 3 unterbleibt, wenn

1. hierdurch wesentliche Sicherheitsinteressen des Bundes oder der Länder beeinträchtigt würden,
2. die Übermittlung der Daten zu den in Artikel 6 des Vertrages über die Europäische Union enthaltenen Grundsätzen in Widerspruch stünde,
3. die zu übermittelnden Daten bei der ersuchten Behörde nicht vorhanden sind und nur durch das Ergreifen von Zwangsmaßnahmen erlangt werden können oder
4. die Übermittlung der Daten unverhältnismäßig wäre oder die Daten für die Zwecke, für die sie übermittelt werden sollen, nicht erforderlich sind.

(6) Die Datenübermittlung nach den Absätzen 1 und 3 kann unterbleiben, wenn

1. die zu übermittelnden Daten bei den mit der Steuerfahndung betrauten Dienststellen der Finanzbehörden nicht vorhanden sind, jedoch ohne das Ergreifen von Zwangsmaßnahmen erlangt werden können,
2. hierdurch der Erfolg laufender Ermittlungen oder Leib, Leben oder Freiheit einer Person gefährdet würde oder
3. die Tat, zu deren Verhütung die Daten übermittelt werden sollen, nach deutschem Recht mit einer Freiheitsstrafe von im Höchstmaß einem Jahr oder weniger bedroht ist.

(7) Als für die Verhütung und Verfolgung von Straftaten zuständige öffentliche Stelle eines Mitgliedstaates der Europäischen Union im Sinne der Absätze 1 und 3 gilt jede Stelle, die von diesem Staat gemäß Artikel 2 Buchstabe a des Rahmenbeschlusses 2006/960/JI des Rates vom 18. Dezember 2006 über die Vereinfachung des Austauschs von Informationen und Erkenntnissen zwischen den Strafverfolgungsbehörden der Mitgliedstaaten der Europäischen Union (ABl. L 386 vom 29.12.2006, S. 89, L 75 vom 15.3.2007, S. 26) benannt wurde.

(8) Die Absätze 1 bis 7 sind auch anzuwenden auf die Übermittlung von personenbezogenen Daten an für die Verhütung und Verfolgung von Straftaten zuständige öffentliche Stellen eines Schengen-assoziierten Staates im Sinne von § 91 Absatz 3 des Gesetzes über die internationale Rechtshilfe in Strafsachen.

§ 117b[1)] Verwendung von den nach dem Rahmenbeschluss 2006/960/JI des Rates übermittelten Daten. (1) [1] Daten, die nach dem Rahmenbeschluss 2006/960/JI an die mit der Steuerfahndung betrauten Dienststellen

[1)] § 117b eingef. mWv 26.7.2012 durch G v. 21.7.2012 (BGBl. I S. 1566).

der Finanzbehörden übermittelt worden sind, dürfen nur für die Zwecke, für die sie übermittelt wurden, oder zur Abwehr einer gegenwärtigen und erheblichen Gefahr für die öffentliche Sicherheit verwendet werden. [2] Für einen anderen Zweck oder als Beweismittel in einem gerichtlichen Verfahren dürfen sie nur verwendet werden, wenn der übermittelnde Staat zugestimmt hat. [3] Von dem übermittelnden Staat für die Verwendung der Daten gestellte Bedingungen sind zu beachten.

(2) Die mit der Steuerfahndung betrauten Dienststellen der Finanzbehörden erteilen dem übermittelnden Staat auf dessen Ersuchen zu Zwecken der Datenschutzkontrolle Auskunft darüber, wie die übermittelten Daten verwendet wurden.

§ 117c[1)] Umsetzung innerstaatlich anwendbarer völkerrechtlicher Vereinbarungen zur Förderung der Steuerehrlichkeit bei internationalen Sachverhalten. (1)[2)] [1] Das Bundesministerium der Finanzen wird ermächtigt, zur Erfüllung der Verpflichtungen aus innerstaatlich anwendbaren völkerrechtlichen Vereinbarungen, die der Förderung der Steuerehrlichkeit durch systematische Erhebung und Übermittlung steuerlich relevanter Daten dienen, durch Rechtsverordnungen mit Zustimmung des Bundesrates Regelungen zu treffen über

1. die Erhebung der nach diesen Vereinbarungen erforderlichen Daten durch in diesen Vereinbarungen dem Grunde nach bestimmte Dritte,
2. die Übermittlung dieser Daten nach amtlich vorgeschriebenem Datensatz im Wege der Datenfernübertragung an das Bundeszentralamt für Steuern,
3. die Weiterleitung dieser Daten an die zuständige Behörde des anderen Vertragsstaates sowie
4. die Entgegennahme entsprechender Daten von dem anderen Vertragsstaat und deren Weiterleitung nach Maßgabe des § 88 Absatz 3 und 4 an die zuständige Landesfinanzbehörde.

[2] In einer Rechtsverordnung nach Satz 1 kann dem Bundeszentralamt für Steuern das Recht eingeräumt werden, die Daten und Meldungen nach § 9 Absatz 1 und 2 der FATCA-USA-Umsetzungsverordnung zur Erfüllung der dem Bundeszentralamt für Steuern gesetzlich übertragenen Aufgaben auszuwerten. [3] Auswertungen der Meldungen nach § 9 Absatz 2 der FATCA-USA-Umsetzungsverordnung durch die jeweils zuständige Landesfinanzbehörde bleiben hiervon unberührt.

(2)[3)] Bei der Übermittlung von Daten durch das Bundeszentralamt für Steuern an die zuständige Finanzbehörde des anderen Vertragsstaates nach einer auf Grund des Absatzes 1 Satz 1 erlassenen Rechtsverordnung findet eine Anhörung der Beteiligten nicht statt.

(3) [1] Das Bundeszentralamt für Steuern ist berechtigt, Verhältnisse, die für die Erfüllung der Pflichten zur Erhebung und Übermittlung von Daten nach einer auf Grund des Absatzes 1 erlassenen Rechtsverordnung von Bedeutung sind oder der Aufklärung bedürfen, bei den zur Erhebung dieser Daten und deren

---

[1)] § 117c eingef. mWv 24.12.2013 durch G v. 18.12.2013 (BGBl. I S. 4318).

[2)] § 117c Abs. 1 Satz 2 aufgeh. mWv 1.1.2017 durch G v. 18.7.2016 (BGBl. I S. 1679); Satz 1 neu gef., Sätze 2 und 3 angef. mWv 1.1.2017 durch G v. 20.12.2016 (BGBl. I S. 3000).

[3)] § 117c Abs. 2 Satz 2 aufgeh. mWv 25.6.2017 durch G v. 23.6.2017 (BGBl. I S. 1682); zur Anwendung siehe Art. 97 § 1 Abs. 12 Satz 1 EGAO (Nr. **4**).

Übermittlung an das Bundeszentralamt für Steuern Verpflichteten zu prüfen. [2]Die §§ 193 bis 203 gelten sinngemäß.

(4)[1)] [1]Die auf Grund einer Rechtsverordnung nach Absatz 1 oder im Rahmen einer Prüfung nach Absatz 3 vom Bundeszentralamt für Steuern erhobenen Daten dürfen nur für die in den zugrunde liegenden völkerrechtlichen Vereinbarungen festgelegten Zwecke verwendet werden. [2]Bei der Übermittlung der länderbezogenen Berichte durch das Bundeszentralamt für Steuern gemäß § 138a Absatz 7 Satz 1 bis 3 findet keine Anhörung der Beteiligten statt.

§ 117d[2)] Statistiken über die zwischenstaatliche Amts- und Rechtshilfe. [1]Informationen, die im Zuge der zwischenstaatlichen Amts- und Rechtshilfe verarbeitet werden, dürfen statistisch pseudonymisiert oder anonymisiert aufbereitet werden. [2]Diese statistischen Daten dürfen öffentlich zugänglich gemacht werden.

Zweiter Abschnitt. Verwaltungsakte

§ 118 Begriff des Verwaltungsakts. [1]Verwaltungsakt ist jede Verfügung, Entscheidung oder andere hoheitliche Maßnahme, die eine Behörde zur Regelung eines Einzelfalls auf dem Gebiet des öffentlichen Rechts trifft und die auf unmittelbare Rechtswirkung nach außen gerichtet ist. [2]Allgemeinverfügung ist ein Verwaltungsakt, der sich an einen nach allgemeinen Merkmalen bestimmten oder bestimmbaren Personenkreis richtet oder die öffentlich-rechtliche Eigenschaft einer Sache oder ihre Benutzung durch die Allgemeinheit betrifft.

§ 119 Bestimmtheit und Form des Verwaltungsakts. (1) Ein Verwaltungsakt muss inhaltlich hinreichend bestimmt sein.

(2)[3)] [1]Ein Verwaltungsakt kann schriftlich, elektronisch, mündlich oder in anderer Weise erlassen werden. [2]Ein mündlicher Verwaltungsakt ist schriftlich zu bestätigen, wenn hieran ein berechtigtes Interesse besteht und die betroffene Person dies unverzüglich verlangt.

(3)[4)] [1]Ein schriftlich oder elektronisch erlassener Verwaltungsakt muss die erlassende Behörde erkennen lassen. [2]Ferner muss er die Unterschrift oder die Namenswiedergabe des Behördenleiters, seines Vertreters oder seines Beauftragten enthalten; dies gilt nicht für einen Verwaltungsakt, der formularmäßig oder mit Hilfe automatischer Einrichtungen erlassen wird. [3]Ist für einen Verwaltungsakt durch Gesetz eine Schriftform angeordnet, so muss bei einem elektronischen Verwaltungsakt auch das der Signatur zugrunde liegende qualifizierte Zertifikat oder ein zugehöriges qualifiziertes Attributzertifikat die erlassende Behörde erkennen lassen. [4]Im Falle des § 87a Absatz 4 Satz 3 muss die Bestätigung nach § 5 Absatz 5 des De-Mail-Gesetzes die erlassende Finanzbehörde als Nutzer des De-Mail-Kontos erkennen lassen.

[1)] § 117c Abs. 4 Satz 2 angef. mWv 24.12.2016 durch G v. 20.12.2016 (BGBl. I S. 3000); Satz 2 geänd. mWv 25.6.2017 durch G v. 23.6.2017 (BGBl. I S. 1682); zur Anwendung siehe Art. 97 § 1 Abs. 12 Satz 1 EGAO (Nr. **4**).

[2)] § 117d eingef. mWv 18.12.2019 durch G v. 12.12.2019 (BGBl. I S. 2451); zur Anwendung siehe Art. 97 § 1 Abs. 13 EGAO (Nr. **4**).

[3)] § 119 Abs. 2 Satz 2 geänd. mWv 26.11.2019 durch G v. 20.11.2019 (BGBl. I S. 1626).

[4)] § 119 Abs. 3 Satz 4 angef. mWv 1.8.2013 durch G v. 25.7.2013 (BGBl. I S. 2749).

§ 120 Nebenbestimmungen zum Verwaltungsakt. (1) Ein Verwaltungsakt, auf den ein Anspruch besteht, darf mit einer Nebenbestimmung nur versehen werden, wenn sie durch Rechtsvorschrift zugelassen ist oder wenn sie sicherstellen soll, dass die gesetzlichen Voraussetzungen des Verwaltungsakts erfüllt werden.

(2) Unbeschadet des Absatzes 1 darf ein Verwaltungsakt nach pflichtgemäßem Ermessen erlassen werden mit

1. einer Bestimmung, nach der eine Vergünstigung oder Belastung zu einem bestimmten Zeitpunkt beginnt, endet oder für einen bestimmten Zeitraum gilt (Befristung),
2. einer Bestimmung, nach der der Eintritt oder der Wegfall einer Vergünstigung oder einer Belastung von dem ungewissen Eintritt eines zukünftigen Ereignisses abhängt (Bedingung),
3. einem Vorbehalt des Widerrufs

oder verbunden werden mit

4. einer Bestimmung, durch die dem Begünstigten ein Tun, Dulden oder Unterlassen vorgeschrieben wird (Auflage),
5. einem Vorbehalt der nachträglichen Aufnahme, Änderung oder Ergänzung einer Auflage.

(3) Eine Nebenbestimmung darf dem Zweck des Verwaltungsakts nicht zuwiderlaufen.

§ 121 Begründung des Verwaltungsakts. (1) Ein schriftlicher, elektronischer sowie ein schriftlich oder elektronisch bestätigter Verwaltungsakt ist mit einer Begründung zu versehen, soweit dies zu seinem Verständnis erforderlich ist.

(2) Einer Begründung bedarf es nicht,

1. soweit die Finanzbehörde einem Antrag entspricht oder einer Erklärung folgt und der Verwaltungsakt nicht in Rechte eines anderen eingreift,
2. soweit demjenigen, für den der Verwaltungsakt bestimmt ist oder der von ihm betroffen wird, die Auffassung der Finanzbehörde über die Sach- und Rechtslage bereits bekannt oder auch ohne Begründung für ihn ohne weiteres erkennbar ist,
3. wenn die Finanzbehörde gleichartige Verwaltungsakte in größerer Zahl oder Verwaltungsakte mit Hilfe automatischer Einrichtungen erlässt und die Begründung nach den Umständen des Einzelfalls nicht geboten ist,
4. wenn sich dies aus einer Rechtsvorschrift ergibt,
5. wenn eine Allgemeinverfügung öffentlich bekannt gegeben wird.

§ 122 Bekanntgabe des Verwaltungsakts. (1)[1] [1]Ein Verwaltungsakt ist demjenigen Beteiligten bekannt zu geben, für den er bestimmt ist oder der von ihm betroffen wird. [2]§ 34 Abs. 2 ist entsprechend anzuwenden. [3]Der Verwaltungsakt kann auch gegenüber einem Bevollmächtigten bekannt gegeben werden. [4]Er soll dem Bevollmächtigten bekannt gegeben werden, wenn der Finanzbehörde eine schriftliche oder eine nach amtlich vorgeschriebenem Datensatz elektronisch übermittelte Empfangsvollmacht vorliegt, solange dem

---

[1] § 122 Abs. 1 Satz 4 angef. mWv 1.1.2017 durch G v. 18.7.2016 (BGBl. I S. 1679).

Bevollmächtigten nicht eine Zurückweisung nach § 80 Absatz 7 bekannt gegeben worden ist.

(2) Ein schriftlicher Verwaltungsakt, der durch die Post übermittelt wird, gilt als bekannt gegeben

1. bei einer Übermittlung im Inland am dritten Tage nach der Aufgabe zur Post,[1)]
2. bei einer Übermittlung im Ausland einen Monat nach der Aufgabe zur Post,

außer wenn er nicht oder zu einem späteren Zeitpunkt zugegangen ist; im Zweifel hat die Behörde den Zugang des Verwaltungsakts und den Zeitpunkt des Zugangs nachzuweisen.

(2a) Ein elektronisch übermittelter Verwaltungsakt gilt am dritten Tage nach der Absendung als bekannt gegeben, außer wenn er nicht oder zu einem späteren Zeitpunkt zugegangen ist; im Zweifel hat die Behörde den Zugang des Verwaltungsakts und den Zeitpunkt des Zugangs nachzuweisen.

(3) [1] Ein Verwaltungsakt darf öffentlich bekannt gegeben werden, wenn dies durch Rechtsvorschrift zugelassen ist. [2] Eine Allgemeinverfügung darf auch dann öffentlich bekannt gegeben werden, wenn eine Bekanntgabe an die Beteiligten untunlich ist.

(4) [1] Die öffentliche Bekanntgabe eines Verwaltungsakts wird dadurch bewirkt, dass sein verfügender Teil ortsüblich bekannt gemacht wird. [2] In der ortsüblichen Bekanntmachung ist anzugeben, wo der Verwaltungsakt und seine Begründung eingesehen werden können. [3] Der Verwaltungsakt gilt zwei Wochen nach dem Tag der ortsüblichen Bekanntmachung als bekannt gegeben. [4] In einer Allgemeinverfügung kann ein hiervon abweichender Tag, jedoch frühestens der auf die Bekanntmachung folgende Tag bestimmt werden.

(5)[2)] [1] Ein Verwaltungsakt wird zugestellt, wenn dies gesetzlich vorgeschrieben ist oder behördlich angeordnet wird. [2] Die Zustellung richtet sich vorbehaltlich des Satzes 3 nach den Vorschriften des Verwaltungszustellungsgesetzes. [3] Für die Zustellung an einen Bevollmächtigten gilt abweichend von § 7 Absatz 1 Satz 2 des Verwaltungszustellungsgesetzes Absatz 1 Satz 4 entsprechend.

(6) Die Bekanntgabe eines Verwaltungsakts an einen Beteiligten zugleich mit Wirkung für und gegen andere Beteiligte ist zulässig, soweit die Beteiligten einverstanden sind; diese Beteiligten können nachträglich eine Abschrift des Verwaltungsakts verlangen.

(7)[3)] [1] Betreffen Verwaltungsakte

1. Ehegatten oder Lebenspartner oder
2. Ehegatten mit ihren Kindern, Lebenspartner mit ihren Kindern oder Alleinstehende mit ihren Kindern,

so reicht es für die Bekanntgabe an alle Beteiligten aus, wenn ihnen eine Ausfertigung unter ihrer gemeinsamen Anschrift übermittelt wird. [2] Die Verwaltungsakte sind den Beteiligten einzeln bekannt zu geben, soweit sie dies

---

[1)] Für den Fall, dass das Fristende auf einen Sonntag, ges. Feiertag oder Sonnabend fällt, vgl. BFH v. 14.10.2003 (BStBl. II S. 898).

[2)] § 122 Abs. 5 neu gef. mWv 1.1.2017 durch G v. 18.7.2016 (BGBl. I S. 1679).

[3)] § 122 Abs. 7 Satz 1 neu gef. durch G v. 18.7.2014 (BGBl. I S. 1042); zur Anwendung siehe Art. 97 § 1 Abs. 10 Satz 2 EGAO (Nr. **4**).

beantragt haben oder soweit der Finanzbehörde bekannt ist, dass zwischen ihnen ernstliche Meinungsverschiedenheiten bestehen.

§ 122a[1] Bekanntgabe von Verwaltungsakten durch Bereitstellung zum Datenabruf. (1) Verwaltungsakte können mit Einwilligung des Beteiligten oder der von ihm bevollmächtigten Person bekannt gegeben werden, indem sie zum Datenabruf durch Datenfernübertragung bereitgestellt werden.

(2) [1] Die Einwilligung kann jederzeit mit Wirkung für die Zukunft widerrufen werden. [2] Der Widerruf wird der Finanzbehörde gegenüber erst wirksam, wenn er ihr zugeht.

(3) Für den Datenabruf hat sich die abrufberechtigte Person nach Maßgabe des § 87a Absatz 8 zu authentisieren.

(4) [1] Ein zum Abruf bereitgestellter Verwaltungsakt gilt am dritten Tag nach Absendung der elektronischen Benachrichtigung über die Bereitstellung der Daten an die abrufberechtigte Person als bekannt gegeben. [2] Im Zweifel hat die Behörde den Zugang der Benachrichtigung nachzuweisen. [3] Kann die Finanzbehörde den von der abrufberechtigten Person bestrittenen Zugang der Benachrichtigung nicht nachweisen, gilt der Verwaltungsakt an dem Tag als bekannt gegeben, an dem die abrufberechtigte Person den Datenabruf durchgeführt hat. [4] Das Gleiche gilt, wenn die abrufberechtigte Person unwiderlegbar vorträgt, die Benachrichtigung nicht innerhalb von drei Tagen nach der Absendung erhalten zu haben.

(5)[2] Entscheidet sich die Finanzbehörde, den Verwaltungsakt im Postfach des Nutzerkontos nach dem Onlinezugangsgesetz zum Datenabruf bereitzustellen, gelten abweichend von § 9 Absatz 1 Satz 3 bis 6 des Onlinezugangsgesetzes die Regelungen des Absatzes 4.

§ 123[3] Bestellung eines Empfangsbevollmächtigten. [1] Ein Beteiligter ohne Wohnsitz oder gewöhnlichen Aufenthalt, Sitz oder Geschäftsleitung im Inland, in einem anderen Mitgliedstaat der Europäischen Union oder in einem Staat, auf den das Abkommen über den Europäischen Wirtschaftsraum anwendbar ist, hat der Finanzbehörde auf Verlangen innerhalb einer angemessenen Frist einen Empfangsbevollmächtigten im Inland zu benennen. [2] Unterlässt er dies, so gilt ein an ihn gerichtetes Schriftstück einen Monat nach der Aufgabe zur Post und ein elektronisch übermitteltes Dokument am dritten Tage nach der Absendung als zugegangen. [3] Dies gilt nicht, wenn feststeht, dass das Schriftstück oder das elektronische Dokument den Empfänger nicht oder zu einem späteren Zeitpunkt erreicht hat. [4] Auf die Rechtsfolgen der Unterlassung ist der Beteiligte hinzuweisen.

§ 124 Wirksamkeit des Verwaltungsakts. (1) [1] Ein Verwaltungsakt wird gegenüber demjenigen, für den er bestimmt ist oder der von ihm betroffen wird, in dem Zeitpunkt wirksam, in dem er ihm bekannt gegeben wird. [2] Der Verwaltungsakt wird mit dem Inhalt wirksam, mit dem er bekannt gegeben wird.

---

[1] § 122a eingef. mWv 1.1.2017 durch G v. 18.7.2016 (BGBl. I S. 1679); zur Anwendung siehe Art. 97 § 28 EGAO (Nr. **4**).

[2] § 122a Abs. 5 angef. mWv 10.12.2020 durch G v. 3.12.2020 (BGBl. I S. 2668).

[3] § 123 Satz 1 neu gef. mWv 6.11.2015 durch G v. 2.11.2015 (BGBl. I S. 1834).

(2) Ein Verwaltungsakt bleibt wirksam, solange und soweit er nicht zurückgenommen, widerrufen, anderweitig aufgehoben oder durch Zeitablauf oder auf andere Weise erledigt ist.

(3) Ein nichtiger Verwaltungsakt ist unwirksam.

§ 125 Nichtigkeit des Verwaltungsakts. (1) Ein Verwaltungsakt ist nichtig, soweit er an einem besonders schwerwiegenden Fehler leidet und dies bei verständiger Würdigung aller in Betracht kommenden Umstände offenkundig ist.

(2) Ohne Rücksicht auf das Vorliegen der Voraussetzungen des Absatzes 1 ist ein Verwaltungsakt nichtig,

1. der schriftlich oder elektronisch erlassen worden ist, die erlassende Finanzbehörde aber nicht erkennen lässt,
2. den aus tatsächlichen Gründen niemand befolgen kann,
3. der die Begehung einer rechtswidrigen Tat verlangt, die einen Straf- oder Bußgeldtatbestand verwirklicht,
4. der gegen die guten Sitten verstößt.

(3) Ein Verwaltungsakt ist nicht schon deshalb nichtig, weil

1. Vorschriften über die örtliche Zuständigkeit nicht eingehalten worden sind,
2. eine nach § 82 Abs. 1 Satz 1 Nr. 2 bis 6 und Satz 2 ausgeschlossene Person mitgewirkt hat,
3. ein durch Rechtsvorschrift zur Mitwirkung berufener Ausschuss den für den Erlass des Verwaltungsakts vorgeschriebenen Beschluss nicht gefasst hat oder nicht beschlussfähig war,
4. die nach einer Rechtsvorschrift erforderliche Mitwirkung einer anderen Behörde unterblieben ist.

(4) Betrifft die Nichtigkeit nur einen Teil des Verwaltungsakts, so ist er im Ganzen nichtig, wenn der nichtige Teil so wesentlich ist, dass die Finanzbehörde den Verwaltungsakt ohne den nichtigen Teil nicht erlassen hätte.

(5) Die Finanzbehörde kann die Nichtigkeit jederzeit von Amts wegen feststellen; auf Antrag ist sie festzustellen, wenn der Antragsteller hieran ein berechtigtes Interesse hat.

§ 126 Heilung von Verfahrens- und Formfehlern. (1) Eine Verletzung von Verfahrens- oder Formvorschriften, die nicht den Verwaltungsakt nach § 125 nichtig macht, ist unbeachtlich, wenn

1. der für den Verwaltungsakt erforderliche Antrag nachträglich gestellt wird,
2. die erforderliche Begründung nachträglich gegeben wird,
3. die erforderliche Anhörung eines Beteiligten nachgeholt wird,
4. der Beschluss eines Ausschusses, dessen Mitwirkung für den Erlass des Verwaltungsakts erforderlich ist, nachträglich gefasst wird,
5. die erforderliche Mitwirkung einer anderen Behörde nachgeholt wird.

(2) Handlungen nach Absatz 1 Nr. 2 bis 5 können bis zum Abschluss der Tatsacheninstanz eines finanzgerichtlichen Verfahrens nachgeholt werden.

(3) [1] Fehlt einem Verwaltungsakt die erforderliche Begründung oder ist die erforderliche Anhörung eines Beteiligten vor Erlass des Verwaltungsakts unterblieben und ist dadurch die rechtzeitige Anfechtung des Verwaltungsakts ver-

säumt worden, so gilt die Versäumung der Einspruchsfrist als nicht verschuldet. [2]Das für die Wiedereinsetzungsfrist nach § 110 Abs. 2 maßgebende Ereignis tritt im Zeitpunkt der Nachholung der unterlassenen Verfahrenshandlung ein.

§ 127 Folgen von Verfahrens- und Formfehlern. Die Aufhebung eines Verwaltungsakts, der nicht nach § 125 nichtig ist, kann nicht allein deshalb beansprucht werden, weil er unter Verletzung von Vorschriften über das Verfahren, die Form oder die örtliche Zuständigkeit zustande gekommen ist, wenn keine andere Entscheidung in der Sache hätte getroffen werden können.

§ 128 Umdeutung eines fehlerhaften Verwaltungsakts. (1) Ein fehlerhafter Verwaltungsakt kann in einen anderen Verwaltungsakt umgedeutet werden, wenn er auf das gleiche Ziel gerichtet ist, von der erlassenden Finanzbehörde in der geschehenen Verfahrensweise und Form rechtmäßig hätte erlassen werden können und wenn die Voraussetzungen für dessen Erlass erfüllt sind.

(2)[1)] [1]Absatz 1 gilt nicht, wenn der Verwaltungsakt, in den der fehlerhafte Verwaltungsakt umzudeuten wäre, der erkennbaren Absicht der erlassenden Finanzbehörde widerspräche oder seine Rechtsfolgen für die betroffene Person ungünstiger wären als die des fehlerhaften Verwaltungsakts. [2]Eine Umdeutung ist ferner unzulässig, wenn der fehlerhafte Verwaltungsakt nicht zurückgenommen werden dürfte.

(3) Eine Entscheidung, die nur als gesetzlich gebundene Entscheidung ergehen kann, kann nicht in eine Ermessensentscheidung umgedeutet werden.

(4) § 91 ist entsprechend anzuwenden.

§ 129 Offenbare Unrichtigkeiten beim Erlass eines Verwaltungsakts.

[1]Die Finanzbehörde kann Schreibfehler, Rechenfehler und ähnliche offenbare Unrichtigkeiten, die beim Erlass eines Verwaltungsakts unterlaufen sind, jederzeit berichtigen. [2]Bei berechtigtem Interesse des Beteiligten ist zu berichtigen. [3]Wird zu einem schriftlich ergangenen Verwaltungsakt die Berichtigung begehrt, ist die Finanzbehörde berechtigt, die Vorlage des Schriftstücks zu verlangen, das berichtigt werden soll.

§ 130 Rücknahme eines rechtswidrigen Verwaltungsakts. (1) Ein rechtswidriger Verwaltungsakt kann, auch nachdem er unanfechtbar geworden ist, ganz oder teilweise mit Wirkung für die Zukunft oder für die Vergangenheit zurückgenommen werden.

(2) Ein Verwaltungsakt, der ein Recht oder einen rechtlich erheblichen Vorteil begründet oder bestätigt hat (begünstigender Verwaltungsakt), darf nur dann zurückgenommen werden, wenn

1. er von einer sachlich unzuständigen Behörde erlassen worden ist,
2. er durch unlautere Mittel wie arglistige Täuschung, Drohung oder Bestechung erwirkt worden ist,
3. ihn der Begünstigte durch Angaben erwirkt hat, die in wesentlicher Beziehung unrichtig oder unvollständig waren,
4. seine Rechtswidrigkeit dem Begünstigten bekannt oder infolge grober Fahrlässigkeit nicht bekannt war.

[1)] § 128 Abs. 2 Satz 1 geänd. mWv 26.11.2019 durch G v. 20.11.2019 (BGBl. I S. 1626).

(3) [1] Erhält die Finanzbehörde von Tatsachen Kenntnis, welche die Rücknahme eines rechtswidrigen begünstigenden Verwaltungsakts rechtfertigen, so ist die Rücknahme nur innerhalb eines Jahres seit dem Zeitpunkt der Kenntnisnahme zulässig. [2] Dies gilt nicht im Fall des Absatzes 2 Nr. 2.

(4) Über die Rücknahme entscheidet nach Unanfechtbarkeit des Verwaltungsakts die nach den Vorschriften über die örtliche Zuständigkeit zuständige Finanzbehörde; dies gilt auch dann, wenn der zurückzunehmende Verwaltungsakt von einer anderen Finanzbehörde erlassen worden ist; § 26 Satz 2 bleibt unberührt.

§ 131 Widerruf eines rechtmäßigen Verwaltungsakts. (1) Ein rechtmäßiger nicht begünstigender Verwaltungsakt kann, auch nachdem er unanfechtbar geworden ist, ganz oder teilweise mit Wirkung für die Zukunft widerrufen werden, außer wenn ein Verwaltungsakt gleichen Inhalts erneut erlassen werden müsste oder aus anderen Gründen ein Widerruf unzulässig ist.

(2) [1] Ein rechtmäßiger begünstigender Verwaltungsakt darf, auch nachdem er unanfechtbar geworden ist, ganz oder teilweise mit Wirkung für die Zukunft nur widerrufen werden,

1. wenn der Widerruf durch Rechtsvorschrift zugelassen oder im Verwaltungsakt vorbehalten ist,
2. wenn mit dem Verwaltungsakt eine Auflage verbunden ist und der Begünstigte diese nicht oder nicht innerhalb einer ihm gesetzten Frist erfüllt hat,
3. wenn die Finanzbehörde auf Grund nachträglich eingetretener Tatsachen berechtigt wäre, den Verwaltungsakt nicht zu erlassen, und wenn ohne den Widerruf das öffentliche Interesse gefährdet würde.

[2] § 130 Abs. 3 gilt entsprechend.

(3) Der widerrufene Verwaltungsakt wird mit dem Wirksamwerden des Widerrufs unwirksam, wenn die Finanzbehörde keinen späteren Zeitpunkt bestimmt.

(4) Über den Widerruf entscheidet nach Unanfechtbarkeit des Verwaltungsakts die nach den Vorschriften über die örtliche Zuständigkeit zuständige Finanzbehörde; dies gilt auch dann, wenn der zu widerrufende Verwaltungsakt von einer anderen Finanzbehörde erlassen worden ist.

§ 132 Rücknahme, Widerruf, Aufhebung und Änderung im Rechtsbehelfsverfahren. [1] Die Vorschriften über Rücknahme, Widerruf, Aufhebung und Änderung von Verwaltungsakten gelten auch während eines Einspruchsverfahrens und während eines finanzgerichtlichen Verfahrens. [2] § 130 Abs. 2 und 3 und § 131 Abs. 2 und 3 stehen der Rücknahme und dem Widerruf eines von einem Dritten angefochtenen begünstigenden Verwaltungsakts während des Einspruchsverfahrens oder des finanzgerichtlichen Verfahrens nicht entgegen, soweit dadurch dem Einspruch oder der Klage abgeholfen wird.

§ 133 Rückgabe von Urkunden und Sachen. [1] Ist ein Verwaltungsakt unanfechtbar widerrufen oder zurückgenommen oder ist seine Wirksamkeit aus einem anderen Grund nicht oder nicht mehr gegeben, so kann die Finanzbehörde die auf Grund dieses Verwaltungsakts erteilten Urkunden oder Sachen, die zum Nachweis der Rechte aus dem Verwaltungsakt oder zu deren Ausübung bestimmt sind, zurückfordern. [2] Der Inhaber und, sofern er nicht der

Besitzer ist, auch der Besitzer dieser Urkunden oder Sachen sind zu ihrer Herausgabe verpflichtet. [3] Der Inhaber oder der Besitzer kann jedoch verlangen, dass ihm die Urkunden oder Sachen wieder ausgehändigt werden, nachdem sie von der Finanzbehörde als ungültig gekennzeichnet sind; dies gilt nicht bei Sachen, bei denen eine solche Kennzeichnung nicht oder nicht mit der erforderlichen Offensichtlichkeit oder Dauerhaftigkeit möglich ist.

Vierter Teil. Durchführung der Besteuerung

Erster Abschnitt. Erfassung der Steuerpflichtigen

1. Unterabschnitt. Personenstands- und Betriebsaufnahme

§§ 134–136[1] *(aufgehoben)*

2. Unterabschnitt. Anzeigepflichten

§ 137 Steuerliche Erfassung von Körperschaften, Vereinigungen und Vermögensmassen. (1) Steuerpflichtige, die nicht natürliche Personen sind, haben dem nach § 20 zuständigen Finanzamt und den für die Erhebung der Realsteuern zuständigen Gemeinden die Umstände anzuzeigen, die für die steuerliche Erfassung von Bedeutung sind, insbesondere die Gründung, den Erwerb der Rechtsfähigkeit, die Änderung der Rechtsform, die Verlegung der Geschäftsleitung oder des Sitzes und die Auflösung.

(2) Die Mitteilungen sind innerhalb eines Monats seit dem meldepflichtigen Ereignis zu erstatten.

§ 138 Anzeigen über die Erwerbstätigkeit. (1)[2] [1] Wer einen Betrieb der Land- und Forstwirtschaft, einen gewerblichen Betrieb oder eine Betriebstätte eröffnet, hat dies nach amtlich vorgeschriebenem Vordruck der Gemeinde mitzuteilen, in der der Betrieb oder die Betriebstätte eröffnet wird; die Gemeinde unterrichtet unverzüglich das nach § 22 Abs. 1 zuständige Finanzamt von dem Inhalt der Mitteilung. [2] Ist die Festsetzung der Realsteuern den Gemeinden nicht übertragen worden, so tritt an die Stelle der Gemeinde das nach § 22 Abs. 2 zuständige Finanzamt. [3] Wer eine freiberufliche Tätigkeit aufnimmt, hat dies dem nach § 19 zuständigen Finanzamt mitzuteilen. [4] Das Gleiche gilt für die Verlegung und die Aufgabe eines Betriebs, einer Betriebstätte oder einer freiberuflichen Tätigkeit.

(1a)[3] Unternehmer im Sinne des § 2 des Umsatzsteuergesetzes[4] können ihre Anzeigepflichten nach Absatz 1 zusätzlich bei der für die Umsatzbesteuerung zuständigen Finanzbehörde elektronisch erfüllen.

(1b)[5] [1] Sofern Steuerpflichtige gemäß Absatz 1 Satz 1 bis 3 verpflichtet sind, eine Betriebseröffnung oder Aufnahme einer freiberuflichen Tätigkeit mitzuteilen, haben sie dem in Absatz 1 bezeichneten Finanzamt weitere Auskünfte

---

[1] §§ 134 bis 136 aufgeh. mWv 1.1.2017 durch G v. 18.7.2016 (BGBl. I S. 1679).

[2] § 138 Abs. 1 Satz 1 geänd. durch G v. 16.5.2003 (BGBl. I S. 660); Satz 1 redaktionell berichtigt durch G v. 15.12.2003 (BGBl. I S. 2645).

[3] § 138 Abs. 1a eingef. durch G v. 16.5.2003 (BGBl. I S. 660).

[4] Nr. **23**.

[5] § 138 Abs. 1b neu gef. mWv 1.1.2020 durch G v. 22.11.2019 (BGBl. I S. 1746); zur erstmaligen Anwendung von § 138 Abs. 1b Satz 2 ab 1.1.2021 siehe Art. 97 § 27 Abs. 4 EGAO (Nr. **4**) iVm BMF v. 4.12.2020 (BStBl. I S. 1209).

über die für die Besteuerung erheblichen rechtlichen und tatsächlichen Verhältnisse zu erteilen. [2]Die Auskünfte im Sinne des Satzes 1 sind nach amtlich vorgeschriebenem Datensatz über die amtlich bestimmte Schnittstelle zu übermitteln. [3]Auf Antrag kann das Finanzamt zur Vermeidung unbilliger Härten auf eine Übermittlung gemäß Satz 2 verzichten; in diesem Fall sind die Auskünfte im Sinne des Satzes 1 nach amtlich vorgeschriebenem Vordruck zu erteilen.

(2)[1)] [1]Steuerpflichtige mit Wohnsitz, gewöhnlichem Aufenthalt, Geschäftsleitung oder Sitz im Geltungsbereich dieses Gesetzes (inländische Steuerpflichtige) haben dem für sie nach den §§ 18 bis 20 zuständigen Finanzamt mitzuteilen:

1. die Gründung und den Erwerb von Betrieben und Betriebstätten im Ausland;
2. den Erwerb, die Aufgabe oder die Veränderung einer Beteiligung an ausländischen Personengesellschaften;
3. den Erwerb oder die Veräußerung von Beteiligungen an einer Körperschaft, Personenvereinigung oder Vermögensmasse mit Sitz und Geschäftsleitung außerhalb des Geltungsbereichs dieses Gesetzes, wenn
   a) damit eine Beteiligung von mindestens 10 Prozent am Kapital oder am Vermögen der Körperschaft, Personenvereinigung oder Vermögensmasse erreicht wird oder
   b)[2)] die Summe der Anschaffungskosten aller Beteiligungen mehr als 150 000 Euro beträgt. [2]Dies gilt nicht für den Erwerb und die Veräußerung von Beteiligungen von weniger als 1 Prozent am Kapital oder am Vermögen der Körperschaft, Personenvereinigung oder Vermögensmasse, wenn mit der Hauptgattung der Aktien der ausländischen Gesellschaft ein wesentlicher und regelmäßiger Handel an einer Börse in einem Mitgliedstaat der Europäischen Union oder in einem Vertragsstaat des EWR-Abkommens stattfindet oder an einer Börse, die in einem anderen Staat nach § 193 Absatz 1 Satz 1 Nummer 2 und 4 des Kapitalanlagegesetzbuchs von der Bundesanstalt für Finanzdienstleistungsaufsicht zugelassen ist. [3]Für die Ermittlung der Beteiligungshöhe im Sinne des Satzes 2 sind alle gehaltenen Beteiligungen zu berücksichtigen. [4]Nicht mitteilungspflichtige Erwerbe und nicht mitteilungspflichtige Veräußerungen im Sinne des Satzes 2 sind bei der Ermittlung der Summe der Anschaffungskosten im Sinne des Satzes 1 außer Betracht zu lassen;
4. die Tatsache, dass sie allein oder zusammen mit nahestehenden Personen im Sinne des § 1 Absatz 2 des Außensteuergesetzes[3)] erstmals unmittelbar oder mittelbar einen beherrschenden oder bestimmenden Einfluss auf die gesellschaftsrechtlichen, finanziellen oder geschäftlichen Angelegenheiten einer Drittstaat-Gesellschaft ausüben können;
5. die Art der wirtschaftlichen Tätigkeit des Betriebs, der Betriebstätte, der Personengesellschaft, Körperschaft, Personenvereinigung, Vermögensmasse oder der Drittstaat-Gesellschaft.

[1)] § 138 Abs. 2 neu gef. durch G v. 23.6.2017 (BGBl. I S. 1682); zur Anwendung siehe Art. 97 § 32 Abs. 1 und 2 EGAO (Nr. **4**).

[2)] § 138 Abs. 2 Satz 1 Nr. 3 Buchst. b Sätze 2 bis 4 angef. durch G v. 21.12.2020 (BGBl. I S. 3096); zur Anwendung siehe Art. 97 § 32 Abs. 3 EGAO (Nr. **4**).

[3)] Nr. **2**.

[2]In den Fällen des Satzes 1 Nummer 3 sind unmittelbare und mittelbare Beteiligungen zusammenzurechnen.

(3)[1)] Drittstaat-Gesellschaft ist eine Personengesellschaft, Körperschaft, Personenvereinigung oder Vermögensmasse mit Sitz oder Geschäftsleitung in Staaten oder Territorien, die nicht Mitglieder der Europäischen Union oder der Europäischen Freihandelsassoziation sind.

(4)[2)] Mitteilungen nach den Absätzen 1, 1a und 1b sind innerhalb eines Monats nach dem meldepflichtigen Ereignis zu erstatten.

(5)[3)] [1]Mitteilungen nach Absatz 2 sind zusammen mit der Einkommensteuer-, Körperschaftsteuer- oder Feststellungserklärung für den Besteuerungszeitraum, in dem der mitzuteilende Sachverhalt verwirklicht wurde, spätestens jedoch bis zum Ablauf von 14 Monaten nach Ablauf dieses Besteuerungszeitraums, nach amtlich vorgeschriebenem Datensatz über die amtlich bestimmten Schnittstellen zu erstatten. [2]Inländische Steuerpflichtige, die nicht dazu verpflichtet sind, ihre Einkommensteuer-, Körperschaftsteuer- oder Feststellungserklärung nach amtlich vorgeschriebenem Datensatz über die amtlich bestimmte Schnittstelle abzugeben, haben die Mitteilungen nach amtlich vorgeschriebenem Vordruck zu erstatten, es sei denn, sie geben ihre Einkommensteuer-, Körperschaftsteuer- oder Feststellungserklärung freiwillig nach amtlich vorgeschriebenem Datensatz über die amtlich bestimmte Schnittstelle ab. [3]Inländische Steuerpflichtige, die nicht dazu verpflichtet sind, eine Einkommensteuer-, Körperschaftsteuer- oder Feststellungserklärung abzugeben, haben die Mitteilungen nach amtlich vorgeschriebenem Vordruck bis zum Ablauf von 14 Monaten nach Ablauf des Kalenderjahrs zu erstatten, in dem der mitzuteilende Sachverhalt verwirklicht worden ist.

§ 138a[4)] Länderbezogener Bericht multinationaler Unternehmensgruppen. (1) [1]Ein Unternehmen mit Sitz oder Geschäftsleitung im Inland (inländisches Unternehmen), das einen Konzernabschluss aufstellt oder nach anderen Regelungen als den Steuergesetzen aufzustellen hat (inländische Konzernobergesellschaft), hat nach Ablauf eines Wirtschaftsjahres für dieses Wirtschaftsjahr einen länderbezogenen Bericht dieses Konzerns zu erstellen und dem Bundeszentralamt für Steuern zu übermitteln, wenn

1. der Konzernabschluss mindestens ein Unternehmen mit Sitz und Geschäftsleitung im Ausland (ausländisches Unternehmen) oder eine ausländische Betriebsstätte umfasst und
2. die im Konzernabschluss ausgewiesenen, konsolidierten Umsatzerlöse im vorangegangenen Wirtschaftsjahr mindestens 750 Millionen Euro betragen.

[2]Die Verpflichtung nach Satz 1 besteht vorbehaltlich der Absätze 3 und 4 nicht, wenn das inländische Unternehmen im Sinne des Satzes 1 in den Konzernabschluss eines anderen Unternehmens einbezogen wird.

[1)] § 138 Abs. 3 neu gef. durch G v. 23.6.2017 (BGBl. I S. 1682); zur Anwendung siehe Art. 97 § 32 Abs. 1 und 2 EGAO (Nr. **4**).

[2)] § 138 Abs. 4 neu gef. mWv 1.1.2020 durch G v. 22.11.2019 (BGBl. I S. 1746).

[3)] § 138 Abs. 5 angef. durch G v. 23.6.2017 (BGBl. I S. 1682); zur Anwendung siehe Art. 97 § 32 Abs. 1 Satz 1 und Abs. 2 EGAO (Nr. **4**); Abs. 5 Sätze 1 bis 3 geänd. durch G v. 21.12.2020 (BGBl. I S. 3096); zur Anwendung siehe Art. 97 § 32 Abs. 3 EGAO (Nr. **4**).

[4)] § 138a eingef. durch G v. 20.12.2016 (BGBl. I S. 3000); zur Anwendung siehe Art. 97 § 31 EGAO (Nr. **4**).

(2) Der länderbezogene Bericht im Sinne von Absatz 1 enthält

1.[1] eine nach Steuerhoheitsgebieten gegliederte Übersicht, wie sich die Geschäftstätigkeit des Konzerns auf die Steuerhoheitsgebiete verteilt, in denen der Konzern durch Unternehmen oder Betriebsstätten tätig ist; zu diesem Zweck sind in der Übersicht folgende Positionen auszuweisen:
   a) die Umsatzerlöse und sonstigen Erträge aus Geschäftsvorfällen mit nahestehenden Unternehmen,
   b) die Umsatzerlöse und sonstigen Erträge aus Geschäftsvorfällen mit fremden Unternehmen,
   c) die Summe aus den Umsatzerlösen und sonstigen Erträgen gemäß den Buchstaben a und b,
   d) die im Wirtschaftsjahr gezahlten Ertragsteuern,
   e) die im Wirtschaftsjahr für dieses Wirtschaftsjahr gezahlten und zurückgestellten Ertragsteuern,
   f) das Jahresergebnis vor Ertragsteuern,
   g) das Eigenkapital,
   h) der einbehaltene Gewinn,
   i) die Zahl der Beschäftigten und
   j) die materiellen Vermögenswerte;
2. eine nach Steuerhoheitsgebieten gegliederte Auflistung aller Unternehmen und Betriebsstätten, zu denen Angaben in der Übersicht nach Nummer 1 erfasst sind, jeweils unter Angabe deren wichtigster Geschäftstätigkeiten sowie
3. zusätzliche Informationen, die nach Ansicht der inländischen Konzernobergesellschaft zum Verständnis der Übersicht nach Nummer 1 und der Auflistung nach Nummer 2 erforderlich sind.

(3) Umfasst der Konzernabschluss eines ausländischen Unternehmens, das nach Absatz 1 zur Abgabe des länderbezogenen Berichts verpflichtet wäre, wenn es Sitz oder Geschäftsleitung im Inland hätte (ausländische Konzernobergesellschaft), ein inländisches Unternehmen (einbezogene inländische Konzerngesellschaft) und beauftragt die ausländische Konzernobergesellschaft die einbezogene inländische Konzerngesellschaft damit, einen länderbezogenen Bericht für den Konzern abzugeben (beauftragte Gesellschaft), so hat die beauftragte Gesellschaft den länderbezogenen Bericht dem Bundeszentralamt für Steuern zu übermitteln.

(4)[2] [1] Eine einbezogene inländische Konzerngesellschaft ist im Regelfall verpflichtet, den länderbezogenen Bericht für einen Konzern mit einer ausländischen Konzernobergesellschaft, die nach Absatz 1 zur Übermittlung des länderbezogenen Berichts verpflichtet wäre, wenn sie Sitz oder Geschäftsleitung im Inland hätte, dem Bundeszentralamt für Steuern zu übermitteln, wenn das Bundeszentralamt für Steuern keinen länderbezogenen Bericht erhalten hat. [2] Übermittelt eine einbezogene inländische Konzerngesellschaft den länderbezogenen Bericht, entfällt die Verpflichtung für alle anderen einbezogenen

---

[1] § 138a Abs. 2 Nr. 1 einl. Satzteil geänd. durch G v. 21.12.2020 (BGBl. I S. 3096); zur Anwendung siehe Art. 97 § 31 Satz 3 EGAO (Nr. **4**).

[2] § 138a Abs. 4 Satz 1 geänd. mWv 18.12.2019 durch G v. 12.12.2019 (BGBl. I S. 2451); zur Anwendung siehe Art. 97 § 1 Abs. 13 EGAO (Nr. **4**).

inländischen Konzerngesellschaften dieses Konzerns. [3]Kann eine einbezogene inländische Konzerngesellschaft die Übermittlung innerhalb der Frist des Absatzes 6 Satz 1 nicht sicherstellen, insbesondere weil sie den länderbezogenen Bericht weder beschaffen noch erstellen kann, so hat sie dies innerhalb der Frist des Absatzes 6 Satz 1 dem Bundeszentralamt für Steuern mitzuteilen und dabei alle Angaben im Sinne von Absatz 2 zu machen, über die sie verfügt oder die sie beschaffen kann. [4]Konnte eine einbezogene inländische Konzerngesellschaft davon ausgehen, dass der länderbezogene Bericht fristgerecht übermittelt wird, und stellt sich nachträglich heraus, dass dies ohne Verschulden der einbezogenen inländischen Konzerngesellschaft nicht geschehen ist, so hat diese ihre Pflichten nach Satz 1 oder Satz 3 innerhalb eines Monats nach Bekanntwerden der Nichtübermittlung zu erfüllen. [5]Die Sätze 1 bis 4 gelten entsprechend für die inländische Betriebsstätte eines ausländischen Unternehmens, das als ausländische Konzernobergesellschaft oder als einbezogene ausländische Konzerngesellschaft in einen Konzernabschluss einbezogen wird.

(5) [1]Ein inländisches Unternehmen hat in der Steuererklärung anzugeben, ob es

1. eine inländische Konzernobergesellschaft im Sinne von Absatz 1 ist,
2. eine beauftragte Gesellschaft ist oder
3. eine einbezogene inländische Konzerngesellschaft eines Konzerns mit ausländischer Konzernobergesellschaft ist.

[2]In den Fällen von Satz 1 Nummer 3 ist auch anzugeben, bei welcher Finanzbehörde und von welchem Unternehmen der länderbezogene Bericht des Konzerns abgegeben wird. [3]Fehlt diese Angabe, ist die einbezogene inländische Konzerngesellschaft selbst zur fristgerechten Übermittlung des länderbezogenen Berichts verpflichtet. [4]Die Sätze 1 bis 3 gelten entsprechend für die inländische Betriebsstätte eines ausländischen Unternehmens, das als ausländische Konzernobergesellschaft oder als einbezogene ausländische Konzerngesellschaft in einen Konzernabschluss einbezogen wird.

(6) [1]Die Übermittlung des länderbezogenen Berichts an das Bundeszentralamt für Steuern hat spätestens ein Jahr nach Ablauf des Wirtschaftsjahres zu erfolgen, für das der länderbezogene Bericht zu erstellen ist. [2]Abweichend von Satz 1 gilt in den Fällen von Absatz 4 Satz 4 die dort genannte Frist für die Übermittlung des länderbezogenen Berichts. [3]Die Übermittlung hat nach amtlich vorgeschriebenem Datensatz durch Datenfernübertragung zu erfolgen.

(7) [1]Das Bundeszentralamt für Steuern übermittelt alle ihm zugegangenen länderbezogenen Berichte an die jeweils zuständige Finanzbehörde. [2]Enthält ein länderbezogener Bericht Angaben im Sinne von Absatz 2 für einen Vertragsstaat der völkerrechtlichen Vereinbarungen, übermittelt das Bundeszentralamt für Steuern auf Grundlage dieser völkerrechtlichen Vereinbarungen den ihm zugegangenen länderbezogenen Bericht an die zuständige Behörde des jeweiligen Vertragsstaates. [3]Das Bundeszentralamt für Steuern nimmt die länderbezogenen Berichte entgegen, die ihm von den zuständigen Behörden der in Satz 2 genannten Vertragsstaaten übermittelt worden sind, und übermittelt diese an die jeweils zuständige Finanzbehörde. [4]Das Bundeszentralamt für Steuern kann länderbezogene Berichte im Rahmen der ihm gesetzlich übertragenen Aufgaben auswerten. [5]Das Bundeszentralamt für Steuern speichert die länderbezogenen Berichte und löscht sie mit Ablauf des 15. Jahres, das dem Jahr der Übermittlung folgt.

§ 138b[1] Mitteilungspflicht Dritter über Beziehungen inländischer Steuerpflichtiger zu Drittstaat-Gesellschaften. (1)[2] [1] Verpflichtete im Sinne des § 2 Absatz 1 Nummer 1 bis 3 und 6 des Geldwäschegesetzes (mitteilungspflichtige Stelle) haben dem für sie nach den §§ 18 bis 20 zuständigen Finanzamt von ihnen hergestellte oder vermittelte Beziehungen von inländischen Steuerpflichtigen im Sinne des § 138 Absatz 2 Satz 1 zu Drittstaat-Gesellschaften im Sinne des § 138 Absatz 3 mitzuteilen. [2] Dies gilt für die Fälle, in denen

1. der mitteilungspflichtigen Stelle bekannt ist, dass der inländische Steuerpflichtige auf Grund der von ihr hergestellten oder vermittelten Beziehung allein oder zusammen mit nahestehenden Personen im Sinne des § 1 Absatz 2 des Außensteuergesetzes[3] erstmals unmittelbar oder mittelbar einen beherrschenden oder bestimmenden Einfluss auf die gesellschaftsrechtlichen, finanziellen oder geschäftlichen Angelegenheiten einer Drittstaat-Gesellschaft ausüben kann, oder
2. der inländische Steuerpflichtige eine von der mitteilungspflichtigen Stelle hergestellte oder vermittelte Beziehung zu einer Drittstaat-Gesellschaft erlangt, wodurch eine unmittelbare Beteiligung von insgesamt mindestens 30 Prozent am Kapital oder am Vermögen der Drittstaat-Gesellschaft erreicht wird; anderweitige Erwerbe hinsichtlich der gleichen Drittstaat-Gesellschaft sind miteinzubeziehen, soweit sie der mitteilungspflichtigen Stelle bekannt sind oder bekannt sein mussten.

(2) Die Mitteilungen sind für jeden inländischen Steuerpflichtigen und jeden mitteilungspflichtigen Sachverhalt gesondert zu erstatten.

(3) [1] Zu jedem inländischen Steuerpflichtigen ist anzugeben:

1. die Identifikationsnummer nach § 139b und
2. die Wirtschafts-Identifikationsnummer nach § 139c oder, wenn noch keine Wirtschafts-Identifikationsnummer vergeben wurde und es sich nicht um eine natürliche Person handelt, die für die Besteuerung nach dem Einkommen geltende Steuernummer.

[2] Kann die mitteilungspflichtige Stelle die Identifikationsnummer und die Wirtschafts-Identifikationsnummer oder die Steuernummer nicht in Erfahrung bringen, so hat sie stattdessen ein Ersatzmerkmal anzugeben, das vom Bundesministerium der Finanzen im Einvernehmen mit den obersten Finanzbehörden der Länder bestimmt worden ist.

(4) [1] Die Mitteilungen sind dem Finanzamt nach amtlich vorgeschriebenem Vordruck zu erstatten, und zwar bis zum Ablauf des Monats Februar des Jahres, das auf das Kalenderjahr folgt, in dem der mitzuteilende Sachverhalt verwirklicht wurde. [2] § 72a Absatz 4, § 93c Absatz 1 Nummer 3 und Absatz 4 bis 7, § 171 Absatz 10a, § 175b Absatz 1 und § 203a gelten entsprechend.

(5) [1] Das für die mitteilungspflichtige Stelle zuständige Finanzamt hat die Mitteilungen an das für den inländischen Steuerpflichtigen nach den §§ 18 bis 20 zuständige Finanzamt weiterzuleiten. [2] § 31b bleibt unberührt.

---

[1] § 138b eingef. durch G v. 23.6.2017 (BGBl. I S. 1682); zur Anwendung siehe Art. 97 § 32 Abs. 1 Satz 1 EGAO (Nr. **4**).

[2] § 138b Abs. 1 Satz 1 geänd. mWv 26.6.2017 durch G v. 23.6.2017 (BGBl. I S. 1822).

[3] Nr. **2**.

(6) Der inländische Steuerpflichtige hat der mitteilungspflichtigen Stelle

1. seine Identifikationsnummer nach § 139b mitzuteilen und
2. seine Wirtschafts-Identifikationsnummer nach § 139c oder, wenn diese noch nicht vergeben wurde und er keine natürliche Person ist, seine für die Besteuerung nach dem Einkommen geltende Steuernummer mitzuteilen.

§ 138c[1)] **Verordnungsermächtigung.** (1) [1] Das Bundesministerium der Finanzen kann durch Rechtsverordnung mit Zustimmung des Bundesrates bestimmen, dass Mitteilungen gemäß § 138b nach amtlich vorgeschriebenem Datensatz über amtlich bestimmte Schnittstellen zu erstatten sind. [2] In der Rechtsverordnung nach Satz 1 kann auch bestimmt werden, dass die Mitteilungen abweichend von § 138b Absatz 1 Satz 1 an eine andere Finanzbehörde zu übermitteln und von dieser Finanzbehörde an das für den inländischen Steuerpflichtigen nach den §§ 18 bis 20 zuständige Finanzamt weiterzuleiten sind.

(2) [1] Hat das Bundesministerium der Finanzen eine Rechtsverordnung nach Absatz 1 erlassen, dürfen die mitteilungspflichtigen Stellen beim Bundeszentralamt für Steuern die Identifikationsnummer des Steuerpflichtigen nach § 139b oder seine Wirtschafts-Identifikationsnummer nach § 139c erfragen. [2] In der Anfrage dürfen nur die in § 139b Absatz 3 oder § 139c Absatz 3 bis 5a genannten Daten des inländischen Steuerpflichtigen angegeben werden, soweit sie der mitteilungspflichtigen Stelle bekannt sind. [3] Das Bundeszentralamt für Steuern teilt der mitteilungspflichtigen Stelle die Identifikationsnummer oder die Wirtschafts-Identifikationsnummer mit, sofern die übermittelten Daten mit den nach § 139b Absatz 3 oder § 139c Absatz 3 bis 5a bei ihm gespeicherten Daten übereinstimmen. [4] Die mitteilungspflichtige Stelle darf die Identifikationsmerkmale nur verwenden, soweit dies zur Erfüllung von steuerlichen Pflichten erforderlich ist. [5] Weitere Einzelheiten dieses Verfahrens kann das Bundesministerium der Finanzen durch Rechtsverordnung mit Zustimmung des Bundesrates bestimmen.

§ 138d[2)] **Pflicht zur Mitteilung grenzüberschreitender Steuergestaltungen.** (1) Wer eine grenzüberschreitende Steuergestaltung im Sinne des Absatzes 2 vermarktet, für Dritte konzipiert, organisiert oder zur Nutzung bereitstellt oder ihre Umsetzung durch Dritte verwaltet (Intermediär), hat die grenzüberschreitende Steuergestaltung dem Bundeszentralamt für Steuern nach Maßgabe der §§ 138f und 138h mitzuteilen.

(2) [1] Eine grenzüberschreitende Steuergestaltung ist jede Gestaltung,

1. die eine oder mehrere Steuern zum Gegenstand hat, auf die das EU-Amtshilfegesetz anzuwenden ist,
2. die entweder mehr als einen Mitgliedstaat der Europäischen Union oder mindestens einen Mitgliedstaat der Europäischen Union und einen oder mehrere Drittstaaten betrifft, wobei mindestens eine der folgenden Bedingungen erfüllt ist:

[1)] § 138c eingef. mWv 25.6.2017 durch G v. 23.6.2017 (BGBl. I S. 1682); zur Anwendung siehe Art. 97 § 1 Abs. 12 Satz 1 EGAO (Nr. **4**).

[2)] § 138d eingef. durch G v. 21.12.2019 (BGBl. I S. 2875); zur Anwendung siehe Art. 97 § 33 Abs. 1 und 2 EGAO (Nr. **4**).

a) nicht alle an der Gestaltung Beteiligten sind im selben Steuerhoheitsgebiet ansässig;

b) einer oder mehrere der an der Gestaltung Beteiligten sind gleichzeitig in mehreren Steuerhoheitsgebieten ansässig;

c) einer oder mehrere der an der Gestaltung Beteiligten gehen in einem anderen Steuerhoheitsgebiet über eine dort gelegene Betriebstätte einer Geschäftstätigkeit nach und die Gestaltung ist Teil der Geschäftstätigkeit der Betriebstätte oder macht deren gesamte Geschäftstätigkeit aus;

d) einer oder mehrere der an der Gestaltung Beteiligten gehen in einem anderen Steuerhoheitsgebiet einer Tätigkeit nach, ohne dort ansässig zu sein oder eine Betriebstätte zu begründen;

e) die Gestaltung ist geeignet, Auswirkungen auf den automatischen Informationsaustausch oder die Identifizierung des wirtschaftlichen Eigentümers zu haben, und

3. die mindestens

a) ein Kennzeichen im Sinne des § 138e Absatz 1 aufweist und von der ein verständiger Dritter unter Berücksichtigung aller wesentlichen Fakten und Umstände vernünftigerweise erwarten kann, dass der Hauptvorteil oder einer der Hauptvorteile die Erlangung eines steuerlichen Vorteils im Sinne des Absatzes 3 ist, oder

b) ein Kennzeichen im Sinne des § 138e Absatz 2 aufweist.

[2] Besteht eine Steuergestaltung aus einer Reihe von Gestaltungen, gilt sie als grenzüberschreitende Steuergestaltung, wenn mindestens ein Schritt oder Teilschritt der Reihe grenzüberschreitend im Sinne des Satzes 1 Nummer 2 ist; in diesem Fall hat die Mitteilung nach Absatz 1 die gesamte Steuergestaltung zu umfassen.

(3) [1] Ein steuerlicher Vorteil im Sinne des Absatzes 2 Satz 1 Nummer 3 Buchstabe a liegt vor, wenn

1. durch die Steuergestaltung Steuern erstattet, Steuervergütungen gewährt oder erhöht oder Steueransprüche entfallen oder verringert werden sollen,
2. die Entstehung von Steueransprüchen verhindert werden soll oder
3. die Entstehung von Steueransprüchen in andere Besteuerungszeiträume oder auf andere Besteuerungszeitpunkte verschoben werden soll.

[2] Ein steuerlicher Vorteil liegt auch dann vor, wenn er außerhalb des Geltungsbereichs dieses Gesetzes entstehen soll. [3] Das Bundesministerium der Finanzen kann im Einvernehmen mit den obersten Finanzbehörden der Länder in einem im Bundessteuerblatt zu veröffentlichenden Schreiben für bestimmte Fallgruppen bestimmen, dass kein steuerlicher Vorteil im Sinne der Sätze 1 und 2 anzunehmen ist, insbesondere weil sich der steuerliche Vorteil einer grenzüberschreitenden Steuergestaltung ausschließlich im Geltungsbereich dieses Gesetzes auswirkt und unter Berücksichtigung aller Umstände der Steuergestaltung gesetzlich vorgesehen ist.

(4) Betriebstätte im Sinne des Absatzes 2 Satz 1 Nummer 2 Buchstabe c und d ist sowohl eine Betriebstätte im Sinne des § 12 als auch eine Betriebsstätte im Sinne eines im konkreten Fall anwendbaren Abkommens zur Vermeidung der Doppelbesteuerung.

(5) Nutzer einer grenzüberschreitenden Steuergestaltung ist jede natürliche oder juristische Person, Personengesellschaft, Gemeinschaft oder Vermögensmasse,

1. der die grenzüberschreitende Steuergestaltung zur Umsetzung bereitgestellt wird,
2. die bereit ist, die grenzüberschreitende Steuergestaltung umzusetzen, oder
3. die den ersten Schritt zur Umsetzung der grenzüberschreitenden Steuergestaltung gemacht hat.

(6) Hat ein Nutzer eine grenzüberschreitende Steuergestaltung für sich selbst konzipiert, so sind für ihn auch die für Intermediäre geltenden Regelungen entsprechend anzuwenden.

(7) Übt ein Intermediär im Zusammenhang mit der grenzüberschreitenden Steuergestaltung ausschließlich die in Absatz 1 aufgeführten Tätigkeiten aus, so gilt er nicht als an der Gestaltung Beteiligter.

§ 138e[1)] Kennzeichen grenzüberschreitender Steuergestaltungen.

(1) Kennzeichen im Sinne des § 138d Absatz 2 Satz 1 Nummer 3 Buchstabe a sind:

1. die Vereinbarung
   a) einer Vertraulichkeitsklausel, die dem Nutzer oder einem anderen an der Steuergestaltung Beteiligten eine Offenlegung, auf welche Weise aufgrund der Gestaltung ein steuerlicher Vorteil erlangt wird, gegenüber anderen Intermediären oder den Finanzbehörden verbietet, oder
   b) einer Vergütung, die in Bezug auf den steuerlichen Vorteil der Steuergestaltung festgesetzt wird; dies gilt, wenn die Vergütung von der Höhe des steuerlichen Vorteils abhängt oder wenn die Vereinbarung die Abrede enthält, die Vergütung ganz oder teilweise zurückzuerstatten, falls der mit der Gestaltung zu erwartende steuerliche Vorteil ganz oder teilweise nicht erzielt wird,
2. eine standardisierte Dokumentation oder Struktur der Gestaltung, die für mehr als einen Nutzer verfügbar ist, ohne dass sie für die Nutzung wesentlich individuell angepasst werden muss,
3. Gestaltungen, die zum Gegenstand haben, dass
   a) ein an der Gestaltung Beteiligter unangemessene rechtliche Schritte unternimmt, um ein verlustbringendes Unternehmen unmittelbar oder mittelbar zu erwerben, die Haupttätigkeit dieses Unternehmens zu beenden und dessen Verluste dafür zu nutzen, seine Steuerbelastung zu verringern, einschließlich der Übertragung der Verluste in ein anderes Steuerhoheitsgebiet oder der zeitlich näheren Nutzung dieser Verluste,
   b) Einkünfte in Vermögen, Schenkungen oder andere nicht oder niedriger besteuerte Einnahmen oder nicht steuerbare Einkünfte umgewandelt werden,
   c) Transaktionen durch die Einbeziehung zwischengeschalteter Unternehmen, die keine wesentliche wirtschaftliche Tätigkeit ausüben, oder Trans-

---

[1)] § 138e eingef. durch G v. 21.12.2019 (BGBl. I S. 2875); zur Anwendung siehe Art. 97 § 33 Abs. 1 und 2 EGAO (Nr. **4**).

aktionen, die sich gegenseitig aufheben oder ausgleichen, für zirkuläre Vermögensverschiebungen genutzt werden,

d) der Empfänger grenzüberschreitender, beim Zahlenden als Betriebsausgaben abzugsfähiger Zahlungen zwischen zwei oder mehr verbundenen Unternehmen in einem Steuerhoheitsgebiet ansässig ist, das keine Körperschaftsteuer erhebt oder einen Körperschaftsteuersatz von 0 Prozent oder nahe 0 Prozent hat, oder

e) die grenzüberschreitende, beim Zahlenden als Betriebsausgaben abzugsfähige Zahlung zwischen zwei oder mehr verbundenen Unternehmen in ein Steuerhoheitsgebiet erfolgt, in dem der Empfänger ansässig ist, soweit dieses Steuerhoheitsgebiet die Zahlung

aa) vollständig von der Steuer befreit oder

bb) einer steuerlichen Präferenzregelung unterwirft.

(2) Kennzeichen im Sinne des § 138d Absatz 2 Satz 1 Nummer 3 Buchstabe b sind:

1. Gestaltungen, die zum Gegenstand haben, dass

a) der Empfänger grenzüberschreitender Zahlungen, die zwischen zwei oder mehr verbundenen Unternehmen erfolgen und beim Zahlenden als Betriebsausgabe abzugsfähig sind,

aa) in keinem Steuerhoheitsgebiet ansässig ist oder

bb) in einem Steuerhoheitsgebiet ansässig ist, das in der Liste der Drittstaaten aufgeführt wird, die von den Mitgliedstaaten der Europäischen Union oder von der Organisation für wirtschaftliche Zusammenarbeit und Entwicklung als nicht kooperierende Jurisdiktion eingestuft wurde,

b) in mehr als einem Steuerhoheitsgebiet

aa) Absetzungen für Abnutzung desselben Vermögenswertes in Anspruch genommen werden oder

bb) eine Befreiung von der Doppelbesteuerung für dieselben Einkünfte oder dasselbe Vermögen vorgenommen wird und die Einkünfte oder das Vermögen deshalb ganz oder teilweise unversteuert bleiben

oder

c) die Gestaltung eine Übertragung oder Überführung von Vermögensgegenständen vorsieht, soweit sich die steuerliche Bewertung des Vermögensgegenstandes in den beteiligten Steuerhoheitsgebieten wesentlich unterscheidet;

2. Gestaltungen, die zu einer Aushöhlung der Mitteilungspflicht gemäß den Rechtsvorschriften zur Umsetzung des Standards für den automatischen Austausch von Informationen über Finanzkonten in Steuersachen (gemeinsamer Meldestandard) führen können oder die sich das Fehlen derartiger Rechtsvorschriften zu Nutze machen; derartige Gestaltungen umfassen insbesondere

a) die Nutzung eines Kontos, eines Produkts oder einer Anlage, welches oder welche kein Finanzkonto im Sinne des § 19 Nummer 18 des Finanzkonten-Informationsaustauschgesetzes (Finanzkonto) ist oder vorgeblich kein Finanzkonto ist, jedoch Merkmale aufweist, die denen eines Finanzkontos entsprechen,

b) die Übertragung eines Finanzkontos oder von Vermögenswerten in ein Steuerhoheitsgebiet, das nicht an den automatischen Informationsaustausch über Finanzkonten nach dem gemeinsamen Meldestandard mit dem Steuerhoheitsgebiet, in dem der Nutzer ansässig ist, gebunden ist, oder die Einbeziehung solcher Steuerhoheitsgebiete,

c) die Neueinstufung von Einkünften und Vermögen als Produkte oder Zahlungen, die nicht dem automatischen Informationsaustausch über Finanzkonten nach dem gemeinsamen Meldestandard unterliegen,

d) die Übertragung oder Umwandlung eines Finanzinstituts im Sinne des § 19 Nummer 3 des Finanzkonten-Informationsaustauschgesetzes (Finanzinstitut) oder eines Finanzkontos oder der darin enthaltenen Vermögenswerte in Finanzinstitute, Finanzkonten oder Vermögenswerte, die nicht der Meldepflicht im Rahmen des automatischen Informationsaustauschs über Finanzkonten nach dem gemeinsamen Meldestandard unterliegen,

e) die Einbeziehung von Rechtsträgern, Steuergestaltungen oder Strukturen, die die Meldung eines Kontoinhabers im Sinne des § 20 Nummer 1 des Finanzkonten-Informationsaustauschgesetzes (Kontoinhaber) oder mehrerer Kontoinhaber oder einer beherrschenden Person im Sinne des § 19 Nummer 39 des Finanzkonten-Informationsaustauschgesetzes (beherrschende Person) oder mehrerer beherrschender Personen im Rahmen des automatischen Informationsaustauschs über Finanzkonten nach dem gemeinsamen Meldestandard ausschließen oder auszuschließen vorgeben, oder

f) die Aushöhlung von Verfahren zur Erfüllung der Sorgfaltspflichten, die Finanzinstitute zur Erfüllung ihrer Meldepflichten bezüglich Informationen zu Finanzkonten nach dem gemeinsamen Meldestandard anwenden, oder die Ausnutzung von Schwächen in diesen Verfahren, einschließlich der Einbeziehung von Staaten oder Territorien mit ungeeigneten oder schwachen Regelungen für die Durchsetzung von Vorschriften gegen Geldwäsche oder mit schwachen Transparenzanforderungen für juristische Personen oder Rechtsvereinbarungen;

3. Gestaltungen mit rechtlichen Eigentümern oder wirtschaftlich Berechtigten unter Einbeziehung von Personen, Rechtsvereinbarungen oder Strukturen,

a) die keine wesentliche wirtschaftliche Tätigkeit ausüben, die mit angemessener Ausstattung, angemessenen personellen Ressourcen, angemessenen Vermögenswerten und angemessenen Räumlichkeiten einhergeht, und

b) die in anderen Steuerhoheitsgebieten eingetragen, ansässig oder niedergelassen sind oder verwaltet oder kontrolliert werden als dem Steuerhoheitsgebiet, in dem ein oder mehrere der wirtschaftlichen Eigentümer der von diesen Personen, Rechtsvereinbarungen oder Strukturen gehaltenen Vermögenswerte ansässig sind,

sofern die wirtschaftlich Berechtigten dieser Personen, Rechtsvereinbarungen oder Strukturen im Sinne des § 3 des Geldwäschegesetzes nicht identifizierbar gemacht werden (intransparente Kette);

4. Verrechnungspreisgestaltungen, bei denen

a) eine unilaterale Regelung genutzt wird, die für eine festgelegte Kategorie von Nutzern oder Geschäftsvorfällen gilt und die dafür in Betracht kommende Nutzer von bestimmten Verpflichtungen befreit, die aufgrund der allgemeinen Verrechnungspreisvorschriften eines Steuerhoheitsgebiets sonst zu erfüllen wären,

b) immaterielle Werte oder Rechte an immateriellen Werten an ein verbundenes Unternehmen übertragen oder zwischen dem Unternehmen und seiner ausländischen Betriebstätte überführt werden, für die zum Zeitpunkt ihrer Übertragung oder Überführung keine ausreichenden Vergleichswerte vorliegen und zum Zeitpunkt der Transaktion die Prognosen voraussichtlicher Cashflows oder die vom übertragenen oder überführten immateriellen Wert erwarteten abzuleitenden Einkünfte oder die der Bewertung des immateriellen Wertes oder Rechts an immateriellen Werten zugrunde gelegten Annahmen höchst unsicher sind, weshalb der Totalerfolg zum Zeitpunkt der Übertragung oder Überführung nur schwer absehbar ist (schwer zu bewertende immaterielle Werte), oder

c) innerhalb von verbundenen Unternehmen eine grenzüberschreitende Übertragung oder Verlagerung von Funktionen, Risiken, Wirtschaftsgütern oder sonstigen Vorteilen stattfindet und der erwartete jährliche Gewinn vor Zinsen und Steuern des übertragenden Unternehmens über einen Zeitraum von drei Jahren nach der Übertragung weniger als 50 Prozent des jährlichen Gewinns vor Zinsen und Steuern des übertragenden Unternehmens beträgt, der erwartet worden wäre, wenn die Übertragung nicht stattgefunden hätte; bei dieser Erwartung ist davon auszugehen, dass die verbundenen Unternehmen nach den Grundsätzen ordentlicher und gewissenhafter Geschäftsleiter handeln; diese Regelungen gelten sinngemäß auch für Betriebstätten.

(3) [1] Ein verbundenes Unternehmen im Sinne der Absätze 1 und 2 ist eine Person, die mit einer anderen Person auf mindestens eine der folgenden Arten verbunden ist:

1. eine Person ist an der Geschäftsleitung einer anderen Person insofern beteiligt, als sie erheblichen Einfluss auf diese Person ausüben kann;
2. eine Person ist über eine Beteiligungsgesellschaft mit mehr als 25 Prozent der Stimmrechte an der Kontrolle einer anderen Person beteiligt;
3. eine Person ist über eine Inhaberschaft, die unmittelbar oder mittelbar mehr als 25 Prozent des Kapitals beträgt, am Kapital einer anderen Person beteiligt;
4. eine Person hat Anspruch auf mindestens 25 Prozent der Gewinne einer anderen Person.

[2] Falls mehr als eine Person gemäß Satz 1 an der Geschäftsleitung, der Kontrolle, dem Kapital oder den Gewinnen derselben Person beteiligt ist, gelten alle betroffenen Personen als untereinander verbundene Unternehmen. [3] Falls dieselben Personen gemäß Satz 1 an der Geschäftsleitung, der Kontrolle, dem Kapital oder den Gewinnen von mehr als einer Person beteiligt sind, gelten alle betroffenen Personen als verbundene Unternehmen. [4] Für die Zwecke dieses Absatzes wird eine Person, die in Bezug auf die Stimmrechte oder die Kapitalbeteiligung an einem Unternehmen gemeinsam mit einer anderen Person handelt, so behandelt, als würde sie eine Beteiligung an allen Stimmrechten oder dem gesamten Kapital dieses Unternehmens halten, die oder das von der anderen Person gehalten werden oder wird. [5] Bei mittelbaren Beteiligungen wird die Erfüllung der Anforderungen gemäß Satz 1 Nummer 3 durch Multiplikation der Beteiligungsquoten an den nachgeordneten Unternehmen ermittelt. [6] Eine natürliche Person, ihr Ehepartner und ihre Verwandten in aufstei-

gender oder absteigender gerader Linie werden als eine einzige Person behandelt, wenn gleichgerichtete wirtschaftliche Interessen bestehen. [7] Person im Sinne der Sätze 1 bis 6 ist jede natürliche oder juristische Person, Personengesellschaft, Gemeinschaft oder Vermögensmasse.

§ 138f[1)] Verfahren zur Mitteilung grenzüberschreitender Steuergestaltungen durch Intermediäre. (1) Die grenzüberschreitende Steuergestaltung im Sinne des § 138d Absatz 2 ist dem Bundeszentralamt für Steuern nach amtlich vorgeschriebenem Datensatz im Sinne des Absatzes 3 über die amtlich bestimmte Schnittstelle mitzuteilen.

(2) Die Angaben nach Absatz 3 sind innerhalb von 30 Tagen nach Ablauf des Tages zu übermitteln, an dem das erste der nachfolgenden Ereignisse eintritt:
1. die grenzüberschreitende Steuergestaltung wird zur Umsetzung bereitgestellt,
2. der Nutzer der grenzüberschreitenden Steuergestaltung ist zu deren Umsetzung bereit oder
3. mindestens ein Nutzer der grenzüberschreitenden Steuergestaltung hat den ersten Schritt der Umsetzung dieser Steuergestaltung gemacht.

(3) [1] Der Datensatz muss folgende Angaben enthalten:
1. zum Intermediär:
   a) den Familiennamen und den Vornamen sowie den Tag und Ort der Geburt, wenn der Intermediär eine natürliche Person ist,
   b) die Firma oder den Namen, wenn der Intermediär keine natürliche Person ist,
   c) die Anschrift,
   d) den Staat, in dem der Intermediär ansässig ist, und
   e) das Steueridentifikationsmerkmal oder die Steuernummer,
2. zum Nutzer:
   a) den Familiennamen und den Vornamen sowie den Tag und Ort der Geburt, wenn der Nutzer eine natürliche Person ist,
   b) die Firma oder den Namen, wenn der Nutzer keine natürliche Person ist,
   c) die Anschrift,
   d) den Staat, in dem der Nutzer ansässig ist, und
   e) das Steueridentifikationsmerkmal oder die Steuernummer des Nutzers, soweit dem Intermediär dies bekannt ist,
3. wenn an der grenzüberschreitenden Steuergestaltung Personen beteiligt sind, die im Sinne des § 138e Absatz 3 als verbundene Unternehmen des Nutzers gelten, zu dem verbundenen Unternehmen:
   a) die Firma oder den Namen,
   b) die Anschrift,
   c) den Staat, in dem das Unternehmen ansässig ist, und
   d) das Steueridentifikationsmerkmal oder die Steuernummer, soweit dem Intermediär dies bekannt ist,

---

1) § 138f eingef. durch G v. 21.12.2019 (BGBl. I S. 2875); zur Anwendung siehe Art. 97 § 33 Abs. 1 und 2 EGAO (Nr. **4**).

4. Einzelheiten zu den nach § 138e zur Mitteilung verpflichtenden Kennzeichen,
5. eine Zusammenfassung des Inhalts der grenzüberschreitenden Steuergestaltung einschließlich
   a) soweit vorhanden, eines Verweises auf die Bezeichnung, unter der die Steuergestaltung allgemein bekannt ist, und
   b) einer abstrakt gehaltenen Beschreibung der relevanten Geschäftstätigkeit oder Gestaltung des Nutzers, soweit dies nicht zur Offenlegung eines Handels-, Gewerbe- oder Berufsgeheimnisses oder eines Geschäftsverfahrens oder von Informationen führt, deren Offenlegung die öffentliche Ordnung verletzen würde,
6. das Datum des Tages, an dem der erste Schritt der Umsetzung der grenzüberschreitenden Steuergestaltung gemacht wurde oder voraussichtlich gemacht werden wird,
7. Einzelheiten zu den einschlägigen Rechtsvorschriften aller betroffenen Mitgliedstaaten der Europäischen Union, die unmittelbar die Grundlage der grenzüberschreitenden Steuergestaltung bilden,
8. den tatsächlichen oder voraussichtlichen wirtschaftlichen Wert der grenzüberschreitenden Steuergestaltung,
9. die Mitgliedstaaten der Europäischen Union, die wahrscheinlich von der grenzüberschreitenden Steuergestaltung betroffen sind, und
10. Angaben zu allen in einem Mitgliedstaat der Europäischen Union ansässigen Personen, die von der grenzüberschreitenden Steuergestaltung wahrscheinlich unmittelbar betroffen sind, einschließlich Angaben darüber, zu welchen Mitgliedstaaten der Europäischen Union sie in Beziehung stehen, soweit dem Intermediär dies bekannt ist.

[2] Soweit dem Intermediär bekannt ist, dass neben ihm mindestens ein weiterer Intermediär im Geltungsbereich dieses Gesetzes oder in einem anderen Mitgliedstaat der Europäischen Union zur Mitteilung derselben grenzüberschreitenden Steuergestaltung verpflichtet ist, so kann er im Datensatz nach Satz 1 die Angaben nach Satz 1 Nummer 1 auch hinsichtlich der anderen ihm bekannten Intermediäre machen.

(4) [1] Der mitteilende Intermediär hat den Nutzer darüber zu informieren, welche den Nutzer betreffenden Angaben er gemäß Absatz 3 an das Bundeszentralamt für Steuern übermittelt hat oder übermitteln wird. [2] Im Fall des Absatzes 3 Satz 2 hat der mitteilende Intermediär die anderen ihm bekannten Intermediäre unverzüglich darüber zu informieren, dass die Angaben gemäß Absatz 3 an das Bundeszentralamt für Steuern übermittelt wurden.

(5) [1] Das Bundeszentralamt für Steuern weist dem eingegangenen Datensatz im Sinne des Absatzes 3

1. eine Registriernummer für die mitgeteilte grenzüberschreitende Steuergestaltung und
2. eine Offenlegungsnummer für die eingegangene Mitteilung

zu und teilt diese dem mitteilenden Intermediär mit. [2] Hat das Bundeszentralamt für Steuern oder die zuständige Behörde eines anderen Mitgliedstaats der Europäischen Union im Einklang mit den dort geltenden Rechtsvorschriften der grenzüberschreitenden Steuergestaltung aufgrund der Mitteilung eines anderen Intermediärs bereits eine Registriernummer zugewiesen und ist diese dem mitteilenden Intermediär bekannt, so hat er sie dem Bundeszentralamt für Steuern im Datensatz nach Absatz 3 Satz 1 mitzuteilen. [3]Satz 1 Nummer 1 ist nicht anzuwenden, wenn der Intermediär nach Satz 2 im Datensatz eine Registriernummer für die grenzüberschreitende Steuergestaltung angegeben hat. [4]Der mitteilende Intermediär hat die Registriernummer nach Satz 1 Nummer 1 und die Offenlegungsnummer nach Satz 1 Nummer 2 unverzüglich dem Nutzer der grenzüberschreitenden Steuergestaltung mitzuteilen. [5]Hat der Intermediär nach Absatz 3 Satz 2 auch andere Intermediäre derselben grenzüberschreitenden Steuergestaltung benannt, so hat er diesen die Registriernummer nach Satz 1 Nummer 1 mitzuteilen.

(6) [1]Unterliegt ein Intermediär einer gesetzlichen Pflicht zur Verschwiegenheit und hat der Nutzer ihn von dieser Pflicht nicht entbunden, so geht die Pflicht zur Übermittlung der Angaben nach Absatz 3 Satz 1 Nummer 2, 3 und 10 auf den Nutzer über, sobald der Intermediär

1. den Nutzer über die Mitteilungspflicht, die Möglichkeit der Entbindung von der Verschwiegenheitspflicht und den anderenfalls erfolgenden Übergang der Mitteilungspflicht informiert hat und
2. dem Nutzer die nach Absatz 3 Satz 1 Nummer 2, 3 und 10 erforderlichen Angaben, soweit sie dem Nutzer nicht bereits bekannt sind, sowie die Registriernummer und die Offenlegungsnummer zur Verfügung gestellt hat.

[2]Ist die Mitteilungspflicht hinsichtlich der in Absatz 3 Satz 1 Nummer 2, 3 und 10 bezeichneten Angaben auf den Nutzer übergegangen, so hat dieser in seiner Mitteilung die Registriernummer und die Offenlegungsnummer anzugeben; die Absätze 1 und 2 gelten in diesem Fall entsprechend. [3]Die Information des Nutzers nach Satz 1 Nummer 2 ist vom Intermediär nach Zugang der Mitteilung der Offenlegungsnummer unverzüglich zu veranlassen. [4]Erlangt der Nutzer die in Satz 1 Nummer 2 bezeichneten Informationen erst nach Eintritt des nach Absatz 2 maßgebenden Ereignisses, so beginnt die Frist zur Übermittlung der in Absatz 3 Satz 1 Nummer 2, 3 und 10 bezeichneten Angaben abweichend von Absatz 2 erst mit Ablauf des Tages, an dem der Nutzer die Informationen erlangt hat. [5]Hat der Nutzer einer grenzüberschreitenden Steuergestaltung einen Intermediär, der einer gesetzlichen Pflicht zur Verschwiegenheit unterliegt, nicht von seiner Verschwiegenheitspflicht entbunden, kann die Pflicht des Intermediärs zur Mitteilung der Angaben nach Absatz 3 Satz 1 Nummer 1 und 4 bis 9 dadurch erfüllt werden, dass der Nutzer diese Angaben im Auftrag des Intermediärs übermittelt.

(7) [1]Ein Intermediär ist nur dann zur Mitteilung der grenzüberschreitenden Steuergestaltung gegenüber dem Bundeszentralamt für Steuern verpflichtet, wenn er seinen Wohnsitz, seinen gewöhnlichen Aufenthalt, seine Geschäftsleitung oder seinen Sitz

1. im Geltungsbereich dieses Gesetzes hat oder
2. nicht in einem Mitgliedstaat der Europäischen Union hat, er aber im Geltungsbereich dieses Gesetzes
   a) eine Betriebstätte hat, durch die die Dienstleistungen im Zusammenhang mit der grenzüberschreitenden Steuergestaltung erbracht werden,
   b) in das Handelsregister oder in ein öffentliches berufsrechtliches Register eingetragen ist oder

c) bei einem Berufsverband für juristische, steuerliche oder beratende Dienstleistungen registriert ist.

[2] Bei Anwendung von Satz 1 Nummer 2 Buchstabe a gilt § 138d Absatz 4 entsprechend.

(8) Ist ein Intermediär hinsichtlich derselben grenzüberschreitenden Steuergestaltung zur Mitteilung im Geltungsbereich dieses Gesetzes und zugleich in mindestens einem anderen Mitgliedstaat der Europäischen Union verpflichtet, so ist er von der Mitteilungspflicht nach diesem Gesetz nur dann befreit, wenn er nachweisen kann, dass er die grenzüberschreitende Steuergestaltung bereits in einem anderen Mitgliedstaat der Europäischen Union im Einklang mit den dort geltenden Rechtsvorschriften der zuständigen Behörde mitgeteilt hat.

(9) [1] Mehrere Intermediäre derselben grenzüberschreitenden Steuergestaltung sind nebeneinander zur Mitteilung verpflichtet. [2] Ein Intermediär ist in diesem Fall von der Mitteilungspflicht gegenüber dem Bundeszentralamt für Steuern befreit, soweit er nachweisen kann, dass die in Absatz 3 bezeichneten Informationen zu derselben grenzüberschreitenden Steuergestaltung bereits durch einen anderen Intermediär dem Bundeszentralamt für Steuern oder der zuständigen Behörde eines anderen Mitgliedstaats der Europäischen Union im Einklang mit den dort geltenden Rechtsvorschriften mitgeteilt wurden.

§ 138g[1)] Verfahren zur Mitteilung grenzüberschreitender Steuergestaltungen durch Nutzer. (1) [1] Erfüllt bei einer grenzüberschreitenden Steuergestaltung im Sinne des § 138d Absatz 2 kein Intermediär die Voraussetzungen des § 138f Absatz 7, so obliegt die Mitteilung der in § 138f Absatz 3 bezeichneten Angaben dem Nutzer; in diesem Fall gilt § 138f Absatz 1 und 2 entsprechend. [2] Die Mitteilungspflicht des Nutzers nach Satz 1 besteht nicht, soweit der Nutzer nachweisen kann, dass er selbst, ein Intermediär oder ein anderer Nutzer dieselbe grenzüberschreitende Steuergestaltung bereits in einem anderen Mitgliedstaat der Europäischen Union im Einklang mit den dort geltenden Rechtsvorschriften mitgeteilt hat.

(2) [1] Obliegt die Mitteilung der in § 138f Absatz 3 bezeichneten Angaben im Fall des Absatzes 1 mehreren Nutzern derselben grenzüberschreitenden Steuergestaltung, so gilt Folgendes:

1. hinsichtlich der in § 138f Absatz 3 Satz 1 Nummer 1 und 4 bis 9 bezeichneten Angaben ist vorrangig der Nutzer zur Mitteilung verpflichtet, der die grenzüberschreitende Steuergestaltung mit dem Intermediär oder den Intermediären vereinbart hat; nachrangig ist der Nutzer mitteilungspflichtig, der die Umsetzung der grenzüberschreitenden Steuergestaltung verwaltet;
2. alle Nutzer derselben grenzüberschreitenden Steuergestaltung sind zur Mitteilung der in § 138f Absatz 3 Satz 1 Nummer 2, 3 und 10 bezeichneten Angaben verpflichtet;
3. soweit der in Nummer 1 bezeichnete Nutzer auch die in § 138f Absatz 3 Satz 1 Nummer 2, 3 und 10 bezeichneten Angaben zu den übrigen Nutzern derselben Steuergestaltung mitgeteilt hat, sind die übrigen Nutzer von der Mitteilungspflicht nach Nummer 2 befreit.

---

1) § 138g eingef. durch G v. 21.12.2019 (BGBl. I S. 2875); zur Anwendung siehe Art. 97 § 33 Abs. 1 und 2 EGAO (Nr. **4**).

[2]Bei Anwendung von Satz 1 Nummer 1 gilt § 138f Absatz 5 Satz 1 und 4 entsprechend.

(3) Die Absätze 1 und 2 gelten nur für Nutzer, die ihren Wohnsitz, ihren gewöhnlichen Aufenthalt, ihre Geschäftsleitung oder ihren Sitz

1. im Geltungsbereich dieses Gesetzes haben oder
2. nicht in einem Mitgliedstaat der Europäischen Union haben, aber im Geltungsbereich dieses Gesetzes
   a) eine Betriebstätte im Sinne des § 138d Absatz 4 haben, in der durch die grenzüberschreitende Steuergestaltung ein steuerlicher Vorteil entsteht,
   b) Einkünfte erzielen oder eine wirtschaftliche Tätigkeit ausüben, sofern diese für eine Steuer von Bedeutung sind, auf die das EU-Amtshilfegesetz anzuwenden ist.

§ 138h[1)] Mitteilungen bei marktfähigen grenzüberschreitenden Steuergestaltungen. (1) Eine grenzüberschreitende Steuergestaltung ist marktfähig, wenn sie konzipiert wird, vermarktet wird, umsetzungsbereit ist oder zur Umsetzung bereitgestellt wird, ohne dass sie individuell angepasst werden muss.

(2) [1]Bei marktfähigen grenzüberschreitenden Steuergestaltungen sind Änderungen und Ergänzungen hinsichtlich der in § 138f Absatz 3 Satz 1 Nummer 1, 2, 6, 9 und 10 bezeichneten Angaben, die nach Übermittlung des Datensatzes nach § 138f Absatz 3 eingetreten sind, innerhalb von zehn Tagen nach Ablauf des Kalendervierteljahres mitzuteilen, in dem die jeweils mitteilungspflichtigen Umstände eingetreten sind. [2]Dabei sind die Registriernummer und die Offenlegungsnummer anzugeben. [3]Die Angaben sind dem Bundeszentralamt für Steuern nach amtlich vorgeschriebenem Datensatz über die amtlich bestimmte Schnittstelle mitzuteilen. [4]Die Sätze 1 bis 3 gelten in den Fällen des § 138g entsprechend.

§ 138i[2)] Information der Landesfinanzbehörden. Soweit von nach den §§ 138f bis 138h mitgeteilten grenzüberschreitenden Steuergestaltungen im Sinne des § 138d Absatz 2 Steuern betroffen sind, die von Landesfinanzbehörden oder Gemeinden verwaltet werden, teilt das Bundeszentralamt für Steuern den für die Nutzer zuständigen Finanzbehörden der Länder im automatisierten Verfahren unter Angabe der Registriernummer und der Offenlegungsnummer mit, dass ihm Angaben über mitgeteilte grenzüberschreitende Steuergestaltungen vorliegen.

§ 138j[3)] Auswertung der Mitteilungen grenzüberschreitender Steuergestaltungen. (1) [1]Das Bundeszentralamt für Steuern wertet die ihm nach den §§ 138f bis 138h zugegangenen Mitteilungen aus. [2]Soweit von mitgeteilten grenzüberschreitenden Steuergestaltungen im Sinne des § 138d Absatz 2 Steuern betroffen sind, die von Zollbehörden verwaltet werden, übermittelt das Bundeszentralamt für Steuern die ihm zugegangenen Mitteilungen zusammen mit der jeweils zugewiesenen Registriernummer an die Generalzolldirektion.

[1)] § 138h eingef. durch G v. 21.12.2019 (BGBl. I S. 2875); zur Anwendung siehe Art. 97 § 33 Abs. 1 und 2 EGAO (Nr. **4**).

[2)] § 138i eingef. durch G v. 21.12.2019 (BGBl. I S. 2875); zur Anwendung siehe Art. 97 § 33 Abs. 1 und 2 EGAO (Nr. **4**).

[3)] § 138j eingef. durch G v. 21.12.2019 (BGBl. I S. 2875); zur Anwendung siehe Art. 97 § 33 Abs. 1 und 2 EGAO (Nr. **4**).

[3]Die Auswertung der Daten erfolgt in diesem Fall durch die Generalzolldirektion. [4]Die Ergebnisse der Auswertung teilen das Bundeszentralamt für Steuern und die Generalzolldirektion dem Bundesministerium der Finanzen mit.

(2) Soweit von nach den §§ 138f bis 138h mitgeteilten grenzüberschreitenden Steuergestaltungen Steuern betroffen sind, die ganz oder teilweise den Ländern oder Gemeinden zustehen, unterrichtet das Bundesministerium der Finanzen die obersten Finanzbehörden der Länder über die Ergebnisse der Auswertung.

(3) Soweit von nach den §§ 138f bis 138h mitgeteilten grenzüberschreitenden Steuergestaltungen Steuern betroffen sind, die von Finanzbehörden der Länder oder von Gemeinden verwaltet werden, stellt das Bundeszentralamt für Steuern den für die Nutzer zuständigen Finanzbehörden der Länder ergänzend zu den Angaben nach § 138i auch die Angaben nach § 138f Absatz 3 sowie eigene Ermittlungsergebnisse und die Ergebnisse der Auswertung zum Abruf bereit.

(4) [1]Das Ausbleiben einer Reaktion des Bundeszentralamts für Steuern, der Generalzolldirektion, des Bundesministeriums der Finanzen oder des Gesetzgebers auf die Mitteilung einer grenzüberschreitenden Steuergestaltung nach den §§ 138f bis 138h bedeutet nicht deren rechtliche Anerkennung. [2]§ 89 Absatz 2 bis 7 bleibt unberührt.

(5) Die Verarbeitung personenbezogener Daten aufgrund von Mitteilungen über grenzüberschreitende Steuergestaltungen durch Finanzbehörden ist ein Verwaltungsverfahren in Steuersachen im Sinne des Gesetzes.

§ 138k[1)] Angabe der grenzüberschreitenden Steuergestaltung in der Steuererklärung. [1]Hat ein Nutzer eine grenzüberschreitende Steuergestaltung im Sinne des § 138d Absatz 2 oder der entsprechenden Regelung eines anderen Mitgliedstaats der Europäischen Union verwirklicht, so hat er diese in der Steuererklärung für die Steuerart und den Besteuerungszeitraum oder den Besteuerungszeitpunkt, in der sich der steuerliche Vorteil der grenzüberschreitenden Steuergestaltung erstmals auswirken soll, anzugeben. [2]Hierzu genügt die Angabe

1. der vom Bundeszentralamt für Steuern zugeteilten Registriernummer und Offenlegungsnummer oder
2. der von der zuständigen Behörde eines anderen Mitgliedstaats der Europäischen Union zugeteilten Registriernummer und Offenlegungsnummer.

§ 139 Anmeldung von Betrieben in besonderen Fällen. (1) [1]Wer Waren gewinnen oder herstellen will, an deren Gewinnung, Herstellung, Entfernung aus dem Herstellungsbetrieb oder Verbrauch innerhalb des Herstellungsbetriebs eine Verbrauchsteuerpflicht geknüpft ist, hat dies der zuständigen Finanzbehörde vor Eröffnung des Betriebs anzumelden. [2]Das Gleiche gilt für den, der ein Unternehmen betreiben will, bei dem besondere Verkehrsteuern anfallen.

(2)[2)] [1]Durch Rechtsverordnung können Bestimmungen über den Zeitpunkt, die Form und den Inhalt der Anmeldung getroffen werden. [2]Die Rechtsverordnung erlässt die Bundesregierung, soweit es sich um Verkehrsteuern mit

---

[1)] § 138k eingef. durch G v. 21.12.2019 (BGBl. I S. 2875); zur Anwendung siehe Art. 97 § 33 Abs. 1 und 2 EGAO (Nr. **4**).

[2)] § 139 Abs. 2 Satz 2 geänd. mWv 30.6.2013 durch G v. 26.6.2013 (BGBl. I S. 1809).

Ausnahme der Luftverkehrsteuer handelt, im Übrigen das Bundesministerium der Finanzen. [3]Die Rechtsverordnung des Bundesministeriums der Finanzen bedarf der Zustimmung des Bundesrates nur, soweit sie die Biersteuer betrifft.

3. Unterabschnitt.[1)] Identifikationsmerkmal

§ 139a[2)] Identifikationsmerkmal.

[alte Fassung:[3)]]

(1) [1]Das Bundeszentralamt für Steuern teilt jedem Steuerpflichtigen zum Zwecke der eindeutigen Identifizierung in Besteuerungsverfahren ein einheitliches und dauerhaftes Merkmal (Identifikationsmerkmal) zu; das Identifikationsmerkmal ist vom Steuerpflichtigen oder von einem Dritten, der Daten dieses Steuerpflichtigen an die Finanzbehörden zu übermitteln hat, bei Anträgen, Erklärungen oder Mitteilungen gegenüber Finanzbehörden anzugeben. [2]Es besteht aus einer Ziffernfolge, die nicht aus anderen Daten über den Steuerpflichtigen gebildet oder abgeleitet werden darf; die letzte Stelle ist eine Prüfziffer. [3]Natürliche Personen erhalten eine Identifikationsnummer, wirtschaftlich Tätige eine Wirtschafts-Identifikationsnummer. [4]Der Steuerpflichtige ist über die Zuteilung eines Identifikationsmerkmals unverzüglich zu unterrichten.

[neue Fassung:[4)]]

(1) [1]Das Bundeszentralamt für Steuern teilt jedem Steuerpflichtigen und jeder sonstigen natürlichen Person, die bei einer öffentlichen Stelle ein Verwaltungsverfahren führt, zum Zwecke der eindeutigen Identifizierung in Besteuerungs- und Verwaltungsverfahren ein einheitliches und dauerhaftes Merkmal (Identifikationsmerkmal) zu; das Identifikationsmerkmal ist vom Steuerpflichtigen oder von einem Dritten, der Daten dieses Steuerpflichtigen an die Finanzbehörden zu übermitteln hat, bei Anträgen, Erklärungen oder Mitteilungen gegenüber Finanzbehörden anzugeben. [2]Es besteht aus einer Ziffernfolge, die nicht aus anderen Daten über die betroffene Person gebildet oder abgeleitet werden darf; die letzte Stelle ist eine Prüfziffer. [3]Natürliche Personen erhalten eine Identifikationsnummer, wirtschaftlich Tätige eine Wirtschafts-Identifikationsnummer. [4]Die betroffene Person ist über die Zuteilung eines Identifikationsmerkmals unverzüglich zu unterrichten.

(2) Steuerpflichtiger im Sinne dieses Unterabschnitts ist jeder, der nach einem Steuergesetz steuerpflichtig ist.

(3) Wirtschaftlich Tätige im Sinne dieses Unterabschnitts sind:

1. natürliche Personen, die wirtschaftlich tätig sind,
2. juristische Personen,
3. Personenvereinigungen.

---

1) Dritter Unterabschnitt eingef. durch G v. 15.12.2003 (BGBl. I S. 2645); zur Anwendung siehe Art. 97 § 5 EGAO (Nr. 4).

2) Bis zum Inkrafttreten der Änderung durch Art. 3 RegMoG v. 28.3.2021 (BGBl. I S. 591) beachte die Übergangsregelung zur Verwendung der Identifikationsnummer nach § 139b AO für die Pilotierung des Datenschutzcockpits in Art. 21 RegMoG v. 28.3.2021 (BGBl. I S. 591), zuletzt geänd. durch G v. 9.7.2021 (BGBl. I S. 2467).

3) § 139a Abs. 1 Satz 1 neu gef. mWv 31.12.2014 durch G v. 22.12.2014 (BGBl. I S. 2417).

4) § 139a Abs. 1 Sätze 1, 2 und 4 geänd. durch G v. 28.3.2021 (BGBl. I S. 591).

§ 139b[1] Identifikationsnummer. (1) [1]Eine natürliche Person darf nicht mehr als eine Identifikationsnummer erhalten. [2]Jede Identifikationsnummer darf nur einmal vergeben werden.

(2)[2] [1]Die Finanzbehörden dürfen die Identifikationsnummer verarbeiten, wenn die Verarbeitung zur Erfüllung der ihnen obliegenden Aufgaben erforderlich ist oder eine Rechtsvorschrift die Verarbeitung der Identifikationsnummer ausdrücklich erlaubt oder anordnet. [2]Andere öffentliche oder nicht-öffentliche Stellen dürfen ohne Einwilligung der betroffenen Person

1. die Identifikationsnummer nur verarbeiten, soweit dies für Datenübermittlungen zwischen ihnen und den Finanzbehörden erforderlich ist oder eine Rechtsvorschrift die Verarbeitung der Identifikationsnummer ausdrücklich erlaubt oder anordnet,
2. ihre Dateisysteme nur insoweit nach der Identifikationsnummer ordnen oder für den Zugriff erschließen, als dies für regelmäßige Datenübermittlungen zwischen ihnen und den Finanzbehörden erforderlich ist,
3. eine rechtmäßig erhobene Identifikationsnummer eines Steuerpflichtigen zur Erfüllung aller Mitteilungspflichten gegenüber Finanzbehörden verwenden, soweit die Mitteilungspflicht denselben Steuerpflichtigen betrifft und die Verarbeitung nach Nummer 1 zulässig wäre,
4. eine durch ein verbundenes Unternehmen im Sinne des § 15 des Aktiengesetzes oder ein Unternehmen einer kreditwirtschaftlichen Verbundgruppe rechtmäßig erhobene Identifikationsnummer eines Steuerpflichtigen zur Erfüllung aller steuerlichen Mitwirkungspflichten verwenden, soweit die Mitwirkungspflicht denselben Steuerpflichtigen betrifft und die verwendende Stelle zum selben Unternehmensverbund wie die Stelle gehört, die die Identifikationsnummer erhoben hat und die Verarbeitung nach Nummer 1 zulässig wäre.

(3)[3] Das Bundeszentralamt für Steuern speichert zu natürlichen Personen folgende Daten:

1. Identifikationsnummer,
2. Wirtschafts-Identifikationsnummern,
3. Familienname,
4. frühere Namen,
5. Vornamen,
6. Doktorgrad,
7.[4] *(aufgehoben)*
8. Tag und Ort der Geburt,
9. Geschlecht,
10. gegenwärtige oder letzte bekannte Anschrift,
11.[5] zuständige Finanzbehörden,

---

[1] Bis zum Inkrafttreten der Änderung durch Art. 3 RegMoG v. 28.3.2021 (BGBl. I S. 591) beachte die Übergangsregelung zur Verwendung der Identifikationsnummer nach § 139b AO für die Pilotierung des Datenschutzcockpits in Art. 21 RegMoG v. 28.3.2021 (BGBl. I S. 591), zuletzt geänd. durch G v. 9.7.2021 (BGBl. I S. 2467).

[2] § 139b Abs. 2 neu gef. mWv 25.5.2018 durch G v. 17.7.2017 (BGBl. I S. 2541).

[3] § 139b Abs. 3 einl. Satzteil geänd. mWv 1.1.2006 durch G v. 22.9.2005 (BGBl. I S. 2809).

[4] § 139b Abs. 3 Nr. 7 aufgeh. mWv 1.11.2007 durch G v. 20.7.2007 (BGBl. I S. 1566).

[5] § 139b Abs. 3 Nr. 11 geänd. durch G v. 9.12.2004 (BGBl. I S. 3310).

12.[1] Auskunftssperren nach dem Bundesmeldegesetz,
13.[2] Sterbetag,
14.[3] Tag des Ein- und Auszugs,
15.[4] Staatsangehörigkeiten sowie
16.[5] Datum des letzten Verwaltungskontakts (Monat, Jahr).

(4)[6] [1] Die in Absatz 3 aufgeführten Daten werden gespeichert, um
1. sicherzustellen, dass eine Person nur eine Identifikationsnummer erhält und eine Identifikationsnummer nicht mehrfach vergeben wird,
2. die Identifikationsnummer eines Steuerpflichtigen festzustellen,
3.[7] zu erkennen, welche Finanzbehörden für einen Steuerpflichtigen zuständig sind,
4. Daten, die auf Grund eines Gesetzes oder nach über- und zwischenstaatlichem Recht entgegenzunehmen sind, an die zuständigen Stellen weiterleiten zu können,
5. den Finanzbehörden die Erfüllung der ihnen durch Rechtsvorschrift zugewiesenen Aufgaben zu ermöglichen.

[2] Die in Absatz 3 Nummer 1 und 8 aufgeführten Daten werden auch zur Ermittlung des Einkommens nach § 97a des Sechsten Buches Sozialgesetzbuch gespeichert und können von den Trägern der gesetzlichen Rentenversicherung zu diesem Zweck verarbeitet werden. [3] Die Regelungen des Identifikationsnummerngesetzes bleiben unberührt.

(4a)[8] Die in Absatz 3 Nummer 3 bis 6, 8 und 10 aufgeführten Daten werden bei einer natürlichen Person, die ein Nutzerkonto im Sinne des § 2 Absatz 5 des Onlinezugangsgesetzes nutzt, auch zum Nachweis der Identität als Nutzer dieses Nutzerkontos gespeichert; diese Daten dürfen elektronisch an das Nutzerkonto übermittelt werden, wenn der Nutzer zuvor in die Übermittlung eingewilligt hat.

(4b)[9] Die in Absatz 3 Nummer 1 und 8 aufgeführten Daten werden bei einer natürlichen Person auch für Zwecke der Digitalen Rentenübersicht gespeichert.

(5)[10] [1] Die in Absatz 3 aufgeführten Daten dürfen nur für die in den Absätzen 4 bis 4b genannten Zwecke verarbeitet werden. [2] Auskunftssperren nach

---

[1] § 139b Abs. 3 Nr. 12 eingef., bish. Nr. 12 wird Nr. 13 durch G v. 20.12.2007 (BGBl. I S. 3150); Nr. 12 geänd. mWv 1.11.2015 durch G v. 3.5.2013 (BGBl. I S. 1084, geänd. durch G v. 20.11.2014, BGBl. I S. 1738).

[2] § 139b Abs. 3 Nr. 12 eingef., bish. Nr. 12 wird Nr. 13 durch G v. 20.12.2007 (BGBl. I S. 3150).

[3] § 139b Abs. 3 Nr. 14 angef. mWv 31.12.2014 durch G v. 22.12.2014 (BGBl. I S. 2417).

[4] § 139b Abs. 3 Nr. 15 angef. durch G v. 28.3.2021 (BGBl. I S. 591).

[5] § 139b Abs. 3 Nr. 16 angef. durch G v. 28.3.2021 (BGBl. I S. 591).

[6] § 139b Abs. 4 Satz 2 angef. mWv 1.1.2021 durch G v. 12.8.2020 (BGBl. I S. 1879); Satz 3 angef. durch G v. 28.3.2021 (BGBl. I S. 591).

[7] § 139b Abs. 4 Nr. 3 geänd. durch G v. 9.12.2004 (BGBl. I S. 3310).

[8] § 139b Abs. 4a eingef. mWv 10.12.2020 durch G v. 3.12.2020 (BGBl. I S. 2668).

[9] § 139b Abs. 4b eingef. mWv 18.2.2021 durch G v. 11.2.2021 (BGBl. I S. 154).

[10] § 139b Abs. 5 Sätze 2 und 3 angef. durch G v. 20.12.2007 (BGBl. I S. 3150); Satz 2 geänd. mWv 1.11.2015 durch G v. 3.5.2013 (BGBl. I S. 1084, geänd. durch G v. 20.11.2014, BGBl. I S. 1738); Satz 1 geänd. mWv 25.5.2018 durch G v. 17.7.2017 (BGBl. I S. 2541); Satz 1 neu gef. mWv 10.12.2020 durch G v. 3.12.2020 (BGBl. I S. 2668); Satz 1 neu gef. mWv 18.2.2021 durch G v. 11.2.2021 (BGBl. I S. 154); Satz 4 angef. durch G v. 28.3.2021 (BGBl. I S. 591).

dem Bundesmeldegesetz sind zu beachten und im Fall einer zulässigen Datenübermittlung ebenfalls zu übermitteln. [3]Der Dritte, an den die Daten übermittelt werden, hat die Übermittlungssperren ebenfalls zu beachten. [4]Die Regelungen des Identifikationsnummerngesetzes bleiben unberührt.

(6)[1)] [1]Zum Zwecke der erstmaligen Zuteilung der Identifikationsnummer übermitteln die Meldebehörden dem Bundeszentralamt für Steuern für jeden in ihrem Zuständigkeitsbereich mit alleiniger Wohnung oder Hauptwohnung im Melderegister registrierten Einwohner folgende Daten:

1. Familienname,
2. frühere Namen,
3. Vornamen,
4. Doktorgrad,
5.[2)] *(aufgehoben)*
6. Tag und Ort der Geburt,
7. Geschlecht,
8. gegenwärtige Anschrift der alleinigen Wohnung oder der Hauptwohnung,
9.[3)] Tag des Ein- und Auszugs,
10.[4)] Auskunftssperren nach dem Bundesmeldegesetz,
11.[5)] Staatsangehörigkeiten sowie
12.[6)] Datum des letzten Verwaltungskontakts (Monat, Jahr).

[2]Hierzu haben die Meldebehörden jedem in ihrem Zuständigkeitsbereich mit alleiniger Wohnung oder Hauptwohnung registrierten Einwohner ein Vorläufiges Bearbeitungsmerkmal zu vergeben. [3]Dieses übermitteln sie zusammen mit den Daten nach Satz 1 an das Bundeszentralamt für Steuern. [4]Das Bundeszentralamt für Steuern teilt der zuständigen Meldebehörde die dem Steuerpflichtigen zugeteilte Identifikationsnummer zur Speicherung im Melderegister unter Angabe des Vorläufigen Bearbeitungsmerkmals mit und löscht das Vorläufige Bearbeitungsmerkmal anschließend.

(7)[7)] [1]Die Meldebehörden haben im Falle der Speicherung einer Geburt im Melderegister sowie im Falle der Speicherung einer Person, für die bisher keine Identifikationsnummer zugeteilt worden ist, dem Bundeszentralamt für Steuern die Daten nach Absatz 6 Satz 1 zum Zwecke der Zuteilung der Identifikationsnummer zu übermitteln. [2]Absatz 6 Satz 2 bis 5 gilt entsprechend.

[1)] § 139b Abs. 6 Satz 1 geänd. mWv 1.1.2006 durch G v. 22.9.2005 (BGBl. I S. 2809); Sätze 2 und 3 ersetzt durch Sätze 2 bis 5 durch G v. 13.12.2006 (BGBl. I S. 2878); Satz 6 angef. durch G v. 20.12.2007 (BGBl. I S. 3150); Satz 6 aufgeh. mWv 31.12.2014 durch G v. 22.12.2014 (BGBl. I S. 2417); Satz 4 aufgeh., bish. Satz 5 wird Satz 4 mWv 25.5.2018 durch G v. 17.7.2017 (BGBl. I S. 2541).

[2)] § 139b Abs. 6 Satz 1 Nr. 5 aufgeh. mWv 1.11.2007 durch G v. 20.7.2007 (BGBl. I S. 1566).

[3)] § 139b Abs. 6 Satz 1 Nr. 9 eingef. durch G v. 20.12.2007 (BGBl. I S. 3150).

[4)] § 139b Abs. 6 Satz 1 Nr. 10 eingef. durch G v. 20.12.2007 (BGBl. I S. 3150); geänd. mWv 1.11.2015 durch G v. 3.5.2013 (BGBl. I S. 1084, geänd. durch G v. 20.11.2014, BGBl. I S. 1738).

[5)] § 139b Abs. 6 Satz 1 Nr. 11 angef. durch G v. 28.3.2021 (BGBl. I S. 591).

[6)] § 139b Abs. 6 Satz 1 Nr. 12 angef. durch G v. 28.3.2021 (BGBl. I S. 591).

[7)] § 139b Abs. 7 Satz 1 geänd. mWv 1.1.2006 durch G v. 22.9.2005 (BGBl. I S. 2809); Satz 2 geänd. durch G v. 13.12.2006 (BGBl. I S. 2878); Satz 2 geänd. durch G v. 20.12.2007 (BGBl. I S. 3150); Satz 2 geänd. mWv 31.12.2014 durch G v. 22.12.2014 (BGBl. I S. 2417).

(8)[1] Die Meldebehörde teilt dem Bundeszentralamt für Steuern Änderungen der in Absatz 6 Satz 1 Nr. 1 bis 10 bezeichneten Daten sowie bei Sterbefällen den Sterbetag unter Angabe der Identifikationsnummer oder, sofern diese noch nicht zugeteilt wurde, unter Angabe des Vorläufigen Bearbeitungsmerkmals mit.

(9)[2] Das Bundeszentralamt für Steuern unterrichtet die Meldebehörden, wenn ihm konkrete Anhaltspunkte für die Unrichtigkeit der ihm von den Meldebehörden übermittelten Daten vorliegen.

§ 139c Wirtschafts-Identifikationsnummer. (1)[3] [1]Die Wirtschafts-Identifikationsnummer wird auf Anforderung der zuständigen Finanzbehörde vergeben. [2]Sie beginnt mit den Buchstaben „DE". [3]Jede Wirtschafts-Identifikationsnummer darf nur einmal vergeben werden.

(2)[4] [1]Die Finanzbehörden dürfen die Wirtschafts-Identifikationsnummer verarbeiten, wenn die Verarbeitung zur Erfüllung der ihnen obliegenden Aufgaben erforderlich ist oder eine Rechtsvorschrift dies erlaubt oder anordnet. [2]Andere öffentliche oder nicht-öffentliche Stellen dürfen die Wirtschafts-Identifikationsnummer nur verarbeiten, soweit dies zur Erfüllung ihrer Aufgaben oder Geschäftszwecke oder für Datenübermittlungen zwischen ihnen und den Finanzbehörden erforderlich ist. [3]Soweit die Wirtschafts-Identifikationsnummer andere Nummern ersetzt, bleiben Rechtsvorschriften, die eine Übermittlung durch die Finanzbehörden an andere Behörden regeln, unberührt.

(3)[5] Das Bundeszentralamt für Steuern speichert zu natürlichen Personen, die wirtschaftlich tätig sind, folgende Daten:

1. Wirtschafts-Identifikationsnummer,
2. Identifikationsnummer,
3. Firma (§§ 17 ff. des Handelsgesetzbuchs) oder Name des Unternehmens,
4. frühere Firmennamen oder Namen des Unternehmens,
5. Rechtsform,
6. Wirtschaftszweignummer,
7. amtlicher Gemeindeschlüssel,
8. Anschrift des Unternehmens, Firmensitz,
9. Handelsregistereintrag (Registergericht, Datum und Nummer der Eintragung),
10. Datum der Betriebseröffnung oder Zeitpunkt der Aufnahme der Tätigkeit,
11. Datum der Betriebseinstellung oder Zeitpunkt der Beendigung der Tätigkeit,
12.[6] zuständige Finanzbehörden,

---

[1] § 139b Abs. 8 geänd. mWv 1.1.2006 durch G v. 22.9.2005 (BGBl. I S. 2809); geänd. durch G v. 13.12.2006 (BGBl. I S. 2878); geänd. durch G v. 20.12.2007 (BGBl. I S. 3150).

[2] § 139b Abs. 9 angef. durch G v. 9.12.2004 (BGBl. I S. 3310); geänd. mWv 1.1.2006 durch G v. 22.9.2005 (BGBl. I S. 2809).

[3] § 139c Abs. 1 Satz 1 geänd. durch G v. 9.12.2004 (BGBl. I S. 3310).

[4] § 139c Abs. 2 Sätze 1 und 2 neu gef. mWv 25.5.2018 durch G v. 17.7.2017 (BGBl. I S. 2541).

[5] § 139c Abs. 3 einl. Satzteil geänd. mWv 1.1.2006 durch G v. 22.9.2005 (BGBl. I S. 2809).

[6] § 139c Abs. 3 Nr. 12 geänd. durch G v. 9.12.2004 (BGBl. I S. 3310).

13.[1] Unterscheidungsmerkmale nach Absatz 5a,
14.[2] Angaben zu verbundenen Unternehmen.

(4)[3] Das Bundeszentralamt für Steuern speichert zu juristischen Personen folgende Daten:

1. Wirtschafts-Identifikationsnummer,
2. Identifikationsmerkmale der gesetzlichen Vertreter,
3. Firma (§§ 17 ff. des Handelsgesetzbuchs),
4. frühere Firmennamen,
5. Rechtsform,
6. Wirtschaftszweignummer,
7. amtlicher Gemeindeschlüssel,
8. Sitz gemäß § 11, insbesondere Ort der Geschäftsleitung,
9. Datum des Gründungsaktes,
10. Handels-, Genossenschafts- oder Vereinsregistereintrag (Registergericht, Datum und Nummer der Eintragung),
11. Datum der Betriebseröffnung oder Zeitpunkt der Aufnahme der Tätigkeit,
12. Datum der Betriebseinstellung oder Zeitpunkt der Beendigung der Tätigkeit,
13. Zeitpunkt der Auflösung,
14. Datum der Löschung im Register,
15. verbundene Unternehmen,
16.[4] zuständige Finanzbehörden,
17.[5] Unterscheidungsmerkmale nach Absatz 5a.

(5)[6] Das Bundeszentralamt für Steuern speichert zu Personenvereinigungen folgende Daten:

1. Wirtschafts-Identifikationsnummer,
2. Identifikationsmerkmale der gesetzlichen Vertreter,
3. Identifikationsmerkmale der Beteiligten,
4. Firma (§§ 17 ff. des Handelsgesetzbuchs) oder Name der Personenvereinigung,
5. frühere Firmennamen oder Namen der Personenvereinigung,
6. Rechtsform,
7. Wirtschaftszweignummer,
8. amtlicher Gemeindeschlüssel,
9. Sitz gemäß § 11, insbesondere Ort der Geschäftsleitung,
10. Datum des Gesellschaftsvertrags,
11. Handels- oder Partnerschaftsregistereintrag (Registergericht, Datum und Nummer der Eintragung),

---

[1] § 139c Abs. 3 Nr. 13 angef. mWv 31.12.2014 durch G v. 22.12.2014 (BGBl. I S. 2417).
[2] § 139c Abs. 3 Nr. 14 angef. mWv 31.12.2014 durch G v. 22.12.2014 (BGBl. I S. 2417).
[3] § 139c Abs. 4 einl. Satzteil geänd. mWv 1.1.2006 durch G v. 22.9.2005 (BGBl. I S. 2809).
[4] § 139c Abs. 4 Nr. 16 geänd. durch G v. 9.12.2004 (BGBl. I S. 3310).
[5] § 139c Abs. 4 Nr. 17 angef. mWv 31.12.2014 durch G v. 22.12.2014 (BGBl. I S. 2417).
[6] § 139c Abs. 5 einl. Satzteil geänd. mWv 1.1.2006 durch G v. 22.9.2005 (BGBl. I S. 2809).

12. Datum der Betriebseröffnung oder Zeitpunkt der Aufnahme der Tätigkeit,
13. Datum der Betriebseinstellung oder Zeitpunkt der Beendigung der Tätigkeit,
14. Zeitpunkt der Auflösung,
15. Zeitpunkt der Beendigung,
16. Datum der Löschung im Register,
17. verbundene Unternehmen,
18.[1] zuständige Finanzbehörden,
19.[2] Unterscheidungsmerkmale nach Absatz 5a.

(5a)[3] [1]Bei jedem wirtschaftlich Tätigen (§ 139a Absatz 3) wird die Wirtschafts-Identifikationsnummer für jede einzelne seiner wirtschaftlichen Tätigkeiten, jeden seiner Betriebe sowie für jede seiner Betriebstätten um ein fünfstelliges Unterscheidungsmerkmal ergänzt, so dass die Tätigkeiten, Betriebe und Betriebstätten des wirtschaftlich Tätigen in Besteuerungsverfahren eindeutig identifiziert werden können. [2]Der ersten wirtschaftlichen Tätigkeit des wirtschaftlich Tätigen, seinem ersten Betrieb oder seiner ersten Betriebstätte wird vom Bundeszentralamt für Steuern hierbei das Unterscheidungsmerkmal 00001 zugeordnet. [3]Jeder weiteren wirtschaftlichen Tätigkeit, jedem weiteren Betrieb sowie jeder weiteren Betriebstätte des wirtschaftlich Tätigen ordnet das Bundeszentralamt für Steuern auf Anforderung der zuständigen Finanzbehörde fortlaufend ein eigenes Unterscheidungsmerkmal zu. [4]Das Bundeszentralamt für Steuern speichert zu den einzelnen wirtschaftlichen Tätigkeiten, den einzelnen Betrieben sowie den einzelnen Betriebstätten des wirtschaftlich Tätigen folgende Daten:

1. Unterscheidungsmerkmal,
2. Wirtschafts-Identifikationsnummer des wirtschaftlich Tätigen,
3. Firma (§§ 17 ff. des Handelsgesetzbuchs) oder Name der wirtschaftlichen Tätigkeit, des Betriebes oder der Betriebstätte,
4. frühere Firmennamen oder Namen der wirtschaftlichen Tätigkeit, des Betriebes oder der Betriebstätte,
5. Rechtsform,
6. Wirtschaftszweignummer,
7. amtlicher Gemeindeschlüssel,
8.[4] Anschrift der wirtschaftlichen Tätigkeit, des Betriebes oder der Betriebstätte,
9. Registereintrag (Registergericht, Datum und Nummer der Eintragung),
10.[5] Datum der Eröffnung des Betriebes oder der Betriebstätte oder Zeitpunkt der Aufnahme der wirtschaftlichen Tätigkeit,
11.[6] Datum der Einstellung des Betriebes oder der Betriebstätte oder Zeitpunkt der Beendigung der wirtschaftlichen Tätigkeit,

---

[1] § 139c Abs. 5 Nr. 18 geänd. durch G v. 9.12.2004 (BGBl. I S. 3310).
[2] § 139c Abs. 5 Nr. 19 angef. mWv 31.12.2014 durch G v. 22.12.2014 (BGBl. I S. 2417).
[3] § 139c Abs. 5a angef. mWv 31.12.2014 durch G v. 22.12.2014 (BGBl. I S. 2417).
[4] § 139c Abs. 5a Satz 4 Nr. 8 geänd. mWv 6.11.2015 durch G v. 2.11.2015 (BGBl. I S. 1834).
[5] § 139c Abs. 5a Satz 4 Nr. 10 neu gef. mWv 6.11.2015 durch G v. 2.11.2015 (BGBl. I S. 1834).
[6] § 139c Abs. 5a Satz 4 Nr. 11 neu gef. mWv 6.11.2015 durch G v. 2.11.2015 (BGBl. I S. 1834).

12. Datum der Löschung im Register,
13. zuständige Finanzbehörden.

(6)[1] Die Speicherung der in den Absätzen 3 bis 5a aufgeführten Daten erfolgt, um

1. sicherzustellen, dass eine vergebene Wirtschafts-Identifikationsnummer nicht noch einmal für einen anderen wirtschaftlich Tätigen verwendet wird,
2. für einen wirtschaftlich Tätigen die vergebene Wirtschafts-Identifikationsnummer festzustellen,
3.[2] zu erkennen, welche Finanzbehörden zuständig sind,
4. Daten, die auf Grund eines Gesetzes oder nach über- und zwischenstaatlichem Recht entgegenzunehmen sind, an die zuständigen Stellen weiterleiten zu können,
5. den Finanzbehörden die Erfüllung der ihnen durch Rechtsvorschrift zugewiesenen Aufgaben zu ermöglichen.

(6a)[3] Die in Absatz 4 Nummer 3, 5, 8 und 10 aufgeführten Daten und die in Absatz 5 Nummer 4, 6, 9 und 11 aufgeführten Daten werden bei einer juristischen Person oder bei einer Personengesellschaft, die ein Nutzerkonto im Sinne des § 2 Absatz 5 des Onlinezugangsgesetzes nutzt, auch zum Nachweis der Identität als Nutzer dieses Nutzerkontos gespeichert; diese Daten dürfen elektronisch an das Nutzerkonto übermittelt werden, wenn der Nutzer zuvor in die Übermittlung eingewilligt hat.

(7)[4] Die in Absatz 3 aufgeführten Daten dürfen nur für die in Absatz 6 genannten Zwecke verarbeitet werden, es sei denn, eine Rechtsvorschrift sieht eine andere Verarbeitung ausdrücklich vor.

§ 139d Verordnungsermächtigung. Die Bundesregierung bestimmt durch Rechtsverordnung mit Zustimmung des Bundesrates:

1. organisatorische und technische Maßnahmen zur Wahrung des Steuergeheimnisses, insbesondere zur Verhinderung eines unbefugten Zugangs zu Daten, die durch § 30 geschützt sind,
2. Richtlinien zur Vergabe der Identifikationsnummer nach § 139b und der Wirtschafts-Identifikationsnummer nach § 139c,
3. Fristen, nach deren Ablauf die nach §§ 139b und 139c gespeicherten Daten zu löschen sind, sowie
4.[5] die Form und das Verfahren der Datenübermittlungen nach § 139b Abs. 6 bis 9.

---

[1] § 139c Abs. 6 einl. Satzteil geänd. durch G v. 22.12.2014 (BGBl. I S. 2417).
[2] § 139c Abs. 6 Nr. 3 geänd. durch G v. 9.12.2004 (BGBl. I S. 3310).
[3] § 139c Abs. 6a eingef. mWv 10.12.2020 durch G v. 3.12.2020 (BGBl. I S. 2668).
[4] § 139c Abs. 7 neu gef. mWv 25.5.2018 durch G v. 17.7.2017 (BGBl. I S. 2541).
[5] § 139d Nr. 4 geänd. durch G v. 13.12.2006 (BGBl. I S. 2878).

Zweiter Abschnitt. Mitwirkungspflichten

1. Unterabschnitt. Führung von Büchern und Aufzeichnungen

§ 140 Buchführungs- und Aufzeichnungspflichten nach anderen Gesetzen. Wer nach anderen Gesetzen als den Steuergesetzen Bücher und Aufzeichnungen zu führen hat, die für die Besteuerung von Bedeutung sind, hat die Verpflichtungen, die ihm nach den anderen Gesetzen obliegen, auch für die Besteuerung zu erfüllen.

§ 141 Buchführungspflicht bestimmter Steuerpflichtiger. (1)[1] [1] Gewerbliche Unternehmer sowie Land- und Forstwirte, die nach den Feststellungen der Finanzbehörde für den einzelnen Betrieb

1.[2] einen Gesamtumsatz im Sinne des § 19 Absatz 3 Satz 1 des Umsatzsteuergesetzes[3] von mehr als 600 000 Euro im Kalenderjahr oder

2. (weggefallen)

3.[4] selbstbewirtschaftete land- und forstwirtschaftliche Flächen mit einem Wirtschaftswert (§ 46 des Bewertungsgesetzes[5]) von mehr als 25 000 Euro oder

4.[6] einen Gewinn aus Gewerbebetrieb von mehr als 60 000 Euro im Wirtschaftsjahr oder

5.[7] einen Gewinn aus Land- und Forstwirtschaft von mehr als 60 000 Euro im Kalenderjahr

gehabt haben, sind auch dann verpflichtet, für diesen Betrieb Bücher zu führen und auf Grund jährlicher Bestandsaufnahmen Abschlüsse zu machen, wenn sich eine Buchführungspflicht nicht aus § 140 ergibt. [2] Die §§ 238, 240, 241, 242 Abs. 1 und die §§ 243 bis 256 des Handelsgesetzbuchs[8] gelten sinngemäß, sofern sich nicht aus den Steuergesetzen etwas anderes ergibt. *[3] Bei der Anwendung der Nummer 3 ist der Wirtschaftswert aller vom Land- und Forstwirt selbstbewirtschafteten Flächen maßgebend, unabhängig davon, ob sie in seinem Eigentum stehen oder nicht.*

(2) [1] Die Verpflichtung nach Absatz 1 ist vom Beginn des Wirtschaftsjahrs an zu erfüllen, das auf die Bekanntgabe der Mitteilung folgt, durch die die Finanzbehörde auf den Beginn dieser Verpflichtung hingewiesen hat. [2] Die Verpflichtung endet mit dem Ablauf des Wirtschaftsjahrs, das auf das Wirtschaftsjahr folgt, in dem die Finanzbehörde feststellt, dass die Voraussetzungen nach Absatz 1 nicht mehr vorliegen.

---

[1] § 141 Abs. 1 Satz 2 geänd. durch G v. 25.5.2009 (BGBl. I S. 1102); Satz 4 aufgeh. mWv 30.6.2013 durch G v. 26.6.2013 (BGBl. I S. 1809); Satz 3 aufgeh. **mWv 1.1.2025** durch G v. 26.11.2019 (BGBl. I S. 1794).

[2] § 141 Abs. 1 Satz 1 Nr. 1 neu gef. mWv 9.6.2021 durch G v. 2.6.2021 (BGBl. I S. 1259).

[3] Nr. **23**.

[4] § 141 Abs. 1 Satz 1 Nr. 3 aufgeh. **mWv 1.1.2025** durch G v. 26.11.2019 (BGBl. I S. 1794).

[5] Nr. **3**.

[6] § 141 Abs. 1 Satz 1 Nr. 4 geänd. durch G v. 31.7.2003 (BGBl. I S. 1550) und durch G v. 7.9.2007 (BGBl. I S. 2246); zur Anwendung siehe Art. 97 § 19 Abs. 3 Satz 2 und Abs. 7 EGAO (Nr. **4**); geänd. durch G v. 28.7.2015 (BGBl. I S. 1400); zur Anwendung siehe Art. 97 § 19 Abs. 3 Satz 3 und Abs. 9 EGAO (Nr. **4**).

[7] § 141 Abs. 1 Satz 1 Nr. 5 geänd. durch G v. 31.7.2003 (BGBl. I S. 1550) und durch G v. 7.9.2007 (BGBl. I S. 2246); zur Anwendung siehe Art. 97 § 19 Abs. 4 Satz 2 und Abs. 7 EGAO (Nr. **4**); geänd. durch G v. 28.7.2015 (BGBl. I S. 1400); zur Anwendung siehe Art. 97 § 19 Abs. 4 Satz 3 und Abs. 9 EGAO (Nr. **4**).

[8] Nr. **34**.

(3) [1]Die Buchführungspflicht geht auf denjenigen über, der den Betrieb im Ganzen zur Bewirtschaftung als Eigentümer oder Nutzungsberechtigter übernimmt. [2]Ein Hinweis nach Absatz 2 auf den Beginn der Buchführungspflicht ist nicht erforderlich.

(4)[1)] *(aufgehoben)*

§ 142 Ergänzende Vorschriften für Land- und Forstwirte. [1]Land- und Forstwirte, die nach § 141 Abs. 1 Nr. 1, 3 oder 5 zur Buchführung verpflichtet sind, haben neben den jährlichen Bestandsaufnahmen und den jährlichen Abschlüssen ein Anbauverzeichnis zu führen. [2]In dem Anbauverzeichnis ist nachzuweisen, mit welchen Fruchtarten die selbstbewirtschafteten Flächen im abgelaufenen Wirtschaftsjahr bestellt waren.

§ 143 Aufzeichnung des Wareneingangs. (1) Gewerbliche Unternehmer müssen den Wareneingang gesondert aufzeichnen.

(2) [1]Aufzuzeichnen sind alle Waren einschließlich der Rohstoffe, unfertigen Erzeugnisse, Hilfsstoffe und Zutaten, die der Unternehmer im Rahmen seines Gewerbebetriebs zur Weiterveräußerung oder zum Verbrauch entgeltlich oder unentgeltlich, für eigene oder für fremde Rechnung, erwirbt; dies gilt auch dann, wenn die Waren vor der Weiterveräußerung oder dem Verbrauch be- oder verarbeitet werden sollen. [2]Waren, die nach Art des Betriebs üblicherweise für den Betrieb zur Weiterveräußerung oder zum Verbrauch erworben werden, sind auch dann aufzuzeichnen, wenn sie für betriebsfremde Zwecke verwendet werden.

(3) Die Aufzeichnungen müssen die folgenden Angaben enthalten:

1. den Tag des Wareneingangs oder das Datum der Rechnung,
2. den Namen oder die Firma und die Anschrift des Lieferers,
3. die handelsübliche Bezeichnung der Ware,
4. den Preis der Ware,
5. einen Hinweis auf den Beleg.

§ 144 Aufzeichnung des Warenausgangs. (1) Gewerbliche Unternehmer, die nach der Art ihres Geschäftsbetriebs Waren regelmäßig an andere gewerbliche Unternehmer zur Weiterveräußerung oder zum Verbrauch als Hilfsstoffe liefern, müssen den erkennbar für diese Zwecke bestimmten Warenausgang gesondert aufzeichnen.

(2) [1]Aufzuzeichnen sind auch alle Waren, die der Unternehmer

1. auf Rechnung (auf Ziel, Kredit, Abrechnung oder Gegenrechnung), durch Tausch oder unentgeltlich liefert, oder
2. gegen Barzahlung liefert, wenn die Ware wegen der abgenommenen Menge zu einem Preis veräußert wird, der niedriger ist als der übliche Preis für Verbraucher.

[2]Dies gilt nicht, wenn die Ware erkennbar nicht zur gewerblichen Weiterverwendung bestimmt ist.

[1)] § 141 Abs. 4 aufgeh. mWv 18.12.2019 durch G v. 12.12.2019 (BGBl. I S. 2451); zur Anwendung siehe Art. 97 § 1 Abs. 13 EGAO (Nr. **4**).

(3) Die Aufzeichnungen müssen die folgenden Angaben enthalten:
1. den Tag des Warenausgangs oder das Datum der Rechnung,
2. den Namen oder die Firma und die Anschrift des Abnehmers,
3. die handelsübliche Bezeichnung der Ware,
4. den Preis der Ware,
5. einen Hinweis auf den Beleg.

(4)[1)] [1]Der Unternehmer muss über jeden Ausgang der in den Absätzen 1 und 2 genannten Waren einen Beleg erteilen, der die in Absatz 3 bezeichneten Angaben sowie seinen Namen oder die Firma und seine Anschrift enthält. [2]Dies gilt insoweit nicht, als nach § 14 Abs. 2 des Umsatzsteuergesetzes durch die dort bezeichneten Leistungsempfänger eine Gutschrift erteilt wird oder auf Grund des § 14 Abs. 6 des Umsatzsteuergesetzes Erleichterungen gewährt werden.

(5) Die Absätze 1 bis 4 gelten auch für Land- und Forstwirte, die nach § 141 buchführungspflichtig sind.

§ 145 Allgemeine Anforderungen an Buchführung und Aufzeichnungen. (1) [1]Die Buchführung muss so beschaffen sein, dass sie einem sachverständigen Dritten innerhalb angemessener Zeit einen Überblick über die Geschäftsvorfälle und über die Lage des Unternehmens vermitteln kann. [2]Die Geschäftsvorfälle müssen sich in ihrer Entstehung und Abwicklung verfolgen lassen.

(2) Aufzeichnungen sind so vorzunehmen, dass der Zweck, den sie für die Besteuerung erfüllen sollen, erreicht wird.

§ 146 Ordnungsvorschriften für die Buchführung und für Aufzeichnungen. (1)[2)] [1]Die Buchungen und die sonst erforderlichen Aufzeichnungen sind einzeln, vollständig, richtig, zeitgerecht und geordnet vorzunehmen. [2]Kasseneinnahmen und Kassenausgaben sind täglich festzuhalten. [3]Die Pflicht zur Einzelaufzeichnung nach Satz 1 besteht aus Zumutbarkeitsgründen bei Verkauf von Waren an eine Vielzahl von nicht bekannten Personen gegen Barzahlung nicht. [4]Das gilt nicht, wenn der Steuerpflichtige ein elektronisches Aufzeichnungssystem im Sinne des § 146a verwendet.

(2) [1]Bücher und die sonst erforderlichen Aufzeichnungen sind im Geltungsbereich dieses Gesetzes zu führen und aufzubewahren. [2]Dies gilt nicht, soweit für Betriebstätten außerhalb des Geltungsbereichs dieses Gesetzes nach dortigem Recht eine Verpflichtung besteht, Bücher und Aufzeichnungen zu führen, und diese Verpflichtung erfüllt wird. [3]In diesem Fall sowie bei Organgesellschaften außerhalb des Geltungsbereichs dieses Gesetzes müssen die Ergebnisse der dortigen Buchführung in die Buchführung des hiesigen Unternehmens übernommen werden, soweit sie für die Besteuerung von Bedeutung sind. [4]Dabei sind die erforderlichen Anpassungen an die steuerrechtlichen Vorschriften im Geltungsbereich dieses Gesetzes vorzunehmen und kenntlich zu machen.

---

1) § 144 Abs. 4 Satz 2 neu gef. durch G v. 15.12.2003 (BGBl. I S. 2645); Satz 2 geänd. mWv 18.12. 2019 durch G v. 12.12.2019 (BGBl. I S. 2451).

2) § 146 Abs. 1 neu gef. mWv 29.12.2016 durch G v. 22.12.2016 (BGBl. I S. 3152).

(2a)[1] [1] Abweichend von Absatz 2 Satz 1 kann der Steuerpflichtige elektronische Bücher und sonstige erforderliche elektronische Aufzeichnungen oder Teile davon in einem anderen Mitgliedstaat der Europäischen Union führen und aufbewahren. [2] Macht der Steuerpflichtige von dieser Befugnis Gebrauch, hat er sicherzustellen, dass der Datenzugriff nach § 146b Absatz 2 Satz 2, § 147 Absatz 6 und § 27b Absatz 2 Satz 2 und 3 des Umsatzsteuergesetzes[2] in vollem Umfang möglich ist.

(2b)[3] [1] Abweichend von Absatz 2 Satz 1 kann die zuständige Finanzbehörde auf schriftlichen oder elektronischen Antrag des Steuerpflichtigen bewilligen, dass elektronische Bücher und sonstige erforderliche elektronische Aufzeichnungen oder Teile davon in einem Drittstaat geführt und aufbewahrt werden können. [2] Voraussetzung ist, dass

1. der Steuerpflichtige der zuständigen Finanzbehörde den Standort des Datenverarbeitungssystems und bei Beauftragung eines Dritten dessen Namen und Anschrift mitteilt,
2. der Steuerpflichtige seinen sich aus den §§ 90, 93, 97, 140 bis 147 und 200 Absatz 1 und 2 ergebenden Pflichten ordnungsgemäß nachgekommen ist,
3.[4] der Datenzugriff nach § 146b Absatz 2 Satz 2, § 147 Absatz 6 und § 27b Absatz 2 Satz 2 und 3 des Umsatzsteuergesetzes in vollem Umfang möglich ist und
4. die Besteuerung hierdurch nicht beeinträchtigt wird.

[3] Werden der Finanzbehörde Umstände bekannt, die zu einer Beeinträchtigung der Besteuerung führen, hat sie die Bewilligung zu widerrufen und die unverzügliche Rückverlagerung der elektronischen Bücher und sonstigen erforderlichen elektronischen Aufzeichnungen in den Geltungsbereich dieses Gesetzes zu verlangen. [4] Eine Änderung der unter Satz 2 Nummer 1 benannten Umstände ist der zuständigen Finanzbehörde unverzüglich mitzuteilen.

(2c)[5] Kommt der Steuerpflichtige der Aufforderung zur Rückverlagerung seiner elektronischen Buchführung oder seinen Pflichten nach Absatz 2b Satz 4, zur Einräumung des Datenzugriffs nach § 147 Abs. 6, zur Erteilung von Auskünften oder zur Vorlage angeforderter Unterlagen im Sinne des § 200 Abs. 1 im Rahmen einer Außenprüfung innerhalb einer ihm bestimmten angemessenen Frist nach Bekanntgabe durch die zuständige Finanzbehörde nicht nach oder hat er seine elektronische Buchführung ohne Bewilligung der zuständigen Finanzbehörde in einen Drittstaat verlagert, kann ein Verzögerungsgeld von 2 500 Euro bis 250 000 Euro festgesetzt werden.

(3) [1] Die Buchungen und die sonst erforderlichen Aufzeichnungen sind in einer lebenden Sprache vorzunehmen. [2] Wird eine andere als die deutsche Sprache verwendet, so kann die Finanzbehörde Übersetzungen verlangen. [3] Werden Abkürzungen, Ziffern, Buchstaben oder Symbole verwendet, muss im Einzelfall deren Bedeutung eindeutig festliegen.

---

[1] § 146 Abs. 2a eingef. mWv 29.12.2020 durch G v. 21.12.2020 (BGBl. I S. 3096).

[2] Nr. **23**.

[3] § 146 früherer Abs. 2a eingef. durch G v. 19.12.2008 (BGBl. I S. 2794); neu gef. mWv 14.12.2010 durch G v. 8.12.2010 (BGBl. I S. 1768); bish. Abs. 2a wird Abs. 2b und Satz 1 geänd. mWv 29.12.2020 durch G v. 21.12.2020 (BGBl. I S. 3096).

[4] § 146 Abs. 2b Satz 2 Nr. 3 neu gef. mWv 29.12.2020 durch G v. 21.12.2020 (BGBl. I S. 3096).

[5] § 146 früherer Abs. 2b eingef. durch G v. 19.12.2008 (BGBl. I S. 2794); bish. Abs. 2b wird Abs. 2c und geänd. mWv 29.12.2020 durch G v. 21.12.2020 (BGBl. I S. 3096).

(4) [1]Eine Buchung oder eine Aufzeichnung darf nicht in einer Weise verändert werden, dass der ursprüngliche Inhalt nicht mehr feststellbar ist. [2]Auch solche Veränderungen dürfen nicht vorgenommen werden, deren Beschaffenheit es ungewiss lässt, ob sie ursprünglich oder erst später gemacht worden sind.

(5)[1)] [1]Die Bücher und die sonst erforderlichen Aufzeichnungen können auch in der geordneten Ablage von Belegen bestehen oder auf Datenträgern geführt werden, soweit diese Formen der Buchführung einschließlich des dabei angewandten Verfahrens den Grundsätzen ordnungsmäßiger Buchführung entsprechen; bei Aufzeichnungen, die allein nach den Steuergesetzen vorzunehmen sind, bestimmt sich die Zulässigkeit des angewendeten Verfahrens nach dem Zweck, den die Aufzeichnungen für die Besteuerung erfüllen sollen. [2]Bei der Führung der Bücher und der sonst erforderlichen Aufzeichnungen auf Datenträgern muss insbesondere sichergestellt sein, dass während der Dauer der Aufbewahrungsfrist die Daten jederzeit verfügbar sind und unverzüglich lesbar gemacht werden können. [3]Dies gilt auch für die Befugnisse der Finanzbehörde nach § 146b Absatz 2 Satz 2, § 147 Absatz 6 und § 27b Absatz 2 Satz 2 und 3 des Umsatzsteuergesetzes. [4]Absätze 1 bis 4 gelten sinngemäß.

(6) Die Ordnungsvorschriften gelten auch dann, wenn der Unternehmer Bücher und Aufzeichnungen, die für die Besteuerung von Bedeutung sind, führt, ohne hierzu verpflichtet zu sein.

§ 146a[2)] Ordnungsvorschrift für die Buchführung und für Aufzeichnungen mittels elektronischer Aufzeichnungssysteme; Verordnungsermächtigung. (1) [1]Wer aufzeichnungspflichtige Geschäftsvorfälle oder andere Vorgänge mit Hilfe eines elektronischen Aufzeichnungssystems erfasst, hat ein elektronisches Aufzeichnungssystem zu verwenden, das jeden aufzeichnungspflichtigen Geschäftsvorfall und anderen Vorgang einzeln, vollständig, richtig, zeitgerecht und geordnet aufzeichnet. [2]Das elektronische Aufzeichnungssystem und die digitalen Aufzeichnungen nach Satz 1 sind durch eine zertifizierte technische Sicherheitseinrichtung zu schützen. [3]Diese zertifizierte technische Sicherheitseinrichtung muss aus einem Sicherheitsmodul, einem Speichermedium und einer einheitlichen digitalen Schnittstelle bestehen. [4]Die digitalen Aufzeichnungen sind auf dem Speichermedium zu sichern und für Nachschauen sowie Außenprüfungen durch elektronische Aufbewahrung verfügbar zu halten. [5]Es ist verboten, innerhalb des Geltungsbereichs dieses Gesetzes solche elektronischen Aufzeichnungssysteme, Software für elektronische Aufzeichnungssysteme und zertifizierte technische Sicherheitseinrichtungen, die den in den Sätzen 1 bis 3 beschriebenen Anforderungen nicht entsprechen, zur Verwendung im Sinne der Sätze 1 bis 3 gewerbsmäßig zu bewerben oder gewerbsmäßig in den Verkehr zu bringen.

(2) [1]Wer aufzeichnungspflichtige Geschäftsvorfälle im Sinne des Absatzes 1 Satz 1 erfasst, hat dem an diesem Geschäftsvorfall Beteiligten in unmittelbarem zeitlichem Zusammenhang mit dem Geschäftsvorfall unbeschadet anderer gesetzlicher Vorschriften einen Beleg über den Geschäftsvorfall auszustellen und dem an diesem Geschäftsvorfall Beteiligten zur Verfügung zu stellen (Beleg-

---

[1)] Zur Anwendung von § 146 Abs. 5 siehe Art. 97 § 19b EGAO (Nr. **4**) Abs. 1; Abs. 5 Satz 3 geänd. mWv 29.12.2020 durch G v. 21.12.2020 (BGBl. I S. 3096).

[2)] § 146a eingef. durch G v. 22.12.2016 (BGBl. I S. 3152); zur Anwendung ab 1.1.2020 siehe Art. 97 § 30 Abs. 1 und 3 EGAO (Nr. **4**).

ausgabepflicht). [2] Bei Verkauf von Waren an eine Vielzahl von nicht bekannten Personen können die Finanzbehörden nach § 148 aus Zumutbarkeitsgründen nach pflichtgemäßem Ermessen von einer Belegausgabepflicht nach Satz 1 befreien. [3] Die Befreiung kann widerrufen werden.

(3)[1)] [1] Das Bundesministerium der Finanzen wird ermächtigt, durch Rechtsverordnung mit Zustimmung des Bundestages und des Bundesrates und im Einvernehmen mit dem Bundesministerium des Innern, für Bau und Heimat und dem Bundesministerium für Wirtschaft und Energie Folgendes zu bestimmen:

1. die elektronischen Aufzeichnungssysteme, die über eine zertifizierte technische Sicherheitseinrichtung verfügen müssen, und
2. die Anforderungen an
   a) das Sicherheitsmodul,
   b) das Speichermedium,
   c) die einheitliche digitale Schnittstelle,
   d) die elektronische Aufbewahrung der Aufzeichnungen,
   e) die Protokollierung von digitalen Grundaufzeichnungen zur Sicherstellung der Integrität und Authentizität sowie der Vollständigkeit der elektronischen Aufzeichnung,
   f) den Beleg und
   g) die Zertifizierung der technischen Sicherheitseinrichtung.

[2] Die Erfüllung der Anforderungen nach Satz 1 Nummer 2 Buchstabe a bis c ist durch eine Zertifizierung des Bundesamts für Sicherheit in der Informationstechnik nachzuweisen, die fortlaufend aufrechtzuerhalten ist. [3] Das Bundesamt für Sicherheit in der Informationstechnik kann mit der Festlegung von Anforderungen an die technische Sicherheitseinrichtung im Sinne des Satzes 1 Nummer 2 Buchstabe a bis c beauftragt werden. [4] Die Rechtsverordnung nach Satz 1 ist dem Bundestag zuzuleiten. [5] Die Zuleitung erfolgt vor der Zuleitung an den Bundesrat. [6] Der Bundestag kann der Rechtsverordnung durch Beschluss zustimmen oder sie durch Beschluss ablehnen. [7] Der Beschluss des Bundestages wird dem Bundesministerium der Finanzen zugeleitet. [8] Hat sich der Bundestag nach Ablauf von drei Sitzungswochen seit Eingang der Rechtsverordnung nicht mit ihr befasst, so gilt die Zustimmung nach Satz 1 als erteilt und die Rechtsverordnung wird dem Bundesrat zugeleitet.

(4) [1] Wer aufzeichnungspflichtige Geschäftsvorfälle oder andere Vorgänge mit Hilfe eines elektronischen Aufzeichnungssystems im Sinne des Absatzes 1 erfasst, hat dem nach den §§ 18 bis 20 zuständigen Finanzamt nach amtlich vorgeschriebenen Vordruck mitzuteilen:

1. Name des Steuerpflichtigen,
2. Steuernummer des Steuerpflichtigen,
3. Art der zertifizierten technischen Sicherheitseinrichtung,
4. Art des verwendeten elektronischen Aufzeichnungssystems,
5. Anzahl der verwendeten elektronischen Aufzeichnungssysteme,
6. Seriennummer des verwendeten elektronischen Aufzeichnungssystems,

---

[1)] § 146a Abs. 3 Satz 1 geänd. mWv 27.6.2020 durch VO v. 19.6.2020 (BGBl. I S. 1328).

7. Datum der Anschaffung des verwendeten elektronischen Aufzeichnungssystems,
8. Datum der Außerbetriebnahme des verwendeten elektronischen Aufzeichnungssystems.

[2] Die Mitteilung nach Satz 1 ist innerhalb eines Monats nach Anschaffung oder Außerbetriebnahme des elektronischen Aufzeichnungssystems zu erstatten.

§ 146b[1)] Kassen-Nachschau. (1) [1] Zur Prüfung der Ordnungsmäßigkeit der Aufzeichnungen und Buchungen von Kasseneinnahmen und Kassenausgaben können die damit betrauten Amtsträger der Finanzbehörde ohne vorherige Ankündigung und außerhalb einer Außenprüfung, während der üblichen Geschäfts- und Arbeitszeiten Geschäftsgrundstücke oder Geschäftsräume von Steuerpflichtigen betreten, um Sachverhalte festzustellen, die für die Besteuerung erheblich sein können (Kassen-Nachschau). [2] Der Kassen-Nachschau unterliegt auch die Prüfung des ordnungsgemäßen Einsatzes des elektronischen Aufzeichnungssystems nach § 146a Absatz 1.[2)] [3] Wohnräume dürfen gegen den Willen des Inhabers nur zur Verhütung dringender Gefahren für die öffentliche Sicherheit und Ordnung betreten werden. [4] Das Grundrecht der Unverletzlichkeit der Wohnung (Artikel 13 des Grundgesetzes) wird insoweit eingeschränkt.

(2) [1] Die von der Kassen-Nachschau betroffenen Steuerpflichtigen haben dem mit der Kassen-Nachschau betrauten Amtsträger auf Verlangen Aufzeichnungen, Bücher sowie die für die Kassenführung erheblichen sonstigen Organisationsunterlagen über die der Kassen-Nachschau unterliegenden Sachverhalte und Zeiträume vorzulegen und Auskünfte zu erteilen, soweit dies zur Feststellung der Erheblichkeit nach Absatz 1 geboten ist. [2] Liegen die in Satz 1 genannten Aufzeichnungen oder Bücher in elektronischer Form vor, ist der Amtsträger berechtigt, diese einzusehen, die Übermittlung von Daten über die einheitliche digitale Schnittstelle zu verlangen oder zu verlangen, dass Buchungen und Aufzeichnungen auf einem maschinell auswertbaren Datenträger nach den Vorgaben der einheitlichen digitalen Schnittstelle zur Verfügung gestellt werden.[3)] [3] Die Kosten trägt der Steuerpflichtige.

(3) [1] Wenn die bei der Kassen-Nachschau getroffenen Feststellungen hierzu Anlass geben, kann ohne vorherige Prüfungsanordnung zu einer Außenprüfung nach § 193 übergegangen werden. [2] Auf den Übergang zur Außenprüfung wird schriftlich hingewiesen.

§ 147[4)] Ordnungsvorschriften für die Aufbewahrung von Unterlagen.

(1) Die folgenden Unterlagen sind geordnet aufzubewahren:

1. Bücher und Aufzeichnungen, Inventare, Jahresabschlüsse, Lageberichte, die Eröffnungsbilanz sowie die zu ihrem Verständnis erforderlichen Arbeitsanweisungen und sonstigen Organisationsunterlagen,

---

[1)] § 146b eingef. durch G v. 22.12.2016 (BGBl. I S. 3152); zur Anwendung siehe Art. 97 § 30 Abs. 2 EGAO (Nr. **4**).

[2)] Zur Anwendung von § 146b Abs. 1 Satz 2 ab 1.1.2020 siehe Art. 97 § 30 Abs. 2 Satz 3 EGAO (Nr. **4**).

[3)] Vgl. hierzu Art. 97 § 30 Abs. 2 Satz 2 EGAO (Nr. **4**).

[4)] Zur erstmaligen Anwendung von § 147 siehe Art. 97 § 19a und § 19b Abs. 1 EGAO (Nr. **4**).

2. die empfangenen Handels- oder Geschäftsbriefe,
3. Wiedergaben der abgesandten Handels- oder Geschäftsbriefe,
4. Buchungsbelege,

4a.[1] Unterlagen nach Artikel 15 Absatz 1 und Artikel 163 des Zollkodex der Union,

5. sonstige Unterlagen, soweit sie für die Besteuerung von Bedeutung sind.

(2)[2] Mit Ausnahme der Jahresabschlüsse, der Eröffnungsbilanz und der Unterlagen nach Absatz 1 Nummer 4a, sofern es sich bei letztgenannten Unterlagen um amtliche Urkunden oder handschriftlich zu unterschreibende nicht förmliche Präferenznachweise handelt, können die in Absatz 1 aufgeführten Unterlagen auch als Wiedergabe auf einem Bildträger oder auf anderen Datenträgern aufbewahrt werden, wenn dies den Grundsätzen ordnungsmäßiger Buchführung entspricht und sichergestellt ist, dass die Wiedergabe oder die Daten

1. mit den empfangenen Handels- oder Geschäftsbriefen und den Buchungsbelegen bildlich und mit den anderen Unterlagen inhaltlich übereinstimmen, wenn sie lesbar gemacht werden,
2. während der Dauer der Aufbewahrungsfrist jederzeit verfügbar sind, unverzüglich lesbar gemacht und maschinell ausgewertet werden können.

(3)[3] [1]Die in Absatz 1 Nr. 1, 4 und 4a aufgeführten Unterlagen sind zehn Jahre, die sonstigen in Absatz 1 aufgeführten Unterlagen sechs Jahre aufzubewahren, sofern nicht in anderen Steuergesetzen kürzere Aufbewahrungsfristen zugelassen sind. [2]Kürzere Aufbewahrungsfristen nach außersteuerlichen Gesetzen lassen die in Satz 1 bestimmte Frist unberührt. [3]Bei empfangenen Lieferscheinen, die keine Buchungsbelege nach Absatz 1 Nummer 4 sind, endet die Aufbewahrungsfrist mit dem Erhalt der Rechnung. [4]Für abgesandte Lieferscheine, die keine Buchungsbelege nach Absatz 1 Nummer 4 sind, endet die Aufbewahrungsfrist mit dem Versand der Rechnung. [5]Die Aufbewahrungsfrist läuft jedoch nicht ab, soweit und solange die Unterlagen für Steuern von Bedeutung sind, für welche die Festsetzungsfrist noch nicht abgelaufen ist; § 169 Abs. 2 Satz 2 gilt nicht.

(4) Die Aufbewahrungsfrist beginnt mit dem Schluss des Kalenderjahrs, in dem die letzte Eintragung in das Buch gemacht, das Inventar, die Eröffnungsbilanz, der Jahresabschluss oder der Lagebericht aufgestellt, der Handels- oder Geschäftsbrief empfangen oder abgesandt worden oder der Buchungsbeleg entstanden ist, ferner die Aufzeichnung vorgenommen worden ist oder die sonstigen Unterlagen entstanden sind.

(5) Wer aufzubewahrende Unterlagen in der Form einer Wiedergabe auf einem Bildträger oder auf anderen Datenträgern vorlegt, ist verpflichtet, auf seine Kosten diejenigen Hilfsmittel zur Verfügung zu stellen, die erforderlich sind, um die Unterlagen lesbar zu machen; auf Verlangen der Finanzbehörde

---

[1] § 147 Abs. 1 Nr. 4a neu gef. mWv 1.5.2016 durch G v. 22.12.2014 (BGBl. I S. 2417).

[2] § 147 Abs. 2 geänd. durch G v. 15.12.2003 (BGBl. I S. 2645); geänd. mWv 1.5.2016 durch G v. 22.12.2014 (BGBl. I S. 2417).

[3] § 147 Abs. 3 Satz 1 geänd. durch G v. 15.12.2003 (BGBl. I S. 2645); Sätze 3 und 4 eingef., bish. Satz 3 wird Satz 5 mWv 1.1.2017 durch G v. 30.6.2017 (BGBl. I S. 2143); zur Anwendung siehe Art. 97 § 19a Satz 2 EGAO (Nr. **4**).

hat er auf seine Kosten die Unterlagen unverzüglich ganz oder teilweise auszudrucken oder ohne Hilfsmittel lesbare Reproduktionen beizubringen.

(6)[1)] [1]Sind die Unterlagen nach Absatz 1 mit Hilfe eines Datenverarbeitungssystems erstellt worden, hat die Finanzbehörde im Rahmen einer Außenprüfung das Recht, Einsicht in die gespeicherten Daten zu nehmen und das Datenverarbeitungssystem zur Prüfung dieser Unterlagen zu nutzen. [2]Sie kann im Rahmen einer Außenprüfung auch verlangen, dass die Daten nach ihren Vorgaben maschinell ausgewertet oder ihr die gespeicherten Unterlagen und Aufzeichnungen auf einem maschinell verwertbaren Datenträger zur Verfügung gestellt werden. [3]Teilt der Steuerpflichtige der Finanzbehörde mit, dass sich seine Daten nach Absatz 1 bei einem Dritten befinden, so hat der Dritte

1. der Finanzbehörde Einsicht in die für den Steuerpflichtigen gespeicherten Daten zu gewähren oder
2. diese Daten nach den Vorgaben der Finanzbehörde maschinell auszuwerten oder
3. ihr die für den Steuerpflichtigen gespeicherten Unterlagen und Aufzeichnungen auf einem maschinell verwertbaren Datenträger zur Verfügung zu stellen.

[4]Die Kosten trägt der Steuerpflichtige. [5]In Fällen des Satzes 3 hat der mit der Außenprüfung betraute Amtsträger den in § 3 und § 4 Nummer 1 und 2 des Steuerberatungsgesetzes bezeichneten Personen sein Erscheinen in angemessener Frist anzukündigen. [6]Sofern noch nicht mit einer Außenprüfung begonnen wurde, ist es im Fall eines Wechsels des Datenverarbeitungssystems oder im Fall der Auslagerung von aufzeichnungs- und aufbewahrungspflichtigen Daten aus dem Produktivsystem in ein anderes Datenverarbeitungssystem ausreichend, wenn der Steuerpflichtige nach Ablauf des fünften Kalenderjahres, das auf die Umstellung oder Auslagerung folgt, diese Daten ausschließlich auf einem maschinell lesbaren und maschinell auswertbaren Datenträger vorhält.

§ 147a[2)] Vorschriften für die Aufbewahrung von Aufzeichnungen und Unterlagen bestimmter Steuerpflichtiger. (1)[3)] [1]Steuerpflichtige, bei denen die Summe der positiven Einkünfte nach § 2 Absatz 1 Nummer 4 bis 7 des Einkommensteuergesetzes[4)] (Überschusseinkünfte) mehr als 500 000 Euro im Kalenderjahr beträgt, haben die Aufzeichnungen und Unterlagen über die den Überschusseinkünften zu Grunde liegenden Einnahmen und Werbungskosten sechs Jahre aufzubewahren. [2]Im Falle der Zusammenveranlagung sind für die Feststellung des Überschreitens des Betrags von 500 000 Euro die Summe der positiven Einkünfte nach Satz 1 eines jeden Ehegatten oder Lebenspartners maßgebend. [3]Die Verpflichtung nach Satz 1 ist vom Beginn des Kalenderjahrs an zu erfüllen, das auf das Kalenderjahr folgt, in dem die Summe der positiven

---

[1)] § 147 Abs. 6 Satz 3 eingef., bish. Satz 3 wird Satz 4, Satz 5 angef. mWv 29.12.2016 durch G v. 22.12.2016 (BGBl. I S. 3152); Satz 6 angef. mWv 1.1.2020 durch G v. 22.11.2019 (BGBl. I S. 1746); zur Anwendung siehe Art. 97 § 19b Abs. 2 EGAO (Nr. **4**).

[2)] § 147a eingef. durch G v. 29.7.2009 (BGBl. I S. 2302); zur erstmaligen Anwendung siehe Art. 97 § 22 Abs. 2 EGAO (Nr. **4**); Satz 2 geänd. durch G v. 18.7.2014 (BGBl. I S. 1042); zur Anwendung siehe Art. 97 § 1 Abs. 10 Satz 1 EGAO (Nr. **4**).

[3)] § 147a Abs. 1 Satz 6 geänd. durch G v. 25.6.2021 (BGBl. I S. 2056); zur Anwendung **ab 1.1. 2022** siehe Art. 97 § 22 Abs. 4 EGAO (Nr. **4**).

[4)] Nr. **5**.

Einkünfte im Sinne des Satzes 1 mehr als 500 000 Euro beträgt. [4] Die Verpflichtung nach Satz 1 endet mit Ablauf des fünften aufeinanderfolgenden Kalenderjahrs, in dem die Voraussetzungen des Satzes 1 nicht erfüllt sind. [5] § 147 Absatz 2, Absatz 3 Satz 3 und die Absätze 4 bis 6 gelten entsprechend. [6] Die Sätze 1 bis 3 und 5 gelten entsprechend in den Fällen, in denen die zuständige Finanzbehörde den Steuerpflichtigen für die Zukunft zur Aufbewahrung der in Satz 1 genannten Aufzeichnungen und Unterlagen verpflichtet, weil er seinen Mitwirkungspflichten nach *§ 90 Absatz 2 Satz 3* [***ab 1.1.2022:*** § 12 Absatz 3 des Gesetzes zur Abwehr von Steuervermeidung und unfairem Steuerwettbewerb] nicht nachgekommen ist.

(2)[1)] [1] Steuerpflichtige, die allein oder zusammen mit nahestehenden Personen im Sinne des § 1 Absatz 2 des Außensteuergesetzes[2)] unmittelbar oder mittelbar einen beherrschenden oder bestimmenden Einfluss auf die gesellschaftsrechtlichen, finanziellen oder geschäftlichen Angelegenheiten einer Drittstaat-Gesellschaft im Sinne des § 138 Absatz 3 ausüben können, haben die Aufzeichnungen und Unterlagen über diese Beziehung und alle damit verbundenen Einnahmen und Ausgaben sechs Jahre aufzubewahren. [2] Diese Aufbewahrungspflicht ist von dem Zeitpunkt an zu erfüllen, in dem der Sachverhalt erstmals verwirklicht worden ist, der den Tatbestand des Satzes 1 erfüllt. [3] Absatz 1 Satz 4 sowie § 147 Absatz 2, 3 Satz 3 und Absatz 5 und 6 gelten entsprechend.

§ 148 Bewilligung von Erleichterungen. [1] Die Finanzbehörden können für einzelne Fälle oder für bestimmte Gruppen von Fällen Erleichterungen bewilligen, wenn die Einhaltung der durch die Steuergesetze begründeten Buchführungs-, Aufzeichnungs- und Aufbewahrungspflichten Härten mit sich bringt und die Besteuerung durch die Erleichterung nicht beeinträchtigt wird. [2] Erleichterungen nach Satz 1 können rückwirkend bewilligt werden. [3] Die Bewilligung kann widerrufen werden.

2. Unterabschnitt. Steuererklärungen

§ 149[3)] Abgabe der Steuererklärungen. (1) [1] Die Steuergesetze bestimmen, wer zur Abgabe einer Steuererklärung verpflichtet ist. [2] Zur Abgabe einer Steuererklärung ist auch verpflichtet, wer hierzu von der Finanzbehörde aufgefordert wird. [3] Die Aufforderung kann durch öffentliche Bekanntmachung erfolgen. [4] Die Verpflichtung zur Abgabe einer Steuererklärung bleibt auch dann bestehen, wenn die Finanzbehörde die Besteuerungsgrundlagen nach § 162 geschätzt hat.

(2) [1] Soweit die Steuergesetze nichts anderes bestimmen, sind Steuererklärungen, die sich auf ein Kalenderjahr oder auf einen gesetzlich bestimmten Zeitpunkt beziehen, spätestens *sieben Monate*[4)] nach Ablauf des Kalenderjahres oder *sieben Monate*[4)] nach dem gesetzlich bestimmten Zeitpunkt abzugeben. [2] Bei Steuerpflichtigen, die den Gewinn aus Land- und Forstwirtschaft nach

---

[1)] § 147a Abs. 2 angef. durch G v. 23.6.2017 (BGBl. I S. 1682); zur Anwendung siehe Art. 97 § 22 Abs. 3 EGAO (Nr. **4**).

[2)] Nr. **2**.

[3)] § 149 neu gef. durch G v. 18.7.2016 (BGBl. I S. 1679); zur Anwendung siehe Art. 97 § 10a Abs. 4 Sätze 1 und 3 EGAO (Nr. **4**).

[4)] Für den Besteuerungszeitraum 2020: „zehn Monate"; siehe Art. 97 § 36 Abs. 3 EGAO (Nr. **4**).

einem vom Kalenderjahr abweichenden Wirtschaftsjahr ermitteln, endet die Frist nicht vor Ablauf *des siebten Monats,*[1] der auf den Schluss des in dem Kalenderjahr begonnenen Wirtschaftsjahres folgt.

(3) Sofern Personen, Gesellschaften, Verbände, Vereinigungen, Behörden oder Körperschaften im Sinne der §§ 3 und 4 des Steuerberatungsgesetzes beauftragt sind mit der Erstellung von

1. Einkommensteuererklärungen nach § 25 Absatz 3 des Einkommensteuergesetzes[2] mit Ausnahme der Einkommensteuererklärungen im Sinne des § 46 Absatz 2 Nummer 8 des Einkommensteuergesetzes,
2. Körperschaftsteuererklärungen nach § 31 Absatz 1 und 1a des Körperschaftsteuergesetzes[3], Feststellungserklärungen im Sinne des § 14 Absatz 5, § 27 Absatz 2 Satz 4, § 28 Absatz 1 Satz 4 oder § 38 Absatz 1 Satz 2 des Körperschaftsteuergesetzes oder Erklärungen zur Zerlegung der Körperschaftsteuer nach § 6 Absatz 7 des Zerlegungsgesetzes,
3. Erklärungen zur Festsetzung des Gewerbesteuermessbetrags oder Zerlegungserklärungen nach § 14a des Gewerbesteuergesetzes[4],
4. Umsatzsteuererklärungen für das Kalenderjahr nach § 18 Absatz 3 des Umsatzsteuergesetzes[5],
5. Erklärungen zur gesonderten sowie zur gesonderten und einheitlichen Feststellung einkommensteuerpflichtiger oder körperschaftsteuerpflichtiger Einkünfte nach § 180 Absatz 1 Satz 1 Nummer 2 in Verbindung mit § 181 Absatz 1 und 2,
6. Erklärungen zur gesonderten Feststellung von Besteuerungsgrundlagen nach der Verordnung über die gesonderte Feststellung von Besteuerungsgrundlagen nach § 180 Abs. 2 der Abgabenordnung oder
7. Erklärungen zur gesonderten Feststellung von Besteuerungsgrundlagen nach § 18 des Außensteuergesetzes[6],

so sind diese Erklärungen vorbehaltlich des Absatzes 4 spätestens bis zum *letzten Tag des Monats Februar*[7] und in den Fällen des Absatzes 2 Satz 2 bis zum *31. Juli*[8] des zweiten auf den Besteuerungszeitraum folgenden Kalenderjahres abzugeben.

(4) [1] Das Finanzamt kann anordnen, dass Erklärungen im Sinne des Absatzes 3 vor dem *letzten Tag des Monats Februar*[9] des zweiten auf den Besteuerungszeitraum folgenden Kalenderjahres abzugeben sind, wenn

---

[1] Für den Besteuerungszeitraum 2020: „des zehnten Monats"; siehe Art. 97 § 36 Abs. 3 EGAO (Nr. 4).

[2] Nr. **5**.

[3] Nr. **17**.

[4] Nr. **10**.

[5] Nr. **23**.

[6] Nr. **2**.

[7] Für den Besteuerungszeitraum 2019: „31. August 2021"; siehe Art. 97 § 36 Abs. 1 EGAO (Nr. **4**). – Für den Besteuerungszeitraum 2020: „31. Mai 2022"; siehe Art. 97 § 36 Abs. 3 EGAO (Nr. **4**).

[8] Für den Besteuerungszeitraum 2019: „31. Dezember 2021"; siehe Art. 97 § 36 Abs. 1 EGAO (Nr. 4) – Für den Besteuerungszeitraum 2020: „31. Oktober 2022"; siehe Art. 97 § 36 Abs. 3 EGAO (Nr. **4**).

[9] Für den Besteuerungszeitraum 2020: „31. Mai 2022"; siehe Art. 97 § 36 Abs. 3 EGAO (Nr. **4**).

1. für den betroffenen Steuerpflichtigen
   a) für den vorangegangenen Besteuerungszeitraum Erklärungen nicht oder verspätet abgegeben wurden,
   b)[1] für den vorangegangenen Besteuerungszeitraum innerhalb von drei Monaten vor Abgabe der Steuererklärung oder innerhalb von drei Monaten vor dem Beginn des Zinslaufs im Sinne des § 233a Absatz 2 Satz 1 und 2 nachträgliche Vorauszahlungen festgesetzt wurden,
   c) Vorauszahlungen für den Besteuerungszeitraum außerhalb einer Veranlagung herabgesetzt wurden,
   d) die Veranlagung für den vorangegangenen Veranlagungszeitraum zu einer Abschlusszahlung von mindestens 25 Prozent der festgesetzten Steuer oder mehr als 10 000 Euro geführt hat,
   e) die Steuerfestsetzung auf Grund einer Steuererklärung im Sinne des Absatzes 3 Nummer 1, 2 oder 4 voraussichtlich zu einer Abschlusszahlung von mehr als 10 000 Euro führen wird oder
   f) eine Außenprüfung vorgesehen ist,
2. der betroffene Steuerpflichtige im Besteuerungszeitraum einen Betrieb eröffnet oder eingestellt hat oder
3. für Beteiligte an Gesellschaften oder Gemeinschaften Verluste festzustellen sind.

[2] Für das Befolgen der Anordnung ist eine Frist von vier Monaten nach Bekanntgabe der Anordnung zu setzen. [3] Ferner dürfen die Finanzämter nach dem Ergebnis einer automationsgestützten Zufallsauswahl anordnen, dass Erklärungen im Sinne des Absatzes 3 vor dem *letzten Tag des Monats Februar*[2] des zweiten auf den Besteuerungszeitraum folgenden Kalenderjahres mit einer Frist von vier Monaten nach Bekanntgabe der Anordnung abzugeben sind. [4] In der Aufforderung nach Satz 3 ist darauf hinzuweisen, dass sie auf einer automationsgestützten Zufallsauswahl beruht; eine weitere Begründung ist nicht erforderlich. [5] In den Fällen des Absatzes 2 Satz 2 tritt an die Stelle des letzten Tages des Monats Februar der *31. Juli*[3] des zweiten auf den Besteuerungszeitraum folgenden Kalenderjahres. [6] Eine Anordnung nach Satz 1 oder Satz 3 darf für die Abgabe der Erklärung keine kürzere als die in Absatz 2 bestimmte Frist setzen. [7] In den Fällen der Sätze 1 und 3 erstreckt sich eine Anordnung auf alle Erklärungen im Sinne des Absatzes 3, die vom betroffenen Steuerpflichtigen für den gleichen Besteuerungszeitraum oder Besteuerungszeitpunkt abzugeben sind.

(5) Absatz 3 gilt nicht für Umsatzsteuererklärungen für das Kalenderjahr, wenn die gewerbliche oder berufliche Tätigkeit vor oder mit dem Ablauf des Besteuerungszeitraums endete.

(6) [1] Die oberste Landesfinanzbehörde oder eine von ihr bestimmte Landesfinanzbehörde kann zulassen, dass Personen, Gesellschaften, Verbände, Vereinigungen, Behörden und Körperschaften im Sinne der §§ 3 und 4 des Steuerberatungsgesetzes bis zu bestimmten Stichtagen einen bestimmten prozentualen

---

[1] § 149 Abs. 4 Satz 1 Nr. 1 Buchst. b geänd. mWv 18.12.2019 durch G v. 12.12.2019 (BGBl. I S. 2451); zur Anwendung siehe Art. 97 § 1 Abs. 13 EGAO (Nr. **4**).

[2] Für den Besteuerungszeitraum 2020: „31. Mai 2022"; siehe Art. 97 § 36 Abs. 3 EGAO (Nr. **4**).

[3] Für den Besteuerungszeitraum 2020: „31. Oktober 2022"; siehe Art. 97 § 36 Abs. 3 EGAO (Nr. **4**).

Anteil der Erklärungen im Sinne des Absatzes 3 einreichen. [2]Soweit Erklärungen im Sinne des Absatzes 3 in ein Verfahren nach Satz 1 einbezogen werden, ist Absatz 4 Satz 3 nicht anzuwenden. [3]Die Einrichtung eines Verfahrens nach Satz 1 steht im Ermessen der obersten Landesfinanzbehörden und ist nicht einklagbar.

§ 150 Form und Inhalt der Steuererklärungen. (1)[1)] [1]Eine Steuererklärung ist nach amtlich vorgeschriebenem Vordruck abzugeben, wenn

1. keine elektronische Steuererklärung vorgeschrieben ist,
2. nicht freiwillig eine gesetzlich oder amtlich zugelassene elektronische Steuererklärung abgegeben wird,
3. keine mündliche oder konkludente Steuererklärung zugelassen ist und
4. eine Aufnahme der Steuererklärung an Amtsstelle nach § 151 nicht in Betracht kommt.

[2]§ 87a Absatz 1 Satz 1 ist nur anzuwenden, soweit eine elektronische Steuererklärung vorgeschrieben oder zugelassen ist. [3]Der Steuerpflichtige hat in der Steuererklärung die Steuer selbst zu berechnen, soweit dies gesetzlich vorgeschrieben ist (Steueranmeldung).

(2)[2)] Die Angaben in den Steuererklärungen sind wahrheitsgemäß nach bestem Wissen und Gewissen zu machen.

(3) [1]Ordnen die Steuergesetze an, dass der Steuerpflichtige die Steuererklärung eigenhändig zu unterschreiben hat, so ist die Unterzeichnung durch einen Bevollmächtigten nur dann zulässig, wenn der Steuerpflichtige infolge seines körperlichen oder geistigen Zustands oder durch längere Abwesenheit an der Unterschrift gehindert ist. [2]Die eigenhändige Unterschrift kann nachträglich verlangt werden, wenn der Hinderungsgrund weggefallen ist.

(4) [1]Den Steuererklärungen müssen die Unterlagen beigefügt werden, die nach den Steuergesetzen vorzulegen sind. [2]Dritte Personen sind verpflichtet, hierfür erforderliche Bescheinigungen auszustellen.

(5)[3)] [1]In die Steuererklärungsformulare können auch Fragen aufgenommen werden, die zur Ergänzung der Besteuerungsunterlagen für Zwecke einer Statistik nach dem Gesetz über Steuerstatistiken erforderlich sind. [2]Die Finanzbehörden können ferner von Steuerpflichtigen Auskünfte verlangen, die für die Durchführung des Bundesausbildungsförderungsgesetzes erforderlich sind. [3]Die Finanzbehörden haben bei der Überprüfung der Angaben dieselben Befugnisse wie bei der Aufklärung der für die Besteuerung erheblichen Verhältnisse.

(6)[4)] [1]Zur Erleichterung und Vereinfachung des automatisierten Besteuerungsverfahrens kann das Bundesministerium der Finanzen durch Rechtsverordnung mit Zustimmung des Bundesrates bestimmen, dass und unter welchen Voraussetzungen Steuererklärungen oder sonstige für das Besteuerungsverfahren erforderliche Daten ganz oder teilweise durch Datenfernübertragung oder

---

[1)] § 150 Abs. 1 neu gef. mWv 1.1.2017 durch G v. 18.7.2016 (BGBl. I S. 1679).
[2)] § 150 Abs. 2 Satz 2 aufgeh. mWv 1.1.2017 durch G v. 18.7.2016 (BGBl. I S. 1679).
[3)] § 150 Abs. 5 Satz 1 neu gef. mWv 1.1.2017 durch G v. 18.7.2016 (BGBl. I S. 1679).
[4)] § 150 Abs. 6 neu gef. durch G v. 1.11.2011 (BGBl. I S. 2131); Satz 7 neu gef. mWv 30.6.2013 durch G v. 26.6.2013 (BGBl. I S. 1809); Sätze 2 und 3 neu gef., Sätze 4 bis 10 aufgeh. durch G v. 18.7.2016 (BGBl. I S. 1679); zur Anwendung siehe Art. 97 § 27 Abs. 1 EGAO (Nr. **4**).

auf maschinell verwertbaren Datenträgern übermittelt werden können. [2] In der Rechtsverordnung können von den §§ 72a und 87b bis 87d abweichende Regelungen getroffen werden. [3] Die Rechtsverordnung bedarf nicht der Zustimmung des Bundesrates, soweit die Kraftfahrzeugsteuer, die Luftverkehrsteuer, die Versicherungsteuer und Verbrauchsteuern, mit Ausnahme der Biersteuer, betroffen sind.

(7)[1)] [1] Können Steuererklärungen, die nach amtlich vorgeschriebenem Vordruck abgegeben oder nach amtlich vorgeschriebenem Datensatz durch Datenfernübertragung übermittelt werden, nach § 155 Absatz 4 Satz 1 zu einer ausschließlich automationsgestützten Steuerfestsetzung führen, ist es dem Steuerpflichtigen zu ermöglichen, Angaben, die nach seiner Auffassung Anlass für eine Bearbeitung durch Amtsträger sind, in einem dafür vorgesehenen Abschnitt oder Datenfeld der Steuererklärung zu machen. [2] Daten, die von mitteilungspflichtigen Stellen nach Maßgabe des § 93c an die Finanzverwaltung übermittelt wurden, gelten als Angaben des Steuerpflichtigen, soweit er nicht in einem dafür vorzusehenden Abschnitt oder Datenfeld der Steuererklärung abweichende Angaben macht.

(8)[2)] [1] Ordnen die Steuergesetze an, dass die Finanzbehörde auf Antrag zur Vermeidung unbilliger Härten auf eine Übermittlung der Steuererklärung nach amtlich vorgeschriebenem Datensatz durch Datenfernübertragung verzichten kann, ist einem solchen Antrag zu entsprechen, wenn eine Erklärungsabgabe nach amtlich vorgeschriebenem Datensatz durch Datenfernübertragung für den Steuerpflichtigen wirtschaftlich oder persönlich unzumutbar ist. [2] Dies ist insbesondere der Fall, wenn die Schaffung der technischen Möglichkeiten für eine Datenfernübertragung des amtlich vorgeschriebenen Datensatzes nur mit einem nicht unerheblichen finanziellen Aufwand möglich wäre oder wenn der Steuerpflichtige nach seinen individuellen Kenntnissen und Fähigkeiten nicht oder nur eingeschränkt in der Lage ist, die Möglichkeiten der Datenfernübertragung zu nutzen.

§ 151[3)] Aufnahme der Steuererklärung an Amtsstelle. Eine Steuererklärung, die schriftlich oder elektronisch abzugeben ist, kann bei der zuständigen Finanzbehörde zur Niederschrift erklärt werden, wenn dem Steuerpflichtigen nach seinen persönlichen Verhältnissen weder die elektronische Übermittlung noch die Schriftform zuzumuten ist, insbesondere, wenn er nicht in der Lage ist, eine gesetzlich vorgeschriebene Selbstberechnung der Steuer vorzunehmen oder durch einen Dritten vornehmen zu lassen.

§ 152[4)] Verspätungszuschlag. (1) [1] Gegen denjenigen, der seiner Verpflichtung zur Abgabe einer Steuererklärung nicht oder nicht fristgemäß nachkommt, kann ein Verspätungszuschlag festgesetzt werden. [2] Von der Festsetzung eines Verspätungszuschlags ist abzusehen, wenn der Erklärungspflichtige glaubhaft macht, dass die Verspätung entschuldbar ist; das Verschulden eines Ver-

---

[1)] § 150 Abs. 7 neu gef. durch G v. 18.7.2016 (BGBl. I S. 1679); zur Anwendung siehe Art. 97 § 10a Abs. 4 Sätze 2 und 3 und § 27 Abs. 1 EGAO (Nr. **4**).

[2)] § 150 Abs. 8 angef. mWv 1.1.2009 durch G v. 20.12.2008 (BGBl. I S. 2850).

[3)] § 151 neu gef. mWv 1.1.2017 durch G v. 18.7.2016 (BGBl. I S. 1679).

[4)] § 152 neu gef. durch G v. 18.7.2016 (BGBl. I S. 1679); zur Anwendung siehe Art. 97 § 8 Abs. 4 EGAO (Nr. **4**).

treters oder eines Erfüllungsgehilfen ist dem Erklärungspflichtigen zuzurechnen.

(2)[1] Abweichend von Absatz 1 ist ein Verspätungszuschlag festzusetzen, wenn eine Steuererklärung, die sich auf ein Kalenderjahr oder auf einen gesetzlich bestimmten Zeitpunkt bezieht,

1. nicht binnen *14 Monaten*[2] nach Ablauf des Kalenderjahrs oder nicht binnen *14 Monaten*[2] nach dem Besteuerungszeitpunkt,
2. in den Fällen des § 149 Absatz 2 Satz 2 nicht binnen *19 Monaten*[3] nach Ablauf des Kalenderjahrs oder nicht binnen *19 Monaten*[3] nach dem Besteuerungszeitpunkt oder
3. in den Fällen des § 149 Absatz 4 nicht bis zu dem in der Anordnung bestimmten Zeitpunkt

abgegeben wurde.

(3) Absatz 2 gilt nicht,

1. wenn die Finanzbehörde die Frist für die Abgabe der Steuererklärung nach § 109 verlängert hat oder diese Frist rückwirkend verlängert,
2. wenn die Steuer auf null Euro oder auf einen negativen Betrag festgesetzt wird,
3. wenn die festgesetzte Steuer die Summe der festgesetzten Vorauszahlungen und der anzurechnenden Steuerabzugsbeträge nicht übersteigt oder
4.[4] bei jährlich abzugebenden Lohnsteueranmeldungen, bei Anmeldungen von Umsatzsteuer-Sondervorauszahlungen nach § 48 Absatz 2 der Umsatzsteuer-Durchführungsverordnung[5] sowie bei jährlich abzugebenden Versicherungsteuer- und Feuerschutzsteueranmeldungen.

(4) [1] Sind mehrere Personen zur Abgabe einer Steuererklärung verpflichtet, kann die Finanzbehörde nach ihrem Ermessen entscheiden, ob sie den Verspätungszuschlag gegen eine der erklärungspflichtigen Personen, gegen mehrere der erklärungspflichtigen Personen oder gegen alle erklärungspflichtigen Personen festsetzt. [2] Wird der Verspätungszuschlag gegen mehrere oder gegen alle erklärungspflichtigen Personen festgesetzt, sind diese Personen Gesamtschuldner des Verspätungszuschlags. [3] In Fällen des § 180 Absatz 1 Satz 1 Nummer 2 Buchstabe a ist der Verspätungszuschlag vorrangig gegen die nach § 181 Absatz 2 Satz 2 Nummer 4 erklärungspflichtigen Personen festzusetzen.

(5) [1] Der Verspätungszuschlag beträgt vorbehaltlich des Satzes 2, der Absätze 8 und 13 Satz 2 für jeden angefangenen Monat der eingetretenen Verspätung 0,25 Prozent der festgesetzten Steuer, mindestens jedoch 10 Euro für jeden angefangenen Monat der eingetretenen Verspätung. [2] Für Steuererklärungen, die sich auf ein Kalenderjahr oder auf einen gesetzlich bestimmten Zeitpunkt beziehen, beträgt der Verspätungszuschlag für jeden angefangenen Monat der eingetretenen Verspätung 0,25 Prozent der um die festgesetzten Vorauszahlungen und die anzurechnenden Steuerabzugsbeträge verminderten festgesetzten Steuer, mindestens jedoch 25 Euro für jeden angefangenen Monat der eingetretenen Verspätung. [3] Wurde ein Erklärungspflichtiger von der Finanzbehörde

---

[1] Zur Anwendung siehe Art. 97 § 8 Abs. 5 EGAO (Nr. **4**).

[2] Für den Besteuerungszeitraum 2020: „17 Monaten"; siehe Art. 97 § 36 Abs. 3 EGAO (Nr. **4**).

[3] Für den Besteuerungszeitraum 2020: „22 Monaten"; siehe Art. 97 § 36 Abs. 3 EGAO (Nr. **4**).

[4] § 152 Abs. 3 Nr. 4 neu gef. mWv 9.6.2021 durch G v. 2.6.2021 (BGBl. I S. 1259).

[5] Nr. **24**.

erstmals nach Ablauf der gesetzlichen Erklärungsfrist zur Abgabe einer Steuererklärung innerhalb einer dort bezeichneten Frist aufgefordert und konnte er bis zum Zugang dieser Aufforderung davon ausgehen, keine Steuererklärung abgeben zu müssen, so ist der Verspätungszuschlag nur für die Monate zu berechnen, die nach dem Ablauf der in der Aufforderung bezeichneten Erklärungsfrist begonnen haben.

(6) [1] Für Erklärungen zur gesonderten Feststellung von Besteuerungsgrundlagen, für Erklärungen zur Festsetzung des Gewerbesteuermessbetrags und für Zerlegungserklärungen gelten vorbehaltlich des Absatzes 7 die Absätze 1 bis 3 und Absatz 4 Satz 1 und 2 entsprechend. [2] Der Verspätungszuschlag beträgt für jeden angefangenen Monat der eingetretenen Verspätung 25 Euro.

(7) Für Erklärungen zu gesondert festzustellenden einkommensteuerpflichtigen oder körperschaftsteuerpflichtigen Einkünften beträgt der Verspätungszuschlag für jeden angefangenen Monat der eingetretenen Verspätung 0,0625 Prozent der positiven Summe der festgestellten Einkünfte, mindestens jedoch 25 Euro für jeden angefangenen Monat der eingetretenen Verspätung.

(8)[1)] [1] Absatz 5 gilt nicht für

1. vierteljährlich oder monatlich abzugebende Steueranmeldungen,
2. nach § 41a Absatz 2 Satz 2 zweiter Halbsatz des Einkommensteuergesetzes[2)] jährlich abzugebende Lohnsteueranmeldungen,
3.[3)] nach § 8 Absatz 2 Satz 3 des Versicherungsteuergesetzes jährlich abzugebende Versicherungsteueranmeldungen,
4.[4)] nach § 8 Absatz 2 Satz 3 des Feuerschutzsteuergesetzes jährlich abzugebende Feuerschutzsteueranmeldungen und
5.[5)] Anmeldungen der Umsatzsteuer-Sondervorauszahlung nach § 48 Absatz 2 der Umsatzsteuer-Durchführungsverordnung.

[2] In diesen Fällen sind bei der Bemessung des Verspätungszuschlags die Dauer und Häufigkeit der Fristüberschreitung sowie die Höhe der Steuer zu berücksichtigen.

(9) [1] Bei Nichtabgabe der Steuererklärung ist der Verspätungszuschlag für einen Zeitraum bis zum Ablauf desjenigen Tages zu berechnen, an dem die erstmalige Festsetzung der Steuer wirksam wird. [2] Gleiches gilt für die Nichtabgabe der Erklärung zur Festsetzung des Gewerbesteuermessbetrags, der Zerlegungserklärung oder der Erklärung zur gesonderten Feststellung von Besteuerungsgrundlagen.

(10) Der Verspätungszuschlag ist auf volle Euro abzurunden und darf höchstens 25 000 Euro betragen.

(11)[6)] [1] Die Festsetzung des Verspätungszuschlags soll mit dem Steuerbescheid, dem Gewerbesteuermessbescheid oder dem Zerlegungsbescheid verbunden werden; in den Fällen des Absatzes 4 kann sie mit dem Feststellungs-

---

1) § 152 Abs. 8 Satz 1 neu gef. durch G v. 21.12.2020 (BGBl. I S. 3096); zur Anwendung siehe Art. 97 § 8 Abs. 5 EGAO (Nr. **4**).

2) Nr. **5**.

3) § 152 Abs. 8 Satz 1 Nr. 3 geänd. mWv 9.6.2021 durch G v. 2.6.2021 (BGBl. I S. 1259).

4) § 152 Abs. 8 Satz 1 Nr. 4 geänd. mWv 9.6.2021 durch G v. 2.6.2021 (BGBl. I S. 1259).

5) § 152 Abs. 8 Satz 1 Nr. 5 angef. mWv 9.6.2021 durch G v. 2.6.2021 (BGBl. I S. 1259).

6) § 152 Abs. 11 Satz 2 angef. mWv 18.12.2019 durch G v. 12.12.2019 (BGBl. I S. 2451); zur Anwendung siehe Art. 97 § 1 Abs. 13 EGAO (Nr. **4**).

bescheid verbunden werden. [2] In den Fällen des Absatzes 2 kann die Festsetzung des Verspätungszuschlags ausschließlich automationsgestützt erfolgen.

(12) [1] Wird die Festsetzung der Steuer oder des Gewerbesteuermessbetrags oder der Zerlegungsbescheid oder die gesonderte Feststellung von Besteuerungsgrundlagen aufgehoben, so ist auch die Festsetzung eines Verspätungszuschlags aufzuheben. [2] Wird die Festsetzung der Steuer, die Anrechnung von Vorauszahlungen oder Steuerabzugsbeträgen auf die festgesetzte Steuer oder in den Fällen des Absatzes 7 die gesonderte Feststellung einkommensteuerpflichtiger oder körperschaftsteuerpflichtiger Einkünfte geändert, zurückgenommen, widerrufen oder nach § 129 berichtigt, so ist ein festgesetzter Verspätungszuschlag entsprechend zu ermäßigen oder zu erhöhen, soweit nicht auch nach der Änderung oder Berichtigung die Mindestbeträge anzusetzen sind. [3] Ein Verlustrücktrag nach § 10d Absatz 1 des Einkommensteuergesetzes oder ein rückwirkendes Ereignis im Sinne des § 175 Absatz 1 Satz 1 Nummer 2 oder Absatz 2 sind hierbei nicht zu berücksichtigen.

(13) [1] Die Absätze 2, 4 Satz 2, Absatz 5 Satz 2 sowie Absatz 8 gelten vorbehaltlich des Satzes 2 nicht für Steuererklärungen, die gegenüber den Hauptzollämtern abzugeben sind. [2] Für die Bemessung des Verspätungszuschlags zu Steuererklärungen zur Luftverkehrsteuer gilt Absatz 8 Satz 2 entsprechend.

§ 153 Berichtigung von Erklärungen. (1) [1] Erkennt ein Steuerpflichtiger nachträglich vor Ablauf der Festsetzungsfrist,

1. dass eine von ihm oder für ihn abgegebene Erklärung unrichtig oder unvollständig ist und dass es dadurch zu einer Verkürzung von Steuern kommen kann oder bereits gekommen ist oder
2. dass eine durch Verwendung von Steuerzeichen oder Steuerstemplern zu entrichtende Steuer nicht in der richtigen Höhe entrichtet worden ist,

so ist er verpflichtet, dies unverzüglich anzuzeigen und die erforderliche Richtigstellung vorzunehmen. [2] Die Verpflichtung trifft auch den Gesamtrechtsnachfolger eines Steuerpflichtigen und die nach den §§ 34 und 35 für den Gesamtrechtsnachfolger oder den Steuerpflichtigen handelnden Personen.

(2) Die Anzeigepflicht besteht ferner, wenn die Voraussetzungen für eine Steuerbefreiung, Steuerermäßigung oder sonstige Steuervergünstigung nachträglich ganz oder teilweise wegfallen.

(3) Wer Waren, für die eine Steuervergünstigung unter einer Bedingung gewährt worden ist, in einer Weise verwenden will, die der Bedingung nicht entspricht, hat dies vorher der Finanzbehörde anzuzeigen.

3. Unterabschnitt. Kontenwahrheit

§ 154 Kontenwahrheit. (1) Niemand darf auf einen falschen oder erdichteten Namen für sich oder einen Dritten ein Konto errichten oder Buchungen vornehmen lassen, Wertsachen (Geld, Wertpapiere, Kostbarkeiten) in Verwahrung geben oder verpfänden oder sich ein Schließfach geben lassen.

(2)[1) 2)] [1]Wer ein Konto führt, Wertsachen verwahrt oder als Pfand nimmt oder ein Schließfach überlässt (Verpflichteter), hat

1. sich zuvor Gewissheit über die Person und Anschrift jedes Verfügungsberechtigten und jedes wirtschaftlich Berechtigten im Sinne des Geldwäschegesetzes zu verschaffen und
2. die entsprechenden Angaben in geeigneter Form, bei Konten auf dem Konto, festzuhalten.

[2]Für Verfügungsberechtigte sind § 11 Absatz 4 und 6, § 12 Absatz 1 und 2 und § 13 Absatz 1 des Geldwäschegesetzes sowie zu § 12 Absatz 3 und § 13 Absatz 2 des Geldwäschegesetzes ergangene Rechtsverordnungen, für wirtschaftlich Berechtigte der § 13 Absatz 1 des Geldwäschegesetzes sowie zu § 13 Absatz 2 des Geldwäschegesetzes ergangene Rechtsverordnungen entsprechend anzuwenden. [3]Der Verpflichtete hat sicherzustellen, dass er den Finanzbehörden jederzeit Auskunft darüber geben kann, über welche Konten oder Schließfächer eine Person verfügungsberechtigt ist oder welche Wertsachen eine Person zur Verwahrung gegeben oder als Pfand überlassen hat. [4]Die Geschäftsbeziehung ist kontinuierlich zu überwachen und die nach Satz 1 zu erhebenden Daten sind in angemessenem zeitlichen Abstand zu aktualisieren.

(2a)[3)] [1]Kreditinstitute haben für jeden Kontoinhaber, jeden anderen Verfügungsberechtigten und jeden wirtschaftlich Berechtigten im Sinne des Geldwäschegesetzes außerdem folgende Daten zu erheben und aufzuzeichnen:

1. die Identifikationsnummer nach § 139b und
2. die Wirtschafts-Identifikationsnummer nach § 139c oder, wenn noch keine Wirtschafts-Identifikationsnummer vergeben wurde und es sich nicht um eine natürliche Person handelt, die für die Besteuerung nach dem Einkommen geltende Steuernummer.

[2]Der Vertragspartner sowie gegebenenfalls für ihn handelnde Personen haben dem Kreditinstitut die nach Satz 1 zu erhebenden Daten mitzuteilen und sich im Laufe der Geschäftsbeziehung ergebende Änderungen unverzüglich anzuzeigen. [3]Die Sätze 1 und 2 sind nicht anzuwenden bei Kreditkonten, wenn der Kredit ausschließlich der Finanzierung privater Konsumgüter dient und der Kreditrahmen einen Betrag von 12 000 Euro nicht übersteigt.

(2b)[4)] [1]Teilen der Vertragspartner oder gegebenenfalls für ihn handelnde Personen dem Kreditinstitut die nach Absatz 2a Satz 1 Nummer 1 zu erfassende Identifikationsnummer einer betroffenen Person bis zur Begründung der Geschäftsbeziehung nicht mit und hat das Kreditinstitut die Identifikationsnummer dieser Person auch nicht aus anderem Anlass rechtmäßig erfasst, hat es sie bis zum Ablauf des dritten Monats nach Begründung der Geschäftsbeziehung in einem maschinellen Verfahren beim Bundeszentralamt für Steuern zu erfra-

---

[1)] § 154 Abs. 2 neu gef. durch G v. 23.6.2017 (BGBl. I S. 1682); zur Anwendung siehe Art. 97 § 26 Abs. 4 EGAO (Nr. **4**); Satz 2 geänd. mWv 26.6.2017 durch G v. 23.6.2017 (BGBl. I S. 1822); Satz 2 neu gef. mWv 1.1.2020 durch G v. 12.12.2019 (BGBl. I S. 2602).

[2)] Für Geschäftsbeziehungen zu Kreditinstituten iSd § 154 Abs. 2 Satz 1 idF des G v. 23.6.2017 (BGBl. I S. 1682), die vor dem 1.1.2018 begründet worden sind und am 1.1.2018 noch bestehen, siehe Art. 97 § 26 Abs. 5 EGAO (Nr. **4**).

[3)] § 154 Abs. 2a eingef. durch G v. 23.6.2017 (BGBl. I S. 1682); zur Anwendung siehe Art. 97 § 26 Abs. 4 EGAO (Nr. **4**).

[4)] § 154 Abs. 2b eingef. durch G v. 23.6.2017 (BGBl. I S. 1682); zur Anwendung siehe Art. 97 § 26 Abs. 4 EGAO (Nr. **4**).

gen. [2]In der Anfrage dürfen nur die in § 139b Absatz 3 genannten Daten der betroffenen Person angegeben werden. [3]Das Bundeszentralamt für Steuern teilt dem Kreditinstitut die Identifikationsnummer der betroffenen Person mit, sofern die übermittelten Daten mit den bei ihm nach § 139b Absatz 3 gespeicherten Daten übereinstimmen.

(2c)[1)] [1]Soweit das Kreditinstitut die nach Absatz 2a Satz 1 zu erhebenden Daten auf Grund unzureichender Mitwirkung des Vertragspartners und gegebenenfalls für ihn handelnder Personen nicht ermitteln kann, hat es dies auf dem Konto festzuhalten. [2]In diesem Fall hat das Kreditinstitut dem Bundeszentralamt für Steuern die betroffenen Konten sowie die hierzu nach Absatz 2 erhobenen Daten mitzuteilen; diese Daten sind für alle in einem Kalenderjahr eröffneten Konten bis Ende Februar des Folgejahrs zu übermitteln.

(2d)[2)] Die Finanzbehörden können für einzelne Fälle oder für bestimmte Fallgruppen Erleichterungen zulassen, wenn die Einhaltung der Pflichten nach den Absätzen 2 bis 2c unverhältnismäßige Härten mit sich bringt und die Besteuerung durch die Erleichterung nicht beeinträchtigt wird.

(3) Ist gegen Absatz 1 verstoßen worden, so dürfen Guthaben, Wertsachen und der Inhalt eines Schließfachs nur mit Zustimmung des für die Einkommen- und Körperschaftsteuer des Verfügungsberechtigten zuständigen Finanzamts herausgegeben werden.

Dritter Abschnitt. Festsetzungs- und Feststellungsverfahren

1. Unterabschnitt. Steuerfestsetzung

I. Allgemeine Vorschriften

§ 155 Steuerfestsetzung. (1) [1]Die Steuern werden, soweit nichts anderes vorgeschrieben ist, von der Finanzbehörde durch Steuerbescheid festgesetzt. [2]Steuerbescheid ist der nach § 122 Abs. 1 bekannt gegebene Verwaltungsakt. [3]Dies gilt auch für die volle oder teilweise Freistellung von einer Steuer und für die Ablehnung eines Antrags auf Steuerfestsetzung.

(2) Ein Steuerbescheid kann erteilt werden, auch wenn ein Grundlagenbescheid noch nicht erlassen wurde.

(3) [1]Schulden mehrere Steuerpflichtige eine Steuer als Gesamtschuldner, so können gegen sie zusammengefasste Steuerbescheide ergehen. [2]Mit zusammengefassten Steuerbescheiden können Verwaltungsakte über steuerliche Nebenleistungen oder sonstige Ansprüche, auf die dieses Gesetz anzuwenden ist, gegen einen oder mehrere der Steuerpflichtigen verbunden werden. [3]Das gilt auch dann, wenn festgesetzte Steuern, steuerliche Nebenleistungen oder sonstige Ansprüche nach dem zwischen den Steuerpflichtigen bestehenden Rechtsverhältnis nicht von allen Beteiligten zu tragen sind.

(4)[3)] [1]Die Finanzbehörden können Steuerfestsetzungen sowie Anrechnungen von Steuerabzugsbeträgen und Vorauszahlungen auf der Grundlage der ihnen vorliegenden Informationen und der Angaben des Steuerpflichtigen ausschließlich automationsgestützt vornehmen, berichtigen, zurücknehmen, wi-

---

[1)] § 154 Abs. 2c eingef. durch G v. 23.6.2017 (BGBl. I S. 1682); zur Anwendung siehe Art. 97 § 26 Abs. 4 EGAO (Nr. **4**).

[2)] § 154 Abs. 2d eingef. mWv 25.6.2017 durch G v. 23.6.2017 (BGBl. I S. 1682); zur Anwendung siehe Art. 97 § 1 Abs. 12 Satz 1 EGAO (Nr. **4**).

[3)] § 155 Abs. 4 neu gef. mWv 1.1.2017 durch G v. 18.7.2016 (BGBl. I S. 1679).

derrufen, aufheben oder ändern, soweit kein Anlass dazu besteht, den Einzelfall durch Amtsträger zu bearbeiten. [2]Das gilt auch

1. für den Erlass, die Berichtigung, die Rücknahme, den Widerruf, die Aufhebung und die Änderung von mit den Steuerfestsetzungen sowie Anrechnungen von Steuerabzugsbeträgen und Vorauszahlungen verbundenen Verwaltungsakten sowie,
2. wenn die Steuerfestsetzungen sowie Anrechnungen von Steuerabzugsbeträgen und Vorauszahlungen mit Nebenbestimmungen nach § 120 versehen oder verbunden werden, soweit dies durch eine Verwaltungsanweisung des Bundesministeriums der Finanzen oder der obersten Landesfinanzbehörden allgemein angeordnet ist.

[3]Ein Anlass zur Bearbeitung durch Amtsträger liegt insbesondere vor, soweit der Steuerpflichtige in einem dafür vorgesehenen Abschnitt oder Datenfeld der Steuererklärung Angaben im Sinne des § 150 Absatz 7 gemacht hat. [4]Bei vollständig automationsgestütztem Erlass eines Verwaltungsakts gilt die Willensbildung über seinen Erlass und über seine Bekanntgabe im Zeitpunkt des Abschlusses der maschinellen Verarbeitung als abgeschlossen.

(5)[1)] Die für die Steuerfestsetzung geltenden Vorschriften sind auf die Festsetzung einer Steuervergütung sinngemäß anzuwenden.

§ 156[2)] Absehen von der Steuerfestsetzung. (1) [1]Das Bundesministerium der Finanzen kann zur Vereinfachung der Verwaltung durch Rechtsverordnung[3)] bestimmen, dass eine Steuer nicht festgesetzt wird, wenn der eigentlich festzusetzende Betrag den durch diese Rechtsverordnung zu bestimmenden Betrag voraussichtlich nicht übersteigt. [2]Der nach Satz 1 zu bestimmende Betrag darf 25 Euro nicht übersteigen. [3]Das Gleiche gilt für die Änderung einer Steuerfestsetzung, wenn der Betrag, der sich als Differenz zwischen der geänderten und der bisherigen Steuerfestsetzung ergeben würde, den in der Rechtsverordnung genannten Betrag nicht übersteigt. [4]Die Rechtsverordnung bedarf nicht der Zustimmung des Bundesrates, soweit sie die Kraftfahrzeugsteuer, die Luftverkehrsteuer, die Versicherungsteuer, Einfuhr- und Ausfuhrabgaben oder Verbrauchsteuern, mit Ausnahme der Biersteuer, betrifft.

(2) [1]Die Festsetzung einer Steuer und einer steuerlichen Nebenleistung sowie deren Änderung kann, auch über einen Betrag von 25 Euro hinausgehend, unterbleiben, wenn zu erwarten ist, dass

1. die Erhebung keinen Erfolg haben wird oder
2. die Kosten der Festsetzung und die Kosten der Erhebung außer Verhältnis zu dem Betrag stehen werden.

[2]Für bestimmte oder bestimmbare Fallgruppen können die obersten Finanzbehörden bundeseinheitliche Weisungen zur Anwendung von Satz 1 Nummer 2 erteilen. [3]Diese Weisungen dürfen nicht veröffentlicht werden, soweit dies die Gleichmäßigkeit und Gesetzmäßigkeit der Besteuerung gefährden könnte. [4]Auf dem Gebiet der von den Landesfinanzbehörden im Auftrag des Bundes verwalteten Steuern legen die obersten Finanzbehörden der Länder diese Wei-

---

[1)] § 155 Abs. 5 angef. mWv 1.1.2017 durch G v. 18.7.2016 (BGBl. I S. 1679).

[2)] § 156 neu gef. mWv 1.1.2017 durch G v. 18.7.2016 (BGBl. I S. 1679).

[3)] Siehe Kleinbetragsverordnung v. 19.12.2000 (BGBl. I S. 1790, 1805), geänd. durch G v. 18.7. 2016 (BGBl. I S. 1679).

sungen zur Gewährleistung eines bundeseinheitlichen Vollzugs der Steuergesetze im Einvernehmen mit dem Bundesministerium der Finanzen fest.

§ 157 Form und Inhalt der Steuerbescheide. (1)[1)] [1] Steuerbescheide sind schriftlich oder elektronisch zu erteilen, soweit nichts anderes bestimmt ist. [2] Sie müssen die festgesetzte Steuer nach Art und Betrag bezeichnen und angeben, wer die Steuer schuldet. [3] Ihnen ist außerdem eine Belehrung darüber beizufügen, welcher Rechtsbehelf zulässig ist und binnen welcher Frist und bei welcher Behörde er einzulegen ist.

(2) Die Feststellung der Besteuerungsgrundlagen bildet einen mit Rechtsbehelfen nicht selbständig anfechtbaren Teil des Steuerbescheids, soweit die Besteuerungsgrundlagen nicht gesondert festgestellt werden.

§ 158 Beweiskraft der Buchführung. Die Buchführung und die Aufzeichnungen des Steuerpflichtigen, die den Vorschriften der §§ 140 bis 148 entsprechen, sind der Besteuerung zugrunde zu legen, soweit nach den Umständen des Einzelfalls kein Anlass ist, ihre sachliche Richtigkeit zu beanstanden.

§ 159 Nachweis der Treuhänderschaft. (1) [1] Wer behauptet, dass er Rechte, die auf seinen Namen lauten, oder Sachen, die er besitzt, nur als Treuhänder, Vertreter eines anderen oder Pfandgläubiger innehabe oder besitze, hat auf Verlangen nachzuweisen, wem die Rechte oder Sachen gehören; anderenfalls sind sie ihm regelmäßig zuzurechnen. [2] Das Recht der Finanzbehörde, den Sachverhalt zu ermitteln, wird dadurch nicht eingeschränkt.

(2) § 102 bleibt unberührt.

§ 160 Benennung von Gläubigern und Zahlungsempfängern.

(1) [1] Schulden und andere Lasten, Betriebsausgaben, Werbungskosten und andere Ausgaben sind steuerlich regelmäßig nicht zu berücksichtigen, wenn der Steuerpflichtige dem Verlangen der Finanzbehörde nicht nachkommt, die Gläubiger oder die Empfänger genau zu benennen. [2] Das Recht der Finanzbehörde, den Sachverhalt zu ermitteln, bleibt unberührt.

(2) § 102 bleibt unberührt.

§ 161 Fehlmengen bei Bestandsaufnahmen. [1] Ergeben sich bei einer vorgeschriebenen oder amtlich durchgeführten Bestandsaufnahme Fehlmengen an verbrauchsteuerpflichtigen Waren, so wird vermutet, dass hinsichtlich der Fehlmengen eine Verbrauchsteuer entstanden oder eine bedingt entstandene Verbrauchsteuer unbedingt geworden ist, soweit nicht glaubhaft gemacht wird, dass die Fehlmengen auf Umstände zurückzuführen sind, die eine Steuer nicht begründen oder eine bedingte Steuer nicht unbedingt werden lassen. [2] Die Steuer gilt im Zweifel im Zeitpunkt der Bestandsaufnahme als entstanden oder unbedingt geworden.

§ 162 Schätzung von Besteuerungsgrundlagen. (1) [1] Soweit die Finanzbehörde die Besteuerungsgrundlagen nicht ermitteln oder berechnen kann, hat sie sie zu schätzen. [2] Dabei sind alle Umstände zu berücksichtigen, die für die Schätzung von Bedeutung sind.

---

1) § 157 Abs. 1 neu gef. mWv 1.1.2017 durch G v. 18.7.2016 (BGBl. I S. 1679).

(2)[1] [1]Zu schätzen ist insbesondere dann, wenn der Steuerpflichtige über seine Angaben keine ausreichenden Aufklärungen zu geben vermag oder weitere Auskunft oder eine Versicherung an Eides statt verweigert oder seine Mitwirkungspflicht nach § 90 Abs. 2 verletzt. [2]Das Gleiche gilt, wenn der Steuerpflichtige Bücher oder Aufzeichnungen, die er nach den Steuergesetzen zu führen hat, nicht vorlegen kann, wenn die Buchführung oder die Aufzeichnungen der Besteuerung nicht nach § 158 zugrunde gelegt werden oder wenn tatsächliche Anhaltspunkte für die Unrichtigkeit oder Unvollständigkeit der vom Steuerpflichtigen gemachten Angaben zu steuerpflichtigen Einnahmen oder Betriebsvermögensmehrungen bestehen und der Steuerpflichtige die Zustimmung nach § 93 Abs. 7 Satz 1 Nr. 5 nicht erteilt.

[Fassung bis 31.12.2021:]
[3]Hat der Steuerpflichtige seine Mitwirkungspflichten nach § 90 Absatz 2 Satz 3 verletzt, so wird widerlegbar vermutet, dass steuerpflichtige Einkünfte in Staaten oder Gebieten im Sinne des § 90 Absatz 2 Satz 3 vorhanden oder höher als die erklärten Einkünfte sind.

[Fassung ab 1.1.2022:[2]]
[3]Hat der Steuerpflichtige seine Mitwirkungspflichten nach § 12 des Gesetzes zur Abwehr von Steuervermeidung und unfairem Steuerwettbewerb verletzt, so wird widerlegbar vermutet, dass in Deutschland steuerpflichtige Einkünfte in Bezug zu Staaten oder Gebieten im Sinne des § 3 Absatz 1 des Gesetzes zur Abwehr von Steuervermeidung und unfairem Steuerwettbewerb
1. bisher nicht erklärt wurden, tatsächlich aber vorhanden sind, oder
2. bisher zwar erklärt wurden, tatsächlich aber höher sind als erklärt.

(3)[3] [1]Verletzt ein Steuerpflichtiger seine Mitwirkungspflichten nach § 90 Absatz 3 dadurch, dass er keine Aufzeichnungen über einen Geschäftsvorfall vorlegt, oder sind die über einen Geschäftsvorfall vorgelegten Aufzeichnungen im Wesentlichen unverwertbar oder wird festgestellt, dass der Steuerpflichtige Aufzeichnungen im Sinne des § 90 Absatz 3 Satz 8 nicht zeitnah erstellt hat, so wird widerlegbar vermutet, dass seine im Inland steuerpflichtigen Einkünfte, zu deren Ermittlung die Aufzeichnungen im Sinne des § 90 Absatz 3 dienen, höher als die von ihm erklärten Einkünfte sind. [2]Hat in solchen Fällen die Finanzbehörde eine Schätzung vorzunehmen und können diese Einkünfte nur innerhalb eines bestimmten Rahmens, insbesondere nur auf Grund von Preisspannen bestimmt werden, kann dieser Rahmen zu Lasten des Steuerpflichtigen ausgeschöpft werden. [3]Bestehen trotz Vorlage verwertbarer Aufzeichnungen durch den Steuerpflichtigen Anhaltspunkte dafür, dass seine Einkünfte bei Beachtung des Fremdvergleichsgrundsatzes höher wären als die auf Grund der Aufzeichnungen erklärten Einkünfte, und können entsprechende Zweifel des-

---

[1] § 162 Abs. 2 Satz 2 neu gef. mWv 1.1.2009 durch G v. 14.8.2007 (BGBl. I S. 1912); Satz 3 angef. durch G v. 29.7.2009 (BGBl. I S. 2302); zur erstmaligen Anwendung von Satz 3 siehe Art. 97 § 22 Abs. 2 EGAO (Nr. **4**).

[2] § 162 Abs. 2 Satz 3 neu gef. durch G v. 25.6.2021 (BGBl. I S. 2056); zur Anwendung **ab 1.1.2022** siehe Art. 97 § 22 Abs. 4 EGAO (Nr. **4**).

[3] § 162 Abs. 3 eingef. durch G v. 16.5.2003 (BGBl. I S. 660); zur Anwendung siehe Art. 97 § 22 Abs. 1 Satz 2 EGAO (Nr. **4**); Satz 3 angef. durch G v. 14.8.2007 (BGBl. I S. 1912); Satz 1 neu gef. mWv 24.12.2016 durch G v. 20.12.2016 (BGBl. I S. 3000).

wegen nicht aufgeklärt werden, weil eine ausländische, nahe stehende Person ihre Mitwirkungspflichten nach § 90 Abs. 2 oder ihre Auskunftspflichten nach § 93 Abs. 1 nicht erfüllt, ist Satz 2 entsprechend anzuwenden.

(4)[1] [1]Legt ein Steuerpflichtiger über einen Geschäftsvorfall keine Aufzeichnungen im Sinne des § 90 Absatz 3 vor oder sind die über einen Geschäftsvorfall vorgelegten Aufzeichnungen im Wesentlichen unverwertbar, ist ein Zuschlag von 5 000 Euro festzusetzen. [2]Der Zuschlag beträgt mindestens 5 Prozent und höchstens 10 Prozent des Mehrbetrags der Einkünfte, der sich nach einer Berichtigung auf Grund der Anwendung des Absatzes 3 ergibt, wenn sich danach ein Zuschlag von mehr als 5 000 Euro ergibt. [3]Bei verspäteter Vorlage von verwertbaren Aufzeichnungen beträgt der Zuschlag bis zu 1 000 000 Euro, mindestens jedoch 100 Euro für jeden vollen Tag der Fristüberschreitung. [4]Soweit den Finanzbehörden Ermessen hinsichtlich der Höhe des Zuschlags eingeräumt ist, sind neben dessen Zweck, den Steuerpflichtigen zur Erstellung und fristgerechten Vorlage der Aufzeichnungen im Sinne des § 90 Abs. 3 anzuhalten, insbesondere die von ihm gezogenen Vorteile und bei verspäteter Vorlage auch die Dauer der Fristüberschreitung zu berücksichtigen. [5]Von der Festsetzung eines Zuschlags ist abzusehen, wenn die Nichterfüllung der Pflichten nach § 90 Abs. 3 entschuldbar erscheint oder ein Verschulden nur geringfügig ist. [6]Das Verschulden eines gesetzlichen Vertreters oder eines Erfüllungsgehilfen steht dem eigenen Verschulden gleich. [7]Der Zuschlag ist regelmäßig nach Abschluss der Außenprüfung festzusetzen.

[***ab 1.1.2022:***

(4a)[2] [1]Verletzt der Steuerpflichtige seine Mitwirkungspflichten nach § 12 des Gesetzes zur Umsetzung steuerlicher Abwehrmaßnahmen gegen Steuervermeidung und unfairen Steuerwettbewerb, ist Absatz 4 entsprechend anzuwenden. [2]Von der Festsetzung eines Zuschlags ist abzusehen, wenn die Nichterfüllung der Mitwirkungspflichten entschuldbar erscheint oder das Verschulden nur geringfügig ist. [3]Das Verschulden eines gesetzlichen Vertreters oder eines Erfüllungsgehilfen ist dem Steuerpflichtigen zuzurechnen.]

(5)[3] In den Fällen des § 155 Abs. 2 können die in einem Grundlagenbescheid festzustellenden Besteuerungsgrundlagen geschätzt werden.

§ 163[4] Abweichende Festsetzung von Steuern aus Billigkeitsgründen.

(1) [1]Steuern können niedriger festgesetzt werden und einzelne Besteuerungsgrundlagen, die die Steuern erhöhen, können bei der Festsetzung der Steuer unberücksichtigt bleiben, wenn die Erhebung der Steuer nach Lage des einzelnen Falls unbillig wäre. [2]Mit Zustimmung des Steuerpflichtigen kann bei Steuern vom Einkommen zugelassen werden, dass einzelne Besteuerungsgrundlagen, soweit sie die Steuer erhöhen, bei der Steuerfestsetzung erst zu

---

[1] § 162 Abs. 4 eingef. durch G v. 16.5.2003 (BGBl. I S. 660); zur Anwendung siehe Art. 97 § 22 Abs. 1 Satz 2 EGAO (Nr. **4**); Sätze 1 und 2 geänd. durch G v. 13.12.2006 (BGBl. I S. 2878); Satz 1 neu gef. mWv 24.12.2016 durch G v. 20.12.2016 (BGBl. I S. 3000).

[2] § 162 Abs. 4a eingef. durch G v. 25.6.2021 (BGBl. I S. 2056); zur Anwendung **ab 1.1.2022** siehe Art. 97 § 22 Abs. 4 EGAO (Nr. **4**).

[3] § 162 Abs. 3 und 4 eingef., bish. Abs. 3 wird Abs. 5 durch G v. 16.5.2003 (BGBl. I S. 660); zur Anwendung siehe Art. 97 § 22 Abs. 1 Satz 2 EGAO (Nr. **4**).

[4] § 163 neu gef. durch G v. 18.7.2016 (BGBl. I S. 1679); zur Anwendung siehe Art. 97 § 29 EGAO (Nr. **4**).

einer späteren Zeit und, soweit sie die Steuer mindern, schon zu einer früheren Zeit berücksichtigt werden.

(2) Eine Billigkeitsmaßnahme nach Absatz 1 kann mit der Steuerfestsetzung verbunden werden, für die sie von Bedeutung ist.

(3) [1] Eine Billigkeitsmaßnahme nach Absatz 1 steht in den Fällen des Absatzes 2 stets unter Vorbehalt des Widerrufs, wenn sie

1. von der Finanzbehörde nicht ausdrücklich als eigenständige Billigkeitsentscheidung ausgesprochen worden ist,
2. mit einer Steuerfestsetzung unter Vorbehalt der Nachprüfung nach § 164 verbunden ist oder
3. mit einer vorläufigen Steuerfestsetzung nach § 165 verbunden ist und der Grund der Vorläufigkeit auch für die Entscheidung nach Absatz 1 von Bedeutung ist.

[2] In den Fällen von Satz 1 Nummer 1 entfällt der Vorbehalt des Widerrufs, wenn die Festsetzungsfrist für die Steuerfestsetzung abläuft, für die die Billigkeitsmaßnahme Grundlagenbescheid ist. [3] In den Fällen von Satz 1 Nummer 2 entfällt der Vorbehalt des Widerrufs mit Aufhebung oder Entfallen des Vorbehalts der Nachprüfung der Steuerfestsetzung, für die die Billigkeitsmaßnahme Grundlagenbescheid ist. [4] In den Fällen von Satz 1 Nummer 3 entfällt der Vorbehalt des Widerrufs mit Eintritt der Endgültigkeit der Steuerfestsetzung, für die die Billigkeitsmaßnahme Grundlagenbescheid ist.

(4) [1] Ist eine Billigkeitsmaßnahme nach Absatz 1, die nach Absatz 3 unter Vorbehalt des Widerrufs steht, rechtswidrig, ist sie mit Wirkung für die Vergangenheit zurückzunehmen. [2] § 130 Absatz 3 Satz 1 gilt in diesem Fall nicht.

§ 164 Steuerfestsetzung unter Vorbehalt der Nachprüfung. (1) [1] Die Steuern können, solange der Steuerfall nicht abschließend geprüft ist, allgemein oder im Einzelfall unter dem Vorbehalt der Nachprüfung festgesetzt werden, ohne dass dies einer Begründung bedarf. [2] Die Festsetzung einer Vorauszahlung ist stets eine Steuerfestsetzung unter Vorbehalt der Nachprüfung.

(2) [1] Solange der Vorbehalt wirksam ist, kann die Steuerfestsetzung aufgehoben oder geändert werden. [2] Der Steuerpflichtige kann die Aufhebung oder Änderung der Steuerfestsetzung jederzeit beantragen. [3] Die Entscheidung hierüber kann jedoch bis zur abschließenden Prüfung des Steuerfalls, die innerhalb angemessener Frist vorzunehmen ist, hinausgeschoben werden.

(3) [1] Der Vorbehalt der Nachprüfung kann jederzeit aufgehoben werden. [2] Die Aufhebung steht einer Steuerfestsetzung ohne Vorbehalt der Nachprüfung gleich; § 157 Abs. 1 Satz 1 und 3 gilt sinngemäß. [3] Nach einer Außenprüfung ist der Vorbehalt aufzuheben, wenn sich Änderungen gegenüber der Steuerfestsetzung unter Vorbehalt der Nachprüfung nicht ergeben.

(4)[1)] [1] Der Vorbehalt der Nachprüfung entfällt, wenn die Festsetzungsfrist abläuft. [2] § 169 Absatz 2 Satz 2, § 170 Absatz 6 und § 171 Absatz 7, 8 und 10 sind nicht anzuwenden.

[1)] § 164 Abs. 4 Satz 2 neu gef. mWv 1.1.2015 durch G v. 22.12.2014 (BGBl. I S. 2415).

§ 165 Vorläufige Steuerfestsetzung, Aussetzung der Steuerfestsetzung. (1)[1] [1]Soweit ungewiss ist, ob die Voraussetzungen für die Entstehung einer Steuer eingetreten sind, kann sie vorläufig festgesetzt werden. [2]Diese Regelung ist auch anzuwenden, wenn

1. ungewiss ist, ob und wann Verträge mit anderen Staaten über die Besteuerung (§ 2), die sich zugunsten des Steuerpflichtigen auswirken, für die Steuerfestsetzung wirksam werden,
2. das Bundesverfassungsgericht die Unvereinbarkeit eines Steuergesetzes mit dem Grundgesetz festgestellt hat und der Gesetzgeber zu einer Neuregelung verpflichtet ist,

2a. sich auf Grund einer Entscheidung des Gerichtshofes der Europäischen Union ein Bedarf für eine gesetzliche Neuregelung ergeben kann,

3. die Vereinbarkeit eines Steuergesetzes mit höherrangigem Recht Gegenstand eines Verfahrens bei dem Gerichtshof der Europäischen Union, dem Bundesverfassungsgericht oder einem obersten Bundesgericht ist oder
4. die Auslegung eines Steuergesetzes Gegenstand eines Verfahrens bei dem Bundesfinanzhof ist.

[3]Umfang und Grund der Vorläufigkeit sind anzugeben. [4]Unter den Voraussetzungen der Sätze 1 oder 2 kann die Steuerfestsetzung auch gegen oder ohne Sicherheitsleistung ausgesetzt werden.

(2)[2] [1]Soweit die Finanzbehörde eine Steuer vorläufig festgesetzt hat, kann sie die Festsetzung aufheben oder ändern. [2]Wenn die Ungewissheit beseitigt ist, ist eine vorläufige Steuerfestsetzung aufzuheben, zu ändern oder für endgültig zu erklären; eine ausgesetzte Steuerfestsetzung ist nachzuholen. [3]In den Fällen des Absatzes 1 Satz 2 Nr. 4 endet die Ungewissheit, sobald feststeht, dass die Grundsätze der Entscheidung des Bundesfinanzhofs über den entschiedenen Einzelfall hinaus allgemein anzuwenden sind. [4]In den Fällen des Absatzes 1 Satz 2 muss eine vorläufige Steuerfestsetzung nach Satz 2 nur auf Antrag des Steuerpflichtigen für endgültig erklärt werden, wenn sie nicht aufzuheben oder zu ändern ist.

(3) Die vorläufige Steuerfestsetzung kann mit einer Steuerfestsetzung unter Vorbehalt der Nachprüfung verbunden werden.

§ 166 Drittwirkung der Steuerfestsetzung. Ist die Steuer dem Steuerpflichtigen gegenüber unanfechtbar festgesetzt, so hat dies neben einem Gesamtrechtsnachfolger auch gegen sich gelten zu lassen, wer in der Lage gewesen wäre, den gegen den Steuerpflichtigen erlassenen Bescheid als dessen Vertreter, Bevollmächtigter oder kraft eigenen Rechts anzufechten.

§ 167 Steueranmeldung, Verwendung von Steuerzeichen oder Steuerstemplern. (1)[3] [1]Ist eine Steuer auf Grund gesetzlicher Verpflichtung anzumelden (§ 150 Abs. 1 Satz 3), so ist eine Festsetzung der Steuer nach § 155 nur erforderlich, wenn die Festsetzung zu einer abweichenden Steuer führt

---

[1] § 165 Abs. 1 Satz 2 Nr. 4 angef. mWv 1.1.2009 durch G v. 20.12.2008 (BGBl. I S. 2850); Satz 2 Nr. 3 geänd. mWv 30.6.2013 durch G v. 26.6.2013 (BGBl. I S. 1809); Satz 2 Nr. 2a eingef. mWv 1.1.2017 durch G v. 18.7.2016 (BGBl. I S. 1679).

[2] § 165 Abs. 2 Satz 3 eingef., bish. Satz 3 wird Satz 4 mWv 1.1.2009 durch G v. 20.12.2008 (BGBl. I S. 2850).

[3] § 167 Abs. 1 Satz 1 geänd. durch G v. 15.12.2003 (BGBl. I S. 2645).

oder der Steuer- oder Haftungsschuldner die Steueranmeldung nicht abgibt. [2]Satz 1 gilt sinngemäß, wenn die Steuer auf Grund gesetzlicher Verpflichtung durch Verwendung von Steuerzeichen oder Steuerstemplern zu entrichten ist. [3]Erkennt der Steuer- oder Haftungsschuldner nach Abschluss einer Außenprüfung im Sinne des § 193 Abs. 2 Nr. 1 seine Zahlungsverpflichtung schriftlich an, steht das Anerkenntnis einer Steueranmeldung gleich.

(2) [1]Steueranmeldungen gelten auch dann als rechtzeitig abgegeben, wenn sie fristgerecht bei der zuständigen Kasse eingehen. [2]Dies gilt nicht für Einfuhr- und Ausfuhrabgaben und Verbrauchsteuern.

§ 168[1)] **Wirkung einer Steueranmeldung.** [1]Eine Steueranmeldung steht einer Steuerfestsetzung unter Vorbehalt der Nachprüfung gleich. [2]Führt die Steueranmeldung zu einer Herabsetzung der bisher zu entrichtenden Steuer oder zu einer Steuervergütung, so gilt Satz 1 erst, wenn die Finanzbehörde zustimmt. [3]Die Zustimmung bedarf keiner Form.

II. Festsetzungsverjährung[2)]

§ 169 Festsetzungsfrist. (1)[3)] [1]Eine Steuerfestsetzung sowie ihre Aufhebung oder Änderung sind nicht mehr zulässig, wenn die Festsetzungsfrist abgelaufen ist. [2]Dies gilt auch für die Berichtigung wegen offenbarer Unrichtigkeit nach § 129. [3]Die Frist ist gewahrt, wenn vor Ablauf der Festsetzungsfrist

1. der Steuerbescheid oder im Fall des § 122a die elektronische Benachrichtigung den Bereich der für die Steuerfestsetzung zuständigen Finanzbehörde verlassen hat oder
2. bei öffentlicher Zustellung nach § 10 des Verwaltungszustellungsgesetzes die Benachrichtigung bekannt gemacht oder veröffentlicht wird.

(2)[4)] [1]Die Festsetzungsfrist beträgt:

1. ein Jahr
   für Verbrauchsteuern und Verbrauchsteuervergütungen,
2. vier Jahre
   für Steuern und Steuervergütungen, die keine Steuern oder Steuervergütungen im Sinne der Nummer 1 oder Einfuhr- und Ausfuhrabgaben nach Artikel 5 Nummer 20 und 21 des Zollkodex der Union sind.

[2]Die Festsetzungsfrist beträgt zehn Jahre, soweit eine Steuer hinterzogen, und fünf Jahre, soweit sie leichtfertig verkürzt worden ist. [3]Dies gilt auch dann, wenn die Steuerhinterziehung oder leichtfertige Steuerverkürzung nicht durch den Steuerschuldner oder eine Person begangen worden ist, deren er sich zur Erfüllung seiner steuerlichen Pflichten bedient, es sei denn, der Steuerschuldner weist nach, dass er durch die Tat keinen Vermögensvorteil erlangt hat und dass sie auch nicht darauf beruht, dass er die im Verkehr erforderlichen Vorkehrungen zur Verhinderung von Steuerverkürzungen unterlassen hat.

---

1) Zur Steueranmeldung in Euro siehe Art. 97 § 21 EGAO (Nr. **4**).

2) Zur Anwendung siehe Art. 97 § 10 EGAO (Nr. **4**).

3) § 169 Abs. 1 Satz 3 neu gef. mWv 1.1.2017 durch G v. 18.7.2016 (BGBl. I S. 1679); zur Anwendung siehe Art. 97 § 28 EGAO (Nr. **4**).

4) § 169 Abs. 2 Satz 1 Nr. 2 geänd. mWv 1.5.2016 durch G v. 22.12.2014 (BGBl. I S. 2417).

§ 170 Beginn der Festsetzungsfrist. (1) Die Festsetzungsfrist beginnt mit Ablauf des Kalenderjahrs, in dem die Steuer entstanden ist oder eine bedingt entstandene Steuer unbedingt geworden ist.

(2)[1] [1]Abweichend von Absatz 1 beginnt die Festsetzungsfrist, wenn

1. eine Steuererklärung oder eine Steueranmeldung einzureichen oder eine Anzeige zu erstatten ist, mit Ablauf des Kalenderjahrs, in dem die Steuererklärung, die Steueranmeldung oder die Anzeige eingereicht wird, spätestens jedoch mit Ablauf des dritten Kalenderjahrs, das auf das Kalenderjahr folgt, in dem die Steuer entstanden ist, es sei denn, dass die Festsetzungsfrist nach Absatz 1 später beginnt,
2. eine Steuer durch Verwendung von Steuerzeichen oder Steuerstemplern zu zahlen ist, mit Ablauf des Kalenderjahrs, in dem für den Steuerfall Steuerzeichen oder Steuerstempler verwendet worden sind, spätestens jedoch mit Ablauf des dritten Kalenderjahrs, das auf das Kalenderjahr folgt, in dem die Steuerzeichen oder Steuerstempler hätten verwendet werden müssen.

[2]Dies gilt nicht für Verbrauchsteuern, ausgenommen die Energiesteuer auf Erdgas und die Stromsteuer.

(3) Wird eine Steuer oder eine Steuervergütung nur auf Antrag festgesetzt, so beginnt die Frist für die Aufhebung oder Änderung dieser Festsetzung oder ihrer Berichtigung nach § 129 nicht vor Ablauf des Kalenderjahrs, in dem der Antrag gestellt wird.

(4) Wird durch Anwendung des Absatzes 2 Nr. 1 auf die Vermögensteuer oder die Grundsteuer der Beginn der Festsetzungsfrist hinausgeschoben, so wird der Beginn der Festsetzungsfrist für die folgenden Kalenderjahre des Hauptveranlagungszeitraums jeweils um die gleiche Zeit hinausgeschoben.

(5) Für die Erbschaftsteuer (Schenkungsteuer) beginnt die Festsetzungsfrist nach den Absätzen 1 oder 2

1. bei einem Erwerb von Todes wegen nicht vor Ablauf des Kalenderjahrs, in dem der Erwerber Kenntnis von dem Erwerb erlangt hat,
2. bei einer Schenkung nicht vor Ablauf des Kalenderjahrs, in dem der Schenker gestorben ist oder die Finanzbehörde von der vollzogenen Schenkung Kenntnis erlangt hat,
3. bei einer Zweckzuwendung unter Lebenden nicht vor Ablauf des Kalenderjahrs, in dem die Verpflichtung erfüllt worden ist.

(6)[2] Für die Steuer, die auf Kapitalerträge entfällt, die

1. aus Staaten oder Territorien stammen, die nicht Mitglieder der Europäischen Union oder der Europäischen Freihandelsassoziation sind, und
2. nicht nach Verträgen im Sinne des § 2 Absatz 1 oder hierauf beruhenden Vereinbarungen automatisch mitgeteilt werden,

beginnt die Festsetzungsfrist frühestens mit Ablauf des Kalenderjahres, in dem diese Kapitalerträge der Finanzbehörde durch Erklärung des Steuerpflichtigen oder in sonstiger Weise bekannt geworden sind, spätestens jedoch zehn Jahre nach Ablauf des Kalenderjahres, in dem die Steuer entstanden ist.

---

[1] § 170 Abs. 2 Satz 2 geänd. durch G v. 8.12.2010 (BGBl. I S. 1768); zur Anwendung siehe Art. 97 § 10 Abs. 10 EGAO (Nr. **4**).

[2] § 170 Abs. 6 neu gef. durch G v. 22.12.2014 (BGBl. I S. 2415); zur Anwendung siehe Art. 97 § 10 Abs. 13 EGAO (Nr. **4**).

(7)[1] Für Steuern auf Einkünfte oder Erträge, die in Zusammenhang stehen mit Beziehungen zu einer Drittstaat-Gesellschaft im Sinne des § 138 Absatz 3, auf die der Steuerpflichtige allein oder zusammen mit nahestehenden Personen im Sinne des § 1 Absatz 2 des Außensteuergesetzes[2] unmittelbar oder mittelbar einen beherrschenden oder bestimmenden Einfluss ausüben kann, beginnt die Festsetzungsfrist frühestens mit Ablauf des Kalenderjahres, in dem diese Beziehungen durch Mitteilung des Steuerpflichtigen oder auf andere Weise bekannt geworden sind, spätestens jedoch zehn Jahre nach Ablauf des Kalenderjahres, in dem die Steuer entstanden ist.

§ 171 Ablaufhemmung. (1) Die Festsetzungsfrist läuft nicht ab, solange die Steuerfestsetzung wegen höherer Gewalt innerhalb der letzten sechs Monate des Fristlaufs nicht erfolgen kann.

(2)[3] [1] Ist beim Erlass eines Steuerbescheids eine offenbare Unrichtigkeit unterlaufen, so endet die Festsetzungsfrist insoweit nicht vor Ablauf eines Jahres nach Bekanntgabe dieses Steuerbescheids. [2] Das Gleiche gilt in den Fällen des § 173a.

(3) Wird vor Ablauf der Festsetzungsfrist außerhalb eines Einspruchs- oder Klageverfahrens ein Antrag auf Steuerfestsetzung oder auf Aufhebung oder Änderung einer Steuerfestsetzung oder ihrer Berichtigung nach § 129 gestellt, so läuft die Festsetzungsfrist insoweit nicht ab, bevor über den Antrag unanfechtbar entschieden worden ist.

(3a) [1] Wird ein Steuerbescheid mit einem Einspruch oder einer Klage angefochten, so läuft die Festsetzungsfrist nicht ab, bevor über den Rechtsbehelf unanfechtbar entschieden ist; dies gilt auch, wenn der Rechtsbehelf erst nach Ablauf der Festsetzungsfrist eingelegt wird. [2] Der Ablauf der Festsetzungsfrist ist hinsichtlich des gesamten Steueranspruchs gehemmt; dies gilt nicht, soweit der Rechtsbehelf unzulässig ist. [3] In den Fällen des § 100 Abs. 1 Satz 1, Abs. 2 Satz 2, Abs. 3 Satz 1, § 101 der Finanzgerichtsordnung[4] ist über den Rechtsbehelf erst dann unanfechtbar entschieden, wenn ein auf Grund der genannten Vorschriften erlassener Steuerbescheid unanfechtbar geworden ist.

(4) [1] Wird vor Ablauf der Festsetzungsfrist mit einer Außenprüfung begonnen oder wird deren Beginn auf Antrag des Steuerpflichtigen hinausgeschoben, so läuft die Festsetzungsfrist für die Steuern, auf die sich die Außenprüfung erstreckt oder im Fall der Hinausschiebung der Außenprüfung erstrecken sollte, nicht ab, bevor die auf Grund der Außenprüfung zu erlassenden Steuerbescheide unanfechtbar geworden sind oder nach Bekanntgabe der Mitteilung nach § 202 Abs. 1 Satz 3 drei Monate verstrichen sind. [2] Dies gilt nicht, wenn eine Außenprüfung unmittelbar nach ihrem Beginn für die Dauer von mehr als sechs Monaten aus Gründen unterbrochen wird, die die Finanzbehörde zu vertreten hat. [3] Die Festsetzungsfrist endet spätestens, wenn seit Ablauf des Kalenderjahrs, in dem die Schlussbesprechung stattgefunden hat, oder, wenn sie unterblieben ist, seit Ablauf des Kalenderjahrs, in dem die letzten Ermittlungen im Rahmen der Außenprüfung stattgefunden haben, die in § 169 Abs. 2

[1] § 170 Abs. 7 angef. durch G v. 23.6.2017 (BGBl. I S. 1682); zur Anwendung siehe Art. 97 § 10 Abs. 15 EGAO (Nr. **4**).

[2] Nr. **2**.

[3] § 171 Abs. 2 Satz 2 angef. durch G v. 18.7.2016 (BGBl. I S. 1679); zur Anwendung siehe Art. 97 § 10 Abs. 14 EGAO (Nr. **4**).

[4] Nr. **9**.

genannten Fristen verstrichen sind; eine Ablaufhemmung nach anderen Vorschriften bleibt unberührt.

(5)[1] [1]Beginnen die Behörden des Zollfahndungsdienstes oder die mit der Steuerfahndung betrauten Dienststellen der Landesfinanzbehörden vor Ablauf der Festsetzungsfrist beim Steuerpflichtigen mit Ermittlungen der Besteuerungsgrundlagen, so läuft die Festsetzungsfrist insoweit nicht ab, bevor die auf Grund der Ermittlungen zu erlassenden Steuerbescheide unanfechtbar geworden sind; Absatz 4 Satz 2 gilt sinngemäß. [2]Das Gleiche gilt, wenn dem Steuerpflichtigen vor Ablauf der Festsetzungsfrist die Einleitung des Steuerstrafverfahrens oder des Bußgeldverfahrens wegen einer Steuerordnungswidrigkeit bekannt gegeben worden ist; § 169 Abs. 1 Satz 3 gilt sinngemäß.

(6) [1]Ist bei Steuerpflichtigen eine Außenprüfung im Geltungsbereich dieses Gesetzes nicht durchführbar, wird der Ablauf der Festsetzungsfrist auch durch sonstige Ermittlungshandlungen im Sinne des § 92 gehemmt, bis die auf Grund dieser Ermittlungen erlassenen Steuerbescheide unanfechtbar geworden sind. [2]Die Ablaufhemmung tritt jedoch nur dann ein, wenn der Steuerpflichtige vor Ablauf der Festsetzungsfrist auf den Beginn der Ermittlungen nach Satz 1 hingewiesen worden ist; § 169 Abs. 1 Satz 3 gilt sinngemäß.

(7) In den Fällen des § 169 Abs. 2 Satz 2 endet die Festsetzungsfrist nicht, bevor die Verfolgung der Steuerstraftat oder der Steuerordnungswidrigkeit verjährt ist.

(8) [1]Ist die Festsetzung einer Steuer nach § 165 ausgesetzt oder die Steuer vorläufig festgesetzt worden, so endet die Festsetzungsfrist nicht vor dem Ablauf eines Jahres, nachdem die Ungewissheit beseitigt ist und die Finanzbehörde hiervon Kenntnis erhalten hat. [2]In den Fällen des § 165 Abs. 1 Satz 2 endet die Festsetzungsfrist nicht vor Ablauf von zwei Jahren, nachdem die Ungewissheit beseitigt ist und die Finanzbehörde hiervon Kenntnis erlangt hat.

(9) Erstattet der Steuerpflichtige vor Ablauf der Festsetzungsfrist eine Anzeige nach den §§ 153, 371 und 378 Abs. 3, so endet die Festsetzungsfrist nicht vor Ablauf eines Jahres nach Eingang der Anzeige.

(10)[2] [1]Soweit für die Festsetzung einer Steuer ein Feststellungsbescheid, ein Steuermessbescheid oder ein anderer Verwaltungsakt bindend ist (Grundlagenbescheid), endet die Festsetzungsfrist nicht vor Ablauf von zwei Jahren nach Bekanntgabe des Grundlagenbescheids. [2]Ist für den Erlass des Grundlagenbescheids eine Stelle zuständig, die keine Finanzbehörde im Sinne des § 6 Absatz 2 ist, endet die Festsetzungsfrist nicht vor Ablauf von zwei Jahren nach dem Zeitpunkt, in dem die für den Folgebescheid zuständige Finanzbehörde Kenntnis von der Entscheidung über den Erlass des Grundlagenbescheids erlangt hat. [3]Die Sätze 1 und 2 gelten für einen Grundlagenbescheid, auf den § 181 nicht anzuwenden ist, nur, sofern dieser Grundlagenbescheid vor Ablauf der für den Folgebescheid geltenden Festsetzungsfrist bei der zuständigen Behörde beantragt worden ist. [4]Ist der Ablauf der Festsetzungsfrist hinsichtlich

[1] § 171 Abs. 5 Satz 1 neu gef. mWv 18.12.2019 durch G v. 12.12.2019 (BGBl. I S. 2451); zur Anwendung siehe Art. 97 § 1 Abs. 13 EGAO (Nr. **4**); Satz 1 geänd. mWv 29.12.2020 durch G v. 21.12.2020 (BGBl. I S. 3096).

[2] § 171 Abs. 10 Satz 2 eingef., bish. Satz 2 wird Satz 3 durch G v. 22.12.2014 (BGBl. I S. 2417); zur Anwendung siehe Art. 97 § 10 Abs. 12 EGAO (Nr. **4**); Sätze 1 und 2 neu gef., Satz 3 eingef., bish. Satz 3 wird Satz 4 durch G v. 18.7.2016 (BGBl. I S. 1679); zur Anwendung siehe Art. 97 § 10 Abs. 14 EGAO (Nr. **4**).

des Teils der Steuer, für den der Grundlagenbescheid nicht bindend ist, nach Absatz 4 gehemmt, endet die Festsetzungsfrist für den Teil der Steuer, für den der Grundlagenbescheid bindend ist, nicht vor Ablauf der nach Absatz 4 gehemmten Frist.

(10a)[1] Soweit Daten eines Steuerpflichtigen im Sinne des § 93c innerhalb von sieben Kalenderjahren nach dem Besteuerungszeitraum oder dem Besteuerungszeitpunkt den Finanzbehörden zugegangen sind, endet die Festsetzungsfrist nicht vor Ablauf von zwei Jahren nach Zugang dieser Daten.

(11)[2] [1]Ist eine geschäftsunfähige oder in der Geschäftsfähigkeit beschränkte Person ohne gesetzlichen Vertreter, so endet die Festsetzungsfrist nicht vor Ablauf von sechs Monaten nach dem Zeitpunkt, in dem die Person unbeschränkt geschäftsfähig wird oder der Mangel der Vertretung aufhört. [2]Dies gilt auch, soweit für eine Person ein Betreuer bestellt und ein Einwilligungsvorbehalt nach *§ 1903* [***ab 1.1.2023:*** § 1825] des Bürgerlichen Gesetzbuchs angeordnet ist, der Betreuer jedoch verstorben oder auf andere Weise weggefallen oder aus rechtlichen Gründen an der Vertretung des Betreuten verhindert ist.

(12) Richtet sich die Steuer gegen einen Nachlass, so endet die Festsetzungsfrist nicht vor dem Ablauf von sechs Monaten nach dem Zeitpunkt, in dem die Erbschaft von dem Erben angenommen oder das Insolvenzverfahren über den Nachlass eröffnet wird oder von dem an die Steuer gegen einen Vertreter festgesetzt werden kann.

(13) Wird vor Ablauf der Festsetzungsfrist eine noch nicht festgesetzte Steuer im Insolvenzverfahren angemeldet, so läuft die Festsetzungsfrist insoweit nicht vor Ablauf von drei Monaten nach Beendigung des Insolvenzverfahrens ab.

(14) Die Festsetzungsfrist für einen Steueranspruch endet nicht, soweit ein damit zusammenhängender Erstattungsanspruch nach § 37 Abs. 2 noch nicht verjährt ist (§ 228).

(15)[3] Soweit ein Dritter Steuern für Rechnung des Steuerschuldners einzubehalten und abzuführen oder für Rechnung des Steuerschuldners zu entrichten hat, endet die Festsetzungsfrist gegenüber dem Steuerschuldner nicht vor Ablauf der gegenüber dem Steuerentrichtungspflichtigen geltenden Festsetzungsfrist.

III. Bestandskraft

§ 172 Aufhebung und Änderung von Steuerbescheiden. (1) [1]Ein Steuerbescheid darf, soweit er nicht vorläufig oder unter dem Vorbehalt der Nachprüfung ergangen ist, nur aufgehoben oder geändert werden,

1. wenn er Verbrauchsteuern betrifft,
2.[4] wenn er andere Steuern als Einfuhr- oder Ausfuhrabgaben nach Artikel 5 Nummer 20 und 21 des Zollkodex der Union oder Verbrauchsteuern betrifft,

---

[1] § 171 Abs. 10a eingef. mWv 1.1.2017 durch G v. 18.7.2016 (BGBl. I S. 1679); zur Anwendung siehe Art. 97 § 27 Abs. 2 EGAO (Nr. **4**).

[2] § 171 Abs. 11 Satz 2 geänd. **mWv 1.1.2023** durch G v. 4.5.2021 (BGBl. I S. 882).

[3] § 171 Abs. 15 angef. mWv 30.6.2013 durch G v. 26.6.2013 (BGBl. I S. 1809); zur Anwendung siehe Art. 97 § 10 Abs. 11 EGAO (Nr. **4**).

[4] § 172 Abs. 1 Satz 1 Nr. 2 einl. Satzteil geänd. mWv 1.5.2016 durch G v. 22.12.2014 (BGBl. I S. 2417).

a) soweit der Steuerpflichtige zustimmt oder seinem Antrag der Sache nach entsprochen wird; dies gilt jedoch zugunsten des Steuerpflichtigen nur, soweit er vor Ablauf der Einspruchsfrist zugestimmt oder den Antrag gestellt hat oder soweit die Finanzbehörde einem Einspruch oder einer Klage abhilft,

b) soweit er von einer sachlich unzuständigen Behörde erlassen worden ist,

c) soweit er durch unlautere Mittel wie arglistige Täuschung, Drohung oder Bestechung erwirkt worden ist,

d) soweit dies sonst gesetzlich zugelassen ist; die §§ 130 und 131 gelten nicht.

[2] Dies gilt auch dann, wenn der Steuerbescheid durch Einspruchsentscheidung bestätigt oder geändert worden ist. [3] In den Fällen des Satzes 2 ist Satz 1 Nr. 2 Buchstabe a ebenfalls anzuwenden, wenn der Steuerpflichtige vor Ablauf der Klagefrist zugestimmt oder den Antrag gestellt hat; Erklärungen und Beweismittel, die nach § 364b Abs. 2 in der Einspruchsentscheidung nicht berücksichtigt wurden, dürfen hierbei nicht berücksichtigt werden.

(2) Absatz 1 gilt auch für einen Verwaltungsakt, durch den ein Antrag auf Erlass, Aufhebung oder Änderung eines Steuerbescheids ganz oder teilweise abgelehnt wird.

(3)[1)] [1] Anhängige, außerhalb eines Einspruchs- oder Klageverfahrens gestellte Anträge auf Aufhebung oder Änderung einer Steuerfestsetzung, die eine vom Gerichtshof der Europäischen Union, vom Bundesverfassungsgericht oder vom Bundesfinanzhof entschiedene Rechtsfrage betreffen und denen nach dem Ausgang des Verfahrens vor diesen Gerichten nicht entsprochen werden kann, können durch Allgemeinverfügung insoweit zurückgewiesen werden. [2] § 367 Abs. 2b Satz 2 bis 6 gilt entsprechend.

§ 173 Aufhebung oder Änderung von Steuerbescheiden wegen neuer Tatsachen oder Beweismittel. (1) Steuerbescheide sind aufzuheben oder zu ändern,

1. soweit Tatsachen oder Beweismittel nachträglich bekannt werden, die zu einer höheren Steuer führen,
2. soweit Tatsachen oder Beweismittel nachträglich bekannt werden, die zu einer niedrigeren Steuer führen und den Steuerpflichtigen kein grobes Verschulden daran trifft, dass die Tatsachen oder Beweismittel erst nachträglich bekannt werden. [2] Das Verschulden ist unbeachtlich, wenn die Tatsachen oder Beweismittel in einem unmittelbaren oder mittelbaren Zusammenhang mit Tatsachen oder Beweismitteln im Sinne der Nummer 1 stehen.

(2) [1] Abweichend von Absatz 1 können Steuerbescheide, soweit sie auf Grund einer Außenprüfung ergangen sind, nur aufgehoben oder geändert werden, wenn eine Steuerhinterziehung oder eine leichtfertige Steuerverkürzung vorliegt. [2] Dies gilt auch in den Fällen, in denen eine Mitteilung nach § 202 Abs. 1 Satz 3 ergangen ist.

[1)] § 172 Abs. 3 angef. durch G v. 13.12.2006 (BGBl. S. 2878); zur Anwendung siehe Art. 97 § 18a Abs. 12 EGAO (Nr. **4**); Satz 1 geänd. mWv 30.6.2013 durch G v. 26.6.2013 (BGBl. I S. 1809).

§ 173a[1)] Schreib- oder Rechenfehler bei Erstellung einer Steuererklärung. Steuerbescheide sind aufzuheben oder zu ändern, soweit dem Steuerpflichtigen bei Erstellung seiner Steuererklärung Schreib- oder Rechenfehler unterlaufen sind und er deshalb der Finanzbehörde bestimmte, nach den Verhältnissen zum Zeitpunkt des Erlasses des Steuerbescheids rechtserhebliche Tatsachen unzutreffend mitgeteilt hat.

§ 174 Widerstreitende Steuerfestsetzungen. (1) [1] Ist ein bestimmter Sachverhalt in mehreren Steuerbescheiden zuungunsten eines oder mehrerer Steuerpflichtiger berücksichtigt worden, obwohl er nur einmal hätte berücksichtigt werden dürfen, so ist der fehlerhafte Steuerbescheid auf Antrag aufzuheben oder zu ändern. [2] Ist die Festsetzungsfrist für diese Steuerfestsetzung bereits abgelaufen, so kann der Antrag noch bis zum Ablauf eines Jahres gestellt werden, nachdem der letzte der betroffenen Steuerbescheide unanfechtbar geworden ist. [3] Wird der Antrag rechtzeitig gestellt, steht der Aufhebung oder Änderung des Steuerbescheids insoweit keine Frist entgegen.

(2) [1] Absatz 1 gilt sinngemäß, wenn ein bestimmter Sachverhalt in unvereinbarer Weise mehrfach zugunsten eines oder mehrerer Steuerpflichtiger berücksichtigt worden ist; ein Antrag ist nicht erforderlich. [2] Der fehlerhafte Steuerbescheid darf jedoch nur dann geändert werden, wenn die Berücksichtigung des Sachverhalts auf einen Antrag oder eine Erklärung des Steuerpflichtigen zurückzuführen ist.

(3) [1] Ist ein bestimmter Sachverhalt in einem Steuerbescheid erkennbar in der Annahme nicht berücksichtigt worden, dass er in einem anderen Steuerbescheid zu berücksichtigen sei, und stellt sich diese Annahme als unrichtig heraus, so kann die Steuerfestsetzung, bei der die Berücksichtigung des Sachverhalts unterblieben ist, insoweit nachgeholt, aufgehoben oder geändert werden. [2] Die Nachholung, Aufhebung oder Änderung ist nur zulässig bis zum Ablauf der für die andere Steuerfestsetzung geltenden Festsetzungsfrist.

(4) [1] Ist auf Grund irriger Beurteilung eines bestimmten Sachverhalts ein Steuerbescheid ergangen, der auf Grund eines Rechtsbehelfs oder sonst auf Antrag des Steuerpflichtigen durch die Finanzbehörde zu seinen Gunsten aufgehoben oder geändert wird, so können aus dem Sachverhalt nachträglich durch Erlass oder Änderung eines Steuerbescheids die richtigen steuerlichen Folgerungen gezogen werden. [2] Dies gilt auch dann, wenn der Steuerbescheid durch das Gericht aufgehoben oder geändert wird. [3] Der Ablauf der Festsetzungsfrist ist unbeachtlich, wenn die steuerlichen Folgerungen innerhalb eines Jahres nach Aufhebung oder Änderung des fehlerhaften Steuerbescheids gezogen werden. [4] War die Festsetzungsfrist bereits abgelaufen, als der später aufgehobene oder geänderte Steuerbescheid erlassen wurde, gilt dies nur unter den Voraussetzungen des Absatzes 3 Satz 1.

(5) [1] Gegenüber Dritten gilt Absatz 4, wenn sie an dem Verfahren, das zur Aufhebung oder Änderung des fehlerhaften Steuerbescheids geführt hat, beteiligt waren. [2] Ihre Hinzuziehung oder Beiladung zu diesem Verfahren ist zulässig.

[1)] § 173a eingef. mWv 1.1.2017 durch G v. 18.7.2016 (BGBl. I S. 1679); zur Anwendung siehe Art. 97 § 9 Abs. 4 EGAO (Nr. **4**).

§ 175[1] Änderung von Steuerbescheiden auf Grund von Grundlagenbescheiden und bei rückwirkenden Ereignissen. (1) [1] Ein Steuerbescheid ist zu erlassen, aufzuheben oder zu ändern,

1. soweit ein Grundlagenbescheid (§ 171 Abs. 10), dem Bindungswirkung für diesen Steuerbescheid zukommt, erlassen, aufgehoben oder geändert wird,
2.[2] soweit ein Ereignis eintritt, das steuerliche Wirkung für die Vergangenheit hat (rückwirkendes Ereignis).

[2] In den Fällen des Satzes 1 Nr. 2 beginnt die Festsetzungsfrist mit Ablauf des Kalenderjahrs, in dem das Ereignis eintritt.

(2)[3] [1] Als rückwirkendes Ereignis gilt auch der Wegfall einer Voraussetzung für eine Steuervergünstigung, wenn gesetzlich bestimmt ist, dass diese Voraussetzung für eine bestimmte Zeit gegeben sein muss, oder wenn durch Verwaltungsakt festgestellt worden ist, dass sie die Grundlage für die Gewährung der Steuervergünstigung bildet. [2] Die nachträgliche Erteilung oder Vorlage einer Bescheinigung oder Bestätigung gilt nicht als rückwirkendes Ereignis.

§ 175a[4] Umsetzung von Verständigungsvereinbarungen. [1] Ein Steuerbescheid ist zu erlassen, aufzuheben oder zu ändern, soweit dies zur Umsetzung einer Vorabverständigungsvereinbarung nach § 89a, einer Verständigungsvereinbarung oder eines Schiedsspruchs nach einem Vertrag im Sinne des § 2 geboten ist. [2] Die Festsetzungsfrist endet insoweit nicht vor Ablauf eines Jahres nach dem Wirksamwerden der Verständigungsvereinbarung oder des Schiedsspruchs oder der einvernehmlichen rückwirkenden Anwendung einer Vorabverständigungsvereinbarung.

§ 175b[5] Änderung von Steuerbescheiden bei Datenübermittlung durch Dritte. (1) Ein Steuerbescheid ist aufzuheben oder zu ändern, soweit von der mitteilungspflichtigen Stelle an die Finanzbehörden übermittelte Daten im Sinne des § 93c bei der Steuerfestsetzung nicht oder nicht zutreffend berücksichtigt wurden.

(2) Gelten Daten, die von mitteilungspflichtigen Stellen nach Maßgabe des § 93c an die Finanzverwaltung übermittelt wurden, nach § 150 Absatz 7 Satz 2 als Angaben des Steuerpflichtigen, ist der Steuerbescheid aufzuheben oder zu ändern, soweit diese Daten zu Ungunsten des Steuerpflichtigen unrichtig sind.

(3) Ist eine Einwilligung des Steuerpflichtigen in die Übermittlung von Daten im Sinne des § 93c an die Finanzbehörden Voraussetzung für die steuerliche Berücksichtigung der Daten, so ist ein Steuerbescheid aufzuheben oder zu ändern, soweit die Einwilligung nicht vorliegt.

(4)[6] Die Absätze 1 und 2 gelten nicht, wenn nachträglich übermittelte Daten im Sinne des § 93c Absatz 1 oder 3 nicht rechtserheblich sind.

---

[1] § 175 Überschrift neu gef. mWv 1.1.2017 durch G v. 18.7.2016 (BGBl. I S. 1679).

[2] Zur Anwendung siehe Art. 97 § 9 Abs. 5 EGAO (Nr. **4**).

[3] § 175 Abs. 2 Satz 2 angef. durch G v. 9.12.2004 (BGBl. I S. 3310); zur erstmaligen Anwendung siehe Art. 97 § 9 Abs. 3 EGAO (Nr. **4**).

[4] § 175a Sätze 1 und 2 geänd. mWv 9.6.2021 durch G v. 2.6.2021 (BGBl. I S. 1259).

[5] § 175b eingef. mWv 1.1.2017 durch G v. 18.7.2016 (BGBl. I S. 1679); zur Anwendung siehe Art. 97 § 27 Abs. 2 EGAO (Nr. **4**).

[6] § 175b Abs. 4 angef. mWv 25.6.2017 durch G v. 23.6.2017 (BGBl. I S. 1682); zur Anwendung siehe Art. 97 § 27 Abs. 3 EGAO (Nr. **4**).

§ 176 Vertrauensschutz bei der Aufhebung und Änderung von Steuerbescheiden. (1) [1]Bei der Aufhebung oder Änderung eines Steuerbescheids darf nicht zuungunsten des Steuerpflichtigen berücksichtigt werden, dass

1. das Bundesverfassungsgericht die Nichtigkeit eines Gesetzes feststellt, auf dem die bisherige Steuerfestsetzung beruht,
2. ein oberster Gerichtshof des Bundes eine Norm, auf der die bisherige Steuerfestsetzung beruht, nicht anwendet, weil er sie für verfassungswidrig hält,
3. sich die Rechtsprechung eines obersten Gerichtshofes des Bundes geändert hat, die bei der bisherigen Steuerfestsetzung von der Finanzbehörde angewandt worden ist.

[2]Ist die bisherige Rechtsprechung bereits in einer Steuererklärung oder einer Steueranmeldung berücksichtigt worden, ohne dass das für die Finanzbehörde erkennbar war, so gilt Nummer 3 nur, wenn anzunehmen ist, dass die Finanzbehörde bei Kenntnis der Umstände die bisherige Rechtsprechung angewandt hätte.

(2) Bei der Aufhebung oder Änderung eines Steuerbescheids darf nicht zuungunsten des Steuerpflichtigen berücksichtigt werden, dass eine allgemeine Verwaltungsvorschrift der Bundesregierung, einer obersten Bundes- oder Landesbehörde von einem obersten Gerichtshof des Bundes als nicht mit dem geltenden Recht in Einklang stehend bezeichnet worden ist.

§ 177 Berichtigung von materiellen Fehlern. (1) Liegen die Voraussetzungen für die Aufhebung oder Änderung eines Steuerbescheids zuungunsten des Steuerpflichtigen vor, so sind, soweit die Änderung reicht, zugunsten und zuungunsten des Steuerpflichtigen solche materiellen Fehler zu berichtigen, die nicht Anlass der Aufhebung oder Änderung sind.

(2) Liegen die Voraussetzungen für die Aufhebung oder Änderung eines Steuerbescheids zugunsten des Steuerpflichtigen vor, so sind, soweit die Änderung reicht, zuungunsten und zugunsten des Steuerpflichtigen solche materiellen Fehler zu berichtigen, die nicht Anlass der Aufhebung oder Änderung sind.

(3) Materielle Fehler im Sinne der Absätze 1 und 2 sind alle Fehler einschließlich offenbarer Unrichtigkeiten im Sinne des § 129, die zur Festsetzung einer Steuer führen, die von der kraft Gesetzes entstandenen Steuer abweicht.

(4) § 164 Abs. 2, § 165 Abs. 2 und § 176 bleiben unberührt.

IV. Kosten

§ 178 Kosten bei besonderer Inanspruchnahme der Zollbehörden.

(1) Die Behörden der Bundeszollverwaltung sowie die Behörden, denen die Wahrnehmung von Aufgaben der Bundeszollverwaltung übertragen worden ist, können für eine besondere Inanspruchnahme oder Leistung (kostenpflichtige Amtshandlung) Gebühren erheben und die Erstattung von Auslagen verlangen.

(2) Eine besondere Inanspruchnahme oder Leistung im Sinne des Absatzes 1 liegt insbesondere vor bei

1. Amtshandlungen außerhalb des Amtsplatzes und außerhalb der Öffnungszeiten, soweit es sich nicht um Maßnahmen der Steueraufsicht handelt,
2. Amtshandlungen, die zu einer Diensterschwernis führen, weil sie antragsgemäß zu einer bestimmten Zeit vorgenommen werden sollen,

3. Untersuchungen von Waren, wenn
   a) sie durch einen Antrag auf Erteilung einer verbindlichen Zolltarifauskunft, Gewährung einer Steuervergütung oder sonstigen Vergünstigungen veranlasst sind oder
   b) bei Untersuchungen von Amts wegen Angaben oder Einwendungen des Verfügungsberechtigten sich als unrichtig oder unbegründet erweisen oder
   c) die untersuchten Waren den an sie gestellten Anforderungen nicht entsprechen,
4. Überwachungsmaßnahmen in Betrieben und bei Betriebsvorgängen, wenn sie durch Zuwiderhandlungen gegen die zur Sicherung des Steueraufkommens erlassenen Rechtsvorschriften veranlasst sind,
5. amtlichen Bewachungen und Begleitungen von Beförderungsmitteln oder Waren,
6.[1] Verwahrung von Nichtgemeinschaftswaren,
7.[2] Fertigung von Schriftstücken, elektronischen Dokumenten, Abschriften und Ablichtungen sowie bei der elektronischen Übersendung oder dem Ausdruck von elektronischen Dokumenten und anderen Dateien, wenn diese Arbeiten auf Antrag erfolgen,
8.[3] Vernichtung oder Zerstörung von Waren, die von Amts wegen oder auf Antrag vorgenommen wird.

(3) Das Bundesministerium der Finanzen wird ermächtigt, durch Rechtsverordnung, die der Zustimmung des Bundesrates nicht bedarf, die kostenpflichtigen Amtshandlungen näher festzulegen, die für sie zu erhebenden Kosten nach dem auf sie entfallenden durchschnittlichen Verwaltungsaufwand zu bemessen und zu pauschalieren sowie die Voraussetzungen zu bestimmen, unter denen von ihrer Erhebung wegen Geringfügigkeit, zur Vermeidung von Härten oder aus ähnlichen Gründen ganz oder teilweise abgesehen werden kann.

(4)[4] [1] Auf die Festsetzung der Kosten sind die für Verbrauchssteuern geltenden Vorschriften entsprechend anzuwenden. [2] Im Übrigen gilt für diese Kosten das Verwaltungskostengesetz in der bis zum 14. August 2013 geltenden Fassung. [3] Die §§ 18 bis 22 des Verwaltungskostengesetzes in der bis zum 14. August 2013 geltenden Fassung finden keine Anwendung.

§ 178a[5] *(aufgehoben)*

2. Unterabschnitt. Gesonderte Feststellung von Besteuerungsgrundlagen, Festsetzung von Steuermessbeträgen

I. Gesonderte Feststellungen

§ 179 Feststellung von Besteuerungsgrundlagen. (1) Abweichend von § 157 Abs. 2 werden die Besteuerungsgrundlagen durch Feststellungsbescheid

---

[1] § 178 Abs. 2 Nr. 6 neu gef. durch G v. 15.12.2003 (BGBl. I S. 2645).
[2] § 178 Abs. 2 Nr. 7 neu gef. mWv 31.12.2014 durch G v. 22.12.2014 (BGBl. I S. 2417).
[3] § 178 Abs. 2 Nr. 8 angef. durch G v. 15.12.2003 (BGBl. I S. 2645).
[4] § 178 Abs. 4 neu gef. mWv 15.8.2013 durch G v. 7.8.2013 (BGBl. I S. 3154).
[5] § 178a aufgeh. mWv 9.6.2021 durch G v. 2.6.2021 (BGBl. I S. 1259); zur letztmaligen Anwendung siehe Art. 97 § 34 Satz 2 EGAO (Nr. 4).

gesondert festgestellt, soweit dies in diesem Gesetz oder sonst in den Steuergesetzen bestimmt ist.

(2) [1] Ein Feststellungsbescheid richtet sich gegen den Steuerpflichtigen, dem der Gegenstand der Feststellung bei der Besteuerung zuzurechnen ist. [2] Die gesonderte Feststellung wird gegenüber mehreren Beteiligten einheitlich vorgenommen, wenn dies gesetzlich bestimmt ist oder der Gegenstand der Feststellung mehreren Personen zuzurechnen ist. [3] Ist eine dieser Personen an dem Gegenstand der Feststellung nur über eine andere Person beteiligt, so kann insoweit eine besondere gesonderte Feststellung vorgenommen werden.

(3) Soweit in einem Feststellungsbescheid eine notwendige Feststellung unterblieben ist, ist sie in einem Ergänzungsbescheid nachzuholen.

§ 180 Gesonderte Feststellung von Besteuerungsgrundlagen.

(1)[1)] [1] Gesondert festgestellt werden insbesondere:

1.[2)] *die Einheitswerte* [***ab 1.1.2022:*** die Einheitswerte und die Grundsteuerwerte] [***ab 1.1.2025:*** die Grundsteuerwerte] nach Maßgabe des Bewertungsgesetzes,

2. a) die einkommensteuerpflichtigen und körperschaftsteuerpflichtigen Einkünfte und mit ihnen im Zusammenhang stehende andere Besteuerungsgrundlagen, wenn an den Einkünften mehrere Personen beteiligt sind und die Einkünfte diesen Personen steuerlich zuzurechnen sind,

   b) in anderen als den in Buchstabe a genannten Fällen die Einkünfte aus Land- und Forstwirtschaft, Gewerbebetrieb oder einer freiberuflichen Tätigkeit, wenn nach den Verhältnissen zum Schluss des Gewinnermittlungszeitraums das für die gesonderte Feststellung zuständige Finanzamt nicht auch für die Steuern vom Einkommen zuständig ist,

3. der Wert der vermögensteuerpflichtigen Wirtschaftsgüter *(§§ 114 bis 117a des Bewertungsgesetzes)*[3)] und der Wert der Schulden und sonstigen Abzüge *(§ 118 des Bewertungsgesetzes)*[3)], wenn die Wirtschaftsgüter, Schulden und sonstigen Abzüge mehreren Personen zuzurechnen sind und die Feststellungen für die Besteuerung von Bedeutung sind.

[2] Wenn sich in den Fällen von Satz 1 Nummer 2 Buchstabe b die für die örtliche Zuständigkeit maßgeblichen Verhältnisse nach Schluss des Gewinnermittlungszeitraums geändert haben, so richtet sich die örtliche Zuständigkeit auch für Feststellungszeiträume, die vor der Änderung der maßgeblichen Verhältnisse liegen, nach § 18 Absatz 1 Nummer 1 bis 3 in Verbindung mit § 26.

(2) [1] Zur Sicherstellung einer einheitlichen Rechtsanwendung bei gleichen Sachverhalten und zur Erleichterung des Besteuerungsverfahrens kann das Bundesministerium der Finanzen durch Rechtsverordnung[4)] mit Zustimmung des Bundesrates bestimmen, dass in anderen als den in Absatz 1 genannten

---

[1)] § 180 Abs. 1 Satz 2 angef. durch G v. 22.12.2014 (BGBl. I S. 2417); zur Anwendung siehe Art. 97 § 10b Satz 2 EGAO (Nr. **4**).

[2)] § 180 Abs. 1 Satz 1 Nr. 1 geänd. **mWv 1.1.2022** und **mWv 1.1.2025** durch G v. 26.11.2019 (BGBl. I S. 1794); zur Anwendung siehe Art. 97 § 10b Satz 3 EGAO (Nr. **4**).

[3)] §§ 114–117a, 118 BewG aufgeh. durch G v. 20.12.1996 (BGBl. I S. 2049) und v. 29.10.1997 (BGBl. I S. 2590).

[4)] Siehe VO über die gesonderte Feststellung von Besteuerungsgrundlagen nach § 180 Abs. 2 AO v. 19.12.1986 (BGBl. I S. 2663), zuletzt geänd. durch VO v. 18.7.2016 (BGBl. I S. 1722).

Fällen Besteuerungsgrundlagen gesondert und für mehrere Personen einheitlich festgestellt werden. [2]Dabei können insbesondere geregelt werden

1. der Gegenstand und der Umfang der gesonderten Feststellung,
2. die Voraussetzungen für das Feststellungsverfahren,
3. die örtliche Zuständigkeit der Finanzbehörden,
4. die Bestimmung der am Feststellungsverfahren beteiligten Personen (Verfahrensbeteiligte) und der Umfang ihrer steuerlichen Pflichten und Rechte einschließlich der Vertretung Beteiligter durch andere Beteiligte,
5. die Bekanntgabe von Verwaltungsakten an die Verfahrensbeteiligten und Empfangsbevollmächtigte,
6. die Zulässigkeit, der Umfang und die Durchführung von Außenprüfungen zur Ermittlung der Besteuerungsgrundlagen.

[3]Durch Rechtsverordnung kann das Bundesministerium der Finanzen mit Zustimmung des Bundesrates bestimmen, dass Besteuerungsgrundlagen, die sich erst später auswirken, zur Sicherung der späteren zutreffenden Besteuerung gesondert und für mehrere Personen einheitlich festgestellt werden; Satz 2 gilt entsprechend. [4]Die Rechtsverordnungen bedürfen nicht der Zustimmung des Bundesrates, soweit sie Einfuhr- und Ausfuhrabgaben und Verbrauchsteuern, mit Ausnahme der Biersteuer, betreffen.

(3)[1)] [1]Absatz 1 Satz 1 Nummer 2 Buchstabe a gilt nicht, wenn

1. nur eine der an den Einkünften beteiligten Personen mit ihren Einkünften im Geltungsbereich dieses Gesetzes einkommensteuerpflichtig oder körperschaftsteuerpflichtig ist oder
2. es sich um einen Fall von geringer Bedeutung handelt, insbesondere weil die Höhe des festgestellten Betrags und die Aufteilung feststehen; dies gilt sinngemäß auch für die Fälle des Absatzes 1 Satz 1 Nummer 2 Buchstabe b und Nummer 3.

[2]Das nach § 18 Absatz 1 Nummer 4 zuständige Finanzamt kann durch Bescheid feststellen, dass eine gesonderte Feststellung nicht durchzuführen ist. [3]Der Bescheid gilt als Steuerbescheid.

(4)[2)] Absatz 1 Satz 1 Nummer 2 Buchstabe a gilt ferner nicht für Arbeitsgemeinschaften, deren alleiniger Zweck in der Erfüllung eines einzigen Werkvertrages oder Werklieferungsvertrages besteht.

(5)[3)] Absatz 1 Satz 1 Nummer 2 sowie die Absätze 2 und 3 sind entsprechend anzuwenden, soweit

1. die nach einem Abkommen zur Vermeidung der Doppelbesteuerung von der Bemessungsgrundlage ausgenommenen Einkünfte bei der Festsetzung der Steuern der beteiligten Personen von Bedeutung sind oder
2. Steuerabzugsbeträge und Körperschaftsteuer auf die festgesetzte Steuer anzurechnen sind.

§ 181 Verfahrensvorschriften für die gesonderte Feststellung, Feststellungsfrist, Erklärungspflicht. (1)[4)] [1]Für die gesonderte Feststellung gelten

---

1) § 180 Abs. 3 neu gef. mWv 1.1.2017 durch G v. 18.7.2016 (BGBl. I S. 1679).
2) § 180 Abs. 4 neu gef. mWv 1.1.2017 durch G v. 18.7.2016 (BGBl. I S. 1679).
3) § 180 Abs. 5 neu gef. mWv 1.1.2017 durch G v. 18.7.2016 (BGBl. I S. 1679).
4) § 181 Abs. 1 neu gef. mWv 1.1.2017 durch G v. 18.7.2016 (BGBl. I S. 1679).

die Vorschriften über die Durchführung der Besteuerung sinngemäß. ²Steuererklärung im Sinne des § 170 Absatz 2 Satz 1 Nummer 1 ist die Erklärung zur gesonderten Feststellung. ³Wird eine Erklärung zur gesonderten Feststellung nach § 180 Absatz 2 ohne Aufforderung durch die Finanzbehörde abgegeben, gilt § 170 Absatz 3 sinngemäß.

(2)[1] ¹Eine Erklärung zur gesonderten Feststellung hat derjenige abzugeben, dem der Gegenstand der Feststellung ganz oder teilweise zuzurechnen ist. ²Erklärungspflichtig sind insbesondere

1. in den Fällen des § 180 Absatz 1 Satz 1 Nummer 2 Buchstabe a jeder Feststellungsbeteiligte, dem ein Anteil an den einkommensteuerpflichtigen oder körperschaftsteuerpflichtigen Einkünften zuzurechnen ist;
2. in den Fällen des § 180 Absatz 1 Satz 1 Nummer 2 Buchstabe b der Unternehmer;
3. in den Fällen des § 180 Absatz 1 Satz 1 Nummer 3 jeder Feststellungsbeteiligte, dem ein Anteil an den Wirtschaftsgütern, Schulden oder sonstigen Abzügen zuzurechnen ist;
4. in den Fällen des § 180 Absatz 1 Satz 1 Nummer 2 Buchstabe a und Nummer 3 auch die in § 34 bezeichneten Personen.

³Hat ein Erklärungspflichtiger eine Erklärung zur gesonderten Feststellung abgegeben, sind andere Beteiligte insoweit von der Erklärungspflicht befreit.

(2a)[2] ¹Die Erklärung zur gesonderten Feststellung nach § 180 Absatz 1 Satz 1 Nummer 2 ist nach amtlich vorgeschriebenem Datensatz durch Datenfernübertragung zu übermitteln. ²Auf Antrag kann die Finanzbehörde zur Vermeidung unbilliger Härten auf eine elektronische Übermittlung verzichten; in diesem Fall ist die Erklärung zur gesonderten Feststellung nach amtlich vorgeschriebenem Vordruck abzugeben und vom Erklärungspflichtigen eigenhändig zu unterschreiben.

[Fassung bis 31.12.2024:[3]***]***

(3) ¹Die Frist für die gesonderte Feststellung von Einheitswerten [***ab 1.1.2022:*** oder von Grundsteuerwerten] (Feststellungsfrist) beginnt mit Ablauf des *Kalenderjahrs* [***ab 1.1.2022:*** Kalenderjahres], auf dessen Beginn die Hauptfeststellung, die Fortschreibung, die Nachfeststellung oder die Aufhebung eines Einheitswerts [***ab 1.1.2022:*** oder eines Grundsteuerwerts] vorzunehmen ist. ²Ist eine Erklärung zur gesonderten Feststellung des Einheitswerts [***ab 1.1.2022:*** oder des Grundsteuerwerts] abzugeben, beginnt die Feststellungsfrist mit Ab-

[Fassung ab 1.1.2025:[4]***]***

(3) ¹Die Frist für die gesonderte Feststellung von Grundsteuerwerten (Feststellungsfrist) beginnt mit Ablauf des Kalenderjahres, auf dessen Beginn die Hauptfeststellung, die Fortschreibung, die Nachfeststellung oder die Aufhebung eines Grundsteuerwerts vorzunehmen ist. ²Ist eine Erklärung zur gesonderten Feststellung des Grundsteuerwerts abzugeben, beginnt die Feststellungsfrist mit Ablauf des Kalenderjahres, in dem die Erklärung eingereicht wird, spätestens jedoch mit Ablauf des dritten Kalenderjahres, das auf das Kalenderjahr folgt, auf des-

---

[1] § 181 Abs. 2 neu gef. mWv 1.1.2017 durch G v. 18.7.2016 (BGBl. I S. 1679).
[2] § 181 Abs. 2a neu gef. mWv 1.1.2017 durch G v. 18.7.2016 (BGBl. I S. 1679).
[3] § 181 Abs. 3 Sätze 1 und 2 neu gef. **mWv 1.1.2022** durch G v. 26.11.2019 (BGBl. I S. 1794).
[4] § 181 Abs. 3 Sätze 1 und 2 neu gef. **mWv 1.1.2025** durch G v. 26.11.2019 (BGBl. I S. 1794); zur Anwendung siehe **wohl** Art. 97 § 10b Satz 3 EGAO (Nr. **4**).

[Fassung bis 31.12.2024:]

lauf des *Kalenderjahrs* [*ab 1.1.2022:* Kalenderjahres], in dem die Erklärung eingereicht wird, spätestens jedoch mit Ablauf des dritten *Kalenderjahrs* [*ab 1.1.2022:* Kalenderjahres], das auf das Kalenderjahr folgt, auf dessen Beginn die Einheitswertfeststellung [*ab 1.1.2022:* oder die Grundsteuerwertfeststellung] vorzunehmen oder aufzuheben ist.

[Fassung ab 1.1.2025:]

sen Beginn die Grundsteuerwertfeststellung vorzunehmen oder aufzuheben ist.

[3]Wird der Beginn der Feststellungsfrist nach Satz 2 hinausgeschoben, wird der Beginn der Feststellungsfrist für die weiteren Feststellungszeitpunkte des Hauptfeststellungszeitraums jeweils um die gleiche Zeit hinausgeschoben.

(4)[1)] In den Fällen des Absatzes 3 beginnt die Feststellungsfrist nicht vor Ablauf des Kalenderjahrs, auf dessen Beginn *der Einheitswert* [*ab 1.1.2022:* der Einheitswert oder der Grundsteuerwert] [*ab 1.1.2025:* der Grundsteuerwert] erstmals steuerlich anzuwenden ist.

(5) [1]Eine gesonderte Feststellung kann auch nach Ablauf der für sie geltenden Feststellungsfrist insoweit erfolgen, als die gesonderte Feststellung für eine Steuerfestsetzung von Bedeutung ist, für die die Festsetzungsfrist im Zeitpunkt der gesonderten Feststellung noch nicht abgelaufen ist; hierbei bleibt § 171 Abs. 10 außer Betracht. [2]Hierauf ist im Feststellungsbescheid hinzuweisen. [3]§ 169 Abs. 1 Satz 3 gilt sinngemäß.

§ 182[2)] Wirkungen der gesonderten Feststellung. (1) [1]Feststellungsbescheide sind, auch wenn sie noch nicht unanfechtbar sind, für andere Feststellungsbescheide, für Steuermessbescheide, für Steuerbescheide und für Steueranmeldungen (Folgebescheide) bindend, soweit die in den Feststellungsbescheiden getroffenen Feststellungen für diese Folgebescheide von Bedeutung sind. [2]Dies gilt entsprechend bei Feststellungen nach § 180 Absatz 5 Nummer 2 für Verwaltungsakte, die die Verwirklichung der Ansprüche aus dem Steuerschuldverhältnis betreffen. [3]Wird ein Feststellungsbescheid nach § 180 Absatz 5 Nummer 2 erlassen, aufgehoben oder geändert, ist ein Verwaltungsakt, für den dieser Feststellungsbescheid Bindungswirkung entfaltet, in entsprechender Anwendung des § 175 Absatz 1 Satz 1 Nummer 1 zu korrigieren.

(2)[3)] [1]Ein Feststellungsbescheid über *einen Einheitswert* [*ab 1.1.2022:* einen Einheitswert oder einen Grundsteuerwert] [*ab 1.1.2025:* einen Grundsteuerwert] nach § 180 Absatz 1 Satz 1 Nummer 1 wirkt auch gegenüber dem Rechtsnachfolger, auf den der Gegenstand der Feststellung nach dem Feststellungszeitpunkt mit steuerlicher Wirkung übergeht. [2]Tritt die Rechtsnachfolge jedoch ein, bevor der Feststellungsbescheid ergangen ist, so wirkt er gegen den Rechtsnachfolger nur dann, wenn er ihm bekannt gegeben wird. [3]Die Sätze 1 und 2 gelten für gesonderte sowie gesonderte und einheitliche Feststel-

---

1) § 181 Abs. 4 geänd. **mWv 1.1.2022** und **mWv 1.1.2025** durch G v. 26.11.2019 (BGBl. I S. 1794); zur Anwendung siehe Art. 97 § 10b Satz 3 EGAO (Nr. **4**).

2) § 182 neu gef. mWv 1.1.2017 durch G v. 18.7.2016 (BGBl. I S. 1679).

3) § 182 Abs. 2 Satz 1 geänd. **mWv 1.1.2022** und **mWv 1.1.2025** durch G v. 26.11.2019 (BGBl. I S. 1794); zur Anwendung siehe Art. 97 § 10b Satz 3 EGAO (Nr. **4**).

lungen von Besteuerungsgrundlagen, die sich erst später auswirken, nach der Verordnung über die gesonderte Feststellung von Besteuerungsgrundlagen nach § 180 Abs. 2 der Abgabenordnung entsprechend.

(3) Erfolgt eine gesonderte Feststellung gegenüber mehreren Beteiligten nach § 179 Absatz 2 Satz 2 einheitlich und ist ein Beteiligter im Feststellungsbescheid unrichtig bezeichnet worden, weil Rechtsnachfolge eingetreten ist, kann dies durch besonderen Bescheid gegenüber dem Rechtsnachfolger berichtigt werden.

§ 183 Empfangsbevollmächtigte bei der einheitlichen Feststellung.

(1) [1] Richtet sich ein Feststellungsbescheid gegen mehrere Personen, die an dem Gegenstand der Feststellung als Gesellschafter oder Gemeinschafter beteiligt sind (Feststellungsbeteiligte), so sollen sie einen gemeinsamen Empfangsbevollmächtigten bestellen, der ermächtigt ist, für sie alle Verwaltungsakte und Mitteilungen in Empfang zu nehmen, die mit dem Feststellungsverfahren und dem anschließenden Verfahren über einen Einspruch zusammenhängen. [2] Ist ein gemeinsamer Empfangsbevollmächtigter nicht vorhanden, so gilt ein zur Vertretung der Gesellschaft oder der Feststellungsbeteiligten oder ein zur Verwaltung des Gegenstands der Feststellung Berechtigter als Empfangsbevollmächtigter. [3] Anderenfalls kann die Finanzbehörde die Beteiligten auffordern, innerhalb einer bestimmten angemessenen Frist einen Empfangsbevollmächtigten zu benennen. [4] Hierbei ist ein Beteiligter vorzuschlagen und darauf hinzuweisen, dass diesem die in Satz 1 genannten Verwaltungsakte und Mitteilungen mit Wirkung für und gegen alle Beteiligten bekannt gegeben werden, soweit nicht ein anderer Empfangsbevollmächtigter benannt wird. [5] Bei der Bekanntgabe an den Empfangsbevollmächtigten ist darauf hinzuweisen, dass die Bekanntgabe mit Wirkung für und gegen alle Feststellungsbeteiligten erfolgt.

(2) [1] Absatz 1 ist insoweit nicht anzuwenden, als der Finanzbehörde bekannt ist, dass die Gesellschaft oder Gemeinschaft nicht mehr besteht, dass ein Beteiligter aus der Gesellschaft oder der Gemeinschaft ausgeschieden ist oder dass zwischen den Beteiligten ernstliche Meinungsverschiedenheiten bestehen. [2] Ist nach Satz 1 Einzelbekanntgabe erforderlich, so sind dem Beteiligten der Gegenstand der Feststellung, die alle Beteiligten betreffenden Besteuerungsgrundlagen, sein Anteil, die Zahl der Beteiligten und die ihn persönlich betreffenden Besteuerungsgrundlagen bekannt zu geben. [3] Bei berechtigtem Interesse ist dem Beteiligten der gesamte Inhalt des Feststellungsbescheids mitzuteilen.

(3) [1] Ist ein Empfangsbevollmächtigter nach Absatz 1 Satz 1 vorhanden, können Feststellungsbescheide ihm gegenüber auch mit Wirkung für einen in Absatz 2 Satz 1 genannten Beteiligten bekannt gegeben werden, soweit und solange dieser Beteiligte oder der Empfangsbevollmächtigte nicht widersprochen hat. [2] Der Widerruf der Vollmacht wird der Finanzbehörde gegenüber erst wirksam, wenn er ihr zugeht.

(4)[1)] Wird eine wirtschaftliche Einheit

1. Ehegatten oder Lebenspartnern oder

[1)] § 183 Abs. 4 neu gef. durch G v. 18.7.2014 (BGBl. I S. 1042); zur Anwendung siehe Art. 97 § 1 Abs. 10 Satz 2 EGAO (Nr. **4**); abschl. Satzteil geänd. **mWv 1.1.2022** und **mWv 1.1.2025** durch G v. 26.11.2019 (BGBl. I S. 1794); zur Anwendung siehe Art. 97 § 10b Satz 3 EGAO (Nr. **4**).

2. Ehegatten mit ihren Kindern, Lebenspartnern mit ihren Kindern oder Alleinstehenden mit ihren Kindern

zugerechnet und haben die Beteiligten keinen gemeinsamen Empfangsbevollmächtigten bestellt, so gelten für die Bekanntgabe von Feststellungsbescheiden über *den Einheitswert* [***ab 1.1.2022:*** den Einheitswert oder den Grundsteuerwert] [***ab 1.1.2025:*** den Grundsteuerwert] die Regelungen über zusammengefasste Bescheide in § 122 Absatz 7 entsprechend.

II. Festsetzung von Steuermessbeträgen

§ 184 Festsetzung von Steuermessbeträgen. (1) [1] Steuermessbeträge, die nach den Steuergesetzen zu ermitteln sind, werden durch Steuermessbescheid festgesetzt. [2] Mit der Festsetzung der Steuermessbeträge wird auch über die persönliche und sachliche Steuerpflicht entschieden. [3] Die Vorschriften über die Durchführung der Besteuerung sind sinngemäß anzuwenden. [4] Ferner sind § 182 Abs. 1 und für Grundsteuermessbescheide auch Abs. 2 und § 183 sinngemäß anzuwenden.

(2)[1)] [1] Die Befugnis, Realsteuermessbeträge festzusetzen, schließt auch die Befugnis zu Maßnahmen nach § 163 Absatz 1 Satz 1 ein, soweit für solche Maßnahmen in einer allgemeinen Verwaltungsvorschrift der Bundesregierung, der obersten Bundesfinanzbehörde oder einer obersten Landesfinanzbehörde Richtlinien aufgestellt worden sind. [2] Eine Maßnahme nach § 163 Absatz 1 Satz 2 wirkt, soweit sie die gewerblichen Einkünfte als Grundlage für die Festsetzung der Steuer vom Einkommen beeinflusst, auch für den Gewerbeertrag als Grundlage für die Festsetzung des Gewerbesteuermessbetrags.

(3)[2)] [1] Die Finanzbehörden teilen den Inhalt des Steuermessbescheids sowie die nach Absatz 2 getroffenen Maßnahmen den Gemeinden mit, denen die Steuerfestsetzung (der Erlass des Realsteuerbescheids) obliegt. [2] Die Mitteilungen an die Gemeinden erfolgen durch Bereitstellung zum Abruf; § 87a Absatz 8 und § 87b Absatz 1 gelten dabei entsprechend.

3. Unterabschnitt. Zerlegung und Zuteilung

§ 185 Geltung der allgemeinen Vorschriften. Auf die in den Steuergesetzen vorgesehene Zerlegung von Steuermessbeträgen sind die für die Steuermessbeträge geltenden Vorschriften entsprechend anzuwenden, soweit im Folgenden nichts anderes bestimmt ist.

§ 186 Beteiligte. Am Zerlegungsverfahren sind beteiligt:

1. der Steuerpflichtige,
2. die Steuerberechtigten, denen ein Anteil an dem Steuermessbetrag zugeteilt worden ist oder die einen Anteil beanspruchen. [2] Soweit die Festsetzung der Steuer dem Steuerberechtigten nicht obliegt, tritt an seine Stelle die für die Festsetzung der Steuer zuständige Behörde.

[1)] § 184 Abs. 2 Satz 1 neu gef. durch G v. 22.12.2014 (BGBl. I S. 2417); zur Anwendung siehe Art. 97 § 10c EGAO (Nr. **4**); Sätze 1 und 2 geänd. mWv 1.1.2017 durch G v. 18.7.2016 (BGBl. I S. 1679).

[2)] § 184 Abs. 3 Satz 2 angef. durch G v. 21.12.2020 (BGBl. I S. 3096); zur Anwendung siehe Art. 97 § 35 EGAO (Nr. **4**).

§ 187 Akteneinsicht. Die beteiligten Steuerberechtigten können von der zuständigen Finanzbehörde Auskunft über die Zerlegungsgrundlagen verlangen und durch ihre Amtsträger Einsicht in die Zerlegungsunterlagen nehmen.

§ 188 Zerlegungsbescheid. (1) Über die Zerlegung ergeht ein schriftlicher Bescheid (Zerlegungsbescheid), der den Beteiligten bekannt zu geben ist, soweit sie betroffen sind.

(2) [1] Der Zerlegungsbescheid muss die Höhe des zu zerlegenden Steuermessbetrags angeben und bestimmen, welche Anteile den beteiligten Steuerberechtigten zugeteilt werden. [2] Er muss ferner die Zerlegungsgrundlagen angeben.

§ 189 Änderung der Zerlegung. [1] Ist der Anspruch eines Steuerberechtigten auf einen Anteil am Steuermessbetrag nicht berücksichtigt und auch nicht zurückgewiesen worden, so wird die Zerlegung von Amts wegen oder auf Antrag geändert oder nachgeholt. [2] Ist der bisherige Zerlegungsbescheid gegenüber denjenigen Steuerberechtigten, die an dem Zerlegungsverfahren bereits beteiligt waren, unanfechtbar geworden, so dürfen bei der Änderung der Zerlegung nur solche Änderungen vorgenommen werden, die sich aus der nachträglichen Berücksichtigung der bisher übergangenen Steuerberechtigten ergeben. [3] Eine Änderung oder Nachholung der Zerlegung unterbleibt, wenn ein Jahr vergangen ist, seitdem der Steuermessbescheid unanfechtbar geworden ist, es sei denn, dass der übergangene Steuerberechtigte die Änderung oder Nachholung der Zerlegung vor Ablauf des Jahres beantragt hatte.

§ 190 Zuteilungsverfahren. [1] Ist ein Steuermessbetrag in voller Höhe einem Steuerberechtigten zuzuteilen, besteht aber Streit darüber, welchem Steuerberechtigten der Steuermessbetrag zusteht, so entscheidet die Finanzbehörde auf Antrag eines Beteiligten durch Zuteilungsbescheid. [2] Die für das Zerlegungsverfahren geltenden Vorschriften sind entsprechend anzuwenden.

4. Unterabschnitt. Haftung

§ 191 Haftungsbescheide, Duldungsbescheide. (1)[1)] [1] Wer kraft Gesetzes für eine Steuer haftet (Haftungsschuldner), kann durch Haftungsbescheid, wer kraft Gesetzes verpflichtet ist, die Vollstreckung zu dulden, kann durch Duldungsbescheid in Anspruch genommen werden. [2] Die Anfechtung wegen Ansprüchen aus dem Steuerschuldverhältnis außerhalb des Insolvenzverfahrens erfolgt durch Duldungsbescheid, soweit sie nicht im Wege der Einrede nach § 9 des Anfechtungsgesetzes geltend zu machen ist; bei der Berechnung von Fristen nach den §§ 3 und 4 des Anfechtungsgesetzes steht der Erlass eines Duldungsbescheids der gerichtlichen Geltendmachung der Anfechtung nach § 7 Abs. 1 des Anfechtungsgesetzes gleich. [3] Die Bescheide sind schriftlich zu erteilen.

(2) Bevor gegen einen Rechtsanwalt, Patentanwalt, Notar, Steuerberater, Steuerbevollmächtigten, Wirtschaftsprüfer oder vereidigten Buchprüfer wegen einer Handlung im Sinne des § 69, die er in Ausübung seines Berufs vorgenommen hat, ein Haftungsbescheid erlassen wird, gibt die Finanzbehörde der zuständigen Berufskammer Gelegenheit, die Gesichtspunkte vorzubringen, die von ihrem Standpunkt für die Entscheidung von Bedeutung sind.

[1)] Zur erstmaligen Anwendung von § 191 Abs. 1 Satz 2 siehe Art. 97 § 11b EGAO (Nr. **4**); § 191 Abs. 1 Satz 2 geänd. durch G v. 23.10.2008 (BGBl. I S. 2026).

(3) [1] Die Vorschriften über die Festsetzungsfrist sind auf den Erlass von Haftungsbescheiden entsprechend anzuwenden. [2] Die Festsetzungsfrist beträgt vier Jahre, in den Fällen des § 70 bei Steuerhinterziehung zehn Jahre, bei leichtfertiger Steuerverkürzung fünf Jahre, in den Fällen des § 71 zehn Jahre. [3] Die Festsetzungsfrist beginnt mit Ablauf des Kalenderjahrs, in dem der Tatbestand verwirklicht worden ist, an den das Gesetz die Haftungsfolge knüpft. [4] Ist die Steuer, für die gehaftet wird, noch nicht festgesetzt worden, so endet die Festsetzungsfrist für den Haftungsbescheid nicht vor Ablauf der für die Steuerfestsetzung geltenden Festsetzungsfrist; andernfalls gilt § 171 Abs. 10 sinngemäß. [5] In den Fällen der §§ 73 und 74 endet die Festsetzungsfrist nicht, bevor die gegen den Steuerschuldner festgesetzte Steuer verjährt (§ 228) ist.

(4) Ergibt sich die Haftung nicht aus den Steuergesetzen, so kann ein Haftungsbescheid ergehen, solange die Haftungsansprüche nach dem für sie maßgebenden Recht noch nicht verjährt sind.

(5) [1] Ein Haftungsbescheid kann nicht mehr ergehen,

1. soweit die Steuer gegen den Steuerschuldner nicht festgesetzt worden ist und wegen Ablaufs der Festsetzungsfrist auch nicht mehr festgesetzt werden kann,
2. soweit die gegen den Steuerschuldner festgesetzte Steuer verjährt ist oder die Steuer erlassen worden ist.

[2] Dies gilt nicht, wenn die Haftung darauf beruht, dass der Haftungsschuldner Steuerhinterziehung oder Steuerhehlerei begangen hat.

§ 192 Vertragliche Haftung. Wer sich auf Grund eines Vertrags verpflichtet hat, für die Steuer eines anderen einzustehen, kann nur nach den Vorschriften des bürgerlichen Rechts in Anspruch genommen werden.

Vierter Abschnitt. Außenprüfung

1. Unterabschnitt. Allgemeine Vorschriften

§ 193[1)] Zulässigkeit einer Außenprüfung. (1) Eine Außenprüfung ist zulässig bei Steuerpflichtigen, die einen gewerblichen oder land- und forstwirtschaftlichen Betrieb unterhalten, die freiberuflich tätig sind und bei Steuerpflichtigen im Sinne des § 147a.

(2) Bei anderen als den in Absatz 1 bezeichneten Steuerpflichtigen ist eine Außenprüfung zulässig,

1. soweit sie die Verpflichtung dieser Steuerpflichtigen betrifft, für Rechnung eines anderen Steuern zu entrichten oder Steuern einzubehalten und abzuführen,
2. wenn die für die Besteuerung erheblichen Verhältnisse der Aufklärung bedürfen und eine Prüfung an Amtsstelle nach Art und Umfang des zu prüfenden Sachverhalts nicht zweckmäßig ist oder
3.[2)] wenn ein Steuerpflichtiger seinen Mitwirkungspflichten nach *§ 90 Absatz 2 Satz 3* [**ab 1.1.2022:** § 12 des Gesetzes zur Abwehr von Steuervermeidung und unfairem Steuerwettbewerb] nicht nachkommt.

[1)] § 193 Abs. 1 geänd. und Abs. 2 Nr. 3 angef. durch G v. 29.7.2009 (BGBl. I S. 2302); zur erstmaligen Anwendung siehe Art. 97 § 22 Abs. 2 EGAO (Nr. **4**).

[2)] § 193 Abs. 2 Nr. 3 neu gef. durch G v. 25.6.2021 (BGBl. I S. 2056); zur Anwendung **ab 1.1. 2022** siehe Art. 97 § 22 Abs. 4 EGAO (Nr. **4**).

§ 194 Sachlicher Umfang einer Außenprüfung. (1) [1]Die Außenprüfung dient der Ermittlung der steuerlichen Verhältnisse des Steuerpflichtigen. [2]Sie kann eine oder mehrere Steuerarten, einen oder mehrere Besteuerungszeiträume umfassen oder sich auf bestimmte Sachverhalte beschränken. [3]Die Außenprüfung bei einer Personengesellschaft umfasst die steuerlichen Verhältnisse der Gesellschafter insoweit, als diese Verhältnisse für die zu überprüfenden einheitlichen Feststellungen von Bedeutung sind. [4]Die steuerlichen Verhältnisse anderer Personen können insoweit geprüft werden, als der Steuerpflichtige verpflichtet war oder verpflichtet ist, für Rechnung dieser Personen Steuern zu entrichten oder Steuern einzubehalten und abzuführen; dies gilt auch dann, wenn etwaige Steuernachforderungen den anderen Personen gegenüber geltend zu machen sind.

(2) Die steuerlichen Verhältnisse von Gesellschaftern und Mitgliedern sowie von Mitgliedern der Überwachungsorgane können über die in Absatz 1 geregelten Fälle hinaus in die bei einer Gesellschaft durchzuführende Außenprüfung einbezogen werden, wenn dies im Einzelfall zweckmäßig ist.

(3) Werden anlässlich einer Außenprüfung Verhältnisse anderer als der in Absatz 1 genannten Personen festgestellt, so ist die Auswertung der Feststellungen insoweit zulässig, als ihre Kenntnis für die Besteuerung dieser anderen Personen von Bedeutung ist oder die Feststellungen eine unerlaubte Hilfeleistung in Steuersachen betreffen.

§ 195 Zuständigkeit. [1]Außenprüfungen werden von den für die Besteuerung zuständigen Finanzbehörden durchgeführt. [2]Sie können andere Finanzbehörden mit der Außenprüfung beauftragen. [3]Die beauftragte Finanzbehörde kann im Namen der zuständigen Finanzbehörde die Steuerfestsetzung vornehmen und verbindliche Zusagen (§§ 204 bis 207) erteilen.

§ 196[1)] Prüfungsanordnung. Die Finanzbehörde bestimmt den Umfang der Außenprüfung in einer schriftlich oder elektronisch zu erteilenden Prüfungsanordnung mit Rechtsbehelfsbelehrung nach § 356.

§ 197 Bekanntgabe der Prüfungsanordnung. (1) [1]Die Prüfungsanordnung sowie der voraussichtliche Prüfungsbeginn und die Namen der Prüfer sind dem Steuerpflichtigen, bei dem die Außenprüfung durchgeführt werden soll, angemessene Zeit vor Beginn der Prüfung bekannt zu geben, wenn der Prüfungszweck dadurch nicht gefährdet wird. [2]Der Steuerpflichtige kann auf die Einhaltung der Frist verzichten. [3]Soll die Prüfung nach § 194 Abs. 2 auf die steuerlichen Verhältnisse von Gesellschaftern und Mitgliedern sowie von Mitgliedern der Überwachungsorgane erstreckt werden, so ist die Prüfungsanordnung insoweit auch diesen Personen bekannt zu geben.

(2) Auf Antrag der Steuerpflichtigen soll der Beginn der Außenprüfung auf einen anderen Zeitpunkt verlegt werden, wenn dafür wichtige Gründe glaubhaft gemacht werden.

§ 198 Ausweispflicht, Beginn der Außenprüfung. [1]Die Prüfer haben sich bei Erscheinen unverzüglich auszuweisen. [2]Der Beginn der Außenprüfung ist unter Angabe von Datum und Uhrzeit aktenkundig zu machen.

---

1) § 196 neu gef. mWv 1.1.2017 durch G v. 18.7.2016 (BGBl. I S. 1679).

§ 199 Prüfungsgrundsätze. (1) Der Außenprüfer hat die tatsächlichen und rechtlichen Verhältnisse, die für die Steuerpflicht und für die Bemessung der Steuer maßgebend sind (Besteuerungsgrundlagen), zugunsten wie zuungunsten des Steuerpflichtigen zu prüfen.

(2) Der Steuerpflichtige ist während der Außenprüfung über die festgestellten Sachverhalte und die möglichen steuerlichen Auswirkungen zu unterrichten, wenn dadurch Zweck und Ablauf der Prüfung nicht beeinträchtigt werden.

§ 200 Mitwirkungspflichten des Steuerpflichtigen. (1)[1)] [2)] [1]Der Steuerpflichtige hat bei der Feststellung der Sachverhalte, die für die Besteuerung erheblich sein können, mitzuwirken. [2]Er hat insbesondere Auskünfte zu erteilen, Aufzeichnungen, Bücher, Geschäftspapiere und andere Urkunden zur Einsicht und Prüfung vorzulegen, die zum Verständnis der Aufzeichnungen erforderlichen Erläuterungen zu geben und die Finanzbehörde bei Ausübung ihrer Befugnisse nach § 147 Abs. 6 zu unterstützen. [3]Sind der Steuerpflichtige oder die von ihm benannten Personen nicht in der Lage, Auskünfte zu erteilen, oder sind die Auskünfte zur Klärung des Sachverhalts unzureichend oder versprechen Auskünfte des Steuerpflichtigen keinen Erfolg, so kann der Außenprüfer auch andere Betriebsangehörige um Auskunft ersuchen. [4]§ 93 Absatz 2 Satz 2 gilt nicht.

(2) [1]Die in Absatz 1 genannten Unterlagen hat der Steuerpflichtige in seinen Geschäftsräumen oder, soweit ein zur Durchführung der Außenprüfung geeigneter Geschäftsraum nicht vorhanden ist, in seinen Wohnräumen oder an Amtsstelle vorzulegen. [2]Ein zur Durchführung der Außenprüfung geeigneter Raum oder Arbeitsplatz sowie die erforderlichen Hilfsmittel sind unentgeltlich zur Verfügung zu stellen.

(3) [1]Die Außenprüfung findet während der üblichen Geschäfts- oder Arbeitszeit statt. [2]Die Prüfer sind berechtigt, Grundstücke und Betriebsräume zu betreten und zu besichtigen. [3]Bei der Betriebsbesichtigung soll der Betriebsinhaber oder sein Beauftragter hinzugezogen werden.

§ 201 Schlussbesprechung. (1) [1]Über das Ergebnis der Außenprüfung ist eine Besprechung abzuhalten (Schlussbesprechung), es sei denn, dass sich nach dem Ergebnis der Außenprüfung keine Änderung der Besteuerungsgrundlagen ergibt oder dass der Steuerpflichtige auf die Besprechung verzichtet. [2]Bei der Schlussbesprechung sind insbesondere strittige Sachverhalte sowie die rechtliche Beurteilung der Prüfungsfeststellungen und ihre steuerlichen Auswirkungen zu erörtern.

(2) Besteht die Möglichkeit, dass auf Grund der Prüfungsfeststellungen ein Straf- oder Bußgeldverfahren durchgeführt werden muss, soll der Steuerpflichtige darauf hingewiesen werden, dass die straf- oder bußgeldrechtliche Würdigung einem besonderen Verfahren vorbehalten bleibt.

§ 202 Inhalt und Bekanntgabe des Prüfungsberichts. (1) [1]Über das Ergebnis der Außenprüfung ergeht ein schriftlicher Bericht (Prüfungsbericht). [2]Im Prüfungsbericht sind die für die Besteuerung erheblichen Prüfungsfeststel-

[1)] Zur Anwendung siehe Art. 97 § 19b Abs. 1 EGAO (Nr. **4**).
[2)] § 200 Abs. 1 Satz 4 neu gef. mWv 30.6.2013 durch G v. 26.6.2013 (BGBl. I S. 1809).

lungen in tatsächlicher und rechtlicher Hinsicht sowie die Änderungen der Besteuerungsgrundlagen darzustellen. [3] Führt die Außenprüfung zu keiner Änderung der Besteuerungsgrundlagen, so genügt es, wenn dies dem Steuerpflichtigen schriftlich mitgeteilt wird.

(2) Die Finanzbehörde hat dem Steuerpflichtigen auf Antrag den Prüfungsbericht vor seiner Auswertung zu übersenden und ihm Gelegenheit zu geben, in angemessener Zeit dazu Stellung zu nehmen.

§ 203 Abgekürzte Außenprüfung. (1) [1] Bei Steuerpflichtigen, bei denen die Finanzbehörde eine Außenprüfung in regelmäßigen Zeitabständen nach den Umständen des Falls nicht für erforderlich hält, kann sie eine abgekürzte Außenprüfung durchführen. [2] Die Prüfung hat sich auf die wesentlichen Besteuerungsgrundlagen zu beschränken.

(2) [1] Der Steuerpflichtige ist vor Abschluss der Prüfung darauf hinzuweisen, inwieweit von den Steuererklärungen oder den Steuerfestsetzungen abgewichen werden soll. [2] Die steuerlich erheblichen Prüfungsfeststellungen sind dem Steuerpflichtigen spätestens mit den Steuerbescheiden schriftlich mitzuteilen. [3] § 201 Abs. 1 und § 202 Abs. 2 gelten nicht.

§ 203a[1)] Außenprüfung bei Datenübermittlung durch Dritte.

(1) Bei einer mitteilungspflichtigen Stelle im Sinne des § 93c Absatz 1 ist eine Außenprüfung zulässig, um zu ermitteln, ob die mitteilungspflichtige Stelle

1. ihre Verpflichtung nach § 93c Absatz 1 Nummer 1, 2 und 4, Absatz 2 und 3 erfüllt und
2. den Inhalt des Datensatzes nach den Vorgaben des jeweiligen Steuergesetzes bestimmt hat.

(2) Die Außenprüfung wird von der für Ermittlungen nach § 93c Absatz 4 Satz 1 zuständigen Finanzbehörde durchgeführt.

(3) § 195 Satz 2 sowie die §§ 196 bis 203 gelten entsprechend.

2. Unterabschnitt. Verbindliche Zusagen auf Grund einer Außenprüfung[2)]

§ 204 Voraussetzung der verbindlichen Zusage. Im Anschluss an eine Außenprüfung soll die Finanzbehörde dem Steuerpflichtigen auf Antrag verbindlich zusagen, wie ein für die Vergangenheit geprüfter und im Prüfungsbericht dargestellter Sachverhalt in Zukunft steuerrechtlich behandelt wird, wenn die Kenntnis der künftigen steuerrechtlichen Behandlung für die geschäftlichen Maßnahmen des Steuerpflichtigen von Bedeutung ist.

§ 205 Form der verbindlichen Zusage. (1) Die verbindliche Zusage wird schriftlich erteilt und als verbindlich gekennzeichnet.

(2) Die verbindliche Zusage muss enthalten:

1. den ihr zugrunde gelegten Sachverhalt; dabei kann auf den im Prüfungsbericht dargestellten Sachverhalt Bezug genommen werden,
2. die Entscheidung über den Antrag und die dafür maßgebenden Gründe,

---

[1)] § 203a eingef. mWv 1.1.2017 durch G v. 18.7.2016 (BGBl. I S. 1679); zur Anwendung siehe Art. 97 § 27 Abs. 2 EGAO (Nr. **4**).

[2)] Vgl. Art. 97 § 12 EGAO (Nr. **4**).

3. eine Angabe darüber, für welche Steuern und für welchen Zeitraum die verbindliche Zusage gilt.

§ 206 Bindungswirkung. (1) Die verbindliche Zusage ist für die Besteuerung bindend, wenn sich der später verwirklichte Sachverhalt mit dem der verbindlichen Zusage zugrunde gelegten Sachverhalt deckt.

(2) Absatz 1 gilt nicht, wenn die verbindliche Zusage zuungunsten des Antragstellers dem geltenden Recht widerspricht.

§ 207 Außerkrafttreten, Aufhebung und Änderung der verbindlichen Zusage. (1) Die verbindliche Zusage tritt außer Kraft, wenn die Rechtsvorschriften, auf denen die Entscheidung beruht, geändert werden.

(2) Die Finanzbehörde kann die verbindliche Zusage mit Wirkung für die Zukunft aufheben oder ändern.

(3) Eine rückwirkende Aufhebung oder Änderung der verbindlichen Zusage ist nur zulässig, falls der Steuerpflichtige zustimmt oder wenn die Voraussetzungen des § 130 Abs. 2 Nr. 1 oder 2 vorliegen.

Fünfter Abschnitt. Steuerfahndung (Zollfahndung)

§ 208 Steuerfahndung (Zollfahndung) (1)[1] [1] Aufgabe der Steuerfahndung (Zollfahndung) ist

1. die Erforschung von Steuerstraftaten und Steuerordnungswidrigkeiten,
2. die Ermittlung der Besteuerungsgrundlagen in den in Nummer 1 bezeichneten Fällen,
3. die Aufdeckung und Ermittlung unbekannter Steuerfälle.

[2] Die mit der Steuerfahndung betrauten Dienststellen der Landesfinanzbehörden und die Behörden des Zollfahndungsdienstes haben außer den Befugnissen nach § 404 Satz 2 erster Halbsatz auch die Ermittlungsbefugnisse, die den Finanzämtern (Hauptzollämtern) zustehen. [3] In den Fällen der Nummern 2 und 3 gelten die Einschränkungen des § 93 Abs. 1 Satz 3, Abs. 2 Satz 2 und des § 97 Absatz 2 nicht; § 200 Abs. 1 Satz 1 und 2, Abs. 2, Abs. 3 Satz 1 und 2 gilt sinngemäß, § 393 Abs. 1 bleibt unberührt.

(2)[2] Unabhängig von Absatz 1 sind die mit der Steuerfahndung betrauten Dienststellen der Landesfinanzbehörden und die Behörden des Zollfahndungsdienstes zuständig

1. für steuerliche Ermittlungen einschließlich der Außenprüfung auf Ersuchen der zuständigen Finanzbehörde,
2. für die ihnen sonst im Rahmen der Zuständigkeit der Finanzbehörden übertragenen Aufgaben.

(3) Die Aufgaben und Befugnisse der Finanzämter (Hauptzollämter) bleiben unberührt.

---

[1] § 208 Abs. 1 Satz 3 1. HS geänd. mWv 30.6.2013 durch G v. 26.6.2013 (BGBl. I S. 1809); Satz 2 geänd. mWv 18.12.2019 durch G v. 12.12.2019 (BGBl. I S. 2451).

[2] § 208 Abs. 2 geänd. mWv 18.12.2019 durch G v. 12.12.2019 (BGBl. I S. 2451).

§ 208a[1] Steuerfahndung des Bundeszentralamts für Steuern.

(1) Dem Bundeszentralamt für Steuern obliegt, soweit Aufgaben der Steuerverwaltung übertragen wurden, die Aufgabe nach § 208 Absatz 1 Satz 1 Nummer 3.

(2) [1] Hierzu hat es die Ermittlungsbefugnisse, die den Finanzämtern (Hauptzollämtern) zustehen. [2] Die Einschränkungen des § 93 Absatz 1 Satz 3, Absatz 2 Satz 2 und des § 97 Absatz 2 gelten nicht; § 200 Absatz 1 Satz 1 und 2, Absatz 2 und 3 Satz 1 und 2 gilt sinngemäß, § 393 Absatz 1 bleibt unberührt.

(3) Die Aufgaben und Befugnisse des Bundeszentralamts für Steuern im Übrigen bleiben unberührt.

Sechster Abschnitt. Steueraufsicht in besonderen Fällen

§ 209 Gegenstand der Steueraufsicht. (1) Der Warenverkehr über die Grenze und in den Freizonen und Freilagern sowie die Gewinnung und Herstellung, Lagerung, Beförderung und gewerbliche Verwendung verbrauchsteuerpflichtiger Waren und der Handel mit verbrauchsteuerpflichtigen Waren unterliegen der zollamtlichen Überwachung (Steueraufsicht).

(2) Der Steueraufsicht unterliegen ferner:

1. der Versand, die Ausfuhr, Lagerung, Verwendung, Vernichtung, Veredelung, Umwandlung und sonstige Bearbeitung oder Verarbeitung von Waren in einem Verbrauchsteuerverfahren,
2. die Herstellung und Ausfuhr von Waren, für die ein Erlass, eine Erstattung oder Vergütung von Verbrauchsteuer beansprucht wird.

(3) Andere Sachverhalte unterliegen der Steueraufsicht, wenn es gesetzlich bestimmt ist.

§ 210 Befugnisse der Finanzbehörde. (1) Die von der Finanzbehörde mit der Steueraufsicht betrauten Amtsträger sind berechtigt, Grundstücke und Räume von Personen, die eine gewerbliche oder berufliche Tätigkeit selbständig ausüben und denen ein der Steueraufsicht unterliegender Sachverhalt zuzurechnen ist, während der Geschäfts- und Arbeitszeiten zu betreten, um Prüfungen vorzunehmen oder sonst Feststellungen zu treffen, die für die Besteuerung erheblich sein können (Nachschau).

(2) [1] Der Nachschau unterliegen ferner Grundstücke und Räume von Personen, denen ein der Steueraufsicht unterliegender Sachverhalt zuzurechnen ist ohne zeitliche Einschränkung, wenn Tatsachen die Annahme rechtfertigen, dass sich dort Schmuggelwaren oder nicht ordnungsgemäß versteuerte verbrauchsteuerpflichtige Waren befinden oder dort sonst gegen Vorschriften oder Anordnungen verstoßen wird, deren Einhaltung durch die Steueraufsicht gesichert werden soll. [2] Bei Gefahr im Verzug ist eine Durchsuchung von Wohn- und Geschäftsräumen auch ohne richterliche Anordnung zulässig.

(3)[2] [1] Die von der Finanzbehörde mit der Steueraufsicht betrauten Amtsträger sind ferner berechtigt, im Rahmen von zeitlich und örtlich begrenzten Kontrollen, Schiffe und andere Fahrzeuge, die nach ihrer äußeren Erscheinung gewerblichen Zwecken dienen, anzuhalten. [2] Die betroffenen Personen haben

---

[1] § 208a eingef. mWv 29.12.2020 durch G v. 21.12.2020 (BGBl. I S. 3096).

[2] § 210 Abs. 3 Sätze 2 und 4 geänd. mWv 26.11.2019 durch G v. 20.11.2019 (BGBl. I S. 1626).

sich auszuweisen und Auskunft über die mitgeführten Waren zu geben; sie haben insbesondere Frachtbriefe und sonstige Beförderungspapiere, auch nicht steuerlicher Art, vorzulegen. [3] Ergeben sich dadurch oder auf Grund sonstiger Tatsachen Anhaltspunkte, dass verbrauchsteuerpflichtige Waren mitgeführt werden, können die Amtsträger die mitgeführten Waren überprüfen und alle Feststellungen treffen, die für eine Besteuerung dieser Waren erheblich sein können. [4] Die betroffenen Personen haben die Herkunft der verbrauchsteuerpflichtigen Waren anzugeben, die Entnahme von unentgeltlichen Proben zu dulden und die erforderliche Hilfe zu leisten.

(4) [1] Wenn Feststellungen bei Ausübung der Steueraufsicht hierzu Anlass geben, kann ohne vorherige Prüfungsanordnung (§ 196) zu einer Außenprüfung nach § 193 übergegangen werden. [2] Auf den Übergang zur Außenprüfung wird schriftlich hingewiesen.

(5) [1] Wird eine Nachschau in einem Dienstgebäude oder einer nicht allgemein zugänglichen Einrichtung oder Anlage der Bundeswehr erforderlich, so wird die vorgesetzte Dienststelle der Bundeswehr um ihre Durchführung ersucht. [2] Die Finanzbehörde ist zur Mitwirkung berechtigt. [3] Ein Ersuchen ist nicht erforderlich, wenn die Nachschau in Räumen vorzunehmen ist, die ausschließlich von anderen Personen als Soldaten bewohnt werden.

§ 211[1)] Pflichten der betroffenen Person. (1) [1] Wer von einer Maßnahme der Steueraufsicht betroffen wird, hat den Amtsträgern auf Verlangen Aufzeichnungen, Bücher, Geschäftspapiere und andere Urkunden über die der Steueraufsicht unterliegenden Sachverhalte und über den Bezug und den Absatz verbrauchsteuerpflichtiger Waren vorzulegen, Auskünfte zu erteilen und die zur Durchführung der Steueraufsicht sonst erforderlichen Hilfsdienste zu leisten. [2] § 200 Abs. 2 Satz 2 gilt sinngemäß.

(2) Die Pflichten nach Absatz 1 gelten auch dann, wenn bei einer gesetzlich vorgeschriebenen Nachversteuerung verbrauchsteuerpflichtiger Waren in einem der Steueraufsicht unterliegenden Betrieb oder Unternehmen festgestellt werden soll, an welche Empfänger und in welcher Menge nachsteuerpflichtige Waren geliefert worden sind.

(3) Vorkehrungen, die die Ausübung der Steueraufsicht hindern oder erschweren, sind unzulässig.

§ 212 Durchführungsvorschriften. (1) Das Bundesministerium der Finanzen kann durch Rechtsverordnung zur näheren Bestimmung der im Rahmen der Steueraufsicht zu erfüllenden Pflichten anordnen, dass

1. bestimmte Handlungen nur in Räumen vorgenommen werden dürfen, die der Finanzbehörde angemeldet sind oder deren Benutzung für diesen Zweck von der Finanzbehörde besonders genehmigt ist,
2. Räume, Fahrzeuge, Geräte, Gefäße und Leitungen, die der Herstellung, Bearbeitung, Verarbeitung, Lagerung, Beförderung oder Messung steuerpflichtiger Waren dienen oder dienen können, auf Kosten des Betriebsinhabers in bestimmter Weise einzurichten, herzurichten, zu kennzeichnen oder amtlich zu verschließen sind,

---

1) § 211 Überschrift neu gef. durch G v. 20.11.2019 (BGBl. I S. 1626).

3. der Überwachung unterliegende Waren in bestimmter Weise behandelt, bezeichnet, gelagert, verpackt, versandt oder verwendet werden müssen,
4. der Handel mit steuerpflichtigen Waren besonders überwacht wird, wenn der Händler zugleich Hersteller der Waren ist,
5. über die Betriebsvorgänge und über die steuerpflichtigen Waren sowie über die zu ihrer Herstellung verwendeten Einsatzstoffe, Fertigungsstoffe, Hilfsstoffe und Zwischenerzeugnisse in bestimmter Weise Anschreibungen zu führen und die Bestände festzustellen sind,
6. Bücher, Aufzeichnungen und sonstige Unterlagen in bestimmter Weise aufzubewahren sind,
7. Vorgänge und Maßnahmen in Betrieben oder Unternehmen, die für die Besteuerung von Bedeutung sind, der Finanzbehörde anzumelden sind,
8. von steuerpflichtigen Waren, von Waren, für die ein Erlass, eine Erstattung oder Vergütung von Verbrauchsteuern beansprucht wird, von Stoffen, die zur Herstellung dieser Waren bestimmt sind, sowie von Umschließungen dieser Waren unentgeltlich Proben entnommen werden dürfen oder unentgeltlich Muster zu hinterlegen sind.

(2) Die Rechtsverordnung bedarf, außer wenn sie die Biersteuer betrifft, nicht der Zustimmung des Bundesrates.

§ 213 Besondere Aufsichtsmaßnahmen. [1]Betriebe oder Unternehmen, deren Inhaber oder deren leitende Angehörige wegen Steuerhinterziehung, versuchter Steuerhinterziehung oder wegen der Teilnahme an einer solchen Tat rechtskräftig bestraft worden sind, dürfen auf ihre Kosten besonderen Aufsichtsmaßnahmen unterworfen werden, wenn dies zur Gewährleistung einer wirksamen Steueraufsicht erforderlich ist. [2]Insbesondere dürfen zusätzliche Anschreibungen und Meldepflichten, der sichere Verschluss von Räumen, Behältnissen und Geräten sowie ähnliche Maßnahmen vorgeschrieben werden.

§ 214[1)] Beauftragte. Wer sich zur Erfüllung steuerlicher Pflichten, die ihm auf Grund eines der Steueraufsicht unterliegenden Sachverhalts obliegen, durch einen mit der Wahrnehmung dieser Pflichten beauftragten Angehörigen seines Betriebs oder Unternehmens vertreten lässt, bedarf der Zustimmung der Finanzbehörde.

§ 215 Sicherstellung im Aufsichtsweg. (1) [1]Die Finanzbehörde kann durch Wegnahme, Anbringen von Siegeln oder durch Verfügungsverbot sicherstellen:

1. verbrauchsteuerpflichtige Waren, die ein Amtsträger vorfindet
   a) in Herstellungsbetrieben oder anderen anmeldepflichtigen Räumen, die der Finanzbehörde nicht angemeldet sind,
   b) im Handel ohne eine den Steuergesetzen entsprechende Verpackung, Bezeichnung, Kennzeichnung oder ohne vorschriftsmäßige Steuerzeichen,
2. Waren, die im grenznahen Raum oder in Gebieten, die der Grenzaufsicht unterliegen, aufgefunden werden, wenn sie weder offenbar Gemeinschafts-

---

[1)] § 214 Satz 2 aufgeh. mWv 1.5.2016 durch G v. 22.12.2014 (BGBl. I S. 2417).

waren noch den Umständen nach in den zollrechtlich freien Verkehr überführt worden sind,
3. die Umschließungen der in den Nummern 1 und 2 genannten Waren,
4. Geräte, die zur Herstellung von verbrauchsteuerpflichtigen Waren bestimmt sind und die sich in einem der Finanzbehörde nicht angemeldeten Herstellungsbetrieb befinden.

[2] Die Sicherstellung ist auch zulässig, wenn die Sachen zunächst in einem Strafverfahren beschlagnahmt und dann der Finanzbehörde zur Verfügung gestellt worden sind.

(2) [1] Über die Sicherstellung ist eine Niederschrift aufzunehmen. [2] Die Sicherstellung ist den betroffenen Personen (Eigentümer, Besitzer) mitzuteilen, soweit sie bekannt sind.

§ 216 Überführung in das Eigentum des Bundes. (1) [1] Nach § 215 sichergestellte Sachen sind in das Eigentum des Bundes überzuführen, sofern sie nicht nach § 375 Abs. 2 eingezogen werden. [2] Für Fundgut gilt dies nur, wenn kein Eigentumsanspruch geltend gemacht wird.

(2)[1)] [1] Die Überführung sichergestellter Sachen in das Eigentum des Bundes ist den betroffenen Personen mitzuteilen. [2] Ist eine betroffene Person nicht bekannt, so gilt § 10 Abs. 2 des Verwaltungszustellungsgesetzes sinngemäß.

(3) [1] Der Eigentumsübergang wird wirksam, sobald der von der Finanzbehörde erlassene Verwaltungsakt unanfechtbar ist. [2] Bei Sachen, die mit dem Grund und Boden verbunden sind, geht das Eigentum unter der Voraussetzung des Satzes 1 mit der Trennung über. [3] Rechte Dritter an einer sichergestellten Sache bleiben bestehen. [4] Das Erlöschen dieser Rechte kann jedoch angeordnet werden, wenn der Dritte leichtfertig dazu beigetragen hat, dass die in das Eigentum des Bundes überführte Sache der Sicherstellung unterlag oder er sein Recht an der Sache in Kenntnis der Umstände erwarb, welche die Sicherstellung veranlasst haben.

(4) [1] Sichergestellte Sachen können schon vor der Überführung in das Eigentum des Bundes veräußert werden, wenn ihr Verderb oder eine wesentliche Minderung ihres Werts droht oder ihre Aufbewahrung, Pflege oder Erhaltung mit unverhältnismäßig großen Kosten oder Schwierigkeiten verbunden ist; zu diesem Zweck dürfen auch Sachen, die mit dem Grund und Boden verbunden sind, von diesem getrennt werden. [2] Der Erlös tritt an die Stelle der Sachen. [3] Die Notveräußerung wird nach den Vorschriften dieses Gesetzes über die Verwertung gepfändeter Sachen durchgeführt. [4] Die betroffenen Personen sollen vor der Anordnung der Veräußerung gehört werden. [5] Die Anordnung sowie Zeit und Ort der Veräußerung sind ihnen, soweit tunlich, mitzuteilen.

(5)[2)] [1] Sichergestellte oder bereits in das Eigentum des Bundes überführte Sachen werden zurückgegeben, wenn die Umstände, die die Sicherstellung veranlasst haben, dem Eigentümer nicht zuzurechnen sind oder wenn die Überführung in das Eigentum des Bundes als eine unbillige Härte für die betroffenen Personen erscheint. [2] Gutgläubige Dritte, deren Rechte durch die Überführung in das Eigentum des Bundes erloschen oder beeinträchtigt sind, werden aus dem Erlös der Sachen angemessen entschädigt. [3] Im Übrigen kann

---

[1)] § 216 Abs. 2 Satz 2 geänd. durch G v. 12.8.2005 (BGBl. I S. 2354).
[2)] § 216 Abs. 5 Satz 1 geänd. mWv 26.11.2019 durch G v. 20.11.2019 (BGBl. I S. 1626).

eine Entschädigung gewährt werden, soweit es eine unbillige Härte wäre, sie zu versagen.

§ 217 Steuerhilfspersonen. Zur Feststellung von Tatsachen, die zoll- oder verbrauchsteuerrechtlich erheblich sind, kann die Finanzbehörde Personen, die vom Ergebnis der Feststellung nicht selbst betroffen werden, als Steuerhilfspersonen bestellen.

Fünfter Teil. Erhebungsverfahren

Erster Abschnitt. Verwirklichung, Fälligkeit und Erlöschen von Ansprüchen aus dem Steuerschuldverhältnis

1. Unterabschnitt. Verwirklichung und Fälligkeit von Ansprüchen aus dem Steuerschuldverhältnis

§ 218 Verwirklichung von Ansprüchen aus dem Steuerschuldverhältnis. (1) [1] Grundlage für die Verwirklichung von Ansprüchen aus dem Steuerschuldverhältnis (§ 37) sind die Steuerbescheide, die Steuervergütungsbescheide, die Haftungsbescheide und die Verwaltungsakte, durch die steuerliche Nebenleistungen festgesetzt werden; bei den Säumniszuschlägen genügt die Verwirklichung des gesetzlichen Tatbestands (§ 240). [2] Die Steueranmeldungen (§ 168) stehen den Steuerbescheiden gleich.

(2)[1)] [1] Über Streitigkeiten, die die Verwirklichung der Ansprüche im Sinne des Absatzes 1 betreffen, entscheidet die Finanzbehörde durch Abrechnungsbescheid. [2] Dies gilt auch, wenn die Streitigkeit einen Erstattungsanspruch (§ 37 Abs. 2) betrifft.

(3)[2)] [1] Wird eine Anrechnungsverfügung oder ein Abrechnungsbescheid auf Grund eines Rechtsbehelfs oder auf Antrag des Steuerpflichtigen oder eines Dritten zurückgenommen und in dessen Folge ein für ihn günstigerer Verwaltungsakt erlassen, können nachträglich gegenüber dem Steuerpflichtigen oder einer anderen Person die entsprechenden steuerlichen Folgerungen gezogen werden. [2] § 174 Absatz 4 und 5 gilt entsprechend.

§ 219 Zahlungsaufforderung bei Haftungsbescheiden. [1] Wenn nichts anderes bestimmt ist, darf ein Haftungsschuldner auf Zahlung nur in Anspruch genommen werden, soweit die Vollstreckung in das bewegliche Vermögen des Steuerschuldners ohne Erfolg geblieben oder anzunehmen ist, dass die Vollstreckung aussichtslos sein würde. [2] Diese Einschränkung gilt nicht, wenn die Haftung darauf beruht, dass der Haftungsschuldner Steuerhinterziehung oder Steuerhehlerei begangen hat oder gesetzlich verpflichtet war, Steuern einzubehalten und abzuführen oder zu Lasten eines anderen zu entrichten.

§ 220 Fälligkeit. (1) Die Fälligkeit von Ansprüchen aus dem Steuerschuldverhältnis richtet sich nach den Vorschriften der Steuergesetze.

(2) [1] Fehlt es an einer besonderen gesetzlichen Regelung über die Fälligkeit, so wird der Anspruch mit seiner Entstehung fällig, es sei denn, dass in einem nach § 254 erforderlichen Leistungsgebot eine Zahlungsfrist eingeräumt wor-

---

1) § 218 Abs. 2 Satz 1 geänd. mWv 31.12.2014 durch G v. 22.12.2014 (BGBl. I S. 2417).

2) § 218 Abs. 3 angef. durch G v. 22.12.2014 (BGBl. I S. 2417); zur Anwendung siehe Art. 97 § 13a EGAO (Nr. **4**).

den ist. [2] Ergibt sich der Anspruch in den Fällen des Satzes 1 aus der Festsetzung von Ansprüchen aus dem Steuerschuldverhältnis, so tritt die Fälligkeit nicht vor Bekanntgabe der Festsetzung ein.

§ 221 Abweichende Fälligkeitsbestimmung. [1] Hat ein Steuerpflichtiger eine Verbrauchsteuer oder die Umsatzsteuer mehrfach nicht rechtzeitig entrichtet, so kann die Finanzbehörde verlangen, dass die Steuer jeweils zu einem von der Finanzbehörde zu bestimmenden, vor der gesetzlichen Fälligkeit aber nach Entstehung der Steuer liegenden Zeitpunkt entrichtet wird. [2] Das Gleiche gilt, wenn die Annahme begründet ist, dass der Eingang einer Verbrauchsteuer oder der Umsatzsteuer gefährdet ist; an Stelle der Vorverlegung der Fälligkeit kann auch Sicherheitsleistung verlangt werden. [3] In den Fällen des Satzes 1 ist die Vorverlegung der Fälligkeit nur zulässig, wenn sie dem Steuerpflichtigen für den Fall erneuter nicht rechtzeitiger Entrichtung angekündigt worden ist.

§ 222 Stundung. [1] Die Finanzbehörden können Ansprüche aus dem Steuerschuldverhältnis ganz oder teilweise stunden, wenn die Einziehung bei Fälligkeit eine erhebliche Härte für den Schuldner bedeuten würde und der Anspruch durch die Stundung nicht gefährdet erscheint. [2] Die Stundung soll in der Regel nur auf Antrag und gegen Sicherheitsleistung gewährt werden. [3] Steueransprüche gegen den Steuerschuldner können nicht gestundet werden, soweit ein Dritter (Entrichtungspflichtiger) die Steuer für Rechnung des Steuerschuldners zu entrichten, insbesondere einzubehalten und abzuführen hat. [4] Die Stundung des Haftungsanspruchs gegen den Entrichtungspflichtigen ist ausgeschlossen, soweit er Steuerabzugsbeträge einbehalten oder Beträge, die eine Steuer enthalten, eingenommen hat.

§ 223[1)] *(aufgehoben)*

2. Unterabschnitt. Zahlung, Aufrechnung, Erlass

§ 224 Leistungsort, Tag der Zahlung. (1) [1] Zahlungen an Finanzbehörden sind an die zuständige Kasse zu entrichten. [2] Außerhalb des Kassenraums können Zahlungsmittel nur einem Amtsträger übergeben werden, der zur Annahme von Zahlungsmitteln außerhalb des Kassenraums besonders ermächtigt worden ist und sich hierüber ausweisen kann.

(2) Eine wirksam geleistete Zahlung gilt als entrichtet:

1.[2)] bei Übergabe oder Übersendung von Zahlungsmitteln am Tag des Eingangs, bei Hingabe oder Übersendung von Schecks jedoch drei Tage nach dem Tag des Eingangs,
2.[3)] bei Überweisung oder Einzahlung auf ein Konto der Finanzbehörde und bei Einzahlung mit Zahlschein an dem Tag, an dem der Betrag der Finanzbehörde gutgeschrieben wird,
3. bei Vorliegen einer Einzugsermächtigung am Fälligkeitstag.

(3) [1] Zahlungen der Finanzbehörden sind unbar zu leisten. [2] Das Bundesministerium der Finanzen und die für die Finanzverwaltung zuständigen obers-

---

[1)] § 223 aufgeh. mWv 31.12.2014 durch G v. 22.12.2014 (BGBl. I S. 2417).

[2)] § 224 Abs. 2 Nr. 1 2. HS angef. durch G v. 13.12.2006 (BGBl. I S. 2878); zur Anwendung siehe Art. 97 § 6 EGAO (Nr. **4**).

[3)] § 224 Abs. 2 Nr. 2 geänd. mWv 30.6.2013 durch G v. 26.6.2013 (BGBl. I S. 1809).

ten Landesbehörden können für ihre Geschäftsbereiche Ausnahmen zulassen. [3] Als Tag der Zahlung gilt bei Überweisung oder Zahlungsanweisung der dritte Tag nach der Hingabe oder Absendung des Auftrags an das Kreditinstitut oder, wenn der Betrag nicht sofort abgebucht werden soll, der dritte Tag nach der Abbuchung.

(4) [1] Die zuständige Kasse kann für die Übergabe von Zahlungsmitteln gegen Quittung geschlossen werden. [2] Absatz 2 Nr. 1 gilt entsprechend, wenn bei der Schließung von Kassen nach Satz 1 am Ort der Kasse eine oder mehrere Zweiganstalten der Deutschen Bundesbank oder, falls solche am Ort der Kasse nicht bestehen, ein oder mehrere Kreditinstitute ermächtigt werden, für die Kasse Zahlungsmittel gegen Quittung anzunehmen.

§ 224a Hingabe von Kunstgegenständen an Zahlungs statt. (1) [1] Schuldet ein Steuerpflichtiger Erbschaft- oder Vermögensteuer, kann durch öffentlich-rechtlichen Vertrag zugelassen werden, dass an Zahlungs statt das Eigentum an Kunstgegenständen, Kunstsammlungen, wissenschaftlichen Sammlungen, Bibliotheken, Handschriften und Archiven dem Land, dem das Steueraufkommen zusteht, übertragen wird, wenn an deren Erwerb wegen ihrer Bedeutung für Kunst, Geschichte oder Wissenschaft ein öffentliches Interesse besteht. [2] Die Übertragung des Eigentums nach Satz 1 gilt nicht als Veräußerung im Sinne des § 13 Abs. 1 Nr. 2 Satz 2 des Erbschaftsteuergesetzes[1)].

(2) [1] Der Vertrag nach Absatz 1 bedarf der Schriftform; die elektronische Form ist ausgeschlossen. [2] Der Steuerpflichtige hat das Vertragsangebot an die örtlich zuständige Finanzbehörde zu richten. [3] Zuständig für den Vertragsabschluss ist die oberste Finanzbehörde des Landes, dem das Steueraufkommen zusteht. [4] Der Vertrag wird erst mit der Zustimmung der für kulturelle Angelegenheiten zuständigen obersten Landesbehörde wirksam; diese Zustimmung wird von der obersten Finanzbehörde eingeholt.

(3) Kommt ein Vertrag zustande, erlischt die Steuerschuld in der im Vertrag vereinbarten Höhe am Tag der Übertragung des Eigentums an das Land, dem das Steueraufkommen zusteht.

(4) [1] Solange nicht feststeht, ob ein Vertrag zustande kommt, kann der Steueranspruch nach § 222 gestundet werden. [2] Kommt ein Vertrag zustande, ist für die Dauer der Stundung auf die Erhebung von Stundungszinsen zu verzichten.

§ 225 Reihenfolge der Tilgung. (1) Schuldet ein Steuerpflichtiger mehrere Beträge und reicht bei freiwilliger Zahlung der gezahlte Betrag nicht zur Tilgung sämtlicher Schulden aus, so wird die Schuld getilgt, die der Steuerpflichtige bei der Zahlung bestimmt.

(2) [1] Trifft der Steuerpflichtige keine Bestimmung, so werden mit einer freiwilligen Zahlung, die nicht sämtliche Schulden deckt, zunächst die Geldbußen, sodann nacheinander die Zwangsgelder, die Steuerabzugsbeträge, die übrigen Steuern, die Kosten, die Verspätungszuschläge, die Zinsen und die Säumniszuschläge getilgt. [2] Innerhalb dieser Reihenfolge sind die einzelnen Schulden nach ihrer Fälligkeit zu ordnen; bei gleichzeitig fällig gewordenen Beträgen und bei den Säumniszuschlägen bestimmt die Finanzbehörde die Reihenfolge der Tilgung.

[1)] Nr. 7.

(3) Wird die Zahlung im Verwaltungsweg erzwungen (§ 249) und reicht der verfügbare Betrag nicht zur Tilgung aller Schulden aus, derentwegen die Vollstreckung oder die Verwertung der Sicherheiten erfolgt ist, so bestimmt die Finanzbehörde die Reihenfolge der Tilgung.

§ 226 Aufrechnung. (1) Für die Aufrechnung mit Ansprüchen aus dem Steuerschuldverhältnis sowie für die Aufrechnung gegen diese Ansprüche gelten sinngemäß die Vorschriften des bürgerlichen Rechts, soweit nichts anderes bestimmt ist.

(2) Mit Ansprüchen aus dem Steuerschuldverhältnis kann nicht aufgerechnet werden, wenn sie durch Verjährung oder Ablauf einer Ausschlussfrist erloschen sind.

(3) Die Steuerpflichtigen können gegen Ansprüche aus dem Steuerschuldverhältnis nur mit unbestrittenen oder rechtskräftig festgestellten Gegenansprüchen aufrechnen.

(4) Für die Aufrechnung gilt als Gläubiger oder Schuldner eines Anspruchs aus dem Steuerschuldverhältnis auch die Körperschaft, die die Steuer verwaltet.

§ 227 Erlass. Die Finanzbehörden können Ansprüche aus dem Steuerschuldverhältnis ganz oder zum Teil erlassen, wenn deren Einziehung nach Lage des einzelnen Falls unbillig wäre; unter den gleichen Voraussetzungen können bereits entrichtete Beträge erstattet oder angerechnet werden.

3. Unterabschnitt. Zahlungsverjährung

§ 228[1)] Gegenstand der Verjährung, Verjährungsfrist. [1] Ansprüche aus dem Steuerschuldverhältnis unterliegen einer besonderen Zahlungsverjährung. [2] Die Verjährungsfrist beträgt fünf Jahre, in Fällen der §§ 370, 373 oder 374 zehn Jahre.

§ 229 Beginn der Verjährung. (1) [1] Die Verjährung beginnt mit Ablauf des Kalenderjahrs, in dem der Anspruch erstmals fällig geworden ist. [2] Sie beginnt jedoch nicht vor Ablauf des Kalenderjahrs, in dem die Festsetzung eines Anspruchs aus dem Steuerschuldverhältnis, ihre Aufhebung, Änderung oder Berichtigung nach § 129 wirksam geworden ist, aus der sich der Anspruch ergibt; eine Steueranmeldung steht einer Steuerfestsetzung gleich.

(2) Ist ein Haftungsbescheid ohne Zahlungsaufforderung ergangen, so beginnt die Verjährung mit Ablauf des Kalenderjahrs, in dem der Haftungsbescheid wirksam geworden ist.

§ 230 Hemmung der Verjährung. Die Verjährung ist gehemmt, solange der Anspruch wegen höherer Gewalt innerhalb der letzten sechs Monate der Verjährungsfrist nicht verfolgt werden kann.

§ 231 Unterbrechung der Verjährung. (1)[2)] [1] Die Verjährung eines Anspruchs wird unterbrochen durch

---

[1)] § 228 Satz 2 neu gef. durch G v. 23.6.2017 (BGBl. I S. 1682); zur Anwendung siehe Art. 97 § 14 Abs. 5 EGAO (Nr. **4**).

[2)] § 231 Abs. 1 Satz 1 geänd. durch G v. 15.12.2003 (BGBl. I S. 2645); Satz 1 neu gef. durch G v. 23.6.2017 (BGBl. I S. 1682); zur Anwendung siehe Art. 97 § 14 Abs. 5 EGAO (Nr. **4**).

1. Zahlungsaufschub, Stundung, Aussetzung der Vollziehung, Aussetzung der Verpflichtung des Zollschuldners zur Abgabenentrichtung oder Vollstreckungsaufschub,
2. Sicherheitsleistung,
3. eine Vollstreckungsmaßnahme,
4. Anmeldung im Insolvenzverfahren,
5.[1] Eintritt des Vollstreckungsverbots nach § 210 oder § 294 Absatz 1 der Insolvenzordnung,
6. Aufnahme in einen Insolvenzplan oder einen gerichtlichen Schuldenbereinigungsplan,
7. Ermittlungen der Finanzbehörde nach dem Wohnsitz oder dem Aufenthaltsort des Zahlungspflichtigen und
8. schriftliche Geltendmachung des Anspruchs.

[2] § 169 Abs. 1 Satz 3 gilt sinngemäß.

(2)[2] [1] Die Unterbrechung der Verjährung dauert fort

1. in den Fällen des Absatzes 1 Satz 1 Nummer 1 bis zum Ablauf der Maßnahme,
2. im Fall des Absatzes 1 Satz 1 Nummer 2 bis zum Erlöschen der Sicherheit,
3. im Fall des Absatzes 1 Satz 1 Nummer 3 bis zum Erlöschen des Pfändungspfandrechts, der Zwangshypothek oder des sonstigen Vorzugsrechts auf Befriedigung,
4. im Fall des Absatzes 1 Satz 1 Nummer 4 bis zur Beendigung des Insolvenzverfahrens,
5.[3] im Fall des Absatzes 1 Satz 1 Nummer 5 bis zum Wegfall des Vollstreckungsverbots nach § 210 oder § 294 Absatz 1 der Insolvenzordnung,
6. in den Fällen des Absatzes 1 Satz 1 Nummer 6, bis der Insolvenzplan oder der gerichtliche Schuldenbereinigungsplan erfüllt oder hinfällig wird.

[2] Wird gegen die Finanzbehörde ein Anspruch geltend gemacht, so endet die hierdurch eingetretene Unterbrechung der Verjährung nicht, bevor über den Anspruch rechtskräftig entschieden worden ist.

(3) Mit Ablauf des Kalenderjahrs, in dem die Unterbrechung geendet hat, beginnt eine neue Verjährungsfrist.

(4) Die Verjährung wird nur in Höhe des Betrags unterbrochen, auf den sich die Unterbrechungshandlung bezieht.

§ 232 Wirkung der Verjährung. Durch die Verjährung erlöschen der Anspruch aus dem Steuerschuldverhältnis und die von ihm abhängenden Zinsen.

Zweiter Abschnitt. Verzinsung, Säumniszuschläge

1. Unterabschnitt. Verzinsung

§ 233 Grundsatz. [1] Ansprüche aus dem Steuerschuldverhältnis (§ 37) werden nur verzinst, soweit dies gesetzlich vorgeschrieben ist. [2] Ansprüche auf

---

[1] § 231 Abs. 1 Satz 1 Nr. 5 geänd. mWv 29.12.2020 durch G v. 21.12.2020 (BGBl. I S. 3096).

[2] § 231 Abs. 2 Satz 1 neu gef. durch G v. 15.12.2003 (BGBl. I S. 2645); Satz 1 neu gef. durch G v. 23.6.2017 (BGBl. I S. 1682); zur Anwendung siehe Art. 97 § 14 Abs. 5 EGAO (Nr. **4**).

[3] § 231 Abs. 2 Satz 1 Nr. 5 geänd. mWv 29.12.2020 durch G v. 21.12.2020 (BGBl. I S. 3096).

steuerliche Nebenleistungen (§ 3 Abs. 4) und die entsprechenden Erstattungsansprüche werden nicht verzinst.

§ 233a Verzinsung von Steuernachforderungen und Steuererstattungen. (1) [1]Führt die Festsetzung der Einkommen-, Körperschaft-, Vermögen-, Umsatz- oder Gewerbesteuer zu einem Unterschiedsbetrag im Sinne des Absatzes 3, ist dieser zu verzinsen. [2]Dies gilt nicht für die Festsetzung von Vorauszahlungen und Steuerabzugsbeträgen.

(2)[1)] [1]Der Zinslauf beginnt *15 Monate*[2)] nach Ablauf des Kalenderjahrs, in dem die Steuer entstanden ist. [2]Er beginnt für die Einkommen- und Körperschaftsteuer *23 Monate nach diesem Zeitpunkt,*[3)] wenn die Einkünfte aus Land- und Forstwirtschaft bei der erstmaligen Steuerfestsetzung die anderen Einkünfte überwiegen. [3]Er endet mit Ablauf des Tages, an dem die Steuerfestsetzung wirksam wird.

(2a)[4)] Soweit die Steuerfestsetzung auf der Berücksichtigung eines rückwirkenden Ereignisses (§ 175 Abs. 1 Satz 1 Nr. 2 und Abs. 2) oder auf einem Verlustabzug nach § 10d Abs. 1 des Einkommensteuergesetzes[5)] beruht, beginnt der Zinslauf abweichend von Absatz 2 Satz 1 und 2 15 Monate nach Ablauf des Kalenderjahres, in dem das rückwirkende Ereignis eingetreten oder der Verlust entstanden ist.

(3) [1]Maßgebend für die Zinsberechnung ist die festgesetzte Steuer, vermindert um die anzurechnenden Steuerabzugsbeträge, um die anzurechnende Körperschaftsteuer und um die bis zum Beginn des Zinslaufs festgesetzten Vorauszahlungen (Unterschiedsbetrag). [2]Bei der Vermögensteuer ist als Unterschiedsbetrag für die Zinsberechnung die festgesetzte Steuer, vermindert um die festgesetzten Vorauszahlungen oder die bisher festgesetzte Jahressteuer, maßgebend. [3]Ein Unterschiedsbetrag zugunsten des Steuerpflichtigen ist nur bis zur Höhe des zu erstattenden Betrags zu verzinsen; die Verzinsung beginnt frühestens mit dem Tag der Zahlung.

(4) Die Festsetzung der Zinsen soll mit der Steuerfestsetzung verbunden werden.

(5) [1]Wird die Steuerfestsetzung aufgehoben, geändert oder nach § 129 berichtigt, ist eine bisherige Zinsfestsetzung zu ändern; Gleiches gilt, wenn die Anrechnung von Steuerbeträgen zurückgenommen, widerrufen oder nach § 129 berichtigt wird. [2]Maßgebend für die Zinsberechnung ist der Unterschiedsbetrag zwischen der festgesetzten Steuer und der vorher festgesetzten Steuer, jeweils vermindert um die anzurechnenden Steuerabzugsbeträge und um die anzurechnende Körperschaftsteuer. [3]Dem sich hiernach ergebenden Zinsbetrag sind bisher festzusetzende Zinsen hinzuzurechnen; bei einem Un-

---

[1)] § 233a Abs. 2 Satz 2 geänd. durch G v. 1.11.2011 (BGBl. I S. 2131); zur Anwendung siehe Art. 97 § 15 Abs. 11 EGAO (Nr. **4**).

[2)] Für den Besteuerungszeitraum 2019: „1. Oktober 2021"; siehe Art. 97 § 36 Abs. 2 Satz 1 EGAO (Nr. **4**) – Für den Besteuerungszeitraum 2020: „18 Monate"; siehe Art. 97 § 36 Abs. 3 EGAO (Nr. **4**).

[3)] Für den Besteuerungszeitraum 2019: „1. Mai 2022"; siehe Art. 97 § 36 Abs. 2 Satz 2 EGAO (Nr. **4**). – Für den Besteuerungszeitraum 2020: „26 Monate"; siehe Art. 97 § 36 Abs. 3 EGAO (Nr. **4**).

[4)] Zur Anwendung siehe Art. 97 § 9 Abs. 5 EGAO (Nr. **4**).

[5)] Nr. **5**.

terschiedsbetrag zugunsten des Steuerpflichtigen entfallen darauf festgesetzte Zinsen. [4] Im Übrigen gilt Absatz 3 Satz 3 entsprechend.

(6) Die Absätze 1 bis 5 gelten bei der Durchführung des Lohnsteuer-Jahresausgleichs entsprechend.

(7) [1] Bei Anwendung des Absatzes 2a gelten die Absätze 3 und 5 mit der Maßgabe, dass der Unterschiedsbetrag in Teil-Unterschiedsbeträge mit jeweils gleichem Zinslaufbeginn aufzuteilen ist; für jeden Teil-Unterschiedsbetrag sind Zinsen gesondert und in der zeitlichen Reihenfolge der Teil-Unterschiedsbeträge zu berechnen, beginnend mit den Zinsen auf den Teil-Unterschiedsbetrag mit dem ältesten Zinslaufbeginn. [2] Ergibt sich ein Teil-Unterschiedsbetrag zugunsten des Steuerpflichtigen, entfallen auf diesen Betrag festgesetzte Zinsen frühestens ab Beginn des für diesen Teil-Unterschiedsbetrag maßgebenden Zinslaufs; Zinsen für den Zeitraum bis zum Beginn des Zinslaufs dieses Teil-Unterschiedsbetrags bleiben endgültig bestehen. [3] Dies gilt auch, wenn zuvor innerhalb derselben Zinsberechnung Zinsen auf einen Teil-Unterschiedsbetrag zuungunsten des Steuerpflichtigen berechnet worden sind.

§ 234 Stundungszinsen. (1) [1] Für die Dauer einer gewährten Stundung von Ansprüchen aus dem Steuerschuldverhältnis werden Zinsen erhoben. [2] Wird der Steuerbescheid nach Ablauf der Stundung aufgehoben, geändert oder nach § 129 berichtigt, so bleiben die bis dahin entstandenen Zinsen unberührt.

(2) Auf die Zinsen kann ganz oder teilweise verzichtet werden, wenn ihre Erhebung nach Lage des einzelnen Falls unbillig wäre.

(3) Zinsen nach § 233a, die für denselben Zeitraum festgesetzt wurden, sind anzurechnen.

§ 235 Verzinsung von hinterzogenen Steuern. (1) [1] Hinterzogene Steuern sind zu verzinsen. [2] Zinsschuldner ist derjenige, zu dessen Vorteil die Steuern hinterzogen worden sind. [3] Wird die Steuerhinterziehung dadurch begangen, dass ein anderer als der Steuerschuldner seine Verpflichtung, einbehaltene Steuern an die Finanzbehörde abzuführen oder Steuern zu Lasten eines anderen zu entrichten, nicht erfüllt, so ist dieser Zinsschuldner.

(2) [1] Der Zinslauf beginnt mit dem Eintritt der Verkürzung oder der Erlangung des Steuervorteils, es sei denn, dass die hinterzogenen Beträge ohne die Steuerhinterziehung erst später fällig geworden wären. [2] In diesem Fall ist der spätere Zeitpunkt maßgebend.

(3) [1] Der Zinslauf endet mit der Zahlung der hinterzogenen Steuern. [2] Für eine Zeit, für die ein Säumniszuschlag verwirkt, die Zahlung gestundet oder die Vollziehung ausgesetzt ist, werden Zinsen nach dieser Vorschrift nicht erhoben. [3] Wird der Steuerbescheid nach Ende des Zinslaufs aufgehoben, geändert oder nach § 129 berichtigt, so bleiben die bis dahin entstandenen Zinsen unberührt.

(4) Zinsen nach § 233a, die für denselben Zeitraum festgesetzt wurden, sind anzurechnen.

§ 236 Prozesszinsen auf Erstattungsbeträge. (1) [1] Wird durch eine rechtskräftige gerichtliche Entscheidung oder auf Grund einer solchen Entscheidung eine festgesetzte Steuer herabgesetzt oder eine Steuervergütung gewährt, so ist der zu erstattende oder zu vergütende Betrag vorbehaltlich des Absatzes 3 vom Tag der Rechtshängigkeit an bis zum Auszahlungstag zu verzinsen. [2] Ist der zu erstattende Betrag erst nach Eintritt der Rechtshängigkeit entrichtet worden, so beginnt die Verzinsung mit dem Tag der Zahlung.

(2) Absatz 1 ist entsprechend anzuwenden, wenn

1. sich der Rechtsstreit durch Aufhebung oder Änderung des angefochtenen Verwaltungsakts oder durch Erlass des beantragten Verwaltungsakts erledigt oder
2. eine rechtskräftige gerichtliche Entscheidung oder ein unanfechtbarer Verwaltungsakt, durch den sich der Rechtsstreit erledigt hat,
   a) zur Herabsetzung der in einem Folgebescheid festgesetzten Steuer,
   b) zur Herabsetzung der Gewerbesteuer nach Änderung des Gewerbesteuermessbetrags

   führt.

(3) Ein zu erstattender oder zu vergütender Betrag wird nicht verzinst, soweit dem Beteiligten die Kosten des Rechtsbehelfs nach § 137 Satz 1 der Finanzgerichtsordnung[1)] auferlegt worden sind.

(4) Zinsen nach § 233a, die für denselben Zeitraum festgesetzt wurden, sind anzurechnen.

(5) Ein Zinsbescheid ist nicht aufzuheben oder zu ändern, wenn der Steuerbescheid nach Abschluss des Rechtsbehelfsverfahrens aufgehoben, geändert oder nach § 129 berichtigt wird.

§ 237 Zinsen bei Aussetzung der Vollziehung. (1) [1] Soweit ein Einspruch oder eine Anfechtungsklage gegen einen Steuerbescheid, eine Steueranmeldung oder einen Verwaltungsakt, der einen Steuervergütungsbescheid aufhebt oder ändert, oder gegen eine Einspruchsentscheidung über einen dieser Verwaltungsakte endgültig keinen Erfolg gehabt hat, ist der geschuldete Betrag, hinsichtlich dessen die Vollziehung des angefochtenen Verwaltungsakts ausgesetzt wurde, zu verzinsen. [2] Satz 1 gilt entsprechend, wenn nach Einlegung eines förmlichen außergerichtlichen oder gerichtlichen Rechtsbehelfs gegen einen Grundlagenbescheid (§ 171 Abs. 10) oder eine Rechtsbehelfsentscheidung über einen Grundlagenbescheid die Vollziehung eines Folgebescheids ausgesetzt wurde.

(2) [1] Zinsen werden erhoben vom Tag des Eingangs des außergerichtlichen Rechtsbehelfs bei der Behörde, deren Verwaltungsakt angefochten wird, oder vom Tag der Rechtshängigkeit beim Gericht an bis zum Tag, an dem die Aussetzung der Vollziehung endet. [2] Ist die Vollziehung erst nach dem Eingang des außergerichtlichen Rechtsbehelfs oder erst nach der Rechtshängigkeit ausgesetzt worden, so beginnt die Verzinsung mit dem Tag, an dem die Wirkung der Aussetzung der Vollziehung beginnt.

(3) Absätze 1 und 2 sind entsprechend anzuwenden, wenn nach Aussetzung der Vollziehung des Einkommensteuerbescheids, des Körperschaftsteuerbescheids oder eines Feststellungsbescheids die Vollziehung eines Gewerbesteuermessbescheids oder Gewerbesteuerbescheids ausgesetzt wird.

(4) § 234 Abs. 2 und 3 gelten entsprechend.

[1)] Nr. **9**.

(5) Ein Zinsbescheid ist nicht aufzuheben oder zu ändern, wenn der Steuerbescheid nach Abschluss des Rechtsbehelfsverfahrens aufgehoben, geändert oder nach § 129 berichtigt wird.

§ 238 Höhe und Berechnung der Zinsen. (1)[1)] [1]Die Zinsen betragen für jeden Monat einhalb Prozent. [2]Sie sind von dem Tag an, an dem der Zinslauf beginnt, nur für volle Monate zu zahlen; angefangene Monate bleiben außer Ansatz. [3]Erlischt der zu verzinsende Anspruch durch Aufrechnung, gilt der Tag, an dem die Schuld des Aufrechnenden fällig wird, als Tag der Zahlung.

(2)[2)] Für die Berechnung der Zinsen wird der zu verzinsende Betrag jeder Steuerart auf den nächsten durch 50 Euro teilbaren Betrag abgerundet.

§ 239 Festsetzung der Zinsen. (1) [1]Auf die Zinsen sind die für die Steuern geltenden Vorschriften entsprechend anzuwenden, jedoch beträgt die Festsetzungsfrist ein Jahr. [2]Die Festsetzungsfrist beginnt:
1. in den Fällen des § 233a mit Ablauf des Kalenderjahrs, in dem die Steuer festgesetzt, aufgehoben, geändert oder nach § 129 berichtigt worden ist,
2. in den Fällen des § 234 mit Ablauf des Kalenderjahrs, in dem die Stundung geendet hat,
3. in den Fällen des § 235 mit Ablauf des Kalenderjahrs, in dem die Festsetzung der hinterzogenen Steuern unanfechtbar geworden ist, jedoch nicht vor Ablauf des Kalenderjahrs, in dem ein eingeleitetes Strafverfahren rechtskräftig abgeschlossen worden ist,
4. in den Fällen des § 236 mit Ablauf des Kalenderjahrs, in dem die Steuer erstattet oder die Steuervergütung ausgezahlt worden ist,
5. in den Fällen des § 237 mit Ablauf des Kalenderjahrs, in dem ein Einspruch oder eine Anfechtungsklage endgültig erfolglos geblieben ist.

[3]Die Festsetzungsfrist läuft in den Fällen des § 233a nicht ab, solange die Steuerfestsetzung, ihre Aufhebung, ihre Änderung oder ihre Berichtigung nach § 129 noch zulässig ist.

(2) [1]Zinsen sind auf volle Euro zum Vorteil des Steuerpflichtigen gerundet festzusetzen. [2]Sie werden nur dann festgesetzt, wenn sie mindestens 10 Euro betragen.

(3)[3)] Werden Besteuerungsgrundlagen gesondert festgestellt oder wird ein Steuermessbetrag festgesetzt, sind die Grundlagen für eine Festsetzung von Zinsen
1. nach § 233a in den Fällen des § 233a Absatz 2a oder
2. nach § 235

gesondert festzustellen, soweit diese an Sachverhalte anknüpfen, die Gegenstand des Grundlagenbescheids sind.

(4)[4)] Werden wegen einer Steueranmeldung, die nach § 168 Satz 1 einer Steuerfestsetzung unter Vorbehalt der Nachprüfung gleichsteht, Zinsen nach

---

[1)] § 238 Abs. 1 Satz 1 geänd. durch G v. 13.12.2006 (BGBl. I S. 2878).

[2)] Zur erstmaligen Anwendung siehe Art. 97 § 15 Abs. 10 EGAO (Nr. **4**).

[3)] § 239 Abs. 3 angef. mWv 1.1.2017 durch G v. 18.7.2016 (BGBl. I S. 1679); zur Anwendung siehe Art. 97 § 15 Abs. 12 Satz 1 EGAO (Nr. **4**).

[4)] § 239 Abs. 4 angef. mWv 1.1.2017 durch G v. 18.7.2016 (BGBl. I S. 1679); zur Anwendung siehe Art. 97 § 15 Abs. 12 Satz 2 EGAO (Nr. **4**).

§ 233a festgesetzt, so steht diese Zinsfestsetzung ebenfalls unter dem Vorbehalt der Nachprüfung.

2. Unterabschnitt. Säumniszuschläge

§ 240[1] **Säumniszuschläge.** (1)[2] [1]Wird eine Steuer nicht bis zum Ablauf des Fälligkeitstages entrichtet, so ist für jeden angefangenen Monat der Säumnis ein Säumniszuschlag von 1 Prozent des abgerundeten rückständigen Steuerbetrags zu entrichten; abzurunden ist auf den nächsten durch 50 Euro teilbaren Betrag. [2]Das Gleiche gilt für zurückzuzahlende Steuervergütungen und Haftungsschulden, soweit sich die Haftung auf Steuern und zurückzuzahlende Steuervergütungen erstreckt. [3]Die Säumnis nach Satz 1 tritt nicht ein, bevor die Steuer festgesetzt oder angemeldet worden ist. [4]Wird die Festsetzung einer Steuer oder Steuervergütung aufgehoben, geändert oder nach § 129 berichtigt, so bleiben die bis dahin verwirkten Säumniszuschläge unberührt; das Gleiche gilt, wenn ein Haftungsbescheid zurückgenommen, widerrufen oder nach § 129 berichtigt wird. [5]Erlischt der Anspruch durch Aufrechnung, bleiben Säumniszuschläge unberührt, die bis zur Fälligkeit der Schuld des Aufrechnenden entstanden sind.

(2) Säumniszuschläge entstehen nicht bei steuerlichen Nebenleistungen.

(3)[3] [1]Ein Säumniszuschlag wird bei einer Säumnis bis zu drei Tagen nicht erhoben. [2]Dies gilt nicht bei Zahlung nach § 224 Abs. 2 Nr. 1.

(4) [1]In den Fällen der Gesamtschuld entstehen Säumniszuschläge gegenüber jedem säumigen Gesamtschuldner. [2]Insgesamt ist jedoch kein höherer Säumniszuschlag zu entrichten als verwirkt worden wäre, wenn die Säumnis nur bei einem Gesamtschuldner eingetreten wäre.

Dritter Abschnitt. Sicherheitsleistung

§ 241 Art der Sicherheitsleistung. (1) Wer nach den Steuergesetzen Sicherheit zu leisten hat, kann diese erbringen

1. durch Hinterlegung von im Geltungsbereich dieses Gesetzes umlaufenden Zahlungsmitteln bei der zuständigen Finanzbehörde,
2. durch Verpfändung der in Absatz 2 genannten Wertpapiere, die von dem zur Sicherheitsleistung Verpflichteten der Deutschen Bundesbank oder einem Kreditinstitut zur Verwahrung anvertraut worden sind, das zum Depotgeschäft zugelassen ist, wenn dem Pfandrecht keine anderen Rechte vorgehen. [2]Die Haftung der Wertpapiere für Forderungen des Verwahrers für ihre Verwahrung und Verwaltung bleibt unberührt. [3]Der Verpfändung von Wertpapieren steht die Verpfändung von Anteilen an einem Sammelbestand nach § 6 des Depotgesetzes in der im Bundesgesetzblatt Teil III, Gliederungsnummer 4130-1, veröffentlichten bereinigten Fassung, zuletzt geändert durch Artikel 1 des Gesetzes vom 17. Juli 1985 (BGBl. I S. 1507), gleich,
3. durch eine mit der Übergabe des Sparbuchs verbundene Verpfändung von Spareinlagen bei einem Kreditinstitut, das im Geltungsbereich dieses Gesetzes

---

[1] Zur Anwendung siehe Art. 97 § 16 EGAO (Nr. **4**).

[2] § 240 Abs. 1 Satz 1 geänd. durch G v. 13.12.2006 (BGBl. I S. 2878).

[3] § 240 Abs. 3 Satz 1 geänd. durch G v. 15.12.2003 (BGBl. I S. 2645); zur erstmaligen Anwendung siehe Art. 97 § 16 Abs. 6 EGAO (Nr. **4**).

zum Einlagengeschäft zugelassen ist, wenn dem Pfandrecht keine anderen Rechte vorgehen,

4. durch Verpfändung von Forderungen, die in einem Schuldbuch des Bundes, eines Sondervermögens des Bundes oder eines Landes eingetragen sind, wenn dem Pfandrecht keine anderen Rechte vorgehen,
5. durch Bestellung von
   a) erstrangigen Hypotheken, Grund- oder Rentenschulden an Grundstücken oder Erbbaurechten, die im Geltungsbereich dieses Gesetzes belegen sind,
   b) erstrangigen Schiffshypotheken an Schiffen, Schiffsbauwerken oder Schwimmdocks, die in einem im Geltungsbereich dieses Gesetzes geführten Schiffsregister oder Schiffsbauregister eingetragen sind,
6. durch Verpfändung von Forderungen, für die eine erstrangige Verkehrshypothek an einem im Geltungsbereich dieses Gesetzes belegenen Grundstück oder Erbbaurecht besteht, oder durch Verpfändung von erstrangigen Grundschulden oder Rentenschulden an im Geltungsbereich dieses Gesetzes belegenen Grundstücken oder Erbbaurechten, wenn an den Forderungen, Grundschulden oder Rentenschulden keine vorgehenden Rechte bestehen,
7. durch Schuldversprechen, Bürgschaft oder Wechselverpflichtungen eines tauglichen Steuerbürgen (§ 244).

(2) Wertpapiere im Sinne von Absatz 1 Nr. 2 sind

1. Schuldverschreibungen des Bundes, eines Sondervermögens des Bundes, eines Landes, einer Gemeinde oder eines Gemeindeverbands,
2. Schuldverschreibungen zwischenstaatlicher Einrichtungen, denen der Bund Hoheitsrechte übertragen hat, wenn sie im Geltungsbereich dieses Gesetzes zum amtlichen Börsenhandel zugelassen sind,
3. Schuldverschreibungen der Deutschen Genossenschaftsbank, der Deutschen Siedlungs- und Landesrentenbank, der Deutschen Ausgleichsbank, der Kreditanstalt für Wiederaufbau und der Landwirtschaftlichen Rentenbank,
4. Pfandbriefe, Kommunalobligationen und verwandte Schuldverschreibungen,
5. Schuldverschreibungen, deren Verzinsung und Rückzahlung vom Bund oder von einem Land gewährleistet werden.

(3) Ein unter Steuerverschluss befindliches Lager steuerpflichtiger Waren gilt als ausreichende Sicherheit für die darauf lastende Steuer.

§ 242 Wirkung der Hinterlegung von Zahlungsmitteln. [1] Zahlungsmittel, die nach § 241 Abs. 1 Nr. 1 hinterlegt werden, gehen in das Eigentum der Körperschaft über, der die Finanzbehörde angehört, bei der sie hinterlegt worden sind. [2] Die Forderung auf Rückzahlung ist nicht zu verzinsen. [3] Mit der Hinterlegung erwirbt die Körperschaft, deren Forderung durch die Hinterlegung gesichert werden soll, ein Pfandrecht an der Forderung auf Rückerstattung der hinterlegten Zahlungsmittel.

§ 243 Verpfändung von Wertpapieren. [1] Die Sicherheitsleistung durch Verpfändung von Wertpapieren nach § 241 Abs. 1 Nr. 2 ist nur zulässig, wenn der Verwahrer die Gewähr für die Umlauffähigkeit übernimmt. [2] Die Übernahme dieser Gewähr umfasst die Haftung dafür,

1. dass das Rückforderungsrecht des Hinterlegers durch gerichtliche Sperre und Beschlagnahme nicht beschränkt ist,

2. dass die anvertrauten Wertpapiere in den Sammellisten aufgerufener Wertpapiere nicht als gestohlen oder als verloren gemeldet und weder mit Zahlungssperre belegt noch zur Kraftloserklärung aufgeboten oder für kraftlos erklärt worden sind,
3. dass die Wertpapiere auf den Inhaber lauten, oder, falls sie auf den Namen ausgestellt sind, mit Blankoindossament versehen und auch sonst nicht gesperrt sind, und dass die Zinsscheine und die Erneuerungsscheine bei den Stücken sind.

§ 244 Taugliche Steuerbürgen. (1)[1] [1] Schuldversprechen und Bürgschaften nach dem Bürgerlichen Gesetzbuch sowie Wechselverpflichtungen aus Artikel 28 oder 78 des Wechselgesetzes sind als Sicherheit nur geeignet, wenn sie von Personen abgegeben oder eingegangen worden sind, die

1. ein der Höhe der zu leistenden Sicherheit angemessenes Vermögen besitzen und
2. ihren allgemeinen oder einen vereinbarten Gerichtsstand im Geltungsbereich dieses Gesetzes haben.

[2] Bürgschaften müssen den Verzicht auf die Einrede der Vorausklage nach § 771 des Bürgerlichen Gesetzbuchs enthalten. [3] Schuldversprechen und Bürgschaftserklärungen sind schriftlich zu erteilen; die elektronische Form ist ausgeschlossen. [4] Sicherungsgeber und Sicherungsnehmer dürfen nicht wechselseitig füreinander Sicherheit leisten und auch nicht wirtschaftlich miteinander verflochten sein. [5] Über die Annahme von Bürgschaftserklärungen in den Verfahren nach dem A.T.A.-Übereinkommen vom 6. Dezember 1961 (BGBl. 1965 II S. 948) und dem TIR-Übereinkommen vom 14. November 1975 (BGBl. 1979 II S. 445) in ihren jeweils gültigen Fassungen entscheidet die Generalzolldirektion. [6] Über die Annahme von Bürgschaftserklärungen über Einzelsicherheiten in Form von Sicherheitstiteln nach dem Zollkodex der Union mit der Delegierten Verordnung (EU) 2015/2446 der Kommission vom 28. Juli 2015 zur Ergänzung der Verordnung (EU) Nr. 952/2013 des Europäischen Parlaments und des Rates mit Einzelheiten zur Präzisierung von Bestimmungen des Zollkodex der Union (ABl. L 343 vom 29.12.2015, S. 1) sowie nach der Durchführungsverordnung (EU) 2015/2447 der Kommission vom 24. November 2015 mit Einzelheiten zur Umsetzung von Bestimmungen der Verordnung (EU) Nr. 952/2013 des Europäischen Parlaments und des Rates zur Festlegung des Zollkodex der Union (ABl. L 343 vom 29.12.2015, S. 558) und nach dem Übereinkommen vom 20. Mai 1987 über ein gemeinsames Versandverfahren (ABl. EG Nr. L 226 S. 2) in ihren jeweils gültigen Fassungen entscheidet die Generalzolldirektion.

(2)[2] [1] Die Generalzolldirektion kann Kreditinstitute und geschäftsmäßig für andere Sicherheit leistende Versicherungsunternehmen allgemein als Steuerbürge zulassen, wenn sie im Geltungsbereich dieses Gesetzes zum Geschäftsbetrieb befugt sind. [2] Bei der Zulassung ist ein Höchstbetrag festzusetzen (Bürgschafts-

---

[1] § 244 Abs. 1 Satz 6 geänd. durch G v. 13.12.2007 (BGBl. I S. 2897); Sätze 5 und 6 geänd. mWv 1.1.2016 durch G v. 3.12.2015 (BGBl. I S. 2178); Satz 6 neu gef. mWv 18.12.2019 durch G v. 12.12. 2019 (BGBl. I S. 2451); zur Anwendung siehe Art. 97 § 1 Abs. 13 EGAO (Nr. **4**).

[2] § 244 Abs. 2 Sätze 1 bis 3 geänd. durch G v. 13.12.2007 (BGBl. I S. 2897); Satz 1 geänd., Sätze 2 und 3 aufgeh., bish. Sätze 4 und 5 werden Sätze 2 und 3 mWv 1.1.2016 durch G v. 3.12.2015 (BGBl. I S. 2178).

summe). [3]Die gesamten Verbindlichkeiten aus Schuldversprechen, Bürgschaften und Wechselverpflichtungen, die der Steuerbürge gegenüber der Finanzverwaltung übernommen hat, dürfen nicht über die Bürgschaftssumme hinausgehen.

(3)[1)] Das Bundesministerium der Finanzen wird ermächtigt, durch Rechtsverordnung mit Zustimmung des Bundesrates die Befugnisse nach Absatz 1 Satz 6 und Absatz 2 auf ein Hauptzollamt oder mehrere Hauptzollämter zu übertragen.

§ 245 Sicherheitsleistung durch andere Werte. [1]Andere als die in § 241 bezeichneten Sicherheiten kann die Finanzbehörde nach ihrem Ermessen annehmen. [2]Vorzuziehen sind Vermögensgegenstände, die größere Sicherheit bieten oder bei Eintritt auch außerordentlicher Verhältnisse ohne erhebliche Schwierigkeit und innerhalb angemessener Frist verwertet werden können.

§ 246 Annahmewerte. [1]Die Finanzbehörde bestimmt nach ihrem Ermessen, zu welchen Werten Gegenstände als Sicherheit anzunehmen sind. [2]Der Annahmewert darf jedoch den bei einer Verwertung zu erwartenden Erlös abzüglich der Kosten der Verwertung nicht übersteigen. [3]Er darf bei den in § 241 Abs. 1 Nr. 2 und 4 aufgeführten Gegenständen und bei beweglichen Sachen, die nach § 245 als Sicherheit angenommen werden, nicht unter den in § 234 Abs. 3, § 236 und § 237 Satz 1 des Bürgerlichen Gesetzbuchs genannten Werten liegen.

§ 247 Austausch von Sicherheiten. Wer nach den §§ 241 bis 245 Sicherheit geleistet hat, ist berechtigt, die Sicherheit oder einen Teil davon durch eine andere nach den §§ 241 bis 244 geeignete Sicherheit zu ersetzen.

§ 248 Nachschusspflicht. Wird eine Sicherheit unzureichend, so ist sie zu ergänzen oder es ist anderweitige Sicherheit zu leisten.

Sechster Teil. Vollstreckung

Erster Abschnitt. Allgemeine Vorschriften

§ 249 Vollstreckungsbehörden. (1)[2)] [1]Die Finanzbehörden können Verwaltungsakte, mit denen eine Geldleistung, eine sonstige Handlung, eine Duldung oder Unterlassung gefordert wird, im Verwaltungsweg vollstrecken. [2]Dies gilt auch für Steueranmeldungen (§ 168). [3]Vollstreckungsbehörden sind die Finanzämter und die Hauptzollämter sowie die Landesfinanzbehörden, denen durch eine Rechtsverordnung nach § 17 Absatz 2 Satz 3 Nummer 3 des Finanzverwaltungsgesetzes[3)] die landesweite Zuständigkeit für Kassengeschäfte und das Erhebungsverfahren einschließlich der Vollstreckung übertragen worden ist; § 328 Absatz 1 Satz 3 bleibt unberührt.

(2) [1]Zur Vorbereitung der Vollstreckung können die Finanzbehörden die Vermögens- und Einkommensverhältnisse des Vollstreckungsschuldners ermitteln. [2]Die Finanzbehörde darf ihr bekannte, nach § 30 geschützte Daten, die sie bei der Vollstreckung wegen Steuern und steuerlicher Nebenleistungen

---

[1)] § 244 Abs. 3 angef. mWv 1.1.2016 durch G v. 3.12.2015 (BGBl. I S. 2178).
[2)] § 249 Abs. 1 Satz 3 neu gef. mWv 6.11.2015 durch G v. 2.11.2015 (BGBl. I S. 1834).
[3)] Nr. **31**.

verwenden darf, auch bei der Vollstreckung wegen anderer Geldleistungen als Steuern und steuerlicher Nebenleistungen verwenden.

[*ab 1.1.2022:*

(3)[1] Zur Durchführung von Vollstreckungsmaßnahmen können die Vollstreckungsbehörden Auskunfts- und Unterstützungsersuchen nach § 757a der Zivilprozessordnung stellen.]

§ 250 Vollstreckungsersuchen. (1) [1] Soweit eine Vollstreckungsbehörde auf Ersuchen einer anderen Vollstreckungsbehörde Vollstreckungsmaßnahmen ausführt, tritt sie an die Stelle der anderen Vollstreckungsbehörde. [2] Für die Vollstreckbarkeit des Anspruchs bleibt die ersuchende Vollstreckungsbehörde verantwortlich.

(2) [1] Hält sich die ersuchte Vollstreckungsbehörde für unzuständig oder hält sie die Handlung, um die sie ersucht worden ist, für unzulässig, so teilt sie ihre Bedenken der ersuchenden Vollstreckungsbehörde mit. [2] Besteht diese auf der Ausführung des Ersuchens und lehnt die ersuchte Vollstreckungsbehörde die Ausführung ab, so entscheidet die Aufsichtsbehörde der ersuchten Vollstreckungsbehörde.

§ 251 Vollstreckbare Verwaltungsakte. (1)[2] [1] Verwaltungsakte können vollstreckt werden, soweit nicht ihre Vollziehung ausgesetzt oder die Vollziehung durch Einlegung eines Rechtsbehelfs gehemmt ist (§ 361; § 69 der Finanzgerichtsordnung[3]). [2] Einfuhr- und Ausfuhrabgabenbescheide können außerdem nur vollstreckt werden, soweit die Verpflichtung des Zollschuldners zur Abgabenentrichtung nicht ausgesetzt ist (Artikel 108 Absatz 3 des Zollkodex der Union).

(2)[4] [1] Unberührt bleiben die Vorschriften der Insolvenzordnung sowie § 79 Abs. 2 des Bundesverfassungsgerichtsgesetzes. [2] Die Finanzbehörde ist berechtigt, in den Fällen des § 201 Abs. 2, §§ 257 und 308 Abs. 1 der Insolvenzordnung sowie des § 71 des Unternehmensstabilisierungs- und -restrukturierungsgesetzes gegen den Schuldner im Verwaltungsweg zu vollstrecken.

(3) Macht die Finanzbehörde im Insolvenzverfahren einen Anspruch aus dem Steuerschuldverhältnis als Insolvenzforderung geltend, so stellt sie erforderlichenfalls die Insolvenzforderung durch schriftlichen Verwaltungsakt fest.

§ 252 Vollstreckungsgläubiger. Im Vollstreckungsverfahren gilt die Körperschaft als Gläubigerin der zu vollstreckenden Ansprüche, der die Vollstreckungsbehörde angehört.

§ 253 Vollstreckungsschuldner. Vollstreckungsschuldner ist derjenige, gegen den sich ein Vollstreckungsverfahren nach § 249 richtet.

§ 254 Voraussetzungen für den Beginn der Vollstreckung. (1) [1] Soweit nichts anderes bestimmt ist, darf die Vollstreckung erst beginnen, wenn die Leistung fällig ist und der Vollstreckungsschuldner zur Leistung oder Duldung

[1] § 249 Abs. 3 angef. **mWv 1.1.2022** durch G v. 7.5.2021 (BGBl. I S. 850).

[2] § 251 Abs. 1 Satz 2 angef. durch G v. 15.12.2003 (BGBl. I S. 2645); Satz 2 geänd. mWv 1.5.2016 durch G v. 22.12.2014 (BGBl. I S. 2417).

[3] Nr. **9**.

[4] § 251 Abs. 2 Satz 2 geänd. mWv 9.6.2021 durch G v. 2.6.2021 (BGBl. I S. 1259).

oder Unterlassung aufgefordert worden ist (Leistungsgebot) und seit der Aufforderung mindestens eine Woche verstrichen ist. [2]Das Leistungsgebot kann mit dem zu vollstreckenden Verwaltungsakt verbunden werden. [3]Ein Leistungsgebot ist auch dann erforderlich, wenn der Verwaltungsakt gegen den Vollstreckungsschuldner wirkt, ohne ihm bekannt gegeben zu sein. [4]Soweit der Vollstreckungsschuldner eine von ihm auf Grund einer Steueranmeldung geschuldete Leistung nicht erbracht hat, bedarf es eines Leistungsgebots nicht.

(2)[1)] [1]Eines Leistungsgebots wegen der Säumniszuschläge und Zinsen bedarf es nicht, wenn sie zusammen mit der Steuer beigetrieben werden. [2]Dies gilt sinngemäß für die Vollstreckungskosten, wenn sie zusammen mit dem Hauptanspruch beigetrieben werden. [3]Die gesonderte Anforderung von Säumniszuschlägen kann ausschließlich automationsgestützt erfolgen.

§ 255 Vollstreckung gegen juristische Personen des öffentlichen Rechts. (1) [1]Gegen den Bund oder ein Land ist die Vollstreckung nicht zulässig. [2]Im Übrigen ist die Vollstreckung gegen juristische Personen des öffentlichen Rechts, die der Staatsaufsicht unterliegen, nur mit Zustimmung der betreffenden Aufsichtsbehörde zulässig. [3]Die Aufsichtsbehörde bestimmt den Zeitpunkt der Vollstreckung und die Vermögensgegenstände, in die vollstreckt werden kann.

(2) Gegenüber öffentlich-rechtlichen Kreditinstituten gelten die Beschränkungen des Absatzes 1 nicht.

§ 256 Einwendungen gegen die Vollstreckung. Einwendungen gegen den zu vollstreckenden Verwaltungsakt sind außerhalb des Vollstreckungsverfahrens mit den hierfür zugelassenen Rechtsbehelfen zu verfolgen.

§ 257 Einstellung und Beschränkung der Vollstreckung. (1) Die Vollstreckung ist einzustellen oder zu beschränken, sobald

1. die Vollstreckbarkeitsvoraussetzungen des § 251 Abs. 1 weggefallen sind,
2. der Verwaltungsakt, aus dem vollstreckt wird, aufgehoben wird,
3. der Anspruch auf die Leistung erloschen ist,
4. die Leistung gestundet worden ist.

(2) [1]In den Fällen des Absatzes 1 Nr. 2 und 3 sind bereits getroffene Vollstreckungsmaßnahmen aufzuheben. [2]Ist der Verwaltungsakt durch eine gerichtliche Entscheidung aufgehoben worden, so gilt dies nur, soweit die Entscheidung unanfechtbar geworden ist und nicht auf Grund der Entscheidung ein neuer Verwaltungsakt zu erlassen ist. [3]Im Übrigen bleiben die Vollstreckungsmaßnahmen bestehen, soweit nicht ihre Aufhebung ausdrücklich angeordnet worden ist.

§ 258 Einstweilige Einstellung oder Beschränkung der Vollstreckung. Soweit im Einzelfall die Vollstreckung unbillig ist, kann die Vollstreckungsbehörde sie einstweilen einstellen oder beschränken oder eine Vollstreckungsmaßnahme aufheben.

[1)] § 254 Abs. 2 Satz 3 angef. mWv 18.12.2019 durch G v. 12.12.2019 (BGBl. I S. 2451); zur Anwendung siehe Art. 97 § 1 Abs. 13 EGAO (Nr. **4**).

Zweiter Abschnitt. Vollstreckung wegen Geldforderungen

1. Unterabschnitt. Allgemeine Vorschriften

§ 259[1] **Mahnung.** [1]Der Vollstreckungsschuldner soll in der Regel vor Beginn der Vollstreckung mit einer Zahlungsfrist von einer Woche gemahnt werden. [2]Einer Mahnung bedarf es nicht, wenn der Vollstreckungsschuldner vor Eintritt der Fälligkeit an die Zahlung erinnert wird. [3]An die Zahlung kann auch durch öffentliche Bekanntmachung allgemein erinnert werden.

§ 260[2] **Angabe des Schuldgrundes.** Im Vollstreckungsauftrag oder in der Pfändungsverfügung ist für die beizutreibenden Geldbeträge der Schuldgrund anzugeben.

§ 261[3] **Niederschlagung.** Ansprüche aus dem Steuerschuldverhältnis dürfen niedergeschlagen werden, wenn zu erwarten ist, dass

1. die Erhebung keinen Erfolg haben wird oder
2. die Kosten der Erhebung außer Verhältnis zu dem zu erhebenden Betrag stehen werden.

§ 262 Rechte Dritter. (1) [1]Behauptet ein Dritter, dass ihm am Gegenstand der Vollstreckung ein die Veräußerung hinderndes Recht zustehe, oder werden Einwendungen nach den §§ 772 bis 774 der Zivilprozessordnung erhoben, so ist der Widerspruch gegen die Vollstreckung erforderlichenfalls durch Klage vor den ordentlichen Gerichten geltend zu machen. [2]Als Dritter gilt auch, wer zur Duldung der Vollstreckung in ein Vermögen, das von ihm verwaltet wird, verpflichtet ist, wenn er geltend macht, dass ihm gehörende Gegenstände von der Vollstreckung betroffen seien. [3]Welche Rechte die Veräußerung hindern, bestimmt sich nach bürgerlichem Recht.

(2) Für die Einstellung der Vollstreckung und die Aufhebung von Vollstreckungsmaßnahmen gelten die §§ 769 und 770 der Zivilprozessordnung.

(3) [1]Die Klage ist ausschließlich bei dem Gericht zu erheben, in dessen Bezirk die Vollstreckung erfolgt. [2]Wird die Klage gegen die Körperschaft, der die Vollstreckungsbehörde angehört, und gegen den Vollstreckungsschuldner gerichtet, so sind sie Streitgenossen.

§ 263[4] **Vollstreckung gegen Ehegatten oder Lebenspartner.** Für die Vollstreckung gegen Ehegatten oder Lebenspartner sind die Vorschriften der §§ 739, 740, 741, 743, 744a und 745 der Zivilprozessordnung entsprechend anzuwenden.

§ 264 Vollstreckung gegen Nießbraucher. Für die Vollstreckung in Gegenstände, die dem Nießbrauch an einem Vermögen unterliegen, ist die Vorschrift des § 737 der Zivilprozessordnung entsprechend anzuwenden.

---

[1] § 259 Satz 2 aufgeh., bish. Sätze 3 und 4 werden Sätze 2 und 3 mWv 30.6.2013 durch G v. 26.6. 2013 (BGBl. I S. 1809).

[2] Vgl. Art. 97 § 17 EGAO (Nr. **4**).

[3] § 261 neu gef. mWv 1.1.2017 durch G v. 18.7.2016 (BGBl. I S. 1679).

[4] § 263 Überschrift neu gef. und Wortlaut geänd. durch G v. 18.7.2014 (BGBl. I S. 1042); zur Anwendung siehe Art. 97 § 1 Abs. 10 Satz 3 EGAO (Nr. **4**).

§ 265 Vollstreckung gegen Erben. Für die Vollstreckung gegen Erben sind die Vorschriften der §§ 1958, 1960 Abs. 3, § 1961 des Bürgerlichen Gesetzbuchs sowie der §§ 747, 748, 778, 779, 781 bis 784 der Zivilprozessordnung entsprechend anzuwenden.

§ 266[1] Sonstige Fälle beschränkter Haftung. Die Vorschriften der §§ 781 bis 784 der Zivilprozessordnung sind auf die nach § 1489 des Bürgerlichen Gesetzbuchs eintretende beschränkte Haftung, die Vorschrift des § 781 der Zivilprozessordnung ist auf die nach den §§ 1480, 1504 und 2187 des Bürgerlichen Gesetzbuchs eintretende beschränkte Haftung entsprechend anzuwenden.

§ 267 Vollstreckungsverfahren gegen nicht rechtsfähige Personenvereinigungen. [1]Bei nicht rechtsfähigen Personenvereinigungen, die als solche steuerpflichtig sind, genügt für die Vollstreckung in deren Vermögen ein vollstreckbarer Verwaltungsakt gegen die Personenvereinigung. [2]Dies gilt entsprechend für Zweckvermögen und sonstige einer juristischen Person ähnliche steuerpflichtige Gebilde.

2. Unterabschnitt. Aufteilung einer Gesamtschuld

§ 268 Grundsatz. Sind Personen Gesamtschuldner, weil sie zusammen zu einer Steuer vom Einkommen oder zur Vermögensteuer veranlagt worden sind, so kann jeder von ihnen beantragen, dass die Vollstreckung wegen dieser Steuern jeweils auf den Betrag beschränkt wird, der sich nach Maßgabe der §§ 269 bis 278 bei einer Aufteilung der Steuern ergibt.

§ 269 Antrag. (1)[2] Der Antrag ist bei dem im Zeitpunkt der Antragstellung für die Besteuerung nach dem Einkommen oder dem Vermögen zuständigen Finanzamt schriftlich oder elektronisch zu stellen oder zur Niederschrift zu erklären.

(2) [1]Der Antrag kann frühestens nach Bekanntgabe des Leistungsgebots gestellt werden. [2]Nach vollständiger Tilgung der rückständigen Steuer ist der Antrag nicht mehr zulässig. [3]Der Antrag muss alle Angaben enthalten, die zur Aufteilung der Steuer erforderlich sind, soweit sich diese Angaben nicht aus der Steuererklärung ergeben.

§ 270[3] Allgemeiner Aufteilungsmaßstab. [1]Die rückständige Steuer ist nach dem Verhältnis der Beträge aufzuteilen, die sich bei Einzelveranlagung nach Maßgabe des § 26a des Einkommensteuergesetzes[4] und der §§ 271 bis 276 ergeben würden. [2]Dabei sind die tatsächlichen und rechtlichen Feststellungen maßgebend, die der Steuerfestsetzung bei der Zusammenveranlagung zugrunde gelegt worden sind, soweit nicht die Anwendung der Vorschriften über die Einzelveranlagung zu Abweichungen führt.

---

[1] Zur Anwendung für nach dem 31.12.1998 beantragte Insolvenzverfahren siehe Art. 97 § 11a EGAO (Nr. **4**).

[2] § 269 Abs. 1 geänd. mWv 1.1.2017 durch G v. 18.7.2016 (BGBl. I S. 1679); zur Anwendung siehe Art. 97 § 17e Abs. 2 EGAO (Nr. **4**).

[3] § 270 Sätze 1 und 2 geänd. durch G v. 1.11.2011 (BGBl. I S. 2131); zur Anwendung siehe Art. 97 § 17e Abs. 1 EGAO (Nr. **4**).

[4] Nr. **5**.

§ 271 Aufteilungsmaßstab für die Vermögensteuer. Die Vermögensteuer ist wie folgt aufzuteilen:

1. Für die Berechnung des Vermögens und der Vermögensteuer der einzelnen Gesamtschuldner ist vorbehaltlich der Abweichungen in den Nummern 2 und 3 von den Vorschriften des Bewertungsgesetzes[1] und des Vermögensteuergesetzes in der Fassung auszugehen, die der Zusammenveranlagung zugrunde gelegen hat.
2.[2] Wirtschaftsgüter eines Ehegatten oder Lebenspartners, die bei der Zusammenveranlagung als land- und forstwirtschaftliches Vermögen oder als Betriebsvermögen dem anderen Ehegatten oder Lebenspartner zugerechnet worden sind, werden als eigenes land- und forstwirtschaftliches Vermögen oder als eigenes Betriebsvermögen behandelt.
3. Schulden, die nicht mit bestimmten, einem Gesamtschuldner zugerechneten Wirtschaftsgütern in wirtschaftlichem Zusammenhang stehen, werden bei den einzelnen Gesamtschuldnern nach gleichen Teilen abgesetzt, soweit sich ein bestimmter Schuldner nicht feststellen lässt.

§ 272 Aufteilungsmaßstab für Vorauszahlungen. (1) [1] Die rückständigen Vorauszahlungen sind im Verhältnis der Beträge aufzuteilen, die sich bei einer getrennten Festsetzung der Vorauszahlungen ergeben würden. [2] Ein Antrag auf Aufteilung von Vorauszahlungen gilt zugleich als Antrag auf Aufteilung der weiteren im gleichen Veranlagungszeitraum fällig werdenden Vorauszahlungen und einer etwaigen Abschlusszahlung. [3] Nach Durchführung der Veranlagung ist eine abschließende Aufteilung vorzunehmen. [4] Aufzuteilen ist die gesamte Steuer abzüglich der Beträge, die nicht in die Aufteilung der Vorauszahlungen einbezogen worden sind. [5] Dabei sind jedem Gesamtschuldner die von ihm auf die aufgeteilten Vorauszahlungen entrichteten Beträge anzurechnen. [6] Ergibt sich eine Überzahlung gegenüber dem Aufteilungsbetrag, so ist der überzahlte Betrag zu erstatten.

(2) Werden die Vorauszahlungen erst nach der Veranlagung aufgeteilt, so wird der für die veranlagte Steuer geltende Aufteilungsmaßstab angewendet.

§ 273 Aufteilungsmaßstab für Steuernachforderungen. (1)[3] Führt die Änderung einer Steuerfestsetzung oder ihre Berichtigung nach § 129 zu einer Steuernachforderung, so ist die aus der Nachforderung herrührende rückständige Steuer im Verhältnis der Mehrbeträge aufzuteilen, die sich bei einem Vergleich der berichtigten Einzelveranlagungen mit den früheren Einzelveranlagungen ergeben.

(2) Der in Absatz 1 genannte Aufteilungsmaßstab ist nicht anzuwenden, wenn die bisher festgesetzte Steuer noch nicht getilgt ist.

§ 274 Besonderer Aufteilungsmaßstab. [1] Abweichend von den §§ 270 bis 273 kann die rückständige Steuer nach einem von den Gesamtschuldnern gemeinschaftlich vorgeschlagenen Maßstab aufgeteilt werden, wenn die Tilgung sichergestellt ist. [2] Der gemeinschaftliche Vorschlag ist schriftlich einzurei-

---

[1] Nr. **3**.

[2] § 271 Nr. 2 geänd. durch G v. 18.7.2014 (BGBl. I S. 1042); zur Anwendung siehe Art. 97 § 1 Abs. 10 Satz 1 EGAO (Nr. **4**).

[3] § 273 Abs. 1 geänd. durch G v. 1.11.2011 (BGBl. I S. 2131); zur Anwendung siehe Art. 97 § 17e Abs. 1 EGAO (Nr. **4**).

chen oder zur Niederschrift zu erklären; er ist von allen Gesamtschuldnern zu unterschreiben.

§ 275[1] *(aufgehoben)*

§ 276 Rückständige Steuer, Einleitung der Vollstreckung. (1) Wird der Antrag vor Einleitung der Vollstreckung bei der Finanzbehörde gestellt, so ist die im Zeitpunkt des Eingangs des Aufteilungsantrags geschuldete Steuer aufzuteilen.

(2) Wird der Antrag nach Einleitung der Vollstreckung gestellt, so ist die im Zeitpunkt der Einleitung der Vollstreckung geschuldete Steuer, derentwegen vollstreckt wird, aufzuteilen.

(3) Steuerabzugsbeträge und getrennt festgesetzte Vorauszahlungen sind in die Aufteilung auch dann einzubeziehen, wenn sie vor der Stellung des Antrags entrichtet worden sind.

(4) Zur rückständigen Steuer gehören auch Säumniszuschläge, Zinsen und Verspätungszuschläge.

(5) Die Vollstreckung gilt mit der Ausfertigung der Rückstandsanzeige als eingeleitet.

(6) [1] Zahlungen, die in den Fällen des Absatzes 1 nach Antragstellung, in den Fällen des Absatzes 2 nach Einleitung der Vollstreckung von einem Gesamtschuldner geleistet worden sind oder die nach Absatz 3 in die Aufteilung einzubeziehen sind, werden dem Schuldner angerechnet, der sie geleistet hat oder für den sie geleistet worden sind. [2] Ergibt sich dabei eine Überzahlung gegenüber dem Aufteilungsbetrag, so ist der überzahlte Betrag zu erstatten.

§ 277 Vollstreckung. Solange nicht über den Antrag auf Beschränkung der Vollstreckung unanfechtbar entschieden ist, dürfen Vollstreckungsmaßnahmen nur soweit durchgeführt werden, als dies zur Sicherung des Anspruchs erforderlich ist.

§ 278 Beschränkung der Vollstreckung. (1) Nach der Aufteilung darf die Vollstreckung nur nach Maßgabe der auf die einzelnen Schuldner entfallenden Beträge durchgeführt werden.

(2)[2] [1] Werden einem Steuerschuldner von einer mit ihm zusammen veranlagten Person in oder nach dem Veranlagungszeitraum, für den noch Steuerrückstände bestehen, unentgeltlich Vermögensgegenstände zugewendet, so kann der Empfänger bis zum Ablauf des zehnten Kalenderjahres nach dem Zeitpunkt des Ergehens des Aufteilungsbescheids über den sich nach Absatz 1 ergebenden Betrag hinaus bis zur Höhe des gemeinen Werts dieser Zuwendung für die Steuer in Anspruch genommen werden. [2] Dies gilt nicht für gebräuchliche Gelegenheitsgeschenke.

§ 279 Form und Inhalt des Aufteilungsbescheids. (1)[3] [1] Über den Antrag auf Beschränkung der Vollstreckung ist nach Einleitung der Vollstreckung durch schriftlich oder elektronisch zu erteilenden Aufteilungsbescheid gegen-

---

[1] § 275 aufgeh. mWv 30.6.2013 durch G v. 26.6.2013 (BGBl. I S. 1809).

[2] § 278 Abs. 2 Satz 1 geänd. durch G v. 19.12.2008 (BGBl. I S. 2794).

[3] § 279 Abs. 1 Satz 1 neu gef. mWv 1.1.2017 durch G v. 18.7.2016 (BGBl. I S. 1679); zur Anwendung siehe Art. 97 § 17e Abs. 2 Satz 2 EGAO (Nr. 4).

über den Beteiligten einheitlich zu entscheiden. [2] Eine Entscheidung ist jedoch nicht erforderlich, wenn keine Vollstreckungsmaßnahmen ergriffen oder bereits ergriffene Vollstreckungsmaßnahmen wieder aufgehoben werden.

(2) [1] Der Aufteilungsbescheid hat die Höhe der auf jeden Gesamtschuldner entfallenden anteiligen Steuer zu enthalten; ihm ist eine Belehrung beizufügen, welcher Rechtsbehelf zulässig ist und binnen welcher Frist und bei welcher Behörde er einzulegen ist. [2] Er soll ferner enthalten:

1. die Höhe der aufzuteilenden Steuer,
2. den für die Berechnung der rückständigen Steuer maßgebenden Zeitpunkt,
3. die Höhe der Besteuerungsgrundlagen, die den einzelnen Gesamtschuldnern zugerechnet worden sind, wenn von den Angaben der Gesamtschuldner abgewichen ist,
4.[1] die Höhe der bei Einzelveranlagung (§ 270) auf den einzelnen Gesamtschuldner entfallenden Steuer,
5. die Beträge, die auf die aufgeteilte Steuer des Gesamtschuldners anzurechnen sind.

§ 280 Änderung des Aufteilungsbescheids. (1) Der Aufteilungsbescheid kann außer in den Fällen des § 129 nur geändert werden, wenn

1. nachträglich bekannt wird, dass die Aufteilung auf unrichtigen Angaben beruht und die rückständige Steuer infolge falscher Aufteilung ganz oder teilweise nicht beigetrieben werden konnte,
2. sich die rückständige Steuer durch Aufhebung oder Änderung der Steuerfestsetzung oder ihre Berichtigung nach § 129 erhöht oder vermindert.

(2) Nach Beendigung der Vollstreckung ist eine Änderung des Aufteilungsbescheids oder seine Berichtigung nach § 129 nicht mehr zulässig.

3. Unterabschnitt. Vollstreckung in das bewegliche Vermögen

I. Allgemeines

§ 281 Pfändung. (1) Die Vollstreckung in das bewegliche Vermögen erfolgt durch Pfändung.

(2) Die Pfändung darf nicht weiter ausgedehnt werden, als es zur Deckung der beizutreibenden Geldbeträge und der Kosten der Vollstreckung erforderlich ist.

(3) Die Pfändung unterbleibt, wenn die Verwertung der pfändbaren Gegenstände einen Überschuss über die Kosten der Vollstreckung nicht erwarten lässt.

§ 282[2] Wirkung der Pfändung. (1) Durch die Pfändung erwirbt die Körperschaft, der die Vollstreckungsbehörde angehört, ein Pfandrecht an dem gepfändeten Gegenstand.

(2) Das Pfandrecht gewährt ihr im Verhältnis zu anderen Gläubigern dieselben Rechte wie ein Pfandrecht im Sinne des Bürgerlichen Gesetzbuchs; es geht

---

[1] § 279 Abs. 2 Nr. 4 geänd. durch G v. 1.11.2011 (BGBl. I S. 2131); zur Anwendung siehe Art. 97 § 17e Abs. 1 EGAO (Nr. **4**).

[2] Zur Anwendung für nach dem 31.12.1998 beantragte Insolvenzverfahren siehe Art. 97 § 11a EGAO (Nr. **4**).

Pfand- und Vorzugsrechten vor, die im Insolvenzverfahren diesem Pfandrecht nicht gleichgestellt sind.

(3) Das durch eine frühere Pfändung begründete Pfandrecht geht demjenigen vor, das durch eine spätere Pfändung begründet wird.

§ 283 Ausschluss von Gewährleistungsansprüchen. Wird ein Gegenstand auf Grund der Pfändung veräußert, so steht dem Erwerber wegen eines Mangels im Recht oder wegen eines Mangels der veräußerten Sache ein Anspruch auf Gewährleistung nicht zu.

§ 284[1] Vermögensauskunft des Vollstreckungsschuldners. (1) [1]Der Vollstreckungsschuldner muss der Vollstreckungsbehörde auf deren Verlangen für die Vollstreckung einer Forderung Auskunft über sein Vermögen nach Maßgabe der folgenden Vorschriften erteilen, wenn er die Forderung nicht binnen zwei Wochen begleicht, nachdem ihn die Vollstreckungsbehörde unter Hinweis auf die Verpflichtung zur Abgabe der Vermögensauskunft zur Zahlung aufgefordert hat. [2]Zusätzlich hat er seinen Geburtsnamen, sein Geburtsdatum und seinen Geburtsort anzugeben. [3]Handelt es sich bei dem Vollstreckungsschuldner um eine juristische Person oder um eine Personenvereinigung, so hat er seine Firma, die Nummer des Registerblatts im Handelsregister und seinen Sitz anzugeben.

(2)[2] [1]Zur Auskunftserteilung hat der Vollstreckungsschuldner alle ihm gehörenden Vermögensgegenstände anzugeben. [2]Bei Forderungen sind Grund und Beweismittel zu bezeichnen. [3]Ferner sind anzugeben:

1. die entgeltlichen Veräußerungen des Vollstreckungsschuldners an eine nahestehende Person (§ 138 der Insolvenzordnung), die dieser in den letzten zwei Jahren vor dem Termin nach Absatz 7 und bis zur Abgabe der Vermögensauskunft vorgenommen hat;
2. die unentgeltlichen Leistungen des Vollstreckungsschuldners, die dieser in den letzten vier Jahren vor dem Termin nach Absatz 7 und bis zur Abgabe der Vermögensauskunft vorgenommen hat, sofern sie sich nicht auf gebräuchliche Gelegenheitsgeschenke geringen Werts richteten.

[4]Sachen, die nach *§ 811 Abs. 1 Nr. 1 und 2* [***ab 1.1.2022:*** § 811 Absatz 1 Nummer 1 Buchstabe a und Nummer 2] der Zivilprozessordnung der Pfändung offensichtlich nicht unterworfen sind, brauchen nicht angegeben zu werden, es sei denn, dass eine Austauschpfändung in Betracht kommt.

(3)[3] [1]Der Vollstreckungsschuldner hat zu Protokoll an Eides statt zu versichern, dass er die Angaben nach den Absätzen 1 und 2 nach bestem Wissen und Gewissen richtig und vollständig gemacht habe. [2]Vor Abnahme der eidesstattlichen Versicherung ist der Vollstreckungsschuldner über die Bedeutung der eidesstattlichen Versicherung, insbesondere über die strafrechtlichen Folgen einer unrichtigen oder unvollständigen eidesstattlichen Versicherung, zu belehren.

---

[1] § 284 neu gef. mWv 1.1.2013 durch G v. 29.7.2009 (BGBl. I S. 2258).
[2] § 284 Abs. 2 Satz 4 geänd. **mWv 1.1.2022** durch G v. 7.5.2021 (BGBl. I S. 850).
[3] § 284 Abs. 3 Satz 1 geänd. mWv 1.1.2013 durch G v. 22.12.2011 (BGBl. I S. 3044).

[Fassung bis 31.12.2021:]

(4) [1]Ein Vollstreckungsschuldner, der die in dieser Vorschrift oder die in § 802c der Zivilprozessordnung bezeichnete Vermögensauskunft innerhalb der letzten zwei Jahre abgegeben hat, ist zur erneuten Abgabe nur verpflichtet, wenn anzunehmen ist, dass sich seine Vermögensverhältnisse wesentlich geändert haben. [2]Die Vollstreckungsbehörde hat von Amts wegen festzustellen, ob beim zentralen Vollstreckungsgericht nach § 802k Abs. 1 der Zivilprozessordnung in den letzten zwei Jahren ein auf Grund einer Vermögensauskunft des Schuldners erstelltes Vermögensverzeichnis hinterlegt wurde.

[Fassung ab 1.1.2022:[1)]]

(4) [1]Der Vollstreckungsschuldner ist innerhalb von zwei Jahren nach Abgabe der Vermögensauskunft nach dieser Vorschrift oder nach § 802c der Zivilprozessordnung nicht verpflichtet, eine weitere Vermögensauskunft abzugeben, es sei denn, es ist anzunehmen, dass sich die Vermögensverhältnisse des Vollstreckungsschuldners wesentlich geändert haben. [2]Die Vollstreckungsbehörde hat von Amts wegen festzustellen, ob beim zentralen Vollstreckungsgericht nach § 802k Absatz 1 der Zivilprozessordnung in den letzten zwei Jahren ein auf Grund einer Vermögensauskunft des Schuldners erstelltes Vermögensverzeichnis hinterlegt wurde.

(5) [1]Für die Abnahme der Vermögensauskunft ist die Vollstreckungsbehörde zuständig, in deren Bezirk sich der Wohnsitz oder der Aufenthaltsort des Vollstreckungsschuldners befindet. [2]Liegen diese Voraussetzungen bei der Vollstreckungsbehörde, die die Vollstreckung betreibt, nicht vor, so kann sie die Vermögensauskunft abnehmen, wenn der Vollstreckungsschuldner zu ihrer Abgabe bereit ist.

(6) [1]Die Ladung zu dem Termin zur Abgabe der Vermögensauskunft ist dem Vollstreckungsschuldner selbst zuzustellen; sie kann mit der Fristsetzung nach Absatz 1 Satz 1 verbunden werden. [2]Der Termin zur Abgabe der Vermögensauskunft soll nicht vor Ablauf eines Monats nach Zustellung der Ladung bestimmt werden. [3]Ein Rechtsbehelf gegen die Anordnung der Abgabe der Vermögensauskunft hat keine aufschiebende Wirkung. [4]Der Vollstreckungsschuldner hat die zur Vermögensauskunft erforderlichen Unterlagen im Termin vorzulegen. [5]Hierüber und über seine Rechte und Pflichten nach den Absätzen 2 und 3, über die Folgen einer unentschuldigten Terminssäumnis oder einer Verletzung seiner Auskunftspflichten sowie über die Möglichkeit der Eintragung in das Schuldnerverzeichnis bei Abgabe der Vermögensauskunft ist der Vollstreckungsschuldner bei der Ladung zu belehren.

(7)[2)] [1]Im Termin zur Abgabe der Vermögensauskunft erstellt die Vollstreckungsbehörde ein elektronisches Dokument mit den nach den Absätzen 1 und 2 erforderlichen Angaben (Vermögensverzeichnis). [2]Diese Angaben sind dem Vollstreckungsschuldner vor Abgabe der Versicherung nach Absatz 3 vorzulesen oder zur Durchsicht auf einem Bildschirm wiederzugeben. [3]Ihm ist auf Verlangen ein Ausdruck zu erteilen. [4]Die Vollstreckungsbehörde hinterlegt das Vermögensverzeichnis bei dem zentralen Vollstreckungsgericht nach § 802k Abs. 1 der Zivilprozessordnung. [5]Form, Aufnahme und Übermittlung des

---

[1)] § 284 Abs. 4 Satz 1 neu gef., Satz 2 geänd. **mWv 1.1.2022** durch G v. 7.5.2021 (BGBl. I S. 850).
[2)] § 284 Abs. 7 Satz 1 geänd. mWv 1.1.2013 durch G v. 22.12.2011 (BGBl. I S. 3044).

Vermögensverzeichnisses haben den Vorgaben der Verordnung nach § 802k Abs. 4 der Zivilprozessordnung zu entsprechen.

(8) [1] Ist der Vollstreckungsschuldner ohne ausreichende Entschuldigung in dem zur Abgabe der Vermögensauskunft anberaumten Termin vor der in Absatz 5 Satz 1 bezeichneten Vollstreckungsbehörde nicht erschienen oder verweigert er ohne Grund die Abgabe der Vermögensauskunft, so kann die Vollstreckungsbehörde, die die Vollstreckung betreibt, die Anordnung der Haft zur Erzwingung der Abgabe beantragen. [2] Zuständig für die Anordnung der Haft ist das Amtsgericht, in dessen Bezirk der Vollstreckungsschuldner im Zeitpunkt der Fristsetzung nach Absatz 1 Satz 1 seinen Wohnsitz oder in Ermangelung eines solchen seinen Aufenthaltsort hat. [3] Die §§ 802g bis 802j der Zivilprozessordnung sind entsprechend anzuwenden. [4] Die Verhaftung des Vollstreckungsschuldners erfolgt durch einen Gerichtsvollzieher. [5] § 292 dieses Gesetzes gilt entsprechend. [6] Nach der Verhaftung des Vollstreckungsschuldners kann die Vermögensauskunft von dem nach § 802i der Zivilprozessordnung zuständigen Gerichtsvollzieher abgenommen werden, wenn sich der Sitz der in Absatz 5 bezeichneten Vollstreckungsbehörde nicht im Bezirk des für den Gerichtsvollzieher zuständigen Amtsgerichts befindet oder wenn die Abnahme der Vermögensauskunft durch die Vollstreckungsbehörde nicht möglich ist. [7] Der Beschluss des Amtsgerichts, mit dem der Antrag der Vollstreckungsbehörde auf Anordnung der Haft abgelehnt wird, unterliegt der Beschwerde nach den §§ 567 bis 577 der Zivilprozessordnung.

(9) [1] Die Vollstreckungsbehörde kann die Eintragung des Vollstreckungsschuldners in das Schuldnerverzeichnis nach § 882h Abs. 1 der Zivilprozessordnung anordnen, wenn

1. der Vollstreckungsschuldner seiner Pflicht zur Abgabe der Vermögensauskunft nicht nachgekommen ist,
2. eine Vollstreckung nach dem Inhalt des Vermögensverzeichnisses offensichtlich nicht geeignet wäre, zu einer vollständigen Befriedigung der Forderung zu führen, wegen der die Vermögensauskunft verlangt wurde oder wegen der die Vollstreckungsbehörde vorbehaltlich der Fristsetzung nach Absatz 1 Satz 1 und der Sperrwirkung nach Absatz 4 eine Vermögensauskunft verlangen könnte, oder
3. der Vollstreckungsschuldner nicht innerhalb eines Monats nach Abgabe der Vermögensauskunft die Forderung, wegen der die Vermögensauskunft verlangt wurde, vollständig befriedigt. [2] Gleiches gilt, wenn die Vollstreckungsbehörde vorbehaltlich der Fristsetzung nach Absatz 1 Satz 1 und der Sperrwirkung nach Absatz 4 eine Vermögensauskunft verlangen kann, sofern der Vollstreckungsschuldner die Forderung nicht innerhalb eines Monats befriedigt, nachdem er auf die Möglichkeit der Eintragung in das Schuldnerverzeichnis hingewiesen wurde.

[2] Die Eintragungsanordnung soll kurz begründet werden. [3] Sie ist dem Vollstreckungsschuldner zuzustellen. [4] § 882c Abs. 3 der Zivilprozessordnung gilt entsprechend.

(10) [1] Ein Rechtsbehelf gegen die Eintragungsanordnung nach Absatz 9 hat keine aufschiebende Wirkung. [2] Nach Ablauf eines Monats seit der Zustellung hat die Vollstreckungsbehörde die Eintragungsanordnung dem zentralen Vollstreckungsgericht nach § 882h Abs. 1 der Zivilprozessordnung mit den in § 882b Abs. 2 und 3 der Zivilprozessordnung genannten Daten elektronisch zu

übermitteln. [3]Dies gilt nicht, wenn Anträge auf Gewährung einer Aussetzung der Vollziehung der Eintragungsanordnung nach § 361 dieses Gesetzes oder § 69 der Finanzgerichtsordnung[1)] anhängig sind, die Aussicht auf Erfolg haben.

(11) [1]Ist die Eintragung in das Schuldnerverzeichnis nach § 882h Abs. 1 der Zivilprozessordnung erfolgt, sind Entscheidungen über Rechtsbehelfe des Vollstreckungsschuldners gegen die Eintragungsanordnung durch die Vollstreckungsbehörde oder durch das Gericht dem zentralen Vollstreckungsgericht nach § 882h Abs. 1 der Zivilprozessordnung elektronisch zu übermitteln. [2]Form und Übermittlung der Eintragungsanordnung nach Absatz 10 Satz 1 und 2 sowie der Entscheidung nach Satz 1 haben den Vorgaben der Verordnung nach § 882h Abs. 3 der Zivilprozessordnung zu entsprechen.

II. Vollstreckung in Sachen

§ 285 Vollziehungsbeamte. (1) Die Vollstreckungsbehörde führt die Vollstreckung in bewegliche Sachen durch Vollziehungsbeamte aus.

(2)[2)] Dem Vollstreckungsschuldner und Dritten gegenüber wird der Vollziehungsbeamte zur Vollstreckung durch schriftlichen oder elektronischen Auftrag der Vollstreckungsbehörde ermächtigt; der Auftrag ist auf Verlangen vorzuzeigen.

§ 286 Vollstreckung in Sachen. (1) Sachen, die im Gewahrsam des Vollstreckungsschuldners sind, pfändet der Vollziehungsbeamte dadurch, dass er sie in Besitz nimmt.

(2) [1]Andere Sachen als Geld, Kostbarkeiten und Wertpapiere sind im Gewahrsam des Vollstreckungsschuldners zu lassen, wenn die Befriedigung hierdurch nicht gefährdet wird. [2]Bleiben die Sachen im Gewahrsam des Vollstreckungsschuldners, so ist die Pfändung nur wirksam, wenn sie durch Anlegung von Siegeln oder in sonstiger Weise ersichtlich gemacht ist.

(3) Der Vollziehungsbeamte hat dem Vollstreckungsschuldner die Pfändung mitzuteilen.

(4) Diese Vorschriften gelten auch für die Pfändung von Sachen im Gewahrsam eines Dritten, der zu ihrer Herausgabe bereit ist.

§ 287 Befugnisse des Vollziehungsbeamten. (1) Der Vollziehungsbeamte ist befugt, die Wohn- und Geschäftsräume sowie die Behältnisse des Vollstreckungsschuldners zu durchsuchen, soweit dies der Zweck der Vollstreckung erfordert.

(2) Er ist befugt, verschlossene Türen und Behältnisse öffnen zu lassen.

(3) Wenn er Widerstand findet, kann er Gewalt anwenden und hierzu um Unterstützung durch Polizeibeamte nachsuchen.

(4) [1]Die Wohn- und Geschäftsräume des Vollstreckungsschuldners dürfen ohne dessen Einwilligung nur auf Grund einer richterlichen Anordnung durchsucht werden. [2]Dies gilt nicht, wenn die Einholung der Anordnung den Erfolg der Durchsuchung gefährden würde. [3]Für die richterliche Anordnung einer Durchsuchung ist das Amtsgericht zuständig, in dessen Bezirk die Durchsuchung vorgenommen werden soll.

[1)] Nr. **9**.

[2)] § 285 Abs. 2 geänd. mWv 1.1.2009 durch G v. 19.12.2008 (BGBl. I S. 2794).

(5) [1] Willigt der Vollstreckungsschuldner in die Durchsuchung ein oder ist eine Anordnung gegen ihn nach Absatz 4 Satz 1 ergangen oder nach Absatz 4 Satz 2 entbehrlich, so haben Personen, die Mitgewahrsam an den Wohn- oder Geschäftsräumen des Vollstreckungsschuldners haben, die Durchsuchung zu dulden. [2] Unbillige Härten gegenüber Mitgewahrsaminhabern sind zu vermeiden.

(6) Die Anordnung nach Absatz 4 ist bei der Vollstreckung vorzuzeigen.

§ 288[1)] Zuziehung von Zeugen. Wird bei einer Vollstreckungshandlung Widerstand geleistet oder ist bei einer Vollstreckungshandlung in den Wohn- oder Geschäftsräumen des Vollstreckungsschuldners weder der Vollstreckungsschuldner noch ein erwachsener Familienangehöriger, ein erwachsener ständiger Mitbewohner oder eine beim Vollstreckungsschuldner beschäftigte Person gegenwärtig, so hat der Vollziehungsbeamte zwei Erwachsene oder einen Gemeinde- oder Polizeibeamten als Zeugen zuzuziehen.

§ 289[2)] Zeit der Vollstreckung. (1) Zur Nachtzeit (§ 758a Absatz 4 Satz 2 der Zivilprozessordnung) sowie an Sonntagen und staatlich anerkannten allgemeinen Feiertagen darf eine Vollstreckungshandlung nur mit schriftlicher oder elektronischer Erlaubnis der Vollstreckungsbehörde vorgenommen werden.

(2) Die Erlaubnis ist auf Verlangen bei der Vollstreckungshandlung vorzuzeigen.

§ 290 Aufforderungen und Mitteilungen des Vollziehungsbeamten. Die Aufforderungen und die sonstigen Mitteilungen, die zu den Vollstreckungshandlungen gehören, sind vom Vollziehungsbeamten mündlich zu erlassen und vollständig in die Niederschrift aufzunehmen; können sie mündlich nicht erlassen werden, so hat die Vollstreckungsbehörde demjenigen, an den die Aufforderung oder Mitteilung zu richten ist, eine Abschrift der Niederschrift zu senden.

§ 291 Niederschrift. (1) Der Vollziehungsbeamte hat über jede Vollstreckungshandlung eine Niederschrift aufzunehmen.

(2) Die Niederschrift muss enthalten:

1. Ort und Zeit der Aufnahme,
2. den Gegenstand der Vollstreckungshandlung unter kurzer Erwähnung der Vorgänge,
3. die Namen der Personen, mit denen verhandelt worden ist,
4. die Unterschriften der Personen und die Bemerkung, dass nach Vorlesung oder Vorlegung zur Durchsicht und nach Genehmigung unterzeichnet sei,
5. die Unterschrift des Vollziehungsbeamten.

(3) Hat einem der Erfordernisse unter Absatz 2 Nr. 4 nicht genügt werden können, so ist der Grund anzugeben.

[1)] § 288 geänd. mWv 30.6.2013 durch G v. 26.6.2013 (BGBl. I S. 1809).

[2)] § 289 Abs. 1 und 2 geänd. mWv 1.1.2009 durch G v. 19.12.2008 (BGBl. I S. 2794); Abs. 1 geänd. durch G v. 8.12.2010 (BGBl. I S. 1768).

(4)[1] ¹Die Niederschrift kann auch elektronisch erstellt werden. ²Absatz 2 Nr. 4 und 5 sowie § 87a Abs. 4 Satz 2 gelten nicht.

§ 292 Abwendung der Pfändung. (1) Der Vollstreckungsschuldner kann die Pfändung nur abwenden, wenn er den geschuldeten Betrag an den Vollziehungsbeamten zahlt oder nachweist, dass ihm eine Zahlungsfrist bewilligt worden ist oder dass die Schuld erloschen ist.

(2) Absatz 1 gilt entsprechend, wenn der Vollstreckungsschuldner eine Entscheidung vorlegt, aus der sich die Unzulässigkeit der vorzunehmenden Pfändung ergibt oder wenn er eine Post- oder Bankquittung vorlegt, aus der sich ergibt, dass er den geschuldeten Betrag eingezahlt hat.

§ 293 Pfand- und Vorzugsrechte Dritter. (1) ¹Der Pfändung einer Sache kann ein Dritter, der sich nicht im Besitz der Sache befindet, auf Grund eines Pfand- oder Vorzugsrechts nicht widersprechen. ²Er kann jedoch vorzugsweise Befriedigung aus dem Erlös verlangen ohne Rücksicht darauf, ob seine Forderung fällig ist oder nicht.

(2) ¹Für eine Klage auf vorzugsweise Befriedigung ist ausschließlich zuständig das ordentliche Gericht, in dessen Bezirk gepfändet worden ist. ²Wird die Klage gegen die Körperschaft, der die Vollstreckungsbehörde angehört, und gegen den Vollstreckungsschuldner gerichtet, so sind sie Streitgenossen.

§ 294 Ungetrennte Früchte. (1) ¹Früchte, die vom Boden noch nicht getrennt sind, können gepfändet werden, solange sie nicht durch Vollstreckung in das unbewegliche Vermögen in Beschlag genommen worden sind. ²Sie dürfen nicht früher als einen Monat vor der gewöhnlichen Zeit der Reife gepfändet werden.

(2) Ein Gläubiger, der ein Recht auf Befriedigung aus dem Grundstück hat, kann der Pfändung nach § 262 widersprechen, wenn nicht für einen Anspruch gepfändet ist, der bei der Vollstreckung in das Grundstück vorgeht.

§ 295[2] Unpfändbarkeit von Sachen. ¹Die *§§ 811 bis 812 und 813 Abs. 1 bis 3* [***ab 1.12.2021:*** §§ 811 bis *812* [***ab 1.1.2022:*** 811c], 813 Absatz 1 bis 3 und § 882a Absatz 4] der Zivilprozessordnung sowie die Beschränkungen und Verbote, die nach anderen gesetzlichen Vorschriften für die Pfändung von Sachen bestehen, gelten entsprechend. ²An die Stelle des Vollstreckungsgerichts tritt die Vollstreckungsbehörde.

§ 296 Verwertung. (1)[3] ¹Die gepfändeten Sachen sind auf schriftliche Anordnung der Vollstreckungsbehörde öffentlich zu versteigern. ²Eine öffentliche Versteigerung ist

1. die Versteigerung vor Ort oder
2. die allgemein zugängliche Versteigerung im Internet über die Plattform www.zoll-auktion.de.

³Die Versteigerung erfolgt in der Regel durch den Vollziehungsbeamten. ⁴§ 292 gilt entsprechend.

---

[1] § 291 Abs. 4 angef. mWv 1.1.2009 durch G v. 19.12.2008 (BGBl. I S. 2794).

[2] § 295 Satz 1 geänd. **mWv 1.12.2021** durch G v. 22.11.2020 (BGBl. I S. 2466); Satz 1 geänd. **mWv 1.1.2022** durch G v. 7.5.2021 (BGBl. I S. 850).

[3] § 296 Abs. 1 neu gef. mWv 5.8.2009 durch G v. 30.7.2009 (BGBl. I S. 2474).

(2) Bei Pfändung von Geld gilt die Wegnahme als Zahlung des Vollstreckungsschuldners.

§ 297 Aussetzung der Verwertung. Die Vollstreckungsbehörde kann die Verwertung gepfändeter Sachen unter Anordnung von Zahlungsfristen zeitweilig aussetzen, wenn die alsbaldige Verwertung unbillig wäre.

§ 298[1] Versteigerung. (1) Die gepfändeten Sachen dürfen nicht vor Ablauf einer Woche seit dem Tag der Pfändung versteigert werden, sofern sich nicht der Vollstreckungsschuldner mit einer früheren Versteigerung einverstanden erklärt oder diese erforderlich ist, um die Gefahr einer beträchtlichen Wertverringerung abzuwenden oder unverhältnismäßige Kosten längerer Aufbewahrung zu vermeiden.

(2) [1] Zeit und Ort der Versteigerung sind öffentlich bekannt zu machen; dabei sind die Sachen, die versteigert werden sollen, im Allgemeinen zu bezeichnen. [2] Auf Ersuchen der Vollstreckungsbehörde hat ein Gemeindebediensteter oder ein Polizeibeamter der Versteigerung beizuwohnen. [3] Die Sätze 1 und 2 gelten nicht für eine Versteigerung nach § 296 Absatz 1 Satz 2 Nummer 2.

(3) § 1239 Absatz 1 Satz 1 des Bürgerlichen Gesetzbuchs gilt entsprechend; bei der Versteigerung vor Ort (§ 296 Absatz 1 Satz 2 Nummer 1) ist auch § 1239 Absatz 2 des Bürgerlichen Gesetzbuchs entsprechend anzuwenden.

§ 299 Zuschlag. (1)[2] [1] Bei der Versteigerung vor Ort (§ 296 Absatz 1 Satz 2 Nummer 1) soll dem Zuschlag an den Meistbietenden ein dreimaliger Aufruf vorausgehen. [2] Bei einer Versteigerung im Internet (§ 296 Absatz 1 Satz 2 Nummer 2) ist der Zuschlag der Person erteilt, die am Ende der Versteigerung das höchste Gebot abgegeben hat, es sei denn, die Versteigerung wird vorzeitig abgebrochen; sie ist von dem Zuschlag zu benachrichtigen. [3] § 156 des Bürgerlichen Gesetzbuchs gilt entsprechend.

(2)[3] [1] Die Aushändigung einer zugeschlagenen Sache darf nur gegen bare Zahlung geschehen. [2] Bei einer Versteigerung im Internet darf die zugeschlagene Sache auch ausgehändigt werden, wenn die Zahlung auf dem Konto der Finanzbehörde gutgeschrieben ist. [3] Wird die zugeschlagene Sache übersandt, so gilt die Aushändigung mit der Übergabe an die zur Ausführung der Versendung bestimmte Person als bewirkt.

(3) [1] Hat der Meistbietende nicht zu der in den Versteigerungsbedingungen bestimmten Zeit oder in Ermangelung einer solchen Bestimmung nicht vor dem Schluss des Versteigerungstermins die Aushändigung gegen Zahlung des Kaufgeldes verlangt, so wird die Sache anderweitig versteigert. [2] Der Meistbietende wird zu einem weiteren Gebot nicht zugelassen; er haftet für den Ausfall, auf den Mehrerlös hat er keinen Anspruch.

(4) [1] Wird der Zuschlag dem Gläubiger erteilt, so ist dieser von der Verpflichtung zur baren Zahlung so weit befreit, als der Erlös nach Abzug der

---

[1] § 298 Abs. 2 Satz 3 angef., Abs. 3 neu gef. mWv 5.8.2009 durch G v. 30.7.2009 (BGBl. I S. 2474).

[2] § 299 Abs. 1 neu gef. mWv 5.8.2009 durch G v. 30.7.2009 (BGBl. I S. 2474).

[3] § 299 Abs. 2 Sätze 2 bis 4 angef. mWv 5.8.2009 durch G v. 30.7.2009 (BGBl. I S. 2474); Satz 1 (vom Gesetzgeber versehentlich doppelt eingefügt) aufgeh., bish. Sätze 2 bis 4 werden Sätze 1 bis 3 mWv 14.12.2010 durch G v. 8.12.2010 (BGBl. I S. 1768).

Kosten der Vollstreckung zu seiner Befriedigung zu verwenden ist. [2] Soweit der Gläubiger von der Verpflichtung zur baren Zahlung befreit ist, gilt der Betrag als von dem Schuldner an den Gläubiger gezahlt.

§ 300 Mindestgebot. (1) [1] Der Zuschlag darf nur auf ein Gebot erteilt werden, das mindestens die Hälfte des gewöhnlichen Verkaufswerts der Sache erreicht (Mindestgebot). [2] Der gewöhnliche Verkaufswert und das Mindestgebot sollen bei dem Ausbieten bekannt gegeben werden.

(2) [1] Wird der Zuschlag nicht erteilt, weil ein das Mindestgebot erreichendes Gebot nicht abgegeben worden ist, so bleibt das Pfandrecht bestehen. [2] Die Vollstreckungsbehörde kann jederzeit einen neuen Versteigerungstermin bestimmen oder eine anderweitige Verwertung der gepfändeten Sachen nach § 305 anordnen. [3] Wird die anderweitige Verwertung angeordnet, so gilt Absatz 1 entsprechend.

(3) [1] Gold- und Silbersachen dürfen auch nicht unter ihrem Gold- oder Silberwert zugeschlagen werden. [2] Wird ein den Zuschlag gestattendes Gebot nicht abgegeben, so können die Sachen auf Anordnung der Vollstreckungsbehörde aus freier Hand verkauft werden. [3] Der Verkaufspreis darf den Gold- oder Silberwert und die Hälfte des gewöhnlichen Verkaufswerts nicht unterschreiten.

§ 301 Einstellung der Versteigerung. (1) Die Versteigerung wird eingestellt, sobald der Erlös zur Deckung der beizutreibenden Beträge einschließlich der Kosten der Vollstreckung ausreicht.

(2)[1)] [1] Die Empfangnahme des Erlöses durch den versteigernden Beamten gilt als Zahlung des Vollstreckungsschuldners, es sei denn, dass der Erlös hinterlegt wird (§ 308 Abs. 4). [2] Als Zahlung im Sinne von Satz 1 gilt bei einer Versteigerung im Internet auch der Eingang des Erlöses auf dem Konto der Finanzbehörde.

§ 302 Wertpapiere. Gepfändete Wertpapiere, die einen Börsen- oder Marktpreis haben, sind aus freier Hand zum Tageskurs zu verkaufen; andere Wertpapiere sind nach den allgemeinen Vorschriften zu versteigern.

§ 303 Namenspapiere. Lautet ein gepfändetes Wertpapier auf einen Namen, so ist die Vollstreckungsbehörde berechtigt, die Umschreibung auf den Namen des Käufers oder, wenn es sich um ein auf einen Namen umgeschriebenes Inhaberpapier handelt, die Rückverwandlung in ein Inhaberpapier zu erwirken und die hierzu erforderlichen Erklärungen an Stelle des Vollstreckungsschuldners abzugeben.

§ 304 Versteigerung ungetrennter Früchte. [1] Gepfändete Früchte, die vom Boden noch nicht getrennt sind, dürfen erst nach der Reife versteigert werden. [2] Der Vollziehungsbeamte hat sie abernten zu lassen, wenn er sie nicht vor der Trennung versteigert.

§ 305 Besondere Verwertung. Auf Antrag des Vollstreckungsschuldners oder aus besonderen Zweckmäßigkeitsgründen kann die Vollstreckungsbehörde anordnen, dass eine gepfändete Sache in anderer Weise oder an einem anderen

---

1) § 301 Abs. 2 Satz 2 angef. mWv 5.8.2009 durch G v. 30.7.2009 (BGBl. I S. 2474).

Ort, als in den vorstehenden Paragraphen bestimmt ist, zu verwerten oder durch eine andere Person als den Vollziehungsbeamten zu versteigern sei.

§ 306 Vollstreckung in Ersatzteile von Luftfahrzeugen. (1) Für die Vollstreckung in Ersatzteile, auf die sich ein Registerpfandrecht an einem Luftfahrzeug nach § 71 des Gesetzes über Rechte an Luftfahrzeugen erstreckt, gilt § 100 des Gesetzes über Rechte an Luftfahrzeugen; an die Stelle des Gerichtsvollziehers tritt der Vollziehungsbeamte.

(2) Absatz 1 gilt für die Vollstreckung in Ersatzteile, auf die sich das Recht an einem ausländischen Luftfahrzeug erstreckt, mit der Maßgabe, dass die Vorschriften des § 106 Abs. 1 Nr. 2 und Abs. 4 des Gesetzes über Rechte an Luftfahrzeugen zu berücksichtigen sind.

§ 307 Anschlusspfändung. (1) [1] Zur Pfändung bereits gepfändeter Sachen genügt die in die Niederschrift aufzunehmende Erklärung des Vollziehungsbeamten, dass er die Sache für die zu bezeichnende Forderung pfändet. [2] Dem Vollstreckungsschuldner ist die weitere Pfändung mitzuteilen.

(2) [1] Ist die erste Pfändung für eine andere Vollstreckungsbehörde oder durch einen Gerichtsvollzieher erfolgt, so ist dieser Vollstreckungsbehörde oder dem Gerichtsvollzieher eine Abschrift der Niederschrift zu übersenden. [2] Die gleiche Pflicht hat ein Gerichtsvollzieher, der eine Sache pfändet, die bereits im Auftrag einer Vollstreckungsbehörde gepfändet ist.

§ 308 Verwertung bei mehrfacher Pfändung. (1) Wird dieselbe Sache mehrfach durch Vollziehungsbeamte oder durch Vollziehungsbeamte und Gerichtsvollzieher gepfändet, so begründet ausschließlich die erste Pfändung die Zuständigkeit zur Versteigerung.

(2) Betreibt ein Gläubiger die Versteigerung, so wird für alle beteiligten Gläubiger versteigert.

(3) Der Erlös wird nach der Reihenfolge der Pfändungen oder nach abweichender Vereinbarung der beteiligten Gläubiger verteilt.

(4) [1] Reicht der Erlös zur Deckung der Forderungen nicht aus und verlangt ein Gläubiger, für den die zweite oder eine spätere Pfändung erfolgt ist, ohne Zustimmung der übrigen beteiligten Gläubiger eine andere Verteilung als nach der Reihenfolge der Pfändungen, so ist die Sachlage unter Hinterlegung des Erlöses dem Amtsgericht, in dessen Bezirk gepfändet ist, anzuzeigen. [2] Der Anzeige sind die Schriftstücke, die sich auf das Verfahren beziehen, beizufügen. [3] Für das Verteilungsverfahren gelten die §§ 873 bis 882 der Zivilprozessordnung.

(5) Wird für verschiedene Gläubiger gleichzeitig gepfändet, so finden die Vorschriften der Absätze 2 bis 4 mit der Maßgabe Anwendung, dass der Erlös nach dem Verhältnis der Forderungen verteilt wird.

III. Vollstreckung in Forderungen und andere Vermögensrechte

§ 309 Pfändung einer Geldforderung. (1) [1] Soll eine Geldforderung gepfändet werden, so hat die Vollstreckungsbehörde dem Drittschuldner schriftlich zu verbieten, an den Vollstreckungsschuldner zu zahlen, und dem Vollstreckungsschuldner schriftlich zu gebieten, sich jeder Verfügung über die Forderung, insbesondere ihrer Einziehung, zu enthalten (Pfändungsverfügung). [2] Die elektronische Form ist ausgeschlossen.

(2) [1]Die Pfändung ist bewirkt, wenn die Pfändungsverfügung dem Drittschuldner zugestellt ist. [2]Die an den Drittschuldner zuzustellende Pfändungsverfügung soll den beizutreibenden Geldbetrag nur in einer Summe, ohne Angabe der Steuerarten und der Zeiträume, für die er geschuldet wird, bezeichnen. [3]Die Zustellung ist dem Vollstreckungsschuldner mitzuteilen.

[Fassung bis 30.11.2021:[1])]

(3) [1]Bei Pfändung des Guthabens eines Kontos des Vollstreckungsschuldners bei einem Kreditinstitut gelten die §§ 833a und 850l der Zivilprozessordnung entsprechend. [2]§ 850l der Zivilprozessordnung gilt mit der Maßgabe, dass Anträge bei dem nach § 828 Abs. 2 der Zivilprozessordnung zuständigen Vollstreckungsgericht zu stellen sind.

[Fassung ab 1.12.2021:[2])]

(3) Bei Pfändung des Guthabens eines Kontos des Vollstreckungsschuldners bei einem Kreditinstitut gelten die §§ 833a und 907 der Zivilprozessordnung entsprechend.

§ 310 Pfändung einer durch Hypothek gesicherten Forderung. (1) [1]Zur Pfändung einer Forderung, für die eine Hypothek besteht, ist außer der Pfändungsverfügung die Aushändigung des Hypothekenbriefs an die Vollstreckungsbehörde erforderlich. [2]Die Übergabe gilt als erfolgt, wenn der Vollziehungsbeamte den Brief wegnimmt. [3]Ist die Erteilung des Hypothekenbriefs ausgeschlossen, so muss die Pfändung in das Grundbuch eingetragen werden; die Eintragung erfolgt auf Grund der Pfändungsverfügung auf Ersuchen der Vollstreckungsbehörde.

(2) Wird die Pfändungsverfügung vor der Übergabe des Hypothekenbriefs oder der Eintragung der Pfändung dem Drittschuldner zugestellt, so gilt die Pfändung diesem gegenüber mit der Zustellung als bewirkt.

(3) [1]Diese Vorschriften gelten nicht, soweit Ansprüche auf die in § 1159 des Bürgerlichen Gesetzbuchs bezeichneten Leistungen gepfändet werden. [2]Das Gleiche gilt bei einer Sicherungshypothek im Fall des § 1187 des Bürgerlichen Gesetzbuchs von der Pfändung der Hauptforderung.

§ 311 Pfändung einer durch Schiffshypothek oder Registerpfandrecht an einem Luftfahrzeug gesicherten Forderung. (1) Die Pfändung einer Forderung, für die eine Schiffshypothek besteht, bedarf der Eintragung in das Schiffsregister oder das Schiffsbauregister.

(2) Die Pfändung einer Forderung, für die ein Registerpfandrecht an einem Luftfahrzeug besteht, bedarf der Eintragung in das Register für Pfandrechte an Luftfahrzeugen.

(3) [1]Die Pfändung nach den Absätzen 1 und 2 wird auf Grund der Pfändungsverfügung auf Ersuchen der Vollstreckungsbehörde eingetragen. [2]§ 310 Abs. 2 gilt entsprechend.

(4) [1]Die Absätze 1 bis 3 sind nicht anzuwenden, soweit es sich um die Pfändung der Ansprüche auf die in § 53 des Gesetzes über Rechte an eingetragenen Schiffen und Schiffsbauwerken und auf die in § 53 des Gesetzes über

---

[1]) § 309 Abs. 3 neu gef. mWv 1.1.2012 durch G v. 7.7.2009 (BGBl. I S. 1707).
[2]) § 309 Abs. 3 neu gef. **mWv 1.12.2021** durch G v. 22.11.2020 (BGBl. I S. 2466).

Rechte an Luftfahrzeugen bezeichneten Leistungen handelt. [2]Das Gleiche gilt, wenn bei einer Schiffshypothek für eine Forderung aus einer Schuldverschreibung auf den Inhaber, aus einem Wechsel oder aus einem anderen durch Indossament übertragbaren Papier die Hauptforderung gepfändet ist.

(5) Für die Pfändung von Forderungen, für die ein Recht an einem ausländischen Luftfahrzeug besteht, gilt § 106 Abs. 1 Nr. 3 und Abs. 5 des Gesetzes über Rechte an Luftfahrzeugen.

§ 312 Pfändung einer Forderung aus indossablen Papieren. Forderungen aus Wechseln und anderen Papieren, die durch Indossament übertragen werden können, werden dadurch gepfändet, dass der Vollziehungsbeamte die Papiere in Besitz nimmt.

§ 313 Pfändung fortlaufender Bezüge. (1) Das Pfandrecht, das durch die Pfändung einer Gehaltsforderung oder einer ähnlichen in fortlaufenden Bezügen bestehenden Forderung erworben wird, erstreckt sich auch auf die Beträge, die später fällig werden.

(2) [1]Die Pfändung eines Diensteinkommens trifft auch das Einkommen, das der Vollstreckungsschuldner bei Versetzung in ein anderes Amt, Übertragung eines neuen Amts oder einer Gehaltserhöhung zu beziehen hat. [2]Dies gilt nicht bei Wechsel des Dienstherrn.

(3) Endet das Arbeits- oder Dienstverhältnis und begründen Vollstreckungsschuldner und Drittschuldner innerhalb von neun Monaten ein solches neu, so erstreckt sich die Pfändung auf die Forderung aus dem neuen Arbeits- oder Dienstverhältnis.

§ 314 Einziehungsverfügung. (1) [1]Die Vollstreckungsbehörde ordnet die Einziehung der gepfändeten Forderung an. [2]§ 309 Abs. 2 gilt entsprechend.

(2) Die Einziehungsverfügung kann mit der Pfändungsverfügung verbunden werden.

(3)[1)] Wird die Einziehung eines bei einem Geldinstitut gepfändeten Guthabens eines Vollstreckungsschuldners, der eine natürliche Person ist, angeordnet, so *gilt § 835 Absatz 3 Satz 2 und Absatz 4* [***ab 1.12.2021:*** gelten § 835 Absatz 3 Satz 2 und § 900 Absatz 1] der Zivilprozessordnung entsprechend.

(4)[2)] Wird die Einziehung einer gepfändeten nicht wiederkehrend zahlbaren Vergütung eines Vollstreckungsschuldners, der eine natürliche Person ist, für persönlich geleistete Arbeiten oder Dienste oder sonstige Einkünfte, die kein Arbeitslohn sind, angeordnet, so gilt *§ 835 Absatz 5* [***ab 1.12.2021:*** § 835 Absatz 4] der Zivilprozessordnung entsprechend.

§ 315 Wirkung der Einziehungsverfügung. (1) [1]Die Einziehungsverfügung ersetzt die förmlichen Erklärungen des Vollstreckungsschuldners, von denen nach bürgerlichem Recht die Berechtigung zur Einziehung abhängt. [2]Sie genügt auch bei einer Forderung, für die eine Hypothek, Schiffshypothek oder ein Registerpfandrecht an einem Luftfahrzeug besteht. [3]Zugunsten des Drittschuldners gilt eine zu Unrecht ergangene Einziehungsverfügung dem

---

[1)] § 314 Abs. 3 geänd. durch G v. 12.4.2011 (BGBl. I S. 615); geänd. **mWv 1.12.2021** durch G v. 22.11.2020 (BGBl. I S. 2466).

[2)] § 314 Abs. 4 angef. mWv 1.7.2010 durch G v. 7.7.2009 (BGBl. I S. 1707); geänd. durch G v. 12.4.2011 (BGBl. I S. 615); geänd. **mWv 1.12.2021** durch G v. 22.11.2020 (BGBl. I S. 2466).

Vollstreckungsschuldner gegenüber solange als rechtmäßig, bis sie aufgehoben ist und der Drittschuldner hiervon erfährt.

(2)[1] [1]Der Vollstreckungsschuldner ist verpflichtet, die zur Geltendmachung der Forderung nötige Auskunft zu erteilen und die über die Forderung vorhandenen Urkunden herauszugeben. [2]Erteilt der Vollstreckungsschuldner die Auskunft nicht, ist er auf Verlangen der Vollstreckungsbehörde verpflichtet, sie zu Protokoll zu geben und seine Angaben an Eides statt zu versichern. [3]Die Vollstreckungsbehörde kann die eidesstattliche Versicherung der Lage der Sache entsprechend ändern. [4]§ 284 Absatz 5, 6 und 8 gilt sinngemäß. [5]Die Vollstreckungsbehörde kann die Urkunden durch den Vollziehungsbeamten wegnehmen lassen oder ihre Herausgabe nach den §§ 328 bis 335 erzwingen.

(3) [1]Werden die Urkunden nicht vorgefunden, so hat der Vollstreckungsschuldner auf Verlangen der Vollstreckungsbehörde zu Protokoll an Eides statt zu versichern, dass er die Urkunden nicht besitze, auch nicht wisse, wo sie sich befinden. [2]Absatz 2 Satz 3 und 4 gilt entsprechend.

(4) Hat ein Dritter die Urkunde, so kann die Vollstreckungsbehörde auch den Anspruch des Vollstreckungsschuldners auf Herausgabe geltend machen.

§ 316 Erklärungspflicht des Drittschuldners. (1) [1]Auf Verlangen der Vollstreckungsbehörde hat ihr der Drittschuldner binnen zwei Wochen, von der Zustellung der Pfändungsverfügung an gerechnet, zu erklären:

1. ob und inwieweit er die Forderung als begründet anerkenne und bereit sei zu zahlen,
2. ob und welche Ansprüche andere Personen an die Forderung erheben,
3. ob und wegen welcher Ansprüche die Forderung bereits für andere Gläubiger gepfändet sei;
4.[2] ob innerhalb der letzten zwölf Monate im Hinblick auf das Konto, dessen Guthaben gepfändet worden ist, nach *§ 850l* [***ab 1.12.2021:*** § 907] der Zivilprozessordnung die Unpfändbarkeit des Guthabens *angeordnet* [***ab 1.12.2021:*** festgesetzt] worden ist, und

[Fassung bis 30.11.2021:[3]]

5. ob es sich bei dem Konto, dessen Guthaben gepfändet worden ist, um ein Pfändungsschutzkonto im Sinne von § 850k Abs. 7 der Zivilprozessordnung handelt.

[Fassung ab 1.12.2021:[4]]

5. ob es sich bei dem Konto, dessen Guthaben gepfändet worden ist, um ein Pfändungsschutzkonto im Sinne von § 850k der Zivilprozessordnung oder ein Gemeinschaftskonto im Sinne von § 850l der Zivilprozessordnung handelt; bei einem Gemeinschaftskonto ist zugleich anzugeben, ob der Schuldner nur gemeinsam mit einer anderen Person oder mehreren anderen Personen verfügungsbefugt ist.

---

[1] § 315 Abs. 2 Satz 4 neu gef. mWv 31.12.2014 durch G v. 22.12.2014 (BGBl. I S. 2417).

[2] § 316 Abs. 1 Satz 1 Nr. 4 angef. mWv 1.7.2010 und geänd. mWv 1.1.2012 durch G v. 7.7.2009 (BGBl. I S. 1707); geänd. **mWv 1.12.2021** durch G v. 22.11.2020 (BGBl. I S. 2466).

[3] § 316 Abs. 1 Satz 1 Nr. 5 angef. mWv 1.7.2010 durch G v. 7.7.2009 (BGBl. I S. 1707).

[4] § 316 Abs. 1 Satz 1 Nr. 5 neu gef. **mWv 1.12.2021** durch G v. 22.11.2020 (BGBl. I S. 2466).

[2]Die Erklärung des Drittschuldners zu Nummer 1 gilt nicht als Schuldanerkenntnis.

(2) [1]Die Aufforderung zur Abgabe dieser Erklärung kann in die Pfändungsverfügung aufgenommen werden. [2]Der Drittschuldner haftet der Vollstreckungsbehörde für den Schaden, der aus der Nichterfüllung seiner Verpflichtung entsteht. [3]Er kann zur Abgabe der Erklärung durch ein Zwangsgeld angehalten werden; § 334 ist nicht anzuwenden.

(3) Die §§ 841 bis 843 der Zivilprozessordnung sind anzuwenden.

§ 317 Andere Art der Verwertung. [1]Ist die gepfändete Forderung bedingt oder betagt oder ihre Einziehung schwierig, so kann die Vollstreckungsbehörde anordnen, dass sie in anderer Weise zu verwerten ist; § 315 Abs. 1 gilt entsprechend. [2]Der Vollstreckungsschuldner ist vorher zu hören, sofern nicht eine Bekanntgabe außerhalb des Geltungsbereichs des Gesetzes oder eine öffentliche Bekanntmachung erforderlich ist.

§ 318 Ansprüche auf Herausgabe oder Leistung von Sachen. (1) Für die Vollstreckung in Ansprüche auf Herausgabe oder Leistung von Sachen gelten außer den §§ 309 bis 317 die nachstehenden Vorschriften.

(2) [1]Bei der Pfändung eines Anspruchs, der eine bewegliche Sache betrifft, ordnet die Vollstreckungsbehörde an, dass die Sache an den Vollziehungsbeamten herauszugeben sei. [2]Die Sache wird wie eine gepfändete Sache verwertet.

(3) [1]Bei Pfändung eines Anspruchs, der eine unbewegliche Sache betrifft, ordnet die Vollstreckungsbehörde an, dass die Sache an einen Treuhänder herauszugeben sei, den das Amtsgericht der belegenen Sache auf Antrag der Vollstreckungsbehörde bestellt. [2]Ist der Anspruch auf Übertragung des Eigentums gerichtet, so ist dem Treuhänder als Vertreter des Vollstreckungsschuldners aufzulassen. [3]Mit dem Übergang des Eigentums auf den Vollstreckungsschuldner erlangt die Körperschaft, der die Vollstreckungsbehörde angehört, eine Sicherungshypothek für die Forderung. [4]Der Treuhänder hat die Eintragung der Sicherungshypothek zu bewilligen. [5]Die Vollstreckung in die herausgegebene Sache wird nach den Vorschriften über die Vollstreckung in unbewegliche Sachen bewirkt.

(4) Absatz 3 gilt entsprechend, wenn der Anspruch ein im Schiffsregister eingetragenes Schiff, ein Schiffsbauwerk oder Schwimmdock, das im Schiffsbauregister eingetragen ist oder in dieses Register eingetragen werden kann, oder ein Luftfahrzeug betrifft, das in der Luftfahrzeugrolle eingetragen ist oder nach Löschung in der Luftfahrzeugrolle noch in dem Register für Pfandrechte an Luftfahrzeugen eingetragen ist.

(5)[1)] [1]Dem Treuhänder ist auf Antrag eine Entschädigung zu gewähren. [2]Die Entschädigung darf die nach der *Zwangsverwalterordnung* [***ab 1.12.2021:*** Zwangsverwalterverordnung] festzusetzende Vergütung nicht übersteigen.

§ 319[2)] Unpfändbarkeit von Forderungen. Beschränkungen und Verbote, die nach *§§ 850 bis 852* [***ab 1.12.2021:*** den §§ 850 bis 852 und 899 bis 907]

[1)] § 318 Abs. 5 Satz 2 neu gef. durch G v. 9.12.2004 (BGBl. I S. 3310); Satz 2 geänd. **mWv 1.12.2021** durch G v. 22.11.2020 (BGBl. I S. 2466).

[2)] § 319 geänd. **mWv 1.12.2021** durch G v. 22.11.2020 (BGBl. I S. 2466).

der Zivilprozessordnung und anderen gesetzlichen Bestimmungen für die Pfändung von Forderungen und Ansprüchen bestehen, gelten sinngemäß.

§ 320 Mehrfache Pfändung einer Forderung. (1) Ist eine Forderung durch mehrere Vollstreckungsbehörden oder durch eine Vollstreckungsbehörde und ein Gericht gepfändet, so sind die §§ 853 bis 856 der Zivilprozessordnung und § 99 Abs. 1 Satz 1 des Gesetzes über Rechte an Luftfahrzeugen entsprechend anzuwenden.

(2) Fehlt es an einem Amtsgericht, das nach den §§ 853 und 854 der Zivilprozessordnung zuständig wäre, so ist bei dem Amtsgericht zu hinterlegen, in dessen Bezirk die Vollstreckungsbehörde ihren Sitz hat, deren Pfändungsverfügung dem Drittschuldner zuerst zugestellt worden ist.

§ 321 Vollstreckung in andere Vermögensrechte. (1) Für die Vollstreckung in andere Vermögensrechte, die nicht Gegenstand der Vollstreckung in das unbewegliche Vermögen sind, gelten die vorstehenden Vorschriften entsprechend.

(2) Ist kein Drittschuldner vorhanden, so ist die Pfändung bewirkt, wenn dem Vollstreckungsschuldner das Gebot, sich jeder Verfügung über das Recht zu enthalten, zugestellt ist.

(3) Ein unveräußerliches Recht ist, wenn nichts anderes bestimmt ist, insoweit pfändbar, als die Ausübung einem anderen überlassen werden kann.

(4) Die Vollstreckungsbehörde kann bei der Vollstreckung in unveräußerliche Rechte, deren Ausübung einem anderen überlassen werden kann, besondere Anordnungen erlassen, insbesondere bei der Vollstreckung in Nutzungsrechte eine Verwaltung anordnen; in diesem Fall wird die Pfändung durch Übergabe der zu benutzenden Sache an den Verwalter bewirkt, sofern sie nicht durch Zustellung der Pfändungsverfügung schon vorher bewirkt ist.

(5) Ist die Veräußerung des Rechts zulässig, so kann die Vollstreckungsbehörde die Veräußerung anordnen.

(6) Für die Vollstreckung in eine Reallast, eine Grundschuld oder eine Rentenschuld gelten die Vorschriften über die Vollstreckung in eine Forderung, für die eine Hypothek besteht.

(7) Die §§ 858 bis 863 der Zivilprozessordnung gelten sinngemäß.

4. Unterabschnitt. Vollstreckung in das unbewegliche Vermögen

§ 322 Verfahren. (1) [1]Der Vollstreckung in das unbewegliche Vermögen unterliegen außer den Grundstücken die Berechtigungen, für welche die sich auf Grundstücke beziehenden Vorschriften gelten, die im Schiffsregister eingetragenen Schiffe, die Schiffsbauwerke und Schwimmdocks, die im Schiffsbauregister eingetragen sind oder in dieses Register eingetragen werden können, sowie die Luftfahrzeuge, die in der Luftfahrzeugrolle eingetragen sind oder nach Löschung in der Luftfahrzeugrolle noch in dem Register für Pfandrechte an Luftfahrzeugen eingetragen sind. [2]Auf die Vollstreckung sind die für die gerichtliche Zwangsvollstreckung geltenden Vorschriften, namentlich die §§ 864 bis 871 der Zivilprozessordnung und das Gesetz über die Zwangsversteigerung und die Zwangsverwaltung anzuwenden. [3]Bei Stundung und Aussetzung der Vollziehung geht eine im Wege der Vollstreckung eingetragene Sicherungshypothek jedoch nur dann nach § 868 der Zivilprozessordnung auf den Eigentümer über und erlischt eine Schiffshypothek oder ein Registerpfandrecht an einem Luftfahrzeug jedoch nur dann nach § 870a Abs. 3 der Zivilprozessordnung sowie § 99 Abs. 1 des Gesetzes über Rechte an Luftfahrzeugen, wenn zugleich die Aufhebung der Vollstreckungsmaßnahme angeordnet wird.

(2) Für die Vollstreckung in ausländische Schiffe gilt § 171 des Gesetzes über die Zwangsversteigerung und die Zwangsverwaltung, für die Vollstreckung in ausländische Luftfahrzeuge § 106 Abs. 1, 2 des Gesetzes über Rechte an Luftfahrzeugen sowie die §§ 171h bis 171n des Gesetzes über die Zwangsversteigerung und die Zwangsverwaltung.

(3) [1]Die für die Vollstreckung in das unbewegliche Vermögen erforderlichen Anträge des Gläubigers stellt die Vollstreckungsbehörde. [2]Sie hat hierbei zu bestätigen, dass die gesetzlichen Voraussetzungen für die Vollstreckung vorliegen. [3]Diese Fragen unterliegen nicht der Beurteilung des Vollstreckungsgerichts oder des Grundbuchamts. [4]Anträge auf Eintragung einer Sicherungshypothek, einer Schiffshypothek oder eines Registerpfandrechts an einem Luftfahrzeug sind Ersuchen im Sinne des § 38 der Grundbuchordnung und des § 45 der Schiffsregisterordnung.

(4) Zwangsversteigerung und Zwangsverwaltung soll die Vollstreckungsbehörde nur beantragen, wenn festgestellt ist, dass der Geldbetrag durch Vollstreckung in das bewegliche Vermögen nicht beigetrieben werden kann.

(5) Soweit der zu vollstreckende Anspruch gemäß § 10 Abs. 1 Nr. 3 des Gesetzes über die Zwangsversteigerung und die Zwangsverwaltung den Rechten am Grundstück im Rang vorgeht, kann eine Sicherungshypothek unter der aufschiebenden Bedingung in das Grundbuch eingetragen werden, dass das Vorrecht wegfällt.

§ 323 Vollstreckung gegen den Rechtsnachfolger. [1]Ist nach § 322 eine Sicherungshypothek, eine Schiffshypothek oder ein Registerpfandrecht an einem Luftfahrzeug eingetragen worden, so bedarf es zur Zwangsversteigerung aus diesem Recht nur dann eines Duldungsbescheids, wenn nach der Eintragung dieses Rechts ein Eigentumswechsel eingetreten ist. [2]Satz 1 gilt sinngemäß für die Zwangsverwaltung aus einer nach § 322 eingetragenen Sicherungshypothek.

5. Unterabschnitt. Arrest

§ 324 Dinglicher Arrest. (1) [1]Zur Sicherung der Vollstreckung von Geldforderungen nach den §§ 249 bis 323 kann die für die Steuerfestsetzung zuständige Finanzbehörde den Arrest in das bewegliche oder unbewegliche Vermögen anordnen, wenn zu befürchten ist, dass sonst die Beitreibung vereitelt oder wesentlich erschwert wird. [2]Sie kann den Arrest auch dann anordnen, wenn die Forderung noch nicht zahlenmäßig feststeht oder wenn sie bedingt oder betagt ist. [3]In der Arrestanordnung ist ein Geldbetrag zu bestimmen, bei dessen Hinterlegung die Vollziehung des Arrestes gehemmt und der vollzogene Arrest aufzuheben ist.

(2) [1]Die Arrestanordnung ist zuzustellen. [2]Sie muss begründet und von dem anordnenden Bediensteten unterschrieben sein. [3]Die elektronische Form ist ausgeschlossen.

(3) [1]Die Vollziehung der Arrestanordnung ist unzulässig, wenn seit dem Tag, an dem die Anordnung unterzeichnet worden ist, ein Monat verstrichen ist. [2]Die Vollziehung ist auch schon vor der Zustellung an den Arrestschuldner zulässig, sie ist jedoch ohne Wirkung, wenn die Zustellung nicht innerhalb einer Woche nach der Vollziehung und innerhalb eines Monats seit der Unterzeichnung erfolgt. [3]Bei Zustellung im Ausland und öffentlicher Zustellung gilt § 169 Abs. 1 Satz 3 entsprechend. [4]Auf die Vollziehung des Arrestes finden die §§ 930 bis 932 der Zivilprozessordnung sowie § 99 Abs. 2 und § 106 Abs. 1, 3 und 5 des Gesetzes über Rechte an Luftfahrzeugen entsprechende Anwendung; an die Stelle des Arrestgerichts und des Vollstreckungsgerichts tritt die Vollstreckungsbehörde, an die Stelle des Gerichtsvollziehers der Vollziehungsbeamte. [5]Soweit auf die Vorschriften über die Pfändung verwiesen wird, sind die entsprechenden Vorschriften dieses Gesetzes anzuwenden.

§ 325 Aufhebung des dinglichen Arrestes. Die Arrestanordnung ist aufzuheben, wenn nach ihrem Erlass Umstände bekannt werden, die die Arrestanordnung nicht mehr gerechtfertigt erscheinen lassen.

§ 326 Persönlicher Sicherheitsarrest. (1) [1]Auf Antrag der für die Steuerfestsetzung zuständigen Finanzbehörde kann das Amtsgericht einen persönlichen Sicherheitsarrest anordnen, wenn er erforderlich ist, um die gefährdete Vollstreckung in das Vermögen des Pflichtigen zu sichern. [2]Zuständig ist das Amtsgericht, in dessen Bezirk die Finanzbehörde ihren Sitz hat oder sich der Pflichtige befindet.

(2) In dem Antrag hat die für die Steuerfestsetzung zuständige Finanzbehörde den Anspruch nach Art und Höhe sowie die Tatsachen anzugeben, die den Arrestgrund ergeben.

(3)[1)] [1]Für die Anordnung, Vollziehung und Aufhebung des persönlichen Sicherheitsarrestes gelten § 128 Abs. 4 und die §§ 922 bis 925, 927, 929, 933, 934 Abs. 1, 3 und 4 der Zivilprozessordnung sinngemäß. [2]§ 802j Abs. 2 der Zivilprozessordnung ist nicht anzuwenden.

(4) Für Zustellungen gelten die Vorschriften der Zivilprozessordnung.

6. Unterabschnitt. Verwertung von Sicherheiten

§ 327 Verwertung von Sicherheiten. [1]Werden Geldforderungen, die im Verwaltungsverfahren vollstreckbar sind (§ 251), bei Fälligkeit nicht erfüllt, kann sich die Vollstreckungsbehörde aus den Sicherheiten befriedigen, die sie zur Sicherung dieser Ansprüche erlangt hat. [2]Die Sicherheiten werden nach den Vorschriften dieses Abschnitts verwertet. [3]Die Verwertung darf erst erfolgen, wenn dem Vollstreckungsschuldner die Verwertungsabsicht bekannt gegeben und seit der Bekanntgabe mindestens eine Woche verstrichen ist.

---

1) § 326 Abs. 3 Satz 2 geänd. mWv 1.1.2013 durch G v. 29.7.2009 (BGBl. I S. 2258).

Dritter Abschnitt. Vollstreckung wegen anderer Leistungen als Geldforderungen

1. Unterabschnitt. Vollstreckung wegen Handlungen, Duldungen oder Unterlassungen

§ 328 Zwangsmittel. (1) [1]Ein Verwaltungsakt, der auf Vornahme einer Handlung oder auf Duldung oder Unterlassung gerichtet ist, kann mit Zwangsmitteln (Zwangsgeld, Ersatzvornahme, unmittelbarer Zwang) durchgesetzt werden. [2]Für die Erzwingung von Sicherheiten gilt § 336. [3]Vollstreckungsbehörde ist die Behörde, die den Verwaltungsakt erlassen hat.

(2) [1]Es ist dasjenige Zwangsmittel zu bestimmen, durch das der Pflichtige und die Allgemeinheit am wenigsten beeinträchtigt werden. [2]Das Zwangsmittel muss in einem angemessenen Verhältnis zu seinem Zweck stehen.

§ 329 Zwangsgeld. Das einzelne Zwangsgeld darf 25 000 Euro nicht übersteigen.

§ 330 Ersatzvornahme. Wird die Verpflichtung, eine Handlung vorzunehmen, deren Vornahme durch einen anderen möglich ist (vertretbare Handlung), nicht erfüllt, so kann die Vollstreckungsbehörde einen anderen mit der Vornahme der Handlung auf Kosten des Pflichtigen beauftragen.

§ 331 Unmittelbarer Zwang. Führen das Zwangsgeld oder die Ersatzvornahme nicht zum Ziel oder sind sie untunlich, so kann die Finanzbehörde den Pflichtigen zur Handlung, Duldung oder Unterlassung zwingen oder die Handlung selbst vornehmen.

§ 332 Androhung der Zwangsmittel. (1) [1]Die Zwangsmittel müssen schriftlich angedroht werden. [2]Wenn zu besorgen ist, dass dadurch der Vollzug des durchzusetzenden Verwaltungsakts vereitelt wird, genügt es, die Zwangsmittel mündlich oder auf andere nach der Lage gebotene Weise anzudrohen. [3]Zur Erfüllung der Verpflichtung ist eine angemessene Frist zu bestimmen.

(2) [1]Die Androhung kann mit dem Verwaltungsakt verbunden werden, durch den die Handlung, Duldung oder Unterlassung aufgegeben wird. [2]Sie muss sich auf ein bestimmtes Zwangsmittel beziehen und für jede einzelne Verpflichtung getrennt ergehen. [3]Zwangsgeld ist in bestimmter Höhe anzudrohen.

(3) [1]Eine neue Androhung wegen derselben Verpflichtung ist erst dann zulässig, wenn das zunächst angedrohte Zwangsmittel erfolglos ist. [2]Wird vom Pflichtigen ein Dulden oder Unterlassen gefordert, so kann das Zwangsmittel für jeden Fall der Zuwiderhandlung angedroht werden.

(4) Soll die Handlung durch Ersatzvornahme ausgeführt werden, so ist in der Androhung der Kostenbetrag vorläufig zu veranschlagen.

§ 333 Festsetzung der Zwangsmittel. Wird die Verpflichtung innerhalb der Frist, die in der Androhung bestimmt ist, nicht erfüllt oder handelt der Pflichtige der Verpflichtung zuwider, so setzt die Finanzbehörde das Zwangsmittel fest.

§ 334 Ersatzzwangshaft. (1) [1]Ist ein gegen eine natürliche Person festgesetztes Zwangsgeld uneinbringlich, so kann das Amtsgericht auf Antrag der

Finanzbehörde nach Anhörung des Pflichtigen Ersatzzwangshaft anordnen, wenn bei Androhung des Zwangsgelds hierauf hingewiesen worden ist. [2]Ordnet das Amtsgericht Ersatzzwangshaft an, so hat es einen Haftbefehl auszufertigen, in dem die antragstellende Behörde, der Pflichtige und der Grund der Verhaftung zu bezeichnen sind.

(2) [1]Das Amtsgericht entscheidet nach pflichtgemäßem Ermessen durch Beschluss. [2]Örtlich zuständig ist das Amtsgericht, in dessen Bezirk der Pflichtige seinen Wohnsitz oder in Ermangelung eines Wohnsitzes seinen gewöhnlichen Aufenthalt hat. [3]Der Beschluss des Amtsgerichts unterliegt der Beschwerde nach den §§ 567 bis 577 der Zivilprozessordnung.

(3)[1)] [1]Die Ersatzzwangshaft beträgt mindestens einen Tag, höchstens zwei Wochen. [2]Die Vollziehung der Ersatzzwangshaft richtet sich nach *den*[2)] § 802g Abs. 2 und § 802h der Zivilprozessordnung und den §§ 171 bis 175 und 179 bis 186 des Strafvollzugsgesetzes.

(4) Ist der Anspruch auf das Zwangsgeld verjährt, so darf die Haft nicht mehr vollstreckt werden.

§ 335 Beendigung des Zwangsverfahrens. Wird die Verpflichtung nach Festsetzung des Zwangsmittels erfüllt, so ist der Vollzug einzustellen.

2. Unterabschnitt. Erzwingung von Sicherheiten

§ 336 Erzwingung von Sicherheiten. (1) Wird die Verpflichtung zur Leistung von Sicherheiten nicht erfüllt, so kann die Finanzbehörde geeignete Sicherheiten pfänden.

(2) [1]Der Erzwingung der Sicherheit muss eine schriftliche Androhung vorausgehen. [2]Die §§ 262 bis 323 sind entsprechend anzuwenden.

Vierter Abschnitt. Kosten

§ 337 Kosten der Vollstreckung. (1)[3)] [1]Im Vollstreckungsverfahren werden Kosten (Gebühren und Auslagen) erhoben. [2]Schuldner dieser Kosten ist der Vollstreckungsschuldner.

(2)[4)] Für das Mahnverfahren werden keine Kosten erhoben.

§ 338 Gebührenarten. Im Vollstreckungsverfahren werden Pfändungsgebühren (§ 339), Wegnahmegebühren (§ 340) und Verwertungsgebühren (§ 341) erhoben.

§ 339[5)] Pfändungsgebühr. (1) Die Pfändungsgebühr wird erhoben für die Pfändung von beweglichen Sachen, von Tieren, von Früchten, die vom Boden noch nicht getrennt sind, von Forderungen und von anderen Vermögensrechten.

[1)] § 334 Abs. 3 Satz 2 geänd. mWv 1.1.2013 durch G v. 29.7.2009 (BGBl. I S. 2258); Satz 2 geänd. mWv 26.11.2019 durch G v. 20.11.2019 (BGBl. I S. 1724).

[2)] Wortlaut amtlich.

[3)] § 337 Abs. 1 neu gef. durch G v. 9.12.2004 (BGBl. I S. 3310).

[4)] § 337 Abs. 2 Satz 2 aufgeh. mWv 30.6.2013 durch G v. 26.6.2013 (BGBl. I S. 1809).

[5)] § 339 neu gef. durch G v. 9.12.2004 (BGBl. I S. 3310); zur Anwendung siehe auch Art. 97 § 17a EGAO (Nr. **4**).

(2) Die Gebühr entsteht:

1. sobald der Vollziehungsbeamte Schritte zur Ausführung des Vollstreckungsauftrags unternommen hat,
2. mit der Zustellung der Verfügung, durch die eine Forderung oder ein anderes Vermögensrecht gepfändet werden soll.

(3)[1] Die Gebühr beträgt 26 Euro.

(4) [1] Die Gebühr wird auch erhoben, wenn

1. die Pfändung durch Zahlung an den Vollziehungsbeamten abgewendet wird,
2. auf andere Weise Zahlung geleistet wird, nachdem sich der Vollziehungsbeamte an Ort und Stelle begeben hat,
3. ein Pfändungsversuch erfolglos geblieben ist, weil pfändbare Gegenstände nicht vorgefunden wurden, oder
4.[2] die Pfändung in den Fällen des § 281 Abs. 3 dieses Gesetzes sowie der *§§ 812 und 851b Abs. 1* [***ab 1.1.2022:*** § 811 Absatz 4 und § 851b Absatz 1] der Zivilprozessordnung unterbleibt.

[2] Wird die Pfändung auf andere Weise abgewendet, wird keine Gebühr erhoben.

§ 340 Wegnahmegebühr. (1) [1] Die Wegnahmegebühr wird für die Wegnahme beweglicher Sachen einschließlich Urkunden in den Fällen der §§ 310, 315 Abs. 2 Satz 5, §§ 318, 321, 331 und 336 erhoben. [2] Dies gilt auch dann, wenn der Vollstreckungsschuldner an den zur Vollstreckung erschienenen Vollziehungsbeamten freiwillig leistet.

(2) § 339 Abs. 2 Nr. 1 ist entsprechend anzuwenden.

(3)[3] [1] Die Höhe der Wegnahmegebühr beträgt 26 Euro. [2] Die Gebühr wird auch erhoben, wenn die in Absatz 1 bezeichneten Sachen nicht aufzufinden sind.

(4)[4] *(aufgehoben)*

§ 341 Verwertungsgebühr. (1) Die Verwertungsgebühr wird für die Versteigerung und andere Verwertung von Gegenständen erhoben.

(2) Die Gebühr entsteht, sobald der Vollziehungsbeamte oder ein anderer Beauftragter Schritte zur Ausführung des Verwertungsauftrags unternommen hat.

(3)[5] Die Gebühr beträgt 52 Euro.

(4)[6] Wird die Verwertung abgewendet (§ 296 Abs. 1 Satz 4), ist eine Gebühr von 26 Euro zu erheben.

---

[1] § 339 Abs. 3 geänd. mWv 31.12.2014 durch G v. 22.12.2014 (BGBl. I S. 2417).

[2] § 339 Abs. 4 Satz 1 Nr. 4 geänd. **mWv 1.1.2022** durch G v. 7.5.2021 (BGBl. I S. 850).

[3] § 340 Abs. 3 Satz 2 angef. durch G v. 9.12.2004 (BGBl. I S. 3310); Satz 1 geänd. mWv 31.12.2014 durch G v. 22.12.2014 (BGBl. I S. 2417).

[4] § 340 Abs. 4 aufgeh. durch G v. 9.12.2004 (BGBl. I S. 3310).

[5] § 341 Abs. 3 neu gef. durch G v. 9.12.2004 (BGBl. I S. 3310); geänd. mWv 31.12.2014 durch G v. 22.12.2014 (BGBl. I S. 2417).

[6] § 341 Abs. 4 neu gef. durch G v. 9.12.2004 (BGBl. I S. 3310); geänd. mWv 5.8.2009 durch G v. 30.7.2009 (BGBl. I S. 2474); geänd. mWv 31.12.2014 durch G v. 22.12.2014 (BGBl. I S. 2417).

§ 342 Mehrheit von Schuldnern. (1) Wird gegen mehrere Schuldner vollstreckt, so sind die Gebühren, auch wenn der Vollziehungsbeamte bei derselben Gelegenheit mehrere Vollstreckungshandlungen vornimmt, von jedem Vollstreckungsschuldner zu erheben.

(2)[1] [1] Wird gegen Gesamtschuldner wegen der Gesamtschuld bei derselben Gelegenheit vollstreckt, so werden Pfändungs-, Wegnahme- und Verwertungsgebühren nur einmal erhoben. [2] Die in Satz 1 bezeichneten Personen schulden die Gebühren als Gesamtschuldner.

§ 343 (weggefallen)

§ 344[2] Auslagen. (1) Als Auslagen werden erhoben:

1.[3] Schreibauslagen für nicht von Amts wegen zu erteilende oder per Telefax übermittelte Abschriften; die Schreibauslagen betragen unabhängig von der Art der Herstellung
   a) für die ersten 50 Seiten je Seite 0,50 Euro,
   b) für jede weitere Seite 0,15 Euro,
   c) für die ersten 50 Seiten in Farbe je Seite 1,00 Euro,
   d) für jede weitere Seite in Farbe 0,30 Euro.

   [2] Werden anstelle von Abschriften elektronisch gespeicherte Dateien überlassen, betragen die Auslagen 1,50 Euro je Datei. [3] Für die in einem Arbeitsgang überlassenen oder in einem Arbeitsgang auf einen Datenträger übertragenen Dokumente werden insgesamt höchstens 5 Euro erhoben. [4] Werden zum Zweck der Überlassung von elektronisch gespeicherten Dateien Dokumente zuvor auf Antrag von der Papierform in die elektronische Form übertragen, beträgt die Pauschale für Schreibauslagen nach Satz 2 nicht weniger, als die Pauschale im Fall von Satz 1 betragen würde,
2. Entgelte für Post- und Telekommunikationsdienstleistungen, ausgenommen die Entgelte für Telefondienstleistungen im Orts- und Nahbereich,
3. Entgelte für Zustellungen durch die Post mit Zustellungsurkunde; wird durch die Behörde zugestellt (§ 5 des Verwaltungszustellungsgesetzes), so werden 7,50 Euro erhoben,
4. Kosten, die durch öffentliche Bekanntmachung entstehen,
5. an die zum Öffnen von Türen und Behältnissen sowie an die zur Durchsuchung von Vollstreckungsschuldnern zugezogenen Personen zu zahlende Beträge,
6. Kosten für die Beförderung, Verwahrung und Beaufsichtigung gepfändeter Sachen, Kosten für die Aberntung gepfändeter Früchte und Kosten für die Verwahrung, Fütterung, Pflege und Beförderung gepfändeter Tiere,
7. Beträge, die in entsprechender Anwendung des Justizvergütungs- und -entschädigungsgesetzes an Auskunftspersonen und Sachverständige (§ 107) sowie Beträge, die an Treuhänder (§ 318 Abs. 5) zu zahlen sind,

7a. Kosten, die von einem Kreditinstitut erhoben werden, weil ein Scheck des Vollstreckungsschuldners nicht eingelöst wurde,

---

[1] § 342 Abs. 2 Satz 3 aufgeh. durch G v. 9.12.2004 (BGBl. I S. 3310).

[2] § 344 Abs. 1 Nr. 1 Satz 2 angef., Nr. 3, 5, 6 und 7 geänd., Nr. 7a und 7b eingef., Abs. 2 eingef., bish. Abs. 2 wird Abs. 3 durch G v. 9.12.2004 (BGBl. I S. 3310).

[3] § 344 Abs. 1 Nr. 1 neu gef. mWv 31.12.2014 durch G v. 22.12.2014 (BGBl. I S. 2417).

7b. Kosten für die Umschreibung eines auf einen Namen lautenden Wertpapiers oder für die Wiederinkurssetzung eines Inhaberpapiers,
8. andere Beträge, die auf Grund von Vollstreckungsmaßnahmen an Dritte zu zahlen sind, insbesondere Beträge, die bei der Ersatzvornahme oder beim unmittelbaren Zwang an Beauftragte und an Hilfspersonen gezahlt werden, und sonstige durch Ausführung des unmittelbaren Zwanges oder Anwendung der Ersatzzwangshaft entstandene Kosten.

(2) Steuern, die die Finanzbehörde auf Grund von Vollstreckungsmaßnahmen schuldet, sind als Auslagen zu erheben.

(3) [1] Werden Sachen oder Tiere, die bei mehreren Vollstreckungsschuldnern gepfändet worden sind, in einem einheitlichen Verfahren abgeholt und verwertet, so werden die Auslagen, die in diesem Verfahren entstehen, auf die beteiligten Vollstreckungsschuldner verteilt. [2] Dabei sind die besonderen Umstände des einzelnen Falls, vor allem Wert, Umfang und Gewicht der Gegenstände, zu berücksichtigen.

§ 345 Reisekosten und Aufwandsentschädigungen. Im Vollstreckungsverfahren sind die Reisekosten des Vollziehungsbeamten und Auslagen, die durch Aufwandsentschädigungen abgegolten werden, von dem Vollstreckungsschuldner nicht zu erstatten.

§ 346 Unrichtige Sachbehandlung, Festsetzungsfrist. (1) Kosten, die bei richtiger Behandlung der Sache nicht entstanden wären, sind nicht zu erheben.

(2) [1] Die Frist für den Ansatz der Kosten und für die Aufhebung und Änderung des Kostenansatzes beträgt ein Jahr. [2] Sie beginnt mit Ablauf des Kalenderjahrs, in dem die Kosten entstanden sind. [3] Einem vor Ablauf der Frist gestellten Antrag auf Aufhebung oder Änderung kann auch nach Ablauf der Frist entsprochen werden.

Siebenter Teil. Außergerichtliches Rechtsbehelfsverfahren[1)]

Erster Abschnitt. Zulässigkeit

§ 347 Statthaftigkeit des Einspruchs. (1) [1] Gegen Verwaltungsakte
1. in Abgabenangelegenheiten, auf die dieses Gesetz Anwendung findet,
2. in Verfahren zur Vollstreckung von Verwaltungsakten in anderen als den in Nummer 1 bezeichneten Angelegenheiten, soweit die Verwaltungsakte durch Bundesfinanzbehörden oder Landesfinanzbehörden nach den Vorschriften dieses Gesetzes zu vollstrecken sind,
3. in öffentlich-rechtlichen und berufsrechtlichen Angelegenheiten, auf die dieses Gesetz nach § 164a des Steuerberatungsgesetzes Anwendung findet,
4. in anderen durch die Finanzbehörden verwalteten Angelegenheiten, soweit die Vorschriften über die außergerichtlichen Rechtsbehelfe durch Gesetz für anwendbar erklärt worden sind oder erklärt werden,

ist als Rechtsbehelf der Einspruch statthaft. [2] Der Einspruch ist außerdem statthaft, wenn geltend gemacht wird, dass in den in Satz 1 bezeichneten Angelegenheiten über einen vom Einspruchsführer gestellten Antrag auf Erlass eines

---

[1)] Zu §§ 347 ff. siehe Übergangsvorschriften in Art. 97 § 18 Abs. 3 EGAO (Nr. **4**).

Verwaltungsakts ohne Mitteilung eines zureichenden Grundes binnen angemessener Frist sachlich nicht entschieden worden ist.

(2) Abgabenangelegenheiten sind alle mit der Verwaltung der Abgaben einschließlich der Abgabenvergütungen oder sonst mit der Anwendung der abgabenrechtlichen Vorschriften durch die Finanzbehörden zusammenhängenden Angelegenheiten einschließlich der Maßnahmen der Bundesfinanzbehörden zur Beachtung der Verbote und Beschränkungen für den Warenverkehr über die Grenze; den Abgabenangelegenheiten stehen die Angelegenheiten der Verwaltung der Finanzmonopole gleich.

(3) Die Vorschriften des Siebenten Teils finden auf das Straf- und Bußgeldverfahren keine Anwendung.

§ 348 Ausschluss des Einspruchs. Der Einspruch ist nicht statthaft

1. gegen Einspruchsentscheidungen (§ 367),
2. bei Nichtentscheidung über einen Einspruch,
3. gegen Verwaltungsakte der obersten Finanzbehörden des Bundes und der Länder, außer wenn ein Gesetz das Einspruchsverfahren vorschreibt,
4.[1] gegen Entscheidungen in Angelegenheiten des Zweiten und Sechsten Abschnitts des Zweiten Teils des Steuerberatungsgesetzes,
5.[1] *(aufgehoben)*
6.[2] in den Fällen des § 172 Abs. 3.

§ 349 (weggefallen)

§ 350 Beschwer. Befugt, Einspruch einzulegen, ist nur, wer geltend macht, durch einen Verwaltungsakt oder dessen Unterlassung beschwert zu sein.

§ 351 Bindungswirkung anderer Verwaltungsakte. (1) Verwaltungsakte, die unanfechtbare Verwaltungsakte ändern, können nur insoweit angegriffen werden, als die Änderung reicht, es sei denn, dass sich aus den Vorschriften über die Aufhebung und Änderung von Verwaltungsakten etwas anderes ergibt.

(2) Entscheidungen in einem Grundlagenbescheid (§ 171 Abs. 10) können nur durch Anfechtung dieses Bescheids, nicht auch durch Anfechtung des Folgebescheids, angegriffen werden.

§ 352 Einspruchsbefugnis bei der einheitlichen Feststellung. (1) Gegen Bescheide über die einheitliche und gesonderte Feststellung von Besteuerungsgrundlagen können Einspruch einlegen:

1. zur Vertretung berufene Geschäftsführer oder, wenn solche nicht vorhanden sind, der Einspruchsbevollmächtigte im Sinne des Absatzes 2;
2. wenn Personen nach Nummer 1 nicht vorhanden sind, jeder Gesellschafter, Gemeinschafter oder Mitberechtigte, gegen den der Feststellungsbescheid ergangen ist oder zu ergehen hätte;
3. auch wenn Personen nach Nummer 1 vorhanden sind, ausgeschiedene Gesellschafter, Gemeinschafter oder Mitberechtigte, gegen die der Feststellungsbescheid ergangen ist oder zu ergehen hätte;

---

[1] § 348 Nr. 4 geänd., Nr. 5 aufgeh. durch G v. 8.4.2008 (BGBl. I S. 666).
[2] § 348 Nr. 6 angef. durch G v. 13.12.2006 (BGBl. I S. 2878).

4. soweit es sich darum handelt, wer an dem festgestellten Betrag beteiligt ist und wie dieser sich auf die einzelnen Beteiligten verteilt, jeder, der durch die Feststellungen hierzu berührt wird;
5. soweit es sich um eine Frage handelt, die einen Beteiligten persönlich angeht, jeder, der durch die Feststellungen über die Frage berührt wird.

(2) 1 Einspruchsbefugt im Sinne des Absatzes 1 Nr. 1 ist der gemeinsame Empfangsbevollmächtigte im Sinne des § 183 Abs. 1 Satz 1 oder des § 6 Abs. 1 Satz 1 der Verordnung über die gesonderte Feststellung von Besteuerungsgrundlagen nach § 180 Abs. 2 der Abgabenordnung vom 19. Dezember 1986 (BGBl. I S. 2663). 2 Haben die Feststellungsbeteiligten keinen gemeinsamen Empfangsbevollmächtigten bestellt, ist einspruchsbefugt im Sinne des Absatzes 1 Nr. 1 der nach § 183 Abs. 1 Satz 2 fingierte oder der nach § 183 Abs. 1 Satz 3 bis 5 oder nach § 6 Abs. 1 Satz 3 bis 5 der Verordnung über die gesonderte Feststellung von Besteuerungsgrundlagen nach § 180 Abs. 2 der Abgabenordnung von der Finanzbehörde bestimmte Empfangsbevollmächtigte; dies gilt nicht für Feststellungsbeteiligte, die gegenüber der Finanzbehörde der Einspruchsbefugnis des Empfangsbevollmächtigten widersprechen. 3 Die Sätze 1 und 2 sind nur anwendbar, wenn die Beteiligten in der Feststellungserklärung oder in der Aufforderung zur Benennung eines Empfangsbevollmächtigten über die Einspruchsbefugnis des Empfangsbevollmächtigten belehrt worden sind.

§ 353 Einspruchsbefugnis des Rechtsnachfolgers. Wirkt ein Feststellungsbescheid, ein Grundsteuermessbescheid oder ein Zerlegungs- oder Zuteilungsbescheid über einen Grundsteuermessbetrag gegenüber dem Rechtsnachfolger, ohne dass er diesem bekannt gegeben worden ist (§ 182 Abs. 2, § 184 Abs. 1 Satz 4, §§ 185 und 190), so kann der Rechtsnachfolger nur innerhalb der für den Rechtsvorgänger maßgebenden Einspruchsfrist Einspruch einlegen.

§ 354 Einspruchsverzicht. (1) 1 Auf Einlegung eines Einspruchs kann nach Erlass des Verwaltungsakts verzichtet werden. 2 Der Verzicht kann auch bei Abgabe einer Steueranmeldung für den Fall ausgesprochen werden, dass die Steuer nicht abweichend von der Steueranmeldung festgesetzt wird. 3 Durch den Verzicht wird der Einspruch unzulässig.

(1a) 1 Soweit Besteuerungsgrundlagen für ein Verständigungs- oder ein Schiedsverfahren nach einem Vertrag im Sinne des § 2 von Bedeutung sein können, kann auf die Einlegung eines Einspruchs insoweit verzichtet werden. 2 Die Besteuerungsgrundlage, auf die sich der Verzicht beziehen soll, ist genau zu bezeichnen.

(1b)[1)] 1 Auf die Einlegung eines Einspruchs kann bereits vor Erlass des Verwaltungsakts verzichtet werden, soweit durch den Verwaltungsakt eine Verständigungsvereinbarung oder ein Schiedsspruch nach einem Vertrag im Sinne des § 2 zutreffend umgesetzt wird. 2 § 89a Absatz 3 Satz 1 Nummer 2 bleibt unberührt.

(2) 1 Der Verzicht ist gegenüber der zuständigen Finanzbehörde schriftlich oder zur Niederschrift zu erklären; er darf keine weiteren Erklärungen enthalten. 2 Wird nachträglich die Unwirksamkeit des Verzichts geltend gemacht, so gilt § 110 Abs. 3 sinngemäß.

---

1) § 354 Abs. 1b eingef. mWv 9.6.2021 durch G v. 2.6.2021 (BGBl. I S. 1259).

Zweiter Abschnitt. Verfahrensvorschriften

§ 355 Einspruchsfrist. (1) [1]Der Einspruch nach § 347 Abs. 1 Satz 1 ist innerhalb eines Monats nach Bekanntgabe des Verwaltungsakts einzulegen. [2]Ein Einspruch gegen eine Steueranmeldung ist innerhalb eines Monats nach Eingang der Steueranmeldung bei der Finanzbehörde, in den Fällen des § 168 Satz 2 innerhalb eines Monats nach Bekanntwerden der Zustimmung, einzulegen.

(2) Der Einspruch nach § 347 Abs. 1 Satz 2 ist unbefristet.

§ 356 Rechtsbehelfsbelehrung. (1) Ergeht ein Verwaltungsakt schriftlich oder elektronisch, so beginnt die Frist für die Einlegung des Einspruchs nur, wenn der Beteiligte über den Einspruch und die Finanzbehörde, bei der er einzulegen ist, deren Sitz und die einzuhaltende Frist in der für den Verwaltungsakt verwendeten Form belehrt worden ist.

(2) [1]Ist die Belehrung unterblieben oder unrichtig erteilt, so ist die Einlegung des Einspruchs nur binnen eines Jahres seit Bekanntgabe des Verwaltungsakts zulässig, es sei denn, dass die Einlegung vor Ablauf der Jahresfrist infolge höherer Gewalt unmöglich war oder schriftlich oder elektronisch darüber belehrt wurde, dass ein Einspruch nicht gegeben sei. [2]§ 110 Abs. 2 gilt für den Fall höherer Gewalt sinngemäß.

§ 357 Einlegung des Einspruchs. (1)[1)] [1]Der Einspruch ist schriftlich oder elektronisch einzureichen oder zur Niederschrift zu erklären. [2]Es genügt, wenn aus dem Einspruch hervorgeht, wer ihn eingelegt hat. [3]Unrichtige Bezeichnung des Einspruchs schadet nicht.

(2)[2)] [1]Der Einspruch ist bei der Behörde anzubringen, deren Verwaltungsakt angefochten wird oder bei der ein Antrag auf Erlass eines Verwaltungsakts gestellt worden ist. [2]Ein Einspruch, der sich gegen die Feststellung von Besteuerungsgrundlagen oder gegen die Festsetzung eines Steuermessbetrags richtet, kann auch bei der zur Erteilung des Steuerbescheids zuständigen Behörde angebracht werden. [3]Ein Einspruch, der sich gegen einen Verwaltungsakt richtet, den eine Behörde auf Grund gesetzlicher Vorschrift für die zuständige Finanzbehörde erlassen hat, kann auch bei der zuständigen Finanzbehörde angebracht werden. [4]Die schriftliche oder elektronische Anbringung bei einer anderen Behörde ist unschädlich, wenn der Einspruch vor Ablauf der Einspruchsfrist einer der Behörden übermittelt wird, bei der er nach den Sätzen 1 bis 3 angebracht werden kann.

(3) [1]Bei der Einlegung soll der Verwaltungsakt bezeichnet werden, gegen den der Einspruch gerichtet ist. [2]Es soll angegeben werden, inwieweit der Verwaltungsakt angefochten und seine Aufhebung beantragt wird. [3]Ferner sollen die Tatsachen, die zur Begründung dienen, und die Beweismittel angeführt werden.

§ 358 Prüfung der Zulässigkeitsvoraussetzungen. [1]Die zur Entscheidung über den Einspruch berufene Finanzbehörde hat zu prüfen, ob der Einspruch zulässig, insbesondere in der vorgeschriebenen Form und Frist eingelegt

---

1) § 357 Abs. 1 Satz 1 geänd., Satz 2 neu gef. mWv 1.8.2013 durch G v. 25.7.2013 (BGBl. I S. 2749); Satz 3 aufgeh., bish. Satz 4 wird Satz 3 mWv 1.1.2017 durch G v. 18.7.2016 (BGBl. I S. 1679).

2) § 357 Abs. 2 Satz 4 geänd. mWv 1.8.2013 durch G v. 25.7.2013 (BGBl. I S. 2749).

ist. 2 Mangelt es an einem dieser Erfordernisse, so ist der Einspruch als unzulässig zu verwerfen.

§ 359 Beteiligte. Beteiligte am Verfahren sind:
1. wer den Einspruch eingelegt hat (Einspruchsführer),
2. wer zum Verfahren hinzugezogen worden ist.

§ 360 Hinzuziehung zum Verfahren. (1) 1 Die zur Entscheidung über den Einspruch berufene Finanzbehörde kann von Amts wegen oder auf Antrag andere hinzuziehen, deren rechtliche Interessen nach den Steuergesetzen durch die Entscheidung berührt werden, insbesondere solche, die nach den Steuergesetzen neben dem Steuerpflichtigen haften. 2 Vor der Hinzuziehung ist derjenige zu hören, der den Einspruch eingelegt hat.

(2) Wird eine Abgabe für einen anderen Abgabenberechtigten verwaltet, so kann dieser nicht deshalb hinzugezogen werden, weil seine Interessen als Abgabenberechtigter durch die Entscheidung berührt werden.

(3) 1 Sind an dem streitigen Rechtsverhältnis Dritte derart beteiligt, dass die Entscheidung auch ihnen gegenüber nur einheitlich ergehen kann, so sind sie hinzuzuziehen. 2 Dies gilt nicht für Mitberechtigte, die nach § 352 nicht befugt sind, Einspruch einzulegen.

(4) Wer zum Verfahren hinzugezogen worden ist, kann dieselben Rechte geltend machen, wie derjenige, der den Einspruch eingelegt hat.

(5)[1)] 1 Kommt nach Absatz 3 die Hinzuziehung von mehr als 50 Personen in Betracht, kann die Finanzbehörde anordnen, dass nur solche Personen hinzugezogen werden, die dies innerhalb einer bestimmten Frist beantragen. 2 Von einer Einzelbekanntgabe der Anordnung kann abgesehen werden, wenn die Anordnung im Bundesanzeiger bekannt gemacht und außerdem in Tageszeitungen veröffentlicht wird, die in dem Bereich verbreitet sind, in dem sich die Entscheidung voraussichtlich auswirken wird. 3 Die Frist muss mindestens drei Monate seit Veröffentlichung im Bundesanzeiger betragen. 4 In der Veröffentlichung in Tageszeitungen ist mitzuteilen, an welchem Tage die Frist abläuft. 5 Für die Wiedereinsetzung in den vorigen Stand wegen Versäumung der Frist gilt § 110 entsprechend. 6 Die Finanzbehörde soll Personen, die von der Entscheidung erkennbar in besonderem Maße betroffen werden, auch ohne Antrag hinzuziehen.

§ 361 Aussetzung der Vollziehung. (1) 1 Durch Einlegung des Einspruchs wird die Vollziehung des angefochtenen Verwaltungsakts vorbehaltlich des Absatzes 4 nicht gehemmt, insbesondere die Erhebung einer Abgabe nicht aufgehalten. 2 Entsprechendes gilt bei Anfechtung von Grundlagenbescheiden für die darauf beruhenden Folgebescheide.

(2)[2)] 1 Die Finanzbehörde, die den angefochtenen Verwaltungsakt erlassen hat, kann die Vollziehung ganz oder teilweise aussetzen; § 367 Abs. 1 Satz 2 gilt sinngemäß. 2 Auf Antrag soll die Aussetzung erfolgen, wenn ernstliche Zweifel an der Rechtmäßigkeit des angefochtenen Verwaltungsakts bestehen oder wenn die Vollziehung für die betroffene Person eine unbillige, nicht durch über-

---

1) § 360 Abs. 5 Satz 2 und 3 geänd. durch G v. 22.3.2005 (BGBl. I S. 837); Satz 2 und 3 geänd. mWv 1.4.2012 durch G v. 22.12.2011 (BGBl. I S. 3044).

2) § 361 Abs. 2 Satz 2 geänd. mWv 26.11.2019 durch G v. 20.11.2019 (BGBl. I S. 1626).

wiegende öffentliche Interessen gebotene Härte zur Folge hätte. [3] Ist der Verwaltungsakt schon vollzogen, tritt an die Stelle der Aussetzung der Vollziehung die Aufhebung der Vollziehung. [4] Bei Steuerbescheiden sind die Aussetzung und die Aufhebung der Vollziehung auf die festgesetzte Steuer, vermindert um die anzurechnenden Steuerabzugsbeträge, um die anzurechnende Körperschaftsteuer und um die festgesetzten Vorauszahlungen, beschränkt; dies gilt nicht, wenn die Aussetzung oder Aufhebung der Vollziehung zur Abwendung wesentlicher Nachteile nötig erscheint. [5] Die Aussetzung kann von einer Sicherheitsleistung abhängig gemacht werden.

(3) [1] Soweit die Vollziehung eines Grundlagenbescheids ausgesetzt wird, ist auch die Vollziehung eines Folgebescheids auszusetzen. [2] Der Erlass eines Folgebescheids bleibt zulässig. [3] Über eine Sicherheitsleistung ist bei der Aussetzung eines Folgebescheids zu entscheiden, es sei denn, dass bei der Aussetzung der Vollziehung des Grundlagenbescheids die Sicherheitsleistung ausdrücklich ausgeschlossen worden ist.

(4) [1] Durch Einlegung eines Einspruchs gegen die Untersagung des Gewerbebetriebs oder der Berufsausübung wird die Vollziehung des angefochtenen Verwaltungsakts gehemmt. [2] Die Finanzbehörde, die den Verwaltungsakt erlassen hat, kann die hemmende Wirkung durch besondere Anordnung ganz oder zum Teil beseitigen, wenn sie es im öffentlichen Interesse für geboten hält; sie hat das öffentliche Interesse schriftlich zu begründen. [3] § 367 Abs. 1 Satz 2 gilt sinngemäß.

(5) Gegen die Ablehnung der Aussetzung der Vollziehung kann das Gericht nur nach § 69 Abs. 3 und 5 Satz 3 der Finanzgerichtsordnung[1)] angerufen werden.

§ 362 Rücknahme des Einspruchs. (1) [1] Der Einspruch kann bis zur Bekanntgabe der Entscheidung über den Einspruch zurückgenommen werden. [2] § 357 Abs. 1 und 2 gilt sinngemäß.

(1a) [1] Soweit Besteuerungsgrundlagen für ein Verständigungs- oder ein Schiedsverfahren nach einem Vertrag im Sinne des § 2 von Bedeutung sein können, kann der Einspruch hierauf begrenzt zurückgenommen werden. [2] § 354 Abs. 1a Satz 2 gilt entsprechend.

(2) [1] Die Rücknahme hat den Verlust des eingelegten Einspruchs zur Folge. [2] Wird nachträglich die Unwirksamkeit der Rücknahme geltend gemacht, so gilt § 110 Abs. 3 sinngemäß.

§ 363 Aussetzung und Ruhen des Verfahrens. (1) Hängt die Entscheidung ganz oder zum Teil von dem Bestehen oder Nichtbestehen eines Rechtsverhältnisses ab, das den Gegenstand eines anhängigen Rechtsstreits bildet oder von einem Gericht oder einer Verwaltungsbehörde festzustellen ist, kann die Finanzbehörde die Entscheidung bis zur Erledigung des anderen Rechtsstreits oder bis zur Entscheidung des Gerichts oder der Verwaltungsbehörde aussetzen.

(2)[2)] [1] Die Finanzbehörde kann das Verfahren mit Zustimmung des Einspruchsführers ruhen lassen, wenn das aus wichtigen Gründen zweckmäßig erscheint. [2] Ist wegen der Verfassungsmäßigkeit einer Rechtsnorm oder wegen

---

[1)] Nr. **9**.

[2)] § 363 Abs. 2 Satz 2 geänd. mWv 1.1.2009 durch G v. 20.12.2008 (BGBl. I S. 2850); Satz 2 1. HS geänd. mWv 30.6.2013 durch G v. 26.6.2013 (BGBl. I S. 1809).

einer Rechtsfrage ein Verfahren bei dem Gerichtshof der Europäischen Union, dem Bundesverfassungsgericht oder einem obersten Bundesgericht anhängig und wird der Einspruch hierauf gestützt, ruht das Einspruchsverfahren insoweit; dies gilt nicht, soweit nach § 165 Abs. 1 Satz 2 Nr. 3 oder Nr. 4 die Steuer vorläufig festgesetzt wurde. [3] Mit Zustimmung der obersten Finanzbehörde kann durch öffentlich bekannt zu gebende Allgemeinverfügung für bestimmte Gruppen gleichgelagerter Fälle angeordnet werden, dass Einspruchsverfahren insoweit auch in anderen als den in den Sätzen 1 und 2 genannten Fällen ruhen. [4] Das Einspruchsverfahren ist fortzusetzen, wenn der Einspruchsführer dies beantragt oder die Finanzbehörde dies dem Einspruchsführer mitteilt.

(3) Wird ein Antrag auf Aussetzung oder Ruhen des Verfahrens abgelehnt oder die Aussetzung oder das Ruhen des Verfahrens widerrufen, kann die Rechtswidrigkeit der Ablehnung oder des Widerrufs nur durch Klage gegen die Einspruchsentscheidung geltend gemacht werden.

§ 364[1)] Offenlegung der Besteuerungsunterlagen. Den Beteiligten sind, soweit es noch nicht geschehen ist, die Unterlagen der Besteuerung auf Antrag oder, wenn die Begründung des Einspruchs dazu Anlass gibt, von Amts wegen offenzulegen.

§ 364a Erörterung des Sach- und Rechtsstands. (1) [1] Auf Antrag eines Einspruchsführers soll die Finanzbehörde vor Erlass einer Einspruchsentscheidung den Sach- und Rechtsstand erörtern. [2] Weitere Beteiligte können hierzu geladen werden, wenn die Finanzbehörde dies für sachdienlich hält. [3] Die Finanzbehörde kann auch ohne Antrag eines Einspruchsführers diesen und weitere Beteiligte zu einer Erörterung laden.

(2) [1] Von einer Erörterung mit mehr als zehn Beteiligten kann die Finanzbehörde absehen. [2] Bestellen die Beteiligten innerhalb einer von der Finanzbehörde bestimmten angemessenen Frist einen gemeinsamen Vertreter, soll der Sach- und Rechtsstand mit diesem erörtert werden.

(3) [1] Die Beteiligten können sich durch einen Bevollmächtigten vertreten lassen. [2] Sie können auch persönlich zur Erörterung geladen werden, wenn die Finanzbehörde dies für sachdienlich hält.

(4) Das Erscheinen kann nicht nach § 328 erzwungen werden.

§ 364b Fristsetzung. (1) Die Finanzbehörde kann dem Einspruchsführer eine Frist setzen

1. zur Angabe der Tatsachen, durch deren Berücksichtigung oder Nichtberücksichtigung er sich beschwert fühlt,
2. zur Erklärung über bestimmte klärungsbedürftige Punkte,
3. zur Bezeichnung von Beweismitteln oder zur Vorlage von Urkunden, soweit er dazu verpflichtet ist.

(2) [1] Erklärungen und Beweismittel, die erst nach Ablauf der nach Absatz 1 gesetzten Frist vorgebracht werden, sind nicht zu berücksichtigen. [2] § 367 Abs. 2 Satz 2 bleibt unberührt. [3] Bei Überschreitung der Frist gilt § 110 entsprechend.

---

1) § 364 Überschrift und Wortlaut geänd. mWv 26.11.2019 durch G v. 20.11.2019 (BGBl. I S. 1626).

(3) Der Einspruchsführer ist mit der Fristsetzung über die Rechtsfolgen nach Absatz 2 zu belehren.

§ 365 Anwendung von Verfahrensvorschriften. (1) Für das Verfahren über den Einspruch gelten im Übrigen die Vorschriften sinngemäß, die für den Erlass des angefochtenen oder des begehrten Verwaltungsakts gelten.

(2) In den Fällen des § 93 Abs. 5, des § 96 Abs. 7 Satz 2 und der §§ 98 bis 100 ist den Beteiligten und ihren Bevollmächtigten und Beiständen (§ 80) Gelegenheit zu geben, an der Beweisaufnahme teilzunehmen.

(3) [1] Wird der angefochtene Verwaltungsakt geändert oder ersetzt, so wird der neue Verwaltungsakt Gegenstand des Einspruchsverfahrens. [2] Satz 1 gilt entsprechend, wenn

1. ein Verwaltungsakt nach § 129 berichtigt wird oder
2. ein Verwaltungsakt an die Stelle eines angefochtenen unwirksamen Verwaltungsakts tritt.

§ 366[1)] Form, Inhalt und Erteilung der Einspruchsentscheidung. [1] Die Einspruchsentscheidung ist zu begründen, mit einer Rechtsbehelfsbelehrung zu versehen und den Beteiligten schriftlich oder elektronisch zu erteilen. [2] Betrifft die Einspruchsentscheidung eine gesonderte und einheitliche Feststellung im Sinne des § 180 Absatz 1 Satz 1 Nummer 2 Buchstabe a und sind mehr als 50 Personen gemäß § 359 am Verfahren beteiligt, so kann auf die Nennung sämtlicher Einspruchsführer und Hinzugezogenen im Rubrum der Einspruchsentscheidung verzichtet werden, wenn dort die Person, der diese Einspruchsentscheidung jeweils bekannt gegeben wird, und die Anzahl der übrigen nicht namentlich bezeichneten Beteiligten angegeben wird.

§ 367 Entscheidung über den Einspruch. (1) [1] Über den Einspruch entscheidet die Finanzbehörde, die den Verwaltungsakt erlassen hat, durch Einspruchsentscheidung. [2] Ist für den Steuerfall nachträglich eine andere Finanzbehörde zuständig geworden, so entscheidet diese Finanzbehörde; § 26 Satz 2 bleibt unberührt.

(2) [1] Die Finanzbehörde, die über den Einspruch entscheidet, hat die Sache in vollem Umfang erneut zu prüfen. [2] Der Verwaltungsakt kann auch zum Nachteil des Einspruchsführers geändert werden, wenn dieser auf die Möglichkeit einer verbösernden Entscheidung unter Angabe von Gründen hingewiesen und ihm Gelegenheit gegeben worden ist, sich hierzu zu äußern. [3] Einer Einspruchsentscheidung bedarf es nur insoweit, als die Finanzbehörde dem Einspruch nicht abhilft.

(2a)[2)] [1] Die Finanzbehörde kann vorab über Teile des Einspruchs entscheiden, wenn dies sachdienlich ist. [2] Sie hat in dieser Entscheidung zu bestimmen, hinsichtlich welcher Teile Bestandskraft nicht eintreten soll.

(2b)[3)] [1] Anhängige Einsprüche, die eine vom Gerichtshof der Europäischen Union, vom Bundesverfassungsgericht oder vom Bundesfinanzhof entschiede-

---

1) § 366 neu gef. mWv 1.1.2017 durch G v. 18.7.2016 (BGBl. I S. 1679); Satz 2 angef. mWv 29.12.2020 durch G v. 21.12.2020 (BGBl. I S. 3096).

2) § 367 Abs. 2a eingef. durch G v. 13.12.2006 (BGBl. I S. 2878).

3) § 367 Abs. 2b eingef. durch G v. 13.12.2006 (BGBl. I S. 2878); zur Anwendung siehe Art. 97 § 18a Abs. 12 EGAO (Nr. **4**); Satz 1 geänd. mWv 30.6.2013 durch G v. 26.6.2013 (BGBl. I S. 1809).

ne Rechtsfrage betreffen und denen nach dem Ausgang des Verfahrens vor diesen Gerichten nicht abgeholfen werden kann, können durch Allgemeinverfügung insoweit zurückgewiesen werden. [2] Sachlich zuständig für den Erlass der Allgemeinverfügung ist die oberste Finanzbehörde. [3] Die Allgemeinverfügung ist im Bundessteuerblatt und auf den Internetseiten des Bundesministeriums der Finanzen zu veröffentlichen. [4] Sie gilt am Tag nach der Herausgabe des Bundessteuerblattes, in dem sie veröffentlicht wird, als bekannt gegeben. [5] Abweichend von § 47 Abs. 1 der Finanzgerichtsordnung[1)] endet die Klagefrist mit Ablauf eines Jahres nach dem Tag der Bekanntgabe. [6] § 63 Abs. 1 Nr. 1 der Finanzgerichtsordnung gilt auch, soweit ein Einspruch durch eine Allgemeinverfügung nach Satz 1 zurückgewiesen wurde.

(3) [1] Richtet sich der Einspruch gegen einen Verwaltungsakt, den eine Behörde auf Grund gesetzlicher Vorschrift für die zuständige Finanzbehörde erlassen hat, so entscheidet die zuständige Finanzbehörde über den Einspruch. [2] Auch die für die zuständige Finanzbehörde handelnde Behörde ist berechtigt, dem Einspruch abzuhelfen.

§ 368 (weggefallen)

Achter Teil. Straf- und Bußgeldvorschriften, Straf- und Bußgeldverfahren

Erster Abschnitt. Strafvorschriften

§ 369 Steuerstraftaten. (1) Steuerstraftaten (Zollstraftaten) sind:

1. Taten, die nach den Steuergesetzen strafbar sind,
2. der Bannbruch,
3. die Wertzeichenfälschung und deren Vorbereitung, soweit die Tat Steuerzeichen betrifft,
4. die Begünstigung einer Person, die eine Tat nach den Nummern 1 bis 3 begangen hat.

(2) Für Steuerstraftaten gelten die allgemeinen Gesetze über das Strafrecht, soweit die Strafvorschriften der Steuergesetze nichts anderes bestimmen.

§ 370 Steuerhinterziehung. (1) Mit Freiheitsstrafe bis zu fünf Jahren oder mit Geldstrafe wird bestraft, wer

1. den Finanzbehörden oder anderen Behörden über steuerlich erhebliche Tatsachen unrichtige oder unvollständige Angaben macht,
2. die Finanzbehörden pflichtwidrig über steuerlich erhebliche Tatsachen in Unkenntnis lässt oder
3. pflichtwidrig die Verwendung von Steuerzeichen oder Steuerstemplern unterlässt

und dadurch Steuern verkürzt oder für sich oder einen anderen nicht gerechtfertigte Steuervorteile erlangt.

(2) Der Versuch ist strafbar.

[1)] Nr. **9**.

(3) [1]In besonders schweren Fällen ist die Strafe Freiheitsstrafe von sechs Monaten bis zu zehn Jahren. [2]Ein besonders schwerer Fall liegt in der Regel vor, wenn der Täter

1.[1)] in großem Ausmaß Steuern verkürzt oder nicht gerechtfertigte Steuervorteile erlangt,

2.[2)] seine Befugnisse oder seine Stellung als Amtsträger oder Europäischer Amtsträger (§ 11 Absatz 1 Nummer 2a des Strafgesetzbuchs) missbraucht,

3.[3)] die Mithilfe eines Amtsträgers oder Europäischen Amtsträgers (§ 11 Absatz 1 Nummer 2a des Strafgesetzbuchs) ausnutzt, der seine Befugnisse oder seine Stellung missbraucht,

4.[4)] unter Verwendung nachgemachter oder verfälschter Belege fortgesetzt Steuern verkürzt oder nicht gerechtfertigte Steuervorteile erlangt,

5.[5)] als Mitglied einer Bande, die sich zur fortgesetzten Begehung von Taten nach Absatz 1 verbunden hat, Umsatz- oder Verbrauchssteuern verkürzt oder nicht gerechtfertigte Umsatz- oder Verbrauchssteuervorteile erlangt oder

6.[6)] eine Drittstaat-Gesellschaft im Sinne des § 138 Absatz 3, auf die er alleine oder zusammen mit nahestehenden Personen im Sinne des § 1 Absatz 2 des Außensteuergesetzes[7)] unmittelbar oder mittelbar einen beherrschenden oder bestimmenden Einfluss ausüben kann, zur Verschleierung steuerlich erheblicher Tatsachen nutzt und auf diese Weise fortgesetzt Steuern verkürzt oder nicht gerechtfertigte Steuervorteile erlangt.

(4) [1]Steuern sind namentlich dann verkürzt, wenn sie nicht, nicht in voller Höhe oder nicht rechtzeitig festgesetzt werden; dies gilt auch dann, wenn die Steuer vorläufig oder unter Vorbehalt der Nachprüfung festgesetzt wird oder eine Steueranmeldung einer Steuerfestsetzung unter Vorbehalt der Nachprüfung gleichsteht. [2]Steuervorteile sind auch Steuervergütungen; nicht gerechtfertigte Steuervorteile sind erlangt, soweit sie zu Unrecht gewährt oder belassen werden. [3]Die Voraussetzungen der Sätze 1 und 2 sind auch dann erfüllt, wenn die Steuer, auf die sich die Tat bezieht, aus anderen Gründen hätte ermäßigt oder der Steuervorteil aus anderen Gründen hätte beansprucht werden können.

(5) Die Tat kann auch hinsichtlich solcher Waren begangen werden, deren Einfuhr, Ausfuhr oder Durchfuhr verboten ist.

(6)[8)] [1]Die Absätze 1 bis 5 gelten auch dann, wenn sich die Tat auf Einfuhr- oder Ausfuhrabgaben bezieht, die von einem anderen Mitgliedstaat der Europäischen Union verwaltet werden oder die einem Mitgliedstaat der Europäi-

---

[1)] § 370 Abs. 3 Satz 2 Nr. 1 geänd. durch G v. 21.12.2007 (BGBl. I S. 3198).

[2)] § 370 Abs. 3 Satz 2 Nr. 2 geänd. mWv 26.11.2015 durch G v. 20.11.2015 (BGBl. I S. 2025).

[3)] § 370 Abs. 3 Satz 2 Nr. 3 geänd. durch G v. 21.12.2007 (BGBl. I S. 3198); geänd. mWv 26.11.2015 durch G v. 20.11.2015 (BGBl. I S. 2025).

[4)] § 370 Abs. 3 Satz 2 Nr. 4 geänd. durch G v. 21.12.2007 (BGBl. I S. 3198); geänd. mWv 25.6.2017 durch G v. 23.6.2017 (BGBl. I S. 1682); zur Anwendung siehe Art. 97 § 1 Abs. 12 Satz 1 EGAO (Nr. **4**).

[5)] § 370 Abs. 3 Satz 2 Nr. 5 angef. durch G v. 21.12.2007 (BGBl. I S. 3198); geänd. mWv 25.6.2017 durch G v. 23.6.2017 (BGBl. I S. 1682); zur Anwendung siehe Art. 97 § 1 Abs. 12 Satz 1 EGAO (Nr. **4**).

[6)] § 370 Abs. 3 Satz 2 Nr. 6 angef. mWv 25.6.2017 durch G v. 23.6.2017 (BGBl. I S. 1682); zur Anwendung siehe Art. 97 § 1 Abs. 12 Satz 1 EGAO (Nr. **4**).

[7)] Nr. **2**.

[8)] § 370 Abs. 6 neu gef. durch G v. 7.12.2011 (BGBl. I S. 2592).

schen Freihandelsassoziation oder einem mit dieser assoziierten Staat zustehen. [2]Das Gleiche gilt, wenn sich die Tat auf Umsatzsteuern oder auf die in Artikel 1 Absatz 1 der Richtlinie 2008/118/EG des Rates vom 16. Dezember 2008 über das allgemeine Verbrauchsteuersystem und zur Aufhebung der Richtlinie 92/12/EWG (ABl. L 9 vom 14.1.2009, S. 12) genannten harmonisierten Verbrauchsteuern bezieht, die von einem anderen Mitgliedstaat der Europäischen Union verwaltet werden.

(7) Die Absätze 1 bis 6 gelten unabhängig von dem Recht des Tatortes auch für Taten, die außerhalb des Geltungsbereiches dieses Gesetzes begangen werden.

§ 370a[1)] *(aufgehoben)*

§ 371 Selbstanzeige bei Steuerhinterziehung. (1)[2)] [1]Wer gegenüber der Finanzbehörde zu allen Steuerstraftaten einer Steuerart in vollem Umfang die unrichtigen Angaben berichtigt, die unvollständigen Angaben ergänzt oder die unterlassenen Angaben nachholt, wird wegen dieser Steuerstraftaten nicht nach § 370 bestraft. [2]Die Angaben müssen zu allen unverjährten Steuerstraftaten einer Steuerart, mindestens aber zu allen Steuerstraftaten einer Steuerart innerhalb der letzten zehn Kalenderjahre erfolgen.

(2)[3)] [1]Straffreiheit tritt nicht ein, wenn

1. bei einer der zur Selbstanzeige gebrachten unverjährten Steuerstraftaten vor der Berichtigung, Ergänzung oder Nachholung
   a) dem an der Tat Beteiligten, seinem Vertreter, dem Begünstigten im Sinne des § 370 Absatz 1 oder dessen Vertreter eine Prüfungsanordnung nach § 196 bekannt gegeben worden ist, beschränkt auf den sachlichen und zeitlichen Umfang der angekündigten Außenprüfung, oder
   b) dem an der Tat Beteiligten oder seinem Vertreter die Einleitung des Straf- oder Bußgeldverfahrens bekannt gegeben worden ist oder
   c) ein Amtsträger der Finanzbehörde zur steuerlichen Prüfung erschienen ist, beschränkt auf den sachlichen und zeitlichen Umfang der Außenprüfung, oder
   d) ein Amtsträger zur Ermittlung einer Steuerstraftat oder einer Steuerordnungswidrigkeit erschienen ist oder
   e) ein Amtsträger der Finanzbehörde zu einer Umsatzsteuer-Nachschau nach § 27b des Umsatzsteuergesetzes[4)], einer Lohnsteuer-Nachschau nach § 42g des Einkommensteuergesetzes[5)] oder einer Nachschau nach anderen steuerrechtlichen Vorschriften erschienen ist und sich ausgewiesen hat oder
2. eine der Steuerstraftaten im Zeitpunkt der Berichtigung, Ergänzung oder Nachholung ganz oder zum Teil bereits entdeckt war und der Täter dies wusste oder bei verständiger Würdigung der Sachlage damit rechnen musste,

---

[1)] § 370a aufgeh. mWv 1.1.2008 durch G v. 21.12.2007 (BGBl. I S. 3198).
[2)] § 371 Abs. 1 neu gef. mWv 1.1.2015 durch G v. 22.12.2014 (BGBl. I S. 2415).
[3)] § 371 Abs. 2 neu gef. mWv 1.1.2015 durch G v. 22.12.2014 (BGBl. I S. 2415).
[4)] Nr. **23**.
[5)] Nr. **5**.

3. die nach § 370 Absatz 1 verkürzte Steuer oder der für sich oder einen anderen erlangte nicht gerechtfertigte Steuervorteil einen Betrag von 25 000 Euro je Tat übersteigt, oder
4.[1] ein in § 370 Absatz 3 Satz 2 Nummer 2 bis 6 genannter besonders schwerer Fall vorliegt.

[2]Der Ausschluss der Straffreiheit nach Satz 1 Nummer 1 Buchstabe a und c hindert nicht die Abgabe einer Berichtigung nach Absatz 1 für die nicht unter Satz 1 Nummer 1 Buchstabe a und c fallenden Steuerstraftaten einer Steuerart.

(2a)[2] [1]Soweit die Steuerhinterziehung durch Verletzung der Pflicht zur rechtzeitigen Abgabe einer vollständigen und richtigen Umsatzsteuervoranmeldung oder Lohnsteueranmeldung begangen worden ist, tritt Straffreiheit abweichend von den Absätzen 1 und 2 Satz 1 Nummer 3 bei Selbstanzeigen in dem Umfang ein, in dem der Täter gegenüber der zuständigen Finanzbehörde die unrichtigen Angaben berichtigt, die unvollständigen Angaben ergänzt oder die unterlassenen Angaben nachholt. [2]Absatz 2 Satz 1 Nummer 2 gilt nicht, wenn die Entdeckung der Tat darauf beruht, dass eine Umsatzsteuervoranmeldung oder Lohnsteueranmeldung nachgeholt oder berichtigt wurde. [3]Die Sätze 1 und 2 gelten nicht für Steueranmeldungen, die sich auf das Kalenderjahr beziehen. [4]Für die Vollständigkeit der Selbstanzeige hinsichtlich einer auf das Kalenderjahr bezogenen Steueranmeldung ist die Berichtigung, Ergänzung oder Nachholung der Voranmeldungen, die dem Kalenderjahr nachfolgende Zeiträume betreffen, nicht erforderlich.

(3)[3] [1]Sind Steuerverkürzungen bereits eingetreten oder Steuervorteile erlangt, so tritt für den an der Tat Beteiligten Straffreiheit nur ein, wenn er die aus der Tat zu seinen Gunsten hinterzogenen Steuern, die Hinterziehungszinsen nach § 235 und die Zinsen nach § 233a, soweit sie auf die Hinterziehungszinsen nach § 235 Absatz 4 angerechnet werden, innerhalb der ihm bestimmten angemessenen Frist entrichtet. [2]In den Fällen des Absatzes 2a Satz 1 gilt Satz 1 mit der Maßgabe, dass die fristgerechte Entrichtung von Zinsen nach § 233a oder § 235 unerheblich ist.

(4) [1]Wird die in § 153 vorgesehene Anzeige rechtzeitig und ordnungsmäßig erstattet, so wird ein Dritter, der die in § 153 bezeichneten Erklärungen abzugeben unterlassen oder unrichtig oder unvollständig abgegeben hat, strafrechtlich nicht verfolgt, es sei denn, dass ihm oder seinem Vertreter vorher die Einleitung eines Straf- oder Bußgeldverfahrens wegen der Tat bekannt gegeben worden ist. [2]Hat der Dritte zum eigenen Vorteil gehandelt, so gilt Absatz 3 entsprechend.

§ 372 Bannbruch. (1) Bannbruch begeht, wer Gegenstände entgegen einem Verbot einführt, ausführt oder durchführt.

(2) Der Täter wird nach § 370 Abs. 1, 2 bestraft, wenn die Tat nicht in anderen Vorschriften als Zuwiderhandlung gegen ein Einfuhr-, Ausfuhr- oder Durchfuhrverbot mit Strafe oder mit Geldbuße bedroht ist.

---

[1] § 371 Abs. 2 Satz 1 Nr. 4 geänd. mWv 25.6.2017 durch G v. 23.6.2017 (BGBl. I S. 1682); zur Anwendung siehe Art. 97 § 1 Abs. 12 Satz 1 EGAO (Nr. **4**).

[2] § 371 Abs. 2a eingef. mWv 1.1.2015 durch G v. 22.12.2014 (BGBl. I S. 2415).

[3] § 371 Abs. 3 neu gef. durch G v. 28.4.2011 (BGBl. I S. 676); zur Anwendung siehe Art. 97 § 24 EGAO (Nr. **4**); Satz 1 geänd., Satz 2 angef. mWv 1.1.2015 durch G v. 22.12.2014 (BGBl. I S. 2415).

§ 373 Gewerbsmäßiger, gewaltsamer und bandenmäßiger Schmuggel. (1)[1] [1]Wer gewerbsmäßig Einfuhr- oder Ausfuhrabgaben hinterzieht oder gewerbsmäßig durch Zuwiderhandlungen gegen Monopolvorschriften Bannbruch begeht, wird mit Freiheitsstrafe von sechs Monaten bis zu zehn Jahren bestraft. [2]In minder schweren Fällen ist die Strafe Freiheitsstrafe bis zu fünf Jahren oder Geldstrafe.

(2) Ebenso wird bestraft, wer

1. eine Hinterziehung von Einfuhr- oder Ausfuhrabgaben oder einen Bannbruch begeht, bei denen er oder ein anderer Beteiligter eine Schusswaffe bei sich führt,
2. eine Hinterziehung von Einfuhr- oder Ausfuhrabgaben oder einen Bannbruch begeht, bei denen er oder ein anderer Beteiligter eine Waffe oder sonst ein Werkzeug oder Mittel bei sich führt, um den Widerstand eines anderen durch Gewalt oder Drohung mit Gewalt zu verhindern oder zu überwinden, oder
3.[2] als Mitglied einer Bande, die sich zur fortgesetzten Begehung der Hinterziehung von Einfuhr- oder Ausfuhrabgaben oder des Bannbruchs verbunden hat, eine solche Tat begeht.

(3)[3] Der Versuch ist strafbar.

(4)[4] § 370 Abs. 6 Satz 1 und Abs. 7 gilt entsprechend.

§ 374 Steuerhehlerei. (1)[5] Wer Erzeugnisse oder Waren, hinsichtlich deren Verbrauchsteuern oder Einfuhr- und Ausfuhrabgaben nach Artikel 5 Nummer 20 und 21 des Zollkodex der Union hinterzogen oder Bannbruch nach § 372 Abs. 2, § 373 begangen worden ist, ankauft oder sonst sich oder einem Dritten verschafft, sie absetzt oder abzusetzen hilft, um sich oder einen Dritten zu bereichern, wird mit Freiheitsstrafe bis zu fünf Jahren oder mit Geldstrafe bestraft.

(2)[6] [1]Handelt der Täter gewerbsmäßig oder als Mitglied einer Bande, die sich zur fortgesetzten Begehung von Straftaten nach Absatz 1 verbunden hat, so ist die Strafe Freiheitsstrafe von sechs Monaten bis zu zehn Jahren. [2]In minder schweren Fällen ist die Strafe Freiheitsstrafe bis zu fünf Jahren oder Geldstrafe.

(3)[7] Der Versuch ist strafbar.

(4)[8] § 370 Absatz 6 und 7 gilt entsprechend.

§ 375 Nebenfolgen. (1) Neben einer Freiheitsstrafe von mindestens einem Jahr wegen

1. Steuerhinterziehung,

---

[1] § 373 Abs. 1 Satz 1 geänd., Satz 2 angef. mWv 1.1.2008 durch G v. 21.12.2007 (BGBl. I S. 3198).

[2] § 373 Abs. 2 Nr. 3 geänd. mWv 1.1.2008 durch G v. 21.12.2007 (BGBl. I S. 3198).

[3] § 373 Abs. 3 angef. mWv 1.1.2008 durch G v. 21.12.2007 (BGBl. I S. 3198).

[4] § 373 Abs. 4 angef. mWv 1.1.2008 durch G v. 21.12.2007 (BGBl. I S. 3198).

[5] § 374 Abs. 1 geänd. mWv 1.1.2008 durch G v. 21.12.2007 (BGBl. I S. 3198); geänd. mWv 1.5.2016 durch G v. 22.12.2014 (BGBl. I S. 2417).

[6] § 374 Abs. 2 eingef. mWv 1.1.2008 durch G v. 21.12.2007 (BGBl. I S. 3198).

[7] § 374 Abs. 3 eingef. mWv 1.1.2008 durch G v. 21.12.2007 (BGBl. I S. 3198).

[8] § 374 bish. Abs. 2 wird Abs. 4 und neu gef. mWv 1.1.2008 durch G v. 21.12.2007 (BGBl. I S. 3198); geänd. durch G v. 22.12.2014 (BGBl. I S. 2415).

2. Bannbruchs nach § 372 Abs. 2, § 373,
3. Steuerhehlerei oder
4. Begünstigung einer Person, die eine Tat nach den Nummern 1 bis 3 begangen hat,

kann das Gericht die Fähigkeit, öffentliche Ämter zu bekleiden, und die Fähigkeit, Rechte aus öffentlichen Wahlen zu erlangen, aberkennen (§ 45 Abs. 2 des Strafgesetzbuchs).

(2) [1] Ist eine Steuerhinterziehung, ein Bannbruch nach § 372 Abs. 2, § 373 oder eine Steuerhehlerei begangen worden, so können

1.[1)] die Erzeugnisse, Waren und andere Sachen, auf die sich die Hinterziehung von Verbrauchsteuer oder Einfuhr- und Ausfuhrabgaben nach Artikel 5 Nummer 20 und 21 des Zollkodex der Union, der Bannbruch oder die Steuerhehlerei bezieht, und
2. die Beförderungsmittel, die zur Tat benutzt worden sind,

eingezogen werden. [2] § 74a des Strafgesetzbuchs ist anzuwenden.

§ 375a[2)] *(aufgehoben)*

§ 376[3)] **Verfolgungsverjährung.** (1)[4)] In den in § 370 Absatz 3 Satz 2 Nummer 1 bis 6 genannten Fällen besonders schwerer Steuerhinterziehung beträgt die Verjährungsfrist 15 Jahre; § 78b Absatz 4 des Strafgesetzbuches gilt entsprechend.

(2) Die Verjährung der Verfolgung einer Steuerstraftat wird auch dadurch unterbrochen, dass dem Beschuldigten die Einleitung des Bußgeldverfahrens bekannt gegeben oder diese Bekanntgabe angeordnet wird.

(3)[5)] Abweichend von § 78c Absatz 3 Satz 2 des Strafgesetzbuches verjährt in den in § 370 Absatz 3 Satz 2 Nummer 1 bis 6 genannten Fällen besonders schwerer Steuerhinterziehung die Verfolgung spätestens, wenn seit dem in § 78a des Strafgesetzbuches bezeichneten Zeitpunkt das Zweieinhalbfache der gesetzlichen Verjährungsfrist verstrichen ist.

Zweiter Abschnitt. Bußgeldvorschriften

§ 377 Steuerordnungswidrigkeiten. (1)[6)] Steuerordnungswidrigkeiten (Zollordnungswidrigkeiten) sind Zuwiderhandlungen, die nach diesem Gesetz oder den Steuergesetzen mit Geldbuße geahndet werden können.

(2)[7)] Für Steuerordnungswidrigkeiten gelten die Vorschriften des Ersten Teils des Gesetzes über Ordnungswidrigkeiten, soweit die Bußgeldvorschriften dieses Gesetzes oder der Steuergesetze nichts anderes bestimmen.

[1)] § 375 Abs. 2 Satz 1 Nr. 1 geänd. mWv 1.5.2016 durch G v. 22.12.2014 (BGBl. I S. 2417).

[2)] § 375a aufgeh. mWv 29.12.2020 durch G v. 21.12.2020 (BGBl. I S. 3096).

[3)] § 376 neu gef. durch G v. 19.12.2008 (BGBl. I S. 2794); zur Anwendung siehe Art. 97 § 23 EGAO (Nr. **4**).

[4)] § 376 Abs. 1 geänd. mWv 25.6.2017 durch G v. 23.6.2017 (BGBl. I S. 1682); zur Anwendung siehe Art. 97 § 1 Abs. 12 Satz 1 EGAO (Nr. **4**); 2. HS angef. mWv 1.7.2020 durch G v. 29.6.2020 (BGBl. I S. 1512); 1. HS geänd. mWv 29.12.2020 durch G v. 21.12.2020 (BGBl. I S. 3096).

[5)] § 376 Abs. 3 angef. mWv 1.7.2020 durch G v. 29.6.2020 (BGBl. I S. 1512).

[6)] § 377 Abs. 1 geänd. mWv 25.5.2018 durch G v. 17.7.2017 (BGBl. I S. 2541).

[7)] § 377 Abs. 2 geänd. mWv 25.5.2018 durch G v. 17.7.2017 (BGBl. I S. 2541).

§ 378 Leichtfertige Steuerverkürzung. (1) [1] Ordnungswidrig handelt, wer als Steuerpflichtiger oder bei Wahrnehmung der Angelegenheiten eines Steuerpflichtigen eine der in § 370 Abs. 1 bezeichneten Taten leichtfertig begeht. [2] § 370 Abs. 4 bis 7 gilt entsprechend.

(2) Die Ordnungswidrigkeit kann mit einer Geldbuße bis zu fünfzigtausend Euro geahndet werden.

(3)[1)] [1] Eine Geldbuße wird nicht festgesetzt, soweit der Täter gegenüber der Finanzbehörde die unrichtigen Angaben berichtigt, die unvollständigen Angaben ergänzt oder die unterlassenen Angaben nachholt, bevor ihm oder seinem Vertreter die Einleitung eines Straf- oder Bußgeldverfahrens wegen der Tat bekannt gegeben worden ist. [2] Sind Steuerverkürzungen bereits eingetreten oder Steuervorteile erlangt, so wird eine Geldbuße nicht festgesetzt, wenn der Täter die aus der Tat zu seinen Gunsten verkürzten Steuern innerhalb der ihm bestimmten angemessenen Frist entrichtet. [3] § 371 Absatz 4 gilt entsprechend.

§ 379 Steuergefährdung. (1)[2)] [1] Ordnungswidrig handelt, wer vorsätzlich oder leichtfertig

1. Belege ausstellt, die in tatsächlicher Hinsicht unrichtig sind,
2. Belege gegen Entgelt in den Verkehr bringt,
3. nach Gesetz buchungs- oder aufzeichnungspflichtige Geschäftsvorfälle oder Betriebsvorgänge nicht oder in tatsächlicher Hinsicht unrichtig aufzeichnet oder aufzeichnen lässt, verbucht oder verbuchen lässt,
4. entgegen § 146a Absatz 1 Satz 1 ein dort genanntes System nicht oder nicht richtig verwendet,
5. entgegen § 146a Absatz 1 Satz 2 ein dort genanntes System nicht oder nicht richtig schützt oder
6. entgegen § 146a Absatz 1 Satz 5 gewerbsmäßig ein dort genanntes System oder eine dort genannte Software bewirbt oder in den Verkehr bringt

und dadurch ermöglicht, Steuern zu verkürzen oder nicht gerechtfertigte Steuervorteile zu erlangen. [2] Satz 1 Nr. 1 gilt auch dann, wenn Einfuhr- und Ausfuhrabgaben verkürzt werden können, die von einem anderen Mitgliedstaat der Europäischen Union verwaltet werden oder die einem Staat zustehen, der für Waren aus der Europäischen Union auf Grund eines Assoziations- oder Präferenzabkommens eine Vorzugsbehandlung gewährt; § 370 Abs. 7 gilt entsprechend. [3] Das Gleiche gilt, wenn sich die Tat auf Umsatzsteuern bezieht, die von einem anderen Mitgliedstaat der Europäischen Union verwaltet werden.

(2) Ordnungswidrig handelt, wer vorsätzlich oder leichtfertig

1.[3)] der Mitteilungspflicht nach § 138 Absatz 2 Satz 1 nicht, nicht vollständig oder nicht rechtzeitig nachkommt,

---

[1)] § 378 Abs. 3 neu gef. durch G v. 28.4.2011 (BGBl. I S. 676); zur Anwendung siehe Art. 97 § 24 EGAO (Nr. **4**); Satz 2 eingef., bish. Satz 2 wird Satz 3 und neu gef. mWv 1.1.2015 durch G v. 22.12. 2014 (BGBl. I S. 2415).

[2)] § 379 Abs. 1 Satz 1 neu gef. durch G v. 28.4.2006 (BGBl. I S. 1095); Sätze 2 und 3 geänd. mWv 30.6.2013 durch G v. 26.6.2013 (BGBl. I S. 1809); Satz 2 geänd. durch G v. 25.7.2014 (BGBl. I S. 1266); Satz 1 neu gef. durch G v. 22.12.2016 (BGBl. I S. 3152); zur Anwendung ab 1.1.2020 siehe Art. 97 § 30 Abs. 1 und 3 EGAO (Nr. **4**).

[3)] § 379 Abs. 2 Nr. 1 geänd. mWv 25.6.2017 durch G v. 23.6.2017 (BGBl. I S. 1682); zur Anwendung siehe Art. 97 § 1 Abs. 12 Satz 1 EGAO (Nr. **4**).

1a.[1] entgegen § 144 Absatz 1 oder Absatz 2 Satz 1, jeweils auch in Verbindung mit Absatz 5, eine Aufzeichnung nicht, nicht richtig oder nicht vollständig erstellt,

1b.[2] einer Rechtsverordnung nach § 117c Absatz 1 oder einer vollziehbaren Anordnung auf Grund einer solchen Rechtsverordnung zuwiderhandelt, soweit die Rechtsverordnung für einen bestimmten Tatbestand auf diese Bußgeldvorschrift verweist,

1c.[3] entgegen § 138a Absatz 1, 3 oder 4 eine Übermittlung des länderbezogenen Berichts oder entgegen § 138a Absatz 4 Satz 3 eine Mitteilung nicht, nicht vollständig oder nicht rechtzeitig (§ 138a Absatz 6) macht,

1d.[4] der Mitteilungspflicht nach § 138b Absatz 1 bis 3 nicht, nicht vollständig oder nicht rechtzeitig nachkommt,

1e.[5] entgegen § 138d Absatz 1, entgegen § 138f Absatz 1, 2, 3 Satz 1 Nummer 1 bis 7 sowie 9 und 10 oder entgegen § 138h Absatz 2 eine Mitteilung über eine grenzüberschreitende Steuergestaltung nicht oder nicht rechtzeitig macht oder zur Verfügung stehende Angaben nicht vollständig mitteilt,

1f.[5] entgegen § 138g Absatz 1 Satz 1 oder entgegen § 138h Absatz 2 die Angaben nicht, nicht richtig, nicht vollständig oder nicht rechtzeitig mitteilt,

1g.[5] entgegen § 138k Satz 1 in der Steuererklärung die Angabe der von ihm verwirklichten grenzüberschreitenden Steuergestaltung nicht, nicht richtig, nicht vollständig oder nicht rechtzeitig macht,

2.[6] die Pflichten nach § 154 Absatz 1 bis 2c verletzt.

(3) Ordnungswidrig handelt, wer vorsätzlich oder fahrlässig einer Auflage nach § 120 Abs. 2 Nr. 4 zuwiderhandelt, die einem Verwaltungsakt für Zwecke der besonderen Steueraufsicht (§§ 209 bis 217) beigefügt worden ist.

(4)[7] Die Ordnungswidrigkeit nach Absatz 1 Satz 1 Nummer 1 und 2, Absatz 2 Nummer 1a, 1b und 2 sowie Absatz 3 kann mit einer Geldbuße bis zu 5 000 Euro geahndet werden, wenn die Handlung nicht nach § 378 geahndet werden kann.

(5)[8] Die Ordnungswidrigkeit nach Absatz 2 Nummer 1c kann mit einer Geldbuße bis zu 10 000 Euro geahndet werden, wenn die Handlung nicht nach § 378 geahndet werden kann.

---

[1] § 379 Abs. 2 Nr. 1a eingef. mWv 14.12.2010 durch G v. 8.12.2010 (BGBl. I S. 1768).

[2] § 379 Abs. 2 Nr. 1b eingef. mWv 24.12.2013 durch G v. 18.12.2013 (BGBl. I S. 4318).

[3] § 379 Abs. 2 Nr. 1c eingef. mWv 24.12.2016 durch G v. 20.12.2016 (BGBl. I S. 3000).

[4] § 379 Abs. 2 Nr. 1d eingef. durch G v. 23.6.2017 (BGBl. I S. 1682); zur Anwendung siehe Art. 97 § 32 Abs. 1 Satz 1 EGAO (Nr. **4**).

[5] § 379 Abs. 2 Nr. 1e bis 1g eingef. durch G v. 21.12.2019 (BGBl. I S. 2875); zur Anwendung siehe Art. 97 § 33 Abs. 3 EGAO (Nr. **4**).

[6] § 379 Abs. 2 Nr. 2 geänd. mWv 25.6.2017 durch G v. 23.6.2017 (BGBl. I S. 1682); zur Anwendung siehe Art. 97 § 1 Abs. 12 Satz 1 EGAO (Nr. **4**).

[7] § 379 Abs. 4 neu gef. mWv 25.6.2017 durch G v. 23.6.2017 (BGBl. I S. 1682); zur Anwendung siehe Art. 97 § 1 Abs. 12 Satz 1 EGAO (Nr. **4**).

[8] § 379 Abs. 5 angef. durch G v. 23.6.2017 (BGBl. I S. 1682); zur Anwendung ab 1.1.2020 siehe Art. 97 § 30 Abs. 1 EGAO (Nr. **4**).

(6)[1] Die Ordnungswidrigkeit nach Absatz 1 Satz 1 Nummer 3 bis 6 kann mit einer Geldbuße bis zu 25 000 Euro geahndet werden, wenn die Handlung nicht nach § 378 geahndet werden kann.

(7)[2] Die Ordnungswidrigkeit nach Absatz 2 Nummer 1 und 1d bis 1g kann mit einer Geldbuße bis zu 25 000 Euro geahndet werden, wenn die Handlung nicht nach § 378 geahndet werden kann.

§ 380 Gefährdung der Abzugsteuern. (1) Ordnungswidrig handelt, wer vorsätzlich oder leichtfertig seiner Verpflichtung, Steuerabzugsbeträge einzubehalten und abzuführen, nicht, nicht vollständig oder nicht rechtzeitig nachkommt.

(2) Die Ordnungswidrigkeit kann mit einer Geldbuße bis zu fünfundzwanzigtausend Euro geahndet werden, wenn die Handlung nicht nach § 378 geahndet werden kann.

§ 381 Verbrauchsteuergefährdung. (1) Ordnungswidrig handelt, wer vorsätzlich oder leichtfertig Vorschriften der Verbrauchsteuergesetze oder der dazu erlassenen Rechtsverordnungen

1. über die zur Vorbereitung, Sicherung oder Nachprüfung der Besteuerung auferlegten Pflichten,
2. über Verpackung und Kennzeichnung verbrauchsteuerpflichtiger Erzeugnisse oder Waren, die solche Erzeugnisse enthalten, oder über Verkehrs- oder Verwendungsbeschränkungen für solche Erzeugnisse oder Waren oder
3. über den Verbrauch unversteuerter Waren in den Freihäfen

zuwiderhandelt, soweit die Verbrauchsteuergesetze oder die dazu erlassenen Rechtsverordnungen für einen bestimmten Tatbestand auf diese Bußgeldvorschrift verweisen.

(2) Die Ordnungswidrigkeit kann mit einer Geldbuße bis zu fünftausend Euro geahndet werden, wenn die Handlung nicht nach § 378 geahndet werden kann.

§ 382 Gefährdung der Einfuhr- und Ausfuhrabgaben. (1)[3] Ordnungswidrig handelt, wer als Pflichtiger oder bei der Wahrnehmung der Angelegenheiten eines Pflichtigen vorsätzlich oder fahrlässig Zollvorschriften, den dazu erlassenen Rechtsverordnungen oder den Verordnungen des Rates der Europäischen Union oder der Europäischen Kommission zuwiderhandelt, die

1. für die zollamtliche Erfassung des Warenverkehrs über die Grenze des Zollgebiets der Europäischen Union sowie über die Freizonengrenzen,
2. für die Überführung von Waren in ein Zollverfahren und dessen Durchführung oder für die Erlangung einer sonstigen zollrechtlichen Bestimmung von Waren,

---

[1] § 379 Abs. 6 angef. durch G v. 23.6.2017 (BGBl. I S. 1682); zur Anwendung ab 1.1.2020 siehe Art. 97 § 30 Abs. 1 EGAO (Nr. **4**).

[2] § 379 Abs. 7 angef. mWv 25.6.2017 durch G v. 23.6.2017 (BGBl. I S. 1682); zur Anwendung siehe Art. 97 § 1 Abs. 12 Satz 1 EGAO (Nr. **4**); geänd. durch G v. 21.12.2019 (BGBl. I S. 2875); zur Anwendung siehe Art. 97 § 33 Abs. 3 EGAO (Nr. **4**).

[3] § 382 Abs. 1 einl. Satzteil und Nr. 1 geänd. mWv 30.6.2013 durch G v. 26.6.2013 (BGBl. I S. 1809); Nr. 1 geänd. durch G v. 25.7.2014 (BGBl. I S. 1266).

3. für die Freizonen, den grenznahen Raum sowie die darüber hinaus der Grenzaufsicht unterworfenen Gebiete

gelten, soweit die Zollvorschriften, die dazu oder die auf Grund von Absatz 4 erlassenen Rechtsverordnungen für einen bestimmten Tatbestand auf diese Bußgeldvorschrift verweisen.

(2) Absatz 1 ist auch anzuwenden, soweit die Zollvorschriften und die dazu erlassenen Rechtsverordnungen für Verbrauchsteuern sinngemäß gelten.

(3) Die Ordnungswidrigkeit kann mit einer Geldbuße bis zu fünftausend Euro geahndet werden, wenn die Handlung nicht nach § 378 geahndet werden kann.

(4)[1)] Das Bundesministerium der Finanzen kann durch Rechtsverordnungen die Tatbestände der Verordnungen des Rates der Europäischen Union oder der Europäischen Kommission, die nach den Absätzen 1 bis 3 als Ordnungswidrigkeiten mit Geldbuße geahndet werden können, bezeichnen, soweit dies zur Durchführung dieser Rechtsvorschriften erforderlich ist und die Tatbestände Pflichten zur Gestellung, Vorführung, Lagerung oder Behandlung von Waren, zur Abgabe von Erklärungen oder Anzeigen, zur Aufnahme von Niederschriften sowie zur Ausfüllung oder Vorlage von Zolldokumenten oder zur Aufnahme von Vermerken in solchen Dokumenten betreffen.

§ 383 Unzulässiger Erwerb von Steuererstattungs- und Vergütungsansprüchen. (1) Ordnungswidrig handelt, wer entgegen § 46 Abs. 4 Satz 1 Erstattungs- oder Vergütungsansprüche erwirbt.

(2) Die Ordnungswidrigkeit kann mit einer Geldbuße bis zu fünfzigtausend Euro geahndet werden.

§ 383a[2)] *(aufgehoben)*

§ 383b[3)] **Pflichtverletzung bei Übermittlung von Vollmachtsdaten.**

(1) Ordnungswidrig handelt, wer den Finanzbehörden vorsätzlich oder leichtfertig

1. entgegen § 80a Absatz 1 Satz 3 unzutreffende Vollmachtsdaten übermittelt oder
2. entgegen § 80a Absatz 1 Satz 4 den Widerruf oder die Veränderung einer nach § 80a Absatz 1 übermittelten Vollmacht durch den Vollmachtgeber nicht unverzüglich mitteilt.

(2) Die Ordnungswidrigkeit kann mit einer Geldbuße bis zu zehntausend Euro geahndet werden.

§ 384 Verfolgungsverjährung. Die Verfolgung von Steuerordnungswidrigkeiten nach den §§ 378 bis 380 verjährt in fünf Jahren.

§ 384a[4)] **Verstöße nach Artikel 83 Absatz 4 bis 6 der Verordnung (EU) 2016/679.** (1) Vorschriften dieses Gesetzes und der Steuergesetze über Steuerordnungswidrigkeiten finden keine Anwendung, soweit für eine Zuwiderhand-

---

[1)] § 382 Abs. 4 geänd. mWv 30.6.2013 durch G v. 26.6.2013 (BGBl. I S. 1809).
[2)] § 383a aufgeh. mWv 25.5.2018 durch G v. 17.7.2017 (BGBl. I S. 2541).
[3)] § 383b eingef. mWv 1.1.2017 durch G v. 18.7.2016 (BGBl. I S. 1679).
[4)] § 384a eingef. mWv 25.5.2018 durch G v. 17.7.2017 (BGBl. I S. 2541).

lung zugleich Artikel 83 der Verordnung (EU) 2016/679 unmittelbar oder nach § 2a Absatz 5 entsprechend gilt.

(2) Für Verstöße nach Artikel 83 Absatz 4 bis 6 der Verordnung (EU) 2016/679 im Anwendungsbereich dieses Gesetzes gilt § 41 des Bundesdatenschutzgesetzes entsprechend.

(3) Eine Meldung nach Artikel 33 der Verordnung (EU) 2016/679 und eine Benachrichtigung nach Artikel 34 Absatz 1 der Verordnung (EU) 2016/679 dürfen in einem Straf- oder Bußgeldverfahren gegen die meldepflichtige Person oder einen ihrer in § 52 Absatz 1 der Strafprozessordnung bezeichneten Angehörigen nur mit Zustimmung der meldepflichtigen Person verwertet werden.

(4) Gegen Finanzbehörden und andere öffentliche Stellen werden im Anwendungsbereich dieses Gesetzes keine Geldbußen nach Artikel 83 Absatz 4 bis 6 der Verordnung (EU) 2016/679 verhängt.

Dritter Abschnitt. Strafverfahren

1. Unterabschnitt. Allgemeine Vorschriften

§ 385 Geltung von Verfahrensvorschriften. (1) Für das Strafverfahren wegen Steuerstraftaten gelten, soweit die folgenden Vorschriften nichts anderes bestimmen, die allgemeinen Gesetze über das Strafverfahren, namentlich die Strafprozessordnung, das Gerichtsverfassungsgesetz und das Jugendgerichtsgesetz.

(2) Die für Steuerstraftaten geltenden Vorschriften dieses Abschnitts, mit Ausnahme des § 386 Abs. 2 sowie der §§ 399 bis 401, sind bei dem Verdacht einer Straftat, die unter Vorspiegelung eines steuerlich erheblichen Sachverhalts gegenüber der Finanzbehörde oder einer anderen Behörde auf die Erlangung von Vermögensvorteilen gerichtet ist und kein Steuerstrafgesetz verletzt, entsprechend anzuwenden.

§ 386 Zuständigkeit der Finanzbehörde bei Steuerstraftaten.

(1)[1)] [1] Bei dem Verdacht einer Steuerstraftat ermittelt die Finanzbehörde den Sachverhalt. [2] Finanzbehörde im Sinne dieses Abschnitts sind das Hauptzollamt, das Finanzamt, das Bundeszentralamt für Steuern und die Familienkasse.

(2) Die Finanzbehörde führt das Ermittlungsverfahren in den Grenzen des § 399 Abs. 1 und der §§ 400, 401 selbständig durch, wenn die Tat

1. ausschließlich eine Steuerstraftat darstellt oder
2. zugleich andere Strafgesetze verletzt und deren Verletzung Kirchensteuern oder andere öffentlich-rechtliche Abgaben betrifft, die an Besteuerungsgrundlagen, Steuermessbeträge oder Steuerbeträge anknüpfen.

(3) Absatz 2 gilt nicht, sobald gegen einen Beschuldigten wegen der Tat ein Haftbefehl oder ein Unterbringungsbefehl erlassen ist.

(4) [1] Die Finanzbehörde kann die Strafsache jederzeit an die Staatsanwaltschaft abgeben. [2] Die Staatsanwaltschaft kann die Strafsache jederzeit an sich ziehen. [3] In beiden Fällen kann die Staatsanwaltschaft im Einvernehmen mit der Finanzbehörde die Strafsache wieder an die Finanzbehörde abgeben.

[1)] § 386 Abs. 1 Satz 2 geänd. mWv 1.1.2006 durch G v. 22.9.2005 (BGBl. I S. 2809).

§ 387 Sachlich zuständige Finanzbehörde. (1) Sachlich zuständig ist die Finanzbehörde, welche die betroffene Steuer verwaltet.

(2)[1)] [1] Die Zuständigkeit nach Absatz 1 kann durch Rechtsverordnung einer Finanzbehörde für den Bereich mehrerer Finanzbehörden übertragen werden, soweit dies mit Rücksicht auf die Wirtschafts- oder Verkehrsverhältnisse, den Aufbau der Verwaltungsbehörden oder andere örtliche Bedürfnisse zweckmäßig erscheint. [2] Die Rechtsverordnung erlässt, soweit die Finanzbehörde eine Landesbehörde ist, die Landesregierung, im Übrigen das Bundesministerium der Finanzen. [3] Die Rechtsverordnung des Bundesministeriums der Finanzen bedarf nicht der Zustimmung des Bundesrates. [4] Das Bundesministerium der Finanzen kann die Ermächtigung nach Satz 1 durch Rechtsverordnung, die nicht der Zustimmung des Bundesrates bedarf, auf eine Bundesoberbehörde übertragen. [5] Die Landesregierung kann die Ermächtigung auf die für die Finanzverwaltung zuständige oberste Landesbehörde übertragen.

§ 388 Örtlich zuständige Finanzbehörde. (1) Örtlich zuständig ist die Finanzbehörde,

1. in deren Bezirk die Steuerstraftat begangen oder entdeckt worden ist,
2. die zur Zeit der Einleitung des Strafverfahrens für die Abgabenangelegenheiten zuständig ist oder
3. in deren Bezirk der Beschuldigte zur Zeit der Einleitung des Strafverfahrens seinen Wohnsitz hat.

(2) [1] Ändert sich der Wohnsitz des Beschuldigten nach Einleitung des Strafverfahrens, so ist auch die Finanzbehörde örtlich zuständig, in deren Bezirk der neue Wohnsitz liegt. [2] Entsprechendes gilt, wenn sich die Zuständigkeit der Finanzbehörde für die Abgabenangelegenheit ändert.

(3) Hat der Beschuldigte im räumlichen Geltungsbereich dieses Gesetzes keinen Wohnsitz, so wird die Zuständigkeit auch durch den gewöhnlichen Aufenthaltsort bestimmt.

§ 389 Zusammenhängende Strafsachen. [1] Für zusammenhängende Strafsachen, die einzeln nach § 388 zur Zuständigkeit verschiedener Finanzbehörden gehören würden, ist jede dieser Finanzbehörden zuständig. [2] § 3 der Strafprozessordnung gilt entsprechend.

§ 390 Mehrfache Zuständigkeit. (1) Sind nach den §§ 387 bis 389 mehrere Finanzbehörden zuständig, so gebührt der Vorzug der Finanzbehörde, die wegen der Tat zuerst ein Strafverfahren eingeleitet hat.

(2) [1] Auf Ersuchen dieser Finanzbehörde hat eine andere zuständige Finanzbehörde die Strafsache zu übernehmen, wenn dies für die Ermittlungen sachdienlich erscheint. [2] In Zweifelsfällen entscheidet die Behörde, der die ersuchte Finanzbehörde untersteht.

§ 391 Zuständiges Gericht. (1) [1] Ist das Amtsgericht sachlich zuständig, so ist örtlich zuständig das Amtsgericht, in dessen Bezirk das Landgericht seinen Sitz hat. [2] Im vorbereitenden Verfahren gilt dies, unbeschadet einer weitergehenden Regelung nach § 58 Abs. 1 des Gerichtsverfassungsgesetzes, nur für die

---

1) § 387 Abs. 2 Satz 4 eingef., bish. Satz 4 wird Satz 5 mWv 1.1.2016 durch G v. 3.12.2015 (BGBl. I S. 2178).

Zustimmung des Gerichts nach § 153 Abs. 1 und § 153a Abs. 1 der Strafprozessordnung.

(2) [1] Die Landesregierung kann durch Rechtsverordnung die Zuständigkeit abweichend von Absatz 1 Satz 1 regeln, soweit dies mit Rücksicht auf die Wirtschafts- oder Verkehrsverhältnisse, den Aufbau der Verwaltungsbehörden oder andere örtliche Bedürfnisse zweckmäßig erscheint. [2] Die Landesregierung kann diese Ermächtigung auf die Landesjustizverwaltung übertragen.

(3) Strafsachen wegen Steuerstraftaten sollen beim Amtsgericht einer bestimmten Abteilung zugewiesen werden.

(4) Die Absätze 1 bis 3 gelten auch, wenn das Verfahren nicht nur Steuerstraftaten zum Gegenstand hat; sie gelten jedoch nicht, wenn dieselbe Handlung eine Straftat nach dem Betäubungsmittelgesetz darstellt, und nicht für Steuerstraftaten, welche die Kraftfahrzeugsteuer betreffen.

§ 392 Verteidigung. (1)[1] Abweichend von § 138 Abs. 1 der Strafprozessordnung können auch Steuerberater, Steuerbevollmächtigte, Wirtschaftsprüfer und vereidigte Buchprüfer zu Verteidigern gewählt werden, soweit die Finanzbehörde das Strafverfahren selbständig durchführt; im Übrigen können sie die Verteidigung nur in Gemeinschaft mit einem Rechtsanwalt oder einem Rechtslehrer an einer deutschen Hochschule im Sinne des Hochschulrahmengesetzes mit Befähigung zum Richteramt führen.

(2) § 138 Abs. 2 der Strafprozessordnung bleibt unberührt.

§ 393 Verhältnis des Strafverfahrens zum Besteuerungsverfahren.

(1) [1] Die Rechte und Pflichten der Steuerpflichtigen und der Finanzbehörde im Besteuerungsverfahren und im Strafverfahren richten sich nach den für das jeweilige Verfahren geltenden Vorschriften. [2] Im Besteuerungsverfahren sind jedoch Zwangsmittel (§ 328) gegen den Steuerpflichtigen unzulässig, wenn er dadurch gezwungen würde, sich selbst wegen einer von ihm begangenen Steuerstraftat oder Steuerordnungswidrigkeit zu belasten. [3] Dies gilt stets, soweit gegen ihn wegen einer solchen Tat das Strafverfahren eingeleitet worden ist. [4] Der Steuerpflichtige ist hierüber zu belehren, soweit dazu Anlass besteht.

(2) [1] Soweit der Staatsanwaltschaft oder dem Gericht in einem Strafverfahren aus den Steuerakten Tatsachen oder Beweismittel bekannt werden, die der Steuerpflichtige der Finanzbehörde vor Einleitung des Strafverfahrens oder in Unkenntnis der Einleitung des Strafverfahrens in Erfüllung steuerrechtlicher Pflichten offenbart hat, dürfen diese Kenntnisse gegen ihn nicht für die Verfolgung einer Tat verwendet werden, die keine Steuerstraftat ist. [2] Dies gilt nicht für Straftaten, an deren Verfolgung ein zwingendes öffentliches Interesse (§ 30 Abs. 4 Nr. 5) besteht.

(3)[2] [1] Erkenntnisse, die die Finanzbehörde oder die Staatsanwaltschaft rechtmäßig im Rahmen strafrechtlicher Ermittlungen gewonnen hat, dürfen im Besteuerungsverfahren verwendet werden. [2] Dies gilt auch für Erkenntnisse, die dem Brief-, Post- und Fernmeldegeheimnis unterliegen, soweit die Finanzbehörde diese rechtmäßig im Rahmen eigener strafrechtlicher Ermittlungen gewonnen hat oder soweit nach den Vorschriften der Strafprozessordnung Auskunft an die Finanzbehörden erteilt werden darf.

---

[1] § 392 Abs. 1 2. HS geänd. durch G v. 24.8.2004 (BGBl. I S. 2198).
[2] § 393 Abs. 3 angef. durch G v. 20.12.2007 (BGBl. I S. 3150).

§ 394[1] **Übergang des Eigentums.** [1]Hat ein Unbekannter, der bei einer Steuerstraftat auf frischer Tat betroffen wurde, aber entkommen ist, Sachen zurückgelassen und sind diese Sachen beschlagnahmt oder sonst sichergestellt worden, weil sie eingezogen werden können, so gehen sie nach Ablauf eines Jahres in das Eigentum des Staates über, wenn der Eigentümer der Sachen unbekannt ist und die Finanzbehörde durch eine öffentliche Bekanntmachung auf den drohenden Verlust des Eigentums hingewiesen hat. [2]§ 10 Abs. 2 Satz 1 des Verwaltungszustellungsgesetzes ist mit der Maßgabe anzuwenden, dass anstelle einer Benachrichtigung der Hinweis nach Satz 1 bekannt gemacht oder veröffentlicht wird. [3]Die Frist beginnt mit dem Aushang der Bekanntmachung.

§ 395 Akteneinsicht der Finanzbehörde. [1]Die Finanzbehörde ist befugt, die Akten, die dem Gericht vorliegen oder im Fall der Erhebung der Anklage vorzulegen wären, einzusehen sowie beschlagnahmte oder sonst sichergestellte Gegenstände zu besichtigen. [2]Die Akten werden der Finanzbehörde auf Antrag zur Einsichtnahme übersandt.

§ 396 Aussetzung des Verfahrens. (1) Hängt die Beurteilung der Tat als Steuerhinterziehung davon ab, ob ein Steueranspruch besteht, ob Steuern verkürzt oder ob nicht gerechtfertigte Steuervorteile erlangt sind, so kann das Strafverfahren ausgesetzt werden, bis das Besteuerungsverfahren rechtskräftig abgeschlossen ist.

(2) Über die Aussetzung entscheidet im Ermittlungsverfahren die Staatsanwaltschaft, im Verfahren nach Erhebung der öffentlichen Klage das Gericht, das mit der Sache befasst ist.

(3) Während der Aussetzung des Verfahrens ruht die Verjährung.

2. Unterabschnitt. Ermittlungsverfahren

I. Allgemeines

§ 397 Einleitung des Strafverfahrens. (1)[2] Das Strafverfahren ist eingeleitet, sobald die Finanzbehörde, die Polizei, die Staatsanwaltschaft, eine ihrer Ermittlungspersonen oder der Strafrichter eine Maßnahme trifft, die erkennbar darauf abzielt, gegen jemanden wegen einer Steuerstraftat strafrechtlich vorzugehen.

(2) Die Maßnahme ist unter Angabe des Zeitpunkts unverzüglich in den Akten zu vermerken.

(3) Die Einleitung des Strafverfahrens ist dem Beschuldigten spätestens mitzuteilen, wenn er dazu aufgefordert wird, Tatsachen darzulegen oder Unterlagen vorzulegen, die im Zusammenhang mit der Straftat stehen, derer er verdächtig ist.

§ 398 Einstellung wegen Geringfügigkeit. [1]Die Staatsanwaltschaft kann von der Verfolgung einer Steuerhinterziehung, bei der nur eine geringwertige Steuerverkürzung eingetreten ist oder nur geringwertige Steuervorteile erlangt sind, auch ohne Zustimmung des für die Eröffnung des Hauptverfahrens zuständigen Gerichts absehen, wenn die Schuld des Täters als gering anzusehen wäre und kein öffentliches Interesse an der Verfolgung besteht. [2]Dies gilt für

[1] § 394 Satz 2 neu gef. durch G v. 12.8.2005 (BGBl. I S. 2354).
[2] § 397 Abs. 1 geänd. durch G v. 24.8.2004 (BGBl. I S. 2198).

das Verfahren wegen einer Steuerhehlerei nach § 374 und einer Begünstigung einer Person, die eine der in § 375 Abs. 1 Nr. 1 bis 3 genannten Taten begangen hat, entsprechend.

§ 398a[1] **Absehen von Verfolgung in besonderen Fällen.** (1) In Fällen, in denen Straffreiheit nur wegen § 371 Absatz 2 Satz 1 Nummer 3 oder 4 nicht eintritt, wird von der Verfolgung einer Steuerstraftat abgesehen, wenn der an der Tat Beteiligte innerhalb einer ihm bestimmten angemessenen Frist

1. die aus der Tat zu seinen Gunsten hinterzogenen Steuern, die Hinterziehungszinsen nach § 235 und die Zinsen nach § 233a, soweit sie auf die Hinterziehungszinsen nach § 235 Absatz 4 angerechnet werden, entrichtet und
2. einen Geldbetrag in folgender Höhe zugunsten der Staatskasse zahlt:
   a) 10 Prozent der hinterzogenen Steuer, wenn der Hinterziehungsbetrag 100 000 Euro nicht übersteigt,
   b) 15 Prozent der hinterzogenen Steuer, wenn der Hinterziehungsbetrag 100 000 Euro übersteigt und 1 000 000 Euro nicht übersteigt,
   c) 20 Prozent der hinterzogenen Steuer, wenn der Hinterziehungsbetrag 1 000 000 Euro übersteigt.

(2) Die Bemessung des Hinterziehungsbetrags richtet sich nach den Grundsätzen in § 370 Absatz 4.

(3) Die Wiederaufnahme eines nach Absatz 1 abgeschlossenen Verfahrens ist zulässig, wenn die Finanzbehörde erkennt, dass die Angaben im Rahmen einer Selbstanzeige unvollständig oder unrichtig waren.

(4) [1] Der nach Absatz 1 Nummer 2 gezahlte Geldbetrag wird nicht erstattet, wenn die Rechtsfolge des Absatzes 1 nicht eintritt. [2] Das Gericht kann diesen Betrag jedoch auf eine wegen Steuerhinterziehung verhängte Geldstrafe anrechnen.

II. Verfahren der Finanzbehörde bei Steuerstraftaten

§ 399 Rechte und Pflichten der Finanzbehörde. (1) Führt die Finanzbehörde das Ermittlungsverfahren auf Grund des § 386 Abs. 2 selbständig durch, so nimmt sie die Rechte und Pflichten wahr, die der Staatsanwaltschaft im Ermittlungsverfahren zustehen.

(2)[2] [1] Ist einer Finanzbehörde nach § 387 Abs. 2 die Zuständigkeit für den Bereich mehrerer Finanzbehörden übertragen, so bleiben das Recht und die Pflicht dieser Finanzbehörden unberührt, bei dem Verdacht einer Steuerstraftat den Sachverhalt zu erforschen und alle unaufschiebbaren Anordnungen zu treffen, um die Verdunkelung der Sache zu verhüten. [2] Sie können Beschlagnahmen, Notveräußerungen, Durchsuchungen, Untersuchungen und sonstige Maßnahmen nach den für Ermittlungspersonen der Staatsanwaltschaft geltenden Vorschriften der Strafprozessordnung anordnen.

§ 400 Antrag auf Erlass eines Strafbefehls. Bieten die Ermittlungen genügenden Anlass zur Erhebung der öffentlichen Klage, so beantragt die Finanzbehörde beim Richter den Erlass eines Strafbefehls, wenn die Strafsache zur

---

[1] § 398a neu gef. mWv 1.1.2015 durch G v. 22.12.2014 (BGBl. I S. 2415).
[2] § 399 Abs. 2 Satz 2 geänd. durch G v. 24.8.2004 (BGBl. I S. 2198).

Behandlung im Strafbefehlsverfahren geeignet erscheint; ist dies nicht der Fall, so legt die Finanzbehörde die Akten der Staatsanwaltschaft vor.

§ 401[1)] **Antrag auf Anordnung von Nebenfolgen im selbständigen Verfahren.** Die Finanzbehörde kann den Antrag stellen, die Einziehung selbständig anzuordnen oder eine Geldbuße gegen eine juristische Person oder eine Personenvereinigung selbständig festzusetzen (§§ 435, 444 Abs. 3 der Strafprozessordnung).

III. Stellung der Finanzbehörde im Verfahren der Staatsanwaltschaft

§ 402 Allgemeine Rechte und Pflichten der Finanzbehörde. (1) Führt die Staatsanwaltschaft das Ermittlungsverfahren durch, so hat die sonst zuständige Finanzbehörde dieselben Rechte und Pflichten wie die Behörden des Polizeidienstes nach der Strafprozessordnung sowie die Befugnisse nach § 399 Abs. 2 Satz 2.

(2) Ist einer Finanzbehörde nach § 387 Abs. 2 die Zuständigkeit für den Bereich mehrerer Finanzbehörden übertragen, so gilt Absatz 1 für jede dieser Finanzbehörden.

§ 403 Beteiligung der Finanzbehörde. (1) [1]Führt die Staatsanwaltschaft oder die Polizei Ermittlungen durch, die Steuerstraftaten betreffen, so ist die sonst zuständige Finanzbehörde befugt, daran teilzunehmen. [2]Ort und Zeit der Ermittlungshandlungen sollen ihr rechtzeitig mitgeteilt werden. [3]Dem Vertreter der Finanzbehörde ist zu gestatten, Fragen an Beschuldigte, Zeugen und Sachverständige zu stellen.

(2) Absatz 1 gilt sinngemäß für solche richterlichen Verhandlungen, bei denen auch der Staatsanwaltschaft die Anwesenheit gestattet ist.

(3) Der sonst zuständigen Finanzbehörde sind die Anklageschrift und der Antrag auf Erlass eines Strafbefehls mitzuteilen.

(4) Erwägt die Staatsanwaltschaft, das Verfahren einzustellen, so hat sie die sonst zuständige Finanzbehörde zu hören.

IV. Steuer- und Zollfahndung

§ 404[2)] **Steuer- und Zollfahndung.** [1]Die Behörden des Zollfahndungsdienstes und die mit der Steuerfahndung betrauten Dienststellen der Landesfinanzbehörden sowie ihre Beamten haben im Strafverfahren wegen Steuerstraftaten dieselben Rechte und Pflichten wie die Behörden und Beamten des Polizeidienstes nach den Vorschriften der Strafprozessordnung. [2]Die in Satz 1 bezeichneten Stellen haben die Befugnisse nach § 399 Abs. 2 Satz 2 sowie die Befugnis zur Durchsicht der Papiere des von der Durchsuchung Betroffenen (§ 110 Abs. 1 der Strafprozessordnung); ihre Beamten sind Ermittlungspersonen der Staatsanwaltschaft.

---

1) § 401 geänd. mWv 1.7.2017 durch G v. 13.4.2017 (BGBl. I S. 872).

2) § 404 Satz 2 2. HS geänd durch G v. 24.8.2004 (BGBl. I S. 2198); Satz 1 geänd. mWv 18.12. 2019 durch G v. 12.12.2019 (BGBl. I S. 2451).

V. Entschädigung der Zeugen und der Sachverständigen

§ 405[1)] Entschädigung der Zeugen und der Sachverständigen. [1] Werden Zeugen und Sachverständige von der Finanzbehörde zu Beweiszwecken herangezogen, so erhalten sie eine Entschädigung oder Vergütung nach dem Justizvergütungs- und -entschädigungsgesetz. [2] Dies gilt auch in den Fällen des § 404.

3. Unterabschnitt. Gerichtliches Verfahren

§ 406 Mitwirkung der Finanzbehörde im Strafbefehlsverfahren und im selbständigen Verfahren. (1) Hat die Finanzbehörde den Erlass eines Strafbefehls beantragt, so nimmt sie die Rechte und Pflichten der Staatsanwaltschaft wahr, solange nicht nach § 408 Abs. 3 Satz 2 der Strafprozessordnung Hauptverhandlung anberaumt oder Einspruch gegen den Strafbefehl erhoben wird.

(2)[2)] Hat die Finanzbehörde den Antrag gestellt, die Einziehung selbständig anzuordnen oder eine Geldbuße gegen eine juristische Person oder eine Personenvereinigung selbständig festzusetzen (§ 401), so nimmt sie die Rechte und Pflichten der Staatsanwaltschaft wahr, solange nicht mündliche Verhandlung beantragt oder vom Gericht angeordnet wird.

§ 407 Beteiligung der Finanzbehörde in sonstigen Fällen. (1) [1] Das Gericht gibt der Finanzbehörde Gelegenheit, die Gesichtspunkte vorzubringen, die von ihrem Standpunkt für die Entscheidung von Bedeutung sind. [2] Dies gilt auch, wenn das Gericht erwägt, das Verfahren einzustellen. [3] Der Termin zur Hauptverhandlung und der Termin zur Vernehmung durch einen beauftragten oder ersuchten Richter (§§ 223, 233 der Strafprozessordnung) werden der Finanzbehörde mitgeteilt. [4] Ihr Vertreter erhält in der Hauptverhandlung auf Verlangen das Wort. [5] Ihm ist zu gestatten, Fragen an Angeklagte, Zeugen und Sachverständige zu richten.

(2) Das Urteil und andere das Verfahren abschließende Entscheidungen sind der Finanzbehörde mitzuteilen.

4. Unterabschnitt. Kosten des Verfahrens

§ 408 Kosten des Verfahrens. [1] Notwendige Auslagen eines Beteiligten im Sinne des § 464a Abs. 2 Nr. 2 der Strafprozessordnung sind im Strafverfahren wegen einer Steuerstraftat auch die gesetzlichen Gebühren und Auslagen eines Steuerberaters, Steuerbevollmächtigten, Wirtschaftsprüfers oder vereidigten Buchprüfers. [2] Sind Gebühren und Auslagen gesetzlich nicht geregelt, so können sie bis zur Höhe der gesetzlichen Gebühren und Auslagen eines Rechtsanwalts erstattet werden.

Vierter Abschnitt. Bußgeldverfahren

§ 409 Zuständige Verwaltungsbehörde. [1] Bei Steuerordnungswidrigkeiten ist zuständige Verwaltungsbehörde im Sinne des § 36 Abs. 1 Nr. 1 des Gesetzes über Ordnungswidrigkeiten die nach § 387 Abs. 1 sachlich zuständige Finanzbehörde. [2] § 387 Abs. 2 gilt entsprechend.

[1)] § 405 Satz 1 geänd. durch G v. 5.5.2004 (BGBl. I S. 718).
[2)] § 406 Abs. 2 geänd. mWv 1.7.2017 durch G v. 13.4.2017 (BGBl. I S. 872).

§ 410 Ergänzende Vorschriften für das Bußgeldverfahren. (1) Für das Bußgeldverfahren gelten außer den verfahrensrechtlichen Vorschriften des Gesetzes über Ordnungswidrigkeiten entsprechend:
1. die §§ 388 bis 390 über die Zuständigkeit der Finanzbehörde,
2. § 391 über die Zuständigkeit des Gerichts,
3. § 392 über die Verteidigung,
4. § 393 über das Verhältnis des Strafverfahrens zum Besteuerungsverfahren,
5. § 396 über die Aussetzung des Verfahrens,
6. § 397 über die Einleitung des Strafverfahrens,
7. § 399 Abs. 2 über die Rechte und Pflichten der Finanzbehörde,
8. die §§ 402, 403 Abs. 1, 3 und 4 über die Stellung der Finanzbehörde im Verfahren der Staatsanwaltschaft,
9. § 404 Satz 1 und Satz 2 erster Halbsatz über die Steuer- und Zollfahndung,
10. § 405 über die Entschädigung der Zeugen und der Sachverständigen,
11. § 407 über die Beteiligung der Finanzbehörde und
12. § 408 über die Kosten des Verfahrens.

(2) Verfolgt die Finanzbehörde eine Steuerstraftat, die mit einer Steuerordnungswidrigkeit zusammenhängt (§ 42 Abs. 1 Satz 2 des Gesetzes über Ordnungswidrigkeiten), so kann sie in den Fällen des § 400 beantragen, den Strafbefehl auf die Steuerordnungswidrigkeit zu erstrecken.

§ 411 Bußgeldverfahren gegen Rechtsanwälte, Steuerberater, Steuerbevollmächtigte, Wirtschaftsprüfer oder vereidigte Buchprüfer. Bevor gegen einen Rechtsanwalt, Steuerberater, Steuerbevollmächtigten, Wirtschaftsprüfer oder vereidigten Buchprüfer wegen einer Steuerordnungswidrigkeit, die er in Ausübung seines Berufs bei der Beratung in Steuersachen begangen hat, ein Bußgeldbescheid erlassen wird, gibt die Finanzbehörde der zuständigen Berufskammer Gelegenheit, die Gesichtspunkte vorzubringen, die von ihrem Standpunkt für die Entscheidung von Bedeutung sind.

§ 412 Zustellung, Vollstreckung, Kosten. (1) [1] Für das Zustellungsverfahren gelten abweichend von § 51 Abs. 1 Satz 1 des Gesetzes über Ordnungswidrigkeiten die Vorschriften des Verwaltungszustellungsgesetzes auch dann, wenn eine Landesfinanzbehörde den Bescheid erlassen hat. [2] § 51 Abs. 1 Satz 2 und Absatz 2 bis 5 des Gesetzes über Ordnungswidrigkeiten bleibt unberührt.

(2) [1] Für die Vollstreckung von Bescheiden der Finanzbehörden in Bußgeldverfahren gelten abweichend von § 90 Abs. 1 und 4, § 108 Abs. 2 des Gesetzes über Ordnungswidrigkeiten die Vorschriften des Sechsten Teils dieses Gesetzes. [2] Die übrigen Vorschriften des Neunten Abschnitts des Zweiten Teils des Gesetzes über Ordnungswidrigkeiten bleiben unberührt.

(3)[1)] Für die Kosten des Bußgeldverfahrens gilt § 107 Absatz 4 des Gesetzes über Ordnungswidrigkeiten auch dann, wenn eine Landesfinanzbehörde den Bußgeldbescheid erlassen hat; an Stelle des § 19 des Verwaltungskostengesetzes in der bis zum 14. August 2013 geltenden Fassung gelten § 227 und § 261 dieses Gesetzes.

---

1) § 412 Abs. 3 neu gef. mWv 15.8.2013 durch G v. 7.8.2013 (BGBl. I S. 3154).

Neunter Teil. Schlussvorschriften

§ 413 Einschränkung von Grundrechten. Die Grundrechte auf körperliche Unversehrtheit und Freiheit der Person (Artikel 2 Abs. 2 des Grundgesetzes[1]), des Briefgeheimnisses sowie des Post- und Fernmeldegeheimnisses (Artikel 10 des Grundgesetzes) und der Unverletzlichkeit der Wohnung (Artikel 13 des Grundgesetzes) werden nach Maßgabe dieses Gesetzes eingeschränkt.

§ 414 (gegenstandslos)

§ 415[2] (Inkrafttreten)

---

[1] Nr. **32**.

[2] Die AO in ihrer ursprünglichen Fassung ist am 1.1.1977 in Kraft getreten. Das Inkrafttreten der späteren Änderungen ergibt sich aus den jeweiligen Änderungsgesetzen.

Anlage 1[1)]
(zu § 60)

Mustersatzung für Vereine, Stiftungen, Betriebe gewerblicher Art von juristischen Personen des öffentlichen Rechts, geistliche Genossenschaften und Kapitalgesellschaften

(nur aus steuerlichen Gründen notwendige Bestimmungen)

§ 1

Der – Die – … (Körperschaft) mit Sitz in … verfolgt ausschließlich und unmittelbar – gemeinnützige – mildtätige – kirchliche – Zwecke (nicht verfolgte Zwecke streichen) im Sinne des Abschnitts „Steuerbegünstigte Zwecke" der Abgabenordnung.

Zweck der Körperschaft ist … (z.B. die Förderung von Wissenschaft und Forschung, Jugend- und Altenhilfe, Erziehung, Volks- und Berufsbildung, Kunst und Kultur, Landschaftspflege, Umweltschutz, des öffentlichen Gesundheitswesens, des Sports, Unterstützung hilfsbedürftiger Personen).

Der Satzungszweck wird verwirklicht insbesondere durch … (z.B. Durchführung wissenschaftlicher Veranstaltungen und Forschungsvorhaben, Vergabe von Forschungsaufträgen, Unterhaltung einer Schule, einer Erziehungsberatungsstelle, Pflege von Kunstsammlungen, Pflege des Liedgutes und des Chorgesanges, Errichtung von Naturschutzgebieten, Unterhaltung eines Kindergartens, Kinder-, Jugendheimes, Unterhaltung eines Altenheimes, eines Erholungsheimes, Bekämpfung des Drogenmissbrauchs, des Lärms, Förderung sportlicher Übungen und Leistungen).

§ 2

Die Körperschaft ist selbstlos tätig; sie verfolgt nicht in erster Linie eigenwirtschaftliche Zwecke.

§ 3

Mittel der Körperschaft dürfen nur für die satzungsmäßigen Zwecke verwendet werden. Die Mitglieder erhalten keine Zuwendungen aus Mitteln der Körperschaft.

§ 4

Es darf keine Person durch Ausgaben, die dem Zweck der Körperschaft fremd sind, oder durch unverhältnismäßig hohe Vergütungen begünstigt werden.

§ 5

Bei Auflösung oder Aufhebung der Körperschaft oder bei Wegfall steuerbegünstigter Zwecke fällt das Vermögen der Körperschaft

1. an – den – die – das – … (Bezeichnung einer juristischen Person des öffentlichen Rechts oder einer anderen steuerbegünstigten Körperschaft), – der – die – das – es unmittelbar und ausschließlich für gemeinnützige, mildtätige oder kirchliche Zwecke zu verwenden hat

---

1) Anl. 1 angef. mWv 1.1.2009 durch G v. 19.12.2008 (BGBl. I S. 2794).

oder

2. an eine juristische Person des öffentlichen Rechts oder eine andere steuerbegünstigte Körperschaft zwecks Verwendung für ... (Angabe eines bestimmten gemeinnützigen, mildtätigen oder kirchlichen Zwecks, z.B. Förderung von Wissenschaft und Forschung, Erziehung, Volks- und Berufsbildung, der Unterstützung von Personen, die im Sinne von § 53 der Abgabenordnung wegen ... bedürftig sind, Unterhaltung des Gotteshauses in ...).

Weitere Hinweise

Bei **Betrieben gewerblicher Art von juristischen Personen des öffentlichen Rechts, bei den von einer juristischen Person des öffentlichen Rechts verwalteten unselbständigen Stiftungen und bei geistlichen Genossenschaften** (Orden, Kongregationen) ist folgende Bestimmung aufzunehmen:

§ 3 Abs. 2:

„Der – die – das ... erhält bei Auflösung oder Aufhebung der Körperschaft oder bei Wegfall steuerbegünstigter Zwecke nicht mehr als – seine – ihre – eingezahlten Kapitalanteile und den gemeinen Wert seiner – ihrer – geleisteten Sacheinlagen zurück."

Bei **Stiftungen** ist diese Bestimmung nur erforderlich, wenn die Satzung dem Stifter einen Anspruch auf Rückgewähr von Vermögen einräumt. Fehlt die Regelung, wird das eingebrachte Vermögen wie das übrige Vermögen behandelt.

Bei **Kapitalgesellschaften** sind folgende ergänzende Bestimmungen in die Satzung aufzunehmen:

1. § 3 Abs. 1 Satz 2:
   „Die Gesellschafter dürfen keine Gewinnanteile und auch keine sonstigen Zuwendungen aus Mitteln der Körperschaft erhalten."
2. § 3 Abs. 2:
   „Sie erhalten bei ihrem Ausscheiden oder bei Auflösung der Körperschaft oder bei Wegfall steuerbegünstigter Zwecke nicht mehr als ihre eingezahlten Kapitalanteile und den gemeinen Wert ihrer geleisteten Sacheinlagen zurück."
3. § 5:
   „Bei Auflösung der Körperschaft oder bei Wegfall steuerbegünstigter Zwecke fällt das Vermögen der Körperschaft, soweit es die eingezahlten Kapitalanteile der Gesellschafter und den gemeinen Wert der von den Gesellschaftern geleisteten Sacheinlagen übersteigt, ...".

§ 3 Abs. 2 und der Satzteil „soweit es die eingezahlten Kapitalanteile der Gesellschafter und den gemeinen Wert der von den Gesellschaftern geleisteten Sacheinlagen übersteigt," in § 5 sind nur erforderlich, wenn die Satzung einen Anspruch auf Rückgewähr von Vermögen einräumt.

2. Gesetz über die Besteuerung bei Auslandsbeziehungen (Außensteuergesetz)[1) 2)]

Vom 8. September 1972

(BGBl. I S. 1713)

FNA 610-6-8

geänd. durch Art. 4 Gesetz zur Reform des Erbschaftsteuer- und Schenkungsteuerrechts v. 17.4.1974 (BGBl. I S. 933), Art. 11 Einführungsgesetz zum Einkommensteuerreformgesetz v. 21.12.1974 (BGBl. I S. 3656), Art. 6 Einführungsgesetz zum Körperschaftsteuerreformgesetz v. 6.9.1976 (BGBl. I S. 2641), Art. 3 Einführungsgesetz zur Abgabenordnung v. 14.12.1976 (BGBl. I S. 3341), Art. 8 Gesetz zur Änderung des EStG, des KStG und anderer Gesetze v. 20.8.1980 (BGBl. I S. 1545), Art. 8 Gesetz zur Stärkung der Wettbewerbsfähigkeit der Wirtschaft und zur Einschränkung von steuerlichen Vorteilen (Steuerentlastungsgesetz 1984) v. 22.12.1983 (BGBl. I S. 1583), Art. 6 Steuerbereinigungsgesetz 1985 v. 14.12.1984 (BGBl. I S. 1493), Beschluß des Bundesverfassungsgerichts v. 14.5.1986 (BGBl. I S. 1030), Einigungsvertrag v. 31.8.1990 (BGBl. II S. 889), Art. 17 Steueränderungsgesetz 1992 v. 25.2.1992 (BGBl. I S. 297), Art. 7 Standortsicherungsgesetz v. 13.9.1993 (BGBl. I S. 1569), Art. 12 Mißbrauchsbekämpfungs- und Steuerbereinigungsgesetz v. 21.12.1993 (BGBl. I S. 2310), Art. 4 Gesetz zur Änderung des Umwandlungssteuerrechts v. 28.10.1994 (BGBl. I S. 3267), Art. 12 Jahressteuergesetz 1997 v. 20.12.1996 (BGBl. I S. 2049), Art. 12 Gesetz zur Senkung der Steuersätze und zur Reform der Unternehmensbesteuerung (StSenkG) v. 23.10.2000 (BGBl. I S. 1433), Art. 9 Steuer-Euroglättungsgesetz (StEuglG) v. 19.12.2000 (BGBl. I S. 1790), Art. 5 Gesetz zur Fortentwicklung des Unternehmenssteuerrechts (UntStFG) v. 20.12.2001 (BGBl. I S. 3858), Art. 11 Gesetz zum Abbau von Steuervergünstigungen und Ausnahmeregelungen (Steuervergünstigungsabbaugesetz – StVergAbG) v. 16.5.2003 (BGBl. I S. 660), Art. 4 Gesetz zur Modernisierung des Investmentwesens und zur Besteuerung von Investmentvermögen (Investmentmodernisierungsgesetz) v. 15.12.2003 (BGBl. I S. 2676), Art. 5 Gesetz zur Umsetzung der Protokollerklärung der Bundesregierung zur Vermittlungsempfehlung zum Steuervergünstigungsabbaugesetz v. 22.12.2003 (BGBl. I S. 2840), Art. 11 Richtlinien-Umsetzungsgesetz (EURLUmsG) v. 9.12.2004 (BGBl. I S. 3310, ber. S. 3843), Art. 7 Gesetz über steuerliche Begleitmaßnahmen zur Einführung der Europäischen Gesellschaft und zur Änderung weiterer steuerrechtlicher Vorschriften (SEStEG) v. 7.12.2006 (BGBl. I S. 2782), Art. 3 Gesetz zur Schaffung deutscher Immobilien-Aktiengesellschaften mit börsennotierten Anteilen v. 28.5.2007 (BGBl. I S. 914), Art. 7 Unternehmensteuerreformgesetz 2008 v. 14.8.2007 (BGBl. I S. 1912), Art. 24 Jahressteuergesetz 2008 (JStG 2008) v. 20.12.2007 (BGBl. I S. 3150), Art. 9 Jahressteuergesetz 2009 (JStG 2009) v. 19.12.2008 (BGBl. I S. 2794), Art. 11 Gesetz zur Umsetzung steuerlicher EU-Vorgaben sowie zur Änderung steuerlicher Vorschriften v. 8.4.2010 (BGBl. I S. 386), Art. 7 Jahressteuergesetz 2010 (JStG 2010) v. 8.12.2010 (BGBl. I S. 1768), Art. 6 Gesetz zur Umsetzung der Amtshilferichtlinie sowie zur Änderung steuerlicher Vorschriften (Amtshilferichtlinie-Umsetzungsgesetz – AmtshilfeRLUmsG) v. 26.6.2013 (BGBl. I S. 1809), Art. 8 Gesetz zur Anpassung der Abgabenordnung an den Zollkodex der Union und zur Änderung weiterer steuerlicher Vorschriften v. 22.12.2014 (BGBl. I S. 2417), Art. 6 Gesetz zur Reform der Investmentbesteuerung (Investmentsteuerreformgesetz – InvStRefG) v. 19.7.2016 (BGBl. I S. 1730), Art. 5 Gesetz gegen schädliche Steuerpraktiken im Zusammenhang mit Rechteüberlassungen v. 27.6.2017 (BGBl. I S. 2074), Art. 4 Gesetz über steuerliche und weitere Begleitregelungen zum Austritt des Vereinigten Königreichs Großbritannien und Nordirland aus der Europäischen Union (Brexit-Steuerbegleitgesetz – Brexit-StBG) v. 25.3.2019 (BGBl. I S. 357), Art. 5 Gesetz zur Modernisierung der Entlastung von Abzugsteuern und der Bescheinigung der Kapitalertragsteuer (Abzugsteuerentlastungsmodernisierungsgesetz – AbzStEntModG) v. 2.6.2021 (BGBl. I S. 1259), Art. 5 Gesetz zur Umsetzung der Anti-Steuervermeidungsrichtlinie (ATAD-Umsetzungsgesetz – ATADUmsG) v. 25.6.2021 (BGBl. I S. 2035) und Art. 6 Gesetz zur Modernisierung des Körperschaftsteuerrechts v. 25.6.2021 (BGBl. I S. 2050)

[1)] Verkündet als Art. 1 G zur Wahrung der steuerlichen Gleichmäßigkeit bei Auslandsbeziehungen und zur Verbesserung der steuerlichen Wettbewerbslage bei Auslandsinvestitionen v. 8.9.1972 (BGBl. I S. 1713); Inkrafttreten gem. Art. 8 dieses G am 13.9.1972.

[2)] Zur Anwendung siehe § 21.

Inhaltsübersicht[1)]

Erster Teil. Internationale Verflechtungen

§ 1 Berichtigung von Einkünften
§ 1a Preisanpassungsklausel

Zweiter Teil. Wohnsitzwechsel in niedrig besteuernde Gebiete

§ 2 Einkommensteuer
§ 3 (weggefallen)
§ 4 Erbschaftsteuer
§ 5 Zwischengeschaltete Gesellschaften

Dritter Teil. Behandlung einer Beteiligung im Sinne des § 17 des Einkommensteuergesetzes bei Wohnsitzwechsel ins Ausland

§ 6 Besteuerung des Vermögenszuwachses

Vierter Teil. *Beteiligung an ausländischen Zwischengesellschaften* [*ab 1.1.2022:* Hinzurechnungsbesteuerung]

§ 7 *Steuerpflicht inländischer Gesellschafter* [***ab 1.1.2022:*** Beteiligung an ausländischer Zwischengesellschaft]
§ 8 Einkünfte von Zwischengesellschaften
§ 9 Freigrenze bei gemischten Einkünften
§ 10 Hinzurechnungsbetrag
§ 11 *Veräußerungsgewinne* [***ab 1.1.2022:*** Kürzungsbetrag bei Beteiligung an ausländischer Gesellschaft]
§ 12 Steueranrechnung
§ 13 Beteiligung an Kapitalanlagegesellschaften
§ 14 *Nachgeschaltete Zwischengesellschaften* [***ab 1.1.2022:*** (weggefallen)]

Fünfter Teil. Familienstiftungen

§ 15 Steuerpflicht von Stiftern, Bezugsberechtigten und Anfallsberechtigten

Sechster Teil. Ermittlung und Verfahren

§ 16 Mitwirkungspflicht des Steuerpflichtigen
§ 17 Sachverhaltsaufklärung
§ 18 Gesonderte Feststellung von Besteuerungsgrundlagen

Siebenter Teil. Schlussvorschriften

§ 19 (weggefallen)
§ 20 Bestimmungen über die Anwendung von Abkommen zur Vermeidung der Doppelbesteuerung
§ 21 Anwendungsvorschriften
§ 22 Neufassung des Gesetzes

Erster Teil. Internationale Verflechtungen

§ 1 Berichtigung von Einkünften. (1)[2)] [1] Werden Einkünfte eines Steuerpflichtigen aus einer Geschäftsbeziehung zum Ausland mit einer ihm nahestehenden Person dadurch gemindert, dass er seiner Einkünfteermittlung andere Bedingungen, insbesondere Preise (Verrechnungspreise), zugrunde legt, als sie voneinander unabhängige Dritte unter gleichen oder vergleichbaren Verhältnissen vereinbart hätten (Fremdvergleichsgrundsatz), sind seine Einkünfte unbeschadet anderer Vorschriften so anzusetzen, wie sie unter den zwischen voneinander unabhängigen Dritten vereinbarten Bedingungen angefallen wären. [2] Steuerpflichtiger im Sinne dieser Vorschrift sowie im Sinne des § 1a ist auch eine Personengesellschaft oder eine Mitunternehmerschaft; eine Personengesellschaft oder Mitunternehmerschaft ist selbst nahestehende Person,

---

[1)] Inhaltsübersicht eingef. durch G v. 25.6.2021 (BGBl. I S. 2035).

[2)] § 1 Abs. 1 neu gef. mWv VZ 2008 durch G v. 14.8.2007 (BGBl. I S. 1912); Satz 2 eingef., bish. Sätze 2 und 3 werden Sätze 3 und 4 durch G v. 26.6.2013 (BGBl. I S. 1809); Sätze 1 und 2 geänd. durch G v. 2.6.2021 (BGBl. I S. 1259).

wenn sie die Voraussetzungen des Absatzes 2 erfüllt. [3] Für die Anwendung des Fremdvergleichsgrundsatzes ist davon auszugehen, dass die voneinander unabhängigen Dritten alle wesentlichen Umstände der Geschäftsbeziehung kennen und nach den Grundsätzen ordentlicher und gewissenhafter Geschäftsleiter handeln. [4] Führt die Anwendung des Fremdvergleichsgrundsatzes zu weitergehenden Berichtigungen als die anderen Vorschriften, sind die weitergehenden Berichtigungen neben den Rechtsfolgen der anderen Vorschriften durchzuführen.

[alte Fassung:]

(2) Dem Steuerpflichtigen ist eine Person nahestehend, wenn

1. die Person an dem Steuerpflichtigen mindestens zu einem Viertel unmittelbar oder mittelbar beteiligt (wesentlich beteiligt) ist oder auf den Steuerpflichtigen unmittelbar oder mittelbar einen beherrschenden Einfluß ausüben kann oder umgekehrt der Steuerpflichtige an der Person wesentlich beteiligt ist oder auf diese Person unmittelbar oder mittelbar einen beherrschenden Einfluß ausüben kann oder
2. eine dritte Person sowohl an der Person als auch an dem Steuerpflichtigen wesentlich beteiligt ist oder auf beide unmittelbar oder mittelbar einen beherrschenden Einfluß ausüben kann oder
3. die Person oder der Steuerpflichtige imstande ist, bei der Vereinbarung der Bedingungen einer Geschäftsbeziehung auf den Steuerpflichtigen oder die Person einen außerhalb dieser Geschäftsbeziehung begründeten Einfluß auszuüben oder wenn einer von ihnen ein eigenes Interesse an der Erzielung der Einkünfte des anderen hat.

[neue Fassung:[1]]

(2) [1] Dem Steuerpflichtigen ist eine Person nahestehend, wenn

1. die Person
   a) an dem Steuerpflichtigen oder der Steuerpflichtige an dieser Person mindestens zu einem Viertel unmittelbar oder mittelbar an dem gezeichneten Kapital, den Mitgliedschaftsrechten, den Beteiligungsrechten, den Stimmrechten oder dem Gesellschaftsvermögen beteiligt (wesentlich beteiligt) ist oder
   b) gegenüber dem Steuerpflichtigen oder der Steuerpflichtige gegenüber dieser Person Anspruch auf mindestens ein Viertel des Gewinns oder des Liquidationserlöses hat; oder
2. die Person auf den Steuerpflichtigen oder der Steuerpflichtige auf diese Person unmittelbar oder mittelbar beherrschenden Einfluss ausüben kann; oder
3. eine dritte Person
   a) sowohl an der Person als auch an dem Steuerpflichtigen wesentlich beteiligt ist,
   b) sowohl gegenüber der Person als auch gegenüber dem Steuerpflichtigen Anspruch auf mindestens ein Viertel des Gewinns oder des Liquidationserlöses hat oder
   c) auf die Person als auch auf den Steuerpflichtigen unmittelbar oder mittelbar beherrschenden Einfluss ausüben kann; oder

---

[1] § 1 Abs. 2 neu gef. durch G v. 25.6.2021 (BGBl. I S. 2035); zur Anwendung siehe § 21 Abs. 2.

AStG

[alte Fassung:]

[neue Fassung:]

4. die Person oder der Steuerpflichtige imstande ist, bei der Vereinbarung der Bedingungen einer Geschäftsbeziehung auf den Steuerpflichtigen oder die Person einen außerhalb dieser Geschäftsbeziehung begründeten Einfluss auszuüben oder wenn einer von ihnen ein eigenes Interesse an der Erzielung der Einkünfte des anderen hat.

[2] Satz 1 Nummer 3 Buchstabe a bis c gilt auch, soweit im Verhältnis der dritten Person zu der Person und dem Steuerpflichtigen jeweils eines der in Satz 1 Nummer 3 Buchstabe a bis c genannten Merkmale erfüllt ist.

[Fassung bis VZ 2021:[1])]

(3) [1] Für eine Geschäftsbeziehung im Sinne des Absatzes 1 Satz 1 ist der Verrechnungspreis vorrangig nach der Preisvergleichsmethode, der Wiederverkaufspreismethode oder der Kostenaufschlagsmethode zu bestimmen, wenn Fremdvergleichswerte ermittelt werden können, die nach Vornahme sachgerechter Anpassungen im Hinblick auf die ausgeübten Funktionen, die eingesetzten Wirtschaftsgüter und die übernommenen Chancen und Risiken (Funktionsanalyse) für diese Methoden uneingeschränkt vergleichbar sind; mehrere solche Werte bilden eine Bandbreite. [2] Sind solche Fremdvergleichswerte nicht zu ermitteln, sind eingeschränkt vergleichbare Werte nach Vornahme sachgerechter Anpassungen der Anwendung einer geeigneten Verrechnungspreismethode zugrunde zu legen. [3] Sind in den Fällen des Satzes 2 mehrere eingeschränkt vergleichbare Fremdvergleichswerte feststellbar, ist die sich

[Fassung ab VZ 2022:[2])]

(3) [1] Für die Bestimmung der dem Fremdvergleichsgrundsatz entsprechenden Verrechnungspreise (Fremdvergleichspreise) für eine Geschäftsbeziehung im Sinne des Absatzes 1 Satz 1 sind die tatsächlichen Verhältnisse maßgebend, die dem jeweiligen Geschäftsvorfall zugrunde liegen. [2] Insbesondere ist zu berücksichtigen, von welcher an dem Geschäftsvorfall beteiligten Person welche Funktionen in Bezug auf den jeweiligen Geschäftsvorfall ausgeübt, welche Risiken diesbezüglich jeweils übernommen und welche Vermögenswerte hierfür eingesetzt werden (Funktions- und Risikoanalyse). [3] Die Verhältnisse im Sinne der Sätze 1 und 2 bilden den Maßstab für die Feststellung der Vergleichbarkeit des zu untersuchenden Geschäftsvorfalls mit Geschäftsvorfällen zwischen voneinander unabhängigen Dritten (Vergleichbarkeitsanalyse); die diesen Geschäftsvorfällen zugrunde liegenden Verhältnisse sind

---

[1]) § 1 Abs. 3 eingef., bish. Abs. 3 wird Abs. 4 und neu gef. mWv VZ 2008 durch G v. 14.8.2007 (BGBl. I S. 1912); Sätze 9 und 10 neu gef. mWv VZ 2008 durch G v. 8.4.2010 (BGBl. I S. 386); Sätze 5 und 6 1. HS und Satz 9 geänd., Satz 13 aufgeh. mWv VZ 2013 durch G v. 26.6.2013 (BGBl. I S. 1809).

[2]) § 1 Abs. 3 neu gef. **mWv VZ 2022** durch G v. 2.6.2021 (BGBl. I S. 1259); zur Anwendung siehe § 21 Abs. 1.

[Fassung bis VZ 2021:]

ergebende Bandbreite einzuengen. [4] Liegt der vom Steuerpflichtigen für seine Einkünfteermittlung verwendete Wert in den Fällen des Satzes 1 außerhalb der Bandbreite oder in den Fällen des Satzes 2 außerhalb der eingeengten Bandbreite, ist der Median maßgeblich. [5] Können keine eingeschränkt vergleichbaren Fremdvergleichswerte festgestellt werden, hat der Steuerpflichtige für seine Einkünfteermittlung einen hypothetischen Fremdvergleich unter Beachtung des Absatzes 1 Satz 3 durchzuführen. [6] Dazu hat er auf Grund einer Funktionsanalyse und innerbetrieblicher Planrechnungen den Mindestpreis des Leistenden und den Höchstpreis des Leistungsempfängers unter Berücksichtigung funktions- und risikoadäquater Kapitalisierungszinssätze zu ermitteln (Einigungsbereich); der Einigungsbereich wird von den jeweiligen Gewinnerwartungen (Gewinnpotenzialen) bestimmt. [7] Es ist der Preis im Einigungsbereich der Einkünfteermittlung zugrunde zu legen, der dem Fremdvergleichsgrundsatz mit der höchsten Wahrscheinlichkeit entspricht; wird kein anderer Wert glaubhaft gemacht, ist der Mittelwert des Einigungsbereichs zugrunde zu legen. [8] Ist der vom Steuerpflichtigen zugrunde gelegte Einigungsbereich unzutreffend und muss deshalb von einem anderen Einigungsbereich ausgegangen werden, kann auf eine Einkünfteberichtigung verzichtet werden, wenn der vom Steuerpflichtigen zugrunde gelegte Wert innerhalb des anderen Einigungsbereichs liegt. [9] Wird eine Funktion einschließlich der dazugehörigen Chancen und Risiken und der mit übertragenen oder überlassenen Wirtschaftsgüter und sonstigen Vorteile verlagert (Funktionsverlagerung) und ist auf die verlagerte Funktion Satz 5 anzuwenden, weil für das

[Fassung ab VZ 2022:]

in entsprechender Anwendung der Sätze 1 und 2 maßgebend, soweit dies möglich ist. [4] Abzustellen ist auf die Verhältnisse zum Zeitpunkt der Vereinbarung des Geschäftsvorfalls. [5] Der Fremdvergleichspreis ist grundsätzlich nach der im Hinblick auf die Vergleichbarkeitsanalyse und die Verfügbarkeit von Werten zu vergleichbaren Geschäftsvorfällen voneinander unabhängiger Dritter am besten geeigneten Verrechnungspreismethode zu bestimmen. [6] Unterschiede zwischen den Verhältnissen der zum Vergleich herangezogenen Geschäftsvorfälle zwischen voneinander unabhängigen Dritten und den dem zu untersuchenden Geschäftsvorfall zugrunde liegenden Verhältnissen, die die Anwendung der Verrechnungspreismethode beeinflussen können, sind durch sachgerechte Anpassungen zu beseitigen, sofern dies möglich ist; dies gilt nur, wenn dadurch die Vergleichbarkeit erhöht wird. [7] Können keine Vergleichswerte festgestellt werden, ist für die Bestimmung des Fremdvergleichspreises ein hypothetischer Fremdvergleich unter Beachtung des Absatzes 1 Satz 3 aus Sicht des Leistenden und des jeweiligen Leistungsempfängers anhand ökonomisch anerkannter Bewertungsmethoden durchzuführen.

ASTG

[Fassung bis VZ 2021:]

Transferpaket als Ganzes keine zumindest eingeschränkt *vergleichbare*[1)] Fremdvergleichswerte vorliegen, hat der Steuerpflichtige den Einigungsbereich auf der Grundlage des Transferpakets zu bestimmen. [10] In den Fällen des Satzes 9 ist die Bestimmung von Einzelverrechnungspreisen für alle betroffenen Wirtschaftsgüter und Dienstleistungen nach Vornahme sachgerechter Anpassungen anzuerkennen, wenn der Steuerpflichtige glaubhaft macht, dass keine wesentlichen immateriellen Wirtschaftsgüter und Vorteile Gegenstand der Funktionsverlagerung waren, oder dass die Summe der angesetzten Einzelverrechnungspreise, gemessen an der Bewertung des Transferpakets als Ganzes, dem Fremdvergleichsgrundsatz entspricht; macht der Steuerpflichtige glaubhaft, dass zumindest ein wesentliches immaterielles Wirtschaftsgut Gegenstand der Funktionsverlagerung ist, und bezeichnet er es genau, sind Einzelverrechnungspreise für die Bestandteile des Transferpakets anzuerkennen. [11] Sind in den Fällen der Sätze 5 und 9 wesentliche immaterielle Wirtschaftsgüter und Vorteile Gegenstand einer Geschäftsbeziehung und weicht die tatsächliche spätere Gewinnentwicklung erheblich von der Gewinnentwicklung ab, die der Verrechnungspreisbestimmung zugrunde lag, ist widerlegbar zu vermuten, dass zum Zeitpunkt des Geschäftsabschlusses Unsicherheiten im Hinblick auf die Preisvereinbarung bestanden und unabhängige Dritte eine sachgerechte Anpassungsregelung vereinbart hätten. [12] Wurde eine solche Regelung nicht vereinbart und tritt innerhalb der ersten zehn Jahre nach Geschäftsabschluss eine erhebliche Abweichung im Sinne des Satzes 11 ein, ist für eine deshalb vorzunehmende Be-

[Fassung ab VZ 2022:]

[1)] Richtig wohl: „vergleichbaren".

[Fassung bis VZ 2021:]

richtigung nach Absatz 1 Satz 1 einmalig ein angemessener Anpassungsbetrag auf den ursprünglichen Verrechnungspreis der Besteuerung des Wirtschaftsjahres zugrunde zu legen, das dem Jahr folgt, in dem die Abweichung eingetreten ist.

[Fassung ab VZ 2022:]

[ab VZ 2022:

(3a)[1)] [1]Die Anwendung des Fremdvergleichsgrundsatzes führt regelmäßig zu einer Bandbreite von Werten. [2]Diese Bandbreite ist einzuengen, wenn nach Anwendung von Absatz 3 Satz 6 Unterschiede in der Vergleichbarkeit verbleiben. [3]Bieten diese Werte selbst keine Anhaltspunkte für eine bestimmte Einengung, so bleiben aus dieser Bandbreite das Viertel der kleinsten und das Viertel der größten Werte unberücksichtigt. [4]Liegt der vom Steuerpflichtigen für seine Einkünfteermittlung verwendete Wert außerhalb der Bandbreite gemäß Satz 1 oder der eingeengten Bandbreite, ist der Median maßgeblich, wenn der Steuerpflichtige nicht glaubhaft macht, dass ein anderer Wert innerhalb der Bandbreite dem Fremdvergleichsgrundsatz besser entspricht. [5]Bei der Anwendung des hypothetischen Fremdvergleichs nach Absatz 3 Satz 7 ergibt sich regelmäßig aus dem Mindestpreis des Leistenden und dem Höchstpreis des Leistungsempfängers ein Einigungsbereich. [6]In den Fällen des Satzes 5 ist der Mittelwert des Einigungsbereichs zugrunde zu legen, wenn der Steuerpflichtige nicht glaubhaft macht, dass ein anderer Wert innerhalb des Einigungsbereichs dem Fremdvergleichsgrundsatz entspricht.

(3b)[2)] [1]Wird eine Funktion einschließlich der dazugehörigen Chancen und Risiken sowie der mitübertragenen oder mitüberlassenen Wirtschaftsgüter oder sonstigen Vorteile verlagert und ist auf die verlagerte Funktion Absatz 3 Satz 7 anzuwenden, weil für die Verlagerung der Funktion als Ganzes (Transferpaket) keine Vergleichsdaten festgestellt werden können, ist der Einigungsbereich auf der Grundlage des Transferpakets zu bestimmen. [2]Hiervon kann abgesehen werden, wenn der Steuerpflichtige glaubhaft macht, dass weder wesentliche immaterielle Wirtschaftsgüter noch sonstige Vorteile Gegenstand der Funktionsverlagerung waren. [3]Dies gilt dann, wenn das übernehmende Unternehmen die übergehende Funktion ausschließlich gegenüber dem verlagernden Unternehmen ausübt und das Entgelt, das für die Ausübung der Funktion und die Erbringung der entsprechenden Leistungen anzusetzen ist, nach der Kostenaufschlagsmethode zu ermitteln ist.

(3c)[3)] [1]Die Übertragung oder Überlassung zur Nutzung eines immateriellen Werts ist zu vergüten, wenn diese auf der Grundlage einer Geschäftsbeziehung im Sinne des Absatzes 4 erfolgt und hiermit eine finanzielle Auswirkung für den Übernehmer, den Nutzenden, den Übertragenden oder den Überlassenden verbunden ist. [2]Immaterielle Werte sind Vermögenswerte,

---

[1)] § 1 Abs. 3a eingef. **mWv VZ 2022** durch G v. 2.6.2021 (BGBl. I S. 1259); zur Anwendung siehe § 21 Abs. 1; Satz 4 geänd. durch G v. 25.6.2021 (BGBl. I S. 2035).

[2)] § 1 Abs. 3b eingef. **mWv VZ 2022** durch G v. 2.6.2021 (BGBl. I S. 1259); zur Anwendung siehe § 21 Abs. 1.

[3)] § 1 Abs. 3c eingef. **mWv VZ 2022** durch G v. 2.6.2021 (BGBl. I S. 1259); zur Anwendung siehe § 21 Abs. 1; Satz 4 geänd. durch G v. 25.6.2021 (BGBl. I S. 2035).

1. die weder materielle Wirtschaftsgüter oder Beteiligungen noch Finanzanlagen sind,
2. die Gegenstand eines Geschäftsvorfalls sein können, ohne einzeln übertragbar sein zu müssen, und
3. die einer Person eine tatsächliche oder rechtliche Position über diesen Vermögenswert vermitteln können.

[3] Die Feststellung des Eigentums oder der Inhaberschaft an einem immateriellen Wert, einschließlich aus einem solchen abgeleiteter Rechte, ist Ausgangspunkt für die Bestimmung, welchem an dem Geschäftsvorfall beteiligten Unternehmen der Ertrag zusteht, der sich aus jedweder Art der Verwertung dieses immateriellen Werts ergibt. [4] Soweit eine dem Eigentümer oder dem Inhaber des immateriellen Werts nahestehende Person Funktionen im Zusammenhang mit der Entwicklung oder Erschaffung, der Verbesserung, dem Erhalt, dem Schutz oder jedweder Art der Verwertung des immateriellen Werts ausübt, hierzu Vermögenswerte einsetzt und Risiken übernimmt, sind diese Funktionen vom Eigentümer oder Inhaber der nahestehenden Person angemessen zu vergüten. [5] Die Finanzierung der Entwicklung oder Erschaffung, des Erhalts oder des Schutzes eines immateriellen Werts ist angemessen zu vergüten und berechtigt nicht zum Ertrag aus dem finanzierten immateriellen Wert.]

(4)[1)] [1] Geschäftsbeziehungen im Sinne dieser Vorschrift sind

1. einzelne oder mehrere zusammenhängende wirtschaftliche Vorgänge (Geschäftsvorfälle) zwischen einem Steuerpflichtigen und einer ihm nahestehenden Person,
   a) die Teil einer Tätigkeit des Steuerpflichtigen oder der nahestehenden Person sind, auf die die §§ 13, 15, 18 oder 21 des Einkommensteuergesetzes[2)] anzuwenden sind oder anzuwenden wären, wenn sich der Geschäftsvorfall im Inland unter Beteiligung eines unbeschränkt Steuerpflichtigen und einer inländischen nahestehenden Person ereignet hätte, und
   b) denen keine gesellschaftsvertragliche Vereinbarung zugrunde liegt; eine gesellschaftsvertragliche Vereinbarung ist eine Vereinbarung, die unmittelbar zu einer rechtlichen Änderung der Gesellschafterstellung führt;
2. Geschäftsvorfälle zwischen einem Unternehmen eines Steuerpflichtigen und seiner in einem anderen Staat gelegenen Betriebsstätte (anzunehmende schuldrechtliche Beziehungen).

[2] Liegt einem Geschäftsvorfall keine schuldrechtliche Vereinbarung zugrunde, ist davon auszugehen, dass voneinander unabhängige ordentliche und gewissenhafte Geschäftsleiter eine schuldrechtliche Vereinbarung getroffen hätten oder eine bestehende Rechtsposition geltend machen würden, die der Besteuerung zugrunde zu legen ist, es sei denn, der Steuerpflichtige macht im Einzelfall etwas anderes glaubhaft.

(5)[3)] [1] Die *Absätze 1, 3 und 4* [***ab VZ 2022:*** Absätze 1, 3 bis 4] sind entsprechend anzuwenden, wenn für eine Geschäftsbeziehung im Sinne des Absatzes 4 Satz 1 Nummer 2 die Bedingungen, insbesondere die Verrechnungspreise, die der Aufteilung der Einkünfte zwischen einem inländischen Unter-

---

[1)] § 1 Abs. 4 neu gef. durch G v. 22.12.2014 (BGBl. I S. 2417).

[2)] Nr. **5**.

[3)] § 1 Abs. 5 angef. durch G v. 26.6.2013 (BGBl. I S. 1809); Satz 1 geänd. durch G v. 25.6.2021 (BGBl. I S. 2035).

nehmen und seiner ausländischen Betriebsstätte oder der Ermittlung der Einkünfte der inländischen Betriebsstätte eines ausländischen Unternehmens steuerlich zugrunde gelegt werden, nicht dem Fremdvergleichsgrundsatz entsprechen und dadurch die inländischen Einkünfte eines beschränkt Steuerpflichtigen gemindert oder die ausländischen Einkünfte eines unbeschränkt Steuerpflichtigen erhöht werden. [2] Zur Anwendung des Fremdvergleichsgrundsatzes ist eine Betriebsstätte wie ein eigenständiges und unabhängiges Unternehmen zu behandeln, es sei denn, die Zugehörigkeit der Betriebsstätte zum Unternehmen erfordert eine andere Behandlung. [3] Um die Betriebsstätte wie ein eigenständiges und unabhängiges Unternehmen zu behandeln, sind ihr in einem ersten Schritt zuzuordnen:

1. die Funktionen des Unternehmens, die durch ihr Personal ausgeübt werden (Personalfunktionen),
2. die Vermögenswerte des Unternehmens, die sie zur Ausübung der ihr zugeordneten Funktionen benötigt,
3. die Chancen und Risiken des Unternehmens, die sie auf Grund der ausgeübten Funktionen und zugeordneten Vermögenswerte übernimmt, sowie
4. ein angemessenes Eigenkapital (Dotationskapital).

[4] Auf der Grundlage dieser Zuordnung sind in einem zweiten Schritt die Art der Geschäftsbeziehungen zwischen dem Unternehmen und seiner Betriebsstätte und die Verrechnungspreise für diese Geschäftsbeziehungen zu bestimmen. [5] Die Sätze 1 bis 4 sind entsprechend auf ständige Vertreter anzuwenden. [6] Die Möglichkeit, einen Ausgleichsposten nach § 4g des Einkommensteuergesetzes zu bilden, wird nicht eingeschränkt. [7] Auf Geschäftsbeziehungen zwischen einem Gesellschafter und seiner Personengesellschaft oder zwischen einem Mitunternehmer und seiner Mitunternehmerschaft sind die Sätze 1 bis 4 nicht anzuwenden, unabhängig davon, ob die Beteiligung unmittelbar besteht oder ob sie nach § 15 Absatz 1 Satz 1 Nummer 2 Satz 2 des Einkommensteuergesetzes mittelbar besteht; für diese Geschäftsbeziehungen gilt Absatz 1. [8] Ist ein Abkommen zur Vermeidung der Doppelbesteuerung anzuwenden und macht der Steuerpflichtige geltend, dass dessen Regelungen den Sätzen 1 bis 7 widersprechen, so hat das Abkommen nur Vorrang, soweit der Steuerpflichtige nachweist, dass der andere Staat sein Besteuerungsrecht entsprechend diesem Abkommen ausübt und deshalb die Anwendung der Sätze 1 bis 7 zu einer Doppelbesteuerung führen würde.

(6)[1)] Das Bundesministerium der Finanzen wird ermächtigt, mit Zustimmung des Bundesrates durch Rechtsverordnung Einzelheiten des Fremdvergleichsgrundsatzes im Sinne der Absätze 1, 3 bis 3c und 5 und Einzelheiten zu dessen einheitlicher Anwendung zu regeln sowie Grundsätze zur Bestimmung des Dotationskapitals im Sinne des Absatzes 5 Satz 3 Nummer 4 festzulegen.

[*ab VZ 2022:*

§ 1a[2)] **Preisanpassungsklausel.** [1] Sind wesentliche immaterielle Werte oder Vorteile Gegenstand einer Geschäftsbeziehung und weicht die tatsächliche spätere Gewinnentwicklung erheblich von der Gewinnerwartung ab, die der

---

[1)] § 1 Abs. 6 neu gef. durch G v. 2.6.2021 (BGBl. I S. 1259).

[2)] § 1a eingef. **mWv VZ 2022** durch G v. 2.6.2021 (BGBl. I S. 1259); zur Anwendung siehe § 21 Abs. 1.

Verrechnungspreisbestimmung zugrunde lag, ist widerlegbar zu vermuten, dass zum Zeitpunkt des Geschäftsabschlusses Unsicherheiten im Hinblick auf die Verrechnungspreisvereinbarung bestanden und unabhängige Dritte eine sachgerechte Anpassungsregelung vereinbart hätten. 2 Wurde eine solche Regelung nicht vereinbart und tritt bezogen auf die ersten sieben Jahre nach Geschäftsabschluss eine erhebliche Abweichung im Sinne des Satzes 1 ein, ist für eine deshalb vorzunehmende Berichtigung nach § 1 Absatz 1 Satz 1 ein angemessener Anpassungsbetrag auf den Verrechnungspreis im achten Jahr nach Geschäftsabschluss der Besteuerung zugrunde zu legen. 3 Eine erhebliche Abweichung im Sinne des Satzes 1 liegt vor, wenn der unter Zugrundelegung der tatsächlichen Gewinnentwicklung zutreffende Fremdvergleichspreis um mehr als 20 Prozent von diesem Verrechnungspreis abweicht. 4 Für die Bestimmung des unter Zugrundelegung der tatsächlichen Gewinnentwicklung zutreffenden Fremdvergleichspreises ist von denselben Grundsätzen auszugehen wie für die Bestimmung des Verrechnungspreises. 5 Eine Anpassung des Verrechnungspreises ist im Sinne des Satzes 2 angemessen, wenn sie dem Unterschiedsbetrag zwischen dem Verrechnungspreis und dem unter Zugrundelegung der tatsächlichen Gewinnentwicklung zutreffenden Fremdvergleichspreis entspricht. 6 Eine Anpassung erfolgt insbesondere dann nicht, wenn

1. der Steuerpflichtige glaubhaft macht, dass die tatsächliche Entwicklung auf Umständen basiert, die zum Zeitpunkt des Geschäftsvorfalls nicht vorhersehbar waren, oder
2. der Steuerpflichtige nachweist, dass er bei der Bestimmung des Verrechnungspreises die aus der künftigen Entwicklung resultierenden Unsicherheiten angemessen berücksichtigt hat, oder
3. im Hinblick auf immaterielle Werte und Vorteile Lizenzvereinbarungen getroffen werden, die die zu zahlende Lizenz vom Umsatz oder Gewinn des Lizenznehmers abhängig machen oder für die Höhe der Lizenz Umsatz und Gewinn berücksichtigen.]

Zweiter Teil. Wohnsitzwechsel in niedrigbesteuernde Gebiete

§ 2 Einkommensteuer. (1)[1] 1 Eine natürliche Person, die in den letzten zehn Jahren vor dem Ende ihrer unbeschränkten Steuerpflicht nach § 1 Abs. 1 Satz 1 des Einkommensteuergesetzes[2] als Deutscher insgesamt mindestens fünf Jahre unbeschränkt einkommensteuerpflichtig war und

1. in einem ausländischen Gebiet ansässig ist, in dem sie mit ihrem Einkommen nur einer niedrigen Besteuerung unterliegt, oder in keinem ausländischen Gebiet ansässig ist und
2. wesentliche wirtschaftliche Interessen im Geltungsbereich dieses Gesetzes hat,

ist bis zum Ablauf von zehn Jahren nach Ende des Jahres, in dem ihre unbeschränkte Steuerpflicht geendet hat, über die beschränkte Steuerpflicht im Sinne des Einkommensteuergesetzes hinaus beschränkt einkommensteuer-

---

[1] § 2 Abs. 1 Satz 1 geänd. durch G v. 21.12.1974 (BGBl. I S. 3656); Satz 2 (jetzt Satz 3) geänd. mWv VZ 2002 durch G v. 19.12.2000 (BGBl. I S. 1790); Satz 1 schließender Satzteil geänd., Satz 2 eingef., bish. Satz 2 wird Satz 3 mWv VZ 2009 durch G v. 19.12.2008 (BGBl. I S. 2794).

[2] Nr. **5**.

pflichtig mit allen Einkünften im Sinne des § 2 Abs. 1 Satz 1 erster Halbsatz des Einkommensteuergesetzes, die bei unbeschränkter Einkommensteuerpflicht nicht ausländische Einkünfte im Sinne des § 34d des Einkommensteuergesetzes sind. 2 Für Einkünfte der natürlichen Person, die weder durch deren ausländische Betriebsstätte noch durch deren in einem ausländischen Staat tätigen ständigen Vertreter erzielt werden, ist für die Anwendung dieser Vorschrift das Bestehen einer inländischen Geschäftsleitungsbetriebsstätte der natürlichen Person anzunehmen, der solche Einkünfte zuzuordnen sind. 3 Satz 1 findet nur Anwendung für Veranlagungszeiträume, in denen die hiernach insgesamt beschränkt steuerpflichtigen Einkünfte mehr als 16 500 Euro betragen.

(2) Eine niedrige Besteuerung im Sinne des Absatzes 1 Nr. 1 liegt vor, wenn

1.[1] die Belastung durch die in dem ausländischen Gebiet erhobene Einkommensteuer – nach dem Tarif unter Einbeziehung von tariflichen Freibeträgen – bei einer in diesem Gebiet ansässigen unverheirateten natürlichen Person, die ein steuerpflichtiges Einkommen von 77 000 Euro bezieht, um mehr als ein Drittel geringer ist als die Belastung einer im Geltungsbereich dieses Gesetzes ansässigen natürlichen Person durch die deutsche Einkommensteuer unter sonst gleichen Bedingungen, es sei denn, die Person weist nach, daß die von ihrem Einkommen insgesamt zu entrichtenden Steuern mindestens zwei Drittel der Einkommensteuer betragen, die sie bei unbeschränkter Steuerpflicht nach § 1 Abs. 1 des Einkommensteuergesetzes zu entrichten hätte, oder

2. die Belastung der Person durch die in dem ausländischen Gebiet erhobene Einkommensteuer auf Grund einer gegenüber der allgemeinen Besteuerung eingeräumten Vorzugsbesteuerung erheblich gemindert sein kann, es sei denn, die Person weist nach, daß die von ihrem Einkommen insgesamt zu entrichtenden Steuern mindestens zwei Drittel der Einkommensteuer betragen, die sie bei unbeschränkter Steuerpflicht nach § 1 Abs. 1 des Einkommensteuergesetzes zu entrichten hätte.

(3) Eine Person hat im Sinne des Absatzes 1 Nr. 2 wesentliche wirtschaftliche Interessen im Geltungsbereich dieses Gesetzes, wenn

1.[2] sie zu Beginn des Veranlagungszeitraums Unternehmer oder Mitunternehmer eines im Geltungsbereich dieses Gesetzes belegenen Gewerbebetriebs ist oder, sofern sie Kommanditist ist, mehr als 25 Prozent der Einkünfte im Sinne des § 15 Abs. 1 Satz 1 Nr. 2 des Einkommensteuergesetzes aus der Gesellschaft auf sie entfallen oder ihr eine Beteiligung im Sinne des § 17 Abs. 1 des Einkommensteuergesetzes an einer inländischen Kapitalgesellschaft gehört oder

2.[3] ihre Einkünfte, die bei unbeschränkter Einkommensteuerpflicht nicht ausländische Einkünfte im Sinne des § 34d des Einkommensteuergesetzes sind, im Veranlagungszeitraum mehr als 30 Prozent ihrer sämtlichen Einkünfte betragen oder 62 000 Euro übersteigen oder

---

[1] § 2 Abs. 2 Nr. 1 geänd. mWv VZ 2002 durch G v. 19.12.2000 (BGBl. I S. 1970).

[2] § 2 Abs. 3 Nr. 1 geänd. mWv 1.1.2001 durch G v. 23.10.2000 (BGBl. I S. 1433); geänd. durch G v. 20.12.2007 (BGBl. I S. 3150).

[3] § 2 Abs. 3 Nr. 2 geänd. mWv VZ 2002 durch G v. 19.12.2000 (BGBl. I S. 1970); geänd. durch G v. 22.12.2014 (BGBl. I S. 2417).

3.[1] zu Beginn des Veranlagungszeitraums ihr Vermögen, dessen Erträge bei unbeschränkter Einkommensteuerpflicht nicht ausländische Einkünfte im Sinne des § 34d des Einkommensteuergesetzes wären, mehr als 30 Prozent ihres Gesamtvermögens beträgt oder 154 000 Euro übersteigt.

(4)[2] Bei der Anwendung der Absätze 1 und 3 sind bei einer Person Gewerbebetriebe, Beteiligungen, Einkünfte und Vermögen einer ausländischen Gesellschaft im Sinne des § 5, an der die Person unter den dort genannten Voraussetzungen beteiligt ist, entsprechend ihrer Beteiligung zu berücksichtigen.

(5)[3] [1] Ist Absatz 1 anzuwenden, kommt der Steuersatz zur Anwendung, der sich für sämtliche Einkünfte der Person ergibt; für die Ermittlung des Steuersatzes bleiben Einkünfte aus Kapitalvermögen außer Betracht, die dem gesonderten Steuersatz nach § 32d Absatz 1 des Einkommensteuergesetzes unterliegen. [2] Auf Einkünfte, die dem Steuerabzug auf Grund des § 50a des Einkommensteuergesetzes unterliegen, ist § 50 Absatz 2 des Einkommensteuergesetzes nicht anzuwenden. [3] § 43 Absatz 5 des Einkommensteuergesetzes bleibt unberührt.

(6) Weist die Person nach, daß die auf Grund der Absätze 1 und 5 zusätzlich zu entrichtende Steuer insgesamt zu einer höheren inländischen Steuer führt, als sie sie bei unbeschränkter Steuerpflicht und Wohnsitz ausschließlich im Geltungsbereich dieses Gesetzes zu entrichten hätte, so wird der übersteigende Betrag insoweit nicht erhoben, als er die Steuer überschreitet, die sich ohne Anwendung der Absätze 1 und 5 ergäbe.

§ 3[4] *(aufgehoben)*

§ 4 Erbschaftsteuer. (1)[5] War bei einem Erblasser oder Schenker zur Zeit der Entstehung der Steuerschuld § 2 Abs. 1 Satz 1 anzuwenden, so tritt bei Erbschaftsteuerpflicht nach § 2 Abs. 1 Nr. 3 des Erbschaftsteuergesetzes[6] die Steuerpflicht über den dort bezeichneten Umfang hinaus für alle Teile des Erwerbs ein, deren Erträge bei unbeschränkter Einkommensteuerpflicht nicht ausländische Einkünfte im Sinne des § 34d des Einkommensteuergesetzes[7] wären.

(2)[8] Absatz 1 findet keine Anwendung, wenn nachgewiesen wird, daß für die Teile des Erwerbs, die nach dieser Vorschrift über § 2 Abs. 1 Nr. 3 des Erbschaftsteuergesetzes hinaus steuerpflichtig wären, im Ausland eine der deutschen Erbschaftsteuer entsprechende Steuer zu entrichten ist, die mindestens 30 Prozent der deutschen Erbschaftsteuer beträgt, die bei Anwendung des Absatzes 1 auf diese Teile des Erwerbs entfallen würde.

---

[1] § 2 Abs. 3 Nr. 3 geänd. mWv VZ 2002 durch G v. 19.12.2000 (BGBl. I S. 1970); geänd. durch G v. 22.12.2014 (BGBl. I S. 2417).
[2] § 2 Abs. 4 geänd. durch G v. 17.4.1974 (BGBl. I S. 933).
[3] § 2 Abs. 5 neu gef. durch G v. 26.6.2013 (BGBl. I S. 1809).
[4] § 3 aufgeh. mWv 1.1.1997 durch G v. 20.12.1996 (BGBl. I S. 2049).
[5] § 4 Abs. 1 geänd. durch G v. 17.4.1974 (BGBl. I S. 933); geänd. durch G v. 22.12.2014 (BGBl. I S. 2417).
[6] Nr. **7**.
[7] Nr. **5**.
[8] § 4 Abs. 2 geänd. durch G v. 17.4.1974 (BGBl. I S. 933).

§ 5[1] Zwischengeschaltete Gesellschaften. (1)[2] [1]Sind natürliche Personen, die in den letzten zehn Jahren vor dem Ende ihrer unbeschränkten Steuerpflicht nach § 1 Abs. 1 Satz 1 des Einkommensteuergesetzes[3] als Deutscher insgesamt mindestens fünf Jahre unbeschränkt einkommensteuerpflichtig waren und die Voraussetzungen des § 2 Abs. 1 Satz 1 Nr. 1 erfüllen (Person im Sinne des § 2), allein oder zusammen mit unbeschränkt Steuerpflichtigen an einer ausländischen Gesellschaft *im Sinne des* § 7 beteiligt, so sind Einkünfte, mit denen diese Personen bei unbeschränkter Steuerpflicht nach den *§§ 7, 8 und 14* [***ab 1.1.2022:*** §§ 7 bis 13] steuerpflichtig wären und die nicht ausländische Einkünfte im Sinne des § 34d des Einkommensteuergesetzes sind, diesen Personen zuzurechnen. [2]Liegen die Voraussetzungen des Satzes 1 vor, so sind die Vermögenswerte der ausländischen Gesellschaft, deren Erträge bei unbeschränkter Steuerpflicht nicht ausländische Einkünfte im Sinne des § 34d des Einkommensteuergesetzes wären, im Fall des § 4 dem Erwerb entsprechend der Beteiligung zuzurechnen.

(2) Das Vermögen, das den nach Absatz 1 einer Person zuzurechnenden Einkünften zugrunde liegt, haftet für die von dieser Person für diese Einkünfte geschuldeten Steuern.

(3) § 18 findet entsprechende Anwendung.

Dritter Teil.[4] Behandlung einer Beteiligung im Sinne des § 17 des Einkommensteuergesetzes bei Wohnsitzwechsel ins Ausland

§ 6 Besteuerung des Vermögenszuwachses.

[alte Fassung:[5]]

(1) [1]Bei einer natürlichen Person, die insgesamt mindestens zehn Jahre nach § 1 Abs. 1 des Einkommensteuergesetzes[3] unbeschränkt steuerpflichtig war und deren unbeschränkte Steuerpflicht durch Aufgabe des Wohnsitzes oder gewöhnlichen Aufenthalts endet, ist auf Anteile im Sinne des § 17 Abs. 1 Satz 1 des Einkommensteuergesetzes im Zeitpunkt der Beendigung der unbeschränkten Steuerpflicht § 17 des Einkommensteuergesetzes auch ohne Veräußerung anzuwenden, wenn im Übrigen für die Anteile zu diesem Zeitpunkt die Voraussetzungen dieser Vorschrift erfüllt sind. [2]Der Beendigung der un-

[neue Fassung:[6]]

(1) [1]Vorbehaltlich der Vorschriften des Einkommensteuergesetzes, Körperschaftsteuergesetzes und Umwandlungssteuergesetzes stehen bei unbeschränkt Steuerpflichtigen der Veräußerung von Anteilen im Sinne des § 17 Absatz 1 Satz 1 des Einkommensteuergesetzes zum gemeinen Wert gleich

1. die Beendigung der unbeschränkten Steuerpflicht infolge der Aufgabe des Wohnsitzes oder des gewöhnlichen Aufenthalts,
2. die unentgeltliche Übertragung auf eine nicht unbeschränkt steuerpflichtige Person sowie,

---

[1] § 5 neu gef. durch G v. 17.4.1974 (BGBl. I S. 933).

[2] § 5 Abs. 1 Satz 2 geänd. mWv 1.1.1997 durch G v. 20.12.1996 (BGBl. I S. 2049); Sätze 1 und 2 geänd. durch G v. 22.12.2014 (BGBl. I S. 2417); Satz 1 geänd. durch G v. 25.6.2021 (BGBl. I S. 2035).

[3] Nr. **5**.

[4] Überschrift geänd. durch G v. 23.10.2000 (BGBl. I S. 1433).

[5] § 6 neu gef. durch G v. 7.12.2006 (BGBl. I S. 2782); zur weiteren Anwendung siehe § 21 Abs. 3.

[6] § 6 neu gef. durch G v. 25.6.2021 (BGBl. I S. 2035).

[alte Fassung:]

beschränkten Steuerpflicht im Sinne des Satzes 1 stehen gleich

1. die Übertragung der Anteile durch ganz oder teilweise unentgeltliches Rechtsgeschäft unter Lebenden oder durch Erwerb von Todes wegen auf nicht unbeschränkt steuerpflichtige Personen oder
2. die Begründung eines Wohnsitzes oder gewöhnlichen Aufenthalts oder die Erfüllung eines anderen ähnlichen Merkmals in einem ausländischen Staat, wenn der Steuerpflichtige auf Grund dessen nach einem Abkommen zur Vermeidung der Doppelbesteuerung als in diesem Staat ansässig anzusehen ist, oder
3. die Einlage der Anteile in einen Betrieb oder eine Betriebsstätte des Steuerpflichtigen in einem ausländischen Staat oder
4. der Ausschluss oder die Beschränkung des Besteuerungsrechts der Bundesrepublik Deutschland hinsichtlich des Gewinns aus der Veräußerung der Anteile auf Grund anderer als der in Satz 1 oder der in den Nummern 1 bis 3 genannten Ereignisse.

[3] § 17 Abs. 5 des Einkommensteuergesetzes und die Vorschriften des Umwandlungssteuergesetzes[1)] bleiben unberührt. [4] An Stelle des Veräußerungspreises (§ 17 Abs. 2 des Einkommensteuergesetzes) tritt der gemeine Wert der Anteile in dem nach Satz 1 oder 2 maßgebenden Zeitpunkt. [5] Die §§ 17 und 49 Abs. 1 Nr. 2 Buchstabe e des Einkommensteuergesetzes bleiben mit der Maßgabe unberührt, dass der nach diesen Vorschriften anzusetzende Gewinn aus der Veräußerung dieser Anteile um den nach den vorstehenden Vorschriften besteuerten Vermögenszuwachs zu kürzen ist.

[neue Fassung:]

3. vorbehaltlich der Nummern 1 und 2, der Ausschluss oder die Beschränkung des Besteuerungsrechts der Bundesrepublik Deutschland hinsichtlich des Gewinns aus der Veräußerung der Anteile.

[2] Die Veräußerung im Sinne des Satzes 1 erfolgt im Fall des

1. Satzes 1 Nummer 1 im Zeitpunkt der Beendigung der unbeschränkten Steuerpflicht,
2. Satzes 1 Nummer 2 im Zeitpunkt der Übertragung,
3. Satzes 1 Nummer 3 unmittelbar vor dem Zeitpunkt, zu dem der Ausschluss oder die Beschränkung des Besteuerungsrechts eintritt.

[3] Im Fall des Satzes 1 gelten die Anteile vom Steuerpflichtigen oder, bei unentgeltlicher Übertragung, von dessen Rechtsnachfolger als zum gemeinen Wert erworben, soweit die auf den Veräußerungsgewinn entfallende Steuer entrichtet worden ist; andernfalls gelten diese weiterhin als zu den ursprünglichen Anschaffungskosten erworben.

---

1) Nr. 22.

ASTG

[alte Fassung:]

(2) [1]Hat der unbeschränkt Steuerpflichtige die Anteile durch ganz oder teilweise unentgeltliches Rechtsgeschäft erworben, so sind für die Errechnung der nach Absatz 1 maßgebenden Dauer der unbeschränkten Steuerpflicht auch Zeiträume einzubeziehen, in denen der Rechtsvorgänger bis zur Übertragung der Anteile unbeschränkt steuerpflichtig war. [2]Sind die Anteile mehrmals nacheinander in dieser Weise übertragen worden, so gilt Satz 1 für jeden der Rechtsvorgänger entsprechend. [3]Zeiträume, in denen der Steuerpflichtige oder ein oder mehrere Rechtsvorgänger gleichzeitig unbeschränkt steuerpflichtig waren, werden dabei nur einmal angesetzt.

(3) [1]Beruht die Beendigung der unbeschränkten Steuerpflicht auf vorübergehender Abwesenheit und wird der Steuerpflichtige innerhalb von fünf Jahren seit Beendigung der unbeschränkten Steuerpflicht wieder unbeschränkt steuerpflichtig, so entfällt der Steueranspruch nach Absatz 1, soweit die Anteile in der Zwischenzeit nicht veräußert und die Tatbestände des Absatzes 1 Satz 2 Nr. 1 oder 3 nicht erfüllt worden sind und der Steuerpflichtige im Zeitpunkt der Begründung der unbeschränkten Steuerpflicht nicht nach einem Abkommen zur Vermeidung der Doppelbesteuerung als in einem ausländischen Staat ansässig gilt. [2]Das Finanzamt, das in dem nach Absatz 1

[neue Fassung:]

(2) [1]Unbeschränkt Steuerpflichtige im Sinne des Absatzes 1 sind natürliche Personen, die innerhalb der letzten zwölf Jahre vor den in Absatz 1 Satz 1 Nummer 1 bis 3 genannten Tatbeständen insgesamt mindestens sieben Jahre unbeschränkt steuerpflichtig im Sinne des § 1 Absatz 1 des Einkommensteuergesetzes gewesen sind. [2]Bei unentgeltlichem Erwerb von Anteilen ist für die Berechnung der nach Satz 1 maßgebenden Dauer der Steuerpflicht auch die unbeschränkte Steuerpflicht des Rechtsvorgängers oder, sofern der betreffende Anteil nacheinander unentgeltlich übertragen wurde, auch die unbeschränkte Steuerpflicht des jeweiligen Rechtsvorgängers einzubeziehen. [3]Zeiträume, in denen die natürliche Person und der oder die Rechtsvorgänger gleichzeitig unbeschränkt steuerpflichtig waren, werden dabei nur einmal angesetzt. [4]Entfällt der Steueranspruch nach Absatz 3, gelten der Steuerpflichtige sowie dessen unmittelbarer oder mittelbarer Rechtsnachfolger abweichend von den Sätzen 1 bis 3 als unbeschränkt Steuerpflichtige im Sinne des Absatzes 1.

(3) [1]Beruht die Beendigung der unbeschränkten Steuerpflicht im Sinne des Absatzes 1 Satz 1 Nummer 1 auf einer nur vorübergehenden Abwesenheit des Steuerpflichtigen und wird der Steuerpflichtige innerhalb von sieben Jahren seit Beendigung der unbeschränkten Steuerpflicht wieder unbeschränkt steuerpflichtig, entfällt der Steueranspruch nach Absatz 1, soweit

1. die Anteile in der Zwischenzeit weder veräußert, übertragen noch in ein Betriebsvermögen eingelegt wurden,
2. keine Gewinnausschüttungen oder keine Einlagenrückgewähr erfolgt sind, deren gemeiner Wert insgesamt mehr als ein Viertel des

[alte Fassung:]

Satz 1 oder 2 maßgebenden Zeitpunkt nach § 19 der Abgabenordnung[1] zuständig ist, kann diese Frist um höchstens fünf Jahre verlängern, wenn der Steuerpflichtige glaubhaft macht, dass berufliche Gründe für seine Abwesenheit maßgebend sind und seine Absicht zur Rückkehr unverändert fortbesteht. [3]Wird im Fall des Erwerbs von Todes wegen nach Absatz 1 Satz 2 Nr. 1 der Rechtsnachfolger des Steuerpflichtigen innerhalb von fünf Jahren seit Entstehung des Steueranspruchs nach Absatz 1 unbeschränkt steuerpflichtig, gilt Satz 1 entsprechend. [4]Ist der Steueranspruch nach Absatz 5 gestundet, gilt Satz 1 ohne die darin genannte zeitliche Begrenzung entsprechend, wenn

1. der Steuerpflichtige oder im Fall des Absatzes 1 Satz 2 Nr. 1 sein Rechtsnachfolger unbeschränkt steuerpflichtig werden oder
2. das Besteuerungsrecht der Bundesrepublik Deutschland hinsichtlich des Gewinns aus der Veräußerung der Anteile auf Grund eines anderen Ereignisses wieder begründet wird oder nicht mehr beschränkt ist.

(4) [1]Vorbehaltlich des Absatzes 5 ist die nach Absatz 1 geschuldete Einkommensteuer auf Antrag in regel-

[neue Fassung:]

Werts im Sinne des Absatzes 1 beträgt, und

3. das Besteuerungsrecht der Bundesrepublik Deutschland hinsichtlich des Gewinns aus der Veräußerung der Anteile mindestens in dem Umfang wieder begründet wird, wie es im Zeitpunkt der Beendigung der Steuerpflicht bestand.

[2]Abweichend von Satz 1 Nummer 1 ist eine unentgeltliche Übertragung durch den Steuerpflichtigen auf eine natürliche Person von Todes wegen unbeachtlich, wenn die Voraussetzungen des Satzes 1 durch die betreffende Person oder, infolge aufeinanderfolgender unentgeltlicher Weiterübertragung zwischen natürlichen Personen von Todes wegen, durch deren unmittelbaren oder mittelbaren Rechtsnachfolger erfüllt werden. [3]Das Finanzamt, das im Zeitpunkt der Beendigung der unbeschränkten Steuerpflicht nach § 19 der Abgabenordnung zuständig ist, kann die Frist auf Antrag des Steuerpflichtigen oder im Fall des Satzes 2 dessen Rechtsnachfolgers insgesamt um höchstens fünf Jahre verlängern, wenn die Absicht zur Rückkehr unverändert fortbesteht. [4]Beruht ein Ausschluss des Besteuerungsrechts im Sinne des Absatzes 1 Satz 1 Nummer 3 auf einer nur vorübergehenden Abwesenheit des Steuerpflichtigen, gelten die Sätze 1 bis 3 entsprechend. [5]Wird im Fall der unentgeltlichen Übertragung im Sinne des Absatzes 1 Satz 1 Nummer 2 auf eine natürliche Person die betreffende Person innerhalb von sieben Jahren seit der Übertragung unbeschränkt steuerpflichtig, gelten die Sätze 1 bis 3 entsprechend.

(4) [1]Die festgesetzte Steuer, die auf die nach Absatz 1 realisierten Einkünfte entfällt, kann auf Antrag des

---

[1] Nr. 1.

[alte Fassung:]

mäßigen Teilbeträgen für einen Zeitraum von höchstens fünf Jahren seit Eintritt der ersten Fälligkeit gegen Sicherheitsleistung zu stunden, wenn ihre alsbaldige Einziehung mit erheblichen Härten für den Steuerpflichtigen verbunden wäre. [2] Die Stundung ist zu widerrufen, soweit die Anteile während des Stundungszeitraums veräußert werden oder verdeckt in eine Gesellschaft im Sinne des § 17 Abs. 1 Satz 1 des Einkommensteuergesetzes eingelegt werden oder einer der Tatbestände des § 17 Abs. 4 des Einkommensteuergesetzes verwirklicht wird. [3] In Fällen des Absatzes 3 Satz 1 und 2 richtet sich der Stundungszeitraum nach der auf Grund dieser Vorschrift eingeräumten Frist; die Erhebung von Teilbeträgen entfällt; von der Sicherheitsleistung kann nur abgesehen werden, wenn der Steueranspruch nicht gefährdet erscheint.

[neue Fassung:]

Steuerpflichtigen in sieben gleichen Jahresraten entrichtet werden. [2] Dem Antrag ist in der Regel nur gegen Sicherheitsleistung stattzugeben. [3] Die erste Jahresrate ist innerhalb eines Monats nach Bekanntgabe des Steuerbescheids zu entrichten; die übrigen Jahresraten sind jeweils am 31. Juli der Folgejahre fällig. [4] Die Jahresraten sind nicht zu verzinsen. [5] Die noch nicht entrichtete Steuer ist innerhalb eines Monats nach Eintritt der nachfolgenden Ereignisse fällig,

1. wenn die Jahresrate nicht fristgemäß entrichtet wird,
2. wenn der Steuerpflichtige seine Mitwirkungspflichten nach Absatz 5 nicht erfüllt,
3. wenn der Steuerpflichtige Insolvenz anmeldet,
4. soweit die Anteile veräußert oder übertragen werden oder
5. soweit Gewinnausschüttungen oder eine Einlagenrückgewähr erfolgen und soweit deren gemeiner Wert insgesamt mehr als ein Viertel des Werts im Sinne des Absatzes 1 beträgt.

[6] Abweichend von Satz 5 Nummer 4 ist eine unentgeltliche Übertragung durch den Steuerpflichtigen auf eine natürliche Person von Todes wegen unbeachtlich; insofern ist für Zwecke des Satzes 5 auf die betreffende Person oder, infolge aufeinanderfolgender unentgeltlicher Weiterübertragung zwischen natürlichen Personen von Todes wegen, auf deren unmittelbaren oder mittelbaren Rechtsnachfolger abzustellen. [7] In den Fällen des Absatzes 3 gelten die vorstehenden Sätze entsprechend; der Stundungszeitraum richtet sich nach der vom Finanzamt eingeräumten Frist; die Erhebung von Jahresraten entfällt auf Antrag des Steuerpflichtigen; über Satz 5 hinaus wird die noch nicht entrichtete Steuer auch innerhalb eines Monats nach Eintritt des Ereignis-

AStG

[alte Fassung:]

(5)[1)] [1]Ist der Steuerpflichtige im Fall des Absatzes 1 Satz 1 Staatsangehöriger eines Mitgliedstaates der Europäischen Union oder eines anderen Staates, auf den das Abkommen über den Europäischen Wirtschaftsraum vom 3. Januar 1994 (ABl. EG Nr. L 1 S. 3), zuletzt geändert durch den Beschluss des Gemeinsamen EWR-Ausschusses Nr. 91/2007 vom 6. Juli 2007 (ABl. EU Nr. L 328 S. 40), in der jeweils geltenden Fassung anwendbar ist (Vertragsstaat des EWR-Abkommens), und unterliegt er nach der Beendigung der unbeschränkten Steuerpflicht in einem dieser Staaten (Zuzugsstaat) einer der deutschen unbeschränkten Einkommensteuerpflicht vergleichbaren Steuerpflicht, so ist die nach Absatz 1 geschuldete Steuer zinslos und ohne Sicherheitsleistung zu stunden. [2]Voraussetzung ist, dass die Amtshilfe und die gegenseitige Unterstützung bei der Beitreibung der geschuldeten Steuer zwischen der Bundesrepublik Deutschland und diesem Staat gewährleistet sind. [3]Die Sätze 1 und 2 gelten entsprechend, wenn

1. im Fall des Absatzes 1 Satz 2 Nr. 1 der Rechtsnachfolger des Steuerpflichtigen einer der deutschen unbeschränkten Einkommensteuerpflicht vergleichbaren Steuer-

[neue Fassung:]

ses fällig, wonach der Steueranspruch nicht mehr nach Absatz 3 entfallen kann oder der Wegfall der Rückkehrabsicht gegenüber dem Finanzamt mitgeteilt wird. [8]Soweit die Steuer nicht nach Absatz 3 entfällt und der Steuerpflichtige auf die Leistung von Jahresraten verzichtet hat, sind für die Dauer des gewährten Zahlungsaufschubs Zinsen in entsprechender Anwendung des § 234 der Abgabenordnung zu erheben.

(5) [1]Der Steuerpflichtige oder sein Gesamtrechtsnachfolger hat dem Finanzamt, das in den in Absatz 1 genannten Zeitpunkten nach § 19 der Abgabenordnung zuständig ist, nach amtlich vorgeschriebenem Vordruck die Verwirklichung eines der Tatbestände des Absatzes 4 Satz 5 oder 7 mitzuteilen. [2]Die Mitteilung ist innerhalb eines Monats nach dem meldepflichtigen Ereignis zu erstatten; sie ist vom Steuerpflichtigen eigenhändig zu unterschreiben. [3]Der Steuerpflichtige oder sein Gesamtrechtsnachfolger hat dem nach Satz 1 zuständigen Finanzamt jährlich bis zum 31. Juli schriftlich seine aktuelle Anschrift mitzuteilen und zu bestätigen, dass die Anteile ihm oder im Fall des Absatzes 1 Satz 1 Nummer 2 seinem Rechtsnachfolger weiterhin zuzurechnen sind.

[1)] § 6 Abs. 5 Satz 1 neu gef. durch G v. 19.12.2008 (BGBl. I S. 2794); Satz 4 einl. Satzteil geänd. durch G v. 25.3.2019 (BGBl. I S. 357).

[alte Fassung:] *[neue Fassung:]*

pflicht in einem Mitgliedstaat der Europäischen Union oder einem Vertragsstaat des EWR-Abkommens unterliegt oder

2. im Fall des Absatzes 1 Satz 2 Nr. 2 der Steuerpflichtige einer der deutschen unbeschränkten Einkommensteuerpflicht vergleichbaren Steuerpflicht in einem Mitgliedstaat der Europäischen Union oder einem Vertragsstaat des EWR-Abkommens unterliegt und Staatsangehöriger eines dieser Staaten ist oder

3.[1] im Fall des Absatzes 1 Satz 2 Nr. 3 der Steuerpflichtige die Anteile in einen Betrieb oder eine Betriebsstätte in einem anderen Mitgliedstaat der Europäischen Union oder einem anderen Vertragsstaat des EWR-Abkommens einlegt oder

4.[2] im Fall des Absatzes 1 Satz 2 Nummer 4 der Steuerpflichtige Anteile an einer in einem Mitgliedstaat der Europäischen Union oder in einem Vertragsstaat des EWR-Abkommens ansässigen Gesellschaft hält.

[4] Die Stundung ist zu widerrufen, wenn die Voraussetzungen für die Stundung nach den Sätzen 1 bis 3 nicht mehr vorliegen oder

1. soweit der Steuerpflichtige oder sein Rechtsnachfolger im Sinne des Satzes 3 Nr. 1 Anteile veräußert oder verdeckt in eine Gesellschaft im Sinne des § 17 Abs. 1 Satz 1 des Einkommensteuergesetzes einlegt oder einer der Tatbestände des § 17 Abs. 4 des Einkommensteuergesetzes erfüllt wird;
2. soweit Anteile auf eine nicht unbeschränkt steuerpflichtige Person übergehen, die nicht in einem Mitgliedstaat der Europäischen Union

[1] § 6 Abs. 5 Satz 3 Nr. 3 geänd. durch G v. 22.12.2014 (BGBl. I S. 2417).
[2] § 6 Abs. 5 Satz 3 Nr. 4 angef. durch G v. 22.12.2014 (BGBl. I S. 2417).

[alte Fassung:]

oder einem Vertragsstaat des EWR-Abkommens einer der deutschen unbeschränkten Einkommensteuerpflicht vergleichbaren Steuerpflicht unterliegt;

3. soweit in Bezug auf die Anteile eine Entnahme oder ein anderer Vorgang verwirklicht wird, der nach inländischem Recht zum Ansatz des Teilwerts oder des gemeinen Werts führt;
4. wenn für den Steuerpflichtigen oder seinen Rechtsnachfolger im Sinne des Satzes 3 Nr. 1 durch Aufgabe des Wohnsitzes oder gewöhnlichen Aufenthalts keine Steuerpflicht nach Satz 1 mehr besteht.

[5] Ein Umwandlungsvorgang, auf den die §§ 11, 15 oder 21 des Umwandlungssteuergesetzes vom 7. Dezember 2006 (BGBl. I S. 2782, 2791) in der jeweils geltenden Fassung anzuwenden sind, gilt auf Antrag nicht als Veräußerung im Sinne des Satzes 4 Nr. 1, wenn die erhaltenen Anteile bei einem unbeschränkt steuerpflichtigen Anteilseigner, der die Anteile nicht in einem Betriebsvermögen hält, nach § 13 Abs. 2, § 21 Abs. 2 des Umwandlungssteuergesetzes mit den Anschaffungskosten der bisherigen Anteile angesetzt werden könnten; für Zwecke der Anwendung des Satzes 4 und der Absätze 3, 6 und 7 treten insoweit die erhaltenen Anteile an die Stelle der Anteile im Sinne des Absatzes 1. [6] Ist im Fall des Satzes 1 oder Satzes 3 der Gesamtbetrag der Einkünfte ohne Einbeziehung des Vermögenszuwachses nach Absatz 1 negativ, ist dieser Vermögenszuwachs bei Anwendung des § 10d des Einkommensteuergesetzes nicht zu berücksichtigen. [7] Soweit ein Ereignis im Sinne des Satzes 4 eintritt, ist der Vermögenszuwachs rückwirkend bei der Anwendung des § 10d des Einkommensteuergesetzes zu berücksichtigen und in Anwendung des Satzes 6

[neue Fassung:]

[alte Fassung:]

ergangene oder geänderte Feststellungsbescheide oder Steuerbescheide sind aufzuheben oder zu ändern; § 175 Abs. 1 Satz 2 der Abgabenordnung gilt entsprechend.

(6) [1] Ist im Fall des Absatzes 5 Satz 4 Nr. 1 der Veräußerungsgewinn im Sinne des § 17 Abs. 2 des Einkommensteuergesetzes im Zeitpunkt der Beendigung der Stundung niedriger als der Vermögenszuwachs nach Absatz 1 und wird die Wertminderung bei der Einkommensbesteuerung durch den Zuzugsstaat nicht berücksichtigt, so ist der Steuerbescheid insoweit aufzuheben oder zu ändern; § 175 Abs. 1 Satz 2 der Abgabenordnung gilt entsprechend. [2] Dies gilt nur, soweit der Steuerpflichtige nachweist, dass die Wertminderung betrieblich veranlasst ist und nicht auf eine gesellschaftsrechtliche Maßnahme, insbesondere eine Gewinnausschüttung, zurückzuführen ist. [3] Die Wertminderung ist höchstens im Umfang des Vermögenszuwachses nach Absatz 1 zu berücksichtigen. [4] Ist die Wertminderung auf eine Gewinnausschüttung zurückzuführen und wird sie bei der Einkommensbesteuerung nicht berücksichtigt, ist die auf diese Gewinnausschüttung erhobene und keinem Ermäßigungsanspruch mehr unterliegende inländische Kapitalertragsteuer auf die nach Absatz 1 geschuldete Steuer anzurechnen.

(7) [1] Der Steuerpflichtige oder sein Gesamtrechtsnachfolger hat dem Finanzamt, das in dem in Absatz 1 genannten Zeitpunkt nach § 19 der Abgabenordnung zuständig ist, nach amtlich vorgeschriebenem Vordruck die Verwirklichung eines der Tatbestände des Absatzes 5 Satz 4 mitzuteilen. [2] Die Mitteilung ist innerhalb eines Monats nach dem meldepflichtigen Ereignis zu erstatten; sie ist vom Steuerpflichtigen eigenhändig zu unterschreiben. [3] In den Fällen des

[neue Fassung:]

[alte Fassung:]

Absatzes 5 Satz 4 Nr. 1 und 2 ist der Mitteilung ein schriftlicher Nachweis über das Rechtsgeschäft beizufügen. [4]Der Steuerpflichtige hat dem nach Satz 1 zuständigen Finanzamt jährlich bis zum Ablauf des 31. Januar schriftlich seine am 31. Dezember des vorangegangenen Kalenderjahres geltende Anschrift mitzuteilen und zu bestätigen, dass die Anteile ihm oder im Fall der unentgeltlichen Rechtsnachfolge unter Lebenden seinem Rechtsnachfolger weiterhin zuzurechnen sind. [5]Die Stundung nach Absatz 5 Satz 1 kann widerrufen werden, wenn der Steuerpflichtige seine Mitwirkungspflicht nach Satz 4 nicht erfüllt.

(8)[1)] [1]Abweichend von Absatz 5 Satz 4 führt der Austritt des Vereinigten Königreichs Großbritannien und Nordirland aus der Europäischen Union nicht zum Widerruf der Stundung, wenn allein auf Grund dessen für den Steuerpflichtigen oder seinen Rechtsnachfolger im Sinne des Absatzes 5 Satz 3 Nummer 1 die Voraussetzungen für die Stundung nach Absatz 5 Satz 1 und 3 nicht mehr vorliegen. [2]In den Fällen des Satzes 1 ist Absatz 5 Satz 4 auf die gestundeten Beträge weiterhin mit der Maßgabe anzuwenden, dass die Stundung über die in Absatz 5 Satz 4 geregelten Tatbestände hinaus auch zu widerrufen ist,

1. soweit die Anteile auf Grund einer Entnahme oder eines anderen Vorgangs, der nach inländischem Recht nicht zum Ansatz des Teilwerts oder des gemeinen Werts führt, weder einer Betriebsstätte des Steuerpflichtigen im Vereinigten Königreich Großbritannien und Nordirland noch einer Betriebsstätte des Steuerpflichtigen im Sinne des Absatzes 5 Satz 3 Nummer 3 zuzuordnen ist;

[neue Fassung:]

[1)] § 6 Abs. 8 angef. durch G v. 25.3.2019 (BGBl. I S. 357).

[alte Fassung:]

2. wenn für den Steuerpflichtigen oder für seinen Rechtsnachfolger im Sinne des Absatzes 5 Satz 3 Nummer 1 infolge der Aufgabe des Wohnsitzes oder gewöhnlichen Aufenthalts weder eine mit der deutschen unbeschränkten Einkommensteuerpflicht vergleichbare Steuerpflicht im Vereinigten Königreich Großbritannien und Nordirland noch eine Steuerpflicht nach Absatz 5 Satz 1 besteht.

[3] In den Fällen des Satzes 2 gilt Absatz 7 entsprechend.

[neue Fassung:]

Vierter Teil.[1)] *Beteiligung an ausländischen Zwischengesellschaften [ab 1.1.2022:]* Hinzurechnungsbesteuerung

[Fassung bis 31.12.2021:]

§ 7 Steuerpflicht inländischer Gesellschafter

(1) Sind unbeschränkt Steuerpflichtige an einer Körperschaft, Personenvereinigung oder Vermögensmasse im Sinne des Körperschaftsteuergesetzes, die weder Geschäftsleitung noch Sitz im Geltungsbereich dieses Gesetzes hat und die nicht gemäß § 3 Abs. 1 des Körperschaftsteuergesetzes[3)] von der Körperschaftsteuerpflicht ausgenommen ist (ausländische Gesellschaft), zu mehr als der Hälfte beteiligt, so sind die Einkünfte, für die diese Gesellschaft Zwischengesellschaft ist, bei jedem von ihnen mit dem Teil steuerpflichtig, der auf die ihm zuzurechnende Beteiligung am Nennkapital der Gesellschaft entfällt.

[Fassung ab 1.1.2022:[2)]]

§ 7 Beteiligung an ausländischer Zwischengesellschaft

(1) [1] Beherrscht ein unbeschränkt Steuerpflichtiger eine Körperschaft, Personenvereinigung oder Vermögensmasse im Sinne des Körperschaftsteuergesetzes, die weder Geschäftsleitung noch Sitz im Inland hat und die nicht gemäß § 3 Absatz 1 des Körperschaftsteuergesetzes von der Körperschaftsteuerpflicht ausgenommen ist (ausländische Gesellschaft), sind die Einkünfte, für die diese Gesellschaft Zwischengesellschaft ist, bei dem unbeschränkt Steuerpflichtigen entsprechend seiner unmittelbaren und mittelbaren Beteiligung am Nennkapital steuerpflichtig. [2] Mittelbare Beteiligungen sind für die Steuerpflicht nach Satz 1 unbeachtlich, soweit bei einer die Beteiligung vermittelnden Person hinsichtlich der Beteiligung an dieser ausländischen Gesellschaft eine Hinzurechnungsbesteuerung nach diesem Gesetz oder

---

[1)] Überschrift 4. Teil neu gef. durch G v. 25.6.2021 (BGBl. I S. 2035).

[2)] § 7 neu gef. durch G v. 25.6.2021 (BGBl. I S. 2035); zur Anwendung siehe § 21 Abs. 4.

[3)] Nr. **17**.

[Fassung bis 31.12.2021:]

(2) [1] Unbeschränkt Steuerpflichtige sind im Sinne des Absatzes 1 an einer ausländischen Gesellschaft zu mehr als der Hälfte beteiligt, wenn ihnen allein oder zusammen mit Personen im Sinne des § 2 am Ende des Wirtschaftsjahres der Gesellschaft, in dem sie die Einkünfte nach Absatz 1 bezogen hat (maßgebendes Wirtschaftsjahr), mehr als 50 Prozent der Anteile oder der Stimmrechte an der ausländischen Gesellschaft zuzurechnen sind. [2] Bei der Anwendung des vorstehenden Satzes sind auch Anteile oder Stimmrechte zu berücksichtigen, die durch eine andere Gesellschaft vermittelt werden, und zwar in dem Verhältnis, das den Anteilen oder Stimmrechten an der vermittelnden Gesellschaft zu den gesamten Anteilen oder Stimmrechten an dieser Gesellschaft entspricht; dies gilt entsprechend bei der Vermittlung von Anteilen oder Stimmrechten durch mehrere Gesellschaften. [3] Ist ein Gesellschaftskapital

[Fassung ab 1.1.2022:]

einer vergleichbaren ausländischen Regelung erfolgt ist und die danach hinzugerechneten Einkünfte dadurch insgesamt keiner niedrigen Besteuerung im Sinne des § 8 Absatz 5 unterliegen. [3] Ist für die Gewinnverteilung der ausländischen Gesellschaft nicht die Beteiligung am Nennkapital maßgebend oder hat die Gesellschaft kein Nennkapital, so ist für die Steuerpflicht der Einkünfte nach Satz 1 der Maßstab für die Gewinnverteilung zugrunde zu legen. [4] Die Sätze 1 bis 3 sind auch auf einen beschränkt Steuerpflichtigen anzuwenden, soweit die Beteiligung an der ausländischen Gesellschaft unmittelbar oder mittelbar einer inländischen Betriebsstätte des Steuerpflichtigen zuzuordnen ist, durch die eine Tätigkeit im Sinne des § 15 Absatz 2 des Einkommensteuergesetzes[1)] ausgeübt wird.

(2) Eine Beherrschung im Sinne des Absatzes 1 liegt vor, wenn dem Steuerpflichtigen allein oder zusammen mit ihm nahestehenden Personen am Ende des Wirtschaftsjahres der ausländischen Gesellschaft, in dem diese die Einkünfte nach Absatz 1 erzielt hat (maßgebendes Wirtschaftsjahr), mehr als die Hälfte der Stimmrechte oder mehr als die Hälfte der Anteile am Nennkapital unmittelbar oder mittelbar zuzurechnen sind oder unmittelbar oder mittelbar ein Anspruch auf mehr als die Hälfte des Gewinns oder des Liquidationserlöses dieser Gesellschaft zusteht.

1) Nr. **5**.

[Fassung bis 31.12.2021:]

nicht vorhanden und bestehen auch keine Stimmrechte, so kommt es auf das Verhältnis der Beteiligungen am Vermögen der Gesellschaft an.

(3) Sind unbeschränkt Steuerpflichtige unmittelbar oder über Personengesellschaften an einer Personengesellschaft beteiligt, die ihrerseits an einer ausländischen Gesellschaft im Sinne des Absatzes 1 beteiligt ist, so gelten sie als an der ausländischen Gesellschaft beteiligt.

(4) [1] Einem unbeschränkt Steuerpflichtigen sind für die Anwendung der §§ 7 bis 14 auch Anteile oder Stimmrechte zuzurechnen, die eine Person hält, die seinen Weisungen so zu folgen hat oder so folgt, daß ihr kein eigener wesentlicher Entscheidungsspielraum bleibt. [2] Diese Voraussetzung ist nicht schon allein dadurch erfüllt, daß der unbeschränkt Steuerpflichtige an der Person beteiligt ist.

(5) Ist für die Gewinnverteilung der ausländischen Gesellschaft nicht die Beteiligung am Nennkapital maßgebend oder hat die Gesellschaft kein Nennkapital, so ist der Aufteilung der Einkünfte nach Absatz 1 der Maßstab für die Gewinnverteilung zugrunde zu legen.

(6)[1)] [1] Ist eine ausländische Gesellschaft Zwischengesellschaft für Zwischeneinkünfte mit Kapitalanlagecharakter im Sinne des Absatz 6a und ist ein unbeschränkt Steuerpflichtiger an der Gesellschaft zu mindestens 1 Prozent beteiligt, sind diese Zwischen-

[Fassung ab 1.1.2022:]

(3) [1] Für Zwecke der §§ 7 bis 12 ist eine Person dem Steuerpflichtigen unter den Voraussetzungen des § 1 Absatz 2 nahestehend. [2] Eine Personengesellschaft oder Mitunternehmerschaft ist selbst nahestehende Person, wenn sie die Voraussetzungen des § 1 Absatz 2 erfüllt.

(4) [1] Unbeschadet des Absatzes 3 gelten Personen als dem Steuerpflichtigen nahestehend, wenn sie mit ihm in Bezug auf die Zwischengesellschaft durch abgestimmtes Verhalten zusammenwirken. [2] Bei den unmittelbaren oder mittelbaren Gesellschaftern einer Personengesellschaft oder Mitunternehmerschaft, die an einer Zwischengesellschaft unmittelbar oder mittelbar beteiligt ist, wird ein Zusammenwirken durch abgestimmtes Verhalten widerlegbar unterstellt.

(5) [1] Die Absätze 1 bis 4 sind nicht anzuwenden, wenn auf die Einkünfte, für die die ausländische Gesellschaft Zwischengesellschaft ist, die Vorschriften des Investmentsteuergesetzes in der jeweils geltenden Fassung anzuwenden sind. [2] Satz 1 gilt nicht, wenn die den Einkünften zugrunde liegenden Geschäfte zu mehr als einem Drittel mit dem Steuerpflichtigen oder ihm nahestehenden Personen betrieben werden.

[1)] § 7 Abs. 6 neu gef. durch G v. 20.12.2001 (BGBl. I S. 3858); Satz 1 geänd. durch G v. 16.5.2003 (BGBl. I S. 660); Satz 2 geänd. durch G v. 19.12.2000 (BGBl. I S. 1790); geänd. durch G v. 20.12.2007 (BGBl. I S. 3150).

AStG

[Fassung bis 31.12.2021:]

einkünfte bei diesem Steuerpflichtigen in dem in Absatz 1 bestimmten Umfang steuerpflichtig, auch wenn die Voraussetzungen des Absatzes 1 im Übrigen nicht erfüllt sind. [2] Satz 1 ist nicht anzuwenden, wenn die den Zwischeneinkünften mit Kapitalanlagecharakter zugrunde liegenden Bruttoerträge nicht mehr als 10 Prozent der den gesamten Zwischeneinkünften zugrunde liegenden Bruttoerträge der ausländischen Zwischengesellschaft betragen und die bei einer Zwischengesellschaft oder bei einem Steuerpflichtigen hiernach außer Ansatz zu lassenden Beträge insgesamt 80 000 Euro nicht übersteigen. [3] Satz 1 ist auch anzuwenden bei einer Beteiligung von weniger als 1 Prozent, wenn die ausländische Gesellschaft ausschließlich oder fast ausschließlich Bruttoerträge erzielt, die Zwischeneinkünften mit Kapitalanlagecharakter zugrunde liegen, es sei denn, dass mit der Hauptgattung der Aktien der ausländischen Gesellschaft ein wesentlicher und regelmäßiger Handel an einer anerkannten Börse stattfindet.

(6a)[1] Zwischeneinkünfte mit Kapitalanlagecharakter sind Einkünfte der ausländischen Zwischengesellschaft (§ 8), die aus dem Halten, der Verwaltung, Werterhaltung oder Werterhöhung von Zahlungsmitteln, Forderungen, Wertpapieren, Beteiligungen (mit Ausnahme der in § 8 Abs. 1 Nr. 8 und 9 genannten Einkünfte) oder ähnlichen Vermögenswerten stammen, es sei denn, der Steuerpflichtige weist nach, dass sie aus einer Tätigkeit stammen, die einer unter § 8 Abs. 1 Nr. 1 bis 6 fallenden eigenen Tätigkeit der ausländischen Gesellschaft dient, ausgenommen Tätigkeiten im Sinne des § 1 Abs. 1 Nr. 6 des Kreditwesengesetzes in der Fassung der Bekanntmachung vom

[Fassung ab 1.1.2022:]

[1] § 7 Abs. 6a eingef. durch G v. 16.5.2003 (BGBl. I S. 660).

[Fassung bis 31.12.2021:]

9. September 1998 (BGBl. I S. 2776), das zuletzt durch Artikel 3 Abs. 3 des Gesetzes vom 22. August 2002 (BGBl. I S. 3387) geändert worden ist, in der jeweils geltenden Fassung.

(7)[1] Die Absätze 1 bis 6a sind nicht anzuwenden, wenn auf die Einkünfte, für die die ausländische Gesellschaft Zwischengesellschaft ist, die Vorschriften des Investmentsteuergesetzes in der jeweils geltenden Fassung anzuwenden sind.

(8)[2] Sind unbeschränkt Steuerpflichtige an einer ausländischen Gesellschaft beteiligt und ist diese an einer Gesellschaft im Sinne des § 16 des REIT-Gesetzes vom 28. Mai 2007 (BGBl. I S. 914) in der jeweils geltenden Fassung beteiligt, gilt Absatz 1 unbeschadet des Umfangs der jeweiligen Beteiligung an der ausländischen Gesellschaft, es sei denn, dass mit der Hauptgattung der Aktien der ausländischen Gesellschaft ein wesentlicher und regelmäßiger Handel an einer anerkannten Börse stattfindet.

[Fassung ab 1.1.2022:]

[Fassung bis 31.12.2021:]

§ 8 Einkünfte von Zwischengesellschaften

(1) Eine ausländische Gesellschaft ist Zwischengesellschaft für Einkünfte, die einer niedrigen Besteuerung unterliegen und nicht stammen aus:

1. der Land- und Forstwirtschaft,
2. der Herstellung, Bearbeitung, Verarbeitung oder Montage von Sachen, der Erzeugung von Energie sowie dem Aufsuchen und der Gewinnung von Bodenschätzen,
3.[4] dem Betrieb von Kreditinstituten oder Versicherungsunternehmen, die für ihre Geschäfte

[Fassung ab 1.1.2022:[3]]

§ 8 Einkünfte von Zwischengesellschaften

(1) Eine ausländische Gesellschaft ist Zwischengesellschaft für Einkünfte, einschließlich Veräußerungsgewinnen, die einer niedrigen Besteuerung im Sinne des Absatzes 5 unterliegen und nicht stammen aus:

1. der Land- und Forstwirtschaft,
2. der Herstellung, Bearbeitung, Verarbeitung oder Montage von Sachen, der Erzeugung von Energie sowie dem Aufsuchen und der Gewinnung von Bodenschätzen,
3. dem Betrieb von Versicherungsunternehmen, Kreditinstituten

[1] § 7 Abs. 7 neu gef. mWv 1.1.2018 durch G v. 19.7.2016 (BGBl. I S. 1730).
[2] § 7 Abs. 8 angef. durch G v. 28.5.2007 (BGBl. I S. 914).
[3] § 8 neu gef. durch G v. 25.6.2021 (BGBl. I S. 2035); zur Anwendung siehe § 21 Abs. 4.
[4] § 8 Abs. 1 Nr. 3 2. HS angef. durch G v. 20.8.1980 (BGBl. I S. 1545).

[Fassung bis 31.12.2021:]

einen in kaufmännischer Weise eingerichteten Betrieb unterhalten, es sei denn, die Geschäfte werden überwiegend mit unbeschränkt Steuerpflichtigen, die nach § 7 an der ausländischen Gesellschaft beteiligt sind, oder solchen Steuerpflichtigen im Sinne des § 1 Abs. 2 nahestehenden Personen betrieben,

4. dem Handel, soweit nicht
   a)[1] ein unbeschränkt Steuerpflichtiger, der gemäß § 7 an der ausländischen Gesellschaft beteiligt ist, oder eine einem solchen Steuerpflichtigen im Sinne des § 1 Abs. 2 nahe stehende Person, die mit ihren Einkünften hieraus im Geltungsbereich dieses Gesetzes steuerpflichtig ist, der ausländischen Gesellschaft die Verfügungsmacht an den gehandelten Gütern oder Waren verschafft, oder
   b)[2] die ausländische Gesellschaft einem solchen Steuerpflichtigen oder einer solchen nahe stehenden Person die Verfügungsmacht an den Gütern oder Waren verschafft,

   es sei denn, der Steuerpflichtige weist nach, dass die ausländische Gesellschaft einen für derartige Handelsgeschäfte in kaufmännischer Weise eingerichteten Geschäftsbetrieb unter Teilnahme am allgemeinen wirtschaftlichen Verkehr unterhält und die zur Vorbereitung, dem Abschluss und der Ausführung der Geschäfte gehörenden Tätigkeiten ohne Mit-

[Fassung ab 1.1.2022:]

und Finanzdienstleistungsinstituten, die einer wesentlichen wirtschaftlichen Tätigkeit im Sinne des Absatzes 2 nachgehen; es sei denn, die diesen Einkünften zugrunde liegenden Geschäfte werden zu mehr als einem Drittel mit dem Steuerpflichtigen oder ihm nahestehenden Personen betrieben. [2] Gleiches gilt für Finanzunternehmen im Sinne des Kreditwesengesetzes, an denen Kreditinstitute oder Finanzdienstleistungsinstitute unmittelbar oder mittelbar zu mehr als 50 Prozent beteiligt sind,

4. dem Handel, soweit nicht
   a) ein Steuerpflichtiger, der gemäß § 7 an der ausländischen Gesellschaft beteiligt ist, oder eine einem solchen Steuerpflichtigen im Sinne des § 1 Absatz 2 nahestehende Person, die mit ihren Einkünften hieraus im Geltungsbereich dieses Gesetzes steuerpflichtig ist, der ausländischen Gesellschaft die Verfügungsmacht an den gehandelten Gütern oder Waren verschafft, oder
   b) die ausländische Gesellschaft einem solchen Steuerpflichtigen oder einer solchen nahestehenden Person die Verfügungsmacht an den Gütern oder Waren verschafft,

   es sei denn, der Steuerpflichtige weist nach, dass die ausländische Gesellschaft einen für derartige Handelsgeschäfte in kaufmännischer Weise eingerichteten Geschäftsbetrieb unter Teilnahme am allgemeinen wirtschaftlichen Verkehr unterhält und die zur Vorbereitung, dem Abschluss und der Ausführung der Geschäfte gehö-

---

[1] § 8 Abs. 1 Nr. 4 Buchst. a neu gef. durch G v. 22.12.2003 (BGBl. I S. 2840).
[2] § 8 Abs. 1 Nr. 4 Buchst. b neu gef. durch G v. 16.5.2003 (BGBl. I S. 660).

[Fassung bis 31.12.2021:]

wirkung eines solchen Steuerpflichtigen oder einer solchen nahe stehenden Person ausübt,

5. Dienstleistungen, soweit nicht
   a) die ausländische Gesellschaft für die Dienstleistung sich eines unbeschränkt Steuerpflichtigen, der gemäß § 7 an ihr beteiligt ist, oder einer einem solchen Steuerpflichtigen im Sinne des § 1 Abs. 2 nahestehenden Person bedient, die mit ihren Einkünften aus der von ihr beigetragenen Leistung im Geltungsbereich dieses Gesetzes steuerpflichtig ist, oder
   b) die ausländische Gesellschaft die Dienstleistung einem solchen Steuerpflichtigen oder einer solchen nahestehenden Person erbringt, es sei denn, der Steuerpflichtige weist nach, daß die ausländische Gesellschaft einen für das Bewirken derartiger Dienstleistungen eingerichteten Geschäftsbetrieb unter Teilnahme am allgemeinen wirtschaftlichen Verkehr unterhält und die zu der Dienstleistung gehörenden Tätigkeiten ohne Mitwirkung eines solchen Steuerpflichtigen oder einer solchen nahestehenden Person ausübt,
6. der Vermietung und Verpachtung, ausgenommen
   a) die Überlassung der Nutzung von Rechten, Plänen, Mustern, Verfahren, Erfahrungen und Kenntnissen, es sei denn, der Steuerpflichtige weist nach, daß die ausländische Gesell-

[Fassung ab 1.1.2022:]

renden Tätigkeiten ohne Mitwirkung eines solchen Steuerpflichtigen oder einer solchen nahestehenden Person ausübt,

5. Dienstleistungen, soweit nicht
   a) die ausländische Gesellschaft für die Dienstleistung sich eines Steuerpflichtigen, der gemäß § 7 an ihr beteiligt ist, oder einer einem solchen Steuerpflichtigen im Sinne des § 1 Absatz 2 nahestehenden Person bedient, die mit ihren Einkünften aus der von ihr beigetragenen Leistung im Geltungsbereich dieses Gesetzes steuerpflichtig ist, oder
   b) die ausländische Gesellschaft die Dienstleistung einem solchen Steuerpflichtigen oder einer solchen nahestehenden Person erbringt, es sei denn, der Steuerpflichtige weist nach, dass die ausländische Gesellschaft einen für das Bewirken derartiger Dienstleistungen eingerichteten Geschäftsbetrieb unter Teilnahme am allgemeinen wirtschaftlichen Verkehr unterhält und die zu der Dienstleistung gehörenden Tätigkeiten ohne Mitwirkung eines solchen Steuerpflichtigen oder einer solchen nahestehenden Person ausübt,
6. der Vermietung und Verpachtung, ausgenommen
   a) die Überlassung der Nutzung von Rechten, Plänen, Mustern, Verfahren, Erfahrungen und Kenntnissen, es sei denn, der Steuerpflichtige weist nach, dass die ausländische Gesellschaft die Ergebnisse eigener Forschungs- oder Entwicklungsarbeit auswertet, die ohne Mitwirkung eines Steuerpflichtigen, der gemäß § 7 an der Gesellschaft beteiligt ist, oder

ASt G

[Fassung bis 31.12.2021:]

schaft die Ergebnisse eigener Forschungs- oder Entwicklungsarbeit auswertet, die ohne Mitwirkung eines Steuerpflichtigen, der gemäß § 7 an der Gesellschaft beteiligt ist, oder einer einem solchen Steuerpflichtigen im Sinne des § 1 Abs. 2 nahestehenden Person unternommen worden ist,

b) die Vermietung oder Verpachtung von Grundstücken, es sei denn, der Steuerpflichtige weist nach, daß die Einkünfte daraus nach einem Abkommen zur Vermeidung der Doppelbesteuerung steuerbefreit wären, wenn sie von den unbeschränkt Steuerpflichtigen, die gemäß § 7 an der ausländischen Gesellschaft beteiligt sind, unmittelbar bezogen worden wären, und

c) die Vermietung oder Verpachtung von beweglichen Sachen, es sei denn, der Steuerpflichtige weist nach, daß die ausländische Gesellschaft einen Geschäftsbetrieb gewerbsmäßiger Vermietung oder Verpachtung unter Teilnahme am allgemeinen wirtschaftlichen Verkehr unterhält und alle zu einer solchen gewerbsmäßigen Vermietung oder Verpachtung gehörenden Tätigkeiten ohne Mitwirkung eines unbeschränkt Steuerpflichtigen, der gemäß § 7 an ihr beteiligt ist, oder einer einem solchen Steuerpflichtigen

[Fassung ab 1.1.2022:]

einer einem solchen Steuerpflichtigen im Sinne des § 1 Absatz 2 nahestehenden Person unternommen worden ist,

b) die Vermietung oder Verpachtung von Grundstücken, es sei denn, der Steuerpflichtige weist nach, dass die Einkünfte daraus nach einem Abkommen zur Vermeidung der Doppelbesteuerung steuerbefreit wären, wenn sie von den unbeschränkt Steuerpflichtigen, die gemäß § 7 an der ausländischen Gesellschaft beteiligt sind, unmittelbar bezogen worden wären, und

c) die Vermietung oder Verpachtung von beweglichen Sachen, es sei denn, der Steuerpflichtige weist nach, dass die ausländische Gesellschaft einen Geschäftsbetrieb gewerbsmäßiger Vermietung oder Verpachtung unter Teilnahme am allgemeinen wirtschaftlichen Verkehr unterhält und alle zu einer solchen gewerbsmäßigen Vermietung oder Verpachtung gehörenden Tätigkeiten ohne Mitwirkung eines unbeschränkt Steuerpflichtigen, der gemäß § 7 an ihr beteiligt ist, oder einer einem solchen Steuerpflichtigen im Sinne des § 1 Absatz 2 nahestehenden Person ausübt,

7. Bezügen im Sinne des § 8b Absatz 1 des Körperschaftsteuergesetzes[1)], ausgenommen

a) Bezüge, soweit diese das Einkommen der leistenden Körperschaft gemindert haben; dies gilt auch dann, wenn die ausländische Gesellschaft hinsichtlich dieser Bezüge gemäß den Nummern 1 bis 6 nicht Zwi-

[1)] Nr. 17.

[Fassung bis 31.12.2021:]

im Sinne des § 1 Abs. 2 nahestehenden Person ausübt,

7.[1)] der Aufnahme und darlehensweisen Vergabe von Kapital, für das der Steuerpflichtige nachweist, daß es ausschließlich auf ausländischen Kapitalmärkten und nicht bei einer ihm oder der ausländischen Gesellschaft nahestehenden Person im Sinne des § 1 Abs. 2 aufgenommen und außerhalb des Geltungsbereichs dieses Gesetzes gelegenen Betrieben oder Betriebsstätten, die ihre Bruttoerträge ausschließlich oder fast ausschließlich aus unter die Nummern 1 bis 6 fallenden Tätigkeiten beziehen, oder innerhalb des Geltungsbereichs dieses Gesetzes gelegenen Betrieben oder Betriebsstätten zugeführt wird,

8.[2)] Gewinnausschüttungen von Kapitalgesellschaften,

9.[3)] der Veräußerung eines Anteils an einer anderen Gesellschaft sowie aus deren Auflösung oder der Herabsetzung ihres Kapitals, soweit der Steuerpflichtige nachweist, dass der Veräußerungsgewinn auf Wirtschaftsgüter der anderen Gesellschaft entfällt, die anderen als den in Nummer 6 Buchstabe b, soweit es sich um Einkünfte einer Gesellschaft im Sinne des § 16 des REIT-Gesetzes handelt, oder § 7 Abs. 6a bezeichneten Tätigkeiten dienen; dies gilt entsprechend, soweit der Gewinn auf solche Wirtschaftsgüter einer Gesell-

[Fassung ab 1.1.2022:]

schengesellschaft ist. [2]Dies gilt nicht, soweit

aa) die leistende Körperschaft mit den diesen Bezügen zugrunde liegenden Einkünften Zwischengesellschaft ist oder

bb) eine verdeckte Gewinnausschüttung das Einkommen der ausländischen Gesellschaft oder einer ihr nahestehenden Person erhöht hat und dieses Einkommen keiner niedrigen Besteuerung im Sinne des Absatzes 5 unterliegt,

b) Bezüge, die bei der ausländischen Gesellschaft nach § 8b Absatz 4 des Körperschaftsteuergesetzes zu berücksichtigen wären, wenn diese unbeschränkt körperschaftsteuerpflichtig wäre; dies gilt auch dann, wenn die ausländische Gesellschaft hinsichtlich dieser Bezüge gemäß den Nummern 1 bis 6 oder 7 Buchstabe a Doppelbuchstabe aa und bb nicht Zwischengesellschaft ist, und

c) Bezüge, die bei der ausländischen Gesellschaft nach § 8b Absatz 7 des Körperschaftsteuergesetzes nicht steuerbefreit wären, wenn diese unbeschränkt körperschaftsteuerpflichtig wäre; dies gilt auch dann, wenn die ausländische Gesellschaft hinsichtlich dieser Bezüge gemäß den Nummern 1 bis 6 oder 7 Buchstabe a Doppelbuchstabe aa und bb nicht Zwischengesellschaft ist,

8. der Veräußerung eines Anteils an einer anderen Gesellschaft sowie

---

[1)] § 8 Abs. 1 Nr. 7 neu gef. durch G v. 13.9.1993 (BGBl. I S. 1569); geänd. durch G v. 21.12.1993 (BGBl. I S. 2310).

[2)] § 8 Abs. 1 Nr. 8 angef. durch G v. 20.12.2001 (BGBl. I S. 3858).

[3)] § 8 Abs. 1 Nr. 9 neu gef. durch G v. 28.5.2007 (BGBl. I S. 914); geänd. durch G v. 20.12.2007 (BGBl. I S. 3150).

[Fassung bis 31.12.2021:]

schaft entfällt, an der die andere Gesellschaft beteiligt ist; Verluste aus der Veräußerung von Anteilen an der anderen Gesellschaft sowie aus deren Auflösung oder der Herabsetzung ihres Kapitals sind nur insoweit zu berücksichtigen, als der Steuerpflichtige nachweist, dass sie auf Wirtschaftsgüter zurückzuführen sind, die Tätigkeiten im Sinne der Nummer 6 Buchstabe b, soweit es sich um Einkünfte einer Gesellschaft im Sinne des § 16 des REIT-Gesetzes handelt, oder im Sinne des § 7 Abs. 6a dienen,

10.[2)3)] Umwandlungen, die ungeachtet des *§ 1 Abs. 2 und 4 des Umwandlungssteuergesetzes zu Buchwerten erfolgen könnten; das gilt nichtzu Buchwerten erfolgen könnten; das* [***für vor 1.1.2022 entstandene Zwischeneinkünfte mit steuerlichem Übertragungsstichtag nach 31.12.2021:*** § 1 Absatz 4 des Umwandlungssteuergesetzes zu Buchwerten erfolgen könnten; dies] gilt nicht, soweit eine Umwandlung den Anteil an einer Kapitalgesellschaft erfasst, dessen Veräußerung nicht die Voraussetzungen der Nummer 9 erfüllen würde.

(2)[4)] [1] Ungeachtet des Absatzes 1 ist eine Gesellschaft, die ihren Sitz oder ihre Geschäftsleitung in einem Mitgliedstaat der Europäischen Union oder einem Vertragsstaat des EWR-Abkommens hat, nicht Zwischengesellschaft für Einkünfte, für die unbe-

[Fassung ab 1.1.2022:]

aus deren Auflösung oder der Herabsetzung ihres Kapitals, ausgenommen Veräußerungsgewinne, die bei der ausländischen Gesellschaft nach § 8b Absatz 7 des Körperschaftsteuergesetzes nicht steuerbefreit wären, wenn diese unbeschränkt körperschaftsteuerpflichtig wäre; dies gilt auch dann, wenn die ausländische Gesellschaft hinsichtlich dieser Veräußerungsgewinne gemäß Nummer 3 nicht Zwischengesellschaft ist,

9.[1)] Umwandlungen; dies gilt nicht, soweit die Einkünfte auf der Übertragung von Wirtschaftsgütern beruhen, die nicht der Erzielung von Einkünften im Sinne der Nummern 1 bis 8 dienen, es sei denn, der Steuerpflichtige weist nach, dass die Umwandlung im Inland ungeachtet des § 1 Absatz 4 des Umwandlungssteuergesetzes zu Buchwerten hätte erfolgen können und im Ausland tatsächlich zu Buchwerten erfolgt ist.

(2) [1] Ungeachtet des Absatzes 1 ist eine ausländische Gesellschaft nicht Zwischengesellschaft für Einkünfte, für die nachgewiesen wird, dass die Gesellschaft in dem Staat, in dem sie ihren Sitz oder ihre Geschäftsleitung hat, insoweit einer wesentlichen wirt-

---

1) § 8 Abs. 1 Nr. 9 geänd. durch G v. 25.6.2021 (BGBl. I S. 2050).

2) § 8 Abs. 1 Nr. 10 angef. durch G v. 7.12.2006 (BGBl. I S. 2782); geänd. durch G v. 20.12.2007 (BGBl. I S. 3150).

3) Zur Anwendung siehe § 21 Abs. 5.

4) § 8 Abs. 2 neu gef. durch G v. 20.12.2007 (BGBl. I S. 3150); Sätze 1 und 2 geänd. durch G v. 26.6.2013 (BGBl. I S. 1809).

[Fassung bis 31.12.2021:]

schränkt Steuerpflichtige, die im Sinne des § 7 Absatz 2 oder Absatz 6 an der Gesellschaft beteiligt sind, nachweisen, dass die Gesellschaft insoweit einer tatsächlichen wirtschaftlichen Tätigkeit in diesem Staat nachgeht. 2 Weitere Voraussetzung ist, dass zwischen der Bundesrepublik Deutschland und diesem Staat auf Grund der Amtshilferichtlinie gemäß § 2 Absatz 2 des EU-Amtshilfegesetzes[1] oder einer vergleichbaren zwei- oder mehrseitigen Vereinbarung, Auskünfte erteilt werden, die erforderlich sind, um die Besteuerung durchzuführen. 3 Satz 1 gilt nicht für die der Gesellschaft nach § 14 zuzurechnenden Einkünfte einer Untergesellschaft, die weder Sitz noch Geschäftsleitung in einem Mitgliedstaat der Europäischen Union oder einem Vertragsstaat des EWR-Abkommens hat. 4 Das gilt auch für Zwischeneinkünfte, die einer Betriebsstätte der Gesellschaft außerhalb der Europäischen Union oder der Vertragsstaaten des EWR-Abkommens zuzurechnen sind. 5 Der tatsächlichen wirtschaftlichen Tätigkeit der Gesellschaft sind nur Einkünfte der Gesellschaft zuzuordnen, die durch diese Tätigkeit erzielt werden und dies nur insoweit, als der Fremdvergleichsgrundsatz (§ 1) beachtet worden ist.

(3)[2] 1 Eine niedrige Besteuerung im Sinne des Absatzes 1 liegt vor, wenn die Einkünfte der ausländischen Gesellschaft einer Belastung durch Ertragsteuern von weniger als 25 Prozent unterliegen, ohne dass dies auf einem Ausgleich mit Einkünften aus anderen Quellen beruht. 2 In die Belastungsberechnung sind Ansprüche einzube-

[Fassung ab 1.1.2022:]

schaftlichen Tätigkeit nachgeht. 2 Dies setzt insbesondere den Einsatz der für die Ausübung der Tätigkeit erforderlichen sachlichen und personellen Ausstattung in diesem Staat voraus. 3 Die Tätigkeit muss durch hinreichend qualifiziertes Personal selbständig und eigenverantwortlich ausgeübt werden. 4 Der wesentlichen wirtschaftlichen Tätigkeit der Gesellschaft sind nur Einkünfte der Gesellschaft zuzuordnen, die durch diese Tätigkeit erzielt werden und dies nur insoweit, als der Fremdvergleichsgrundsatz (§ 1) beachtet worden ist. 5 Die Sätze 1 bis 3 gelten nicht, wenn die Gesellschaft ihre wesentliche wirtschaftliche Tätigkeit überwiegend durch Dritte besorgen lässt.

(3) Absatz 2 gilt nur, wenn die ausländische Gesellschaft ihren Sitz oder ihre Geschäftsleitung in einem Mitgliedstaat der Europäischen Union oder einem Vertragsstaat des EWR-Abkommens hat.

---

[1] Das EUAHiG (BGBl. I S. 1809) dient der Umsetzung der Richtlinie 2011/16/EU des Rates v. 15.2.2011 über die Zusammenarbeit der Verwaltungsbehörden im Bereich der Besteuerung und zur Aufhebung der Richtlinie 77/799/EWG.

[2] § 8 Abs. 3 neu gef. durch G v. 20.12.2001 (BGBl. I S. 3858); Satz 1 geänd., Satz 2 neu gef. durch G v. 20.12.2007 (BGBl. I S. 3150); Satz 2 eingef., bish. Satz 2 wird Satz 3 durch G v. 8.12.2010 (BGBl. I S. 1768).

[Fassung bis 31.12.2021:]

ziehen, die der Staat oder das Gebiet der ausländischen Gesellschaft im Fall einer Gewinnausschüttung der ausländischen Gesellschaft dem unbeschränkt Steuerpflichtigen oder einer anderen Gesellschaft, an der der Steuerpflichtige direkt oder indirekt beteiligt ist, gewährt. [3] Eine niedrige Besteuerung im Sinne des Absatzes 1 liegt auch dann vor, wenn Ertragsteuern von mindestens 25 Prozent zwar rechtlich geschuldet, jedoch nicht tatsächlich erhoben werden.

[Fassung ab 1.1.2022:]

(4) Die Absätze 2 und 3 gelten nicht, wenn der Staat, in dem die Gesellschaft ihren Sitz oder ihre Geschäftsleitung hat, im Wege des zwischenstaatlichen Informationsaustausches keine Auskünfte erteilt, die zur Durchführung der Besteuerung erforderlich sind.

(5) [1] Eine niedrige Besteuerung liegt vor, wenn die nach Maßgabe des § 10 Absatz 3 ermittelten Einkünfte, für die die ausländische Gesellschaft Zwischengesellschaft ist, einer Belastung durch Ertragsteuern von weniger als 25 Prozent unterliegen, ohne dass dies auf einem Ausgleich mit Einkünften aus anderen Quellen beruht. [2] In die Belastungsberechnung sind Ansprüche einzubeziehen, die der Staat oder das Gebiet der ausländischen Gesellschaft im Fall einer Gewinnausschüttung der ausländischen Gesellschaft dem Steuerpflichtigen oder einer anderen Gesellschaft, an der der Steuerpflichtige unmittelbar oder mittelbar beteiligt ist, gewährt. [3] Einkünfte unterliegen im Sinne des Satzes 1 auch dann einer Belastung durch Ertragsteuern von weniger als 25 Prozent, wenn Ertragsteuern von mindestens 25 Prozent zwar rechtlich geschuldet, jedoch nicht tatsächlich erhoben werden.

[Fassung bis 31.12.2021:[1]]

§ 9 Freigrenze bei gemischten Einkünften

Für die Anwendung des § 7 Abs. 1 sind Einkünfte, für die eine ausländische Gesellschaft Zwischengesellschaft ist, außer Ansatz zu lassen, wenn die ihnen zugrunde liegenden Bruttoerträge nicht mehr als 10 Prozent der gesamten Bruttoerträge der Gesellschaft betragen, vorausgesetzt, dass die bei einer Gesellschaft oder bei einem Steuerpflichtigen hiernach außer Ansatz zu lassenden Beträge insgesamt 80 000 Euro nicht übersteigen.

[Fassung ab 1.1.2022:[2]]

§ 9 Freigrenze bei gemischten Einkünften

Für die Anwendung des § 7 Absatz 1 sind Einkünfte eines maßgebenden Wirtschaftsjahres im Sinne des § 7 Absatz 2, für die eine ausländische Gesellschaft Zwischengesellschaft ist, außer Ansatz zu lassen, wenn die Einkünfte nicht mehr als 10 Prozent der gesamten Einkünfte der ausländischen Gesellschaft betragen, vorausgesetzt, dass die bei einem Steuerpflichtigen hiernach außer Ansatz zu lassenden Beträge insgesamt 80 000 Euro nicht übersteigen.

[Fassung bis 31.12.2021:]

§ 10 Hinzurechnungsbetrag

(1)[4] [1]Die nach § 7 Abs. 1 steuerpflichtigen Einkünfte sind bei dem unbeschränkt Steuerpflichtigen mit dem Betrag, der sich nach Abzug der Steuern ergibt, die zu Lasten der ausländischen Gesellschaft von diesen Einkünften sowie von dem diesen Einkünften zugrunde liegenden Vermögen erhoben worden sind, anzusetzen (Hinzurechnungsbetrag). [2]Soweit die abzuziehenden Steuern zu dem Zeitpunkt, zu dem die Einkünfte nach Absatz 2 als zugeflossen gelten, noch nicht entrichtet sind, sind sie nur in den Jahren, in denen sie entrichtet werden, von den nach § 7 Abs. 1 steuerpflichtigen Einkünften abzusetzen. [3]In den Fällen des § 8 Absatz 3 Satz 2 sind die Steuern um die dort bezeichneten Ansprüche des unbeschränkt Steuerpflichtigen oder einer anderen Gesellschaft, an der der Steuerpflichtige direkt oder indirekt beteiligt ist, zu kürzen. [4]Ergibt sich

[Fassung ab 1.1.2022:[3]]

§ 10 Hinzurechnungsbetrag

(1) [1]Die nach § 7 Absatz 1 steuerpflichtigen Einkünfte sind bei dem Steuerpflichtigen als Hinzurechnungsbetrag anzusetzen. [2]Ergibt sich ein negativer Betrag, so entfällt die Hinzurechnung.

---

[1] § 9 geänd. durch G v. 19.12.2000 (BGBl. I S. 1790); geänd. durch G v. 20.12.2001 (BGBl. I S. 3858); geänd. durch G v. 20.12.2007 (BGBl. I S. 3150).
[2] § 9 neu gef. durch G v. 25.6.2021 (BGBl. I S. 2035); zur Anwendung siehe § 21 Abs. 4.
[3] § 10 neu gef. durch G v. 25.6.2021 (BGBl. I S. 2035); zur Anwendung siehe § 21 Abs. 4.
[4] § 10 Abs. 1 Satz 3 eingef., bish. Satz 3 wird Satz 4 durch G v. 8.12.2010 (BGBl. I S. 1768).

[Fassung bis 31.12.2021:]

ein negativer Betrag, so entfällt die Hinzurechnung.

(2)[1] [1]Der Hinzurechnungsbetrag gehört zu den Einkünften im Sinne des § 20 Abs. 1 Nr. 1 des Einkommensteuergesetzes[2] und gilt unmittelbar nach Ablauf des maßgebenden Wirtschaftsjahrs der ausländischen Gesellschaft als zugeflossen. [2]Gehören Anteile an der ausländischen Gesellschaft zu einem Betriebsvermögen, so gehört der Hinzurechnungsbetrag zu den Einkünften aus Gewerbebetrieb, aus Land- und Forstwirtschaft oder aus selbständiger Arbeit und erhöht den nach dem Einkommen- oder Körperschaftsteuergesetz[3] ermittelten Gewinn des Betriebs für das Wirtschaftsjahr, das nach dem Ablauf des maßgebenden Wirtschaftsjahrs der ausländischen Gesellschaft endet. [3]Auf den Hinzurechnungsbetrag sind § 3 Nr. 40 Satz 1 Buchstabe d, § 32d des Einkommensteuergesetzes und § 8b Abs. 1 des Körperschaftsteuergesetzes nicht anzuwenden. [4]§ 3c Abs. 2 des Einkommensteuergesetzes gilt entsprechend.

(3)[5] [1]Die dem Hinzurechnungsbetrag zugrunde liegenden Einkünfte sind in entsprechender Anwendung der Vorschriften des deutschen Steuerrechts zu ermitteln. [2]Eine Gewinn-

[Fassung ab 1.1.2022:]

(2) [1]Der Hinzurechnungsbetrag gehört zu den Einkünften im Sinne des § 20 Absatz 1 Nummer 1 des Einkommensteuergesetzes und gilt in dem Veranlagungszeitraum als zugeflossen, in dem das maßgebende Wirtschaftsjahr der ausländischen Gesellschaft endet. [2]Gehören Anteile an der ausländischen Gesellschaft zu einem Betriebsvermögen, so gehört der Hinzurechnungsbetrag zu den Einkünften aus Gewerbebetrieb, aus Land- und Forstwirtschaft oder aus selbständiger Arbeit und erhöht den nach dem Einkommen- oder Körperschaftsteuergesetz ermittelten Gewinn des Betriebs für das Wirtschaftsjahr, in dem das Wirtschaftsjahr der ausländischen Gesellschaft endet. [3]Sind dem Steuerpflichtigen die Anteile an der ausländischen Gesellschaft mittelbar zuzurechnen, gilt Satz 2 nur, soweit die Anteile an der unmittelbar gehaltenen vermittelnden Beteiligung zu einem Betriebsvermögen gehören. [4]Auf den Hinzurechnungsbetrag sind § 3 Nummer 40 Satz 1 Buchstabe d, § 32d des Einkommensteuergesetzes, § 8b Absatz 1 des Körperschaftsteuergesetzes und § 9 Nummer 7 des Gewerbesteuergesetzes[4] nicht anzuwenden.

(3) [1]Die dem Hinzurechnungsbetrag zugrunde liegenden Einkünfte sind in entsprechender Anwendung der Vorschriften des deutschen Steuerrechts zu ermitteln. [2]Alle Einkünf-

[1] § 10 Abs. 2 neu gef. durch G v. 20.12.2001 (BGBl. I S. 3858); Satz 3 geänd., Satz 4 angef. durch G v. 20.12.2007 (BGBl. I S. 3150).

[2] Nr. **5**.

[3] Nr. **17**.

[4] Nr. **10**.

[5] § 10 Abs. 3 neu gef. durch G v. 13.9.1993 (BGBl. I S. 1569); Satz 4 geänd. durch G v. 20.12.2001 (BGBl. I S. 3858); Satz 1 neu gef. durch G v. 15.12.2003 (BGBl. I S. 2676); Satz 4 neu gef. durch G v. 7.12.2006 (BGBl. I S. 2782); Satz 4 geänd. durch G v. 20.12.2007 (BGBl. I S. 3150); Satz 1 neu gef. mWv 1.1.2018 durch G v. 19.7.2016 (BGBl. I S. 1730); Satz 4 neu gef. mWv 5.7.2017 durch G v. 27.6.2017 (BGBl. I S. 2074).

[Fassung bis 31.12.2021:]

ermittlung entsprechend den Grundsätzen des § 4 Abs. 3 des Einkommensteuergesetzes steht einer Gewinnermittlung nach § 4 Abs. 1 oder § 5 des Einkommensteuergesetzes gleich. [3]Bei mehreren Beteiligten kann das Wahlrecht für die Gesellschaft nur einheitlich ausgeübt werden. [4]Steuerliche Vergünstigungen, die an die unbeschränkte Steuerpflicht oder an das Bestehen eines inländischen Betriebs oder einer inländischen Betriebsstätte anknüpfen, und die §§ 4h, 4j des Einkommensteuergesetzes sowie die §§ 8a, 8b Absatz 1 und 2 des Körperschaftsteuergesetzes bleiben unberücksichtigt; dies gilt auch für die Vorschriften des Umwandlungssteuergesetzes, soweit Einkünfte aus einer Umwandlung nach § 8 Absatz 1 Nummer 10 hinzuzurechnen sind. [5]Verluste, die bei Einkünften entstanden sind, für die die ausländische Gesellschaft Zwischengesellschaft ist, können in entsprechender Anwendung des § 10d des Einkommensteuergesetzes, soweit sie die nach § 9 außer Ansatz zu lassenden Einkünfte übersteigen, abgezogen werden. [6]Soweit sich durch den Abzug der Steuern nach Absatz 1 ein negativer Betrag ergibt, erhöht sich der Verlust im Sinne des Satzes 5.

(4) Bei der Ermittlung der Einkünfte, für die die ausländische Gesellschaft Zwischengesellschaft ist, dürfen nur solche Betriebsausgaben abgezogen werden, die mit diesen Einkünften in wirtschaftlichem Zusammenhang stehen.

(5)[1)] *(aufgehoben)*

[Fassung ab 1.1.2022:]

te, für die die ausländische Gesellschaft Zwischengesellschaft ist, sind als Einkünfte aus Gewerbebetrieb zu behandeln; ihre Ermittlung hat gemäß § 4 Absatz 1 des Einkommensteuergesetzes zu erfolgen. [3]§ 10 Nummer 2 des Körperschaftsteuergesetzes ist auf eine von der ausländischen Gesellschaft zu entrichtende Vermögensteuer nicht anzuwenden. [4]Steuerliche Vergünstigungen, die an die unbeschränkte Steuerpflicht oder an das Bestehen eines inländischen Betriebs oder einer inländischen Betriebsstätte anknüpfen, und die Vorschriften des Umwandlungssteuergesetzes bleiben unberücksichtigt. [5]Verluste, die bei Einkünften entstanden sind, für die die ausländische Gesellschaft Zwischengesellschaft ist, können in entsprechender Anwendung des § 10d des Einkommensteuergesetzes, soweit sie die nach § 9 außer Ansatz zu lassenden Einkünfte übersteigen, abgezogen werden. [6]Ein Verlustrücktrag ist nicht zulässig.

(4) Bei der Ermittlung der Einkünfte, für die die ausländische Gesellschaft Zwischengesellschaft ist, dürfen nur solche Betriebsausgaben abgezogen werden, die mit diesen Einkünften in wirtschaftlichem Zusammenhang stehen.

(5) [1]Soweit in Anwendung des Absatzes 3 Wirtschaftsgüter erstmals zu bewerten sind, sind sie mit den Werten anzusetzen, die sich ergeben würden, wenn seit Übernahme der Wirtschaftsgüter durch die ausländische

---

[1)] § 10 Abs. 5 aufgeh. durch G v. 16.5.2003 (BGBl. I S. 660).

[Fassung bis 31.12.2021:]

(6)[1] *(aufgehoben)*

(7)[1] *(aufgehoben)*

[Fassung ab 1.1.2022:]

Gesellschaft die Vorschriften des deutschen Steuerrechts angewendet worden wären. [2]In den Fällen des § 8 Absatz 1 Nummer 9 sind bei der übernehmenden Gesellschaft die auf sie übergegangenen Wirtschaftsgüter mit dem von der übertragenden Gesellschaft angesetzten Wert zu übernehmen.

(6) Soweit die dem Hinzurechnungsbetrag zugrunde liegenden Einkünfte oder Einkunftsquellen zu Erträgen des Steuerpflichtigen im Sinne des § 20 Absatz 1 Nummer 3 des Einkommensteuergesetzes in Verbindung mit § 16 Absatz 1 Nummer 2 des Investmentsteuergesetzes[2] oder im Sinne des § 20 Absatz 1 Nummer 3a des Einkommensteuergesetzes in Verbindung mit § 34 Absatz 1 Nummer 2 des Investmentsteuergesetzes führen, ist der Hinzurechnungsbetrag in Höhe dieser Erträge zu mindern.

[Fassung bis 31.12.2021:]

§ 11 Veräußerungsgewinne

(1)[4] Gewinne, die die ausländische Gesellschaft aus der Veräußerung der Anteile an einer anderen ausländischen Gesellschaft oder einer Gesellschaft im Sinne des § 16 des REIT-Gesetzes sowie aus deren Auflösung oder der Herabsetzung ihres Kapitals erzielt und für die die ausländische Gesellschaft Zwischengesellschaft ist, sind vom Hinzurechnungsbetrag auszunehmen, soweit die Einkünfte der anderen Gesellschaft oder einer dieser Gesellschaft nachgeord-

[Fassung ab 1.1.2022:[3]]

§ 11 Kürzungsbetrag bei Beteiligung an ausländischer Gesellschaft

(1) [1]Erhält der Steuerpflichtige aus der Beteiligung an einer ausländischen Gesellschaft, für die Hinzurechnungsbeträge nach § 10 Absatz 2 bei ihm der Einkommen- oder Körperschaftsteuer unterlegen haben, Bezüge im Sinne des

1. § 20 Absatz 1 Nummer 1 des Einkommensteuergesetzes[5],
2. § 20 Absatz 1 Nummer 3 des Einkommensteuergesetzes in Verbindung mit § 16 Absatz 1 Nummer 1 des Investmentsteuergesetzes[2] oder

[1] § 10 Abs. 5 bis 7 aufgeh. durch G v. 16.5.2003 (BGBl. I S. 660).
[2] Nr. **15**.
[3] § 11 neu gef. durch G v. 25.6.2021 (BGBl. I S. 2035); zur Anwendung siehe § 21 Abs. 4.
[4] § 11 Abs. 1 neu gef. durch G v. 20.12.2001 (BGBl. I S. 3858) mW für nach dem 31.12.2000 beginnende Wj.; geänd. durch G v. 19.12.2008 (BGBl. I S. 2794).
[5] Nr. **5**.

[Fassung bis 31.12.2021:]

neten Gesellschaft aus Tätigkeiten im Sinne des § 7 Abs. 6a für das gleiche Kalenderjahr oder Wirtschaftsjahr oder für die vorangegangenen sieben Kalenderjahre oder Wirtschaftsjahre als Hinzurechnungsbetrag (§ 10 Abs. 2) der Einkommensteuer oder Körperschaftsteuer unterlegen haben, keine Ausschüttung dieser Einkünfte erfolgte und der Steuerpflichtige dies nachweist.

(2)[1)] *(aufgehoben)*

(3)[1)] *(aufgehoben)*

[Fassung ab 1.1.2022:]

3. § 20 Absatz 1 Nummer 3a des Einkommensteuergesetzes in Verbindung mit § 34 Absatz 1 Nummer 1 des Investmentsteuergesetzes,

ist bei der Ermittlung der Summe der Einkünfte ein Kürzungsbetrag nach Absatz 2 abzuziehen; im Rahmen des § 32d des Einkommensteuergesetzes ist dieser bei der Ermittlung der Summe der Kapitalerträge abzuziehen. [2] Entsprechendes gilt für Bezüge des Steuerpflichtigen im Sinne des Satzes 1 von Gesellschaften, die an der Zwischengesellschaft unmittelbar oder mittelbar beteiligt sind.

(2) [1] Der Kürzungsbetrag entspricht dem Betrag, der als Bezug im Sinne der unter Absatz 1 bezeichneten Vorschriften bei dem Steuerpflichtigen steuerpflichtig ist. [2] Er ist begrenzt auf den Betrag, der als Bezug im Sinne der unter Absatz 1 bezeichneten Vorschriften bei dem Steuerpflichtigen steuerpflichtig wäre, wenn das auf den Schluss des vorangegangenen Veranlagungszeitraums festgestellte Hinzurechnungskorrekturvolumen zuzüglich des im laufenden Veranlagungszeitraum zu besteuernden Hinzurechnungsbetrags in vollem Umfang ausgeschüttet würde.

(3) [1] Das am Schluss eines Veranlagungszeitraums verbleibende Hinzurechnungskorrekturvolumen ist gemäß § 18 für jeden Steuerpflichtigen gesondert festzustellen. [2] Hinzurechnungskorrekturvolumen ist der nach § 10 Absatz 2 der Einkommen- oder Körperschaftsteuer unterliegende Hinzurechnungsbetrag des laufenden Veranlagungszeitraums, vermindert um den Betrag der Bezüge im Sinne des Absatzes 1 Satz 1 und 2 des laufenden Veranlagungszeitraums sowie den Betrag der Gewinne im Sinne des

[1)] § 11 Abs. 2 und 3 aufgeh. durch G v. 20.12.2001 (BGBl. I S. 3858) mW für nach dem 31.12. 2000 beginnende Wj.

[Fassung bis 31.12.2021:]

[Fassung ab 1.1.2022:]

Absatzes 4 und vermehrt um das auf den Schluss des vorangegangenen Veranlagungszeitraums festgestellte Hinzurechnungskorrekturvolumen. ³Der Bestand des verbleibenden Hinzurechnungskorrekturvolumens kann nicht negativ werden.

(4) Die Absätze 1 bis 3 gelten auch für Gewinne des Steuerpflichtigen aus der Veräußerung von Anteilen an der ausländischen Gesellschaft oder an einer Gesellschaft, die an der ausländischen Gesellschaft unmittelbar oder mittelbar beteiligt ist, sowie aus deren Auflösung oder aus der Herabsetzung ihres Kapitals.

(5) ¹Wenn Hinzurechnungsbeträge nach § 10 Absatz 2 der Gewerbesteuer unterlegen haben, mindert der abzuziehende Kürzungsbetrag im Sinne des Absatzes 2 auch den Gewerbeertrag, soweit dieser durch die Bezüge im Sinne der unter Absatz 1 bezeichneten Vorschriften oder die in Absatz 4 bezeichneten Gewinne nach Anwendung von § 8 Nummer 5 und § 9 Nummer 7 oder 8 des Gewerbesteuergesetzes[1] erhöht ist. ²Dabei erhöht sich der Kürzungsbetrag nach Satz 1 um insoweit vorgenommene Hinzurechnungen nach § 8 Nummer 5 in Verbindung mit § 9 Nummer 7 oder 8 des Gewerbesteuergesetzes.

[Fassung bis 31.12.2021:]

§ 12 Steueranrechnung

(1)[3] ¹Auf Antrag des Steuerpflichtigen werden auf seine Einkommen- oder Körperschaftsteuer, die auf den Hinzurechnungsbetrag entfällt, die Steuern angerechnet, die nach § 10 Abs. 1 abziehbar sind. ²In diesem Fall

[Fassung ab 1.1.2022:[2]]

§ 12 Steueranrechnung

(1) ¹Auf die Einkommen- oder Körperschaftsteuer des Steuerpflichtigen, die auf den Hinzurechnungsbetrag entfällt, werden die Steuern vom Einkommen angerechnet, die zu Lasten der ausländischen Gesellschaft auf die dem Hinzurechnungsbetrag

[1] Nr. **10**.

[2] § 12 neu gef. durch G v. 25.6.2021 (BGBl. I S. 2035); zur Anwendung siehe § 21 Abs. 4.

[3] § 12 Abs. 1 geänd. durch G v. 23.10.2000 (BGBl. I S. 1433); Satz 1 neu gef. durch G v. 20.12.2001 (BGBl. I S. 3858).

AStG

[Fassung bis 31.12.2021:]

ist der Hinzurechnungsbetrag um diese Steuern zu erhöhen.

(2)[1] Bei der Anrechnung sind die Vorschriften des § 34c Abs. 1 des Einkommensteuergesetzes[2] und des § 26 Abs. 1 und 6 des Körperschaftsteuergesetzes[3] entsprechend anzuwenden.

(3)[4] ¹Steuern von den nach § 3 Nr. 41 des Einkommensteuergesetzes befreiten Gewinnausschüttungen werden auf Antrag im Veranlagungszeitraum des Anfalls der zugrunde liegenden Zwischeneinkünfte als Hinzurechnungsbetrag in entsprechender Anwendung des § 34c Abs. 1 und 2 des Einkommensteuergesetzes und des § 26 Abs. 1 und 6 des Körperschaftsteuergesetzes angerechnet oder abgezogen. ²Dies gilt auch dann, wenn der Steuerbescheid für diesen Veranlagungszeitraum bereits bestandskräftig ist.

[Fassung ab 1.1.2022:]

unterliegenden Einkünfte tatsächlich erhoben worden sind. ²In den Fällen des § 8 Absatz 5 Satz 2 sind die Steuern um die dort bezeichneten Ansprüche des Steuerpflichtigen oder einer anderen Gesellschaft, an der der Steuerpflichtige unmittelbar oder mittelbar beteiligt ist, zu kürzen.

(2) Auf Antrag des Steuerpflichtigen wird auf seine Einkommen- oder Körperschaftsteuer, die auf den Hinzurechnungsbetrag entfällt, auch die anteilige Steuer angerechnet, die im Staat einer die Beteiligung an der Zwischengesellschaft vermittelnden Gesellschaft oder Betriebsstätte im Wege einer der Hinzurechnungsbesteuerung vergleichbaren Besteuerung tatsächlich erhoben worden ist.

(3) Bei der Anrechnung sind die Vorschriften des § 34c Absatz 1 des Einkommensteuergesetzes und des § 26 Absatz 1 und 2 Satz 1 des Körperschaftsteuergesetzes auf den Gesamtbetrag der Anrechnungsbeträge nach den Absätzen 1 und 2 entsprechend anzuwenden.

[Fassung bis 31.12.2021:[5]]

§ 13 *(aufgehoben)*

[Fassung ab 1.1.2022:[6]]

§ 13 Beteiligung an Kapitalanlagegesellschaften

(1) ¹Ist ein unbeschränkt Steuerpflichtiger unmittelbar oder mittelbar

---

[1] § 12 Abs. 2 geänd. durch G v. 6.9.1976 (BGBl. I S. 2641); geänd. durch G v. 25.2.1992 (BGBl. I S. 297); geänd. durch G v. 23.10.2000 (BGBl. I S. 1433).

[2] Nr. **5**.

[3] Nr. **17**.

[4] § 12 Abs. 3 angef. durch G v. 20.12.2001 (BGBl. I S. 3858); Satz 1 geänd. durch G v. 20.12.2007 (BGBl. I S. 3150).

[5] § 13 aufgeh. durch G v. 20.12.2001 (BGBl. I S. 3858).

[6] § 13 eingef. durch G v. 25.6.2021 (BGBl. I S. 2035); zur Anwendung siehe § 21 Abs. 4.

[Fassung bis 31.12.2021:]

[Fassung ab 1.1.2022:]

an einer ausländischen Gesellschaft beteiligt und bestehen die Einkünfte der Gesellschaft aus Einkünften mit Kapitalanlagecharakter, die einer niedrigen Besteuerung unterliegen (§ 8 Absatz 5), sind diese Einkünfte bei dem unbeschränkt Steuerpflichtigen entsprechend seiner unmittelbaren und mittelbaren Beteiligung am Nennkapital dieser Gesellschaft steuerpflichtig, auch wenn die Voraussetzungen des § 7 Absatz 1 Satz 1 im Übrigen nicht erfüllt sind. [2] § 7 Absatz 1 Satz 2 und 3 gilt entsprechend. [3] Satz 1 ist nicht anzuwenden, wenn die Einkünfte mit Kapitalanlagecharakter nicht mehr als 10 Prozent der gesamten Einkünfte, für die die ausländische Gesellschaft Zwischengesellschaft ist, betragen und die bei einer Zwischengesellschaft oder bei einem Steuerpflichtigen hiernach außer Ansatz zu lassenden Beträge insgesamt 80 000 Euro nicht übersteigen. [4] Satz 1 gilt bei einer Beteiligung von weniger als 1 Prozent nur, wenn die Einkünfte der ausländischen Gesellschaft ausschließlich oder nahezu ausschließlich aus Einkünften mit Kapitalanlagecharakter bestehen und mit der Hauptgattung der Aktien der ausländischen Gesellschaft kein wesentlicher und regelmäßiger Handel an einer Börse in einem Mitgliedstaat der Europäischen Union oder in einem Vertragsstaat des EWR-Abkommens oder an einer in einem anderen Staat nach § 193 Absatz 1 Satz 1 Nummer 2 und 4 des Kapitalanlagegesetzbuchs von der Bundesanstalt für Finanzdienstleistungsaufsicht zugelassenen Börse stattfindet.

(2) Einkünfte mit Kapitalanlagecharakter sind Einkünfte, einschließlich Veräußerungsgewinne, die aus dem Halten, der Verwaltung, der Werterhaltung oder der Werterhöhung von Zahlungsmitteln, Forderungen, Wertpapieren, Beteiligungen

[Fassung bis 31.12.2021:]

[Fassung ab 1.1.2022:]

(ausgenommen Einkünfte im Sinne des § 8 Absatz 1 Nummer 7 und 8) oder ähnlichen Vermögenswerten stammen, es sei denn, der Steuerpflichtige weist nach, dass sie aus einer Tätigkeit stammen, die einer unter § 8 Absatz 1 Nummer 1 bis 6 fallenden eigenen Tätigkeit der ausländischen Gesellschaft dient.

(3) Zu den Einkünften mit Kapitalanlagecharakter gehören auch die Einkünfte aus einer Gesellschaft im Sinne des § 16 des REIT-Gesetzes vom 28. Mai 2007 (BGBl. I S. 914) in der jeweils geltenden Fassung, es sei denn, dass mit der Hauptgattung der Aktien der ausländischen Gesellschaft ein wesentlicher und regelmäßiger Handel an einer Börse der in Absatz 1 Satz 4 genannten Art stattfindet.

(4) [1] § 8 Absatz 2 und 5 sowie die §§ 10 bis 12 gelten entsprechend. [2] § 8 Absatz 2 gilt nicht, wenn der Staat, in dem die Gesellschaft ihren Sitz oder ihre Geschäftsleitung hat, im Wege des zwischenstaatlichen Informationsaustausches keine Auskünfte erteilt, die zur Durchführung der Besteuerung erforderlich sind.

(5) [1] Die Absätze 1 bis 4 sind nicht anzuwenden, wenn auf die Einkünfte mit Kapitalanlagecharakter, für die die ausländische Gesellschaft Zwischengesellschaft ist, die Vorschriften des Investmentsteuergesetzes in der jeweils geltenden Fassung anzuwenden sind. [2] Mittelbare Beteiligungen sind für den unbeschränkt Steuerpflichtigen nach Absatz 1 Satz 1 unbeachtlich, wenn er diese über einen Investmentfonds oder einen Spezial-Investmentfonds im Sinne des Investmentsteuergesetzes[1] hält.

[1] Nr. **15**.

[Fassung bis 31.12.2021:]

§ 14 Nachgeschaltete Zwischengesellschaften

(1)[2] [1] Ist eine ausländische Gesellschaft allein oder zusammen mit unbeschränkt Steuerpflichtigen gemäß § 7 an einer anderen ausländischen Gesellschaft (Untergesellschaft) beteiligt, so sind für die Anwendung der §§ 7 bis 12 die Einkünfte der Untergesellschaft, die einer niedrigen Besteuerung unterlegen haben, der ausländischen Gesellschaft zu dem Teil, der auf ihre Beteiligung am Nennkapital der Untergesellschaft entfällt, zuzurechnen, soweit nicht nachgewiesen wird, dass die Untergesellschaft diese Einkünfte aus unter § 8 Abs. 1 Nr. 1 bis 7 fallenden Tätigkeiten oder Gegenständen erzielt hat oder es sich um Einkünfte im Sinne des § 8 Abs. 1 Nr. 8 bis 10 handelt oder dass diese Einkünfte aus Tätigkeiten stammen, die einer unter § 8 Abs. 1 Nr. 1 bis 6 fallenden eigenen Tätigkeit der ausländischen Gesellschaft dienen. [2] Tätigkeiten der Untergesellschaft dienen nur dann einer unter § 8 Abs. 1 Nr. 1 bis 6 fallenden eigenen Tätigkeit der ausländischen Gesellschaft, wenn sie in unmittelbarem Zusammenhang mit dieser Tätigkeit stehen und es sich bei den Einkünften nicht um solche im Sinne des § 7 Abs. 6a handelt.

(2)[3] Ist eine ausländische Gesellschaft gemäß § 7 an einer Gesellschaft im Sinne des § 16 des REIT-Gesetzes (Untergesellschaft) beteiligt, gilt Absatz 1, auch bezogen auf § 8 Abs. 3, sinngemäß.

(3)[4] Absatz 1 ist entsprechend anzuwenden, wenn der Untergesell-

[Fassung ab 1.1.2022:[1]]

§ 14 *(aufgehoben)*

---

[1] § 14 aufgeh. durch G v. 25.6.2021 (BGBl. I S. 2035); zur Anwendung siehe § 21 Abs. 4.

[2] § 14 Abs. 1 neu gef. durch G v. 20.12.2001 (BGBl. I S. 3858); Satz 2 angef. durch G v. 22.12. 2003 (BGBl. I S. 2840); Satz 1 geänd. durch G v. 20.12.2007 (BGBl. I S. 3150).

[3] § 14 Abs. 2 aufgeh. durch G v. 20.12.2001 (BGBl. I S. 3858); neu gef. durch G v. 28.5.2007 (BGBl. I S. 914).

[4] § 14 Abs. 3 neu gef. durch G v. 20.12.2001 (BGBl. I S. 3858).

[Fassung bis 31.12.2021:]

schaft weitere ausländische Gesellschaften nachgeschaltet sind.

(4)[1] *(aufgehoben)*

[Fassung ab 1.1.2022:]

Fünfter Teil. Familienstiftungen

§ 15 Steuerpflicht von Stiftern, Bezugsberechtigten und Anfallsberechtigten (1)[2] [1] Vermögen und Einkünfte einer Familienstiftung, die Geschäftsleitung und Sitz außerhalb des Geltungsbereichs dieses Gesetzes hat (ausländische Familienstiftung), werden dem Stifter, wenn er unbeschränkt steuerpflichtig ist, sonst den unbeschränkt steuerpflichtigen Personen, die bezugsberechtigt oder anfallsberechtigt sind, entsprechend ihrem Anteil zugerechnet. [2] Dies gilt nicht für die Erbschaftsteuer.

(2) Familienstiftungen sind Stiftungen, bei denen der Stifter, seine Angehörigen und deren Abkömmlinge zu mehr als der Hälfte bezugsberechtigt oder anfallsberechtigt sind.

(3) Hat ein Unternehmer im Rahmen seines Unternehmens oder als Mitunternehmer oder eine Körperschaft, eine Personenvereinigung oder eine Vermögensmasse eine Stiftung errichtet, die Geschäftsleitung und Sitz außerhalb des Geltungsbereichs dieses Gesetzes hat, so wird die Stiftung wie eine Familienstiftung behandelt, wenn der Stifter, seine Gesellschafter, von ihm abhängige Gesellschaften, Mitglieder, Vorstandsmitglieder, leitende Angestellte und Angehörige dieser Personen zu mehr als der Hälfte bezugsberechtigt oder anfallsberechtigt sind.

(4) Den Stiftungen stehen sonstige Zweckvermögen, Vermögensmassen und rechtsfähige oder nichtrechtsfähige Personenvereinigungen gleich.

[Fassung bis 31.12.2021:[3]]

(5) [1] § 12 Absatz 1 und 2 ist entsprechend anzuwenden. [2] Für Steuern auf die nach Absatz 11 befreiten Zuwendungen gilt § 12 Absatz 3 entsprechend.

[Fassung ab 1.1.2022:[4]]

(5) [1] Auf die Einkommen- oder Körperschaftsteuer des Stifters oder der bezugs- oder anfallsberechtigten Person werden die Steuern vom Einkommen angerechnet, die zu Lasten der ausländischen Stiftung auf die zuzurechnenden Einkünfte erhoben worden sind. [2] Bei der Anrechnung sind die Vorschriften des § 34c Absatz 1 des Einkommensteuergesetzes[5] und des § 26 Absatz 1 und 2 Satz 1 des Körperschaftsteuergesetzes[6] entsprechend anzuwenden.

---

[1] § 14 Abs. 4 aufgeh. durch G v. 16.5.2003 (BGBl. I S. 660).
[2] § 15 Abs. 1 Satz 1 geänd. durch G v. 26.6.2013 (BGBl. I S. 1809).
[3] § 15 Abs. 5 neu gef. durch G v. 26.6.2013 (BGBl. I S. 1809).
[4] § 15 Abs. 5 neu gef. durch G v. 25.6.2021 (BGBl. I S. 2035); zur Anwendung siehe § 21 Abs. 4.
[5] Nr. **5**.
[6] Nr. **17**.

(6)[1] Hat eine Familienstiftung Geschäftsleitung oder Sitz in einem Mitgliedstaat der Europäischen Union oder einem Vertragsstaat des EWR-Abkommens, ist Absatz 1 nicht anzuwenden, wenn

1. nachgewiesen wird, dass das Stiftungsvermögen der Verfügungsmacht der in den Absätzen 2 und 3 genannten Personen rechtlich und tatsächlich entzogen ist und
2.[2] zwischen der Bundesrepublik Deutschland und dem Staat, in dem die Familienstiftung Geschäftsleitung oder Sitz hat, auf Grund der Amtshilferichtlinie gemäß § 2 Absatz 11 des EU-Amtshilfegesetzes[3] oder einer vergleichbaren zwei- oder mehrseitigen Vereinbarung, Auskünfte erteilt werden, die erforderlich sind, um die Besteuerung durchzuführen.

(7)[4] [1] Die Einkünfte der Stiftung nach Absatz 1 werden in entsprechender Anwendung der Vorschriften des Körperschaftsteuergesetzes und des Einkommensteuergesetzes ermittelt. [2] Bei der Ermittlung der Einkünfte gilt § 10 Absatz 3 entsprechend [*ab 1.1.2022:* ; § 8b des Körperschaftsteuergesetzes bleibt unberücksichtigt]. [3] Ergibt sich ein negativer Betrag, entfällt die Zurechnung.

(8)[5] [1] Die nach Absatz 1 dem Stifter oder der bezugs- oder anfallsberechtigten Person zuzurechnenden Einkünfte gehören bei Personen, die ihre Einkünfte nicht nach dem Körperschaftsteuergesetz ermitteln, zu den Einkünften im Sinne des § 20 Absatz 1 Nummer 9 des Einkommensteuergesetzes. [2] § 20 Absatz 8 des Einkommensteuergesetzes bleibt unberührt; § 3 Nummer 40 Satz 1 Buchstabe d und § 32d des Einkommensteuergesetzes sind nur insoweit anzuwenden, als diese Vorschriften bei unmittelbarem Bezug der zuzurechnenden Einkünfte durch die Personen im Sinne des Absatzes 1 anzuwenden wären. [3] Soweit es sich beim Stifter oder der bezugs- oder anfallsberechtigten Person um Personen handelt, die ihre Einkünfte nach dem Körperschaftsteuergesetz ermitteln, bleibt § 8 Absatz 2 des Körperschaftsteuergesetzes unberührt; § 8b Absatz 1 und 2 des Körperschaftsteuergesetzes ist nur insoweit anzuwenden, als diese Vorschrift bei unmittelbarem Bezug der zuzurechnenden Einkünfte durch die Personen im Sinne des Absatzes 1 anzuwenden wäre.

[Fassung bis 31.12.2021:[6]]

(9) [1] Ist eine ausländische Familienstiftung oder eine andere ausländische Stiftung im Sinne des Absatzes 10 an einer Körperschaft, Personenvereinigung oder Vermögensmasse im Sinne des Körperschaftsteuergesetzes, die weder Geschäftsleitung noch Sitz im Geltungsbereich dieses Gesetzes hat

[Fassung ab 1.1.2022:[7]]

(9) [1] Ist eine ausländische Familienstiftung oder eine andere ausländische Stiftung im Sinne des Absatzes 10 an einer Körperschaft, Personenvereinigung oder Vermögensmasse im Sinne des Körperschaftsteuergesetzes, die weder Geschäftsleitung noch Sitz im Geltungsbereich dieses Gesetzes hat

---

[1] § 15 Abs. 6 angef. durch G v. 19.12.2008 (BGBl. I S. 2794).

[2] § 15 Abs. 2 geänd. durch G v. 25.6.2021 (BGBl. I S. 2035).

[3] Das EUAHiG (BGBl. I S. 1809) dient der Umsetzung der Richtlinie 2011/16/EU des Rates v. 15.2.2011 über die Zusammenarbeit der Verwaltungsbehörden im Bereich der Besteuerung und zur Aufhebung der Richtlinie 77/799/EWG.

[4] § 15 Abs. 7 neu gef. durch G v. 26.6.2013 (BGBl. I S. 1809); Satz 2 2. HS angef. durch G v. 25.6.2021 (BGBl. I S. 2035); zur Anwendung siehe § 21 Abs. 4.

[5] § 15 Abs. 8 angef. durch G v. 26.6.2013 (BGBl. I S. 1809).

[6] § 15 Abs. 9 angef. durch G v. 26.6.2013 (BGBl. I S. 1809).

[7] § 15 Abs. 9 Satz 1 geänd., Satz 2 eingef., bish. Satz 2 wird Satz 3 durch G v. 25.6.2021 (BGBl. I S. 2035); zur Anwendung siehe § 21 Abs. 4.

[Fassung bis 31.12.2021:]	*[Fassung ab 1.1.2022:]*
und die nicht gemäß § 3 Absatz 1 des Körperschaftsteuergesetzes von der Körperschaftsteuerpflicht ausgenommen ist (ausländische Gesellschaft), beteiligt, so gehören die Einkünfte dieser Gesellschaft in entsprechender Anwendung der §§ 7 bis 14 mit dem Teil zu den Einkünften der Familienstiftung, der auf die Beteiligung der Stiftung am Nennkapital der Gesellschaft entfällt. ²Auf Gewinnausschüttungen der ausländischen Gesellschaft, denen nachweislich bereits nach Satz 1 zugerechnete Beträge zugrunde liegen, ist Absatz 1 nicht anzuwenden.	und die nicht gemäß § 3 Absatz 1 des Körperschaftsteuergesetzes von der Körperschaftsteuerpflicht ausgenommen ist (ausländische Gesellschaft), beteiligt, so gehören die Einkünfte dieser Gesellschaft in entsprechender Anwendung der §§ 7 bis 13 mit dem Teil zu den Einkünften der Familienstiftung, der auf die Beteiligung der Stiftung am Nennkapital der Gesellschaft entfällt. ²§ 7 Absatz 1 Satz 3 gilt entsprechend. ³Auf Gewinnausschüttungen der ausländischen Gesellschaft, denen nachweislich bereits nach Satz 1 zugerechnete Beträge zugrunde liegen, ist Absatz 1 nicht anzuwenden.

(10)[1] ¹Einer ausländischen Familienstiftung werden Vermögen und Einkünfte einer anderen ausländischen Stiftung, die nicht die Voraussetzungen des Absatzes 6 Satz 1 erfüllt, entsprechend ihrem Anteil zugerechnet, wenn sie allein oder zusammen mit den in den Absätzen 2 und 3 genannten Personen zu mehr als der Hälfte unmittelbar oder mittelbar bezugsberechtigt oder anfallsberechtigt ist. ²Auf Zuwendungen der ausländischen Stiftung, denen nachweislich bereits nach Satz 1 zugerechnete Beträge zugrunde liegen, ist Absatz 1 nicht anzuwenden.

(11)[2] ¹Zuwendungen der ausländischen Familienstiftung unterliegen bei Personen im Sinne des Absatzes 1 nicht der Besteuerung, soweit die den Zuwendungen zugrunde liegenden Einkünfte nachweislich bereits nach Absatz 1 zugerechnet worden sind. [*ab 1.1.2022:* ²Steuern von den nach Satz 1 befreiten Zuwendungen werden auf Antrag im Veranlagungszeitraum der Zurechnung der zugrunde liegenden Einkünfte in entsprechender Anwendung des § 34c Absatz 1 und 2 des Einkommensteuergesetzes und des § 26 Absatz 1 und 2 Satz 1 des Körperschaftsteuergesetzes angerechnet oder abgezogen.]

Sechster Teil. Ermittlung und Verfahren

§ 16 Mitwirkungspflicht des Steuerpflichtigen. (1) Beantragt ein Steuerpflichtiger unter Berufung auf Geschäftsbeziehungen mit einer ausländischen Gesellschaft oder einer im Ausland ansässigen Person oder Personengesellschaft, die mit ihren Einkünften, die in Zusammenhang mit den Geschäftsbeziehungen zu dem Steuerpflichtigen stehen, nicht oder nur unwesentlich besteuert wird, die Absetzung von Schulden oder anderen Lasten oder von Betriebsausgaben oder Werbungskosten, so ist im Sinne des § 160 der Abgabenordnung[3] der Gläubiger oder Empfänger erst dann genau bezeichnet, wenn der

[1] § 15 Abs. 10 angef. durch G v. 26.6.2013 (BGBl. I S. 1809).
[2] § 15 Abs. 11 angef. durch G v. 26.6.2013 (BGBl. I S. 1809); Satz 2 angef. durch G v. 25.6.2021 (BGBl. I S. 2035); zur Anwendung siehe § 21 Abs. 4.
[3] Nr. **1**.

Steuerpflichtige alle Beziehungen offenlegt, die unmittelbar oder mittelbar zwischen ihm und der Gesellschaft, Person oder Personengesellschaft bestehen und bestanden haben.

(2)[1] Der Steuerpflichtige hat über die Richtigkeit und Vollständigkeit seiner Angaben und über die Behauptung, daß ihm Tatsachen nicht bekannt sind, auf Verlangen des Finanzamts gemäß § 95 der Abgabenordnung eine Versicherung an Eides Statt abzugeben.

§ 17 Sachverhaltsaufklärung. (1) [1] Zur Anwendung der Vorschriften der §§ 5 und 7 bis 15 haben Steuerpflichtige für sich selbst und im Zusammenwirken mit anderen die dafür notwendigen Auskünfte zu erteilen. [2] Auf Verlangen sind insbesondere

1.[2] die Geschäftsbeziehungen zu offenbaren, die zwischen der Gesellschaft und einem so beteiligten unbeschränkt Steuerpflichtigen oder einer einem solchen im Sinne des *§ 1 Abs. 2* [***ab 1.1.2022:*** § 7 Absatz 3 oder 4] nahestehenden Person bestehen,
2.[3] die für die Anwendung der *§§ 7 bis 14 sachdienlichen Unterlagen einschließlich der Bilanzen und der Erfolgsrechnungen* [***ab 1.1.2022:*** §§ 7 bis 15 sachdienlichen Unterlagen einschließlich der Bilanzen und der Erfolgsrechnungen, einer Darstellung der Beteiligungsverhältnisse sowie der Steuererklärungen und Steuerbescheide] vorzulegen. [2] Auf Verlangen sind diese Unterlagen mit dem im Staat der Geschäftsleitung oder des Sitzes vorgeschriebenen oder üblichen Prüfungsvermerk einer behördlich anerkannten Wirtschaftsprüfungsstelle oder vergleichbaren Stelle vorzulegen.

(2)[4] Ist für die Ermittlung der Einkünfte, für die eine ausländische Gesellschaft Zwischengesellschaft ist, eine Schätzung nach § 162 der Abgabenordnung[5] vorzunehmen, so ist mangels anderer geeigneter Anhaltspunkte bei der Schätzung als Anhaltspunkt von mindestens 20 Prozent des gemeinen Werts der von den unbeschränkt Steuerpflichtigen gehaltenen Anteile auszugehen; Zinsen und Nutzungsentgelte, die die Gesellschaft für überlassene Wirtschaftsgüter an die unbeschränkt Steuerpflichtigen zahlt, sind abzuziehen.

§ 18 Gesonderte Feststellung von Besteuerungsgrundlagen.

[Fassung bis 31.12.2021:]

(1)[6] [1] Die Besteuerungsgrundlagen für die Anwendung der §§ 7 bis 14 und § 3 Nr. 41 des Einkommensteuergesetzes werden gesondert fest-

[Fassung ab 1.1.2022:]

(1)[7] [1] Die Besteuerungsgrundlagen für die Anwendung der §§ 7 bis 13, insbesondere der Hinzurechnungsbetrag (§ 10), die anrechenbaren

---

[1] § 16 Abs. 2 geänd. durch G v. 14.12.1976 (BGBl. I S. 3341).

[2] § 17 Abs. 1 Satz 2 Nr. 1 geänd. durch G v. 25.6.2021 (BGBl. I S. 2035); zur Anwendung siehe § 21 Abs. 4.

[3] § 17 Abs. 1 Satz 2 Nr. 2 Satz 1 neu gef. durch G v. 25.6.2021 (BGBl. I S. 2035); zur Anwendung siehe § 21 Abs. 4.

[4] § 17 Abs. 2 geänd. durch G v. 14.12.1976 (BGBl. I S. 3341).

[5] Nr. **1**.

[6] § 18 Abs. 1 Satz 3 geänd. durch G v. 14.12.1976 (BGBl. I S. 3341); Satz 1 geänd. durch G v. 20.12.2001 (BGBl. I S. 3858).

[7] § 18 Abs. 1 Sätze 1 und 2 neu gef., Satz 3 eingef., bish. Satz 3 wird Satz 4 durch G v. 25.6.2021 (BGBl. I S. 2035); zur Anwendung siehe § 21 Abs. 4.

[Fassung bis 31.12.2021:]

gestellt. [2]Sind an der ausländischen Gesellschaft mehrere unbeschränkt Steuerpflichtige beteiligt, so wird die gesonderte Feststellung ihnen gegenüber einheitlich vorgenommen; dabei ist auch festzustellen, wie sich die Besteuerungsgrundlagen auf die einzelnen Beteiligten verteilen. [3]Die Vorschriften der Abgabenordnung, mit Ausnahme des § 180 Abs. 3, und der Finanzgerichtsordnung über die gesonderte Feststellung von Besteuerungsgrundlagen sind entsprechend anzuwenden.

[Fassung ab 1.1.2022:]

Steuern (§ 12), das Hinzurechnungskorrekturvolumen (§ 11) und der Verlustvortrag werden gesondert festgestellt. [2]Ist ein Steuerpflichtiger an der ausländischen Gesellschaft über andere vermittelnde Gesellschaften beteiligt, so ist auch festzustellen, wie sich das Hinzurechnungskorrekturvolumen für Zwecke des § 11 Absatz 1 Satz 2 auf die vermittelnden Gesellschaften aufteilt. [3]Sind an der ausländischen Gesellschaft mehrere Steuerpflichtige unmittelbar oder mittelbar beteiligt, so wird die gesonderte Feststellung ihnen gegenüber einheitlich vorgenommen; dabei ist auch festzustellen, wie sich die Besteuerungsgrundlagen auf die einzelnen Beteiligten verteilen. [4]Die Vorschriften der Abgabenordnung, mit Ausnahme des § 180 Abs. 3, und der Finanzgerichtsordnung über die gesonderte Feststellung von Besteuerungsgrundlagen sind entsprechend anzuwenden.

(2)[1)] [1]Für die gesonderte Feststellung ist das Finanzamt zuständig, das bei dem *unbeschränkt Steuerpflichtigen für die Ermittlung der aus der Beteiligung bezogenen Einkünfte örtlich zuständig ist* [***ab 1.1.2022:*** Steuerpflichtigen für die Ermittlung der aus der unmittelbaren und mittelbaren Beteiligung bezogenen Einkünfte örtlich zuständig ist]. [2]Ist die gesonderte Feststellung gegenüber mehreren Personen einheitlich vorzunehmen, so ist das Finanzamt zuständig, das nach Satz 1 für den Beteiligten zuständig ist, dem die höchste Beteiligung an der ausländischen Gesellschaft zuzurechnen ist. [3]Läßt sich das zuständige Finanzamt nach den Sätzen 1 und 2 nicht feststellen, so ist das Finanzamt zuständig, das zuerst mit der Sache befaßt wird.

[Fassung bis 31.12.2021:[2)]]

(3) [1]Jeder der an der ausländischen Gesellschaft beteiligten unbeschränkt Steuerpflichtigen und erweitert beschränkt Steuerpflichtigen hat eine Erklärung zur gesonderten Feststellung abzugeben; dies gilt auch, wenn nach § 8 Abs. 2 geltend gemacht wird, dass eine Hinzurechnung unter-

[Fassung ab 1.1.2022:[3)]]

(3) [1]Jeder der an der ausländischen Gesellschaft unmittelbar oder mittelbar beteiligten Steuerpflichtigen hat eine Erklärung zur gesonderten Feststellung nach amtlich vorgeschriebenem Vordruck abzugeben. [2]In den Fällen, in denen nach § 8 Absatz 2 geltend gemacht wird, dass eine Hin-

---

[1)] § 18 Abs. 2 Satz 1 geänd. durch G v. 25.6.2021 (BGBl. I S. 2035); zur Anwendung siehe § 21 Abs. 4.

[2)] § 18 Abs. 3 angef. durch G v. 14.12.1984 (BGBl. I S. 1493); Satz 1 2. HS angef. durch G v. 20.12.2007 (BGBl. I S. 3150).

[3)] § 18 Abs. 3 neu gef. durch G v. 25.6.2021 (BGBl. I S. 2035); zur Anwendung siehe § 21 Abs. 4.

[Fassung bis 31.12.2021:]

bleibt. [2]Diese Verpflichtung kann durch die Abgabe einer gemeinsamen Erklärung erfüllt werden. [3]Die Erklärung ist von dem Steuerpflichtigen oder von den in § 34 der Abgabenordnung bezeichneten Personen eigenhändig zu unterschreiben.

[Fassung ab 1.1.2022:]

zurechnung unterbleibt, ist dies abweichend von Satz 1 nach amtlich vorgeschriebenem Vordruck nur anzuzeigen; für diese Anzeige gelten die für die Erklärung zur gesonderten Feststellung nach Satz 1 maßgeblichen Fristen entsprechend. [3]Die Anzeige hat die Angaben zu enthalten, die für die Prüfung der Voraussetzungen nach § 8 Absatz 2 von Bedeutung sind; insbesondere Name, Anschrift, wirtschaftliche Tätigkeit der ausländischen Gesellschaft, Beteiligungsverhältnisse und Identifikationsmerkmale der an der ausländischen Gesellschaft Beteiligten. [4]Das zuständige Finanzamt kann in den Fällen des Satzes 2 die Abgabe einer Erklärung nach Satz 1 verlangen. [5]Die Verpflichtungen nach diesem Absatz können durch die Abgabe einer gemeinsamen Erklärung oder Anzeige erfüllt werden. [6]Die Erklärung sowie die Anzeige sind von dem Steuerpflichtigen oder von den in § 34 der Abgabenordnung bezeichneten Personen eigenhändig zu unterschreiben.

(4)[1)] Die Absätze 1 bis 3 gelten für Einkünfte und Vermögen im Sinne des § 15 entsprechend.

[*ab 1.1.2022:*

(5)[2)] Eine Außenprüfung zur Ermittlung der Besteuerungsgrundlagen ist bei jedem Steuerpflichtigen zulässig.]

Siebenter Teil. Schlußvorschriften

§ 19[3)] *(aufgehoben)*

§ 20[4)] **Bestimmungen über die Anwendung von Abkommen zur Vermeidung der Doppelbesteuerung.** (1)[5)] Die Vorschriften der §§ 7 bis 18 und *der Absätze 2 und 3* [*ab 1.1.2022:* des Absatzes 2] werden durch die Abkommen zur Vermeidung der Doppelbesteuerung nicht berührt.

[1)] § 18 Abs. 4 neu gef. durch G v. 26.6.2013 (BGBl. I S. 1809).
[2)] § 18 Abs. 5 angef. durch G v. 25.6.2021 (BGBl. I S. 2035); zur Anwendung siehe § 21 Abs. 4.
[3)] § 19 aufgeh. durch G v. 20.12.2007 (BGBl. I S. 3150).
[4)] § 20 eingef. durch G v. 25.2.1992 (BGBl. I S. 297).
[5)] § 20 Abs. 1 geänd. durch G v. 25.6.2021 (BGBl. I S. 2035); zur Anwendung siehe § 21 Abs. 4.

[Fassung bis 31.12.2021:[1)]]

(2) [1] Fallen Einkünfte in der ausländischen Betriebsstätte eines unbeschränkt Steuerpflichtigen an und wären sie ungeachtet des § 8 Abs. 2 als Zwischeneinkünfte steuerpflichtig, falls diese Betriebsstätte eine ausländische Gesellschaft wäre, ist insoweit die Doppelbesteuerung nicht durch Freistellung, sondern durch Anrechnung der auf diese Einkünfte erhobenen ausländischen Steuern zu vermeiden. [2] Das gilt nicht, soweit in der ausländischen Betriebsstätte Einkünfte anfallen, die nach § 8 Absatz 1 Nummer 5 Buchstabe a als Zwischeneinkünfte steuerpflichtig wären.

[Fassung ab 1.1.2022:[2)]]

(2) [1] Fallen Einkünfte in der ausländischen Betriebsstätte eines unbeschränkt Steuerpflichtigen an und sind sie auf Grund eines Abkommens zur Vermeidung der Doppelbesteuerung von der Besteuerung auszunehmen und wären die Einkünfte ungeachtet des § 8 Absatz 2 als Zwischeneinkünfte steuerpflichtig, falls diese Betriebsstätte eine ausländische Gesellschaft wäre, ist insoweit die Doppelbesteuerung nicht durch Freistellung, sondern durch Anrechnung der auf diese Einkünfte erhobenen ausländischen Steuern zu vermeiden; ein negativer Betrag ist nicht zu berücksichtigen, § 10 Absatz 3 Satz 5 und 6 gilt entsprechend. [2] Satz 1 gilt nicht, soweit in der ausländischen Betriebsstätte Einkünfte anfallen, die nach § 8 Absatz 1 Nummer 5 Buchstabe a als Zwischeneinkünfte steuerpflichtig wären.

(3)[3)] *(aufgehoben)*

§ 21[4)] Anwendungsvorschriften. (1) Diese Fassung des Gesetzes gilt, sofern in den folgenden Absätzen nichts anderes bestimmt ist,

1. für die Einkommen- und Körperschaftsteuer erstmals für den Veranlagungszeitraum 2022,
2. für die Gewerbesteuer erstmals für den Erhebungszeitraum 2022,
3. für die Erbschaftsteuer auf Erwerbe, bei denen die Steuerschuld nach dem Inkrafttreten dieses Gesetzes entstanden ist.

(2) § 1 Absatz 2 in der Fassung des Artikels 5 des Gesetzes vom 25. Juni 2021 (BGBl. I S. 2035) ist für Zwecke der Anwendung des § 4k Absatz 6 des Einkommensteuergesetzes[5)] in der Fassung des Artikels 1 des Gesetzes vom 25. Juni 2021 (BGBl. I S. 2035) bereits für den Veranlagungs- und Erhebungszeitraum 2020 anzuwenden.

(3) [1] § 6 in der am 30. Juni 2021 geltenden Fassung ist auf noch am 31. Dezember 2021 laufende Stundungen im Sinne des § 6 Absatz 4 und 5 in der am 30. Juni 2021 geltenden Fassung sowie auf noch laufende Fristen im

---

[1)] § 20 Abs. 2 Satz 2 angef. durch G v. 20.12.2001 (BGBl. I S. 3858); Satz 1 geänd., Satz 2 aufgeh. mW für nach dem 31.12.2002 beginnende Wj. durch G v. 16.5.2003 (BGBl. I S. 660); Satz 1 geänd. durch G v. 20.12.2007 (BGBl. I S. 3150); Satz 2 angef. durch G v. 8.12.2010 (BGBl. I S. 1768).

[2)] § 20 Abs. 2 neu gef. durch G v. 25.6.2021 (BGBl. I S. 2035); zur Anwendung siehe § 21 Abs. 4.

[3)] § 20 Abs. 3 aufgeh. mWv 1.1.1997 durch G v. 20.12.1996 (BGBl. I S. 2049).

[4)] § 21 neu gef. durch G v. 25.6.2021 (BGBl. I S. 2035).

[5)] Nr. **5**.

Sinne des § 6 Absatz 3 in der am 30. Juni 2021 geltenden Fassung weiterhin anzuwenden. [2] Abweichend von Satz 2 sind Minderungen des Vermögenszuwachses im Sinne des § 6 Absatz 6 in der am 30. Juni 2021 geltenden Fassung auf Veräußerungen nach dem 24. März 2021 nicht mehr zu berücksichtigen.

(4) [1] Die §§ 7 bis 13, 15 bis 18 und 20 in der am 1. Juli 2021 geltenden Fassung sind erstmals anzuwenden

1. für die Einkommen- und Körperschaftsteuer für den Veranlagungszeitraum,
2. für die Gewerbesteuer für den Erhebungszeitraum,

für den Zwischeneinkünfte hinzuzurechnen sind, die in einem Wirtschaftsjahr der Zwischengesellschaft oder der Betriebsstätte entstanden sind, das nach dem 31. Dezember 2021 beginnt. [2] Verluste, die für Veranlagungszeiträume oder Erhebungszeiträume vor dem 1. Januar 2022 bei Einkünften entstanden sind, für die die ausländische Gesellschaft Zwischengesellschaft ist, können in entsprechender Anwendung des § 10d des Einkommensteuergesetzes, soweit sie die nach § 9 außer Ansatz zu lassenden Einkünfte übersteigen, abgezogen werden. [3] Für Steuern der ausländischen Gesellschaft für Wirtschaftsjahre, die vor dem 1. Januar 2022 enden, gelten § 10 Absatz 1 Satz 2, § 10 Absatz 3 Satz 6 und § 12 Absatz 1 in der am 30. Juni 2021 geltenden Fassung fort. [4] Als Anfangsbestand des Hinzurechnungskorrekturvolumens zum 31. Dezember 2021 wird die Summe der Hinzurechnungsbeträge erfasst, die beim Steuerpflichtigen gemäß § 10 Absatz 2 in der am 30. Juni 2021 geltenden Fassung für die Veranlagungszeiträume 2015 bis 2022 der Besteuerung unterliegen, soweit sie nicht für eine Steuerbefreiung nach § 3 Nummer 41 des Einkommensteuergesetzes in der am 30. Juni 2021 geltenden Fassung zu berücksichtigen sind. [5] Soweit Verluste im Sinne des Satzes 2 durch Anwendung des § 14 in der am 30. Juni 2021 geltenden Fassung einer anderen Gesellschaft zugerechnet worden und noch nicht verrechnet worden sind, können sie auf bis zum 31. Juli 2023 zu stellenden Antrag denjenigen nachgeordneten Zwischengesellschaften im Sinne des § 14 in der am 30. Juni 2021 geltenden Fassung zugeordnet werden, durch deren Tätigkeit sie wirtschaftlich verursacht sind; bei mehreren Steuerpflichtigen ist der Antrag einheitlich zu stellen.

(5)[1)] Für Zwischeneinkünfte, die in einem Wirtschaftsjahr der Zwischengesellschaft oder der Betriebsstätte entstanden sind, das vor dem 1. Januar 2022 beginnt, ist § 8 Absatz 1 Nummer 10 in der am 30. Juni 2021 geltenden Fassung auf Umwandlungen und Einbringungen, deren steuerlicher Übertragungsstichtag nach dem 31. Dezember 2021 liegt, in der folgenden Fassung anzuwenden: *[dort abgedruckt]*.

§ 22[2)] Neufassung des Gesetzes. Das Bundesministerium der Finanzen kann den Wortlaut dieses Gesetzes in der jeweils geltenden Fassung im Bundesgesetzblatt bekannt machen.

---

1) § 21 Abs. 5 angef. durch G v. 25.6.2021 (BGBl. I S. 2050).
2) § 22 neu gef. durch G v. 20.12.2007 (BGBl. I S. 3150).

3. Bewertungsgesetz (BewG)[1) 2)]

In der Fassung der Bekanntmachung vom 1. Februar 1991[3)]
(BGBl. I S. 230)

FNA 610-7

geänd. durch Art. 8 Steueränderungsgesetz 1991 v. 24.6.1991 (BGBl. I S. 1322), Art. 13 Steueränderungsgesetz 1992 v. 25.2.1992 (BGBl. I S. 297), Art. 3 Zinsabschlaggesetz v. 9.11.1992 (BGBl. I S. 1853), Art. 24 Gesetz zur Umsetzung des Föderalen Konsolidierungsprogramms v. 23.6.1993 (BGBl. I S. 944), Art. 9 Standortsicherungsgesetz v. 13.9.1993 (BGBl. I S. 1569), Art. 14 Mißbrauchsbekämpfungs- und Steuerbereinigungsgesetz v. 21.12.1993 (BGBl. I S. 2310), Art. 28 Pflege-Versicherungsgesetz v. 26.5.1994 (BGBl. I S. 1014), Art. 26 Agrarsozialreformgesetz 1995 v. 29.7.1994 (BGBl. I S. 1890), Art. 12 Abs. 38 Postneuordnungsgesetz v. 14.9.1994 (BGBl. I S. 2325, ber. BGBl. I 1996 S. 103), Art. 6 Entschädigungs- und Ausgleichsleistungsgesetz v. 27.9.1994 (BGBl. I S. 2624), Art. 22 Jahressteuergesetz 1996 v. 11.10.1995 (BGBl. I S. 1250), Art. 6 Gesetz zur Neuregelung der steuerrechtlichen Wohneigentumsförderung v. 15.12.1995 (BGBl. I S. 1783), Art. 1 Jahressteuergesetz 1997 v. 20.12.1996 (BGBl. I S. 2049), Art. 6 Gesetz zur Fortsetzung der Unternehmenssteuerreform v. 29.10.1997 (BGBl. I S. 2590), Art. 2 Gesetz zur Anpassung steuerlicher Vorschriften der Land- und Forstwirtschaft v. 29.6.1998 (BGBl. I S. 1692), Art. 17 Steuer-Euroglättungsgesetz v. 19.12.2000 (BGBl. I S. 1790), Art. 20 Gesetz zur Reform des Wohnungsbaurechts v. 13.9.2001 (BGBl. I S. 2376), Art. 105 Siebente Zuständigkeitsanpassungsverordnung v. 29.10.2001 (BGBl. I S. 2785), Art. 1 ÄndG v. 10.12.2001 (BGBl. I S. 3435), Art. 14 Steueränderungsgesetz 2001 v. 20.12.2001 (BGBl. I S. 3794), Art. 115 Neunte Zuständigkeitsanpassungsverordnung v. 31.10.2006 (BGBl. I S. 2407), Art. 8 Gesetz über steuerliche Begleitmaßnahmen zur Einführung der Europäischen Gesellschaft und zur Änderung weiterer steuerrechtlicher Vorschriften (SEStEG) v. 7.12.2006 (BGBl. I S. 2782), Art. 18 Jahressteuergesetz 2007[4)] v. 13.12.2006 (BGBl. I S. 2878), Art. 13a Nr. 1 Finanzmarktrichtlinie-Umsetzungsgesetz v. 16.7.2007 (BGBl. I S. 1330), Art. 21 Jahressteuergesetz 2008 v. 20.12.2007 (BGBl. I S. 3150), Art. 2 und 3 Erbschaftsteuerreformgesetz 2009 v. 24.12.2008 (BGBl. I S. 3018), Art. 13 Jahressteuergesetz 2010 (JStG 2010) v. 8.12.2010 (BGBl. I S. 1768), Art. 7 Steuervereinfachungsgesetz 2011 v. 1.11.2011 (BGBl. I S. 2131), Art. 10 Gesetz zur Umsetzung der Beitreibungsrichtlinie sowie zur Änderung steuerlicher Vorschriften (Beitreibungsrichtlinie-Umsetzungsgesetz – BeitrRLUmsG) v. 7.12.2011 (BGBl. I S. 2592), Art. 13 Abs. 3 Gesetz zur Neuordnung der Organisation der landwirtschaftlichen Sozialversicherung (LSV-Neuordnungsgesetz – LSV-NOG) v. 12.4.2012 (BGBl. I S. 579), Art. 20 Gesetz zur Umsetzung der Amtshilferichtlinie sowie zur Änderung steuerlicher Vorschriften (Amtshilferichtlinie-Umsetzungsgesetz – AmtshilfeRLUmsG) v. 26.6.2013 (BGBl. I S. 1809), Art. 3 Gesetz zur Anpassung des Investmentsteuergesetzes und anderer Gesetze an das AIFM-Umsetzungsgesetz (AIFM-Steuer-Anpassungsgesetz – AIFM-StAnpG) v. 18.12.2013 (BGBl. I S. 4318), Art. 6 Gesetz zur Anpassung steuerlicher Regelungen an die Rechtsprechung des Bundesverfassungsgerichts v. 18.7.2014 (BGBl. I S. 1042), Art. 231 Zehnte Zuständigkeitsanpassungsverordnung v. 31.8.2015 (BGBl. I S. 1474), Art. 9 Steueränderungsgesetz 2015 v. 2.11.2015 (BGBl. I S. 1834), Art. 2 Gesetz zur Anpassung des Erbschaftsteuer- und Schenkungsteuergesetzes an die Rechtsprechung des Bundesverfassungsgerichts v. 4.11.2016 (BGBl. I S. 2464), Urteil des BVerfG – 1 BvL 11/14, 1 BvL 12/14, 1 BvL 1/15, 1 BvR 639/11, 1 BvR 889/12 – v. 10.4.2018 (BGBl. I S. 531), Art. 1 und 2 Gesetz zur Reform des Grundsteuer- und Bewertungsrechts (Grundsteuer-Reformgesetz – GrStRefG) v. 26.11. 2019 (BGBl. I S. 1794), Art. 25 Gesetz zur weiteren steuerlichen Förderung der Elektromobilität und zur Änderung weiterer steuerlicher Vorschriften v. 12.12.2019 (BGBl. I S. 2451), Art. 30 Jahressteuergesetz 2020 (JStG 2020) v. 21.12.2020 (BGBl. I S. 3096), Art. 7 und 8 Gesetz zur Stärkung des Fondsstandorts Deutschland und zur Umsetzung der Richtlinie (EU) 2019/1160 zur Änderung der

---

[1)] Zur Anwendung siehe § 265 und § 266.

[2)] Zu abweichendem Landesrecht siehe u.a.:
- **Baden-Württemberg:** Gesetz zur Regelung einer Landesgrundsteuer (Landesgrundsteuergesetz – LGrStG) v. 4.11.2020 (GBl. S. 974),
- **Niedersachsen:** Niedersächsisches Grundsteuergesetz (NGrStG) v. 7.7.2021 (Nds. GVBl. S. 502).

[3)] Neubekanntmachung des BewG idF der Bek. v. 30.5.1985 (BGBl. I S. 845) in der ab 1.1.1991 geltenden Fassung.

[4)] Die Änderungen von „vom Hundert" bzw. „Hundertsatz/Hundertsätze" in „Prozent" bzw. „Prozentsatz/Prozentsätze" durch das JStG 2007 sind durchgeführt, aber nicht im Einzelnen nachgewiesen.

Richtlinien 2009/65/EG und 2011/61/EU im Hinblick auf den grenzüberschreitenden Vertrieb von Organismen für gemeinsame Anlagen (Fondsstandortgesetz – FoStoG) v. 3.6.2021 (BGBl. I S. 1498), Art. 7 Gesetz zur Modernisierung des Körperschaftsteuerrechts v. 25.6.2021 (BGBl. I S. 2050), Art. 9 Gesetz zur Abwehr von Steuervermeidung und unfairem Steuerwettbewerb und zur Änderung weiterer Gesetze v. 25.6.2021 (BGBl. I S. 2056), Art. 1 Verordnung zur Neufassung der Anlagen 27 bis 33 des Bewertungsgesetzes v. 29.6.2021 (BGBl. I S. 2290) und Art. 1 und 2 Gesetz zur erleichterten Umsetzung der Reform der Grundsteuer und Änderung weiterer steuerrechtlicher Vorschriften (Grundsteuerreform-Umsetzungsgesetz – GrStRefUG) v. 16.7.2021 (BGBl. I S. 2931)

Nichtamtliche Inhaltsübersicht

Erster Teil. Allgemeine Bewertungsvorschriften

§ 1 Geltungsbereich
§ 2 Wirtschaftliche Einheit
§ 3 Wertermittlung bei mehreren Beteiligten
§ 3a *(aufgehoben)*
§ 4 Aufschiebend bedingter Erwerb
§ 5 Auflösend bedingter Erwerb
§ 6 Aufschiebend bedingte Lasten
§ 7 Auflösend bedingte Lasten
§ 8 Befristung auf einen unbestimmten Zeitpunkt
§ 9 Bewertungsgrundsatz, gemeiner Wert
§ 10 Begriff des Teilwerts
§ 11 Wertpapiere und Anteile
§ 12 Kapitalforderungen und Schulden
§ 13 Kapitalwert von wiederkehrenden Nutzungen und Leistungen
§ 14 Lebenslängliche Nutzungen und Leistungen
§ 15 Jahreswert von Nutzungen und Leistungen
§ 16 Begrenzung des Jahreswerts von Nutzungen

Zweiter Teil. Besondere Bewertungsvorschriften

§ 17 Geltungsbereich
§ 18 Vermögensarten

Erster Abschnitt. Einheitsbewertung

A. Allgemeines

§ 19 Feststellung von Einheitswerten
§ 20 Ermittlung des Einheitswerts [***ab 1.1.2025:*** Abweichende Feststellung von Besteuerungsgrundlagen aus Billigkeitsgründen]
§ 21 Hauptfeststellung
§ 22 Fortschreibungen
§ 23 Nachfeststellung
§ 24 Aufhebung des Einheitswerts
§ 24a Änderung von Feststellungsbescheiden
§ 25 Nachholung einer Feststellung
§ 26 Umfang der wirtschaftlichen Einheit bei Ehegatten oder Lebenspartnern
§ 27 Wertverhältnisse bei Fortschreibungen und Nachfeststellungen
§ 28 Erklärungspflicht
§ 29 Auskünfte, Erhebungen und Mitteilungen
§ 30 Abrundung
§ 31 Bewertung von ausländischem Sachvermögen
§ 32 Bewertung von inländischem Sachvermögen

B. Land- und forstwirtschaftliches Vermögen

I. Allgemeines

§ 33 Begriff des land- und forstwirtschaftlichen Vermögens
§ 34 Betrieb der Land- und Forstwirtschaft
§ 35 Bewertungsstichtag
§ 36 Bewertungsgrundsätze
§ 37 Ermittlung des Ertragswerts
§ 38 Vergleichszahl, Ertragsbedingungen
§ 39 Bewertungsstützpunkte
§ 40 Ermittlung des Vergleichswerts

§ 41 Abschläge und Zuschläge
§ 42 Nebenbetriebe
§ 43 Abbauland
§ 44 Geringstland
§ 45 Unland
§ 46 Wirtschaftswert
§ 47 Wohnungswert
§ 48 Zusammensetzung des Einheitswerts
§ 48a Einheitswert bestimmter intensiv genutzter Flächen
§ 49 *(aufgehoben)*

II. Besondere Vorschriften

a) Landwirtschaftliche Nutzung

§ 50 Ertragsbedingungen
§ 51 Tierbestände
§ 51a Gemeinschaftliche Tierhaltung
§ 52 Sonderkulturen

b) Forstwirtschaftliche Nutzung

§ 53 Umlaufende Betriebsmittel
§ 54 Bewertungsstichtag
§ 55 Ermittlung des Vergleichswerts

c) Weinbauliche Nutzung

§ 56 Umlaufende Betriebsmittel
§ 57 Bewertungsstützpunkte
§ 58 Innere Verkehrslage

d) Gärtnerische Nutzung

§ 59 Bewertungsstichtag
§ 60 Ertragsbedingungen
§ 61 Anwendung des vergleichenden Verfahrens

e) Sonstige land- und forstwirtschaftliche Nutzung

§ 62 Arten und Bewertung der sonstigen land- und forstwirtschaftlichen Nutzung

III. Bewertungsbeirat, Gutachterausschuß

§ 63 Bewertungsbeirat
§ 64 Mitglieder
§ 65 Aufgaben
§ 66 Geschäftsführung
§ 67 Gutachterausschuß

C. Grundvermögen

I. Allgemeines

§ 68 Begriff des Grundvermögens
§ 69 Abgrenzung des Grundvermögens vom land- und forstwirtschaftlichen Vermögen
§ 70 Grundstück
§ 71 Gebäude und Gebäudeteile für den Zivilschutz

II. Unbebaute Grundstücke

§ 72 Begriff
§ 73 Baureife Grundstücke

III. Bebaute Grundstücke

a) Begriff und Bewertung

§ 74 Begriff
§ 75 Grundstücksarten
§ 76 Bewertung
§ 77 Mindestwert

b) Verfahren

1. Ertragswertverfahren

§ 78 Grundstückswert
§ 79 Jahresrohmiete
§ 80 Vervielfältiger

§ 81 Außergewöhnliche Grundsteuerbelastung
§ 82 Ermäßigung und Erhöhung

2. Sachwertverfahren

§ 83 Grundstückswert
§ 84 Bodenwert
§ 85 Gebäudewert
§ 86 Wertminderung wegen Alters
§ 87 Wertminderung wegen baulicher Mängel und Schäden
§ 88 Ermäßigung und Erhöhung
§ 89 Wert der Außenanlagen
§ 90 Angleichung an den gemeinen Wert

IV. Sondervorschriften

§ 91 Grundstücke im Zustand der Bebauung
§ 92 Erbbaurecht
§ 93 Wohnungseigentum und Teileigentum
§ 94 Gebäude auf fremdem Grund und Boden

D. Betriebsvermögen

§ 95 Begriff des Betriebsvermögens
§ 96 Freie Berufe
§ 97 Betriebsvermögen von Körperschaften, Personenvereinigungen und Vermögensmassen
§ 98 *(aufgehoben)*
§ 98a *(aufgehoben)*
§ 99 Betriebsgrundstücke
§§ 100 bis 102 *(aufgehoben)*
§ 103 Schulden und sonstige Abzüge
§§ 103a bis 107 *(aufgehoben)*
§ 108 (weggefallen)
§ 109 Bewertung
§ 109a *(aufgehoben)*

Zweiter Abschnitt. Sondervorschriften und Ermächtigungen

§§ 110 bis 120 *(aufgehoben)*
§ 121 Inlandsvermögen
§ 121a Sondervorschrift für die Anwendung der Einheitswerte 1964
§ 121b *(aufgehoben)*
§ 122 Besondere Vorschriften für Berlin (West)
§ 123 Ermächtigungen
§ 124 *(aufgehoben)*

Dritter Abschnitt. Vorschriften für die Bewertung von Vermögen in dem in Artikel 3 des Einigungsvertrages genannten Gebiet

A. Land- und forstwirtschaftliches Vermögen

§ 125 Land- und forstwirtschaftliches Vermögen
§ 126 Geltung des Ersatzwirtschaftswerts
§ 127 Erklärung zum Ersatzwirtschaftswert
§ 128 Auskünfte, Erhebungen, Mitteilungen, Abrundung

B. Grundvermögen

§ 129 Grundvermögen
§ 129a Abschläge bei Bewertung mit einem Vielfachen der Jahresrohmiete
§ 130 Nachkriegsbauten
§ 131 Wohnungseigentum und Teileigentum, Wohnungserbbaurecht und Teilerbbaurecht
§ 132 Fortschreibung und Nachfeststellung der Einheitswerte 1935
§ 133 Sondervorschrift für die Anwendung der Einheitswerte 1935

C. Betriebsvermögen

§§ 134 bis 136 *(aufgehoben)*
§ 137 Bilanzposten nach dem D-Markbilanzgesetz

Vierter Abschnitt. Vorschriften für die Bewertung von Grundbesitz für die Grunderwerbsteuer ab 1. Januar 1997

A. Allgemeines

§ 138 Feststellung von Grundbesitzwerten
§ 139 Abrundung

B. Land- und forstwirtschaftliches Vermögen

§ 140 Wirtschaftliche Einheit und Umfang des land- und forstwirtschaftlichen Vermögens
§ 141 Umfang des Betriebs der Land- und Forstwirtschaft
§ 142 Betriebswert
§ 143 Wert der Betriebswohnungen und des Wohnteils
§ 144 Zusammensetzung des land- und forstwirtschaftlichen Grundbesitzwerts

C. Grundvermögen

I. Unbebaute Grundstücke

§ 145 Unbebaute Grundstücke

II. Bebaute Grundstücke

§ 146 Bebaute Grundstücke
§ 147 Sonderfälle
§ 148 Erbbaurecht
§ 148a Gebäude auf fremdem Grund und Boden
§ 149 Grundstücke im Zustand der Bebauung
§ 150 Gebäude und Gebäudeteile für den Zivilschutz

Fünfter Abschnitt. Gesonderte Feststellungen

§ 151 Gesonderte Feststellungen
§ 152 Örtliche Zuständigkeit
§ 153 Erklärungspflicht, Verfahrensvorschriften für die gesonderte Feststellung, Feststellungsfrist
§ 154 Beteiligte am Feststellungsverfahren
§ 155 Rechtsbehelfsbefugnis
§ 156 Außenprüfung

Sechster Abschnitt. Vorschriften für die Bewertung von Grundbesitz, von nicht notierten Anteilen an Kapitalgesellschaften und von Betriebsvermögen für die Erbschaftsteuer ab 1. Januar 2009

A. Allgemeines

§ 157 Feststellung von Grundbesitzwerten, von Anteilswerten und von Betriebsvermögenswerten

B. Land- und forstwirtschaftliches Vermögen

I. Allgemeines

§ 158 Begriff des land- und forstwirtschaftlichen Vermögens
§ 159 Abgrenzung land- und forstwirtschaftlich genutzter Flächen zum Grundvermögen
§ 160 Betrieb der Land- und Forstwirtschaft
§ 161 Bewertungsstichtag
§ 162 Bewertung des Wirtschaftsteils
§ 163 Ermittlung der Wirtschaftswerte
§ 164 Mindestwert
§ 165 Bewertung des Wirtschaftsteils mit dem Fortführungswert
§ 166 Bewertung des Wirtschaftsteils mit dem Liquidationswert
§ 167 Bewertung der Betriebswohnungen und des Wohnteils
§ 168 Grundbesitzwert des Betriebs der Land- und Forstwirtschaft

II. Besonderer Teil

a) Landwirtschaftliche Nutzung

§ 169 Tierbestände
§ 170 Umlaufende Betriebsmittel

b) Forstwirtschaftliche Nutzung

§ 171 Umlaufende Betriebsmittel
§ 172 Abweichender Bewertungsstichtag

c) Weinbauliche Nutzung

§ 173 Umlaufende Betriebsmittel

d) Gärtnerische Nutzung

§ 174 Abweichende Bewertungsverhältnisse

e) Übrige land- und forstwirtschaftliche Nutzungen
§ 175 Übrige land- und forstwirtschaftliche Nutzungen
C. Grundvermögen
I. Allgemeines
§ 176 Grundvermögen
§ 177 Bewertung
II. Unbebaute Grundstücke
§ 178 Begriff der unbebauten Grundstücke
§ 179 Bewertung der unbebauten Grundstücke
III. Bebaute Grundstücke
§ 180 Begriff der bebauten Grundstücke
§ 181 Grundstücksarten
§ 182 Bewertung der bebauten Grundstücke
§ 183 Bewertung im Vergleichswertverfahren
§ 184 Bewertung im Ertragswertverfahren
§ 185 Ermittlung des Gebäudeertragswerts
§ 186 Rohertrag des Grundstücks
§ 187 Bewirtschaftungskosten
§ 188 Liegenschaftszinssatz
§ 189 Bewertung im Sachwertverfahren
§ 190 Ermittlung des Gebäudesachwerts
§ 191 Wertzahlen
IV. Sonderfälle
§ 192 Bewertung in Erbbaurechtsfällen
§ 193 Bewertung des Erbbaurechts
§ 194 Bewertung des Erbbaugrundstücks
§ 195 Gebäude auf fremdem Grund und Boden
§ 196 Grundstücke im Zustand der Bebauung
§ 197 Gebäude und Gebäudeteile für den Zivilschutz
V. Nachweis des niedrigeren gemeinen Werts
§ 198 Nachweis des niedrigeren gemeinen Werts
D. Nicht notierte Anteile an Kapitalgesellschaften und Betriebsvermögen
§ 199 Anwendung des vereinfachten Ertragswertverfahrens
§ 200 Vereinfachtes Ertragswertverfahren
§ 201 Ermittlung des Jahresertrags
§ 202 Betriebsergebnis
§ 203 Kapitalisierungsfaktor
§§ 204 bis 217 (unbesetzt)
Siebenter Abschnitt. Bewertung des Grundbesitzes für die Grundsteuer ab 1. Januar 2022
A. Allgemeines
§ 218 Vermögensarten
§ 219 Feststellung von Grundsteuerwerten
§ 220 Ermittlung der Grundsteuerwerte
§ 221 Hauptfeststellung
§ 222 Fortschreibungen
§ 223 Nachfeststellung
§ 224 Aufhebung des Grundsteuerwerts
§ 225 Änderung von Feststellungsbescheiden
§ 226 Nachholung einer Feststellung
§ 227 Wertverhältnisse bei Fortschreibungen und Nachfeststellungen
§ 228 Erklärungs- und Anzeigepflicht
§ 229 Auskünfte, Erhebungen und Mitteilungen
§ 230 Abrundung
§ 231 Abgrenzung von in- und ausländischem Vermögen

B. Land- und forstwirtschaftliches Vermögen

I. Allgemeines

§ 232 Begriff des land- und forstwirtschaftlichen Vermögens
§ 233 Abgrenzung des land- und forstwirtschaftlichen Vermögens vom Grundvermögen in Sonderfällen
§ 234 Betrieb der Land- und Forstwirtschaft
§ 235 Bewertungsstichtag
§ 236 Bewertungsgrundsätze
§ 237 Bewertung des Betriebs der Land- und Forstwirtschaft
§ 238 Zuschläge zum Reinertrag
§ 239 Grundsteuerwert des Betriebs der Land- und Forstwirtschaft
§ 240 Kleingartenland und Dauerkleingartenland

II. Besondere Vorschriften

a) Landwirtschaftliche Nutzung

§ 241 Tierbestände

b) Übrige land- und forstwirtschaftliche Nutzungen

§ 242 Übrige land- und forstwirtschaftliche Nutzungen

C. Grundvermögen

I. Allgemeines

§ 243 Begriff des Grundvermögens
§ 244 Grundstück
§ 245 Gebäude, Gebäudeteile und Anlagen für den Zivilschutz

II. Unbebaute Grundstücke

§ 246 Begriff der unbebauten Grundstücke
§ 247 Bewertung der unbebauten Grundstücke

III. Bebaute Grundstücke

§ 248 Begriff der bebauten Grundstücke
§ 249 Grundstücksarten
§ 250 Bewertung der bebauten Grundstücke
§ 251 Mindestwert
§ 252 Bewertung im Ertragswertverfahren
§ 253 Ermittlung des kapitalisierten Reinertrags
§ 254 Rohertrag des Grundstücks
§ 255 Bewirtschaftungskosten
§ 256 Liegenschaftszinssätze
§ 257 Ermittlung des abgezinsten Bodenwerts
§ 258 Bewertung im Sachwertverfahren
§ 259 Ermittlung des Gebäudesachwerts
§ 260 Wertzahlen

IV. Sonderfälle

§ 261 Erbbaurecht
§ 262 Gebäude auf fremdem Grund und Boden

V. Ermächtigungen

§ 263 Ermächtigungen

Dritter Teil. Schlussbestimmungen

§ 264 Bekanntmachung
§ 265 Anwendungsvorschriften
§ 266 Erstmalige Anwendung des Siebenten Abschnitts des Zweiten Teils

Anlagen *(mit Zuordnung)*

Anlage 1 Umrechnungsschlüssel für Tierbestände in Vieheinheiten nach dem Futterbedarf *(zu § 51)*
Anlage 2 Gruppen der Zweige des Tierbestands nach der Flächenabhängigkeit *(zu § 51)*
Anlage 3 Vervielfältiger für Mietwohngrundstücke *(zu § 80)*
Anlage 4 Vervielfältiger für gemischtgenutzte Grundstücke mit einem gewerblichen Anteil an der Jahresrohmiete bis zu 50 v.H. *(zu § 80)*
Anlage 5 Vervielfältiger für gemischtgenutzte Grundstücke mit einem gewerblichen Anteil an der Jahresrohmiete von mehr als 50 v.H. *(zu § 80)*

Anlage 6 Vervielfältiger für Geschäftsgrundstücke *(zu § 80)*
Anlage 7 Vervielfältiger für Einfamilienhäuser *(zu § 80)*
Anlage 8 Vervielfältiger für Zweifamilienhäuser *(zu § 80)*
Anlage 9 *(aufgehoben)*
Anlage 9a Kapitalwert einer wiederkehrenden, zeitlich beschränkten Nutzung oder Leistung im Jahresbetrag von einem Euro *(zu § 13)*
Anlagen 10 bis 13 *(aufgehoben)*
Anlage 14 Landwirtschaftliche Nutzung *(zu §§ 163, 164)*
Anlage 15 Forstwirtschaftliche Nutzung *(zu §§ 163, 164)*
Anlage 15a Forstwirtschaftliche Nutzung *(zu § 164)*
Anlage 16 Weinbauliche Nutzung *(zu §§ 163, 164)*
Anlage 17 Gärtnerische Nutzung *(zu §§ 163, 164)*
Anlage 18 Sondernutzungen *(zu §§ 163, 164)*
Anlage 19 Umrechnungsschlüssel für Tierbestände in Vieheinheiten nach dem Futterbedarf *(zu § 169)*
Anlage 20 Gruppen der Zweige des Tierbestands nach der Flächenabhängigkeit *(zu § 169)*
Anlage 21 Vervielfältiger *(zu §§ 185, 193, 194, 195)*
Anlage 22 Wirtschaftliche Gesamtnutzungsdauer *(zu §§ 185, 190)*
Anlage 23 Pauschalierte Bewirtschaftungskosten für Verwaltung, Instandhaltung und Mietausfallwagnis in Prozent der Jahresmiete oder üblichen Miete (ohne Betriebskosten) *(zu § 187)*
Anlage 24 Ermittlung des Gebäuderegelherstellungswerts *(zu § 190)*
Anlage 25 Wertzahlen für Ein- und Zweifamilienhäuser nach § 181 Absatz 1 Nummer 1 BewG und Wohnungseigentum nach § 181 Absatz 1 Nummer 3 BewG; Wertzahlen für Teileigentum, Geschäftsgrundstücke, gemischt genutzte Grundstücke und sonstige bebaute Grundstücke nach § 181 Absatz 1 Nummer 3 bis 6 BewG *(zu § 191)*
Anlage 26 Abzinsungsfaktoren *(zu §§ 194, 195)*
Anlage 27 Landwirtschaftliche Nutzung *(zu § 237 Absatz 2)*
Anlage 28 Forstwirtschaftliche Nutzung *(zu § 237 Absatz 3)*
Anlage 29 Weinbauliche Nutzung *(zu § 237 Absatz 4)*
Anlage 30 Gärtnerische Nutzung *(zu § 237 Absatz 5)*
Anlage 31 Übrige land- und forstwirtschaftliche Nutzungen sowie Abbauland, Geringstland und Unland *(zu § 237 Absatz 6 und 7)*
Anlage 32 Nutzungsart Hofstelle *(zu § 237 Absatz 8)*
Anlage 33 Weitere den Ertragswert erhöhende Umstände *(zu § 238 Absatz 2)*
Anlage 34 Umrechnungsschlüssel für Tierbestände in Vieheinheiten (VE) nach dem Futterbedarf *(zu § 241 Absatz 5)*
Anlage 35 Gruppen der Zweige des Tierbestands nach der Flächenabhängigkeit *(zu § 241 Absatz 5)*
Anlage 36 Umrechnungskoeffizienten zur Berücksichtigung abweichender Grundstücksgrößen beim Bodenwert von Ein- und Zweifamilienhäusern *(zu den §§ 251 und 257 Absatz 1)*
Anlage 37 Vervielfältiger *(zu § 253 Absatz 2)*
Anlage 38 Wirtschaftliche Gesamtnutzungsdauer *(zu § 253 Absatz 2 und § 259 Absatz 4)*
Anlage 39 Ermittlung des Rohertrags *(zu § 254)*
Anlage 40 Bewirtschaftungskosten *(zu § 255)*
Anlage 41 Abzinsungsfaktoren *(zu § 257 Absatz 2)*
Anlage 42 Normalherstellungskosten *(zu § 259 Absatz 1)*
Anlage 43 Wertzahlen für Teileigentum, Geschäftsgrundstücke, gemischt genutzte Grundstücke und sonstige bebaute Grundstücke nach § 249 Absatz 1 Nummer 5 bis 8 *(zu § 260)*

Erster Teil. Allgemeine Bewertungsvorschriften

§ 1 Geltungsbereich (1) Die allgemeinen Bewertungsvorschriften (§§ 2 bis 16) gelten für alle öffentlich-rechtlichen Abgaben, die durch Bundesrecht geregelt sind, soweit sie durch Bundesfinanzbehörden oder durch Landesfinanzbehörden verwaltet werden.

(2) Die allgemeinen Bewertungsvorschriften gelten nicht, soweit im Zweiten Teil dieses Gesetzes oder in anderen Steuergesetzen besondere Bewertungsvorschriften enthalten sind.

§ 2 Wirtschaftliche Einheit. (1) [1]Jede wirtschaftliche Einheit ist für sich zu bewerten. [2]Ihr Wert ist im ganzen festzustellen. [3]Was als wirtschaftliche Einheit zu gelten hat, ist nach den Anschauungen des Verkehrs zu entscheiden. [4]Die örtliche Gewohnheit, die tatsächliche Übung, die Zweckbestimmung und die wirtschaftliche Zusammengehörigkeit der einzelnen Wirtschaftsgüter sind zu berücksichtigen.

(2) Mehrere Wirtschaftsgüter kommen als wirtschaftliche Einheit nur insoweit in Betracht, als sie demselben Eigentümer gehören.

(3) Die Vorschriften der Absätze 1 und 2 gelten nicht, soweit eine Bewertung der einzelnen Wirtschaftsgüter vorgeschrieben ist.

§ 3 Wertermittlung bei mehreren Beteiligten. [1]Steht ein Wirtschaftsgut mehreren Personen zu, so ist sein Wert im ganzen zu ermitteln. [2]Der Wert ist auf die Beteiligten nach dem Verhältnis ihrer Anteile zu verteilen, soweit nicht nach dem maßgebenden Steuergesetz die Gemeinschaft selbständig steuerpflichtig ist.

§ 3a[1)] *(aufgehoben)*

§ 4 Aufschiebend bedingter Erwerb. Wirtschaftsgüter, deren Erwerb vom Eintritt einer aufschiebenden Bedingung abhängt, werden erst berücksichtigt, wenn die Bedingung eingetreten ist.

§ 5 Auflösend bedingter Erwerb. (1) [1]Wirtschaftsgüter, die unter einer auflösenden Bedingung erworben sind, werden wie unbedingt erworbene behandelt. [2]Die Vorschriften über die Berechnung des Kapitalwerts der Nutzungen von unbestimmter Dauer (§ 13 Abs. 2 und 3, § 14, § 15 Abs. 3) bleiben unberührt.

(2) [1]Tritt die Bedingung ein, so ist die Festsetzung der nicht laufend veranlagten Steuern auf Antrag nach dem tatsächlichen Wert des Erwerbs zu berichtigen. [2]Der Antrag ist bis zum Ablauf des Jahres zu stellen, das auf den Eintritt der Bedingung folgt.

§ 6 Aufschiebend bedingte Lasten. (1) Lasten, deren Entstehung vom Eintritt einer aufschiebenden Bedingung abhängt, werden nicht berücksichtigt.

(2) Für den Fall des Eintritts der Bedingung gilt § 5 Abs. 2 entsprechend.

§ 7 Auflösend bedingte Lasten. (1) Lasten, deren Fortdauer auflösend bedingt ist, werden, soweit nicht ihr Kapitalwert nach § 13 Abs. 2 und 3, § 14, § 15 Abs. 3 zu berechnen ist, wie unbedingte abgezogen.

(2) Tritt die Bedingung ein, so ist die Festsetzung der nicht laufend veranlagten Steuern entsprechend zu berichtigen.

§ 8 Befristung auf einen unbestimmten Zeitpunkt. Die §§ 4 bis 7 gelten auch, wenn der Erwerb des Wirtschaftsguts oder die Entstehung oder der Wegfall der Last von einem Ereignis abhängt, bei dem nur der Zeitpunkt ungewiß ist.

[1)] § 3a aufgeh. durch G v. 20.12.1996 (BGBl. I S. 2049).

§ 9 Bewertungsgrundsatz, gemeiner Wert. (1) Bei Bewertungen ist, soweit nichts anderes vorgeschrieben ist, der gemeine Wert zugrunde zu legen.

(2) [1] Der gemeine Wert wird durch den Preis bestimmt, der im gewöhnlichen Geschäftsverkehr nach der Beschaffenheit des Wirtschaftsgutes bei einer Veräußerung zu erzielen wäre. [2] Dabei sind alle Umstände, die den Preis beeinflussen, zu berücksichtigen. [3] Ungewöhnliche oder persönliche Verhältnisse sind nicht zu berücksichtigen.

(3) [1] Als persönliche Verhältnisse sind auch Verfügungsbeschränkungen anzusehen, die in der Person des Steuerpflichtigen oder eines Rechtsvorgängers begründet sind. [2] Das gilt insbesondere für Verfügungsbeschränkungen, die auf letztwilligen Anordnungen beruhen.

§ 10[1)] Begriff des Teilwerts. [1] Wirtschaftsgüter, die einem Unternehmen dienen, sind, soweit nichts anderes vorgeschrieben ist, mit dem Teilwert anzusetzen. [2] Teilwert ist der Betrag, den ein Erwerber des ganzen Unternehmens im Rahmen des Gesamtkaufpreises für das einzelne Wirtschaftsgut ansetzen würde. [3] Dabei ist davon auszugehen, daß der Erwerber das Unternehmen fortführt.

§ 11 Wertpapiere und Anteile. (1)[2)] [1] Wertpapiere und Schuldbuchforderungen, die am Stichtag an einer deutschen Börse zum Handel im regulierten Markt zugelassen sind, werden mit dem niedrigsten am Stichtag für sie im regulierten Markt notierten Kurs angesetzt. [2] Liegt am Stichtag eine Notierung nicht vor, so ist der letzte innerhalb von 30 Tagen vor dem Stichtag im regulierten Markt notierte Kurs maßgebend. [3] Entsprechend sind die Wertpapiere zu bewerten, die in den Freiverkehr einbezogen sind.

(2)[3)] [1] Anteile an Kapitalgesellschaften, die nicht unter Absatz 1 fallen, sind mit dem gemeinen Wert anzusetzen. [2] Lässt sich der gemeine Wert nicht aus Verkäufen unter fremden Dritten ableiten, die weniger als ein Jahr zurückliegen, so ist er unter Berücksichtigung der Ertragsaussichten der Kapitalgesellschaft oder einer anderen anerkannten, auch im gewöhnlichen Geschäftsverkehr für nichtsteuerliche Zwecke üblichen Methode zu ermitteln; dabei ist die Methode anzuwenden, die ein Erwerber der Bemessung des Kaufpreises zugrunde legen würde. [3] Die Summe der gemeinen Werte der zum Betriebsvermögen gehörenden Wirtschaftsgüter und sonstigen aktiven Ansätze abzüglich der zum Betriebsvermögen gehörenden Schulden und sonstigen Abzüge (Substanzwert) der Gesellschaft darf nicht unterschritten werden; die §§ 99 und 103 sind anzuwenden. [4] Die §§ 199 bis 203 sind zu berücksichtigen.

(2a)[4)] *(aufgehoben)*

(3) Ist der gemeine Wert einer Anzahl von Anteilen an einer Kapitalgesellschaft, die einer Person gehören, infolge besonderer Umstände (z.B. weil die Höhe der Beteiligung die Beherrschung der Kapitalgesellschaft ermöglicht) höher als der Wert, der sich auf Grund der Kurswerte (Absatz 1) oder der gemeinen Werte (Absatz 2) für die einzelnen Anteile insgesamt ergibt, so ist der gemeine Wert der Beteiligung maßgebend.

[1)] § 10 Satz 1 geänd. durch G v. 25.2.1992 (BGBl. I S. 297).
[2)] § 11 Abs. 1 neu gef. mWv 1.11.2007 durch G v. 16.7.2007 (BGBl. I S. 1330).
[3)] § 11 Abs. 2 neu gef. mWv 1.1.2009 durch G v. 24.12.2008 (BGBl. I S. 3018).
[4)] § 11 Abs. 2a aufgeh. mWv 1.1.1998 durch G v. 29.10.1997 (BGBl. I S. 2590).

(4)[1] Anteile oder Aktien, die Rechte an einem Investmentvermögen im Sinne des Kapitalanlagegesetzbuchs verbriefen, sind mit dem Rücknahmepreis anzusetzen.

§ 12 Kapitalforderungen und Schulden. (1)[2] [1]Kapitalforderungen, die nicht in § 11 bezeichnet sind, und Schulden sind mit dem Nennwert anzusetzen, wenn nicht besondere Umstände einen höheren oder geringeren Wert begründen. [2]Liegen die besonderen Umstände in einer hohen, niedrigen oder fehlenden Verzinsung, ist bei der Bewertung vom Mittelwert einer jährlich vorschüssigen und jährlich nachschüssigen Zahlungsweise auszugehen.

(2) Forderungen, die uneinbringlich sind, bleiben außer Ansatz.

(3) [1]Der Wert unverzinslicher Forderungen oder Schulden, deren Laufzeit mehr als ein Jahr beträgt und die zu einem bestimmten Zeitpunkt fällig sind, ist der Betrag, der vom Nennwert nach Abzug von Zwischenzinsen unter Berücksichtigung von Zinseszinsen verbleibt. [2]Dabei ist von einem Zinssatz von 5,5 Prozent auszugehen.

(4)[3] [1]Noch nicht fällige Ansprüche aus Lebens-, Kapital- oder Rentenversicherungen werden mit dem Rückkaufswert bewertet. [2]Rückkaufswert ist der Betrag, den das Versicherungsunternehmen dem Versicherungsnehmer im Falle der vorzeitigen Aufhebung des Vertragsverhältnisses zu erstatten hat. [3]Die Berechnung des Werts, insbesondere die Berücksichtigung von ausgeschütteten und gutgeschriebenen Gewinnanteilen kann durch Rechtsverordnung geregelt werden.

§ 13 Kapitalwert von wiederkehrenden Nutzungen und Leistungen.

(1)[4] [1]Der Kapitalwert von Nutzungen oder Leistungen, die auf bestimmte Zeit beschränkt sind, ist mit dem aus Anlage 9a zu entnehmenden Vielfachen des Jahreswerts anzusetzen. [2]Ist die Dauer des Rechts außerdem durch das Leben einer oder mehrerer Personen bedingt, darf der nach § 14 zu berechnende Kapitalwert nicht überschritten werden.

(2)[5] Immerwährende Nutzungen oder Leistungen sind mit dem 18,6fachen des Jahreswerts, Nutzungen oder Leistungen von unbestimmter Dauer vorbehaltlich des § 14 mit dem 9,3fachen des Jahreswerts zu bewerten.

(3)[6] [1]Ist der gemeine Wert der gesamten Nutzungen oder Leistungen nachweislich geringer oder höher, so ist der nachgewiesene gemeine Wert zugrunde zu legen. [2]Der Ansatz eines geringeren oder höheren Werts kann jedoch nicht darauf gestützt werden, daß mit einem anderen Zinssatz als 5,5 Prozent oder mit einer anderen als mittelschüssigen Zahlungsweise zu rechnen ist.

§ 14 Lebenslängliche Nutzungen und Leistungen. (1)[7] [1]Der Kapitalwert von lebenslänglichen Nutzungen und Leistungen ist mit dem Vielfachen des Jahreswerts nach Maßgabe der Sätze 2 bis 4 anzusetzen. [2]Die Vervielfältiger

---

[1] § 11 Abs. 4 neu gef. durch G v. 18.12.2013 (BGBl. I S. 4318); zur Anwendung siehe § 265 Abs. 5.

[2] § 12 Abs. 1 Satz 2 eingef. mWv 1.1.1993 durch G v. 9.11.1992 (BGBl. I S. 1853).

[3] § 12 Abs. 4 neu gef. mWv 1.1.2009 durch G v. 24.12.2008 (BGBl. I S. 3018).

[4] § 13 Abs. 1 neu gef. durch G v. 9.11.1992 (BGBl. I S. 1853).

[5] § 13 Abs. 2 geänd. durch G v. 9.11.1992 (BGBl. I S. 1853).

[6] § 13 Abs. 3 Satz 2 eingef. durch G v. 9.11.1992 (BGBl. I S. 1853).

[7] § 14 Abs. 1 neu gef. mWv 1.1.2009 durch G v. 24.12.2008 (BGBl. I S. 3028).

sind nach der Sterbetafel des Statistischen Bundesamtes zu ermitteln und ab dem 1. Januar des auf die Veröffentlichung der Sterbetafel durch das Statistische Bundesamt folgenden Kalenderjahres anzuwenden. [3]Der Kapitalwert ist unter Berücksichtigung von Zwischenzinsen und Zinseszinsen mit einem Zinssatz von 5,5 Prozent als Mittelwert zwischen dem Kapitalwert für jährlich vorschüssige und jährlich nachschüssige Zahlungsweise zu berechnen. [4]Das Bundesministerium der Finanzen stellt die Vervielfältiger für den Kapitalwert einer lebenslänglichen Nutzung oder Leistung im Jahresbetrag von einem Euro nach Lebensalter und Geschlecht der Berechtigten in einer Tabelle zusammen und veröffentlicht diese zusammen mit dem Datum der Veröffentlichung der Sterbetafel im Bundessteuerblatt.[1)]

(2) [1]Hat eine nach Absatz 1 bewertete Nutzung oder Leistung bei einem Alter

1.	bis zu 30 Jahren	nicht mehr als 10 Jahre,
2.	von mehr als 30 Jahren bis zu 50 Jahren	nicht mehr als 9 Jahre,
3.	von mehr als 50 Jahren bis zu 60 Jahren	nicht mehr als 8 Jahre,
4.	von mehr als 60 Jahren bis zu 65 Jahren	nicht mehr als 7 Jahre,
5.	von mehr als 65 Jahren bis zu 70 Jahren	nicht mehr als 6 Jahre,
6.	von mehr als 70 Jahren bis zu 75 Jahren	nicht mehr als 5 Jahre,
7.	von mehr als 75 Jahren bis zu 80 Jahren	nicht mehr als 4 Jahre,
8.	von mehr als 80 Jahren bis zu 85 Jahren	nicht mehr als 3 Jahre,
9.	von mehr als 85 Jahren bis zu 90 Jahren	nicht mehr als 2 Jahre,
10.	von mehr als 90 Jahren	nicht mehr als 1 Jahr

bestanden und beruht der Wegfall auf dem Tod des Berechtigten oder Verpflichteten, so ist die Festsetzung der nicht laufend veranlagten Steuern auf Antrag nach der wirklichen Dauer der Nutzung oder Leistung zu berichtigen. [2]§ 5 Abs. 2 Satz 2 gilt entsprechend. [3]Ist eine Last weggefallen, so bedarf die Berichtigung keines Antrags.

(3) Hängt die Dauer der Nutzung oder Leistung von der Lebenszeit mehrerer Personen ab und erlischt das Recht mit dem Tod des zuletzt Sterbenden, so ist das Lebensalter und das Geschlecht derjenigen Person maßgebend, für die sich der höchste Vervielfältiger ergibt; erlischt das Recht mit dem Tod des zuerst Sterbenden, so ist das Lebensalter und Geschlecht derjenigen Person maßgebend, für die sich der niedrigste Vervielfältiger ergibt.

(4)[2)] [1]Ist der gemeine Wert der gesamten Nutzungen oder Leistungen nachweislich geringer oder höher als der Wert, der sich nach Absatz 1 ergibt, so ist der nachgewiesene gemeine Wert zugrunde zu legen. [2]Der Ansatz eines geringeren oder höheren Werts kann jedoch nicht darauf gestützt werden, daß mit einer kürzeren oder längeren Lebensdauer, mit einem anderen Zinssatz als 5,5 Prozent oder mit einer anderen als mittelschüssigen Zahlungsweise zu rechnen ist.

§ 15 Jahreswert von Nutzungen und Leistungen. (1) Der einjährige Betrag der Nutzung einer Geldsumme ist, wenn kein anderer Wert feststeht, zu 5,5 Prozent anzunehmen.

---

1) Für Bewertungsstichtage ab 1.1.2021 siehe BMF v. 28.10.2020 (BStBl. I S. 1048).
2) § 14 Abs. 4 Satz 2 neu gef. durch G v. 9.11.1992 (BGBl. I S. 1853).

(2) Nutzungen oder Leistungen, die nicht in Geld bestehen (Wohnung, Kost, Waren und sonstige Sachbezüge), sind mit den üblichen Mittelpreisen des Verbrauchsorts anzusetzen.

(3) Bei Nutzungen oder Leistungen, die in ihrem Betrag ungewiß sind oder schwanken, ist als Jahreswert der Betrag zugrunde zu legen, der in Zukunft im Durchschnitt der Jahre voraussichtlich erzielt werden wird.

§ 16[1] Begrenzung des Jahreswerts von Nutzungen. Bei der Ermittlung des Kapitalwerts der Nutzungen eines Wirtschaftsguts kann der Jahreswert dieser Nutzungen höchstens den Wert betragen, der sich ergibt, wenn der für das genutzte Wirtschaftsgut nach den Vorschriften des Bewertungsgesetzes anzusetzende Wert durch 18,6 geteilt wird.

Zweiter Teil. Besondere Bewertungsvorschriften

§ 17[2] Geltungsbereich. (1) Die besonderen Bewertungsvorschriften sind nach Maßgabe der jeweiligen Einzelsteuergesetze anzuwenden.

[Fassung bis 31.12.2024:[3]]

(2) Die §§ 18 bis 94, 122 und 125 bis 132 gelten für die Grundsteuer und die §§ 121a und 133 zusätzlich für die Gewerbesteuer.

(3) [1] Soweit sich nicht aus den §§ 19 bis 150 etwas anderes ergibt, finden neben diesen auch die Vorschriften des Ersten Teils des Gesetzes (§§ 1 bis 16) Anwendung. [2] § 16 findet auf die Grunderwerbsteuer keine Anwendung.

[Fassung ab 1.1.2025:[4]]

(2) [1] Soweit sich nicht aus den §§ 20 bis 266 etwas anderes ergibt, finden neben diesen auch die Vorschriften des Ersten Teils des Gesetzes (§§ 1 bis 16) Anwendung. [2] § 16 findet auf die Grunderwerbsteuer keine Anwendung.

§ 18 Vermögensarten. Das Vermögen, das nach den Vorschriften des Zweiten Teils dieses Gesetzes zu bewerten ist, umfaßt die folgenden Vermögensarten:

1.[5] Land- und forstwirtschaftliches Vermögen [***bis 31.12.2024:*** *(§§ 33 bis 67, § 31)*],

2.[6] Grundvermögen [***bis 31.12.2024:*** *(§§ 68 bis 94, § 31)*],

---

[1] § 16 neu gef. durch G v. 9.11.1992 (BGBl. I S. 1853).

[2] § 17 neu gef. durch G v. 20.12.1996 (BGBl. I S. 2049).

[3] § 17 Abs. 2 neu gef. durch G v. 29.10.1997 (BGBl. I S. 2590).

[4] § 17 Abs. 2 aufgeh., bish. Abs. 3 wird Abs. 2 und geänd. **mWv 1.1.2025** durch G v. 26.11.2019 (BGBl. I S. 1794).

[5] § 18 Nr. 1 geänd. **mWv 1.1.2025** durch G v. 26.11.2019 (BGBl. I S. 1794).

[6] § 18 Nr. 2 geänd. **mWv 1.1.2025** durch G v. 26.11.2019 (BGBl. I S. 1794).

3.[1] Betriebsvermögen [***bis 31.12.2024:*** *(§§ 95 bis 109, § 31)*].

4.[2] *(aufgehoben)*

Erster Abschnitt. Einheitsbewertung

A. Allgemeines

[***bis 31.12.2024:***

§ 19[3) 4)] Feststellung von Einheitswerten. (1)[5] Einheitswerte werden für inländischen Grundbesitz, und zwar für Betriebe der Land- und Forstwirtschaft (§§ 33, 48a und 51a), für Grundstücke (§§ 68 und 70) und für Betriebsgrundstücke (§ 99) festgestellt (§ 180 Abs. 1 Nr. 1 der Abgabenordnung[6]).

(2)[7] *(aufgehoben)*

(3) In dem Feststellungsbescheid (§ 179 der Abgabenordnung) sind auch Feststellungen zu treffen

1.[8] über die Art der wirtschaftlichen Einheit und bei Grundstücken auch über die Grundstücksart (§§ 72, 74 und 75) oder die Grundstückshauptgruppe (§ 32 der weiter anzuwendenden Durchführungsverordnung zum Reichsbewertungsgesetz vom 2. Februar 1935, RGBl. I S. 81, zuletzt geändert durch die Verordnung zur Änderung der Durchführungsverordnung zum Vermögensteuergesetz, der Durchführungsverordnung zum Reichsbewertungsgesetz und der Aufbringungsumlage-Verordnung vom 8. Dezember 1944, RGBl. I S. 338);

2. über die Zurechnung der wirtschaftlichen Einheit und bei mehreren Beteiligten über die Höhe ihrer Anteile.

(4)[9] Feststellungen nach den Absätzen 1 und 3 erfolgen nur, wenn und soweit sie für die Besteuerung von Bedeutung sind.]

---

[1] § 18 Nr. 3 geänd. **mWv 1.1.2025** durch G v. 26.11.2019 (BGBl. I S. 1794).

[2] § 18 Nr. 4 aufgeh. mWv 1.1.1997 durch G v. 20.12.1996 (BGBl. I S. 2049).

[3] Beachte hierzu das Urteil des BVerfG v. 10.4.2018 (BGBl. I S. 531):

„1. Die §§ 19, 20, 21, 22, 23, 27, 76, 79 Absatz 5, § 93 Absatz 1 Satz 2 des Bewertungsgesetzes in Verbindung mit Artikel 2 Absatz 1 Satz 1 und Satz 3 des Gesetzes zur Änderung des Bewertungsgesetzes in der Fassung des Artikels 2 des Gesetzes vom 22. Juli 1970 (Bundesgesetzblatt I Seite 1118) sind, soweit sie bebaute Grundstücke außerhalb des Bereichs der Land- und Forstwirtschaft und außerhalb des in Artikel 3 des Einigungsvertrags genannten Gebiets betreffen, jedenfalls seit dem 1. Januar 2002 unvereinbar mit Artikel 3 Absatz 1 Grundgesetz.

2. Der Gesetzgeber ist verpflichtet, eine Neuregelung spätestens bis zum 31. Dezember 2019 zu treffen. Bis zu diesem Zeitpunkt dürfen die als unvereinbar mit Artikel 3 Absatz 1 Grundgesetz festgestellten Regeln über die Einheitsbewertung weiter angewandt werden. Nach Verkündung einer Neuregelung dürfen die beanstandeten Regelungen für weitere fünf Jahre ab der Verkündung, längstens aber bis zum 31. Dezember 2024 angewandt werden.

3. Für Kalenderjahre nach Ablauf der Fortgeltungsfristen dürfen auch auf bestandskräftige Bescheide, die auf den als verfassungswidrig festgestellten Bestimmungen des Bewertungsgesetzes beruhen, keine Belastungen mehr gestützt werden."

[4] § 19 aufgeh. **mWv 1.1.2025** durch G v. 26.11.2019 (BGBl. I S. 1794).

[5] § 19 Abs. 1 neu gef. durch G v. 29.10.1997 (BGBl. I S. 2590).

[6] Nr. **1**.

[7] § 19 Abs. 2 aufgeh. mWv. 1.1.2002 durch G v. 20.12.2001 (BGBl. I S. 3794).

[8] § 19 Abs. 3 geänd. durch G v. 29.10.1997 (BGBl. I S. 2590); Abs. 3 Nr. 1 neu gef. durch G v. 8.12.2010 (BGBl. I S. 1768); zur Anwendung siehe § 265 Abs. 1.

[9] § 19 Abs. 4 geänd. mWv. 1.1.2002 durch G v. 20.12.2001 (BGBl. I S. 3794).

[Fassung bis 31.12.2024:[1])]

§ 20 Ermittlung des Einheitswerts

[1] Die Einheitswerte werden nach den Vorschriften dieses Abschnitts ermittelt. [2] Bei der Ermittlung der Einheitswerte ist § 163 der Abgabenordnung[3]) nicht anzuwenden; dies gilt nicht für Übergangsregelungen, die die oberste Finanzbehörde eines Landes im Einvernehmen mit den obersten Finanzbehörden der übrigen Länder trifft.

[Fassung ab 1.1.2025:[2])]

§ 20 Abweichende Feststellung von Besteuerungsgrundlagen aus Billigkeitsgründen

Bei der Bewertung ist § 163 der Abgabenordnung nicht anzuwenden; dies gilt nicht für Übergangsregelungen, die die oberste Finanzbehörde eines Landes im Einvernehmen mit den obersten Finanzbehörden der übrigen Länder trifft.

[*bis 31.12.2024:*

§ 21[4]) [5]) Hauptfeststellung. (1) Die Einheitswerte werden in Zeitabständen von je sechs Jahren allgemein festgestellt (Hauptfeststellung).

(2) [1] Der Hauptfeststellung werden die Verhältnisse zu Beginn des Kalenderjahrs (Hauptfeststellungszeitpunkt) zugrunde gelegt. [2] Die Vorschriften in § 35 Abs. 2 und den §§ 54 und 59 über die Zugrundelegung eines anderen Zeitpunkts bleiben unberührt.

§ 22[6]) [7]) Fortschreibungen. (1)[8]) Der Einheitswert wird neu festgestellt (Wertfortschreibung), wenn der in Deutscher Mark ermittelte und auf volle hundert Deutsche Mark abgerundete Wert, der sich für den Beginn eines Kalenderjahrs ergibt, von dem entsprechenden Wert des letzten Feststellungszeitpunkts nach oben um mehr als den zehnten Teil, mindestens aber um 5 000 Deutsche Mark, oder um mehr als 100 000 Deutsche Mark, nach unten um mehr als den zehnten Teil, mindestens aber um 500 Deutsche Mark, oder um mehr als 5 000 Deutsche Mark, abweicht.

(2) Über die Art oder Zurechnung des Gegenstandes (§ 19 Abs. 3 Nr. 1 und 2) wird eine neue Feststellung getroffen (Artfortschreibung oder Zurechnungsfortschreibung), wenn sie von der zuletzt getroffenen Feststellung abweicht und es für die Besteuerung von Bedeutung ist.

(3) [1] Eine Fortschreibung nach Absatz 1 oder Absatz 2 findet auch zur Beseitigung eines Fehlers der letzten Feststellung statt. [2] § 176 der Abgabenordnung[3]) ist hierbei entsprechend anzuwenden. [3] Dies gilt jedoch nur für die

---

[1]) § 20 unvereinbar mit Art. 3 Abs. 1 GG (Urteil des BVerfG v. 10.4.2018, BGBl. I S. 531). Siehe Fußnote zu § 19.

[2]) § 20 neu gef. **mWv 1.1.2025** durch G v. 26.11.2019 (BGBl. I S. 1794).

[3]) Nr. **1**.

[4]) § 21 unvereinbar mit Art. 3 Abs. 1 GG (Urteil des BVerfG v. 10.4.2018, BGBl. I S. 531). Siehe Fußnote zu § 19.

[5]) § 21 neu gef. durch G v. 29.10.1997 (BGBl. I S. 2590); aufgeh. **mWv 1.1.2025** durch G v. 26.11.2019 (BGBl. I S. 1794).

[6]) § 22 unvereinbar mit Art. 3 Abs. 1 GG (Urteil des BVerfG v. 10.4.2018, BGBl. I S. 531). Siehe Fußnote zu § 19.

[7]) § 22 aufgeh. **mWv 1.1.2025** durch G v. 26.11.2019 (BGBl. I S. 1794).

[8]) § 22 Abs. 1 neu gef. mWv 1.1.2002 durch G v. 19.12.2000 (BGBl. I S. 1790).

Feststellungszeitpunkte, die vor der Verkündung der maßgeblichen Entscheidung eines obersten Gerichts des Bundes liegen.

(4)[1] 1 Eine Fortschreibung ist vorzunehmen, wenn dem Finanzamt bekannt wird, daß die Voraussetzungen für sie vorliegen. 2 Der Fortschreibung werden vorbehaltlich des § 27 die Verhältnisse im Fortschreibungszeitpunkt zugrunde gelegt. 3 Fortschreibungszeitpunkt ist

1.[2] bei einer Änderung der tatsächlichen Verhältnisse der Beginn des Kalenderjahrs, das auf die Änderung folgt;
2. in den Fällen des Absatzes 3 der Beginn des Kalenderjahrs, in dem der Fehler dem Finanzamt bekannt wird, bei einer Erhöhung des Einheitswerts jedoch frühestens der Beginn des Kalenderjahrs, in dem der Feststellungsbescheid erteilt wird.

4 Die Vorschriften in § 35 Abs. 2 und den §§ 54 und 59 über die Zugrundelegung eines anderen Zeitpunkts bleiben unberührt.

§ 23[3] [4] **Nachfeststellung.** (1)[5] Für wirtschaftliche Einheiten, für die ein Einheitswert festzustellen ist, wird der Einheitswert nachträglich festgestellt (Nachfeststellung), wenn nach dem Hauptfeststellungszeitpunkt (§ 21 Abs. 2)

1. die wirtschaftliche Einheit neu entsteht;
2. eine bereits bestehende wirtschaftliche Einheit erstmals zu einer Steuer herangezogen werden soll.
3. *(aufgehoben)*

(2)[6] 1 Der Nachfeststellung werden vorbehaltlich des § 27 die Verhältnisse im Nachfeststellungszeitpunkt zugrunde gelegt. 2 Nachfeststellungszeitpunkt ist in den Fällen des Absatzes 1 Nr. 1 der Beginn des Kalenderjahrs, das auf die Entstehung der wirtschaftlichen Einheit folgt, und in den Fällen des Absatzes 1 Nr. 2 der Beginn des Kalenderjahrs, in dem der Einheitswert erstmals der Besteuerung zugrunde gelegt wird. 3 Die Vorschriften in § 35 Abs. 2 und den §§ 54 und 59 über die Zugrundelegung eines anderen Zeitpunkts bleiben unberührt.

§ 24[7] **Aufhebung des Einheitswerts.** (1)[8] Der Einheitswert wird aufgehoben, wenn dem Finanzamt bekannt wird, daß

1. die wirtschaftliche Einheit wegfällt;
2. der Einheitswert der wirtschaftlichen Einheit infolge von Befreiungsgründen der Besteuerung nicht mehr zugrunde gelegt wird.

3.[9] *(aufgehoben)*

---

[1] § 22 Abs. 4 Satz 4 neu gef. durch G v. 29.10.1997 (BGBl. I S. 2590).
[2] § 22 Abs. 4 Satz 3 Nr. 1 Satz 2 aufgeh. durch G v. 29.10.1997 (BGBl. I S. 2590).
[3] § 23 aufgeh. **mWv 1.1.2025** durch G v. 26.11.2019 (BGBl. I S. 1794).
[4] § 23 unvereinbar mit Art. 3 Abs. 1 GG (Urteil des BVerfG v. 10.4.2018, BGBl. I S. 531). Siehe Fußnote zu § 19.
[5] § 23 Abs. 1 Nr. 3 aufgeh. mWv 1.1.1997 durch G v. 20.12.1996 (BGBl. I S. 2049); geänd. durch G v. 29.10.1997 (BGBl. I S. 2590).
[6] § 23 Abs. 2 neu gef. durch G v. 29.10.1997 (BGBl. I S. 2590).
[7] § 24 aufgeh. **mWv 1.1.2025** durch G v. 26.11.2019 (BGBl. I S. 1794).
[8] § 24 Abs. 1 geänd. durch G v. 29.10.1997 (BGBl. I S. 2590).
[9] § 24 Abs. 1 Nr. 3 aufgeh. mWv 1.1.1997 durch G v. 20.12.1996 (BGBl. I S. 2049).

(2)[1] Aufhebungszeitpunkt ist in den Fällen des Absatzes 1 Nr. 1 der Beginn des Kalenderjahrs, das auf den Wegfall der wirtschaftlichen Einheit folgt, und in den Fällen des Absatzes 1 Nr. 2 der Beginn des Kalenderjahrs, in dem der Einheitswert erstmals der Besteuerung nicht mehr zugrunde gelegt wird.

§ 24a[2] Änderung von Feststellungsbescheiden. [1] Bescheide über Fortschreibungen oder Nachfeststellungen von Einheitswerten des Grundbesitzes können schon vor dem maßgebenden Feststellungszeitpunkt erteilt werden. [2] Sie sind zu ändern oder aufzuheben, wenn sich bis zu diesem Zeitpunkt Änderungen ergeben, die zu einer abweichenden Feststellung führen.

§ 25[3] Nachholung einer Feststellung. (1) [1] Ist die Feststellungsfrist (§ 181 der Abgabenordnung[4]) bereits abgelaufen, kann eine Fortschreibung (§ 22) oder Nachfeststellung (§ 23) unter Zugrundelegung der Verhältnisse vom Fortschreibungs- oder Nachfeststellungszeitpunkt mit Wirkung für einen späteren Feststellungszeitpunkt vorgenommen werden, für den diese Frist noch nicht abgelaufen ist. [2] § 181 Abs. 5 der Abgabenordnung bleibt unberührt.

(2) Absatz 1 ist bei der Aufhebung des Einheitswerts (§ 24) entsprechend anzuwenden.

§ 26[5] Umfang der wirtschaftlichen Einheit bei Ehegatten oder Lebenspartnern. Die Zurechnung mehrerer Wirtschaftsgüter zu einer wirtschaftlichen Einheit (§ 2) wird beim Grundbesitz im Sinne der §§ 33 bis 94, 99 und 125 bis 133 nicht dadurch ausgeschlossen, daß die Wirtschaftsgüter zum Teil dem einen, zum Teil dem anderen Ehegatten oder Lebenspartner gehören.

§ 27[6] [7] Wertverhältnisse bei Fortschreibungen und Nachfeststellungen. Bei Fortschreibungen und bei Nachfeststellungen der Einheitswerte für Grundbesitz sind die Wertverhältnisse im Hauptfeststellungszeitpunkt zugrunde zu legen.

§ 28[8] Erklärungspflicht. (1)[9] Erklärungen zur Feststellung des Einheitswerts sind auf jeden Hauptfeststellungszeitpunkt abzugeben.

(2)[10] [1] Die Erklärungen sind innerhalb der Frist abzugeben, die das Bundesministerium der Finanzen im Einvernehmen mit den obersten Finanzbehörden der Länder bestimmt. [2] Die Frist ist im Bundesanzeiger bekanntzumachen. [3] Fordert die Finanzbehörde zur Abgabe einer Erklärung auf einen Hauptfest-

---

[1] § 24 Abs. 2 neu gef. durch G v. 29.10.1997 (BGBl. I S. 2590).

[2] § 24a aufgeh. **mWv 1.1.2025** durch G v. 26.11.2019 (BGBl. I S. 1794).

[3] § 25 eingef. durch G v. 29.10.1997 (BGBl. I S. 2590); § 25 aufgeh. **mWv 1.1.2025** durch G v. 26.11.2019 (BGBl. I S. 1794).

[4] Nr. **1**.

[5] § 26 neu gef. durch G v. 20.12.1996 (BGBl. I S. 2049); geänd. durch G v. 29.10.1997 (BGBl. I S. 2590); geänd. durch G v. 18.7.2014 (BGBl. I S. 1042); zur Anwendung auf Bewertungsstichtage ab dem 1.8.2001, soweit Feststellungsbescheide noch nicht bestandskräftig sind, siehe § 265 Abs. 7; § 26 aufgeh. **mWv 1.1.2025** durch G v. 26.11.2019 (BGBl. I S. 1794).

[6] § 27 unvereinbar mit Art. 3 Abs. 1 GG (Urteil des BVerfG v. 10.4.2018, BGBl. I S. 531). Siehe Fußnote zu § 19.

[7] § 27 geänd. durch G v. 9.11.1992 (BGBl. I S. 1853); aufgeh. **mWv 1.1.2025** durch G v. 26.11.2019 (BGBl. I S. 1794).

[8] § 28 aufgeh. **mWv 1.1.2025** durch G v. 26.11.2019 (BGBl. I S. 1794).

[9] § 28 Abs. 1 Satz 2 aufgeh. durch G v. 29.10.1997 (BGBl. I S. 2590).

[10] § 28 Abs. 2 Satz 1 geänd. durch G v. 21.12.1993 (BGBl. I S. 2310).

stellungszeitpunkt oder auf einen anderen Feststellungszeitpunkt besonders auf (§ 149 Abs. 1 Satz 2 der Abgabenordnung[1]), hat sie eine besondere Frist zu bestimmen, die mindestens einen Monat betragen soll.

(3)[2] 1 Erklärungspflichtig ist derjenige, dem Grundbesitz zuzurechnen ist. 2 Er hat die Steuererklärung eigenhändig zu unterschreiben.

§ 29[3] Auskünfte, Erhebungen und Mitteilungen. (1)[4] 1 Die Eigentümer von Grundbesitz haben der Finanzbehörde auf Anforderung alle Angaben zu machen, die sie für die Sammlung der Kauf-, Miet- und Pachtpreise braucht. 2 Bei dieser Erklärung ist zu versichern, daß die Angaben nach bestem Wissen und Gewissen gemacht sind.

(2)[5] 1 Die Finanzbehörden können zur Vorbereitung einer Hauptfeststellung und zur Durchführung von Feststellungen der Einheitswerte des Grundbesitzes örtliche Erhebungen über die Bewertungsgrundlagen anstellen. 2 Das Grundrecht der Unverletzlichkeit der Wohnung (Artikel 13 des Grundgesetzes) wird insoweit eingeschränkt.

(3)[6] 1 Die nach Bundes- oder Landesrecht zuständigen Behörden haben den Finanzbehörden die rechtlichen und tatsächlichen Umstände mitzuteilen, die ihnen im Rahmen ihrer Aufgabenerfüllung bekannt geworden sind und die für die Feststellung von Einheitswerten des Grundbesitzes, für die Feststellung von Grundbesitzwerten oder für die Grundsteuer von Bedeutung sein können; mitzuteilen sind auch diejenigen Umstände, die für die Erbschaftsteuer oder die Grunderwerbsteuer von Bedeutung sein können, sofern die Finanzbehörden dies anordnen. 2 Den Behörden stehen die Stellen gleich, die für die Sicherung der Zweckbestimmung der Wohnungen zuständig sind, die auf der Grundlage des Zweiten Wohnungsbaugesetzes, des Wohnungsbaugesetzes für das Saarland oder auf der Grundlage des Wohnraumförderungsgesetzes gefördert worden sind.

(4)[7] 1 Die Grundbuchämter teilen den für die Feststellung des Einheitswerts und den für die Feststellung des Grundbesitzwerts zuständigen Finanzbehörden für die in Absatz 3 bezeichneten Zwecke mit

1. die Eintragung eines neuen Eigentümers oder Erbbauberechtigten sowie bei einem anderen als rechtsgeschäftlichen Erwerb auch die Anschrift des neuen Eigentümers oder Erbbauberechtigten; dies gilt nicht für die Fälle des Erwerbs nach den Vorschriften des Zuordnungsrechts,
2. die Eintragung der Begründung von Wohnungseigentum oder Teileigentum,
3. die Eintragung der Begründung eines Erbbaurechts, Wohnungserbbaurechts oder Teilerbbaurechts.

---

[1] Nr. **1**.

[2] § 28 Abs. 3 Satz 1 neu gef. durch G v. 9.11.1992 (BGBl. I S. 1853); geänd. durch G v. 29.10.1997 (BGBl. I S. 2590).

[3] § 29 geänd. mWv 1.1.1993 durch G v. 9.11.1992 (BGBl. I S. 1853); § 29 aufgeh. **mWv 1.1.2025** durch G v. 26.11.2019 (BGBl. I S. 1794).

[4] § 29 Abs. 1 geänd. mWv 1.1.1993 durch G v. 9.11.1992 (BGBl. I S. 1853).

[5] § 29 Abs. 2 geänd. mWv 1.1.1993 durch G v. 9.11.1992 (BGBl. I S. 1853).

[6] § 29 Abs. 3 neu gef. mWv 1.1.2002 durch G v. 20.12.2001 (BGBl. I S. 3794).

[7] § 29 Abs. 4 angef. durch G v. 11.10.1995 (BGBl. I S. 1250); Satz 1 einl. Satzteil und Satz 4 geänd. mWv 18.12.2019 durch G v. 12.12.2019 (BGBl. I S. 2451).

[2] In den Fällen der Nummern 2 und 3 ist gleichzeitig der Tag des Eingangs des Eintragungsantrags beim Grundbuchamt mitzuteilen. [3] Bei einer Eintragung aufgrund Erbfolge ist das Jahr anzugeben, in dem der Erblasser verstorben ist. [4] Die Mitteilungen sollen der Finanzbehörde über die für die Führung des Liegenschaftskatasters zuständige Behörde oder über eine sonstige Behörde, die das amtliche Verzeichnis der Grundstücke (§ 2 Abs. 2 der Grundbuchordnung) führt, zugeleitet werden.

(5)[1)] [1] Die mitteilungspflichtige Stelle hat die Betroffenen vom Inhalt der Mitteilung zu unterrichten. [2] Eine Unterrichtung kann unterbleiben, soweit den Finanzbehörden Umstände aus dem Grundbuch, den Grundakten oder aus dem Liegenschaftskataster mitgeteilt werden.

(6)[2)] [1] Die nach den Absätzen 3 oder 4 verpflichteten Behörden und Stellen übermitteln die Mitteilungen den Finanzbehörden nach amtlich vorgeschriebenem Datensatz durch Datenfernübertragung. [2] Die Grundbuchämter und die für die Führung des Liegenschaftskatasters zuständigen Behörden übermitteln die bei ihnen geführten Daten laufend, mindestens alle drei Monate. [3] Das Bundesministerium der Finanzen legt im Einvernehmen mit den obersten Finanzbehörden der Länder und den obersten Vermessungs- und Katasterbehörden der Länder die Einzelheiten und den Beginn der elektronischen Übermittlung in einem Schreiben fest. [4] Dieses Schreiben ist im Bundesanzeiger und im Bundessteuerblatt zu veröffentlichen.]

§ 30[3)] Abrundung. [1] Die in Deutscher Mark ermittelten Einheitswerte werden auf volle hundert Deutsche Mark nach unten abgerundet und danach in Euro umgerechnet. [2] Der umgerechnete Betrag wird auf volle Euro abgerundet.

§ 31 Bewertung von ausländischem Sachvermögen. (1) [1] Für die Bewertung des ausländischen land- und forstwirtschaftlichen Vermögens, Grundvermögens und Betriebsvermögens gelten die Vorschriften des Ersten Teils dieses Gesetzes, insbesondere § 9 (gemeiner Wert). [2] Nach diesen Vorschriften sind auch die ausländischen Teile einer wirtschaftlichen Einheit zu bewerten, die sich sowohl auf das Inland als auch auf das Ausland erstreckt.

(2) [1] Bei der Bewertung von ausländischem Grundbesitz sind Bestandteile und Zubehör zu berücksichtigen. [2] Zahlungsmittel, Geldforderungen, Wertpapiere und Geldschulden sind nicht einzubeziehen.

[*bis 31.12.2024:*
§ 32[4)] Bewertung von inländischem Sachvermögen. [1] Für die Bewertung des inländischen land- und forstwirtschaftlichen Vermögens, Grundvermögens und Betriebsvermögens gelten die Vorschriften der §§ 33 bis 109. [2] Nach diesen Vorschriften sind auch die inländischen Teile einer wirtschaftlichen Einheit zu bewerten, die sich sowohl auf das Inland als auch auf das Ausland erstreckt.]

[1)] § 29 Abs. 5 angef. durch G v. 11.10.1995 (BGBl. I S. 1250); Satz 1 geänd. mWv 18.12.2019 durch G v. 12.12.2019 (BGBl. I S. 2451).
[2)] § 29 Abs. 6 angef. mWv 18.12.2019 durch G v. 12.12.2019 (BGBl. I S. 2451).
[3)] § 30 neu gef. durch G v. 19.12.2000 (BGBl. I S. 1790).
[4)] § 32 Satz 1 geänd. durch G v. 20.12.2001 (BGBl. I S. 3794); aufgeh. **mWv 1.1.2025** durch G v. 26.11.2019 (BGBl. I S. 1794).

B. Land- und forstwirtschaftliches Vermögen

I. Allgemeines

[*bis 31.12.2024:*

§ 33[1)] Begriff des land- und forstwirtschaftlichen Vermögens.

(1) [1]Zum land- und forstwirtschaftlichen Vermögen gehören alle Wirtschaftsgüter, die einem Betrieb der Land- und Forstwirtschaft dauernd zu dienen bestimmt sind. [2]Betrieb der Land- und Forstwirtschaft ist die wirtschaftliche Einheit des land- und forstwirtschaftlichen Vermögens.

(2) Zu den Wirtschaftsgütern, die einem Betrieb der Land- und Forstwirtschaft dauernd zu dienen bestimmt sind, gehören insbesondere der Grund und Boden, die Wohn- und Wirtschaftsgebäude, die stehenden Betriebsmittel und ein normaler Bestand an umlaufenden Betriebsmitteln; als normaler Bestand gilt ein solcher, der zur gesicherten Fortführung des Betriebes erforderlich ist.

(3) Zum land- und forstwirtschaftlichen Vermögen gehören nicht

1. Zahlungsmittel, Geldforderungen, Geschäftsguthaben und Wertpapiere,
2. Geldschulden,
3. über den normalen Bestand hinausgehende Bestände (Überbestände) an umlaufenden Betriebsmitteln,
4. Tierbestände oder Zweige des Tierbestands und die hiermit zusammenhängenden Wirtschaftsgüter (z.B. Gebäude und abgrenzbare Gebäudeteile mit den dazugehörenden Flächen, Betriebsmittel), wenn die Tiere weder nach § 51 oder § 51a zur landwirtschaftlichen Nutzung noch nach § 62 zur sonstigen land- und forstwirtschaftlichen Nutzung gehören. [2]Die Zugehörigkeit der landwirtschaftlich genutzten Flächen zum land- und forstwirtschaftlichen Vermögen wird hierdurch nicht berührt.

§ 34[2)] Betrieb der Land- und Forstwirtschaft. (1) Ein Betrieb der Land- und Forstwirtschaft umfaßt

1. den Wirtschaftsteil,
2. den Wohnteil.

(2) Der Wirtschaftsteil eines Betriebs der Land- und Forstwirtschaft umfaßt

1. die land- und forstwirtschaftlichen Nutzungen:
   a) die landwirtschaftliche Nutzung,
   b) die forstwirtschaftliche Nutzung,
   c) die weinbauliche Nutzung,
   d) die gärtnerische Nutzung,
   e) die sonstige land- und forstwirtschaftliche Nutzung;
2. die folgenden nicht zu einer Nutzung nach Nummer 1 gehörenden Wirtschaftsgüter:
   a) Abbauland (§ 43),
   b) Geringstland (§ 44),
   c) Unland (§ 45);
3. die Nebenbetriebe (§ 42).

[1)] § 33 aufgeh. **mWv 1.1.2025** durch G v. 26.11.2019 (BGBl. I S. 1794).
[2)] § 34 aufgeh. **mWv 1.1.2025** durch G v. 26.11.2019 (BGBl. I S. 1794).

(3) Der Wohnteil eines Betriebs der Land- und Forstwirtschaft umfaßt die Gebäude und Gebäudeteile, soweit sie dem Inhaber des Betriebs, den zu seinem Haushalt gehörenden Familienangehörigen und den Altenteilern zu Wohnzwecken dienen.

(4) In den Betrieb sind auch dem Eigentümer des Grund und Bodens nicht gehörende Gebäude, die auf dem Grund und Boden des Betriebs stehen, und dem Eigentümer des Grund und Bodens nicht gehörende Betriebsmittel, die der Bewirtschaftung des Betriebs dienen, einzubeziehen.

(5) Ein Anteil des Eigentümers eines Betriebs der Land- und Forstwirtschaft an einem Wirtschaftsgut ist in den Betrieb einzubeziehen, wenn es mit dem Betrieb zusammen genutzt wird.

(6) In einen Betrieb der Land- und Forstwirtschaft, der von einer Gesellschaft oder Gemeinschaft des bürgerlichen Rechts betrieben wird, sind auch die Wirtschaftsgüter einzubeziehen, die einem oder mehreren Beteiligten gehören und dem Betrieb zu dienen bestimmt sind.

(6a) Einen Betrieb der Land- und Forstwirtschaft bildet auch die gemeinschaftliche Tierhaltung (§ 51a) einschließlich der hiermit zusammenhängenden Wirtschaftsgüter.

(7) [1] Einen Betrieb der Land- und Forstwirtschaft bilden auch Stückländereien. [2] Stückländereien sind einzelne land- und forstwirtschaftlich genutzte Flächen, bei denen die Wirtschaftsgebäude oder die Betriebsmittel oder beide Arten von Wirtschaftsgütern nicht dem Eigentümer des Grund und Bodens gehören.

§ 35[1)] Bewertungsstichtag. (1) Für die Größe des Betriebs sowie für den Umfang und den Zustand der Gebäude und der stehenden Betriebsmittel sind die Verhältnisse im Feststellungszeitpunkt maßgebend.

(2) Für die umlaufenden Betriebsmittel ist der Stand am Ende des Wirtschaftsjahres maßgebend, das dem Feststellungszeitpunkt vorangegangen ist.

§ 36[2)] Bewertungsgrundsätze. (1) Bei der Bewertung ist unbeschadet der Regelung, die in § 47 für den Wohnungswert getroffen ist, der Ertragswert zugrunde zu legen.

(2) [1] Bei der Ermittlung des Ertragswerts ist von der Ertragsfähigkeit auszugehen. [2] Ertragsfähigkeit ist der bei ordnungsmäßiger und schuldenfreier Bewirtschaftung mit entlohnten fremden Arbeitskräften gemeinhin und nachhaltig erzielbare Reinertrag. [3] Ertragswert ist das Achtzehnfache dieses Reinertrags.

(3) Bei der Beurteilung der Ertragsfähigkeit sind die Ertragsbedingungen zu berücksichtigen, soweit sie nicht unwesentlich sind.

§ 37[3)] Ermittlung des Ertragswerts. (1) [1] Der Ertragswert der Nutzungen wird durch ein vergleichendes Verfahren (§§ 38 bis 41) ermittelt. [2] Das vergleichende Verfahren kann auch auf Nutzungsteile angewendet werden.

[1)] § 35 aufgeh. **mWv 1.1.2025** durch G v. 26.11.2019 (BGBl. I S. 1794).
[2)] § 36 aufgeh. **mWv 1.1.2025** durch G v. 26.11.2019 (BGBl. I S. 1794).
[3)] § 37 aufgeh. **mWv 1.1.2025** durch G v. 26.11.2019 (BGBl. I S. 1794).

(2) Kann ein vergleichendes Verfahren nicht durchgeführt werden, so ist der Ertragswert nach der Ertragsfähigkeit der Nutzung unmittelbar zu ermitteln (Einzelertragswertverfahren).

§ 38[1] Vergleichszahl, Ertragsbedingungen. (1) Die Unterschiede der Ertragsfähigkeit der gleichen Nutzung in den verschiedenen Betrieben werden durch Vergleich der Ertragsbedingungen beurteilt und vorbehaltlich der §§ 55 und 62 durch Zahlen ausgedrückt, die dem Verhältnis der Reinerträge entsprechen (Vergleichszahlen).

(2) Bei dem Vergleich der Ertragsbedingungen sind zugrunde zu legen

1. die tatsächlichen Verhältnisse für:
   a) die natürlichen Ertragsbedingungen, insbesondere Bodenbeschaffenheit, Geländegestaltung, klimatische Verhältnisse,
   b) die folgenden wirtschaftlichen Ertragsbedingungen:
      aa) innere Verkehrslage (Lage für die Bewirtschaftung der Betriebsfläche),
      bb) äußere Verkehrslage (insbesondere Lage für die Anfuhr der Betriebsmittel und die Abfuhr der Erzeugnisse),
      cc) Betriebsgröße;
2. die in der Gegend als regelmäßig anzusehenden Verhältnisse für die in Nummer 1 Buchstabe b nicht bezeichneten wirtschaftlichen Ertragsbedingungen, insbesondere Preise und Löhne, Betriebsorganisation, Betriebsmittel.

(3) Bei Stückländereien sind die wirtschaftlichen Ertragsbedingungen nach Absatz 2 Nr. 1 Buchstabe b mit den regelmäßigen Verhältnissen der Gegend anzusetzen.

§ 39[2] Bewertungsstützpunkte. (1) [1] Zur Sicherung der Gleichmäßigkeit der Bewertung werden in einzelnen Betrieben mit gegendüblichen Ertragsbedingungen die Vergleichszahlen von Nutzungen und Nutzungsteilen vorweg ermittelt (Hauptbewertungsstützpunkte). [2] Die Vergleichszahlen der Hauptbewertungsstützpunkte werden vom Bewertungsbeirat (§§ 63 bis 66) vorgeschlagen und durch Rechtsverordnung festgesetzt. [3] Die Vergleichszahlen der Nutzungen und Nutzungsteile in den übrigen Betrieben werden durch Vergleich mit den Vergleichszahlen der Hauptbewertungsstützpunkte ermittelt. [4] § 55 bleibt unberührt.

(2) [1] Die Hauptbewertungsstützpunkte können durch Landes-Bewertungsstützpunkte und Orts-Bewertungsstützpunkte als Bewertungsbeispiele ergänzt werden. [2] Die Vergleichszahlen der Landes-Bewertungsstützpunkte werden vom Gutachterausschuß (§ 67), die Vergleichszahlen der Orts-Bewertungsstützpunkte von den Landesfinanzbehörden ermittelt. [3] Die Vergleichszahlen der Landes-Bewertungsstützpunkte und Orts-Bewertungsstützpunkte können bekanntgegeben werden.

(3) [1] Zugepachtete Flächen, die zusammen mit einem Bewertungsstützpunkt bewirtschaftet werden, können bei der Ermittlung der Vergleichszahlen mit berücksichtigt werden. [2] Bei der Feststellung des Einheitswerts eines Betriebs,

---

[1] § 38 aufgeh. **mWv 1.1.2025** durch G v. 26.11.2019 (BGBl. I S. 1794).
[2] § 39 aufgeh. **mWv 1.1.2025** durch G v. 26.11.2019 (BGBl. I S. 1794).

der als Bewertungsstützpunkt dient, sind zugepachtete Flächen nicht zu berücksichtigen (§ 2 Abs. 2).

§ 40[1] Ermittlung des Vergleichswerts. (1) [1] Zum Hauptfeststellungszeitpunkt wird für die landwirtschaftliche, die weinbauliche und die gärtnerische Nutzung oder für deren Teile der 100 Vergleichszahlen entsprechende Ertragswert vorbehaltlich Absatz 2 durch besonderes Gesetz festgestellt. [2] Aus diesem Ertragswert wird der Ertragswert für die einzelne Nutzung oder den Nutzungsteil in den Betrieben mit Hilfe der Vergleichszahlen abgeleitet (Vergleichswert). [3] Der auf einen Hektar bezogene Vergleichswert ist der Hektarwert.

(2)[2] Für die Hauptfeststellung auf den Beginn des Kalenderjahres 1964 betragen die 100 Vergleichszahlen entsprechenden Ertragswerte bei

der landwirtschaftlichen Nutzung	
ohne Hopfen und Spargel	37,26 DM
Hopfen	254,00 DM
Spargel	76,50 DM
der weinbaulichen Nutzung	200,00 DM
den gärtnerischen Nutzungsteilen	
Gemüse-, Blumen- und Zierpflanzenbau	108,00 DM
Obstbau	72,00 DM
Baumschulen	221,40 DM.

(3) [1] Die Hoffläche und die Gebäudefläche des Betriebs sind in die einzelne Nutzung einzubeziehen, soweit sie ihr dienen. [2] Hausgärten bis zur Größe von 10 Ar sind zur Hof- und Gebäudefläche zu rechnen. [3] Wirtschaftswege, Hecken, Gräben, Grenzraine und dergleichen sind in die Nutzung einzubeziehen, zu der sie gehören; dies gilt auch für Wasserflächen, soweit sie nicht Unland sind oder zur sonstigen land- und forstwirtschaftlichen Nutzung (§ 62) gehören.

(4) Das Finanzamt hat bei Vorliegen eines rechtlichen Interesses dem Steuerpflichtigen Bewertungsgrundlagen und Bewertungsergebnisse der Nutzung oder des Nutzungsteils von Bewertungsstützpunkten, die bei der Ermittlung der Vergleichswerte seines Betriebs herangezogen worden sind, anzugeben.

(5)[2] Zur Berücksichtigung der rückläufigen Reinerträge sind die nach Absätzen 1 und 2 ermittelten Vergleichswerte für Hopfen um 80 Prozent, für Spargel um 50 Prozent und für Obstbau um 60 Prozent zu vermindern; es ist jedoch jeweils mindestens ein Hektarwert von 1 200 Deutsche Mark anzusetzen.

§ 41[3] Abschläge und Zuschläge. (1) Ein Abschlag oder ein Zuschlag am Vergleichswert ist zu machen,

1. soweit die tatsächlichen Verhältnisse bei einer Nutzung oder einem Nutzungsteil von den bei der Bewertung unterstellten regelmäßigen Verhältnissen der Gegend (§ 38 Abs. 2 Nr. 2) um mehr als 20 Prozent abweichen und

---

[1] § 40 aufgeh. **mWv 1.1.2025** durch G v. 26.11.2019 (BGBl. I S. 1794).
[2] DM-Werte gelten nach dem 31.12.2001 als Berechnungsgrößen fort (§ 265 Abs. 2).
[3] § 41 aufgeh. **mWv 1.1.2025** durch G v. 26.11.2019 (BGBl. I S. 1794).

2.[1] wenn die Abweichung eine Änderung des Vergleichswerts der Nutzung oder des Nutzungsteils um mehr als den fünften Teil, mindestens aber um 1 000 Deutsche Mark, oder um mehr als 10 000 Deutsche Mark bewirkt.

(2) Der Abschlag oder der Zuschlag ist nach der durch die Abweichung bedingten Minderung oder Steigerung der Ertragsfähigkeit zu bemessen.

(2a)[2] Der Zuschlag wegen Abweichung des tatsächlichen Tierbestands von den unterstellten regelmäßigen Verhältnissen der Gegend ist bei Fortschreibungen (§ 22) oder Nachfeststellungen (§ 23) um 50 Prozent zu vermindern.

(3) Bei Stückländereien sind weder Abschläge für fehlende Betriebsmittel beim Eigentümer des Grund und Bodens noch Zuschläge für Überbestand an diesen Wirtschaftsgütern bei deren Eigentümern zu machen.

§ 42[3] Nebenbetriebe. (1) Nebenbetriebe sind Betriebe, die dem Hauptbetrieb zu dienen bestimmt sind und nicht einen selbständigen gewerblichen Betrieb darstellen.

(2) Die Nebenbetriebe sind gesondert mit dem Einzelertragswert zu bewerten.

§ 43[4] Abbauland. (1) Zum Abbauland gehören die Betriebsflächen, die durch Abbau der Bodensubstanz überwiegend für den Betrieb nutzbar gemacht werden (Sand-, Kies-, Lehmgruben, Steinbrüche, Torfstiche und dergleichen).

(2) Das Abbauland ist gesondert mit dem Einzelertragswert zu bewerten.

§ 44[5] Geringstland. (1)[6] Zum Geringstland gehören die Betriebsflächen geringster Ertragsfähigkeit, für die nach dem Bodenschätzungsgesetz keine Wertzahlen festzustellen sind.

(2)[1] Geringstland ist mit einem Hektarwert von 50 Deutschen Mark zu bewerten.

§ 45[7] Unland. (1) Zum Unland gehören die Betriebsflächen, die auch bei geordneter Wirtschaftsweise keinen Ertrag abwerfen können.

(2) Unland wird nicht bewertet.

§ 46[8] Wirtschaftswert. [1] Aus den Vergleichswerten (§ 40 Abs. 1) und den Abschlägen und Zuschlägen (§ 41), aus den Einzelertragswerten sowie aus den Werten der nach den §§ 42 bis 44 gesondert zu bewertenden Wirtschaftsgüter wird der Wert für den Wirtschaftsteil (Wirtschaftswert) gebildet. [2] Für seine Ermittlung gelten außer den Bestimmungen in den §§ 35 bis 45 auch die besonderen Vorschriften in den §§ 50 bis 62.

§ 47[9] Wohnungswert. [1] Der Wert für den Wohnteil (Wohnungswert) wird nach den Vorschriften ermittelt, die beim Grundvermögen für die Bewertung

---

[1] DM-Werte gelten nach dem 31.12.2001 als Berechnungsgrößen fort (§ 265 Abs. 2).
[2] § 41 Abs. 2a neu gef. durch G v. 20.12.2001 (BGBl. I S. 3794).
[3] § 42 aufgeh. **mWv 1.1.2025** durch G v. 26.11.2019 (BGBl. I S. 1794).
[4] § 43 aufgeh. **mWv 1.1.2025** durch G v. 26.11.2019 (BGBl. I S. 1794).
[5] § 44 aufgeh. **mWv 1.1.2025** durch G v. 26.11.2019 (BGBl. I S. 1794).
[6] § 44 Abs. 1 geänd. durch G v. 20.12.1996 (BGBl. I S. 2049).
[7] § 45 aufgeh. **mWv 1.1.2025** durch G v. 26.11.2019 (BGBl. I S. 1794).
[8] § 46 aufgeh. **mWv 1.1.2025** durch G v. 26.11.2019 (BGBl. I S. 1794).
[9] § 47 aufgeh. **mWv 1.1.2025** durch G v. 26.11.2019 (BGBl. I S. 1794).

der Mietwohngrundstücke im Ertragswertverfahren (§§ 71, 78 bis 82 und 91) gelten. [2] Bei der Schätzung der üblichen Miete (§ 79 Abs. 2) sind die Besonderheiten, die sich aus der Lage der Gebäude oder Gebäudeteile im Betrieb ergeben, zu berücksichtigen. [3] Der ermittelte Betrag ist um 15 Prozent zu vermindern.

§ 48[1)] Zusammensetzung des Einheitswerts. Der Wirtschaftswert und der Wohnungswert bilden zusammen den Einheitswert des Betriebs.

§ 48a[2)] Einheitswert bestimmter intensiv genutzter Flächen. [1] Werden Betriebsflächen durch einen anderen Nutzungsberechtigten als den Eigentümer bewirtschaftet, so ist

1. bei der Sonderkultur Spargel (§ 52),
2. bei den gärtnerischen Nutzungsteilen Gemüse-, Blumen- und Zierpflanzenbau sowie Baumschulen (§ 61),
3. bei der Saatzucht (§ 62 Abs. 1 Nr. 6)

der Unterschiedsbetrag zwischen dem für landwirtschaftliche Nutzung maßgebenden Vergleichswert und dem höheren Vergleichswert, der durch die unter den Nummern 1 bis 3 bezeichneten Nutzungen bedingt ist, bei der Feststellung des Einheitswerts des Eigentümers nicht zu berücksichtigen und für den Nutzungsberechtigten als selbständiger Einheitswert festzustellen. [2] Ist ein Einheitswert für land- und forstwirtschaftliches Vermögen des Nutzungsberechtigten festzustellen, so ist der Unterschiedsbetrag in diesen Einheitswert einzubeziehen. [3] Die Sätze 1 und 2 gelten nicht, wenn der Eigentümer die Flächen bereits intensiv im Sinne der Nummern 1 bis 3 genutzt hat.]

§ 49[3)] *(aufgehoben)*

II. Besondere Vorschriften

a) Landwirtschaftliche Nutzung

[***bis 31.12.2024:***

§ 50[4)] Ertragsbedingungen. (1) [1] Bei der Beurteilung der natürlichen Ertragsbedingungen (§ 38 Abs. 2 Nr. 1 Buchstabe a) ist von den Ergebnissen der Bodenschätzung nach dem Bodenschätzungsgesetz auszugehen. [2] Dies gilt auch für das Bodenartenverhältnis.

(2) Ist durch die natürlichen Verhältnisse ein anderes als das in der betreffenden Gegend regelmäßige Kulturartenverhältnis bedingt, so ist abweichend von § 38 Abs. 2 Nr. 2 das tatsächliche Kulturartenverhältnis maßgebend.

§ 51[5)] Tierbestände. (1)[6)] *(aufgehoben)*

[1)] § 48 aufgeh. **mWv 1.1.2025** durch G v. 26.11.2019 (BGBl. I S. 1794).

[2)] § 48a Satz 3 angef. durch G v. 26.6.2013 (BGBl. I S. 1809); zur Anwendung auf Bewertungsstichtage ab dem 1.1.2014 siehe § 265 Abs. 6; § 48a aufgeh. **mWv 1.1.2025** durch G v. 26.11.2019 (BGBl. I S. 1794).

[3)] § 49 aufgeh. mWv 1.1.2002 durch G v. 20.12.2001 (BGBl. I S. 3794).

[4)] § 50 aufgeh. **mWv 1.1.2025** durch G v. 26.11.2019 (BGBl. I S. 1794).

[5)] § 51 aufgeh. **mWv 1.1.2025** durch G v. 26.11.2019 (BGBl. I S. 1794).

[6)] § 51 Abs. 1 aufgeh. durch G v. 20.12.2001 (BGBl. I S. 3794).

(1a)[1] [1]Für Feststellungszeitpunkte ab dem 1. Januar 1999 gehören Tierbestände in vollem Umfang zur landwirtschaftlichen Nutzung, wenn im Wirtschaftsjahr

für die ersten 20 Hektar nicht mehr als 10 Vieheinheiten,

für die nächsten 10 Hektar nicht mehr als 7 Vieheinheiten,

für die nächsten 20 Hektar nicht mehr als 6 Vieheinheiten,

für die nächsten 50 Hektar nicht mehr als 3 Vieheinheiten

und für die weitere Fläche nicht mehr als 1,5 Vieheinheiten

je Hektar der vom Inhaber des Betriebs regelmäßig landwirtschaftlich genutzten Flächen erzeugt oder gehalten werden. [2]Die Tierbestände sind nach dem Futterbedarf in Vieheinheiten umzurechnen. [3]Diese Zuordnung der Tierbestände steht einer Änderung der tatsächlichen Verhältnisse gleich, die im Kalenderjahr 1998 eingetreten ist; § 27 ist insoweit nicht anzuwenden.

(2)[2] [1]Übersteigt die Anzahl der Vieheinheiten nachhaltig die in Absatz 1a bezeichnete Grenze, so gehören nur die Zweige des Tierbestands zur landwirtschaftlichen Nutzung, deren Vieheinheiten zusammen diese Grenze nicht überschreiten. [2]Zunächst sind mehr flächenabhängige Zweige des Tierbestands und danach weniger flächenabhängige Zweige des Tierbestands zur landwirtschaftlichen Nutzung zu rechnen. [3]Innerhalb jeder dieser *Gruppe*[3] sind zuerst Zweige des Tierbestands mit der geringeren Anzahl von Vieheinheiten und dann Zweige mit der größeren Anzahl von Vieheinheiten zur landwirtschaftlichen Nutzung zu rechnen. [4]Der Tierbestand des einzelnen Zweiges wird nicht aufgeteilt.

(3) [1]Als Zweig des Tierbestands gilt bei jeder Tierart für sich

1. das Zugvieh,
2. das Zuchtvieh,
3. das Mastvieh,
4. das übrige Nutzvieh.

[2]Das Zuchtvieh einer Tierart gilt nur dann als besonderer Zweig des Tierbestands, wenn die erzeugten Jungtiere überwiegend zum Verkauf bestimmt sind. [3]Ist das nicht der Fall, so ist das Zuchtvieh dem Zweig des Tierbestands zuzurechnen, dem es überwiegend dient.

(4) [1]Der Umrechnungsschlüssel für Tierbestände in Vieheinheiten sowie die Gruppen der mehr oder weniger flächenabhängigen Zweige des Tierbestands sind aus den Anlagen 1 und 2 zu entnehmen. [2]Für die Zeit von einem nach dem 1. Januar 1964 liegenden Hauptfeststellungszeitpunkt an können der Umrechnungsschlüssel für Tierbestände in Vieheinheiten sowie die Gruppen der mehr oder weniger flächenabhängigen Zweige des Tierbestands durch Rechtsverordnung Änderungen der wirtschaftlichen Gegebenheiten, auf denen sie beruhen, angepaßt werden.

(5)[4] [1]Die Absätze 1a bis 4 gelten nicht für Pelztiere. [2]Pelztiere gehören nur dann zur landwirtschaftlichen Nutzung, wenn die erforderlichen Futtermittel

---

[1] § 51 Abs. 1a eingef. durch G v. 29.6.1998 (BGBl. I S. 1692).
[2] § 51 Abs. 2 Satz 1 geänd. durch G v. 20.12.2001 (BGBl. I S. 3794).
[3] Richtig wohl: „Gruppen".
[4] § 51 Abs. 5 geänd. durch G v. 20.12.2001 (BGBl. I S. 3794).

überwiegend von den vom Inhaber des Betriebs landwirtschaftlich genutzten Flächen gewonnen sind.

§ 51a[1] **Gemeinschaftliche Tierhaltung.** (1) [1]Zur landwirtschaftlichen Nutzung gehört auch die Tierzucht und Tierhaltung von Erwerbs- und Wirtschaftsgenossenschaften (§ 97 Abs. 1 Nr. 2), von Gesellschaften, bei denen die Gesellschafter als Unternehmer (Mitunternehmer) anzusehen sind (§ 97 Abs. 1 Nr. 5), oder von Vereinen (§ 97 Abs. 2), wenn

1. alle Gesellschafter oder Mitglieder
   a) Inhaber eines Betriebs der Land- und Forstwirtschaft mit selbstbewirtschafteten regelmäßig landwirtschaftlich genutzten Flächen sind,
   b) nach dem Gesamtbild der Verhältnisse hauptberuflich Land- und Forstwirte sind,
   c)[2] Landwirte im Sinne des § 1 Abs. 2 des Gesetzes über die Alterssicherung der Landwirte sind und dies durch eine Bescheinigung der landwirtschaftlichen Alterskasse nachgewiesen wird und
   d)[3] die sich nach § 51 Abs. 1a für sie ergebende Möglichkeit zur landwirtschaftlichen Tiererzeugung oder Tierhaltung in Vieheinheiten ganz oder teilweise auf die Genossenschaft, die Gesellschaft oder den Verein übertragen haben;
2. die Anzahl der von der Genossenschaft, der Gesellschaft oder dem Verein im Wirtschaftsjahr erzeugten oder gehaltenen Vieheinheiten keine der nachfolgenden Grenzen nachhaltig überschreitet:
   a) die Summe der sich nach Nummer 1 Buchstabe d ergebenden Vieheinheiten und
   b)[4] die Summe der Vieheinheiten, die sich nach § 51 Abs. 1a auf der Grundlage der Summe der von den Gesellschaftern oder Mitgliedern regelmäßig landwirtschaftlich genutzten Flächen ergibt;
3. die Betriebe der Gesellschafter oder Mitglieder nicht mehr als 40 km von der Produktionsstätte der Genossenschaft, der Gesellschaft oder des Vereins entfernt liegen.

[2]Die Voraussetzungen der Nummer 1 Buchstabe d und der Nummer 2 sind durch besondere, laufend zu führende Verzeichnisse nachzuweisen.

(2) Der Anwendung des Absatzes 1 steht es nicht entgegen, wenn die dort bezeichneten Genossenschaften, Gesellschaften oder Vereine die Tiererzeugung oder Tierhaltung ohne regelmäßig landwirtschaftlich genutzte Flächen betreiben.

(3) Von den in Absatz 1 bezeichneten Genossenschaften, Gesellschaften oder Vereinen regelmäßig landwirtschaftlich genutzte Flächen sind bei der Ermittlung der nach Absatz 1 Nr. 2 maßgebenden Grenzen wie Flächen von Gesellschaftern oder Mitgliedern zu behandeln, die ihre Möglichkeit zur landwirtschaftlichen Tiererzeugung oder Tierhaltung im Sinne des Absatzes 1 Nr. 1

---

[1] § 51a aufgeh. **mWv 1.1.2025** durch G v. 26.11.2019 (BGBl. I S. 1794).

[2] § 51a Abs. 1 Satz 1 Nr. 1 Buchst. c geänd. durch G v. 29.7.1994 (BGBl. I S. 1890); geänd. mWv 1.1.2013 durch G v. 12.4.2012 (BGBl. I S. 579).

[3] § 51a Abs. 1 Satz 1 Nr. 1 Buchst. d geänd. durch G v. 20.12.2001 (BGBl. I S. 3794).

[4] § 51a Abs. 1 Satz 1 Nr. 2 Buchst. b geänd. durch G v. 20.12.2001 (BGBl. I S. 3794).

Buchstabe d auf die Genossenschaft, die Gesellschaft oder den Verein übertragen haben.

(4)[1] Bei dem einzelnen Gesellschafter oder Mitglied der in Absatz 1 bezeichneten Genossenschaften, Gesellschaften oder Vereine ist § 51 Abs. 1a mit der Maßgabe anzuwenden, daß die in seinem Betrieb erzeugten oder gehaltenen Vieheinheiten mit den Vieheinheiten zusammenzurechnen sind, die im Rahmen der nach Absatz 1 Nr. 1 Buchstabe d übertragenen Möglichkeiten erzeugt oder gehalten werden.

(5) Die Vorschriften des § 51 Abs. 2 bis 4 sind entsprechend anzuwenden.

§ 52[2] Sonderkulturen. Hopfen, Spargel und andere Sonderkulturen sind als landwirtschaftliche Nutzungsteile (§ 37 Abs. 1) zu bewerten.]

b) Forstwirtschaftliche Nutzung

[*bis 31.12.2024:*

§ 53[3] Umlaufende Betriebsmittel. Eingeschlagenes Holz gehört zum normalen Bestand an umlaufenden Betriebsmitteln, soweit es den jährlichen Nutzungssatz nicht übersteigt; bei Betrieben, die nicht jährlich einschlagen (aussetzende Betriebe), tritt an die Stelle des jährlichen Nutzungssatzes ein den Betriebsverhältnissen entsprechender mehrjähriger Nutzungssatz.

§ 54[4] Bewertungsstichtag. Abweichend von § 35 Abs. 1 sind für den Umfang und den Zustand des Bestandes an nicht eingeschlagenem Holz die Verhältnisse am Ende des Wirtschaftsjahres zugrunde zu legen, das dem Feststellungszeitpunkt vorangegangen ist.

§ 55[5] Ermittlung des Vergleichswerts. (1) Das vergleichende Verfahren ist auf Hochwald als Nutzungsteil (§ 37 Abs. 1) anzuwenden.

(2) Die Ertragsfähigkeit des Hochwaldes wird vorweg für Nachhaltsbetriebe mit regelmäßigem Alters- oder Vorratsklassenverhältnis ermittelt und durch Normalwerte ausgedrückt.

(3)[6] [1] Normalwert ist der für eine Holzart unter Berücksichtigung des Holzertrags auf einen Hektar bezogene Ertragswert eines Nachhaltsbetriebs mit regelmäßigem Alters- oder Vorratsklassenverhältnis. [2] Die Normalwerte werden für Bewertungsgebiete vom Bewertungsbeirat vorgeschlagen und durch Rechtsverordnung festgesetzt. [3] Der Normalwert beträgt für die Hauptfeststellung auf den Beginn des Kalenderjahres 1964 höchstens 3200 Deutsche Mark (Fichte, Ertragsklasse I A, Bestockungsgrad 1,0).

(4) [1] Die Anteile der einzelnen Alters- oder Vorratsklassen an den Normalwerten werden durch Prozentsätze ausgedrückt. [2] Für jede Alters- oder Vorratsklasse ergibt sich der Prozentsatz aus dem Verhältnis ihres Abtriebswerts zum Abtriebswert des Nachhaltsbetriebs mit regelmäßigem Alters- oder Vorratsklassenverhältnis. [3] Die Prozentsätze werden einheitlich für alle Bewertungs-

[1] § 51a Abs. 4 geänd. durch G v. 20.12.2001 (BGBl. I S. 3794).
[2] § 52 aufgeh. **mWv 1.1.2025** durch G v. 26.11.2019 (BGBl. I S. 1794).
[3] § 53 aufgeh. **mWv 1.1.2025** durch G v. 26.11.2019 (BGBl. I S. 1794).
[4] § 54 aufgeh. **mWv 1.1.2025** durch G v. 26.11.2019 (BGBl. I S. 1794).
[5] § 55 aufgeh. **mWv 1.1.2025** durch G v. 26.11.2019 (BGBl. I S. 1794).
[6] DM-Werte gelten nach dem 31.12.2001 als Berechnungsgrößen fort (§ 265 Abs. 2).

gebiete durch Rechtsverordnung festgesetzt. [4] Sie betragen für die Hauptfeststellung auf den Beginn des Kalenderjahres 1964 höchstens 260 Prozent der Normalwerte.

(5) [1] Ausgehend von den nach Absatz 3 festgesetzten Normalwerten wird für die forstwirtschaftliche Nutzung des einzelnen Betriebs der Ertragswert (Vergleichswert) abgeleitet. [2] Dabei werden die Prozentsätze auf die Alters- oder Vorratsklassen angewendet.

(6)[1)] Der Wert der einzelnen Alters- oder Vorratsklasse beträgt mindestens 50 Deutsche Mark je Hektar.

(7)[1)] Mittelwald und Niederwald sind mit 50 Deutsche Mark je Hektar anzusetzen.

(8) Zur Förderung der Gleichmäßigkeit der Bewertung wird, ausgehend von den Normalwerten des Bewertungsgebiets nach Absatz 3, durch den Bewertungsbeirat (§§ 63 bis 66) für den forstwirtschaftlichen Nutzungsteil Hochwald in einzelnen Betrieben mit gegendüblichen Ertragsbedingungen (Hauptbewertungsstützpunkte) der Vergleichswert vorgeschlagen und durch Rechtsverordnung festgesetzt.

(9) Zur Berücksichtigung der rückläufigen Reinerträge sind die nach Absatz 5 ermittelten Ertragswerte (Vergleichswerte) um 40 Prozent zu vermindern; die Absätze 6 und 7 bleiben unberührt.]

c) Weinbauliche Nutzung

[*bis 31.12.2024:*

§ 56[2)] **Umlaufende Betriebsmittel.** (1)[3)] [1] Bei ausbauenden Betrieben zählen die Vorräte an Weinen aus der letzten und der vorletzten Ernte vor dem Bewertungsstichtag zum normalen Bestand an umlaufenden Betriebsmitteln. [2] Für die Weinvorräte aus der vorletzten Ernte vor dem Bewertungsstichtag gilt dies jedoch nur, soweit sie nicht auf Flaschen gefüllt sind.

(2)[3)] [1] Für Feststellungszeitpunkte ab dem 1. Januar 1996 zählen bei ausbauenden Betrieben die Vorräte an Weinen aus den Ernten der letzten fünf Jahre vor dem Bewertungsstichtag zum normalen Bestand an umlaufenden Betriebsmitteln. [2] Diese Zuordnung der Weinvorräte steht einer Änderung der tatsächlichen Verhältnisse gleich, die im Kalenderjahr 1995 eingetreten ist; § 27 ist insoweit nicht anzuwenden.

(3)[4)] Abschläge für Unterbestand an Weinvorräten sind nicht zu machen.

§ 57[5)] **Bewertungsstützpunkte.** Als Bewertungsstützpunkte dienen Weinbaulagen oder Teile von Weinbaulagen.

§ 58[6)] **Innere Verkehrslage.** Bei der Berücksichtigung der inneren Verkehrslage sind abweichend von § 38 Abs. 2 Nr. 1 nicht die tatsächlichen Verhältnisse,

---

1) DM-Werte gelten nach dem 31.12.2001 als Berechnungsgrößen fort (§ 265 Abs. 2).
2) § 56 aufgeh. **mWv 1.1.2025** durch G v. 26.11.2019 (BGBl. I S. 1794).
3) § 56 bish. Wortlaut wird Abs. 1, Satz 3 aufgeh., Abs. 2 eingef. durch G v. 11.10.1995 (BGBl. I S. 1250).
4) § 56 Abs. 3 angef. durch G v. 11.10.1995 (BGBl. I S. 1250).
5) § 57 aufgeh. **mWv 1.1.2025** durch G v. 26.11.2019 (BGBl. I S. 1794).
6) § 58 aufgeh. **mWv 1.1.2025** durch G v. 26.11.2019 (BGBl. I S. 1794).

sondern die in der Weinbaulage regelmäßigen Verhältnisse zugrunde zu legen; § 41 ist entsprechend anzuwenden.]

d) Gärtnerische Nutzung

[*bis 31.12.2024:*
§ 59[1] Bewertungsstichtag. (1) Die durch Anbau von Baumschulgewächsen genutzte Betriebsfläche wird abweichend von § 35 Abs. 1 nach den Verhältnissen an dem 15. September bestimmt, der dem Feststellungszeitpunkt vorangegangen ist.

(2) Die durch Anbau von Gemüse, Blumen und Zierpflanzen genutzte Betriebsfläche wird abweichend von § 35 Abs. 1 nach den Verhältnissen an dem 30. Juni bestimmt, der dem Feststellungszeitpunkt vorangegangen ist.

§ 60[2] Ertragsbedingungen. (1) Bei der Beurteilung der natürlichen Ertragsbedingungen (§ 38 Abs. 2 Nr. 1 Buchstabe a) ist von den Ergebnissen der Bodenschätzung nach dem Bodenschätzungsgesetz auszugehen.

(2) Hinsichtlich der ertragsteigernden Anlagen, insbesondere der überdachten Anbauflächen, sind – abweichend von § 38 Abs. 2 Nr. 2 – die tatsächlichen Verhältnisse des Betriebs zugrunde zu legen.

§ 61[3] Anwendung des vergleichenden Verfahrens. Das vergleichende Verfahren ist auf Gemüse-, Blumen- und Zierpflanzenbau, auf Obstbau und auf Baumschulen als Nutzungsteile (§ 37 Abs. 1 Satz 2) anzuwenden.]

e) Sonstige land- und forstwirtschaftliche Nutzung

[*bis 31.12.2024:*
§ 62[4] Arten und Bewertung der sonstigen land- und forstwirtschaftlichen Nutzung. (1) Zur sonstigen land- und forstwirtschaftlichen Nutzung gehören insbesondere
1. die Binnenfischerei,
2. die Teichwirtschaft,
3. die Fischzucht für Binnenfischerei und Teichwirtschaft,
4. die Imkerei,
5. die Wanderschäferei,
6. die Saatzucht.

(2) Für die Arten der sonstigen land- und forstwirtschaftlichen Nutzung werden im vergleichenden Verfahren abweichend von § 38 Abs. 1 keine Vergleichszahlen, sondern unmittelbare Vergleichswerte ermittelt.]

---

[1] § 59 aufgeh. **mWv 1.1.2025** durch G v. 26.11.2019 (BGBl. I S. 1794).
[2] § 60 aufgeh. **mWv 1.1.2025** durch G v. 26.11.2019 (BGBl. I S. 1794).
[3] § 61 aufgeh. **mWv 1.1.2025** durch G v. 26.11.2019 (BGBl. I S. 1794).
[4] § 62 aufgeh. **mWv 1.1.2025** durch G v. 26.11.2019 (BGBl. I S. 1794).

III. Bewertungsbeirat, Gutachterausschuß

[*bis 31.12.2024:*

§ 63[1] **Bewertungsbeirat.** (1) Beim Bundesministerium der Finanzen wird ein Bewertungsbeirat gebildet.

(2)[2] [1] Der Bewertungsbeirat gliedert sich in eine landwirtschaftliche Abteilung, eine forstwirtschaftliche Abteilung, eine Weinbauabteilung und eine Gartenbauabteilung. [2] Die Gartenbauabteilung besteht aus den Unterabteilungen für Gemüse-, Blumen- und Zierpflanzenbau, für Obstbau und für Baumschulen.

(3)[3] *(aufgehoben)*

§ 64[4] **Mitglieder.** (1)[5] Dem Bewertungsbeirat gehören an

1. in jeder Abteilung und Unterabteilung:
   a) ein Beamter des Bundesministeriums der Finanzen als Vorsitzender,
   b) ein Beamter des Bundesministeriums für Ernährung und Landwirtschaft;
2. in der landwirtschaftlichen Abteilung und in der forstwirtschaftlichen Abteilung je zehn Mitglieder;
3. in der Weinbauabteilung acht Mitglieder;
4. in der Gartenbauabteilung vier Mitglieder mit allgemeiner Sachkunde, zu denen für jede Unterabteilung drei weitere Mitglieder mit besonderer Fachkenntnis hinzutreten.

(2) Nach Bedarf können weitere Mitglieder berufen werden.

(3)[6] [1] Die Mitglieder nach Absatz 1 Nr. 2 bis 4 und nach Absatz 2 werden auf Vorschlag der obersten Finanzbehörden der Länder durch das Bundesministerium der Finanzen im Einvernehmen mit dem Bundesministerium für Ernährung und Landwirtschaft berufen. [2] Die Berufung kann mit Zustimmung der obersten Finanzbehörden der Länder zurückgenommen werden. [3] Scheidet eines der nach Absatz 1 Nr. 2 bis 4 berufenen Mitglieder aus, so ist ein neues Mitglied zu berufen. [4] Die Mitglieder müssen sachkundig sein.

(4) [1] Die nach Absatz 3 berufenen Mitglieder haben bei den Verhandlungen des Bewertungsbeirats ohne Rücksicht auf Sonderinteressen nach bestem Wissen und Gewissen zu verfahren. [2] Sie dürfen den Inhalt der Verhandlungen des Bewertungsbeirats sowie die Verhältnisse der Steuerpflichtigen, die ihnen im Zusammenhang mit ihrer Tätigkeit auf Grund dieses Gesetzes bekanntgeworden sind, nicht unbefugt offenbaren und Geheimnisse, insbesondere Betriebs- oder Geschäftsgeheimnisse, nicht unbefugt verwerten. [3] Sie werden bei Beginn ihrer Tätigkeit von dem Vorsitzenden des Bewertungsbeirats durch Handschlag verpflichtet, diese Obliegenheiten gewissenhaft zu erfüllen. [4] Über diese Ver-

---

[1] § 63 aufgeh. **mWv 1.1.2025** durch G v. 26.11.2019 (BGBl. I S. 1794).

[2] § 63 Abs. 2 Satz 2 neu gef. durch G v. 21.12.1993 (BGBl. I S. 2310).

[3] § 63 Abs. 3 aufgeh. mWv 1.1.2008 durch JStG 2008 v. 20.12.2007 (BGBl. I S. 3150).

[4] § 64 aufgeh. **mWv 1.1.2025** durch G v. 26.11.2019 (BGBl. I S. 1794).

[5] § 64 Abs. 1 neu gef. durch G v. 11.10.1995 (BGBl. I S. 1250); Nr. 1 Buchst. b geänd. durch VO v. 31.10.2006 (BGBl. I S. 2407); Nr. 1 Buchst. b geänd. mWv 8.9.2015 durch VO v. 31.8.2015 (BGBl. I S. 1474).

[6] § 64 Abs. 3 Sätze 1 und 2 geänd. durch G v. 11.10.1995 (BGBl. I S. 1250); Satz 1 geänd. durch VO v. 31.10.2006 (BGBl. I S. 2407); Satz 1 geänd. mWv 8.9.2015 durch VO v. 31.8.2015 (BGBl. I S. 1474).

pflichtung ist eine Niederschrift aufzunehmen, die von dem Verpflichteten mit unterzeichnet wird. [5] Auf Zuwiderhandlungen sind die Vorschriften über das Steuergeheimnis und die Strafbarkeit seiner Verletzung entsprechend anzuwenden.

§ 65[1)] Aufgaben. Der Bewertungsbeirat hat die Aufgabe, Vorschläge zu machen

1. für die durch besonderes Gesetz festzusetzenden Ertragswerte (§ 40 Abs. 1),
2. für die durch Rechtsverordnung festzusetzenden Vergleichszahlen (§ 39 Abs. 1) und Vergleichswerte (§ 55 Abs. 8) der Hauptbewertungsstützpunkte,
3. für die durch Rechtsverordnung festzusetzenden Normalwerte der forstwirtschaftlichen Nutzung für Bewertungsgebiete (§ 55 Abs. 3).

§ 66[2)] Geschäftsführung. (1)[3)] [1] Der Vorsitzende führt die Geschäfte des Bewertungsbeirats und leitet die Verhandlungen. [2] Das Bundesministerium der Finanzen kann eine Geschäftsordnung für den Bewertungsbeirat erlassen.

(2) [1] Die einzelnen Abteilungen und Unterabteilungen des Bewertungsbeirats sind beschlußfähig, wenn mindestens zwei Drittel der Mitglieder anwesend sind. [2] Bei Abstimmung entscheidet die Stimmenmehrheit, bei Stimmengleichheit die Stimme des Vorsitzenden.

(3) [1] Der Bewertungsbeirat hat seinen Sitz am Sitz des Bundesministeriums der Finanzen. [2] Er hat bei Durchführung seiner Aufgaben die Ermittlungsbefugnisse, die den Finanzämtern nach der Abgabenordnung zustehen.

(4) [1] Die Verhandlungen des Bewertungsbeirats sind nicht öffentlich. [2] Der Bewertungsbeirat kann nach seinem Ermessen Sachverständige hören; § 64 Abs. 4 gilt entsprechend.

§ 67[4)] Gutachterausschuß. (1) [1] Zur Förderung der Gleichmäßigkeit der Bewertung des land- und forstwirtschaftlichen Vermögens in den Ländern, insbesondere durch Bewertung von Landes-Bewertungsstützpunkten, wird bei jeder Oberfinanzdirektion ein Gutachterausschuß gebildet. [2] Bei jedem Gutachterausschuß ist eine landwirtschaftliche Abteilung zu bilden. [3] Weitere Abteilungen können nach Bedarf entsprechend der Gliederung des Bewertungsbeirats (§ 63) gebildet werden.

(2) Die landwirtschaftliche Abteilung des Gutachterausschusses übernimmt auch die Befugnisse des Landesschätzungsbeirats nach dem Bodenschätzungsgesetz.

(3) Dem Gutachterausschuß oder jeder seiner Abteilungen gehören an

1. der Oberfinanzpräsident oder ein von ihm beauftragter Angehöriger seiner Behörde als Vorsitzender,
2. ein von der für die Land- und Forstwirtschaft zuständigen obersten Landesbehörde beauftragter Beamter,

---

[1)] § 65 Nr. 3 geänd. durch G v. 21.12.1993 (BGBl. I S. 2310); § 65 aufgeh. **mWv 1.1.2025** durch G v. 26.11.2019 (BGBl. I S. 1794).

[2)] § 66 aufgeh. **mWv 1.1.2025** durch G v. 26.11.2019 (BGBl. I S. 1794).

[3)] § 66 Abs. 1 Satz 2 geänd. durch G v. 21.12.1993 (BGBl. I S. 2310).

[4)] § 67 aufgeh. **mWv 1.1.2025** durch G v. 26.11.2019 (BGBl. I S. 1794).

3. fünf sachkundige Mitglieder, die durch die für die Finanzverwaltung zuständige oberste Landesbehörde im Einvernehmen mit der für die Land- und Forstwirtschaft zuständigen obersten Landesbehörde berufen werden. [2] Die Berufung kann zurückgenommen werden. [3] § 64 Abs. 2 und 4 gilt entsprechend. [4] Die Landesregierungen werden ermächtigt, durch Rechtsverordnung die zuständigen Behörden abweichend von Satz 1 zu bestimmen. [5] Sie können diese Ermächtigung auf oberste Landesbehörden übertragen.

(4) [1] Der Vorsitzende führt die Geschäfte des Gutachterausschusses und leitet die Verhandlungen. [2] Die Verhandlungen sind nicht öffentlich. [3] Für die Beschlußfähigkeit und die Abstimmung gilt § 66 Abs. 2 entsprechend.]

C. Grundvermögen

I. Allgemeines

[*bis 31.12.2024:*

§ 68[1)] Begriff des Grundvermögens. (1) Zum Grundvermögen gehören

1. der Grund und Boden, die Gebäude, die sonstigen Bestandteile und das Zubehör,
2. das Erbbaurecht,
3. das Wohnungseigentum, Teileigentum, Wohnungserbbaurecht und Teilerbbaurecht nach dem Wohnungseigentumsgesetz,

soweit es sich nicht um land- und forstwirtschaftliches Vermögen (§ 33) oder um Betriebsgrundstücke (§ 99) handelt.

(2) [1] In das Grundvermögen sind nicht einzubeziehen

1.[2)] Bodenschätze,
2. die Maschinen und sonstigen Vorrichtungen aller Art, die zu einer Betriebsanlage gehören (Betriebsvorrichtungen), auch wenn sie wesentliche Bestandteile sind.

[2] Einzubeziehen sind jedoch die Verstärkungen von Decken und die nicht ausschließlich zu einer Betriebsanlage gehörenden Stützen und sonstigen Bauteile wie Mauervorlagen und Verstrebungen.

§ 69[3)] Abgrenzung des Grundvermögens vom land- und forstwirtschaftlichen Vermögen. (1) Land- und forstwirtschaftlich genutzte Flächen sind dem Grundvermögen zuzurechnen, wenn nach ihrer Lage, den im Feststellungszeitpunkt bestehenden Verwertungsmöglichkeiten oder den sonstigen Umständen anzunehmen ist, daß sie in absehbarer Zeit anderen als land- und forstwirtschaftlichen Zwecken, insbesondere als Bauland, Industrieland oder Land für Verkehrszwecke, dienen werden.

(2) Bildet ein Betrieb der Land- und Forstwirtschaft die Existenzgrundlage des Betriebsinhabers, so sind dem Betriebsinhaber gehörende Flächen, die von einer Stelle aus ordnungsgemäß nachhaltig bewirtschaftet werden, dem Grundvermögen nur dann zuzurechnen, wenn mit großer Wahrscheinlichkeit an-

---

1) § 68 aufgeh. **mWv 1.1.2025** durch G v. 26.11.2019 (BGBl. I S. 1794).
2) § 68 Abs. 2 Nr. 1 neu gef. durch G v. 9.11.1992 (BGBl. I S. 1853).
3) § 69 aufgeh. **mWv 1.1.2025** durch G v. 26.11.2019 (BGBl. I S. 1794).

zunehmen ist, daß sie spätestens nach zwei Jahren anderen als land- und forstwirtschaftlichen Zwecken dienen werden.

(3) [1] Flächen sind stets dem Grundvermögen zuzurechnen, wenn sie in einem Bebauungsplan als Bauland festgesetzt sind, ihre sofortige Bebauung möglich ist und die Bebauung innerhalb des Plangebiets in benachbarten Bereichen begonnen hat oder schon durchgeführt ist. [2] Satz 1 gilt nicht für die Hofstelle und für andere Flächen in unmittelbarem *räumlichem*[1)] Zusammenhang mit der Hofstelle bis *zur*[2)] einer Größe von insgesamt einem Hektar.

(4) Absatz 2 findet in den Fällen des § 55 Abs. 5 Satz 1 des Einkommensteuergesetzes[3)] keine Anwendung.]

§ 70 Grundstück. (1) Jede wirtschaftliche Einheit des Grundvermögens bildet ein Grundstück im Sinne dieses Gesetzes.

(2) [1] Ein Anteil des Eigentümers eines Grundstücks an anderem Grundvermögen (z.B. an gemeinschaftlichen Hofflächen oder Garagen) ist in das Grundstück einzubeziehen, wenn alle Anteile an dem gemeinschaftlichen Grundvermögen Eigentümern von Grundstücken gehören, die ihren Anteil jeweils zusammen mit ihrem Grundstück nutzen. [2] Das gilt nicht, wenn das gemeinschaftliche Grundvermögen nach den Anschauungen des Verkehrs als selbständige wirtschaftliche Einheit anzusehen ist (§ 2 Abs. 1 Satz 3 und 4).

(3) Als Grundstück im Sinne dieses Gesetzes gilt auch ein Gebäude, das auf fremdem Grund und Boden errichtet oder in sonstigen Fällen einem anderen als dem Eigentümer des Grund und Bodens zuzurechnen ist, selbst wenn es wesentlicher Bestandteil des Grund und Bodens geworden ist.

[*bis 31.12.2024:*
§ 71[4)] Gebäude und Gebäudeteile für den Zivilschutz. Gebäude, Teile von Gebäuden und Anlagen, die zum Schutz der Bevölkerung sowie lebens- und verteidigungswichtiger Sachgüter vor der Wirkung von Angriffswaffen geschaffen worden sind, bleiben bei der Ermittlung des Einheitswerts außer Betracht, wenn sie im Frieden nicht oder nur gelegentlich oder geringfügig für andere Zwecke benutzt werden.]

II. Unbebaute Grundstücke

[*bis 31.12.2024:*
§ 72[5)] Begriff. (1) [1] Unbebaute Grundstücke sind Grundstücke, auf denen sich keine benutzbaren Gebäude befinden. [2] Die Benutzbarkeit beginnt im Zeitpunkt der Bezugsfertigkeit. [3] Gebäude sind als bezugsfertig anzusehen, wenn den zukünftigen Bewohnern oder sonstigen Benutzern zugemutet werden kann, sie zu benutzen; die Abnahme durch die Bauaufsichtsbehörde ist nicht entscheidend.

[1)] Richtig wohl: „räumlichen".
[2)] Richtig wohl: „zu".
[3)] Nr. **5**.
[4)] § 71 Überschrift neu gef. durch G v. 20.12.2001 (BGBl. I S. 3794); § 71 aufgeh. **mWv 1.1.2025** durch G v. 26.11.2019 (BGBl. I S. 1794).
[5)] § 72 aufgeh. **mWv 1.1.2025** durch G v. 26.11.2019 (BGBl. I S. 1794).

(2) Befinden sich auf einem Grundstück Gebäude, deren Zweckbestimmung und Wert gegenüber der Zweckbestimmung und dem Wert des Grund und Bodens von untergeordneter Bedeutung sind, so gilt das Grundstück als unbebaut.

(3) Als unbebautes Grundstück gilt auch ein Grundstück, auf dem infolge der Zerstörung oder des Verfalls der Gebäude auf die Dauer benutzbarer Raum nicht mehr vorhanden ist.

§ 73[1] Baureife Grundstücke. (1) Innerhalb der unbebauten Grundstücke bilden die baureifen Grundstücke eine besondere Grundstücksart.

(2) [1] Baureife Grundstücke sind unbebaute Grundstücke, wenn sie in einem Bebauungsplan als Bauland festgesetzt sind, ihre sofortige Bebauung möglich ist und die Bebauung innerhalb des Plangebiets in benachbarten Bereichen begonnen hat oder schon durchgeführt ist. [2] Zu den baureifen Grundstücken gehören nicht Grundstücke, die für den Gemeinbedarf vorgesehen sind.]

III. Bebaute Grundstücke

a) Begriff und Bewertung

[*bis 31.12.2024:*
§ 74[2] Begriff. [1] Bebaute Grundstücke sind Grundstücke, auf denen sich benutzbare Gebäude befinden, mit Ausnahme der in § 72 Abs. 2 und 3 bezeichneten Grundstücke. [2] Wird ein Gebäude in Bauabschnitten errichtet, so ist der fertiggestellte und bezugsfertige Teil als benutzbares Gebäude anzusehen.

§ 75[3] Grundstücksarten. (1) Bei der Bewertung bebauter Grundstücke sind die folgenden Grundstücksarten zu unterscheiden:
1. Mietwohngrundstücke,
2. Geschäftsgrundstücke,
3. gemischtgenutzte Grundstücke,
4. Einfamilienhäuser,
5. Zweifamilienhäuser,
6. sonstige bebaute Grundstücke.

(2) Mietwohngrundstücke sind Grundstücke, die zu mehr als achtzig Prozent, berechnet nach der Jahresrohmiete (§ 79), Wohnzwecken dienen mit Ausnahme der Einfamilienhäuser und Zweifamilienhäuser (Absätze 5 und 6).

(3) Geschäftsgrundstücke sind Grundstücke, die zu mehr als achtzig Prozent, berechnet nach der Jahresrohmiete (§ 79), eigenen oder fremden gewerblichen oder öffentlichen Zwecken dienen.

(4) Gemischtgenutzte Grundstücke sind Grundstücke, die teils Wohnzwecken, teils eigenen oder fremden gewerblichen oder öffentlichen Zwecken dienen und nicht Mietwohngrundstücke, Geschäftsgrundstücke, Einfamilienhäuser oder Zweifamilienhäuser sind.

(5) [1] Einfamilienhäuser sind Wohngrundstücke, die nur eine Wohnung enthalten. [2] Wohnungen des Hauspersonals (Pförtner, Heizer, Gärtner, Kraft-

---

[1] § 73 aufgeh. **mWv 1.1.2025** durch G v. 26.11.2019 (BGBl. I S. 1794).
[2] § 74 aufgeh. **mWv 1.1.2025** durch G v. 26.11.2019 (BGBl. I S. 1794).
[3] § 75 aufgeh. **mWv 1.1.2025** durch G v. 26.11.2019 (BGBl. I S. 1794).

wagenführer, Wächter usw.) sind nicht mitzurechnen. [3] Eine zweite Wohnung steht, abgesehen von Satz 2, dem Begriff „Einfamilienhaus" entgegen, auch wenn sie von untergeordneter Bedeutung ist. [4] Ein Grundstück gilt auch dann als Einfamilienhaus, wenn es zu gewerblichen oder öffentlichen Zwecken mitbenutzt wird und dadurch die Eigenart als Einfamilienhaus nicht wesentlich beeinträchtigt wird.

(6) [1] Zweifamilienhäuser sind Wohngrundstücke, die nur zwei Wohnungen enthalten. [2] Die Sätze 2 bis 4 von Absatz 5 sind entsprechend anzuwenden.

(7) Sonstige bebaute Grundstücke sind solche Grundstücke, die nicht unter die Absätze 2 bis 6 fallen.

§ 76[1) 2)] Bewertung. (1) Der Wert des Grundstücks ist vorbehaltlich des Absatzes 3 im Wege des Ertragswertverfahrens (§§ 78 bis 82) zu ermitteln für

1. Mietwohngrundstücke,
2. Geschäftsgrundstücke,
3. gemischtgenutzte Grundstücke,
4. Einfamilienhäuser,
5. Zweifamilienhäuser.

(2) Für die sonstigen bebauten Grundstücke ist der Wert im Wege des Sachwertverfahrens (§§ 83 bis 90) zu ermitteln.

(3) Das Sachwertverfahren ist abweichend von Absatz 1 anzuwenden

1. bei Einfamilienhäusern und Zweifamilienhäusern, die sich durch besondere Gestaltung oder Ausstattung wesentlich von den nach Absatz 1 zu bewertenden Einfamilienhäusern und Zweifamilienhäusern unterscheiden;
2. bei solchen Gruppen von Geschäftsgrundstücken und in solchen Einzelfällen bebauter Grundstücke der in § 75 Abs. 1 Nr. 1 bis 3 bezeichneten Grundstücksarten, für die weder eine Jahresrohmiete ermittelt noch die übliche Miete nach § 79 Abs. 2 geschätzt werden kann;
3. bei Grundstücken mit Behelfsbauten und bei Grundstücken mit Gebäuden in einer Bauart oder Bauausführung, für die ein Vervielfältiger (§ 80) in den Anlagen 3 bis 8 nicht bestimmt ist.

§ 77[3)] Mindestwert[4)]. [1] Der für ein bebautes Grundstück anzusetzende Wert darf nicht geringer sein als der Wert, mit dem der Grund und Boden allein als unbebautes Grundstück zu bewerten wäre. [2] Müssen Gebäude oder Gebäudeteile wegen ihres baulichen Zustands abgebrochen werden, so sind die Abbruchkosten zu berücksichtigen.]

[1)] § 76 unvereinbar mit Art. 3 Abs. 1 GG (Urteil des BVerfG v. 10.4.2018, BGBl. I S. 531). Siehe Fußnote zu § 19.

[2)] § 76 aufgeh. **mWv 1.1.2025** durch G v. 26.11.2019 (BGBl. I S. 1794).

[3)] § 77 aufgeh. **mWv 1.1.2025** durch G v. 26.11.2019 (BGBl. I S. 1794).

[4)] **Amtl. Anm.:** Nach Artikel 7 des Steueränderungsgesetzes 1969 v. 18. August 1969 (BGBl. I S. 1211) ist § 77 im Hauptfeststellungszeitraum 1964 in folgender Fassung anzuwenden:
„Der für ein bebautes Grundstück anzusetzende Wert darf nicht geringer sein als 50 vom Hundert des Werts, mit dem der Grund und Boden allein als unbebautes Grundstück zu bewerten wäre."

b) Verfahren

1. Ertragswertverfahren

[*bis 31.12.2024:*

§ 78[1] **Grundstückswert.** [1]Der Grundstückswert umfaßt den Bodenwert, den Gebäudewert und den Wert der Außenanlagen. [2]Er ergibt sich durch Anwendung eines Vervielfältigers (§ 80) auf die Jahresrohmiete (§ 79) unter Berücksichtigung der §§ 81 und 82.

§ 79[2] **Jahresrohmiete.** (1) [1]Jahresrohmiete ist das Gesamtentgelt, das die Mieter (Pächter) für die Benutzung des Grundstücks auf Grund vertraglicher Vereinbarungen nach dem Stand im *Feststellungzeitpunkt*[3] für ein Jahr zu entrichten haben. [2]Umlagen und alle sonstigen Leistungen des Mieters sind einzubeziehen. [3]Zur Jahresrohmiete gehören auch Betriebskosten (z.B. Gebühren der Gemeinde), die durch die Gemeinde von den Mietern unmittelbar erhoben werden. [4]Nicht einzubeziehen sind Untermietzuschläge, Kosten des Betriebs der zentralen Heizungs-, Warmwasserversorgungs- und Brennstoffversorgungsanlage sowie des Fahrstuhls, ferner alle Vergütungen für außergewöhnliche Nebenleistungen des Vermieters, die nicht die Raumnutzung betreffen (z.B. Bereitstellung von Wasserkraft, Dampfkraft, Preßluft, Kraftstrom und dergleichen), sowie Nebenleistungen des Vermieters, die nur einzelnen Mietern zugute kommen.

(2) [1]Statt des Betrags nach Absatz 1 gilt die übliche Miete als Jahresrohmiete für solche Grundstücke oder Grundstücksteile,

1. die eigengenutzt, ungenutzt, zu vorübergehendem Gebrauch oder unentgeltlich überlassen sind,
2. die der Eigentümer dem Mieter zu einer um mehr als zwanzig Prozent von der üblichen Miete abweichenden tatsächlichen Miete überlassen hat.

[2]Die übliche Miete ist in Anlehnung an die Jahresrohmiete zu schätzen, die für Räume gleicher oder ähnlicher Art, Lage und Ausstattung regelmäßig gezahlt wird.

(3), (4)[4] *(aufgehoben)*

(5)[5] Bei Fortschreibungen und Nachfeststellungen gelten für die Höhe der Miete die Wertverhältnisse im Hauptfeststellungszeitpunkt.

§ 80[6] **Vervielfältiger.** (1) [1]Die Zahl, mit der die Jahresrohmiete zu vervielfachen ist (Vervielfältiger), ist aus den Anlagen 3 bis 8 zu entnehmen. [2]Der Vervielfältiger bestimmt sich nach der Grundstücksart, der Bauart und Bauausführung, dem Baujahr des Gebäudes sowie nach der Einwohnerzahl der Belegenheitsgemeinde im Hauptfeststellungszeitpunkt. [3]Erstreckt sich ein Grundstück über mehrere Gemeinden, so ist Belegenheitsgemeinde die Gemeinde, in der der wertvollste Teil des Grundstücks belegen ist. [4]Bei Umge-

---

[1] § 78 aufgeh. **mWv 1.1.2025** durch G v. 26.11.2019 (BGBl. I S. 1794).

[2] § 79 aufgeh. **mWv 1.1.2025** durch G v. 26.11.2019 (BGBl. I S. 1794).

[3] Richtig wohl: „Feststellungszeitpunkt".

[4] § 79 Abs. 3 und 4 aufgeh. durch G v. 20.12.2001 (BGBl. I S. 3794).

[5] § 79 Abs. 5 unvereinbar mit Art. 3 Abs. 1 GG (Urteil des BVerfG v. 10.4.2018, BGBl. I S. 531). Siehe Fußnote zu § 19.

[6] § 80 aufgeh. **mWv 1.1.2025** durch G v. 26.11.2019 (BGBl. I S. 1794).

meindungen nach dem Hauptfeststellungszeitpunkt sind weiterhin die Einwohnerzahlen zugrunde zu legen, die für die betroffenen Gemeinden oder Gemeindeteile im Hauptfeststellungszeitpunkt maßgebend waren.

(2) Die Landesregierungen werden ermächtigt, durch Rechtsverordnung zu bestimmen, daß Gemeinden oder Gemeindeteile in eine andere Gemeindegrößenklasse eingegliedert werden, als es ihrer Einwohnerzahl entspricht, wenn die Vervielfältiger wegen der besonderen wirtschaftlichen Verhältnisse in diesen Gemeinden oder Gemeindeteilen abweichend festgesetzt werden müssen (z.B. in Kurorten und Randgemeinden).

(3) Ist die Lebensdauer eines Gebäudes gegenüber der nach seiner Bauart und Bauausführung in Betracht kommenden Lebensdauer infolge baulicher Maßnahmen wesentlich verlängert oder infolge nicht behebbarer Baumängel und Bauschäden wesentlich verkürzt, so ist der Vervielfältiger nicht nach dem tatsächlichen Baujahr des Gebäudes, sondern nach dem um die entsprechende Zeit späteren oder früheren Baujahr zu ermitteln.

(4) [1] Befinden sich auf einem Grundstück Gebäude oder Gebäudeteile, die eine verschiedene Bauart oder Bauausführung aufweisen oder die in verschiedenen Jahren bezugsfertig geworden sind, so sind für die einzelnen Gebäude oder Gebäudeteile die nach der Bauart und Bauausführung sowie nach dem Baujahr maßgebenden Vervielfältiger anzuwenden. [2] Können die Werte der einzelnen Gebäude oder Gebäudeteile nur schwer ermittelt werden, so kann für das ganze Grundstück ein Vervielfältiger nach einem durchschnittlichen Baujahr angewendet werden.

§ 81[1)] Außergewöhnliche Grundsteuerbelastung. [1] Weicht im *Hauptfeststellungzeitpunkt*[2)] die Grundsteuerbelastung in einer Gemeinde erheblich von der in den Vervielfältigern berücksichtigten Grundsteuerbelastung ab, so sind die Grundstückswerte in diesen Gemeinden bis zu 10 Prozent zu ermäßigen oder zu erhöhen. [2] Die Prozentsätze werden durch Rechtsverordnung bestimmt.

§ 82[3)] Ermäßigung und Erhöhung. (1) [1] Liegen wertmindernde Umstände vor, die weder in der Höhe der Jahresrohmiete noch in der Höhe des Vervielfältigers berücksichtigt sind, so ist der sich nach den §§ 78 bis 81 ergebende Grundstückswert zu ermäßigen. [2] Als solche Umstände kommen z.B. in Betracht

1. ungewöhnlich starke Beeinträchtigungen durch Lärm, Rauch oder Gerüche,
2. behebbare Baumängel und Bauschäden und
3. die Notwendigkeit baldigen Abbruchs.

(2) [1] Liegen werterhöhende Umstände vor, die in der Höhe der Jahresrohmiete nicht berücksichtigt sind, so ist der sich nach den §§ 78 bis 81 ergebende Grundstückswert zu erhöhen. [2] Als solche Umstände kommen nur in Betracht

1. die Größe der nicht bebauten Fläche, wenn sich auf dem Grundstück keine Hochhäuser befinden; ein Zuschlag unterbleibt, wenn die gesamte Fläche

---

[1)] § 81 Satz 1 geänd. durch G v. 20.12.2001 (BGBl. I S. 3794); § 81 aufgeh. **mWv 1.1.2025** durch G v. 26.11.2019 (BGBl. I S. 1794).

[2)] Richtig wohl: „Hauptfeststellungszeitpunkt".

[3)] § 82 aufgeh. **mWv 1.1.2025** durch G v. 26.11.2019 (BGBl. I S. 1794).

bei Einfamilienhäusern oder Zweifamilienhäusern nicht mehr als 1500 qm, bei den übrigen Grundstücksarten nicht mehr als das Fünffache der bebauten Fläche beträgt,

2. die nachhaltige Ausnutzung des Grundstücks für Reklamezwecke gegen Entgelt.

(3) [1] Die Ermäßigung nach Absatz 1 Nr. 1 und 2 oder die Erhöhung nach Absatz 2 darf insgesamt dreißig Prozent des Grundstückswerts (§§ 78 bis 81) nicht übersteigen. [2] Treffen die Voraussetzungen für die Ermäßigung nach Absatz 1 Nr. 1 und 2 und für die Erhöhung nach Absatz 2 zusammen, so ist der Höchstsatz nur auf das Ergebnis des Ausgleichs anzuwenden.]

2. Sachwertverfahren

[*bis 31.12.2024:*

§ 83[1] **Grundstückswert.** [1] Bei der Ermittlung des Grundstückswertes ist vom Bodenwert (§ 84), vom Gebäudewert (§§ 85 bis 88) und vom Wert der Außenanlagen (§ 89) auszugehen (Ausgangswert). [2] Der Ausgangswert ist an den gemeinen Wert anzugleichen (§ 90).

§ 84[2] **Bodenwert.** Der Grund und Boden ist mit dem Wert anzusetzen, der sich ergeben würde, wenn das Grundstück unbebaut wäre.

§ 85[3] **Gebäudewert.** [1] Bei der Ermittlung des Gebäudewertes ist zunächst ein Wert auf der Grundlage von durchschnittlichen Herstellungskosten nach den Baupreisverhältnissen des Jahres 1958 zu errechnen. [2] Dieser Wert ist nach den Baupreisverhältnissen im Hauptfeststellungszeitpunkt umzurechnen (Gebäudenormalherstellungswert). [3] Der Gebäudenormalherstellungswert ist wegen des Alters des Gebäudes im Hauptfeststellungszeitpunkt (§ 86) und wegen etwa vorhandener baulicher Mängel und Schäden (§ 87) zu mindern (Gebäudesachwert). [4] Der Gebäudesachwert kann in besonderen Fällen ermäßigt oder erhöht werden (§ 88).

§ 86[4] **Wertminderung wegen Alters.** (1) [1] Die Wertminderung wegen Alters bestimmt sich nach dem Alter des Gebäudes im Hauptfeststellungszeitpunkt und der gewöhnlichen Lebensdauer von Gebäuden gleicher Art und Nutzung. [2] Sie ist in einem Prozentsatz des Gebäudenormalherstellungswertes auszudrücken. [3] Dabei ist von einer gleichbleibenden jährlichen Wertminderung auszugehen.

(2) Als Alter des Gebäudes gilt die Zeit zwischen dem Beginn des Jahres, in dem das Gebäude bezugsfertig geworden ist, und dem Hauptfeststellungszeitpunkt.

(3) [1] Als Wertminderung darf insgesamt kein höherer Betrag abgesetzt werden, als sich bei einem Alter von siebzig Prozent der Lebensdauer ergibt. [2] Dieser Betrag kann nur überschritten werden, wenn eine außergewöhnliche Wertminderung vorliegt.

---

[1] § 83 aufgeh. **mWv 1.1.2025** durch G v. 26.11.2019 (BGBl. I S. 1794).
[2] § 84 aufgeh. **mWv 1.1.2025** durch G v. 26.11.2019 (BGBl. I S. 1794).
[3] § 85 aufgeh. **mWv 1.1.2025** durch G v. 26.11.2019 (BGBl. I S. 1794).
[4] § 86 aufgeh. **mWv 1.1.2025** durch G v. 26.11.2019 (BGBl. I S. 1794).

(4) Ist die restliche Lebensdauer eines Gebäudes infolge baulicher Maßnahmen verlängert, so ist der nach dem tatsächlichen Alter errechnete Prozentsatz entsprechend zu mindern.

§ 87[1)] Wertminderung wegen baulicher Mängel und Schäden. [1] Für bauliche Mängel und Schäden, die weder bei der Ermittlung des Gebäudenormalherstellungswertes noch bei der Wertminderung wegen Alters berücksichtigt worden sind, ist ein Abschlag zu machen. [2] Die Höhe des Abschlags richtet sich nach Bedeutung und Ausmaß der Mängel und Schäden.

§ 88[2)] Ermäßigung und Erhöhung. (1) Der Gebäudesachwert kann ermäßigt oder erhöht werden, wenn Umstände tatsächlicher Art vorliegen, die bei seiner Ermittlung nicht berücksichtigt worden sind.

(2) Eine Ermäßigung kann insbesondere in Betracht kommen, wenn Gebäude wegen der Lage des Grundstücks,[3)] wegen unorganischen Aufbaus oder wirtschaftlicher Überalterung in ihrem Wert gemindert sind.

(3) Ein besonderer Zuschlag ist zu machen, wenn ein Grundstück nachhaltig gegen Entgelt für Reklamezwecke genutzt wird.

§ 89[4)] Wert der Außenanlagen. [1] Der Wert der Außenanlagen (z.B. Umzäunungen, Wege- oder Platzbefestigungen) ist aus durchschnittlichen Herstellungskosten nach den Baupreisverhältnissen des Jahres 1958 zu errechnen und nach den Baupreisverhältnissen im Hauptfeststellungszeitpunkt umzurechnen. [2] Dieser Wert ist wegen des Alters der Außenanlagen im Hauptfeststellungszeitpunkt und wegen etwaiger baulicher Mängel und Schäden zu mindern; die Vorschriften der §§ 86 bis 88 gelten sinngemäß.

§ 90[5)] Angleichung an den gemeinen Wert. (1) Der Ausgangswert (§ 83) ist durch Anwendung einer Wertzahl an den gemeinen Wert anzugleichen.

(2) [1] Die Wertzahlen werden durch Rechtsverordnung unter Berücksichtigung der wertbeeinflussenden Umstände, insbesondere der Zweckbestimmung und Verwendbarkeit der Grundstücke innerhalb bestimmter Wirtschaftszweige und der Gemeindegrößen, im Rahmen von 85 bis 50 Prozent des Ausgangswertes festgesetzt. [2] Dabei können für einzelne Grundstücksarten oder Grundstücksgruppen oder Untergruppen in bestimmten Gebieten, Gemeinden oder Gemeindeteilen besondere Wertzahlen festgesetzt werden, wenn es die örtlichen Verhältnisse auf dem Grundstücksmarkt erfordern.]

IV. Sondervorschriften

[*bis 31.12.2024:*
§ 91[6)] Grundstücke im Zustand der Bebauung. (1) Bei Grundstücken, die sich am Feststellungszeitpunkt im Zustand der Bebauung befinden, bleiben die nicht bezugsfertigen Gebäude oder Gebäudeteile (z.B. Anbauten oder Zubauten) bei der Ermittlung des Wertes außer Betracht.

---

1) § 87 aufgeh. **mWv 1.1.2025** durch G v. 26.11.2019 (BGBl. I S. 1794).
2) § 88 aufgeh. **mWv 1.1.2025** durch G v. 26.11.2019 (BGBl. I S. 1794).
3) Zeichensetzung nichtamtlich.
4) § 89 aufgeh. **mWv 1.1.2025** durch G v. 26.11.2019 (BGBl. I S. 1794).
5) § 90 aufgeh. **mWv 1.1.2025** durch G v. 26.11.2019 (BGBl. I S. 1794).
6) § 91 aufgeh. **mWv 1.1.2025** durch G v. 26.11.2019 (BGBl. I S. 1794).

(2)[1] *(aufgehoben)*

§ 92[2] Erbbaurecht. (1) [1] Ist ein Grundstück mit einem Erbbaurecht belastet, so ist sowohl für die wirtschaftliche Einheit des Erbbaurechts als auch für die wirtschaftliche Einheit des belasteten Grundstücks jeweils ein Einheitswert festzustellen. [2] Bei der Ermittlung der Einheitswerte ist von einem Gesamtwert auszugehen, der für den Grund und Boden einschließlich der Gebäude und Außenanlagen festzustellen wäre, wenn die Belastung nicht bestünde. [3] Wird der Gesamtwert nach den Vorschriften über die Bewertung der bebauten Grundstücke ermittelt, so gilt jede wirtschaftliche Einheit als bebautes Grundstück der Grundstücksart, von der bei der Ermittlung des Gesamtwerts ausgegangen wird.

(2) Beträgt die Dauer des Erbbaurechts in dem für die Bewertung maßgebenden Zeitpunkt noch 50 Jahre oder mehr, so entfällt der Gesamtwert (Absatz 1) allein auf die wirtschaftliche Einheit des Erbbaurechts.

(3) [1] Beträgt die Dauer des Erbbaurechts in dem für die Bewertung maßgebenden Zeitpunkt weniger als 50 Jahre, so ist der Gesamtwert (Absatz 1) entsprechend der restlichen Dauer des Erbbaurechts zu verteilen. [2] Dabei entfallen auf

1. die wirtschaftliche Einheit des Erbbaurechts:

   der Gebäudewert und ein Anteil am Bodenwert; dieser beträgt bei einer Dauer des Erbbaurechts

unter 50 bis zu 40 Jahren	95 Prozent,
unter 40 bis zu 35 Jahren	90 Prozent,
unter 35 bis zu 30 Jahren	85 Prozent,
unter 30 bis zu 25 Jahren	80 Prozent,
unter 25 bis zu 20 Jahren	70 Prozent,
unter 20 bis zu 15 Jahren	60 Prozent,
unter 15 bis zu 10 Jahren	45 Prozent,
unter 10 bis zu 5 Jahren	25 Prozent,
unter 5 Jahren	0 Prozent;

2. die wirtschaftliche Einheit des belasteten Grundstücks:

   der Anteil am Bodenwert, der nach Abzug des in Nummer 1 genannten Anteils verbleibt.

[3] Abweichend von den Nummern 1 und 2 ist in die wirtschaftliche Einheit des belasteten Grundstücks ein Anteil am Gebäudewert einzubeziehen, wenn besondere Vereinbarungen es rechtfertigen. [4] Das gilt insbesondere, wenn bei Erlöschen des Erbbaurechts durch Zeitablauf der Eigentümer des belasteten Grundstücks keine dem Gebäudewert entsprechende Entschädigung zu leisten hat. [5] Geht das Eigentum an dem Gebäude bei Erlöschen des Erbbaurechts durch Zeitablauf entschädigungslos auf den Eigentümer des belasteten Grundstücks über, so ist der Gebäudewert entsprechend der in den Nummern 1 und 2 vorgesehenen Verteilung des Bodenwertes zu verteilen. [6] Beträgt die Entschädigung für das Gebäude beim Übergang nur einen Teil des Gebäudewertes, so ist

[1] § 91 Abs. 2 aufgeh. durch G v. 20.12.1996 (BGBl. I S. 2049).
[2] § 92 aufgeh. **mWv 1.1.2025** durch G v. 26.11.2019 (BGBl. I S. 1794).

der dem Eigentümer des belasteten Grundstücks entschädigungslos zufallende Anteil entsprechend zu verteilen. 7 Eine in der Höhe des Erbbauzinses zum Ausdruck kommende Entschädigung für den Gebäudewert bleibt außer Betracht. 8 Der Wert der Außenanlagen wird wie der Gebäudewert behandelt.

(4) Hat sich der Erbbauberechtigte durch Vertrag mit dem Eigentümer des belasteten Grundstücks zum Abbruch des Gebäudes bei Beendigung des Erbbaurechts verpflichtet, so ist dieser Umstand durch einen entsprechenden Abschlag zu berücksichtigen; der Abschlag unterbleibt, wenn vorauszusehen ist, daß das Gebäude trotz der Verpflichtung nicht abgebrochen werden wird.

(5)[1] Das Recht auf den Erbbauzins ist nicht als Bestandteil des Grundstücks und die Verpflichtung zur Zahlung des Erbbauzinses nicht bei der Bewertung des Erbbaurechts zu berücksichtigen.

(6) 1 Bei Wohnungserbbaurechten oder Teilerbbaurechten ist der Gesamtwert (Absatz 1) in gleicher Weise zu ermitteln, wie wenn es sich um Wohnungseigentum oder um Teileigentum handeln würde. 2 Die Verteilung des Gesamtwertes erfolgt entsprechend Absatz 3.

(7)[2] 1 Wertfortschreibungen für die wirtschaftlichen Einheiten des Erbbaurechts und des belasteten Grundstücks sind abweichend von § 22 Abs. 1 nur vorzunehmen, wenn der Gesamtwert, der sich für den Beginn eines Kalenderjahres ergibt, vom Gesamtwert des letzten Feststellungszeitpunkts um das in § 22 Abs. 1 bezeichnete Ausmaß abweicht. 2 § 30 ist entsprechend anzuwenden. 3 Bei einer Änderung der Verteilung des Gesamtwerts nach Absatz 3 sind die Einheitswerte für die wirtschaftlichen Einheiten des Erbbaurechts und des belasteten Grundstücks ohne Beachtung von Wertfortschreibungsgrenzen fortzuschreiben.

§ 93[3] Wohnungseigentum und Teileigentum. (1)[4] 1 Jedes Wohnungseigentum und Teileigentum bildet eine wirtschaftliche Einheit. 2 Für die Bestimmung der Grundstücksart (§ 75) ist die Nutzung des auf das Wohnungseigentum und Teileigentum entfallenden Gebäudeteils maßgebend. 3 Die Vorschriften der §§ 76 bis 91 finden Anwendung, soweit sich nicht aus den Absätzen 2 und 3 etwas anderes ergibt.

(2) 1 Das zu mehr als achtzig Prozent Wohnzwecken dienende Wohnungseigentum ist im Wege des Ertragswertverfahrens nach den Vorschriften zu bewerten, die für Mietwohngrundstücke maßgebend sind. 2 Wohnungseigentum, das zu nicht mehr als achtzig Prozent, aber zu nicht weniger als zwanzig Prozent Wohnzwecken dient, ist im Wege des Ertragswertverfahrens nach den Vorschriften zu bewerten, die für gemischtgenutzte Grundstücke maßgebend sind.

(3) 1 Entsprechen die im Grundbuch eingetragenen Miteigentumsanteile an dem gemeinschaftlichen Eigentum nicht dem Verhältnis der Jahresrohmiete zueinander, so kann dies bei der Feststellung des Wertes entsprechend berücksichtigt werden. 2 Sind einzelne Räume, die im gemeinschaftlichen Eigentum stehen, vermietet, so ist ihr Wert nach den im Grundbuch eingetragenen

---

[1] § 92 Abs. 5 neu gef. durch G v. 20.12.2001 (BGBl. I S. 3794).
[2] § 92 Abs. 7 Sätze 1 und 2 geänd. durch G v. 20.12.2001 (BGBl. I S. 3794).
[3] § 93 aufgeh. **mWv 1.1.2025** durch G v. 26.11.2019 (BGBl. I S. 1794).
[4] § 93 Abs. 1 Satz 2 unvereinbar mit Art. 3 Abs. 1 GG (Urteil des BVerfG v. 10.4.2018, BGBl. I S. 531). Siehe Fußnote zu § 19.

Anteilen zu verteilen und bei den einzelnen wirtschaftlichen Einheiten zu erfassen.

§ 94[1] **Gebäude auf fremdem Grund und Boden.** (1) [1]Bei Gebäuden auf fremdem Grund und Boden ist der Bodenwert dem Eigentümer des Grund und Bodens und der Gebäudewert dem wirtschaftlichen Eigentümer des Gebäudes zuzurechnen. [2]Außenanlagen (z.B. Umzäunungen, Wegebefestigungen), auf die sich das wirtschaftliche Eigentum am Gebäude erstreckt, sind unbeschadet der Vorschriften in § 68 Abs. 2 in die wirtschaftliche Einheit des Gebäudes einzubeziehen. [3]Für die Grundstücksart des Gebäudes ist § 75 maßgebend; der Grund und Boden, auf dem das Gebäude errichtet ist, gilt als bebautes Grundstück derselben Grundstücksart.

(2) Für den Grund und Boden ist der Wert nach den für unbebaute Grundstücke geltenden Grundsätzen zu ermitteln; beeinträchtigt die Nutzungsbehinderung, welche sich aus dem Vorhandensein des Gebäudes ergibt, den Wert, so ist dies zu berücksichtigen.

(3) [1]Die Bewertung der Gebäude erfolgt nach § 76. [2]Wird das Gebäude nach dem Ertragswertverfahren bewertet, so ist von dem sich nach den §§ 78 bis 80 ergebenden Wert der auf den Grund und Boden entfallende Anteil abzuziehen. [3]Ist vereinbart, daß das Gebäude nach Ablauf der Miet- oder Pachtzeit abzubrechen ist, so ist dieser Umstand durch einen entsprechenden Abschlag zu berücksichtigen; der Abschlag unterbleibt, wenn vorauszusehen ist, daß das Gebäude trotz der Verpflichtung nicht abgebrochen werden wird.]

D. Betriebsvermögen

§ 95[2] **Begriff des Betriebsvermögens.** (1)[3] [1]Das Betriebsvermögen umfasst alle Teile eines Gewerbebetriebs im Sinne des § 15 Absatz 1 und 2 des Einkommensteuergesetzes[4], die bei der steuerlichen Gewinnermittlung zum Betriebsvermögen gehören. [2]Als Gewerbebetrieb im Sinne des Satzes 1 gilt auch der Betrieb von Gesellschaften im Sinne des § 1 Absatz 1 des Körperschaftsteuergesetzes[5] mit Sitz im Ausland, deren Ort der Geschäftsleitung im Inland belegen ist, und die nach inländischem Gesellschaftsrecht nicht als juristische Person zu behandeln sind, wenn dem Grunde nach eine Tätigkeit im Sinne des § 15 Absatz 1 und Absatz 2 des Einkommensteuergesetzes vorliegt.

(2) Als Gewerbebetrieb gilt unbeschadet des § 97 nicht die Land- und Forstwirtschaft, wenn sie den Hauptzweck des Unternehmens bildet.

(3)[6] *(aufgehoben)*

§ 96[7] **Freie Berufe.** Dem Gewerbebetrieb steht die Ausübung eines freien Berufs im Sinne des § 18 Abs. 1 Nr. 1 des Einkommensteuergesetzes[4] gleich;

---

[1] § 94 aufgeh. **mWv 1.1.2025** durch G v. 26.11.2019 (BGBl. I S. 1794).
[2] § 95 neu gef. durch G v. 25.2.1992 (BGBl. I S. 297).
[3] § 95 Abs. 1 neu gef. mWv 1.1.2009 durch G v. 24.12.2008 (BGBl. I S. 3018); Satz 1 geänd., Satz 2 angef. mWv 1.7.2021 durch G v. 25.6.2021 (BGBl. I S. 2056).
[4] Nr. **5**.
[5] Nr. **17**.
[6] § 95 Abs. 3 aufgeh. mWv 1.1.2002 durch G v. 20.12.2001 (BGBl. I S. 3794).
[7] § 96 neu gef. durch G v. 25.2.1992 (BGBl. I S. 297).

dies gilt auch für die Tätigkeit als Einnehmer einer staatlichen Lotterie, soweit die Tätigkeit nicht schon im Rahmen eines Gewerbebetriebs ausgeübt wird.

§ 97 Betriebsvermögen von Körperschaften, Personenvereinigungen und Vermögensmassen. (1)[1] 1 Einen Gewerbebetrieb bilden insbesondere alle Wirtschaftsgüter, die den folgenden Körperschaften, Personenvereinigungen und Vermögensmassen gehören, wenn diese ihre Geschäftsleitung oder ihren Sitz im Inland haben:

1.[2] Kapitalgesellschaften (Aktiengesellschaften, Kommanditgesellschaften auf Aktien, Gesellschaften mit beschränkter Haftung, Europäische Gesellschaften);
2. Erwerbs- und Wirtschaftsgenossenschaften;
3. Versicherungsvereinen auf Gegenseitigkeit;
4. Kreditanstalten des öffentlichen Rechts;
5.[3] Gesellschaften im Sinne des § 15 Absatz 1 Satz 1 Nummer 2, des § 15 Absatz 3, des § 18 Absatz 4 Satz 2 des Einkommensteuergesetzes[4] und, wenn sie ihrer Tätigkeit nach einer Gesellschaft im Sinne des § 15 Absatz 1 Satz 1 Nummer 2, des § 15 Absatz 3 oder des § 18 Absatz 4 Satz 2 des Einkommensteuergesetzes entsprechen, Gesellschaften im Sinne des § 1a Absatz 1 des Körperschaftsteuergesetzes[5] und Gesellschaften im Sinne des § 1 Absatz 1 des Körperschaftsteuergesetzes mit Sitz im Ausland, deren Ort der Geschäftsleitung im Inland belegen ist, und die nach inländischem Gesellschaftsrecht als Personengesellschaft zu behandeln sind. 2 Zum Gewerbebetrieb einer solchen Gesellschaft gehören auch die Wirtschaftsgüter, die im Eigentum eines Gesellschafters, mehrerer oder aller Gesellschafter stehen, und Schulden eines Gesellschafters, mehrerer oder aller Gesellschafter, soweit die Wirtschaftsgüter und Schulden bei der steuerlichen Gewinnermittlung zum Betriebsvermögen der Gesellschaft gehören (§ 95); diese Zurechnung geht anderen Zurechnungen vor.

2 § 34 Abs. 6a und § 51a bleiben unberührt.

(1a)[6] Der gemeine Wert eines Anteils am Betriebsvermögen einer in § 97 Abs. 1 Satz 1 Nr. 5 genannten Personengesellschaft ist wie folgt zu ermitteln und aufzuteilen:

1. Der nach § 109 Abs. 2 ermittelte gemeine Wert des der Personengesellschaft gehörenden Betriebsvermögens (Gesamthandsvermögen) ist wie folgt aufzuteilen:
   a) die Kapitalkonten aus der Gesamthandsbilanz sind dem jeweiligen Gesellschafter vorweg zuzurechnen;

---

[1] § 97 Abs. 1 Satz 2 aufgeh. **mWv 1.1.2025** durch G v. 26.11.2019 (BGBl. I S. 1794).

[2] § 97 Abs. 1 Satz 1 Nr. 1 geänd. durch G v. 25.2.1992 (BGBl. I S. 297); geänd. durch G v. 20.12.2001 (BGBl. I S. 3794); geänd. mWv 1.1.2006 durch G v. 7.12.2006 (BGBl. I S. 2782).

[3] § 97 Abs. 1 Satz 1 Nr. 5 neu gef. mWv 1.1.2002 durch G v. 20.12.2001 (BGBl. I S. 3794); Satz 1 geänd. mWv 18.12.2019 durch G v. 12.12.2019 (BGBl. I S. 2451); Satz 1 geänd. mWv 1.7.2021 durch G v. 25.6.2021 (BGBl. I S. 2050); Satz 1 geänd. mWv 1.7.2021 durch G v. 25.6.2021 (BGBl. I S. 2056).

[4] Nr. **5**.

[5] Nr. **17**.

[6] § 97 Abs. 1a neu gef. mWv 1.1.2009 durch G v. 24.12.2008 (BGBl. I S. 3018).

b) der verbleibende Wert ist nach dem für die Gesellschaft maßgebenden Gewinnverteilungsschlüssel auf die Gesellschafter aufzuteilen; Vorabgewinnanteile sind nicht zu berücksichtigen.

2. [1] Für die Wirtschaftsgüter und Schulden des Sonderbetriebsvermögens eines Gesellschafters ist der gemeine Wert zu ermitteln. [2] Er ist dem jeweiligen Gesellschafter zuzurechnen.

3. Der Wert des Anteils eines Gesellschafters ergibt sich als Summe aus dem Anteil am Gesamthandsvermögen nach Nummer 1 und dem Wert des Sonderbetriebsvermögens nach Nummer 2.

(1b)[1)] [1] Der gemeine Wert eines Anteils an einer in § 97 Abs. 1 Satz 1 Nr. 1 genannten Kapitalgesellschaft bestimmt sich nach dem Verhältnis des Anteils am Nennkapital (Grund- oder Stammkapital) der Gesellschaft zum gemeinen Wert des Betriebsvermögens der Kapitalgesellschaft im Bewertungsstichtag. [2] Dies gilt auch, wenn das Nennkapital noch nicht vollständig eingezahlt ist. [3] Richtet sich die Beteiligung am Vermögen und am Gewinn der Gesellschaft aufgrund einer ausdrücklichen Vereinbarung der Gesellschafter nach der jeweiligen Höhe des eingezahlten Nennkapitals, bezieht sich der gemeine Wert nur auf das tatsächlich eingezahlte Nennkapital. [4] Abweichend von Satz 1 sind bei der Wertermittlung des Anteils vorbehaltlich des § 9 Absatz 2 und 3 Regelungen zu berücksichtigen, die sich auf den Wert des Anteils auswirken, wie insbesondere eine vom Verhältnis des Anteils am Nennkapital (Grund- oder Stammkapital) abweichende Gewinnverteilung.

(2)[2)] Einen Gewerbebetrieb bilden auch die Wirtschaftsgüter, die den sonstigen juristischen Personen des privaten Rechts, den nichtrechtsfähigen Vereinen, Anstalten, Stiftungen und anderen Zweckvermögen gehören, soweit sie einem wirtschaftlichen Geschäftsbetrieb (ausgenommen Land- und Forstwirtschaft) dienen.

(3)[3)] *(aufgehoben)*

§ 98[4)] *(aufgehoben)*

§ 98a[5)] *(aufgehoben)*

§ 99 Betriebsgrundstücke. (1)[6)] Betriebsgrundstück im Sinne dieses Gesetzes ist der zu einem Gewerbebetrieb gehörige Grundbesitz, soweit er, losgelöst von seiner Zugehörigkeit zu dem Gewerbebetrieb,

1. zum Grundvermögen gehören würde oder
2. einen Betrieb der Land- und Forstwirtschaft bilden würde.

(2)[7)] *(aufgehoben)*

[1)] § 97 Abs. 1b eingef. mWv 1.1.2009 durch G v. 24.12.2008 (BGBl. I S. 3018); Satz 4 angef. durch G v. 2.11.2015 (BGBl. I S. 1834); zur Anwendung siehe § 265 Abs. 8.

[2)] § 97 geänd. durch G v. 25.2.1992 (BGBl. I S. 297).

[3)] § 97 Abs. 3 aufgeh. mWv 1.1.2009 durch G v. 24.12.2008 (BGBl. I S. 3018).

[4)] § 98 aufgeh. mWv 1.1.2002 durch G v. 20.12.2001 (BGBl. I S. 3794).

[5)] § 98a aufgeh. mWv 1.1.2009 durch G v. 24.12.2008 (BGBl. I S. 3018).

[6)] § 99 Abs. 1 geänd. mWv 1.1.1993 durch G v. 25.2.1992 (BGBl. I S. 297).

[7)] § 99 Abs. 2 aufgeh. mWv 1.1.2009 durch G v. 24.12.2008 (BGBl. I S. 3018).

(3) Betriebsgrundstücke im Sinne des Absatzes 1 Nr. 1 sind wie Grundvermögen, Betriebsgrundstücke im Sinne des Absatzes 1 Nr. 2 wie land- und forstwirtschaftliches Vermögen zu bewerten.

§§ 100–102[1] *(aufgehoben)*

§ 103[2] **Schulden und sonstige Abzüge.** (1)[3] Schulden und sonstige Abzüge, die nach § 95 Abs. 1 zum Betriebsvermögen gehören, werden vorbehaltlich des Absatzes 3 berücksichtigt, soweit sie mit der Gesamtheit oder einzelnen Teilen des Betriebsvermögens im Sinne dieses Gesetzes in wirtschaftlichem Zusammenhang stehen.

(2) Weist ein Gesellschafter in der Steuerbilanz Gewinnansprüche gegen eine von ihm beherrschte Gesellschaft aus, ist bei dieser ein Schuldposten in entsprechender Höhe abzuziehen.

(3)[4] Rücklagen sind nur insoweit abzugsfähig, als ihr Abzug bei der Bewertung des Betriebsvermögens für Zwecke der Erbschaftsteuer durch Gesetz ausdrücklich zugelassen ist.

§ 103a[5] *(aufgehoben)*

§ 104[6] *(aufgehoben)*

§§ 105–107[7] *(aufgehoben)*

§ 108 (weggefallen)

§ 109[8] **Bewertung.** (1) [1]Das Betriebsvermögen von Gewerbebetrieben im Sinne des § 95 und das Betriebsvermögen von freiberuflich Tätigen im Sinne des § 96 ist jeweils mit dem gemeinen Wert anzusetzen. [2]Für die Ermittlung des gemeinen Werts gilt § 11 Abs. 2 entsprechend.

(2) [1]Der Wert eines Anteils am Betriebsvermögen einer in § 97 genannten Körperschaft, Personenvereinigung oder Vermögensmasse ist mit dem gemeinen Wert anzusetzen. [2]Für die Ermittlung des gemeinen Werts gilt § 11 Abs. 2 entsprechend.

(3), (4) *(aufgehoben)*

§ 109a[9] *(aufgehoben)*

---

[1] § 100 aufgeh. mWv 1.1.1993 durch G v. 9.11.1992 (BGBl. I S. 1853); §§ 101 und 102 aufgeh. durch G v. 29.10.1997 (BGBl. I S. 2590).

[2] § 103 neu gef. mWv 1.1.1993 durch G v. 25.2.1992 (BGBl. I S. 297); Überschrift neu gef. durch G v. 13.9.1993 (BGBl. I S. 1569).

[3] § 103 Abs. 1 neu gef. durch G v. 13.9.1993 (BGBl. I S. 1569).

[4] § 103 Abs. 3 geänd. durch G v. 20.12.2001 (BGBl. I S. 3794).

[5] § 103a aufgeh. mWv 1.1.1993 durch G v. 25.2.1992 (BGBl. I S. 297).

[6] § 104 aufgeh. mWv 1.1.2009 durch G v. 24.12.2008 (BGBl. I S. 3018).

[7] § 105 aufgeh. mWv 1.1.1993 durch G v. 25.2.1992 (BGBl. I S. 297); §§ 106 und 107 aufgeh. mWv 1.1.1998 durch G v. 29.10.1997 (BGBl. I S. 2590).

[8] § 109 neu gef. mWv 1.1.2009 durch G v. 24.12.2008 (BGBl. I S. 3018).

[9] § 109a aufgeh. mWv 1.1.1998 durch G v. 29.10.1997 (BGBl. I S. 2590).

BewG

Zweiter Abschnitt.[1] Sondervorschriften und Ermächtigungen

§§ 110–120[2] *(aufgehoben)*

§ 121[3] **Inlandsvermögen.** Zum Inlandsvermögen gehören:
1. das inländische land- und forstwirtschaftliche Vermögen;
2. das inländische Grundvermögen;
3. das inländische Betriebsvermögen. [2] Als solches gilt das Vermögen, das einem im Inland betriebenen Gewerbe dient, wenn hierfür im Inland eine Betriebsstätte unterhalten wird oder ein ständiger Vertreter bestellt ist;
4. Anteile an einer Kapitalgesellschaft, wenn die Gesellschaft Sitz oder Geschäftsleitung im Inland hat und der Gesellschafter entweder allein oder zusammen mit anderen ihm nahestehenden Personen im Sinne des § 1 Abs. 2 des Außensteuergesetzes[4] in der jeweils geltenden Fassung am Grund- oder Stammkapital der Gesellschaft mindestens zu einem Zehntel unmittelbar oder mittelbar beteiligt ist;
5. nicht unter Nummer 3 fallende Erfindungen, Gebrauchsmuster und Topographien, die in ein inländisches Buch oder Register eingetragen sind;
6. Wirtschaftsgüter, die nicht unter die Nummern 1, 2 und 5 fallen und einem inländischen Gewerbebetrieb überlassen, insbesondere an diesen vermietet oder verpachtet sind;
7. Hypotheken, Grundschulden, Rentenschulden und andere Forderungen oder Rechte, wenn sie durch inländischen Grundbesitz, durch inländische grundstücksgleiche Rechte oder durch Schiffe, die in ein inländisches Schiffsregister eingetragen sind, unmittelbar oder mittelbar gesichert sind. [2] Ausgenommen sind Anleihen und Forderungen, über die Teilschuldverschreibungen ausgegeben sind;
8. Forderungen aus der Beteiligung an einem Handelsgewerbe als stiller Gesellschafter und aus partiarischen Darlehen, wenn der Schuldner Wohnsitz oder gewöhnlichen Aufenthalt, Sitz oder Geschäftsleitung im Inland hat;
9. Nutzungsrechte an einem der in den Nummern 1 bis 8 genannten Vermögensgegenstände.

[*bis 31.12.2024:*

§ 121a[5] **Sondervorschrift für die Anwendung der Einheitswerte 1964.**

Während der Geltungsdauer der auf den Wertverhältnissen am 1. Januar 1964 beruhenden Einheitswerte des Grundbesitzes sind Grundstücke (§ 70) und Betriebsgrundstücke im Sinne des § 99 Abs. 1 Nr. 1 für die Gewerbesteuer mit 140 Prozent des Einheitswerts anzusetzen.]

---

[1] 2. Abschnitt Überschrift neu gef. mWv 1.1.1997 durch G v. 20.12.1996 (BGBl. I S. 2049).

[2] Abschnittsüberschriften sowie §§ 110, 111, 114 und §§ 116 bis 120 aufgeh. mWv 1.1.1997 durch G v. 20.12.1996 (BGBl. I S. 2049); §§ 112 bis 113a und § 115 aufgeh. mWv 1.1.1998 durch G v. 29.10.1997 (BGBl. I S. 2590).

[3] § 121 neu gef. mWv 1.1.1997 durch G v. 20.12.1996 (BGBl. I S. 2049); Nr. 4 geänd. durch G v. 20.12.2001 (BGBl. I S. 3794).

[4] Nr. **2**.

[5] § 121a geänd. mWv 1.1.1997 durch G v. 20.12.1996 (BGBl. I S. 2049); § 121a aufgeh. **mWv 1.1.2025** durch G v. 26.11.2019 (BGBl. I S. 1794).

§ 121b[1] *(aufgehoben)*

[*bis 31.12.2024:*
§ 122[2] **Besondere Vorschriften für Berlin (West).** [1] § 50 Abs. 1, § 60 Abs. 1 und § 67 gelten nicht für den Grundbesitz in Berlin (West). [2] Bei der Beurteilung der natürlichen Ertragsbedingungen und des Bodenartenverhältnisses ist das Bodenschätzungsgesetz sinngemäß anzuwenden.]

§ 123[3] **Ermächtigungen.** Die Bundesregierung wird ermächtigt, mit Zustimmung des Bundesrates die in *§ 12 Abs. 4, § 21 Abs. 1, § 39 Abs. 1, § 51 Abs. 4, § 55 Abs. 3, 4 und 8, den §§ 81 und 90 Abs. 2 vorgesehenen Rechtsverordnungen* [*ab 1.1.2025:* § 12 Absatz 4 Satz 3 vorgesehene Rechtsverordnung] zu erlassen.

§ 124[4] *(aufgehoben)*

Dritter Abschnitt.[5] Vorschriften für die Bewertung von Vermögen in dem in Artikel 3 des Einigungsvertrages genannten Gebiet[6]

A.[7] Land- und forstwirtschaftliches Vermögen

[*bis 31.12.2024:*
§ 125[8] **Land- und forstwirtschaftliches Vermögen.** (1) Einheitswerte, die für Betriebe der Land- und Forstwirtschaft nach den Wertverhältnissen vom 1. Januar 1935 festgestellt worden sind, werden ab dem 1. Januar 1991 nicht mehr angewendet.

(2)[9] [1] Anstelle der Einheitswerte für Betriebe der Land- und Forstwirtschaft werden abweichend von § 19 Abs. 1 Ersatzwirtschaftswerte für das in Absatz 3 bezeichnete Vermögen ermittelt und ab 1. Januar 1991 der Besteuerung zugrunde gelegt. [2] Der Bildung des Ersatzwirtschaftswerts ist abweichend von § 2 und § 34 Abs. 1, 3 bis 6 und 7 eine Nutzungseinheit zugrunde zu legen, in die alle von derselben Person (Nutzer) regelmäßig selbstgenutzten Wirtschaftsgüter des land- und forstwirtschaftlichen Vermögens im Sinne des § 33 Abs. 2 einbezogen werden, auch wenn der Nutzer nicht Eigentümer ist. [3] § 26 ist sinngemäß anzuwenden. [4] Grundbesitz im Sinne des § 3 Abs. 1 Satz 1 Nr. 6 und Satz 2 des Grundsteuergesetzes[10] wird bei der Bildung des Ersatzwirtschaftswerts nicht berücksichtigt.

---

[1] § 121b aufgeh. mWv 1.1.1997 durch G v. 20.12.1996 (BGBl. I S. 2049).

[2] § 122 neu gef. mWv 1.1.1997 durch G v. 20.12.1996 (BGBl. I S. 2049); § 122 aufgeh. **mWv 1.1.2025** durch G v. 26.11.2019 (BGBl. I S. 1794).

[3] § 123 neu gef. mWv 1.1.1997 durch G v. 20.12.1996 (BGBl. I S. 2049); geänd. durch G v. 20.12.2001 (BGBl. I S. 3794); geänd. **mWv 1.1.2025** durch G v. 26.11.2019 (BGBl. I S. 1794).

[4] § 124 aufgeh. mWv 1.1.1997 durch G v. 20.12.1996 (BGBl. I S. 2049).

[5] Überschrift des bish. 4. Teiles in Abschnittsüberschrift geänd. mWv 1.1.1997 durch G v. 20.12.1996 (BGBl. I S. 2049).

[6] Das sind die Länder Brandenburg, Mecklenburg-Vorpommern, Sachsen, Sachsen-Anhalt und Thüringen sowie der Ostteil Berlins.

[7] Unterabschnittsüberschrift eingef. durch G v. 29.10.1997 (BGBl. I S. 2590).

[8] § 125 aufgeh. **mWv 1.1.2025** durch G v. 26.11.2019 (BGBl. I S. 1794).

[9] § 125 Abs. 2 Satz 4 eingef. mWv 1.1.1993 durch G v. 13.9.1993 (BGBl. I S. 1569); Satz 1 geänd. durch G v. 20.12.2001 (BGBl. I S. 3794).

[10] Nr. **13**.

(3) [1] Zum land- und forstwirtschaftlichen Vermögen gehören abweichend von § 33 Abs. 2 nicht die Wohngebäude einschließlich des dazugehörigen Grund und Bodens. [2] Wohngrundstücke sind dem Grundvermögen zuzurechnen und nach den dafür geltenden Vorschriften zu bewerten.

(4)[1)] [1] Der Ersatzwirtschaftswert wird unter sinngemäßer Anwendung der §§ 35, 36, 38, 40, 42 bis 45, 50 bis 54, 56, 59, 60 Abs. 2 und § 62 in einem vereinfachten Verfahren ermittelt. [2] Bei dem Vergleich der Ertragsbedingungen sind abweichend von § 38 Abs. 2 Nr. 1 ausschließlich die in der Gegend als regelmäßig anzusehenden Verhältnisse zugrunde zu legen.

(5) Für die Ermittlung des Ersatzwirtschaftswerts sind die Wertverhältnisse maßgebend, die bei der Hauptfeststellung der Einheitswerte des land- und forstwirtschaftlichen Vermögens in der Bundesrepublik Deutschland auf den 1. Januar 1964 zugrunde gelegt worden sind.

(6) [1] Aus den Vergleichszahlen der Nutzungen und Nutzungsteile, ausgenommen die forstwirtschaftliche Nutzung und die sonstige land- und forstwirtschaftliche Nutzung, werden unter Anwendung der Ertragswerte des § 40 die Ersatzvergleichswerte als Bestandteile des Ersatzwirtschaftswerts ermittelt. [2] Für die Nutzungen und Nutzungsteile gelten die folgenden Vergleichszahlen:

1. Landwirtschaftliche Nutzung
   a) Landwirtschaftliche Nutzung ohne Hopfen und Spargel
      Die landwirtschaftliche Vergleichszahl in 100 je Hektar errechnet sich auf der Grundlage der Ergebnisse der Bodenschätzung unter Berücksichtigung weiterer natürlicher und wirtschaftlicher Ertragsbedingungen.
   b) Hopfen
      Hopfenbau-Vergleichszahl je Ar 40
   c) Spargel
      Spargelbau-Vergleichszahl je Ar 70
2. Weinbauliche Nutzung
   Weinbau-Vergleichszahlen je Ar:
   a) Traubenerzeugung (Nichtausbau) 22
   b) Faßweinausbau 25
   c) Flaschenweinausbau 30
3. Gärtnerische Nutzung
   Gartenbau-Vergleichszahlen je Ar:
   a) Nutzungsteil Gemüse-, Blumen- und Zierpflanzenbau:
      aa) Gemüsebau 50
      bb) Blumen- und Zierpflanzenbau 100
   b) Nutzungsteil Obstbau 50
   c) Nutzungsteil Baumschulen 60
   d) Für Nutzungsflächen unter Glas und Kunststoffplatten, ausgenommen Niederglas, erhöhen sich die vorstehenden Vergleichszahlen bei

1) § 125 Abs. 4 Satz 3 aufgeh. durch G v. 20.12.2001 (BGBl. I S. 3794).

aa) Gemüsebau
nicht heizbar .... um das 6fache,
heizbar .... um das 8fache,

bb) Blumen- und Zierpflanzenbau, Baumschulen
nicht heizbar .... um das 4fache,
heizbar .... um das 8fache.

(7)[1] Für die folgenden Nutzungen werden unmittelbar Ersatzvergleichswerte angesetzt:

1. Forstwirtschaftliche Nutzung
Der Ersatzvergleichswert beträgt 125 Deutsche Mark je Hektar.
2. Sonstige land- und forstwirtschaftliche Nutzung
Der Ersatzvergleichswert beträgt bei
a) Binnenfischerei .... 2 Deutsche Mark je kg des nachhaltigen Jahresfangs,
b) Teichwirtschaft
aa) Forellenteichwirtschaft .... 20 000 Deutsche Mark je Hektar,
bb) übrige Teichwirtschaft .... 1000 Deutsche Mark je Hektar,
c) Fischzucht für Binnenfischerei und Teichwirtschaft
aa) für Forellenteichwirtschaft .... 30 000 Deutsche Mark je Hektar,
bb) für übrige Binnenfischerei und Teichwirtschaft .... 1500 Deutsche Mark je Hektar
d) Imkerei .... 10 Deutsche Mark je Bienenkasten,
e) Wanderschäferei .... 20 Deutsche Mark je Mutterschaf,
f) Saatzucht .... 15 Prozent der nachhaltigen Jahreseinnahmen,
g) Weihnachtsbaumkultur .... 3000 Deutsche Mark je Hektar,
h) Pilzanbau .... 25 Deutsche Mark je Quadratmeter,
i) Besamungsstationen .... 20 Prozent der nachhaltigen Jahreseinnahmen.

[1] DM-Werte gelten nach dem 31.12.2001 als Berechnungsgrößen fort (§ 265 Abs. 2).

§ 126[1] **Geltung des Ersatzwirtschaftswerts.** (1)[2] [1]Der sich nach § 125 ergebende Ersatzwirtschaftswert gilt für die Grundsteuer; er wird im Steuermeßbetragsverfahren ermittelt. [2]Für eine Neuveranlagung des Grundsteuermeßbetrags wegen Änderung des Ersatzwirtschaftswerts gilt § 22 Abs. 1 sinngemäß.

(2) [1]Für andere Steuern ist bei demjenigen, dem Wirtschaftsgüter des land- und forstwirtschaftlichen Vermögens zuzurechnen sind, der Ersatzwirtschaftswert oder ein entsprechender Anteil an diesem Wert anzusetzen. [2]Die Eigentumsverhältnisse und der Anteil am Ersatzwirtschaftswert sind im Festsetzungsverfahren der jeweiligen Steuer zu ermitteln.

§ 127[3] **Erklärung zum Ersatzwirtschaftswert.** (1) [1]Der Nutzer des land- und forstwirtschaftlichen Vermögens (§ 125 Abs. 2 Satz 2) hat dem Finanzamt, in dessen Bezirk das genutzte Vermögen oder sein wertvollster Teil liegt, eine Erklärung zum Ersatzwirtschaftswert abzugeben. [2]Der Nutzer hat die Steuererklärung eigenhändig zu unterschreiben.

(2) [1]Die Erklärung ist erstmals für das Kalenderjahr 1991 nach den Verhältnissen zum 1. Januar 1991 abzugeben. [2]§ 28 Abs. 2 gilt entsprechend.

§ 128[4] **Auskünfte, Erhebungen, Mitteilungen, Abrundung.** § 29 und § 30 gelten bei der Ermittlung des Ersatzwirtschaftswerts sinngemäß.]

B.[5] Grundvermögen

[***bis 31.12.2024:***

§ 129[6] **Grundvermögen.** (1) Für Grundstücke gelten die Einheitswerte, die nach den Wertverhältnissen am 1. Januar 1935 festgestellt sind oder noch festgestellt werden (Einheitswerte 1935).

(2)[7] Vorbehaltlich der §§ 129a bis 131 werden für die Ermittlung der Einheitswerte 1935 statt der §§ 27, 68 bis 94

1. §§ 10, 11 Abs. 1 und 2 und Abs. 3 Satz 2, §§ 50 bis 53 des Bewertungsgesetzes der Deutschen Demokratischen Republik in der Fassung vom 18. September 1970 (Sonderdruck Nr. 674 des Gesetzblattes),
2. § 3a Abs. 1, §§ 32 bis 46 der Durchführungsverordnung zum Reichsbewertungsgesetz vom 2. Februar 1935 (RGBl. I S. 81), zuletzt geändert durch die Verordnung zur Änderung der Durchführungsverordnung zum Vermögensteuergesetz, der Durchführungsverordnung zum Reichsbewertungsgesetz und der Aufbringungsumlage-Verordnung vom 8. Dezember 1944 (RGBl. I S. 338), und
3. die Rechtsverordnungen der Präsidenten der Landesfinanzämter über die Bewertung bebauter Grundstücke vom 17. Dezember 1934 (Reichsministe-

---

[1] § 126 aufgeh. **mWv 1.1.2025** durch G v. 26.11.2019 (BGBl. I S. 1794).
[2] § 126 Abs. 1 Satz 2 geänd. durch G v. 20.12.2001 (BGBl. I S. 3794).
[3] § 127 aufgeh. **mWv 1.1.2025** durch G v. 26.11.2019 (BGBl. I S. 1794).
[4] § 128 geänd. durch G v. 20.12.2001 (BGBl. I S. 3794); § 128 aufgeh. **mWv 1.1.2025** durch G v. 26.11.2019 (BGBl. I S. 1794).
[5] Unterabschnittsüberschrift eingef. durch G v. 29.10.1997 (BGBl. I S. 2590).
[6] § 129 aufgeh. **mWv 1.1.2025** durch G v. 26.11.2019 (BGBl. I S. 1794).
[7] § 129 Abs. 2 geänd. durch G v. 27.9.1994 (BGBl. I S. 2624).

rialblatt S. 785 ff.), soweit Teile des in Artikel 3 des Einigungsvertrages genannten Gebietes in ihrem Geltungsbereich liegen,

weiter angewandt.

§ 129a[1)] Abschläge bei Bewertung mit einem Vielfachen der Jahresrohmiete. (1) Ist eine Ermäßigung wegen des baulichen Zustandes des Gebäudes (§ 37 Abs. 1, 3 und 4 der weiter anzuwendenden Durchführungsverordnung zum Reichsbewertungsgesetz) zu gewähren, tritt der Höchstsatz 50 Prozent anstelle des Höchstsatzes von 30 Prozent.

(2) [1] Der Wert eines Grundstücks, der sich aus dem Vielfachen der Jahresrohmiete ergibt, ist ohne Begrenzung auf 30 Prozent (§ 37 Abs. 3 der weiter anzuwendenden Durchführungsverordnung zum Reichsbewertungsgesetz) zu ermäßigen, wenn die Notwendigkeit baldigen Abbruchs besteht. [2] Gleiches gilt, wenn derjenige, der ein Gebäude auf fremdem Grund und Boden oder aufgrund eines Erbbaurechts errichtet hat, vertraglich zum vorzeitigen Abbruch verpflichtet ist.

§ 130[2)] Nachkriegsbauten. (1) Nachkriegsbauten sind Grundstücke mit Gebäuden, die nach dem 20. Juni 1948 bezugsfertig geworden sind.

(2) [1] Soweit Nachkriegsbauten mit einem Vielfachen der Jahresrohmiete zu bewerten sind, ist für Wohnraum die ab Bezugsfertigkeit preisrechtlich zulässige Miete als Jahresrohmiete vom 1. Januar 1935 anzusetzen. [2] Sind Nachkriegsbauten nach dem 30. Juni 1990 bezugsfertig geworden, ist die Miete anzusetzen, die bei unverändertem Fortbestand der Mietpreisgesetzgebung ab Bezugsfertigkeit preisrechtlich zulässig gewesen wäre. [3] Enthält die preisrechtlich zulässige Miete Bestandteile, die nicht zur Jahresrohmiete im Sinne des § 34 der weiter anzuwendenden Durchführungsverordnung zum Reichsbewertungsgesetz gehören, sind sie auszuscheiden.

(3) Für Nachkriegsbauten der Mietwohngrundstücke, der gemischtgenutzten Grundstücke und der mit einem Vielfachen der Jahresrohmiete zu bewertenden Geschäftsgrundstücke gilt einheitlich der Vervielfältiger neun.

§ 131[3)] Wohnungseigentum und Teileigentum, Wohnungserbbaurecht und Teilerbbaurecht. (1) [1] Jedes Wohnungseigentum und Teileigentum bildet eine wirtschaftliche Einheit. [2] Für die Bestimmung der Grundstückshauptgruppe ist die Nutzung des auf das Wohnungseigentum und Teileigentum entfallenden Gebäudeteils maßgebend. [3] Die Vorschriften zur Ermittlung der Einheitswerte 1935 bei bebauten Grundstücken finden Anwendung, soweit sich nicht aus den Absätzen 2 und 3 etwas anderes ergibt.

(2) [1] Das zu mehr als 80 Prozent Wohnzwecken dienende Wohnungseigentum ist mit dem Vielfachen der Jahresrohmiete nach den Vorschriften zu bewerten, die für Mietwohngrundstücke maßgebend sind. [2] Wohnungseigentum, das zu nicht mehr als 80 Prozent, aber zu nicht weniger als 20 Prozent Wohnzwecken dient, ist mit dem Vielfachen der Jahresrohmiete nach den Vorschriften zu bewerten, die für gemischtgenutzte Grundstücke maßgebend sind.

---

1) § 129a eingef. mWv 1.1.1991 durch G v. 27.9.1994 (BGBl. I S. 2624); § 129a aufgeh. **mWv 1.1.2025** durch G v. 26.11.2019 (BGBl. I S. 1794).

2) § 130 aufgeh. **mWv 1.1.2025** durch G v. 26.11.2019 (BGBl. I S. 1794).

3) § 131 aufgeh. **mWv 1.1.2025** durch G v. 26.11.2019 (BGBl. I S. 1794).

(3) [1]Entsprechen die im Grundbuch eingetragenen Miteigentumsanteile an dem gemeinschaftlichen Eigentum nicht dem Verhältnis der Jahresrohmiete zueinander, so kann dies bei der Feststellung des Wertes entsprechend berücksichtigt werden. [2]Sind einzelne Räume, die im gemeinschaftlichen Eigentum stehen, vermietet, so ist ihr Wert nach den im Grundbuch eingetragenen Anteilen zu verteilen und bei den einzelnen wirtschaftlichen Einheiten zu erfassen.

(4) [1]Bei Wohnungserbbaurechten oder Teilerbbaurechten gilt § 46 der weiter anzuwendenden Durchführungsverordnung zum Reichsbewertungsgesetz sinngemäß. [2]Der Gesamtwert ist in gleicher Weise zu ermitteln, wie wenn es sich um Wohnungseigentum oder um Teileigentum handelte. [3]Er ist auf den Wohnungserbbauberechtigten und den Bodeneigentümer entsprechend zu verteilen.

§ 132[1)] Fortschreibung und Nachfeststellung der Einheitswerte 1935.

(1) Fortschreibungen und Nachfeststellungen der Einheitswerte 1935 werden erstmals auf den 1. Januar 1991 vorgenommen, soweit sich aus den Absätzen 2 bis 4 nichts Abweichendes ergibt.

(2) [1]Für Mietwohngrundstücke und Einfamilienhäuser im Sinne des § 32 der weiter anzuwendenden Durchführungsverordnung zum Reichsbewertungsgesetz unterbleibt eine Feststellung des Einheitswerts auf den 1. Januar 1991, wenn eine ab diesem Zeitpunkt wirksame Feststellung des Einheitswerts für die wirtschaftliche Einheit nicht vorliegt und der Einheitswert nur für die Festsetzung der Grundsteuer erforderlich wäre. [2]Der Einheitswert für Mietwohngrundstücke und Einfamilienhäuser wird nachträglich auf einen späteren Feststellungszeitpunkt festgestellt, zu dem der Einheitswert erstmals für die Festsetzung anderer Steuern als der Grundsteuer erforderlich ist.

(3) Wird für Grundstücke im Sinne des Absatzes 2 ein Einheitswert festgestellt, gilt er für die Grundsteuer von dem Kalenderjahr an, das der Bekanntgabe des Feststellungsbescheids folgt.

(4) Änderungen der tatsächlichen Verhältnisse, die sich nur auf den Wert des Grundstücks auswirken, werden erst durch Fortschreibung auf den 1. Januar 1994 berücksichtigt, es sei denn, daß eine Feststellung des Einheitswerts zu einem früheren Zeitpunkt für die Festsetzung anderer Steuern als der Grundsteuer erforderlich ist.

§ 133[2)] Sondervorschrift für die Anwendung der Einheitswerte 1935.

[1]Die Einheitswerte 1935 der Betriebsgrundstücke sind für die Gewerbesteuer wie folgt anzusetzen:

1. Mietwohngrundstücke mit 100 Prozent des Einheitswerts 1935,
2. Geschäftsgrundstücke mit 400 Prozent des Einheitswerts 1935,
3. gemischtgenutzte Grundstücke, Einfamilienhäuser und sonstige bebaute Grundstücke mit 250 Prozent des Einheitswerts 1935,
4. unbebaute Grundstücke mit 600 Prozent des Einheitswerts 1935.

---

1) § 132 aufgeh. **mWv 1.1.2025** durch G v. 26.11.2019 (BGBl. I S. 1794).

2) § 133 neu gef. mWv 1.1.1997 durch G v. 20.12.1996 (BGBl. I S. 2049); § 133 aufgeh. **mWv 1.1.2025** durch G v. 26.11.2019 (BGBl. I S. 1794).

[2]Bei Grundstücken im Zustand der Bebauung bestimmt sich die Grundstückshauptgruppe für den besonderen Einheitswert im Sinne des § 33a Abs. 3 der weiter anzuwendenden Durchführungsverordnung zum Reichsbewertungsgesetz nach dem tatsächlichen Zustand, der nach Fertigstellung des Gebäudes besteht.]

C.[1)] Betriebsvermögen

§§ 134–136[2)] *(aufgehoben)*

[*bis 31.12.2024:*
§ 137[3)] **Bilanzposten nach dem D-Markbilanzgesetz.** Nicht zum Betriebsvermögen gehören folgende Bilanzposten nach dem D-Markbilanzgesetz:
1. das Sonderverlustkonto,
2. das Kapitalentwertungskonto und
3. das Beteiligungsentwertungskonto.]

Vierter Abschnitt.[4)] Vorschriften für die Bewertung von Grundbesitz für die Grunderwerbsteuer ab 1. Januar 1997

A. Allgemeines

[*bis 31.12.2024:*
§ 138[5)] **Feststellung von Grundbesitzwerten.** (1) [1]Grundbesitzwerte werden unter Berücksichtigung der tatsächlichen Verhältnisse und der Wertverhältnisse zum Besteuerungszeitpunkt festgestellt. [2]§ 29 Abs. 2 und 3 gilt sinngemäß.

(2) Für die wirtschaftlichen Einheiten des land- und forstwirtschaftlichen Vermögens und für Betriebsgrundstücke im Sinne des § 99 Abs. 1 Nr. 2 sind die Grundbesitzwerte unter Anwendung der §§ 139 bis 144 zu ermitteln.

(3) [1]Für die wirtschaftlichen Einheiten des Grundvermögens und für Betriebsgrundstücke im Sinne des § 99 Abs. 1 Nr. 1 sind die Grundbesitzwerte unter Anwendung der §§ 68, 69 und 99 Abs. 2 und der §§ 139 und 145 bis 150 zu ermitteln. [2]§ 70 gilt mit der Maßgabe, dass der Anteil des Eigentümers eines Grundstücks an anderem Grundvermögen (beispielsweise an gemeinschaftlichen Hofflächen oder Garagen) abweichend von Absatz 2 Satz 1 dieser Vorschrift in das Grundstück einzubeziehen ist, wenn der Anteil zusammen mit dem Grundstück genutzt wird. [3]§ 20 Satz 2 ist entsprechend anzuwenden.

(4) Weist der Steuerpflichtige nach, dass der gemeine Wert der wirtschaftlichen Einheit im Besteuerungszeitpunkt niedriger ist als der nach den §§ 143, 145 bis 149 ermittelte Wert, ist der gemeine Wert als Grundbesitzwert festzustellen.

---

1) Unterabschnittsüberschrift eingef. durch G v. 29.10.1997 (BGBl. I S. 2590).

2) § 134 aufgeh. durch G v. 24.6.1991 (BGBl. I S. 1322); § 135 aufgeh. mWv 1.1.1997 durch G v. 20.12.1996 (BGBl. I S. 2049); § 136 aufgeh. durch G v. 20.12.2001 (BGBl. I S. 3794).

3) § 137 aufgeh. **mWv 1.1.2025** durch G v. 26.11.2019 (BGBl. I S. 1794).

4) 4. Abschnitt (§§ 138–150) eingef. durch G v. 20.12.1996 (BGBl. I S. 2049); Überschrift neu gef. mWv 1.1.2009 durch G v. 24.12.2008 (BGBl. I S. 3018).

5) § 138 neu gef. mWv 1.1.2007 durch G v. 13.12.2006 (BGBl. I S. 2878); § 138 aufgeh. **mWv 1.1.2025** durch G v. 26.11.2019 (BGBl. I S. 1794).

§ 139[1] **Abrundung.** Die Grundbesitzwerte werden auf volle fünfhundert Euro nach unten abgerundet.]

B. Land- und forstwirtschaftliches Vermögen

[*bis 31.12.2024:*
§ 140[2] **Wirtschaftliche Einheit und Umfang des land- und forstwirtschaftlichen Vermögens.** (1) [1]Der Begriff der wirtschaftlichen Einheit und der Umfang des land- und forstwirtschaftlichen Vermögens richten sich nach § 33. [2]Dazu gehören auch immaterielle Wirtschaftsgüter (zum Beispiel Brennrechte, Milchlieferrechte, Jagdrechte und Zuckerrübenlieferrechte), soweit sie einem Betrieb der Land- und Forstwirtschaft dauernd zu dienen bestimmt sind.

(2) Zu den Geldschulden im Sinne des § 33 Abs. 3 Nr. 2 gehören auch Pensionsverpflichtungen.

§ 141[3] **Umfang des Betriebs der Land- und Forstwirtschaft.** (1) Der Betrieb der Land- und Forstwirtschaft umfaßt
1. den Betriebsteil,
2. die Betriebswohnungen,
3. den Wohnteil.

(2) [1]Der Betriebsteil umfaßt den Wirtschaftsteil eines Betriebs der Land- und Forstwirtschaft (§ 34 Abs. 2), jedoch ohne die Betriebswohnungen (Absatz 3). [2]§ 34 Abs. 4 bis 7 ist bei der Ermittlung des Umfangs des Betriebsteils anzuwenden.

(3) Betriebswohnungen sind Wohnungen einschließlich des dazugehörigen Grund und Bodens, die einem Betrieb der Land- und Forstwirtschaft zu dienen bestimmt, aber nicht dem Wohnteil zuzurechnen sind.

(4) Der Wohnteil umfaßt die Gebäude und Gebäudeteile im Sinne des § 34 Abs. 3 und den dazugehörigen Grund und Boden.

§ 142[4] **Betriebswert.** (1) [1]Der Wert des Betriebsteils (Betriebswert) wird unter sinngemäßer Anwendung der §§ 35 und 36 Abs. 1 und 2, der §§ 42, 43 und 44 Abs. 1 und der §§ 45, 48a, 51, 51a, 53, 54, 56, 59 und 62 Abs. 1 ermittelt. [2]Abweichend von § 36 Abs. 2 Satz 3 ist der Ertragswert das 18,6fache des Reinertrags.

(2) Der Betriebswert setzt sich zusammen aus den Einzelertragswerten für Nebenbetriebe (§ 42), das Abbauland (§ 43), die gemeinschaftliche Tierhaltung (§ 51a) und die in Nummer 5 nicht genannten Nutzungsteile der sonstigen land- und forstwirtschaftlichen Nutzung sowie den folgenden Ertragswerten:

---

[1] § 139 eingef. durch G v. 20.12.1996 (BGBl. I S. 2049); geänd. mWv 1.1.2002 durch G v. 20.12. 2001 (BGBl. I S. 3794); § 139 aufgeh. **mWv 1.1.2025** durch G v. 26.11.2019 (BGBl. I S. 1794).

[2] § 140 eingef. durch G v. 20.12.1996 (BGBl. I S. 2049); § 140 aufgeh. **mWv 1.1.2025** durch G v. 26.11.2019 (BGBl. I S. 1794).

[3] § 141 eingef. durch G v. 20.12.1996 (BGBl. I S. 2049); § 141 aufgeh. **mWv 1.1.2025** durch G v. 26.11.2019 (BGBl. I S. 1794).

[4] § 142 neu gef. mWv 1.1.2002 durch G v. 20.12.2001 (BGBl. I S. 3794); § 142 aufgeh. **mWv 1.1.2025** durch G v. 26.11.2019 (BGBl. I S. 1794).

1. landwirtschaftliche Nutzung:
   a) landwirtschaftliche Nutzung ohne Hopfen und Spargel:
      [1]Der Ertragswert ist auf der Grundlage der Ergebnisse der Bodenschätzung nach dem Bodenschätzungsgesetz zu ermitteln. [2]Er beträgt 0,35 Euro je Ertragsmesszahl;
   b) Nutzungsteil Hopfen — 57 Euro je Ar;
   c) Nutzungsteil Spargel — 76 Euro je Ar;
2. forstwirtschaftliche Nutzung:
   a) Nutzungsgrößen bis zu 10 Hektar, Nichtwirtschaftswald, Baumartengruppe Kiefer, Baumartengruppe Fichte bis zu 60 Jahren, Baumartengruppe Buche und sonstiges Laubholz bis zu 100 Jahren und Eiche bis zu 140 Jahren — 0,26 Euro je Ar;
   b) Baumartengruppe Fichte über 60 Jahren bis zu 80 Jahren und Plenterwald — 7,50 Euro je Ar;
   c) Baumartengruppe Fichte über 80 bis zu 100 Jahren — 15 Euro je Ar;
   d) Baumartengruppe Fichte über 100 Jahre — 20 Euro je Ar;
   e) Baumartengruppe Buche und sonstiges Laubholz über 100 Jahre — 5 Euro je Ar;
   f) Eiche über 140 Jahre — 10 Euro je Ar;
3. weinbauliche Nutzung:
   a) Traubenerzeugung und Fassweinausbau:
      aa) in den Weinbaugebieten Ahr, Franken und Württemberg — 36 Euro je Ar;
      bb) in den übrigen Weinbaugebieten — 18 Euro je Ar;
   b) Flaschenweinausbau:
      aa) in den Weinbaugebieten Ahr, Baden, Franken, Rheingau und Württemberg — 82 Euro je Ar;
      bb) in den übrigen Weinbaugebieten — 36 Euro je Ar;
4. gärtnerische Nutzung:
   a) Nutzungsteil Gemüse-, Blumen- und Zierpflanzenbau:
      aa) Gemüsebau:
         – Freilandflächen — 56 Euro je Ar;
         – Flächen unter Glas und Kunststoffen — 511 Euro je Ar;
      bb) Blumen- und Zierpflanzenbau:
         – Freilandflächen — 184 Euro je Ar;
         – beheizbare Flächen unter Glas und Kunststoffen — 1841 Euro je Ar;
         – nichtbeheizbare Flächen unter Glas und Kunststoffen — 920 Euro je Ar;
   b) Nutzungsteil Obstbau — 20 Euro je Ar;

c) Nutzungsteil Baumschulen:
– Freilandflächen 164 Euro je Ar;
– Flächen unter Glas und Kunststoffen 1329 Euro je Ar;

5. sonstige land- und forstwirtschaftliche Nutzung:
a) Nutzungsteil Wanderschäferei 10 Euro je Mutterschaf;
b) Nutzungsteil Weihnachtsbaumkultur 133 Euro je Ar;
6. Geringstland:
Der Ertragswert für Geringstland beträgt 0,26 Euro je Ar.

(3) [1] Für die nach § 13a des Erbschaftsteuergesetzes[1)] begünstigten Betriebe der Land- und Forstwirtschaft kann beantragt werden, den Betriebswert abweichend von Absatz 2 Nr. 1 bis 6 insgesamt als Einzelertragswert zu ermitteln. [2] Der Antrag ist bei Abgabe der Feststellungserklärung schriftlich zu stellen. [3] Die dafür notwendigen Bewertungsgrundlagen sind vom Steuerpflichtigen nachzuweisen.

(4) [1] In den Fällen des § 34 Abs. 4 ist der Betriebswert nach § 19 Abs. 3 Nr. 2 zu verteilen. [2] Bei der Verteilung wird für einen anderen Beteiligten als den Eigentümer des Grund und Bodens ein Anteil nicht festgestellt, wenn er weniger als 500 Euro beträgt. [3] Die Verteilung unterbleibt, wenn die Anteile der anderen Beteiligten zusammen weniger als 500 Euro betragen. [4] In den Fällen des § 34 Abs. 6 gelten die Sätze 1 bis 3 entsprechend. [5] Soweit der Betriebswert des Eigentümers des Grund und Bodens unter Berücksichtigung von § 48a festgestellt ist, findet in den Fällen des § 34 Abs. 4 eine Verteilung nicht statt.

§ 143[2)] Wert der Betriebswohnungen und des Wohnteils. (1) Der Wert der Betriebswohnungen (§ 141 Abs. 3) und der Wert des Wohnteils (§ 141 Abs. 4) sind nach den Vorschriften zu ermitteln, die beim Grundvermögen für die Bewertung von Wohngrundstücken gelten (§§ 146 bis 150).

(2) In den Fällen des § 146 Abs. 6 ist für die Betriebswohnungen und für den Wohnteil bei Vorliegen der Voraussetzungen des Absatzes 3 jeweils höchstens das Fünffache der bebauten Fläche zugrunde zu legen.

(3) Zur Berücksichtigung von Besonderheiten, die sich im Falle einer räumlichen Verbindung der Betriebswohnungen und des Wohnteils mit der Hofstelle ergeben, sind deren Werte (§§ 146 bis 149) jeweils um 15 Prozent zu ermäßigen.

§ 144[3)] Zusammensetzung des land- und forstwirtschaftlichen Grundbesitzwerts. Der Betriebswert, der Wert der Betriebswohnungen und der Wert des Wohnteils bilden zusammen den land- und forstwirtschaftlichen Grundbesitzwert.]

[1)] Nr. **7**.

[2)] § 143 eingef. durch G v. 20.12.1996 (BGBl. I S. 2049); § 143 aufgeh. **mWv 1.1.2025** durch G v. 26.11.2019 (BGBl. I S. 1794).

[3)] § 144 eingef. durch G v. 20.12.1996 (BGBl. I S. 2049); § 144 aufgeh. **mWv 1.1.2025** durch G v. 26.11.2019 (BGBl. I S. 1794).

C. Grundvermögen

I. Unbebaute Grundstücke

[*bis 31.12.2024:*
§ 145[1] **Unbebaute Grundstücke.** (1)[2] [1]Unbebaute Grundstücke sind Grundstücke, auf denen sich keine benutzbaren Gebäude befinden. [2]Die Benutzbarkeit beginnt im Zeitpunkt der Bezugsfertigkeit. [3]Gebäude sind als bezugsfertig anzusehen, wenn den zukünftigen Bewohnern oder sonstigen Benutzern zugemutet werden kann, sie zu benutzen; die Abnahme durch die Bauaufsichtsbehörde ist nicht entscheidend.

(2)[3] [1]Befinden sich auf dem Grundstück Gebäude, die auf Dauer keiner oder nur einer unbedeutenden Nutzung zugeführt werden können, gilt das Grundstück als unbebaut; als unbedeutend gilt eine Nutzung, wenn die hierfür erzielte Jahresmiete (§ 146 Abs. 2) oder die übliche Miete (§ 146 Abs. 3) weniger als 1 Prozent des nach Absatz 3 anzusetzenden Werts beträgt. [2]Als unbebautes Grundstück gilt auch ein Grundstück, auf dem infolge der Zerstörung oder des Verfalls der Gebäude auf Dauer benutzbarer Raum nicht mehr vorhanden ist.

(3)[4] [1]Der Wert eines unbebauten Grundstücks bestimmt sich regelmäßig nach seiner Fläche und dem um 20 Prozent ermäßigten Bodenrichtwert (§ 196 des Baugesetzbuchs in der jeweils geltenden Fassung). [2]Die Bodenrichtwerte sind von den Gutachterausschüssen nach dem Baugesetzbuch zu ermitteln und den Finanzämtern mitzuteilen. [3]Bei der Wertermittlung ist stets der Bodenrichtwert anzusetzen, der vom Gutachterausschuss zuletzt zu ermitteln war. [4]Wird von den Gutachterausschüssen kein Bodenrichtwert ermittelt, ist der Bodenwert aus den Werten vergleichbarer Flächen abzuleiten und um 20 Prozent zu ermäßigen.]

II. Bebaute Grundstücke

[*bis 31.12.2024:*
§ 146[5] **Bebaute Grundstücke.** (1) Grundstücke, auf die die in § 145 Abs. 1 genannten Merkmale nicht zutreffen, sind bebaute Grundstücke.

(2)[6] [1]Der Wert eines bebauten Grundstücks ist das 12,5fache der im Besteuerungszeitpunkt vereinbarten Jahresmiete, vermindert um die Wertminderung wegen des Alters des Gebäudes (Absatz 4). [2]Jahresmiete ist das Gesamtentgelt, das die Mieter (Pächter) für die Nutzung der bebauten Grundstücke aufgrund vertraglicher Vereinbarungen für den Zeitraum von zwölf Monaten zu zahlen haben. [3]Betriebskosten sind nicht einzubeziehen.

(3)[6] [1]An die Stelle der Jahresmiete tritt die übliche Miete für solche Grundstücke oder Grundstücksteile,

---

[1] § 145 eingef. durch G v. 20.12.1996 (BGBl. I S. 2049); § 145 aufgeh. **mWv 1.1.2025** durch G v. 26.11.2019 (BGBl. I S. 1794).

[2] § 145 Abs. 1 neu gef. mWv 1.1.2007 durch G v. 13.12.2006 (BGBl. I S. 2878).

[3] § 145 Abs. 2 Satz 1 neu gef. mWv 1.1.2007 durch G v. 13.12.2006 (BGBl. I S. 2878).

[4] § 145 Abs. 3 neu gef. mWv 1.1.2007 durch G v. 13.12.2006 (BGBl. I S. 2878); Sätze 1 und 4 neu gef. mWv 14.12.2011 (§ 265 Abs. 3) durch G v. 7.12.2011 (BGBl. I S. 2592).

[5] § 146 eingef. durch G v. 20.12.1996 (BGBl. I S. 2049); § 146 aufgeh. **mWv 1.1.2025** durch G v. 26.11.2019 (BGBl. I S. 1794).

[6] § 146 Abs. 2 und 3 neu gef. mWv 1.1.2007 durch G v. 13.12.2006 (BGBl. I S. 2878).

1. die eigengenutzt, ungenutzt, zu vorübergehendem Gebrauch oder unentgeltlich überlassen sind,
2. die der Eigentümer dem Mieter zu einer um mehr als 20 Prozent von der üblichen Miete abweichenden tatsächlichen Miete überlassen hat.

[2]Die übliche Miete ist die Miete, die für nach Art, Lage, Größe, Ausstattung und Alter vergleichbare, nicht preisgebundene Grundstücke von fremden Mietern bezahlt wird; Betriebskosten (Absatz 2 Satz 3) sind hierbei nicht einzubeziehen. [3]Ungewöhnliche oder persönliche Verhältnisse bleiben dabei außer Betracht.

(4) [1]Die Wertminderung wegen Alters des Gebäudes beträgt für jedes Jahr, das seit Bezugsfertigkeit des Gebäudes bis zum Besteuerungszeitpunkt vollendet worden ist, 0,5 Prozent, höchstens jedoch 25 Prozent des Werts nach den Absätzen 2 und 3. [2]Sind nach Bezugsfertigkeit des Gebäudes bauliche Maßnahmen durchgeführt worden, die die gewöhnliche Nutzungsdauer des Gebäudes um mindestens 25 Jahre verlängert haben, ist bei der Wertminderung wegen Alters von einer der Verlängerung der gewöhnlichen Nutzungsdauer entsprechenden Bezugsfertigkeit auszugehen.

(5) Enthält ein bebautes Grundstück, das ausschließlich Wohnzwecken dient, nicht mehr als zwei Wohnungen, ist der nach den Absätzen 1 bis 4 ermittelte Wert um 20 Prozent zu erhöhen.

(6) Der für ein bebautes Grundstück nach den Absätzen 2 bis 5 anzusetzende Wert darf nicht geringer sein als der Wert, mit dem der Grund und Boden allein als unbebautes Grundstück nach § 145 Abs. 3 zu bewerten wäre.

(7)[1] Die Vorschriften gelten entsprechend für Wohnungseigentum und Teileigentum.

§ 147[2] Sonderfälle. (1) [1]Läßt sich für bebaute Grundstücke die übliche Miete (§ 146 Abs. 3) nicht ermitteln, bestimmt sich der Wert abweichend von § 146 nach der Summe des Werts des Grund und Bodens und des Werts der Gebäude. [2]Dies gilt insbesondere, wenn die Gebäude zur Durchführung bestimmter Fertigungsverfahren, zu Spezialnutzungen oder zur Aufnahme bestimmter technischer Einrichtungen errichtet worden sind und nicht oder nur mit erheblichem Aufwand für andere Zwecke nutzbar gemacht werden können.

(2) [1]Der Wert des Grund und Bodens ist gemäß § 145 mit der Maßgabe zu ermitteln, daß an Stelle des in § 145 Abs. 3 vorgesehenen Abschlags von 20 Prozent ein solcher von 30 Prozent tritt. [2]Der Wert der Gebäude bestimmt sich nach den ertragsteuerlichen Bewertungsvorschriften; maßgebend ist der Wert im Besteuerungszeitpunkt.

§ 148[3] Erbbaurecht. (1) Ist das Grundstück mit einem Erbbaurecht belastet, ist bei der Ermittlung der Grundbesitzwerte für die wirtschaftliche Einheit des belasteten Grundstücks und für die wirtschaftliche Einheit des Erbbaurechts

[1] § 146 Abs. 7 aufgeh., bish. Abs. 8 wird Abs. 7 mWv 1.1.2007 durch G v. 13.12.2006 (BGBl. I S. 2878).

[2] § 147 eingef. durch G v. 20.12.1996 (BGBl. I S. 2049); § 147 aufgeh. **mWv 1.1.2025** durch G v. 26.11.2019 (BGBl. I S. 1794).

[3] § 148 neu gef. mWv 1.1.2007 durch G v. 13.12.2006 (BGBl. I S. 2878); § 148 aufgeh. **mWv 1.1.2025** durch G v. 26.11.2019 (BGBl. I S. 1794).

von dem Gesamtwert auszugehen, der sich für den Grund und Boden einschließlich der Gebäude vor Anwendung des § 139 ergäbe, wenn die Belastung nicht bestünde.

(2) Der Wert des Grund und Bodens entfällt auf die wirtschaftliche Einheit des belasteten Grundstücks.

(3) [1]Der Gebäudewert entfällt allein auf die wirtschaftliche Einheit des Erbbaurechts, wenn die Dauer dieses Rechts im Besteuerungszeitpunkt mindestens 40 Jahre beträgt oder der Eigentümer des belasteten Grundstücks bei Erlöschen des Erbbaurechts durch Zeitablauf eine dem Wert des Gebäudes entsprechende Entschädigung zu leisten hat. [2]Beträgt die Dauer des Erbbaurechts im Besteuerungszeitpunkt weniger als 40 Jahre und ist eine Entschädigung ausgeschlossen, ist der Gebäudewert zu verteilen. [3]Dabei entfallen auf die wirtschaftliche Einheit des Erbbaurechts bei einer Dauer dieses Rechts von

unter 40 bis zu 35 Jahren	90 Prozent
unter 35 bis zu 30 Jahren	85 Prozent
unter 30 bis zu 25 Jahren	80 Prozent
unter 25 bis zu 20 Jahren	70 Prozent
unter 20 bis zu 15 Jahren	60 Prozent
unter 15 bis zu 10 Jahren	50 Prozent
unter 10 bis zu 8 Jahren	40 Prozent
unter 8 bis zu 7 Jahren	35 Prozent
unter 7 bis zu 6 Jahren	30 Prozent
unter 6 bis zu 5 Jahren	25 Prozent
unter 5 bis zu 4 Jahren	20 Prozent
unter 4 bis zu 3 Jahren	15 Prozent
unter 3 bis zu 2 Jahren	10 Prozent
unter 2 Jahren bis zu 1 Jahr	5 Prozent
unter 1 Jahr	0 Prozent.

[4]Auf die wirtschaftliche Einheit des belasteten Grundstücks entfällt der verbleibende Teil des Gebäudewerts. [5]Beträgt die Entschädigung für das Gebäude beim Übergang nur einen Teil des gemeinen Werts, ist der dem Eigentümer des belasteten Grundstücks entschädigungslos zufallende Anteil entsprechend zu verteilen. [6]Eine in der Höhe des Erbbauzinses zum Ausdruck kommende Entschädigung für den gemeinen Wert des Gebäudes bleibt außer Betracht.

(4) [1]Bei den nach § 146 zu bewertenden Grundstücken beträgt der Gebäudewert 80 Prozent des nach § 146 Abs. 2 bis 5 ermittelten Werts; der verbleibende Teil des Gesamtwerts entspricht dem Wert des Grund und Bodens. [2]Bei bebauten Grundstücken im Sinne des § 147 Abs. 1 ist der Wert des Grund und Bodens nach § 147 Abs. 2 Satz 1 und der Gebäudewert nach § 147 Abs. 2 Satz 2 zu ermitteln.

(5) Für Wohnungserbbaurechte oder Teilerbbaurechte gelten die Absätze 1 bis 4 entsprechend.

(6) Das Recht auf den Erbbauzins wird weder als Bestandteil des Grundstücks noch als gesondertes Recht angesetzt; die Verpflichtung zur Zahlung des Erbbauzinses ist weder bei der Bewertung des Erbbaurechts noch als gesonderte Verpflichtung abzuziehen.

§ 148a[1] Gebäude auf fremdem Grund und Boden. (1) [1]Bei Gebäuden auf fremdem Grund und Boden ist § 148 Abs. 1 entsprechend anzuwenden. [2]Der Bodenwert ist dem Eigentümer des Grund und Bodens, der Gebäudewert dem Eigentümer des Gebäudes zuzurechnen.

(2) § 148 Abs. 4 und 6 ist entsprechend anzuwenden.

§ 149[2] Grundstücke im Zustand der Bebauung. (1) [1]Ein Grundstück im Zustand der Bebauung liegt vor, wenn mit den Bauarbeiten begonnen wurde und Gebäude oder Gebäudeteile noch nicht bezugsfertig sind. [2]Der Zustand der Bebauung beginnt mit den Abgrabungen oder der Einbringung von Baustoffen, die zur planmäßigen Errichtung des Gebäudes führen.

(2) [1]Der Wert ist entsprechend § 146 unter Zugrundelegung der üblichen Miete zu ermitteln, die nach Bezugsfertigkeit des Gebäudes zu erzielen wäre. [2]Von diesem Wert sind 80 Prozent als Gebäudewert anzusetzen. [3]Dem Grundstückswert ohne Berücksichtigung der nicht bezugsfertigen Gebäude oder Gebäudeteile, ermittelt bei unbebauten Grundstücken nach § 145 Abs. 3 und bei bereits bebauten Grundstücken nach § 146, sind die nicht bezugsfertigen Gebäude oder Gebäudeteile mit dem Betrag als Gebäudewert hinzuzurechnen, der dem Verhältnis der bis zum Besteuerungszeitpunkt entstandenen Herstellungskosten zu den gesamten Herstellungskosten entspricht. [4]Dieser Wert darf den Wert des Grundstücks, der nach Bezugsfertigkeit des Gebäudes anzusetzen wäre, nicht übersteigen.

(3) Ist die übliche Miete nicht zu ermitteln, ist der Wert entsprechend § 147 zu ermitteln.

§ 150[3] Gebäude und Gebäudeteile für den Zivilschutz. Gebäude, Teile von Gebäuden und Anlagen, die wegen der in § 1 des Zivilschutzgesetzes bezeichneten Zwecke geschaffen worden sind und im Frieden nicht oder nur gelegentlich oder geringfügig für andere Zwecke benutzt werden, bleiben bei der Ermittlung des Grundstückswerts außer Betracht.]

Fünfter Abschnitt.[4] Gesonderte Feststellungen

§ 151[4] Gesonderte Feststellungen. (1)[5] [1]Gesondert festzustellen (§ 179 der Abgabenordnung[6]) sind

1.[7] Grundbesitzwerte (*§§ 138, 157* [***ab 1.1.2025:*** § 157]),
2. der Wert des Betriebsvermögens oder des Anteils am Betriebsvermögen (§§ 95, 96, 97),
3. der Wert von Anteilen an Kapitalgesellschaften im Sinne des § 11 Abs. 2,

---

[1] § 148a eingef. mWv 1.1.2007 durch G v. 13.12.2006 (BGBl. I S. 2878); § 148a aufgeh. **mWv 1.1.2025** durch G v. 26.11.2019 (BGBl. I S. 1794).

[2] § 149 neu gef. mWv 1.1.2007 durch G v. 13.12.2006 (BGBl. I S. 2878); § 149 aufgeh. **mWv 1.1.2025** durch G v. 26.11.2019 (BGBl. I S. 1794).

[3] § 150 eingef. durch G v. 20.12.1996 (BGBl. I S. 2049); § 150 aufgeh. **mWv 1.1.2025** durch G v. 26.11.2019 (BGBl. I S. 1794).

[4] 5. Abschnitt (§§ 151–156) eingef. mWv 1.1.2007 durch G v. 13.12.2006 (BGBl. I S. 2878).

[5] § 151 Abs. 1 Satz 1 Nr. 1 und 2 neu gef. mWv 1.1.2009 durch G v. 24.12.2008 (BGBl. I S. 3018).

[6] Nr. **1**.

[7] § 151 Abs. 1 Satz 1 Nr. 1 geänd. **mWv 1.1.2025** durch G v. 26.11.2019 (BGBl. I S. 1794).

4.[1] der Anteil am Wert von anderen als in den Nummern 1 bis 3 genannten Vermögensgegenständen und von Schulden, die mehreren Personen zustehen,

wenn die Werte für die Erbschaftsteuer oder eine andere Feststellung im Sinne dieser Vorschrift von Bedeutung sind. 2 Die Entscheidung über eine Bedeutung für die Besteuerung trifft das für die Festsetzung der Erbschaftsteuer oder die Feststellung nach Satz 1 Nr. 2 bis 4 zuständige Finanzamt.

(2)[2] In dem Feststellungsbescheid für Grundbesitzwerte sind auch Feststellungen zu treffen

1. über die Art der wirtschaftlichen Einheit;
2. über die Zurechnung der wirtschaftlichen Einheit und bei mehreren Beteiligten über die Höhe des Anteils, der für die Besteuerung oder eine andere Feststellung von Bedeutung ist; beim Erwerb durch eine Erbengemeinschaft erfolgt die Zurechnung in Vertretung der Miterben auf die Erbengemeinschaft. 2 Entsprechendes gilt für die Feststellungen nach Absatz 1 Satz 1 Nr. 2 bis 4.

(3)[3] 1 Gesondert festgestellte Werte im Sinne des Absatzes 1 Satz 1Nummer 1 bis 4 sind einer innerhalb einer Jahresfrist folgenden Feststellung für dieselbe wirtschaftliche Einheit unverändert zu Grunde zu legen, wenn sich die für die erste Bewertung maßgeblichen Stichtagsverhältnisse nicht wesentlich geändert haben. 2 Der Erklärungspflichtige kann eine von diesem Wert abweichende Feststellung nach den Verhältnissen am Bewertungsstichtag durch Abgabe einer Feststellungserklärung beantragen.

(4) Ausländisches Vermögen unterliegt nicht der gesonderten Feststellung.

(5) 1 Grundbesitzwerte (Absatz 1 Satz 1 Nr. 1) sind auch festzustellen, wenn sie für die Grunderwerbsteuer von Bedeutung sind. 2 Absatz 1 Satz 2 gilt entsprechend. 3 Absatz 2 ist nicht anzuwenden.

§ 152[4] Örtliche Zuständigkeit. Für die gesonderten Feststellungen ist örtlich zuständig:

1. in den Fällen des § 151 Abs. 1 Satz 1 Nr. 1 das Finanzamt, in dessen Bezirk das Grundstück, das Betriebsgrundstück oder der Betrieb der Land- und Forstwirtschaft oder, wenn sich das Grundstück, das Betriebsgrundstück oder der Betrieb der Land- und Forstwirtschaft auf die Bezirke mehrerer Finanzämter erstreckt, der wertvollste Teil liegt;
2. in den Fällen des § 151 Abs. 1 Satz 1 Nr. 2 das Finanzamt, in dessen Bezirk sich die Geschäftsleitung des Gewerbebetriebs, bei Gewerbebetrieben ohne Geschäftsleitung im Inland das Finanzamt, in dessen Bezirk eine Betriebsstätte – bei mehreren Betriebsstätten die wirtschaftlich bedeutendste – unterhalten wird, und bei freiberuflicher Tätigkeit das Finanzamt, von dessen Bezirk aus die Berufstätigkeit vorwiegend ausgeübt wird;

---

[1] § 151 Abs. 1 Satz 1 Nr. 4 neu gef. durch G v. 8.12.2010 (BGBl. I S. 1768); zur Anwendung siehe § 265 Abs. 1.

[2] § 151 Abs. 2 neu gef. mWv 1.1.2009 durch G v. 24.12.2008 (BGBl. I S. 3018).

[3] § 151 Abs. 3 neu gef. mWv 1.1.2009 durch G v. 24.12.2008 (BGBl. I S. 3018); Satz 1 geänd. mWv 1.7.2011 durch G v. 1.11.2011 (BGBl. I S. 2131).

[4] 5. Abschnitt (§§ 151–156) eingef. mWv 1.1.2007 durch G v. 13.12.2006 (BGBl. I S. 2878).

3. in den Fällen des § 151 Abs. 1 Satz 1 Nr. 3 das Finanzamt, in dessen Bezirk sich die Geschäftsleitung der Kapitalgesellschaft befindet, bei Kapitalgesellschaften ohne Geschäftsleitung im Inland oder, wenn sich der Ort der Geschäftsleitung nicht feststellen lässt, das Finanzamt, in dessen Bezirk die Kapitalgesellschaft ihren Sitz hat;
4. in den Fällen des § 151 Abs. 1 Satz 1 Nr. 4 das Finanzamt, von dessen Bezirk die Verwaltung des Vermögens ausgeht, oder, wenn diese im Inland nicht feststellbar ist, das Finanzamt, in dessen Bezirk sich der wertvollste Teil des Vermögens befindet.

§ 153[1)] Erklärungspflicht, Verfahrensvorschriften für die gesonderte Feststellung, Feststellungsfrist. (1) [1]Das Finanzamt kann von jedem, für dessen Besteuerung eine gesonderte Feststellung von Bedeutung ist, die Abgabe einer Feststellungserklärung verlangen. [2]Die Frist zur Abgabe der Feststellungserklärung muss mindestens einen Monat betragen.

(2)[2)] [1]Ist der Gegenstand der Feststellung mehreren Personen zuzurechnen oder ist eine Personengesellschaft oder Kapitalgesellschaft dessen Eigentümer, kann das Finanzamt auch von der Gemeinschaft oder Gesellschaft die Abgabe einer Feststellungserklärung verlangen. [2]Dies gilt auch, wenn Gegenstand der Feststellung ein Anteil am Betriebsvermögen ist. [3]Das Finanzamt kann in Erbbaurechtsfällen die Abgabe einer Feststellungserklärung vom Erbbauberechtigten und vom Erbbauverpflichteten verlangen. [4]Absatz 4 Satz 2 ist nicht anzuwenden.

(3) In den Fällen des § 151 Abs. 1 Satz 1 Nr. 3 kann das Finanzamt nur von der Kapitalgesellschaft die Abgabe einer Feststellungserklärung verlangen.

(4) [1]Der Erklärungspflichtige hat die Erklärung eigenhändig zu unterschreiben. [2]Hat ein Erklärungspflichtiger eine Erklärung zur gesonderten Feststellung abgegeben, sind andere Beteiligte insoweit von der Erklärungspflicht befreit.

(5) § 181 Abs. 1 und 5 der Abgabenordnung[3)] ist entsprechend anzuwenden.

§ 154[1)] Beteiligte am Feststellungsverfahren. (1)[4)] [1]Am Feststellungsverfahren sind beteiligt

1. diejenigen, denen der Gegenstand der Feststellung zuzurechnen ist,
2. diejenigen, die das Finanzamt zur Abgabe einer Feststellungserklärung aufgefordert hat;
3.[5)] diejenigen, die eine Steuer als Schuldner oder Gesamtschuldner schulden und für deren Festsetzung die Feststellung von Bedeutung ist.

[2]Gegenüber mehreren Beteiligten nach Satz 1 erfolgt eine gesonderte und einheitliche Feststellung (§ 179 Absatz 2 Satz 2 der Abgabenordnung[3)]).

(2) In den Fällen des § 151 Abs. 1 Satz 1 Nr. 3 ist der Feststellungsbescheid auch der Kapitalgesellschaft bekannt zu geben.

[1)] 5. Abschnitt (§§ 151–156) eingef. mWv 1.1.2007 durch G v. 13.12.2006 (BGBl. I S. 2878).

[2)] § 153 Abs. 2 Satz 2 geänd. mWv 1.1.2009 durch G v. 24.12.2008 (BGBl. I S. 3018); Sätze 3 und 4 angef. mWv 1.7.2011 durch G v. 1.11.2011 (BGBl. I S. 2131).

[3)] Nr. **1**.

[4)] § 154 Abs. 1 Satz 2 angef. durch G v. 2.11.2015 (BGBl. I S. 1834); zur Anwendung siehe § 265 Abs. 9.

[5)] § 154 Abs. 1 Nr. 3 angef. mWv 1.7.2011 durch G v. 1.11.2011 (BGBl. I S. 2131); neu gef. durch G v. 2.11.2015 (BGBl. I S. 1834); zur Anwendung siehe § 265 Abs. 9.

(3)[1] [1]Soweit der Gegenstand der Feststellung einer Erbengemeinschaft in Vertretung der Miterben zuzurechnen ist, ist § 183 der Abgabenordnung entsprechend anzuwenden. [2]Bei der Bekanntgabe des Feststellungsbescheids ist darauf hinzuweisen, dass die Bekanntgabe mit Wirkung für und gegen alle Miterben erfolgt.

§ 155[2] Rechtsbehelfsbefugnis. [1]Zur Einlegung von Rechtsbehelfen gegen den Feststellungsbescheid sind die Beteiligten im Sinne des § 154 Abs. 1 sowie diejenigen befugt, für deren Besteuerung nach dem Grunderwerbsteuergesetz[3] der Feststellungsbescheid von Bedeutung ist. [2]Soweit der Gegenstand der Feststellung einer Erbengemeinschaft in Vertretung der Miterben zuzurechnen ist, sind § 352 der Abgabenordnung[4] und § 48 der Finanzgerichtsordnung[5] entsprechend anzuwenden.

§ 156[6] Außenprüfung. Eine Außenprüfung zur Ermittlung der Besteuerungsgrundlagen ist bei jedem Beteiligten (§ 154 Abs. 1) zulässig.

Sechster Abschnitt.[7] Vorschriften für die Bewertung von Grundbesitz, von nicht notierten Anteilen an Kapitalgesellschaften und von Betriebsvermögen für die Erbschaftsteuer ab 1. Januar 2009

A. Allgemeines

§ 157[7] Feststellung von Grundbesitzwerten, von Anteilswerten und von Betriebsvermögenswerten.

[Fassung bis 31.12.2024:]

(1) [1]Grundbesitzwerte werden unter Berücksichtigung der tatsächlichen Verhältnisse und der Wertverhältnisse zum Bewertungsstichtag festgestellt. [2]§ 29 Abs. 2 und 3 gilt sinngemäß.

[Fassung ab 1.1.2025:[8]]

(1) [1]Grundbesitzwerte werden unter Berücksichtigung der tatsächlichen Verhältnisse und der Wertverhältnisse zum Bewertungsstichtag für inländischen Grundbesitz, und zwar für Betriebe der Land- und Forstwirtschaft, für Grundstücke und für Betriebsgrundstücke, festgestellt. [2]§ 229 gilt für die Grundbesitzbewertung sinngemäß.

(2) Für die wirtschaftlichen Einheiten des land- und forstwirtschaftlichen Vermögens und für Betriebsgrundstücke im Sinne des § 99 Abs. 1 Nr. 2 sind die Grundbesitzwerte unter Anwendung der §§ 158 bis 175 zu ermitteln.

(3)[9] [1]Für die wirtschaftlichen Einheiten des Grundvermögens und für Betriebsgrundstücke im Sinne des § 99 Abs. 1 Nr. 1 sind die Grundbesitzwerte

[1] § 154 Abs. 3 eingef. mWv 1.1.2009 durch G v. 24.12.2008 (BGBl. I S. 3018).

[2] § 155 eingef. mWv 1.1.2007 durch G v. 13.12.2006 (BGBl. I S. 2878); Satz 2 neu gef. mWv 1.1. 2009 durch G v. 24.12.2008 (BGBl. I S. 3018).

[3] Nr. **12**.

[4] Nr. **1**.

[5] Nr. **9**.

[6] 5. Abschnitt (§§ 151–156) eingef. mWv 1.1.2007 durch G v. 13.12.2006 (BGBl. I S. 2878).

[7] 6. Abschnitt (§§ 157–203) eingef. mWv 1.1.2009 durch G v. 24.12.2008 (BGBl. I S. 3018).

[8] § 157 Abs. 1 Satz 1 geänd., Satz 2 neu gef. **mWv 1.1.2025** durch G v. 26.11.2019 (BGBl. I S. 1794).

[9] § 157 Abs. 3 Satz 3 geänd. **mWv 1.1.2025** durch G v. 26.11.2019 (BGBl. I S. 1794).

unter Anwendung der §§ 159 und 176 bis 198 zu ermitteln. [2] § 70 gilt mit der Maßgabe, dass der Anteil des Eigentümers eines Grundstücks an anderem Grundvermögen (zum Beispiel an gemeinschaftlichen Hofflächen oder Garagen) abweichend von Absatz 2 Satz 1 dieser Vorschrift in das Grundstück einzubeziehen ist, wenn der Anteil zusammen mit dem Grundstück genutzt wird. [3] § 20 *Satz 2* ist entsprechend anzuwenden.

(4) [1] Der Wert von Anteilen an Kapitalgesellschaften im Sinne des § 11 Abs. 2 Satz 2 (Anteilswert) wird unter Berücksichtigung der tatsächlichen Verhältnisse und der Wertverhältnisse zum Bewertungsstichtag festgestellt. [2] Der Anteilswert ist unter Anwendung des § 11 Abs. 2 zu ermitteln.

(5) [1] Der Wert von Betriebsvermögen oder des Anteils am Betriebsvermögen im Sinne der §§ 95, 96 und 97 (Betriebsvermögenswert) wird unter Berücksichtigung der tatsächlichen Verhältnisse und der Wertverhältnisse zum Bewertungsstichtag festgestellt. [2] Der Betriebsvermögenswert ist unter Anwendung des § 109 Abs. 1 und 2 in Verbindung mit § 11 Abs. 2 zu ermitteln.

B. Land- und forstwirtschaftliches Vermögen

I. Allgemeines

§ 158[1)] Begriff des land- und forstwirtschaftlichen Vermögens.

(1) [1] Land- und Forstwirtschaft ist die planmäßige Nutzung der natürlichen Kräfte des Bodens zur Erzeugung von Pflanzen und Tieren sowie die Verwertung der dadurch selbst gewonnenen Erzeugnisse. [2] Zum land- und forstwirtschaftlichen Vermögen gehören alle Wirtschaftgüter, die einem Betrieb der Land- und Forstwirtschaft zu diesem Zweck auf Dauer zu dienen bestimmt sind.

(2) [1] Die wirtschaftliche Einheit des land- und forstwirtschaftlichen Vermögens ist der Betrieb der Land- und Forstwirtschaft. [2] Wird ein Betrieb der Land- und Forstwirtschaft in Form einer Personengesellschaft oder Gemeinschaft geführt, sind in die wirtschaftliche Einheit auch die Wirtschaftsgüter einzubeziehen, die einem oder mehreren Beteiligten gehören, wenn sie dem Betrieb der Land- und Forstwirtschaft auf Dauer zu dienen bestimmt sind.

(3) [1] Zu den Wirtschaftsgütern, die der wirtschaftlichen Einheit Betrieb der Land- und Forstwirtschaft zu dienen bestimmt sind, gehören insbesondere

1. der Grund und Boden,
2. die Wirtschaftsgebäude,
3. die stehenden Betriebsmittel,
4. der normale Bestand an umlaufenden Betriebsmitteln,
5. die immateriellen Wirtschaftsgüter,
6. die Wohngebäude und der dazu gehörende Grund und Boden.

[2] Als normaler Bestand an umlaufenden Betriebsmitteln gilt ein solcher, der zur gesicherten Fortführung des Betriebs erforderlich ist.

(4) Zum land- und forstwirtschaftlichen Vermögen gehören nicht

1. Grund und Boden sowie Gebäude und Gebäudeteile, die nicht land- und forstwirtschaftlichen Zwecken dienen,
2. Kleingartenland und Dauerkleingartenland,

---

1) 6. Abschnitt (§§ 157–203) eingef. mWv 1.1.2009 durch G v. 24.12.2008 (BGBl. I S. 3018).

3. Geschäftsguthaben, Wertpapiere und Beteiligungen,
4. über den normalen Bestand hinausgehende Bestände an umlaufenden Betriebsmitteln,
5. Tierbestände oder Zweige des Tierbestands und die hiermit zusammenhängenden Wirtschaftsgüter (zum Beispiel Gebäude und abgrenzbare Gebäudeteile mit den dazugehörenden Flächen, Betriebsmittel), wenn die Tiere weder zur landwirtschaftlichen Nutzung noch nach § 175 zu den übrigen land- und forstwirtschaftlichen Nutzungen gehören. [2] Die Zugehörigkeit der landwirtschaftlich genutzten Flächen zum land- und forstwirtschaftlichen Vermögen wird hierdurch nicht berührt,
6. Geldforderungen und Zahlungsmittel,
7. Pensionsverpflichtungen.

(5) Verbindlichkeiten gehören zum land- und forstwirtschaftlichen Vermögen, soweit sie nicht im unmittelbaren wirtschaftlichen Zusammenhang mit den in Absatz 4 genannten Wirtschaftsgütern stehen.

§ 159[1)] Abgrenzung land- und forstwirtschaftlich genutzter Flächen zum Grundvermögen. (1) Land- und forstwirtschaftlich genutzte Flächen sind dem Grundvermögen zuzurechnen, wenn nach ihrer Lage, den am Bewertungsstichtag bestehenden Verwertungsmöglichkeiten oder den sonstigen Umständen anzunehmen ist, dass sie in absehbarer Zeit anderen als land- und forstwirtschaftlichen Zwecken, insbesondere als Bauland, Industrieland oder Land für Verkehrszwecke, dienen werden.

(2) Bildet ein Betrieb der Land- und Forstwirtschaft die Existenzgrundlage des Betriebsinhabers, so sind dem Betriebsinhaber gehörende Flächen, die von einer Stelle aus ordnungsgemäß nachhaltig bewirtschaftet werden, dem Grundvermögen nur dann zuzurechnen, wenn mit großer Wahrscheinlichkeit anzunehmen ist, dass sie spätestens nach zwei Jahren anderen als land- und forstwirtschaftlichen Zwecken dienen werden.

(3) [1] Flächen sind stets dem Grundvermögen zuzurechnen, wenn sie in einem Bebauungsplan als Bauland festgesetzt sind, ihre sofortige Bebauung möglich ist und die Bebauung innerhalb des Plangebiets in benachbarten Bereichen begonnen hat oder schon durchgeführt ist. [2] Satz 1 gilt nicht für die Hofstelle und für andere Flächen in unmittelbarem räumlichen Zusammenhang mit der Hofstelle bis zu einer Größe von insgesamt 1 Hektar.

§ 160[1)] Betrieb der Land- und Forstwirtschaft. (1) Ein Betrieb der Land- und Forstwirtschaft umfasst
1. den Wirtschaftsteil,
2. die Betriebswohnungen und
3. den Wohnteil.

(2) [1] Der Wirtschaftsteil eines Betriebs der Land- und Forstwirtschaft umfasst
1. die land- und forstwirtschaftlichen Nutzungen:
   a) die landwirtschaftliche Nutzung,
   b) die forstwirtschaftliche Nutzung,
   c) die weinbauliche Nutzung,

[1)] 6. Abschnitt (§§ 157–203) eingef. mWv 1.1.2009 durch G v. 24.12.2008 (BGBl. I S. 3018).

d) die gärtnerische Nutzung,
e) die übrigen land- und forstwirtschaftlichen Nutzungen,
2. die Nebenbetriebe,
3. die folgenden nicht zu einer Nutzung nach den Nummern 1 und 2 gehörenden Wirtschaftsgüter:
a) Abbauland,
b) Geringstland,
c) Unland.

[2]Der Anbau von Hopfen, Tabak und Spargel gehört nur zu den Sondernutzungen, wenn keine landwirtschaftliche Nutzung im Sinne des Satzes 1 Nr. 1 Buchstabe a vorliegt.

(3) Nebenbetriebe sind Betriebe, die dem Hauptbetrieb zu dienen bestimmt sind und nicht einen selbständigen gewerblichen Betrieb darstellen.

(4) Zum Abbauland gehören die Betriebsflächen, die durch Abbau der Bodensubstanz überwiegend für den Betrieb der Land- und Forstwirtschaft nutzbar gemacht werden (Sand-, Kies-, Lehmgruben, Steinbrüche, Torfstiche und dergleichen).

(5) Zum Geringstland gehören die Betriebsflächen geringster Ertragsfähigkeit, für die nach dem Bodenschätzungsgesetz vom 20. Dezember 2007 (BGBl. I S. 3150, 3176) keine Wertzahlen festzustellen sind.

(6) Zum Unland gehören die Betriebsflächen, die auch bei geordneter Wirtschaftsweise keinen Ertrag abwerfen können.

(7) [1] Einen Betrieb der Land- und Forstwirtschaft bilden auch Stückländereien, die als gesonderte wirtschaftliche Einheit zu bewerten sind. [2] Stückländereien sind einzelne land- und forstwirtschaftlich genutzte Flächen, bei denen die Wirtschaftsgebäude oder die Betriebsmittel oder beide Arten von Wirtschaftsgütern nicht dem Eigentümer des Grund und Bodens gehören, sondern am Bewertungsstichtag für mindestens 15 Jahre einem anderen Betrieb der Land- und Forstwirtschaft zu dienen bestimmt sind.

(8) Betriebswohnungen sind Wohnungen, die einem Betrieb der Land- und Forstwirtschaft zu dienen bestimmt, aber nicht dem Wohnteil zuzurechnen sind.

(9) Der Wohnteil eines Betriebs der Land- und Forstwirtschaft umfasst die Gebäude und Gebäudeteile, die dem Inhaber des Betriebs, den zu seinem Haushalt gehörenden Familienangehörigen und den Altenteilern zu Wohnzwecken dienen.

§ 161[1)] Bewertungsstichtag. (1) Für die Größe des Betriebs, für den Umfang und den Zustand der Gebäude sowie für die stehenden Betriebsmittel sind die Verhältnisse am Bewertungsstichtag maßgebend.

(2) Für die umlaufenden Betriebsmittel ist der Stand am Ende des Wirtschaftsjahres maßgebend, das dem Bewertungsstichtag vorangegangen ist.

§ 162[1)] Bewertung des Wirtschaftsteils. (1) [1] Bei der Bewertung des Wirtschaftsteils ist der gemeine Wert zu Grunde zu legen. [2] Dabei ist davon auszugehen, dass der Erwerber den Betrieb der Land- und Forstwirtschaft fort-

---

[1)] 6. Abschnitt (§§ 157–203) eingef. mWv 1.1.2009 durch G v. 24.12.2008 (BGBl. I S. 3018).

führt. [3] Bei der Ermittlung des gemeinen Werts für den Wirtschaftsteil sind die land- und forstwirtschaftlichen Nutzungen, die Nebenbetriebe, das Abbau-, Geringst- und Unland jeweils gesondert mit ihrem Wirtschaftswert (§ 163) zu bewerten. [4] Dabei darf ein Mindestwert nicht unterschritten werden (§ 164).

(2) Der Wert des Wirtschaftsteils für einen Betrieb der Land- und Forstwirtschaft im Sinne des § 160 Abs. 7 wird nach § 164 ermittelt.

(3) [1] Wird ein Betrieb der Land- und Forstwirtschaft oder ein Anteil im Sinne des § 158 Abs. 2 Satz 2 innerhalb eines Zeitraums von 15 Jahren nach dem Bewertungsstichtag veräußert, erfolgt die Bewertung der wirtschaftlichen Einheit abweichend von den §§ 163 und 164 mit dem Liquidationswert nach § 166. [2] Dies gilt nicht, wenn der Veräußerungserlös innerhalb von sechs Monaten ausschließlich zum Erwerb eines anderen Betriebs der Land- und Forstwirtschaft oder eines Anteils im Sinne des § 158 Abs. 2 Satz 2 verwendet wird.

(4) [1] Sind wesentliche Wirtschaftsgüter (§ 158 Abs. 3 Satz 1 Nr. 1 bis 3 und 5) dem Betrieb der Land- und Forstwirtschaft innerhalb eines Zeitraumes von 15 Jahren nicht mehr auf Dauer zu dienen bestimmt, erfolgt die Bewertung der Wirtschaftsgüter abweichend von den §§ 163 und 164 mit dem jeweiligen Liquidationswert nach § 166. [2] Dies gilt nicht, wenn der Veräußerungserlös innerhalb von sechs Monaten ausschließlich im betrieblichen Interesse verwendet wird.

§ 163[1)] Ermittlung der Wirtschaftswerte. (1) [1] Bei der Ermittlung der jeweiligen Wirtschaftswerte ist von der nachhaltigen Ertragsfähigkeit land- und forstwirtschaftlicher Betriebe auszugehen. [2] Ertragsfähigkeit ist der bei ordnungsmäßiger Bewirtschaftung gemeinhin und nachhaltig erzielbare Reingewinn. [3] Dabei sind alle Umstände zu berücksichtigen, die bei einer Selbstbewirtschaftung den Wirtschaftserfolg beeinflussen.

(2) [1] Der Reingewinn umfasst das ordentliche Ergebnis abzüglich eines angemessenen Lohnansatzes für die Arbeitsleistung des Betriebsinhabers und der nicht entlohnten Arbeitskräfte. [2] Die im unmittelbaren wirtschaftlichen Zusammenhang mit einem Betrieb der Land- und Forstwirtschaft stehenden Verbindlichkeiten sind durch den Ansatz der Zinsaufwendungen abgegolten. [3] Zur Berücksichtigung der nachhaltigen Ertragsfähigkeit ist der Durchschnitt der letzten fünf abgelaufenen Wirtschaftsjahre vor dem Bewertungsstichtag zu Grunde zu legen.

(3) [1] Der Reingewinn für die landwirtschaftliche Nutzung bestimmt sich nach der Region, der maßgeblichen Nutzungsart (Betriebsform) und der Betriebsgröße nach der Europäischen Größeneinheit (EGE). [2] Zur Ermittlung der maßgeblichen Betriebsform ist das Klassifizierungssystem nach der Entscheidung 85/377/EWG der Kommission vom 7. Juni 1985 zur Errichtung eines gemeinschaftlichen Klassifizierungssystems der landwirtschaftlichen Betriebe (ABl. EG Nr. L 220 S. 1), zuletzt geändert durch Entscheidung der Kommission vom 16. Mai 2003 (ABl. EU Nr. L 127 S. 48), in der jeweils geltenden Fassung heranzuziehen. [3] Hierzu sind die Standarddeckungsbeiträge der selbst bewirtschafteten Flächen und der Tiereinheiten der landwirtschaftlichen Nutzung zu ermitteln und daraus die Betriebsform zu bestimmen. [4] Die Summe der Standarddeckungsbeiträge ist durch 1 200 Euro zu dividieren, so

[1)] 6. Abschnitt (§§ 157–203) eingef. mWv 1.1.2009 durch G v. 24.12.2008 (BGBl. I S. 3018).

dass sich die Betriebsgröße in EGE ergibt, die einer der folgenden Betriebsgrößenklassen zuzuordnen ist:

1. Kleinbetriebe von 0 bis unter 40 EGE,
2. Mittelbetriebe von 40 bis 100 EGE,
3. Großbetriebe über 100 EGE.

[5] Das Bundesministerium der Finanzen veröffentlicht die maßgeblichen Standarddeckungsbeiträge im Bundessteuerblatt. [6] Der entsprechende Reingewinn ergibt sich aus der Spalte 4 der Anlage 14 in Euro pro Hektar landwirtschaftlich genutzter Fläche (EUR/ha LF).

(4) [1] Der Reingewinn für die forstwirtschaftliche Nutzung bestimmt sich nach den Flächen der jeweiligen Nutzungsart (Baumartengruppe) und den Ertragsklassen. [2] Die jeweilige Nutzungsart umfasst:

1. Die Baumartengruppe Buche, zu der auch sonstiges Laubholz einschließlich der Roteiche gehört,
2. die Baumartengruppe Eiche, zu der auch alle übrigen Eichenarten gehören,
3. die Baumartengruppe Fichte, zu der auch alle übrigen Nadelholzarten mit Ausnahme der Kiefer und der Lärche gehören,
4. die Baumartengruppe Kiefer und Lärchen mit Ausnahme der Weymouthskiefer,
5. die übrige Fläche der forstwirtschaftlichen Nutzung.

[3] Die Ertragsklassen bestimmen sich für

1. die Baumartengruppe Buche nach der von Schober für mäßige Durchforstung veröffentlichten Ertragstafel,
2. die Baumartengruppe Eiche nach der von Jüttner für mäßige Durchforstung veröffentlichten Ertragstafel,
3. die Baumartengruppe Fichte nach der von Wiedemann für mäßige Durchforstung veröffentlichten Ertragstafel,
4. die Baumartengruppe Kiefer nach der von Wiedemann für mäßige Durchforstung veröffentlichten Ertragstafel.

[4] Der nach den Sätzen 2 und 3 maßgebliche Reingewinn ergibt sich aus der Spalte 4 der Anlage 15 in Euro pro Hektar (EUR/ha).

(5) [1] Der Reingewinn für die weinbauliche Nutzung bestimmt sich nach den Flächen der jeweiligen Nutzungsart (Verwertungsform). [2] Er ergibt sich aus der Spalte 3 der Anlage 16.

(6) [1] Der Reingewinn für die gärtnerische Nutzung bestimmt sich nach dem maßgeblichen Nutzungsteil, der Nutzungsart und den Flächen. [2] Er ergibt sich aus der Spalte 4 der Anlage 17.

(7) Der Reingewinn für die Sondernutzungen Hopfen, Spargel, Tabak ergibt sich aus der Spalte 3 der Anlage 18.

(8) [1] Der Reingewinn für die sonstigen land- und forstwirtschaftlichen Nutzungen, für Nebenbetriebe sowie für Abbauland ist im Einzelertragswertverfahren zu ermitteln, soweit für die jeweilige Region nicht auf einen durch statistische Erhebungen ermittelten pauschalierten Reingewinn zurückgegriffen werden kann. [2] Der Einzelertragswert ermittelt sich aus dem betriebsindividuellen Ergebnis und dem Kapitalisierungszinssatz nach Absatz 11.

(9) Der Reingewinn für das Geringstland wird pauschal mit 5,40 Euro pro Hektar festgelegt.

(10) Der Reingewinn für das Unland beträgt 0 Euro.

(11) [1] Der jeweilige Reingewinn ist zu kapitalisieren. [2] Der Kapitalisierungszinssatz beträgt 5,5 Prozent und der Kapitalisierungsfaktor beträgt 18,6.

(12) Der kapitalisierte Reingewinn für die landwirtschaftliche, die forstwirtschaftliche, die weinbauliche, die gärtnerische Nutzung oder für deren Nutzungsteile, die Sondernutzungen und das Geringstland ist mit der jeweiligen Eigentumsfläche des Betriebs zum Bewertungsstichtag zu vervielfältigen, der dieser Nutzung zuzurechnen ist.

(13) [1] Die Hofflächen und die Flächen der Wirtschaftsgebäude sind dabei anteilig in die einzelnen Nutzungen einzubeziehen. [2] Wirtschaftswege, Hecken, Gräben, Grenzraine und dergleichen sind in die Nutzung einzubeziehen, zu der sie gehören; dies gilt auch für Wasserflächen soweit sie nicht Unland sind oder zu den übrigen land- und forstwirtschaftlichen Nutzungen gehören.

(14) Das Bundesministerium der Finanzen wird ermächtigt, durch Rechtsverordnung mit Zustimmung des Bundesrates die Anlagen 14 bis 18 zu diesem Gesetz dadurch zu ändern, dass es die darin aufgeführten Reingewinne turnusmäßig an die Ergebnisse der Erhebungen nach § 2 des Landwirtschaftsgesetzes anpasst.

§ 164[1)] Mindestwert. (1) Der Mindestwert des Wirtschaftsteils setzt sich aus dem Wert für den Grund und Boden sowie dem Wert der übrigen Wirtschaftsgüter zusammen und wird nach den Absätzen 2 bis 4 ermittelt.

(2) [1] Der für den Wert des Grund und Bodens im Sinne des § 158 Abs. 3 Satz 1 Nr. 1 zu ermittelnde Pachtpreis pro Hektar (ha) bestimmt sich nach der Nutzung, dem Nutzungsteil und der Nutzungsart des Grund und Bodens. [2] Bei der landwirtschaftlichen Nutzung ist dabei die Betriebsgröße in EGE nach § 163 Abs. 3 Satz 4 Nr. 1 bis 3 zu berücksichtigen. [3] Der danach maßgebliche Pachtpreis ergibt sich jeweils aus der Spalte 5 der Anlagen 14, 15 und 17 sowie aus der Spalte 4 der Anlagen 16 und 18 und ist mit den Eigentumsflächen zu vervielfältigen.

(3) Der Kapitalisierungszinssatz des regionalen Pachtpreises beträgt 5,5 Prozent und der Kapitalisierungsfaktor beträgt 18,6.

(4) [1] Der Wert für die übrigen Wirtschaftsgüter im Sinne des § 158 Abs. 3 Satz 1 Nr. 2 bis 5 (Besatzkapital) bestimmt sich nach der Nutzung, dem Nutzungsteil und der Nutzungsart des Grund und Bodens. [2] Bei der landwirtschaftlichen Nutzung ist dabei die Betriebsgröße in EGE nach § 163 Abs. 3 Satz 4 Nr. 1 bis 3 zu berücksichtigen. [3] Der danach maßgebliche Wert für das Besatzkapital ergibt sich jeweils aus der Spalte 6 der Anlagen 14, 15a und 17 sowie aus der Spalte 5 der Anlagen 16 und 18 und ist mit den selbst bewirtschafteten Flächen zu vervielfältigen.

(5) Der Kapitalisierungszinssatz für die übrigen Wirtschaftsgüter (§ 158 Abs. 3 Satz 1 Nr. 2 bis 5) beträgt 5,5 Prozent und der Kapitalisierungsfaktor beträgt 18,6.

(6) [1] Der kapitalisierte Wert für den Grund und Boden und der kapitalisierte Wert für die übrigen Wirtschaftsgüter sind um die damit in wirtschaftlichem

---

[1)] 6. Abschnitt (§§ 157–203) eingef. mWv 1.1.2009 durch G v. 24.12.2008 (BGBl. I S. 3018).

Zusammenhang stehenden Verbindlichkeiten zu mindern. [2]Der Mindestwert, der sich hiernach ergibt, darf nicht weniger als 0 Euro betragen.

(7) Das Bundesministerium der Finanzen wird ermächtigt, durch Rechtsverordnung mit Zustimmung des Bundesrates die Anlagen 14 bis 18 zu diesem Gesetz dadurch zu ändern, dass es die darin aufgeführten Pachtpreise und Werte für das Besatzkapital turnusmäßig an die Ergebnisse der Erhebungen nach § 2 des Landwirtschaftsgesetzes anpasst.

§ 165[1)] Bewertung des Wirtschaftsteils mit dem Fortführungswert.

(1) Der Wert des Wirtschaftsteils wird aus der Summe der nach § 163 zu ermittelnden Wirtschaftswerte gebildet.

(2) Der für einen Betrieb der Land- und Forstwirtschaft anzusetzende Wert des Wirtschaftsteils darf nicht geringer sein als der nach § 164 ermittelte Mindestwert.

(3) Weist der Steuerpflichtige nach, dass der gemeine Wert des Wirtschaftsteils niedriger ist als der nach den Absätzen 1 und 2 ermittelte Wert, ist dieser Wert anzusetzen; § 166 ist zu beachten.

§ 166[1)] Bewertung des Wirtschaftsteils mit dem Liquidationswert.

(1) Im Falle des § 162 Abs. 3 oder Abs. 4 ist der Liquidationswert nach Absatz 2 zu ermitteln und tritt mit Wirkung für die Vergangenheit an die Stelle des bisherigen Wertansatzes.

(2) Bei der Ermittlung des jeweiligen Liquidationswerts nach Absatz 1

1.[2)] ist der Grund und Boden im Sinne des § 158 Abs. 3 Satz 1 Nr. 1 mit den zuletzt vor dem Bewertungsstichtag ermittelten Bodenrichtwerten zu bewerten. [2]§ 179 Satz 2 bis 4 gilt entsprechend. [3]Zur Berücksichtigung der Liquidationskosten ist der ermittelte Bodenwert um 10 Prozent zu mindern;
2. sind die übrigen Wirtschaftsgüter im Sinne des § 158 Abs. 3 Satz 1 Nr. 2 bis 5 mit ihrem gemeinen Wert zu bewerten. [2]Zur Berücksichtigung der Liquidationskosten sind die ermittelten Werte um 10 Prozent zu mindern.

§ 167[1)] Bewertung der Betriebswohnungen und des Wohnteils.

(1) Die Bewertung der Betriebswohnungen und des Wohnteils erfolgt nach den Vorschriften, die für die Bewertung von Wohngrundstücken im Grundvermögen (§§ 182 bis 196) gelten.

(2) Für die Abgrenzung der Betriebswohnungen und des Wohnteils vom Wirtschaftsteil ist höchstens das Fünffache der jeweils bebauten Fläche zu Grunde zu legen.

(3) Zur Berücksichtigung von Besonderheiten, die sich im Falle einer engen räumlichen Verbindung von Wohnraum mit dem Betrieb ergeben, ist der Wert des Wohnteils und der Wert der Betriebswohnungen nach den Absätzen 1 und 2 um 15 Prozent zu ermäßigen.

(4) [1]Weist der Steuerpflichtige nach, dass der gemeine Wert des Wohnteils oder der Betriebswohnungen niedriger ist als der sich nach den Absätzen 1 bis 3

[1)] 6. Abschnitt (§§ 157–203) eingef. mWv 1.1.2009 durch G v. 24.12.2008 (BGBl. I S. 3018).

[2)] § 166 Abs. 2 Nr. 1 Satz 2 eingef., bish. Satz 2 wird Satz 3 mWv 14.12.2011 (§ 265 Abs. 3) durch G v. 7.12.2011 (BGBl. I S. 2592).

ergebende Wert, ist der gemeine Wert anzusetzen. [2]Für den Nachweis des niedrigeren gemeinen Werts gelten grundsätzlich die auf Grund des § 199 Abs. 1 des Baugesetzbuchs erlassenen Vorschriften.

§ 168[1)] Grundbesitzwert des Betriebs der Land- und Forstwirtschaft.

(1) Der Grundbesitzwert eines Betriebs der Land- und Forstwirtschaft besteht aus

1. dem Wert des Wirtschaftsteils (§ 160 Abs. 2),
2. dem Wert der Betriebswohnungen (§ 160 Abs. 8) abzüglich der damit im unmittelbaren wirtschaftlichen Zusammenhang stehenden Verbindlichkeiten,
3. dem Wert des Wohnteils (§ 160 Abs. 9) abzüglich der damit im unmittelbaren wirtschaftlichen Zusammenhang stehenden Verbindlichkeiten.

(2) Der Grundbesitzwert für Stückländereien als Betrieb der Land- und Forstwirtschaft (§ 160 Abs. 7) besteht nur aus dem Wert des Wirtschaftsteils.

(3) Der Grundbesitzwert für einen Anteil an einem Betrieb der Land- und Forstwirtschaft im Sinne des § 158 Abs. 2 Satz 2 ist nach den Absätzen 4 bis 6 aufzuteilen.

(4) [1]Der Wert des *Wirtschafteils*[2)] ist nach den beim Mindestwert (§ 164) zu Grunde gelegten Verhältnissen aufzuteilen. [2]Dabei ist

1. der Wert des Grund und Bodens und der Wirtschaftsgebäude oder ein Anteil daran (§ 158 Abs. 3 Satz 1 Nr. 1 und 2) dem jeweiligen Eigentümer zuzurechnen. [2]Im Falle des Gesamthandseigentums ist der Wert des Grund und Bodens nach der Höhe der gesellschaftsrechtlichen Beteiligung aufzuteilen;
2. der Wert der übrigen Wirtschaftsgüter (§ 158 Abs. 3 Satz 1 Nr. 3 bis 5) nach dem Wertverhältnis der dem Betrieb zur Verfügung gestellten Wirtschaftsgüter aufzuteilen. [2]Im Falle des Gesamthandseigentums ist der Wert der übrigen Wirtschaftsgüter nach der Höhe der gesellschaftsrechtlichen Beteiligung aufzuteilen;
3. der Wert der zu berücksichtigenden Verbindlichkeiten (§ 164 Abs. 4) dem jeweiligen Schuldner zuzurechnen. [2]Im Falle des Gesamthandseigentums ist der Wert der zu berücksichtigenden Verbindlichkeiten nach der Höhe der gesellschaftsrechtlichen Beteiligung aufzuteilen.

(5) [1]Der Wert für die Betriebswohnungen ist dem jeweiligen Eigentümer zuzurechnen. [2]Im Falle des Gesamthandseigentums ist der Wert nach der Höhe der gesellschaftsrechtlichen Beteiligung aufzuteilen.

(6) [1]Der Wert für den Wohnteil ist dem jeweiligen Eigentümer zuzurechnen. [2]Im Falle des Gesamthandseigentums ist der Wert nach der Höhe der gesellschaftsrechtlichen Beteiligung aufzuteilen.

II. Besonderer Teil

a) Landwirtschaftliche Nutzung

§ 169[1)] Tierbestände. (1) [1]Tierbestände gehören in vollem Umfang zur landwirtschaftlichen Nutzung, wenn im Wirtschaftsjahr

---

[1)] 6. Abschnitt (§§ 157–203) eingef. mWv 1.1.2009 durch G v. 24.12.2008 (BGBl. I S. 3018).
[2)] Richtig wohl: „Wirtschaftsteils".

für die ersten 20 Hektar	nicht mehr als	10 Vieheinheiten
für die nächsten 10 Hektar	nicht mehr als	7 Vieheinheiten
für die nächsten 20 Hektar	nicht mehr als	6 Vieheinheiten
für die nächsten 50 Hektar	nicht mehr als	3 Vieheinheiten
und für die weitere Fläche	nicht mehr als	1,5 Vieheinheiten

je Hektar der vom Inhaber des Betriebs regelmäßig landwirtschaftlich genutzten Flächen erzeugt oder gehalten werden. [2]Die Tierbestände sind nach dem Futterbedarf in Vieheinheiten umzurechnen.

(2) [1]Übersteigt die Anzahl der Vieheinheiten nachhaltig die in Absatz 1 bezeichnete Grenze, so gehören nur die Zweige des Tierbestands zur landwirtschaftlichen Nutzung, deren Vieheinheiten zusammen diese Grenze nicht überschreiten. [2]Zunächst sind mehr flächenabhängige Zweige des Tierbestands und danach weniger flächenabhängige Zweige des Tierbestands zur landwirtschaftlichen Nutzung zu rechnen. [3]Innerhalb jeder dieser Gruppen sind zuerst Zweige des Tierbestands mit der geringeren Anzahl von Vieheinheiten und dann Zweige mit der größeren Anzahl von Vieheinheiten zur landwirtschaftlichen Nutzung zu rechnen. [4]Der Tierbestand des einzelnen Zweiges wird nicht aufgeteilt.

(3) [1]Als Zweig des Tierbestands gilt bei jeder Tierart für sich

1. das Zugvieh,
2. das Zuchtvieh,
3. das Mastvieh und
4. das übrige Nutzvieh.

[2]Das Zuchtvieh einer Tierart gilt nur dann als besonderer Zweig des Tierbestands, wenn die erzeugten Jungtiere überwiegend zum Verkauf bestimmt sind. [3]Ist das nicht der Fall, so ist das Zuchtvieh dem Zweig des Tierbestands zuzurechnen, dem es überwiegend dient.

(4) [1]Die Absätze 1 bis 3 gelten nicht für Pelztiere. [2]Pelztiere gehören nur dann zur landwirtschaftlichen Nutzung, wenn die erforderlichen Futtermittel überwiegend von den vom Inhaber des Betriebs landwirtschaftlich genutzter Flächen gewonnen werden.

(5) [1]Für die Umrechnung der Tierbestände in Vieheinheiten sowie für die Gruppen der mehr flächenabhängigen oder weniger flächenabhängigen Zweige des Tierbestands sind die in den Anlagen 19 und 20 aufgeführten Werte maßgebend. [2]Das Bundesministerium der Finanzen wird ermächtigt, durch Rechtsverordnung mit Zustimmung des Bundesrates die Anlagen 19 und 20 zu diesem Gesetz dadurch zu ändern, dass der darin aufgeführte Umrechnungsschlüssel und die Gruppen der Zweige eines Tierbestands an geänderte wirtschaftliche oder technische Entwicklungen angepasst werden können.

§ 170[1)] Umlaufende Betriebsmittel. Bei landwirtschaftlichen Betrieben zählen die umlaufenden Betriebsmittel nur soweit zum normalen Bestand, als der Durchschnitt der letzten fünf Jahre nicht überschritten wird.

1) 6. Abschnitt (§§ 157–203) eingef. mWv 1.1.2009 durch G v. 24.12.2008 (BGBl. I S. 3018).

b) Forstwirtschaftliche Nutzung

§ 171[1)] Umlaufende Betriebsmittel. [1] Eingeschlagenes Holz gehört zum normalen Bestand an umlaufenden Betriebsmitteln, soweit es den jährlichen Nutzungssatz nicht übersteigt. [2] Bei Betrieben, die nicht jährlich einschlagen (aussetzende Betriebe), tritt an die Stelle des jährlichen Nutzungssatzes ein den Betriebsverhältnissen entsprechender mehrjähriger Nutzungssatz.

§ 172[1)] Abweichender Bewertungsstichtag. Bei der forstwirtschaftlichen Nutzung sind abweichend von § 161 Abs. 1 für den Umfang und den Zustand des Bestands an nicht eingeschlagenem Holz die Verhältnisse am Ende des Wirtschaftsjahres zu Grunde zu legen, das dem Bewertungsstichtag vorangegangen ist.

c) Weinbauliche Nutzung

§ 173[1)] Umlaufende Betriebsmittel. (1) Bei ausbauenden Betrieben zählen die Vorräte an Weinen aus den Ernten der letzten fünf Jahre vor dem Bewertungsstichtag zum normalen Bestand an umlaufenden Betriebsmitteln.

(2) Abschläge für Unterbestand an Weinvorräten sind nicht zu machen.

d) Gärtnerische Nutzung

§ 174[1)] Abweichende Bewertungsverhältnisse. (1) [1] Die durch Anbau von Baumschulgewächsen genutzte Betriebsfläche wird nach § 161 Abs. 1 bestimmt. [2] Dabei sind die zum 15. September feststellbaren Bewirtschaftungsverhältnisse zu Grunde zu legen, die dem Bewertungsstichtag vorangegangen sind.

(2) [1] Die durch Anbau von Gemüse, Blumen und Zierpflanzen genutzte Betriebsfläche wird nach § 161 Abs. 1 bestimmt. [2] Dabei sind die zum 30. Juni feststellbaren Bewirtschaftungsverhältnisse zu Grunde zu legen, die dem Bewertungsstichtag vorangegangen sind.

(3) Sind die Bewirtschaftungsverhältnisse nicht feststellbar, richtet sich die Einordnung der Flächen nach der vorgesehenen Nutzung.

e) Übrige land- und forstwirtschaftliche Nutzungen

§ 175[1)] Übrige land- und forstwirtschaftliche Nutzungen. (1) Zu den übrigen land- und forstwirtschaftlichen Nutzungen gehören

1. die Sondernutzungen Hopfen, Spargel, Tabak und andere Sonderkulturen,
2. die sonstigen land- und forstwirtschaftlichen Nutzungen.

(2) Zu den sonstigen land- und forstwirtschaftlichen Nutzungen gehören insbesondere

1. die Binnenfischerei,
2. die Teichwirtschaft,
3. die Fischzucht für Binnenfischerei und Teichwirtschaft,
4. die Imkerei,
5. die Wanderschäferei,
6. die Saatzucht,
7. der Pilzanbau,

[1)] 6. Abschnitt (§§ 157–203) eingef. mWv 1.1.2009 durch G v. 24.12.2008 (BGBl. I S. 3018).

8. die Produktion von Nützlingen,
9. die Weihnachtsbaumkulturen.

C. Grundvermögen

I. Allgemeines

§ 176[1] **Grundvermögen.** (1) Zum Grundvermögen gehören
1. der Grund und Boden, die Gebäude, die sonstigen Bestandteile und das Zubehör,
2. das Erbbaurecht,
3. das Wohnungseigentum, Teileigentum, Wohnungserbbaurecht und Teilerbbaurecht nach dem Wohnungseigentumsgesetz,

soweit es sich nicht um land- und forstwirtschaftliches Vermögen (§§ 158 und 159) oder um Betriebsgrundstücke (§ 99) handelt.

(2) In das Grundvermögen sind nicht einzubeziehen
1. Bodenschätze,
2. die Maschinen und sonstigen Vorrichtungen aller Art, die zu einer Betriebsanlage gehören (Betriebsvorrichtungen), auch wenn sie wesentliche Bestandteile sind. [2] Einzubeziehen sind jedoch die Verstärkungen von Decken und die nicht ausschließlich zu einer Betriebsanlage gehörenden Stützen und sonstigen Bauteile wie Mauervorlagen und Verstrebungen.

§ 177[1] **Bewertung.** (1) Den Bewertungen nach den §§ 179 und 182 bis 196 ist der gemeine Wert (§ 9) zugrunde zu legen.

(2)[2] [1] Die für die Wertermittlung erforderlichen Daten des Gutachterausschusses im Sinne des § 193 Absatz 5 Satz 2 des Baugesetzbuchs sind bei den Bewertungen nach den §§ 182 bis 196 für längstens zwei Jahre ab dem Ende des Kalenderjahres maßgeblich, in dem der vom Gutachterausschuss zugrunde gelegte Auswertungszeitraum endet. [2] Soweit sich die maßgeblichen Wertverhältnisse nicht wesentlich geändert haben, können die Daten auch über einen längeren Zeitraum als zwei Jahre hinaus angewendet werden.

II. Unbebaute Grundstücke

§ 178[1] **Begriff der unbebauten Grundstücke.** (1) [1] Unbebaute Grundstücke sind Grundstücke, auf denen sich keine benutzbaren Gebäude befinden. [2] Die Benutzbarkeit beginnt im Zeitpunkt der Bezugsfertigkeit. [3] Gebäude sind als bezugsfertig anzusehen, wenn den zukünftigen Bewohnern oder sonstigen Benutzern zugemutet werden kann, sie zu benutzen; die Abnahme durch die Bauaufsichtsbehörde ist nicht entscheidend.

(2) [1] Befinden sich auf dem Grundstück Gebäude, die auf Dauer keiner Nutzung zugeführt werden können, gilt das Grundstück als unbebaut. [2] Als unbebaut gilt auch ein Grundstück, auf dem infolge von Zerstörung oder Verfall der Gebäude auf Dauer kein benutzbarer Raum mehr vorhanden ist.

---

[1] 6. Abschnitt (§§ 157–203) eingef. mWv 1.1.2009 durch G v. 24.12.2008 (BGBl. I S. 3018).

[2] § 177 Abs. 2 angef. mWv 23.7.2021 durch G v. 16.7.2021 (BGBl. I S. 2931); zur Anwendung siehe § 265 Abs. 12.

§ 179[1] Bewertung der unbebauten Grundstücke. [1]Der Wert unbebauter Grundstücke bestimmt sich regelmäßig nach ihrer Fläche und den Bodenrichtwerten (§ 196 des Baugesetzbuchs). [2]Die Bodenrichtwerte sind von den Gutachterausschüssen nach dem Baugesetzbuch zu ermitteln und den Finanzämtern mitzuteilen. [3]Bei der Wertermittlung ist stets der Bodenrichtwert anzusetzen, der vom Gutachterausschuss zuletzt vor dem Bewertungsstichtag zu ermitteln war. [4]Wird von den Gutachterausschüssen kein Bodenrichtwert ermittelt, ist der Bodenwert aus den Werten vergleichbarer Flächen abzuleiten.

III. Bebaute Grundstücke

§ 180[2] Begriff der bebauten Grundstücke. (1) [1]Bebaute Grundstücke sind Grundstücke, auf denen sich benutzbare Gebäude befinden. [2]Wird ein Gebäude in Bauabschnitten errichtet, ist der fertiggestellte Teil als benutzbares Gebäude anzusehen.

(2) Als Grundstück im Sinne des Absatzes 1 gilt auch ein Gebäude, das auf fremdem Grund und Boden errichtet oder in sonstigen Fällen einem anderen als dem Eigentümer des Grund und Bodens zuzurechnen ist, selbst wenn es wesentlicher Bestandteil des Grund und Bodens geworden ist.

§ 181[2] Grundstücksarten. (1) Bei der Bewertung bebauter Grundstücke sind die folgenden Grundstücksarten zu unterscheiden:
1. Ein- und Zweifamilienhäuser,
2. Mietwohngrundstücke,
3. Wohnungs- und Teileigentum,
4. Geschäftsgrundstücke,
5. gemischt genutzte Grundstücke und
6. sonstige bebaute Grundstücke.

(2) [1]Ein- und Zweifamilienhäuser sind Wohngrundstücke, die bis zu zwei Wohnungen enthalten und kein Wohnungseigentum sind. [2]Ein Grundstück gilt auch dann als Ein- oder Zweifamilienhaus, wenn es zu weniger als 50 Prozent, berechnet nach der Wohn- oder Nutzfläche, zu anderen als Wohnzwecken mitbenutzt und dadurch die Eigenart als Ein- oder Zweifamilienhaus nicht wesentlich beeinträchtigt wird.

(3) Mietwohngrundstücke sind Grundstücke, die zu mehr als 80 Prozent, berechnet nach der Wohn- oder Nutzfläche, Wohnzwecken dienen, und nicht Ein- und Zweifamilienhäuser oder Wohnungseigentum sind.

(4) Wohnungseigentum ist das Sondereigentum an einer Wohnung in Verbindung mit dem Miteigentumsanteil an dem gemeinschaftlichen Eigentum, zu dem es gehört.

(5) Teileigentum ist das Sondereigentum an nicht zu Wohnzwecken dienenden Räumen eines Gebäudes in Verbindung mit dem Miteigentum an dem gemeinschaftlichen Eigentum, zu dem es gehört.

---

[1] § 179 eingef. mWv 1.1.2009 durch G v. 24.12.2008 (BGBl. I S. 3018); Satz 4 neu gef. mWv 14.12.2011 (§ 265 Abs. 3) durch G v. 7.12.2011 (BGBl. I S. 2592); Satz 3 geänd. mWv 23.7.2021 durch G v. 16.7.2021 (BGBl. I S. 2931); zur Anwendung siehe § 265 Abs. 12.

[2] 6. Abschnitt (§§ 157–203) eingef. mWv 1.1.2009 durch G v. 24.12.2008 (BGBl. I S. 3018).

(6) Geschäftsgrundstücke sind Grundstücke, die zu mehr als 80 Prozent, berechnet nach der Wohn- und Nutzfläche, eigenen oder fremden betrieblichen oder öffentlichen Zwecken dienen und nicht Teileigentum sind.

(7) Gemischt genutzte Grundstücke sind Grundstücke, die teils Wohnzwecken, teils eigenen oder fremden betrieblichen oder öffentlichen Zwecken dienen und nicht Ein- und Zweifamilienhäuser, Mietwohngrundstücke, Wohnungseigentum, Teileigentum oder Geschäftsgrundstücke sind.

(8) Sonstige bebaute Grundstücke sind solche Grundstücke, die nicht unter die Absätze 2 bis 7 fallen.

(9) [1] Eine Wohnung ist die Zusammenfassung einer Mehrheit von Räumen, die in ihrer Gesamtheit so beschaffen sein müssen, dass die Führung eines selbständigen Haushalts möglich ist. [2] Die Zusammenfassung einer Mehrheit von Räumen muss eine von anderen Wohnungen oder Räumen, insbesondere Wohnräumen, baulich getrennte, in sich abgeschlossene Wohneinheit bilden und einen selbständigen Zugang haben. [3] Außerdem ist erforderlich, dass die für die Führung eines selbständigen Haushalts notwendigen Nebenräume (Küche, Bad oder Dusche, Toilette) vorhanden sind. [4] Die Wohnfläche muss mindestens 23 Quadratmeter (m^2) betragen.

BewG

§ 182[1)] Bewertung der bebauten Grundstücke. (1) Der Wert der bebauten Grundstücke ist nach dem Vergleichswertverfahren (Absatz 2 und § 183), dem Ertragswertverfahren (Absatz 3 und §§ 184 bis 188) oder dem Sachwertverfahren (Absatz 4 und §§ 189 bis 191) zu ermitteln.

(2) Im Vergleichswertverfahren sind grundsätzlich zu bewerten

1. Wohnungseigentum,
2. Teileigentum,
3. Ein- und Zweifamilienhäuser.

(3) Im Ertragswertverfahren sind zu bewerten

1. Mietwohngrundstücke,
2. Geschäftsgrundstücke und gemischt genutzte Grundstücke, für die sich auf dem örtlichen Grundstücksmarkt eine übliche Miete ermitteln lässt.

(4) Im Sachwertverfahren sind zu bewerten

1. Grundstücke im Sinne des Absatzes 2, wenn kein Vergleichswert vorliegt,
2. Geschäftsgrundstücke und gemischt genutzte Grundstücke mit Ausnahme der in Absatz 3 Nr. 2 genannten Grundstücke,
3. sonstige bebaute Grundstücke.

§ 183[1)] Bewertung im Vergleichswertverfahren. (1) [1] Bei Anwendung des Vergleichswertverfahrens sind Kaufpreise von Grundstücken heranzuziehen, die hinsichtlich der ihren Wert beeinflussenden Merkmale mit dem zu bewertenden Grundstück hinreichend übereinstimmen (Vergleichsgrundstücke). [2] Grundlage sind vorrangig die von den Gutachterausschüssen im Sinne der §§ 192 ff. des Baugesetzbuchs mitgeteilten Vergleichspreise.

[1)] 6. Abschnitt (§§ 157–203) eingef. mWv 1.1.2009 durch G v. 24.12.2008 (BGBl. I S. 3018).

(2)[1] [1] Anstelle von Preisen für Vergleichsgrundstücke können von den Gutachterausschüssen für geeignete Bezugseinheiten, insbesondere Flächeneinheiten des Gebäudes, ermittelte und mitgeteilte Vergleichsfaktoren herangezogen werden. [2] Bei Verwendung von Vergleichsfaktoren, die sich nur auf das Gebäude beziehen, ist der Bodenwert nach § 179 gesondert zu berücksichtigen. [3] Anzuwenden sind die Vergleichsfaktoren, die von den Gutachterausschüssen für den letzten Auswertungszeitraum abgeleitet werden, der vor dem Kalenderjahr endet, in dem der Bewertungsstichtag liegt.

(3) Besonderheiten, insbesondere die den Wert beeinflussenden Belastungen privatrechtlicher und öffentlich rechtlicher Art, werden im Vergleichswertverfahren nach den Absätzen 1 und 2 nicht berücksichtigt.

§ 184[2] Bewertung im Ertragswertverfahren. (1) Bei Anwendung des Ertragswertverfahrens ist der Wert der Gebäude (Gebäudeertragswert) getrennt von dem Bodenwert auf der Grundlage des Ertrags nach § 185 zu ermitteln.

(2) Der Bodenwert ist der Wert des unbebauten Grundstücks nach § 179.

(3) [1] Der Bodenwert und der Gebäudeertragswert (§ 185) ergeben den Ertragswert des Grundstücks. [2] Es ist mindestens der Bodenwert anzusetzen. [3] Sonstige bauliche Anlagen, insbesondere Außenanlagen, sind regelmäßig mit dem Ertragswert des Gebäudes abgegolten.

§ 185[2] Ermittlung des Gebäudeertragswerts. (1) [1] Bei der Ermittlung des Gebäudeertragswerts ist von dem Reinertrag des Grundstücks auszugehen. [2] Dieser ergibt sich aus dem Rohertrag des Grundstücks (§ 186) abzüglich der Bewirtschaftungskosten (§ 187).

(2) [1] Der Reinertrag des Grundstücks ist um den Betrag zu vermindern, der sich durch eine angemessene Verzinsung des Bodenwerts ergibt; dies ergibt den Gebäudereinertrag. [2] Der Verzinsung des Bodenwerts ist der Liegenschaftszinssatz (§ 188) zugrunde zu legen. [3] Ist das Grundstück wesentlich größer, als es einer den Gebäuden angemessenen Nutzung entspricht, und ist eine zusätzliche Nutzung oder Verwertung einer Teilfläche zulässig und möglich, ist bei der Berechnung des Verzinsungsbetrags der Bodenwert dieser Teilfläche nicht zu berücksichtigen.

(3) [1] Der Gebäudereinertrag ist mit dem sich aus der Anlage 21 ergebenden Vervielfältiger zu kapitalisieren. [2] Maßgebend für den Vervielfältiger sind der Liegenschaftszinssatz und die Restnutzungsdauer des Gebäudes. [3] Die Restnutzungsdauer wird grundsätzlich aus dem Unterschiedsbetrag zwischen der wirtschaftlichen Gesamtnutzungsdauer, die sich aus der Anlage 22 ergibt, und dem Alter des Gebäudes am Bewertungsstichtag ermittelt. [4] Sind nach Bezugsfertigkeit des Gebäudes Veränderungen eingetreten, die die wirtschaftliche Gesamtnutzungsdauer des Gebäudes verlängert oder verkürzt haben, ist von einer der Verlängerung oder Verkürzung entsprechenden Restnutzungsdauer auszugehen. [5] Die Restnutzungsdauer eines noch nutzbaren Gebäudes beträgt regelmäßig mindestens 30 Prozent der wirtschaftlichen Gesamtnutzungsdauer.

[1] § 183 Abs. 2 Satz 3 angef. mWv 23.7.2021 durch G v. 16.7.2021 (BGBl. I S. 2931); zur Anwendung siehe § 265 Abs. 12.

[2] 6. Abschnitt (§§ 157–203) eingef. mWv 1.1.2009 durch G v. 24.12.2008 (BGBl. I S. 3018).

§ 186[1)] Rohertrag des Grundstücks. (1) [1] Rohertrag ist das Entgelt, das für die Benutzung des bebauten Grundstücks nach den am Bewertungsstichtag geltenden vertraglichen Vereinbarungen für den Zeitraum von zwölf Monaten zu zahlen ist. [2] Umlagen, die zur Deckung der Betriebskosten gezahlt werden, sind nicht anzusetzen.

(2) [1] Für Grundstücke oder Grundstücksteile,

1. die eigengenutzt, ungenutzt, zu vorübergehendem Gebrauch oder unentgeltlich überlassen sind,
2. die der Eigentümer dem Mieter zu einer um mehr als 20 Prozent von der üblichen Miete abweichenden tatsächlichen Miete überlassen hat,

ist die übliche Miete anzusetzen. [2] Die übliche Miete ist in Anlehnung an die Miete zu schätzen, die für Räume gleicher oder ähnlicher Art, Lage und Ausstattung regelmäßig gezahlt wird. [3] Betriebskosten sind nicht einzubeziehen.

§ 187[1)] Bewirtschaftungskosten. (1) Bewirtschaftungskosten sind die bei gewöhnlicher Bewirtschaftung nachhaltig entstehenden Verwaltungskosten, Betriebskosten, Instandhaltungskosten und das Mietausfallwagnis; durch Umlagen gedeckte Betriebskosten bleiben unberücksichtigt.

(2)[2)] [1] Die Bewirtschaftungskosten sind nach Erfahrungssätzen anzusetzen. [2] Anzuwenden sind die Erfahrungssätze, die von den Gutachterausschüssen für den letzten Auswertungszeitraum abgeleitet werden, der vor dem Kalenderjahr endet, in dem der Bewertungsstichtag liegt. [3] Soweit von den Gutachterausschüssen keine geeigneten Erfahrungssätze zur Verfügung stehen, ist von den pauschalierten Bewirtschaftungskosten nach Anlage 23 auszugehen.

§ 188[1)] Liegenschaftszinssatz. (1) Der Liegenschaftszinssatz ist der Zinssatz, mit dem der Verkehrswert von Grundstücken im Durchschnitt marktüblich verzinst wird.

(2)[3)] [1] Anzuwenden sind die Liegenschaftszinssätze, die von den Gutachterausschüssen für den letzten Auswertungszeitraum abgeleitet werden, der vor dem Kalenderjahr endet, in dem der Bewertungsstichtag liegt. [2] Soweit von den Gutachterausschüssen keine geeigneten Liegenschaftszinssätze zur Verfügung stehen, gelten die folgenden Zinssätze:

1. 5 Prozent für Mietwohngrundstücke,
2. 5,5 Prozent für gemischt genutzte Grundstücke mit einem gewerblichen Anteil von bis zu 50 Prozent, berechnet nach der Wohn- und Nutzfläche,
3. 6 Prozent für gemischt genutzte Grundstücke mit einem gewerblichen Anteil von mehr als 50 Prozent, berechnet nach der Wohn- und Nutzfläche, und
4. 6,5 Prozent für Geschäftsgrundstücke.

§ 189[1)] Bewertung im Sachwertverfahren. (1) [1] Bei Anwendung des Sachwertverfahrens ist der Wert der Gebäude (Gebäudesachwert) getrennt vom Bodenwert nach § 190 zu ermitteln. [2] Sonstige bauliche Anlagen, insbesondere

---

[1)] 6. Abschnitt (§§ 157–203) eingef. mWv 1.1.2009 durch G v. 24.12.2008 (BGBl. I S. 3018).

[2)] § 187 Abs. 2 Satz 2 eingef., bish. Satz 2 wird Satz 3 und geänd. mWv 23.7.2021 durch G v. 16.7.2021 (BGBl. I S. 2931); zur Anwendung siehe § 265 Abs. 12.

[3)] § 188 Abs. 2 Satz 1 neu gef. mWv 23.7.2021 durch G v. 16.7.2021 (BGBl. I S. 2931); zur Anwendung siehe § 265 Abs. 12.

Außenanlagen, und der Wert der sonstigen Anlagen sind regelmäßig mit dem Gebäudewert und dem Bodenwert abgegolten.

(2) Der Bodenwert ist der Wert des unbebauten Grundstücks nach § 179.

(3) [1]Der Bodenwert und der Gebäudesachwert (§ 190) ergeben den vorläufigen Sachwert des Grundstücks. [2]Dieser ist zur Anpassung an den gemeinen Wert mit einer Wertzahl nach § 191 zu multiplizieren.

§ 190[1)] Ermittlung des Gebäudesachwerts. (1) [1]Bei der Ermittlung des Gebäudesachwerts ist von den Regelherstellungskosten des Gebäudes auszugehen. [2]Regelherstellungskosten sind die gewöhnlichen Herstellungskosten je Flächeneinheit. [3]Durch Multiplikation der jeweiligen nach Absatz 2 an den Bewertungsstichtag angepassten Regelherstellungskosten mit der Brutto-Grundfläche des Gebäudes ergibt sich der Gebäuderegelherstellungswert. [4]Die Regelherstellungskosten sind in der Anlage 24 enthalten.

(2) [1]Die Anpassung der Regelherstellungskosten erfolgt anhand der vom Statistischen Bundesamt veröffentlichten Baupreisindizes. [2]Dabei ist auf die Preisindizes für die Bauwirtschaft abzustellen, die das Statistische Bundesamt für den Neubau in konventioneller Bauart von Wohn- und Nichtwohngebäuden jeweils als Jahresdurchschnitt ermittelt. [3]Diese Preisindizes sind für alle Bewertungsstichtage des folgenden Kalenderjahres anzuwenden. [4]Das Bundesministerium der Finanzen veröffentlicht die maßgebenden Baupreisindizes im Bundessteuerblatt.

(3) Das Bundesministerium der Finanzen wird ermächtigt, durch Rechtsverordnung mit Zustimmung des Bundesrates die Anlage 24 zu diesem Gesetz dadurch zu ändern, dass es die darin aufgeführten Regelherstellungskosten nach Maßgabe marktüblicher gewöhnlicher Herstellungskosten aktualisiert, soweit dies zur Ermittlung des gemeinen Werts erforderlich ist.

(4) [1]Vom Gebäuderegelherstellungswert ist eine Alterswertminderung abzuziehen. [2]Diese wird regelmäßig nach dem Verhältnis des Alters des Gebäudes am Bewertungsstichtag zur wirtschaftlichen Gesamtnutzungsdauer nach Anlage 22 bestimmt. [3]Sind nach Bezugsfertigkeit des Gebäudes Veränderungen eingetreten, die die wirtschaftliche Gesamtnutzungsdauer des Gebäudes verlängert haben, so ist von einem entsprechenden späteren Baujahr auszugehen. [4]Bei bestehender Abbruchverpflichtung für das Gebäude ist bei der Ermittlung der Alterswertminderung von der tatsächlichen Gesamtnutzungsdauer des Gebäudes auszugehen. [5]Der nach Abzug der Alterswertminderung verbleibende Gebäudewert ist regelmäßig mit mindestens 30 Prozent des Gebäuderegelherstellungswerts anzusetzen.

§ 191[2)] Wertzahlen. (1)[3)] [1]Als Wertzahlen im Sinne des § 189 Abs. 3 sind die Sachwertfaktoren anzuwenden, die von den Gutachterausschüssen im Sinne der §§ 192 ff. des Baugesetzbuchs für das Sachwertverfahren bei der Verkehrswertermittlung abgeleitet wurden. [2]Anzuwenden sind die Sachwertfaktoren, die von den Gutachterausschüssen für den letzten Auswertungszeitraum abge-

[1)] § 190 neu gef. durch G v. 2.11.2015 (BGBl. I S. 1834); zur Anwendung siehe § 265 Abs. 10.
[2)] 6. Abschnitt (§§ 157–203) eingef. mWv 1.1.2009 durch G v. 24.12.2008 (BGBl. I S. 3018).
[3)] § 191 Abs. 1 Satz 2 angef. mWv 23.7.2021 durch G v. 16.7.2021 (BGBl. I S. 2931); zur Anwendung siehe § 265 Abs. 12.

leitet werden, der vor dem Kalenderjahr endet, in dem der Bewertungsstichtag liegt.

(2) Soweit von den Gutachterausschüssen keine geeigneten Sachwertfaktoren zur Verfügung stehen, sind die in der Anlage 25 bestimmten Wertzahlen zu verwenden.

IV. Sonderfälle

§ 192[1)] Bewertung in Erbbaurechtsfällen. [1] Ist das Grundstück mit einem Erbbaurecht belastet, sind die Werte für die wirtschaftliche Einheit Erbbaurecht (§ 193) und für die wirtschaftliche Einheit des belasteten Grundstücks (§ 194) gesondert zu ermitteln. [2] Mit der Bewertung des Erbbaurechts (§ 193) ist die Verpflichtung zur Zahlung des Erbbauzinses und mit der Bewertung des Erbbaurechtsgrundstücks (§ 194) ist das Recht auf den Erbbauzins abgegolten; die hiernach ermittelten Grundbesitzwerte dürfen nicht weniger als 0 Euro betragen.

§ 193[2)] Bewertung des Erbbaurechts. (1) Der Wert des Erbbaurechts ist im Vergleichswertverfahren nach § 183 zu ermitteln, wenn für das zu bewertende Erbbaurecht Vergleichskaufpreise oder aus Kaufpreisen abgeleitete Vergleichsfaktoren vorliegen.

(2) In allen anderen Fällen setzt sich der Wert des Erbbaurechts zusammen aus einem Bodenwertanteil nach Absatz 3 und einem Gebäudewertanteil nach Absatz 5.

(3) [1] Der Bodenwertanteil ergibt sich aus der Differenz zwischen

1. dem angemessenen Verzinsungsbetrag des Bodenwerts des unbelasteten Grundstücks nach Absatz 4 und
2. dem vertraglich vereinbarten jährlichen Erbbauzins.

[2] Der so ermittelte Unterschiedsbetrag ist über die Restlaufzeit des Erbbaurechts mit dem sich aus Anlage 21 ergebenden Vervielfältiger zu kapitalisieren.

(4)[3)] [1] Der angemessene Verzinsungsbetrag des Bodenwerts des unbelasteten Grundstücks ergibt sich durch Anwendung des Liegenschaftszinssatzes im Sinne des § 188 Absatz 2 Satz 1 auf den Bodenwert nach § 179. [2] Soweit von den Gutachterausschüssen keine geeigneten Liegenschaftszinssätze zur Verfügung stehen, gelten die folgenden Zinssätze:

1. 3 Prozent für Ein- und Zweifamilienhäuser und Wohnungseigentum, das wie Ein- und Zweifamilienhäuser gestaltet ist,
2. 5 Prozent für Mietwohngrundstücke und Wohnungseigentum, das nicht unter Nummer 1 fällt,
3. 5,5 Prozent für gemischt genutzte Grundstücke mit einem gewerblichen Anteil von bis zu 50 Prozent, berechnet nach der Wohn- und Nutzfläche, sowie sonstige bebaute Grundstücke,

---

[1)] § 192 eingef. mWv 1.1.2009 durch G v. 24.12.2008 (BGBl. I S. 3018); Satz 2 angef. mWv 14.12.2011 (§ 265 Abs. 3) durch G v. 7.12.2011 (BGBl. I S. 2592).

[2)] 6. Abschnitt (§§ 157–203) eingef. mWv 1.1.2009 durch G v. 24.12.2008 (BGBl. I S. 3018).

[3)] § 193 Abs. 4 Satz 1 geänd. mWv 23.7.2021 durch G v. 16.7.2021 (BGBl. I S. 2931); zur Anwendung siehe § 265 Abs. 12.

4. 6 Prozent für gemischt genutzte Grundstücke mit einem gewerblichen Anteil von mehr als 50 Prozent, berechnet nach der Wohn- und Nutzfläche, und
5. 6,5 Prozent für Geschäftsgrundstücke und Teileigentum.

(5) [1]Der Gebäudewertanteil ist bei der Bewertung des bebauten Grundstücks im Ertragswertverfahren der Gebäudeertragswert nach § 185, bei der Bewertung im Sachwertverfahren der Gebäudesachwert nach § 190. [2]Ist der bei Ablauf des Erbbaurechts verbleibende Gebäudewert nicht oder nur teilweise zu entschädigen, ist der Gebäudewertanteil des Erbbaurechts um den Gebäudewertanteil des Erbbaugrundstücks nach § 194 Abs. 4 zu mindern.

§ 194[1)] Bewertung des Erbbaugrundstücks. (1) Der Wert des Erbbaugrundstücks ist im Vergleichswertverfahren nach § 183 zu ermitteln, wenn für das zu bewertende Grundstück Vergleichskaufpreise oder aus Kaufpreisen abgeleitete Vergleichsfaktoren vorliegen.

(2) [1]In allen anderen Fällen bildet der Bodenwertanteil nach Absatz 3 den Wert des Erbbaugrundstücks. [2]Dieser ist um einen Gebäudewertanteil nach Absatz 4 zu erhöhen, wenn der Wert des Gebäudes vom Eigentümer des Erbbaugrundstücks nicht oder nur teilweise zu entschädigen ist.

(3) [1]Der Bodenwertanteil ist die Summe des über die Restlaufzeit des Erbbaurechts abgezinsten Bodenwerts nach § 179 und der über diesen Zeitraum kapitalisierten Erbbauzinsen. [2]Der Abzinsungsfaktor für den Bodenwert wird in Abhängigkeit vom Zinssatz nach § 193 Abs. 4 und der Restlaufzeit des Erbbaurechts ermittelt; er ist Anlage 26 zu entnehmen. [3]Als Erbbauzinsen sind die am Bewertungsstichtag vereinbarten jährlichen Erbbauzinsen anzusetzen; sie sind mit dem sich aus Anlage 21 ergebenden Vervielfältiger zu kapitalisieren.

(4) Der Gebäudewertanteil des Erbbaugrundstücks entspricht dem Gebäudewert oder dem anteiligen Gebäudewert, der dem Eigentümer des Erbbaugrundstücks bei Beendigung des Erbbaurechts durch Zeitablauf entschädigungslos zufällt; er ist nach Maßgabe der Anlage 26 auf den Bewertungsstichtag abzuzinsen.

§ 195[1)] Gebäude auf fremdem Grund und Boden. (1) In Fällen von Gebäuden auf fremdem Grund und Boden sind die Werte für die wirtschaftliche Einheit des Gebäudes auf fremdem Grund und Boden (Absatz 2) und die wirtschaftliche Einheit des belasteten Grundstücks (Absatz 3) gesondert zu ermitteln.

(2)[2)] [1]Das Gebäude auf fremdem Grund und Boden wird bei einer Bewertung im Ertragswertverfahren mit dem Gebäudeertragswert nach § 185, bei einer Bewertung im Sachwertverfahren mit dem Gebäudesachwert nach § 190 bewertet. [2]Ist der Nutzer verpflichtet, das Gebäude bei Ablauf des Nutzungsrechts zu beseitigen, ist bei der Ermittlung des Gebäudeertragswerts der Vervielfältiger nach Anlage 21 anzuwenden, der sich für die am Bewertungsstichtag verbleibende Nutzungsdauer ergibt. [3]§ 185 Abs. 3 Satz 5 ist nicht anzuwenden. [4]Ist in diesen Fällen der Gebäudesachwert zu ermitteln, bemisst sich die Alterswertminderung im Sinne des § 190 Absatz 4 Satz 1 bis 3 nach dem Alter

---

[1)] 6. Abschnitt (§§ 157–203) eingef. mWv 1.1.2009 durch G v. 24.12.2008 (BGBl. I S. 3018).

[2)] § 195 Abs. 2 Sätze 4 und 5 Verweise geänd. durch G v. 2.11.2015 (BGBl. I S. 1834); zur Anwendung siehe § 265 Abs. 10.

des Gebäudes am Bewertungsstichtag und der tatsächlichen Gesamtnutzungsdauer. [5] § 190 Absatz 4 Satz 5 ist nicht anzuwenden.

(3) [1] Der Wert des belasteten Grundstücks ist der auf den Bewertungsstichtag abgezinste Bodenwert nach § 179 zuzüglich des über die Restlaufzeit des Nutzungsrechts kapitalisierten Entgelts. [2] Der Abzinsungsfaktor für den Bodenwert wird in Abhängigkeit vom Zinssatz nach § 193 Abs. 4 und der Restlaufzeit des Nutzungsverhältnisses ermittelt; er ist Anlage 26 zu entnehmen. [3] Das über die Restlaufzeit des Nutzungsrechts kapitalisierte Entgelt ergibt sich durch Anwendung des Vervielfältigers nach Anlage 21 auf das zum Bewertungsstichtag vereinbarte jährliche Entgelt.

§ 196[1)] Grundstücke im Zustand der Bebauung. (1) [1] Ein Grundstück im Zustand der Bebauung liegt vor, wenn mit den Bauarbeiten begonnen wurde und Gebäude und Gebäudeteile noch nicht bezugsfertig sind. [2] Der Zustand der Bebauung beginnt mit den Abgrabungen oder der Einbringung von Baustoffen, die zur planmäßigen Errichtung des Gebäudes führen.

(2) Die Gebäude oder Gebäudeteile im Zustand der Bebauung sind mit den bereits am Bewertungsstichtag entstandenen Herstellungskosten dem Wert des bislang unbebauten oder bereits bebauten Grundstücks hinzuzurechnen.

§ 197[1)] Gebäude und Gebäudeteile für den Zivilschutz. Gebäude, Teile von Gebäuden und Anlagen, die wegen der in § 1 des Zivilschutzgesetzes vom 25. März 1997 (BGBl. I S. 726), das zuletzt durch Artikel 2 des Gesetzes vom 27. April 2004 (BGBl. I S. 630) geändert worden ist, in der jeweils geltenden Fassung bezeichneten Zwecke geschaffen worden sind und im Frieden nicht oder nur gelegentlich oder geringfügig für andere Zwecke benutzt werden, bleiben bei der Ermittlung des Grundbesitzwerts außer Betracht.

V. Nachweis des niedrigeren gemeinen Werts

§ 198[1)] Nachweis des niedrigeren gemeinen Werts. (1) [1] Weist der Steuerpflichtige nach, dass der gemeine Wert der wirtschaftlichen Einheit am Bewertungsstichtag niedriger ist als der nach den §§ 179, 182 bis 196 ermittelte Wert, so ist dieser Wert anzusetzen. [2] Für den Nachweis des niedrigeren gemeinen Werts gelten grundsätzlich die auf Grund des § 199 Abs. 1 des Baugesetzbuchs erlassenen Vorschriften.

(2)[2)] Als Nachweis des niedrigeren gemeinen Werts kann regelmäßig ein Gutachten des zuständigen Gutachterausschusses im Sinne der §§ 192 ff. des Baugesetzbuchs oder von Personen, die von einer staatlichen, staatlich anerkannten oder nach DIN EN ISO/IEC 17024 akkreditierten Stelle als Sachverständige oder Gutachter für die Wertermittlung von Grundstücken bestellt oder zertifiziert worden sind, dienen.

(3)[3)] Als Nachweis des niedrigeren gemeinen Werts kann ein im gewöhnlichen Geschäftsverkehr innerhalb eines Jahres vor oder nach dem Bewertungsstichtag zustande gekommener Kaufpreis über das zu bewertende Grundstück

---

[1)] 6. Abschnitt (§§ 157–203) eingef. mWv 1.1.2009 durch G v. 24.12.2008 (BGBl. I S. 3018).

[2)] § 198 Abs. 2 angef. mWv 23.7.2021 durch G v. 16.7.2021 (BGBl. I S. 2931); zur Anwendung siehe § 265 Abs. 12.

[3)] § 198 Abs. 3 angef. mWv 23.7.2021 durch G v. 16.7.2021 (BGBl. I S. 2931); zur Anwendung siehe § 265 Abs. 12.

dienen, wenn die maßgeblichen Verhältnisse hierfür gegenüber den Verhältnissen am Bewertungsstichtag unverändert sind.

D. Nicht notierte Anteile an Kapitalgesellschaften und Betriebsvermögen

§ 199[1)] Anwendung des vereinfachten Ertragswertverfahrens.

(1) Ist der gemeine Wert von Anteilen an einer Kapitalgesellschaft nach § 11 Abs. 2 Satz 2 unter Berücksichtigung der Ertragsaussichten der Kapitalgesellschaft zu ermitteln, kann das vereinfachte Ertragswertverfahren (§ 200) angewendet werden, wenn dieses nicht zu offensichtlich unzutreffenden Ergebnissen führt.

(2) Ist der gemeine Wert des Betriebsvermögens oder eines Anteils am Betriebsvermögen nach § 109 Abs. 1 und 2 in Verbindung mit § 11 Abs. 2 Satz 2 unter Berücksichtigung der Ertragsaussichten des Gewerbebetriebs oder der Gesellschaft zu ermitteln, kann das vereinfachte Ertragswertverfahren (§ 200) angewendet werden, wenn dieses nicht zu offensichtlich unzutreffenden Ergebnissen führt.

§ 200[1)] Vereinfachtes Ertragswertverfahren. (1) Zur Ermittlung des Ertragswerts ist vorbehaltlich der Absätze 2 bis 4 der zukünftig nachhaltig erzielbare Jahresertrag (§§ 201 und 202) mit dem Kapitalisierungsfaktor (§ 203) zu multiplizieren.

(2) Können Wirtschaftsgüter und mit diesen in wirtschaftlichem Zusammenhang stehende Schulden aus dem zu bewertenden Unternehmen im Sinne des § 199 Abs. 1 oder 2 herausgelöst werden, ohne die eigentliche Unternehmenstätigkeit zu beeinträchtigen (nicht betriebsnotwendiges Vermögen), so werden diese Wirtschaftsgüter und Schulden neben dem Ertragswert mit dem eigenständig zu ermittelnden gemeinen Wert oder Anteil am gemeinen Wert angesetzt.

(3) Hält ein zu bewertendes Unternehmen im Sinne des § 199 Abs. 1 oder 2 Beteiligungen an anderen Gesellschaften, die nicht unter Absatz 2 fallen, so werden diese Beteiligungen neben dem Ertragswert mit dem eigenständig zu ermittelnden gemeinen Wert angesetzt.

(4) Innerhalb von zwei Jahren vor dem Bewertungsstichtag eingelegte Wirtschaftsgüter, die nicht unter die Absätze 2 und 3 fallen, und mit diesen im wirtschaftlichen Zusammenhang stehende Schulden werden neben dem Ertragswert mit dem eigenständig zu ermittelnden gemeinen Wert angesetzt.

§ 201[1)] Ermittlung des Jahresertrags. (1) [1] Die Grundlage für die Bewertung bildet der zukünftig nachhaltig zu erzielende Jahresertrag. [2] Für die Ermittlung dieses Jahresertrags bietet der in der Vergangenheit tatsächlich erzielte Durchschnittsertrag eine Beurteilungsgrundlage.

(2) [1] Der Durchschnittsertrag ist regelmäßig aus den Betriebsergebnissen (§ 202) der letzten drei vor dem Bewertungsstichtag abgelaufenen Wirtschaftsjahre herzuleiten. [2] Das gesamte Betriebsergebnis eines am Bewertungsstichtag noch nicht abgelaufenen Wirtschaftsjahres ist anstelle des drittletzten abgelaufenen Wirtschaftsjahres einzubeziehen, wenn es für die Herleitung des künftig zu erzielenden Jahresertrags von Bedeutung ist. [3] Die Summe der Betriebsergeb-

[1)] 6. Abschnitt (§§ 157–203) eingef. mWv 1.1.2009 durch G v. 24.12.2008 (BGBl. I S. 3018).

nisse ist durch drei zu dividieren und ergibt den Durchschnittsertrag. [4]Das Ergebnis stellt den Jahresertrag dar.

(3) [1]Hat sich im Dreijahreszeitraum der Charakter des Unternehmens nach dem Gesamtbild der Verhältnisse nachhaltig verändert oder ist das Unternehmen neu entstanden, ist von einem entsprechend verkürzten Ermittlungszeitraum auszugehen. [2]Bei Unternehmen, die durch Umwandlung, durch Einbringung von Betrieben oder Teilbetrieben oder durch Umstrukturierungen entstanden sind, ist bei der Ermittlung des Durchschnittsertrags von den früheren Betriebsergebnissen des Gewerbebetriebs oder der Gesellschaft auszugehen. [3]Soweit sich die Änderung der Rechtsform auf den Jahresertrag auswirkt, sind die früheren Betriebsergebnisse entsprechend zu korrigieren.

§ 202[1)] Betriebsergebnis. (1) [1]Zur Ermittlung des Betriebsergebnisses ist von dem Gewinn im Sinne des § 4 Abs. 1 Satz 1 des Einkommensteuergesetzes[2)] auszugehen (Ausgangswert); dabei bleiben bei einem Anteil am Betriebsvermögen Ergebnisse aus den Sonderbilanzen und Ergänzungsbilanzen unberücksichtigt. [2]Der Ausgangswert ist noch wie folgt zu korrigieren:

1. Hinzuzurechnen sind
   a) Investitionsabzugsbeträge, Sonderabschreibungen oder erhöhte Absetzungen, Bewertungsabschläge, Zuführungen zu steuerfreien Rücklagen sowie Teilwertabschreibungen. [2]Es sind nur die normalen Absetzungen für Abnutzung zu berücksichtigen. [3]Diese sind nach den Anschaffungs- oder Herstellungskosten bei gleichmäßiger Verteilung über die gesamte betriebsgewöhnliche Nutzungsdauer zu bemessen. [4]Die normalen Absetzungen für Abnutzung sind auch dann anzusetzen, wenn für die Absetzungen in der Steuerbilanz vom Restwert auszugehen ist, der nach Inanspruchnahme der Sonderabschreibungen oder erhöhten Absetzungen verblieben ist;
   b) Absetzungen auf den Geschäfts- oder Firmenwert oder auf firmenwertähnliche Wirtschaftsgüter;
   c) einmalige Veräußerungsverluste sowie außerordentliche Aufwendungen;
   d) im Gewinn nicht enthaltene Investitionszulagen, soweit in Zukunft mit weiteren zulagebegünstigten Investitionen in gleichem Umfang gerechnet werden kann;
   e) der Ertragsteueraufwand (Körperschaftsteuer, Zuschlagsteuern und Gewerbesteuer);
   f) Aufwendungen, die im Zusammenhang stehen mit Vermögen im Sinne des § 200 Abs. 2 und 4, und übernommene Verluste aus Beteiligungen im Sinne des § 200 Abs. 2 bis 4;
2. abzuziehen sind
   a) gewinnerhöhende Auflösungsbeträge steuerfreier Rücklagen sowie Gewinne aus der Anwendung des § 6 Abs. 1 Nr. 1 Satz 4 und Nr. 2 Satz 3 des Einkommensteuergesetzes;
   b) einmalige Veräußerungsgewinne sowie außerordentliche Erträge;

[1)] 6. Abschnitt (§§ 157–203) eingef. mWv 1.1.2009 durch G v. 24.12.2008 (BGBl. I S. 3018).
[2)] Nr. **5**.

c) im Gewinn enthaltene Investitionszulagen, soweit in Zukunft nicht mit weiteren zulagebegünstigten Investitionen in gleichem Umfang gerechnet werden kann;

d) ein angemessener Unternehmerlohn, soweit in der bisherigen Ergebnisrechnung kein solcher berücksichtigt worden ist. [2]Die Höhe des Unternehmerlohns wird nach der Vergütung bestimmt, die eine nicht beteiligte Geschäftsführung erhalten würde. [3]Neben dem Unternehmerlohn kann auch fiktiver Lohnaufwand für bislang unentgeltlich tätige Familienangehörige des Eigentümers berücksichtigt werden;

e) Erträge aus der Erstattung von Ertragsteuern (Körperschaftsteuer, Zuschlagsteuern und Gewerbesteuer);

f) Erträge, die im Zusammenhang stehen mit Vermögen im Sinne des § 200 Abs. 2 bis 4;

3. hinzuzurechnen oder abzuziehen sind auch sonstige wirtschaftlich nicht begründete Vermögensminderungen oder -erhöhungen mit Einfluss auf den zukünftig nachhaltig zu erzielenden Jahresertrag und mit gesellschaftsrechtlichem Bezug, soweit sie nicht nach den Nummern 1 und 2 berücksichtigt wurden.

(2) [1]In den Fällen des § 4 Abs. 3 des Einkommensteuergesetzes ist vom Überschuss der Betriebseinnahmen über die Betriebsausgaben auszugehen. [2]Absatz 1 Satz 2 Nr. 1 bis 3 gilt entsprechend.

(3) Zur Abgeltung des Ertragsteueraufwands ist ein positives Betriebsergebnis nach Absatz 1 oder Absatz 2 um 30 Prozent zu mindern.

§ 203[1)] Kapitalisierungsfaktor. (1) Der in diesem Verfahren anzuwendende Kapitalisierungsfaktor beträgt 13,75.

(2) Das Bundesministerium der Finanzen wird ermächtigt, durch Rechtsverordnung mit Zustimmung des Bundesrates den Kapitalisierungsfaktor an die Entwicklung der Zinsstrukturdaten anzupassen.

§§ 204–217[2)] *(unbesetzt)*

Siebenter Abschnitt.[3)] Bewertung des Grundbesitzes für die Grundsteuer ab 1. Januar 2022

A. Allgemeines

§ 218[3)] Vermögensarten. [1]Für Vermögen, das nach diesem Abschnitt zu bewerten ist, erfolgt abweichend von § 18 eine Unterscheidung in folgende Vermögensarten:

1. Land- und forstwirtschaftliches Vermögen (§ 232),
2. Grundvermögen (§ 243).

[2]Betriebsgrundstücke im Sinne des § 99 Absatz 1 Nummer 2 werden dem land- und forstwirtschaftlichen Vermögen zugeordnet und sind wie land- und forstwirtschaftliches Vermögen zu bewerten. [3]Betriebsgrundstücke im Sinne

[1)] § 203 neu gef. durch G v. 4.11.2016 (BGBl. I S. 2464); zur Anwendung siehe § 265 Abs. 11.

[2)] Redaktionell eingefügt.

[3)] 7. Abschnitt (§§ 218–263) eingef. durch G v. 26.11.2019 (BGBl. I S. 1794); zur Anwendung siehe § 266.

des § 99 Absatz 1 Nummer 1 werden dem Grundvermögen zugeordnet und sind wie Grundvermögen zu bewerten.

§ 219[1)] **Feststellung von Grundsteuerwerten.** (1) Grundsteuerwerte werden für inländischen Grundbesitz, und zwar für Betriebe der Land- und Forstwirtschaft (§§ 232 bis 234, 240) und für Grundstücke (§§ 243 und 244) gesondert festgestellt (§ 180 Absatz 1 Satz 1 Nummer 1 der Abgabenordnung[2)]).

(2) In dem Feststellungsbescheid (§ 179 der Abgabenordnung) sind auch Feststellungen zu treffen über:

1. die Vermögensart und beim Grundvermögen auch über die Grundstücksart (§ 249) sowie
2. die Zurechnung der wirtschaftlichen Einheit und bei mehreren Beteiligten über die Höhe ihrer Anteile.

(3) Die Feststellungen nach den Absätzen 1 und 2 erfolgen nur, soweit sie für die Besteuerung von Bedeutung sind.

§ 220[1)] **Ermittlung der Grundsteuerwerte.** [1] Die Grundsteuerwerte werden nach den Vorschriften dieses Abschnitts ermittelt. [2] Bei der Ermittlung der Grundsteuerwerte ist § 163 der Abgabenordnung[2)] nicht anzuwenden; hiervon unberührt bleiben Übergangsregelungen, die die oberste Finanzbehörde eines Landes im Einvernehmen mit den obersten Finanzbehörden der übrigen Länder trifft.

§ 221[1)] **Hauptfeststellung.** (1) Die Grundsteuerwerte werden in Zeitabständen von je sieben Jahren allgemein festgestellt (Hauptfeststellung).

(2) Der Hauptfeststellung werden die Verhältnisse zu Beginn des Kalenderjahres (Hauptfeststellungszeitpunkt) zugrunde gelegt.

§ 222[1)] **Fortschreibungen.** (1) Der Grundsteuerwert wird neu festgestellt (Wertfortschreibung), wenn der in Euro ermittelte und auf volle 100 Euro abgerundete Wert, der sich für den Beginn eines Kalenderjahres ergibt, von dem entsprechenden Wert des letzten Feststellungszeitpunkts nach oben oder unten um mehr als 15 000 Euro abweicht.

(2) Über die Art oder Zurechnung der wirtschaftlichen Einheit (§ 219 Absatz 2) wird eine neue Feststellung getroffen (Artfortschreibung oder Zurechnungsfortschreibung), wenn sie von der zuletzt getroffenen Feststellung abweicht und es für die Besteuerung von Bedeutung ist.

(3) [1] Eine Fortschreibung nach Absatz 1 oder 2 findet auch zur Beseitigung eines Fehlers der letzten Feststellung statt. [2] § 176 der Abgabenordnung[2)] über den Vertrauensschutz bei der Aufhebung und Änderung von Steuerbescheiden ist hierbei entsprechend anzuwenden. [3] Satz 2 gilt nur für die Feststellungszeitpunkte, die vor der Verkündung der maßgeblichen Entscheidung eines der in § 176 der Abgabenordnung genannten Gerichte liegen.

(4) [1] Eine Fortschreibung ist vorzunehmen, wenn dem Finanzamt bekannt wird, dass die Voraussetzungen für sie vorliegen. [2] Der Fortschreibung werden

---

[1)] 7. Abschnitt (§§ 218–263) eingef. durch G v. 26.11.2019 (BGBl. I S. 1794); zur Anwendung siehe § 266.

[2)] Nr. **1**.

vorbehaltlich des § 227 die Verhältnisse im Fortschreibungszeitpunkt zugrunde gelegt. [3] Fortschreibungszeitpunkt ist:

1. bei einer Änderung der tatsächlichen Verhältnisse der Beginn des Kalenderjahres, das auf die Änderung folgt, und
2. in den Fällen des Absatzes 3 der Beginn des Kalenderjahres, in dem der Fehler dem Finanzamt bekannt wird, bei einer Erhöhung des Grundsteuerwerts jedoch frühestens der Beginn des Kalenderjahres, in dem der Feststellungsbescheid erteilt wird.

§ 223[1)] Nachfeststellung. (1) Für wirtschaftliche Einheiten, für die ein Grundsteuerwert festzustellen ist, wird der Grundsteuerwert nachträglich festgestellt (Nachfeststellung), wenn nach dem Hauptfeststellungszeitpunkt:

1. die wirtschaftliche Einheit neu entsteht oder
2. eine bereits bestehende wirtschaftliche Einheit erstmals zur Grundsteuer herangezogen werden soll.

(2) [1] Der Nachfeststellung werden vorbehaltlich des § 227 die Verhältnisse im Nachfeststellungszeitpunkt zugrunde gelegt. [2] Nachfeststellungszeitpunkt ist:

1. in den Fällen des Absatzes 1 Nummer 1 der Beginn des Kalenderjahres, das auf die Entstehung der wirtschaftlichen Einheit folgt, und
2. in den Fällen des Absatzes 1 Nummer 2 der Beginn des Kalenderjahres, in dem der Grundsteuerwert erstmals der Besteuerung zugrunde gelegt wird.

§ 224[1)] Aufhebung des Grundsteuerwerts. (1) Der Grundsteuerwert wird aufgehoben, wenn dem Finanzamt bekannt wird, dass:

1. die wirtschaftliche Einheit wegfällt oder
2. der Grundsteuerwert der wirtschaftlichen Einheit infolge von Befreiungsgründen der Besteuerung nicht mehr zugrunde gelegt wird.

(2) Aufhebungszeitpunkt ist:

1. in den Fällen des Absatzes 1 Nummer 1 der Beginn des Kalenderjahres, das auf den Wegfall der wirtschaftlichen Einheit folgt, und
2. in den Fällen des Absatzes 1 Nummer 2 der Beginn des Kalenderjahres, in dem der Grundsteuerwert erstmals der Besteuerung nicht mehr zugrunde gelegt wird.

§ 225[1)] Änderung von Feststellungsbescheiden. [1] Bescheide über Fortschreibungen oder über Nachfeststellungen von Grundsteuerwerten können schon vor dem maßgeblichen Feststellungszeitpunkt erteilt werden. [2] Sie sind zu ändern oder aufzuheben, wenn sich bis zu diesem Zeitpunkt Änderungen ergeben, die zu einer abweichenden Feststellung führen.

§ 226[1)] Nachholung einer Feststellung. (1) [1] Ist die Feststellungsfrist (§ 181 der Abgabenordnung[2)]) abgelaufen, kann eine Fortschreibung (§ 222) oder Nachfeststellung (§ 223) unter Zugrundelegung der Verhältnisse vom Fortschreibungs- oder Nachfeststellungszeitpunkt mit Wirkung für einen späteren

[1)] 7. Abschnitt (§§ 218–263) eingef. durch G v. 26.11.2019 (BGBl. I S. 1794); zur Anwendung siehe § 266.

[2)] Nr. **1**.

Feststellungszeitpunkt vorgenommen werden, für den diese Frist noch nicht abgelaufen ist. [2] § 181 Absatz 5 der Abgabenordnung bleibt hiervon unberührt.

(2) Absatz 1 ist bei der Aufhebung des Grundsteuerwerts (§ 224) entsprechend anzuwenden.

§ 227[1)] Wertverhältnisse bei Fortschreibungen und Nachfeststellungen. Bei Fortschreibungen und bei Nachfeststellungen der Grundsteuerwerte sind die Wertverhältnisse im Hauptfeststellungszeitpunkt zugrunde zu legen.

§ 228[1)] Erklärungs- und Anzeigepflicht. (1) [1] Die Steuerpflichtigen haben Erklärungen zur Feststellung der Grundsteuerwerte für den Hauptfeststellungszeitpunkt oder einen anderen Feststellungszeitpunkt abzugeben, wenn sie hierzu durch die Finanzbehörde aufgefordert werden (§ 149 Absatz 1 Satz 2 der Abgabenordnung[2)]). [2] Fordert die Finanzbehörde zur Abgabe einer Erklärung auf, hat sie eine Frist zur Abgabe der Erklärung zu bestimmen, die mindestens einen Monat betragen soll. [3] Die Aufforderung zur Abgabe einer Erklärung kann vom Bundesministerium der Finanzen im Einvernehmen mit den obersten Finanzbehörden der Länder durch öffentliche Bekanntmachung erfolgen.

(2) [1] Eine Änderung der tatsächlichen Verhältnisse, die sich auf die Höhe des Grundsteuerwerts, die Vermögensart oder die Grundstücksart auswirken oder zu einer erstmaligen Feststellung führen kann, ist auf den Beginn des folgenden Kalenderjahres anzuzeigen. [2] Gleiches gilt, wenn das Eigentum oder das wirtschaftliche Eigentum an einem auf fremdem Grund und Boden errichteten Gebäude übergegangen ist. [3] Die Frist für die Abgabe dieser Anzeige beträgt einen Monat und beginnt mit Ablauf des Kalenderjahres, in dem sich die tatsächlichen Verhältnisse geändert haben oder das Eigentum oder das wirtschaftliche Eigentum an einem auf fremdem Grund und Boden errichteten Gebäude übergegangen ist.

(3) Die Erklärung nach Absatz 1 und die Anzeige nach Absatz 2 sind abzugeben

1. von dem Steuerpflichtigen, dem die wirtschaftliche Einheit zuzurechnen ist,
2. bei einem Grundstück, das mit einem Erbbaurecht belastet ist, vom Erbbauberechtigten unter Mitwirkung des Erbbauverpflichteten oder
3. bei einem Gebäude auf fremdem Grund und Boden vom Eigentümer des Grund und Bodens unter Mitwirkung des Eigentümers oder des wirtschaftlichen Eigentümers des Gebäudes.

(4) Die Erklärungen nach Absatz 1 und die Anzeigen nach Absatz 2 sind bei dem für die gesonderte Feststellung zuständigen Finanzamt abzugeben.

(5) Die Erklärungen nach Absatz 1 und die Anzeigen nach Absatz 2 sind Steuererklärungen im Sinne der Abgabenordnung, die eigenhändig zu unterschreiben sind.

(6) [1] Die Erklärungen nach Absatz 1 und die Anzeigen nach Absatz 2 sind nach amtlich vorgeschriebenem Datensatz durch Datenfernübertragung zu übermitteln. [2] Auf Antrag kann die Finanzbehörde zur Vermeidung unbilliger

---

[1)] 7. Abschnitt (§§ 218–263) eingef. durch G v. 26.11.2019 (BGBl. I S. 1794); zur Anwendung siehe § 266.

[2)] Nr. **1**.

Härten auf eine Übermittlung durch Datenfernübertragung verzichten. [3]Für die Entscheidung über den Antrag gilt § 150 Absatz 8 der Abgabenordnung.

§ 229[1)] Auskünfte, Erhebungen und Mitteilungen. (1) [1]Die Eigentümer von Grundbesitz haben der Finanzbehörde auf Anforderung alle Angaben zu machen, die sie für die Sammlung der Kauf-, Miet- und Pachtpreise braucht. [2]Dabei haben sie zu versichern, dass sie die Angaben nach bestem Wissen und Gewissen gemacht haben.

(2) [1]Die Finanzbehörden können zur Vorbereitung einer Hauptfeststellung und zur Durchführung von Feststellungen der Grundsteuerwerte örtliche Erhebungen über die Bewertungsgrundlagen anstellen. [2]Das Grundrecht der Unverletzlichkeit der Wohnung (Artikel 13 des Grundgesetzes) wird insoweit eingeschränkt.

(3) Die nach Bundes- oder Landesrecht zuständigen Behörden haben den Finanzbehörden die rechtlichen und tatsächlichen Umstände mitzuteilen, die ihnen im Rahmen ihrer Aufgabenerfüllung bekannt geworden sind und die für die Feststellung von Grundsteuerwerten oder für die Grundsteuer von Bedeutung sein können.

(4) [1]Die Grundbuchämter haben den für die Feststellung des Grundsteuerwerts zuständigen Finanzbehörden mitzuteilen:

1. die Eintragung eines neuen Eigentümers oder Erbbauberechtigten sowie bei einem anderen als einem rechtsgeschäftlichen Erwerb zusätzlich die Anschrift des neuen Eigentümers oder Erbbauberechtigten; dies gilt nicht für die Fälle des Erwerbs nach den Vorschriften des Zuordnungsrechts,
2. die Eintragung der Begründung von Wohnungseigentum oder Teileigentum,
3. die Eintragung der Begründung eines Erbbaurechts, Wohnungserbbaurechts oder Teilerbbaurechts.

[2]In den Fällen des Satzes 1 Nummer 2 und 3 ist gleichzeitig der Tag des Eingangs des Eintragungsantrags beim Grundbuchamt mitzuteilen. [3]Bei einer Eintragung aufgrund Erbfolge ist das Jahr anzugeben, in dem der Erblasser verstorben ist. [4]Die Mitteilungen sollen der Finanzbehörde über die für die Führung des Liegenschaftskatasters zuständige Behörde oder über eine sonstige Behörde, die das amtliche Verzeichnis der Grundstücke (§ 2 Absatz 2 der Grundbuchordnung) führt, zugeleitet werden.

(5) [1]Die nach den Absätzen 3 oder 4 mitteilungspflichtige Stelle hat die betroffenen Personen vom Inhalt der Mitteilung zu unterrichten. [2]Eine Unterrichtung kann unterbleiben, soweit den Finanzbehörden Umstände aus dem Grundbuch, den Grundakten oder aus dem Liegenschaftskataster mitgeteilt werden.

(6) [1]Die nach den Absätzen 3 oder 4 mitteilungspflichtigen Stellen übermitteln die Mitteilungen den Finanzbehörden nach amtlich vorgeschriebenem Datensatz über die amtlich bestimmte Schnittstelle. [2]Die Grundbuchämter und die für die Führung des Liegenschaftskatasters zuständigen Behörden übermitteln die bei ihnen geführten Daten laufend, mindestens alle drei Monate. [3]Das Bundesministerium der Finanzen legt im Einvernehmen mit den obersten Finanzbehörden der Länder und den obersten Vermessungs- und Katasterbe-

---

[1)] 7. Abschnitt (§§ 218–263) eingef. durch G v. 26.11.2019 (BGBl. I S. 1794); zur Anwendung siehe § 266.

hörden der Länder die Einzelheiten der elektronischen Übermittlung und deren Beginn in einem Schreiben fest. [4] Dieses Schreiben ist im Bundesanzeiger und im Bundessteuerblatt zu veröffentlichen.

§ 230[1)] **Abrundung.** Die ermittelten Grundsteuerwerte werden auf volle 100 Euro nach unten abgerundet.

§ 231[1)] **Abgrenzung von in- und ausländischem Vermögen.** (1) [1] Für die Bewertung des inländischen nach diesem Abschnitt zu bewertenden Vermögens gelten die §§ 232 bis 262. [2] Nach diesen Vorschriften sind auch die inländischen Teile einer wirtschaftlichen Einheit zu bewerten, die sich sowohl auf das Inland als auch auf das Ausland erstrecken.

(2) Die ausländischen Teile einer wirtschaftlichen Einheit unterliegen nicht der gesonderten Feststellung nach § 219.

B. Land- und forstwirtschaftliches Vermögen

I. Allgemeines

§ 232[1)] **Begriff des land- und forstwirtschaftlichen Vermögens.**

(1) [1] Land- und Forstwirtschaft ist die planmäßige Nutzung der natürlichen Kräfte des Bodens zur Erzeugung von Pflanzen und Tieren sowie die Verwertung der dadurch selbst gewonnenen Erzeugnisse. [2] Zum land- und forstwirtschaftlichen Vermögen gehören alle Wirtschaftsgüter, die einem Betrieb der Land- und Forstwirtschaft dauernd zu dienen bestimmt sind.

(2) [1] Die wirtschaftliche Einheit des land- und forstwirtschaftlichen Vermögens ist der Betrieb der Land- und Forstwirtschaft. [2] Wird der Betrieb der Land- und Forstwirtschaft oder werden Teile davon einem anderen Berechtigten zur Erzeugung von Pflanzen und Tieren sowie zur Verwertung der dadurch selbst gewonnenen Erzeugnisse überlassen, so gilt dies als Fortsetzung der land- und forstwirtschaftlichen Tätigkeit des Überlassenden.

(3) [1] Zu den Wirtschaftsgütern, die dem Betrieb der Land- und Forstwirtschaft dauernd zu dienen bestimmt sind, gehören insbesondere:

1. der Grund und Boden,
2. die Wirtschaftsgebäude,
3. die stehenden Betriebsmittel,
4. der normale Bestand an umlaufenden Betriebsmitteln,
5. die immateriellen Wirtschaftsgüter.

[2] Als normaler Bestand an umlaufenden Betriebsmitteln gilt ein Bestand, der zur gesicherten Fortführung des Betriebs erforderlich ist.

(4) Nicht zum land- und forstwirtschaftlichen Vermögen gehören:

1. Grund und Boden sowie Gebäude und Gebäudeteile, die Wohnzwecken oder anderen nicht land- und forstwirtschaftlichen Zwecken dienen,
2. Tierbestände oder Zweige des Tierbestands und die hiermit zusammenhängenden Wirtschaftsgüter (zum Beispiel Gebäude und abgrenzbare Gebäudeteile mit den dazugehörenden Flächen, stehende und umlaufende Betriebsmittel), wenn die Tiere weder nach § 241 zur landwirtschaftlichen Nutzung

---

[1)] 7. Abschnitt (§§ 218–263) eingef. durch G v. 26.11.2019 (BGBl. I S. 1794); zur Anwendung siehe § 266.

noch nach § 242 Absatz 2 zu den sonstigen land- und forstwirtschaftlichen Nutzungen gehören; die Zugehörigkeit der landwirtschaftlich genutzten Flächen zum land- und forstwirtschaftlichen Vermögen wird hierdurch nicht berührt,

3. Zahlungsmittel, Geldforderungen, Geschäftsguthaben, Wertpapiere und Beteiligungen sowie
4. Geldschulden und Pensionsverpflichtungen.

§ 233[1)] Abgrenzung des land- und forstwirtschaftlichen Vermögens vom Grundvermögen in Sonderfällen. (1) Dienen im Umgriff einer Windenergieanlage Flächen einem Betrieb der Land- und Forstwirtschaft, sind abweichend von § 232 Absatz 4 Nummer 1 die Standortflächen der Windenergieanlage und der dazugehörenden Betriebsvorrichtungen (abgegrenzte Standortfläche der Windenergieanlage) dem land- und forstwirtschaftlichen Vermögen zuzurechnen.

(2) Land- und forstwirtschaftlich genutzte Flächen sind dem Grundvermögen zuzurechnen, wenn nach ihrer Lage, den am Feststellungszeitpunkt bestehenden Verwertungsmöglichkeiten oder den sonstigen Umständen anzunehmen ist, dass sie innerhalb eines Zeitraums von sieben Jahren anderen als land- und forstwirtschaftlichen Zwecken, insbesondere als Bau-, Gewerbe- oder Industrieland oder als Land für Verkehrszwecke, dienen werden.

(3) [1] Flächen sind stets dem Grundvermögen zuzurechnen, wenn sie in einem Bebauungsplan als Bauland festgesetzt sind, ihre sofortige Bebauung möglich ist und die Bebauung innerhalb des Plangebiets in benachbarten Bereichen begonnen hat oder schon durchgeführt ist. [2] Satz 1 gilt nicht für die Hofstelle.

§ 234[1)] Betrieb der Land- und Forstwirtschaft. (1) Ein Betrieb der Land- und Forstwirtschaft umfasst:

1. die land- und forstwirtschaftlichen Nutzungen:
   a) die landwirtschaftliche Nutzung,
   b) die forstwirtschaftliche Nutzung,
   c) die weinbauliche Nutzung,
   d) die gärtnerische Nutzung,
      aa) Nutzungsteil Gemüsebau,
      bb) Nutzungsteil Blumen- und Zierpflanzenbau,
      cc) Nutzungsteil Obstbau,
      dd) Nutzungsteil Baumschulen,
   e) die übrigen land- und forstwirtschaftlichen Nutzungen,
2. die Nutzungsarten:
   a) Abbauland,
   b) Geringstland,
   c) Unland,
   d) Hofstelle,
3. die Nebenbetriebe.

[1)] 7. Abschnitt (§§ 218–263) eingef. durch G v. 26.11.2019 (BGBl. I S. 1794); zur Anwendung siehe § 266.

(2) Die land- und forstwirtschaftlichen Betriebsflächen sind einer Nutzung, innerhalb der gärtnerischen Nutzung einem Nutzungsteil, oder einer Nutzungsart zuzuordnen (gesetzliche Klassifizierung).

(3) Zum Abbauland gehören die Betriebsflächen, die durch Abbau der Bodensubstanz überwiegend für den Betrieb der Land- und Forstwirtschaft nutzbar gemacht werden, zum Beispiel Steinbrüche, Torfstiche, Sand-, Kies- und Lehmgruben.

(4) Zum Geringstland gehören die Betriebsflächen geringster Ertragsfähigkeit, für die nach dem Bodenschätzungsgesetz keine Wertzahlen festzustellen sind.

(5) Zum Unland gehören die Betriebsflächen, die auch bei geordneter Wirtschaftsweise keinen Ertrag abwerfen können.

(6) Zur Hofstelle gehören alle Hof- und Wirtschaftsgebäudeflächen einschließlich der Nebenflächen, wenn von dort land- und forstwirtschaftliche Flächen nachhaltig bewirtschaftet werden.

(7) Als Nebenbetrieb gilt ein Betrieb, der dem Hauptbetrieb zu dienen bestimmt ist und nicht einen selbständigen gewerblichen Betrieb darstellt.

§ 235[1)] Bewertungsstichtag. (1) Für die Größe des Betriebs sowie für den Umfang und den Zustand der Gebäude sind die Verhältnisse im Feststellungszeitpunkt maßgebend.

(2) Für die stehenden und umlaufenden Betriebsmittel ist der Stand am Ende des Wirtschaftsjahres maßgebend, das dem Feststellungszeitpunkt vorangegangen ist.

§ 236[1)] Bewertungsgrundsätze. (1) Der Bewertung eines Betriebs der Land- und Forstwirtschaft ist der Ertragswert zugrunde zu legen.

(2) [1] Bei der Ermittlung des Ertragswerts ist von der Ertragsfähigkeit auszugehen. [2] Ertragsfähigkeit ist der bei ordnungsmäßiger Bewirtschaftung gemeinhin und nachhaltig erzielbare Reinertrag eines pacht- und schuldenfreien Betriebs mit entlohnten fremden Arbeitskräften (Reinertrag). [3] Er ermittelt sich aus dem Betriebseinkommen abzüglich des Lohnaufwands für die entlohnten Arbeitskräfte und des angemessenen Anteils für die Arbeitsleistung des Betriebsleiters sowie der nicht entlohnten Arbeitskräfte. [4] Hierbei sind alle Umstände zu berücksichtigen, die bei einer Selbstbewirtschaftung des Betriebs den Wirtschaftserfolg beeinflussen.

(3) [1] Der Reinertrag wird aus den Erhebungen nach § 2 des Landwirtschaftsgesetzes oder aus Erhebungen der Finanzverwaltung für jede gesetzliche Klassifizierung gesondert ermittelt. [2] Bei der Ermittlung des jeweiligen Reinertrags ist zur Berücksichtigung der nachhaltigen Ertragsfähigkeit ein Durchschnitt aus den letzten zehn vorliegenden Wirtschaftsjahren zu bilden, die vor dem Hauptfeststellungszeitpunkt geendet haben.

(4) Der Ertragswert ist das 18,6fache der Summe der Reinerträge des Betriebs.

[1)] 7. Abschnitt (§§ 218–263) eingef. durch G v. 26.11.2019 (BGBl. I S. 1794); zur Anwendung siehe § 266.

BewG

§ 237[1] Bewertung des Betriebs der Land- und Forstwirtschaft.

(1) [1] Bei der Ermittlung des Ertragswerts für einen Betrieb der Land- und Forstwirtschaft sind die land- und forstwirtschaftlichen Nutzungen, Nutzungsarten und die Nebenbetriebe (§ 234 Absatz 1) mit ihrem jeweiligen Reinertrag nach den Absätzen 2 bis 8 zu bewerten. [2] Mit dem Ansatz des jeweiligen Reinertrags sind auch dem Eigentümer des Grund und Bodens nicht gehörende stehende und umlaufende Betriebsmittel, die der Bewirtschaftung des Betriebs dienen, abgegolten.

(2) [1] Der Reinertrag der landwirtschaftlichen Nutzung ermittelt sich aus der Summe der Flächenwerte. [2] Der jeweilige Flächenwert ist das Produkt aus der Größe der gesetzlich klassifizierten Eigentumsfläche des Betriebs und den Bewertungsfaktoren der Anlage 27. [3] Die Bewertungsfaktoren Grundbetrag und Ertragsmesszahl nach § 9 des Bodenschätzungsgesetzes sind für jede Eigentumsfläche gesondert zu ermitteln.

(3) [1] Der Reinertrag der forstwirtschaftlichen Nutzung ermittelt sich aus der Summe der Flächenwerte. [2] Der jeweilige Flächenwert ist das Produkt aus der Größe der gesetzlich klassifizierten Eigentumsfläche des Betriebs und dem jeweiligen gegendüblichen Bewertungsfaktor gemäß Anlage 28. [3] Die gegendüblichen Bewertungsfaktoren bestimmen sich nach den forstwirtschaftlichen Wuchsgebieten und deren Baumartenanteilen nach der zuletzt vor dem Hauptfeststellungszeitpunkt durchgeführten Bundeswaldinventur (§ 41a des Bundeswaldgesetzes). [4] Abweichend hiervon werden klassifizierte Eigentumsflächen mit katastermäßig nachgewiesenen Bewirtschaftungsbeschränkungen als Geringstland bewertet, wenn infolge der Bewirtschaftungsbeschränkungen eine nachhaltige forstwirtschaftliche Nutzung unterbleibt.

(4) [1] Der Reinertrag der weinbaulichen Nutzung ermittelt sich aus der Summe der Flächenwerte. [2] Der jeweilige Flächenwert ist das Produkt aus der Größe der gesetzlich klassifizierten Eigentumsfläche des Betriebs und dem Bewertungsfaktor für die Verwertungsform Traubenerzeugung gemäß Anlage 29.

(5) [1] Der Reinertrag der gärtnerischen Nutzung ist gegliedert nach den Nutzungsteilen zu ermitteln. [2] Der Reinertrag eines Nutzungsteils ermittelt sich aus der Summe der Flächenwerte. [3] Der jeweilige Flächenwert ist das Produkt aus der gesetzlich klassifizierten Eigentumsfläche des Betriebs und dem jeweiligen Bewertungsfaktor gemäß Anlage 30. [4] Abweichend hiervon wird der Nutzungsteil Gemüsebau wie eine landwirtschaftliche Nutzung bewertet, wenn im Wechsel landwirtschaftliche und gärtnerische Erzeugnisse gewonnen werden und keine Bewässerungsmöglichkeiten bestehen.

(6) [1] Der Reinertrag für die übrigen land- und forstwirtschaftlichen Nutzungen ist für jede Nutzung nach § 242 gesondert zu ermitteln. [2] Der Reinertrag einer übrigen land- und forstwirtschaftlichen Nutzung ermittelt sich aus der Summe der Flächenwerte. [3] Der jeweilige Flächenwert ist das Produkt aus der Größe der gesetzlich klassifizierten Eigentumsfläche des Betriebs und dem jeweiligen Bewertungsfaktor einschließlich des Zuschlags gemäß Anlage 31. [4] Für die sonstigen land- und forstwirtschaftlichen Nutzungen, für die kein Bewertungsfaktor festgelegt wurde, ist der Reinertrag der jeweiligen Nutzung

[1] 7. Abschnitt (§§ 218–263) eingef. durch G v. 26.11.2019 (BGBl. I S. 1794); zur Anwendung siehe § 266.

durch Multiplikation der Bruttogrundflächen der nachhaltig genutzten Wirtschaftsgebäude mit dem Zwölffachen des Werts gemäß Anlage 31 und für den dazu gehörenden Grund und Boden nach Absatz 8 zu ermitteln; dies gilt unabhängig von einer gesetzlichen Klassifizierung als Hofstelle.

(7) [1] Der Reinertrag für die Nutzungsarten Abbauland, Geringstland und Unland ermittelt sich aus der Summe der Flächenwerte der jeweiligen Nutzungsart. [2] Der jeweilige Flächenwert ist das Produkt aus der Größe der gesetzlich klassifizierten Eigentumsfläche des Betriebs und dem jeweiligen Bewertungsfaktor gemäß Anlage 31.

(8) [1] Der Reinertrag für die Hofflächen und die Nebenbetriebe ermittelt sich aus der Summe der Flächenwerte. [2] Der Flächenwert ist das Produkt aus der jeweils als Hofstelle gesetzlich klassifizierten Eigentumsfläche des Betriebs und dem dreifachen Bewertungsfaktor gemäß Anlage 32.

§ 238[1)] Zuschläge zum Reinertrag. (1) Ein Zuschlag zum Reinertrag einer Nutzung oder Nutzungsart ist vorzunehmen,

1. bei der landwirtschaftlichen Nutzung gemäß Anlage 27, wenn der tatsächliche Tierbestand am maßgeblichen Bewertungsstichtag (§ 235) die in Anlage 27 genannte Grenze nachhaltig überschreitet,
2. bei der gärtnerischen Nutzung gemäß Anlage 30, wenn in einem Nutzungsteil Flächen unter Glas und Kunststoffen dem Betrieb zu dienen bestimmt sind. [2] Zu den Flächen unter Glas und Kunststoffen gehören insbesondere mit Gewächshäusern, begehbaren Folientunneln, Foliengewächshäusern und anderen Kulturräumen überbaute Bruttogrundflächen. [3] Unerheblich ist, ob die Flächen unter Glas und Kunststoffen neben der Erzeugung auch zur Lagerung oder zum Vertrieb der Erzeugnisse zu dienen bestimmt sind,
3. bei der Nutzungsart Hofstelle gemäß Anlage 32 für die weinbauliche Nutzung und für Nebenbetriebe. [2] Der Zuschlag ermittelt sich durch Multiplikation der Bruttogrundflächen der nachhaltig genutzten Wirtschaftsgebäude mit dem Zwölffachen des jeweiligen Bewertungsfaktors. [3] Unerheblich ist, ob die Wirtschaftsgebäude neben der Erzeugung auch zur Lagerung oder zum Vertrieb der Erzeugnisse zu dienen bestimmt sind.

(2) [1] Der Reinertrag einer Nutzung oder Nutzungsart ist um einen Zuschlag zu erhöhen, wenn die Eigentumsflächen des Betriebs zugleich der Stromerzeugung aus Windenergie dienen. [2] Der Zuschlag ermittelt sich aus dem Produkt der abgegrenzten Standortfläche der Windenergieanlage und dem Bewertungsfaktor gemäß Anlage 33.

§ 239[1)] Grundsteuerwert des Betriebs der Land- und Forstwirtschaft.

(1) Die Summe der Reinerträge des Betriebs einschließlich der Zuschläge (§§ 237, 238) ist zur Ermittlung des Ertragswerts mit dem Faktor 18,6 zu kapitalisieren und ergibt den Grundsteuerwert des Betriebs der Land- und Forstwirtschaft.

(2) [1] Die Summe der Reinerträge einschließlich der Zuschläge (§§ 237, 238) eines Betriebs der Land- und Forstwirtschaft ist für jede Gemeinde gesondert zu ermitteln, wenn sich die wirtschaftliche Einheit über mehrere Gemeinden

---

[1)] 7. Abschnitt (§§ 218–263) eingef. durch G v. 26.11.2019 (BGBl. I S. 1794); zur Anwendung siehe § 266.

erstreckt. [2]Der auf eine Gemeinde entfallende Anteil am Grundsteuerwert berechnet sich aus der jeweils für eine Gemeinde gesondert ermittelten Summe der Reinerträge im Verhältnis zur Gesamtsumme der Reinerträge des Betriebs der Land- und Forstwirtschaft.

§ 240[1)] Kleingartenland und Dauerkleingartenland. (1) Als Betrieb der Land- und Forstwirtschaft gelten auch Kleingartenland und Dauerkleingartenland im Sinne des Bundeskleingartengesetzes.

(2) [1]Bei der Ermittlung des Ertragswerts für Kleingartenland und Dauerkleingartenland ist abweichend von § 237 der Reinertrag für den Nutzungsteil Gemüsebau anzusetzen. [2]Der Reinertrag ergibt sich aus der Summe der Produkte der jeweils gesetzlich klassifizierten Eigentumsfläche und dem Reinertrag für das Freiland gemäß Anlage 30.

(3) [1]Gartenlauben von mehr als 30 Quadratmetern Brutto-Grundfläche gelten als Wirtschaftsgebäude. [2]§ 237 Absatz 8 findet entsprechende Anwendung.

(4) Die Summe der Reinerträge nach den Absätzen 2 und 3 ist zur Ermittlung des Ertragswerts mit dem Faktor 18,6 zu kapitalisieren und ergibt den Grundsteuerwert des Betriebs der Land- und Forstwirtschaft.

II. Besondere Vorschriften

a) Landwirtschaftliche Nutzung

§ 241[1)] Tierbestände. (1) [1]Tierbestände gehören in vollem Umfang zur landwirtschaftlichen Nutzung, wenn im Wirtschaftsjahr

für die ersten 20 Hektar	nicht mehr als	10 Vieheinheiten,
für die nächsten 10 Hektar	nicht mehr als	7 Vieheinheiten,
für die nächsten 20 Hektar	nicht mehr als	6 Vieheinheiten,
für die nächsten 50 Hektar	nicht mehr als	3 Vieheinheiten,
und für die weitere Fläche	nicht mehr als	1,5 Vieheinheiten

je Hektar der vom Inhaber des Betriebs selbst bewirtschafteten Flächen der landwirtschaftlichen Nutzung erzeugt oder gehalten werden. [2]Zu den selbst bewirtschafteten Flächen gehören die Eigentumsflächen und die zur Nutzung überlassenen Flächen. [3]Die Tierbestände sind nach dem Futterbedarf in Vieheinheiten umzurechnen.

(2) [1]Übersteigt die Anzahl der Vieheinheiten nachhaltig die in Absatz 1 bezeichnete Grenze, so gehören nur die Zweige des Tierbestands zur landwirtschaftlichen Nutzung, deren Vieheinheiten zusammen diese Grenze nicht überschreiten. [2]Zunächst sind mehr flächenabhängige Zweige des Tierbestands und danach weniger flächenabhängige Zweige des Tierbestands zur landwirtschaftlichen Nutzung zu rechnen. [3]Innerhalb jeder dieser Gruppen sind zuerst Zweige des Tierbestands mit der geringeren Anzahl von Vieheinheiten und dann Zweige mit der größeren Anzahl von Vieheinheiten zur landwirtschaftlichen Nutzung zu rechnen. [4]Der Tierbestand des einzelnen Zweiges wird nicht aufgeteilt.

[1)] 7. Abschnitt (§§ 218–263) eingef. durch G v. 26.11.2019 (BGBl. I S. 1794); zur Anwendung siehe § 266.

(3) [1] Als Zweig des Tierbestands gilt bei jeder Tierart für sich:
1. das Zugvieh,
2. das Zuchtvieh,
3. das Mastvieh,
4. das übrige Nutzvieh.

[2] Das Zuchtvieh einer Tierart gilt nur dann als besonderer Zweig des Tierbestands, wenn die erzeugten Jungtiere überwiegend zum Verkauf bestimmt sind. [3] Ist das nicht der Fall, so ist das Zuchtvieh dem Zweig des Tierbestands zuzurechnen, dem es überwiegend dient.

(4) [1] Die Absätze 1 bis 3 gelten nicht für Pelztiere. [2] Pelztiere gehören nur dann zur landwirtschaftlichen Nutzung, wenn die erforderlichen Futtermittel überwiegend von den vom Inhaber des Betriebs landwirtschaftlich genutzten Flächen gewonnen werden.

(5) Der Umrechnungsschlüssel für Tierbestände in Vieheinheiten sowie die Gruppen der mehr oder weniger flächenabhängigen Zweige des Tierbestands sind den Anlagen 34 und 35 zu entnehmen.

b) Übrige land- und forstwirtschaftliche Nutzungen

§ 242[1)] Übrige land- und forstwirtschaftliche Nutzungen. (1) Zu den übrigen land- und forstwirtschaftlichen Nutzungen gehören:
1. Hopfen, Spargel und andere Sonderkulturen,
2. die sonstigen land- und forstwirtschaftlichen Nutzungen.

(2) Zu den sonstigen land- und forstwirtschaftlichen Nutzungen gehören insbesondere:
1. die Binnenfischerei,
2. die Teichwirtschaft,
3. die Fischzucht für Binnenfischerei und Teichwirtschaft,
4. die Imkerei,
5. die Wanderschäferei,
6. die Saatzucht,
7. der Pilzanbau,
8. die Produktion von Nützlingen,
9. die Weihnachtsbaumkulturen,
10. die Kurzumtriebsplantagen.

C. Grundvermögen

I. Allgemeines

§ 243[1)] Begriff des Grundvermögens. (1) Zum Grundvermögen gehören, soweit es sich nicht um land- und forstwirtschaftliches Vermögen (§§ 232 bis 242) handelt:
1. der Grund und Boden, die Gebäude, die sonstigen Bestandteile und das Zubehör,

---

[1)] 7. Abschnitt (§§ 218–263) eingef. durch G v. 26.11.2019 (BGBl. I S. 1794); zur Anwendung siehe § 266.

2. das Erbbaurecht,
3. das Wohnungseigentum und das Teileigentum,
4. das Wohnungserbbaurecht und das Teilerbbaurecht nach § 30 Absatz 1 des Wohnungseigentumsgesetzes.

(2) In das Grundvermögen sind nicht einzubeziehen:

1. Bodenschätze,
2. die Maschinen und sonstigen Vorrichtungen aller Art, die zu einer Betriebsanlage gehören (Betriebsvorrichtungen), auch wenn sie wesentliche Bestandteile sind.

(3) Einzubeziehen sind jedoch die Verstärkungen von Decken und die nicht ausschließlich zu einer Betriebsanlage gehörenden Stützen und sonstigen Bauteile wie Mauervorlagen und Verstrebungen.

§ 244[1)] Grundstück. (1) Jede wirtschaftliche Einheit des Grundvermögens bildet ein Grundstück im Sinne dieses Abschnitts.

(2) [1] Ein Anteil des Eigentümers eines Grundstücks an anderem Grundvermögen (zum Beispiel an gemeinschaftlichen Hofflächen oder Garagen) ist in die wirtschaftliche Einheit Grundstück einzubeziehen, wenn der Anteil zusammen mit dem Grundstück genutzt wird. [2] Das gilt nicht, wenn das gemeinschaftliche Grundvermögen nach den Anschauungen des Verkehrs als selbständige wirtschaftliche Einheit anzusehen ist (§ 2 Absatz 1 Satz 3 und 4).

(3) Als Grundstück gelten auch:

1. das Erbbaurecht zusammen mit dem Erbbaurechtsgrundstück,
2. ein Gebäude auf fremdem Grund und Boden zusammen mit dem dazugehörenden Grund und Boden,
3. jedes Wohnungseigentum und Teileigentum nach dem Wohnungseigentumsgesetz sowie
4.[2)] jedes Wohnungserbbaurecht und Teilerbbaurecht zusammen mit dem anteiligen belasteten Grund und Boden.

§ 245[1)] Gebäude, Gebäudeteile und Anlagen für den Zivilschutz. Gebäude, Gebäudeteile und Anlagen, die wegen der in § 1 des Zivilschutz- und Katastrophenhilfegesetzes bezeichneten Zwecke geschaffen worden sind und im Frieden nicht oder nur gelegentlich oder geringfügig für andere Zwecke benutzt werden, bleiben bei der Ermittlung des Grundsteuerwerts außer Betracht.

II. Unbebaute Grundstücke

§ 246[1)] Begriff der unbebauten Grundstücke. (1) [1] Unbebaute Grundstücke sind Grundstücke, auf denen sich keine benutzbaren Gebäude befinden. [2] Die Benutzbarkeit beginnt zum Zeitpunkt der Bezugsfertigkeit. [3] Gebäude sind als bezugsfertig anzusehen, wenn den zukünftigen Bewohnern oder sonstigen vorgesehenen Benutzern die bestimmungsgemäße Gebäudenutzung zu-

---

[1)] 7. Abschnitt (§§ 218–263) eingef. durch G v. 26.11.2019 (BGBl. I S. 1794); zur Anwendung siehe § 266.

[2)] § 244 Abs. 3 Nr. 4 neu gef. durch G v. 21.12.2020 (BGBl. I S. 3096).

gemutet werden kann. [4]Nicht entscheidend für den Zeitpunkt der Bezugsfertigkeit ist die Abnahme durch die Bauaufsichtsbehörde.

(2) [1]Befinden sich auf dem Grundstück Gebäude, die auf Dauer keiner Nutzung zugeführt werden können, so gilt das Grundstück als unbebaut. [2]Als unbebaut gilt auch ein Grundstück, auf dem infolge von Zerstörung oder Verfall der Gebäude auf Dauer kein benutzbarer Raum mehr vorhanden ist.

§ 247[1)] Bewertung der unbebauten Grundstücke. (1)[2)] [1]Der Grundsteuerwert unbebauter Grundstücke ermittelt sich regelmäßig durch Multiplikation ihrer Fläche mit dem jeweiligen Bodenrichtwert (§ 196 des Baugesetzbuchs). [2]Soweit in den §§ 243 bis 262 sowie in den Anlagen 36 bis 43 nichts anderes bestimmt ist, werden Abweichungen zwischen den Grundstücksmerkmalen des Bodenrichtwertgrundstücks und des zu bewertenden Grundstücks mit Ausnahme unterschiedlicher

1. Entwicklungszustände und
2. Arten der Nutzung bei überlagernden Bodenrichtwertzonen

nicht berücksichtigt.

(2) Die Bodenrichtwerte sind von den Gutachterausschüssen im Sinne der §§ 192 ff. des Baugesetzbuchs auf den Hauptfeststellungzeitpunkt zu ermitteln, zu veröffentlichen und nach amtlich vorgeschriebenem Datensatz durch Datenfernübertragung an die zuständigen Finanzbehörden zu übermitteln.

(3) Wird von den Gutachterausschüssen im Sinne der §§ 192 ff. des Baugesetzbuchs kein Bodenrichtwert ermittelt, ist der Wert des unbebauten Grundstücks aus den Werten vergleichbarer Flächen abzuleiten.

III. Bebaute Grundstücke

§ 248[1)] Begriff der bebauten Grundstücke. [1]Bebaute Grundstücke sind Grundstücke, auf denen sich benutzbare Gebäude befinden. [2]Wird ein Gebäude in Bauabschnitten errichtet, ist der bezugsfertige Teil als benutzbares Gebäude anzusehen.

§ 249[1)] Grundstücksarten. (1) Bei der Bewertung bebauter Grundstücke sind die folgenden Grundstücksarten zu unterscheiden:

1. Einfamilienhäuser,
2. Zweifamilienhäuser,
3. Mietwohngrundstücke,
4. Wohnungseigentum,
5. Teileigentum,
6. Geschäftsgrundstücke,
7. gemischt genutzte Grundstücke und
8. sonstige bebaute Grundstücke.

(2) [1]Einfamilienhäuser sind Wohngrundstücke, die eine Wohnung enthalten und kein Wohnungseigentum sind. [2]Ein Grundstück gilt auch dann als Einfamilienhaus, wenn es zu weniger als 50 Prozent der Wohn- und Nutzfläche zu

---

[1)] 7. Abschnitt (§§ 218–263) eingef. durch G v. 26.11.2019 (BGBl. I S. 1794); zur Anwendung siehe § 266.

[2)] § 247 Abs. 1 Satz 2 angef. durch G v. 3.6.2021 (BGBl. I S. 1498).

anderen als Wohnzwecken mitbenutzt und dadurch die Eigenart als Einfamilienhaus nicht wesentlich beeinträchtigt wird.

(3) [1] Zweifamilienhäuser sind Wohngrundstücke, die zwei Wohnungen enthalten und kein Wohnungseigentum sind. [2] Ein Grundstück gilt auch dann als Zweifamilienhaus, wenn es zu weniger als 50 Prozent der Wohn- und Nutzfläche zu anderen als Wohnzwecken mitbenutzt und dadurch die Eigenart als Zweifamilienhaus nicht wesentlich beeinträchtigt wird.

(4) Mietwohngrundstücke sind Grundstücke, die zu mehr als 80 Prozent der Wohn- und Nutzfläche Wohnzwecken dienen und nicht Ein- und Zweifamilienhäuser oder Wohnungseigentum sind.

(5) Wohnungseigentum ist das Sondereigentum an einer Wohnung in Verbindung mit dem Miteigentumsanteil an dem gemeinschaftlichen Eigentum, zu dem es gehört.

(6) Teileigentum ist das Sondereigentum an nicht zu Wohnzwecken dienenden Räumen eines Gebäudes in Verbindung mit dem Miteigentum an dem gemeinschaftlichen Eigentum, zu dem es gehört.

(7) Geschäftsgrundstücke sind Grundstücke, die zu mehr als 80 Prozent der Wohn- und Nutzfläche eigenen oder fremden betrieblichen oder öffentlichen Zwecken dienen und nicht Teileigentum sind.

(8) Gemischt genutzte Grundstücke sind Grundstücke, die teils Wohnzwecken, teils eigenen oder fremden betrieblichen oder öffentlichen Zwecken dienen und nicht Ein- und Zweifamilienhäuser, Mietwohngrundstücke, Wohnungseigentum, Teileigentum oder Geschäftsgrundstücke sind.

(9) Sonstige bebaute Grundstücke sind solche Grundstücke, die nicht unter die Absätze 2 bis 8 fallen.

(10) [1] Eine Wohnung ist in der Regel die Zusammenfassung mehrerer Räume, die in ihrer Gesamtheit so beschaffen sein müssen, dass die Führung eines selbständigen Haushalts möglich ist. [2] Die Zusammenfassung der Räume muss eine von anderen Wohnungen oder Räumen, insbesondere Wohnräumen, baulich getrennte, in sich abgeschlossene Wohneinheit bilden und einen selbständigen Zugang haben. [3] Daneben ist erforderlich, dass die für die Führung eines selbständigen Haushalts notwendigen Nebenräume (Küche, Bad oder Dusche, Toilette) vorhanden sind. [4] Die Wohnfläche soll mindestens 20 Quadratmeter betragen.

§ 250[1)] Bewertung der bebauten Grundstücke. (1) Der Grundsteuerwert bebauter Grundstücke ist nach dem Ertragswertverfahren (Absatz 2) oder dem Sachwertverfahren (Absatz 3) zu ermitteln.

(2) Im Ertragswertverfahren nach den §§ 252 bis 257 sind zu bewerten:
1. Einfamilienhäuser,
2. Zweifamilienhäuser,
3. Mietwohngrundstücke,
4. Wohnungseigentum.

(3) Im Sachwertverfahren nach den §§ 258 bis 260 sind zu bewerten:
1. Geschäftsgrundstücke,

[1)] 7. Abschnitt (§§ 218–263) eingef. durch G v. 26.11.2019 (BGBl. I S. 1794); zur Anwendung siehe § 266.

2. gemischt genutzte Grundstücke,
3. Teileigentum,
4. sonstige bebaute Grundstücke.

§ 251[1)] **Mindestwert.** [1]Der für ein bebautes Grundstück anzusetzende Wert darf nicht geringer sein als 75 Prozent des Werts, mit dem der Grund und Boden allein als unbebautes Grundstück zu bewerten wäre (§ 247). [2]Bei der Bewertung von Ein- und Zweifamilienhäusern im Sinne des § 249 Absatz 2 und 3 ist bei der Ermittlung des Mindestwerts § 257 Absatz 1 Satz 2 anzuwenden.

§ 252[1)] **Bewertung im Ertragswertverfahren.** [1]Im Ertragswertverfahren ermittelt sich der Grundsteuerwert aus der Summe des kapitalisierten Reinertrags nach § 253 (Barwert des Reinertrags) und des abgezinsten Bodenwerts nach § 257. [2]Mit dem Grundsteuerwert sind die Werte für den Grund und Boden, die Gebäude, die baulichen Anlagen, insbesondere Außenanlagen, und die sonstigen Anlagen abgegolten.

§ 253[1)] **Ermittlung des kapitalisierten Reinertrags.** (1) [1]Zur Ermittlung des kapitalisierten Reinertrags ist vom Reinertrag des Grundstücks auszugehen. [2]Dieser ergibt sich aus dem Rohertrag des Grundstücks (§ 254) abzüglich der Bewirtschaftungskosten (§ 255).

(2)[2)] [1]Der Reinertrag des Grundstücks ist mit dem sich aus Anlage 37 ergebenden Vervielfältiger zu kapitalisieren. [2]Maßgebend für den Vervielfältiger sind der Liegenschaftszinssatz nach § 256 und die Restnutzungsdauer des Gebäudes. [3]Die Restnutzungsdauer ist grundsätzlich der Unterschiedsbetrag zwischen der wirtschaftlichen Gesamtnutzungsdauer, die sich aus Anlage 38 ergibt, und dem Alter des Gebäudes im Hauptfeststellungszeitpunkt. [4]Sind nach der Bezugsfertigkeit des Gebäudes Veränderungen eingetreten, die die wirtschaftliche Gesamtnutzungsdauer des Gebäudes wesentlich verlängert haben, ist von einer der Verlängerung entsprechenden Restnutzungsdauer auszugehen. [5]Die Restnutzungsdauer eines noch nutzbaren Gebäudes beträgt mindestens 30 Prozent der wirtschaftlichen Gesamtnutzungsdauer. [6]Bei einer bestehenden Abbruchverpflichtung für das Gebäude ist die Restnutzungsdauer abweichend von den Sätzen 3 bis 5 auf den Unterschiedsbetrag zwischen der tatsächlichen Gesamtnutzungsdauer und dem Alter des Gebäudes im Hauptfeststellungszeitpunkt begrenzt.

§ 254[1)] **Rohertrag des Grundstücks.** Der jährliche Rohertrag des Grundstücks ergibt sich aus den in Anlage 39 nach Land, Gebäudeart, Wohnfläche und Baujahr des Gebäudes angegebenen monatlichen Nettokaltmieten je Quadratmeter Wohnfläche einschließlich der in Abhängigkeit der Mietniveaustufen festgelegten Zu- und Abschläge.

§ 255[1)] **Bewirtschaftungskosten.** [1]Als Bewirtschaftungskosten werden die bei ordnungsgemäßer Bewirtschaftung und zulässiger Nutzung marktüblich entstehenden jährlichen Verwaltungskosten, Betriebskosten, Instandhaltungs-

[1)] 7. Abschnitt (§§ 218–263) eingef. durch G v. 26.11.2019 (BGBl. I S. 1794); zur Anwendung siehe § 266.
[2)] § 253 Abs. 2 Sätze 3 und 6 geänd. durch G v. 3.6.2021 (BGBl. I S. 1498).

kosten und das Mietausfallwagnis berücksichtigt, die nicht durch Umlagen oder sonstige Kostenübernahmen gedeckt sind. [2] Sie ergeben sich aus den pauschalierten Erfahrungssätzen nach Anlage 40.

§ 256[1)] Liegenschaftszinssätze. (1) [1] Liegenschaftszinssätze sind die Zinssätze, mit denen der Wert von Grundstücken abhängig von der Grundstücksart durchschnittlich und marktüblich verzinst wird. [2] Bei der Bewertung bebauter Grundstücke gelten die folgenden Zinssätze:
1. 2,5 Prozent für Ein- und Zweifamilienhäuser,
2. 3,0 Prozent für Wohnungseigentum,
3. 4,0 Prozent für Mietwohngrundstücke mit bis zu sechs Wohnungen,
4. 4,5 Prozent für Mietwohngrundstücke mit mehr als sechs Wohnungen.

(2) [1] Bei der Bewertung von Ein- und Zweifamilienhäusern im Sinne des § 249 Absatz 2 und 3 verringert sich der Zinssatz nach Absatz 1 Satz 2 Nummer 1 um jeweils 0,1 Prozentpunkte für jede vollen 100 Euro, die der Bodenrichtwert oder der Bodenwert nach § 247 Absatz 3 je Quadratmeter den Betrag von 500 Euro je Quadratmeter übersteigt. [2] Ab einem Bodenrichtwert oder Bodenwert nach § 247 Absatz 3 je Quadratmeter in Höhe von 1 500 Euro je Quadratmeter beträgt der Zinssatz für Ein- und Zweifamilienhäuser einheitlich 1,5 Prozent.

(3) [1] Bei der Bewertung von Wohnungseigentum im Sinne des § 249 Absatz 5 verringert sich der Zinssatz nach Absatz 1 Satz 2 Nummer 1 um jeweils 0,1 Prozentpunkte für jede vollen 100 Euro, die der Bodenrichtwert oder der Bodenwert nach § 247 Absatz 3 je Quadratmeter den Betrag von 2 000 Euro je Quadratmeter übersteigt. [2] Ab einem Bodenrichtwert oder Bodenwert nach § 247 Absatz 3 je Quadratmeter in Höhe von 3 000 Euro je Quadratmeter beträgt der Zinssatz für Wohnungseigentum einheitlich 2 Prozent.

§ 257[1)] Ermittlung des abgezinsten Bodenwerts. (1) [1] Zur Ermittlung des abgezinsten Bodenwerts ist vom Bodenwert nach § 247 auszugehen. [2] Bei der Bewertung von Ein- und Zweifamilienhäusern im Sinne des § 249 Absatz 2 und 3 sind zur Berücksichtigung abweichender Grundstücksgrößen beim Bodenwert die Umrechnungskoeffizienten nach Anlage 36 anzuwenden.

(2) [1] Der Bodenwert nach Absatz 1 ist mit Ausnahme des Werts von selbständig nutzbaren Teilflächen nach Absatz 3 mit dem sich aus Anlage 41 ergebenden Abzinsungsfaktor abzuzinsen. [2] Der jeweilige Abzinsungsfaktor bestimmt sich nach dem Liegenschaftszinssatz nach § 256 und der Restnutzungsdauer des Gebäudes nach § 253 Absatz 2 Satz 3 bis 6.

(3) Eine selbständig nutzbare Teilfläche ist ein Teil eines Grundstücks, der für die angemessene Nutzung der Gebäude nicht benötigt wird und selbständig genutzt oder verwertet werden kann.

§ 258[1)] Bewertung im Sachwertverfahren. (1) Bei Anwendung des Sachwertverfahrens ist der Wert der Gebäude (Gebäudesachwert) getrennt vom Bodenwert zu ermitteln.

(2) Der Bodenwert ist der Wert des unbebauten Grundstücks nach § 247.

[1)] 7. Abschnitt (§§ 218–263) eingef. durch G v. 26.11.2019 (BGBl. I S. 1794); zur Anwendung siehe § 266.

(3) [1]Die Summe aus Bodenwert (§ 247) und Gebäudesachwert (§ 259) ergibt den vorläufigen Sachwert des Grundstücks. [2]Dieser ist zur Ermittlung des Grundsteuerwerts im Sachwertverfahren mit der Wertzahl nach § 260 zu multiplizieren. [3]Mit dem Grundsteuerwert sind die Werte für den Grund und Boden, die Gebäude, die baulichen Anlagen, insbesondere Außenanlagen, und die sonstigen Anlagen abgegolten.

§ 259[1)] Ermittlung des Gebäudesachwerts. (1) Bei der Ermittlung des Gebäudesachwerts ist von den Normalherstellungskosten des Gebäudes in Anlage 42 auszugehen.

(2) Der Gebäudenormalherstellungswert ergibt sich durch Multiplikation der jeweiligen nach Absatz 3 an den Hauptfeststellungszeitpunkt angepassten Normalherstellungskosten mit der Brutto-Grundfläche des Gebäudes.

(3) [1]Die Anpassung der Normalherstellungskosten erfolgt anhand der vom Statistischen Bundesamt veröffentlichten Baupreisindizes. [2]Dabei ist auf die Preisindizes für die Bauwirtschaft abzustellen, die das Statistische Bundesamt für den Neubau in konventioneller Bauart von Wohn- und Nichtwohngebäuden jeweils für das Vierteljahr vor dem Hauptfeststellungzeitpunkt ermittelt hat. [3]Diese Preisindizes sind für alle Bewertungsstichtage des folgenden Hauptfeststellungszeitraums anzuwenden. [4]Das Bundesministerium der Finanzen veröffentlicht die maßgebenden Baupreisindizes im Bundessteuerblatt.

(4)[2)] [1]Vom Gebäudenormalherstellungswert ist eine Alterswertminderung abzuziehen. [2]Die Alterswertminderung ergibt sich durch Multiplikation des Gebäudenormalherstellungswerts mit dem Verhältnis des Alters des Gebäudes im Hauptfeststellungszeitpunkt zur wirtschaftlichen Gesamtnutzungsdauer nach Anlage 38. [3]Sind nach Bezugsfertigkeit des Gebäudes Veränderungen eingetreten, die die wirtschaftliche Gesamtnutzungsdauer des Gebäudes wesentlich verlängert haben, ist von einem der Verlängerung entsprechenden späteren Baujahr auszugehen. [4]Der nach Abzug der Alterswertminderung verbleibende Gebäudewert ist mit mindestens 30 Prozent des Gebäudenormalherstellungswerts anzusetzen. [5]Bei bestehender Abbruchverpflichtung für das Gebäude ist die Alterswertminderung abweichend von den Sätzen 2 bis 4 auf das Verhältnis des Alters des Gebäudes im Hauptfeststellungszeitpunkt zur tatsächlichen Gesamtnutzungsdauer begrenzt.

§ 260[1)] Wertzahlen. Zur Ermittlung des Grundsteuerwerts ist der vorläufige Sachwert des Grundstücks im Sinne des § 258 Absatz 3 mit der sich aus Anlage 43 ergebenden Wertzahl zu multiplizieren.

IV. Sonderfälle

§ 261[3)] Erbbaurecht. [1]Bei Erbbaurechten ist für das Erbbaurecht und das Erbbaurechtsgrundstück ein Gesamtwert nach den §§ 243 bis 260 zu ermitteln, der festzustellen wäre, wenn die Belastung mit dem Erbbaurecht nicht bestünde. [2]Der ermittelte Wert ist dem Erbbauberechtigten zuzurechnen. [3]Für Woh-

---

[1)] 7. Abschnitt (§§ 218–263) eingef. durch G v. 26.11.2019 (BGBl. I S. 1794); zur Anwendung siehe § 266.

[2)] § 259 Abs. 4 Sätze 2 und 5 geänd. durch G v. 3.6.2021 (BGBl. I S. 1498).

[3)] § 261 eingef. durch G v. 26.11.2019 (BGBl. I S. 1794); zur Anwendung siehe § 266; Satz 3 angef. durch G v. 21.12.2020 (BGBl. I S. 3096).

nungserbbaurechte und Teilerbbaurechte gelten die Sätze 1 und 2 entsprechend.

§ 262[1]) Gebäude auf fremdem Grund und Boden. [1] Bei einem Gebäude auf fremdem Grund und Boden ist für den Grund und Boden sowie für das Gebäude auf fremdem Grund und Boden ein Gesamtwert nach den §§ 243 bis 260 zu ermitteln. [2] Der ermittelte Wert ist dem Eigentümer des Grund und Bodens zuzurechnen.

V. Ermächtigungen

§ 263[1]) Ermächtigungen. (1) [1] Das Bundesministerium der Finanzen wird ermächtigt, durch Rechtsverordnung mit Zustimmung des Bundesrates die folgenden Anlagen zu ändern:

1. die Anlagen 27 bis 33 durch Anpassung der darin aufgeführten Bewertungsfaktoren und Zuschläge zum Reinertrag an die Ergebnisse der Erhebungen nach § 2 des Landwirtschaftsgesetzes oder an die Erhebungen der Finanzverwaltung zum nächsten Feststellungszeitpunkt,
2. im Einvernehmen mit dem Bundesministerium für Ernährung und Landwirtschaft die Anlagen 34 und 35 durch Anpassung des darin aufgeführten Umrechnungsschlüssels und der Gruppen der Zweige eines Tierbestands an geänderte wirtschaftliche oder technische Entwicklungen und
3. die Anlagen 36 bis 43 durch Anpassung der darin aufgeführten Bewertungsfaktoren des Ertrags- und Sachwertverfahrens an geänderte wirtschaftliche oder technische Verhältnisse.

[2] In der jeweiligen Rechtsverordnung kann das Bundesministerium der Finanzen zur Sicherstellung der Gleichmäßigkeit der Besteuerung, insbesondere zur Sicherstellung einer relations- und realitätsgerechten Abbildung der Grundsteuerwerte, anordnen, dass ab dem nächsten Feststellungszeitpunkt Grundsteuerwerte unter Berücksichtigung der tatsächlichen Verhältnisse und der geänderten Wertverhältnisse durch Anwendung der jeweils angepassten Anlagen 27 bis 43 festgestellt werden.

(2)[2]) Das Bundesministerium der Finanzen wird ermächtigt, durch Rechtsverordnung mit Zustimmung des Bundesrates die gemeindebezogene Einordnung in die jeweilige Mietniveaustufe zur Ermittlung der Zu- und Abschläge nach § 254 in Verbindung mit Anlage 39 Teil II auf der Grundlage der Einordnung nach § 12 des Wohngeldgesetzes in Verbindung mit § 1 Absatz 3 und der Anlage der Wohngeldverordnung für steuerliche Zwecke herzuleiten und den dafür maßgeblichen Gebietsstand festzulegen.

Dritter Teil.[3]) Schlussbestimmungen

§ 264[4]) Bekanntmachung. Das Bundesministerium der Finanzen wird ermächtigt, den Wortlaut dieses Gesetzes und der zu diesem Gesetz erlassenen

---

[1]) 7. Abschnitt (§§ 218–263) eingef. durch G v. 26.11.2019 (BGBl. I S. 1794); zur Anwendung siehe § 266.

[2]) § 263 Abs. 2 geänd. mWv 23.7.2021 durch G v. 16.7.2021 (BGBl. I S. 2931).

[3]) 3. Teil eingef. durch G v. 20.12.1996 (BGBl. I S. 2049) und neu gef. mWv 1.1.2009 durch G v. 24.12.2008 (BGBl. I S. 3018).

[4]) Bish. § 204 wird § 264 durch G v. 26.11.2019 (BGBl. I S. 1794).

Rechtsverordnungen in der jeweils geltenden Fassung satzweise nummeriert bekannt zu machen.

§ 265[1] **Anwendungsvorschriften.** (1)[2] Dieses Gesetz in der Fassung des Artikels 7 des Gesetzes vom 1. November 2011 (BGBl. I S. 2131) ist auf Bewertungsstichtage nach dem 30. Juni 2011 anzuwenden.

(2) Soweit die §§ 40, 41, 44, 55 und 125 Beträge in Deutscher Mark enthalten, gelten diese nach dem 31. Dezember 2001 als Berechnungsgrößen fort.

(3)[3] § 145 Absatz 3 Satz 1 und 4, § 166 Absatz 2 Nummer 1, § 179 Satz 4 und § 192 Satz 2 in der Fassung des Artikels 10 des Gesetzes vom 7. Dezember 2011 (BGBl. I S. 2592) sind auf Bewertungsstichtage nach dem 13. Dezember 2011 anzuwenden.

(4)[4] Anlage 1, Anlage 19 und Teil II der Anlage 24 in der Fassung des Artikels 10 des Gesetzes vom 7. Dezember 2011 (BGBl. I S. 2592) sind auf Bewertungsstichtage nach dem 31. Dezember 2011 anzuwenden.

(5)[5] § 11 Absatz 4 in der Fassung des Artikels 3 des Gesetzes vom 18. Dezember 2013 (BGBl. I S. 4318) ist auf Bewertungsstichtage ab dem 22. Juli 2013 anzuwenden.

(6)[6] § 48a in der Fassung des Artikels 20 des Gesetzes vom 26. Juni 2013 (BGBl. I S. 1809) ist auf Bewertungsstichtage ab dem 1. Januar 2014 anzuwenden.

(7)[7] § 26 in der Fassung des Artikels 6 des Gesetzes vom 18. Juli 2014 (BGBl. I S. 1042) ist auf Bewertungsstichtage ab dem 1. August 2001 anzuwenden, soweit Feststellungsbescheide noch nicht bestandskräftig sind.

(8)[8] § 97 Absatz 1b Satz 4 in der am 6. November 2015 geltenden Fassung ist auf Bewertungsstichtage nach dem 31. Dezember 2015 anzuwenden.

(9)[9] § 154 Absatz 1 Satz 1 Nummer 3 und Satz 2 in der am 6. November 2015 geltenden Fassung ist auf Bewertungsstichtage nach dem 31. Dezember 2015 anzuwenden.

(10)[10] Die §§ 190, 195 Absatz 2 Satz 4 und 5 sowie die Anlagen 22, 24 und 25 in der am 6. November 2015 geltenden Fassung sind auf Bewertungsstichtage nach dem 31. Dezember 2015 anzuwenden.

(11)[11] § 203 in der Fassung des Artikels 2 des Gesetzes vom 4. November 2016 (BGBl. I S. 2464) ist auf Bewertungsstichtage nach dem 31. Dezember 2015 anzuwenden.

---

[1] Bish. § 205 wird § 265 durch G v. 26.11.2019 (BGBl. I S. 1794).
[2] § 265 (früherer § 205) Abs. 1 neu gef. durch G v. 1.11.2011 (BGBl. I S. 2131).
[3] § 265 (früherer § 205) Abs. 3 angef. durch G v. 7.12.2011 (BGBl. I S. 2592).
[4] § 265 (früherer § 205) Abs. 4 angef. durch G v. 7.12.2011 (BGBl. I S. 2592).
[5] § 265 (früherer § 205) Abs. 5 neu gef. durch G v. 18.12.2013 (BGBl. I S. 4318).
[6] § 265 (früherer § 205) Abs. 6 angef. durch G v. 26.6.2013 (BGBl. I S. 1809).
[7] § 265 (früherer § 205) Abs. 7 angef. durch G v. 18.7.2014 (BGBl. I S. 1042).
[8] § 265 (früherer § 205) Abs. 8 angef. durch G v. 2.11.2015 (BGBl. I S. 1834).
[9] § 265 (früherer § 205) Abs. 9 angef. durch G v. 2.11.2015 (BGBl. I S. 1834).
[10] § 265 (früherer § 205) Abs. 10 angef. durch G v. 2.11.2015 (BGBl. I S. 1834).
[11] § 265 (früherer § 205) Abs. 11 angef. durch G v. 4.11.2016 (BGBl. I S. 2464).

(12)[1] § 177 Absatz 1 und 2, § 179 Satz 3, § 183 Absatz 2 Satz 3, § 187 Absatz 2 Satz 2 und 3, § 188 Absatz 2 Satz 1, § 191 Absatz 1 Satz 2, § 193 Absatz 4 Satz 1 und § 198 Absatz 1 bis 3 in der Fassung des Artikels 1 des Gesetzes vom 16. Juli 2021 (BGBl. I S. 2931) sind auf Bewertungsstichtage nach dem 22. Juli 2021 anzuwenden.

§ 266[2] Erstmalige Anwendung des Siebenten Abschnitts des Zweiten Teils. (1) Die erste Hauptfeststellung für die Grundsteuerwerte nach § 221 wird auf den 1. Januar 2022 für die Hauptveranlagung auf den 1. Januar 2025 durchgeführt.

(2) [1] Für die Anwendung des § 219 Absatz 3 bei der Hauptfeststellung nach Absatz 1 ist zu unterstellen, dass anstelle von Einheitswerten Grundsteuerwerte für die Besteuerung nach dem Grundsteuergesetz in der am 1. Januar 2022 geltenden Fassung von Bedeutung sind. [2] Die Steuerbefreiungen des Grundsteuergesetzes in der am 1. Januar 2022 gültigen Fassung sind bei der Hauptfeststellung nach Absatz 1 zu beachten. [3] Bei Artfortschreibungen und Zurechnungsfortschreibungen nach § 222 Absatz 2 ist von der Hauptfeststellung auf den 1. Januar 2022 bis zum 1. Januar 2025 zu unterstellen, dass anstelle von Einheitswerten Grundsteuerwerte nach dem Grundsteuergesetz in der jeweils geltenden Fassung von Bedeutung sind.

(3) Werden der Finanzbehörde durch eine Erklärung im Sinne des § 228 auf den 1. Januar 2022 für die Bewertung eines Betriebs der Land- und Forstwirtschaft oder eines Grundstücks vor dem 1. Januar 2022 eingetretene Änderungen der tatsächlichen Verhältnisse erstmals bekannt, sind diese bei Fortschreibungen nach § 22 und Nachfeststellungen nach § 23 auf Feststellungszeitpunkte vor dem 1. Januar 2022 nicht zu berücksichtigen.

(4)[3] [1] Einheitswertbescheide, Grundsteuermessbescheide und Grundsteuerbescheide, die vor dem 1. Januar 2025 erlassen wurden, werden kraft Gesetzes zum 31. Dezember 2024 mit Wirkung für die Zukunft aufgehoben, soweit sie auf den §§ 19 bis 23, 27, 76, 79 Absatz 5, § 93 Absatz 1 Satz 2 des Bewertungsgesetzes in Verbindung mit Artikel 2 Absatz 1 Satz 1 und 3 des Gesetzes zur Änderung des Bewertungsgesetzes in der Fassung des Artikels 2 des Gesetzes vom 22. Juli 1970 (BGBl. I S. 1118) beruhen. [2] Gleiches gilt für Einheitswertbescheide, Grundsteuermessbescheide und Grundsteuerbescheide, die vor dem 1. Januar 2025 erlassen wurden, soweit sie auf den §§ 33, 34, 125, 129 des Bewertungsgesetzes in der Fassung vom 1. Februar 1991 (BGBl. I S. 230), das zuletzt durch Artikel 2 des Gesetzes vom 4. November 2016 (BGBl. I S. 2464) und § 42 des Grundsteuergesetzes vom 7. August 1973 (BGBl. I S. 965), das zuletzt durch Artikel 38 des Gesetzes vom 19. Dezember 2008 (BGBl. I S. 2794) geändert worden ist, beruhen. [3] Für die Bewertung des inländischen Grundbesitzes (§ 19 Absatz 1 in der Fassung vom 31. Dezember 2024) für Zwecke der Grundsteuer bis einschließlich zum Kalenderjahr 2024 ist das Bewertungsgesetz in der Fassung vom 1. Februar 1991 (BGBl. I S. 230), das zuletzt durch Artikel 2 des Gesetzes vom 4. November 2016 (BGBl. I S. 2464) geändert worden ist, weiter anzuwenden.

---

[1] § 265 Abs. 12 angef. durch G v. 16.7.2021 (BGBl. I S. 2931).
[2] § 266 angef. durch G v. 26.11.2019 (BGBl. I S. 1794).
[3] § 266 Abs. 4 Satz 2 angef. durch G v. 3.6.2021 (BGBl. I S. 1498); Satz 2 eingef., bish. Satz 2 wird Satz 3 durch G v. 16.7.2021 (BGBl. I S. 2931).

(5)[1] *Bestehende wirtschaftliche Einheiten, die für Zwecke der Einheitsbewertung unter Anwendung der §§ 26 oder 34 Absatz 4 bis 6 in der bis zum 31. Dezember 2024 gültigen Fassung gebildet wurden, können weiterhin für Zwecke der Feststellung von Grundsteuerwerten nach den Regelungen des Siebenten Abschnitts zugrunde gelegt werden.*

---

[1] § 266 Abs. 5 angef. durch G v. 3.6.2021 (BGBl. I S. 1498); aufgeh. **mWv 31.12.2028** durch G v. 16.7.2021 (BGBl. I S. 2931).

[bis 31.12.2024:]

Anlage 1[1)]
(zu § 51)

Umrechnungsschlüssel für Tierbestände in Vieheinheiten nach dem Futterbedarf

Tierart	1 Tier
Alpakas	0,08 VE
Damtiere	
Damtiere unter 1 Jahr	0,04 VE
Damtiere 1 Jahr und älter	0,08 VE
Geflügel	
Legehennen (einschließlich einer normalen Aufzucht zur Ergänzung des Bestandes)	0,02 VE
Legehennen aus zugekauften Junghennen	0,0183 VE
Zuchtputen, -enten, -gänse	0,04 VE
Kaninchen	
Zucht- und Angorakaninchen	0,025 VE
Lamas	0,1 VE
Pferde	
Pferde unter drei Jahren und Kleinpferde	0,7 VE
Pferde drei Jahre und älter	1,1 VE
Rindvieh	
Kälber und Jungvieh unter 1 Jahr (einschließlich Mastkälber, Starterkälber und Fresser)	0,3 VE
Jungvieh 1 bis 2 Jahre alt	0,7 VE
Färsen (älter als 2 Jahre)	1 VE
Masttiere (Mastdauer weniger als 1 Jahr)	1 VE
Kühe (einschließlich Mutter- und Ammenkühe mit den dazugehörigen Saugkälbern)	1 VE
Zuchtbullen, Zugochsen	1,2 VE
Schafe	
Schafe unter 1 Jahr einschließlich Mastlämmer	0,05 VE
Schafe 1 Jahr und älter	0,1 VE
Schweine	
Zuchtschweine (einschließlich Jungzuchtschweine über etwa 90 kg)	0,33 VE
Strauße	
Zuchttiere 14 Monate und älter	0,32 VE
Jungtiere/Masttiere unter 14 Monate	0,25 VE
Ziegen	0,08 VE
Geflügel	
Jungmasthühner	
(bis zu 6 Durchgänge je Jahr – schwere Tiere)	0,0017 VE
(mehr als 6 Durchgänge je Jahr – leichte Tiere)	0,0013 VE
Junghennen	0,0017 VE
Mastenten	0,0033 VE
Mastenten in der Aufzuchtphase	0,0011 VE
Mastenten in der Mastphase	0,0022 VE
Mastputen aus selbst erzeugten Jungputen	0,0067 VE
Mastputen aus zugekauften Jungputen	0,005 VE

[1)] Anl. 1 neu gef. mWv 1.1.2012 durch G v. 7.12.2011 (BGBl. I S. 2592); aufgeh. **mWv 1.1.2025** durch G v. 26.11.2019 (BGBl. I S. 1794).

Tierart	1 Tier
Jungputen (bis etwa 8 Wochen)	0,0017 VE
Mastgänse	0,0067 VE
Kaninchen	
Mastkaninchen	0,0025 VE
Rindvieh	
Masttiere (Mastdauer 1 Jahr und mehr)	1 VE
Schweine	
Leichte Ferkel (bis etwa 12 kg)	0,01 VE
Ferkel (über etwa 12 bis etwa 20 kg)	0,02 VE
Schwere Ferkel und leichte Läufer (über etwa 20 bis etwa 30 kg)	0,04 VE
Läufer (über etwa 30 bis etwa 45 kg)	0,06 VE
Schwere Läufer (über etwa 45 bis etwa 60 kg)	0,08 VE
Mastschweine	0,16 VE
Jungzuchtschweine bis etwa 90 kg	0,12 VE

[bis 31.12.2024:]

Anlage 2[1)]
(zu § 51)

Gruppen der Zweige des Tierbestands nach der Flächenabhängigkeit

1. Mehr flächenabhängige Zweige des Tierbestands
   Pferdehaltung,
   Pferdezucht,
   Schafzucht,
   Schafhaltung,
   Rindviehzucht,
   Milchviehhaltung,
   Rindviehmast.

2. Weniger flächenabhängige Zweige des Tierbestands
   Schweinezucht,
   Schweinemast,
   Hühnerzucht,
   Entenzucht,
   Gänsezucht,
   Putenzucht,
   Legehennenhaltung,
   Junghühnermast,
   Entenmast,
   Gänsemast,
   Putenmast.

[1)] Anl. 2 aufgeh. **mWv 1.1.2025** durch G v. 26.11.2019 (BGBl. I S. 1794).

[bis 31.12.2024:]

Anlage 3[1)]
(zu § 80)

Mietwohngrundstücke
Vervielfältiger

Baujahrgruppe	Gemeindegrößenklassen							
	bis 2000	über 2 000 bis 5 000	über 5 000 bis 10 000	über 10 000 bis 50 000	über 50 000 bis 100 000	über 100 000 bis 200 000	über 200 000 bis 500 000	über 500 000 Einwohner
A. bei Massivbauten mit Mauerwerk aus Ziegelsteinen, Natursteinen, Kalksandsteinen, Schwemmsteinen oder ähnlichen Steinen sowie bei Stahl- und Stahlbetonskelettbauten außer bei solchen Bauten, die unter B. fallen								
Altbauten								
vor 1895	7,2	6,9	5,8	5,8	5,7	5,5	5,4	5,3
1895 bis 1899	7,4	7,1	6,0	5,9	5,8	5,7	5,5	5,4
1900 bis 1904	7,8	7,5	6,2	6,2	6,0	5,9	5,7	5,6
1905 bis 1915	8,3	7,9	6,6	6,5	6,3	6,2	6,0	5,8
1916 bis 31.3.1924	8,7	8,4	6,9	6,7	6,5	6,4	6,2	6,1
Neubauten								
1.4.1924 bis 31.12.1934	9,8	9,5	8,3	8,2	8,0	7,8	7,7	7,5
1.1.1935 bis 20.6.1948	10,2	9,8	8,6	8,4	8,2	8,0	7,9	7,7
Nachkriegsbauten								
nach dem 20.6.1948	9,8	9,7	9,5	9,2	9,0	9,0	9,0	9,1
B. bei Holzfachwerkbauten mit Ziegelsteinausmauerung, Gebäuden aus großformatigen Bimsbetonplatten oder ähnlichen Platten sowie bei anderen eingeschossigen massiven Gebäuden in leichter Bauausführung								
Altbauten								
vor 1908	6,6	6,3	5,3	5,4	5,3	5,2	5,1	5,0
1908 bis 1915	6,9	6,6	5,6	5,6	5,5	5,4	5,3	5,1
1916 bis 31.3.1924	7,7	7,4	6,1	6,1	6,0	5,8	5,7	5,5
Neubauten								
1.4.1924 bis 31.12.1934	9,0	8,7	7,7	7,6	7,5	7,3	7,3	7,0
1.1.1935 bis 20.6.1948	9,6	9,3	8,2	8,0	7,8	7,7	7,5	7,4
Nachkriegsbauten								
nach dem 20.6.1948	9,5	9,4	9,2	8,9	8,7	8,7	8,7	8,8
C. bei Holzfachwerkbauten mit Lehmausfachung und besonders haltbaren Holzbauten mit massiven Fundamenten								
Altbauten								
vor dem 1.4.1924	5,7	5,5	4,7	4,9	4,8	4,7	4,6	4,5
Neubauten								
1.4.1924 bis 31.12.1934	7,3	7,0	6,4	6,4	6,3	6,2	6,1	6,0
1.1.1935 bis 20.6.1948	8,5	8,2	7,3	7,2	7,1	7,0	6,8	6,7
Nachkriegsbauten								
nach dem 20.6.1948	8,9	8,7	8,6	8,3	8,1	8,1	8,1	8,3

[1)] Anl. 3 aufgeh. **mWv 1.1.2025** durch G v. 26.11.2019 (BGBl. I S. 1794).

[bis 31.12.2024:]

Anlage 4[1)]
(zu § 80)

Gemischtgenutzte Grundstücke mit einem gewerblichen Anteil an der Jahresrohmiete bis zu 50 v.H.
Vervielfältiger

Baujahrgruppe	Gemeindegrößenklassen							
	bis 2000	über 2 000 bis 5 000	über 5 000 bis 10 000	über 10 000 bis 50 000	über 50 000 bis 100 000	über 100 000 bis 200 000	über 200 000 bis 500 000	über 500 000 Einwohner
A. bei Massivbauten mit Mauerwerk aus Ziegelsteinen, Natursteinen, Kalksandsteinen, Schwemmsteinen oder ähnlichen Steinen sowie bei Stahl- und Stahlbetonskelettbauten außer bei solchen Bauten, die unter B. fallen								
Altbauten								
vor 1895	7,6	7,3	6,4	6,4	6,1	6,0	5,9	6,1
1895 bis 1899	7,8	7,6	6,6	6,5	6,3	6,2	6,0	6,3
1900 bis 1904	8,2	7,9	6,9	6,8	6,5	6,4	6,3	6,4
1905 bis 1915	8,7	8,4	7,2	7,1	6,8	6,7	6,5	6,7
1916 bis 31.3.1924	9,1	8,8	7,6	7,4	7,1	6,9	6,8	6,9
Neubauten								
1.4.1924 bis 31.12.1934	10,2	9,6	8,4	8,1	8,0	7,8	7,7	7,8
1.1.1935 bis 20.6.1948	10,5	9,8	8,6	8,3	8,2	8,0	7,9	7,9
Nachkriegsbauten								
nach dem 20.6.1948	9,9	9,6	9,2	9,1	9,0	9,0	9,0	9,0
B. bei Holzfachwerkbauten mit Ziegelsteinausmauerung, Gebäuden aus großformatigen Bimsbetonplatten oder ähnlichen Platten sowie bei anderen eingeschossigen massiven Gebäuden in leichter Bauausführung								
Altbauten								
vor 1908	7,0	6,7	5,9	6,0	5,7	5,6	5,5	5,8
1908 bis 1915	7,3	7,0	6,2	6,2	5,9	5,8	5,7	6,0
1916 bis 31.3.1924	8,1	7,8	6,8	6,7	6,4	6,3	6,2	6,4
Neubauten								
1.4.1924 bis 31.12.1934	9,3	8,8	7,7	7,6	7,5	7,3	7,2	7,3
1.1.1935 bis 20.6.1948	9,9	9,3	8,2	8,0	7,8	7,7	7,5	7,6
Nachkriegsbauten								
nach dem 20.6.1948	9,6	9,3	9,0	8,9	8,7	8,7	8,7	8,8
C. bei Holzfachwerkbauten mit Lehmausfachung und besonders haltbaren Holzbauten mit massiven Fundamenten								
Altbauten								
vor dem 1.4.1924	6,1	5,9	5,2	5,4	5,2	5,1	5,0	5,4
Neubauten								
1.4.1924 bis 31.12.1934	7,7	7,2	6,4	6,5	6,4	6,3	6,1	6,4
1.1.1935 bis 20.6.1948	8,8	8,3	7,3	7,3	7,1	7,0	6,9	7,1

[1)] Anl. 4 aufgeh. **mWv 1.1.2025** durch G v. 26.11.2019 (BGBl. I S. 1794).

Baujahrgruppe	Gemeindegrößenklassen							
	bis 2000	über 2 000 bis 5 000	über 5 000 bis 10 000	über 10 000 bis 50 000	über 50 000 bis 100 000	über 100 000 bis 200 000	über 200 000 bis 500 000	über 500 000 Einwohner
Nachkriegsbauten								
nach dem 20.6.1948	9,0	8,7	8,4	8,4	8,2	8,2	8,2	8,4

BewG

[bis 31.12.2024:]

Anlage 5[1)]
(zu § 80)

Gemischtgenutzte Grundstücke mit einem gewerblichen Anteil an der Jahresrohmiete von mehr als 50 v.H.
Vervielfältiger

Baujahrgruppe	Gemeindegrößenklassen							
	bis 2000	über 2 000 bis 5 000	über 5 000 bis 10 000	über 10 000 bis 50 000	über 50 000 bis 100 000	über 100 000 bis 200 000	über 200 000 bis 500 000	über 500 000 Einwohner
A. bei Massivbauten mit Mauerwerk aus Ziegelsteinen, Natursteinen, Kalksandsteinen, Schwemmsteinen oder ähnlichen Steinen sowie bei Stahl- und Stahlbetonskelettbauten außer bei solchen Bauten, die unter B. fallen								
Altbauten								
vor 1895	7,6	7,2	6,4	6,6	6,4	6,4	6,4	6,4
1895 bis 1899	7,8	7,4	6,6	6,8	6,5	6,5	6,5	6,5
1900 bis 1904	8,2	7,8	6,8	7,0	6,7	6,7	6,7	6,7
1905 bis 1915	8,6	8,2	7,1	7,2	7,0	7,0	7,0	7,0
1916 bis 31.3.1924	9,0	8,6	7,4	7,5	7,2	7,2	7,2	7,2
Neubauten								
1.4.1924 bis 31.12.1934	9,7	9,1	8,0	8,1	7,9	7,9	7,9	7,9
1.1.1935 bis 20.6.1948	10,0	9,4	8,2	8,3	8,1	8,1	8,1	8,1
Nachkriegsbauten								
nach dem 20.6.1948	9,6	9,3	8,9	8,9	8,7	8,8	8,8	8,8
B. bei Holzfachwerkbauten mit Ziegelsteinausmauerung, Gebäuden aus großformatigen Bimsbetonplatten oder ähnlichen Platten sowie bei anderen eingeschossigen massiven Gebäuden in leichter Bauausführung								
Altbauten								
vor 1908	7,0	6,7	6,0	6,3	6,1	6,1	6,1	6,1
1908 bis 1915	7,3	7,0	6,2	6,5	6,2	6,2	6,2	6,2
1916 bis 31.3.1924	8,1	7,7	6,7	6,9	6,7	6,7	6,7	6,7
Neubauten								
1.4.1924 bis 31.12.1934	9,0	8,4	7,5	7,6	7,5	7,5	7,5	7,5
1.1.1935 bis 20.6.1948	9,5	8,9	7,8	7,9	7,8	7,8	7,8	7,8
Nachkriegsbauten								
nach dem 20.6.1948	9,3	9,0	8,6	8,7	8,5	8,6	8,6	8,6
C. bei Holzfachwerkbauten mit Lehmausfachung und besonders haltbaren Holzbauten mit massiven Fundamenten								
Altbauten								
vor dem 1.4.1924	6,2	5,9	5,5	5,8	5,6	5,6	5,6	5,6
Neubauten								
1.4.1924 bis 31.12.1934	7,4	7,0	6,4	6,7	6,5	6,5	6,5	6,5
1.1.1935 bis 20.6.1948	8,5	8,0	7,2	7,3	7,2	7,2	7,2	7,2

1) Anl. 5 aufgeh. **mWv 1.1.2025** durch G v. 26.11.2019 (BGBl. I S. 1794).

Baujahrgruppe	Gemeindegrößenklassen							
	bis 2000	über 2 000 bis 5 000	über 5 000 bis 10 000	über 10 000 bis 50 000	über 50 000 bis 100 000	über 100 000 bis 200 000	über 200 000 bis 500 000	über 500 000 Einwohner
Nachkriegsbauten nach dem 20.6.1948	8,8	8,5	8,1	8,2	8,1	8,2	8,2	8,2

BewG

[bis 31.12.2024:]

Anlage 6[1)]
(zu § 80)

Geschäftsgrundstücke
Vervielfältiger

Baujahrguppe	Gemeindegrößenklassen							
	bis 2 000	über 2 000 bis 5 000	über 5 000 bis 10 000	über 10 000 bis 50 000	über 50 000 bis 100 000	über 100 000 bis 200 000	über 200 000 bis 500 000	über 500 000 Einwohner
A. bei Massivbauten mit Mauerwerk aus Ziegelsteinen, Natursteinen, Kalksandsteinen, Schwemmsteinen oder ähnlichen Steinen sowie bei Stahl- und Stahlbetonskelettbauten außer bei solchen Bauten, die unter B. fallen								
Altbauten								
vor 1895	7,8	7,5	6,7	6,9	6,8	6,8	6,8	6,8
1895 bis 1899	8,0	7,7	6,9	7,0	7,0	7,0	7,0	7,0
1900 bis 1904	8,3	7,9	7,1	7,2	7,1	7,1	7,1	7,1
1905 bis 1915	8,7	8,3	7,4	7,5	7,4	7,4	7,4	7,4
1916 bis 31.3.1924	9,0	8,6	7,7	7,8	7,6	7,6	7,6	7,6
Neubauten								
1.4.1924 bis 31.12.1934	9,4	9,0	8,0	8,0	8,0	8,0	8,0	8,0
1.1.1935 bis 20.6.1948	9,6	9,2	8,1	8,2	8,1	8,1	8,1	8,1
Nachkriegsbauten								
nach dem 20.6.1948	9,4	9,2	9,0	9,0	8,9	8,9	8,9	8,9
B. bei Holzfachwerkbauten mit Ziegelsteinausmauerung, Gebäuden aus großformatigen Bimsbetonplatten oder ähnlichen Platten sowie bei anderen eingeschossigen massiven Gebäuden in leichter Bauausführung								
Altbauten								
vor 1908	7,3	7,0	6,3	6,5	6,5	6,5	6,5	6,5
1908 bis 1915	7,6	7,2	6,5	6,7	6,7	6,7	6,7	6,7
1916 bis 31.3.1924	8,2	7,8	7,0	7,2	7,1	7,1	7,1	7,1
Neubauten								
1.4.1924 bis 31.12.1934	8,8	8,4	7,5	7,6	7,6	7,6	7,6	7,6
1.1.1935 bis 20.6.1948	9,2	8,8	7,8	7,9	7,8	7,8	7,8	7,8
Nachkriegsbauten								
nach dem 20.6.1948	9,1	9,0	8,7	8,8	8,7	8,7	8,7	8,7
C. bei Holzfachwerkbauten mit Lehmausfachung und besonders haltbaren Holzbauten mit massiven Fundamenten								
Altbauten								
vor dem 1.4.1924	6,6	6,3	5,7	6,0	6,1	6,1	6,1	6,1
Neubauten								
1.4.1924 bis 31.12.1934	7,5	7,2	6,5	6,7	6,8	6,8	6,8	6,8
1.1.1935 bis 20.6.1948	8,4	8,0	7,2	7,3	7,3	7,3	7,3	7,3
Nachkriegsbauten								
nach dem 20.6.1948	8,7	8,6	8,3	8,4	8,3	8,3	8,4	8,4

[1)] Anl. 6 aufgeh. **mWv 1.1.2025** durch G v. 26.11.2019 (BGBl. I S. 1794).

[bis 31.12.2024:]

Anlage 7[1)]
(zu § 80)

Einfamilienhäuser
Vervielfältiger

Baujahrgruppe	Gemeindegrößenklassen							
	bis 2000	über 2 000 bis 5 000	über 5 000 bis 10 000	über 10 000 bis 50 000	über 50 000 bis 100 000	über 100 000 bis 200 000	über 200 000 bis 500 000	über 500 000 Einwohner
A. bei Massivbauten mit Mauerwerk aus Ziegelsteinen, Natursteinen, Kalksandsteinen, Schwemmsteinen oder ähnlichen Steinen sowie bei Stahl- und Stahlbetonskelettbauten außer bei solchen Bauten, die unter B. fallen								
Altbauten								
vor 1895	9,5	9,0	7,7	7,4	7,8	7,8	7,8	7,8
1895 bis 1899	9,8	9,3	7,9	7,6	8,0	8,0	8,0	8,0
1900 bis 1904	10,3	9,8	8,3	7,9	8,2	8,2	8,2	8,2
1905 bis 1915	11,0	10,4	8,7	8,4	8,6	8,6	8,6	8,6
1916 bis 31.3.1924	11,6	11,0	9,1	8,8	8,9	8,9	8,9	8,9
Neubauten								
1.4.1924 bis 31.12.1934	13,1	12,4	10,6	10,2	10,2	10,2	10,2	10,2
1.1.1935 bis 20.6.1948	13,5	12,9	10,9	10,5	10,4	10,4	10,4	10,4
Nachkriegsbauten								
nach dem 20.6.1948	13,0	12,4	12,0	11,8	11,8	11,8	11,8	11,9
B. bei Holzfachwerkbauten mit Ziegelsteinausmauerung, Gebäuden aus großformatigen Bimsbetonplatten oder ähnlichen Platten sowie bei anderen eingeschossigen massiven Gebäuden in leichter Bauausführung								
Altbauten								
vor 1908	8,7	8,3	7,1	6,8	7,3	7,3	7,3	7,3
1908 bis 1915	9,1	8,7	7,4	7,1	7,6	7,6	7,6	7,6
1916 bis 31.3.1924	10,2	9,6	8,1	7,8	8,1	8,1	8,1	8,1
Neubauten								
1.4.1924 bis 31.12.1934	11,9	11,3	9,7	9,4	9,4	9,4	9,4	9,4
1.1.1935 bis 20.6.1948	12,7	12,1	10,3	9,9	9,9	9,9	9,9	9,9
Nachkriegsbauten								
nach dem 20.6.1948	12,5	11,9	11,5	11,4	11,4	11,4	11,4	11,5
C. bei Holzfachwerkbauten mit Lehmausfachung und besonders haltbaren Holzbauten mit massiven Fundamenten								
Altbauten								
vor dem 1.4.1924	7,7	7,3	6,3	6,1	6,7	6,7	6,7	6,7
Neubauten								
1.4.1924 bis 31.12.1934	9,6	9,1	8,0	7,7	8,0	8,0	8,0	8,0
1.1.1935 bis 20.6.1948	11,1	10,6	9,2	8,9	9,0	9,0	9,0	9,0
Nachkriegsbauten								
nach dem 20.6.1948	11,5	10,9	10,6	10,6	10,6	10,6	10,6	10,8

[1)] Anl. 7 aufgeh. **mWv 1.1.2025** durch G v. 26.11.2019 (BGBl. I S. 1794).

[bis 31.12.2024:]

Anlage 8[1]
(zu § 80)

Zweifamilienhäuser
Vervielfältiger

Baujahrgruppe	Gemeindegrößenklassen							
	bis 2000	über 2 000 bis 5 000	über 5 000 bis 10 000	über 10 000 bis 50 000	über 50 000 bis 100 000	über 100 000 bis 200 000	über 200 000 bis 500 000	über 500 000 Einwohner
A. bei Massivbauten mit Mauerwerk aus Ziegelsteinen, Natursteinen, Kalksandsteinen, Schwemmsteinen oder ähnlichen Steinen sowie bei Stahl- und Stahlbetonskelettbauten außer bei solchen Bauten, die unter B. fallen								
Altbauten								
vor 1895	8,6	8,1	6,9	6,7	7,0	6,8	6,8	6,8
1895 bis 1899	8,8	8,4	7,1	6,9	7,1	7,0	7,0	7,0
1900 bis 1904	9,3	8,8	7,4	7,1	7,4	7,2	7,2	7,2
1905 bis 1915	9,8	9,3	7,8	7,5	7,7	7,5	7,5	7,5
1916 bis 31.3.1924	10,3	9,7	8,2	7,8	8,0	7,8	7,8	7,8
Neubauten								
1.4.1924 bis 31.12.1934	11,6	11,0	9,5	9,1	9,0	9,0	9,0	9,0
1.1.1935 bis 20.6.1948	11,9	11,3	9,7	9,3	9,2	9,2	9,2	9,2
Nachkriegsbauten								
nach dem 20.6.1948	11,4	11,0	10,6	10,5	10,5	10,5	10,5	10,5
B. bei Holzfachwerkbauten mit Ziegelsteinausmauerung, Gebäuden aus großformatigen Bimsbetonplatten oder ähnlichen Platten sowie bei anderen eingeschossigen massiven Gebäuden in leichter Bauausführung								
Altbauten								
vor 1908	7,9	7,5	6,4	6,2	6,6	6,5	6,5	6,5
1908 bis 1915	8,3	7,8	6,7	6,4	6,8	6,7	6,7	6,7
1916 bis 31.3.1924	9,1	8,6	7,3	7,0	7,3	7,1	7,1	7,1
Neubauten								
1.4.1924 bis 31.12.1934	10,6	10,1	8,7	8,4	8,5	8,5	8,5	8,5
1.1.1935 bis 20.6.1948	11,2	10,7	9,2	8,9	8,8	8,8	8,8	8,8
Nachkriegsbauten								
nach dem 20.6.1948	11,0	10,6	10,2	10,1	10,1	10,1	10,1	10,2
C. bei Holzfachwerkbauten mit Lehmausfachung und besonders haltbaren Holzbauten mit massiven Fundamenten								
Altbauten								
vor dem 1.4.1924	7,0	6,7	5,8	5,6	6,1	6,0	6,0	6,0
Neubauten								
1.4.1924 bis 31.12.1934	8,7	8,3	7,3	7,0	7,3	7,3	7,3	7,3
1.1.1935 bis 20.6.1948	10,0	9,5	8,3	8,0	8,1	8,1	8,1	8,1
Nachkriegsbauten								
nach dem 20.6.1948	10,2	9,8	9,5	9,5	9,5	9,5	9,5	9,7

[1] Anl. 8 aufgeh. **mWv 1.1.2025** durch G v. 26.11.2019 (BGBl. I S. 1794).

Anlage 9[1] *(aufgehoben)*

Anlage 9a[2]
(zu § 13)

Kapitalwert einer wiederkehrenden, zeitlich beschränkten Nutzung oder Leistung im Jahresbetrag von einem Euro

Der Kapitalwert ist unter Berücksichtigung von Zwischenzinsen und Zinseszinsen mit 5,5 Prozent errechnet worden. Er ist der Mittelwert zwischen dem Kapitalwert für jährlich vorschüssige und jährlich nachschüssige Zahlungsweise.

Laufzeit in Jahren	Kapitalwert	Laufzeit in Jahren	Kapitalwert
1	0,974	31	15,129
2	1,897	32	15,314
3	2,772	33	15,490
4	3,602	34	15,656
5	4,388	35	15,814
6	5,133	36	15,963
7	5,839	37	16,105
8	6,509	38	16,239
9	7,143	39	16,367
10	7,745	40	16,487
11	8,315	41	16,602
12	8,856	42	16,710
13	9,368	43	16,813
14	9,853	44	16,910
15	10,314	45	17,003
16	10,750	46	17,090
17	11,163	47	17,173
18	11,555	48	17,252
19	11,927	49	17,326
20	12,279	50	17,397
21	12,613	51	17,464
22	12,929	52	17,528
23	13,229	53	17,588
24	13,513	54	17,645
25	13,783	55	17,699
26	14,038	56	17,750
27	14,280	57	17,799
28	14,510	58	17,845
29	14,727	59	17,888
30	14,933	60	17,930

[1] Anl. 9 aufgeh. mWv 1.1.2009 (§ 205 Abs. 1) durch G v. 24.12.2008 (BGBl. I S. 3018).
[2] Anl. 9a geänd. durch G v. 13.9.1993 (BGBl. I S. 1569); geänd. mWv 1.1.2002 durch G v. 19.12. 2000 (BGBl. I S. 1790).

Laufzeit in Jahren	Kapitalwert	Laufzeit in Jahren	Kapitalwert
61	17,969	81	18,437
62	18,006	82	18,450
63	18,041	83	18,462
64	18,075	84	18,474
65	18,106	85	18,485
66	18,136	86	18,495
67	18,165	87	18,505
68	18,192	88	18,514
69	18,217	89	18,523
70	18,242	90	18,531
71	18,264	91	18,539
72	18,286	92	18,546
73	18,307	93	18,553
74	18,326	94	18,560
75	18,345	95	18,566
76	18,362	96	18,572
77	18,379	97	18,578
78	18,395	98	18,583
79	18,410	99	18,589
80	18,424	100	18,593
		101	18,596
		mehr als 101	18,600

Anlagen 10–13[1] *(aufgehoben)*

Anlage 14
(zu § 163 Abs. 3, § 164 Abs. 2 und 4)

Landwirtschaftliche Nutzung

1	2	3	4	5	6
Region Land/ Reg.bezirk	**Nutzungsart Betriebsform**	**Betriebsgröße**	**Reingewinn EUR/ha LF**	**Pachtpreis EUR/ha LF**	**Wert für das Besatzkapital EUR/ha LF**
Schleswig-Holstein	Ackerbau	Kleinbetriebe 0 bis unter 40 EGE	– 428	240	129
		Mittelbetriebe 40 bis 100 EGE	– 19	286	90
		Großbetriebe über 100 EGE	124	338	78
	Milchvieh	Kleinbetriebe 0 bis unter 40 EGE	– 572	161	241
		Mittelbetriebe 40 bis 100 EGE	– 98	201	238
		Großbetriebe über 100 EGE	143	235	203
	Sonstiger Futterbau	Kleinbetriebe 0 bis unter 40 EGE	– 535	122	160
		Mittelbetriebe 40 bis 100 EGE	– 143	162	142
		Großbetriebe über 100 EGE	73	250	152
	Veredlung	Kleinbetriebe 0 bis unter 40 EGE	– 917	338	343
		Mittelbetriebe 40 bis 100 EGE	– 124	388	358

[1] Anl. 10 bis 13 aufgeh. durch G v. 8.12.2010 (BGBl. I S. 1768).

1	2	3	4	5	6
Region Land/ Reg.bezirk	**Nutzungsart Betriebsform**	**Betriebsgröße**	**Reingewinn EUR/ha LF**	**Pachtpreis EUR/ha LF**	**Wert für das Besatzkapital EUR/ha LF**
		Großbetriebe über 100 EGE	224	389	313
	Pflanzenbau-Verbund	Kleinbetriebe 0 bis unter 40 EGE	– 586	201	161
		Mittelbetriebe 40 bis 100 EGE	– 169	245	150
		Großbetriebe über 100 EGE	77	301	148
	Vieh-Verbund	Kleinbetriebe 0 bis unter 40 EGE	– 833	214	188
		Mittelbetriebe 40 bis 100 EGE	– 253	263	222
		Großbetriebe über 100 EGE	66	348	238
	Pflanzen- und Viehverbund	Kleinbetriebe 0 bis unter 40 EGE	– 648	202	169
		Mittelbetriebe 40 bis 100 EGE	– 136	243	172
		Großbetriebe über 100 EGE	68	302	153
Braunschweig	Ackerbau	Kleinbetriebe 0 bis unter 40 EGE	– 456	226	121
		Mittelbetriebe 40 bis 100 EGE	– 20	270	84
		Großbetriebe über 100 EGE	116	318	72
	Milchvieh	Kleinbetriebe 0 bis unter 40 EGE	– 564	164	244
		Mittelbetriebe 40 bis 100 EGE	– 96	203	241
		Großbetriebe über 100 EGE	144	238	205
	Sonstiger Futterbau	Kleinbetriebe 0 bis unter 40 EGE	– 532	122	161
		Mittelbetriebe 40 bis 100 EGE	– 143	162	143
		Großbetriebe über 100 EGE	73	250	152
	Veredlung	Kleinbetriebe 0 bis unter 40 EGE	– 1 001	312	315
		Mittelbetriebe 40 bis 100 EGE	– 136	354	326
		Großbetriebe über 100 EGE	206	359	287
	Pflanzenbau-Verbund	Kleinbetriebe 0 bis unter 40 EGE	– 617	190	153
		Mittelbetriebe 40 bis 100 EGE	– 176	234	144
		Großbetriebe über 100 EGE	74	288	141
	Vieh-Verbund	Kleinbetriebe 0 bis unter 40 EGE	– 868	205	180
		Mittelbetriebe 40 bis 100 EGE	– 268	249	209
		Großbetriebe über 100 EGE	62	330	224
	Pflanzen- und Viehverbund	Kleinbetriebe 0 bis unter 40 EGE	– 687	190	160
		Mittelbetriebe 40 bis 100 EGE	– 146	227	160
		Großbetriebe über 100 EGE	64	281	142
Hannover	Ackerbau	Kleinbetriebe 0 bis unter 40 EGE	– 461	224	119
		Mittelbetriebe 40 bis 100 EGE	– 21	268	83
		Großbetriebe über 100 EGE	114	315	71
	Milchvieh	Kleinbetriebe 0 bis unter 40 EGE	– 565	163	244
		Mittelbetriebe 40 bis 100 EGE	– 97	203	240
		Großbetriebe über 100 EGE	144	237	205
	Sonstiger Futterbau	Kleinbetriebe 0 bis unter 40 EGE	– 534	122	160
		Mittelbetriebe 40 bis 100 EGE	– 143	161	142
		Großbetriebe über 100 EGE	73	249	152
	Veredlung	Kleinbetriebe 0 bis unter 40 EGE	– 1 006	310	313
		Mittelbetriebe 40 bis 100 EGE	– 137	352	325
		Großbetriebe über 100 EGE	205	357	286

1	2	3	4	5	6
Region Land/ Reg.bezirk	**Nutzungsart Betriebsform**	**Betriebsgröße**	**Reingewinn EUR/ha LF**	**Pachtpreis EUR/ha LF**	**Wert für das Besatzkapital EUR/ha LF**
	Pflanzenbau-Verbund	Kleinbetriebe 0 bis unter 40 EGE	−622	189	152
		Mittelbetriebe 40 bis 100 EGE	−178	234	143
		Großbetriebe über 100 EGE	73	286	140
	Vieh-Verbund	Kleinbetriebe 0 bis unter 40 EGE	−872	204	179
		Mittelbetriebe 40 bis 100 EGE	−269	248	208
		Großbetriebe über 100 EGE	62	328	223
	Pflanzen- und Viehverbund	Kleinbetriebe 0 bis unter 40 EGE	−691	189	159
		Mittelbetriebe 40 bis 100 EGE	−147	226	159
		Großbetriebe über 100 EGE	63	279	141
Lüneburg	Ackerbau	Kleinbetriebe 0 bis unter 40 EGE	−478	216	115
		Mittelbetriebe 40 bis 100 EGE	−21	258	80
		Großbetriebe über 100 EGE	110	304	69
	Milchvieh	Kleinbetriebe 0 bis unter 40 EGE	−578	160	238
		Mittelbetriebe 40 bis 100 EGE	−99	198	234
		Großbetriebe über 100 EGE	140	231	199
	Sonstiger Futterbau	Kleinbetriebe 0 bis unter 40 EGE	−536	121	160
		Mittelbetriebe 40 bis 100 EGE	−145	160	141
		Großbetriebe über 100 EGE	72	245	150
	Veredlung	Kleinbetriebe 0 bis unter 40 EGE	−1 011	309	311
		Mittelbetriebe 40 bis 100 EGE	−138	350	323
		Großbetriebe über 100 EGE	204	355	284
	Pflanzenbau-Verbund	Kleinbetriebe 0 bis unter 40 EGE	−632	186	149
		Mittelbetriebe 40 bis 100 EGE	−181	230	140
		Großbetriebe über 100 EGE	72	281	138
	Vieh-Verbund	Kleinbetriebe 0 bis unter 40 EGE	−880	202	178
		Mittelbetriebe 40 bis 100 EGE	−272	246	206
		Großbetriebe über 100 EGE	61	325	221
	Pflanzen- und Viehverbund	Kleinbetriebe 0 bis unter 40 EGE	−699	187	157
		Mittelbetriebe 40 bis 100 EGE	−149	222	156
		Großbetriebe über 100 EGE	62	275	139
Weser-Ems	Ackerbau	Kleinbetriebe 0 bis unter 40 EGE	−476	217	116
		Mittelbetriebe 40 bis 100 EGE	−21	261	81
		Großbetriebe über 100 EGE	113	315	71
	Milchvieh	Kleinbetriebe 0 bis unter 40 EGE	−577	160	239
		Mittelbetriebe 40 bis 100 EGE	−99	198	235
		Großbetriebe über 100 EGE	140	232	200
	Sonstiger Futterbau	Kleinbetriebe 0 bis unter 40 EGE	−540	120	158
		Mittelbetriebe 40 bis 100 EGE	−145	159	140
		Großbetriebe über 100 EGE	72	245	149
	Veredlung	Kleinbetriebe 0 bis unter 40 EGE	−966	323	326
		Mittelbetriebe 40 bis 100 EGE	−131	367	339
		Großbetriebe über 100 EGE	213	372	298

1	2	3	4	5	6
Region Land/ Reg.bezirk	**Nutzungsart Betriebsform**	**Betriebsgröße**	**Reingewinn EUR/ha LF**	**Pachtpreis EUR/ha LF**	**Wert für das Besatzkapital EUR/ha LF**
	Pflanzenbau-Verbund	Kleinbetriebe 0 bis unter 40 EGE	−622	190	152
		Mittelbetriebe 40 bis 100 EGE	−178	233	143
		Großbetriebe über 100 EGE	74	288	142
	Vieh-Verbund	Kleinbetriebe 0 bis unter 40 EGE	−862	207	181
		Mittelbetriebe 40 bis 100 EGE	−264	253	213
		Großbetriebe über 100 EGE	63	335	228
	Pflanzen- und Viehverbund	Kleinbetriebe 0 bis unter 40 EGE	−684	192	160
		Mittelbetriebe 40 bis 100 EGE	−144	230	162
		Großbetriebe über 100 EGE	64	286	144
Düsseldorf	Ackerbau	Kleinbetriebe 0 bis unter 40 EGE	−443	233	124
		Mittelbetriebe 40 bis 100 EGE	−20	281	87
		Großbetriebe über 100 EGE	123	338	77
	Milchvieh	Kleinbetriebe 0 bis unter 40 EGE	−548	169	251
		Mittelbetriebe 40 bis 100 EGE	−94	209	247
		Großbetriebe über 100 EGE	147	244	210
	Sonstiger Futterbau	Kleinbetriebe 0 bis unter 40 EGE	−492	132	174
		Mittelbetriebe 40 bis 100 EGE	−131	176	155
		Großbetriebe über 100 EGE	79	268	165
	Veredlung	Kleinbetriebe 0 bis unter 40 EGE	−964	323	327
		Mittelbetriebe 40 bis 100 EGE	−131	368	340
		Großbetriebe über 100 EGE	214	373	299
	Pflanzenbau-Verbund	Kleinbetriebe 0 bis unter 40 EGE	−593	198	159
		Mittelbetriebe 40 bis 100 EGE	−171	242	148
		Großbetriebe über 100 EGE	77	301	149
	Vieh-Verbund	Kleinbetriebe 0 bis unter 40 EGE	−824	215	190
		Mittelbetriebe 40 bis 100 EGE	−256	261	219
		Großbetriebe über 100 EGE	65	345	235
	Pflanzen- und Viehverbund	Kleinbetriebe 0 bis unter 40 EGE	−658	199	167
		Mittelbetriebe 40 bis 100 EGE	−140	237	167
		Großbetriebe über 100 EGE	66	294	149
Köln	Ackerbau	Kleinbetriebe 0 bis unter 40 EGE	−432	239	127
		Mittelbetriebe 40 bis 100 EGE	−19	288	90
		Großbetriebe über 100 EGE	127	348	80
	Milchvieh	Kleinbetriebe 0 bis unter 40 EGE	−566	163	243
		Mittelbetriebe 40 bis 100 EGE	−97	202	239
		Großbetriebe über 100 EGE	142	235	203
	Sonstiger Futterbau	Kleinbetriebe 0 bis unter 40 EGE	−493	132	174
		Mittelbetriebe 40 bis 100 EGE	−132	174	154
		Großbetriebe über 100 EGE	78	264	163
	Veredlung	Kleinbetriebe 0 bis unter 40 EGE	−962	324	327
		Mittelbetriebe 40 bis 100 EGE	−131	369	340
		Großbetriebe über 100 EGE	215	374	300

1	2	3	4	5	6
Region Land/ Reg.bezirk	**Nutzungsart Betriebsform**	**Betriebsgröße**	**Reingewinn EUR/ha LF**	**Pachtpreis EUR/ha LF**	**Wert für das Besatzkapital EUR/ha LF**
	Pflanzenbau-Verbund	Kleinbetriebe 0 bis unter 40 EGE	−586	200	161
		Mittelbetriebe 40 bis 100 EGE	−169	244	150
		Großbetriebe über 100 EGE	79	305	151
	Vieh-Verbund	Kleinbetriebe 0 bis unter 40 EGE	−829	214	189
		Mittelbetriebe 40 bis 100 EGE	−257	259	218
		Großbetriebe über 100 EGE	65	343	234
	Pflanzen- und Viehverbund	Kleinbetriebe 0 bis unter 40 EGE	−655	200	167
		Mittelbetriebe 40 bis 100 EGE	−139	238	168
		Großbetriebe über 100 EGE	67	296	149
Münster	Ackerbau	Kleinbetriebe 0 bis unter 40 EGE	−460	223	120
		Mittelbetriebe 40 bis 100 EGE	−21	264	83
		Großbetriebe über 100 EGE	113	309	70
	Milchvieh	Kleinbetriebe 0 bis unter 40 EGE	−554	167	249
		Mittelbetriebe 40 bis 100 EGE	−95	206	244
		Großbetriebe über 100 EGE	145	240	207
	Sonstiger Futterbau	Kleinbetriebe 0 bis unter 40 EGE	−493	132	174
		Mittelbetriebe 40 bis 100 EGE	−132	174	154
		Großbetriebe über 100 EGE	79	265	163
	Veredlung	Kleinbetriebe 0 bis unter 40 EGE	−1 014	308	310
		Mittelbetriebe 40 bis 100 EGE	−138	349	322
		Großbetriebe über 100 EGE	203	354	284
	Pflanzenbau-Verbund	Kleinbetriebe 0 bis unter 40 EGE	−613	191	154
		Mittelbetriebe 40 bis 100 EGE	−177	234	143
		Großbetriebe über 100 EGE	73	285	139
	Vieh-Verbund	Kleinbetriebe 0 bis unter 40 EGE	−848	208	184
		Mittelbetriebe 40 bis 100 EGE	−266	251	211
		Großbetriebe über 100 EGE	62	332	226
	Pflanzen- und Viehverbund	Kleinbetriebe 0 bis unter 40 EGE	−680	192	161
		Mittelbetriebe 40 bis 100 EGE	−147	225	159
		Großbetriebe über 100 EGE	63	278	141
Detmold	Ackerbau	Kleinbetriebe 0 bis unter 40 EGE	−450	229	122
		Mittelbetriebe 40 bis 100 EGE	−20	274	85
		Großbetriebe über 100 EGE	117	321	73
	Milchvieh	Kleinbetriebe 0 bis unter 40 EGE	−552	167	250
		Mittelbetriebe 40 bis 100 EGE	−95	207	245
		Großbetriebe über 100 EGE	146	241	208
	Sonstiger Futterbau	Kleinbetriebe 0 bis unter 40 EGE	−493	132	174
		Mittelbetriebe 40 bis 100 EGE	−132	174	154
		Großbetriebe über 100 EGE	79	265	164
	Veredlung	Kleinbetriebe 0 bis unter 40 EGE	−1 014	308	311
		Mittelbetriebe 40 bis 100 EGE	−138	349	322
		Großbetriebe über 100 EGE	204	355	284

1	2	3	4	5	6
Region Land/ Reg.bezirk	**Nutzungsart Betriebsform**	**Betriebsgröße**	**Reingewinn EUR/ha LF**	**Pachtpreis EUR/ha LF**	**Wert für das Besatzkapital EUR/ha LF**
	Pflanzenbau-Verbund	Kleinbetriebe 0 bis unter 40 EGE	– 607	192	155
		Mittelbetriebe 40 bis 100 EGE	– 175	237	145
		Großbetriebe über 100 EGE	74	290	142
	Vieh-Verbund	Kleinbetriebe 0 bis unter 40 EGE	– 847	209	185
		Mittelbetriebe 40 bis 100 EGE	– 265	252	211
		Großbetriebe über 100 EGE	62	333	226
	Pflanzen- und Viehverbund	Kleinbetriebe 0 bis unter 40 EGE	– 677	193	162
		Mittelbetriebe 40 bis 100 EGE	– 146	227	160
		Großbetriebe über 100 EGE	64	281	143
Arnsberg	Ackerbau	Kleinbetriebe 0 bis unter 40 EGE	– 439	235	126
		Mittelbetriebe 40 bis 100 EGE	– 20	282	88
		Großbetriebe über 100 EGE	121	332	76
	Milchvieh	Kleinbetriebe 0 bis unter 40 EGE	– 564	164	244
		Mittelbetriebe 40 bis 100 EGE	– 97	202	240
		Großbetriebe über 100 EGE	143	235	204
	Sonstiger Futterbau	Kleinbetriebe 0 bis unter 40 EGE	– 493	132	174
		Mittelbetriebe 40 bis 100 EGE	– 132	174	154
		Großbetriebe über 100 EGE	78	263	163
	Veredlung	Kleinbetriebe 0 bis unter 40 EGE	– 1 013	308	311
		Mittelbetriebe 40 bis 100 EGE	– 138	349	322
		Großbetriebe über 100 EGE	204	355	284
	Pflanzenbau-Verbund	Kleinbetriebe 0 bis unter 40 EGE	– 601	194	157
		Mittelbetriebe 40 bis 100 EGE	– 173	239	147
		Großbetriebe über 100 EGE	75	294	144
	Vieh-Verbund	Kleinbetriebe 0 bis unter 40 EGE	– 850	208	184
		Mittelbetriebe 40 bis 100 EGE	– 266	251	210
		Großbetriebe über 100 EGE	62	331	226
	Pflanzen- und Viehverbund	Kleinbetriebe 0 bis unter 40 EGE	– 674	194	163
		Mittelbetriebe 40 bis 100 EGE	– 145	228	161
		Großbetriebe über 100 EGE	64	283	143
Darmstadt	Ackerbau	Kleinbetriebe 0 bis unter 40 EGE	– 485	215	114
		Mittelbetriebe 40 bis 100 EGE	– 21	261	80
		Großbetriebe über 100 EGE	113	318	71
	Milchvieh	Kleinbetriebe 0 bis unter 40 EGE	– 607	152	227
		Mittelbetriebe 40 bis 100 EGE	– 105	187	222
		Großbetriebe über 100 EGE	132	218	188
	Sonstiger Futterbau	Kleinbetriebe 0 bis unter 40 EGE	– 537	121	159
		Mittelbetriebe 40 bis 100 EGE	– 146	158	139
		Großbetriebe über 100 EGE	71	242	148
	Veredlung	Kleinbetriebe 0 bis unter 40 EGE	– 926	336	340
		Mittelbetriebe 40 bis 100 EGE	– 125	385	355
		Großbetriebe über 100 EGE	223	387	310

1	2	3	4	5	6
Region Land/ Reg.bezirk	**Nutzungsart Betriebsform**	**Betriebsgröße**	**Reingewinn EUR/ha LF**	**Pachtpreis EUR/ha LF**	**Wert für das Besatzkapital EUR/ha LF**
	Pflanzenbau-Verbund	Kleinbetriebe 0 bis unter 40 EGE	–617	193	153
		Mittelbetriebe 40 bis 100 EGE	–177	236	144
		Großbetriebe über 100 EGE	75	292	144
	Vieh-Verbund	Kleinbetriebe 0 bis unter 40 EGE	–850	210	184
		Mittelbetriebe 40 bis 100 EGE	–257	258	218
		Großbetriebe über 100 EGE	64	342	233
	Pflanzen- und Viehverbund	Kleinbetriebe 0 bis unter 40 EGE	–672	196	163
		Mittelbetriebe 40 bis 100 EGE	–141	236	166
		Großbetriebe über 100 EGE	65	293	146
Gießen	Ackerbau	Kleinbetriebe 0 bis unter 40 EGE	–492	212	112
		Mittelbetriebe 40 bis 100 EGE	–22	256	78
		Großbetriebe über 100 EGE	106	301	66
	Milchvieh	Kleinbetriebe 0 bis unter 40 EGE	–591	156	233
		Mittelbetriebe 40 bis 100 EGE	–102	193	228
		Großbetriebe über 100 EGE	136	225	194
	Sonstiger Futterbau	Kleinbetriebe 0 bis unter 40 EGE	–535	122	160
		Mittelbetriebe 40 bis 100 EGE	–145	159	141
		Großbetriebe über 100 EGE	72	245	150
	Veredlung	Kleinbetriebe 0 bis unter 40 EGE	–929	335	339
		Mittelbetriebe 40 bis 100 EGE	–125	384	354
		Großbetriebe über 100 EGE	221	384	309
	Pflanzenbau-Verbund	Kleinbetriebe 0 bis unter 40 EGE	–624	191	151
		Mittelbetriebe 40 bis 100 EGE	–179	234	142
		Großbetriebe über 100 EGE	72	286	138
	Vieh-Verbund	Kleinbetriebe 0 bis unter 40 EGE	–846	211	185
		Mittelbetriebe 40 bis 100 EGE	–256	260	219
		Großbetriebe über 100 EGE	64	343	234
	Pflanzen- und Viehverbund	Kleinbetriebe 0 bis unter 40 EGE	–673	196	163
		Mittelbetriebe 40 bis 100 EGE	–142	235	165
		Großbetriebe über 100 EGE	65	290	145
Kassel	Ackerbau	Kleinbetriebe 0 bis unter 40 EGE	–488	213	113
		Mittelbetriebe 40 bis 100 EGE	–22	256	79
		Großbetriebe über 100 EGE	108	304	67
	Milchvieh	Kleinbetriebe 0 bis unter 40 EGE	–584	158	236
		Mittelbetriebe 40 bis 100 EGE	–100	195	231
		Großbetriebe über 100 EGE	138	228	197
	Sonstiger Futterbau	Kleinbetriebe 0 bis unter 40 EGE	–534	122	160
		Mittelbetriebe 40 bis 100 EGE	–144	160	141
		Großbetriebe über 100 EGE	72	247	151
	Veredlung	Kleinbetriebe 0 bis unter 40 EGE	–928	335	339
		Mittelbetriebe 40 bis 100 EGE	–125	385	355
		Großbetriebe über 100 EGE	222	385	309

1	2	3	4	5	6
Region Land/ Reg.bezirk	**Nutzungsart Betriebsform**	**Betriebsgröße**	**Reingewinn EUR/ha LF**	**Pachtpreis EUR/ha LF**	**Wert für das Besatzkapital EUR/ha LF**
	Pflanzenbau-Verbund	Kleinbetriebe 0 bis unter 40 EGE	– 621	192	152
		Mittelbetriebe 40 bis 100 EGE	– 178	235	142
		Großbetriebe über 100 EGE	73	287	139
	Vieh-Verbund	Kleinbetriebe 0 bis unter 40 EGE	– 843	212	185
		Mittelbetriebe 40 bis 100 EGE	– 255	260	219
		Großbetriebe über 100 EGE	65	344	235
	Pflanzen- und Viehverbund	Kleinbetriebe 0 bis unter 40 EGE	– 671	196	163
		Mittelbetriebe 40 bis 100 EGE	– 141	236	165
		Großbetriebe über 100 EGE	65	291	146
Rheinland-Pfalz	Ackerbau	Kleinbetriebe 0 bis unter 40 EGE	– 501	208	110
		Mittelbetriebe 40 bis 100 EGE	– 22	253	77
		Großbetriebe über 100 EGE	109	306	68
	Milchvieh	Kleinbetriebe 0 bis unter 40 EGE	– 588	157	234
		Mittelbetriebe 40 bis 100 EGE	– 101	194	229
		Großbetriebe über 100 EGE	136	226	195
	Sonstiger Futterbau	Kleinbetriebe 0 bis unter 40 EGE	– 535	122	160
		Mittelbetriebe 40 bis 100 EGE	– 145	159	141
		Großbetriebe über 100 EGE	72	244	149
	Veredlung	Kleinbetriebe 0 bis unter 40 EGE	– 1 003	311	314
		Mittelbetriebe 40 bis 100 EGE	– 136	356	328
		Großbetriebe über 100 EGE	206	357	287
	Pflanzenbau-Verbund	Kleinbetriebe 0 bis unter 40 EGE	– 641	185	147
		Mittelbetriebe 40 bis 100 EGE	– 182	229	139
		Großbetriebe über 100 EGE	72	282	138
	Vieh-Verbund	Kleinbetriebe 0 bis unter 40 EGE	– 879	203	178
		Mittelbetriebe 40 bis 100 EGE	– 269	247	208
		Großbetriebe über 100 EGE	61	326	222
	Pflanzen- und Viehverbund	Kleinbetriebe 0 bis unter 40 EGE	– 703	187	156
		Mittelbetriebe 40 bis 100 EGE	– 148	224	157
		Großbetriebe über 100 EGE	62	277	139
Stuttgart	Ackerbau	Kleinbetriebe 0 bis unter 40 EGE	– 481	216	115
		Mittelbetriebe 40 bis 100 EGE	– 21	261	80
		Großbetriebe über 100 EGE	107	302	67
	Milchvieh	Kleinbetriebe 0 bis unter 40 EGE	– 567	163	243
		Mittelbetriebe 40 bis 100 EGE	– 98	201	238
		Großbetriebe über 100 EGE	141	233	202
	Sonstiger Futterbau	Kleinbetriebe 0 bis unter 40 EGE	– 501	130	171
		Mittelbetriebe 40 bis 100 EGE	– 135	171	151
		Großbetriebe über 100 EGE	77	259	160
	Veredlung	Kleinbetriebe 0 bis unter 40 EGE	– 1 017	306	309
		Mittelbetriebe 40 bis 100 EGE	– 138	350	323
		Großbetriebe über 100 EGE	203	352	282

1	2	3	4	5	6
Region Land/ Reg.bezirk	Nutzungsart Betriebsform	Betriebsgröße	Reingewinn EUR/ha LF	Pachtpreis EUR/ha LF	Wert für das Besatzkapital EUR/ha LF
	Pflanzenbau-Verbund	Kleinbetriebe 0 bis unter 40 EGE	– 628	187	150
		Mittelbetriebe 40 bis 100 EGE	– 180	232	141
		Großbetriebe über 100 EGE	71	282	136
	Vieh-Verbund	Kleinbetriebe 0 bis unter 40 EGE	– 858	206	182
		Mittelbetriebe 40 bis 100 EGE	– 267	250	210
		Großbetriebe über 100 EGE	62	329	224
	Pflanzen- und Viehverbund	Kleinbetriebe 0 bis unter 40 EGE	– 690	190	159
		Mittelbetriebe 40 bis 100 EGE	– 148	224	158
		Großbetriebe über 100 EGE	62	276	139
Karlsruhe	Ackerbau	Kleinbetriebe 0 bis unter 40 EGE	– 500	208	110
		Mittelbetriebe 40 bis 100 EGE	– 22	250	77
		Großbetriebe über 100 EGE	103	290	64
	Milchvieh	Kleinbetriebe 0 bis unter 40 EGE	– 577	160	239
		Mittelbetriebe 40 bis 100 EGE	– 100	197	233
		Großbetriebe über 100 EGE	138	229	197
	Sonstiger Futterbau	Kleinbetriebe 0 bis unter 40 EGE	– 503	129	170
		Mittelbetriebe 40 bis 100 EGE	– 136	169	150
		Großbetriebe über 100 EGE	76	256	158
	Veredlung	Kleinbetriebe 0 bis unter 40 EGE	– 1 020	306	309
		Mittelbetriebe 40 bis 100 EGE	– 138	349	322
		Großbetriebe über 100 EGE	202	351	282
	Pflanzenbau-Verbund	Kleinbetriebe 0 bis unter 40 EGE	– 638	185	148
		Mittelbetriebe 40 bis 100 EGE	– 183	228	138
		Großbetriebe über 100 EGE	69	276	133
	Vieh-Verbund	Kleinbetriebe 0 bis unter 40 EGE	– 864	205	181
		Mittelbetriebe 40 bis 100 EGE	– 268	248	209
		Großbetriebe über 100 EGE	61	326	222
	Pflanzen- und Viehverbund	Kleinbetriebe 0 bis unter 40 EGE	– 697	188	157
		Mittelbetriebe 40 bis 100 EGE	– 150	222	156
		Großbetriebe über 100 EGE	61	272	137
Freiburg	Ackerbau	Kleinbetriebe 0 bis unter 40 EGE	– 499	208	110
		Mittelbetriebe 40 bis 100 EGE	– 22	251	77
		Großbetriebe über 100 EGE	105	295	65
	Milchvieh	Kleinbetriebe 0 bis unter 40 EGE	– 586	157	235
		Mittelbetriebe 40 bis 100 EGE	– 101	193	229
		Großbetriebe über 100 EGE	136	224	193
	Sonstiger Futterbau	Kleinbetriebe 0 bis unter 40 EGE	– 503	129	170
		Mittelbetriebe 40 bis 100 EGE	– 136	168	149
		Großbetriebe über 100 EGE	76	255	157
	Veredlung	Kleinbetriebe 0 bis unter 40 EGE	– 1 020	306	309
		Mittelbetriebe 40 bis 100 EGE	– 138	349	322
		Großbetriebe über 100 EGE	202	351	282

BewG

1	2	3	4	5	6
Region Land/ Reg.bezirk	**Nutzungsart Betriebsform**	**Betriebsgröße**	**Reingewinn EUR/ha LF**	**Pachtpreis EUR/ha LF**	**Wert für das Besatzkapital EUR/ha LF**
	Pflanzenbau-Verbund	Kleinbetriebe 0 bis unter 40 EGE	– 637	185	148
		Mittelbetriebe 40 bis 100 EGE	– 183	229	138
		Großbetriebe über 100 EGE	70	278	135
	Vieh-Verbund	Kleinbetriebe 0 bis unter 40 EGE	– 867	204	180
		Mittelbetriebe 40 bis 100 EGE	– 269	247	208
		Großbetriebe über 100 EGE	61	325	222
	Pflanzen- und Viehverbund	Kleinbetriebe 0 bis unter 40 EGE	– 698	188	157
		Mittelbetriebe 40 bis 100 EGE	– 150	222	155
		Großbetriebe über 100 EGE	61	273	137
Tübingen	Ackerbau	Kleinbetriebe 0 bis unter 40 EGE	– 484	215	114
		Mittelbetriebe 40 bis 100 EGE	– 22	258	79
		Großbetriebe über 100 EGE	106	298	66
	Milchvieh	Kleinbetriebe 0 bis unter 40 EGE	– 559	165	246
		Mittelbetriebe 40 bis 100 EGE	– 96	204	241
		Großbetriebe über 100 EGE	144	237	205
	Sonstiger Futterbau	Kleinbetriebe 0 bis unter 40 EGE	– 499	130	172
		Mittelbetriebe 40 bis 100 EGE	– 134	172	152
		Großbetriebe über 100 EGE	77	261	161
	Veredlung	Kleinbetriebe 0 bis unter 40 EGE	– 1 018	306	309
		Mittelbetriebe 40 bis 100 EGE	– 138	350	323
		Großbetriebe über 100 EGE	202	352	282
	Pflanzenbau-Verbund	Kleinbetriebe 0 bis unter 40 EGE	– 630	187	150
		Mittelbetriebe 40 bis 100 EGE	– 181	232	140
		Großbetriebe über 100 EGE	70	280	135
	Vieh-Verbund	Kleinbetriebe 0 bis unter 40 EGE	– 855	207	183
		Mittelbetriebe 40 bis 100 EGE	– 266	251	211
		Großbetriebe über 100 EGE	62	330	225
	Pflanzen- und Viehverbund	Kleinbetriebe 0 bis unter 40 EGE	– 690	190	159
		Mittelbetriebe 40 bis 100 EGE	– 148	224	157
		Großbetriebe über 100 EGE	62	276	139
Oberbayern	Ackerbau	Kleinbetriebe 0 bis unter 40 EGE	– 476	220	116
		Mittelbetriebe 40 bis 100 EGE	– 21	268	81
		Großbetriebe über 100 EGE	109	312	68
	Milchvieh	Kleinbetriebe 0 bis unter 40 EGE	– 556	166	248
		Mittelbetriebe 40 bis 100 EGE	– 96	205	243
		Großbetriebe über 100 EGE	144	239	206
	Sonstiger Futterbau	Kleinbetriebe 0 bis unter 40 EGE	– 493	132	174
		Mittelbetriebe 40 bis 100 EGE	– 132	174	154
		Großbetriebe über 100 EGE	79	266	164
	Veredlung	Kleinbetriebe 0 bis unter 40 EGE	– 942	330	334
		Mittelbetriebe 40 bis 100 EGE	– 127	379	350
		Großbetriebe über 100 EGE	219	380	305

1	2	3	4	5	6
Region Land/ Reg.bezirk	**Nutzungsart Betriebsform**	**Betriebsgröße**	**Reingewinn EUR/ha LF**	**Pachtpreis EUR/ha LF**	**Wert für das Besatzkapital EUR/ha LF**
	Pflanzenbau-Verbund	Kleinbetriebe 0 bis unter 40 EGE	– 610	194	155
		Mittelbetriebe 40 bis 100 EGE	– 176	240	144
		Großbetriebe über 100 EGE	73	292	140
	Vieh-Verbund	Kleinbetriebe 0 bis unter 40 EGE	– 819	217	191
		Mittelbetriebe 40 bis 100 EGE	– 251	265	223
		Großbetriebe über 100 EGE	66	349	238
	Pflanzen- und Viehverbund	Kleinbetriebe 0 bis unter 40 EGE	– 660	200	166
		Mittelbetriebe 40 bis 100 EGE	– 140	238	167
		Großbetriebe über 100 EGE	66	293	147
Niederbayern	Ackerbau	Kleinbetriebe 0 bis unter 40 EGE	– 468	224	118
		Mittelbetriebe 40 bis 100 EGE	– 21	273	83
		Großbetriebe über 100 EGE	112	320	70
	Milchvieh	Kleinbetriebe 0 bis unter 40 EGE	– 564	163	244
		Mittelbetriebe 40 bis 100 EGE	– 97	202	239
		Großbetriebe über 100 EGE	142	235	203
	Sonstiger Futterbau	Kleinbetriebe 0 bis unter 40 EGE	– 493	132	174
		Mittelbetriebe 40 bis 100 EGE	– 132	174	154
		Großbetriebe über 100 EGE	78	265	163
	Veredlung	Kleinbetriebe 0 bis unter 40 EGE	– 941	330	334
		Mittelbetriebe 40 bis 100 EGE	– 127	380	350
		Großbetriebe über 100 EGE	219	380	305
	Pflanzenbau-Verbund	Kleinbetriebe 0 bis unter 40 EGE	– 606	195	156
		Mittelbetriebe 40 bis 100 EGE	– 174	241	146
		Großbetriebe über 100 EGE	74	295	142
	Vieh-Verbund	Kleinbetriebe 0 bis unter 40 EGE	– 821	216	191
		Mittelbetriebe 40 bis 100 EGE	– 252	264	223
		Großbetriebe über 100 EGE	65	348	237
	Pflanzen- und Viehverbund	Kleinbetriebe 0 bis unter 40 EGE	– 658	200	167
		Mittelbetriebe 40 bis 100 EGE	– 139	239	168
		Großbetriebe über 100 EGE	66	295	148
Oberpfalz	Ackerbau	Kleinbetriebe 0 bis unter 40 EGE	– 484	217	114
		Mittelbetriebe 40 bis 100 EGE	– 21	265	80
		Großbetriebe über 100 EGE	108	309	67
	Milchvieh	Kleinbetriebe 0 bis unter 40 EGE	– 563	164	245
		Mittelbetriebe 40 bis 100 EGE	– 97	202	239
		Großbetriebe über 100 EGE	142	235	203
	Sonstiger Futterbau	Kleinbetriebe 0 bis unter 40 EGE	– 495	131	173
		Mittelbetriebe 40 bis 100 EGE	– 133	173	153
		Großbetriebe über 100 EGE	78	264	163
	Veredlung	Kleinbetriebe 0 bis unter 40 EGE	– 944	330	334
		Mittelbetriebe 40 bis 100 EGE	– 127	379	349
		Großbetriebe über 100 EGE	218	379	304

1	2	3	4	5	6
Region Land/ Reg.bezirk	**Nutzungsart Betriebsform**	**Betriebsgröße**	**Reingewinn EUR/ha LF**	**Pachtpreis EUR/ha LF**	**Wert für das Besatzkapital EUR/ha LF**
	Pflanzenbau-Verbund	Kleinbetriebe 0 bis unter 40 EGE	– 615	193	153
		Mittelbetriebe 40 bis 100 EGE	– 177	238	143
		Großbetriebe über 100 EGE	73	291	140
	Vieh-Verbund	Kleinbetriebe 0 bis unter 40 EGE	– 823	216	190
		Mittelbetriebe 40 bis 100 EGE	– 252	264	222
		Großbetriebe über 100 EGE	65	347	237
	Pflanzen- und Viehverbund	Kleinbetriebe 0 bis unter 40 EGE	– 664	199	165
		Mittelbetriebe 40 bis 100 EGE	– 141	237	166
		Großbetriebe über 100 EGE	65	292	146
Oberfranken	Ackerbau	Kleinbetriebe 0 bis unter 40 EGE	– 519	201	106
		Mittelbetriebe 40 bis 100 EGE	– 23	242	74
		Großbetriebe über 100 EGE	100	286	63
	Milchvieh	Kleinbetriebe 0 bis unter 40 EGE	– 556	166	248
		Mittelbetriebe 40 bis 100 EGE	– 96	205	242
		Großbetriebe über 100 EGE	144	238	205
	Sonstiger Futterbau	Kleinbetriebe 0 bis unter 40 EGE	– 496	131	172
		Mittelbetriebe 40 bis 100 EGE	– 133	173	153
		Großbetriebe über 100 EGE	78	264	162
	Veredlung	Kleinbetriebe 0 bis unter 40 EGE	– 947	329	332
		Mittelbetriebe 40 bis 100 EGE	– 128	377	348
		Großbetriebe über 100 EGE	217	377	303
	Pflanzenbau-Verbund	Kleinbetriebe 0 bis unter 40 EGE	– 631	188	150
		Mittelbetriebe 40 bis 100 EGE	– 182	231	139
		Großbetriebe über 100 EGE	70	280	135
	Vieh-Verbund	Kleinbetriebe 0 bis unter 40 EGE	– 824	215	190
		Mittelbetriebe 40 bis 100 EGE	– 253	263	222
		Großbetriebe über 100 EGE	65	347	236
	Pflanzen- und Viehverbund	Kleinbetriebe 0 bis unter 40 EGE	– 674	196	163
		Mittelbetriebe 40 bis 100 EGE	– 143	233	163
		Großbetriebe über 100 EGE	64	286	144
Mittelfranken	Ackerbau	Kleinbetriebe 0 bis unter 40 EGE	– 507	207	109
		Mittelbetriebe 40 bis 100 EGE	– 23	251	76
		Großbetriebe über 100 EGE	101	292	63
	Milchvieh	Kleinbetriebe 0 bis unter 40 EGE	– 552	167	250
		Mittelbetriebe 40 bis 100 EGE	– 95	207	244
		Großbetriebe über 100 EGE	145	241	207
	Sonstiger Futterbau	Kleinbetriebe 0 bis unter 40 EGE	– 495	131	173
		Mittelbetriebe 40 bis 100 EGE	– 133	173	153
		Großbetriebe über 100 EGE	78	265	163
	Veredlung	Kleinbetriebe 0 bis unter 40 EGE	– 946	329	333
		Mittelbetriebe 40 bis 100 EGE	– 128	378	348
		Großbetriebe über 100 EGE	218	378	304

1	2	3	4	5	6
Region Land/ Reg.bezirk	**Nutzungsart Betriebsform**	**Betriebsgröße**	**Reingewinn EUR/ha LF**	**Pachtpreis EUR/ha LF**	**Wert für das Besatzkapital EUR/ha LF**
	Pflanzenbau-Verbund	Kleinbetriebe 0 bis unter 40 EGE	– 626	190	151
		Mittelbetriebe 40 bis 100 EGE	– 180	234	141
		Großbetriebe über 100 EGE	71	283	136
	Vieh-Verbund	Kleinbetriebe 0 bis unter 40 EGE	– 822	216	190
		Mittelbetriebe 40 bis 100 EGE	– 252	264	222
		Großbetriebe über 100 EGE	65	348	237
	Pflanzen- und Viehverbund	Kleinbetriebe 0 bis unter 40 EGE	– 671	197	163
		Mittelbetriebe 40 bis 100 EGE	– 142	235	164
		Großbetriebe über 100 EGE	65	288	145
Unterfranken	Ackerbau	Kleinbetriebe 0 bis unter 40 EGE	– 488	214	113
		Mittelbetriebe 40 bis 100 EGE	– 22	258	79
		Großbetriebe über 100 EGE	105	300	66
	Milchvieh	Kleinbetriebe 0 bis unter 40 EGE	– 549	168	251
		Mittelbetriebe 40 bis 100 EGE	– 94	208	246
		Großbetriebe über 100 EGE	146	242	209
	Sonstiger Futterbau	Kleinbetriebe 0 bis unter 40 EGE	– 494	132	173
		Mittelbetriebe 40 bis 100 EGE	– 132	174	154
		Großbetriebe über 100 EGE	79	267	164
	Veredlung	Kleinbetriebe 0 bis unter 40 EGE	– 943	330	334
		Mittelbetriebe 40 bis 100 EGE	– 127	379	349
		Großbetriebe über 100 EGE	218	379	304
	Pflanzenbau-Verbund	Kleinbetriebe 0 bis unter 40 EGE	– 616	192	153
		Mittelbetriebe 40 bis 100 EGE	– 178	236	143
		Großbetriebe über 100 EGE	72	287	138
	Vieh-Verbund	Kleinbetriebe 0 bis unter 40 EGE	– 818	217	191
		Mittelbetriebe 40 bis 100 EGE	– 251	265	223
		Großbetriebe über 100 EGE	66	349	238
	Pflanzen- und Viehverbund	Kleinbetriebe 0 bis unter 40 EGE	– 664	198	165
		Mittelbetriebe 40 bis 100 EGE	– 141	237	166
		Großbetriebe über 100 EGE	65	291	146
Schwaben	Ackerbau	Kleinbetriebe 0 bis unter 40 EGE	– 466	224	118
		Mittelbetriebe 40 bis 100 EGE	– 21	273	83
		Großbetriebe über 100 EGE	113	320	71
	Milchvieh	Kleinbetriebe 0 bis unter 40 EGE	– 546	169	252
		Mittelbetriebe 40 bis 100 EGE	– 94	210	248
		Großbetriebe über 100 EGE	148	244	211
	Sonstiger Futterbau	Kleinbetriebe 0 bis unter 40 EGE	– 491	133	174
		Mittelbetriebe 40 bis 100 EGE	– 131	176	156
		Großbetriebe über 100 EGE	79	269	165
	Veredlung	Kleinbetriebe 0 bis unter 40 EGE	– 941	330	335
		Mittelbetriebe 40 bis 100 EGE	– 127	380	350
		Großbetriebe über 100 EGE	219	380	305

BewG

1	2	3	4	5	6
Region Land/ Reg.bezirk	**Nutzungsart Betriebsform**	**Betriebsgröße**	**Reingewinn EUR/ha LF**	**Pachtpreis EUR/ha LF**	**Wert für das Besatzkapital EUR/ha LF**
	Pflanzenbau-Verbund	Kleinbetriebe 0 bis unter 40 EGE	– 604	196	156
		Mittelbetriebe 40 bis 100 EGE	– 174	242	146
		Großbetriebe über 100 EGE	74	296	143
	Vieh-Verbund	Kleinbetriebe 0 bis unter 40 EGE	– 814	218	192
		Mittelbetriebe 40 bis 100 EGE	– 250	266	224
		Großbetriebe über 100 EGE	66	351	239
	Pflanzen- und Viehverbund	Kleinbetriebe 0 bis unter 40 EGE	– 656	201	167
		Mittelbetriebe 40 bis 100 EGE	– 139	240	168
		Großbetriebe über 100 EGE	67	296	149
Saarland	Ackerbau	Kleinbetriebe 0 bis unter 40 EGE	– 531	198	104
		Mittelbetriebe 40 bis 100 EGE	– 24	240	73
		Großbetriebe über 100 EGE	98	284	61
	Milchvieh	Kleinbetriebe 0 bis unter 40 EGE	– 589	157	234
		Mittelbetriebe 40 bis 100 EGE	– 101	193	229
		Großbetriebe über 100 EGE	136	225	194
	Sonstiger Futterbau	Kleinbetriebe 0 bis unter 40 EGE	– 538	121	159
		Mittelbetriebe 40 bis 100 EGE	– 146	158	139
		Großbetriebe über 100 EGE	71	243	149
	Veredlung	Kleinbetriebe 0 bis unter 40 EGE	– 953	327	330
		Mittelbetriebe 40 bis 100 EGE	– 129	375	345
		Großbetriebe über 100 EGE	216	375	301
	Pflanzenbau-Verbund	Kleinbetriebe 0 bis unter 40 EGE	– 648	185	146
		Mittelbetriebe 40 bis 100 EGE	– 185	228	137
		Großbetriebe über 100 EGE	69	277	133
	Vieh-Verbund	Kleinbetriebe 0 bis unter 40 EGE	– 860	208	182
		Mittelbetriebe 40 bis 100 EGE	– 261	255	215
		Großbetriebe über 100 EGE	63	337	229
	Pflanzen- und Viehverbund	Kleinbetriebe 0 bis unter 40 EGE	– 694	190	158
		Mittelbetriebe 40 bis 100 EGE	– 146	229	160
		Großbetriebe über 100 EGE	63	281	141
Brandenburg	Ackerbau	Kleinbetriebe 0 bis unter 40 EGE	– 566	88	97
		Mittelbetriebe 40 bis 100 EGE	– 25	97	68
		Großbetriebe über 100 EGE	92	126	57
	Milchvieh	Kleinbetriebe 0 bis unter 40 EGE	– 605	63	228
		Mittelbetriebe 40 bis 100 EGE	– 104	74	223
		Großbetriebe über 100 EGE	133	97	190
	Sonstiger Futterbau	Kleinbetriebe 0 bis unter 40 EGE	– 584	54	147
		Mittelbetriebe 40 bis 100 EGE	– 160	44	127
		Großbetriebe über 100 EGE	66	51	137
	Veredlung	Kleinbetriebe 0 bis unter 40 EGE	– 926	92	340
		Mittelbetriebe 40 bis 100 EGE	– 125	92	355
		Großbetriebe über 100 EGE	222	92	310

1	2	3	4	5	6
Region Land/ Reg.bezirk	**Nutzungsart Betriebsform**	**Betriebsgröße**	**Reingewinn EUR/ha LF**	**Pachtpreis EUR/ha LF**	**Wert für das Besatzkapital EUR/ha LF**
	Pflanzenbau-Verbund	Kleinbetriebe 0 bis unter 40 EGE	−666	97	142
		Mittelbetriebe 40 bis 100 EGE	−189	81	134
		Großbetriebe über 100 EGE	68	104	131
	Vieh-Verbund	Kleinbetriebe 0 bis unter 40 EGE	−875	90	179
		Mittelbetriebe 40 bis 100 EGE	−261	34	214
		Großbetriebe über 100 EGE	63	86	230
	Pflanzen- und Viehverbund	Kleinbetriebe 0 bis unter 40 EGE	−704	59	156
		Mittelbetriebe 40 bis 100 EGE	−147	70	159
		Großbetriebe über 100 EGE	63	102	140
Mecklenburg-Vorpommern	Ackerbau	Kleinbetriebe 0 bis unter 40 EGE	−506	99	109
		Mittelbetriebe 40 bis 100 EGE	−23	111	76
		Großbetriebe über 100 EGE	102	146	64
	Milchvieh	Kleinbetriebe 0 bis unter 40 EGE	−601	64	229
		Mittelbetriebe 40 bis 100 EGE	−103	75	225
		Großbetriebe über 100 EGE	135	98	192
	Sonstiger Futterbau	Kleinbetriebe 0 bis unter 40 EGE	−569	54	150
		Mittelbetriebe 40 bis 100 EGE	−155	45	132
		Großbetriebe über 100 EGE	68	53	141
	Veredlung	Kleinbetriebe 0 bis unter 40 EGE	−919	91	342
		Mittelbetriebe 40 bis 100 EGE	−124	91	358
		Großbetriebe über 100 EGE	223	91	312
	Pflanzenbau-Verbund	Kleinbetriebe 0 bis unter 40 EGE	−635	100	148
		Mittelbetriebe 40 bis 100 EGE	−182	84	140
		Großbetriebe über 100 EGE	71	111	136
	Vieh-Verbund	Kleinbetriebe 0 bis unter 40 EGE	−862	91	181
		Mittelbetriebe 40 bis 100 EGE	−258	34	217
		Großbetriebe über 100 EGE	64	87	232
	Pflanzen- und Viehverbund	Kleinbetriebe 0 bis unter 40 EGE	−682	62	161
		Mittelbetriebe 40 bis 100 EGE	−143	74	164
		Großbetriebe über 100 EGE	65	108	144
Chemnitz	Ackerbau	Kleinbetriebe 0 bis unter 40 EGE	−475	105	116
		Mittelbetriebe 40 bis 100 EGE	−21	118	81
		Großbetriebe über 100 EGE	113	157	71
	Milchvieh	Kleinbetriebe 0 bis unter 40 EGE	−584	65	236
		Mittelbetriebe 40 bis 100 EGE	−100	76	232
		Großbetriebe über 100 EGE	138	100	197
	Sonstiger Futterbau	Kleinbetriebe 0 bis unter 40 EGE	−538	56	159
		Mittelbetriebe 40 bis 100 EGE	−145	47	141
		Großbetriebe über 100 EGE	72	56	150
	Veredlung	Kleinbetriebe 0 bis unter 40 EGE	−887	96	355
		Mittelbetriebe 40 bis 100 EGE	−120	96	370
		Großbetriebe über 100 EGE	232	96	324

BewG

1	2	3	4	5	6
Region Land/ Reg.bezirk	**Nutzungsart Betriebsform**	**Betriebsgröße**	**Reingewinn EUR/ha LF**	**Pachtpreis EUR/ha LF**	**Wert für das Besatzkapital EUR/ha LF**
	Pflanzenbau-Verbund	Kleinbetriebe 0 bis unter 40 EGE	– 605	103	156
		Mittelbetriebe 40 bis 100 EGE	– 174	86	146
		Großbetriebe über 100 EGE	76	116	145
	Vieh-Verbund	Kleinbetriebe 0 bis unter 40 EGE	– 825	98	189
		Mittelbetriebe 40 bis 100 EGE	– 249	35	225
		Großbetriebe über 100 EGE	67	90	242
	Pflanzen- und Viehverbund	Kleinbetriebe 0 bis unter 40 EGE	– 654	66	168
		Mittelbetriebe 40 bis 100 EGE	– 136	78	171
		Großbetriebe über 100 EGE	68	112	152
Dresden	Ackerbau	Kleinbetriebe 0 bis unter 40 EGE	– 497	100	111
		Mittelbetriebe 40 bis 100 EGE	– 22	112	78
		Großbetriebe über 100 EGE	107	148	67
	Milchvieh	Kleinbetriebe 0 bis unter 40 EGE	– 583	65	236
		Mittelbetriebe 40 bis 100 EGE	– 100	77	232
		Großbetriebe über 100 EGE	139	101	198
	Sonstiger Futterbau	Kleinbetriebe 0 bis unter 40 EGE	– 543	56	158
		Mittelbetriebe 40 bis 100 EGE	– 146	47	139
		Großbetriebe über 100 EGE	71	55	149
	Veredlung	Kleinbetriebe 0 bis unter 40 EGE	– 890	95	354
		Mittelbetriebe 40 bis 100 EGE	– 121	95	369
		Großbetriebe über 100 EGE	231	95	323
	Pflanzenbau-Verbund	Kleinbetriebe 0 bis unter 40 EGE	– 618	101	153
		Mittelbetriebe 40 bis 100 EGE	– 177	85	143
		Großbetriebe über 100 EGE	74	113	142
	Vieh-Verbund	Kleinbetriebe 0 bis unter 40 EGE	– 830	96	188
		Mittelbetriebe 40 bis 100 EGE	– 250	35	225
		Großbetriebe über 100 EGE	66	89	241
	Pflanzen- und Viehverbund	Kleinbetriebe 0 bis unter 40 EGE	– 662	64	165
		Mittelbetriebe 40 bis 100 EGE	– 138	76	169
		Großbetriebe über 100 EGE	67	110	150
Leipzig	Ackerbau	Kleinbetriebe 0 bis unter 40 EGE	– 488	102	113
		Mittelbetriebe 40 bis 100 EGE	– 22	115	79
		Großbetriebe über 100 EGE	109	151	68
	Milchvieh	Kleinbetriebe 0 bis unter 40 EGE	– 566	68	243
		Mittelbetriebe 40 bis 100 EGE	– 97	80	240
		Großbetriebe über 100 EGE	144	104	205
	Sonstiger Futterbau	Kleinbetriebe 0 bis unter 40 EGE	– 540	56	158
		Mittelbetriebe 40 bis 100 EGE	– 145	47	140
		Großbetriebe über 100 EGE	73	56	151
	Veredlung	Kleinbetriebe 0 bis unter 40 EGE	– 889	95	354
		Mittelbetriebe 40 bis 100 EGE	– 120	95	369
		Großbetriebe über 100 EGE	232	95	323

1	2	3	4	5	6
Region Land/ Reg.bezirk	**Nutzungsart Betriebsform**	**Betriebsgröße**	**Reingewinn EUR/ha LF**	**Pachtpreis EUR/ha LF**	**Wert für das Besatzkapital EUR/ha LF**
	Pflanzenbau-Verbund	Kleinbetriebe 0 bis unter 40 EGE	–613	102	154
		Mittelbetriebe 40 bis 100 EGE	–176	86	144
		Großbetriebe über 100 EGE	74	114	143
	Vieh-Verbund	Kleinbetriebe 0 bis unter 40 EGE	–823	97	190
		Mittelbetriebe 40 bis 100 EGE	–248	36	226
		Großbetriebe über 100 EGE	67	91	243
	Pflanzen- und Viehverbund	Kleinbetriebe 0 bis unter 40 EGE	–658	65	166
		Mittelbetriebe 40 bis 100 EGE	–137	78	171
		Großbetriebe über 100 EGE	68	113	151
Dessau	Ackerbau	Kleinbetriebe 0 bis unter 40 EGE	–506	99	109
		Mittelbetriebe 40 bis 100 EGE	–23	111	76
		Großbetriebe über 100 EGE	104	146	65
	Milchvieh	Kleinbetriebe 0 bis unter 40 EGE	–595	65	232
		Mittelbetriebe 40 bis 100 EGE	–102	76	228
		Großbetriebe über 100 EGE	136	100	195
	Sonstiger Futterbau	Kleinbetriebe 0 bis unter 40 EGE	–573	54	149
		Mittelbetriebe 40 bis 100 EGE	–155	44	131
		Großbetriebe über 100 EGE	68	53	141
	Veredlung	Kleinbetriebe 0 bis unter 40 EGE	–876	95	359
		Mittelbetriebe 40 bis 100 EGE	–118	95	376
		Großbetriebe über 100 EGE	234	95	327
	Pflanzenbau-Verbund	Kleinbetriebe 0 bis unter 40 EGE	–625	102	151
		Mittelbetriebe 40 bis 100 EGE	–179	85	142
		Großbetriebe über 100 EGE	72	112	139
	Vieh-Verbund	Kleinbetriebe 0 bis unter 40 EGE	–840	95	186
		Mittelbetriebe 40 bis 100 EGE	–249	35	225
		Großbetriebe über 100 EGE	66	90	241
	Pflanzen- und Viehverbund	Kleinbetriebe 0 bis unter 40 EGE	–665	63	165
		Mittelbetriebe 40 bis 100 EGE	–138	75	170
		Großbetriebe über 100 EGE	67	109	150
Halle	Ackerbau	Kleinbetriebe 0 bis unter 40 EGE	–477	105	115
		Mittelbetriebe 40 bis 100 EGE	–21	118	81
		Großbetriebe über 100 EGE	112	156	70
	Milchvieh	Kleinbetriebe 0 bis unter 40 EGE	–598	64	230
		Mittelbetriebe 40 bis 100 EGE	–102	75	226
		Großbetriebe über 100 EGE	136	99	193
	Sonstiger Futterbau	Kleinbetriebe 0 bis unter 40 EGE	–564	55	152
		Mittelbetriebe 40 bis 100 EGE	–152	45	134
		Großbetriebe über 100 EGE	69	54	143
	Veredlung	Kleinbetriebe 0 bis unter 40 EGE	–873	95	360
		Mittelbetriebe 40 bis 100 EGE	–118	95	377
		Großbetriebe über 100 EGE	235	95	328

1	2	3	4	5	6
Region Land/ Reg.bezirk	**Nutzungsart Betriebsform**	**Betriebsgröße**	**Reingewinn EUR/ha LF**	**Pachtpreis EUR/ha LF**	**Wert für das Besatzkapital EUR/ha LF**
	Pflanzenbau-Verbund	Kleinbetriebe 0 bis unter 40 EGE	– 609	103	155
		Mittelbetriebe 40 bis 100 EGE	– 175	86	145
		Großbetriebe über 100 EGE	75	116	144
	Vieh-Verbund	Kleinbetriebe 0 bis unter 40 EGE	– 835	97	187
		Mittelbetriebe 40 bis 100 EGE	– 248	35	226
		Großbetriebe über 100 EGE	67	90	242
	Pflanzen- und Viehverbund	Kleinbetriebe 0 bis unter 40 EGE	– 654	64	167
		Mittelbetriebe 40 bis 100 EGE	– 135	77	172
		Großbetriebe über 100 EGE	68	111	152
Magdeburg	Ackerbau	Kleinbetriebe 0 bis unter 40 EGE	– 500	100	110
		Mittelbetriebe 40 bis 100 EGE	– 22	112	77
		Großbetriebe über 100 EGE	107	147	67
	Milchvieh	Kleinbetriebe 0 bis unter 40 EGE	– 611	62	225
		Mittelbetriebe 40 bis 100 EGE	– 105	73	221
		Großbetriebe über 100 EGE	132	96	189
	Sonstiger Futterbau	Kleinbetriebe 0 bis unter 40 EGE	– 572	54	150
		Mittelbetriebe 40 bis 100 EGE	– 155	45	131
		Großbetriebe über 100 EGE	67	52	140
	Veredlung	Kleinbetriebe 0 bis unter 40 EGE	– 876	95	359
		Mittelbetriebe 40 bis 100 EGE	– 118	95	376
		Großbetriebe über 100 EGE	235	95	327
	Pflanzenbau-Verbund	Kleinbetriebe 0 bis unter 40 EGE	– 622	102	152
		Mittelbetriebe 40 bis 100 EGE	– 178	85	142
		Großbetriebe über 100 EGE	73	112	141
	Vieh-Verbund	Kleinbetriebe 0 bis unter 40 EGE	– 844	96	185
		Mittelbetriebe 40 bis 100 EGE	– 250	34	224
		Großbetriebe über 100 EGE	66	89	240
	Pflanzen- und Viehverbund	Kleinbetriebe 0 bis unter 40 EGE	– 664	63	165
		Mittelbetriebe 40 bis 100 EGE	– 137	74	170
		Großbetriebe über 100 EGE	67	107	150
Thüringen	Ackerbau	Kleinbetriebe 0 bis unter 40 EGE	– 469	106	117
		Mittelbetriebe 40 bis 100 EGE	– 21	119	82
		Großbetriebe über 100 EGE	114	158	72
	Milchvieh	Kleinbetriebe 0 bis unter 40 EGE	– 587	65	235
		Mittelbetriebe 40 bis 100 EGE	– 101	76	230
		Großbetriebe über 100 EGE	138	100	197
	Sonstiger Futterbau	Kleinbetriebe 0 bis unter 40 EGE	– 537	56	159
		Mittelbetriebe 40 bis 100 EGE	– 144	47	141
		Großbetriebe über 100 EGE	72	56	151
	Veredlung	Kleinbetriebe 0 bis unter 40 EGE	– 839	99	375
		Mittelbetriebe 40 bis 100 EGE	– 113	99	393
		Großbetriebe über 100 EGE	245	99	342

BewG

1	2	3	4	5	6
Region Land/ Reg.bezirk	**Nutzungsart Betriebsform**	**Betriebsgröße**	**Reingewinn EUR/ha LF**	**Pachtpreis EUR/ha LF**	**Wert für das Besatzkapital EUR/ha LF**
	Pflanzenbau-Verbund	Kleinbetriebe 0 bis unter 40 EGE	−591	105	160
		Mittelbetriebe 40 bis 100 EGE	−171	88	148
		Großbetriebe über 100 EGE	77	117	148
	Vieh-Verbund	Kleinbetriebe 0 bis unter 40 EGE	−801	101	195
		Mittelbetriebe 40 bis 100 EGE	−239	36	235
		Großbetriebe über 100 EGE	69	93	252
	Pflanzen- und Viehverbund	Kleinbetriebe 0 bis unter 40 EGE	−632	66	173
		Mittelbetriebe 40 bis 100 EGE	−131	79	179
		Großbetriebe über 100 EGE	70	112	157
Stadtstaaten	Ackerbau	Kleinbetriebe 0 bis unter 40 EGE	−487	213	113
		Mittelbetriebe 40 bis 100 EGE	−22	256	79
		Großbetriebe über 100 EGE	110	307	69
	Milchvieh	Kleinbetriebe 0 bis unter 40 EGE	−593	155	232
		Mittelbetriebe 40 bis 100 EGE	−102	192	228
		Großbetriebe über 100 EGE	136	225	194
	Sonstiger Futterbau	Kleinbetriebe 0 bis unter 40 EGE	−554	117	155
		Mittelbetriebe 40 bis 100 EGE	−150	154	136
		Großbetriebe über 100 EGE	70	238	145
	Veredlung	Kleinbetriebe 0 bis unter 40 EGE	−965	323	326
		Mittelbetriebe 40 bis 100 EGE	−131	368	340
		Großbetriebe über 100 EGE	214	372	298
	Pflanzenbau-Verbund	Kleinbetriebe 0 bis unter 40 EGE	−630	188	150
		Mittelbetriebe 40 bis 100 EGE	−180	231	141
		Großbetriebe über 100 EGE	73	284	140
	Vieh-Verbund	Kleinbetriebe 0 bis unter 40 EGE	−874	205	179
		Mittelbetriebe 40 bis 100 EGE	−266	251	211
		Großbetriebe über 100 EGE	62	332	226
	Pflanzen- und Viehverbund	Kleinbetriebe 0 bis unter 40 EGE	−691	190	159
		Mittelbetriebe 40 bis 100 EGE	−145	228	161
		Großbetriebe über 100 EGE	64	283	142

Anlage 15[1)]
(zu § 163 Abs. 4, § 164 Abs. 2)

Forstwirtschaftliche Nutzung

1	2	3	4	5	6
Land	**Nutzungsart Baumarten-gruppe**	**Ertragsklasse**	**Reingewinn EUR/ha**	**Pachtpreis EUR/ha**	**Wert für das Besatzkapital EUR/ha LF**
Deutschland	Baumartengruppe Buche	I. Ertragsklasse und besser	78	5,40	Anlage 15a
		II. Ertragsklasse	51		
		III. Ertragsklasse und schlechter	25		
	Baumartengruppe Eiche	I. Ertragsklasse und besser	90	5,40	Anlage 15a
		II. Ertragsklasse	58		
		III. Ertragsklasse und schlechter	17		
	Baumartengruppe Fichte	I. Ertragsklasse und besser	105	5,40	Anlage 15a
		II. Ertragsklasse	75		
		III. Ertragsklasse und schlechter	49		
	Baumartengruppe Kiefer	I. Ertragsklasse und besser	26	5,40	Anlage 15a
		II. Ertragsklasse	11		
		III. Ertragsklasse und schlechter	11		
	übrige Fläche der forstwirtschaftlichen Nutzung		11	5,40	Anlage 15a

[1)] Anl. 15 geänd. durch G v. 8.12.2010 (BGBl. I S. 1768).

Anlage 15a
(zu § 164 Abs. 4)

Forstwirtschaftliche Nutzung

6											
Werte für das Besatzkapital nach Altersklassen in €/ha											
Altersklasse		**I.**	**II.**	**III.**	**IV.**	**V.**	**VI.**	**VII.**	**VIII.**	**IX.**	**X.**
Jahre		1–20	21–40	41–60	61–80	81–100	101–120	121–140	141–160	161–180	> 180
Buche	**I. EKL. und besser**	32,30	32,30	39,70	61,90	99,70	147,60	179,00	167,30	167,30	167,30
Buche	**II. EKL.**	19,30	19,30	22,20	34,60	54,80	83,30	104,20	99,60	99,60	99,60
Buche	**III. EKL. und schlechter**	6,70	6,70	7,00	12,20	21,30	33,70	45,10	44,60	44,60	44,60
Eiche	**I. EKL. und besser**	38,30	38,50	45,90	60,90	80,20	102,50	129,30	155,40	177,70	200,40
Eiche	**II. EKL.**	22,80	22,80	25,60	33,80	45,50	58,90	76,30	93,80	107,30	120,90
Eiche	**III. EKL. und schlechter**	5,40	5,40	5,50	8,00	12,00	17,20	23,00	29,90	37,50	44,20
Fichte	**I. EKL. und besser**	45,20	61,50	112,50	158,60	186,20	186,20	186,20	186,20	186,20	186,20
Fichte	**II. EKL.**	30,70	35,90	68,30	102,60	123,80	133,60	133,60	133,60	133,60	133,60
Fichte	**III. EKL. und schlechter**	18,40	18,90	34,90	59,20	77,70	88,40	88,40	88,40	88,40	88,40
Kiefer	**I. EKL. und besser**	7,10	7,70	15,20	23,10	29,10	34,40	37,60	37,60	37,60	37,60
Kiefer	**II. EKL.**	0,00	0,10	2,40	6,10	9,00	11,30	12,70	12,70	12,70	12,70
Kiefer	**III. EKL. und schlechter**	0,00	0,00	1,10	5,20	8,80	11,20	12,70	12,70	12,70	12,70

Anlage 16
(zu § 163 Abs. 5 und § 164 Abs. 2 und 4)

Weinbauliche Nutzung

1	2	3	4	5
Land	**Nutzungsart Verwertungsform**	**Reingewinn EUR/ha LF**	**Pachtpreis EUR/ha LF**	**Wert für das Besatzkapital EUR/ha LF**
Deutschland	Flaschenweinerzeuger	– 193	970	1 522
	Fassweinerzeuger	– 759	589	588
	Traubenerzeuger	– 1 252	859	509

Anlage 17
(zu § 163 Abs. 6 und § 164 Abs. 2 und 4)

Gärtnerische Nutzung

1	2	3	4	5	6
Land	**Nutzungsteil**	**Nutzungsart**	**Reingewinn EUR/ha LF**	**Pachtpreis EUR/ha LF**	**Wert für das Besatzkapital EUR/ha LF**
Deutschland	Gemüsebau	Freilandflächen	– 1 365	657	484
		Flächen unter Glas und Kunststoffen	6 098	2 414	2 750
	Blumen- und Zierpflanzenbau	Freilandflächen	– 108	1 044	1 393
		Flächen unter Glas und Kunststoffen	– 6 640	5 516	6 895
	Baumschulen		894	223	2 359
	Obstbau		– 379	325	426

Anlage 18
(zu § 163 Abs. 7 und § 164 Abs. 2 und 4)

Sondernutzungen

1	2	3	4	5
Land	**Nutzungen**	**Reingewinn EUR/ha LF**	**Pachtpreis EUR/ha LF**	**Wert für das Besatzkapital Euro/ha LF**
Deutschland	Hopfen	– 414	492	348
	Spargel	– 1 365	657	612
	Tabak	– 820	492	129

Anlage 19[1)]
(zu § 169)

Umrechnungsschlüssel für Tierbestände in Vieheinheiten nach dem Futterbedarf

Tierart	**1 Tier**
Alpakas	0,08 VE
Damtiere	
Damtiere unter 1 Jahr	0,04 VE
Damtiere 1 Jahr und älter	0,08 VE

1) Anl. 19 neu gef. mWv 1.1.2012 durch G v. 7.12.2011 (BGBl. I S. 2592).

Tierart	1 Tier
Geflügel	
Legehennen (einschließlich einer normalen Aufzucht zur Ergänzung des Bestandes)	0,02 VE
Legehennen aus zugekauften Junghennen	0,0183 VE
Zuchtputen, -enten, -gänse	0,04 VE
Kaninchen	
Zucht- und Angorakaninchen	0,025 VE
Lamas	0,1 VE
Pferde	
Pferde unter drei Jahren und Kleinpferde	0,7 VE
Pferde drei Jahre und älter	1,1 VE
Rindvieh	
Kälber und Jungvieh unter 1 Jahr (einschließlich Mastkälber, Starterkälber und Fresser)	0,3 VE
Jungvieh 1 bis 2 Jahre alt	0,7 VE
Färsen (älter als 2 Jahre)	1 VE
Masttiere (Mastdauer weniger als 1 Jahr)	1 VE
Kühe (einschließlich Mutter- und Ammenkühe mit den dazugehörigen Saugkälbern)	1 VE
Zuchtbullen, Zugochsen	1,2 VE
Schafe	
Schafe unter 1 Jahr einschließlich Mastlämmer	0,05 VE
Schafe 1 Jahr und älter	0,1 VE
Schweine	
Zuchtschweine (einschließlich Jungzuchtschweine über etwa 90 kg)	0,33 VE
Strauße	
Zuchttiere 14 Monate und älter	0,32 VE
Jungtiere/Masttiere unter 14 Monate	0,25 VE
Ziegen	0,08 VE
Geflügel	
Jungmasthühner	
(bis zu 6 Durchgänge je Jahr – schwere Tiere)	0,0017 VE
(mehr als 6 Durchgänge je Jahr – leichte Tiere)	0,0013 VE
Junghennen	0,0017 VE
Mastenten	0,0033 VE
Mastenten in der Aufzuchtphase	0,0011 VE
Mastenten in der Mastphase	0,0022 VE
Mastputen aus selbst erzeugten Jungputen	0,0067 VE
Mastputen aus zugekauften Jungputen	0,005 VE
Jungputen (bis etwa 8 Wochen)	0,0017 VE
Mastgänse	0,0067 VE
Kaninchen	
Mastkaninchen	0,0025 VE
Rindvieh	
Masttiere (Mastdauer 1 Jahr und mehr)	1 VE
Schweine	
Leichte Ferkel (bis etwa 12 kg)	0,01 VE
Ferkel (über etwa 12 bis etwa 20 kg)	0,02 VE
Schwere Ferkel und leichte Läufer (über etwa 20 bis etwa 30 kg)	0,04 VE
Läufer (über etwa 30 bis etwa 45 kg)	0,06 VE

Tierart	1 Tier
Schwere Läufer (über etwa 45 bis etwa 60 kg)	0,08 VE
Mastschweine	0,16 VE
Jungzuchtschweine bis etwa 90 kg	0,12 VE

Anlage 20
(zu § 169 Abs. 5)

Gruppen der Zweige des Tierbestands nach der Flächenabhängigkeit

1. Mehr flächenabhängige Zweige des Tierbestands
   Pferdehaltung,
   Pferdezucht,
   Schafzucht,
   Schafhaltung,
   Rindviehzucht,
   Milchviehhaltung,
   Rindviehmast.
2. Weniger flächenabhängige Zweige des Tierbestands
   Schweinezucht,
   Schweinemast,
   Hühnerzucht,
   Entenzucht,
   Gänsezucht,
   Putenzucht,
   Legehennenhaltung,
   Junghühnermast,
   Entenmast,
   Gänsemast,
   Putenmast.

Anlage 21
(zu § 185 Abs. 3 Satz 1, § 193 Abs. 3 Satz 2, § 194 Abs. 3 Satz 3 und § 195 Abs. 2 Satz 2 und Abs. 3 Satz 3)

Vervielfältiger

Restnutzungsdauer; Restlaufzeit des Erbbaurechts bzw. des Nutzungsrechts (in Jahren)	Zinssatz										
	3 %	3,5 %	4 %	4,5 %	5 %	5,5 %	6 %	6,5 %	7 %	7,5 %	8 %
1	0,97	0,97	0,96	0,96	0,95	0,95	0,94	0,94	0,93	0,93	0,93
2	1,91	1,90	1,89	1,87	1,86	1,85	1,83	1,82	1,81	1,80	1,78
3	2,83	2,80	2,78	2,75	2,72	2,70	2,67	2,65	2,62	2,60	2,58
4	3,72	3,67	3,63	3,59	3,55	3,51	3,47	3,43	3,39	3,35	3,31
5	4,58	4,52	4,45	4,39	4,33	4,27	4,21	4,16	4,10	4,05	3,99
6	5,42	5,33	5,24	5,16	5,08	5,00	4,92	4,84	4,77	4,69	4,62
7	6,23	6,11	6,00	5,89	5,79	5,68	5,58	5,48	5,39	5,30	5,21
8	7,02	6,87	6,73	6,60	6,46	6,33	6,21	6,09	5,97	5,86	5,75
9	7,79	7,61	7,44	7,27	7,11	6,95	6,80	6,66	6,52	6,38	6,25
10	8,53	8,32	8,11	7,91	7,72	7,54	7,36	7,19	7,02	6,86	6,71
11	9,25	9,00	8,76	8,53	8,31	8,09	7,89	7,69	7,50	7,32	7,14
12	9,95	9,66	9,39	9,12	8,86	8,62	8,38	8,16	7,94	7,74	7,54
13	10,63	10,30	9,99	9,68	9,39	9,12	8,85	8,60	8,36	8,13	7,90

Restnutzungsdauer; Restlaufzeit des Erbbaurechts bzw. des Nutzungsrechts (in Jahren)	Zinssatz										
	3 %	3,5 %	4 %	4,5 %	5 %	5,5 %	6 %	6,5 %	7 %	7,5 %	8 %
14	11,30	10,92	10,56	10,22	9,90	9,59	9,29	9,01	8,75	8,49	8,24
15	11,94	11,52	11,12	10,74	10,38	10,04	9,71	9,40	9,11	8,83	8,56
16	12,56	12,09	11,65	11,23	10,84	10,46	10,11	9,77	9,45	9,14	8,85
17	13,17	12,65	12,17	11,71	11,27	10,86	10,48	10,11	9,76	9,43	9,12
18	13,75	13,19	12,66	12,16	11,69	11,25	10,83	10,43	10,06	9,71	9,37
19	14,32	13,71	13,13	12,59	12,09	11,61	11,16	10,73	10,34	9,96	9,60
20	14,88	14,21	13,59	13,01	12,46	11,95	11,47	11,02	10,59	10,19	9,82
21	15,42	14,70	14,03	13,40	12,82	12,28	11,76	11,28	10,84	10,41	10,02
22	15,94	15,17	14,45	13,78	13,16	12,58	12,04	11,54	11,06	10,62	10,20
23	16,44	15,62	14,86	14,15	13,49	12,88	12,30	11,77	11,27	10,81	10,37
24	16,94	16,06	15,25	14,50	13,80	13,15	12,55	11,99	11,47	10,98	10,53
25	17,41	16,48	15,62	14,83	14,09	13,41	12,78	12,20	11,65	11,15	10,67
26	17,88	16,89	15,98	15,15	14,38	13,66	13,00	12,39	11,83	11,30	10,81
27	18,33	17,29	16,33	15,45	14,64	13,90	13,21	12,57	11,99	11,44	10,94
28	18,76	17,67	16,66	15,74	14,90	14,12	13,41	12,75	12,14	11,57	11,05
29	19,19	18,04	16,98	16,02	15,14	14,33	13,59	12,91	12,28	11,70	11,16
30	19,60	18,39	17,29	16,29	15,37	14,53	13,76	13,06	12,41	11,81	11,26
31	20,00	18,74	17,59	16,54	15,59	14,72	13,93	13,20	12,53	11,92	11,35
32	20,39	19,07	17,87	16,79	15,80	14,90	14,08	13,33	12,65	12,02	11,43
33	20,77	19,39	18,15	17,02	16,00	15,08	14,23	13,46	12,75	12,11	11,51
34	21,13	19,70	18,41	17,25	16,19	15,24	14,37	13,58	12,85	12,19	11,59
35	21,49	20,00	18,66	17,46	16,37	15,39	14,50	13,69	12,95	12,27	11,65
36	21,83	20,29	18,91	17,67	16,55	15,54	14,62	13,79	13,04	12,35	11,72
37	22,17	20,57	19,14	17,86	16,71	15,67	14,74	13,89	13,12	12,42	11,78
38	22,49	20,84	19,37	18,05	16,87	15,80	14,85	13,98	13,19	12,48	11,83
39	22,81	21,10	19,58	18,23	17,02	15,93	14,95	14,06	13,26	12,54	11,88
40	23,11	21,36	19,79	18,40	17,16	16,05	15,05	14,15	13,33	12,59	11,92
41	23,41	21,60	19,99	18,57	17,29	16,16	15,14	14,22	13,39	12,65	11,97
42	23,70	21,83	20,19	18,72	17,42	16,26	15,22	14,29	13,45	12,69	12,01
43	23,98	22,06	20,37	18,87	17,55	16,36	15,31	14,36	13,51	12,74	12,04
44	24,25	22,28	20,55	19,02	17,66	16,46	15,38	14,42	13,56	12,78	12,08
45	24,52	22,50	20,72	19,16	17,77	16,55	15,46	14,48	13,61	12,82	12,11
46	24,78	22,70	20,88	19,29	17,88	16,63	15,52	14,54	13,65	12,85	12,14
47	25,02	22,90	21,04	19,41	17,98	16,71	15,59	14,59	13,69	12,89	12,16
48	25,27	23,09	21,20	19,54	18,08	16,79	15,65	14,64	13,73	12,92	12,19
49	25,50	23,28	21,34	19,65	18,17	16,86	15,71	14,68	13,77	12,95	12,21
50	25,73	23,46	21,48	19,76	18,26	16,93	15,76	14,72	13,80	12,97	12,23
51	25,95	23,63	21,62	19,87	18,34	17,00	15,81	14,76	13,83	13,00	12,25
52	26,17	23,80	21,75	19,97	18,42	17,06	15,86	14,80	13,86	13,02	12,27
53	26,37	23,96	21,87	20,07	18,49	17,12	15,91	14,84	13,89	13,04	12,29
54	26,58	24,11	21,99	20,16	18,57	17,17	15,95	14,87	13,92	13,06	12,30
55	26,77	24,26	22,11	20,25	18,63	17,23	15,99	14,90	13,94	13,08	12,32
56	26,97	24,41	22,22	20,33	18,70	17,28	16,03	14,93	13,96	13,10	12,33
57	27,15	24,55	22,33	20,41	18,76	17,32	16,06	14,96	13,98	13,12	12,34

Restnutzungsdauer; Restlaufzeit des Erbbaurechts bzw. des Nutzungsrechts (in Jahren)	Zinssatz										
	3 %	**3,5 %**	**4 %**	**4,5 %**	**5 %**	**5,5 %**	**6 %**	**6,5 %**	**7 %**	**7,5 %**	**8 %**
58	27,33	24,69	22,43	20,49	18,82	17,37	16,10	14,99	14,00	13,13	12,36
59	27,51	24,82	22,53	20,57	18,88	17,41	16,13	15,01	14,02	13,15	12,37
60	27,68	24,94	22,62	20,64	18,93	17,45	16,16	15,03	14,04	13,16	12,38
61	27,84	25,07	22,71	20,71	18,98	17,49	16,19	15,05	14,06	13,17	12,39
62	28,00	25,19	22,80	20,77	19,03	17,52	16,22	15,07	14,07	13,18	12,39
63	28,16	25,30	22,89	20,83	19,08	17,56	16,24	15,09	14,08	13,19	12,40
64	28,31	25,41	22,97	20,89	19,12	17,59	16,27	15,11	14,10	13,20	12,41
65	28,45	25,52	23,05	20,95	19,16	17,62	16,29	15,13	14,11	13,21	12,42
66	28,60	25,62	23,12	21,01	19,20	17,65	16,31	15,14	14,12	13,22	12,42
67	28,73	25,72	23,19	21,06	19,24	17,68	16,33	15,16	14,13	13,23	12,43
68	28,87	25,82	23,26	21,11	19,28	17,70	16,35	15,17	14,14	13,24	12,43
69	29,00	25,91	23,33	21,16	19,31	17,73	16,37	15,19	14,15	13,24	12,44
70	29,12	26,00	23,39	21,20	19,34	17,75	16,38	15,20	14,16	13,25	12,44
71	29,25	26,09	23,46	21,25	19,37	17,78	16,40	15,21	14,17	13,25	12,45
72	29,37	26,17	23,52	21,29	19,40	17,80	16,42	15,22	14,18	13,26	12,45
73	29,48	26,25	23,57	21,33	19,43	17,82	16,43	15,23	14,18	13,27	12,45
74	29,59	26,33	23,63	21,37	19,46	17,84	16,44	15,24	14,19	13,27	12,46
75	29,70	26,41	23,68	21,40	19,48	17,85	16,46	15,25	14,20	13,27	12,46
76	29,81	26,48	23,73	21,44	19,51	17,87	16,47	15,26	14,20	13,28	12,46
77	29,91	26,55	23,78	21,47	19,53	17,89	16,48	15,26	14,21	13,28	12,47
78	30,01	26,62	23,83	21,50	19,56	17,90	16,49	15,27	14,21	13,29	12,47
79	30,11	26,68	23,87	21,54	19,58	17,92	16,50	15,28	14,22	13,29	12,47
80	30,20	26,75	23,92	21,57	19,60	17,93	16,51	15,28	14,22	13,29	12,47
81	30,29	26,81	23,96	21,59	19,62	17,94	16,52	15,29	14,23	13,30	12,48
82	30,38	26,87	24,00	21,62	19,63	17,96	16,53	15,30	14,23	13,30	12,48
83	30,47	26,93	24,04	21,65	19,65	17,97	16,53	15,30	14,23	13,30	12,48
84	30,55	26,98	24,07	21,67	19,67	17,98	16,54	15,31	14,24	13,30	12,48
85	30,63	27,04	24,11	21,70	19,68	17,99	16,55	15,31	14,24	13,30	12,48
86	30,71	27,09	24,14	21,72	19,70	18,00	16,56	15,32	14,24	13,31	12,48
87	30,79	27,14	24,18	21,74	19,71	18,01	16,56	15,32	14,25	13,31	12,48
88	30,86	27,19	24,21	21,76	19,73	18,02	16,57	15,32	14,25	13,31	12,49
89	30,93	27,23	24,24	21,78	19,74	18,03	16,57	15,33	14,25	13,31	12,49
90	31,00	27,28	24,27	21,80	19,75	18,03	16,58	15,33	14,25	13,31	12,49
91	31,07	27,32	24,30	21,82	19,76	18,04	16,58	15,33	14,26	13,31	12,49
92	31,14	27,37	24,32	21,83	19,78	18,05	16,59	15,34	14,26	13,32	12,49
93	31,20	27,41	24,35	21,85	19,79	18,06	16,59	15,34	14,26	13,32	12,49
94	31,26	27,45	24,37	21,87	19,80	18,06	16,60	15,34	14,26	13,32	12,49
95	31,32	27,48	24,40	21,88	19,81	18,07	16,60	15,35	14,26	13,32	12,49
96	31,38	27,52	24,42	21,90	19,82	18,08	16,60	15,35	14,26	13,32	12,49
97	31,44	27,56	24,44	21,91	19,82	18,08	16,61	15,35	14,27	13,32	12,49
98	31,49	27,59	24,46	21,92	19,83	18,09	16,61	15,35	14,27	13,32	12,49
99	31,55	27,62	24,49	21,94	19,84	18,09	16,61	15,35	14,27	13,32	12,49
100	31,60	27,66	24,50	21,95	19,85	18,10	16,62	15,36	14,27	13,32	12,49

In den Fällen anderer Zinssätze der Gutachterausschüsse ist der Vervielfältiger nach folgender Formel zu bilden:

$$V\ (\text{Vervielfältiger}) = \frac{1}{q^n} \times \frac{q^n - 1}{q - 1}$$

q = Zinsfaktor = 1 + p : 100
p = Zinssatz
n = Restnutzungsdauer/Restlaufzeit

Anlage 22[1)]
(zu § 185 Absatz 3 Satz 3, § 190 Absatz 4 Satz 2)

Wirtschaftliche Gesamtnutzungsdauer

Ein- und Zweifamilienhäuser	70 Jahre
Mietwohngrundstücke, Mehrfamilienhäuser	70 Jahre
Wohnungseigentum	70 Jahre
Geschäftsgrundstücke, gemischt genutzte Grundstücke und sonstige bebaute Grundstücke:	
Gemischt genutzte Grundstücke (Wohnhäuser mit Mischnutzung)	70 Jahre
Museen, Theater, Sakralbauten, Friedhofsgebäude	70 Jahre
Bürogebäude/Verwaltungsgebäude	60 Jahre
Banken und ähnliche Geschäftshäuser	60 Jahre
Einzelgaragen/Mehrfachgaragen	60 Jahre
Kindergärten (Kindertagesstätten), Allgemeinbildende und Berufsbildende Schulen, Hochschulen, Sonderschulen	50 Jahre
Wohnheime/Internate, Alten-/Pflegeheime	50 Jahre
Kauf-/Warenhäuser	50 Jahre
Krankenhäuser, Tageskliniken, Ärztehäuser	40 Jahre
Gemeindezentren, Saalbauten/Veranstaltungsgebäude, Vereinsheime	40 Jahre
Beherbergungsstätten, Hotels, Verpflegungseinrichtungen	40 Jahre
Sport-/Tennishallen, Freizeitbäder/Kur- und Heilbäder	40 Jahre
Tief-, Hoch- und Nutzfahrzeuggaragen als Einzelbauwerke, Carports	40 Jahre
Betriebs-/Werkstätten, Industrie-/Produktionsgebäude	40 Jahre
Lager-/Versandgebäude	40 Jahre
Verbrauchermärkte, Autohäuser	30 Jahre
Reithallen, ehemalige landwirtschaftliche Mehrzweckhallen, u.Ä.	30 Jahre

Teileigentum ist in Abhängigkeit von der baulichen Gestaltung den vorstehenden Gebäudearten zuzuordnen.

---

1) Anl. 22 neu gef. durch G v. 2.11.2015 (BGBl. I S. 1834); zur Anwendung siehe § 265 Abs. 10.

Anlage 23
(zu § 187 Abs. 2 Satz 2)

Pauschalierte Bewirtschaftungskosten für Verwaltung, Instandhaltung und Mietausfallwagnis in Prozent der Jahresmiete oder üblichen Miete (ohne Betriebskosten)

<table>
<tr><th rowspan="3">Restnutzungs-dauer</th><th colspan="4">Grundstücksart</th></tr>
<tr><th>1</th><th>2</th><th>3</th><th>4</th></tr>
<tr><th>Mietwohn-grundstück</th><th>gemischt genutztes Grundstück mit einem gewerblichen Anteil von bis zu 50 % (berechnet nach der Wohn- bzw. Nutzfläche)</th><th>gemischt genutztes Grundstück mit einem gewerblichen Anteil von mehr als 50 % (berechnet nach der Wohn- bzw. Nutzfläche)</th><th>Geschäfts-grundstück</th></tr>
<tr><td>≥ 60 Jahre</td><td>21</td><td colspan="2">21</td><td>18</td></tr>
<tr><td>40 bis 59 Jahre</td><td>23</td><td colspan="2">22</td><td>20</td></tr>
<tr><td>20 bis 39 Jahre</td><td>27</td><td colspan="2">24</td><td>22</td></tr>
<tr><td>< 20 Jahre</td><td>29</td><td colspan="2">26</td><td>23</td></tr>
</table>

Anlage 24[1)]
(zu § 190 Absatz 1 Satz 4 und Absatz 3)

Ermittlung des Gebäuderegelherstellungswerts

I. Begriff der Brutto-Grundfläche (BGF)

1. Die BGF ist die Summe der bezogen auf die jeweilige Gebäudeart marktüblich nutzbaren Grundflächen aller Grundrissebenen eines Bauwerks. In Anlehnung an die DIN 277-1:2005-02 sind bei den Grundflächen folgende Bereiche zu unterscheiden:
   Bereich a: überdeckt und allseitig in voller Höhe umschlossen,
   Bereich b: überdeckt, jedoch nicht allseitig in voller Höhe umschlossen,
   Bereich c: nicht überdeckt.
   Für die Anwendung der Regelherstellungskosten (RHK) sind im Rahmen der Ermittlung der BGF nur die Grundflächen der Bereiche a und b zugrunde zu legen. Balkone, auch wenn sie überdeckt sind, sind dem Bereich c zuzuordnen.
   Für die Ermittlung der BGF sind die äußeren Maße der Bauteile einschließlich Bekleidung, z.B. Putz und Außenschalen mehrschaliger Wandkonstruktionen, in Höhe der Bodenbelagsoberkanten anzusetzen.
2. Nicht zur BGF gehören z.B. Flächen von Spitzböden und Kriechkellern, Flächen, die ausschließlich der Wartung, Inspektion und Instandsetzung von Baukonstruktionen und technischen Anlagen dienen sowie Flächen unter konstruktiven Hohlräumen, z.B. über abgehängten Decken.

---

1) Anl. 24 neu gef. durch G v. 2.11.2015 (BGBl. I S. 1834); zur Anwendung siehe § 265 Abs. 10; geänd. mWv 18.12.2019 durch G v. 12.12.2019 (BGBl. I S. 2451).

II. Regelherstellungskosten (RHK)

Regelherstellungskosten

auf Grundlage der Normalherstellungskosten 2010 (NHK 2010) in Euro/m² BGF einschließlich Baunebenkosten und Umsatzsteuer für die jeweilige Gebäudeart (Kostenstand 2010)

1–3	**Ein- und Zweifamilienhäuser**						
			Standardstufe				
Keller- und Erdgeschoss			**1**	**2**	**3**	**4**	**5**
	Dachgeschoss ausgebaut						
	1.01	freistehende Einfamilienhäuser	655	725	835	1005	1260
	1.011	freistehende Zweifamilienhäuser[1)]	688	761	877	1055	1323
	2.01	Doppel- und Reihenendhäuser	615	685	785	945	1180
	3.01	Reihenmittelhäuser	575	640	735	885	1105
	Dachgeschoss nicht ausgebaut						
	1.02	freistehende Einfamilienhäuser	545	605	695	840	1050
	1.021	freistehende Zweifamilienhäuser[1)]	572	635	730	882	1103
	2.02	Doppel- und Reihenendhäuser	515	570	655	790	985
	3.02	Reihenmittelhäuser	480	535	615	740	925
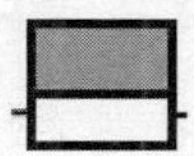	Flachdach oder flach geneigtes Dach						
	1.03	freistehende Einfamilienhäuser	705	785	900	1085	1360
	1.031	freistehende Zweifamilienhäuser[1)]	740	824	945	1139	1428
	2.03	Doppel- und Reihenendhäuser	665	735	845	1020	1275
	3.03	Reihenmittelhäuser	620	690	795	955	1195

[1)] **Amtl. Anm.:** ermittelt mit Korrekturfaktor 1,05 bezogen auf die Regelherstellungskosten für freistehende Einfamilienhäuser

Keller-, Erd- und Obergeschoss			Standardstufe 1	2	3	4	5
	Dachgeschoss ausgebaut						
	1.11	freistehende Einfamilienhäuser	655	725	835	1005	1260
	1.111	freistehende Zweifamilienhäuser[1]	688	761	877	1055	1323
	2.11	Doppel- und Reihenendhäuser	615	685	785	945	1180
	3.11	Reihenmittelhäuser	575	640	735	885	1105
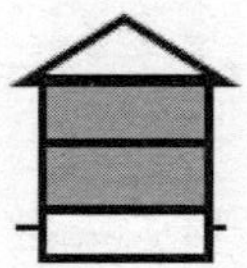	Dachgeschoss nicht ausgebaut						
	1.12	freistehende Einfamilienhäuser	570	635	730	880	1100
	1.121	freistehende Zweifamilienhäuser[1]	599	667	767	924	1155
	2.12	Doppel- und Reihenendhäuser	535	595	685	825	1035
	3.12	Reihenmittelhäuser	505	560	640	775	965
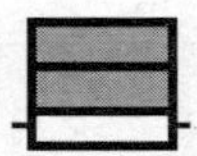	Flachdach oder flach geneigtes Dach						
	1.13	freistehende Einfamilienhäuser	665	740	850	1025	1285
	1.131	freistehende Zweifamilienhäuser[1]	698	777	893	1076	1349
	2.13	Doppel- und Reihenendhäuser	625	695	800	965	1205
	3.13	Reihenmittelhäuser	585	650	750	905	1130

Erdgeschoss, nicht unterkellert			Standardstufe 1	2	3	4	5
	Dachgeschoss ausgebaut						
	1.21	freistehende Einfamilienhäuser	790	875	1005	1215	1515
	1.211	freistehende Zweifamilienhäuser[1]	830	919	1055	1276	1591
	2.21	Doppel- und Reihenendhäuser	740	825	945	1140	1425
	3.21	Reihenmittelhäuser	695	770	885	1065	1335

[1] **Amtl. Anm.:** ermittelt mit Korrekturfaktor 1,05 bezogen auf die Regelherstellungskosten für freistehende Einfamilienhäuser

			Standardstufe				
Erdgeschoss, nicht unterkellert			**1**	**2**	**3**	**4**	**5**
	Dachgeschoss nicht ausgebaut						
	1.22	freistehende Einfamilienhäuser	585	650	745	900	1125
	1.221	freistehende Zweifamilienhäuser[1]	614	683	782	945	1181
	2.22	Doppel- und Reihenendhäuser	550	610	700	845	1055
	3.22	Reihenmittelhäuser	515	570	655	790	990
	Flachdach oder flach geneigtes Dach						
	1.23	freistehende Einfamilienhäuser	920	1025	1180	1420	1775
	1.231	freistehende Zweifamilienhäuser[1]	966	1076	1239	1491	1864
	2.23	Doppel- und Reihenendhäuser	865	965	1105	1335	1670
	3.23	Reihenmittelhäuser	810	900	1035	1250	1560

			Standardstufe				
Erd- und Obergeschoss, nicht unterkellert			**1**	**2**	**3**	**4**	**5**
	Dachgeschoss ausgebaut						
	1.31	freistehende Einfamilienhäuser	720	800	920	1105	1385
	1.311	freistehende Zweifamilienhäuser[1]	756	840	966	1160	1454
	2.31	Doppel- und Reihenendhäuser	675	750	865	1040	1300
	3.31	Reihenmittelhäuser	635	705	810	975	1215
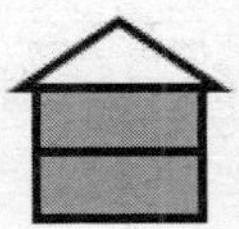	Dachgeschoss nicht ausgebaut						
	1.32	freistehende Einfamilienhäuser	620	690	790	955	1190
	1.321	freistehende Zweifamilienhäuser[1]	651	725	830	1003	1250
	2.32	Doppel- und Reihenendhäuser	580	645	745	895	1120
	3.32	Reihenmittelhäuser	545	605	695	840	1050

[1] **Amtl. Anm.:** ermittelt mit Korrekturfaktor 1,05 bezogen auf die Regelherstellungskosten für freistehende Einfamilienhäuser

			Standardstufe				
Erd- und Obergeschoss, nicht unterkellert			**1**	**2**	**3**	**4**	**5**
	Flachdach oder flach geneigtes Dach						
	1.33	freistehende Einfamilienhäuser	785	870	1000	1205	1510
	1.331	freistehende Zweifamilienhäuser[1]	824	914	1050	1265	1586
	2.33	Doppel- und Reihenendhäuser	735	820	940	1135	1415
	3.33	Reihenmittelhäuser	690	765	880	1060	1325

4 Wohnungseigentum und vergleichbares Teileigentum in Mehrfamilienhäusern (ohne Tiefgaragenplatz)/Mehrfamilienhäuser

Für Wohnungseigentum in Gebäuden, die wie Ein- und Zweifamilienhäuser im Sinne des § 181 Absatz 2 des Bewertungsgesetzes gestaltet sind, werden die Regelherstellungskosten der Ein- und Zweifamilienhäuser zugrunde gelegt.

Umrechnungsfaktor hinsichtlich der Brutto-Grundfläche (BGF) für Wohnungseigentum in Mehrfamilienhäusern: BGF = 1,55 × Wohnfläche

		Standardstufe				
		1	**2**	**3**	**4**	**5**
4.1	Mehrfamilienhäuser mit bis zu 6 WE	650	720	825	985	1190
4.2	Mehrfamilienhäuser mit 7 bis 20 WE	600	665	765	915	1105
4.3	Mehrfamilienhäuser mit mehr als 20 WE	590	655	755	900	1090

5–18 Gemischt genutzte Grundstücke, Geschäftsgrundstücke und sonstige bebaute Grundstücke

		Standardstufe				
		1	**2**	**3**	**4**	**5**
5.1	Gemischt genutzte Grundstücke (Wohnhäuser mit Mischnutzung)	605	675	860	1085	1375
5.2	Banken und ähnliche Geschäftshäuser mit Wohnanteil[2]	625	695	890	1375	1720
5.3	Banken und ähnliche Geschäftshäuser ohne Wohnanteil	655	730	930	1520	1900

		Standardstufe				
		1	**2**	**3**	**4**	**5**
6.1	Bürogebäude/Verwaltungsgebäude	735	815	1040	1685	1900

		Standardstufe				
		1	**2**	**3**	**4**	**5**
7.1	Gemeindezentren/Vereinsheime	795	885	1130	1425	1905
7.2	Saalbauten/Veranstaltungsgebäude	955	1060	1355	1595	2085

[1] **Amtl. Anm.:** ermittelt mit Korrekturfaktor 1,05 bezogen auf die Regelherstellungskosten für freistehende Einfamilienhäuser
[2] **Amtl. Anm.:** Anteil der Wohnfläche bis 20 Prozent

		Standardstufe				
		1	2	3	4	5
8.1	Kindergärten	915	1020	1300	1495	1900
8.2	Allgemeinbildende Schulen, Berufsbildende Schulen, Hochschulen	1020	1135	1450	1670	2120
8.3	Sonderschulen	1115	1240	1585	1820	2315

		Standardstufe				
		1	2	3	4	5
9.1	Wohnheime/Internate	705	785	1000	1225	1425
9.2	Alten-/Pflegeheime	825	915	1170	1435	1665

		Standardstufe				
		1	2	3	4	5
10.1	Krankenhäuser/Kliniken	1210	1345	1720	2080	2765
10.2	Tageskliniken/Ärztehäuser	1115	1240	1585	1945	2255

		Standardstufe				
		1	2	3	4	5
11.1	Beherbergungsstätten/Hotels/Verpflegungseinrichtungen	975	1085	1385	1805	2595

		Standardstufe				
		1	2	3	4	5
12.1	Sporthallen (Einfeldhallen)	930	1035	1320	1670	1955
12.2	Sporthallen (Dreifeldhallen/Mehrzweckhallen)	1050	1165	1490	1775	2070
12.3	Tennishallen	710	790	1010	1190	1555
12.4	Freizeitbäder/Kur- und Heilbäder	1725	1920	2450	2985	3840

		Standardstufe				
		1	2	3	4	5
13.1	Verbrauchermärkte	510	565	720	870	1020
13.2	Kauf-/Warenhäuser	930	1035	1320	1585	1850
13.3	Autohäuser ohne Werkstatt	665	735	940	1240	1480

		Standardstufe				
		1	2	3	4	5
14.1	Einzelgaragen/Mehrfachgaragen[1]		245		485	780
14.2	Hochgaragen[2]		480		655	780
14.3	Tiefgaragen[2]		560		715	850
14.4	Nutzfahrzeuggaragen		530		680	810
14.5	Carports			190		

		Standardstufe				
		1	2	3	4	5
15.1	Betriebs-/Werkstätten, eingeschossig	685	760	970	1165	1430
15.2	Betriebs-/Werkstätten, mehrgeschossig ohne Hallenanteil	640	715	910	1090	1340
15.3	Betriebs-/Werkstätten, mehrgeschossig, hoher Hallenanteil	435	485	620	860	1070
15.4	Industrielle Produktionsgebäude, Massivbauweise	670	745	950	1155	1440
15.5	Industrielle Produktionsgebäude, überwiegend Skelettbauweise	495	550	700	965	1260

		Standardstufe				
		1	2	3	4	5
16.1	Lagergebäude ohne Mischnutzung, Kaltlager	245	275	350	490	640
16.2	Lagergebäude mit bis zu 25 % Mischnutzung[3]	390	430	550	690	880
16.3	Lagergebäude mit mehr als 25 % Mischnutzung[3]	625	695	890	1095	1340

		Standardstufe				
		1	2	3	4	5
17.1	Museen	1325	1475	1880	2295	2670
17.2	Theater	1460	1620	2070	2625	3680
17.3	Sakralbauten	1185	1315	1510	2060	2335
17.4	Friedhofsgebäude	1035	1150	1320	1490	1720

[1] **Amtl. Anm.:** Standardstufe 1–3: Fertiggaragen; Standardstufe 4: Garagen in Massivbauweise; Standardstufe 5: individuelle Garagen in Massivbauweise mit besonderen Ausführungen wie Ziegeldach, Gründach, Bodenbeläge, Fliesen o.ä., Wasser, Abwasser und Heizung

[2] **Amtl. Anm.:** Umrechnungsfaktor hinsichtlich der Brutto-Grundfläche (BGF) für Tief- und Hochgaragen: BGF = tatsächliche Stellplatzfläche (Länge × Breite) × 1,55

[3] **Amtl. Anm.:** Lagergebäude mit Mischnutzung sind Gebäude mit einem überwiegenden Anteil an Lagernutzung und einem geringeren Anteil an anderen Nutzungen wie Büro, Sozialräume, Ausstellungs- oder Verkaufsflächen etc.

		Standardstufe				
		1	2	3	4	5
18.1	Reithallen	235			260	310
18.2	ehemalige landwirtschaftliche Mehrzweckhallen, Scheunen, u.Ä.	245			270	350

19	**Teileigentum** Teileigentum ist in Abhängigkeit von der baulichen Gestaltung den vorstehenden Gebäudearten zuzuordnen.

20	**Auffangklausel** Regelherstellungskosten für nicht aufgeführte Gebäudearten sind aus den Regelherstellungskosten vergleichbarer Gebäudearten abzuleiten.

III. Beschreibung der Gebäudestandards

Die Beschreibung der Gebäudestandards ist beispielhaft und dient der Orientierung. Sie kann nicht alle in der Praxis auftretenden Standardmerkmale aufführen. Es müssen nicht alle aufgeführten Merkmale zutreffen. Die in der Tabelle angegebenen Jahreszahlen beziehen sich auf die im jeweiligen Zeitraum gültigen Wärmeschutzanforderungen; in Bezug auf das konkrete Bewertungsobjekt ist zu prüfen, ob von diesen Wärmeschutzanforderungen abgewichen wird. Die Beschreibung der Gebäudestandards basiert auf dem Bezugsjahr der Normalherstellungskosten (2010).

1–5.1	**(1) 1.01–3.33**	**Ein- und Zweifamilienhäuser**
	(2) 4.1–5.1	**Wohnungseigentum und vergleichbares Teileigentum in Mehrfamilienhäusern (ohne Tiefgaragenplatz)/Mehrfamilienhäuser sowie gemischt genutzte Grundstücke (Wohnhäuser mit Mischnutzung)**

	Standardstufe					**Wägungsanteil**
	1	**2**	**3**	**4**	**5**	
	nicht zeitgemäß		**zeitgemäß**			
	einfachst	**einfach**	**Basis**	**gehoben**	**aufwendig**	
Außenwände	Holzfachwerk, Ziegelmauerwerk; Fugenglattstrich, Putz, Verkleidung mit Faserzementplatten, Bitumenschindeln oder einfachen Kunststoffplatten; kein oder deutlich nicht zeitgemäßer Wärmeschutz (vor ca. 1980)	ein-/zweischaliges Mauerwerk, z.B. Gitterziegel oder Hohlblocksteine; verputzt und gestrichen oder Holzverkleidung; nicht zeitgemäßer Wärmeschutz (vor ca. 1995)	ein-/zweischaliges Mauerwerk, z.B. aus Leichtziegeln, Kalksandsteinen, Gasbetonsteinen; Edelputz; Wärmedämmverbundsystem oder Wärmedämmputz (nach ca. 1995)	Verblendmauerwerk, zweischalig, hinterlüftet, Vorhangfassade (z.B. Naturschiefer); Wärmedämmung (nach ca. 2005)	aufwendig gestaltete Fassaden mit konstruktiver Gliederung (Säulenstellungen, Erker etc.), Sichtbeton-Fertigteile, Natursteinfassade, Elemente aus Kupfer-/Eloxalblech, mehrgeschossige Glasfassaden; hochwertigste Dämmung (z.B. Passivhausstandard)	23

BewG

	Standardstufe					Wägungsanteil
	1	2	3	4	5	
	nicht zeitgemäß		zeitgemäß			
	einfachst	**einfach**	**Basis**	**gehoben**	**aufwendig**	
Dach	Dachpappe, Faserzementplatten/Wellplatten; keine bis geringe Dachdämmung	einfache Betondachsteine oder Tondachziegel, Bitumenschindeln; nicht zeitgemäße Dachdämmung (vor ca. 1995)	Faserzement-Schindeln, beschichtete Betondachsteine und Tondachziegel, Folienabdichtung; Dachdämmung (nach ca. 1995); Rinnen und Fallrohre aus Zinkblech;	glasierte Tondachziegel, Flachdachausbildung tlw. als Dachterrassen; Konstruktion in Brettschichtholz, schweres Massivflachdach; besondere Dachformen, z.B. Mansarden-, Walmdach; Aufsparrendämmung, überdurchschnittliche Dämmung (nach ca. 2005)	hochwertige Eindeckung, z.B. aus Schiefer oder Kupfer, Dachbegrünung, befahrbares Flachdach; hochwertigste Dämmung (z.B. Passivhausstandard); Rinnen und Fallrohre aus Kupfer (1) aufwendig gegliederte Dachlandschaft, sichtbare Bogendachkonstruktionen	15
Fenster und Außentüren	Einfachverglasung; einfache Holztüren	Zweifachverglasung (vor ca. 1995); Haustür mit nicht zeitgemäßem Wärmeschutz (vor ca. 1995)	Zweifachverglasung (nach ca. 1995), Rollläden (manuell); Haustür mit zeitgemäßem Wärmeschutz (nach ca. 1995)	Dreifachverglasung, Sonnenschutzglas, aufwendigere Rahmen, Rollläden (elektr.); höherwertige Türanlage z.B. mit Seitenteil, besonderer Einbruchschutz	große, feststehende Fensterflächen, Spezialverglasung (Schall- und Sonnenschutz); Außentüren in hochwertigen Materialien	11
Innenwände und -türen	Fachwerkwände, einfache Putze/Lehmputze, einfache Kalkanstriche; Füllungstüren, gestrichen, mit einfachen Beschlägen ohne Dichtungen	massive tragende Innenwände, nicht tragende Wände in Leichtbauweise (z.B. Holzständerwände mit Gipskarton), Gipsdielen; leichte Türen, Stahlzargen	nicht tragende Innenwände in massiver Ausführung bzw. mit Dämmmaterial gefüllte Ständerkonstruktionen; schwere Türen (1) Holzzargen	Sichtmauerwerk; Massivholztüren, Schiebetürelemente, Glastüren, strukturierte Türblätter (1) Wandvertäfelungen (Holzpaneele)	gestaltete Wandabläufe (z.B. Pfeilervorlagen, abgesetzte oder geschwungene Wandpartien); Brandschutzverkleidung; raumhohe aufwendige Türelemente (1) Vertäfelungen (Edelholz, Metall), Akkustikputz	11

	Standardstufe					Wägungsanteil
	1	2	3	4	5	
	nicht zeitgemäß		zeitgemäß			
	einfachst	**einfach**	**Basis**	**gehoben**	**aufwendig**	
Deckenkonstruktion und Treppen	Holzbalkendecken ohne Füllung, Spalierputz; Weichholztreppen in einfacher Art und Ausführung; kein Trittschallschutz [1] Weichholztreppen in einfacher Art und Ausführung; kein Trittschallschutz	Holzbalkendecken mit Füllung, Kappendecken; Stahl- oder Hartholztreppen in einfacher Art und Ausführung [1] Stahl- oder Hartholztreppen in einfacher Art und Ausführung	[1] Beton- und Holzbalkendecken mit Tritt- und Luftschallschutz (z.B. schwimmender Estrich); geradläufige Treppen aus Stahlbeton oder Stahl, Harfentreppe, Trittschallschutz [2] Betondecken mit Tritt- und Luftschallschutz (z.B. schwimmender Estrich); einfacher Putz	[1] Decken mit größerer Spannweite, Deckenverkleidung (Holzpaneele/Kassetten); gewendelte Treppen aus Stahlbeton oder Stahl, Hartholztreppenanlage in besserer Art und Ausführung [2] zusätzlich Deckenverkleidung	Deckenvertäfelungen (Edelholz, Metall) [1] Decken mit großen Spannweiten, gegliedert; breite Stahlbeton-, Metall- oder Hartholztreppenanlage mit hochwertigem Geländer	11
Fußböden	ohne Belag	Linoleum-, Teppich-, Laminat- und PVC-Böden einfacher Art und Ausführung	Linoleum-, Teppich-, Laminat- und PVC-Böden besserer Art und Ausführung, Fliesen, Kunststeinplatten	Natursteinplatten, Fertigparkett, hochwertige Fliesen, Terrazzobelag, hochwertige Massivholzböden auf gedämmter Unterkonstruktion	hochwertiges Parkett, hochwertige Natursteinplatten, hochwertige Edelholzböden auf gedämmter Unterkonstruktion	5
Sanitäreinrichtungen	einfaches Bad mit Stand-WC; Installation auf Putz; Ölfarbenanstrich, einfache PVC-Bodenbeläge	1 Bad mit WC, Dusche oder Badewanne; einfache Wand- und Bodenfliesen, teilweise gefliest	Wand- und Bodenfliesen, raumhoch gefliest; Dusche und Badewanne [1] 1 Bad mit WC, Gäste-WC [2] 1 Bad mit WC je Wohneinheit	1–2 Bäder ([2] je Wohneinheit) mit tlw. zwei Waschbecken, tlw. Bidet/Urinal, Gäste-WC, bodengleiche Dusche; Wand- und Bodenfliesen; jeweils in gehobener Qualität	hochwertige Wand- und Bodenplatten (oberflächenstrukturiert, Einzel- und Flächendekors) [1] mehrere großzügige, hochwertige Bäder, Gäste-WC; [2] 2 und mehr Bäder je Wohneinheit	9
Heizung	Einzelöfen, Schwerkraftheizung	Fern- oder Zentralheizung, einfache Warmluftheizung, einzelne Gasaußenwandther-	elektronisch gesteuerte Fern- oder Zentralheizung, Niedertempera-	Fußbodenheizung, Solarkollektoren für Warmwassererzeugung	Solarkollektoren für Warmwassererzeugung und Heizung, Blockheizkraftwerk, Wär-	9

	Standardstufe					Wägungsanteil
	1	2	3	4	5	
	nicht zeitgemäß		zeitgemäß			
	einfachst	einfach	Basis	gehoben	aufwendig	
		men, Nachtstromspeicher-, Fußbodenheizung (vor ca. 1995)	tur- oder Brennwertkessel	(1) zusätzlicher Kaminanschluss	mepumpe, Hybrid-Systeme (1) aufwendige zusätzliche Kaminanlage	
Sonstige technische Ausstattung	sehr wenige Steckdosen, Schalter und Sicherungen, kein Fehlerstromschutzschalter (FI-Schalter), Leitungen teilweise auf Putz	wenige Steckdosen, Schalter und Sicherungen	zeitgemäße Anzahl an Steckdosen und Lichtauslässen, Zählerschrank (ab ca. 1985) mit Unterverteilung und Kippsicherungen	zahlreiche Steckdosen und Lichtauslässe, hochwertige Abdeckungen, dezentrale Lüftung mit Wärmetauscher, mehrere LAN- und Fernsehanschlüsse (2) Personenaufzugsanlagen	Video- und zentrale Alarmanlage, zentrale Lüftung mit Wärmetauscher, Klimaanlage, Bussystem (2) aufwendige Personenaufzugsanlagen	6

5.2–17.4	(3) **5.2–6.1**	**Banken und ähnliche Geschäftshäuser, Bürogebäude/Verwaltungsgebäude**
	(4) **7.1–8.3**	**Gemeindezentren/Vereinsheime, Saalbauten/Veranstaltungsgebäude, Kindergärten, Schulen**
	(5) **9.1–11.1**	**Wohnheime, Alten-/Pflegeheime, Krankenhäuser, Tageskliniken, Beherbergungsstätten, Hotels, Verpflegungseinrichtungen**
	(6) **12.1–12.4**	**Sporthallen, Tennishallen, Freizeitbäder/Kur- und Heilbäder**
	(7) **13.1–13.3**	**Verbrauchermärkte, Kauf-/Warenhäuser, Autohäuser**
	(8) **15.1–16.3**	**Betriebs-/Werkstätten, Produktionsgebäude, Lagergebäude**
	(9) **17.1–17.4**	**Museen, Theater, Sakralbauten, Friedhofsgebäude**

	Standardstufe				
	1	2	3	4	5
	nicht zeitgemäß		zeitgemäß		
	einfachst	einfach	Basis	gehoben	aufwendig
Außenwände	Mauerwerk mit Putz oder mit Fugenglattstrich und Anstrich; einfache Wände, Holz-, Blech-, Faserzementbekleidung,	ein-/zweischaliges Mauerwerk, z.B. Gitterziegel oder Hohlblocksteine; verputzt und gestrichen oder Holzverkleidung; einfache	Wärmedämmverbundsystem oder Wärmedämmputz (nach ca. 1995);	Verblendmauerwerk, zweischalig, hinterlüftet, Vorhangfassade (z.B. Naturschiefer);	Sichtbeton-Fertigteile, Natursteinfassade, Elemente aus Kupfer-/Eloxalblech, mehrgeschossige Glasfassaden; stark

	Standardstufe				
	1	2	3	4	5
	nicht zeitgemäß		zeitgemäß		
	einfachst	**einfach**	**Basis**	**gehoben**	**aufwendig**
	Bitumenschindeln oder einfache Kunststoffplatten; kein oder deutlich nicht zeitgemäßer Wärmeschutz (vor ca. 1980)	Metall-Sandwichelemente; nicht zeitgemäßer Wärmeschutz (vor ca. 1995)	ein-/zweischalige Konstruktion, z.B. Mauerwerk aus Leichtziegeln, Kalksandsteinen, Gasbetonsteinen; Edelputz; gedämmte Metall-Sandwichelemente	Wärmedämmung (nach ca. 2005)	überdurchschnittliche Dämmung (3) (4) (5) (6) (7) aufwendig gestaltete Fassaden mit konstruktiver Gliederung (Säulenstellungen, Erker etc.) (3) Vorhangfassade aus Glas
Konstruktion (8)	Holzkonstruktion in nicht zeitgemäßer statischer Ausführung	Mauerwerk, Stahl- oder Stahlbetonkonstruktion in nicht zeitgemäßer statischer Ausführung	Stahl- und Betonfertigteile	überwiegend Betonfertigteile; große stützenfreie Spannweiten; hohe Deckenhöhen; hohe Belastbarkeit der Decken und Böden	größere stützenfreie Spannweiten; hohe Deckenhöhen; höhere Belastbarkeit der Decken und Böden
Dach	Dachpappe, Faserzementplatten/Wellplatten, Blecheindeckung; kein Unterdach; keine bis geringe Dachdämmung	einfache Betondachsteine oder Tondachziegel, Bitumenschindeln; nicht zeitgemäße Dachdämmung (vor ca. 1995)	Faserzement-Schindeln, beschichtete Betondachsteine und Tondachziegel, Folienabdichtung; Dachdämmung (nach ca. 1995); Rinnen und Fallrohre aus Zinkblech	besondere Dachformen; überdurchschnittliche Dämmung (nach ca. 2005) (3) (4) (5) (6) (7) glasierte Tondachziegel (3) (8) schweres Massivflachdach (9) Biberschwänze	hochwertige Eindeckung z.B. aus Schiefer oder Kupfer; Dachbegrünung; aufwendig gegliederte Dachlandschaft (3) (4) (5) befahrbares Flachdach (3) (4) stark überdurchschnittliche Dämmung (5) (6) (7) (8) hochwertigste Dämmung
Fenster- und Außentüren	Einfachverglasung; einfache Holztüren	Isolierverglasung, Zweifachverglasung (vor ca. 1995); Eingangstüren mit nicht zeitgemäßem Wärmeschutz (vor ca. 1995)	Zweifachverglasung (nach ca. 1995) (5) nur Wohnheime, Altenheime, Pflegeheime, Krankenhäuser und Tageskliniken: Automatik-Eingangstüren	Dreifachverglasung, Sonnenschutzglas, aufwendigere Rahmen (3) (4) (6) (7) (8) höherwertige Türanlagen (5) nur Beherbergungsstätten und Verpflegungsein-	große, feststehende Fensterflächen, Spezialverglasung (Schall- und Sonnenschutz) (3) (4) (7) (8) Außentüren in hochwertigen Materialien

	Standardstufe				
	1	2	3	4	5
	nicht zeitgemäß		zeitgemäß		
	einfachst	einfach	Basis	gehoben	aufwendig
			(9) kunstvoll gestaltetes farbiges Fensterglas, Ornamentglas	richtungen: Automatik-Eingangstüren (9) besonders große kunstvoll gestaltete farbige Fensterflächen	(3) Automatiktüren (6) Automatik-Eingangstüren (9) Bleiverglasung mit Schutzglas, farbige Maßfenster
Innenwände und -türen	Fachwerkwände, einfache Putze/Lehmputze, einfache Kalkanstriche; Füllungstüren, gestrichen, mit einfachen Beschlägen ohne Dichtungen	massive tragende Innenwände, nicht tragende Wände in Leichtbauweise (z.B. Holzständerwände mit Gipskarton), Gipsdielen; leichte Türen, Kunststoff-/Holztürblätter, Stahlzargen	(4) (5) (6) (7) nicht tragende Innenwände in massiver Ausführung bzw. mit Dämmmaterial gefüllte Ständerkonstruktionen (5) (6) (7) schwere Türen (3) nicht tragende Innenwände in massiver Ausführung; schwere Türen (4) schwere und große Türen (5) nur Wohnheime, Altenheime, Pflegeheime, Krankenhäuser und Tageskliniken: Automatik-Flurzwischentüren; rollstuhlgerechte Bedienung (8) Anstrich	(3) (4) (5) (6) (7) Sichtmauerwerk (3) (4) Massivholztüren, Schiebetürelemente, Glastüren (3) Innenwände für flexible Raumkonzepte (größere statische Spannweiten der Decken) (5) nur Beherbergungsstätten und Verpflegungseinrichtungen: Automatik-Flurzwischentüren; rollstuhlgerechte Bedienung (6) rollstuhlgerechte Bedienung (8) tlw. gefliest, Sichtmauerwerk; Schiebetürelemente, Glastüren (9) schmiedeeiserne Türen	(3) (4) (5) (6) (7) gestaltete Wandabläufe (z.B. Pfeilervorlagen, abgesetzte oder geschwungene Wandpartien) (4) Vertäfelungen (Edelholz, Metall), Akkustikputz (3) Wände aus großformatigen Glaselementen, Akustikputz, tlw. Automatiktüren, rollstuhlgerechte Bedienung (4) raumhohe aufwendige Türelemente; tlw. Automatiktüren, rollstuhlgerechte Bedienung (5) (6) (7) Akustikputz, raumhohe aufwendige Türelemente (7) rollstuhlgerechte Bedienung, Automatiktüren (8) überwiegend gefliest; Sichtmauerwerk; gestaltete Wandabläufe

	Standardstufe				
	1	2	3	4	5
	nicht zeitgemäß		zeitgemäß		
	einfachst	**einfach**	**Basis**	**gehoben**	**aufwendig**
Deckenkonstruktion und Treppen (nicht bei (8))	Weichholztreppen in einfacher Art und Ausführung; kein Trittschallschutz (3) (4) (5) Holzbalkendecken ohne Füllung, Spalierputz	Stahl- oder Hartholztreppen in einfacher Art und Ausführung (3) (4) (5) (7) (9) Holzbalkendecken mit Füllung, Kappendecken	(3) (4) (5) (7) Betondecken mit Tritt- und Luftschallschutz; einfacher Putz (3) (4) abgehängte Decken (5) (7) Deckenverkleidung (6) Betondecke	(3) höherwertige abgehängte Decken (4) (5) (6) (7) Decken mit großen Spannweiten (4) Deckenverkleidung	hochwertige breite Stahlbeton-/Metalltreppenanlage mit hochwertigem Geländer (3) (7) Deckenvertäfelungen (Edelholz, Metall) (4) (5) (6) (7) Decken mit größeren Spannweiten
Fußböden	ohne Belag	Linoleum-, Teppich-, Laminat- und PVC-Böden einfacher Art und Ausführung (9) Holzdielen	(3) (4) (5) (7) Fliesen, Kunststeinplatten (3) (4) Linoleum- oder Teppich-Böden besserer Art und Ausführung (5) (7) Linoleum- oder PVC-Böden besserer Art und Ausführung (6) nur Sporthallen: Beton, Asphaltbeton, Estrich oder Gussasphalt auf Beton; Teppichbelag, PVC; nur Freizeitbäder/Heilbäder: Fliesenbelag (8) Beton (9) Betonwerkstein, Sandstein	(3) (5) (7) Natursteinplatten, hochwertige Fliesen, Terrazzobelag, hochwertige Massivholzböden auf gedämmter Unterkonstruktion (3) (7) Fertigparkett (6) nur Sporthallen: hochwertigere flächenstatische Fußbodenkonstruktion, Spezialteppich mit Gummigranulatauflage; hochwertigerer Schwingboden (8) Estrich, Gussasphalt	(3) (4) (5) (7) hochwertiges Parkett, hochwertige Natursteinplatten, hochwertige Edelholzböden auf gedämmter Unterkonstruktion (6) nur Sporthallen: hochwertigste flächenstatische Fußbodenkonstruktion, Spezialteppich mit Gummigranulatauflage; hochwertigster Schwingboden; nur Freizeitbäder/Heilbäder: hochwertiger Fliesenbelag und Natursteinboden (8) beschichteter Beton oder Estrichboden; Betonwerkstein, Verbundpflaster (9) Marmor, Granit
Sanitäreinrichtungen	einfache Toilettenanlagen (Stand-WC); Installation auf Putz; Ölfarbenanstrich, einfache PVC-	Toilettenanlagen in einfacher Qualität; Installation unter Putz; WCs und Duschräume je Geschoss;	Sanitäreinrichtung in Standard-Ausführung	Sanitäreinrichtung in besserer Qualität	Sanitäreinrichtung in gehobener Qualität

	Standardstufe				
	1	2	3	4	5
	nicht zeitgemäß		zeitgemäß		
	einfachst	einfach	Basis	gehoben	aufwendig
	Bodenbeläge, WC und Bäderanlage geschossweise	einfache Wand- und Bodenfliesen, tlw. gefliest	(3) (4) ausreichende Anzahl von Toilettenräumen (5) mehrere WCs und Duschbäder je Geschoss; Waschbecken im Raum (6) wenige Toilettenräume und Duschräume bzw. Waschräume (7) (8) wenige Toilettenräume	(3) (4) höhere Anzahl Toilettenräume (5) je Raum ein Duschbad mit WC nur Wohnheime, Altenheime, Pflegeheime, Krankenhäuser und Tageskliniken: behindertengerecht (6) ausreichende Anzahl von Toilettenräumen und Duschräumen (7) (8) ausreichende Anzahl von Toilettenräumen	(3) (4) großzügige Toilettenanlagen jeweils mit Sanitäreinrichtung in gehobener Qualität (5) je Raum ein Duschbad mit WC in guter Ausstattung; nur Wohnheime, Altenheime, Pflegeheime, Krankenhäuser und Tageskliniken: behindertengerecht (6) großzügige Toilettenanlagen und Duschräume mit Sanitäreinrichtung in gehobener Qualität (7) großzügige Toilettenanlagen mit Sanitäreinrichtung in gehobener Qualität (8) großzügige Toilettenanlagen
Heizung	Einzelöfen, Schwerkraftheizung, dezentrale Warmwasserversorgung (9) Elektroheizung im Gestühl	Zentralheizung mit Radiatoren (Schwerkraftheizung); einfache Warmluftheizung, mehrere Ausblasöffnungen; Lufterhitzer mit Wärmetauscher mit zentraler Kesselanlage, Fußbodenheizung (vor ca. 1995) (9) einfache Warmluftheizung, eine Ausblasöffnung	elektronisch gesteuerte Fern- oder Zentralheizung, Niedertemperatur- oder Brennwertkessel	Solarkollektoren für Warmwassererzeugung (3) (4) (6) (7) (8) Fußbodenheizung (8) zusätzlicher Kaminanschluss	Solarkollektoren für Warmwassererzeugung und Heizung, Blockheizkraftwerk, Wärmepumpe, Hybrid-Systeme (3) (4) (5) (7) Klimaanlage (8) Kaminanlage

	Standardstufe				
	1	2	3	4	5
	nicht zeitgemäß		zeitgemäß		
	einfachst	einfach	Basis	gehoben	aufwendig
Sonstige technische Ausstattung	sehr wenige Steckdosen, Schalter und Sicherungen, kein Fehlerstromschutzschalter (FI-Schalter), Leitungen auf Putz, einfache Leuchten	wenige Steckdosen, Schalter und Sicherungen, Installation unter Putz	(3) (4) (7) zeitgemäße Anzahl an Steckdosen und Lichtauslässen, Zählerschrank (ab ca. 1985) mit Unterverteilung und Kippsicherungen; Kabelkanäle; Blitzschutz (5) (6) (8) zeitgemäße Anzahl an Steckdosen und Lichtauslässen; Blitzschutz (5) (7) Personenaufzugsanlagen (8) Teeküchen	zahlreiche Steckdosen und Lichtauslässe, hochwertige Abdeckungen (3) (4) (5) (7) (8) dezentrale Lüftung mit Wärmetauscher (6) Lüftung mit Wärmetauscher (3) (5) mehrere LAN- und Fernsehanschlüsse (3) (4) (7) hochwertige Beleuchtung; Doppelboden mit Bodentanks zur Verkabelung; ausreichende Anzahl von LAN-Anschlüssen (3) Messverfahren von Verbrauch, Regelung von Raumtemperatur und Raumfeuchte (3) (4) (7) Sonnenschutzsteuerung (3) (4) elektronische Zugangskontrolle; Personenaufzugsanlagen (4) (7) Messverfahren von Raumtemperatur, Raumfeuchte, Verbrauch, Einzelraumregelung (8) Kabelkanäle; kleinere Einbauküchen mit Kochgelegenheit, Aufenthaltsräume; Aufzugsanlagen	Video- und zentrale Alarmanlage, Klimaanlage, Bussystem (3) (4) (5) (7) (8) zentrale Lüftung mit Wärmetauscher (7) Doppelboden mit Bodentanks zur Verkabelung (3) aufwendige Personenaufzugsanlagen (5) (7) (8) aufwendige Aufzugsanlagen (8) Küchen, Kantinen

BewG

14.2–14.4	14.2–14.4	**Hoch-, Tief- und Nutzfahrzeuggaragen**	
	Standardstufe		
	1–3	**4**	**5**
	Basis	**gehoben**	**aufwendig**
Außenwände	offene Konstruktion	Einschalige Konstruktion	aufwendig gestaltete Fassaden mit konstruktiver Gliederung (Säulenstellungen, Erker etc.)
Konstruktion	Stahl- und Betonfertigteile	überwiegend Betonfertigteile; große stützenfreie Spannweiten	größere stützenfreie Spannweiten
Dach	Flachdach, Folienabdichtung	Flachdachausbildung; Wärmedämmung	befahrbares Flachdach (Parkdeck)
Fenster und Außentüren	einfache Metallgitter	begrünte Metallgitter, Glasbausteine	Außentüren in hochwertigen Materialien
Fußböden	Beton	Estrich, Gussasphalt	beschichteter Beton oder Estrichboden
Sonstige technische Ausstattung	Strom- und Wasseranschluss; Löschwasseranlage; Treppenhaus; Brandmelder	Sprinkleranlage; Rufanlagen; Rauch- und Wärmeabzugsanlagen; mechanische Be- und Entlüftungsanlagen; Parksysteme für zwei PKWs übereinander; Personenaufzugsanlagen	Video- und zentrale Alarmanlage; Beschallung; Parksysteme für drei oder mehr PKWs übereinander; aufwendigere Aufzugsanlagen

18.1–18.2	(10) 18.1	**Reithallen**
	(11) 18.2	**Ehemalige landwirtschaftliche Mehrzweckhallen, Scheunen u.Ä.**

	Standardstufe		
	1–3	**4**	**5**
	Basis	**gehoben**	**aufwendig**
Außenwände	Holzfachwerkwand; Holzstützen, Vollholz; Brettschalung oder Profilblech auf Holz-Unterkonstruktion	Kalksandstein- oder Ziegel-Mauerwerk; Metallstützen, Profil; Holz-Blockbohlen zwischen Stützen, Wärmedämmverbundsystem, Putz	Betonwand, Fertigteile, mehrschichtig; Stahlbetonstützen, Fertigteil; Kalksandstein-Vormauerung oder Klinkerverblendung mit Dämmung
Dach	Holzkonstruktionen, Nagelbrettbinder; Bitumenwellplatten, Profilblech	Stahlrahmen mit Holzpfetten; Faserzementwellplatten; Hartschaumplatten	Brettschichtholzbinder; Betondachsteine oder Dachziegel; Dämmung mit Profilholz oder Paneelen
Fenster und Außentüren bzw. -tore	Lichtplatten aus Kunststoff (10) Holz-Brettertüren (11) Holztore	Kunststofffenster (10) Windnetze aus Kunststoff, Jalousien mit Motorantrieb (11) Metall-Sektionaltore	Türen und Tore mehrschichtig mit Wärmedämmung, Holzfenster, hoher Fensteranteil

	Standardstufe		
	1–3	4	5
	Basis	**gehoben**	**aufwendig**
Innenwände	keine	tragende bzw. nicht tragende Innenwände aus Holz; Anstrich	tragende bzw. nicht tragende Innenwände als Mauerwerk; Sperrholz, Gipskarton, Fliesen
Deckenkonstruktionen	keine	Holzkonstruktionen über Nebenräumen; Hartschaumplatten	Stahlbetonplatte über Nebenräumen; Dämmung mit Profilholz oder Paneelen
Fußböden	(10) Tragschicht: Schotter, Trennschicht: Vlies, Tretschicht: Sand (11) Beton-Verbundsteinpflaster	(10) zusätzlich/alternativ: Tragschicht: Schotter, Trennschicht: Kunststoffgewebe, Tretschicht: Sand und Holzspäne (11) zusätzlich/alternativ: Stahlbetonplatte	(10) Estrich auf Dämmung, Fliesen oder Linoleum in Nebenräumen; zusätzlich/alternativ: Tragschicht: Schotter, Trennschicht: Kunststoffplatten, Tretschicht: Sand und Textilflocken, Betonplatte im Bereich der Nebenräume (11) zusätzlich/alternativ: Oberfläche maschinell geglättet, Anstrich
baukonstruktive Einbauten (10)	(10) Reithallenbande aus Nadelholz zur Abgrenzung der Reitfläche	(10) zusätzlich/alternativ: Vollholztafeln fest eingebaut	(10) zusätzlich/alternativ: Vollholztafeln, Fertigteile zum Versetzen
Abwasser-, Wasser-, Gasanlagen	Regenwasserableitung	zusätzlich/alternativ: Abwasserleitungen, Sanitärobjekte (einfache Qualität)	zusätzlich/alternativ: Sanitärobjekte (gehobene Qualität), Gasanschluss
Wärmeversorgungsanlagen	keine	Raumheizflächen in Nebenräumen, Anschluss an Heizsystem	zusätzlich/alternativ: Heizkessel
lufttechnische Anlagen	keine	Firstentlüftung	Be- und Entlüftungsanlage
Starkstrom-Anlage	Leitungen, Schalter, Dosen, Langfeldleuchten	zusätzlich/alternativ: Sicherungen und Verteilerschrank	zusätzlich/alternativ: Metall-Dampfleuchten
nutzungsspezifische Anlagen	keine	(10) Reitbodenbewässerung (einfache Ausführung) (11) Schüttwände aus Holz zwischen Stahlstützen, Trocknungsanlage für Getreide	(10) Reitbodenbewässerung (komfortable Ausführung) (11) Schüttwände aus Beton-Fertigteilen

Anlage 25[1]
(zu § 191 Absatz 2)

Wertzahlen für Ein- und Zweifamilienhäuser nach § 181 Absatz 1 Nummer 1 BewG und Wohnungseigentum nach § 181 Absatz 1 Nummer 3 BewG

Vorläufiger Sachwert § 189 Absatz 3		Bodenrichtwert bis				
		15 EUR/m²	30 EUR/m²	50 EUR/m²	100 EUR/m²	150 EUR/m²
bis	50 000 EUR	1,0	1,1	1,2	1,2	1,2
	100 000 EUR	0,8	0,9	1,0	1,1	1,1
	150 000 EUR	0,8	0,9	0,9	1,0	1,0
	200 000 EUR	0,7	0,8	0,8	0,9	0,9
	300 000 EUR	0,6	0,7	0,7	0,8	0,8
	400 000 EUR	0,5	0,6	0,7	0,7	0,8
	500 000 EUR	0,5	0,6	0,6	0,7	0,8
über	500 000 EUR	0,5	0,5	0,5	0,6	0,7

Vorläufiger Sachwert § 189 Absatz 3		Bodenrichtwert				
		bis				über
		200 EUR/m²	300 EUR/m²	400 EUR/m²	500 EUR/m²	500 EUR/m²
bis	50 000 EUR	1,3	1,3	1,4	1,4	1,5
	100 000 EUR	1,1	1,2	1,2	1,3	1,3
	150 000 EUR	1,0	1,1	1,1	1,2	1,2
	200 000 EUR	1,0	1,1	1,1	1,2	1,2
	300 000 EUR	0,9	1,0	1,0	1,1	1,2
	400 000 EUR	0,8	0,9	1,0	1,0	1,1
	500 000 EUR	0,8	0,9	1,0	1,0	1,1
über	500 000 EUR	0,7	0,8	0,9	0,9	1,0

Wertzahlen für Teileigentum, Geschäftsgrundstücke, gemischt genutzte Grundstücke und sonstige bebaute Grundstücke nach § 181 Absatz 1 Nummer 3 bis 6 BewG

Vorläufiger Sachwert § 189 Absatz 3		
bis	500 000 EUR	0,90
	750 000 EUR	0,85
	1 000 000 EUR	0,80
	1 500 000 EUR	0,75
	2 000 000 EUR	0,70
	3 000 000 EUR	0,65
über	3 000 000 EUR	0,60

[1] Anl. 25 neu gef. durch G v. 2.11.2015 (BGBl. I S. 1834); zur Anwendung siehe § 265 Abs. 10.

Anlage 26[1)]
(zu § 194 Abs. 3 Satz 2 und Abs. 4 sowie § 195 Abs. 3 Satz 2)

Abzinsungsfaktoren

Restlaufzeit des Erbbaurechts bzw. des Nutzungsrechts (in Jahren)	Zinssatz										
	3 %	3,5 %	4 %	4,5 %	5 %	5,5 %	6 %	6,5 %	7 %	7,5 %	8 %
1	0,9709	0,9662	0,9615	0,9569	0,9524	0,9479	0,9434	0,9390	0,9346	0,9302	0,9259
2	0,9426	0,9335	0,9246	0,9157	0,9070	0,8985	0,8900	0,8817	0,8734	0,8653	0,8573
3	0,9151	0,9019	0,8890	0,8763	0,8638	0,8516	0,8396	0,8278	0,8163	0,8050	0,7938
4	0,8885	0,8714	0,8548	0,8386	0,8227	0,8072	0,7921	0,7773	0,7629	0,7488	0,7350
5	0,8626	0,8420	0,8219	0,8025	0,7835	0,7651	0,7473	0,7299	0,7130	0,6966	0,6806
6	0,8375	0,8135	0,7903	0,7679	0,7462	0,7252	0,7050	0,6853	0,6663	0,6480	0,6302
7	0,8131	0,7860	0,7599	0,7348	0,7107	0,6874	0,6651	0,6435	0,6227	0,6028	0,5835
8	0,7894	0,7594	0,7307	0,7032	0,6768	0,6516	0,6274	0,6042	0,5820	0,5607	0,5403
9	0,7664	0,7337	0,7026	0,6729	0,6446	0,6176	0,5919	0,5674	0,5439	0,5216	0,5002
10	0,7441	0,7089	0,6756	0,6439	0,6139	0,5854	0,5584	0,5327	0,5083	0,4852	0,4632
11	0,7224	0,6849	0,6496	0,6162	0,5847	0,5549	0,5268	0,5002	0,4751	0,4513	0,4289
12	0,7014	0,6618	0,6246	0,5897	0,5568	0,5260	0,4970	0,4697	0,4440	0,4199	0,3971
13	0,6810	0,6394	0,6006	0,5643	0,5303	0,4986	0,4688	0,4410	0,4150	0,3906	0,3677
14	0,6611	0,6178	0,5775	0,5400	0,5051	0,4726	0,4423	0,4141	0,3878	0,3633	0,3405
15	0,6419	0,5969	0,5553	0,5167	0,4810	0,4479	0,4173	0,3888	0,3624	0,3380	0,3152
16	0,6232	0,5767	0,5339	0,4945	0,4581	0,4246	0,3936	0,3651	0,3387	0,3144	0,2919
17	0,6050	0,5572	0,5134	0,4732	0,4363	0,4024	0,3714	0,3428	0,3166	0,2925	0,2703
18	0,5874	0,5384	0,4936	0,4528	0,4155	0,3815	0,3503	0,3219	0,2959	0,2720	0,2502
19	0,5703	0,5202	0,4746	0,4333	0,3957	0,3616	0,3305	0,3022	0,2765	0,2531	0,2317
20	0,5537	0,5026	0,4564	0,4146	0,3769	0,3427	0,3118	0,2838	0,2584	0,2354	0,2145
21	0,5375	0,4856	0,4388	0,3968	0,3589	0,3249	0,2942	0,2665	0,2415	0,2190	0,1987
22	0,5219	0,4692	0,4220	0,3797	0,3418	0,3079	0,2775	0,2502	0,2257	0,2037	0,1839
23	0,5067	0,4533	0,4057	0,3634	0,3256	0,2919	0,2618	0,2349	0,2109	0,1895	0,1703
24	0,4919	0,4380	0,3901	0,3477	0,3101	0,2767	0,2470	0,2206	0,1971	0,1763	0,1577
25	0,4776	0,4231	0,3751	0,3327	0,2953	0,2622	0,2330	0,2071	0,1842	0,1640	0,1460
26	0,4637	0,4088	0,3607	0,3184	0,2812	0,2486	0,2198	0,1945	0,1722	0,1525	0,1352
27	0,4502	0,3950	0,3468	0,3047	0,2678	0,2356	0,2074	0,1826	0,1609	0,1419	0,1252
28	0,4371	0,3817	0,3335	0,2916	0,2551	0,2233	0,1956	0,1715	0,1504	0,1320	0,1159
29	0,4243	0,3687	0,3207	0,2790	0,2429	0,2117	0,1846	0,1610	0,1406	0,1228	0,1073
30	0,4120	0,3563	0,3083	0,2670	0,2314	0,2006	0,1741	0,1512	0,1314	0,1142	0,0994
31	0,4000	0,3442	0,2965	0,2555	0,2204	0,1902	0,1643	0,1420	0,1228	0,1063	0,0920
32	0,3883	0,3326	0,2851	0,2445	0,2099	0,1803	0,1550	0,1333	0,1147	0,0988	0,0852
33	0,3770	0,3213	0,2741	0,2340	0,1999	0,1709	0,1462	0,1252	0,1072	0,0919	0,0789
34	0,3660	0,3105	0,2636	0,2239	0,1904	0,1620	0,1379	0,1175	0,1002	0,0855	0,0730
35	0,3554	0,3000	0,2534	0,2143	0,1813	0,1535	0,1301	0,1103	0,0937	0,0796	0,0676
36	0,3450	0,2898	0,2437	0,2050	0,1727	0,1455	0,1227	0,1036	0,0875	0,0740	0,0626
37	0,3350	0,2800	0,2343	0,1962	0,1644	0,1379	0,1158	0,0973	0,0818	0,0688	0,0580
38	0,3252	0,2706	0,2253	0,1878	0,1566	0,1307	0,1092	0,0914	0,0765	0,0640	0,0537
39	0,3158	0,2614	0,2166	0,1797	0,1491	0,1239	0,1031	0,0858	0,0715	0,0596	0,0497
40	0,3066	0,2526	0,2083	0,1719	0,1420	0,1175	0,0972	0,0805	0,0668	0,0554	0,0460

[1)] Anl. 26 geänd. durch G v. 8.12.2010 (BGBl. I S. 1768).

Restlaufzeit des Erbbaurechts bzw. des Nutzungsrechts (in Jahren)	Zinssatz										
	3 %	3,5 %	4 %	4,5 %	5 %	5,5 %	6 %	6,5 %	7 %	7,5 %	8 %
41	0,2976	0,2440	0,2003	0,1645	0,1353	0,1113	0,0917	0,0756	0,0624	0,0516	0,0426
42	0,2890	0,2358	0,1926	0,1574	0,1288	0,1055	0,0865	0,0710	0,0583	0,0480	0,0395
43	0,2805	0,2278	0,1852	0,1507	0,1227	0,1000	0,0816	0,0667	0,0545	0,0446	0,0365
44	0,2724	0,2201	0,1780	0,1442	0,1169	0,0948	0,0770	0,0626	0,0509	0,0415	0,0338
45	0,2644	0,2127	0,1712	0,1380	0,1113	0,0899	0,0727	0,0588	0,0476	0,0386	0,0313
46	0,2567	0,2055	0,1646	0,1320	0,1060	0,0852	0,0685	0,0552	0,0445	0,0359	0,0290
47	0,2493	0,1985	0,1583	0,1263	0,1009	0,0807	0,0647	0,0518	0,0416	0,0334	0,0269
48	0,2420	0,1918	0,1522	0,1209	0,0961	0,0765	0,0610	0,0487	0,0389	0,0311	0,0249
49	0,2350	0,1853	0,1463	0,1157	0,0916	0,0725	0,0575	0,0457	0,0363	0,0289	0,0230
50	0,2281	0,1791	0,1407	0,1107	0,0872	0,0688	0,0543	0,0429	0,0339	0,0269	0,0213
51	0,2215	0,1730	0,1353	0,1059	0,0831	0,0652	0,0512	0,0403	0,0317	0,0250	0,0197
52	0,2150	0,1671	0,1301	0,1014	0,0791	0,0618	0,0483	0,0378	0,0297	0,0233	0,0183
53	0,2088	0,1615	0,1251	0,0970	0,0753	0,0586	0,0456	0,0355	0,0277	0,0216	0,0169
54	0,2027	0,1560	0,1203	0,0928	0,0717	0,0555	0,0430	0,0334	0,0259	0,0201	0,0157
55	0,1968	0,1508	0,1157	0,0888	0,0683	0,0526	0,0406	0,0313	0,0242	0,0187	0,0145
56	0,1910	0,1457	0,1112	0,0850	0,0651	0,0499	0,0383	0,0294	0,0226	0,0174	0,0134
57	0,1855	0,1407	0,1069	0,0814	0,0620	0,0473	0,0361	0,0276	0,0211	0,0162	0,0124
58	0,1801	0,1360	0,1028	0,0778	0,0590	0,0448	0,0341	0,0259	0,0198	0,0151	0,0115
59	0,1748	0,1314	0,0989	0,0745	0,0562	0,0425	0,0321	0,0243	0,0185	0,0140	0,0107
60	0,1697	0,1269	0,0951	0,0713	0,0535	0,0403	0,0303	0,0229	0,0173	0,0130	0,0099
61	0,1648	0,1226	0,0914	0,0682	0,0510	0,0382	0,0286	0,0215	0,0161	0,0121	0,0091
62	0,1600	0,1185	0,0879	0,0653	0,0486	0,0362	0,0270	0,0202	0,0151	0,0113	0,0085
63	0,1553	0,1145	0,0845	0,0625	0,0462	0,0343	0,0255	0,0189	0,0141	0,0105	0,0078
64	0,1508	0,1106	0,0813	0,0598	0,0440	0,0325	0,0240	0,0178	0,0132	0,0098	0,0073
65	0,1464	0,1069	0,0781	0,0572	0,0419	0,0308	0,0227	0,0167	0,0123	0,0091	0,0067
66	0,1421	0,1033	0,0751	0,0547	0,0399	0,0292	0,0214	0,0157	0,0115	0,0085	0,0062
67	0,1380	0,0998	0,0722	0,0524	0,0380	0,0277	0,0202	0,0147	0,0107	0,0079	0,0058
68	0,1340	0,0964	0,0695	0,0501	0,0362	0,0262	0,0190	0,0138	0,0100	0,0073	0,0053
69	0,1301	0,0931	0,0668	0,0480	0,0345	0,0249	0,0179	0,0130	0,0094	0,0068	0,0049
70	0,1263	0,0900	0,0642	0,0459	0,0329	0,0236	0,0169	0,0122	0,0088	0,0063	0,0046
71	0,1226	0,0869	0,0617	0,0439	0,0313	0,0223	0,0160	0,0114	0,0082	0,0059	0,0042
72	0,1190	0,0840	0,0594	0,0420	0,0298	0,0212	0,0151	0,0107	0,0077	0,0055	0,0039
73	0,1156	0,0812	0,0571	0,0402	0,0284	0,0201	0,0142	0,0101	0,0072	0,0051	0,0036
74	0,1122	0,0784	0,0549	0,0385	0,0270	0,0190	0,0134	0,0095	0,0067	0,0047	0,0034
75	0,1089	0,0758	0,0528	0,0368	0,0258	0,0180	0,0126	0,0089	0,0063	0,0044	0,0031
76	0,1058	0,0732	0,0508	0,0353	0,0245	0,0171	0,0119	0,0083	0,0058	0,0041	0,0029
77	0,1027	0,0707	0,0488	0,0337	0,0234	0,0162	0,0113	0,0078	0,0055	0,0038	0,0027
78	0,0997	0,0683	0,0469	0,0323	0,0222	0,0154	0,0106	0,0074	0,0051	0,0035	0,0025
79	0,0968	0,0660	0,0451	0,0309	0,0212	0,0146	0,0100	0,0069	0,0048	0,0033	0,0023
80	0,0940	0,0638	0,0434	0,0296	0,0202	0,0138	0,0095	0,0065	0,0045	0,0031	0,0021
81	0,0912	0,0616	0,0417	0,0283	0,0192	0,0131	0,0089	0,0061	0,0042	0,0029	0,0020
82	0,0886	0,0596	0,0401	0,0271	0,0183	0,0124	0,0084	0,0057	0,0039	0,0027	0,0018
83	0,0860	0,0575	0,0386	0,0259	0,0174	0,0118	0,0079	0,0054	0,0036	0,0025	0,0017
84	0,0835	0,0556	0,0371	0,0248	0,0166	0,0111	0,0075	0,0050	0,0034	0,0023	0,0016
85	0,0811	0,0537	0,0357	0,0237	0,0158	0,0106	0,0071	0,0047	0,0032	0,0021	0,0014

Restlaufzeit des Erbbaurechts bzw. des Nutzungsrechts (in Jahren)	Zinssatz										
	3 %	3,5 %	4 %	4,5 %	5 %	5,5 %	6 %	6,5 %	7 %	7,5 %	8 %
86	0,0787	0,0519	0,0343	0,0227	0,0151	0,0100	0,0067	0,0044	0,0030	0,0020	0,0013
87	0,0764	0,0501	0,0330	0,0217	0,0143	0,0095	0,0063	0,0042	0,0028	0,0019	0,0012
88	0,0742	0,0484	0,0317	0,0208	0,0137	0,0090	0,0059	0,0039	0,0026	0,0017	0,0011
89	0,0720	0,0468	0,0305	0,0199	0,0130	0,0085	0,0056	0,0037	0,0024	0,0016	0,0011
90	0,0699	0,0452	0,0293	0,0190	0,0124	0,0081	0,0053	0,0035	0,0023	0,0015	0,0010
91	0,0679	0,0437	0,0282	0,0182	0,0118	0,0077	0,0050	0,0032	0,0021	0,0014	0,0009
92	0,0659	0,0422	0,0271	0,0174	0,0112	0,0073	0,0047	0,0030	0,0020	0,0013	0,0008
93	0,0640	0,0408	0,0261	0,0167	0,0107	0,0069	0,0044	0,0029	0,0019	0,0012	0,0008
94	0,0621	0,0394	0,0251	0,0160	0,0102	0,0065	0,0042	0,0027	0,0017	0,0011	0,0007
95	0,0603	0,0381	0,0241	0,0153	0,0097	0,0062	0,0039	0,0025	0,0016	0,0010	0,0007
96	0,0586	0,0368	0,0232	0,0146	0,0092	0,0059	0,0037	0,0024	0,0015	0,0010	0,0006
97	0,0569	0,0355	0,0223	0,0140	0,0088	0,0056	0,0035	0,0022	0,0014	0,0009	0,0006
98	0,0552	0,0343	0,0214	0,0134	0,0084	0,0053	0,0033	0,0021	0,0013	0,0008	0,0005
99	0,0536	0,0332	0,0206	0,0128	0,0080	0,0050	0,0031	0,0020	0,0012	0,0008	0,0005
100	0,0520	0,0321	0,0198	0,0123	0,0076	0,0047	0,0029	0,0018	0,0012	0,0007	0,0005

In den Fällen anderer Zinssätze der Gutachterausschüsse ist der Abzinsungsfaktor nach folgender Formel zu bilden:

$$\text{Abzinsungsfaktor} = \frac{1}{q^n}$$

q = Zinsfaktor = 1 + p : 100
p = Zinssatz
n = Restlaufzeit

Anlage 27[1)]
(zu § 237 Absatz 2)

Landwirtschaftliche Nutzung

Bewertungsfaktoren	Bezugseinheit	in EUR
Grundbetrag	pro Ar	2,52
Ertragsmesszahl	pro Ertragsmesszahl (Produkt aus Acker-/Grünlandzahl und Ar)	0,041
Zuschläge für	**Bezugseinheit**	**in EUR**
Verstärkte Tierhaltung	je Vieheinheit über einem Besatz von 2,0 Vieheinheiten je Hektar selbst bewirtschafteter Fläche der landwirtschaftlichen Nutzung	79,00

1) Anl. 27 neu gef. mWv 9.7.2021 durch VO v. 29.6.2021 (BGBl. I S. 2290).

Anlage 28[1)]
(zu § 237 Absatz 3)

Forstwirtschaftliche Nutzung

Bewertungsfaktor für Wuchsgebiet		in EUR/ha
1	Schleswig-Holstein Nordwest	86,17
2	Jungmoränenlandschaft Schleswig-Holstein Ost/Nordwest-Mecklenburg	80,53
3	Schleswig-Holstein Südwest	90,24
4	Mecklenburg-Westvorpommersches Küstenland	64,57
5	Ostholsteinisch-Westmecklenburger Jungmoränenland	73,13
6	(Mittel-)Mecklenburger Jungmoränenland	62,38
7	Ostmecklenburg-Vorpommersches Jungmoränenland	78,03
8	Ostvorpommersches Küstenland	56,36
9	Nordostbrandenburger Jungmoränenland (Mittelbrandenburger Jungmoränenland)	53,83
10	Ostmecklenburg-Nordbrandenburger Jungmoränenland (Nordbrandenburger Jungmoränenland)	55,09
11	Ostniedersächsisch-Altmärkisches Altmoränenland (Westprignitz-Altmärkisches Altmoränenland)	46,03
12	Südost-Holsteinisch-Südwestmecklenburger Altmoränenland	57,31
13	Ostniedersächsisches Tiefland	66,34
14	Niedersächsischer Küstenraum	79,05
15	Mittelwestniedersächsisches Tiefland	67,41
16	Westfälische Bucht	70,03
17	Weserbergland	101,93
18	Nordwestdeutsche Berglandschwelle	73,10
19	Nordwestliches Harzvorland	65,70
20	Nordöstliche Harzvorländer	43,24
21	Sachsen-Anhaltinische Löss-Ebene	51,09
22	Mittleres nordostdeutsches Altmoränenland	38,39
23	Hoher Fläming	47,69
24	Mittelbrandenburger Talsand- und Moränenland	37,53
25	Düben-Niederlausitzer Altmoränenland	37,65
26	Lausitzer Löss-Hügelland	84,73
27	Zittauer Gebirge	163,92
28	Oberlausitzer Bergland	155,56
29	Elbsandsteingebirge	123,19
30	Westlausitzer Platte und Elbtalzone	68,56
31	Sächsisch-Thüringisches Löss-Hügelland	63,80
32	Leipziger Sandlöss-Ebene	50,58
33	Ostthüringisches Trias-Hügelland	72,24
34	Thüringer Becken	64,12
35	Nordthüringisches Trias-Hügelland	60,06
36	Harz	142,70
37	Mitteldeutsches Trias-Berg- und Hügelland	98,77
38	Nordwesthessisches Bergland	88,55
39	Nördliches hessisches Schiefergebirge	99,86
40	Sauerland	145,62
41	Bergisches Land	113,51
42	Niederrheinisches Tiefland	68,33

[1)] Anl. 28 neu gef. mWv 9.7.2021 durch VO v. 29.6.2021 (BGBl. I S. 2290).

Bewertungsfaktor für Wuchsgebiet		in EUR/ha
43	Niederrheinische Bucht	68,27
44	Nordwesteifel	135,51
45	Osteifel	99,15
46	Mittelrheintal	62,52
47	Westerwald	112,73
48	Taunus	94,94
49	Wetterau und Gießener Becken	73,66
50	Vogelsberg und östlich angrenzende Sandsteingebiete	102,75
51	Rhön	97,18
52	Südthüringisches-Oberfränkisches Trias-Hügelland	106,95
53	Thüringer Gebirge	162,51
54	Vogtland	140,47
55	Erzgebirgsvorland	93,22
56	Erzgebirge	171,75
57	Frankenwald, Fichtelgebirge und Steinwald	183,51
58	Oberpfälzer Wald	147,30
59	Oberpfälzer Becken- und Hügelland	78,21
60	Frankenalb und Oberpfälzer Jura	106,82
61	Fränkischer Keuper und Albvorland	73,44
62	Fränkische Platte	67,76
63	Spessart	105,47
64	Odenwald	124,93
65	Oberrheinisches Tiefland und Rhein-Main-Ebene	64,13
66	Hunsrück	116,75
67	Moseltal	87,42
68	Gutland	97,81
69	Saarländisch-Pfälzisches Muschelkalkgebiet	78,64
70	Saar-Nahe-Bergland	75,52
71	Westricher Moorniederung	79,49
72	Pfälzerwald	78,67
73	Schwarzwald	181,38
74	Baar-Wutach	172,51
75	Neckarland	117,23
76	Schwäbische Alb	123,63
77	Südwestdeutsches Alpenvorland	177,56
78	Tertiäres Hügelland	166,59
79	Bayerischer Wald	160,79
80	Schwäbisch-Bayerische Schotterplatten- und Altmoränenlandschaft	165,45
81	Schwäbisch-Bayerische Jungmoräne und Molassevorberge	157,93
82	Bayerische Alpen	135,61

Anlage 29[1)]
(zu § 237 Absatz 4)

Weinbauliche Nutzung

Bewertungsfaktor für	Flächeneinheit	in EUR
Traubenerzeugung	pro Ar	11,70

[1)] Anl. 29 neu gef. mWv 9.7.2021 durch VO v. 29.6.2021 (BGBl. I S. 2290).

Anlage 30[1)]
(zu § 237 Absatz 5)

Gärtnerische Nutzung

Nutzungsteil Gemüsebau		
Bewertungsfaktor für	**Flächeneinheit**	**in EUR**
Flächen im Freiland und für Kleingarten- und Dauerkleingartenland	pro Ar	12,35
Zuschläge für	**Flächeneinheit**	**in EUR**
Flächen unter Glas und Kunststoffen	pro Ar	45,00
Nutzungsteil Blumen-/Zierpflanzenbau		
Bewertungsfaktor für	**Flächeneinheit**	**in EUR**
Flächen im Freiland	pro Ar	27,60
Zuschläge für	**Flächeneinheit**	**in EUR**
Flächen unter Glas und Kunststoffen	pro Ar	65,15
Nutzungsteil Obstbau		
Bewertungsfaktor für	**Flächeneinheit**	**in EUR**
Flächen im Freiland	pro Ar	9,53
Zuschläge für	**Flächeneinheit**	**in EUR**
Flächen unter Glas und Kunststoffen	pro Ar	45,00
Nutzungsteil Baumschulen		
Bewertungsfaktor für	**Flächeneinheit**	**in EUR**
Flächen im Freiland	pro Ar	22,29
Zuschläge für	**Flächeneinheit**	**in EUR**
Flächen unter Glas und Kunststoffen	pro Ar	65,15

Anlage 31[2)]
(zu § 237 Absatz 6 und 7)

Übrige land- und forstwirtschaftliche Nutzungen sowie Abbauland, Geringstland und Unland

Sondernutzungen		
Bewertungsfaktor für	**Flächeneinheit**	**in EUR**
Hopfen	pro Ar	13,75
Spargel	pro Ar	12,69
Sonstige land- und forstwirtschaftliche Nutzungen		
Bewertungsfaktor für	**Bezugseinheit**	**in EUR**
Wasserflächen	pro Ar	1,00
Zuschläge für stehende Gewässer		
Wasserflächen für Binnenfischerei, Teichwirtschaft und Fischzucht für Binnenfischerei und Teichwirtschaft	ab 1,00 kg bis 4,00 kg Fischertrag/Ar pro Ar	2,00

[1)] Anl. 30 neu gef. mWv 9.7.2021 durch VO v. 29.6.2021 (BGBl. I S. 2290).
[2)] Anl. 31 neu gef. mWv 9.7.2021 durch VO v. 29.6.2021 (BGBl. I S. 2290).

Sondernutzungen		
Wasserflächen für Binnenfischerei, Teichwirtschaft und Fischzucht für Binnenfischerei und Teichwirtschaft	über 4,00 kg Fischertrag/Ar pro Ar	2,50
Zuschläge für fließende Gewässer		
Binnenfischerei, Teichwirtschaft und Fischzucht für Binnenfischerei und Teichwirtschaft	bis 500 Liter/Sekunde Durchfluss pro Liter/Sekunde	12,50
Binnenfischerei, Teichwirtschaft und Fischzucht für Binnenfischerei und Teichwirtschaft	über 500 Liter/Sekunde Durchfluss pro Liter/Sekunde	15,00
Saatzucht	pro Ar	Anlage 27
Weihnachtsbaumkulturen	pro Ar	19,40
Kurzumtriebsplantagen	pro Ar	Anlage 27
Sonstige land- und forstwirtschaftliche Nutzungen, für die kein Bewertungsfaktor festgelegt wurde		
Wirtschaftsgebäude	pro Quadratmeter Bruttogrundfläche und Monat	1,23
Nutzungsarten Abbauland, Geringstland und Unland		
Bewertungsfaktor für	**Flächeneinheit**	**in EUR**
Abbauland	pro Ar	1,00
Geringstland	pro Ar	0,38
Unland	pro Ar	0,00

Anlage 32[1)]
(zu § 237 Absatz 8)

Nutzungsart Hofstelle

Bewertungsfaktor für	**Flächeneinheit**	**in EUR**
Hofflächen	pro Ar	6,62
Zuschläge für	**Flächeneinheit**	**in EUR**
Wirtschaftsgebäude der weinbaulichen Nutzung bei Fass- und Flaschenweinerzeugung	pro Quadratmeter Bruttogrundfläche und Monat	1,23
Wirtschaftsgebäude der Nebenbetriebe	pro Quadratmeter Bruttogrundfläche und Monat	1,23

Anlage 33[2)]
(zu § 238 Absatz 2)

Weitere den Ertragswert erhöhende Umstände

Bewertungsfaktor für	**Flächeneinheit**	**in EUR**
Abgegrenzte Standortfläche der Windenergieanlage	pro Ar	59,58

[1)] Anl. 32 neu gef. mWv 9.7.2021 durch VO v. 29.6.2021 (BGBl. I S. 2290).
[2)] Anl. 33 neu gef. mWv 9.7.2021 durch VO v. 29.6.2021 (BGBl. I S. 2290).

Anlage 34[1])
(zu § 241 Absatz 5)

Umrechnungsschlüssel für Tierbestände in Vieheinheiten (VE) nach dem Futterbedarf

Tierart	**1 Tier**
Nach dem Durchschnittsbestand in Stück:	
Alpakas	0,08 VE
Damtiere	
Damtiere unter 1 Jahr	0,04 VE
Damtiere 1 Jahr und älter	0,08 VE
Geflügel	
Legehennen (einschließlich einer normalen Aufzucht zur Ergänzung des Bestandes)	0,02 VE
Legehennen aus zugekauften Junghennen	0,0183 VE
Zuchtputen, -enten, -gänse	0,04 VE
Kaninchen	
Zucht- und Angorakaninchen	0,025 VE
Lamas	0,1 VE
Pferde	
Pferde unter 3 Jahren und Kleinpferde	0,7 VE
Pferde 3 Jahre und älter	1,1 VE
Rindvieh	
Kälber und Jungvieh unter 1 Jahr (einschließlich Mastkälber, Starterkälber und Fresser)	0,3 VE
Jungvieh 1 bis 2 Jahre alt	0,7 VE
Färsen (älter als 2 Jahre)	1 VE
Masttiere (Mastdauer weniger als 1 Jahr)	1 VE
Kühe (einschließlich Mutter- und Ammenkühe mit den dazugehörigen Saugkälbern)	1 VE
Zuchtbullen, Zugochsen	1,2 VE
Schafe	
Schafe unter 1 Jahr (einschließlich Mastlämmer)	0,05 VE
Schafe 1 Jahr und älter	0,1 VE
Schweine	
Zuchtschweine (einschließlich Jungzuchtschweine über etwa 90 kg)	0,33
Strauße	
Zuchttiere 14 Monate und älter	0,32 VE
Jungtiere/Masttiere unter 14 Monate	0,25 VE
Ziegen	0,08 VE
Nach der Erzeugung in Stück:	
Geflügel	
Jungmasthühner (bis zu 6 Durchgänge je Jahr – schwere Tiere)	0,0017 VE
(mehr als 6 Durchgänge je Jahr – leichte Tiere)	0,0013 VE
Junghennen	0,0017 VE
Mastenten	0,0033 VE
Mastenten in der Aufzuchtphase	0,0011 VE
Mastenten in der Mastphase	0,0022 VE
Mastputen aus selbst erzeugten Jungputen	0,0067 VE
Mastputen aus zugekauften Jungputen	0,005 VE
Jungputen (bis etwa 8 Wochen)	0,0017 VE

[1]) Anl. 34 angef. durch G v. 26.11.2019 (BGBl. I S. 1794); zur Anwendung siehe § 266.

Tierart	**1 Tier**
Mastgänse	0,0067 VE
Kaninchen	
Mastkaninchen	0,0025 VE
Rindvieh	
Masttiere (Mastdauer 1 Jahr und mehr)	1 VE
Schweine	
Leichte Ferkel (bis etwa 12 kg)	0,01 VE
Ferkel (über etwa 12 bis etwa 20 kg)	0,02 VE
Schwere Ferkel und leichte Läufer (über etwa 20 bis etwa 30 kg)	0,04 VE
Läufer (über etwa 30 bis etwa 45 kg)	0,06 VE
Schwere Läufer (über etwa 45 bis etwa 60 kg)	0,08 VE
Mastschweine	0,16 VE
Jungzuchtschweine bis etwa 90 kg	0,12 VE

Anlage 35[1]
(zu § 241 Absatz 5)

Gruppen der Zweige des Tierbestands nach der Flächenabhängigkeit

1. Mehr flächenabhängige Zweige des Tierbestands:
   Pferdehaltung,
   Pferdezucht,
   Schafzucht,
   Schafhaltung,
   Rindviehzucht,
   Milchviehhaltung,
   Rindviehmast.
2. Weniger flächenabhängige Zweige des Tierbestands:
   Schweinezucht,
   Schweinemast,
   Hühnerzucht,
   Entenzucht,
   Gänsezucht,
   Putenzucht,
   Legehennenhaltung,
   Junghühnermast,
   Entenmast,
   Gänsemast,
   Putenmast.

Anlage 36[2]
(zu den §§ 251 und 257 Absatz 1)

Umrechnungskoeffizienten zur Berücksichtigung abweichender Grundstücksgrößen beim Bodenwert von Ein- und Zweifamilienhäusern

Grundstücksgröße	Umrechnungskoeffizient
$< 250\ m^2$	1,24
$\geq 250\ m^2$	1,19
$\geq 300\ m^2$	1,14
$\geq 350\ m^2$	1,10
$\geq 400\ m^2$	1,06

[1] Anl. 35 angef. durch G v. 26.11.2019 (BGBl. I S. 1794); zur Anwendung siehe § 266.
[2] Anl. 36 angef. durch G v. 26.11.2019 (BGBl. I S. 1794); zur Anwendung siehe § 266.

Grundstücksgröße	Umrechnungskoeffizient
≥ 450 m²	1,03
≥ 500 m²	1,00
≥ 550 m²	0,98
≥ 600 m²	0,95
≥ 650 m²	0,94
≥ 700 m²	0,92
≥ 750 m²	0,90
≥ 800 m²	0,89
≥ 850 m²	0,87
≥ 900 m²	0,86
≥ 950 m²	0,85
≥ 1 000 m²	0,84
≥ 1 050 m²	0,83
≥ 1 100 m²	0,82
≥ 1 150 m²	0,81
≥ 1 200 m²	0,80
≥ 1 250 m²	0,79
≥ 1 300 m²	0,78
≥ 1 350 m²	0,77
≥ 1 400 m²	0,76
≥ 1 450 m²	0,75
≥ 1 500 m²	0,74
≥ 1 550 m²	0,73
≥ 1 600 m²	0,72
≥ 1 650 m²	0,71
≥ 1 700 m²	0,70
≥ 1 750 m²	0,69
≥ 1 800 m²	0,68
≥ 1 850 m²	0,67
≥ 1 900 m²	0,66
≥ 1 950 m²	0,65
≥ 2 000 m²	0,64

Anlage 37[1)]
(zu § 253 Absatz 2)

Vervielfältiger

Restnutzungsdauer (Jahre)	Zinssatz										
	1,5 %	**1,6 %**	**1,7 %**	**1,8 %**	**1,9 %**	**2,0 %**	**2,1 %**	**2,2 %**	**2,3 %**	**2,4 %**	**2,5 %**
1	0,99	0,98	0,98	0,98	0,98	0,98	0,98	0,98	0,98	0,98	0,98
2	1,96	1,95	1,95	1,95	1,94	1,94	1,94	1,94	1,93	1,93	1,93
3	2,91	2,91	2,90	2,90	2,89	2,88	2,88	2,87	2,87	2,86	2,86
4	3,85	3,84	3,84	3,83	3,82	3,81	3,80	3,79	3,78	3,77	3,76
5	4,78	4,77	4,75	4,74	4,73	4,71	4,70	4,69	4,67	4,66	4,65
6	5,70	5,68	5,66	5,64	5,62	5,60	5,58	5,56	5,55	5,53	5,51
7	6,60	6,57	6,55	6,52	6,50	6,47	6,45	6,42	6,40	6,37	6,35

1) Anl. 37 angef. durch G v. 26.11.2019 (BGBl. I S. 1794); zur Anwendung siehe § 266.

Restnutzungsdauer (Jahre)	Zinssatz										
	1,5 %	1,6 %	1,7 %	1,8 %	1,9 %	2,0 %	2,1 %	2,2 %	2,3 %	2,4 %	2,5 %
8	7,49	7,45	7,42	7,39	7,36	7,33	7,29	7,26	7,23	7,20	7,17
9	8,36	8,32	8,28	8,24	8,20	8,16	8,12	8,08	8,05	8,01	7,97
10	9,22	9,17	9,13	9,08	9,03	8,98	8,94	8,89	8,84	8,80	8,75
11	10,07	10,01	9,96	9,90	9,84	9,79	9,73	9,68	9,62	9,57	9,51
12	10,91	10,84	10,77	10,71	10,64	10,58	10,51	10,45	10,38	10,32	10,26
13	11,73	11,65	11,58	11,50	11,42	11,35	11,27	11,20	11,13	11,05	10,98
14	12,54	12,45	12,37	12,28	12,19	12,11	12,02	11,94	11,85	11,77	11,69
15	13,34	13,24	13,14	13,04	12,95	12,85	12,75	12,66	12,57	12,47	12,38
16	14,13	14,02	13,91	13,80	13,69	13,58	13,47	13,37	13,26	13,16	13,06
17	14,91	14,78	14,66	14,53	14,41	14,29	14,17	14,06	13,94	13,83	13,71
18	15,67	15,53	15,40	15,26	15,12	14,99	14,86	14,73	14,60	14,48	14,35
19	16,43	16,27	16,12	15,97	15,82	15,68	15,53	15,39	15,25	15,12	14,98
20	17,17	17,00	16,83	16,67	16,51	16,35	16,19	16,04	15,89	15,74	15,59
21	17,90	17,72	17,54	17,36	17,18	17,01	16,84	16,67	16,51	16,35	16,18
22	18,62	18,42	18,23	18,03	17,84	17,66	17,47	17,29	17,11	16,94	16,77
23	19,33	19,12	18,91	18,70	18,49	18,29	18,09	17,90	17,71	17,52	17,33
24	20,03	19,80	19,57	19,35	19,13	18,91	18,70	18,49	18,29	18,08	17,88
25	20,72	20,47	20,23	19,99	19,75	19,52	19,30	19,07	18,85	18,64	18,42
26	21,40	21,13	20,87	20,62	20,37	20,12	19,88	19,64	19,41	19,18	18,95
27	22,07	21,79	21,51	21,24	20,97	20,71	20,45	20,20	19,95	19,70	19,46
28	22,73	22,43	22,13	21,84	21,56	21,28	21,01	20,74	20,48	20,22	19,96
29	23,38	23,06	22,75	22,44	22,14	21,84	21,56	21,27	20,99	20,72	20,45
30	24,02	23,68	23,35	23,02	22,71	22,40	22,09	21,79	21,50	21,21	20,93
31	24,65	24,29	23,94	23,60	23,27	22,94	22,62	22,30	21,99	21,69	21,40
32	25,27	24,89	24,52	24,17	23,81	23,47	23,13	22,80	22,48	22,16	21,85
33	25,88	25,48	25,10	24,72	24,35	23,99	23,63	23,29	22,95	22,62	22,29
34	26,48	26,07	25,66	25,27	24,88	24,50	24,13	23,77	23,41	23,06	22,72
35	27,08	26,64	26,22	25,80	25,40	25,00	24,61	24,23	23,86	23,50	23,15
36	27,66	27,21	26,76	26,33	25,90	25,49	25,08	24,69	24,30	23,93	23,56
37	28,24	27,76	27,30	26,84	26,40	25,97	25,55	25,14	24,73	24,34	23,96
38	28,81	28,31	27,82	27,35	26,89	26,44	26,00	25,57	25,16	24,75	24,35
39	29,36	28,85	28,34	27,85	27,37	26,90	26,45	26,00	25,57	25,14	24,73
40	29,92	29,38	28,85	28,34	27,84	27,36	26,88	26,42	25,97	25,53	25,10
41	30,46	29,90	29,35	28,82	28,30	27,80	27,31	26,83	26,36	25,91	25,47
42	30,99	30,41	29,85	29,29	28,76	28,23	27,73	27,23	26,75	26,28	25,82
43	31,52	30,92	30,33	29,76	29,20	28,66	28,14	27,62	27,12	26,64	26,17
44	32,04	31,41	30,81	30,21	29,64	29,08	28,54	28,01	27,49	26,99	26,50
45	32,55	31,90	31,27	30,66	30,07	29,49	28,93	28,38	27,85	27,34	26,83
46	33,06	32,39	31,73	31,10	30,49	29,89	29,31	28,75	28,20	27,67	27,15
47	33,55	32,86	32,19	31,54	30,90	30,29	29,69	29,11	28,55	28,00	27,47
48	34,04	33,33	32,63	31,96	31,31	30,67	30,06	29,46	28,88	28,32	27,77
49	34,52	33,79	33,07	32,38	31,70	31,05	30,42	29,81	29,21	28,63	28,07
50	35,00	34,24	33,50	32,79	32,09	31,42	30,77	30,14	29,53	28,94	28,36
51	35,47	34,68	33,92	33,19	32,48	31,79	31,12	30,47	29,84	29,24	28,65
52	35,93	35,12	34,34	33,58	32,85	32,14	31,46	30,79	30,15	29,53	28,92
53	36,38	35,55	34,75	33,97	33,22	32,50	31,79	31,11	30,45	29,81	29,19
54	36,83	35,98	35,15	34,35	33,58	32,84	32,12	31,42	30,74	30,09	29,46

BewG

Restnutzungsdauer (Jahre)	Zinssatz										
	1,5 %	1,6 %	1,7 %	1,8 %	1,9 %	2,0 %	2,1 %	2,2 %	2,3 %	2,4 %	2,5 %
55	37,27	36,39	35,55	34,73	33,94	33,17	32,44	31,72	31,03	30,36	29,71
56	37,71	36,81	35,94	35,10	34,29	33,50	32,75	32,02	31,31	30,63	29,96
57	38,13	37,21	36,32	35,46	34,63	33,83	33,05	32,31	31,58	30,88	30,21
58	38,56	37,61	36,70	35,82	34,97	34,15	33,35	32,59	31,85	31,14	30,45
59	38,97	38,00	37,07	36,16	35,29	34,46	33,65	32,87	32,11	31,38	30,68
60	39,38	38,39	37,43	36,51	35,62	34,76	33,93	33,14	32,37	31,63	30,91
61	39,78	38,77	37,79	36,84	35,94	35,06	34,22	33,40	32,62	31,86	31,13
62	40,18	39,14	38,14	37,17	36,25	35,35	34,49	33,66	32,86	32,09	31,35
63	40,57	39,51	38,48	37,50	36,55	35,64	34,76	33,92	33,10	32,31	31,56
64	40,96	39,87	38,82	37,82	36,85	35,92	35,03	34,16	33,33	32,53	31,76
65	41,34	40,23	39,16	38,13	37,15	36,20	35,28	34,41	33,56	32,75	31,96
66	41,71	40,58	39,49	38,44	37,43	36,47	35,54	34,64	33,78	32,96	32,16
67	42,08	40,92	39,81	38,74	37,72	36,73	35,79	34,88	34,00	33,16	32,35
68	42,44	41,26	40,13	39,04	38,00	36,99	36,03	35,11	34,22	33,36	32,54
69	42,80	41,60	40,44	39,33	38,27	37,25	36,27	35,33	34,42	33,56	32,72
70	43,15	41,93	40,75	39,62	38,54	37,50	36,50	35,55	34,63	33,75	32,90
71	43,50	42,25	41,05	39,90	38,80	37,74	36,73	35,76	34,83	33,93	33,07
72	43,84	42,57	41,35	40,18	39,06	37,98	36,95	35,97	35,02	34,11	33,24
73	44,18	42,88	41,64	40,45	39,31	38,22	37,17	36,17	35,21	34,29	33,40
74	44,51	43,19	41,93	40,72	39,56	38,45	37,39	36,37	35,40	34,46	33,57
75	44,84	43,50	42,21	40,98	39,80	38,68	37,60	36,57	35,58	34,63	33,72
76	45,16	43,79	42,49	41,24	40,04	38,90	37,81	36,76	35,76	34,80	33,88
77	45,48	44,09	42,76	41,49	40,28	39,12	38,01	36,95	35,93	34,96	34,03
78	45,79	44,38	43,03	41,74	40,51	39,33	38,21	37,13	36,10	35,11	34,17
79	46,10	44,66	43,29	41,98	40,73	39,54	38,40	37,31	36,27	35,27	34,31
80	46,41	44,95	43,55	42,22	40,96	39,74	38,59	37,48	36,43	35,42	34,45
81	46,71	45,22	43,81	42,46	41,17	39,95	38,77	37,66	36,59	35,56	34,59
82	47,00	45,49	44,06	42,69	41,39	40,14	38,96	37,82	36,74	35,71	34,72
83	47,29	45,76	44,31	42,92	41,60	40,34	39,13	37,99	36,89	35,85	34,85
84	47,58	46,03	44,55	43,14	41,80	40,53	39,31	38,15	37,04	35,98	34,97
85	47,86	46,29	44,79	43,36	42,00	40,71	39,48	38,31	37,19	36,12	35,10
86	48,14	46,54	45,02	43,58	42,20	40,89	39,65	38,46	37,33	36,25	35,22
87	48,41	46,79	45,25	43,79	42,40	41,07	39,81	38,61	37,47	36,37	35,33
88	48,68	47,04	45,48	44,00	42,59	41,25	39,97	38,76	37,60	36,50	35,45
89	48,95	47,28	45,70	44,20	42,77	41,42	40,13	38,90	37,73	36,62	35,56
90	49,21	47,52	45,92	44,40	42,96	41,59	40,28	39,04	37,86	36,74	35,67
91	49,47	47,76	46,14	44,60	43,14	41,75	40,43	39,18	37,99	36,85	35,77
92	49,72	47,99	46,35	44,79	43,32	41,91	40,58	39,32	38,11	36,97	35,87
93	49,97	48,22	46,56	44,98	43,49	42,07	40,73	39,45	38,23	37,08	35,98
94	50,22	48,44	46,76	45,17	43,66	42,23	40,87	39,58	38,35	37,18	36,07
95	50,46	48,67	46,96	45,35	43,83	42,38	41,01	39,70	38,47	37,29	36,17
96	50,70	48,88	47,16	45,53	43,99	42,53	41,14	39,83	38,58	37,39	36,26
97	50,94	49,10	47,36	45,71	44,15	42,68	41,28	39,95	38,69	37,49	36,35
98	51,17	49,31	47,55	45,89	44,31	42,82	41,41	40,07	38,80	37,59	36,44
99	51,40	49,52	47,74	46,06	44,47	42,96	41,53	40,18	38,90	37,68	36,53
100	51,62	49,72	47,92	46,22	44,62	43,10	41,66	40,30	39,00	37,78	36,61

Restnutzungsdauer (Jahre)	Zinssatz							
	2,6 %	**2,7 %**	**2,8 %**	**2,9 %**	**3,0 %**	**3,5 %**	**4 %**	**4,5 %**
1	0,97	0,97	0,97	0,97	0,97	0,97	0,96	0,96
2	1,92	1,92	1,92	1,92	1,91	1,90	1,89	1,87
3	2,85	2,85	2,84	2,83	2,83	2,80	2,78	2,75
4	3,75	3,74	3,73	3,73	3,72	3,67	3,63	3,59
5	4,63	4,62	4,61	4,59	4,58	4,52	4,45	4,39
6	5,49	5,47	5,45	5,44	5,42	5,33	5,24	5,16
7	6,33	6,30	6,28	6,25	6,23	6,11	6,00	5,89
8	7,14	7,11	7,08	7,05	7,02	6,87	6,73	6,60
9	7,93	7,90	7,86	7,82	7,79	7,61	7,44	7,27
10	8,71	8,66	8,62	8,57	8,53	8,32	8,11	7,91
11	9,46	9,41	9,36	9,30	9,25	9,00	8,76	8,53
12	10,20	10,13	10,07	10,01	9,95	9,66	9,39	9,12
13	10,91	10,84	10,77	10,70	10,63	10,30	9,99	9,68
14	11,61	11,53	11,45	11,37	11,30	10,92	10,56	10,22
15	12,29	12,20	12,11	12,02	11,94	11,52	11,12	10,74
16	12,95	12,85	12,76	12,66	12,56	12,09	11,65	11,23
17	13,60	13,49	13,38	13,27	13,17	12,65	12,17	11,71
18	14,23	14,11	13,99	13,87	13,75	13,19	12,66	12,16
19	14,84	14,71	14,58	14,45	14,32	13,71	13,13	12,59
20	15,44	15,30	15,16	15,02	14,88	14,21	13,59	13,01
21	16,03	15,87	15,72	15,56	15,42	14,70	14,03	13,40
22	16,59	16,43	16,26	16,10	15,94	15,17	14,45	13,78
23	17,15	16,97	16,79	16,62	16,44	15,62	14,86	14,15
24	17,69	17,50	17,31	17,12	16,94	16,06	15,25	14,50
25	18,22	18,01	17,81	17,61	17,41	16,48	15,62	14,83
26	18,73	18,51	18,30	18,08	17,88	16,89	15,98	15,15
27	19,23	19,00	18,77	18,55	18,33	17,29	16,33	15,45
28	19,72	19,47	19,23	19,00	18,76	17,67	16,66	15,74
29	20,19	19,93	19,68	19,43	19,19	18,04	16,98	16,02
30	20,65	20,38	20,12	19,86	19,60	18,39	17,29	16,29
31	21,11	20,82	20,54	20,27	20,00	18,74	17,59	16,54
32	21,55	21,25	20,96	20,67	20,39	19,07	17,87	16,79
33	21,97	21,66	21,36	21,06	20,77	19,39	18,15	17,02
34	22,39	22,07	21,75	21,44	21,13	19,70	18,41	17,25
35	22,80	22,46	22,13	21,80	21,49	20,00	18,66	17,46
36	23,20	22,84	22,50	22,16	21,83	20,29	18,91	17,67
37	23,58	23,22	22,86	22,51	22,17	20,57	19,14	17,86
38	23,96	23,58	23,21	22,85	22,49	20,84	19,37	18,05
39	24,33	23,93	23,55	23,17	22,81	21,10	19,58	18,23
40	24,69	24,28	23,88	23,49	23,11	21,36	19,79	18,40
41	25,03	24,61	24,20	23,80	23,41	21,60	19,99	18,57
42	25,37	24,94	24,52	24,10	23,70	21,83	20,19	18,72
43	25,71	25,26	24,82	24,40	23,98	22,06	20,37	18,87
44	26,03	25,57	25,12	24,68	24,25	22,28	20,55	19,02
45	26,34	25,87	25,41	24,96	24,52	22,50	20,72	19,16
46	26,65	26,16	25,69	25,23	24,78	22,70	20,88	19,29
47	26,95	26,45	25,96	25,49	25,02	22,90	21,04	19,41

BewG

Restnutzungsdauer (Jahre)	Zinssatz							
	2,6 %	2,7 %	2,8 %	2,9 %	3,0 %	3,5 %	4 %	4,5 %
48	27,24	26,73	26,23	25,74	25,27	23,09	21,20	19,54
49	27,53	27,00	26,48	25,99	25,50	23,28	21,34	19,65
50	27,80	27,26	26,74	26,23	25,73	23,46	21,48	19,76
51	28,07	27,52	26,98	26,46	25,95	23,63	21,62	19,87
52	28,34	27,77	27,22	26,68	26,17	23,80	21,75	19,97
53	28,59	28,01	27,45	26,90	26,37	23,96	21,87	20,07
54	28,84	28,25	27,68	27,12	26,58	24,11	21,99	20,16
55	29,09	28,48	27,89	27,33	26,77	24,26	22,11	20,25
56	29,33	28,71	28,11	27,53	26,97	24,41	22,22	20,33
57	29,56	28,93	28,31	27,72	27,15	24,55	22,33	20,41
58	29,78	29,14	28,52	27,91	27,33	24,69	22,43	20,49
59	30,00	29,35	28,71	28,10	27,51	24,82	22,53	20,57
60	30,22	29,55	28,90	28,28	27,68	24,94	22,62	20,64
61	30,43	29,75	29,09	28,45	27,84	25,07	22,71	20,71
62	30,63	29,94	29,27	28,62	28,00	25,19	22,80	20,77
63	30,83	30,12	29,44	28,79	28,16	25,30	22,89	20,83
64	31,02	30,31	29,61	28,95	28,31	25,41	22,97	20,89
65	31,21	30,48	29,78	29,10	28,45	25,52	23,05	20,95
66	31,39	30,65	29,94	29,26	28,60	25,62	23,12	21,01
67	31,57	30,82	30,10	29,40	28,73	25,72	23,19	21,06
68	31,75	30,99	30,25	29,55	28,87	25,82	23,26	21,11
69	31,92	31,14	30,40	29,69	29,00	25,91	23,33	21,16
70	32,08	31,30	30,55	29,82	29,12	26,00	23,39	21,20
71	32,24	31,45	30,69	29,95	29,25	26,09	23,46	21,25
72	32,40	31,60	30,82	30,08	29,37	26,17	23,52	21,29
73	32,56	31,74	30,96	30,20	29,48	26,25	23,57	21,33
74	32,71	31,88	31,09	30,32	29,59	26,33	23,63	21,37
75	32,85	32,02	31,21	30,44	29,70	26,41	23,68	21,40
76	32,99	32,15	31,34	30,56	29,81	26,48	23,73	21,44
77	33,13	32,28	31,45	30,67	29,91	26,55	23,78	21,47
78	33,27	32,40	31,57	30,77	30,01	26,62	23,83	21,50
79	33,40	32,52	31,68	30,88	30,11	26,68	23,87	21,54
80	33,53	32,64	31,79	30,98	30,20	26,75	23,92	21,57
81	33,65	32,76	31,90	31,08	30,29	26,81	23,96	21,59
82	33,77	32,87	32,00	31,17	30,38	26,87	24,00	21,62
83	33,89	32,98	32,11	31,27	30,47	26,93	24,04	21,65
84	34,01	33,09	32,20	31,36	30,55	26,98	24,07	21,67
85	34,12	33,19	32,30	31,45	30,63	27,04	24,11	21,70
86	34,23	33,29	32,39	31,53	30,71	27,09	24,14	21,72
87	34,34	33,39	32,48	31,62	30,79	27,14	24,18	21,74
88	34,44	33,49	32,57	31,70	30,86	27,19	24,21	21,76
89	34,54	33,58	32,66	31,77	30,93	27,23	24,24	21,78
90	34,64	33,67	32,74	31,85	31,00	27,28	24,27	21,80
91	34,74	33,76	32,82	31,93	31,07	27,32	24,30	21,82
92	34,84	33,84	32,90	32,00	31,14	27,37	24,32	21,83
93	34,93	33,93	32,98	32,07	31,20	27,41	24,35	21,85
94	35,02	34,01	33,05	32,14	31,26	27,45	24,37	21,87

Restnutzungsdauer (Jahre)	Zinssatz							
	2,6 %	2,7 %	2,8 %	2,9 %	3,0 %	3,5 %	4 %	4,5 %
95	35,10	34,09	33,12	32,20	31,32	27,48	24,40	21,88
96	35,19	34,17	33,19	32,27	31,38	27,52	24,42	21,90
97	35,27	34,24	33,26	32,33	31,44	27,56	24,44	21,91
98	35,35	34,32	33,33	32,39	31,49	27,59	24,46	21,92
99	35,43	34,39	33,39	32,45	31,55	27,62	24,49	21,94
100	35,51	34,46	33,46	32,51	31,60	27,66	24,50	21,95

Berechnungsvorschrift für die Vervielfältiger (Barwertfaktoren für die Kapitalisierung):

$$\text{Vervielfältiger} = \frac{q^n - 1}{q^n \times (q - 1)}$$

$$q = 1 + LZ \quad \text{wobei } LZ = \frac{p}{100}$$

LZ = Zinssatz (Liegenschaftszinssatz)
n = Restnutzungsdauer
p = Zinsfuß

Anlage 38[1)]
(zu § 253 Absatz 2 und § 259 Absatz 4)

Wirtschaftliche Gesamtnutzungsdauer

Ein- und Zweifamilienhäuser	80 Jahre
Mietwohngrundstücke, Mehrfamilienhäuser	80 Jahre
Wohnungseigentum	80 Jahre
Geschäftsgrundstücke, gemischt genutzte Grundstücke und sonstige bebaute Grundstücke:	
Gemischt genutzte Grundstücke (Wohnhäuser mit Mischnutzung)	80 Jahre
Museen, Theater, Sakralbauten	70 Jahre
Bürogebäude, Verwaltungsgebäude	60 Jahre
Banken und ähnliche Geschäftshäuser	60 Jahre
Einzelgaragen und Mehrfachgaragen	60 Jahre
Kindergärten (Kindertagesstätten), allgemeinbildende Schulen und berufsbildende Schulen, Hochschulen, Sonderschulen	50 Jahre
Wohnheime, Internate, Alten- und Pflegeheime	50 Jahre
Kauf-/Warenhäuser	50 Jahre
Krankenhäuser, Kliniken, Tageskliniken, Ärztehäuser	40 Jahre
Gemeindezentren, Saalbauten, Veranstaltungsgebäude, Vereinsheime	40 Jahre
Beherbergungsstätten, Hotels, Verpflegungseinrichtungen	40 Jahre
Sport- und Tennishallen, Freizeitbäder, Kur- und Heilbäder	40 Jahre
Tief-, Hoch- und Nutzfahrzeuggaragen als Einzelbauwerke, Carports	40 Jahre
Betriebs- und Werkstätten, Industrie- und Produktionsgebäude	40 Jahre
Lager- und Versandgebäude	40 Jahre
Verbrauchermärkte, Autohäuser	30 Jahre
Reithallen, ehemalige landwirtschaftliche Mehrzweckhallen, Scheunen und Ähnliches	30 Jahre

Teileigentum ist in Abhängigkeit von der baulichen Gestaltung den vorstehenden Gebäudearten zuzuordnen.

---

1) Anl. 38 angef. durch G v. 26.11.2019 (BGBl. I S. 1794); zur Anwendung siehe § 266.

Auffangklausel

Für nicht aufgeführte Gebäudearten ist die wirtschaftliche Gesamtnutzungsdauer aus der wirtschaftlichen Gesamtnutzungsdauer vergleichbarer Gebäudearten abzuleiten.

Anlage 39[1)]
(zu § 254)

Ermittlung des Rohertrags

I. Monatliche Nettokaltmieten in EUR/Quadratmeter Wohnfläche (Wertverhältnisse/Stand: 1. Januar 2022)

Land	Gebäudeart	Wohnfläche	Baujahr des Gebäudes bis 1948	1949 bis 1978	1979 bis 1990	1991 bis 2000	ab 2001
Baden-Württemberg	Einfamilienhaus	unter 60 m²	7,13	6,88	7,01	8,73	9,40
		von 60 m² bis unter 100 m²	6,24	6,41	6,62	7,58	7,51
		100 m² und mehr	5,53	6,10	6,37	6,61	7,78
	Zweifamilienhaus	unter 60 m²	7,63	8,16	8,15	8,56	8,89
		von 60 m² bis unter 100 m²	5,60	6,06	6,11	6,55	7,60
		100 m² und mehr	5,10	5,38	5,45	6,20	7,31
	Mietwohngrundstück	unter 60 m²	8,60	9,17	9,11	10,10	12,44
		von 60 m² bis unter 100 m²	6,78	7,09	7,33	7,82	8,97
		100 m² und mehr	6,84	6,42	6,82	7,27	8,97
Bayern	Einfamilienhaus	unter 60 m²	7,86	7,54	7,76	9,28	10,64
		von 60 m² bis unter 100 m²	6,89	7,04	7,34	8,07	8,50
		100 m² und mehr	6,09	6,69	7,06	7,03	8,80
	Zweifamilienhaus	unter 60 m²	6,91	7,35	7,41	7,48	8,25
		von 60 m² bis unter 100 m²	5,06	5,45	5,57	5,72	7,07
		100 m² und mehr	4,61	4,85	4,96	5,42	6,79
	Mietwohngrundstück	unter 60 m²	9,82	10,41	10,44	11,12	14,56
		von 60 m² bis unter 100 m²	7,74	8,04	8,40	8,61	10,50
		100 m² und mehr	7,80	7,29	7,81	8,00	10,50
Berlin	Einfamilienhaus	unter 60 m²	9,04	7,79	7,28	10,70	14,45
		von 60 m² bis unter 100 m²	7,92	7,25	6,89	9,28	11,56
		100 m² und mehr	7,01	6,91	6,63	8,09	11,96
	Zweifamilienhaus	unter 60 m²	8,95	8,55	7,83	9,70	12,62
		von 60 m² bis unter 100 m²	6,56	6,33	5,87	7,43	10,79
		100 m² und mehr	5,97	5,64	5,23	7,02	10,37
	Mietwohngrundstück	unter 60 m²	8,47	8,07	7,34	9,60	14,83
		von 60 m² bis unter 100 m²	6,68	6,23	5,91	7,44	10,70
		100 m² und mehr	6,73	5,65	5,50	6,91	10,70
Brandenburg	Einfamilienhaus	unter 60 m²	8,34	7,20	7,28	10,66	12,20
		von 60 m² bis unter 100 m²	7,31	6,71	6,88	9,26	9,75
		100 m² und mehr	6,47	6,39	6,62	8,07	10,09
	Zweifamilienhaus	unter 60 m²	7,50	7,17	7,10	8,79	9,68
		von 60 m² bis unter 100 m²	5,50	5,31	5,32	6,72	8,28
		100 m² und mehr	5,00	4,73	4,75	6,36	7,96
	Mietwohngrundstück	unter 60 m²	7,45	7,11	7,00	9,13	11,94
		von 60 m² bis unter 100 m²	5,88	5,49	5,63	7,07	8,61

1) Anl. 39 angef. durch G v. 26.11.2019 (BGBl. I S. 1794); zur Anwendung siehe § 266; geänd. mWv 23.7.2021 durch G v. 16.7.2021 (BGBl. I S. 2931).

Land	Gebäudeart	Wohnfläche	Baujahr des Gebäudes bis 1948	1949 bis 1978	1979 bis 1990	1991 bis 2000	ab 2001
		100 m² und mehr	5,92	4,98	5,24	6,58	8,61
Bremen	Einfamilienhaus	unter 60 m²	7,03	6,49	6,73	7,62	9,00
		von 60 m² bis unter 100 m²	6,16	6,06	6,36	6,62	7,19
		100 m² und mehr	5,45	5,77	6,11	5,77	7,44
	Zweifamilienhaus	unter 60 m²	7,88	8,09	8,19	7,84	8,91
		von 60 m² bis unter 100 m²	5,78	6,00	6,15	6,00	7,62
		100 m² und mehr	5,26	5,33	5,48	5,67	7,33
	Mietwohngrundstück	unter 60 m²	8,08	8,26	8,33	8,38	11,33
		von 60 m² bis unter 100 m²	6,38	6,38	6,71	6,49	8,17
		100 m² und mehr	6,42	5,79	6,24	6,04	8,17
Hamburg	Einfamilienhaus	unter 60 m²	8,69	7,01	7,52	9,56	10,26
		von 60 m² bis unter 100 m²	7,62	6,53	7,11	8,31	8,20
		100 m² und mehr	6,74	6,22	6,84	7,24	8,49
	Zweifamilienhaus	unter 60 m²	10,45	9,34	9,82	10,55	10,89
		von 60 m² bis unter 100 m²	7,67	6,92	7,37	8,07	9,31
		100 m² und mehr	6,97	6,16	6,57	7,64	8,96
	Mietwohngrundstück	unter 60 m²	9,18	8,19	8,57	9,70	11,89
		von 60 m² bis unter 100 m²	7,23	6,32	6,89	7,51	8,58
		100 m² und mehr	7,30	5,73	6,42	6,98	8,58
Hessen	Einfamilienhaus	unter 60 m²	7,96	6,97	6,91	7,83	10,02
		von 60 m² bis unter 100 m²	6,97	6,50	6,54	6,80	8,00
		100 m² und mehr	6,17	6,18	6,29	5,93	8,29
	Zweifamilienhaus	unter 60 m²	7,45	7,23	7,02	6,72	8,27
		von 60 m² bis unter 100 m²	5,46	5,36	5,26	5,15	7,08
		100 m² und mehr	4,97	4,77	4,70	4,87	6,81
	Mietwohngrundstück	unter 60 m²	9,44	9,13	8,81	8,90	13,01
		von 60 m² bis unter 100 m²	7,45	7,05	7,10	6,89	9,39
		100 m² und mehr	7,50	6,39	6,60	6,40	9,39
Mecklenburg-Vorpommern	Einfamilienhaus	unter 60 m²	7,02	5,75	5,50	8,12	8,77
		von 60 m² bis unter 100 m²	6,15	5,37	5,20	7,05	7,01
		100 m² und mehr	5,44	5,11	5,01	6,14	7,26
	Zweifamilienhaus	unter 60 m²	7,48	6,80	6,35	7,92	8,24
		von 60 m² bis unter 100 m²	5,48	5,05	4,77	6,07	7,05
		100 m² und mehr	4,99	4,49	4,25	5,74	6,78
	Mietwohngrundstück	unter 60 m²	8,20	7,44	6,92	9,09	11,22
		von 60 m² bis unter 100 m²	6,48	5,74	5,57	7,04	8,10
		100 m² und mehr	6,52	5,21	5,18	6,55	8,10
Niedersachsen	Einfamilienhaus	unter 60 m²	6,62	6,36	6,31	7,72	8,40
		von 60 m² bis unter 100 m²	5,80	5,93	5,97	6,70	6,71
		100 m² und mehr	5,13	5,64	5,74	5,84	6,95
	Zweifamilienhaus	unter 60 m²	6,78	7,21	7,00	7,23	7,58
		von 60 m² bis unter 100 m²	4,98	5,34	5,25	5,53	6,48
		100 m² und mehr	4,52	4,76	4,68	5,24	6,24
	Mietwohngrundstück	unter 60 m²	8,07	8,57	8,28	9,00	11,22
		von 60 m² bis unter 100 m²	6,36	6,62	6,67	6,98	8,10
		100 m² und mehr	6,42	6,01	6,20	6,48	8,10

BewG

Land	Gebäudeart	Wohnfläche	Baujahr des Gebäudes bis 1948	1949 bis 1978	1979 bis 1990	1991 bis 2000	ab 2001
Nordrhein-Westfalen	Einfamilienhaus	unter 60 m^2	6,97	6,56	6,82	8,30	8,32
		von 60 m^2 bis unter 100 m^2	6,10	6,11	6,44	7,20	6,65
		100 m^2 und mehr	5,40	5,82	6,19	6,28	6,88
	Zweifamilienhaus	unter 60 m^2	7,07	7,38	7,50	7,70	7,44
		von 60 m^2 bis unter 100 m^2	5,19	5,47	5,62	5,89	6,37
		100 m^2 und mehr	4,71	4,87	5,02	5,57	6,12
	Mietwohngrundstück	unter 60 m^2	7,83	8,13	8,23	8,90	10,22
		von 60 m^2 bis unter 100 m^2	6,17	6,29	6,62	6,90	7,38
		100 m^2 und mehr	6,22	5,69	6,15	6,41	7,38
Rheinland-Pfalz	Einfamilienhaus	unter 60 m^2	7,12	6,81	6,88	8,13	9,32
		von 60 m^2 bis unter 100 m^2	6,23	6,36	6,50	7,06	7,45
		100 m^2 und mehr	5,52	6,05	6,25	6,15	7,72
	Zweifamilienhaus	unter 60 m^2	7,30	7,77	7,66	7,64	8,44
		von 60 m^2 bis unter 100 m^2	5,35	5,76	5,75	5,85	7,22
		100 m^2 und mehr	4,87	5,13	5,13	5,53	6,94
	Mietwohngrundstück	unter 60 m^2	8,33	8,82	8,67	9,11	11,95
		von 60 m^2 bis unter 100 m^2	6,57	6,81	6,98	7,06	8,62
		100 m^2 und mehr	6,62	6,18	6,49	6,57	8,62
Saarland	Einfamilienhaus	unter 60 m^2	6,07	6,18	6,13	8,39	9,03
		von 60 m^2 bis unter 100 m^2	5,32	5,76	5,79	7,29	7,21
		100 m^2 und mehr	4,71	5,48	5,57	6,35	7,47
	Zweifamilienhaus	unter 60 m^2	6,33	7,13	6,93	8,00	8,30
		von 60 m^2 bis unter 100 m^2	4,63	5,28	5,19	6,13	7,09
		100 m^2 und mehr	4,22	4,71	4,63	5,80	6,82
	Mietwohngrundstück	unter 60 m^2	7,74	8,70	8,41	10,24	12,62
		von 60 m^2 bis unter 100 m^2	6,10	6,73	6,77	7,94	9,10
		100 m^2 und mehr	6,15	6,10	6,30	7,37	9,10
Sachsen	Einfamilienhaus	unter 60 m^2	6,70	6,21	5,71	8,23	8,97
		von 60 m^2 bis unter 100 m^2	5,87	5,79	5,39	7,15	7,17
		100 m^2 und mehr	5,19	5,52	5,19	6,23	7,43
	Zweifamilienhaus	unter 60 m^2	5,92	6,09	5,47	6,67	7,00
		von 60 m^2 bis unter 100 m^2	4,34	4,51	4,11	5,11	5,99
		100 m^2 und mehr	3,94	4,01	3,67	4,83	5,75
	Mietwohngrundstück	unter 60 m^2	7,57	7,77	6,95	8,93	11,12
		von 60 m^2 bis unter 100 m^2	5,98	6,01	5,60	6,92	8,02
		100 m^2 und mehr	6,02	5,44	5,20	6,42	8,02
Sachsen-Anhalt	Einfamilienhaus	unter 60 m^2	6,23	5,78	5,53	7,43	7,79
		von 60 m^2 bis unter 100 m^2	5,45	5,39	5,22	6,45	6,23
		100 m^2 und mehr	4,83	5,14	5,02	5,62	6,45
	Zweifamilienhaus	unter 60 m^2	6,19	6,37	5,96	6,75	6,83
		von 60 m^2 bis unter 100 m^2	4,54	4,72	4,47	5,17	5,85
		100 m^2 und mehr	4,13	4,20	3,98	4,89	5,62
	Mietwohngrundstück	unter 60 m^2	7,22	7,41	6,90	8,24	9,90
		von 60 m^2 bis unter 100 m^2	5,69	5,72	5,55	6,38	7,14
		100 m^2 und mehr	5,74	5,19	5,16	5,93	7,14

Land	Gebäudeart	Wohnfläche	Baujahr des Gebäudes				
			bis 1948	1949 bis 1978	1979 bis 1990	1991 bis 2000	ab 2001
Schleswig-Holstein	Einfamilienhaus	unter 60 m²	7,16	6,92	6,87	8,47	9,24
		von 60 m² bis unter 100 m²	6,28	6,45	6,49	7,35	7,37
		100 m² und mehr	5,55	6,14	6,24	6,41	7,64
	Zweifamilienhaus	unter 60 m²	7,55	8,10	7,86	8,18	8,58
		von 60 m² bis unter 100 m²	5,54	6,01	5,90	6,27	7,34
		100 m² und mehr	5,03	5,34	5,26	5,92	7,06
	Mietwohngrundstück	unter 60 m²	7,85	8,39	8,10	8,89	11,09
		von 60 m² bis unter 100 m²	6,19	6,47	6,52	6,89	7,99
		100 m² und mehr	6,24	5,87	6,06	6,40	7,99
Thüringen	Einfamilienhaus	unter 60 m²	7,36	6,58	6,41	8,31	9,59
		von 60 m² bis unter 100 m²	6,45	6,13	6,05	7,22	7,66
		100 m² und mehr	5,71	5,83	5,82	6,29	7,94
	Zweifamilienhaus	unter 60 m²	7,07	7,00	6,67	7,30	8,12
		von 60 m² bis unter 100 m²	5,19	5,19	5,00	5,59	6,95
		100 m² und mehr	4,71	4,62	4,45	5,29	6,68
	Mietwohngrundstück	unter 60 m²	7,70	7,61	7,22	8,33	11,00
		von 60 m² bis unter 100 m²	6,08	5,88	5,81	6,45	7,94
		100 m² und mehr	6,12	5,33	5,40	6,00	7,94

II. Mietniveaustufen

Zur Berücksichtigung von Mietniveauunterschieden zwischen Gemeinden eines Landes sind die Nettokaltmieten zu I. durch folgende Ab- oder Zuschläge anzupassen:

Mietniveaustufe 1	– 20,0 %
Mietniveaustufe 2	– 10,0 %
Mietniveaustufe 3	+/– 0 %
Mietniveaustufe 4	+ 10,0 %
Mietniveaustufe 5	+ 20,0 %
Mietniveaustufe 6	+ 30,0 %
Mietniveaustufe 7	+ 40,0 %

Die gemeindebezogene Einordnung in die Mietniveaustufen und der dafür maßgebliche Gebietsstand ergibt sich aus der Rechtsverordnung zur Durchführung des § 254 des Bewertungsgesetzes in der jeweils aktuellen Fassung.

BewG

Anlage 40[1)]
(zu § 255)

Bewirtschaftungskosten

Pauschalierte Bewirtschaftungskosten für Verwaltung, Instandhaltung und Mietausfallwagnis in Prozent des Rohertrags des Grundstücks nach § 254

Restnutzungsdauer	Grundstücksart		
	1	2	3
	Ein- und Zweifamilienhäuser	Wohnungseigentum	Mietwohngrundstück
≥ 60 Jahre	18	23	21
40 bis 59 Jahre	21	25	23
20 bis 39 Jahre	25	29	27
< 20 Jahre	27	31	29

Anlage 41[2)]
(zu § 257 Absatz 2)

Abzinsungsfaktoren

Restnutzungsdauer (Jahre)	Zinssatz										
	1,5 %	1,6 %	1,7 %	1,8 %	1,9 %	2,0 %	2,1 %	2,2 %	2,3 %	2,4 %	2,5 %
1	0,9852	0,9843	0,9833	0,9823	0,9814	0,9804	0,9794	0,9785	0,9775	0,9766	0,9756
2	0,9707	0,9688	0,9668	0,9649	0,9631	0,9612	0,9593	0,9574	0,9555	0,9537	0,9518
3	0,9563	0,9535	0,9507	0,9479	0,9451	0,9423	0,9396	0,9368	0,9341	0,9313	0,9286
4	0,9422	0,9385	0,9348	0,9311	0,9275	0,9238	0,9202	0,9166	0,9131	0,9095	0,9060
5	0,9283	0,9237	0,9192	0,9147	0,9102	0,9057	0,9013	0,8969	0,8925	0,8882	0,8839
6	0,9145	0,9092	0,9038	0,8985	0,8932	0,8880	0,8828	0,8776	0,8725	0,8674	0,8623
7	0,9010	0,8948	0,8887	0,8826	0,8766	0,8706	0,8646	0,8587	0,8528	0,8470	0,8413
8	0,8877	0,8807	0,8738	0,8670	0,8602	0,8535	0,8468	0,8402	0,8337	0,8272	0,8207
9	0,8746	0,8669	0,8592	0,8517	0,8442	0,8368	0,8294	0,8221	0,8149	0,8078	0,8007
10	0,8617	0,8532	0,8449	0,8366	0,8284	0,8203	0,8123	0,8044	0,7966	0,7889	0,7812
11	0,8489	0,8398	0,8307	0,8218	0,8130	0,8043	0,7956	0,7871	0,7787	0,7704	0,7621
12	0,8364	0,8266	0,8169	0,8073	0,7978	0,7885	0,7793	0,7702	0,7612	0,7523	0,7436
13	0,8240	0,8135	0,8032	0,7930	0,7830	0,7730	0,7632	0,7536	0,7441	0,7347	0,7254
14	0,8118	0,8007	0,7898	0,7790	0,7684	0,7579	0,7475	0,7374	0,7273	0,7175	0,7077
15	0,7999	0,7881	0,7766	0,7652	0,7540	0,7430	0,7322	0,7215	0,7110	0,7006	0,6905
16	0,7880	0,7757	0,7636	0,7517	0,7400	0,7284	0,7171	0,7060	0,6950	0,6842	0,6736
17	0,7764	0,7635	0,7508	0,7384	0,7262	0,7142	0,7024	0,6908	0,6794	0,6682	0,6572
18	0,7649	0,7515	0,7383	0,7253	0,7126	0,7002	0,6879	0,6759	0,6641	0,6525	0,6412
19	0,7536	0,7396	0,7259	0,7125	0,6993	0,6864	0,6738	0,6614	0,6492	0,6372	0,6255
20	0,7425	0,7280	0,7138	0,6999	0,6863	0,6730	0,6599	0,6471	0,6346	0,6223	0,6103
21	0,7315	0,7165	0,7019	0,6875	0,6735	0,6598	0,6463	0,6332	0,6203	0,6077	0,5954
22	0,7207	0,7052	0,6901	0,6754	0,6609	0,6468	0,6330	0,6196	0,6064	0,5935	0,5809
23	0,7100	0,6941	0,6786	0,6634	0,6486	0,6342	0,6200	0,6062	0,5927	0,5796	0,5667
24	0,6995	0,6832	0,6673	0,6517	0,6365	0,6217	0,6073	0,5932	0,5794	0,5660	0,5529
25	0,6892	0,6724	0,6561	0,6402	0,6247	0,6095	0,5948	0,5804	0,5664	0,5527	0,5394
26	0,6790	0,6619	0,6451	0,6289	0,6130	0,5976	0,5825	0,5679	0,5536	0,5398	0,5262

1) Anl. 40 angef. durch G v. 26.11.2019 (BGBl. I S. 1794); zur Anwendung siehe § 266; geänd. mWv 29.12.2020 durch G v. 21.12.2020 (BGBl. I S. 3096).

2) Anl. 41 angef. durch G v. 26.11.2019 (BGBl. I S. 1794); zur Anwendung siehe § 266.

Rest-nutzungs-dauer (Jahre)	Zinssatz										
	1,5 %	1,6 %	1,7 %	1,8 %	1,9 %	2,0 %	2,1 %	2,2 %	2,3 %	2,4 %	2,5 %
27	0,6690	0,6514	0,6344	0,6177	0,6016	0,5859	0,5706	0,5557	0,5412	0,5271	0,5134
28	0,6591	0,6412	0,6238	0,6068	0,5904	0,5744	0,5588	0,5437	0,5290	0,5148	0,5009
29	0,6494	0,6311	0,6133	0,5961	0,5794	0,5631	0,5473	0,5320	0,5171	0,5027	0,4887
30	0,6398	0,6211	0,6031	0,5856	0,5686	0,5521	0,5361	0,5206	0,5055	0,4909	0,4767
31	0,6303	0,6114	0,5930	0,5752	0,5580	0,5412	0,5251	0,5094	0,4941	0,4794	0,4651
32	0,6210	0,6017	0,5831	0,5650	0,5476	0,5306	0,5143	0,4984	0,4830	0,4682	0,4538
33	0,6118	0,5923	0,5733	0,5550	0,5373	0,5202	0,5037	0,4877	0,4722	0,4572	0,4427
34	0,6028	0,5829	0,5638	0,5452	0,5273	0,5100	0,4933	0,4772	0,4616	0,4465	0,4319
35	0,5939	0,5737	0,5543	0,5356	0,5175	0,5000	0,4832	0,4669	0,4512	0,4360	0,4214
36	0,5851	0,5647	0,5451	0,5261	0,5078	0,4902	0,4732	0,4568	0,4410	0,4258	0,4111
37	0,5764	0,5558	0,5360	0,5168	0,4984	0,4806	0,4635	0,4470	0,4311	0,4158	0,4011
38	0,5679	0,5471	0,5270	0,5077	0,4891	0,4712	0,4540	0,4374	0,4214	0,4061	0,3913
39	0,5595	0,5385	0,5182	0,4987	0,4800	0,4619	0,4446	0,4280	0,4120	0,3966	0,3817
40	0,5513	0,5300	0,5095	0,4899	0,4710	0,4529	0,4355	0,4188	0,4027	0,3873	0,3724
41	0,5431	0,5216	0,5010	0,4812	0,4622	0,4440	0,4265	0,4097	0,3936	0,3782	0,3633
42	0,5351	0,5134	0,4926	0,4727	0,4536	0,4353	0,4178	0,4009	0,3848	0,3693	0,3545
43	0,5272	0,5053	0,4844	0,4644	0,4452	0,4268	0,4092	0,3923	0,3761	0,3607	0,3458
44	0,5194	0,4974	0,4763	0,4561	0,4369	0,4184	0,4007	0,3838	0,3677	0,3522	0,3374
45	0,5117	0,4895	0,4683	0,4481	0,4287	0,4102	0,3925	0,3756	0,3594	0,3440	0,3292
46	0,5042	0,4818	0,4605	0,4402	0,4207	0,4022	0,3844	0,3675	0,3513	0,3359	0,3211
47	0,4967	0,4742	0,4528	0,4324	0,4129	0,3943	0,3765	0,3596	0,3434	0,3280	0,3133
48	0,4894	0,4668	0,4452	0,4247	0,4052	0,3865	0,3688	0,3518	0,3357	0,3203	0,3057
49	0,4821	0,4594	0,4378	0,4172	0,3976	0,3790	0,3612	0,3443	0,3282	0,3128	0,2982
50	0,4750	0,4522	0,4305	0,4098	0,3902	0,3715	0,3538	0,3369	0,3208	0,3055	0,2909
51	0,4680	0,4451	0,4233	0,4026	0,3829	0,3642	0,3465	0,3296	0,3136	0,2983	0,2838
52	0,4611	0,4381	0,4162	0,3955	0,3758	0,3571	0,3394	0,3225	0,3065	0,2913	0,2769
53	0,4543	0,4312	0,4093	0,3885	0,3688	0,3501	0,3324	0,3156	0,2996	0,2845	0,2702
54	0,4475	0,4244	0,4024	0,3816	0,3619	0,3432	0,3255	0,3088	0,2929	0,2778	0,2636
55	0,4409	0,4177	0,3957	0,3749	0,3552	0,3365	0,3188	0,3021	0,2863	0,2713	0,2572
56	0,4344	0,4111	0,3891	0,3682	0,3485	0,3299	0,3123	0,2956	0,2799	0,2650	0,2509
57	0,4280	0,4046	0,3826	0,3617	0,3420	0,3234	0,3059	0,2893	0,2736	0,2588	0,2448
58	0,4217	0,3983	0,3762	0,3553	0,3357	0,3171	0,2996	0,2830	0,2674	0,2527	0,2388
59	0,4154	0,3920	0,3699	0,3490	0,3294	0,3109	0,2934	0,2769	0,2614	0,2468	0,2330
60	0,4093	0,3858	0,3637	0,3429	0,3233	0,3048	0,2874	0,2710	0,2555	0,2410	0,2273
61	0,4032	0,3797	0,3576	0,3368	0,3172	0,2988	0,2815	0,2652	0,2498	0,2353	0,2217
62	0,3973	0,3738	0,3516	0,3309	0,3113	0,2929	0,2757	0,2594	0,2442	0,2298	0,2163
63	0,3914	0,3679	0,3458	0,3250	0,3055	0,2872	0,2700	0,2539	0,2387	0,2244	0,2111
64	0,3856	0,3621	0,3400	0,3193	0,2998	0,2816	0,2645	0,2484	0,2333	0,2192	0,2059
65	0,3799	0,3564	0,3343	0,3136	0,2942	0,2761	0,2590	0,2430	0,2281	0,2140	0,2009
66	0,3743	0,3508	0,3287	0,3081	0,2887	0,2706	0,2537	0,2378	0,2230	0,2090	0,1960
67	0,3688	0,3452	0,3232	0,3026	0,2834	0,2653	0,2485	0,2327	0,2179	0,2041	0,1912
68	0,3633	0,3398	0,3178	0,2973	0,2781	0,2601	0,2434	0,2277	0,2130	0,1993	0,1865
69	0,3580	0,3345	0,3125	0,2920	0,2729	0,2550	0,2384	0,2228	0,2082	0,1947	0,1820
70	0,3527	0,3292	0,3073	0,2869	0,2678	0,2500	0,2335	0,2180	0,2036	0,1901	0,1776
71	0,3475	0,3240	0,3021	0,2818	0,2628	0,2451	0,2287	0,2133	0,1990	0,1857	0,1732
72	0,3423	0,3189	0,2971	0,2768	0,2579	0,2403	0,2239	0,2087	0,1945	0,1813	0,1690
73	0,3373	0,3139	0,2921	0,2719	0,2531	0,2356	0,2193	0,2042	0,1901	0,1771	0,1649

Rest-nutzungs-dauer (Jahre)	Zinssatz										
	1,5 %	**1,6 %**	**1,7 %**	**1,8 %**	**1,9 %**	**2,0 %**	**2,1 %**	**2,2 %**	**2,3 %**	**2,4 %**	**2,5 %**
74	0,3323	0,3089	0,2872	0,2671	0,2484	0,2310	0,2148	0,1998	0,1859	0,1729	0,1609
75	0,3274	0,3041	0,2824	0,2624	0,2437	0,2265	0,2104	0,1955	0,1817	0,1689	0,1569
76	0,3225	0,2993	0,2777	0,2577	0,2392	0,2220	0,2061	0,1913	0,1776	0,1649	0,1531
77	0,3178	0,2946	0,2731	0,2532	0,2347	0,2177	0,2018	0,1872	0,1736	0,1610	0,1494
78	0,3131	0,2899	0,2685	0,2487	0,2304	0,2134	0,1977	0,1832	0,1697	0,1573	0,1457
79	0,3084	0,2854	0,2640	0,2443	0,2261	0,2092	0,1936	0,1792	0,1659	0,1536	0,1422
80	0,3039	0,2809	0,2596	0,2400	0,2219	0,2051	0,1896	0,1754	0,1622	0,1500	0,1387
81	0,2994	0,2764	0,2553	0,2357	0,2177	0,2011	0,1857	0,1716	0,1585	0,1465	0,1353
82	0,2950	0,2721	0,2510	0,2316	0,2137	0,1971	0,1819	0,1679	0,1550	0,1430	0,1320
83	0,2906	0,2678	0,2468	0,2275	0,2097	0,1933	0,1782	0,1643	0,1515	0,1397	0,1288
84	0,2863	0,2636	0,2427	0,2235	0,2058	0,1895	0,1745	0,1607	0,1481	0,1364	0,1257
85	0,2821	0,2594	0,2386	0,2195	0,2019	0,1858	0,1709	0,1573	0,1447	0,1332	0,1226
86	0,2779	0,2554	0,2346	0,2156	0,1982	0,1821	0,1674	0,1539	0,1415	0,1301	0,1196
87	0,2738	0,2513	0,2307	0,2118	0,1945	0,1786	0,1640	0,1506	0,1383	0,1270	0,1167
88	0,2698	0,2474	0,2269	0,2081	0,1908	0,1751	0,1606	0,1473	0,1352	0,1241	0,1138
89	0,2658	0,2435	0,2231	0,2044	0,1873	0,1716	0,1573	0,1442	0,1322	0,1211	0,1111
90	0,2619	0,2396	0,2193	0,2008	0,1838	0,1683	0,1541	0,1411	0,1292	0,1183	0,1084
91	0,2580	0,2359	0,2157	0,1972	0,1804	0,1650	0,1509	0,1380	0,1263	0,1155	0,1057
92	0,2542	0,2322	0,2121	0,1937	0,1770	0,1617	0,1478	0,1351	0,1234	0,1128	0,1031
93	0,2504	0,2285	0,2085	0,1903	0,1737	0,1586	0,1447	0,1321	0,1207	0,1102	0,1006
94	0,2467	0,2249	0,2050	0,1869	0,1705	0,1554	0,1418	0,1293	0,1179	0,1076	0,0982
95	0,2431	0,2214	0,2016	0,1836	0,1673	0,1524	0,1389	0,1265	0,1153	0,1051	0,0958
96	0,2395	0,2179	0,1982	0,1804	0,1642	0,1494	0,1360	0,1238	0,1127	0,1026	0,0934
97	0,2359	0,2144	0,1949	0,1772	0,1611	0,1465	0,1332	0,1211	0,1102	0,1002	0,0912
98	0,2324	0,2111	0,1917	0,1741	0,1581	0,1436	0,1305	0,1185	0,1077	0,0979	0,0889
99	0,2290	0,2077	0,1885	0,1710	0,1552	0,1408	0,1278	0,1160	0,1053	0,0956	0,0868
100	0,2256	0,2045	0,1853	0,1680	0,1523	0,1380	0,1251	0,1135	0,1029	0,0933	0,0846

Rest-nutzungs-dauer (Jahre)	Zinssatz							
	2,6 %	**2,7 %**	**2,8 %**	**2,9 %**	**3,0 %**	**3,5 %**	**4 %**	**4,5 %**
1	0,9747	0,9737	0,9728	0,9718	0,9709	0,9662	0,9615	0,9569
2	0,9500	0,9481	0,9463	0,9444	0,9426	0,9335	0,9246	0,9157
3	0,9259	0,9232	0,9205	0,9178	0,9151	0,9019	0,8890	0,8763
4	0,9024	0,8989	0,8954	0,8919	0,8885	0,8714	0,8548	0,8386
5	0,8796	0,8753	0,8710	0,8668	0,8626	0,8420	0,8219	0,8025
6	0,8573	0,8523	0,8473	0,8424	0,8375	0,8135	0,7903	0,7679
7	0,8355	0,8299	0,8242	0,8186	0,8131	0,7860	0,7599	0,7348
8	0,8144	0,8080	0,8018	0,7956	0,7894	0,7594	0,7307	0,7032
9	0,7937	0,7868	0,7799	0,7731	0,7664	0,7337	0,7026	0,6729
10	0,7736	0,7661	0,7587	0,7514	0,7441	0,7089	0,6756	0,6439
11	0,7540	0,7460	0,7380	0,7302	0,7224	0,6849	0,6496	0,6162
12	0,7349	0,7264	0,7179	0,7096	0,7014	0,6618	0,6246	0,5897
13	0,7163	0,7073	0,6984	0,6896	0,6810	0,6394	0,6006	0,5643
14	0,6981	0,6887	0,6794	0,6702	0,6611	0,6178	0,5775	0,5400
15	0,6804	0,6706	0,6609	0,6513	0,6419	0,5969	0,5553	0,5167

Restnutzungsdauer (Jahre)	Zinssatz							
	2,6 %	2,7 %	2,8 %	2,9 %	3,0 %	3,5 %	4 %	4,5 %
16	0,6632	0,6529	0,6429	0,6329	0,6232	0,5767	0,5339	0,4945
17	0,6464	0,6358	0,6253	0,6151	0,6050	0,5572	0,5134	0,4732
18	0,6300	0,6191	0,6083	0,5978	0,5874	0,5384	0,4936	0,4528
19	0,6140	0,6028	0,5917	0,5809	0,5703	0,5202	0,4746	0,4333
20	0,5985	0,5869	0,5756	0,5645	0,5537	0,5026	0,4564	0,4146
21	0,5833	0,5715	0,5599	0,5486	0,5375	0,4856	0,4388	0,3968
22	0,5685	0,5565	0,5447	0,5332	0,5219	0,4692	0,4220	0,3797
23	0,5541	0,5419	0,5299	0,5181	0,5067	0,4533	0,4057	0,3634
24	0,5401	0,5276	0,5154	0,5035	0,4919	0,4380	0,3901	0,3477
25	0,5264	0,5137	0,5014	0,4893	0,4776	0,4231	0,3751	0,3327
26	0,5131	0,5002	0,4877	0,4756	0,4637	0,4088	0,3607	0,3184
27	0,5001	0,4871	0,4744	0,4622	0,4502	0,3950	0,3468	0,3047
28	0,4874	0,4743	0,4615	0,4491	0,4371	0,3817	0,3335	0,2916
29	0,4750	0,4618	0,4490	0,4365	0,4243	0,3687	0,3207	0,2790
30	0,4630	0,4497	0,4367	0,4242	0,4120	0,3563	0,3083	0,2670
31	0,4513	0,4378	0,4248	0,4122	0,4000	0,3442	0,2965	0,2555
32	0,4398	0,4263	0,4133	0,4006	0,3883	0,3326	0,2851	0,2445
33	0,4287	0,4151	0,4020	0,3893	0,3770	0,3213	0,2741	0,2340
34	0,4178	0,4042	0,3911	0,3783	0,3660	0,3105	0,2636	0,2239
35	0,4072	0,3936	0,3804	0,3677	0,3554	0,3000	0,2534	0,2143
36	0,3969	0,3832	0,3700	0,3573	0,3450	0,2898	0,2437	0,2050
37	0,3869	0,3732	0,3600	0,3472	0,3350	0,2800	0,2343	0,1962
38	0,3771	0,3633	0,3502	0,3375	0,3252	0,2706	0,2253	0,1878
39	0,3675	0,3538	0,3406	0,3279	0,3158	0,2614	0,2166	0,1797
40	0,3582	0,3445	0,3313	0,3187	0,3066	0,2526	0,2083	0,1719
41	0,3491	0,3354	0,3223	0,3097	0,2976	0,2440	0,2003	0,1645
42	0,3403	0,3266	0,3135	0,3010	0,2890	0,2358	0,1926	0,1574
43	0,3316	0,3180	0,3050	0,2925	0,2805	0,2278	0,1852	0,1507
44	0,3232	0,3097	0,2967	0,2843	0,2724	0,2201	0,1780	0,1442
45	0,3150	0,3015	0,2886	0,2763	0,2644	0,2127	0,1712	0,1380
46	0,3071	0,2936	0,2807	0,2685	0,2567	0,2055	0,1646	0,1320
47	0,2993	0,2859	0,2731	0,2609	0,2493	0,1985	0,1583	0,1263
48	0,2917	0,2784	0,2657	0,2535	0,2420	0,1918	0,1522	0,1209
49	0,2843	0,2710	0,2584	0,2464	0,2350	0,1853	0,1463	0,1157
50	0,2771	0,2639	0,2514	0,2395	0,2281	0,1791	0,1407	0,1107
51	0,2701	0,2570	0,2445	0,2327	0,2215	0,1730	0,1353	0,1059
52	0,2632	0,2502	0,2379	0,2262	0,2150	0,1671	0,1301	0,1014
53	0,2566	0,2437	0,2314	0,2198	0,2088	0,1615	0,1251	0,0970
54	0,2501	0,2372	0,2251	0,2136	0,2027	0,1560	0,1203	0,0928
55	0,2437	0,2310	0,2190	0,2076	0,1968	0,1508	0,1157	0,0888
56	0,2375	0,2249	0,2130	0,2017	0,1910	0,1457	0,1112	0,0850
57	0,2315	0,2190	0,2072	0,1960	0,1855	0,1407	0,1069	0,0814
58	0,2257	0,2133	0,2016	0,1905	0,1801	0,1360	0,1028	0,0778
59	0,2199	0,2077	0,1961	0,1851	0,1748	0,1314	0,0989	0,0745
60	0,2144	0,2022	0,1907	0,1799	0,1697	0,1269	0,0951	0,0713
61	0,2089	0,1969	0,1855	0,1748	0,1648	0,1226	0,0914	0,0682
62	0,2036	0,1917	0,1805	0,1699	0,1600	0,1185	0,0879	0,0653

Rest-nutzungs-dauer (Jahre)	Zinssatz						
	2,6 %	2,7 %	2,8 %	2,9 %	3,0 %	3,5 %	4 %	4,5 %
63	0,1985	0,1867	0,1756	0,1651	0,1553	0,1145	0,0845	0,0625
64	0,1935	0,1818	0,1708	0,1605	0,1508	0,1106	0,0813	0,0598
65	0,1885	0,1770	0,1661	0,1560	0,1464	0,1069	0,0781	0,0572
66	0,1838	0,1723	0,1616	0,1516	0,1421	0,1033	0,0751	0,0547
67	0,1791	0,1678	0,1572	0,1473	0,1380	0,0998	0,0722	0,0524
68	0,1746	0,1634	0,1529	0,1431	0,1340	0,0964	0,0695	0,0501
69	0,1702	0,1591	0,1488	0,1391	0,1301	0,0931	0,0668	0,0480
70	0,1658	0,1549	0,1447	0,1352	0,1263	0,0900	0,0642	0,0459
71	0,1616	0,1508	0,1408	0,1314	0,1226	0,0869	0,0617	0,0439
72	0,1575	0,1469	0,1369	0,1277	0,1190	0,0840	0,0594	0,0420
73	0,1535	0,1430	0,1332	0,1241	0,1156	0,0812	0,0571	0,0402
74	0,1497	0,1392	0,1296	0,1206	0,1122	0,0784	0,0549	0,0385
75	0,1459	0,1356	0,1260	0,1172	0,1089	0,0758	0,0528	0,0368
76	0,1422	0,1320	0,1226	0,1139	0,1058	0,0732	0,0508	0,0353
77	0,1386	0,1286	0,1193	0,1107	0,1027	0,0707	0,0488	0,0337
78	0,1351	0,1252	0,1160	0,1075	0,0997	0,0683	0,0469	0,0323
79	0,1316	0,1219	0,1129	0,1045	0,0968	0,0660	0,0451	0,0309
80	0,1283	0,1187	0,1098	0,1016	0,0940	0,0638	0,0434	0,0296
81	0,1250	0,1156	0,1068	0,0987	0,0912	0,0616	0,0417	0,0283
82	0,1219	0,1125	0,1039	0,0959	0,0886	0,0596	0,0401	0,0271
83	0,1188	0,1096	0,1011	0,0932	0,0860	0,0575	0,0386	0,0259
84	0,1158	0,1067	0,0983	0,0906	0,0835	0,0556	0,0371	0,0248
85	0,1128	0,1039	0,0956	0,0880	0,0811	0,0537	0,0357	0,0237
86	0,1100	0,1011	0,0930	0,0856	0,0787	0,0519	0,0343	0,0227
87	0,1072	0,0985	0,0905	0,0832	0,0764	0,0501	0,0330	0,0217
88	0,1045	0,0959	0,0880	0,0808	0,0742	0,0484	0,0317	0,0208
89	0,1018	0,0934	0,0856	0,0785	0,0720	0,0468	0,0305	0,0199
90	0,0993	0,0909	0,0833	0,0763	0,0699	0,0452	0,0293	0,0190
91	0,0967	0,0885	0,0810	0,0742	0,0679	0,0437	0,0282	0,0182
92	0,0943	0,0862	0,0788	0,0721	0,0659	0,0422	0,0271	0,0174
93	0,0919	0,0839	0,0767	0,0700	0,0640	0,0408	0,0261	0,0167
94	0,0896	0,0817	0,0746	0,0681	0,0621	0,0394	0,0251	0,0160
95	0,0873	0,0796	0,0726	0,0662	0,0603	0,0381	0,0241	0,0153
96	0,0851	0,0775	0,0706	0,0643	0,0586	0,0368	0,0232	0,0146
97	0,0829	0,0755	0,0687	0,0625	0,0569	0,0355	0,0223	0,0140
98	0,0808	0,0735	0,0668	0,0607	0,0552	0,0343	0,0214	0,0134
99	0,0788	0,0715	0,0650	0,0590	0,0536	0,0332	0,0206	0,0128
100	0,0768	0,0697	0,0632	0,0573	0,0520	0,0321	0,0198	0,0123

Berechnungsvorschrift für die Abzinsungsfaktoren (Barwertfaktoren für die Abzinsung):

$$\text{Abzinsungsfaktor} = \frac{1}{q^n}$$

$$q = 1 + LZ \quad \text{wobei } LZ = \frac{p}{100}$$

LZ = Zinssatz (Liegenschaftszinssatz)
n = Restnutzungsdauer
p = Zinsfuß

Anlage 42[1)]
(zu § 259 Absatz 1)

Normalherstellungskosten

I. Begriff der Brutto-Grundfläche (BGF)

1. Die BGF ist die Summe der bezogen auf die jeweilige Gebäudeart marktüblich nutzbaren Grundflächen aller Grundrissebenen eines Bauwerks. In Anlehnung an die DIN 277-1:2005-02 sind bei den Grundflächen folgende Bereiche zu unterscheiden:
Bereich a: überdeckt und allseitig in voller Höhe umschlossen,
Bereich b: überdeckt, jedoch nicht allseitig in voller Höhe umschlossen,
Bereich c: nicht überdeckt.
Für die Anwendung der Normalherstellungskosten (NHK) sind im Rahmen der Ermittlung der BGF nur die Grundflächen der Bereiche a und b zugrunde zu legen. Balkone, auch wenn sie überdeckt sind, sind dem Bereich c zuzuordnen.
Für die Ermittlung der BGF sind die äußeren Maße der Bauteile einschließlich Bekleidung, z.B. Putz und Außenschalen mehrschaliger Wandkonstruktionen, in Höhe der Bodenbelagsoberkanten anzusetzen.
2. Nicht zur BGF gehören z.B. Flächen von Spitzböden und Kriechkellern, Flächen, die ausschließlich der Wartung, Inspektion und Instandsetzung von Baukonstruktionen und technischen Anlagen dienen, sowie Flächen unter konstruktiven Hohlräumen, z.B. über abgehängten Decken.

II. Normalherstellungskosten (NHK)

Normalherstellungskosten in Euro/m² BGF auf der Grundlage der Normalherstellungskosten 2010 (NHK 2010), einschließlich Baunebenkosten und Umsatzsteuer für die jeweilige Gebäudeart (Kostenstand 2010) sowie eines pauschalen Zuschlages für bauliche Anlagen, insbesondere Außenanlagen, und sonstige Anlagen (3 %).

Gebäudeart		Baujahrgruppe		
		vor 1995	1995–2004	ab 2005
1	Gemischt genutzte Grundstücke (Wohnhäuser mit Mischnutzung)	695	886	1 118
2	Banken und ähnliche Geschäftshäuser	736	937	1 494
3	Bürogebäude, Verwaltungsgebäude	839	1 071	1 736
4	Gemeindezentren, Vereinsheime, Saalbauten, Veranstaltungsgebäude	1 004	1 282	1 555
5	Kindergärten (Kindertagesstätten), allgemeinbildende Schulen, berufsbildende Schulen, Hochschulen, Sonderschulen	1 164	1 488	1 710
6	Wohnheime, Internate, Alten-, Pflegeheime	876	1 118	1 370
7	Krankenhäuser, Kliniken, Tageskliniken, Ärztehäuser	1 334	1 705	2 075
8	Beherbergungsstätten, Hotels, Verpflegungseinrichtungen	1 118	1 427	1 859
9.1	Sporthallen	1 133	1 447	1 777
9.2	Tennishallen	814	1 040	1 226
9.3	Freizeitbäder, Kur- und Heilbäder	1 978	2 524	3 075
10.1	Verbrauchermärkte	582	742	896
10.2	Kauf- und Warenhäuser	1 066	1 360	1 633
10.3	Autohäuser ohne Werkstatt	757	968	1 277
11.1	Betriebs- und Werkstätten eingeschossig oder mehrgeschossig ohne Hallenanteil; industrielle Produktionsgebäude, Massivbauweise	762	973	1 200
11.2	Betriebs- und Werkstätten, mehrgeschossig, hoher Hallenanteil; industrielle Produktionsgebäude, überwiegend Skelettbauweise	536	680	942
12.1	Lagergebäude ohne Mischnutzung, Kaltlager	283	361	505

1) Anl. 42 angef. durch G v. 26.11.2019 (BGBl. I S. 1794); zur Anwendung siehe § 266.

	Gebäudeart	Baujahrgruppe		
		vor 1995	1995–2004	ab 2005
12.2	Lagergebäude mit bis zu 25 Prozent Mischnutzung	443	567	711
12.3	Lagergebäude mit mehr als 25 Prozent Mischnutzung	716	917	1 128
13	Museen, Theater, Sakralbauten	1 514	1 875	2 395
14	Reithallen, ehemalige landwirtschaftliche Mehrzweckhallen, Scheunen und Ähnliches		263	
15	Stallbauten		422	
16	Hochgaragen, Tiefgaragen und Nutzfahrzeuggaragen		623	
17	Einzelgaragen, Mehrfachgaragen		500	
18	Carports und Ähnliches		196	
19	**Teileigentum** Teileigentum ist in Abhängigkeit von der baulichen Gestaltung den vorstehenden Gebäudearten zuzuordnen.			
20	**Auffangklausel** Normalherstellungskosten für nicht aufgeführte Gebäudearten sind aus den Normalherstellungskosten vergleichbarer Gebäudearten abzuleiten.			

Anlage 43[1)]
(zu § 260)

Wertzahlen
für Teileigentum, Geschäftsgrundstücke, gemischt genutzte Grundstücke und sonstige bebaute Grundstücke nach § 249 Absatz 1 Nummer 5 bis 8

Vorläufiger Sachwert		Bodenrichtwert bis 100 EUR/m²	Bodenrichtwert bis 300 EUR/m²	Bodenrichtwert über 300 EUR/m²
bis	500 000 EUR	0,80	0,90	1,00
	750 000 EUR	0,75	0,85	0,95
	1 000 000 EUR	0,70	0,80	0,90
	1 500 000 EUR	0,65	0,75	0,85
	2 000 000 EUR	0,60	0,70	0,80
	3 000 000 EUR	0,55	0,65	0,75
über	3 000 000 EUR	0,50	0,60	0,70

[1)] Anl. 43 angef. durch G v. 26.11.2019 (BGBl. I S. 1794); zur Anwendung siehe § 266.

4. Einführungsgesetz zur Abgabenordnung (EGAO)

Vom 14. Dezember 1976
(BGBl. I S. 3341)

FNA 610-1-4

geänd. durch § 24 Grunderwerbsteuergesetz 1983 v. 17.12.1982 (BGBl. I S. 1777), Art. 3 Steuerbereinigungsgesetz 1986 v. 19.12.1985 (BGBl. I S. 2436), Art. 16 Steuerreformgesetz 1990 v. 25.7. 1988 (BGBl. I S. 1093), Art. 10 Haushaltsbegleitgesetz 1989 v. 20.12.1988 (BGBl. I S. 2262), Art. 2 Vereinsförderungsgesetz v. 18.12.1989 (BGBl. I S. 2212), Art. 10 Wohnungsbauförderungsgesetz v. 22.12.1989 (BGBl. I S. 2408), S. 968 Einigungsvertrag v. 31.8.1990 (BGBl. II S. 889, 968), Art. 17 Steueränderungsgesetz 1991 v. 24.6.1991 (BGBl. I S. 1322), Art. 38 Steueränderungsgesetz 1992 v. 25.2.1992 (BGBl. I S. 297), Art. 18 Gesetz zur Umsetzung des Föderalen Konsolidierungsprogramms v. 23.6.1993 (BGBl. I S. 944), Art. 14 Standortsicherungsgesetz v. 13.9.1993 (BGBl. I S. 1569), Art. 27 Mißbrauchsbekämpfungs- und Steuerbereinigungsgesetz v. 21.12.1993 (BGBl. I S. 2310), Art. 5 Grenzpendlergesetz v. 24.6.1994 (BGBl. I S. 1395), Art. 27 Jahressteuergesetz 1996 v. 11.10.1995 (BGBl. I S. 1250), Art. 15 Jahressteuer-Ergänzungsgesetz 1996 v. 18.12.1995 (BGBl. I S. 1959), Art. 20 Jahressteuergesetz 1997 v. 20.12.1996 (BGBl. I S. 2049), Art. 2 Zweites Gesetz zur Änderunmg zwangsvollstreckungsrechtlicher Vorschriften (2. Zwangsvollstreckungsnovelle) v. 17.12. 1997 (BGBl. I S. 3039), Art. 5 Gesetz zur Datenermittlung für den Verteilungsschlüssel des Gemeindeanteils am Umsatzsteueraufkommen und zur Änderung steuerlicher Vorschriften v. 23.6.1998 (BGBl. I S. 1496), Art. 3 Steueränderungsgesetz 1998 v. 19.12.1998 (BGBl. I S. 3816), Art. 9 Gesetz zur Änderung des Einführungsgesetzes zur Insolvenzordnung und anderer Gesetze (EGInsOÄndG) v. 19.12.1998 (BGBl. I S. 3836), Art. 5 Zweites Euro-Einführungsgesetz v. 24.3.1999 (BGBl. I S. 385), Art. 18 Steuerbereinigungsgesetz 1999 v. 22.12.1999 (BGBl. I S. 2601), Art. 2 Gesetz zur weiteren steuerlichen Förderung von Stiftungen v. 14.7.2000 (BGBl. I S. 1034), Art. 8 Gesetz zur Senkung der Steuersätze und zur Reform der Unternehmensbesteuerung (StSenkG) v. 23.10.2000 (BGBl. I S. 1433), Art. 24 Steuer-Euroglättungsgesetz (StEuglG) v. 19.12.2000 (BGBl. I S. 1790), Art. 6 Gesetz zur Änderung des Investitionszulagengesetzes 1999 v. 20.12.2000 (BGBl. I S. 1850), Art. 9 Steueränderungsgesetz 2001 (StÄndG 2001) v. 20.12.2001 (BGBl. I S. 3794), Art. 10 Steuervergünstigungsabbaugesetz (StVergAbG) v. 16.5.2003 (BGBl. I S. 660), Art. 7 Kleinunternehmerförderungsgesetz v. 31.7.2003 (BGBl. I S. 1550), Art. 9 Steueränderungsgesetz 2003 (StÄndG 2003) v. 15.12.2003 (BGBl. I S. 2645), Art. 1b Gesetz zur Förderung der Ausbildung und Beschäftigung schwerbehinderter Menschen v. 23.4.2004 (BGBl. I S. 606), Art. 4 Abs. 58 Kostenrechtsmodernisierungsgesetz (KostRMoG) v. 5.5.2004 (BGBl. I S. 718), Art. 2 Gesetz zur Änderung der Abgabenordnung und weiterer Gesetze v. 21.7.2004 (BGBl. I S. 1753), Art. 9 Richtlinien-Umsetzungsgesetz (EURLUmsG) v. 9.12.2004 (BGBl. I S. 3310, ber. S. 3843), Art. 7 Erstes Gesetz zum Abbau bürokratischer Hemmnisse insbesondere in der mittelständischen Wirtschaft v. 22.8.2006 (BGBl. I S. 1970), Art. 11 Jahressteuergesetz 2007 (JStG 2007) v. 13.12.2006 (BGBl. I S. 2878), Art. 6 Zweites Gesetz zum Abbau bürokratischer Hemmnisse insbesondere in der mittelständischen Wirtschaft v. 7.9.2007 (BGBl. I S. 2246), Art. 6 Gesetz zur weiteren Stärkung des bürgerschaftlichen Engagements v. 10.10.2007 (BGBl. I S. 2332), Art. 15 Jahressteuergesetz 2008 (JStG 2008) v. 20.12.2007 (BGBl. I S. 3150), Art. 11 Jahressteuergesetz 2009 (JStG 2009) v. 19.12.2008 (BGBl. I S. 2794), Art. 11 Gesetz zur Modernisierung und Entbürokratisierung des Steuerverfahrens (Steuerbürokratieabbaugesetz) v. 20.12.2008 (BGBl. I S. 2850), Art. 4 Gesetz zur Bekämpfung der Steuerhinterziehung (Steuerhinterziehungsbekämpfungsgesetz) v. 29.7.2009 (BGBl. I S. 2302), Art. 16 Jahressteuergesetz 2010 (JStG 2010) v. 8.12.2010 (BGBl. I S. 1768), Art. 3 Gesetz zur Verbesserung der Bekämpfung der Geldwäsche und Steuerhinterziehung (Schwarzgeldbekämpfungsgesetz) v. 28.4.2011 (BGBl. I S. 676), Art. 4 Steuervereinfachungsgesetz 2011 v. 1.11.2011 (BGBl. I S. 2131), Art. 12 Gesetz zur Umsetzung der Amtshilferichtlinie sowie zur Änderung steuerlicher Vorschriften (Amtshilferichtlinie-Umsetzungsgesetz – AmtshilfeRLUmsG) v. 26.6.2013 (BGBl. I S. 1809), Art. 4 Gesetz zur Anpassung steuerlicher Regelungen an die Rechtsprechung des Bundesverfassungsgerichts v. 18.7.2014 (BGBl. I S. 1042), Art. 2 Gesetz zur Änderung der Abgabenordnung und des Einführungsgesetzes zur Abgabenordnung v. 22.12.2014 (BGBl. I S. 2415), Art. 3 Gesetz zur Anpassung der Abgabenordnung an den Zollkodex der Union und zur Änderung weiterer steuerlicher Vorschriften v. 22.12.2014 (BGBl. I S. 2417), Art. 4 Gesetz zur Entlastung insbesondere der mittelständischen Wirtschaft von Bürokratie (Bürokratieentlastungsgesetz) v. 28.7.2015 (BGBl. I S. 1400), Art. 2 Gesetz zur Modernisierung des Besteuerungsverfahrens v. 18.7.2016 (BGBl. I S. 1679), Art. 3 Gesetz zur Umsetzung der Änderungen der EU-Amtshilferichtlinie und von weiteren Maßnahmen gegen Gewinnkürzungen und -verlagerungen v. 20.12.2016 (BGBl. I S. 3000), Art. 2 Gesetz zum Schutz vor Manipulationen an digitalen Grundaufzeichnungen v. 22.12.2016 (BGBl. I S. 3152), Art. 3 Gesetz zur Bekämpfung der Steuerumgehung und zur Änderung weiterer steuerlicher Vorschriften (Steuerumgehungsbekämpfungsgesetz – StUmgBG) v. 23.6.2017 (BGBl. I S. 1682), Art. 3 Zweites Gesetz zur Entlastung insbesondere der mittelständischen Wirtschaft von Bürokratie (Zweites Bürokratieentlastungsgesetz) v. 30.6.2017 (BGBl. I S. 2143), Art. 13 Gesetz zur Vermeidung von Umsatzsteuerausfällen beim Handel mit Waren im Internet und zur Änderung weiterer steuerlicher Vorschriften v. 11.12.2018 (BGBl. I S. 2338), Art. 71 Zweites Gesetz zur Anpassung des Datenschutzrechts an die Verordnung (EU) 2016/679 und zur Umsetzung der Richtlinie (EU) 2016/680 (Zweites Datenschutz-Anpassungs- und Umsetzungsgesetz EU – 2. DSAnpUG-EU) v. 20.11.2019 (BGBl. I S. 1626), Art. 4 Drittes Gesetz zur Entlastung insbesondere der mittelständischen Wirtschaft von Bürokratie (Drittes Bürokratieentlastungsgesetz) v. 22.11.2019 (BGBl. I S. 1746), Art. 6 und 7 Gesetz zur Reform des Grundsteuer- und Bewertungsrechts (Grundsteuer-Reformgesetz – GrStRefG) v. 26.11.2019 (BGBl. I S. 1794), Art. 22 Gesetz zur weiteren steuerlichen Förderung der Elektromobilität und zur Änderung weiterer steuerlicher Vorschriften v. 12.12.2019 (BGBl. I S. 2451), Art. 2 Gesetz zur Einführung einer Pflicht zur Mitteilung grenzüberschreitender Steuergestaltungen v. 21.12.2019 (BGBl. I S. 2875), Art. 4 Gesetz zur Umsetzung steuerlicher Hilfsmaßnahmen zur Bewältigung der Corona-Krise (Corona-Steuerhilfegesetz) v. 19.6.2020 (BGBl. I S. 1385), Art. 7 Zweites Gesetz zur Umsetzung steuerlicher Hilfsmaßnahmen zur Bewältigung der Corona-Krise (Zweites Corona-Steuerhilfegesetz) v. 29.6.2020 (BGBl. I S. 1512), Art. 29 Jahressteuergesetz 2020 (JStG 2020) v. 21.12.2020 (BGBl. I S. 3096), Art. 2 Gesetz zur Verlängerung der Aussetzung der Insolvenzantragspflicht und des Anfechtungsschutzes für pandemiebedingte Stundungen sowie zur Verlängerung der Steuererklärungsfrist in beratenen Fällen und der zinsfreien Karenzzeit für den Veranlagungszeitraum 2019 v. 15.2.2021 (BGBl. I S. 237), Art. 7 Gesetz zur Modernisierung der Entlastung von Abzugsteuern und der Bescheinigung der Kapitalertragsteuer (Abzugsteuerentlastungsmodernisierungsgesetz – AbzStEntModG) v. 2.6.2021 (BGBl. I S. 1259), Art. 6 Gesetz zur Umsetzung der Anti-Steuervermeidungsrichtlinie (ATAD-Umsetzungsgesetz – ATADUmsG) v. 25.6.2021 (BGBl. I S. 2035) und Art. 5 Gesetz zur Abwehr von Steuervermeidung und unfairem Steuerwettbewerb und zur Änderung weiterer Gesetze v. 25.6.2021 (BGBl. I S. 2056)

– Auszug –

Der Bundestag hat mit Zustimmung des Bundesrates das folgende Gesetz beschlossen:

Erster Abschnitt. Änderung von Gesetzen auf dem Gebiet des Finanzwesens

Art. 1–6 …

Art. 7 Hauptfeststellung der Einheitswerte der Mineralgewinnungsrechte. (1) Für Mineralgewinnungsrechte findet die nächste Hauptfeststellung der Einheitswerte auf den 1. Januar 1977 statt (Hauptfeststellung 1977).

(2) Die Einheitswerte für Mineralgewinnungsrechte, denen die Wertverhältnisse vom 1. Januar 1977 zugrunde liegen, sind erstmals anzuwenden bei der Feststellung von Einheitswerten der gewerblichen Betriebe auf den 1. Januar 1977 und bei der Festsetzung von Steuern, bei denen die Steuer nach dem 31. Dezember 1976 entsteht.

(3)[1] Die Absätze 1 und 2 sind letztmals anzuwenden für gesonderte Feststellungen auf den 1. Januar 2024.

Art. 8–38 …

[1] Art. 7 Abs. 3 angef. durch G v. 26.11.2019 (BGBl. I S. 1794); in Kraft ab **1.1.2025**.

Zweiter Abschnitt. Anpassung weiterer Bundesgesetze

Erster Titel. Änderung von Gesetzen auf dem Gebiet des Rechts der Verwaltung

Art. 39–52 …

Zweiter Titel. Änderung von Gesetzen auf dem Gebiet der Rechtspflege, des Zivilrechts und des Strafrechts

Art. 53–57 …

Dritter Titel. Änderung von Gesetzen auf dem Gebiet des Verteidigungsrechts

Art. 58 …

Vierter Titel. Änderung von Gesetzen auf dem Gebiet des Wirtschaftsrechts

Art. 59–81 …

Fünfter Titel. Änderung von Gesetzen auf dem Gebiet des Arbeitsrechts, der Sozialversicherung und der Kriegsopferversorgung

Art. 82–90 …

Sechster Titel. Änderung von Gesetzen auf dem Gebiet des Post- und Fernmeldewesens sowie des Verkehrswesens

Art. 91–94 …

Siebenter Titel. Änderung anderer Gesetze

Art. 95 …

Achter Titel. Außerkrafttreten von Vorschriften

Art. 96 Außerkrafttreten. Mit Inkrafttreten der Abgabenordnung[1)] treten außer Kraft:

1. Die Reichsabgabenordnung vom 22. Mai 1931 (Reichsgesetzbl. I S. 161), zuletzt geändert durch das Gesetz über das Zeugnisverweigerungsrecht der Mitarbeiter von Presse und Rundfunk vom 25. Juli 1975 (Bundesgesetzbl. I S. 1973);
2. die Verordnung zur Durchführung des § 160 Abs. 2 der Reichsabgabenordnung vom 24. März 1932 (Reichsgesetzbl. I S. 165);
3. die Verordnung zur Durchführung von Buch- und Betriebsprüfungen vom 9. November 1925 (Reichsministerialblatt S. 1337);
4. die Verordnung zur Durchführung der §§ 402 und 413 der Reichsabgabenordnung vom 17. August 1940 (Reichsministerialblatt S. 209);

---

1) Nr. 1.

5. das Steueranpassungsgesetz vom 16. Oktober 1934 (Reichsgesetzbl. I S. 925), zuletzt geändert durch das Einführungsgesetz zum Einkommensteuerreformgesetz vom 21. Dezember 1974 (Bundesgesetzbl. I S. 3656);
6. die Gemeinnützigkeitsverordnung vom 24. Dezember 1953 (Bundesgesetzbl. I S. 1592), zuletzt geändert durch das Steueränderungsgesetz 1969 vom 18. August 1969 (Bundesgesetzbl. I S. 1211);
7. die Aufteilungsverordnung vom 8. November 1963 (Bundesgesetzbl. I S. 785), geändert durch die Finanzgerichtsordnung vom 6. Oktober 1965 (Bundesgesetzbl. I S. 1477);
8. das Steuersäumnisgesetz vom 13. Juli 1961 (Bundesgesetzbl. I S. 981, 993), zuletzt geändert durch das Dritte Gesetz zur Änderung des Steuerberatungsgesetzes vom 24. Juni 1975 (Bundesgesetzbl. I S. 1509);
9. die Verordnung zum Steuersäumnisgesetz vom 15. August 1961 (Bundesgesetzbl. I S. 1299), geändert durch die Verordnung zur Änderung der Verordnung zum Steuersäumnisgesetz vom 9. Juni 1969 (Bundesgesetzbl. I S. 539);
10. die Beitreibungsordnung vom 23. Juni 1923 (Reichsministerialblatt S. 595);
11. die Verordnung zur Einführung der Beitreibungsordnung vom 5. Juli 1923 (Reichsministerialblatt S. 645);
12. die Verordnung über die Auswertung der Personenstands- und Betriebsaufnahme (Aufstellung von Urlisten) vom 16. Mai 1935 (Reichsministerialblatt S. 538);
13. die Verordnung über die Führung eines Wareneingangsbuchs vom 20. Juni 1935 (Reichsgesetzbl. I S. 752), zuletzt geändert durch das Gesetz zur Abkürzung handelsrechtlicher und steuerrechtlicher Aufbewahrungsfristen vom 2. März 1959 (Bundesgesetzbl. I S. 77);
14. die Verordnung über landwirtschaftliche Buchführung vom 5. Juli 1935 (Reichsgesetzbl. I S. 908);
15. die Warenausgangsverordnung vom 20. Juni 1936 (Reichsgesetzbl. I S. 507), geändert durch das Gesetz zur Änderung von Vorschriften des Dritten Teiles der Reichsabgabenordnung vom 11. Mai 1956 (Bundesgesetzbl. I S. 418);
16. die Verordnung über die Zuständigkeit im Besteuerungsverfahren vom 3. Januar 1944 (Reichsgesetzbl. I S. 11);
17. das Gesetz über die Kosten der Zwangsvollstreckung nach der Reichsabgabenordnung vom 12. April 1961 (Bundesgesetzbl. I S. 429), zuletzt geändert durch das Gesetz zur Änderung des Gesetzes über die Kosten der Zwangsvollstreckung nach der Reichsabgabenordnung vom 20. Mai 1975 (Bundesgesetzbl. I S. 1119);
18. § 6 Abs. 2 Satz 4 der Verordnung über die Offenlegung der Ergebnisse der Bodenschätzung vom 31. Januar 1936 (Reichsgesetzbl. I S. 120);
19. §§ 15 und 20 des Rennwett- und Lotteriegesetzes vom 8. April 1922 (Reichsgesetzbl. I S. 335, 393), zuletzt geändert durch das Gesetz zur Änderung des Rennwett- und Lotteriegesetzes vom 16. Dezember 1974 (Bundesgesetzbl. I S. 3561);
20. die Verordnung über die Zwangsvollstreckung im Erstattungsverfahren für den Dienstbereich der Reichsfinanzverwaltung vom 17. Dezember 1937 (Reichsgesetzbl. I S. 1388);

21. § 5 der Verordnung zur beschleunigten Förderung des Baues von Heuerlings- und Werkwohnungen sowie von Eigenheimen für ländliche Arbeiter und Handwerker vom 10. März 1937 (Reichsgesetzbl. I S. 292), zuletzt geändert durch das Beurkundungsgesetz vom 28. August 1969 (Bundesgesetzbl. I S. 1513);
22. § 2 Abs. 3 der Zweiten Durchführungsverordnung über die beschleunigte Förderung des Baues von Heuerlings- und Werkwohnungen sowie von Eigenheimen für ländliche Arbeiter und Handwerker vom 27. Januar 1938 (Reichsgesetzbl. I S. 107);
23. § 3 des Gesetzes über die Erhebung von Gebühren durch die Außenhandelsstelle des Bundesministeriums für Ernährung, Landwirtschaft und Forsten vom 17. Dezember 1951 (Bundesgesetzbl. I S. 969);
24. § 21 Abs. 3 des Vieh- und Fleischgesetzes vom 25. April 1951 (Bundesgesetzbl. I S. 272), zuletzt geändert durch das Gesetz über die Neuorganisation der Marktordnungsstellen vom 23. Juni 1976 (Bundesgesetzbl. I S. 1608);
25. § 11 Abs. 3 des Zuckergesetzes vom 5. Januar 1951 (Bundesgesetzbl. I S. 47), zuletzt geändert durch das Gesetz zur Gesamtreform des Lebensmittelrechts vom 15. August 1974 (Bundesgesetzbl. I S. 1945).

Dritter Abschnitt. Schlußvorschriften

Art. 97 Übergangsvorschriften

§ 1 Begonnene Verfahren. (1) Verfahren, die am 1. Januar 1977 anhängig sind, werden nach den Vorschriften der Abgabenordnung zu Ende geführt, soweit in den nachfolgenden Vorschriften nichts anderes bestimmt ist.

(2)[1] [1]Durch das Steuerbereinigungsgesetz 1986 vom 19. Dezember 1985 (BGBl. I S. 2436) geänderte oder eingefügte Vorschriften sowie die auf diesen Vorschriften beruhenden Rechtsverordnungen sind auf alle bei Inkrafttreten[2] dieser Vorschriften anhängigen Verfahren anzuwenden, soweit nichts anderes bestimmt ist. [2]Soweit die Vorschriften die Bekanntgabe von schriftlichen Verwaltungsakten regeln, gelten sie für alle nach dem Inkrafttreten der Vorschriften zur Post gegebenen Verwaltungsakte.

(3)[3] Die durch Artikel 15 des Steuerreformgesetzes 1990 vom 25. Juli 1988 (BGBl. I S. 1093) geänderten Vorschriften sind auf alle bei Inkrafttreten[4] dieser Vorschriften anhängigen Verfahren anzuwenden, soweit nichts anderes bestimmt ist.

(4)[5] Die durch Artikel 26 des Gesetzes vom 21. Dezember 1993 (BGBl. I S. 2310) geänderten Vorschriften sind auf alle bei Inkrafttreten[6] dieser Vorschriften anhängigen Verfahren anzuwenden, soweit nichts anderes bestimmt ist.

---

[1] Art. 97 § 1 Abs. 2 angef. durch G v. 19.12.1985 (BGBl. I S. 2436).
[2] In Kraft ab 25.12.1985.
[3] Art. 97 § 1 Abs. 3 angef. durch G v. 25.7.1988 (BGBl. I S. 1093).
[4] In Kraft ab 3.8.1988.
[5] Art. 97 § 1 Abs. 4 angef. durch G v. 21.12.1993 (BGBl. I S. 2310).
[6] In Kraft ab 30.12.1993.

(5)[1] Die durch Artikel 26 des Gesetzes vom 11. Oktober 1995 (BGBl. I S. 1250) geänderten Vorschriften sind auf alle bei Inkrafttreten[2] dieser Vorschriften anhängigen Verfahren anzuwenden, soweit nichts anderes bestimmt ist.

(6)[3] Die durch Artikel 18 des Gesetzes vom 20. Dezember 1996 (BGBl. I S. 2049) geänderten Vorschriften sind auf alle bei Inkrafttreten[4] dieser Vorschriften anhängigen Verfahren anzuwenden, soweit nichts anderes bestimmt ist.

(7)[5] Die durch Artikel 17 des Gesetzes vom 22. Dezember 1999 (BGBl. I S. 2601) geänderten Vorschriften sind auf alle bei Inkrafttreten[6] des Gesetzes anhängigen Verfahren anzuwenden, soweit nichts anderes bestimmt ist.

(8)[7] Die durch Artikel 23 des Gesetzes vom 19. Dezember 2000 (BGBl. I S. 1790) geänderten Vorschriften sind auf alle bei Inkrafttreten[8] des Gesetzes anhängigen Verfahren anzuwenden, soweit nichts anderes bestimmt ist.

(9)[9] [1]Rechtsverordnungen auf Grund des § 2 Absatz 2 der Abgabenordnung in der Fassung des Artikels 9 des Gesetzes vom 8. Dezember 2010 (BGBl. I S. 1768) können mit Wirkung für den Veranlagungszeitraum 2010 erlassen werden, sofern die dem Bundesrat zugeleitete Rechtsverordnung vor dem 1. Januar 2011 als Bundesratsdrucksache veröffentlicht worden ist. [2]Rechtsverordnungen, die dem Bundesrat nach diesem Zeitpunkt zugeleitet werden, können bestimmen, dass sie ab dem Zeitpunkt der Bekanntgabe der in § 2 Absatz 2 der Abgabenordnung genannten und nach dem 31. Dezember 2010 geschlossenen Konsultationsvereinbarung im Bundessteuerblatt gelten.

(10)[10] [1]Die durch Artikel 3 des Gesetzes vom 18. Juli 2014 (BGBl. I S. 1042) geänderten Vorschriften sind auf alle am 24. Juli 2014 anhängigen Verfahren anzuwenden, soweit nichts anderes bestimmt ist. [2]§ 122 Absatz 7 Satz 1 und § 183 Absatz 4 in der Fassung des Artikels 3 des Gesetzes vom 18. Juli 2014 (BGBl. I S. 1042) gelten für alle nach dem 23. Juli 2014 erlassenen Verwaltungsakte. [3]§ 15 und § 263 in der Fassung des Artikels 3 des Gesetzes vom 18. Juli 2014 (BGBl. I S. 1042) sind ab dem 24. Juli 2014 anzuwenden.

(11)[11] Durch das Gesetz vom 18. Juli 2016 (BGBl. I S. 1679) geänderte oder eingefügte Vorschriften der Abgabenordnung sind auf alle bei Inkrafttreten[12] dieser Vorschriften anhängigen Verfahren anzuwenden, soweit nichts anderes bestimmt ist.

(12)[13] [1]Die durch das Gesetz vom 23. Juni 2017 (BGBl. I S. 1682) geänderten oder eingefügten Vorschriften der Abgabenordnung sind auf alle am 25. Juni 2017 anhängigen Verfahren anzuwenden, soweit nichts anderes bestimmt ist.

---

[1] Art. 97 § 1 Abs. 5 angef. durch G v. 11.10.1995 (BGBl. I S. 1250).
[2] In Kraft ab 21.10.1995.
[3] Art. 97 § 1 Abs. 6 angef. durch G v. 20.12.1996 (BGBl. I S. 2049).
[4] In Kraft ab 28.12.1996.
[5] Art. 97 § 1 Abs. 7 angef. durch G v. 22.12.1999 (BGBl. I S. 2601).
[6] In Kraft ab 30.12.1999.
[7] Art. 97 § 1 Abs. 8 angef. durch G v. 19.12.2000 (BGBl. I S. 1790).
[8] In Kraft ab 1.1.2002.
[9] Art. 97 § 1 Abs. 9 angef. durch G v. 8.12.2010 (BGBl. I S. 1768).
[10] Art. 97 § 1 Abs. 10 angef. durch G v. 18.7.2014 (BGBl. I S. 1042).
[11] Art. 97 § 1 Abs. 11 angef. durch G v. 18.7.2016 (BGBl. I S. 1679).
[12] In Kraft ab 23.7.2016 bzw. 1.1.2017.
[13] Art. 97 § 1 Abs. 12 angef. durch G v. 23.6.2017 (BGBl. I S. 1682).

[2] § 30a der Abgabenordnung in der am 24. Juni 2017 geltenden Fassung ist ab dem 25. Juni 2017 auch auf Sachverhalte, die vor diesem Zeitpunkt verwirklicht worden sind, nicht mehr anzuwenden.

(13)[1)] Die durch Artikel 21 des Gesetzes vom 12. Dezember 2019 (BGBl. I S. 2451) geänderten Vorschriften der Abgabenordnung sind auf alle am 18. Dezember 2019 anhängigen Verfahren anzuwenden, soweit nichts anderes bestimmt ist.

(14)[2)] [1] § 93a Absatz 1 Satz 1 Nummer 1 Buchstabe a, Absatz 2 Satz 2 und Absatz 4 der Abgabenordnung in der Fassung des Artikels 27 des Gesetzes vom 21. Dezember 2020 (BGBl. I S. 3096) ist vorbehaltlich des Satzes 2 erstmals für nach dem 31. Dezember 2020 verwirklichte Sachverhalte anzuwenden. [2] § 93a Absatz 1 Satz 1 Nummer 1 Buchstabe a, Absatz 2 Satz 2 und Absatz 4 der Abgabenordnung in der Fassung des Artikels 27 des Gesetzes vom 21. Dezember 2020 (BGBl. I S. 3096) ist für im Kalenderjahr 2020 verwirklichte Sachverhalte anzuwenden, soweit eine Mitteilungspflicht nach der Mitteilungsverordnung nach dem 1. Januar 2020 begründet wurde. [3] § 93a Absatz 1 Satz 1 Nummer 1 Buchstabe e der Abgabenordnung in der Fassung des Artikels 27 des Gesetzes vom 21. Dezember 2020 (BGBl. I S. 3096) ist ab dem 1. Januar 2021 anzuwenden.

EGAO

§ 1a[3)] Steuerlich unschädliche Betätigungen. (1)[4)] § 58 Nr. 1 der Abgabenordnung in der Fassung des Artikels 1 des Gesetzes vom 21. Juli 2004 (BGBl. I S. 1753) ist ab dem 1. Januar 2001 anzuwenden.

(2)[5)] Die Vorschrift des § 58 Nr. 10 der Abgabenordnung über steuerlich unschädliche Betätigungen in der Fassung des Artikels 26 des Gesetzes vom 21. Dezember 1993 (BGBl. I S. 2310) ist erstmals ab dem 1. Januar 1993 anzuwenden.

(3)[6)] § 55 Abs. 1 Nr. 5, § 58 Nr. 7 Buchstabe a, Nr. 11 und 12 der Abgabenordnung in der Fassung des Gesetzes vom 14. Juli 2000 (BGBl. I S. 1034) sind ab dem 1. Januar 2000 anzuwenden.

§ 1b[7)] Steuerpflichtige wirtschaftliche Geschäftsbetriebe. § 64 Abs. 6 der Abgabenordnung in der Fassung des Artikels 5 des Gesetzes vom 20. Dezember 2000 (BGBl. I S. 1850) ist ab dem 1. Januar 2000 anzuwenden.

§ 1c[8)] Krankenhäuser. (1) § 67 Abs. 1 der Abgabenordnung in der Fassung des Steuerbereinigungsgesetzes 1986 ist ab dem 1. Januar 1986 anzuwenden.

(2)[9)] [1] § 67 Abs. 1 der Abgabenordnung in der Fassung des Gesetzes vom 20. Dezember 1996 (BGBl. I S. 2049) ist ab dem 1. Januar 1996 anzuwenden. [2] Für Krankenhäuser, die mit Wirkung zum 1. Januar 1995 Fallpauschalen und Sonderentgelte nach § 11 Abs. 1 und 2 der Bundespflegesatzverordnung vom

---

[1)] Art. 97 § 1 Abs. 13 angef. durch G v. 12.12.2019 (BGBl. I S. 2451).
[2)] Art. 97 § 1 Abs. 14 angef. durch G v. 21.12.2020 (BGBl. I S. 3096).
[3)] Art. 97 § 1a eingef. durch G v. 19.12.1985 (BGBl. I S. 2436).
[4)] Art. 97 § 1a Abs. 1 neu gef. durch G v. 20.12.2000 (BGBl. I S. 1850); geänd. durch G v. 21.7. 2004 (BGBl. I S. 1753).
[5)] Art. 97 § 1a Abs. 2 angef. durch G v. 21.12.1993 (BGBl. I S. 2310).
[6)] Art. 97 § 1a Abs. 3 angef. durch G v. 14.7.2000 (BGBl. I S. 1034).
[7)] Art. 97 § 1b eingef. durch G v. 20.12.2000 (BGBl. I S. 1850).
[8)] Art. 97 § 1c Abs. 2 Satz 2 geänd., Abs. 3 angef. durch G v. 13.12.2006 (BGBl. I S. 2878).
[9)] Art. 97 § 1c Abs. 2 Satz 2 geänd. durch G v. 13.12.2006 (BGBl. I S. 2878).

26. September 1994 (BGBl. I S. 2750) angewandt haben, ist § 67 Abs. 1 der Abgabenordnung in der Fassung des in Satz 1 bezeichneten Gesetzes ab dem 1. Januar 1995 anzuwenden.

(3)[1] § 67 der Abgabenordnung in der Fassung des Artikels 10 des Gesetzes vom 13. Dezember 2006 (BGBl. I S. 2878) ist ab dem 1. Januar 2003 anzuwenden.

§ 1d[2] Steuerbegünstigte Zwecke. (1) Die §§ 52, 58, 61, 64 und 67a der Abgabenordnung in der Fassung des Artikels 5 des Gesetzes vom 10. Oktober 2007 (BGBl. I S. 2332) sind ab 1. Januar 2007 anzuwenden.

(2)[3] § 51 der Abgabenordnung in der Fassung des Artikels 10 des Gesetzes vom 19.12.2008 (BGBl. I S. 2794) ist ab dem 1. Januar 2009 anzuwenden.

(3)[4] [1] § 55 Absatz 3 der Abgabenordnung in der Fassung des Artikels 9 des Gesetzes vom 8. Dezember 2010 (BGBl. I S. 1768) ist ab dem 1. Januar 2011 anzuwenden. [2] § 55 Absatz 1 Nummer 4 Satz 2 und § 58 Nummer 1 bis 4 der Abgabenordnung in der Fassung des Artikels 9 des Gesetzes vom 8. Dezember 2010 (BGBl. I S. 1768) sind auch für vor diesem Zeitraum beginnende Veranlagungszeiträume anzuwenden, soweit Steuerfestsetzungen noch nicht bestandskräftig sind oder unter dem Vorbehalt der Nachprüfung stehen.

§ 1e[5] Zweckbetriebe. (1)[6] [1] § 68 *Abs. 6*[7] der Abgabenordnung in der Fassung des Artikels 5 des Gesetzes vom 20. Dezember 2000 (BGBl. I S. 1850) ist mit Wirkung vom 1. Januar 2000 anzuwenden. [2] Die Vorschrift ist auch für vor diesem Zeitraum beginnende Veranlagungszeiträume anzuwenden, soweit Steuerfestsetzungen noch nicht bestandskräftig sind oder unter dem Vorbehalt der Nachprüfung stehen.

(2)[6] [1] Die Vorschrift des § 68 Nr. 9 der Abgabenordnung über die Zweckbetriebseigenschaft von Forschungseinrichtungen ist ab dem 1. Januar 1997 anzuwenden. [2] Sie ist auch für vor diesem Zeitpunkt beginnende Kalenderjahre anzuwenden, soweit Steuerfestsetzungen noch nicht bestandskräftig sind oder unter dem Vorbehalt der Nachprüfung stehen.

(3)[8] [1] § 68 Nr. 3 der Abgabenordnung in der Fassung des Artikels 1a des Gesetzes vom 23. April 2004 (BGBl. I S. 606) ist ab dem 1. Januar 2003 anzuwenden. [2] § 68 Nr. 3 Buchstabe c der Abgabenordnung ist auch für vor diesem Zeitraum beginnende Veranlagungszeiträume anzuwenden, soweit Steuerfestsetzungen noch nicht bestandskräftig sind oder unter dem Vorbehalt der Nachprüfung stehen.

§ 1f[9] Satzung. (1) [1] § 62 der Abgabenordnung in der Fassung des Artikels 10 des Gesetzes vom 13. Dezember 2006 (BGBl. I S. 2878) gilt für alle staatlich beaufsichtigten Stiftungen, die nach dem Inkrafttreten dieses Gesetzes errichtet

---

[1] Art. 97 § 1c Abs. 3 angef. durch G v. 13.12.2006 (BGBl. I S. 2878).
[2] Art. 97 § 1d neu gef. durch G v. 10.10.2007 (BGBl. I S. 2332).
[3] Art. 97 § 1d Abs. 2 angef. durch G v. 19.12.2008 (BGBl. I S. 2794).
[4] Art. 97 § 1d Abs. 3 angef. durch G v. 8.12.2010 (BGBl. I S. 1768).
[5] Art. 97 § 1e eingef. durch G v. 20.12.1996 (BGBl. I S. 2049).
[6] Art. 97 § 1e Abs. 1 eingef., bish. Wortlaut wird Abs. 2 durch G v. 20.12.2000 (BGBl. I S. 1850).
[7] Richtig wohl: „Nr. 6".
[8] Art. 97 § 1e Abs. 3 angef. durch G v. 23.4.2004 (BGBl. I S. 606).
[9] Art. 97 § 1f neu gef. durch G v. 19.12.2008 (BGBl. I S. 2794).

werden. [2] § 62 der Abgabenordnung in der am 31. Dezember 2008 geltenden Fassung ist letztmals anzuwenden auf Betriebe gewerblicher Art von Körperschaften des öffentlichen Rechts, bei den von einer Körperschaft des öffentlichen Rechts verwalteten unselbständigen Stiftungen und bei geistlichen Genossenschaften (Orden, Kongregationen), die vor dem 1. Januar 2009 errichtet wurden.

(2) § 60 Abs. 1 Satz 2 der Abgabenordnung in der Fassung des Artikels 10 des Gesetzes vom 19. Dezember 2008 (BGBl. I S. 2794) ist auf Körperschaften, die nach dem 31. Dezember 2008 gegründet werden, sowie auf Satzungsänderungen bestehender Körperschaften, die nach dem 31. Dezember 2008 wirksam werden, anzuwenden.

§ 2 Fristen. [1] Fristen, deren Lauf vor dem 1. Januar 1977 begonnen hat, werden nach den bisherigen Vorschriften berechnet, soweit in den nachfolgenden Vorschriften nichts anderes bestimmt ist. [2] Dies gilt auch in den Fällen, in denen der Lauf einer Frist nur deshalb nicht vor dem 1. Januar 1977 begonnen hat, weil der Beginn der Frist nach § 84 der Reichsabgabenordnung hinausgeschoben worden ist.

§ 3 Grunderwerbsteuer, Feuerschutzsteuer. (1) [1] Die Abgabenordnung und die Übergangsvorschriften dieses Artikels gelten auch für die Grunderwerbsteuer und die Feuerschutzsteuer; abweichende landesrechtliche Vorschriften bleiben unberührt. [2] Soweit die Grunderwerbsteuer nicht von Landesfinanzbehörden verwaltet wird, gilt § 1 Abs. 2 der Abgabenordnung sinngemäß.

(2)[1] *(aufgehoben)*

§ 4[2] Mitteilungsverordnung. § 7 Abs. 2 Satz 1 der Mitteilungsverordnung vom 7. September 1993 (BGBl. I S. 1554) in der Fassung des Artikels 25 des Gesetzes vom 19. Dezember 2000 (BGBl. I S. 1790) ist erstmals auf im Kalenderjahr 2002 geleistete Zahlungen anzuwenden.

§ 5[3] Zeitpunkt der Einführung des steuerlichen Identifikationsmerkmals. [1] Das Bundesministerium der Finanzen bestimmt durch Rechtsverordnung mit Zustimmung des Bundesrates den Zeitpunkt der Einführung des Identifikationsmerkmals nach § 139a Abs. 1 der Abgabenordnung. [2] Die Festlegung der Zeitpunkte für die ausschließliche Verwendung des Identifikationsmerkmals im Bereich der Einfuhr- und Ausfuhrabgaben sowie der Verbrauchsteuern bedarf nicht der Zustimmung des Bundesrates.

§ 6[4] Zahlungszeitpunkt bei Scheckzahlung. § 224 Abs. 2 Nr. 1 der Abgabenordnung in der Fassung des Artikels 10 des Gesetzes vom 13. Dezember 2006 (BGBl. I S. 2878) gilt erstmals, wenn ein Scheck nach dem 31. Dezember 2006 bei der Finanzbehörde eingegangen ist.

---

[1] Art. 97 § 3 Abs. 2 aufgeh. durch G v. 17.12.1982 (BGBl. I S. 1777).
[2] Art. 97 § 4 eingef. durch G v. 19.12.2000 (BGBl. I S. 1790).
[3] Art. 97 § 5 eingef. durch G v. 15.12.2003 (BGBl. I S. 2645); Satz 1 geänd. durch G v. 13.12.2006 (BGBl. I S. 2878).
[4] Art. 97 § 6 eingef. durch G v. 13.12.2006 (BGBl. I S. 2878).

§ 7[1] Missbrauch von rechtlichen Gestaltungsmöglichkeiten. [1] § 42 der Abgabenordnung in der Fassung des Artikels 14 des Gesetzes vom 20. Dezember 2007 (BGBl. I S. 3150) ist ab dem 1. Januar 2008 für Kalenderjahre, die nach dem 31. Dezember 2007 beginnen, anzuwenden. [2] Für Kalenderjahre, die vor dem 1. Januar 2008 liegen, ist § 42 der Abgabenordnung in der am 28. Dezember 2007 geltenden Fassung weiterhin anzuwenden.

§ 8 Verspätungszuschlag. (1) [1] Die Vorschriften des § 152 der Abgabenordnung über Verspätungszuschläge sind erstmals auf Steuererklärungen anzuwenden, die nach dem 31. Dezember 1976 einzureichen sind; eine Verlängerung der Steuererklärungsfrist ist hierbei nicht zu berücksichtigen. [2] Im übrigen gilt § 168 Abs. 2 der Reichsabgabenordnung mit der Maßgabe, daß ein nach dem 31. Dezember 1976 festgesetzter Verspätungszuschlag höchstens zehntausend Deutsche Mark betragen darf.

(2)[2] § 152 Abs. 2 Satz 1 der Abgabenordnung in der Fassung des Artikels 17 des Gesetzes vom 22. Dezember 1999 (BGBl. I S. 2601) ist erstmals auf Steuererklärungen anzuwenden, die nach dem 31. Dezember 1999 einzureichen sind; eine Verlängerung der Steuererklärungsfrist ist hierbei nicht zu berücksichtigen.

(3)[3] § 152 Abs. 2 Satz 1 der Abgabenordnung in der Fassung des Artikels 23 des Gesetzes vom 19. Dezember 2000 (BGBl. I S. 1790) ist erstmals auf Steuererklärungen anzuwenden, die Steuern betreffen, die nach dem 31. Dezember 2001 entstehen.

(4)[4] [1] § 152 der Abgabenordnung in der am 1. Januar 2017 geltenden Fassung ist vorbehaltlich des Satzes 4 erstmals auf Steuererklärungen anzuwenden, die nach dem 31. Dezember 2018 einzureichen sind. [2] Eine Verlängerung der Steuererklärungsfrist ist hierbei nicht zu berücksichtigen. [3] § 152 der Abgabenordnung in der am 31. Dezember 2016 geltenden Fassung ist weiterhin anzuwenden auf

1. Steuererklärungen, die vor dem 1. Januar 2019 einzureichen sind, und
2. Umsatzsteuererklärungen für den kürzeren Besteuerungszeitraum nach § 18 Absatz 3 Satz 1 und 2 des Umsatzsteuergesetzes[5], wenn die gewerbliche oder berufliche Tätigkeit im Laufe des Kalenderjahres 2018 endet.

[4] Das Bundesministerium der Finanzen wird ermächtigt, mit Zustimmung des Bundesrates durch Rechtsverordnung einen abweichenden erstmaligen Anwendungszeitpunkt zu bestimmen, wenn bis zum 30. Juni 2018 erkennbar ist, dass die technischen oder organisatorischen Voraussetzungen für eine Anwendung des § 152 der Abgabenordnung in der am 1. Januar 2017 geltenden Fassung noch nicht erfüllt sind.

(5)[6] § 152 Absatz 2 der Abgabenordnung ist nicht auf Steuererklärungen zur gesonderten Feststellung des Grundsteuerwerts auf den 1. Januar 2022 anzuwenden.

---

[1] Art. 97 § 7 eingef. durch G v. 20.12.2007 (BGBl. I S. 3150).
[2] Art. 97 § 8 Abs. 2 angef. durch G v. 22.12.1999 (BGBl. I S. 2601).
[3] Art. 97 § 8 Abs. 3 angef. durch G v. 19.12.2000 (BGBl. I S. 1790).
[4] Art. 97 § 8 Abs. 4 angef. durch G v. 18.7.2016 (BGBl. I S. 1679).
[5] Nr. **23**.
[6] Art. 97 § 8 Abs. 5 angef. durch G v. 26.11.2019 (BGBl. I S. 1794); in Kraft ab **1.1.2022**.

(5)[1] [2] [1]§ 152 Absatz 3 Nummer 4 und Absatz 8 Satz 1 der Abgabenordnung in der am 29. Dezember 2020 geltenden Fassung ist auf Versicherung- und Feuerschutzsteuer erstmals anzuwenden, soweit diese nach dem 31. Dezember 2020 anzumelden ist. [2]Hinsichtlich anderer Steuern ist § 152 Absatz 3 Nummer 4 und Absatz 8 Satz 1 der Abgabenordnung in der am 29. Dezember 2020 geltenden Fassung in allen offenen Fällen anzuwenden.

§ 9 Aufhebung und Änderung von Verwaltungsakten. (1) [1]Die Vorschriften der Abgabenordnung über die Aufhebung und Änderung von Verwaltungsakten sind erstmals anzuwenden, wenn nach dem 31. Dezember 1976 ein Verwaltungsakt aufgehoben oder geändert wird. [2]Dies gilt auch dann, wenn der aufzuhebende oder zu ändernde Verwaltungsakt vor dem 1. Januar 1977 erlassen worden ist. [3]Auf vorläufige Steuerbescheide nach § 100 Abs. 1 der Reichsabgabenordnung ist § 165 Abs. 2 der Abgabenordnung, auf Steuerbescheide nach § 100 Abs. 2 der Reichsabgabenordnung und § 28 des Erbschaftsteuergesetzes in der vor dem 1. Januar 1974 geltenden Fassung ist § 164 Abs. 2 und 3 der Abgabenordnung anzuwenden.

(2)[3] § 173 Abs. 1 der Abgabenordnung in der Fassung des Steuerbereinigungsgesetzes 1986 vom 19. Dezember 1985 (BGBl. I S. 2436) gilt weiter, soweit Tatsachen oder Beweismittel vor dem 1. Januar 1994 nachträglich bekannt geworden sind.

(3)[4] [1]§ 175 Abs. 2 Satz 2 der Abgabenordnung in der Fassung des Artikels 8 des Gesetzes vom 9. Dezember 2004 (BGBl. I S. 3310) ist erstmals anzuwenden, wenn die Bescheinigung oder Bestätigung nach dem 28. Oktober 2004 vorgelegt oder erteilt wird. [2]§ 175 Abs. 2 Satz 2 der Abgabenordnung in der in Satz 1 genannten Fassung ist nicht für die Bescheinigung der anrechenbaren Körperschaftsteuer bei verdeckten Gewinnausschüttungen anzuwenden.

(4)[5] § 173a der Abgabenordnung in der am 1. Januar 2017 geltenden Fassung ist erstmals auf Verwaltungsakte anzuwenden, die nach dem 31. Dezember 2016 erlassen worden sind.

(5)[6] Wurde eine Lebenspartnerschaft bis zum 31. Dezember 2019 gemäß § 20a des Lebenspartnerschaftsgesetzes in eine Ehe umgewandelt, sind § 175 Absatz 1 Satz 1 Nummer 2 und Satz 2 sowie § 233a Absatz 2a der Abgabenordnung entsprechend anzuwenden, soweit die Ehegatten bis zum 31. Dezember 2020 den Erlass, die Aufhebung oder Änderung eines Steuerbescheids zur nachträglichen Berücksichtigung an eine Ehe anknüpfender und bislang nicht berücksichtigter Rechtsfolgen beantragt haben.

§ 9a[7] Absehen von Steuerfestsetzung, Abrundung. (1) [1]Die Vorschriften der Kleinbetragsverordnung vom 10. Dezember 1980 (BGBl. I S. 2255) in der Fassung des Artikels 26 des Gesetzes vom 19. Dezember 2000 (BGBl. I S. 1790) sind auf Steuern anzuwenden, die nach dem 31. Dezember 2001 entstehen. [2]Im Übrigen bleiben die Vorschriften der Kleinbetragsverordnung

---

[1] Art. 97 § 8 Abs. 5 angef. durch G v. 21.12.2020 (BGBl. I S. 3096).
[2] Absatzzählung amtlich.
[3] Art. 97 § 9 Abs. 2 angef. durch G v. 21.12.1993 (BGBl. I S. 2310).
[4] Art. 97 § 9 Abs. 3 angef. durch G v. 9.12.2004 (BGBl. I S. 3310).
[5] Art. 97 § 9 Abs. 4 angef. durch G v. 18.7.2016 (BGBl. I S. 1679).
[6] Art. 97 § 9 Abs. 5 angef. durch G v. 11.12.2018 (BGBl. I S. 2338).
[7] Art. 97 § 9a eingef. durch G v. 19.12.2000 (BGBl. I S. 1790).

in der bis zum 31. Dezember 2001 geltenden Fassung vorbehaltlich des Absatzes 2 weiter anwendbar.

(2) § 8 Abs. 1 Satz 1 der Kleinbetragsverordnung vom 10. Dezember 1980 (BGBl. S. 2255) in der bis zum 31. Dezember 2001 geltenden Fassung ist auf Zinsen letztmals anzuwenden, wenn die Zinsen vor dem 1. Januar 2002 festgesetzt werden.

(3)[1)] [1] Die Vorschriften der Kleinbetragsverordnung vom 19. Dezember 2000 (BGBl. I S. 1790, 1805) in der am 1. Januar 2017 geltenden Fassung sind auf Steuern anzuwenden, die nach dem 31. Dezember 2016 entstehen. [2] Für Steuern, die vor dem 1. Januar 2017 entstehen, sind die Vorschriften der Kleinbetragsverordnung in der am 31. Dezember 2016 geltenden Fassung weiter anzuwenden.

§ 10 Festsetzungsverjährung. (1) [1] Die Vorschriften der Abgabenordnung über die Festsetzungsverjährung gelten erstmals für die Festsetzung sowie für die Aufhebung und Änderung der Festsetzung von Steuern, Steuervergütungen und – soweit für steuerliche Nebenleistungen eine Festsetzungsverjährung vorgesehen ist – von steuerlichen Nebenleistungen, die nach dem 31. Dezember 1976 entstehen. [2] Für vorher entstandene Ansprüche gelten die Vorschriften der Reichsabgabenordnung über die Verjährung und über die Ausschlußfristen weiter, soweit sie für die Festsetzung einer Steuer, Steuervergütung oder steuerlichen Nebenleistung, für die Aufhebung oder Änderung einer solchen Festsetzung oder für die Geltendmachung von Erstattungsansprüchen von Bedeutung sind; § 14 Abs. 2 dieses Artikels bleibt unberührt.

(2)[2)] [1] Absatz 1 gilt sinngemäß für die gesonderte Feststellung von Besteuerungsgrundlagen sowie für die Festsetzung, Zerlegung und Zuteilung von Steuermeßbeträgen. [2] Bei der Einheitsbewertung tritt an die Stelle des Zeitpunkts der Entstehung des Steueranspruchs der Zeitpunkt, auf den die Hauptfeststellung, die Fortschreibung, die Nachfeststellung oder die Aufhebung eines Einheitswertes vorzunehmen ist. [3] Satz 2 ist letztmals anzuwenden für gesonderte Feststellungen auf den 1. Januar 2024.

(3)[3)] Wenn die Schlußbesprechung oder die letzten Ermittlungen vor dem 1. Januar 1987 stattgefunden haben, beginnt der nach § 171 Abs. 4 Satz 3 der Abgabenordnung zu berechnende Zeitraum am 1. Januar 1987.

(4)[4)] Die Vorschrift des § 171 Abs. 14 der Abgabenordnung gilt für alle bei Inkrafttreten[5)] des Steuerbereinigungsgesetzes 1986 noch nicht abgelaufenen Festsetzungsfristen.

(5)[6)] § 170 Abs. 2 Satz 1 Nr. 1, Abs. 3 und 4, § 171 Abs. 3 Satz 1 und Abs. 8 Satz 2, § 175a Satz 2, § 181 Abs. 1 Satz 3 und Abs. 3 sowie § 239 Abs. 1 der Abgabenordnung in der Fassung des Artikels 26 des Gesetzes vom 21. Dezember 1993 (BGBl. I S. 2310) gelten für alle bei Inkrafttreten[7)] dieses Gesetzes noch nicht abgelaufenen Festsetzungsfristen.

[1)] Art. 97 § 9a Abs. 3 angef. durch G v. 18.7.2016 (BGBl. I S. 1679).

[2)] Art. 97 § 10 Abs. 2 Satz 3 angef. durch G v. 26.11.2019 (BGBl. I S. 1794); Satz 3 in Kraft ab **1.1. 2025**.

[3)] Art. 97 § 10 Abs. 3 angef. durch G v. 19.12.1985 (BGBl. I S. 2436).

[4)] Art. 97 § 10 Abs. 4 angef. durch G v. 19.12.1985 (BGBl. I S. 2436).

[5)] In Kraft ab 25.12.1985.

[6)] Art. 97 § 10 Abs. 5 angef. durch G v. 21.12.1993 (BGBl. I S. 2310).

[7)] In Kraft ab 30.12.1993.

EGAO

(6)[1] *(aufgehoben)*

(7)[2] § 171 Abs. 10 der Abgabenordnung in der Fassung des Gesetzes vom 20. Dezember 1996 (BGBl. I S. 2049) gilt für alle bei Inkrafttreten[3] dieses Gesetzes noch nicht abgelaufenen Festsetzungsfristen.

(8)[4] § 171 Abs. 10 Satz 2 der Abgabenordnung in der Fassung des Artikels 5 des Gesetzes vom 23. Juni 1998 (BGBl. I S. 1496) gilt für alle bei Inkrafttreten[5] dieses Gesetzes noch nicht abgelaufenen Festsetzungsfristen.

(9)[6] § 170 Abs. 2 Satz 2 und § 171 Abs. 3 und 3a der Abgabenordnung in der Fassung des Artikels 17 des Gesetzes vom 22. Dezember 1999 (BGBl. I S. 2601) gelten für alle bei Inkrafttreten[7] dieses Gesetzes noch nicht abgelaufenen Festsetzungsfristen.

(10)[8] § 170 Absatz 2 Satz 2 der Abgabenordnung in der Fassung des Artikels 9 des Gesetzes vom 8. Dezember 2010 (BGBl. I S. 1768) gilt für die Energiesteuer auf Erdgas für alle am 14. Dezember 2010 noch nicht abgelaufenen Festsetzungsfristen.

(11)[9] § 171 Absatz 15 der Abgabenordnung in der Fassung des Artikels 11 des Gesetzes vom 26. Juni 2013 (BGBl. I S. 1809) gilt für alle am 30. Juni 2013 noch nicht abgelaufenen Festsetzungsfristen.

(12)[10] § 171 Absatz 10 Satz 2 der Abgabenordnung in der Fassung des Artikels 1 des Gesetzes vom 22. Dezember 2014 (BGBl. I S. 2417) gilt für alle am 31. Dezember 2014 noch nicht abgelaufenen Festsetzungsfristen.

(13)[11] § 170 Absatz 6 der Abgabenordnung in der Fassung des Artikels 1 des Gesetzes vom 22. Dezember 2014 (BGBl. I S. 2415) gilt für alle nach dem 31. Dezember 2014 beginnenden Festsetzungsfristen.

(14)[12] § 171 Absatz 2 Satz 2 und Absatz 10 Satz 1 bis 3 der Abgabenordnung in der am 1. Januar 2017 geltenden Fassung gilt für alle am 31. Dezember 2016 noch nicht abgelaufenen Festsetzungsfristen.

(15)[13] § 170 Absatz 7 der Abgabenordnung in der am 25. Juni 2017 geltenden Fassung gilt für alle nach dem 31. Dezember 2017 beginnenden Festsetzungsfristen.

§ 10a[14] Erklärungspflicht. (1)[15] § 150 Abs. 7 der Abgabenordnung in der Fassung des Artikels 3 des Gesetzes vom 1. November 2011 (BGBl. I S. 2131) ist erstmals für Besteuerungszeiträume anzuwenden, die nach dem 31. Dezember 2010 beginnen.

---

[1] Art. 97 § 10 Abs. 6 aufgeh. durch G v. 22.12.1999 (BGBl. I S. 2601).
[2] Art. 97 § 10 Abs. 7 angef. durch G v. 20.12.1996 (BGBl. I S. 2049).
[3] In Kraft ab 28.12.1996.
[4] Art. 97 § 10 Abs. 8 angef. durch G v. 23.6.1998 (BGBl. I S. 1496).
[5] In Kraft ab 27.6.1998.
[6] Art. 97 § 10 Abs. 9 angef. durch G v. 22.12.1999 (BGBl. I S. 2601).
[7] In Kraft ab 30.12.1999.
[8] Art. 97 § 10 Abs. 10 angef. durch G v. 8.12.2010 (BGBl. I S. 1768).
[9] Art. 97 § 10 Abs. 11 angef. durch G v. 26.6.2013 (BGBl. I S. 1809).
[10] Art. 97 § 10 Abs. 12 angef. durch G v. 22.12.2014 (BGBl. I S. 2417).
[11] Art. 97 § 10 Abs. 13 angef. durch G v. 22.12.2014 (BGBl. I S. 2415).
[12] Art. 97 § 10 Abs. 14 angef. durch G v. 18.7.2016 (BGBl. I S. 1679).
[13] Art. 97 § 10 Abs. 15 angef. durch G v. 23.6.2017 (BGBl. I S. 1682).
[14] Art. 97 § 10a neu gef. durch G v. 20.12.2008 (BGBl. I S. 2850).
[15] Art. 97 § 10a Abs. 1 geänd. durch G v. 1.11.2011 (BGBl. I S. 2131).

(2) § 181 Abs. 2a der Abgabenordnung in der Fassung des Artikels 10 des Gesetzes vom 20. Dezember 2008 (BGBl. I S. 2850 ist erstmals für Feststellungszeiträume anzuwenden, die nach dem 31. Dezember 2010 beginnen.

(3)[1] § 149 Absatz 2 Satz 2 der Abgabenordnung in der Fassung des Artikels 3 des Gesetzes vom 1. November 2011 (BGBl. I S. 2131) ist erstmals für Besteuerungszeiträume anzuwenden, die nach dem 31. Dezember 2009 beginnen.

(4)[2] [1]Die §§ 109 und 149 der Abgabenordnung in der am 1. Januar 2017 geltenden Fassung sind erstmals anzuwenden für Besteuerungszeiträume, die nach dem 31. Dezember 2017 beginnen, und Besteuerungszeitpunkte, die nach dem 31. Dezember 2017 liegen. [2]§ 150 Absatz 7 der Abgabenordnung in der am 1. Januar 2017 geltenden Fassung ist erstmals anzuwenden für Besteuerungszeiträume, die nach dem 31. Dezember 2016 beginnen, und Besteuerungszeitpunkte, die nach dem 31. Dezember 2016 liegen. [3]§ 8 Absatz 4 Satz 3 und 4 ist entsprechend anzuwenden.

EGAO

§ 10b[3] Gesonderte Feststellungen. [1]§ 180 Abs. 1 Nr. 2 Buchstabe a, Abs. 4 und Abs. 5 der Abgabenordnung in der Fassung des Artikels 26 des Gesetzes vom 21. Dezember 1993 (BGBl. I S. 2310) ist erstmals auf Feststellungszeiträume anzuwenden, die nach dem 31. Dezember 1994 beginnen. [2]§ 180 Absatz 1 Satz 2 der Abgabenordnung in der Fassung des Artikels 1 des Gesetzes vom 22. Dezember 2014 (BGBl. I S. 2417) ist erstmals auf Feststellungszeiträume anzuwenden, die nach dem 31. Dezember 2014 beginnen. [3]§ 180 Absatz 1 Satz 1 Nummer 1, *§ 183*[4] Absatz 3 Satz 1 und 2 und Absatz 4, § 182 Absatz 2 Satz 1 und § 183 Absatz 4 der Abgabenordnung in der am 1. Januar 2025 geltenden Fassung sind erstmals auf Feststellungszeitpunkte nach dem 31. Dezember 2024 anzuwenden.

§ 10c[5] Billigkeitsmaßnahmen bei der Festsetzung des Gewerbesteuermessbetrags. § 184 Absatz 2 der Abgabenordnung in der Fassung des Artikels 1 des Gesetzes vom 22. Dezember 2014 (BGBl. I S. 2417) ist auch für nach dem 31. Dezember 2014 getroffene Maßnahmen nach § 163 Absatz 1 Satz 1 der Abgabenordnung anzuwenden, die Besteuerungszeiträume betreffen, die vor dem 1. Januar 2015 abgelaufen sind.

§ 11 Haftung. (1) Die Vorschriften der §§ 69 bis 76 und 191 Abs. 3 bis 5 der Abgabenordnung sind anzuwenden, wenn der haftungsbegründende Tatbestand nach dem 31. Dezember 1976 verwirklicht worden ist.

(2)[6] Die Vorschriften der Abgabenordnung über die Haftung sind in der Fassung des Steuerbereinigungsgesetzes 1986 anzuwenden, wenn der haftungs-

---

[1] Art. 97 § 10a Abs. 3 angef. durch G v. 1.11.2011 (BGBl. I S. 2131).

[2] Art. 97 § 10a Abs. 4 angef. durch G v. 18.7.2016 (BGBl. I S. 1679); Satz 3 neu gef. durch G v. 23.6.2017 (BGBl. I S. 1682).

[3] Art. 97 § 10b eingef. durch G v. 21.12.1993 (BGBl. I S. 2310); Satz 2 angef. durch G v. 22.12. 2014 (BGBl. I S. 2417); Satz 3 angef. durch G v. 26.11.2019 (BGBl. I S. 1794); Satz 3 in Kraft ab **1.1. 2025**.

[4] Richtig wohl: „§ 181".

[5] Art. 97 § 10c eingef. durch G v. 22.12.2014 (BGBl. I S. 2417); geänd. durch G v. 18.7.2016 (BGBl. I S. 1679).

[6] Art. 97 § 11 Abs. 2 angef. durch G v. 19.12.1985 (BGBl. I S. 2436).

begründende Tatbestand nach dem 31. Dezember 1986 verwirklicht worden ist.

(3)[1] § 71 der Abgabenordnung in der am 1. Januar 2017 geltenden Fassung ist erstmals anzuwenden, wenn der haftungsbegründende Tatbestand nach dem 31. Dezember 2016 verwirklicht worden ist.

(4)[2] [1] § 73 der Abgabenordnung in der am 18. Dezember 2019 geltenden Fassung ist erstmals anzuwenden, wenn der haftungsbegründende Tatbestand nach dem 17. Dezember 2019 verwirklicht worden ist. [2] Haftungsbegründender Tatbestand im Sinne des Satzes 1 ist die Entstehung der Steuerschuld oder des Anspruchs auf Erstattung einer Steuervergütung.

§ 11a[3] **Insolvenzverfahren.** [1] In einem Insolvenzverfahren, das nach dem 31. Dezember 1998 beantragt wird, gelten § 75 Abs. 2, § 171 Abs. 12 und 13, § 231 Abs. 1 Satz 1 und Abs. 2 Satz 1, § 251 Abs. 2 Satz 1 und Abs. 3, §§ 266, 282 Abs. 2 und § 284 Abs. 2 Satz 1 der Abgabenordnung in der Fassung des Artikels 9 des Gesetzes vom 19. Dezember 1998 (BGBl. I S. 3836) sowie § 251 Abs. 2 Satz 2 der Abgabenordnung in der Fassung des Artikels 17 des Gesetzes vom 22. Dezember 1999 (BGBl. I S. 2601) auch für Rechtsverhältnisse und Rechte, die vor dem 1. Januar 1999 begründet worden sind. [2] Auf Konkurs-, Vergleichs- und Gesamtvollstreckungsverfahren, die vor dem 1. Januar 1999 beantragt worden sind, und deren Wirkungen sind weiter die bisherigen gesetzlichen Vorschriften anzuwenden; gleiches gilt für Anschlußkonkursverfahren, bei denen der dem Verfahren vorausgehende Vergleichsantrag vor dem 1. Januar 1999 gestellt worden ist.

§ 11b[4] **Anfechtung außerhalb des Insolvenzverfahrens.** [1] § 191 Abs. 1 Satz 2 der Abgabenordnung in der Fassung des Artikels 17 des Gesetzes vom 22. Dezember 1999 (BGBl. I S. 2601) ist mit Wirkung vom 1. Januar 1999 anzuwenden. [2] § 20 Abs. 2 Satz 2 des Anfechtungsgesetzes vom 5. Oktober 1994 (BGBl. I S. 2911) ist mit der Maßgabe anzuwenden, dass der Erlass eines Duldungsbescheides vor dem 1. Januar 1999 der gerichtlichen Geltendmachung vor dem 1. Januar 1999 gleichsteht.

§ 12 Verbindliche Zusagen auf Grund einer Außenprüfung. Die Vorschriften der Abgabenordnung über verbindliche Zusagen auf Grund einer Außenprüfung (§§ 204 bis 207) sind anzuwenden, wenn die Schlußbesprechung nach dem 31. Dezember 1976 stattfindet oder, falls eine solche nicht erforderlich ist, wenn dem Steuerpflichtigen der Prüfungsbericht nach dem 31. Dezember 1976 zugegangen ist.

§ 13 Sicherungsgeld. [1] Die Vorschriften des § 203 der Reichsabgabenordnung sind auch nach dem 31. Dezember 1976 anzuwenden, soweit die dort genannten besonderen Bedingungen vor dem 1. Januar 1977 nicht eingehalten

---

[1] Art. 97 § 11 Abs. 3 angef. durch G v. 18.7.2016 (BGBl. I S. 1679).

[2] Art. 97 § 11 Abs. 4 angef. durch G v. 12.12.2019 (BGBl. I S. 2451); Satz 2 angef. durch G v. 21.12.2020 (BGBl. I S. 3096).

[3] Art. 97 § 11a eingef. durch G v. 19.12.1998 (BGBl. I S. 3836); Satz 1 neu gef. durch G v. 22.12. 1999 (BGBl. I S. 2601).

[4] Art. 97 § 11b eingef. durch G v. 22.12.1999 (BGBl. I S. 2601).

EGAO

wurden. [2] Auf die Verwaltungsakte, die ein Sicherungsgeld festsetzen, ist § 100 Abs. 2 der Finanzgerichtsordnung[1)] nicht anzuwenden.

§ 13a[2)] Änderung widerstreitender Abrechnungsbescheide und Anrechnungsverfügungen. § 218 Absatz 3 der Abgabenordnung in der Fassung des Artikels 1 des Gesetzes vom 22. Dezember 2014 (BGBl. I S. 2417) gilt ab dem 31. Dezember 2014 auch für Abrechnungsbescheide und Anrechnungsverfügungen, die vor dem 31. Dezember 2014 erlassen worden sind.

§ 14 Zahlungsverjährung. (1) Die Vorschriften der Abgabenordnung über die Zahlungsverjährung gelten für alle Ansprüche im Sinne des § 228 Satz 1 der Abgabenordnung, deren Verjährung nach § 229 der Abgabenordnung nach dem 31. Dezember 1976 beginnt.

(2) [1] Liegen die Voraussetzungen des Absatzes 1 nicht vor, so gelten für die Ansprüche weiterhin die bisherigen Vorschriften über Verjährung und Ausschlußfristen. [2] Die Verjährung wird jedoch ab 1. Januar 1977 nur noch nach den §§ 230 und 231 der Abgabenordnung gehemmt und unterbrochen. [3] Auf die nach § 231 Abs. 3 der Abgabenordnung beginnende neue Verjährungsfrist sind die §§ 228 bis 232 der Abgabenordnung anzuwenden.

(3)[3)] § 229 Abs. 1 Satz 2 der Abgabenordnung in der Fassung des Artikels 26 des Gesetzes vom 21. Dezember 1993 (BGBl. I S. 2310) gilt für alle bei Inkrafttreten[4)] dieses Gesetzes noch nicht abgelaufenen Verjährungsfristen.

(4)[5)] § 231 Abs. 1 Satz 1 und Abs. 2 Satz 1 der Abgabenordnung in der Fassung des Artikels 17 des Gesetzes vom 22. Dezember 1999 (BGBl. I S. 2601) gilt für alle bei Inkrafttreten[6)] dieses Gesetzes noch nicht abgelaufenen Verjährungsfristen.

(5)[7)] § 228 Satz 2 sowie § 231 Absatz 1 Satz 1 und Absatz 2 Satz 1 der Abgabenordnung in der am 25. Juni 2017 geltenden Fassung gelten für alle am 24. Juni 2017 noch nicht abgelaufenen Verjährungsfristen.

§ 15 Zinsen. (1)[8)] [1] Zinsen entstehen für die Zeit nach dem 31. Dezember 1976 nach den Vorschriften der Abgabenordnung. [2] Aussetzungszinsen entstehen nach § 237 der Abgabenordnung in der Fassung des Steuerbereinigungsgesetzes 1986 auch, soweit der Zinslauf vor dem 1. Januar 1987 begonnen hat.

(2) Ist eine Steuer über den 31. Dezember 1976 hinaus zinslos gestundet worden, so gilt dies als Verzicht auf Zinsen im Sinne des § 234 Abs. 2 der Abgabenordnung.

(3) Die Vorschriften des § 239 Abs. 1 der Abgabenordnung über die Festsetzungsfrist gelten in allen Fällen, in denen die Festsetzungsfrist auf Grund dieser Vorschrift nach dem 31. Dezember 1977 beginnt.

---

1) Nr. **9**.
2) Art. 97 § 13a eingef. durch G v. 22.12.2014 (BGBl. I S. 2417).
3) Art. 97 § 14 Abs. 3 angef. durch G v. 21.12.1993 (BGBl. I S. 2310).
4) In Kraft ab 30.12.1993.
5) Art. 97 § 14 Abs. 4 angef. durch G v. 22.12.1999 (BGBl. I S. 2601).
6) In Kraft ab 30.12.1999.
7) Art. 97 § 14 Abs. 5 angef. durch G v. 23.6.2017 (BGBl. I S. 1682).
8) Art. 97 § 15 Abs. 1 Satz 2 angef. durch G v. 19.12.1985 (BGBl. I S. 2436).

(4)[1] Die Vorschriften der §§ 233a, 235, 236 und 239 der Abgabenordnung in der Fassung von Artikel 15 Nr. 3 bis 5 und 7 des Steuerreformgesetzes 1990 vom 25. Juli 1988 (BGBl. I S. 1093) und Artikel 9 des Wohnungsbauförderungsgesetzes vom 22. Dezember 1989 (BGBl. I S. 2408) gelten für alle Steuern, die nach dem 31. Dezember 1988 entstehen.

(5)[2] § 233a Abs. 2 Satz 3 der Abgabenordnung in der Fassung des Artikels 4 Nr. 1 des Gesetzes vom 24. Juni 1994 (BGBl. I S. 1395) gilt in allen Fällen, in denen Zinsen nach dem 31. Dezember 1993 festgesetzt werden.

(6)[3] § 233a Abs. 5 und §§ 234 bis 237 der Abgabenordnung in der Fassung des Artikels 26 des Gesetzes vom 21. Dezember 1993 (BGBl. I S. 2310) gelten in allen Fällen, in denen die Steuerfestsetzung nach Inkrafttreten[4] dieses Gesetzes aufgehoben, geändert oder nach § 129 der Abgabenordnung berichtigt wird.

(7)[5] *(aufgehoben)*

(8)[6] § 233a Abs. 2a der Abgabenordnung in der Fassung des Gesetzes vom 20. Dezember 1996 (BGBl. I S. 2049) gilt in allen Fällen, in denen der Verlust nach dem 31. Dezember 1995 entstanden oder das rückwirkende Ereignis nach dem 31. Dezember 1995 eingetreten ist.

(9)[7] § 233a Abs. 2 Satz 3 der Abgabenordnung in der Fassung des Artikels 17 des Gesetzes vom 22. Dezember 1999 (BGBl. I S. 2601) gilt für alle Steuern, die nach dem 31. Dezember 1993 entstehen.

(10)[8] § 238 Abs. 2 und § 239 Abs. 2 der Abgabenordnung in der Fassung des Artikels 23 Nr. 7 und 8 des Gesetzes vom 19. Dezember 2000 (BGBl. I S. 1790) gilt in allen Fällen, in denen Zinsen nach dem 31. Dezember 2001 festgesetzt werden.

(11)[9] § 233a Absatz 2 Satz 2 der Abgabenordnung in der Fassung des Artikels 3 des Gesetzes vom 1. November 2011 (BGBl. I S. 2131) gilt für alle Steuern, die nach dem 31. Dezember 2009 entstehen.

(12)[10] [1] § 239 Absatz 3 der Abgabenordnung in der am 1. Januar 2017 geltenden Fassung ist erstmals auf Feststellungszeiträume anzuwenden, die nach dem 31. Dezember 2016 beginnen. [2] § 239 Absatz 4 der Abgabenordnung in der am 1. Januar 2017 geltenden Fassung ist erstmals auf Zinsbescheide anzuwenden, die nach dem 31. Dezember 2016 erlassen worden sind.

§ 16 Säumniszuschläge. (1) Die Vorschriften des § 240 der Abgabenordnung über Säumniszuschläge sind erstmals auf Säumniszuschläge anzuwenden, die nach dem 31. Dezember 1976 verwirkt werden.

(2) Bis zum 31. Dezember 1980 gilt für die Anwendung des § 240 der Abgabenordnung bei den Finanzämtern, die von den obersten Finanzbehörden

---

[1] Art. 97 § 15 Abs. 4 angef. durch G v. 25.7.1988 (BGBl. I S. 1093); geänd. durch G v. 20.12.1988 (BGBl. I S. 2262); geänd. durch G v. 22.12.1989 (BGBl. I S. 2408).
[2] Art. 97 § 15 Abs. 5 neu gef. durch G v. 24.6.1994 (BGBl. I S. 1395).
[3] Art. 97 § 15 Abs. 6 angef. durch G v. 21.12.1993 (BGBl. I S. 2310).
[4] In Kraft ab 30.12.1993.
[5] Art. 97 § 15 Abs. 7 aufgeh. durch G v. 22.12.1999 (BGBl. I S. 2601).
[6] Art. 97 § 15 Abs. 8 angef. durch G v. 20.12.1996 (BGBl. I S. 2049).
[7] Art. 97 § 15 Abs. 9 angef. durch G v. 22.12.1999 (BGBl. I S. 2601).
[8] Art. 97 § 15 Abs. 10 angef. durch G v. 19.12.2000 (BGBl. I S. 1790).
[9] Art. 97 § 15 Abs. 11 angef. durch G v. 1.11.2011 (BGBl. I S. 2131).
[10] Art. 97 § 15 Abs. 12 angef. durch G v. 18.7.2016 (BGBl. I S. 1679).

der Länder dazu bestimmt sind, Rationalisierungsversuche im Erhebungsverfahren durchzuführen, folgendes:

1. [1] Abweichend von § 240 Abs. 1 der Abgabenordnung tritt bei der Einkommensteuer, der Körperschaftsteuer, der Gewerbesteuer, der Vermögen steuer, der Grundsteuer, der Vermögensabgabe, der Kreditgewinnabgabe und der Umsatzsteuer für die Verwirkung des Säumniszuschlages an die Stelle des Fälligkeitstages jeweils der auf diesen folgende 20. eines Monats. [2] § 240 Abs. 3 der Abgabenordnung gilt nicht.
2. Werden bei derselben Steuerart innerhalb eines Jahres Zahlungen wiederholt nach Ablauf des Fälligkeitstages entrichtet, so kann der Säumniszuschlag vom Ablauf des Fälligkeitstages an erhoben werden; dabei bleibt § 240 Abs. 3 der Abgabenordnung unberührt.
3. Für die Berechnung des Säumniszuschlages wird der rückständige Betrag jeder Steuerart zusammengerechnet und auf volle hundert Deutsche Mark nach unten abgerundet.

(3)[1)] Die Vorschrift des § 240 Abs. 3 der Abgabenordnung in der Fassung des Artikels 17 des Gesetzes vom 23. Juni 1993 (BGBl. I S. 944) ist erstmals auf Säumniszuschläge anzuwenden, die nach dem 31. Dezember 1993 verwirkt werden.

(4)[2)] § 240 Abs. 1 der Abgabenordnung in der Fassung des Artikels 5 des Gesetzes vom 23. Juni 1998 (BGBl. I S. 1496) ist erstmals auf Säumniszuschläge anzuwenden, die nach dem 31. Juli 1998 entstehen.

(5)[3)] § 240 Abs. 1 Satz 1 der Abgabenordnung in der Fassung von Artikel 23 Nr. 9 des Gesetzes vom 19. Dezember 2000 (BGBl. I S. 1790) gilt erstmals für Säumniszuschläge, die nach dem 31. Dezember 2001 entstehen.

(6)[4)] § 240 Abs. 3 Satz 1 der Abgabenordnung in der Fassung des Artikels 8 des Gesetzes vom 15. Dezember 2003 (BGBl. I S. 2645) gilt erstmals, wenn die Steuer, die zurückzuzahlende Steuervergütung oder die Haftungsschuld nach dem 31. Dezember 2003 fällig geworden ist.

§ 17 Angabe des Schuldgrundes. [1] Für die Anwendung des § 260 der Abgabenordnung auf Ansprüche, die bis zum 31. Dezember 1980 entstanden sind, gilt folgendes:
[2] Hat die Vollstreckungsbehörde den Vollstreckungsschuldner durch Kontoauszüge über Entstehung, Fälligkeit und Tilgung seiner Schulden fortlaufend unterrichtet, so genügt es, wenn die Vollstreckungsbehörde die Art der Abgabe und die Höhe des beizutreibenden Betrages angibt und auf den Kontoauszug Bezug nimmt, der den Rückstand ausweist.

§ 17a[5)] Kosten der Vollstreckung. Die Höhe der Gebühren und Auslagen im Vollstreckungsverfahren richtet sich nach dem Recht, das in dem Zeitpunkt gilt, in dem der Tatbestand verwirklicht ist, an den die Abgabenordnung die Entstehung der Gebühr oder der Auslage knüpft.

---

1) Art. 97 § 16 Abs. 3 angef. durch G v. 23.6.1993 (BGBl. I S. 944).
2) Art. 97 § 16 Abs. 4 angef. durch G v. 23.6.1998 (BGBl. I S. 1496).
3) Art. 97 § 16 Abs. 5 angef. durch G v. 19.12.2000 (BGBl. I S. 1790).
4) Art. 97 § 16 Abs. 6 angef. durch G v. 15.12.2003 (BGBl. I S. 2645).
5) Art. 97 § 17a neu gef. durch G v. 22.12.2014 (BGBl. I S. 2417).

§ 17b[1] **Eidesstattliche Versicherung.** § 284 Abs. 1 Nr. 3 und 4 der Abgabenordnung in der Fassung des Artikels 2 Abs. 11 Nr. 1 Buchstabe a des Zweiten Gesetzes zur Änderung zwangsvollstreckungsrechtlicher Vorschriften vom 17. Dezember 1997 (BGBl. I S. 3039) gelten nicht für Verfahren, in denen der Vollziehungsbeamte die Vollstreckung vor dem Inkrafttreten[2] dieses Gesetzes versucht hat.

§ 17c[3] **Pfändung fortlaufender Bezüge.** § 313 Abs. 3 der Abgabenordnung in der Fassung des Artikels 2 Abs. 11 Nr. 3 des Zweiten Gesetzes zur Änderung zwangsvollstreckungsrechtlicher Vorschriften vom 17. Dezember 1997 (BGBl. I S. 3039) gilt nicht für Arbeits- und Dienstverhältnisse, die vor Inkrafttreten[2] dieses Gesetzes beendet waren.

§ 17d[4] **Zwangsgeld.** § 329 der Abgabenordnung in der Fassung des Artikels 17 des Gesetzes vom 22. Dezember 1999 (BGBl. I S. 2601) gilt in allen Fällen, in denen ein Zwangsgeld nach dem 31. Dezember 1999 angedroht wird.

§ 17e[5] **Aufteilung einer Gesamtschuld bei Ehegatten oder Lebenspartnern.** (1) Die §§ 270, 273 Absatz 1 und § 279 Absatz 2 Nummer 4 der Abgabenordnung in der Fassung des Artikels 3 des Gesetzes vom 1. November 2011 (BGBl. I S. 2131) sind erstmals für den Veranlagungszeitraum 2013 anzuwenden.

(2)[6] [1] § 269 Absatz 1 der Abgabenordnung in der am 1. Januar 2017 geltenden Fassung ist ab dem 1. Januar 2017 anzuwenden. [2] § 279 Absatz 1 Satz 1 der Abgabenordnung in der am 1. Januar 2017 geltenden Fassung ist erstmals auf Aufteilungsbescheide anzuwenden, die nach dem 31. Dezember 2016 erlassen worden sind; § 8 Absatz 4 Satz 4 gilt entsprechend.

§ 18 Außergerichtliche Rechtsbehelfe. (1) Wird ein Verwaltungsakt angefochten, der vor dem 1. Januar 1977 wirksam geworden ist, bestimmt sich die Zulässigkeit des außergerichtlichen Rechtsbehelfs nach den bisherigen Vorschriften; ist über den Rechtsbehelf nach dem 31. Dezember 1976 zu entscheiden, richten sich die Art des außergerichtlichen Rechtsbehelfs sowie das weitere Verfahren nach den neuen Vorschriften.

(2) Nach dem 31. Dezember 1976 ist eine Gebühr für einen außergerichtlichen Rechtsbehelf nur noch dann festzusetzen, wenn die Voraussetzungen für die Festsetzung einer Gebühr nach § 256 der Reichsabgabenordnung bereits vor dem 1. Januar 1977 eingetreten waren.

(3)[7] [1] Wird ein Verwaltungsakt angefochten, der vor dem 1. Januar 1996 wirksam geworden ist, bestimmt sich die Zulässigkeit des Rechtsbehelfs nach den bis zum 31. Dezember 1995 geltenden Vorschriften der Abgabenordnung. [2] Ist über den Rechtsbehelf nach dem 31. Dezember 1995 zu entscheiden, richten sich die Art des außergerichtlichen Rechtsbehelfs sowie das weitere

---

[1] Art. 97 § 17b eingef. durch G v. 17.12.1997 (BGBl. I S. 3039).

[2] In Kraft ab 1.1.1999.

[3] Art. 97 § 17c eingef. durch G v. 17.12.1997 (BGBl. I S. 3039).

[4] Art. 97 § 17d eingef. durch G v. 22.12.1999 (BGBl. I S. 2601).

[5] Art. 97 § 17e eingef. durch G v. 1.11.2011 (BGBl. I S. 2131); Überschrift geänd. durch G v. 18.7. 2014 (BGBl. I S. 1042).

[6] Art. 97 § 17e Abs. 2 angef. durch G v. 18.7.2016 (BGBl. I S. 1679).

[7] Art. 97 § 18 Abs. 3 angef. durch G v. 24.6.1994 (BGBl. I S. 1395).

EGAO

Verfahren nach den ab 1. Januar 1996 geltenden Vorschriften der Abgabenordnung.

(4)[1] § 365 Abs. 3 Satz 2 Nr. 1 der Abgabenordnung in der Fassung des Artikels 4 Nr. 11 Buchstabe b des Gesetzes vom 24. Juni 1994 (BGBl. I S. 1395) ist auf berichtigende Verwaltungsakte anzuwenden, die nach dem 31. Dezember 1995 bekanntgegeben werden.

§ 18a[2] Erledigung von Massenrechtsbehelfen und Massenanträgen.

(1) [1] Wurde mit einem vor dem 1. Januar 1995 eingelegten Einspruch die Verfassungswidrigkeit von Normen des Steuerrechts gerügt, derentwegen eine Entscheidung des Bundesverfassungsgerichts aussteht, gilt der Einspruch im Zeitpunkt der Veröffentlichung der Entscheidungsformel im Bundesgesetzblatt (§ 31 Abs. 2 des Gesetzes über das Bundesverfassungsgericht) ohne Einspruchsentscheidung als zurückgewiesen, soweit er nach dem Ausgang des Verfahrens vor dem Bundesverfassungsgericht als unbegründet abzuweisen wäre. [2] Abweichend von § 47 Abs. 1 und § 55 der Finanzgerichtsordnung[3] endet die Klagefrist mit Ablauf eines Jahres nach dem Zeitpunkt der Veröffentlichung gemäß Satz 1. [3] Die Sätze 1 und 2 sind auch anzuwenden, wenn der Einspruch unzulässig ist.

(2) Absatz 1 gilt für Anträge auf Aufhebung oder Änderung einer Steuerfestsetzung außerhalb des außergerichtlichen Rechtsbehelfsverfahrens sinngemäß.

(3) [1] Die Absätze 1 und 2 sind auch anzuwenden, wenn eine Entscheidung des Bundesverfassungsgerichts vor Inkrafttreten dieses Gesetzes ergangen ist. [2] In diesen Fällen endet die Klagefrist mit Ablauf des 31. Dezember 1994.

(4)[4] [1] Wurde mit einem am 31. Dezember 2003 anhängigen Einspruch die Verfassungswidrigkeit der für Veranlagungszeiträume vor 2000 geltenden Regelungen des Einkommensteuergesetzes über die Abziehbarkeit von Kinderbetreuungskosten gerügt, gilt der Einspruch mit Wirkung vom 1. Januar 2004 ohne Einspruchsentscheidung insoweit als zurückgewiesen; dies gilt auch, wenn der Einspruch unzulässig ist. [2] Abweichend von § 47 Abs. 1 und § 55 der Finanzgerichtsordnung endet die Klagefrist mit Ablauf des 31. Dezember 2004. [3] Die Sätze 1 und 2 gelten nicht, soweit in der angefochtenen Steuerfestsetzung die Kinderbetreuungskosten um die zumutbare Belastung nach § 33 Abs. 3 des Einkommensteuergesetzes[5] gekürzt worden sind.

(5)[6] [1] Wurde mit einem am 31. Dezember 2003 anhängigen und außerhalb eines Einspruchs- oder Klageverfahrens gestellten Antrag auf Aufhebung oder Änderung einer Steuerfestsetzung die Verfassungswidrigkeit der für Veranlagungszeiträume vor 2000 geltenden Regelungen des Einkommensteuergesetzes über die Abziehbarkeit von Kinderbetreuungskosten gerügt, gilt der Antrag mit Wirkung vom 1. Januar 2004 insoweit als zurückgewiesen; dies gilt auch, wenn der Antrag unzulässig ist. [2] Abweichend von § 355 Abs. 1 Satz 1 der Abgabenordnung endet die Frist für einen Einspruch gegen die Zurückweisung des Antrags mit Ablauf des 31. Dezember 2004. [3] Die Sätze 1 und 2 gelten nicht,

[1] Art. 97 § 18 Abs. 4 angef. durch G v. 24.6.1994 (BGBl. I S. 1395).
[2] Art. 97 § 18a eingef. durch G v. 21.12.1993 (BGBl. I S. 2310).
[3] Nr. **9**.
[4] Art. 97 § 18a Abs. 4 angef. durch G v. 15.12.2003 (BGBl. I S. 2645).
[5] Nr. **5**.
[6] Art. 97 § 18a Abs. 5 angef. durch G v. 15.12.2003 (BGBl. I S. 2645).

soweit in der Steuerfestsetzung, deren Aufhebung oder Änderung beantragt wurde, die Kinderbetreuungskosten um die zumutbare Belastung nach § 33 Abs. 3 des Einkommensteuergesetzes gekürzt worden sind.

(6)[1] 1 Wurde mit einem am 31. Dezember 2003 anhängigen Einspruch die Verfassungswidrigkeit der für Veranlagungszeiträume vor 2002 geltenden Regelungen des Einkommensteuergesetzes über die Abziehbarkeit eines Haushaltsfreibetrages gerügt, gilt der Einspruch mit Wirkung vom 1. Januar 2004 ohne Einspruchsentscheidung insoweit als zurückgewiesen; dies gilt auch, wenn der Einspruch unzulässig ist. 2 Abweichend von § 47 Abs. 1 und § 55 der Finanzgerichtsordnung endet die Klagefrist mit Ablauf des 31. Dezember 2004.

(7)[1] 1 Wurde mit einem am 31. Dezember 2003 anhängigen und außerhalb eines Einspruchs- oder Klageverfahrens gestellten Antrag auf Aufhebung oder Änderung einer Steuerfestsetzung die Verfassungswidrigkeit der für Veranlagungszeiträume vor 2002 geltenden Regelungen des Einkommensteuergesetzes über die Abziehbarkeit eines Haushaltsfreibetrages gerügt, gilt der Antrag mit Wirkung vom 1. Januar 2004 insoweit als zurückgewiesen; dies gilt auch, wenn der Antrag unzulässig ist. 2 Abweichend von § 355 Abs. 1 Satz 1 der Abgabenordnung endet die Frist für einen Einspruch gegen die Zurückweisung des Antrags mit Ablauf des 31. Dezember 2004.

(8)[1] 1 Wurde mit einem am 31. Dezember 2003 anhängigen Einspruch die Verfassungswidrigkeit der für die Veranlagungszeiträume 1983 bis 1995 geltenden Regelungen des Einkommensteuergesetzes über die Abziehbarkeit eines Kinderfreibetrages gerügt, gilt der Einspruch mit Wirkung vom 1. Januar 2005 ohne Einspruchsentscheidung insoweit als zurückgewiesen, soweit nicht der Einspruchsführer nach dem 31. Dezember 2003 und vor dem 1. Januar 2005 ausdrücklich eine Entscheidung beantragt. 2 Der Antrag auf Entscheidung ist schriftlich bei dem für die Besteuerung nach dem Einkommen zuständigen Finanzamt zu stellen. 3 Ist nach Einspruchseinlegung ein anderes Finanzamt zuständig geworden, kann der Antrag auf Entscheidung fristwahrend auch bei dem Finanzamt gestellt werden, das den angefochtenen Steuerbescheid erlassen hat; Artikel 97a § 1 Abs. 1 bleibt unberührt. 4 Die Sätze 1 bis 3 gelten auch, wenn der Einspruch unzulässig ist. 5 Gilt nach Satz 1 der Einspruch als zurückgewiesen, endet abweichend von § 47 Abs. 1 und § 55 der Finanzgerichtsordnung die Klagefrist mit Ablauf des 31. Dezember 2005. 6 Satz 1 gilt nicht, soweit eine Neufestsetzung nach § 53 des Einkommensteuergesetzes von der Frage abhängig ist, ob bei der nach dieser Regelung gebotenen Steuerfreistellung auf den Jahressockelbetrag des Kindergeldes oder auf das dem Steuerpflichtigen tatsächlich zustehende Kindergeld abzustellen ist.

(9)[1] 1 Wurde mit einem am 31. Dezember 2003 anhängigen und außerhalb eines Einspruchs- oder Klageverfahrens gestellten Antrag auf Aufhebung oder Änderung einer Steuerfestsetzung die Verfassungswidrigkeit der für die Veranlagungszeiträume 1983 bis 1995 geltenden Regelungen des Einkommensteuergesetzes über die Abziehbarkeit eines Kinderfreibetrages gerügt, gilt der Antrag mit Wirkung vom 1. Januar 2005 insoweit als zurückgewiesen, soweit nicht der Steuerpflichtige nach dem 31. Dezember 2003 und vor dem 1. Januar 2005 ausdrücklich eine Entscheidung beantragt. 2 Der Antrag auf Entscheidung ist schriftlich bei dem für die Besteuerung nach dem Einkommen zuständigen Finanzamt zu stellen. 3 Ist nach Erlass des Steuerbescheides ein anderes Finanz-

[1] Art. 97 § 18a Abs. 6 bis 9 angef. durch G v. 15.12.2003 (BGBl. I S. 2645).

amt zuständig geworden, kann der Antrag auf Entscheidung fristwahrend auch bei dem Finanzamt gestellt werden, das den Steuerbescheid erlassen hat, dessen Aufhebung oder Änderung begehrt wird; Artikel 97a § 1 Abs. 1 bleibt unberührt. 4 Die Sätze 1 bis 3 gelten auch, wenn der Antrag auf Aufhebung oder Änderung der Steuerfestsetzung unzulässig ist. 5 Gilt nach Satz 1 der Antrag auf Aufhebung oder Änderung einer Steuerfestsetzung als zurückgewiesen, endet abweichend von § 355 Abs. 1 Satz 1 der Abgabenordnung die Frist für einen Einspruch gegen die Zurückweisung des Antrags mit Ablauf des 31. Dezember 2005. 6 Satz 1 gilt nicht, soweit eine Neufestsetzung nach § 53 des Einkommensteuergesetzes von der Frage abhängig ist, ob bei der nach dieser Regelung gebotenen Steuerfreistellung auf den Jahressockelbetrag des Kindergeldes oder auf das dem Steuerpflichtigen tatsächlich zustehende Kindergeld abzustellen ist.

(10)[1] Die Absätze 5, 7 und 9 gelten sinngemäß für Anträge auf abweichende Festsetzung von Steuern aus Billigkeitsgründen (§ 163 der Abgabenordnung) und für Erlassanträge (§ 227 der Abgabenordnung).

EGAO

(11)[2] 1 Wurde mit einem am 31. Dezember 2006 anhängigen Einspruch gegen die Entscheidung über die Festsetzung von Kindergeld nach Abschnitt X des Einkommensteuergesetzes die Verfassungswidrigkeit der für die Jahre 1996 bis 2000 geltenden Regelungen zur Höhe des Kindergeldes gerügt, gilt der Einspruch mit Wirkung vom 1. Januar 2007 ohne Einspruchsentscheidung insoweit als zurückgewiesen; dies gilt auch, wenn der Einspruch unzulässig ist. 2 Abweichend von § 47 Abs. 1 und § 55 der Finanzgerichtsordnung endet die Klagefrist mit Ablauf des 31. Dezember 2007.

(12)[3] § 172 Abs. 3 und § 367 Abs. 2b der Abgabenordnung in der Fassung des Artikels 10 Nr. 12 und 16 des Gesetzes vom 13. Dezember 2006 (BGBl. I S. 2878) gelten auch, soweit Aufhebungs- oder Änderungsanträge oder Einsprüche vor dem 19. Dezember 2006 gestellt oder eingelegt wurden und die Allgemeinverfügung nach dem 19. Dezember 2006 im Bundessteuerblatt veröffentlicht wird.

§ 19[4] Buchführungspflicht bestimmter Steuerpflichtiger. (1) § 141 Abs. 1 Satz 1 Nr. 1 der Abgabenordnung in der Fassung des Artikels 6 des Gesetzes vom 31. Juli 2003 (BGBl. I S. 1550) ist auf Umsätze der Kalenderjahre anzuwenden, die nach dem 31. Dezember 2003 beginnen.

(2) § 141 Abs. 1 Satz 1 Nr. 3 der Abgabenordnung in der Fassung des Artikels 6 des Gesetzes vom 31. Juli 2003 (BGBl. I S. 1550) ist für Feststellungen anzuwenden, die nach dem 31. Dezember 2003 getroffen werden.

(3)[5] 1 § 141 Abs. 1 Satz 1 Nr. 4 der Abgabenordnung in der Fassung des Artikels 6 des Gesetzes vom 31. Juli 2003 (BGBl. I S. 1550) ist auf Gewinne der Wirtschaftsjahre anzuwenden, die nach dem 31. Dezember 2003 beginnen. 2 § 141 Abs. 1 Satz 1 Nr. 4 der Abgabenordnung in der Fassung des Artikels 5 des Gesetzes vom 7. September 2007 (BGBl. I S. 2246) ist auf Gewinne der Wirtschaftsjahre anzuwenden, die nach dem 31. Dezember 2007 beginnen.

---

[1] Art. 97 § 18a Abs. 10 angef. durch G v. 15.12.2003 (BGBl. I S. 2645).
[2] Art. 97 § 18a Abs. 11 angef. durch G v. 13.12.2006 (BGBl. I S. 2878).
[3] Art. 97 § 18a Abs. 12 angef. durch G v. 13.12.2006 (BGBl. I S. 2878).
[4] Art. 97 § 19 neu gef. durch G v. 31.7.2003 (BGBl. I S. 1550).
[5] Art. 97 § 19 Abs. 3 Satz 2 angef. durch G v. 7.9.2007 (BGBl. I S. 2246); Satz 3 angef. durch G v. 28.7.2015 (BGBl. I S. 1400).

[3] § 141 Absatz 1 Satz 1 Nummer 4 der Abgabenordnung in der am 1. Januar 2016 geltenden Fassung ist auf Gewinne der Wirtschaftsjahre anzuwenden, die nach dem 31. Dezember 2015 beginnen.

(4)[1)] [1] § 141 Abs. 1 Satz 1 Nr. 5 der Abgabenordnung in der Fassung des Artikels 6 des Gesetzes vom 31. Juli 2003 (BGBl. I S. 1550) ist auf Gewinne der Kalenderjahre anzuwenden, die nach dem 31. Dezember 2003 beginnen. [2] § 141 Abs. 1 Satz 1 Nr. 5 der Abgabenordnung in der Fassung des Artikels 5 des Gesetzes vom 7. September 2007 (BGBl. I S. 2246) ist auf Gewinne der Kalenderjahre anzuwenden, die nach dem 31. Dezember 2007 beginnen. [3] § 141 Absatz 1 Satz 1 Nummer 5 der Abgabenordnung in der am 1. Januar 2016 geltenden Fassung ist auf Gewinne der Kalenderjahre anzuwenden, die nach dem 31. Dezember 2015 beginnen.

(5) [1] Eine Mitteilung über den Beginn der Buchführungspflicht ergeht nicht, wenn die Voraussetzungen des § 141 Abs. 1 der Abgabenordnung für Kalenderjahre, die vor dem 1. Januar 2004 liegen, erfüllt sind, jedoch nicht die Voraussetzungen des § 141 Abs. 1 der Abgabenordnung in der Fassung des Gesetzes vom 31. Juli 2003 (BGBl. I S. 1550) im Kalenderjahr 2004. [2] Entsprechendes gilt für Feststellungen, die vor dem 1. Januar 2004 getroffen werden, oder für Wirtschaftsjahre, die vor dem 1. Januar 2004 enden.

(6)[2)] [1] § 141 Abs. 1 Satz 1 Nr. 1 der Abgabenordnung in der am 26. August 2006 geltenden Fassung ist auf Umsätze der Kalenderjahre anzuwenden, die nach dem 31. Dezember 2006 beginnen. [2] Eine Mitteilung über den Beginn der Buchführungspflicht ergeht nicht, wenn die Voraussetzungen des § 141 Abs. 1 Satz 1 Nr. 1 der Abgabenordnung in der am 25. August 2006 geltenden Fassung für Kalenderjahre, die vor dem 1. Januar 2007 liegen, erfüllt sind, jedoch im Kalenderjahr 2006 nicht die des § 141 Abs. 1 Satz 1 Nr. 1 der Abgabenordnung in der am 26. August 2006 geltenden Fassung.

(7)[3)] Eine Mitteilung über den Beginn der Buchführungspflicht ergeht nicht, wenn die Voraussetzungen des § 141 Abs. 1 Satz 1 Nr. 4 und Nr. 5 der Abgabenordnung in der am 13. September 2007 geltenden Fassung für Kalenderjahre, die vor dem 1. Januar 2008 liegen, erfüllt sind, jedoch im Kalenderjahr 2007 nicht die Voraussetzungen des § 141 Abs. 1 Satz 1 Nr. 4 und Nr. 5 der Abgabenordnung in der Fassung des Artikels 5 des Gesetzes vom 7. September 2007 (BGBl. I S. 2246).

(8)[4)] [1] § 141 Absatz 1 Satz 1 Nummer 1 der Abgabenordnung in der am 1. Januar 2016 geltenden Fassung ist auf Umsätze der Kalenderjahre anzuwenden, die nach dem 31. Dezember 2015 beginnen. [2] Eine Mitteilung über den Beginn der Buchführungspflicht ergeht nicht, wenn die Voraussetzungen des § 141 Absatz 1 Satz 1 Nummer 1 der Abgabenordnung in der am 31. Dezember 2015 geltenden Fassung für Kalenderjahre, die vor dem 1. Januar 2016 liegen, erfüllt sind, jedoch im Kalenderjahr 2015 die Voraussetzungen des § 141 Absatz 1 Satz 1 Nummer 1 der Abgabenordnung in der am 1. Januar 2016 geltenden Fassung nicht erfüllt sind.

---

1) Art. 97 § 19 Abs. 4 Satz 2 angef. durch G v. 7.9.2007 (BGBl. I S. 2246); Satz 3 angef. durch G v. 28.7.2015 (BGBl. I S. 1400).

2) Art. 97 § 19 Abs. 6 angef. durch G v. 22.8.2006 (BGBl. I S. 1970).

3) Art. 97 § 19 Abs. 7 angef. durch G v. 7.9.2007 (BGBl. I S. 2246).

4) Art. 97 § 19 Abs. 8 angef. durch G v. 28.7.2015 (BGBl. I S. 1400).

(9)[1] Eine Mitteilung über den Beginn der Buchführungspflicht ergeht nicht, wenn die Voraussetzungen des § 141 Absatz 1 Satz 1 Nummer 4 und 5 der Abgabenordnung in der am 31. Dezember 2015 geltenden Fassung für Kalenderjahre, die vor dem 1. Januar 2016 liegen, erfüllt sind, jedoch im Kalenderjahr 2015 die Voraussetzungen des § 141 Absatz 1 Satz 1 Nummer 4 und 5 der Abgabenordnung in der am 1. Januar 2016 geltenden Fassung nicht erfüllt sind.

§ 19a[2] Aufbewahrungsfristen. [1] § 147 Abs. 3 der Abgabenordnung in der Fassung des Artikels 2 des Gesetzes vom 19. Dezember 1998 (BGBl. I S. 3816) gilt erstmals für Unterlagen, deren Aufbewahrungsfrist nach § 147 Abs. 3 der Abgabenordnung in der bis zum 23. Dezember 1998 geltenden Fassung noch nicht abgelaufen ist. [2] § 147 Absatz 3 Satz 3 und 4 der Abgabenordnung in der am 1. Januar 2017 geltenden Fassung gilt für alle Lieferscheine, deren Aufbewahrungsfrist nach § 147 Absatz 3 der Abgabenordnung in der bis zum 31. Dezember 2016 geltenden Fassung noch nicht abgelaufen ist.

§ 19b[3] Zugriff auf datenverarbeitungsgestützte Buchführungssysteme. (1) § 146 Abs. 5, § 147 Abs. 2, 5 und 6 sowie § 200 Abs. 1 der Abgabenordnung in der Fassung des Artikels 7 des Gesetzes vom 23. Oktober 2000 (BGBl. I S. 1433) sind ab dem 1. Januar 2002 anzuwenden.

(2)[4] § 147 Absatz 6 Satz 6 der Abgabenordnung in der Fassung des Artikels 3 des Gesetzes vom 22. November 2019 (BGBl. I S. 1746) gilt für aufzeichnungs- und aufbewahrungspflichtige Daten, deren Aufbewahrungsfrist bis zum 1. Januar 2020 noch nicht abgelaufen ist.

§ 20 Verweisungserfordernis bei Blankettvorschriften. Die in § 381 Abs. 1, § 382 Abs. 1 der Abgabenordnung vorgeschriebene Verweisung ist nicht erforderlich, soweit die Vorschriften der dort genannten Gesetze und Rechtsverordnungen vor dem 1. Oktober 1968 erlassen sind.

§ 21[5] Steueranmeldungen in Euro. [1] Für Besteuerungszeiträume nach dem 31. Dezember 1998 und vor dem 1. Januar 2002 ist § 168 der Abgabenordnung mit folgender Maßgabe anzuwenden:
[2] Wird eine Steueranmeldung nach einem vom Bundesministerium der Finanzen im Einvernehmen mit den obersten Finanzbehörden der Länder bestimmten Vordruck in Euro abgegeben, gilt die Steuer als zu dem vom Rat der Europäischen Union gemäß Artikel 109l Abs. 4 Satz 1 des EG-Vertrages unwiderruflich festgelegten Umrechnungskurs in Deutscher Mark berechnet. [3] Betrifft die Anmeldung eine von Bundesfinanzbehörden verwaltete Steuer, ist bei der Bestimmung des Vordrucks das Einvernehmen mit den obersten Finanzbehörden der Länder nicht erforderlich.

§ 22[6] Mitwirkungspflichten der Beteiligten; Schätzung von Besteuerungsgrundlagen. (1)[7] [1] § 90 Abs. 3 der Abgabenordnung in der Fassung des

[1] Art. 97 § 19 Abs. 9 angef. durch G v. 28.7.2015 (BGBl. I S. 1400).
[2] Art. 97 § 19a eingef. durch G v. 19.12.1998 (BGBl. I S. 3816); Satz 2 angef. durch G v. 30.6.2017 (BGBl. I S. 2143).
[3] Art. 97 § 19b eingef. durch G v. 23.10.2000 (BGBl. I S. 1433).
[4] Art. 97 § 19b Abs. 2 angef. durch G v. 22.11.2019 (BGBl. I S. 1746).
[5] Art. 97 § 21 angef. durch G v. 24.3.1999 (BGBl. I S. 385).
[6] Art. 97 § 22 angef. durch G v. 16.5.2003 (BGBl. I S. 660).
[7] Art. 97 § 22 Abs. 1 Satz 4 angef. durch G v. 20.12.2016 (BGBl. I S. 3000).

Artikels 9 des Gesetzes vom 16. Mai 2003 (BGBl. I S. 660) ist erstmals für Wirtschaftsjahre anzuwenden, die nach dem 31. Dezember 2002 beginnen. ²§ 162 Abs. 3 und 4 der Abgabenordnung in der Fassung des Artikels 9 des Gesetzes vom 16. Mai 2003 (BGBl. I S. 660) ist erstmals für Wirtschaftsjahre anzuwenden, die nach dem 31. Dezember 2003 beginnen, frühestens sechs Monate nach Inkrafttreten der Rechtsverordnung im Sinne des § 90 Abs. 3 der Abgabenordnung in der Fassung des Artikels 9 des Gesetzes vom 16. Mai 2003 (BGBl. I S. 660). ³Gehören zu den Geschäftsbeziehungen im Sinne des § 90 Abs. 3 der Abgabenordnung in der Fassung des Artikels 9 des Gesetzes vom 16. Mai 2003 (BGBl. I S. 660) Dauerschuldverhältnisse, die als außergewöhnliche Geschäftsvorfälle im Sinne des § 90 Abs. 3 Satz 3 der Abgabenordnung in der Fassung des Artikels 9 des Gesetzes vom 16. Mai 2003 (BGBl. I S. 660) anzusehen sind und die vor Beginn der in Satz 1 bezeichneten Wirtschaftsjahre begründet wurden und bei Beginn dieser Wirtschaftsjahre noch bestehen, sind die Aufzeichnungen der sie betreffenden wirtschaftlichen und rechtlichen Grundlagen spätestens sechs Monate nach Inkrafttreten der Rechtsverordnung im Sinne des § 90 Abs. 3 der Abgabenordnung in der Fassung des Artikels 9 des Gesetzes vom 16. Mai 2003 (BGBl. I S. 660) zu erstellen. ⁴§ 90 Absatz 3 der Abgabenordnung in der am 24. Dezember 2016 geltenden Fassung ist erstmals für Wirtschaftsjahre anzuwenden, die nach dem 31. Dezember 2016 beginnen.

(2)[1) 2)] Die Bundesregierung bestimmt durch Rechtsverordnung mit Zustimmung des Bundesrates den Zeitpunkt der erstmaligen Anwendung von § 90 Absatz 2 Satz 3, § 147a, § 162 Absatz 2 Satz 3 und § 193 Absatz 1 und Absatz 2 Nummer 3 in der Fassung des Artikels 3 des Gesetzes vom 29. Juli 2009 (BGBl. I S. 2302).

(3)[3)] § 147a Absatz 2 der Abgabenordnung in der am 25. Juni 2017 geltenden Fassung ist erstmals auf Besteuerungszeiträume anzuwenden, die nach dem 31. Dezember 2017 beginnen.

(4)[4)] § 3 Absatz 4 Nummer 3, § 90 Absatz 2, § 147a Absatz 1 Satz 6, § 162 Absatz 2 Satz 3 und Absatz 4a sowie § 193 Absatz 2 Nummer 3 der Abgabenordnung in der ab 1. Juli 2021 geltenden Fassung sind erstmals auf Besteuerungszeiträume anzuwenden, die nach dem 31. Dezember 2021 beginnen.

§ 23[5)] Verfolgungsverjährung. § 376 der Abgabenordnung in der Fassung des Artikels 10 des Gesetzes vom 19. Dezember 2008 (BGBl. I S. 2794) gilt für alle bei Inkrafttreten dieses Gesetzes noch nicht abgelaufenen Verjährungsfristen.

§ 24[6)] Selbstanzeige bei Steuerhinterziehung und leichtfertiger Steuerverkürzung. ¹Bei Selbstanzeigen nach § 371 der Abgabenordnung, die bis zum 28. April 2011 bei der zuständigen Finanzbehörde eingegangen sind, ist § 371 der Abgabenordnung in der bis zu diesem Zeitpunkt geltenden Fassung

---

1) Art. 97 § 22 Abs. 2 angef. durch G v. 29.7.2009 (BGBl. I S. 2302).

2) Zur erstmaligen Anwendung für Besteuerungszeiträume, die nach dem 31.12.2009 beginnen, siehe § 5 SteuerHBekV v. 18.9.2009 (BGBl. I S. 3046), aufgeh. durch G v. 25.6.2021 (BGBl. I S. 2056).

3) Art. 97 § 22 Abs. 3 angef. durch G v. 23.6.2017 (BGBl. I S. 1682).

4) Art. 97 § 22 Abs. 4 angef. durch G v. 25.6.2021 (BGBl. I S. 2056).

5) Art. 97 § 23 angef. durch G v. 19.12.2008 (BGBl. I S. 2794).

6) Art. 97 § 24 angef. durch G v. 28.4.2011 (BGBl. I S. 676).

mit der Maßgabe anzuwenden, dass im Umfang der gegenüber der zuständigen Finanzbehörde berichtigten, ergänzten oder nachgeholten Angaben Straffreiheit eintritt. [2]Das Gleiche gilt im Fall der leichtfertigen Steuerverkürzung für die Anwendung des § 378 Absatz 3 der Abgabenordnung.

§ 25[1)] Erteilung einer verbindlichen Auskunft. (1) § 89 Absatz 3 bis 7 der Abgabenordnung in der Fassung des Artikels 3 des Gesetzes vom 1. November 2011 (BGBl. I S. 2131) ist erstmals auf Anträge anzuwenden, die nach dem 4. November 2011[2)] bei der zuständigen Finanzbehörde eingegangen sind.

(2)[3)] [1] § 89 Absatz 2 Satz 4 in der am 1. Januar 2017 geltenden Fassung ist erstmals auf nach dem 31. Dezember 2016 bei der zuständigen Finanzbehörde eingegangene Anträge auf Erteilung einer verbindlichen Auskunft anzuwenden. [2] § 89 Absatz 3 Satz 2 in der am 23. Juli 2016 geltenden Fassung ist erstmals auf nach dem 22. Juli 2016 bei der zuständigen Finanzbehörde eingegangene Anträge auf Erteilung einer einheitlichen verbindlichen Auskunft anzuwenden.

EGAO

§ 26[4)] Kontenabrufmöglichkeit und Kontenwahrheit. (1) § 93 Absatz 7 Satz 1 Nummer 2 der Abgabenordnung in der am 31. Dezember 2011 geltenden Fassung ist für Veranlagungszeiträume vor 2012 weiterhin anzuwenden.

(2)[5)] [1] § 93 Absatz 7 Satz 1 Nummer 4 bis 4b und Satz 2 zweiter Halbsatz der Abgabenordnung in der am 25. Juni 2017 geltenden Fassung ist ab dem 1. Januar 2018 anzuwenden. [2]Bis zum 31. Dezember 2017 ist § 93 Absatz 7 der Abgabenordnung in der am 24. Juni 2017 geltenden Fassung weiter anzuwenden.

(3)[6)] [1] § 93 Absatz 7 Satz 2 erster Halbsatz sowie § 93b Absatz 1a und 2 der Abgabenordnung in der am 25. Juni 2017 geltenden Fassung sind ab dem 1. Januar 2020 anzuwenden. [2]Bis zum 31. Dezember 2019 ist § 93 Absatz 7 Satz 2 Halbsatz 1 sowie § 93b Absatz 2 der Abgabenordnung in der am 24. Juni 2017 geltenden Fassung weiter anzuwenden.

(4)[7)] § 154 Absatz 2 bis 2c der Abgabenordnung in der am 25. Juni 2017 geltenden Fassung ist erstmals auf nach dem 31. Dezember 2017 begründete Geschäftsbeziehungen anzuwenden.

(5)[8)] Für Geschäftsbeziehungen zu Kreditinstituten im Sinne des § 154 Absatz 2 Satz 1 der Abgabenordnung in der am 25. Juni 2017 geltenden Fassung, die vor dem 1. Januar 2018 begründet worden sind und am 1. Januar 2018 noch bestehen, gilt Folgendes:

1. [1]Kreditinstitute haben bis zum 31. Dezember 2019 für den Kontoinhaber, jeden anderen Verfügungsberechtigten und jeden wirtschaftlich Berechtigten im Sinne des Geldwäschegesetzes

---

1) Art. 97 § 25 angef. durch G v. 1.11.2011 (BGBl. I S. 2131); Überschrift neu gef. durch G v. 18.7. 2016 (BGBl. I S. 1679).

2) Datum der Verkündung des G v. 1.11.2011.

3) Art. 97 § 25 Abs. 2 angef. durch G v. 18.7.2016 (BGBl. I S. 1679).

4) Art. 97 § 26 angef. durch G v. 1.11.2011 (BGBl. I S. 2131); Überschrift neu gef. durch G v. 23.6. 2017 (BGBl. I S. 1682).

5) Art. 97 § 26 Abs. 2 angef. durch G v. 23.6.2017 (BGBl. I S. 1682).

6) Art. 97 § 26 Abs. 3 angef. durch G v. 23.6.2017 (BGBl. I S. 1682); Sätze 1 und 2 geänd. durch G v. 20.11.2019 (BGBl. I S. 1626).

7) Art. 97 § 26 Abs. 4 angef. durch G v. 23.6.2017 (BGBl. I S. 1682).

8) Art. 97 § 26 Abs. 5 angef. durch G v. 23.6.2017 (BGBl. I S. 1682).

a) die Adresse,
b) bei natürlichen Personen das Geburtsdatum sowie
c) die in § 154 Absatz 2a Satz 1 der Abgabenordnung in der am 25. Juni 2017 geltenden Fassung genannten Daten

in den Aufzeichnungen nach § 154 Absatz 2 bis 2c der Abgabenordnung in der am 25. Juni 2017 geltenden Fassung und in dem nach § 93b Absatz 1 und 1a der Abgabenordnung in der am 25. Juni 2017 geltenden Fassung zu führenden Dateisystem zu erfassen. [2] § 154 Absatz 2a Satz 3 der Abgabenordnung in der am 25. Juni 2017 geltenden Fassung ist entsprechend anzuwenden.

2. [1] Teilen der Vertragspartner oder gegebenenfalls für ihn handelnde Personen dem Kreditinstitut die nach § 154 Absatz 2a Satz 1 Nummer 1 der Abgabenordnung in der am 25. Juni 2017 geltenden Fassung zu erfassende Identifikationsnummer einer betroffenen Person bis zum 31. Dezember 2019 nicht mit und hat das Kreditinstitut die Identifikationsnummer dieser Person auch nicht aus anderem Anlass rechtmäßig erfasst, hat es sie bis zum 30. Juni 2020 in einem maschinellen Verfahren beim Bundeszentralamt für Steuern zu erfragen. [2] § 154 Absatz 2b Satz 2 und 3 der Abgabenordnung in der am 25. Juni 2017 geltenden Fassung gilt entsprechend.
3. [1] Soweit das Kreditinstitut die nach § 154 Absatz 2a der Abgabenordnung in der am 25. Juni 2017 geltenden Fassung zu erhebenden Daten auf Grund unzureichender Mitwirkung des Vertragspartners und gegebenenfalls für ihn handelnder Personen bis zum 30. Juni 2020 nicht ermitteln kann, hat es dies auf dem Konto festzuhalten. [2] In diesem Fall hat das Kreditinstitut dem Bundeszentralamt für Steuern die betroffenen Konten sowie die hierzu nach § 154 Absatz 2 der Abgabenordnung in der am 25. Juni 2017 geltenden Fassung erhobenen Daten bis zum 30. September 2020 mitzuteilen.
4. § 154 Absatz 2d der Abgabenordnung in der am 25. Juni 2017 geltenden Fassung bleibt unberührt.

§ 27[1)] Elektronische Datenübermittlung an Finanzbehörden. (1) [1] § 72a Absatz 1 bis 3, § 87a Absatz 6, die §§ 87b bis 87e und 150 Absatz 6 der Abgabenordnung in der am 1. Januar 2017 geltenden Fassung sind erstmals anzuwenden, wenn Daten nach dem 31. Dezember 2016 auf Grund gesetzlicher Vorschriften nach amtlich vorgeschriebenem Datensatz über amtlich bestimmte Schnittstellen an Finanzbehörden zu übermitteln sind oder freiwillig übermittelt werden. [2] Für Daten im Sinne des Satzes 1, die vor dem 1. Januar 2017 zu übermitteln sind oder freiwillig übermittelt werden, sind § 150 Absatz 6 und 7 der Abgabenordnung und die Vorschriften der Steuerdaten-Übermittlungsverordnung in der jeweils am 31. Dezember 2016 geltenden Fassung weiter anzuwenden.

(2) § 72a Absatz 4, die §§ 93c, 93d und 171 Absatz 10a sowie die §§ 175b und 203a der Abgabenordnung in der am 1. Januar 2017 geltenden Fassung sind erstmals anzuwenden, wenn steuerliche Daten eines Steuerpflichtigen für Besteuerungszeiträume nach 2016 oder Besteuerungszeitpunkte nach dem 31. Dezember 2016 auf Grund gesetzlicher Vorschriften von einem Dritten als mitteilungspflichtiger Stelle elektronisch an Finanzbehörden zu übermitteln sind.

---

1) Art. 97 § 27 angef. durch G v. 18.7.2016 (BGBl. I S. 1679).

(3)[1] § 175b Absatz 4 der Abgabenordnung in der am 25. Juni 2017 geltenden Fassung ist erstmals anzuwenden, wenn Daten im Sinne des § 93c der Abgabenordnung der Finanzbehörde nach dem 24. Juni 2017 zugehen.

(4)[2] [1]Den Zeitpunkt der erstmaligen Anwendung des § 138 Absatz 1b Satz 2 der Abgabenordnung in der am 1. Januar 2020 geltenden Fassung bestimmt das Bundesministerium der Finanzen im Einvernehmen mit den obersten Finanzbehörden der Länder durch ein im Bundessteuerblatt zu veröffentlichendes Schreiben.[3] [2]Bis zu diesem Zeitpunkt sind die Auskünfte im Sinne des § 138 Absatz 1b Satz 1 der Abgabenordnung nach amtlich vorgeschriebenem Vordruck zu erteilen.

§ 28[4] Elektronische Bekanntgabe von Verwaltungsakten. [1]§ 87a Absatz 7 und 8, die §§ 122a und 169 Absatz 1 der Abgabenordnung in der am 1. Januar 2017 geltenden Fassung sind erstmals auf Verwaltungsakte anzuwenden, die nach dem 31. Dezember 2016 erlassen worden sind. [2]§ 8 Absatz 4 Satz 4 gilt entsprechend.

§ 29[5] Abweichende Festsetzung von Steuern aus Billigkeitsgründen. § 163 der Abgabenordnung in der am 1. Januar 2017 geltenden Fassung ist für nach dem 31. Dezember 2016 getroffene Billigkeitsmaßnahmen auch dann anzuwenden, wenn sie Besteuerungszeiträume oder Besteuerungszeitpunkte betreffen, die vor dem 1. Januar 2017 abgelaufen oder eingetreten sind.

§ 30[6] Ordnungsvorschrift für die Buchführung und für Aufzeichnungen mittels elektronischer Aufzeichnungssysteme. (1)[7] [1]Die §§ 146a und 379 Absatz 1 Satz 1 und Absatz 4 der Abgabenordnung in der am 29. Dezember 2016 geltenden Fassung sowie § 379 Absatz 5 und 6 der Abgabenordnung in der am 25. Juni 2017 geltenden Fassung sind erstmals für Kalenderjahre nach Ablauf des 31. Dezember 2019 anzuwenden. [2]Die Mitteilung nach § 146a Absatz 4 der Abgabenordnung in der am 29. Dezember 2016 geltenden Fassung ist für elektronische Aufzeichnungssysteme, die der Steuerpflichtige vor dem 1. Januar 2020 angeschafft hat, bis zum 31. Januar 2020 zu erstatten.

(2) [1]§ 146b der Abgabenordnung in der am 29. Dezember 2016 geltenden Fassung ist nach Ablauf des 31. Dezember 2017 anzuwenden. [2]§ 146b Absatz 2 Satz 2 der Abgabenordnung ist in der am 29. Dezember 2016 geltenden Fassung vor dem 1. Januar 2020 mit der Maßgabe anzuwenden, dass keine Datenübermittlung über die einheitliche Schnittstelle verlangt werden kann oder dass diese auf einem maschinell auswertbaren Datenträger nach den Vorgaben der einheitlichen Schnittstelle zur Verfügung gestellt werden muss. [3]§ 146b Absatz 1 Satz 2 der Abgabenordnung in der am 29. Dezember 2016 geltenden Fassung ist erstmals für Kalenderjahre nach Ablauf des 31. Dezember 2019 anzuwenden.

---

[1] Art. 97 § 27 Abs. 3 angef. durch G v. 23.6.2017 (BGBl. I S. 1682).
[2] Art. 97 § 27 Abs. 4 angef. durch G v. 22.11.2019 (BGBl. I S. 1746).
[3] Zeitpunkt der erstmaligen Anwendung ist der 1.1.2021; siehe BMF v. 4.12.2020 (BStBl. I S. 1209).
[4] Art. 97 § 28 angef. durch G v. 18.7.2016 (BGBl. I S. 1679).
[5] Art. 97 § 29 angef. durch G v. 18.7.2016 (BGBl. I S. 1679).
[6] Art. 97 § 30 eingef. durch G v. 22.12.2016 (BGBl. I S. 3152).
[7] Art. 97 § 30 Abs. 1 Satz 1 neu gef. durch G v. 23.6.2017 (BGBl. I S. 1682).

(3) Wurden Registrierkassen nach dem 25. November 2010 und vor dem 1. Januar 2020 angeschafft, die den Anforderungen des BMF-Schreibens vom 26. November 2010 (BStBl. I S. 1342) entsprechen und die bauartbedingt nicht aufrüstbar sind, so dass sie die Anforderungen des § 146a der Abgabenordnung nicht erfüllen, dürfen diese Registrierkassen bis zum 31. Dezember 2022 abweichend von den § 146a und § 379 Absatz 1 Satz 1 und Absatz 4 der Abgabenordnung weiter verwendet werden.

§ 31[1] **Länderbezogener Bericht multinationaler Unternehmensgruppen.** [1] § 138a Absatz 1, 2, 3, 6 und 7 der Abgabenordnung in der am 24. Dezember 2016 geltenden Fassung ist erstmals für Wirtschaftsjahre anzuwenden, die nach dem 31. Dezember 2015 beginnen. [2] § 138a Absatz 4 und 5 der Abgabenordnung in der am 24. Dezember 2016 geltenden Fassung ist erstmals für Wirtschaftsjahre anzuwenden, die nach dem 31. Dezember 2016 beginnen. [3] § 138a Absatz 2 der Abgabenordnung in der am 29. Dezember 2020 geltenden Fassung ist auf alle offenen Fälle anzuwenden.

§ 32[2] **Mitteilungspflicht über Beziehungen zu Drittstaat-Gesellschaften.** (1) [1] § 138 Absatz 2 bis 5, § 138b und § 379 Absatz 2 Nummer 1d der Abgabenordnung in der am 25. Juni 2017 geltenden Fassung sind erstmals auf mitteilungspflichtige Sachverhalte anzuwenden, die nach dem 31. Dezember 2017 verwirklicht worden sind. [2] Auf Sachverhalte, die vor dem 1. Januar 2018 verwirklicht worden sind, ist § 138 Absatz 2 und 3 der Abgabenordnung in der am 24. Juni 2017 geltenden Fassung weiter anzuwenden.

(2) [1] Inländische Steuerpflichtige im Sinne des § 138 Absatz 2 Satz 1 der Abgabenordnung in der am 25. Juni 2017 geltenden Fassung, die vor dem 1. Januar 2018 erstmals unmittelbar oder mittelbar einen beherrschenden oder bestimmenden Einfluss auf die gesellschaftsrechtlichen, finanziellen oder geschäftlichen Angelegenheiten einer Drittstaat-Gesellschaft im Sinne des § 138 Absatz 3 der Abgabenordnung in der am 25. Juni 2017 geltenden Fassung ausüben konnten, haben dies dem für sie nach den §§ 18 bis 20 der Abgabenordnung zuständigen Finanzamt mitzuteilen, wenn dieser Einfluss auch noch am 1. Januar 2018 fortbesteht. [2] § 138 Absatz 5 der Abgabenordnung in der am 25. Juni 2017 geltenden Fassung gilt in diesem Fall entsprechend.

(3)[3] § 138 Absatz 2 und 5 der Abgabenordnung in der am 29. Dezember 2020 geltenden Fassung ist auf alle offenen Fälle anzuwenden.

§ 33[4] **Mitteilungspflicht bei Steuergestaltungen.** (1) § 102 Absatz 4 Satz 3 und die §§ 138d bis 138k der Abgabenordnung in der am 1. Januar 2020 geltenden Fassung sind ab dem 1. Juli 2020 in allen Fällen anzuwenden, in denen das nach § 138f Absatz 2 der Abgabenordnung in der am 1. Januar 2020 geltenden Fassung maßgebliche Ereignis nach dem 30. Juni 2020 eingetreten ist.

(2) Wurde der erste Schritt einer mitteilungspflichtigen grenzüberschreitenden Steuergestaltung nach dem 24. Juni 2018 und vor dem 1. Juli 2020 umge-

[1] Art. 97 § 31 angef. durch G v. 20.12.2016 (BGBl. I S. 3000); Satz 3 angef. durch G v. 21.12.2020 (BGBl. I S. 3096).
[2] Art. 97 § 32 angef. durch G v. 23.6.2017 (BGBl. I S. 1682).
[3] Art. 97 § 32 Abs. 3 angef. durch G v. 21.12.2020 (BGBl. I S. 3096).
[4] Art. 97 § 33 angef. durch G v. 21.12.2019 (BGBl. I S. 2875).

setzt, sind § 102 Absatz 4 Satz 3 und die §§ 138d bis 138k der Abgabenordnung in der am 1. Januar 2020 geltenden Fassung ab dem 1. Juli 2020 mit der Maßgabe anzuwenden, dass die Mitteilung abweichend von § 138f Absatz 2 der Abgabenordnung in der am 1. Januar 2020 geltenden Fassung innerhalb von zwei Monaten nach dem 30. Juni 2020 zu erstatten ist.

(3) § 379 Absatz 2 Nummer 1e bis 1g sowie Absatz 7 der Abgabenordnung in der am 1. Januar 2020 geltenden Fassung ist ab dem 1. Juli 2020 in allen Fällen anzuwenden, in denen das nach § 138f Absatz 2 der Abgabenordnung in der am 1. Januar 2020 geltenden Fassung maßgebliche Ereignis nach dem 30. Juni 2020 eingetreten ist.

(4) [1] Das Bundesministerium der Finanzen erstattet dem Finanzausschuss des Deutschen Bundestages jährlich zum 1. Juni, erstmals zum 1. Juni 2021, Bericht über

1. die Anzahl der im vorangegangen Kalenderjahr beim Bundeszentralamt für Steuern eingegangenen Mitteilungen über grenzüberschreitende Steuergestaltungen,
2. die Fallgestaltungen, deren Prüfung Anlass dafür war,
   a) dem Bundeskabinett im vorangegangenen Kalenderjahr eine Gesetzesinitiative vorzuschlagen,
   b) ein im Bundessteuerblatt zu veröffentlichendes Schreiben des Bundesministeriums der Finanzen oder einen im Bundessteuerblatt zu veröffentlichenden gleichlautenden Erlass der obersten Finanzbehörden der Länder im vorangegangenen Kalenderjahr zu erlassen oder zu ändern.

[2] In den Fällen von Satz 1 Nummer 2 ist die Fallgestaltung im Bericht abstrakt zu beschreiben.

(5)[1)] Das Bundesministerium der Finanzen wird ermächtigt, zur zeitnahen Umsetzung unionsrechtlicher Bestimmungen hinsichtlich der Fristen zur Mitteilung grenzüberschreitender Steuergestaltungen durch ein im Bundessteuerblatt zu veröffentlichendes Schreiben von den Absätzen 1 und 2 abweichende Bestimmungen zu treffen.

§ 34[2)] Vorabverständigungsverfahren. [1] § 89a der Abgabenordnung in der am 9. Juni 2021 geltenden Fassung ist erstmals auf Anträge anzuwenden, die nach dem 8. Juni 2021 bei der zuständigen Behörde eingegangen sind. [2] § 178a der Abgabenordnung in der Fassung des Gesetzes vom 13. Dezember 2006 (BGBl. I S. 2878) ist letztmals auf Anträge anzuwenden, die am 8. Juni 2021 bei der zuständigen Behörde eingegangen sind.

§ 35[3)] Abrufverfahren von Steuermessbeträgen. § 184 Absatz 3 Satz 2 der Abgabenordnung findet erstmals für Steuermessbeträge Anwendung, die für Realsteuern des Jahres 2025 maßgeblich sind.

§ 36[4)] Sonderregelungen auf Grund der Corona-Pandemie. (1) § 149 Absatz 3 der Abgabenordnung in der am 19. Februar 2021 geltenden Fassung ist für den Besteuerungszeitraum 2019 mit der Maßgabe anzuwenden, dass an

---

1) Art. 97 § 33 Abs. 5 angef. durch G v. 19.6.2020 (BGBl. I S. 1385).
2) Art. 97 § 34 neu gef. durch G v. 2.6.2021 (BGBl. I S. 1259).
3) Art. 97 § 35 angef. durch G v. 21.12.2020 (BGBl. I S. 3096).
4) Art. 97 § 36 angef. durch G v. 15.2.2021 (BGBl. I S. 237).

die Stelle des letzten Tages des Monats Februar 2021 der 31. August 2021 und an die Stelle des 31. Juli 2021 der 31. Dezember 2021 tritt; § 149 Absatz 4 der Abgabenordnung bleibt unberührt.

(2) [1]Abweichend von § 233a Absatz 2 Satz 1 der Abgabenordnung in der am 19. Februar 2021 geltenden Fassung beginnt der Zinslauf für den Besteuerungszeitraum 2019 am 1. Oktober 2021. [2]In den Fällen des § 233a Absatz 2 Satz 2 der Abgabenordnung in der am 19. Februar 2021 geltenden Fassung beginnt der Zinslauf für den Besteuerungszeitraum 2019 am 1. Mai 2022.

(3)[1)] Für den Besteuerungszeitraum 2020 sind die §§ 109, 149, 152 und 233a der Abgabenordnung in der am 1. Juli 2021 geltenden Fassung mit folgenden Maßgaben anzuwenden:

1. In § 109 Absatz 2 Satz 1 Nummer 1 der Abgabenordnung tritt an die Stelle des letzten Tags des Monats Februar 2022 der 31. Mai 2022.
2. In § 109 Absatz 2 Satz 2 der Abgabenordnung tritt an die Stelle des 31. Juli 2022 der 31. Oktober 2022.
3. In § 149 Absatz 2 Satz 1 der Abgabenordnung tritt jeweils an die Stelle der Angabe „sieben Monate" die Angabe „zehn Monate".
4. In § 149 Absatz 2 Satz 2 der Abgabenordnung tritt an die Stelle der Angabe „des siebten Monats" die Angabe „des zehnten Monats".
5. In § 149 Absatz 3 der Abgabenordnung tritt an die Stelle des letzten Tags des Monats Februar 2022 der 31. Mai 2022 und an die Stelle des 31. Juli 2022 der 31. Oktober 2022.
6. In § 149 Absatz 4 Satz 1 und 3 der Abgabenordnung tritt jeweils an die Stelle des letzten Tags des Monats Februar 2022 der 31. Mai 2022.
7. In § 149 Absatz 4 Satz 5 der Abgabenordnung tritt an die Stelle des 31. Juli 2022 der 31. Oktober 2022.
8. In § 152 Absatz 2 Nummer 1 der Abgabenordnung tritt jeweils an die Stelle der Angabe „14 Monaten" die Angabe „17 Monaten".
9. In § 152 Absatz 2 Nummer 2 der Abgabenordnung tritt jeweils an die Stelle der Angabe „19 Monaten" die Angabe „22 Monaten".
10. In § 233a Absatz 2 Satz 1 der Abgabenordnung tritt an die Stelle der Angabe „15 Monate" die Angabe „18 Monate".
11. In § 233a Absatz 2 Satz 2 der Abgabenordnung tritt an die Stelle der Angabe „23 Monate" die Angabe „26 Monate".

Art. 97a[2)] Überleitungsregelungen aus Anlaß der Herstellung der Einheit Deutschlands

§ 1 Zuständigkeit. (1) [1]Für vor dem 1. Januar 1991 nach dem Recht der Bundesrepublik Deutschland oder der Deutschen Demokratischen Republik entstandene Besitz- und Verkehrsteuern, Zulagen und Prämien, auf die Abgabenrecht Anwendung findet, und dazugehörige steuerliche Nebenleistungen, bleiben die nach den bisher geltenden Vorschriften einschließlich der Vorschriften der Einzelsteuergesetze örtlich zuständigen Finanzbehörden weiterhin zuständig. [2]Dies gilt auch für das Rechtsbehelfsverfahren.

---

1) Art. 97 § 36 Abs. 3 angef. durch G v. 25.6.2021 (BGBl. I S. 2035).
2) Art. 97a eingef. durch Vertrag v. 31.8.1990 (BGBl. II S. 889, 968).

(2)[1] [1] Würde durch einen Wechsel der örtlichen Zuständigkeit eine Finanzbehörde in dem in Artikel 3 des Einigungsvertrages genannten Gebiet für die gesonderte Feststellung nach § 180 Abs. 1 Nr. 1 der Abgabenordnung, für die gesonderte und einheitliche Feststellung nach der Anteilsbewertungsverordnung vom 19. Januar 1977 (BGBl. I S. 171) oder für die Besteuerung nach dem Vermögen zuständig, bleibt abweichend von § 26 Satz 1 der Abgabenordnung letztmals für Feststellungen zum 1. Januar 1998 oder für die Vermögensteuer des Kalenderjahrs 1998 die nach den bisherigen Verhältnissen zuständige Finanzbehörde insoweit zuständig. [2] Dies gilt auch für das Rechtsbehelfsverfahren.

§ 2 Überleitungsbestimmungen für die Anwendung der Abgabenordnung in dem in Artikel 3 des Einigungsvertrages genannten Gebiet.

Für die Anwendung der Abgabenordnung in dem in Artikel 3 des Einigungsvertrages genannten Gebiet gilt folgendes:

1. Verfahren, die beim Wirksamwerden des Beitritts anhängig sind, werden nach den Vorschriften der Abgabenordnung zu Ende geführt, soweit in den nachfolgenden Vorschriften nichts anderes bestimmt ist.
2. Fristen, deren Lauf vor dem Wirksamwerden des Beitritts begonnen hat, werden nach den Vorschriften der Abgabenordnung der Deutschen Demokratischen Republik (AO 1990) vom 22. Juni 1990 (Sonderdruck Nr. 1428 des Gesetzblattes)[2] sowie des Einführungsgesetzes zur Abgabenordnung der Deutschen Demokratischen Republik vom 22. Juni 1990 (Sonderdruck Nr. 1428 des Gesetzblattes)[2] berechnet, soweit in den nachfolgenden Vorschriften nichts anderes bestimmt ist.
3. § 152 ist erstmals auf Steuererklärungen anzuwenden, die nach dem Wirksamwerden des Beitritts einzureichen sind; eine Verlängerung der Steuererklärungsfrist ist hierbei nicht zu berücksichtigen.
4. [1] Die Vorschriften über die Aufhebung und Änderung von Verwaltungsakten sind erstmals anzuwenden, wenn nach dem Wirksamwerden des Beitritts ein Verwaltungsakt aufgehoben oder geändert wird. [2] Dies gilt auch dann, wenn der aufzuhebende oder zu ändernde Verwaltungsakt vor dem Wirksamwerden des Beitritts erlassen worden ist. [3] Auf vorläufige Steuerbescheide nach § 100 Abs. 1 der Abgabenordnung (AO) der Deutschen Demokratischen Republik in der Fassung vom 18. September 1970 (Sonderdruck Nr. 681 des Gesetzblattes)[2] ist § 165 Abs. 2, auf Steuerbescheide nach § 100 Abs. 2 der Abgabenordnung (AO) der Deutschen Demokratischen Republik in der Fassung vom 18. September 1970 (Sonderdruck Nr. 681 des Gesetzblattes)[2] ist § 164 Abs. 2 und 3 anzuwenden.
5. [1] Die Vorschriften über die Festsetzungsverjährung gelten für die Festsetzung sowie für die Aufhebung und Änderung der Festsetzung von Steuern, Steuervergütungen und, soweit für steuerliche Nebenleistungen eine Festsetzungsverjährung vorgesehen ist, von steuerlichen Nebenleistungen, die nach dem Wirksamwerden des Beitritts entstehen. [2] Für vorher entstandene Ansprüche sind die Vorschriften der Abgabenordnung der Deutschen Demokratischen Republik (AO 1990) vom 22. Juni 1990 (Sonderdruck Nr. 1428 des Gesetzblattes)[2] sowie des Einführungsgesetzes zur Abgaben-

[1] Art. 97a § 1 Abs. 2 neu gef. durch G v. 11.10.1995 (BGBl. I S. 1250).
[2] Gesetzblatt der DDR.

ordnung der Deutschen Demokratischen Republik vom 22. Juni 1990 (Sonderdruck Nr. 1428 des Gesetzblattes)[1] über die Verjährung und über die Ausschlußfristen weiter anzuwenden, soweit sie für die Festsetzung einer Steuer, Steuervergütung oder steuerlichen Nebenleistung, für die Aufhebung oder Änderung einer solchen Festsetzung oder für die Geltendmachung von Erstattungsansprüchen von Bedeutung sind; Nummer 9 Satz 2 bis 4 bleibt unberührt. [3]Sätze 1 und 2 gelten sinngemäß für die gesonderte Feststellung von Besteuerungsgrundlagen sowie für die Festsetzung, Zerlegung und Zuteilung von Steuermeßbeträgen. [4]Bei der Einheitsbewertung tritt an die Stelle des Zeitpunkts der Entstehung des Steueranspruchs der Zeitpunkt, auf den die Hauptfeststellung, die Fortschreibung, die Nachfeststellung oder die Aufhebung eines Einheitswertes vorzunehmen ist.

6. §§ 69 bis 76 und 191 Abs. 3 bis 5 sind anzuwenden, wenn der haftungsbegründende Tatbestand nach dem Wirksamwerden des Beitritts verwirklicht worden ist.

7.[2] [1]Bei der Anwendung des § 141 Abs. 1 Nr. 3 tritt an die Stelle des Wirtschaftswerts der Ersatzwirtschaftswert (§ 125 des Bewertungsgesetzes[3]). [2]Satz 1 ist letztmals für gesonderte Feststellungen auf den 1. Januar 2024 anzuwenden.

8. [1]Die Vorschriften über verbindliche Zusagen auf Grund einer Außenprüfung (§§ 204 bis 207) sind anzuwenden, wenn die Schlußbesprechung nach dem Wirksamwerden des Beitritts stattfindet oder, falls eine solche nicht erforderlich ist, wenn dem Steuerpflichtigen der Prüfungsbericht nach dem Wirksamwerden des Beitritts zugegangen ist. [2]Hat die Schlußbesprechung nach dem 30. Juni 1990 und vor dem Wirksamwerden des Beitritts stattgefunden oder war eine solche nicht erforderlich und ist der Prüfungsbericht dem Steuerpflichtigen nach dem 30. Juni 1990 und vor dem Wirksamwerden des Beitritts zugegangen, sind die bisherigen Vorschriften der Abgabenordnung der Deutschen Demokratischen Republik (AO 1990) vom 22. Juni 1990 (Sonderdruck Nr. 1428 des Gesetzblattes)[1] sowie des Einführungsgesetzes zur Abgabenordnung der Deutschen Demokratischen Republik vom 22. Juni 1990 (Sonderdruck Nr. 1428 des Gesetzblattes)[1] über verbindliche Zusagen auf Grund einer Außenprüfung weiter anzuwenden.

9. [1]Die Vorschriften über die Zahlungsverjährung gelten für alle Ansprüche im Sinne des § 228 Satz 1, deren Verjährung gemäß § 229 nach dem Wirksamwerden des Beitritts beginnt. [2]Liegen die Voraussetzungen des Satzes 1 nicht vor, so sind für die Ansprüche weiterhin die Vorschriften der Abgabenordnung der Deutschen Demokratischen Republik (AO 1990) vom 22. Juni 1990 (Sonderdruck Nr. 1428 des Gesetzblattes)[1] sowie des Einführungsgesetzes zur Abgabenordnung der Deutschen Demokratischen Republik vom 22. Juni 1990 (Sonderdruck Nr. 1428 des Gesetzblattes)[1] über die Verjährung und Ausschlußfristen anzuwenden. [3]Die Verjährung wird jedoch ab Wirksamwerden des Beitritts nur noch nach den §§ 230

---

[1] Gesetzblatt der DDR.

[2] Art. 97a § 2 Nr. 7 Satz 2 angef. durch G v. 26.11.2019 (BGBl. I S. 1794); Satz 2 in Kraft ab **1.1. 2025**.

[3] Nr. **3**.

und 231 gehemmt und unterbrochen. [4]Auf die nach § 231 Abs. 3 beginnende neue Verjährungsfrist sind die §§ 228 bis 232 anzuwenden.

10. [1]Zinsen entstehen für die Zeit nach dem Wirksamwerden des Beitritts nach den Vorschriften der Abgabenordnung. [2]Die Vorschriften des § 233a über die Verzinsung von Steuernachforderungen und Steuererstattungen sind erstmals für Steuern anzuwenden, die nach dem 31. Dezember 1990 entstehen. [3]Ist eine Steuer über den Tag des Wirksamwerdens des Beitritts hinaus zinslos gestundet worden, so gilt dies als Verzicht auf Zinsen im Sinne des § 234 Abs. 2. [4]Die Vorschriften des § 239 Abs. 1 über die Festsetzungsfrist gelten in allen Fällen, in denen die Festsetzungsfrist auf Grund dieser Vorschrift nach dem Wirksamwerden des Beitritts beginnt.
11. § 240 ist erstmals auf Säumniszuschläge anzuwenden, die nach dem Wirksamwerden des Beitritts verwirkt werden.
12. Wird ein Verwaltungsakt angefochten, der vor dem Wirksamwerden des Beitritts wirksam geworden ist, bestimmt sich die Zulässigkeit des außergerichtlichen Rechtsbehelfs nach den bisherigen Vorschriften; ist über den Rechtsbehelf nach dem Wirksamwerden des Beitritts zu entscheiden, richten sich die Art des außergerichtlichen Rechtsbehelfs sowie das weitere Verfahren nach den neuen Vorschriften.
13. [1]Eine vor dem Wirksamwerden des Beitritts begonnene Maßnahme der Zwangsvollstreckung ist nach dem bisherigen Recht zu erledigen. [2]Werden weitere selbständige Maßnahmen zur Fortsetzung der bereits begonnenen Zwangsvollstreckung nach dem Wirksamwerden des Beitritts eingeleitet, gelten die Vorschriften der Abgabenordnung. [3]Als selbständige Maßnahme gilt auch die Verwertung eines gepfändeten Gegenstandes.

§ 3[1)] Festsetzungsverjährung und D-Markbilanzgesetz. (1) [1]Bei Steuerpflichtigen, die nach dem D-Markbilanzgesetz vom 31. August 1990 in der Fassung vom 28. Juli 1994 (BGBl. I S. 1842) eine Eröffnungsbilanz für den 1. Juli 1990 aufzustellen haben, beträgt die Festsetzungsfrist insoweit abweichend von § 169 Abs. 2 Satz 1 Nr. 2 der Abgabenordnung für Steuern vom Einkommen, die nach dem 30. Juli 1990 und vor dem 1. Januar 1993 entstehen, sechs Jahre. [2]Soweit diese Steuern leichtfertig verkürzt worden sind, beträgt die Festsetzungsfrist abweichend von § 169 Abs. 2 Satz 2 der Abgabenordnung sieben Jahre.

(2) Für Gesellschaften und Gemeinschaften, für die Einkünfte nach § 180 Abs. 1 Nr. 2 Buchstabe a der Abgabenordnung einheitlich und gesondert festzustellen sind, gilt Absatz 1 für die Feststellungsfrist sinngemäß.

(3) Die Festsetzungsfrist für Haftungsbescheide, denen die in den Absätzen 1 und 2 genannten Steueransprüche zugrunde liegen, beträgt abweichend von § 191 Abs. 3 Satz 2 der Abgabenordnung sechs Jahre, in den Fällen des § 70 der Abgabenordnung bei Steuerhinterziehung zehn Jahre, bei leichtfertiger Steuerverkürzung sieben Jahre, in den Fällen des § 71 der Abgabenordnung zehn Jahre.

§ 4[2)] Verrechnung der für das zweite Halbjahr 1990 gezahlten Vermögensteuer. Die nach der Verordnung vom 27. Juni 1990 (GBl. I Nr. 41

[1)] Art. 97a § 3 eingef. durch G v. 18.12.1995 (BGBl. I S. 1959).
[2)] Art. 97a § 4 angef. als § 3 durch G v. 24.6.1991 (BGBl. I S. 1322).

EGAO

S. 618)[1] in der zusammengefaßten Steuerrate für das zweite Halbjahr 1990 gezahlte Vermögensteuer ist in der Jahreserklärung 1990 innerhalb der Steuerrate mit der Körperschaftsteuer und Gewerbesteuer der in Kapitalgesellschaften umgewandelten ehemaligen volkseigenen Kombinate, Betriebe und Einrichtungen zu verrechnen.

§ 5[2] *(aufgehoben)*

Art. 98 Verweisungen. Soweit in Rechtsvorschriften auf Vorschriften verwiesen wird, die durch dieses Gesetz aufgehoben werden, treten an deren Stelle die entsprechenden Vorschriften der Abgabenordnung.

Art. 99 Ermächtigungen. (1)[3] Das Bundesministerium der Finanzen wird ermächtigt, durch Rechtsverordnung in den Fällen, in denen Verbrauchsteuergesetze für verbrauchsteuerpflichtige Waren Steuerbefreiungen, Steuerermäßigungen oder sonstige Steuervergünstigungen unter der Bedingung vorsehen, daß diese Waren einer besonderen Bestimmung zugeführt werden, zur Sicherung des Steueraufkommens und zur Vereinfachung des Verfahrens anzuordnen, daß

1. die Steuer nur bedingt entsteht; bei einer Steuerermäßigung gilt dies in Höhe des Unterschiedes zwischen dem vollen und dem ermäßigten Steuersatz,
2. eine bedingte Steuer außer in sonst gesetzlich bestimmten Fällen auch unbedingt wird, wenn
   a) die verbrauchsteuerpflichtige Ware entgegen Rechtsvorschriften über das Verfahren der Steueraufsicht vorenthalten oder entzogen wird,
   b) eine befristete Erlaubnis für die Inanspruchnahme einer Steuervergünstigung erlischt, hinsichtlich der in diesem Zeitpunkt beim Inhaber der Erlaubnis noch vorhandenen Bestände an von ihm steuerbegünstigt bezogenen verbrauchsteuerpflichtigen Waren.

(2) Rechtsverordnungen nach Absatz 1 und andere Rechtsverordnungen, die auf Grund der in diesem Gesetz enthaltenen Ermächtigungen auf dem Gebiet der Verbrauchsteuern und Finanzmonopole (Artikel 20 bis 32) erlassen werden, bedürfen, außer wenn sie die Biersteuer betreffen, nicht der Zustimmung des Bundesrates.

Art. 100[4] *(aufgehoben)*

Art. 101 Berlin-Klausel. *(gegenstandslos)*

Art. 102 Inkrafttreten. (1) Dieses Gesetz tritt am 1. Januar 1977 in Kraft, soweit nichts anderes bestimmt ist.

---

[1] Gesetzblatt der DDR.
[2] Art. 97a § 5 aufgeh. durch G v. 5.5.2004 (BGBl. I S. 718).
[3] Art. 99 Abs. 1 geänd. durch G v. 21.12.1993 (BGBl. I S. 2310).
[4] Art. 100 aufgeh. durch G v. 21.12.1993 (BGBl. I S. 2310).

(2) § 17 Abs. 3 des Finanzverwaltungsgesetzes[1] in der Fassung des Artikels 1 Nr. 7 Buchstabe b, Artikel 11, Artikel 17 Nr. 13 Buchstabe c, Artikel 97 § 19 und Artikel 99 treten am Tage nach der Verkündung[2] in Kraft.

(3) Artikel 14 Nr. 1 Buchstabe a gilt erstmals für die Vermögensteuer des Kalenderjahres 1975.

[1] Nr. **31**.
[2] Verkündet am 17.12.1976.

5. Einkommensteuergesetz (EStG)[1) 2)]

In der Fassung der Bekanntmachung vom 8. Oktober 2009[3)]
(BGBl. I S. 3366, ber. I 2009 S. 3862)

FNA 611-1

geänd. durch Art. 1 Gesetz zur Beschleunigung des Wirtschaftswachstums (Wachstumsbeschleunigungsgesetz) v. 22.12.2009 (BGBl. I S. 3950), Art. 1 Gesetz zur Umsetzung steuerlicher EU-Vorgaben sowie zur Änderung steuerlicher Vorschriften v. 8.4.2010 (BGBl. I S. 386), Art. 1 Jahressteuergesetz 2010 (JStG 2010) v. 8.12.2010 (BGBl. I S. 1768), Art. 8 Gesetz zur Restrukturierung und geordneten Abwicklung von Kreditinstituten, zur Errichtung eines Restrukturierungsfonds für Kreditinstitute und zur Verlängerung der Verjährungsfrist der aktienrechtlichen Organhaftung (Restrukturierungsgesetz) v. 9.12.2010 (BGBl. I S. 1900), Art. 1 Gesetz zur bestätigenden Regelung verschiedener steuerlicher und verkehrsrechtlicher Vorschriften des Haushaltsbegleitgesetzes 2004 v. 5.4.2011 (BGBl. I S. 554), Art. 7 Gesetz zur Umsetzung der Richtlinie 2009/65/EG zur Koordinierung der Rechts- und Verwaltungsvorschriften betreffend bestimmte Organismen für gemeinsame Anlagen in Wertpapieren (OGAW-IV-Umsetzungsgesetz – OGAW-IV-UmsG) v. 22.6.2011 (BGBl. I S. 1126), Art. 1 Steuervereinfachungsgesetz 2011 v. 1.11.2011 (BGBl. I S. 2131), Art. 2 Gesetz zur Umsetzung der Beitreibungsrichtlinie sowie zur Änderung steuerlicher Vorschriften (Beitreibungsrichtlinie-Umsetzungsgesetz – BeitrRLUmsG) v. 7.12.2011 (BGBl. I S. 2592), Art. 20 Gesetz zur Verbesserung der Eingliederungschancen am Arbeitsmarkt v. 20.12.2011 (BGBl. I S. 2854), Art. 13 Abs. 4 Gesetz zur Neuordnung der Organisation der landwirtschaftlichen Sozialversicherung (LSV-Neuordnungsgesetz – LSV-NOG) v. 12.4.2012 (BGBl. I S. 579), Art. 3 Gesetz zur Änderung des Gemeindefinanzreformgesetzes und von steuerlichen Vorschriften v. 8.5.2012 (BGBl. I S. 1030), Art. 1 Gesetz zum Abbau der kalten Progression v. 20.2.2013 (BGBl. I S. 283), Art. 1 Gesetz zur Änderung und Vereinfachung der Unternehmensbesteuerung und des steuerlichen Reisekostenrechts v. 20.2.2013 (BGBl. I S. 285), Art. 2 Gesetz zur Stärkung des Ehrenamtes (Ehrenamtsstärkungsgesetz) v. 21.3.2013 (BGBl. I S. 556), Art. 2 Abs. 11 Gesetz zur Fortentwicklung des Meldewesens (MeldFortG) v. 3.5.2013 (BGBl. I S. 1084, geänd. durch G v. 20.11.2014, BGBl. I S. 1738), Art. 1 Gesetz zur Verbesserung der steuerlichen Förderung der privaten Altersvorsorge (Altersvorsorge-Verbesserungsgesetz – AltvVerbG) v. 24.6.2013 (BGBl. I S. 1667), Art. 2 Gesetz zur Umsetzung der Amtshilferichtlinie sowie zur Änderung steuerlicher Vorschriften (Amtshilferichtlinie-Umsetzungsgesetz – AmtshilfeRLUmsG) v. 26.6.2013 (BGBl. I S. 1809), Art. 1 Gesetz zur Änderung des Einkommensteuergesetzes in Umsetzung der Entscheidung des Bundesverfassungsgerichtes vom 7. Mai 2013 v. 15.7.2013 (BGBl. I S. 2397), Art. 11 Gesetz zur Anpassung des Investmentsteuergesetzes und anderer Gesetze an das AIFM-Umsetzungsgesetz (AIFM-Steuer-Anpassungsgesetz – AIFM-StAnpG) v. 18.12.2013 (BGBl. I S. 4318), Art. 1 Gesetz zur Anpassung steuerlicher Regelungen an die Rechtsprechung des Bundesverfassungsgerichts v. 18.7.2014 (BGBl. I S. 1042), Art. 1, 2 und 3 Gesetz zur Anpassung des nationalen Steuerrechts an den Beitritt Kroatiens zur EU und zur Änderung weiterer steuerlicher Vorschriften v. 25.7.2014 (BGBl. I S. 1266), Art. 3 Gesetz zur Änderung des Freizügigkeitsgesetzes/EU und weiterer Vorschriften v. 2.12.2014 (BGBl. I S. 1922), Art. 4 und 5 Gesetz zur Anpassung der Abgabenordnung an den Zollkodex der Union und zur Änderung weiterer steuerlicher Vorschriften v. 22.12.2014 (BGBl. I S. 2417), Art. 2 Abs. 7 Gesetz zur Modernisierung der Finanzaufsicht über Versicherungen v. 1.4.2015 (BGBl. I S. 434, geänd. durch G v. 2.11.2015, BGBl. I S. 1834), Art. 3 Abs. 11 Gesetz zur Neuregelung der Unterhaltssicherung sowie zur Änderung soldatenrechtlicher Vorschriften v. 29.6.2015 (BGBl. I S. 1061), Art. 1 und 2 Gesetz zur Anhebung des Grundfreibetrags, des Kinderfreibetrags, des Kindergeldes und des Kinderzuschlags v. 16.7.2015 (BGBl. I S. 1202), Art. 5 Gesetz zur Entlastung insbesondere der mittelständischen Wirtschaft von Bürokratie (Bürokratieentlastungsgesetz) v. 28.7.2015 (BGBl. I S. 1400), Art. 234 Zehnte Zuständigkeitsanpassungsverordnung v. 31.8.2015 (BGBl. I S. 1474), Art. 1, 2 und 3 Steueränderungsgesetz 2015 v. 2.11.2015 (BGBl. I S. 1834), Art. 2 Gesetz zur Umsetzung der EU-Mobilitäts-Richtlinie v. 21.12.2015 (BGBl. I S. 2553), Art. 1 Gesetz zur Änderung des Einkommensteuergesetzes zur Erhöhung des Lohnsteuereinbehalts in

---

[1)] Zum EStG siehe auch die Einkommensteuer-Durchführungsverordnung (Nr. **6**), die Einkommensteuer-Richtlinien (**dtv 5785**), die Lohnsteuer-Durchführungsverordnung (Nr. **19**) und die Lohnsteuer-Richtlinien (**dtv 5785**).

[2)] Zur Anwendung siehe § 52. Zur Anwendung des EStG im Beitrittsgebiet siehe §§ 56 bis 58.

[3)] Neubekanntmachung des EStG idF der Bek. v. 19.10.2002 (BGBl. I S. 4210; 2003 I S. 179) in der ab 1.9.2009 geltenden Fassung.

der Seeschifffahrt v. 24.2.2016 (BGBl. I S. 310), Art. 123 Abs. 6 Zweites Gesetz über die weitere Bereinigung von Bundesrecht v. 8.7.2016 (BGBl. I S. 1594), Art. 4 Gesetz zur Modernisierung des Besteuerungsverfahrens v. 18.7.2016 (BGBl. I S. 1679), Art. 3 Gesetz zur Reform der Investmentbesteuerung (Investmentsteuerreformgesetz – InvStRefG) v. 19.7.2016 (BGBl. I S. 1730, geänd. durch G v. 20.12.2016, BGBl. I S. 3000), Art. 7 Gesetz zur Neuregelung des Kulturgutschutzrechts v. 31.7.2016 (BGBl. I S. 1914), Art. 2 Gesetz zur steuerlichen Förderung von Elektromobilität im Straßenverkehr v. 7.11.2016 (BGBl. I S. 2498), Art. 1 bis 3 Gesetz zur Beendigung der Sonderzuständigkeit der Familienkassen des öffentlichen Dienstes im Bereich des Bundes v. 8.12.2016 (BGBl. I S. 2835), Art. 7 bis 9 Gesetz zur Umsetzung der Änderungen der EU-Amtshilferichtlinie und von weiteren Maßnahmen gegen Gewinnkürzungen und -verlagerungen v. 20.12.2016 (BGBl. I S. 3000, geänd. durch G v. 23.6.2017, BGBl. I S. 1682), Art. 3 Gesetz zum Erlass und zur Änderung marktordnungsrechtlicher Vorschriften sowie zur Änderung des Einkommensteuergesetzes v. 20.12.2016 (BGBl. I S. 3045, aufgeh. durch Art. 31 G v. 12.12.2019, BGBl. I S. 2451), Art. 9 Drittes Gesetz zur Stärkung der pflegerischen Versorgung und zur Änderung weiterer Vorschriften (Drittes Pflegestärkungsgesetz – PSG III) v. 23.12.2016 (BGBl. I S. 3191), Art. 6 und 7 Gesetz zur Bekämpfung der Steuerumgehung und zur Änderung weiterer steuerlicher Vorschriften (Steuerumgehungsbekämpfungsgesetz – StUmgBG) v. 23.6.2017 (BGBl. I S. 1682), Art. 1 und 2 Gesetz gegen schädliche Steuerpraktiken im Zusammenhang mit Rechteüberlassungen v. 27.6.2017 (BGBl. I S. 2074 iVm Art. 19 G v. 11.12.2018, BGBl. I S. 2338), Art. 4 Zweites Gesetz zur Entlastung insbesondere der mittelständischen Wirtschaft von Bürokratie (Zweites Bürokratieentlastungsgesetz) v. 30.6.2017 (BGBl. I S. 2143), Art. 2 Gesetz zur strafrechtlichen Rehabilitierung der nach dem 8. Mai 1945 wegen einvernehmlicher homosexueller Handlungen verurteilten Personen und zur Änderung des Einkommensteuergesetzes v. 17.7.2017 (BGBl. I S. 2443), Art. 3 Gesetz zum Ausschluss verfassungsfeindlicher Parteien von der Parteienfinanzierung v. 18.7.2017 (BGBl. I S. 2730), Art. 9 Gesetz zur Stärkung der betrieblichen Altersversorgung und zur Änderung anderer Gesetze (Betriebsrentenstärkungsgesetz) v. 17.8.2017 (BGBl. I S. 3214), Art. 1, 2 und 3 Gesetz zur steuerlichen Entlastung der Familien sowie zur Anpassung weiterer steuerlicher Regelungen (Familienentlastungsgesetz – FamEntlastG) v. 29.11.2018 (BGBl. I S. 2210), Art. 1, 2 und 3 Gesetz zur Vermeidung von Umsatzsteuerausfällen beim Handel mit Waren im Internet und zur Änderung weiterer steuerlicher Vorschriften v. 11.12.2018 (BGBl. I S. 2338), Art. 6 Abs. 2 Gesetz zur Umsetzung der Richtlinie (EU) 2016/2341 des Europäischen Parlaments und des Rates vom 14. Dezember 2016 über die Tätigkeiten und die Beaufsichtigung von Einrichtungen der betrieblichen Altersversorgung (EbAV) v. 19.12.2018 (BGBl. I S. 2672), Art. 1 Gesetz über steuerliche und weitere Begleitregelungen zum Austritt des Vereinigten Königreichs Großbritannien und Nordirland aus der Europäischen Union (Brexit-Steuerbegleitgesetz – Brexit-StBG) v. 25.3.2019 (BGBl. I S. 357), Art. 9 Gesetz gegen illegale Beschäftigung und Sozialleistungsmissbrauch v. 11.7.2019 (BGBl. I S. 1066), Art. 1 Gesetz zur steuerlichen Förderung des Mietwohnungsneubaus v. 4.8.2019 (BGBl. I S. 1122), Art. 74 Zweites Gesetz zur Anpassung des Datenschutzrechts an die Verordnung (EU) 2016/679 und zur Umsetzung der Richtlinie (EU) 2016/680 (Zweites Datenschutz-Anpassungs- und Umsetzungsgesetz EU – 2. DSAnpUG-EU) v. 20.11.2019 (BGBl. I S. 1626), Art. 6 Drittes Gesetz zur Entlastung insbesondere der mittelständischen Wirtschaft von Bürokratie (Drittes Bürokratieentlastungsgesetz) v. 22.11.2019 (BGBl. I S. 1746), Art. 8 Gesetz zur Reform des Grundsteuer- und Bewertungsrechts (Grundsteuer-Reformgesetz – GrStRefG) v. 26.11.2019 (BGBl. I S. 1794), Art. 1 bis 5 Gesetz zur weiteren steuerlichen Förderung der Elektromobilität und zur Änderung weiterer steuerlicher Vorschriften v. 12.12.2019 (BGBl. I S. 2451 iVm Bek. v. 18.3.2020, BGBl. I S. 597, geänd. durch G v. 21.12.2020, BGBl. I S. 3096), Art. 19 Gesetz zur Regelung des Sozialen Entschädigungsrechts v. 12.12.2019 (BGBl. I S. 2652, geänd. durch G v. 21.12.2020, BGBl. I S. 3096), Art. 2 Gesetz zur steuerlichen Förderung von Forschung und Entwicklung v. 14.12.2019 (BGBl. I S. 2763), Art. 5 Gesetz zur Einführung einer Pflicht zur Mitteilung grenzüberschreitender Steuergestaltungen v. 21.12.2019 (BGBl. I S. 2875), Art. 1 und 2 Gesetz zur Umsetzung des Klimaschutzprogramms 2030 im Steuerrecht v. 21.12.2019 (BGBl. I S. 2886), Art. 197 Elfte Zuständigkeitsanpassungsverordnung v. 19.6.2020 (BGBl. I S. 1328), Art. 2 Gesetz zur Umsetzung steuerlicher Hilfsmaßnahmen zur Bewältigung der Corona-Krise (Corona-Steuerhilfegesetz) v. 19.6.2020 (BGBl. I S. 1385), Art. 1 und 2 Zweites Gesetz zur Umsetzung steuerlicher Hilfsmaßnahmen zur Bewältigung der Corona-Krise (Zweites Corona-Steuerhilfegesetz) v. 29.6.2020 (BGBl. I S. 1512), Art. 3 Gesetz zur Reduzierung und zur Beendigung der Kohleverstromung und zur Änderung weiterer Gesetze (Kohleausstiegsgesetz) v. 8.8.2020 (BGBl. I S. 1818), Art. 6 Gesetz zur Einführung der Grundrente für langjährige Versicherung in der gesetzlichen Rentenversicherung mit unterdurchschnittlichem Einkommen und für weitere Maßnahmen zur Erhöhung der Alterseinkommen (Grundrentengesetz) v. 12.8.2020 (BGBl. I S. 1879), Art. 1, 2 und 3 Zweites Gesetz zur steuerlichen Entlastung von Familien sowie zur Anpassung weiterer steuerlicher Regelungen (Zweites Familienentlastungsgesetz – 2. FamEntlastG) v. 1.12.2020 (BGBl. I S. 2616, geänd. durch G v. 2.6.2021, BGBl. I S. 1259), Art. 4 Gesetz zur Digitalisierung von Verwaltungsverfahren bei der Gewährung von Familienleistungen v. 3.12.2020 (BGBl. I S. 2668), Art. 1 Gesetz zur Erhöhung der Behinderten-Pauschbeträge und zur Anpassung weiterer steuerlicher Regelungen v. 9.12.2020 (BGBl. I S. 2770), Art. 1 bis 5 Jahressteuergesetz 2020 (JStG 2020) v. 21.12.2020 (BGBl. I S. 3096), Art. 9 Gesetz zur Verbesserung der Transparenz in der Alterssicherung und der Rehabilitation sowie zur Modernisierung der Sozialversicherungswahlen und zur Änderung anderer Gesetze (Gesetz Digitale Rentenübersicht) v. 11.2.2021 (BGBl. I S. 154), Art. 1 und 2 Drittes Gesetz zur Umsetzung steuerlicher Hilfsmaßnahmen zur Bewältigung der Corona-Krise (Drittes Corona-Steuerhilfegesetz) v. 10.3.2021 (BGBl. I S. 330), Art. 15 Abs. 27 Gesetz zur Reform des Vormundschafts- und Betreuungsrechts v. 4.5.2021 (BGBl. I S. 882), Art. 1 Gesetz zur Verlängerung des erhöhten Lohnsteuereinbehalts in der Seeschifffahrt v. 12.5.2021 (BGBl. I S. 989), Art. 7 Abs. 7 Gesetz zur Umsetzung der Richtlinie (EU) 2019/2034 über die Beaufsichtigung von Wertpapierinstituten v. 12.5.2021 (BGBl. I S. 990), Art. 1 und 2 Gesetz zur Modernisierung der Entlastung von Abzugsteuern und der Bescheinigung der Kapitalertragsteuer (Abzugsteuerentlastungsmodernisierungsgesetz – AbzStEntModG) v. 2.6.2021 (BGBl. I S. 1259), Art. 3 Gesetz zur Stärkung des Fondsstandorts Deutschland und zur Umsetzung der Richtlinie (EU) 2019/1160 zur Änderung der Richtlinien 2009/65/EG und 2011/61/EU im Hinblick auf den grenzüberschreitenden Vertrieb von Organismen für gemeinsame Anlagen (Fondsstandortgesetz – FoStoG) v. 3.6.2021 (BGBl. I S. 1498), Beschl. des BVerfG – 2 BvL 1/11 – v. 25.3.2021 (BGBl. I S. 1800), Art. 1 Gesetz zur Umsetzung der Anti-Steuervermeidungsrichtlinie (ATAD-Umsetzungsgesetz – ATADUmsG) v. 25.6.2021 (BGBl. I S. 2035), Art. 5 Gesetz zur Modernisierung des Körperschaftsteuerrechts v. 25.6.2021 (BGBl. I S. 2050), Art. 2 Gesetz zur Abwehr von Steuervermeidung und unfairem Steuerwettbewerb und zur Änderung weiterer Gesetze v. 25.6.2021 (BGBl. I S. 2056) und Art. 2 Gesetz zur Rehabilitierung der wegen einvernehmlicher homosexueller Handlungen, wegen ihrer homosexuellen Orientierung oder wegen ihrer geschlechtlichen Identität dienstrechtlich benachteiligten Soldatinnen und Soldaten v. 16.7.2021 (BGBl. I S. 2993)

Inhaltsübersicht

I. Steuerpflicht

§ 1 Steuerpflicht
§ 1a [Fiktive unbeschränkte Steuerpflicht von EU- und EWR-Familienangehörigen]

II. Einkommen

1. Sachliche Voraussetzungen für die Besteuerung

§ 2 Umfang der Besteuerung, Begriffsbestimmungen
§ 2a Negative Einkünfte mit Bezug zu Drittstaaten

2. Steuerfreie Einnahmen

§ 3 [Steuerfreie Einnahmen]
§ 3a Sanierungserträge
§ 3b Steuerfreiheit von Zuschlägen für Sonntags-, Feiertags- oder Nachtarbeit
§ 3c Anteilige Abzüge

3. Gewinn

§ 4 Gewinnbegriff im Allgemeinen
§ 4a Gewinnermittlungszeitraum, Wirtschaftsjahr
§ 4b Direktversicherung
§ 4c Zuwendungen an Pensionskassen
§ 4d Zuwendungen an Unterstützungskassen
§ 4e Beiträge an Pensionsfonds
§ 4f Verpflichtungsübernahmen, Schuldbeitritte und Erfüllungsübernahmen
§ 4g Bildung eines Ausgleichspostens bei Entnahme nach § 4 Absatz 1 Satz 3
§ 4h Betriebsausgabenabzug für Zinsaufwendungen (Zinsschranke)
§ 4i Sonderbetriebsausgabenabzug bei Vorgängen mit Auslandsbezug
§ 4j Aufwendungen für Rechteüberlassungen
§ 4k Betriebsausgabenabzug bei Besteuerungsinkongruenzen
§ 5 Gewinn bei Kaufleuten und bei bestimmten anderen Gewerbetreibenden
§ 5a Gewinnermittlung bei Handelsschiffen im internationalen Verkehr
§ 5b Elektronische Übermittlung von Bilanzen sowie Gewinn- und Verlustrechnungen
§ 6 Bewertung
§ 6a Pensionsrückstellung
§ 6b Übertragung stiller Reserven bei der Veräußerung bestimmter Anlagegüter

§ 6c Übertragung stiller Reserven bei der Veräußerung bestimmter Anlagegüter bei der Ermittlung des Gewinns nach § 4 Absatz 3 oder nach Durchschnittssätzen
§ 6d Euroumrechnungsrücklage
§ 6e Fondsetablierungskosten als Anschaffungskosten
§ 7 Absetzung für Abnutzung oder Substanzverringerung
§ 7a Gemeinsame Vorschriften für erhöhte Absetzungen und Sonderabschreibungen
§ 7b Sonderabschreibung für Mietwohnungsneubau
§ 7c Sonderabschreibung für Elektronutzfahrzeuge und elektrisch betriebene Lastenfahrräder
§ 7d (weggefallen)
§ 7e (weggefallen)
§ 7f (weggefallen)
§ 7g Investitionsabzugsbeträge und Sonderabschreibungen zur Förderung kleiner und mittlerer Betriebe
§ 7h Erhöhte Absetzungen bei Gebäuden in Sanierungsgebieten und städtebaulichen Entwicklungsbereichen
§ 7i Erhöhte Absetzungen bei Baudenkmalen
§ 7k (weggefallen)

4. Überschuss der Einnahmen über die Werbungskosten

§ 8 Einnahmen
§ 9 Werbungskosten
§ 9a Pauschbeträge für Werbungskosten

4a. Umsatzsteuerrechtlicher Vorsteuerabzug

§ 9b [Umsatzsteuerrechtlicher Vorsteuerabzug]

4b. *(aufgehoben)*

§ 9c *(aufgehoben)*

5. Sonderausgaben

§ 10 [Sonderausgaben]
§ 10a Zusätzliche Altersvorsorge
§ 10b Steuerbegünstigte Zwecke
§ 10c Sonderausgaben-Pauschbetrag
§ 10d Verlustabzug
§ 10e Steuerbegünstigung der zu eigenen Wohnzwecken genutzten Wohnung im eigenen Haus
§ 10f Steuerbegünstigung für zu eigenen Wohnzwecken genutzte Baudenkmale und Gebäude in Sanierungsgebieten und städtebaulichen Entwicklungsbereichen
§ 10g Steuerbegünstigung für schutzwürdige Kulturgüter, die weder zur Einkunftserzielung noch zu eigenen Wohnzwecken genutzt werden
§ 10h (weggefallen)
§ 10i (weggefallen)

6. Vereinnahmung und Verausgabung

§ 11 [Vereinnahmung und Verausgabung]
§ 11a Sonderbehandlung von Erhaltungsaufwand bei Gebäuden in Sanierungsgebieten und städtebaulichen Entwicklungsbereichen
§ 11b Sonderbehandlung von Erhaltungsaufwand bei Baudenkmalen

7. Nicht abzugsfähige Ausgaben

§ 12 [Nicht abzugsfähige Ausgaben]

8. Die einzelnen Einkunftsarten

a) Land- und Forstwirtschaft (§ 2 Absatz 1 Satz 1 Nummer 1)

§ 13 Einkünfte aus Land- und Forstwirtschaft
§ 13a Ermittlung des Gewinns aus Land- und Forstwirtschaft nach Durchschnittssätzen
§ 13b Gemeinschaftliche Tierhaltung
§ 14 Veräußerung des Betriebs
§ 14a Vergünstigungen bei der Veräußerung bestimmter land- und forstwirtschaftlicher Betriebe

b) Gewerbebetrieb (§ 2 Absatz 1 Satz 1 Nummer 2)

§ 15 Einkünfte aus Gewerbebetrieb
§ 15a Verluste bei beschränkter Haftung
§ 15b Verluste im Zusammenhang mit Steuerstundungsmodellen
§ 16 Veräußerung des Betriebs
§ 17 Veräußerung von Anteilen an Kapitalgesellschaften

c) Selbständige Arbeit (§ 2 Absatz 1 Satz 1 Nummer 3)

§ 18 [Einkünfte aus selbständiger Arbeit]

d) Nichtselbständige Arbeit (§ 2 Absatz 1 Satz 1 Nummer 4)

§ 19 [Einkünfte aus nichtselbständiger Arbeit]
§ 19a Sondervorschrift für Einkünfte aus nichtselbständiger Arbeit bei Vermögensbeteiligungen

e) Kapitalvermögen (§ 2 Absatz 1 Satz 1 Nummer 5)

§ 20 [Einkünfte aus Kapitalvermögen]

f) Vermietung und Verpachtung (§ 2 Absatz 1 Satz 1 Nummer 6)

§ 21 [Einkünfte aus Vermietung und Verpachtung]

g) Sonstige Einkünfte (§ 2 Absatz 1 Satz 1 Nummer 7)

§ 22 Arten der sonstigen Einkünfte
§ 22a Rentenbezugsmitteilungen an die zentrale Stelle
§ 23 Private Veräußerungsgeschäfte

h) Gemeinsame Vorschriften

§ 24 [Entschädigungen u.ä.]
§ 24a Altersentlastungsbetrag
§ 24b Entlastungsbetrag für Alleinerziehende

III. Veranlagung

§ 25 Veranlagungszeitraum, Steuererklärungspflicht
§ 26 Veranlagung von Ehegatten
§ 26a Einzelveranlagung von Ehegatten
§ 26b Zusammenveranlagung von Ehegatten
§ 26c *(aufgehoben)*
§ 27 (weggefallen)
§ 28 Besteuerung bei fortgesetzter Gütergemeinschaft
§§ 29 und 30 (weggefallen)

IV. Tarif

§ 31 Familienleistungsausgleich
§ 32 Kinder, Freibeträge für Kinder
§ 32a Einkommensteuertarif
§ 32b Progressionsvorbehalt
§ 32c Tarifermäßigung bei Einkünften aus Land- und Forstwirtschaft
§ 32d Gesonderter Steuertarif für Einkünfte aus Kapitalvermögen
§ 33 Außergewöhnliche Belastungen
§ 33a Außergewöhnliche Belastung in besonderen Fällen
§ 33b Pauschbeträge für Menschen mit Behinderungen, Hinterbliebene und Pflegepersonen
§ 34 Außerordentliche Einkünfte
§ 34a Begünstigung der nicht entnommenen Gewinne
§ 34b Steuersätze bei Einkünften aus außerordentlichen Holznutzungen

V. Steuerermäßigungen

1. Steuerermäßigung bei ausländischen Einkünften

§ 34c [Steuerermäßigung bei ausländischen Einkünften]
§ 34d Ausländische Einkünfte

2. Steuerermäßigung bei Einkünften aus Land- und Forstwirtschaft

§ 34e (weggefallen)

2a. Steuerermäßigung für Steuerpflichtige mit Kindern bei Inanspruchnahme erhöhter Absetzungen für Wohngebäude oder der Steuerbegünstigungen für eigengenutztes Wohneigentum

§ 34f [Steuerermäßigung für Steuerpflichtige mit Kindern bei Inanspruchnahme erhöhter Absetzungen für Wohngebäude oder der Steuerbegünstigungen für eigengenutztes Wohneigentum]

2b. Steuerermäßigung bei Zuwendungen an politische Parteien und an unabhängige Wählervereinigungen

§ 34g [Steuerermäßigung bei Zuwendungen an politische Parteien und an unabhängige Wählervereinigungen]

3. Steuerermäßigung bei Einkünften aus Gewerbebetrieb

§ 35 [Steuerermäßigung bei Einkünften aus Gewerbebetrieb]

4. Steuerermäßigung bei Aufwendungen für haushaltsnahe Beschäftigungsverhältnisse und für die Inanspruchnahme haushaltsnaher Dienstleistungen
§ 35a Steuerermäßigung bei Aufwendungen für haushaltsnahe Beschäftigungsverhältnisse, haushaltsnahe Dienstleistungen und Handwerkerleistungen
5. Steuerermäßigung bei Belastung mit Erbschaftsteuer
§ 35b Steuerermäßigung bei Belastung mit Erbschaftsteuer
6. Steuerermäßigung für energetische Maßnahmen bei zu eigenen Wohnzwecken genutzten Gebäuden
§ 35c Steuerermäßigung für energetische Maßnahmen bei zu eigenen Wohnzwecken genutzten Gebäuden

VI. Steuererhebung

1. Erhebung der Einkommensteuer
§ 36 Entstehung und Tilgung der Einkommensteuer
§ 36a Beschränkung der Anrechenbarkeit der Kapitalertragsteuer
§ 37 Einkommensteuer-Vorauszahlung
§ 37a Pauschalierung der Einkommensteuer durch Dritte
§ 37b Pauschalierung der Einkommensteuer bei Sachzuwendungen
2. Steuerabzug vom Arbeitslohn (Lohnsteuer)
§ 38 Erhebung der Lohnsteuer
§ 38a Höhe der Lohnsteuer
§ 38b Lohnsteuerklassen, Zahl der Kinderfreibeträge
§ 39 Lohnsteuerabzugsmerkmale
§ 39a Freibetrag und Hinzurechnungsbetrag
§ 39b Einbehaltung der Lohnsteuer
§ 39c Einbehaltung der Lohnsteuer ohne Lohnsteuerabzugsmerkmale
§ 39d (weggefallen)
§ 39e Verfahren zur Bildung und Anwendung der elektronischen Lohnsteuerabzugsmerkmale
§ 39f Faktorverfahren anstelle Steuerklassenkombination III/V
§ 40 Pauschalierung der Lohnsteuer in besonderen Fällen
§ 40a Pauschalierung der Lohnsteuer für Teilzeitbeschäftigte und geringfügig Beschäftigte
§ 40b Pauschalierung der Lohnsteuer bei bestimmten Zukunftssicherungsleistungen
§ 41 Aufzeichnungspflichten beim Lohnsteuerabzug
§ 41a Anmeldung und Abführung der Lohnsteuer
§ 41b Abschluss des Lohnsteuerabzugs
§ 41c Änderung des Lohnsteuerabzugs
§§ 42 und 42a (weggefallen)
§ 42b Lohnsteuer-Jahresausgleich durch den Arbeitgeber
§ 42c (weggefallen)
§ 42d Haftung des Arbeitgebers und Haftung bei Arbeitnehmerüberlassung
§ 42e Anrufungsauskunft
§ 42f Lohnsteuer-Außenprüfung
§ 42g Lohnsteuer-Nachschau
3. Steuerabzug vom Kapitalertrag (Kapitalertragsteuer)
§ 43 Kapitalerträge mit Steuerabzug
§ 43a Bemessung der Kapitalertragsteuer
§ 43b Bemessung der Kapitalertragsteuer bei bestimmten Gesellschaften
§ 44 Entrichtung der Kapitalertragsteuer
§ 44a Abstandnahme vom Steuerabzug
§ 44b Erstattung der Kapitalertragsteuer
§ 45 Ausschluss der Erstattung von Kapitalertragsteuer
§ 45a Anmeldung und Bescheinigung der Kapitalertragsteuer
§ 45b Angaben zur Bescheinigung und Abführung der Kapitalertragsteuer
§ 45c Zusammengefasste Mitteilung zur Bescheinigung und Abführung der Kapitalertragsteuer
§ 45d Mitteilungen an das Bundeszentralamt für Steuern
§ 45e Ermächtigung für Zinsinformationsverordnung
4. Veranlagung von Steuerpflichtigen mit steuerabzugspflichtigen Einkünften
§ 46 Veranlagung bei Bezug von Einkünften aus nichtselbständiger Arbeit
§ 47 (weggefallen)

VII. Steuerabzug bei Bauleistungen

§ 48 Steuerabzug
§ 48a Verfahren
§ 48b Freistellungsbescheinigung
§ 48c Anrechnung
§ 48d Besonderheiten im Fall von Doppelbesteuerungsabkommen

VIII. Besteuerung beschränkt Steuerpflichtiger

§ 49 Beschränkt steuerpflichtige Einkünfte
§ 50 Sondervorschriften für beschränkt Steuerpflichtige
§ 50a Steuerabzug bei beschränkt Steuerpflichtigen

IX. Sonstige Vorschriften, Bußgeld-, Ermächtigungs- und Schlussvorschriften

§ 50b Prüfungsrecht
§ 50c Entlastung vom Steuerabzug in bestimmten Fällen
§ 50d Anwendung von Abkommen zur Vermeidung der Doppelbesteuerung
§ 50e Bußgeldvorschriften; Nichtverfolgung von Steuerstraftaten bei geringfügiger Beschäftigung in Privathaushalten
§ 50f Bußgeldvorschriften
§ 50g Entlastung vom Steuerabzug bei Zahlungen von Zinsen und Lizenzgebühren zwischen verbundenen Unternehmen verschiedener Mitgliedstaaten der Europäischen Union
§ 50h Bestätigung für Zwecke der Entlastung von Quellensteuern in einem anderen Mitgliedstaat der Europäischen Union oder der Schweizerischen Eidgenossenschaft
§ 50i Besteuerung bestimmter Einkünfte und Anwendung von Doppelbesteuerungsabkommen
§ 50j Versagung der Entlastung von Kapitalertragsteuern in bestimmten Fällen
§ 51 Ermächtigungen
§ 51a Festsetzung und Erhebung von Zuschlagsteuern
§ 52 Anwendungsvorschriften
§ 52a (weggefallen)
§ 52b (weggefallen)
§ 53 (weggefallen)
§ 54 (weggefallen)
§ 55 Schlussvorschriften (Sondervorschriften für die Gewinnermittlung nach § 4 oder nach Durchschnittssätzen bei vor dem 1. Juli 1970 angeschafftem Grund und Boden)
§ 56 Sondervorschriften für Steuerpflichtige in dem in Artikel 3 des Einigungsvertrages genannten Gebiet
§ 57 Besondere Anwendungsregeln aus Anlass der Herstellung der Einheit Deutschlands
§ 58 Weitere Anwendung von Rechtsvorschriften, die vor Herstellung der Einheit Deutschlands in dem in Artikel 3 des Einigungsvertrages genannten Gebiet gegolten haben
§§ 59 bis 61 (weggefallen)

X. Kindergeld

§ 62 Anspruchsberechtigte
§ 63 Kinder
§ 64 Zusammentreffen mehrerer Ansprüche
§ 65 Andere Leistungen für Kinder
§ 66 Höhe des Kindergeldes, Zahlungszeitraum
§ 67 Antrag
§ 68 Besondere Mitwirkungspflichten und Offenbarungsbefugnis
§ 69 Datenübermittlung an die Familienkassen
§ 70 Festsetzung und Zahlung des Kindergeldes
§ 71 Vorläufige Einstellung der Zahlung des Kindergeldes
§ 72 Festsetzung und Zahlung des Kindergeldes an Angehörige des öffentlichen Dienstes
§ 73 (weggefallen)
§ 74 Zahlung des Kindergeldes in Sonderfällen
§ 75 Aufrechnung
§ 76 Pfändung
§ 76a *(aufgehoben)*
§ 77 Erstattung von Kosten im Vorverfahren
§ 78 Übergangsregelungen

EStG

XI. Altersvorsorgezulage

§ 79 Zulageberechtigte
§ 80 Anbieter
§ 81 Zentrale Stelle
§ 81a Zuständige Stelle
§ 82 Altersvorsorgebeiträge
§ 83 Altersvorsorgezulage
§ 84 Grundzulage
§ 85 Kinderzulage
§ 86 Mindesteigenbeitrag
§ 87 Zusammentreffen mehrerer Verträge
§ 88 Entstehung des Anspruchs auf Zulage
§ 89 Antrag
§ 90 Verfahren
§ 91 Datenerhebung und Datenabgleich
§ 92 Bescheinigung
§ 92a Verwendung für eine selbst genutzte Wohnung
§ 92b Verfahren bei Verwendung für eine selbst genutzte Wohnung
§ 93 Schädliche Verwendung
§ 94 Verfahren bei schädlicher Verwendung
§ 95 Sonderfälle der Rückzahlung
§ 96 Anwendung der Abgabenordnung, allgemeine Vorschriften
§ 97 Übertragbarkeit
§ 98 Rechtsweg
§ 99 Ermächtigung

XII. Förderbetrag zur betrieblichen Altersversorgung

§ 100 Förderbetrag zur betrieblichen Altersversorgung

XIII. Mobilitätsprämie

§ 101 Bemessungsgrundlage und Höhe der Mobilitätsprämie
§ 102 Anspruchsberechtigung
§ 103 Entstehung der Mobilitätsprämie
§ 104 Antrag auf die Mobilitätsprämie
§ 105 Festsetzung und Auszahlung der Mobilitätsprämie
§ 106 Ertragsteuerliche Behandlung der Mobilitätsprämie
§ 107 Anwendung der Abgabenordnung
§ 108 Anwendung von Straf- und Bußgeldvorschriften der Abgabenordnung
§ 109 Verordnungsermächtigung

XIV. Sondervorschriften zur Bewältigung der Corona-Pandemie

§ 110 Anpassung von Vorauszahlungen für den Veranlagungszeitraum 2019
§ 111 Vorläufiger Verlustrücktrag für 2020 und 2021

Anlage 1 (zu § 4d Absatz 1) Tabelle für die Errechnung des Deckungskapitals für lebenslänglich laufende Leistungen von Unterstützungskassen
Anlage 1a (zu § 13a) Ermittlung des Gewinns aus Land- und Forstwirtschaft nach Durchschnittssätzen
Anlage 2 (zu § 43b) Gesellschaften im Sinne der Richtlinie Nr. 2011/96/EU
Anlage 3 (zu § 50g) [Unternehmen und Steuern im Sinne von § 50g]

I. Steuerpflicht

§ 1 Steuerpflicht (1)[1)] [1] Natürliche Personen, die im Inland einen Wohnsitz oder ihren gewöhnlichen Aufenthalt haben, sind unbeschränkt einkommensteuerpflichtig. [2] Zum Inland im Sinne dieses Gesetzes gehört auch der der Bundesrepublik Deutschland zustehende Anteil

---

[1)] § 1 Abs. 1 Satz 2 neu gef. mWv VZ 2016 durch G v. 2.11.2015 (BGBl. I S. 1834).

1. an der ausschließlichen Wirtschaftszone, soweit dort
   a) die lebenden und nicht lebenden natürlichen Ressourcen der Gewässer über dem Meeresboden, des Meeresbodens und seines Untergrunds erforscht, ausgebeutet, erhalten oder bewirtschaftet werden,
   b) andere Tätigkeiten zur wirtschaftlichen Erforschung oder Ausbeutung der ausschließlichen Wirtschaftszone ausgeübt werden, wie beispielsweise die Energieerzeugung aus Wasser, Strömung und Wind oder
   c) künstliche Inseln errichtet oder genutzt werden und Anlagen und Bauwerke für die in den Buchstaben a und b genannten Zwecke errichtet oder genutzt werden, und
2. am Festlandsockel, soweit dort
   a) dessen natürliche Ressourcen erforscht oder ausgebeutet werden; natürliche Ressourcen in diesem Sinne sind die mineralischen und sonstigen nicht lebenden Ressourcen des Meeresbodens und seines Untergrunds sowie die zu den sesshaften Arten gehörenden Lebewesen, die im nutzbaren Stadium entweder unbeweglich auf oder unter dem Meeresboden verbleiben oder sich nur in ständigem körperlichen Kontakt mit dem Meeresboden oder seinem Untergrund fortbewegen können; oder
   b) künstliche Inseln errichtet oder genutzt werden und Anlagen und Bauwerke für die in Buchstabe a genannten Zwecke errichtet oder genutzt werden.

(2) [1] Unbeschränkt einkommensteuerpflichtig sind auch deutsche Staatsangehörige, die

1. im Inland weder einen Wohnsitz noch ihren gewöhnlichen Aufenthalt haben und
2. zu einer inländischen juristischen Person des öffentlichen Rechts in einem Dienstverhältnis stehen und dafür Arbeitslohn aus einer inländischen öffentlichen Kasse beziehen,

sowie zu ihrem Haushalt gehörende Angehörige, die die deutsche Staatsangehörigkeit besitzen oder keine Einkünfte oder nur Einkünfte beziehen, die ausschließlich im Inland einkommensteuerpflichtig sind. [2] Dies gilt nur für natürliche Personen, die in dem Staat, in dem sie ihren Wohnsitz oder ihren gewöhnlichen Aufenthalt haben, lediglich in einem der beschränkten Einkommensteuerpflicht ähnlichen Umfang zu einer Steuer vom Einkommen herangezogen werden.

(3) [1] Auf Antrag werden auch natürliche Personen als unbeschränkt einkommensteuerpflichtig behandelt, die im Inland weder einen Wohnsitz noch ihren gewöhnlichen Aufenthalt haben, soweit sie inländische Einkünfte im Sinne des § 49 haben. [2] Dies gilt nur, wenn ihre Einkünfte im Kalenderjahr mindestens zu 90 Prozent der deutschen Einkommensteuer unterliegen oder die nicht der deutschen Einkommensteuer unterliegenden Einkünfte den Grundfreibetrag nach § 32a Absatz 1 Satz 2 Nummer 1 nicht übersteigen; dieser Betrag ist zu kürzen, soweit es nach den Verhältnissen im Wohnsitzstaat des Steuerpflichtigen notwendig und angemessen ist. [3] Inländische Einkünfte, die nach einem Abkommen zur Vermeidung der Doppelbesteuerung nur der Höhe nach beschränkt besteuert werden dürfen, gelten hierbei als nicht der deutschen Einkommensteuer unterliegend. [4] Unberücksichtigt bleiben bei der Ermittlung der Einkünfte nach Satz 2 nicht der deutschen Einkommensteuer unterliegende

Einkünfte, die im Ausland nicht besteuert werden, soweit vergleichbare Einkünfte im Inland steuerfrei sind. [5] Weitere Voraussetzung ist, dass die Höhe der nicht der deutschen Einkommensteuer unterliegenden Einkünfte durch eine Bescheinigung der zuständigen ausländischen Steuerbehörde nachgewiesen wird. [6] Der Steuerabzug nach § 50a ist ungeachtet der Sätze 1 bis 4 vorzunehmen.

(4) Natürliche Personen, die im Inland weder einen Wohnsitz noch ihren gewöhnlichen Aufenthalt haben, sind vorbehaltlich der Absätze 2 und 3 und des § 1a beschränkt einkommensteuerpflichtig, wenn sie inländische Einkünfte im Sinne des § 49 haben.

§ 1a [Fiktive unbeschränkte Steuerpflicht von EU- und EWR-Familienangehörigen] (1)[1] Für Staatsangehörige eines Mitgliedstaates der Europäischen Union oder eines Staates, auf den das Abkommen über den Europäischen Wirtschaftsraum anwendbar ist, die nach § 1 Absatz 1 unbeschränkt einkommensteuerpflichtig sind oder die nach § 1 Absatz 3 als unbeschränkt einkommensteuerpflichtig zu behandeln sind, gilt bei Anwendung von § 10 Absatz 1a und § 26 Absatz 1 Satz 1 Folgendes:

1.[2] Aufwendungen im Sinne des § 10 Absatz 1a sind auch dann als Sonderausgaben abziehbar, wenn der Empfänger der Leistung oder Zahlung nicht unbeschränkt einkommensteuerpflichtig ist. [2] Voraussetzung ist, dass
   a) der Empfänger seinen Wohnsitz oder gewöhnlichen Aufenthalt im Hoheitsgebiet eines anderen Mitgliedstaates der Europäischen Union oder eines Staates hat, auf den das Abkommen über den Europäischen Wirtschaftsraum Anwendung findet und
   b) die Besteuerung der nach § 10 Absatz 1a zu berücksichtigenden Leistung oder Zahlung beim Empfänger durch eine Bescheinigung der zuständigen ausländischen Steuerbehörde nachgewiesen wird;

1a.[3] *(aufgehoben)*

1b.[3] *(aufgehoben)*

2.[4] der nicht dauernd getrennt lebende Ehegatte ohne Wohnsitz oder gewöhnlichen Aufenthalt im Inland wird auf Antrag für die Anwendung des § 26 Absatz 1 Satz 1 als unbeschränkt einkommensteuerpflichtig behandelt. [2] Nummer 1 Satz 2 Buchstabe a gilt entsprechend. [3] Bei Anwendung des § 1 Absatz 3 Satz 2 ist auf die Einkünfte beider Ehegatten abzustellen und der Grundfreibetrag nach § 32a Absatz 1 Satz 2 Nummer 1 zu verdoppeln.

(2) Für unbeschränkt einkommensteuerpflichtige Personen im Sinne des § 1 Absatz 2, die die Voraussetzungen des § 1 Absatz 3 Satz 2 bis 5 erfüllen, und für unbeschränkt einkommensteuerpflichtige Personen im Sinne des § 1 Absatz 3, die die Voraussetzungen des § 1 Absatz 2 Satz 1 Nummer 1 und 2 erfüllen und an einem ausländischen Dienstort tätig sind, gilt die Regelung des Absatzes 1 Nummer 2 entsprechend mit der Maßgabe, dass auf Wohnsitz oder gewöhnlichen Aufenthalt im Staat des ausländischen Dienstortes abzustellen ist.

---

[1] § 1a Abs. 1 einl. Satzteil geänd. durch G v. 22.12.2014 (BGBl. I S. 2417).
[2] § 1a Abs. 1 Nr. 1 neu gef. mWv 1.1.2015 durch G v. 22.12.2014 (BGBl. I S. 2417).
[3] § 1a Abs. 1 Nr. 1a und 1b aufgeh. mWv 1.1.2015 durch G v. 22.12.2014 (BGBl. I S. 2417).
[4] § 1a Abs. 1 Nr. 2 Satz 2 geänd. durch G v. 12.12.2019 (BGBl. I S. 2451).

II. Einkommen

1. Sachliche Voraussetzungen für die Besteuerung

§ 2 Umfang der Besteuerung, Begriffsbestimmungen. (1) [1]Der Einkommensteuer unterliegen

1. Einkünfte aus Land- und Forstwirtschaft,
2. Einkünfte aus Gewerbebetrieb,
3. Einkünfte aus selbständiger Arbeit,
4. Einkünfte aus nichtselbständiger Arbeit,
5. Einkünfte aus Kapitalvermögen,
6. Einkünfte aus Vermietung und Verpachtung,
7. sonstige Einkünfte im Sinne des § 22,

die der Steuerpflichtige während seiner unbeschränkten Einkommensteuerpflicht oder als inländische Einkünfte während seiner beschränkten Einkommensteuerpflicht erzielt. [2]Zu welcher Einkunftsart die Einkünfte im einzelnen Fall gehören, bestimmt sich nach den §§ 13 bis 24.

(2) [1]Einkünfte sind

1.[1)] bei Land- und Forstwirtschaft, Gewerbebetrieb und selbständiger Arbeit der Gewinn (§§ 4 bis 7k und 13a),
2. bei den anderen Einkunftsarten der Überschuss der Einnahmen über die Werbungskosten (§§ 8 bis 9a).

[2]Bei Einkünften aus Kapitalvermögen tritt § 20 Absatz 9 vorbehaltlich der Regelung in § 32d Absatz 2 an die Stelle der §§ 9 und 9a.

(3) Die Summe der Einkünfte, vermindert um den Altersentlastungsbetrag, den Entlastungsbetrag für Alleinerziehende und den Abzug nach § 13 Absatz 3, ist der Gesamtbetrag der Einkünfte.

(4) Der Gesamtbetrag der Einkünfte, vermindert um die Sonderausgaben und die außergewöhnlichen Belastungen, ist das Einkommen.

(5) [1]Das Einkommen, vermindert um die Freibeträge nach § 32 Absatz 6 und um die sonstigen vom Einkommen abzuziehenden Beträge, ist das zu versteuernde Einkommen; dieses bildet die Bemessungsgrundlage für die tarifliche Einkommensteuer. [2]Knüpfen andere Gesetze an den Begriff des zu versteuernden Einkommens an, ist für deren Zweck das Einkommen in allen Fällen des § 32 um die Freibeträge nach § 32 Absatz 6 zu vermindern.

(5a)[2)] [1]Knüpfen außersteuerliche Rechtsnormen an die in den vorstehenden Absätzen definierten Begriffe (Einkünfte, Summe der Einkünfte, Gesamtbetrag der Einkünfte, Einkommen, zu versteuerndes Einkommen) an, erhöhen sich für deren Zwecke diese Größen um die nach § 32d Absatz 1 und nach § 43 Absatz 5 zu besteuernden Beträge sowie um die nach § 3 Nummer 40 steuerfreien Beträge und mindern sich um die nach § 3c Absatz 2 nicht abziehbaren Beträge. [2]Knüpfen außersteuerliche Rechtsnormen an die in den Absätzen 1 bis 3 genannten Begriffe (Einkünfte, Summe der Einkünfte, Gesamtbetrag der

---

1) § 2 Abs. 2 Nr. 1 geänd. mWv VZ 2009 durch G v. 8.12.2010 (BGBl. I S. 1768).
2) § 2 Abs. 5a Satz 2 angef. mWv VZ 2012 durch G v. 1.11.2011 (BGBl. I S. 2131).

Einkünfte) an, mindern sich für deren Zwecke diese Größen um die nach § 10 Absatz 1 Nummer 5 abziehbaren Kinderbetreuungskosten.

(5b)[1] Soweit Rechtsnormen dieses Gesetzes an die in den vorstehenden Absätzen definierten Begriffe (Einkünfte, Summe der Einkünfte, Gesamtbetrag der Einkünfte, Einkommen, zu versteuerndes Einkommen) anknüpfen, sind Kapitalerträge nach § 32d Absatz 1 und § 43 Absatz 5 nicht einzubeziehen.

(6)[2] [1]Die tarifliche Einkommensteuer, vermindert um den Unterschiedsbetrag nach § 32c Absatz 1 Satz 2, die anzurechnenden ausländischen Steuern und die Steuerermäßigungen, vermehrt um die Steuer nach § 32d Absatz 3 und 4, die Steuer nach § 34c Absatz 5 und den Zuschlag nach § 3 Absatz 4 Satz 2 des Forstschäden-Ausgleichsgesetzes in der Fassung der Bekanntmachung vom 26. August 1985 (BGBl. I S. 1756), das zuletzt durch Artikel 412 der Verordnung vom 31. August 2015 (BGBl. I S. 1474) geändert worden ist, in der jeweils geltenden Fassung, ist die festzusetzende Einkommensteuer. [2]Wurde der Gesamtbetrag der Einkünfte in den Fällen des § 10a Absatz 2 um Sonderausgaben nach § 10a Absatz 1 gemindert, ist für die Ermittlung der festzusetzenden Einkommensteuer der Anspruch auf Zulage nach Abschnitt XI der tariflichen Einkommensteuer hinzuzurechnen; bei der Ermittlung der dem Steuerpflichtigen zustehenden Zulage bleibt die Erhöhung der Grundzulage nach § 84 Satz 2 außer Betracht. [3]Wird das Einkommen in den Fällen des § 31 um die Freibeträge nach § 32 Absatz 6 gemindert, ist der Anspruch auf Kindergeld nach Abschnitt X der tariflichen Einkommensteuer hinzuzurechnen; nicht jedoch für Kalendermonate, in denen durch Bescheid der Familienkasse ein Anspruch auf Kindergeld festgesetzt, aber wegen § 70 Absatz 1 Satz 2 nicht ausgezahlt wurde.

ESTG

(7) [1]Die Einkommensteuer ist eine Jahressteuer. [2]Die Grundlagen für ihre Festsetzung sind jeweils für ein Kalenderjahr zu ermitteln. [3]Besteht während eines Kalenderjahres sowohl unbeschränkte als auch beschränkte Einkommensteuerpflicht, so sind die während der beschränkten Einkommensteuerpflicht erzielten inländischen Einkünfte in eine Veranlagung zur unbeschränkten Einkommensteuerpflicht einzubeziehen.

(8)[3] Die Regelungen dieses Gesetzes zu Ehegatten und Ehen sind auch auf Lebenspartner und Lebenspartnerschaften anzuwenden.

§ 2a Negative Einkünfte mit Bezug zu Drittstaaten. (1)[4] [1]Negative Einkünfte

1. aus einer in einem Drittstaat belegenen land- und forstwirtschaftlichen Betriebsstätte,
2. aus einer in einem Drittstaat belegenen gewerblichen Betriebsstätte,
3. a) aus dem Ansatz des niedrigeren Teilwerts eines zu einem Betriebsvermögen gehörenden Anteils an einer Drittstaaten-Körperschaft oder
   b) aus der Veräußerung oder Entnahme eines zu einem Betriebsvermögen gehörenden Anteils an einer Drittstaaten-Körperschaft oder aus der Auflösung oder Herabsetzung des Kapitals einer Drittstaaten-Körperschaft,

[1] § 2 Abs. 5b Satz 2 aufgeh. mWv VZ 2012 durch G v. 1.11.2011 (BGBl. I S. 2131).
[2] § 2 Abs. 6 Satz 3 2. HS angef. mWv 18.7.2019 durch G v. 11.7.2019 (BGBl. I S. 1066); Satz 1 geänd. mWv 30.1.2020 durch G v. 12.12.2019 (BGBl. I S. 2451).
[3] § 2 Abs. 8 angef. durch G v. 15.7.2013 (BGBl. I S. 2397).
[4] Zur Anwendung von § 2a Abs. 1 siehe § 52 Abs. 2.

4. in den Fällen des § 17 bei einem Anteil an einer Drittstaaten-Kapitalgesellschaft,
5. aus der Beteiligung an einem Handelsgewerbe als stiller Gesellschafter und aus partiarischen Darlehen, wenn der Schuldner Wohnsitz, Sitz oder Geschäftsleitung in einem Drittstaat hat,
6. a) aus der Vermietung oder der Verpachtung von unbeweglichem Vermögen oder von Sachinbegriffen, wenn diese in einem Drittstaat belegen sind, oder
   b) aus der entgeltlichen Überlassung von Schiffen, sofern der Überlassende nicht nachweist, dass diese ausschließlich oder fast ausschließlich in einem anderen Staat als einem Drittstaat eingesetzt worden sind, es sei denn, es handelt sich um Handelsschiffe, die
      aa) von einem Vercharterer ausgerüstet überlassen oder
      bb) an in einem anderen als in einem Drittstaat ansässige Ausrüster, die die Voraussetzungen des § 510 Absatz 1 des Handelsgesetzbuchs erfüllen, überlassen oder
      cc) insgesamt nur vorübergehend an in einem Drittstaat ansässige Ausrüster, die die Voraussetzungen des § 510 Absatz 1 des Handelsgesetzbuchs erfüllen, überlassen

   worden sind, oder
   c) aus dem Ansatz des niedrigeren Teilwerts oder der Übertragung eines zu einem Betriebsvermögen gehörenden Wirtschaftsguts im Sinne der Buchstaben a und b,
7. a) aus dem Ansatz des niedrigeren Teilwerts, der Veräußerung oder Entnahme eines zu einem Betriebsvermögen gehörenden Anteils an
   b) aus der Auflösung oder Herabsetzung des Kapitals,
   c) in den Fällen des § 17 bei einem Anteil an

   einer Körperschaft mit Sitz oder Geschäftsleitung in einem anderen Staat als einem Drittstaat, soweit die negativen Einkünfte auf einen der in den Nummern 1 bis 6 genannten Tatbestände zurückzuführen sind,

dürfen nur mit positiven Einkünften der jeweils selben Art und, mit Ausnahme der Fälle der Nummer 6 Buchstabe b, aus demselben Staat, in den Fällen der Nummer 7 auf Grund von Tatbeständen der jeweils selben Art aus demselben Staat, ausgeglichen werden; sie dürfen auch nicht nach § 10d abgezogen werden. [2] Den negativen Einkünften sind Gewinnminderungen gleichgestellt. [3] Soweit die negativen Einkünfte nicht nach Satz 1 ausgeglichen werden können, mindern sie die positiven Einkünfte der jeweils selben Art, die der Steuerpflichtige in den folgenden Veranlagungszeiträumen aus demselben Staat, in den Fällen der Nummer 7 auf Grund von Tatbeständen der jeweils selben Art aus demselben Staat, erzielt. [4] Die Minderung ist nur insoweit zulässig, als die negativen Einkünfte in den vorangegangenen Veranlagungszeiträumen nicht berücksichtigt werden konnten (verbleibende negative Einkünfte). [5] Die am Schluss eines Veranlagungszeitraums verbleibenden negativen Einkünfte sind gesondert festzustellen; § 10d Absatz 4 gilt sinngemäß.

(2)[1)] [1] Absatz 1 Satz 1 Nummer 2 ist nicht anzuwenden, wenn der Steuerpflichtige nachweist, dass die negativen Einkünfte aus einer gewerblichen

---

1) Zur Anwendung von § 2a Abs. 2 siehe § 52 Abs. 2.

Betriebsstätte in einem Drittstaat stammen, die ausschließlich oder fast ausschließlich die Herstellung oder Lieferung von Waren, außer Waffen, die Gewinnung von Bodenschätzen sowie die Bewirkung gewerblicher Leistungen zum Gegenstand hat, soweit diese nicht in der Errichtung oder dem Betrieb von Anlagen, die dem Fremdenverkehr dienen, oder in der Vermietung oder der Verpachtung von Wirtschaftsgütern einschließlich der Überlassung von Rechten, Plänen, Mustern, Verfahren, Erfahrungen und Kenntnissen bestehen; das unmittelbare Halten einer Beteiligung von mindestens einem Viertel am Nennkapital einer Kapitalgesellschaft, die ausschließlich oder fast ausschließlich die vorgenannten Tätigkeiten zum Gegenstand hat, sowie die mit dem Halten der Beteiligung in Zusammenhang stehende Finanzierung gilt als Bewirkung gewerblicher Leistungen, wenn die Kapitalgesellschaft weder ihre Geschäftsleitung noch ihren Sitz im Inland hat. [2] Absatz 1 Satz 1 Nummer 3 und 4 ist nicht anzuwenden, wenn der Steuerpflichtige nachweist, dass die in Satz 1 genannten Voraussetzungen bei der Körperschaft entweder seit ihrer Gründung oder während der letzten fünf Jahre vor und in dem Veranlagungszeitraum vorgelegen haben, in dem die negativen Einkünfte bezogen werden.

(2a)[1)] [1] Bei der Anwendung der Absätze 1 und 2 sind

1. als Drittstaaten die Staaten anzusehen, die nicht Mitgliedstaaten der Europäischen Union sind;
2. Drittstaaten-Körperschaften und Drittstaaten-Kapitalgesellschaften solche, die weder ihre Geschäftsleitung noch ihren Sitz in einem Mitgliedstaat der Europäischen Union haben.

[2] Bei Anwendung des Satzes 1 sind den Mitgliedstaaten der Europäischen Union die Staaten gleichgestellt, auf die das Abkommen über den Europäischen Wirtschaftsraum anwendbar ist, sofern zwischen der Bundesrepublik Deutschland und dem anderen Staat auf Grund der Amtshilferichtlinie gemäß § 2 Absatz 2 des EU-Amtshilfegesetzes oder einer vergleichbaren zwei- oder mehrseitigen Vereinbarung Auskünfte erteilt werden, die erforderlich sind, um die Besteuerung durchzuführen.

(3)[2)] [1] Sind nach einem Abkommen zur Vermeidung der Doppelbesteuerung bei einem unbeschränkt Steuerpflichtigen aus einer in einem ausländischen Staat belegenen Betriebsstätte stammende Einkünfte aus gewerblicher Tätigkeit von der Einkommensteuer zu befreien, so ist auf Antrag des Steuerpflichtigen ein Verlust, der sich nach den Vorschriften des inländischen Steuerrechts bei diesen Einkünften ergibt, bei der Ermittlung des Gesamtbetrags der Einkünfte abzuziehen, soweit er vom Steuerpflichtigen ausgeglichen oder abgezogen werden könnte, wenn die Einkünfte nicht von der Einkommensteuer zu befreien wären, und soweit er nach diesem Abkommen zu befreiende positive Einkünfte aus gewerblicher Tätigkeit aus anderen in diesem ausländischen Staat belegenen Betriebsstätten übersteigt. [2] Soweit der Verlust dabei nicht ausgeglichen wird, ist bei Vorliegen der Voraussetzungen des § 10d der Verlustabzug zulässig. [3] Der nach den Sätzen 1 und 2 abgezogene Betrag ist, soweit sich in einem der folgenden Veranlagungszeiträume bei den nach diesem Abkommen zu befreienden Einkünften aus gewerblicher Tätigkeit aus in diesem ausländischen Staat belegenen Betriebsstätten insgesamt ein positiver Betrag ergibt, in dem betreffenden Veranlagungszeitraum bei der

---

[1)] Zur Anwendung von § 2a Abs. 2a siehe § 52 Abs. 2; Abs. 2a Satz 2 geänd. mWv VZ 2013 durch G v. 26.6.2013 (BGBl. I S. 1809).

[2)] § 2a Abs. 3 aufgeh. durch G v. 24.3.1999 (BGBl. I S. 402); zur weiteren Anwendung siehe § 52 Abs. 2 Sätze 3 und 4.

Ermittlung des Gesamtbetrags der Einkünfte wieder hinzuzurechnen. [4] Satz 3 ist nicht anzuwenden, wenn der Steuerpflichtige nachweist, daß nach den für ihn geltenden Vorschriften des ausländischen Staates ein Abzug von Verlusten in anderen Jahren als dem Verlustjahr allgemein nicht beansprucht werden kann. [5] Der am Schluß eines Veranlagungszeitraums nach den Sätzen 3 und 4 der Hinzurechnung unterliegende und noch nicht hinzugerechnete (verbleibende) Betrag ist gesondert festzustellen; § 10d Abs. 4 gilt entsprechend. [6] In die gesonderte Feststellung nach Satz 5 einzubeziehen ist der nach § 2 Abs. 1 Satz 3 und 4 des Gesetzes über steuerliche Maßnahmen bei Auslandsinvestitionen der deutschen Wirtschaft vom 18. August 1969 (BGBl. I S. 1214), das zuletzt durch Artikel 8 des Gesetzes vom 25. Juli 1988 (BGBl. I S. 1093) geändert worden ist, der Hinzurechnung unterliegende und noch nicht hinzugerechnete Betrag.

(4)[1)] [1] Wird eine in einem ausländischen Staat belegene Betriebsstätte

1. in eine Kapitalgesellschaft umgewandelt oder
2. entgeltlich oder unentgeltlich übertragen oder
3. aufgegeben, jedoch die ursprünglich von der Betriebsstätte ausgeübte Geschäftstätigkeit ganz oder teilweise von einer Gesellschaft, an der der inländische Steuerpflichtige zu mindestens 10 Prozent unmittelbar oder mittelbar beteiligt ist, oder von einer ihm nahe stehenden Person im Sinne des § 1 Absatz 2 des Außensteuergesetzes[2)] fortgeführt,

so ist ein nach Absatz 3 Satz 1 und 2 abgezogener Verlust, soweit er nach Absatz 3 Satz 3 nicht wieder hinzugerechnet worden ist oder nicht noch hinzuzurechnen ist, im Veranlagungszeitraum der Umwandlung, Übertragung oder Aufgabe in entsprechender Anwendung des Absatzes 3 Satz 3 dem Gesamtbetrag der Einkünfte hinzuzurechnen. [2] Satz 1 gilt entsprechend bei Beendigung der unbeschränkten Einkommensteuerpflicht (§ 1 Absatz 1) durch Aufgabe des Wohnsitzes oder des gewöhnlichen Aufenthalts oder bei Beendigung der unbeschränkten Körperschaftsteuerpflicht (§ 1 Absatz 1 des Körperschaftsteuergesetzes[3)]) durch Verlegung des Sitzes oder des Orts der Geschäftsleitung sowie bei unbeschränkter Einkommensteuerpflicht (§ 1 Absatz 1) oder unbeschränkter Körperschaftsteuerpflicht (§ 1 Absatz 1 des Körperschaftsteuergesetzes) bei Beendigung der Ansässigkeit im Inland auf Grund der Bestimmungen eines Abkommens zur Vermeidung der Doppelbesteuerung.

2. Steuerfreie Einnahmen

§ 3 [Steuerfreie Einnahmen] Steuerfrei sind

1. a) Leistungen aus einer Krankenversicherung, aus einer Pflegeversicherung und aus der gesetzlichen Unfallversicherung,
   b) Sachleistungen und Kinderzuschüsse aus den gesetzlichen Rentenversicherungen einschließlich der Sachleistungen nach dem Gesetz über die Alterssicherung der Landwirte,
   c) Übergangsgeld nach dem Sechsten Buch Sozialgesetzbuch und Geldleistungen nach den §§ 10, 36 bis 39 des Gesetzes über die Alterssicherung der Landwirte,

---

[1)] § 2a Abs. 4 idF des § 52 Abs. 3 Satz 8 a.F.
[2)] Nr. **2**.
[3)] Nr. **17**.

d) das Mutterschaftsgeld nach dem Mutterschutzgesetz, der Reichsversicherungsordnung und dem Gesetz über die Krankenversicherung der Landwirte, die Sonderunterstützung für im Familienhaushalt beschäftigte Frauen, der Zuschuss zum Mutterschaftsgeld nach dem Mutterschutzgesetz sowie der Zuschuss bei Beschäftigungsverboten für die Zeit vor oder nach einer Entbindung sowie für den Entbindungstag während einer Elternzeit nach beamtenrechtlichen Vorschriften;

2.[1] a) das Arbeitslosengeld, das Teilarbeitslosengeld, das Kurzarbeitergeld, der Zuschuss zum Arbeitsentgelt, das Übergangsgeld, der Gründungszuschuss nach dem Dritten Buch Sozialgesetzbuch sowie die übrigen Leistungen nach dem Dritten Buch Sozialgesetzbuch und den entsprechenden Programmen des Bundes und der Länder, soweit sie Arbeitnehmern oder Arbeitsuchenden oder zur Förderung der Aus- oder Weiterbildung oder Existenzgründung der Empfänger gewährt werden,

b) das Insolvenzgeld, Leistungen auf Grund der in § 169 und § 175 Absatz 2 des Dritten Buches Sozialgesetzbuch genannten Ansprüche sowie Zahlungen des Arbeitgebers an einen Sozialleistungsträger auf Grund des gesetzlichen Forderungsübergangs nach § 115 Absatz 1 des Zehnten Buches Sozialgesetzbuch, wenn ein Insolvenzereignis nach § 165 Absatz 1 Satz 2 auch in Verbindung mit Satz 3 des Dritten Buches Sozialgesetzbuch vorliegt,

c) die Arbeitslosenbeihilfe nach dem Soldatenversorgungsgesetz,

d) Leistungen zur Sicherung des Lebensunterhalts und zur Eingliederung in Arbeit nach dem Zweiten Buch Sozialgesetzbuch,

e)[2] mit den in den Nummern 1 bis 2 Buchstabe d und Nummer 67 Buchstabe b genannten Leistungen vergleichbare Leistungen ausländischer Rechtsträger, die ihren Sitz in einem Mitgliedstaat der Europäischen Union, in einem Staat, auf den das Abkommen über den Europäischen Wirtschaftsraum Anwendung findet oder in der Schweiz haben;

2a.[3] *(aufgehoben)*

2b.[3] *(aufgehoben)*

3. a)[4] Rentenabfindungen nach § 107 des Sechsten Buches Sozialgesetzbuch, nach § 21 des Beamtenversorgungsgesetzes, nach § 9 Absatz 1 Nummer 3 des Altersgeldgesetzes oder entsprechendem Landesrecht und nach § 43 des Soldatenversorgungsgesetzes in Verbindung mit § 21 des Beamtenversorgungsgesetzes,

b) Beitragserstattungen an den Versicherten nach den §§ 210 und 286d des Sechsten Buches Sozialgesetzbuch sowie nach den §§ 204, 205 und 207 des Sechsten Buches Sozialgesetzbuch, Beitragserstattungen nach den §§ 75 und 117 des Gesetzes über die Alterssicherung der Landwirte und nach § 26 des Vierten Buches Sozialgesetzbuch,

---

[1] § 3 Nr. 2 neu gef. mWv VZ 2015 durch G v. 25.7.2014 (BGBl. I S. 1266).
[2] § 3 Nr. 2 Buchst. e geänd. mWv VZ 2021 durch G v. 21.12.2020 (BGBl. I S. 3096).
[3] § 3 Nr. 2a und 2b aufgeh. mWv VZ 2015 durch G v. 25.7.2014 (BGBl. I S. 1266).
[4] § 3 Nr. 3 Buchst. a geänd. mWv VZ 2020 durch G v. 12.12.2019 (BGBl. I S. 2451).

c) Leistungen aus berufsständischen Versorgungseinrichtungen, die den Leistungen nach den Buchstaben a und b entsprechen,

d) Kapitalabfindungen und Ausgleichszahlungen nach § 48 des Beamtenversorgungsgesetzes oder entsprechendem Landesrecht und nach den §§ 28 bis 35 und 38 des Soldatenversorgungsgesetzes;

4.[1] bei Angehörigen der Bundeswehr, der Bundespolizei, der Zollverwaltung, der Bereitschaftspolizei der Länder, der Vollzugspolizei und der Berufsfeuerwehr der Länder und Gemeinden und bei Vollzugsbeamten der Kriminalpolizei des Bundes, der Länder und Gemeinden

a) der Geldwert der ihnen aus Dienstbeständen überlassenen Dienstkleidung,

b) Einkleidungsbeihilfen und Abnutzungsentschädigungen für die Dienstkleidung der zum Tragen oder Bereithalten von Dienstkleidung Verpflichteten und für dienstlich notwendige Kleidungsstücke der Vollzugsbeamten der Kriminalpolizei sowie der Angehörigen der Zollverwaltung,

c) im Einsatz gewährte Verpflegung oder Verpflegungszuschüsse,

d) der Geldwert der auf Grund gesetzlicher Vorschriften gewährten Heilfürsorge;

5.[2] a) die Geld- und Sachbezüge, die Wehrpflichtige während des Wehrdienstes nach § 4 des Wehrpflichtgesetzes erhalten,

b) die Geld- und Sachbezüge, die Zivildienstleistende nach § 35 des Zivildienstgesetzes erhalten,

c) die Heilfürsorge, die Soldaten nach § 16 des Wehrsoldgesetzes und Zivildienstleistende nach § 35 des Zivildienstgesetzes erhalten,

d) das an Personen, die einen in § 32 Absatz 4 Satz 1 Nummer 2 Buchstabe d genannten Freiwilligendienst leisten, gezahlte Taschengeld oder eine vergleichbare Geldleistung,

e) Leistungen nach § 5 des Wehrsoldgesetzes;

6.[3] Bezüge, die auf Grund gesetzlicher Vorschriften aus öffentlichen Mitteln versorgungshalber an Wehrdienstbeschädigte, im Freiwilligen Wehrdienst Beschädigte, Zivildienstbeschädigte und im Bundesfreiwilligendienst Beschädigte oder ihre Hinterbliebenen, Kriegsbeschädigte, Kriegshinterbliebene und ihnen gleichgestellte Personen gezahlt werden, soweit es sich nicht um Bezüge handelt, die auf Grund der Dienstzeit gewährt werden. [2] Gleichgestellte im Sinne des Satzes 1 sind auch Personen, die Anspruch auf Leistungen nach dem *Bundesversorgungsgesetz* [***ab 1.1.2024:*** Vierzehnten Buch Sozialgesetzbuch] oder auf Unfallfürsorgeleistungen nach dem Soldatenversorgungsgesetz, Beamtenversorgungsgesetz oder vergleichbarem Landesrecht haben;

7. Ausgleichsleistungen nach dem Lastenausgleichsgesetz, Leistungen nach dem Flüchtlingshilfegesetz, dem Bundesvertriebenengesetz, dem Re-

---

[1] § 3 Nr. 4 einl. Satzteil und Buchst. b geänd. mWv VZ 2015 durch G v. 25.7.2014 (BGBl. I S. 1266).

[2] § 3 Nr. 5 neu gef. mWv VZ 2020 durch G v. 12.12.2019 (BGBl. I S. 2451).

[3] § 3 Nr. 6 Satz 1 geänd., Satz 2 angef. mWv VZ 2014 durch G v. 25.7.2014 (BGBl. I S. 1266); Satz 2 geänd. **mWv 1.1.2024** durch G v. 12.12.2019 (BGBl. I S. 2652); zur weiteren Anwendung der alten Fassung siehe § 52 Abs. 54.

parationsschädengesetz, dem Vertriebenenzuwendungsgesetz, dem NS-Verfolgtenentschädigungsgesetz sowie Leistungen nach dem *Entschädigungsgesetz*[1] und nach dem Ausgleichsleistungsgesetz, soweit sie nicht Kapitalerträge im Sinne des § 20 Absatz 1 Nummer 7 und Absatz 2 sind;

8. Geldrenten, Kapitalentschädigungen und Leistungen im Heilverfahren, die auf Grund gesetzlicher Vorschriften zur Wiedergutmachung nationalsozialistischen Unrechts gewährt werden. ²Die Steuerpflicht von Bezügen aus einem aus Wiedergutmachungsgründen neu begründeten oder wieder begründeten Dienstverhältnis sowie von Bezügen aus einem früheren Dienstverhältnis, die aus Wiedergutmachungsgründen neu gewährt oder wieder gewährt werden, bleibt unberührt;

8a.[2] Renten wegen Alters und Renten wegen verminderter Erwerbsfähigkeit aus der gesetzlichen Rentenversicherung, die an Verfolgte im Sinne des § 1 des Bundesentschädigungsgesetzes gezahlt werden, wenn rentenrechtliche Zeiten auf Grund der Verfolgung in der Rente enthalten sind. ²Renten wegen Todes aus der gesetzlichen Rentenversicherung, wenn der verstorbene Versicherte Verfolgter im Sinne des § 1 des Bundesentschädigungsgesetzes war und wenn rentenrechtliche Zeiten auf Grund der Verfolgung in dieser Rente enthalten sind;

9. Erstattungen nach § 23 Absatz 2 Satz 1 Nummer 3 und 4 sowie nach § 39 Absatz 4 Satz 2 des Achten Buches Sozialgesetzbuch;

10.[3] Einnahmen einer Gastfamilie für die Aufnahme eines Menschen mit Behinderungen oder von Behinderung bedrohten Menschen nach § 2 Absatz 1 des Neunten Buches Sozialgesetzbuch zur Pflege, Betreuung, Unterbringung und Verpflegung, die auf Leistungen eines Leistungsträgers nach dem Sozialgesetzbuch beruhen. ²Für Einnahmen im Sinne des Satzes 1, die nicht auf Leistungen eines Leistungsträgers nach dem Sozialgesetzbuch beruhen, gilt Entsprechendes bis zur Höhe der Leistungen nach dem Zwölften Buch Sozialgesetzbuch. ³Überschreiten die auf Grund der in Satz 1 bezeichneten Tätigkeit bezogenen Einnahmen der Gastfamilie den steuerfreien Betrag, dürfen die mit der Tätigkeit in unmittelbarem wirtschaftlichen Zusammenhang stehenden Ausgaben abweichend von § 3c nur insoweit als Betriebsausgaben abgezogen werden, als sie den Betrag der steuerfreien Einnahmen übersteigen;

11. Bezüge aus öffentlichen Mitteln oder aus Mitteln einer öffentlichen Stiftung, die wegen Hilfsbedürftigkeit oder als Beihilfe zu dem Zweck bewilligt werden, die Erziehung oder Ausbildung, die Wissenschaft oder Kunst unmittelbar zu fördern. ²Darunter fallen nicht Kinderzuschläge und Kinderbeihilfen, die auf Grund der Besoldungsgesetze, besonderer Tarife oder ähnlicher Vorschriften gewährt werden. ³Voraussetzung für die Steuerfreiheit ist, dass der Empfänger mit den Bezügen nicht zu einer bestimmten wissenschaftlichen oder künstlerischen Gegenleistung oder zu einer bestimmten Arbeitnehmertätigkeit verpflichtet wird. ⁴Den Bezügen aus öffentlichen Mitteln wegen Hilfsbedürftigkeit gleichgestellt sind Beitragsermäßigungen und Prämienrückzahlungen eines

---

[1] Dieses Gesetz wurde aufgeh. durch den Einigungsvertrag v. 31.8.1990 (BGBl. II S. 889).
[2] § 3 Nr. 8a eingef. durch G v. 7.12.2011 (BGBl. I S. 2592).
[3] § 3 Nr. 10 Satz 1 geänd. durch G v. 9.12.2020 (BGBl. I S. 2770).

Trägers der gesetzlichen Krankenversicherung für nicht in Anspruch genommene Beihilfeleistungen;

11a.[1] zusätzlich zum ohnehin geschuldeten Arbeitslohn vom Arbeitgeber in der Zeit vom 1. März 2020 bis zum 31. März 2022 auf Grund der Corona-Krise an seine Arbeitnehmer in Form von Zuschüssen und Sachbezügen gewährte Beihilfen und Unterstützungen bis zu einem Betrag von 1 500 Euro;

12.[2] aus einer Bundeskasse oder Landeskasse gezahlte Bezüge, die zum einen

a) in einem Bundesgesetz oder Landesgesetz,

b) auf Grundlage einer bundesgesetzlichen oder landesgesetzlichen Ermächtigung beruhenden Bestimmung oder

c) von der Bundesregierung oder einer Landesregierung

als Aufwandsentschädigung festgesetzt sind und die zum anderen jeweils auch als Aufwandsentschädigung im Haushaltsplan ausgewiesen werden. [2]Das Gleiche gilt für andere Bezüge, die als Aufwandsentschädigung aus öffentlichen Kassen an öffentliche Dienste leistende Personen gezahlt werden, soweit nicht festgestellt wird, dass sie für Verdienstausfall oder Zeitverlust gewährt werden oder den Aufwand, der dem Empfänger erwächst, offenbar übersteigen;

13.[3] die aus öffentlichen Kassen gezahlten Reisekostenvergütungen, Umzugskostenvergütungen und Trennungsgelder. [2]Die als Reisekostenvergütungen gezahlten Vergütungen für Verpflegung sind nur insoweit steuerfrei, als sie die Pauschbeträge nach § 9 Absatz 4a nicht übersteigen; Trennungsgelder sind nur insoweit steuerfrei, als sie die nach § 9 Absatz 1 Satz 3 Nummer 5 und Absatz 4a abziehbaren Aufwendungen nicht übersteigen;

14. Zuschüsse eines Trägers der gesetzlichen Rentenversicherung zu den Aufwendungen eines Rentners für seine Krankenversicherung und von dem gesetzlichen Rentenversicherungsträger getragene Anteile (§ 249a des Fünften Buches Sozialgesetzbuch) an den Beiträgen für die gesetzliche Krankenversicherung;

15.[4] Zuschüsse des Arbeitgebers, die zusätzlich zum ohnehin geschuldeten Arbeitslohn zu den Aufwendungen des Arbeitnehmers für Fahrten mit öffentlichen Verkehrsmitteln im Linienverkehr (ohne Luftverkehr) zwischen Wohnung und erster Tätigkeitsstätte und nach § 9 Absatz 1 Satz 3 Nummer 4a Satz 3 sowie für Fahrten im öffentlichen Personennahverkehr gezahlt werden. [2]Das Gleiche gilt für die unentgeltliche oder verbilligte Nutzung öffentlicher Verkehrsmittel im Linienverkehr (ohne Luftverkehr) für Fahrten zwischen Wohnung und erster Tätigkeitsstätte und nach § 9 Absatz 1 Satz 3 Nummer 4a Satz 3 sowie für Fahrten im öffentlichen Personennahverkehr, die der Arbeitnehmer auf Grund seines Dienstverhältnisses zusätzlich zum ohnehin geschuldeten Arbeitslohn in Anspruch nehmen kann. [3]Die nach den Sätzen 1 und 2 steuer-

[1] § 3 Nr. 11a eingef. durch G v. 19.6.2020 (BGBl. I S. 1385); geänd. durch G v. 21.12.2020 (BGBl. I S. 3096); geänd. durch G v. 2.6.2021 (BGBl. I S. 1259).

[2] § 3 Nr. 12 Satz 1 neu gef. mWv VZ 2014 durch G v. 25.7.2014 (BGBl. I S. 1266).

[3] § 3 Nr. 13 Satz 2 geänd. mWv 1.1.2014 durch G v. 20.2.2013 (BGBl. I S. 285).

[4] § 3 Nr. 15 eingef. mWv 1.1.2019 durch G v. 11.12.2018 (BGBl. I S. 2338).

freien Leistungen mindern den nach § 9 Absatz 1 Satz 3 Nummer 4 Satz 2 abziehbaren Betrag;

16.[1)] die Vergütungen, die Arbeitnehmer außerhalb des öffentlichen Dienstes von ihrem Arbeitgeber zur Erstattung von Reisekosten, Umzugskosten oder Mehraufwendungen bei doppelter Haushaltsführung erhalten, soweit sie die nach § 9 als Werbungskosten abziehbaren Aufwendungen nicht übersteigen;

17. Zuschüsse zum Beitrag nach § 32 des Gesetzes über die Alterssicherung der Landwirte;

18. das Aufgeld für ein an die Bank für Vertriebene und Geschädigte (Lastenausgleichsbank) zugunsten des Ausgleichsfonds (§ 5 des Lastenausgleichsgesetzes) gegebenes Darlehen, wenn das Darlehen nach § 7f des Gesetzes in der Fassung der Bekanntmachung vom 15. September 1953 (BGBl. I S. 1355) im Jahr der Hingabe als Betriebsausgabe abzugsfähig war;

19.[2)] Weiterbildungsleistungen des Arbeitgebers oder auf dessen Veranlassung von einem Dritten

a) für Maßnahmen nach § 82 Absatz 1 und 2 des Dritten Buches Sozialgesetzbuch oder

b) die der Verbesserung der Beschäftigungsfähigkeit des Arbeitnehmers dienen.

[2] Steuerfrei sind auch Beratungsleistungen des Arbeitgebers oder auf dessen Veranlassung von einem Dritten zur beruflichen Neuorientierung bei Beendigung des Dienstverhältnisses. [3] Die Leistungen im Sinne der Sätze 1 und 2 dürfen keinen überwiegenden Belohnungscharakter haben;

20. die aus öffentlichen Mitteln des Bundespräsidenten aus sittlichen oder sozialen Gründen gewährten Zuwendungen an besonders verdiente Personen oder ihre Hinterbliebenen;

21.[3)] *(aufgehoben)*

22.[4)] *(aufgehoben)*

23.[5)] Leistungen nach

a) dem Häftlingshilfegesetz,

b) dem Strafrechtlichen Rehabilitierungsgesetz,

c) dem Verwaltungsrechtlichen Rehabilitierungsgesetz,

d) dem Beruflichen Rehabilitierungsgesetz,

e) dem Gesetz zur strafrechtlichen Rehabilitierung der nach dem 8. Mai 1945 wegen einvernehmlicher homosexueller Handlungen verurteilten Personen und

f) dem Gesetz zur Rehabilitierung der wegen einvernehmlicher homosexueller Handlungen, wegen ihrer homosexuellen Orientierung

---

[1)] § 3 Nr. 16 geänd. mWv 1.1.2014 durch G v. 20.2.2013 (BGBl. I S. 285).

[2)] § 3 Nr. 19 neu gef. mWv VZ 2020 durch G v. 21.12.2020 (BGBl. I S. 3096).

[3)] § 3 Nr. 21 aufgeh. mWv VZ 2011 durch G v. 1.11.2011 (BGBl. I S. 2131).

[4)] § 3 Nr. 22 aufgeh. mWv VZ 2011 durch G v. 1.11.2011 (BGBl. I S. 2131).

[5)] § 3 Nr. 23 neu gef. mWv VZ 2021 durch G v. 16.7.2021 (BGBl. I S. 2993).

oder wegen ihrer geschlechtlichen Identität dienstrechtlich benachteiligten Soldatinnen und Soldaten;

24. Leistungen, die auf Grund des Bundeskindergeldgesetzes gewährt werden;

25. Entschädigungen nach dem Infektionsschutzgesetz vom 20. Juli 2000 (BGBl. I S. 1045);

26.[1] Einnahmen aus nebenberuflichen Tätigkeiten als Übungsleiter, Ausbilder, Erzieher, Betreuer oder vergleichbaren nebenberuflichen Tätigkeiten, aus nebenberuflichen künstlerischen Tätigkeiten oder der nebenberuflichen Pflege alter, kranker Menschen oder Menschen mit Behinderungen im Dienst oder im Auftrag einer juristischen Person des öffentlichen Rechts, die in einem Mitgliedstaat der Europäischen Union, in einem Staat, auf den das Abkommen über den Europäischen Wirtschaftsraum Anwendung findet, oder in der Schweiz belegen ist, oder einer unter § 5 Absatz 1 Nummer 9 des Körperschaftsteuergesetzes[2] fallenden Einrichtung zur Förderung gemeinnütziger, mildtätiger und kirchlicher Zwecke (§§ 52 bis 54 der Abgabenordnung[3]) bis zur Höhe von insgesamt 3 000 Euro im Jahr. [2] Überschreiten die Einnahmen für die in Satz 1 bezeichneten Tätigkeiten den steuerfreien Betrag, dürfen die mit den nebenberuflichen Tätigkeiten in unmittelbarem wirtschaftlichen Zusammenhang stehenden Ausgaben abweichend von § 3c nur insoweit als Betriebsausgaben oder Werbungskosten abgezogen werden, als sie den Betrag der steuerfreien Einnahmen übersteigen;

26a.[4] Einnahmen aus nebenberuflichen Tätigkeiten im Dienst oder Auftrag einer juristischen Person des öffentlichen Rechts, die in einem Mitgliedstaat der Europäischen Union, in einem Staat, auf den das Abkommen über den Europäischen Wirtschaftsraum Anwendung findet, oder in der Schweiz belegen ist, oder einer unter § 5 Absatz 1 Nummer 9 des Körperschaftsteuergesetzes fallenden Einrichtung zur Förderung gemeinnütziger, mildtätiger und kirchlicher Zwecke (§§ 52 bis 54 der Abgabenordnung) bis zur Höhe von insgesamt 840 Euro im Jahr. [2] Die Steuerbefreiung ist ausgeschlossen, wenn für die Einnahmen aus der Tätigkeit – ganz oder teilweise – eine Steuerbefreiung nach § 3 Nummer 12, 26 oder 26b gewährt wird. [3] Überschreiten die Einnahmen für die in Satz 1 bezeichneten Tätigkeiten den steuerfreien Betrag, dürfen die mit den nebenberuflichen Tätigkeiten in unmittelbarem wirtschaftlichen Zusammenhang stehenden Ausgaben abweichend von § 3c nur insoweit als Betriebsausgaben oder Werbungskosten abgezogen werden, als sie den Betrag der steuerfreien Einnahmen übersteigen;

---

[1] § 3 Nr. 26 Satz 1 geänd. mWv VZ 2013 durch G v. 1.11.2011 (BGBl. I S. 2131) iVm G v. 21.3.2013 (BGBl. I S. 556); Satz 1 geänd. durch G v. 11.12.2018 (BGBl. I S. 2338); zur Anwendung siehe § 52 Abs. 4 Satz 5; Satz 1 geänd. durch G v. 9.12.2020 (BGBl. I S. 2770); Satz 1 geänd. mWv VZ 2021 durch G v. 21.12.2020 (BGBl. I S. 3096).

[2] Nr. **17**.

[3] Nr. **1**.

[4] § 3 Nr. 26a Satz 2 geänd. mWv VZ 2011 durch G v. 8.12.2010 (BGBl. I S. 1768); Satz 1 geänd. mWv VZ 2013 durch G v. 1.11.2011 (BGBl. I S. 2131) iVm G v. 21.3.2013 (BGBl. I S. 556); Satz 1 geänd. durch G v. 11.12.2018 (BGBl. I S. 2338); zur Anwendung siehe § 52 Abs. 4 Satz 5; Satz 1 geänd. mWv VZ 2021 durch G v. 21.12.2020 (BGBl. I S. 3096).

26b.[1] *Aufwandsentschädigungen nach § 1835a des Bürgerlichen Gesetzbuchs* [***ab VZ 2023:*** Aufwandspauschalen nach § 1878 des Bürgerlichen Gesetzbuchs], soweit sie zusammen mit den steuerfreien Einnahmen im Sinne der Nummer 26 den Freibetrag nach Nummer 26 Satz 1 nicht überschreiten. ²Nummer 26 Satz 2 gilt entsprechend;

27. der Grundbetrag der Produktionsaufgaberente und das Ausgleichsgeld nach dem Gesetz zur Förderung der Einstellung der landwirtschaftlichen Erwerbstätigkeit bis zum Höchstbetrag von 18 407 Euro;

28. die Aufstockungsbeträge im Sinne des § 3 Absatz 1 Nummer 1 Buchstabe a sowie die Beiträge und Aufwendungen im Sinne des § 3 Absatz 1 Nummer 1 Buchstabe b und des § 4 Absatz 2 des Altersteilzeitgesetzes, die Zuschläge, die versicherungsfrei Beschäftigte im Sinne des § 27 Absatz 1 Nummer 1 bis 3 des Dritten Buches Sozialgesetzbuch zur Aufstockung der Bezüge bei Altersteilzeit nach beamtenrechtlichen Vorschriften oder Grundsätzen erhalten sowie die Zahlungen des Arbeitgebers zur Übernahme der Beiträge im Sinne des § 187a des Sechsten Buches Sozialgesetzbuch, soweit sie 50 Prozent der Beiträge nicht übersteigen;

28a.[2] Zuschüsse des Arbeitgebers zum Kurzarbeitergeld und Saison-Kurzarbeitergeld, soweit sie zusammen mit dem Kurzarbeitergeld 80 Prozent des Unterschiedsbetrags zwischen dem Soll-Entgelt und dem Ist-Entgelt nach § 106 des Dritten Buches Sozialgesetzbuch nicht übersteigen und sie für Lohnzahlungszeiträume, die nach dem 29. Februar 2020 beginnen und vor dem 1. Januar 2022 enden, geleistet werden;

29. das Gehalt und die Bezüge,
    a) die die diplomatischen Vertreter ausländischer Staaten, die ihnen zugewiesenen Beamten und die in ihren Diensten stehenden Personen erhalten. ²Dies gilt nicht für deutsche Staatsangehörige oder für im Inland ständig ansässige Personen;
    b) der Berufskonsuln, der Konsulatsangehörigen und ihres Personals, soweit sie Angehörige des Entsendestaates sind. ²Dies gilt nicht für Personen, die im Inland ständig ansässig sind oder außerhalb ihres Amtes oder Dienstes einen Beruf, ein Gewerbe oder eine andere gewinnbringende Tätigkeit ausüben;

30. Entschädigungen für die betriebliche Benutzung von Werkzeugen eines Arbeitnehmers (Werkzeuggeld), soweit sie die entsprechenden Aufwendungen des Arbeitnehmers nicht offensichtlich übersteigen;

31. die typische Berufskleidung, die der Arbeitgeber seinem Arbeitnehmer unentgeltlich oder verbilligt überlässt; dasselbe gilt für eine Barablösung eines nicht nur einzelvertraglichen Anspruchs auf Gestellung von typischer Berufskleidung, wenn die Barablösung betrieblich veranlasst ist und die entsprechenden Aufwendungen des Arbeitnehmers nicht offensichtlich übersteigt;

---

[1] § 3 Nr. 26b eingef. mWv VZ 2011 durch G v. 8.12.2010 (BGBl. I S. 1768); Satz 1 geänd. **mWv VZ 2023** durch G v. 4.5.2021 (BGBl. I S. 882).

[2] § 3 Nr. 28a eingef. durch G v. 19.6.2020 (BGBl. I S. 1385); geänd. mWv VZ 2021 durch G v. 21.12.2020 (BGBl. I S. 3096).

32.[1] die unentgeltliche oder verbilligte Sammelbeförderung eines Arbeitnehmers zwischen Wohnung und erster Tätigkeitsstätte sowie bei Fahrten nach § 9 Absatz 1 Satz 3 Nummer 4a Satz 3 mit einem vom Arbeitgeber gestellten Beförderungsmittel, soweit die Sammelbeförderung für den betrieblichen Einsatz des Arbeitnehmers notwendig ist;

33. zusätzlich zum ohnehin geschuldeten Arbeitslohn erbrachte Leistungen des Arbeitgebers zur Unterbringung und Betreuung von nicht schulpflichtigen Kindern der Arbeitnehmer in Kindergärten oder vergleichbaren Einrichtungen;

34.[2] zusätzlich zum ohnehin geschuldeten Arbeitslohn erbrachte Leistungen des Arbeitgebers zur Verhinderung und Verminderung von Krankheitsrisiken und zur Förderung der Gesundheit in Betrieben, die hinsichtlich Qualität, Zweckbindung, Zielgerichtetheit und Zertifizierung den Anforderungen der §§ 20 und 20b des Fünften Buches Sozialgesetzbuch genügen, soweit sie 600 Euro im Kalenderjahr nicht übersteigen;

34a.[3] zusätzlich zum ohnehin geschuldeten Arbeitslohn erbrachte Leistungen des Arbeitgebers

a) an ein Dienstleistungsunternehmen, das den Arbeitnehmer hinsichtlich der Betreuung von Kindern oder pflegebedürftigen Angehörigen berät oder hierfür Betreuungspersonen vermittelt sowie

b) zur kurzfristigen Betreuung von Kindern im Sinne des § 32 Absatz 1, die das 14. Lebensjahr noch nicht vollendet haben oder die wegen einer vor Vollendung des 25. Lebensjahres eingetretenen körperlichen, geistigen oder seelischen Behinderung außerstande sind, sich selbst zu unterhalten oder pflegebedürftigen Angehörigen des Arbeitnehmers, wenn die Betreuung aus zwingenden und beruflich veranlassten Gründen notwendig ist, auch wenn sie im privaten Haushalt des Arbeitnehmers stattfindet, soweit die Leistungen 600 Euro im Kalenderjahr nicht übersteigen;

35. die Einnahmen der bei der Deutsche Post AG, Deutsche Postbank AG oder Deutsche Telekom AG beschäftigten Beamten, soweit die Einnahmen ohne Neuordnung des Postwesens und der Telekommunikation nach den Nummern 11 bis 13 und 64 steuerfrei wären;

36.[4] Einnahmen für Leistungen zu körperbezogenen Pflegemaßnahmen, pflegerischen Betreuungsmaßnahmen oder Hilfen bei der Haushaltsführung bis zur Höhe des Pflegegeldes nach § 37 des Elften Buches Sozialgesetzbuch, mindestens aber bis zur Höhe des Entlastungsbetrages nach § 45b Absatz 1 Satz 1 des Elften Buches Sozialgesetzbuch, wenn diese Leistungen von Angehörigen des Pflegebedürftigen oder von anderen Personen, die damit eine sittliche Pflicht im Sinne des § 33 Absatz 2 gegenüber dem Pflegebedürftigen erfüllen, erbracht werden. [2]Entsprechendes gilt, wenn der Pflegebedürftige vergleichbare Leistungen aus privaten Versicherungsverträgen nach den Vorgaben des Elften

---

[1] § 3 Nr. 32 geänd. mWv VZ 2014 durch G v. 25.7.2014 (BGBl. I S. 1266).

[2] § 3 Nr. 34 neu gef. durch G v. 11.12.2018 (BGBl. I S. 2338); zur Anwendung siehe § 52 Abs. 4 Satz 6; geänd. mWv VZ 2020 durch G v. 22.11.2019 (BGBl. I S. 1746).

[3] § 3 Nr. 34a eingef. mWv 1.1.2015 durch G v. 22.12.2014 (BGBl. I S. 2417).

[4] § 3 Nr. 36 geänd. mWv 1.1.2017 durch G v. 23.12.2016 (BGBl. I S. 3191); Satz 1 geänd., Satz 2 neu gef. mWv 15.12.2018 durch G v. 11.12.2018 (BGBl. I S. 2338).

Buches Sozialgesetzbuch oder nach den Beihilfevorschriften für häusliche Pflege erhält;

37.[1] zusätzlich zum ohnehin geschuldeten Arbeitslohn vom Arbeitgeber gewährte Vorteile für die Überlassung eines betrieblichen Fahrrads, das kein Kraftfahrzeug im Sinne des § 6 Absatz 1 Nummer 4 Satz 2 ist;

38.[2] Sachprämien, die der Steuerpflichtige für die persönliche Inanspruchnahme von Dienstleistungen von Unternehmen unentgeltlich erhält, die diese zum Zwecke der Kundenbindung im allgemeinen Geschäftsverkehr in einem jedermann zugänglichen planmäßigen Verfahren gewähren, soweit der Wert der Prämien 1 080 Euro im Kalenderjahr nicht übersteigt;

39.[3] der Vorteil des Arbeitnehmers im Rahmen eines gegenwärtigen Dienstverhältnisses aus der unentgeltlichen oder verbilligten Überlassung von Vermögensbeteiligungen im Sinne des § 2 Absatz 1 Nummer 1 Buchstabe a, b und f bis l und Absatz 2 bis 5 des Fünften Vermögensbildungsgesetzes[4] in der Fassung der Bekanntmachung vom 4. März 1994 (BGBl. I S. 406), zuletzt geändert durch Artikel 2 des Gesetzes vom 7. März 2009 (BGBl. I S. 451), in der jeweils geltenden Fassung, am Unternehmen des Arbeitgebers, soweit der Vorteil insgesamt 1 440 Euro im Kalenderjahr nicht übersteigt. ²Voraussetzung für die Steuerfreiheit ist, dass die Beteiligung mindestens allen Arbeitnehmern offensteht, die im Zeitpunkt der Bekanntgabe des Angebots ein Jahr oder länger ununterbrochen in einem gegenwärtigen Dienstverhältnis zum Unternehmen stehen. ³Als Unternehmen des Arbeitgebers im Sinne des Satzes 1 gilt auch ein Unternehmen im Sinne des § 18 des Aktiengesetzes. ⁴Als Wert der Vermögensbeteiligung ist der gemeine Wert anzusetzen;

40.[5] 40 Prozent

a)[6] der Betriebsvermögensmehrungen oder Einnahmen aus der Veräußerung oder der Entnahme von Anteilen an Körperschaften, Personenvereinigungen und Vermögensmassen, deren Leistungen beim Empfänger zu Einnahmen im Sinne des § 20 Absatz 1 Nummer 1 und 9 gehören, oder an einer Organgesellschaft im Sinne des § 14 oder § 17 des Körperschaftsteuergesetzes oder aus deren Auflösung oder Herabsetzung von deren Nennkapital oder aus dem Ansatz eines solchen Wirtschaftsguts mit dem Wert, der sich nach § 6 Absatz 1 Nummer 2 Satz 3 ergibt, soweit sie zu den Einkünften aus Land- und Forstwirtschaft, aus Gewerbebetrieb oder aus selbständiger Arbeit gehören. ²Dies gilt nicht, soweit der Ansatz des nied-

---

[1] § 3 Nr. 37 eingef. mWv 1.1.2019 durch G v. 11.12.2018 (BGBl. I S. 2338); zur letztmaligen Anwendung siehe § 52 Abs. 4 Satz 7.

[2] § 3 Nr. 38 inhaltlich bestätigt durch G v. 5.4.2011 (BGBl. I S. 554).

[3] § 3 Nr. 39 Satz 2 neu gef. mWv VZ 2009 durch G v. 8.4.2010 (BGBl. I S. 386); Satz 1 geänd. durch G v. 25.7.2014 (BGBl. I S. 1266); Satz 1 geänd. mWv VZ 2021 durch G v. 3.6.2021 (BGBl. I S. 1498).

[4] Nr. **25**.

[5] § 3 Nr. 40 Satz 4 geänd. mWv VZ 2013 durch G v. 26.6.2013 (BGBl. I S. 1809); Satz 3 1. HS geänd. mWv VZ 2014 durch G v. 25.7.2014 (BGBl. I S. 1266); Satz 5 angef. mWv VZ 2016 durch G v. 2.11.2015 (BGBl. I S. 1834); Satz 3 neu gef., Satz 4 aufgeh., bish. Satz 5 wird Satz 4 mWv VZ 2017 durch G v. 20.12.2016 (BGBl. I S. 3000); zur Anwendung siehe § 52 Abs. 4 Satz 11; Satz 3 1. und 2. HS geänd. durch G v. 12.5.2021 (BGBl. I S. 990).

[6] § 3 Nr. 40 Satz 1 Buchst. a Satz 1 durch G v. 25.7.2014 (BGBl. I S. 1266).

rigeren Teilwerts in vollem Umfang zu einer Gewinnminderung geführt hat und soweit diese Gewinnminderung nicht durch Ansatz eines Werts, der sich nach § 6 Absatz 1 Nummer 2 Satz 3 ergibt, ausgeglichen worden ist. [3]Satz 1 gilt außer für Betriebsvermögensmehrungen aus dem Ansatz mit dem Wert, der sich nach § 6 Absatz 1 Nummer 2 Satz 3 ergibt, ebenfalls nicht, soweit Abzüge nach § 6b oder ähnliche Abzüge voll steuerwirksam vorgenommen worden sind,

b)[1] des Veräußerungspreises im Sinne des § 16 Absatz 2, soweit er auf die Veräußerung von Anteilen an Körperschaften, Personenvereinigungen und Vermögensmassen entfällt, deren Leistungen beim Empfänger zu Einnahmen im Sinne des § 20 Absatz 1 Nummer 1 und 9 gehören, oder an einer Organgesellschaft im Sinne des § 14 oder § 17 des Körperschaftsteuergesetzes. [2]Satz 1 ist in den Fällen des § 16 Absatz 3 entsprechend anzuwenden. [3]Buchstabe a Satz 3 gilt entsprechend,

c) des Veräußerungspreises oder des gemeinen Werts im Sinne des § 17 Absatz 2. [2]Satz 1 ist in den Fällen des § 17 Absatz 4 entsprechend anzuwenden,

d)[2] der Bezüge im Sinne des § 20 Absatz 1 Nummer 1 und der Einnahmen im Sinne des § 20 Absatz 1 Nummer 9. [2]Dies gilt nur, soweit sie das Einkommen der leistenden Körperschaft nicht gemindert haben. [3]Sofern die Bezüge in einem anderen Staat auf Grund einer vom deutschen Recht abweichenden steuerlichen Zurechnung einer anderen Person zugerechnet werden, gilt Satz 1 nur, soweit das Einkommen der anderen Person oder ihr nahestehender Personen nicht niedriger ist als bei einer dem deutschen Recht entsprechenden Zurechnung. [4]Satz 1 Buchstabe d Satz 2 gilt nicht, soweit eine verdeckte Gewinnausschüttung das Einkommen einer dem Steuerpflichtigen nahe stehenden Person erhöht hat und § 32a des Körperschaftsteuergesetzes auf die Veranlagung dieser nahe stehenden Person keine Anwendung findet,

e) der Bezüge im Sinne des § 20 Absatz 1 Nummer 2,

f) der besonderen Entgelte oder Vorteile im Sinne des § 20 Absatz 3, die neben den in § 20 Absatz 1 Nummer 1 und Absatz 2 Satz 1 Nummer 2 Buchstabe a bezeichneten Einnahmen oder an deren Stelle gewährt werden,

g) des Gewinns aus der Veräußerung von Dividendenscheinen und sonstigen Ansprüchen im Sinne des § 20 Absatz 2 Satz 1 Nummer 2 Buchstabe a,

h) des Gewinns aus der Abtretung von Dividendenansprüchen oder sonstigen Ansprüchen im Sinne des § 20 Absatz 2 Satz 1 Nummer 2 Buchstabe a in Verbindung mit § 20 Absatz 2 Satz 2,

---

[1] § 3 Nr. 40 Satz 1 Buchst. b Satz 1 durch G v. 25.7.2014 (BGBl. I S. 1266).

[2] § 3 Nr. 40 Satz 1 Buchst. d Satz 2 neu gef. mWv VZ 2014, Satz 3 geänd. mWv VZ 2013 durch G v. 26.6.2013 (BGBl. I S. 1809); zur Anwendung von Satz 2 siehe § 52 Abs. 4 Satz 12; Satz 3 eingef., bish. Satz 3 wird Satz 4 mWv VZ 2020 durch G v. 25.6.2021 (BGBl. I S. 2035); zur Anwendung siehe § 52 Abs. 4 Satz 9.

i) der Bezüge im Sinne des § 22 Nummer 1 Satz 2, soweit diese von einer nicht von der Körperschaftsteuer befreiten Körperschaft, Personenvereinigung oder Vermögensmasse stammen.

[2] Dies gilt für Satz 1 Buchstabe d bis h nur in Verbindung mit § 20 Absatz 8. [3] Satz 1 Buchstabe a, b und d bis h ist nicht anzuwenden auf Anteile, die bei Kreditinstituten, Finanzdienstleistungsinstituten und Wertpapierinstituten dem Handelsbestand im Sinne des § 340e Absatz 3 des Handelsgesetzbuchs zuzuordnen sind; Gleiches gilt für Anteile, die bei Finanzunternehmen im Sinne des Kreditwesengesetzes, an denen Kreditinstitute, Finanzdienstleistungsinstitute oder Wertpapierinstitute unmittelbar oder mittelbar zu mehr als 50 Prozent beteiligt sind, zum Zeitpunkt des Zugangs zum Betriebsvermögen als Umlaufvermögen auszuweisen sind. [4] Satz 1 ist nicht anzuwenden bei Anteilen an Unterstützungskassen;

40a.[1)] 40 Prozent der Vergütungen im Sinne des § 18 Absatz 1 Nummer 4;

41.[2)] *a) Gewinnausschüttungen, soweit für das Kalenderjahr oder Wirtschaftsjahr, in dem sie bezogen werden, oder für die vorangegangenen sieben Kalenderjahre oder Wirtschaftsjahre aus einer Beteiligung an derselben ausländischen Gesellschaft Hinzurechnungsbeträge (§ 10 Absatz 2 des Außensteuergesetzes*[3)]*) der Einkommensteuer unterlegen haben, § 11 Absatz 1 und 2 des Außensteuergesetzes in der Fassung des Artikels 12 des Gesetzes vom 21. Dezember 1993 (BGBl. I S. 2310) nicht anzuwenden war und der Steuerpflichtige dies nachweist; § 3c Absatz 2 gilt entsprechend;*

b) Gewinne aus der Veräußerung eines Anteils an einer ausländischen Kapitalgesellschaft sowie aus deren Auflösung oder Herabsetzung ihres Kapitals, soweit für das Kalenderjahr oder Wirtschaftsjahr, in dem sie bezogen werden, oder für die vorangegangenen sieben Kalenderjahre oder Wirtschaftsjahre aus einer Beteiligung an derselben ausländischen Gesellschaft Hinzurechnungsbeträge (§ 10 Absatz 2 des Außensteuergesetzes) der Einkommensteuer unterlegen haben, § 11 Absatz 1 und 2 des Außensteuergesetzes in der Fassung des Artikels 12 des Gesetzes vom 21. Dezember 1993 (BGBl. I S. 2310) nicht anzuwenden war, der Steuerpflichtige dies nachweist und der Hinzurechnungsbetrag ihm nicht als Gewinnanteil zugeflossen ist.

[2] Die Prüfung, ob Hinzurechnungsbeträge der Einkommensteuer unterlegen haben, erfolgt im Rahmen der gesonderten Feststellung nach § 18 des Außensteuergesetzes;

42. die Zuwendungen, die auf Grund des Fulbright-Abkommens gezahlt werden;

43. der Ehrensold für Künstler sowie Zuwendungen aus Mitteln der Deutschen Künstlerhilfe, wenn es sich um Bezüge aus öffentlichen Mitteln handelt, die wegen der Bedürftigkeit des Künstlers gezahlt werden;

44.[4)] Stipendien, die aus öffentlichen Mitteln oder von zwischenstaatlichen oder überstaatlichen Einrichtungen, denen die Bundesrepublik Deutschland als Mitglied angehört, zur Förderung der Forschung oder

---

[1)] Zur Anwendung von § 3 Nr. 40a siehe § 52 Abs. 4 Sätze 13 und 14.

[2)] § 3 Nr. 41 aufgeh. **mWv VZ 2022** durch G v. 25.6.2021 (BGBl. I S. 2035); zur letztmaligen Anwendung siehe § 52 Abs. 4 Satz 15.

[3)] Nr. **2**.

[4)] § 3 Nr. 44 Satz 1 geänd. mWv VZ 2011 durch G v. 1.11.2011 (BGBl. I S. 2131).

zur Förderung der wissenschaftlichen oder künstlerischen Ausbildung oder Fortbildung gewährt werden. [2]Das Gleiche gilt für Stipendien, die zu den in Satz 1 bezeichneten Zwecken von einer Einrichtung, die von einer Körperschaft des öffentlichen Rechts errichtet ist oder verwaltet wird, oder von einer Körperschaft, Personenvereinigung oder Vermögensmasse im Sinne des § 5 Absatz 1 Nummer 9 des Körperschaftsteuergesetzes gegeben werden. [3]Voraussetzung für die Steuerfreiheit ist, dass

a) die Stipendien einen für die Erfüllung der Forschungsaufgabe oder für die Bestreitung des Lebensunterhalts und die Deckung des Ausbildungsbedarfs erforderlichen Betrag nicht übersteigen und nach den von dem Geber erlassenen Richtlinien vergeben werden,

b) der Empfänger im Zusammenhang mit dem Stipendium nicht zu einer bestimmten wissenschaftlichen oder künstlerischen Gegenleistung oder zu einer bestimmten Arbeitnehmertätigkeit verpflichtet ist;

45.[1)] die Vorteile des Arbeitnehmers aus der privaten Nutzung von betrieblichen Datenverarbeitungsgeräten und Telekommunikationsgeräten sowie deren Zubehör, aus zur privaten Nutzung überlassenen System- und Anwendungsprogrammen, die der Arbeitgeber auch in seinem Betrieb einsetzt, und aus den im Zusammenhang mit diesen Zuwendungen erbrachten Dienstleistungen. [2]Satz 1 gilt entsprechend für Steuerpflichtige, denen die Vorteile im Rahmen einer Tätigkeit zugewendet werden, für die sie eine Aufwandsentschädigung im Sinne des § 3 Nummer 12 erhalten;

46.[2)] zusätzlich zum ohnehin geschuldeten Arbeitslohn vom Arbeitgeber gewährte Vorteile für das elektrische Aufladen eines Elektrofahrzeugs oder Hybridelektrofahrzeugs im Sinne des § 6 Absatz 1 Nummer 4 Satz 2 zweiter Halbsatz an einer ortsfesten betrieblichen Einrichtung des Arbeitgebers oder eines verbundenen Unternehmens (§ 15 des Aktiengesetzes) und für die zur privaten Nutzung überlassene betriebliche Ladevorrichtung;

47. Leistungen nach § 14a Absatz 4 und § 14b des Arbeitsplatzschutzgesetzes;

48.[3)] Leistungen nach dem Unterhaltssicherungsgesetz mit Ausnahme der Leistungen nach § 6 des Unterhaltssicherungsgesetzes;

49.[4)] *(aufgehoben)*

50. die Beträge, die der Arbeitnehmer vom Arbeitgeber erhält, um sie für ihn auszugeben (durchlaufende Gelder), und die Beträge, durch die Auslagen des Arbeitnehmers für den Arbeitgeber ersetzt werden (Auslagenersatz);

51. Trinkgelder, die anlässlich einer Arbeitsleistung dem Arbeitnehmer von Dritten freiwillig und ohne dass ein Rechtsanspruch auf sie besteht,

---

[1)] § 3 Nr. 45 neu gef. durch G v. 8.5.2012 (BGBl. I S. 1030); Satz 2 angef. mWv 1.1.2015 durch G v. 22.12.2014 (BGBl. I S. 2417).

[2)] § 3 Nr. 46 neu gef. mWv VZ 2017 durch G v. 7.11.2016 (BGBl. I S. 2498), zur erstmaligen und letztmaligen Anwendung siehe § 52 Abs. 4 Satz 16.

[3)] § 3 Nr. 48 neu gef. mWv 1.11.2015 durch G v. 29.6.2015 (BGBl. I S. 1061); geänd. mWv VZ 2020 durch G v. 12.12.2019 (BGBl. I S. 2451).

[4)] § 3 Nr. 49 aufgeh. mWv VZ 2011 durch G v. 1.11.2011 (BGBl. I S. 2131).

EStG

zusätzlich zu dem Betrag gegeben werden, der für diese Arbeitsleistung zu zahlen ist;

52. (weggefallen)

53. die Übertragung von Wertguthaben nach § 7f Absatz 1 Satz 1 Nummer 2 des Vierten Buches Sozialgesetzbuch auf die Deutsche Rentenversicherung Bund. [2]Die Leistungen aus dem Wertguthaben durch die Deutsche Rentenversicherung Bund gehören zu den Einkünften aus nichtselbständiger Arbeit im Sinne des § 19. [3]Von ihnen ist Lohnsteuer einzubehalten;

54. Zinsen aus Entschädigungsansprüchen für deutsche Auslandsbonds im Sinne der §§ 52 bis 54 des Bereinigungsgesetzes für deutsche Auslandsbonds in der im Bundesgesetzblatt Teil III, Gliederungsnummer 4139-2, veröffentlichten bereinigten Fassung, soweit sich die Entschädigungsansprüche gegen den Bund oder die Länder richten. [2]Das Gleiche gilt für die Zinsen aus Schuldverschreibungen und Schuldbuchforderungen, die nach den §§ 9, 10 und 14 des Gesetzes zur näheren Regelung der Entschädigungsansprüche für Auslandsbonds in der im Bundesgesetzblatt Teil III, Gliederungsnummer 4139-3, veröffentlichten bereinigten Fassung vom Bund oder von den Ländern für Entschädigungsansprüche erteilt oder eingetragen werden;

ESTG

55.[1)] der in den Fällen des § 4 Absatz 2 Nummer 2 und Absatz 3 des Betriebsrentengesetzes vom 19. Dezember 1974 (BGBl. I S. 3610), das zuletzt durch Artikel 8 des Gesetzes vom 5. Juli 2004 (BGBl. I S. 1427) geändert worden ist, in der jeweils geltenden Fassung geleistete Übertragungswert nach § 4 Absatz 5 des Betriebsrentengesetzes, wenn die betriebliche Altersversorgung beim ehemaligen und neuen Arbeitgeber über einen Pensionsfonds, eine Pensionskasse oder ein Unternehmen der Lebensversicherung durchgeführt wird; dies gilt auch, wenn eine Versorgungsanwartschaft aus einer betrieblichen Altersversorgung auf Grund vertraglicher Vereinbarung ohne Fristerfordernis unverfallbar ist. [2]Satz 1 gilt auch, wenn der Übertragungswert vom ehemaligen Arbeitgeber oder von einer Unterstützungskasse an den neuen Arbeitgeber oder eine andere Unterstützungskasse geleistet wird. [3]Die Leistungen des neuen Arbeitgebers, der Unterstützungskasse, des Pensionsfonds, der Pensionskasse oder des Unternehmens der Lebensversicherung auf Grund des Betrags nach Satz 1 und 2 gehören zu den Einkünften, zu denen die Leistungen gehören würden, wenn die Übertragung nach § 4 Absatz 2 Nummer 2 und Absatz 3 des Betriebsrentengesetzes nicht stattgefunden hätte;

55a.[2)] die nach § 10 des Versorgungsausgleichsgesetzes vom 3. April 2009 (BGBl. I S. 700) in der jeweils geltenden Fassung (interne Teilung) durchgeführte Übertragung von Anrechten für die ausgleichsberechtigte Person zu Lasten von Anrechten der ausgleichspflichtigen Person. [2]Die Leistungen aus diesen Anrechten gehören bei der ausgleichsberechtigten Person zu den Einkünften, zu denen die Leistungen bei der ausgleichspflichtigen Person gehören würden, wenn die interne Teilung nicht stattgefunden hätte;

[1)] § 3 Nr. 55 Satz 1 2. HS angef. mWv 1.1.2018 durch G v. 17.8.2017 (BGBl. I S. 3214).

[2)] Zu § 3 Nr. 55a und Nr. 55b siehe auch § 52 Abs. 28 Satz 9.

55b.[1] der nach § 14 des Versorgungsausgleichsgesetzes (externe Teilung) geleistete Ausgleichswert zur Begründung von Anrechten für die ausgleichsberechtigte Person zu Lasten von Anrechten der ausgleichspflichtigen Person, soweit Leistungen aus diesen Anrechten zu steuerpflichtigen Einkünften nach den §§ 19, 20 und 22 führen würden. [2]Satz 1 gilt nicht, soweit Leistungen, die auf dem begründeten Anrecht beruhen, bei der ausgleichsberechtigten Person zu Einkünften nach § 20 Absatz 1 Nummer 6 oder § 22 Nummer 1 Satz 3 Buchstabe a Doppelbuchstabe bb führen würden. [3]Der Versorgungsträger der ausgleichspflichtigen Person hat den Versorgungsträger der ausgleichsberechtigten Person über die für die Besteuerung der Leistungen erforderlichen Grundlagen zu informieren. [4]Dies gilt nicht, wenn der Versorgungsträger der ausgleichsberechtigten Person die Grundlagen bereits kennt oder aus den bei ihm vorhandenen Daten feststellen kann und dieser Umstand dem Versorgungsträger der ausgleichspflichtigen Person mitgeteilt worden ist;

55c.[2] Übertragungen von Altersvorsorgevermögen im Sinne des § 92 auf einen anderen auf den Namen des Steuerpflichtigen lautenden Altersvorsorgevertrag (§ 1 Absatz 1 Satz 1 Nummer 10 Buchstabe b des Altersvorsorgeverträge-Zertifizierungsgesetzes), soweit die Leistungen zu steuerpflichtigen Einkünften nach § 22 Nummer 5 führen würden. [2]Dies gilt entsprechend,

a) wenn Anwartschaften aus einer betrieblichen Altersversorgung, die über einen Pensionsfonds, eine Pensionskasse oder ein Unternehmen der Lebensversicherung (Direktversicherung) durchgeführt wird, lediglich auf einen anderen Träger einer betrieblichen Altersversorgung in Form eines Pensionsfonds, einer Pensionskasse oder eines Unternehmens der Lebensversicherung (Direktversicherung) übertragen werden, soweit keine Zahlungen unmittelbar an den Arbeitnehmer erfolgen,

b) wenn Anwartschaften der betrieblichen Altersversorgung abgefunden werden, soweit das Altersvorsorgevermögen zugunsten eines auf den Namen des Steuerpflichtigen lautenden Altersvorsorgevertrages geleistet wird,

c) wenn im Fall des Todes des Steuerpflichtigen das Altersvorsorgevermögen auf einen auf den Namen des Ehegatten lautenden Altersvorsorgevertrag übertragen wird, wenn die Ehegatten im Zeitpunkt des Todes des Zulageberechtigten nicht dauernd getrennt gelebt haben (§ 26 Absatz 1) und ihren Wohnsitz oder gewöhnlichen Aufenthalt in einem Mitgliedstaat der Europäischen Union oder einem Staat hatten, auf den das Abkommen über den Europäischen Wirtschaftsraum anwendbar ist; dies gilt auch, wenn die Ehegatten ihren vor dem Zeitpunkt, ab dem das Vereinigte Königreich Großbritannien und Nordirland nicht mehr Mitgliedstaat der Europäischen Union ist und auch nicht wie ein solcher zu behandeln ist, begründeten Wohnsitz oder gewöhnlichen Aufenthalt im Vereinigten König-

---

[1] Zu § 3 Nr. 55a und Nr. 55b siehe auch § 52 Abs. 28 Satz 9.

[2] § 3 Nr. 55c eingef. mWv 14.12.2011 durch G v. 7.12.2011 (BGBl. I S. 2592); Satz 2 Buchst. a eingef., bish. Buchst. a und b werden Buchst. b und c mWv 1.1.2018 durch G v. 17.8.2017 (BGBl. I S. 3214); Satz 2 Buchst. c 2. HS angef. mWv 29.3.2019 durch G v. 25.3.2019 (BGBl. I S. 357).

reich Großbritannien und Nordirland hatten und der Vertrag vor dem 23. Juni 2016 abgeschlossen worden ist;

55d.[1] Übertragungen von Anrechten aus einem nach § 5a Altersvorsorgeverträge-Zertifizierungsgesetz zertifizierten Vertrag auf einen anderen auf den Namen des Steuerpflichtigen lautenden nach § 5a Altersvorsorgeverträge-Zertifizierungsgesetz zertifizierten Vertrag;

55e.[2] die auf Grund eines Abkommens mit einer zwischen- oder überstaatlichen Einrichtung übertragenen Werte von Anrechten auf Altersversorgung, soweit diese zur Begründung von Anrechten auf Altersversorgung bei einer zwischen- oder überstaatlichen Einrichtung dienen. [2] Die Leistungen auf Grund des Betrags nach Satz 1 gehören zu den Einkünften, zu denen die Leistungen gehören, die die übernehmende Versorgungseinrichtung im Übrigen erbringt;

56.[3] Zuwendungen des Arbeitgebers nach § 19 Absatz 1 Satz 1 Nummer 3 Satz 1 aus dem ersten Dienstverhältnis an eine Pensionskasse zum Aufbau einer nicht kapitalgedeckten betrieblichen Altersversorgung, bei der eine Auszahlung der zugesagten Alters-, Invaliditäts- oder Hinterbliebenenversorgung entsprechend § 82 Absatz 2 Satz 2 vorgesehen ist, soweit diese Zuwendungen im Kalenderjahr 2 Prozent der Beitragsbemessungsgrenze in der allgemeinen Rentenversicherung nicht übersteigen. [2] Der in Satz 1 genannte Höchstbetrag erhöht sich ab 1. Januar 2020 auf 3 Prozent und ab 1. Januar 2025 auf 4 Prozent der Beitragsbemessungsgrenze in der allgemeinen Rentenversicherung. [3] Die Beträge nach den Sätzen 1 und 2 sind jeweils um die nach § 3 Nummer 63 Satz 1, 3 oder Satz 4 steuerfreien Beträge zu mindern;

57. die Beträge, die die Künstlersozialkasse zugunsten des nach dem Künstlersozialversicherungsgesetz Versicherten aus dem Aufkommen von Künstlersozialabgabe und Bundeszuschuss an einen Träger der Sozialversicherung oder an den Versicherten zahlt;

58. das Wohngeld nach dem Wohngeldgesetz, die sonstigen Leistungen aus öffentlichen Haushalten oder Zweckvermögen zur Senkung der Miete oder Belastung im Sinne des § 11 Absatz 2 Nummer 4 des Wohngeldgesetzes sowie öffentliche Zuschüsse zur Deckung laufender Aufwendungen und Zinsvorteile bei Darlehen, die aus öffentlichen Haushalten gewährt werden, für eine zu eigenen Wohnzwecken genutzte Wohnung im eigenen Haus oder eine zu eigenen Wohnzwecken genutzte Eigentumswohnung, soweit die Zuschüsse und Zinsvorteile die Vorteile aus einer entsprechenden Förderung mit öffentlichen Mitteln nach dem *Zweiten Wohnungsbaugesetz*[4], dem Wohnraumförderungsgesetz oder einem Landesgesetz zur Wohnraumförderung nicht überschreiten, der Zuschuss für die Wohneigentumsbildung in innerstädtischen Altbauquartieren nach den Regelungen zum Stadtumbau Ost in den Verwaltungsvereinbarungen über die Gewährung von Finanzhilfen des Bundes

---

[1] § 3 Nr. 55d eingef. mWv VZ 2011 durch G v. 7.12.2011 (BGBl. I S. 2592).

[2] § 3 Nr. 55e eingef. mWv VZ 2011 durch G v. 7.12.2011 (BGBl. I S. 2592).

[3] § 3 Nr. 56 Sätze 1 und 2 geänd. mWv 1.1.2018 durch G v. 17.8.2017 (BGBl. I S. 3214); Satz 1 geänd. mWv 15.12.2018 durch G v. 11.12.2018 (BGBl. I S. 2338).

[4] Zweites Wohnungsbaugesetz aufgeh. mWv 1.1.2002; zur weiteren Anwendung siehe § 48 des Wohnraumförderungsgesetzes.

an die Länder nach Artikel 104a Absatz 4 des Grundgesetzes zur Förderung städtebaulicher Maßnahmen;

59. die Zusatzförderung nach § 88e des *Zweiten Wohnungsbaugesetzes*[1] und nach § 51f des Wohnungsbaugesetzes für das Saarland und Geldleistungen, die ein Mieter zum Zwecke der Wohnkostenentlastung nach dem Wohnraumförderungsgesetz oder einem Landesgesetz zur Wohnraumförderung erhält, soweit die Einkünfte dem Mieter zuzurechnen sind, und die Vorteile aus einer mietweisen Wohnungsüberlassung im Zusammenhang mit einem Arbeitsverhältnis, soweit sie die Vorteile aus einer entsprechenden Förderung nach dem *Zweiten Wohnungsbaugesetz*[1], nach dem Wohnraumförderungsgesetz oder einem Landesgesetz zur Wohnraumförderung nicht überschreiten;

[alte Fassung:[2]]

60. Leistungen aus öffentlichen Mitteln an Arbeitnehmer des Steinkohlen-, Pechkohlen- und Erzbergbaues, des Braunkohlentiefbaues und der Eisen- und Stahlindustrie aus Anlass von Stilllegungs-, Einschränkungs-, Umstellungs- oder Rationalisierungsmaßnahmen;

[neue Fassung:[3]]

60. das Anpassungsgeld für Arbeitnehmer der Braunkohlekraftwerke und -tagebaue sowie Steinkohlekraftwerke, die aus Anlass einer Stilllegungsmaßnahme ihren Arbeitsplatz verloren haben;

61. Leistungen nach § 4 Absatz 1 Nummer 2, § 7 Absatz 3, §§ 9, 10 Absatz 1, §§ 13, 15 des Entwicklungshelfer-Gesetzes;

62.[4] Ausgaben des Arbeitgebers für die Zukunftssicherung des Arbeitnehmers, soweit der Arbeitgeber dazu nach sozialversicherungsrechtlichen oder anderen gesetzlichen Vorschriften oder nach einer auf gesetzlicher Ermächtigung beruhenden Bestimmung verpflichtet ist, und es sich nicht um Zuwendungen oder Beiträge des Arbeitgebers nach den Nummern 56, 63 und 63a handelt. [2] Den Ausgaben des Arbeitgebers für die Zukunftssicherung, die auf Grund gesetzlicher Verpflichtung geleistet werden, werden gleichgestellt Zuschüsse des Arbeitgebers zu den Aufwendungen des Arbeitnehmers
   a) für eine Lebensversicherung,
   b) für die freiwillige Versicherung in der gesetzlichen Rentenversicherung,
   c) für eine öffentlich-rechtliche Versicherungs- oder Versorgungseinrichtung seiner Berufsgruppe,

   wenn der Arbeitnehmer von der Versicherungspflicht in der gesetzlichen Rentenversicherung befreit worden ist. [3] Die Zuschüsse sind nur insoweit steuerfrei, als sie insgesamt bei Befreiung von der Versicherungspflicht in der allgemeinen Rentenversicherung die Hälfte und bei

---

[1] Zweites Wohnungsbaugesetz aufgeh. mWv 1.1.2002; zur weiteren Anwendung siehe § 48 des Wohnraumförderungsgesetzes.

[2] Zur weiteren Anwendung siehe § 52 Abs. 4 Satz 17.

[3] § 3 Nr. 60 neu gef. mWv VZ 2020 durch G v. 8.8.2020 (BGBl. I S. 1818).

[4] § 3 Nr. 62 Satz 1 geänd., Satz 4 aufgeh. mWv 1.1.2018 durch G v. 17.8.2017 (BGBl. I S. 3214).

Befreiung von der Versicherungspflicht in der knappschaftlichen Rentenversicherung zwei Drittel der Gesamtaufwendungen des Arbeitnehmers nicht übersteigen und nicht höher sind als der Betrag, der als Arbeitgeberanteil bei Versicherungspflicht in der allgemeinen Rentenversicherung oder in der knappschaftlichen Rentenversicherung zu zahlen wäre;

63.[1] Beiträge des Arbeitgebers aus dem ersten Dienstverhältnis an einen Pensionsfonds, eine Pensionskasse oder für eine Direktversicherung zum Aufbau einer kapitalgedeckten betrieblichen Altersversorgung, bei der eine Auszahlung der zugesagten Alters-, Invaliditäts- oder Hinterbliebenenversorgungsleistungen entsprechend § 82 Absatz 2 Satz 2 vorgesehen ist, soweit die Beiträge im Kalenderjahr 8 Prozent der Beitragsbemessungsgrenze in der allgemeinen Rentenversicherung nicht übersteigen. [2]Dies gilt nicht, soweit der Arbeitnehmer nach § 1a Absatz 3 des Betriebsrentengesetzes verlangt hat, dass die Voraussetzungen für eine Förderung nach § 10a oder Abschnitt XI erfüllt werden. [3]Aus Anlass der Beendigung des Dienstverhältnisses geleistete Beiträge im Sinne des Satzes 1 sind steuerfrei, soweit sie 4 Prozent der Beitragsbemessungsgrenze in der allgemeinen Rentenversicherung, vervielfältigt mit der Anzahl der Kalenderjahre, in denen das Dienstverhältnis des Arbeitnehmers zu dem Arbeitgeber bestanden hat, höchstens jedoch zehn Kalenderjahre, nicht übersteigen. [4]Beiträge im Sinne des Satzes 1, die für Kalenderjahre nachgezahlt werden, in denen das erste Dienstverhältnis ruhte und vom Arbeitgeber im Inland kein steuerpflichtiger Arbeitslohn bezogen wurde, sind steuerfrei, soweit sie 8 Prozent der Beitragsbemessungsgrenze in der allgemeinen Rentenversicherung, vervielfältigt mit der Anzahl dieser Kalenderjahre, höchstens jedoch zehn Kalenderjahre, nicht übersteigen;

63a.[2] Sicherungsbeiträge des Arbeitgebers nach § 23 Absatz 1 des Betriebsrentengesetzes, soweit sie nicht unmittelbar dem einzelnen Arbeitnehmer gutgeschrieben oder zugerechnet werden;

64.[3] bei Arbeitnehmern, die zu einer inländischen juristischen Person des öffentlichen Rechts in einem Dienstverhältnis stehen und dafür Arbeitslohn aus einer inländischen öffentlichen Kasse beziehen, die Bezüge für eine Tätigkeit im Ausland insoweit, als sie den Arbeitslohn übersteigen, der dem Arbeitnehmer bei einer gleichwertigen Tätigkeit am Ort der zahlenden öffentlichen Kasse zustehen würde. [2]Satz 1 gilt auch, wenn das Dienstverhältnis zu einer anderen Person besteht, die den Arbeitslohn entsprechend den im Sinne des Satzes 1 geltenden Vorschriften ermittelt, der Arbeitslohn aus einer öffentlichen Kasse gezahlt wird und ganz oder im Wesentlichen aus öffentlichen Mitteln aufgebracht wird. [3]Bei anderen für einen begrenzten Zeitraum in das Ausland entsandten Arbeitnehmern, die dort einen Wohnsitz oder gewöhnlichen Aufenthalt haben, ist der ihnen von einem inländischen Arbeitgeber gewährte Kaufkraftausgleich steuerfrei, soweit er den für vergleichbare Auslands-

---

[1] Zur Anwendung von § 3 Nr. 63 siehe § 52 Abs. 4 Sätze 18 und 19; § 3 Nr. 63 Satz 1 geänd., Sätze 3 und 4 neu gef. mWv 1.1.2018 durch G v. 17.8.2017 (BGBl. I S. 3214); Satz 1 geänd. mWv 15.12.2018 durch G v. 11.12.2018 (BGBl. I S. 2338).

[2] § 3 Nr. 63a eingef. mWv 1.1.2018 durch G v. 17.8.2017 (BGBl. I S. 3214).

[3] § 3 Nr. 64 Satz 3 geänd. mWv 1.7.2010 durch G v. 5.2.2009 (BGBl. I S. 160).

dienstbezüge nach § 55 des Bundesbesoldungsgesetzes zulässigen Betrag nicht übersteigt;

65.[1] a) Beiträge des Trägers der Insolvenzsicherung (§ 14 des Betriebsrentengesetzes) zugunsten eines Versorgungsberechtigten und seiner Hinterbliebenen an eine Pensionskasse oder ein Unternehmen der Lebensversicherung zur Ablösung von Verpflichtungen, die der Träger der Insolvenzsicherung im Sicherungsfall gegenüber dem Versorgungsberechtigten und seinen Hinterbliebenen hat,

b) Leistungen zur Übernahme von Versorgungsleistungen oder unverfallbaren Versorgungsanwartschaften durch eine Pensionskasse oder ein Unternehmen der Lebensversicherung in den in § 4 Absatz 4 des Betriebsrentengesetzes bezeichneten Fällen,

c) der Erwerb von Ansprüchen durch den Arbeitnehmer gegenüber einem Dritten im Fall der Eröffnung des Insolvenzverfahrens oder in den Fällen des § 7 Absatz 1 Satz 4 des Betriebsrentengesetzes, soweit der Dritte neben dem Arbeitgeber für die Erfüllung von Ansprüchen auf Grund bestehender Versorgungsverpflichtungen oder Versorgungsanwartschaften gegenüber dem Arbeitnehmer und dessen Hinterbliebenen einsteht; dies gilt entsprechend, wenn der Dritte für Wertguthaben aus einer Vereinbarung über die Altersteilzeit nach dem Altersteilzeitgesetz vom 23. Juli 1996 (BGBl. I S. 1078), zuletzt geändert durch Artikel 234 der Verordnung vom 31. Oktober 2006 (BGBl. I S. 2407), in der jeweils geltenden Fassung oder auf Grund von Wertguthaben aus einem Arbeitszeitkonto in den im ersten Halbsatz genannten Fällen für den Arbeitgeber einsteht und

d) der Erwerb von Ansprüchen durch den Arbeitnehmer im Zusammenhang mit dem Eintritt in die Versicherung nach § 8 Absatz 3 des Betriebsrentengesetzes.

[2] In den Fällen nach Buchstabe a, b und c gehören die Leistungen der Pensionskasse, des Unternehmens der Lebensversicherung oder des Dritten zu den Einkünften, zu denen jene Leistungen gehören würden, die ohne Eintritt eines Falles nach Buchstabe a, b und c zu erbringen wären. [3] Soweit sie zu den Einkünften aus nichtselbständiger Arbeit im Sinne des § 19 gehören, ist von ihnen Lohnsteuer einzubehalten. [4] Für die Erhebung der Lohnsteuer gelten die Pensionskasse, das Unternehmen der Lebensversicherung oder der Dritte als Arbeitgeber und der Leistungsempfänger als Arbeitnehmer. [5] Im Fall des Buchstaben d gehören die Versorgungsleistungen des Unternehmens der Lebensversicherung oder der Pensionskasse, soweit sie auf Beiträgen beruhen, die bis zum Eintritt des Arbeitnehmers in die Versicherung geleistet wurden, zu den sonstigen Einkünften im Sinne des § 22 Nummer 5 Satz 1; soweit der Arbeitnehmer in den Fällen des § 8 Absatz 3 des Betriebsrentengesetzes die Versicherung mit eigenen Beiträgen fortgesetzt hat, sind die auf diesen Beiträgen beruhenden Versorgungsleistungen sonstige Einkünfte im Sinne des § 22 Nummer 5 Satz 1 oder Satz 2;

[1] § 3 Nr. 65 Satz 1 Buchst. d und Satz 5 angef. mWv 1.1.2018 durch G v. 17.8.2017 (BGBl. I S. 3214).

66. Leistungen eines Arbeitgebers oder einer Unterstützungskasse an einen Pensionsfonds zur Übernahme bestehender Versorgungsverpflichtungen oder Versorgungsanwartschaften durch den Pensionsfonds, wenn ein Antrag nach § 4d Absatz 3 oder § 4e Absatz 3 gestellt worden ist;

67.[1] a) das Erziehungsgeld nach dem Bundeserziehungsgeldgesetz und vergleichbare Leistungen der Länder,

b) das Elterngeld nach dem Bundeselterngeld- und Elternzeitgesetz und vergleichbare Leistungen der Länder,

c) Leistungen für Kindererziehung an Mütter der Geburtsjahrgänge vor 1921 nach den §§ 294 bis 299 des Sechsten Buches Sozialgesetzbuch sowie

d) Zuschläge, die nach den §§ 50a bis 50e des Beamtenversorgungsgesetzes oder nach den §§ 70 bis 74 des Soldatenversorgungsgesetzes oder nach vergleichbaren Regelungen der Länder für ein vor dem 1. Januar 2015 geborenes Kind oder für eine vor dem 1. Januar 2015 begonnene Zeit der Pflege einer pflegebedürftigen Person zu gewähren sind; im Falle des Zusammentreffens von Zeiten für mehrere Kinder nach § 50b des Beamtenversorgungsgesetzes oder § 71 des Soldatenversorgungsgesetzes oder nach vergleichbaren Regelungen der Länder gilt dies, wenn eines der Kinder vor dem 1. Januar 2015 geboren ist;

68. die Hilfen nach dem Gesetz über die Hilfe für durch Anti-D-Immunprophylaxe mit dem Hepatitis-C-Virus infizierte Personen vom 2. August 2000 (BGBl. I S. 1270);

69. die von der Stiftung „Humanitäre Hilfe für durch Blutprodukte HIV-infizierte Personen" nach dem HIV-Hilfegesetz vom 24. Juli 1995 (BGBl. I S. 972) gewährten Leistungen;

70. die Hälfte

a) der Betriebsvermögensmehrungen oder Einnahmen aus der Veräußerung von Grund und Boden und Gebäuden, die am 1. Januar 2007 mindestens fünf Jahre zum Anlagevermögen eines inländischen Betriebsvermögens des Steuerpflichtigen gehören, wenn diese auf Grund eines nach dem 31. Dezember 2006 und vor dem 1. Januar 2010 rechtswirksam abgeschlossenen obligatorischen Vertrages an eine REIT-Aktiengesellschaft oder einen Vor-REIT veräußert werden,

b) der Betriebsvermögensmehrungen, die auf Grund der Eintragung eines Steuerpflichtigen in das Handelsregister als REIT-Aktiengesellschaft im Sinne des REIT-Gesetzes vom 28. Mai 2007 (BGBl. I S. 914) durch Anwendung des § 13 Absatz 1 und 3 Satz 1 des Körperschaftsteuergesetzes auf Grund und Boden und Gebäude entstehen, wenn diese Wirtschaftsgüter vor dem 1. Januar 2005 angeschafft oder hergestellt wurden, und die Schlussbilanz im Sinne des § 13 Absatz 1 und 3 des Körperschaftsteuergesetzes auf einen Zeitpunkt vor dem 1. Januar 2010 aufzustellen ist.

[2] Satz 1 ist nicht anzuwenden,

---

[1] § 3 Nr. 67 neu gef. mWv 1.1.2015 durch G v. 22.12.2014 (BGBl. I S. 2417).

a) wenn der Steuerpflichtige den Betrieb veräußert oder aufgibt und der Veräußerungsgewinn nach § 34 besteuert wird,
b) soweit der Steuerpflichtige von den Regelungen der §§ 6b und 6c Gebrauch macht,
c) soweit der Ansatz des niedrigeren Teilwerts in vollem Umfang zu einer Gewinnminderung geführt hat und soweit diese Gewinnminderung nicht durch den Ansatz eines Werts, der sich nach § 6 Absatz 1 Nummer 1 Satz 4 ergibt, ausgeglichen worden ist,
d) wenn im Fall des Satzes 1 Buchstabe a der Buchwert zuzüglich der Veräußerungskosten den Veräußerungserlös oder im Fall des Satzes 1 Buchstabe b der Buchwert den Teilwert übersteigt. [2]Ermittelt der Steuerpflichtige den Gewinn nach § 4 Absatz 3, treten an die Stelle des Buchwerts die Anschaffungs- oder Herstellungskosten verringert um die vorgenommenen Absetzungen für Abnutzung oder Substanzverringerung,
e) soweit vom Steuerpflichtigen in der Vergangenheit Abzüge bei den Anschaffungs- oder Herstellungskosten von Wirtschaftsgütern im Sinne des Satzes 1 nach § 6b oder ähnliche Abzüge voll steuerwirksam vorgenommen worden sind,
f) wenn es sich um eine Übertragung im Zusammenhang mit Rechtsvorgängen handelt, die dem Umwandlungssteuergesetz unterliegen und die Übertragung zu einem Wert unterhalb des gemeinen Werts erfolgt.

[3]Die Steuerbefreiung entfällt rückwirkend, wenn

a) innerhalb eines Zeitraums von vier Jahren seit dem Vertragsschluss im Sinne des Satzes 1 Buchstabe a der Erwerber oder innerhalb eines Zeitraums von vier Jahren nach dem Stichtag der Schlussbilanz im Sinne des Satzes 1 Buchstabe b die REIT-Aktiengesellschaft den Grund und Boden oder das Gebäude veräußert,
b)[1)] der Vor-REIT oder ein anderer Vor-REIT als sein Gesamtrechtsnachfolger den Status als Vor-REIT gemäß § 10 Absatz 3 Satz 1 des REIT-Gesetzes verliert,
c) die REIT-Aktiengesellschaft innerhalb eines Zeitraums von vier Jahren seit dem Vertragsschluss im Sinne des Satzes 1 Buchstabe a oder nach dem Stichtag der Schlussbilanz im Sinne des Satzes 1 Buchstabe b in keinem Veranlagungszeitraum die Voraussetzungen für die Steuerbefreiung erfüllt,
d) die Steuerbefreiung der REIT-Aktiengesellschaft innerhalb eines Zeitraums von vier Jahren seit dem Vertragsschluss im Sinne des Satzes 1 Buchstabe a oder nach dem Stichtag der Schlussbilanz im Sinne des Satzes 1 Buchstabe b endet,
e) das Bundeszentralamt für Steuern dem Erwerber im Sinne des Satzes 1 Buchstabe a den Status als Vor-REIT im Sinne des § 2 Satz 4 des REIT-Gesetzes vom 28. Mai 2007 (BGBl. I S. 914) bestandskräftig aberkannt hat.

[1)] § 3 Nr. 70 Satz 3 Buchst. b neu gef. durch G v. 22.6.2011 (BGBl. I S. 1126).

EStG

[4] Die Steuerbefreiung entfällt auch rückwirkend, wenn die Wirtschaftsgüter im Sinne des Satzes 1 Buchstabe a vom Erwerber an den Veräußerer oder eine ihm nahe stehende Person im Sinne des § 1 Absatz 2 des Außensteuergesetzes überlassen werden und der Veräußerer oder eine ihm nahe stehende Person im Sinne des § 1 Absatz 2 des Außensteuergesetzes nach Ablauf einer Frist von zwei Jahren seit Eintragung des Erwerbers als REIT-Aktiengesellschaft in das Handelsregister an dieser mittelbar oder unmittelbar zu mehr als 50 Prozent beteiligt ist. [5] Der Grundstückserwerber haftet für die sich aus dem rückwirkenden Wegfall der Steuerbefreiung ergebenden Steuern;

71.[1)] der aus einer öffentlichen Kasse gezahlte Zuschuss

a) für den Erwerb eines Anteils an einer Kapitalgesellschaft in Höhe von 20 Prozent der Anschaffungskosten, höchstens jedoch 100 000 Euro. [2] Voraussetzung ist, dass

aa) der Anteil an der Kapitalgesellschaft länger als drei Jahre gehalten wird,

bb) die Kapitalgesellschaft, deren Anteil erworben wird,

aaa) nicht älter ist als sieben Jahre, wobei das Datum der Eintragung der Gesellschaft in das Handelsregister maßgeblich ist,

bbb) weniger als 50 Mitarbeiter (Vollzeitäquivalente) hat,

ccc) einen Jahresumsatz oder eine Jahresbilanzsumme von höchstens 10 Millionen Euro hat und

ddd) nicht an einem regulierten Markt notiert ist und keine solche Notierung vorbereitet,

cc) der Zuschussempfänger das 18. Lebensjahr vollendet hat oder eine GmbH oder Unternehmergesellschaft ist, bei der mindestens ein Gesellschafter das 18. Lebensjahr vollendet hat und

dd) für den Erwerb des Anteils kein Fremdkapital eingesetzt wird. [2] Wird der Anteil von einer GmbH oder Unternehmergesellschaft im Sinne von Doppelbuchstabe cc erworben, gehören auch solche Darlehen zum Fremdkapital, die der GmbH oder Unternehmergesellschaft von ihren Anteilseignern gewährt werden und die von der GmbH oder Unternehmergesellschaft zum Erwerb des Anteils eingesetzt werden.

b) anlässlich der Veräußerung eines Anteils an einer Kapitalgesellschaft im Sinne von Buchstabe a in Höhe von 25 Prozent des Veräußerungsgewinns, wenn

aa) der Veräußerer eine natürliche Person ist,

bb) bei Erwerb des veräußerten Anteils bereits ein Zuschuss im Sinne von Buchstabe a gezahlt und nicht zurückgefordert wurde,

cc) der veräußerte Anteil frühestens drei Jahre (Mindesthaltedauer) und spätestens zehn Jahre (Höchsthaltedauer) nach Anteilserwerb veräußert wurde,

---

[1)] § 3 Nr. 71 neu gef. mWv VZ 2017 durch G v. 27.6.2017 (BGBl. I S. 2074); zur Anwendung siehe § 52 Abs. 4 Sätze 20 und 21.

dd) der Veräußerungsgewinn nach Satz 2 mindestens 2 000 Euro beträgt und

ee) der Zuschuss auf 80 Prozent der Anschaffungskosten begrenzt ist.

[2] Veräußerungsgewinn im Sinne von Satz 1 ist der Betrag, um den der Veräußerungspreis die Anschaffungskosten einschließlich eines gezahlten Agios übersteigt. [3] Erwerbsneben- und Veräußerungskosten sind nicht zu berücksichtigen.

§ 3a[1)] Sanierungserträge. (1) [1] Betriebsvermögensmehrungen oder Betriebseinnahmen aus einem Schuldenerlass zum Zwecke einer unternehmensbezogenen Sanierung im Sinne des Absatzes 2 (Sanierungsertrag) sind steuerfrei. [2] Sind Betriebsvermögensmehrungen oder Betriebseinnahmen aus einem Schuldenerlass nach Satz 1 steuerfrei, sind steuerliche Wahlrechte in dem Jahr, in dem ein Sanierungsertrag erzielt wird (Sanierungsjahr) und im Folgejahr im zu sanierenden Unternehmen gewinnmindernd auszuüben. [3] Insbesondere ist der niedrigere Teilwert, der nach § 6 Absatz 1 Nummer 1 Satz 2 und Nummer 2 Satz 2 angesetzt werden kann, im Sanierungsjahr und im Folgejahr anzusetzen.

(2) Eine unternehmensbezogene Sanierung liegt vor, wenn der Steuerpflichtige für den Zeitpunkt des Schuldenerlasses die Sanierungsbedürftigkeit und die Sanierungsfähigkeit des Unternehmens, die Sanierungseignung des betrieblich begründeten Schuldenerlasses und die Sanierungsabsicht der Gläubiger nachweist.

(3) [1] Nicht abziehbare Beträge im Sinne des § 3c Absatz 4, die in Veranlagungszeiträumen vor dem Sanierungsjahr und im Sanierungsjahr anzusetzen sind, mindern den Sanierungsertrag. [2] Dieser Betrag mindert nacheinander

1. den auf Grund einer Verpflichtungsübertragung im Sinne des § 4f Absatz 1 Satz 1 in den dem Wirtschaftsjahr der Übertragung nachfolgenden 14 Jahren verteilt abziehbaren Aufwand des zu sanierenden Unternehmens, es sei denn, der Aufwand ist gemäß § 4f Absatz 1 Satz 7 auf einen Rechtsnachfolger übergegangen, der die Verpflichtung übernommen hat und insoweit der Regelung des § 5 Absatz 7 unterliegt. [2] Entsprechendes gilt in Fällen des § 4f Absatz 2;
2. den nach § 15a ausgleichsfähigen oder verrechenbaren Verlust des Unternehmers (Mitunternehmers) des zu sanierenden Unternehmens des Sanierungsjahrs;
3. den zum Ende des dem Sanierungsjahr vorangegangenen Wirtschaftsjahrs nach § 15a festgestellten verrechenbaren Verlust des Unternehmers (Mitunternehmers) des zu sanierenden Unternehmens;
4. den nach § 15b ausgleichsfähigen oder verrechenbaren Verlust derselben Einkunftsquelle des Unternehmers (Mitunternehmers) des Sanierungsjahrs; bei der Verlustermittlung bleibt der Sanierungsertrag unberücksichtigt;
5. den zum Ende des dem Sanierungsjahr vorangegangenen Jahrs nach § 15b festgestellten verrechenbaren Verlust derselben Einkunftsquelle des Unternehmers (Mitunternehmers);

---

1) § 3a eingef. durch G v. 27.6.2017 (BGBl. I S. 2074); zur Anwendung siehe § 52 Abs. 4a.

6. den nach § 15 Absatz 4 ausgleichsfähigen oder nicht abziehbaren Verlust des zu sanierenden Unternehmens des Sanierungsjahrs;
7. den zum Ende des dem Sanierungsjahr vorangegangenen Jahrs nach § 15 Absatz 4 festgestellten in Verbindung mit § 10d Absatz 4 verbleibenden Verlustvortrag, soweit er auf das zu sanierende Unternehmen entfällt;
8. den Verlust des Sanierungsjahrs des zu sanierenden Unternehmens;
9. den ausgleichsfähigen Verlust aus allen Einkunftsarten des Veranlagungszeitraums, in dem das Sanierungsjahr endet;
10. im Sanierungsjahr ungeachtet des § 10d Absatz 2 den nach § 10d Absatz 4 zum Ende des Vorjahrs gesondert festgestellten Verlustvortrag;
11. in der nachfolgenden Reihenfolge den zum Ende des Vorjahrs festgestellten und den im Sanierungsjahr entstehenden verrechenbaren Verlust oder die negativen Einkünfte
    a) nach § 15a,
    b) nach § 15b anderer Einkunftsquellen,
    c) nach § 15 Absatz 4 anderer Betriebe und Mitunternehmeranteile,
    d) nach § 2a,
    e) nach § 2b,
    f) nach § 23 Absatz 3 Satz 7 und 8,
    g) nach sonstigen Vorschriften;
12. ungeachtet der Beträge des § 10d Absatz 1 Satz 1 die negativen Einkünfte nach § 10d Absatz 1 Satz 1 des Folgejahrs. [2] Ein Verlustrücktrag nach § 10d Absatz 1 Satz 1 ist nur möglich, soweit die Beträge nach § 10d Absatz 1 Satz 1 durch den verbleibenden Sanierungsertrag im Sinne des Satzes 4 nicht überschritten werden;
13. den zum Ende des Vorjahrs festgestellten und den im Sanierungsjahr entstehenden
    a) Zinsvortrag nach § 4h Absatz 1 Satz 5,
    b) EBITDA-Vortrag nach § 4h Absatz 1 Satz 3. [2] Die Minderung des EBITDA-Vortrags des Sanierungsjahrs und der EBITDA-Vorträge aus vorangegangenen Wirtschaftsjahren erfolgt in ihrer zeitlichen Reihenfolge.

[3] Übersteigt der geminderte Sanierungsertrag nach Satz 1 die nach Satz 2 mindernden Beträge, mindern sich insoweit nach Maßgabe des Satzes 2 auch der verteilt abziehbare Aufwand, Verluste, negative Einkünfte, Zinsvorträge oder EBITDA-Vorträge einer dem Steuerpflichtigen nahestehenden Person, wenn diese die erlassenen Schulden innerhalb eines Zeitraums von fünf Jahren vor dem Schuldenerlass auf das zu sanierende Unternehmen übertragen hat und soweit der entsprechende verteilt abziehbare Aufwand, die Verluste, negativen Einkünfte, Zinsvorträge oder EBITDA-Vorträge zum Ablauf des Wirtschaftsjahrs der Übertragung bereits entstanden waren. [4] Der sich nach den Sätzen 2 und 3 ergebende Betrag ist der verbleibende Sanierungsertrag. [5] Die nach den Sätzen 2 und 3 mindernden Beträge bleiben endgültig außer Ansatz und nehmen an den entsprechenden Feststellungen der verrechenbaren Verluste, verbleibenden Verlustvorträge und sonstigen Feststellungen nicht teil.

(3a)[1] Bei Zusammenveranlagung sind auch die laufenden Beträge und Verlustvorträge des anderen Ehegatten einzubeziehen.

(4) [1]Sind Einkünfte aus Land- und Forstwirtschaft, Gewerbebetrieb oder selbständiger Arbeit nach § 180 Absatz 1 Satz 1 Nummer 2 Buchstabe a oder b der Abgabenordnung[2] gesondert festzustellen, ist auch die Höhe des Sanierungsertrags nach Absatz 1 Satz 1 sowie die Höhe der nach Absatz 3 Satz 2 Nummer 1 bis 6 und 13 mindernden Beträge gesondert festzustellen. [2]Zuständig für die gesonderte Feststellung nach Satz 1 ist das Finanzamt, das für die gesonderte Feststellung nach § 180 Absatz 1 Satz 1 Nummer 2 der Abgabenordnung zuständig ist. [3]Wurden verrechenbare Verluste und Verlustvorträge ohne Berücksichtigung des Absatzes 3 Satz 2 bereits festgestellt oder ändern sich die nach Absatz 3 Satz 2 mindernden Beträge, ist der entsprechende Feststellungsbescheid insoweit zu ändern. [4]Das gilt auch dann, wenn der Feststellungsbescheid bereits bestandskräftig geworden ist; die Feststellungsfrist endet insoweit nicht, bevor die Festsetzungsfrist des Einkommensteuerbescheids oder Körperschaftsteuerbescheids für das Sanierungsjahr abgelaufen ist.

(5) [1]Erträge aus einer nach den §§ 286 ff. der Insolvenzordnung erteilten Restschuldbefreiung, einem Schuldenerlass auf Grund eines außergerichtlichen Schuldenbereinigungsplans zur Vermeidung eines Verbraucherinsolvenzverfahrens nach den §§ 304 ff. der Insolvenzordnung oder auf Grund eines Schuldenbereinigungsplans, dem in einem Verbraucherinsolvenzverfahren zugestimmt wurde oder wenn diese Zustimmung durch das Gericht ersetzt wurde, sind, soweit es sich um Betriebsvermögensmehrungen oder Betriebseinnahmen handelt, ebenfalls steuerfrei, auch wenn die Voraussetzungen einer unternehmensbezogenen Sanierung im Sinne des Absatzes 2 nicht vorliegen. [2]Absatz 3 gilt entsprechend.

§ 3b Steuerfreiheit von Zuschlägen für Sonntags-, Feiertags- oder Nachtarbeit. (1) Steuerfrei sind Zuschläge, die für tatsächlich geleistete Sonntags-, Feiertags- oder Nachtarbeit neben dem Grundlohn gezahlt werden, soweit sie

1. für Nachtarbeit 25 Prozent,
2. vorbehaltlich der Nummern 3 und 4 für Sonntagsarbeit 50 Prozent,
3. vorbehaltlich der Nummer 4 für Arbeit am 31. Dezember ab 14 Uhr und an den gesetzlichen Feiertagen 125 Prozent,
4. für Arbeit am 24. Dezember ab 14 Uhr, am 25. und 26. Dezember sowie am 1. Mai 150 Prozent

des Grundlohns nicht übersteigen.

(2) [1]Grundlohn ist der laufende Arbeitslohn, der dem Arbeitnehmer bei der für ihn maßgebenden regelmäßigen Arbeitszeit für den jeweiligen Lohnzahlungszeitraum zusteht; er ist in einen Stundenlohn umzurechnen und mit höchstens 50 Euro anzusetzen. [2]Nachtarbeit ist die Arbeit in der Zeit von 20 Uhr bis 6 Uhr. [3]Sonntagsarbeit und Feiertagsarbeit ist die Arbeit in der Zeit von 0 Uhr bis 24 Uhr des jeweiligen Tages. [4]Die gesetzlichen Feiertage werden durch die am Ort der Arbeitsstätte geltenden Vorschriften bestimmt.

---

[1] § 3a Abs. 3a eingef. durch G v. 12.12.2019 (BGBl. I S. 2451); zur Anwendung siehe § 52 Abs. 4a Sätze 1 und 4.

[2] Nr. **1**.

EStG

(3) Wenn die Nachtarbeit vor 0 Uhr aufgenommen wird, gilt abweichend von den Absätzen 1 und 2 Folgendes:

1. Für Nachtarbeit in der Zeit von 0 Uhr bis 4 Uhr erhöht sich der Zuschlagssatz auf 40 Prozent,
2. als Sonntagsarbeit und Feiertagsarbeit gilt auch die Arbeit in der Zeit von 0 Uhr bis 4 Uhr des auf den Sonntag oder Feiertag folgenden Tages.

§ 3c Anteilige Abzüge. (1) Ausgaben dürfen, soweit sie mit steuerfreien Einnahmen in unmittelbarem wirtschaftlichen Zusammenhang stehen, nicht als Betriebsausgaben oder Werbungskosten abgezogen werden; Absatz 2 bleibt unberührt.

(2)[1)] [1] Betriebsvermögensminderungen, Betriebsausgaben, Veräußerungskosten oder Werbungskosten, die mit den dem § 3 Nummer 40 zugrunde liegenden Betriebsvermögensmehrungen oder Einnahmen oder mit Vergütungen nach § 3 Nummer 40a in wirtschaftlichem Zusammenhang stehen, dürfen unabhängig davon, in welchem Veranlagungszeitraum die Betriebsvermögensmehrungen oder Einnahmen anfallen, bei der Ermittlung der Einkünfte nur zu 60 Prozent abgezogen werden; Entsprechendes gilt, wenn bei der Ermittlung der Einkünfte der Wert des Betriebsvermögens oder des Anteils am Betriebsvermögen oder die Anschaffungs- oder Herstellungskosten oder der an deren Stelle tretende Wert mindernd zu berücksichtigen sind. [2] Satz 1 ist auch für Betriebsvermögensminderungen oder Betriebsausgaben im Zusammenhang mit einer Darlehensforderung oder aus der Inanspruchnahme von Sicherheiten anzuwenden, die für ein Darlehen hingegeben wurden, wenn das Darlehen oder die Sicherheit von einem Steuerpflichtigen gewährt wird, der zu mehr als einem Viertel unmittelbar oder mittelbar am Grund- oder Stammkapital der Körperschaft, der das Darlehen gewährt wurde, beteiligt ist oder war. [3] Satz 2 ist insoweit nicht anzuwenden, als nachgewiesen wird, dass auch ein fremder Dritter das Darlehen bei sonst gleichen Umständen gewährt oder noch nicht zurückgefordert hätte; dabei sind nur die eigenen Sicherungsmittel der Körperschaft zu berücksichtigen. [4] Die Sätze 2 und 3 gelten entsprechend für Forderungen aus Rechtshandlungen, die einer Darlehensgewährung wirtschaftlich vergleichbar sind. [5] Gewinne aus dem Ansatz des nach § 6 Absatz 1 Nummer 2 Satz 3 maßgeblichen Werts bleiben bei der Ermittlung der Einkünfte außer Ansatz, soweit auf die vorangegangene Teilwertabschreibung Satz 2 angewendet worden ist. [6] Satz 1 ist außerdem ungeachtet eines wirtschaftlichen Zusammenhangs mit den dem § 3 Nummer 40 zugrunde liegenden Betriebsvermögensmehrungen oder Einnahmen oder mit Vergütungen nach § 3 Nummer 40a auch auf Betriebsvermögensminderungen, Betriebsausgaben oder Veräußerungskosten eines Gesellschafters einer Körperschaft anzuwenden, soweit diese mit einer im Gesellschaftsverhältnis veranlassten unentgeltlichen Überlassung von Wirtschaftsgütern an diese Körperschaft oder bei einer teilentgeltlichen Überlassung von Wirtschaftsgütern mit dem unentgeltlichen Teil in Zusammenhang stehen und der Steuerpflichtige zu mehr als einem Viertel unmittelbar oder mittelbar am Grund- oder Stammkapital dieser Körperschaft beteiligt ist

---

[1)] § 3c Abs. 2 Satz 2 eingef., bish. Sätze 2 und 3 werden Sätze 3 und 4 mWv VZ 2011 durch G v. 8.12.2010 (BGBl. I S. 1768); zur Anwendung siehe § 52 Abs. 5; Sätze 2 bis 6 eingef., bish. Sätze 2 bis 4 werden Sätze 7 bis 9 durch G v. 22.12.2014 (BGBl. I S. 2417); zur Anwendung siehe § 52 Abs. 5 Satz 2.

oder war. [7] Für die Anwendung des Satzes 1 ist die Absicht zur Erzielung von Betriebsvermögensmehrungen oder Einnahmen im Sinne des § 3 Nummer 40 oder von Vergütungen im Sinne des § 3 Nummer 40a ausreichend. [8] Satz 1 gilt auch für Wertminderungen des Anteils an einer Organgesellschaft, die nicht auf Gewinnausschüttungen zurückzuführen sind. [9] § 8b Absatz 10 des Körperschaftsteuergesetzes[1)] gilt sinngemäß.

(3) Betriebsvermögensminderungen, Betriebsausgaben oder Veräußerungskosten, die mit den Betriebsvermögensmehrungen oder Einnahmen im Sinne des § 3 Nummer 70 in wirtschaftlichem Zusammenhang stehen, dürfen unabhängig davon, in welchem Veranlagungszeitraum die Betriebsvermögensmehrungen oder Einnahmen anfallen, nur zur Hälfte abgezogen werden.

(4)[2)] [1] Betriebsvermögensminderungen oder Betriebsausgaben, die mit einem steuerfreien Sanierungsertrag im Sinne des § 3a in unmittelbarem wirtschaftlichem Zusammenhang stehen, dürfen unabhängig davon, in welchem Veranlagungszeitraum der Sanierungsertrag entsteht, nicht abgezogen werden. [2] Satz 1 gilt nicht, soweit Betriebsvermögensminderungen oder Betriebsausgaben zur Erhöhung von Verlustvorträgen geführt haben, die nach Maßgabe der in § 3a Absatz 3 getroffenen Regelungen entfallen. [3] Zu den Betriebsvermögensminderungen oder Betriebsausgaben im Sinne des Satzes 1 gehören auch Aufwendungen im Zusammenhang mit einem Besserungsschein und vergleichbare Aufwendungen. [4] Satz 1 gilt für Betriebsvermögensminderungen oder Betriebsausgaben, die nach dem Sanierungsjahr entstehen, nur insoweit, als noch ein verbleibender Sanierungsertrag im Sinne von § 3a Absatz 3 Satz 4 vorhanden ist. [5] Wurden Betriebsvermögensminderungen oder Betriebsausgaben im Sinne des Satzes 1 bereits bei einer Steuerfestsetzung oder einer gesonderten Feststellung nach § 180 Absatz 1 Satz 1 der Abgabenordnung[3)] gewinnmindernd berücksichtigt, ist der entsprechende Steuer- oder Feststellungsbescheid insoweit zu ändern. [6] Das gilt auch dann, wenn der Steuer- oder Feststellungsbescheid bereits bestandskräftig geworden ist; die Festsetzungsfrist endet insoweit nicht, bevor die Festsetzungsfrist für das Sanierungsjahr abgelaufen ist.

3. Gewinn

§ 4 Gewinnbegriff im Allgemeinen. (1)[4)] [1] Gewinn ist der Unterschiedsbetrag zwischen dem Betriebsvermögen am Schluss des Wirtschaftsjahres und dem Betriebsvermögen am Schluss des vorangegangenen Wirtschaftsjahres, vermehrt um den Wert der Entnahmen und vermindert um den Wert der Einlagen. [2] Entnahmen sind alle Wirtschaftsgüter (Barentnahmen, Waren, Erzeugnisse, Nutzungen und Leistungen), die der Steuerpflichtige dem Betrieb für sich, für seinen Haushalt oder für andere betriebsfremde Zwecke im Laufe des Wirtschaftsjahres entnommen hat. [3] Einer Entnahme für betriebsfremde Zwecke steht der Ausschluss oder die Beschränkung des Besteuerungsrechts der

---

[1)] Nr. **17**.

[2)] § 3c Abs. 4 angef. durch G v. 27.6.2017 (BGBl. I S. 2074); zur Anwendung siehe § 52 Abs. 5 Sätze 3 und 4.

[3)] Nr. **1**.

[4)] § 4 Abs. 1 Satz 4 eingef., bish. Sätze 4 bis 8 werden Sätze 5 bis 9 durch G v. 8.12.2010 (BGBl. I S. 1768); zur Anwendung siehe § 52 Abs. 6 Satz 2; Satz 3 2. HS angef., Satz 9 eingef., bish. Satz 9 wird Satz 10 mWv VZ 2020 durch G v. 25.6.2021 (BGBl. I S. 2035); zur Anwendung siehe § 52 Abs. 6 Sätze 1 und 3.

Bundesrepublik Deutschland hinsichtlich des Gewinns aus der Veräußerung oder der Nutzung eines Wirtschaftsguts gleich; dies gilt auf Antrag auch in den Fällen, in denen die Beschränkung des Besteuerungsrechts der Bundesrepublik Deutschland hinsichtlich des Gewinns aus der Veräußerung eines Wirtschaftsguts entfällt und in einem anderen Staat eine Besteuerung auf Grund des Ausschlusses oder der Beschränkung des Besteuerungsrechts dieses Staates hinsichtlich des Gewinns aus der Veräußerung des Wirtschaftsguts erfolgt. [4]Ein Ausschluss oder eine Beschränkung des Besteuerungsrechts hinsichtlich des Gewinns aus der Veräußerung eines Wirtschaftsguts liegt insbesondere vor, wenn ein bisher einer inländischen Betriebsstätte des Steuerpflichtigen zuzuordnendes Wirtschaftsgut einer ausländischen Betriebsstätte zuzuordnen ist. [5]Satz 3 gilt nicht für Anteile an einer Europäischen Gesellschaft oder Europäischen Genossenschaft in den Fällen

1. einer Sitzverlegung der Europäischen Gesellschaft nach Artikel 8 der Verordnung (EG) Nr. 2157/2001 des Rates vom 8. Oktober 2001 über das Statut der Europäischen Gesellschaft (SE) (ABl. EG Nr. L 294 S. 1), zuletzt geändert durch die Verordnung (EG) Nr. 885/2004 des Rates vom 26. April 2004 (ABl. EU Nr. L 168 S. 1), und
2. einer Sitzverlegung der Europäischen Genossenschaft nach Artikel 7 der Verordnung (EG) Nr. 1435/2003 des Rates vom 22. Juli 2003 über das Statut der Europäischen Genossenschaft (SCE) (ABl. EU Nr. L 207 S. 1).

[6]Ein Wirtschaftsgut wird nicht dadurch entnommen, dass der Steuerpflichtige zur Gewinnermittlung nach § 13a übergeht. [7]Eine Änderung der Nutzung eines Wirtschaftsguts, die bei Gewinnermittlung nach Satz 1 keine Entnahme ist, ist auch bei Gewinnermittlung nach § 13a keine Entnahme. [8]Einlagen sind alle Wirtschaftsgüter (Bareinzahlungen und sonstige Wirtschaftsgüter), die der Steuerpflichtige dem Betrieb im Laufe des Wirtschaftsjahres zugeführt hat; einer Einlage steht die Begründung des Besteuerungsrechts der Bundesrepublik Deutschland hinsichtlich des Gewinns aus der Veräußerung eines Wirtschaftsguts gleich. [9]In den Fällen des Satzes 3 zweiter Halbsatz gilt das Wirtschaftsgut als unmittelbar nach der Entnahme wieder eingelegt. [10]Bei der Ermittlung des Gewinns sind die Vorschriften über die Betriebsausgaben, über die Bewertung und über die Absetzung für Abnutzung oder Substanzverringerung zu befolgen.

(2) [1]Der Steuerpflichtige darf die Vermögensübersicht (Bilanz) auch nach ihrer Einreichung beim Finanzamt ändern, soweit sie den Grundsätzen ordnungsmäßiger Buchführung unter Befolgung der Vorschriften dieses Gesetzes nicht entspricht; diese Änderung ist nicht zulässig, wenn die Vermögensübersicht (Bilanz) einer Steuerfestsetzung zugrunde liegt, die nicht mehr aufgehoben oder geändert werden kann. [2]Darüber hinaus ist eine Änderung der Vermögensübersicht (Bilanz) nur zulässig, wenn sie in einem engen zeitlichen und sachlichen Zusammenhang mit einer Änderung nach Satz 1 steht und soweit die Auswirkung der Änderung nach Satz 1 auf den Gewinn reicht.

(3)[1)] [1]Steuerpflichtige, die nicht auf Grund gesetzlicher Vorschriften verpflichtet sind, Bücher zu führen und regelmäßig Abschlüsse zu machen, und die auch keine Bücher führen und keine Abschlüsse machen, können als Gewinn den Überschuss der Betriebseinnahmen über die Betriebsausgaben

1) Zur Anwendung von § 4 Abs. 3 Sätze 4 und 5 siehe § 52 Abs. 6 Sätze 4 bis 6.

ansetzen. [2]Hierbei scheiden Betriebseinnahmen und Betriebsausgaben aus, die im Namen und für Rechnung eines anderen vereinnahmt und verausgabt werden (durchlaufende Posten). [3]Die Vorschriften über die Bewertungsfreiheit für geringwertige Wirtschaftsgüter (§ 6 Absatz 2), die Bildung eines Sammelpostens (§ 6 Absatz 2a) und über die Absetzung für Abnutzung oder Substanzverringerung sind zu befolgen. [4]Die Anschaffungs- oder Herstellungskosten für nicht abnutzbare Wirtschaftsgüter des Anlagevermögens, für Anteile an Kapitalgesellschaften, für Wertpapiere und vergleichbare nicht verbriefte Forderungen und Rechte, für Grund und Boden sowie Gebäude des Umlaufvermögens sind erst im Zeitpunkt des Zuflusses des Veräußerungserlöses oder bei Entnahme im Zeitpunkt der Entnahme als Betriebsausgaben zu berücksichtigen. [5]Die Wirtschaftsgüter des Anlagevermögens und Wirtschaftsgüter des Umlaufvermögens im Sinne des Satzes 4 sind unter Angabe des Tages der Anschaffung oder Herstellung und der Anschaffungs- oder Herstellungskosten oder des an deren Stelle getretenen Werts in besondere, laufend zu führende Verzeichnisse aufzunehmen.

(4) Betriebsausgaben sind die Aufwendungen, die durch den Betrieb veranlasst sind.

(4a)[1)] [1]Schuldzinsen sind nach Maßgabe der Sätze 2 bis 4 nicht abziehbar, wenn Überentnahmen getätigt worden sind. [2]Eine Überentnahme ist der Betrag, um den die Entnahmen die Summe des Gewinns und der Einlagen des Wirtschaftsjahres übersteigen. [3]Die nicht abziehbaren Schuldzinsen werden typisiert mit 6 Prozent der Überentnahme des Wirtschaftsjahres zuzüglich der Überentnahmen vorangegangener Wirtschaftsjahre und abzüglich der Beträge, um die in den vorangegangenen Wirtschaftsjahren der Gewinn und die Einlagen die Entnahmen überstiegen haben (Unterentnahmen), ermittelt; bei der Ermittlung der Überentnahme ist vom Gewinn ohne Berücksichtigung der nach Maßgabe dieses Absatzes nicht abziehbaren Schuldzinsen auszugehen. [4]Der sich dabei ergebende Betrag, höchstens jedoch der um 2 050 Euro verminderte Betrag der im Wirtschaftsjahr angefallenen Schuldzinsen, ist dem Gewinn hinzuzurechnen. [5]Der Abzug von Schuldzinsen für Darlehen zur Finanzierung von Anschaffungs- oder Herstellungskosten von Wirtschaftsgütern des Anlagevermögens bleibt unberührt. [6]Die Sätze 1 bis 5 sind bei Gewinnermittlung nach § 4 Absatz 3 sinngemäß anzuwenden; hierzu sind Entnahmen und Einlagen gesondert aufzuzeichnen.

(5) [1]Die folgenden Betriebsausgaben dürfen den Gewinn nicht mindern:

1.[2)] Aufwendungen für Geschenke an Personen, die nicht Arbeitnehmer des Steuerpflichtigen sind. [2]Satz 1 gilt nicht, wenn die Anschaffungs- oder Herstellungskosten der dem Empfänger im Wirtschaftsjahr zugewendeten Gegenstände insgesamt 35 Euro nicht übersteigen;

2.[2)] Aufwendungen für die Bewirtung von Personen aus geschäftlichem Anlass, soweit sie 70 Prozent der Aufwendungen übersteigen, die nach der allgemeinen Verkehrsauffassung als angemessen anzusehen und deren Höhe und betriebliche Veranlassung nachgewiesen sind. [2]Zum Nachweis der Höhe und der betrieblichen Veranlassung der Aufwendungen hat der Steuerpflichtige schriftlich die folgenden Angaben zu machen: Ort, Tag,

---

[1)] Zur Anwendung von § 4 Abs. 4a siehe § 52 Abs. 6 Sätze 7 bis 9.

[2)] § 4 Abs. 5 Satz 1 Nr. 1 Satz 2 und Nr. 2 Satz 1 inhaltlich bestätigt durch G v. 5.4.2011 (BGBl. I S. 554).

Teilnehmer und Anlass der Bewirtung sowie Höhe der Aufwendungen. [3]Hat die Bewirtung in einer Gaststätte stattgefunden, so genügen Angaben zu dem Anlass und den Teilnehmern der Bewirtung; die Rechnung über die Bewirtung ist beizufügen;

3. Aufwendungen für Einrichtungen des Steuerpflichtigen, soweit sie der Bewirtung, Beherbergung oder Unterhaltung von Personen, die nicht Arbeitnehmer des Steuerpflichtigen sind, dienen (Gästehäuser) und sich außerhalb des Orts eines Betriebs des Steuerpflichtigen befinden;

4. Aufwendungen für Jagd oder Fischerei, für Segeljachten oder Motorjachten sowie für ähnliche Zwecke und für die hiermit zusammenhängenden Bewirtungen;

5.[1)] Mehraufwendungen für die Verpflegung des Steuerpflichtigen. [2]Wird der Steuerpflichtige vorübergehend von seiner Wohnung und dem Mittelpunkt seiner dauerhaft angelegten betrieblichen Tätigkeit entfernt betrieblich tätig, sind die Mehraufwendungen für Verpflegung nach Maßgabe des § 9 Absatz 4a abziehbar;

6.[2)] Aufwendungen für die Wege des Steuerpflichtigen zwischen Wohnung und Betriebsstätte und für Familienheimfahrten, soweit in den folgenden Sätzen nichts anderes bestimmt ist. [2]Zur Abgeltung dieser Aufwendungen ist § 9 Absatz 1 Satz 3 Nummer 4 Satz 2 bis 6 und Nummer 5 Satz 5 bis 7 und Absatz 2 entsprechend anzuwenden. [3]Bei der Nutzung eines Kraftfahrzeugs dürfen die Aufwendungen in Höhe des positiven Unterschiedsbetrags zwischen 0,03 Prozent des inländischen Listenpreises im Sinne des § 6 Absatz 1 Nummer 4 Satz 2 des Kraftfahrzeugs im Zeitpunkt der Erstzulassung je Kalendermonat für jeden Entfernungskilometer und dem sich nach § 9 Absatz 1 Satz 3 Nummer 4 Satz 2 bis 6 oder Absatz 2 ergebenden Betrag sowie Aufwendungen für Familienheimfahrten in Höhe des positiven Unterschiedsbetrags zwischen 0,002 Prozent des inländischen Listenpreises im Sinne des § 6 Absatz 1 Nummer 4 Satz 2 für jeden Entfernungskilometer und dem sich nach § 9 Absatz 1 Satz 3 Nummer 5 Satz 5 bis 7 oder Absatz 2 ergebenden Betrag den Gewinn nicht mindern; ermittelt der Steuerpflichtige die private Nutzung des Kraftfahrzeugs nach § 6 Absatz 1 Nummer 4 Satz 1 oder Satz 3, treten an die Stelle des mit 0,03 oder 0,002 Prozent des inländischen Listenpreises ermittelten Betrags für Fahrten zwischen Wohnung und Betriebsstätte und für Familienheimfahrten die auf diese Fahrten entfallenden tatsächlichen Aufwendungen; § 6 Absatz 1 Nummer 4 Satz 3 zweiter Halbsatz gilt sinngemäß. [4]§ 9 Absatz 1 Satz 3 Nummer 4 Satz 8 und Nummer 5 Satz 9 gilt entsprechend;

6a.[3)] die Mehraufwendungen für eine betrieblich veranlasste doppelte Haushaltsführung, soweit sie die nach § 9 Absatz 1 Satz 3 Nummer 5 Satz 1 bis 4 abziehbaren Beträge und die Mehraufwendungen für betrieblich

---

[1)] § 4 Abs. 5 Satz 1 Nr. 5 neu gef. mWv 1.1.2014 durch G v. 20.2.2013 (BGBl. I S. 285); zur Anwendung siehe § 52 Abs. 6 Satz 10.

[2)] § 4 Abs. 5 Satz 1 Nr. 6 geänd. mWv 1.1.2014 durch G v. 20.2.2013 (BGBl. I S. 285); Satz 3 letzter HS angef. mWv VZ 2013 durch G v. 26.6.2013 (BGBl. I S. 1809); Satz 4 angef. mWv VZ 2021 durch G v. 21.12.2019 (BGBl. I S. 2886).

[3)] § 4 Abs. 5 Satz 1 Nr. 6a eingef. mWv 1.1.2014 (§ 52 Abs. 6 Satz 9) durch G v. 20.2.2013 (BGBl. I S. 285).

veranlasste Übernachtungen, soweit sie die nach § 9 Absatz 1 Satz 3 Nummer 5a abziehbaren Beträge übersteigen;

6b.[1] Aufwendungen für ein häusliches Arbeitszimmer sowie die Kosten der Ausstattung. [2] Dies gilt nicht, wenn für die betriebliche oder berufliche Tätigkeit kein anderer Arbeitsplatz zur Verfügung steht. [3] In diesem Fall wird die Höhe der abziehbaren Aufwendungen auf 1 250 Euro begrenzt; die Beschränkung der Höhe nach gilt nicht, wenn das Arbeitszimmer den Mittelpunkt der gesamten betrieblichen und beruflichen Betätigung bildet. [4] Liegt kein häusliches Arbeitszimmer vor oder wird auf einen Abzug der Aufwendungen für ein häusliches Arbeitszimmer nach den Sätzen 2 und 3 verzichtet, kann der Steuerpflichtige für jeden Kalendertag, an dem er seine betriebliche oder berufliche Tätigkeit ausschließlich in der häuslichen Wohnung ausübt und keine außerhalb der häuslichen Wohnung belegene Betätigungsstätte aufsucht, für seine gesamte betriebliche und berufliche Betätigung einen Betrag von 5 Euro abziehen, höchstens 600 Euro im Wirtschafts- oder Kalenderjahr;

7. andere als die in den Nummern 1 bis 6 und 6b bezeichneten Aufwendungen, die die Lebensführung des Steuerpflichtigen oder anderer Personen berühren, soweit sie nach allgemeiner Verkehrsauffassung als unangemessen anzusehen sind;

8.[2] Geldbußen, Ordnungsgelder und Verwarnungsgelder, die von einem Gericht oder einer Behörde im Geltungsbereich dieses Gesetzes oder von einem Mitgliedstaat oder von Organen der Europäischen Union festgesetzt wurden sowie damit zusammenhängende Aufwendungen. [2] Dasselbe gilt für Leistungen zur Erfüllung von Auflagen oder Weisungen, die in einem berufsgerichtlichen Verfahren erteilt werden, soweit die Auflagen oder Weisungen nicht lediglich der Wiedergutmachung des durch die Tat verursachten Schadens dienen. [3] Die Rückzahlung von Ausgaben im Sinne der Sätze 1 und 2 darf den Gewinn nicht erhöhen. [4] Das Abzugsverbot für Geldbußen gilt nicht, soweit der wirtschaftliche Vorteil, der durch den Gesetzesverstoß erlangt wurde, abgeschöpft worden ist, wenn die Steuern vom Einkommen und Ertrag, die auf den wirtschaftlichen Vorteil entfallen, nicht abgezogen worden sind; Satz 3 ist insoweit nicht anzuwenden;

8a.[3] Zinsen auf hinterzogene Steuern nach § 235 der Abgabenordnung[4] und Zinsen nach § 233a der Abgabenordnung, soweit diese nach § 235 Absatz 4 der Abgabenordnung auf die Hinterziehungszinsen angerechnet werden;

---

[1] § 4 Abs. 5 Satz 1 Nr. 6b Satz 2 neu gef., Satz 3 angef. durch G v. 8.12.2010 (BGBl. I S. 1768); Satz 4 angef. durch G v. 21.12.2020 (BGBl. I S. 3096); zur Anwendung für VZ 2020 und VZ 2021 siehe § 52 Abs. 6 Satz 15.

[2] § 4 Abs. 5 Satz 1 Nr. 8 Satz 1 geänd. mWv VZ 2013 durch G v. 26.6.2013 (BGBl. I S. 1809); Satz 1 neu gef. mWv VZ 2019 durch G v. 12.12.2019 (BGBl. I S. 2451); zur Anwendung siehe § 52 Abs. 6 Satz 12.

[3] § 4 Abs. 5 Satz 1 Nr. 8a geänd. mWv VZ 2019 durch G v. 12.12.2019 (BGBl. I S. 2451); zur Anwendung siehe § 52 Abs. 6 Satz 13.

[4] Nr. 1.

9.[1] Ausgleichszahlungen, die in den Fällen der §§ 14 und 17 des Körperschaftsteuergesetzes[2] an außenstehende Anteilseigner geleistet werden;

10. die Zuwendung von Vorteilen sowie damit zusammenhängende Aufwendungen, wenn die Zuwendung der Vorteile eine rechtswidrige Handlung darstellt, die den Tatbestand eines Strafgesetzes oder eines Gesetzes verwirklicht, das die Ahndung mit einer Geldbuße zulässt. ²Gerichte, Staatsanwaltschaften oder Verwaltungsbehörden haben Tatsachen, die sie dienstlich erfahren und die den Verdacht einer Tat im Sinne des Satzes 1 begründen, der Finanzbehörde für Zwecke des Besteuerungsverfahrens und zur Verfolgung von Steuerstraftaten und Steuerordnungswidrigkeiten mitzuteilen. ³Die Finanzbehörde teilt Tatsachen, die den Verdacht einer Straftat oder einer Ordnungswidrigkeit im Sinne des Satzes 1 begründen, der Staatsanwaltschaft oder der Verwaltungsbehörde mit. ⁴Diese unterrichten die Finanzbehörde von dem Ausgang des Verfahrens und den zugrundeliegenden Tatsachen;

11. Aufwendungen, die mit unmittelbaren oder mittelbaren Zuwendungen von nicht einlagefähigen Vorteilen an natürliche oder juristische Personen oder Personengesellschaften zur Verwendung in Betrieben in tatsächlichem oder wirtschaftlichem Zusammenhang stehen, deren Gewinn nach § 5a Absatz 1 ermittelt wird;

12. Zuschläge nach § 162 Absatz 4 der Abgabenordnung;

13.[3] Jahresbeiträge nach § 12 Absatz 2 des Restrukturierungsfondsgesetzes.

²Das Abzugsverbot gilt nicht, soweit die in den Nummern 2 bis 4 bezeichneten Zwecke Gegenstand einer mit Gewinnabsicht ausgeübten Betätigung des Steuerpflichtigen sind. ³§ 12 Nummer 1 bleibt unberührt.

(5a) (weggefallen)

(5b) Die Gewerbesteuer und die darauf entfallenden Nebenleistungen sind keine Betriebsausgaben.

(6) Aufwendungen zur Förderung staatspolitischer Zwecke (§ 10b Absatz 2) sind keine Betriebsausgaben.

(7) ¹Aufwendungen im Sinne des Absatzes 5 Satz 1 Nummer 1 bis 4, 6b und 7 sind einzeln und getrennt von den sonstigen Betriebsausgaben aufzuzeichnen. ²Soweit diese Aufwendungen nicht bereits nach Absatz 5 vom Abzug ausgeschlossen sind, dürfen sie bei der Gewinnermittlung nur berücksichtigt werden, wenn sie nach Satz 1 besonders aufgezeichnet sind.

(8) Für Erhaltungsaufwand bei Gebäuden in Sanierungsgebieten und städtebaulichen Entwicklungsbereichen sowie bei Baudenkmalen gelten die §§ 11a und 11b entsprechend.

(9)[4] ¹Aufwendungen des Steuerpflichtigen für seine Berufsausbildung oder für sein Studium sind nur dann Betriebsausgaben, wenn der Steuerpflichtige zuvor bereits eine Erstausbildung (Berufsausbildung oder Studium) abgeschlossen hat. ²§ 9 Absatz 6 Satz 2 bis 5 gilt entsprechend.

---

[1] § 4 Abs. 5 Satz 1 Nr. 9 geänd. durch G v. 25.7.2014 (BGBl. I S. 1266).
[2] Nr. **17**.
[3] § 4 Abs. 5 Satz 1 Nr. 13 angef. durch G v. 9.12.2010 (BGBl. I S. 1900).
[4] § 4 Abs. 9 neu gef. mWv 1.1.2015 durch G v. 22.12.2014 (BGBl. I S. 2417).

(10)[1] § 9 Absatz 1 Satz 3 Nummer 5b ist entsprechend anzuwenden.

§ 4a Gewinnermittlungszeitraum, Wirtschaftsjahr. (1) [1]Bei Land- und Forstwirten und bei Gewerbetreibenden ist der Gewinn nach dem Wirtschaftsjahr zu ermitteln. [2]Wirtschaftsjahr ist

1. bei Land- und Forstwirten der Zeitraum vom 1. Juli bis zum 30. Juni. [2]Durch Rechtsverordnung kann für einzelne Gruppen von Land- und Forstwirten ein anderer Zeitraum bestimmt werden, wenn das aus wirtschaftlichen Gründen erforderlich ist;
2. bei Gewerbetreibenden, deren Firma im Handelsregister eingetragen ist, der Zeitraum, für den sie regelmäßig Abschlüsse machen. [2]Die Umstellung des Wirtschaftsjahres auf einen vom Kalenderjahr abweichenden Zeitraum ist steuerlich nur wirksam, wenn sie im Einvernehmen mit dem Finanzamt vorgenommen wird;
3. bei anderen Gewerbetreibenden das Kalenderjahr. [2]Sind sie gleichzeitig buchführende Land- und Forstwirte, so können sie mit Zustimmung des Finanzamts den nach Nummer 1 maßgebenden Zeitraum als Wirtschaftsjahr für den Gewerbebetrieb bestimmen, wenn sie für den Gewerbebetrieb Bücher führen und für diesen Zeitraum regelmäßig Abschlüsse machen.

(2) Bei Land- und Forstwirten und bei Gewerbetreibenden, deren Wirtschaftsjahr vom Kalenderjahr abweicht, ist der Gewinn aus Land- und Forstwirtschaft oder aus Gewerbebetrieb bei der Ermittlung des Einkommens in folgender Weise zu berücksichtigen:

1. [1]Bei Land- und Forstwirten ist der Gewinn des Wirtschaftsjahres auf das Kalenderjahr, in dem das Wirtschaftsjahr beginnt, und auf das Kalenderjahr, in dem das Wirtschaftsjahr endet, entsprechend dem zeitlichen Anteil aufzuteilen. [2]Bei der Aufteilung sind Veräußerungsgewinne im Sinne des § 14 auszuscheiden und dem Gewinn des Kalenderjahres hinzuzurechnen, in dem sie entstanden sind;
2. bei Gewerbetreibenden gilt der Gewinn des Wirtschaftsjahres als in dem Kalenderjahr bezogen, in dem das Wirtschaftsjahr endet.

§ 4b Direktversicherung. [1]Der Versicherungsanspruch aus einer Direktversicherung, die von einem Steuerpflichtigen aus betrieblichem Anlass abgeschlossen wird, ist dem Betriebsvermögen des Steuerpflichtigen nicht zuzurechnen, soweit am Schluss des Wirtschaftsjahres hinsichtlich der Leistungen des Versicherers die Person, auf deren Leben die Lebensversicherung abgeschlossen ist, oder ihre Hinterbliebenen bezugsberechtigt sind. [2]Das gilt auch, wenn der Steuerpflichtige die Ansprüche aus dem Versicherungsvertrag abgetreten oder beliehen hat, sofern er sich der bezugsberechtigten Person gegenüber schriftlich verpflichtet, sie bei Eintritt des Versicherungsfalls so zu stellen, als ob die Abtretung oder Beleihung nicht erfolgt wäre.

§ 4c Zuwendungen an Pensionskassen. (1)[2] [1]Zuwendungen an eine Pensionskasse dürfen von dem Unternehmen, das die Zuwendungen leistet (Trägerunternehmen), als Betriebsausgaben abgezogen werden, soweit sie auf einer

---

[1] § 4 Abs. 10 angef. mWv VZ 2020 durch G v. 12.12.2019 (BGBl. I S. 2451); zur Anwendung siehe § 52 Abs. 6 Satz 14.

[2] § 4c Abs. 1 Satz 2 geänd. mWv 13.1.2019 durch G v. 19.12.2018 (BGBl. I S. 2672).

in der Satzung oder im Geschäftsplan der Kasse festgelegten Verpflichtung oder auf einer Anordnung der Versicherungsaufsichtsbehörde beruhen oder der Abdeckung von Fehlbeträgen bei der Kasse dienen. [2] Soweit die allgemeinen Versicherungsbedingungen und die fachlichen Geschäftsunterlagen im Sinne des § 219 Absatz 3 Nummer 1 Buchstabe b des Versicherungsaufsichtsgesetzes nicht zum Geschäftsplan gehören, gelten diese als Teil des Geschäftsplans.

(2) Zuwendungen im Sinne des Absatzes 1 dürfen als Betriebsausgaben nicht abgezogen werden, soweit die Leistungen der Kasse, wenn sie vom Trägerunternehmen unmittelbar erbracht würden, bei diesem nicht betrieblich veranlasst wären.

§ 4d[1] Zuwendungen an Unterstützungskassen. (1) [1] Zuwendungen an eine Unterstützungskasse dürfen von dem Unternehmen, das die Zuwendungen leistet (Trägerunternehmen), als Betriebsausgaben abgezogen werden, soweit die Leistungen der Kasse, wenn sie vom Trägerunternehmen unmittelbar erbracht würden, bei diesem betrieblich veranlasst wären und sie die folgenden Beträge nicht übersteigen:

1.[2] bei Unterstützungskassen, die lebenslänglich laufende Leistungen gewähren:

a) das Deckungskapital für die laufenden Leistungen nach der dem Gesetz als Anlage 1 beigefügten Tabelle. [2] Leistungsempfänger ist jeder ehemalige Arbeitnehmer des Trägerunternehmens, der von der Unterstützungskasse Leistungen erhält; soweit die Kasse Hinterbliebenenversorgung gewährt, ist Leistungsempfänger der Hinterbliebene eines ehemaligen Arbeitnehmers des Trägerunternehmens, der von der Kasse Leistungen erhält. [3] Dem ehemaligen Arbeitnehmer stehen andere Personen gleich, denen Leistungen der Alters-, Invaliditäts- oder Hinterbliebenenversorgung aus Anlass ihrer ehemaligen Tätigkeit für das Trägerunternehmen zugesagt worden sind;

b)[3] in jedem Wirtschaftsjahr für jeden Leistungsanwärter,

aa) wenn die Kasse nur Invaliditätsversorgung oder nur Hinterbliebenenversorgung gewährt, jeweils 6 Prozent,

bb) wenn die Kasse Altersversorgung mit oder ohne Einschluss von Invaliditätsversorgung oder Hinterbliebenenversorgung gewährt, 25 Prozent

der jährlichen Versorgungsleistungen, die der Leistungsanwärter oder, wenn nur Hinterbliebenenversorgung gewährt wird, dessen Hinterbliebene nach den Verhältnissen am Schluss des Wirtschaftsjahres der Zuwendung im letzten Zeitpunkt der Anwartschaft, spätestens zum Zeitpunkt des Erreichens der Regelaltersgrenze der gesetzlichen Rentenversicherung erhalten können. [2] Leistungsanwärter ist jeder Arbeitnehmer oder ehemalige Arbeitnehmer des Trägerunternehmens, der von

---

[1] Die nach dem PostpersonalrechtsG v. 14.9.1994 (BGBl. I S. 2325, 2353), zuletzt geänd. durch G v. 28.6.2021 (BGBl. I S. 2250) errichteten Unterstützungskassen sind ab ihrer Gründung von der Körperschaftsteuer befreit. § 4d EStG ist nicht anzuwenden. Vgl. § 15 Abs. 3 PostpersonalrechtsG idF des BegleitG zum TelekommunikationsG v. 17.12.1997 (BGBl. I S. 3108).

[2] § 4d Abs. 1 Satz 1 Nr. 1 Satz 6 geänd. mWv 1.1.2018 durch G v. 21.12.2015 (BGBl. I S. 2553).

[3] § 4d Abs. 1 Satz 1 Nr. 1 Satz 1 Buchst. b Satz 2 neu gef. mWv 1.1.2018 durch G v. 21.12.2015 (BGBl. I S. 2553).

der Unterstützungskasse schriftlich zugesagte Leistungen erhalten kann und am Schluss des Wirtschaftsjahres, in dem die Zuwendung erfolgt,

aa) bei erstmals nach dem 31. Dezember 2017 zugesagten Leistungen das 23. Lebensjahr vollendet hat,

bb) bei erstmals nach dem 31. Dezember 2008 und vor dem 1. Januar 2018 zugesagten Leistungen das 27. Lebensjahr vollendet hat oder

cc) bei erstmals vor dem 1. Januar 2009 zugesagten Leistungen das 28. Lebensjahr vollendet hat;

soweit die Kasse nur Hinterbliebenenversorgung gewährt, gilt als Leistungsanwärter jeder Arbeitnehmer oder ehemalige Arbeitnehmer des Trägerunternehmens, der am Schluss des Wirtschaftsjahres, in dem die Zuwendung erfolgt, das nach dem ersten Halbsatz maßgebende Lebensjahr vollendet hat und dessen Hinterbliebene die Hinterbliebenenversorgung erhalten können. [3]Das Trägerunternehmen kann bei der Berechnung nach Satz 1 statt des dort maßgebenden Betrags den Durchschnittsbetrag der von der Kasse im Wirtschaftsjahr an Leistungsempfänger im Sinne des Buchstabens a Satz 2 gewährten Leistungen zugrunde legen. [4]In diesem Fall sind Leistungsanwärter im Sinne des Satzes 2 nur die Arbeitnehmer oder ehemaligen Arbeitnehmer des Trägerunternehmens, die am Schluss des Wirtschaftsjahres, in dem die Zuwendung erfolgt, das 50. Lebensjahr vollendet haben. [5]Dem Arbeitnehmer oder ehemaligen Arbeitnehmer als Leistungsanwärter stehen andere Personen gleich, denen schriftlich Leistungen der Alters-, Invaliditäts- oder Hinterbliebenenversorgung aus Anlass ihrer Tätigkeit für das Trägerunternehmen zugesagt worden sind;

c)[1] den Betrag des Beitrages, den die Kasse an einen Versicherer zahlt, soweit sie sich die Mittel für ihre Versorgungsleistungen, die der Leistungsanwärter oder Leistungsempfänger nach den Verhältnissen am Schluss des Wirtschaftsjahres der Zuwendung erhalten kann, durch Abschluss einer Versicherung verschafft. [2]Bei Versicherungen für einen Leistungsanwärter ist der Abzug des Beitrages nur zulässig, wenn der Leistungsanwärter die in Buchstabe b Satz 2 und 5 genannten Voraussetzungen erfüllt, die Versicherung für die Dauer bis zu dem Zeitpunkt abgeschlossen ist, für den erstmals Leistungen der Altersversorgung vorgesehen sind, mindestens jedoch bis zu dem Zeitpunkt, an dem der Leistungsanwärter das 55. Lebensjahr vollendet hat, und während dieser Zeit jährlich Beiträge gezahlt werden, die der Höhe nach gleich bleiben oder steigen. [3]Das Gleiche gilt für Leistungsanwärter, die das nach Buchstabe b Satz 2 jeweils maßgebende Lebensjahr noch nicht vollendet haben, für Leistungen der Invaliditäts- oder Hinterbliebenenversorgung, für Leistungen der Altersversorgung unter der Voraussetzung, dass die Leistungsanwartschaft bereits unverfallbar ist. [4]Ein Abzug ist ausgeschlossen, wenn die Ansprüche aus der Versicherung der Sicherung eines Darlehens dienen. [5]Liegen die Voraussetzungen der Sätze 1 bis 4 vor, sind die Zuwendungen nach den Buchstaben a und b in dem Verhältnis zu vermindern, in dem die Leistungen der Kasse durch die Versicherung gedeckt sind;

[1] § 4d Abs. 1 Satz 1 Nr. 1 Satz 1 Buchst. c Satz 3 geänd. mWv 1.1.2018 durch G v. 21.12.2015 (BGBl. I S. 2553).

d) den Betrag, den die Kasse einem Leistungsanwärter im Sinne des Buchstabens b Satz 2 und 5 vor Eintritt des Versorgungsfalls als Abfindung für künftige Versorgungsleistungen gewährt, den Übertragungswert nach § 4 Absatz 5 des Betriebsrentengesetzes oder den Betrag, den sie an einen anderen Versorgungsträger zahlt, der eine ihr obliegende Versorgungsverpflichtung übernommen hat.

[2] Zuwendungen dürfen nicht als Betriebsausgaben abgezogen werden, wenn das Vermögen der Kasse ohne Berücksichtigung künftiger Versorgungsleistungen am Schluss des Wirtschaftsjahres das zulässige Kassenvermögen übersteigt. [3] Bei der Ermittlung des Vermögens der Kasse ist am Schluss des Wirtschaftsjahres vorhandener Grundbesitz mit 200 Prozent der Einheitswerte anzusetzen, die zu dem Feststellungszeitpunkt maßgebend sind, der dem Schluss des Wirtschaftsjahres folgt; Ansprüche aus einer Versicherung sind mit dem Wert des geschäftsplanmäßigen Deckungskapitals zuzüglich der Guthaben aus Beitragsrückerstattung am Schluss des Wirtschaftsjahres anzusetzen, und das übrige Vermögen ist mit dem gemeinen Wert am Schluss des Wirtschaftsjahres zu bewerten. [4] Zulässiges Kassenvermögen ist die Summe aus dem Deckungskapital für alle am Schluss des Wirtschaftsjahres laufenden Leistungen nach der dem Gesetz als Anlage 1 beigefügten Tabelle für Leistungsempfänger im Sinne des Satzes 1 Buchstabe a und dem Achtfachen der nach Satz 1 Buchstabe b abzugsfähigen Zuwendungen. [5] Soweit sich die Kasse die Mittel für ihre Leistungen durch Abschluss einer Versicherung verschafft, ist, wenn die Voraussetzungen für den Abzug des Beitrages nach Satz 1 Buchstabe c erfüllt sind, zulässiges Kassenvermögen der Wert des geschäftsplanmäßigen Deckungskapitals aus der Versicherung am Schluss des Wirtschaftsjahres; in diesem Fall ist das zulässige Kassenvermögen nach Satz 4 in dem Verhältnis zu vermindern, in dem die Leistungen der Kasse durch die Versicherung gedeckt sind. [6] Soweit die Berechnung des Deckungskapitals nicht zum Geschäftsplan gehört, tritt an die Stelle des geschäftsplanmäßigen Deckungskapitals der nach § 169 Absatz 3 und 4 des Versicherungsvertragsgesetzes berechnete Wert, beim zulässigen Kassenvermögen ohne Berücksichtigung des Guthabens aus Beitragsrückerstattung. [7] Gewährt eine Unterstützungskasse anstelle von lebenslänglich laufenden Leistungen eine einmalige Kapitalleistung, so gelten 10 Prozent der Kapitalleistung als Jahresbetrag einer lebenslänglich laufenden Leistung;

2. bei Kassen, die keine lebenslänglich laufenden Leistungen gewähren, für jedes Wirtschaftsjahr 0,2 Prozent der Lohn- und Gehaltssumme des Trägerunternehmens, mindestens jedoch den Betrag der von der Kasse in einem Wirtschaftsjahr erbrachten Leistungen, soweit dieser Betrag höher ist als die in den vorangegangenen fünf Wirtschaftsjahren vorgenommenen Zuwendungen abzüglich der in dem gleichen Zeitraum erbrachten Leistungen. [2] Diese Zuwendungen dürfen nicht als Betriebsausgaben abgezogen werden, wenn das Vermögen der Kasse am Schluss des Wirtschaftsjahres das zulässige Kassenvermögen übersteigt. [3] Als zulässiges Kassenvermögen kann 1 Prozent der durchschnittlichen Lohn- und Gehaltssumme der letzten drei Jahre angesetzt werden. [4] Hat die Kasse bereits 10 Wirtschaftsjahre bestanden, darf das zulässige Kassenvermögen zusätzlich die Summe der in den letzten zehn Wirtschaftsjahren gewährten Leistungen nicht übersteigen. [5] Für die Bewertung des Vermögens der Kasse gilt Nummer 1 Satz 3 ent-

sprechend. [6]Bei der Berechnung der Lohn- und Gehaltssumme des Trägerunternehmens sind Löhne und Gehälter von Personen, die von der Kasse keine nicht lebenslänglich laufenden Leistungen erhalten können, auszuscheiden.

[2]Gewährt eine Kasse lebenslänglich laufende und nicht lebenslänglich laufende Leistungen, so gilt Satz 1 Nummer 1 und 2 nebeneinander. [3]Leistet ein Trägerunternehmen Zuwendungen an mehrere Unterstützungskassen, so sind diese Kassen bei der Anwendung der Nummern 1 und 2 als Einheit zu behandeln.

(2) [1]Zuwendungen im Sinne des Absatzes 1 sind von dem Trägerunternehmen in dem Wirtschaftsjahr als Betriebsausgaben abzuziehen, in dem sie geleistet werden. [2]Zuwendungen, die bis zum Ablauf eines Monats nach Aufstellung oder Feststellung der Bilanz des Trägerunternehmens für den Schluss eines Wirtschaftsjahres geleistet werden, können von dem Trägerunternehmen noch für das abgelaufene Wirtschaftsjahr durch eine Rückstellung gewinnmindernd berücksichtigt werden. [3]Übersteigen die in einem Wirtschaftsjahr geleisteten Zuwendungen die nach Absatz 1 abzugsfähigen Beträge, so können die übersteigenden Beträge im Wege der Rechnungsabgrenzung auf die folgenden drei Wirtschaftsjahre vorgetragen und im Rahmen der für diese Wirtschaftsjahre abzugsfähigen Beträge als Betriebsausgaben behandelt werden. [4]§ 5 Absatz 1 Satz 2 ist nicht anzuwenden.

(3) [1]Abweichend von Absatz 1 Satz 1 Nummer 1 Satz 1 Buchstabe d und Absatz 2 können auf Antrag die insgesamt erforderlichen Zuwendungen an die Unterstützungskasse für den Betrag, den die Kasse an einen Pensionsfonds zahlt, der eine ihr obliegende Versorgungsverpflichtung ganz oder teilweise übernommen hat, nicht im Wirtschaftsjahr der Zuwendung, sondern erst in den dem Wirtschaftsjahr der Zuwendung folgenden zehn Wirtschaftsjahren gleichmäßig verteilt als Betriebsausgaben abgezogen werden. [2]Der Antrag ist unwiderruflich; der jeweilige Rechtsnachfolger ist an den Antrag gebunden.

§ 4e Beiträge an Pensionsfonds. (1)[1)] Beiträge an einen Pensionsfonds im Sinne des § 236 des Versicherungsaufsichtsgesetzes dürfen von dem Unternehmen, das die Beiträge leistet (Trägerunternehmen), als Betriebsausgaben abgezogen werden, soweit sie auf einer festgelegten Verpflichtung beruhen oder der Abdeckung von Fehlbeträgen bei dem Fonds dienen.

(2) Beiträge im Sinne des Absatzes 1 dürfen als Betriebsausgaben nicht abgezogen werden, soweit die Leistungen des Fonds, wenn sie vom Trägerunternehmen unmittelbar erbracht würden, bei diesem nicht betrieblich veranlasst wären.

(3) [1]Der Steuerpflichtige kann auf Antrag die insgesamt erforderlichen Leistungen an einen Pensionsfonds zur teilweisen oder vollständigen Übernahme einer bestehenden Versorgungsverpflichtung oder Versorgungsanwartschaft durch den Pensionsfonds erst in den dem Wirtschaftsjahr der Übertragung folgenden zehn Wirtschaftsjahren gleichmäßig verteilt als Betriebsausgaben abziehen. [2]Der Antrag ist unwiderruflich; der jeweilige Rechtsnachfolger ist an den Antrag gebunden. [3]Ist eine Pensionsrückstellung nach § 6a gewinnerhöhend aufzulösen, ist Satz 1 mit der Maßgabe anzuwenden, dass die Leistungen an den Pensionsfonds im Wirtschaftsjahr der Übertragung in Höhe der auf-

---

1) § 4e Abs. 1 geänd. mWv 1.1.2016 durch G v. 1.4.2015 (BGBl. I S. 434).

gelösten Rückstellung als Betriebsausgaben abgezogen werden können; der die aufgelöste Rückstellung übersteigende Betrag ist in den dem Wirtschaftsjahr der Übertragung folgenden zehn Wirtschaftsjahren gleichmäßig verteilt als Betriebsausgaben abzuziehen. [4] Satz 3 gilt entsprechend, wenn es im Zuge der Leistungen des Arbeitgebers an den Pensionsfonds zu Vermögensübertragungen einer Unterstützungskasse an den Arbeitgeber kommt.

§ 4f[1)] Verpflichtungsübernahmen, Schuldbeitritte und Erfüllungsübernahmen. (1)[2)] [1] Werden Verpflichtungen übertragen, die beim ursprünglich Verpflichteten Ansatzverboten, -beschränkungen oder Bewertungsvorbehalten unterlegen haben, ist der sich aus diesem Vorgang ergebende Aufwand im Wirtschaftsjahr der Schuldübernahme und den nachfolgenden 14 Jahren gleichmäßig verteilt als Betriebsausgabe abziehbar. [2] Ist auf Grund der Übertragung einer Verpflichtung ein Passivposten gewinnerhöhend aufzulösen, ist Satz 1 mit der Maßgabe anzuwenden, dass der sich ergebende Aufwand im Wirtschaftsjahr der Schuldübernahme in Höhe des aufgelösten Passivpostens als Betriebsausgabe abzuziehen ist; der den aufgelösten Passivposten übersteigende Betrag ist in dem Wirtschaftsjahr der Schuldübernahme und den nachfolgenden 14 Wirtschaftsjahren gleichmäßig verteilt als Betriebsausgabe abzuziehen. [3] Eine Verteilung des sich ergebenden Aufwands unterbleibt, wenn die Schuldübernahme im Rahmen einer Veräußerung oder Aufgabe des ganzen Betriebes oder des gesamten Mitunternehmeranteils im Sinne der §§ 14, 16 Absatz 1, 3 und 3a sowie des § 18 Absatz 3 erfolgt; dies gilt auch, wenn ein Arbeitnehmer unter Mitnahme seiner erworbenen Pensionsansprüche zu einem neuen Arbeitgeber wechselt oder wenn der Betrieb am Schluss des vorangehenden Wirtschaftsjahres die Gewinngrenze des § 7g Absatz 1 Satz 2 Nummer 1 nicht überschreitet. [4] Erfolgt die Schuldübernahme in dem Fall einer Teilbetriebsveräußerung oder -aufgabe im Sinne der §§ 14, 16 Absatz 1, 3 und 3a sowie des § 18 Absatz 3, ist ein Veräußerungs- oder Aufgabeverlust um den Aufwand im Sinne des Satzes 1 zu vermindern, soweit dieser den Verlust begründet oder erhöht hat. [5] Entsprechendes gilt für den einen aufgelösten Passivposten übersteigenden Betrag im Sinne des Satzes 2. [6] Für den hinzugerechneten Aufwand gelten Satz 2 zweiter Halbsatz und Satz 3 entsprechend. [7] Der jeweilige Rechtsnachfolger des ursprünglichen Verpflichteten ist an die Aufwandsverteilung nach den Sätzen 1 bis 6 gebunden.

(2) Wurde für Verpflichtungen im Sinne des Absatzes 1 ein Schuldbeitritt oder eine Erfüllungsübernahme mit ganzer oder teilweiser Schuldfreistellung vereinbart, gilt für die vom Freistellungsberechtigten an den Freistellungsverpflichteten erbrachten Leistungen Absatz 1 Satz 1, 2 und 7 entsprechend.

§ 4g Bildung eines Ausgleichspostens bei Entnahme nach § 4 Absatz 1 Satz 3. (1)[3)] [1] Der Steuerpflichtige kann in Höhe des Unterschiedsbetrags zwischen dem Buchwert und dem nach § 6 Absatz 1 Nummer 4 Satz 1 zweiter Halbsatz anzusetzenden Wert eines Wirtschaftsguts auf Antrag einen Ausgleichsposten bilden, soweit das Besteuerungsrecht der Bundesrepublik Deutschland hinsichtlich des Gewinns aus der Veräußerung des Wirtschaftsguts

[1)] § 4f eingef. durch G v. 18.12.2013 (BGBl. I S. 4318); zur Anwendung siehe § 52 Abs. 8 Satz 1.

[2)] § 4f Abs. 1 Satz 3 geänd. durch G v. 21.12.2020 (BGBl. I S. 3096); zur Anwendung siehe § 52 Abs. 8 Satz 2.

[3)] § 4g Abs. 1 neu gef. durch G v. 25.6.2021 (BGBl. I S. 2035); zur Anwendung siehe § 52 Abs. 8a.

zugunsten eines Staates im Sinne des § 36 Absatz 5 Satz 1 beschränkt oder ausgeschlossen wird (§ 4 Absatz 1 Satz 3). 2 Der Ausgleichsposten ist für jedes Wirtschaftsgut getrennt auszuweisen. 3 Der Antrag ist unwiderruflich. 4 Die Vorschriften des Umwandlungssteuergesetzes bleiben unberührt.

(2)[1)] 1 Der Ausgleichsposten ist im Wirtschaftsjahr der Bildung und in den vier folgenden Wirtschaftsjahren zu jeweils einem Fünftel gewinnerhöhend aufzulösen. 2 Er ist in vollem Umfang gewinnerhöhend aufzulösen, wenn ein Ereignis im Sinne des § 36 Absatz 5 Satz 4 eintritt oder wenn ein künftiger Steueranspruch aus der Auflösung des Ausgleichspostens gemäß Satz 1 gefährdet erscheint und der Steuerpflichtige dem Verlangen der zuständigen Finanzbehörde auf Leistung einer Sicherheit nicht nachkommt.

(3)[2)] *(aufgehoben)*

(4)[3)] 1 Die Absätze 1 und 2 finden entsprechende Anwendung bei der Ermittlung des Überschusses der Betriebseinnahmen über die Betriebsausgaben gemäß § 4 Absatz 3. 2 Wirtschaftsgüter, für die ein Ausgleichsposten nach Absatz 1 gebildet worden ist, sind in ein laufend zu führendes Verzeichnis aufzunehmen. 3 Der Steuerpflichtige hat darüber hinaus Aufzeichnungen zu führen, aus denen die Bildung und Auflösung der Ausgleichsposten hervorgeht. 4 Die Aufzeichnungen nach den Sätzen 2 und 3 sind der Steuererklärung beizufügen.

(5)[4)] 1 Der Steuerpflichtige ist verpflichtet, der zuständigen Finanzbehörde die Entnahme oder ein Ereignis im Sinne des Absatzes 2 unverzüglich anzuzeigen. 2 Kommt der Steuerpflichtige dieser Anzeigepflicht, seinen Aufzeichnungspflichten nach Absatz 4 oder seinen sonstigen Mitwirkungspflichten im Sinne des § 90 der Abgabenordnung[5)] nicht nach, ist der Ausgleichsposten dieses Wirtschaftsguts gewinnerhöhend aufzulösen. 3 § 36 Absatz 5 Satz 8 gilt entsprechend.

(6)[6)] Absatz 2 Satz 2 ist mit der Maßgabe anzuwenden, dass allein der Austritt des Vereinigten Königreichs Großbritannien und Nordirland aus der Europäischen Union nicht dazu führt, dass ein als entnommen geltendes Wirtschaftsgut als aus der Besteuerungshoheit der Mitgliedstaaten der Europäischen Union ausgeschieden gilt.

§ 4h Betriebsausgabenabzug für Zinsaufwendungen (Zinsschranke)

(1)[7)] 1 Zinsaufwendungen eines Betriebs sind abziehbar in Höhe des Zinsertrags, darüber hinaus nur bis zur Höhe des verrechenbaren EBITDA. 2 Das verrechenbare EBITDA ist 30 Prozent des um die Zinsaufwendungen und um die nach § 6 Absatz 2 Satz 1 abzuziehenden, nach § 6 Absatz 2a Satz 2 gewinnmindernd aufzulösenden und nach § 7 abgesetzten Beträge erhöhten und um die Zinserträge verminderten maßgeblichen Gewinns. 3 Soweit das verrechenbare EBITDA die um die Zinserträge geminderten Zinsaufwendungen des Betriebs übersteigt, ist es in die folgenden fünf Wirtschaftsjahre vorzutragen

1) § 4g Abs. 2 Satz 2 neu gef. durch G v. 25.6.2021 (BGBl. I S. 2035).
2) § 4g Abs. 3 aufgeh. durch G v. 25.6.2021 (BGBl. I S. 2035).
3) § 4g Abs. 4 Satz 1 geänd. durch G v. 25.6.2021 (BGBl. I S. 2035).
4) § 4g Abs. 5 Satz 3 angef. durch G v. 25.6.2021 (BGBl. I S. 2035).
5) Nr. **1**.
6) § 4g Abs. 6 angef. durch G v. 25.3.2019 (BGBl. I S. 357); geänd. durch G v. 25.6.2021 (BGBl. I S. 2035).
7) § 4h Abs. 1 neu gef. durch G v. 22.12.2009 (BGBl. I S. 3950).

(EBITDA-Vortrag); ein EBITDA-Vortrag entsteht nicht in Wirtschaftsjahren, in denen Absatz 2 die Anwendung von Absatz 1 Satz 1 ausschließt. [4] Zinsaufwendungen, die nach Satz 1 nicht abgezogen werden können, sind bis zur Höhe der EBITDA-Vorträge aus vorangegangenen Wirtschaftsjahren abziehbar und mindern die EBITDA-Vorträge in ihrer zeitlichen Reihenfolge. [5] Danach verbleibende nicht abziehbare Zinsaufwendungen sind in die folgenden Wirtschaftsjahre vorzutragen (Zinsvortrag). [6] Sie erhöhen die Zinsaufwendungen dieser Wirtschaftsjahre, nicht aber den maßgeblichen Gewinn.

(2)[1)] [1] Absatz 1 Satz 1 ist nicht anzuwenden, wenn

a) der Betrag der Zinsaufwendungen, soweit er den Betrag der Zinserträge übersteigt, weniger als drei Millionen Euro beträgt,

b) der Betrieb nicht oder nur anteilmäßig zu einem Konzern gehört oder

c) der Betrieb zu einem Konzern gehört und seine Eigenkapitalquote am Schluss des vorangegangenen Abschlussstichtages gleich hoch oder höher ist als die des Konzerns (Eigenkapitalvergleich). [2] Ein Unterschreiten der Eigenkapitalquote des Konzerns um bis zu zwei Prozentpunkte ist unschädlich. [3] Eigenkapitalquote ist das Verhältnis des Eigenkapitals zur Bilanzsumme; sie bemisst sich nach dem Konzernabschluss, der den Betrieb umfasst, und ist für den Betrieb auf der Grundlage des Jahresabschlusses oder Einzelabschlusses zu ermitteln. [4] Wahlrechte sind im Konzernabschluss und im Jahresabschluss oder Einzelabschluss einheitlich auszuüben; bei gesellschaftsrechtlichen Kündigungsrechten ist insoweit mindestens das Eigenkapital anzusetzen, das sich nach den Vorschriften des Handelsgesetzbuchs ergeben würde. [5] Bei der Ermittlung der Eigenkapitalquote des Betriebs ist das Eigenkapital um einen im Konzernabschluss enthaltenen Firmenwert, soweit er auf den Betrieb entfällt, und um die Hälfte von Sonderposten mit Rücklagenanteil (§ 273 des Handelsgesetzbuchs[2)]) zu erhöhen sowie um das Eigenkapital, das keine Stimmrechte vermittelt – mit Ausnahme von Vorzugsaktien –, die Anteile an anderen Konzerngesellschaften und um Einlagen der letzten sechs Monate vor dem maßgeblichen Abschlussstichtag, soweit ihnen Entnahmen oder Ausschüttungen innerhalb der ersten sechs Monate nach dem maßgeblichen Abschlussstichtag gegenüberstehen, zu kürzen. [6] Die Bilanzsumme ist um Kapitalforderungen zu kürzen, die nicht im Konzernabschluss ausgewiesen sind und denen Verbindlichkeiten im Sinne des Absatzes 3 in mindestens gleicher Höhe gegenüberstehen. [7] Sonderbetriebsvermögen ist dem Betrieb der Mitunternehmerschaft zuzuordnen, soweit es im Konzernvermögen enthalten ist.

[8] Die für den Eigenkapitalvergleich maßgeblichen Abschlüsse sind einheitlich nach den International Financial Reporting Standards (IFRS) zu erstellen. [9] Hiervon abweichend können Abschlüsse nach dem Handelsrecht eines Mitgliedstaats der Europäischen Union verwendet werden, wenn kein Konzernabschluss nach den IFRS zu erstellen und offen zu legen ist und für keines der letzten fünf Wirtschaftsjahre ein Konzernabschluss nach den IFRS erstellt wurde; nach den Generally Accepted Accounting Principles der Vereinigten Staaten von Amerika (US-GAAP) aufzustellende und offen zu legende Abschlüsse sind zu verwenden, wenn kein Konzernabschluss nach den IFRS oder dem Handelsrecht eines Mitgliedstaats der Europäischen

1) § 4h Abs. 2 Satz 1 Buchst. c Satz 2 geänd. durch G v. 22.12.2009 (BGBl. I S. 3950).
2) Nr. **34**.

Union zu erstellen und offen zu legen ist. [10] Der Konzernabschluss muss den Anforderungen an die handelsrechtliche Konzernrechnungslegung genügen oder die Voraussetzungen erfüllen, unter denen ein Abschluss nach den §§ 291 und 292 des Handelsgesetzbuchs befreiende Wirkung hätte. [11] Wurde der Jahresabschluss oder Einzelabschluss nicht nach denselben Rechnungslegungsstandards wie der Konzernabschluss aufgestellt, ist die Eigenkapitalquote des Betriebs in einer Überleitungsrechnung nach den für den Konzernabschluss geltenden Rechnungslegungsstandards zu ermitteln. [12] Die Überleitungsrechnung ist einer prüferischen Durchsicht zu unterziehen. [13] Auf Verlangen der Finanzbehörde ist der Abschluss oder die Überleitungsrechnung des Betriebs durch einen Abschlussprüfer zu prüfen, der die Voraussetzungen des § 319 des Handelsgesetzbuchs erfüllt.

[14] Ist ein dem Eigenkapitalvergleich zugrunde gelegter Abschluss unrichtig und führt der zutreffende Abschluss zu einer Erhöhung der nach Absatz 1 nicht abziehbaren Zinsaufwendungen, ist ein Zuschlag entsprechend § 162 Absatz 4 Satz 1 und 2 der Abgabenordnung[1)] festzusetzen. [15] Bemessungsgrundlage für den Zuschlag sind die nach Absatz 1 nicht abziehbaren Zinsaufwendungen. [16] § 162 Absatz 4 Satz 4 bis 6 der Abgabenordnung gilt sinngemäß.

[2] Ist eine Gesellschaft, bei der der Gesellschafter als Mitunternehmer anzusehen ist, unmittelbar oder mittelbar einer Körperschaft nachgeordnet, gilt für die Gesellschaft § 8a Absatz 2 und 3 des Körperschaftsteuergesetzes[2)] entsprechend.

(3) [1] Maßgeblicher Gewinn ist der nach den Vorschriften dieses Gesetzes mit Ausnahme des Absatzes 1 ermittelte steuerpflichtige Gewinn. [2] Zinsaufwendungen sind Vergütungen für Fremdkapital, die den maßgeblichen Gewinn gemindert haben. [3] Zinserträge sind Erträge aus Kapitalforderungen jeder Art, die den maßgeblichen Gewinn erhöht haben. [4] Die Auf- und Abzinsung unverzinslicher oder niedrig verzinslicher Verbindlichkeiten oder Kapitalforderungen führen ebenfalls zu Zinserträgen oder Zinsaufwendungen. [5] Ein Betrieb gehört zu einem Konzern, wenn er nach dem für die Anwendung des Absatzes 2 Satz 1 Buchstabe c zugrunde gelegten Rechnungslegungsstandard mit einem oder mehreren anderen Betrieben konsolidiert wird oder werden könnte. [6] Ein Betrieb gehört für Zwecke des Absatzes 2 auch zu einem Konzern, wenn seine Finanz- und Geschäftspolitik mit einem oder mehreren anderen Betrieben einheitlich bestimmt werden kann.

(4)[3)] [1] Der EBITDA-Vortrag und der Zinsvortrag sind gesondert festzustellen. [2] Zuständig ist das für die gesonderte Feststellung des Gewinns und Verlusts der Gesellschaft zuständige Finanzamt, im Übrigen das für die Besteuerung zuständige Finanzamt. [3] § 10d Absatz 4 gilt sinngemäß. [4] Feststellungsbescheide sind zu erlassen, aufzuheben oder zu ändern, soweit sich die nach Satz 1 festzustellenden Beträge ändern.

(5)[4)] [1] Bei Aufgabe oder Übertragung des Betriebs gehen ein nicht verbrauchter EBITDA-Vortrag und ein nicht verbrauchter Zinsvortrag unter. [2] Scheidet ein Mitunternehmer aus einer Gesellschaft aus, gehen der EBITDA-Vortrag und der Zinsvortrag anteilig mit der Quote unter, mit der der aus-

[1)] Nr. **1**.
[2)] Nr. **17**.
[3)] § 4h Abs. 4 Sätze 1 und 4 geänd. durch G v. 22.12.2009 (BGBl. I S. 3950).
[4)] § 4h Abs. 5 Sätze 1 und 2 geänd. durch G v. 22.12.2009 (BGBl. I S. 3950).

geschiedene Gesellschafter an der Gesellschaft beteiligt war. [3] § 8c des Körperschaftsteuergesetzes ist auf den Zinsvortrag einer Gesellschaft entsprechend anzuwenden, soweit an dieser unmittelbar oder mittelbar eine Körperschaft als Mitunternehmer beteiligt ist.

§ 4i[1)] Sonderbetriebsausgabenabzug bei Vorgängen mit Auslandsbezug. [1] Aufwendungen dürfen nicht als Sonderbetriebsausgaben abgezogen werden, soweit sie auch die Steuerbemessungsgrundlage in einem anderen Staat mindern. [2] Satz 1 gilt nicht, soweit diese Aufwendungen Erträge desselben Steuerpflichtigen mindern, die bei ihm sowohl der inländischen Besteuerung unterliegen als auch nachweislich der tatsächlichen Besteuerung in dem anderen Staat.

§ 4j[2)] Aufwendungen für Rechteüberlassungen. (1) [1] Aufwendungen für die Überlassung der Nutzung oder des Rechts auf Nutzung von Rechten, insbesondere von Urheberrechten und gewerblichen Schutzrechten, von gewerblichen, technischen, wissenschaftlichen und ähnlichen Erfahrungen, Kenntnissen und Fertigkeiten, zum Beispiel Plänen, Mustern und Verfahren, sind ungeachtet eines bestehenden Abkommens zur Vermeidung der Doppelbesteuerung nur nach Maßgabe des Absatzes 3 abziehbar, wenn die Einnahmen des Gläubigers einer von der Regelbesteuerung abweichenden, niedrigen Besteuerung nach Absatz 2 unterliegen (Präferenzregelung) und der Gläubiger eine dem Schuldner nahestehende Person im Sinne des § 1 Absatz 2 des Außensteuergesetzes[3)] ist. [2] Wenn auch der Gläubiger nach Satz 1 oder eine andere dem Schuldner nach Satz 1 nahestehende Person im Sinne des § 1 Absatz 2 des Außensteuergesetzes wiederum Aufwendungen für Rechte hat, aus denen sich die Rechte nach Satz 1 unmittelbar oder mittelbar ableiten, sind die Aufwendungen nach Satz 1 ungeachtet eines bestehenden Abkommens zur Vermeidung der Doppelbesteuerung auch dann nur nach Maßgabe des Absatzes 3 abziehbar, wenn die weiteren Einnahmen des weiteren Gläubigers einer von der Regelbesteuerung abweichenden, niedrigen Besteuerung nach Absatz 2 unterliegen und der weitere Gläubiger eine dem Schuldner nach Satz 1 nahestehende Person im Sinne des § 1 Absatz 2 des Außensteuergesetzes ist; dies gilt nicht, wenn die Abziehbarkeit der Aufwendungen beim Gläubiger oder der anderen dem Schuldner nahestehenden Person bereits nach dieser Vorschrift beschränkt ist. [3] Als Schuldner und Gläubiger gelten auch Betriebsstätten, die ertragsteuerlich als Nutzungsberechtigter oder Nutzungsverpflichteter der Rechte für die Überlassung der Nutzung oder des Rechts auf Nutzung von Rechten behandelt werden. [4] Die Sätze 1 und 2 sind nicht anzuwenden, soweit sich die niedrige Besteuerung daraus ergibt, dass die Einnahmen des Gläubigers oder des weiteren Gläubigers einer Präferenzregelung unterliegen, die dem Nexus-Ansatz gemäß Kapitel 4 des Abschlussberichts 2015 zu Aktionspunkt 5, OECD (2016) „Wirksamere Bekämpfung schädlicher Steuerpraktiken unter Berücksichtigung von Transparenz und Substanz", OECD/G20 Projekt Ge-

---

[1)] § 4i eingef. mWv VZ 2017 durch G v. 20.12.2016 (BGBl. I S. 3000); Überschrift und Satz 1 neu gef. mWv 25.6.2017 durch G v. 23.6.2017 (BGBl. I S. 1682).

[2)] § 4j eingef. mWv VZ 2018 durch G v. 27.6.2017 (BGBl. I S. 2074); zur Anwendung siehe § 52 Abs. 8b.

[3)] Nr. 2.

winnverkürzung und Gewinnverlagerung[1]), entspricht. [5]Die Sätze 1 und 2 sind insoweit nicht anzuwenden, als auf Grund der aus den Aufwendungen resultierenden Einnahmen ein Hinzurechnungsbetrag im Sinne des § 10 Absatz 1 Satz 1 des Außensteuergesetzes anzusetzen ist.

(2)[2]) [1]Eine niedrige Besteuerung im Sinne des Absatzes 1 liegt vor, wenn die von der Regelbesteuerung abweichende Besteuerung der Einnahmen des Gläubigers oder des weiteren Gläubigers zu einer Belastung durch Ertragsteuern von weniger als 25 Prozent führt; maßgeblich ist bei mehreren Gläubigern die niedrigste Belastung. [2]Bei der Ermittlung, ob eine niedrige Besteuerung vorliegt, sind sämtliche Regelungen zu berücksichtigen, die sich auf die Besteuerung der Einnahmen aus der Rechteüberlassung auswirken, insbesondere steuerliche Kürzungen, Befreiungen, Gutschriften oder Ermäßigungen. [3]Werden die Einnahmen für die Überlassung der Nutzung oder des Rechts auf Nutzung von Rechten einer anderen Person ganz oder teilweise zugerechnet oder erfolgt die Besteuerung aus anderen Gründen ganz oder teilweise bei einer anderen Person als dem Gläubiger oder dem weiteren Gläubiger, ist auf die Summe der Belastungen abzustellen. [4]§ 8 Absatz 5 Satz 2 und 3 des Außensteuergesetzes gilt entsprechend.

(3) [1]Aufwendungen nach Absatz 1 sind in den Fällen einer niedrigen Besteuerung nach Absatz 2 nur zum Teil abziehbar. [2]Der nicht abziehbare Teil ist dabei wie folgt zu ermitteln:

$$\frac{25\,\% - \text{Belastung durch Ertragsteuern in }\%}{25\,\%}$$

§ 4k[3]) Betriebsausgabenabzug bei Besteuerungsinkongruenzen.

(1) [1]Aufwendungen für die Nutzung oder im Zusammenhang mit der Übertragung von Kapitalvermögen sind insoweit nicht als Betriebsausgaben abziehbar, als die den Aufwendungen entsprechenden Erträge auf Grund einer vom deutschen Recht abweichenden steuerlichen Qualifikation oder Zurechnung des Kapitalvermögens nicht oder niedriger als bei dem deutschen Recht entsprechender Qualifikation oder Zurechnung besteuert werden. [2]Satz 1 gilt nicht, soweit die Besteuerungsinkongruenz voraussichtlich in einem künftigen Besteuerungszeitraum beseitigt wird und die Zahlungsbedingungen einem Fremdvergleich standhalten.

(2) [1]Soweit nicht bereits die Voraussetzungen für die Versagung des Betriebsausgabenabzugs nach Absatz 1 vorliegen, sind Aufwendungen auch insoweit nicht als Betriebsausgaben abziehbar, als die den Aufwendungen entsprechenden Erträge auf Grund einer vom deutschen Recht abweichenden steuerlichen Behandlung des Steuerpflichtigen oder auf Grund einer vom deutschen Recht abweichenden steuerlichen Beurteilung von anzunehmenden schuldrechtlichen Beziehungen im Sinne des § 1 Absatz 4 Satz 1 Nummer 2 des Außensteuergesetzes[4]) in keinem Staat einer tatsächlichen Besteuerung unterliegen. [2]Handelt es sich bei dem Gläubiger der Erträge im Sinne des Satzes 1 um einen unbe-

[1]) **Amtl. Anm.:** Zu beziehen unter OECD Publishing, Paris, http://dx.doi.org/10.1787/9789264258037-de.

[2]) § 4j Abs. 2 Satz 4 geänd. durch G v. 25.6.2021 (BGBl. I S. 2035).

[3]) § 4k eingef. mWv VZ 2020 durch G v. 25.6.2021 (BGBl. I S. 2035); zur Anwendung siehe § 52 Abs. 8c.

[4]) Nr. **2**.

schränkt steuerpflichtigen, unmittelbaren oder mittelbaren Gesellschafter einer ausländischen vermögensverwaltenden Personengesellschaft oder um eine Personengesellschaft, an der ein solcher Gesellschafter unmittelbar oder mittelbar beteiligt ist, gilt § 39 Absatz 2 Nummer 2 der Abgabenordnung[1] nicht, soweit die in Satz 1 genannten Aufwendungen in dem anderen Staat zum Abzug zugelassen sind und die den Aufwendungen entsprechenden Erträge durch die vom deutschen Recht abweichende Zurechnung keiner tatsächlichen Besteuerung unterliegen. [3] Satz 1 gilt nicht, soweit den Aufwendungen Erträge desselben Steuerpflichtigen gegenüberstehen, die sowohl im Inland als auch nachweislich in dem Staat des Gläubigers oder, wenn es sich bei dem Gläubiger um eine Personengesellschaft handelt, im Staat des unmittelbaren oder mittelbaren Gesellschafters beziehungsweise des anderen Unternehmensteils im Rahmen einer anzunehmenden schuldrechtlichen Beziehung einer tatsächlichen Besteuerung unterliegen.

(3) Soweit nicht bereits die Voraussetzungen für die Versagung des Betriebsausgabenabzugs nach den vorstehenden Absätzen vorliegen, sind Aufwendungen auch insoweit nicht als Betriebsausgaben abziehbar, als die den Aufwendungen entsprechenden Erträge auf Grund deren vom deutschen Recht abweichender steuerlicher Zuordnung oder Zurechnung nach den Rechtsvorschriften anderer Staaten in keinem Staat einer tatsächlichen Besteuerung unterliegen.

(4) [1] Soweit nicht bereits die Voraussetzungen für die Versagung des Betriebsausgabenabzugs nach den vorstehenden Absätzen vorliegen, sind Aufwendungen auch insoweit nicht als Betriebsausgaben abziehbar, als die Aufwendungen auch in einem anderen Staat berücksichtigt werden. [2] Eine Berücksichtigung der Aufwendungen im Sinne des Satzes 1 liegt bei unbeschränkt Steuerpflichtigen auch vor, wenn der andere Staat den Abzug der Aufwendungen bereits nach seinen Vorschriften nicht zulässt, die diesem oder den vorstehenden Absätzen entsprechen; dies gilt nicht, wenn der Abzug der Aufwendungen in einem anderen Staat auf Grund einer diesem Absatz entsprechenden Regelung nicht zugelassen wird bei

1. einem mittelbaren oder unmittelbaren Gesellschafter eines unbeschränkt Steuerpflichtigen im Sinne des § 1 des Körperschaftsteuergesetzes[2] oder
2. dem Steuerpflichtigen, sofern sich dessen Wohnsitz, Sitz oder Ort der Geschäftsleitung auch in einem anderen Mitgliedstaat der Europäischen Union befindet und dieser Staat den Steuerpflichtigen für Zwecke der Anwendung eines Abkommens zur Vermeidung der Doppelbesteuerung zwischen der Bundesrepublik Deutschland und diesem Staat als nicht in diesem Staat ansässig behandelt.

[3] Satz 1 gilt nicht, soweit den Aufwendungen Erträge desselben Steuerpflichtigen gegenüberstehen, die sowohl im Inland als auch nachweislich in dem anderen Staat einer tatsächlichen Besteuerung unterliegen. [4] Bei unbeschränkt Steuerpflichtigen, bei denen eine Doppelbesteuerung durch Anrechnung oder Abzug der ausländischen Steuer vermieden wird, finden die Sätze 1 bis 3 nur Anwendung, soweit die Aufwendungen auch Erträge in einem anderen Staat mindern, die nicht der inländischen Besteuerung unterliegen.

---

1) Nr. **1**.
2) Nr. **17**.

(5) [1] Soweit nicht bereits die Voraussetzungen für die Versagung des Betriebsausgabenabzugs nach den vorstehenden Absätzen vorliegen, sind Aufwendungen auch insoweit nicht als Betriebsausgaben abziehbar, als den aus diesen Aufwendungen unmittelbar oder mittelbar resultierenden Erträgen Aufwendungen gegenüberstehen, deren Abzug beim Gläubiger, einem weiteren Gläubiger oder einer anderen Person bei entsprechender Anwendung dieses Absatzes oder der Absätze 1 bis 4 versagt würde. [2] Satz 1 findet keine Anwendung, soweit der steuerliche Vorteil infolge einer Besteuerungsinkongruenz im Sinne dieses Absatzes oder der Absätze 1 bis 4 bereits beim Gläubiger, beim weiteren Gläubiger oder bei der anderen Person im Sinne des Satzes 1 beseitigt wird.

(6) [1] Die Absätze 1 bis 5 finden nur Anwendung, wenn der Tatbestand dieser Absätze zwischen nahestehenden Personen im Sinne des § 1 Absatz 2 des Außensteuergesetzes oder zwischen einem Unternehmen und seiner Betriebsstätte verwirklicht wird oder wenn eine strukturierte Gestaltung anzunehmen ist. [2] Einer Person, die mit einer anderen Person durch abgestimmtes Verhalten zusammenwirkt, werden für Zwecke dieses Absatzes und der Absätze 1 bis 5 die Beteiligung, die Stimmrechte und die Gewinnbezugsrechte der anderen Person zugerechnet. [3] Eine strukturierte Gestaltung im Sinne des Satzes 1 ist anzunehmen, wenn der steuerliche Vorteil, der sich ohne die Anwendung der vorstehenden Absätze ergeben würde, ganz oder zum Teil in die Bedingungen der vertraglichen Vereinbarungen eingerechnet wurde oder die Bedingungen der vertraglichen Vereinbarungen oder die den vertraglichen Vereinbarungen zugrunde liegenden Umstände darauf schließen lassen, dass die an der Gestaltung Beteiligten den steuerlichen Vorteil erwarten konnten. [4] Ein Steuerpflichtiger wird nicht als Teil einer strukturierten Gestaltung behandelt, wenn nach den äußeren Umständen vernünftigerweise nicht davon auszugehen ist, dass ihm der steuerliche Vorteil bekannt war und er nachweist, dass er nicht an dem steuerlichen Vorteil beteiligt wurde.

(7) Die Absätze 1 bis 6 sind ungeachtet der Vorschriften eines Abkommens zur Vermeidung der Doppelbesteuerung anzuwenden.

§ 5 Gewinn bei Kaufleuten und bei bestimmten anderen Gewerbetreibenden. (1) [1] Bei Gewerbetreibenden, die auf Grund gesetzlicher Vorschriften verpflichtet sind, Bücher zu führen und regelmäßig Abschlüsse zu machen, oder die ohne eine solche Verpflichtung Bücher führen und regelmäßig Abschlüsse machen, ist für den Schluss des Wirtschaftsjahres das Betriebsvermögen anzusetzen (§ 4 Absatz 1 Satz 1), das nach den handelsrechtlichen Grundsätzen ordnungsmäßiger Buchführung auszuweisen ist, es sei denn, im Rahmen der Ausübung eines steuerlichen Wahlrechts wird oder wurde ein anderer Ansatz gewählt. [2] Voraussetzung für die Ausübung steuerlicher Wahlrechte ist, dass die Wirtschaftsgüter, die nicht mit dem handelsrechtlich maßgeblichen Wert in der steuerlichen Gewinnermittlung ausgewiesen werden, in besondere, laufend zu führende Verzeichnisse aufgenommen werden. [3] In den Verzeichnissen sind der Tag der Anschaffung oder Herstellung, die Anschaffungs- oder Herstellungskosten, die Vorschrift des ausgeübten steuerlichen Wahlrechts und die vorgenommenen Abschreibungen nachzuweisen.

(1a) [1] Posten der Aktivseite dürfen nicht mit Posten der Passivseite verrechnet werden. [2] Die Ergebnisse der in der handelsrechtlichen Rechnungslegung zur

Absicherung finanzwirtschaftlicher Risiken gebildeten Bewertungseinheiten sind auch für die steuerliche Gewinnermittlung maßgeblich.

(2) Für immaterielle Wirtschaftsgüter des Anlagevermögens ist ein Aktivposten nur anzusetzen, wenn sie entgeltlich erworben wurden.

(2a) Für Verpflichtungen, die nur zu erfüllen sind, soweit künftig Einnahmen oder Gewinne anfallen, sind Verbindlichkeiten oder Rückstellungen erst anzusetzen, wenn die Einnahmen oder Gewinne angefallen sind.

(3) [1] Rückstellungen wegen Verletzung fremder Patent-, Urheber- oder ähnlicher Schutzrechte dürfen erst gebildet werden, wenn

1. der Rechtsinhaber Ansprüche wegen der Rechtsverletzung geltend gemacht hat oder
2. mit einer Inanspruchnahme wegen der Rechtsverletzung ernsthaft zu rechnen ist.

[2] Eine nach Satz 1 Nummer 2 gebildete Rückstellung ist spätestens in der Bilanz des dritten auf ihre erstmalige Bildung folgenden Wirtschaftsjahres gewinnerhöhend aufzulösen, wenn Ansprüche nicht geltend gemacht worden sind.

(4) Rückstellungen für die Verpflichtung zu einer Zuwendung anlässlich eines Dienstjubiläums dürfen nur gebildet werden, wenn das Dienstverhältnis mindestens zehn Jahre bestanden hat, das Dienstjubiläum das Bestehen eines Dienstverhältnisses von mindestens 15 Jahren voraussetzt, die Zusage schriftlich erteilt ist und soweit der Zuwendungsberechtigte seine Anwartschaft nach dem 31. Dezember 1992 erwirbt.

(4a) [1] Rückstellungen für drohende Verluste aus schwebenden Geschäften dürfen nicht gebildet werden. [2] Das gilt nicht für Ergebnisse nach Absatz 1a Satz 2.

(4b) [1] Rückstellungen für Aufwendungen, die in künftigen Wirtschaftsjahren als Anschaffungs- oder Herstellungskosten eines Wirtschaftsguts zu aktivieren sind, dürfen nicht gebildet werden. [2] Rückstellungen für die Verpflichtung zur schadlosen Verwertung radioaktiver Reststoffe sowie ausgebauter oder abgebauter radioaktiver Anlagenteile dürfen nicht gebildet werden, soweit Aufwendungen im Zusammenhang mit der Bearbeitung oder Verarbeitung von Kernbrennstoffen stehen, die aus der Aufarbeitung bestrahlter Kernbrennstoffe gewonnen worden sind und keine radioaktiven Abfälle darstellen.

(5) [1] Als Rechnungsabgrenzungsposten sind nur anzusetzen

1. auf der Aktivseite Ausgaben vor dem Abschlussstichtag, soweit sie Aufwand für eine bestimmte Zeit nach diesem Tag darstellen;
2. auf der Passivseite Einnahmen vor dem Abschlussstichtag, soweit sie Ertrag für eine bestimmte Zeit nach diesem Tag darstellen.

[2] Auf der Aktivseite sind ferner anzusetzen

1. als Aufwand berücksichtigte Zölle und Verbrauchsteuern, soweit sie auf am Abschlussstichtag auszuweisende Wirtschaftsgüter des Vorratsvermögens entfallen,
2. als Aufwand berücksichtigte Umsatzsteuer auf am Abschlussstichtag auszuweisende Anzahlungen.

(6) Die Vorschriften über die Entnahmen und die Einlagen, über die Zulässigkeit der Bilanzänderung, über die Betriebsausgaben, über die Bewertung und über die Absetzung für Abnutzung oder Substanzverringerung sind zu befolgen.

(7)[1] [1] Übernommene Verpflichtungen, die beim ursprünglich Verpflichteten Ansatzverboten, -beschränkungen oder Bewertungsvorbehalten unterlegen haben, sind zu den auf die Übernahme folgenden Abschlussstichtagen bei dem Übernehmer und dessen Rechtsnachfolger so zu bilanzieren, wie sie beim ursprünglich Verpflichteten ohne Übernahme zu bilanzieren wären. [2] Dies gilt in Fällen des Schuldbeitritts oder der Erfüllungsübernahme mit vollständiger oder teilweiser Schuldfreistellung für die sich aus diesem Rechtsgeschäft ergebenden Verpflichtungen sinngemäß. [3] Satz 1 ist für den Erwerb eines Mitunternehmeranteils entsprechend anzuwenden. [4] Wird eine Pensionsverpflichtung unter gleichzeitiger Übernahme von Vermögenswerten gegenüber einem Arbeitnehmer übernommen, der bisher in einem anderen Unternehmen tätig war, ist Satz 1 mit der Maßgabe anzuwenden, dass bei der Ermittlung des Teilwertes der Verpflichtung der Jahresbetrag nach § 6a Absatz 3 Satz 2 Nummer 1 so zu bemessen ist, dass zu Beginn des Wirtschaftsjahres der Übernahme der Barwert der Jahresbeträge zusammen mit den übernommenen Vermögenswerten gleich dem Barwert der künftigen Pensionsleistungen ist; dabei darf sich kein negativer Jahresbetrag ergeben. [5] Für einen Gewinn, der sich aus der Anwendung der Sätze 1 bis 3 ergibt, kann jeweils in Höhe von vierzehn Fünfzehntel eine gewinnmindernde Rücklage gebildet werden, die in den folgenden 14 Wirtschaftsjahren jeweils mit mindestens einem Vierzehntel gewinnerhöhend aufzulösen ist (Auflösungszeitraum). [6] Besteht eine Verpflichtung, für die eine Rücklage gebildet wurde, bereits vor Ablauf des maßgebenden Auflösungszeitraums nicht mehr, ist die insoweit verbleibende Rücklage erhöhend aufzulösen.

§ 5a[2] Gewinnermittlung bei Handelsschiffen im internationalen Verkehr. (1) [1] Anstelle der Ermittlung des Gewinns nach § 4 Absatz 1 oder § 5 ist bei einem Gewerbebetrieb mit Geschäftsleitung im Inland der Gewinn, soweit er auf den Betrieb von Handelsschiffen im internationalen Verkehr entfällt, auf unwiderruflichen Antrag des Steuerpflichtigen nach der in seinem Betrieb geführten Tonnage zu ermitteln, wenn die Bereederung dieser Handelsschiffe im Inland durchgeführt wird. [2] Der im Wirtschaftsjahr erzielte Gewinn beträgt pro Tag des Betriebs für jedes im internationalen Verkehr betriebene Handelsschiff für jeweils volle 100 Nettotonnen (Nettoraumzahl)

0,92 Euro	bei einer Tonnage bis zu 1 000 Nettotonnen,
0,69 Euro	für die 1 000 Nettotonnen übersteigende Tonnage bis zu 10 000 Nettotonnen,
0,46 Euro	für die 10 000 Nettotonnen übersteigende Tonnage bis zu 25 000 Nettotonnen,
0,23 Euro	für die 25 000 Nettotonnen übersteigende Tonnage.

(2) [1] Handelsschiffe werden im internationalen Verkehr betrieben, wenn eigene oder gecharterte Seeschiffe, die im Wirtschaftsjahr überwiegend in

[1] § 5 Abs. 7 angef. durch G v. 18.12.2013 (BGBl. I S. 4318); zur Anwendung siehe § 52 Abs. 9.
[2] Zur Anwendung von § 5a siehe § 52 Abs. 10.

einem inländischen Seeschiffsregister eingetragen sind, in diesem Wirtschaftsjahr überwiegend zur Beförderung von Personen oder Gütern im Verkehr mit oder zwischen ausländischen Häfen, innerhalb eines ausländischen Hafens oder zwischen einem ausländischen Hafen und der Hohen See eingesetzt werden. [2]Zum Betrieb von Handelsschiffen im internationalen Verkehr gehören auch ihre Vercharterung, wenn sie vom Vercharterer ausgerüstet worden sind, und die unmittelbar mit ihrem Einsatz oder ihrer Vercharterung zusammenhängenden Neben- und Hilfsgeschäfte einschließlich der Veräußerung der Handelsschiffe und der unmittelbar ihrem Betrieb dienenden Wirtschaftsgüter. [3]Der Einsatz und die Vercharterung von gecharterten Handelsschiffen gilt nur dann als Betrieb von Handelsschiffen im internationalen Verkehr, wenn gleichzeitig eigene oder ausgerüstete Handelsschiffe im internationalen Verkehr betrieben werden. [4]Sind gecharterte Handelsschiffe nicht in einem inländischen Seeschiffsregister eingetragen, gilt Satz 3 unter der weiteren Voraussetzung, dass im Wirtschaftsjahr die Nettotonnage der gecharterten Handelsschiffe das Dreifache der nach den Sätzen 1 und 2 im internationalen Verkehr betriebenen Handelsschiffe nicht übersteigt; für die Berechnung der Nettotonnage sind jeweils die Nettotonnen pro Schiff mit der Anzahl der Betriebstage nach Absatz 1 zu vervielfältigen. [5]Dem Betrieb von Handelsschiffen im internationalen Verkehr ist gleichgestellt, wenn Seeschiffe, die im Wirtschaftsjahr überwiegend in einem inländischen Seeschiffsregister eingetragen sind, in diesem Wirtschaftsjahr überwiegend außerhalb der deutschen Hoheitsgewässer zum Schleppen, Bergen oder zur Aufsuchung von Bodenschätzen eingesetzt werden; die Sätze 2 bis 4 sind sinngemäß anzuwenden.

(3)[1)] [1]Der Antrag auf Anwendung der Gewinnermittlung nach Absatz 1 ist im Wirtschaftsjahr der Anschaffung oder Herstellung des Handelsschiffs (Indienststellung) mit Wirkung ab Beginn dieses Wirtschaftsjahres zu stellen. [2]Vor Indienststellung des Handelsschiffs durch den Betrieb von Handelsschiffen im internationalen Verkehr erwirtschaftete Gewinne sind in diesem Fall nicht zu besteuern; Verluste sind weder ausgleichsfähig noch verrechenbar. [3]Bereits erlassene Steuerbescheide sind insoweit zu ändern. [4]Das gilt auch dann, wenn der Steuerbescheid unanfechtbar geworden ist; die Festsetzungsfrist endet insoweit nicht, bevor die Festsetzungsfrist für den Veranlagungszeitraum abgelaufen ist, in dem der Gewinn erstmals nach Absatz 1 ermittelt wird. [5]Wird der Antrag auf Anwendung der Gewinnermittlung nach Absatz 1 nicht nach Satz 1 im Wirtschaftsjahr der Anschaffung oder Herstellung des Handelsschiffs (Indienststellung) gestellt, kann er erstmals in dem Wirtschaftsjahr gestellt werden, das jeweils nach Ablauf eines Zeitraumes von zehn Jahren, vom Beginn des Jahres der Indienststellung gerechnet, endet. [6]Die Sätze 2 bis 4 sind insoweit nicht anwendbar. [7]Der Steuerpflichtige ist an die Gewinnermittlung nach Absatz 1 vom Beginn des Wirtschaftsjahres an, in dem er den Antrag stellt, zehn Jahre gebunden. [8]Nach Ablauf dieses Zeitraumes kann er den Antrag mit Wirkung für den Beginn jedes folgenden Wirtschaftsjahres bis zum Ende des Jahres unwiderruflich zurücknehmen. [9]An die Gewinnermittlung nach allgemeinen Vorschriften ist der Steuerpflichtige ab dem Beginn des Wirtschaftsjahres, in dem er den Antrag zurücknimmt, zehn Jahre gebunden.

[1)] Zur Anwendung von § 5a Abs. 3 siehe § 52 Abs. 10; neue Fassung inhaltlich bestätigt durch G v. 5.4.2011 (BGBl. I S. 554).

(4)[1] [1]Zum Schluss des Wirtschaftsjahres, das der erstmaligen Anwendung des Absatzes 1 vorangeht (Übergangsjahr), ist für jedes Wirtschaftsgut, das unmittelbar dem Betrieb von Handelsschiffen im internationalen Verkehr dient, der Unterschiedsbetrag zwischen Buchwert und Teilwert in ein besonderes Verzeichnis aufzunehmen. [2]Der Unterschiedsbetrag ist gesondert und bei Gesellschaften im Sinne des § 15 Absatz 1 Satz 1 Nummer 2 einheitlich festzustellen. [3]Der Unterschiedsbetrag nach Satz 1 ist dem Gewinn hinzuzurechnen:

1. in den dem letzten Jahr der Anwendung des Absatzes 1 folgenden fünf Wirtschaftsjahren jeweils in Höhe von mindestens einem Fünftel,
2. in dem Jahr, in dem das Wirtschaftsgut aus dem Betriebsvermögen ausscheidet oder in dem es nicht mehr unmittelbar dem Betrieb von Handelsschiffen im internationalen Verkehr dient,
3. in dem Jahr des Ausscheidens eines Mitunternehmers hinsichtlich des auf ihn entfallenden Unterschiedsbetrags; mindert sich die Beteiligung des Mitunternehmers, ohne dass er aus der Mitunternehmerschaft ausscheidet, erfolgt eine Hinzurechnung entsprechend der Minderung der Beteiligung.

[4]Satz 3 Nummer 3 gilt auch in den Fällen der §§ 20 und 24 des Umwandlungssteuergesetzes[2]. [5]Wird ein Betrieb, Teilbetrieb oder Anteil eines Mitunternehmers an einem Betrieb auf einen Rechtsnachfolger zum Buchwert nach § 6 Absatz 3 übertragen, geht der Unterschiedsbetrag insoweit auf den Rechtsnachfolger über. [6]§ 182 Absatz 2 der Abgabenordnung[3] gilt sinngemäß. [7]Die Sätze 1 bis 6 sind entsprechend anzuwenden, wenn der Steuerpflichtige Wirtschaftsgüter des Betriebsvermögens dem Betrieb von Handelsschiffen im internationalen Verkehr zuführt.

(4a) [1]Bei Gesellschaften im Sinne des § 15 Absatz 1 Satz 1 Nummer 2 tritt für die Zwecke dieser Vorschrift an die Stelle des Steuerpflichtigen die Gesellschaft. [2]Der nach Absatz 1 ermittelte Gewinn ist den Gesellschaftern entsprechend ihrem Anteil am Gesellschaftsvermögen zuzurechnen. [3]Vergütungen im Sinne des § 15 Absatz 1 Satz 1 Nummer 2 und Satz 2 sind hinzuzurechnen.

(5) [1]Gewinne nach Absatz 1 umfassen auch Einkünfte nach § 16. [2]§§ 34, 34c Absatz 1 bis 3 und § 35 sind nicht anzuwenden. [3]Rücklagen nach den §§ 6b und 6d sind beim Übergang zur Gewinnermittlung nach Absatz 1 dem Gewinn im Erstjahr hinzuzurechnen; bis zum Übergang in Anspruch genommene Investitionsabzugsbeträge nach § 7g Absatz 1 sind nach Maßgabe des § 7g Absatz 3 rückgängig zu machen. [4]Für die Anwendung des § 15a ist der nach § 4 Absatz 1 oder § 5 ermittelte Gewinn zugrunde zu legen.

(6)[4] [1]In der Bilanz zum Schluss des Wirtschaftsjahres, in dem Absatz 1 letztmalig angewendet wird, ist für jedes Wirtschaftsgut, das unmittelbar dem Betrieb von Handelsschiffen im internationalen Verkehr dient, der Teilwert anzusetzen. [2]Für Wirtschaftsgüter des abnutzbaren Anlagevermögens sind den weiteren Absetzungen für Abnutzung unverändert die ursprünglichen Anschaffungs- oder Herstellungskosten zugrunde zu legen.

---

[1] § 5a Abs. 4 neu gef. durch G v. 2.6.2021 (BGBl. I S. 1259); zur Anwendung siehe § 52 Abs. 10 Satz 4.

[2] Nr. **22**.

[3] Nr. **1**.

[4] § 5a Abs. 6 Satz 2 angef. mWv VZ 2019 durch G v. 12.12.2019 (BGBl. I S. 2451); zur Anwendung siehe § 52 Abs. 10 Satz 6.

§ 5b[1] Elektronische Übermittlung von Bilanzen sowie Gewinn- und Verlustrechnungen. (1)[2] [1] Wird der Gewinn nach § 4 Absatz 1, § 5 oder § 5a ermittelt, so ist der Inhalt der Bilanz sowie der Gewinn- und Verlustrechnung nach amtlich vorgeschriebenem Datensatz durch Datenfernübertragung zu übermitteln. [2] Enthält die Bilanz Ansätze oder Beträge, die den steuerlichen Vorschriften nicht entsprechen, so sind diese Ansätze oder Beträge durch Zusätze oder Anmerkungen den steuerlichen Vorschriften anzupassen und nach amtlich vorgeschriebenem Datensatz durch Datenfernübertragung zu übermitteln. [3] Der Steuerpflichtige kann auch eine den steuerlichen Vorschriften entsprechende Bilanz nach amtlich vorgeschriebenem Datensatz durch Datenfernübertragung übermitteln. [4] Im Fall der Eröffnung des Betriebs sind die Sätze 1 bis 4[3] für den Inhalt der Eröffnungsbilanz entsprechend anzuwenden.

(2) [1] Auf Antrag kann die Finanzbehörde zur Vermeidung unbilliger Härten auf eine elektronische Übermittlung verzichten. [2] § 150 Absatz 8 der Abgabenordnung[4] gilt entsprechend.

§ 6 Bewertung. (1) Für die Bewertung der einzelnen Wirtschaftsgüter, die nach § 4 Absatz 1 oder nach § 5 als Betriebsvermögen anzusetzen sind, gilt das Folgende:

1. [1] Wirtschaftsgüter des Anlagevermögens, die der Abnutzung unterliegen, sind mit den Anschaffungs- oder Herstellungskosten oder dem an deren Stelle tretenden Wert, vermindert um die Absetzungen für Abnutzung, erhöhte Absetzungen, Sonderabschreibungen, Abzüge nach § 6b und ähnliche Abzüge, anzusetzen. [2] Ist der Teilwert auf Grund einer voraussichtlich dauernden Wertminderung niedriger, so kann dieser angesetzt werden. [3] Teilwert ist der Betrag, den ein Erwerber des ganzen Betriebs im Rahmen des Gesamtkaufpreises für das einzelne Wirtschaftsgut ansetzen würde; dabei ist davon auszugehen, dass der Erwerber den Betrieb fortführt. [4] Wirtschaftsgüter, die bereits am Schluss des vorangegangenen Wirtschaftsjahres zum Anlagevermögen des Steuerpflichtigen gehört haben, sind in den folgenden Wirtschaftsjahren gemäß Satz 1 anzusetzen, es sei denn, der Steuerpflichtige weist nach, dass ein niedrigerer Teilwert nach Satz 2 angesetzt werden kann.

1a. [1] Zu den Herstellungskosten eines Gebäudes gehören auch Aufwendungen für Instandsetzungs- und Modernisierungsmaßnahmen, die innerhalb von drei Jahren nach der Anschaffung des Gebäudes durchgeführt werden, wenn die Aufwendungen ohne die Umsatzsteuer 15 Prozent der Anschaffungskosten des Gebäudes übersteigen (anschaffungsnahe Herstellungskosten). [2] Zu diesen Aufwendungen gehören nicht die Aufwendungen für Erweiterungen im Sinne des § 255 Absatz 2 Satz 1 des Handelsgesetzbuchs[5] sowie Aufwendungen für Erhaltungsarbeiten, die jährlich üblicherweise anfallen.

---

[1] Zur Anwendung von § 5b für nach dem 31.12.2010 beginnende Wj. siehe § 52 Abs. 11.

[2] § 5b Abs. 1 Satz 4 aufgeh., bish. Satz 5 wird Satz 4 mWv 1.1.2017 durch G v. 18.7.2016 (BGBl. I S. 1679).

[3] Richtig wohl: „3".

[4] Nr. **1**.

[5] Nr. **34**.

EStG

1b.[1)] [1]Bei der Berechnung der Herstellungskosten brauchen angemessene Teile der Kosten der allgemeinen Verwaltung sowie angemessene Aufwendungen für soziale Einrichtungen des Betriebs, für freiwillige soziale Leistungen und für die betriebliche Altersversorgung im Sinne des § 255 Absatz 2 Satz 3 des Handelsgesetzbuchs nicht einbezogen zu werden, soweit diese auf den Zeitraum der Herstellung entfallen. [2]Das Wahlrecht ist bei Gewinnermittlung nach § 5 in Übereinstimmung mit der Handelsbilanz auszuüben.

2. [1]Andere als die in Nummer 1 bezeichneten Wirtschaftsgüter des Betriebs (Grund und Boden, Beteiligungen, Umlaufvermögen) sind mit den Anschaffungs- oder Herstellungskosten oder dem an deren Stelle tretenden Wert, vermindert um Abzüge nach § 6b und ähnliche Abzüge, anzusetzen. [2]Ist der Teilwert (Nummer 1 Satz 3) auf Grund einer voraussichtlich dauernden Wertminderung niedriger, so kann dieser angesetzt werden. [3]Nummer 1 Satz 4 gilt entsprechend.

2a. [1]Steuerpflichtige, die den Gewinn nach § 5 ermitteln, können für den Wertansatz gleichartiger Wirtschaftsgüter des Vorratsvermögens unterstellen, dass die zuletzt angeschafften oder hergestellten Wirtschaftsgüter zuerst verbraucht oder veräußert worden sind, soweit dies den handelsrechtlichen Grundsätzen ordnungsmäßiger Buchführung entspricht. [2]Der Vorratsbestand am Schluss des Wirtschaftsjahres, das der erstmaligen Anwendung der Bewertung nach Satz 1 vorangeht, gilt mit seinem Bilanzansatz als erster Zugang des neuen Wirtschaftsjahres. [3]Von der Verbrauchs- oder Veräußerungsfolge nach Satz 1 kann in den folgenden Wirtschaftsjahren nur mit Zustimmung des Finanzamts abgewichen werden.

2b. [1]Steuerpflichtige, die in den Anwendungsbereich des § 340 des Handelsgesetzbuchs fallen, haben die zu Handelszwecken erworbenen Finanzinstrumente, die nicht in einer Bewertungseinheit im Sinne des § 5 Absatz 1a Satz 2 abgebildet werden, mit dem beizulegenden Zeitwert abzüglich eines Risikoabschlages (§ 340e Absatz 3 des Handelsgesetzbuchs) zu bewerten. [2]Nummer 2 Satz 2 ist nicht anzuwenden.

3. [1]Verbindlichkeiten sind unter sinngemäßer Anwendung der Vorschriften der Nummer 2 anzusetzen und mit einem Zinssatz von 5,5 Prozent abzuzinsen. [2]Ausgenommen von der Abzinsung sind Verbindlichkeiten, deren Laufzeit am Bilanzstichtag weniger als zwölf Monate beträgt, und Verbindlichkeiten, die verzinslich sind oder auf einer Anzahlung oder Vorausleistung beruhen.

3a. Rückstellungen sind höchstens insbesondere unter Berücksichtigung folgender Grundsätze anzusetzen:

a) bei Rückstellungen für gleichartige Verpflichtungen ist auf der Grundlage der Erfahrungen in der Vergangenheit aus der Abwicklung solcher Verpflichtungen die Wahrscheinlichkeit zu berücksichtigen, dass der Steuerpflichtige nur zu einem Teil der Summe dieser Verpflichtungen in Anspruch genommen wird;

[1)] § 6 Abs. 1 Nr. 1b eingef. durch G v. 18.7.2016 (BGBl. I S. 1679); zur Anwendung siehe § 52 Abs. 12 Satz 1.

b) Rückstellungen für Sachleistungsverpflichtungen sind mit den Einzelkosten und den angemessenen Teilen der notwendigen Gemeinkosten zu bewerten;

c) künftige Vorteile, die mit der Erfüllung der Verpflichtung voraussichtlich verbunden sein werden, sind, soweit sie nicht als Forderung zu aktivieren sind, bei ihrer Bewertung wertmindernd zu berücksichtigen;

d) Rückstellungen für Verpflichtungen, für deren Entstehen im wirtschaftlichen Sinne der laufende Betrieb ursächlich ist, sind zeitanteilig in gleichen Raten anzusammeln. [2] Rückstellungen für gesetzliche Verpflichtungen zur Rücknahme und Verwertung von Erzeugnissen, die vor Inkrafttreten entsprechender gesetzlicher Verpflichtungen in Verkehr gebracht worden sind, sind zeitanteilig in gleichen Raten bis zum Beginn der jeweiligen Erfüllung anzusammeln; Buchstabe e ist insoweit nicht anzuwenden. [3] Rückstellungen für die Verpflichtung, ein Kernkraftwerk stillzulegen, sind ab dem Zeitpunkt der erstmaligen Nutzung bis zum Zeitpunkt, in dem mit der Stilllegung begonnen werden muss, zeitanteilig in gleichen Raten anzusammeln; steht der Zeitpunkt der Stilllegung nicht fest, beträgt der Zeitraum für die Ansammlung 25 Jahre;

e) Rückstellungen für Verpflichtungen sind mit einem Zinssatz von 5,5 Prozent abzuzinsen; Nummer 3 Satz 2 ist entsprechend anzuwenden. [2] Für die Abzinsung von Rückstellungen für Sachleistungsverpflichtungen ist der Zeitraum bis zum Beginn der Erfüllung maßgebend. [3] Für die Abzinsung von Rückstellungen für die Verpflichtung, ein Kernkraftwerk stillzulegen, ist der sich aus Buchstabe d Satz 3 ergebende Zeitraum maßgebend; und

f) bei der Bewertung sind die Wertverhältnisse am Bilanzstichtag maßgebend; künftige Preis- und Kostensteigerungen dürfen nicht berücksichtigt werden.

4.[1] [1] Entnahmen des Steuerpflichtigen für sich, für seinen Haushalt oder für andere betriebsfremde Zwecke sind mit dem Teilwert anzusetzen; die Entnahme ist in den Fällen des § 4 Absatz 1 Satz 3 erster Halbsatz mit dem gemeinen Wert und in den Fällen des § 4 Absatz 1 Satz 3 zweiter Halbsatz mit dem Wert anzusetzen, den der andere Staat der Besteuerung zugrunde legt, höchstens jedoch mit dem gemeinen Wert. [2] Die private Nutzung eines Kraftfahrzeugs, das zu mehr als 50 Prozent betrieblich genutzt wird, ist für jeden Kalendermonat mit 1 Prozent des inländischen Listenpreises im Zeitpunkt der Erstzulassung zuzüglich der Kosten für Sonderausstattung einschließlich Umsatzsteuer anzusetzen; bei der privaten Nutzung von Fahrzeugen mit Antrieb ausschließlich durch Elektromotoren, die ganz oder überwiegend aus mechanischen oder elektrochemischen Energiespeichern oder aus emissionsfrei betriebenen Ener-

[1] § 6 Abs. 1 Nr. 4 Sätze 2 und 3 geänd. mWv VZ 2013 durch G v. 26.6.2013 (BGBl. I S. 1809); Satz 3 geänd. mWv VZ 2016 durch G v. 2.11.2015 (BGBl. I S. 1834); Sätze 2 und 3 neu gef. mWv 15.12.2018, Satz 6 angef. mWv VZ 2019 durch G v. 11.12.2018 (BGBl. I S. 2338); zur letztmaligen Anwendung von Satz 6 siehe § 52 Abs. 12 Satz 3; Sätze 2 und 3 jeweils abschl. Satzteil angef. mWv VZ 2020 durch G v. 12.12.2019 (BGBl. I S. 2451); Satz 1 2. HS neu gef. mWv VZ 2020 durch G v. 25.6.2021 (BGBl. I S. 2035); zur Anwendung siehe § 52 Abs. 12 Satz 9.

giewandlern gespeist werden (Elektrofahrzeuge), oder von extern aufladbaren Hybridelektrofahrzeugen, ist der Listenpreis dieser Kraftfahrzeuge

1.[1] soweit die Nummern 2, 3 oder 4 nicht anzuwenden sind und bei Anschaffung vor dem 1. Januar 2023 um die darin enthaltenen Kosten des Batteriesystems im Zeitpunkt der Erstzulassung des Kraftfahrzeugs wie folgt zu mindern: für bis zum 31. Dezember 2013 angeschaffte Kraftfahrzeuge um 500 Euro pro Kilowattstunde der Batteriekapazität, dieser Betrag mindert sich für in den Folgejahren angeschaffte Kraftfahrzeuge um jährlich 50 Euro pro Kilowattstunde der Batteriekapazität; die Minderung pro Kraftfahrzeug beträgt höchstens 10 000 Euro; dieser Höchstbetrag mindert sich für in den Folgejahren angeschaffte Kraftfahrzeuge um jährlich 500 Euro, oder

2.[2] soweit Nummer 3 nicht anzuwenden ist und bei Anschaffung nach dem 31. Dezember 2018 und vor dem 1. Januar 2022 nur zur Hälfte anzusetzen; bei extern aufladbaren Hybridelektrofahrzeugen muss das Fahrzeug die Voraussetzungen des § 3 Absatz 2 Nummer 1 oder 2 des Elektromobilitätsgesetzes erfüllen, oder

3.[3] bei Anschaffung nach dem 31. Dezember 2018 und vor dem 1. Januar 2031 nur zu einem Viertel anzusetzen, wenn das Kraftfahrzeug keine Kohlendioxidemission je gefahrenen Kilometer hat und der Bruttolistenpreis des Kraftfahrzeugs nicht mehr als 60 000 Euro beträgt, oder

4.[4] soweit Nummer 3 nicht anzuwenden ist und bei Anschaffung nach dem 31. Dezember 2021 und vor dem 1. Januar 2025 nur zur Hälfte anzusetzen, wenn das Kraftfahrzeug
   a) eine Kohlendioxidemission von höchstens 50 Gramm je gefahrenen Kilometer hat oder
   b) die Reichweite des Fahrzeugs unter ausschließlicher Nutzung der elektrischen Antriebsmaschine mindestens 60 Kilometer beträgt, oder

5.[5] soweit Nummer 3 nicht anzuwenden ist und bei Anschaffung nach dem 31. Dezember 2024 und vor dem 1. Januar 2031 nur zur Hälfte anzusetzen, wenn das Kraftfahrzeug
   a) eine Kohlendioxidemission von höchstens 50 Gramm je gefahrenen Kilometer hat oder
   b) die Reichweite des Fahrzeugs unter ausschließlicher Nutzung der elektrischen Antriebsmaschine mindestens 80 Kilometer beträgt,

die maßgebliche Kohlendioxidemission sowie die Reichweite des Kraftfahrzeugs unter ausschließlicher Nutzung der elektrischen Antriebsmaschine ist der Übereinstimmungsbescheinigung nach Anhang IX der Richtlinie 2007/46/EG oder aus der Übereinstimmungsbescheinigung nach Artikel 38 der Verordnung (EU) Nr. 168/2013 zu entnehmen. [3]Die private Nutzung kann abweichend von Satz 2 mit den auf die Privat-

---

[1] § 6 Abs. 1 Nr. 4 Satz 2 Nr. 1 geänd. mWv VZ 2020 durch G v. 12.12.2019 (BGBl. I S. 2451).
[2] § 6 Abs. 1 Nr. 4 Satz 2 Nr. 2 geänd. mWv VZ 2020 durch G v. 12.12.2019 (BGBl. I S. 2451).
[3] § 6 Abs. 1 Nr. 4 Satz 2 Nr. 3 angef. mWv VZ 2020 durch G v. 12.12.2019 (BGBl. I S. 2451); geänd. mWv VZ 2020 durch G v. 29.6.2020 (BGBl. I S. 1512); zur Anwendung siehe § 52 Abs. 12 Satz 2.
[4] § 6 Abs. 1 Nr. 4 Satz 2 Nr. 4 angef. mWv VZ 2020 durch G v. 12.12.2019 (BGBl. I S. 2451).
[5] § 6 Abs. 1 Nr. 4 Satz 2 Nr. 5 angef. mWv VZ 2020 durch G v. 12.12.2019 (BGBl. I S. 2451).

fahrten entfallenden Aufwendungen angesetzt werden, wenn die für das Kraftfahrzeug insgesamt entstehenden Aufwendungen durch Belege und das Verhältnis der privaten zu den übrigen Fahrten durch ein ordnungsgemäßes Fahrtenbuch nachgewiesen werden; bei der privaten Nutzung von Fahrzeugen mit Antrieb ausschließlich durch Elektromotoren, die ganz oder überwiegend aus mechanischen oder elektrochemischen Energiespeichern oder aus emissionsfrei betriebenen Energiewandlern gespeist werden (Elektrofahrzeuge), oder von extern aufladbaren Hybridelektrofahrzeugen, sind

1.[1] soweit die Nummern 2, 3 oder 4 nicht anzuwenden sind und bei Anschaffung vor dem 1. Januar 2023 die der Berechnung der Entnahme zugrunde zu legenden insgesamt entstandenen Aufwendungen um Aufwendungen für das Batteriesystem zu mindern; dabei ist bei zum Betriebsvermögen des Steuerpflichtigen gehörenden Elektro- und Hybridelektrofahrzeugen die der Berechnung der Absetzungen für Abnutzung zugrunde zu legende Bemessungsgrundlage um die nach Satz 2 in pauschaler Höhe festgelegten Aufwendungen zu mindern, wenn darin Kosten für ein Batteriesystem enthalten sind, oder
2.[2] soweit Nummer 3 nicht anzuwenden ist und bei Anschaffung nach dem 31. Dezember 2018 und vor dem 1. Januar 2022 bei der Ermittlung der insgesamt entstandenen Aufwendungen die Anschaffungskosten für das Kraftfahrzeug oder vergleichbare Aufwendungen nur zur Hälfte zu berücksichtigen; bei extern aufladbaren Hybridelektrofahrzeugen muss das Fahrzeug die Voraussetzungen des § 3 Absatz 2 Nummer 1 oder 2 des Elektromobilitätsgesetzes erfüllen, oder
3.[3] bei Anschaffung nach dem 31. Dezember 2018 und vor dem 1. Januar 2031 bei der Ermittlung der insgesamt entstandenen Aufwendungen die Anschaffungskosten für das Kraftfahrzeug oder vergleichbare Aufwendungen nur zu einem Viertel zu berücksichtigen, wenn das Kraftfahrzeug keine Kohlendioxidemission je gefahrenen Kilometer hat, und der Bruttolistenpreis des Kraftfahrzeugs nicht mehr als 60 000 Euro beträgt oder
4.[4] soweit Nummer 3 nicht anzuwenden ist und bei Anschaffung nach dem 31. Dezember 2021 und vor dem 1. Januar 2025 bei der Ermittlung der insgesamt entstandenen Aufwendungen die Anschaffungskosten für das Kraftfahrzeug oder vergleichbare Aufwendungen nur zur Hälfte zu berücksichtigen, wenn das Kraftfahrzeug
   a) eine Kohlendioxidemission von höchstens 50 Gramm je gefahrenen Kilometer hat oder
   b) die Reichweite des Kraftfahrzeugs unter ausschließlicher Nutzung der elektrischen Antriebsmaschine mindestens 60 Kilometer beträgt, oder

---

[1] § 6 Abs. 1 Nr. 4 Satz 3 Nr. 1 geänd. mWv VZ 2020 durch G v. 12.12.2019 (BGBl. I S. 2451).
[2] § 6 Abs. 1 Nr. 4 Satz 3 Nr. 2 geänd. mWv VZ 2020 durch G v. 12.12.2019 (BGBl. I S. 2451).
[3] § 6 Abs. 1 Nr. 4 Satz 3 Nr. 3 angef. mWv VZ 2020 durch G v. 12.12.2019 (BGBl. I S. 2451); geänd. mWv VZ 2020 durch G v. 29.6.2020 (BGBl. I S. 1512); zur Anwendung siehe § 52 Abs. 12 Satz 2.
[4] § 6 Abs. 1 Nr. 4 Satz 3 Nr. 4 angef. mWv VZ 2020 durch G v. 12.12.2019 (BGBl. I S. 2451).

5.[1] soweit Nummer 3 nicht anzuwenden ist und bei Anschaffung nach dem 31. Dezember 2024 und vor dem 1. Januar 2031 bei der Ermittlung der insgesamt entstandenen Aufwendungen die Anschaffungskosten für das Kraftfahrzeug oder vergleichbare Aufwendungen nur zur Hälfte zu berücksichtigen, wenn das Kraftfahrzeug

a) eine Kohlendioxidemission von höchstens 50 Gramm je gefahrenen Kilometer hat oder

b) die Reichweite des Kraftfahrzeugs unter ausschließlicher Nutzung der elektrischen Antriebsmaschine mindestens 80 Kilometer beträgt,

die maßgebliche Kohlendioxidemission sowie die Reichweite des Kraftfahrzeugs unter ausschließlicher Nutzung der elektrischen Antriebsmaschine ist der Übereinstimmungsbescheinigung nach Anhang IX der Richtlinie 2007/46/EG oder aus der Übereinstimmungsbescheinigung nach Artikel 38 der Verordnung (EU) Nr. 168/2013 zu entnehmen. [4]Wird ein Wirtschaftsgut unmittelbar nach seiner Entnahme einer nach § 5 Absatz 1 Nummer 9 des Körperschaftsteuergesetzes[2] von der Körperschaftsteuer befreiten Körperschaft, Personenvereinigung oder Vermögensmasse oder einer juristischen Person des öffentlichen Rechts zur Verwendung für steuerbegünstigte Zwecke im Sinne des § 10b Absatz 1 Satz 1 unentgeltlich überlassen, so kann die Entnahme mit dem Buchwert angesetzt werden. [5]Satz 4 gilt nicht für die Entnahme von Nutzungen und Leistungen. [6]Die private Nutzung eines betrieblichen Fahrrads, das kein Kraftfahrzeug im Sinne des Satzes 2 ist, bleibt außer Ansatz.

5.[3] [1]Einlagen sind mit dem Teilwert für den Zeitpunkt der Zuführung anzusetzen; sie sind jedoch höchstens mit den Anschaffungs- oder Herstellungskosten anzusetzen, wenn das zugeführte Wirtschaftsgut

a) innerhalb der letzten drei Jahre vor dem Zeitpunkt der Zuführung angeschafft oder hergestellt worden ist,

b) ein Anteil an einer Kapitalgesellschaft ist und der Steuerpflichtige an der Gesellschaft im Sinne des § 17 Absatz 1 oder Absatz 6 beteiligt ist; § 17 Absatz 2 Satz 5 gilt entsprechend, oder

c) ein Wirtschaftsgut im Sinne des § 20 Absatz 2 oder im Sinne des § 2 Absatz 4 des Investmentsteuergesetzes[4] ist.

[2]Ist die Einlage ein abnutzbares Wirtschaftsgut, so sind die Anschaffungs- oder Herstellungskosten um Absetzungen für Abnutzung zu kürzen, die auf den Zeitraum zwischen der Anschaffung oder Herstellung des Wirtschaftsguts und der Einlage entfallen. [3]Ist die Einlage ein Wirtschaftsgut, das vor der Zuführung aus einem Betriebsvermögen des Steuerpflichtigen entnommen worden ist, so tritt an die Stelle der Anschaffungs- oder Herstellungskosten der Wert, mit dem die Entnahme angesetzt worden ist, und an die Stelle des Zeitpunkts der Anschaffung oder Herstellung der Zeitpunkt der Entnahme.

---

[1] § 6 Abs. 1 Nr. 4 Satz 3 Nr. 5 angef. mWv VZ 2020 durch G v. 12.12.2019 (BGBl. I S. 2451).

[2] Nr. **17**.

[3] § 6 Abs. 1 Nr. 5 Satz 1 Buchst. c geänd. mWv VZ 2018 durch G v. 11.12.2018 (BGBl. I S. 2338); zur Anwendung siehe § 52 Abs. 12 Satz 4.

[4] Nr. **15**.

EStG

5a.[1] In den Fällen des § 4 Absatz 1 Satz 8 zweiter Halbsatz ist das Wirtschaftsgut mit dem gemeinen Wert anzusetzen; unterliegt der Steuerpflichtige in einem anderen Staat einer Besteuerung auf Grund des Ausschlusses oder der Beschränkung des Besteuerungsrechts dieses Staates, ist das Wirtschaftsgut mit dem Wert anzusetzen, den der andere Staat der Besteuerung zugrunde legt, höchstens jedoch mit dem gemeinen Wert.

5b.[2] Im Fall des § 4 Absatz 1 Satz 9 ist das Wirtschaftsgut jeweils mit dem Wert anzusetzen, den der andere Staat der Besteuerung zugrunde legt, höchstens jedoch mit dem gemeinen Wert.

6. Bei Eröffnung eines Betriebs ist Nummer 5 entsprechend anzuwenden.

7. Bei entgeltlichem Erwerb eines Betriebs sind die Wirtschaftsgüter mit dem Teilwert, höchstens jedoch mit den Anschaffungs- oder Herstellungskosten anzusetzen.

(2)[3] [1]Die Anschaffungs- oder Herstellungskosten oder der nach Absatz 1 Nummer 5 bis 6 an deren Stelle tretende Wert von abnutzbaren beweglichen Wirtschaftsgütern des Anlagevermögens, die einer selbständigen Nutzung fähig sind, können im Wirtschaftsjahr der Anschaffung, Herstellung oder Einlage des Wirtschaftsguts oder der Eröffnung des Betriebs in voller Höhe als Betriebsausgaben abgezogen werden, wenn die Anschaffungs- oder Herstellungskosten, vermindert um einen darin enthaltenen Vorsteuerbetrag (§ 9b Absatz 1), oder der nach Absatz 1 Nummer 5 bis 6 an deren Stelle tretende Wert für das einzelne Wirtschaftsgut 800 Euro nicht übersteigen. [2]Ein Wirtschaftsgut ist einer selbständigen Nutzung nicht fähig, wenn es nach seiner betrieblichen Zweckbestimmung nur zusammen mit anderen Wirtschaftsgütern des Anlagevermögens genutzt werden kann und die in den Nutzungszusammenhang eingefügten Wirtschaftsgüter technisch aufeinander abgestimmt sind. [3]Das gilt auch, wenn das Wirtschaftsgut aus dem betrieblichen Nutzungszusammenhang gelöst und in einen anderen betrieblichen Nutzungszusammenhang eingefügt werden kann. [4]Wirtschaftsgüter im Sinne des Satzes 1, deren Wert 250 Euro übersteigt, sind unter Angabe des Tages der Anschaffung, Herstellung oder Einlage des Wirtschaftsguts oder der Eröffnung des Betriebs und der Anschaffungs- oder Herstellungskosten oder des nach Absatz 1 Nummer 5 bis 6 an deren Stelle tretenden Werts in ein besonderes, laufend zu führendes Verzeichnis aufzunehmen. [5]Das Verzeichnis braucht nicht geführt zu werden, wenn diese Angaben aus der Buchführung ersichtlich sind.

(2a)[4] [1]Abweichend von Absatz 2 Satz 1 kann für die abnutzbaren beweglichen Wirtschaftsgüter des Anlagevermögens, die einer selbständigen Nutzung fähig sind, im Wirtschaftsjahr der Anschaffung, Herstellung oder Einlage des Wirtschaftsguts oder der Eröffnung des Betriebs ein Sammelposten gebildet werden, wenn die Anschaffungs- oder Herstellungskosten, vermindert um

---

[1] § 6 Abs. 1 Nr. 5a geänd. durch G v. 8.12.2010 (BGBl. I S. 1768); 2. HS angef. mWv VZ 2020 durch G v. 25.6.2021 (BGBl. I S. 2035); zur Anwendung siehe § 52 Abs. 12 Satz 9.

[2] § 6 Abs. 1 Nr. 5b eingef. mWv VZ 2020 durch G v. 25.6.2021 (BGBl. I S. 2035); zur Anwendung siehe § 52 Abs. 12 Satz 9.

[3] § 6 Abs. 2 Satz 1 geänd., Sätze 4 und 5 angef. durch G v. 22.12.2009 (BGBl. I S. 3950); Satz 1 geänd. mWv VZ 2018 durch G v. 27.6.2017 (BGBl. I S. 2074); zur Anwendung siehe § 52 Abs. 12 Satz 6; Satz 4 geänd. mWv VZ 2018 durch G v. 30.6.2017 (BGBl. I S. 2143); zur Anwendung siehe § 52 Abs. 12 Satz 5.

[4] § 6 Abs. 2a neu gef. durch G v. 22.12.2009 (BGBl. I S. 3950); Sätze 1 und 4 geänd. mWv VZ 2018 durch G v. 27.6.2017 (BGBl. I S. 2074); zur Anwendung siehe § 52 Abs. 12 Satz 8.

einen darin enthaltenen Vorsteuerbetrag (§ 9b Absatz 1), oder der nach Absatz 1 Nummer 5 bis 6 an deren Stelle tretende Wert für das einzelne Wirtschaftsgut 250 Euro, aber nicht 1 000 Euro übersteigen. [2]Der Sammelposten ist im Wirtschaftsjahr der Bildung und den folgenden vier Wirtschaftsjahren mit jeweils einem Fünftel gewinnmindernd aufzulösen. [3]Scheidet ein Wirtschaftsgut im Sinne des Satzes 1 aus dem Betriebsvermögen aus, wird der Sammelposten nicht vermindert. [4]Die Anschaffungs- oder Herstellungskosten oder der nach Absatz 1 Nummer 5 bis 6 an deren Stelle tretende Wert von abnutzbaren beweglichen Wirtschaftsgütern des Anlagevermögens, die einer selbständigen Nutzung fähig sind, können im Wirtschaftsjahr der Anschaffung, Herstellung oder Einlage des Wirtschaftsguts oder der Eröffnung des Betriebs in voller Höhe als Betriebsausgaben abgezogen werden, wenn die Anschaffungs- oder Herstellungskosten, vermindert um einen darin enthaltenen Vorsteuerbetrag (§ 9b Absatz 1), oder der nach Absatz 1 Nummer 5 bis 6 an deren Stelle tretende Wert für das einzelne Wirtschaftsgut 250 Euro nicht übersteigen. [5]Die Sätze 1 bis 3 sind für alle in einem Wirtschaftsjahr angeschafften, hergestellten oder eingelegten Wirtschaftsgüter einheitlich anzuwenden.

(3)[1)] [1]Wird ein Betrieb, ein Teilbetrieb oder der Anteil eines Mitunternehmers an einem Betrieb unentgeltlich übertragen, so sind bei der Ermittlung des Gewinns des bisherigen Betriebsinhabers (Mitunternehmers) die Wirtschaftsgüter mit den Werten anzusetzen, die sich nach den Vorschriften über die Gewinnermittlung ergeben, sofern die Besteuerung der stillen Reserven sichergestellt ist; dies gilt auch bei der unentgeltlichen Aufnahme einer natürlichen Person in ein bestehendes Einzelunternehmen sowie bei der unentgeltlichen Übertragung eines Teils eines Mitunternehmeranteils auf eine natürliche Person. [2]Satz 1 ist auch anzuwenden, wenn der bisherige Betriebsinhaber (Mitunternehmer) Wirtschaftsgüter, die weiterhin zum Betriebsvermögen derselben Mitunternehmerschaft gehören, nicht überträgt, sofern der Rechtsnachfolger den übernommenen Mitunternehmeranteil über einen Zeitraum von mindestens fünf Jahren nicht veräußert oder aufgibt. [3]Der Rechtsnachfolger ist an die in Satz 1 genannten Werte gebunden.

(4)[2)] Wird ein einzelnes Wirtschaftsgut außer in den Fällen der Einlage (§ 4 Absatz 1 Satz 8) unentgeltlich in das Betriebsvermögen eines anderen Steuerpflichtigen übertragen, gilt sein gemeiner Wert für das aufnehmende Betriebsvermögen als Anschaffungskosten.

(5)[3)] [1]Wird ein einzelnes Wirtschaftsgut von einem Betriebsvermögen in ein anderes Betriebsvermögen desselben Steuerpflichtigen überführt, ist bei der Überführung der Wert anzusetzen, der sich nach den Vorschriften über die Gewinnermittlung ergibt, sofern die Besteuerung der stillen Reserven sichergestellt ist; § 4 Absatz 1 Satz 4 ist entsprechend anzuwenden. [2]Satz 1 gilt auch für die Überführung aus einem eigenen Betriebsvermögen des Steuerpflichtigen in dessen Sonderbetriebsvermögen bei einer Mitunternehmerschaft und umgekehrt sowie für die Überführung zwischen verschiedenen Sonderbetriebsvermögen desselben Steuerpflichtigen bei verschiedenen Mitunternehmerschaften. [3]Satz 1 gilt entsprechend, soweit ein Wirtschaftsgut

---

[1)] § 6 Abs. 3 Satz 1 neu gef. durch G v. 20.12.2016 (BGBl. I S. 3000).

[2)] § 6 Abs. 4 geänd. durch G v. 8.12.2010 (BGBl. I S. 1768).

[3)] § 6 Abs. 5 Satz 1 2. HS angef. durch G v. 8.12.2010 (BGBl. I S. 1768); zur Anwendung siehe § 52 Abs. 12 Satz 7.

1. unentgeltlich oder gegen Gewährung oder Minderung von Gesellschaftsrechten aus einem Betriebsvermögen des Mitunternehmers in das Gesamthandsvermögen einer Mitunternehmerschaft und umgekehrt,
2. unentgeltlich oder gegen Gewährung oder Minderung von Gesellschaftsrechten aus dem Sonderbetriebsvermögen eines Mitunternehmers in das Gesamthandsvermögen derselben Mitunternehmerschaft oder einer anderen Mitunternehmerschaft, an der er beteiligt ist, und umgekehrt oder
3. unentgeltlich zwischen den jeweiligen Sonderbetriebsvermögen verschiedener Mitunternehmer derselben Mitunternehmerschaft

übertragen wird. [4] Wird das nach Satz 3 übertragene Wirtschaftsgut innerhalb einer Sperrfrist veräußert oder entnommen, ist rückwirkend auf den Zeitpunkt der Übertragung der Teilwert anzusetzen, es sei denn, die bis zur Übertragung entstandenen stillen Reserven sind durch Erstellung einer Ergänzungsbilanz dem übertragenden Gesellschafter zugeordnet worden; diese Sperrfrist endet drei Jahre nach Abgabe der Steuererklärung des Übertragenden für den Veranlagungszeitraum, in dem die in Satz 3 bezeichnete Übertragung erfolgt ist. [5] Der Teilwert ist auch anzusetzen, soweit in den Fällen des Satzes 3 der Anteil einer Körperschaft, Personenvereinigung oder Vermögensmasse an dem Wirtschaftsgut unmittelbar oder mittelbar begründet wird oder dieser sich erhöht. [6] Soweit innerhalb von sieben Jahren nach der Übertragung des Wirtschaftsguts nach Satz 3 der Anteil einer Körperschaft, Personenvereinigung oder Vermögensmasse an dem übertragenen Wirtschaftsgut aus einem anderen Grund unmittelbar oder mittelbar begründet wird oder dieser sich erhöht, ist rückwirkend auf den Zeitpunkt der Übertragung ebenfalls der Teilwert anzusetzen.

(6) [1] Wird ein einzelnes Wirtschaftsgut im Wege des Tausches übertragen, bemessen sich die Anschaffungskosten nach dem gemeinen Wert des hingegebenen Wirtschaftsguts. [2] Erfolgt die Übertragung im Wege der verdeckten Einlage, erhöhen sich die Anschaffungskosten der Beteiligung an der Kapitalgesellschaft um den Teilwert des eingelegten Wirtschaftsguts. [3] In den Fällen des Absatzes 1 Nummer 5 Satz 1 Buchstabe a erhöhen sich die Anschaffungskosten im Sinne des Satzes 2 um den Einlagewert des Wirtschaftsguts. [4] Absatz 5 bleibt unberührt.

(7)[1)] Im Fall des § 4 Absatz 3 sind

1. bei der Bemessung der Absetzungen für Abnutzung oder Substanzverringerung die sich bei der Anwendung der Absätze 3 bis 6 ergebenden Werte als Anschaffungskosten zugrunde zu legen und
2. die Bewertungsvorschriften des Absatzes 1 Nummer 1a und der Nummern 4 bis 7 entsprechend anzuwenden.

§ 6a Pensionsrückstellung. (1) Für eine Pensionsverpflichtung darf eine Rückstellung (Pensionsrückstellung) nur gebildet werden, wenn und soweit

1. der Pensionsberechtigte einen Rechtsanspruch auf einmalige oder laufende Pensionsleistungen hat,
2. die Pensionszusage keine Pensionsleistungen in Abhängigkeit von künftigen gewinnabhängigen Bezügen vorsieht und keinen Vorbehalt enthält, dass die Pensionsanwartschaft oder die Pensionsleistung gemindert oder entzogen werden kann, oder ein solcher Vorbehalt sich nur auf Tatbestände erstreckt,

1) § 6 Abs. 7 neu gef. mWv VZ 2013 durch G v. 26.6.2013 (BGBl. I S. 1809).

bei deren Vorliegen nach allgemeinen Rechtsgrundsätzen unter Beachtung billigen Ermessens eine Minderung oder ein Entzug der Pensionsanwartschaft oder der Pensionsleistung zulässig ist, und

3. die Pensionszusage schriftlich erteilt ist; die Pensionszusage muss eindeutige Angaben zu Art, Form, Voraussetzungen und Höhe der in Aussicht gestellten künftigen Leistungen enthalten.

(2) Eine Pensionsrückstellung darf erstmals gebildet werden

1.[1] vor Eintritt des Versorgungsfalls für das Wirtschaftsjahr, in dem die Pensionszusage erteilt wird, frühestens jedoch für das Wirtschaftsjahr, bis zu dessen Mitte der Pensionsberechtigte bei
   a) erstmals nach dem 31. Dezember 2017 zugesagten Pensionsleistungen das 23. Lebensjahr vollendet,
   b) erstmals nach dem 31. Dezember 2008 und vor dem 1. Januar 2018 zugesagten Pensionsleistungen das 27. Lebensjahr vollendet,
   c) erstmals nach dem 31. Dezember 2000 und vor dem 1. Januar 2009 zugesagten Pensionsleistungen das 28. Lebensjahr vollendet,
   d) erstmals vor dem 1. Januar 2001 zugesagten Pensionsleistungen das 30. Lebensjahr vollendet

   oder bei nach dem 31. Dezember 2000 vereinbarten Entgeltumwandlungen im Sinne von § 1 Absatz 2 des Betriebsrentengesetzes für das Wirtschaftsjahr, in dessen Verlauf die Pensionsanwartschaft gemäß den Vorschriften des Betriebsrentengesetzes unverfallbar wird,

2. nach Eintritt des Versorgungsfalls für das Wirtschaftsjahr, in dem der Versorgungsfall eintritt.

(3) [1]Eine Pensionsrückstellung darf höchstens mit dem Teilwert der Pensionsverpflichtung angesetzt werden. [2]Als Teilwert einer Pensionsverpflichtung gilt

1.[2] vor Beendigung des Dienstverhältnisses des Pensionsberechtigten der Barwert der künftigen Pensionsleistungen am Schluss des Wirtschaftsjahres abzüglich des sich auf denselben Zeitpunkt ergebenden Barwerts betragsmäßig gleich bleibender Jahresbeträge, bei einer Entgeltumwandlung im Sinne von § 1 Absatz 2 des Betriebsrentengesetzes mindestens jedoch der Barwert der gemäß den Vorschriften des Betriebsrentengesetzes unverfallbaren künftigen Pensionsleistungen am Schluss des Wirtschaftsjahres. [2]Die Jahresbeträge sind so zu bemessen, dass am Beginn des Wirtschaftsjahres, in dem das Dienstverhältnis begonnen hat, ihr Barwert gleich dem Barwert der künftigen Pensionsleistungen ist; die künftigen Pensionsleistungen sind dabei mit dem Betrag anzusetzen, der sich nach den Verhältnissen am Bilanzstichtag ergibt. [3]Es sind die Jahresbeträge zugrunde zu legen, die vom Beginn des Wirtschaftsjahres, in dem das Dienstverhältnis begonnen hat, bis zu dem in der Pensionszusage vorgesehenen Zeitpunkt des Eintritts des Versorgungsfalls rechnungsmäßig aufzubringen sind. [4]Erhöhungen oder Verminderungen der Pensionsleistungen nach dem Schluss des Wirtschaftsjahres, die hinsichtlich des Zeitpunktes ihres Wirksamwerdens oder ihres Umfangs ungewiss sind, sind bei der Berechnung des Barwerts der künfti-

[1] § 6a Abs. 2 Nr. 1 neu gef. mWv 1.1.2018 durch G v. 21.12.2015 (BGBl. I S. 2553).

[2] § 6a Abs. 3 Satz 2 Nr. 1 Satz 6 neu gef. mWv 1.1.2018 durch G v. 21.12.2015 (BGBl. I S. 2553).

gen Pensionsleistungen und der Jahresbeträge erst zu berücksichtigen, wenn sie eingetreten sind. [5] Wird die Pensionszusage erst nach dem Beginn des Dienstverhältnisses erteilt, so ist die Zwischenzeit für die Berechnung der Jahresbeträge nur insoweit als Wartezeit zu behandeln, als sie in der Pensionszusage als solche bestimmt ist. [6] Hat das Dienstverhältnis schon vor der Vollendung des nach Absatz 2 Nummer 1 maßgebenden Lebensjahres des Pensionsberechtigten bestanden, gilt es als zu Beginn des Wirtschaftsjahres begonnen, bis zu dessen Mitte der Pensionsberechtigte das nach Absatz 2 Nummer 1 maßgebende Lebensjahr vollendet; bei nach dem 31. Dezember 2000 vereinbarten Entgeltumwandlungen im Sinne von § 1 Absatz 2 des Betriebsrentengesetzes gilt für davor liegende Wirtschaftsjahre als Teilwert der Barwert der gemäß den Vorschriften des Betriebsrentengesetzes unverfallbaren künftigen Pensionsleistungen am Schluss des Wirtschaftsjahres;

2. nach Beendigung des Dienstverhältnisses des Pensionsberechtigten unter Aufrechterhaltung seiner Pensionsanwartschaft oder nach Eintritt des Versorgungsfalls der Barwert der künftigen Pensionsleistungen am Schluss des Wirtschaftsjahres; Nummer 1 Satz 4 gilt sinngemäß.

[3] Bei der Berechnung des Teilwerts der Pensionsverpflichtung sind ein Rechnungszinsfuß von 6 Prozent und die anerkannten Regeln der Versicherungsmathematik anzuwenden.

(4) [1] Eine Pensionsrückstellung darf in einem Wirtschaftsjahr höchstens um den Unterschied zwischen dem Teilwert der Pensionsverpflichtung am Schluss des Wirtschaftsjahres und am Schluss des vorangegangenen Wirtschaftsjahres erhöht werden. [2] Soweit der Unterschiedsbetrag auf der erstmaligen Anwendung neuer oder geänderter biometrischer Rechnungsgrundlagen beruht, kann er nur auf mindestens drei Wirtschaftsjahre gleichmäßig verteilt der Pensionsrückstellung zugeführt werden; Entsprechendes gilt beim Wechsel auf andere biometrische Rechnungsgrundlagen. [3] In dem Wirtschaftsjahr, in dem mit der Bildung einer Pensionsrückstellung frühestens begonnen werden darf (Erstjahr), darf die Rückstellung bis zur Höhe des Teilwerts der Pensionsverpflichtung am Schluss des Wirtschaftsjahres gebildet werden; diese Rückstellung kann auf das Erstjahr und die beiden folgenden Wirtschaftsjahre gleichmäßig verteilt werden. [4] Erhöht sich in einem Wirtschaftsjahr gegenüber dem vorangegangenen Wirtschaftsjahr der Barwert der künftigen Pensionsleistungen um mehr als 25 Prozent, so kann die für dieses Wirtschaftsjahr zulässige Erhöhung der Pensionsrückstellung auf dieses Wirtschaftsjahr und die beiden folgenden Wirtschaftsjahre gleichmäßig verteilt werden. [5] Am Schluss des Wirtschaftsjahres, in dem das Dienstverhältnis des Pensionsberechtigten unter Aufrechterhaltung seiner Pensionsanwartschaft endet oder der Versorgungsfall eintritt, darf die Pensionsrückstellung stets bis zur Höhe des Teilwerts der Pensionsverpflichtung gebildet werden; die für dieses Wirtschaftsjahr zulässige Erhöhung der Pensionsrückstellung kann auf dieses Wirtschaftsjahr und die beiden folgenden Wirtschaftsjahre gleichmäßig verteilt werden. [6] Satz 2 gilt in den Fällen der Sätze 3 bis 5 entsprechend.

(5) Die Absätze 3 und 4 gelten entsprechend, wenn der Pensionsberechtigte zu dem Pensionsverpflichteten in einem anderen Rechtsverhältnis als einem Dienstverhältnis steht.

§ 6b Übertragung stiller Reserven bei der Veräußerung bestimmter Anlagegüter. (1) [1] Steuerpflichtige, die

Grund und Boden,
Aufwuchs auf Grund und Boden mit dem dazugehörigen Grund und Boden, wenn der Aufwuchs zu einem land- und forstwirtschaftlichen Betriebsvermögen gehört,
Gebäude oder Binnenschiffe
veräußern, können im Wirtschaftsjahr der Veräußerung von den Anschaffungs- oder Herstellungskosten der in Satz 2 bezeichneten Wirtschaftsgüter, die im Wirtschaftsjahr der Veräußerung oder im vorangegangenen Wirtschaftsjahr angeschafft oder hergestellt worden sind, einen Betrag bis zur Höhe des bei der Veräußerung entstandenen Gewinns abziehen. [2]Der Abzug ist zulässig bei den Anschaffungs- oder Herstellungskosten von

1. Grund und Boden,
   soweit der Gewinn bei der Veräußerung von Grund und Boden entstanden ist,
2. Aufwuchs auf Grund und Boden mit dem dazugehörigen Grund und Boden, wenn der Aufwuchs zu einem land- und forstwirtschaftlichen Betriebsvermögen gehört,
   soweit der Gewinn bei der Veräußerung von Grund und Boden oder der Veräußerung von Aufwuchs auf Grund und Boden mit dem dazugehörigen Grund und Boden entstanden ist,
3. Gebäuden,
   soweit der Gewinn bei der Veräußerung von Grund und Boden, von Aufwuchs auf Grund und Boden mit dem dazugehörigen Grund und Boden oder Gebäuden entstanden ist, oder
4. Binnenschiffen,
   soweit der Gewinn bei der Veräußerung von Binnenschiffen entstanden ist.

[3]Der Anschaffung oder Herstellung von Gebäuden steht ihre Erweiterung, ihr Ausbau oder ihr Umbau gleich. [4]Der Abzug ist in diesem Fall nur von dem Aufwand für die Erweiterung, den Ausbau oder den Umbau der Gebäude zulässig.

(2) [1]Gewinn im Sinne des Absatzes 1 Satz 1 ist der Betrag, um den der Veräußerungspreis nach Abzug der Veräußerungskosten den Buchwert übersteigt, mit dem das veräußerte Wirtschaftsgut im Zeitpunkt der Veräußerung anzusetzen gewesen wäre. [2]Buchwert ist der Wert, mit dem ein Wirtschaftsgut nach § 6 anzusetzen ist.

(2a)[1)] [1]Werden im Wirtschaftsjahr der Veräußerung der in Absatz 1 Satz 1 bezeichneten Wirtschaftsgüter oder in den folgenden vier Wirtschaftsjahren in Absatz 1 Satz 2 bezeichnete Wirtschaftsgüter angeschafft oder hergestellt oder sind sie in dem der Veräußerung vorangegangenen Wirtschaftsjahr angeschafft oder hergestellt worden, die einem Betriebsvermögen des Steuerpflichtigen in einem anderen Mitgliedstaat der Europäischen Union oder des Europäischen Wirtschaftsraums zuzuordnen sind, kann auf Antrag des Steuerpflichtigen die festgesetzte Steuer, die auf den Gewinn im Sinne des Absatzes 2 entfällt, in fünf gleichen Jahresraten entrichtet werden; die Frist von vier Jahren verlängert sich bei neu hergestellten Gebäuden auf sechs Jahre, wenn mit ihrer Herstellung vor

---

[1)] § 6b Abs. 2a eingef. durch G v. 2.11.2015 (BGBl. I S. 1834); zur Anwendung siehe § 52 Abs. 14 Satz 1; Sätze 4 bis 6 angef. mWv VZ 2018 durch G v. 11.12.2018 (BGBl. I S. 2338); zur Anwendung siehe § 52 Abs. 14 Satz 3; Satz 7 angef. mWv 29.3.2019 durch G v. 25.3.2019 (BGBl. I S. 357).

dem Schluss des vierten auf die Veräußerung folgenden Wirtschaftsjahres begonnen worden ist. [2]Der Antrag kann nur im Wirtschaftsjahr der Veräußerung der in Absatz 1 Satz 1 bezeichneten Wirtschaftsgüter gestellt werden. [3]§ 36 Absatz 5 Satz 2 bis 5 ist sinngemäß anzuwenden. [4]Unterbleibt der Nachweis einer in Satz 1 genannten Anschaffung oder Herstellung durch den Steuerpflichtigen, sind für die Dauer des durch die Ratenzahlung gewährten Zahlungsaufschubs Zinsen in entsprechender Anwendung des § 234 der Abgabenordnung[1)] zu erheben. [5]Unterschreiten die Anschaffungs- oder Herstellungskosten der angeschafften oder hergestellten Wirtschaftsgüter den Gewinn im Sinne des Absatzes 2, gilt Satz 4 mit der Maßgabe, dass die Zinsen nur auf den Unterschiedsbetrag erhoben werden. [6]Bei der Zinsberechnung ist davon auszugehen, dass der Unterschiedsbetrag anteilig auf alle Jahresraten entfällt. [7]Zu den nach Satz 1 angeschafften oder hergestellten Wirtschaftsgütern gehören auch die einem Betriebsvermögen des Steuerpflichtigen im Vereinigten Königreich Großbritannien und Nordirland zuzuordnenden Wirtschaftsgüter, soweit der Antrag nach Satz 1 vor dem Zeitpunkt gestellt worden ist, ab dem das Vereinigte Königreich Großbritannien und Nordirland nicht mehr Mitgliedstaat der Europäischen Union ist und auch nicht wie ein solcher zu behandeln ist.

(3)[2)] [1]Soweit Steuerpflichtige den Abzug nach Absatz 1 nicht vorgenommen haben, können sie im Wirtschaftsjahr der Veräußerung eine den steuerlichen Gewinn mindernde Rücklage bilden. [2]Bis zur Höhe dieser Rücklage können sie von den Anschaffungs- oder Herstellungskosten der in Absatz 1 Satz 2 bezeichneten Wirtschaftsgüter, die in den folgenden vier Wirtschaftsjahren angeschafft oder hergestellt worden sind, im Wirtschaftsjahr ihrer Anschaffung oder Herstellung einen Betrag unter Berücksichtigung der Einschränkungen des Absatzes 1 Satz 2 bis 4 abziehen. [3]Die Frist von vier Jahren verlängert sich bei neu hergestellten Gebäuden auf sechs Jahre, wenn mit ihrer Herstellung vor dem Schluss des vierten auf die Bildung der Rücklage folgenden Wirtschaftsjahres begonnen worden ist. [4]Die Rücklage ist in Höhe des abgezogenen Betrags gewinnerhöhend aufzulösen. [5]Ist eine Rücklage am Schluss des vierten auf ihre Bildung folgenden Wirtschaftsjahres noch vorhanden, so ist sie in diesem Zeitpunkt gewinnerhöhend aufzulösen, soweit nicht ein Abzug von den Herstellungskosten von Gebäuden in Betracht kommt, mit deren Herstellung bis zu diesem Zeitpunkt begonnen worden ist; ist die Rücklage am Schluss des sechsten auf ihre Bildung folgenden Wirtschaftsjahres noch vorhanden, so ist sie in diesem Zeitpunkt gewinnerhöhend aufzulösen.

(4) [1]Voraussetzung für die Anwendung der Absätze 1 und 3 ist, dass

1. der Steuerpflichtige den Gewinn nach § 4 Absatz 1 oder § 5 ermittelt,
2. die veräußerten Wirtschaftsgüter im Zeitpunkt der Veräußerung mindestens sechs Jahre ununterbrochen zum Anlagevermögen einer inländischen Betriebsstätte gehört haben,

---

[1)] Nr. **1**.

[2)] **Fristverlängerung um zwei Jahre,** wenn die Rücklage wegen § 6b Abs. 3 Satz 5, Abs. 8 Satz 1 Nr. 1 i.V.m. Abs. 3 Satz 5 oder Abs. 10 Satz 8 am Schluss des nach dem 29.2.2020 und vor dem 1.1. 2021 endenden Wirtschaftsjahres aufzulösen wäre; siehe § 52 Abs. 14 Satz 4. – **Fristverlängerung um ein Jahr,** wenn die Rücklage wegen § 6b Abs. 3 Satz 5, Abs. 8 Satz 1 Nr. 1 i.V.m. Abs. 3 Satz 5 oder Abs. 10 Satz 8 am Schluss des nach dem 31.12.2020 und vor dem 1.1.2022 endenden Wirtschaftsjahres aufzulösen wäre; siehe § 52 Abs. 14 Satz 5.

3. die angeschafften oder hergestellten Wirtschaftsgüter zum Anlagevermögen einer inländischen Betriebsstätte gehören,
4. der bei der Veräußerung entstandene Gewinn bei der Ermittlung des im Inland steuerpflichtigen Gewinns nicht außer Ansatz bleibt und
5. der Abzug nach Absatz 1 und die Bildung und Auflösung der Rücklage nach Absatz 3 in der Buchführung verfolgt werden können.

[2] Der Abzug nach den Absätzen 1 und 3 ist bei Wirtschaftsgütern, die zu einem land- und forstwirtschaftlichen Betrieb gehören oder der selbständigen Arbeit dienen, nicht zulässig, wenn der Gewinn bei der Veräußerung von Wirtschaftsgütern eines Gewerbebetriebs entstanden ist.

(5) An die Stelle der Anschaffungs- oder Herstellungskosten im Sinne des Absatzes 1 tritt in den Fällen, in denen das Wirtschaftsgut im Wirtschaftsjahr vor der Veräußerung angeschafft oder hergestellt worden ist, der Buchwert am Schluss des Wirtschaftsjahres der Anschaffung oder Herstellung.

(6) [1] Ist ein Betrag nach Absatz 1 oder 3 abgezogen worden, so tritt für die Absetzungen für Abnutzung oder Substanzverringerung oder in den Fällen des § 6 Absatz 2 und Absatz 2a im Wirtschaftsjahr des Abzugs der verbleibende Betrag an die Stelle der Anschaffungs- oder Herstellungskosten. [2] In den Fällen des § 7 Absatz 4 Satz 1 und Absatz 5 sind die um den Abzugsbetrag nach Absatz 1 oder 3 geminderten Anschaffungs- oder Herstellungskosten maßgebend.

(7) Soweit eine nach Absatz 3 Satz 1 gebildete Rücklage gewinnerhöhend aufgelöst wird, ohne dass ein entsprechender Betrag nach Absatz 3 abgezogen wird, ist der Gewinn des Wirtschaftsjahres, in dem die Rücklage aufgelöst wird, für jedes volle Wirtschaftsjahr, in dem die Rücklage bestanden hat, um 6 Prozent des aufgelösten Rücklagenbetrags zu erhöhen.

(8)[1)] [1] Werden Wirtschaftsgüter im Sinne des Absatzes 1 zum Zweck der Vorbereitung oder Durchführung von städtebaulichen Sanierungs- oder Entwicklungsmaßnahmen an einen der in Satz 2 bezeichneten Erwerber übertragen, sind die Absätze 1 bis 7 mit der Maßgabe anzuwenden, dass

1. die Fristen des Absatzes 3 Satz 2, 3 und 5 sich jeweils um drei Jahre verlängern und
2. an die Stelle der in Absatz 4 Nummer 2 bezeichneten Frist von sechs Jahren eine Frist von zwei Jahren tritt.

[2] Erwerber im Sinne des Satzes 1 sind Gebietskörperschaften, Gemeindeverbände, Verbände im Sinne des § 166 Absatz 4 des Baugesetzbuchs, Planungsverbände nach § 205 des Baugesetzbuchs, Sanierungsträger nach § 157 des Baugesetzbuchs, Entwicklungsträger nach § 167 des Baugesetzbuchs sowie Erwerber, die städtebauliche Sanierungsmaßnahmen als Eigentümer selbst durchführen (§ 147 Absatz 2 und § 148 Absatz 1 Baugesetzbuch).

(9) Absatz 8 ist nur anzuwenden, wenn die nach Landesrecht zuständige Behörde bescheinigt, dass die Übertragung der Wirtschaftsgüter zum Zweck der Vorbereitung oder Durchführung von städtebaulichen Sanierungs- oder Entwicklungsmaßnahmen an einen der in Absatz 8 Satz 2 bezeichneten Erwerber erfolgt ist.

---

1) § 6b Abs. 8 Satz 1 einl. Satzteil geänd. mWv VZ 2013 durch G v. 26.6.2013 (BGBl. I S. 1809).

EStG

(10) [1] Steuerpflichtige, die keine Körperschaften, Personenvereinigungen oder Vermögensmassen sind, können Gewinne aus der Veräußerung von Anteilen an Kapitalgesellschaften bis zu einem Betrag von 500 000 Euro auf die im Wirtschaftsjahr der Veräußerung oder in den folgenden zwei Wirtschaftsjahren angeschafften Anteile an Kapitalgesellschaften oder angeschafften oder hergestellten abnutzbaren beweglichen Wirtschaftsgüter oder auf die im Wirtschaftsjahr der Veräußerung oder in den folgenden vier Wirtschaftsjahren angeschafften oder hergestellten Gebäude nach Maßgabe der Sätze 2 bis 10 übertragen. [2] Wird der Gewinn im Jahr der Veräußerung auf Gebäude oder abnutzbare bewegliche Wirtschaftsgüter übertragen, so kann ein Betrag bis zur Höhe des bei der Veräußerung entstandenen und nicht nach § 3 Nummer 40 Satz 1 Buchstabe a und b in Verbindung mit § 3c Absatz 2 steuerbefreiten Betrags von den Anschaffungs- oder Herstellungskosten für Gebäude oder abnutzbare bewegliche Wirtschaftsgüter abgezogen werden. [3] Wird der Gewinn im Jahr der Veräußerung auf Anteile an Kapitalgesellschaften übertragen, mindern sich die Anschaffungskosten der Anteile an Kapitalgesellschaften in Höhe des Veräußerungsgewinns einschließlich des nach § 3 Nummer 40 Satz 1 Buchstabe a und b in Verbindung mit § 3c Absatz 2 steuerbefreiten Betrags. [4] Absatz 2, Absatz 4 Satz 1 Nummer 1, 2, 3, 5 und Satz 2 sowie Absatz 5 sind sinngemäß anzuwenden. [5] Soweit Steuerpflichtige den Abzug nach den Sätzen 1 bis 4 nicht vorgenommen haben, können sie eine Rücklage nach Maßgabe des Satzes 1 einschließlich des nach § 3 Nummer 40 Satz 1 Buchstabe a und b in Verbindung mit § 3c Absatz 2 steuerbefreiten Betrags bilden. [6] Bei der Auflösung der Rücklage gelten die Sätze 2 und 3 sinngemäß. [7] Im Fall des Satzes 2 ist die Rücklage in gleicher Höhe um den nach § 3 Nummer 40 Satz 1 Buchstabe a und b in Verbindung mit § 3c Absatz 2 steuerbefreiten Betrag aufzulösen. [8] Ist eine Rücklage am Schluss des vierten auf ihre Bildung folgenden Wirtschaftsjahres noch vorhanden, so ist sie in diesem Zeitpunkt gewinnerhöhend aufzulösen. [9] Soweit der Abzug nach Satz 6 nicht vorgenommen wurde, ist der Gewinn des Wirtschaftsjahres, in dem die Rücklage aufgelöst wird, für jedes volle Wirtschaftsjahr, in dem die Rücklage bestanden hat, um 6 Prozent des nicht nach § 3 Nummer 40 Satz 1 Buchstabe a und b in Verbindung mit § 3c Absatz 2 steuerbefreiten aufgelösten Rücklagenbetrags zu erhöhen. [10] Für die zum Gesamthandsvermögen von Personengesellschaften oder Gemeinschaften gehörenden Anteile an Kapitalgesellschaften gelten die Sätze 1 bis 9 nur, soweit an den Personengesellschaften und Gemeinschaften keine Körperschaften, Personenvereinigungen oder Vermögensmassen beteiligt sind.

§ 6c Übertragung stiller Reserven bei der Veräußerung bestimmter Anlagegüter bei der Ermittlung des Gewinns nach § 4 Absatz 3 oder nach Durchschnittssätzen. (1) [1] § 6b mit Ausnahme des § 6b Absatz 4 Nummer 1 ist entsprechend anzuwenden, wenn der Gewinn nach § 4 Absatz 3 oder die Einkünfte aus Land- und Forstwirtschaft nach Durchschnittssätzen ermittelt werden. [2] Soweit nach § 6b Absatz 3 eine Rücklage gebildet werden kann, ist ihre Bildung als Betriebsausgabe (Abzug) und ihre Auflösung als Betriebseinnahme (Zuschlag) zu behandeln; der Zeitraum zwischen Abzug und Zuschlag gilt als Zeitraum, in dem die Rücklage bestanden hat.

(2) [1] Voraussetzung für die Anwendung des Absatzes 1 ist, dass die Wirtschaftsgüter, bei denen ein Abzug von den Anschaffungs- oder Herstellungskosten oder von dem Wert nach § 6b Absatz 5 vorgenommen worden ist, in besondere, laufend zu führende Verzeichnisse aufgenommen werden. [2] In den

Verzeichnissen sind der Tag der Anschaffung oder Herstellung, die Anschaffungs- oder Herstellungskosten, der Abzug nach § 6b Absatz 1 und 3 in Verbindung mit Absatz 1, die Absetzungen für Abnutzung, die Abschreibungen sowie die Beträge nachzuweisen, die nach § 6b Absatz 3 in Verbindung mit Absatz 1 als Betriebsausgaben (Abzug) oder Betriebseinnahmen (Zuschlag) behandelt worden sind.

§ 6d Euroumrechnungsrücklage. (1) [1]Ausleihungen, Forderungen und Verbindlichkeiten im Sinne des Artikels 43 des Einführungsgesetzes zum Handelsgesetzbuch, die auf Währungseinheiten der an der europäischen Währungsunion teilnehmenden anderen Mitgliedstaaten oder auf die ECU im Sinne des Artikels 2 der Verordnung (EG) Nr. 1103/97 des Rates vom 17. Juni 1997 (ABl. EG Nr. L 162 S. 1) lauten, sind am Schluss des ersten nach dem 31. Dezember 1998 endenden Wirtschaftsjahres mit dem vom Rat der Europäischen Union gemäß Artikel 109l Absatz 4 Satz 1 des EG-Vertrages unwiderruflich festgelegten Umrechnungskurs umzurechnen und mit dem sich danach ergebenden Wert anzusetzen. [2]Der Gewinn, der sich aus diesem jeweiligen Ansatz für das einzelne Wirtschaftsgut ergibt, kann in eine den steuerlichen Gewinn mindernde Rücklage eingestellt werden. [3]Die Rücklage ist gewinnerhöhend aufzulösen, soweit das Wirtschaftsgut, aus dessen Bewertung sich der in die Rücklage eingestellte Gewinn ergeben hat, aus dem Betriebsvermögen ausscheidet. [4]Die Rücklage ist spätestens am Schluss des fünften nach dem 31. Dezember 1998 endenden Wirtschaftsjahres gewinnerhöhend aufzulösen.

(2) [1]In die Euroumrechnungsrücklage gemäß Absatz 1 Satz 2 können auch Erträge eingestellt werden, die sich aus der Aktivierung von Wirtschaftsgütern auf Grund der unwiderruflichen Festlegung der Umrechnungskurse ergeben. [2]Absatz 1 Satz 3 gilt entsprechend.

(3) Die Bildung und Auflösung der jeweiligen Rücklage müssen in der Buchführung verfolgt werden können.

§ 6e[1)] Fondsetablierungskosten als Anschaffungskosten. (1) [1]Zu den Anschaffungskosten von Wirtschaftsgütern, die ein Steuerpflichtiger gemeinschaftlich mit weiteren Anlegern gemäß einem von einem Projektanbieter vorformulierten Vertragswerk anschafft, gehören auch die Fondsetablierungskosten im Sinne der Absätze 2 und 3. [2]Haben die Anleger in ihrer gesellschaftsrechtlichen Verbundenheit keine wesentlichen Möglichkeiten zur Einflussnahme auf das Vertragswerk, gelten die Wirtschaftsgüter im Sinne von Satz 1 als angeschafft.

(2) [1]Fondsetablierungskosten sind alle auf Grund des vorformulierten Vertragswerks neben den Anschaffungskosten im Sinne von § 255 des Handelsgesetzbuchs[2)] vom Anleger an den Projektanbieter oder an Dritte zu zahlenden Aufwendungen, die auf den Erwerb der Wirtschaftsgüter im Sinne des Absatzes 1 Satz 1 gerichtet sind. [2]Zu den Anschaffungskosten der Anleger im Sinne des Absatzes 1 Satz 2 gehören darüber hinaus alle an den Projektanbieter oder an Dritte geleisteten Aufwendungen in wirtschaftlichem Zusammenhang mit der Abwicklung des Projekts in der Investitionsphase. [3]Zu den Anschaffungskosten zählen auch die Haftungs- und Geschäftsführungsvergütungen für

[1)] § 6e eingef. durch G v. 12.12.2019 (BGBl. I S. 2451); zur Anwendung siehe § 52 Abs. 14a.
[2)] Nr. **34**.

Komplementäre, Geschäftsführungsvergütungen bei schuldrechtlichem Leistungsaustausch und Vergütungen für Treuhandkommanditisten, soweit sie auf die Investitionsphase entfallen.

(3) Absatz 1 Satz 1 und Absatz 2 sind singgemäß in den Fällen anzuwenden, in denen Fondsetablierungskosten vergleichbare Kosten außerhalb einer gemeinschaftlichen Anschaffung zu zahlen sind.

(4) Im Fall des § 4 Absatz 3 sind die Absätze 1 bis 3 entsprechend anzuwenden.

(5) § 15b bleibt unberührt.

§ 7 Absetzung für Abnutzung oder Substanzverringerung. (1)[1)] [1]Bei Wirtschaftsgütern, deren Verwendung oder Nutzung durch den Steuerpflichtigen zur Erzielung von Einkünften sich erfahrungsgemäß auf einen Zeitraum von mehr als einem Jahr erstreckt, ist jeweils für ein Jahr der Teil der Anschaffungs- oder Herstellungskosten abzusetzen, der bei gleichmäßiger Verteilung dieser Kosten auf die Gesamtdauer der Verwendung oder Nutzung auf ein Jahr entfällt (Absetzung für Abnutzung in gleichen Jahresbeträgen). [2]Die Absetzung bemisst sich hierbei nach der betriebsgewöhnlichen Nutzungsdauer des Wirtschaftsguts. [3]Als betriebsgewöhnliche Nutzungsdauer des Geschäfts- oder Firmenwerts eines Gewerbebetriebs oder eines Betriebs der Land- und Forstwirtschaft gilt ein Zeitraum von 15 Jahren. [4]Im Jahr der Anschaffung oder Herstellung des Wirtschaftsguts vermindert sich für dieses Jahr der Absetzungsbetrag nach Satz 1 um jeweils ein Zwölftel für jeden vollen Monat, der dem Monat der Anschaffung oder Herstellung vorangeht. [5]Bei Wirtschaftsgütern, die nach einer Verwendung zur Erzielung von Einkünften im Sinne des § 2 Absatz 1 Satz 1 Nummer 4 bis 7 in ein Betriebsvermögen eingelegt worden sind, mindert sich der Einlagewert um die Absetzungen für Abnutzung oder Substanzverringerung, Sonderabschreibungen oder erhöhte Absetzungen, die bis zum Zeitpunkt der Einlage vorgenommen worden sind, höchstens jedoch bis zu den fortgeführten Anschaffungs- oder Herstellungskosten; ist der Einlagewert niedriger als dieser Wert, bemisst sich die weitere Absetzung für Abnutzung vom Einlagewert. [6]Bei beweglichen Wirtschaftsgütern des Anlagevermögens, bei denen es wirtschaftlich begründet ist, die Absetzung für Abnutzung nach Maßgabe der Leistung des Wirtschaftsguts vorzunehmen, kann der Steuerpflichtige dieses Verfahren statt der Absetzung für Abnutzung in gleichen Jahresbeträgen anwenden, wenn er den auf das einzelne Jahr entfallenden Umfang der Leistung nachweist. [7]Absetzungen für außergewöhnliche technische oder wirtschaftliche Abnutzung sind zulässig; soweit der Grund hierfür in späteren Wirtschaftsjahren entfällt, ist in den Fällen der Gewinnermittlung nach § 4 Absatz 1 oder nach § 5 eine entsprechende Zuschreibung vorzunehmen.

[Fassung ab VZ 2009:[2)]]

(2) [1]Bei beweglichen Wirtschaftsgütern des Anlagevermögens, die nach dem 31. Dezember 2008 und vor dem 1. Januar 2011 angeschafft

[Fassung ab VZ 2020:[3)]]

(2) [1]Bei beweglichen Wirtschaftsgütern des Anlagevermögens, die nach dem 31. Dezember 2019 und vor dem 1. Januar 2022 angeschafft

[1)] § 7 Abs. 1 Satz 5 neu gef. mWv VZ 2011 durch G v. 8.12.2010 (BGBl. I S. 1768).
[2)] § 7 Abs. 2 eingef. mWv VZ 2009 durch G v. 21.12.2008 (BGBl. I S. 2896).
[3)] § 7 Abs. 2 neu gef. mWv VZ 2020 durch G v. 29.6.2020 (BGBl. I S. 1512).

[Fassung ab VZ 2009:]

oder hergestellt worden sind, kann der Steuerpflichtige statt der Absetzung für Abnutzung in gleichen Jahresbeträgen die Absetzung für Abnutzung in fallenden Jahresbeträgen bemessen. [2]Die Absetzung für Abnutzung in fallenden Jahresbeträgen kann nach einem unveränderlichen Prozentsatz vom jeweiligen Buchwert (Restwert) vorgenommen werden; der dabei anzuwendende Prozentsatz darf höchstens das Zweieinhalbfache des bei der Absetzung für Abnutzung in gleichen Jahresbeträgen in Betracht kommenden Prozentsatzes betragen und 25 Prozent nicht übersteigen. [3]Absatz 1 Satz 4 und § 7a Absatz 8 gelten entsprechend. [4]Bei Wirtschaftsgütern, bei denen die Absetzung für Abnutzung in fallenden Jahresbeträgen bemessen wird, sind Absetzungen für außergewöhnliche technische oder wirtschaftliche Abnutzung nicht zulässig.

[Fassung ab VZ 2020:]

oder hergestellt worden sind, kann der Steuerpflichtige statt der Absetzung für Abnutzung in gleichen Jahresbeträgen die Absetzung für Abnutzung in fallenden Jahresbeträgen bemessen. [2]Die Absetzung für Abnutzung in fallenden Jahresbeträgen kann nach einem unveränderlichen Prozentsatz vom jeweiligen Buchwert (Restwert) vorgenommen werden; der dabei anzuwendende Prozentsatz darf höchstens das Zweieinhalbfache des bei der Absetzung für Abnutzung in gleichen Jahresbeträgen in Betracht kommenden Prozentsatzes betragen und 25 Prozent nicht übersteigen. [3]Absatz 1 Satz 4 und § 7a Absatz 8 gelten entsprechend. [4]Bei Wirtschaftsgütern, bei denen die Absetzung für Abnutzung in fallenden Jahresbeträgen bemessen wird, sind Absetzungen für außergewöhnliche technische oder wirtschaftliche Abnutzung nicht zulässig.

(3)[1)] [1]Der Übergang von der Absetzung für Abnutzung in fallenden Jahresbeträgen zur Absetzung für Abnutzung in gleichen Jahresbeträgen ist zulässig. [2]In diesem Fall bemisst sich die Absetzung für Abnutzung vom Zeitpunkt des Übergangs an nach dem dann noch vorhandenen Restwert und der Restnutzungsdauer des einzelnen Wirtschaftsguts. [3]Der Übergang von der Absetzung für Abnutzung in gleichen Jahresbeträgen zur Absetzung für Abnutzung in fallenden Jahresbeträgen ist nicht zulässig.

(4) [1]Bei Gebäuden sind abweichend von Absatz 1 als Absetzung für Abnutzung die folgenden Beträge bis zur vollen Absetzung abzuziehen:

1. bei Gebäuden, soweit sie zu einem Betriebsvermögen gehören und nicht Wohnzwecken dienen und für die der Bauantrag nach dem 31. März 1985 gestellt worden ist, jährlich 3 Prozent [***alte Fassung:*** 4 vom Hundert][2)],
2. bei Gebäuden, soweit sie die Voraussetzungen der Nummer 1 nicht erfüllen und die
   a) nach dem 31. Dezember 1924 fertiggestellt worden sind, jährlich 2 Prozent,
   b) vor dem 1. Januar 1925 fertiggestellt worden sind, jährlich 2,5 Prozent

der Anschaffungs- oder Herstellungskosten; Absatz 1 Satz 5 gilt entsprechend. [2]Beträgt die tatsächliche Nutzungsdauer eines Gebäudes in den Fällen des Satzes 1 Nummer 1 weniger als 33 Jahre [***alte Fassung:*** 25 Jahre][2)], in den

[1)] § 7 Abs. 3 eingef. mWv VZ 2009 durch G v. 21.12.2008 (BGBl. I S. 2896).
[2)] Zur weiteren Anwendung der bish. Fassung siehe § 52 Abs. 15 Sätze 2 und 3.

EStG

Fällen des Satzes 1 Nummer 2 Buchstabe a weniger als 50 Jahre, in den Fällen des Satzes 1 Nummer 2 Buchstabe b weniger als 40 Jahre, so können anstelle der Absetzungen nach Satz 1 die der tatsächlichen Nutzungsdauer entsprechenden Absetzungen für Abnutzung vorgenommen werden. [3]Absatz 1 letzter Satz bleibt unberührt. [4]Bei Gebäuden im Sinne der Nummer 2 rechtfertigt die für Gebäude im Sinne der Nummer 1 geltende Regelung weder die Anwendung des Absatzes 1 letzter Satz noch den Ansatz des niedrigeren Teilwerts (§ 6 Absatz 1 Nummer 1 Satz 2).

(5)[1)] [1]Bei Gebäuden, die in einem Mitgliedstaat der Europäischen Union oder einem anderen Staat belegen sind, auf den das Abkommen über den Europäischen Wirtschaftsraum (EWR-Abkommen) angewendet wird, und die vom Steuerpflichtigen hergestellt oder bis zum Ende des Jahres der Fertigstellung angeschafft worden sind, können abweichend von Absatz 4 als Absetzung für Abnutzung die folgenden Beträge abgezogen werden:

1. bei Gebäuden im Sinne des Absatzes 4 Satz 1 Nummer 1, die vom Steuerpflichtigen auf Grund eines vor dem 1. Januar 1994 gestellten Bauantrags hergestellt oder auf Grund eines vor diesem Zeitpunkt rechtswirksam abgeschlossenen obligatorischen Vertrags angeschafft worden sind,
   – im Jahr der Fertigstellung und
   in den folgenden 3 Jahren jeweils 10 Prozent,
   – in den darauf folgenden 3 Jahren jeweils 5 Prozent,
   – in den darauf folgenden 18 Jahren jeweils 2,5 Prozent,

2. bei Gebäuden im Sinne des Absatzes 4 Satz 1 Nummer 2, die vom Steuerpflichtigen auf Grund eines vor dem 1. Januar 1995 gestellten Bauantrags hergestellt oder auf Grund eines vor diesem Zeitpunkt rechtswirksam abgeschlossenen obligatorischen Vertrags angeschafft worden sind,
   – im Jahr der Fertigstellung und
   in den folgenden 7 Jahren jeweils 5 Prozent,
   – in den darauf folgenden 6 Jahren jeweils 2,5 Prozent,
   – in den darauf folgenden 36 Jahren jeweils 1,25 Prozent,

3. bei Gebäuden im Sinne des Absatzes 4 Satz 1 Nummer 2, soweit sie Wohnzwecken dienen, die vom Steuerpflichtigen
   a) auf Grund eines nach dem 28. Februar 1989 und vor dem 1. Januar 1996 gestellten Bauantrags hergestellt oder nach dem 28. Februar 1989 auf Grund eines nach dem 28. Februar 1989 und vor dem 1. Januar 1996 rechtswirksam abgeschlossenen obligatorischen Vertrags angeschafft worden sind,
      – im Jahr der Fertigstellung und
      in den folgenden 3 Jahren jeweils 7 Prozent,
      – in den darauf folgenden 6 Jahren jeweils 5 Prozent,
      – in den darauf folgenden 6 Jahren jeweils 2 Prozent,
      – in den darauf folgenden 24 Jahren jeweils 1,25 Prozent,

[1)] § 7 Abs. 5 Satz 1 geänd. durch G v. 8.4.2010 (BGBl. I S. 386).

b)[1] auf Grund eines nach dem 31. Dezember 1995 und vor dem 1. Januar 2004 gestellten Bauantrags hergestellt oder auf Grund eines nach dem 31. Dezember 1995 und vor dem 1. Januar 2004 rechtswirksam abgeschlossenen obligatorischen Vertrags angeschafft worden sind,
- im Jahr der Fertigstellung und in den folgenden 7 Jahren jeweils 5 Prozent,
- in den darauf folgenden 6 Jahren jeweils 2,5 Prozent,
- in den darauf folgenden 36 Jahren jeweils 1,25 Prozent,

c) auf Grund eines nach dem 31. Dezember 2003 und vor dem 1. Januar 2006 gestellten Bauantrags hergestellt oder auf Grund eines nach dem 31. Dezember 2003 und vor dem 1. Januar 2006 rechtswirksam abgeschlossenen obligatorischen Vertrags angeschafft worden sind,
- im Jahr der Fertigstellung und in den folgenden 9 Jahren jeweils 4 Prozent,
- in den darauf folgenden 8 Jahren jeweils 2,5 Prozent,
- in den darauf folgenden 32 Jahren jeweils 1,25 Prozent,

der Anschaffungs- oder Herstellungskosten. [2] Im Fall der Anschaffung kann Satz 1 nur angewendet werden, wenn der Hersteller für das veräußerte Gebäude weder Absetzungen für Abnutzung nach Satz 1 vorgenommen noch erhöhte Absetzungen oder Sonderabschreibungen in Anspruch genommen hat. [3] Absatz 1 Satz 4 gilt nicht.

(5a) Die Absätze 4 und 5 sind auf Gebäudeteile, die selbständige unbewegliche Wirtschaftsgüter sind, sowie auf Eigentumswohnungen und auf im Teileigentum stehende Räume entsprechend anzuwenden.

(6) Bei Bergbauunternehmen, Steinbrüchen und anderen Betrieben, die einen Verbrauch der Substanz mit sich bringen, ist Absatz 1 entsprechend anzuwenden; dabei sind Absetzungen nach Maßgabe des Substanzverzehrs zulässig (Absetzung für Substanzverringerung).

§ 7a Gemeinsame Vorschriften für erhöhte Absetzungen und Sonderabschreibungen. (1) [1] Werden in dem Zeitraum, in dem bei einem Wirtschaftsgut erhöhte Absetzungen oder Sonderabschreibungen in Anspruch genommen werden können (Begünstigungszeitraum), nachträgliche Herstellungskosten aufgewendet, so bemessen sich vom Jahr der Entstehung der nachträglichen Herstellungskosten an bis zum Ende des Begünstigungszeitraums die Absetzungen für Abnutzung, erhöhten Absetzungen und Sonderabschreibungen nach den um die nachträglichen Herstellungskosten erhöhten Anschaffungs- oder Herstellungskosten. [2] Entsprechendes gilt für nachträgliche Anschaffungskosten. [3] Werden im Begünstigungszeitraum die Anschaffungs- oder Herstellungskosten eines Wirtschaftsguts nachträglich gemindert, so bemessen sich vom Jahr der Minderung an bis zum Ende des Begünstigungszeitraums die Absetzungen für Abnutzung, erhöhten Absetzungen und Sonderabschreibungen nach den geminderten Anschaffungs- oder Herstellungskosten.

(2) [1] Können bei einem Wirtschaftsgut erhöhte Absetzungen oder Sonderabschreibungen bereits für Anzahlungen auf Anschaffungskosten oder für Teil-

[1] § 7 Abs. 5 Satz 1 Nr. 3 Buchst. b inhaltlich bestätigt durch G v. 5.4.2011 (BGBl. I S. 554).

herstellungskosten in Anspruch genommen werden, so sind die Vorschriften über erhöhte Absetzungen und Sonderabschreibungen mit der Maßgabe anzuwenden, dass an die Stelle der Anschaffungs- oder Herstellungskosten die Anzahlungen auf Anschaffungskosten oder die Teilherstellungskosten und an die Stelle des Jahres der Anschaffung oder Herstellung das Jahr der Anzahlung oder Teilherstellung treten. [2]Nach Anschaffung oder Herstellung des Wirtschaftsguts sind erhöhte Absetzungen oder Sonderabschreibungen nur zulässig, soweit sie nicht bereits für Anzahlungen auf Anschaffungskosten oder für Teilherstellungskosten in Anspruch genommen worden sind. [3]Anzahlungen auf Anschaffungskosten sind im Zeitpunkt der tatsächlichen Zahlung aufgewendet. [4]Werden Anzahlungen auf Anschaffungskosten durch Hingabe eines Wechsels geleistet, so sind sie in dem Zeitpunkt aufgewendet, in dem dem Lieferanten durch Diskontierung oder Einlösung des Wechsels das Geld tatsächlich zufließt. [5]Entsprechendes gilt, wenn anstelle von Geld ein Scheck hingegeben wird.

(3) Bei Wirtschaftsgütern, bei denen erhöhte Absetzungen in Anspruch genommen werden, müssen in jedem Jahr des Begünstigungszeitraums mindestens Absetzungen in Höhe der Absetzungen für Abnutzung nach § 7 Absatz 1 oder 4 berücksichtigt werden.

(4) Bei Wirtschaftsgütern, bei denen Sonderabschreibungen in Anspruch genommen werden, sind die Absetzungen für Abnutzung nach § 7 Absatz 1 oder 4 vorzunehmen.

(5) Liegen bei einem Wirtschaftsgut die Voraussetzungen für die Inanspruchnahme von erhöhten Absetzungen oder Sonderabschreibungen auf Grund mehrerer Vorschriften vor, so dürfen erhöhte Absetzungen oder Sonderabschreibungen nur auf Grund einer dieser Vorschriften in Anspruch genommen werden.

(6) Erhöhte Absetzungen oder Sonderabschreibungen sind bei der Prüfung, ob die in § 141 Absatz 1 Nummer 4 und 5 der Abgabenordnung[1)] bezeichneten Buchführungsgrenzen überschritten sind, nicht zu berücksichtigen.

(7) [1]Ist ein Wirtschaftsgut mehreren Beteiligten zuzurechnen und sind die Voraussetzungen für erhöhte Absetzungen oder Sonderabschreibungen nur bei einzelnen Beteiligten erfüllt, so dürfen die erhöhten Absetzungen und Sonderabschreibungen nur anteilig für diese Beteiligten vorgenommen werden. [2]Die erhöhten Absetzungen oder Sonderabschreibungen dürfen von den Beteiligten, bei denen die Voraussetzungen dafür erfüllt sind, nur einheitlich vorgenommen werden.

(8) [1]Erhöhte Absetzungen oder Sonderabschreibungen sind bei Wirtschaftsgütern, die zu einem Betriebsvermögen gehören, nur zulässig, wenn sie in ein besonderes, laufend zu führendes Verzeichnis aufgenommen werden, das den Tag der Anschaffung oder Herstellung, die Anschaffungs- oder Herstellungskosten, die betriebsgewöhnliche Nutzungsdauer und die Höhe der jährlichen Absetzungen für Abnutzung, erhöhten Absetzungen und Sonderabschreibungen enthält. [2]Das Verzeichnis braucht nicht geführt zu werden, wenn diese Angaben aus der Buchführung ersichtlich sind.

(9) Sind für ein Wirtschaftsgut Sonderabschreibungen vorgenommen worden, so bemessen sich nach Ablauf des maßgebenden Begünstigungszeitraums die Absetzungen für Abnutzung bei Gebäuden und bei Wirtschaftsgütern im

1) Nr. 1.

Sinne des § 7 Absatz 5a nach dem Restwert und dem nach § 7 Absatz 4 unter Berücksichtigung der Restnutzungsdauer maßgebenden Prozentsatz, bei anderen Wirtschaftsgütern nach dem Restwert und der Restnutzungsdauer.

[*Fassung VZ 2018 bis VZ 2026:*

§ 7b[1] Sonderabschreibung für Mietwohnungsneubau. (1) [1] Für die Anschaffung oder Herstellung neuer Wohnungen, die in einem Mitgliedstaat der Europäischen Union belegen sind, können nach Maßgabe der nachfolgenden Absätze im Jahr der Anschaffung oder Herstellung und in den folgenden drei Jahren Sonderabschreibungen bis zu jährlich 5 Prozent der Bemessungsgrundlage neben der Absetzung für Abnutzung nach § 7 Absatz 4 in Anspruch genommen werden. [2] Im Fall der Anschaffung ist eine Wohnung neu, wenn sie bis zum Ende des Jahres der Fertigstellung angeschafft wird. [3] In diesem Fall können die Sonderabschreibungen nach Satz 1 nur vom Anschaffenden in Anspruch genommen werden. [4] Bei der Anwendung des Satzes 1 sind den Mitgliedstaaten der Europäischen Union Staaten gleichgestellt, die auf Grund vertraglicher Verpflichtung Amtshilfe entsprechend dem EU-Amtshilfegesetz in einem Umfang leisten, der für die Überprüfung der Voraussetzungen dieser Vorschrift erforderlich ist.

(2) Die Sonderabschreibungen können nur in Anspruch genommen werden, wenn

1. durch Baumaßnahmen auf Grund eines nach dem 31. August 2018 und vor dem 1. Januar 2022 gestellten Bauantrags oder einer in diesem Zeitraum getätigten Bauanzeige neue, bisher nicht vorhandene, Wohnungen geschaffen werden, die die Voraussetzungen des § 181 Absatz 9 des Bewertungsgesetzes[2] erfüllen; hierzu gehören auch die zu einer Wohnung gehörenden Nebenräume,
2. die Anschaffungs- oder Herstellungskosten 3 000 Euro je Quadratmeter Wohnfläche nicht übersteigen und
3. die Wohnung im Jahr der Anschaffung oder Herstellung und in den folgenden neun Jahren der entgeltlichen Überlassung zu Wohnzwecken dient; Wohnungen dienen nicht Wohnzwecken, soweit sie zur vorübergehenden Beherbergung von Personen genutzt werden.

(3) Bemessungsgrundlage für die Sonderabschreibungen nach Absatz 1 sind die Anschaffungs- oder Herstellungskosten der nach Absatz 2 begünstigten Wohnung, jedoch maximal 2 000 Euro je Quadratmeter Wohnfläche.

(4) [1] Die nach Absatz 1 in Anspruch genommenen Sonderabschreibungen sind rückgängig zu machen, wenn

1. die begünstigte Wohnung im Jahr der Anschaffung oder Herstellung und in den folgenden neun Jahren nicht der entgeltlichen Überlassung zu Wohnzwecken dient,
2. die begünstigte Wohnung oder ein Gebäude mit begünstigten Wohnungen im Jahr der Anschaffung oder der Herstellung oder in den folgenden neun Jahren veräußert wird und der Veräußerungsgewinn nicht der Einkommen- oder Körperschaftsteuer unterliegt oder

---

[1] § 7b eingef. mWv VZ 2018 durch G v. 4.8.2019 (BGBl. I S. 1122); zur Anwendung siehe § 52 Abs. 15a.

[2] Nr. **3**.

3. die Baukostenobergrenze nach Absatz 2 Nummer 2 innerhalb der ersten drei Jahre nach Ablauf des Jahres der Anschaffung oder Herstellung der begünstigten Wohnung durch nachträgliche Anschaffungs- oder Herstellungskosten überschritten wird.

²Steuer- oder Feststellungsbescheide, in denen Sonderabschreibungen nach Absatz 1 berücksichtigt wurden, sind insoweit aufzuheben oder zu ändern. ³Das gilt auch dann, wenn die Steuer- oder Feststellungsbescheide bestandskräftig geworden sind; die Festsetzungsfristen für das Jahr der Anschaffung oder Herstellung und für die folgenden drei Kalenderjahre beginnen insoweit mit Ablauf des Kalenderjahres, in dem das Ereignis im Sinne des Satzes 1 eingetreten ist. ⁴§ 233a Absatz 2a der Abgabenordnung[1] ist insoweit nicht anzuwenden.

(5) ¹Die Sonderabschreibungen nach Absatz 1 werden nur gewährt, soweit die Voraussetzungen der Verordnung (EU) Nr. 1407/2013 der Kommission vom 18. Dezember 2013 über die Anwendung der Artikel 107 und 108 des Vertrags über die Arbeitsweise der Europäischen Union auf De-minimis-Beihilfen (ABl. L 352 vom 24.12.2013, S. 1) (De-minimis-Verordnung) in der jeweils geltenden Fassung eingehalten sind. ²Unter anderem darf hiernach der Gesamtbetrag der einem einzigen Unternehmen gewährten De-minimis-Beihilfe in einem Zeitraum von drei Veranlagungszeiträumen 200 000 Euro nicht übersteigen. ³Bei dieser Höchstgrenze sind auch andere in diesem Zeitraum an das Unternehmen gewährte De-minimis-Beihilfen gleich welcher Art und Zielsetzung zu berücksichtigen. ⁴Die Sonderabschreibungen werden erst gewährt, wenn der Anspruchsberechtigte in geeigneter Weise den Nachweis erbracht hat, in welcher Höhe ihm in den beiden vorangegangenen sowie im laufenden Veranlagungszeitraum De-minimis-Beihilfen gewährt worden sind, für die die vorliegende oder andere De-minimis-Verordnungen gelten, und nur soweit, wie die Voraussetzungen der De-minimis-Verordnung bei dem Unternehmen im Sinne der De-minimis-Verordnung eingehalten werden.]

§ 7c[2] Sonderabschreibung für Elektronutzfahrzeuge und elektrisch betriebene Lastenfahrräder. (1) Bei neuen Elektronutzfahrzeugen im Sinne des Absatzes 2 sowie elektrisch betriebenen Lastenfahrrädern im Sinne des Absatzes 3, die zum Anlagevermögen gehören, kann im Jahr der Anschaffung neben der Absetzung für Abnutzung nach § 7 Absatz 1 eine Sonderabschreibung in Höhe von 50 Prozent der Anschaffungskosten in Anspruch genommen werden.

(2) Elektronutzfahrzeuge sind Fahrzeuge der EG-Fahrzeugklassen N1, N2 und N3, die ausschließlich durch Elektromotoren angetrieben werden, die ganz oder überwiegend aus mechanischen oder elektrochemischen Energiespeichern oder aus emissionsfrei betriebenen Energiewandlern gespeist werden.

(3) Elektrisch betriebene Lastenfahrräder sind Schwerlastfahrräder mit einem Mindest-Transportvolumen von einem Kubikmeter und einer Nutzlast von

---

[1] Nr. **1**.

[2] § 7c eingef. durch G v. 12.12.2019 (BGBl. I S. 2451); zur Anwendung siehe § 52 Abs. 15b; zum Inkrafttreten vorbehaltlich der Feststellung der Europäischen Kommission, dass die Regelungen entweder keine Beihilfen oder mit dem Binnenmarkt vereinbare Beihilfen darstellen, siehe Art. 39 Abs. 7 G v. 12.12.2019 (BGBl. I S. 2451).

mindestens 150 Kilogramm, die mit einem elektromotorischen Hilfsantrieb angetrieben werden.

(4) [1] Die Sonderabschreibung kann nur in Anspruch genommen werden, wenn der Steuerpflichtige die der Sonderabschreibung zugrundeliegenden Anschaffungskosten sowie Angaben zu den in den Absätzen 1 bis 3 enthaltenen Voraussetzungen nach amtlich vorgeschriebenen Datensätzen durch Datenfernübertragung übermittelt. [2] Auf Antrag kann die Finanzbehörde zur Vermeidung unbilliger Härten auf eine elektronische Übermittlung verzichten; § 150 Absatz 8 der Abgabenordnung[1)] gilt entsprechend. [3] In den Fällen des Satzes 2 müssen sich die entsprechenden Angaben aus den beim Finanzamt einzureichenden Unterlagen ergeben.

§ 7d[2)] *(aufgehoben)*

§ 7e (weggefallen)

§ 7f[3)] *(aufgehoben)*

§ 7g[4)] **Investitionsabzugsbeträge und Sonderabschreibungen zur Förderung kleiner und mittlerer Betriebe.** (1)[5)] [1] Steuerpflichtige können für die künftige Anschaffung oder Herstellung von abnutzbaren beweglichen Wirtschaftsgütern des Anlagevermögens, die mindestens bis zum Ende des dem Wirtschaftsjahr der Anschaffung oder Herstellung folgenden Wirtschaftsjahres vermietet oder in einer inländischen Betriebsstätte des Betriebes ausschließlich oder fast ausschließlich betrieblich genutzt werden, bis zu 50 Prozent der voraussichtlichen Anschaffungs- oder Herstellungskosten gewinnmindernd abziehen (Investitionsabzugsbeträge). [2] Investitionsabzugsbeträge können nur in Anspruch genommen werden, wenn

1.[6)] der Gewinn
   a) nach § 4 oder § 5 ermittelt wird;
   b) im Wirtschaftsjahr, in dem die Abzüge vorgenommen werden sollen, ohne Berücksichtigung der Investitionsabzugsbeträge nach Satz 1 und der Hinzurechnungen nach Absatz 2 200 000 Euro nicht überschreitet und
2. der Steuerpflichtige die Summen der Abzugsbeträge und der nach den Absätzen 2 bis 4 hinzuzurechnenden oder rückgängig zu machenden Beträge nach amtlich vorgeschriebenen Datensätzen durch Datenfernübertragung übermittelt. [2] Auf Antrag kann die Finanzbehörde zur Vermeidung unbilliger Härten auf eine elektronische Übermittlung verzichten; § 150 Absatz 8 der Abgabenordnung[1)] gilt entsprechend. [3] In den Fällen des Satzes 2 müssen sich die Summen der Abzugsbeträge und der nach den Absätzen 2 bis 4 hinzuzurechnenden oder rückgängig zu machenden Beträge aus den beim Finanzamt einzureichenden Unterlagen ergeben.

---

1) Nr. **1**.
2) § 7d aufgeh. mWv 1.1.2015 durch G v. 22.12.2014 (BGBl. I S. 2417).
3) § 7f aufgeh. mWv 1.1.2015 durch G v. 22.12.2014 (BGBl. I S. 2417).
4) Zur Anwendung im Beitrittsgebiet siehe § 57 Abs. 1.
5) § 7g Abs. 1 neu gef. durch G v. 2.11.2015 (BGBl. I S. 1834); Satz 1 geänd. durch G v. 21.12.2020 (BGBl. I S. 3096); zur Anwendung siehe § 52 Abs. 16 Satz 1.
6) § 7g Abs. 1 Satz 2 Nr. 1 neu gef. durch G v. 21.12.2020 (BGBl. I S. 3096); zur Anwendung siehe § 52 Abs. 16 Satz 1.

[3] Abzugsbeträge können auch dann in Anspruch genommen werden, wenn dadurch ein Verlust entsteht oder sich erhöht. [4] Die Summe der Beträge, die im Wirtschaftsjahr des Abzugs und in den drei vorangegangenen Wirtschaftsjahren nach Satz 1 insgesamt abgezogen und nicht nach Absatz 2 hinzugerechnet oder nach den Absätzen 3 oder 4 rückgängig gemacht wurden, darf je Betrieb 200 000 Euro nicht übersteigen.

(2)[1)] [1] Im Wirtschaftsjahr der Anschaffung oder Herstellung eines begünstigten Wirtschaftsguts im Sinne von Absatz 1 Satz 1 können bis zu 50 Prozent der Anschaffungs- oder Herstellungskosten gewinnerhöhend hinzugerechnet werden; die Hinzurechnung darf die Summe der nach Absatz 1 abgezogenen und noch nicht nach den Absätzen 2 bis 4 hinzugerechneten oder rückgängig gemachten Abzugsbeträge nicht übersteigen. [2] Bei nach Eintritt der Unanfechtbarkeit der erstmaligen Steuerfestsetzung oder der erstmaligen gesonderten Feststellung nach Absatz 1 in Anspruch genommenen Investitionsabzugsbeträgen setzt die Hinzurechnung nach Satz 1 voraus, dass das begünstigte Wirtschaftsgut zum Zeitpunkt der Inanspruchnahme der Investitionsabzugsbeträge noch nicht angeschafft oder hergestellt worden ist. [3] Die Anschaffungs- oder Herstellungskosten des Wirtschaftsguts können in dem in Satz 1 genannten Wirtschaftsjahr um bis zu 50 Prozent, höchstens jedoch um die Hinzurechnung nach Satz 1, gewinnmindernd herabgesetzt werden; die Bemessungsgrundlage für die Absetzungen für Abnutzung, erhöhten Absetzungen und Sonderabschreibungen sowie die Anschaffungs- oder Herstellungskosten im Sinne von § 6 Absatz 2 und 2a verringern sich entsprechend.

EStG

(3)[2)] [1] Soweit in Anspruch genommene Investitionsabzugsbeträge nicht bis zum Ende des *dritten*[3)] auf das Wirtschaftsjahr des jeweiligen Abzugs folgenden Wirtschaftsjahres nach Absatz 2 Satz 1 hinzugerechnet wurden, sind die Abzüge nach Absatz 1 rückgängig zu machen; die vorzeitige Rückgängigmachung von Investitionsabzugsbeträgen vor Ablauf der Investitionsfrist ist zulässig. [2] Wurde der Gewinn des maßgebenden Wirtschaftsjahres bereits einer Steuerfestsetzung oder einer gesonderten Feststellung zugrunde gelegt, ist der entsprechende Steuer- oder Feststellungsbescheid insoweit zu ändern. [3] Das gilt auch dann, wenn der Steuer- oder Feststellungsbescheid bestandskräftig geworden ist; die Festsetzungsfrist endet insoweit nicht, bevor die Festsetzungsfrist für den Veranlagungszeitraum abgelaufen ist, in dem das dritte auf das Wirtschaftsjahr des Abzugs folgende Wirtschaftsjahr endet. [4] § 233a Absatz 2a der Abgabenordnung ist nicht anzuwenden.

(4)[4)] [1] Wird in den Fällen des Absatzes 2 ein begünstigtes Wirtschaftsgut nicht bis zum Ende des dem Wirtschaftsjahr der Anschaffung oder Herstellung

---

[1)] § 7g Abs. 2 neu gef. durch G v. 2.11.2015 (BGBl. I S. 1834); Satz 1 geänd., Satz 2 eingef., bish. Satz 2 wird Satz 3 und geänd. durch G v. 21.12.2020 (BGBl. I S. 3096); zur Anwendung siehe § 52 Abs. 16 Sätze 1 und 2.

[2)] § 7g Abs. 3 neu gef. durch G v. 2.11.2015 (BGBl. I S. 1834).

[3)] Bei in nach dem 31.12.2016 und vor dem 1.1.2018 endenden Wirtschaftsjahren beanspruchten Investitionsabzugsbeträgen endet die Investitionsfrist abweichend von § 7g Abs. 3 Satz 1 erst zum Ende des **fünften** auf das Wirtschaftsjahr des Abzugs folgenden Wirtschaftsjahres; siehe § 52 Abs. 16 Satz 3. – Bei in nach dem 31.12.2017 und vor dem 1.1.2019 endenden Wirtschaftsjahren beanspruchten Investitionsabzugsbeträgen endet die Investitionsfrist abweichend von § 7g Abs. 3 Satz 1 erst zum Ende des **vierten** auf das Wirtschaftsjahr des Abzugs folgenden Wirtschaftsjahres; siehe § 52 Abs. 16 Satz 4.

[4)] § 7g Abs. 4 neu gef. durch G v. 2.11.2015 (BGBl. I S. 1834); Satz 1 geänd. durch G v. 21.12.2020 (BGBl. I S. 3096); zur Anwendung siehe § 52 Abs. 16 Satz 1.

folgenden Wirtschaftsjahres vermietet oder in einer inländischen Betriebsstätte des Betriebes ausschließlich oder fast ausschließlich betrieblich genutzt, sind die Herabsetzung der Anschaffungs- oder Herstellungskosten, die Verringerung der Bemessungsgrundlage und die Hinzurechnung nach Absatz 2 rückgängig zu machen. [2] Wurden die Gewinne der maßgebenden Wirtschaftsjahre bereits Steuerfestsetzungen oder gesonderten Feststellungen zugrunde gelegt, sind die entsprechenden Steuer- oder Feststellungsbescheide insoweit zu ändern. [3] Das gilt auch dann, wenn die Steuer- oder Feststellungsbescheide bestandskräftig geworden sind; die Festsetzungsfristen enden insoweit nicht, bevor die Festsetzungsfrist für den Veranlagungszeitraum abgelaufen ist, in dem die Voraussetzungen des Absatzes 1 Satz 1 erstmals nicht mehr vorliegen. [4] § 233a Absatz 2a der Abgabenordnung ist nicht anzuwenden.

(5) Bei abnutzbaren beweglichen Wirtschaftsgütern des Anlagevermögens können unter den Voraussetzungen des Absatzes 6 im Jahr der Anschaffung oder Herstellung und in den vier folgenden Jahren neben den Absetzungen für Abnutzung nach § 7 Absatz 1 oder Absatz 2 Sonderabschreibungen bis zu insgesamt 20 Prozent der Anschaffungs- oder Herstellungskosten in Anspruch genommen werden.

(6) Die Sonderabschreibungen nach Absatz 5 können nur in Anspruch genommen werden, wenn

1.[1)] der Betrieb im Wirtschaftsjahr, das der Anschaffung oder Herstellung vorangeht, die Gewinngrenze des Absatzes 1 Satz 2 Nummer 1 nicht überschreitet, und
2.[2)] das Wirtschaftsgut im Jahr der Anschaffung oder Herstellung und im darauf folgenden Wirtschaftsjahr vermietet oder in einer inländischen Betriebsstätte des Betriebs des Steuerpflichtigen ausschließlich oder fast ausschließlich betrieblich genutzt wird; Absatz 4 gilt entsprechend.

(7)[3)] [1] Bei Personengesellschaften und Gemeinschaften sind die Absätze 1 bis 6 mit der Maßgabe anzuwenden, dass an die Stelle des Steuerpflichtigen die Gesellschaft oder die Gemeinschaft tritt. [2] Vom Gewinn der Gesamthand oder Gemeinschaft abgezogene Investitionsabzugsbeträge können ausschließlich bei Investitionen der Personengesellschaft oder Gemeinschaft nach Absatz 2 Satz 1 gewinnerhöhend hinzugerechnet werden. [3] Entsprechendes gilt für vom Sonderbetriebsgewinn eines Mitunternehmers abgezogene Investitionsabzugsbeträge bei Investitionen dieses Mitunternehmers oder seines Rechtsnachfolgers in seinem Sonderbetriebsvermögen.

§ 7h Erhöhte Absetzungen bei Gebäuden in Sanierungsgebieten und städtebaulichen Entwicklungsbereichen. (1)[4)] [1] Bei einem im Inland belegenen Gebäude in einem förmlich festgelegten Sanierungsgebiet oder städtebaulichen Entwicklungsbereich kann der Steuerpflichtige abweichend von § 7 Absatz 4 und 5 im Jahr der Herstellung und in den folgenden sieben Jahren

---

[1)] § 7g Abs. 6 Nr. 1 geänd. durch G v. 21.12.2020 (BGBl. I S. 3096); zur Anwendung siehe § 52 Abs. 16 Satz 1.

[2)] § 7g Abs. 6 Nr. 2 geänd. durch G v. 21.12.2020 (BGBl. I S. 3096); zur Anwendung siehe § 52 Abs. 16 Satz 1.

[3)] § 7g Abs. 7 Sätze 2 und 3 angef. durch G v. 21.12.2020 (BGBl. I S. 3096); zur Anwendung siehe § 52 Abs. 16 Satz 2.

[4)] § 7h Abs. 1 Sätze 1 und 3 inhaltlich bestätigt durch G v. 5.4.2011 (BGBl. I S. 554).

jeweils bis zu 9 Prozent und in den folgenden vier Jahren jeweils bis zu 7 Prozent der Herstellungskosten für Modernisierungs- und Instandsetzungsmaßnahmen im Sinne des § 177 des Baugesetzbuchs absetzen. [2]Satz 1 ist entsprechend anzuwenden auf Herstellungskosten für Maßnahmen, die der Erhaltung, Erneuerung und funktionsgerechten Verwendung eines Gebäudes im Sinne des Satzes 1 dienen, das wegen seiner geschichtlichen, künstlerischen oder städtebaulichen Bedeutung erhalten bleiben soll, und zu deren Durchführung sich der Eigentümer neben bestimmten Modernisierungsmaßnahmen gegenüber der Gemeinde verpflichtet hat. [3]Der Steuerpflichtige kann die erhöhten Absetzungen im Jahr des Abschlusses der Maßnahme und in den folgenden elf Jahren auch für Anschaffungskosten in Anspruch nehmen, die auf Maßnahmen im Sinne der Sätze 1 und 2 entfallen, soweit diese nach dem rechtswirksamen Abschluss eines obligatorischen Erwerbsvertrags oder eines gleichstehenden Rechtsakts durchgeführt worden sind. [4]Die erhöhten Absetzungen können nur in Anspruch genommen werden, soweit die Herstellungs- oder Anschaffungskosten durch Zuschüsse aus Sanierungs- oder Entwicklungsförderungsmitteln nicht gedeckt sind. [5]Nach Ablauf des Begünstigungszeitraums ist ein Restwert den Herstellungs- oder Anschaffungskosten des Gebäudes oder dem an deren Stelle tretenden Wert hinzuzurechnen; die weiteren Absetzungen für Abnutzung sind einheitlich für das gesamte Gebäude nach dem sich hiernach ergebenden Betrag und dem für das Gebäude maßgebenden Prozentsatz zu bemessen.

EStG

(1a)[1)] [1]Absatz 1 ist nicht anzuwenden, sofern Maßnahmen zur Herstellung eines neuen Gebäudes führen. [2]Die Prüfung, ob Maßnahmen zur Herstellung eines neuen Gebäudes führen, obliegt der Finanzbehörde.

(2)[2)] [1]Der Steuerpflichtige kann die erhöhten Absetzungen nur in Anspruch nehmen, wenn er durch eine nicht offensichtlich rechtswidrige Bescheinigung der zuständigen Gemeindebehörde die Voraussetzungen des Absatzes 1 für das Gebäude und die Maßnahmen nachweist; die Bescheinigung hat die Höhe der Aufwendungen für die Maßnahmen nach Absatz 1 Satz 1 und 2 zu enthalten. [2]Sind ihm Zuschüsse aus Sanierungs- oder Entwicklungsförderungsmitteln gewährt worden, so hat die Bescheinigung auch deren Höhe zu enthalten; werden ihm solche Zuschüsse nach Ausstellung der Bescheinigung gewährt, so ist diese entsprechend zu ändern.

(3)[3)] Die Absätze 1 bis 2 sind auf Gebäudeteile, die selbständige unbewegliche Wirtschaftsgüter sind, sowie auf Eigentumswohnungen und auf im Teileigentum stehende Räume entsprechend anzuwenden.

§ 7i Erhöhte Absetzungen bei Baudenkmalen. (1)[4)] [1]Bei einem im Inland belegenen Gebäude, das nach den jeweiligen landesrechtlichen Vorschriften ein Baudenkmal ist, kann der Steuerpflichtige abweichend von § 7 Absatz 4 und 5 im Jahr der Herstellung und in den folgenden sieben Jahren jeweils bis zu

---

[1)] § 7h Abs. 1a eingef. mWv VZ 2019 durch G v. 12.12.2019 (BGBl. I S. 2451); zur Anwendung siehe § 52 Abs. 16a Sätze 1 bis 3.

[2)] § 7h Abs. 2 Satz 1 2. HS angef. mWv VZ 2019 durch G v. 12.12.2019 (BGBl. I S. 2451); zur Anwendung siehe § 52 Abs. 16a Satz 5; Satz 1 geänd. mWv VZ 2021 durch G v. 21.12.2020 (BGBl. I S. 3096); zur Anwendung siehe § 52 Abs. 16a Satz 4.

[3)] § 7h Abs. 3 geänd. mWv VZ 2019 durch G v. 12.12.2019 (BGBl. I S. 2451); zur Anwendung siehe § 52 Abs. 16a Satz 6.

[4)] § 7i Abs. 1 Sätze 1 und 5 inhaltlich bestätigt durch G v. 5.4.2011 (BGBl. I S. 554).

9 Prozent und in den folgenden vier Jahren jeweils bis zu 7 Prozent der Herstellungskosten für Baumaßnahmen, die nach Art und Umfang zur Erhaltung des Gebäudes als Baudenkmal oder zu seiner sinnvollen Nutzung erforderlich sind, absetzen. [2] Eine sinnvolle Nutzung ist nur anzunehmen, wenn das Gebäude in der Weise genutzt wird, dass die Erhaltung der schützenswerten Substanz des Gebäudes auf die Dauer gewährleistet ist. [3] Bei einem im Inland belegenen Gebäudeteil, das nach den jeweiligen landesrechtlichen Vorschriften ein Baudenkmal ist, sind die Sätze 1 und 2 entsprechend anzuwenden. [4] Bei einem im Inland belegenen Gebäude oder Gebäudeteil, das für sich allein nicht die Voraussetzungen für ein Baudenkmal erfüllt, aber Teil einer Gebäudegruppe oder Gesamtanlage ist, die nach den jeweiligen landesrechtlichen Vorschriften als Einheit geschützt ist, kann der Steuerpflichtige die erhöhten Absetzungen von den Herstellungskosten für Baumaßnahmen vornehmen, die nach Art und Umfang zur Erhaltung des schützenswerten äußeren Erscheinungsbildes der Gebäudegruppe oder Gesamtanlage erforderlich sind. [5] Der Steuerpflichtige kann die erhöhten Absetzungen im Jahr des Abschlusses der Baumaßnahme und in den folgenden elf Jahren auch für Anschaffungskosten in Anspruch nehmen, die auf Baumaßnahmen im Sinne der Sätze 1 bis 4 entfallen, soweit diese nach dem rechtswirksamen Abschluss eines obligatorischen Erwerbsvertrags oder eines gleichstehenden Rechtsakts durchgeführt worden sind. [6] Die Baumaßnahmen müssen in Abstimmung mit der in Absatz 2 bezeichneten Stelle durchgeführt worden sein. [7] Die erhöhten Absetzungen können nur in Anspruch genommen werden, soweit die Herstellungs- oder Anschaffungskosten nicht durch Zuschüsse aus öffentlichen Kassen gedeckt sind. [8] § 7h Absatz 1 Satz 5 ist entsprechend anzuwenden.

(2)[1)] [1] Der Steuerpflichtige kann die erhöhten Absetzungen nur in Anspruch nehmen, wenn er durch eine nicht offensichtlich rechtswidrige Bescheinigung der nach Landesrecht zuständigen oder von der Landesregierung bestimmten Stelle die Voraussetzungen des Absatzes 1 für das Gebäude oder Gebäudeteil und für die Erforderlichkeit der Aufwendungen nachweist. [2] Hat eine der für Denkmalschutz oder Denkmalpflege zuständigen Behörden ihm Zuschüsse gewährt, so hat die Bescheinigung auch deren Höhe zu enthalten; werden ihm solche Zuschüsse nach Ausstellung der Bescheinigung gewährt, so ist diese entsprechend zu ändern.

(3) § 7h Absatz 3 ist entsprechend anzuwenden.

§ 7k[2)] *(aufgehoben)*

4. Überschuss der Einnahmen über die Werbungskosten

§ 8 Einnahmen. (1)[3)] [1] Einnahmen sind alle Güter, die in Geld oder Geldeswert bestehen und dem Steuerpflichtigen im Rahmen einer der Einkunftsarten des § 2 Absatz 1 Satz 1 Nummer 4 bis 7 zufließen. [2] Zu den Einnahmen in Geld gehören auch zweckgebundene Geldleistungen, nachträgliche Kostenerstattungen, Geldsurrogate und andere Vorteile, die auf einen Geldbetrag lauten. [3] Satz 2 gilt nicht bei Gutscheinen und Geldkarten, die ausschließlich zum Bezug von

[1)] § 7i Abs. 2 Satz 1 geänd. mWv VZ 2021 durch G v. 21.12.2020 (BGBl. I S. 3096); zur Anwendung siehe § 52 Abs. 16a Satz 7.
[2)] § 7k aufgeh. mWv 1.1.2015 durch G v. 22.12.2014 (BGBl. I S. 2417).
[3)] § 8 Abs. 1 Sätze 2 und 3 angef. mWv VZ 2020 durch G v. 12.12.2019 (BGBl. I S. 2451).

Waren oder Dienstleistungen berechtigen und die Kriterien des § 2 Absatz 1 Nummer 10 des Zahlungsdiensteaufsichtsgesetzes erfüllen.

(2)[1) 2) 3)] [1]Einnahmen, die nicht in Geld bestehen (Wohnung, Kost, Waren, Dienstleistungen und sonstige Sachbezüge), sind mit den um übliche Preisnachlässe geminderten üblichen Endpreisen am Abgabeort anzusetzen. [2]Für die private Nutzung eines betrieblichen Kraftfahrzeugs zu privaten Fahrten gilt § 6 Absatz 1 Nummer 4 Satz 2 entsprechend. [3]Kann das Kraftfahrzeug auch für Fahrten zwischen Wohnung und erster Tätigkeitsstätte sowie Fahrten nach § 9 Absatz 1 Satz 3 Nummer 4a Satz 3 genutzt werden, erhöht sich der Wert in Satz 2 für jeden Kalendermonat um 0,03 Prozent des Listenpreises im Sinne des § 6 Absatz 1 Nummer 4 Satz 2 für jeden Kilometer der Entfernung zwischen Wohnung und erster Tätigkeitsstätte sowie der Fahrten nach § 9 Absatz 1 Satz 3 Nummer 4a Satz 3. [4]Der Wert nach den Sätzen 2 und 3 kann mit dem auf die private Nutzung und die Nutzung zu Fahrten zwischen Wohnung und erster Tätigkeitsstätte sowie Fahrten nach § 9 Absatz 1 Satz 3 Nummer 4a Satz 3 entfallenden Teil der gesamten Kraftfahrzeugaufwendungen angesetzt werden, wenn die durch das Kraftfahrzeug insgesamt entstehenden Aufwendungen durch Belege und das Verhältnis der privaten Fahrten und der Fahrten zwischen Wohnung und erster Tätigkeitsstätte sowie Fahrten nach § 9 Absatz 1 Satz 3 Nummer 4a Satz 3 zu den übrigen Fahrten durch ein ordnungsgemäßes Fahrtenbuch nachgewiesen werden; § 6 Absatz 1 Nummer 4 Satz 3 zweiter Halbsatz gilt entsprechend. [5]Die Nutzung des Kraftfahrzeugs zu einer Familienheimfahrt im Rahmen einer doppelten Haushaltsführung ist mit 0,002 Prozent des Listenpreises im Sinne des § 6 Absatz 1 Nummer 4 Satz 2 für jeden Kilometer der Entfernung zwischen dem Ort des eigenen Hausstands und dem Beschäftigungsort anzusetzen; dies gilt nicht, wenn für diese Fahrt ein Abzug von Werbungskosten nach § 9 Absatz 1 Satz 3 Nummer 5 Satz 5 und 6 in Betracht käme; Satz 4 ist sinngemäß anzuwenden. [6]Bei Arbeitnehmern, für deren Sachbezüge durch Rechtsverordnung nach § 17 Absatz 1 Satz 1 Nummer 4 des Vierten Buches Sozialgesetzbuch Werte bestimmt worden sind, sind diese Werte maßgebend. [7]Die Werte nach Satz 6 sind auch bei Steuerpflichtigen anzusetzen, die nicht der gesetzlichen Rentenversicherungspflicht unterliegen. [8]Wird dem Arbeitnehmer während einer beruflichen Tätigkeit außerhalb seiner Wohnung und ersten Tätigkeitsstätte oder im Rahmen einer beruflich veranlassten doppelten Haushaltsführung vom Arbeitgeber oder auf dessen Veranlassung von einem Dritten eine Mahlzeit zur Verfügung gestellt, ist diese Mahlzeit mit dem Wert nach Satz 6 (maßgebender amtlicher Sachbezugswert nach der Sozialversicherungsentgeltverordnung) anzusetzen, wenn der Preis für die Mahlzeit 60 Euro nicht übersteigt. [9]Der Ansatz einer nach Satz 8 bewerteten Mahlzeit unterbleibt, wenn beim Arbeitnehmer für ihm entstehende Mehraufwendungen für Verpflegung ein Werbungskostenabzug nach § 9 Absatz 4a Satz 1 bis 7 in Betracht käme. [10]Die oberste Finanzbehörde eines Landes kann

---

[1)] § 8 Abs. 2 Sätze 3 und 4 geänd., Sätze 8 und 9 eingef., bish. Sätze 8 und 9 werden Sätze 10 und 11 mWv 1.1.2014 durch G v. 20.2.2013 (BGBl. I S. 285); Satz 4 2. HS angef. mWv VZ 2013 durch G v. 26.6.2013 (BGBl. I S. 1809); Sätze 5 und 8 geänd. mWv 1.1.2014 durch G v. 25.7.2014 (BGBl. I S. 1266); Satz 11 2. HS und Satz 12 angef. mWv VZ 2020 durch G v. 12.12.2019 (BGBl. I S. 2451); Satz 11 geänd. **mWv VZ 2022**, Satz 12 geänd. mWv VZ 2020 durch G v. 21.12.2020 (BGBl. I S. 3096).

[2)] § 8 Abs. 2 Satz 9 (neuer Satz 11) inhaltlich bestätigt durch G v. 5.4.2011 (BGBl. I S. 554).

[3)] Siehe die Sozialversicherungsentgeltverordnung – SvEV (Nr. **21**).

mit Zustimmung des Bundesministeriums der Finanzen für weitere Sachbezüge der Arbeitnehmer Durchschnittswerte festsetzen. [11] Sachbezüge, die nach Satz 1 zu bewerten sind, bleiben außer Ansatz, wenn die sich nach Anrechnung der vom Steuerpflichtigen gezahlten Entgelte ergebenden Vorteile insgesamt *44 Euro* [***ab VZ 2022:*** 50 Euro] im Kalendermonat nicht übersteigen; die nach Absatz 1 Satz 3 nicht zu den Einnahmen in Geld gehörenden Gutscheine und Geldkarten bleiben nur dann außer Ansatz, wenn sie zusätzlich zum ohnehin geschuldeten Arbeitslohn gewährt werden. [12] Der Ansatz eines Sachbezugs für eine dem Arbeitnehmer vom Arbeitgeber , auf dessen Veranlassung von einem verbundenen Unternehmen (§ 15 des Aktiengesetzes) oder bei einer juristischen Person des öffentlichen Rechts als Arbeitgeber auf dessen Veranlassung von einem entsprechend verbundenen Unternehmen zu eigenen Wohnzwecken überlassene Wohnung unterbleibt, soweit das vom Arbeitnehmer gezahlte Entgelt mindestens zwei Drittel des ortsüblichen Mietwerts und dieser nicht mehr als 25 Euro je Quadratmeter ohne umlagefähige Kosten im Sinne der Verordnung über die Aufstellung von Betriebskosten beträgt.

(3)[1)] [1] Erhält ein Arbeitnehmer auf Grund seines Dienstverhältnisses Waren oder Dienstleistungen, die vom Arbeitgeber nicht überwiegend für den Bedarf seiner Arbeitnehmer hergestellt, vertrieben oder erbracht werden und deren Bezug nicht nach § 40 pauschal versteuert wird, so gelten als deren Werte abweichend von Absatz 2 die um 4 Prozent geminderten Endpreise, zu denen der Arbeitgeber oder der dem Abgabeort nächstansässige Abnehmer die Waren oder Dienstleistungen fremden Letztverbrauchern im allgemeinen Geschäftsverkehr anbietet. [2] Die sich nach Abzug der vom Arbeitnehmer gezahlten Entgelte ergebenden Vorteile sind steuerfrei, soweit sie aus dem Dienstverhältnis insgesamt 1 080 Euro im Kalenderjahr nicht übersteigen.

(4)[2)] [1] Im Sinne dieses Gesetzes werden Leistungen des Arbeitgebers oder auf seine Veranlassung eines Dritten (Sachbezüge oder Zuschüsse) für eine Beschäftigung nur dann zusätzlich zum ohnehin geschuldeten Arbeitslohn erbracht, wenn

1. die Leistung nicht auf den Anspruch auf Arbeitslohn angerechnet,
2. der Anspruch auf Arbeitslohn nicht zugunsten der Leistung herabgesetzt,
3. die verwendungs- oder zweckgebundene Leistung nicht anstelle einer bereits vereinbarten künftigen Erhöhung des Arbeitslohns gewährt und
4. bei Wegfall der Leistung der Arbeitslohn nicht erhöht

wird. [2] Unter den Voraussetzungen des Satzes 1 ist von einer zusätzlich zum ohnehin geschuldeten Arbeitslohn erbrachten Leistung auch dann auszugehen, wenn der Arbeitnehmer arbeitsvertraglich oder auf Grund einer anderen arbeits- oder dienstrechtlichen Rechtsgrundlage (wie Einzelvertrag, Betriebsvereinbarung, Tarifvertrag, Gesetz) einen Anspruch auf diese hat.

§ 9 Werbungskosten. (1) [1] Werbungskosten sind Aufwendungen zur Erwerbung, Sicherung und Erhaltung der Einnahmen. [2] Sie sind bei der Einkunftsart abzuziehen, bei der sie erwachsen sind. [3] Werbungskosten sind auch

---

[1)] § 8 Abs. 3 Satz 2 inhaltlich bestätigt durch G v. 5.4.2011 (BGBl. I S. 554).
[2)] § 8 Abs. 4 angef. mWv VZ 2020 durch G v. 21.12.2020 (BGBl. I S. 3096).

1. Schuldzinsen und auf besonderen Verpflichtungsgründen beruhende Renten und dauernde Lasten, soweit sie mit einer Einkunftsart in wirtschaftlichem Zusammenhang stehen. [2] Bei Leibrenten kann nur der Anteil abgezogen werden, der sich nach § 22 Nummer 1 Satz 3 Buchstabe a Doppelbuchstabe bb ergibt;
2. Steuern vom Grundbesitz, sonstige öffentliche Abgaben und Versicherungsbeiträge, soweit solche Ausgaben sich auf Gebäude oder auf Gegenstände beziehen, die dem Steuerpflichtigen zur Einnahmeerzielung dienen;
3. Beiträge zu Berufsständen und sonstigen Berufsverbänden, deren Zweck nicht auf einen wirtschaftlichen Geschäftsbetrieb gerichtet ist;
4.[1)] Aufwendungen des Arbeitnehmers für die Wege zwischen Wohnung und erster Tätigkeitsstätte im Sinne des Absatzes 4. [2] Zur Abgeltung dieser Aufwendungen ist für jeden Arbeitstag, an dem der Arbeitnehmer die erste Tätigkeitsstätte aufsucht, eine Entfernungspauschale für jeden vollen Kilometer der Entfernung zwischen Wohnung und erster Tätigkeitsstätte von 0,30 Euro anzusetzen, höchstens jedoch 4 500 Euro im Kalenderjahr; ein höherer Betrag als 4 500 Euro ist anzusetzen, soweit der Arbeitnehmer einen eigenen oder ihm zur Nutzung überlassenen Kraftwagen benutzt. [3] Die Entfernungspauschale gilt nicht für Flugstrecken und Strecken mit steuerfreier Sammelbeförderung nach § 3 Nummer 32. [4] Für die Bestimmung der Entfernung ist die kürzeste Straßenverbindung zwischen Wohnung und erster Tätigkeitsstätte maßgebend; eine andere als die kürzeste Straßenverbindung kann zugrunde gelegt werden, wenn diese offensichtlich verkehrsgünstiger ist und vom Arbeitnehmer regelmäßig für die Wege zwischen Wohnung und erster Tätigkeitsstätte benutzt wird. [5] Nach § 8 Absatz 2 Satz 11 oder Absatz 3 steuerfreie Sachbezüge für Fahrten zwischen Wohnung und erster Tätigkeitsstätte mindern den nach Satz 2 abziehbaren Betrag; ist der Arbeitgeber selbst der Verkehrsträger, ist der Preis anzusetzen, den ein dritter Arbeitgeber an den Verkehrsträger zu entrichten hätte. [6] Hat ein Arbeitnehmer mehrere Wohnungen, so sind die Wege von einer Wohnung, die nicht der ersten Tätigkeitsstätte am nächsten liegt, nur zu berücksichtigen, wenn sie den Mittelpunkt der Lebensinteressen des Arbeitnehmers bildet und nicht nur gelegentlich aufgesucht wird. [7] Nach § 3 Nummer 37 steuerfreie Sachbezüge mindern den nach Satz 2 abziehbaren Betrag nicht; § 3c Absatz 1 ist nicht anzuwenden. [8] Zur Abgeltung der Aufwendungen im Sinne des Satzes 1 ist für die Veranlagungszeiträume 2021 bis 2026 abweichend von Satz 2 für jeden Arbeitstag, an dem der Arbeitnehmer die erste Tätigkeitsstätte aufsucht, eine Entfernungspauschale für jeden vollen Kilometer der ersten 20 Kilometer der Entfernung zwischen Wohnung und erster Tätigkeitsstätte von 0,30 Euro und für jeden weiteren vollen Kilometer
   a) von 0,35 Euro für 2021 bis 2023,
   b) von 0,38 Euro für 2024 bis 2026

[1)] § 9 Abs. 1 Satz 3 Nr. 4 neu gef. durch G v. 20.2.2013 (BGBl. I S. 285); Satz 7 angef. mWv 1.1.2019 durch G v. 11.12.2018 (BGBl. I S. 2338); Satz 8 angef. mWv VZ 2021 durch G v. 21.12.2019 (BGBl. I S. 2886).

anzusetzen, höchstens 4 500 Euro im Kalenderjahr; ein höherer Betrag als 4 500 Euro ist anzusetzen, soweit der Arbeitnehmer einen eigenen oder ihm zur Nutzung überlassenen Kraftwagen benutzt.

4a.[1] Aufwendungen des Arbeitnehmers für beruflich veranlasste Fahrten, die nicht Fahrten zwischen Wohnung und erster Tätigkeitsstätte im Sinne des Absatzes 4 sowie keine Familienheimfahrten sind. [2] Anstelle der tatsächlichen Aufwendungen, die dem Arbeitnehmer durch die persönliche Benutzung eines Beförderungsmittels entstehen, können die Fahrtkosten mit den pauschalen Kilometersätzen angesetzt werden, die für das jeweils benutzte Beförderungsmittel (Fahrzeug) als höchste Wegstreckenentschädigung nach dem Bundesreisekostengesetz festgesetzt sind. [3] Hat ein Arbeitnehmer keine erste Tätigkeitsstätte (§ 9 Absatz 4) und hat er nach den dienst- oder arbeitsrechtlichen Festlegungen sowie den diese ausfüllenden Absprachen und Weisungen zur Aufnahme seiner beruflichen Tätigkeit dauerhaft denselben Ort oder dasselbe weiträumige Tätigkeitsgebiet typischerweise arbeitstäglich aufzusuchen, gilt Absatz 1 Satz 3 Nummer 4 und Absatz 2 für die Fahrten von der Wohnung zu diesem Ort oder dem zur Wohnung nächstgelegenen Zugang zum Tätigkeitsgebiet entsprechend. [4] Für die Fahrten innerhalb des weiträumigen Tätigkeitsgebietes gelten die Sätze 1 und 2 entsprechend.

5.[2] notwendige Mehraufwendungen, die einem Arbeitnehmer wegen einer beruflich veranlassten doppelten Haushaltsführung entstehen. [2] Eine doppelte Haushaltsführung liegt nur vor, wenn der Arbeitnehmer außerhalb des Ortes seiner ersten Tätigkeitsstätte einen eigenen Hausstand unterhält und auch am Ort der ersten Tätigkeitsstätte wohnt. [3] Das Vorliegen eines eigenen Hausstandes setzt das Innehaben einer Wohnung sowie eine finanzielle Beteiligung an den Kosten der Lebensführung voraus. [4] Als Unterkunftskosten für eine doppelte Haushaltsführung können im Inland die tatsächlichen Aufwendungen für die Nutzung der Unterkunft angesetzt werden, höchstens 1 000 Euro im Monat. [5] Aufwendungen für die Wege vom Ort der ersten Tätigkeitsstätte zum Ort des eigenen Hausstandes und zurück (Familienheimfahrt) können jeweils nur für eine Familienheimfahrt wöchentlich abgezogen werden. [6] Zur Abgeltung der Aufwendungen für eine Familienheimfahrt ist eine Entfernungspauschale von 0,30 Euro für jeden vollen Kilometer der Entfernung zwischen dem Ort des eigenen Hausstandes und dem Ort der ersten Tätigkeitsstätte anzusetzen. [7] Nummer 4 Satz 3 bis 5 ist entsprechend anzuwenden. [8] Aufwendungen für Familienheimfahrten mit einem dem Steuerpflichtigen im Rahmen einer Einkunftsart überlassenen Kraftfahrzeug werden nicht berücksichtigt. [9] Zur Abgeltung der Aufwendungen für eine Familienheimfahrt ist für die Veranlagungszeiträume 2021 bis 2026 abweichend von Satz 6 eine Entfernungspauschale für jeden vollen Kilometer der ersten 20 Kilometer der Entfernung zwischen dem Ort des eigenen Hausstandes und dem Ort der ersten Tätigkeitsstätte von 0,30 Euro und für jeden weiteren vollen Kilometer

[1] § 9 Abs. 1 Satz 3 Nr. 4a eingef. mWv 1.1.2014 durch G v. 20.2.2013 (BGBl. I S. 285).

[2] § 9 Abs. 1 Satz 3 Nr. 5 neu gef. mWv 1.1.2014 durch G v. 20.2.2013 (BGBl. I S. 285); Satz 9 angef. mWv VZ 2021 durch G v. 21.12.2019 (BGBl. I S. 2886).

a) von 0,35 Euro für 2021 bis 2023,
b) von 0,38 Euro für 2024 bis 2026

anzusetzen.

5a.[1] notwendige Mehraufwendungen eines Arbeitnehmers für beruflich veranlasste Übernachtungen an einer Tätigkeitsstätte, die nicht erste Tätigkeitsstätte ist. [2] Übernachtungskosten sind die tatsächlichen Aufwendungen für die persönliche Inanspruchnahme einer Unterkunft zur Übernachtung. [3] Soweit höhere Übernachtungskosten anfallen, weil der Arbeitnehmer eine Unterkunft gemeinsam mit Personen nutzt, die in keinem Dienstverhältnis zum selben Arbeitgeber stehen, sind nur diejenigen Aufwendungen anzusetzen, die bei alleiniger Nutzung durch den Arbeitnehmer angefallen wären. [4] Nach Ablauf von 48 Monaten einer längerfristigen beruflichen Tätigkeit an derselben Tätigkeitsstätte, die nicht erste Tätigkeitsstätte ist, können Unterkunftskosten nur noch bis zur Höhe des Betrags nach Nummer 5 angesetzt werden. [5] Eine Unterbrechung dieser beruflichen Tätigkeit an derselben Tätigkeitsstätte führt zu einem Neubeginn, wenn die Unterbrechung mindestens sechs Monate dauert.

5b.[2] notwendige Mehraufwendungen, die einem Arbeitnehmer während seiner auswärtigen beruflichen Tätigkeit auf einem Kraftfahrzeug des Arbeitgebers oder eines vom Arbeitgeber beauftragten Dritten im Zusammenhang mit einer Übernachtung in dem Kraftfahrzeug für Kalendertage entstehen, an denen der Arbeitnehmer eine Verpflegungspauschale nach Absatz 4a Satz 3 Nummer 1 und 2 sowie Satz 5 zur Nummer 1 und 2 beanspruchen könnte. [2] Anstelle der tatsächlichen Aufwendungen, die dem Arbeitnehmer im Zusammenhang mit einer Übernachtung in dem Kraftfahrzeug entstehen, kann im Kalenderjahr einheitlich eine Pauschale von 8 Euro für jeden Kalendertag berücksichtigt werden, an dem der Arbeitnehmer eine Verpflegungspauschale nach Absatz 4a Satz 3 Nummer 1 und 2 sowie Satz 5 zur Nummer 1 und 2 beanspruchen könnte,

6. Aufwendungen für Arbeitsmittel, zum Beispiel für Werkzeuge und typische Berufskleidung. [2] Nummer 7 bleibt unberührt;

7.[3] Absetzungen für Abnutzung und für Substanzverringerung, Sonderabschreibungen nach § 7b und erhöhte Absetzungen. [2] § 6 Absatz 2 Satz 1 bis 3 ist in Fällen der Anschaffung oder Herstellung von Wirtschaftsgütern entsprechend anzuwenden.

(2)[4] [1] Durch die Entfernungspauschalen sind sämtliche Aufwendungen abgegolten, die durch die Wege zwischen Wohnung und erster Tätigkeitsstätte im Sinne des Absatzes 4 und durch die Familienheimfahrten veranlasst sind. [2] Aufwendungen für die Benutzung öffentlicher Verkehrsmittel können angesetzt werden, soweit sie den im Kalenderjahr insgesamt als Entfernungspauschale abziehbaren Betrag übersteigen. [3] Menschen mit Behinderungen,

---

[1] § 9 Abs. 1 Satz 3 Nr. 5a eingef. mWv 1.1.2014 durch G v. 20.2.2013 (BGBl. I S. 285).

[2] § 9 Abs. 1 Satz 3 Nr. 5b eingef. mWv VZ 2020 durch G v. 12.12.2019 (BGBl. I S. 2451).

[3] § 9 Abs. 1 Satz 3 Nr. 7 Satz 2 geänd. mWv VZ 2010 durch G v. 22.12.2009 (BGBl. I S. 3950); Satz 1 geänd. mWv VZ 2018 durch G v. 12.12.2019 (BGBl. I S. 2451); zur Anwendung siehe § 52 Abs. 16b Satz 1.

[4] § 9 Abs. 2 Satz 2 neu gef. mWv VZ 2012 durch G v. 1.11.2011 (BGBl. I S. 2131); Sätze 1 und 3 geänd. mWv 1.1.2014 durch G v. 20.2.2013 (BGBl. I S. 285); Satz 3 einl. Satzteil geänd. durch G v. 9.12.2020 (BGBl. I S. 2770).

1. deren Grad der Behinderung mindestens 70 beträgt,
2. deren Grad der Behinderung weniger als 70, aber mindestens 50 beträgt und die in ihrer Bewegungsfähigkeit im Straßenverkehr erheblich beeinträchtigt sind,

können anstelle der Entfernungspauschalen die tatsächlichen Aufwendungen für die Wege zwischen Wohnung und erster Tätigkeitsstätte und für Familienheimfahrten ansetzen. [4]Die Voraussetzungen der Nummern 1 und 2 sind durch amtliche Unterlagen nachzuweisen.

(3)[1)] Absatz 1 Satz 3 Nummer 4 bis 5a sowie die Absätze 2 und 4a gelten bei den Einkunftsarten im Sinne des § 2 Absatz 1 Satz 1 Nummer 5 bis 7 entsprechend.

(4)[2)] [1]Erste Tätigkeitsstätte ist die ortsfeste betriebliche Einrichtung des Arbeitgebers, eines verbundenen Unternehmens (§ 15 des Aktiengesetzes) oder eines vom Arbeitgeber bestimmten Dritten, der der Arbeitnehmer dauerhaft zugeordnet ist. [2]Die Zuordnung im Sinne des Satzes 1 wird durch die dienst- oder arbeitsrechtlichen Festlegungen sowie die diese ausfüllenden Absprachen und Weisungen bestimmt. [3]Von einer dauerhaften Zuordnung ist insbesondere auszugehen, wenn der Arbeitnehmer unbefristet, für die Dauer des Dienstverhältnisses oder über einen Zeitraum von 48 Monaten hinaus an einer solchen Tätigkeitsstätte tätig werden soll. [4]Fehlt eine solche dienst- oder arbeitsrechtliche Festlegung auf eine Tätigkeitsstätte oder ist sie nicht eindeutig, ist erste Tätigkeitsstätte die betriebliche Einrichtung, an der der Arbeitnehmer dauerhaft

1. typischerweise arbeitstäglich tätig werden soll oder
2. je Arbeitswoche zwei volle Arbeitstage oder mindestens ein Drittel seiner vereinbarten regelmäßigen Arbeitszeit tätig werden soll.

[5]Je Dienstverhältnis hat der Arbeitnehmer höchstens eine erste Tätigkeitsstätte. [6]Liegen die Voraussetzungen der Sätze 1 bis 4 für mehrere Tätigkeitsstätten vor, ist diejenige Tätigkeitsstätte erste Tätigkeitsstätte, die der Arbeitgeber bestimmt. [7]Fehlt es an dieser Bestimmung oder ist sie nicht eindeutig, ist die der Wohnung örtlich am nächsten liegende Tätigkeitsstätte die erste Tätigkeitsstätte. [8]Als erste Tätigkeitsstätte gilt auch eine Bildungseinrichtung, die außerhalb eines Dienstverhältnisses zum Zwecke eines Vollzeitstudiums oder einer vollzeitigen Bildungsmaßnahme aufgesucht wird; die Regelungen für Arbeitnehmer nach Absatz 1 Satz 3 Nummer 4 und 5 sowie Absatz 4a sind entsprechend anzuwenden.

(4a)[3)] [1]Mehraufwendungen des Arbeitnehmers für die Verpflegung sind nur nach Maßgabe der folgenden Sätze als Werbungskosten abziehbar. [2]Wird der Arbeitnehmer außerhalb seiner Wohnung und ersten Tätigkeitsstätte beruflich tätig (auswärtige berufliche Tätigkeit), ist zur Abgeltung der ihm tatsächlich entstandenen, beruflich veranlassten Mehraufwendungen eine Verpflegungspauschale anzusetzen. [3]Diese beträgt

---

1) § 9 Abs. 3 geänd. durch G v. 20.2.2013 (BGBl. I S. 285).

2) § 9 Abs. 4 eingef. mWv 1.1.2014 durch G v. 20.2.2013 (BGBl. I S. 285); Satz 4 einl. Satzteil und Satz 8 geänd. mWv VZ 2014 durch G v. 25.7.2014 (BGBl. I S. 1266).

3) § 9 Abs. 4a eingef. mWv 1.1.2014 durch G v. 20.2.2013 (BGBl. I S. 285); Satz 3 Nr. 1 und Sätze 7 und 12 geänd. mWv VZ 2014 durch G v. 25.7.2014 (BGBl. I S. 1266).

1.[1] 28 Euro für jeden Kalendertag, an dem der Arbeitnehmer 24 Stunden von seiner Wohnung und ersten Tätigkeitsstätte abwesend ist,

2.[2] jeweils 14 Euro für den An- und Abreisetag, wenn der Arbeitnehmer an diesem, einem anschließenden oder vorhergehenden Tag außerhalb seiner Wohnung übernachtet,

3.[3] 14 Euro für den Kalendertag, an dem der Arbeitnehmer ohne Übernachtung außerhalb seiner Wohnung mehr als 8 Stunden von seiner Wohnung und der ersten Tätigkeitsstätte abwesend ist; beginnt die auswärtige berufliche Tätigkeit an einem Kalendertag und endet am nachfolgenden Kalendertag ohne Übernachtung, werden 14 Euro für den Kalendertag gewährt, an dem der Arbeitnehmer den überwiegenden Teil der insgesamt mehr als 8 Stunden von seiner Wohnung und der ersten Tätigkeitsstätte abwesend ist.

4 Hat der Arbeitnehmer keine erste Tätigkeitsstätte, gelten die Sätze 2 und 3 entsprechend; Wohnung im Sinne der Sätze 2 und 3 ist der Hausstand, der den Mittelpunkt der Lebensinteressen des Arbeitnehmers bildet sowie eine Unterkunft am Ort der ersten Tätigkeitsstätte im Rahmen der doppelten Haushaltsführung. 5 Bei einer Tätigkeit im Ausland treten an die Stelle der Pauschbeträge nach Satz 3 länderweise unterschiedliche Pauschbeträge, die für die Fälle der Nummer 1 mit 120 sowie der Nummern 2 und 3 mit 80 Prozent der Auslandstagegelder nach dem Bundesreisekostengesetz vom Bundesministerium der Finanzen im Einvernehmen mit den obersten Finanzbehörden der Länder aufgerundet auf volle Euro festgesetzt werden; dabei bestimmt sich der Pauschbetrag nach dem Ort, den der Arbeitnehmer vor 24 Uhr Ortszeit zuletzt erreicht, oder, wenn dieser Ort im Inland liegt, nach dem letzten Tätigkeitsort im Ausland. 6 Der Abzug der Verpflegungspauschalen ist auf die ersten drei Monate einer längerfristigen beruflichen Tätigkeit an derselben Tätigkeitsstätte beschränkt. 7 Eine Unterbrechung der beruflichen Tätigkeit an derselben Tätigkeitsstätte führt zu einem Neubeginn, wenn sie mindestens vier Wochen dauert. 8 Wird dem Arbeitnehmer anlässlich oder während einer Tätigkeit außerhalb seiner ersten Tätigkeitsstätte vom Arbeitgeber oder auf dessen Veranlassung von einem Dritten eine Mahlzeit zur Verfügung gestellt, sind die nach den Sätzen 3 und 5 ermittelten Verpflegungspauschalen zu kürzen:

1. für Frühstück um 20 Prozent,

2. für Mittag- und Abendessen um jeweils 40 Prozent,

der nach Satz 3 Nummer 1 gegebenenfalls in Verbindung mit Satz 5 maßgebenden Verpflegungspauschale für einen vollen Kalendertag; die Kürzung darf die ermittelte Verpflegungspauschale nicht übersteigen. 9 Satz 8 gilt auch, wenn Reisekostenvergütungen wegen der zur Verfügung gestellten Mahlzeiten einbehalten oder gekürzt werden oder die Mahlzeiten nach § 40 Absatz 2 Satz 1 Nummer 1a pauschal besteuert werden. 10 Hat der Arbeitnehmer für die Mahlzeit ein Entgelt gezahlt, mindert dieser Betrag den Kürzungsbetrag nach Satz 8. 11 Erhält der Arbeitnehmer steuerfreie Erstattungen für Verpflegung, ist ein Werbungskostenabzug insoweit ausgeschlossen. 12 Die Verpflegungspauschalen nach den Sätzen 3 und 5, die Dreimonatsfrist nach den Sätzen 6 und 7 sowie

[1] § 9 Abs. 4a Satz 3 Nr. 1 geänd. mWv VZ 2020 durch G v. 12.12.2019 (BGBl. I S. 2451).
[2] § 9 Abs. 4a Satz 3 Nr. 2 geänd. mWv VZ 2020 durch G v. 12.12.2019 (BGBl. I S. 2451).
[3] § 9 Abs. 4a Satz 3 Nr. 3 geänd. mWv VZ 2020 durch G v. 12.12.2019 (BGBl. I S. 2451).

die Kürzungsregelungen nach den Sätzen 8 bis 10 gelten entsprechend auch für den Abzug von Mehraufwendungen für Verpflegung, die bei einer beruflich veranlassten doppelten Haushaltsführung entstehen, soweit der Arbeitnehmer vom eigenen Hausstand im Sinne des § 9 Absatz 1 Satz 3 Nummer 5 abwesend ist; dabei ist für jeden Kalendertag innerhalb der Dreimonatsfrist, an dem gleichzeitig eine Tätigkeit im Sinne des Satzes 2 oder des Satzes 4 ausgeübt wird, nur der jeweils höchste in Betracht kommende Pauschbetrag abziehbar. [13]Die Dauer einer Tätigkeit im Sinne des Satzes 2 an dem Tätigkeitsort, an dem die doppelte Haushaltsführung begründet wurde, ist auf die Dreimonatsfrist anzurechnen, wenn sie ihr unmittelbar vorausgegangen ist.

(5)[1)] [1]§ 4 Absatz 5 Satz 1 Nummer 1 bis 4, 6b bis 8a, 10, 12 und Absatz 6 gilt sinngemäß. [2]Die §§ 4j, 4k, 6 Absatz 1 Nummer 1a und § 6e gelten entsprechend.

(6)[2)] [1]Aufwendungen des Steuerpflichtigen für seine Berufsausbildung oder für sein Studium sind nur dann Werbungskosten, wenn der Steuerpflichtige zuvor bereits eine Erstausbildung (Berufsausbildung oder Studium) abgeschlossen hat oder wenn die Berufsausbildung oder das Studium im Rahmen eines Dienstverhältnisses stattfindet. [2]Eine Berufsausbildung als Erstausbildung nach Satz 1 liegt vor, wenn eine geordnete Ausbildung mit einer Mindestdauer von 12 Monaten bei vollzeitiger Ausbildung und mit einer Abschlussprüfung durchgeführt wird. [3]Eine geordnete Ausbildung liegt vor, wenn sie auf der Grundlage von Rechts- oder Verwaltungsvorschriften oder internen Vorschriften eines Bildungsträgers durchgeführt wird. [4]Ist eine Abschlussprüfung nach dem Ausbildungsplan nicht vorgesehen, gilt die Ausbildung mit der tatsächlichen planmäßigen Beendigung als abgeschlossen. [5]Eine Berufsausbildung als Erstausbildung hat auch abgeschlossen, wer die Abschlussprüfung einer durch Rechts- oder Verwaltungsvorschriften geregelten Berufsausbildung mit einer Mindestdauer von 12 Monaten bestanden hat, ohne dass er zuvor die entsprechende Berufsausbildung durchlaufen hat.

§ 9a[3)] Pauschbeträge für Werbungskosten. [1]Für Werbungskosten sind bei der Ermittlung der Einkünfte die folgenden Pauschbeträge abzuziehen, wenn nicht höhere Werbungskosten nachgewiesen werden:

1.[4)] a) von den Einnahmen aus nichtselbständiger Arbeit vorbehaltlich Buchstabe b:
ein Arbeitnehmer-Pauschbetrag von 1 000 Euro;

b) von den Einnahmen aus nichtselbständiger Arbeit, soweit es sich um Versorgungsbezüge im Sinne des § 19 Absatz 2 handelt:
ein Pauschbetrag von 102 Euro;

2. (weggefallen)

[1)] § 9 Abs. 5 Satz 1 geänd. mWv VZ 2012 durch G v. 1.11.2011 (BGBl. I S. 2131); geänd. mWv 1.1.2014 durch G v. 20.2.2013 (BGBl. I S. 285); Satz 2 neu gef. mWv VZ 2018 durch G v. 27.6.2017 (BGBl. I S. 2074); zur Anwendung siehe § 52 Abs. 16b Satz 2; Satz 2 neu gef. mWv VZ 2019 durch G v. 12.12.2019 (BGBl. I S. 2451); zur Anwendung siehe § 52 Abs. 16b Satz 3; Satz 2 neu gef. mWv VZ 2020 durch G v. 25.6.2021 (BGBl. I S. 2035); zur Anwendung siehe § 52 Abs. 16b Satz 4.

[2)] § 9 Abs. 6 neu gef. mWv 1.1.2015 durch G v. 22.12.2014 (BGBl. I S. 2417).

[3)] Zur Anwendung von § 9a siehe § 22 Nr. 5 Satz 11 iVm § 3 Nr. 66.

[4)] § 9a Satz 1 Buchst. a geänd. mWv VZ 2011 und mWv VZ 2012 durch G v. 1.11.2011 (BGBl. I S. 2131).

3.[1] von den Einnahmen im Sinne des § 22 Nummer 1, 1a und 5:
ein Pauschbetrag von insgesamt 102 Euro.

[2]Der Pauschbetrag nach Satz 1 Nummer 1 Buchstabe b darf nur bis zur Höhe der um den Versorgungsfreibetrag einschließlich des Zuschlags zum Versorgungsfreibetrag (§ 19 Absatz 2) geminderten Einnahmen, die Pauschbeträge nach Satz 1 Nummer 1 Buchstabe a und Nummer 3 dürfen nur bis zur Höhe der Einnahmen abgezogen werden.

4a. Umsatzsteuerrechtlicher Vorsteuerabzug

§ 9b [Umsatzsteuerrechtlicher Vorsteuerabzug] (1) Der Vorsteuerbetrag nach § 15 des Umsatzsteuergesetzes[2] gehört, soweit er bei der Umsatzsteuer abgezogen werden kann, nicht zu den Anschaffungs- oder Herstellungskosten des Wirtschaftsguts, auf dessen Anschaffung oder Herstellung er entfällt.

(2)[3] [1] Wird der Vorsteuerabzug nach § 15a des Umsatzsteuergesetzes berichtigt, so sind die Mehrbeträge als Betriebseinnahmen oder Einnahmen zu behandeln, wenn sie im Rahmen einer der Einkunftsarten des § 2 Absatz 1 Satz 1 bezogen werden; die Minderbeträge sind als Betriebsausgaben oder Werbungskosten zu behandeln, wenn sie durch den Betrieb veranlasst sind oder der Erwerbung, Sicherung und Erhaltung von Einnahmen dienen. [2] Die Anschaffungs- oder Herstellungskosten bleiben in den Fällen des Satzes 1 unberührt.

ESt G

4b.[4] *(aufgehoben)*

§ 9c[4] *(aufgehoben)*

5. Sonderausgaben

§ 10 [Sonderausgaben] (1) Sonderausgaben sind die folgenden Aufwendungen, wenn sie weder Betriebsausgaben noch Werbungskosten sind oder wie Betriebsausgaben oder Werbungskosten behandelt werden:

1.–1b.[5] *(aufgehoben)*

2.[6] a)[7] Beiträge zu den gesetzlichen Rentenversicherungen oder zur landwirtschaftlichen Alterskasse sowie zu berufsständischen Versorgungseinrichtungen, die den gesetzlichen Rentenversicherungen vergleichbare Leistungen erbringen;

b)[8] Beiträge des Steuerpflichtigen

---

[1] § 9a Satz 1 Nr. 3 geänd. durch G v. 8.12.2010 (BGBl. I S. 1768); geänd. mWv 1.1.2015 durch G v. 22.12.2014 (BGBl. I S. 2417).

[2] Nr. **23**.

[3] § 9b Abs. 2 neu gef. durch G v. 18.12.2013 (BGBl. I S. 4318); zur Anwendung siehe § 52 Abs. 17.

[4] Abschnitt II Unterabschnitt 4b (§ 9c) aufgeh. durch G v. 1.11.2011 (BGBl. I S. 2131).

[5] § 10 Abs. 1 Nr. 1 bis 1b aufgeh. mWv VZ 2015 durch G v. 22.12.2014 (BGBl. I S. 2417).

[6] § 10 Abs. 1 Nr. 2 Sätze 2 und 3 eingef., bish. Sätze 2 und 3 werden Sätze 4 und 5 mWv VZ 2014 durch G v. 24.6.2013 (BGBl. I S. 1667); Sätze 3 und 4 eingef., bish. Sätze 3 bis 5 werden Sätze 5 bis 7 mWv VZ 2015 durch G v. 22.12.2014 (BGBl. I S. 2417).

[7] § 10 Abs. 1 Nr. 2 Buchst. a geänd. mWv 1.1.2013 durch G v. 12.4.2012 (BGBl. I S. 579).

[8] § 10 Abs. 1 Nr. 2 Buchst. b neu gef. mWv VZ 2014 durch G v. 24.6.2013 (BGBl. I S. 1667); Satz 7 geänd. mWv 1.1.2018 durch G v. 17.8.2017 (BGBl. I S. 3214).

aa) zum Aufbau einer eigenen kapitalgedeckten Altersversorgung, wenn der Vertrag nur die Zahlung einer monatlichen, auf das Leben des Steuerpflichtigen bezogenen lebenslangen Leibrente nicht vor Vollendung des 62. Lebensjahres oder zusätzlich die ergänzende Absicherung des Eintritts der Berufsunfähigkeit (Berufsunfähigkeitsrente), der verminderten Erwerbsfähigkeit (Erwerbsminderungsrente) oder von Hinterbliebenen (Hinterbliebenenrente) vorsieht. [2]Hinterbliebene in diesem Sinne sind der Ehegatte des Steuerpflichtigen und die Kinder, für die er Anspruch auf Kindergeld oder auf einen Freibetrag nach § 32 Absatz 6 hat. [3]Der Anspruch auf Waisenrente darf längstens für den Zeitraum bestehen, in dem der Rentenberechtigte die Voraussetzungen für die Berücksichtigung als Kind im Sinne des § 32 erfüllt;

bb) für seine Absicherung gegen den Eintritt der Berufsunfähigkeit oder der verminderten Erwerbsfähigkeit (Versicherungsfall), wenn der Vertrag nur die Zahlung einer monatlichen, auf das Leben des Steuerpflichtigen bezogenen lebenslangen Leibrente für einen Versicherungsfall vorsieht, der bis zur Vollendung des 67. Lebensjahres eingetreten ist. [2]Der Vertrag kann die Beendigung der Rentenzahlung wegen eines medizinisch begründeten Wegfalls der Berufsunfähigkeit oder der verminderten Erwerbsfähigkeit vorsehen. [3]Die Höhe der zugesagten Rente kann vom Alter des Steuerpflichtigen bei Eintritt des Versicherungsfalls abhängig gemacht werden, wenn der Steuerpflichtige das 55. Lebensjahr vollendet hat.

[2]Die Ansprüche nach Buchstabe b dürfen nicht vererblich, nicht übertragbar, nicht beleihbar, nicht veräußerbar und nicht kapitalisierbar sein. [3]Anbieter und Steuerpflichtiger können vereinbaren, dass bis zu zwölf Monatsleistungen in einer Auszahlung zusammengefasst werden oder eine Kleinbetragsrente im Sinne von § 93 Absatz 3 Satz 2 abgefunden wird. [4]Bei der Berechnung der Kleinbetragsrente sind alle bei einem Anbieter bestehenden Verträge des Steuerpflichtigen jeweils nach Buchstabe b Doppelbuchstabe aa oder Doppelbuchstabe bb zusammenzurechnen. [5]Neben den genannten Auszahlungsformen darf kein weiterer Anspruch auf Auszahlungen bestehen. [6]Zu den Beiträgen nach den Buchstaben a und b ist der nach § 3 Nummer 62 steuerfreie Arbeitgeberanteil zur gesetzlichen Rentenversicherung und ein diesem gleichgestellter steuerfreier Zuschuss des Arbeitgebers hinzuzurechnen. [7]Beiträge nach § 168 Absatz 1 Nummer 1b oder 1c oder nach § 172 Absatz 3 oder 3a des Sechsten Buches Sozialgesetzbuch werden abweichend von Satz 6 nur auf Antrag des Steuerpflichtigen hinzugerechnet;

3.[1)] Beiträge zu

[1)] § 10 Abs. 1 Nr. 3 Satz 4 angef. mWv VZ 2011 durch G v. 8.12.2010 (BGBl. I S. 1768); Nr. 3 Buchst. a Satz 1 und Satz 3 1. HS geänd. mWv VZ 2013 durch G v. 26.6.2013 (BGBl. I S. 1809); Nr. 3 Satz 3 geänd. mWv VZ 2015 durch G v. 22.12.2014 (BGBl. I S. 2417); Nr. 3 Buchst. a Satz 3 2. HS geänd. mWv 1.1.2016 durch G v. 1.4.2015 (BGBl. I S. 434); Satz 2 neu gef., Satz 3 eingef., bish. Sätze 3 und 4 werden Sätze 4 und 5 mWv VZ 2019 und neuer Satz 5 geänd. mWv VZ 2020 durch G v. 12.12.2019 (BGBl. I S. 2451).

a) Krankenversicherungen, soweit diese zur Erlangung eines durch das Zwölfte Buch Sozialgesetzbuch bestimmten sozialhilfegleichen Versorgungsniveaus erforderlich sind und sofern auf die Leistungen ein Anspruch besteht. [2] Für Beiträge zur gesetzlichen Krankenversicherung sind dies die nach dem Dritten Titel des Ersten Abschnitts des Achten Kapitels des Fünften Buches Sozialgesetzbuch oder die nach dem Sechsten Abschnitt des Zweiten Gesetzes über die Krankenversicherung der Landwirte festgesetzten Beiträge. [3] Für Beiträge zu einer privaten Krankenversicherung sind dies die Beitragsanteile, die auf Vertragsleistungen entfallen, die, mit Ausnahme der auf das Krankengeld entfallenden Beitragsanteile, in Art, Umfang und Höhe den Leistungen nach dem Dritten Kapitel des Fünften Buches Sozialgesetzbuch vergleichbar sind; § 158 Absatz 2 des Versicherungsaufsichtsgesetzes gilt entsprechend. [4] Wenn sich aus den Krankenversicherungsbeiträgen nach Satz 2 ein Anspruch auf Krankengeld oder ein Anspruch auf eine Leistung, die anstelle von Krankengeld gewährt wird, ergeben kann, ist der jeweilige Beitrag um 4 Prozent zu vermindern;

b) gesetzlichen Pflegeversicherungen (soziale Pflegeversicherung und private Pflege-Pflichtversicherung).

[2] Als eigene Beiträge des Steuerpflichtigen können auch eigene Beiträge im Sinne der Buchstaben a oder b eines Kindes behandelt werden, wenn der Steuerpflichtige die Beiträge des Kindes, für das ein Anspruch auf einen Freibetrag nach § 32 Absatz 6 oder auf Kindergeld besteht, durch Leistungen in Form von Bar- oder Sachunterhalt wirtschaftlich getragen hat, unabhängig von Einkünften oder Bezügen des Kindes. [3] Satz 2 gilt entsprechend, wenn der Steuerpflichtige die Beiträge für ein unterhaltsberechtigtes Kind trägt, welches nicht selbst Versicherungsnehmer ist, sondern der andere Elternteil. [4] Hat der Steuerpflichtige in den Fällen des Absatzes 1a Nummer 1 eigene Beiträge im Sinne des Buchstaben a oder des Buchstaben b zum Erwerb einer Krankenversicherung oder gesetzlichen Pflegeversicherung für einen geschiedenen oder dauernd getrennt lebenden unbeschränkt einkommensteuerpflichtigen Ehegatten geleistet, dann werden diese abweichend von Satz 1 als eigene Beiträge des geschiedenen oder dauernd getrennt lebenden unbeschränkt einkommensteuerpflichtigen Ehegatten behandelt. [5] Beiträge, die für nach Ablauf des Veranlagungszeitraums beginnende Beitragsjahre geleistet werden und in der Summe das Dreifache der auf den Veranlagungszeitraum entfallenden Beiträge überschreiten, sind in dem Veranlagungszeitraum anzusetzen, für den sie geleistet wurden;

3a. Beiträge zu Kranken- und Pflegeversicherungen, soweit diese nicht nach Nummer 3 zu berücksichtigen sind; Beiträge zu Versicherungen gegen Arbeitslosigkeit, zu Erwerbs- und Berufsunfähigkeitsversicherungen, die nicht unter Nummer 2 Satz 1 Buchstabe b fallen, zu Unfall- und Haftpflichtversicherungen sowie zu Risikoversicherungen, die nur für den Todesfall eine Leistung vorsehen; Beiträge zu Versicherungen im Sinne des § 10 Absatz 1 Nummer 2 Buchstabe b Doppelbuchstabe bb bis dd in der am 31. Dezember 2004 geltenden Fassung, wenn die Laufzeit dieser Versicherungen vor dem 1. Januar

2005 begonnen hat und ein Versicherungsbeitrag bis zum 31. Dezember 2004 entrichtet wurde; § 10 Absatz 1 Nummer 2 Satz 2 bis 6 und Absatz 2 Satz 2 in der am 31. Dezember 2004 geltenden Fassung ist in diesen Fällen weiter anzuwenden;

4.[1] gezahlte Kirchensteuer; dies gilt nicht, soweit die Kirchensteuer als Zuschlag zur Kapitalertragsteuer oder als Zuschlag auf die nach dem gesonderten Tarif des § 32d Absatz 1 ermittelte Einkommensteuer gezahlt wurde;

5.[2] zwei Drittel der Aufwendungen, höchstens 4 000 Euro je Kind, für Dienstleistungen zur Betreuung eines zum Haushalt des Steuerpflichtigen gehörenden Kindes im Sinne des § 32 Absatz 1, welches das 14. Lebensjahr noch nicht vollendet hat oder wegen einer vor Vollendung des 25. Lebensjahres eingetretenen körperlichen, geistigen oder seelischen Behinderung außerstande ist, sich selbst zu unterhalten. [2]Dies gilt nicht für Aufwendungen für Unterricht, die Vermittlung besonderer Fähigkeiten sowie für sportliche und andere Freizeitbetätigungen. [3]Ist das zu betreuende Kind nicht nach § 1 Absatz 1 oder Absatz 2 unbeschränkt einkommensteuerpflichtig, ist der in Satz 1 genannte Betrag zu kürzen, soweit es nach den Verhältnissen im Wohnsitzstaat des Kindes notwendig und angemessen ist. [4]Voraussetzung für den Abzug der Aufwendungen nach Satz 1 ist, dass der Steuerpflichtige für die Aufwendungen eine Rechnung erhalten hat und die Zahlung auf das Konto des Erbringers der Leistung erfolgt ist;

6. (weggefallen)

7.[3] Aufwendungen für die eigene Berufsausbildung bis zu 6 000 Euro im Kalenderjahr. [2]Bei Ehegatten, die die Voraussetzungen des § 26 Absatz 1 Satz 1 erfüllen, gilt Satz 1 für jeden Ehegatten. [3]Zu den Aufwendungen im Sinne des Satzes 1 gehören auch Aufwendungen für eine auswärtige Unterbringung. [4]§ 4 Absatz 5 Satz 1 Nummer 6b sowie § 9 Absatz 1 Satz 3 Nummer 4 und 5, Absatz 2, 4 Satz 8 und Absatz 4a sind bei der Ermittlung der Aufwendungen anzuwenden.

8. (weggefallen)

9. 30 Prozent des Entgelts, höchstens 5 000 Euro, das der Steuerpflichtige für ein Kind, für das er Anspruch auf einen Freibetrag nach § 32 Absatz 6 oder auf Kindergeld hat, für dessen Besuch einer Schule in freier Trägerschaft oder einer überwiegend privat finanzierten Schule entrichtet, mit Ausnahme des Entgelts für Beherbergung, Betreuung und Verpflegung. [2]Voraussetzung ist, dass die Schule in einem Mitgliedstaat der Europäischen Union oder in einem Staat belegen ist, auf den das Abkommen über den Europäischen Wirtschaftsraum Anwendung findet, und die Schule zu einem von dem zuständigen inländischen Ministerium eines Landes, von der Kultusministerkonferenz der Länder oder von einer inländischen Zeugnisanerkennungsstelle an-

---

[1] § 10 Abs. 1 Nr. 4 neu gef. mWv VZ 2011 durch G v. 8.12.2010 (BGBl. I S. 1768).

[2] § 10 Abs. 1 Nr. 5 eingef. durch G v. 1.11.2011 (BGBl. I S. 2131); zur Anwendung siehe § 52 Abs. 18 Satz 3.

[3] § 10 Abs. 1 Nr. 7 Satz 1 geänd. mWv 1.1.2012 durch G v. 7.12.2011 (BGBl. I S. 2592); Satz 4 geänd. durch G v. 20.2.2013 (BGBl. I S. 285); Satz 4 geänd. mWv 1.1.2014 durch G v. 25.7.2014 (BGBl. I S. 1266).

erkannten oder einem inländischen Abschluss an einer öffentlichen Schule als gleichwertig anerkannten allgemein bildenden oder berufsbildenden Schul-, Jahrgangs- oder Berufsabschluss führt. 3 Der Besuch einer anderen Einrichtung, die auf einen Schul-, Jahrgangs- oder Berufsabschluss im Sinne des Satzes 2 ordnungsgemäß vorbereitet, steht einem Schulbesuch im Sinne des Satzes 1 gleich. 4 Der Besuch einer Deutschen Schule im Ausland steht dem Besuch einer solchen Schule gleich, unabhängig von ihrer Belegenheit. 5 Der Höchstbetrag nach Satz 1 wird für jedes Kind, bei dem die Voraussetzungen vorliegen, je Elternpaar nur einmal gewährt.

(1a)[1)] Sonderausgaben sind auch die folgenden Aufwendungen:

1.[2)] Unterhaltsleistungen an den geschiedenen oder dauernd getrennt lebenden unbeschränkt einkommensteuerpflichtigen Ehegatten, wenn der Geber dies mit Zustimmung des Empfängers beantragt, bis zu 13 805 Euro im Kalenderjahr. 2 Der Höchstbetrag nach Satz 1 erhöht sich um den Betrag der im jeweiligen Veranlagungszeitraum nach Absatz 1 Nummer 3 für die Absicherung des geschiedenen oder dauernd getrennt lebenden unbeschränkt einkommensteuerpflichtigen Ehegatten aufgewandten Beiträge. 3 Der Antrag kann jeweils nur für ein Kalenderjahr gestellt und nicht zurückgenommen werden. 4 Die Zustimmung ist mit Ausnahme der nach § 894 der Zivilprozessordnung als erteilt geltenden bis auf Widerruf wirksam. 5 Der Widerruf ist vor Beginn des Kalenderjahres, für das die Zustimmung erstmals nicht gelten soll, gegenüber dem Finanzamt zu erklären. 6 Die Sätze 1 bis 5 gelten für Fälle der Nichtigkeit oder der Aufhebung der Ehe entsprechend. 7 Voraussetzung für den Abzug der Aufwendungen ist die Angabe der erteilten Identifikationsnummer (§ 139b der Abgabenordnung[3)]) der unterhaltenen Person in der Steuererklärung des Unterhaltsleistenden, wenn die unterhaltene Person der unbeschränkten oder beschränkten Steuerpflicht unterliegt. 8 Die unterhaltene Person ist für diese Zwecke verpflichtet, dem Unterhaltsleistenden ihre erteilte Identifikationsnummer (§ 139b der Abgabenordnung) mitzuteilen. 9 Kommt die unterhaltene Person dieser Verpflichtung nicht nach, ist der Unterhaltsleistende berechtigt, bei der für ihn zuständigen Finanzbehörde die Identifikationsnummer der unterhaltenen Person zu erfragen;

2.[4)] auf besonderen Verpflichtungsgründen beruhende, lebenslange und wiederkehrende Versorgungsleistungen, die nicht mit Einkünften in wirtschaftlichem Zusammenhang stehen, die bei der Veranlagung außer Betracht bleiben, wenn der Empfänger unbeschränkt einkommensteuerpflichtig ist. 2 Dies gilt nur für

   a) Versorgungsleistungen im Zusammenhang mit der Übertragung eines Mitunternehmeranteils an einer Personengesellschaft, die eine Tätigkeit im Sinne der §§ 13, 15 Absatz 1 Satz 1 Nummer 1 oder des § 18 Absatz 1 ausübt,

ESTG

---

1) § 10 Abs. 1a eingef. durch G v. 22.12.2014 (BGBl. I S. 2417); zur Anwendung siehe § 52 Abs. 18 Sätze 1 und 2.

2) § 10 Abs. 1a Nr. 1 Sätze 7 bis 9 angef. mWv VZ 2016 durch G v. 2.11.2015 (BGBl. I S. 1834).

3) Nr. **1**.

4) § 10 Abs. 1a Nr. 2 Satz 4 angef. mWv VZ 2021 durch G v. 21.12.2020 (BGBl. I S. 3096).

b) Versorgungsleistungen im Zusammenhang mit der Übertragung eines Betriebs oder Teilbetriebs, sowie

c) Versorgungsleistungen im Zusammenhang mit der Übertragung eines mindestens 50 Prozent betragenden Anteils an einer Gesellschaft mit beschränkter Haftung, wenn der Übergeber als Geschäftsführer tätig war und der Übernehmer diese Tätigkeit nach der Übertragung übernimmt.

[3] Satz 2 gilt auch für den Teil der Versorgungsleistungen, der auf den Wohnteil eines Betriebs der Land- und Forstwirtschaft entfällt. [4] Voraussetzung für den Abzug der Aufwendungen ist die Angabe der erteilten Identifikationsnummer (§ 139b der Abgabenordnung) des Empfängers in der Steuererklärung des Leistenden; Nummer 1 Satz 8 und 9 gilt entsprechend;

3.[1)] Ausgleichsleistungen zur Vermeidung eines Versorgungsausgleichs nach § 6 Absatz 1 Satz 2 Nummer 2 und § 23 des Versorgungsausgleichsgesetzes sowie § 1408 Absatz 2 und § 1587 des Bürgerlichen Gesetzbuchs, soweit der Verpflichtete dies mit Zustimmung des Berechtigten beantragt und der Berechtigte unbeschränkt einkommensteuerpflichtig ist. [2] Nummer 1 Satz 3 bis 5 gilt entsprechend. [3] Voraussetzung für den Abzug der Aufwendungen ist die Angabe der erteilten Identifikationsnummer (§ 139b der Abgabenordnung) des Berechtigten in der Steuererklärung des Verpflichteten; Nummer 1 Satz 8 und 9 gilt entsprechend;

4.[2)] Ausgleichszahlungen im Rahmen des Versorgungsausgleichs nach den §§ 20 bis 22 und 26 des Versorgungsausgleichsgesetzes und nach den §§ 1587f, 1587g und 1587i des Bürgerlichen Gesetzbuchs in der bis zum 31. August 2009 geltenden Fassung sowie nach § 3a des Gesetzes zur Regelung von Härten im Versorgungsausgleich, soweit die ihnen zu Grunde liegenden Einnahmen bei der ausgleichspflichtigen Person der Besteuerung unterliegen, wenn die ausgleichsberechtigte Person unbeschränkt einkommensteuerpflichtig ist. [2] Nummer 3 Satz 3 gilt entsprechend.

(2)[3)] [1] Voraussetzung für den Abzug der in Absatz 1 Nummer 2, 3 und 3a bezeichneten Beträge (Vorsorgeaufwendungen) ist, dass sie

1.[4)] nicht in unmittelbarem wirtschaftlichen Zusammenhang mit steuerfreien Einnahmen stehen; ungeachtet dessen sind Vorsorgeaufwendungen im Sinne des Absatzes 1 Nummer 2, 3 und 3a zu berücksichtigen, soweit

a)[5)] sie in unmittelbarem wirtschaftlichen Zusammenhang mit in einem Mitgliedstaat der Europäischen Union oder einem Vertragsstaat des Abkommens über den Europäischen Wirtschaftsraum oder in der Schweizerischen Eidgenossenschaft erzielten Einnahmen aus nichtselbständiger Tätigkeit stehen,

---

[1)] § 10 Abs. 1a Nr. 3 Satz 1 geänd. mWv VZ 2017 durch G v. 20.12.2016 (BGBl. I S. 3000); Satz 3 angef. mWv VZ 2020 durch G v. 12.12.2019 (BGBl. I S. 2451).

[2)] § 10 Abs. 1a Nr. 4 Satz 2 angef. mWv VZ 2020 durch G v. 12.12.2019 (BGBl. I S. 2451).

[3)] § 10 Abs. 2 Satz 3 2. HS geänd. mWv VZ 2011 durch G v. 8.12.2010 (BGBl. I S. 1768); Sätze 4 und 5 aufgeh. mWv VZ 2011 durch G v. 7.12.2011 (BGBl. I S. 2592); Satz 3 geänd. mWv VZ 2014 durch G v. 25.7.2014 (BGBl. I S. 1266); Satz 2 neu gef., Satz 3 aufgeh. mWv VZ 2019 durch G v. 20.11.2019 (BGBl. I S. 1626).

[4)] § 10 Abs. 2 Satz 1 Nr. 1 2. HS eingef. durch G v. 11.12.2018 (BGBl. I S. 2338).

[5)] § 10 Abs. 2 Satz 1 Nr. 1 Buchst. a geänd. durch G v. 21.12.2020 (BGBl. I S. 3096); zur Anwendung siehe § 52 Abs. 18 Satz 4.

b) diese Einnahmen nach einem Abkommen zur Vermeidung der Doppelbesteuerung im Inland steuerfrei sind und

c) der Beschäftigungsstaat keinerlei steuerliche Berücksichtigung von Vorsorgeaufwendungen im Rahmen der Besteuerung dieser Einnahmen zulässt;

steuerfreie Zuschüsse zu einer Kranken- oder Pflegeversicherung stehen insgesamt in unmittelbarem wirtschaftlichen Zusammenhang mit den Vorsorgeaufwendungen im Sinne des Absatzes 1 Nummer 3,

2.[1)] geleistet werden an

a) Versicherungsunternehmen,

aa) die ihren Sitz oder ihre Geschäftsleitung in einem Mitgliedstaat der Europäischen Union oder einem Vertragsstaat des Abkommens über den Europäischen Wirtschaftsraum haben und das Versicherungsgeschäft im Inland betreiben dürfen, oder

bb) denen die Erlaubnis zum Geschäftsbetrieb im Inland erteilt ist.

[2]Darüber hinaus werden Beiträge nur berücksichtigt, wenn es sich um Beträge im Sinne des Absatzes 1 Nummer 3 Satz 1 Buchstabe a an eine Einrichtung handelt, die eine anderweitige Absicherung im Krankheitsfall im Sinne des § 5 Absatz 1 Nummer 13 des Fünften Buches Sozialgesetzbuch oder eine der Beihilfe oder freien Heilfürsorge vergleichbare Absicherung im Sinne des § 193 Absatz 3 Satz 2 Nummer 2 des Versicherungsvertragsgesetzes gewährt. [3]Dies gilt entsprechend, wenn ein Steuerpflichtiger, der weder seinen Wohnsitz noch seinen gewöhnlichen Aufenthalt im Inland hat, mit den Beiträgen einen Versicherungsschutz im Sinne des Absatzes 1 Nummer 3 Satz 1 erwirbt,

b) berufsständische Versorgungseinrichtungen,

c) einen Sozialversicherungsträger oder

d) einen Anbieter im Sinne des § 80.

[2]Vorsorgeaufwendungen nach Absatz 1 Nummer 2 Buchstabe b werden nur berücksichtigt, wenn die Beiträge zugunsten eines Vertrags geleistet wurden, der nach § 5a des Altersvorsorgeverträge-Zertifizierungsgesetzes zertifiziert ist, wobei die Zertifizierung Grundlagenbescheid im Sinne des § 171 Absatz 10 der Abgabenordnung ist.

(2a)[2)] [1]Bei Vorsorgeaufwendungen nach Absatz 1 Nummer 2 Buchstabe b hat der Anbieter als mitteilungspflichtige Stelle nach Maßgabe des § 93c der Abgabenordnung und unter Angabe der Vertrags- oder der Versicherungsdaten die Höhe der im jeweiligen Beitragsjahr geleisteten Beiträge und die Zertifizierungsnummer an die zentrale Stelle (§ 81) zu übermitteln. [2]§ 22a Absatz 2 gilt entsprechend. [3]§ 72a Absatz 4 und § 93c Absatz 4 der Abgabenordnung finden keine Anwendung.

(2b)[3)] [1]Bei Vorsorgeaufwendungen nach Absatz 1 Nummer 3 hat das Versicherungsunternehmen, der Träger der gesetzlichen Kranken- und Pflegeversicherung, die Künstlersozialkasse oder eine Einrichtung im Sinne des Absatzes 2 Satz 1 Nummer 2 Buchstabe a Satz 2 als mitteilungspflichtige Stelle nach

---

1) § 10 Abs. 2 Satz 1 Nr. 2 neu gef. mWv VZ 2013 durch G v. 26.6.2013 (BGBl. I S. 1809).
2) § 10 Abs. 2a neu gef. mWv VZ 2019 durch G v. 20.11.2019 (BGBl. I S. 1626).
3) § 10 Abs. 2b eingef. mWv VZ 2019 durch G v. 20.11.2019 (BGBl. I S. 1626).

Maßgabe des § 93c der Abgabenordnung und unter Angabe der Vertrags- oder der Versicherungsdaten die Höhe der im jeweiligen Beitragsjahr geleisteten und erstatteten Beiträge sowie die in § 93c Absatz 1 Nummer 2 Buchstabe c der Abgabenordnung genannten Daten mit der Maßgabe, dass insoweit als Steuerpflichtiger die versicherte Person gilt, an die zentrale Stelle (§ 81) zu übermitteln; sind Versicherungsnehmer und versicherte Person nicht identisch, sind zusätzlich die Identifikationsnummer und der Tag der Geburt des Versicherungsnehmers anzugeben. [2] Satz 1 gilt nicht, soweit diese Daten mit der elektronischen Lohnsteuerbescheinigung (§ 41b Absatz 1 Satz 2) oder der Rentenbezugsmitteilung (§ 22a Absatz 1 Satz 1 Nummer 4) zu übermitteln sind. [3] § 22a Absatz 2 gilt entsprechend. [4] Zuständige Finanzbehörde im Sinne des § 72a Absatz 4 und des § 93c Absatz 4 der Abgabenordnung ist das Bundeszentralamt für Steuern. [5] Wird in den Fällen des § 72a Absatz 4 der Abgabenordnung eine unzutreffende Höhe der Beiträge übermittelt, ist die entgangene Steuer mit 30 Prozent des zu hoch ausgewiesenen Betrags anzusetzen.

(3)[1)] [1] Vorsorgeaufwendungen nach Absatz 1 Nummer 2 sind bis zu dem Höchstbeitrag zur knappschaftlichen Rentenversicherung, aufgerundet auf einen vollen Betrag in Euro, zu berücksichtigen. [2] Bei zusammenveranlagten Ehegatten verdoppelt sich der Höchstbetrag. [3] Der Höchstbetrag nach Satz 1 oder 2 ist bei Steuerpflichtigen, die

1. Arbeitnehmer sind und die während des ganzen oder eines Teils des Kalenderjahres
   a) in der gesetzlichen Rentenversicherung versicherungsfrei oder auf Antrag des Arbeitgebers von der Versicherungspflicht befreit waren und denen für den Fall ihres Ausscheidens aus der Beschäftigung auf Grund des Beschäftigungsverhältnisses eine lebenslängliche Versorgung oder an deren Stelle eine Abfindung zusteht oder die in der gesetzlichen Rentenversicherung nachzuversichern sind oder
   b) nicht der gesetzlichen Rentenversicherungspflicht unterliegen, eine Berufstätigkeit ausgeübt und im Zusammenhang damit auf Grund vertraglicher Vereinbarungen Anwartschaftsrechte auf eine Altersversorgung erworben haben, oder
2. Einkünfte im Sinne des § 22 Nummer 4 erzielen und die ganz oder teilweise ohne eigene Beitragsleistung einen Anspruch auf Altersversorgung erwerben,

um den Betrag zu kürzen, der, bezogen auf die Einnahmen aus der Tätigkeit, die die Zugehörigkeit zum genannten Personenkreis begründen, dem Gesamtbeitrag (Arbeitgeber- und Arbeitnehmeranteil) zur allgemeinen Rentenversicherung entspricht. [4] Im Kalenderjahr 2013 sind 76 Prozent der nach den Sätzen 1 bis 3 ermittelten Vorsorgeaufwendungen anzusetzen. [5] Der sich danach ergebende Betrag, vermindert um den nach § 3 Nummer 62 steuerfreien Arbeitgeberanteil zur gesetzlichen Rentenversicherung und einen diesem gleichgestellten steuerfreien Zuschuss des Arbeitgebers, ist als Sonderausgabe abziehbar. [6] Der Prozentsatz in Satz 4 erhöht sich in den folgenden Kalenderjahren bis zum Kalenderjahr 2025 um je 2 Prozentpunkte je Kalenderjahr. [7] Beiträge nach § 168 Absatz 1 Nummer 1b oder 1c oder nach § 172 Absatz 3 oder 3a des Sechsten Buches Sozialgesetzbuch vermindern den abziehbaren

---

[1)] § 10 Abs. 3 Sätze 4 und 7 geänd. mWv VZ 2013 durch G v. 24.6.2013 (BGBl. I S. 1667); Satz 1 neu gef., Satz 7 geänd. mWv VZ 2015 durch G v. 22.12.2014 (BGBl. I S. 2417).

Betrag nach Satz 5 nur, wenn der Steuerpflichtige die Hinzurechnung dieser Beiträge zu den Vorsorgeaufwendungen nach Absatz 1 Nummer 2 Satz 7 beantragt hat.

(4) [1] Vorsorgeaufwendungen im Sinne des Absatzes 1 Nummer 3 und 3a können je Kalenderjahr insgesamt bis 2 800 Euro abgezogen werden. [2] Der Höchstbetrag beträgt 1 900 Euro bei Steuerpflichtigen, die ganz oder teilweise ohne eigene Aufwendungen einen Anspruch auf vollständige oder teilweise Erstattung oder Übernahme von Krankheitskosten haben oder für deren Krankenversicherung Leistungen im Sinne des § 3 Nummer 9, 14, 57 oder 62 erbracht werden. [3] Bei zusammen veranlagten Ehegatten bestimmt sich der gemeinsame Höchstbetrag aus der Summe der jedem Ehegatten unter den Voraussetzungen von Satz 1 und 2 zustehenden Höchstbeträge. [4] Übersteigen die Vorsorgeaufwendungen im Sinne des Absatzes 1 Nummer 3 die nach den Sätzen 1 bis 3 zu berücksichtigenden Vorsorgeaufwendungen, sind diese abzuziehen und ein Abzug von Vorsorgeaufwendungen im Sinne des Absatzes 1 Nummer 3a scheidet aus.

(4a)[1)] [1] Ist in den Kalenderjahren 2013 bis 2019 der Abzug der Vorsorgeaufwendungen nach Absatz 1 Nummer 2 Buchstabe a, Absatz 1 Nummer 3 und Nummer 3a in der für das Kalenderjahr 2004 geltenden Fassung des § 10 Absatz 3 mit folgenden Höchstbeträgen für den Vorwegabzug

Kalenderjahr	Vorwegabzug für den Steuerpflichtigen	Vorwegabzug im Fall der Zusammenveranlagung von Ehegatten
2013	2100	4200
2014	1800	3600
2015	1500	3000
2016	1200	2400
2017	900	1800
2018	600	1200
2019	300	600

zuzüglich des Erhöhungsbetrags nach Satz 3 günstiger, ist der sich danach ergebende Betrag anstelle des Abzugs nach Absatz 3 und 4 anzusetzen. [2] Mindestens ist bei Anwendung des Satzes 1 der Betrag anzusetzen, der sich ergeben würde, wenn zusätzlich noch die Vorsorgeaufwendungen nach Absatz 1 Nummer 2 Buchstabe b in die Günstigerprüfung einbezogen werden würden; der Erhöhungsbetrag nach Satz 3 ist nicht hinzuzurechnen. [3] Erhöhungsbetrag sind die Beiträge nach Absatz 1 Nummer 2 Buchstabe b, soweit sie nicht den um die Beiträge nach Absatz 1 Nummer 2 Buchstabe a und den nach § 3 Nummer 62 steuerfreien Arbeitgeberanteil zur gesetzlichen Rentenversicherung und einen diesem gleichgestellten steuerfreien Zuschuss verminderten Höchstbetrag nach Absatz 3 Satz 1 bis 3 überschreiten; Absatz 3 Satz 4 und 6 gilt entsprechend.

(4b)[2)] [1] Erhält der Steuerpflichtige für die von ihm für einen anderen Veranlagungszeitraum geleisteten Aufwendungen im Sinne des Satzes 2 einen steuerfreien Zuschuss, ist dieser den erstatteten Aufwendungen gleichzustellen.

[1)] § 10 Abs. 4a Satz 1 und Tabelle geänd. mWv VZ 2013 durch G v. 24.6.2013 (BGBl. I S. 1667).

[2)] § 10 Abs. 4b eingef. mWv VZ 2012 durch G v. 1.11.2011 (BGBl. I S. 2131); Sätze 4 bis 6 angef. mWv VZ 2016 (§ 52 Abs. 18 Satz 5) durch G v. 26.6.2013 (BGBl. I S. 1809); Satz 4 geänd., Sätze 5 und 6 neu gef. mWv 1.1.2017 durch G v. 18.7.2016 (BGBl. I S. 1679).

[2]Übersteigen bei den Sonderausgaben nach Absatz 1 Nummer 2 bis 3a die im Veranlagungszeitraum erstatteten Aufwendungen die geleisteten Aufwendungen (Erstattungsüberhang), ist der Erstattungsüberhang mit anderen im Rahmen der jeweiligen Nummer anzusetzenden Aufwendungen zu verrechnen. [3]Ein verbleibender Betrag des sich bei den Aufwendungen nach Absatz 1 Nummer 3 und 4 ergebenden Erstattungsüberhangs ist dem Gesamtbetrag der Einkünfte hinzuzurechnen. [4]Nach Maßgabe des § 93c der Abgabenordnung haben Behörden im Sinne des § 6 Absatz 1 der Abgabenordnung und andere öffentliche Stellen, die einem Steuerpflichtigen für die von ihm geleisteten Beiträge im Sinne des Absatzes 1 Nummer 2, 3 und 3a steuerfreie Zuschüsse gewähren oder Vorsorgeaufwendungen im Sinne dieser Vorschrift erstatten,[1)] als mitteilungspflichtige Stellen, neben den nach § 93c Absatz 1 der Abgabenordnung erforderlichen Angaben, die zur Gewährung und Prüfung des Sonderausgabenabzugs nach § 10 erforderlichen Daten an die zentrale Stelle zu übermitteln. [5]§ 22a Absatz 2 gilt entsprechend. [6]§ 72a Absatz 4 und § 93c Absatz 4 der Abgabenordnung finden keine Anwendung.

(5) Durch Rechtsverordnung[2)] wird bezogen auf den Versicherungstarif bestimmt, wie der nicht abziehbare Teil der Beiträge zum Erwerb eines Krankenversicherungsschutzes im Sinne des Absatzes 1 Nummer 3 Buchstabe a Satz 3 durch einheitliche prozentuale Abschläge auf die zugunsten des jeweiligen Tarifs gezahlte Prämie zu ermitteln ist, soweit der nicht abziehbare Beitragsteil nicht bereits als gesonderter Tarif oder Tarifbaustein ausgewiesen wird.

(6)[3)] Absatz 1 Nummer 2 Buchstabe b Doppelbuchstabe aa ist für Vertragsabschlüsse vor dem 1. Januar 2012 mit der Maßgabe anzuwenden, dass der Vertrag die Zahlung der Leibrente nicht vor der Vollendung des 60. Lebensjahres vorsehen darf.

§ 10a[4)] Zusätzliche Altersvorsorge. (1)[5)] [1]In der inländischen gesetzlichen Rentenversicherung Pflichtversicherte können Altersvorsorgebeiträge (§ 82) zuzüglich der dafür nach Abschnitt XI zustehenden Zulage jährlich bis zu 2 100 Euro als Sonderausgaben abziehen; das Gleiche gilt für

1. Empfänger von inländischer Besoldung nach dem Bundesbesoldungsgesetz oder einem Landesbesoldungsgesetz,
2. Empfänger von Amtsbezügen aus einem inländischen Amtsverhältnis, deren Versorgungsrecht die entsprechende Anwendung des § 69e Absatz 3 und 4 des Beamtenversorgungsgesetzes vorsieht,
3. die nach § 5 Absatz 1 Satz 1 Nummer 2 und 3 des Sechsten Buches Sozialgesetzbuch versicherungsfrei Beschäftigten, die nach § 6 Absatz 1 Satz 1 Nummer 2 oder nach § 230 Absatz 2 Satz 2 des Sechsten Buches Sozialge-

---

1) Zeichensetzung nichtamtlich.

2) Siehe die Krankenversicherungsbeitragsanteil-Ermittlungsverordnung v. 11.8.2009 (BGBl. I S. 2730), geänd. durch G v. 1.4.2015 (BGBl. I S. 434).

3) § 10 Abs. 6 angef. mWv VZ 2014 durch G v. 25.7.2014 (BGBl. I S. 1266); Satz 2 Nr. 1 geänd. mWv 1.1.2017 durch G v. 18.7.2016 (BGBl. I S. 1679); Satz 2 aufgeh. mWv VZ 2019 durch G v. 20.11.2019 (BGBl. I S. 1626).

4) Zur Anwendung siehe Abs. 6.

5) § 10a Abs. 1 Satz 1 geänd. durch G v. 8.4.2010 (BGBl. I S. 386); zur Anwendung siehe Abs. 6 Sätze 1 bis 3; Satz 3 neu gef. mWv 1.1.2011 durch G v. 8.12.2010 (BGBl. I S. 1768); Satz 3 neu gef. mWv VZ 2013 durch G v. 24.6.2013 (BGBl. I S. 1667); Satz 1 abschl. Satzteil geänd. mWv 1.1.2019 durch G v. 17.8.2017 (BGBl. I S. 3214); Satz 1 abschl. Satzteil geänd. mWv VZ 2019 durch G v. 20.11.2019 (BGBl. I S. 1626).

setzbuch von der Versicherungspflicht befreiten Beschäftigten, deren Versorgungsrecht die entsprechende Anwendung des § 69e Absatz 3 und 4 des Beamtenversorgungsgesetzes vorsieht,

4. Beamte, Richter, Berufssoldaten und Soldaten auf Zeit, die ohne Besoldung beurlaubt sind, für die Zeit einer Beschäftigung, wenn während der Beurlaubung die Gewährleistung einer Versorgungsanwartschaft unter den Voraussetzungen des § 5 Absatz 1 Satz 1 des Sechsten Buches Sozialgesetzbuch auf diese Beschäftigung erstreckt wird, und
5. Steuerpflichtige im Sinne der Nummern 1 bis 4, die beurlaubt sind und deshalb keine Besoldung, Amtsbezüge oder Entgelt erhalten, sofern sie eine Anrechnung von Kindererziehungszeiten nach § 56 des Sechsten Buches Sozialgesetzbuch in Anspruch nehmen könnten, wenn die Versicherungsfreiheit in der inländischen gesetzlichen Rentenversicherung nicht bestehen würde,

wenn sie spätestens bis zum Ablauf des Beitragsjahres (§ 88) gegenüber der zuständigen Stelle (§ 81a) schriftlich eingewilligt haben, dass diese der zentralen Stelle (§ 81) jährlich mitteilt, dass der Steuerpflichtige zum begünstigten Personenkreis gehört, dass die zuständige Stelle der zentralen Stelle die für die Ermittlung des Mindesteigenbeitrags (§ 86) und die Gewährung der Kinderzulage (§ 85) erforderlichen Daten übermittelt und die zentrale Stelle diese Daten für das Zulageverfahren verarbeiten darf. [2]Bei der Erteilung der Einwilligung ist der Steuerpflichtige darauf hinzuweisen, dass er die Einwilligung vor Beginn des Kalenderjahres, für das sie erstmals nicht mehr gelten soll, gegenüber der zuständigen Stelle widerrufen kann. [3]Versicherungspflichtige nach dem Gesetz über die Alterssicherung der Landwirte stehen Pflichtversicherten gleich; dies gilt auch für Personen, die

1. eine Anrechnungszeit nach § 58 Absatz 1 Nummer 3 oder Nummer 6 des Sechsten Buches Sozialgesetzbuch in der gesetzlichen Rentenversicherung erhalten und
2. unmittelbar vor einer Anrechnungszeit nach § 58 Absatz 1 Nummer 3 oder Nummer 6 des Sechsten Buches Sozialgesetzbuch einer der im ersten Halbsatz, in Satz 1 oder in Satz 4 genannten begünstigten Personengruppen angehörten.

[4]Die Sätze 1 und 2 gelten entsprechend für Steuerpflichtige, die nicht zum begünstigten Personenkreis nach Satz 1 oder 3 gehören und eine Rente wegen voller Erwerbsminderung oder Erwerbsunfähigkeit oder eine Versorgung wegen Dienstunfähigkeit aus einem der in Satz 1 oder 3 genannten Alterssicherungssysteme beziehen, wenn unmittelbar vor dem Bezug der entsprechenden Leistungen der Leistungsbezieher einer der in Satz 1 oder 3 genannten begünstigten Personengruppen angehörte; dies gilt nicht, wenn der Steuerpflichtige das 67. Lebensjahr vollendet hat. [5]Bei der Ermittlung der dem Steuerpflichtigen zustehenden Zulage nach Satz 1 bleibt die Erhöhung der Grundzulage nach § 84 Satz 2 außer Betracht.

(1a) [1]Sofern eine Zulagenummer (§ 90 Absatz 1 Satz 2) durch die zentrale Stelle oder eine Versicherungsnummer nach § 147 des Sechsten Buches Sozialgesetzbuch noch nicht vergeben ist, haben die in Absatz 1 Satz 1 Nummer 1 bis 5 genannten Steuerpflichtigen über die zuständige Stelle eine Zulagenummer bei der zentralen Stelle zu beantragen. [2]Für Empfänger einer Versorgung im Sinne des Absatzes 1 Satz 4 gilt Satz 1 entsprechend.

EStG

(2) [1] Ist der Sonderausgabenabzug nach Absatz 1 für den Steuerpflichtigen günstiger als der Anspruch auf die Zulage nach Abschnitt XI, erhöht sich die unter Berücksichtigung des Sonderausgabenabzugs ermittelte tarifliche Einkommensteuer um den Anspruch auf Zulage. [2] In den anderen Fällen scheidet der Sonderausgabenabzug aus. [3] Die Günstigerprüfung wird von Amts wegen vorgenommen.

(2a)[1)] *(aufgehoben)*

(3)[2)] [1] Der Abzugsbetrag nach Absatz 1 steht im Fall der Veranlagung von Ehegatten nach § 26 Absatz 1 jedem Ehegatten unter den Voraussetzungen des Absatzes 1 gesondert zu. [2] Gehört nur ein Ehegatte zu dem nach Absatz 1 begünstigten Personenkreis und ist der andere Ehegatte nach § 79 Satz 2 zulageberechtigt, sind bei dem nach Absatz 1 abzugsberechtigten Ehegatten die von beiden Ehegatten geleisteten Altersvorsorgebeiträge und die dafür zustehenden Zulagen bei der Anwendung der Absätze 1 und 2 zu berücksichtigen. [3] Der Höchstbetrag nach Absatz 1 Satz 1 erhöht sich in den Fällen des Satzes 2 um 60 Euro. [4] Dabei sind die von dem Ehegatten, der zu dem nach Absatz 1 begünstigten Personenkreis gehört, geleisteten Altersvorsorgebeiträge vorrangig zu berücksichtigen, jedoch mindestens 60 Euro der von dem anderen Ehegatten geleisteten Altersvorsorgebeiträge. [5] Gehören beide Ehegatten zu dem nach Absatz 1 begünstigten Personenkreis und liegt ein Fall der Veranlagung nach § 26 Absatz 1 vor, ist bei der Günstigerprüfung nach Absatz 2 der Anspruch auf Zulage beider Ehegatten anzusetzen.

(4) [1] Im Fall des Absatzes 2 Satz 1 stellt das Finanzamt die über den Zulageanspruch nach Abschnitt XI hinausgehende Steuerermäßigung gesondert fest und teilt diese der zentralen Stelle (§ 81) mit; § 10d Absatz 4 Satz 3 bis 5 gilt entsprechend. [2] Sind Altersvorsorgebeiträge zugunsten von mehreren Verträgen geleistet worden, erfolgt die Zurechnung im Verhältnis der nach Absatz 1 berücksichtigten Altersvorsorgebeiträge. [3] Ehegatten ist der nach Satz 1 festzustellende Betrag auch im Fall der Zusammenveranlagung jeweils getrennt zuzurechnen; die Zurechnung erfolgt im Verhältnis der nach Absatz 1 berücksichtigten Altersvorsorgebeiträge. [4] Werden Altersvorsorgebeiträge nach Absatz 3 Satz 2 berücksichtigt, die der nach § 79 Satz 2 zulageberechtigte Ehegatte zugunsten eines auf seinen Namen lautenden Vertrages geleistet hat, ist die hierauf entfallende Steuerermäßigung dem Vertrag zuzurechnen, zu dessen Gunsten die Altersvorsorgebeiträge geleistet wurden. [5] Die Übermittlung an die zentrale Stelle erfolgt unter Angabe der Vertragsnummer und der Identifikationsnummer (§ 139b der Abgabenordnung[3)]) sowie der Zulage- oder Versicherungsnummer nach § 147 des Sechsten Buches Sozialgesetzbuch.

(5)[4)] [1] Nach Maßgabe des § 93c der Abgabenordnung hat der Anbieter als mitteilungspflichtige Stelle auch unter Angabe der Vertragsdaten die Höhe der im jeweiligen Beitragsjahr zu berücksichtigenden Altersvorsorgebeiträge sowie die Zulage- oder die Versicherungsnummer nach § 147 des Sechsten Buches

---

1) § 10a Abs. 2a aufgeh. mWv VZ 2019 durch G v. 20.11.2019 (BGBl. I S. 1626).

2) § 10a Abs. 3 Sätze 3 und 4 eingef., bish. Satz 3 wird Satz 5 mWv 1.1.2012 durch G v. 7.12.2011 (BGBl. I S. 2592).

3) Nr. 1.

4) § 10a Abs. 5 Satz 5 angef. mWv VZ 2010 durch G v. 8.12.2010 (BGBl. I S. 1768); Sätze 1 bis 3 neu gef., Satz 4 eingef., bish. Sätze 4 und 5 werden Sätze 5 und 6 mWv 1.1.2017 durch G v. 18.7. 2016 (BGBl. I S. 1679); Sätze 1 und 2 neu gef. mWv VZ 2019 durch G v. 20.11.2019 (BGBl. I S. 1626).

Sozialgesetzbuch an die zentrale Stelle zu übermitteln. [2] § 22a Absatz 2 gilt entsprechend. [3] Die Übermittlung muss auch dann erfolgen, wenn im Fall der mittelbaren Zulageberechtigung keine Altersvorsorgebeiträge geleistet worden sind. [4] § 72a Absatz 4 der Abgabenordnung findet keine Anwendung. [5] Die übrigen Voraussetzungen für den Sonderausgabenabzug nach den Absätzen 1 bis 3 werden im Wege der Datenerhebung und des automatisierten Datenabgleichs nach § 91 überprüft. [6] Erfolgt eine Datenübermittlung nach Satz 1 und wurde noch keine Zulagenummer (§ 90 Absatz 1 Satz 2) durch die zentrale Stelle oder keine Versicherungsnummer nach § 147 des Sechsten Buches Sozialgesetzbuch vergeben, gilt § 90 Absatz 1 Satz 2 und 3 entsprechend.

(6)[1] [1] Für die Anwendung der Absätze 1 bis 5 stehen den in der inländischen gesetzlichen Rentenversicherung Pflichtversicherten nach Absatz 1 Satz 1 die Pflichtmitglieder in einem ausländischen gesetzlichen Alterssicherungssystem gleich, wenn diese Pflichtmitgliedschaft

1. mit einer Pflichtmitgliedschaft in einem inländischen Alterssicherungssystem nach Absatz 1 Satz 1 oder 3 vergleichbar ist und
2. vor dem 1. Januar 2010 begründet wurde.

[2] Für die Anwendung der Absätze 1 bis 5 stehen den Steuerpflichtigen nach Absatz 1 Satz 4 die Personen gleich,

1. die aus einem ausländischen gesetzlichen Alterssicherungssystem eine Leistung erhalten, die den in Absatz 1 Satz 4 genannten Leistungen vergleichbar ist,
2. die unmittelbar vor dem Bezug der entsprechenden Leistung nach Satz 1 oder Absatz 1 Satz 1 oder 3 begünstigt waren und
3. die noch nicht das 67. Lebensjahr vollendet haben.

[3] Als Altersvorsorgebeiträge (§ 82) sind bei den in Satz 1 oder 2 genannten Personen nur diejenigen Beiträge zu berücksichtigen, die vom Abzugsberechtigten zugunsten seines vor dem 1. Januar 2010 abgeschlossenen Vertrags geleistet wurden. [4] Endet die unbeschränkte Steuerpflicht eines Zulageberechtigten im Sinne des Satzes 1 oder 2 durch Aufgabe des inländischen Wohnsitzes oder gewöhnlichen Aufenthalts und wird die Person nicht nach § 1 Absatz 3 als unbeschränkt einkommensteuerpflichtig behandelt, so gelten die §§ 93 und 94 entsprechend; § 95 Absatz 2 und 3 und § 99 Absatz 1 in der am 31. Dezember 2008 geltenden Fassung sind anzuwenden.

(7)[2] Soweit nichts anderes bestimmt ist, sind die Regelungen des § 10a und des Abschnitts XI in der für das jeweilige Beitragsjahr geltenden Fassung anzuwenden.

§ 10b Steuerbegünstigte Zwecke. (1)[3] [1] Zuwendungen (Spenden und Mitgliedsbeiträge) zur Förderung steuerbegünstigter Zwecke im Sinne der §§ 52 bis 54 der Abgabenordnung[4] können insgesamt bis zu

1. 20 Prozent des Gesamtbetrags der Einkünfte oder

---

[1] § 10a Abs. 6 angef. mWv VZ 2014 durch G v. 25.7.2014 (BGBl. I S. 1266).

[2] § 10a Abs. 7 angef. mWv 1.1.2018 durch G v. 17.8.2017 (BGBl. I S. 3214).

[3] § 10b Abs. 1 Sätze 1 und 2 ersetzt durch Sätze 1 bis 7, bish. Sätze 3 bis 5 werden Sätze 8 bis 10 durch G v. 8.4.2010 (BGBl. I S. 386); Satz 7 geänd. durch G v. 8.12.2010 (BGBl. I S. 1768); Satz 5 geänd. mWv 1.1.2012 durch G v. 7.12.2011 (BGBl. I S. 2592); Satz 4 geänd. mWv VZ 2013 durch G

2. 4 Promille der Summe der gesamten Umsätze und der im Kalenderjahr aufgewendeten Löhne und Gehälter

als Sonderausgaben abgezogen werden. [2] Voraussetzung für den Abzug ist, dass diese Zuwendungen

1. an eine juristische Person des öffentlichen Rechts oder an eine öffentliche Dienststelle, die in einem Mitgliedstaat der Europäischen Union oder in einem Staat belegen ist, auf den das Abkommen über den Europäischen Wirtschaftsraum (EWR-Abkommen) Anwendung findet, oder
2. an eine nach § 5 Absatz 1 Nummer 9 des Körperschaftsteuergesetzes[1)] steuerbefreite Körperschaft, Personenvereinigung oder Vermögensmasse oder
3. an eine Körperschaft, Personenvereinigung oder Vermögensmasse, die in einem Mitgliedstaat der Europäischen Union oder in einem Staat belegen ist, auf den das Abkommen über den Europäischen Wirtschaftsraum (EWR-Abkommen) Anwendung findet, und die nach § 5 Absatz 1 Nummer 9 des Körperschaftsteuergesetzes in Verbindung mit § 5 Absatz 2 Nummer 2 zweiter Halbsatz des Körperschaftsteuergesetzes steuerbefreit wäre, wenn sie inländische Einkünfte erzielen würde,

geleistet werden. [3] Für nicht im Inland ansässige Zuwendungsempfänger nach Satz 2 ist weitere Voraussetzung, dass durch diese Staaten Amtshilfe und Unterstützung bei der Beitreibung geleistet werden. [4] Amtshilfe ist der Auskunftsaustausch im Sinne oder entsprechend der Amtshilferichtlinie gemäß § 2 Absatz 2 des EU-Amtshilfegesetzes[2)]. [5] Beitreibung ist die gegenseitige Unterstützung bei der Beitreibung von Forderungen im Sinne oder entsprechend der Beitreibungsrichtlinie einschließlich der in diesem Zusammenhang anzuwendenden Durchführungsbestimmungen in den für den jeweiligen Veranlagungszeitraum geltenden Fassungen oder eines entsprechenden Nachfolgerechtsaktes. [6] Werden die steuerbegünstigten Zwecke des Zuwendungsempfängers im Sinne von Satz 2 Nummer 1 nur im Ausland verwirklicht, ist für den Sonderausgabenabzug Voraussetzung, dass natürliche Personen, die ihren Wohnsitz oder ihren gewöhnlichen Aufenthalt im Geltungsbereich dieses Gesetzes haben, gefördert werden oder dass die Tätigkeit dieses Zuwendungsempfängers neben der Verwirklichung der steuerbegünstigten Zwecke auch zum Ansehen der Bundesrepublik Deutschland beitragen kann. [7] Abziehbar sind auch Mitgliedsbeiträge an Körperschaften, die Kunst und Kultur gemäß § 52 Absatz 2 Satz 1 Nummer 5 der Abgabenordnung fördern, soweit es sich nicht um Mitgliedsbeiträge nach Satz 8 Nummer 2 handelt, auch wenn den Mitgliedern Vergünstigungen gewährt werden. [8] Nicht abziehbar sind Mitgliedsbeiträge an Körperschaften,

1. die den Sport (§ 52 Absatz 2 Satz 1 Nummer 21 der Abgabenordnung),
2. die kulturelle Betätigungen, die in erster Linie der Freizeitgestaltung dienen,

---

(Fortsetzung der Anm. von voriger Seite)
v. 26.6.2013 (BGBl. I S. 1809); Satz 8 neu gef. mWv VZ 2020 durch G v. 12.12.2019 (BGBl. I S. 2451); zur Anwendung siehe § 52 Abs. 18a.

[4)] Nr. **1**.

[1)] Nr. **17**.

[2)] Das EUAHiG (BGBl. I S. 1809) dient der Umsetzung der Richtlinie 2011/16/EU v. 15.2.2011 (ABl. L 64 S. 1), zuletzt geänd. durch RL v. 22.3.2021 (ABl. Nr. L 104 S. 1) des Rates v. 15.2.2011 über die Zusammenarbeit der Verwaltungsbehörden im Bereich der Besteuerung und zur Aufhebung der Richtlinie 77/799/EWG.

3. die Heimatpflege und Heimatkunde (§ 52 Absatz 2 Satz 1 Nummer 22 der Abgabenordnung),
4. die Zwecke im Sinne des § 52 Absatz 2 Satz 1 Nummer 23 der Abgabenordnung

fördern oder

5. deren Zweck nach § 52 Absatz 2 Satz 2 der Abgabenordnung für gemeinnützig erklärt worden ist, weil deren Zweck die Allgemeinheit auf materiellem, geistigem oder sittlichem Gebiet entsprechend einem Zweck nach den Nummern 1 bis 4 fördert.

[9] Abziehbare Zuwendungen, die die Höchstbeträge nach Satz 1 überschreiten oder die den um die Beträge nach § 10 Absatz 3 und 4, § 10c und § 10d verminderten Gesamtbetrag der Einkünfte übersteigen, sind im Rahmen der Höchstbeträge in den folgenden Veranlagungszeiträumen als Sonderausgaben abzuziehen. [10] § 10d Absatz 4 gilt entsprechend.

(1a)[1)] [1] Spenden zur Förderung steuerbegünstigter Zwecke im Sinne der §§ 52 bis 54 der Abgabenordnung in das zu erhaltende Vermögen (Vermögensstock) einer Stiftung, welche die Voraussetzungen des Absatzes 1 Satz 2 bis 6 erfüllt, können auf Antrag des Steuerpflichtigen im Veranlagungszeitraum der Zuwendung und in den folgenden neun Veranlagungszeiträumen bis zu einem Gesamtbetrag von 1 Million Euro, bei Ehegatten, die nach den §§ 26, 26b zusammen veranlagt werden, bis zu einem Gesamtbetrag von 2 Millionen Euro, zusätzlich zu den Höchstbeträgen nach Absatz 1 Satz 1 abgezogen werden. [2] Nicht abzugsfähig nach Satz 1 sind Spenden in das verbrauchbare Vermögen einer Stiftung. [3] Der besondere Abzugsbetrag nach Satz 1 bezieht sich auf den gesamten Zehnjahreszeitraum und kann der Höhe nach innerhalb dieses Zeitraums nur einmal in Anspruch genommen werden. [4] § 10d Absatz 4 gilt entsprechend.

(2)[2)] [1] Zuwendungen an politische Parteien im Sinne des § 2 des Parteiengesetzes sind, sofern die jeweilige Partei nicht gemäß § 18 Absatz 7 des Parteiengesetzes von der staatlichen Teilfinanzierung ausgeschlossen ist, bis zur Höhe von insgesamt 1 650 Euro und im Fall der Zusammenveranlagung von Ehegatten bis zur Höhe von insgesamt 3 300 Euro im Kalenderjahr abzugsfähig. [2] Sie können nur insoweit als Sonderausgaben abgezogen werden, als für sie nicht eine Steuerermäßigung nach § 34g gewährt worden ist.

(3)[3)] [1] Als Zuwendung im Sinne dieser Vorschrift gilt auch die Zuwendung von Wirtschaftsgütern mit Ausnahme von Nutzungen und Leistungen. [2] Ist das Wirtschaftsgut unmittelbar vor seiner Zuwendung einem Betriebsvermögen entnommen worden, so bemisst sich die Zuwendungshöhe nach dem Wert, der bei der Entnahme angesetzt wurde und nach der Umsatzsteuer, die auf die Entnahme entfällt. [3] Ansonsten bestimmt sich die Höhe der Zuwendung nach dem gemeinen Wert des zugewendeten Wirtschaftsguts, wenn dessen Veräußerung im Zeitpunkt der Zuwendung keinen Besteuerungstatbestand erfüllen würde. [4] In allen übrigen Fällen dürfen bei der Ermittlung der Zuwendungs-

---

1) § 10b Abs. 1a Satz 1 neu gef. durch G v. 8.4.2010 (BGBl. I S. 386); Satz 1 geänd., Satz 2 eingef., bish. Sätze 2 und 3 werden Sätze 3 und 4 mWv VZ 2013 durch G v. 1.11.2011 (BGBl. I S. 2131) iVm G v. 21.3.2013 (BGBl. I S. 556).

2) § 10b Abs. 2 Satz 1 geänd. mWv 29.7.2017 durch G v. 18.7.2017 (BGBl. I S. 2730).

3) § 10b Abs. 3 Satz 2 geänd. mWv VZ 2013 durch G v. 1.11.2011 (BGBl. I S. 2131) iVm G v. 21.3.2013 (BGBl. I S. 556).

höhe die fortgeführten Anschaffungs- oder Herstellungskosten nur überschritten werden, soweit eine Gewinnrealisierung stattgefunden hat. [5] Aufwendungen zugunsten einer Körperschaft, die zum Empfang steuerlich abziehbarer Zuwendungen berechtigt ist, können nur abgezogen werden, wenn ein Anspruch auf die Erstattung der Aufwendungen durch Vertrag oder Satzung eingeräumt und auf die Erstattung verzichtet worden ist. [6] Der Anspruch darf nicht unter der Bedingung des Verzichts eingeräumt worden sein.

(4)[1)] [1] Der Steuerpflichtige darf auf die Richtigkeit der Bestätigung über Spenden und Mitgliedsbeiträge vertrauen, es sei denn, dass er die Bestätigung durch unlautere Mittel oder falsche Angaben erwirkt hat oder dass ihm die Unrichtigkeit der Bestätigung bekannt oder infolge grober Fahrlässigkeit nicht bekannt war. [2] Wer vorsätzlich oder grob fahrlässig eine unrichtige Bestätigung ausstellt oder veranlasst, dass Zuwendungen nicht zu den in der Bestätigung angegebenen steuerbegünstigten Zwecken verwendet werden, haftet für die entgangene Steuer. [3] Diese ist mit 30 Prozent des zugewendeten Betrags anzusetzen. [4] In den Fällen des Satzes 2 zweite Alternative (Veranlasserhaftung) ist vorrangig der Zuwendungsempfänger in Anspruch zu nehmen; die in diesen Fällen für den Zuwendungsempfänger handelnden natürlichen Personen sind nur in Anspruch zu nehmen, wenn die entgangene Steuer nicht nach § 47 der Abgabenordnung erloschen ist und Vollstreckungsmaßnahmen gegen den Zuwendungsempfänger nicht erfolgreich sind. [5] Die Festsetzungsfrist für Haftungsansprüche nach Satz 2 läuft nicht ab, solange die Festsetzungsfrist für von dem Empfänger der Zuwendung geschuldete Körperschaftsteuer für den Veranlagungszeitraum nicht abgelaufen ist, in dem die unrichtige Bestätigung ausgestellt worden ist oder veranlasst wurde, dass die Zuwendung nicht zu den in der Bestätigung angegebenen steuerbegünstigten Zwecken verwendet worden ist; § 191 Absatz 5 der Abgabenordnung ist nicht anzuwenden.

§ 10c[2)] Sonderausgaben-Pauschbetrag. [1] Für Sonderausgaben nach § 10 Absatz 1 Nummer 4, 5, 7 und 9 sowie Absatz 1a und nach § 10b wird ein Pauschbetrag von 36 Euro abgezogen (Sonderausgaben-Pauschbetrag), wenn der Steuerpflichtige nicht höhere Aufwendungen nachweist. [2] Im Fall der Zusammenveranlagung von Ehegatten verdoppelt sich der Sonderausgaben-Pauschbetrag.

§ 10d Verlustabzug. (1)[3)] [1] Negative Einkünfte, die bei der Ermittlung des Gesamtbetrags der Einkünfte nicht ausgeglichen werden, sind bis zu einem Betrag von *10 000 000 Euro* [***ab VZ 2022:*** 1 000 000 Euro], bei Ehegatten, die nach den §§ 26, 26b zusammenveranlagt werden, bis zu einem Betrag von *20 000 000 Euro* [***ab VZ 2022:*** 2 000 000 Euro] vom Gesamtbetrag der Einkünfte des unmittelbar vorangegangenen Veranlagungszeitraums vorrangig vor Sonderausgaben, außergewöhnlichen Belastungen und sonstigen Abzugsbeträgen abzuziehen (Verlustrücktrag). [2] Dabei wird der Gesamtbetrag der Einkünfte

---

[1)] § 10b Abs. 4 Satz 4 neu gef. durch G v. 8.4.2010 (BGBl. I S. 386); Satz 2 geänd. durch G v. 21.3. 2013 (BGBl. I S. 556).

[2)] § 10c neu gef. mWv VZ 2010 durch G v. 16.7.2009 (BGBl. I S. 1959); Satz 1 geänd. mWv VZ 2012 durch G v. 1.11.2011 (BGBl. I S. 2131); Satz 1 geänd. mWv VZ 2014 durch G v. 25.7.2014 (BGBl. I S. 1266); Satz 1 geänd. mWv VZ 2015 durch G v. 22.12.2014 (BGBl. I S. 2417).

[3)] § 10d Abs. 1 Satz 1 geänd. durch G v. 20.2.2013 (BGBl. I S. 285); Satz 1 geänd. durch G v. 29.6. 2020 (BGBl. I S. 1512); Satz 1 geänd. durch G v. 10.3.2021 (BGBl. I S. 330); zur Anwendung siehe § 52 Abs. 18b.

des unmittelbar vorangegangenen Veranlagungszeitraums um die Begünstigungsbeträge nach § 34a Absatz 3 Satz 1 gemindert. [3] Ist für den unmittelbar vorangegangenen Veranlagungszeitraum bereits ein Steuerbescheid erlassen worden, so ist er insoweit zu ändern, als der Verlustrücktrag zu gewähren oder zu berichtigen ist. [4] Das gilt auch dann, wenn der Steuerbescheid unanfechtbar geworden ist; die Festsetzungsfrist endet insoweit nicht, bevor die Festsetzungsfrist für den Veranlagungszeitraum abgelaufen ist, in dem die negativen Einkünfte nicht ausgeglichen werden. [5] Auf Antrag des Steuerpflichtigen ist ganz oder teilweise von der Anwendung des Satzes 1 abzusehen. [6] Im Antrag ist die Höhe des Verlustrücktrags anzugeben.

(2) [1] Nicht ausgeglichene negative Einkünfte, die nicht nach Absatz 1 abgezogen worden sind, sind in den folgenden Veranlagungszeiträumen bis zu einem Gesamtbetrag der Einkünfte von 1 Million Euro unbeschränkt, darüber hinaus bis zu 60 Prozent des 1 Million Euro übersteigenden Gesamtbetrags der Einkünfte vorrangig vor Sonderausgaben, außergewöhnlichen Belastungen und sonstigen Abzugsbeträgen abzuziehen (Verlustvortrag). [2] Bei Ehegatten, die nach den §§ 26, 26b zusammenveranlagt werden, tritt an die Stelle des Betrags von 1 Million Euro ein Betrag von 2 Millionen Euro. [3] Der Abzug ist nur insoweit zulässig, als die Verluste nicht nach Absatz 1 abgezogen worden sind und in den vorangegangenen Veranlagungszeiträumen nicht nach Satz 1 und 2 abgezogen werden konnten.

(3) (weggefallen)

(4)[1)] [1] Der am Schluss eines Veranlagungszeitraums verbleibende Verlustvortrag ist gesondert festzustellen. [2] Verbleibender Verlustvortrag sind die bei der Ermittlung des Gesamtbetrags der Einkünfte nicht ausgeglichenen negativen Einkünfte, vermindert um die nach Absatz 1 abgezogenen und die nach Absatz 2 abziehbaren Beträge und vermehrt um den auf den Schluss des vorangegangenen Veranlagungszeitraums festgestellten verbleibenden Verlustvortrag. [3] Zuständig für die Feststellung ist das für die Besteuerung zuständige Finanzamt. [4] Bei der Feststellung des verbleibenden Verlustvortrags sind die Besteuerungsgrundlagen so zu berücksichtigen, wie sie den Steuerfestsetzungen des Veranlagungszeitraums, auf dessen Schluss der verbleibende Verlustvortrag festgestellt wird, und des Veranlagungszeitraums, in dem ein Verlustrücktrag vorgenommen werden kann, zu Grunde gelegt worden sind; § 171 Absatz 10, § 175 Absatz 1 Satz 1 Nummer 1 und § 351 Absatz 2 der Abgabenordnung[2)] sowie § 42 der Finanzgerichtsordnung[3)] gelten entsprechend. [5] Die Besteuerungsgrundlagen dürfen bei der Feststellung nur insoweit abweichend von Satz 4 berücksichtigt werden, wie die Aufhebung, Änderung oder Berichtigung der Steuerbescheide ausschließlich mangels Auswirkung auf die Höhe der festzusetzenden Steuer unterbleibt. [6] Die Feststellungsfrist endet nicht, bevor die Festsetzungsfrist für den Veranlagungszeitraum abgelaufen ist, auf dessen Schluss der verbleibende Verlustvortrag gesondert festzustellen ist; § 181 Absatz 5 der Abgabenordnung ist nur anzuwenden, wenn die zuständige Finanzbehörde die Feststellung des Verlustvortrags pflichtwidrig unterlassen hat.

---

1) § 10d Abs. 4 Sätze 4 und 5 neu gef. durch G v. 8.12.2010 (BGBl. I S. 1768).
2) Nr. **1**.
3) Nr. **9**.

§ 10e[1] Steuerbegünstigung der zu eigenen Wohnzwecken genutzten Wohnung im eigenen Haus. (1) [1] Der Steuerpflichtige kann von den Herstellungskosten einer Wohnung in einem im Inland belegenen eigenen Haus oder einer im Inland belegenen eigenen Eigentumswohnung zuzüglich der Hälfte der Anschaffungskosten für den dazugehörenden Grund und Boden (Bemessungsgrundlage) im Jahr der Fertigstellung und in den drei folgenden Jahren jeweils bis zu 6 Prozent, höchstens jeweils 10 124 Euro, und in den vier darauffolgenden Jahren jeweils bis zu 5 Prozent, höchstens jeweils 8 437 Euro, wie Sonderausgaben abziehen. [2] Voraussetzung ist, dass der Steuerpflichtige die Wohnung hergestellt und in dem jeweiligen Jahr des Zeitraums nach Satz 1 (Abzugszeitraum) zu eigenen Wohnzwecken genutzt hat und die Wohnung keine Ferienwohnung oder Wochenendwohnung ist. [3] Eine Nutzung zu eigenen Wohnzwecken liegt auch vor, wenn Teile einer zu eigenen Wohnzwecken genutzten Wohnung unentgeltlich zu Wohnzwecken überlassen werden. [4] Hat der Steuerpflichtige die Wohnung angeschafft, so sind die Sätze 1 bis 3 mit der Maßgabe anzuwenden, dass an die Stelle des Jahres der Fertigstellung das Jahr der Anschaffung und an die Stelle der Herstellungskosten die Anschaffungskosten treten; hat der Steuerpflichtige die Wohnung nicht bis zum Ende des zweiten auf das Jahr der Fertigstellung folgenden Jahres angeschafft, kann er von der Bemessungsgrundlage im Jahr der Anschaffung und in den drei folgenden Jahren höchstens jeweils 4 602 Euro und in den vier darauffolgenden Jahren höchstens jeweils 3 835 Euro abziehen. [5] § 6b Absatz 6 gilt sinngemäß. [6] Bei einem Anteil an der zu eigenen Wohnzwecken genutzten Wohnung kann der Steuerpflichtige den entsprechenden Teil der Abzugsbeträge nach Satz 1 wie Sonderausgaben abziehen. [7] Werden Teile der Wohnung nicht zu eigenen Wohnzwecken genutzt, ist die Bemessungsgrundlage um den auf den nicht zu eigenen Wohnzwecken entfallenden Teil zu kürzen. [8] Satz 4 ist nicht anzuwenden, wenn der Steuerpflichtige die Wohnung oder einen Anteil daran von seinem Ehegatten anschafft und bei den Ehegatten die Voraussetzungen des § 26 Absatz 1 vorliegen.

(2) Absatz 1 gilt entsprechend für Herstellungskosten zu eigenen Wohnzwecken genutzter Ausbauten und Erweiterungen an einer im Inland belegenen, zu eigenen Wohnzwecken genutzten Wohnung.

(3) [1] Der Steuerpflichtige kann die Abzugsbeträge nach den Absätzen 1 und 2, die er in einem Jahr des Abzugszeitraums nicht ausgenutzt hat, bis zum Ende des Abzugszeitraums abziehen. [2] Nachträgliche Herstellungskosten oder Anschaffungskosten, die bis zum Ende des Abzugszeitraums entstehen, können vom Jahr ihrer Entstehung an für die Veranlagungszeiträume, in denen der Steuerpflichtige Abzugsbeträge nach den Absätzen 1 und 2 hätte abziehen können, so behandelt werden, als wären sie zu Beginn des Abzugszeitraums entstanden.

(4) [1] Die Abzugsbeträge nach den Absätzen 1 und 2 kann der Steuerpflichtige nur für eine Wohnung oder für einen Ausbau oder eine Erweiterung abziehen. [2] Ehegatten, bei denen die Voraussetzungen des § 26 Absatz 1 vorliegen, können die Abzugsbeträge nach den Absätzen 1 und 2 für insgesamt zwei der in Satz 1 bezeichneten Objekte abziehen, jedoch nicht gleichzeitig für zwei in räumlichem Zusammenhang belegene Objekte, wenn bei den Ehegatten im Zeitpunkt der Herstellung oder Anschaffung der Objekte die Voraus-

---

[1] Zur erstmaligen und letztmaligen Anwendung von § 10e siehe § 52 Abs. 19.

setzungen des § 26 Absatz 1 vorliegen. [3]Den Abzugsbeträgen stehen die erhöhten Absetzungen nach § 7b in der jeweiligen Fassung ab Inkrafttreten des Gesetzes vom 16. Juni 1964 (BGBl. I S. 353) und nach § 15 Absatz 1 bis 4 des Berlinförderungsgesetzes in der jeweiligen Fassung ab Inkrafttreten des Gesetzes vom 11. Juli 1977 (BGBl. I S. 1213) gleich. [4]Nutzt der Steuerpflichtige die Wohnung im eigenen Haus oder die Eigentumswohnung (Erstobjekt) nicht bis zum Ablauf des Abzugszeitraums zu eigenen Wohnzwecken und kann er deshalb die Abzugsbeträge nach den Absätzen 1 und 2 nicht mehr in Anspruch nehmen, so kann er die Abzugsbeträge nach Absatz 1 bei einer weiteren Wohnung im Sinne des Absatzes 1 Satz 1 (Folgeobjekt) in Anspruch nehmen, wenn er das Folgeobjekt innerhalb von zwei Jahren vor und drei Jahren nach Ablauf des Veranlagungszeitraums, in dem er das Erstobjekt letztmals zu eigenen Wohnzwecken genutzt hat, anschafft oder herstellt; Entsprechendes gilt bei einem Ausbau oder einer Erweiterung einer Wohnung. [5]Im Fall des Satzes 4 ist der Abzugszeitraum für das Folgeobjekt um die Anzahl der Veranlagungszeiträume zu kürzen, in denen der Steuerpflichtige für das Erstobjekt die Abzugsbeträge nach den Absätzen 1 und 2 hätte abziehen können; hat der Steuerpflichtige das Folgeobjekt in einem Veranlagungszeitraum, in dem er das Erstobjekt noch zu eigenen Wohnzwecken genutzt hat, hergestellt oder angeschafft oder ausgebaut oder erweitert, so beginnt der Abzugszeitraum für das Folgeobjekt mit Ablauf des Veranlagungszeitraums, in dem der Steuerpflichtige das Erstobjekt letztmals zu eigenen Wohnzwecken genutzt hat. [6]Für das Folgeobjekt sind die Prozentsätze der vom Erstobjekt verbliebenen Jahre maßgebend. [7]Dem Erstobjekt im Sinne des Satzes 4 steht ein Erstobjekt im Sinne des § 7b Absatz 5 Satz 4 sowie des § 15 Absatz 1 und des § 15b Absatz 1 des Berlinförderungsgesetzes gleich. [8]Ist für den Steuerpflichtigen Objektverbrauch nach den Sätzen 1 bis 3 eingetreten, kann er die Abzugsbeträge nach den Absätzen 1 und 2 für ein weiteres, in dem in Artikel 3 des Einigungsvertrages genannten Gebiet belegenes Objekt abziehen, wenn der Steuerpflichtige oder dessen Ehegatte, bei denen die Voraussetzungen des § 26 Absatz 1 vorliegen, in dem in Artikel 3 des Einigungsvertrages genannten Gebiet zugezogen ist und

1. seinen ausschließlichen Wohnsitz in diesem Gebiet zu Beginn des Veranlagungszeitraums hat oder ihn im Laufe des Veranlagungszeitraums begründet oder
2. bei mehrfachem Wohnsitz einen Wohnsitz in diesem Gebiet hat und sich dort überwiegend aufhält.

[9]Voraussetzung für die Anwendung des Satzes 8 ist, dass die Wohnung im eigenen Haus oder die Eigentumswohnung vor dem 1. Januar 1995 hergestellt oder angeschafft oder der Ausbau oder die Erweiterung vor diesem Zeitpunkt fertig gestellt worden ist. [10]Die Sätze 2 und 4 bis 6 sind für im Satz 8 bezeichnete Objekte sinngemäß anzuwenden.

(5) [1]Sind mehrere Steuerpflichtige Eigentümer einer zu eigenen Wohnzwecken genutzten Wohnung, so ist Absatz 4 mit der Maßgabe anzuwenden, dass der Anteil des Steuerpflichtigen an der Wohnung einer Wohnung gleichsteht; Entsprechendes gilt bei dem Ausbau oder bei der Erweiterung einer zu eigenen Wohnzwecken genutzten Wohnung. [2]Satz 1 ist nicht anzuwenden, wenn Eigentümer der Wohnung der Steuerpflichtige und sein Ehegatte sind und bei den Ehegatten die Voraussetzungen des § 26 Absatz 1 vorliegen. [3]Erwirbt im Fall des Satzes 2 ein Ehegatte infolge Erbfalls einen Miteigentumsanteil an der

ESTG

Wohnung hinzu, so kann er die auf diesen Anteil entfallenden Abzugsbeträge nach den Absätzen 1 und 2 weiter in der bisherigen Höhe abziehen; Entsprechendes gilt, wenn im Fall des Satzes 2 während des Abzugszeitraums die Voraussetzungen des § 26 Absatz 1 wegfallen und ein Ehegatte den Anteil des anderen Ehegatten an der Wohnung erwirbt.

(5a) [1] Die Abzugsbeträge nach den Absätzen 1 und 2 können nur für die Veranlagungszeiträume in Anspruch genommen werden, in denen der Gesamtbetrag der Einkünfte 61 355 Euro, bei nach § 26b zusammenveranlagten Ehegatten 122 710 Euro nicht übersteigt. [2] Eine Nachholung von Abzugsbeträgen nach Absatz 3 Satz 1 ist nur für Veranlagungszeiträume möglich, in denen die in Satz 1 genannten Voraussetzungen vorgelegen haben; Entsprechendes gilt für nachträgliche Herstellungskosten oder Anschaffungskosten im Sinne des Absatzes 3 Satz 2.

(6) [1] Aufwendungen des Steuerpflichtigen, die bis zum Beginn der erstmaligen Nutzung einer Wohnung im Sinne des Absatzes 1 zu eigenen Wohnzwecken entstehen, unmittelbar mit der Herstellung oder Anschaffung des Gebäudes oder der Eigentumswohnung oder der Anschaffung des dazugehörenden Grund und Bodens zusammenhängen, nicht zu den Herstellungskosten oder Anschaffungskosten der Wohnung oder zu den Anschaffungskosten des Grund und Bodens gehören und die im Fall der Vermietung oder Verpachtung der Wohnung als Werbungskosten abgezogen werden könnten, können wie Sonderausgaben abgezogen werden. [2] Wird eine Wohnung bis zum Beginn der erstmaligen Nutzung zu eigenen Wohnzwecken vermietet oder zu eigenen beruflichen oder eigenen betrieblichen Zwecken genutzt und sind die Aufwendungen Werbungskosten oder Betriebsausgaben, können sie nicht wie Sonderausgaben abgezogen werden. [3] Aufwendungen nach Satz 1, die Erhaltungsaufwand sind und im Zusammenhang mit der Anschaffung des Gebäudes oder der Eigentumswohnung stehen, können insgesamt nur bis zu 15 Prozent der Anschaffungskosten des Gebäudes oder der Eigentumswohnung, höchstens bis zu 15 Prozent von 76 694 Euro, abgezogen werden. [4] Die Sätze 1 und 2 gelten entsprechend bei Ausbauten und Erweiterungen an einer zu Wohnzwecken genutzten Wohnung.

(6a) [1] Nimmt der Steuerpflichtige Abzugsbeträge für ein Objekt nach den Absätzen 1 oder 2 in Anspruch oder ist er auf Grund des Absatzes 5a zur Inanspruchnahme von Abzugsbeträgen für ein solches Objekt nicht berechtigt, so kann er die mit diesem Objekt in wirtschaftlichem Zusammenhang stehenden Schuldzinsen, die für die Zeit der Nutzung zu eigenen Wohnzwecken entstehen, im Jahr der Herstellung oder Anschaffung und in den beiden folgenden Kalenderjahren bis zur Höhe von jeweils 12 000 Deutsche Mark wie Sonderausgaben abziehen, wenn er das Objekt vor dem 1. Januar 1995 fertiggestellt oder vor diesem Zeitpunkt bis zum Ende des Jahres der Fertigstellung angeschafft hat. [2] Soweit der Schuldzinsenabzug nach Satz 1 nicht in vollem Umfang im Jahr der Herstellung oder Anschaffung in Anspruch genommen werden kann, kann er in dem dritten auf das Jahr der Herstellung oder Anschaffung folgenden Kalenderjahr nachgeholt werden. [3] Absatz 1 Satz 6 gilt sinngemäß.

(7) [1] Sind mehrere Steuerpflichtige Eigentümer einer zu eigenen Wohnzwecken genutzten Wohnung, so können die Abzugsbeträge nach den Absätzen 1 und 2 und die Aufwendungen nach den Absätzen 6 und 6a gesondert und einheitlich festgestellt werden. [2] Die für die gesonderte Feststellung von Ein-

künften nach § 180 Absatz 1 Nummer 2 Buchstabe a der Abgabenordnung[1] geltenden Vorschriften sind entsprechend anzuwenden.

§ 10f Steuerbegünstigung für zu eigenen Wohnzwecken genutzte Baudenkmale und Gebäude in Sanierungsgebieten und städtebaulichen Entwicklungsbereichen. (1)[2] [1]Der Steuerpflichtige kann Aufwendungen an einem eigenen Gebäude im Kalenderjahr des Abschlusses der Baumaßnahme und in den neun folgenden Kalenderjahren jeweils bis zu 9 Prozent wie Sonderausgaben abziehen, wenn die Voraussetzungen des § 7h oder des § 7i vorliegen. [2]Dies gilt nur, soweit er das Gebäude in dem jeweiligen Kalenderjahr zu eigenen Wohnzwecken nutzt und die Aufwendungen nicht in die Bemessungsgrundlage nach § 10e oder dem Eigenheimzulagengesetz einbezogen hat. [3]Für Zeiträume, für die der Steuerpflichtige erhöhte Absetzungen von Aufwendungen nach § 7h oder § 7i abgezogen hat, kann er für diese Aufwendungen keine Abzugsbeträge nach Satz 1 in Anspruch nehmen. [4]Eine Nutzung zu eigenen Wohnzwecken liegt auch vor, wenn Teile einer zu eigenen Wohnzwecken genutzten Wohnung unentgeltlich zu Wohnzwecken überlassen werden.

(2)[3] [1]Der Steuerpflichtige kann Erhaltungsaufwand, der an einem eigenen Gebäude entsteht und nicht zu den Betriebsausgaben oder Werbungskosten gehört, im Kalenderjahr des Abschlusses der Maßnahme und in den neun folgenden Kalenderjahren jeweils bis zu 9 Prozent wie Sonderausgaben abziehen, wenn die Voraussetzungen des § 11a Absatz 1 in Verbindung mit § 7h Absatz 2 oder des § 11b Satz 1 oder 2 in Verbindung mit § 7i Absatz 1 Satz 2 und Absatz 2 vorliegen. [2]Dies gilt nur, soweit der Steuerpflichtige das Gebäude in dem jeweiligen Kalenderjahr zu eigenen Wohnzwecken nutzt und diese Aufwendungen nicht nach § 10e Absatz 6 oder § 10i abgezogen hat. [3]Soweit der Steuerpflichtige das Gebäude während des Verteilungszeitraums zur Einkunftserzielung nutzt, ist der noch nicht berücksichtigte Teil des Erhaltungsaufwands im Jahr des Übergangs zur Einkunftserzielung wie Sonderausgaben abzuziehen. [4]Absatz 1 Satz 4 ist entsprechend anzuwenden.

(3) [1]Die Abzugsbeträge nach den Absätzen 1 und 2 kann der Steuerpflichtige nur bei einem Gebäude in Anspruch nehmen. [2]Ehegatten, bei denen die Voraussetzungen des § 26 Absatz 1 vorliegen, können die Abzugsbeträge nach den Absätzen 1 und 2 bei insgesamt zwei Gebäuden abziehen. [3]Gebäuden im Sinne der Absätze 1 und 2 stehen Gebäude gleich, für die Abzugsbeträge nach § 52 Absatz 21 Satz 6 in Verbindung mit § 51 Absatz 1 Nummer 2 Buchstabe x oder Buchstabe y des Einkommensteuergesetzes 1987 in der Fassung der Bekanntmachung vom 27. Februar 1987 (BGBl. I S. 657) in Anspruch genommen worden sind; Entsprechendes gilt für Abzugsbeträge nach § 52 Absatz 21 Satz 7.

(4) [1]Sind mehrere Steuerpflichtige Eigentümer eines Gebäudes, so ist Absatz 3 mit der Maßgabe anzuwenden, dass der Anteil des Steuerpflichtigen an einem solchen Gebäude dem Gebäude gleichsteht. [2]Erwirbt ein Miteigentümer, der für seinen Anteil bereits Abzugsbeträge nach Absatz 1 oder Absatz 2 abgezogen hat, einen Anteil an demselben Gebäude hinzu, kann er für danach

---

[1] Nr. **1**.
[2] § 10f Abs. 1 Satz 1 inhaltlich bestätigt durch G v. 5.4.2011 (BGBl. I S. 554).
[3] § 10f Abs. 2 Satz 1 inhaltlich bestätigt durch G v. 5.4.2011 (BGBl. I S. 554).

von ihm durchgeführte Maßnahmen im Sinne der Absätze 1 oder 2 auch die Abzugsbeträge nach den Absätzen 1 und 2 in Anspruch nehmen, die auf den hinzuerworbenen Anteil entfallen. [3] § 10e Absatz 5 Satz 2 und 3 sowie Absatz 7 ist sinngemäß anzuwenden.

(5) Die Absätze 1 bis 4 sind auf Gebäudeteile, die selbständige unbewegliche Wirtschaftsgüter sind, und auf Eigentumswohnungen entsprechend anzuwenden.

§ 10g Steuerbegünstigung für schutzwürdige Kulturgüter, die weder zur Einkunftserzielung noch zu eigenen Wohnzwecken genutzt werden. (1)[1)] [1] Der Steuerpflichtige kann Aufwendungen für Herstellungs- und Erhaltungsmaßnahmen an eigenen schutzwürdigen Kulturgütern im Inland, soweit sie öffentliche oder private Zuwendungen oder etwaige aus diesen Kulturgütern erzielte Einnahmen übersteigen, im Kalenderjahr des Abschlusses der Maßnahme und in den neun folgenden Kalenderjahren jeweils bis zu 9 Prozent wie Sonderausgaben abziehen. [2] Kulturgüter im Sinne des Satzes 1 sind

1. Gebäude oder Gebäudeteile, die nach den jeweiligen landesrechtlichen Vorschriften ein Baudenkmal sind,
2. Gebäude oder Gebäudeteile, die für sich allein nicht die Voraussetzungen für ein Baudenkmal erfüllen, aber Teil einer nach den jeweiligen landesrechtlichen Vorschriften als Einheit geschützten Gebäudegruppe oder Gesamtanlage sind,
3. gärtnerische, bauliche und sonstige Anlagen, die keine Gebäude oder Gebäudeteile und nach den jeweiligen landesrechtlichen Vorschriften unter Schutz gestellt sind,
4. Mobiliar, Kunstgegenstände, Kunstsammlungen, wissenschaftliche Sammlungen, Bibliotheken oder Archive, die sich seit mindestens 20 Jahren im Besitz der Familie des Steuerpflichtigen befinden oder als nationales Kulturgut in ein Verzeichnis national wertvollen Kulturgutes nach § 7 Absatz 1 des Kulturgutschutzgesetzes vom 31. Juli 2016 (BGBl. I S. 1914) eingetragen ist und deren Erhaltung wegen ihrer Bedeutung für Kunst, Geschichte oder Wissenschaft im öffentlichen Interesse liegt,

wenn sie in einem den Verhältnissen entsprechenden Umfang der wissenschaftlichen Forschung oder der Öffentlichkeit zugänglich gemacht werden, es sei denn, dem Zugang stehen zwingende Gründe des Denkmal- oder Archivschutzes entgegen. [3] Die Maßnahmen müssen nach Maßgabe der geltenden Bestimmungen der Denkmal- und Archivpflege erforderlich und in Abstimmung mit der in Absatz 3 genannten Stelle durchgeführt worden sein; bei Aufwendungen für Herstellungs- und Erhaltungsmaßnahmen an Kulturgütern im Sinne des Satzes 2 Nummer 1 und 2 ist § 7i Absatz 1 Satz 1 bis 4 sinngemäß anzuwenden.

(2)[2)] [1] Die Abzugsbeträge nach Absatz 1 Satz 1 kann der Steuerpflichtige nur in Anspruch nehmen, soweit er die schutzwürdigen Kulturgüter im jeweiligen Kalenderjahr weder zur Erzielung von Einkünften im Sinne des § 2 noch Gebäude oder Gebäudeteile zu eigenen Wohnzwecken nutzt und die Aufwendungen nicht nach § 10e Absatz 6, § 10h Satz 3 oder § 10i abgezogen hat. [2] Für

---

[1)] § 10g Abs. 1 Satz 1 inhaltlich bestätigt durch G v. 5.4.2011 (BGBl. I S. 554); Satz 2 Nr. 4 geänd. mWv 6.8.2016 durch G v. 31.7.2016 (BGBl. I S. 1914).

[2)] § 10g Abs. 2 Satz 2 geänd. mWv 15.7.2016 durch G v. 8.7.2016 (BGBl. I S. 1594).

Zeiträume, für die der Steuerpflichtige von Aufwendungen Absetzungen für Abnutzung, erhöhte Absetzungen, Sonderabschreibungen oder Beträge nach § 10e Absatz 1 bis 5, den §§ 10f, 10h, 15b des Berlinförderungsgesetzes abgezogen hat, kann er für diese Aufwendungen keine Abzugsbeträge nach Absatz 1 Satz 1 in Anspruch nehmen; Entsprechendes gilt, wenn der Steuerpflichtige für Aufwendungen die Eigenheimzulage nach dem Eigenheimzulagengesetz in Anspruch genommen hat. [3] Soweit die Kulturgüter während des Zeitraums nach Absatz 1 Satz 1 zur Einkunftserzielung genutzt werden, ist der noch nicht berücksichtigte Teil der Aufwendungen, die auf Erhaltungsarbeiten entfallen, im Jahr des Übergangs zur Einkunftserzielung wie Sonderausgaben abzuziehen.

(3) [1] Der Steuerpflichtige kann den Abzug vornehmen, wenn er durch eine Bescheinigung der nach Landesrecht zuständigen oder von der Landesregierung bestimmten Stelle die Voraussetzungen des Absatzes 1 für das Kulturgut und für die Erforderlichkeit der Aufwendungen nachweist. [2] Hat eine der für Denkmal- oder Archivpflege zuständigen *Behörde*[1)] ihm Zuschüsse gewährt, so hat die Bescheinigung auch deren Höhe zu enthalten; werden ihm solche Zuschüsse nach Ausstellung der Bescheinigung gewährt, so ist diese entsprechend zu ändern.

(4) [1] Die Absätze 1 bis 3 sind auf Gebäudeteile, die selbständige unbewegliche Wirtschaftsgüter sind, sowie auf Eigentumswohnungen und im Teileigentum stehende Räume entsprechend anzuwenden. [2] § 10e Absatz 7 gilt sinngemäß.

EStG

§ 10h und 10i[2)] *(aufgehoben)*

6. Vereinnahmung und Verausgabung

§ 11 [Vereinnahmung und Verausgabung] (1) [1] Einnahmen sind innerhalb des Kalenderjahres bezogen, in dem sie dem Steuerpflichtigen zugeflossen sind. [2] Regelmäßig wiederkehrende Einnahmen, die dem Steuerpflichtigen kurze Zeit vor Beginn oder kurze Zeit nach Beendigung des Kalenderjahres, zu dem sie wirtschaftlich gehören, zugeflossen sind, gelten als in diesem Kalenderjahr bezogen. [3] Der Steuerpflichtige kann Einnahmen, die auf einer Nutzungsüberlassung im Sinne des Absatzes 2 Satz 3 beruhen, insgesamt auf den Zeitraum gleichmäßig verteilen, für den die Vorauszahlung geleistet wird. [4] Für Einnahmen aus nichtselbständiger Arbeit gilt § 38a Absatz 1 Satz 2 und 3 und § 40 Absatz 3 Satz 2. [5] Die Vorschriften über die Gewinnermittlung (§ 4 Absatz 1, § 5) bleiben unberührt.

(2) [1] Ausgaben sind für das Kalenderjahr abzusetzen, in dem sie geleistet worden sind. [2] Für regelmäßig wiederkehrende Ausgaben gilt Absatz 1 Satz 2 entsprechend. *[3] Werden Ausgaben für eine Nutzungsüberlassung von mehr als fünf Jahren im Voraus geleistet, sind sie insgesamt auf den Zeitraum gleichmäßig zu verteilen, für den die Vorauszahlung geleistet wird.*[3)] [4] Satz 3 ist auf ein Damnum oder Disagio nicht anzuwenden, soweit dieses marktüblich ist. [5] § 42 der Abgabenordnung[4)]

[1)] Richtig wohl: „Behörden".

[2)] §§ 10h und 10i aufgeh. mWv 23.7.2016 durch G v. 18.7.2016 (BGBl. I S. 1679).

[3)] Zur Anwendbarkeit von § 11 Abs. 2 Satz 3 beachte BVerfG v. 25.3.2021 – 2 BvL 1/11 v. 25.3. 2021 (BGBl. I S. 1800).

[4)] Nr. **1**.

bleibt unberührt. [6]Die Vorschriften über die Gewinnermittlung (§ 4 Absatz 1, § 5) bleiben unberührt.

§ 11a Sonderbehandlung von Erhaltungsaufwand bei Gebäuden in Sanierungsgebieten und städtebaulichen Entwicklungsbereichen.

(1) [1]Der Steuerpflichtige kann durch Zuschüsse aus Sanierungs- oder Entwicklungsförderungsmitteln nicht gedeckten Erhaltungsaufwand für Maßnahmen im Sinne des § 177 des Baugesetzbuchs an einem im Inland belegenen Gebäude in einem förmlich festgelegten Sanierungsgebiet oder städtebaulichen Entwicklungsbereich auf zwei bis fünf Jahre gleichmäßig verteilen. [2]Satz 1 ist entsprechend anzuwenden auf durch Zuschüsse aus Sanierungs- oder Entwicklungsförderungsmitteln nicht gedeckten Erhaltungsaufwand für Maßnahmen, die der Erhaltung, Erneuerung und funktionsgerechten Verwendung eines Gebäudes im Sinne des Satzes 1 dienen, das wegen seiner geschichtlichen, künstlerischen oder städtebaulichen Bedeutung erhalten bleiben soll, und zu deren Durchführung sich der Eigentümer neben bestimmten Modernisierungsmaßnahmen gegenüber der Gemeinde verpflichtet hat.

(2) [1]Wird das Gebäude während des Verteilungszeitraums veräußert, ist der noch nicht berücksichtigte Teil des Erhaltungsaufwands im Jahr der Veräußerung als Betriebsausgaben oder Werbungskosten abzusetzen. [2]Das Gleiche gilt, wenn ein nicht zu einem Betriebsvermögen gehörendes Gebäude in ein Betriebsvermögen eingebracht oder wenn ein Gebäude aus dem Betriebsvermögen entnommen oder wenn ein Gebäude nicht mehr zur Einkunftserzielung genutzt wird.

(3) Steht das Gebäude im Eigentum mehrerer Personen, ist der in Absatz 1 bezeichnete Erhaltungsaufwand von allen Eigentümern auf den gleichen Zeitraum zu verteilen.

(4)[1)] § 7h Absatz 1a bis 3 ist entsprechend anzuwenden.

§ 11b Sonderbehandlung von Erhaltungsaufwand bei Baudenkmalen.

[1]Der Steuerpflichtige kann durch Zuschüsse aus öffentlichen Kassen nicht gedeckten Erhaltungsaufwand für ein im Inland belegenes Gebäude oder Gebäudeteil, das nach den jeweiligen landesrechtlichen Vorschriften ein Baudenkmal ist, auf zwei bis fünf Jahre gleichmäßig verteilen, soweit die Aufwendungen nach Art und Umfang zur Erhaltung des Gebäudes oder Gebäudeteils als Baudenkmal oder zu seiner sinnvollen Nutzung erforderlich und die Maßnahmen in Abstimmung mit der in § 7i Absatz 2 bezeichneten Stelle vorgenommen worden sind. [2]Durch Zuschüsse aus öffentlichen Kassen nicht gedeckten Erhaltungsaufwand für ein im Inland belegenes Gebäude oder Gebäudeteil, das für sich allein nicht die Voraussetzungen für ein Baudenkmal erfüllt, aber Teil einer Gebäudegruppe oder Gesamtanlage ist, die nach den jeweiligen landesrechtlichen Vorschriften als Einheit geschützt ist, kann der Steuerpflichtige auf zwei bis fünf Jahre gleichmäßig verteilen, soweit die Aufwendungen nach Art und Umfang zur Erhaltung des schützenswerten äußeren Erscheinungsbildes der Gebäudegruppe oder Gesamtanlage erforderlich und die Maßnahmen in Abstimmung mit der in § 7i Absatz 2 bezeichneten Stelle vorgenommen worden sind. [3]§ 7h Absatz 3 und § 7i Absatz 1 Satz 2 und Absatz 2 sowie § 11a Absatz 2 und 3 sind entsprechend anzuwenden.

[1)] § 11a Abs. 4 geänd. mWv VZ 2019 durch G v. 12.12.2019 (BGBl. I S. 2451).

7. Nicht abzugsfähige Ausgaben

§ 12[1)] **[Nicht abzugsfähige Ausgaben]** Soweit in § 10 Absatz 1 Nummer 2 bis 5, 7 und 9 sowie Absatz 1a Nummer 1, den §§ 10a, 10b und den §§ 33 bis 33b nichts anderes bestimmt ist, dürfen weder bei den einzelnen Einkunftsarten noch vom Gesamtbetrag der Einkünfte abgezogen werden

1. die für den Haushalt des Steuerpflichtigen und für den Unterhalt seiner Familienangehörigen aufgewendeten Beträge. [2]Dazu gehören auch die Aufwendungen für die Lebensführung, die die wirtschaftliche oder gesellschaftliche Stellung des Steuerpflichtigen mit sich bringt, auch wenn sie zur Förderung des Berufs oder der Tätigkeit des Steuerpflichtigen erfolgen;
2. freiwillige Zuwendungen, Zuwendungen auf Grund einer freiwillig begründeten Rechtspflicht und Zuwendungen an eine gegenüber dem Steuerpflichtigen oder seinem Ehegatten gesetzlich unterhaltsberechtigte Person oder deren Ehegatten, auch wenn diese Zuwendungen auf einer besonderen Vereinbarung beruhen;
3. die Steuern vom Einkommen und sonstige Personensteuern sowie die Umsatzsteuer für Umsätze, die Entnahmen sind, und die Vorsteuerbeträge auf Aufwendungen, für die das Abzugsverbot der Nummer 1 oder des § 4 Absatz 5 Satz 1 Nummer 1 bis 5, 7 oder Absatz 7 gilt; das gilt auch für die auf diese Steuern entfallenden Nebenleistungen;
4.[2)] in einem Strafverfahren festgesetzte Geldstrafen, sonstige Rechtsfolgen vermögensrechtlicher Art, bei denen der Strafcharakter überwiegt, und Leistungen zur Erfüllung von Auflagen oder Weisungen, soweit die Auflagen oder Weisungen nicht lediglich der Wiedergutmachung des durch die Tat verursachten Schadens dienen sowie damit zusammenhängende Aufwendungen.
5.[3)] *(aufgehoben)*

8. Die einzelnen Einkunftsarten

a) Land- und Forstwirtschaft (§ 2 Absatz 1 Satz 1 Nummer 1)

§ 13 Einkünfte aus Land- und Forstwirtschaft. (1) Einkünfte aus Land- und Forstwirtschaft sind

1.[4)] Einkünfte aus dem Betrieb von Landwirtschaft, Forstwirtschaft, Weinbau, Gartenbau und aus allen Betrieben, die Pflanzen und Pflanzenteile mit Hilfe der Naturkräfte gewinnen. [2]Zu diesen Einkünften gehören auch die Einkünfte aus der Tierzucht und Tierhaltung, wenn im Wirtschaftsjahr

für die ersten 20 Hektar	nicht mehr als 10 Vieheinheiten,
für die nächsten 10 Hektar	nicht mehr als 7 Vieheinheiten,
für die nächsten 20 Hektar	nicht mehr als 6 Vieheinheiten,

[1)] § 12 einl. Satzteil geänd. mWv VZ 2012 durch G v. 1.11.2011 (BGBl. I S. 2131); einl. Satzteil geänd., Nr. 5 aufgeh. mWv 1.1.2015 durch G v. 22.12.2014 (BGBl. I S. 2417).

[2)] § 12 Nr. 4 geänd. mWv VZ 2019 durch G v. 12.12.2019 (BGBl. I S. 2451); zur Anwendung siehe § 52 Abs. 20.

[3)] § 12 Nr. 5 aufgeh. mWv 1.1.2015 durch G v. 22.12.2014 (BGBl. I S. 2417)

[4)] § 13 Abs. 1 Nr. 1 Satz 4 geänd. **mWv VZ 2025** durch G v. 26.11.2019 (BGBl. I S. 1794); Satz 5 geänd. **mWv VZ 2025** durch G v. 12.12.2019 (BGBl. I S. 2451).

EStG

für die nächsten 50 Hektar nicht mehr als 3 Vieheinheiten,
und für die weitere Fläche nicht mehr als 1,5 Vieheinheiten

je Hektar der vom Inhaber des Betriebs regelmäßig landwirtschaftlich genutzten Fläche erzeugt oder gehalten werden. [3]Die Tierbestände sind nach dem Futterbedarf in Vieheinheiten umzurechnen. [4]*§ 51 Absatz 2 bis 5 des Bewertungsgesetzes*[1)] [***ab VZ 2025:*** § 241 Absatz 2 bis 5 des Bewertungsgesetzes] ist anzuwenden. [5]Die Einkünfte aus Tierzucht und Tierhaltung einer Gesellschaft, bei der die Gesellschafter als Unternehmer (Mitunternehmer) anzusehen sind, gehören zu den Einkünften im Sinne des Satzes 1, wenn die Voraussetzungen des *§ 51a des Bewertungsgesetzes* [***ab VZ 2025:*** § 13b] erfüllt sind und andere Einkünfte der Gesellschafter aus dieser Gesellschaft zu den Einkünften aus Land- und Forstwirtschaft gehören;

2.[2)] Einkünfte aus sonstiger land- und forstwirtschaftlicher Nutzung *(§ 62 Bewertungsgesetz)* [***ab VZ 2025:*** (§ 242 des Bewertungsgesetzes)];

3. Einkünfte aus Jagd, wenn diese mit dem Betrieb einer Landwirtschaft oder einer Forstwirtschaft im Zusammenhang steht;

4. Einkünfte von Hauberg-, Wald-, Forst- und Laubgenossenschaften und ähnlichen Realgemeinden im Sinne des § 3 Absatz 2 des Körperschaftsteuergesetzes[3)].

(2) Zu den Einkünften im Sinne des Absatzes 1 gehören auch

1. Einkünfte aus einem land- und forstwirtschaftlichen Nebenbetrieb. [2]Als Nebenbetrieb gilt ein Betrieb, der dem land- und forstwirtschaftlichen Hauptbetrieb zu dienen bestimmt ist;

2. der Nutzungswert der Wohnung des Steuerpflichtigen, wenn die Wohnung die bei Betrieben gleicher Art übliche Größe nicht überschreitet und das Gebäude oder der Gebäudeteil nach den jeweiligen landesrechtlichen Vorschriften ein Baudenkmal ist;

3. die Produktionsaufgaberente nach dem Gesetz zur Förderung der Einstellung der landwirtschaftlichen Erwerbstätigkeit.

(3)[4)] [1]Die Einkünfte aus Land- und Forstwirtschaft werden bei der Ermittlung des Gesamtbetrags der Einkünfte nur berücksichtigt, soweit sie den Betrag von 900 Euro übersteigen. [2]Satz 1 ist nur anzuwenden, wenn die Summe der Einkünfte 30 700 Euro nicht übersteigt. [3]Im Fall der Zusammenveranlagung von Ehegatten verdoppeln sich die Beträge der Sätze 1 und 2.

(4) [1]Absatz 2 Nummer 2 findet nur Anwendung, sofern im Veranlagungszeitraum 1986 bei einem Steuerpflichtigen für die von ihm zu eigenen Wohnzwecken oder zu Wohnzwecken des Altenteilers genutzte Wohnung die Voraussetzungen für die Anwendung des § 13 Absatz 2 Nummer 2 des Einkommensteuergesetzes in der Fassung der Bekanntmachung vom 16. April 1997 (BGBl. I S. 821) vorlagen. [2]Der Steuerpflichtige kann für einen Veranlagungszeitraum nach dem Veranlagungszeitraum 1998 unwiderruflich beantragen, dass Absatz 2 Nummer 2 ab diesem Veranlagungszeitraum nicht mehr angewendet wird. [3]§ 52 Absatz 21 Satz 4 und 6 des Einkommensteuergesetzes in der

---

[1)] Nr. **3**.
[2)] § 13 Abs. 1 Nr. 2 geänd. **mWv VZ 2025** durch G v. 26.11.2019 (BGBl. I S. 1794).
[3)] Nr. **17**.
[4)] § 13 Abs. 3 Satz 1 geänd. mWv 1.1.2015 durch G v. 22.12.2014 (BGBl. I S. 2417).

Fassung der Bekanntmachung vom 16. April 1997 (BGBl. I S. 821) ist entsprechend anzuwenden. [4] Im Fall des Satzes 2 gelten die Wohnung des Steuerpflichtigen und die Altenteilerwohnung sowie der dazugehörende Grund und Boden zu dem Zeitpunkt als entnommen, bis zu dem Absatz 2 Nummer 2 letztmals angewendet wird. [5] Der Entnahmegewinn bleibt außer Ansatz. [6] Werden

1. die Wohnung und der dazugehörende Grund und Boden entnommen oder veräußert, bevor sie nach Satz 4 als entnommen gelten, oder
2. eine vor dem 1. Januar 1987 einem Dritten entgeltlich zur Nutzung überlassene Wohnung und der dazugehörende Grund und Boden für eigene Wohnzwecke oder für Wohnzwecke eines Altenteilers entnommen,

bleibt der Entnahme- oder Veräußerungsgewinn ebenfalls außer Ansatz; Nummer 2 ist nur anzuwenden, soweit nicht Wohnungen vorhanden sind, die Wohnzwecken des Eigentümers des Betriebs oder Wohnzwecken eines Altenteilers dienen und die unter Satz 4 oder unter Nummer 1 fallen.

(5) Wird Grund und Boden dadurch entnommen, dass auf diesem Grund und Boden die Wohnung des Steuerpflichtigen oder eine Altenteilerwohnung errichtet wird, bleibt der Entnahmegewinn außer Ansatz; der Steuerpflichtige kann die Regelung nur für eine zu eigenen Wohnzwecken genutzte Wohnung und für eine Altenteilerwohnung in Anspruch nehmen.

(6)[1] [1] Werden einzelne Wirtschaftsgüter eines land- und forstwirtschaftlichen Betriebs auf einen der gemeinschaftlichen Tierhaltung dienenden Betrieb im Sinne des § 34 Absatz 6a des Bewertungsgesetzes einer Genossenschaft oder eines Vereins gegen Gewährung von Mitgliedsrechten übertragen, so ist die auf den dabei entstehenden Gewinn entfallende Einkommensteuer auf Antrag in jährlichen Teilbeträgen zu entrichten. [2] Der einzelne Teilbetrag muss mindestens ein Fünftel dieser Steuer betragen.

(7)[2] § 15 Absatz 1 Satz 1 Nummer 2, Absatz 1a, Absatz 2 Satz 2 und 3, §§ 15a und 15b sind entsprechend anzuwenden.

§ 13a[3] Ermittlung des Gewinns aus Land- und Forstwirtschaft nach Durchschnittssätzen. (1) [1] Der Gewinn eines Betriebs der Land- und Forstwirtschaft ist nach den Absätzen 3 bis 7 zu ermitteln, wenn

1. der Steuerpflichtige nicht auf Grund gesetzlicher Vorschriften verpflichtet ist, für den Betrieb Bücher zu führen und regelmäßig Abschlüsse zu machen und
2. in diesem Betrieb am 15. Mai innerhalb des Wirtschaftsjahres Flächen der landwirtschaftlichen Nutzung (§ 160 Absatz 2 Satz 1 Nummer 1 Buchstabe a des Bewertungsgesetzes[4]) selbst bewirtschaftet werden und diese Flächen 20 Hektar ohne Sondernutzungen nicht überschreiten und
3. die Tierbestände insgesamt 50 Vieheinheiten (§ 13 Absatz 1 Nummer 1) nicht übersteigen und

---

[1] § 13 Abs. 6 Satz 1 geänd. durch G v. 25.6.2021 (BGBl. I S. 2050).
[2] Zur Anwendung von § 13 Abs. 7 siehe § 52 Abs. 22 iVm Abs. 25.
[3] § 13a neu gef. durch G v. 22.12.2014 (BGBl. I S. 2417); zur Anwendung siehe § 52 Abs. 22a Satz 2.
[4] Nr. 3.

4. die selbst bewirtschafteten Flächen der forstwirtschaftlichen Nutzung (§ 160 Absatz 2 Satz 1 Nummer 1 Buchstabe b des Bewertungsgesetzes) 50 Hektar nicht überschreiten und

5. die selbst bewirtschafteten Flächen der Sondernutzungen (Absatz 6) die in Anlage 1a Nummer 2 Spalte 2 genannten Grenzen nicht überschreiten.

2 Satz 1 ist auch anzuwenden, wenn nur Sondernutzungen bewirtschaftet werden und die in Anlage 1a Nummer 2 Spalte 2 genannten Grenzen nicht überschritten werden. 3 Die Sätze 1 und 2 gelten nicht, wenn der Betrieb im laufenden Wirtschaftsjahr im Ganzen zur Bewirtschaftung als Eigentümer, Miteigentümer, Nutzungsberechtigter oder durch Umwandlung übergegangen ist und der Gewinn bisher nach § 4 Absatz 1 oder 3 ermittelt wurde. 4 Der Gewinn ist letztmalig für das Wirtschaftsjahr nach Durchschnittssätzen zu ermitteln, das nach Bekanntgabe der Mitteilung endet, durch die die Finanzbehörde auf den Beginn der Buchführungspflicht (§ 141 Absatz 2 der Abgabenordnung[1]) oder auf den Wegfall einer anderen Voraussetzung des Satzes 1 hingewiesen hat. 5 Der Gewinn ist erneut nach Durchschnittssätzen zu ermitteln, wenn die Voraussetzungen des Satzes 1 wieder vorliegen und ein Antrag nach Absatz 2 nicht gestellt wird.

(2) 1 Auf Antrag des Steuerpflichtigen ist für einen Betrieb im Sinne des Absatzes 1 der Gewinn für vier aufeinander folgende Wirtschaftsjahre nicht nach den Absätzen 3 bis 7 zu ermitteln. 2 Wird der Gewinn eines dieser Wirtschaftsjahre durch den Steuerpflichtigen nicht nach § 4 Absatz 1 oder 3 ermittelt, ist der Gewinn für den gesamten Zeitraum von vier Wirtschaftsjahren nach den Absätzen 3 bis 7 zu ermitteln. 3 Der Antrag ist bis zur Abgabe der Steuererklärung, jedoch spätestens zwölf Monate nach Ablauf des ersten Wirtschaftsjahres, auf das er sich bezieht, schriftlich zu stellen. 4 Er kann innerhalb dieser Frist zurückgenommen werden.

(3)[2] 1 Durchschnittssatzgewinn ist die Summe aus

1. dem Gewinn der landwirtschaftlichen Nutzung,
2. dem Gewinn der forstwirtschaftlichen Nutzung,
3. dem Gewinn der Sondernutzungen,
4. den Sondergewinnen,
5. den Einnahmen aus Vermietung und Verpachtung von Wirtschaftsgütern des land- und forstwirtschaftlichen Betriebsvermögens,
6. den Einnahmen aus Kapitalvermögen, soweit sie zu den Einkünften aus Land- und Forstwirtschaft gehören (§ 20 Absatz 8).

2 Die Vorschriften von § 4 Absatz 4a, § 6 Absatz 2 und 2a sowie zum Investitionsabzugsbetrag und zu Sonderabschreibungen finden keine Anwendung. 3 Bei abnutzbaren Wirtschaftsgütern des Anlagevermögens gilt die Absetzung für Abnutzung in gleichen Jahresbeträgen nach § 7 Absatz 1 Satz 1 bis 5 als in Anspruch genommen. 4 Die Gewinnermittlung ist nach amtlich vorgeschriebenem Datensatz durch Datenfernübertragung spätestens mit der Steuererklärung zu übermitteln. 5 Auf Antrag kann die Finanzbehörde zur Vermeidung unbilliger Härten auf eine elektronische Übermittlung verzichten; in diesem Fall ist

---

[1] Nr. **1**.
[2] § 13a Abs. 3 Satz 6 geänd. mWv 1.1.2017 durch G v. 18.7.2016 (BGBl. I S. 1679).

EStG

der Steuererklärung eine Gewinnermittlung nach amtlich vorgeschriebenem Vordruck beizufügen. [6] § 150 Absatz 8 der Abgabenordnung gilt entsprechend.

(4) [1] Der Gewinn aus der landwirtschaftlichen Nutzung ist die nach den Grundsätzen des § 4 Absatz 1 ermittelte Summe aus dem Grundbetrag für die selbst bewirtschafteten Flächen und den Zuschlägen für Tierzucht und Tierhaltung. [2] Als Grundbetrag je Hektar der landwirtschaftlichen Nutzung (§ 160 Absatz 2 Satz 1 Nummer 1 Buchstabe a des Bewertungsgesetzes) ist der sich aus Anlage 1a ergebende Betrag vervielfältigt mit der selbst bewirtschafteten Fläche anzusetzen. [3] Als Zuschlag für Tierzucht und Tierhaltung ist im Wirtschaftsjahr je Vieheinheit der sich aus Anlage 1a jeweils ergebende Betrag vervielfältigt mit den Vieheinheiten anzusetzen.

(5) Der Gewinn aus der forstwirtschaftlichen Nutzung (§ 160 Absatz 2 Satz 1 Nummer 1 Buchstabe b des Bewertungsgesetzes) ist nach § 51 der Einkommensteuer-Durchführungsverordnung[1] zu ermitteln.

(6) [1] Als Sondernutzungen gelten die in § 160 Absatz 2 Satz 1 Nummer 1 Buchstabe c bis e des Bewertungsgesetzes in Verbindung mit Anlage 1a Nummer 2 genannten Nutzungen. [2] Bei Sondernutzungen, die die in Anlage 1a Nummer 2 Spalte 3 genannten Grenzen überschreiten, ist ein Gewinn von 1 000 Euro je Sondernutzung anzusetzen. [3] Für die in Anlage 1a Nummer 2 nicht genannten Sondernutzungen ist der Gewinn nach § 4 Absatz 3 zu ermitteln.

(7) [1] Nach § 4 Absatz 3 zu ermittelnde Sondergewinne sind

1. Gewinne
   a) aus der Veräußerung oder Entnahme von Grund und Boden und dem dazugehörigen Aufwuchs, den Gebäuden, den immateriellen Wirtschaftsgütern und den Beteiligungen; § 55 ist anzuwenden;
   b) aus der Veräußerung oder Entnahme der übrigen Wirtschaftsgüter des Anlagevermögens und von Tieren, wenn der Veräußerungspreis oder der an dessen Stelle tretende Wert für das jeweilige Wirtschaftsgut mehr als 15 000 Euro betragen hat;
   c) aus Entschädigungen, die gewährt worden sind für den Verlust, den Untergang oder die Wertminderung der in den Buchstaben a und b genannten Wirtschaftsgüter;
   d) aus der Auflösung von Rücklagen;
2. Betriebseinnahmen oder Betriebsausgaben nach § 9b Absatz 2;
3. Einnahmen aus dem Grunde nach gewerblichen Tätigkeiten, die dem Bereich der Land- und Forstwirtschaft zugerechnet werden, abzüglich der pauschalen Betriebsausgaben nach Anlage 1a Nummer 3;
4. Rückvergütungen nach § 22 des Körperschaftsteuergesetzes[2] aus Hilfs- und Nebengeschäften.

[2] Die Anschaffungs- oder Herstellungskosten bei Wirtschaftsgütern des abnutzbaren Anlagevermögens mindern sich für die Dauer der Durchschnittssatzgewinnermittlung mit dem Ansatz der Gewinne nach den Absätzen 4 bis 6 um die Absetzung für Abnutzung in gleichen Jahresbeträgen. [3] Die Wirtschaftsgüter im Sinne des Satzes 1 Nummer 1 Buchstabe a sind unter Angabe des Tages der

---

[1] Nr. **6**.
[2] Nr. **17**.

Anschaffung oder Herstellung und der Anschaffungs- oder Herstellungskosten oder des an deren Stelle getretenen Werts in besondere, laufend zu führende Verzeichnisse aufzunehmen. [4] Absatz 3 Satz 4 bis 6 gilt entsprechend.

(8) Das Bundesministerium der Finanzen wird ermächtigt, durch Rechtsverordnung mit Zustimmung des Bundesrates die Anlage 1a dadurch zu ändern, dass es die darin aufgeführten Werte turnusmäßig an die Ergebnisse der Erhebungen nach § 2 des Landwirtschaftsgesetzes und im Übrigen an Erhebungen der Finanzverwaltung anpassen kann.

[*ab VZ 2025:*[1)]

§ 13b Gemeinschaftliche Tierhaltung. (1) [1] Zu den Einkünften aus Land- und Forstwirtschaft gehören auch die Einkünfte aus landwirtschaftlicher Tierzucht und Tierhaltung von Genossenschaften (§ 1 Absatz 1 Nummer 2 des Körperschaftsteuergesetzes[2)]), von Gesellschaften, bei denen die Gesellschafter als Mitunternehmer (§ 15 Absatz 1 Satz 1 Nummer 2) anzusehen sind, oder von Vereinen (§ 1 Absatz 1 Nummer 5 des Körperschaftsteuergesetzes), wenn

1. alle Gesellschafter oder Mitglieder
   a) Inhaber eines Betriebs der Land- und Forstwirtschaft mit selbst bewirtschafteten regelmäßig landwirtschaftlich genutzten Flächen sind,
   b) nach dem Gesamtbild der Verhältnisse hauptberuflich Land- und Forstwirte sind,
   c) Landwirte im Sinne des § 1 Absatz 2 des Gesetzes über die Alterssicherung der Landwirte sind und dies durch eine Bescheinigung der jeweiligen Sozialversicherungsträger nachgewiesen wird und
   d) die sich nach § 13 Absatz 1 Nummer 1 Satz 2 für sie ergebende Möglichkeit zur landwirtschaftlichen Tiererzeugung oder Tierhaltung in Vieheinheiten ganz oder teilweise auf die Genossenschaft, die Gesellschaft oder den Verein übertragen haben;
2. die Anzahl der von der Genossenschaft, der Gesellschaft oder dem Verein im Wirtschaftsjahr erzeugten oder gehaltenen Vieheinheiten keine der nachfolgenden Grenzen nachhaltig überschreitet:
   a) die Summe der sich nach Nummer 1 Buchstabe d ergebenden Vieheinheiten und
   b) die Summe der Vieheinheiten, die sich nach § 13 Absatz 1 Nummer 1 Satz 2 auf der Grundlage der Summe der von den Gesellschaftern oder Mitgliedern regelmäßig landwirtschaftlich genutzten Flächen ergibt;
3. die Betriebe der Gesellschafter oder Mitglieder nicht mehr als 40 Kilometer von der Produktionsstätte der Genossenschaft, der Gesellschaft oder des Vereins entfernt liegen.

[2] Die Voraussetzungen des Satzes 1 Nummer 1 Buchstabe c gelten als erfüllt, wenn hauptberufliche Landwirte (Nummer 1 Buchstabe b) nicht die Voraussetzungen des § 1 Absatz 2 des Gesetzes über die Alterssicherung der Landwirte erfüllen, weil sie im Inland in der gesetzlichen Rentenversicherung versicherungspflichtig sind oder auf sie das Recht der sozialen Sicherheit eines anderen Mitgliedstaats der Europäischen Union anzuwenden ist und dies durch eine

---

[1)] § 13b eingef. **mWv VZ 2025** durch G v. 12.12.2019 (BGBl. I S. 2451); zur Anwendung siehe § 52 Abs. 22b.

[2)] Nr. **17**.

Bescheinigung des zuständigen Sozialversicherungsträgers nachgewiesen wird; entsprechendes gilt für die Schweiz oder einen Staat, auf den das Abkommen über den Europäischen Wirtschaftsraum anzuwenden ist. [3] Die Voraussetzungen des Satzes 1 Nummer 1 Buchstabe d und des Satzes 1 Nummer 2 sind durch besondere, laufend und zeitnah zu führende Verzeichnisse nachzuweisen.

(2) Der Anwendung des Absatzes 1 steht es nicht entgegen, wenn die dort bezeichneten Genossenschaften, Gesellschaften oder Vereine die Tiererzeugung oder Tierhaltung ohne regelmäßig landwirtschaftlich genutzte Flächen betreiben.

(3) Von den in Absatz 1 bezeichneten Genossenschaften, Gesellschaften oder Vereinen regelmäßig landwirtschaftlich genutzte Flächen sind bei der Ermittlung der nach Absatz 1 Satz 1 Nummer 2 maßgebenden Grenzen wie Flächen von Gesellschaftern oder Mitgliedern zu behandeln, die ihre Möglichkeit zur landwirtschaftlichen Tiererzeugung oder Tierhaltung im Sinne des Absatzes 1 Satz 1 Nummer 1 Buchstabe d auf die Genossenschaft, die Gesellschaft oder den Verein übertragen haben.

(4) Bei dem einzelnen Gesellschafter oder Mitglied der in Absatz 1 bezeichneten Genossenschaften, Gesellschaften oder Vereine ist § 13 Absatz 1 Nummer 1 Satz 2 mit der Maßgabe anzuwenden, dass die in seinem Betrieb erzeugten oder gehaltenen Vieheinheiten mit den Vieheinheiten zusammenzurechnen sind, die im Rahmen der nach Absatz 1 Satz 1 Nummer 1 Buchstabe d übertragenen Möglichkeiten erzeugt oder gehalten werden.

(5) Die Vorschriften des § 241 Absatz 2 bis 5 des Bewertungsgesetzes[1)] sind entsprechend anzuwenden.]

§ 14 Veräußerung des Betriebs. (1) [1] Zu den Einkünften aus Land- und Forstwirtschaft gehören auch Gewinne, die bei der Veräußerung eines land- oder forstwirtschaftlichen Betriebs oder Teilbetriebs oder eines Anteils an einem land- und forstwirtschaftlichen Betriebsvermögen erzielt werden. [2] § 16 gilt entsprechend mit der Maßgabe, dass der Freibetrag nach § 16 Absatz 4 nicht zu gewähren ist, wenn der Freibetrag nach § 14a Absatz 1 gewährt wird.

(2)[2)] [1] Wird ein land- und forstwirtschaftlicher Betrieb durch die Entnahme, Überführung oder Übertragung von Flächen verkleinert und verbleibt mindestens eine Fläche, die der Erzeugung von Pflanzen oder Tieren im Sinne des § 13 Absatz 1 zu dienen bestimmt ist, liegt unabhängig von der Größe dieser Fläche keine Betriebsaufgabe vor. [2] § 16 Absatz 3b bleibt unberührt.

(3)[3)] [1] Werden im Rahmen der Aufgabe des Betriebs einer land- und forstwirtschaftlichen Mitunternehmerschaft Grundstücke an den einzelnen Mitunternehmer übertragen oder scheidet ein Mitunternehmer unter Mitnahme einzelner Grundstücke aus einer Mitunternehmerschaft aus, gelten diese unabhängig von ihrer Größe auch bei fortgeführter oder erstmaliger Verpachtung bis zu einer Veräußerung oder Entnahme bei diesem weiterhin als Betriebsvermögen. [2] Dies gilt entsprechend für Grundstücke des bisherigen Sonderbetriebsvermögens des einzelnen Mitunternehmers. [3] Die Sätze 1 und 2 sind nur anzuwenden, wenn mindestens eine übertragene oder aus dem Sonderbetriebsvermögen überführte Fläche der Erzeugung von Pflanzen oder Tieren

---

[1)] Nr. **3**.
[2)] § 14 Abs. 2 angef. mWv VZ 2020 durch G v. 21.12.2020 (BGBl. I S. 3096).
[3)] § 14 Abs. 3 angef. durch G v. 21.12.2020 (BGBl. I S. 3096); zur Anwendung siehe § 52 Abs. 22c.

im Sinne des § 13 Absatz 1 zu dienen bestimmt ist. [4] Für den übernehmenden Mitunternehmer gilt § 16 Absatz 3b entsprechend.

§ 14a Vergünstigungen bei der Veräußerung bestimmter land- und forstwirtschaftlicher Betriebe. (1)[1)] [1] Veräußert ein Steuerpflichtiger nach dem 30. Juni 1970 und vor dem 1. Januar 2001 seinen land- und forstwirtschaftlichen Betrieb im Ganzen, so wird auf Antrag der Veräußerungsgewinn (§ 16 Absatz 2) nur insoweit zur Einkommensteuer herangezogen, als er den Betrag von 150 000 Deutsche Mark übersteigt, wenn

1. der für den Zeitpunkt der Veräußerung maßgebende Wirtschaftswert (§ 46 des Bewertungsgesetzes[2)]) des Betriebs 40 000 Deutsche Mark nicht übersteigt,
2. die Einkünfte des Steuerpflichtigen im Sinne des § 2 Absatz 1 Satz 1 Nummer 2 bis 7 in den dem Veranlagungszeitraum der Veräußerung vorangegangenen beiden Veranlagungszeiträumen jeweils den Betrag von 35 000 Deutsche Mark nicht überstiegen haben. [2] Bei Ehegatten, die nicht dauernd getrennt leben, gilt Satz 1 mit der Maßgabe, dass die Einkünfte beider Ehegatten zusammen jeweils 70 000 Deutsche Mark nicht überstiegen haben.

[2] Ist im Zeitpunkt der Veräußerung ein nach Nummer 1 maßgebender Wirtschaftswert nicht festgestellt oder sind bis zu diesem Zeitpunkt die Voraussetzungen für eine Wertfortschreibung erfüllt, so ist der Wert maßgebend, der sich für den Zeitpunkt der Veräußerung als Wirtschaftswert ergeben würde.

(2) [1] Der Anwendung des Absatzes 1 und des § 34 Absatz 1 steht nicht entgegen, wenn die zum land- und forstwirtschaftlichen Vermögen gehörenden Gebäude mit dem dazugehörigen Grund und Boden nicht mitveräußert werden. [2] In diesem Fall gelten die Gebäude mit dem dazugehörigen Grund und Boden als entnommen. [3] Der Freibetrag kommt auch dann in Betracht, wenn zum Betrieb ein forstwirtschaftlicher Teilbetrieb gehört und dieser nicht mitveräußert, sondern als eigenständiger Betrieb vom Steuerpflichtigen fortgeführt wird. [4] In diesem Fall ermäßigt sich der Freibetrag auf den Teil, der dem Verhältnis des tatsächlich entstandenen Veräußerungsgewinns zu dem bei einer Veräußerung des ganzen land- und forstwirtschaftlichen Betriebs erzielbaren Veräußerungsgewinn entspricht.

(3) [1] Als Veräußerung gilt auch die Aufgabe des Betriebs, wenn

1. die Voraussetzungen des Absatzes 1 erfüllt sind und
2. der Steuerpflichtige seinen land- und forstwirtschaftlichen Betrieb zum Zweck der Strukturverbesserung abgegeben hat und dies durch eine Bescheinigung der nach Landesrecht zuständigen Stelle nachweist.

[2] § 16 Absatz 3 Satz 4 und 5 gilt entsprechend.

(4) [1] Veräußert oder entnimmt ein Steuerpflichtiger nach dem 31. Dezember 1979 und vor dem 1. Januar 2006 Teile des zu einem land- und forstwirtschaftlichen Betrieb gehörenden Grund und Bodens, so wird der bei der Veräußerung oder der Entnahme entstehende Gewinn auf Antrag nur insoweit

---

[1)] Zur Anwendung im Beitrittsgebiet siehe § 57 Abs. 3.
[2)] Nr. **3**.

zur Einkommensteuer herangezogen, als er den Betrag von 61 800 Euro übersteigt. [2] Satz 1 ist nur anzuwenden, wenn

1. der Veräußerungspreis nach Abzug der Veräußerungskosten oder der Grund und Boden innerhalb von zwölf Monaten nach der Veräußerung oder Entnahme in sachlichem Zusammenhang mit der Hoferbfolge oder Hofübernahme zur Abfindung weichender Erben verwendet wird und
2. das Einkommen des Steuerpflichtigen ohne Berücksichtigung des Gewinns aus der Veräußerung oder Entnahme und des Freibetrags in dem dem Veranlagungszeitraum der Veräußerung oder Entnahme vorangegangenen Veranlagungszeitraum den Betrag von 18 000 Euro nicht überstiegen hat; bei Ehegatten, die nach den §§ 26, 26b zusammen veranlagt werden, erhöht sich der Betrag von 18 000 Euro auf 36 000 Euro.

[3] Übersteigt das Einkommen den Betrag von 18 000 Euro, so vermindert sich der Betrag von 61 800 Euro nach Satz 1 je angefangene 250 Euro des übersteigenden Einkommens um 10 300 Euro; bei Ehegatten, die nach den §§ 26, 26b zusammen veranlagt werden und deren Einkommen den Betrag von 36 000 Euro übersteigt, vermindert sich der Betrag von 61 800 Euro nach Satz 1 je angefangene 500 Euro des übersteigenden Einkommens um 10 300 Euro. [4] Werden mehrere weichende Erben abgefunden, so kann der Freibetrag mehrmals, jedoch insgesamt nur einmal je weichender Erbe geltend gemacht werden, auch wenn die Abfindung in mehreren Schritten oder durch mehrere Inhaber des Betriebs vorgenommen wird. [5] Weichender Erbe ist, wer gesetzlicher Erbe eines Inhabers eines land- und forstwirtschaftlichen Betriebs ist oder bei gesetzlicher Erbfolge wäre, aber nicht zur Übernahme des Betriebs berufen ist; eine Stellung als Mitunternehmer des Betriebs bis zur Auseinandersetzung steht einer Behandlung als weichender Erbe nicht entgegen, wenn sich die Erben innerhalb von zwei Jahren nach dem Erbfall auseinandersetzen. [6] Ist ein zur Übernahme des Betriebs berufener Miterbe noch minderjährig, beginnt die Frist von zwei Jahren mit Eintritt der Volljährigkeit.

(5) [1] Veräußert ein Steuerpflichtiger nach dem 31. Dezember 1985 und vor dem 1. Januar 2001 Teile des zu einem land- und forstwirtschaftlichen Betrieb gehörenden Grund und Bodens, so wird der bei der Veräußerung entstehende Gewinn auf Antrag nur insoweit zur Einkommensteuer herangezogen, als er den Betrag von 90 000 Deutsche Mark übersteigt, wenn

1. der Steuerpflichtige den Veräußerungspreis nach Abzug der Veräußerungskosten zur Tilgung von Schulden verwendet, die zu dem land- und forstwirtschaftlichen Betrieb gehören und vor dem 1. Juli 1985 bestanden haben, und
2. die Voraussetzungen des Absatzes 4 Satz 2 Nummer 2 erfüllt sind.

[2] Übersteigt das Einkommen den Betrag von 35 000 Deutsche Mark, so vermindert sich der Betrag von 90 000 Deutsche Mark nach Satz 1 für jede angefangenen 500 Deutsche Mark des übersteigenden Einkommens um 15 000 Deutsche Mark; bei Ehegatten, die nach den §§ 26, 26b zusammen veranlagt werden und bei denen das Einkommen den Betrag von 70 000 Deutsche Mark übersteigt, vermindert sich der Betrag von 90 000 Deutsche Mark nach Satz 1 für jede angefangenen 1 000 Deutsche Mark des übersteigenden Einkommens um 15 000 Deutsche Mark. [3] Der Freibetrag von höchstens 90 000 Deutsche Mark wird für alle Veräußerungen im Sinne des Satzes 1 insgesamt nur einmal gewährt.

(6) Verwendet der Steuerpflichtige den Veräußerungspreis oder entnimmt er den Grund und Boden nur zum Teil zu den in den Absätzen 4 und 5 angegebenen Zwecken, so ist nur der entsprechende Teil des Gewinns aus der Veräußerung oder Entnahme steuerfrei.

(7) Auf die Freibeträge nach Absatz 4 in dieser Fassung sind die Freibeträge, die nach Absatz 4 in den vor dem 1. Januar 1986 geltenden Fassungen gewährt worden sind, anzurechnen.

b) Gewerbebetrieb (§ 2 Absatz 1 Satz 1 Nummer 2)

§ 15 Einkünfte aus Gewerbebetrieb. (1) [1]Einkünfte aus Gewerbebetrieb sind

1. Einkünfte aus gewerblichen Unternehmen. [2]Dazu gehören auch Einkünfte aus gewerblicher Bodenbewirtschaftung, z.B. aus Bergbauunternehmen und aus Betrieben zur Gewinnung von Torf, Steinen und Erden, soweit sie nicht land- oder forstwirtschaftliche Nebenbetriebe sind;
2. die Gewinnanteile der Gesellschafter einer Offenen Handelsgesellschaft, einer Kommanditgesellschaft und einer anderen Gesellschaft, bei der der Gesellschafter als Unternehmer (Mitunternehmer) des Betriebs anzusehen ist, und die Vergütungen, die der Gesellschafter von der Gesellschaft für seine Tätigkeit im Dienst der Gesellschaft oder für die Hingabe von Darlehen oder für die Überlassung von Wirtschaftsgütern bezogen hat. [2]Der mittelbar über eine oder mehrere Personengesellschaften beteiligte Gesellschafter steht dem unmittelbar beteiligten Gesellschafter gleich; er ist als Mitunternehmer des Betriebs der Gesellschaft anzusehen, an der er mittelbar beteiligt ist, wenn er und die Personengesellschaften, die seine Beteiligung vermitteln, jeweils als Mitunternehmer der Betriebe der Personengesellschaften anzusehen sind, an denen sie unmittelbar beteiligt sind;
3. die Gewinnanteile der persönlich haftenden Gesellschafter einer Kommanditgesellschaft auf Aktien, soweit sie nicht auf Anteile am Grundkapital entfallen, und die Vergütungen, die der persönlich haftende Gesellschafter von der Gesellschaft für seine Tätigkeit im Dienst der Gesellschaft oder für die Hingabe von Darlehen oder für die Überlassung von Wirtschaftsgütern bezogen hat.

[2]Satz 1 Nummer 2 und 3 gilt auch für Vergütungen, die als nachträgliche Einkünfte (§ 24 Nummer 2) bezogen werden. [3]§ 13 Absatz 5 gilt entsprechend, sofern das Grundstück im Veranlagungszeitraum 1986 zu einem gewerblichen Betriebsvermögen gehört hat.

(1a)[1)] [1]In den Fällen des § 4 Absatz 1 Satz 5 ist der Gewinn aus einer späteren Veräußerung der Anteile ungeachtet der Bestimmungen eines Abkommens zur Vermeidung der Doppelbesteuerung in der gleichen Art und Weise zu besteuern, wie die Veräußerung dieser Anteile an der Europäischen Gesellschaft oder Europäischen Genossenschaft zu besteuern gewesen wäre, wenn keine Sitzverlegung stattgefunden hätte. [2]Dies gilt auch, wenn später die Anteile verdeckt in eine Kapitalgesellschaft eingelegt werden, die Europäische Gesellschaft oder Europäische Genossenschaft aufgelöst wird oder wenn ihr Kapital herabgesetzt und zurückgezahlt wird oder wenn Beträge aus dem steuerlichen Einlagen-

---

1) § 15 Abs. 1a Satz 1 geänd. durch G v. 8.12.2010 (BGBl. I S. 1768).

konto im Sinne des § 27 des Körperschaftsteuergesetzes[1)] ausgeschüttet oder zurückgezahlt werden.

(2) [1] Eine selbständige nachhaltige Betätigung, die mit der Absicht, Gewinn zu erzielen, unternommen wird und sich als Beteiligung am allgemeinen wirtschaftlichen Verkehr darstellt, ist Gewerbebetrieb, wenn die Betätigung weder als Ausübung von Land- und Forstwirtschaft noch als Ausübung eines freien Berufs noch als eine andere selbständige Arbeit anzusehen ist. [2] Eine durch die Betätigung verursachte Minderung der Steuern vom Einkommen ist kein Gewinn im Sinne des Satzes 1. [3] Ein Gewerbebetrieb liegt, wenn seine Voraussetzungen im Übrigen gegeben sind, auch dann vor, wenn die Gewinnerzielungsabsicht nur ein Nebenzweck ist.

(3) Als Gewerbebetrieb gilt in vollem Umfang die mit Einkünfteerzielungsabsicht unternommene Tätigkeit

1.[2)] einer offenen Handelsgesellschaft, einer Kommanditgesellschaft oder einer anderen Personengesellschaft, wenn die Gesellschaft auch eine Tätigkeit im Sinne des Absatzes 1 Satz 1 Nummer 1 ausübt oder gewerbliche Einkünfte im Sinne des Absatzes 1 Satz 1 Nummer 2 bezieht. [2] Dies gilt unabhängig davon, ob aus der Tätigkeit im Sinne des Absatzes 1 Satz 1 Nummer 1 ein Gewinn oder Verlust erzielt wird oder ob die gewerblichen Einkünfte im Sinne des Absatzes 1 Satz 1 Nummer 2 positiv oder negativ sind;
2. einer Personengesellschaft, die keine Tätigkeit im Sinne des Absatzes 1 Satz 1 Nummer 1 ausübt und bei der ausschließlich eine oder mehrere Kapitalgesellschaften persönlich haftende Gesellschafter sind und nur diese oder Personen, die nicht Gesellschafter sind, zur Geschäftsführung befugt sind (gewerblich geprägte Personengesellschaft). [2] Ist eine gewerblich geprägte Personengesellschaft als persönlich haftender Gesellschafter an einer anderen Personengesellschaft beteiligt, so steht für die Beurteilung, ob die Tätigkeit dieser Personengesellschaft als Gewerbebetrieb gilt, die gewerblich geprägte Personengesellschaft einer Kapitalgesellschaft gleich.

(4)[3)] [1] Verluste aus gewerblicher Tierzucht oder gewerblicher Tierhaltung dürfen weder mit anderen Einkünften aus Gewerbebetrieb noch mit Einkünften aus anderen Einkunftsarten ausgeglichen werden; sie dürfen auch nicht nach § 10d abgezogen werden. [2] Die Verluste mindern jedoch nach Maßgabe des § 10d die Gewinne, die der Steuerpflichtige in dem unmittelbar vorangegangenen und in den folgenden Wirtschaftsjahren aus gewerblicher Tierzucht oder gewerblicher Tierhaltung erzielt hat oder erzielt; § 10d Absatz 4 gilt entsprechend. [3] Die Sätze 1 und 2 gelten entsprechend für Verluste aus Termingeschäften, durch die der Steuerpflichtige einen Differenzausgleich oder einen durch den Wert einer veränderlichen Bezugsgröße bestimmten Geldbetrag oder Vorteil erlangt. [4] Satz 3 gilt nicht für die Geschäfte, die zum gewöhnlichen Geschäftsbetrieb bei Kreditinstituten, Finanzdienstleistungsinstituten und Finanzunternehmen im Sinne des Gesetzes über das Kreditwesen oder bei Wertpapierinstituten im Sinne des Wertpapierinstitutsgesetzes gehören oder die der Absicherung von Geschäften des gewöhnlichen Geschäftsbetriebs dienen.

[1)] Nr. **17**.

[2)] § 15 Abs. 3 Nr. 1 neu gef. durch G v. 12.12.2019 (BGBl. I S. 2451); zur Anwendung siehe § 52 Abs. 23 Satz 1.

[3)] § 15 Abs. 4 Satz 2 2. HS und Satz 7 2. HS angef. durch G v. 26.6.2013 (BGBl. I S. 1809); zur Anwendung siehe § 52 Abs. 23 Satz 2; Abs. 4 Satz 4 geänd. durch G v. 12.5.2021 (BGBl. I S. 990).

[5] Satz 4 gilt nicht, wenn es sich um Geschäfte handelt, die der Absicherung von Aktiengeschäften dienen, bei denen der Veräußerungsgewinn nach § 3 Nummer 40 Satz 1 Buchstabe a und b in Verbindung mit § 3c Absatz 2 teilweise steuerfrei ist, oder die nach § 8b Absatz 2 des Körperschaftsteuergesetzes bei der Ermittlung des Einkommens außer Ansatz bleiben. [6] Verluste aus stillen Gesellschaften, Unterbeteiligungen oder sonstigen Innengesellschaften an Kapitalgesellschaften, bei denen der Gesellschafter oder Beteiligte als Mitunternehmer anzusehen ist, dürfen weder mit Einkünften aus Gewerbebetrieb noch aus anderen Einkunftsarten ausgeglichen werden; sie dürfen auch nicht nach § 10d abgezogen werden. [7] Die Verluste mindern jedoch nach Maßgabe des § 10d die Gewinne, die der Gesellschafter oder Beteiligte in dem unmittelbar vorangegangenen Wirtschaftsjahr oder in den folgenden Wirtschaftsjahren aus derselben stillen Gesellschaft, Unterbeteiligung oder sonstigen Innengesellschaft bezieht; § 10d Absatz 4 gilt entsprechend. [8] Die Sätze 6 und 7 gelten nicht, soweit der Verlust auf eine natürliche Person als unmittelbar oder mittelbar beteiligter Mitunternehmer entfällt.

§ 15a[1)] Verluste bei beschränkter Haftung. (1) [1] Der einem Kommanditisten zuzurechnende Anteil am Verlust der Kommanditgesellschaft darf weder mit anderen Einkünften aus Gewerbebetrieb noch mit Einkünften aus anderen Einkunftsarten ausgeglichen werden, soweit ein negatives Kapitalkonto des Kommanditisten entsteht oder sich erhöht; er darf insoweit auch nicht nach § 10d abgezogen werden. [2] Haftet der Kommanditist am Bilanzstichtag den Gläubigern der Gesellschaft auf Grund des § 171 Absatz 1 des Handelsgesetzbuchs, so können abweichend von Satz 1 Verluste des Kommanditisten bis zur Höhe des Betrags, um den die im Handelsregister eingetragene Einlage des Kommanditisten seine geleistete Einlage übersteigt, auch ausgeglichen oder abgezogen werden, soweit durch den Verlust ein negatives Kapitalkonto entsteht oder sich erhöht. [3] Satz 2 ist nur anzuwenden, wenn derjenige, dem der Anteil zuzurechnen ist, im Handelsregister eingetragen ist, das Bestehen der Haftung nachgewiesen wird und eine Vermögensminderung auf Grund der Haftung nicht durch Vertrag ausgeschlossen oder nach Art und Weise des Geschäftsbetriebs unwahrscheinlich ist.

(1a) [1] Nachträgliche Einlagen führen weder zu einer nachträglichen Ausgleichs- oder Abzugsfähigkeit eines vorhandenen verrechenbaren Verlustes noch zu einer Ausgleichs- oder Abzugsfähigkeit des dem Kommanditisten zuzurechnenden Anteils am Verlust eines zukünftigen Wirtschaftsjahres, soweit durch den Verlust ein negatives Kapitalkonto des Kommanditisten entsteht oder sich erhöht. [2] Nachträgliche Einlagen im Sinne des Satzes 1 sind Einlagen, die nach Ablauf eines Wirtschaftsjahres geleistet werden, in dem ein nicht ausgleichs- oder abzugsfähiger Verlust im Sinne des Absatzes 1 entstanden oder ein Gewinn im Sinne des Absatzes 3 Satz 1 zugerechnet worden ist.

(2) [1] Soweit der Verlust nach den Absätzen 1 und 1a nicht ausgeglichen oder abgezogen werden darf, mindert er die Gewinne, die dem Kommanditisten in späteren Wirtschaftsjahren aus seiner Beteiligung an der Kommanditgesellschaft zuzurechnen sind. [2] Der verrechenbare Verlust, der nach Abzug von einem Veräußerungs- oder Aufgabegewinn verbleibt, ist im Zeitpunkt der Veräußerung oder Aufgabe des gesamten Mitunternehmeranteils oder der Betriebsver-

---

[1)] Zum Anwendungsbereich siehe § 52 Abs. 24.

äußerung oder -aufgabe bis zur Höhe der nachträglichen Einlagen im Sinne des Absatzes 1a ausgleichs- oder abzugsfähig.

(3) [1]Soweit ein negatives Kapitalkonto des Kommanditisten durch Entnahmen entsteht oder sich erhöht (Einlageminderung) und soweit nicht auf Grund der Entnahmen eine nach Absatz 1 Satz 2 zu berücksichtigende Haftung besteht oder entsteht, ist dem Kommanditisten der Betrag der Einlageminderung als Gewinn zuzurechnen. [2]Der nach Satz 1 zuzurechnende Betrag darf den Betrag der Anteile am Verlust der Kommanditgesellschaft nicht übersteigen, der im Wirtschaftsjahr der Einlageminderung und in den zehn vorangegangenen Wirtschaftsjahren ausgleichs- oder abzugsfähig gewesen ist. [3]Wird der Haftungsbetrag im Sinne des Absatzes 1 Satz 2 gemindert (Haftungsminderung) und sind im Wirtschaftsjahr der Haftungsminderung und den zehn vorangegangenen Wirtschaftsjahren Verluste nach Absatz 1 Satz 2 ausgleichs- oder abzugsfähig gewesen, so ist dem Kommanditisten der Betrag der Haftungsminderung, vermindert um auf Grund der Haftung tatsächlich geleistete Beträge, als Gewinn zuzurechnen; Satz 2 gilt sinngemäß. [4]Die nach den Sätzen 1 bis 3 zuzurechnenden Beträge mindern die Gewinne, die dem Kommanditisten im Wirtschaftsjahr der Zurechnung oder in späteren Wirtschaftsjahren aus seiner Beteiligung an der Kommanditgesellschaft zuzurechnen sind.

(4) [1]Der nach Absatz 1 nicht ausgleichs- oder abzugsfähige Verlust eines Kommanditisten, vermindert um die nach Absatz 2 abzuziehenden und vermehrt um die nach Absatz 3 hinzuzurechnenden Beträge (verrechenbarer Verlust), ist jährlich gesondert festzustellen. [2]Dabei ist von dem verrechenbaren Verlust des vorangegangenen Wirtschaftsjahres auszugehen. [3]Zuständig für den Erlass des Feststellungsbescheids ist das für die gesonderte Feststellung des Gewinns und Verlustes der Gesellschaft zuständige Finanzamt. [4]Der Feststellungsbescheid kann nur insoweit angegriffen werden, als der verrechenbare Verlust gegenüber dem verrechenbaren Verlust des vorangegangenen Wirtschaftsjahres sich verändert hat. [5]Die gesonderten Feststellungen nach Satz 1 können mit der gesonderten und einheitlichen Feststellung der einkommensteuerpflichtigen und körperschaftsteuerpflichtigen Einkünfte verbunden werden. [6]In diesen Fällen sind die gesonderten Feststellungen des verrechenbaren Verlustes einheitlich durchzuführen.

(5) Absatz 1 Satz 1, Absatz 1a, 2 und 3 Satz 1, 2 und 4 sowie Absatz 4 gelten sinngemäß für andere Unternehmer, soweit deren Haftung der eines Kommanditisten vergleichbar ist, insbesondere für

1. stille Gesellschafter einer stillen Gesellschaft im Sinne des § 230 des Handelsgesetzbuchs, bei der der stille Gesellschafter als Unternehmer (Mitunternehmer) anzusehen ist,
2. Gesellschafter einer Gesellschaft im Sinne des Bürgerlichen Gesetzbuchs, bei der der Gesellschafter als Unternehmer (Mitunternehmer) anzusehen ist, soweit die Inanspruchnahme des Gesellschafters für Schulden in Zusammenhang mit dem Betrieb durch Vertrag ausgeschlossen oder nach Art und Weise des Geschäftsbetriebs unwahrscheinlich ist,
3. Gesellschafter einer ausländischen Personengesellschaft, bei der der Gesellschafter als Unternehmer (Mitunternehmer) anzusehen ist, soweit die Haftung des Gesellschafters für Schulden in Zusammenhang mit dem Betrieb der eines Kommanditisten oder eines stillen Gesellschafters entspricht oder soweit die Inanspruchnahme des Gesellschafters für Schulden in Zusammen-

hang mit dem Betrieb durch Vertrag ausgeschlossen oder nach Art und Weise des Geschäftsbetriebs unwahrscheinlich ist,

4. Unternehmer, soweit Verbindlichkeiten nur in Abhängigkeit von Erlösen oder Gewinnen aus der Nutzung, Veräußerung oder sonstigen Verwertung von Wirtschaftsgütern zu tilgen sind,
5. Mitreeder einer Reederei im Sinne des § 489 des Handelsgesetzbuchs, bei der der Mitreeder als Unternehmer (Mitunternehmer) anzusehen ist, wenn die persönliche Haftung des Mitreeders für die Verbindlichkeiten der Reederei ganz oder teilweise ausgeschlossen oder soweit die Inanspruchnahme des Mitreeders für Verbindlichkeiten der Reederei nach Art und Weise des Geschäftsbetriebs unwahrscheinlich ist.

§ 15b[1)] Verluste im Zusammenhang mit Steuerstundungsmodellen.

(1) [1] Verluste im Zusammenhang mit einem Steuerstundungsmodell dürfen weder mit Einkünften aus Gewerbebetrieb noch mit Einkünften aus anderen Einkunftsarten ausgeglichen werden; sie dürfen auch nicht nach § 10d abgezogen werden. [2] Die Verluste mindern jedoch die Einkünfte, die der Steuerpflichtige in den folgenden Wirtschaftsjahren aus derselben Einkunftsquelle erzielt. [3] § 15a ist insoweit nicht anzuwenden.

(2) [1] Ein Steuerstundungsmodell im Sinne des Absatzes 1 liegt vor, wenn auf Grund einer modellhaften Gestaltung steuerliche Vorteile in Form negativer Einkünfte erzielt werden sollen. [2] Dies ist der Fall, wenn dem Steuerpflichtigen auf Grund eines vorgefertigten Konzepts die Möglichkeit geboten werden soll, zumindest in der Anfangsphase der Investition Verluste mit übrigen Einkünften zu verrechnen. [3] Dabei ist es ohne Belang, auf welchen Vorschriften die negativen Einkünfte beruhen.

(3) Absatz 1 ist nur anzuwenden, wenn innerhalb der Anfangsphase das Verhältnis der Summe der prognostizierten Verluste zur Höhe des gezeichneten und nach dem Konzept auch aufzubringenden Kapitals oder bei Einzelinvestoren des eingesetzten Eigenkapitals 10 Prozent übersteigt.

(3a)[2)] Unabhängig von den Voraussetzungen nach den Absätzen 2 und 3 liegt ein Steuerstundungsmodell im Sinne des Absatzes 1 insbesondere vor, wenn ein Verlust aus Gewerbebetrieb entsteht oder sich erhöht, indem ein Steuerpflichtiger, der nicht auf Grund gesetzlicher Vorschriften verpflichtet ist, Bücher zu führen und regelmäßig Abschlüsse zu machen, auf Grund des Erwerbs von Wirtschaftsgütern des Umlaufvermögens sofort abziehbare Betriebsausgaben tätigt, wenn deren Übereignung ohne körperliche Übergabe durch Besitzkonstitut nach § 930 des Bürgerlichen Gesetzbuchs oder durch Abtretung des Herausgabeanspruchs nach § 931 des Bürgerlichen Gesetzbuchs erfolgt.

(4)[3)] [1] Der nach Absatz 1 nicht ausgleichsfähige Verlust ist jährlich gesondert festzustellen. [2] Dabei ist von dem verrechenbaren Verlust des Vorjahres auszugehen. [3] Der Feststellungsbescheid kann nur insoweit angegriffen werden, als der verrechenbare Verlust gegenüber dem verrechenbaren Verlust des Vorjahres sich verändert hat. [4] Handelt es sich bei dem Steuerstundungsmodell um eine Gesellschaft oder Gemeinschaft im Sinne des § 180 Absatz 1 Satz 1 Nummer 2

[1)] Zur Anwendung von § 15b siehe § 52 Abs. 25.

[2)] § 15b Abs. 3a eingef. durch G v. 18.12.2013 (BGBl. I S. 4318); zur Anwendung siehe § 52 Abs. 25 Satz 5.

[3)] § 15b Abs. 4 Sätze 4 und 5 geänd. mWv 1.1.2017 durch G v. 18.7.2016 (BGBl. I S. 1679).

Buchstabe a der Abgabenordnung[1], ist das für die gesonderte und einheitliche Feststellung der einkommensteuerpflichtigen und körperschaftsteuerpflichtigen Einkünfte aus dem Steuerstundungsmodell zuständige Finanzamt für den Erlass des Feststellungsbescheids nach Satz 1 zuständig; anderenfalls ist das Betriebsfinanzamt (§ 18 Absatz 1 Nummer 2 der Abgabenordnung) zuständig. [5] Handelt es sich bei dem Steuerstundungsmodell um eine Gesellschaft oder Gemeinschaft im Sinne des § 180 Absatz 1 Satz 1 Nummer 2 Buchstabe a der Abgabenordnung, können die gesonderten Feststellungen nach Satz 1 mit der gesonderten und einheitlichen Feststellung der einkommensteuerpflichtigen und körperschaftsteuerpflichtigen Einkünfte aus dem Steuerstundungsmodell verbunden werden; in diesen Fällen sind die gesonderten Feststellungen nach Satz 1 einheitlich durchzuführen.

§ 16 Veräußerung des Betriebs. (1) [1] Zu den Einkünften aus Gewerbebetrieb gehören auch Gewinne, die erzielt werden bei der Veräußerung

1. des ganzen Gewerbebetriebs oder eines Teilbetriebs. [2] Als Teilbetrieb gilt auch die das gesamte Nennkapital umfassende Beteiligung an einer Kapitalgesellschaft; im Fall der Auflösung der Kapitalgesellschaft ist § 17 Absatz 4 Satz 3 sinngemäß anzuwenden;
2. des gesamten Anteils eines Gesellschafters, der als Unternehmer (Mitunternehmer) des Betriebs anzusehen ist (§ 15 Absatz 1 Satz 1 Nummer 2);
3. des gesamten Anteils eines persönlich haftenden Gesellschafters einer Kommanditgesellschaft auf Aktien (§ 15 Absatz 1 Satz 1 Nummer 3).

[2] Gewinne, die bei der Veräußerung eines Teils eines Anteils im Sinne von Satz 1 Nummer 2 oder 3 erzielt werden, sind laufende Gewinne.

(2) [1] Veräußerungsgewinn im Sinne des Absatzes 1 ist der Betrag, um den der Veräußerungspreis nach Abzug der Veräußerungskosten den Wert des Betriebsvermögens (Absatz 1 Satz 1 Nummer 1) oder den Wert des Anteils am Betriebsvermögen (Absatz 1 Satz 1 Nummer 2 und 3) übersteigt. [2] Der Wert des Betriebsvermögens oder des Anteils ist für den Zeitpunkt der Veräußerung nach § 4 Absatz 1 oder nach § 5 zu ermitteln. [3] Soweit auf der Seite des Veräußerers und auf der Seite des Erwerbers dieselben Personen Unternehmer oder Mitunternehmer sind, gilt der Gewinn insoweit jedoch als laufender Gewinn.

(3)[2] [1] Als Veräußerung gilt auch die Aufgabe des Gewerbebetriebs sowie eines Anteils im Sinne des Absatzes 1 Satz 1 Nummer 2 oder Nummer 3. [2] Werden im Zuge der Realteilung einer Mitunternehmerschaft Teilbetriebe, Mitunternehmeranteile oder einzelne Wirtschaftsgüter in das jeweilige Betriebsvermögen der einzelnen Mitunternehmer übertragen, so sind bei der Ermittlung des Gewinns der Mitunternehmerschaft die Wirtschaftsgüter mit den Werten anzusetzen, die sich nach den Vorschriften über die Gewinnermittlung ergeben, sofern die Besteuerung der stillen Reserven sichergestellt ist; der übernehmende Mitunternehmer ist an diese Werte gebunden; § 4 Absatz 1 Satz 4 ist entsprechend anzuwenden. [3] Dagegen ist für den jeweiligen Übertragungsvorgang rückwirkend der gemeine Wert anzusetzen, soweit bei einer Realteilung, bei der einzelne Wirtschaftsgüter übertragen worden sind, zum

---

[1] Nr. **1**.
[2] § 16 Abs. 3 Satz 2 geänd. mWv VZ 2010 durch G v. 8.12.2010 (BGBl. I S. 1768).

EStG

Buchwert übertragener Grund und Boden, übertragene Gebäude oder andere übertragene wesentliche Betriebsgrundlagen innerhalb einer Sperrfrist nach der Übertragung veräußert oder entnommen werden; diese Sperrfrist endet drei Jahre nach Abgabe der Steuererklärung der Mitunternehmerschaft für den Veranlagungszeitraum der Realteilung. [4]Satz 2 ist bei einer Realteilung, bei der einzelne Wirtschaftsgüter übertragen werden, nicht anzuwenden, soweit die Wirtschaftsgüter unmittelbar oder mittelbar auf eine Körperschaft, Personenvereinigung oder Vermögensmasse übertragen werden; in diesem Fall ist bei der Übertragung der gemeine Wert anzusetzen. [5]Soweit einzelne dem Betrieb gewidmete Wirtschaftsgüter im Rahmen der Aufgabe des Betriebs veräußert werden und soweit auf der Seite des Veräußerers und auf der Seite des Erwerbers dieselben Personen Unternehmer oder Mitunternehmer sind, gilt der Gewinn aus der Aufgabe des Gewerbebetriebs als laufender Gewinn. [6]Werden die einzelnen dem Betrieb gewidmeten Wirtschaftsgüter im Rahmen der Aufgabe des Betriebs veräußert, so sind die Veräußerungspreise anzusetzen. [7]Werden die Wirtschaftsgüter nicht veräußert, so ist der gemeine Wert im Zeitpunkt der Aufgabe anzusetzen. [8]Bei Aufgabe eines Gewerbebetriebs, an dem mehrere Personen beteiligt waren, ist für jeden einzelnen Beteiligten der gemeine Wert der Wirtschaftsgüter anzusetzen, die er bei der Auseinandersetzung erhalten hat.

(3a)[1)] Einer Aufgabe des Gewerbebetriebs steht der Ausschluss oder die Beschränkung des Besteuerungsrechts der Bundesrepublik Deutschland hinsichtlich des Gewinns aus der Veräußerung sämtlicher Wirtschaftsgüter des Betriebs oder eines Teilbetriebs gleich; § 4 Absatz 1 Satz 4 gilt entsprechend.

(3b)[2)] [1]In den Fällen der Betriebsunterbrechung und der Betriebsverpachtung im Ganzen gilt ein Gewerbebetrieb sowie ein Anteil im Sinne des Absatzes 1 Satz 1 Nummer 2 oder Nummer 3 nicht als aufgegeben, bis

1. der Steuerpflichtige die Aufgabe im Sinne des Absatzes 3 Satz 1 ausdrücklich gegenüber dem Finanzamt erklärt oder
2. dem Finanzamt Tatsachen bekannt werden, aus denen sich ergibt, dass die Voraussetzungen für eine Aufgabe im Sinne des Absatzes 3 Satz 1 erfüllt sind.

[2]Die Aufgabe des Gewerbebetriebs oder Anteils im Sinne des Absatzes 1 Satz 1 Nummer 2 oder Nummer 3 ist in den Fällen des Satzes 1 Nummer 1 rückwirkend für den vom Steuerpflichtigen gewählten Zeitpunkt anzuerkennen, wenn die Aufgabeerklärung spätestens drei Monate nach diesem Zeitpunkt abgegeben wird. [3]Wird die Aufgabeerklärung nicht spätestens drei Monate nach dem vom Steuerpflichtigen gewählten Zeitpunkt abgegeben, gilt der Gewerbebetrieb oder Anteil im Sinne des Absatzes 1 Satz 1 Nummer 2 oder Nummer 3 erst in dem Zeitpunkt als aufgegeben, in dem die Aufgabeerklärung beim Finanzamt eingeht.

(4)[3)] [1]Hat der Steuerpflichtige das 55. Lebensjahr vollendet oder ist er im sozialversicherungsrechtlichen Sinne dauernd berufsunfähig, so wird der Veräußerungsgewinn auf Antrag zur Einkommensteuer nur herangezogen, soweit er 45 000 Euro übersteigt. [2]Der Freibetrag ist dem Steuerpflichtigen nur einmal

---

[1)] § 16 Abs. 3a eingef. durch G v. 8.12.2010 (BGBl. I S. 1768).
[2)] § 16 Abs. 3b eingef. durch G v. 1.11.2011 (BGBl. I S. 2131).
[3)] § 16 Abs. 4 Sätze 1 und 3 inhaltlich bestätigt durch G v. 5.4.2011 (BGBl. I S. 554).

EStG

zu gewähren. [3] Er ermäßigt sich um den Betrag, um den der Veräußerungsgewinn 136 000 Euro übersteigt.

(5) Werden bei einer Realteilung, bei der Teilbetriebe auf einzelne Mitunternehmer übertragen werden, Anteile an einer Körperschaft, Personenvereinigung oder Vermögensmasse unmittelbar oder mittelbar von einem nicht von § 8b Absatz 2 des Körperschaftsteuergesetzes[1)] begünstigten Steuerpflichtigen auf einen von § 8b Absatz 2 des Körperschaftsteuergesetzes begünstigten Mitunternehmer übertragen, ist abweichend von Absatz 3 Satz 2 rückwirkend auf den Zeitpunkt der Realteilung der gemeine Wert anzusetzen, wenn der übernehmende Mitunternehmer die Anteile innerhalb eines Zeitraums von sieben Jahren nach der Realteilung unmittelbar oder mittelbar veräußert oder durch einen Vorgang nach § 22 Absatz 1 Satz 6 Nummer 1 bis 5 des Umwandlungssteuergesetzes[2)] weiter überträgt; § 22 Absatz 2 Satz 3 des Umwandlungssteuergesetzes gilt entsprechend.

§ 17 Veräußerung von Anteilen an Kapitalgesellschaften. (1)[3)] [1] Zu den Einkünften aus Gewerbebetrieb gehört auch der Gewinn aus der Veräußerung von Anteilen an einer Kapitalgesellschaft, wenn der Veräußerer innerhalb der letzten fünf Jahre am Kapital der Gesellschaft unmittelbar oder mittelbar zu mindestens 1 Prozent beteiligt war. [2] Die verdeckte Einlage von Anteilen an einer Kapitalgesellschaft in eine Kapitalgesellschaft steht der Veräußerung der Anteile gleich. [3] Anteile an einer Kapitalgesellschaft sind Aktien, Anteile an einer Gesellschaft mit beschränkter Haftung, Genussscheine oder ähnliche Beteiligungen und Anwartschaften auf solche Beteiligungen sowie Anteile an einer optierenden Gesellschaft im Sinne des § 1a des Körperschaftsteuergesetzes[1)]. [4] Hat der Veräußerer den veräußerten Anteil innerhalb der letzten fünf Jahre vor der Veräußerung unentgeltlich erworben, so gilt Satz 1 entsprechend, wenn der Veräußerer zwar nicht selbst, aber der Rechtsvorgänger oder, sofern der Anteil nacheinander unentgeltlich übertragen worden ist, einer der Rechtsvorgänger innerhalb der letzten fünf Jahre im Sinne von Satz 1 beteiligt war.

(2) [1] Veräußerungsgewinn im Sinne des Absatzes 1 ist der Betrag, um den der Veräußerungspreis nach Abzug der Veräußerungskosten die Anschaffungskosten übersteigt. [2] In den Fällen des Absatzes 1 Satz 2 tritt an die Stelle des Veräußerungspreises der Anteile ihr gemeiner Wert. [3] Weist der Veräußerer nach, dass ihm die Anteile bereits im Zeitpunkt der Begründung der unbeschränkten Steuerpflicht nach § 1 Absatz 1 zuzurechnen waren und dass der bis zu diesem Zeitpunkt entstandene Vermögenszuwachs auf Grund gesetzlicher Bestimmungen des Wegzugsstaats im Wegzugsstaat einer der Steuer nach § 6 des Außensteuergesetzes[4)] vergleichbaren Steuer unterlegen hat, tritt an die Stelle der Anschaffungskosten der Wert, den der Wegzugsstaat bei der Berechnung der der Steuer nach § 6 des Außensteuergesetzes vergleichbaren Steuer angesetzt hat, höchstens jedoch der gemeine Wert. [4] Satz 3 ist in den Fällen des § 6 Absatz 3 des Außensteuergesetzes nicht anzuwenden. [5] Hat der Veräußerer den veräußerten Anteil unentgeltlich erworben, so sind als Anschaffungskosten des Anteils die Anschaffungskosten des Rechtsvorgängers maßgebend, der den

---

[1)] Nr. **17**.
[2)] Nr. **22**.
[3)] § 17 Abs. 1 Satz 3 geänd. durch G v. 25.6.2021 (BGBl. I S. 2050).
[4)] Nr. **2**.

EStG

Anteil zuletzt entgeltlich erworben hat. [6]Ein Veräußerungsverlust ist nicht zu berücksichtigen, soweit er auf Anteile entfällt,

a) die der Steuerpflichtige innerhalb der letzten fünf Jahre unentgeltlich erworben hatte. [2]Dies gilt nicht, soweit der Rechtsvorgänger anstelle des Steuerpflichtigen den Veräußerungsverlust hätte geltend machen können;

b) die entgeltlich erworben worden sind und nicht innerhalb der gesamten letzten fünf Jahre zu einer Beteiligung des Steuerpflichtigen im Sinne von Absatz 1 Satz 1 gehört haben. [2]Dies gilt nicht für innerhalb der letzten fünf Jahre erworbene Anteile, deren Erwerb zur Begründung einer Beteiligung des Steuerpflichtigen im Sinne von Absatz 1 Satz 1 geführt hat oder die nach Begründung der Beteiligung im Sinne von Absatz 1 Satz 1 erworben worden sind.

(2a)[1)] [1]Anschaffungskosten sind die Aufwendungen, die geleistet werden, um die Anteile im Sinne des Absatzes 1 zu erwerben. [2]Zu den Anschaffungskosten gehören auch die Nebenkosten sowie die nachträglichen Anschaffungskosten. [3]Zu den nachträglichen Anschaffungskosten im Sinne des Satzes 2 gehören insbesondere

1. offene oder verdeckte Einlagen,
2. Darlehensverluste, soweit die Gewährung des Darlehens oder das Stehenlassen des Darlehens in der Krise der Gesellschaft gesellschaftsrechtlich veranlasst war, und
3. Ausfälle von Bürgschaftsregressforderungen und vergleichbaren Forderungen, soweit die Hingabe oder das Stehenlassen der betreffenden Sicherheit gesellschaftsrechtlich veranlasst war.

[4]Eine gesellschaftsrechtliche Veranlassung liegt regelmäßig vor, wenn ein fremder Dritter das Darlehen oder Sicherungsmittel im Sinne der Nummern 2 oder 3 bei sonst gleichen Umständen zurückgefordert oder nicht gewährt hätte. [5]Leistet der Steuerpflichtige über den Nennbetrag seiner Anteile hinaus Einzahlungen in das Kapital der Gesellschaft, sind die Einzahlungen bei der Ermittlung der Anschaffungskosten gleichmäßig auf seine gesamten Anteile einschließlich seiner im Rahmen von Kapitalerhöhungen erhaltenen neuen Anteile aufzuteilen.

(3)[2)] [1]Der Veräußerungsgewinn wird zur Einkommensteuer nur herangezogen, soweit er den Teil von 9 060 Euro übersteigt, der dem veräußerten Anteil an der Kapitalgesellschaft entspricht. [2]Der Freibetrag ermäßigt sich um den Betrag, um den der Veräußerungsgewinn den Teil von 36 100 Euro übersteigt, der dem veräußerten Anteil an der Kapitalgesellschaft entspricht.

(4) [1]Als Veräußerung im Sinne des Absatzes 1 gilt auch die Auflösung einer Kapitalgesellschaft, die Kapitalherabsetzung, wenn das Kapital zurückgezahlt wird, und die Ausschüttung oder Zurückzahlung von Beträgen aus dem steuerlichen Einlagenkonto im Sinne des § 27 des Körperschaftsteuergesetzes. [2]In diesen Fällen ist als Veräußerungspreis der gemeine Wert des dem Steuerpflichtigen zugeteilten oder zurückgezahlten Vermögens der Kapitalgesellschaft an-

---

[1)] § 17 Abs. 2a eingef. durch G v. 12.12.2019 (BGBl. I S. 2451); zur Anwendung siehe § 52 Abs. 25a.

[2)] § 17 Abs. 3 inhaltlich bestätigt durch G v. 5.4.2011 (BGBl. I S. 554).

zusehen. [3]Satz 1 gilt nicht, soweit die Bezüge nach § 20 Absatz 1 Nummer 1 oder 2 zu den Einnahmen aus Kapitalvermögen gehören.

(5) [1]Die Beschränkung oder der Ausschluss des Besteuerungsrechts der Bundesrepublik Deutschland hinsichtlich des Gewinns aus der Veräußerung der Anteile an einer Kapitalgesellschaft im Fall der Verlegung des Sitzes oder des Orts der Geschäftsleitung der Kapitalgesellschaft in einen anderen Staat stehen der Veräußerung der Anteile zum gemeinen Wert gleich. [2]Dies gilt nicht in den Fällen der Sitzverlegung einer Europäischen Gesellschaft nach Artikel 8 der Verordnung (EG) Nr. 2157/2001 und der Sitzverlegung einer anderen Kapitalgesellschaft in einen anderen Mitgliedstaat der Europäischen Union. [3]In diesen Fällen ist der Gewinn aus einer späteren Veräußerung der Anteile ungeachtet der Bestimmungen eines Abkommens zur Vermeidung der Doppelbesteuerung in der gleichen Art und Weise zu besteuern, wie die Veräußerung dieser Anteile zu besteuern gewesen wäre, wenn keine Sitzverlegung stattgefunden hätte. [4]§ 15 Absatz 1a Satz 2 ist entsprechend anzuwenden.

(6) Als Anteile im Sinne des Absatzes 1 Satz 1 gelten auch Anteile an Kapitalgesellschaften, an denen der Veräußerer innerhalb der letzten fünf Jahre am Kapital der Gesellschaft nicht unmittelbar oder mittelbar zu mindestens 1 Prozent beteiligt war, wenn

1. die Anteile auf Grund eines Einbringungsvorgangs im Sinne des Umwandlungssteuergesetzes, bei dem nicht der gemeine Wert zum Ansatz kam, erworben wurden und
2. zum Einbringungszeitpunkt für die eingebrachten Anteile die Voraussetzungen von Absatz 1 Satz 1 erfüllt waren oder die Anteile auf einer Sacheinlage im Sinne von § 20 Absatz 1 des Umwandlungssteuergesetzes[1)] vom 7. Dezember 2006 (BGBl. I S. 2782, 2791) in der jeweils geltenden Fassung beruhen.

(7) Als Anteile im Sinne des Absatzes 1 Satz 1 gelten auch Anteile an einer Genossenschaft einschließlich der Europäischen Genossenschaft.

c) Selbständige Arbeit (§ 2 Absatz 1 Satz 1 Nummer 3)

§ 18 [Einkünfte aus selbständiger Arbeit] (1) Einkünfte aus selbständiger Arbeit sind

1. Einkünfte aus freiberuflicher Tätigkeit. [2]Zu der freiberuflichen Tätigkeit gehören die selbständig ausgeübte wissenschaftliche, künstlerische, schriftstellerische, unterrichtende oder erzieherische Tätigkeit, die selbständige Berufstätigkeit der Ärzte, Zahnärzte, Tierärzte, Rechtsanwälte, Notare, Patentanwälte, Vermessungsingenieure, Ingenieure, Architekten, Handelschemiker, Wirtschaftsprüfer, Steuerberater, beratenden Volks- und Betriebswirte, vereidigten Buchprüfer, Steuerbevollmächtigten, Heilpraktiker, Dentisten, Krankengymnasten, Journalisten, Bildberichterstatter, Dolmetscher, Übersetzer, Lotsen und ähnlicher Berufe. [3]Ein Angehöriger eines freien Berufs im Sinne der Sätze 1 und 2 ist auch dann freiberuflich tätig, wenn er sich der Mithilfe fachlich vorgebildeter Arbeitskräfte bedient; Voraussetzung ist, dass er auf Grund eigener Fachkenntnisse leitend und eigenverantwortlich tätig wird. [4]Eine Vertretung im Fall vorübergehender

---

1) Nr. **22**.

Verhinderung steht der Annahme einer leitenden und eigenverantwortlichen Tätigkeit nicht entgegen;

2. Einkünfte der Einnehmer einer staatlichen Lotterie, wenn sie nicht Einkünfte aus Gewerbebetrieb sind;

3. Einkünfte aus sonstiger selbständiger Arbeit, z.B. Vergütungen für die Vollstreckung von Testamenten, für Vermögensverwaltung und für die Tätigkeit als Aufsichtsratsmitglied;

4.[1)] Einkünfte, die ein Beteiligter an einer vermögensverwaltenden Gesellschaft oder Gemeinschaft, deren Zweck im Erwerb, Halten und in der Veräußerung von Anteilen an Kapitalgesellschaften besteht, als Vergütung für Leistungen zur Förderung des Gesellschafts- oder Gemeinschaftszwecks erzielt, wenn der Anspruch auf die Vergütung unter der Voraussetzung eingeräumt worden ist, dass die Gesellschafter oder Gemeinschafter ihr eingezahltes Kapital vollständig zurückerhalten haben; § 15 Absatz 3 ist nicht anzuwenden.

(2) Einkünfte nach Absatz 1 sind auch dann steuerpflichtig, wenn es sich nur um eine vorübergehende Tätigkeit handelt.

(3) [1] Zu den Einkünften aus selbständiger Arbeit gehört auch der Gewinn, der bei der Veräußerung des Vermögens oder eines selbständigen Teils des Vermögens oder eines Anteils am Vermögen erzielt wird, das der selbständigen Arbeit dient. [2] § 16 Absatz 1 Satz 1 Nummer 1 und 2 und Absatz 1 Satz 2 sowie Absatz 2 bis 4 gilt entsprechend.

(4)[2)] [1] § 13 Absatz 5 gilt entsprechend, sofern das Grundstück im Veranlagungszeitraum 1986 zu einem der selbständigen Arbeit dienenden Betriebsvermögen gehört hat. [2] § 15 Absatz 1 Satz 1 Nummer 2, Absatz 1a, Absatz 2 Satz 2 und 3, §§ 15a und 15b sind entsprechend anzuwenden.

d) Nichtselbständige Arbeit (§ 2 Absatz 1 Satz 1 Nummer 4)

§ 19 [Einkünfte aus nichtselbständiger Arbeit] (1) [1] Zu den Einkünften aus nichtselbständiger Arbeit gehören

1. Gehälter, Löhne, Gratifikationen, Tantiemen und andere Bezüge und Vorteile für eine Beschäftigung im öffentlichen oder privaten Dienst;

1a.[3)] Zuwendungen des Arbeitgebers an seinen Arbeitnehmer und dessen Begleitpersonen anlässlich von Veranstaltungen auf betrieblicher Ebene mit gesellschaftlichem Charakter (Betriebsveranstaltung). [2] Zuwendungen im Sinne des Satzes 1 sind alle Aufwendungen des Arbeitgebers einschließlich Umsatzsteuer unabhängig davon, ob sie einzelnen Arbeitnehmern individuell zurechenbar sind oder ob es sich um einen rechnerischen Anteil an den Kosten der Betriebsveranstaltung handelt, die der Arbeitgeber gegenüber Dritten für den äußeren Rahmen der Betriebsveranstaltung aufwendet. [3] Soweit solche Zuwendungen den Betrag von 110 Euro je Betriebsveranstaltung und teilnehmenden Arbeitnehmer nicht übersteigen, gehören sie nicht zu den Einkünften aus nichtselbständiger Arbeit, wenn die Teilnahme an der Betriebsveranstaltung allen Angehörigen des Betriebs oder eines Betriebsteils offensteht. [4] Satz 3 gilt für bis zu zwei Betriebsver-

---

1) Zu § 18 Abs. 1 Nr. 4 siehe auch § 52 Abs. 4 Sätze 8 und 9 iVm § 3 Nr. 40a.
2) Zur Anwendung von § 18 Abs. 4 Satz 2 siehe § 52 Abs. 26 iVm Abs. 25.
3) § 19 Abs. 1 Satz 1 Nr. 1a eingef. mWv 1.1.2015 durch G v. 22.12.2014 (BGBl. I S. 2417).

anstaltungen jährlich. [5]Die Zuwendungen im Sinne des Satzes 1 sind abweichend von § 8 Absatz 2 mit den anteilig auf den Arbeitnehmer und dessen Begleitpersonen entfallenden Aufwendungen des Arbeitgebers im Sinne des Satzes 2 anzusetzen;

2.[1)] Wartegelder, Ruhegelder, Witwen- und Waisengelder und andere Bezüge und Vorteile aus früheren Dienstleistungen, auch soweit sie von Arbeitgebern ausgleichspflichtiger Personen an ausgleichsberechtigte Personen infolge einer nach § 10 oder § 14 des Versorgungsausgleichsgesetzes durchgeführten Teilung geleistet werden;

3.[2)] laufende Beiträge und laufende Zuwendungen des Arbeitgebers aus einem bestehenden Dienstverhältnis an einen Pensionsfonds, eine Pensionskasse oder für eine Direktversicherung für eine betriebliche Altersversorgung. [2]Zu den Einkünften aus nichtselbständiger Arbeit gehören auch Sonderzahlungen, die der Arbeitgeber neben den laufenden Beiträgen und Zuwendungen an eine solche Versorgungseinrichtung leistet, mit Ausnahme der Zahlungen des Arbeitgebers

a) zur erstmaligen Bereitstellung der Kapitalausstattung zur Erfüllung der Solvabilitätskapitalanforderung nach den §§ 89, 213, 234g oder 238 des Versicherungsaufsichtsgesetzes,

b) zur Wiederherstellung einer angemessenen Kapitalausstattung nach unvorhersehbaren Verlusten oder zur Finanzierung der Verstärkung der Rechnungsgrundlagen auf Grund einer unvorhersehbaren und nicht nur vorübergehenden Änderung der Verhältnisse, wobei die Sonderzahlungen nicht zu einer Absenkung des laufenden Beitrags führen oder durch die Absenkung des laufenden Beitrags Sonderzahlungen ausgelöst werden dürfen,

c) in der Rentenbezugszeit nach § 236 Absatz 2 des Versicherungsaufsichtsgesetzes oder

d) in Form von Sanierungsgeldern;

Sonderzahlungen des Arbeitgebers sind insbesondere Zahlungen an eine Pensionskasse anlässlich

a) seines Ausscheidens aus einer nicht im Wege der Kapitaldeckung finanzierten betrieblichen Altersversorgung oder

b) des Wechsels von einer nicht im Wege der Kapitaldeckung zu einer anderen nicht im Wege der Kapitaldeckung finanzierten betrieblichen Altersversorgung.

[3]Von Sonderzahlungen im Sinne des Satzes 2 zweiter Halbsatz Buchstabe b ist bei laufenden und wiederkehrenden Zahlungen entsprechend dem periodischen Bedarf nur auszugehen, soweit die Bemessung der Zahlungsverpflichtungen des Arbeitgebers in das Versorgungssystem nach dem Wechsel die Bemessung der Zahlungsverpflichtung zum Zeitpunkt des Wechsels übersteigt. [4]Sanierungsgelder sind Sonderzahlungen des Arbeitgebers an eine Pensionskasse anlässlich der Systemumstellung einer nicht

---

[1)] Zu § 19 Abs. 1 Satz 1 Nr. 2 2. HS siehe auch § 52 Abs. 36 Satz 12.

[2)] § 19 Abs. 1 Satz 1 Nr. 3 Satz 2 neu gef., Satz 3 geänd. durch G v. 22.12.2014 (BGBl. I S. 2417); zur Anwendung siehe § 52 Abs. 26a; Nr. 3 Satz 2 geänd. mWv 1.1.2016 durch G v. 1.4.2015 (BGBl. I S. 434, geänd. durch G v. 2.11.2015, BGBl. I S. 1834); Nr. 3 Satz 2 Buchst. a geänd. mWv 13.1.2019 durch G v. 19.12.2018 (BGBl. I S. 2672).

im Wege der Kapitaldeckung finanzierten betrieblichen Altersversorgung auf der Finanzierungs- oder Leistungsseite, die der Finanzierung der zum Zeitpunkt der Umstellung bestehenden Versorgungsverpflichtungen oder Versorgungsanwartschaften dienen; bei laufenden und wiederkehrenden Zahlungen entsprechend dem periodischen Bedarf ist nur von Sanierungsgeldern auszugehen, soweit die Bemessung der Zahlungsverpflichtungen des Arbeitgebers in das Versorgungssystem nach der Systemumstellung die Bemessung der Zahlungsverpflichtung zum Zeitpunkt der Systemumstellung übersteigt.

[2] Es ist gleichgültig, ob es sich um laufende oder um einmalige Bezüge handelt und ob ein Rechtsanspruch auf sie besteht.

(2) [1] Von Versorgungsbezügen bleiben ein nach einem Prozentsatz ermittelter, auf einen Höchstbetrag begrenzter Betrag (Versorgungsfreibetrag) und ein Zuschlag zum Versorgungsfreibetrag steuerfrei. [2] Versorgungsbezüge sind

1. das Ruhegehalt, Witwen- oder Waisengeld, der Unterhaltsbeitrag oder ein gleichartiger Bezug
   a) auf Grund beamtenrechtlicher oder entsprechender gesetzlicher Vorschriften,
   b) nach beamtenrechtlichen Grundsätzen von Körperschaften, Anstalten oder Stiftungen des öffentlichen Rechts oder öffentlich-rechtlichen Verbänden von Körperschaften

   oder
2. in anderen Fällen Bezüge und Vorteile aus früheren Dienstleistungen wegen Erreichens einer Altersgrenze, verminderter Erwerbsfähigkeit oder Hinterbliebenenbezüge; Bezüge wegen Erreichens einer Altersgrenze gelten erst dann als Versorgungsbezüge, wenn der Steuerpflichtige das 63. Lebensjahr oder, wenn er schwerbehindert ist, das 60. Lebensjahr vollendet hat.

[3] Der maßgebende Prozentsatz, der Höchstbetrag des Versorgungsfreibetrags und der Zuschlag zum Versorgungsfreibetrag sind der nachstehenden Tabelle zu entnehmen:

Jahr des Versorgungsbeginns	Versorgungsfreibetrag		Zuschlag zum Versorgungsfreibetrag in Euro
	in % der Versorgungsbezüge	Höchstbetrag in Euro	
bis 2005	40,0	3000	900
ab 2006	38,4	2880	864
2007	36,8	2760	828
2008	35,2	2640	792
2009	33,6	2520	756
2010	32,0	2400	720
2011	30,4	2280	684
2012	28,8	2160	648
2013	27,2	2040	612
2014	25,6	1920	576
2015	24,0	1800	540
2016	22,4	1680	504

Jahr des Versorgungsbeginns	Versorgungsfreibetrag		Zuschlag zum Versorgungsfreibetrag in Euro
	in % der Versorgungsbezüge	Höchstbetrag in Euro	
2017	20,8	1560	468
2018	19,2	1440	432
2019	17,6	1320	396
2020	16,0	1200	360
2021	15,2	1140	342
2022	14,4	1080	324
2023	13,6	1020	306
2024	12,8	960	288
2025	12,0	900	270
2026	11,2	840	252
2027	10,4	780	234
2028	9,6	720	216
2029	8,8	660	198
2030	8,0	600	180
2031	7,2	540	162
2032	6,4	480	144
2033	5,6	420	126
2034	4,8	360	108
2035	4,0	300	90
2036	3,2	240	72
2037	2,4	180	54
2038	1,6	120	36
2039	0,8	60	18
2040	0,0	0	0

[4] Bemessungsgrundlage für den Versorgungsfreibetrag ist

a) bei Versorgungsbeginn vor 2005
das Zwölffache des Versorgungsbezugs für Januar 2005,

b) bei Versorgungsbeginn ab 2005
das Zwölffache des Versorgungsbezugs für den ersten vollen Monat,

jeweils zuzüglich voraussichtlicher Sonderzahlungen im Kalenderjahr, auf die zu diesem Zeitpunkt ein Rechtsanspruch besteht. [5] Der Zuschlag zum Versorgungsfreibetrag darf nur bis zur Höhe der um den Versorgungsfreibetrag geminderten Bemessungsgrundlage berücksichtigt werden. [6] Bei mehreren Versorgungsbezügen mit unterschiedlichem Bezugsbeginn bestimmen sich der insgesamt berücksichtigungsfähige Höchstbetrag des Versorgungsfreibetrags und der Zuschlag zum Versorgungsfreibetrag nach dem Jahr des Beginns des ersten Versorgungsbezugs. [7] Folgt ein Hinterbliebenenbezug einem Versorgungsbezug, bestimmen sich der Prozentsatz, der Höchstbetrag des Versorgungsfreibetrags und der Zuschlag zum Versorgungsfreibetrag für den Hinterbliebenenbezug nach dem Jahr des Beginns des Versorgungsbezugs. [8] Der nach den Sätzen 3 bis 7 berechnete Versorgungsfreibetrag und Zuschlag zum Versorgungsfreibetrag gelten für die gesamte Laufzeit des Versorgungsbezugs. 9 Regelmäßige Anpassungen des Versorgungsbezugs führen nicht zu einer Neuberechnung. 10 Abweichend hiervon sind der Versorgungsfreibetrag und der Zuschlag zum Versorgungsfreibetrag neu zu berechnen, wenn sich der Versorgungsbezug wegen Anwendung von Anrechnungs-, Ruhens-, Erhöhungs- oder Kürzungsregelungen erhöht oder vermindert. 11 In diesen Fällen sind die Sätze 3 bis 7 mit dem geänderten Versorgungsbezug als Bemessungsgrundlage im Sinne des Satzes 4 anzuwenden; im Kalenderjahr der Änderung sind der höchste Versorgungsfreibetrag und Zuschlag zum Versorgungsfreibetrag maßgebend. 12 Für jeden vollen Kalendermonat, für den keine Versorgungsbezüge gezahlt werden, ermäßigen sich der Versorgungsfreibetrag und der Zuschlag zum Versorgungsfreibetrag in diesem Kalenderjahr um je ein Zwölftel.

§ 19a[1] Sondervorschrift für Einkünfte aus nichtselbständiger Arbeit bei Vermögensbeteiligungen. (1) 1 Werden einem Arbeitnehmer von seinem Arbeitgeber zusätzlich zum ohnehin geschuldeten Arbeitslohn Vermögensbeteiligungen im Sinne des § 2 Absatz 1 Nummer 1 Buchstabe a, b und f bis l und Absatz 2 bis 5 des Fünften Vermögensbildungsgesetzes[2] an dem Unternehmen des Arbeitgebers unentgeltlich oder verbilligt übertragen, so unterliegt der Vorteil im Sinne des § 19 Absatz 1 Satz 1 Nummer 1 im Kalenderjahr der Übertragung nicht der Besteuerung. 2 Dies gilt auch, wenn die Vermögensbeteiligungen mittelbar über Personengesellschaften gehalten werden. 3 Bei der Ermittlung des Vorteils im Sinne des Satzes 1 ist der Freibetrag nach § 3 Nummer 39 abzuziehen, wenn die Voraussetzungen vorliegen. 4 Ein nicht besteuerter Vorteil im Sinne des Satzes 1 ist bei der Berechnung der Vorsorgepauschale (§ 39b Absatz 2 Satz 5 Nummer 3) einzubeziehen. 5 Die Anschaffungskosten sind mit dem gemeinen Wert der Vermögensbeteiligung anzusetzen.

(2) 1 Die vorläufige Nichtbesteuerung nach Absatz 1 kann im Lohnsteuerabzugsverfahren nur mit Zustimmung des Arbeitnehmers angewendet werden. 2 Eine Nachholung der vorläufigen Nichtbesteuerung im Rahmen der Veranlagung zur Einkommensteuer ist ausgeschlossen.

(3) Absatz 1 ist nur anzuwenden, wenn das Unternehmen des Arbeitgebers im Zeitpunkt der Übertragung der Vermögensbeteiligung die in Artikel 2 Absatz 1 des Anhangs der Empfehlung der Kommission vom 6. Mai 2003 betreffend die Definition der Kleinstunternehmen sowie der kleinen und mittleren Unternehmen (ABl. L 124 vom 20.5.2003, S. 36) in der jeweils geltenden Fassung genannten Schwellenwerte nicht überschreitet oder im vorangegangenen Kalenderjahr nicht überschritten hat und seine Gründung nicht mehr als zwölf Jahre zurückliegt.

(4) 1 Der nach Absatz 1 nicht besteuerte Arbeitslohn unterliegt erst dann der Besteuerung nach § 19 und dem Lohnsteuerabzug als sonstiger Bezug, wenn

1. die Vermögensbeteiligung ganz oder teilweise entgeltlich oder unentgeltlich übertragen wird, insbesondere auch in den Fällen des § 17 Absatz 4 und des § 20 Absatz 2 Satz 2 oder bei Einlagen in ein Betriebsvermögen,

---

[1] § 19a neu gef. mWv 1.7.2021 durch G v. 3.6.2021 (BGBl. I S. 1498); zur Anwendung siehe § 52 Abs. 27.

[2] Nr. **25**.

EStG

2. seit der Übertragung der Vermögensbeteiligung zwölf Jahre vergangen sind oder
3. das Dienstverhältnis zu dem bisherigen Arbeitgeber beendet wird. [2]Übernimmt der Arbeitgeber in diesem Fall die Lohnsteuer, ist der übernommene Abzugsbetrag nicht Teil des zu besteuernden Arbeitslohns.

[2]In den Fällen des Satzes 1 sind für die zu besteuernden Arbeitslöhne § 34 Absatz 1 und § 39b Absatz 3 Satz 9 und 10 entsprechend anzuwenden, wenn seit der Übertragung der Vermögensbeteiligung mindestens drei Jahre vergangen sind. [3]Die nach Satz 1 zu besteuernden Arbeitslöhne sind bei der Berechnung der Vorsorgepauschale (§ 39b Absatz 2 Satz 5 Nummer 3) nicht einzubeziehen. [4]Ist in den Fällen des Satzes 1 der gemeine Wert der Vermögensbeteiligung abzüglich geleisteter Zuzahlungen des Arbeitnehmers bei der verbilligten Übertragung niedriger als der nach Absatz 1 nicht besteuerte Arbeitslohn, so unterliegt nur der gemeine Wert der Vermögensbeteiligung abzüglich geleisteter Zuzahlungen der Besteuerung. [5]In den Fällen des Satzes 4 gilt neben den geleisteten Zuzahlungen nur der tatsächlich besteuerte Arbeitslohn als Anschaffungskosten im Sinne der §§ 17 und 20. [6]Die Sätze 4 und 5 sind nicht anzuwenden, soweit die Wertminderung nicht betrieblich veranlasst ist oder diese auf einer gesellschaftsrechtlichen Maßnahme, insbesondere einer Ausschüttung oder Einlagerückgewähr, beruht.

(5) Das Betriebsstättenfinanzamt hat nach der Übertragung einer Vermögensbeteiligung im Rahmen einer Anrufungsauskunft (§ 42e) den vom Arbeitgeber nicht besteuerten Vorteil im Sinne des Absatzes 1 zu bestätigen.

(6) [1]Der nach Absatz 1 nicht besteuerte gemeine Wert der Vermögensbeteiligung und die übrigen Angaben des nach den vorstehenden Absätzen durchgeführten Besteuerungsverfahrens sind vom Arbeitgeber im Lohnkonto aufzuzeichnen. [2]Die Aufbewahrungsfrist nach § 41 Absatz 1 Satz 9 endet insoweit nicht vor Ablauf von sechs Jahren nach der Besteuerung im Sinne des Absatzes 4 Satz 1.

e) Kapitalvermögen (§ 2 Absatz 1 Satz 1 Nummer 5)

§ 20 [Einkünfte aus Kapitalvermögen] (1)[1)] Zu den Einkünften aus Kapitalvermögen gehören

1.[2)] Gewinnanteile (Dividenden) und sonstige Bezüge aus Aktien, Genussrechten, mit denen das Recht am Gewinn und Liquidationserlös einer Kapitalgesellschaft verbunden ist, aus Anteilen an Gesellschaften mit beschränkter Haftung, an Genossenschaften sowie an einer optierenden Gesellschaft im Sinne des § 1a des Körperschaftsteuergesetzes[3)]. [2]Zu den sonstigen Bezügen gehören auch verdeckte Gewinnausschüttungen. [3]Die Bezüge gehören nicht zu den Einnahmen, soweit sie aus Ausschüttungen einer Körperschaft stammen, für die Beträge aus dem steuerlichen Einlagekonto im Sinne des § 27 des Körperschaftsteuergesetzes als verwendet gelten. [4]Als sonstige Bezüge gelten auch Einnahmen, die anstelle der Bezüge im Sinne des Satzes 1 von einem anderen als dem Anteilseigner

---

[1)] Zur Anwendung von § 20 Abs. 1 siehe § 52 Abs. 28.
[2)] § 20 Abs. 1 Nr. 1 Satz 1 geänd. durch G v. 25.6.2021 (BGBl. I S. 2050).
[3)] Nr. **17**.

nach Absatz 5 bezogen werden, wenn die Aktien mit Dividendenberechtigung erworben, aber ohne Dividendenanspruch geliefert werden;

2. Bezüge, die nach der Auflösung einer Körperschaft oder Personenvereinigung im Sinne der Nummer 1 anfallen und die nicht in der Rückzahlung von Nennkapital bestehen; Nummer 1 Satz 3 gilt entsprechend. [2]Gleiches gilt für Bezüge, die auf Grund einer Kapitalherabsetzung oder nach der Auflösung einer unbeschränkt steuerpflichtigen Körperschaft oder Personenvereinigung im Sinne der Nummer 1 anfallen und die als Gewinnausschüttung im Sinne des § 28 Absatz 2 Satz 2 und 4 des Körperschaftsteuergesetzes gelten;

3.[1)] Investmenterträge nach § 16 des Investmentsteuergesetzes[2)];

3a.[1)] Spezial-Investmenterträge nach § 34 des Investmentsteuergesetzes;

4. Einnahmen aus der Beteiligung an einem Handelsgewerbe als stiller Gesellschafter und aus partiarischen Darlehen, es sei denn, dass der Gesellschafter oder Darlehensgeber als Mitunternehmer anzusehen ist. [2]Auf Anteile des stillen Gesellschafters am Verlust des Betriebes sind § 15 Absatz 4 Satz 6 bis 8 und § 15a sinngemäß anzuwenden;[3)]

5. Zinsen aus Hypotheken und Grundschulden und Renten aus Rentenschulden. [2]Bei Tilgungshypotheken und Tilgungsgrundschulden ist nur der Teil der Zahlungen anzusetzen, der als Zins auf den jeweiligen Kapitalrest entfällt;

6.[4)] der Unterschiedsbetrag zwischen der Versicherungsleistung und der Summe der auf sie entrichteten Beiträge (Erträge) im Erlebensfall oder bei Rückkauf des Vertrags bei Rentenversicherungen mit Kapitalwahlrecht, soweit nicht die lebenslange Rentenzahlung gewählt und erbracht wird, und bei Kapitalversicherungen mit Sparanteil, wenn der Vertrag nach dem 31. Dezember 2004 abgeschlossen worden ist. [2]Wird die Versicherungsleistung nach Vollendung des 60. Lebensjahres[5)] des Steuerpflichtigen und nach Ablauf von zwölf Jahren seit dem Vertragsabschluss ausgezahlt, ist die Hälfte des Unterschiedsbetrags anzusetzen. [3]Bei entgeltlichem Erwerb des Anspruchs auf die Versicherungsleistung treten die Anschaffungskosten an die Stelle der vor dem Erwerb entrichteten Beiträge. [4]Die Sätze 1 bis 3 sind auf Erträge aus fondsgebundenen Lebensversicherungen, auf Erträge im Erlebensfall bei Rentenversicherungen ohne Kapitalwahlrecht, soweit keine lebenslange Rentenzahlung vereinbart und erbracht wird, und auf Erträge bei Rückkauf des Vertrages bei Rentenversicherungen ohne Kapitalwahlrecht entsprechend anzuwenden. [5]Ist in einem Versicherungsvertrag eine gesonderte Verwaltung von speziell für diesen Vertrag zusammengestellten Kapitalanlagen vereinbart, die nicht auf öffentlich vertriebene Investmentfondsanteile oder Anlagen, die die Entwicklung eines veröffentlichten Indexes abbilden, beschränkt ist, und kann der wirtschaftlich Berechtigte unmittelbar oder mittelbar über die Veräußerung der Ver-

---

[1)] § 20 Abs. 1 Nr. 3 und 3a eingef. mWv 1.1.2018 durch G v. 19.7.2016 (BGBl. I S. 1730); zur Anwendung siehe § 52 Abs. 28 Satz 22.

[2)] Nr. **15**.

[3)] Zur Anwendung von § 20 Abs. 1 Nr. 4 Satz 2 siehe § 52 Abs. 28 Sätze 1 und 2.

[4)] § 20 Abs. 1 Nr. 6 Sätze 7 und 8 angef. durch G v. 25.7.2014 (BGBl. I S. 1266); zur Anwendung siehe § 52 Abs. 28 Satz 10; Satz 9 angef. durch G v. 19.7.2016 (BGBl. I S. 1730); zur Anwendung siehe § 52 Abs. 28 Sätze 23 und 24.

[5)] Für Vertragsabschlüsse nach dem 31.12.2011 siehe § 52 Abs. 28 Satz 7 (62. Lebensjahr).

mögensgegenstände und die Wiederanlage der Erlöse bestimmen (vermögensverwaltender Versicherungsvertrag), sind die dem Versicherungsunternehmen zufließenden Erträge dem wirtschaftlich Berechtigten aus dem Versicherungsvertrag zuzurechnen; Sätze 1 bis 4 sind nicht anzuwenden. [6] Satz 2 ist nicht anzuwenden, wenn

a) in einem Kapitallebensversicherungsvertrag mit vereinbarter laufender Beitragszahlung in mindestens gleichbleibender Höhe bis zum Zeitpunkt des Erlebensfalls die vereinbarte Leistung bei Eintritt des versicherten Risikos weniger als 50 Prozent der Summe der für die gesamte Vertragsdauer zu zahlenden Beiträge beträgt und

b) bei einem Kapitallebensversicherungsvertrag die vereinbarte Leistung bei Eintritt des versicherten Risikos das Deckungskapital oder den Zeitwert der Versicherung spätestens fünf Jahre nach Vertragsabschluss nicht um mindestens 10 Prozent des Deckungskapitals, des Zeitwerts oder der Summe der gezahlten Beiträge übersteigt. [2] Dieser Prozentsatz darf bis zum Ende der Vertragslaufzeit in jährlich gleichen Schritten auf Null sinken.

[7] Hat der Steuerpflichtige Ansprüche aus einem von einer anderen Person abgeschlossenen Vertrag entgeltlich erworben, gehört zu den Einkünften aus Kapitalvermögen auch der Unterschiedsbetrag zwischen der Versicherungsleistung bei Eintritt eines versicherten Risikos und den Aufwendungen für den Erwerb und Erhalt des Versicherungsanspruches; insoweit findet Satz 2 keine Anwendung. [8] Satz 7 gilt nicht, wenn die versicherte Person den Versicherungsanspruch von einem Dritten erwirbt oder aus anderen Rechtsverhältnissen entstandene Abfindungs- und Ausgleichsansprüche arbeitsrechtlicher, erbrechtlicher oder familienrechtlicher Art durch Übertragung von Ansprüchen aus Versicherungsverträgen erfüllt werden. [9] Bei fondsgebundenen Lebensversicherungen sind 15 Prozent des Unterschiedsbetrages steuerfrei oder dürfen nicht bei der Ermittlung der Einkünfte abgezogen werden, soweit der Unterschiedsbetrag aus Investmenterträgen stammt;

7.[1] Erträge aus sonstigen Kapitalforderungen jeder Art, wenn die Rückzahlung des Kapitalvermögens oder ein Entgelt für die Überlassung des Kapitalvermögens zur Nutzung zugesagt oder geleistet worden ist, auch wenn die Höhe der Rückzahlung oder des Entgelts von einem ungewissen Ereignis abhängt. [2] Dies gilt unabhängig von der Bezeichnung und der zivilrechtlichen Ausgestaltung der Kapitalanlage. [3] Erstattungszinsen im Sinne des § 233a der Abgabenordnung[2] sind Erträge im Sinne des Satzes 1;

8. Diskontbeträge von Wechseln und Anweisungen einschließlich der Schatzwechsel;

9.[3] Einnahmen aus Leistungen einer nicht von der Körperschaftsteuer befreiten Körperschaft, Personenvereinigung oder Vermögensmasse im Sinne des § 1 Absatz 1 Nummer 3 bis 5 des Körperschaftsteuergesetzes, die Gewinnausschüttungen im Sinne der Nummer 1 wirtschaftlich vergleich-

[1] § 20 Abs. 1 Nr. 7 Satz 3 angef. durch G v. 8.12.2010 (BGBl. I S. 1768).
[2] Nr. **1**.
[3] § 20 Abs. 1 Nr. 9 Satz 2 angef. durch G v. 8.12.2010 (BGBl. I S. 1768).

bar sind, soweit sie nicht bereits zu den Einnahmen im Sinne der Nummer 1 gehören; Nummer 1 Satz 2, 3 und Nummer 2 gelten entsprechend. [2]Satz 1 ist auf Leistungen von vergleichbaren Körperschaften, Personenvereinigungen oder Vermögensmassen, die weder Sitz noch Geschäftsleitung im Inland haben, entsprechend anzuwenden;

10. a) Leistungen eines nicht von der Körperschaftsteuer befreiten Betriebs gewerblicher Art im Sinne des § 4 des Körperschaftsteuergesetzes mit eigener Rechtspersönlichkeit, die zu mit Gewinnausschüttungen im Sinne der Nummer 1 Satz 1 wirtschaftlich vergleichbaren Einnahmen führen; Nummer 1 Satz 2, 3 und Nummer 2 gelten entsprechend;

    b)[1)] der nicht den Rücklagen zugeführte Gewinn und verdeckte Gewinnausschüttungen eines nicht von der Körperschaftsteuer befreiten Betriebs gewerblicher Art im Sinne des § 4 des Körperschaftsteuergesetzes ohne eigene Rechtspersönlichkeit, der den Gewinn durch Betriebsvermögensvergleich ermittelt oder Umsätze einschließlich der steuerfreien Umsätze, ausgenommen die Umsätze nach § 4 Nummer 8 bis 10 des Umsatzsteuergesetzes[2)], von mehr als 350 000 Euro im Kalenderjahr oder einen Gewinn von mehr als 30 000 Euro im Wirtschaftsjahr hat, sowie der Gewinn im Sinne des § 22 Absatz 4 des Umwandlungssteuergesetzes[3)]. [2]Die Auflösung der Rücklagen zu Zwecken außerhalb des Betriebs gewerblicher Art führt zu einem Gewinn im Sinne des Satzes 1; in Fällen der Einbringung nach dem Sechsten und des Formwechsels nach dem Achten Teil des Umwandlungssteuergesetzes gelten die Rücklagen als aufgelöst. [3]Bei dem Geschäft der Veranstaltung von Werbesendungen der inländischen öffentlich-rechtlichen Rundfunkanstalten gelten drei Viertel des Einkommens im Sinne des § 8 Absatz 1 Satz 3 des Körperschaftsteuergesetzes als Gewinn im Sinne des Satzes 1. [4]Die Sätze 1 und 2 sind bei wirtschaftlichen Geschäftsbetrieben der von der Körperschaftsteuer befreiten Körperschaften, Personenvereinigungen oder Vermögensmassen entsprechend anzuwenden. [5]Nummer 1 Satz 3 gilt entsprechend. [6]Satz 1 in der am 12. Dezember 2006 geltenden Fassung ist für Anteile, die einbringungsgeboren im Sinne des § 21 des Umwandlungssteuergesetzes in der am 12. Dezember 2006 geltenden Fassung sind, weiter anzuwenden;

11. Stillhalterprämien, die für die Einräumung von Optionen vereinnahmt werden; schließt der Stillhalter ein Glattstellungsgeschäft ab, mindern sich die Einnahmen aus den Stillhalterprämien um die im Glattstellungsgeschäft gezahlten Prämien.

(2)[4)] [1]Zu den Einkünften aus Kapitalvermögen gehören auch

1. der Gewinn aus der Veräußerung von Anteilen an einer Körperschaft im Sinne des Absatzes 1 Nummer 1. [2]Anteile an einer Körperschaft sind auch Genussrechte im Sinne des Absatzes 1 Nummer 1, den Anteilen im Sinne

---

[1)] § 20 Abs. 1 Nr. 10 Buchst. b Satz 6 angef. durch G v. 25.7.2014 (BGBl. I S. 1266).

[2)] Nr. **23**.

[3)] Nr. **22**.

[4)] Zur Anwendung von § 20 Abs. 2 siehe § 52 Abs. 28 Sätze 11 bis 17; Sätze 4 und 5 angef. durch G v. 19.7.2016 (BGBl. I S. 1730); zur Anwendung siehe § 52 Abs. 28 Satz 21.

EStG

des Absatzes 1 Nummer 1 ähnliche Beteiligungen und Anwartschaften auf Anteile im Sinne des Absatzes 1 Nummer 1;

2.[1] der Gewinn aus der Veräußerung

a) von Dividendenscheinen und sonstigen Ansprüchen durch den Inhaber des Stammrechts, wenn die dazugehörigen Aktien oder sonstigen Anteile nicht mitveräußert werden. [2] Soweit eine Besteuerung nach Satz 1 erfolgt ist, tritt diese insoweit an die Stelle der Besteuerung nach Absatz 1;

b) von Zinsscheinen und Zinsforderungen durch den Inhaber oder ehemaligen Inhaber der Schuldverschreibung, wenn die dazugehörigen Schuldverschreibungen nicht mitveräußert werden. [2] Entsprechendes gilt für die Einlösung von Zinsscheinen und Zinsforderungen durch den ehemaligen Inhaber der Schuldverschreibung.

[2] Satz 1 gilt sinngemäß für die Einnahmen aus der Abtretung von Dividenden- oder Zinsansprüchen oder sonstigen Ansprüchen im Sinne des Satzes 1, wenn die dazugehörigen Anteilsrechte oder Schuldverschreibungen nicht in einzelnen Wertpapieren verbrieft sind. [3] Satz 2 gilt auch bei der Abtretung von Zinsansprüchen aus Schuldbuchforderungen, die in ein öffentliches Schuldbuch eingetragen sind;

3. der Gewinn

a) bei Termingeschäften, durch die der Steuerpflichtige einen Differenzausgleich oder einen durch den Wert einer veränderlichen Bezugsgröße bestimmten Geldbetrag oder Vorteil erlangt;

b) aus der Veräußerung eines als Termingeschäft ausgestalteten Finanzinstruments;

4. der Gewinn aus der Veräußerung von Wirtschaftsgütern, die Erträge im Sinne des Absatzes 1 Nummer 4 erzielen;

5. der Gewinn aus der Übertragung von Rechten im Sinne des Absatzes 1 Nummer 5;

6. der Gewinn aus der Veräußerung von Ansprüchen auf eine Versicherungsleistung im Sinne des Absatzes 1 Nummer 6. [2] Das Versicherungsunternehmen hat nach Kenntniserlangung von einer Veräußerung unverzüglich Mitteilung an das für den Steuerpflichtigen zuständige Finanzamt zu machen und auf Verlangen des Steuerpflichtigen eine Bescheinigung über die Höhe der entrichteten Beiträge im Zeitpunkt der Veräußerung zu erteilen;

7. der Gewinn aus der Veräußerung von sonstigen Kapitalforderungen jeder Art im Sinne des Absatzes 1 Nummer 7;

8. der Gewinn aus der Übertragung oder Aufgabe einer die Einnahmen im Sinne des Absatzes 1 Nummer 9 vermittelnden Rechtsposition.

[2] Als Veräußerung im Sinne des Satzes 1 gilt auch die Einlösung, Rückzahlung, Abtretung oder verdeckte Einlage in eine Kapitalgesellschaft; in den Fällen von Satz 1 Nummer 4 gilt auch die Vereinnahmung eines Auseinandersetzungsguthabens als Veräußerung. [3] Die Anschaffung oder Veräußerung einer unmittelbaren oder mittelbaren Beteiligung an einer Personengesellschaft gilt als Anschaffung oder Veräußerung der anteiligen Wirtschaftsgüter. [4] Wird ein Zinsschein oder eine Zinsforderung vom Stammrecht abgetrennt, gilt dies als

---

[1] § 20 Abs. 2 Satz 1 Nr. 2 Buchst. a Satz 2 neu gef. mWv VZ 2014 durch G v. 25.7.2014 (BGBl. I S. 1266).

Veräußerung der Schuldverschreibung und als Anschaffung der durch die Trennung entstandenen Wirtschaftsgüter. [5]Eine Trennung gilt als vollzogen, wenn dem Inhaber der Schuldverschreibung die Wertpapierkennnummern für die durch die Trennung entstandenen Wirtschaftsgüter zugehen.

(3) Zu den Einkünften aus Kapitalvermögen gehören auch besondere Entgelte oder Vorteile, die neben den in den Absätzen 1 und 2 bezeichneten Einnahmen oder an deren Stelle gewährt werden.

(3a)[1)] [1]Korrekturen im Sinne des § 43a Absatz 3 Satz 7 sind erst zu dem dort genannten Zeitpunkt zu berücksichtigen. [2]Weist der Steuerpflichtige durch eine Bescheinigung der auszahlenden Stelle nach, dass sie die Korrektur nicht vorgenommen hat und auch nicht vornehmen wird, kann der Steuerpflichtige die Korrektur nach § 32d Absatz 4 und 6 geltend machen.

(4)[2)] [1]Gewinn im Sinne des Absatzes 2 ist der Unterschied zwischen den Einnahmen aus der Veräußerung nach Abzug der Aufwendungen, die im unmittelbaren sachlichen Zusammenhang mit dem Veräußerungsgeschäft stehen, und den Anschaffungskosten; bei nicht in Euro getätigten Geschäften sind die Einnahmen im Zeitpunkt der Veräußerung und die Anschaffungskosten im Zeitpunkt der Anschaffung in Euro umzurechnen. [2]In den Fällen der verdeckten Einlage tritt an die Stelle der Einnahmen aus der Veräußerung der Wirtschaftsgüter ihr gemeiner Wert; der Gewinn ist für das Kalenderjahr der verdeckten Einlage anzusetzen. [3]Ist ein Wirtschaftsgut im Sinne des Absatzes 2 in das Privatvermögen durch Entnahme oder Betriebsaufgabe überführt worden, tritt an die Stelle der Anschaffungskosten der nach § 6 Absatz 1 Nummer 4 oder § 16 Absatz 3 angesetzte Wert. [4]In den Fällen des Absatzes 2 Satz 1 Nummer 6 gelten die entrichteten Beiträge im Sinne des Absatzes 1 Nummer 6 Satz 1 als Anschaffungskosten; ist ein entgeltlicher Erwerb vorausgegangen, gelten auch die nach dem Erwerb entrichteten Beiträge als Anschaffungskosten. [5]Gewinn bei einem Termingeschäft ist der Differenzausgleich oder der durch den Wert einer veränderlichen Bezugsgröße bestimmte Geldbetrag oder Vorteil abzüglich der Aufwendungen, die im unmittelbaren sachlichen Zusammenhang mit dem Termingeschäft stehen. [6]Bei unentgeltlichem Erwerb sind dem Einzelrechtsnachfolger für Zwecke dieser Vorschrift die Anschaffung, die Überführung des Wirtschaftsguts in das Privatvermögen, der Erwerb eines Rechts aus Termingeschäften oder die Beiträge im Sinne des Absatzes 1 Nummer 6 Satz 1 durch den Rechtsvorgänger zuzurechnen. [7]Bei vertretbaren Wertpapieren, die einem Verwahrer zur Sammelverwahrung im Sinne des § 5 des Depotgesetzes in der Fassung der Bekanntmachung vom 11. Januar 1995 (BGBl. I S. 34), das zuletzt durch Artikel 4 des Gesetzes vom 5. April 2004 (BGBl. I S. 502) geändert worden ist, in der jeweils geltenden Fassung anvertraut worden sind, ist zu unterstellen, dass die zuerst angeschafften Wertpapiere zuerst veräußert wurden. [8]Ist ein Zinsschein oder eine Zinsforderung vom Stammrecht abgetrennt worden, gilt als Veräußerungserlös der Schuldverschreibung deren gemeiner Wert zum Zeitpunkt der Trennung. [9]Für die Ermittlung der Anschaffungskosten ist der Wert nach Satz 8 entsprechend dem gemeinen Wert der neuen Wirtschaftsgüter aufzuteilen.

[1)] § 20 Abs. 3a eingef. durch G v. 8.12.2010 (BGBl. I S. 1768).

[2)] § 20 Abs. 4 Sätze 8 und 9 angef. durch G v. 19.7.2016 (BGBl. I S. 1730); zur Anwendung siehe § 52 Abs. 28 Satz 21.

(4a)[1] [1]Werden Anteile an einer Körperschaft, Vermögensmasse oder Personenvereinigung gegen Anteile an einer anderen Körperschaft, Vermögensmasse oder Personenvereinigung getauscht und wird der Tausch auf Grund gesellschaftsrechtlicher Maßnahmen vollzogen, die von den beteiligten Unternehmen ausgehen, treten abweichend von Absatz 2 Satz 1 und den §§ 13 und 21 des Umwandlungssteuergesetzes die übernommenen Anteile steuerlich an die Stelle der bisherigen Anteile, wenn das Recht der Bundesrepublik Deutschland hinsichtlich der Besteuerung des Gewinns aus der Veräußerung der erhaltenen Anteile nicht ausgeschlossen oder beschränkt ist oder die Mitgliedstaaten der Europäischen Union bei einer Verschmelzung Artikel 8 der Richtlinie 2009/133/EG des Rates vom 19. Oktober 2009 über das gemeinsame Steuersystem für Fusionen, Spaltungen, Abspaltungen, die Einbringung von Unternehmensteilen und den Austausch von Anteilen, die Gesellschaften verschiedener Mitgliedstaaten betreffen, sowie für die Verlegung des Sitzes einer Europäischen Gesellschaft oder einer Europäischen Genossenschaft von einem Mitgliedstaat in einen anderen Mitgliedstaat (ABl. L 310 vom 25.11.2009, S. 34) in der jeweils geltenden Fassung anzuwenden haben; in diesem Fall ist der Gewinn aus einer späteren Veräußerung der erworbenen Anteile ungeachtet der Bestimmungen eines Abkommens zur Vermeidung der Doppelbesteuerung in der gleichen Art und Weise zu besteuern, wie die Veräußerung der Anteile an der übertragenden Körperschaft zu besteuern wäre, und § 15 Absatz 1a Satz 2 entsprechend anzuwenden. [2]Erhält der Steuerpflichtige in den Fällen des Satzes 1 zusätzlich zu den Anteilen eine Gegenleistung, gilt diese als Ertrag im Sinne des Absatzes 1 Nummer 1. [3]Besitzt bei sonstigen Kapitalforderungen im Sinne des Absatzes 1 Nummer 7 der Inhaber das Recht, bei Fälligkeit anstelle der Zahlung eines Geldbetrags vom Emittenten die Lieferung von Wertpapieren im Sinne des Absatzes 1 Nummer 1 zu verlangen oder besitzt der Emittent das Recht, bei Fälligkeit dem Inhaber anstelle der Zahlung eines Geldbetrags solche Wertpapiere anzudienen und macht der Inhaber der Forderung oder der Emittent von diesem Recht Gebrauch, ist abweichend von Absatz 4 Satz 1 das Entgelt für den Erwerb der Forderung als Veräußerungspreis der Forderung und als Anschaffungskosten der erhaltenen Wertpapiere anzusetzen; Satz 2 gilt entsprechend. [4]Werden Bezugsrechte veräußert oder ausgeübt, die nach § 186 des Aktiengesetzes, § 55 des Gesetzes betreffend die Gesellschaften mit beschränkter Haftung oder eines vergleichbaren ausländischen Rechts einen Anspruch auf Abschluss eines Zeichnungsvertrags begründen, wird der Teil der Anschaffungskosten der Altanteile, der auf das Bezugsrecht entfällt, bei der Ermittlung des Gewinns nach Absatz 4 Satz 1 mit 0 Euro angesetzt. [5]Werden einem Steuerpflichtigen von einer Körperschaft, Personenvereinigung oder Vermögensmasse, die weder Geschäftsleitung noch Sitz im Inland hat, Anteile zugeteilt, ohne dass der Steuerpflichtige eine Gegenleistung zu erbringen hat, sind sowohl der Ertrag als auch die Anschaffungskosten der erhaltenen Anteile mit 0 Euro anzusetzen, wenn die Voraussetzungen der Sätze 3, 4 und 7 nicht vorliegen; die Anschaffungskosten der die Zuteilung begründenden Anteile bleiben unverändert. [6]Soweit es auf die steuerliche Wirksamkeit einer Kapitalmaßnahme im Sinne der vorstehenden Sätze 1 bis 5 ankommt, ist auf den

[1] § 20 Abs. 4a Satz 1 geänd., Satz 3 neu gef. durch G v. 8.12.2010 (BGBl. I S. 1768); Satz 7 angef. durch G v. 26.6.2013 (BGBl. I S. 1809); zur Anwendung siehe § 52 Abs. 28 Satz 18; Satz 1 geänd. durch G v. 12.12.2019 (BGBl. I S. 2451); Satz 3 geänd., Satz 5 neu gef. mWv VZ 2021 durch G v. 21.12.2020 (BGBl. I S. 3096); zur Anwendung siehe § 52 Abs. 28 Sätze 19 und 20.

Zeitpunkt der Einbuchung in das Depot des Steuerpflichtigen abzustellen. [7] Geht Vermögen einer Körperschaft durch Abspaltung auf andere Körperschaften über, gelten abweichend von Satz 5 und § 15 des Umwandlungssteuergesetzes die Sätze 1 und 2 entsprechend.

(5) [1] Einkünfte aus Kapitalvermögen im Sinne des Absatzes 1 Nummer 1 und 2 erzielt der Anteilseigner. [2] Anteilseigner ist derjenige, dem nach § 39 der Abgabenordnung die Anteile an dem Kapitalvermögen im Sinne des Absatzes 1 Nummer 1 im Zeitpunkt des Gewinnverteilungsbeschlusses zuzurechnen sind. [3] Sind einem Nießbraucher oder Pfandgläubiger die Einnahmen im Sinne des Absatzes 1 Nummer 1 oder 2 zuzurechnen, gilt er als Anteilseigner.

(6)[1)] [1] Verluste aus Kapitalvermögen dürfen nicht mit Einkünften aus anderen Einkunftsarten ausgeglichen werden; sie dürfen auch nicht nach § 10d abgezogen werden. [2] Die Verluste mindern jedoch die Einkünfte, die der Steuerpflichtige in den folgenden Veranlagungszeiträumen aus Kapitalvermögen erzielt. [3] § 10d Absatz 4 ist sinngemäß anzuwenden. [4] Verluste aus Kapitalvermögen im Sinne des Absatzes 2 Satz 1 Nummer 1 Satz 1, die aus der Veräußerung von Aktien entstehen, dürfen nur mit Gewinnen aus Kapitalvermögen im Sinne des Absatzes 2 Satz 1 Nummer 1 Satz 1, die aus der Veräußerung von Aktien entstehen, ausgeglichen werden; die Sätze 2 und 3 gelten sinngemäß. [5] Verluste aus Kapitalvermögen im Sinne des Absatzes 2 Satz 1 Nummer 3 dürfen nur in Höhe von 20 000 Euro mit Gewinnen im Sinne des Absatzes 2 Satz 1 Nummer 3 und mit Einkünften im Sinne des § 20 Absatz 1 Nummer 11 ausgeglichen werden; die Sätze 2 und 3 gelten sinngemäß mit der Maßgabe, dass nicht verrechnete Verluste je Folgejahr nur bis zur Höhe von 20 000 Euro mit Gewinnen im Sinne des Absatzes 2 Satz 1 Nummer 3 und mit Einkünften im Sinne des § 20 Absatz 1 Nummer 11 verrechnet werden dürfen. [6] Verluste aus Kapitalvermögen aus der ganzen oder teilweisen Uneinbringlichkeit einer Kapitalforderung, aus der Ausbuchung wertloser Wirtschaftsgüter im Sinne des Absatzes 1, aus der Übertragung wertloser Wirtschaftsgüter im Sinne des Absatzes 1 auf einen Dritten oder aus einem sonstigen Ausfall von Wirtschaftsgütern im Sinne des Absatzes 1 dürfen nur in Höhe von 20 000 Euro mit Einkünften aus Kapitalvermögen ausgeglichen werden; die Sätze 2 und 3 gelten sinngemäß mit der Maßgabe, dass nicht verrechnete Verluste je Folgejahr nur bis zur Höhe von 20 000 Euro mit Einkünften aus Kapitalvermögen verrechnet werden dürfen. [7] Verluste aus Kapitalvermögen, die der Kapitalertragsteuer unterliegen, dürfen nur verrechnet werden oder mindern die Einkünfte, die der Steuerpflichtige in den folgenden Veranlagungszeiträumen aus Kapitalvermögen erzielt, wenn eine Bescheinigung im Sinne des § 43a Absatz 3 Satz 4 vorliegt.

(7)[2)] [1] § 15b ist sinngemäß anzuwenden. [2] Ein vorgefertigtes Konzept im Sinne des § 15b Absatz 2 Satz 2 liegt auch vor, wenn die positiven Einkünfte nicht der tariflichen Einkommensteuer unterliegen.

[1)] § 20 Abs. 6 Satz 1 aufgeh., bish. Sätze 2 bis 6 werden Sätze 1 bis 5, Satz 4 geänd. mWv VZ 2014 durch G v. 25.7.2014 (BGBl. I S. 1266); Satz 5 eingef. mWv VZ 2021, Satz 6 eingef. mWv VZ 2020, bish. Satz 5 wird Satz 7 durch G v. 21.12.2019 (BGBl. I S. 2875); Satz 5 geänd. mWv VZ 2021, Satz 6 geänd. mWv VZ 2020 durch G v. 21.12.2020 (BGBl. I S. 3096); zur Anwendung siehe § 52 Abs. 28 Sätze 25 und 26.

[2)] Zur Anwendung von § 20 Abs. 7 (bish. Abs. 2b) siehe § 52 Abs. 28 Satz 2.

(8) [1] Soweit Einkünfte der in den Absätzen 1, 2 und 3 bezeichneten Art zu den Einkünften aus Land- und Forstwirtschaft, aus Gewerbebetrieb, aus selbständiger Arbeit oder aus Vermietung und Verpachtung gehören, sind sie diesen Einkünften zuzurechnen. [2] Absatz 4a findet insoweit keine Anwendung.

(9) [1] Bei der Ermittlung der Einkünfte aus Kapitalvermögen ist als Werbungskosten ein Betrag von 801 Euro abzuziehen (Sparer-Pauschbetrag); der Abzug der tatsächlichen Werbungskosten ist ausgeschlossen. [2] Ehegatten, die zusammen veranlagt werden, wird ein gemeinsamer Sparer-Pauschbetrag von 1 602 Euro gewährt. [3] Der gemeinsame Sparer-Pauschbetrag ist bei der Einkunftsermittlung bei jedem Ehegatten je zur Hälfte abzuziehen; sind die Kapitalerträge eines Ehegatten niedriger als 801 Euro, so ist der anteilige Sparer-Pauschbetrag insoweit, als er die Kapitalerträge dieses Ehegatten übersteigt, bei dem anderen Ehegatten abzuziehen. [4] Der Sparer-Pauschbetrag und der gemeinsame Sparer-Pauschbetrag dürfen nicht höher sein als die nach Maßgabe des Absatzes 6 verrechneten Kapitalerträge.

f) Vermietung und Verpachtung (§ 2 Absatz 1 Satz 1 Nummer 6)

§ 21 [Einkünfte aus Vermietung und Verpachtung] (1) [1] Einkünfte aus Vermietung und Verpachtung sind

1. Einkünfte aus Vermietung und Verpachtung von unbeweglichem Vermögen, insbesondere von Grundstücken, Gebäuden, Gebäudeteilen, Schiffen, die in ein Schiffsregister eingetragen sind, und Rechten, die den Vorschriften des bürgerlichen Rechts über Grundstücke unterliegen (z.B. Erbbaurecht, Mineralgewinnungsrecht);
2. Einkünfte aus Vermietung und Verpachtung von Sachinbegriffen, insbesondere von beweglichem Betriebsvermögen;
3. Einkünfte aus zeitlich begrenzter Überlassung von Rechten, insbesondere von schriftstellerischen, künstlerischen und gewerblichen Urheberrechten, von gewerblichen Erfahrungen und von Gerechtigkeiten und Gefällen;
4. Einkünfte aus der Veräußerung von Miet- und Pachtzinsforderungen, auch dann, wenn die Einkünfte im Veräußerungspreis von Grundstücken enthalten sind und die Miet- oder Pachtzinsen sich auf einen Zeitraum beziehen, in dem der Veräußerer noch Besitzer war.

[2] §§ 15a und 15b sind sinngemäß anzuwenden.[1)]

(2)[2)] [1] Beträgt das Entgelt für die Überlassung einer Wohnung zu Wohnzwecken weniger als 50 Prozent der ortsüblichen Marktmiete, so ist die Nutzungsüberlassung in einen entgeltlichen und einen unentgeltlichen Teil aufzuteilen. [2] Beträgt das Entgelt bei auf Dauer angelegter Wohnungsvermietung mindestens 66 Prozent der ortsüblichen Miete, gilt die Wohnungsvermietung als entgeltlich.

(3) Einkünfte der in den Absätzen 1 und 2 bezeichneten Art sind Einkünften aus anderen Einkunftsarten zuzurechnen, soweit sie zu diesen gehören.

[1)] Zur Anwendung von § 21 Abs. 1 Satz 2 siehe § 52 Abs. 29 iVm Abs. 25.

[2)] § 21 Abs. 2 inhaltlich bestätigt durch G v. 5.4.2011 (BGBl. I S. 554); Satz 1 geänd., Satz 2 angef. mWv VZ 2012 durch G v. 1.11.2011 (BGBl. I S. 2131); Satz 1 geänd. mWv VZ 2021 durch G v. 21.12.2020 (BGBl. I S. 3096).

g) Sonstige Einkünfte (§ 2 Absatz 1 Satz 1 Nummer 7)

§ 22 Arten der sonstigen Einkünfte. Sonstige Einkünfte sind

1.[1] Einkünfte aus wiederkehrenden Bezügen, soweit sie nicht zu den in § 2 Absatz 1 Nummer 1 bis 6 bezeichneten Einkunftsarten gehören; § 15b ist sinngemäß anzuwenden. ²Werden die Bezüge freiwillig oder auf Grund einer freiwillig begründeten Rechtspflicht oder einer gesetzlich unterhaltsberechtigten Person gewährt, so sind sie nicht dem Empfänger zuzurechnen; dem Empfänger sind dagegen zuzurechnen

a) Bezüge, die von einer Körperschaft, Personenvereinigung oder Vermögensmasse außerhalb der Erfüllung steuerbegünstigter Zwecke im Sinne der §§ 52 bis 54 der Abgabenordnung[2] gewährt werden, und

b) Bezüge im Sinne des § 1 der Verordnung über die Steuerbegünstigung von Stiftungen, die an die Stelle von Familienfideikommissen getreten sind, in der im Bundesgesetzblatt Teil III, Gliederungsnummer 611-4-3, veröffentlichten bereinigten Fassung.

³Zu den in Satz 1 bezeichneten Einkünften gehören auch

a) Leibrenten und andere Leistungen,

aa)[3] die aus den gesetzlichen Rentenversicherungen, der landwirtschaftlichen Alterskasse, den berufsständischen Versorgungseinrichtungen und aus Rentenversicherungen im Sinne des § 10 Absatz 1 Nummer 2 Buchstabe b erbracht werden, soweit sie jeweils der Besteuerung unterliegen. ²Bemessungsgrundlage für den der Besteuerung unterliegenden Anteil ist der Jahresbetrag der Rente. ³Der der Besteuerung unterliegende Anteil ist nach dem Jahr des Rentenbeginns und dem in diesem Jahr maßgebenden Prozentsatz aus der nachstehenden Tabelle zu entnehmen:

Jahr des Rentenbeginns	Besteuerungsanteil in %
bis 2005	50
ab 2006	52
2007	54
2008	56
2009	58
2010	60
2011	62
2012	64
2013	66
2014	68
2015	70
2016	72

[1] Zur Anwendung von § 22 Nr. 1 Satz 1 2. HS siehe § 52 Abs. 30 iVm Abs. 25.

[2] Nr. **1**.

[3] § 22 Nr. 1 Satz 3 Buchst. a Doppelbuchst. aa geänd. mWv 1.1.2013 durch G v. 12.4.2012 (BGBl. I S. 579); Satz 9 angef. mWv VZ 2021 durch G v. 21.12.2020 (BGBl. I S. 3096).

Jahr des Rentenbeginns	Besteuerungsanteil in %
2017	74
2018	76
2019	78
2020	80
2021	81
2022	82
2023	83
2024	84
2025	85
2026	86
2027	87
2028	88
2029	89
2030	90
2031	91
2032	92
2033	93
2034	94
2035	95
2036	96
2037	97
2038	98
2039	99
2040	100

[4] Der Unterschiedsbetrag zwischen dem Jahresbetrag der Rente und dem der Besteuerung unterliegenden Anteil der Rente ist der steuerfreie Teil der Rente. [5] Dieser gilt ab dem Jahr, das dem Jahr des Rentenbeginns folgt, für die gesamte Laufzeit des Rentenbezugs. [6] Abweichend hiervon ist der steuerfreie Teil der Rente bei einer Veränderung des Jahresbetrags der Rente in dem Verhältnis anzupassen, in dem der veränderte Jahresbetrag der Rente zum Jahresbetrag der Rente steht, der der Ermittlung des steuerfreien Teils der Rente zugrunde liegt. [7] Regelmäßige Anpassungen des Jahresbetrags der Rente führen nicht zu einer Neuberechnung und bleiben bei einer Neuberechnung außer Betracht. [8] Folgen nach dem 31. Dezember 2004 Renten aus derselben Versicherung einander nach, gilt für die spätere Rente Satz 3 mit der Maßgabe, dass sich der Prozentsatz nach dem Jahr richtet, das sich ergibt, wenn die Laufzeit der vorhergehenden Renten von dem Jahr des Beginns der späteren Rente abgezogen wird; der Prozentsatz kann jedoch nicht niedriger bemessen werden als der für das Jahr 2005. [9] Verstirbt der Rentenempfänger, ist ihm die Rente für den Sterbemonat noch zuzurechnen;

EStG

bb)[1] die nicht solche im Sinne des Doppelbuchstaben aa sind und bei denen in den einzelnen Bezügen Einkünfte aus Erträgen des Rentenrechts enthalten sind. [2]Dies gilt auf Antrag auch für Leibrenten und andere Leistungen, soweit diese auf bis zum 31. Dezember 2004 geleisteten Beiträgen beruhen, welche oberhalb des Betrags des Höchstbeitrags zur gesetzlichen Rentenversicherung gezahlt wurden; der Steuerpflichtige muss nachweisen, dass der Betrag des Höchstbeitrags mindestens zehn Jahre überschritten wurde; soweit hiervon im Versorgungsausgleich übertragene Rentenanwartschaften betroffen sind, gilt § 4 Absatz 1 und 2 des Versorgungsausgleichsgesetzes entsprechend. [3]Als Ertrag des Rentenrechts gilt für die gesamte Dauer des Rentenbezugs der Unterschiedsbetrag zwischen dem Jahresbetrag der Rente und dem Betrag, der sich bei gleichmäßiger Verteilung des Kapitalwerts der Rente auf ihre voraussichtliche Laufzeit ergibt; dabei ist der Kapitalwert nach dieser Laufzeit zu berechnen. [4]Der Ertrag des Rentenrechts (Ertragsanteil) ist aus der nachstehenden Tabelle zu entnehmen:

Bei Beginn der Rente vollendetes Lebensjahr des Rentenberechtigten	Ertragsanteil in %
0 bis 1	59
2 bis 3	58
4 bis 5	57
6 bis 8	56
9 bis 10	55
11 bis 12	54
13 bis 14	53
15 bis 16	52
17 bis 18	51
19 bis 20	50
21 bis 22	49
23 bis 24	48
25 bis 26	47
27	46
28 bis 29	45
30 bis 31	44
32	43
33 bis 34	42
35	41
36 bis 37	40
38	39
39 bis 40	38

[1] § 22 Nr. 1 Satz 3 Buchst. a Doppelbuchst. bb Satz 2 geänd. durch G v. 8.12.2010 (BGBl. I S. 1768); Satz 6 angef. mWv VZ 2021 durch G v. 21.12.2020 (BGBl. I S. 3096).

Bei Beginn der Rente vollendetes Lebensjahr des Rentenberechtigten	Ertragsanteil in %
41	37
42	36
43 bis 44	35
45	34
46 bis 47	33
48	32
49	31
50	30
51 bis 52	29
53	28
54	27
55 bis 56	26
57	25
58	24
59	23
60 bis 61	22
62	21
63	20
64	19
65 bis 66	18
67	17
68	16
69 bis 70	15
71	14
72 bis 73	13
74	12
75	11
76 bis 77	10
78 bis 79	9
80	8
81 bis 82	7
83 bis 84	6
85 bis 87	5
88 bis 91	4
92 bis 93	3
94 bis 96	2
ab 97	1

[5] Die Ermittlung des Ertrags aus Leibrenten, die vor dem 1. Januar 1955 zu laufen begonnen haben, und aus Renten, deren Dauer

von der Lebenszeit mehrerer Personen oder einer anderen Person als des Rentenberechtigten abhängt, sowie aus Leibrenten, die auf eine bestimmte Zeit beschränkt sind, wird durch eine Rechtsverordnung bestimmt. [6] Doppelbuchstabe aa Satz 9 gilt entsprechend;

b) Einkünfte aus Zuschüssen und sonstigen Vorteilen, die als wiederkehrende Bezüge gewährt werden;

1a.[1)] Einkünfte aus Leistungen und Zahlungen nach § 10 Absatz 1a, soweit für diese die Voraussetzungen für den Sonderausgabenabzug beim Leistungs- oder Zahlungsverpflichteten nach § 10 Absatz 1a erfüllt sind;

1b.[2)] *(aufgehoben)*

1c.[3)] *(aufgehoben)*

2. Einkünfte aus privaten Veräußerungsgeschäften im Sinne des § 23;

3.[4)] Einkünfte aus Leistungen, soweit sie weder zu anderen Einkunftsarten (§ 2 Absatz 1 Satz 1 Nummer 1 bis 6) noch zu den Einkünften im Sinne der Nummern 1, 1a, 2 oder 4 gehören, z.B. Einkünfte aus gelegentlichen Vermittlungen und aus der Vermietung beweglicher Gegenstände. [2] Solche Einkünfte sind nicht einkommensteuerpflichtig, wenn sie weniger als 256 Euro im Kalenderjahr betragen haben. [3] Übersteigen die Werbungskosten die Einnahmen, so darf der übersteigende Betrag bei Ermittlung des Einkommens nicht ausgeglichen werden; er darf auch nicht nach § 10d abgezogen werden. [4] Die Verluste mindern jedoch nach Maßgabe des § 10d die Einkünfte, die der Steuerpflichtige in dem unmittelbar vorangegangenen Veranlagungszeitraum oder in den folgenden Veranlagungszeiträumen aus Leistungen im Sinne des Satzes 1 erzielt hat oder erzielt; § 10d Absatz 4 gilt entsprechend;

4.[5)] Entschädigungen, Amtszulagen, Zuschüsse zu Kranken- und Pflegeversicherungsbeiträgen, Übergangsgelder, Überbrückungsgelder, Sterbegelder, Versorgungsabfindungen, Versorgungsbezüge, die auf Grund des Abgeordnetengesetzes oder des Europaabgeordnetengesetzes, sowie vergleichbare Bezüge, die auf Grund der entsprechenden Gesetze der Länder gezahlt werden, und die Entschädigungen, das Übergangsgeld, das Ruhegehalt und die Hinterbliebenenversorgung, die auf Grund des Abgeordnetenstatuts des Europäischen Parlaments von der Europäischen Union gezahlt werden. [2] Werden zur Abgeltung des durch das Mandat veranlassten Aufwandes Aufwandsentschädigungen gezahlt, so dürfen die durch das Mandat veranlassten Aufwendungen nicht als Werbungskosten abgezogen werden. [3] Wahlkampfkosten zur Erlangung eines Mandats im Bundestag, im Europäischen Parlament oder im Parlament eines Landes dürfen nicht als Werbungskosten abgezogen werden. [4] Es gelten entsprechend

a) für Nachversicherungsbeiträge auf Grund gesetzlicher Verpflichtung nach den Abgeordnetengesetzen im Sinne des Satzes 1 und für Zuschüsse zu Kranken- und Pflegeversicherungsbeiträgen § 3 Nummer 62,

---

1) § 22 Nr. 1a neu gef. mWv VZ 2015 durch G v. 22.12.2014 (BGBl. I S. 2417).

2) § 22 Nr. 1b aufgeh. mWv VZ 2015 durch G v. 22.12.2014 (BGBl. I S. 2417).

3) § 22 Nr. 1c aufgeh. mWv VZ 2015 durch G v. 22.12.2014 (BGBl. I S. 2417).

4) § 22 Nr. 3 Satz 4 geänd., Sätze 5 und 6 aufgeh. mWv VZ 2014 durch G v. 25.7.2014 (BGBl. I S. 1266).

5) Zur Anwendung im Beitrittsgebiet siehe § 57 Abs. 5.

b) für Versorgungsbezüge § 19 Absatz 2 nur bezüglich des Versorgungsfreibetrags; beim Zusammentreffen mit Versorgungsbezügen im Sinne des § 19 Absatz 2 Satz 2 bleibt jedoch insgesamt höchstens ein Betrag in Höhe des Versorgungsfreibetrags nach § 19 Absatz 2 Satz 3 im Veranlagungszeitraum steuerfrei,
c) für das Übergangsgeld, das in einer Summe gezahlt wird, und für die Versorgungsabfindung § 34 Absatz 1,
d) für die Gemeinschaftssteuer, die auf die Entschädigungen, das Übergangsgeld, das Ruhegehalt und die Hinterbliebenenversorgung auf Grund des Abgeordnetenstatuts des Europäischen Parlaments von der Europäischen Union erhoben wird, § 34c Absatz 1; dabei sind die im ersten Halbsatz genannten Einkünfte für die entsprechende Anwendung des § 34c Absatz 1 wie ausländische Einkünfte und die Gemeinschaftssteuer wie eine der deutschen Einkommensteuer entsprechende ausländische Steuer zu behandeln;

5.[1)] Leistungen aus Altersvorsorgeverträgen, Pensionsfonds, Pensionskassen und Direktversicherungen. [2]Soweit die Leistungen nicht auf Beiträgen, auf die § 3 Nummer 63, 63a, § 10a, Abschnitt XI oder Abschnitt XII angewendet wurden, nicht auf Zulagen im Sinne des Abschnitts XI, nicht auf Zahlungen im Sinne des § 92a Absatz 2 Satz 4 Nummer 1 und des § 92a Absatz 3 Satz 9 Nummer 2, nicht auf steuerfreien Leistungen nach § 3 Nummer 66 und nicht auf Ansprüchen beruhen, die durch steuerfreie Zuwendungen nach § 3 Nummer 56 oder die durch die nach § 3 Nummer 55b Satz 1 oder § 3 Nummer 55c steuerfreie Leistung aus einem neu begründeten Anrecht erworben wurden,
a) ist bei lebenslangen Renten sowie bei Berufsunfähigkeits-, Erwerbsminderungs- und Hinterbliebenenrenten Nummer 1 Satz 3 Buchstabe a entsprechend anzuwenden,
b) ist bei Leistungen aus Versicherungsverträgen, Pensionsfonds, Pensionskassen und Direktversicherungen, die nicht solche nach Buchstabe a sind, § 20 Absatz 1 Nummer 6 in der jeweils für den Vertrag geltenden Fassung entsprechend anzuwenden,
c) unterliegt bei anderen Leistungen der Unterschiedsbetrag zwischen der Leistung und der Summe der auf sie entrichteten Beiträge der Besteuerung; § 20 Absatz 1 Nummer 6 Satz 2 gilt entsprechend.

[3]In den Fällen des § 93 Absatz 1 Satz 1 und 2 gilt das ausgezahlte geförderte Altersvorsorgevermögen nach Abzug der Zulagen im Sinne des Abschnitts XI als Leistung im Sinne des Satzes 2. [4]Als Leistung im Sinne des Satzes 1 gilt auch der Verminderungsbetrag nach § 92a Absatz 2 Satz 5 und der Auflösungsbetrag nach § 92a Absatz 3 Satz 5. [5]Der Auflösungsbetrag nach § 92a Absatz 2 Satz 6 wird zu 70 Prozent als Leistung nach

[1)] § 22 Nr. 5 Satz 6 geänd. mWv VZ 2010 und Satz 10 angef. mWv 1.9.2009 durch G v. 8.12.2010 (BGBl. I S. 1768); Satz 2 geänd., Satz 11 angef. mWv 14.12.2011 durch G v. 7.12.2011 (BGBl. I S. 2592); Nr. 5 Satz 7 geänd., Satz 8 aufgeh., bish. Sätze 9 bis 11 werden Sätze 8 bis 10 mWv VZ 2014 durch G v. 24.6.2013 (BGBl. I S. 1667); Satz 7 geänd., Sätze 11 und 12 angef. mWv VZ 2014 durch G v. 25.7.2014 (BGBl. I S. 1266); Satz 2 geänd., Sätze 13 bis 15 angef. mWv 1.1.2018 durch G v. 17.8.2017 (BGBl. I S. 3214); Satz 7 geänd. mWv VZ 2020 durch G v. 22.11.2019 (BGBl. I S. 1746); Satz 15 neu gef., Satz 16 angef. mWv VZ 2021 durch G v. 21.12.2020 (BGBl. I S. 3096).

Satz 1 erfasst. [6] Tritt nach dem Beginn der Auszahlungsphase zu Lebzeiten des Zulageberechtigten der Fall des § 92a Absatz 3 Satz 1 ein, dann ist

a) innerhalb eines Zeitraums bis zum zehnten Jahr nach dem Beginn der Auszahlungsphase das Eineinhalbfache,
b) innerhalb eines Zeitraums zwischen dem zehnten und 20. Jahr nach dem Beginn der Auszahlungsphase das Einfache

des nach Satz 5 noch nicht erfassten Auflösungsbetrags als Leistung nach Satz 1 zu erfassen; § 92a Absatz 3 Satz 9 gilt entsprechend mit der Maßgabe, dass als noch nicht zurückgeführter Betrag im Wohnförderkonto der noch nicht erfasste Auflösungsbetrag gilt. [7] Bei erstmaligem Bezug von Leistungen, in den Fällen des § 93 Absatz 1 sowie bei Änderung der im Kalenderjahr auszuzahlenden Leistung hat der Anbieter (§ 80) nach Ablauf des Kalenderjahres dem Steuerpflichtigen nach amtlich vorgeschriebenem Muster den Betrag der im abgelaufenen Kalenderjahr zugeflossenen Leistungen im Sinne der Sätze 1 bis 3 je gesondert mitzuteilen; mit Einverständnis des Steuerpflichtigen kann die Mitteilung elektronisch bereitgestellt werden. [8] Werden dem Steuerpflichtigen Abschluss- und Vertriebskosten eines Altersvorsorgevertrages erstattet, gilt der Erstattungsbetrag als Leistung im Sinne des Satzes 1. [9] In den Fällen des § 3 Nummer 55a richtet sich die Zuordnung zu Satz 1 oder Satz 2 bei der ausgleichsberechtigten Person danach, wie eine nur auf die Ehezeit bezogene Zuordnung der sich aus dem übertragenen Anrecht ergebenden Leistung zu Satz 1 oder Satz 2 bei der ausgleichspflichtigen Person im Zeitpunkt der Übertragung ohne die Teilung vorzunehmen gewesen wäre. [10] Dies gilt sinngemäß in den Fällen des § 3 Nummer 55 und 55e. [11] Wird eine Versorgungsverpflichtung nach § 3 Nummer 66 auf einen Pensionsfonds übertragen und hat der Steuerpflichtige bereits vor dieser Übertragung Leistungen auf Grund dieser Versorgungsverpflichtung erhalten, so sind insoweit auf die Leistungen aus dem Pensionsfonds im Sinne des Satzes 1 die Beträge nach § 9a Satz 1 Nummer 1 und § 19 Absatz 2 entsprechend anzuwenden; § 9a Satz 1 Nummer 3 ist nicht anzuwenden. [12] Wird auf Grund einer internen Teilung nach § 10 des Versorgungsausgleichsgesetzes oder einer externen Teilung nach § 14 des Versorgungsausgleichsgesetzes ein Anrecht zugunsten der ausgleichsberechtigten Person begründet, so gilt dieser Vertrag insoweit zu dem gleichen Zeitpunkt als abgeschlossen wie der Vertrag der ausgleichspflichtigen Person, wenn die aus dem Vertrag der ausgleichspflichtigen Person ausgezahlten Leistungen zu einer Besteuerung nach Satz 2 führen. [13] Für Leistungen aus Altersvorsorgeverträgen nach § 93 Absatz 3 ist § 34 Absatz 1 entsprechend anzuwenden. [14] Soweit Begünstigungen, die mit denen in Satz 2 vergleichbar sind, bei der deutschen Besteuerung gewährt wurden, gelten die darauf beruhenden Leistungen ebenfalls als Leistung nach Satz 1. [15] § 20 Absatz 1 Nummer 6 Satz 9 in der ab dem 27. Juli 2016 geltenden Fassung findet keine Anwendung. [16] Nummer 1 Satz 3 Buchstabe a Doppelbuchstabe aa Satz 9 gilt entsprechend.

§ 22a Rentenbezugsmitteilungen an die zentrale Stelle. (1)[1] [1] Nach Maßgabe des § 93c der Abgabenordnung haben die Träger der gesetzlichen

[1] § 22a Abs. 1 neu gef. mWv 1.1.2017 durch G v. 18.7.2016 (BGBl. I S. 1679).

EStG

Rentenversicherung, die landwirtschaftliche Alterskasse, die berufsständischen Versorgungseinrichtungen, die Pensionskassen, die Pensionsfonds, die Versicherungsunternehmen, die Unternehmen, die Verträge im Sinne des § 10 Absatz 1 Nummer 2 Buchstabe b anbieten, und die Anbieter im Sinne des § 80 als mitteilungspflichtige Stellen der zentralen Stelle (§ 81) unter Beachtung der im Bundessteuerblatt veröffentlichten Auslegungsvorschriften der Finanzverwaltung folgende Daten zu übermitteln (Rentenbezugsmitteilung):

1. die in § 93c Absatz 1 Nummer 2 Buchstabe c der Abgabenordnung[1)] genannten Daten mit der Maßgabe, dass der Leistungsempfänger als Steuerpflichtiger gilt. [2] Eine inländische Anschrift des Leistungsempfängers ist nicht zu übermitteln. [3] Ist der mitteilungspflichtigen Stelle eine ausländische Anschrift des Leistungsempfängers bekannt, ist diese anzugeben. [4] In diesen Fällen ist auch die Staatsangehörigkeit des Leistungsempfängers, soweit bekannt, mitzuteilen;
2. je gesondert den Betrag der Leibrenten und anderen Leistungen im Sinne des § 22 Nummer 1 Satz 3 Buchstabe a Doppelbuchstabe aa und bb Satz 4 sowie Doppelbuchstabe bb Satz 5 in Verbindung mit § 55 Absatz 2 der Einkommensteuer-Durchführungsverordnung[2)] sowie im Sinne des § 22 Nummer 5 Satz 1 bis 3. [2] Der im Betrag der Rente enthaltene Teil, der ausschließlich auf einer Anpassung der Rente beruht, ist gesondert mitzuteilen;
3. Zeitpunkt des Beginns und des Endes des jeweiligen Leistungsbezugs; folgen nach dem 31. Dezember 2004 Renten aus derselben Versicherung einander nach, so ist auch die Laufzeit der vorhergehenden Renten mitzuteilen;
4. die Beiträge im Sinne des § 10 Absatz 1 Nummer 3 Buchstabe a Satz 1 und 2 und Buchstabe b, soweit diese von der mitteilungspflichtigen Stelle an die Träger der gesetzlichen Kranken- und Pflegeversicherung abgeführt werden;
5. die dem Leistungsempfänger zustehenden Beitragszuschüsse nach § 106 des Sechsten Buches Sozialgesetzbuch;
6.[3)] ab dem 1. Januar 2017 ein gesondertes Merkmal und ab dem 1. Januar 2019 zwei gesonderte Merkmale für Verträge, auf denen gefördertes Altersvorsorgevermögen gebildet wurde; die zentrale Stelle ist in diesen Fällen berechtigt, die Daten dieser Rentenbezugsmitteilung im Zulagekonto zu speichern und zu verarbeiten;
7.[4)] ab dem 1. Januar 2019 die gesonderte Kennzeichnung einer Leistung aus einem Altersvorsorgevertrag nach § 93 Absatz 3;
8.[5)] ab dem 1. Januar 2022 die durch Steuerabzug gemäß § 50a Absatz 7 einbehaltenen Beträge.

[2] § 72a Absatz 4 und § 93c Absatz 1 Nummer 3 der Abgabenordnung finden keine Anwendung.

---

1) Nr. **1**.
2) Nr. **6**.
3) § 22a Abs. 1 Satz 1 Nr. 6 1. HS geänd. mWv 1.1.2019 durch G v. 17.8.2017 (BGBl. I S. 3214); geänd. mWv 1.1.2019 durch G v. 11.12.2018 (BGBl. I S. 2338).
4) § 22a Abs. 1 Satz 1 Nr. 7 angef. mWv 1.1.2019 durch G v. 17.8.2017 (BGBl. I S. 3214).
5) § 22a Abs. 1 Satz 1 Nr. 8 angef. durch G v. 21.12.2020 (BGBl. I S. 3096).

(2)[1] [1]Der Leistungsempfänger hat der mitteilungspflichtigen Stelle seine Identifikationsnummer sowie den Tag seiner Geburt mitzuteilen. [2]Teilt der Leistungsempfänger die Identifikationsnummer der mitteilungspflichtigen Stelle trotz Aufforderung nicht mit, übermittelt das Bundeszentralamt für Steuern der mitteilungspflichtigen Stelle auf deren Anfrage die Identifikationsnummer des Leistungsempfängers sowie, falls es sich bei der mitteilungspflichtigen Stelle um einen Träger der gesetzlichen Sozialversicherung handelt, auch den beim Bundeszentralamt für Steuern gespeicherten Tag der Geburt des Leistungsempfängers (§ 139b Absatz 3 Nummer 8 der Abgabenordnung), wenn dieser von dem in der Anfrage übermittelten Tag der Geburt abweicht und für die weitere Datenübermittlung benötigt wird; weitere Daten dürfen nicht übermittelt werden. [3]In der Anfrage dürfen nur die in § 139b Absatz 3 der Abgabenordnung genannten Daten des Leistungsempfängers angegeben werden, soweit sie der mitteilungspflichtigen Stelle bekannt sind. [4]Die Anfrage der mitteilungspflichtigen Stelle und die Antwort des Bundeszentralamtes für Steuern sind nach amtlich vorgeschriebenem Datensatz durch Datenfernübertragung über die zentrale Stelle zu übermitteln. [5]Die zentrale Stelle führt eine ausschließlich automatisierte Prüfung der ihr übermittelten Daten daraufhin durch, ob sie vollständig und schlüssig sind und ob das vorgeschriebene Datenformat verwendet worden ist. [6]Sie speichert die Daten des Leistungsempfängers nur für Zwecke dieser Prüfung bis zur Übermittlung an das Bundeszentralamt für Steuern oder an die mitteilungspflichtige Stelle. [7]Die Daten sind für die Übermittlung zwischen der zentralen Stelle und dem Bundeszentralamt für Steuern zu verschlüsseln. [8]Die mitteilungspflichtige Stelle darf die Identifikationsnummer sowie einen nach Satz 2 mitgeteilten Tag der Geburt nur verarbeiten, soweit dies für die Erfüllung der Mitteilungspflicht nach Absatz 1 Satz 1 erforderlich ist. [9]§ 93c der Abgabenordnung ist für das Verfahren nach den Sätzen 1 bis 8 nicht anzuwenden. [***ab 1.10.2023:*** [10]Die Sätze 1 bis 9 gelten ab dem Stichtag, der in der Rechtsverordnung nach § 13 Absatz 3 des Rentenübersichtsgesetzes festgelegt wird, für die Träger der gesetzlichen Rentenversicherung, für die landwirtschaftliche Alterskasse und für die berufsständischen Versorgungseinrichtungen mit der Maßgabe, dass diese die Identifikationsnummer ihrer Versicherten zur Durchführung des Rentenübersichtsgesetzes bereits vor dem Leistungsbezug erheben können; in diesen Fällen teilt das Bundeszentralamt für Steuern der mitteilungspflichtigen Stelle auf deren Anfrage die Identifikationsnummer des Versicherten nur mit, wenn die von der anfragenden Stelle übermittelten Daten mit den nach § 139b Absatz 3 der Abgabenordnung beim Bundeszentralamt für Steuern gespeicherten Daten im maschinellen Datenabgleich übereinstimmen. [11]Wird im Rahmen einer Registermodernisierung ein gesondertes Erhebungsverfahren für die Erhebung der Identifikationsnummer eingerichtet, ist abweichend von Satz 10 das neu eingerichtete Erhebungsverfahren zu nutzen.]

(3)[2] Die mitteilungspflichtige Stelle hat den Leistungsempfänger jeweils darüber zu unterrichten, dass die Leistung der zentralen Stelle mitgeteilt wird.

---

[1] § 22a Abs. 2 Sätze 1, 2, 4, 8 und 9 neu gef., Sätze 3 und 6 geänd. mWv 1.1.2017 durch G v. 18.7.2016 (BGBl. I S. 1679); zur Anwendung von Satz 2 ab 1.1.2019 siehe § 52 Abs. 30a; Satz 2 geänd. mWv 1.1.2019 durch G v. 11.12.2018 (BGBl. I S. 2338); Satz 8 geänd. mWv VZ 2019 durch G v. 20.11.2019 (BGBl. I S. 1626); Sätze 10 und 11 angef. **mWv 1.10.2023** durch G v. 11.2.2021 (BGBl. I S. 154); zur Anwendung siehe § 52 Abs. 30b.

[2] § 22a Abs. 3 geänd. mWv 1.1.2017 durch G v. 18.7.2016 (BGBl. I S. 1679).

(4)[1] *(aufgehoben)*

(5)[2] ¹Wird eine Rentenbezugsmitteilung nicht innerhalb der in § 93c Absatz 1 Nummer 1 der Abgabenordnung genannten Frist übermittelt, so ist für jeden angefangenen Monat, in dem die Rentenbezugsmitteilung noch aussteht, ein Betrag in Höhe von 10 Euro für jede ausstehende Rentenbezugsmitteilung an die zentrale Stelle zu entrichten (Verspätungsgeld). ²Die Erhebung erfolgt durch die zentrale Stelle im Rahmen ihrer Prüfung nach § 93c Absatz 4 der Abgabenordnung. ³Von der Erhebung ist abzusehen, soweit die Fristüberschreitung auf Gründen beruht, die die mitteilungspflichtige Stelle nicht zu vertreten hat. ⁴Das Handeln eines gesetzlichen Vertreters oder eines Erfüllungsgehilfen steht dem eigenen Handeln gleich. ⁵Das von einer mitteilungspflichtigen Stelle zu entrichtende Verspätungsgeld darf 50 000 Euro für alle für einen Veranlagungszeitraum zu übermittelnden Rentenbezugsmitteilungen nicht übersteigen.

(6)[3] Die zentrale Stelle ist berechtigt, in den in § 151b Absatz 3 Satz 2 des Sechsten Buches Sozialgesetzbuch genannten Fällen die Rentenbezugsmitteilung an die Träger der gesetzlichen Rentenversicherung zu übermitteln.

§ 23 Private Veräußerungsgeschäfte. (1) ¹Private Veräußerungsgeschäfte (§ 22 Nummer 2) sind

1. Veräußerungsgeschäfte bei Grundstücken und Rechten, die den Vorschriften des bürgerlichen Rechts über Grundstücke unterliegen (z.B. Erbbaurecht, Mineralgewinnungsrecht), bei denen der Zeitraum zwischen Anschaffung und Veräußerung nicht mehr als zehn Jahre beträgt. ²Gebäude und Außenanlagen sind einzubeziehen, soweit sie innerhalb dieses Zeitraums errichtet, ausgebaut oder erweitert werden; dies gilt entsprechend für Gebäudeteile, die selbständige unbewegliche Wirtschaftsgüter sind, sowie für Eigentumswohnungen und im Teileigentum stehende Räume. ³Ausgenommen sind Wirtschaftsgüter, die im Zeitraum zwischen Anschaffung oder Fertigstellung und Veräußerung ausschließlich zu eigenen Wohnzwecken oder im Jahr der Veräußerung und in den beiden vorangegangenen Jahren zu eigenen Wohnzwecken genutzt wurden;
2. [4] Veräußerungsgeschäfte bei anderen Wirtschaftsgütern, bei denen der Zeitraum zwischen Anschaffung und Veräußerung nicht mehr als ein Jahr beträgt. ²Ausgenommen sind Veräußerungen von Gegenständen des täglichen Gebrauchs. ³Bei Anschaffung und Veräußerung mehrerer gleichartiger Fremdwährungsbeträge ist zu unterstellen, dass die zuerst angeschafften Beträge zuerst veräußert wurden. ⁴Bei Wirtschaftsgütern im Sinne von Satz 1, aus deren Nutzung als Einkunftsquelle zumindest in einem Kalenderjahr Einkünfte erzielt werden, erhöht sich der Zeitraum auf zehn Jahre;

[1] § 22a Abs. 4 aufgeh. mWv 1.1.2017 durch G v. 18.7.2016 (BGBl. I S. 1679).

[2] § 22a Abs. 5 angef. durch G v. 8.12.2010 (BGBl. I S. 1768); Sätze 3 und 5 geänd. mWv 1.1.2017 durch G v. 18.7.2016 (BGBl. I S. 1679); Sätze 1 und 2 geänd. mWv 1.1.2019 durch G v. 17.8.2017 (BGBl. I S. 3214); Sätze 1 und 2 geänd. mWv 1.1.2018 durch G v. 11.12.2018 (BGBl. I S. 2338).

[3] § 22a Abs. 6 angef. mWv 1.1.2021 durch G v. 12.8.2020 (BGBl. I S. 1879).

[4] Zur Anwendung von § 23 Abs. 1 Satz 1 Nr. 2 siehe § 52 Abs. 31; Abs. 1 Satz 1 Nr. 2 Satz 2 eingef., bish. Satz 2 wird Satz 3 und geänd. durch G v. 8.12.2010 (BGBl. I S. 1768); zur Anwendung siehe § 52 Abs. 31 Sätze 1 und 2; Nr. 2 Satz 3 eingef., bish. Satz 3 wird Satz 4 mWv VZ 2014 durch G v. 25.7.2014 (BGBl. I S. 1266).

3.[1] Veräußerungsgeschäfte, bei denen die Veräußerung der Wirtschaftsgüter früher erfolgt als der Erwerb.

[2]Als Anschaffung gilt auch die Überführung eines Wirtschaftsguts in das Privatvermögen des Steuerpflichtigen durch Entnahme oder Betriebsaufgabe. [3]Bei unentgeltlichem Erwerb ist dem Einzelrechtsnachfolger für Zwecke dieser Vorschrift die Anschaffung oder die Überführung des Wirtschaftsguts in das Privatvermögen durch den Rechtsvorgänger zuzurechnen. [4]Die Anschaffung oder Veräußerung einer unmittelbaren oder mittelbaren Beteiligung an einer Personengesellschaft gilt als Anschaffung oder Veräußerung der anteiligen Wirtschaftsgüter. [5]Als Veräußerung im Sinne des Satzes 1 Nummer 1 gilt auch

1. die Einlage eines Wirtschaftsguts in das Betriebsvermögen, wenn die Veräußerung aus dem Betriebsvermögen innerhalb eines Zeitraums von zehn Jahren seit Anschaffung des Wirtschaftsguts erfolgt, und
2. die verdeckte Einlage in eine Kapitalgesellschaft.

(2) Einkünfte aus privaten Veräußerungsgeschäften der in Absatz 1 bezeichneten Art sind den Einkünften aus anderen Einkunftsarten zuzurechnen, soweit sie zu diesen gehören.

(3)[2] [1]Gewinn oder Verlust aus Veräußerungsgeschäften nach Absatz 1 ist der Unterschied zwischen Veräußerungspreis einerseits und den Anschaffungs- oder Herstellungskosten und den Werbungskosten andererseits. [2]In den Fällen des Absatzes 1 Satz 5 Nummer 1 tritt an die Stelle des Veräußerungspreises der für den Zeitpunkt der Einlage nach § 6 Absatz 1 Nummer 5 angesetzte Wert, in den Fällen des Absatzes 1 Satz 5 Nummer 2 der gemeine Wert. [3]In den Fällen des Absatzes 1 Satz 2 tritt an die Stelle der Anschaffungs- oder Herstellungskosten der nach § 6 Absatz 1 Nummer 4 oder § 16 Absatz 3 angesetzte Wert. [4]Die Anschaffungs- oder Herstellungskosten mindern sich um Absetzungen für Abnutzung, erhöhte Absetzungen und Sonderabschreibungen, soweit sie bei der Ermittlung der Einkünfte im Sinne des § 2 Absatz 1 Satz 1 Nummer 4 bis 7 abgezogen worden sind.[3] [5]Gewinne bleiben steuerfrei, wenn der aus den privaten Veräußerungsgeschäften erzielte Gesamtgewinn im Kalenderjahr weniger als 600 Euro betragen hat. [6]In den Fällen des Absatzes 1 Satz 5 Nummer 1 sind Gewinne oder Verluste für das Kalenderjahr, in dem der Preis für die Veräußerung aus dem Betriebsvermögen zugeflossen ist, in den Fällen des Absatzes 1 Satz 5 Nummer 2 für das Kalenderjahr der verdeckten Einlage anzusetzen. [7]Verluste dürfen nur bis zur Höhe des Gewinns, den der Steuerpflichtige im gleichen Kalenderjahr aus privaten Veräußerungsgeschäften erzielt hat, ausgeglichen werden; sie dürfen nicht nach § 10d abgezogen werden. [8]Die Verluste mindern jedoch nach Maßgabe des § 10d die Einkünfte, die der Steuerpflichtige in dem unmittelbar vorangegangenen Veranlagungszeitraum oder in den folgenden Veranlagungszeiträumen aus privaten Veräußerungsgeschäften nach Absatz 1 erzielt hat oder erzielt; § 10d Absatz 4 gilt entsprechend.

---

[1] § 23 Abs. 1 Satz 1 Nr. 3 angef. mWv 24.12.2016 durch G v. 20.12.2016 (BGBl. I S. 3000); zur Anwendung siehe § 52 Abs. 31 Satz 3.

[2] § 23 Abs. 3 Sätze 9 und 10 aufgeh. mWv VZ 2014 durch G v. 25.7.2014 (BGBl. I S. 1266).

[3] Zur Anwendung von § 23 Abs. 3 Satz 4 siehe § 52 Abs. 31 Satz 5.

h) Gemeinsame Vorschriften

§ 24 [Entschädigungen u.ä.] Zu den Einkünften im Sinne des § 2 Absatz 1 gehören auch

1. Entschädigungen, die gewährt worden sind
   a) als Ersatz für entgangene oder entgehende Einnahmen oder
   b) für die Aufgabe oder Nichtausübung einer Tätigkeit, für die Aufgabe einer Gewinnbeteiligung oder einer Anwartschaft auf eine solche;
   c) als Ausgleichszahlungen an Handelsvertreter nach § 89b des Handelsgesetzbuchs;
2. Einkünfte aus einer ehemaligen Tätigkeit im Sinne des § 2 Absatz 1 Satz 1 Nummer 1 bis 4 oder aus einem früheren Rechtsverhältnis im Sinne des § 2 Absatz 1 Satz 1 Nummer 5 bis 7, und zwar auch dann, wenn sie dem Steuerpflichtigen als Rechtsnachfolger zufließen;
3. Nutzungsvergütungen für die Inanspruchnahme von Grundstücken für öffentliche Zwecke sowie Zinsen auf solche Nutzungsvergütungen und auf Entschädigungen, die mit der Inanspruchnahme von Grundstücken für öffentliche Zwecke zusammenhängen.

§ 24a Altersentlastungsbetrag. [1]Der Altersentlastungsbetrag ist bis zu einem Höchstbetrag im Kalenderjahr ein nach einem Prozentsatz ermittelter Betrag des Arbeitslohns und der positiven Summe der Einkünfte, die nicht solche aus nichtselbständiger Arbeit sind. [2]Bei der Bemessung des Betrags bleiben außer Betracht:

1. Versorgungsbezüge im Sinne des § 19 Absatz 2;
2. Einkünfte aus Leibrenten im Sinne des § 22 Nummer 1 Satz 3 Buchstabe a;
3. Einkünfte im Sinne des § 22 Nummer 4 Satz 4 Buchstabe b;
4.[1)] Einkünfte im Sinne des § 22 Nummer 5 Satz 1, soweit § 22 Nummer 5 Satz 11 anzuwenden ist;
5. Einkünfte im Sinne des § 22 Nummer 5 Satz 2 Buchstabe a.

[3]Der Altersentlastungsbetrag wird einem Steuerpflichtigen gewährt, der vor dem Beginn des Kalenderjahres, in dem er sein Einkommen bezogen hat, das 64. Lebensjahr vollendet hatte. [4]Im Fall der Zusammenveranlagung von Ehegatten zur Einkommensteuer sind die Sätze 1 bis 3 für jeden Ehegatten gesondert anzuwenden. [5]Der maßgebende Prozentsatz und der Höchstbetrag des Altersentlastungsbetrags sind der nachstehenden Tabelle zu entnehmen:

Das auf die Vollendung des 64. Lebensjahres folgende Kalenderjahr	Altersentlastungsbetrag	
	in % der Einkünfte	Höchstbetrag in Euro
2005	40,0	1900
2006	38,4	1824
2007	36,8	1748
2008	35,2	1672
2009	33,6	1596
2010	32,0	1520

[1)] § 24a Satz 2 Nr. 4 geänd. mWv VZ 2014 durch G v. 25.7.2014 (BGBl. I S. 1266).

Das auf die Vollendung des 64. Lebensjahres folgende Kalenderjahr	Altersentlastungsbetrag	
	in % der Einkünfte	Höchstbetrag in Euro
2011	30,4	1444
2012	28,8	1368
2013	27,2	1292
2014	25,6	1216
2015	24,0	1140
2016	22,4	1064
2017	20,8	988
2018	19,2	912
2019	17,6	836
2020	16,0	760
2021	15,2	722
2022	14,4	684
2023	13,6	646
2024	12,8	608
2025	12,0	570
2026	11,2	532
2027	10,4	494
2028	9,6	456
2029	8,8	418
2030	8,0	380
2031	7,2	342
2032	6,4	304
2033	5,6	266
2034	4,8	228
2035	4,0	190
2036	3,2	152
2037	2,4	114
2038	1,6	76
2039	0,8	38
2040	0,0	0

§ 24b Entlastungsbetrag für Alleinerziehende. (1)[1)] [1] Allein stehende Steuerpflichtige können einen Entlastungsbetrag von der Summe der Einkünfte abziehen, wenn zu ihrem Haushalt mindestens ein Kind gehört, für das ihnen ein Freibetrag nach § 32 Absatz 6 oder Kindergeld zusteht. [2] Die Zugehörigkeit zum Haushalt ist anzunehmen, wenn das Kind in der Wohnung des allein stehenden Steuerpflichtigen gemeldet ist. [3] Ist das Kind bei mehreren Steuer-

[1)] § 24b Abs. 1 neu gef. mWv VZ 2015 durch G v. 16.7.2015 (BGBl. I S. 1202).

pflichtigen gemeldet, steht der Entlastungsbetrag nach Satz 1 demjenigen Alleinstehenden zu, der die Voraussetzungen auf Auszahlung des Kindergeldes nach § 64 Absatz 2 Satz 1 erfüllt oder erfüllen würde in Fällen, in denen nur ein Anspruch auf einen Freibetrag nach § 32 Absatz 6 besteht. [4] Voraussetzung für die Berücksichtigung ist die Identifizierung des Kindes durch die an dieses Kind vergebene Identifikationsnummer (§ 139b der Abgabenordnung[1)]). [5] Ist das Kind nicht nach einem Steuergesetz steuerpflichtig (§ 139a Absatz 2 der Abgabenordnung), ist es in anderer geeigneter Weise zu identifizieren. [6] Die nachträgliche Vergabe der Identifikationsnummer wirkt auf Monate zurück, in denen die Voraussetzungen der Sätze 1 bis 3 vorliegen.

(2)[2)] [1] Gehört zum Haushalt des allein stehenden Steuerpflichtigen ein Kind im Sinne des Absatzes 1, beträgt der Entlastungsbetrag im Kalenderjahr *1 908 Euro* [***ab VZ 2022:*** 4 008 Euro]. [2] Für jedes weitere Kind im Sinne des Absatzes 1 erhöht sich der Betrag nach Satz 1 um 240 Euro je weiterem Kind. *[3] Der Betrag nach Satz 1 erhöht sich für die Kalenderjahre 2020 und 2021 jeweils um 2 100 Euro.*

(3)[3)] [1] Allein stehend im Sinne des Absatzes 1 sind Steuerpflichtige, die nicht die Voraussetzungen für die Anwendung des Splitting-Verfahrens (§ 26 Absatz 1) erfüllen oder verwitwet sind und keine Haushaltsgemeinschaft mit einer anderen volljährigen Person bilden, es sei denn, für diese steht ihnen ein Freibetrag nach § 32 Absatz 6 oder Kindergeld zu oder es handelt sich um ein Kind im Sinne des § 63 Absatz 1 Satz 1, das einen Dienst nach § 32 Absatz 5 Satz 1 Nummer 1 und 2 leistet oder eine Tätigkeit nach § 32 Absatz 5 Satz 1 Nummer 3 ausübt. [2] Ist die andere Person mit Haupt- oder Nebenwohnsitz in der Wohnung des Steuerpflichtigen gemeldet, wird vermutet, dass sie mit dem Steuerpflichtigen gemeinsam wirtschaftet (Haushaltsgemeinschaft). [3] Diese Vermutung ist widerlegbar, es sei denn, der Steuerpflichtige und die andere Person leben in einer eheähnlichen oder lebenspartnerschaftsähnlichen Gemeinschaft.

(4)[4)] Für jeden vollen Kalendermonat, in dem die Voraussetzungen des Absatzes 1 nicht vorgelegen haben, ermäßigt sich der Entlastungsbetrag nach Absatz 2 um ein Zwölftel.

III. Veranlagung

§ 25 Veranlagungszeitraum, Steuererklärungspflicht. (1) Die Einkommensteuer wird nach Ablauf des Kalenderjahres (Veranlagungszeitraum) nach dem Einkommen veranlagt, das der Steuerpflichtige in diesem Veranlagungszeitraum bezogen hat, soweit nicht nach § 43 Absatz 5 und § 46 eine Veranlagung unterbleibt.

(2) (weggefallen)

[1)] Nr. **1**.

[2)] § 24b Abs. 2 eingef., bish. Abs. 2 wird Abs. 3 mWv VZ 2015 durch G v. 16.7.2015 (BGBl. I S. 1202); Satz 3 angef. mWv VZ 2020 durch G v. 29.6.2020 (BGBl. I S. 1512); Satz 1 geänd., Satz 3 aufgeh. **mWv VZ 2022** durch G v. 21.12.2020 (BGBl. I S. 3096).

[3)] § 24b Abs. 2 (jetzt Abs. 3) Satz 3 geänd. mWv VZ 2014 durch G v. 18.7.2014 (BGBl. I S. 1042); bish. Abs. 2 wird Abs. 3 mWv VZ 2015 durch G v. 16.7.2015 (BGBl. I S. 1202).

[4)] § 24b bish. Abs. 3 wird Abs. 4 und geänd. mWv VZ 2015 durch G v. 16.7.2015 (BGBl. I S. 1202).

(3)[1] [1]Die steuerpflichtige Person hat für den Veranlagungszeitraum eine eigenhändig unterschriebene Einkommensteuererklärung abzugeben. [2]Wählen Ehegatten die Zusammenveranlagung (§ 26b), haben sie eine gemeinsame Steuererklärung abzugeben, die von beiden eigenhändig zu unterschreiben ist.

(4) [1]Die Erklärung nach Absatz 3 ist nach amtlich vorgeschriebenem Datensatz durch Datenfernübertragung zu übermitteln, wenn Einkünfte nach § 2 Absatz 1 Satz 1 Nummer 1 bis 3 erzielt werden und es sich nicht um einen der Veranlagungsfälle gemäß § 46 Absatz 2 Nummer 2 bis 8 handelt. [2]Auf Antrag kann die Finanzbehörde zur Vermeidung unbilliger Härten auf eine Übermittlung durch Datenfernübertragung verzichten.

§ 26[2] Veranlagung von Ehegatten. (1) [1]Ehegatten können zwischen der Einzelveranlagung (§ 26a) und der Zusammenveranlagung (§ 26b) wählen, wenn

1. beide unbeschränkt einkommensteuerpflichtig im Sinne des § 1 Absatz 1 oder 2 oder des § 1a sind,
2. sie nicht dauernd getrennt leben und
3. bei ihnen die Voraussetzungen aus den Nummern 1 und 2 zu Beginn des Veranlagungszeitraums vorgelegen haben oder im Laufe des Veranlagungszeitraums eingetreten sind.

[2]Hat ein Ehegatte in dem Veranlagungszeitraum, in dem seine zuvor bestehende Ehe aufgelöst worden ist, eine neue Ehe geschlossen und liegen bei ihm und dem neuen Ehegatten die Voraussetzungen des Satzes 1 vor, bleibt die zuvor bestehende Ehe für die Anwendung des Satzes 1 unberücksichtigt.

(2) [1]Ehegatten werden einzeln veranlagt, wenn einer der Ehegatten die Einzelveranlagung wählt. [2]Ehegatten werden zusammen veranlagt, wenn beide Ehegatten die Zusammenveranlagung wählen. [3]Die Wahl wird für den betreffenden Veranlagungszeitraum durch Angabe in der Steuererklärung getroffen. [4]Die Wahl der Veranlagungsart innerhalb eines Veranlagungszeitraums kann nach Eintritt der Unanfechtbarkeit des Steuerbescheids nur noch geändert werden, wenn

1. ein Steuerbescheid, der die Ehegatten betrifft, aufgehoben, geändert oder berichtigt wird und
2. die Änderung der Wahl der Veranlagungsart der zuständigen Finanzbehörde bis zum Eintritt der Unanfechtbarkeit des Änderungs- oder Berichtigungsbescheids schriftlich oder elektronisch mitgeteilt oder zur Niederschrift erklärt worden ist und
3. der Unterschiedsbetrag aus der Differenz der festgesetzten Einkommensteuer entsprechend der bisher gewählten Veranlagungsart und der festzusetzenden Einkommensteuer, die sich bei einer geänderten Ausübung der Wahl der Veranlagungsarten ergeben würde, positiv ist. [2]Die Einkommensteuer der einzeln veranlagten Ehegatten ist hierbei zusammenzurechnen.

(3) Wird von dem Wahlrecht nach Absatz 2 nicht oder nicht wirksam Gebrauch gemacht, so ist eine Zusammenveranlagung durchzuführen.

---

[1] § 25 Abs. 3 neu gef. mWv VZ 2013 durch G v. 1.11.2011 (BGBl. I S. 2131).
[2] § 26 neu gef. mWv VZ 2013 durch G v. 1.11.2011 (BGBl. I S. 2131).

EStG

§ 26a[1] Einzelveranlagung von Ehegatten. (1) [1] Bei der Einzelveranlagung von Ehegatten sind jedem Ehegatten die von ihm bezogenen Einkünfte zuzurechnen. [2] Einkünfte eines Ehegatten sind nicht allein deshalb zum Teil dem anderen Ehegatten zuzurechnen, weil dieser bei der Erzielung der Einkünfte mitgewirkt hat.

(2)[2] [1] Sonderausgaben, außergewöhnliche Belastungen und die Steuerermäßigungen nach den §§ 35a und 35c werden demjenigen Ehegatten zugerechnet, der die Aufwendungen wirtschaftlich getragen hat. [2] Auf übereinstimmenden Antrag der Ehegatten werden sie jeweils zur Hälfte abgezogen. [3] Der Antrag des Ehegatten, der die Aufwendungen wirtschaftlich getragen hat, ist in begründeten Einzelfällen ausreichend. [4] § 26 Absatz 2 Satz 3 gilt entsprechend.

(3) Die Anwendung des § 10d für den Fall des Übergangs von der Einzelveranlagung zur Zusammenveranlagung und von der Zusammenveranlagung zur Einzelveranlagung zwischen zwei Veranlagungszeiträumen, wenn bei beiden Ehegatten nicht ausgeglichene Verluste vorliegen, wird durch Rechtsverordnung der Bundesregierung mit Zustimmung des Bundesrates geregelt.

§ 26b Zusammenveranlagung von Ehegatten. Bei der Zusammenveranlagung von Ehegatten werden die Einkünfte, die die Ehegatten erzielt haben, zusammengerechnet, den Ehegatten gemeinsam zugerechnet und, soweit nichts anderes vorgeschrieben ist, die Ehegatten sodann gemeinsam als Steuerpflichtiger behandelt.

§ 26c[3] *(aufgehoben)*

§ 27 (weggefallen)

§ 28 Besteuerung bei fortgesetzter Gütergemeinschaft. Bei fortgesetzter Gütergemeinschaft gelten Einkünfte, die in das Gesamtgut fallen, als Einkünfte des überlebenden Ehegatten, wenn dieser unbeschränkt steuerpflichtig ist.

§§ 29 und 30 (weggefallen)

IV. Tarif

§ 31[4] Familienleistungsausgleich. [1] Die steuerliche Freistellung eines Einkommensbetrags in Höhe des Existenzminimums eines Kindes einschließlich der Bedarfe für Betreuung und Erziehung oder Ausbildung wird im gesamten Veranlagungszeitraum entweder durch die Freibeträge nach § 32 Absatz 6 oder durch Kindergeld nach Abschnitt X bewirkt. [2] Soweit das Kindergeld dafür nicht erforderlich ist, dient es der Förderung der Familie. [3] Im laufenden Kalenderjahr wird Kindergeld als Steuervergütung monatlich gezahlt. [4] Bewirkt der Anspruch auf Kindergeld für den gesamten Veranlagungszeitraum die nach Satz 1 gebotene steuerliche Freistellung nicht vollständig und werden deshalb bei der Veranlagung zur Einkommensteuer die Freibeträge nach § 32 Absatz 6

[1] § 26a neu gef. mWv VZ 2013 durch G v. 1.11.2011 (BGBl. I S. 2131).
[2] § 26a Abs. 2 Satz 1 geänd. mWv VZ 2020 durch G v. 21.12.2019 (BGBl. I S. 2886).
[3] § 26c aufgeh. mWv VZ 2013 durch G v. 1.11.2011 (BGBl. I S. 2131).
[4] § 31 Satz 5 eingef., bish. Sätze 5 und 6 werden Sätze 6 und 7 mWv 18.7.2019 durch G v. 11.7. 2019 (BGBl. I S. 1066).

vom Einkommen abgezogen, erhöht sich die unter Abzug dieser Freibeträge ermittelte tarifliche Einkommensteuer um den Anspruch auf Kindergeld für den gesamten Veranlagungszeitraum; bei nicht zusammenveranlagten Eltern wird der Kindergeldanspruch im Umfang des Kinderfreibetrags angesetzt. [5] Bei der Prüfung der Steuerfreistellung und der Hinzurechnung nach Satz 4 bleibt der Anspruch auf Kindergeld für Kalendermonate unberücksichtigt, in denen durch Bescheid der Familienkasse ein Anspruch auf Kindergeld festgesetzt, aber wegen § 70 Absatz 1 Satz 2 nicht ausgezahlt wurde. [6] Satz 4 gilt entsprechend für mit dem Kindergeld vergleichbare Leistungen nach § 65. [7] Besteht nach ausländischem Recht Anspruch auf Leistungen für Kinder, wird dieser insoweit nicht berücksichtigt, als er das inländische Kindergeld übersteigt.

§ 32 Kinder, Freibeträge für Kinder. (1) Kinder sind

1. im ersten Grad mit dem Steuerpflichtigen verwandte Kinder,
2. Pflegekinder (Personen, mit denen der Steuerpflichtige durch ein familienähnliches, auf längere Dauer berechnetes Band verbunden ist, sofern er sie nicht zu Erwerbszwecken in seinen Haushalt aufgenommen hat und das Obhuts- und Pflegeverhältnis zu den Eltern nicht mehr besteht).

(2) [1] Besteht bei einem angenommenen Kind das Kindschaftsverhältnis zu den leiblichen Eltern weiter, ist es vorrangig als angenommenes Kind zu berücksichtigen. [2] Ist ein im ersten Grad mit dem Steuerpflichtigen verwandtes Kind zugleich ein Pflegekind, ist es vorrangig als Pflegekind zu berücksichtigen.

(3) Ein Kind wird in dem Kalendermonat, in dem es lebend geboren wurde, und in jedem folgenden Kalendermonat, zu dessen Beginn es das 18. Lebensjahr noch nicht vollendet hat, berücksichtigt.

(4)[1)] [1] Ein Kind, das das 18. Lebensjahr vollendet hat, wird berücksichtigt, wenn es

1. noch nicht das 21. Lebensjahr vollendet hat, nicht in einem Beschäftigungsverhältnis steht und bei einer Agentur für Arbeit im Inland als Arbeitsuchender gemeldet ist oder
2. noch nicht das 25. Lebensjahr vollendet hat und
   a) für einen Beruf ausgebildet wird oder
   b)[2)] sich in einer Übergangszeit von höchstens vier Monaten befindet, die zwischen zwei Ausbildungsabschnitten oder zwischen einem Ausbildungsabschnitt und der Ableistung des gesetzlichen Wehr- oder Zivildienstes, einer vom Wehr- oder Zivildienst befreienden Tätigkeit als Entwicklungshelfer oder als Dienstleistender im Ausland nach § 14b des Zivildienstgesetzes oder der Ableistung des freiwilligen Wehrdienstes nach § 58b des Soldatengesetzes oder der Ableistung eines freiwilligen Dienstes im Sinne des Buchstaben d liegt, oder
   c) eine Berufsausbildung mangels Ausbildungsplatzes nicht beginnen oder fortsetzen kann oder

---

[1)] § 32 Abs. 4 Sätze 2 und 3 neu gef., Sätze 4 bis 10 aufgeh. mWv VZ 2012 G v. 1.11.2011 (BGBl. I S. 2131); Satz 2 geänd. mWv 1.1.2012 durch G v. 26.6.2013 (BGBl. I S. 1809).

[2)] § 32 Abs. 4 Satz 1 Nr. 2 Buchst. b geänd. mWv 1.1.2015 durch G v. 22.12.2014 (BGBl. I S. 2417).

d)[1] ein freiwilliges soziales Jahr oder ein freiwilliges ökologisches Jahr im Sinne des Jugendfreiwilligendienstegesetzes oder eine Freiwilligenaktivität im Rahmen des Europäischen Solidaritätskorps im Sinne der Verordnung (EU) Nr. 2018/1475 des Europäischen Parlaments und des Rates vom 2. Oktober 2018 zur Festlegung des rechtlichen Rahmens des Europäischen Solidaritätskorps sowie zur Änderung der Verordnung (EU) Nr. 1288/2013 und der Verordnung (EU) Nr. 1293/2013 sowie des Beschlusses Nr. 1313/2013/EU (ABl. L 250 vom 4.10.2018, S. 1) oder einen anderen Dienst im Ausland im Sinne von § 5 des Bundesfreiwilligendienstgesetzes oder einen entwicklungspolitischen Freiwilligendienst „weltwärts" im Sinne der Förderleitlinie des Bundesministeriums für wirtschaftliche Zusammenarbeit und Entwicklung vom 1. Januar 2016 oder einen Freiwilligendienst aller Generationen im Sinne von § 2 Absatz 1a des Siebten Buches Sozialgesetzbuch oder einen Internationalen Jugendfreiwilligendienst im Sinne der Richtlinie des Bundesministeriums für Familie, Senioren, Frauen und Jugend vom 25. Mai 2018 (GMBl S. 545) oder einen Bundesfreiwilligendienst im Sinne des Bundesfreiwilligendienstgesetzes leistet oder

3. wegen körperlicher, geistiger oder seelischer Behinderung außerstande ist, sich selbst zu unterhalten; Voraussetzung ist, dass die Behinderung vor Vollendung des 25. Lebensjahres[2] eingetreten ist.

[2] Nach Abschluss einer erstmaligen Berufsausbildung oder eines Erststudiums wird ein Kind in den Fällen des Satzes 1 Nummer 2 nur berücksichtigt, wenn das Kind keiner Erwerbstätigkeit nachgeht. [3] Eine Erwerbstätigkeit mit bis zu 20 Stunden regelmäßiger wöchentlicher Arbeitszeit, ein Ausbildungsdienstverhältnis oder ein geringfügiges Beschäftigungsverhältnis im Sinne der §§ 8 und 8a des Vierten Buches Sozialgesetzbuch sind unschädlich.

(5)[3] [4] [1] In den Fällen des Absatzes 4 Satz 1 Nummer 1 oder Nummer 2 Buchstabe a und b wird ein Kind, das

1. den gesetzlichen Grundwehrdienst oder Zivildienst geleistet hat oder
2. sich anstelle des gesetzlichen Grundwehrdienstes freiwillig für die Dauer von nicht mehr als drei Jahren zum Wehrdienst verpflichtet hat, oder
3. eine vom gesetzlichen Grundwehrdienst oder Zivildienst befreiende Tätigkeit als Entwicklungshelfer im Sinne des § 1 Absatz 1 des Entwicklungshelfer-Gesetzes ausgeübt hat,

für einen der Dauer dieser Dienste oder der Tätigkeit entsprechenden Zeitraum, höchstens für die Dauer des inländischen gesetzlichen Grundwehrdienstes oder bei anerkannten Kriegsdienstverweigerern für die Dauer des inländischen gesetzlichen Zivildienstes über das 21. oder 25. Lebensjahr[2] hinaus berücksichtigt. [2] Wird der gesetzliche Grundwehrdienst oder Zivildienst in einem Mitgliedstaat der Europäischen Union oder einem Staat, auf den das

---

[1] § 32 Abs. 4 Satz 1 Nr. 2 Buchst. d neu gef. durch G v. 16.5.2008 (BGBl. I S. 842); Nr. 2 Buchst. d geänd. mWv 14.12.2011 durch G v. 7.12.2011 (BGBl. I S. 2592); Nr. 2 Buchst. d geänd. mWv 1.1. 2012 durch G v. 26.6.2013 (BGBl. I S. 1809); Nr. 2 Buchst. d geänd. mWv VZ 2014 durch G v. 25.7. 2014 (BGBl. I S. 1266); Nr. 2 Buchst. d geänd. mWv VZ 2019 durch G v. 29.11.2018 (BGBl. I S. 2210); Nr. 2 Buchst. d geänd. mWv 18.7.2019 durch G v. 11.7.2019 (BGBl. I S. 1066).

[2] Zur Anwendung der Altersgrenze siehe § 52 Abs. 32.

[3] Zur Anwendung siehe § 52 Abs. 32 Satz 2.

[4] § 32 Abs. 5 Satz 3 geänd. mWv VZ 2012 durch G v. 1.11.2011 (BGBl. I S. 2131).

Abkommen über den Europäischen Wirtschaftsraum Anwendung findet, geleistet, so ist die Dauer dieses Dienstes maßgebend. [3]Absatz 4 Satz 2 und 3 gilt entsprechend.

(6)[1)] [1]Bei der Veranlagung zur Einkommensteuer wird für jedes zu berücksichtigende Kind des Steuerpflichtigen ein Freibetrag von 2 730 Euro[2)] für das sächliche Existenzminimum des Kindes (Kinderfreibetrag) sowie ein Freibetrag von 1 464 Euro[3)] für den Betreuungs- und Erziehungs- oder Ausbildungsbedarf des Kindes vom Einkommen abgezogen. [2]Bei Ehegatten, die nach den §§ 26, 26b zusammen zur Einkommensteuer veranlagt werden, verdoppeln sich die Beträge nach Satz 1, wenn das Kind zu beiden Ehegatten in einem Kindschaftsverhältnis steht. [3]Die Beträge nach Satz 2 stehen dem Steuerpflichtigen auch dann zu, wenn

1. der andere Elternteil verstorben oder nicht unbeschränkt einkommensteuerpflichtig ist oder
2. der Steuerpflichtige allein das Kind angenommen hat oder das Kind nur zu ihm in einem Pflegekindschaftsverhältnis steht.

[4]Für ein nicht nach § 1 Absatz 1 oder 2 unbeschränkt einkommensteuerpflichtiges Kind können die Beträge nach den Sätzen 1 bis 3 nur abgezogen werden, soweit sie nach den Verhältnissen seines Wohnsitzstaates notwendig und angemessen sind. [5]Für jeden Kalendermonat, in dem die Voraussetzungen für einen Freibetrag nach den Sätzen 1 bis 4 nicht vorliegen, ermäßigen sich die dort genannten Beträge um ein Zwölftel. [6]Abweichend von Satz 1 wird bei einem unbeschränkt einkommensteuerpflichtigen Elternpaar, bei dem die Voraussetzungen des § 26 Absatz 1 Satz 1 nicht vorliegen, auf Antrag eines Elternteils der dem anderen Elternteil zustehende Kinderfreibetrag auf ihn übertragen, wenn er, nicht jedoch der andere Elternteil, seiner Unterhaltspflicht gegenüber dem Kind für das Kalenderjahr im Wesentlichen nachkommt oder der andere Elternteil mangels Leistungsfähigkeit nicht unterhaltspflichtig ist; die Übertragung des Kinderfreibetrags führt stets auch zur Übertragung des Freibetrags für den Betreuungs- und Erziehungs- oder Ausbildungsbedarf. [7]Eine Übertragung nach Satz 6 scheidet für Zeiträume aus, für die Unterhaltsleistungen nach dem Unterhaltsvorschussgesetz gezahlt werden. [8]Bei minderjährigen Kindern wird der dem Elternteil, in dessen Wohnung das Kind nicht gemeldet ist, zustehende Freibetrag für den Betreuungs- und Erziehungs- oder Ausbildungsbedarf auf Antrag des anderen Elternteils auf diesen übertragen, wenn bei dem Elternpaar die Voraussetzungen des § 26 Absatz 1 Satz 1 nicht vorliegen. [9]Eine Übertragung nach Satz 8 scheidet aus, wenn der Übertragung widersprochen wird, weil der Elternteil, bei dem das Kind nicht gemeldet ist, Kinderbetreuungskosten trägt oder das Kind regelmäßig in einem nicht unwesentlichen Umfang betreut. [10]Die den Eltern nach den Sätzen 1 bis 9 zustehenden Freibeträge können auf Antrag auch auf einen Stiefelternteil oder Groß-

---

1) § 32 Abs. 6 Sätze 6 und 7 neu gef., Sätze 8 bis 11 angef. mWv VZ 2012 durch G v. 1.11.2011 (BGBl. I S. 2131); Satz 7 geänd. mWv VZ 2014 durch G v. 25.7.2014 (BGBl. I S. 1266); Satz 6 neu gef. mWv VZ 2021 durch G v. 2.6.2021 (BGBl. I S. 1259).

2) Betrag geänd. mWv 31.12.2009 durch G v. 22.12.2009 (BGBl. I S. 3950); geänd. mWv VZ 2015 und mWv VZ 2016 durch G v. 16.7.2015 (BGBl. I S. 1202); geänd. mWv VZ 2017 und mWv VZ 2018 durch G v. 20.12.2016 (BGBl. I S. 3000); geänd. mWv VZ 2019 und mWv VZ 2020 durch G v. 29.11.2018 (BGBl. I S. 2210); geänd. mWv VZ 2021 durch G v. 1.12.2020 (BGBl. I S. 2616).

3) Betrag geänd. mWv 31.12.2009 durch G v. 22.12.2009 (BGBl. I S. 3950); geänd. mWv VZ 2021 durch G v. 1.12.2020 (BGBl. I S. 2616).

elternteil übertragen werden, wenn dieser das Kind in seinen Haushalt aufgenommen hat oder dieser einer Unterhaltspflicht gegenüber dem Kind unterliegt. [11] Die Übertragung nach Satz 10 kann auch mit Zustimmung des berechtigten Elternteils erfolgen, die nur für künftige Kalenderjahre widerrufen werden kann.

§ 32a Einkommensteuertarif.

[Fassung VZ 2021:[1)]]

(1) [1] Die tarifliche Einkommensteuer bemisst sich nach dem zu versteuernden Einkommen. [2] Sie beträgt im Veranlagungszeitraum 2021 vorbehaltlich der §§ 32b, 32d, 34, 34a, 34b und 34c jeweils in Euro für zu versteuernde Einkommen

1. bis 9 744 Euro (Grundfreibetrag): 0;
2. von 9 745 Euro bis 14 753 Euro: $(995{,}21 \cdot y + 1\,400) \cdot y$;
3. von 14 754 Euro bis 57 918 Euro: $(208{,}85 \cdot z + 2\,397) \cdot z + 950{,}96$;
4. von 57 919 Euro bis 274 612 Euro: $0{,}42 \cdot x - 9\,136{,}63$;
5. von 274 613 Euro an: $0{,}45 \cdot x - 17\,374{,}99$.

[3] Die Größe „y" ist ein Zehntausendstel des den Grundfreibetrag übersteigenden Teils des auf einen vollen Euro-Betrag abgerundeten zu versteuernden Einkommens. [4] Die Größe „z" ist ein Zehntausendstel des 14 753 Euro übersteigenden Teils des auf einen vollen Euro-Betrag abgerundeten zu versteuernden Einkommens. [5] Die Größe „x" ist das auf einen vollen Euro-Betrag abgerundete zu versteuernde Einkommen. [6] Der sich ergebende Steuerbetrag ist auf den nächsten vollen Euro-Betrag abzurunden.

[Fassung ab VZ 2022:[2)]]

(1) [1] Die tarifliche Einkommensteuer bemisst sich nach dem zu versteuernden Einkommen. [2] Sie beträgt ab dem Veranlagungszeitraum 2022 vorbehaltlich der §§ 32b, 32d, 34, 34a, 34b und 34c jeweils in Euro für zu versteuernde Einkommen

1. bis 9 984 Euro (Grundfreibetrag): 0;
2. von 9 985 Euro bis 14 926 Euro: $(1\,008{,}70 \cdot y + 1\,400) \cdot y$;
3. von 14 927 Euro bis 58 596 Euro: $(206{,}43 \cdot z + 2\,397) \cdot z + 938{,}24$;
4. von 58 597 Euro bis 277 825 Euro: $0{,}42 \cdot x - 9\,267{,}53$;
5. von 277 826 Euro an: $0{,}45 \cdot x - 17\,602{,}28$.

[3] Die Größe „y" ist ein Zehntausendstel des den Grundfreibetrag übersteigenden Teils des auf einen vollen Euro-Betrag abgerundeten zu versteuernden Einkommens. [4] Die Größe „z" ist ein Zehntausendstel des 14 926 Euro übersteigenden Teils des auf einen vollen Euro-Betrag abgerundeten zu versteuernden Einkommens. [5] Die Größe „x" ist das auf einen vollen Euro-Betrag abgerundete zu versteuernde Einkommen. [6] Der sich ergebende Steuerbetrag ist auf den nächsten vollen Euro-Betrag abzurunden.

(2) bis (4) (weggefallen)

(5) Bei Ehegatten, die nach den §§ 26, 26b zusammen zur Einkommensteuer veranlagt werden, beträgt die tarifliche Einkommensteuer vorbehaltlich der §§ 32b, 32d, 34, 34a, 34b und 34c das Zweifache des Steuerbetrags, der sich für die Hälfte ihres gemeinsam zu versteuernden Einkommens nach Absatz 1 ergibt (Splitting-Verfahren).

---

1) § 32a Abs. 1 neu gef. mWv VZ 2021 durch G v. 1.12.2020 (BGBl. I S. 2616).
2) § 32a Abs. 1 neu gef. **mWv VZ 2022** durch G v. 1.12.2020 (BGBl. I S. 2616).

(6)[1] [1] Das Verfahren nach Absatz 5 ist auch anzuwenden zur Berechnung der tariflichen Einkommensteuer für das zu versteuernde Einkommen

1. bei einem verwitweten Steuerpflichtigen für den Veranlagungszeitraum, der dem Kalenderjahr folgt, in dem der Ehegatte verstorben ist, wenn der Steuerpflichtige und sein verstorbener Ehegatte im Zeitpunkt seines Todes die Voraussetzungen des § 26 Absatz 1 Satz 1 erfüllt haben,
2. bei einem Steuerpflichtigen, dessen Ehe in dem Kalenderjahr, in dem er sein Einkommen bezogen hat, aufgelöst worden ist, wenn in diesem Kalenderjahr
   a) der Steuerpflichtige und sein bisheriger Ehegatte die Voraussetzungen des § 26 Absatz 1 Satz 1 erfüllt haben,
   b) der bisherige Ehegatte wieder geheiratet hat und
   c) der bisherige Ehegatte und dessen neuer Ehegatte ebenfalls die Voraussetzungen des § 26 Absatz 1 Satz 1 erfüllen.

[2] Voraussetzung für die Anwendung des Satzes 1 ist, dass der Steuerpflichtige nicht nach den §§ 26, 26a einzeln zur Einkommensteuer veranlagt wird.

§ 32b Progressionsvorbehalt. (1)[2] [1] Hat ein zeitweise oder während des gesamten Veranlagungszeitraums unbeschränkt Steuerpflichtiger oder ein beschränkt Steuerpflichtiger, auf den § 50 Absatz 2 Satz 2 Nummer 4 Anwendung findet,

1. a)[3] Arbeitslosengeld, Teilarbeitslosengeld, Zuschüsse zum Arbeitsentgelt, Kurzarbeitergeld, Insolvenzgeld, Übergangsgeld nach dem Dritten Buch Sozialgesetzbuch; Insolvenzgeld, das nach § 170 Absatz 1 des Dritten Buches Sozialgesetzbuch einem Dritten zusteht, ist dem Arbeitnehmer zuzurechnen,
   b) Krankengeld, Mutterschaftsgeld, Verletztengeld, Übergangsgeld oder vergleichbare Lohnersatzleistungen nach dem Fünften, Sechsten oder Siebten Buch Sozialgesetzbuch, der Reichsversicherungsordnung, dem Gesetz über die Krankenversicherung der Landwirte oder dem Zweiten Gesetz über die Krankenversicherung der Landwirte,
   c) Mutterschaftsgeld, Zuschuss zum Mutterschaftsgeld, die Sonderunterstützung nach dem Mutterschutzgesetz sowie den Zuschuss bei Beschäftigungsverboten für die Zeit vor oder nach einer Entbindung sowie für den Entbindungstag während einer Elternzeit nach beamtenrechtlichen Vorschriften,
   d)[4] Arbeitslosenbeihilfe nach dem Soldatenversorgungsgesetz,
   e) Entschädigungen für Verdienstausfall nach dem Infektionsschutzgesetz vom 20. Juli 2000 (BGBl. I S. 1045),

---

[1] § 32a Abs. 6 Satz 1 Nr. 2 Satz 2 aufgeh. mWv VZ 2013 durch G v. 1.11.2011 (BGBl. I S. 2131); Satz 2 geänd. mWv VZ 2013 durch G v. 1.11.2011 (BGBl. I S. 2131).

[2] § 32b Abs. 1 Satz 3 geänd. durch G v. 18.12.2013 (BGBl. I S. 4318); zur Anwendung siehe § 52 Abs. 33 Satz 2.

[3] § 32b Abs. 1 Satz 1 Nr. 1 Buchst. a neu gef. mWv VZ 2015 durch G v. 25.7.2014 (BGBl. I S. 1266).

[4] § 32b Abs. 1 Satz 1 Nr. 1 Buchst. d geänd. mWv VZ 2015 durch G v. 25.7.2014 (BGBl. I S. 1266).

[Fassung bis 31.12.2023:[1)]]	*[Fassung ab 1.1.2024:[2)]]*
f) Versorgungskrankengeld oder Übergangsgeld nach dem Bundesversorgungsgesetz,	f) Krankengeld der Sozialen Entschädigung oder Übergangsgeld nach dem Vierzehnten Buch Sozialgesetzbuch,

g)[3)] nach § 3 Nummer 28 steuerfreie Aufstockungsbeträge oder Zuschläge sowie nach § 3 Nummer 28a steuerfreie Zuschüsse,

h)[4)] Leistungen an Arbeitnehmerinnen und Arbeitnehmer nach § 5 des Unterhaltssicherungsgesetzes,

i)[5)] nach § 3 Nummer 60 steuerfreie Anpassungsgelder,

j)[6)] Elterngeld nach dem Bundeselterngeld- und Elternzeitgesetz,

k)[6)] nach § 3 Nummer 2 Buchstabe e steuerfreie Leistungen, wenn vergleichbare Leistungen inländischer öffentlicher Kassen nach den Buchstaben a bis j dem Progressionsvorbehalt unterfallen, oder

2. ausländische Einkünfte, die im Veranlagungszeitraum nicht der deutschen Einkommensteuer unterlegen haben; dies gilt nur für Fälle der zeitweisen unbeschränkten Steuerpflicht einschließlich der in § 2 Absatz 7 Satz 3 geregelten Fälle; ausgenommen sind Einkünfte, die nach einem sonstigen zwischenstaatlichen Übereinkommen im Sinne der Nummer 4 steuerfrei sind und die nach diesem Übereinkommen nicht unter dem Vorbehalt der Einbeziehung bei der Berechnung der Einkommensteuer stehen,
3. Einkünfte, die nach einem Abkommen zur Vermeidung der Doppelbesteuerung steuerfrei sind,
4. Einkünfte, die nach einem sonstigen zwischenstaatlichen Übereinkommen unter dem Vorbehalt der Einbeziehung bei der Berechnung der Einkommensteuer steuerfrei sind,
5. Einkünfte, die bei Anwendung von § 1 Absatz 3 oder § 1a oder § 50 Absatz 2 Satz 2 Nummer 4 im Veranlagungszeitraum bei der Ermittlung des zu versteuernden Einkommens unberücksichtigt bleiben, weil sie nicht der deutschen Einkommensteuer oder einem Steuerabzug unterliegen; ausgenommen sind Einkünfte, die nach einem sonstigen zwischenstaatlichen Übereinkommen im Sinne der Nummer 4 steuerfrei sind und die nach diesem Übereinkommen nicht unter dem Vorbehalt der Einbeziehung bei der Berechnung der Einkommensteuer stehen,

bezogen, so ist auf das nach § 32a Absatz 1 zu versteuernde Einkommen ein besonderer Steuersatz anzuwenden. [2]Satz 1 Nummer 3 gilt nicht für Einkünfte

1. aus einer anderen als in einem Drittstaat belegenen land- und forstwirtschaftlichen Betriebsstätte,

[1)] Zur weiteren Anwendung siehe § 52 Abs. 54.

[2)] § 32b Abs. 1 Satz 1 Nr. 1 Buchst f. neu gef. **mWv 1.1.2024** durch G v. 12.12.2019 (BGBl. I S. 2652).

[3)] § 32b Abs. 1 Satz 1 Nr. 1 Buchst. g geänd. durch G v. 19.6.2020 (BGBl. I S. 1385).

[4)] § 32b Abs. 1 Satz 1 Nr. 1 Buchst. h neu gef. mWv 1.1.2020 durch G v. 12.12.2019 (BGBl. I S. 2451).

[5)] § 32b Abs. 1 Satz 1 Nr. 1 Buchst. i neu gef. mWv VZ 2020 durch G v. 8.8.2020 (BGBl. I S. 1818).

[6)] § 32b Abs. 1 Satz 1 Nr. 1 Buchst. j geänd., Buchst. k angef. mWv VZ 2015 durch G v. 25.7.2014 (BGBl. I S. 1266).

2. aus einer anderen als in einem Drittstaat belegenen gewerblichen Betriebsstätte, die nicht die Voraussetzungen des § 2a Absatz 2 Satz 1 erfüllt,
3. aus der Vermietung oder der Verpachtung von unbeweglichem Vermögen oder von Sachinbegriffen, wenn diese in einem anderen Staat als in einem Drittstaat belegen sind, oder
4. aus der entgeltlichen Überlassung von Schiffen, sofern diese ausschließlich oder fast ausschließlich in einem anderen als einem Drittstaat eingesetzt worden sind, es sei denn, es handelt sich um Handelsschiffe, die
   a) von einem Vercharterer ausgerüstet überlassen oder
   b) an in einem anderen als in einem Drittstaat ansässige Ausrüster, die die Voraussetzungen des § 510 Absatz 1 des Handelsgesetzbuchs erfüllen, überlassen oder
   c) insgesamt nur vorübergehend an in einem Drittstaat ansässige Ausrüster, die die Voraussetzungen des § 510 Absatz 1 des Handelsgesetzbuchs erfüllen, überlassen

   worden sind, oder
5. aus dem Ansatz des niedrigeren Teilwerts oder der Übertragung eines zu einem Betriebsvermögen gehörenden Wirtschaftsguts im Sinne der Nummern 3 und 4.

[3] § 2a Absatz 2a und § 15b sind sinngemäß anzuwenden.

(1a) Als unmittelbar von einem unbeschränkt Steuerpflichtigen bezogene ausländische Einkünfte im Sinne des Absatzes 1 Nummer 3 gelten auch die ausländischen Einkünfte, die eine Organgesellschaft im Sinne des § 14 oder des § 17 des Körperschaftsteuergesetzes[1)] bezogen hat und die nach einem Abkommen zur Vermeidung der Doppelbesteuerung steuerfrei sind, in dem Verhältnis, in dem dem unbeschränkt Steuerpflichtigen das Einkommen der Organgesellschaft bezogen auf das gesamte Einkommen der Organgesellschaft im Veranlagungszeitraum zugerechnet wird.

(2)[2)] Der besondere Steuersatz nach Absatz 1 ist der Steuersatz, der sich ergibt, wenn bei der Berechnung der Einkommensteuer das nach § 32a Absatz 1 zu versteuernde Einkommen vermehrt oder vermindert wird um

1. im Fall des Absatzes 1 Nummer 1 die Summe der Leistungen nach Abzug des Arbeitnehmer-Pauschbetrags (§ 9a Satz 1 Nummer 1), soweit er nicht bei der Ermittlung der Einkünfte aus nichtselbständiger Arbeit abziehbar ist;
2. im Fall des Absatzes 1 Nummer 2 bis 5 die dort bezeichneten Einkünfte, wobei die darin enthaltenen außerordentlichen Einkünfte mit einem Fünftel zu berücksichtigen sind. [2] Bei der Ermittlung der Einkünfte im Fall des Absatzes 1 Nummer 2 bis 5
   a) ist der Arbeitnehmer-Pauschbetrag (§ 9a Satz 1 Nummer 1 Buchstabe a) abzuziehen, soweit er nicht bei der Ermittlung der Einkünfte aus nichtselbständiger Arbeit abziehbar ist;
   b) sind Werbungskosten nur insoweit abzuziehen, als sie zusammen mit den bei der Ermittlung der Einkünfte aus nichtselbständiger Arbeit abzieh-

---

[1)] Nr. **17**.

[2)] § 32b Abs. 2 Satz 1 Nr. 2 Satz 2 Buchst. c angef. durch G v. 26.6.2013 (BGBl. I S. 1809); zur Anwendung siehe § 52 Abs. 33; Sätze 2 und 3 aufgeh. mWv VZ 2014 durch G v. 25.7.2014 (BGBl. I S. 1266).

baren Werbungskosten den Arbeitnehmer-Pauschbetrag (§ 9a Satz 1 Nummer 1 Buchstabe a) übersteigen;

c) sind bei Gewinnermittlung nach § 4 Absatz 3 die Anschaffungs- oder Herstellungskosten für Wirtschaftsgüter des Umlaufvermögens im Zeitpunkt des Zuflusses des Veräußerungserlöses oder bei Entnahme im Zeitpunkt der Entnahme als Betriebsausgaben zu berücksichtigen. [2] § 4 Absatz 3 Satz 5 gilt entsprechend.

(3)[1)] [1] Nach Maßgabe des § 93c der Abgabenordnung[2)] haben die Träger der Sozialleistungen im Sinne des Absatzes 1 Satz 1 Nummer 1 für jeden Leistungsempfänger der für seine Besteuerung nach dem Einkommen zuständigen Finanzbehörde neben den nach § 93c Absatz 1 der Abgabenordnung erforderlichen Angaben die Daten über die im Kalenderjahr gewährten Leistungen sowie die Dauer des Leistungszeitraums zu übermitteln, soweit die Leistungen nicht in der Lohnsteuerbescheinigung anzugeben sind (§ 41b Absatz 1 Satz 2 Nummer 5); § 41b Absatz 2 und § 22a Absatz 2 gelten entsprechend. [2] Die mitteilungspflichtige Stelle hat den Empfänger der Leistungen auf die steuerliche Behandlung dieser Leistungen und seine Steuererklärungspflicht hinzuweisen. [3] In den Fällen des § 170 Absatz 1 des Dritten Buches Sozialgesetzbuch gilt als Empfänger des an Dritte ausgezahlten Insolvenzgeldes der Arbeitnehmer, der seinen Arbeitsentgeltanspruch übertragen hat.

(4)[3)] [1] In den Fällen des Absatzes 3 ist für die Anwendung des § 72a Absatz 4 und des § 93c Absatz 4 Satz 1 der Abgabenordnung das Betriebsstättenfinanzamt des Trägers der jeweiligen Sozialleistungen zuständig. [2] Sind für ihn mehrere Betriebsstättenfinanzämter zuständig oder hat er keine Betriebsstätte im Sinne des § 41 Absatz 2, so ist das Finanzamt zuständig, in dessen Bezirk sich seine Geschäftsleitung nach § 10 der Abgabenordnung im Inland befindet.

(5)[4)] Die nach Absatz 3 übermittelten Daten können durch das nach Absatz 4 zuständige Finanzamt bei den für die Besteuerung der Leistungsempfänger nach dem Einkommen zuständigen Finanzbehörden abgerufen und zur Anwendung des § 72a Absatz 4 und des § 93c Absatz 4 Satz 1 der Abgabenordnung verarbeitet werden.

§ 32c[5)] Tarifermäßigung bei Einkünften aus Land- und Forstwirtschaft. (1) [1] Auf Antrag des Steuerpflichtigen wird nach Ablauf von drei Veranlagungszeiträumen (Betrachtungszeitraum) unter den Voraussetzungen des Absatzes 5 für Einkünfte aus Land- und Forstwirtschaft im Sinne des § 13 eine Tarifermäßigung nach Satz 2 gewährt. [2] Ist die Summe der tariflichen Einkommensteuer, die innerhalb des Betrachtungszeitraums auf die steuerpflichtigen Einkünfte aus Land- und Forstwirtschaft im Sinne des § 13 entfällt, höher als die Summe der nach Absatz 2 ermittelten fiktiven tariflichen Einkommensteu-

---

1) § 32b Abs. 3 neu gef. durch G v. 18.7.2016 (BGBl. I S. 1679); zur Anwendung siehe § 52 Abs. 33 Satz 3.

2) Nr. **1**.

3) § 32b Abs. 4 neu gef. durch G v. 18.7.2016 (BGBl. I S. 1679); zur Anwendung siehe § 52 Abs. 33 Satz 3.

4) § 32b Abs. 5 angef. durch G v. 18.7.2016 (BGBl. I S. 1679); zur Anwendung siehe § 52 Abs. 33 Satz 3; geänd. mWv VZ 2019 durch G v. 20.11.2019 (BGBl. I S. 1626).

5) § 32c eingef. durch G v. 20.12.2016 (BGBl. I S. 3045, aufgeh. durch Art. 31 G v. 12.12.2019, BGBl. I S. 2451); § 32c eingef. mWv VZ 2016 durch G v. 12.12.2019 (BGBl. I S. 2451); zur Anwendung siehe § 52 Abs. 33a.

er, die innerhalb des Betrachtungszeitraums auf die steuerpflichtigen Einkünfte aus Land- und Forstwirtschaft im Sinne des § 13 entfällt, wird bei der Steuerfestsetzung des letzten Veranlagungszeitraums im Betrachtungszeitraum die tarifliche Einkommensteuer um den Unterschiedsbetrag ermäßigt. [3]Satz 1 gilt nicht, wenn nur in einem Veranlagungszeitraum des Betrachtungszeitraums Einkünfte aus Land- und Forstwirtschaft erzielt werden.

(2) [1]Die fiktive tarifliche Einkommensteuer, die auf die steuerpflichtigen Einkünfte aus Land- und Forstwirtschaft im Sinne des § 13 entfällt, wird für jeden Veranlagungszeitraum des Betrachtungszeitraums gesondert ermittelt. [2]Dabei treten an die Stelle der tatsächlichen Einkünfte aus Land- und Forstwirtschaft im Sinne des § 13 die nach Satz 3 zu ermittelnden durchschnittlichen Einkünfte. [3]Zur Ermittlung der durchschnittlichen Einkünfte aus Land- und Forstwirtschaft wird die Summe der tatsächlichen Einkünfte aus Land- und Forstwirtschaft der Veranlagungszeiträume eines Betrachtungszeitraums gleichmäßig auf die Veranlagungszeiträume des Betrachtungszeitraums verteilt.

(3) [1]Die auf die steuerpflichtigen Einkünfte aus Land- und Forstwirtschaft im Sinne des § 13 entfallende tarifliche Einkommensteuer im Sinne des Absatzes 1 ermittelt sich aus dem Verhältnis der positiven steuerpflichtigen Einkünfte aus Land- und Forstwirtschaft zur Summe der positiven Einkünfte. [2]Entsprechendes gilt bei der Ermittlung der fiktiven tariflichen Einkommensteuer. [3]Bei Ehegatten, die nach den §§ 26, 26b zusammen zur Einkommensteuer veranlagt werden, werden für die Ermittlung der Einkünfte jeder Einkunftsart im Sinne des Satzes 1 die Einkünfte beider Ehegatten zusammengerechnet.

(4) Bei der Ermittlung der tatsächlichen und der durchschnittlichen Einkünfte aus Land- und Forstwirtschaft im Sinne der Absätze 2 und 3 bleiben außer Betracht:

1. außerordentliche Einkünfte nach § 34 Absatz 2,
2. nach § 34a begünstigte nicht entnommene Gewinne sowie
3. Einkünfte aus außerordentlichen Holznutzungen im Sinne des § 34b Absatz 1 und 2.

(5) [1]Die Inanspruchnahme der Tarifermäßigung ist nur zulässig, wenn

1. für negative Einkünfte, die im ersten Veranlagungszeitraum des Betrachtungszeitraums erzielt wurden, kein Verlustrücktrag nach § 10d Absatz 1 in den letzten Veranlagungszeitraum eines vorangegangenen Betrachtungszeitraums vorgenommen wurde,
2. für negative Einkünfte, die im zweiten und dritten Veranlagungszeitraum des Betrachtungszeitraums erzielt wurden, kein Antrag nach § 10d Absatz 1 Satz 5 gestellt wurde,
3. der Steuerpflichtige kein Unternehmer in Schwierigkeiten im Sinne der Rahmenregelung der Europäischen Union für staatliche Beihilfen im Agrar- und Forstsektor und in ländlichen Gebieten 2014–2020 (2014/C 204/01) (ABl. C 204 vom 1.7.2014, S. 1) ist,
4. ein Steuerpflichtiger, der zu einer Rückzahlung von Beihilfen auf Grund eines früheren Beschlusses der Europäischen Kommission zur Feststellung der Unzulässigkeit einer Beihilfe und ihrer Unvereinbarkeit mit dem Binnenmarkt verpflichtet worden ist, dieser Rückforderungsanordnung vollständig nachgekommen ist,

5. der Steuerpflichtige weder einen der in Artikel 10 Absatz 1 der Verordnung (EU) Nr. 508/2014 des Europäischen Parlaments und des Rates vom 15. Mai 2014 über den Europäischen Meeres- und Fischereifonds und zur Aufhebung der Verordnungen (EG) Nr. 2328/2003, (EG) Nr. 861/2006, (EG) Nr. 1198/2006 und (EG) Nr. 791/2007 des Rates und der Verordnung (EU) Nr. 1255/2011 des Europäischen Parlaments und des Rates (ABl. L 149 vom 20.5.2014, S. 1) genannten Verstöße oder Vergehen noch einen Betrug gemäß Artikel 10 Absatz 3 dieser Verordnung in dem Zeitraum begangen hat, der in den delegierten Rechtsakten auf der Grundlage von Artikel 10 Absatz 4 dieser Verordnung festgelegt ist, und
6. ein Steuerpflichtiger mit Einkünften aus Binnenfischerei, Teichwirtschaft oder Fischzucht für Binnenfischerei und Teichwirtschaft versichert, dass er für einen Zeitraum von fünf Jahren nach Bekanntgabe des Einkommensteuerbescheids, mit dem die Tarifermäßigung gewährt wird, die Bestimmungen der Gemeinsamen Fischereipolitik einhalten wird.

[2] Der Steuerpflichtige hat bei der Beantragung der Tarifermäßigung zu erklären, dass die in Satz 1 Nummer 3 bis 6 genannten Voraussetzungen bestehen. [3] Der Steuerpflichtige hat dem zuständigen Finanzamt nach Beantragung der Tarifermäßigung unverzüglich mitzuteilen, wenn eine der in Satz 1 Nummer 3 bis 6 genannten Voraussetzungen nicht mehr vorliegt.

(6)[1)] [1] Ist für einen Veranlagungszeitraum, in dem eine Tarifermäßigung nach Absatz 1 gewährt wurde, bereits ein Einkommensteuerbescheid erlassen worden, ist dieser zu ändern, soweit sich in einem Einkommensteuerbescheid des Betrachtungszeitraums Besteuerungsgrundlagen ändern. [2] Die Festsetzungsfrist endet insoweit nicht, bevor die Festsetzungsfrist für den Veranlagungszeitraum abgelaufen ist, in dem sich die Besteuerungsgrundlagen geändert haben. [3] Die Sätze 1 und 2 gelten in den Fällen des § 36 Absatz 2 Nummer 4 entsprechend für die Anrechnungsverfügung.

(7) [1] Wird während eines Zeitraums von fünf Jahren nach Bekanntgabe des Einkommensteuerbescheids, mit dem die Tarifermäßigung für den jeweiligen Betrachtungszeitraum gewährt wird, einer der in Artikel 10 Absatz 1 der Verordnung (EU) Nr. 508/2014 genannten Verstöße durch die zuständige Behörde festgestellt, ist eine Tarifermäßigung im Sinne des Absatzes 1 Satz 2 rückgängig zu machen. [2] Ein solcher Verstoß gilt als rückwirkendes Ereignis im Sinne von § 175 Absatz 1 Satz 1 Nummer 2 in Verbindung mit Absatz 2 der Abgabenordnung[2)]. [3] Der Steuerpflichtige hat einen Verstoß unverzüglich nach dessen Feststellung dem zuständigen Finanzamt anzuzeigen. [4] Die Festsetzungsfrist für die Steuer endet nicht vor Ablauf von vier Jahren nach Ablauf des Kalenderjahres, in dem die Finanzbehörde von dem Verstoß nach Satz 1 Kenntnis erlangt hat.

§ 32d Gesonderter Steuertarif für Einkünfte aus Kapitalvermögen.

(1) [1] Die Einkommensteuer für Einkünfte aus Kapitalvermögen, die nicht unter § 20 Absatz 8 fallen, beträgt 25 Prozent. [2] Die Steuer nach Satz 1 vermindert sich um die nach Maßgabe des Absatzes 5 anrechenbaren ausländischen Steuern. [3] Im Fall der Kirchensteuerpflicht ermäßigt sich die Steuer nach den

---

[1)] § 32c Abs. 6 Satz 3 geänd. mWv VZ 2021 durch G v. 21.12.2020 (BGBl. I S. 3096).
[2)] Nr. **1**.

Sätzen 1 und 2 um 25 Prozent der auf die Kapitalerträge entfallenden Kirchensteuer. [4] Die Einkommensteuer beträgt damit

$$\frac{e - 4q}{4 + k}\ .$$

[5] Dabei sind „e" die nach den Vorschriften des § 20 ermittelten Einkünfte, „q" die nach Maßgabe des Absatzes 5 anrechenbare ausländische Steuer und „k" der für die Kirchensteuer erhebende Religionsgesellschaft (Religionsgemeinschaft) geltende Kirchensteuersatz.

(2) Absatz 1 gilt nicht

1. für Kapitalerträge im Sinne des § 20 Absatz 1 Nummer 4 und 7 sowie Absatz 2 Satz 1 Nummer 4 und 7,
   a)[1)] wenn Gläubiger und Schuldner einander nahe stehende Personen sind, soweit die den Kapitalerträgen entsprechenden Aufwendungen beim Schuldner Betriebsausgaben oder Werbungskosten im Zusammenhang mit Einkünften sind, die der inländischen Besteuerung unterliegen und § 20 Absatz 9 Satz 1 zweiter Halbsatz keine Anwendung findet,
   b)[2)] wenn sie von einer Kapitalgesellschaft oder Genossenschaft an einen Anteilseigner gezahlt werden, der zu mindestens 10 Prozent an der Gesellschaft oder Genossenschaft beteiligt ist, soweit die den Kapitalerträgen entsprechenden Aufwendungen beim Schuldner Betriebsausgaben oder Werbungskosten im Zusammenhang mit Einkünften sind, die der inländischen Besteuerung unterliegen und § 20 Absatz 9 Satz 1 zweiter Halbsatz keine Anwendung findet. [2] Dies gilt auch, wenn der Gläubiger der Kapitalerträge eine dem Anteilseigner nahe stehende Person ist, oder
   c) soweit ein Dritter die Kapitalerträge schuldet und diese Kapitalanlage im Zusammenhang mit einer Kapitalüberlassung an einen Betrieb des Gläubigers steht. [2] Dies gilt entsprechend, wenn Kapital überlassen wird
      aa) an eine dem Gläubiger der Kapitalerträge nahestehende Person oder
      bb) an eine Personengesellschaft, bei der der Gläubiger der Kapitalerträge oder eine diesem nahestehende Person als Mitunternehmer beteiligt ist oder
      cc) an eine Kapitalgesellschaft oder Genossenschaft, an der der Gläubiger der Kapitalerträge oder eine diesem nahestehende Person zu mindestens 10 Prozent beteiligt ist,

   sofern der Dritte auf den Gläubiger oder eine diesem nahestehende Person zurückgreifen kann. [3] Ein Zusammenhang ist anzunehmen, wenn die Kapitalanlage und die Kapitalüberlassung auf einem einheitlichen Plan beruhen. [4] Hiervon ist insbesondere dann auszugehen, wenn die Kapitalüberlassung in engem zeitlichen Zusammenhang mit einer Kapitalanlage steht oder die jeweiligen Zinsvereinbarungen miteinander verknüpft sind. [5] Von einem Zusammenhang ist jedoch nicht auszuge-

---

1) § 32d Abs. 2 Nr. 1 Satz 1 Buchst. a neu gef. mWv VZ 2011 durch G v. 8.12.2010 (BGBl. I S. 1768).

2) § 32d Abs. 2 Nr. 1 Satz 1 Buchst. b Satz 1 geänd. durch G v. 21.12.2020 (BGBl. I S. 3096); zur Anwendung siehe § 52 Abs. 33b Sätze 1 und 2.

hen, wenn die Zinsvereinbarungen marktüblich sind oder die Anwendung des Absatzes 1 beim Steuerpflichtigen zu keinem Belastungsvorteil führt. [6]Die Sätze 1 bis 5 gelten sinngemäß, wenn das überlassene Kapital vom Gläubiger der Kapitalerträge für die Erzielung von Einkünften im Sinne des § 2 Absatz 1 Satz 1 Nummer 4, 6 und 7 eingesetzt wird.

[2]Insoweit findet § 20 Absatz 6 und 9 keine Anwendung;

2. für Kapitalerträge im Sinne des § 20 Absatz 1 Nummer 6 Satz 2. [2]Insoweit findet § 20 Absatz 6 keine Anwendung;
3. auf Antrag für Kapitalerträge im Sinne des § 20 Absatz 1 Nummer 1 und 2 aus einer Beteiligung an einer Kapitalgesellschaft, wenn der Steuerpflichtige im Veranlagungszeitraum, für den der Antrag erstmals gestellt wird, unmittelbar oder mittelbar
   a) zu mindestens 25 Prozent an der Kapitalgesellschaft beteiligt ist oder
   b)[1)] zu mindestens 1 Prozent an der Kapitalgesellschaft beteiligt ist und durch eine berufliche Tätigkeit für diese maßgeblichen unternehmerischen Einfluss auf deren wirtschaftliche Tätigkeit nehmen kann.

   [2]Insoweit finden § 3 Nummer 40 Satz 2 und § 20 Absatz 6 und 9 keine Anwendung. [3]Der Antrag gilt für die jeweilige Beteiligung erstmals für den Veranlagungszeitraum, für den er gestellt worden ist. [4]Er ist spätestens zusammen mit der Einkommensteuererklärung für den jeweiligen Veranlagungszeitraum zu stellen und gilt, solange er nicht widerrufen wird, auch für die folgenden vier Veranlagungszeiträume, ohne dass die Antragsvoraussetzungen erneut zu belegen sind. [5]Die Widerrufserklärung muss dem Finanzamt spätestens mit der Steuererklärung für den Veranlagungszeitraum zugehen, für den die Sätze 1 bis 4 erstmals nicht mehr angewandt werden sollen. [6]Nach einem Widerruf ist ein erneuter Antrag des Steuerpflichtigen für diese Beteiligung an der Kapitalgesellschaft nicht mehr zulässig;
4.[2)] für Bezüge im Sinne des § 20 Absatz 1 Nummer 1 und für Einnahmen im Sinne des § 20 Absatz 1 Nummer 9, soweit sie das Einkommen der leistenden Körperschaft gemindert haben; dies gilt nicht, soweit eine verdeckte Gewinnausschüttung das Einkommen einer dem Steuerpflichtigen nahe stehenden Person erhöht hat und § 32a des Körperschaftsteuergesetzes[3)] auf die Veranlagung dieser nahe stehenden Person keine Anwendung findet.

(3)[4)] [1]Steuerpflichtige Kapitalerträge, die nicht der Kapitalertragsteuer unterlegen haben, hat der Steuerpflichtige in seiner Einkommensteuererklärung anzugeben. [2]Für diese Kapitalerträge erhöht sich die tarifliche Einkommensteuer um den nach Absatz 1 ermittelten Betrag. [3]Im Fall des Satzes 1 ist eine Veranlagung ungeachtet von § 46 Absatz 2 durchzuführen.

(4) Der Steuerpflichtige kann mit der Einkommensteuererklärung für Kapitalerträge, die der Kapitalertragsteuer unterlegen haben, eine Steuerfestsetzung

---

[1)] § 32d Abs. 2 Satz 1 Nr. 3 Buchst. b neu gef. mWv VZ 2017 durch G v. 20.12.2016 (BGBl. I S. 3000); zur Anwendung siehe § 52 Abs. 33b Satz 3.

[2)] § 32d Abs. 2 Nr. 4 angef. mWv VZ 2011 durch G v. 8.12.2010 (BGBl. I S. 1768); Nr. 4 geänd. mWv 1.1.2014 durch G v. 26.6.2013 (BGBl. I S. 1809).

[3)] Nr. **17**.

[4)] § 32d Abs. 3 Satz 3 angef. mWv VZ 2019 durch G v. 12.12.2019 (BGBl. I S. 2451).

entsprechend Absatz 3 Satz 2 insbesondere in Fällen eines nicht vollständig ausgeschöpften Sparer-Pauschbetrags, einer Anwendung der Ersatzbemessungsgrundlage nach § 43a Absatz 2 Satz 7, eines noch nicht im Rahmen des § 43a Absatz 3 berücksichtigten Verlusts, eines Verlustvortrags nach § 20 Absatz 6 und noch nicht berücksichtigter ausländischer Steuern, zur Überprüfung des Steuereinbehalts dem Grund oder der Höhe nach oder zur Anwendung von Absatz 1 Satz 3 beantragen.

(5)[1)] [1] In den Fällen der Absätze 3 und 4 ist bei unbeschränkt Steuerpflichtigen, die mit ausländischen Kapitalerträgen in dem Staat, aus dem die Kapitalerträge stammen, zu einer der deutschen Einkommensteuer entsprechenden Steuer herangezogen werden, die auf ausländische Kapitalerträge festgesetzte und gezahlte und um einen entstandenen Ermäßigungsanspruch gekürzte ausländische Steuer, jedoch höchstens 25 Prozent ausländische Steuer auf den einzelnen steuerpflichtigen Kapitalertrag, auf die deutsche Steuer anzurechnen. [2] Soweit in einem Abkommen zur Vermeidung der Doppelbesteuerung die Anrechnung einer ausländischen Steuer einschließlich einer als gezahlt geltenden Steuer auf die deutsche Steuer vorgesehen ist, gilt Satz 1 entsprechend. [3] Die ausländischen Steuern sind nur bis zur Höhe der auf die im jeweiligen Veranlagungszeitraum bezogenen Kapitalerträge im Sinne des Satzes 1 entfallenden deutschen Steuer anzurechnen.

(6)[2)] [1] Auf Antrag des Steuerpflichtigen werden anstelle der Anwendung der Absätze 1, 3 und 4 die nach § 20 ermittelten Kapitaleinkünfte den Einkünften im Sinne des § 2 hinzugerechnet und der tariflichen Einkommensteuer unterworfen, wenn dies zu einer niedrigeren Einkommensteuer einschließlich Zuschlagsteuern führt (Günstigerprüfung). [2] Absatz 5 ist mit der Maßgabe anzuwenden, dass die nach dieser Vorschrift ermittelten ausländischen Steuern auf die zusätzliche tarifliche Einkommensteuer anzurechnen sind, die auf die hinzugerechneten Kapitaleinkünfte entfällt. [3] Der Antrag kann für den jeweiligen Veranlagungszeitraum nur einheitlich für sämtliche Kapitalerträge gestellt werden. [4] Bei zusammenveranlagten Ehegatten kann der Antrag nur für sämtliche Kapitalerträge beider Ehegatten gestellt werden.

§ 33 Außergewöhnliche Belastungen. (1) Erwachsen einem Steuerpflichtigen zwangsläufig größere Aufwendungen als der überwiegenden Mehrzahl der Steuerpflichtigen gleicher Einkommensverhältnisse, gleicher Vermögensverhältnisse und gleichen Familienstands (außergewöhnliche Belastung), so wird auf Antrag die Einkommensteuer dadurch ermäßigt, dass der Teil der Aufwendungen, der die dem Steuerpflichtigen zumutbare Belastung (Absatz 3) übersteigt, vom Gesamtbetrag der Einkünfte abgezogen wird.

(2)[3)] [1] Aufwendungen erwachsen dem Steuerpflichtigen zwangsläufig, wenn er sich ihnen aus rechtlichen, tatsächlichen oder sittlichen Gründen nicht entziehen kann und soweit die Aufwendungen den Umständen nach notwendig sind und einen angemessenen Betrag nicht übersteigen. [2] Aufwendungen, die zu den Betriebsausgaben, Werbungskosten oder Sonderausgaben gehören, bleiben dabei außer Betracht; das gilt für Aufwendungen im Sinne des § 10

---

1) § 32d Abs. 5 Satz 1 geänd. mWv VZ 2021 durch G v. 21.12.2020 (BGBl. I S. 3096).

2) § 32d Abs. 6 Satz 1 neu gef. mWv VZ 2011 durch G v. 8.12.2010 (BGBl. I S. 1768).

3) § 33 Abs. 2 Satz 2 neu gef. mWv VZ 2012 durch G v. 1.11.2011 (BGBl. I S. 2131); Satz 4 angef. mWv VZ 2013 durch G v. 26.6.2013 (BGBl. I S. 1809).

Absatz 1 Nummer 7 und 9 nur insoweit, als sie als Sonderausgaben abgezogen werden können. [3]Aufwendungen, die durch Diätverpflegung entstehen, können nicht als außergewöhnliche Belastung berücksichtigt werden. [4]Aufwendungen für die Führung eines Rechtsstreits (Prozesskosten) sind vom Abzug ausgeschlossen, es sei denn, es handelt sich um Aufwendungen ohne die der Steuerpflichtige Gefahr liefe, seine Existenzgrundlage zu verlieren und seine lebensnotwendigen Bedürfnisse in dem üblichen Rahmen nicht mehr befriedigen zu können.

(2a)[1)] [1]Abweichend von Absatz 1 wird für Aufwendungen für durch eine Behinderung veranlasste Fahrten nur eine Pauschale gewährt (behinderungsbedingte Fahrtkostenpauschale). [2]Die Pauschale erhalten:

1. Menschen mit einem Grad der Behinderung von mindestens 80 oder mit einem Grad der Behinderung von mindestens 70 und dem Merkzeichen „G“,
2. Menschen mit dem Merkzeichen „aG“, mit dem Merkzeichen „Bl“, mit dem Merkzeichen „TBl“ oder mit dem Merkzeichen „H“.

[3]Bei Erfüllung der Anspruchsvoraussetzungen nach Satz 2 Nummer 1 beträgt die Pauschale 900 Euro. [4]Bei Erfüllung der Anspruchsvoraussetzungen nach Satz 2 Nummer 2 beträgt die Pauschale 4 500 Euro. [5]In diesem Fall kann die Pauschale nach Satz 3 nicht zusätzlich in Anspruch genommen werden. [6]Über die Fahrtkostenpauschale nach Satz 1 hinaus sind keine weiteren behinderungsbedingten Fahrtkosten als außergewöhnliche Belastung nach Absatz 1 berücksichtigungsfähig. [7]Die Pauschale ist bei der Ermittlung des Teils der Aufwendungen im Sinne des Absatzes 1, der die zumutbare Belastung übersteigt, einzubeziehen. [8]Sie kann auch gewährt werden, wenn ein Behinderten-Pauschbetrag nach § 33b Absatz 5 übertragen wurde. [9]§ 33b Absatz 5 ist entsprechend anzuwenden.

(3) [1]Die zumutbare Belastung beträgt

bei einem Gesamtbetrag der Einkünfte	bis 15 340 EUR	über 15 340 EUR bis 51 130 EUR	über 51 130 EUR
1. bei Steuerpflichtigen, die keine Kinder haben und bei denen die Einkommensteuer			
a) nach § 32a Absatz 1,	5	6	7
b) nach § 32a Absatz 5 oder 6 (Splitting-Verfahren)	4	5	6
zu berechnen ist;			
2. bei Steuerpflichtigen mit			
a) einem Kind oder zwei Kindern,	2	3	4
b) drei oder mehr Kindern	1	1	2
	Prozent des Gesamtbetrags der Einkünfte.		

[1)] § 33 Abs. 2a eingef. mWv VZ 2021 durch G v. 9.12.2020 (BGBl. I S. 2770); zur Anwendung siehe § 52 Abs. 33c.

[2] Als Kinder des Steuerpflichtigen zählen die, für die er Anspruch auf einen Freibetrag nach § 32 Absatz 6 oder auf Kindergeld hat.

(4)[1)] Die Bundesregierung wird ermächtigt, durch Rechtsverordnung mit Zustimmung des Bundesrates die Einzelheiten des Nachweises von Aufwendungen nach Absatz 1 und der Anspruchsvoraussetzungen nach Absatz 2a zu bestimmen.

§ 33a Außergewöhnliche Belastung in besonderen Fällen. (1)[2)] [1] Erwachsen einem Steuerpflichtigen Aufwendungen für den Unterhalt und eine etwaige Berufsausbildung einer dem Steuerpflichtigen oder seinem Ehegatten gegenüber gesetzlich unterhaltsberechtigten Person, so wird auf Antrag die Einkommensteuer dadurch ermäßigt, dass die Aufwendungen bis zu *9 744 Euro* [***ab VZ 2022:*** 9 984 Euro][3)] im Kalenderjahr vom Gesamtbetrag der Einkünfte abgezogen werden. [2] Der Höchstbetrag nach Satz 1 erhöht sich um den Betrag der im jeweiligen Veranlagungszeitraum nach § 10 Absatz 1 Nummer 3 für die Absicherung der unterhaltsberechtigten Person aufgewandten Beiträge; dies gilt nicht für Kranken- und Pflegeversicherungsbeiträge, die bereits nach § 10 Absatz 1 Nummer 3 Satz 1 anzusetzen sind. [3] Der gesetzlich unterhaltsberechtigten Person gleichgestellt ist eine Person, wenn bei ihr zum Unterhalt bestimmte inländische öffentliche Mittel mit Rücksicht auf die Unterhaltsleistungen des Steuerpflichtigen gekürzt werden. [4] Voraussetzung ist, dass weder der Steuerpflichtige noch eine andere Person Anspruch auf einen Freibetrag nach § 32 Absatz 6 oder auf Kindergeld für die unterhaltene Person hat und die unterhaltene Person kein oder nur ein geringes Vermögen besitzt; ein angemessenes Hausgrundstück im Sinne von § 90 Absatz 2 Nummer 8 des Zwölften Buches Sozialgesetzbuch bleibt unberücksichtigt. [5] Hat die unterhaltene Person andere Einkünfte oder Bezüge, so vermindert sich die Summe der nach Satz 1 und Satz 2 ermittelten Beträge um den Betrag, um den diese Einkünfte und Bezüge den Betrag von 624 Euro im Kalenderjahr übersteigen, sowie um die von der unterhaltenen Person als Ausbildungshilfe aus öffentlichen Mitteln oder von Förderungseinrichtungen, die hierfür öffentliche Mittel erhalten, bezogenen Zuschüsse; zu den Bezügen gehören auch steuerfreie Gewinne nach den §§ 14, 16 Absatz 4, § 17 Absatz 3 und § 18 Absatz 3, die nach § 19 Absatz 2 steuerfrei bleibenden Einkünfte sowie Sonderabschreibungen und erhöhte Absetzungen, soweit sie die höchstmöglichen Absetzungen für Abnutzung nach § 7 übersteigen. [6] Ist die unterhaltene Person nicht unbeschränkt einkommensteuerpflichtig, so können die Aufwendungen nur abgezogen werden, soweit sie nach den Verhältnissen des Wohnsitzstaates der unterhaltenen Person notwendig und angemessen sind, höchstens jedoch der Betrag, der sich nach den Sätzen 1 bis 5 ergibt; ob der Steuerpflichtige zum Unterhalt gesetzlich verpflichtet ist, ist nach inländischen Maßstäben zu beurteilen. [7] Werden die Auf-

---

[1)] § 33 Abs. 4 angef. durch G v. 1.11.2011 (BGBl. I S. 2131); geänd. mWv VZ 2021 durch G v. 9.12.2020 (BGBl. I S. 2770); zur Anwendung siehe § 52 Abs. 33c.

[2)] § 33a Abs. 1 Satz 5 neu gef. mWv VZ 2012 durch G v. 1.11.2011 (BGBl. I S. 2131); Satz 4 2. HS und Satz 8 angef. durch G v. 26.6.2013 (BGBl. I S. 1809); Sätze 9 bis 11 angef. mWv VZ 2015 durch G v. 25.7.2014 (BGBl. I S. 1266).

[3)] Betrag geänd. durch G v. 18.12.2013 (BGBl. I S. 4318); geänd. mWv VZ 2015 und mWv VZ 2016 durch G v. 16.7.2015 (BGBl. I S. 1202); geänd. mWv VZ 2017 und mWv VZ 2018 durch G v. 20.12.2016 (BGBl. I S. 3000); geänd. mWv VZ 2019 und mWv VZ 2020 durch G v. 29.11.2018 (BGBl. I S. 2210); geänd. mWv VZ 2021 und **mWv VZ 2022** durch G v. 1.12.2020 (BGBl. I S. 2616, geänd. durch G v. 2.6.2021, BGBl. I S. 1259).

wendungen für eine unterhaltene Person von mehreren Steuerpflichtigen getragen, so wird bei jedem der Teil des sich hiernach ergebenden Betrags abgezogen, der seinem Anteil am Gesamtbetrag der Leistungen entspricht. 8 Nicht auf Euro lautende Beträge sind entsprechend dem für Ende September des Jahres vor dem Veranlagungszeitraum von der Europäischen Zentralbank bekannt gegebenen Referenzkurs umzurechnen. 9 Voraussetzung für den Abzug der Aufwendungen ist die Angabe der erteilten Identifikationsnummer (§ 139b der Abgabenordnung[1)]) der unterhaltenen Person in der Steuererklärung des Unterhaltsleistenden, wenn die unterhaltene Person der unbeschränkten oder beschränkten Steuerpflicht unterliegt. 10 Die unterhaltene Person ist für diese Zwecke verpflichtet, dem Unterhaltsleistenden ihre erteilte Identifikationsnummer (§ 139b der Abgabenordnung) mitzuteilen. 11 Kommt die unterhaltene Person dieser Verpflichtung nicht nach, ist der Unterhaltsleistende berechtigt, bei der für ihn zuständigen Finanzbehörde die Identifikationsnummer der unterhaltenen Person zu erfragen.

(2)[2)] 1 Zur Abgeltung des Sonderbedarfs eines sich in Berufsausbildung befindenden, auswärtig untergebrachten, volljährigen Kindes, für das Anspruch auf einen Freibetrag nach § 32 Absatz 6 oder Kindergeld besteht, kann der Steuerpflichtige einen Freibetrag in Höhe von 924 Euro je Kalenderjahr vom Gesamtbetrag der Einkünfte abziehen. 2 Für ein nicht unbeschränkt einkommensteuerpflichtiges Kind mindert sich der vorstehende Betrag nach Maßgabe des Absatzes 1 Satz 6. 3 Erfüllen mehrere Steuerpflichtige für dasselbe Kind die Voraussetzungen nach Satz 1, so kann der Freibetrag insgesamt nur einmal abgezogen werden. 4 Jedem Elternteil steht grundsätzlich die Hälfte des Abzugsbetrags nach den Sätzen 1 und 2 zu. 5 Auf gemeinsamen Antrag der Eltern ist eine andere Aufteilung möglich.

(3)[3)] 1 Für jeden vollen Kalendermonat, in dem die in den Absätzen 1 und 2 bezeichneten Voraussetzungen nicht vorgelegen haben, ermäßigen sich die dort bezeichneten Beträge um je ein Zwölftel. 2 Eigene Einkünfte und Bezüge der nach Absatz 1 unterhaltenen Person, die auf diese Kalendermonate entfallen, vermindern den nach Satz 1 ermäßigten Höchstbetrag nicht. 3 Als Ausbildungshilfe bezogene Zuschüsse der nach Absatz 1 unterhaltenen Person mindern nur den zeitanteiligen Höchstbetrag der Kalendermonate, für die sie bestimmt sind.

(4) In den Fällen der Absätze 1 und 2 kann wegen der in diesen Vorschriften bezeichneten Aufwendungen der Steuerpflichtige eine Steuerermäßigung nach § 33 nicht in Anspruch nehmen.

§ 33b[4)] Pauschbeträge für Menschen mit Behinderungen, Hinterbliebene und Pflegepersonen. (1)[5)] 1 Wegen der Aufwendungen für die Hilfe bei den gewöhnlichen und regelmäßig wiederkehrenden Verrichtungen des täglichen Lebens, für die Pflege sowie für einen erhöhten Wäschebedarf können Menschen mit Behinderungen unter den Voraussetzungen des Absatzes 2 anstelle einer Steuerermäßigung nach § 33 einen Pauschbetrag nach Absatz 3

---

1) Nr. **1**.

2) § 33a Abs. 2 Satz 2 geänd. durch G v. 8.12.2010 (BGBl. I S. 1768); Satz 2 aufgeh., bish. Sätze 3 bis 6 werden Sätze 2 bis 5 und neuer Satz 2 und 4 geänd. mWv VZ 2012 durch G v. 1.11.2011 (BGBl. I S. 2131).

3) § 33a Abs. 3 Sätze 2 und 3 neu gef. mWv VZ 2014 durch G v. 25.7.2014 (BGBl. I S. 1266).

4) § 33b Überschrift neu gef. durch G v. 9.12.2020 (BGBl. I S. 2770).

5) § 33b Abs. 1 Satz 1 geänd. durch G v. 9.12.2020 (BGBl. I S. 2770).

geltend machen (Behinderten-Pauschbetrag). [2]Das Wahlrecht kann für die genannten Aufwendungen im jeweiligen Veranlagungszeitraum nur einheitlich ausgeübt werden.

(2)[1)] Einen Pauschbetrag erhalten Menschen, deren Grad der Behinderung auf mindestens 20 festgestellt ist, sowie Menschen, die hilflos im Sinne des Absatzes 3 Satz 4 sind.

(3)[2)] [1]Die Höhe des Pauschbetrags nach Satz 2 richtet sich nach dem dauernden Grad der Behinderung. [2]Als Pauschbetrag werden gewährt bei einem Grad der Behinderung von mindestens:

20	384 Euro,
30	620 Euro,
40	860 Euro,
50	1 140 Euro,
60	1 440 Euro,
70	1 780 Euro,
80	2 120 Euro,
90	2 460 Euro,
100	2 840 Euro.

[3]Menschen, die hilflos im Sinne des Satzes 4 sind, Blinde und Taubblinde erhalten einen Pauschbetrag von 7 400 Euro; in diesem Fall kann der Pauschbetrag nach Satz 2 nicht zusätzlich in Anspruch genommen werden. [4]Hilflos ist eine Person, wenn sie für eine Reihe von häufig und regelmäßig wiederkehrenden Verrichtungen zur Sicherung ihrer persönlichen Existenz im Ablauf eines jeden Tages fremder Hilfe dauernd bedarf. [5]Diese Voraussetzungen sind auch erfüllt, wenn die Hilfe in Form einer Überwachung oder einer Anleitung zu den in Satz 4 genannten Verrichtungen erforderlich ist oder wenn die Hilfe zwar nicht dauernd geleistet werden muss, jedoch eine ständige Bereitschaft zur Hilfeleistung erforderlich ist.

(4) [1]Personen, denen laufende Hinterbliebenenbezüge bewilligt worden sind, erhalten auf Antrag einen Pauschbetrag von 370 Euro (Hinterbliebenen-Pauschbetrag), wenn die Hinterbliebenenbezüge geleistet werden

1.[3)] nach dem *Bundesversorgungsgesetz oder einem anderen Gesetz, das die Vorschriften des Bundesversorgungsgesetzes* [***ab 1.1.2024:*** Vierzehnten Buch Sozialgesetzbuch oder einem anderen Gesetz, das die Vorschriften des Vierzehnten Buches Sozialgesetzbuch] über Hinterbliebenenbezüge für entsprechend anwendbar erklärt, oder
2. nach den Vorschriften über die gesetzliche Unfallversicherung oder
3. nach den beamtenrechtlichen Vorschriften an Hinterbliebene eines an den Folgen eines Dienstunfalls verstorbenen Beamten oder
4. nach den Vorschriften des Bundesentschädigungsgesetzes über die Entschädigung für Schäden an Leben, Körper oder Gesundheit.

[1)] § 33b Abs. 2 neu gef. durch G v. 9.12.2020 (BGBl. I S. 2770); zur Anwendung siehe § 52 Abs. 33c.

[2)] § 33b Abs. 3 Satz 1 geänd., Sätze 2 und 3 neu gef., Sätze 4 und 5 angef. mWv VZ 2021 durch G v. 9.12.2020 (BGBl. I S. 2770); zur Anwendung siehe § 52 Abs. 33c.

[3)] § 33b Abs. 4 Satz 1 Nr. 1 geänd. **mWv 1.1.2024** durch G v. 12.12.2019 (BGBl. I S. 2652); zur weiteren Anwendung der alten Fassung siehe § 52 Abs. 54.

[2]Der Pauschbetrag wird auch dann gewährt, wenn das Recht auf die Bezüge ruht oder der Anspruch auf die Bezüge durch Zahlung eines Kapitals abgefunden worden ist.

(5)[1)] [1]Steht der Behinderten-Pauschbetrag oder der Hinterbliebenen-Pauschbetrag einem Kind zu, für das der Steuerpflichtige Anspruch auf einen Freibetrag nach § 32 Absatz 6 oder auf Kindergeld hat, so wird der Pauschbetrag auf Antrag auf den Steuerpflichtigen übertragen, wenn ihn das Kind nicht in Anspruch nimmt. [2]Dabei ist der Pauschbetrag grundsätzlich auf beide Elternteile je zur Hälfte aufzuteilen, es sei denn, der Kinderfreibetrag wurde auf den anderen Elternteil übertragen. [3]Auf gemeinsamen Antrag der Eltern ist eine andere Aufteilung möglich. [4]In diesen Fällen besteht für Aufwendungen, für die der Behinderten-Pauschbetrag gilt, kein Anspruch auf eine Steuerermäßigung nach § 33. [5]Voraussetzung für die Übertragung nach Satz 1 ist die Angabe der erteilten Identifikationsnummer (§ 139b der Abgabenordnung[2)]) des Kindes in der Einkommensteuererklärung des Steuerpflichtigen.

(6)[3)] [1]Wegen der außergewöhnlichen Belastungen, die einem Steuerpflichtigen durch die Pflege einer Person erwachsen, kann er anstelle einer Steuerermäßigung nach § 33 einen Pauschbetrag geltend machen (Pflege-Pauschbetrag), wenn er dafür keine Einnahmen im Kalenderjahr erhält und der Steuerpflichtige die Pflege entweder in seiner Wohnung oder in der Wohnung des Pflegebedürftigen persönlich durchführt und diese Wohnung in einem Mitgliedstaat der Europäischen Union oder in einem Staat gelegen ist, auf den das Abkommen über den Europäischen Wirtschaftsraum anzuwenden ist. [2]Zu den Einnahmen nach Satz 1 zählt unabhängig von der Verwendung nicht das von den Eltern eines Kindes mit Behinderungen für dieses Kind empfangene Pflegegeld. [3]Als Pflege Pauschbetrag wird gewährt:

1.	bei Pflegegrad 2	600 Euro,
2.	bei Pflegegrad 3	1 100 Euro,
3.	bei Pflegegrad 4 oder 5	1 800 Euro.

[4]Ein Pflege-Pauschbetrag nach Satz 3 Nummer 3 wird auch gewährt, wenn die gepflegte Person hilflos im Sinne des § 33b Absatz 3 Satz 4 ist. [5]Bei erstmaliger Feststellung, Änderung oder Wegfall des Pflegegrads im Laufe des Kalenderjahres ist der Pflege-Pauschbetrag nach dem höchsten Grad zu gewähren, der im Kalenderjahr festgestellt war. [6]Gleiches gilt, wenn die Person die Voraussetzungen nach Satz 4 erfüllt. [7]Sind die Voraussetzungen nach Satz 4 erfüllt, kann der Pauschbetrag nach Satz 3 Nummer 1 und 2 nicht zusätzlich in Anspruch genommen werden. [8]Voraussetzung für die Gewährung des Pflege-Pauschbetrags ist die Angabe der erteilten Identifikationsnummer (§ 139b der Abgabenordnung) der gepflegten Person in der Einkommensteuererklärung des Steuerpflichtigen. [9]Wird ein Pflegebedürftiger von mehreren Steuerpflichtigen im Veranlagungszeitraum gepflegt, wird der Pflege-Pauschbetrag nach der Zahl der Pflegepersonen, bei denen die Voraussetzungen der Sätze 1 bis 4 vorliegen, geteilt.

[1)] § 33b Abs. 5 Satz 2 neu gef. mWv VZ 2012 durch G v. 1.11.2011 (BGBl. I S. 2131); Satz 5 angef. mWv VZ 2021 durch G v. 9.12.2020 (BGBl. I S. 2770); zur Anwendung siehe § 52 Abs. 33c.

[2)] Nr. **1**.

[3)] § 33b Abs. 6 neu gef. mWv VZ 2021 durch G v. 9.12.2020 (BGBl. I S. 2770); zur Anwendung siehe § 52 Abs. 33c.

(7) Die Bundesregierung wird ermächtigt, durch Rechtsverordnung[1] mit Zustimmung des Bundesrates zu bestimmen, wie nachzuweisen ist, dass die Voraussetzungen für die Inanspruchnahme der Pauschbeträge vorliegen.

(8)[2] Die Vorschrift des § 33b Absatz 6 ist ab Ende des Kalenderjahres 2026 zu evaluieren.

§ 34 Außerordentliche Einkünfte. (1) [1] Sind in dem zu versteuernden Einkommen außerordentliche Einkünfte enthalten, so ist die auf alle im Veranlagungszeitraum bezogenen außerordentlichen Einkünfte entfallende Einkommensteuer nach den Sätzen 2 bis 4 zu berechnen. [2] Die für die außerordentlichen Einkünfte anzusetzende Einkommensteuer beträgt das Fünffache des Unterschiedsbetrags zwischen der Einkommensteuer für das um diese Einkünfte verminderte zu versteuernde Einkommen (verbleibendes zu versteuerndes Einkommen) und der Einkommensteuer für das verbleibende zu versteuernde Einkommen zuzüglich eines Fünftels dieser Einkünfte. [3] Ist das verbleibende zu versteuernde Einkommen negativ und das zu versteuernde Einkommen positiv, so beträgt die Einkommensteuer das Fünffache der auf ein Fünftel des zu versteuernden Einkommens entfallenden Einkommensteuer. [4] Die Sätze 1 bis 3 gelten nicht für außerordentliche Einkünfte im Sinne des Absatzes 2 Nummer 1, wenn der Steuerpflichtige auf diese Einkünfte ganz oder teilweise § 6b oder § 6c anwendet.

(2) Als außerordentliche Einkünfte kommen nur in Betracht:

1. Veräußerungsgewinne im Sinne der §§ 14, 14a Absatz 1, der §§ 16 und 18 Absatz 3 mit Ausnahme des steuerpflichtigen Teils der Veräußerungsgewinne, die nach § 3 Nummer 40 Buchstabe b in Verbindung mit § 3c Absatz 2 teilweise steuerbefreit sind;
2. Entschädigungen im Sinne des § 24 Nummer 1;
3. Nutzungsvergütungen und Zinsen im Sinne des § 24 Nummer 3, soweit sie für einen Zeitraum von mehr als drei Jahren nachgezahlt werden;
4. Vergütungen für mehrjährige Tätigkeiten; mehrjährig ist eine Tätigkeit, soweit sie sich über mindestens zwei Veranlagungszeiträume erstreckt und einen Zeitraum von mehr als zwölf Monaten umfasst.
5.[3] *(aufgehoben)*

(3)[4] [1] Sind in dem zu versteuernden Einkommen außerordentliche Einkünfte im Sinne des Absatzes 2 Nummer 1 enthalten, so kann auf Antrag abweichend von Absatz 1 die auf den Teil dieser außerordentlichen Einkünfte, der den Betrag von insgesamt 5 Millionen Euro nicht übersteigt, entfallende Einkommensteuer nach einem ermäßigten Steuersatz bemessen werden, wenn der Steuerpflichtige das 55. Lebensjahr vollendet hat oder wenn er im sozialversicherungsrechtlichen Sinne dauernd berufsunfähig ist. [2] Der ermäßigte Steuersatz beträgt 56 Prozent des durchschnittlichen Steuersatzes, der sich ergäbe, wenn die tarifliche Einkommensteuer nach dem gesamten zu versteuernden Einkommen zuzüglich der dem Progressionsvorbehalt unterliegenden Einkünfte zu bemessen wäre, mindestens jedoch 14 Prozent. [3] Auf das um die in Satz 1

---

[1] Siehe § 65 Abs. 2a EStDV (Nr. **6**).

[2] § 33b Abs. 8 angef. mWv VZ 2021 durch G v. 9.12.2020 (BGBl. I S. 2770); zur Anwendung siehe § 52 Abs. 33c.

[3] § 34 Abs. 2 Nr. 5 aufgeh. mWv VZ 2012 durch G v. 1.11.2011 (BGBl. I S. 2131).

[4] § 34 Abs. 3 Satz 2 neu gef. mWv VZ 2009 durch G v. 8.12.2010 (BGBl. I S. 1768).

EStG

genannten Einkünfte verminderte zu versteuernde Einkommen (verbleibendes zu versteuerndes Einkommen) sind vorbehaltlich des Absatzes 1 die allgemeinen Tarifvorschriften anzuwenden. [4]Die Ermäßigung nach den Sätzen 1 bis 3 kann der Steuerpflichtige nur einmal im Leben in Anspruch nehmen. [5]Erzielt der Steuerpflichtige in einem Veranlagungszeitraum mehr als einen Veräußerungs- oder Aufgabegewinn im Sinne des Satzes 1, kann er die Ermäßigung nach den Sätzen 1 bis 3 nur für einen Veräußerungs- oder Aufgabegewinn beantragen. [6]Absatz 1 Satz 4 ist entsprechend anzuwenden.

§ 34a Begünstigung der nicht entnommenen Gewinne. (1) [1]Sind in dem zu versteuernden Einkommen nicht entnommene Gewinne aus Land- und Forstwirtschaft, Gewerbebetrieb oder selbständiger Arbeit (§ 2 Absatz 1 Satz 1 Nummer 1 bis 3) im Sinne des Absatzes 2 enthalten, ist die Einkommensteuer für diese Gewinne auf Antrag des Steuerpflichtigen ganz oder teilweise mit einem Steuersatz von 28,25 Prozent zu berechnen; dies gilt nicht, soweit für die Gewinne der Freibetrag nach § 16 Absatz 4 oder die Steuerermäßigung nach § 34 Absatz 3 in Anspruch genommen wird oder es sich um Gewinne im Sinne des § 18 Absatz 1 Nummer 4 handelt. [2]Der Antrag nach Satz 1 ist für jeden Betrieb oder Mitunternehmeranteil für jeden Veranlagungszeitraum gesondert bei dem für die Einkommensbesteuerung zuständigen Finanzamt zu stellen. [3]Bei Mitunternehmeranteilen kann der Steuerpflichtige den Antrag nur stellen, wenn sein Anteil am nach § 4 Absatz 1 Satz 1 oder § 5 ermittelten Gewinn mehr als 10 Prozent beträgt oder 10 000 Euro übersteigt. [4]Der Antrag kann bis zur Unanfechtbarkeit des Einkommensteuerbescheids für den nächsten Veranlagungszeitraum vom Steuerpflichtigen ganz oder teilweise zurückgenommen werden; der Einkommensteuerbescheid ist entsprechend zu ändern. [5]Die Festsetzungsfrist endet insoweit nicht, bevor die Festsetzungsfrist für den nächsten Veranlagungszeitraum abgelaufen ist.

(2) Der nicht entnommene Gewinn des Betriebs oder Mitunternehmeranteils ist der nach § 4 Absatz 1 Satz 1 oder § 5 ermittelte Gewinn vermindert um den positiven Saldo der Entnahmen und Einlagen des Wirtschaftsjahres.

(3) [1]Der Begünstigungsbetrag ist der im Veranlagungszeitraum nach Absatz 1 Satz 1 auf Antrag begünstigte Gewinn. [2]Der Begünstigungsbetrag des Veranlagungszeitraums, vermindert um die darauf entfallende Steuerbelastung nach Absatz 1 und den darauf entfallenden Solidaritätszuschlag, vermehrt um den nachversteuerungspflichtigen Betrag des Vorjahres und den auf diesen Betrieb oder Mitunternehmeranteil nach Absatz 5 übertragenen nachversteuerungspflichtigen Betrag, vermindert um den Nachversteuerungsbetrag im Sinne des Absatzes 4 und den auf einen anderen Betrieb oder Mitunternehmeranteil nach Absatz 5 übertragenen nachversteuerungspflichtigen Betrag, ist der nachversteuerungspflichtige Betrag des Betriebs oder Mitunternehmeranteils zum Ende des Veranlagungszeitraums. [3]Dieser ist für jeden Betrieb oder Mitunternehmeranteil jährlich gesondert festzustellen.

(4) [1]Übersteigt der positive Saldo der Entnahmen und Einlagen des Wirtschaftsjahres bei einem Betrieb oder Mitunternehmeranteil den nach § 4 Absatz 1 Satz 1 oder § 5 ermittelten Gewinn (Nachversteuerungsbetrag), ist vorbehaltlich Absatz 5 eine Nachversteuerung durchzuführen, soweit zum Ende des vorangegangenen Veranlagungszeitraums ein nachversteuerungspflichtiger Betrag nach Absatz 3 festgestellt wurde. [2]Die Einkommensteuer auf den Nachversteuerungsbetrag beträgt 25 Prozent. [3]Der Nachversteuerungs-

betrag ist um die Beträge, die für die Erbschaftsteuer (Schenkungsteuer) anlässlich der Übertragung des Betriebs oder Mitunternehmeranteils entnommen wurden, zu vermindern.

(5) [1] Die Übertragung oder Überführung eines Wirtschaftsguts nach § 6 Absatz 5 Satz 1 bis 3 führt unter den Voraussetzungen des Absatzes 4 zur Nachversteuerung. [2] Eine Nachversteuerung findet nicht statt, wenn der Steuerpflichtige beantragt, den nachversteuerungspflichtigen Betrag in Höhe des Buchwerts des übertragenen oder überführten Wirtschaftsguts, höchstens jedoch in Höhe des Nachversteuerungsbetrags, den die Übertragung oder Überführung des Wirtschaftsguts ausgelöst hätte, auf den anderen Betrieb oder Mitunternehmeranteil zu übertragen.

(6)[1)] [1] Eine Nachversteuerung des nachversteuerungspflichtigen Betrags nach Absatz 4 ist durchzuführen

1. in den Fällen der Betriebsveräußerung oder -aufgabe im Sinne der §§ 14, 16 Absatz 1 und 3 sowie des § 18 Absatz 3,
2. in den Fällen der Einbringung eines Betriebs oder Mitunternehmeranteils in eine Kapitalgesellschaft oder eine Genossenschaft sowie in den Fällen des Formwechsels einer Personengesellschaft in eine Kapitalgesellschaft oder Genossenschaft,
3.[2)] in den Fällen der unentgeltlichen Übertragung eines Betriebs oder Mitunternehmeranteils nach § 6 Absatz 3, wenn die Übertragung an eine Körperschaft, Personenvereinigung oder Vermögensmasse im Sinne des § 1 Absatz 1 des Körperschaftsteuergesetzes[3)] erfolgt. [2] Dies gilt entsprechend für eine unentgeltliche Übertragung auf eine Mitunternehmerschaft, soweit der Betrieb oder der Mitunternehmeranteil einer Körperschaft, Personenvereinigung oder Vermögensmasse im Sinne des § 1 Absatz 1 des Körperschaftsteuergesetzes als Mitunternehmer zuzurechnen ist,
4.[2)] wenn der Gewinn nicht mehr nach § 4 Absatz 1 Satz 1 oder § 5 ermittelt wird oder
5.[2)] wenn der Steuerpflichtige dies beantragt.

[2] In den Fällen der Nummern 1 bis 3 ist die nach Absatz 4 geschuldete Einkommensteuer auf Antrag des Steuerpflichtigen oder seines Rechtsnachfolgers in regelmäßigen Teilbeträgen für einen Zeitraum von höchstens zehn Jahren seit Eintritt der ersten Fälligkeit zinslos zu stunden, wenn ihre alsbaldige Einziehung mit erheblichen Härten für den Steuerpflichtigen verbunden wäre.

(7)[4)] [1] In den Fällen der unentgeltlichen Übertragung eines Betriebs oder Mitunternehmeranteils nach § 6 Absatz 3 hat der Rechtsnachfolger den nachversteuerungspflichtigen Betrag fortzuführen; Absatz 6 Satz 1 Nummer 3 bleibt unberührt. [2] In den Fällen der Einbringung eines Betriebs oder Mitunternehmeranteils zu Buchwerten nach § 24 des Umwandlungssteuergesetzes[5)] geht der für den eingebrachten Betrieb oder Mitunternehmeranteil fest-

---

1) § 34a Abs. 6 Satz 2 neu gef. durch G v. 27.6.2017 (BGBl. I S. 2074); zur Anwendung siehe § 52 Abs. 34 Satz 2.

2) § 34a Abs. 6 Satz 1 Nr. 3 eingef., bish Nr. 3 und 4 werden Nr. 4 und 5 durch G v. 27.6.2017 (BGBl. I S. 2074); zur Anwendung siehe § 52 Abs. 34 Satz 2.

3) Nr. **17**.

4) § 34a Abs. 7 Satz 1 neu gef. durch G v. 27.6.2017 (BGBl. I S. 2074).

5) Nr. **22**.

EStG

gestellte nachversteuerungspflichtige Betrag auf den neuen Mitunternehmeranteil über.

(8) Negative Einkünfte dürfen nicht mit ermäßigt besteuerten Gewinnen im Sinne von Absatz 1 Satz 1 ausgeglichen werden; sie dürfen insoweit auch nicht nach § 10d abgezogen werden.

(9) [1] Zuständig für den Erlass der Feststellungsbescheide über den nachversteuerungspflichtigen Betrag ist das für die Einkommensbesteuerung zuständige Finanzamt. [2] Die Feststellungsbescheide können nur insoweit angegriffen werden, als sich der nachversteuerungspflichtige Betrag gegenüber dem nachversteuerungspflichtigen Betrag des Vorjahres verändert hat. [3] Die gesonderten Feststellungen nach Satz 1 können mit dem Einkommensteuerbescheid verbunden werden.

(10)[1)] [1] Sind Einkünfte aus Land- und Forstwirtschaft, Gewerbebetrieb oder selbständiger Arbeit nach § 180 Absatz 1 Satz 1 Nummer 2 Buchstabe a oder b der Abgabenordnung[2)] gesondert festzustellen, können auch die Höhe der Entnahmen und Einlagen sowie weitere für die Tarifermittlung nach den Absätzen 1 bis 7 erforderliche Besteuerungsgrundlagen gesondert festgestellt werden. [2] Zuständig für die gesonderten Feststellungen nach Satz 1 ist das Finanzamt, das für die gesonderte Feststellung nach § 180 Absatz 1 Satz 1 Nummer 2 der Abgabenordnung zuständig ist. [3] Die gesonderten Feststellungen nach Satz 1 können mit der Feststellung nach § 180 Absatz 1 Satz 1 Nummer 2 der Abgabenordnung verbunden werden. [4] Die Feststellungsfrist für die gesonderte Feststellung nach Satz 1 endet nicht vor Ablauf der Feststellungsfrist für die Feststellung nach § 180 Absatz 1 Satz 1 Nummer 2 der Abgabenordnung.

(11)[3)] [1] Der Bescheid über die gesonderte Feststellung des nachversteuerungspflichtigen Betrags ist zu erlassen, aufzuheben oder zu ändern, soweit der Steuerpflichtige einen Antrag nach Absatz 1 stellt oder diesen ganz oder teilweise zurücknimmt und sich die Besteuerungsgrundlagen im Einkommensteuerbescheid ändern. [2] Dies gilt entsprechend, wenn der Erlass, die Aufhebung oder Änderung des Einkommensteuerbescheids mangels steuerlicher Auswirkung unterbleibt. [3] Die Feststellungsfrist endet nicht, bevor die Festsetzungsfrist für den Veranlagungszeitraum abgelaufen ist, auf dessen Schluss der nachversteuerungspflichtige Betrag des Betriebs oder Mitunternehmeranteils gesondert festzustellen ist.

§ 34b[4)] Steuersätze bei Einkünften aus außerordentlichen Holznutzungen. (1) Außerordentliche Holznutzungen sind

1. Holznutzungen, die aus volks- oder staatswirtschaftlichen Gründen erfolgt sind. [2] Sie liegen nur insoweit vor, als sie durch gesetzlichen oder behördlichen Zwang veranlasst sind;
2. Holznutzungen infolge höherer Gewalt (Kalamitätsnutzungen). [2] Sie sind durch Eis-, Schnee-, Windbruch oder Windwurf, Erdbeben, Bergrutsch, Insektenfraß, Brand oder durch Naturereignisse mit vergleichbaren Folgen verursacht. [3] Hierzu gehören nicht die Schäden, die in der Forstwirtschaft regelmäßig entstehen.

[1)] § 34a Abs. 10 neu gef. mWv 1.1.2017 durch G v. 18.7.2016 (BGBl. I S. 1679).
[2)] Nr. **1**.
[3)] Zur erstmaligen Anwendung von § 34a Abs. 11 siehe § 52 Abs. 34.
[4)] § 34b neu gef. mWv VZ 2012 durch G v. 1.11.2011 (BGBl. I S. 2131).

(2) [1]Zur Ermittlung der Einkünfte aus außerordentlichen Holznutzungen sind von den Einnahmen sämtlicher Holznutzungen die damit in sachlichem Zusammenhang stehenden Betriebsausgaben abzuziehen. [2]Das nach Satz 1 ermittelte Ergebnis ist auf die ordentlichen und außerordentlichen Holznutzungsarten aufzuteilen, *in dem*[1)] die außerordentlichen Holznutzungen zur gesamten Holznutzung ins Verhältnis gesetzt *wird*[2)]. [3]Bei einer Gewinnermittlung durch Betriebsvermögensvergleich sind die im Wirtschaftsjahr veräußerten Holzmengen maßgebend. [4]Bei einer Gewinnermittlung nach den Grundsätzen des § 4 Absatz 3 ist von den Holzmengen auszugehen, die den im Wirtschaftsjahr zugeflossenen Einnahmen zugrunde liegen. [5]Die Sätze 1 bis 4 gelten für entnommenes Holz entsprechend.

(3) Die Einkommensteuer bemisst sich für die Einkünfte aus außerordentlichen Holznutzungen im Sinne des Absatzes 1

1. nach der Hälfte des durchschnittlichen Steuersatzes, der sich ergäbe, wenn die tarifliche Einkommensteuer nach dem gesamten zu versteuernden Einkommen zuzüglich der dem Progressionsvorbehalt unterliegenden Einkünfte zu bemessen wäre;
2. nach dem halben Steuersatz der Nummer 1, soweit sie den Nutzungssatz (§ 68 der Einkommensteuer-Durchführungsverordnung[3)]) übersteigen.

(4) Einkünfte aus außerordentlichen Holznutzungen sind nur anzuerkennen, wenn

1. das im Wirtschaftsjahr veräußerte oder entnommene Holz mengenmäßig getrennt nach ordentlichen und außerordentlichen Holznutzungen nachgewiesen wird und
2. Schäden infolge höherer Gewalt unverzüglich nach Feststellung des Schadensfalls der zuständigen Finanzbehörde mitgeteilt und nach der Aufarbeitung mengenmäßig nachgewiesen werden.

(5) Die Bundesregierung wird ermächtigt, durch Rechtsverordnung mit Zustimmung des Bundesrates

1. die Steuersätze abweichend von Absatz 3 für ein Wirtschaftsjahr aus sachlichen Billigkeitsgründen zu regeln,
2. die Anwendung des § 4a des Forstschäden-Ausgleichsgesetzes für ein Wirtschaftsjahr aus sachlichen Billigkeitsgründen zu regeln,

wenn besondere Schadensereignisse nach Absatz 1 Nummer 2 vorliegen und eine Einschlagsbeschränkung (§ 1 Absatz 1 des Forstschäden-Ausgleichsgesetzes) nicht angeordnet wurde.

V. Steuerermäßigungen

1. Steuerermäßigung bei ausländischen Einkünften

§ 34c [Steuerermäßigung bei ausländischen Einkünften] (1)[4)] [1]Bei unbeschränkt Steuerpflichtigen, die mit ausländischen Einkünften in dem Staat,

[1)] Richtig wohl: „indem".
[2)] Richtig wohl: „werden".
[3)] Nr. **6**.
[4)] § 34c Abs. 1 Satz 2 und Satz 3 1. HS neu gef. mWv VZ 2015 durch G v. 22.12.2014 (BGBl. I S. 2417); zur Anwendung von Satz 2 siehe § 52 Abs. 34a.

aus dem die Einkünfte stammen, zu einer der deutschen Einkommensteuer entsprechenden Steuer herangezogen werden, ist die festgesetzte und gezahlte und um einen entstandenen Ermäßigungsanspruch gekürzte ausländische Steuer auf die deutsche Einkommensteuer anzurechnen, die auf die Einkünfte aus diesem Staat entfällt; das gilt nicht für Einkünfte aus Kapitalvermögen, auf die § 32d Absatz 1 und 3 bis 6 anzuwenden ist. [2]Die auf die ausländischen Einkünfte nach Satz 1 erster Halbsatz entfallende deutsche Einkommensteuer ist in der Weise zu ermitteln, dass der sich bei der Veranlagung des zu versteuernden Einkommens, einschließlich der ausländischen Einkünfte, nach den §§ 32a, 32b, 34, 34a und 34b ergebende durchschnittliche Steuersatz auf die ausländischen Einkünfte anzuwenden ist. [3]Bei der Ermittlung des zu versteuernden Einkommens und der ausländischen Einkünfte sind die Einkünfte nach Satz 1 zweiter Halbsatz nicht zu berücksichtigen; bei der Ermittlung der ausländischen Einkünfte sind die ausländischen Einkünfte nicht zu berücksichtigen, die in dem Staat, aus dem sie stammen, nach dessen Recht nicht besteuert werden. [4]Gehören ausländische Einkünfte der in § 34d Nummer 3, 4, 6, 7 und 8 Buchstabe c genannten Art zum Gewinn eines inländischen Betriebes, sind bei ihrer Ermittlung Betriebsausgaben und Betriebsvermögensminderungen abzuziehen, die mit den diesen Einkünften zugrunde liegenden Einnahmen in wirtschaftlichem Zusammenhang stehen. [5]Die ausländischen Steuern sind nur insoweit anzurechnen, als sie auf die im Veranlagungszeitraum bezogenen Einkünfte entfallen.

(2) Statt der Anrechnung (Absatz 1) ist die ausländische Steuer auf Antrag bei der Ermittlung der Einkünfte abzuziehen, soweit sie auf ausländische Einkünfte entfällt, die nicht steuerfrei sind.

(3) Bei unbeschränkt Steuerpflichtigen, bei denen eine ausländische Steuer vom Einkommen nach Absatz 1 nicht angerechnet werden kann, weil die Steuer nicht der deutschen Einkommensteuer entspricht oder nicht in dem Staat erhoben wird, aus dem die Einkünfte stammen, oder weil keine ausländischen Einkünfte vorliegen, ist die festgesetzte und gezahlte und um einen entstandenen Ermäßigungsanspruch gekürzte ausländische Steuer bei der Ermittlung der Einkünfte abzuziehen, soweit sie auf Einkünfte entfällt, die der deutschen Einkommensteuer unterliegen.

(4) (weggefallen)

(5) Die obersten Finanzbehörden der Länder oder die von ihnen beauftragten Finanzbehörden können mit Zustimmung des Bundesministeriums der Finanzen die auf ausländische Einkünfte entfallende deutsche Einkommensteuer ganz oder zum Teil erlassen oder in einem Pauschbetrag festsetzen, wenn es aus volkswirtschaftlichen Gründen zweckmäßig ist oder die Anwendung des Absatzes 1 besonders schwierig ist.

(6)[1)] [1]Die Absätze 1 bis 3 sind vorbehaltlich der Sätze 2 bis 6 nicht anzuwenden, wenn die Einkünfte aus einem ausländischen Staat stammen, mit dem ein Abkommen zur Vermeidung der Doppelbesteuerung besteht. [2]Soweit in einem Abkommen zur Vermeidung der Doppelbesteuerung die Anrechnung einer ausländischen Steuer auf die deutsche Einkommensteuer vorgesehen ist, sind Absatz 1 Satz 2 bis 5 und Absatz 2 entsprechend auf die nach dem Abkommen anzurechnende und um einen entstandenen Ermäßigungsanspruch gekürzte

1) § 34c Abs. 6 Satz 2 geänd. mWv VZ 2020 durch G v. 12.12.2019 (BGBl. I S. 2451).

ausländische Steuer anzuwenden; das gilt nicht für Einkünfte, auf die § 32d Absatz 1 und 3 bis 6 anzuwenden ist; bei nach dem Abkommen als gezahlt geltenden ausländischen Steuerbeträgen sind Absatz 1 Satz 3 und Absatz 2 nicht anzuwenden. [3]Absatz 1 Satz 3 gilt auch dann entsprechend, wenn die Einkünfte in dem ausländischen Staat nach dem Abkommen zur Vermeidung der Doppelbesteuerung mit diesem Staat nicht besteuert werden können. [4]Bezieht sich ein Abkommen zur Vermeidung der Doppelbesteuerung nicht auf eine Steuer vom Einkommen dieses Staates, so sind die Absätze 1 und 2 entsprechend anzuwenden. [5]In den Fällen des § 50d Absatz 9 sind die Absätze 1 bis 3 und Satz 6 entsprechend anzuwenden. [6]Absatz 3 ist anzuwenden, wenn der Staat, mit dem ein Abkommen zur Vermeidung der Doppelbesteuerung besteht, Einkünfte besteuert, die nicht aus diesem Staat stammen, es sei denn, die Besteuerung hat ihre Ursache in einer Gestaltung, für die wirtschaftliche oder sonst beachtliche Gründe fehlen, oder das Abkommen gestattet dem Staat die Besteuerung dieser Einkünfte.

(7) Durch Rechtsverordnung können Vorschriften erlassen werden über

1. die Anrechnung ausländischer Steuern, wenn die ausländischen Einkünfte aus mehreren fremden Staaten stammen,
2. den Nachweis über die Höhe der festgesetzten und gezahlten ausländischen Steuern,
3. die Berücksichtigung ausländischer Steuern, die nachträglich erhoben oder zurückgezahlt werden.

EStG

§ 34d Ausländische Einkünfte. Ausländische Einkünfte im Sinne des § 34c Absatz 1 bis 5 sind

1. Einkünfte aus einer in einem ausländischen Staat betriebenen Land- und Forstwirtschaft (§§ 13 und 14) und Einkünfte der in den Nummern 3, 4, 6, 7 und 8 Buchstabe c genannten Art, soweit sie zu den Einkünften aus Land- und Forstwirtschaft gehören;
2. Einkünfte aus Gewerbebetrieb (§§ 15 und 16),
   a) die durch eine in einem ausländischen Staat belegene Betriebsstätte oder durch einen in einem ausländischen Staat tätigen ständigen Vertreter erzielt werden, und Einkünfte der in den Nummern 3, 4, 6, 7 und 8 Buchstabe c genannten Art, soweit sie zu den Einkünften aus Gewerbebetrieb gehören,
   b) die aus Bürgschafts- und Avalprovisionen erzielt werden, wenn der Schuldner Wohnsitz, Geschäftsleitung oder Sitz in einem ausländischen Staat hat, oder
   c) die durch den Betrieb eigener oder gecharterter Seeschiffe oder Luftfahrzeuge aus Beförderungen zwischen ausländischen oder von ausländischen zu inländischen Häfen erzielt werden, einschließlich der Einkünfte aus anderen mit solchen Beförderungen zusammenhängenden, sich auf das Ausland erstreckenden Beförderungsleistungen;
3. Einkünfte aus selbständiger Arbeit (§ 18), die in einem ausländischen Staat ausgeübt oder verwertet wird oder worden ist, und Einkünfte der in den Nummern 4, 6, 7 und 8 Buchstabe c genannten Art, soweit sie zu den Einkünften aus selbständiger Arbeit gehören;

4.[1] Einkünfte aus der Veräußerung von

a) Wirtschaftsgütern, die zum Anlagevermögen eines Betriebs gehören, wenn die Wirtschaftsgüter in einem ausländischen Staat belegen sind,

b) Anteilen an Kapitalgesellschaften,

aa) wenn die Gesellschaft Geschäftsleitung oder Sitz in einem ausländischen Staat hat oder

bb) deren Anteilswert zu irgendeinem Zeitpunkt während der 365 Tage vor der Veräußerung unmittelbar oder mittelbar zu mehr als 50 Prozent auf in einem ausländischen Staat belegenen unbeweglichen Vermögen beruhte und die Anteile dem Veräußerer zu diesem Zeitpunkt zuzurechnen waren; für die Ermittlung dieser Quote sind die aktiven Wirtschaftsgüter des Betriebsvermögens mit den Buchwerten, die zu diesem Zeitpunkt anzusetzen gewesen wären, zugrunde zu legen;

5. Einkünfte aus nichtselbständiger Arbeit (§ 19), die in einem ausländischen Staat ausgeübt oder, ohne im Inland ausgeübt zu werden oder worden zu sein, in einem ausländischen Staat verwertet wird oder worden ist, und Einkünfte, die von ausländischen öffentlichen Kassen mit Rücksicht auf ein gegenwärtiges oder früheres Dienstverhältnis gewährt werden. [2]Einkünfte, die von inländischen öffentlichen Kassen einschließlich der Kassen der Deutschen Bundesbahn und der Deutschen Bundesbank mit Rücksicht auf ein gegenwärtiges oder früheres Dienstverhältnis gewährt werden, gelten auch dann als inländische Einkünfte, wenn die Tätigkeit in einem ausländischen Staat ausgeübt wird oder worden ist;

6. Einkünfte aus Kapitalvermögen (§ 20), wenn der Schuldner Wohnsitz, Geschäftsleitung oder Sitz in einem ausländischen Staat hat oder das Kapitalvermögen durch ausländischen Grundbesitz gesichert ist;

7.[2] Einkünfte aus Vermietung und Verpachtung (§ 21), soweit das unbewegliche Vermögen oder die Sachinbegriffe in einem ausländischen Staat belegen oder die Rechte zur Nutzung in einem ausländischen Staat überlassen worden sind. [2]Bei unbeweglichem Vermögen, das zum Anlagevermögen eines Betriebs gehört, gelten als Einkünfte im Sinne dieser Nummer auch Wertveränderungen von Wirtschaftsgütern, die mit diesem Vermögen in wirtschaftlichem Zusammenhang stehen;

8. sonstige Einkünfte im Sinne des § 22, wenn

a) der zur Leistung der wiederkehrenden Bezüge Verpflichtete Wohnsitz, Geschäftsleitung oder Sitz in einem ausländischen Staat hat,

b) bei privaten Veräußerungsgeschäften die veräußerten Wirtschaftsgüter in einem ausländischen Staat belegen sind,

c) bei Einkünften aus Leistungen einschließlich der Einkünfte aus Leistungen im Sinne des § 49 Absatz 1 Nummer 9 der zur Vergütung der Leistung Verpflichtete Wohnsitz, Geschäftsleitung oder Sitz in einem ausländischen Staat hat.

---

[1] § 34d Nr. 4 Buchst. b neu gef. mWv VZ 2019 durch G v. 11.12.2018 (BGBl. I S. 2338); zur Anwendung von Nr. 4 Buchst. b Doppelbuchst. bb siehe § 52 Abs. 34b Satz 1.

[2] § 34d Nr. 7 neu gef. mWv VZ 2019 durch G v. 11.12.2018 (BGBl. I S. 2338); zur Anwendung siehe § 52 Abs. 34b Satz 2.

2. Steuerermäßigung bei Einkünften aus Land- und Forstwirtschaft

§ 34e[1)] *(aufgehoben)*

2a. Steuerermäßigung für Steuerpflichtige mit Kindern bei Inanspruchnahme erhöhter Absetzungen für Wohngebäude oder der Steuerbegünstigungen für eigengenutztes Wohneigentum

§ 34f [Steuerermäßigung für Steuerpflichtige mit Kindern bei Inanspruchnahme erhöhter Absetzungen für Wohngebäude oder der Steuerbegünstigungen für eigengenutztes Wohneigentum] (1) [1]Bei Steuerpflichtigen, die erhöhte Absetzungen nach § 7b oder nach § 15 des Berlinförderungsgesetzes in Anspruch nehmen, ermäßigt sich die tarifliche Einkommensteuer, vermindert um die sonstigen Steuerermäßigungen mit Ausnahme der §§ 34g und 35, auf Antrag um je 600 Deutsche Mark für das zweite und jedes weitere Kind des Steuerpflichtigen oder seines Ehegatten. [2]Voraussetzung ist,

1. dass der Steuerpflichtige das Objekt, bei einem Zweifamilienhaus mindestens eine Wohnung, zu eigenen Wohnzwecken nutzt oder wegen des Wechsels des Arbeitsortes nicht zu eigenen Wohnzwecken nutzen kann und
2. dass es sich einschließlich des ersten Kindes um Kinder im Sinne des § 32 Absatz 1 bis 5 oder 6 Satz 7 handelt, die zum Haushalt des Steuerpflichtigen gehören oder in dem für die erhöhten Absetzungen maßgebenden Begünstigungszeitraum gehört haben, wenn diese Zugehörigkeit auf Dauer angelegt ist oder war.

(2) [1]Bei Steuerpflichtigen, die die Steuerbegünstigung nach § 10e Absatz 1 bis 5 oder nach § 15b des Berlinförderungsgesetzes in Anspruch nehmen, ermäßigt sich die tarifliche Einkommensteuer, vermindert um die sonstigen Steuerermäßigungen mit Ausnahme des § 34g, auf Antrag um je 512 Euro für jedes Kind des Steuerpflichtigen oder seines Ehegatten im Sinne des § 32 Absatz 1 bis 5 oder 6 Satz 7. [2]Voraussetzung ist, dass das Kind zum Haushalt des Steuerpflichtigen gehört oder in dem für die Steuerbegünstigung maßgebenden Zeitraum gehört hat, wenn diese Zugehörigkeit auf Dauer angelegt ist oder war.

(3)[2)] [1]Bei Steuerpflichtigen, die die Steuerbegünstigung nach § 10e Absatz 1, 2, 4 und 5 in Anspruch nehmen, ermäßigt sich die tarifliche Einkommensteuer, vermindert um die sonstigen Steuerermäßigungen, auf Antrag um je 512 Euro für jedes Kind des Steuerpflichtigen oder seines Ehegatten im Sinne des § 32 Absatz 1 bis 5 oder 6 Satz 7. [2]Voraussetzung ist, dass das Kind zum Haushalt des Steuerpflichtigen gehört oder in dem für die Steuerbegünstigung maßgebenden Zeitraum gehört hat, wenn diese Zugehörigkeit auf Dauer angelegt ist oder war. [3]Soweit sich der Betrag der Steuerermäßigung nach Satz 1 bei der Ermittlung der festzusetzenden Einkommensteuer nicht steuerentlastend auswirkt, ist er von der tariflichen Einkommensteuer der zwei vorangegangenen Veranlagungszeiträume abzuziehen. [4]Steuerermäßigungen, die nach den Sätzen 1 und 3 nicht berücksichtigt werden können, können bis zum Ende des Abzugszeitraums im Sinne des § 10e und in den zwei folgenden Veranlagungszeiträumen abgezogen werden. [5]Ist für einen Veranlagungszeitraum bereits ein Steuer-

---

1) § 34e aufgeh. mWv VZ 2014 durch G v. 25.7.2014 (BGBl. I S. 1266).

2) Zur erstmaligen Anwendung von § 34f Abs. 3 siehe § 52 Abs. 35 Satz 1 sowie § 57 Abs. 6.

bescheid erlassen worden, so ist er insoweit zu ändern, als die Steuerermäßigung nach den Sätzen 3 und 4 zu gewähren oder zu berichtigen ist; die Verjährungsfristen enden insoweit nicht, bevor die Verjährungsfrist für den Veranlagungszeitraum abgelaufen ist, für den die Steuerermäßigung nach Satz 1 beantragt worden ist.

(4)[1] [1]Die Steuerermäßigungen nach den Absätzen 2 oder 3 kann der Steuerpflichtige insgesamt nur bis zur Höhe der Bemessungsgrundlage der Abzugsbeträge nach § 10e Absatz 1 oder 2 in Anspruch nehmen. [2]Die Steuerermäßigung nach den Absätzen 1, 2 und 3 Satz 1 kann der Steuerpflichtige im Kalenderjahr nur für ein Objekt in Anspruch nehmen.

2b. Steuerermäßigung bei Zuwendungen an politische Parteien und an unabhängige Wählervereinigungen

§ 34g [Steuerermäßigung bei Zuwendungen an politische Parteien und an unabhängige Wählervereinigungen] [1]Die tarifliche Einkommensteuer, vermindert um die sonstigen Steuerermäßigungen mit Ausnahme des § 34f Absatz 3, ermäßigt sich bei Zuwendungen an

1.[2] politische Parteien im Sinne des § 2 des Parteiengesetzes, sofern die jeweilige Partei nicht gemäß § 18 Absatz 7 des Parteiengesetzes von der staatlichen Teilfinanzierung ausgeschlossen ist, und

2. Vereine ohne Parteicharakter, wenn
   a) der Zweck des Vereins ausschließlich darauf gerichtet ist, durch Teilnahme mit eigenen Wahlvorschlägen an Wahlen auf Bundes-, Landes- oder Kommunalebene bei der politischen Willensbildung mitzuwirken, und
   b) der Verein auf Bundes-, Landes- oder Kommunalebene bei der jeweils letzten Wahl wenigstens ein Mandat errungen oder der zuständigen Wahlbehörde oder dem zuständigen Wahlorgan angezeigt hat, dass er mit eigenen Wahlvorschlägen auf Bundes-, Landes- oder Kommunalebene an der jeweils nächsten Wahl teilnehmen will.

   [2]Nimmt der Verein an der jeweils nächsten Wahl nicht teil, wird die Ermäßigung nur für die bis zum Wahltag an ihn geleisteten Beiträge und Spenden gewährt. [3]Die Ermäßigung für Beiträge und Spenden an den Verein wird erst wieder gewährt, wenn er sich mit eigenen Wahlvorschlägen an einer Wahl beteiligt hat. [4]Die Ermäßigung wird in diesem Fall nur für Beiträge und Spenden gewährt, die nach Beginn des Jahres, in dem die Wahl stattfindet, geleistet werden.

[2]Die Ermäßigung beträgt 50 Prozent der Ausgaben, höchstens jeweils 825 Euro für Ausgaben nach den Nummern 1 und 2, im Fall der Zusammenveranlagung von Ehegatten höchstens jeweils 1 650 Euro. [3]§ 10b Absatz 3 und 4 gilt entsprechend.

---

[1] Zur erstmaligen Anwendung von § 34f Abs. 4 siehe § 52 Abs. 35.
[2] § 34g Satz 1 Nr. 1 geänd. mWv 29.7.2017 durch G v. 18.7.2017 (BGBl. I S. 2730).

3. Steuerermäßigung bei Einkünften aus Gewerbebetrieb

§ 35 [Steuerermäßigung bei Einkünften aus Gewerbebetrieb]

(1)[1] [1]Die tarifliche Einkommensteuer, vermindert um die sonstigen Steuerermäßigungen mit Ausnahme der §§ 34f, 34g, 35a und 35c, ermäßigt sich, soweit sie anteilig auf im zu versteuernden Einkommen enthaltene gewerbliche Einkünfte entfällt (Ermäßigungshöchstbetrag),

1.[2] bei Einkünften aus gewerblichen Unternehmen im Sinne des § 15 Absatz 1 Satz 1 Nummer 1
um das Vierfache des jeweils für den dem Veranlagungszeitraum entsprechenden Erhebungszeitraum nach § 14 des Gewerbesteuergesetzes[3] für das Unternehmen festgesetzten Steuermessbetrags (Gewerbesteuer-Messbetrag); Absatz 2 Satz 5 ist entsprechend anzuwenden;

2.[4] bei Einkünften aus Gewerbebetrieb als Mitunternehmer im Sinne des § 15 Absatz 1 Satz 1 Nummer 2 oder als persönlich haftender Gesellschafter einer Kommanditgesellschaft auf Aktien im Sinne des § 15 Absatz 1 Satz 1 Nummer 3
um das Vierfache des jeweils für den dem Veranlagungszeitraum entsprechenden Erhebungszeitraum festgesetzten anteiligen Gewerbesteuer-Messbetrags.

[2]Der Ermäßigungshöchstbetrag ist wie folgt zu ermitteln:

$$\frac{\text{Summe der positiven gewerblichen Einkünfte}}{\text{Summe aller positiven Einkünfte}} \cdot \text{geminderte tarifliche Steuer}$$

[3]Gewerbliche Einkünfte im Sinne der Sätze 1 und 2 sind die der Gewerbesteuer unterliegenden Gewinne und Gewinnanteile, soweit sie nicht nach anderen Vorschriften von der Steuerermäßigung nach § 35 ausgenommen sind. [4]Geminderte tarifliche Steuer ist die tarifliche Steuer nach Abzug von Beträgen auf Grund der Anwendung zwischenstaatlicher Abkommen und nach Anrechnung der ausländischen Steuern nach § 32d Absatz 6 Satz 2, § 34c Absatz 1 und 6 dieses Gesetzes und § 12 des Außensteuergesetzes[5]. [5]Der Abzug des Steuerermäßigungsbetrags ist auf die tatsächlich zu zahlende Gewerbesteuer beschränkt.

(2) [1]Bei Mitunternehmerschaften im Sinne des § 15 Absatz 1 Satz 1 Nummer 2 oder bei Kommanditgesellschaften auf Aktien im Sinne des § 15 Absatz 1 Satz 1 Nummer 3 ist der Betrag des Gewerbesteuer-Messbetrags, die tatsächlich zu zahlende Gewerbesteuer und der auf die einzelnen Mitunternehmer oder auf die persönlich haftenden Gesellschafter entfallende Anteil gesondert und einheitlich festzustellen. [2]Der Anteil eines Mitunternehmers am Gewerbesteuer-Messbetrag richtet sich nach seinem Anteil am Gewinn der Mitunternehmerschaft nach Maßgabe des allgemeinen Gewinnverteilungsschlüssels; Vorabgewinnanteile sind nicht zu berücksichtigen. [3]Wenn auf Grund der Bestimmungen in einem Abkommen zur Vermeidung der Doppelbesteuerung bei der Festsetzung des Gewerbesteuer-Messbetrags für eine Mitunternehmerschaft nur

---

[1] § 35 Abs. 1 Satz 4 geänd. mWv VZ 2013 durch G v. 26.6.2013 (BGBl. I S. 1809); Satz 1 einl. Satzteil geänd. mWv VZ 2020 durch G v. 21.12.2019 (BGBl. I S. 2886).

[2] § 35 Abs. 1 Satz 1 Nr. 1 geänd. mWv VZ 2020 durch G v. 29.6.2020 (BGBl. I S. 1512).

[3] Nr. **10**.

[4] § 35 Abs. 1 Satz 1 Nr. 2 geänd. mWv VZ 2020 durch G v. 29.6.2020 (BGBl. I S. 1512).

[5] Nr. **2**.

der auf einen Teil der Mitunternehmer entfallende anteilige Gewerbeertrag berücksichtigt wird, ist der Gewerbesteuer-Messbetrag nach Maßgabe des allgemeinen Gewinnverteilungsschlüssels in voller Höhe auf diese Mitunternehmer entsprechend ihrer Anteile am Gewerbeertrag der Mitunternehmerschaft aufzuteilen. [4] Der anteilige Gewerbesteuer-Messbetrag ist als Prozentsatz mit zwei Nachkommastellen gerundet zu ermitteln. [5] Bei der Feststellung nach Satz 1 sind anteilige Gewerbesteuer-Messbeträge, die aus einer Beteiligung an einer Mitunternehmerschaft stammen, einzubeziehen.

(3) [1] Zuständig für die gesonderte Feststellung nach Absatz 2 ist das für die gesonderte Feststellung der Einkünfte zuständige Finanzamt. [2] Für die Ermittlung der Steuerermäßigung nach Absatz 1 sind die Festsetzung des Gewerbesteuer-Messbetrags, die Feststellung des Anteils an dem festzusetzenden Gewerbesteuer-Messbetrag nach Absatz 2 Satz 1 und die Festsetzung der Gewerbesteuer Grundlagenbescheide. [3] Für die Ermittlung des anteiligen Gewerbesteuer-Messbetrags nach Absatz 2 sind die Festsetzung des Gewerbesteuer-Messbetrags und die Festsetzung des anteiligen Gewerbesteuer-Messbetrags aus der Beteiligung an einer Mitunternehmerschaft Grundlagenbescheide.

(4) Für die Aufteilung und die Feststellung der tatsächlich zu zahlenden Gewerbesteuer bei Mitunternehmerschaften im Sinne des § 15 Absatz 1 Satz 1 Nummer 2 und bei Kommanditgesellschaften auf Aktien im Sinne des § 15 Absatz 1 Satz 1 Nummer 3 gelten die Absätze 2 und 3 entsprechend.

EStG

4. Steuerermäßigung bei Aufwendungen für haushaltsnahe Beschäftigungsverhältnisse und für die Inanspruchnahme haushaltsnaher Dienstleistungen

§ 35a Steuerermäßigung bei Aufwendungen für haushaltsnahe Beschäftigungsverhältnisse, haushaltsnahe Dienstleistungen und Handwerkerleistungen. (1) Für haushaltsnahe Beschäftigungsverhältnisse, bei denen es sich um eine geringfügige Beschäftigung im Sinne des § 8a des Vierten Buches Sozialgesetzbuch handelt, ermäßigt sich die tarifliche Einkommensteuer, vermindert um die sonstigen Steuerermäßigungen, auf Antrag um 20 Prozent, höchstens 510 Euro, der Aufwendungen des Steuerpflichtigen.

(2) [1] Für andere als in Absatz 1 aufgeführte haushaltsnahe Beschäftigungsverhältnisse oder für die Inanspruchnahme von haushaltsnahen Dienstleistungen, die nicht Dienstleistungen nach Absatz 3 sind, ermäßigt sich die tarifliche Einkommensteuer, vermindert um die sonstigen Steuerermäßigungen, auf Antrag um 20 Prozent, höchstens 4 000 Euro, der Aufwendungen des Steuerpflichtigen. [2] Die Steuerermäßigung kann auch in Anspruch genommen werden für die Inanspruchnahme von Pflege- und Betreuungsleistungen sowie für Aufwendungen, die einem Steuerpflichtigen wegen der Unterbringung in einem Heim oder zur dauernden Pflege erwachsen, soweit darin Kosten für Dienstleistungen enthalten sind, die mit denen einer Hilfe im Haushalt vergleichbar sind.

(3)[1)] [1] Für die Inanspruchnahme von Handwerkerleistungen für Renovierungs-, Erhaltungs- und Modernisierungsmaßnahmen ermäßigt sich die tarifliche Einkommensteuer, vermindert um die sonstigen Steuerermäßigungen, auf

---

1) § 35a Abs. 3 neu gef. mWv VZ 2011 durch G v. 8.12.2010 (BGBl. I S. 1768).

Antrag um 20 Prozent der Aufwendungen des Steuerpflichtigen, höchstens jedoch um 1 200 Euro. [2]Dies gilt nicht für öffentlich geförderte Maßnahmen, für die zinsverbilligte Darlehen oder steuerfreie Zuschüsse in Anspruch genommen werden.

(4) [1]Die Steuerermäßigung nach den Absätzen 1 bis 3 kann nur in Anspruch genommen werden, wenn das Beschäftigungsverhältnis, die Dienstleistung oder die Handwerkerleistung in einem in der Europäischen Union oder dem Europäischen Wirtschaftsraum liegenden Haushalt des Steuerpflichtigen oder – bei Pflege- und Betreuungsleistungen – der gepflegten oder betreuten Person ausgeübt oder erbracht wird. [2]In den Fällen des Absatzes 2 Satz 2 zweiter Halbsatz ist Voraussetzung, dass das Heim oder der Ort der dauernden Pflege in der Europäischen Union oder dem Europäischen Wirtschaftsraum liegt.

(5)[1)] [1]Die Steuerermäßigungen nach den Absätzen 1 bis 3 können nur in Anspruch genommen werden, soweit die Aufwendungen nicht Betriebsausgaben oder Werbungskosten darstellen und soweit sie nicht als Sonderausgaben oder außergewöhnliche Belastungen berücksichtigt worden sind; für Aufwendungen, die dem Grunde nach unter § 10 Absatz 1 Nummer 5 fallen, ist eine Inanspruchnahme ebenfalls ausgeschlossen. [2]Der Abzug von der tariflichen Einkommensteuer nach den Absätzen 2 und 3 gilt nur für Arbeitskosten. [3]Voraussetzung für die Inanspruchnahme der Steuerermäßigung für haushaltsnahe Dienstleistungen nach Absatz 2 oder für Handwerkerleistungen nach Absatz 3 ist, dass der Steuerpflichtige für die Aufwendungen eine Rechnung erhalten hat und die Zahlung auf das Konto des Erbringers der Leistung erfolgt ist. [4]Leben zwei Alleinstehende in einem Haushalt zusammen, können sie die Höchstbeträge nach den Absätzen 1 bis 3 insgesamt jeweils nur einmal in Anspruch nehmen.

EStG

5. Steuerermäßigung bei Belastung mit Erbschaftsteuer

§ 35b[2)] Steuerermäßigung bei Belastung mit Erbschaftsteuer. [1]Sind bei der Ermittlung des Einkommens Einkünfte berücksichtigt worden, die im Veranlagungszeitraum oder in den vorangegangenen vier Veranlagungszeiträumen als Erwerb von Todes wegen der Erbschaftsteuer unterlegen haben, so wird auf Antrag die um sonstige Steuerermäßigungen gekürzte tarifliche Einkommensteuer, die auf diese Einkünfte entfällt, um den in Satz 2 bestimmten Prozentsatz ermäßigt. [2]Der Prozentsatz bestimmt sich nach dem Verhältnis, in dem die festgesetzte Erbschaftsteuer zu dem Betrag steht, der sich ergibt, wenn dem steuerpflichtigen Erwerb (§ 10 Absatz 1 des Erbschaftsteuer- und Schenkungsteuergesetzes[3)]) die Freibeträge nach den §§ 16 und 17 und der steuerfreie Betrag nach § 5 des Erbschaftsteuer- und Schenkungsteuergesetzes hinzugerechnet werden.

---

1) § 35a Abs. 5 Satz 1 neu gef. mWv VZ 2009 durch G v. 8.12.2010 (BGBl. I S. 1768); Satz 1 geänd. mWv VZ 2012 durch G v. 1.11.2011 (BGBl. I S. 2131).

2) § 35b Satz 3 aufgeh. mWv 1.1.2015 durch G v. 22.12.2014 (BGBl. I S. 2417).

3) Nr. 7.

6.[1] Steuerermäßigung für energetische Maßnahmen bei zu eigenen Wohnzwecken genutzten Gebäuden

§ 35c[1] Steuerermäßigung für energetische Maßnahmen bei zu eigenen Wohnzwecken genutzten Gebäuden. (1) [1] Für energetische Maßnahmen an einem in der Europäischen Union oder dem Europäischen Wirtschaftsraum belegenen zu eigenen Wohnzwecken genutzten eigenen Gebäude (begünstigtes Objekt) ermäßigt sich auf Antrag die tarifliche Einkommensteuer, vermindert um die sonstigen Steuerermäßigungen, im Kalenderjahr des Abschlusses der energetischen Maßnahme und im nächsten Kalenderjahr um je 7 Prozent der Aufwendungen des Steuerpflichtigen, höchstens jedoch um je 14 000 Euro und im übernächsten Kalenderjahr um 6 Prozent der Aufwendungen des Steuerpflichtigen, höchstens jedoch um 12 000 Euro für das begünstigte Objekt. [2] Voraussetzung ist, dass das begünstigte Objekt bei der Durchführung der energetischen Maßnahme älter als zehn Jahre ist; maßgebend hierfür ist der Beginn der Herstellung. [3] Energetische Maßnahmen im Sinne des Satzes 1 sind:

1. Wärmedämmung von Wänden,
2. Wärmedämmung von Dachflächen,
3. Wärmedämmung von Geschossdecken,
4. Erneuerung der Fenster oder Außentüren,
5. Erneuerung oder Einbau einer Lüftungsanlage,
6. Erneuerung der Heizungsanlage,
7. Einbau von digitalen Systemen zur energetischen Betriebs- und Verbrauchsoptimierung und
8. Optimierung bestehender Heizungsanlagen, sofern diese älter als zwei Jahre sind.

[4] Zu den Aufwendungen für energetische Maßnahmen gehören auch die Kosten für die Erteilung der Bescheinigung nach Satz 7 sowie die Kosten für Energieberater, die vom Bundesamt für Wirtschaft und Ausfuhrkontrolle (BAFA) als fachlich qualifiziert zum Förderprogramm „Energieberatung für Wohngebäude (Vor-Ort-Beratung, individueller Sanierungsfahrplan)" zugelassen sind, wenn der Energieberater durch den Steuerpflichtigen mit der planerischen Begleitung oder Beaufsichtigung der energetischen Maßnahmen nach Satz 3 beauftragt worden ist; die tarifliche Einkommensteuer vermindert sich abweichend von Satz 1 um 50 Prozent der Aufwendungen für den Energieberater. [5] Die Förderung kann für mehrere Einzelmaßnahmen an einem begünstigten Objekt in Anspruch genommen werden; je begünstigtes Objekt beträgt der Höchstbetrag der Steuerermäßigung 40 000 Euro. [6] Voraussetzung für die Förderung ist, dass die jeweilige energetische Maßnahme von einem Fachunternehmen ausgeführt wurde und die Anforderungen aus der Rechtsverordnung nach Absatz 7 erfüllt sind. [7] Die Steuerermäßigungen können nur in Anspruch genommen werden, wenn durch eine nach amtlich vorgeschriebenem Muster erstellte Bescheinigung des ausführenden Fachunternehmens nachgewiesen wird, dass die Voraussetzungen der Sätze 1 bis 3 und die An-

[1] Unterabschnitt 6 (§ 35c) eingef. mWv VZ 2020 durch G v. 21.12.2019 (BGBl. I S. 2886); zur Anwendung siehe § 52 Abs. 35a.

forderungen aus der Rechtsverordnung nach Absatz 7 dem Grunde und der Höhe nach erfüllt sind.

(2) [1]Die Steuerermäßigung nach Absatz 1 kann nur in Anspruch genommen werden, wenn der Steuerpflichtige das Gebäude im jeweiligen Kalenderjahr ausschließlich zu eigenen Wohnzwecken nutzt. [2]Eine Nutzung zu eigenen Wohnzwecken liegt auch vor, wenn Teile einer zu eigenen Wohnzwecken genutzten Wohnung anderen Personen unentgeltlich zu Wohnzwecken überlassen werden.

(3) [1]Der Steuerpflichtige kann die Steuerermäßigung nach Absatz 1 nicht in Anspruch nehmen, soweit die Aufwendungen als Betriebsausgaben, Werbungskosten, Sonderausgaben oder außergewöhnliche Belastungen berücksichtigt worden sind. [2]Die Steuerermäßigung nach Absatz 1 ist ebenfalls nicht zu gewähren, wenn für die energetischen Maßnahmen eine Steuerbegünstigung nach § 10f oder eine Steuerermäßigung nach § 35a in Anspruch genommen wird oder es sich um eine öffentlich geförderte Maßnahme handelt, für die zinsverbilligte Darlehen oder steuerfreie Zuschüsse in Anspruch genommen werden.

(4) Voraussetzung für die Inanspruchnahme der Steuermäßigung für energetische Maßnahmen ist, dass

1. der Steuerpflichtige für die Aufwendungen eine Rechnung erhalten hat, die die förderungsfähigen energetischen Maßnahmen, die Arbeitsleistung des Fachunternehmens und die Adresse des begünstigten Objekts ausweisen, und die in deutscher Sprache ausgefertigt ist und
2. die Zahlung auf das Konto des Erbringers der Leistung erfolgt ist.

(5) Die Absätze 1 bis 4 sind auf Gebäudeteile, die selbständige unbewegliche Wirtschaftsgüter sind, und auf Eigentumswohnungen entsprechend anzuwenden.

(6) [1]Steht das Eigentum am begünstigten Objekt mehreren Personen zu, können die Steuerermäßigungen nach Absatz 1 für das begünstigte Objekt insgesamt nur einmal in Anspruch genommen werden. [2]Die der Steuerermäßigung nach Absatz 1 zugrunde liegenden Aufwendungen können einheitlich und gesondert festgestellt werden. [3]Die für die gesonderte Feststellung von Einkünften nach § 180 Absatz 1 Nummer 2a der Abgabenordnung[1)] geltenden Vorschriften sind entsprechend anzuwenden.

(7) Die Bundesregierung wird ermächtigt, durch Rechtsverordnung mit Zustimmung des Bundestages und des Bundesrates die Mindestanforderungen für die energetischen Maßnahmen nach Absatz 1 Satz 3 sowie die Anforderungen an ein Fachunternehmen nach Absatz 1 Satz 6 festzulegen.

VI. Steuererhebung

1. Erhebung der Einkommensteuer

§ 36 Entstehung und Tilgung der Einkommensteuer. (1) Die Einkommensteuer entsteht, soweit in diesem Gesetz nichts anderes bestimmt ist, mit Ablauf des Veranlagungszeitraums.

(2) Auf die Einkommensteuer werden angerechnet:

[1)] Nr. **1**.

1. die für den Veranlagungszeitraum entrichteten Einkommensteuer-Vorauszahlungen (§ 37);
2.[1] die durch Steuerabzug erhobene Einkommensteuer, soweit sie entfällt auf
   a) die bei der Veranlagung erfassten Einkünfte oder
   b) die nach § 3 Nummer 40 dieses Gesetzes oder nach § 8b Absatz 1, 2 und 6 Satz 2 des Körperschaftsteuergesetzes[2] bei der Ermittlung des Einkommens außer Ansatz bleibenden Bezüge

   und keine Erstattung beantragt oder durchgeführt worden ist. [2] Die durch Steuerabzug erhobene Einkommensteuer wird nicht angerechnet, wenn die in § 45a Absatz 2 oder Absatz 3 bezeichnete Bescheinigung nicht vorgelegt worden ist oder die Angaben gemäß § 45a Absatz 2a nicht übermittelt worden sind. [3] Soweit der Steuerpflichtige einen Antrag nach § 32d Absatz 4 oder Absatz 6 stellt, ist es für die Anrechnung ausreichend, wenn die Bescheinigung auf Verlangen des Finanzamts vorgelegt wird. [4] In den Fällen des § 8b Absatz 6 Satz 2 des Körperschaftsteuergesetzes ist es für die Anrechnung ausreichend, wenn die Bescheinigung nach § 45a Absatz 2 und 3 vorgelegt wird, die dem Gläubiger der Kapitalerträge ausgestellt worden ist. [5] In den Fällen des § 2 Absatz 7 Satz 3 ist auch die durch Steuerabzug im Kalenderjahr des Wechsels von der unbeschränkten zur beschränkten Einkommensteuerpflicht erhobene Einkommensteuer anzurechnen, die auf Einkünfte entfällt, die weder der unbeschränkten noch der beschränkten Steuerpflicht unterliegen; § 37 Absatz 2 der Abgabenordnung[3] findet insoweit keine Anwendung;
3.[4] die nach § 10 des Forschungszulagengesetzes festgesetzte Forschungszulage. [2] Das gilt auch für die gesondert und einheitlich festgestellte Forschungszulage;
4.[5] in den Fällen des § 32c Absatz 1 Satz 2 der nicht zum Abzug gebrachte Unterschiedsbetrag, wenn dieser höher ist als die tarifliche Einkommensteuer des letzten Veranlagungszeitraums im Betrachtungszeitraum.

(3) [1] Die Steuerbeträge nach Absatz 2 Nummer 2 sind auf volle Euro aufzurunden. [2] Bei den durch Steuerabzug erhobenen Steuern ist jeweils die Summe der Beträge einer einzelnen Abzugsteuer aufzurunden.

(4) [1] Wenn sich nach der Abrechnung ein Überschuss zuungunsten des Steuerpflichtigen ergibt, hat der Steuerpflichtige (Steuerschuldner) diesen Betrag, soweit er den fällig gewordenen, aber nicht entrichteten Einkommensteuer-Vorauszahlungen entspricht, sofort, im Übrigen innerhalb eines Monats nach Bekanntgabe des Steuerbescheids zu entrichten (Abschlusszahlung). [2] Wenn sich nach der Abrechnung ein Überschuss zugunsten des Steuerpflichtigen ergibt, wird dieser dem Steuerpflichtigen nach Bekanntgabe des Steuer-

---

[1] § 36 Abs. 2 Nr. 2 neu gef. mWv 1.1.2017 durch G v. 18.7.2016 (BGBl. I S. 1679); Satz 5 angef. mWv VZ 2021 durch G v. 21.12.2020 (BGBl. I S. 3096); zur Anwendung siehe § 52 Abs. 35b Satz 1; Satz 2 geänd. durch G v. 2.6.2021 (BGBl. I S. 1259).

[2] Nr. **17**.

[3] Nr. **1**.

[4] § 36 Abs. 2 Nr. 3 angef. mWv 1.1.2020 durch G v. 14.12.2019 (BGBl. I S. 2763).

[5] § 36 Abs. 2 Nr. 3 angef. durch G v. 20.12.2016 (BGBl. I S. 3045, aufgeh. durch Art. 31 G v. 12.12.2019, BGBl. I S. 2451); § 36 Abs. 2 Nr. 3 angef. mWv VZ 2016 durch G v. 12.12.2019 (BGBl. I S. 2451); bish. Nr. 3 wird Nr. 4 durch G v. 21.12.2020 (BGBl. I S. 3096); zur Anwendung siehe § 52 Abs. 35b Satz 2.

bescheids ausgezahlt. [3] Bei Ehegatten, die nach den §§ 26, 26b zusammen zur Einkommensteuer veranlagt worden sind, wirkt die Auszahlung an einen Ehegatten auch für und gegen den anderen Ehegatten.

(5)[1)] [1] Die festgesetzte Steuer, die auf den Aufgabegewinn nach § 16 Absatz 3a und den durch den Wechsel der Gewinnermittlungsart erzielten Gewinn entfällt, kann auf Antrag des Steuerpflichtigen in fünf gleichen Jahresraten entrichtet werden, wenn die Wirtschaftsgüter einem Betriebsvermögen des Steuerpflichtigen in einem anderen Mitgliedstaat der Europäischen Union oder des Europäischen Wirtschaftsraums zuzuordnen sind, sofern durch diese Staaten Amtshilfe entsprechend oder im Sinne der Amtshilferichtlinie gemäß § 2 Absatz 11 des EU-Amtshilfegesetzes und gegenseitige Unterstützung bei der Beitreibung im Sinne der Beitreibungsrichtlinie einschließlich der in diesem Zusammenhang anzuwendenden Durchführungsbestimmungen in den für den jeweiligen Veranlagungszeitraum geltenden Fassungen oder eines entsprechenden Nachfolgerechtsakts geleistet werden. [2] Die erste Jahresrate ist innerhalb eines Monats nach Bekanntgabe des Steuerbescheids zu entrichten; die übrigen Jahresraten sind jeweils am 31. Juli der Folgejahre fällig. [3] Die Jahresraten sind nicht zu verzinsen; sie sollen in der Regel nur gegen Sicherheitsleistung gewährt werden. [4] Die noch nicht entrichtete Steuer wird innerhalb eines Monats nach Eintritt eines der nachfolgenden Ereignisse fällig,

1. soweit ein Wirtschaftsgut im Sinne des Satzes 1 veräußert, entnommen, in andere als die in Satz 1 genannten Staaten verlagert oder verdeckt in eine Kapitalgesellschaft eingelegt wird,
2. wenn der Betrieb oder Teilbetrieb während dieses Zeitraums eingestellt, veräußert oder in andere als die in Satz 1 genannten Staaten verlegt wird,
3. wenn der Steuerpflichtige aus der inländischen unbeschränkten Steuerpflicht oder der unbeschränkten Steuerpflicht in den in Satz 1 genannten Staaten ausscheidet oder in einem anderen als den in Satz 1 genannten Staaten ansässig wird,
4. wenn der Steuerpflichtige Insolvenz anmeldet oder abgewickelt wird oder
5. wenn der Steuerpflichtige seinen Verpflichtungen im Zusammenhang mit den Ratenzahlungen nicht nachkommt und über einen angemessenen Zeitraum, der zwölf Monate nicht überschreiten darf, keine Abhilfe für seine Situation schafft; Satz 2 bleibt unberührt.

[5] Ändert sich die festgesetzte Steuer, sind die Jahresraten entsprechend anzupassen. [6] Der Steuerpflichtige hat der zuständigen Finanzbehörde jährlich mit der Steuererklärung oder, sofern keine Pflicht zur Abgabe einer Steuererklärung besteht, zum 31. Juli anzuzeigen, ob die Voraussetzungen für die Ratenzahlung weiterhin erfüllt sind; kommt er dieser Anzeigepflicht oder seinen sonstigen Mitwirkungspflichten im Sinne des § 90 der Abgabenordnung nicht nach, werden die noch nicht entrichteten Jahresraten rückwirkend zum 1. August des vorangegangenen Jahres fällig, frühestens aber einen Monat nach Bekanntgabe des Steuerbescheids. [7] Unbeschadet des Satzes 6 hat der Steuerpflichtige den Eintritt eines Ereignisses nach Satz 4 der zuständigen Finanzbehörde unverzüglich anzuzeigen. [8] Unterliegt der Steuerpflichtige einer Erklärungspflicht, kann die Anzeige auf Grund eines Ereignisses nach Satz 4 Nummer 1 abweichend von der in Satz 7 genannten Frist mit der nächsten Steuererklärung erfolgen.

[1)] § 36 Abs. 5 neu gef. durch G v. 25.6.2021 (BGBl. I S. 2035).

§ 36a[1)] Beschränkung der Anrechenbarkeit der Kapitalertragsteuer.

(1) [1] Bei Kapitalerträgen im Sinne des § 43 Absatz 1 Satz 1 Nummer 1a setzt die volle Anrechnung der durch Steuerabzug erhobenen Einkommensteuer ferner voraus, dass der Steuerpflichtige hinsichtlich der diesen Kapitalerträgen zugrunde liegenden Anteile oder Genussscheine

1. während der Mindesthaltedauer nach Absatz 2 ununterbrochen wirtschaftlicher Eigentümer ist,
2. während der Mindesthaltedauer nach Absatz 2 ununterbrochen das Mindestwertänderungsrisiko nach Absatz 3 trägt und
3. nicht verpflichtet ist, die Kapitalerträge ganz oder überwiegend, unmittelbar oder mittelbar anderen Personen zu vergüten.

[2] Fehlen die Voraussetzungen des Satzes 1, so sind drei Fünftel der Kapitalertragsteuer nicht anzurechnen. [3] Die nach den Sätzen 1 und 2 nicht angerechnete Kapitalertragsteuer ist auf Antrag bei der Ermittlung der Einkünfte abzuziehen. [4] Die Sätze 1 bis 3 gelten entsprechend für Anteile oder Genussscheine, die zu inländischen Kapitalerträgen im Sinne des § 43 Absatz 3 Satz 1 führen und einer Wertpapiersammelbank im Ausland zur Verwahrung anvertraut sind.

(2) [1] Die Mindesthaltedauer umfasst 45 Tage und muss innerhalb eines Zeitraums von 45 Tagen vor und 45 Tagen nach der Fälligkeit der Kapitalerträge erreicht werden. [2] Bei Anschaffungen und Veräußerungen ist zu unterstellen, dass die zuerst angeschafften Anteile oder Genussscheine zuerst veräußert wurden.

(3) [1] Der Steuerpflichtige muss unter Berücksichtigung von gegenläufigen Ansprüchen und Ansprüchen nahe stehender Personen das Risiko aus einem sinkenden Wert der Anteile oder Genussscheine im Umfang von mindestens 70 Prozent tragen (Mindestwertänderungsrisiko). [2] Kein hinreichendes Mindestwertänderungsrisiko liegt insbesondere dann vor, wenn der Steuerpflichtige oder eine ihm nahe stehende Person Kurssicherungsgeschäfte abgeschlossen hat, die das Wertänderungsrisiko der Anteile oder Genussscheine unmittelbar oder mittelbar um mehr als 30 Prozent mindern.

(4)[2)] [1] Einkommen- oder körperschaftsteuerpflichtige Personen, bei denen insbesondere auf Grund einer Steuerbefreiung kein Steuerabzug vorgenommen oder denen ein Steuerabzug erstattet wurde und die die Voraussetzungen für eine Anrechenbarkeit der Kapitalertragsteuer nach den Absätzen 1 bis 3 nicht erfüllen, haben

1. dies gegenüber ihrem zuständigen Finanzamt anzuzeigen,
2. Kapitalertragsteuer in Höhe von 15 Prozent der Kapitalerträge im Sinne des § 43 Absatz 1 Satz 1 Nummer 1a und des Absatzes 1 Satz 4 nach amtlich vorgeschriebenem Vordruck auf elektronischem Weg anzumelden und
3. die angemeldete Steuer zu entrichten.

[2] Die Anzeige, Anmeldung und Entrichtung hat bei Steuerpflichtigen, die ihren Gewinn durch Betriebsvermögensvergleich ermitteln, bis zum 10. Tag des auf

---

[1)] § 36a eingef. mWv VZ 2016 durch G v. 19.7.2016 (BGBl. I S. 1730); zur Anwendung siehe § 52 Abs. 35c Satz 1.

[2)] § 36a Abs. 4 neu gef. mWv VZ 2019 durch G v. 12.12.2019 (BGBl. I S. 2451); zur Anwendung siehe § 52 Abs. 35c Satz 2.

den Ablauf des Wirtschaftsjahres folgenden Monats und bei anderen Steuerpflichtigen bis zum 10. Tag des auf den Ablauf des Kalenderjahres folgenden Monats zu erfolgen.

(5) Die Absätze 1 bis 4 sind nicht anzuwenden, wenn

1. die Kapitalerträge im Sinne des § 43 Absatz 1 Satz 1 Nummer 1a und des Absatzes 1 Satz 4 im Veranlagungszeitraum nicht mehr als 20 000 Euro betragen oder
2. der Steuerpflichtige bei Zufluss der Kapitalerträge im Sinne des § 43 Absatz 1 Satz 1 Nummer 1a und des Absatzes 1 Satz 4 seit mindestens einem Jahr ununterbrochen wirtschaftlicher Eigentümer der Aktien oder Genussscheine ist; Absatz 2 Satz 2 gilt entsprechend.

(6) [1]Der Treuhänder und der Treugeber gelten für die Zwecke der vorstehenden Absätze als eine Person, wenn Kapitalerträge im Sinne des § 43 Absatz 1 Satz 1 Nummer 1a und des Absatzes 1 Satz 4 einem Treuhandvermögen zuzurechnen sind, welches ausschließlich der Erfüllung von Altersvorsorgeverpflichtungen dient und dem Zugriff übriger Gläubiger entzogen ist. [2]Entsprechendes gilt für Versicherungsunternehmen und Versicherungsnehmer im Rahmen von fondsgebundenen Lebensversicherungen, wenn die Leistungen aus dem Vertrag an den Wert eines internen Fonds im Sinne des § 124 Absatz 2 Satz 2 Nummer 1 des Versicherungsaufsichtsgesetzes gebunden sind.

(7) § 42 der Abgabenordnung[1)] bleibt unberührt.

§ 37 Einkommensteuer-Vorauszahlung. (1) [1]Der Steuerpflichtige hat am 10. März, 10. Juni, 10. September und 10. Dezember Vorauszahlungen auf die Einkommensteuer zu entrichten, die er für den laufenden Veranlagungszeitraum voraussichtlich schulden wird. [2]Die Einkommensteuer-Vorauszahlung entsteht jeweils mit Beginn des Kalendervierteljahres, in dem die Vorauszahlungen zu entrichten sind, oder, wenn die Steuerpflicht erst im Laufe des Kalendervierteljahres begründet wird, mit Begründung der Steuerpflicht.

(2) (weggefallen)

(3)[2)] [1]Das Finanzamt setzt die Vorauszahlungen durch Vorauszahlungsbescheid fest. [2]Die Vorauszahlungen bemessen sich grundsätzlich nach der Einkommensteuer, die sich nach Anrechnung der Steuerabzugsbeträge (§ 36 Absatz 2 Nummer 2) bei der letzten Veranlagung ergeben hat. [3]Das Finanzamt kann *bis zum Ablauf des auf den Veranlagungszeitraum folgenden 15. Kalendermonats*[3)] die Vorauszahlungen an die Einkommensteuer anpassen, die sich für den Veranlagungszeitraum voraussichtlich ergeben wird; dieser Zeitraum verlängert sich auf *23 Monate,*[4)] wenn die Einkünfte aus Land- und Forstwirtschaft bei der erstmaligen Steuerfestsetzung die anderen Einkünfte voraussichtlich überwiegen werden. [4]Bei der Anwendung der Sätze 2 und 3 bleiben Aufwen-

---

[1)] Nr. **1**.

[2)] Zur Anwendung von § 37 Abs. 3 siehe Abs. 6; § 37 Abs. 3 Sätze 3 und 4 geänd. durch G v. 1.11. 2011 (BGBl. I S. 2131); Satz 4 geänd. mWv 1.1.2015 durch G v. 22.12.2014 (BGBl. I S. 2417); Satz 10 geänd. mWv 15.7.2016 durch G v. 8.7.2016 (BGBl. I S. 1594); Satz 10 neu gef. mWv 9.8.2019 durch G v. 4.8.2019 (BGBl. I S. 1122).

[3)] Auf Antrag des Steuerpflichtigen für VZ 2019: bis zum Ablauf des auf den Veranlagungszeitraum folgenden 21. Kalendermonats; für VZ 2020: bis zum Ablauf des auf den Veranlagungszeitraum folgenden 18. Kalendermonats (siehe § 52 Abs. 35d).

[4)] Auf Antrag des Steuerpflichtigen für VZ 2019: 28 Monate; für VZ 2020: 26 Monate (siehe § 52 Abs. 35d).

dungen im Sinne des § 10 Absatz 1 Nummer 4, 5, 7 und 9 sowie Absatz 1a, der §§ 10b und 33 sowie die abziehbaren Beträge nach § 33a, wenn die Aufwendungen und abziehbaren Beträge insgesamt 600 Euro nicht übersteigen, außer Ansatz. [5] Die Steuerermäßigung nach § 34a bleibt außer Ansatz. [6] Bei der Anwendung der Sätze 2 und 3 bleibt der Sonderausgabenabzug nach § 10a Absatz 1 außer Ansatz. [7] Außer Ansatz bleiben bis zur Anschaffung oder Fertigstellung der Objekte im Sinne des § 10e Absatz 1 und 2 und § 10h auch die Aufwendungen, die nach § 10e Absatz 6 und § 10h Satz 3 wie Sonderausgaben abgezogen werden; Entsprechendes gilt auch für Aufwendungen, die nach § 10i für nach dem Eigenheimzulagengesetz begünstigte Objekte wie Sonderausgaben abgezogen werden. [8] Negative Einkünfte aus der Vermietung oder Verpachtung eines Gebäudes im Sinne des § 21 Absatz 1 Satz 1 Nummer 1 werden bei der Festsetzung der Vorauszahlungen nur für Kalenderjahre berücksichtigt, die nach der Anschaffung oder Fertigstellung dieses Gebäudes beginnen. [9] Wird ein Gebäude vor dem Kalenderjahr seiner Fertigstellung angeschafft, tritt an die Stelle der Anschaffung die Fertigstellung. [10] Satz 8 gilt nicht für negative Einkünfte aus der Vermietung oder Verpachtung eines Gebäudes, für das Sonderabschreibungen nach § 7b dieses Gesetzes oder erhöhte Absetzungen nach den §§ 14a, 14c oder 14d des Berlinförderungsgesetzes in Anspruch genommen werden. [11] Satz 8 gilt für negative Einkünfte aus der Vermietung oder Verpachtung eines anderen Vermögensgegenstands im Sinne des § 21 Absatz 1 Satz 1 Nummer 1 bis 3 entsprechend mit der Maßgabe, dass an die Stelle der Anschaffung oder Fertigstellung die Aufnahme der Nutzung durch den Steuerpflichtigen tritt. [12] In den Fällen des § 31, in denen die gebotene steuerliche Freistellung eines Einkommensbetrags in Höhe des Existenzminimums eines Kindes durch das Kindergeld nicht in vollem Umfang bewirkt wird, bleiben bei der Anwendung der Sätze 2 und 3 Freibeträge nach § 32 Absatz 6 und zu verrechnendes Kindergeld außer Ansatz.

(4) [1] Bei einer nachträglichen Erhöhung der Vorauszahlungen ist die letzte Vorauszahlung für den Veranlagungszeitraum anzupassen. [2] Der Erhöhungsbetrag ist innerhalb eines Monats nach Bekanntgabe des Vorauszahlungsbescheids zu entrichten.

(5) [1] Vorauszahlungen sind nur festzusetzen, wenn sie mindestens 400 Euro im Kalenderjahr und mindestens 100 Euro für einen Vorauszahlungszeitpunkt betragen. [2] Festgesetzte Vorauszahlungen sind nur zu erhöhen, wenn sich der Erhöhungsbetrag im Fall des Absatzes 3 Satz 2 bis 5 für einen Vorauszahlungszeitpunkt auf mindestens 100 Euro, im Fall des Absatzes 4 auf mindestens 5 000 Euro beläuft.

(6)[1)] *(aufgehoben)*

§ 37a Pauschalierung der Einkommensteuer durch Dritte. (1)[2)] [1] Das Finanzamt kann auf Antrag zulassen, dass das Unternehmen, das Sachprämien im Sinne des § 3 Nummer 38 gewährt, die Einkommensteuer für den Teil der Prämien, der nicht steuerfrei ist, pauschal erhebt. [2] Bemessungsgrundlage der pauschalen Einkommensteuer ist der gesamte Wert der Prämien, die den im Inland ansässigen Steuerpflichtigen zufließen. [3] Der Pauschsteuersatz beträgt 2,25 Prozent.

---

1) § 37 Abs. 6 aufgeh. mWv VZ 2020 durch G v. 21.12.2020 (BGBl. I S. 3096)
2) § 37a Abs. 1 Satz 3 inhaltlich bestätigt durch G v. 5.4.2011 (BGBl. I S. 554).

(2) [1]Auf die pauschale Einkommensteuer ist § 40 Absatz 3 sinngemäß anzuwenden. [2]Das Unternehmen hat die Prämienempfänger von der Steuerübernahme zu unterrichten.

(3) [1]Über den Antrag entscheidet das Betriebsstättenfinanzamt des Unternehmens (§ 41a Absatz 1 Satz 1 Nummer 1). [2]Hat das Unternehmen mehrere Betriebsstättenfinanzämter, so ist das Finanzamt der Betriebsstätte zuständig, in der die für die pauschale Besteuerung maßgebenden Prämien ermittelt werden. [3]Die Genehmigung zur Pauschalierung wird mit Wirkung für die Zukunft erteilt und kann zeitlich befristet werden; sie erstreckt sich auf alle im Geltungszeitraum ausgeschütteten Prämien.

(4) Die pauschale Einkommensteuer gilt als Lohnsteuer und ist von dem Unternehmen in der Lohnsteuer-Anmeldung der Betriebsstätte im Sinne des Absatzes 3 anzumelden und spätestens am zehnten Tag nach Ablauf des für die Betriebsstätte maßgebenden Lohnsteuer-Anmeldungszeitraums an das Betriebsstättenfinanzamt abzuführen.

§ 37b Pauschalierung der Einkommensteuer bei Sachzuwendungen.

(1) [1]Steuerpflichtige können die Einkommensteuer einheitlich für alle innerhalb eines Wirtschaftsjahres gewährten

1. betrieblich veranlassten Zuwendungen, die zusätzlich zur ohnehin vereinbarten Leistung oder Gegenleistung erbracht werden, und
2. Geschenke im Sinne des § 4 Absatz 5 Satz 1 Nummer 1,

die nicht in Geld bestehen, mit einem Pauschsteuersatz von 30 Prozent erheben. [2]Bemessungsgrundlage der pauschalen Einkommensteuer sind die Aufwendungen des Steuerpflichtigen einschließlich Umsatzsteuer; bei Zuwendungen an Arbeitnehmer verbundener Unternehmen ist Bemessungsgrundlage mindestens der sich nach § 8 Absatz 3 Satz 1 ergebende Wert. [3]Die Pauschalierung ist ausgeschlossen,

1. soweit die Aufwendungen je Empfänger und Wirtschaftsjahr oder
2. wenn die Aufwendungen für die einzelne Zuwendung

den Betrag von 10 000 Euro übersteigen.

(2)[1)] [1]Absatz 1 gilt auch für betrieblich veranlasste Zuwendungen an Arbeitnehmer des Steuerpflichtigen, soweit sie nicht in Geld bestehen und zusätzlich zum ohnehin geschuldeten Arbeitslohn erbracht werden. [2]In den Fällen des § 8 Absatz 2 Satz 2 bis 10, Absatz 3, § 40 Absatz 2 sowie in Fällen, in denen Vermögensbeteiligungen überlassen werden, ist Absatz 1 nicht anzuwenden; Entsprechendes gilt, soweit die Zuwendungen nach § 40 Absatz 1 pauschaliert worden sind. [3]§ 37a Absatz 1 bleibt unberührt.

(3) [1]Die pauschal besteuerten Sachzuwendungen bleiben bei der Ermittlung der Einkünfte des Empfängers außer Ansatz. [2]Auf die pauschale Einkommensteuer ist § 40 Absatz 3 sinngemäß anzuwenden. [3]Der Steuerpflichtige hat den Empfänger von der Steuerübernahme zu unterrichten.

(4) [1]Die pauschale Einkommensteuer gilt als Lohnsteuer und ist von dem die Sachzuwendung gewährenden Steuerpflichtigen in der Lohnsteuer-Anmeldung der Betriebsstätte nach § 41 Absatz 2 anzumelden und spätestens am zehnten Tag nach Ablauf des für die Betriebsstätte maßgebenden Lohnsteuer-

[1)] § 37b Abs. 2 Satz 2 geänd. durch G v. 20.2.2013 (BGBl. I S. 285).

EStG

Anmeldungszeitraums an das Betriebsstättenfinanzamt abzuführen. [2]Hat der Steuerpflichtige mehrere Betriebsstätten im Sinne des Satzes 1, so ist das Finanzamt der Betriebsstätte zuständig, in der die für die pauschale Besteuerung maßgebenden Sachbezüge ermittelt werden.

2. Steuerabzug vom Arbeitslohn (Lohnsteuer)

§ 38 Erhebung der Lohnsteuer. (1)[1)] [1]Bei Einkünften aus nichtselbständiger Arbeit wird die Einkommensteuer durch Abzug vom Arbeitslohn erhoben (Lohnsteuer), soweit der Arbeitslohn von einem Arbeitgeber gezahlt wird, der

1. im Inland einen Wohnsitz, seinen gewöhnlichen Aufenthalt, seine Geschäftsleitung, seinen Sitz, eine Betriebsstätte oder einen ständigen Vertreter im Sinne der §§ 8 bis 13 der Abgabenordnung[2)] hat (inländischer Arbeitgeber) oder
2. einem Dritten (Entleiher) Arbeitnehmer gewerbsmäßig zur Arbeitsleistung im Inland überlässt, ohne inländischer Arbeitgeber zu sein (ausländischer Verleiher).

[2]In den Fällen der internationalen Arbeitnehmerentsendung ist das nach Satz 1 Nummer 1 in Deutschland ansässige aufnehmende Unternehmen inländischer Arbeitgeber, wenn es den Arbeitslohn für die ihm geleistete Arbeit wirtschaftlich trägt oder nach dem Fremdvergleichsgrundsatz hätte tragen müssen; Voraussetzung hierfür ist nicht, dass das Unternehmen dem Arbeitnehmer den Arbeitslohn im eigenen Namen und für eigene Rechnung auszahlt. [3]Der Lohnsteuer unterliegt auch der im Rahmen des Dienstverhältnisses von einem Dritten gewährte Arbeitslohn, wenn der Arbeitgeber weiß oder erkennen kann, dass derartige Vergütungen erbracht werden; dies ist insbesondere anzunehmen, wenn Arbeitgeber und Dritter verbundene Unternehmen im Sinne von § 15 des Aktiengesetzes sind.

(2) [1]Der Arbeitnehmer ist Schuldner der Lohnsteuer. [2]Die Lohnsteuer entsteht in dem Zeitpunkt, in dem der Arbeitslohn dem Arbeitnehmer zufließt.

(3) [1]Der Arbeitgeber hat die Lohnsteuer für Rechnung des Arbeitnehmers bei jeder Lohnzahlung vom Arbeitslohn einzubehalten. [2]Bei juristischen Personen des öffentlichen Rechts hat die öffentliche Kasse, die den Arbeitslohn zahlt, die Pflichten des Arbeitgebers. [3]In den Fällen der nach § 7f Absatz 1 Satz 1 Nummer 2 des Vierten Buches Sozialgesetzbuch an die Deutsche Rentenversicherung Bund übertragenen Wertguthaben hat die Deutsche Rentenversicherung Bund bei Inanspruchnahme des Wertguthabens die Pflichten des Arbeitgebers.

(3a) [1]Soweit sich aus einem Dienstverhältnis oder einem früheren Dienstverhältnis tarifvertragliche Ansprüche des Arbeitnehmers auf Arbeitslohn unmittelbar gegen einen Dritten mit Wohnsitz, Geschäftsleitung oder Sitz im Inland richten und von diesem durch die Zahlung von Geld erfüllt werden, hat der Dritte die Pflichten des Arbeitgebers. [2]In anderen Fällen kann das Finanzamt zulassen, dass ein Dritter mit Wohnsitz, Geschäftsleitung oder Sitz im Inland die Pflichten des Arbeitgebers im eigenen Namen erfüllt. [3]Voraussetzung ist, dass der Dritte

---

[1)] § 38 Abs. 1 Satz 2 1. HS neu gef. mWv 1.1.2020 durch G v. 12.12.2019 (BGBl. I S. 2451).
[2)] Nr. **1**.

1. sich hierzu gegenüber dem Arbeitgeber verpflichtet hat,
2. den Lohn auszahlt oder er nur Arbeitgeberpflichten für von ihm vermittelte Arbeitnehmer übernimmt und
3. die Steuererhebung nicht beeinträchtigt wird.

4 Die Zustimmung erteilt das Betriebsstättenfinanzamt des Dritten auf dessen Antrag im Einvernehmen mit dem Betriebsstättenfinanzamt des Arbeitgebers; sie darf mit Nebenbestimmungen versehen werden, die die ordnungsgemäße Steuererhebung sicherstellen und die Überprüfung des Lohnsteuerabzugs nach § 42f erleichtern sollen. 5 Die Zustimmung kann mit Wirkung für die Zukunft widerrufen werden. 6 In den Fällen der Sätze 1 und 2 sind die das Lohnsteuerverfahren betreffenden Vorschriften mit der Maßgabe anzuwenden, dass an die Stelle des Arbeitgebers der Dritte tritt; der Arbeitgeber ist von seinen Pflichten befreit, soweit der Dritte diese Pflichten erfüllt hat. 7 Erfüllt der Dritte die Pflichten des Arbeitgebers, kann er den Arbeitslohn, der einem Arbeitnehmer in demselben Lohnabrechnungszeitraum aus mehreren Dienstverhältnissen zufließt, für die Lohnsteuerermittlung und in der Lohnsteuerbescheinigung zusammenrechnen.

(4) 1 Wenn der vom Arbeitgeber geschuldete Barlohn zur Deckung der Lohnsteuer nicht ausreicht, hat der Arbeitnehmer dem Arbeitgeber den Fehlbetrag zur Verfügung zu stellen oder der Arbeitgeber einen entsprechenden Teil der anderen Bezüge des Arbeitnehmers zurückzubehalten. 2 Soweit der Arbeitnehmer seiner Verpflichtung nicht nachkommt und der Arbeitgeber den Fehlbetrag nicht durch Zurückbehaltung von anderen Bezügen des Arbeitnehmers aufbringen kann, hat der Arbeitgeber dies dem Betriebsstättenfinanzamt (§ 41a Absatz 1 Satz 1 Nummer 1) anzuzeigen. 3 Der Arbeitnehmer hat dem Arbeitgeber die von einem Dritten gewährten Bezüge (Absatz 1 Satz 3) am Ende des jeweiligen Lohnzahlungszeitraums anzugeben; wenn der Arbeitnehmer keine Angabe oder eine erkennbar unrichtige Angabe macht, hat der Arbeitgeber dies dem Betriebsstättenfinanzamt anzuzeigen. 4 Das Finanzamt hat die zu wenig erhobene Lohnsteuer vom Arbeitnehmer nachzufordern.

§ 38a Höhe der Lohnsteuer. (1) 1 Die Jahreslohnsteuer bemisst sich nach dem Arbeitslohn, den der Arbeitnehmer im Kalenderjahr bezieht (Jahresarbeitslohn). 2 Laufender Arbeitslohn gilt in dem Kalenderjahr als bezogen, in dem der Lohnzahlungszeitraum endet; in den Fällen des § 39b Absatz 5 Satz 1 tritt der Lohnabrechnungszeitraum an die Stelle des Lohnzahlungszeitraums. 3 Arbeitslohn, der nicht als laufender Arbeitslohn gezahlt wird (sonstige Bezüge), wird in dem Kalenderjahr bezogen, in dem er dem Arbeitnehmer zufließt.

(2) Die Jahreslohnsteuer wird nach dem Jahresarbeitslohn so bemessen, dass sie der Einkommensteuer entspricht, die der Arbeitnehmer schuldet, wenn er ausschließlich Einkünfte aus nichtselbständiger Arbeit erzielt.

(3) 1 Vom laufenden Arbeitslohn wird die Lohnsteuer jeweils mit dem auf den Lohnzahlungszeitraum fallenden Teilbetrag der Jahreslohnsteuer erhoben, die sich bei Umrechnung des laufenden Arbeitslohns auf einen Jahresarbeitslohn ergibt. 2 Von sonstigen Bezügen wird die Lohnsteuer mit dem Betrag erhoben, der zusammen mit der Lohnsteuer für den laufenden Arbeitslohn des Kalenderjahres und für etwa im Kalenderjahr bereits gezahlte sonstige Bezüge die voraussichtliche Jahreslohnsteuer ergibt.

(4)[1] Bei der Ermittlung der Lohnsteuer werden die Besteuerungsgrundlagen des Einzelfalls durch die Einreihung der Arbeitnehmer in Steuerklassen (§ 38b), Feststellung von Freibeträgen und Hinzurechnungsbeträgen (§ 39a) sowie Bereitstellung von elektronischen Lohnsteuerabzugsmerkmalen (§ 39e) oder Ausstellung von entsprechenden Bescheinigungen für den Lohnsteuerabzug (§ 39 Absatz 3 und § 39e Absatz 7 und 8) berücksichtigt.

§ 38b[2] Lohnsteuerklassen, Zahl der Kinderfreibeträge. (1) [1]Für die Durchführung des Lohnsteuerabzugs werden Arbeitnehmer in Steuerklassen eingereiht. [2]Dabei gilt Folgendes:

1. In die Steuerklasse I gehören Arbeitnehmer, die
   a) unbeschränkt einkommensteuerpflichtig und
      aa) ledig sind,
      bb) verheiratet, verwitwet oder geschieden sind und bei denen die Voraussetzungen für die Steuerklasse III oder IV nicht erfüllt sind; oder
   b) beschränkt einkommensteuerpflichtig sind;
2. in die Steuerklasse II gehören die unter Nummer 1 Buchstabe a bezeichneten Arbeitnehmer, wenn bei ihnen der Entlastungsbetrag für Alleinerziehende (§ 24b) zu berücksichtigen ist;
3. in die Steuerklasse III gehören Arbeitnehmer,
   a)[3] die verheiratet sind, wenn beide Ehegatten unbeschränkt einkommensteuerpflichtig sind und nicht dauernd getrennt leben und der Ehegatte des Arbeitnehmers auf Antrag beider Ehegatten in die Steuerklasse V eingereiht wird,
   b) die verwitwet sind, wenn sie und ihr verstorbener Ehegatte im Zeitpunkt seines Todes unbeschränkt einkommensteuerpflichtig waren und in diesem Zeitpunkt nicht dauernd getrennt gelebt haben, für das Kalenderjahr, das dem Kalenderjahr folgt, in dem der Ehegatte verstorben ist,
   c) deren Ehe aufgelöst worden ist, wenn
      aa) im Kalenderjahr der Auflösung der Ehe beide Ehegatten unbeschränkt einkommensteuerpflichtig waren und nicht dauernd getrennt gelebt haben und
      bb) der andere Ehegatte wieder geheiratet hat, von seinem neuen Ehegatten nicht dauernd getrennt lebt und er und sein neuer Ehegatte unbeschränkt einkommensteuerpflichtig sind,

   für das Kalenderjahr, in dem die Ehe aufgelöst worden ist;
4.[4] in die Steuerklasse IV gehören Arbeitnehmer, die verheiratet sind, wenn beide Ehegatten unbeschränkt einkommensteuerpflichtig sind und nicht dauernd getrennt leben; dies gilt auch, wenn einer der Ehegatten keinen

---

[1] § 38a Abs. 4 geänd. mWv 1.1.2012 durch G v. 7.12.2011 (BGBl. I S. 2592).

[2] § 38b Überschrift neu gef., bish. Wortlaut wird Abs. 1 und Satz 1 geänd., Satz 2 Nr. 1 neu gef., Nr. 2 und 6 geänd., Abs. 2 und 3 angef. mWv 1.1.2012 durch G v. 7.12.2011 (BGBl. I S. 2592).

[3] § 38b Abs. 1 Satz 2 Nr. 3 Buchst. a neu gef. mWv 1.1.2018 durch G v. 23.6.2017 (BGBl. I S. 1682).

[4] § 38b Abs. 1 Satz 2 Nr. 4 neu gef. mWv 1.1.2018 durch G v. 23.6.2017 (BGBl. I S. 1682).

Arbeitslohn bezieht und kein Antrag nach Nummer 3 Buchstabe a gestellt worden ist;
5. in die Steuerklasse V gehören die unter Nummer 4 bezeichneten Arbeitnehmer, wenn der Ehegatte des Arbeitnehmers auf Antrag beider Ehegatten in die Steuerklasse III eingereiht wird;
6. die Steuerklasse VI gilt bei Arbeitnehmern, die nebeneinander von mehreren Arbeitgebern Arbeitslohn beziehen, für die Einbehaltung der Lohnsteuer vom Arbeitslohn aus dem zweiten und einem weiteren Dienstverhältnis sowie in den Fällen des § 39c.

3 Als unbeschränkt einkommensteuerpflichtig im Sinne der Nummern 3 und 4 gelten nur Personen, die die Voraussetzungen des § 1 Absatz 1 oder 2 oder des § 1a erfüllen.

(2) 1 Für ein minderjähriges und nach § 1 Absatz 1 unbeschränkt einkommensteuerpflichtiges Kind im Sinne des § 32 Absatz 1 Nummer 1 und Absatz 3 werden bei der Anwendung der Steuerklassen I bis IV die Kinderfreibeträge als Lohnsteuerabzugsmerkmal nach § 39 Absatz 1 wie folgt berücksichtigt:
1. mit Zähler 0,5, wenn dem Arbeitnehmer der Kinderfreibetrag nach § 32 Absatz 6 Satz 1 zusteht, oder
2. mit Zähler 1, wenn dem Arbeitnehmer der Kinderfreibetrag zusteht, weil
   a) die Voraussetzungen des § 32 Absatz 6 Satz 2 vorliegen oder
   b) der andere Elternteil vor dem Beginn des Kalenderjahres verstorben ist oder
   c) der Arbeitnehmer allein das Kind angenommen hat.

2 Soweit dem Arbeitnehmer Kinderfreibeträge nach § 32 Absatz 1 bis 6 zustehen, die nicht nach Satz 1 berücksichtigt werden, ist die Zahl der Kinderfreibeträge auf Antrag vorbehaltlich des § 39a Absatz 1 Nummer 6 zu Grunde zu legen. 3 In den Fällen des Satzes 2 können die Kinderfreibeträge für mehrere Jahre gelten, wenn nach den tatsächlichen Verhältnissen zu erwarten ist, dass die Voraussetzungen bestehen bleiben. 4 Bei Anwendung der Steuerklassen III und IV sind auch Kinder des Ehegatten bei der Zahl der Kinderfreibeträge zu berücksichtigen. 5 Der Antrag kann nur nach amtlich vorgeschriebenem Vordruck gestellt werden.

(3)[1)] 1 Auf Antrag des Arbeitnehmers kann abweichend von Absatz 1 oder 2 eine für ihn ungünstigere Steuerklasse oder geringere Zahl der Kinderfreibeträge als Lohnsteuerabzugsmerkmal gebildet werden. 2 Der Wechsel von der Steuerklasse III oder V in die Steuerklasse IV ist auch auf Antrag nur eines Ehegatten möglich mit der Folge, dass beide Ehegatten in die Steuerklasse IV eingereiht werden. 3 Diese Anträge sind nach amtlich vorgeschriebenem Vordruck zu stellen und vom Antragsteller eigenhändig zu unterschreiben.

§ 39[2)] Lohnsteuerabzugsmerkmale. (1) 1 Für die Durchführung des Lohnsteuerabzugs werden auf Veranlassung des Arbeitnehmers Lohnsteuerabzugsmerkmale gebildet (§ 39a Absatz 1 und 4, § 39e Absatz 1 in Verbindung mit

[1)] § 38b Abs. 3 Satz 2 neu gef., Satz 3 angef. mWv 1.1.2018 durch G v. 23.6.2017 (BGBl. I S. 1682).

[2)] § 39 neu gef. mWv 1.1.2012 durch G v. 7.12.2011 (BGBl. I S. 2592); zur Anwendung von Abs. 4 Nr. 4 und 5 siehe § 52 Abs. 36.

§ 39e Absatz 4 Satz 1 und nach § 39e Absatz 8). [2]Soweit Lohnsteuerabzugsmerkmale nicht nach § 39e Absatz 1 Satz 1 automatisiert gebildet werden oder davon abweichend zu bilden sind, ist das Finanzamt für die Bildung der Lohnsteuerabzugsmerkmale nach den §§ 38b und 39a und die Bestimmung ihrer Geltungsdauer zuständig. [3]Für die Bildung der Lohnsteuerabzugsmerkmale sind die von den Meldebehörden nach § 39e Absatz 2 Satz 2 mitgeteilten Daten vorbehaltlich einer nach Satz 2 abweichenden Bildung durch das Finanzamt bindend. [4]Die Bildung der Lohnsteuerabzugsmerkmale ist eine gesonderte Feststellung von Besteuerungsgrundlagen im Sinne des § 179 Absatz 1 der Abgabenordnung[1)], die unter dem Vorbehalt der Nachprüfung steht. [5]Die Bildung und die Änderung der Lohnsteuerabzugsmerkmale sind dem Arbeitnehmer bekannt zu geben. [6]Die Bekanntgabe richtet sich nach § 119 Absatz 2 der Abgabenordnung und § 39e Absatz 6. [7]Der Bekanntgabe braucht keine Belehrung über den zulässigen Rechtsbehelf beigefügt zu werden. [8]Ein schriftlicher Bescheid mit einer Belehrung über den zulässigen Rechtsbehelf ist jedoch zu erteilen, wenn einem Antrag des Arbeitnehmers auf Bildung oder Änderung der Lohnsteuerabzugsmerkmale nicht oder nicht in vollem Umfang entsprochen wird oder der Arbeitnehmer die Erteilung eines Bescheids beantragt. [9]Vorbehaltlich des Absatzes 5 ist § 153 Absatz 2 der Abgabenordnung nicht anzuwenden.

EStG

(2) [1]Für die Bildung und die Änderung der Lohnsteuerabzugsmerkmale nach Absatz 1 Satz 2 des nach § 1 Absatz 1 unbeschränkt einkommensteuerpflichtigen Arbeitnehmers ist das Wohnsitzfinanzamt im Sinne des § 19 Absatz 1 Satz 1 und 2 der Abgabenordnung und in den Fällen des Absatzes 4 Nummer 5 das Betriebsstättenfinanzamt nach § 41a Absatz 1 Satz 1 Nummer 1 zuständig. [2]Ist der Arbeitnehmer nach § 1 Absatz 2 unbeschränkt einkommensteuerpflichtig, nach § 1 Absatz 3 als unbeschränkt einkommensteuerpflichtig zu behandeln oder beschränkt einkommensteuerpflichtig, ist das Betriebsstättenfinanzamt für die Bildung und die Änderung der Lohnsteuerabzugsmerkmale zuständig. [3]Ist der nach § 1 Absatz 3 als unbeschränkt einkommensteuerpflichtig zu behandelnde Arbeitnehmer gleichzeitig bei mehreren inländischen Arbeitgebern tätig, ist für die Bildung der weiteren Lohnsteuerabzugsmerkmale das Betriebsstättenfinanzamt zuständig, das erstmals Lohnsteuerabzugsmerkmale gebildet hat. [4]Bei Ehegatten, die beide Arbeitslohn von inländischen Arbeitgebern beziehen, ist das Betriebsstättenfinanzamt des älteren Ehegatten zuständig.

(3)[2)] [1]In den Fällen des Absatzes 2 Satz 1 hat der Arbeitnehmer den Antrag für die erstmalige Zuteilung einer Identifikationsnummer (§ 139b der Abgabenordnung) beim Wohnsitzfinanzamt und in den Fällen des Absatzes 2 Satz 2 beim Betriebsstättenfinanzamt zu stellen. [2]Die Zuteilung einer Identifikationsnummer kann auch der Arbeitgeber beantragen, wenn ihn der Arbeitnehmer dazu nach § 80 Absatz 1 der Abgabenordnung bevollmächtigt hat. [3]Ist dem Arbeitnehmer in den Fällen des Absatzes 2 Satz 1 und 2 bereits eine Identifikationsnummer zugeteilt worden, teilt das zuständige Finanzamt diese auf Anfrage des Arbeitnehmers mit. [4]Eine Anfrage nach Satz 3 kann auch der Arbeitgeber im Namen des Arbeitnehmers stellen. [5]Wird einem Arbeitnehmer in den

---

[1)] Nr. **1**.

[2)] § 39 Abs. 3 neu gef. mWv 1.1.2020 durch G v. 12.12.2019 (BGBl. I S. 2451); Sätze 1 und 3 neu gef. mWv 1.1.2021 durch G v. 21.12.2020 (BGBl. I S. 3096) .

Fällen des Satzes 1 keine Identifikationsnummer zugeteilt, gilt § 39e Absatz 8 sinngemäß.

(4) Lohnsteuerabzugsmerkmale sind

1. Steuerklasse (§ 38b Absatz 1) und Faktor (§ 39f),
2. Zahl der Kinderfreibeträge bei den Steuerklassen I bis IV (§ 38b Absatz 2),
3. Freibetrag und Hinzurechnungsbetrag (§ 39a),

[Fassung bis 31.12.2023:]

4. Höhe der Beiträge für eine private Krankenversicherung und für eine private Pflege-Pflichtversicherung (§ 39b Absatz 2 Satz 5 Nummer 3 Buchstabe d) für die Dauer von zwölf Monaten, wenn der Arbeitnehmer dies beantragt,

[Fassung ab 1.1.2024:[1)]]

4. Höhe der monatlichen Beiträge
   a) für eine private Krankenversicherung und für eine private Pflege-Pflichtversicherung, wenn die Voraussetzungen für die Gewährung eines nach § 3 Nummer 62 steuerfreien Zuschusses für diese Beiträge vorliegen,
   b) für eine private Krankenversicherung und für eine private Pflege-Pflichtversicherung im Sinne des § 10 Absatz 1 Nummer 3,

5. Mitteilung, dass der von einem Arbeitgeber gezahlte Arbeitslohn nach einem Abkommen zur Vermeidung der Doppelbesteuerung von der Lohnsteuer freizustellen ist, wenn der Arbeitnehmer oder der Arbeitgeber dies beantragt.

[***ab 1.1.2024:***

(4a)[2)] [1] Das Versicherungsunternehmen als mitteilungspflichtige Stelle hat dem Bundeszentralamt für Steuern nach Maßgabe des § 93c der Abgabenordnung die in Absatz 4 Nummer 4 genannten Beiträge unter Angabe der Vertrags- oder der Versicherungsdaten zu übermitteln, soweit der Versicherungsnehmer dieser Übermittlung nicht gegenüber dem Versicherungsunternehmen widerspricht. [2] Abweichend von § 93c Absatz 1 Nummer 1 der Abgabenordnung sind die Daten bis zum 20. November des Vorjahres, für das die Beiträge maßgeblich sind, zu übermitteln. [3] Bei unterjährigen Beitragsänderungen sind die Daten dem Bundeszentralamt für Steuern zeitgleich mit der Mitteilung der Beitragsänderung an den Versicherungsnehmer zu übermitteln. [4] Ändern sich die nach Satz 2 übermittelten Daten infolge von Beitragsvorausleistungen, sind die geänderten Daten bis zum letzten Tag des Monats Februar des laufenden Jahres dem Bundeszentralamt für Steuern zu übermitteln.]

(5) [1] Treten bei einem Arbeitnehmer die Voraussetzungen für eine für ihn ungünstigere Steuerklasse oder geringere Zahl der Kinderfreibeträge ein, ist der Arbeitnehmer verpflichtet, dem Finanzamt dies mitzuteilen und die Steuerklasse und die Zahl der Kinderfreibeträge umgehend ändern zu lassen. [2] Dies gilt insbesondere, wenn die Voraussetzungen für die Berücksichtigung des Entlas-

---

[1)] § 39 Abs. 4 Nr. 4 neu gef. grds. **mWv 1.1.2024**, im Rahmen eines Pilotprojekts bereits **mWv 1.1.2023** durch G v. 21.12.2020 (BGBl. I S. 3096); zur Anwendung siehe § 52 Abs. 36 Satz 2.

[2)] § 39 Abs. 4a eingef. grds. **mWv 1.1.2024**, im Rahmen eines Pilotprojekts bereits **mWv 1.1.2023** durch G v. 21.12.2020 (BGBl. I S. 3096); zur Anwendung siehe § 52 Abs. 36 Satz 2.

tungsbetrags für Alleinerziehende, für die die Steuerklasse II zur Anwendung kommt, entfallen. [3] Eine Mitteilung ist nicht erforderlich, wenn die Abweichung einen Sachverhalt betrifft, der zu einer Änderung der Daten führt, die nach § 39e Absatz 2 Satz 2 von den Meldebehörden zu übermitteln sind. [4] Kommt der Arbeitnehmer seiner Verpflichtung nicht nach, ändert das Finanzamt die Steuerklasse und die Zahl der Kinderfreibeträge von Amts wegen. [5] Unterbleibt die Änderung der Lohnsteuerabzugsmerkmale, hat das Finanzamt zu wenig erhobene Lohnsteuer vom Arbeitnehmer nachzufordern, wenn diese 10 Euro übersteigt.

(6)[1)] [1] Ändern sich die Voraussetzungen für die Steuerklasse oder für die Zahl der Kinderfreibeträge zu Gunsten des Arbeitnehmers, kann dieser beim Finanzamt die Änderung der Lohnsteuerabzugsmerkmale beantragen. [2] Die Änderung ist mit Wirkung von dem ersten Tag des Monats an vorzunehmen, in dem erstmals die Voraussetzungen für die Änderung vorlagen. [3] Ehegatten können im Laufe des Kalenderjahres beim Finanzamt die Änderung der Steuerklassen beantragen. [4] Dies gilt unabhängig von der automatisierten Bildung der Steuerklassen nach § 39e Absatz 3 Satz 3 sowie einer von den Ehegatten gewünschten Änderung dieser automatisierten Bildung. [5] Das Finanzamt hat eine Änderung nach Satz 3 mit Wirkung vom Beginn des Kalendermonats vorzunehmen, der auf die Antragstellung folgt. [6] Für eine Berücksichtigung der Änderung im laufenden Kalenderjahr ist der Antrag nach Satz 1 oder 3 spätestens bis zum 30. November zu stellen.

(7) [1] Wird ein unbeschränkt einkommensteuerpflichtiger Arbeitnehmer beschränkt einkommensteuerpflichtig, hat er dies dem Finanzamt unverzüglich mitzuteilen. [2] Das Finanzamt hat die Lohnsteuerabzugsmerkmale vom Zeitpunkt des Eintritts der beschränkten Einkommensteuerpflicht an zu ändern. [3] Absatz 1 Satz 5 bis 8 gilt entsprechend. [4] Unterbleibt die Mitteilung, hat das Finanzamt zu wenig erhobene Lohnsteuer vom Arbeitnehmer nachzufordern, wenn diese 10 Euro übersteigt.

(8)[2)] Ohne Einwilligung des Arbeitnehmers und soweit gesetzlich nichts anderes zugelassen ist, darf der Arbeitgeber die Lohnsteuerabzugsmerkmale nur für die Einbehaltung der Lohn- und Kirchensteuer verarbeiten.

(9)[3)] *(aufgehoben)*

§ 39a Freibetrag und Hinzurechnungsbetrag. (1)[4)] [1] Auf Antrag des unbeschränkt einkommensteuerpflichtigen Arbeitnehmers ermittelt das Finanzamt die Höhe eines vom Arbeitslohn insgesamt abzuziehenden Freibetrags aus der Summe der folgenden Beträge:

1. Werbungskosten, die bei den Einkünften aus nichtselbständiger Arbeit anfallen, soweit sie den Arbeitnehmer-Pauschbetrag (§ 9a Satz 1 Nummer 1 Buchstabe a) oder bei Versorgungsbezügen den Pauschbetrag (§ 9a Satz 1 Nummer 1 Buchstabe b) übersteigen,

---

[1)] § 39 Abs. 6 Satz 3 geänd. mWv 1.1.2018 durch G v. 23.6.2017 (BGBl. I S. 1682); Satz 3 geänd. mWv 1.1.2020 durch G v. 22.11.2019 (BGBl. I S. 1746).

[2)] § 39 Abs. 8 neu gef. mWv 1.1.2019 durch G v. 20.11.2019 (BGBl. I S. 1626).

[3)] § 39 Abs. 9 aufgeh. mWv 1.1.2019 durch G v. 20.11.2019 (BGBl. I S. 1626).

[4)] § 39a Abs. 1 Satz 1 einl. Satzteil neu gef. mWv 1.1.2012 durch G v. 7.12.2011 (BGBl. I S. 2592); Satz 2 neu gef., Sätze 3 bis 5 angef. durch G v. 26.6.2013 (BGBl. I S. 1809); zur Anwendung siehe § 52 Abs. 37 i.V.m. BMF-Schreiben v. 21.5.2015 (BStBl. I S. 488); Satz 3 geänd. mWv 1.1.2015 durch G v. 16.7.2015 (BGBl. I S. 1202); Satz 3 geänd. durch G v. 28.7.2015 (BGBl. I S. 1400).

[*ab 1.1.2024:*
1a.[1] Sonderausgaben im Sinne des § 10 Absatz 1 Nummer 3 unter den Voraussetzungen des § 10 Absatz 2, wenn die Beiträge an Versicherungsunternehmen oder Sozialversicherungsträger geleistet werden, die ihren Sitz oder ihre Geschäftsleitung nicht im Inland haben,]

2.[2] Sonderausgaben im Sinne des § 10 Absatz 1 Nummer 4, 5, 7 und 9 sowie Absatz 1a und des § 10b, soweit sie den Sonderausgaben-Pauschbetrag von 36 Euro übersteigen,

3. der Betrag, der nach den §§ 33, 33a und 33b Absatz 6 wegen außergewöhnlicher Belastungen zu gewähren ist,

4.[3] die Pauschbeträge für Menschen mit Behinderungen und Hinterbliebene (§ 33b Absatz 1 bis 5),

4a.[4] der Erhöhungsbetrag nach § 24b Absatz 2 Satz 2 *sowie in den Kalenderjahren 2020 und 2021 der Erhöhungsbetrag nach § 24b Absatz 2 Satz 3; für den Erhöhungsbetrag nach § 24b Absatz 2 Satz 3 kann auch ohne Antrag des Arbeitnehmers ein Freibetrag ermittelt werden,*

5.[5] die folgenden Beträge, wie sie nach § 37 Absatz 3 bei der Festsetzung von Einkommensteuer-Vorauszahlungen zu berücksichtigen sind:
   a) die Beträge, die nach § 10d Absatz 2, §§ 10e, 10f, 10g, 10h, 10i, nach § 15b des Berlinförderungsgesetzes abgezogen werden können,
   b) die negative Summe der Einkünfte im Sinne des § 2 Absatz 1 Satz 1 Nummer 1 bis 3, 6 und 7 und der negativen Einkünfte im Sinne des § 2 Absatz 1 Satz 1 Nummer 5,
   c) das Vierfache der Steuerermäßigung nach den §§ 34f, 35a und 35c,

6.[6] die Freibeträge nach § 32 Absatz 6 für jedes Kind im Sinne des § 32 Absatz 1 bis 4, für das kein Anspruch auf Kindergeld besteht. [2] Soweit für diese Kinder Kinderfreibeträge nach § 38b Absatz 2 berücksichtigt worden sind, ist die Zahl der Kinderfreibeträge entsprechend zu vermindern. [3] Der Arbeitnehmer ist verpflichtet, den nach Satz 1 ermittelten Freibetrag ändern zu lassen, wenn für das Kind ein Kinderfreibetrag nach § 38b Absatz 2 berücksichtigt wird,

7.[7] ein Betrag für ein zweites oder ein weiteres Dienstverhältnis insgesamt bis zur Höhe des auf volle Euro abgerundeten zu versteuernden Jahresbetrags nach § 39b Absatz 2 Satz 5, bis zu dem nach der Steuerklasse des Arbeitnehmers, die für den Lohnsteuerabzug vom Arbeitslohn aus dem ersten Dienstverhältnis anzuwenden ist, Lohnsteuer nicht zu erheben ist. [2] Voraussetzung ist, dass

---

[1] § 39a Abs. 1 Satz 1 Nr. 1a eingef. **mWv 1.1.2024** durch G v. 21.12.2020 (BGBl. I S. 3096).

[2] § 39a Abs. 1 Satz 1 Nr. 2 geänd. mWv 1.1.2012 durch G v. 1.11.2011 (BGBl. I S. 2131); geänd. mWv 1.1.2015 durch G v. 22.12.2014 (BGBl. I S. 2417).

[3] § 39a Abs. 1 Satz 1 Nr. 4 geänd. durch G v. 9.12.2020 (BGBl. I S. 2770).

[4] § 39a Abs. 1 Satz 1 Nr. 4a eingef. mWv 1.1.2015 durch G v. 16.7.2015 (BGBl. I S. 1202); geänd. mWv 1.1.2020 durch G v. 29.6.2020 (BGBl. I S. 1512); geänd. **mWv 1.1.2022** durch G v. 21.12. 2020 (BGBl. I S. 3096).

[5] § 39a Abs. 1 Satz 1 Nr. 5 Buchst. a geänd. mWv 15.7.2016 durch G v. 8.7.2016 (BGBl. I S. 1594); Buchst. c geänd. mWv 1.1.2020 durch G v. 21.12.2019 (BGBl. I S. 2886).

[6] § 39a Abs. 1 Satz 1 Nr. 6 Satz 2 neu gef., Satz 3 angef. mWv 1.1.2012 durch G v. 7.12.2011 (BGBl. I S. 2592).

[7] § 39a Abs. 1 Satz 1 Nr. 7 neu gef. mWv 1.1.2012 durch G v. 7.12.2011 (BGBl. I S. 2592).

a) der Jahresarbeitslohn aus dem ersten Dienstverhältnis geringer ist als der nach Satz 1 maßgebende Eingangsbetrag und

b) in Höhe des Betrags für ein zweites oder ein weiteres Dienstverhältnis zugleich für das erste Dienstverhältnis ein Betrag ermittelt wird, der dem Arbeitslohn hinzuzurechnen ist (Hinzurechnungsbetrag).

[3] Soll für das erste Dienstverhältnis auch ein Freibetrag nach den Nummern 1 bis 6 und 8 ermittelt werden, ist nur der diesen Freibetrag übersteigende Betrag als Hinzurechnungsbetrag zu berücksichtigen. [4] Ist der Freibetrag höher als der Hinzurechnungsbetrag, ist nur der den Hinzurechnungsbetrag übersteigende Freibetrag zu berücksichtigen,

8. der Entlastungsbetrag für Alleinerziehende (§ 24b) bei Verwitweten, die nicht in Steuerklasse II gehören.

[2] Der insgesamt abzuziehende Freibetrag und der Hinzurechnungsbetrag gelten mit Ausnahme von Satz 1 Nummer 4 und vorbehaltlich der Sätze 3 bis 5 für die gesamte Dauer eines Kalenderjahres. [3] Die Summe der nach Satz 1 Nummer 1 bis 3 sowie 4a bis 8 ermittelten Beträge wird längstens für einen Zeitraum von zwei Kalenderjahren ab Beginn des Kalenderjahres, für das der Freibetrag erstmals gilt oder geändert wird, berücksichtigt. [4] Der Arbeitnehmer kann eine Änderung des Freibetrags innerhalb dieses Zeitraums beantragen, wenn sich die Verhältnisse zu seinen Gunsten ändern. [5] Ändern sich die Verhältnisse zu seinen Ungunsten, ist er verpflichtet, dies dem Finanzamt umgehend anzuzeigen.

(2)[1)] [1] Der Antrag nach Absatz 1 ist nach amtlich vorgeschriebenem Vordruck zu stellen und vom Arbeitnehmer eigenhändig zu unterschreiben. [2] Die Frist für die Antragstellung beginnt am 1. Oktober des Vorjahres, für das der Freibetrag gelten soll. [3] Sie endet am 30. November des Kalenderjahres, in dem der Freibetrag gilt. [4] Der Antrag ist hinsichtlich eines Freibetrags aus der Summe der nach Absatz 1 Satz 1 Nummer 1 bis 3 und 8 in Betracht kommenden Aufwendungen und Beträge unzulässig, wenn die Aufwendungen im Sinne des § 9, soweit sie den Arbeitnehmer-Pauschbetrag übersteigen, die Aufwendungen im Sinne des § 10 Absatz 1 Nummer [***ab 1.1.2024:*** 3,] 4, 5, 7 und 9 sowie Absatz 1a, der §§ 10b und 33 sowie die abziehbaren Beträge nach den §§ 24b, 33a und 33b Absatz 6 insgesamt 600 Euro nicht übersteigen. [5] Das Finanzamt kann auf nähere Angaben des Arbeitnehmers verzichten, wenn er

1. höchstens den Freibetrag beantragt, der für das vorangegangene Kalenderjahr ermittelt wurde, und

2. versichert, dass sich die maßgebenden Verhältnisse nicht wesentlich geändert haben.

[6] Das Finanzamt hat den Freibetrag durch Aufteilung in Monatsfreibeträge, falls erforderlich in Wochen- und Tagesfreibeträge, jeweils auf die der Antragstellung folgenden Monate des Kalenderjahres gleichmäßig zu verteilen. [7] Abweichend hiervon darf ein Freibetrag, der im Monat Januar eines Kalenderjahres beantragt wird, mit Wirkung vom 1. Januar dieses Kalenderjahres an berücksichtigt werden. [8] Ist der Arbeitnehmer beschränkt einkommensteuerpflichtig,

---

[1)] § 39a Abs. 2 Satz 4 geänd. durch G v. 1.11.2011 (BGBl. I S. 2131); Sätze 1 bis 3 neu gef., Satz 4 geänd., Sätze 5 bis 8 neu gef., Satz 9 angef. mWv 1.1.2012 durch G v. 7.12.2011 (BGBl. I S. 2592); Satz 4 geänd. mWv 1.1.2015 durch G v. 22.12.2014 (BGBl. I S. 2417); Satz 4 geänd. **mWv 1.1.2024** durch G v. 21.12.2020 (BGBl. I S. 3096).

hat das Finanzamt den nach Absatz 4 ermittelten Freibetrag durch Aufteilung in Monatsbeträge, falls erforderlich in Wochen- und Tagesbeträge, jeweils auf die voraussichtliche Dauer des Dienstverhältnisses im Kalenderjahr gleichmäßig zu verteilen. [9] Die Sätze 5 bis 8 gelten für den Hinzurechnungsbetrag nach Absatz 1 Satz 1 Nummer 7 entsprechend.

(3)[1)] [1] Für Ehegatten, die beide unbeschränkt einkommensteuerpflichtig sind und nicht dauernd getrennt leben, ist jeweils die Summe der nach Absatz 1 Satz 1 Nummer 2 bis 4 und 5 in Betracht kommenden Beträge gemeinsam zu ermitteln; der in Absatz 1 Satz 1 Nummer 2 genannte Betrag ist zu verdoppeln. [2] Für die Anwendung des Absatzes 2 Satz 4 ist die Summe der für beide Ehegatten in Betracht kommenden Aufwendungen im Sinne des § 9, soweit sie jeweils den Arbeitnehmer-Pauschbetrag übersteigen, und der Aufwendungen im Sinne des § 10 Absatz 1 Nummer [***ab 1.1.2024:*** 3,] 4, 5, 7 und 9 sowie Absatz 1a, der §§ 10b und 33 sowie der abziehbaren Beträge nach den §§ 24b, 33a und 33b Absatz 6 maßgebend. [3] Die nach Satz 1 ermittelte Summe ist je zur Hälfte auf die Ehegatten aufzuteilen, wenn für jeden Ehegatten Lohnsteuerabzugsmerkmale gebildet werden und die Ehegatten keine andere Aufteilung beantragen. [4] Für eine andere Aufteilung gilt Absatz 1 Satz 2 entsprechend. [5] Für einen Arbeitnehmer, dessen Ehe in dem Kalenderjahr, für das der Freibetrag gilt, aufgelöst worden ist und dessen bisheriger Ehegatte in demselben Kalenderjahr wieder geheiratet hat, sind die nach Absatz 1 in Betracht kommenden Beträge ausschließlich auf Grund der in seiner Person erfüllten Voraussetzungen zu ermitteln. [6] Satz 1 zweiter Halbsatz ist auch anzuwenden, wenn die tarifliche Einkommensteuer nach § 32a Absatz 6 zu ermitteln ist.

(4)[2)] [1] Für einen beschränkt einkommensteuerpflichtigen Arbeitnehmer, für den § 50 Absatz 1 Satz 5 anzuwenden ist, ermittelt das Finanzamt auf Antrag einen Freibetrag, der vom Arbeitslohn insgesamt abzuziehen ist, aus der Summe der folgenden Beträge:

1. Werbungskosten, die bei den Einkünften aus nichtselbständiger Arbeit anfallen, soweit sie den Arbeitnehmer-Pauschbetrag (§ 9a Satz 1 Nummer 1 Buchstabe a) oder bei Versorgungsbezügen den Pauschbetrag (§ 9a Satz 1 Nummer 1 Buchstabe b) übersteigen,

[***ab 1.1.2024:***

1a.[3)] Sonderausgaben im Sinne des § 10 Absatz 1 Nummer 3 unter den Voraussetzungen des § 10 Absatz 2, wenn die Beiträge an Versicherungsunternehmen oder Sozialversicherungsträger geleistet werden, die ihren Sitz oder ihre Geschäftsleitung nicht im Inland haben,]

2. Sonderausgaben im Sinne des § 10b, soweit sie den Sonderausgaben-Pauschbetrag (§ 10c) übersteigen, und die wie Sonderausgaben abziehbaren Beträge nach § 10e oder § 10i, jedoch erst nach Fertigstellung oder

---

[1)] § 39a Abs. 3 Satz 2 geänd. durch G v. 1.11.2011 (BGBl. I S. 2131)Satz 1 geänd., Satz 3 neu gef., Satz 4 eingef., bish. Sätze 4 und 5 werden Sätze 5 und 6, neuer Satz 5 geänd. mWv 1.1.2012 durch G v. 7.12.2011 (BGBl. I S. 2592); Satz 2 geänd. mWv 1.1.2015 durch G v. 22.12.2014 (BGBl. I S. 2417); Satz 1 1. HS geänd. mWv 1.1.2015 durch G v. 16.7.2015 (BGBl. I S. 1202); Satz 2 geänd. **mWv 1.1. 2024** durch G v. 21.12.2020 (BGBl. I S. 3096).

[2)] § 39a Abs. 4 neu gef. mWv 1.1.2012 durch G v. 7.12.2011 (BGBl. I S. 2592); Satz 1 einl. Satzteil geänd. durch G v. 21.12.2020 (BGBl. I S. 3096).

[3)] § 39a Abs. 4 Satz 1 Nr. 1a eingef. **mWv 1.1.2024** durch G v. 21.12.2020 (BGBl. I S. 3096).

Anschaffung des begünstigten Objekts oder nach Fertigstellung der begünstigten Maßnahme,

3. den Freibetrag oder den Hinzurechnungsbetrag nach Absatz 1 Satz 1 Nummer 7.

[2] Der Antrag kann nur nach amtlich vorgeschriebenem Vordruck bis zum Ablauf des Kalenderjahres gestellt werden, für das die Lohnsteuerabzugsmerkmale gelten.

(5)[1)] Ist zu wenig Lohnsteuer erhoben worden, weil ein Freibetrag unzutreffend als Lohnsteuerabzugsmerkmal ermittelt worden ist, hat das Finanzamt den Fehlbetrag vom Arbeitnehmer nachzufordern, wenn er 10 Euro übersteigt.

§ 39b[2) 3)] Einbehaltung der Lohnsteuer. (1) Bei unbeschränkt und beschränkt einkommensteuerpflichtigen Arbeitnehmern hat der Arbeitgeber den Lohnsteuerabzug nach Maßgabe der Absätze 2 bis 6 durchzuführen.

(2)[4)] [1] Für die Einbehaltung der Lohnsteuer vom laufenden Arbeitslohn hat der Arbeitgeber die Höhe des laufenden Arbeitslohns im Lohnzahlungszeitraum festzustellen und auf einen Jahresarbeitslohn hochzurechnen. [2] Der Arbeitslohn eines monatlichen Lohnzahlungszeitraums ist mit zwölf, der Arbeitslohn eines wöchentlichen Lohnzahlungszeitraums mit $^{360}/_{7}$ und der Arbeitslohn eines täglichen Lohnzahlungszeitraums mit 360 zu vervielfältigen. [3] Von dem hochgerechneten Jahresarbeitslohn sind ein etwaiger Versorgungsfreibetrag (§ 19 Absatz 2) und Altersentlastungsbetrag (§ 24a) abzuziehen. [4] Außerdem ist der hochgerechnete Jahresarbeitslohn um einen etwaigen als Lohnsteuerabzugsmerkmal für den Lohnzahlungszeitraum mitgeteilten Freibetrag (§ 39a Absatz 1) oder Hinzurechnungsbetrag (§ 39a Absatz 1 Satz 1 Nummer 7), vervielfältigt unter sinngemäßer Anwendung von Satz 2, zu vermindern oder zu erhöhen. [5] Der so verminderte oder erhöhte hochgerechnete Jahresarbeitslohn, vermindert um

1. den Arbeitnehmer-Pauschbetrag (§ 9a Satz 1 Nummer 1 Buchstabe a) oder bei Versorgungsbezügen den Pauschbetrag (§ 9a Satz 1 Nummer 1 Buchstabe b) und den Zuschlag zum Versorgungsfreibetrag (§ 19 Absatz 2) in den Steuerklassen I bis V,
2. den Sonderausgaben-Pauschbetrag (§ 10c Satz 1) in den Steuerklassen I bis V,
3.[5)] eine Vorsorgepauschale aus den Teilbeträgen
   a) für die Rentenversicherung bei Arbeitnehmern, die in der gesetzlichen Rentenversicherung pflichtversichert oder von der gesetzlichen Rentenversicherung nach § 6 Absatz 1 Nummer 1 des Sechsten Buches Sozialgesetzbuch befreit sind, in den Steuerklassen I bis VI in Höhe

---

[1)] § 39a Abs. 5 neu gef. mWv 1.1.2012 durch G v. 7.12.2011 (BGBl. I S. 2592).

[2)] § 39b Überschrift und Abs. 1 neu gef. mWv 1.1.2012 durch G v. 7.12.2011 (BGBl. I S. 2592).

[3)] Auf die Einkommensteuertabellen (Grund- und Splittingtabellen) – abgedruckt am Ende dieses Gesetzes – wird hingewiesen.

[4)] § 39b Abs. 2 Satz 4 neu gef., Satz 8 geänd. mWv 1.1.2012 durch G v. 7.12.2011 (BGBl. I S. 2592); Satz 7 2. HS neu gef. mWv 1.1.2016 durch G v. 16.7.2015 (BGBl. I S. 1202); Satz 8 geänd. mWv 1.1.2017 durch G v. 18.7.2016 (BGBl. I S. 1679); Sätze 13 bis 16 angef. mWv 1.1.2018 durch G v. 23.6.2017 (BGBl. I S. 1682).

[5)] § 39b Abs. 2 Satz 5 Nr. 3 abschl. Satzteil geänd. **mWv 1.1.2024** durch G v. 21.12.2020 (BGBl. I S. 3096).

des Betrags, der bezogen auf den Arbeitslohn 50 Prozent des Beitrags in der allgemeinen Rentenversicherung unter Berücksichtigung der jeweiligen Beitragsbemessungsgrenzen entspricht,

b)[1] für die Krankenversicherung bei Arbeitnehmern, die in der gesetzlichen Krankenversicherung versichert sind, in den Steuerklassen I bis VI in Höhe des Betrags, der bezogen auf den Arbeitslohn unter Berücksichtigung der Beitragsbemessungsgrenze, den ermäßigten Beitragssatz (§ 243 des Fünften Buches Sozialgesetzbuch) und den Zusatzbeitragssatz der Krankenkasse (§ 242 des Fünften Buches Sozialgesetzbuch) dem Arbeitnehmeranteil eines pflichtversicherten Arbeitnehmers entspricht,

c) für die Pflegeversicherung bei Arbeitnehmern, die in der sozialen Pflegeversicherung versichert sind, in den Steuerklassen I bis VI in Höhe des Betrags, der bezogen auf den Arbeitslohn unter Berücksichtigung der Beitragsbemessungsgrenze und den bundeseinheitlichen Beitragssatz dem Arbeitnehmeranteil eines pflichtversicherten Arbeitnehmers entspricht, erhöht um den Beitragszuschlag des Arbeitnehmers nach § 55 Absatz 3 des Elften Buches Sozialgesetzbuch, wenn die Voraussetzungen dafür vorliegen,

[Fassung bis 31.12.2023:[2]]

d) für die Krankenversicherung und für die private Pflege-Pflichtversicherung bei Arbeitnehmern, die nicht unter Buchstabe b und c fallen, in den Steuerklassen I bis V in Höhe der dem Arbeitgeber mitgeteilten Beiträge im Sinne des § 10 Absatz 1 Nummer 3, etwaig vervielfältigt unter sinngemäßer Anwendung von Satz 2 auf einen Jahresbetrag, vermindert um den Betrag, der bezogen auf den Arbeitslohn unter Berücksichtigung der Beitragsbemessungsgrenze, den ermäßigten Beitragssatz und den durchschnittlichen Zusatzbeitragssatz in der gesetzlichen Krankenversicherung sowie den bundeseinheitlichen Beitragssatz in der sozialen Pflegeversicherung

[Fassung ab 1.1.2024:[3]]

d) für die Krankenversicherung und für die private Pflege-Pflichtversicherung bei Arbeitnehmern, die nicht unter die Buchstaben b und c fallen, in den Steuerklassen I bis V in Höhe der dem Arbeitgeber als Lohnsteuerabzugsmerkmal bereitgestellten Beiträge nach § 39 Absatz 4 Nummer 4 Buchstabe b, etwaig vervielfältigt unter sinngemäßer Anwendung von Satz 2 auf einen Jahresbetrag, vermindert um die nach § 3 Nummer 62 steuerfreien Zuschüsse, die unter Berücksichtigung der als Lohnsteuerabzugsmerkmal bereitgestellten Beiträge nach § 39 Absatz 4 Nummer 4 Buchstabe a ermittelt wurden;

EStG

---

[1] § 39b Abs. 2 Satz 5 Nr. 3 Buchst. b geänd. mWv 1.1.2015 durch G v. 25.7.2014 (BGBl. I S. 1266).

[2] § 39b Abs. 2 Satz 5 Nr. 3 Buchst. d geänd. mWv 1.1.2019 durch G v. 12.12.2019 (BGBl. I S. 2451).

[3] § 39b Abs. 2 Satz 5 Nr. 3 Buchst. d neu gef. **mWv 1.1.2024** durch G v. 2.6.2021 (BGBl. I S. 1259).

[Fassung bis 31.12.2023:]	*[Fassung ab 1.1.2024:]*
dem Arbeitgeberanteil für einen pflichtversicherten Arbeitnehmer entspricht, wenn der Arbeitgeber gesetzlich verpflichtet ist, Zuschüsse zu den Kranken- und Pflegeversicherungsbeiträgen des Arbeitnehmers zu leisten;	

e)[1] für die Versicherung gegen Arbeitslosigkeit bei Arbeitnehmern, die in der Arbeitslosenversicherung (Drittes Buch Sozialgesetzbuch) versichert sind, in den Steuerklassen I bis V in Höhe des Betrags, der bezogen auf den Arbeitslohn unter Berücksichtigung der jeweiligen Beitragsbemessungsgrenze und den bundeseinheitlichen Beitragssatz, dem Arbeitnehmeranteil eines pflichtversicherten Arbeitnehmers entspricht; der Teilbetrag ist jedoch nur anzusetzen, soweit er zusammen mit den Teilbeträgen nach den Buchstaben b bis d einen Betrag in Höhe von 1 900 Euro nicht übersteigt;]

Entschädigungen im Sinne des § 24 Nummer 1 sind bei Anwendung der Buchstaben a bis c [***ab 1.1.2024:*** und e] nicht zu berücksichtigen*; mindestens ist für die Summe der Teilbeträge nach den Buchstaben b und c oder für den Teilbetrag nach Buchstabe d ein Betrag in Höhe von 12 Prozent des Arbeitslohns, höchstens 1 900 Euro in den Steuerklassen I, II, IV, V, VI und höchstens 3 000 Euro in der Steuerklasse III anzusetzen,*

4.[2] den Entlastungsbetrag für Alleinerziehende für ein Kind (§ 24b Absatz 2 Satz 1) in der Steuerklasse II,

ergibt den zu versteuernden Jahresbetrag. [6] Für den zu versteuernden Jahresbetrag ist die Jahreslohnsteuer in den Steuerklassen I, II und IV nach § 32a Absatz 1 sowie in der Steuerklasse III nach § 32a Absatz 5 zu berechnen. [7] In den Steuerklassen V und VI ist die Jahreslohnsteuer zu berechnen, die sich aus dem Zweifachen des Unterschiedsbetrags zwischen dem Steuerbetrag für das Eineinviertelfache und dem Steuerbetrag für das Dreiviertelfache des zu versteuernden Jahresbetrags nach § 32a Absatz 1 ergibt; die Jahreslohnsteuer beträgt jedoch mindestens 14 Prozent des zu versteuernden Jahresbetrags, für den *11 237 Euro* [***ab 1.1.2022:*** 11 480 Euro][3] übersteigenden Teil des zu versteuernden Jahresbetrags höchstens 42 Prozent, für den *28 959 Euro* [***ab 1.1.2022:*** 29 298 Euro][3] übersteigenden Teil des zu versteuernden Jahresbetrags 42 Prozent und für den *219 690 Euro* [***ab 1.1.2022:*** 222 260 Euro][3] übersteigenden Teil des zu versteuernden Jahresbetrags 45 Prozent. [8] Für die Lohnsteuerberechnung ist die als Lohnsteuerabzugsmerkmal mitgeteilte oder die nach § 39c Absatz 1 oder Absatz 2 oder nach § 39e Absatz 5a oder Absatz 6 Satz 8 anzuwendende Steuerklasse maßgebend. [9] Die monatliche Lohnsteuer ist

---

[1] § 39b Abs. 2 Satz 5 Nr. 3 Buchst. e angef. **mWv 1.1.2024** durch G v. 21.12.2020 (BGBl. I S. 3096).

[2] § 39b Abs. 2 Satz 5 Nr. 4 geänd. durch G v. 16.7.2015 (BGBl. I S. 1202); zur Anwendung siehe § 52 Abs. 37b.

[3] Betrag geänd. mWv 1.1.2017 und mWv 1.1.2018 durch G v. 20.12.2016 (BGBl. I S. 3000); geänd. mWv 1.1.2019 und mWv 1.1.2020 durch G v. 29.11.2018 (BGBl. I S. 2210); geänd. mWv 1.1.2021 und **mWv 1.1.2022** durch G v. 1.12.2020 (BGBl. I S. 2616).

$\frac{1}{12}$, die wöchentliche Lohnsteuer sind $\frac{7}{360}$ und die tägliche Lohnsteuer ist $\frac{1}{360}$ der Jahreslohnsteuer. 10 Bruchteile eines Cents, die sich bei der Berechnung nach den Sätzen 2 und 9 ergeben, bleiben jeweils außer Ansatz. 11 Die auf den Lohnzahlungszeitraum entfallende Lohnsteuer ist vom Arbeitslohn einzubehalten. 12 Das Betriebsstättenfinanzamt kann allgemein oder auf Antrag zulassen, dass die Lohnsteuer unter den Voraussetzungen des § 42b Absatz 1 nach dem voraussichtlichen Jahresarbeitslohn ermittelt wird, wenn gewährleistet ist, dass die zutreffende Jahreslohnsteuer (§ 38a Absatz 2) nicht unterschritten wird. 13 Darüber hinaus kann das Betriebsstättenfinanzamt auf Antrag zulassen, dass bei nach § 1 Absatz 1 unbeschränkt einkommensteuerpflichtigen Arbeitnehmern mit Steuerklasse VI und ohne Freibetrag nach § 39a, die bei dem Arbeitgeber gelegentlich, nicht regelmäßig wiederkehrend beschäftigt werden und deren Dauer der Beschäftigung 24 zusammenhängende Arbeitstage nicht übersteigt, der während der Beschäftigung erzielte Arbeitslohn auf einen Jahresbetrag hochgerechnet und die sich ergebende Lohnsteuer auf den Lohnabrechnungszeitraum zurückgerechnet wird, wobei als Lohnabrechnungszeitraum der Zeitraum vom Beginn des Kalenderjahres bis zum Ende der Beschäftigung gilt. 14 Bei Anwendung des Satzes 13 sind auch der im Kalenderjahr in etwaigen vorangegangenen und beendeten weiteren Dienstverhältnissen in der Steuerklasse VI bezogene Arbeitslohn und die darauf erhobene Lohnsteuer einzubeziehen, soweit dort bereits Satz 13 angewandt wurde. 15 Voraussetzung für die Anwendung des Verfahrens nach Satz 13 ist zudem, dass der Arbeitnehmer vor Aufnahme der Beschäftigung

1. unter Angabe seiner Identifikationsnummer gegenüber dem Arbeitgeber schriftlich zustimmt,
2. mit der Zustimmung den nach Satz 14 einzubeziehenden Arbeitslohn und die darauf erhobene Lohnsteuer erklärt und
3. mit der Zustimmung versichert, dass ihm der Pflichtveranlagungstatbestand nach § 46 Absatz 2 Nummer 2 und 3a bekannt ist.

16 Die Zustimmungserklärung des Arbeitnehmers ist zum Lohnkonto zu nehmen.

(3)[1)] 1 Für die Einbehaltung der Lohnsteuer von einem sonstigen Bezug hat der Arbeitgeber den voraussichtlichen Jahresarbeitslohn ohne den sonstigen Bezug festzustellen. 2 Hat der Arbeitnehmer Lohnsteuerbescheinigungen aus früheren Dienstverhältnissen des Kalenderjahres nicht vorgelegt, so ist bei der Ermittlung des voraussichtlichen Jahresarbeitslohns der Arbeitslohn für Beschäftigungszeiten bei früheren Arbeitgebern mit dem Betrag anzusetzen, der sich ergibt, wenn der laufende Arbeitslohn im Monat der Zahlung des sonstigen Bezugs entsprechend der Beschäftigungsdauer bei früheren Arbeitgebern hochgerechnet wird. 3 Der voraussichtliche Jahresarbeitslohn ist um den Versorgungsfreibetrag (§ 19 Absatz 2) und den Altersentlastungsbetrag (§ 24a), wenn die Voraussetzungen für den Abzug dieser Beträge jeweils erfüllt sind, sowie um einen etwaigen als Lohnsteuerabzugsmerkmal mitgeteilten Jahresfreibetrag zu vermindern und um einen etwaigen Jahreshinzurechnungsbetrag zu erhöhen. 4 Für den so ermittelten Jahresarbeitslohn (maßgebender Jahresarbeitslohn) ist die Lohnsteuer nach Maßgabe des Absatzes 2 Satz 5 bis 7 zu ermitteln. 5 Außer-

---

1) § 39b Abs. 3 Satz 3 geänd., Satz 7 neu gef. mWv 1.1.2012 durch G v. 7.12.2011 (BGBl. I S. 2592); Satz 6 geänd. mWv 1.1.2014 durch G v. 25.7.2014 (BGBl. I S. 1266); Satz 7 geänd. mWv 1.1.2017 durch G v. 18.7.2016 (BGBl. I S. 1679).

dem ist die Jahreslohnsteuer für den maßgebenden Jahresarbeitslohn unter Einbeziehung des sonstigen Bezugs zu ermitteln. [6]Dabei ist der sonstige Bezug um den Versorgungsfreibetrag und den Altersentlastungsbetrag zu vermindern, wenn die Voraussetzungen für den Abzug dieser Beträge jeweils erfüllt sind und soweit sie nicht bei der Steuerberechnung für den maßgebenden Jahresarbeitslohn berücksichtigt worden sind. [7]Für die Lohnsteuerberechnung ist die als Lohnsteuerabzugsmerkmal mitgeteilte oder die nach § 39c Absatz 1 oder Absatz 2 oder nach § 39e Absatz 5a oder Absatz 6 Satz 8 anzuwendende Steuerklasse maßgebend. [8]Der Unterschiedsbetrag zwischen den ermittelten Jahreslohnsteuerbeträgen ist die Lohnsteuer, die vom sonstigen Bezug einzubehalten ist. [9]Die Lohnsteuer ist bei einem sonstigen Bezug im Sinne des § 34 Absatz 1 und 2 Nummer 2 und 4 in der Weise zu ermäßigen, dass der sonstige Bezug bei der Anwendung des Satzes 5 mit einem Fünftel anzusetzen und der Unterschiedsbetrag im Sinne des Satzes 8 zu verfünffachen ist; § 34 Absatz 1 Satz 3 ist sinngemäß anzuwenden. [10]Ein sonstiger Bezug im Sinne des § 34 Absatz 1 und 2 Nummer 4 ist bei der Anwendung des Satzes 4 in die Bemessungsgrundlage für die Vorsorgepauschale nach Absatz 2 Satz 5 Nummer 3 einzubeziehen.

(4) In den Kalenderjahren 2010 bis 2024 ist Absatz 2 Satz 5 Nummer 3 Buchstabe a mit der Maßgabe anzuwenden, dass im Kalenderjahr 2010 der ermittelte Betrag auf 40 Prozent begrenzt und dieser Prozentsatz in jedem folgenden Kalenderjahr um je 4 Prozentpunkte erhöht wird.

(5) [1]Wenn der Arbeitgeber für den Lohnzahlungszeitraum lediglich Abschlagszahlungen leistet und eine Lohnabrechnung für einen längeren Zeitraum (Lohnabrechnungszeitraum) vornimmt, kann er den Lohnabrechnungszeitraum als Lohnzahlungszeitraum behandeln und die Lohnsteuer abweichend von § 38 Absatz 3 bei der Lohnabrechnung einbehalten. [2]Satz 1 gilt nicht, wenn der Lohnabrechnungszeitraum fünf Wochen übersteigt oder die Lohnabrechnung nicht innerhalb von drei Wochen nach dessen Ablauf erfolgt. [3]Das Betriebsstättenfinanzamt kann anordnen, dass die Lohnsteuer von den Abschlagszahlungen einzubehalten ist, wenn die Erhebung der Lohnsteuer sonst nicht gesichert erscheint. [4]Wenn wegen einer besonderen Entlohnungsart weder ein Lohnzahlungszeitraum noch ein Lohnabrechnungszeitraum festgestellt werden kann, gilt als Lohnzahlungszeitraum die Summe der tatsächlichen Arbeitstage oder Arbeitswochen.

(6)[1)] [1]Das Bundesministerium der Finanzen hat im Einvernehmen mit den obersten Finanzbehörden der Länder auf der Grundlage der Absätze 2 und 3 einen Programmablaufplan für die maschinelle Berechnung der Lohnsteuer aufzustellen und bekannt zu machen.[2)] [2]Im Programmablaufplan kann von den Regelungen in den Absätzen 2 und 3 abgewichen werden, wenn sich das Ergebnis der maschinellen Berechnung der Lohnsteuer an das Ergebnis einer Veranlagung zur Einkommensteuer anlehnt.

(7) (weggefallen)

[1)] § 39b Abs. 6 aufgeh., bish. Abs. 8 wird Abs. 6 mWv 1.1.2012 durch G v. 7.12.2011 (BGBl. I S. 2592); Satz 2 angef. mWv 1.1.2014 durch G v. 25.7.2014 (BGBl. I S. 1266).

[2)] Bundesanzeiger vom 16.12.2000 (BAnz. Nr. 237a).

§ 39c[1) 2)] Einbehaltung der Lohnsteuer ohne Lohnsteuerabzugsmerkmale. (1) [1] Solange der Arbeitnehmer dem Arbeitgeber zum Zweck des Abrufs der elektronischen Lohnsteuerabzugsmerkmale (§ 39e Absatz 4 Satz 1) die ihm zugeteilte Identifikationsnummer sowie den Tag der Geburt schuldhaft nicht mitteilt oder das Bundeszentralamt für Steuern die Mitteilung elektronischer Lohnsteuerabzugsmerkmale ablehnt, hat der Arbeitgeber die Lohnsteuer nach Steuerklasse VI zu ermitteln. [2] Kann der Arbeitgeber die elektronischen Lohnsteuerabzugsmerkmale wegen technischer Störungen nicht abrufen oder hat der Arbeitnehmer die fehlende Mitteilung der ihm zuzuteilenden Identifikationsnummer nicht zu vertreten, hat der Arbeitgeber für die Lohnsteuerberechnung die voraussichtlichen Lohnsteuerabzugsmerkmale im Sinne des § 38b längstens für die Dauer von drei Kalendermonaten zu Grunde zu legen. [3] Hat nach Ablauf der drei Kalendermonate der Arbeitnehmer die Identifikationsnummer sowie den Tag der Geburt nicht mitgeteilt, ist rückwirkend Satz 1 anzuwenden. [4] Sobald dem Arbeitgeber in den Fällen des Satzes 2 die elektronischen Lohnsteuerabzugsmerkmale vorliegen, sind die Lohnsteuerermittlungen für die vorangegangenen Monate zu überprüfen und, falls erforderlich, zu ändern. [5] Die zu wenig oder zu viel einbehaltene Lohnsteuer ist jeweils bei der nächsten Lohnabrechnung auszugleichen.

(2) [1] Ist ein Antrag nach § 39 Absatz 3 Satz 1 oder § 39e Absatz 8 nicht gestellt, hat der Arbeitgeber die Lohnsteuer nach Steuerklasse VI zu ermitteln. [2] Legt der Arbeitnehmer binnen sechs Wochen nach Eintritt in das Dienstverhältnis oder nach Beginn des Kalenderjahres eine Bescheinigung für den Lohnsteuerabzug vor, ist Absatz 1 Satz 4 und 5 sinngemäß anzuwenden.

(3) [1] In den Fällen des § 38 Absatz 3a Satz 1 kann der Dritte die Lohnsteuer für einen sonstigen Bezug mit 20 Prozent unabhängig von den Lohnsteuerabzugsmerkmalen des Arbeitnehmers ermitteln, wenn der maßgebende Jahresarbeitslohn nach § 39b Absatz 3 zuzüglich des sonstigen Bezugs 10 000 Euro nicht übersteigt. [2] Bei der Feststellung des maßgebenden Jahresarbeitslohns sind nur die Lohnzahlungen des Dritten zu berücksichtigen.

§ 39d[3)] *(aufgehoben)*

§ 39e[4) 2)] Verfahren zur Bildung und Anwendung der elektronischen Lohnsteuerabzugsmerkmale. (1) [1] Das Bundeszentralamt für Steuern bildet für jeden Arbeitnehmer grundsätzlich automatisiert die Steuerklasse und für die bei den Steuerklassen I bis IV zu berücksichtigenden Kinder die Zahl der Kinderfreibeträge nach § 38b Absatz 2 Satz 1 als Lohnsteuerabzugsmerkmale (§ 39 Absatz 4 Satz 1 Nummer 1 und 2); für Änderungen gilt § 39 Absatz 2 entsprechend. [2] Soweit das Finanzamt Lohnsteuerabzugsmerkmale nach § 39 bildet, teilt es sie dem Bundeszentralamt für Steuern zum Zweck der Bereitstellung für den automatisierten Abruf durch den Arbeitgeber mit. [3] Lohnsteuerabzugsmerkmale sind frühestens bereitzustellen mit Wirkung von Beginn des Kalenderjahres an, für das sie anzuwenden sind, jedoch nicht für einen Zeitpunkt vor Beginn des Dienstverhältnisses.

---

1) § 39c neu gef. mWv 1.1.2012 durch G v. 7.12.2011 (BGBl. I S. 2592).
2) Vgl. hierzu die Übergangsregelung in § 52b.
3) § 39d aufgeh. mWv 1.1.2012 durch G v. 7.12.2011 (BGBl. I S. 2592).
4) § 39e neu gef. mWv 1.1.2012 durch G v. 7.12.2011 (BGBl. I S. 2592); zur Anwendung siehe auch § 52 Abs. 39.

(2)[1] [1]Das Bundeszentralamt für Steuern speichert zum Zweck der Bereitstellung automatisiert abrufbarer Lohnsteuerabzugsmerkmale für den Arbeitgeber die Lohnsteuerabzugsmerkmale unter Angabe der Identifikationsnummer sowie für jeden Steuerpflichtigen folgende Daten zu den in § 139b Absatz 3 der Abgabenordnung[2] genannten Daten hinzu:

1. rechtliche Zugehörigkeit zu einer steuererhebenden Religionsgemeinschaft sowie Datum des Eintritts und Austritts,
2. melderechtlichen Familienstand sowie den Tag der Begründung oder Auflösung des Familienstands und bei Verheirateten die Identifikationsnummer des Ehegatten,
3. Kinder mit ihrer Identifikationsnummer.

[2]Die nach Landesrecht für das Meldewesen zuständigen Behörden (Meldebehörden) haben dem Bundeszentralamt für Steuern unter Angabe der Identifikationsnummer und des Tages der Geburt die in Satz 1 Nummer 1 bis 3 bezeichneten Daten und deren Änderungen im Melderegister mitzuteilen. [3]In den Fällen des Satzes 1 Nummer 3 besteht die Mitteilungspflicht nur, wenn das Kind mit Hauptwohnsitz oder alleinigem Wohnsitz im Zuständigkeitsbereich der Meldebehörde gemeldet ist und solange das Kind das 18. Lebensjahr noch nicht vollendet hat. [4]Sofern die Identifikationsnummer noch nicht zugeteilt wurde, teilt die Meldebehörde die Daten unter Angabe des Vorläufigen Bearbeitungsmerkmals nach § 139b Absatz 6 Satz 2 der Abgabenordnung mit. [5]Für die Datenübermittlung gelten die §§ 2 und 3 der Zweiten Bundesmeldedatenübermittlungsverordnung vom 1. Dezember 2014 (BGBl. I S. 1950) in der jeweils geltenden Fassung entsprechend.

(3)[3] [1]Das Bundeszentralamt für Steuern hält die Identifikationsnummer, den Tag der Geburt, Merkmale für den Kirchensteuerabzug und die Lohnsteuerabzugsmerkmale des Arbeitnehmers nach § 39 Absatz 4 zum unentgeltlichen automatisierten Abruf durch den Arbeitgeber nach amtlich vorgeschriebenem Datensatz bereit (elektronische Lohnsteuerabzugsmerkmale). [2]Bezieht ein Arbeitnehmer nebeneinander von mehreren Arbeitgebern Arbeitslohn, sind für jedes weitere Dienstverhältnis elektronische Lohnsteuerabzugsmerkmale zu bilden. [3]Bei Eheschließung wird für jeden Ehegatten automatisiert die Steuerklasse IV gebildet, wenn zum Zeitpunkt der Eheschließung die Voraussetzungen des § 38b Absatz 1 Satz 2 Nummer 4 vorliegen. [4]Das Bundeszentralamt für Steuern führt die elektronischen Lohnsteuerabzugsmerkmale des Arbeitnehmers zum Zweck ihrer Bereitstellung nach Satz 1 mit der Wirtschafts-Identifikationsnummer (§ 139c der Abgabenordnung) des Arbeitgebers zusammen.

(4)[4] [1]Der Arbeitnehmer hat jedem seiner Arbeitgeber bei Eintritt in das Dienstverhältnis zum Zweck des Abrufs der Lohnsteuerabzugsmerkmale mitzuteilen,

1. wie die Identifikationsnummer sowie der Tag der Geburt lauten,
2. ob es sich um das erste oder ein weiteres Dienstverhältnis handelt (§ 38b Absatz 1 Satz 2 Nummer 6) und

---

[1] § 39e Abs. 2 Satz 5 neu gef. mWv 1.11.2015 durch G v. 2.11.2015 (BGBl. I S. 1834).
[2] Nr. **1**.
[3] § 39e Abs. 3 Satz 3 neu gef. mWv 1.1.2018 durch G v. 23.6.2017 (BGBl. I S. 1682).
[4] § 39e Abs. 4 Satz 7 neu gef. mWv 1.1.2019 durch G v. 20.11.2019 (BGBl. I S. 1626).

3. ob und in welcher Höhe ein nach § 39a Absatz 1 Satz 1 Nummer 7 festgestellter Freibetrag abgerufen werden soll.

[2]Der Arbeitgeber hat bei Beginn des Dienstverhältnisses die elektronischen Lohnsteuerabzugsmerkmale für den Arbeitnehmer beim Bundeszentralamt für Steuern durch Datenfernübertragung abzurufen und sie in das Lohnkonto für den Arbeitnehmer zu übernehmen. [3]Für den Abruf der elektronischen Lohnsteuerabzugsmerkmale hat sich der Arbeitgeber zu authentifizieren und seine Wirtschafts-Identifikationsnummer, die Daten des Arbeitnehmers nach Satz 1 Nummer 1 und 2, den Tag des Beginns des Dienstverhältnisses und etwaige Angaben nach Satz 1 Nummer 3 mitzuteilen. [4]Zur Plausibilitätsprüfung der Identifikationsnummer hält das Bundeszentralamt für Steuern für den Arbeitgeber entsprechende Regeln bereit. [5]Der Arbeitgeber hat den Tag der Beendigung des Dienstverhältnisses unverzüglich dem Bundeszentralamt für Steuern durch Datenfernübertragung mitzuteilen. [6]Beauftragt der Arbeitgeber einen Dritten mit der Durchführung des Lohnsteuerabzugs, hat sich der Dritte für den Datenabruf zu authentifizieren und zusätzlich seine Wirtschafts-Identifikationsnummer mitzuteilen. [7]Für die Verarbeitung der elektronischen Lohnsteuerabzugsmerkmale gilt § 39 Absatz 8 entsprechend.

(5)[1)] [1]Die abgerufenen elektronischen Lohnsteuerabzugsmerkmale sind vom Arbeitgeber für die Durchführung des Lohnsteuerabzugs des Arbeitnehmers anzuwenden, bis

1. ihm das Bundeszentralamt für Steuern geänderte elektronische Lohnsteuerabzugsmerkmale zum Abruf bereitstellt oder
2. der Arbeitgeber dem Bundeszentralamt für Steuern die Beendigung des Dienstverhältnisses mitteilt.

[2]Sie sind in der üblichen Lohnabrechnung anzugeben. [3]Der Arbeitgeber ist verpflichtet, die vom Bundeszentralamt für Steuern bereitgestellten Mitteilungen und elektronischen Lohnsteuerabzugsmerkmale monatlich anzufragen und abzurufen. [4]Kommt der Arbeitgeber seinen Verpflichtungen nach den Sätzen 1 und 3 sowie nach Absatz 4 Satz 2, 3 und 5 nicht nach, ist das Betriebsstättenfinanzamt für die Aufforderung zum Abruf und zur Anwendung der Lohnsteuerabzugsmerkmale sowie zur Mitteilung der Beendigung des Dienstverhältnisses und für die Androhung und Festsetzung von Zwangsmitteln zuständig.

(5a)[2)] [1]Zahlt der Arbeitgeber, ein von diesem beauftragter Dritter in dessen Namen oder ein Dritter im Sinne des § 38 Absatz 3a verschiedenartige Bezüge als Arbeitslohn, kann der Arbeitgeber oder der Dritte die Lohnsteuer für den zweiten und jeden weiteren Bezug abweichend von Absatz 5 ohne Abruf weiterer elektronischer Lohnsteuerabzugsmerkmale nach der Steuerklasse VI einbehalten. [2]Verschiedenartige Bezüge liegen vor, wenn der Arbeitnehmer vom Arbeitgeber folgenden Arbeitslohn bezieht:

1. neben dem Arbeitslohn für ein aktives Dienstverhältnis auch Versorgungsbezüge,
2. neben Versorgungsbezügen, Bezügen und Vorteilen aus seinem früheren Dienstverhältnis auch andere Versorgungsbezüge oder

---

1) § 39e Abs. 5 Satz 4 angef. mWv 1.1.2017 durch G v. 18.7.2016 (BGBl. I S. 1679).
2) § 39e Abs. 5a eingef. mWv 1.1.2017 durch G v. 18.7.2016 (BGBl. I S. 1679).

3. neben Bezügen und Vorteilen während der Elternzeit oder vergleichbaren Unterbrechungszeiten des aktiven Dienstverhältnisses auch Arbeitslohn für ein weiteres befristetes aktives Dienstverhältnis.

[3] § 46 Absatz 2 Nummer 2 ist entsprechend anzuwenden.

(6)[1)] [1] Gegenüber dem Arbeitgeber gelten die Lohnsteuerabzugsmerkmale (§ 39 Absatz 4) mit dem Abruf der elektronischen Lohnsteuerabzugsmerkmale als bekannt gegeben. [2] Einer Rechtsbehelfsbelehrung bedarf es nicht. [3] Die Lohnsteuerabzugsmerkmale gelten gegenüber dem Arbeitnehmer als bekannt gegeben, sobald der Arbeitgeber dem Arbeitnehmer den Ausdruck der Lohnabrechnung mit den nach Absatz 5 Satz 2 darin ausgewiesenen elektronischen Lohnsteuerabzugsmerkmalen ausgehändigt oder elektronisch bereitgestellt hat. [4] Die elektronischen Lohnsteuerabzugsmerkmale sind dem Steuerpflichtigen auf Antrag vom zuständigen Finanzamt mitzuteilen oder elektronisch bereitzustellen. [5] Wird dem Arbeitnehmer bekannt, dass die elektronischen Lohnsteuerabzugsmerkmale zu seinen Gunsten von den nach § 39 zu bildenden Lohnsteuerabzugsmerkmalen abweichen, ist er verpflichtet, dies dem Finanzamt unverzüglich mitzuteilen. [6] Der Steuerpflichtige kann beim zuständigen Finanzamt

1. den Arbeitgeber benennen, der zum Abruf von elektronischen Lohnsteuerabzugsmerkmalen berechtigt ist (Positivliste) oder nicht berechtigt ist (Negativliste). [2] Hierfür hat der Arbeitgeber dem Arbeitnehmer seine Wirtschafts-Identifikationsnummer mitzuteilen. [3] Für die Verarbeitung der Wirtschafts-Identifikationsnummer gilt § 39 Absatz 8 entsprechend; oder
2. die Bildung oder die Bereitstellung der elektronischen Lohnsteuerabzugsmerkmale allgemein sperren oder allgemein freischalten lassen.

[7] Macht der Steuerpflichtige von seinem Recht nach Satz 6 Gebrauch, hat er die Positivliste, die Negativliste, die allgemeine Sperrung oder die allgemeine Freischaltung in einem bereitgestellten elektronischen Verfahren oder nach amtlich vorgeschriebenem Vordruck dem Finanzamt zu übermitteln. [8] Werden wegen einer Sperrung nach Satz 6 einem Arbeitgeber, der Daten abrufen möchte, keine elektronischen Lohnsteuerabzugsmerkmale bereitgestellt, wird dem Arbeitgeber die Sperrung mitgeteilt und dieser hat die Lohnsteuer nach Steuerklasse VI zu ermitteln.

(7) [1] Auf Antrag des Arbeitgebers kann das Betriebsstättenfinanzamt zur Vermeidung unbilliger Härten zulassen, dass er nicht am Abrufverfahren teilnimmt. [2] Dem Antrag eines Arbeitgebers ohne maschinelle Lohnabrechnung, der ausschließlich Arbeitnehmer im Rahmen einer geringfügigen Beschäftigung in seinem Privathaushalt im Sinne des § 8a des Vierten Buches Sozialgesetzbuch beschäftigt, ist stattzugeben. [3] Der Arbeitgeber hat dem Antrag unter Angabe seiner Wirtschafts-Identifikationsnummer ein Verzeichnis der beschäftigten Arbeitnehmer mit Angabe der jeweiligen Identifikationsnummer und des Tages der Geburt des Arbeitnehmers beizufügen. [4] Der Antrag ist nach amtlich vorgeschriebenem Vordruck jährlich zu stellen und vom Arbeitgeber zu unterschreiben. [5] Das Betriebsstättenfinanzamt übermittelt dem Arbeitgeber für die Durchführung des Lohnsteuerabzugs für ein Kalenderjahr eine arbeitgeberbezogene Bescheinigung mit den Lohnsteuerabzugsmerkmalen des Arbeitnehmers (Bescheinigung für den Lohnsteuerabzug) sowie etwaige Ände-

[1)] § 39e Abs. 6 Satz 6 Nr. 1 Satz 3 geänd. mWv 1.1.2019 durch G v. 20.11.2019 (BGBl. I S. 1626).

rungen. [6]Diese Bescheinigung sowie die Änderungsmitteilungen sind als Belege zum Lohnkonto zu nehmen und bis zum Ablauf des Kalenderjahres aufzubewahren. [7]Absatz 5 Satz 1 und 2 sowie Absatz 6 Satz 3 gelten entsprechend. [8]Der Arbeitgeber hat den Tag der Beendigung des Dienstverhältnisses unverzüglich dem Betriebsstättenfinanzamt mitzuteilen.

(8)[1)] [1]Ist einem nach § 1 Absatz 1 unbeschränkt einkommensteuerpflichtigen Arbeitnehmer keine Identifikationsnummer zugeteilt, hat das Wohnsitzfinanzamt auf Antrag eine Bescheinigung für den Lohnsteuerabzug für die Dauer eines Kalenderjahres auszustellen. [2]Die Bescheinigung kann auch der Arbeitgeber beantragen, wenn ihn der Arbeitnehmer dazu nach § 80 Absatz 1 der Abgabenordnung bevollmächtigt hat. [3]Diese Bescheinigung ersetzt die Verpflichtung und Berechtigung des Arbeitgebers zum Abruf der elektronischen Lohnsteuerabzugsmerkmale (Absätze 4 und 6). [4]In diesem Fall tritt an die Stelle der Identifikationsnummer das lohnsteuerliche Ordnungsmerkmal nach § 41b Absatz 2 Satz 1 und 2. [5]Für die Durchführung des Lohnsteuerabzugs hat der Arbeitnehmer seinem Arbeitgeber vor Beginn des Kalenderjahres oder bei Eintritt in das Dienstverhältnis die nach Satz 1 ausgestellte Bescheinigung für den Lohnsteuerabzug vorzulegen. [6]§ 39c Absatz 1 Satz 2 bis 5 ist sinngemäß anzuwenden. [7]Der Arbeitgeber hat die Bescheinigung für den Lohnsteuerabzug entgegenzunehmen und während des Dienstverhältnisses, längstens bis zum Ablauf des jeweiligen Kalenderjahres, aufzubewahren.

(9) Ist die Wirtschafts-Identifikationsnummer noch nicht oder nicht vollständig eingeführt, tritt an ihre Stelle die Steuernummer der Betriebsstätte oder des Teils des Betriebs des Arbeitgebers, in dem der für den Lohnsteuerabzug maßgebende Arbeitslohn des Arbeitnehmers ermittelt wird (§ 41 Absatz 2).

(10)[2)] Die beim Bundeszentralamt für Steuern nach Absatz 2 Satz 1 gespeicherten Daten können auch zur Prüfung und Durchführung der Einkommensbesteuerung (§ 2) des Steuerpflichtigen für Veranlagungszeiträume ab 2005 und zur Ermittlung des Einkommens nach § 97a des Sechsten Buches Sozialgesetzbuch verarbeitet werden.

§ 39f Faktorverfahren anstelle Steuerklassenkombination III/V.

(1)[3)] [1]Bei Ehegatten, die in die Steuerklasse IV gehören (§ 38b Absatz 1 Satz 2 Nummer 4 erster Halbsatz), hat das Finanzamt auf Antrag beider Ehegatten nach § 39a anstelle der Steuerklassenkombination III/V (§ 38b Absatz 1 Satz 2 Nummer 5) als Lohnsteuerabzugsmerkmal jeweils die Steuerklasse IV in Verbindung mit einem Faktor zur Ermittlung der Lohnsteuer zu bilden, wenn der Faktor kleiner als 1 ist. [2]Der Faktor ist Y : X und vom Finanzamt mit drei Nachkommastellen ohne Rundung zu berechnen. [3]„Y“ ist die voraussichtliche Einkommensteuer für beide Ehegatten nach dem Splittingverfahren (§ 32a Absatz 5) unter Berücksichtigung der in § 39b Absatz 2 genannten Abzugsbeträge. [4]„X“ ist die Summe der voraussichtlichen Lohn-

---

[1)] § 39e Abs. 8 Satz 2 eingef., bish. Sätze 2 bis 6 werden Sätze 3 bis 7 mWv 1.1.2021 durch G v. 21.12.2020 (BGBl. I S. 3096).

[2)] § 39e Abs. 10 geänd. mWv 1.1.2019 durch G v. 20.11.2019 (BGBl. I S. 1626); geänd. mWv 1.1.2021 durch G v. 12.8.2020 (BGBl. I S. 1879).

[3)] § 39f Abs. 1 Sätze 1 und 5 geänd., Satz 6 neu gef. mWv 1.1.2012 durch G v. 7.12.2011 (BGBl. I S. 2592); Satz 5 eingef., bish. Sätze 5 bis 7 werden Sätze 6 bis 8 mWv 1.8.2015, Sätze 9 bis 11 angef. durch G v. 28.7.2015 (BGBl. I S. 1400); zur Anwendung siehe § 52 Abs. 37a; Satz 1 geänd. mWv 1.1.2019 durch G v. 12.12.2019 (BGBl. I S. 2451).

steuer bei Anwendung der Steuerklasse IV für jeden Ehegatten. [5]Maßgeblich sind die Steuerbeträge des Kalenderjahres, für das der Faktor erstmals gelten soll. [6]In die Bemessungsgrundlage für Y werden jeweils neben den Jahresarbeitslöhnen der ersten Dienstverhältnisse zusätzlich nur Beträge einbezogen, die nach § 39a Absatz 1 Satz 1 Nummer 1 bis 6 als Freibetrag ermittelt und als Lohnsteuerabzugsmerkmal gebildet werden könnten; Freibeträge werden neben dem Faktor nicht als Lohnsteuerabzugsmerkmal gebildet. [7]In den Fällen des § 39a Absatz 1 Satz 1 Nummer 7 sind bei der Ermittlung von Y und X die Hinzurechnungsbeträge zu berücksichtigen; die Hinzurechnungsbeträge sind zusätzlich als Lohnsteuerabzugsmerkmal für das erste Dienstverhältnis zu bilden. [8]Arbeitslöhne aus zweiten und weiteren Dienstverhältnissen (Steuerklasse VI) sind im Faktorverfahren nicht zu berücksichtigen. [9]Der nach Satz 1 gebildete Faktor gilt bis zum Ablauf des Kalenderjahres, das auf das Kalenderjahr folgt, in dem der Faktor erstmals gilt oder zuletzt geändert worden ist. [10]Die Ehegatten können eine Änderung des Faktors beantragen, wenn sich die für die Ermittlung des Faktors maßgeblichen Jahresarbeitslöhne im Sinne des Satzes 6 ändern. [11]Besteht eine Anzeigepflicht nach § 39a Absatz 1 Satz 5 oder wird eine Änderung des Freibetrags nach § 39a Absatz 1 Satz 4 beantragt, gilt die Anzeige oder der Antrag auf Änderung des Freibetrags zugleich als Antrag auf Anpassung des Faktors.

(2) Für die Einbehaltung der Lohnsteuer vom Arbeitslohn hat der Arbeitgeber Steuerklasse IV und den Faktor anzuwenden.

(3)[1)] [1]§ 39 Absatz 6 Satz 3 und 5 gilt mit der Maßgabe, dass die Änderungen nach Absatz 1 Satz 10 und 11 keine Änderungen im Sinne des § 39 Absatz 6 Satz 3 sind. [2]§ 39a ist anzuwenden mit der Maßgabe, dass ein Antrag nach amtlich vorgeschriebenem Vordruck (§ 39a Absatz 2) nur erforderlich ist, wenn bei der Faktorermittlung zugleich Beträge nach § 39a Absatz 1 Satz 1 Nummer 1 bis 6 berücksichtigt werden sollen.

(4)[2)] Das Faktorverfahren ist im Programmablaufplan für die maschinelle Berechnung der Lohnsteuer (§ 39b Absatz 6) zu berücksichtigen.

§ 40 Pauschalierung der Lohnsteuer in besonderen Fällen. (1) [1]Das Betriebsstättenfinanzamt (§ 41a Absatz 1 Satz 1 Nummer 1) kann auf Antrag des Arbeitgebers zulassen, dass die Lohnsteuer mit einem unter Berücksichtigung der Vorschriften des § 38a zu ermittelnden Pauschsteuersatz erhoben wird, soweit

1. von dem Arbeitgeber sonstige Bezüge in einer größeren Zahl von Fällen gewährt werden oder
2. in einer größeren Zahl von Fällen Lohnsteuer nachzuerheben ist, weil der Arbeitgeber die Lohnsteuer nicht vorschriftsmäßig einbehalten hat.

[2]Bei der Ermittlung des Pauschsteuersatzes ist zu berücksichtigen, dass die in Absatz 3 vorgeschriebene Übernahme der pauschalen Lohnsteuer durch den Arbeitgeber für den Arbeitnehmer eine in Geldeswert bestehende Einnahme im Sinne des § 8 Absatz 1 darstellt (Nettosteuersatz). [3]Die Pauschalierung ist in den Fällen des Satzes 1 Nummer 1 ausgeschlossen, soweit der Arbeitgeber

---

1) § 39f Abs. 3 Sätze 1 und 2 geänd. mWv 1.1.2012 durch G v. 7.12.2011 (BGBl. I S. 2592); Satz 1 neu gef. durch G v. 28.7.2015 (BGBl. I S. 1400); zur Anwendung siehe § 52 Abs. 37a.

2) § 39f Abs. 4 geänd. mWv 1.1.2012 durch G v. 7.12.2011 (BGBl. I S. 2592).

einem Arbeitnehmer sonstige Bezüge von mehr als 1 000 Euro im Kalenderjahr gewährt. [4]Der Arbeitgeber hat dem Antrag eine Berechnung beizufügen, aus der sich der durchschnittliche Steuersatz unter Zugrundelegung der durchschnittlichen Jahresarbeitslöhne und der durchschnittlichen Jahreslohnsteuer in jeder Steuerklasse für diejenigen Arbeitnehmer ergibt, denen die Bezüge gewährt werden sollen oder gewährt worden sind.

(2)[1)] [1]Abweichend von Absatz 1 kann der Arbeitgeber die Lohnsteuer mit einem Pauschsteuersatz von 25 Prozent erheben, soweit er

1. arbeitstäglich Mahlzeiten im Betrieb an die Arbeitnehmer unentgeltlich oder verbilligt abgibt oder Barzuschüsse an ein anderes Unternehmen leistet, das arbeitstäglich Mahlzeiten an die Arbeitnehmer unentgeltlich oder verbilligt abgibt. [2]Voraussetzung ist, dass die Mahlzeiten nicht als Lohnbestandteile vereinbart sind,

1a.[2)] oder auf seine Veranlassung ein Dritter den Arbeitnehmern anlässlich einer beruflichen Tätigkeit außerhalb seiner Wohnung und ersten Tätigkeitsstätte Mahlzeiten zur Verfügung stellt, die nach § 8 Absatz 2 Satz 8 und 9 mit dem Sachbezugswert anzusetzen sind,

2. Arbeitslohn aus Anlass von Betriebsveranstaltungen zahlt,

3. Erholungsbeihilfen gewährt, wenn diese zusammen mit Erholungsbeihilfen, die in demselben Kalenderjahr früher gewährt worden sind, 156 Euro für den Arbeitnehmer, 104 Euro für dessen Ehegatten und 52 Euro für jedes Kind nicht übersteigen und der Arbeitgeber sicherstellt, dass die Beihilfen zu Erholungszwecken verwendet werden,

4.[3)] Vergütungen für Verpflegungsmehraufwendungen anlässlich einer Tätigkeit im Sinne des § 9 Absatz 4a Satz 2 oder Satz 4 zahlt, soweit die Vergütungen die nach § 9 Absatz 4a Satz 3, 5 und 6 zustehenden Pauschalen um nicht mehr als 100 Prozent übersteigen,

5.[4)] den Arbeitnehmern zusätzlich zum ohnehin geschuldeten Arbeitslohn unentgeltlich oder verbilligt Datenverarbeitungsgeräte übereignet; das gilt auch für Zubehör und Internetzugang. [2]Das Gleiche gilt für Zuschüsse des Arbeitgebers, die zusätzlich zum ohnehin geschuldeten Arbeitslohn zu den Aufwendungen des Arbeitnehmers für die Internetnutzung gezahlt werden,

6.[5)] den Arbeitnehmern zusätzlich zum ohnehin geschuldeten Arbeitslohn unentgeltlich oder verbilligt die Ladevorrichtung für Elektrofahrzeuge oder Hybridelektrofahrzeuge im Sinne des § 6 Absatz 1 Nummer 4 Satz 2 zweiter Halbsatz übereignet. [2]Das Gleiche gilt für Zuschüsse des Arbeitgebers, die zusätzlich zum ohnehin geschuldeten Arbeitslohn zu den Auf-

---

[1)] § 40 Abs. 2 Satz 2 geänd. durch G v. 20.2.2013 (BGBl. I S. 285); Satz 2 geänd. mWv 1.1.2014 durch G v. 25.7.2014 (BGBl. I S. 1266); Sätze 2 und 3 neu gef., Satz 4 angef. mWv 1.1.2019 durch G v. 12.12.2019 (BGBl. I S. 2451); Satz 4 geänd. mWv 1.1.2021 durch G v. 21.12.2020 (BGBl. I S. 3096); zur Anwendung siehe § 52 Abs. 37c Satz 2.

[2)] § 40 Abs. 2 Satz 1 Nr. 1a eingef. mWv 1.1.2014 durch G v. 20.2.2013 (BGBl. I S. 285).

[3)] § 40 Abs. 2 Satz 1 Nr. 4 geänd. durch G v. 20.2.2013 (BGBl. I S. 285); geänd. mWv 1.1.2014 durch G v. 25.7.2014 (BGBl. I S. 1266); geänd. mWv 1.1.2015 durch G v. 22.12.2014 (BGBl. I S. 2417).

[4)] § 40 Abs. 2 Satz 1 Nr. 5 Satz 1 1. HS geänd. mWv 1.1.2013 durch G v. 26.6.2013 (BGBl. I S. 1809); Satz 2 geänd. mWv 1.1.2017 durch G v. 7.11.2016 (BGBl. I S. 2498).

[5)] § 40 Abs. 2 Satz 1 Nr. 6 angef. durch G v. 7.11.2016 (BGBl. I S. 2498), zur erstmaligen und letztmaligen Anwendung siehe § 52 Abs. 37c.

wendungen des Arbeitnehmers für den Erwerb und die Nutzung dieser Ladevorrichtung gezahlt werden,

7.[1] den Arbeitnehmern zusätzlich zum ohnehin geschuldeten Arbeitslohn unentgeltlich oder verbilligt ein betriebliches Fahrrad, das kein Kraftfahrzeug im Sinne des § 6 Absatz 1 Nummer 4 Satz 2 ist, übereignet.

[2]Der Arbeitgeber kann die Lohnsteuer mit folgenden Pauschsteuersätzen erheben:

1. mit einem Pauschsteuersatz von 15 Prozent für die nicht nach § 3 Nummer 15 steuerfreien
   a) Sachbezüge in Form einer unentgeltlichen oder verbilligten Beförderung eines Arbeitnehmers zwischen Wohnung und erster Tätigkeitsstätte sowie Fahrten nach § 9 Absatz 1 Satz 3 Nummer 4a Satz 3 oder
   b) Zuschüsse zu den Aufwendungen des Arbeitnehmers für Fahrten zwischen Wohnung und erster Tätigkeitsstätte oder Fahrten nach § 9 Absatz 1 Satz 3 Nummer 4a Satz 3, die zusätzlich zum ohnehin geschuldeten Arbeitslohn geleistet werden,

   soweit die Bezüge den Betrag nicht übersteigen, den der Arbeitnehmer nach § 9 Absatz 1 Satz 3 Nummer 4 und Absatz 2 als Werbungskosten geltend machen könnte, wenn die Bezüge nicht pauschal besteuert würden; diese pauschal besteuerten Bezüge mindern die nach § 9 Absatz 1 Satz 3 Nummer 4 Satz 2 und Absatz 2 abziehbaren Werbungskosten oder
2. mit einem Pauschsteuersatz von 25 Prozent anstelle der Steuerfreiheit nach § 3 Nummer 15 einheitlich für alle dort genannten Bezüge eines Kalenderjahres, auch wenn die Bezüge dem Arbeitnehmer nicht zusätzlich zum ohnehin geschuldeten Arbeitslohn gewährt werden; für diese pauschal besteuerten Bezüge unterbleibt eine Minderung der nach § 9 Absatz 1 Satz 3 Nummer 4 Satz 2 und Absatz 2 abziehbaren Werbungskosten oder
3.[2] mit einem Pauschsteuersatz von 25 Prozent für die Freifahrtberechtigungen, die Soldaten nach § 30 Absatz 6 des Soldatengesetzes erhalten; für diese pauschal besteuerten Bezüge unterbleibt eine Minderung der nach § 9 Absatz 1 Satz 3 Nummer 4 Satz 2 sowie Nummer 5 Satz 6 abziehbaren Werbungskosten.

[3]Die nach Satz 2 pauschalbesteuerten Bezüge bleiben bei der Anwendung des § 40a Absatz 1 bis 4 außer Ansatz. [4]Bemessungsgrundlage der pauschalen Lohnsteuer sind in den Fällen des Satzes 2 Nummer 2 und 3 die Aufwendungen des Arbeitgebers einschließlich Umsatzsteuer.

(3) [1]Der Arbeitgeber hat die pauschale Lohnsteuer zu übernehmen. [2]Er ist Schuldner der pauschalen Lohnsteuer; auf den Arbeitnehmer abgewälzte pauschale Lohnsteuer gilt als zugeflossener Arbeitslohn und mindert nicht die Bemessungsgrundlage. [3]Der pauschal besteuerte Arbeitslohn und die pauschale Lohnsteuer bleiben bei einer Veranlagung zur Einkommensteuer und beim Lohnsteuer-Jahresausgleich außer Ansatz. [4]Die pauschale Lohnsteuer ist weder auf die Einkommensteuer noch auf die Jahreslohnsteuer anzurechnen.

---

[1] § 40 Abs. 2 Satz 1 Nr. 7 angef. mWv 1.1.2020 durch G v. 12.12.2019 (BGBl. I S. 2451).

[2] § 40 Abs. 2 Satz 2 Nr. 3 angef. mWv 1.1.2021 durch G v. 21.12.2020 (BGBl. I S. 3096); zur Anwendung siehe § 52 Abs. 37c Satz 2.

§ 40a Pauschalierung der Lohnsteuer für Teilzeitbeschäftigte und geringfügig Beschäftigte. (1)[1] [1]Der Arbeitgeber kann unter Verzicht auf den Abruf von elektronischen Lohnsteuerabzugsmerkmalen (§ 39e Absatz 4 Satz 2) oder die Vorlage einer Bescheinigung für den Lohnsteuerabzug (§ 39 Absatz 3 oder § 39e Absatz 7 oder Absatz 8) bei Arbeitnehmern, die nur kurzfristig beschäftigt werden, die Lohnsteuer mit einem Pauschsteuersatz von 25 Prozent des Arbeitslohns erheben. [2]Eine kurzfristige Beschäftigung liegt vor, wenn der Arbeitnehmer bei dem Arbeitgeber gelegentlich, nicht regelmäßig wiederkehrend beschäftigt wird, die Dauer der Beschäftigung 18 zusammenhängende Arbeitstage nicht übersteigt und

1.[2] der Arbeitslohn während der Beschäftigungsdauer 120 Euro durchschnittlich je Arbeitstag nicht übersteigt oder
2. die Beschäftigung zu einem unvorhersehbaren Zeitpunkt sofort erforderlich wird.

(2)[3] Der Arbeitgeber kann unter Verzicht auf den Abruf von elektronischen Lohnsteuerabzugsmerkmalen (§ 39e Absatz 4 Satz 2) oder die Vorlage einer Bescheinigung für den Lohnsteuerabzug (§ 39 Absatz 3 oder § 39e Absatz 7 oder Absatz 8) die Lohnsteuer einschließlich Solidaritätszuschlag und Kirchensteuern (einheitliche Pauschsteuer) für das Arbeitsentgelt aus geringfügigen Beschäftigungen im Sinne des § 8 Absatz 1 Nummer 1 oder des § 8a des Vierten Buches Sozialgesetzbuch, für das er Beiträge nach § 168 Absatz 1 Nummer 1b oder 1c (geringfügig versicherungspflichtig Beschäftigte) oder nach § 172 Absatz 3 oder 3a (versicherungsfrei oder von der Versicherungspflicht befreite geringfügig Beschäftigte) oder nach § 276a Absatz 1 (versicherungsfrei geringfügig Beschäftigte) des Sechsten Buches Sozialgesetzbuch zu entrichten hat, mit einem einheitlichen Pauschsteuersatz in Höhe von insgesamt 2 Prozent des Arbeitsentgelts erheben.

(2a)[4] Hat der Arbeitgeber in den Fällen des Absatzes 2 keine Beiträge nach § 168 Absatz 1 Nummer 1b oder 1c oder nach § 172 Absatz 3 oder 3a oder nach § 276a Absatz 1 des Sechsten Buches Sozialgesetzbuch zu entrichten, kann er unter Verzicht auf den Abruf von elektronischen Lohnsteuerabzugsmerkmalen (§ 39e Absatz 4 Satz 2) oder die Vorlage einer Bescheinigung für den Lohnsteuerabzug (§ 39 Absatz 3 oder § 39e Absatz 7 oder Absatz 8) die Lohnsteuer mit einem Pauschsteuersatz in Höhe von 20 Prozent des Arbeitsentgelts erheben.

(3)[5] [1]Abweichend von den Absätzen 1 und 2a kann der Arbeitgeber unter Verzicht auf den Abruf von elektronischen Lohnsteuerabzugsmerkmalen (§ 39e Absatz 4 Satz 2) oder die Vorlage einer Bescheinigung für den Lohnsteuerabzug (§ 39 Absatz 3 oder § 39e Absatz 7 oder Absatz 8) bei Aushilfskräften, die in Betrieben der Land- und Forstwirtschaft im Sinne des § 13 Absatz 1 Nummer 1

---

[1] § 40a Abs. 1 Satz 1 geänd. mWv 1.1.2012 durch G v. 7.12.2011 (BGBl. I S. 2592).

[2] § 40a Abs. 1 Satz 2 Nr. 1 geänd. durch G v. 28.7.2015 (BGBl. I S. 1400); geänd. mWv 1.1.2017 durch G v. 30.6.2017 (BGBl. I S. 2143); geänd. mWv 1.1.2020 durch G v. 22.11.2019 (BGBl. I S. 1746).

[3] § 40a Abs. 2 geänd. mWv 1.1.2012 durch G v. 7.12.2011 (BGBl. I S. 2592); geänd. durch G v. 25.7.2014 (BGBl. I S. 1266); zur Anwendung siehe § 52 Abs. 38.

[4] § 40a Abs. 2a geänd. mWv 1.1.2012 durch G v. 7.12.2011 (BGBl. I S. 2592); geänd. durch G v. 25.7.2014 (BGBl. I S. 1266); zur Anwendung siehe § 52 Abs. 38.

[5] § 40a Abs. 3 Satz 1 geänd. mWv 1.1.2012 durch G v. 7.12.2011 (BGBl. I S. 2592).

bis 4 ausschließlich mit typisch land- oder forstwirtschaftlichen Arbeiten beschäftigt werden, die Lohnsteuer mit einem Pauschsteuersatz von 5 Prozent des Arbeitslohns erheben. 2 Aushilfskräfte im Sinne dieser Vorschrift sind Personen, die für die Ausführung und für die Dauer von Arbeiten, die nicht ganzjährig anfallen, beschäftigt werden; eine Beschäftigung mit anderen land- und forstwirtschaftlichen Arbeiten ist unschädlich, wenn deren Dauer 25 Prozent der Gesamtbeschäftigungsdauer nicht überschreitet. 3 Aushilfskräfte sind nicht Arbeitnehmer, die zu den land- und forstwirtschaftlichen Fachkräften gehören oder die der Arbeitgeber mehr als 180 Tage im Kalenderjahr beschäftigt.

(4) Die Pauschalierungen nach den Absätzen 1 und 3 sind unzulässig

1.[1] bei Arbeitnehmern, deren Arbeitslohn während der Beschäftigungsdauer durchschnittlich je Arbeitsstunde 15 Euro übersteigt,

2.[2] bei Arbeitnehmern, die für eine andere Beschäftigung von demselben Arbeitgeber Arbeitslohn beziehen, der nach § 39b oder § 39c dem Lohnsteuerabzug unterworfen wird.

(5)[3] Auf die Pauschalierungen nach den Absätzen 1 bis 3 und 7 ist § 40 Absatz 3 anzuwenden.

(6)[4] 1 Für die Erhebung der einheitlichen Pauschsteuer nach Absatz 2 ist die Deutsche Rentenversicherung Knappschaft-Bahn-See zuständig. 2 Die Regelungen zum Steuerabzug vom Arbeitslohn sind entsprechend anzuwenden. 3 Für die Anmeldung, Abführung und Vollstreckung der einheitlichen Pauschsteuer sowie die Erhebung eines Säumniszuschlags und das Mahnverfahren für die einheitliche Pauschsteuer gelten dabei die Regelungen für die Beiträge nach § 168 Absatz 1 Nummer 1b oder 1c oder nach § 172 Absatz 3 oder 3a oder nach § 276a Absatz 1 des Sechsten Buches Sozialgesetzbuch. 4 Die Deutsche Rentenversicherung Knappschaft-Bahn-See hat die einheitliche Pauschsteuer auf die erhebungsberechtigten Körperschaften aufzuteilen; dabei entfallen aus Vereinfachungsgründen 90 Prozent der einheitlichen Pauschsteuer auf die Lohnsteuer, 5 Prozent auf den Solidaritätszuschlag und 5 Prozent auf die Kirchensteuern. 5 Die erhebungsberechtigten Kirchen haben sich auf eine Aufteilung des Kirchensteueranteils zu verständigen und diesen der Deutschen Rentenversicherung Knappschaft-Bahn-See mitzuteilen. 6 Die Deutsche Rentenversicherung Knappschaft-Bahn-See ist berechtigt, die einheitliche Pauschsteuer nach Absatz 2 zusammen mit den Sozialversicherungsbeiträgen beim Arbeitgeber einzuziehen.

(7)[5] 1 Der Arbeitgeber kann unter Verzicht auf den Abruf von elektronischen Lohnsteuerabzugsmerkmalen (§ 39e Absatz 4 Satz 2) die Lohnsteuer für Bezüge von kurzfristigen, im Inland ausgeübten Tätigkeiten beschränkt steuerpflichtiger Arbeitnehmer, die einer ausländischen Betriebsstätte dieses Arbeitgebers zugeordnet sind, mit einem Pauschsteuersatz von 30 Prozent des Arbeitslohns erheben. 2 Eine kurzfristige Tätigkeit im Sinne des Satzes 1 liegt nur vor, wenn die im Inland ausgeübte Tätigkeit 18 zusammenhängende Arbeitstage nicht übersteigt.

---

[1] § 40a Abs. 4 Nr. 1 geänd. mWv 1.1.2020 durch G v. 22.11.2019 (BGBl. I S. 1746).

[2] § 40a Abs. 4 Nr. 2 geänd. mWv 1.1.2012 durch G v. 7.12.2011 (BGBl. I S. 2592).

[3] § 40a Abs. 5 geänd. durch G v. 21.12.2020 (BGBl. I S. 3096).

[4] § 40a Abs. 6 Sätze 1 und 3 bis 6 geänd. mWv 1.1.2013 durch G v. 26.6.2013 (BGBl. I S. 1809); Satz 3 geänd. durch G v. 25.7.2014 (BGBl. I S. 1266); zur Anwendung siehe § 52 Abs. 38.

[5] § 40a Abs. 7 angef. mWv 1.1.2020 durch G v. 22.11.2019 (BGBl. I S. 1746).

§ 40b Pauschalierung der Lohnsteuer bei bestimmten Zukunftssicherungsleistungen.

[Fassung bis 31.12.2004:[1]]

(1) [1]Der Arbeitgeber kann die Lohnsteuer von den Beiträgen für eine Direktversicherung des Arbeitnehmers und von den Zuwendungen an eine Pensionskasse mit einem Pauschsteuersatz von 20 vom Hundert der Beiträge und Zuwendungen erheben. [2]Die pauschale Erhebung der Lohnsteuer von Beiträgen für eine Direktversicherung ist nur zulässig, wenn die Versicherung nicht auf den Erlebensfall eines früheren als des 60. Lebensjahres abgeschlossen und eine vorzeitige Kündigung des Versicherungsvertrags durch den Arbeitnehmer ausgeschlossen worden ist.

(2) [1]Absatz 1 gilt nicht, soweit die zu besteuernden Beiträge und Zuwendungen des Arbeitgebers für den Arbeitnehmer 1 752 Euro im Kalenderjahr übersteigen oder nicht aus seinem ersten Dienstverhältnis bezogen werden. [2]Sind mehrere Arbeitnehmer gemeinsam in einem Direktversicherungsvertrag oder in einer Pensionskasse versichert, so gilt als Beitrag oder Zuwendung für den einzelnen Arbeitnehmer der Teilbetrag, der sich bei einer Aufteilung der gesamten Beiträge oder der gesamten Zuwendungen durch die Zahl der begünstigten Arbeitnehmer ergibt, wenn dieser Teilbetrag 1 752 Euro nicht übersteigt; hierbei sind Arbeitnehmer, für die Beiträge und Zuwendungen von mehr als 2 148 Euro im Kalenderjahr geleistet werden, nicht einzubeziehen. [3]Für Beiträge und Zuwendungen, die der Arbeitgeber für den Arbeitnehmer aus Anlass der Beendigung des Dienstverhältnisses erbracht hat, vervielfältigt sich der Betrag von 1 752 Euro mit der Anzahl der Kalenderjahre, in denen das Dienstverhältnis des Arbeitnehmers

[Fassung ab 1.1.2005:]

(1) Der Arbeitgeber kann die Lohnsteuer von den Zuwendungen zum Aufbau einer nicht kapitalgedeckten betrieblichen Altersversorgung an eine Pensionskasse mit einem Pauschsteuersatz von 20 Prozent der Zuwendungen erheben.

(2) [1]Absatz 1 gilt nicht, soweit die zu besteuernden Zuwendungen des Arbeitgebers für den Arbeitnehmer 1 752 Euro im Kalenderjahr übersteigen oder nicht aus seinem ersten Dienstverhältnis bezogen werden. [2]Sind mehrere Arbeitnehmer gemeinsam in der Pensionskasse versichert, so gilt als Zuwendung für den einzelnen Arbeitnehmer der Teilbetrag, der sich bei einer Aufteilung der gesamten Zuwendungen durch die Zahl der begünstigten Arbeitnehmer ergibt, wenn dieser Teilbetrag 1 752 Euro nicht übersteigt; hierbei sind Arbeitnehmer, für die Zuwendungen von mehr als 2 148 Euro im Kalenderjahr geleistet werden, nicht einzubeziehen. [3]Für Zuwendungen, die der Arbeitgeber für den Arbeitnehmer aus Anlass der Beendigung des Dienstverhältnisses erbracht hat, vervielfältigt sich der Betrag von 1 752 Euro mit der Anzahl der Kalenderjahre, in denen das Dienstverhältnis des Arbeitnehmers zu dem Arbeitgeber bestanden hat; in diesem Fall ist Satz 2 nicht anzuwenden. [4]Der vervielfältigte Betrag vermindert sich um

[1] Zur weiteren Anwendung siehe § 52 Abs. 40.

[Fassung bis 31.12.2004:]

zu dem Arbeitgeber bestanden hat; in diesem Fall ist Satz 2 nicht anzuwenden. [4]Der vervielfältigte Betrag vermindert sich um die nach Absatz 1 pauschal besteuerten Beiträge und Zuwendungen, die der Arbeitgeber in dem Kalenderjahr, in dem das Dienstverhältnis beendet wird, und in den sechs vorangegangenen Kalenderjahren erbracht hat.

[Fassung ab 1.1.2005:]

die nach Absatz 1 pauschal besteuerten Zuwendungen, die der Arbeitgeber in dem Kalenderjahr, in dem das Dienstverhältnis beendet wird, und in den sechs vorangegangenen Kalenderjahren erbracht hat.

(3)[1)] Von den Beiträgen für eine Unfallversicherung des Arbeitnehmers kann der Arbeitgeber die Lohnsteuer mit einem Pauschsteuersatz von 20 Prozent der Beiträge erheben, wenn mehrere Arbeitnehmer gemeinsam in einem Unfallversicherungsvertrag versichert sind und der Teilbetrag, der sich bei einer Aufteilung der gesamten Beiträge nach Abzug der Versicherungsteuer durch die Zahl der begünstigten Arbeitnehmer ergibt, 100 Euro im Kalenderjahr nicht übersteigt.

(4) In den Fällen des § 19 Absatz 1 Satz 1 Nummer 3 Satz 2 hat der Arbeitgeber die Lohnsteuer mit einem Pauschsteuersatz in Höhe von 15 Prozent der Sonderzahlungen zu erheben.

(5) [1]§ 40 Absatz 3 ist anzuwenden. [2]Die Anwendung des § 40 Absatz 1 Satz 1 Nummer 1 auf Bezüge im Sinne des Absatzes 1, des Absatzes 3 und des Absatzes 4 ist ausgeschlossen.

§ 41 Aufzeichnungspflichten beim Lohnsteuerabzug. (1)[2)] [1]Der Arbeitgeber hat am Ort der Betriebsstätte (Absatz 2) für jeden Arbeitnehmer und jedes Kalenderjahr ein Lohnkonto zu führen. [2]In das Lohnkonto sind die nach § 39e Absatz 4 Satz 2 und Absatz 5 Satz 3 abgerufenen elektronischen Lohnsteuerabzugsmerkmale sowie die für den Lohnsteuerabzug erforderlichen Merkmale aus der vom Finanzamt ausgestellten Bescheinigung für den Lohnsteuerabzug (§ 39 Absatz 3 oder § 39e Absatz 7 oder Absatz 8) zu übernehmen. [3]Bei jeder Lohnzahlung für das Kalenderjahr, für das das Lohnkonto gilt, sind im Lohnkonto die Art und Höhe des gezahlten Arbeitslohns einschließlich der steuerfreien Bezüge sowie die einbehaltene oder übernommene Lohnsteuer einzutragen; an die Stelle der Lohnzahlung tritt in den Fällen des § 39b Absatz 5 Satz 1 die Lohnabrechnung. [4]Ferner sind das Kurzarbeitergeld, der Zuschuss zum Mutterschaftsgeld nach dem Mutterschutzgesetz, der Zuschuss bei Beschäftigungsverboten für die Zeit vor oder nach einer Entbindung sowie für den Entbindungstag während einer Elternzeit nach beamtenrechtlichen Vorschriften, die Entschädigungen für Verdienstausfall nach dem Infektionsschutzgesetz vom 20. Juli 2000 (BGBl. I S. 1045), die nach § 3 Nummer 28 steuerfreien Aufstockungsbeträge oder Zuschläge und die nach § 3 Nummer 28a steuerfreien Zuschüsse einzutragen. [5]Ist während der Dauer des Dienstverhältnisses in anderen Fällen als in denen des Satzes 4 der Anspruch auf Arbeitslohn

[1)] § 40b Abs. 3 geänd. mWv 1.1.2020 durch G v. 22.11.2019 (BGBl. I S. 1746).

[2)] § 41 Abs. 1 Satz 2 neu gef. mWv 1.1.2012 durch G v. 7.12.2011 (BGBl. I S. 2592); Satz 7 geänd., Satz 10 angef. mWv 1.1.2017 durch G v. 18.7.2016 (BGBl. I S. 1679); Satz 4 geänd. durch G v. 19.6. 2020 (BGBl. I S. 1385).

für mindestens fünf aufeinander folgende Arbeitstage im Wesentlichen weggefallen, so ist dies jeweils durch Eintragung des Großbuchstabens U zu vermerken. 6 Hat der Arbeitgeber die Lohnsteuer von einem sonstigen Bezug im ersten Dienstverhältnis berechnet und ist dabei der Arbeitslohn aus früheren Dienstverhältnissen des Kalenderjahres außer Betracht geblieben, so ist dies durch Eintragung des Großbuchstabens S zu vermerken. 7 Die Bundesregierung wird ermächtigt, durch Rechtsverordnung mit Zustimmung des Bundesrates vorzuschreiben, welche Einzelangaben im Lohnkonto aufzuzeichnen sind und Einzelheiten für eine elektronische Bereitstellung dieser Daten im Rahmen einer Lohnsteuer-Außenprüfung oder einer Lohnsteuer-Nachschau durch die Einrichtung einer einheitlichen digitalen Schnittstelle zu regeln. 8 Dabei können für Arbeitnehmer mit geringem Arbeitslohn und für die Fälle der §§ 40 bis 40b Aufzeichnungserleichterungen sowie für steuerfreie Bezüge Aufzeichnungen außerhalb des Lohnkontos zugelassen werden. 9 Die Lohnkonten sind bis zum Ablauf des sechsten Kalenderjahres, das auf die zuletzt eingetragene Lohnzahlung folgt, aufzubewahren. 10 Die Aufbewahrungsfrist nach Satz 9 gilt abweichend von § 93c Absatz 1 Nummer 4 der Abgabenordnung[1] auch für die dort genannten Aufzeichnungen und Unterlagen.

(2) 1 Betriebsstätte ist der Betrieb oder Teil des Betriebs des Arbeitgebers, in dem der für die Durchführung des Lohnsteuerabzugs maßgebende Arbeitslohn ermittelt wird. 2 Wird der maßgebende Arbeitslohn nicht in dem Betrieb oder einem Teil des Betriebs des Arbeitgebers oder nicht im Inland ermittelt, so gilt als Betriebsstätte der Mittelpunkt der geschäftlichen Leitung des Arbeitgebers im Inland; im Fall des § 38 Absatz 1 Satz 1 Nummer 2 gilt als Betriebsstätte der Ort im Inland, an dem die Arbeitsleistung ganz oder vorwiegend stattfindet. 3 Als Betriebsstätte gilt auch der inländische Heimathafen deutscher Handelsschiffe, wenn die Reederei im Inland keine Niederlassung hat.

§ 41a Anmeldung und Abführung der Lohnsteuer. (1)[2] 1 Der Arbeitgeber hat spätestens am zehnten Tag nach Ablauf eines jeden Lohnsteuer-Anmeldungszeitraums

1.[3] dem Finanzamt, in dessen Bezirk sich die Betriebsstätte (§ 41 Absatz 2) befindet (Betriebsstättenfinanzamt), eine Steuererklärung einzureichen, in der er die Summen der im Lohnsteueranmeldungszeitraum einzubehaltenden und zu übernehmenden Lohnsteuer, getrennt nach den Kalenderjahren, in denen der Arbeitslohn bezogen wird oder als bezogen gilt, angibt (Lohnsteuer-Anmeldung),
2. die im Lohnsteuer-Anmeldungszeitraum insgesamt einbehaltene und übernommene Lohnsteuer an das Betriebsstättenfinanzamt abzuführen.

2 Die Lohnsteuer-Anmeldung ist nach amtlich vorgeschriebenem Datensatz durch Datenfernübertragung zu übermitteln. 3 Auf Antrag kann das Finanzamt zur Vermeidung unbilliger Härten auf eine elektronische Übermittlung verzichten; in diesem Fall ist die Lohnsteuer-Anmeldung nach amtlich vorgeschriebenem Vordruck abzugeben und vom Arbeitgeber oder von einer zu seiner Vertretung berechtigten Person zu unterschreiben. 4 Der Arbeitgeber

---

[1] Nr. **1**.
[2] § 41a Abs. 1 Satz 2 geänd. mWv 1.1.2017 durch G v. 18.7.2016 (BGBl. I S. 1679).
[3] § 41a Abs. 1 Satz 1 Nr. 1 neu gef. durch G v. 12.12.2019 (BGBl. I S. 2451); zur Anwendung siehe § 52 Abs. 40a Satz 1.

EStG

wird von der Verpflichtung zur Abgabe weiterer Lohnsteuer-Anmeldungen befreit, wenn er Arbeitnehmer, für die er Lohnsteuer einzubehalten oder zu übernehmen hat, nicht mehr beschäftigt und das dem Finanzamt mitteilt.

(2)[1] [1]Lohnsteuer-Anmeldungszeitraum ist grundsätzlich der Kalendermonat. [2]Lohnsteuer-Anmeldungszeitraum ist das Kalendervierteljahr, wenn die abzuführende Lohnsteuer für das vorangegangene Kalenderjahr mehr als 1 080 Euro, aber nicht mehr als 5 000 Euro betragen hat; Lohnsteuer-Anmeldungszeitraum ist das Kalenderjahr, wenn die abzuführende Lohnsteuer für das vorangegangene Kalenderjahr nicht mehr als 1 080 Euro betragen hat. [3]Hat die Betriebsstätte nicht während des ganzen vorangegangenen Kalenderjahres bestanden, so ist die für das vorangegangene Kalenderjahr abzuführende Lohnsteuer für die Feststellung des Lohnsteuer-Anmeldungszeitraums auf einen Jahresbetrag umzurechnen. [4]Wenn die Betriebsstätte im vorangegangenen Kalenderjahr noch nicht bestanden hat, ist die auf einen Jahresbetrag umgerechnete für den ersten vollen Kalendermonat nach der Eröffnung der Betriebsstätte abzuführende Lohnsteuer maßgebend.

(3) [1]Die oberste Finanzbehörde des Landes kann bestimmen, dass die Lohnsteuer nicht dem Betriebsstättenfinanzamt, sondern einer anderen öffentlichen Kasse anzumelden und an diese abzuführen ist; die Kasse erhält insoweit die Stellung einer Landesfinanzbehörde. [2]Das Betriebsstättenfinanzamt oder die zuständige andere öffentliche Kasse können anordnen, dass die Lohnsteuer abweichend von dem nach Absatz 1 maßgebenden Zeitpunkt anzumelden und abzuführen ist, wenn die Abführung der Lohnsteuer nicht gesichert erscheint.

EStG

(4)[2] [1]Arbeitgeber, die eigene oder gecharterte Handelsschiffe betreiben, dürfen die anzumeldende und abzuführende Lohnsteuer abziehen und einbehalten, die auf den Arbeitslohn entfällt, der an die Besatzungsmitglieder für die Beschäftigungszeiten auf diesen Schiffen gezahlt wird. [2]Die Handelsschiffe müssen in einem *inländischen Seeschiffsregister*[3] eingetragen sein, die Flagge eines Mitgliedstaates der Europäischen Union oder eines Staates, auf den das Abkommen über den Europäischen Wirtschaftsraum anwendbar ist, führen und zur Beförderung von Personen oder Gütern im Verkehr mit oder zwischen ausländischen Häfen, innerhalb eines ausländischen Hafens oder zwischen einem ausländischen Hafen und der Hohen See betrieben werden. [3]Die Sätze 1 und 2 sind entsprechend anzuwenden, wenn Seeschiffe im Wirtschaftsjahr überwiegend außerhalb der deutschen Hoheitsgewässer zum Schleppen, Bergen oder zur Aufsuchung von Bodenschätzen oder zur Vermessung von Energielagerstätten unter dem Meeresboden eingesetzt werden. [4]Bei Besatzungsmitgliedern, die auf Schiffen, einschließlich Ro-Ro-Fahrgastschiffen, arbeiten, die im regelmäßigen Personenbeförderungsdienst zwischen Häfen im Hoheits-

[1] § 41a Abs. 2 Satz 2 geänd. mWv 1.1.2015 durch G v. 25.7.2014 (BGBl. I S. 1266); Satz 2 1. HS neu gef. mWv 1.1.2017 durch G v. 30.6.2017 (BGBl. I S. 2143).

[2] § 41a Abs. 4 neu gef. durch G v. 12.5.2021 (BGBl. I S. 989); zur Anwendung siehe § 52 Abs. 40a Sätze 3 und 4 iVm Bek. über die Anwendung des Gesetzes zur Verlängerung des erhöhten Lohnsteuereinbehalts in der Seeschifffahrt.

[3] Die Europäische Kommission hat die Genehmigung mit der Maßgabe erteilt, dass das Erfordernis der Eintragung in einem Seeschiffsregister diskriminierungsfrei ausgestaltet werde. Die Regelung ist daher mit der Maßgabe anzuwenden, dass an die Stelle der Eintragung in einem inländischen Seeschiffsregister die Eintragung in einem Seeschiffsregister eines Mitgliedstaates der EU oder eines Staates, auf den das Abkommen über den Europäischen Wirtschaftsraum anwendbar ist, tritt; siehe Bek. v. 29.6.2021 (BGBl. I S. 2247).

gebiet der Mitgliedstaaten der Europäischen Union eingesetzt werden, gelten die Sätze 1 und 2 nur, wenn die Besatzungsmitglieder Staatsangehörige eines Mitgliedstaates der Europäischen Union oder eines Staates sind, auf den das Abkommen über den Europäischen Wirtschaftsraum anwendbar ist. 5 Bei Seeschiffen, die für Schlepp- und Baggerarbeiten genutzt werden, gelten die Sätze 1 und 2 nur, wenn es sich um seetüchtige Schlepper und Baggerschiffe mit Eigenantrieb handelt und die Schiffe während mindestens 50 Prozent ihrer Betriebszeit für Tätigkeiten auf See eingesetzt werden 6 Ist für den Lohnsteuerabzug die Lohnsteuer nach der Steuerklasse V oder VI zu ermitteln, bemisst sich der Betrag nach Satz 1 nach der Lohnsteuer der Steuerklasse I.

§ 41b Abschluss des Lohnsteuerabzugs. (1)[1] 1 Bei Beendigung eines Dienstverhältnisses oder am Ende des Kalenderjahres hat der Arbeitgeber das Lohnkonto des Arbeitnehmers abzuschließen. 2 Auf Grund der Aufzeichnungen im Lohnkonto hat der Arbeitgeber nach Abschluss des Lohnkontos für jeden Arbeitnehmer der für dessen Besteuerung nach dem Einkommen zuständigen Finanzbehörde nach Maßgabe des § 93c der Abgabenordnung[2] neben den in § 93c Absatz 1 der Abgabenordnung genannten Daten insbesondere folgende Angaben zu übermitteln (elektronische Lohnsteuerbescheinigung):

1.[3] die abgerufenen elektronischen Lohnsteuerabzugsmerkmale oder die auf der entsprechenden Bescheinigung für den Lohnsteuerabzug eingetragenen Lohnsteuerabzugsmerkmale sowie die Bezeichnung und die Nummer des Finanzamts, an das die Lohnsteuer abgeführt worden ist,
2.[4] die Dauer des Dienstverhältnisses während des Kalenderjahres sowie die Anzahl der nach § 41 Absatz 1 Satz 5 vermerkten Großbuchstaben U,
3.[5] die Art und Höhe des gezahlten Arbeitslohns sowie den nach § 41 Absatz 1 Satz 6 vermerkten Großbuchstaben S,
4. die einbehaltene Lohnsteuer, den Solidaritätszuschlag und die Kirchensteuer,
5.[6] das Kurzarbeitergeld, den Zuschuss zum Mutterschaftsgeld nach dem Mutterschutzgesetz, die Entschädigungen für Verdienstausfall nach dem Infektionsschutzgesetz vom 20. Juli 2000 (BGBl. I S. 1045), zuletzt geändert durch Artikel 11 § 3 des Gesetzes vom 6. August 2002 (BGBl. I S. 3082), in der jeweils geltenden Fassung, die nach § 3 Nummer 28 steuerfreien Aufstockungsbeträge oder Zuschläge sowie die nach § 3 Nummer 28a steuerfreien Zuschüsse,
6.[7] die auf die Entfernungspauschale nach § 3 Nummer 15 Satz 3 und § 9 Absatz 1 Satz 3 Nummer 4 Satz 5 anzurechnenden steuerfreien Arbeitgeberleistungen,

[1] § 41b Abs. 1 Sätze 4 bis 6 neu gef. mWv 1.1.2012 durch G v. 7.12.2011 (BGBl. I S. 2592); Sätze 3 und 4 geänd. mWv 1.1.2014 durch G v. 25.7.2014 (BGBl. I S. 1266); Satz 2 einl. Satzteil und Satz 3 neu gef., Satz 6 geänd. mWv 1.1.2017 durch G v. 18.7.2016 (BGBl. I S. 1679); Sätze 4 und 5 geänd. mWv 1.1.2020 durch G v. 12.12.2019 (BGBl. I S. 2451).

[2] Nr. **1**.

[3] § 41b Abs. 1 Satz 2 Nr. 1 neu gef. mWv 1.1.2017 durch G v. 18.7.2016 (BGBl. I S. 1679).

[4] § 41b Abs. 1 Satz 2 Nr. 2 geänd. mWv 1.1.2017 durch G v. 18.7.2016 (BGBl. I S. 1679).

[5] § 41b Abs. 1 Satz 2 Nr. 3 geänd. mWv 1.1.2014 durch G v. 25.7.2014 (BGBl. I S. 1266).

[6] § 41b Abs. 1 Satz 2 Nr. 5 geänd. mWv 1.1.2017 durch G v. 18.7.2016 (BGBl. I S. 1679); geänd. durch G v. 19.6.2020 (BGBl. I S. 1385).

[7] § 41b Abs. 1 Satz 2 Nr. 6 neu gef. mWv 1.1.2019 durch G v. 12.12.2019 (BGBl. I S. 2451).

7.[1] die auf die Entfernungspauschale nach § 40 Absatz 2 Satz 2 Nummer 1 2. Halbsatz anzurechnenden pauschal besteuerten Arbeitgeberleistungen,
8.[2] für die dem Arbeitnehmer zur Verfügung gestellten Mahlzeiten nach § 8 Absatz 2 Satz 8 den Großbuchstaben M,
9. für die steuerfreie Sammelbeförderung nach § 3 Nummer 32 den Großbuchstaben F,
10. die nach § 3 Nummer 13 und 16 steuerfrei gezahlten Verpflegungszuschüsse und Vergütungen bei doppelter Haushaltsführung,
11. Beiträge zu den gesetzlichen Rentenversicherungen und an berufsständische Versorgungseinrichtungen, getrennt nach Arbeitgeber- und Arbeitnehmeranteil,
12. die nach § 3 Nummer 62 gezahlten Zuschüsse zur Kranken- und Pflegeversicherung,
13. die Beiträge des Arbeitnehmers zur gesetzlichen Krankenversicherung und zur sozialen Pflegeversicherung,
14. die Beiträge des Arbeitnehmers zur Arbeitslosenversicherung,
15.[3] den nach § 39b Absatz 2 Satz 5 Nummer 3 Buchstabe d berücksichtigten Teilbetrag der Vorsorgepauschale.

EStG

[3] Der Arbeitgeber hat dem Arbeitnehmer die elektronische Lohnsteuerbescheinigung nach amtlich vorgeschriebenem Muster binnen angemessener Frist als Ausdruck auszuhändigen oder elektronisch bereitzustellen. [4] Soweit der Arbeitgeber nicht zur elektronischen Übermittlung nach Absatz 1 Satz 2 verpflichtet ist, hat er nach Ablauf des Kalenderjahres oder wenn das Dienstverhältnis vor Ablauf des Kalenderjahres beendet wird, eine Lohnsteuerbescheinigung nach amtlich vorgeschriebenem Muster auszustellen und an das Betriebsstättenfinanzamt bis zum letzten Tag des Monats Februar des auf den Abschluss des Lohnkontos folgenden Kalenderjahres zu übersenden. [5] Er hat dem Arbeitnehmer eine Zweitausfertigung dieser Bescheinigung auszuhändigen. [6] Nicht ausgehändigte Lohnsteuerbescheinigungen hat der Arbeitgeber dem Betriebsstättenfinanzamt einzureichen.

(2)[4] [1] Ist dem Arbeitgeber die Identifikationsnummer (§ 139b der Abgabenordnung) des Arbeitnehmers nicht bekannt, hat er bis zum Veranlagungszeitraum 2022 für die Datenübermittlung nach Absatz 1 Satz 2 aus dem Namen, Vornamen und Geburtsdatum des Arbeitnehmers ein Ordnungsmerkmal nach amtlich festgelegter Regel für den Arbeitnehmer zu bilden und das Ordnungsmerkmal zu verwenden. [2] Er darf das lohnsteuerliche Ordnungsmerkmal nur für die Zuordnung der elektronischen Lohnsteuerbescheinigung oder sonstiger für das Besteuerungsverfahren erforderlicher Daten zu einem bestimmten Steuerpflichtigen und für Zwecke des Besteuerungsverfahrens verarbeiten oder bilden.

(2a)[5] *(aufgehoben)*

---

[1] § 41b Abs. 1 Satz 2 Nr. 7 neu gef. mWv 1.1.2019 durch G v. 12.12.2019 (BGBl. I S. 2451).
[2] § 41b Abs. 1 Satz 2 Nr. 8 neu gef. mWv 1.1.2014 durch G v. 20.2.2013 (BGBl. I S. 285).
[3] § 41b Abs. 1 Satz 2 Nr. 15 aufgeh. **mWv 1.1.2024** durch G v. 21.12.2020 (BGBl. I S. 3096).
[4] § 41b Abs. 2 neu gef. mWv 1.1.2014 durch G v. 25.7.2014 (BGBl. I S. 1266); Satz 2 geänd. mWv 1.1.2019 durch G v. 20.11.2019 (BGBl. I S. 1626); Satz 1 geänd. mWv 1.1.2020 durch G v. 12.12.2019 (BGBl. I S. 2451).
[5] § 41b Abs. 2a aufgeh. mWv 1.1.2019 durch G v. 20.11.2019 (BGBl. I S. 1626).

(3)[1] [1]Ein Arbeitgeber ohne maschinelle Lohnabrechnung, der ausschließlich Arbeitnehmer im Rahmen einer geringfügigen Beschäftigung in seinem Privathaushalt im Sinne des § 8a des Vierten Buches Sozialgesetzbuch beschäftigt und keine elektronische Lohnsteuerbescheinigung erteilt, hat anstelle der elektronischen Lohnsteuerbescheinigung eine entsprechende Lohnsteuerbescheinigung nach amtlich vorgeschriebenem Muster auszustellen und an das Betriebsstättenfinanzamt bis zum letzten Tag des Monats Februar des auf den Abschluss des Lohnkontos folgenden Kalenderjahres zu übersenden. [2]Der Arbeitgeber hat dem Arbeitnehmer nach Ablauf des Kalenderjahres oder nach Beendigung des Dienstverhältnisses, wenn es vor Ablauf des Kalenderjahres beendet wird, eine Zweitausfertigung der Lohnsteuerbescheinigung auszuhändigen. [3]Nicht ausgehändigte Lohnsteuerbescheinigungen hat der Arbeitgeber dem Betriebsstättenfinanzamt einzureichen.

(4)[2] [1]In den Fällen des Absatzes 1 ist für die Anwendung des § 72a Absatz 4 und des § 93c Absatz 4 Satz 1 der Abgabenordnung sowie für die Anwendung des Absatzes 2a das Betriebsstättenfinanzamt des Arbeitgebers zuständig. [2]Sind für einen Arbeitgeber mehrere Betriebsstättenfinanzämter zuständig, so ist das Finanzamt zuständig, in dessen Bezirk sich die Geschäftsleitung des Arbeitgebers im Inland befindet. [3]Ist dieses Finanzamt kein Betriebsstättenfinanzamt, so ist das Finanzamt zuständig, in dessen Bezirk sich die Betriebsstätte mit den meisten Arbeitnehmern befindet.

(5)[3] [1]Die nach Absatz 1 übermittelten Daten können durch das nach Absatz 4 zuständige Finanzamt zum Zweck der Anwendung des § 72a Absatz 4 und des § 93c Absatz 4 Satz 1 der Abgabenordnung verarbeitet werden. [2]Zur Überprüfung der Ordnungsmäßigkeit der Einbehaltung und Abführung der Lohnsteuer können diese Daten auch von den hierfür zuständigen Finanzbehörden bei den für die Besteuerung der Arbeitnehmer nach dem Einkommen zuständigen Finanzbehörden verarbeitet werden.

(6)[4] Die Absätze 1 bis 5 gelten nicht für Arbeitnehmer, soweit sie Arbeitslohn bezogen haben, der nach den §§ 40 bis 40b pauschal besteuert worden ist.

§ 41c Änderung des Lohnsteuerabzugs. (1)[5] [1]Der Arbeitgeber ist berechtigt, bei der jeweils nächstfolgenden Lohnzahlung bisher erhobene Lohnsteuer zu erstatten oder noch nicht erhobene Lohnsteuer nachträglich einzubehalten,

1.[6] wenn ihm elektronische Lohnsteuerabzugsmerkmale zum Abruf zur Verfügung gestellt werden oder ihm der Arbeitnehmer eine Bescheinigung für den Lohnsteuerabzug mit Eintragungen vorlegt, die auf einen Zeitpunkt vor Abruf der Lohnsteuerabzugsmerkmale oder vor Vorlage der Bescheinigung für den Lohnsteuerabzug zurückwirken, oder

---

[1] § 41b Abs. 3 Satz 1 geänd., Satz 2 neu gef., Satz 3 aufgeh., bish. Satz 4 wird Satz 3 mWv 1.1.2012 durch G v. 7.12.2011 (BGBl. I S. 2592); Sätze 2 und 3 neu gef. mWv 1.1.2017 durch G v. 18.7.2016 (BGBl. I S. 1679); Sätze 1 und 2 geänd. mWv 1.1.2020 durch G v. 12.12.2019 (BGBl. I S. 2451).

[2] § 41b Abs. 4 neu gef. mWv 1.1.2017 durch G v. 18.7.2016 (BGBl. I S. 1679).

[3] § 41b Abs. 5 angef. mWv 1.1.2017 durch G v. 18.7.2016 (BGBl. I S. 1679); Sätze 1 und 2 geänd. mWv 1.1.2019 durch G v. 20.11.2019 (BGBl. I S. 1626).

[4] § 41b Abs. 6 angef. mWv 1.1.2017 durch G v. 18.7.2016 (BGBl. I S. 1679).

[5] § 41c Abs. 1 Satz 2 geänd. **mWv 1.1.2024** durch G v. 21.12.2020 (BGBl. I S. 3096).

[6] § 41c Abs. 1 Satz 1 Nr. 1 neu gef. mWv 1.1.2012 durch G v. 7.12.2011 (BGBl. I S. 2592).

2. wenn er erkennt, dass er die Lohnsteuer bisher nicht vorschriftsmäßig einbehalten hat; dies gilt auch bei rückwirkender Gesetzesänderung.

[2] In den Fällen [*ab 1.1.2024:* des Satzes 1 Nummer 1, wenn es sich um Lohnsteuerabzugsmerkmale nach § 39 Absatz 4 Nummer 4 handelt, und in den Fällen] des Satzes 1 Nummer 2 ist der Arbeitgeber jedoch verpflichtet, wenn ihm dies wirtschaftlich zumutbar ist.

(2) [1] Die zu erstattende Lohnsteuer ist dem Betrag zu entnehmen, den der Arbeitgeber für seine Arbeitnehmer insgesamt an Lohnsteuer einbehalten oder übernommen hat. [2] Wenn die zu erstattende Lohnsteuer aus dem Betrag nicht gedeckt werden kann, der insgesamt an Lohnsteuer einzubehalten oder zu übernehmen ist, wird der Fehlbetrag dem Arbeitgeber auf Antrag vom Betriebsstättenfinanzamt ersetzt.

(3)[1)] [1] Nach Ablauf des Kalenderjahres oder, wenn das Dienstverhältnis vor Ablauf des Kalenderjahres endet, nach Beendigung des Dienstverhältnisses, ist die Änderung des Lohnsteuerabzugs nur bis zur Übermittlung oder Ausschreibung der Lohnsteuerbescheinigung zulässig. [2] Bei Änderung des Lohnsteuerabzugs nach Ablauf des Kalenderjahres ist die nachträglich einzubehaltende Lohnsteuer nach dem Jahresarbeitslohn zu ermitteln. [3] Eine Erstattung von Lohnsteuer ist nach Ablauf des Kalenderjahres nur im Wege des Lohnsteuer-Jahresausgleichs nach § 42b zulässig. [4] Eine Minderung der einzubehaltenden und zu übernehmenden Lohnsteuer (§ 41a Absatz 1 Satz 1 Nummer 1) nach § 164 Absatz 2 Satz 1 der Abgabenordnung[2)] ist nach der Übermittlung oder Ausschreibung der Lohnsteuerbescheinigung nur dann zulässig, wenn sich der Arbeitnehmer ohne vertraglichen Anspruch und gegen den Willen des Arbeitgebers Beträge verschafft hat, für die Lohnsteuer einbehalten wurde. [5] In diesem Fall hat der Arbeitgeber die bereits übermittelte oder ausgestellte Lohnsteuerbescheinigung zu berichtigen und sie als geändert gekennzeichnet an die Finanzverwaltung zu übermitteln; § 41b Absatz 1 gilt entsprechend. [6] Der Arbeitgeber hat seinen Antrag zu begründen und die Lohnsteuer-Anmeldung (§ 41a Absatz 1 Satz 1) zu berichtigen.

(4)[3)] [1] Der Arbeitgeber hat die Fälle, in denen er die Lohnsteuer nach Absatz 1 nicht nachträglich einbehält oder die Lohnsteuer nicht nachträglich einbehalten kann, weil

1. der Arbeitnehmer vom Arbeitgeber Arbeitslohn nicht mehr bezieht oder
2. der Arbeitgeber nach Ablauf des Kalenderjahres bereits die Lohnsteuerbescheinigung übermittelt oder ausgeschrieben hat,

dem Betriebsstättenfinanzamt unverzüglich anzuzeigen. [2] Das Finanzamt hat die zu wenig erhobene Lohnsteuer vom Arbeitnehmer nachzufordern, wenn der nachzufordernde Betrag 10 Euro übersteigt. [3] § 42d bleibt unberührt.

§§ 42 und 42a (weggefallen)

[1)] § 41c Abs. 3 Sätze 4 bis 6 angef. mWv 1.1.2014 durch G v. 25.7.2014 (BGBl. I S. 1266).

[2)] Nr. **1**.

[3)] § 41c Abs. 4 Satz 1 Nr. 1 aufgeh., bish. Nr. 2 und 3 werden Nr. 1 und 2 mWv 1.1.2012 durch G v. 7.12.2011 (BGBl. I S. 2592).

§ 42b Lohnsteuer-Jahresausgleich durch den Arbeitgeber. (1)[1] [1]Der Arbeitgeber ist berechtigt, seinen Arbeitnehmern, die während des abgelaufenen Kalenderjahres (Ausgleichsjahr) ständig in einem zu ihm bestehenden Dienstverhältnis gestanden haben, die für das Ausgleichsjahr einbehaltene Lohnsteuer insoweit zu erstatten, als sie die auf den Jahresarbeitslohn entfallende Jahreslohnsteuer übersteigt (Lohnsteuer-Jahresausgleich). [2]Er ist zur Durchführung des Lohnsteuer-Jahresausgleichs verpflichtet, wenn er am 31. Dezember des Ausgleichsjahres mindestens zehn Arbeitnehmer beschäftigt. [3]Der Arbeitgeber darf den Lohnsteuer-Jahresausgleich nicht durchführen, wenn

1. der Arbeitnehmer es beantragt oder
2. der Arbeitnehmer für das Ausgleichsjahr oder für einen Teil des Ausgleichsjahres nach den Steuerklassen V oder VI zu besteuern war oder
3. der Arbeitnehmer für einen Teil des Ausgleichsjahres nach den Steuerklassen II, III oder IV zu besteuern war oder

3a. bei der Lohnsteuerberechnung ein Freibetrag oder Hinzurechnungsbetrag zu berücksichtigen war oder

3b.[2] das Faktorverfahren angewandt wurde oder

4.[3] der Arbeitnehmer im Ausgleichsjahr Kurzarbeitergeld, Zuschuss zum Mutterschaftsgeld nach dem Mutterschutzgesetz, Zuschuss bei Beschäftigungsverboten für die Zeit vor oder nach einer Entbindung sowie für den Entbindungstag während einer Elternzeit nach beamtenrechtlichen Vorschriften, Entschädigungen für Verdienstausfall nach dem Infektionsschutzgesetz vom 20. Juli 2000 (BGBl. I S. 1045), nach § 3 Nummer 28 steuerfreie Aufstockungsbeträge oder Zuschläge oder nach § 3 Nummer 28a steuerfreie Zuschüsse bezogen hat oder

4a. die Anzahl der im Lohnkonto oder in der Lohnsteuerbescheinigung eingetragenen Großbuchstaben U mindestens eins beträgt oder

5.[4] für den Arbeitnehmer im Ausgleichsjahr im Rahmen der Vorsorgepauschale jeweils nur zeitweise Beträge nach § 39b Absatz 2 Satz 5 Nummer 3 *Buchstabe a bis d* [***ab 1.1.2024:*** Buchstabe a bis e] oder der Beitragszuschlag nach § 39b Absatz 2 Satz 5 Nummer 3 Buchstabe c berücksichtigt wurden oder sich im Ausgleichsjahr der Zusatzbeitragssatz (§ 39b Absatz 2 Satz 5 Nummer 3 Buchstabe b) geändert hat oder

6. der Arbeitnehmer im Ausgleichsjahr ausländische Einkünfte aus nichtselbständiger Arbeit bezogen hat, die nach einem Abkommen zur Vermeidung der Doppelbesteuerung oder unter Progressionsvorbehalt nach § 34c Absatz 5 von der Lohnsteuer freigestellt waren.

(2)[5] [1]Für den Lohnsteuer-Jahresausgleich hat der Arbeitgeber den Jahresarbeitslohn aus dem zu ihm bestehenden Dienstverhältnis festzustellen. [2]Dabei bleiben Bezüge im Sinne des § 34 Absatz 1 und 2 Nummer 2 und 4 außer Ansatz, wenn der Arbeitnehmer nicht jeweils die Einbeziehung in den Lohn-

---

[1] § 42b Abs. 1 Satz 1 geänd., Satz 3 aufgeh., bish. Satz 4 wird Satz 3 mWv 1.1.2012 durch G v. 7.12.2011 (BGBl. I S. 2592); Satz 1 geänd. mWv 1.1.2020 durch G v. 12.12.2019 (BGBl. I S. 2451).

[2] Zum Faktorverfahren siehe § 39f.

[3] § 42b Abs. 1 Satz 3 Nr. 4 geänd. durch G v. 19.6.2020 (BGBl. I S. 1385).

[4] § 42b Abs. 1 Satz 3 Nr. 5 geänd. mWv 1.1.2015 durch G v. 25.7.2014 (BGBl. I S. 1266); geänd. **mWv 1.1.2024** durch G v. 21.12.2020 (BGBl. I S. 3096).

[5] § 42b Abs. 2 Satz 1 geänd., Satz 4 neu gef. mWv 1.1.2012 durch G v. 7.12.2011 (BGBl. I S. 2592); Satz 4 geänd. durch G v. 21.12.2020 (BGBl. I S. 3096).

steuer-Jahresausgleich beantragt. [3] Vom Jahresarbeitslohn sind der etwa in Betracht kommende Versorgungsfreibetrag und Zuschlag zum Versorgungsfreibetrag und der etwa in Betracht kommende Altersentlastungsbetrag abzuziehen. [4] Für den so geminderten Jahresarbeitslohn ist die Jahreslohnsteuer nach § 39b Absatz 2 Satz 6 und 7 zu ermitteln nach Maßgabe der Steuerklasse, die für den letzten Lohnzahlungszeitraum des Ausgleichsjahres als elektronisches Lohnsteuerabzugsmerkmal abgerufen oder auf der Bescheinigung für den Lohnsteuerabzug oder etwaigen Mitteilungen über Änderungen zuletzt eingetragen wurde. [5] Den Betrag, um den die sich hiernach ergebende Jahreslohnsteuer die Lohnsteuer unterschreitet, die von dem zugrunde gelegten Jahresarbeitslohn insgesamt erhoben worden ist, hat der Arbeitgeber dem Arbeitnehmer zu erstatten. [6] Bei der Ermittlung der insgesamt erhobenen Lohnsteuer ist die Lohnsteuer auszuscheiden, die von den nach Satz 2 außer Ansatz gebliebenen Bezügen einbehalten worden ist.

(3)[1)] [1] Der Arbeitgeber darf den Lohnsteuer-Jahresausgleich frühestens bei der Lohnabrechnung für den letzten im Ausgleichsjahr endenden Lohnzahlungszeitraum, spätestens bei der Lohnabrechnung für den letzten Lohnzahlungszeitraum, der im Monat Februar des dem Ausgleichsjahr folgenden Kalenderjahres endet, durchführen. [2] Die zu erstattende Lohnsteuer ist dem Betrag zu entnehmen, den der Arbeitgeber für seine Arbeitnehmer für den Lohnzahlungszeitraum insgesamt an Lohnsteuer erhoben hat. [3] § 41c Absatz 2 Satz 2 ist anzuwenden.

(4)[2)] [1] Im Lohnkonto für das Ausgleichsjahr ist die im Lohnsteuer-Jahresausgleich erstattete Lohnsteuer gesondert einzutragen. [2] In der Lohnsteuerbescheinigung für das Ausgleichsjahr ist der sich nach Verrechnung der erhobenen Lohnsteuer mit der erstatteten Lohnsteuer ergebende Betrag als erhobene Lohnsteuer einzutragen.

§ 42c (weggefallen)

§ 42d Haftung des Arbeitgebers und Haftung bei Arbeitnehmerüberlassung. (1) Der Arbeitgeber haftet

1. für die Lohnsteuer, die er einzubehalten und abzuführen hat,
2. für die Lohnsteuer, die er beim Lohnsteuer-Jahresausgleich zu Unrecht erstattet hat,
3. für die Einkommensteuer (Lohnsteuer), die auf Grund fehlerhafter Angaben im Lohnkonto oder in der Lohnsteuerbescheinigung verkürzt wird,
4. für die Lohnsteuer, die in den Fällen des § 38 Absatz 3a der Dritte zu übernehmen hat.

(2)[3)] Der Arbeitgeber haftet nicht, soweit Lohnsteuer nach § 39 Absatz 5 oder § 39a Absatz 5 nachzufordern ist und in den vom Arbeitgeber angezeigten Fällen des § 38 Absatz 4 Satz 2 und 3 und des § 41c Absatz 4.

[1)] § 42b Abs. 3 Satz 1 geänd. mWv 1.1.2017 durch G v. 18.7.2016 (BGBl. I S. 1679).

[2)] § 42b Abs. 4 Satz 1 aufgeh., bish. Sätze 2 und 3 werden Sätze 1 und 2 mWv 1.1.2012 durch G v. 7.12.2011 (BGBl. I S. 2592).

[3)] § 42d Abs. 2 geänd. mWv 1.1.2012 durch G v. 7.12.2011 (BGBl. I S. 2592).

(3) [1]Soweit die Haftung des Arbeitgebers reicht, sind der Arbeitgeber und der Arbeitnehmer Gesamtschuldner. [2]Das Betriebsstättenfinanzamt kann die Steuerschuld oder Haftungsschuld nach pflichtgemäßem Ermessen gegenüber jedem Gesamtschuldner geltend machen. [3]Der Arbeitgeber kann auch dann in Anspruch genommen werden, wenn der Arbeitnehmer zur Einkommensteuer veranlagt wird. [4]Der Arbeitnehmer kann im Rahmen der Gesamtschuldnerschaft nur in Anspruch genommen werden,

1. wenn der Arbeitgeber die Lohnsteuer nicht vorschriftsmäßig vom Arbeitslohn einbehalten hat,
2. wenn der Arbeitnehmer weiß, dass der Arbeitgeber die einbehaltene Lohnsteuer nicht vorschriftsmäßig angemeldet hat. [2]Dies gilt nicht, wenn der Arbeitnehmer den Sachverhalt dem Finanzamt unverzüglich mitgeteilt hat.

(4) [1]Für die Inanspruchnahme des Arbeitgebers bedarf es keines Haftungsbescheids und keines Leistungsgebots, soweit der Arbeitgeber

1. die einzubehaltende Lohnsteuer angemeldet hat oder
2. nach Abschluss einer Lohnsteuer-Außenprüfung seine Zahlungsverpflichtung schriftlich anerkennt.

[2]Satz 1 gilt entsprechend für die Nachforderung zu übernehmender pauschaler Lohnsteuer.

(5) Von der Geltendmachung der Steuernachforderung oder Haftungsforderung ist abzusehen, wenn diese insgesamt 10 Euro nicht übersteigt.

(6)[1)] [1]Soweit einem Dritten (Entleiher) Arbeitnehmer im Sinne des § 1 Absatz 1 Satz 1 des Arbeitnehmerüberlassungsgesetzes in der Fassung der Bekanntmachung vom 3. Februar 1995 (BGBl. I S. 158), das zuletzt durch Artikel 26 des Gesetzes vom 20. Dezember 2011 (BGBl. I S. 2854) geändert worden ist, zur Arbeitsleistung überlassen werden, haftet er mit Ausnahme der Fälle, in denen eine Arbeitnehmerüberlassung nach § 1 Absatz 3 des Arbeitnehmerüberlassungsgesetzes vorliegt, neben dem Arbeitgeber. [2]Der Entleiher haftet nicht, wenn der Überlassung eine Erlaubnis nach § 1 des Arbeitnehmerüberlassungsgesetzes in der jeweils geltenden Fassung zugrunde liegt und soweit er nachweist, dass er den nach § 51 Absatz 1 Nummer 2 Buchstabe d vorgesehenen Mitwirkungspflichten nachgekommen ist. [3]Der Entleiher haftet ferner nicht, wenn er über das Vorliegen einer Arbeitnehmerüberlassung ohne Verschulden irrte. [4]Die Haftung beschränkt sich auf die Lohnsteuer für die Zeit, für die ihm der Arbeitnehmer überlassen worden ist. [5]Soweit die Haftung des Entleihers reicht, sind der Arbeitgeber, der Entleiher und der Arbeitnehmer Gesamtschuldner. [6]Der Entleiher darf auf Zahlung nur in Anspruch genommen werden, soweit die Vollstreckung in das inländische bewegliche Vermögen des Arbeitgebers fehlgeschlagen ist oder keinen Erfolg verspricht; § 219 Satz 2 der Abgabenordnung[2)] ist entsprechend anzuwenden. [7]Ist durch die Umstände der Arbeitnehmerüberlassung die Lohnsteuer schwer zu ermitteln, so ist die Haftungsschuld mit 15 Prozent des zwischen Verleiher und Entleiher vereinbarten Entgelts ohne Umsatzsteuer anzunehmen, solange der Entleiher nicht glaubhaft macht, dass die Lohnsteuer, für die er haftet, niedriger ist. [8]Die

---

1) § 42d Abs. 6 Sätze 1 und 2 geänd. mWv 1.1.2013 durch G v. 26.6.2013 (BGBl. I S. 1809).
2) Nr. **1**.

Absätze 1 bis 5 sind entsprechend anzuwenden. [9] Die Zuständigkeit des Finanzamts richtet sich nach dem Ort der Betriebsstätte des Verleihers.

(7) Soweit der Entleiher Arbeitgeber ist, haftet der Verleiher wie ein Entleiher nach Absatz 6.

(8) [1] Das Finanzamt kann hinsichtlich der Lohnsteuer der Leiharbeitnehmer anordnen, dass der Entleiher einen bestimmten Teil des mit dem Verleiher vereinbarten Entgelts einzubehalten und abzuführen hat, wenn dies zur Sicherung des Steueranspruchs notwendig ist; Absatz 6 Satz 4 ist anzuwenden. [2] Der Verwaltungsakt kann auch mündlich erlassen werden. [3] Die Höhe des einzubehaltenden und abzuführenden Teils des Entgelts bedarf keiner Begründung, wenn der in Absatz 6 Satz 7 genannte Prozentsatz nicht überschritten wird.

(9) [1] Der Arbeitgeber haftet auch dann, wenn ein Dritter nach § 38 Absatz 3a dessen Pflichten trägt. [2] In diesen Fällen haftet der Dritte neben dem Arbeitgeber. [3] Soweit die Haftung des Dritten reicht, sind der Arbeitgeber, der Dritte und der Arbeitnehmer Gesamtschuldner. [4] Absatz 3 Satz 2 bis 4 ist anzuwenden; Absatz 4 gilt auch für die Inanspruchnahme des Dritten. [5] Im Fall des § 38 Absatz 3a Satz 2 beschränkt sich die Haftung des Dritten auf die Lohnsteuer, die für die Zeit zu erheben ist, für die er sich gegenüber dem Arbeitgeber zur Vornahme des Lohnsteuerabzugs verpflichtet hat; der maßgebende Zeitraum endet nicht, bevor der Dritte seinem Betriebsstättenfinanzamt die Beendigung seiner Verpflichtung gegenüber dem Arbeitgeber angezeigt hat. [6] In den Fällen des § 38 Absatz 3a Satz 7 ist als Haftungsschuld der Betrag zu ermitteln, um den die Lohnsteuer, die für den gesamten Arbeitslohn des Lohnzahlungszeitraums zu berechnen und einzubehalten ist, die insgesamt tatsächlich einbehaltene Lohnsteuer übersteigt. [7] Betrifft die Haftungsschuld mehrere Arbeitgeber, so ist sie bei fehlerhafter Lohnsteuerberechnung nach dem Verhältnis der Arbeitslöhne und für nachträglich zu erfassende Arbeitslohnbeträge nach dem Verhältnis dieser Beträge auf die Arbeitgeber aufzuteilen. [8] In den Fällen des § 38 Absatz 3a ist das Betriebsstättenfinanzamt des Dritten für die Geltendmachung der Steuer- oder Haftungsschuld zuständig.

§ 42e Anrufungsauskunft. [1] Das Betriebsstättenfinanzamt hat auf Anfrage eines Beteiligten darüber Auskunft zu geben, ob und inwieweit im einzelnen Fall die Vorschriften über die Lohnsteuer anzuwenden sind. [2] Sind für einen Arbeitgeber mehrere Betriebsstättenfinanzämter zuständig, so erteilt das Finanzamt die Auskunft, in dessen Bezirk sich die Geschäftsleitung (§ 10 der Abgabenordnung[1)]) des Arbeitgebers im Inland befindet. [3] Ist dieses Finanzamt kein Betriebsstättenfinanzamt, so ist das Finanzamt zuständig, in dessen Bezirk sich die Betriebsstätte mit den meisten Arbeitnehmern befindet. [4] In den Fällen der Sätze 2 und 3 hat der Arbeitgeber sämtliche Betriebsstättenfinanzämter, das Finanzamt der Geschäftsleitung und erforderlichenfalls die Betriebsstätte mit den meisten Arbeitnehmern anzugeben sowie zu erklären, für welche Betriebsstätten die Auskunft von Bedeutung ist.

§ 42f Lohnsteuer-Außenprüfung. (1) Für die Außenprüfung der Einbehaltung oder Übernahme und Abführung der Lohnsteuer ist das Betriebsstättenfinanzamt zuständig.

[1)] Nr. **1**.

(2)[1] ¹Für die Mitwirkungspflicht des Arbeitgebers bei der Außenprüfung gilt § 200 der Abgabenordnung[2]. ²Darüber hinaus haben die Arbeitnehmer des Arbeitgebers dem mit der Prüfung Beauftragten jede gewünschte Auskunft über Art und Höhe ihrer Einnahmen zu geben und auf Verlangen die etwa in ihrem Besitz befindlichen Bescheinigungen für den Lohnsteuerabzug sowie die Belege über bereits entrichtete Lohnsteuer vorzulegen. ³Dies gilt auch für Personen, bei denen es streitig ist, ob sie Arbeitnehmer des Arbeitgebers sind oder waren.

(3) ¹In den Fällen des § 38 Absatz 3a ist für die Außenprüfung das Betriebsstättenfinanzamt des Dritten zuständig; § 195 Satz 2 der Abgabenordnung bleibt unberührt. ²Die Außenprüfung ist auch beim Arbeitgeber zulässig; dessen Mitwirkungspflichten bleiben neben den Pflichten des Dritten bestehen.

(4) Auf Verlangen des Arbeitgebers können die Außenprüfung und die Prüfung durch die Träger der Rentenversicherung (§ 28p des Vierten Buches Sozialgesetzbuch) zur gleichen Zeit durchgeführt werden.

§ 42g[3] Lohnsteuer-Nachschau. (1) ¹Die Lohnsteuer-Nachschau dient der Sicherstellung einer ordnungsgemäßen Einbehaltung und Abführung der Lohnsteuer. ²Sie ist ein besonderes Verfahren zur zeitnahen Aufklärung steuererheblicher Sachverhalte.

(2) ¹Eine Lohnsteuer-Nachschau findet während der üblichen Geschäfts- und Arbeitszeiten statt. ²Dazu können die mit der Nachschau Beauftragten ohne vorherige Ankündigung und außerhalb einer Lohnsteuer-Außenprüfung Grundstücke und Räume von Personen, die eine gewerbliche oder berufliche Tätigkeit ausüben, betreten. ³Wohnräume dürfen gegen den Willen des Inhabers nur zur Verhütung dringender Gefahren für die öffentliche Sicherheit und Ordnung betreten werden.

(3) ¹Die von der Lohnsteuer-Nachschau betroffenen Personen haben dem mit der Nachschau Beauftragten auf Verlangen Lohn- und Gehaltsunterlagen, Aufzeichnungen, Bücher, Geschäftspapiere und andere Urkunden über die der Lohnsteuer-Nachschau unterliegenden Sachverhalte vorzulegen und Auskünfte zu erteilen, soweit dies zur Feststellung einer steuerlichen Erheblichkeit zweckdienlich ist. ²§ 42f Absatz 2 Satz 2 und 3 gilt sinngemäß.

(4) ¹Wenn die bei der Lohnsteuer-Nachschau getroffenen Feststellungen hierzu Anlass geben, kann ohne vorherige Prüfungsanordnung (§ 196 der Abgabenordnung[2]) zu einer Lohnsteuer-Außenprüfung nach § 42f übergegangen werden. ²Auf den Übergang zur Außenprüfung wird schriftlich hingewiesen.

(5) Werden anlässlich einer Lohnsteuer-Nachschau Verhältnisse festgestellt, die für die Festsetzung und Erhebung anderer Steuern erheblich sein können, so ist die Auswertung der Feststellungen insoweit zulässig, als ihre Kenntnis für die Besteuerung der in Absatz 2 genannten Personen oder anderer Personen von Bedeutung sein kann.

---

[1] § 42f Abs. 2 Satz 2 geänd. mWv 1.1.2012 durch G v. 7.12.2011 (BGBl. I S. 2592).
[2] Nr. **1**.
[3] § 42g eingef. mWv 1.1.2013 durch G v. 26.6.2013 (BGBl. I S. 1809).

3. Steuerabzug vom Kapitalertrag (Kapitalertragsteuer)

§ 43 Kapitalerträge mit Steuerabzug. (1)[1] [1]Bei den folgenden inländischen und in den Fällen der Nummern 5 bis 7 Buchstabe a und Nummern 8 bis 12 sowie Satz 2 auch ausländischen Kapitalerträgen wird die Einkommensteuer durch Abzug vom Kapitalertrag (Kapitalertragsteuer) erhoben:

1.[2] Kapitalerträgen im Sinne des § 20 Absatz 1 Nummer 1, soweit diese nicht nachfolgend in Nummer 1a gesondert genannt sind, und Kapitalerträgen im Sinne des § 20 Absatz 1 Nummer 2. [2]Entsprechendes gilt für Kapitalerträge im Sinne des § 20 Absatz 2 Satz 1 Nummer 2 Buchstabe a und Nummer 2 Satz 2;

1a.[3] Kapitalerträgen im Sinne des § 20 Absatz 1 Nummer 1 aus Aktien und Genussscheinen, die entweder gemäß § 5 des Depotgesetzes zur Sammelverwahrung durch eine Wertpapiersammelbank zugelassen sind und dieser zur Sammelverwahrung im Inland anvertraut wurden, bei denen eine Sonderverwahrung gemäß § 2 Satz 1 des Depotgesetzes erfolgt oder bei denen die Erträge gegen Aushändigung der Dividendenscheine oder sonstigen Erträgnisscheine ausgezahlt oder gutgeschrieben werden;

2.[4] Zinsen aus Teilschuldverschreibungen, bei denen neben der festen Verzinsung ein Recht auf Umtausch in Gesellschaftsanteile (Wandelanleihen) oder eine Zusatzverzinsung, die sich nach der Höhe der Gewinnausschüttungen des Schuldners richtet (Gewinnobligationen), eingeräumt ist, und Zinsen aus Genussrechten, die nicht in § 20 Absatz 1 Nummer 1 genannt sind. [2]Zu den Gewinnobligationen gehören nicht solche Teilschuldverschreibungen, bei denen der Zinsfuß nur vorübergehend herabgesetzt und gleichzeitig eine von dem jeweiligen Gewinnergebnis des Unternehmens abhängige Zusatzverzinsung bis zur Höhe des ursprünglichen Zinsfußes festgelegt worden ist. [3]Zu den Kapitalerträgen im Sinne des Satzes 1 gehören nicht die Bundesbankgenussrechte im Sinne des § 3 Absatz 1 des Gesetzes über die Liquidation der Deutschen Reichsbank und der Deutschen Golddiskontbank in der im Bundesgesetzblatt Teil III, Gliederungsnummer 7620-6, veröffentlichten bereinigten Fassung, das zuletzt durch das Gesetz vom 17. Dezember 1975 (BGBl. I S. 3123) geändert worden ist. [4]Beim Steuerabzug auf Kapitalerträge sind die für den Steuerabzug nach Nummer 1a geltenden Vorschriften entsprechend anzuwenden, wenn
   a) die Teilschuldverschreibungen und Genussrechte gemäß § 5 des Depotgesetzes zur Sammelverwahrung durch eine Wertpapiersammelbank zugelassen sind und dieser zur Sammelverwahrung im Inland anvertraut wurden,
   b) die Teilschuldverschreibungen und Genussrechte gemäß § 2 Satz 1 des Depotgesetzes gesondert aufbewahrt werden oder

---

[1] § 43 Abs. 1 Sätze 5 und 6 neu gef. durch G v. 8.12.2010 (BGBl. I S. 1768); Satz 6 geänd., Satz 7 angef. mWv 1.1.2017 durch G v. 18.7.2016 (BGBl. I S. 1679); zur Anwendung von Satz 6 siehe § 52 Abs. 42 Satz 3; Satz 1 einl. Satzteil geänd. mWv 1.1.2018 durch G v. 19.7.2016 (BGBl. I S. 1730); zur Anwendung siehe § 52 Abs. 42 Satz 3.

[2] § 43 Abs. 1 Satz 1 Nr. 1 Satz 1 neu gef. durch G v. 22.6.2011 (BGBl. I S. 1126).

[3] § 43 Abs. 1 Satz 1 Nr. 1a eingef. durch G v. 22.6.2011 (BGBl. I S. 1126); geänd. durch G v. 26.6. 2013 (BGBl. I S. 1809).

[4] § 43 Abs. 1 Satz 1 Nr. 2 Satz 4 angef. durch G v. 26.6.2013 (BGBl. I S. 1809).

c) die Erträge der Teilschuldverschreibungen und Genussrechte gegen Aushändigung der Erträgnisscheine ausgezahlt oder gutgeschrieben werden;

3. Kapitalerträgen im Sinne des § 20 Absatz 1 Nummer 4;

4.[1] Kapitalerträgen im Sinne des § 20 Absatz 1 Nummer 6 Satz 1 bis 6; § 20 Absatz 1 Nummer 6 Satz 2 und 3 in der am 1. Januar 2008 anzuwendenden Fassung bleiben für Zwecke der Kapitalertragsteuer unberücksichtigt. 2Der Steuerabzug vom Kapitalertrag ist in den Fällen des § 20 Absatz 1 Nummer 6 Satz 4 in der am 31. Dezember 2004 geltenden Fassung nur vorzunehmen, wenn das Versicherungsunternehmen auf Grund einer Mitteilung des Finanzamts weiß oder infolge der Verletzung eigener Anzeigeverpflichtungen nicht weiß, dass die Kapitalerträge nach dieser Vorschrift zu den Einkünften aus Kapitalvermögen gehören;

5.[2] Kapitalerträgen im Sinne des § 20 Absatz 1 Nummer 3 mit Ausnahme der Gewinne aus der Veräußerung von Anteilen an Investmentfonds im Sinne des § 16 Absatz 1 Nummer 3 in Verbindung mit § 2 Absatz 13 des Investmentsteuergesetzes[3];

6.[4] ausländischen Kapitalerträgen im Sinne der Nummern 1 und 1a;

7. Kapitalerträgen im Sinne des § 20 Absatz 1 Nummer 7, außer bei Kapitalerträgen im Sinne der Nummer 2, wenn

a) es sich um Zinsen aus Anleihen und Forderungen handelt, die in ein öffentliches Schuldbuch oder in ein ausländisches Register eingetragen oder über die Sammelurkunden im Sinne des § 9a des Depotgesetzes oder Teilschuldverschreibungen ausgegeben sind;

b)[5] der Schuldner der nicht in Buchstabe a genannten Kapitalerträge ein inländisches Kreditinstitut oder ein inländisches Finanzdienstleistungsinstitut im Sinne des Gesetzes über das Kreditwesen oder ein Wertpapierinstitut im Sinne des Wertpapierinstitutsgesetzes ist. 2Kreditinstitut in diesem Sinne ist auch die Kreditanstalt für Wiederaufbau, eine Bausparkasse, ein Versicherungsunternehmen für Erträge aus Kapitalanlagen, die mit Einlagegeschäften bei Kreditinstituten vergleichbar sind, die Deutsche Bundesbank bei Geschäften mit jedermann einschließlich ihrer Betriebsangehörigen im Sinne der §§ 22 und 25 des Gesetzes über die Deutsche Bundesbank und eine inländische Zweigstelle oder Zweigniederlassung eines ausländischen Unternehmens im Sinne der §§ 53 und 53b des Gesetzes über das Kreditwesen, nicht aber eine ausländische Zweigstelle eines inländischen Kreditinstituts, eines inländischen Finanzdienstleistungsinstituts oder einem inländischen Wertpapierinstitut. 3Die inländische Zweigstelle oder Zweigniederlassung gilt anstelle des ausländischen Unternehmens als Schuldner der Kapitalerträge;

---

[1] § 43 Abs. 1 Satz 1 Nr. 4 Satz 1 geänd. durch G v. 25.7.2014 (BGBl. I S. 1266).

[2] § 43 Abs. 1 Satz 1 Nr. 5 neu gef. mWv 1.1.2018 durch G v. 19.7.2016 (BGBl. I S. 1730); zur Anwendung siehe § 52 Abs. 42 Satz 3.

[3] Nr. **15**.

[4] § 43 Abs. 1 Satz 1 Nr. 6 neu gef. durch G v. 22.6.2011 (BGBl. I S. 1126).

[5] § 43 Abs. 1 Satz 1 Nr. 7 Buchst. b Sätze 2 und 3 geänd. mWv 1.1.2014 durch G v. 25.7.2014 (BGBl. I S. 1266); Satz 2 geänd. mWv 1.1.2019 durch G v. 12.12.2019 (BGBl. I S. 2451); Sätze 1 und 2 geänd. durch G v. 12.5.2021 (BGBl. I S. 990).

c)[1] es sich um Zinsen aus Forderungen handelt, die über eine Internet-Dienstleistungsplattform erworben wurden. [2]Eine Internet-Dienstleistungsplattform in diesem Sinne ist ein webbasiertes Medium, das Kauf- und Verkaufsaufträge in Aktien und anderen Finanzinstrumenten sowie Darlehensnehmer und Darlehensgeber zusammenführt und so einen Vertragsabschluss vermittelt;

7a. Kapitalerträgen im Sinne des § 20 Absatz 1 Nummer 9;

7b. Kapitalerträgen im Sinne des § 20 Absatz 1 Nummer 10 Buchstabe a;

7c. Kapitalerträgen im Sinne des § 20 Absatz 1 Nummer 10 Buchstabe b;

8. Kapitalerträgen im Sinne des § 20 Absatz 1 Nummer 11;

9.[2] Kapitalerträgen im Sinne des § 20 Absatz 2 Satz 1 Nummer 1 und Gewinnen aus der Veräußerung von Anteilen an Investmentfonds im Sinne des § 16 Absatz 1 Nummer 3 in Verbindung mit § 2 Absatz 13 des Investmentsteuergesetzes;

10. Kapitalerträgen im Sinne des § 20 Absatz 2 Satz 1 Nummer 2 Buchstabe b und Nummer 7;

11. Kapitalerträgen im Sinne des § 20 Absatz 2 Satz 1 Nummer 3;

12. Kapitalerträgen im Sinne des § 20 Absatz 2 Satz 1 Nummer 8.

[2]Dem Steuerabzug unterliegen auch Kapitalerträge im Sinne des § 20 Absatz 3, die neben den in den Nummern 1 bis 12 bezeichneten Kapitalerträgen oder an deren Stelle gewährt werden. [3]Der Steuerabzug ist ungeachtet des § 3 Nummer 40 und des § 8b des Körperschaftsteuergesetzes[3] vorzunehmen. [4]Für Zwecke des Kapitalertragsteuerabzugs gilt die Übertragung eines von einer auszahlenden Stelle verwahrten oder verwalteten Wirtschaftsguts im Sinne des § 20 Absatz 2 auf einen anderen Gläubiger als Veräußerung des Wirtschaftsguts. [5]Satz 4 gilt nicht, wenn der Steuerpflichtige der auszahlenden Stelle unter Benennung der in Satz 6 Nummer 4 bis 6 bezeichneten Daten mitteilt, dass es sich um eine unentgeltliche Übertragung handelt. [6]Die auszahlende Stelle hat in den Fällen des Satzes 5 folgende Daten dem für sie zuständigen Betriebsstättenfinanzamt bis zum 31. Mai des jeweiligen Folgejahres nach Maßgabe des § 93c der Abgabenordnung[4] mitzuteilen:

1. Bezeichnung der auszahlenden Stelle,
2. das zuständige Betriebsstättenfinanzamt,
3. das übertragene Wirtschaftsgut, den Übertragungszeitpunkt, den Wert zum Übertragungszeitpunkt und die Anschaffungskosten des Wirtschaftsguts,
4. Name, Geburtsdatum, Anschrift und Identifikationsnummer des Übertragenden,
5.[5] Name, Geburtsdatum, Anschrift und Identifikationsnummer des Empfängers sowie die Bezeichnung des Kreditinstituts, der Nummer des Depots, des Kontos oder des Schuldbuchkontos. [2]Sofern die Identifikationsnummer

---

[1] § 43 Abs. 1 Satz 1 Nr. 7 Buchst. c angef. mWv 1.1.2021 durch G v. 12.12.2019 (BGBl. I S. 2451); zur Anwendung siehe § 52 Abs. 42 Satz 2.

[2] § 43 Abs. 1 Satz 1 Nr. 9 neu gef. mWv 1.1.2018 durch G v. 19.7.2016 (BGBl. I S. 1730); zur Anwendung siehe § 52 Abs. 42 Satz 3.

[3] Nr. **17**.

[4] Nr. **1**.

[5] § 43 Abs. 1 Satz 6 Nr. 5 Sätze 2 bis 5 angef. mWv 1.1.2020 durch G v. 2.6.2021 (BGBl. I S. 1259); zur Anwendung siehe § 52 Abs. 42 Satz 5.

des Empfängers nicht bereits bekannt ist, kann die auszahlende Stelle diese in einem maschinellen Verfahren nach amtlich vorgeschriebenem Datensatz beim Bundeszentralamt für Steuern erfragen. [3] In der Anfrage dürfen nur die in § 139b Absatz 3 der Abgabenordnung genannten Daten der betroffenen Person angegeben werden. [4] Das Bundeszentralamt für Steuern teilt der auszahlenden Stelle die Identifikationsnummer der betroffenen Person mit, sofern die übermittelten Daten mit den nach § 139b Absatz 3 der Abgabenordnung beim Bundeszentralamt für Steuern gespeicherten Daten übereinstimmen. [5] Ist eine eindeutige Zuordnung des Empfängers nicht möglich, ist die Depotübertragung als kapitalertragsteuerpflichtiger Vorgang nach Satz 4 dieses Absatzes zu behandeln,

6. soweit bekannt, das persönliche Verhältnis (Verwandtschaftsverhältnis, Ehe, Lebenspartnerschaft) zwischen Übertragendem und Empfänger.

[7] § 72a Absatz 4, § 93c Absatz 4 und § 203a der Abgabenordnung finden keine Anwendung.

(1a)[1)] *(aufgehoben)*

(2)[2)] [1] Der Steuerabzug ist außer in den Fällen des Absatzes 1 Satz 1 Nummer 1a und 7c nicht vorzunehmen, wenn Gläubiger und Schuldner der Kapitalerträge (Schuldner) oder die auszahlende Stelle im Zeitpunkt des Zufließens dieselbe Person sind. [2] Der Steuerabzug ist außerdem nicht vorzunehmen, wenn in den Fällen des Absatzes 1 Satz 1 Nummer 5 bis 7 und 8 bis 12 Gläubiger der Kapitalerträge ein inländisches Kreditinstitut oder inländisches Finanzdienstleistungsinstitut nach Absatz 1 Satz 1 Nummer 7 Buchstabe b oder eine inländische Kapitalverwaltungsgesellschaft ist. [3] Bei Kapitalerträgen im Sinne des Absatzes 1 Satz 1 Nummer 6 und 8 bis 12 ist ebenfalls kein Steuerabzug vorzunehmen, wenn

1. eine unbeschränkt steuerpflichtige Körperschaft, Personenvereinigung oder Vermögensmasse, die nicht unter Satz 2 oder § 44a Absatz 4 Satz 1 fällt, Gläubigerin der Kapitalerträge ist, oder
2. die Kapitalerträge Betriebseinnahmen eines inländischen Betriebs sind und der Gläubiger der Kapitalerträge dies gegenüber der auszahlenden Stelle nach amtlich vorgeschriebenem Muster erklärt; dies gilt entsprechend für Kapitalerträge aus Options- und Termingeschäften im Sinne des Absatzes 1 Satz 1 Nummer 8 und 11, wenn sie zu den Einkünften aus Vermietung und Verpachtung gehören.

[4] Im Fall des § 1 Absatz 1 Nummer 4 und 5 des Körperschaftsteuergesetzes ist Satz 3 Nummer 1 nur anzuwenden, wenn die Körperschaft, Personenvereinigung oder Vermögensmasse durch eine Bescheinigung des für sie zuständigen Finanzamts ihre Zugehörigkeit zu dieser Gruppe von Steuerpflichtigen nachweist. [5] Die Bescheinigung ist unter dem Vorbehalt des Widerrufs auszustellen. [6] Die Fälle des Satzes 3 Nummer 2 hat die auszahlende Stelle gesondert aufzuzeichnen und die Erklärung der Zugehörigkeit der Kapitalerträge zu den

---

1) § 43 Abs. 1a aufgeh. mWv 1.1.2009 durch G v. 8.12.2010 (BGBl. I S. 1768).

2) § 43 Abs. 2 Satz 3 Nr. 2 und Satz 6 geänd. mWv 1.1.2009 durch G v. 8.12.2010 (BGBl. I S. 1768); Satz 1 geänd. durch G v. 22.6.2011 (BGBl. I S. 1126); Satz 2 geänd. mWv 24.12.2013 durch G v. 18.12.2013 (BGBl. I S. 4318); Sätze 7 und 8 neu gef. durch G v. 18.7.2016 (BGBl. I S. 1679); zur Anwendung siehe § 52 Abs. 42 Satz 3; Satz 2 geänd. mWv 1.1.2018 durch G v. 19.7.2016 (BGBl. I S. 1730); zur Anwendung siehe § 52 Abs. 42 Satz 4.

Betriebseinnahmen oder zu den Einnahmen aus Vermietung und Verpachtung sechs Jahre aufzubewahren; die Frist beginnt mit dem Schluss des Kalenderjahres, in dem die Freistellung letztmalig berücksichtigt wird. [7] Die auszahlende Stelle hat in den Fällen des Satzes 3 Nummer 2 der Finanzbehörde, die für die Besteuerung des Einkommens des Gläubigers der Kapitalerträge zuständig ist, nach Maßgabe des § 93c der Abgabenordnung neben den in § 93c Absatz 1 der Abgabenordnung genannten Angaben auch die Konto- und Depotbezeichnung oder die sonstige Kennzeichnung des Geschäftsvorgangs zu übermitteln. [8] § 72a Absatz 4, § 93c Absatz 1 Nummer 3 und Absatz 4 sowie § 203a der Abgabenordnung finden keine Anwendung.

(3)[1)] [1] Kapitalerträge im Sinne des Absatzes 1 Satz 1 Nummer 1 Satz 1 sowie Nummer 1a bis 4 sind inländische, wenn der Schuldner Wohnsitz, Geschäftsleitung oder Sitz im Inland hat; Kapitalerträge im Sinne des Absatzes 1 Satz 1 Nummer 4 sind auch dann inländische, wenn der Schuldner eine Niederlassung im Sinne der §§ 61, 65 oder des § 68 des Versicherungsaufsichtsgesetzes im Inland hat. [2] Kapitalerträge im Sinne des Absatzes 1 Satz 1 Nummer 1 Satz 2 sind inländische, wenn der Schuldner der veräußerten Ansprüche die Voraussetzungen des Satzes 1 erfüllt. [3] Kapitalerträge im Sinne des § 20 Absatz 1 Nummer 1 Satz 4 sind inländische, wenn der Emittent der Aktien Geschäftsleitung oder Sitz im Inland hat. [4] Kapitalerträge im Sinne des Absatzes 1 Satz 1 Nummer 6 sind ausländische, wenn weder die Voraussetzungen nach Satz 1 noch nach Satz 2 vorliegen.

EStG

(4) Der Steuerabzug ist auch dann vorzunehmen, wenn die Kapitalerträge beim Gläubiger zu den Einkünften aus Land- und Forstwirtschaft, aus Gewerbebetrieb, aus selbständiger Arbeit oder aus Vermietung und Verpachtung gehören.

(5)[2)] [1] Für Kapitalerträge im Sinne des § 20, soweit sie der Kapitalertragsteuer unterlegen haben, ist die Einkommensteuer mit dem Steuerabzug abgegolten; die Abgeltungswirkung des Steuerabzugs tritt nicht ein, wenn der Gläubiger nach § 44 Absatz 1 Satz 10 und 11 und Absatz 5 in Anspruch genommen werden kann. [2] Dies gilt nicht in Fällen des § 32d Absatz 2 und für Kapitalerträge, die zu den Einkünften aus Land- und Forstwirtschaft, aus Gewerbebetrieb, aus selbständiger Arbeit oder aus Vermietung und Verpachtung gehören. [3] Auf Antrag des Gläubigers werden Kapitalerträge im Sinne des Satzes 1 in die besondere Besteuerung von Kapitalerträgen nach § 32d einbezogen. [4] Eine vorläufige Festsetzung der Einkommensteuer im Sinne des § 165 Absatz 1 Satz 2 Nummer 2 bis 4 der Abgabenordnung umfasst auch Einkünfte im Sinne des Satzes 1, für die der Antrag nach Satz 3 nicht gestellt worden ist.

§ 43a Bemessung der Kapitalertragsteuer. (1) [1] Die Kapitalertragsteuer beträgt

1.[3)] in den Fällen des § 43 Absatz 1 Satz 1 Nummer 1 bis 7a und 8 bis 12 sowie Satz 2:

[1)] § 43 Abs. 3 Satz 1 1. HS geänd. durch G v. 22.6.2011 (BGBl. I S. 1126); Satz 1 2. HS geänd. durch G v. 1.4.2015 (BGBl. I S. 434).

[2)] § 43 Abs. 5 Satz 1 neu gef. und Satz 4 angef. mWv 1.1.2009 durch G v. 8.12.2010 (BGBl. I S. 1768); Satz 1 geänd. mWv 1.1.2018 durch G v. 19.7.2016 (BGBl. I S. 1730); zur Anwendung siehe § 52 Abs. 42 Satz 4.

[3)] § 43a Abs. 1 Satz 1 Nr. 1 geänd. durch G v. 19.7.2016 (BGBl. I S. 1730); zur Anwendung siehe § 52 Abs. 42a.

25 Prozent des Kapitalertrags;

2. in den Fällen des § 43 Absatz 1 Satz 1 Nummer 7b und 7c: 15 Prozent des Kapitalertrags.

[2] Im Fall einer Kirchensteuerpflicht ermäßigt sich die Kapitalertragsteuer um 25 Prozent der auf die Kapitalerträge entfallenden Kirchensteuer. [3] § 32d Absatz 1 Satz 4 und 5 gilt entsprechend.

(2)[1)] [1] Dem Steuerabzug unterliegen die vollen Kapitalerträge ohne Abzug; dies gilt nicht für Erträge aus Investmentfonds nach § 16 Absatz 1 des Investmentsteuergesetzes[2)], auf die nach § 20 des Investmentsteuergesetzes eine Teilfreistellung anzuwenden ist; § 20 Absatz 1 Satz 2 bis 4 des Investmentsteuergesetzes sind beim Steuerabzug nicht anzuwenden. [2] In den Fällen des § 43 Absatz 1 Satz 1 Nummer 9 bis 12 bemisst sich der Steuerabzug

1. bei Gewinnen aus der Veräußerung von Anteilen an Investmentfonds im Sinne des § 16 Absatz 1 Nummer 3 in Verbindung mit § 2 Absatz 13 des Investmentsteuergesetzes nach § 19 des Investmentsteuergesetzes und
2. in allen übrigen Fällen nach § 20 Absatz 4 und 4a,

wenn die Wirtschaftsgüter von der die Kapitalerträge auszahlenden Stelle erworben oder veräußert und seitdem verwahrt oder verwaltet worden sind. [3] Überträgt der Steuerpflichtige die Wirtschaftsgüter auf ein anderes Depot, hat die abgebende inländische auszahlende Stelle der übernehmenden inländischen auszahlenden Stelle die Anschaffungsdaten mitzuteilen. [4] Satz 3 gilt in den Fällen des § 43 Absatz 1 Satz 5 entsprechend. [5] Handelt es sich bei der abgebenden auszahlenden Stelle um ein Kreditinstitut, ein Finanzdienstleistungsinstitut oder ein Wertpapierinstitut mit Sitz in einem anderen Mitgliedstaat der Europäischen Union, in einem anderen Vertragsstaat des EWR-Abkommens vom 3. Januar 1994 (ABl. EG Nr. L 1 S. 3) in der jeweils geltenden Fassung oder in einem anderen Vertragsstaat nach Artikel 17 Absatz 2 Ziffer i der Richtlinie 2003/48/EG vom 3. Juni 2003 im Bereich der Besteuerung von Zinserträgen (ABl. EU Nr. L 157 S. 38), kann der Steuerpflichtige den Nachweis nur durch eine Bescheinigung des ausländischen Instituts führen; dies gilt entsprechend für eine in diesem Gebiet belegene Zweigstelle eines inländischen Kreditinstituts, Finanzdienstleistungsinstituts oder *einem inländischen Wertpapierinstitut*[3)]. [6] In allen anderen Fällen ist ein Nachweis der Anschaffungsdaten nicht zulässig. [7] Sind die Anschaffungsdaten nicht nachgewiesen, bemisst sich der Steuerabzug nach 30 Prozent der Einnahmen aus der Veräußerung oder Einlösung der Wirtschaftsgüter. [8] In den Fällen des § 43 Absatz 1 Satz 4 gelten der Börsenpreis zum Zeitpunkt der Übertragung zuzüglich Stückzinsen als Einnahmen aus der Veräußerung und die mit dem Depotübertrag verbundenen Kosten als Veräußerungskosten im Sinne des § 20 Absatz 4 Satz 1. [9] Zur Ermittlung des Börsenpreises ist der niedrigste am Vortag der Übertragung im regulierten Markt notierte Kurs anzusetzen; liegt am Vortag eine Notierung nicht vor, so werden die Wirtschaftsgüter mit dem letzten innerhalb von 30 Tagen vor dem Übertragungstag im regulierten Markt notierten Kurs angesetzt; Entsprechendes gilt für Wertpapiere, die im Inland in den Freiverkehr einbezogen

[1)] § 43a Abs. 2 Satz 5 geänd. mWv 1.1.2013 durch G v. 26.6.2013 (BGBl. I S. 1809); Sätze 1 und 2 neu gef. mWv 1.1.2018 durch G v. 19.7.2016 (BGBl. I S. 1730); zur Anwendung siehe § 52 Abs. 42a; Satz 5 1. und 2. HS geänd. durch G v. 12.5.2021 (BGBl. I S. 990).

[2)] Nr. **15**.

[3)] Richtig wohl: „eines inländischen Wertpapierinstituts“.

sind oder in einem anderen Staat des Europäischen Wirtschaftsraums zum Handel an einem geregelten Markt im Sinne des Artikels 1 Nummer 13 der Richtlinie 93/22/EWG des Rates vom 10. Mai 1993 über Wertpapierdienstleistungen (ABl. EG Nr. L 141 S. 27) zugelassen sind. [10] Liegt ein Börsenpreis nicht vor, bemisst sich die Steuer nach 30 Prozent der Anschaffungskosten. [11] Die übernehmende auszahlende Stelle hat als Anschaffungskosten den von der abgebenden Stelle angesetzten Börsenpreis anzusetzen und die bei der Übertragung als Einnahmen aus der Veräußerung angesetzten Stückzinsen nach Absatz 3 zu berücksichtigen. [12] Satz 9 gilt entsprechend. [13] Liegt ein Börsenpreis nicht vor, bemisst sich der Steuerabzug nach 30 Prozent der Einnahmen aus der Veräußerung oder Einlösung der Wirtschaftsgüter. [14] Hat die auszahlende Stelle die Wirtschaftsgüter vor dem 1. Januar 1994 erworben oder veräußert und seitdem verwahrt oder verwaltet, kann sie den Steuerabzug nach 30 Prozent der Einnahmen aus der Veräußerung oder Einlösung der Wertpapiere und Kapitalforderungen bemessen. [15] Abweichend von den Sätzen 2 bis 14 bemisst sich der Steuerabzug bei Kapitalerträgen aus nicht für einen marktmäßigen Handel bestimmten schuldbuchfähigen Wertpapieren des Bundes und der Länder oder bei Kapitalerträgen im Sinne des § 43 Absatz 1 Satz 1 Nummer 7 Buchstabe b aus nicht in Inhaber- oder Orderschuldverschreibungen verbrieften Kapitalforderungen nach dem vollen Kapitalertrag ohne jeden Abzug.

EStG

(3)[1)] [1] Die auszahlende Stelle hat ausländische Steuern auf Kapitalerträge nach Maßgabe des § 32d Absatz 5 zu berücksichtigen. [2] Sie hat unter Berücksichtigung des § 20 Absatz 6 Satz 4 im Kalenderjahr negative Kapitalerträge einschließlich gezahlter Stückzinsen bis zur Höhe der positiven Kapitalerträge auszugleichen; liegt ein gemeinsamer Freistellungsauftrag im Sinne des § 44a Absatz 2 Satz 1 Nummer 1 in Verbindung mit § 20 Absatz 9 Satz 2 vor, erfolgt ein gemeinsamer Ausgleich. [3] Der nicht ausgeglichene Verlust ist auf das nächste Kalenderjahr zu übertragen. [4] Auf Verlangen des Gläubigers der Kapitalerträge hat sie über die Höhe eines nicht ausgeglichenen Verlusts eine Bescheinigung nach amtlich vorgeschriebenem Muster zu erteilen; der Verlustübertrag entfällt in diesem Fall. [5] Der unwiderrufliche Antrag auf Erteilung der Bescheinigung muss bis zum 15. Dezember des laufenden Jahres der auszahlenden Stelle zugehen. [6] Überträgt der Gläubiger der Kapitalerträge seine im Depot befindlichen Wirtschaftsgüter vollständig auf ein anderes Depot, hat die abgebende auszahlende Stelle der übernehmenden auszahlenden Stelle auf Verlangen des Gläubigers der Kapitalerträge die Höhe des nicht ausgeglichenen Verlusts mitzuteilen; eine Bescheinigung nach Satz 4 darf in diesem Fall nicht erteilt werden. [7] Erfährt die auszahlende Stelle nach Ablauf des Kalenderjahres von der Veränderung einer Bemessungsgrundlage oder einer zu erhebenden Kapitalertragsteuer, hat sie die entsprechende Korrektur erst zum Zeitpunkt ihrer Kenntnisnahme vorzunehmen; § 44 Absatz 5 bleibt unberührt. [8] Die vorstehenden Sätze gelten nicht in den Fällen des § 20 Absatz 8 und des § 44 Absatz 1 Satz 4 Nummer 1 Buchstabe a Doppelbuchstabe bb sowie bei Körperschaften, Personenvereinigungen oder Vermögensmassen.

(4)[2)] [1] Die Absätze 2 und 3 gelten entsprechend für die das Bundesschuldbuch führende Stelle oder eine Landesschuldenverwaltung als auszahlende

---

[1)] § 43a Abs. 3 Satz 7 eingef., bish. Satz 7 wird Satz 8 mWv 1.1.2009 durch G v. 8.12.2010 (BGBl. I S. 1768); Abs. 3 Satz 2 geänd. mWv 1.1.2014 durch G v. 25.7.2014 (BGBl. I S. 1266).
[2)] § 43a Abs. 4 Satz 2 geänd. durch G v. 12.5.2021 (BGBl. I S. 990).

Stelle. [2]Werden die Wertpapiere oder Forderungen von einem Kreditinstitut, Finanzdienstleistungsinstitut oder einem Wertpapierinstitut mit der Maßgabe der Verwahrung und Verwaltung durch die das Bundesschuldbuch führende Stelle oder eine Landesschuldenverwaltung erworben, hat das Kreditinstitut, das Finanzdienstleistungsinstitut oder das Wertpapierinstitut der das Bundesschuldbuch führenden Stelle oder einer Landesschuldenverwaltung zusammen mit den im Schuldbuch einzutragenden Wertpapieren und Forderungen den Erwerbszeitpunkt und die Anschaffungsdaten sowie in Fällen des Absatzes 2 den Erwerbspreis der für einen marktmäßigen Handel bestimmten schuldbuchfähigen Wertpapiere des Bundes oder der Länder und außerdem mitzuteilen, dass es diese Wertpapiere und Forderungen erworben oder veräußert und seitdem verwahrt oder verwaltet hat.

§ 43b[1)] Bemessung der Kapitalertragsteuer bei bestimmten Gesellschaften. (1)[2)] [1]Auf Antrag wird die Kapitalertragsteuer für Kapitalerträge im Sinne des § 20 Absatz 1 Nummer 1, die einer Muttergesellschaft, die weder ihren Sitz noch ihre Geschäftsleitung im Inland hat, oder einer in einem anderen Mitgliedstaat der Europäischen Union gelegenen Betriebsstätte dieser Muttergesellschaft, aus Ausschüttungen einer Tochtergesellschaft zufließen, nicht erhoben; § 50d Absatz 3 gilt entsprechend. [2]Satz 1 gilt auch für Ausschüttungen einer Tochtergesellschaft, die einer in einem anderen Mitgliedstaat der Europäischen Union gelegenen Betriebsstätte einer unbeschränkt steuerpflichtigen Muttergesellschaft zufließen. [3]Ein Zufluss an die Betriebsstätte liegt nur vor, wenn die Beteiligung an der Tochtergesellschaft tatsächlich zu dem Betriebsvermögen der Betriebsstätte gehört. [4]Die Sätze 1 bis 3 gelten nicht für Kapitalerträge im Sinne des § 20 Absatz 1 Nummer 1, die anlässlich der Liquidation oder Umwandlung einer Tochtergesellschaft zufließen.

(2)[3)] [1]Muttergesellschaft im Sinne des Absatzes 1 ist jede Gesellschaft, die

1. die in der Anlage 2 zu diesem Gesetz bezeichneten Voraussetzungen erfüllt und
2. nach Artikel 3 Absatz 1 Buchstabe a der Richtlinie 2011/96/EU des Rates vom 30. November 2011 über das gemeinsame Steuersystem der Mutter- und Tochtergesellschaften verschiedener Mitgliedstaaten (ABl. L 345 vom 29.12.2011, S. 8), die zuletzt durch die Richtlinie 2014/86/EU (ABl. L 219 vom 25.7.2014, S. 40) geändert worden ist, zum Zeitpunkt der Entstehung der Kapitalertragsteuer gemäß § 44 Absatz 1 Satz 2 nachweislich mindestens zu 10 Prozent unmittelbar am Kapital der Tochtergesellschaft beteiligt ist (Mindestbeteiligung).

[2]Ist die Mindestbeteiligung zu diesem Zeitpunkt nicht erfüllt, ist der Zeitpunkt des Gewinnverteilungsbeschlusses maßgeblich. [3]Tochtergesellschaft im Sinne des Absatzes 1 sowie des Satzes 1 ist jede unbeschränkt steuerpflichtige Gesellschaft, die die in der Anlage 2 zu diesem Gesetz und in Artikel 3 Absatz 1

---

1) Zur Anwendung von § 43b siehe § 52 Abs. 55a Satz 2 a.F.: „§ 43b und die Anlage 2 (zu § 43b) in der am 1. Juli 2013 geltenden Fassung sind erstmals auf Ausschüttungen anzuwenden, die nach dem 30. Juni 2013 zufließen."

2) § 43b Abs. 1 Satz 1 geänd. durch G v. 2.6.2021 (BGBl. I S. 1259).

3) § 43b Abs. 2 Satz 1 neu gef., Satz 3 geänd. mWv 1.1.2012 durch G v. 26.6.2013 (BGBl. I S. 1809); Satz 1 geänd. mWv 1.7.2013 durch G v. 25.7.2014 (BGBl. I S. 1266); Satz 1 neu gef. durch G v. 2.11.2015 (BGBl. I S. 1834); zur Anwendung siehe § 52 Abs. 42b; Satz 5 geänd. durch G v. 2.6. 2021 (BGBl. I S. 1259).

Buchstabe b der Richtlinie 2011/96/EU bezeichneten Voraussetzungen erfüllt. [4] Weitere Voraussetzung ist, dass die Beteiligung nachweislich ununterbrochen zwölf Monate besteht. [5] Wird dieser Beteiligungszeitraum nach dem Zeitpunkt der Entstehung der Kapitalertragsteuer gemäß § 44 Absatz 1 Satz 2 vollendet, ist die einbehaltene und abgeführte Kapitalertragsteuer nach § 50c Absatz 3 zu erstatten; das Freistellungsverfahren nach § 50c Absatz 2 ist ausgeschlossen.

(2a) Betriebsstätte im Sinne der Absätze 1 und 2 ist eine feste Geschäftseinrichtung in einem anderen Mitgliedstaat der Europäischen Union, durch die die Tätigkeit der Muttergesellschaft ganz oder teilweise ausgeübt wird, wenn das Besteuerungsrecht für die Gewinne dieser Geschäftseinrichtung nach dem jeweils geltenden Abkommen zur Vermeidung der Doppelbesteuerung dem Staat, in dem sie gelegen ist, zugewiesen wird und diese Gewinne in diesem Staat der Besteuerung unterliegen.

(3)[1)] *(aufgehoben)*

§ 44 Entrichtung der Kapitalertragsteuer. (1)[2)] [1] Schuldner der Kapitalertragsteuer ist in den Fällen des § 43 Absatz 1 Satz 1 Nummer 1 bis 7b und 8 bis 12 sowie Satz 2 der Gläubiger der Kapitalerträge. [2] Die Kapitalertragsteuer entsteht in dem Zeitpunkt, in dem die Kapitalerträge dem Gläubiger zufließen. [3] In diesem Zeitpunkt haben in den Fällen des § 43 Absatz 1 Satz 1 Nummer 1, 2 bis 4 sowie 7a und 7b der Schuldner der Kapitalerträge, jedoch in den Fällen des § 43 Absatz 1 Satz 1 Nummer 1 Satz 2 die für den Verkäufer der Wertpapiere den Verkaufsauftrag ausführende Stelle im Sinne des Satzes 4 Nummer 1, und in den Fällen des § 43 Absatz 1 Satz 1 Nummer 1a, 5 bis 7 und 8 bis 12 sowie Satz 2 die die Kapitalerträge auszahlende Stelle den Steuerabzug unter Beachtung der im Bundessteuerblatt veröffentlichten Auslegungsvorschriften der Finanzverwaltung für Rechnung des Gläubigers der Kapitalerträge vorzunehmen. [4] Die die Kapitalerträge auszahlende Stelle ist

1.[3)] in den Fällen des § 43 Absatz 1 Satz 1 Nummer 5 bis 7 Buchstabe a und Nummer 8 bis 12 sowie Satz 2
   a) das inländische Kreditinstitut oder das inländische Finanzdienstleistungsinstitut im Sinne des § 43 Absatz 1 Satz 1 Nummer 7 Buchstabe b, das inländische Wertpapierhandelsunternehmen oder die inländische Wertpapierhandelsbank,
      aa)[4)] das die Teilschuldverschreibungen, die Anteile an einer Sammelschuldbuchforderung, die Wertrechte, die Zinsscheine, die Anteile an Investmentfonds im Sinne des Investmentsteuergesetzes[5)] oder sonstigen Wirtschaftsgüter verwahrt oder verwaltet oder deren Veräußerung durchführt und die Kapitalerträge auszahlt

---

[1)] § 43b Abs. 3 aufgeh. durch G v. 26.6.2013 (BGBl. I S. 1809).

[2)] § 44 Abs. 1 Satz 3 neu gef., Satz 5 2. HS geänd. durch G v. 22.6.2011 (BGBl. I S. 1126); Satz 3 geänd. mWv 1.1.2016 durch G v. 2.11.2015 (BGBl. I S. 1834); Satz 3 geänd., Sätze 8 und 9 eingef., bish. Sätze 8 und 9 werden Sätze 10 und 11 mWv 1.1.2018 durch G v. 19.7.2016 (BGBl. I S. 1730); zur Anwendung siehe § 52 Abs. 44 Satz 3.

[3)] § 44 Abs. 1 Satz 4 Nr. 1 einl. Satzteil geänd. mWv 1.1.2018 durch G v. 19.7.2016 (BGBl. I S. 1730); zur Anwendung siehe § 52 Abs. 44 Satz 3.

[4)] § 44 Abs. 1 Satz 4 Nr. 1 Buchst. a Doppelbuchst. aa geänd. durch G v. 8.12.2010 (BGBl. I S. 1768); geänd. mWv 1.1.2018 durch G v. 19.7.2016 (BGBl. I S. 1730); zur Anwendung siehe § 52 Abs. 44 Satz 3.

[5)] Nr. **15**.

oder gutschreibt oder in den Fällen des § 43 Absatz 1 Satz 1 Nummer 8 und 11 die Kapitalerträge auszahlt oder gutschreibt,

bb) das die Kapitalerträge gegen Aushändigung der Zinsscheine oder der Teilschuldverschreibungen einem anderen als einem ausländischen Kreditinstitut oder einem ausländischen Finanzdienstleistungsinstitut auszahlt oder gutschreibt;

b) der Schuldner der Kapitalerträge in den Fällen des § 43 Absatz 1 Satz 1 Nummer 7 Buchstabe a und Nummer 10 unter den Voraussetzungen des Buchstabens a, wenn kein inländisches Kreditinstitut oder kein inländisches Finanzdienstleistungsinstitut die die Kapitalerträge auszahlende Stelle ist;

2. in den Fällen des § 43 Absatz 1 Satz 1 Nummer 7 Buchstabe b das inländische Kreditinstitut oder das inländische Finanzdienstleistungsinstitut, das die Kapitalerträge als Schuldner auszahlt oder gutschreibt;

2a.[1] in den Fällen des § 43 Absatz 1 Satz 1 Nummer 7 Buchstabe c

a) der inländische Betreiber oder die inländische Zweigniederlassung eines ausländischen Betreibers einer Internet-Dienstleistungsplattform im Sinne des § 43 Absatz 1 Satz 1 Nummer 7 Buchstabe c Satz 2, der die Kapitalerträge an den Gläubiger auszahlt oder gutschreibt,

b) das inländische Kreditinstitut oder das inländische Finanzdienstleistungsinstitut im Sinne des § 43 Absatz 1 Satz 1 Nummer 7 Buchstabe b, das die Kapitalerträge im Auftrag des inländischen oder ausländischen Betreibers einer Internet-Dienstleistungsplattform im Sinne des § 43 Absatz 1 Satz 1 Nummer 7 Buchstabe c Satz 2 an den Gläubiger auszahlt oder gutschreibt,

sofern sich für diese Kapitalerträge kein zum Steuerabzug Verpflichteter nach der Nummer 1 ergibt.

3.[2] in den Fällen des § 43 Absatz 1 Satz 1 Nummer 1a

a)[3] das inländische Kredit- oder Finanzdienstleistungsinstitut oder das inländische Wertpapierinstitut im Sinne des § 43 Absatz 1 Satz 1 Nummer 7 Buchstabe b, *welche*[4] die Anteile verwahrt oder verwaltet und die Kapitalerträge auszahlt oder gutschreibt oder die Kapitalerträge gegen Aushändigung der Dividendenscheine auszahlt oder gutschreibt oder die Kapitalerträge an eine ausländische Stelle auszahlt,

b) die Wertpapiersammelbank, der die Anteile zur Sammelverwahrung anvertraut wurden, wenn sie die Kapitalerträge an eine ausländische Stelle auszahlt,

c)[5] der Schuldner der Kapitalerträge, soweit die Wertpapiersammelbank, der die Anteile zur Sammelverwahrung anvertraut wurden, keine Dividendenregulierung vornimmt; die Wertpapiersammelbank hat dem Schuldner der Kapitalerträge den Umfang der Bestände ohne Dividendenregulierung mitzuteilen,

---

[1] § 44 Abs. 1 Satz 4 Nr. 2a eingef. mWv 1.1.2021 durch G v. 12.12.2019 (BGBl. I S. 2451); zur Anwendung siehe § 52 Abs. 44 Satz 1.

[2] § 44 Abs. 1 Satz 4 Nr. 3 eingef. durch G v. 22.6.2011 (BGBl. I S. 1126).

[3] § 44 Abs. 1 Satz 4 Nr. 3 Buchst. a geänd. durch G v. 12.5.2021 (BGBl. I S. 990).

[4] Richtig wohl: „welches".

[5] § 44 Abs. 1 Satz 4 Nr. 3 Buchst. c angef. mWv 1.1.2015 durch G v. 22.12.2014 (BGBl. I S. 2417).

4.[1] in den Fällen des § 43 Absatz 1 Satz 1 Nummer 5, soweit es sich um die Vorabpauschale nach § 16 Absatz 1 Nummer 2 des Investmentsteuergesetzes handelt, das inländische Kredit- oder Finanzdienstleistungsinstitut im Sinne des § 43 Absatz 1 Satz 1 Nummer 7 Buchstabe b, das inländische Wertpapierhandelsunternehmen oder die inländische Wertpapierhandelsbank, welches oder welche die Anteile an dem Investmentfonds im Sinne des Investmentsteuergesetzes verwahrt oder verwaltet;

5.[2] in den Fällen des § 43 Absatz 1 Satz 1 Nummer 5 der Investmentfonds, wenn es sich um Kapitalerträge aus Anteilen an inländischen Investmentfonds handelt, die nicht von einem inländischen oder ausländischen Kredit- oder Finanzdienstleistungsinstitut im Sinne des § 43 Absatz 1 Satz 1 Nummer 7 Buchstabe b, einem inländischen oder ausländischen Wertpapierhandelsunternehmen oder einer inländischen oder ausländischen Wertpapierhandelsbank verwahrt oder verwaltet werden.

[5] Die innerhalb eines Kalendermonats einbehaltene Steuer ist jeweils bis zum zehnten des folgenden Monats an das Finanzamt abzuführen, das für die Besteuerung

1. des Schuldners der Kapitalerträge,
2. der den Verkaufsauftrag ausführenden Stelle oder
3. der die Kapitalerträge auszahlenden Stelle

nach dem Einkommen zuständig ist; bei Kapitalerträgen im Sinne des § 43 Absatz 1 Satz 1 Nummer 1 ist die einbehaltene Steuer in dem Zeitpunkt abzuführen, in dem die Kapitalerträge dem Gläubiger zufließen. [6] Dabei ist die Kapitalertragsteuer, die zu demselben Zeitpunkt abzuführen ist, jeweils auf den nächsten vollen Eurobetrag abzurunden. [7] Wenn Kapitalerträge ganz oder teilweise nicht in Geld bestehen (§ 8 Absatz 2) und der in Geld geleistete Kapitalertrag nicht zur Deckung der Kapitalertragsteuer ausreicht, hat der Gläubiger der Kapitalerträge dem zum Steuerabzug Verpflichteten den Fehlbetrag zur Verfügung zu stellen. [8] Zu diesem Zweck kann der zum Steuerabzug Verpflichtete den Fehlbetrag von einem bei ihm unterhaltenen und auf den Namen des Gläubigers der Kapitalerträge lautenden Konto, ohne Einwilligung des Gläubigers, einziehen. [9] Soweit der Gläubiger nicht vor Zufluss der Kapitalerträge widerspricht, darf der zum Steuerabzug Verpflichtete auch insoweit die Geldbeträge von einem auf den Namen des Gläubigers der Kapitalerträge lautenden Konto einziehen, wie ein mit dem Gläubiger vereinbarter Kontokorrentkredit für dieses Konto nicht in Anspruch genommen wurde. [10] Soweit der Gläubiger seiner Verpflichtung nicht nachkommt, hat der zum Steuerabzug Verpflichtete dies dem für ihn zuständigen Betriebsstättenfinanzamt anzuzeigen. [11] Das Finanzamt hat die zu wenig erhobene Kapitalertragsteuer vom Gläubiger der Kapitalerträge nachzufordern.

(1a)[3] [1] Werden inländische Aktien über eine ausländische Stelle mit Dividendenberechtigung erworben, aber ohne Dividendenanspruch geliefert und leitet die ausländische Stelle auf die Erträge im Sinne des § 20 Absatz 1 Nummer 1

---

[1] § 44 Abs. 1 Satz 4 Nr. 4 angef. mWv 1.1.2018 durch G v. 19.7.2016 (BGBl. I S. 1730); zur Anwendung siehe § 52 Abs. 44 Satz 3.

[2] § 44 Abs. 1 Satz 4 Nr. 5 angef. durch G v. 21.12.2020 (BGBl. I S. 3096); zur Anwendung siehe § 52 Abs. 44 Satz 4.

[3] § 44 Abs. 1a eingef. durch G v. 26.6.2013 (BGBl. I S. 1809).

Satz 4 einen einbehaltenen Steuerbetrag im Sinne des § 43a Absatz 1 Satz 1 Nummer 1 an eine inländische Wertpapiersammelbank weiter, ist diese zur Abführung der einbehaltenen Steuer verpflichtet. [2]Bei Kapitalerträgen im Sinne des § 43 Absatz 1 Satz 1 Nummer 1 und 2 gilt Satz 1 entsprechend.

(1b)[1)] Bei inländischen und ausländischen Investmentfonds ist für die Vorabpauschale nach § 16 Absatz 1 Nummer 2 des Investmentsteuergesetzes Absatz 1 Satz 7 bis 11 entsprechend anzuwenden.

(2)[2)] [1]Gewinnanteile (Dividenden) und andere Kapitalerträge im Sinne des § 43 Absatz 1 Satz 1 Nummer 1, deren Ausschüttung von einer Körperschaft beschlossen wird, fließen dem Gläubiger der Kapitalerträge an dem Tag zu (Absatz 1), der im Beschluss als Tag der Auszahlung bestimmt worden ist. [2]Ist die Ausschüttung nur festgesetzt, ohne dass über den Zeitpunkt der Auszahlung ein Beschluss gefasst worden ist, so gilt als Zeitpunkt des Zufließens der Tag nach der Beschlussfassung; ist durch Gesetz eine abweichende Fälligkeit des Auszahlungsanspruchs bestimmt oder lässt das Gesetz eine abweichende Bestimmung der Fälligkeit durch Satzungsregelung zu, gilt als Zeitpunkt des Zufließens der Tag der Fälligkeit. [3]Für Kapitalerträge im Sinne des § 20 Absatz 1 Nummer 1 Satz 4 gelten diese Zuflusszeitpunkte entsprechend.

(3) [1]Ist bei Einnahmen aus der Beteiligung an einem Handelsgewerbe als stiller Gesellschafter in dem Beteiligungsvertrag über den Zeitpunkt der Ausschüttung keine Vereinbarung getroffen, so gilt der Kapitalertrag am Tag nach der Aufstellung der Bilanz oder einer sonstigen Feststellung des Gewinnanteils des stillen Gesellschafters, spätestens jedoch sechs Monate nach Ablauf des Wirtschaftsjahres, für das der Kapitalertrag ausgeschüttet oder gutgeschrieben werden soll, als zugeflossen. [2]Bei Zinsen aus partiarischen Darlehen gilt Satz 1 entsprechend.

(4) Haben Gläubiger und Schuldner der Kapitalerträge vor dem Zufließen ausdrücklich Stundung des Kapitalertrags vereinbart, weil der Schuldner vorübergehend zur Zahlung nicht in der Lage ist, so ist der Steuerabzug erst mit Ablauf der Stundungsfrist vorzunehmen.

(5) [1]Die Schuldner der Kapitalerträge, die den Verkaufsauftrag ausführenden Stellen oder die die Kapitalerträge auszahlenden Stellen haften für die Kapitalertragsteuer, die sie einzubehalten und abzuführen haben, es sei denn, sie weisen nach, dass sie die ihnen auferlegten Pflichten weder vorsätzlich noch grob fahrlässig verletzt haben. [2]Der Gläubiger der Kapitalerträge wird nur in Anspruch genommen, wenn

1. der Schuldner, die den Verkaufsauftrag ausführende Stelle oder die die Kapitalerträge auszahlende Stelle die Kapitalerträge nicht vorschriftsmäßig gekürzt hat,
2. der Gläubiger weiß, dass der Schuldner, die den Verkaufsauftrag ausführende Stelle oder die die Kapitalerträge auszahlende Stelle die einbehaltene Kapitalertragsteuer nicht vorschriftsmäßig abgeführt hat, und dies dem Finanzamt nicht unverzüglich mitteilt oder

---

1) § 44 Abs. 1b eingef. mWv 1.1.2018 durch G v. 19.7.2016 (BGBl. I S. 1730); zur Anwendung siehe § 52 Abs. 44 Satz 3.

2) § 44 Abs. 2 Satz 2 2. HS angef. mWv 1.1.2016 durch G v. 2.11.2015 (BGBl. I S. 1834).

3. das die Kapitalerträge auszahlende inländische Kreditinstitut oder das inländische Finanzdienstleistungsinstitut die Kapitalerträge zu Unrecht ohne Abzug der Kapitalertragsteuer ausgezahlt hat.

[3] Für die Inanspruchnahme des Schuldners der Kapitalerträge, der den Verkaufsauftrag ausführenden Stelle und der die Kapitalerträge auszahlenden Stelle bedarf es keines Haftungsbescheids, soweit der Schuldner, die den Verkaufsauftrag ausführende Stelle oder die die Kapitalerträge auszahlende Stelle die einbehaltene Kapitalertragsteuer richtig angemeldet hat oder soweit sie ihre Zahlungsverpflichtungen gegenüber dem Finanzamt oder dem Prüfungsbeamten des Finanzamts schriftlich anerkennen.

(6) [1] In den Fällen des § 43 Absatz 1 Satz 1 Nummer 7c gilt die juristische Person des öffentlichen Rechts und die von der Körperschaftsteuer befreite Körperschaft, Personenvereinigung oder Vermögensmasse als Gläubiger und der Betrieb gewerblicher Art und der wirtschaftliche Geschäftsbetrieb als Schuldner der Kapitalerträge. [2] Die Kapitalertragsteuer entsteht, auch soweit sie auf verdeckte Gewinnausschüttungen entfällt, die im abgelaufenen Wirtschaftsjahr vorgenommen worden sind, im Zeitpunkt der Bilanzerstellung; sie entsteht spätestens acht Monate nach Ablauf des Wirtschaftsjahres; in den Fällen des § 20 Absatz 1 Nummer 10 Buchstabe b Satz 2 am Tag nach der Beschlussfassung über die Verwendung und in den Fällen des § 22 Absatz 4 des Umwandlungssteuergesetzes[1)] [2)] am Tag nach der Veräußerung. [3] Die Kapitalertragsteuer entsteht in den Fällen des § 20 Absatz 1 Nummer 10 Buchstabe b Satz 3 zum Ende des Wirtschaftsjahres. [4] Die Absätze 1 bis 4 und 5 Satz 2 sind entsprechend anzuwenden. [5] Der Schuldner der Kapitalerträge haftet für die Kapitalertragsteuer, soweit sie auf verdeckte Gewinnausschüttungen und auf Veräußerungen im Sinne des § 22 Absatz 4 des Umwandlungssteuergesetzes[2)] entfällt.

(7) [1] In den Fällen des § 14 Absatz 3 des Körperschaftsteuergesetzes[3)] entsteht die Kapitalertragsteuer in dem Zeitpunkt der Feststellung der Handelsbilanz der Organgesellschaft; sie entsteht spätestens acht Monate nach Ablauf des Wirtschaftsjahres der Organgesellschaft. [2] Die entstandene Kapitalertragsteuer ist an dem auf den Entstehungszeitpunkt nachfolgenden Werktag an das Finanzamt abzuführen, das für die Besteuerung der Organgesellschaft nach dem Einkommen zuständig ist. [3] Im Übrigen sind die Absätze 1 bis 4 entsprechend anzuwenden.

§ 44a Abstandnahme vom Steuerabzug. (1)[4)] [1] Soweit die Kapitalerträge, die einem unbeschränkt einkommensteuerpflichtigen Gläubiger zufließen, zusammen mit den Kapitalerträgen, für die die Kapitalertragsteuer nach § 44b zu erstatten ist oder nach Absatz 10 kein Steuerabzug vorzunehmen ist, den Sparer-Pauschbetrag nach § 20 Absatz 9 nicht übersteigen, ist ein Steuerabzug nicht vorzunehmen bei Kapitalerträgen im Sinne des

1. § 43 Absatz 1 Satz 1 Nummer 1 und 2 aus Genussrechten oder

---

[1)] Nr. **22**.

[2)] Zur Anwendung siehe § 52 Abs. 44.

[3)] Nr. **17**.

[4)] § 44a Abs. 1 neu gef. durch G v. 26.6.2013 (BGBl. I S. 1809); für nach dem 31.12.2006 zufließende Kapitalerträge siehe § 52 Abs. 43; Satz 1 Nr. 2 geänd. mWv 1.1.2014 durch G v. 25.7. 2014 (BGBl. I S. 1266); Satz 1 einl. Satzteil und Nr. 3 geänd. mWv 1.1.2016 durch G v. 2.11.2015 (BGBl. I S. 1834).

2. § 43 Absatz 1 Satz 1 Nummer 1 und 2 aus Anteilen, die von einer Kapitalgesellschaft ihren Arbeitnehmern überlassen worden sind und von ihr, einem von der Kapitalgesellschaft bestellten Treuhänder, einem inländischen Kreditinstitut oder einer inländischen Zweigniederlassung einer der in § 53b Absatz 1 oder 7 des Kreditwesengesetzes genannten Unternehmen verwahrt werden, und
3. § 43 Absatz 1 Satz 1 Nummer 3 bis 7 und 8 bis 12 sowie Satz 2.

[2]Den Arbeitnehmern im Sinne des Satzes 1 stehen Arbeitnehmer eines mit der Kapitalgesellschaft verbundenen Unternehmens nach § 15 des Aktiengesetzes sowie frühere Arbeitnehmer der Kapitalgesellschaft oder eines mit ihr verbundenen Unternehmens gleich. [3]Den von der Kapitalgesellschaft überlassenen Anteilen stehen Aktien gleich, die den Arbeitnehmern bei einer Kapitalerhöhung auf Grund ihres Bezugsrechts aus den von der Kapitalgesellschaft überlassenen Aktien zugeteilt worden sind oder die den Arbeitnehmern auf Grund einer Kapitalerhöhung aus Gesellschaftsmitteln gehören. [4]Bei Kapitalerträgen im Sinne des § 43 Absatz 1 Satz 1 Nummer 1, 2 bis 7 und 8 bis 12 sowie Satz 2, die einem unbeschränkt einkommensteuerpflichtigen Gläubiger zufließen, ist der Steuerabzug nicht vorzunehmen, wenn anzunehmen ist, dass auch für Fälle der Günstigerprüfung nach § 32d Absatz 6 keine Steuer entsteht.

(2)[1)] [1]Voraussetzung für die Abstandnahme vom Steuerabzug nach Absatz 1 ist, dass dem nach § 44 Absatz 1 zum Steuerabzug Verpflichteten in den Fällen

1. des Absatzes 1 Satz 1 ein Freistellungsauftrag des Gläubigers der Kapitalerträge nach amtlich vorgeschriebenem Muster oder
2. des Absatzes 1 Satz 4 eine Nichtveranlagungs-Bescheinigung des für den Gläubiger zuständigen Wohnsitzfinanzamts

vorliegt. [2]In den Fällen des Satzes 1 Nummer 2 ist die Bescheinigung unter dem Vorbehalt des Widerrufs auszustellen. [3]Ihre Geltungsdauer darf höchstens drei Jahre betragen und muss am Schluss eines Kalenderjahres enden. [4]Fordert das Finanzamt die Bescheinigung zurück oder erkennt der Gläubiger, dass die Voraussetzungen für ihre Erteilung weggefallen sind, so hat er dem Finanzamt die Bescheinigung zurückzugeben.

(2a)[2)] [1]Ein Freistellungsauftrag kann nur erteilt werden, wenn der Gläubiger der Kapitalerträge seine Identifikationsnummer (§ 139b der Abgabenordnung[3)]) und bei gemeinsamen Freistellungsaufträgen auch die Identifikationsnummer des Ehegatten mitteilt. [2]Ein Freistellungsauftrag ist ab dem 1. Januar 2016 unwirksam, wenn der Meldestelle im Sinne des § 45d Absatz 1 Satz 1 keine Identifikationsnummer des Gläubigers der Kapitalerträge und bei gemeinsamen Freistellungsaufträgen auch keine des Ehegatten vorliegen. [3]Sofern der Meldestelle im Sinne des § 45d Absatz 1 Satz 1 die Identifikationsnummer nicht bereits bekannt ist, kann sie diese beim Bundeszentralamt für Steuern abfragen. [4]In der Anfrage dürfen nur die in § 139b Absatz 3 der Abgabenordnung genannten Daten des Gläubigers der Kapitalerträge und bei gemeinsamen Frei-

---

[1)] § 44a Abs. 2 Satz 1 Nr. 1 geänd. durch G v. 8.12.2010 (BGBl. I S. 1768); Nr. 1 und 2 geänd. durch G v. 26.6.2013 (BGBl. I S. 1809).

[2)] § 44a Abs. 2a eingef. mWv 1.1.2011 durch G v. 8.12.2010 (BGBl. I S. 1768); Satz 3 neu gef. mWv 1.1.2014 durch G v. 25.7.2014 (BGBl. I S. 1266); Satz 6 aufgeh., bish. Sätze 7 und 8 werden Sätze 6 und 7 mWv 1.1.2017 durch G v. 18.7.2016 (BGBl. I S. 1679); Satz 7 geänd. mWv 1.1.2019 durch G v. 20.11.2019 (BGBl. I S. 1626).

[3)] Nr. **1**.

stellungsaufträgen die des Ehegatten angegeben werden, soweit sie der Meldestelle bekannt sind. [5] Die Anfrage hat nach amtlich vorgeschriebenem Datensatz durch Datenfernübertragung zu erfolgen. [6] Das Bundeszentralamt für Steuern teilt der Meldestelle die Identifikationsnummer mit, sofern die übermittelten Daten mit den nach § 139b Absatz 3 der Abgabenordnung beim Bundeszentralamt für Steuern gespeicherten Daten übereinstimmen. [7] Die Meldestelle darf die Identifikationsnummer nur verarbeiten, soweit dies zur Erfüllung von steuerlichen Pflichten erforderlich ist.

(3) Der nach § 44 Absatz 1 zum Steuerabzug Verpflichtete hat in seinen Unterlagen das Finanzamt, das die Bescheinigung erteilt hat, den Tag der Ausstellung der Bescheinigung und die in der Bescheinigung angegebene Steuer- und Listennummer zu vermerken sowie die Freistellungsaufträge aufzubewahren.

(4)[1)] [1] Ist der Gläubiger

1. eine von der Körperschaftsteuer befreite inländische Körperschaft, Personenvereinigung oder Vermögensmasse oder
2. eine inländische juristische Person des öffentlichen Rechts,

so ist der Steuerabzug bei Kapitalerträgen im Sinne des § 43 Absatz 1 Satz 1 Nummer 4 bis 7 und 8 bis 12 sowie Satz 2 nicht vorzunehmen. [2] Dies gilt auch, wenn es sich bei den Kapitalerträgen um Bezüge im Sinne des § 20 Absatz 1 Nummer 1 und 2 handelt, die der Gläubiger von einer von der Körperschaftsteuer befreiten Körperschaft bezieht. [3] Voraussetzung ist, dass der Gläubiger dem Schuldner, dem die Kapitalerträge auszahlenden inländischen Kreditinstitut, Finanzdienstleistungsinstitut oder der die Kapitalerträge auszahlenden inländischen Wertpapierinstitute durch eine Bescheinigung des für seine Geschäftsleitung oder seinen Sitz zuständigen Finanzamts nachweist, dass er eine Körperschaft, Personenvereinigung oder Vermögensmasse im Sinne des Satzes 1 Nummer 1 oder 2 ist. [4] Absatz 2 Satz 2 bis 4 und Absatz 3 gelten entsprechend. [5] Die in Satz 3 bezeichnete Bescheinigung wird nicht erteilt, wenn die Kapitalerträge in den Fällen des Satzes 1 Nummer 1 in einem wirtschaftlichen Geschäftsbetrieb anfallen, für den die Befreiung von der Körperschaftsteuer ausgeschlossen ist, oder wenn sie in den Fällen des Satzes 1 Nummer 2 in einem nicht von der Körperschaftsteuer befreiten Betrieb gewerblicher Art anfallen. [6] Ein Steuerabzug ist auch nicht vorzunehmen bei Kapitalerträgen im Sinne des § 49 Absatz 1 Nummer 5 Buchstabe c und d, die einem Anleger zufließen, der eine nach den Rechtsvorschriften eines Mitgliedstaates der Europäischen Union oder des Europäischen Wirtschaftsraums gegründete Gesellschaft im Sinne des Artikels 54 des Vertrags über die Arbeitsweise der Europäischen Union oder des Artikels 34 des Abkommens über den Europäischen Wirtschaftsraum mit Sitz und Ort der Geschäftsleitung innerhalb des Hoheitsgebietes eines dieser Staaten ist, und der einer Körperschaft im Sinne des § 5 Absatz 1 Nummer 3 des Körperschaftsteuergesetzes[2)] vergleichbar ist; soweit es sich um eine nach den Rechtsvorschriften eines Mitgliedstaates des Europäischen Wirtschaftsraums gegründete Gesellschaft oder eine Gesell-

[1)] § 44a Abs. 4 Satz 6 angef. mWv 1.1.2009 durch G v. 8.12.2010 (BGBl. I S. 1768); Satz 1 geänd. mWv 1.1.2018 durch G v. 19.7.2016 (BGBl. I S. 1730); Satz 3 geänd. durch G v. 12.5.2021 (BGBl. I S. 990).

[2)] Nr. **17**.

schaft mit Ort und Geschäftsleitung in diesem Staat handelt, ist zusätzlich Voraussetzung, dass mit diesem Staat ein Amtshilfeabkommen besteht.

(4a)[1)] [1]Absatz 4 ist entsprechend auf Personengesellschaften im Sinne des § 212 Absatz 1 des Fünften Buches Sozialgesetzbuch anzuwenden. [2]Dabei tritt die Personengesellschaft an die Stelle des Gläubigers der Kapitalerträge.

(4b)[2)] [1]Werden Kapitalerträge im Sinne des § 43 Absatz 1 Satz 1 Nummer 1 von einer Genossenschaft an ihre Mitglieder gezahlt, hat sie den Steuerabzug nicht vorzunehmen, wenn ihr für das jeweilige Mitglied

1. eine Nichtveranlagungs-Bescheinigung nach Absatz 2 Satz 1 Nummer 2,
2. eine Bescheinigung nach Absatz 5 Satz 4,
3.[3)] eine Bescheinigung nach Absatz 7 Satz 2 oder
4.[4)] eine Bescheinigung nach Absatz 8 Satz 2 vorliegt; in diesen Fällen ist ein Steuereinbehalt in Höhe von drei Fünfteln vorzunehmen.

[2]Eine Genossenschaft hat keinen Steuerabzug vorzunehmen, wenn ihr ein Freistellungsauftrag erteilt wurde, der auch Kapitalerträge im Sinne des Satzes 1 erfasst, soweit die Kapitalerträge zusammen mit den Kapitalerträgen, für die nach Absatz 1 kein Steuerabzug vorzunehmen ist oder für die die Kapitalertragsteuer nach § 44b zu erstatten ist, den mit dem Freistellungsauftrag beantragten Freibetrag nicht übersteigen. [3]Dies gilt auch, wenn die Genossenschaft einen Verlustausgleich nach § 43a Absatz 3 Satz 2 unter Einbeziehung von Kapitalerträgen im Sinne des Satzes 1 durchgeführt hat.

(5)[5)] [1]Bei Kapitalerträgen im Sinne des § 43 Absatz 1 Satz 1 Nummer 1, 2, 5 bis 7 und 8 bis 12 sowie Satz 2, die einem unbeschränkt oder beschränkt einkommensteuerpflichtigen Gläubiger zufließen, ist der Steuerabzug nicht vorzunehmen, wenn die Kapitalerträge Betriebseinnahmen des Gläubigers sind und die Kapitalertragsteuer bei ihm auf Grund der Art seiner Geschäfte auf Dauer höher wäre als die gesamte festzusetzende Einkommensteuer oder Körperschaftsteuer. [2]Ist der Gläubiger ein Lebens- oder Krankenversicherungsunternehmen als Organgesellschaft, ist für die Anwendung des Satzes 1 eine bestehende Organschaft im Sinne des § 14 des Körperschaftsteuergesetzes nicht zu berücksichtigen, wenn die beim Organträger anzurechnende Kapitalertragsteuer, einschließlich der Kapitalertragsteuer des Lebens- oder Krankenversicherungsunternehmens, die auf Grund von § 19 Absatz 5 des Körperschaftsteuergesetzes anzurechnen wäre, höher wäre, als die gesamte festzusetzende Körperschaftsteuer. [3]Für die Prüfung der Voraussetzung des Satzes 2 ist auf die Verhältnisse der dem Antrag auf Erteilung einer Bescheinigung im Sinne des Satzes 4 vorangehenden drei Veranlagungszeiträume abzustellen. [4]Die Voraussetzung des Satzes 1 ist durch eine Bescheinigung des für den Gläubiger zuständigen Finanzamts nachzuweisen. [5]Die Bescheinigung ist unter dem Vorbehalt des Widerrufs auszustellen. [6]Die Voraussetzung des Satzes 2 ist gegenüber dem für den Gläubiger zuständigen Finanzamt durch eine Bescheinigung des für den Organträger zuständigen Finanzamts nachzuweisen.

[1)] § 44a Abs. 4a eingef. mWv 1.1.2009 durch G v. 8.12.2010 (BGBl. I S. 1768).
[2)] § 44a Abs. 4b eingef. durch G v. 1.11.2011 (BGBl. I S. 2131).
[3)] § 44a Abs. 4b Satz 1 Nr. 3 geänd. durch G v. 12.12.2019 (BGBl. I S. 2451).
[4)] § 44a Abs. 4b Satz 1 Nr. 4 geänd. durch G v. 12.12.2019 (BGBl. I S. 2451).
[5)] § 44a Abs. 5 Satz 1 geänd. durch G v. 26.6.2013 (BGBl. I S. 1809); Satz 1 geänd. mWv 1.1.2018 durch G v. 19.7.2016 (BGBl. I S. 1730).

(6)[1] ¹Voraussetzung für die Abstandnahme vom Steuerabzug nach den Absätzen 1, 4 und 5 bei Kapitalerträgen im Sinne des § 43 Absatz 1 Satz 1 Nummer 6, 7 und 8 bis 12 sowie Satz 2 ist, dass die Teilschuldverschreibungen, die Anteile an der Sammelschuldbuchforderung, die Wertrechte, die Einlagen und Guthaben oder sonstigen Wirtschaftsgüter im Zeitpunkt des Zufließens der Einnahmen unter dem Namen des Gläubigers der Kapitalerträge bei der die Kapitalerträge auszahlenden Stelle verwahrt oder verwaltet werden. ²Ist dies nicht der Fall, ist die Bescheinigung nach § 45a Absatz 2 durch einen entsprechenden Hinweis zu kennzeichnen. ³Wird bei einem inländischen Kredit- oder Finanzdienstleistungsinstitut oder bei einem inländischen Wertpapierinstitut im Sinne des § 43 Absatz 1 Satz 1 Nummer 7 Buchstabe b ein Konto oder Depot für eine gemäß § 5 Absatz 1 Nummer 9 des Körperschaftsteuergesetzes befreite Stiftung im Sinne des § 1 Absatz 1 Nummer 5 des Körperschaftsteuergesetzes auf den Namen eines anderen Berechtigten geführt und ist das Konto oder Depot durch einen Zusatz zur Bezeichnung eindeutig sowohl vom übrigen Vermögen des anderen Berechtigten zu unterscheiden als auch steuerlich der Stiftung zuzuordnen, so gilt es für die Anwendung des Absatzes 4, des Absatzes 7, des Absatzes 10 Satz 1 Nummer 3 und des § 44b Absatz 6 in Verbindung mit Absatz 7 als im Namen der Stiftung geführt.

(7)[2] ¹Ist der Gläubiger eine inländische

1. Körperschaft, Personenvereinigung oder Vermögensmasse im Sinne des § 5 Absatz 1 Nummer 9 des Körperschaftsteuergesetzes oder
2. Stiftung des öffentlichen Rechts, die ausschließlich und unmittelbar gemeinnützigen oder mildtätigen Zwecken dient, oder
3. juristische Person des öffentlichen Rechts, die ausschließlich und unmittelbar kirchlichen Zwecken dient,

so ist der Steuerabzug bei Kapitalerträgen im Sinne des § 43 Absatz 1 Satz 1 Nummer 1, 2, 3 und 7a bis 7c nicht vorzunehmen. ²Voraussetzung für die Anwendung des Satzes 1 ist, dass der Gläubiger durch eine Bescheinigung des für seine Geschäftsleitung oder seinen Sitz zuständigen Finanzamts nachweist, dass er eine Körperschaft, Personenvereinigung oder Vermögensmasse nach Satz 1 ist. ³Absatz 4 gilt entsprechend.

(8)[3] ¹Ist der Gläubiger

1. eine nach § 5 Absatz 1 mit Ausnahme der Nummer 9 des Körperschaftsteuergesetzes oder nach anderen Gesetzen von der Körperschaftsteuer befreite Körperschaft, Personenvereinigung oder Vermögensmasse oder
2. eine inländische juristische Person des öffentlichen Rechts, die nicht in Absatz 7 bezeichnet ist,

so ist der Steuerabzug bei Kapitalerträgen im Sinne des § 43 Absatz 1 Satz 1 Nummer 1, 2, 3 und 7a nur in Höhe von drei Fünfteln vorzunehmen. ²Voraussetzung für die Anwendung des Satzes 1 ist, dass der Gläubiger durch eine Bescheinigung des für seine Geschäftsleitung oder seinen Sitz zuständigen

---

[1] § 44a Abs. 6 Satz 3 angef. durch G v. 1.11.2011 (BGBl. I S. 2131); Satz 3 geänd. durch G v. 12.5. 2021 (BGBl. I S. 990).

[2] § 44a Abs. 7 Satz 1 geänd., Sätze 2 und 3 aufgeh., bish. Sätze 4 und 5 werden Sätze 2 und 3, neuer Satz 2 geänd. durch G v. 26.6.2013 (BGBl. I S. 1809).

[3] § 44a Abs. 8 Satz 1 geänd. durch G v. 1.11.2011 (BGBl. I S. 2131); Satz 1 geänd., Satz 2 aufgeh., bish. Sätze 3 und 4 werden Sätze 2 und 3 durch G v. 26.6.2013 (BGBl. I S. 1809).

Finanzamts nachweist, dass er eine Körperschaft, Personenvereinigung oder Vermögensmasse im Sinne des Satzes 1 ist. [3] Absatz 4 gilt entsprechend.

(8a)[1)] [1] Absatz 8 ist entsprechend auf Personengesellschaften im Sinne des § 212 Absatz 1 des Fünften Buches Sozialgesetzbuch anzuwenden. [2] Dabei tritt die Personengesellschaft an die Stelle des Gläubigers der Kapitalerträge.

(9)[2)] [1] Ist der Gläubiger der Kapitalerträge im Sinne des § 43 Absatz 1 eine beschränkt steuerpflichtige Körperschaft im Sinne des § 2 Nummer 1 des Körperschaftsteuergesetzes, so werden zwei Fünftel der einbehaltenen und abgeführten Kapitalertragsteuer erstattet. [2] § 50c Absatz 3 und 5 sowie § 50d Absatz 3 sind entsprechend anzuwenden. [3] Weitergehende Ansprüche aus § 43b oder § 50g oder einem Abkommen zur Vermeidung der Doppelbesteuerung bleiben unberührt. [4] Verfahren nach den vorstehenden Sätzen und nach § 50c Absatz 3 soll das Bundeszentralamt für Steuern verbinden.

(10)[3)] [1] Werden Kapitalerträge im Sinne des § 43 Absatz 1 Satz 1 Nummer 1a gezahlt, hat die auszahlende Stelle keinen Steuerabzug vorzunehmen, wenn

1. der auszahlenden Stelle eine Nichtveranlagungs-Bescheinigung nach Absatz 2 Satz 1 Nummer 2 für den Gläubiger vorgelegt wird,
2.[4)] der auszahlenden Stelle eine Bescheinigung nach Absatz 7 Satz 2 für den Gläubiger vorgelegt wird; soweit die Kapitalerträge einen Betrag von 20 000 Euro übersteigen, ist bei Gläubigern nach Absatz 7 Satz 1 Nummer 1 abweichend vom ersten Halbsatz ein Steuerabzug in Höhe von drei Fünfteln vorzunehmen, wenn der Gläubiger bei Zufluss der Kapitalerträge nicht seit mindestens einem Jahr ununterbrochen wirtschaftlicher Eigentümer der Aktien oder Genussscheine ist oder
3.[4)] der auszahlenden Stelle eine Bescheinigung nach Absatz 8 Satz 2 für den Gläubiger vorgelegt wird; in diesen Fällen ist ein Steuereinbehalt in Höhe von drei Fünfteln vorzunehmen.

[2] Wird der auszahlenden Stelle ein Freistellungsauftrag erteilt, der auch Kapitalerträge im Sinne des Satzes 1 erfasst, oder führt diese einen Verlustausgleich nach § 43a Absatz 3 Satz 2 unter Einbeziehung von Kapitalerträgen im Sinne des Satzes 1 durch, so hat sie den Steuerabzug nicht vorzunehmen, soweit die Kapitalerträge zusammen mit den Kapitalerträgen, für die nach Absatz 1 kein Steuerabzug vorzunehmen ist oder die Kapitalertragsteuer nach § 44b zu erstatten ist, den mit dem Freistellungsauftrag beantragten Freistellungsbetrag nicht übersteigen. [3] Absatz 6 ist entsprechend anzuwenden. [4] Werden Kapitalerträge im Sinne des § 43 Absatz 1 Satz 1 Nummer 1a von einer auszahlenden Stelle im Sinne des § 44 Absatz 1 Satz 4 Nummer 3 an eine ausländische Stelle ausgezahlt, hat diese auszahlende Stelle über den von ihr vor der Zahlung in das Ausland von diesen Kapitalerträgen vorgenommenen Steuerabzug der letzten inländischen auszahlenden Stelle in der Wertpapierverwahrkette, welche die Kapitalerträge auszahlt oder gutschreibt, auf deren Antrag eine Sammel-Steuer-

---

[1)] § 44a Abs. 8a eingef. mWv 1.1.2012 durch G v. 7.12.2011 (BGBl. I S. 2592).

[2)] § 44a Abs. 9 Sätze 1 und 3 geänd. durch G v. 8.12.2010 (BGBl. I S. 1768); Satz 2 geänd. durch G v. 26.6.2013 (BGBl. I S. 1809); Sätze 2 bis 4 neu gef. durch G v. 2.6.2021 (BGBl. I S. 1259).

[3)] § 44a Abs. 10 angef. durch G v. 22.6.2011 (BGBl. I S. 1126); Sätze 4 bis 7 angef. mWv 1.1.2012 durch G v. 7.12.2011 (BGBl. I S. 2592); Satz 1 Nr. 3 und 4 geänd. durch G v. 26.6.2013 (BGBl. I S. 1809); Satz 1 Nr. 3 neu gef. mWv 1.1.2019 durch G v. 11.12.2018 (BGBl. I S. 2338).

[4)] § 44a Abs. 10 Satz 1 Nr. 2 aufgeh., bish. Nr. 3 und 4 werden Nr. 2 und 3 durch G v. 2.6.2021 (BGBl. I S. 1259).

bescheinigung für die Summe der eigenen und der für Kunden verwahrten Aktien nach amtlich vorgeschriebenem Muster auszustellen. [5]Der Antrag darf nur für Aktien gestellt werden, die mit Dividendenberechtigung erworben und mit Dividendenanspruch geliefert wurden. [6]Wird eine solche Sammel-Steuerbescheinigung beantragt, ist die Ausstellung von Einzel-Steuerbescheinigungen oder die Weiterleitung eines Antrags auf Ausstellung einer Einzel-Steuerbescheinigung über den Steuerabzug von denselben Kapitalerträgen ausgeschlossen; die Sammel-Steuerbescheinigung ist als solche zu kennzeichnen. [7]Auf die ihr ausgestellte Sammel-Steuerbescheinigung wendet die letzte inländische auszahlende Stelle § 44b Absatz 6 mit der Maßgabe an, dass sie von den ihr nach dieser Vorschrift eingeräumten Möglichkeiten Gebrauch zu machen hat.

§ 44b Erstattung der Kapitalertragsteuer. (1)[1)] Nach Ablauf eines Kalenderjahres hat der zum Steuerabzug Verpflichtete die im vorangegangenen Kalenderjahr abgeführte Steuer auf Ausschüttungen eines Investmentfonds zu erstatten, soweit die Ausschüttungen nach § 17 des Investmentsteuergesetzes[2)] nicht als Ertrag gelten.

(2)[3)] Ist bei Gläubigern nach § 44a Absatz 7 Satz 1 Nummer 1 gemäß § 44a Absatz 10 Satz 1 Nummer 2 Kapitalertragsteuer einbehalten und abgeführt worden, wird auf Antrag durch das Finanzamt, in dessen Bezirk sich die Geschäftsleitung oder der Sitz des Gläubigers befindet, die Kapitalertragsteuer erstattet, wenn der Gläubiger die Voraussetzungen nach § 36a Absatz 1 bis 3 erfüllt.

(3), (4) *(aufgehoben)*

(5)[4)] [1]Ist Kapitalertragsteuer einbehalten oder abgeführt worden, obwohl eine Verpflichtung hierzu nicht bestand, oder hat der Gläubiger dem nach § 44 Absatz 1 zum Steuerabzug Verpflichteten die Bescheinigung nach § 43 Absatz 2 Satz 4, den Freistellungsauftrag, die Nichtveranlagungs-Bescheinigung oder die Bescheinigungen nach § 44a Absatz 4 oder Absatz 5 erst zu einem Zeitpunkt vorgelegt, zu dem die Kapitalertragsteuer bereits abgeführt war, oder nach diesem Zeitpunkt erst die Erklärung nach § 43 Absatz 2 Satz 3 Nummer 2 abgegeben, ist auf Antrag des nach § 44 Absatz 1 zum Steuerabzug Verpflichteten die Steueranmeldung (§ 45a Absatz 1) insoweit zu ändern; stattdessen kann der zum Steuerabzug Verpflichtete bei der folgenden Steueranmeldung die abzuführende Kapitalertragsteuer entsprechend kürzen. [2]Erstattungsberechtigt ist der Antragsteller. [3]Solange noch keine Steuerbescheinigung nach § 45a erteilt ist, hat der zum Steuerabzug Verpflichtete das Verfahren nach Satz 1 zu betreiben. [4]Die vorstehenden Sätze sind in den Fällen des Absatzes 6 nicht anzuwenden.

(6)[5)] [1]Werden Kapitalerträge im Sinne des § 43 Absatz 1 Satz 1 Nummer 1 und 2 durch ein inländisches Kredit- oder Finanzdienstleistungsinstitut oder einem inländischen Wertpapierinstitut im Sinne des § 43 Absatz 1 Satz 1

[1)] § 44b Abs. 1 neu gef. mWv 1.1.2018 durch G v. 19.7.2016 (BGBl. I S. 1730).

[2)] Nr. **15**.

[3)] § 44b Abs. 2 eingef. mWv 1.1.2019 durch G v. 11.12.2018 (BGBl. I S. 2338); geänd. durch G v. 2.6.2021 (BGBl. I S. 1259).

[4)] § 44b Abs. 5 Satz 3 eingef., bish. Satz 3 wird Satz 4 mWv 1.1.2015 durch G v. 22.12.2014 (BGBl. I S. 2417).

[5)] § 44b Abs. 6 Satz 1 einl. Satzteil und Sätze 2 bis 4 geänd. durch G v. 12.5.2021 (BGBl. I S. 990).

EStG

Nummer 7 Buchstabe b, das die Wertpapiere, Wertrechte oder sonstigen Wirtschaftsgüter unter dem Namen des Gläubigers verwahrt oder verwaltet, als Schuldner der Kapitalerträge oder für Rechnung des Schuldners gezahlt, kann das Kredit- oder Finanzdienstleistungsinstitut oder das Wertpapierinstitut die einbehaltene und abgeführte Kapitalertragsteuer dem Gläubiger der Kapitalerträge bis zur Ausstellung einer Steuerbescheinigung, längstens bis zum 31. März des auf den Zufluss der Kapitalerträge folgenden Kalenderjahres, unter den folgenden Voraussetzungen erstatten:

1.[1] dem Kredit- oder Finanzdienstleistungsinstitut oder *das*[2] Wertpapierinstitut wird eine Nichtveranlagungs-Bescheinigung nach § 44a Absatz 2 Satz 1 Nummer 2 für den Gläubiger vorgelegt,
2.[3] dem Kredit- oder Finanzdienstleistungsinstitut oder *das*[2] Wertpapierinstitut wird eine Bescheinigung nach § 44a Absatz 5 für den Gläubiger vorgelegt,
3.[4] dem Kredit- oder Finanzdienstleistungsinstitut oder *das*[2] Wertpapierinstitut wird eine Bescheinigung nach § 44a Absatz 7 Satz 2 für den Gläubiger vorgelegt und eine Abstandnahme war nicht möglich oder
4.[5] dem Kredit- oder Finanzdienstleistungsinstitut oder *das*[2] Wertpapierinstitut wird eine Bescheinigung nach § 44a Absatz 8 Satz 2 für den Gläubiger vorgelegt und die teilweise Abstandnahme war nicht möglich; in diesen Fällen darf die Kapitalertragsteuer nur in Höhe von zwei Fünfteln erstattet werden.

²Das erstattende Kredit- oder Finanzdienstleistungsinstitut oder das erstattende Wertpapierinstitut haftet in sinngemäßer Anwendung des § 44 Absatz 5 für zu Unrecht vorgenommene Erstattungen; für die Zahlungsaufforderung gilt § 219 Satz 2 der Abgabenordnung[6] entsprechend. ³Das Kredit- oder Finanzdienstleistungsinstitut oder das Wertpapierinstitut hat die Summe der Erstattungsbeträge in der Steueranmeldung gesondert anzugeben und von der von ihm abzuführenden Kapitalertragsteuer abzusetzen. ⁴Wird dem Kredit- oder Finanzdienstleistungsinstitut oder *das*[2] Wertpapierinstitut ein Freistellungsauftrag erteilt, der auch Kapitalerträge im Sinne des Satzes 1 erfasst, oder führt das Institut oder das Wertpapierinstitut einen Verlustausgleich nach § 43a Absatz 3 Satz 2 unter Einbeziehung von Kapitalerträgen im Sinne des Satzes 1 aus, so hat es bis zur Ausstellung der Steuerbescheinigung, längstens bis zum 31. März des auf den Zufluss der Kapitalerträge folgenden Kalenderjahres, die einbehaltene und abgeführte Kapitalertragsteuer auf diese Kapitalerträge zu erstatten; Satz 2 ist entsprechend anzuwenden.

(7)[7] ¹Eine Gesamthandsgemeinschaft kann für ihre Mitglieder im Sinne des § 44a Absatz 7 oder Absatz 8 eine Erstattung der Kapitalertragsteuer bei dem für die gesonderte Feststellung ihrer Einkünfte zuständigen Finanzamt beantra-

[1] § 44b Abs. 6 Satz 1 Nr. 1geänd. durch G v. 12.5.2021 (BGBl. I S. 990).
[2] Richtig wohl: „dem".
[3] § 44b Abs. 6 Satz 1 Nr. 2 geänd. durch G v. 12.5.2021 (BGBl. I S. 990).
[4] § 44b Abs. 6 Satz 1 Nr. 3 geänd. durch G v. 26.6.2013 (BGBl. I S. 1809); geänd. durch G v. 12.5.2021 (BGBl. I S. 990).
[5] § 44b Abs. 6 Satz 1 Nr. 4 geänd. durch G v. 26.6.2013 (BGBl. I S. 1809); geänd. durch G v. 12.5.2021 (BGBl. I S. 990).
[6] Nr. **1**.
[7] § 44b Abs. 7 angef. durch G v. 26.6.2013 (BGBl. I S. 1809).

gen. [2]Die Erstattung ist unter den Voraussetzungen des § 44a Absatz 4, 7 oder Absatz 8 und in dem dort bestimmten Umfang zu gewähren.

§ 45[1)] Ausschluss der Erstattung von Kapitalertragsteuer. [1]In den Fällen, in denen die Dividende an einen anderen als an den Anteilseigner ausgezahlt wird, ist die Erstattung oder Anrechnung von Kapitalertragsteuer für den Zahlungsempfänger ausgeschlossen. [2]Satz 1 gilt nicht für den Erwerber eines Dividendenscheines oder sonstigen Anspruches in den Fällen des § 20 Absatz 2 Satz 1 Nummer 2 Buchstabe a Satz 2; beim Erwerber sind drei Fünftel der Kapitalertragsteuer nicht anzurechnen oder zu erstatten. [3]In den Fällen des § 20 Absatz 2 Satz 1 Nummer 2 Buchstabe b ist die Erstattung von Kapitalertragsteuer an den Erwerber von Zinsscheinen nach § 37 Absatz 2 der Abgabenordnung[2)] ausgeschlossen.

§ 45a Anmeldung und Bescheinigung der Kapitalertragsteuer.

(1)[3)] [1]Die Anmeldung der einbehaltenen Kapitalertragsteuer ist dem Finanzamt innerhalb der in § 44 Absatz 1 oder Absatz 7 bestimmten Frist nach amtlich vorgeschriebenem Vordruck auf elektronischem Weg zu übermitteln; die auszahlende Stelle hat die Kapitalertragsteuer auf die Erträge im Sinne des § 43 Absatz 1 Satz 1 Nummer 1a jeweils gesondert für das Land, in dem sich der Ort der Geschäftsleitung des Schuldners der Kapitalerträge befindet, anzugeben. [2]Satz 1 gilt entsprechend, wenn ein Steuerabzug nicht oder nicht in voller Höhe vorzunehmen ist. [3]Der Grund für die Nichtabführung ist anzugeben. [4]Auf Antrag kann das Finanzamt zur Vermeidung unbilliger Härten auf eine elektronische Übermittlung verzichten; in diesem Fall ist die Kapitalertragsteuer-Anmeldung von dem Schuldner, der den Verkaufsauftrag ausführenden Stelle, der auszahlenden Stelle oder einer vertretungsberechtigten Person zu unterschreiben.

(2)[4)] [1]Folgende Stellen sind verpflichtet, dem Gläubiger der Kapitalerträge auf Verlangen eine Bescheinigung nach amtlich vorgeschriebenem Muster auszustellen, die die nach § 32d erforderlichen Angaben enthält; bei Vorliegen der Voraussetzungen des

1. § 43 Absatz 1 Satz 1 Nummer 1, 2 bis 4, 7a und 7b der Schuldner der Kapitalerträge,
2.[5)] § 43 Absatz 1 Satz 1 Nummer 1a, 5 bis 7 und 8 bis 12 sowie Satz 2 die die Kapitalerträge auszahlende Stelle vorbehaltlich des Absatzes 3,
3. § 44 Absatz 1a die zur Abführung der Steuer verpflichtete Stelle und
4.[6)] § 44 Absatz 1 Satz 4 Nummer 5 der Investmentfonds.

[2]Die Bescheinigung kann elektronisch übermittelt werden; auf Anforderung des Gläubigers der Kapitalerträge ist sie auf Papier zu übersenden. [3]Die Be-

---

[1)] § 45 Satz 2 neu gef. mWv 1.1.2014 durch G v. 25.7.2014 (BGBl. I S. 1266); Satz 1 geänd., Satz 2 2. HS angef. mWv 15.12.2018 durch G v. 11.12.2018 (BGBl. I S. 2338).

[2)] Nr. 1.

[3)] § 45a Abs. 1 Satz 1 2. HS angef. durch G v. 22.6.2011 (BGBl. I S. 1126); Satz 1 geänd. mWv 1.1. 2017 durch G v. 18.7.2016 (BGBl. I S. 1679).

[4)] § 45a Abs. 2 Satz 1 neu gef. durch G v. 26.6.2013 (BGBl. I S. 1809); Satz 2 eingef., bish. Sätze 2 bis 4 werden Sätze 3 bis 5 mWv 23.7.2016 durch G v. 18.7.2016 (BGBl. I S. 1679).

[5)] § 45a Abs. 2 Satz 1 Nr. 2 geänd. mWv 1.1.2019 durch G v. 12.12.2019 (BGBl. I S. 2451).

[6)] § 45a Abs. 2 Satz 1 Nr. 4 angef. durch G v. 21.12.2020 (BGBl. I S. 3096); zur Anwendung siehe § 52 Abs. 44a.

scheinigung braucht nicht unterschrieben zu werden, wenn sie in einem maschinellen Verfahren ausgedruckt worden ist und den Aussteller erkennen lässt. [4] § 44a Absatz 6 gilt sinngemäß; über die zu kennzeichnenden Bescheinigungen haben die genannten Institute und Unternehmen Aufzeichnungen zu führen. [5] Diese müssen einen Hinweis auf den Buchungsbeleg über die Auszahlung an den Empfänger der Bescheinigung enthalten.

[*ab 1.1.2025:*

(2a)[1)] Ist der Gläubiger der Kapitalerträge beschränkt steuerpflichtig, tritt in den Fällen des § 43 Absatz 1 Satz 1 Nummer 1a und 2 Satz 4 an die Stelle der Bescheinigung nach Absatz 2 Satz 1 die Übermittlung der Angaben gemäß § 45b Absatz 5.]

(3)[2)] [1] Werden Kapitalerträge für Rechnung des Schuldners durch ein inländisches Kreditinstitut, ein inländisches Finanzdienstleistungsinstitut oder ein inländisches Wertpapierinstitut gezahlt, so hat anstelle des Schuldners das Kreditinstitut, das Finanzdienstleistungsinstitut oder das Wertpapierinstitut die Bescheinigung zu erteilen, sofern nicht die Voraussetzungen des Absatzes 2 Satz 1 erfüllt sind. [2] Satz 1 gilt in den Fällen des § 20 Absatz 1 Nummer 1 Satz 4 entsprechend; der Emittent der Aktien gilt insoweit als Schuldner der Kapitalerträge.

(4) [1] Eine Bescheinigung nach Absatz 2 oder Absatz 3 ist auch zu erteilen, wenn in Vertretung des Gläubigers ein Antrag auf Erstattung der Kapitalertragsteuer nach § 44b gestellt worden ist oder gestellt wird. [2] Satz 1 gilt entsprechend, wenn nach § 44a Absatz 8 Satz 1 der Steuerabzug nur nicht in voller Höhe vorgenommen worden ist.

(5)[3)] [1] Eine Ersatzbescheinigung darf nur ausgestellt werden, wenn die Urschrift oder die elektronisch übermittelten Daten nach den Angaben des Gläubigers abhandengekommen oder vernichtet sind. [2] Die Ersatzbescheinigung muss als solche gekennzeichnet sein. [3] Über die Ausstellung von Ersatzbescheinigungen hat der Aussteller Aufzeichnungen zu führen.

[Fassung bis 31.12.2022:[4)]]

(6) [1] Eine Bescheinigung, die den Absätzen 2 bis 5 nicht entspricht, hat der Aussteller durch eine berichtigte Bescheinigung zu ersetzen und im Fall der Übermittlung in Papierform zurückzufordern. [2] Die berichtigte Bescheinigung ist als solche zu kennzeichnen. [3] Wird die zurückgeforderte Bescheinigung nicht innerhalb eines Monats nach Zusendung der berich-

[Fassung ab 1.1.2023:[5)]]

(6) [1] Eine Bescheinigung, die den Absätzen 2 bis 5 nicht entspricht, hat der Aussteller unverzüglich durch eine berichtigte Bescheinigung zu ersetzen. [2] Die berichtigte Bescheinigung ist als solche zu kennzeichnen. [3] Der Aussteller hat dem für ihn zuständigen Betriebsstättenfinanzamt unverzüglich nach Maßgabe des § 93c der Abgabenordnung[6)] neben den in

---

[1)] § 45a Abs. 2a eingef. **mWv 1.1.2025** durch G v. 2.6.2021 (BGBl. I S. 1259); zur Anwendung siehe § 52 Abs. 44a Satz 3.

[2)] § 45a Abs. 3 Satz 1 geänd. durch G v. 22.6.2011 (BGBl. I S. 1126); Satz 1 geänd. durch G v. 12.5. 2021 (BGBl. I S. 990).

[3)] § 45a Abs. 5 Satz 1 neu gef. mWv 23.7.2016 durch G v. 18.7.2016 (BGBl. I S. 1679).

[4)] § 45a Abs. 6 Satz 1 neu gef. mWv 23.7.2016 durch G v. 18.7.2016 (BGBl. I S. 1679).

[5)] § 45a Abs. 6 neu gef. durch G v. 21.12.2020 (BGBl. I S. 3096); zur Anwendung siehe § 52 Abs. 44a Satz 2.

[6)] Nr. **1**.

[Fassung bis 31.12.2022:]

tigten Bescheinigung an den Aussteller zurückgegeben, hat der Aussteller das nach seinen Unterlagen für den Empfänger zuständige Finanzamt schriftlich zu benachrichtigen.

[Fassung ab 1.1.2023:]

§ 93c Absatz 1 der Abgabenordnung genannten Angaben folgende Daten zu übermitteln:

1. den Anlass für die Ausstellung der berichtigten Bescheinigung und deren Ausstellungsdatum,
2. die ursprünglichen und die berichtigten Angaben in der Bescheinigung sowie
3. in den Fällen des Gläubigerwechsels die Identifikationsnummer, den Namen und die Anschrift des bisherigen Gläubigers der Kapitalerträge.

4 Bei Steuerpflichtigen, die nicht unbeschränkt steuerpflichtig sind, findet Satz 3 mit der Maßgabe Anwendung, dass der Aussteller die Daten an das Bundeszentralamt für Steuern zu übermitteln hat.

(7)[1] *1 Der Aussteller einer Bescheinigung, die den Absätzen 2 bis 5 nicht entspricht, haftet für die auf Grund der Bescheinigung verkürzten Steuern oder zu Unrecht gewährten Steuervorteile.* [***ab 1.1.2025:*** 1 Der Aussteller einer Bescheinigung, die den Absätzen 2 bis 5 sowie § 45b Absatz 1 bis 4 nicht entspricht, haftet für die auf Grund dessen verkürzten Steuern oder zu Unrecht gewährten Steuervorteile; dies gilt entsprechend für die die Kapitalerträge auszahlende Stelle im Hinblick auf die nach § 45b Absatz 5 zu übermittelnden Angaben.] 2 Ist die Bescheinigung nach Absatz 3 durch ein inländisches Kreditinstitut oder ein inländisches Finanzdienstleistungsinstitut auszustellen, so haftet der Schuldner auch, wenn er zum Zweck der Bescheinigung unrichtige Angaben macht. *3 Der Aussteller haftet nicht*

1. in den Fällen des Satzes 2,

2. wenn er die ihm nach Absatz 6 obliegenden Verpflichtungen erfüllt hat.

[***ab 1.1.2025:***

§ 45b[2] **Angaben zur Bescheinigung und Abführung der Kapitalertragsteuer.** (1) Die die Kapitalerträge auszahlende Stelle weist jeder nach Maßgabe des § 45a Absatz 2 zu erteilenden Bescheinigung und jedem nach § 45b Absatz 5 zu übermittelnden Datensatz eine nach amtlichem Muster zu erstellende Ordnungsnummer zu.

(2) Bei Kapitalerträgen im Sinne des § 43 Absatz 1 Satz 1 Nummer 1a und 2 Satz 4 ist die Bescheinigung nach § 45a Absatz 2 um folgende Angaben zu ergänzen:

[1] § 45a Abs. 7 Satz 1 neu gef., Satz 3 aufgeh. **mWv 1.1.2025** durch G v. 2.6.2021 (BGBl. I S. 1259); zur Anwendung siehe § 52 Abs. 44a Sätze 3 und 4.

[2] § 45b neu gef. **mWv 1.1.2025** durch G v. 2.6.2021 (BGBl. I S. 1259); zur Anwendung siehe § 52 Abs. 44b.

1. die Identifikationsnummer nach § 139b der Abgabenordnung[1] des Gläubigers der Kapitalerträge; handelt es sich bei dem Gläubiger der Kapitalerträge nicht um eine natürliche Person, so sind dessen Firma oder Name, Anschrift und Wirtschafts-Identifikationsnummer nach § 139c der Abgabenordnung oder, wenn die Wirtschafts-Identifikationsnummer noch nicht vergeben wurde, dessen Steuernummer anzugeben;
2. den Bruttobetrag der vom Gläubiger der Kapitalerträge je Wertpapiergattung und Zahlungstag erzielten Kapitalerträge unter Angabe der Bezeichnung und der Internationalen Wertpapierkennnummer des Wertpapiers;
3. den Betrag, der je Wertpapiergattung und Zahlungstag einbehaltenen und abgeführten Kapitalertragsteuer und den Betrag der einbehaltenen und abgeführten Zuschlagsteuern; die Ermäßigung der Kapitalertragsteuer um die auf die Kapitalerträge entfallende Kirchensteuer ist nicht zu berücksichtigen; sind die Kapitalerträge nach Maßgabe des § 43a Absatz 3 Satz 2 mit negativen Kapitalerträgen auszugleichen, sind statt der Beträge der abgeführten Steuern der Betrag der einbehaltenen und auf die Kapitalerträge entfallenden Kapitalertragsteuer vor Durchführung des Verlustausgleiches und vor Berücksichtigung des Sparer-Pauschbetrages sowie der Betrag der darauf entfallenden Zuschlagsteuern anzugeben;
4. die Höhe des jeweils angewendeten Steuersatzes;
5. die Stückzahl der Wertpapiere je Wertpapiergattung und Zahlungstag sowie davon die Stückzahl der Wertpapiere, die auf der Grundlage einer Wertpapierleihe oder eines Wertpapierpensionsgeschäftes übertragen wurden, verbunden mit der Angabe, ob bei Anschaffung der Aktien die Lieferung von Aktien mit oder ohne Dividendenanspruch vereinbart wurde und ob Aktien mit oder ohne Dividendenanspruch geliefert wurden;
6. zur Anschaffung der Wertpapiere oder zu ihrer Übertragung auf der Grundlage einer Wertpapierleihe oder eines Wertpapierpensionsgeschäftes jeweils das Datum des Handelstags, das Datum des vereinbarten Abwicklungstags und das Datum des tatsächlichen Abwicklungstags sowie die jeweilige Stückzahl;
7. zur Veräußerung der Wertpapiere oder zu ihrer Rückübertragung auf der Grundlage einer Wertpapierleihe oder eines Wertpapierpensionsgeschäftes, soweit die Wertpapiere innerhalb von 45 Tagen nach Fälligkeit der Kapitalerträge veräußert oder rückübertragen wurden, jeweils das Datum des Handelstags, das Datum des vereinbarten Abwicklungstags und das Datum des tatsächlichen Abwicklungstags sowie die jeweilige Stückzahl;
8. die Firma, die Rechtsform, die Anschrift und der Legal Entity Identifier der jeweils in die Verwahrkette nacheinander eingebundenen inländischen oder ausländischen Zwischenverwahrstellen der Wertpapiere sowie der Depotbank, die die Wertpapiere für den Gläubiger der Kapitalerträge unmittelbar verwahrt, unter Angabe der jeweiligen Depotnummern der durch die Zwischenverwahrstellen geführten Depots, in denen die Aktien verwahrt werden;
9. die Konto- oder Depotnummer des Gläubigers der Kapitalerträge; werden die Wertpapiere durch einen Treuhänder für den Gläubiger der Kapital-

[1] Nr. 1.

erträge verwahrt, sind die Konto- oder Depotnummer des Treuhänders sowie die Daten nach Nummer 1 auch für den Treuhänder anzugeben.

(3) [1]Soweit die Kapitalerträge im Sinne des Absatzes 2 auf Grund eines Hinterlegungsscheines bezogen wurden, beziehen sich die Angaben nach Absatz 2 auf den Hinterlegungsschein. [2]Die Bescheinigung nach § 45a Absatz 2 ist in diesem Fall je Wertpapiergattung und Zahlungstag um folgende Angaben zu ergänzen:

1. die Bezeichnung und die Internationale Wertpapierkennnummer der hinterlegten Wertpapiere;
2. das in den Emissionsbedingungen des Hinterlegungsscheines festgelegte Verhältnis der Hinterlegungsscheine zu den durch die inländische Hinterlegungsstelle verwahrten inländischen Wertpapieren;
3. die Gesamtzahl ausgegebener Hinterlegungsscheine sowie die Gesamtzahl der hinterlegten Wertpapiere, jeweils zum Zeitpunkt des Gewinnverteilungsbeschlusses;
4. die Anzahl der Hinterlegungsscheine des Gläubigers der Kapitalerträge zum Zeitpunkt des Gewinnverteilungsbeschlusses.

[3]Einem Kredit- oder Finanzdienstleistungsinstitut darf eine Bescheinigung nach § 45a Absatz 2 Satz 1 erster Halbsatz nur erteilt werden, soweit es dem Aussteller schriftlich versichert, dass die Wertpapiere nicht als Deckungsbestand für ausgegebene Hinterlegungsscheine dienen. [4]Für Kapitalerträge, die auf einem Hinterlegungsschein beruhen, darf dem Inhaber des Hinterlegungsscheines eine Bescheinigung nur erteilt werden, wenn der Emittent des Hinterlegungsscheines dem Aussteller schriftlich versichert, dass die Gesamtzahl ausgegebener Hinterlegungsscheine im gesamten Zeitraum zwischen dem Gewinnverteilungsbeschluss für die bei der inländischen Hinterlegungsstelle hinterlegten Wertpapiere und der Gutschrift der Erträge bei den Inhabern der Hinterlegungsscheine dem Verhältnis nach Satz 2 Nummer 2 entsprochen hat.

(4) [1]Der Aussteller der Bescheinigung hat die nach Absatz 2 und 3 Satz 2 zu ergänzenden Angaben an das Bundeszentralamt für Steuern nach Maßgabe des § 93c Absatz 1 Nummer 1 und 2 der Abgabenordnung elektronisch zu übermitteln; dabei ist die nach Absatz 1 vergebene Ordnungsnummer anzugeben. [2]Die Datenübermittlung nach Satz 1 hat abweichend von § 93c Absatz 1 Nummer 1 der Abgabenordnung bis spätestens zum 31. Juli des auf den Zufluss des Kapitalertrages folgenden Kalenderjahres zu erfolgen. [3]Sind die Kapitalerträge nach Maßgabe des § 43a Absatz 3 Satz 2 mit negativen Kapitalerträgen auszugleichen, so sind neben den Angaben nach Satz 1 der Betrag der auf der nach amtlichem Muster erteilten Bescheinigung für den Gläubiger der Kapitalerträge ausgewiesenen Kapitalertragsteuer und der Betrag der ausgewiesenen Zuschlagsteuern zu übermitteln. [4]Die nach Maßgabe des § 93c Absatz 1 Nummer 3 der Abgabenordnung dem Steuerpflichtigen zu erteilende Information kann auf der Bescheinigung angegeben werden.

(5) [1]In den Fällen des § 45a Absatz 2a hat die die Kapitalerträge auszahlende Stelle auf Verlangen des Gläubigers der Kapitalerträge dem Bundeszentralamt für Steuern nach Maßgabe des § 93c Absatz 1 Nummer 1 und 2 der Abgabenordnung für jeden Zufluss unverzüglich elektronisch die in den Absätzen 2 und 3 Satz 2 genannten Angaben zu übermitteln; dabei sind die nach Absatz 1 vergebene Ordnungsnummer, das durch den Ansässigkeitsstaat vergebene Steueridentifikationsmerkmal des Gläubigers der Kapitalerträge sowie, sofern

der Gläubiger der Kapitalerträge keine natürliche Person ist und eine Wirtschafts-Identifikationsnummer nach § 139c Absatz 1 der Abgabenordnung noch nicht vergeben wurde, die Rechtsform und das Datum des Gründungsaktes der Körperschaft, Personenvereinigung oder Vermögensmasse anzugeben. [2] Absatz 3 Satz 3 und 4 gilt entsprechend.

(6) [1] Wurde für Kapitalerträge im Sinne des § 43 Absatz 1 Satz 1 Nummer 1a oder Nummer 2 Satz 4 keine Bescheinigung nach § 45a Absatz 2 erteilt oder wurden keine Angaben gemäß § 45a Absatz 2a übermittelt, hat die die Kapitalerträge auszahlende Stelle dem Bundeszentralamt für Steuern elektronisch nach Maßgabe des § 93c Absatz 1 Nummer 1 und 2 der Abgabenordnung folgende Angaben zu den Zuflüssen des vorangegangenen Kalenderjahres zu übermitteln:

1. die Identifikationsnummer nach § 139b Absatz 1 der Abgabenordnung des Depotinhabers; handelt es sich bei dem Depotinhaber nicht um eine natürliche Person, so sind dessen Firma oder Name, Anschrift und Wirtschafts-Identifikationsnummer nach § 139c Absatz 1 der Abgabenordnung oder, wenn diese noch nicht vergeben wurde, dessen Steuernummer anzugeben; bei im Ausland ansässigen Steuerpflichtigen ist zusätzlich das durch den Ansässigkeitsstaat vergebene Steueridentifikationsmerkmal anzugeben;
2. die Konto- oder Depotnummer;
3. den Bruttobetrag der je Wertpapiergattung und Zahlungstag erzielten Kapitalerträge unter Angabe der Bezeichnung und der Internationalen Wertpapierkennnummer des Wertpapiers sowie die Stückzahl der Wertpapiere und
4. den Betrag der je Wertpapiergattung und Zahlungstag einbehaltenen und abgeführten Kapitalertragsteuer und den Betrag der Zuschlagsteuern sowie den angewendeten Steuersatz.

[2] Wurde für Kapitalerträge im Sinne des § 43 Absatz 1 Satz 1 Nummer 1a oder Nummer 2 Satz 4 vom Steuerabzug ganz oder teilweise Abstand genommen, so hat die die Kapitalerträge auszahlende Stelle dem Bundeszentralamt für Steuern elektronisch nach Maßgabe des § 93c Absatz 1 Nummer 1 und 2 der Abgabenordnung neben den in den Absätzen 2, 3 Satz 2 und Absatz 5 Satz 1 genannten Angaben folgende Angaben zu den Zuflüssen des vorangegangenen Kalenderjahres zu übermitteln:

1. die Ordnungsnummer, die bei Erteilung einer Bescheinigung nach § 45a Absatz 2 oder Übermittlung von Angaben gemäß § 45a Absatz 2a vergeben wurde, und
2. die Rechtsgrundlage für den reduzierten oder unterlassenen Steuerabzug.

[3] Die Datenübermittlung nach den Sätzen 1 und 2 hat abweichend von § 93c Absatz 1 Nummer 1 der Abgabenordnung bis spätestens zum 31. Juli des auf den Zufluss des Kapitalertrages folgenden Kalenderjahres zu erfolgen.

(7) [1] Die inländischen und ausländischen Zwischenverwahrstellen sowie die Depotbank und der Treuhänder, die die Wertpapiere für den Gläubiger der Kapitalerträge unmittelbar verwahren, sind für die Zwecke der Absätze 2 bis 5 verpflichtet, ihrer jeweiligen Verwahrstelle die Angaben nach Absatz 2 Nummer 1, 2, 5 bis 9 und Absatz 3 Satz 2 vollständig und richtig mitzuteilen. [2] Das Kredit- oder Finanzdienstleistungsinstitut und der Emittent der Hinterlegungsscheine haben die nach § 45b Absatz 3 Satz 3 oder Satz 4 gegenüber dem

Aussteller der Steuerbescheinigung zu erteilende schriftliche Versicherung vollständig und richtig abzugeben. [3]Die Bescheinigung nach § 45a Absatz 2 darf erst erteilt und die Angaben gemäß § 45a Absatz 2a dürfen erst übermittelt werden, wenn der die Kapitalerträge auszahlenden Stelle die Angaben nach den Absätzen 2 und 3 vollständig vorliegen.

(8) In den Fällen der Absätze 4 bis 6 gilt Folgendes:

1. § 93c Absatz 3 der Abgabenordnung ist mit der Maßgabe anzuwenden, dass der übermittelte Datensatz unabhängig davon zu korrigieren oder zu stornieren ist, wann die die Kapitalerträge auszahlende Stelle die Feststellung im Sinne des § 93c Absatz 3 Satz 1 Nummer 1 oder Nummer 2 der Abgabenordnung trifft; die die Kapitalerträge auszahlende Stelle ist unabhängig von der in § 93c Absatz 3 der Abgabenordnung genannten Frist verpflichtet, einen Datensatz zu übermitteln, wenn sie nachträglich erkennt, dass sie zur Übermittlung eines Datensatzes verpflichtet war und der Datensatz nicht übermittelt wurde;
2. § 171 Absatz 10a der Abgabenordnung ist mit der Maßgabe anzuwenden, dass die Festsetzungsfrist unabhängig vom Zeitpunkt des Zugangs der Daten bei dem Bundeszentralamt für Steuern nicht vor Ablauf von zwei Jahren nach Zugang der Daten endet.

EStG

(9) Inländische börsennotierte Gesellschaften haben gemäß § 67d des Aktiengesetzes Informationen über die Identität ihrer Aktionäre zum Zeitpunkt ihres Gewinnverteilungsbeschlusses zu verlangen und die ihnen übermittelten Informationen elektronisch nach Maßgabe des § 93c der Abgabenordnung unverzüglich elektronisch an das Bundeszentralamt für Steuern zu übermitteln.

(10) [1]Das Bundeszentralamt für Steuern speichert die nach den Absätzen 4 bis 6 und 9 übermittelten Daten zur Ermittlung der auf die Kapitalerträge einbehaltenen und abgeführten Kapitalertragsteuer und analysiert diese im Hinblick auf missbräuchliche Steuergestaltungsmodelle, die die Erlangung eines Steuervorteils aus der Erhebung oder Entlastung von Kapitalertragsteuer mit erheblicher Bedeutung zum Gegenstand haben. [2]Es darf dazu auch ihm nach Maßgabe dieser Absätze übermittelte personenbezogene Daten verarbeiten, soweit dies zur Erfüllung der Aufgabe nach Satz 1 erforderlich ist.

§ 45c[1)] Zusammengefasste Mitteilung zur Bescheinigung und Abführung der Kapitalertragsteuer. (1) [1]Die die Kapitalerträge auszahlende Stelle hat dem Bundeszentralamt für Steuern bis zum 31. Juli des auf den Zufluss der Kapitalerträge folgenden Kalenderjahres folgende Daten zu übermitteln:

1. die Summe der in einem Kalenderjahr je Wertpapiergattung und Zahlungstag durch die die Kapitalerträge auszahlende Stelle berücksichtigten Bruttoerträge im Sinne des § 43 Absatz 1 Satz 1 Nummer 1a und 2 Satz 4;
2. den Betrag der auf diese Kapitalerträge einbehaltenen und abgeführten Kapitalertragsteuer und den Betrag der einbehaltenen und abgeführten Zuschlagsteuern;

[1)] § 45c neu gef. **mWv 1.1.2025** durch G v. 2.6.2021 (BGBl. I S. 1259); zur Anwendung siehe § 52 Abs. 44c.

3. die für diese Kapitalerträge nach § 45a Absatz 2 bescheinigte oder gemäß § 45a Absatz 2a angegebene Kapitalertragsteuer und Zuschlagsteuern; sind die Kapitalerträge nach Maßgabe des § 43a Absatz 3 Satz 2 mit negativen Kapitalerträgen auszugleichen, sind der Betrag der einbehaltenen und auf die Kapitalerträge entfallenden Kapitalertragsteuer vor Durchführung des Verlustausgleiches und vor Berücksichtigung des Sparer-Pauschbetrages sowie der Betrag der darauf entfallenden Zuschlagsteuern zu übermitteln;
4. die diesen Kapitalerträgen zugrunde liegende Stückzahl der Wertpapiere und
5. die Bezeichnung und die Internationale Wertpapierkennnummer der Wertpapiergattung.

[2] Satz 1 gilt entsprechend für die Summe der gutgeschriebenen Kapitalerträge, bei denen ein Steuerabzug nicht oder nicht in voller Höhe vorgenommen wurde. [3] Die Rechtsgrundlage für die Abstandnahme vom Steuerabzug und die darauf entfallenden Beträge sind anzugeben.

(2) [1] Die inländische Wertpapiersammelbank hat dem Bundeszentralamt für Steuern bis zum 31. Juli des auf den Zufluss der Kapitalerträge folgenden Kalenderjahres folgende Daten je Wertpapiergattung und Kundendepot unter Angabe der Internationalen Wertpapierkennnummer und der Stückzahl der Wertpapiere zu übermitteln:

1. die in § 45b Absatz 2 Nummer 1 genannten Angaben zum Depotinhaber; verfügt der Depotinhaber nicht über eine inländische Steuernummer, so ist die durch seinen Ansässigkeitsstaat vergebene Steueridentifikationsnummer anzugeben;
2. die Konto- oder Depotnummer;
3. die Summe der in einem Kalenderjahr am Zahlungstag gutgeschriebenen Kapitalerträge im Sinne des § 43 Absatz 1 Satz 1 Nummer 1a und 2 Satz 4, die auf Grund eines gebuchten Bestandes am Dividendenstichtag gutgeschrieben wurden;
4. die Summe der in einem Kalenderjahr gutgeschriebenen Kompensationszahlungen;
5. die Summe der in einem Kalenderjahr belasteten Kompensationszahlungen;
6. den Saldo aus der Summe der gutgeschriebenen Kapitalerträge zuzüglich der Summe der gutgeschriebenen Kompensationszahlungen und der Summe der belasteten Kompensationszahlungen;
7. den Betrag der einbehaltenen und abgeführten Kapitalertragsteuer und den Betrag der einbehaltenen und abgeführten Zuschlagsteuern auf die Beträge nach den Nummern 3 und 4;
8. die Stückzahl der Wertpapiere, für die die Wertpapiersammelbank keine Dividendenregulierung vorgenommen hat.

[2] Die Pflicht zur Datenübermittlung nach Satz 1 mit Ausnahme der Angabe nach Satz 1 Nummer 8 gilt entsprechend für die die Kapitalerträge auszahlenden Stellen nach § 44 Absatz 1 Satz 4 Nummer 3. [3] Dem Bundeszentralamt für Steuern sind bis zum 31. Juli des auf die Abführung des Steuerbetrages folgenden Kalenderjahres der Betrag der nach § 44 Absatz 1a abgeführten Kapitalertragsteuer sowie die nach § 45a Absatz 2 Satz 1 Nummer 3 bescheinigten Angaben zu übermitteln.

(3) [1] § 93c der Abgabenordnung[1)] ist mit Ausnahme von dessen Absatz 1 Nummer 2 Buchstabe c und d und Nummer 3 entsprechend anzuwenden. [2] § 45b Absatz 8 gilt entsprechend.

(4) [1] Das Bundeszentralamt für Steuern speichert die ihm nach den Absätzen 1 und 2 übermittelten Daten zur Ermittlung der auf diese Kapitalerträge einbehaltenen und bescheinigten Kapitalertragsteuer und analysiert diese im Hinblick auf missbräuchliche Steuergestaltungsmodelle, die die Erlangung eines Steuervorteils aus der Erhebung oder Entlastung von Kapitalertragsteuer mit erheblicher Bedeutung zum Gegenstand haben. [2] Es darf dazu ihm nach Maßgabe der Absätze 1 und 2 übermittelte personenbezogene Daten verarbeiten, soweit dies zur Erfüllung der Aufgabe nach Satz 1 erforderlich ist.]

§ 45d Mitteilungen an das Bundeszentralamt für Steuern. (1)[2)] [1] Wer nach § 44 Absatz 1 dieses Gesetzes und nach § 7 des Investmentsteuergesetzes[3)] zum Steuerabzug verpflichtet ist, hat dem Bundeszentralamt für Steuern nach Maßgabe des § 93c der Abgabenordnung[1)] neben den in § 93c Absatz 1 der Abgabenordnung genannten Angaben folgende Daten zu übermitteln:

1. bei den Kapitalerträgen, für die ein Freistellungsauftrag erteilt worden ist,
   a) die Kapitalerträge, bei denen vom Steuerabzug Abstand genommen worden ist oder bei denen Kapitalertragsteuer auf Grund des Freistellungsauftrags gemäß § 44b Absatz 6 Satz 4 dieses Gesetzes oder gemäß § 7 Absatz 5 Satz 1 des Investmentsteuergesetzes erstattet wurde,
   b) die Kapitalerträge, bei denen die Erstattung von Kapitalertragsteuer beim Bundeszentralamt für Steuern beantragt worden ist,
2. die Kapitalerträge, bei denen auf Grund einer Nichtveranlagungs-Bescheinigung einer natürlichen Person nach § 44a Absatz 2 Satz 1 Nummer 2 vom Steuerabzug Abstand genommen oder eine Erstattung vorgenommen wurde.

[2] Bei einem gemeinsamen Freistellungsauftrag sind die Daten beider Ehegatten zu übermitteln. [3] § 72a Absatz 4, § 93c Absatz 1 Nummer 3 und § 203a der Abgabenordnung finden keine Anwendung.

(2)[4)] [1] Das Bundeszentralamt für Steuern darf den Sozialleistungsträgern die Daten nach Absatz 1 mitteilen, soweit dies zur Überprüfung des bei der Sozialleistung zu berücksichtigenden Einkommens oder Vermögens erforderlich ist oder die betroffene Person zustimmt. [2] Für Zwecke des Satzes 1 ist das Bundeszentralamt für Steuern berechtigt, die ihm von den Sozialleistungsträgern übermittelten Daten mit den vorhandenen Daten nach Absatz 1 im Wege des automatisierten Datenabgleichs zu überprüfen und das Ergebnis den Sozialleistungsträgern mitzuteilen.

(3)[5)] [1] Ein inländischer Versicherungsvermittler im Sinne des § 59 Absatz 1 des Versicherungsvertragsgesetzes hat das Zustandekommen eines Vertrages im Sinne des § 20 Absatz 1 Nummer 6 zwischen einer im Inland ansässigen Person und einem Versicherungsunternehmen mit Sitz und Geschäftsleitung im Aus-

---

1) Nr. **1**.

2) § 45d Abs. 1 neu gef. mWv 1.1.2018 durch G v. 18.7.2016 (BGBl. I S. 1679); zur Anwendung siehe § 52 Abs. 45 Satz 2.

3) Nr. **15**.

4) § 45d Abs. 2 Satz 1 geänd. mWv 1.1.2019 durch G v. 20.11.2019 (BGBl. I S. 1626).

5) § 45d Abs. 3 neu gef. durch G v. 18.7.2016 (BGBl. I S. 1679); zur Anwendung siehe § 52 Abs. 45 Satz 3.

land nach Maßgabe des § 93c der Abgabenordnung dem Bundeszentralamt für Steuern mitzuteilen. [2]Dies gilt nicht, wenn das Versicherungsunternehmen eine Niederlassung im Inland hat oder das Versicherungsunternehmen dem Bundeszentralamt für Steuern bis zu diesem Zeitpunkt das Zustandekommen eines Vertrages angezeigt und den Versicherungsvermittler hierüber in Kenntnis gesetzt hat. [3]Neben den in § 93c Absatz 1 der Abgabenordnung genannten Daten sind folgende Daten zu übermitteln:

1. Name und Anschrift des Versicherungsunternehmens sowie Vertragsnummer oder sonstige Kennzeichnung des Vertrages,
2. Laufzeit und garantierte Versicherungssumme oder Beitragssumme für die gesamte Laufzeit,
3. Angabe, ob es sich um einen konventionellen, einen fondsgebundenen oder einen vermögensverwaltenden Versicherungsvertrag handelt.

[4]Ist mitteilungspflichtige Stelle nach Satz 1 das ausländische Versicherungsunternehmen und verfügt dieses weder über ein Identifikationsmerkmal nach den §§ 139a bis 139c der Abgabenordnung noch über eine Steuernummer oder ein sonstiges Ordnungsmerkmal, so kann abweichend von § 93c Absatz 1 Nummer 2 Buchstabe a der Abgabenordnung auf diese Angaben verzichtet werden. [5]Der Versicherungsnehmer gilt als Steuerpflichtiger im Sinne des § 93c Absatz 1 Nummer 2 Buchstabe c der Abgabenordnung. [6]§ 72a Absatz 4 und § 203a der Abgabenordnung finden keine Anwendung.

EStG

§ 45e[1)] Ermächtigung für Zinsinformationsverordnung. [1]Die Bundesregierung wird ermächtigt, durch Rechtsverordnung[2)] mit Zustimmung des Bundesrates die Richtlinie 2003/48/EG des Rates vom 3. Juni 2003 (ABl. EU Nr. L 157 S. 38) in der jeweils geltenden Fassung im Bereich der Besteuerung von Zinserträgen umzusetzen. [2]§ 45d Absatz 1 Satz 2 und Absatz 2 ist entsprechend anzuwenden.

4. Veranlagung von Steuerpflichtigen mit steuerabzugspflichtigen Einkünften

§ 46 Veranlagung bei Bezug von Einkünften aus nichtselbständiger Arbeit. (1) (weggefallen)

(2) Besteht das Einkommen ganz oder teilweise aus Einkünften aus nichtselbständiger Arbeit, von denen ein Steuerabzug vorgenommen worden ist, so wird eine Veranlagung nur durchgeführt,

1. wenn die positive Summe der einkommensteuerpflichtigen Einkünfte, die nicht dem Steuerabzug vom Arbeitslohn zu unterwerfen waren, vermindert um die darauf entfallenden Beträge nach § 13 Absatz 3 und § 24a, oder die positive Summe der Einkünfte und Leistungen, die dem Progressionsvorbehalt unterliegen, jeweils mehr als 410 Euro beträgt;
2. wenn der Steuerpflichtige nebeneinander von mehreren Arbeitgebern Arbeitslohn bezogen hat; das gilt nicht, soweit nach § 38 Absatz 3a Satz 7 Arbeitslohn von mehreren Arbeitgebern für den Lohnsteuerabzug zusammengerechnet worden ist;

---

1) § 45e Satz 2 neu gef. mWv 1.1.2014 durch G v. 25.7.2014 (BGBl. I S. 1266).
2) Siehe die Zinsinformationsverordnung v. 26.1.2004 (BGBl. I S. 128), zuletzt geänd. durch VO v. 18.7.2016 (BGBl. I S. 1722).

[Fassung bis VZ 2023:[1]]

3. wenn bei einem Steuerpflichtigen die Summe der beim Steuerabzug vom Arbeitslohn nach § 39b Absatz 2 Satz 5 Nummer 3 Buchstabe b bis d berücksichtigten Teilbeträge der Vorsorgepauschale größer ist als die abziehbaren Vorsorgeaufwendungen nach § 10 Absatz 1 Nummer 3 und Nummer 3a in Verbindung mit Absatz 4 und der im Kalenderjahr insgesamt erzielte Arbeitslohn *12 250 Euro* [***ab VZ 2022:*** 12 550 Euro] übersteigt, oder bei Ehegatten, die die Voraussetzungen des § 26 Absatz 1 erfüllen, der im Kalenderjahr von den Ehegatten insgesamt erzielte Arbeitslohn *23 350 Euro* [***ab VZ 2022:*** 23 900 Euro] übersteigt;

[Fassung ab VZ 2024:[2]]

3. wenn Beiträge zu Krankenversicherungen und gesetzlichen Pflegeversicherungen im Sinne des § 10 Absatz 1 Nummer 3 erstattet wurden, die Erstattung mehr als 410 Euro betrug und der im Kalenderjahr erzielte Arbeitslohn 12 550 Euro übersteigt, oder bei Ehegatten, die die Voraussetzungen des § 26 Absatz 1 erfüllen, der im Kalenderjahr von den Ehegatten insgesamt erzielte Arbeitslohn 23 900 Euro übersteigt;

3a. wenn von Ehegatten, die nach den §§ 26, 26b zusammen zur Einkommensteuer zu veranlagen sind, beide Arbeitslohn bezogen haben und einer für den Veranlagungszeitraum oder einen Teil davon nach der Steuerklasse V oder VI besteuert oder bei Steuerklasse IV der Faktor (§ 39f) eingetragen worden ist;

4.[3] wenn für einen Steuerpflichtigen ein Freibetrag im Sinne des § 39a Absatz 1 Satz 1 Nummer 1 bis 3, 5 oder Nummer 6 ermittelt worden ist und der im Kalenderjahr insgesamt erzielte Arbeitslohn *12 250 Euro* [***ab VZ 2022:*** 12 550 Euro] übersteigt oder bei Ehegatten, die die Voraussetzungen des § 26 Absatz 1 erfüllen, der im Kalenderjahr von den Ehegatten insgesamt erzielte Arbeitslohn *23 350 Euro* [***ab VZ 2022:*** 23 900 Euro] übersteigt; dasselbe gilt für einen Steuerpflichtigen, der zum Personenkreis des § 1 Absatz 2 gehört;

4a. wenn bei einem Elternpaar, bei dem die Voraussetzungen des § 26 Absatz 1 Satz 1 nicht vorliegen,

---

[1] § 46 Abs. 2 Nr. 3 geänd. mWv VZ 2010 durch G v. 1.11.2011 (BGBl. I S. 2131); Beträge geänd. durch G v. 20.2.2013 (BGBl. I S. 283); geänd. mWv VZ 2015 und mWv VZ 2016 durch G v. 16.7.2015 (BGBl. I S. 1202); geänd. mWv VZ 2017 und mWv VZ 2018 durch G v. 20.12.2016 (BGBl. I S. 3000); geänd. mWv VZ 2019 und mWv VZ 2020 durch G v. 29.11.2018 (BGBl. I S. 2210); geänd. mWv VZ 2021 und **mWv VZ 2022** durch G v. 1.12.2020 (BGBl. I S. 2616).

[2] § 46 Abs. 2 Nr. 3 neu gef. **mWv VZ 2024** durch G v. 21.12.2020 (BGBl. I S. 3096).

[3] § 46 Abs. 2 Nr. 4 neu gef. mWv VZ 2009 durch G v. 8.12.2010 (BGBl. I S. 1768); geänd. mWv 1.1.2012 durch G v. 7.12.2011 (BGBl. I S. 2592); Beträge geänd. durch G v. 20.2.2013 (BGBl. I S. 283); geänd. mWv VZ 2015 und mWv VZ 2016 durch G v. 16.7.2015 (BGBl. I S. 1202); geänd. mWv VZ 2017 und mWv VZ 2018 durch G v. 20.12.2016 (BGBl. I S. 3000); geänd. mWv VZ 2019 und mWv VZ 2020 durch G v. 29.11.2018 (BGBl. I S. 2210); geänd. mWv VZ 2020 durch G v. 12.12.2019 (BGBl. I S. 2451); geänd. mWv VZ 2021 und **mWv VZ 2022** durch G v. 1.12.2020 (BGBl. I S. 2616).

a) bis c) (weggefallen)

d)[1] im Fall des § 33a Absatz 2 Satz 5 das Elternpaar gemeinsam eine Aufteilung des Abzugsbetrags in einem anderen Verhältnis als je zur Hälfte beantragt oder

e)[2] im Fall des § 33b Absatz 5 Satz 3 das Elternpaar gemeinsam eine Aufteilung des Pauschbetrags für Menschen mit Behinderungen oder des Pauschbetrags für Hinterbliebene in einem anderen Verhältnis als je zur Hälfte beantragt.

[2]Die Veranlagungspflicht besteht für jeden Elternteil, der Einkünfte aus nichtselbständiger Arbeit bezogen hat;

5.[3] wenn bei einem Steuerpflichtigen die Lohnsteuer für einen sonstigen Bezug im Sinne des § 34 Absatz 1 und 2 Nummer 2 und 4 nach § 39b Absatz 3 Satz 9 oder für einen sonstigen Bezug nach § 39c Absatz 3 ermittelt wurde;

5a.[4] wenn der Arbeitgeber die Lohnsteuer von einem sonstigen Bezug berechnet hat und dabei der Arbeitslohn aus früheren Dienstverhältnissen des Kalenderjahres außer Betracht geblieben ist (§ 39b Absatz 3 Satz 2, § 41 Absatz 1 Satz 6, Großbuchstabe S);

6. wenn die Ehe des Arbeitnehmers im Veranlagungszeitraum durch Tod, Scheidung oder Aufhebung aufgelöst worden ist und er oder sein Ehegatte der aufgelösten Ehe im Veranlagungszeitraum wieder geheiratet hat;

7.[5] wenn

a) für einen unbeschränkt Steuerpflichtigen im Sinne des § 1 Absatz 1 bei der Bildung der Lohnsteuerabzugsmerkmale (§ 39) ein Ehegatte im Sinne des § 1a Absatz 1 Nummer 2 berücksichtigt worden ist oder

b) für einen Steuerpflichtigen, der zum Personenkreis des § 1 Absatz 3 oder des § 1a gehört, Lohnsteuerabzugsmerkmale nach § 39 Absatz 2 gebildet worden sind; das nach § 39 Absatz 2 Satz 2 bis 4 zuständige Betriebsstättenfinanzamt ist dann auch für die Veranlagung zuständig;

8. wenn die Veranlagung beantragt wird, insbesondere zur Anrechnung von Lohnsteuer auf die Einkommensteuer. [2]Der Antrag ist durch Abgabe einer Einkommensteuererklärung zu stellen;

9.[6] wenn ein Antrag im Sinne der Nummer 8 gestellt wird und daneben beantragt wird, als unbeschränkt Steuerpflichtiger im Sinne des § 1 Absatz 3 behandelt zu werden; die Zuständigkeit liegt beim lohnsteuerlichen Betriebsstättenfinanzamt des Arbeitgebers.

(3)[7] [1]In den Fällen des Absatzes 2 ist ein Betrag in Höhe der einkommensteuerpflichtigen Einkünfte, von denen der Steuerabzug vom Arbeitslohn nicht vorgenommen worden ist und die nicht nach § 32d Absatz 6 der tariflichen Einkommensteuer unterworfen wurden, vom Einkommen abzuziehen, wenn diese Einkünfte insgesamt nicht mehr als 410 Euro betragen. [2]Der Betrag nach

---

[1] § 46 Abs. 2 Nr. 4a Buchst. d geänd. durch G v. 1.11.2011 (BGBl. I S. 2131).
[2] § 46 Abs. 2 Nr. 4a Buchst. e geänd. durch G v. 9.12.2020 (BGBl. I S. 2770).
[3] § 46 Abs. 2 Nr. 5 geänd. mWv 1.1.2012 durch G v. 7.12.2011 (BGBl. I S. 2592).
[4] § 46 Abs. 2 Nr. 5a geänd. mWv VZ 2014 durch G v. 25.7.2014 (BGBl. I S. 1266).
[5] § 46 Abs. 2 Nr. 7 neu gef. mWv 1.1.2012 durch G v. 7.12.2011 (BGBl. I S. 2592).
[6] § 46 Abs. 2 Nr. 9 angef. mWv VZ 2020 durch G v. 12.12.2019 (BGBl. I S. 2451).
[7] § 46 Abs. 3 Satz 1 geänd. mWv 1.1.2014 durch G v. 25.7.2014 (BGBl. I S. 1266).

Satz 1 vermindert sich um den Altersentlastungsbetrag, soweit dieser den unter Verwendung des nach § 24a Satz 5 maßgebenden Prozentsatzes zu ermittelnden Anteil des Arbeitslohns mit Ausnahme der Versorgungsbezüge im Sinne des § 19 Absatz 2 übersteigt, und um den nach § 13 Absatz 3 zu berücksichtigenden Betrag.

(4) [1] Kommt nach Absatz 2 eine Veranlagung zur Einkommensteuer nicht in Betracht, so gilt die Einkommensteuer, die auf die Einkünfte aus nichtselbständiger Arbeit entfällt, für den Steuerpflichtigen durch den Lohnsteuerabzug als abgegolten, soweit er nicht für zuwenig erhobene Lohnsteuer in Anspruch genommen werden kann. [2] § 42b bleibt unberührt.

(5)[1)] Durch Rechtsverordnung kann in den Fällen des Absatzes 2 Nummer 1, in denen die einkommensteuerpflichtigen Einkünfte, von denen der Steuerabzug vom Arbeitslohn nicht vorgenommen worden ist und die nicht nach § 32d Absatz 6 der tariflichen Einkommensteuer unterworfen wurden, den Betrag von 410 Euro übersteigen, die Besteuerung so gemildert werden, dass auf die volle Besteuerung dieser Einkünfte stufenweise übergeleitet wird.

§ 47 (weggefallen)

EStG

VII. Steuerabzug bei Bauleistungen

§ 48 Steuerabzug. (1) [1] Erbringt jemand im Inland eine Bauleistung (Leistender) an einen Unternehmer im Sinne des § 2 des Umsatzsteuergesetzes[2)] oder an eine juristische Person des öffentlichen Rechts (Leistungsempfänger), ist der Leistungsempfänger verpflichtet, von der Gegenleistung einen Steuerabzug in Höhe von 15 Prozent für Rechnung des Leistenden vorzunehmen. [2] Vermietet der Leistungsempfänger Wohnungen, so ist Satz 1 nicht auf Bauleistungen für diese Wohnungen anzuwenden, wenn er nicht mehr als zwei Wohnungen vermietet. [3] Bauleistungen sind alle Leistungen, die der Herstellung, Instandsetzung, Instandhaltung, Änderung oder Beseitigung von Bauwerken dienen. [4] Als Leistender gilt auch derjenige, der über eine Leistung abrechnet, ohne sie erbracht zu haben.

(2) [1] Der Steuerabzug muss nicht vorgenommen werden, wenn der Leistende dem Leistungsempfänger eine im Zeitpunkt der Gegenleistung gültige Freistellungsbescheinigung nach § 48b Absatz 1 Satz 1 vorlegt oder die Gegenleistung im laufenden Kalenderjahr den folgenden Betrag voraussichtlich nicht übersteigen wird:

1. 15 000 Euro, wenn der Leistungsempfänger ausschließlich steuerfreie Umsätze nach § 4 Nummer 12 Satz 1 des Umsatzsteuergesetzes ausführt,
2. 5 000 Euro in den übrigen Fällen.

[2] Für die Ermittlung des Betrags sind die für denselben Leistungsempfänger erbrachten und voraussichtlich zu erbringenden Bauleistungen zusammenzurechnen.

(3) Gegenleistung im Sinne des Absatzes 1 ist das Entgelt zuzüglich Umsatzsteuer.

---

1) § 46 Abs. 5 geänd. mWv 1.1.2014 durch G v. 25.7.2014 (BGBl. I S. 1266).
2) Nr. **23**.

(4) Wenn der Leistungsempfänger den Steuerabzugsbetrag angemeldet und abgeführt hat,

1. ist § 160 Absatz 1 Satz 1 der Abgabenordnung[1)] nicht anzuwenden,
2. sind § 42d Absatz 6 und 8 und § 50a Absatz 7 nicht anzuwenden.

§ 48a Verfahren. (1) [1]Der Leistungsempfänger hat bis zum zehnten Tag nach Ablauf des Monats, in dem die Gegenleistung im Sinne des § 48 erbracht wird, eine Anmeldung nach amtlich vorgeschriebenem Vordruck abzugeben, in der er den Steuerabzug für den Anmeldungszeitraum selbst zu berechnen hat. [2]Der Abzugsbetrag ist am zehnten Tag nach Ablauf des Anmeldungszeitraums fällig und an das für den Leistenden zuständige Finanzamt für Rechnung des Leistenden abzuführen. [3]Die Anmeldung des Abzugsbetrags steht einer Steueranmeldung gleich.

(2) Der Leistungsempfänger hat mit dem Leistenden unter Angabe

1. des Namens und der Anschrift des Leistenden,
2. des Rechnungsbetrags, des Rechnungsdatums und des Zahlungstags,
3. der Höhe des Steuerabzugs und
4. des Finanzamts, bei dem der Abzugsbetrag angemeldet worden ist,

über den Steuerabzug abzurechnen.

(3) [1]Der Leistungsempfänger haftet für einen nicht oder zu niedrig abgeführten Abzugsbetrag. [2]Der Leistungsempfänger haftet nicht, wenn ihm im Zeitpunkt der Gegenleistung eine Freistellungsbescheinigung (§ 48b) vorgelegen hat, auf deren Rechtmäßigkeit er vertrauen konnte. [3]Er darf insbesondere dann nicht auf eine Freistellungsbescheinigung vertrauen, wenn diese durch unlautere Mittel oder durch falsche Angaben erwirkt wurde und ihm dies bekannt oder infolge grober Fahrlässigkeit nicht bekannt war. [4]Den Haftungsbescheid erlässt das für den Leistenden zuständige Finanzamt.

(4) § 50b gilt entsprechend.

§ 48b Freistellungsbescheinigung. (1) [1]Auf Antrag des Leistenden hat das für ihn zuständige Finanzamt, wenn der zu sichernde Steueranspruch nicht gefährdet erscheint und ein inländischer Empfangsbevollmächtigter bestellt ist, eine Bescheinigung nach amtlich vorgeschriebenem Vordruck zu erteilen, die den Leistungsempfänger von der Pflicht zum Steuerabzug befreit. [2]Eine Gefährdung kommt insbesondere dann in Betracht, wenn der Leistende

1. Anzeigepflichten nach § 138 der Abgabenordnung[1)] nicht erfüllt,
2. seiner Auskunfts- und Mitwirkungspflicht nach § 90 der Abgabenordnung nicht nachkommt,
3. den Nachweis der steuerlichen Ansässigkeit durch Bescheinigung der zuständigen ausländischen Steuerbehörde nicht erbringt.

(2) Eine Bescheinigung soll erteilt werden, wenn der Leistende glaubhaft macht, dass keine zu sichernden Steueransprüche bestehen.

(3)[2)] [1]In der Bescheinigung sind anzugeben:

1. Name, Anschrift und Steuernummer des Leistenden,

[1)] Nr. 1.
[2)] § 48b Abs. 3 Satz 2 angef. mWv 1.1.2019 durch G v. 20.11.2019 (BGBl. I S. 1626).

2. Geltungsdauer der Bescheinigung,
3. Umfang der Freistellung sowie der Leistungsempfänger, wenn sie nur für bestimmte Bauleistungen gilt,
4. das ausstellende Finanzamt.

[2] Der Antragsteller ist über die Verarbeitung der in Satz 1 genannten Daten durch das Bundeszentralamt für Steuern gemäß Absatz 6 zu informieren.

(4) Wird eine Freistellungsbescheinigung aufgehoben, die nur für bestimmte Bauleistungen gilt, ist dies den betroffenen Leistungsempfängern mitzuteilen.

(5) Wenn eine Freistellungsbescheinigung vorliegt, gilt § 48 Absatz 4 entsprechend.

(6)[1)] [1] Das Bundeszentralamt für Steuern speichert die Daten nach Absatz 3 Satz 1. [2] Es erteilt dem Leistungsempfänger im Sinne des § 48 Absatz 1 Satz 1 im Wege einer elektronischen Abfrage Auskunft über die beim Bundeszentralamt für Steuern gespeicherten Freistellungsbescheinigungen.

§ 48c Anrechnung. (1) [1] Soweit der Abzugsbetrag einbehalten und angemeldet worden ist, wird er auf vom Leistenden zu entrichtende Steuern nacheinander wie folgt angerechnet:

1. die nach § 41a Absatz 1 einbehaltene und angemeldete Lohnsteuer,
2. die Vorauszahlungen auf die Einkommen- oder Körperschaftsteuer,
3. die Einkommen- oder Körperschaftsteuer des Besteuerungs- oder Veranlagungszeitraums, in dem die Leistung erbracht worden ist, und
4. die vom Leistenden im Sinne der §§ 48, 48a anzumeldenden und abzuführenden Abzugsbeträge.

[2] Die Anrechnung nach Satz 1 Nummer 2 kann nur für Vorauszahlungszeiträume innerhalb des Besteuerungs- oder Veranlagungszeitraums erfolgen, in dem die Leistung erbracht worden ist. [3] Die Anrechnung nach Satz 1 Nummer 2 darf nicht zu einer Erstattung führen.

(2) [1] Auf Antrag des Leistenden erstattet das nach § 20a Absatz 1 der Abgabenordnung[2)] zuständige Finanzamt den Abzugsbetrag. [2] Die Erstattung setzt voraus, dass der Leistende nicht zur Abgabe von Lohnsteueranmeldungen verpflichtet ist und eine Veranlagung zur Einkommen- oder Körperschaftsteuer nicht in Betracht kommt oder der Leistende glaubhaft macht, dass im Veranlagungszeitraum keine zu sichernden Steueransprüche entstehen werden. [3] Der Antrag ist nach amtlich vorgeschriebenem Muster bis zum Ablauf des zweiten Kalenderjahres zu stellen, das auf das Jahr folgt, in dem der Abzugsbetrag angemeldet worden ist; weitergehende Fristen nach einem Abkommen zur Vermeidung der Doppelbesteuerung bleiben unberührt.

(3) Das Finanzamt kann die Anrechnung ablehnen, soweit der angemeldete Abzugsbetrag nicht abgeführt worden ist und Anlass zu der Annahme besteht, dass ein Missbrauch vorliegt.

[1)] § 48b Abs. 6 Satz 1 eingef., bish. Satz 1 wird Satz 2 und geänd., bish. Satz 2 aufgeh. mWv 1.1. 2019 durch G v. 20.11.2019 (BGBl. I S. 1626).

[2)] Nr. **1**.

§ 48d Besonderheiten im Fall von Doppelbesteuerungsabkommen.

(1) [1] Können Einkünfte, die dem Steuerabzug nach § 48 unterliegen, nach einem Abkommen zur Vermeidung der Doppelbesteuerung nicht besteuert werden, so sind die Vorschriften über die Einbehaltung, Abführung und Anmeldung der Steuer durch den Schuldner der Gegenleistung ungeachtet des Abkommens anzuwenden. [2] Unberührt bleibt der Anspruch des Gläubigers der Gegenleistung auf Erstattung der einbehaltenen und abgeführten Steuer. [3] Der Anspruch ist durch Antrag nach § 48c Absatz 2 geltend zu machen. [4] Der Gläubiger der Gegenleistung hat durch eine Bestätigung der für ihn zuständigen Steuerbehörde des anderen Staates nachzuweisen, dass er dort ansässig ist. [5] § 48b gilt entsprechend. [6] Der Leistungsempfänger kann sich im Haftungsverfahren nicht auf die Rechte des Gläubigers aus dem Abkommen berufen.

(2) Unbeschadet des § 5 Absatz 1 Nummer 2 des Finanzverwaltungsgesetzes[1)] liegt die Zuständigkeit für Entlastungsmaßnahmen nach Absatz 1 bei dem nach § 20a der Abgabenordnung[2)] zuständigen Finanzamt. 8 IKStG

VIII. Besteuerung beschränkt Steuerpflichtiger

§ 49 Beschränkt steuerpflichtige Einkünfte. (1) Inländische Einkünfte im Sinne der beschränkten Einkommensteuerpflicht (§ 1 Absatz 4) sind

1. Einkünfte aus einer im Inland betriebenen Land- und Forstwirtschaft (§§ 13, 14);
2. Einkünfte aus Gewerbebetrieb (§§ 15 bis 17),
   a) für den im Inland eine Betriebsstätte unterhalten wird oder ein ständiger Vertreter bestellt ist,
   b) die durch den Betrieb eigener oder gecharterter Seeschiffe oder Luftfahrzeuge aus Beförderungen zwischen inländischen und von inländischen zu ausländischen Häfen erzielt werden, einschließlich der Einkünfte aus anderen mit solchen Beförderungen zusammenhängenden, sich auf das Inland erstreckenden Beförderungsleistungen,
   c) die von einem Unternehmen im Rahmen einer internationalen Betriebsgemeinschaft oder eines Pool-Abkommens, bei denen ein Unternehmen mit Sitz oder Geschäftsleitung im Inland die Beförderung durchführt, aus Beförderungen und Beförderungsleistungen nach Buchstabe b erzielt werden,
   d) die, soweit sie nicht zu den Einkünften im Sinne der Nummern 3 und 4 gehören, durch im Inland ausgeübte oder verwertete künstlerische, sportliche, artistische, unterhaltende oder ähnliche Darbietungen erzielt werden, einschließlich der Einkünfte aus anderen mit diesen Leistungen zusammenhängenden Leistungen, unabhängig davon, wem die Einnahmen zufließen,
   e)[3)] die unter den Voraussetzungen des § 17 erzielt werden, wenn es sich um Anteile an einer Kapitalgesellschaft handelt,

---

1) Nr. **31**.
2) Nr. **1**.
3) § 49 Abs. 1 Nr. 2 Buchst. e Doppelbuchst. aa und bb geänd., Doppelbuchst. cc angef. mWv VZ 2019 durch G v. 11.12.2018 (BGBl. I S. 2338); zur Anwendung siehe § 52 Abs. 45a Satz 1.

EStG

aa) die ihren Sitz oder ihre Geschäftsleitung im Inland hat,

bb) bei deren Erwerb auf Grund eines Antrags nach § 13 Absatz 2 oder § 21 Absatz 2 Satz 3 Nummer 2 des Umwandlungssteuergesetzes[1] nicht der gemeine Wert der eingebrachten Anteile angesetzt worden ist oder auf die § 17 Absatz 5 Satz 2 anzuwenden war oder

cc) deren Anteilswert zu irgendeinem Zeitpunkt während der 365 Tage vor der Veräußerung unmittelbar oder mittelbar zu mehr als 50 Prozent auf inländischem unbeweglichem Vermögen beruhte und die Anteile dem Veräußerer zu diesem Zeitpunkt zuzurechnen waren; für die Ermittlung dieser Quote sind die aktiven Wirtschaftsgüter des Betriebsvermögens mit den Buchwerten, die zu diesem Zeitpunkt anzusetzen gewesen wären, zugrunde zu legen,

f)[2] die, soweit sie nicht zu den Einkünften im Sinne des Buchstaben a gehören, durch

aa) Vermietung und Verpachtung oder

bb) Veräußerung

von inländischem unbeweglichem Vermögen, von Sachinbegriffen oder Rechten, die im Inland belegen oder in ein inländisches öffentliches Buch oder Register eingetragen sind oder deren Verwertung in einer inländischen Betriebsstätte oder anderen Einrichtung erfolgt, erzielt werden. [2] § 23 Absatz 1 Satz 4 gilt entsprechend. [3] Als Einkünfte aus Gewerbebetrieb gelten auch die Einkünfte aus Tätigkeiten im Sinne dieses Buchstabens, die von einer Körperschaft im Sinne des § 2 Nummer 1 des Körperschaftsteuergesetzes[3] erzielt werden, die mit einer Kapitalgesellschaft oder sonstigen juristischen Person im Sinne des § 1 Absatz 1 Nummer 1 bis 3 des Körperschaftsteuergesetzes vergleichbar ist. [4] Zu den Einkünften aus der Veräußerung von inländischem unbeweglichem Vermögen im Sinne dieses Buchstabens gehören auch Wertveränderungen von Wirtschaftsgütern, die mit diesem Vermögen in wirtschaftlichem Zusammenhang stehen, oder

g)[4] die aus der Verschaffung der Gelegenheit erzielt werden, einen Berufssportler als solchen im Inland vertraglich zu verpflichten; dies gilt nur, wenn die Gesamteinnahmen 10 000 Euro übersteigen;

3. Einkünfte aus selbständiger Arbeit (§ 18), die im Inland ausgeübt oder verwertet wird oder worden ist, oder für die im Inland eine feste Einrichtung oder eine Betriebsstätte unterhalten wird;

4. Einkünfte aus nichtselbständiger Arbeit (§ 19), die

a) im Inland ausgeübt oder verwertet wird oder worden ist,

---

[1] Nr. **22**.

[2] § 49 Abs. 1 Nr. 2 Buchst. f Satz 2 eingef., bish. Satz 2 wird Satz 3 mWv VZ 2017 durch G v. 19.7.2016 (BGBl. I S. 1730); Satz 3 geänd., Satz 4 angef. mWv VZ 2019 durch G v. 11.12.2018 (BGBl. I S. 2338); zur Anwendung siehe § 52 Abs. 45a Satz 2.

[3] Nr. **17**.

[4] § 49 Abs. 1 Nr. 2 Buchst. g angef. mWv VZ 2010 durch G v. 8.12.2010 (BGBl. I S. 1768).

b)[1] aus inländischen öffentlichen Kassen einschließlich der Kassen des Bundeseisenbahnvermögens und der Deutschen Bundesbank mit Rücksicht auf ein gegenwärtiges oder früheres Dienstverhältnis gewährt werden, ohne dass ein Zahlungsanspruch gegenüber der inländischen öffentlichen Kasse bestehen muss; dies gilt nicht, wenn das Dienstverhältnis im Tätigkeitsstaat oder einem anderen ausländischen Staat begründet wurde, der Arbeitnehmer keinen inländischen Wohnsitz oder gewöhnlichen Aufenthalt auf Grund des Dienstverhältnisses oder eines vorangegangenen vergleichbaren Dienstverhältnisses aufgegeben hat und mit dem Tätigkeitsstaat kein Abkommen zur Vermeidung der Doppelbesteuerung besteht,

c) als Vergütung für eine Tätigkeit als Geschäftsführer, Prokurist oder Vorstandsmitglied einer Gesellschaft mit Geschäftsleitung im Inland bezogen werden,

d) als Entschädigung im Sinne des § 24 Nummer 1 für die Auflösung eines Dienstverhältnisses gezahlt werden, soweit die für die zuvor ausgeübte Tätigkeit bezogenen Einkünfte der inländischen Besteuerung unterlegen haben,

e) an Bord eines im internationalen Luftverkehr eingesetzten Luftfahrzeugs ausgeübt wird, das von einem Unternehmen mit Geschäftsleitung im Inland betrieben wird;

5. Einkünfte aus Kapitalvermögen im Sinne des

a)[2] § 20 Absatz 1 Nummer 1, 2, 4, 6 und 9, wenn

aa) der Schuldner Wohnsitz, Geschäftsleitung oder Sitz im Inland hat,

bb) in den Fällen des § 20 Absatz 1 Nummer 1 Satz 4 der Emittent der Aktien Geschäftsleitung oder Sitz im Inland hat oder

cc) es sich um Fälle des § 44 Absatz 1 Satz 4 Nummer 1 Buchstabe a Doppelbuchstabe bb handelt;

dies gilt auch für Erträge aus Wandelanleihen und Gewinnobligationen,

b)[3] *(aufgehoben)*

c)[4] § 20 Absatz 1 Nummer 5 und 7, wenn

aa) das Kapitalvermögen durch inländischen Grundbesitz, durch inländische Rechte, die den Vorschriften des bürgerlichen Rechts über Grundstücke unterliegen, oder durch Schiffe, die in ein inländisches Schiffsregister eingetragen sind, unmittelbar oder mittelbar gesichert ist. [2] Ausgenommen sind Zinsen aus Anleihen und Forderungen, die in ein öffentliches Schuldbuch eingetragen oder über die Sammelurkunden im Sinne des § 9a des Depotgesetzes oder Teilschuldverschreibungen, soweit es sich nicht um

---

[1] § 49 Abs. 1 Nr. 4 Buchst. b 2. HS angef. mWv VZ 2020 durch G v. 12.12.2019 (BGBl. I S. 2451).

[2] § 49 Abs. 1 Nr. 5 Buchst. a neu gef. mWv VZ 2020 durch G v. 12.12.2019 (BGBl. I S. 2451).

[3] § 49 Abs. 1 Nr. 5 Buchst. b aufgeh. durch G v. 19.7.2016 (BGBl. I S. 1730).

[4] § 49 Abs. 1 Nr. 5 Buchst. c Doppelbuchst. aa Satz 2 geänd. mWv VZ 2020 durch G v. 12.12.2019 (BGBl. I S. 2451).

Wandelanleihen oder Gewinnobligationen handelt, ausgegeben sind, oder

bb) das Kapitalvermögen aus Genussrechten besteht, die nicht in § 20 Absatz 1 Nummer 1 genannt sind,

d)[1] § 43 Absatz 1 Satz 1 Nummer 7 Buchstabe a, Nummer 9 und 10 sowie Satz 2, wenn sie von einem Schuldner oder von einem inländischen Kreditinstitut oder einem inländischen Finanzdienstleistungsinstitut oder einem inländischen Wertpapierinstitut im Sinne des § 43 Absatz 1 Satz 1 Nummer 7 Buchstabe b einem anderen als einem ausländischen Kreditinstitut oder einem ausländischen Finanzdienstleistungsinstitut oder einem ausländischen Wertpapierinstitut

aa) gegen Aushändigung der Zinsscheine ausgezahlt oder gutgeschrieben werden und die Teilschuldverschreibungen nicht von dem Schuldner, dem inländischen Kreditinstitut, dem inländischen Finanzdienstleistungsinstitut oder dem inländischen Wertpapierinstitut verwahrt werden oder

bb) gegen Übergabe der Wertpapiere ausgezahlt oder gutgeschrieben werden und diese vom Kreditinstitut weder verwahrt noch verwaltet werden.

[2] § 20 Absatz 3 gilt entsprechend;

6. Einkünfte aus Vermietung und Verpachtung (§ 21), soweit sie nicht zu den Einkünften im Sinne der Nummern 1 bis 5 gehören, wenn das unbewegliche Vermögen, die Sachinbegriffe oder Rechte im Inland belegen oder in ein inländisches öffentliches Buch oder Register eingetragen sind oder in einer inländischen Betriebsstätte oder in einer anderen Einrichtung verwertet werden;

7.[2] sonstige Einkünfte im Sinne des § 22 Nummer 1 Satz 3 Buchstabe a, die von den inländischen gesetzlichen Rentenversicherungsträgern, der inländischen landwirtschaftlichen Alterskasse, den inländischen berufsständischen Versorgungseinrichtungen, den inländischen Versicherungsunternehmen oder sonstigen inländischen Zahlstellen gewährt werden; dies gilt entsprechend für Leibrenten und andere Leistungen ausländischer Zahlstellen, wenn die Beiträge, die den Leistungen zugrunde liegen, nach § 10 Absatz 1 Nummer 2 ganz oder teilweise bei der Ermittlung der Sonderausgaben berücksichtigt wurden;

8. sonstige Einkünfte im Sinne des § 22 Nummer 2, soweit es sich um private Veräußerungsgeschäfte handelt, mit

a) inländischen Grundstücken oder

b) inländischen Rechten, die den Vorschriften des bürgerlichen Rechts über Grundstücke unterliegen;

8a. sonstige Einkünfte im Sinne des § 22 Nummer 4;

---

[1] § 49 Abs. 1 Nr. 5 Buchst. d einl. Satzteil und Doppelbuchst. aa geänd. durch G v. 12.5.2021 (BGBl. I S. 990).

[2] § 49 Abs. 1 Nr. 7 letzter HS angef. mWv VZ 2010 durch G v. 8.4.2010 (BGBl. I S. 386); Nr. 7 geänd. mWv 1.1.2013 durch G v. 12.4.2012 (BGBl. I S. 579).

9. sonstige Einkünfte im Sinne des § 22 Nummer 3, auch wenn sie bei Anwendung dieser Vorschrift einer anderen Einkunftsart zuzurechnen wären, soweit es sich um Einkünfte aus inländischen unterhaltenden Darbietungen, aus der Nutzung beweglicher Sachen im Inland oder aus der Überlassung der Nutzung oder des Rechts auf Nutzung von gewerblichen, technischen, wissenschaftlichen und ähnlichen Erfahrungen, Kenntnissen und Fertigkeiten, zum Beispiel Plänen, Mustern und Verfahren, handelt, die im Inland genutzt werden oder worden sind; dies gilt nicht, soweit es sich um steuerpflichtige Einkünfte im Sinne der Nummern 1 bis 8 handelt;

10.[1] sonstige Einkünfte im Sinne des § 22 Nummer 5; dies gilt auch für Leistungen ausländischer Zahlstellen, soweit die Leistungen bei einem unbeschränkt Steuerpflichtigen zu Einkünften nach § 22 Nummer 5 Satz 1 führen würden oder wenn die Beiträge, die den Leistungen zugrunde liegen, nach § 10 Absatz 1 Nummer 2 ganz oder teilweise bei der Ermittlung der Sonderausgaben berücksichtigt wurden.

[*ab VZ 2022:*

11.[2] Einkünfte aus der Beteiligung an einer Personengesellschaft oder Gemeinschaft, die ihren Sitz oder ihre Geschäftsleitung im Inland hat oder in ein inländisches Register eingetragen ist, soweit diese Einkünfte

a) in dem Staat, in dem der Beteiligte seinen Wohnsitz oder gewöhnlichen Aufenthalt hat, aufgrund einer vom deutschen Recht abweichenden steuerlichen Behandlung der Personengesellschaft oder Gemeinschaft keiner Besteuerung unterliegen,

b) nicht bereits als Einkünfte im Sinne der Nummern 1 bis 10 einer Besteuerung unterliegen und

c) in keinem anderen Staat einer Besteuerung unterliegen.

²Satz 1 gilt nur, wenn dem Beteiligten allein oder zusammen mit ihm nahestehenden Personen im Sinne des § 1 Absatz 2 des Außensteuergesetzes[3], die keiner unbeschränkten Steuerpflicht im Inland nach § 1 Absatz 1 oder nach § 1 des Körperschaftsteuergesetzes unterliegen, mehr als die Hälfte der Stimmrechte oder mehr als die Hälfte der Anteile am Kapital unmittelbar oder mittelbar zuzurechnen sind oder unmittelbar oder mittelbar ein Anspruch auf mehr als die Hälfte des Gewinns oder des Liquidationserlöses der Personengesellschaft oder Gemeinschaft zusteht; eine Beteiligung in diesem Sinne setzt nicht die Stellung als Gesellschafter oder Gemeinschafter voraus. ³Die Sätze 1 und 2 gelten nicht, wenn es sich bei der Personengesellschaft oder Gemeinschaft um einen Altersvorsorgevermögensfonds im Sinne des § 53 des Investmentsteuergesetzes[4] handelt oder die Einkünfte auch bei einer nicht vom deutschen Recht abweichenden Behandlung der Personengesellschaft oder Gemeinschaft im ausländischen Staat keiner Besteuerung unterliegen würden. ⁴Die Besteuerung nach den vorstehenden Sätzen erfolgt ungeachtet der

---

[1] § 49 Abs. 1 Nr. 10 neu gef. mWv VZ 2010 durch G v. 8.4.2010 (BGBl. I S. 386).
[2] § 49 Abs. 1 Nr. 11 angef. **mWv VZ 2022** durch G v. 25.6.2021 (BGBl. I S. 2035).
[3] Nr. **2**.
[4] Nr. **15**.

Bestimmungen eines Abkommens zur Vermeidung der Doppelbesteuerung.]

(2) Im Ausland gegebene Besteuerungsmerkmale bleiben außer Betracht, soweit bei ihrer Berücksichtigung inländische Einkünfte im Sinne des Absatzes 1 nicht angenommen werden könnten.

(3) [1] Bei Schifffahrt- und Luftfahrtunternehmen sind die Einkünfte im Sinne des Absatzes 1 Nummer 2 Buchstabe b mit 5 Prozent der für diese Beförderungsleistungen vereinbarten Entgelte anzusetzen. [2] Das gilt auch, wenn solche Einkünfte durch eine inländische Betriebsstätte oder einen inländischen ständigen Vertreter erzielt werden (Absatz 1 Nummer 2 Buchstabe a). [3] Das gilt nicht in den Fällen des Absatzes 1 Nummer 2 Buchstabe c oder soweit das deutsche Besteuerungsrecht nach einem Abkommen zur Vermeidung der Doppelbesteuerung ohne Begrenzung des Steuersatzes aufrechterhalten bleibt.

(4)[1)] [1] Abweichend von Absatz 1 Nummer 2 sind Einkünfte steuerfrei, die ein beschränkt Steuerpflichtiger mit Wohnsitz oder gewöhnlichem Aufenthalt in einem ausländischen Staat durch den Betrieb eigener oder gecharterter Schiffe oder Luftfahrzeuge aus einem Unternehmen bezieht, dessen Geschäftsleitung sich in dem ausländischen Staat befindet. [2] Voraussetzung für die Steuerbefreiung ist, dass dieser ausländische Staat Steuerpflichtigen mit Wohnsitz oder gewöhnlichem Aufenthalt im Geltungsbereich dieses Gesetzes eine entsprechende Steuerbefreiung für derartige Einkünfte gewährt und dass das Bundesministerium für Verkehr und digitale Infrastruktur die Steuerbefreiung nach Satz 1 für verkehrspolitisch unbedenklich erklärt hat.

§ 50 Sondervorschriften für beschränkt Steuerpflichtige. (1)[2)] [1] Beschränkt Steuerpflichtige dürfen Betriebsausgaben (§ 4 Absatz 4 bis 8) oder Werbungskosten (§ 9) nur insoweit abziehen, als sie mit inländischen Einkünften in wirtschaftlichem Zusammenhang stehen. [2] § 32a Absatz 1 ist mit der Maßgabe anzuwenden, dass das zu versteuernde Einkommen um den Grundfreibetrag des § 32a Absatz 1 Satz 2 Nummer 1 erhöht wird; dies gilt bei Einkünften nach § 49 Absatz 1 Nummer 4 nur in Höhe des diese Einkünfte abzüglich der nach Satz 5 abzuziehenden Aufwendungen übersteigenden Teils des Grundfreibetrags. [3] Wenn für das um den Grundfreibetrag erhöhte zu versteuernde Einkommen ein besonderer Steuersatz nach § 32b Absatz 2 oder nach § 2 Absatz 5 des Außensteuergesetzes[3)] gilt, ist dieser auf das zu versteuernde Einkommen anzuwenden. [4] § 10 Absatz 1, 1a Nummer 1, 3 und 4, Absatz 2 bis 6, die §§ 10a, 10c, 16 Absatz 4, die §§ 24b, 32, 32a Absatz 6, die §§ 33, 33a, 33b, 35a und 35c sind nicht anzuwenden. [5] Hiervon abweichend sind bei Arbeitnehmern, die Einkünfte aus nichtselbständiger Arbeit im Sinne des § 49 Absatz 1 Nummer 4 beziehen, § 10 Absatz 1 Nummer 2 Buchstabe a, Nummer 3 und Absatz 3 sowie § 10c anzuwenden, soweit die Aufwendungen

---

[1)] § 49 Abs. 4 Satz 2 geänd. mWv 8.9.2015 durch VO v. 31.8.2015 (BGBl. I S. 1474).

[2)] § 50 Abs. 1 Satz 4 geänd. durch G v. 8.12.2010 (BGBl. I S. 1768); Satz 3 neu gef., Satz 4 geänd. durch G v. 1.11.2011 (BGBl. I S. 2131); Satz 2 2. HS neu gef., Satz 4 geänd. mWv 14.12.2011 durch G v. 7.12.2011 (BGBl. I S. 2592); Satz 3 neu gef. mWv VZ 2017 durch G v. 20.12.2016 (BGBl. I S. 3000); Satz 3 geänd. mWv VZ 2020 durch G v. 21.12.2019 (BGBl. I S. 2886); Satz 3 eingef., bish. Sätze 3 bis 5 werden Sätze 4 bis 6 durch G v. 21.12.2020 (BGBl. I S. 3096); zur Anwendung siehe § 52 Abs. 46 Satz 1; Satz 2 geänd. durch G v. 2.6.2021 (BGBl. I S. 1259); zur Anwendung siehe § 52 Abs. 46 Satz 5.

[3)] Nr. **2**.

auf die Zeit entfallen, in der Einkünfte im Sinne des § 49 Absatz 1 Nummer 4 erzielt wurden und die Einkünfte nach § 49 Absatz 1 Nummer 4 nicht übersteigen. 6 Die Jahres- und Monatsbeträge der Pauschalen nach § 9a Satz 1 Nummer 1 und § 10c ermäßigen sich zeitanteilig, wenn Einkünfte im Sinne des § 49 Absatz 1 Nummer 4 nicht während eines vollen Kalenderjahres oder Kalendermonats zugeflossen sind.

(1a)[1] 1 Abweichend von Absatz 1 Satz 4 ist § 10 Absatz 1 Nummer 2 Buchstabe a sowie Absatz 2 und 3 auf Beiträge an berufsständische Versorgungseinrichtungen anzuwenden, wenn eine gesetzliche Pflichtmitgliedschaft in der Versorgungseinrichtung besteht, die auf einer für die inländische Berufsausübung erforderlichen Zulassung beruht. 2 Dies gilt nur für Staatsangehörige

1. eines Mitgliedstaates der Europäischen Union oder eines Staates, auf den das Abkommen über den Europäischen Wirtschaftsraum Anwendung findet, und die im Hoheitsgebiet eines dieser Staaten oder der Schweiz ihren Wohnsitz oder gewöhnlichen Aufenthalt haben, sowie
2. der Schweizerischen Eidgenossenschaft, die ihren Wohnsitz oder gewöhnlichen Aufenthalt im Hoheitsgebiet eines Mitgliedstaates der Europäischen Union oder der Schweiz haben.

3 Die Beiträge können nur als Sonderausgaben abgezogen werden, soweit sie in unmittelbarem wirtschaftlichem Zusammenhang mit inländischen Einkünften nach § 49 Absatz 1 Nummer 2 oder 3 stehen, die aus der durch die Zulassung ermöglichten Berufsausübung erzielt werden. 4 Der Abzug der Beiträge erfolgt entsprechend dem Anteil der inländischen Einkünfte im Sinne des Satzes 3 an dem Gesamtbetrag der positiven in- und ausländischen Einkünfte aus der durch die Zulassung ermöglichten Berufsausübung. 5 Der Abzug der Beiträge ist ausgeschlossen, soweit sie im Rahmen der Einkommensbesteuerung des Steuerpflichtigen in einem Staat, in dem er seinen Wohnsitz oder gewöhnlichen Aufenthalt hat, abgezogen worden sind oder sie die Einkünfte nach Satz 3 übersteigen.

(2)[2] 1 Die Einkommensteuer für Einkünfte, die dem Steuerabzug vom Arbeitslohn oder vom Kapitalertrag oder dem Steuerabzug auf Grund des § 50a unterliegen, gilt bei beschränkt Steuerpflichtigen durch den Steuerabzug als abgegolten. 2 Satz 1 gilt nicht

1. für Einkünfte eines inländischen Betriebs;
2.[3] wenn nachträglich festgestellt wird, dass die Voraussetzungen der unbeschränkten Einkommensteuerpflicht im Sinne des § 1 Absatz 2 oder Absatz 3 oder des § 1a nicht vorgelegen haben; § 39 Absatz 7 ist sinngemäß anzuwenden;
3. in Fällen des § 2 Absatz 7 Satz 3;
4. für Einkünfte aus nichtselbständiger Arbeit im Sinne des § 49 Absatz 1 Nummer 4,

---

[1] § 50 Abs. 1a eingef. mWv VZ 2021 durch G v. 21.12.2020 (BGBl. I S. 3096); zur Anwendung siehe § 52 Abs. 46 Satz 2.

[2] § 50 Abs. 2 Sätze 3 und 6 geänd. mWv 1.1.2012 durch G v. 7.12.2011 (BGBl. I S. 2592); Satz 6 geänd. mWv VZ 2020 durch G v. 12.12.2019 (BGBl. I S. 2451); Sätze 9 und 10 angef. mWv VZ 2021 durch G v. 21.12.2020 (BGBl. I S. 3096).

[3] § 50 Abs. 2 Satz 2 Nr. 2 geänd. mWv 1.1.2012 durch G v. 7.12.2011 (BGBl. I S. 2592).

a)[1] wenn als Lohnsteuerabzugsmerkmal ein Freibetrag nach § 39a Absatz 4 gebildet worden ist und der im Kalenderjahr insgesamt erzielte Arbeitslohn *12 250 Euro* [***ab VZ 2022:*** 12 550 Euro] übersteigt,

b) wenn die Veranlagung zur Einkommensteuer beantragt wird (§ 46 Absatz 2 Nummer 8) oder

c)[2] in den Fällen des § 46 Absatz 2 Nummer 2, 5 und 5a;

5.[3] für Einkünfte im Sinne des § 50a Absatz 1 Nummer 1, 2 und 4, wenn die Veranlagung zur Einkommensteuer beantragt wird;

6.[4] für Einkünfte aus Kapitalvermögen im Sinne des § 49 Absatz 1 Nummer 5 Satz 1 Buchstabe a, auf die § 20 Absatz 1 Nummer 6 Satz 2 anzuwenden ist, wenn die Veranlagung zur Einkommensteuer beantragt wird.

³ In den Fällen des Satzes 2 Nummer 4 erfolgt die Veranlagung durch das Betriebsstättenfinanzamt, das nach § 39 Absatz 2 Satz 2 oder Satz 4 für die Bildung und die Änderung der Lohnsteuerabzugsmerkmale zuständig ist. ⁴ Bei mehreren Betriebsstättenfinanzämtern ist das Betriebsstättenfinanzamt zuständig, in dessen Bezirk der Arbeitnehmer zuletzt beschäftigt war. ⁵ Bei Arbeitnehmern mit Steuerklasse VI ist das Betriebsstättenfinanzamt zuständig, in dessen Bezirk der Arbeitnehmer zuletzt unter Anwendung der Steuerklasse I beschäftigt war. ⁶ Hat der Arbeitgeber für den Arbeitnehmer keine elektronischen Lohnsteuerabzugsmerkmale (§ 39e Absatz 4 Satz 2) abgerufen und wurde keine Bescheinigung für den Lohnsteuerabzug nach § 39 Absatz 3 oder § 39e Absatz 7 Satz 5 ausgestellt, ist das Betriebsstättenfinanzamt zuständig, in dessen Bezirk der Arbeitnehmer zuletzt beschäftigt war. ⁷ Satz 2 Nummer 4 Buchstabe b und Nummer 5 gilt nur für Staatsangehörige eines Mitgliedstaats der Europäischen Union oder eines anderen Staates, auf den das Abkommen über den Europäischen Wirtschaftsraum Anwendung findet, die im Hoheitsgebiet eines dieser Staaten ihren Wohnsitz oder gewöhnlichen Aufenthalt haben. ⁸ In den Fällen des Satzes 2 Nummer 5 erfolgt die Veranlagung durch das Bundeszentralamt für Steuern.[5] ⁹ In den Fällen des Satzes 2 Nummer 6 ist für die Besteuerung des Gläubigers nach dem Einkommen das Finanzamt zuständig, das auch für die Besteuerung des Schuldners nach dem Einkommen zuständig ist; bei mehreren Schuldnern ist das Finanzamt zuständig, das für den Schuldner, dessen Leistung dem Gläubiger im Veranlagungszeitraum zuerst zufloss, zuständig ist. ¹⁰ Werden im Rahmen einer Veranlagung Einkünfte aus nichtselbständiger Arbeit im Sinne des § 49 Absatz 1 Nummer 4 bei der Ermittlung des zu versteuernden Einkommens berücksichtigt, gilt § 46 Absatz 3 und 5 entsprechend.

---

[1] § 50 Abs. 2 Satz 2 Nr. 4 Buchst. a neu gef. mWv 1.1.2012 durch G v. 7.12.2011 (BGBl. I S. 2592); geänd. durch G v. 12.12.2019 (BGBl. I S. 2451); geänd. mWv VZ 2021 und **mWv VZ 2022** durch G v. 1.12.2020 (BGBl. I S. 2616).

[2] § 50 Abs. 2 Satz 2 Nr. 4 Buchst. c angef. mWv VZ 2020 durch G v. 12.12.2019 (BGBl. I S. 2451).

[3] Zuständig für die Durchführung der Veranlagung nach § 50 Abs. 2 Satz 2 Nr. 5 ist für nach dem 31.12.2013 zufließende Vergütungen das Bundeszentralamt für Steuern (§ 1 Nr. 2 VO v. 24.6.2013, BGBl. I S. 1679).

[4] § 50 Abs. 2 Satz 2 Nr. 6 angef. mWv VZ 2017 durch G v. 12.12.2019 (BGBl. I S. 2451); zur Anwendung siehe § 52 Abs. 46 Satz 3; geänd. durch G v. 21.12.2020 (BGBl. I S. 3096).

[5] Zur Anwendung von § 50 Abs. 2 Satz 8 siehe § 52 Abs. 46; § 50 Abs. 2 Satz 8 ist erstmals für Vergütungen anzuwenden, die nach dem 31.12.2013 zufließen (§ 2 Abs. 1 VO v. 24.6.2013, BGBl. I S. 1679).

(3) § 34c Absatz 1 bis 3 ist bei Einkünften aus Land- und Forstwirtschaft, Gewerbebetrieb oder selbständiger Arbeit, für die im Inland ein Betrieb unterhalten wird, entsprechend anzuwenden, soweit darin nicht Einkünfte aus einem ausländischen Staat enthalten sind, mit denen der beschränkt Steuerpflichtige dort in einem der unbeschränkten Steuerpflicht ähnlichen Umfang zu einer Steuer vom Einkommen herangezogen wird.

(4)[1] Die obersten Finanzbehörden der Länder oder die von ihnen beauftragten Finanzbehörden können mit Zustimmung des Bundesministeriums der Finanzen die Einkommensteuer bei beschränkt Steuerpflichtigen ganz oder zum Teil erlassen oder in einem Pauschbetrag festsetzen, wenn dies im besonderen öffentlichen Interesse liegt; ein besonderes öffentliches Interesse besteht

1. an der inländischen Veranstaltung international bedeutsamer kultureller und sportlicher Ereignisse, um deren Ausrichtung ein internationaler Wettbewerb stattfindet, oder
2. am inländischen Auftritt einer ausländischen Kulturvereinigung, wenn ihr Auftritt wesentlich aus öffentlichen Mitteln gefördert wird.

§ 50a Steuerabzug bei beschränkt Steuerpflichtigen. (1)[2] Die Einkommensteuer wird bei beschränkt Steuerpflichtigen im Wege des Steuerabzugs erhoben

1. bei Einkünften, die durch im Inland ausgeübte künstlerische, sportliche, artistische, unterhaltende oder ähnliche Darbietungen erzielt werden, einschließlich der Einkünfte aus anderen mit diesen Leistungen zusammenhängenden Leistungen, unabhängig davon, wem die Einkünfte zufließen (§ 49 Absatz 1 Nummer 2 bis 4 und 9), es sei denn, es handelt sich um Einkünfte aus nichtselbständiger Arbeit, die bereits dem Steuerabzug vom Arbeitslohn nach § 38 Absatz 1 Satz 1 Nummer 1 unterliegen,
2. bei Einkünften aus der inländischen Verwertung von Darbietungen im Sinne der Nummer 1 (§ 49 Absatz 1 Nummer 2 bis 4 und 6),
3.[3] bei Einkünften, die aus Vergütungen für die Überlassung der Nutzung oder des Rechts auf Nutzung von Rechten, insbesondere von Urheberrechten und gewerblichen Schutzrechten, von gewerblichen, technischen, wissenschaftlichen und ähnlichen Erfahrungen, Kenntnissen und Fertigkeiten, zum Beispiel Plänen, Mustern und Verfahren, herrühren, sowie bei Einkünften, die aus der Verschaffung der Gelegenheit erzielt werden, einen Berufssportler über einen begrenzten Zeitraum vertraglich zu verpflichten (§ 49 Absatz 1 Nummer 2, 3, 6 und 9),
4.[4] bei Einkünften, die Mitgliedern des Aufsichtsrats, Verwaltungsrats oder anderen mit der Überwachung der Geschäftsführung von Körperschaften, Personenvereinigungen und Vermögensmassen im Sinne des § 1 des Körperschaftsteuergesetzes beauftragten Personen sowie von anderen inländi-

[1] § 50 Abs. 4 Nr. 1 und 2 geänd. durch G v. 8.12.2010 (BGBl. I S. 1768); einl. Satzteil geänd. durch G v. 2.11.2015 (BGBl. I S. 1834); zur Anwendung siehe § 52 Abs. 46 Satz 4.

[2] Zuständig für die Durchführung des Steuerabzugsverfahrens nach § 50a Abs. 1 ist für nach dem 31.12.2013 zufließende Vergütungen das Bundeszentralamt für Steuern (§ 1 Nr. 1 VO v. 24.6.2013, BGBl. I S. 1679).

[3] § 50a Abs. 1 Nr. 3 neu gef. mWv VZ 2010 durch G v. 8.12.2010 (BGBl. I S. 1768).

[4] § 50a Abs. 1 Nr. 4 geänd. durch G v. 12.12.2019 (BGBl. I S. 2451).

schen Personenvereinigungen des privaten und öffentlichen Rechts, bei denen die Gesellschafter nicht als Unternehmer (Mitunternehmer) anzusehen sind, für die Überwachung der Geschäftsführung gewährt werden (§ 49 Absatz 1 Nummer 3).

(2) [1] Der Steuerabzug beträgt 15 Prozent, in den Fällen des Absatzes 1 Nummer 4 beträgt er 30 Prozent der gesamten Einnahmen. [2] Vom Schuldner der Vergütung ersetzte oder übernommene Reisekosten gehören nur insoweit zu den Einnahmen, als die Fahrt- und Übernachtungsauslagen die tatsächlichen Kosten und die Vergütungen für Verpflegungsmehraufwand die Pauschbeträge nach § 4 Absatz 5 Satz 1 Nummer 5 übersteigen. [3] Bei Einkünften im Sinne des Absatzes 1 Nummer 1 wird ein Steuerabzug nicht erhoben, wenn die Einnahmen je Darbietung 250 Euro nicht übersteigen.

(3) [1] Der Schuldner der Vergütung kann von den Einnahmen in den Fällen des Absatzes 1 Nummer 1, 2 und 4 mit ihnen in unmittelbarem wirtschaftlichem Zusammenhang stehende Betriebsausgaben oder Werbungskosten abziehen, die ihm ein beschränkt Steuerpflichtiger in einer für das Bundeszentralamt für Steuern[1)] nachprüfbaren Form nachgewiesen hat oder die vom Schuldner der Vergütung übernommen worden sind. [2] Das gilt nur, wenn der beschränkt Steuerpflichtige Staatsangehöriger eines Mitgliedstaats der Europäischen Union oder eines anderen Staates ist, auf den das Abkommen über den Europäischen Wirtschaftsraum Anwendung findet, und im Hoheitsgebiet eines dieser Staaten seinen Wohnsitz oder gewöhnlichen Aufenthalt hat. [3] Es gilt entsprechend bei einer beschränkt steuerpflichtigen Körperschaft, Personenvereinigung oder Vermögensmasse im Sinne des § 32 Absatz 4 des Körperschaftsteuergesetzes[2)]. [4] In diesen Fällen beträgt der Steuerabzug von den nach Abzug der Betriebsausgaben oder Werbungskosten verbleibenden Einnahmen (Nettoeinnahmen), wenn

1. Gläubiger der Vergütung eine natürliche Person ist, 30 Prozent,
2. Gläubiger der Vergütung eine Körperschaft, Personenvereinigung oder Vermögensmasse ist, 15 Prozent.

(4)[3)] [1] Hat der Gläubiger einer Vergütung seinerseits Steuern für Rechnung eines anderen beschränkt steuerpflichtigen Gläubigers einzubehalten (zweite Stufe), kann er vom Steuerabzug absehen, wenn seine Einnahmen bereits dem Steuerabzug nach Absatz 2 unterlegen haben. [2] Wenn der Schuldner der Vergütung auf zweiter Stufe Betriebsausgaben oder Werbungskosten nach Absatz 3 geltend macht, die Veranlagung nach § 50 Absatz 2 Satz 2 Nummer 5 beantragt oder die Erstattung der Abzugsteuer nach § 50c Absatz 3 oder einer anderen Vorschrift beantragt, hat er die sich nach Absatz 2 oder Absatz 3 ergebende Steuer zu diesem Zeitpunkt zu entrichten; Absatz 5 gilt entsprechend.

(5)[4)] [1] Die Steuer entsteht in dem Zeitpunkt, in dem die Vergütung dem Gläubiger zufließt. [2] In diesem Zeitpunkt hat der Schuldner der Vergütung den Steuerabzug für Rechnung des Gläubigers (Steuerschuldner) vorzunehmen.

[1)] Zur Anwendung von § 50a Abs. 3 Satz 1 siehe § 52 Abs. 47; § 50a Abs. 3 ist erstmals für Vergütungen anzuwenden, die nach dem 31.12.2013 zufließen (§ 2 Abs. 2 VO v. 24.6.2013, BGBl. I S. 1679).

[2)] Nr. **17**.

[3)] § 50a Abs. 4 Satz 2 geänd. durch G v. 2.6.2021 (BGBl. I S. 1259).

[4)] § 50a Abs. 5 Satz 3 neu gef., Satz 4 eingef., bish. Sätze 4 bis 6 werden Sätze 5 bis 7 mWv VZ 2020 durch G v. 2.6.2021 (BGBl. I S. 1259).

[3] Er hat die innerhalb eines Kalendervierteljahres einzubehaltende Steuer jeweils bis zum zehnten des dem Kalendervierteljahr folgenden Monats beim Bundeszentralamt für Steuern anzumelden und die einbehaltene Steuer an das Bundeszentralamt für Steuern abzuführen. [4] Eine Anmeldungsverpflichtung beim Bundeszentralamt für Steuern besteht auch, wenn ein Steuerabzug auf Grund des Absatzes 2 Satz 3 oder des Absatzes 4 Satz 1 nicht vorzunehmen ist oder auf Grund des § 50c Absatz 2 nicht oder nicht in voller Höhe vorzunehmen ist; Satz 3 gilt insoweit entsprechend. [5] Der Schuldner der Vergütung haftet für die Einbehaltung und Abführung der Steuer. [6] Der Steuerschuldner kann in Anspruch genommen werden, wenn der Schuldner der Vergütung den Steuerabzug nicht vorschriftsmäßig vorgenommen hat. [7] Der Schuldner der Vergütung ist verpflichtet, dem Gläubiger auf Verlangen die folgenden Angaben nach amtlich vorgeschriebenem Muster zu bescheinigen:

1. den Namen und die Anschrift des Gläubigers,
2. die Art der Tätigkeit und Höhe der Vergütung in Euro,
3. den Zahlungstag,
4. den Betrag der einbehaltenen und abgeführten Steuer nach Absatz 2 oder Absatz 3.
5.[1] *(aufgehoben)*

(6) Die Bundesregierung kann durch Rechtsverordnung mit Zustimmung des Bundesrates bestimmen, dass bei Vergütungen für die Nutzung oder das Recht auf Nutzung von Urheberrechten (Absatz 1 Nummer 3), die nicht unmittelbar an den Gläubiger, sondern an einen Beauftragten geleistet werden, anstelle des Schuldners der Vergütung der Beauftragte die Steuer einzubehalten und abzuführen hat und für die Einbehaltung und Abführung haftet.

(7)[2] [1] Das Finanzamt des Vergütungsgläubigers kann anordnen, dass der Schuldner der Vergütung für Rechnung des Gläubigers (Steuerschuldner) die Einkommensteuer von beschränkt steuerpflichtigen Einkünften, soweit diese nicht bereits dem Steuerabzug unterliegen, im Wege des Steuerabzugs einzubehalten und abzuführen hat, wenn dies zur Sicherung des Steueranspruchs zweckmäßig ist. [2] Der Steuerabzug beträgt 25 Prozent der gesamten Einnahmen, bei Körperschaften, Personenvereinigungen oder Vermögensmassen 15 Prozent der gesamten Einnahmen; das Finanzamt kann die Höhe des Steuerabzugs hiervon abweichend an die voraussichtlich geschuldete Steuer anpassen. [3] Absatz 5 gilt entsprechend mit der Maßgabe, dass die Steuer bei dem Finanzamt anzumelden und abzuführen ist, das den Steuerabzug angeordnet hat; das Finanzamt kann anordnen, dass die innerhalb eines Monats einbehaltene Steuer jeweils bis zum zehnten des Folgemonats anzumelden und abzuführen ist. [4] § 50 Absatz 2 Satz 1 ist nicht anzuwenden. [5] Ist für Einkünfte im Sinne des § 49 Absatz 1 Nummer 7 und 10 der Steuerabzug einbehalten und abgeführt worden, obwohl eine Verpflichtung hierzu nicht bestand, ist auf Antrag des Schuldners der Vergütung die Anmeldung über den Steuerabzug insoweit zu ändern; stattdessen kann der Schuldner der Vergütung, sobald er erkennt, dass er den Steuerabzug ohne Verpflichtung einbehalten und abgeführt hat, bei der

---

[1] § 50a Abs. 5 Satz 6 (jetzt: Satz 7) Nr. 5 aufgeh. durch G v. 10.8.2009 (BGBl. I S. 2702); zur Anwendung siehe § 52 Abs. 47.

[2] § 50a Abs. 7 Satz 2 neu gef., Satz 3 geänd. durch G v. 25.7.2014 (BGBl. I S. 1266); zur Anwendung siehe § 52 Abs. 47 Satz 2; Sätze 5 bis 7 angef. mWv VZ 2021 durch G v. 21.12.2020 (BGBl. I S. 3096).

folgenden Steueranmeldung den abzuführenden Steuerabzug entsprechend kürzen; erstattungsberechtigt ist der Schuldner der Vergütung; die nach Absatz 5 Satz 6 erteilte Bescheinigung ist durch eine berichtigte Bescheinigung zu ersetzen und im Fall der Übermittlung in Papierform zurückzufordern. [6]Die Anrechnung der durch Steuerabzug erhobenen Einkommensteuer nach § 36 Absatz 2 Nummer 2 Buchstabe a richtet sich nach der Höhe der in der Rentenbezugsmitteilung nach § 22a ausgewiesenen einbehaltenen Steuerabzugsbeträge. [7]Wird eine Rentenbezugsmitteilung wegen einbehaltener Steuerabzugsbeträge korrigiert, ist die Anrechnung insoweit nachzuholen oder zu ändern.

IX. Sonstige Vorschriften, Bußgeld-, Ermächtigungs- und Schlussvorschriften

§ 50b Prüfungsrecht. [1]Die Finanzbehörden sind berechtigt, Verhältnisse, die für die Anrechnung oder Vergütung von Körperschaftsteuer, für die Anrechnung oder Erstattung von Kapitalertragsteuer, für die Nichtvornahme des Steuerabzugs, für die Ausstellung der Jahresbescheinigung nach § 24c oder für die Mitteilungen an das Bundeszentralamt für Steuern nach § 45e von Bedeutung sind oder der Aufklärung bedürfen, bei den am Verfahren Beteiligten zu prüfen. [2]Die §§ 193 bis 203 der Abgabenordnung[1)] gelten sinngemäß.

§ 50c[2)] Entlastung vom Steuerabzug in bestimmten Fällen. (1) [1]Soweit der Besteuerung von Einkünften, die der Kapitalertragsteuer oder dem Steuerabzug nach § 50a unterliegen, der § 43b, der § 50g oder ein Abkommen zur Vermeidung der Doppelbesteuerung entgegenstehen, sind dessen ungeachtet die Vorschriften zur Einbehaltung, Abführung und Anmeldung der Steuer anzuwenden. [2]Der zum Steuerabzug Verpflichtete kann sich vorbehaltlich des Absatzes 2 nicht auf die Rechte des Gläubigers der Kapitalerträge oder Vergütungen aus § 43b, § 50g oder dem Abkommen berufen.

(2)[3)] [1]Der Schuldner der Kapitalerträge oder Vergütungen ist zur Einbehaltung und Abführung der Steuer nicht verpflichtet,

1. soweit dem Gläubiger der Kapitalerträge oder Vergütungen auf dessen Antrag (Freistellungsantrag) vom Bundeszentralamt für Steuern bescheinigt wird, dass § 43b, § 50g oder ein Abkommen zur Vermeidung der Doppelbesteuerung der Besteuerung der Einkünfte entgegensteht (Freistellungsbescheinigung), oder
2. soweit es sich um Einkünfte eines beschränkt Steuerpflichtigen im Sinne des § 50a Absatz 1 Nummer 3 handelt und soweit der Besteuerung der Einkünfte ein Abkommen zur Vermeidung der Doppelbesteuerung entgegensteht; dies gilt nur, wenn die Vergütung zuzüglich der dem beschränkt Steuerpflichtigen in demselben Kalenderjahr vom Schuldner bereits zugeflossenen Vergütungen 5 000 Euro nicht übersteigt.

[2]Der Schuldner ist zur Steueranmeldung auch dann verpflichtet, wenn er gemäß Satz 1 keine Steuer einzubehalten und abzuführen hat. [3]Eine Steueranmeldung kann auf der Grundlage des Satzes 1 nicht geändert werden, es sei

[1)] Nr. **1**.
[2)] § 50c neu gef. durch G v. 2.6.2021 (BGBl. I S. 1259); zur Anwendung siehe § 52 Abs. 47a.
[3)] § 50c Abs. 2 Satz 3 geänd. durch G v. 25.6.2021 (BGBl. I S. 2035).

denn, die Freistellungsbescheinigung ist zum Zeitpunkt der Anmeldung der Steuer noch nicht erteilt worden. 4 Eine Freistellungsbescheinigung ist auf einen Zeitraum von höchstens drei Jahren frühestens ab dem Tag, an dem der Antrag beim Bundeszentralamt für Steuern eingeht, zu befristen und von der Einhaltung der Voraussetzungen ihrer Erteilung während ihrer Geltung abhängig zu machen; sie kann mit weiteren Nebenbestimmungen gemäß § 120 Absatz 2 der Abgabenordnung[1] versehen werden. 5 Eine Freistellungsbescheinigung für die Kapitalertragsteuer auf Grund eines Abkommens zur Vermeidung der Doppelbesteuerung ist nur zu erteilen, wenn der Gläubiger der Kapitalerträge eine Kapitalgesellschaft ist, die im Staat ihrer Ansässigkeit den Steuern vom Einkommen oder Gewinn unterliegt, ohne davon befreit zu sein, und soweit dem Gläubiger Kapitalerträge von einer unbeschränkt steuerpflichtigen Kapitalgesellschaft im Sinne des § 1 Absatz 1 Nummer 1 des Körperschaftsteuergesetzes[2] zufließen, an deren Nennkapital der Gläubiger zu mindestens einem Zehntel unmittelbar beteiligt ist. 6 Über einen Freistellungsantrag ist innerhalb von drei Monaten nach Vorlage aller erforderlichen Nachweise zu entscheiden.

(3) 1 Dem beschränkt steuerpflichtigen Gläubiger der Kapitalerträge oder Vergütungen wird auf seinen fristgemäßen Antrag beim Bundeszentralamt für Steuern (Erstattungsantrag) auf der Grundlage eines Freistellungsbescheides die gemäß Absatz 1 Satz 1 einbehaltene und abgeführte oder auf Grund eines Haftungsbescheids oder Nachforderungsbescheids entrichtete Steuer erstattet, wenn die Steuer nicht nach § 36 Absatz 2 Nummer 2 auf die Einkommensteuer oder die Körperschaftsteuer des Gläubigers angerechnet werden kann. 2 Die Frist für einen Erstattungsantrag beträgt vier Jahre und beginnt mit Ablauf des Kalenderjahres, in dem die Kapitalerträge oder Vergütungen bezogen worden sind; sie endet nicht vor Ablauf eines Jahres seit dem Zeitpunkt der Entrichtung der Steuer und nicht vor Ablauf der im Abkommen zur Vermeidung der Doppelbesteuerung vorgesehenen Frist. 3 Ein Freistellungsbescheid für Kapitalertragsteuer wird nur erteilt, wenn die in § 45a Absatz 2 oder Absatz 3 bezeichnete Bescheinigung vorgelegt wurde oder die Angaben gemäß § 45a Absatz 2a übermittelt wurden; einem Antrag auf Erstattung der nach § 50a entrichteten Steuer ist die Bescheinigung nach § 50a Absatz 5 Satz 6 beizufügen. 4 Hat der Gläubiger nach § 50a Absatz 5 Steuern für Rechnung anderer beschränkt steuerpflichtiger Gläubiger einzubehalten, kann die Auszahlung des Erstattungsanspruchs davon abhängig gemacht werden, dass er die Zahlung der von ihm einzubehaltenden Steuer nachweist, hierfür Sicherheit leistet oder unwiderruflich die Zustimmung zur Verrechnung seines Erstattungsanspruchs mit dem Steueranspruch nach § 50a Absatz 5 Satz 3 erklärt.

(4) 1 Ein nach Absatz 3 in Verbindung mit § 50g zu erstattender Betrag ist nach Maßgabe der §§ 238 und 239 der Abgabenordnung zu verzinsen. 2 Die Festsetzungsfrist beginnt mit Ablauf des Kalenderjahres, in dem der Freistellungsbescheid erlassen, aufgehoben oder nach § 129 der Abgabenordnung berichtigt worden ist. 3 Der Zinslauf beginnt zwölf Monate nach Ablauf des Monats, in dem der Erstattungsantrag und alle für die Entscheidung erforderlichen Nachweise vorliegen, frühestens am Tag der Entrichtung der Steuer. 4 Der

---

[1] Nr. **1**.
[2] Nr. **17**.

Zinslauf endet mit Ablauf des Tages, an dem der Freistellungsbescheid wirksam wird. [5] § 233a Absatz 5 der Abgabenordnung gilt sinngemäß.

(5) [1] Der Freistellungsantrag und der Erstattungsantrag sind nach amtlich vorgeschriebenem Datensatz über die amtlich bestimmte Schnittstelle zu übermitteln. [2] Der Antragsteller hat durch eine Bestätigung der für ihn zuständigen Steuerbehörde des anderen Staates nachzuweisen, dass er dort ansässig ist oder in den Fällen des § 43b Absatz 1 Satz 1 zweite Alternative oder des § 50g Absatz 1 Satz 1 letzte Alternative dort eine Betriebsstätte hat. [3] Zur Vermeidung unbilliger Härten kann das Bundeszentralamt für Steuern auf Antrag auf eine Übermittlung gemäß Satz 1 verzichten; in diesem Fall ist der Freistellungsantrag oder der Erstattungsantrag nach amtlich vorgeschriebenem Vordruck zu stellen. [4] Die Entscheidung über einen Freistellungsantrag und die Entscheidung über einen Erstattungsantrag werden zum Datenabruf über die amtlich bestimmte Schnittstelle bereitgestellt, es sei denn, der Antrag war nach amtlich vorgeschriebenem Vordruck zu stellen; § 122a Absatz 3 und 4 der Abgabenordnung ist entsprechend anzuwenden.

§ 50d[1)] Anwendung von Abkommen zur Vermeidung der Doppelbesteuerung.

(1–2)[2)] *(aufgehoben)*

[alte Fassung:[3)]]

(3) [1] Eine ausländische Gesellschaft hat keinen Anspruch auf völlige oder teilweise Entlastung nach Absatz 1 oder Absatz 2, soweit Personen an ihr beteiligt sind, denen die Erstattung oder Freistellung nicht zustände, wenn sie die Einkünfte unmittelbar erzielten, und die von der ausländischen Gesellschaft im betreffenden Wirtschaftsjahr erzielten Bruttoerträge nicht aus eigener Wirtschaftstätigkeit stammen, sowie

1. in Bezug auf diese Erträge für die Einschaltung der ausländischen Gesellschaft wirtschaftliche oder sonst beachtliche Gründe fehlen oder
2. die ausländische Gesellschaft nicht mit einem für ihren Geschäftszweck angemessen eingerichteten Geschäftsbetrieb am allgemeinen wirtschaftlichen Verkehr teilnimmt.

[2] Maßgebend sind ausschließlich die Verhältnisse der ausländischen Gesell-

[neue Fassung:[4)]]

(3) [1] Eine Körperschaft, Personenvereinigung oder Vermögensmasse hat auf der Grundlage eines Abkommens zur Vermeidung der Doppelbesteuerung keinen Anspruch auf Entlastung von der Kapitalertragsteuer und vom Steuerabzug nach § 50a, soweit

1. Personen an ihr beteiligt oder durch die Satzung, das Stiftungsgeschäft oder die sonstige Verfassung begünstigt sind, denen dieser Anspruch nicht zustünde, wenn sie die Einkünfte unmittelbar erzielten, und
2. die Einkunftsquelle keinen wesentlichen Zusammenhang mit einer Wirtschaftstätigkeit dieser Körperschaft, Personenvereinigung oder Vermögensmasse aufweist; das Erzielen der Einkünfte, deren Weiterleitung an beteiligte oder begünstigte Personen sowie eine Tätigkeit,

---

[1)] § 50d Überschrift neu gef. durch G v. 2.6.2021 (BGBl. I S. 1259).

[2)] § 50d Abs. 1 bis 2 aufgeh. durch G v. 2.6.2021 (BGBl. I S. 1259).

[3)] § 50d Abs. 3 Satz 1 neu gef., Satz 4 eingef., bish. Satz 4 wird Satz 5 mWv 1.1.2012 durch G v. 7.12.2011 (BGBl. I S. 2592).

[4)] § 50d Abs. 3 neu gef. durch G v. 2.6.2021 (BGBl. I S. 1259); zur Anwendung siehe § 52 Abs. 47b.

[alte Fassung:]

schaft; organisatorische, wirtschaftliche oder sonst beachtliche Merkmale der Unternehmen, die der ausländischen Gesellschaft nahe stehen (§ 1 Absatz 2 des Außensteuergesetzes[1]), bleiben außer Betracht. [3] An einer eigenen Wirtschaftstätigkeit fehlt es, soweit die ausländische Gesellschaft ihre Bruttoerträge aus der Verwaltung von Wirtschaftsgütern erzielt oder ihre wesentlichen Geschäftstätigkeiten auf Dritte überträgt. [4] Die Feststellungslast für das Vorliegen wirtschaftlicher oder sonst beachtlicher Gründe im Sinne von Satz 1 Nummer 1 sowie des Geschäftsbetriebs im Sinne von Satz 1 Nummer 2 obliegt der ausländischen Gesellschaft. [5] Die Sätze 1 bis 3 sind nicht anzuwenden, wenn mit der Hauptgattung der Aktien der ausländischen Gesellschaft ein wesentlicher und regelmäßiger Handel an einer anerkannten Börse stattfindet oder für die ausländische Gesellschaft die Vorschriften des Investmentsteuergesetzes gelten.

[neue Fassung:]

soweit sie mit einem für den Geschäftszweck nicht angemessen eingerichteten Geschäftsbetrieb ausgeübt wird, gelten nicht als Wirtschaftstätigkeit.

[2] Satz 1 findet keine Anwendung, soweit die Körperschaft, Personenvereinigung oder Vermögensmasse nachweist, dass keiner der Hauptzwecke ihrer Einschaltung die Erlangung eines steuerlichen Vorteils ist, oder wenn mit der Hauptgattung der Anteile an ihr ein wesentlicher und regelmäßiger Handel an einer anerkannten Börse stattfindet. [3] § 42 der Abgabenordnung[2] bleibt unberührt.

(4–6)[3] *(aufgehoben)*

(7) Werden Einkünfte im Sinne des § 49 Absatz 1 Nummer 4 aus einer Kasse einer juristischen Person des öffentlichen Rechts im Sinne der Vorschrift eines Abkommens zur Vermeidung der Doppelbesteuerung über den öffentlichen Dienst gewährt, so ist diese Vorschrift bei Bestehen eines Dienstverhältnisses mit einer anderen Person in der Weise auszulegen, dass die Vergütungen für der erstgenannten Person geleistete Dienste gezahlt werden, wenn sie ganz oder im Wesentlichen aus öffentlichen Mitteln aufgebracht werden.

(8) [1] Sind Einkünfte eines unbeschränkt Steuerpflichtigen aus nichtselbständiger Arbeit (§ 19) nach einem Abkommen zur Vermeidung der Doppelbesteuerung von der Bemessungsgrundlage der deutschen Steuer auszunehmen, wird die Freistellung bei der Veranlagung ungeachtet des Abkommens nur gewährt, soweit der Steuerpflichtige nachweist, dass der Staat, dem nach dem Abkommen das Besteuerungsrecht zusteht, auf dieses Besteuerungsrecht verzichtet hat oder dass die in diesem Staat auf die Einkünfte festgesetzten Steuern entrichtet wurden. [2] Wird ein solcher Nachweis erst geführt, nachdem die Einkünfte in eine Veranlagung zur Einkommensteuer einbezogen wurden, ist

[1] Nr. 2.
[2] Nr. 1.
[3] § 50d Abs. 4 bis 6 aufgeh. durch G v. 2.6.2021 (BGBl. I S. 1259).

der Steuerbescheid insoweit zu ändern. [3] § 175 Absatz 1 Satz 2 der Abgabenordnung ist entsprechend anzuwenden.

(9)[1)] [1] Sind Einkünfte eines unbeschränkt Steuerpflichtigen nach einem Abkommen zur Vermeidung der Doppelbesteuerung von der Bemessungsgrundlage der deutschen Steuer auszunehmen, so wird die Freistellung der Einkünfte ungeachtet des Abkommens nicht gewährt, soweit

1. der andere Staat die Bestimmungen des Abkommens so anwendet, dass die Einkünfte in diesem Staat von der Besteuerung auszunehmen sind oder nur zu einem durch das Abkommen begrenzten Steuersatz besteuert werden können,
2. die Einkünfte in dem anderen Staat nur deshalb nicht steuerpflichtig sind, weil sie von einer Person bezogen werden, die in diesem Staat nicht auf Grund ihres Wohnsitzes, ständigen Aufenthalts, des Ortes ihrer Geschäftsleitung, des Sitzes oder eines ähnlichen Merkmals unbeschränkt steuerpflichtig ist, oder
3.[2)] die Einkünfte in dem anderen Staat nur deshalb nicht steuerpflichtig sind, weil sie einer Betriebsstätte in einem anderen Staat zugeordnet werden oder auf Grund einer anzunehmenden schuldrechtlichen Beziehung die steuerliche Bemessungsgrundlage in dem anderen Staat gemindert wird.

[2] Nummer 2 gilt nicht für Dividenden, die nach einem Abkommen zur Vermeidung der Doppelbesteuerung von der Bemessungsgrundlage der deutschen Steuer auszunehmen sind, es sei denn, die Dividenden sind bei der Ermittlung des Gewinns der ausschüttenden Gesellschaft abgezogen worden. [3] Bestimmungen eines Abkommens zur Vermeidung der Doppelbesteuerung sowie Absatz 8 und § 20 Absatz 2 des Außensteuergesetzes bleiben unberührt, soweit sie jeweils die Freistellung von Einkünften in einem weitergehenden Umfang einschränken. [4] Bestimmungen eines Abkommens zur Vermeidung der Doppelbesteuerung, nach denen Einkünfte aufgrund ihrer Behandlung im anderen Vertragsstaat nicht von der Bemessungsgrundlage der deutschen Steuer ausgenommen werden, sind auch auf Teile von Einkünften anzuwenden, soweit die Voraussetzungen der jeweiligen Bestimmung des Abkommens hinsichtlich dieser Einkunftsteile erfüllt sind.

(10)[3)] [1] Sind auf eine Vergütung im Sinne des § 15 Absatz 1 Satz 1 Nummer 2 Satz 1 zweiter Halbsatz und Nummer 3 zweiter Halbsatz die Vorschriften eines Abkommens zur Vermeidung der Doppelbesteuerung anzuwenden und enthält das Abkommen keine solche Vergütungen betreffende ausdrückliche Regelung, gilt die Vergütung für Zwecke der Anwendung des Abkommens zur Vermeidung der Doppelbesteuerung ausschließlich als Teil des Unternehmensgewinns des vergütungsberechtigten Gesellschafters. [2] Satz 1 gilt auch für die durch das Sonderbetriebsvermögen veranlassten Erträge und Aufwendungen. [3] Die Vergütung des Gesellschafters ist ungeachtet der Vorschriften eines Abkommens zur Vermeidung der Doppelbesteuerung über die Zuordnung von Vermögenswerten zu einer Betriebsstätte derjenigen Betriebsstätte der Gesellschaft zuzurechnen, der der Aufwand für die der Vergütung zugrunde liegende Leistung

---

[1)] § 50d Abs. 9 Satz 3 neu gef. durch G v. 26.6.2013 (BGBl. I S. 1809); Satz 1 einl. Satzteil geänd., Satz 4 angef. mWv VZ 2017 durch G v. 20.12.2016 (BGBl. I S. 3000).

[2)] § 50d Abs. 9 Satz 3 Nr. 3 angef. mWv VZ 2021 durch G v. 25.6.2021 (BGBl. I S. 2035).

[3)] § 50d Abs. 10 neu gef. durch G v. 26.6.2013 (BGBl. I S. 1809).

zuzuordnen ist; die in Satz 2 genannten Erträge und Aufwendungen sind der Betriebsstätte zuzurechnen, der die Vergütung zuzuordnen ist. [4]Die Sätze 1 bis 3 gelten auch in den Fällen des § 15 Absatz 1 Satz 1 Nummer 2 Satz 2 sowie in den Fällen des § 15 Absatz 1 Satz 2 entsprechend. [5]Sind Einkünfte im Sinne der Sätze 1 bis 4 einer Person zuzurechnen, die nach einem Abkommen zur Vermeidung der Doppelbesteuerung als im anderen Staat ansässig gilt, und weist der Steuerpflichtige nach, dass der andere Staat die Einkünfte besteuert, ohne die darauf entfallende deutsche Steuer anzurechnen, ist die in diesem Staat nachweislich auf diese Einkünfte festgesetzte und gezahlte und um einen entstandenen Ermäßigungsanspruch gekürzte, der deutschen Einkommensteuer entsprechende, anteilige ausländische Steuer bis zur Höhe der anteilig auf diese Einkünfte entfallenden deutschen Einkommensteuer anzurechnen. [6]Satz 5 gilt nicht, wenn das Abkommen zur Vermeidung der Doppelbesteuerung eine ausdrückliche Regelung für solche Einkünfte enthält. [7]Die Sätze 1 bis 6

1. sind nicht auf Gesellschaften im Sinne des § 15 Absatz 3 Nummer 2 anzuwenden;
2. gelten entsprechend, wenn die Einkünfte zu den Einkünften aus selbständiger Arbeit im Sinne des § 18 gehören; dabei tritt der Artikel über die selbständige Arbeit an die Stelle des Artikels über die Unternehmenseinkünfte, wenn das Abkommen zur Vermeidung der Doppelbesteuerung einen solchen Artikel enthält.

[8]Absatz 9 Satz 1 Nummer 1 bleibt unberührt.

(11)[1)] [1]Sind Dividenden bei einem unbeschränkt steuerpflichtigen Zahlungsempfänger nach einem Abkommen zur Vermeidung der Doppelbesteuerung von der Bemessungsgrundlage der deutschen Steuer auszunehmen, wird die Freistellung ungeachtet des Abkommens nur insoweit gewährt, als die Dividenden nach deutschem Steuerrecht nicht einer anderen Person zuzurechnen sind. [2]Soweit die Dividenden nach deutschem Steuerrecht einer anderen Person zuzurechnen sind, werden sie bei dieser Person freigestellt, wenn sie bei ihr als Zahlungsempfänger nach Maßgabe des Abkommens freigestellt würden.

(11a)[2)] Ist der Gläubiger der Kapitalerträge oder Vergütungen eine Person, der die Kapitalerträge oder Vergütungen nach diesem Gesetz oder nach dem Steuerrecht des anderen Vertragsstaats nicht zugerechnet werden, steht der Anspruch auf völlige oder teilweise Erstattung des Steuerabzugs vom Kapitalertrag oder nach § 50a auf Grund eines Abkommens zur Vermeidung der Doppelbesteuerung nur der Person zu, der die Kapitalerträge oder Vergütungen nach den Steuergesetzen des anderen Vertragsstaats als Einkünfte oder Gewinne einer ansässigen Person zugerechnet werden.

(12)[3)] [1]Abfindungen, die anlässlich der Beendigung eines Dienstverhältnisses gezahlt werden, gelten für Zwecke der Anwendung eines Abkommens zur Vermeidung der Doppelbesteuerung als für frühere Tätigkeit geleistetes zusätzliches Entgelt. [2]Dies gilt nicht, soweit das Abkommen in einer gesonderten, ausdrücklich solche Abfindungen betreffenden Vorschrift eine abweichende

[1)] § 50d Abs. 11 angef. durch G v. 8.5.2012 (BGBl. I S. 1030); Satz 1 geänd. durch G v. 2.6.2021 (BGBl. I S. 1259).

[2)] § 50d Abs. 11a eingef. durch G v. 2.6.2021 (BGBl. I S. 1259).

[3)] § 50d Abs. 12 angef. mWv VZ 2017 durch G v. 20.12.2016 (BGBl. I S. 3000); Satz 3 geänd. durch G v. 2.6.2021 (BGBl. I S. 1259).

Regelung trifft. [3] Absatz 9 Satz 1 Nummer 1 sowie Rechtsverordnungen gemäß § 2 Absatz 2 Satz 1 der Abgabenordnung bleiben unberührt.

(13)[1)] Werden Aktien einer Gesellschaft mit Sitz oder Geschäftsleitung im Inland mit Dividendenberechtigung erworben, aber ohne Dividendenanspruch geliefert, sind vom Erwerber an Stelle von Dividenden erhaltene sonstige Bezüge für Zwecke der Anwendung eines Abkommens zur Vermeidung der Doppelbesteuerung den Dividenden, die von dieser Gesellschaft gezahlt werden, gleichgestellt.

[*ab 1.1.2022:*

(14)[2)] [1] Dem Gläubiger der Kapitalerträge im Sinne des § 20 Absatz 1 Nummer 1 und 2 aus Anteilen an einer optierenden Gesellschaft im Sinne des § 1a des Körperschaftsteuergesetzes[3)] steht ungeachtet der Bestimmungen eines Abkommens zur Vermeidung der Doppelbesteuerung kein Anspruch auf Entlastung von der Kapitalertragsteuer zu, wenn die Kapitalerträge im anderen Staat aufgrund einer vom deutschen Recht abweichenden steuerlichen Behandlung der optierenden Gesellschaft nicht der Besteuerung unterliegen. [2] Gewinne aus der Veräußerung von Anteilen an einer optierenden Gesellschaft im Sinne des § 1a des Körperschaftsteuergesetzes sind ungeachtet der Bestimmungen eines Abkommens zur Vermeidung der Doppelbesteuerung zu versteuern, wenn sie im anderen Staat aufgrund einer vom deutschen Recht abweichenden steuerlichen Behandlung der optierenden Gesellschaft nicht der Besteuerung unterliegen.]

EStG

§ 50e Bußgeldvorschriften; Nichtverfolgung von Steuerstraftaten bei geringfügiger Beschäftigung in Privathaushalten. (1)[4)] [1] Ordnungswidrig handelt, wer vorsätzlich oder leichtfertig entgegen § 45d Absatz 1 Satz 1, § 45d Absatz 3 Satz 1, der nach § 45e erlassenen Rechtsverordnung oder den unmittelbar geltenden Verträgen mit den in Artikel 17 der Richtlinie 2003/48/EG genannten Staaten und Gebieten eine Mitteilung nicht, nicht richtig, nicht vollständig oder nicht rechtzeitig abgibt. [2] *Die Ordnungswidrigkeit kann mit einer Geldbuße bis zu fünftausend Euro geahndet werden.*

(1a)[5)] *(aufgehoben)*

[*ab 1.1.2025:*

(2)[6)] Ordnungswidrig handelt, wer vorsätzlich oder leichtfertig

1. entgegen § 45b Absatz 3 Satz 3 oder 4, jeweils auch in Verbindung mit Absatz 5 Satz 2, eine Bescheinigung erteilt,
2. entgegen § 45b Absatz 4 Satz 1 erster Halbsatz, Absatz 5 Satz 1 erster Halbsatz oder Absatz 6 Satz 1 oder 2, § 45c Absatz 1 Satz 1, auch in Verbindung mit Satz 2, oder § 45c Absatz 2 Satz 1, auch in Verbindung mit Satz 2, eine

---

[1)] § 50d Abs. 13 angef. mWv VZ 2020 durch G v. 12.12.2019 (BGBl. I S. 2451).

[2)] § 50d Abs. 14 angef. **mWv 1.1.2022** durch G v. 25.6.2021 (BGBl. I S. 2050).

[3)] Nr. **17**.

[4)] § 50e Abs. 1 Satz 2 aufgeh. **mWv 1.1.2022** durch G v. 2.6.2021 (BGBl. I S. 1259); zur Anwendung siehe § 52 Abs. 47c Satz 1.

[5)] § 50e Abs. 1a aufgeh. durch G v. 2.6.2021 (BGBl. I S. 1259).

[6)] § 50e Abs. 2 eingef. **mWv 1.1.2025** durch G v. 2.6.2021 (BGBl. I S. 1259); zur Anwendung siehe § 52 Abs. 47c Satz 2.

dort genannte Angabe oder dort genannte Daten nicht richtig oder nicht vollständig übermittelt oder

3. entgegen
   a) § 45b Absatz 7 Satz 1 eine Mitteilung nicht richtig oder nicht vollständig macht oder
   b) § 45b Absatz 7 Satz 2 eine schriftliche Versicherung nicht richtig oder nicht vollständig abgibt

und dadurch ermöglicht, Steuern zu verkürzen oder nicht gerechtfertigte Steuervorteile zu erlangen.

(3)[1] In den Fällen des Absatzes 2 Nummer 2 kann die Ordnungswidrigkeit auch dann geahndet werden, wenn sie nicht im Geltungsbereich dieses Gesetzes begangen wird.]

[*ab 1.1.2022:*

(4)[2] Die Ordnungswidrigkeit kann in den Fällen des Absatzes 2 mit einer Geldbuße bis zu zwanzigtausend Euro, in den Fällen des Absatzes 1 mit einer Geldbuße bis zu fünftausend Euro geahndet werden.

(5)[3] Verwaltungsbehörde im Sinne des § 36 Absatz 1 Nummer 1 des Gesetzes über Ordnungswidrigkeiten ist das Bundeszentralamt für Steuern.]

(6)[4] [1] Liegen die Voraussetzungen des § 40a Absatz 2 vor, werden Steuerstraftaten (§§ 369 bis 376 der Abgabenordnung[5]) als solche nicht verfolgt, wenn der Arbeitgeber in den Fällen des § 8a des Vierten Buches Sozialgesetzbuch entgegen § 41a Absatz 1 Nummer 1, auch in Verbindung mit Absatz 2 und 3 und § 51a, und § 40a Absatz 6 Satz 3 dieses Gesetzes in Verbindung mit § 28a Absatz 7 Satz 1 des Vierten Buches Sozialgesetzbuch für das Arbeitsentgelt die Lohnsteuer-Anmeldung und die Anmeldung der einheitlichen Pauschsteuer nicht oder nicht rechtzeitig durchführt und dadurch Steuern verkürzt oder für sich oder einen anderen nicht gerechtfertigte Steuervorteile erlangt. [2] Die Freistellung von der Verfolgung nach Satz 1 gilt auch für den Arbeitnehmer einer in Satz 1 genannten Beschäftigung, der die Finanzbehörde pflichtwidrig über steuerlich erhebliche Tatsachen aus dieser Beschäftigung in Unkenntnis lässt. [3] Die Bußgeldvorschriften der §§ 377 bis 384 der Abgabenordnung bleiben mit der Maßgabe anwendbar, dass § 378 der Abgabenordnung auch bei vorsätzlichem Handeln anwendbar ist.

§ 50f[6] **Bußgeldvorschriften.** (1)[7] Ordnungswidrig handelt, wer vorsätzlich oder leichtfertig entgegen § 22a Absatz 1 Satz 1 dort genannte Daten nicht, nicht vollständig oder nicht rechtzeitig übermittelt oder eine dort genannte Mitteilung nicht, nicht vollständig oder nicht rechtzeitig macht.

---

[1] § 50e Abs. 3 eingef. **mWv 1.1.2025** durch G v. 2.6.2021 (BGBl. I S. 1259); zur Anwendung siehe § 52 Abs. 47c Satz 2.

[2] § 50e Abs. 4 eingef. **mWv 1.1.2022** durch G v. 2.6.2021 (BGBl. I S. 1259); zur Anwendung siehe § 52 Abs. 47c Satz 1.

[3] § 50e Abs. 5 eingef. **mWv 1.1.2022** durch G v. 2.6.2021 (BGBl. I S. 1259); zur Anwendung siehe § 52 Abs. 47c Satz 1.

[4] § 50e bish. Abs. 2 wird Abs. 6 durch G v. 2.6.2021 (BGBl. I S. 1259); zur Anwendung siehe § 52 Abs. 47c Satz 1.

[5] Nr. **1**.

[6] § 50f neu gef. durch G v. 8.12.2010 (BGBl. I S. 1768).

[7] § 50f Abs. 1 neu gef. mWv 1.1.2019 durch G v. 20.11.2019 (BGBl. I S. 1626).

(2)[1] Die Ordnungswidrigkeit kann mit einer Geldbuße bis zu fünfzigtausend Euro geahndet werden.

(3) Verwaltungsbehörde im Sinne des § 36 Absatz 1 Nummer 1 des Gesetzes über Ordnungswidrigkeiten ist die zentrale Stelle nach § 81.

§ 50g Entlastung vom Steuerabzug bei Zahlungen von Zinsen und Lizenzgebühren zwischen verbundenen Unternehmen verschiedener Mitgliedstaaten der Europäischen Union. (1) [1] Auf Antrag werden die Kapitalertragsteuer für Zinsen und die Steuer auf Grund des § 50a für Lizenzgebühren, die von einem Unternehmen der Bundesrepublik Deutschland oder einer dort gelegenen Betriebsstätte eines Unternehmens eines anderen Mitgliedstaates der Europäischen Union als Schuldner an ein Unternehmen eines anderen Mitgliedstaates der Europäischen Union oder an eine in einem anderen Mitgliedstaat der Europäischen Union gelegene Betriebsstätte eines Unternehmens eines Mitgliedstaates der Europäischen Union als Gläubiger gezahlt werden, nicht erhoben. [2] Erfolgt die Besteuerung durch Veranlagung, werden die Zinsen und Lizenzgebühren bei der Ermittlung der Einkünfte nicht erfasst. [3] Voraussetzung für die Anwendung der Sätze 1 und 2 ist, dass der Gläubiger der Zinsen oder Lizenzgebühren ein mit dem Schuldner verbundenes Unternehmen oder dessen Betriebsstätte ist. [4] Die Sätze 1 bis 3 sind nicht anzuwenden, wenn die Zinsen oder Lizenzgebühren an eine Betriebsstätte eines Unternehmens eines Mitgliedstaates der Europäischen Union als Gläubiger gezahlt werden, die in einem Staat außerhalb der Europäischen Union oder im Inland gelegen ist und in der die Tätigkeit des Unternehmens ganz oder teilweise ausgeübt wird.

ESTG

(2) Absatz 1 ist nicht anzuwenden auf die Zahlung von

1. Zinsen,
   a) die nach deutschem Recht als Gewinnausschüttung behandelt werden (§ 20 Absatz 1 Nummer 1 Satz 2) oder
   b) die auf Forderungen beruhen, die einen Anspruch auf Beteiligung am Gewinn des Schuldners begründen;
2. Zinsen oder Lizenzgebühren, die den Betrag übersteigen, den der Schuldner und der Gläubiger ohne besondere Beziehungen, die zwischen den beiden oder einem von ihnen und einem Dritten auf Grund von Absatz 3 Nummer 5 Buchstabe b bestehen, vereinbart hätten.

(3) Für die Anwendung der Absätze 1 und 2 gelten die folgenden Begriffsbestimmungen und Beschränkungen:

1. [1] Der Gläubiger muss der Nutzungsberechtigte sein. [2] Nutzungsberechtigter ist
   a) ein Unternehmen, wenn es die Einkünfte im Sinne von § 2 Absatz 1 erzielt;
   b) eine Betriebsstätte, wenn
      aa) die Forderung, das Recht oder der Gebrauch von Informationen, auf Grund derer/dessen Zahlungen von Zinsen oder Lizenzgebühren geleistet werden, tatsächlich zu der Betriebsstätte gehört und

---

[1] § 50f Abs. 2 neu gef. mWv 1.1.2019 durch G v. 20.11.2019 (BGBl. I S. 1626).

bb)[1] die Zahlungen der Zinsen oder Lizenzgebühren Einkünfte darstellen, auf Grund derer die Gewinne der Betriebsstätte in dem Mitgliedstaat der Europäischen Union, in dem sie gelegen ist, zu einer der in Nummer 5 Satz 1 Buchstabe a Doppelbuchstabe cc genannten Steuern beziehungsweise im Fall Belgiens dem „impôt des non-résidents/belasting der nietverblijfhouders" beziehungsweise im Fall Spaniens dem „Impuesto sobre la Renta de no Residentes" oder zu einer mit diesen Steuern identischen oder weitgehend ähnlichen Steuer herangezogen werden, die nach dem jeweiligen Zeitpunkt des Inkrafttretens der Richtlinie 2003/49/EG des Rates vom 3. Juni 2003 über eine gemeinsame Steuerregelung für Zahlungen von Zinsen und Lizenzgebühren zwischen verbundenen Unternehmen verschiedener Mitgliedstaaten (ABl. L 157 vom 26.6.2003, S. 49), die zuletzt durch die Richtlinie 2013/13/EU (ABl. L 141 vom 28.5.2013, S. 30) geändert worden ist, anstelle der bestehenden Steuern oder ergänzend zu ihnen eingeführt wird.

2. Eine Betriebsstätte gilt nur dann als Schuldner der Zinsen oder Lizenzgebühren, wenn die Zahlung bei der Ermittlung des Gewinns der Betriebsstätte eine steuerlich abzugsfähige Betriebsausgabe ist.

3. Gilt eine Betriebsstätte eines Unternehmens eines Mitgliedstaates der Europäischen Union als Schuldner oder Gläubiger von Zinsen oder Lizenzgebühren, so wird kein anderer Teil des Unternehmens als Schuldner oder Gläubiger der Zinsen oder Lizenzgebühren angesehen.

4. Im Sinne des Absatzes 1 sind

a) „Zinsen" Einkünfte aus Forderungen jeder Art, auch wenn die Forderungen durch Pfandrechte an Grundstücken gesichert sind, insbesondere Einkünfte aus öffentlichen Anleihen und aus Obligationen einschließlich der damit verbundenen Aufgelder und der Gewinne aus Losanleihen; Zuschläge für verspätete Zahlung und die Rückzahlung von Kapital gelten nicht als Zinsen;

b) „Lizenzgebühren" Vergütungen jeder Art, die für die Nutzung oder für das Recht auf Nutzung von Urheberrechten an literarischen, künstlerischen oder wissenschaftlichen Werken, einschließlich kinematografischer Filme und Software, von Patenten, Marken, Mustern oder Modellen, Plänen, geheimen Formeln oder Verfahren oder für die Mitteilung gewerblicher, kaufmännischer oder wissenschaftlicher Erfahrungen gezahlt werden; Zahlungen für die Nutzung oder das Recht auf Nutzung gewerblicher, kaufmännischer oder wissenschaftlicher Ausrüstungen gelten als Lizenzgebühren.

5. Die Ausdrücke „Unternehmen eines Mitgliedstaates der Europäischen Union", „verbundenes Unternehmen" und „Betriebsstätte" bedeuten:

a) „Unternehmen eines Mitgliedstaates der Europäischen Union" jedes Unternehmen, das

aa) eine der in Anlage 3 Nummer 1 zu diesem Gesetz aufgeführten Rechtsformen aufweist und

---

[1] § 50g Abs. 3 Nr. 1 Satz 1 Buchst. b Doppelbuchst. bb geänd. mWv 1.7.2013 durch G v. 25.7. 2014 (BGBl. I S. 1266); zur Anwendung siehe § 52 Abs. 59c Satz 2 a.F.: „§ 50g und die Anlage 3 (zu § 50g) in der am 1. Juli 2013 geltenden Fassung sind erstmals auf Zahlungen anzuwenden, die nach dem 30. Juni 2013 erfolgen."

bb) nach dem Steuerrecht eines Mitgliedstaates in diesem Mitgliedstaat ansässig ist und nicht nach einem zwischen dem betreffenden Staat und einem Staat außerhalb der Europäischen Union geschlossenen Abkommen zur Vermeidung der Doppelbesteuerung von Einkünften für steuerliche Zwecke als außerhalb der Gemeinschaft ansässig gilt und

cc)[1] einer der in Anlage 3 Nummer 2 zu diesem Gesetz aufgeführten Steuern unterliegt und nicht von ihr befreit ist. [2] Entsprechendes gilt für eine mit diesen Steuern identische oder weitgehend ähnliche Steuer, die nach dem jeweiligen Zeitpunkt des Inkrafttretens der Richtlinie 2003/49/EG des Rates vom 3. Juni 2003 (ABl. L 157 vom 26.6.2003, S. 49), zuletzt geändert durch die Richtlinie 2013/13/EU des Rates (ABl. L 141 vom 28.5.2013, S. 30) anstelle der bestehenden Steuern oder ergänzend zu ihnen eingeführt wird.

[2] Ein Unternehmen ist im Sinne von Doppelbuchstabe bb in einem Mitgliedstaat der Europäischen Union ansässig, wenn es der unbeschränkten Steuerpflicht im Inland oder einer vergleichbaren Besteuerung in einem anderen Mitgliedstaat der Europäischen Union nach dessen Rechtsvorschriften unterliegt.

b) „Verbundenes Unternehmen" jedes Unternehmen, das dadurch mit einem zweiten Unternehmen verbunden ist, dass

aa) das erste Unternehmen unmittelbar mindestens zu 25 Prozent an dem Kapital des zweiten Unternehmens beteiligt ist oder

bb) das zweite Unternehmen unmittelbar mindestens zu 25 Prozent an dem Kapital des ersten Unternehmens beteiligt ist oder

cc) ein drittes Unternehmen unmittelbar mindestens zu 25 Prozent an dem Kapital des ersten Unternehmens und dem Kapital des zweiten Unternehmens beteiligt ist.

[2] Die Beteiligungen dürfen nur zwischen Unternehmen bestehen, die in einem Mitgliedstaat der Europäischen Union ansässig sind.

c) „Betriebsstätte" eine feste Geschäftseinrichtung in einem Mitgliedstaat der Europäischen Union, in der die Tätigkeit eines Unternehmens eines anderen Mitgliedstaates der Europäischen Union ganz oder teilweise ausgeübt wird.

(4)[2] § 50d Absatz 3 gilt entsprechend.

(5) Entlastungen von der Kapitalertragsteuer für Zinsen und der Steuer auf Grund des § 50a nach einem Abkommen zur Vermeidung der Doppelbesteuerung, die weiter gehen als die nach Absatz 1 gewährten, werden durch Absatz 1 nicht eingeschränkt.

(6) [1] Ist im Fall des Absatzes 1 Satz 1 eines der Unternehmen ein Unternehmen der Schweizerischen Eidgenossenschaft oder ist eine in der Schweizerischen Eidgenossenschaft gelegene Betriebsstätte eines Unternehmens eines anderen Mitgliedstaats der Europäischen Union Gläubiger der Zinsen oder

---

[1] § 50g Abs. 3 Nr. 5 Satz 1 Buchst. a Doppelbuchst. cc geänd. mWv 1.7.2013 durch G v. 25.7.2014 (BGBl. I S. 1266); zur Anwendung siehe § 52 Abs. 59c Satz 2 a.F.: „§ 50g und die Anlage 3 (zu § 50g) in der am 1. Juli 2013 geltenden Fassung sind erstmals auf Zahlungen anzuwenden, die nach dem 30. Juni 2013 erfolgen.".

[2] § 50g Abs. 4 neu gef. durch G v. 2.6.2021 (BGBl. I S. 1259).

Lizenzgebühren, gelten die Absätze 1 bis 5 entsprechend mit der Maßgabe, dass die Schweizerische Eidgenossenschaft insoweit einem Mitgliedstaat der Europäischen Union gleichgestellt ist. [2]Absatz 3 Nummer 5 Buchstabe a gilt entsprechend mit der Maßgabe, dass ein Unternehmen der Schweizerischen Eidgenossenschaft jedes Unternehmen ist, das

1. eine der folgenden Rechtsformen aufweist:
   - Aktiengesellschaft/société anonyme/società anonima;
   - Gesellschaft mit beschränkter Haftung/société à responsabilité limitée/società à responsabilità limitata;
   - Kommanditaktiengesellschaft/société en commandite par actions/società in accomandita per azioni, und
2. nach dem Steuerrecht der Schweizerischen Eidgenossenschaft dort ansässig ist und nicht nach einem zwischen der Schweizerischen Eidgenossenschaft und einem Staat außerhalb der Europäischen Union geschlossenen Abkommen zur Vermeidung der Doppelbesteuerung von Einkünften für steuerliche Zwecke als außerhalb der Gemeinschaft oder der Schweizerischen Eidgenossenschaft ansässig gilt, und
3. unbeschränkt der schweizerischen Körperschaftsteuer unterliegt, ohne von ihr befreit zu sein.

§ 50h Bestätigung für Zwecke der Entlastung von Quellensteuern in einem anderen Mitgliedstaat der Europäischen Union oder der Schweizerischen Eidgenossenschaft. Auf Antrag hat das Finanzamt, das für die Besteuerung eines Unternehmens der Bundesrepublik Deutschland oder einer dort gelegenen Betriebsstätte eines Unternehmens eines anderen Mitgliedstaats der Europäischen Union im Sinne des § 50g Absatz 3 Nummer 5 oder eines Unternehmens der Schweizerischen Eidgenossenschaft im Sinne des § 50g Absatz 6 Satz 2 zuständig ist, für die Entlastung von der Quellensteuer dieses Staats auf Zinsen oder Lizenzgebühren im Sinne des § 50g zu bescheinigen, dass das empfangende Unternehmen steuerlich im Inland ansässig ist oder die Betriebsstätte im Inland gelegen ist.

§ 50i[1)] Besteuerung bestimmter Einkünfte und Anwendung von Doppelbesteuerungsabkommen. (1)[2)] [1]Sind Wirtschaftsgüter des Betriebsvermögens oder sind Anteile im Sinne des § 17

1. vor dem 29. Juni 2013 in das Betriebsvermögen einer Personengesellschaft im Sinne des § 15 Absatz 3 übertragen oder überführt worden,
2. ist eine Besteuerung der stillen Reserven im Zeitpunkt der Übertragung oder Überführung unterblieben, und
3. ist das Recht der Bundesrepublik Deutschland hinsichtlich der Besteuerung des Gewinns aus der Veräußerung oder Entnahme dieser Wirtschaftsgüter oder Anteile ungeachtet der Anwendung dieses Absatzes vor dem 1. Januar 2017 ausgeschlossen oder beschränkt worden,

so ist der Gewinn, den ein Steuerpflichtiger, der im Sinne eines Abkommens zur Vermeidung der Doppelbesteuerung im anderen Vertragsstaat ansässig ist,

---

[1)] § 50i eingef. durch G v. 26.6.2013 (BGBl. I S. 1809); neu gef. mWv VZ 2014 durch G v. 25.7. 2014 (BGBl. I S. 1266); zur Anwendung siehe § 52 Abs. 48.

[2)] § 50i Abs. 1 Sätze 1 und 2 neu gef. mWv 24.12.2016 durch G v. 20.12.2016 (BGBl. I S. 3000).

aus der späteren Veräußerung oder Entnahme dieser Wirtschaftsgüter oder Anteile erzielt, ungeachtet entgegenstehender Bestimmungen des Abkommens zur Vermeidung der Doppelbesteuerung zu versteuern. 2 Als Übertragung oder Überführung von Anteilen im Sinne des § 17 in das Betriebsvermögen einer Personengesellschaft gilt auch die Gewährung neuer Anteile an eine Personengesellschaft, die bisher auch eine Tätigkeit im Sinne des § 15 Absatz 1 Satz 1 Nummer 1 ausgeübt hat oder gewerbliche Einkünfte im Sinne des § 15 Absatz 1 Satz 1 Nummer 2 bezogen hat, im Rahmen der Einbringung eines Betriebs oder Teilbetriebs oder eines Mitunternehmeranteils dieser Personengesellschaft in eine Körperschaft nach § 20 des Umwandlungssteuergesetzes[1], wenn

1. der Einbringungszeitpunkt vor dem 29. Juni 2013 liegt,
2. die Personengesellschaft nach der Einbringung als Personengesellschaft im Sinne des § 15 Absatz 3 fortbesteht und
3. das Recht der Bundesrepublik Deutschland hinsichtlich der Besteuerung des Gewinns aus der Veräußerung oder Entnahme der neuen Anteile ungeachtet der Anwendung dieses Absatzes bereits im Einbringungszeitpunkt ausgeschlossen oder beschränkt ist oder vor dem 1. Januar 2017 ausgeschlossen oder beschränkt worden ist.

3 Auch die laufenden Einkünfte aus der Beteiligung an der Personengesellschaft, auf die die in Satz 1 genannten Wirtschaftsgüter oder Anteile übertragen oder überführt oder der im Sinne des Satzes 2 neue Anteile gewährt wurden, sind ungeachtet entgegenstehender Bestimmungen des Abkommens zur Vermeidung der Doppelbesteuerung zu versteuern. 4 Die Sätze 1 und 3 gelten sinngemäß, wenn Wirtschaftsgüter vor dem 29. Juni 2013 Betriebsvermögen eines Einzelunternehmens oder einer Personengesellschaft geworden sind, die deswegen Einkünfte aus Gewerbebetrieb erzielen, weil der Steuerpflichtige sowohl im überlassenden Betrieb als auch im nutzenden Betrieb allein oder zusammen mit anderen Gesellschaftern einen einheitlichen geschäftlichen Betätigungswillen durchsetzen kann und dem nutzenden Betrieb eine wesentliche Betriebsgrundlage zur Nutzung überlässt.

(2)[2] Bei Einbringung nach § 20 des Umwandlungssteuergesetzes sind die Wirtschaftsgüter und Anteile im Sinne des Absatzes 1 abweichend von § 20 Absatz 2 Satz 2 des Umwandlungssteuergesetzes stets mit dem gemeinen Wert anzusetzen, soweit das Recht der Bundesrepublik Deutschland hinsichtlich der Besteuerung des Gewinns aus der Veräußerung der erhaltenen Anteile oder hinsichtlich der mit diesen im Zusammenhang stehenden Anteile im Sinne des § 22 Absatz 7 des Umwandlungssteuergesetzes ausgeschlossen oder beschränkt ist.

§ 50j[3] Versagung der Entlastung von Kapitalertragsteuern in bestimmten Fällen. (1)[4] 1 Ein Gläubiger von Kapitalerträgen im Sinne des § 43 Absatz 1 Satz 1 Nummer 1a, die nach einem Abkommen zur Vermeidung der Doppelbesteuerung nicht oder nur nach einem Steuersatz unterhalb des Steuersatzes des § 43a Absatz 1 Satz 1 Nummer 1 besteuert werden, hat ungeachtet

[1] Nr. **22**.
[2] § 50i Abs. 2 neu gef. durch G v. 20.12.2016 (BGBl. I S. 3000); zur Anwendung siehe § 52 Abs. 48 Satz 4.
[3] § 50j eingef. mWv VZ 2017 durch G v. 20.12.2016 (BGBl. I S. 3000).
[4] § 50j Abs. 1 einl. Satzteil geänd. durch G v. 2.6.2021 (BGBl. I S. 1259).

EStG

dieses Abkommens nur dann Anspruch auf völlige oder teilweise Entlastung nach § 50c Absatz 3, wenn er

1. während der Mindesthaltedauer nach Absatz 2 hinsichtlich der diesen Kapitalerträgen zugrunde liegenden Anteile oder Genussscheine ununterbrochen wirtschaftlicher Eigentümer ist,
2. während der Mindesthaltedauer nach Absatz 2 ununterbrochen das Mindestwertänderungsrisiko nach Absatz 3 trägt und
3. nicht verpflichtet ist, die Kapitalerträge im Sinne des § 43 Absatz 1 Satz 1 Nummer 1a ganz oder überwiegend, unmittelbar oder mittelbar anderen Personen zu vergüten.

[2] Satz 1 gilt entsprechend für Anteile oder Genussscheine, die zu inländischen Kapitalerträgen im Sinne des § 43 Absatz 3 Satz 1 führen und einer Wertpapiersammelbank im Ausland zur Verwahrung anvertraut sind.

(2) [1] Die Mindesthaltedauer umfasst 45 Tage und muss innerhalb eines Zeitraums von 45 Tagen vor und 45 Tagen nach der Fälligkeit der Kapitalerträge erreicht werden. [2] Bei Anschaffungen und Veräußerungen ist zu unterstellen, dass die zuerst angeschafften Anteile oder Genussscheine zuerst veräußert wurden.

(3) [1] Der Gläubiger der Kapitalerträge muss unter Berücksichtigung von gegenläufigen Ansprüchen und Ansprüchen nahe stehender Personen das Risiko aus einem sinkenden Wert der Anteile oder Genussscheine im Umfang von mindestens 70 Prozent tragen (Mindestwertänderungsrisiko). [2] Kein hinreichendes Mindestwertänderungsrisiko liegt insbesondere dann vor, wenn der Gläubiger der Kapitalerträge oder eine ihm nahe stehende Person Kurssicherungsgeschäfte abgeschlossen hat, die das Wertänderungsrisiko der Anteile oder Genussscheine unmittelbar oder mittelbar um mehr als 30 Prozent mindern.

(4)[1)] [1] Die Absätze 1 bis 3 sind nur anzuwenden, wenn

1. die Steuer auf die dem Antrag zu Grunde liegenden Kapitalerträge nach einem Abkommen zur Vermeidung der Doppelbesteuerung 15 Prozent des Bruttobetrags der Kapitalerträge im Sinne des § 43 Absatz 1 Satz 1 Nummer 1a und des Absatzes 1 Satz 2 unterschreitet und
2. es sich nicht um Kapitalerträge handelt, die einer beschränkt steuerpflichtigen Kapitalgesellschaft, die am Nennkapital einer unbeschränkt steuerpflichtigen Kapitalgesellschaft im Sinne des § 1 Absatz 1 Nummer 1 des Körperschaftsteuergesetzes[2)] zu mindestens einem Zehntel unmittelbar beteiligt ist und im Staat ihrer Ansässigkeit den Steuern vom Einkommen oder Gewinn unterliegt, ohne davon befreit zu sein, von der unbeschränkt steuerpflichtigen Kapitalgesellschaft zufließen.

[2] Die Absätze 1 bis 3 sind nicht anzuwenden, wenn der Gläubiger der Kapitalerträge im Sinne des § 43 Absatz 1 Satz 1 Nummer 1a und des Absatzes 1 Satz 2 bei Zufluss seit mindestens einem Jahr ununterbrochen wirtschaftlicher Eigentümer der Aktien oder Genussscheine ist; Absatz 2 Satz 2 gilt entsprechend.

(5) Bestimmungen eines Abkommens zur Vermeidung der Doppelbesteuerung, § 42 der Abgabenordnung[3)] und andere steuerliche Vorschriften bleiben

---

1) § 50j Abs. 4 Satz 2 geänd. durch G v. 2.6.2021 (BGBl. I S. 1259).
2) Nr. **17**.
3) Nr. **1**.

EStG

unberührt, soweit sie jeweils die Entlastung in einem weitergehenden Umfang einschränken.

§ 51 Ermächtigungen. (1) Die Bundesregierung wird ermächtigt, mit Zustimmung des Bundesrates

1. zur Durchführung dieses Gesetzes Rechtsverordnungen zu erlassen, soweit dies zur Wahrung der Gleichmäßigkeit bei der Besteuerung, zur Beseitigung von Unbilligkeiten in Härtefällen, zur Steuerfreistellung des Existenzminimums oder zur Vereinfachung des Besteuerungsverfahrens erforderlich ist, und zwar:
   a) über die Abgrenzung der Steuerpflicht, die Beschränkung der Steuererklärungspflicht auf die Fälle, in denen eine Veranlagung in Betracht kommt, über die den Einkommensteuererklärungen beizufügenden Unterlagen und über die Beistandspflichten Dritter;
   b) über die Ermittlung der Einkünfte und die Feststellung des Einkommens einschließlich der abzugsfähigen Beträge;
   c) über die Höhe von besonderen Betriebsausgaben-Pauschbeträgen für Gruppen von Betrieben, bei denen hinsichtlich der Besteuerungsgrundlagen annähernd gleiche Verhältnisse vorliegen, wenn der Steuerpflichtige Einkünfte aus Gewerbebetrieb (§ 15) oder selbständiger Arbeit (§ 18) erzielt, in Höhe eines Prozentsatzes der Umsätze im Sinne des § 1 Absatz 1 Nummer 1 des Umsatzsteuergesetzes[1)]; Umsätze aus der Veräußerung von Wirtschaftsgütern des Anlagevermögens sind nicht zu berücksichtigen. [2] Einen besonderen Betriebsausgaben-Pauschbetrag dürfen nur Steuerpflichtige in Anspruch nehmen, die ihren Gewinn durch Einnahme-Überschussrechnung nach § 4 Absatz 3 ermitteln. [3] Bei der Festlegung der Höhe des besonderen Betriebsausgaben-Pauschbetrags ist der Zuordnung der Betriebe entsprechend der Klassifikation der Wirtschaftszweige, Fassung für Steuerstatistiken, Rechnung zu tragen. [4] Bei der Ermittlung der besonderen Betriebsausgaben-Pauschbeträge sind alle Betriebsausgaben mit Ausnahme der an das Finanzamt gezahlten Umsatzsteuer zu berücksichtigen. [5] Bei der Veräußerung oder Entnahme von Wirtschaftsgütern des Anlagevermögens sind die Anschaffungs- oder Herstellungskosten, vermindert um die Absetzungen für Abnutzung nach § 7 Absatz 1 oder 4 sowie die Veräußerungskosten neben dem besonderen Betriebsausgaben-Pauschbetrag abzugsfähig. [6] Der Steuerpflichtige kann im folgenden Veranlagungszeitraum zur Ermittlung der tatsächlichen Betriebsausgaben übergehen. [7] Wechselt der Steuerpflichtige zur Ermittlung der tatsächlichen Betriebsausgaben, sind die abnutzbaren Wirtschaftsgüter des Anlagevermögens mit ihren Anschaffungs- oder Herstellungskosten, vermindert um die Absetzungen für Abnutzung nach § 7 Absatz 1 oder 4, in ein laufend zu führendes Verzeichnis aufzunehmen. [8] § 4 Absatz 3 Satz 5 bleibt unberührt. [9] Nach dem Wechsel zur Ermittlung der tatsächlichen Betriebsausgaben ist eine erneute Inanspruchnahme des besonderen Betriebsausgaben-Pauschbetrags erst nach Ablauf der folgenden vier Veranlagungszeiträume zulässig; die §§ 140 und 141 der Abgabenordnung[2)] bleiben unberührt;

[1)] Nr. **23**.
[2)] Nr. **1**.

d) über die Veranlagung, die Anwendung der Tarifvorschriften und die Regelung der Steuerentrichtung einschließlich der Steuerabzüge;
e) über die Besteuerung der beschränkt Steuerpflichtigen einschließlich eines Steuerabzugs;
f)[1] *(aufgehoben)*

2. Vorschriften durch Rechtsverordnung zu erlassen
a) über die sich aus der Aufhebung oder Änderung von Vorschriften dieses Gesetzes ergebenden Rechtsfolgen, soweit dies zur Wahrung der Gleichmäßigkeit bei der Besteuerung oder zur Beseitigung von Unbilligkeiten in Härtefällen erforderlich ist;
b) (weggefallen)
c)[2] über den Nachweis von Zuwendungen im Sinne des § 10b einschließlich erleichterter Nachweisanforderungen;
d) über Verfahren, die in den Fällen des § 38 Absatz 1 *Satz 1*[3] Nummer 2 den Steueranspruch der Bundesrepublik Deutschland sichern oder die sicherstellen, dass bei Befreiungen im Ausland ansässiger Leiharbeitnehmer von der Steuer der Bundesrepublik Deutschland auf Grund von Abkommen zur Vermeidung der Doppelbesteuerung die ordnungsgemäße Besteuerung im Ausland gewährleistet ist. [2] Hierzu kann nach Maßgabe zwischenstaatlicher Regelungen bestimmt werden, dass
   aa) der Entleiher in dem hierzu notwendigen Umfang an derartigen Verfahren mitwirkt,
   bb) er sich im Haftungsverfahren nicht auf die Freistellungsbestimmungen des Abkommens berufen kann, wenn er seine Mitwirkungspflichten verletzt;
e) bis m) (weggefallen)
n)[4] über Sonderabschreibungen
   aa) im Tiefbaubetrieb des Steinkohlen-, Pechkohlen-, Braunkohlen- und Erzbergbaues bei Wirtschaftsgütern des Anlagevermögens unter Tage und bei bestimmten mit dem Grubenbetrieb unter Tage in unmittelbarem Zusammenhang stehenden, der Förderung, Seilfahrt, Wasserhaltung und Wetterführung sowie der Aufbereitung des Minerals dienenden Wirtschaftsgütern des Anlagevermögens über Tage, soweit die Wirtschaftsgüter für die Errichtung von neuen Förderschachtanlagen, auch in Form von Anschlussschachtanlagen,
   für die Errichtung neuer Schächte sowie die Erweiterung des Grubengebäudes und den durch Wasserzuflüsse aus stillliegenden Anlagen bedingten Ausbau der Wasserhaltung bestehender Schachtanlagen,
   für Rationalisierungsmaßnahmen in der Hauptschacht-, Blindschacht-, Strecken- und Abbauförderung, im Streckenvortrieb, in der Gewinnung, Versatzwirtschaft, Seilfahrt, Wetterführung und Wasserhaltung sowie in der Aufbereitung,

---

[1] § 51 Abs. 1 Nr. 1 Buchst. f aufgeh. mWv 1.7.2021 durch G v. 25.6.2021 (BGBl. I S. 2056).
[2] § 51 Abs. 1 Nr. 2 Buchst. c neu gef. mWv VZ 2011 durch G v. 1.11.2011 (BGBl. I S. 2131).
[3] Red. Anm.: „Satz 1" müsste zur Vollständigkeit des Verweises eingefügt werden.
[4] § 51 Abs. 1 Nr. 2 Buchst. n Satz 4 geänd. mWv 8.9.2015 durch VO v. 31.8.2015 (BGBl. I S. 1474).

für die Zusammenfassung von mehreren Förderschachtanlagen zu einer einheitlichen Förderschachtanlage und
für den Wiederaufschluss stillliegender Grubenfelder und Feldesteile,

bb) im Tagebaubetrieb des Braunkohlen- und Erzbergbaues bei bestimmten Wirtschaftsgütern des beweglichen Anlagevermögens (Grubenaufschluss, Entwässerungsanlagen, Großgeräte sowie Einrichtungen des Grubenrettungswesens und der ersten Hilfe und im Erzbergbau auch Aufbereitungsanlagen), die
für die Erschließung neuer Tagebaue, auch in Form von Anschlusstagebauen, für Rationalisierungsmaßnahmen bei laufenden Tagebauen,
beim Übergang zum Tieftagebau für die Freilegung und Gewinnung der Lagerstätte und
für die Wiederinbetriebnahme stillgelegter Tagebaue

von Steuerpflichtigen, die den Gewinn nach § 5 ermitteln, vor dem 1. Januar 1990 angeschafft oder hergestellt werden. [2] Die Sonderabschreibungen können bereits für Anzahlungen auf Anschaffungskosten und für Teilherstellungskosten zugelassen werden. [3] Hat der Steuerpflichtige vor dem 1. Januar 1990 die Wirtschaftsgüter bestellt oder mit ihrer Herstellung begonnen, so können die Sonderabschreibungen auch für nach dem 31. Dezember 1989 und vor dem 1. Januar 1991 angeschaffte oder hergestellte Wirtschaftsgüter sowie für vor dem 1. Januar 1991 geleistete Anzahlungen auf Anschaffungskosten und entstandene Teilherstellungskosten in Anspruch genommen werden. [4] Voraussetzung für die Inanspruchnahme der Sonderabschreibungen ist, dass die Förderungswürdigkeit der bezeichneten Vorhaben von der obersten Landesbehörde für Wirtschaft im Einvernehmen mit dem Bundesministerium für Wirtschaft und Energie bescheinigt worden ist. [5] Die Sonderabschreibungen können im Wirtschaftsjahr der Anschaffung oder Herstellung und in den vier folgenden Wirtschaftsjahren in Anspruch genommen werden, und zwar bei beweglichen Wirtschaftsgütern des Anlagevermögens bis zu insgesamt 50 Prozent, bei unbeweglichen Wirtschaftsgütern des Anlagevermögens bis zu insgesamt 30 Prozent der Anschaffungs- oder Herstellungskosten. [6] Bei den begünstigten Vorhaben im Tagebaubetrieb des Braunkohlen- und Erzbergbaues kann außerdem zugelassen werden, dass die vor dem 1. Januar 1991 aufgewendeten Kosten für den Vorabraum bis zu 50 Prozent als sofort abzugsfähige Betriebsausgaben behandelt werden;

o) (weggefallen)

p) über die Bemessung der Absetzungen für Abnutzung oder Substanzverringerung bei nicht zu einem Betriebsvermögen gehörenden Wirtschaftsgütern, die vor dem 21. Juni 1948 angeschafft oder hergestellt oder die unentgeltlich erworben sind. [2] Hierbei kann bestimmt werden, dass die Absetzungen für Abnutzung oder Substanzverringerung nicht nach den Anschaffungs- oder Herstellungskosten, sondern nach Hilfswerten (am 21. Juni 1948 maßgebender Einheitswert, Anschaffungs- oder Herstellungskosten des Rechtsvorgängers abzüglich der von ihm vorgenommenen Absetzungen, fiktive Anschaffungskosten an einem noch zu bestimmenden Stichtag) zu bemessen sind. [3] Zur Vermeidung von Härten kann zugelassen werden, dass anstelle der Absetzungen für Abnutzung, die nach dem am 21. Juni 1948 maßgebenden Einheitswert zu bemessen sind, der Betrag abgezogen wird, der für das Wirtschaftsgut in dem Veranlagungszeitraum 1947 als Absetzung für Abnutzung geltend gemacht werden konnte. [4] Für das Land Berlin tritt in den Sätzen 1 bis 3 an die Stelle des 21. Juni 1948 jeweils der 1. April 1949;

q) über erhöhte Absetzungen bei Herstellungskosten
  aa) für Maßnahmen, die für den Anschluss eines im Inland belegenen Gebäudes an eine Fernwärmeversorgung einschließlich der Anbindung an das Heizsystem erforderlich sind, wenn die Fernwärmeversorgung überwiegend aus Anlagen der Kraft-Wärme-Kopplung, zur Verbrennung von Müll oder zur Verwertung von Abwärme gespeist wird,
  bb) für den Einbau von Wärmepumpenanlagen, Solaranlagen und Anlagen zur Wärmerückgewinnung in einem im Inland belegenen Gebäude einschließlich der Anbindung an das Heizsystem,
  cc) für die Errichtung von Windkraftanlagen, wenn die mit diesen Anlagen erzeugte Energie überwiegend entweder unmittelbar oder durch Verrechnung mit Elektrizitätsbezügen des Steuerpflichtigen von einem Elektrizitätsversorgungsunternehmen zur Versorgung eines im Inland belegenen Gebäudes des Steuerpflichtigen verwendet wird, einschließlich der Anbindung an das Versorgungssystem des Gebäudes,
  dd) für die Errichtung von Anlagen zur Gewinnung von Gas, das aus pflanzlichen oder tierischen Abfallstoffen durch Gärung unter Sauerstoffabschluss entsteht, wenn dieses Gas zur Beheizung eines im Inland belegenen Gebäudes des Steuerpflichtigen oder zur Warmwasserbereitung in einem solchen Gebäude des Steuerpflichtigen verwendet wird, einschließlich der Anbindung an das Versorgungssystem des Gebäudes,
  ee) für den Einbau einer Warmwasseranlage zur Versorgung von mehr als einer Zapfstelle und einer zentralen Heizungsanlage oder bei einer zentralen Heizungs- und Warmwasseranlage für den Einbau eines Heizkessels, eines Brenners, einer zentralen Steuerungseinrichtung, einer Wärmeabgabeeinrichtung und eine Änderung der Abgasanlage in einem im Inland belegenen Gebäude oder in einer im Inland belegenen Eigentumswohnung, wenn mit dem Einbau nicht vor Ablauf von zehn Jahren seit Fertigstellung dieses Gebäudes begonnen worden ist und der Einbau nach dem 30. Juni 1985 fertiggestellt worden ist; Entsprechendes gilt bei Anschaffungskosten für neue Einzelöfen, wenn keine Zentralheizung vorhanden ist.

[2] Voraussetzung für die Gewährung der erhöhten Absetzungen ist, dass die Maßnahmen vor dem 1. Januar 1992 fertiggestellt worden sind; in den Fällen des Satzes 1 Doppelbuchstabe aa müssen die Gebäude vor dem 1. Juli 1983 fertiggestellt worden sein, es sei denn, dass der Anschluss nicht schon im Zusammenhang mit der Errichtung des Gebäudes möglich war. [3] Die erhöhten Absetzungen durfen jährlich 10 Prozent der Aufwendungen nicht übersteigen. [4] Sie dürfen nicht gewährt werden, wenn für dieselbe Maßnahme eine Investitionszulage in Anspruch genommen wird. [5] Sind die Aufwendungen Erhaltungsaufwand und ent-

stehen sie bei einer zu eigenen Wohnzwecken genutzten Wohnung im eigenen Haus, für die der Nutzungswert nicht mehr besteuert wird, und liegen in den Fällen des Satzes 1 Doppelbuchstabe aa die Voraussetzungen des Satzes 2 zweiter Halbsatz vor, so kann der Abzug dieser Aufwendungen wie Sonderausgaben mit gleichmäßiger Verteilung auf das Kalenderjahr, in dem die Arbeiten abgeschlossen worden sind, und die neun folgenden Kalenderjahre zugelassen werden, wenn die Maßnahme vor dem 1. Januar 1992 abgeschlossen worden ist;

r) nach denen Steuerpflichtige größere Aufwendungen

aa) für die Erhaltung von nicht zu einem Betriebsvermögen gehörenden Gebäuden, die überwiegend Wohnzwecken dienen,

bb) zur Erhaltung eines Gebäudes in einem förmlich festgelegten Sanierungsgebiet oder städtebaulichen Entwicklungsbereich, die für Maßnahmen im Sinne des § 177 des Baugesetzbuchs sowie für bestimmte Maßnahmen, die der Erhaltung, Erneuerung und funktionsgerechten Verwendung eines Gebäudes dienen, das wegen seiner geschichtlichen, künstlerischen oder städtebaulichen Bedeutung erhalten bleiben soll, und zu deren Durchführung sich der Eigentümer neben bestimmten Modernisierungsmaßnahmen gegenüber der Gemeinde verpflichtet hat, aufgewendet worden sind,

cc) zur Erhaltung von Gebäuden, die nach den jeweiligen landesrechtlichen Vorschriften Baudenkmale sind, soweit die Aufwendungen nach Art und Umfang zur Erhaltung des Gebäudes als Baudenkmal und zu seiner sinnvollen Nutzung erforderlich sind,

auf zwei bis fünf Jahre gleichmäßig verteilen können. [2] In den Fällen der Doppelbuchstaben bb und cc ist Voraussetzung, dass der Erhaltungsaufwand vor dem 1. Januar 1990 entstanden ist. [3] In den Fällen von Doppelbuchstabe cc sind die Denkmaleigenschaft des Gebäudes und die Voraussetzung, dass die Aufwendungen nach Art und Umfang zur Erhaltung des Gebäudes als Baudenkmal und zu seiner sinnvollen Nutzung erforderlich sind, durch eine Bescheinigung der nach Landesrecht zuständigen oder von der Landesregierung bestimmten Stelle nachzuweisen;

s) nach denen bei Anschaffung oder Herstellung von abnutzbaren beweglichen und bei Herstellung von abnutzbaren unbeweglichen Wirtschaftsgütern des Anlagevermögens auf Antrag ein Abzug von der Einkommensteuer für den Veranlagungszeitraum der Anschaffung oder Herstellung bis zur Höhe von 7,5 Prozent der Anschaffungs- oder Herstellungskosten dieser Wirtschaftsgüter vorgenommen werden kann, wenn eine Störung des gesamtwirtschaftlichen Gleichgewichts eingetreten ist oder sich abzeichnet, die eine nachhaltige Verringerung der Umsätze oder der Beschäftigung zur Folge hatte oder erwarten lässt, insbesondere bei einem erheblichen Rückgang der Nachfrage nach Investitionsgütern oder Bauleistungen. [2] Bei der Bemessung des von der Einkommensteuer abzugsfähigen Betrags dürfen nur berücksichtigt werden

aa) die Anschaffungs- oder Herstellungskosten von beweglichen Wirtschaftsgütern, die innerhalb eines jeweils festzusetzenden Zeitraums, der ein Jahr nicht übersteigen darf (Begünstigungszeitraum), angeschafft oder hergestellt werden, bb) die Anschaffungs- oder Herstellungskosten von beweglichen Wirtschaftsgütern, die innerhalb des Begünstigungszeitraums bestellt und angezahlt werden oder mit deren Herstellung innerhalb des Begünstigungszeitraums begonnen wird, wenn sie innerhalb eines Jahres, bei Schiffen innerhalb zweier Jahre nach Ablauf des Begünstigungszeitraums geliefert oder fertiggestellt werden. [2] Soweit bewegliche Wirtschaftsgüter im Sinne des Satzes 1 mit Ausnahme von Schiffen nach Ablauf eines Jahres, aber vor Ablauf zweier Jahre nach dem Ende des Begünstigungszeitraums geliefert oder fertiggestellt werden, dürfen bei Bemessung des Abzugs von der Einkommensteuer die bis zum Ablauf eines Jahres nach dem Ende des Begünstigungszeitraums aufgewendeten Anzahlungen und Teilherstellungskosten berücksichtigt werden,

cc) die Herstellungskosten von Gebäuden, bei denen innerhalb des Begünstigungszeitraums der Antrag auf Baugenehmigung gestellt wird, wenn sie bis zum Ablauf von zwei Jahren nach dem Ende des Begünstigungszeitraums fertiggestellt werden;

dabei scheiden geringwertige Wirtschaftsgüter im Sinne des § 6 Absatz 2 und Wirtschaftsgüter, die in gebrauchtem Zustand erworben werden, aus. [3] Von der Begünstigung können außerdem Wirtschaftsgüter ausgeschlossen werden, für die Sonderabschreibungen, erhöhte Absetzungen oder die Investitionszulage nach § 19 des Berlinförderungsgesetzes in Anspruch genommen werden. [4] In den Fällen des Satzes 2 Doppelbuchstabe bb und cc können bei Bemessung des von der Einkommensteuer abzugsfähigen Betrags bereits die im Begünstigungszeitraum, im Fall des Satzes 2 Doppelbuchstabe bb Satz 2 auch die bis zum Ablauf eines Jahres nach dem Ende des Begünstigungszeitraums aufgewendeten Anzahlungen und Teilherstellungskosten berücksichtigt werden; der Abzug von der Einkommensteuer kann insoweit schon für den Veranlagungszeitraum vorgenommen werden, in dem die Anzahlungen oder Teilherstellungskosten aufgewendet worden sind. [5] Übersteigt der von der Einkommensteuer abzugsfähige Betrag die für den Veranlagungszeitraum der Anschaffung oder Herstellung geschuldete Einkommensteuer, so kann der übersteigende Betrag von der Einkommensteuer für den darauf folgenden Veranlagungszeitraum abgezogen werden. [6] Entsprechendes gilt, wenn in den Fällen des Satzes 2 Doppelbuchstabe bb und cc der Abzug von der Einkommensteuer bereits für Anzahlungen oder Teilherstellungskosten geltend gemacht wird. [7] Der Abzug von der Einkommensteuer darf jedoch die für den Veranlagungszeitraum der Anschaffung oder Herstellung und den folgenden Veranlagungszeitraum insgesamt zu entrichtende Einkommensteuer nicht übersteigen. [8] In den Fällen des Satzes 2 Doppelbuchstabe bb Satz 2 gilt dies mit der Maßgabe, dass an die Stelle des Veranlagungszeitraums der Anschaffung oder Herstellung der Veranlagungszeitraum tritt, in dem zuletzt Anzahlungen oder Teilherstellungskosten aufgewendet worden sind. [9] Werden begünstigte Wirtschaftsgüter von Gesellschaften im Sinne des § 15 Absatz 1 Satz 1 Nummer 2 und 3 angeschafft oder hergestellt, so ist der abzugsfähige Betrag nach dem Verhältnis der Gewinnanteile einschließlich der Vergütungen aufzuteilen. [10] Die Anschaffungs- oder Herstellungskosten der Wirtschaftsgüter, die bei Bemessung des von der Einkommensteuer abzugsfähigen Betrags berücksichtigt worden sind, werden durch den Abzug von der Einkommensteuer nicht gemindert. [11] Rechtsverordnungen auf Grund dieser Ermächtigung bedürfen der Zustimmung des Bundestages. [12] Die Zustimmung gilt als erteilt, wenn der Bundestag nicht binnen vier Wochen nach Eingang der Vorlage der Bundesregierung die Zustimmung verweigert hat;

t) (weggefallen)

u) über Sonderabschreibungen bei abnutzbaren Wirtschaftsgütern des Anlagevermögens, die der Forschung oder Entwicklung dienen und nach dem 18. Mai 1983 und vor dem 1. Januar 1990 angeschafft oder hergestellt werden. [2] Voraussetzung für die Inanspruchnahme der Sonderabschreibungen ist, dass die beweglichen Wirtschaftsgüter ausschließlich und die unbeweglichen Wirtschaftsgüter zu mehr als 33⅓ Prozent der Forschung oder Entwicklung dienen. [3] Die Sonderabschreibungen können auch für Ausbauten und Erweiterungen an bestehenden Gebäuden, Gebäudeteilen, Eigentumswohnungen oder im Teileigentum stehenden Räumen zugelassen werden, wenn die ausgebauten oder neu hergestellten Gebäudeteile zu mehr als 33⅓ Prozent der Forschung oder Entwicklung dienen. [4] Die Wirtschaftsgüter dienen der Forschung oder Entwicklung, wenn sie verwendet werden

aa) zur Gewinnung von neuen wissenschaftlichen oder technischen Erkenntnissen und Erfahrungen allgemeiner Art (Grundlagenforschung) oder

bb) zur Neuentwicklung von Erzeugnissen oder Herstellungsverfahren oder

cc) zur Weiterentwicklung von Erzeugnissen oder Herstellungsverfahren, soweit wesentliche Änderungen dieser Erzeugnisse oder Verfahren entwickelt werden.

[5] Die Sonderabschreibungen können im Wirtschaftsjahr der Anschaffung oder Herstellung und in den vier folgenden Wirtschaftsjahren in Anspruch genommen werden, und zwar

aa) bei beweglichen Wirtschaftsgütern des Anlagevermögens bis zu insgesamt 40 Prozent,

bb) bei unbeweglichen Wirtschaftsgütern des Anlagevermögens, die zu mehr als 66⅔ Prozent der Forschung oder Entwicklung dienen, bis zu insgesamt 15 Prozent, die nicht zu mehr als 66⅔ Prozent, aber zu mehr als 33⅓ Prozent der Forschung oder Entwicklung dienen, bis zu insgesamt 10 Prozent,

cc) bei Ausbauten und Erweiterungen an bestehenden Gebäuden, Gebäudeteilen, Eigentumswohnungen oder im Teileigentum stehenden Räumen, wenn die ausgebauten oder neu hergestellten Gebäudeteile zu mehr als 66⅔ Prozent der Forschung oder Entwicklung dienen, bis zu insgesamt 15 Prozent, zu nicht mehr als 66⅔ Prozent, aber zu mehr als 33⅓ Prozent der Forschung oder Entwicklung dienen, bis zu insgesamt 10 Prozent

der Anschaffungs- oder Herstellungskosten. [6] Sie können bereits für Anzahlungen auf Anschaffungskosten und für Teilherstellungskosten zugelassen werden. [7] Die Sonderabschreibungen sind nur unter der Bedingung zuzulassen, dass die Wirtschaftsgüter und die ausgebauten oder neu hergestellten Gebäudeteile mindestens drei Jahre nach ihrer Anschaffung oder Herstellung in dem erforderlichen Umfang der Forschung oder Entwicklung in einer inländischen Betriebsstätte des Steuerpflichtigen dienen;

v) (weggefallen)

w) über Sonderabschreibungen bei Handelsschiffen, die auf Grund eines vor dem 25. April 1996 abgeschlossenen Schiffbauvertrags hergestellt, in einem inländischen Seeschiffsregister eingetragen und vor dem 1. Januar 1999 von Steuerpflichtigen angeschafft oder hergestellt worden sind, die den Gewinn nach § 5 ermitteln. [2] Im Fall der Anschaffung eines Handelsschiffes ist weitere Voraussetzung, dass das Schiff vor dem 1. Januar 1996 in ungebrauchtem Zustand vom Hersteller oder nach dem 31. Dezember 1995 auf Grund eines vor dem 25. April 1996 abgeschlossenen Kaufvertrags bis zum Ablauf des vierten auf das Jahr der Fertigstellung folgenden Jahres erworben worden ist. [3] Bei Steuerpflichtigen, die in eine Gesellschaft im Sinne des § 15 Absatz 1 Satz 1 Nummer 2 und Absatz 3 nach Abschluss des Schiffbauvertrags (Unterzeichnung des Hauptvertrags) eingetreten sind, dürfen Sonderabschreibungen nur zugelassen werden, wenn sie der Gesellschaft vor dem 1. Januar 1999 beitreten. [4] Die Sonderabschreibungen können im Wirtschaftsjahr der Anschaffung oder Herstellung und in den vier folgenden Wirtschaftsjahren bis zu insgesamt 40 Prozent der Anschaffungs- oder Herstellungskosten in Anspruch genommen werden. [5] Sie können bereits für Anzahlungen auf Anschaffungskosten und für Teilherstellungskosten zugelassen werden. [6] Die Sonderabschreibungen sind nur unter der Bedingung zuzulassen, dass die Handelsschiffe innerhalb eines Zeitraums von acht Jahren nach ihrer Anschaffung oder Herstellung nicht veräußert werden; für Anteile an einem Handelsschiff gilt dies entsprechend. [7] Die Sätze 1 bis 6 gelten für Schiffe, die der Seefischerei dienen, entsprechend. [8] Für Luftfahrzeuge, die vom Steuerpflichtigen hergestellt oder in ungebrauchtem Zustand vom Hersteller erworben worden sind und die zur gewerbsmäßigen Beförderung von Personen oder Sachen im internationalen Luftverkehr oder zur Verwendung zu sonstigen gewerblichen Zwecken im Ausland bestimmt sind, gelten die Sätze 1 bis 4 und 6 mit der Maßgabe entsprechend, dass an die Stelle der Eintragung in ein inländisches Seeschiffsregister die Eintragung in die deutsche Luftfahrzeugrolle, an die Stelle des Höchstsatzes von 40 Prozent ein Höchstsatz von 30 Prozent und bei der Vorschrift des Satzes 6 an die Stelle des Zeitraums von acht Jahren ein Zeitraum von sechs Jahren treten;

x) über erhöhte Absetzungen bei Herstellungskosten für Modernisierungs- und Instandsetzungsmaßnahmen im Sinne des § 177 des Baugesetzbuchs sowie für bestimmte Maßnahmen, die der Erhaltung, Erneuerung und funktionsgerechten Verwendung eines Gebäudes dienen, das wegen seiner geschichtlichen, künstlerischen oder städtebaulichen Bedeutung erhalten bleiben soll, und zu deren Durchführung sich der Eigentümer neben bestimmten Modernisierungsmaßnahmen gegenüber der Gemeinde verpflichtet hat, die für Gebäude in einem förmlich festgelegten Sanierungsgebiet oder städtebaulichen Entwicklungsbereich aufgewendet worden sind; Voraussetzung ist, dass die Maßnahmen vor dem 1. Januar

EStG

1991 abgeschlossen worden sind. [2]Die erhöhten Absetzungen dürfen jährlich 10 Prozent der Aufwendungen nicht übersteigen;

y) über erhöhte Absetzungen für Herstellungskosten an Gebäuden, die nach den jeweiligen landesrechtlichen Vorschriften Baudenkmale sind, soweit die Aufwendungen nach Art und Umfang zur Erhaltung des Gebäudes als Baudenkmal und zu seiner sinnvollen Nutzung erforderlich sind; Voraussetzung ist, dass die Maßnahmen vor dem 1. Januar 1991 abgeschlossen worden sind. [2]Die Denkmaleigenschaft des Gebäudes und die Voraussetzung, dass die Aufwendungen nach Art und Umfang zur Erhaltung des Gebäudes als Baudenkmal und zu seiner sinnvollen Nutzung erforderlich sind, sind durch eine Bescheinigung der nach Landesrecht zuständigen oder von der Landesregierung bestimmten Stelle nachzuweisen. [3]Die erhöhten Absetzungen dürfen jährlich 10 Prozent der Aufwendungen nicht übersteigen;

3. die in § 4a Absatz 1 Satz 2 Nummer 1, § 10 Absatz 5, § 22 Nummer 1 Satz 3 Buchstabe a, § 26a Absatz 3, § 34c Absatz 7, § 46 Absatz 5 und § 50a Absatz 6 vorgesehenen Rechtsverordnungen zu erlassen.

(2) [1]Die Bundesregierung wird ermächtigt, durch Rechtsverordnung Vorschriften zu erlassen, nach denen die Inanspruchnahme von Sonderabschreibungen und erhöhten Absetzungen sowie die Bemessung der Absetzung für Abnutzung in fallenden Jahresbeträgen ganz oder teilweise ausgeschlossen werden können, wenn eine Störung des gesamtwirtschaftlichen Gleichgewichts eingetreten ist oder sich abzeichnet, die erhebliche Preissteigerungen mit sich gebracht hat oder erwarten lässt, insbesondere, wenn die Inlandsnachfrage nach Investitionsgütern oder Bauleistungen das Angebot wesentlich übersteigt. [2]Die Inanspruchnahme von Sonderabschreibungen und erhöhten Absetzungen sowie die Bemessung der Absetzung für Abnutzung in fallenden Jahresbeträgen darf nur ausgeschlossen werden

1. für bewegliche Wirtschaftsgüter, die innerhalb eines jeweils festzusetzenden Zeitraums, der frühestens mit dem Tage beginnt, an dem die Bundesregierung ihren Beschluss über die Verordnung bekannt gibt, und der ein Jahr nicht übersteigen darf, angeschafft oder hergestellt werden. [2]Für bewegliche Wirtschaftsgüter, die vor Beginn dieses Zeitraums bestellt und angezahlt worden sind oder mit deren Herstellung vor Beginn dieses Zeitraums angefangen worden ist, darf jedoch die Inanspruchnahme von Sonderabschreibungen und erhöhten Absetzungen sowie die Bemessung der Absetzung für Abnutzung in fallenden Jahresbeträgen nicht ausgeschlossen werden;
2. für bewegliche Wirtschaftsgüter und für Gebäude, die in dem in Nummer 1 bezeichneten Zeitraum bestellt werden oder mit deren Herstellung in diesem Zeitraum begonnen wird. [2]Als Beginn der Herstellung gilt bei Gebäuden der Zeitpunkt, in dem der Antrag auf Baugenehmigung gestellt wird.

[3]Rechtsverordnungen auf Grund dieser Ermächtigung bedürfen der Zustimmung des Bundestages und des Bundesrates. [4]Die Zustimmung gilt als erteilt, wenn der Bundesrat nicht binnen drei Wochen, der Bundestag nicht binnen vier Wochen nach Eingang der Vorlage der Bundesregierung die Zustimmung verweigert hat.

(3) [1]Die Bundesregierung wird ermächtigt, durch Rechtsverordnung mit Zustimmung des Bundesrates Vorschriften zu erlassen, nach denen die Einkommensteuer einschließlich des Steuerabzugs vom Arbeitslohn, des Steuer-

abzugs vom Kapitalertrag und des Steuerabzugs bei beschränkt Steuerpflichtigen

1. um höchstens 10 Prozent herabgesetzt werden kann. [2]Der Zeitraum, für den die Herabsetzung gilt, darf ein Jahr nicht übersteigen; er soll sich mit dem Kalenderjahr decken. [3]Voraussetzung ist, dass eine Störung des gesamtwirtschaftlichen Gleichgewichts eingetreten ist oder sich abzeichnet, die eine nachhaltige Verringerung der Umsätze oder der Beschäftigung zur Folge hatte oder erwarten lässt, insbesondere bei einem erheblichen Rückgang der Nachfrage nach Investitionsgütern und Bauleistungen oder Verbrauchsgütern;
2. um höchstens 10 Prozent erhöht werden kann. [2]Der Zeitraum, für den die Erhöhung gilt, darf ein Jahr nicht übersteigen; er soll sich mit dem Kalenderjahr decken. [3]Voraussetzung ist, dass eine Störung des gesamtwirtschaftlichen Gleichgewichts eingetreten ist oder sich abzeichnet, die erhebliche Preissteigerungen mit sich gebracht hat oder erwarten lässt, insbesondere, wenn die Nachfrage nach Investitionsgütern und Bauleistungen oder Verbrauchsgütern das Angebot wesentlich übersteigt.

[2]Rechtsverordnungen auf Grund dieser Ermächtigung bedürfen der Zustimmung des Bundestages.

(4) Das Bundesministerium der Finanzen wird ermächtigt,

1.[1)] im Einvernehmen mit den obersten Finanzbehörden der Länder die Vordrucke für
   a) (weggefallen)
   b) die Erklärungen zur Einkommensbesteuerung,
   c)[2)] die Anträge nach § 38b Absatz 2, nach § 39a Absatz 2, in dessen Vordrucke der Antrag nach § 39f einzubeziehen ist, die Anträge nach § 39a Absatz 4 sowie die Anträge zu den elektronischen Lohnsteuerabzugsmerkmalen (§ 38b Absatz 3 und § 39e Absatz 6 Satz 7),
   d) die Lohnsteuer-Anmeldung (§ 41a Absatz 1),
   e) die Anmeldung der Kapitalertragsteuer (§ 45a Absatz 1) und den Freistellungsauftrag nach § 44a Absatz 2 Satz 1 Nummer 1,
   f) die Anmeldung des Abzugsbetrags (§ 48a),
   g) die Erteilung der Freistellungsbescheinigung (§ 48b),
   h)[3)] die Anmeldung der Abzugsteuer (§ 50a Absatz 7),
   i)[4)] die Entlastung von der Kapitalertragsteuer und vom Steuerabzug nach § 50a auf Grund von Abkommen zur Vermeidung der Doppelbesteuerung

   und die Muster der Bescheinigungen für den Lohnsteuerabzug nach § 39 Absatz 3 und § 39e Absatz 7 Satz 5, des Ausdrucks der elektronischen Lohnsteuerbescheinigung (§ 41b Absatz 1), das Muster der Lohnsteuerbescheinigung nach § 41b Absatz 3 Satz 1, der Anträge auf Erteilung einer Bescheinigung für den Lohnsteuerabzug nach § 39 Absatz 3 und § 39e

[1)] § 51 Abs. 4 Nr. 1 abschl. Satzteil neu gef. mWv 1.1.2012 durch G v. 7.12.2011 (BGBl. I S. 2592); geänd. mWv VZ 2020 durch G v. 12.12.2019 (BGBl. I S. 2451).

[2)] § 51 Abs. 4 Nr. 1 Buchst. c neu gef. mWv 1.1.2012 durch G v. 7.12.2011 (BGBl. I S. 2592).

[3)] § 51 Abs. 4 Nr. 1 Buchst. h geänd. durch G v. 12.12.2019 (BGBl. I S. 2451).

[4)] § 51 Abs. 4 Nr. 1 Buchst. i aufgeh. **mWv 1.1.2024** durch G v. 2.6.2021 (BGBl. I S. 1259); zur Anwendung siehe § 52 Abs. 48a.

Absatz 7 Satz 1 sowie der in § 45a Absatz 2 und 3 und § 50a Absatz 5 Satz 6 vorgesehenen Bescheinigungen zu bestimmen;

1a. im Einvernehmen mit den obersten Finanzbehörden der Länder auf der Basis der §§ 32a und 39b einen Programmablaufplan für die Herstellung von Lohnsteuertabellen zur manuellen Berechnung der Lohnsteuer aufzustellen und bekannt zu machen. 2 Der Lohnstufenabstand beträgt bei den Jahrestabellen 36. 3 Die in den Tabellenstufen auszuweisende Lohnsteuer ist aus der Obergrenze der Tabellenstufen zu berechnen und muss an der Obergrenze mit der maschinell berechneten Lohnsteuer übereinstimmen. 4 Die Monats-, Wochen- und Tagestabellen sind aus den Jahrestabellen abzuleiten;

1b. im Einvernehmen mit den obersten Finanzbehörden der Länder den Mindestumfang der nach § 5b elektronisch zu übermittelnden Bilanz und Gewinn- und Verlustrechnung zu bestimmen;

1c. durch Rechtsverordnung zur Durchführung dieses Gesetzes mit Zustimmung des Bundesrates Vorschriften über einen von dem vorgesehenen erstmaligen Anwendungszeitpunkt gemäß § 52 Absatz 15a in der Fassung des Artikels 1 des Gesetzes vom 20. Dezember 2008 (BGBl. I S. 2850) abweichenden späteren Anwendungszeitpunkt zu erlassen, wenn bis zum 31. Dezember 2010 erkennbar ist, dass die technischen oder organisatorischen Voraussetzungen für eine Umsetzung der in § 5b Absatz 1 in der Fassung des Artikels 1 des Gesetzes vom 20. Dezember 2008 (BGBl. I S. 2850) vorgesehenen Verpflichtung nicht ausreichen;

1d.[1] die Vordrucke für die Anmeldung des Steuerabzugs von Vergütungen im Sinne des § 50a Absatz 1 zu bestimmen;

[*ab 1.1.2024:*

1e.[2] im Einvernehmen mit den obersten Finanzbehörden der Länder die Vorgaben für die Zuweisung der Ordnungsnummer nach § 45b Absatz 1 zu bestimmen;]

2. den Wortlaut dieses Gesetzes und der zu diesem Gesetz erlassenen Rechtsverordnungen in der jeweils geltenden Fassung satzweise nummeriert mit neuem Datum und in neuer Paragraphenfolge bekannt zu machen und dabei Unstimmigkeiten im Wortlaut zu beseitigen.

§ 51a Festsetzung und Erhebung von Zuschlagsteuern. (1)[3] 1 Auf die Festsetzung und Erhebung von Steuern, die nach der Einkommensteuer bemessen werden (Zuschlagsteuern), sind die Vorschriften dieses Gesetzes mit Ausnahme des § 36a entsprechend anzuwenden. 2 Wird Einkommensteuer im Wege des Steuerabzugs erhoben, dürfen die zu diesem Zweck verarbeiteten personenbezogenen Daten auch für die Erhebung einer Zuschlagsteuer im Wege des Steuerabzugs verarbeitet werden.

(2) 1 Bemessungsgrundlage ist die Einkommensteuer, die abweichend von § 2 Absatz 6 unter Berücksichtigung von Freibeträgen nach § 32 Absatz 6 in allen Fällen des § 32 festzusetzen wäre. 2 Zur Ermittlung der Einkommensteuer

---

[1] § 51 Abs. 4 Nr. 1d eingef. mWv VZ 2019 durch G v. 12.12.2019 (BGBl. I S. 2451).

[2] § 51 Abs. 4 Nr. 1e eingef. **mWv 1.1.2024** durch G v. 2.6.2021 (BGBl. I S. 1259); zur Anwendung siehe § 52 Abs. 48a.

[3] § 51a Abs. 1 Satz 2 angef. mWv 1.1.2019 durch G v. 20.11.2019 (BGBl. I S. 1626); Satz 1 geänd. mWv VZ 2021 durch G v. 1.12.2020 (BGBl. I S. 2616).

im Sinne des Satzes 1 ist das zu versteuernde Einkommen um die nach § 3 Nummer 40 steuerfreien Beträge zu erhöhen und um die nach § 3c Absatz 2 nicht abziehbaren Beträge zu mindern. [3] § 35 ist bei der Ermittlung der festzusetzenden Einkommensteuer nach Satz 1 nicht anzuwenden.

(2a)[1)] [1] Vorbehaltlich des § 40a Absatz 2 ist beim Steuerabzug vom Arbeitslohn Bemessungsgrundlage die Lohnsteuer; beim Steuerabzug vom laufenden Arbeitslohn und beim Jahresausgleich ist die Lohnsteuer maßgebend, die sich ergibt, wenn der nach § 39b Absatz 2 Satz 5 zu versteuernde Jahresbetrag für die Steuerklassen I, II und III um den doppelten Kinderfreibetrag sowie den doppelten Freibetrag für den Betreuungs- und Erziehungs- oder Ausbildungsbedarf und für die Steuerklasse IV um den Kinderfreibetrag sowie den Freibetrag für den Betreuungs- und Erziehungs- oder Ausbildungsbedarf (§ 32 Absatz 6 Satz 1) für jedes Kind vermindert wird, für das eine Kürzung der Freibeträge für Kinder nach § 32 Absatz 6 Satz 4 nicht in Betracht kommt. [2] Bei der Anwendung des § 39b für die Ermittlung der Zuschlagsteuern ist die als Lohnsteuerabzugsmerkmal gebildete Zahl der Kinderfreibeträge maßgebend. [3] Bei Anwendung des § 39f ist beim Steuerabzug vom laufenden Arbeitslohn die Lohnsteuer maßgebend, die sich bei Anwendung des nach § 39f Absatz 1 ermittelten Faktors auf den nach den Sätzen 1 und 2 ermittelten Betrag ergibt.

(2b)[2)] [1] Wird die Einkommensteuer nach § 43 Absatz 1 durch Abzug vom Kapitalertrag (Kapitalertragsteuer) erhoben, wird die darauf entfallende Kirchensteuer nach dem Kirchensteuersatz der Religionsgemeinschaft, der der Kirchensteuerpflichtige angehört, als Zuschlag zur Kapitalertragsteuer erhoben. [***ab 1.1.2023:*** [2] Satz 1 ist nicht anzuwenden, wenn die Kapitalerträge zu den Einkünften aus Land- und Forstwirtschaft, aus Gewerbebetrieb, aus selbständiger Arbeit oder aus Vermietung und Verpachtung gehören.]

(2c)[3)] [1] Der zur Vornahme des Steuerabzugs vom Kapitalertrag Verpflichtete (Kirchensteuerabzugsverpflichteter) hat die auf die Kapitalertragsteuer nach Absatz 2b entfallende Kirchensteuer nach folgenden Maßgaben einzubehalten:

1. [1] Das Bundeszentralamt für Steuern speichert unabhängig von und zusätzlich zu den in § 139b Absatz 3 der Abgabenordnung[4)] genannten und nach § 39e gespeicherten Daten des Steuerpflichtigen den Kirchensteuersatz der steuererhebenden Religionsgemeinschaft des Kirchensteuerpflichtigen sowie die ortsbezogenen Daten, mit deren Hilfe der Kirchensteuerpflichtige seiner Religionsgemeinschaft zugeordnet werden kann. [2] Die Daten werden als automatisiert abrufbares Merkmal für den Kirchensteuerabzug bereitgestellt;
2.[5)] sofern dem Kirchensteuerabzugsverpflichteten die Identifikationsnummer des Schuldners der Kapitalertragsteuer nicht bereits bekannt ist, kann er sie beim Bundeszentralamt für Steuern anfragen. [2] In der Anfrage dürfen nur die in § 139b Absatz 3 der Abgabenordnung genannten Daten des Schuld-

---

[1)] § 51a Abs. 2a Satz 1 neu gef. durch G v. 16.7.2015 (BGBl. I S. 1202); zur Anwendung siehe § 52 Abs. 32a; Satz 1 neu gef. mWv VZ 2021 durch G v. 1.12.2020 (BGBl. I S. 2616).

[2)] § 51a Abs. 2b Satz 2 angef. **mWv 1.1.2023** durch G v. 1.12.2020 (BGBl. I S. 2616).

[3)] § 51a Abs. 2c neu gef. mWv VZ 2015 idF des G v. 7.12.2011 (BGBl. I S. 2592) durch G v. 26.6.2013 (BGBl. I S. 1809); zur Anwendung siehe § 52 Abs. 49; Satz 8 geänd., Satz 10 neu gef. mWv 1.1.2019 durch G v. 20.11.2019 (BGBl. I S. 1626).

[4)] Nr. **1**.

[5)] § 51a Abs. 2c Nr. 2 Satz 4 aufgeh., bish. Satz 5 wird Satz 4 mWv 1.1.2017 durch G v. 18.7.2016 (BGBl. I S. 1679).

ners der Kapitalertragsteuer angegeben werden, soweit sie dem Kirchensteuerabzugsverpflichteten bekannt sind. [3] Die Anfrage hat nach amtlich vorgeschriebenem Datensatz durch Datenfernübertragung zu erfolgen. [4] Das Bundeszentralamt für Steuern teilt dem Kirchensteuerabzugsverpflichteten die Identifikationsnummer mit, sofern die übermittelten Daten mit den nach § 139b Absatz 3 der Abgabenordnung beim Bundeszentralamt für Steuern gespeicherten Daten übereinstimmen;

3.[1)] der Kirchensteuerabzugsverpflichtete hat unter Angabe der Identifikationsnummer und des Geburtsdatums des Schuldners der Kapitalertragsteuer [***ab VZ 2022:*** bei Begründung einer rechtlichen Verbindung beim Bundeszentralamt für Steuern anzufragen, ob der Schuldner der Kapitalertragsteuer kirchensteuerpflichtig ist (Anlassabfrage), und] einmal jährlich im Zeitraum vom 1. September bis 31. Oktober beim Bundeszentralamt für Steuern anzufragen, ob der Schuldner der Kapitalertragsteuer am 31. August des betreffenden Jahres (Stichtag) kirchensteuerpflichtig ist (Regelabfrage). [2] Für Kapitalerträge im Sinne des § 43 Absatz 1 Nummer 4 aus Versicherungsverträgen hat der Kirchensteuerabzugsverpflichtete eine auf den Zuflusszeitpunkt der Kapitalerträge bezogene Abfrage (Anlassabfrage) an das Bundeszentralamt für Steuern zu richten. [3] Im Übrigen kann der Kirchensteuerabzugsverpflichtete eine Anlassabfrage *bei Begründung einer Geschäftsbeziehung oder auf Veranlassung des Kunden* [***ab VZ 2022:*** auf Veranlassung des Schuldners der Kapitalertragsteuer] an das Bundeszentralamt für Steuern richten. [4] Auf die Anfrage hin teilt das Bundeszentralamt für Steuern dem Kirchensteuerabzugsverpflichteten die rechtliche Zugehörigkeit zu einer steuererhebenden Religionsgemeinschaft und den für die Religionsgemeinschaft geltenden Kirchensteuersatz zum Zeitpunkt der Anfrage als automatisiert abrufbares Merkmal nach Nummer 1 mit. [5] *Während der Dauer der rechtlichen Verbindung ist der Schuldner der Kapitalertragssteuer zumindest einmal vom Kirchensteuerabzugsverpflichteten auf die Datenabfrage sowie das gegenüber dem Bundeszentralamt für Steuern bestehende Widerspruchsrecht, das sich auf die Übermittlung von Daten zur Religionszugehörigkeit bezieht (Absatz 2e Satz 1), schriftlich oder in geeigneter Form hinzuweisen.* [***ab VZ 2022:*** [5] Bei Begründung einer rechtlichen Verbindung ist der Schuldner der Kapitalertragsteuer vom Kirchensteuerabzugsverpflichteten auf die Datenabfrage sowie das Antragsrecht nach Absatz 2e Satz 1 in geeigneter Form hinzuweisen.] [6] Anträge auf das Setzen der Sperrvermerke, die im aktuellen Kalenderjahr für eine Regelabfrage berücksichtigt werden sollen, müssen bis zum 30. Juni beim Bundeszentralamt für Steuern eingegangen sein. [7] Alle übrigen Sperrvermerke können nur berücksichtigt werden, wenn sie spätestens zwei Monate vor der Abfrage des Kirchensteuerabzugsverpflichteten eingegangen sind. [8] Dies gilt für den Widerruf entsprechend. [9] *Der Hinweis nach Satz 5 hat rechtzeitig vor der Regel- oder Anlassabfrage zu erfolgen.* [10] [***ab VZ 2022:*** [9]] Gehört der Schuldner der Kapitalertragsteuer keiner steuererhebenden Religionsgemeinschaft an oder hat er dem Abruf von Daten zur Religionszugehörigkeit widersprochen (Sperrvermerk), so teilt das Bundeszentralamt für Steu-

[1)] § 51a Abs. 2c Nr. 3 Satz 1 geänd., Sätze 3, 6, 7 und 8 eingef., bish. Sätze 3 und 4 werden Sätze 4 und 5, bish. Sätze 5, 6 und 7 werden Sätze 9, 10 und 11 mWv 1.1.2015 durch G v. 26.6.2013 (BGBl. I S. 1809); Sätze 5 und 9 neu gef. mWv VZ 2015 durch G v. 28.7.2015 (BGBl. I S. 1400); Sätze 1, 3 und 5 neu gef., Satz 9 aufgeh., bish. Sätze 10 und 11 werden Sätze 9 und 10 **mWv VZ 2022** durch G v. 1.12.2020 (BGBl. I S. 2616).

ern dem Kirchensteuerabzugsverpflichteten zur Religionszugehörigkeit einen neutralen Wert (Nullwert) mit. [11] *[ab VZ 2022:* [10]*]* Der Kirchensteuerabzugsverpflichtete hat die vorhandenen Daten zur Religionszugehörigkeit unverzüglich zu löschen, wenn ein Nullwert übermittelt wurde;

4. im Falle einer am Stichtag oder im Zuflusszeitpunkt bestehenden Kirchensteuerpflicht hat der Kirchensteuerabzugsverpflichtete den Kirchensteuerabzug für die steuererhebende Religionsgemeinschaft durchzuführen und den Kirchensteuerbetrag an das für ihn zuständige Finanzamt abzuführen. [2] § 45a Absatz 1 gilt entsprechend; in der Steueranmeldung sind die nach Satz 1 einbehaltenen Kirchensteuerbeträge für jede steuererhebende Religionsgemeinschaft jeweils als Summe anzumelden. [3] Die auf Grund der Regelabfrage vom Bundeszentralamt für Steuern bestätigte Kirchensteuerpflicht hat der Kirchensteuerabzugsverpflichtete dem Kirchensteuerabzug des auf den Stichtag folgenden Kalenderjahres zu Grunde zu legen. [4] Das Ergebnis einer Anlassabfrage wirkt anlassbezogen.

[2] Die Daten gemäß Nummer 3 sind nach amtlich vorgeschriebenem Datensatz durch Datenfernübertragung zu übermitteln. [3] Die Verbindung der Anfrage nach Nummer 2 mit der Anfrage nach Nummer 3 zu einer Anfrage ist zulässig. [4] Auf Antrag kann das Bundeszentralamt für Steuern zur Vermeidung unbilliger Härten auf eine elektronische Übermittlung verzichten. [5] § 44 Absatz 5 ist mit der Maßgabe anzuwenden, dass der Haftungsbescheid von dem für den Kirchensteuerabzugsverpflichteten zuständigen Finanzamt erlassen wird. [6] § 45a Absatz 2 ist mit der Maßgabe anzuwenden, dass die steuererhebende Religionsgemeinschaft angegeben wird. [7] Sind an den Kapitalerträgen ausschließlich Ehegatten beteiligt, wird der Anteil an der Kapitalertragsteuer hälftig ermittelt. [8] Der Kirchensteuerabzugsverpflichtete darf die von ihm für die Durchführung des Kirchensteuerabzugs erhobenen Daten ausschließlich für diesen Zweck verarbeiten. [9] Er hat organisatorisch dafür Sorge zu tragen, dass ein Zugriff auf diese Daten für andere Zwecke gesperrt ist. [10] Ohne Einwilligung der oder des Kirchensteuerpflichtigen und soweit gesetzlich nichts anderes zugelassen ist, dürfen der Kirchensteuerabzugsverpflichtete und die beteiligte Finanzbehörde die Daten nach Satz 8 nicht für andere Zwecke verarbeiten.

(2d) [1] Wird die nach Absatz 2b zu erhebende Kirchensteuer nicht nach Absatz 2c als Kirchensteuerabzug vom Kirchensteuerabzugsverpflichteten einbehalten, wird sie nach Ablauf des Kalenderjahres nach dem Kapitalertragsteuerbetrag veranlagt, der sich ergibt, wenn die Steuer auf Kapitalerträge nach § 32d Absatz 1 Satz 4 und 5 errechnet wird; wenn Kirchensteuer als Kirchensteuerabzug nach Absatz 2c erhoben wurde, wird eine Veranlagung auf Antrag des Steuerpflichtigen durchgeführt. [2] Der Abzugsverpflichtete hat dem Kirchensteuerpflichtigen auf dessen Verlangen hin eine Bescheinigung über die einbehaltene Kapitalertragsteuer zu erteilen. [3] Der Kirchensteuerpflichtige hat die erhobene Kapitalertragsteuer zu erklären und die Bescheinigung nach Satz 2 oder nach § 45a Absatz 2 oder 3 vorzulegen.

(2e)[1)] [1] Der Schuldner der Kapitalertragsteuer kann unter Angabe seiner Identifikationsnummer nach amtlich vorgeschriebenem Vordruck schriftlich

---

[1)] § 51a Abs. 2e neu gef. mWv VZ 2015 durch G v. 7.12.2011 (BGBl. I S. 2592); zur Anwendung siehe § 52 Abs. 49; Satz 1 geänd., Sätze 3 und 4 neu gef., Satz 5 angef. mWv 1.1.2015 durch G v. 26.6.2013 (BGBl. I S. 1809); Satz 4 neu gef. mWv VZ 2021 und geänd. **mWv VZ 2022** durch G v. 1.12.2020 (BGBl. I S. 2616).

EStG

beim Bundeszentralamt für Steuern beantragen, dass der automatisierte Datenabruf seiner rechtlichen Zugehörigkeit zu einer steuererhebenden Religionsgemeinschaft bis auf schriftlichen Widerruf unterbleibt (Sperrvermerk). [2]Das Bundeszentralamt für Steuern kann für die Abgabe der Erklärungen nach Satz 1 ein anderes sicheres Verfahren zur Verfügung stellen. [3]Der Sperrvermerk verpflichtet den Kirchensteuerpflichtigen für jeden Veranlagungszeitraum, in dem Kapitalertragsteuer einbehalten worden ist, zur Abgabe einer Steuererklärung zum Zwecke der Veranlagung nach Absatz 2d Satz 1. [4]Das Bundeszentralamt für Steuern übermittelt für jeden Veranlagungszeitraum, für den ein Sperrvermerk abgerufen worden ist, an das Wohnsitzfinanzamt des Schuldners der Kapitalertragsteuer Name und Anschrift des Kirchensteuerabzugsverpflichteten, dem im Fall des Absatzes 2c Satz 1 Nummer 3 auf Grund des Sperrvermerks ein Nullwert im Sinne des Absatzes 2c Satz 1 Nummer 3 *Satz 10* [***ab VZ 2022:*** Satz 9] mitgeteilt worden ist. [5]Das Wohnsitzfinanzamt fordert den Kirchensteuerpflichtigen zur Abgabe einer Steuererklärung nach § 149 Absatz 1 Satz 1 und 2 der Abgabenordnung auf.

(3) Ist die Einkommensteuer für Einkünfte, die dem Steuerabzug unterliegen, durch den Steuerabzug abgegolten oder werden solche Einkünfte bei der Veranlagung zur Einkommensteuer oder beim Lohnsteuer-Jahresausgleich nicht erfasst, gilt dies für die Zuschlagsteuer entsprechend.

(4) [1]Die Vorauszahlungen auf Zuschlagsteuern sind gleichzeitig mit den festgesetzten Vorauszahlungen auf die Einkommensteuer zu entrichten; § 37 Absatz 5 ist nicht anzuwenden. [2]Solange ein Bescheid über die Vorauszahlungen auf Zuschlagsteuern nicht erteilt worden ist, sind die Vorauszahlungen ohne besondere Aufforderung nach Maßgabe der für die Zuschlagsteuern geltenden Vorschriften zu entrichten. [3]§ 240 Absatz 1 Satz 3 der Abgabenordnung ist insoweit nicht anzuwenden; § 254 Absatz 2 der Abgabenordnung gilt insoweit sinngemäß.

(5) [1]Mit einem Rechtsbehelf gegen die Zuschlagsteuer kann weder die Bemessungsgrundlage noch die Höhe des zu versteuernden Einkommens angegriffen werden. [2]Wird die Bemessungsgrundlage geändert, ändert sich die Zuschlagsteuer entsprechend.

(6) Die Absätze 1 bis 5 gelten für die Kirchensteuern nach Maßgabe landesrechtlicher Vorschriften.

§ 52[1)] Anwendungsvorschriften. (1)[2)] [1]Diese Fassung des Gesetzes ist, soweit in den folgenden Absätzen nichts anderes bestimmt ist, erstmals für den Veranlagungszeitraum *2021* [***ab 1.1.2022:*** *2022*] [***ab 1.1.2024:*** 2024] anzuwenden. [2]Beim Steuerabzug vom Arbeitslohn gilt Satz 1 mit der Maßgabe, dass diese Fassung erstmals auf den laufenden Arbeitslohn anzuwenden ist, der für einen nach dem 31. Dezember *2020* [***ab 1.1.2022:*** *2021*] [***ab 1.1.2024:*** 2023] endenden Lohnzahlungszeitraum gezahlt wird, und auf sonstige Bezüge, die nach dem 31. Dezember *2020* [***ab 1.1.2022:*** *2021*] [***ab 1.1.2024:*** 2023] zufließen. [3]Beim Steuerabzug vom Kapitalertrag gilt Satz 1 mit der Maßgabe,

[1)] § 52 neu gef. durch G v. 25.7.2014 (BGBl. I S. 1266).

[2)] § 52 Abs. 1 Sätze 1 bis 3 geänd. durch G v. 2.11.2015 (BGBl. I S. 1834); Sätze 1 bis 3 geänd. durch G v. 19.7.2016 (BGBl. I S. 1730); Sätze 1 bis 3 geänd. durch G v. 20.12.2016 (BGBl. I S. 3000); Sätze 1 bis 3 geänd. durch G v. 29.11.2018 (BGBl. I S. 2210); Sätze 1 bis 3 geänd. durch G v. 1.12.2020 (BGBl. I S. 2616); Sätze 1 bis 3 geänd. durch G v. 21.12.2020 (BGBl. I S. 3096).

dass diese Fassung des Gesetzes erstmals auf Kapitalerträge anzuwenden ist, die dem Gläubiger nach dem 31. Dezember *2020* [***ab 1.1.2022:*** *2021*] [***ab 1.1. 2024:*** 2023] zufließen.

(2) [1] § 2a Absatz 1 Satz 1 Nummer 6 Buchstabe b in der am 1. Januar 2000 geltenden Fassung ist erstmals auf negative Einkünfte eines Steuerpflichtigen anzuwenden, die er aus einer entgeltlichen Überlassung von Schiffen auf Grund eines nach dem 31. Dezember 1999 rechtswirksam abgeschlossenen obligatorischen Vertrags oder gleichstehenden Rechtsakts erzielt. [2] Für negative Einkünfte im Sinne des § 2a Absatz 1 und 2 in der am 24. Dezember 2008 geltenden Fassung, die vor dem 25. Dezember 2008 nach § 2a Absatz 1 Satz 5 bestandskräftig gesondert festgestellt wurden, ist § 2a Absatz 1 Satz 3 bis 5 in der am 24. Dezember 2008 geltenden Fassung weiter anzuwenden. [3] § 2a Absatz 3 Satz 3, 5 und 6 in der am 29. April 1997 geltenden Fassung ist für Veranlagungszeiträume ab 1999 weiter anzuwenden, soweit sich ein positiver Betrag im Sinne des § 2a Absatz 3 Satz 3 in der am 29. April 1997 geltenden Fassung ergibt oder soweit eine in einem ausländischen Staat belegene Betriebsstätte im Sinne des § 2a Absatz 4 in der Fassung des § 52 Absatz 3 Satz 8 in der am 30. Juli 2014 geltenden Fassung in eine Kapitalgesellschaft umgewandelt, übertragen oder aufgegeben wird. [4] Insoweit ist in § 2a Absatz 3 Satz 5 letzter Halbsatz in der am 29. April 1997 geltenden Fassung die Angabe „§ 10d Absatz 3“ durch die Angabe „§ 10d Absatz 4“ zu ersetzen.

(3) § 2b in der Fassung der Bekanntmachung vom 19. Oktober 2002 (BGBl. I S. 4210; 2003 I S. 179) ist weiterhin für Einkünfte aus einer Einkunftsquelle im Sinne des § 2b anzuwenden, die der Steuerpflichtige nach dem 4. März 1999 und vor dem 11. November 2005 rechtswirksam erworben oder begründet hat.

(4)[1)] [1] § 3 Nummer 5 in der am 30. Juni 2013 geltenden Fassung ist vorbehaltlich des Satzes 2 erstmals für den Veranlagungszeitraum 2013 anzuwenden. [2] § 3 Nummer 5 in der am 29. Juni 2013 geltenden Fassung ist weiterhin anzuwenden für freiwillig Wehrdienst Leistende, die das Dienstverhältnis vor dem 1. Januar 2014 begonnen haben. [3] § 3 Nummer 10 in der am 31. Dezember 2005 geltenden Fassung ist weiter anzuwenden für ausgezahlte Übergangsbeihilfen an Soldatinnen auf Zeit und Soldaten auf Zeit, wenn das Dienstverhältnis vor dem 1. Januar 2006 begründet worden ist. [4] Auf fortlaufende Leistungen nach dem Gesetz über die Heimkehrerstiftung vom 21. Dezember 1992 (BGBl. I S. 2094, 2101), das zuletzt durch Artikel 1 des Gesetzes vom 10. Dezember 2007 (BGBl. I S. 2830) geändert worden ist, in der jeweils geltenden Fassung ist § 3 Nummer 19 in der am 31. Dezember 2010 geltenden Fassung weiter anzuwenden. [5] § 3 Nummer 26 und 26a in der Fassung des Artikels 2 des Gesetzes vom 11. Dezember 2018 (BGBl. I S. 2338) ist in allen offenen

---

[1)] § 52 Abs. 4 Satz 13 angef. durch G v. 22.12.2014 (BGBl. I S. 2417); Satz 10 eingef., bish. Sätze 10 bis 13 werden Sätze 11 bis 14 durch G v. 7.11.2016 (BGBl. I S. 2498); Satz 7 eingef., bish. Sätze 7 bis 14 werden Sätze 8 bis 15 durch G v. 20.12.2016 (BGBl. I S. 3000); Satz 16 angef. durch G v. 27.6. 2017 (BGBl. I S. 2074); Sätze 12 und 13 2. HS geänd., Satz 14 neu gef., Satz 15 eingef., bish. Sätze 15 und 16 werden Sätze 16 und 17 durch G v. 17.8.2017 (BGBl. I S. 3214); Sätze 5 bis 7 eingef., bish. Sätze 5 bis 11 werden Sätze 8 bis 14, bish. Sätze 12 und 13 aufgeh., bish. Sätze 14 bis 17 werden Sätze 15 bis 18 durch G v. 11.12.2018 (BGBl. I S. 2338); Sätze 7 und 14 geänd. durch G v. 12.12. 2019 (BGBl. I S. 2451); Satz 15 eingef., bish. Sätze 15 bis 18 werden Sätze 16 bis 19 durch G v. 8.8. 2020 (BGBl. I S. 1818); Satz 9 eingef., bish. Sätze 9 bis 13 werden Sätze 10 bis 14, Satz 15 eingef., bish. Sätze 14 bis 19 werden Sätze 16 bis 21 durch G v. 25.6.2021 (BGBl. I S. 2035).

Fällen anzuwenden. [6] Für die Anwendung des § 3 Nummer 34 in der Fassung des Artikels 3 des Gesetzes vom 11. Dezember 2018 (BGBl. I S. 2338) ist das Zertifizierungserfordernis nach § 20 Absatz 2 Satz 2 in Verbindung mit § 20 Absatz 5 des Fünften Buches Sozialgesetzbuch für bereits vor dem 1. Januar 2019 begonnene unzertifizierte Gesundheitsmaßnahmen erstmals maßgeblich für Sachbezüge, die nach dem 31. Dezember 2019 gewährt werden. [7] § 3 Nummer 37 in der Fassung des Artikels 3 des Gesetzes vom 11. Dezember 2018 (BGBl. I S. 2338) ist letztmals für den Veranlagungszeitraum 2030 anzuwenden, sowie beim Steuerabzug vom Arbeitslohn auf Vorteile, die in einem vor dem 1. Januar 2031 endenden Lohnzahlungszeitraum oder als sonstige Bezüge vor dem 1. Januar 2031 zugewendet werden. [8] § 3 Nummer 40 ist erstmals anzuwenden für

1. Gewinnausschüttungen, auf die bei der ausschüttenden Körperschaft der nach Artikel 3 des Gesetzes vom 23. Oktober 2000 (BGBl. I S. 1433) aufgehobene Vierte Teil des Körperschaftsteuergesetzes nicht mehr anzuwenden ist; für die übrigen in § 3 Nummer 40 genannten Erträge im Sinne des § 20 gilt Entsprechendes;
2. Erträge im Sinne des § 3 Nummer 40 Satz 1 Buchstabe a, b, c und j nach Ablauf des ersten Wirtschaftsjahres der Gesellschaft, an der die Anteile bestehen, für das das Körperschaftsteuergesetz in der Fassung des Artikels 3 des Gesetzes vom 23. Oktober 2000 (BGBl. I S. 1433) erstmals anzuwenden ist.

EStG

[9] § 3 Nummer 40 Satz 1 Buchstabe d Satz 3 in der Fassung des Artikels 1 des Gesetzes vom 25. Juni 2021 (BGBl. I S. 2035) ist erstmals für Bezüge anzuwenden, die nach dem 31. Dezember 2019 zufließen. [10] § 3 Nummer 40 Satz 3 und 4 in der am 12. Dezember 2006 geltenden Fassung ist für Anteile, die einbringungsgeboren im Sinne des § 21 des Umwandlungssteuergesetzes[1)] in der am 12. Dezember 2006 geltenden Fassung sind, weiter anzuwenden. [11] § 3 Nummer 40 Satz 3 erster Halbsatz in der am 1. Januar 2017 geltenden Fassung ist erstmals für den Veranlagungszeitraum 2017 anzuwenden; der zweite Halbsatz ist anzuwenden auf Anteile, die nach dem 31. Dezember 2016 dem Betriebsvermögen zugehen. [12] Bei vom Kalenderjahr abweichenden Wirtschaftsjahren ist § 3 Nummer 40 Buchstabe d Satz 2 in der am 30. Juni 2013 geltenden Fassung erstmals für den Veranlagungszeitraum anzuwenden, in dem das Wirtschaftsjahr endet, das nach dem 31. Dezember 2013 begonnen hat. [13] § 3 Nummer 40a in der am 6. August 2004 geltenden Fassung ist auf Vergütungen im Sinne des § 18 Absatz 1 Nummer 4 anzuwenden, wenn die vermögensverwaltende Gesellschaft oder Gemeinschaft nach dem 31. März 2002 und vor dem 1. Januar 2009 gegründet worden ist oder soweit die Vergütungen in Zusammenhang mit der Veräußerung von Anteilen an Kapitalgesellschaften stehen, die nach dem 7. November 2003 und vor dem 1. Januar 2009 erworben worden sind. [14] § 3 Nummer 40a in der am 19. August 2008 geltenden Fassung ist erstmals auf Vergütungen im Sinne des § 18 Absatz 1 Nummer 4 anzuwenden, wenn die vermögensverwaltende Gesellschaft oder Gemeinschaft nach dem 31. Dezember 2008 gegründet worden ist. [15] § 3 Nummer 41 in der am 30. Juni 2021 geltenden Fassung ist letztmals für den Veranlagungszeitraum 2021 anzuwenden. [16] § 3 Nummer 46 in der am 17. No-

---

1) Nr. **22**.

vember 2016 geltenden Fassung ist erstmals anzuwenden auf Vorteile, die in einem nach dem 31. Dezember 2016 endenden Lohnzahlungszeitraum oder als sonstige Bezüge nach dem 31. Dezember 2016 zugewendet werden, und letztmals anzuwenden auf Vorteile, die in einem vor dem 1. Januar 2031 endenden Lohnzahlungszeitraum oder als sonstige Bezüge vor dem 1. Januar 2031 zugewendet werden. [17] § 3 Nummer 60 in der am 13. August 2020 geltenden Fassung ist weiterhin anzuwenden für Anpassungsgelder an Arbeitnehmer im Steinkohlenbergbau bis zum Auslaufen dieser öffentlichen Mittel im Jahr 2027. [18] Der Höchstbetrag nach § 3 Nummer 63 Satz 1 verringert sich um Zuwendungen, auf die § 40b Absatz 1 und 2 Satz 1 und 2 in der am 31. Dezember 2004 geltenden Fassung angewendet wird. [19] § 3 Nummer 63 Satz 3 in der ab dem 1. Januar 2018 geltenden Fassung ist nicht anzuwenden, soweit § 40b Absatz 1 und 2 Satz 3 und 4 in der am 31. Dezember 2004 geltenden Fassung angewendet wird. [20] § 3 Nummer 71 in der am 31. Dezember 2014 geltenden Fassung ist erstmals für den Veranlagungszeitraum 2013 anzuwenden. [21] § 3 Nummer 71 in der Fassung des Artikels 1 des Gesetzes vom 27. Juni 2017 (BGBl. I S. 2074) ist erstmals für den Veranlagungszeitraum 2017 anzuwenden.

(4a)[1)] [1] § 3a in der Fassung des Artikels 2 des Gesetzes vom 27. Juni 2017 (BGBl. I S. 2074) ist erstmals in den Fällen anzuwenden, in denen die Schulden ganz oder teilweise nach dem 8. Februar 2017 erlassen wurden. [2] Satz 1 gilt bei einem Schuldenerlass nach dem 8. Februar 2017 nicht, wenn dem Steuerpflichtigen auf Antrag Billigkeitsmaßnahmen aus Gründen des Vertrauensschutzes für einen Sanierungsertrag auf Grundlage von § 163 Absatz 1 Satz 2 und den §§ 222, 227 der Abgabenordnung[2)] zu gewähren sind. [3] Auf Antrag des Steuerpflichtigen ist § 3a auch in den Fällen anzuwenden, in denen die Schulden vor dem 9. Februar 2017 erlassen wurden. [4] Satz 1 gilt auch für § 3a Absatz 3a in der Fassung des Artikels 1 des Gesetzes vom 12. Dezember 2019 (BGBl. I S. 2451).

(5)[3)] [1] § 3c Absatz 2 Satz 3 und 4 in der am 12. Dezember 2006 geltenden Fassung ist für Anteile, die einbringungsgeboren im Sinne des § 21 des Umwandlungssteuergesetzes in der am 12. Dezember 2006 geltenden Fassung sind, weiter anzuwenden. [2] § 3c Absatz 2 in der am 31. Dezember 2014 geltenden Fassung ist erstmals für Wirtschaftsjahre anzuwenden, die nach dem 31. Dezember 2014 beginnen. [3] § 3c Absatz 4 in der Fassung des Artikels 2 des Gesetzes vom 27. Juni 2017 (BGBl. I S. 2074) ist für Betriebsvermögensminderungen oder Betriebsausgaben in unmittelbarem wirtschaftlichem Zusammenhang mit einem Schuldenerlass nach dem 8. Februar 2017 anzuwenden, für den § 3a angewendet wird. [4] § 3c Absatz 4 ist auch in den Fällen anzuwenden, in denen dem Steuerpflichtigen die Steuerbefreiung des § 3a auf Grund eines Antrags nach Absatz 4a Satz 3 gewährt wird.

(6)[4)] [1] § 4 Absatz 1 Satz 3 in der Fassung des Artikels 1 des Gesetzes vom 25. Juni 2021 (BGBl. I S. 2035) ist erstmals für nach dem 31. Dezember 2019

[1)] § 52 Abs. 4a eingef. durch G v. 27.6.2017 (BGBl. I S. 2074); Satz 3 angef. durch G v. 11.12.2018 (BGBl. I S. 2338); Satz 4 angef. durch G v. 12.12.2019 (BGBl. I S. 2451).

[2)] Nr. **1**.

[3)] § 52 Abs. 5 Satz 2 angef. durch G v. 22.12.2014 (BGBl. I S. 2417); Satz 3 angef. durch G v. 27.6. 2017 (BGBl. I S. 2074); Satz 4 angef. durch G v. 11.12.2018 (BGBl. I S. 2338).

[4)] § 52 Abs. 6 Sätze 10 bis 12 angef. durch G v. 12.12.2019 (BGBl. I S. 2451); Satz 13 angef. durch G v. 21.12.2020 (BGBl. I S. 3096); Satz 1 eingef., bish. Satz 1 wird Satz 2, Satz 3 eingef., bish. Sätze 2 bis 13 werden Sätze 4 bis 15 durch G v. 25.6.2021 (BGBl. I S. 2035).

endende Wirtschaftsjahre anzuwenden. [2] § 4 Absatz 1 Satz 4 in der Fassung des Artikels 1 des Gesetzes vom 8. Dezember 2010 (BGBl. I S. 1768) gilt in allen Fällen, in denen § 4 Absatz 1 Satz 3 anzuwenden ist. [3] § 4 Absatz 1 Satz 9 in der Fassung des Artikels 1 des Gesetzes vom 25. Juni 2021 (BGBl. I S. 2035) ist erstmals für nach dem 31. Dezember 2019 endende Wirtschaftsjahre anzuwenden. [4] § 4 Absatz 3 Satz 4 ist nicht anzuwenden, soweit die Anschaffungs- oder Herstellungskosten vor dem 1. Januar 1971 als Betriebsausgaben abgesetzt worden sind. [5] § 4 Absatz 3 Satz 4 und 5 in der Fassung des Artikels 1 des Gesetzes vom 28. April 2006 (BGBl. I S. 1095) ist erstmals für Wirtschaftsgüter anzuwenden, die nach dem 5. Mai 2006 angeschafft, hergestellt oder in das Betriebsvermögen eingelegt werden. [6] Die Anschaffungs- oder Herstellungskosten für nicht abnutzbare Wirtschaftsgüter des Anlagevermögens, die vor dem 5. Mai 2006 angeschafft, hergestellt oder in das Betriebsvermögen eingelegt wurden, sind erst im Zeitpunkt des Zuflusses des Veräußerungserlöses oder im Zeitpunkt der Entnahme als Betriebsausgaben zu berücksichtigen. [7] § 4 Absatz 4a in der Fassung des Gesetzes vom 22. Dezember 1999 (BGBl. I S. 2601) ist erstmals für das Wirtschaftsjahr anzuwenden, das nach dem 31. Dezember 1998 endet. [8] Über- und Unterentnahmen vorangegangener Wirtschaftsjahre bleiben unberücksichtigt. [9] Bei vor dem 1. Januar 1999 eröffneten Betrieben sind im Fall der Betriebsaufgabe bei der Überführung von Wirtschaftsgütern aus dem Betriebsvermögen in das Privatvermögen die Buchwerte nicht als Entnahme anzusetzen; im Fall der Betriebsveräußerung ist nur der Veräußerungsgewinn als Entnahme anzusetzen. [10] § 4 Absatz 5 Satz 1 Nummer 5 in der Fassung des Artikels 1 des Gesetzes vom 20. Februar 2013 (BGBl. I S. 285) ist erstmals ab dem 1. Januar 2014 anzuwenden. [11] § 4 Absatz 5 Satz 1 Nummer 6a in der Fassung des Artikels 1 des Gesetzes vom 20. Februar 2013 (BGBl. I S. 285) ist erstmals ab dem 1. Januar 2014 anzuwenden. [12] § 4 Absatz 5 Satz 1 Nummer 8 in der Fassung des Artikels 1 des Gesetzes vom 12. Dezember 2019 (BGBl. I S. 2451) ist erstmals anzuwenden auf nach dem 31. Dezember 2018 festgesetzte Geldbußen, Ordnungsgelder und Verwarnungsgelder sowie auf nach dem 31. Dezember 2018 entstandene mit der Geldbuße, dem Ordnungsgeld oder dem Verwarnungsgeld zusammenhängende Aufwendungen. [13] § 4 Absatz 5 Satz 1 Nummer 8a in der Fassung des Artikels 1 des Gesetzes vom 12. Dezember 2019 (BGBl. I S. 2451) ist erstmals anzuwenden auf nach dem 31. Dezember 2018 festgesetzte Zinsen im Sinne der Vorschrift. [14] § 4 Absatz 10 in der Fassung des Artikels 2 des Gesetzes vom 12. Dezember 2019 (BGBl. I S. 2451) ist erstmals anzuwenden auf nach dem 31. Dezember 2019 durchgeführte Übernachtungen im Sinne der Vorschrift. [15] § 4 Absatz 5 Satz 1 Nummer 6b Satz 4 in der Fassung des Artikels 1 des Gesetzes vom 21. Dezember 2020 (BGBl. I S. 3096) ist für nach dem 31. Dezember 2019 und vor dem 1. Januar 2022 in der häuslichen Wohnung ausgeübte Tätigkeiten anzuwenden.

(7)[1] *(aufgehoben)*

(8)[2] [1] § 4f in der Fassung des Gesetzes vom 18. Dezember 2013 (BGBl. I S. 4318) ist erstmals für Wirtschaftsjahre anzuwenden, die nach dem 28. November 2013 enden. [2] § 4f Absatz 1 Satz 3 in der Fassung des Artikels 1 des Gesetzes vom 21. Dezember 2020 (BGBl. I S. 3096) ist erstmals für Wirt-

---

[1] § 52 Abs. 7 aufgeh. durch G v. 21.12.2015 (BGBl. I S. 2553).
[2] § 52 Abs. 8 Satz 2 angef. durch G v. 21.12.2020 (BGBl. I S. 3096).

schaftsjahre anzuwenden, die nach dem 31. Dezember 2019 enden; bei nach § 4a vom Kalenderjahr abweichenden Wirtschaftsjahren ist § 4f Absatz 1 Satz 3 spätestens für Wirtschaftsjahre anzuwenden, die nach dem 17. Juli 2020 enden.

(8a)[1] § 4g Absatz 1 in der Fassung des Artikels 1 des Gesetzes vom 25. Juni 2021 (BGBl. I S. 2035) ist in allen offenen Fällen anzuwenden.

(8b)[2] § 4j in der Fassung des Artikels 1 des Gesetzes vom 27. Juni 2017 (BGBl. I S. 2074) ist erstmals für Aufwendungen anzuwenden, die nach dem 31. Dezember 2017 entstehen.

(8c)[3] [1] § 4k in der Fassung des Artikels 1 des Gesetzes vom 25. Juni 2021 (BGBl. I S. 2035) ist erstmals für Aufwendungen anzuwenden, die nach dem 31. Dezember 2019 entstehen. [2] Aufwendungen, die rechtlich bereits vor dem 1. Januar 2020 verursacht wurden, gelten bei der Anwendung des Satzes 1 nur insoweit als nach dem 31. Dezember 2019 entstanden, als ihnen ein Dauerschuldverhältnis zugrunde liegt und sie ab diesem Zeitpunkt ohne wesentliche Nachteile hätten vermieden werden können. [3] Ein Nachteil ist insbesondere dann wesentlich im Sinne des Satzes 2, wenn sämtliche mit der Vermeidung der Aufwendungen verbundenen Kosten den steuerlichen Vorteil infolge der Besteuerungsinkongruenz übersteigen. [4] Satz 2 gilt nicht, wenn das Dauerschuldverhältnis nach dem 31. Dezember 2019 wesentlich geändert wurde.

(9) [1] § 5 Absatz 7 in der Fassung des Gesetzes vom 18. Dezember 2013 (BGBl. I S. 4318) ist erstmals für Wirtschaftsjahre anzuwenden, die nach dem 28. November 2013 enden. [2] Auf Antrag kann § 5 Absatz 7 auch für frühere Wirtschaftsjahre angewendet werden. [3] Bei Schuldübertragungen, Schuldbeitritten und Erfüllungsübernahmen, die vor dem 14. Dezember 2011 vereinbart wurden, ist § 5 Absatz 7 Satz 5 mit der Maßgabe anzuwenden, dass für einen Gewinn, der sich aus der Anwendung von § 5 Absatz 7 Satz 1 bis 3 ergibt, jeweils in Höhe von 19 Zwanzigsteln eine gewinnmindernde Rücklage gebildet werden kann, die in den folgenden 19 Wirtschaftsjahren jeweils mit mindestens einem Neunzehntel gewinnerhöhend aufzulösen ist.

(10)[4] [1] § 5a Absatz 3 in der Fassung des Artikels 9 des Gesetzes vom 29. Dezember 2003 (BGBl. I S. 3076) ist erstmals für das Wirtschaftsjahr anzuwenden, das nach dem 31. Dezember 2005 endet. [2] § 5a Absatz 3 Satz 1 in der am 31. Dezember 2003 geltenden Fassung ist weiterhin anzuwenden, wenn der Steuerpflichtige im Fall der Anschaffung das Handelsschiff auf Grund eines vor dem 1. Januar 2006 rechtswirksam abgeschlossenen schuldrechtlichen Vertrags oder gleichgestellten Rechtsakts angeschafft oder im Fall der Herstellung mit der Herstellung des Handelsschiffs vor dem 1. Januar 2006 begonnen hat. [3] In Fällen des Satzes 2 muss der Antrag auf Anwendung des § 5a Absatz 1 spätestens bis zum Ablauf des Wirtschaftsjahres gestellt werden, das vor dem 1. Januar 2008 endet. [4] § 5a Absatz 4 Satz 5 bis 7 in der Fassung des Artikels 1 des Gesetzes vom 2. Juni 2021 (BGBl. I S. 1259) ist erstmals auf Wirtschaftsjahre anzuwenden, die nach dem 31. Dezember 1998 beginnen. [5] Soweit Ansparabschreibungen im Sinne des § 7g Absatz 3 in der am 17. August 2007

[1] § 52 Abs. 8a eingef. durch G v. 25.6.2021 (BGBl. I S. 2035).

[2] § 52 Abs. 8a eingef. durch G v. 27.6.2017 (BGBl. I S. 2074); bish. Abs. 8a wird Abs. 8b durch G v. 25.6.2021 (BGBl. I S. 2035).

[3] § 52 Abs. 8c eingef. durch G v. 25.6.2021 (BGBl. I S. 2035).

[4] § 52 Abs. 10 Satz 5 angef. durch G v. 12.12.2019 (BGBl. I S. 2451); Satz 4 eingef., bish. Sätze 4 und 5 werden Sätze 5 und 6 durch G v. 2.6.2021 (BGBl. I S. 1259).

geltenden Fassung zum Zeitpunkt des Übergangs zur Gewinnermittlung nach § 5a Absatz 1 noch nicht gewinnerhöhend aufgelöst worden sind, ist § 5a Absatz 5 Satz 3 in der am 17. August 2007 geltenden Fassung weiter anzuwenden. [6] § 5a Absatz 6 in der durch Artikel 1 des Gesetzes vom 12. Dezember 2019 (BGBl. I S. 2451) geänderten Fassung ist erstmals für Wirtschaftsjahre anzuwenden, die nach dem 31. Dezember 2018 beginnen.

(11) § 5b in der Fassung des Artikels 1 des Gesetzes vom 20. Dezember 2008 (BGBl. I S. 2850) ist erstmals für Wirtschaftsjahre anzuwenden, die nach dem 31. Dezember 2010 beginnen.

(12)[1)] [1] § 6 Absatz 1 Nummer 1b kann auch für Wirtschaftsjahre angewendet werden, die vor dem 23. Juli 2016 enden. [2] § 6 Absatz 1 Nummer 4 Satz 2 Nummer 3 und Satz 3 Nummer 3 in der Fassung des Artikels 1 des Gesetzes vom 29. Juni 2020 (BGBl. I S. 1512) ist bereits ab dem 1. Januar 2020 anzuwenden. [3] § 6 Absatz 1 Nummer 4 Satz 6 ist bis zum 31. Dezember 2030 anzuwenden. [4] § 6 Absatz 1 Nummer 5 Satz 1 Buchstabe c in der Fassung des Artikels 2 des Gesetzes vom 11. Dezember 2018 (BGBl. I S. 2338) ist erstmals bei Wirtschaftsgütern anzuwenden, die nach dem 31. Dezember 2017 in ein Betriebsvermögen eingelegt werden. [5] § 6 Absatz 2 Satz 4 in der Fassung des Artikels 4 des Gesetzes vom 30. Juni 2017 (BGBl. I S. 2143) ist erstmals bei Wirtschaftsgütern anzuwenden, die nach dem 31. Dezember 2017 angeschafft, hergestellt oder in das Betriebsvermögen eingelegt werden. [6] § 6 Absatz 2 Satz 1 in der Fassung des Artikels 1 des Gesetzes vom 27. Juni 2017 (BGBl. I S. 2074) ist erstmals bei Wirtschaftsgütern anzuwenden, die nach dem 31. Dezember 2017 angeschafft, hergestellt oder in das Betriebsvermögen eingelegt werden. [7] § 6 Absatz 5 Satz 1 zweiter Halbsatz in der am 14. Dezember 2010 geltenden Fassung gilt in allen Fällen, in denen § 4 Absatz 1 Satz 3 anzuwenden ist. [8] § 6 Absatz 2a in der Fassung des Artikels 1 des Gesetzes vom 27. Juni 2017 (BGBl. I S. 2074) ist erstmals bei Wirtschaftsgütern anzuwenden, die nach dem 31. Dezember 2017 angeschafft, hergestellt oder in das Betriebsvermögen eingelegt werden. [9] § 6 Absatz 1 Nummer 4 Satz 1 zweiter Halbsatz, Nummer 5a zweiter Halbsatz und Nummer 5b in der Fassung des Artikels 1 des Gesetzes vom 25. Juni 2021 (BGBl. I S. 2035) ist erstmals für nach dem 31. Dezember 2019 endende Wirtschaftsjahre anzuwenden.

(13)[2)] *(aufgehoben)*

(14)[3)] [1] § 6b Absatz 2a in der am 6. November 2015 geltenden Fassung ist auch auf Gewinne im Sinne des § 6b Absatz 2 anzuwenden, die vor dem 6. November 2015 entstanden sind. [2] § 6b Absatz 10 Satz 11 in der am 12. Dezember 2006 geltenden Fassung ist für Anteile, die einbringungsgeboren

---

[1)] § 52 Abs. 12 Satz 1 geänd. durch G v. 2.11.2015 (BGBl. I S. 1834); Satz 1 eingef., bish. Sätze 1 und 2 werden Sätze 2 und 3 durch G v. 18.7.2016 (BGBl. I S. 1679); Satz 3 eingef., bish. Satz 3 wird Satz 4, Satz 5 angef. durch G v. 27.6.2017 (BGBl. I S. 2074); Satz 3 eingef., bish. Sätze 3 bis 5 werden Sätze 4 bis 6 durch G v. 30.6.2017 (BGBl. I S. 2143); Satz 2 eingef., bish. Satz 2 wird Satz 3 und neu gef., bish. Sätze 3 bis 6 werden Sätze 4 bis 7 durch G v. 11.12.2018 (BGBl. I S. 2338); Satz 2 geänd. durch G v. 12.12.2019 (BGBl. I S. 2451); Satz 2 eingef., bish. Sätze 2 bis 7 werden Sätze 3 bis 8 durch G v. 29.6.2020 (BGBl. I S. 1512); Satz 9 angef. durch G v. 25.6.2021 (BGBl. I S. 2035).

[2)] § 52 Abs. 13 aufgeh. durch G v. 21.12.2015 (BGBl. I S. 2553).

[3)] § 52 Abs. 14 Satz 1 eingef., bish. Wortlaut wird Satz 2 durch G v. 2.11.2015 (BGBl. I S. 1834); Satz 3 angef. durch G v. 11.12.2018 (BGBl. I S. 2338); Sätze 4 bis 6 angef. durch G v. 29.6.2020 (BGBl. I S. 1512); Satz 4 geänd., Satz 5 neu gef., Satz 6 aufgeh. durch G v. 25.6.2021 (BGBl. I S. 2050).

im Sinne des § 21 des Umwandlungssteuergesetzes in der am 12. Dezember 2006 geltenden Fassung sind, weiter anzuwenden. [3] § 6b Absatz 2a in der Fassung des Artikels 1 des Gesetzes vom 11. Dezember 2018 (BGBl. I S. 2338) ist erstmals auf Gewinne im Sinne des § 6b Absatz 2 anzuwenden, die in nach dem 31. Dezember 2017 beginnenden Wirtschaftsjahren entstanden sind. [4] Die Fristen des § 6b Absatz 3 Satz 2, 3 und 5, Absatz 8 Satz 1 Nummer 1 sowie Absatz 10 Satz 1 und 8 verlängern sich jeweils um zwei Jahre, wenn die Rücklage wegen § 6b Absatz 3 Satz 5, Absatz 8 Satz 1 Nummer 1 in Verbindung mit Absatz 3 Satz 5 oder Absatz 10 Satz 8 am Schluss des nach dem 29. Februar 2020 und vor dem 1. Januar 2021 endenden Wirtschaftsjahres aufzulösen wäre. [5] Die in Satz 4 genannten Fristen verlängern sich um ein Jahr, wenn die Rücklage wegen § 6b Absatz 3 Satz 5, Absatz 8 Satz 1 Nummer 1 in Verbindung mit Absatz 3 Satz 5 oder Absatz 10 Satz 8 am Schluss des nach dem 31. Dezember 2020 und vor dem 1. Januar 2022 endenden Wirtschaftsjahres aufzulösen wäre.

(14a)[1)] § 6e in der Fassung des Artikels 1 des Gesetzes vom 12. Dezember 2019 (BGBl. I S. 2451) ist auch in Wirtschaftsjahren anzuwenden, die vor dem 18. Dezember 2019 enden.

(15) [1] Bei Wirtschaftsgütern, die vor dem 1. Januar 2001 angeschafft oder hergestellt worden sind, ist § 7 Absatz 2 Satz 2 in der Fassung des Gesetzes vom 22. Dezember 1999 (BGBl. I S. 2601) weiter anzuwenden. [2] Bei Gebäuden, soweit sie zu einem Betriebsvermögen gehören und nicht Wohnzwecken dienen, ist § 7 Absatz 4 Satz 1 und 2 in der am 31. Dezember 2000 geltenden Fassung weiter anzuwenden, wenn der Steuerpflichtige im Fall der Herstellung vor dem 1. Januar 2001 mit der Herstellung des Gebäudes begonnen hat oder im Fall der Anschaffung das Objekt auf Grund eines vor dem 1. Januar 2001 rechtswirksam abgeschlossenen obligatorischen Vertrags oder gleichstehenden Rechtsakts angeschafft hat. [3] Als Beginn der Herstellung gilt bei Gebäuden, für die eine Baugenehmigung erforderlich ist, der Zeitpunkt, in dem der Bauantrag gestellt wird; bei baugenehmigungsfreien Gebäuden, für die Bauunterlagen einzureichen sind, der Zeitpunkt, in dem die Bauunterlagen eingereicht werden.

(15a)[2)] [1] Die Inanspruchnahme der Sonderabschreibungen nach § 7b in der Fassung des Artikels 1 des Gesetzes vom 4. August 2019 (BGBl. I S. 1122) kann erstmalig für den Veranlagungszeitraum 2018 und letztmalig für den Veranlagungszeitraum 2026, in den Fällen des § 4a letztmalig für Wirtschaftsjahre, die vor dem 1. Januar 2027 enden, geltend gemacht werden. [2] Das gilt auch dann, wenn der Abschreibungszeitraum nach § 7b Absatz 1 noch nicht abgelaufen ist.

(15b)[3)] § 7c in der Fassung des Artikels 2 des Gesetzes vom 12. Dezember 2019 (BGBl. I S. 2451) ist für nach dem 31. Dezember 2019 und vor dem 1. Januar 2031 angeschaffte neue Elektrolieferfahrzeuge anzuwenden.

(16)[4)] [1] § 7g Absatz 1 Satz 1, 2 Nummer 1, Absatz 2 Satz 1 und 3, Absatz 4 Satz 1 sowie Absatz 6 in der Fassung des Artikels 1 des Gesetzes vom 21. De-

---

[1)] § 52 Abs. 14a eingef. durch G v. 12.12.2019 (BGBl. I S. 2451).

[2)] § 52 Abs. 15a eingef. durch G v. 4.8.2019 (BGBl. I S. 1122); Satz 1 geänd. durch G v. 12.12.2019 (BGBl. I S. 2451).

[3)] § 52 Abs. 15b eingef. durch G v. 12.12.2019 (BGBl. I S. 2451).

[4)] § 52 Abs. 16 neu gef. durch G v. 21.12.2020 (BGBl. I S. 3096); Satz 3 geänd., Satz 4 angef. durch G v. 25.6.2021 (BGBl. I S. 2050).

zember 2020 (BGBl. I S. 3096) ist erstmals für Investitionsabzugsbeträge und Sonderabschreibungen anzuwenden, die in nach dem 31. Dezember 2019 endenden Wirtschaftsjahren in Anspruch genommen werden; bei nach § 4a vom Kalenderjahr abweichenden Wirtschaftsjahren ist § 7g Absatz 1 Satz 2 Nummer 1 und Absatz 6 Nummer 1 spätestens für Investitionsabzugsbeträge und Sonderabschreibungen anzuwenden, die in nach dem 17. Juli 2020 endenden Wirtschaftsjahren in Anspruch genommen werden. [2] § 7g Absatz 2 Satz 2 und Absatz 7 in der Fassung des Artikels 1 des Gesetzes vom 21. Dezember 2020 (BGBl. I S. 3096) ist erstmals für Investitionsabzugsbeträge anzuwenden, die in nach dem 31. Dezember 2020 endenden Wirtschaftsjahren in Anspruch genommen werden. [3] Bei in nach dem 31. Dezember 2016 und vor dem 1. Januar 2018 endenden Wirtschaftsjahren beanspruchten Investitionsabzugsbeträgen endet die Investitionsfrist abweichend von § 7g Absatz 3 Satz 1 erst zum Ende des fünften auf das Wirtschaftsjahr des Abzugs folgenden Wirtschaftsjahres. [4] Bei in nach dem 31. Dezember 2017 und vor dem 1. Januar 2019 endenden Wirtschaftsjahren beanspruchten Investitionsabzugsbeträgen endet die Investitionsfrist abweichend von § 7g Absatz 3 Satz 1 erst zum Ende des vierten auf das Wirtschaftsjahr des Abzugs folgenden Wirtschaftsjahres.

(16a)[1)] [1] § 7h Absatz 1a in der Fassung des Artikels 1 des Gesetzes vom 12. Dezember 2019 (BGBl. I S. 2451) ist erstmals auf Baumaßnahmen anzuwenden, mit denen nach dem 31. Dezember 2018 begonnen wurde. [2] Als Beginn der Baumaßnahmen am Gebäude, für die eine Baugenehmigung erforderlich ist, gilt der Zeitpunkt, in dem der Bauantrag gestellt wurde. [3] Bei baugenehmigungsfreien Baumaßnahmen, für die Bauunterlagen einzureichen sind, gilt als Beginn der Baumaßnahmen der Zeitpunkt, in dem die Bauunterlagen eingereicht werden. [4] § 7h Absatz 2 Satz 1 in der Fassung des Artikels 1 des Gesetzes vom 21. Dezember 2020 (BGBl. I S. 3096) ist erstmals anzuwenden auf Bescheinigungen der zuständigen Gemeindebehörde, die nach dem 31. Dezember 2020 erteilt werden. [5] § 7h Absatz 2 Satz 1 letzter Halbsatz in der Fassung des Artikels 1 des Gesetzes vom 12. Dezember 2019 (BGBl. I S. 2451) ist erstmals anzuwenden auf Bescheinigungen der zuständigen Gemeindebehörde, die nach dem 31. Dezember 2018 erteilt werden. [6] § 7h Absatz 3 in der Fassung des Artikels 1 des Gesetzes vom 12. Dezember 2019 (BGBl. I S. 2451) ist erstmals anzuwenden auf Baumaßnahmen, mit denen nach dem 31. Dezember 2018 begonnen wurde sowie auf Bescheinigungen, die nach dem 31. Dezember 2018 erteilt werden. [7] § 7i Absatz 2 Satz 1 in der Fassung des Artikels 1 des Gesetzes vom 21. Dezember 2020 (BGBl. I S. 3096) ist erstmals anzuwenden auf Bescheinigungen der nach Landesrecht zuständigen oder von der Landesregierung bestimmten Stelle, die nach dem 31. Dezember 2020 erteilt werden.

(16b)[2)] [1] § 9 Absatz 1 Satz 3 Nummer 7 Satz 1 in der Fassung des Artikels 1 des Gesetzes vom 12. Dezember 2019 (BGBl. I S. 2451) ist erstmals anzuwenden auf Sonderabschreibungen nach § 7b in der Fassung des Artikels 1 des Gesetzes vom 4. August 2019 (BGBl. I S. 1122). [2] § 9 Absatz 5 Satz 2 in der Fassung des Artikels 1 des Gesetzes vom 27. Juni 2017 (BGBl. I S. 2074) ist

---

1) § 52 Abs. 16a eingef. durch G v. 12.12.2019 (BGBl. I S. 2451); Satz 4 eingef., bish. Sätze 4 und 5 werden Sätze 5 und 6, Satz 7 angef. durch G v. 21.12.2020 (BGBl. I S. 3096).

2) § 52 Abs. 16a eingef. durch G v. 27.6.2017 (BGBl. I S. 2074); bish. Abs. 16a wird Abs. 16b und Satz 1 eingef., bish. Satz 1 wird Satz 2, Satz 3 angef. durch G v. 12.12.2019 (BGBl. I S. 2451); Satz 4 angef. durch G v. 25.6.2021 (BGBl. I S. 2035).

erstmals für Aufwendungen im Sinne des § 4j in der Fassung des Artikels 1 des Gesetzes vom 27. Juni 2017 (BGBl. I S. 2074) anzuwenden, die nach dem 31. Dezember 2017 entstehen. [3] § 9 Absatz 5 Satz 2 in der Fassung des Artikels 1 des Gesetzes vom 12. Dezember 2019 (BGBl. I S. 2451) ist auch für Veranlagungszeiträume vor 2019 anzuwenden. [4] § 9 Absatz 5 Satz 2 in der Fassung des Artikels 1 des Gesetzes vom 25. Juni 2021 (BGBl. I S. 2035) ist erstmals für Aufwendungen im Sinne des § 4k anzuwenden, die nach dem 31. Dezember 2019 entstehen.

(17) § 9b Absatz 2 in der Fassung des Artikels 11 des Gesetzes vom 18. Dezember 2013 (BGBl. I S. 4318) ist auf Mehr- und Minderbeträge infolge von Änderungen der Verhältnisse im Sinne von § 15a des Umsatzsteuergesetzes[1)] anzuwenden, die nach dem 28. November 2013 eingetreten sind.

(18)[2)] [1] § 10 Absatz 1a Nummer 2 in der am 1. Januar 2015 geltenden Fassung ist auf alle Versorgungsleistungen anzuwenden, die auf Vermögensübertragungen beruhen, die nach dem 31. Dezember 2007 vereinbart worden sind. [2] Für Versorgungsleistungen, die auf Vermögensübertragungen beruhen, die vor dem 1. Januar 2008 vereinbart worden sind, gilt dies nur, wenn das übertragene Vermögen nur deshalb einen ausreichenden Ertrag bringt, weil ersparte Aufwendungen, mit Ausnahme des Nutzungsvorteils eines vom Vermögensübernehmer zu eigenen Zwecken genutzten Grundstücks, zu den Erträgen des Vermögens gerechnet werden. [3] § 10 Absatz 1 Nummer 5 in der am 1. Januar 2012 geltenden Fassung gilt auch für Kinder, die wegen einer vor dem 1. Januar 2007 in der Zeit ab Vollendung des 25. Lebensjahres und vor Vollendung des 27. Lebensjahres eingetretenen körperlichen, geistigen oder seelischen Behinderung außerstande sind, sich selbst zu unterhalten. [4] § 10 Absatz 2 Satz 1 Nummer 1 in der Fassung des Artikels 1 des Gesetzes vom 21. Dezember 2020 (BGBl. I S. 3096) ist in allen offenen Fällen anzuwenden. [5] § 10 Absatz 4b Satz 4 bis 6 in der am 30. Juni 2013 geltenden Fassung ist erstmals für die Übermittlung der Daten des Veranlagungszeitraums 2016 anzuwenden. [6] § 10 Absatz 5 in der am 31. Dezember 2009 geltenden Fassung ist auf Beiträge zu Versicherungen im Sinne des § 10 Absatz 1 Nummer 2 Buchstabe b Doppelbuchstabe bb bis dd in der am 31. Dezember 2004 geltenden Fassung weiterhin anzuwenden, wenn die Laufzeit dieser Versicherungen vor dem 1. Januar 2005 begonnen hat und ein Versicherungsbeitrag bis zum 31. Dezember 2004 entrichtet wurde.

(18a)[3)] § 10b Absatz 1 Satz 8 in der Fassung des Artikels 2 des Gesetzes vom 12. Dezember 2019 (BGBl. I S. 2451) ist erstmals auf Mitgliedsbeiträge anzuwenden, die nach dem 31. Dezember 2019 gezahlt werden.

(18b)[4)] [1] § 10d Absatz 1 Satz 1 in der Fassung des Artikels 1 des Gesetzes vom 10. März 2021 (BGBl. I S. 330) ist für die Veranlagungszeiträume 2020 und 2021 anzuwenden. [2] § 10d Absatz 1 Satz 1 in der Fassung des Artikels 2 des Gesetzes vom 10. März 2021 (BGBl. I S. 330) ist erstmals für den Veranlagungszeitraum 2022 anzuwenden.

---

1) Nr. **23**.

2) § 52 Abs. 18 Satz 1 geänd. durch G v. 22.12.2014 (BGBl. I S. 2417); Satz 4 eingef., bish. Sätze 4 und 5 werden Sätze 5 und 6 durch G v. 11.12.2018 (BGBl. I S. 2338); Satz 4 geänd. durch G v. 21.12. 2020 (BGBl. I S. 3096).

3) § 52 Abs. 18a eingef. durch G v. 12.12.2019 (BGBl. I S. 2451).

4) § 52 Abs. 18b neu gef. und Satz 2 angef. durch G v. 10.3.2021 (BGBl. I S. 330).

(19) [1] Für nach dem 31. Dezember 1986 und vor dem 1. Januar 1991 hergestellte oder angeschaffte Wohnungen im eigenen Haus oder Eigentumswohnungen sowie in diesem Zeitraum fertiggestellte Ausbauten oder Erweiterungen ist § 10e in der am 30. Dezember 1989 geltenden Fassung weiter anzuwenden. [2] Für nach dem 31. Dezember 1990 hergestellte oder angeschaffte Wohnungen im eigenen Haus oder Eigentumswohnungen sowie in diesem Zeitraum fertiggestellte Ausbauten oder Erweiterungen ist § 10e in der am 28. Juni 1991 geltenden Fassung weiter anzuwenden. [3] Abweichend von Satz 2 ist § 10e Absatz 1 bis 5 und 6 bis 7 in der am 28. Juni 1991 geltenden Fassung erstmals für den Veranlagungszeitraum 1991 bei Objekten im Sinne des § 10e Absatz 1 und 2 anzuwenden, wenn im Fall der Herstellung der Steuerpflichtige nach dem 30. September 1991 den Bauantrag gestellt oder mit der Herstellung des Objekts begonnen hat oder im Fall der Anschaffung der Steuerpflichtige das Objekt nach dem 30. September 1991 auf Grund eines nach diesem Zeitpunkt rechtswirksam abgeschlossenen obligatorischen Vertrags oder gleichstehenden Rechtsakts angeschafft hat oder mit der Herstellung des Objekts nach dem 30. September 1991 begonnen worden ist. [4] § 10e Absatz 5a ist erstmals bei den in § 10e Absatz 1 und 2 bezeichneten Objekten anzuwenden, wenn im Fall der Herstellung der Steuerpflichtige den Bauantrag nach dem 31. Dezember 1991 gestellt oder, falls ein solcher nicht erforderlich ist, mit der Herstellung nach diesem Zeitpunkt begonnen hat, oder im Fall der Anschaffung der Steuerpflichtige das Objekt auf Grund eines nach dem 31. Dezember 1991 rechtswirksam abgeschlossenen obligatorischen Vertrags oder gleichstehenden Rechtsakts angeschafft hat. [5] § 10e Absatz 1 Satz 4 in der am 27. Juni 1993 geltenden Fassung und § 10e Absatz 6 Satz 3 in der am 30. Dezember 1993 geltenden Fassung sind erstmals anzuwenden, wenn der Steuerpflichtige das Objekt auf Grund eines nach dem 31. Dezember 1993 rechtswirksam abgeschlossenen obligatorischen Vertrags oder gleichstehenden Rechtsakts angeschafft hat. [6] § 10e ist letztmals anzuwenden, wenn der Steuerpflichtige im Fall der Herstellung vor dem 1. Januar 1996 mit der Herstellung des Objekts begonnen hat oder im Fall der Anschaffung das Objekt auf Grund eines vor dem 1. Januar 1996 rechtswirksam abgeschlossenen obligatorischen Vertrags oder gleichstehenden Rechtsakts angeschafft hat. [7] Als Beginn der Herstellung gilt bei Objekten, für die eine Baugenehmigung erforderlich ist, der Zeitpunkt, in dem der Bauantrag gestellt wird; bei baugenehmigungsfreien Objekten, für die Bauunterlagen einzureichen sind, gilt als Beginn der Herstellung der Zeitpunkt, in dem die Bauunterlagen eingereicht werden.

(20)[1)] § 12 Nummer 4 in der Fassung des Artikels 1 des Gesetzes vom 12. Dezember 2019 (BGBl. I S. 2451) ist erstmals anzuwenden auf nach dem 31. Dezember 2018 festgesetzte Geldstrafen, sonstige Rechtsfolgen vermögensrechtlicher Art, bei denen der Strafcharakter überwiegt, und Leistungen zur Erfüllung von Auflagen oder Weisungen, soweit die Auflagen oder Weisungen nicht lediglich der Wiedergutmachung des durch die Tat verursachten Schadens dienen, sowie auf nach dem 31. Dezember 2018 entstandene damit zusammenhängende Aufwendungen.

(21)[2)] *(aufgehoben)*

---

1) § 52 Abs. 20 eingef. durch G v. 12.12.2019 (BGBl. I S. 2451).
2) § 52 Abs. 21 aufgeh. durch G v. 18.7.2016 (BGBl. I S. 1679).

(22) Für die Anwendung des § 13 Absatz 7 in der am 31. Dezember 2005 geltenden Fassung gilt Absatz 25 entsprechend.

(22a)[1] [1] § 13a in der am 31. Dezember 2014 geltenden Fassung ist letztmals für das Wirtschaftsjahr anzuwenden, das vor dem 31. Dezember 2015 endet. [2] § 13a in der am 1. Januar 2015 geltenden Fassung ist erstmals für das Wirtschaftsjahr anzuwenden, das nach dem 30. Dezember 2015 endet. [3] Die Bindungsfrist auf Grund des § 13a Absatz 2 Satz 1 in der am 31. Dezember 2014 geltenden Fassung bleibt bestehen.

(22b)[2] [1] § 13b in der Fassung des Artikels 5 des Gesetzes vom 12. Dezember 2019 (BGBl. I S. 2451) ist erstmals für das Wirtschaftsjahr anzuwenden, das nach dem 31. Dezember 2024 beginnt. [2] Für gemeinschaftliche Tierhaltungen gemäß § 51a des Bewertungsgesetzes[3] gelten für einkommensteuerrechtliche Zwecke die zu Beginn des Wirtschaftsjahres 2024/2025 noch gültigen Vorschriften der §§ 51, 51a des Bewertungsgesetzes bis zum Ablauf des Wirtschaftsjahres 2024/2025 fort.

(22c)[4] [1] § 14 Absatz 3 ist erstmals auf Fälle anzuwenden, in denen die Übertragung oder Überführung der Grundstücke nach dem 16. Dezember 2020 stattgefunden hat. [2] Auf unwiderruflichen Antrag des jeweiligen Mitunternehmers ist § 14 Absatz 3 auch für Übertragungen oder Überführungen vor dem 17. Dezember 2020 anzuwenden. [3] Der Antrag ist bei dem Finanzamt zu stellen, das für die einheitliche und gesonderte Feststellung der Einkünfte der Mitunternehmerschaft zuständig ist.

(23)[5] [1] § 15 Absatz 3 Nummer 1 Satz 2 ist auch für Veranlagungszeiträume vor 2019 anzuwenden. [2] § 15 Absatz 4 Satz 2 und 7 in der am 30. Juni 2013 geltenden Fassung ist in allen Fällen anzuwenden, in denen am 30. Juni 2013 die Feststellungsfrist noch nicht abgelaufen ist.

(24) [1] § 15a ist nicht auf Verluste anzuwenden, soweit sie

1. durch Sonderabschreibungen nach § 82f der Einkommensteuer-Durchführungsverordnung[6],
2. durch Absetzungen für Abnutzung in fallenden Jahresbeträgen nach § 7 Absatz 2 von den Herstellungskosten oder von den Anschaffungskosten von in ungebrauchtem Zustand vom Hersteller erworbenen Seeschiffen, die in einem inländischen Seeschiffsregister eingetragen sind,

entstehen; Nummer 1 gilt nur bei Schiffen, deren Anschaffungs- oder Herstellungskosten zu mindestens 30 Prozent durch Mittel finanziert werden, die weder unmittelbar noch mittelbar in wirtschaftlichem Zusammenhang mit der Aufnahme von Krediten durch den Gewerbebetrieb stehen, zu dessen Betriebsvermögen das Schiff gehört. [2] § 15a ist in diesen Fällen erstmals anzuwenden auf Verluste, die in nach dem 31. Dezember 1999 beginnenden Wirtschaftsjahren entstehen, wenn der Schiffbauvertrag vor dem 25. April 1996 abgeschlossen worden ist und der Gesellschafter der Gesellschaft vor dem 1. Januar 1999 beigetreten ist; soweit Verluste, die in dem Betrieb der Gesellschaft ent-

[1] § 52 Abs. 22a eingef. durch G v. 22.12.2014 (BGBl. I S. 2417).

[2] § 52 Abs. 22b eingef. durch G v. 12.12.2019 (BGBl. I S. 2451, geänd. durch G v. 21.12.2020, BGBl. I S. 3096).

[3] Nr. **3**.

[4] § 52 Abs. 22c eingef. durch G v. 21.12.2020 (BGBl. I S. 3096).

[5] § 52 Abs. 23 Satz 1 eingef., bish. Satz 1 wird Satz 2 durch G v. 12.12.2019 (BGBl. I S. 2451).

[6] Nr. **6**.

stehen und nach Satz 1 oder nach § 15a Absatz 1 Satz 1 ausgleichsfähig oder abzugsfähig sind, zusammen das Eineinviertelfache der insgesamt geleisteten Einlage übersteigen, ist § 15a auf Verluste anzuwenden, die in nach dem 31. Dezember 1994 beginnenden Wirtschaftsjahren entstehen. 3 Scheidet ein Kommanditist oder ein anderer Mitunternehmer, dessen Haftung der eines Kommanditisten vergleichbar ist und dessen Kapitalkonto in der Steuerbilanz der Gesellschaft auf Grund von ausgleichs- oder abzugsfähigen Verlusten negativ geworden ist, aus der Gesellschaft aus oder wird in einem solchen Fall die Gesellschaft aufgelöst, so gilt der Betrag, den der Mitunternehmer nicht ausgleichen muss, als Veräußerungsgewinn im Sinne des § 16. 4 In Höhe der nach Satz 3 als Gewinn zuzurechnenden Beträge sind bei den anderen Mitunternehmern unter Berücksichtigung der für die Zurechnung von Verlusten geltenden Grundsätze Verlustanteile anzusetzen. 5 Bei der Anwendung des § 15a Absatz 3 sind nur Verluste zu berücksichtigen, auf die § 15a Absatz 1 anzuwenden ist.

(25) 1 § 15b in der Fassung des Artikels 1 des Gesetzes vom 22. Dezember 2005 (BGBl. I S. 3683) ist nur auf Verluste der dort bezeichneten Steuerstundungsmodelle anzuwenden, denen der Steuerpflichtige nach dem 10. November 2005 beigetreten ist oder für die nach dem 10. November 2005 mit dem Außenvertrieb begonnen wurde. 2 Der Außenvertrieb beginnt in dem Zeitpunkt, in dem die Voraussetzungen für die Veräußerung der konkret bestimmbaren Fondsanteile erfüllt sind und die Gesellschaft selbst oder über ein Vertriebsunternehmen mit Außenwirkung an den Markt herangetreten ist. 3 Dem Beginn des Außenvertriebs stehen der Beschluss von Kapitalerhöhungen und die Reinvestition von Erlösen in neue Projekte gleich. 4 Besteht das Steuerstundungsmodell nicht im Erwerb eines Anteils an einem geschlossenen Fonds, ist § 15b in der Fassung des Artikels 1 des Gesetzes vom 22. Dezember 2005 (BGBl. I S. 3683) anzuwenden, wenn die Investition nach dem 10. November 2005 rechtsverbindlich getätigt wurde. 5 § 15b Absatz 3a ist erstmals auf Verluste der dort bezeichneten Steuerstundungsmodelle anzuwenden, bei denen Wirtschaftsgüter des Umlaufvermögens nach dem 28. November 2013 angeschafft, hergestellt oder in das Betriebsvermögen eingelegt werden.

(25a)[1] 1 § 17 Absatz 2a in der Fassung des Artikels 2 des Gesetzes vom 12. Dezember 2019 (BGBl. I S. 2451) ist erstmals für Veräußerungen im Sinne von § 17 Absatz 1, 4 oder 5 nach dem 31. Juli 2019 anzuwenden. 2 Auf Antrag des Steuerpflichtigen ist § 17 Absatz 2a Satz 1 bis 4 auch für Veräußerungen im Sinne von § 17 Absatz 1, 4 oder 5 vor dem 31. Juli 2019 anzuwenden.

(26) Für die Anwendung des § 18 Absatz 4 Satz 2 in der Fassung des Artikels 1 des Gesetzes vom 22. Dezember 2005 (BGBl. I S. 3683) gilt Absatz 25 entsprechend.

(26a)[2] § 19 Absatz 1 Satz 1 Nummer 3 Satz 2 und 3 in der am 31. Dezember 2014 geltenden Fassung gilt für alle Zahlungen des Arbeitgebers nach dem 30. Dezember 2014.

(27)[3] § 19a in der Fassung des Artikels 3 des Gesetzes vom 3. Juni 2021 (BGBl. I S. 1498) ist erstmals anzuwenden auf Vermögensbeteiligungen, die nach dem 30. Juni 2021 übertragen werden.

---

[1] § 52 Abs. 25a eingef. durch G v. 12.12.2019 (BGBl. I S. 2451).
[2] § 52 Abs. 26a eingef. durch G v. 22.12.2014 (BGBl. I S. 2417).
[3] § 52 Abs. 27 neu gef. durch G v. 3.6.2021 (BGBl. I S. 1498).

(28)[1)] [1]Für die Anwendung des § 20 Absatz 1 Nummer 4 Satz 2 in der am 31. Dezember 2005 geltenden Fassung gilt Absatz 25 entsprechend. [2]Für die Anwendung von § 20 Absatz 1 Nummer 4 Satz 2 und Absatz 2b in der am 1. Januar 2007 geltenden Fassung gilt Absatz 25 entsprechend. [3]§ 20 Absatz 1 Nummer 6 in der Fassung des Gesetzes vom 7. September 1990 (BGBl. I S. 1898) ist erstmals auf nach dem 31. Dezember 1974 zugeflossene Zinsen aus Versicherungsverträgen anzuwenden, die nach dem 31. Dezember 1973 abgeschlossen worden sind. [4]§ 20 Absatz 1 Nummer 6 in der Fassung des Gesetzes vom 20. Dezember 1996 (BGBl. I S. 2049) ist erstmals auf Zinsen aus Versicherungsverträgen anzuwenden, bei denen die Ansprüche nach dem 31. Dezember 1996 entgeltlich erworben worden sind. [5]Für Kapitalerträge aus Versicherungsverträgen, die vor dem 1. Januar 2005 abgeschlossen worden sind, ist § 20 Absatz 1 Nummer 6 in der am 31. Dezember 2004 geltenden Fassung mit der Maßgabe weiterhin anzuwenden, dass in Satz 3 die Wörter „§ 10 Absatz 1 Nummer 2 Buchstabe b Satz 5" durch die Wörter „§ 10 Absatz 1 Nummer 2 Buchstabe b Satz 6" ersetzt werden. [6]§ 20 Absatz 1 Nummer 6 Satz 3 in der Fassung des Artikels 1 des Gesetzes vom 13. Dezember 2006 (BGBl. I S. 2878) ist erstmals anzuwenden auf Versicherungsleistungen im Erlebensfall bei Versicherungsverträgen, die nach dem 31. Dezember 2006 abgeschlossen werden, und auf Versicherungsleistungen bei Rückkauf eines Vertrages nach dem 31. Dezember 2006. [7]§ 20 Absatz 1 Nummer 6 Satz 2 ist für Vertragsabschlüsse nach dem 31. Dezember 2011 mit der Maßgabe anzuwenden, dass die Versicherungsleistung nach Vollendung des 62. Lebensjahres des Steuerpflichtigen ausgezahlt wird. [8]§ 20 Absatz 1 Nummer 6 Satz 6 in der Fassung des Artikels 1 des Gesetzes vom 19. Dezember 2008 (BGBl. I S. 2794) ist für alle Versicherungsverträge anzuwenden, die nach dem 31. März 2009 abgeschlossen werden oder bei denen die erstmalige Beitragsleistung nach dem 31. März 2009 erfolgt. [9]Wird auf Grund einer internen Teilung nach § 10 des Versorgungsausgleichsgesetzes oder einer externen Teilung nach § 14 des Versorgungsausgleichsgesetzes ein Anrecht in Form eines Versicherungsvertrags zugunsten der ausgleichsberechtigten Person begründet, so gilt dieser Vertrag insoweit zu dem gleichen Zeitpunkt als abgeschlossen wie derjenige der ausgleichspflichtigen Person. [10]§ 20 Absatz 1 Nummer 6 Satz 7 und 8 ist auf Versicherungsleistungen anzuwenden, die auf Grund eines nach dem 31. Dezember 2014 eingetretenen Versicherungsfalles ausgezahlt werden. [11]§ 20 Absatz 2 Satz 1 Nummer 1 in der am 18. August 2007 geltenden Fassung ist erstmals auf Gewinne aus der Veräußerung von Anteilen anzuwenden, die nach dem 31. Dezember 2008 erworben wurden. [12]§ 20 Absatz 2 Satz 1 Nummer 3 in der am 18. August 2007 geltenden Fassung ist erstmals auf Gewinne aus Termingeschäften anzuwenden, bei denen der Rechtserwerb nach dem 31. Dezember 2008 stattgefunden hat. [13]§ 20 Absatz 2 Satz 1 Nummer 4, 5 und 8 in der am 18. August 2007 geltenden Fassung ist erstmals auf Gewinne anzuwenden, bei denen die zugrunde liegenden Wirtschaftsgüter, Rechte oder Rechtspositionen nach dem 31. Dezember 2008 erworben oder geschaffen wurden. [14]§ 20 Absatz 2 Satz 1 Nummer 6 in der am 18. August 2007 geltenden Fassung ist erstmals auf die Veräußerung von Ansprüchen nach dem 31. Dezember 2008 anzuwenden, bei denen der Versicherungsvertrag nach dem 31. Dezember 2004 abgeschlossen

[1)] § 52 Abs. 28 Sätze 19 bis 22 angef. durch G v. 19.7.2016 (BGBl. I S. 1730); Sätze 23 und 24 angef. durch G v. 21.12.2019 (BGBl. I S. 2875); Sätze 19 und 20 eingef., bish. Sätze 19 bis 24 werden Sätze 21 bis 26 und Sätze 25 und 26 neu gef. durch G v. 21.12.2020 (BGBl. I S. 3096).

wurde; dies gilt auch für Versicherungsverträge, die vor dem 1. Januar 2005 abgeschlossen wurden, sofern bei einem Rückkauf zum Veräußerungszeitpunkt die Erträge nach § 20 Absatz 1 Nummer 6 in der am 31. Dezember 2004 geltenden Fassung steuerpflichtig wären. [15] § 20 Absatz 2 Satz 1 Nummer 7 in der Fassung des Artikels 1 des Gesetzes vom 14. August 2007 (BGBl. I S. 1912) ist erstmals auf nach dem 31. Dezember 2008 zufließende Kapitalerträge aus der Veräußerung sonstiger Kapitalforderungen anzuwenden. [16] Für Kapitalerträge aus Kapitalforderungen, die zum Zeitpunkt des vor dem 1. Januar 2009 erfolgten Erwerbs zwar Kapitalforderungen im Sinne des § 20 Absatz 1 Nummer 7 in der am 31. Dezember 2008 anzuwendenden Fassung, aber nicht Kapitalforderungen im Sinne des § 20 Absatz 2 Satz 1 Nummer 4 in der am 31. Dezember 2008 anzuwendenden Fassung sind, ist § 20 Absatz 2 Satz 1 Nummer 7 nicht anzuwenden; für die bei der Veräußerung in Rechnung gestellten Stückzinsen ist Satz 15 anzuwenden; Kapitalforderungen im Sinne des § 20 Absatz 2 Satz 1 Nummer 4 in der am 31. Dezember 2008 anzuwendenden Fassung liegen auch vor, wenn die Rückzahlung nur teilweise garantiert ist oder wenn eine Trennung zwischen Ertrags- und Vermögensebene möglich erscheint. [17] Bei Kapitalforderungen, die zwar nicht die Voraussetzungen von § 20 Absatz 1 Nummer 7 in der am 31. Dezember 2008 geltenden Fassung, aber die Voraussetzungen von § 20 Absatz 1 Nummer 7 in der am 18. August 2007 geltenden Fassung erfüllen, ist § 20 Absatz 2 Satz 1 Nummer 7 in Verbindung mit § 20 Absatz 1 Nummer 7 vorbehaltlich der Regelung in Absatz 31 Satz 2 und 3 auf alle nach dem 30. Juni 2009 zufließenden Kapitalerträge anzuwenden, es sei denn, die Kapitalforderung wurde vor dem 15. März 2007 angeschafft. [18] § 20 Absatz 4a Satz 3 in der Fassung des Artikels 1 des Gesetzes vom 8. Dezember 2010 (BGBl. I S. 1768) ist erstmals für Wertpapiere anzuwenden, die nach dem 31. Dezember 2009 geliefert wurden, sofern für die Lieferung § 20 Absatz 4 anzuwenden ist. [19] § 20 Absatz 4a Satz 3 in der Fassung des Artikels 1 des Gesetzes vom 21. Dezember 2020 (BGBl. I S. 3096) ist für die Andienung von Wertpapieren anzuwenden, wenn diese nach dem 31. Dezember 2020 erfolgt. [20] § 20 Absatz 4a Satz 5 in der Fassung des Artikels 1 des Gesetzes vom 21. Dezember 2020 (BGBl. I S. 3096) ist für die Zuteilung von Anteilen anzuwenden, wenn diese nach dem 31. Dezember 2020 erfolgt und die die Zuteilung begründenden Anteile nach dem 31. Dezember 2008 angeschafft worden sind. [21] § 20 Absatz 2 und 4 in der am 27. Juli 2016 geltenden Fassung ist erstmals ab dem 1. Januar 2017 anzuwenden. [22] § 20 Absatz 1 in der am 27. Juli 2016 geltenden Fassung ist erstmals ab dem 1. Januar 2018 anzuwenden. [23] Investmenterträge nach § 20 Absatz 1 Nummer 6 Satz 9 sind

1. die nach dem 31. Dezember 2017 zugeflossenen Ausschüttungen nach § 2 Absatz 11 des Investmentsteuergesetzes,
2. die realisierten oder unrealisierten Wertveränderungen aus Investmentanteilen nach § 2 Absatz 4 Satz 1 des Investmentsteuergesetzes, die das Versicherungsunternehmen nach dem 31. Dezember 2017 dem Sicherungsvermögen zur Sicherung der Ansprüche des Steuerpflichtigen zugeführt hat, und
3. die realisierten oder unrealisierten Wertveränderungen aus Investmentanteilen nach § 2 Absatz 4 Satz 1 des Investmentsteuergesetzes, die das Versicherungsunternehmen vor dem 1. Januar 2018 dem Sicherungsvermögen zur Sicherung der Ansprüche des Steuerpflichtigen zugeführt hat, soweit

EStG

Wertveränderungen gegenüber dem letzten im Kalenderjahr 2017 festgesetzten Rücknahmepreis des Investmentanteils eingetreten sind.

[24] Wird kein Rücknahmepreis festgesetzt, tritt der Börsen- oder *Markpreis*[1)] an die Stelle des Rücknahmepreises. [25] § 20 Absatz 6 Satz 5 in der Fassung des Artikels 1 des Gesetzes vom 21. Dezember 2020 (BGBl. I S. 3096) ist auf Verluste anzuwenden, die nach dem 31. Dezember 2020 entstehen [26] § 20 Absatz 6 Satz 6 in der Fassung des Artikels 1 des Gesetzes vom 21. Dezember 2020 (BGBl. I S. 3096) ist auf Verluste anzuwenden, die nach dem 31. Dezember 2019 entstehen.

(29) Für die Anwendung des § 21 Absatz 1 Satz 2 in der am 31. Dezember 2005 geltenden Fassung gilt Absatz 25 entsprechend.

(30)[2)] *Für die Anwendung des § 22 Nummer 1 Satz 1 zweiter Halbsatz in der am 31. Dezember 2005 geltenden Fassung gilt Absatz 25 entsprechend.*

(30a)[3)] § 22a Absatz 2 Satz 2 in der am 1. Januar 2017 geltenden Fassung ist erstmals für die Übermittlung von Daten ab dem 1. Januar 2019 anzuwenden.

(30b)[4)] [1] Die mitteilungspflichtige Stelle nach § 22a Absatz 1 kann die Identifikationsnummer im Sinne des § 139b der Abgabenordnung ihrer Kunden, bei denen das Versicherungs- oder Vertragsverhältnis vor dem Stichtag bestand, der in der Rechtsverordnung nach § 13 Absatz 3 des Rentenübersichtsgesetzes festgelegt wird, abweichend von § 22a Absatz 2 Satz 1 und 2 zur Durchführung des Rentenübersichtsgesetzes beim Bundeszentralamt für Steuern bereits vor dem Leistungsbezug erheben. [2] Das Bundeszentralamt für Steuern teilt der mitteilungspflichtigen Stelle die Identifikationsnummer des Versicherten nur mit, wenn die von der mitteilungspflichtigen Stelle übermittelten Daten mit den nach § 139b Absatz 3 der Abgabenordnung beim Bundeszentralamt für Steuern gespeicherten Daten im maschinellen Datenabgleich übereinstimmen.

EStG

(31)[5)] [1] § 23 Absatz 1 Satz 1 Nummer 2 in der am 18. August 2007 geltenden Fassung ist erstmals auf Veräußerungsgeschäfte anzuwenden, bei denen die Wirtschaftsgüter nach dem 31. Dezember 2008 auf Grund eines nach diesem Zeitpunkt rechtswirksam abgeschlossenen obligatorischen Vertrags oder gleichstehenden Rechtsakts angeschafft wurden; § 23 Absatz 1 Satz 1 Nummer 2 Satz 2 in der am 14. Dezember 2010 geltenden Fassung ist erstmals auf Veräußerungsgeschäfte anzuwenden, bei denen die Gegenstände des täglichen Gebrauchs auf Grund eines nach dem 13. Dezember 2010 rechtskräftig abgeschlossenen Vertrags oder gleichstehenden Rechtsakts angeschafft wurden. [2] § 23 Absatz 1 Satz 1 Nummer 2 in der am 1. Januar 1999 geltenden Fassung ist letztmals auf Veräußerungsgeschäfte anzuwenden, bei denen die Wirtschaftsgüter vor dem 1. Januar 2009 erworben wurden. [3] § 23 Absatz 1 Satz 1 Nummer 3 in der Fassung des Artikels 7 des Gesetzes vom 20. Dezember 2016 (BGBl. I S. 3000) ist erstmals auf Veräußerungsgeschäfte anzuwenden, bei denen die Veräußerung auf einem nach dem 23. Dezember 2016 rechtswirksam abgeschlossenen obligatorischen Vertrag oder gleichstehenden Rechtsakt be-

1) Richtig wohl: „Marktpreis".

2) Zur Anwendbarkeit von § 52 Abs. 30 beachte BVerfG v. 25.3.2021 – 2 BvL 1/11 v. 25.3.2021 (BGBl. I S. 1800).

3) § 52 Abs. 30a eingef. durch G v. 18.7.2016 (BGBl. I S. 1679).

4) § 52 Abs. 30b eingef. durch G v. 11.2.2021 (BGBl. I S. 154).

5) § 52 Abs. 31 Satz 3 eingef., bish. Sätze 3 bis 5 werden Sätze 4 bis 6 durch G v. 20.12.2016 (BGBl. I S. 3000).

ruht. [4] § 23 Absatz 1 Satz 1 Nummer 4 ist auf Termingeschäfte anzuwenden, bei denen der Erwerb des Rechts auf einen Differenzausgleich, Geldbetrag oder Vorteil nach dem 31. Dezember 1998 und vor dem 1. Januar 2009 erfolgt. [5] § 23 Absatz 3 Satz 4 in der am 1. Januar 2000 geltenden Fassung ist auf Veräußerungsgeschäfte anzuwenden, bei denen der Steuerpflichtige das Wirtschaftsgut nach dem 31. Juli 1995 und vor dem 1. Januar 2009 angeschafft oder nach dem 31. Dezember 1998 und vor dem 1. Januar 2009 fertiggestellt hat; § 23 Absatz 3 Satz 4 in der am 1. Januar 2009 geltenden Fassung ist auf Veräußerungsgeschäfte anzuwenden, bei denen der Steuerpflichtige das Wirtschaftsgut nach dem 31. Dezember 2008 angeschafft oder fertiggestellt hat. [6] § 23 Absatz 1 Satz 2 und 3 sowie Absatz 3 Satz 3 in der am 12. Dezember 2006 geltenden Fassung sind für Anteile, die einbringungsgeboren im Sinne des § 21 des Umwandlungssteuergesetzes in der am 12. Dezember 2006 geltenden Fassung sind, weiter anzuwenden.

(32) [1] § 32 Absatz 4 Satz 1 Nummer 3 in der Fassung des Artikels 1 des Gesetzes vom 19. Juli 2006 (BGBl. I S. 1652) ist erstmals für Kinder anzuwenden, die im Veranlagungszeitraum 2007 wegen einer vor Vollendung des 25. Lebensjahres eingetretenen körperlichen, geistigen oder seelischen Behinderung außerstande sind, sich selbst zu unterhalten; für Kinder, die wegen einer vor dem 1. Januar 2007 in der Zeit ab der Vollendung des 25. Lebensjahres und vor Vollendung des 27. Lebensjahres eingetretenen körperlichen, geistigen oder seelischen Behinderung außerstande sind, sich selbst zu unterhalten, ist § 32 Absatz 4 Satz 1 Nummer 3 weiterhin in der bis zum 31. Dezember 2006 geltenden Fassung anzuwenden. [2] § 32 Absatz 5 ist nur noch anzuwenden, wenn das Kind den Dienst oder die Tätigkeit vor dem 1. Juli 2011 angetreten hat. [3] Für die nach § 10 Absatz 1 Nummer 2 Buchstabe b und den §§ 10a, 82 begünstigten Verträge, die vor dem 1. Januar 2007 abgeschlossen wurden, gelten für das Vorliegen einer begünstigten Hinterbliebenenversorgung die Altersgrenzen des § 32 in der am 31. Dezember 2006 geltenden Fassung. [4] Dies gilt entsprechend für die Anwendung des § 93 Absatz 1 Satz 3 Buchstabe b.

(32a)[1)] [1] § 32a Absatz 1 und § 51a Absatz 2a Satz 1 in der am 23. Juli 2015 geltenden Fassung sind beim Steuerabzug vom Arbeitslohn erstmals anzuwenden auf laufenden Arbeitslohn, der für einen nach dem 30. November 2015 endenden Lohnzahlungszeitraum gezahlt wird, und auf sonstige Bezüge, die nach dem 30. November 2015 zufließen. [2] Bei der Lohnsteuerberechnung auf laufenden Arbeitslohn, der für einen nach dem 30. November 2015, aber vor dem 1. Januar 2016 endenden täglichen, wöchentlichen und monatlichen Lohnzahlungszeitraum gezahlt wird, ist zu berücksichtigen, dass § 32a Absatz 1 und § 51a Absatz 2a Satz 1 in der am 23. Juli 2015 geltenden Fassung bis zum 30. November 2015 nicht angewandt wurden (Nachholung). [3] Das Bundesministerium der Finanzen hat im Einvernehmen mit den obersten Finanzbehörden der Länder entsprechende Programmablaufpläne aufzustellen und bekannt zu machen (§ 39b Absatz 6 und § 51 Absatz 4 Nummer 1a).

(33)[2)] [1] § 32b Absatz 2 Satz 1 Nummer 2 Satz 2 Buchstabe c ist erstmals auf Wirtschaftsgüter des Umlaufvermögens anzuwenden, die nach dem 28. Februar 2013 angeschafft, hergestellt oder in das Betriebsvermögen eingelegt werden. [2] § 32b Absatz 1 Satz 3 in der Fassung des Artikels 11 des Gesetzes vom

---

[1)] § 52 Abs. 32a eingef. durch G v. 16.7.2015 (BGBl. I S. 1202).
[2)] § 52 Abs. 33 Satz 3 angef. durch G v. 18.7.2016 (BGBl. I S. 1679).

18. Dezember 2013 (BGBl. I S. 4318) ist in allen offenen Fällen anzuwenden. [3] § 32b Absatz 3 bis 5 in der am 1. Januar 2017 geltenden Fassung ist erstmals für ab dem 1. Januar 2018 gewährte Leistungen anzuwenden.

(33a)[1)] [1] § 32c in der Fassung des Artikels 4 des Gesetzes vom 12. Dezember 2019 (BGBl. I S. 2451) ist erstmals für den Veranlagungszeitraum 2016 anzuwenden. [2] § 32c ist im Veranlagungszeitraum 2016 mit der Maßgabe anzuwenden, dass der erste Betrachtungszeitraum die Veranlagungszeiträume 2014 bis 2016 umfasst. [3] Die weiteren Betrachtungszeiträume umfassen die Veranlagungszeiträume 2017 bis 2019 und 2020 bis 2022. [4] § 32c ist letztmalig für den Veranlagungszeitraum 2022 anzuwenden.

(33b)[2)] [1] § 32d Absatz 2 Nummer 1 Buchstabe b in der Fassung des Artikels 1 des Gesetzes vom 21. Dezember 2020 (BGBl. I S. 3096) ist auf Kapitalerträge anzuwenden, die nach dem 31. Dezember 2020 erzielt werden. [2] Auf Kapitalerträge aus Darlehen an die Kapitalgesellschaft oder Genossenschaft, deren rechtliche Grundlage vor dem 1. Januar 2021 begründet wurde, ist § 32d Absatz 2 Nummer 1 Buchstabe b in der Fassung des Artikels 1 des Gesetzes vom 21. Dezember 2020 (BGBl. I S. 3096) ab dem Veranlagungszeitraum 2024 anzuwenden. [3] § 32d Absatz 2 Nummer 3 Buchstabe b in der Fassung des Artikels 7 des Gesetzes vom 20. Dezember 2016 (BGBl. I S. 3000) ist erstmals auf Anträge für den Veranlagungszeitraum 2017 anzuwenden.

(33c)[3)] Die §§ 33 und 33b in der Fassung des Artikels 1 des Gesetzes vom 9. Dezember 2020 (BGBl. I S. 2770) sind erstmals für den Veranlagungszeitraum 2021 anzuwenden.

(34)[4)] [1] § 34a in der Fassung des Artikels 1 des Gesetzes vom 19. Dezember 2008 (BGBl. I S. 2794) ist erstmals für den Veranlagungszeitraum 2008 anzuwenden. [2] § 34a Absatz 6 Satz 1 Nummer 3 und Satz 2 in der Fassung des Artikels 1 des Gesetzes vom 27. Juni 2017 (BGBl. I S. 2074) ist erstmals für unentgeltliche Übertragungen nach dem 5. Juli 2017 anzuwenden.

(34a)[5)] Für Veranlagungszeiträume bis einschließlich 2014 ist § 34c Absatz 1 Satz 2 in der bis zum 31. Dezember 2014 geltenden Fassung in allen Fällen, in denen die Einkommensteuer noch nicht bestandskräftig festgesetzt ist, mit der Maßgabe anzuwenden, dass an die Stelle der Wörter „Summe der Einkünfte" die Wörter „Summe der Einkünfte abzüglich des Altersentlastungsbetrages (§ 24a), des Entlastungsbetrages für Alleinerziehende (§ 24b), der Sonderausgaben (§§ 10, 10a, 10b, 10c), der außergewöhnlichen Belastungen (§§ 33 bis 33b), der berücksichtigten Freibeträge für Kinder (§§ 31, 32 Absatz 6) und des Grundfreibetrages (§ 32a Absatz 1 Satz 2 Nummer 1)" treten.

(34b)[6)] [1] § 34d Nummer 4 Buchstabe b Doppelbuchstabe bb in der Fassung des Artikels 3 des Gesetzes vom 11. Dezember 2018 (BGBl. I S. 2338) ist erstmals auf Gewinne aus der Veräußerung von Anteilen anzuwenden, bei

---

[1)] § 52 Abs. 33a eingef. durch G v. 20.12.2016 (BGBl. I S. 3045, aufgeh. durch Art. 31 G v. 12.12. 2019, BGBl. I S. 2451); § 52 Abs. 33a eingef., bish. Abs. 33a idF des G v. 20.12.2016 (BGBl. I S. 3000) wird Abs. 33b durch G v. 12.12.2019 (BGBl. I S. 2451).

[2)] § 52 Abs. 33a eingef. durch G v. 20.12.2016 (BGBl. I S. 3000); bish. Abs. 33a wird Abs. 33b und geänd. durch G v. 12.12.2019 (BGBl. I S. 2451); Sätze 1 und 2 eingef., bish. Satz 1 wird Satz 3 durch G v. 21.12.2020 (BGBl. I S. 3096).

[3)] § 52 Abs. 33c eingef. durch G v. 9.12.2020 (BGBl. I S. 2770).

[4)] § 52 Abs. 34 Satz 2 angef. durch G v. 27.6.2017 (BGBl. I S. 2074).

[5)] § 52 Abs. 34a eingef. durch G v. 22.12.2014 (BGBl. I S. 2417).

[6)] § 52 Abs. 34b eingef. durch G v. 11.12.2018 (BGBl. I S. 2338).

denen die Veräußerung nach dem 31. Dezember 2018 erfolgt, und nur soweit den Gewinnen nach dem 31. Dezember 2018 eingetretene Wertveränderungen zugrunde liegen. [2] § 34d Nummer 7 in der Fassung des Artikels 3 des Gesetzes vom 11. Dezember 2018 (BGBl. I S. 2338) ist erstmals auf Wertveränderungen anzuwenden, die nach dem 31. Dezember 2018 eintreten.

(35) [1] § 34f Absatz 3 und 4 Satz 2 in der Fassung des Gesetzes vom 25. Februar 1992 (BGBl. I S. 297) ist erstmals anzuwenden bei Inanspruchnahme der Steuerbegünstigung nach § 10e Absatz 1 bis 5 in der Fassung des Gesetzes vom 25. Februar 1992 (BGBl. I S. 297). [2] § 34f Absatz 4 Satz 1 ist erstmals anzuwenden bei Inanspruchnahme der Steuerbegünstigung nach § 10e Absatz 1 bis 5 oder nach § 15b des Berlinförderungsgesetzes für nach dem 31. Dezember 1991 hergestellte oder angeschaffte Objekte.

(35a)[1)] [1] § 35c ist erstmals auf energetische Maßnahmen anzuwenden, mit deren Durchführung nach dem 31. Dezember 2019 begonnen wurde und die vor dem 1. Januar 2030 abgeschlossen sind. [2] Als Beginn gilt bei energetischen Maßnahmen, für die eine Baugenehmigung erforderlich ist, der Zeitpunkt, in dem der Bauantrag gestellt wird. [3] Bei nicht genehmigungsbedürftigen Vorhaben für solche Vorhaben, die nach Maßgabe des Bauordnungsrechts der zuständigen Behörde zur Kenntnis zu geben sind, gilt als Beginn der Zeitpunkt des Eingangs der Kenntnisgabe bei der zuständigen Behörde und für sonstige nicht genehmigungsbedürftige, insbesondere genehmigungs-, anzeige- und verfahrensfreie Vorhaben, der Zeitpunkt des Beginns der Bauausführung.

(35b)[2)] [1] § 36 Absatz 2 Nummer 2 Satz 5 in der Fassung des Artikels 2 des Gesetzes vom 21. Dezember 2020 (BGBl. I S. 3096) ist erstmals auf Kapitalerträge anzuwenden, die nach dem 31. Dezember 2020 zufließen. [2] § 36 Absatz 2 Nummer 4 in der Fassung des Artikels 2 des Gesetzes vom 21. Dezember 2020 (BGBl. I S. 3096) ist erstmals für den Veranlagungszeitraum 2016 und letztmalig für den Veranlagungszeitraum 2022 anzuwenden.

(35c)[3)] [1] § 36a in der am 27. Juli 2016 geltenden Fassung ist erstmals auf Kapitalerträge anzuwenden, die ab dem 1. Januar 2016 zufließen. [2] § 36a in der Fassung des Artikels 1 des Gesetzes vom 12. Dezember 2019 (BGBl. I S. 2451) ist erstmals auf Kapitalerträge anzuwenden, die ab dem 1. Januar 2019 zufließen.

(35d)[4)] § 37 Absatz 3 Satz 3 ist auf Antrag des Steuerpflichtigen mit der Maßgabe anzuwenden, dass für den Veranlagungszeitraum 2019 an die Stelle des 15. Kalendermonats der 21. Kalendermonat und an die Stelle des 23. Kalendermonats der 28. Kalendermonat tritt sowie dass für den Veranlagungszeitraum 2020 an die Stelle des 15. Kalendermonats der 18. Kalendermonat und an die Stelle des 23. Kalendermonats der 26. Kalendermonat tritt.

(36)[5)] [1] Das Bundesministerium der Finanzen kann im Einvernehmen mit den obersten Finanzbehörden der Länder in einem Schreiben mitteilen, wann das in § 39 Absatz 4 Nummer 5 genannte Lohnsteuerabzugsmerkmal erstmals

---

1) § 52 Abs. 35a neu gef. durch G v. 21.12.2020 (BGBl. I S. 3096).

2) § 52 Abs. 35b neu gef. durch G v. 21.12.2020 (BGBl. I S. 3096).

3) § 52 Abs. 35a (jetzt Abs. 35c) eingef. durch G v. 19.7.2016 (BGBl. I S. 1730); bish. Abs. 35a wird Abs. 35b und Satz 2 angef. durch G v. 12.12.2019 (BGBl. I S. 2451); bish. Abs. 35b wird Abs. 35c durch G v. 29.6.2020 (BGBl. I S. 1512).

4) § 52 Abs. 35d eingef. durch G v. 25.6.2021 (BGBl. I S. 2035).

5) § 52 Abs. 36 Satz 1 geänd., Satz 3 angef. durch G v. 21.12.2020 (BGBl. I S. 3096).

abgerufen werden kann (§ 39e Absatz 3 Satz 1). [2]Dieses Schreiben ist im Bundessteuerblatt zu veröffentlichen. [3]§ 39 in der Fassung des Artikels 4 des Gesetzes vom 21. Dezember 2020 (BGBl. I S. 3096) ist erstmals ab dem 1. Januar 2024 anzuwenden; er kann im Rahmen eines Pilotprojekts mit Echtdaten bereits ab dem 1. Januar 2023 angewendet werden.

(37) [1]Das Bundesministerium der Finanzen kann im Einvernehmen mit den obersten Finanzbehörden der Länder in einem Schreiben[1)] mitteilen, ab wann die Regelungen in § 39a Absatz 1 Satz 3 bis 5 erstmals anzuwenden sind. [2]Dieses Schreiben ist im Bundessteuerblatt zu veröffentlichen.

(37a)[2)] § 39f Absatz 1 Satz 9 bis 11 und Absatz 3 Satz 1 ist erstmals für den Veranlagungszeitraum 2019 anzuwenden.

(37b)[3)] [1]§ 39b Absatz 2 Satz 5 Nummer 4 in der am 23. Juli 2015 geltenden Fassung ist erstmals anzuwenden auf laufenden Arbeitslohn, der für einen nach dem 30. November 2015 endenden Lohnzahlungszeitraum gezahlt wird, und auf sonstige Bezüge, die nach dem 30. November 2015 zufließen. [2]Bei der Lohnsteuerberechnung auf laufenden Arbeitslohn, der für einen nach dem 30. November 2015, aber vor dem 1. Januar 2016 endenden täglichen, wöchentlichen und monatlichen Lohnzahlungszeitraum gezahlt wird, ist zu berücksichtigen, dass § 39b Absatz 2 Satz 5 Nummer 4 in der am 23. Juli 2015 geltenden Fassung bis zum 30. November 2015 nicht angewandt wurde (Nachholung). [3]Das Bundesministerium der Finanzen hat dies im Einvernehmen mit den obersten Finanzbehörden der Länder bei der Aufstellung und Bekanntmachung der geänderten Programmablaufpläne für 2015 zu berücksichtigen (§ 39b Absatz 6 und § 51 Absatz 4 Nummer 1a). [4]In den Fällen des § 24b Absatz 4 ist für das Kalenderjahr 2015 eine Veranlagung durchzuführen, wenn die Nachholung nach Satz 2 durchgeführt wurde.

(37c)[4)] [1]§ 40 Absatz 2 Satz 1 Nummer 6 in der am 17. November 2016 geltenden Fassung ist erstmals anzuwenden auf Vorteile, die in einem nach dem 31. Dezember 2016 endenden Lohnzahlungszeitraum oder als sonstige Bezüge nach dem 31. Dezember 2016 zugewendet werden, und letztmals anzuwenden auf Vorteile, die in einem vor dem 1. Januar 2031 endenden Lohnzahlungszeitraum oder als sonstige Bezüge vor dem 1. Januar 2031 zugewendet werden. [2]§ 40 Absatz 2 Satz 2 Nummer 3 und Satz 4 in der Fassung des Artikels 2 des Gesetzes vom 21. Dezember 2020 (BGBl. I S. 3096) ist erstmals auf Freifahrtberechtigungen anzuwenden, die nach dem 31. Dezember 2020 gewährt werden.

(38) § 40a Absatz 2, 2a und 6 in der am 31. Juli 2014 geltenden Fassung ist erstmals ab dem Kalenderjahr 2013 anzuwenden.

(39)[5)] *(aufgehoben)*

(40)[6)] § 40b Absatz 1 und 2 in der am 31. Dezember 2004 geltenden Fassung ist weiter anzuwenden auf Beiträge für eine Direktversicherung des Arbeitneh-

---

1) Siehe BMF-Schreiben vom 21.5.2015 (BStBl. I S. 488).

2) § 52 Abs. 37a neu gef. durch G v. 23.6.2017 (BGBl. I S. 1682).

3) § 52 Abs. 37b eingef. durch G v. 16.7.2015 (BGBl. I S. 1202).

4) § 52 Abs. 37c eingef. durch G v. 7.11.2016 (BGBl. I S. 2498); geänd. durch G v. 12.12.2019 (BGBl. I S. 2451); Satz 2 angef. durch G v. 21.12.2020 (BGBl. I S. 3096).

5) § 52 Abs. 39 aufgeh. durch G v. 23.6.2017 (BGBl. I S. 1682).

6) § 52 Abs. 40 Satz 1 geänd. durch G v. 17.8.2017 (BGBl. I S. 3214); Satz 1 geänd., Satz 2 aufgeh. durch G v. 11.12.2018 (BGBl. I S. 2338).

mers und Zuwendungen an eine Pensionskasse, wenn vor dem 1. Januar 2018 mindestens ein Beitrag nach § 40b Absatz 1 und 2 in einer vor dem 1. Januar 2005 geltenden Fassung pauschal besteuert wurde.

(40a)[1] [1] § 41a Absatz 1 Satz 1 Nummer 1 in der Fassung des Artikels 2 des Gesetzes vom 12. Dezember 2019 (BGBl. I S. 2451) ist erstmals für Lohnzahlungszeiträume anzuwenden, die nach dem 31. Dezember 2020 enden. [2] § 41a Absatz 4 Satz 1 in der Fassung des Artikels 1 des Gesetzes vom 24. Februar 2016 (BGBl. I S. 310) gilt für eine Dauer von 60 Monaten und ist erstmals für laufenden Arbeitslohn anzuwenden, der für den Lohnzahlungszeitraum gezahlt wird, der nach dem Kalendermonat folgt, in dem die Europäische Kommission die Genehmigung zu diesem Änderungsgesetz erteilt hat; die Regelung ist erstmals für sonstige Bezüge anzuwenden, die nach dem Monat zufließen, in dem die Europäische Kommission die Genehmigung zu diesem Änderungsgesetz erteilt hat. [3] § 41a Absatz 4 in der Fassung des Artikels 1 des Gesetzes vom 12. Mai 2021 (BGBl. I S. 989) gilt für eine Dauer von 72 Monaten und ist erstmals für laufenden Arbeitslohn anzuwenden, der für den Lohnzahlungszeitraum gezahlt wird, der nach dem Kalendermonat folgt, in dem die Europäische Kommission die beihilferechtliche Genehmigung zu diesem Gesetz erteilt hat, aber nicht vor dem 1. Juni 2021; die Regelung ist erstmals für sonstige Bezüge anzuwenden, die nach dem Monat zufließen, in dem die Europäische Kommission die Genehmigung zu diesem Gesetz erteilt hat, aber nicht vor dem 1. Juni 2021. [4] Das Bundesministerium der Finanzen gibt den Beschluss der Europäischen Kommission über die Vereinbarkeit mit dem Beihilferecht sowie den Tag der erstmaligen Anwendung im Bundesgesetzblatt bekannt.[2]

(41) Bei der Veräußerung oder Einlösung von Wertpapieren und Kapitalforderungen, die von der das Bundesschuldbuch führenden Stelle oder einer Landesschuldenverwaltung verwahrt oder verwaltet werden können, bemisst sich der Steuerabzug nach den bis zum 31. Dezember 1993 geltenden Vorschriften, wenn die Wertpapier- und Kapitalforderungen vor dem 1. Januar 1994 emittiert worden sind; dies gilt nicht für besonders in Rechnung gestellte Stückzinsen.

(42)[3] [1] § 43 Absatz 1 Satz 1 Nummer 7 Buchstabe b Satz 2 in der Fassung des Artikels 1 des Gesetzes vom 13. Dezember 2006 (BGBl. I S. 2878) ist erstmals auf Verträge anzuwenden, die nach dem 31. Dezember 2006 abgeschlossen werden. [2] § 43 Absatz 1 Satz 1 Nummer 7 Buchstabe c in der Fassung des Artikels 2 des Gesetzes vom 12. Dezember 2019 (BGBl. I S. 2451) ist erstmals auf Kapitalerträge anzuwenden, die dem Gläubiger nach dem 31. Dezember 2020 zufließen. [3] § 43 Absatz 1 Satz 6 und Absatz 2 Satz 7 und 8 in der

---

[1] § 52 Abs. 40a eingef. durch G v. 24.2.2016 (BGBl. I S. 310); Satz 1 eingef., bish. Sätze 1 bis 3 werden Sätze 2 bis 4 durch G v. 12.12.2019 (BGBl. I S. 2451); Sätze 3 und 4 neu gef. durch G v. 12.5. 2021 (BGBl. I S. 989).

[2] § 41a Absatz 4 idF des G v. 12.52021 (BGBl. I S. 989) gilt für eine Dauer von 72 Monaten und ist erstmals für laufenden Arbeitslohn anzuwenden, der für den Lohnzahlungszeitraum Juni 2021 gezahlt wird; die Regelung ist erstmals für sonstige Bezüge anzuwenden, die ab dem 1.6.2021 zufließen; siehe Bek. über die Anwendung des Gesetzes zur Verlängerung des erhöhten Lohnsteuereinbehalts in der Seeschifffahrt v. 29.6.2021 (BGBl. I S. 2247).

[3] § 52 Abs. 42 Satz 2 angef. durch G v. 18.7.2016 (BGBl. I S. 1679); Satz 3 angef. durch G v. 19.7. 2016 (BGBl. I S. 1730, geänd. durch G v. 20.12.2016, BGBl. I S. 3000); Satz 2 eingef., bish. Sätze 2 und 3 werden Sätze 3 und 4 durch G v. 12.12.2019 (BGBl. I S. 2451); Satz 5 angef. durch G v. 2.6. 2021 (BGBl. I S. 1259).

am 1. Januar 2017 geltenden Fassung ist erstmals anzuwenden auf Kapitalerträge, die dem Gläubiger nach dem 31. Dezember 2016 zufließen. [4] § 43 in der Fassung des Artikels 3 des Gesetzes vom 19. Juli 2016 (BGBl. I S. 1730) ist erstmals ab dem 1. Januar 2018 anzuwenden. [5] § 43 Absatz 1 Satz 6 Nummer 5 in der Fassung des Artikels 1 des Gesetzes vom 2. Juni 2021 (BGBl. I S. 1259) ist erstmals auf Kapitalerträge anzuwenden, die nach dem 31. Dezember 2019 zufließen.

(42a)[1)] § 43a in der Fassung des Artikels 3 des Gesetzes vom 19. Juli 2016 (BGBl. I S. 1730) ist erstmals ab dem 1. Januar 2018 anzuwenden.

(42b)[2)] § 43b und Anlage 2 (zu § 43b) in der am 1. Januar 2016 geltenden Fassung sind erstmals auf Ausschüttungen anzuwenden, die nach dem 31. Dezember 2015 zufließen.

(43) [1] Ist ein Freistellungsauftrag im Sinne des § 44a vor dem 1. Januar 2007 unter Beachtung des § 20 Absatz 4 in der bis dahin geltenden Fassung erteilt worden, darf der nach § 44 Absatz 1 zum Steuerabzug Verpflichtete den angegebenen Freistellungsbetrag nur zu 56,37 Prozent berücksichtigen. [2] Sind in dem Freistellungsauftrag der gesamte Sparer-Freibetrag nach § 20 Absatz 4 in der Fassung des Artikels 1 des Gesetzes vom 19. Juli 2006 (BGBl. I S. 1652) und der gesamte Werbungskosten-Pauschbetrag nach § 9a Satz 1 Nummer 2 in der Fassung des Artikels 1 des Gesetzes vom 19. Juli 2006 (BGBl. I S. 1652) angegeben, ist der Werbungskosten-Pauschbetrag in voller Höhe zu berücksichtigen.

(44)[3)] [1] § 44 Absatz 1 Satz 4 Nummer 2a in der Fassung des Artikels 2 des Gesetzes vom 12. Dezember 2019 (BGBl. I S. 2451) ist erstmals auf Kapitalerträge anzuwenden, die dem Gläubiger nach dem 31. Dezember 2020 zufließen. [2] § 44 Absatz 6 Satz 2 und 5 in der am 12. Dezember 2006 geltenden Fassung ist für Anteile, die einbringungsgeboren im Sinne des § 21 des Umwandlungssteuergesetzes in der am 12. Dezember 2006 geltenden Fassung sind, weiter anzuwenden. [3] § 44 in der Fassung des Artikels 3 des Gesetzes vom 19. Juli 2016 (BGBl. I S. 1730) ist erstmals ab dem 1. Januar 2018 anzuwenden. [4] § 44 Absatz 1 in der Fassung des Artikels 1 des Gesetzes vom 21. Dezember 2020 (BGBl. I S. 3096) ist erstmals auf Kapitalerträge anzuwenden, die dem Gläubiger nach dem 29. Dezember 2020 zufließen.

(44a)[4)] [1] § 45a Absatz 2 Satz 1 in der Fassung des Artikels 1 des Gesetzes vom 21. Dezember 2020 (BGBl. I S. 3096) ist erstmals auf Kapitalerträge anzuwenden, die dem Gläubiger nach dem 29. Dezember 2020 zufließen. [2] § 45a Absatz 6 in der Fassung des Artikels 2 des Gesetzes vom 21. Dezember 2020 (BGBl. I S. 3096) ist auf Kapitalerträge anzuwenden, die nach dem 31. Dezember 2022 zufließen. [3] § 45a Absatz 2a und 7 Satz 1 in der Fassung des Artikels 1 des Gesetzes vom 2. Juni 2021 (BGBl. I S. 1259) ist erstmals auf Kapitalerträge anzuwenden, die dem Gläubiger nach dem 31. Dezember 2024 zufließen.

[1)] § 52 Abs. 42a eingef. durch G v. 19.7.2016 (BGBl. I S. 1730, geänd. durch G v. 20.12.2016, BGBl. I S. 3000).

[2)] § 52 Abs. 42a eingef. durch G v. 2.11.2015 (BGBl. I S. 1834); bish. Abs. 42a wird Abs. 42b durch G v. 19.7.2016 (BGBl. I S. 1730).

[3)] § 52 Abs. 44 Satz 2 angef. durch G v. 19.7.2016 (BGBl. I S. 1730, geänd. durch G v. 20.12.2016, BGBl. I S. 3000); Satz 1 eingef., bish. Sätze 1 und 2 werden Sätze 2 und 3 durch G v. 12.12.2019 (BGBl. I S. 2451); Satz 4 angef. durch G v. 21.12.2020 (BGBl. I S. 3096).

[4)] § 52 Abs. 44a eingef. und Satz 2 angef. durch G v. 21.12.2020 (BGBl. I S. 3096); Sätze 3 und 4 angef. durch G v. 2.6.2021 (BGBl. I S. 1259).

EStG

[4] § 45a Absatz 7 Satz 3 in der am 8. Juni 2021 geltenden Fassung ist letztmals anzuwenden für Kapitalerträge, die vor dem 1. Januar 2024 zufließen.

(44b)[1)] § 45b in der Fassung des Artikels 1 des Gesetzes vom 2. Juni 2021 (BGBl. I S. 1259) ist erstmals auf Kapitalerträge anzuwenden, die dem Gläubiger nach dem 31. Dezember 2024 zufließen.

(44c)[2)] § 45c in der Fassung des Artikels 1 des Gesetzes vom 2. Juni 2021 (BGBl. I S. 1259) ist erstmals auf Kapitalerträge anzuwenden, die dem Gläubiger nach dem 31. Dezember 2024 zufließen.

(45)[3)] [1] § 45d Absatz 1 in der am 14. Dezember 2010 geltenden Fassung ist erstmals für Kapitalerträge anzuwenden, die ab dem 1. Januar 2013 zufließen; eine Übermittlung der Identifikationsnummer hat für Kapitalerträge, die vor dem 1. Januar 2016 zufließen, nur zu erfolgen, wenn die Identifikationsnummer der Meldestelle vorliegt. [2] § 45d Absatz 1 in der am 1. Januar 2017 geltenden Fassung ist erstmals anzuwenden auf Kapitalerträge, die dem Gläubiger nach dem 31. Dezember 2016 zufließen. [3] § 45d Absatz 3 in der am 1. Januar 2017 geltenden Fassung ist für Versicherungsverträge anzuwenden, die nach dem 31. Dezember 2016 abgeschlossen werden.

(45a)[4)] [1] § 49 Absatz 1 Nummer 2 Buchstabe e Doppelbuchstabe cc in der Fassung des Artikels 3 des Gesetzes vom 11. Dezember 2018 (BGBl. I S. 2338) ist erstmals auf Gewinne aus der Veräußerung von Anteilen anzuwenden, bei denen die Veräußerung nach dem 31. Dezember 2018 erfolgt, und nur soweit den Gewinnen nach dem 31. Dezember 2018 eingetretene Wertveränderungen zugrunde liegen. [2] § 49 Absatz 1 Nummer 2 Buchstabe f in der Fassung des Artikels 3 des Gesetzes vom 11. Dezember 2018 (BGBl. I S. 2338) ist erstmals auf Wertveränderungen anzuwenden, die nach dem 31. Dezember 2018 eintreten. [3] § 49 Absatz 1 Nummer 5 in der am 27. Juli 2016 geltenden Fassung ist erstmals auf Kapitalerträge anzuwenden, die ab dem 1. Januar 2018 zufließen. [4] § 49 Absatz 1 Nummer 11 in der am 1. Juli 2021 geltenden Fassung ist erstmals auf Einkünfte anzuwenden, die nach dem 31. Dezember 2021 zufließen.

(46)[5)] [1] § 50 Absatz 1 Satz 3 in der Fassung des Artikels 1 des Gesetzes vom 21. Dezember 2020 (BGBl. I S. 3096) ist in allen offenen Fällen anzuwenden. [2] § 50 Absatz 1a in der Fassung des Artikels 2 des Gesetzes vom 21. Dezember 2020 (BGBl. I S. 3096) ist erstmals auf Beiträge an berufsständische Versorgungseinrichtungen anzuwenden, die nach dem 31. Dezember 2020 geleistet werden. [3] § 50 Absatz 2 Satz 2 Nummer 6 in der Fassung des Artikels 1 des Gesetzes vom 12. Dezember 2019 (BGBl. I S. 2451) ist erstmals auf Kapitalerträge anzuwenden, die nach dem 31. Dezember 2016 zufließen. [4] § 50 Absatz 4 in der am 1. Januar 2016 geltenden Fassung ist in allen offenen Fällen

---

1) § 52 Abs. 44b eingef. durch G v. 2.6.2021 (BGBl. I S. 1259).

2) § 52 Abs. 44c eingef. durch G v. 2.6.2021 (BGBl. I S. 1259).

3) § 52 Abs. 45 Sätze 2 und 3 angef. durch G v. 18.7.2016 (BGBl. I S. 1679).

4) § 52 Abs. 45a eingef. durch G v. 19.7.2016 (BGBl. I S. 1730); Satz 2 geänd. durch G v. 20.12.2016 (BGBl. I S. 3000); Sätze 1 und 2 eingef., bish. Sätze 1 und 2 werden Sätze 3 und 4 durch G v. 11.12.2018 (BGBl. I S. 2338); Satz 4 neu gef. durch G v. 25.6.2021 (BGBl. I S. 2035).

5) § 52 Abs. 46 Satz 2 angef. durch G v. 2.11.2015 (BGBl. I S. 1834); Satz 1 eingef., bish. Sätze 1 und 2 werden Sätze 2 und 3 durch G v. 20.12.2016 (BGBl. I S. 3000); Satz 3 eingef., bish. Satz 3 wird Satz 4 durch G v. 12.12.2019 (BGBl. I S. 2451); Sätze 1 und 2 neu gef. durch G v. 21.12.2020 (BGBl. I S. 3096); Satz 5 angef. durch G v. 2.6.2021 (BGBl. I S. 1259).

anzuwenden. [5] § 50 Absatz 1 Satz 2 in der Fassung des Artikels 1 des Gesetzes vom 2. Juni 2021 (BGBl. I S. 1259) ist in allen offenen Fällen anzuwenden.

(47) [1] Der Zeitpunkt der erstmaligen Anwendung des § 50a Absatz 3 und 5 in der am 18. August 2009 geltenden Fassung wird durch eine Rechtsverordnung der Bundesregierung bestimmt, die der Zustimmung des Bundesrates bedarf; dieser Zeitpunkt darf nicht vor dem 31. Dezember 2011 liegen. [2] § 50a Absatz 7 in der am 31. Juli 2014 geltenden Fassung ist erstmals auf Vergütungen anzuwenden, für die der Steuerabzug nach dem 31. Dezember 2014 angeordnet worden ist.

(47a)[1)] [1] § 50c Absatz 2 Satz 1 Nummer 2 in der Fassung des Artikels 1 des Gesetzes vom 2. Juni 2021 (BGBl. I S. 1259) ist erstmals auf Einkünfte anzuwenden, die dem beschränkt Steuerpflichtigen nach dem 31. Dezember 2021 zufließen; die Geltung von Ermächtigungen nach § 50d Absatz 5 und 6 des Gesetzes in der Fassung, die vor dem Inkrafttreten des Artikels 1 des Gesetzes vom 2. Juni 2021 (BGBl. I S. 1259) galt, endet spätestens zu diesem Zeitpunkt. [2] § 50c Absatz 5 Satz 1, 3 und 4 in der Fassung des Artikels 1 des Gesetzes vom 2. Juni 2021 (BGBl. I S. 1259) ist erstmals auf Anträge anzuwenden, die nach dem 31. Dezember 2022 gestellt werden; für Anträge, die gemäß § 50c Absatz 2 oder 3 bis zu diesem Zeitpunkt gestellt werden, ist der amtlich vorgeschriebene Vordruck zu verwenden und § 50d Absatz 1 Satz 7 und 8 des Gesetzes in der Fassung anzuwenden, die vor dem Inkrafttreten des Artikels 1 des Gesetzes vom 2. Juni 2021 (BGBl. I S. 1259) galt.

(47b)[2)] § 50d Absatz 3 in der Fassung des Artikels 1 des Gesetzes vom 2. Juni 2021 (BGBl. I S. 1259) ist in allen offenen Fällen anzuwenden, es sei denn, § 50d Absatz 3 in der Fassung, die zu dem Zeitpunkt galt, in dem die Einkünfte zugeflossen sind, steht dem Anspruch auf Entlastung nicht entgegen.

(47c)[3)] [1] § 50e Absatz 1 und 4 bis 6 in der Fassung des Artikels 1 des Gesetzes vom 2. Juni 2021 (BGBl. I S. 1259) ist ab dem 1. Januar 2022 anzuwenden. [2] § 50e Absatz 2 und 3 in der Fassung des Artikels 1 des Gesetzes vom 2. Juni 2021 (BGBl. I S. 1259) ist erstmals auf die nach dem 31. Dezember 2024 nicht oder nicht vollständig erfolgte Übermittlung von Daten oder Mitteilungen anzuwenden.

(48)[4)] [1] § 50i Absatz 1 Satz 1 und 2 ist auf die Veräußerung oder Entnahme von Wirtschaftsgütern oder Anteilen anzuwenden, die nach dem 29. Juni 2013 stattfindet. [2] Hinsichtlich der laufenden Einkünfte aus der Beteiligung an der Personengesellschaft ist die Vorschrift in allen Fällen anzuwenden, in denen die Einkommensteuer noch nicht bestandskräftig festgesetzt worden ist. [3] § 50i Absatz 1 Satz 4 in der am 31. Juli 2014 geltenden Fassung ist erstmals auf die Veräußerung oder Entnahme von Wirtschaftsgütern oder Anteilen anzuwenden, die nach dem 31. Dezember 2013 stattfindet. [4] § 50i Absatz 2 in der Fassung des Artikels 7 des Gesetzes vom 20. Dezember 2016 (BGBl. I S. 3000) ist erstmals für Einbringungen anzuwenden, bei denen der Einbringungsvertrag nach dem 31. Dezember 2013 geschlossen worden ist.

[1)] § 52 Abs. 47a eingef. durch G v. 2.6.2021 (BGBl. I S. 1259).
[2)] § 52 Abs. 47b eingef. durch G v. 2.6.2021 (BGBl. I S. 1259).
[3)] § 52 Abs. 47c eingef. durch G v. 2.6.2021 (BGBl. I S. 1259).
[4)] § 52 Abs. 48 Satz 3 geänd. durch G v. 22.12.2014 (BGBl. I S. 2417); Satz 4 neu gef., Satz 5 aufgeh. durch G v. 20.12.2016 (BGBl. I S. 3000).

(48a)[1] § 51 in der Fassung des Artikels 1 des Gesetzes vom 2. Juni 2021 (BGBl. I S. 1259) gilt erstmals für die Vergabe von Ordnungsnummern zu Steuerbescheinigungen für Kapitalerträge, die nach dem 31. Dezember 2023 zufließen.

(49) § 51a Absatz 2c und 2e in der am 30. Juni 2013 geltenden Fassung ist erstmals auf nach dem 31. Dezember 2014 zufließende Kapitalerträge anzuwenden.

(49a)[2] [1] § 62 Absatz 1a in der am 18. Juli 2019 geltenden Fassung ist für Kindergeldfestsetzungen anzuwenden, die Zeiträume betreffen, die nach dem 31. Juli 2019 beginnen. [2] § 62 Absatz 2 Nummer 1 bis 4 in der Fassung des Artikels 3 des Gesetzes vom 12. Dezember 2019 (BGBl. I S. 2451) ist für Kindergeldfestsetzungen anzuwenden, die Zeiträume betreffen, die nach dem 29. Februar 2020 beginnen. [3] § 62 Absatz 2 Nummer 5 in der Fassung des Artikels 3 des Gesetzes vom 12. Dezember 2019 (BGBl. I S. 2451) ist für Kindergeldfestsetzungen anzuwenden, die Zeiträume betreffen, die nach dem 31. Dezember 2019 beginnen. [4] Die §§ 62, 63 und 67 in der am 9. Dezember 2014 geltenden Fassung sind für Kindergeldfestsetzungen anzuwenden, die Zeiträume betreffen, die nach dem 31. Dezember 2015 beginnen. [5] Die §§ 62, 63 und 67 in der am 9. Dezember 2014 geltenden Fassung sind auch für Kindergeldfestsetzungen anzuwenden, die Zeiträume betreffen, die vor dem 1. Januar 2016 liegen, der Antrag auf Kindergeld aber erst nach dem 31. Dezember 2015 gestellt wird. [6] § 66 Absatz 1 in der am 23. Juli 2015 geltenden Fassung ist für Kindergeldfestsetzungen anzuwenden, die Zeiträume betreffen, die nach dem 31. Dezember 2014 beginnen. [7] § 66 Absatz 1 in der am 1. Januar 2016 geltenden Fassung ist für Kindergeldfestsetzungen anzuwenden, die Zeiträume betreffen, die nach dem 31. Dezember 2015 beginnen. [8] § 66 Absatz 1 in der am 1. Januar 2017 geltenden Fassung ist für Kindergeldfestsetzungen anzuwenden, die Zeiträume betreffen, die nach dem 31. Dezember 2016 beginnen. [9] § 66 Absatz 1 in der am 1. Januar 2018 geltenden Fassung ist für Kindergeldfestsetzungen anzuwenden, die Zeiträume betreffen, die nach dem 31. Dezember 2017 beginnen. [10] § 66 Absatz 3 ist auf Anträge anzuwenden, die nach dem 31. Dezember 2017 und vor dem 18. Juli 2019 eingehen. [11] § 69 in der am 1. Januar 2018 geltenden Fassung ist erstmals am 1. November 2019 anzuwenden. [12] § 66 Absatz 1 in der Fassung des Artikels 2 des Gesetzes vom 29. November 2018 (BGBl. I S. 2210) ist für Kindergeldfestsetzungen anzuwenden, die Zeiträume betreffen, die nach dem 30. Juni 2019 beginnen. [13] § 66 Absatz 1 in der Fassung des Artikels 1 des Gesetzes vom 1. Dezember 2020 (BGBl. I S. 2616) ist für Kindergeldfestsetzungen anzuwenden, die Zeiträume betreffen, die nach dem 31. Dezember 2020 beginnen.

(50)[3] [1] § 70 Absatz 1 Satz 2 ist auf Anträge anzuwenden, die nach dem 18. Juli 2019 eingehen. [2] § 70 Absatz 4 in der am 31. Dezember 2011 geltenden

---

[1] § 52 Abs. 48a eingef. durch G v. 2.6.2021 (BGBl. I S. 1259).

[2] § 52 Abs. 49a eingef. durch G v. 2.12.2014 (BGBl. I S. 1922); Sätze 3 und 4 angef. durch G v. 16.7.2015 (BGBl. I S. 1202); Sätze 5 und 6 angef. durch G v. 20.12.2016 (BGBl. I S. 3000); Sätze 7 und 8 angef. durch G v. 23.6.2017 (BGBl. I S. 1682); Satz 9 angef. durch G v. 29.11.2018 (BGBl. I S. 2210); Satz 1 eingef., bish. Sätze 1 bis 9 werden Sätze 2 bis 10 und neuer Satz 8 geänd. durch G v. 11.7.2019 (BGBl. I S. 1066); Satz 2 eingef., bish. Sätze 2 bis 10 werden Sätze 3 bis 11; Satz 2 neu gef., Satz 3 eingef., bish. Sätze 3 bis 11 werden Sätze 4 bis 12 mWv 1.3.2020 durch G v. 12.12.2019 (BGBl. I S. 2451); Satz 13 angef. durch G v. 1.12.2020 (BGBl. I S. 2616).

[3] § 52 Abs. 50 Satz 1 eingef., bish. Wortlaut wird Satz 2 durch G v. 11.7.2019 (BGBl. I S. 1066).

Fassung ist weiter für Kindergeldfestsetzungen anzuwenden, die Zeiträume betreffen, die vor dem 1. Januar 2012 enden.

(51)[1] [1] § 89 Absatz 2 Satz 1 in der am 1. Januar 2017 geltenden Fassung ist erstmals für die Übermittlung von Daten ab dem 1. Januar 2017 anzuwenden. [2] § 89 Absatz 2 Satz 1 in der Fassung des Artikels 3 des Gesetzes vom 11. Dezember 2018 (BGBl. I S. 2338) ist erstmals für die Übermittlung von Daten ab dem 1. Januar 2020 anzuwenden.

(52)[2] § 110 in der Fassung des Artikels 1 des Gesetzes vom 10. März 2021 (BGBl. I S. 330) ist für den Veranlagungszeitraum 2019 anzuwenden.

(53)[3] § 111 in der Fassung des Artikels 1 des Gesetzes vom 10. März 2021 (BGBl. I S. 330) ist für die Veranlagungszeiträume 2019 und 2020 anzuwenden.

(54)[4] Für Personen, die Leistungen nach dem Soldatenversorgungsgesetz in der Fassung der Bekanntmachung vom 16. September 2009 (BGBl. I S. 3054), das zuletzt durch Artikel 19 des Gesetzes vom 4. August 2019 (BGBl. I S. 1147) geändert worden ist, in Verbindung mit dem Bundesversorgungsgesetz in der Fassung der Bekanntmachung vom 22. Januar 1982 (BGBl. I S. 21), das zuletzt durch Artikel 1 der Verordnung vom 13. Juni 2019 (BGBl. I S. 793) geändert worden ist, erhalten, gelten die Vorschriften des § 3 Nummer 6 Satz 2, des § 32b Absatz 1 Satz 1 Nummer 1 Buchstabe f und des § 33b Absatz 4 Satz 1 Nummer 1 in der am 31. Dezember 2023 geltenden Fassung weiter.

§ 52a[5] *(aufgehoben)*

§ 52b[6] *(aufgehoben)*

§ 53[7] *(aufgehoben)*

§ 54 (weggefallen)

§ 55 Schlussvorschriften (Sondervorschriften für die Gewinnermittlung nach § 4 oder nach Durchschnittssätzen bei vor dem 1. Juli 1970 angeschafftem Grund und Boden) (1) [1] Bei Steuerpflichtigen, deren Gewinn für das Wirtschaftsjahr, in das der 30. Juni 1970 fällt, nicht nach § 5 zu ermitteln ist, gilt bei Grund und Boden, der mit Ablauf des 30. Juni 1970 zu ihrem Anlagevermögen gehört hat, als Anschaffungs- oder Herstellungskosten (§ 4 Absatz 3 Satz 4 und § 6 Absatz 1 Nummer 2 Satz 1) das Zweifache des nach den Absätzen 2 bis 4 zu ermittelnden Ausgangsbetrags. [2] Zum Grund und Boden im Sinne des Satzes 1 gehören nicht die mit ihm in Zusammenhang stehenden Wirtschaftsgüter und Nutzungsbefugnisse.

(2) [1] Bei der Ermittlung des Ausgangsbetrags des zum land- und forstwirtschaftlichen Vermögen (§ 33 Absatz 1 Satz 1 des Bewertungsgesetzes in der Fassung der Bekanntmachung vom 10. Dezember 1965 – BGBl. I S. 1861 –, zuletzt geändert durch das Bewertungsänderungsgesetz 1971 vom 27. Juli 1971

---

[1] § 52 Abs. 51 angef. durch G v. 18.7.2016 (BGBl. I S. 1679); Satz 2 angef. durch G v. 11.12.2018 (BGBl. I S. 2338).

[2] § 52 Abs. 52 neu gef. durch G v. 10.3.2021 (BGBl. I S. 330).

[3] § 52 Abs. 53 neu gef. durch G v. 10.3.2021 (BGBl. I S. 330).

[4] § 52 Abs. 54 angef. durch G v. 21.12.2020 (BGBl. I S. 3096).

[5] § 52a aufgeh. durch G v. 25.7.2014 (BGBl. I S. 1266).

[6] § 52b aufgeh. mWv VZ 2020 durch G v. 12.12.2019 (BGBl. I S. 2451).

[7] § 53 aufgeh. mWv 23.7.2016 durch G v. 18.7.2016 (BGBl. I S. 1679).

– BGBl. I S. 1157) gehörenden Grund und Bodens ist seine Zuordnung zu den Nutzungen und Wirtschaftsgütern (§ 34 Absatz 2 des Bewertungsgesetzes) am 1. Juli 1970 maßgebend; dabei sind die Hof- und Gebäudeflächen sowie die Hausgärten im Sinne des § 40 Absatz 3 des Bewertungsgesetzes nicht in die einzelne Nutzung einzubeziehen. [2]Es sind anzusetzen:

1. bei Flächen, die nach dem Bodenschätzungsgesetz vom 20. Dezember 2007 (BGBl. I S. 3150, 3176) in der jeweils geltenden Fassung zu schätzen sind, für jedes katastermäßig abgegrenzte Flurstück der Betrag in Deutsche Mark, der sich ergibt, wenn die für das Flurstück am 1. Juli 1970 im amtlichen Verzeichnis nach § 2 Absatz 2 der Grundbuchordnung (Liegenschaftskataster) ausgewiesene Ertragsmesszahl vervierfacht wird. [2]Abweichend von Satz 1 sind für Flächen der Nutzungsteile
   a) Hopfen, Spargel, Gemüsebau und Obstbau
   2,05 Euro je Quadratmeter,
   b) Blumen- und Zierpflanzenbau sowie Baumschulen
   2,56 Euro je Quadratmeter

   anzusetzen, wenn der Steuerpflichtige dem Finanzamt gegenüber bis zum 30. Juni 1972 eine Erklärung über die Größe, Lage und Nutzung der betreffenden Flächen abgibt,
2. für Flächen der forstwirtschaftlichen Nutzung
   je Quadratmeter 0,51 Euro,
3. für Flächen der weinbaulichen Nutzung der Betrag, der sich unter Berücksichtigung der maßgebenden Lagenvergleichszahl (Vergleichszahl der einzelnen Weinbaulage, § 39 Absatz 1 Satz 3 und § 57 Bewertungsgesetz[1]), die für ausbauende Betriebsweise mit Fassweinerzeugung anzusetzen ist, aus der nachstehenden Tabelle ergibt:

Lagenvergleichszahl	Ausgangsbetrag je Quadratmeter in Euro
bis 20	1,28
21 bis 30	1,79
31 bis 40	2,56
41 bis 50	3,58
51 bis 60	4,09
61 bis 70	4,60
71 bis 100	5,11
über 100	6,39

4. für Flächen der sonstigen land- und forstwirtschaftlichen Nutzung, auf die Nummer 1 keine Anwendung findet,
   je Quadratmeter 0,51 Euro,
5. für Hofflächen, Gebäudeflächen und Hausgärten im Sinne des § 40 Absatz 3 des Bewertungsgesetzes
   je Quadratmeter 2,56 Euro,
6. für Flächen des Geringstlandes
   je Quadratmeter 0,13 Euro,

[1] Nr. 3.

7. für Flächen des Abbaulandes
   je Quadratmeter 0,26 Euro,
8. für Flächen des Unlandes
   je Quadratmeter 0,05 Euro.

(3) [1] Lag am 1. Juli 1970 kein Liegenschaftskataster vor, in dem Ertragsmesszahlen ausgewiesen sind, so ist der Ausgangsbetrag in sinngemäßer Anwendung des Absatzes 2 Nummer 1 Satz 1 auf der Grundlage der durchschnittlichen Ertragsmesszahl der landwirtschaftlichen Nutzung eines Betriebs zu ermitteln, die die Grundlage für die Hauptfeststellung des Einheitswerts auf den 1. Januar 1964 bildet. [2] Absatz 2 Satz 2 Nummer 1 Satz 2 bleibt unberührt.

(4) Bei nicht zum land- und forstwirtschaftlichen Vermögen gehörendem Grund und Boden ist als Ausgangsbetrag anzusetzen:

1. Für unbebaute Grundstücke der auf den 1. Januar 1964 festgestellte Einheitswert. [2] Wird auf den 1. Januar 1964 kein Einheitswert festgestellt oder hat sich der Bestand des Grundstücks nach dem 1. Januar 1964 und vor dem 1. Juli 1970 verändert, so ist der Wert maßgebend, der sich ergeben würde, wenn das Grundstück nach seinem Bestand vom 1. Juli 1970 und nach den Wertverhältnissen vom 1. Januar 1964 zu bewerten wäre;
2. für bebaute Grundstücke der Wert, der sich nach Nummer 1 ergeben würde, wenn das Grundstück unbebaut wäre.

(5) [1] Weist der Steuerpflichtige nach, dass der Teilwert für Grund und Boden im Sinne des Absatzes 1 am 1. Juli 1970 höher ist als das Zweifache des Ausgangsbetrags, so ist auf Antrag des Steuerpflichtigen der Teilwert als Anschaffungs- oder Herstellungskosten anzusetzen. [2] Der Antrag ist bis zum 31. Dezember 1975 bei dem Finanzamt zu stellen, das für die Ermittlung des Gewinns aus dem Betrieb zuständig ist. [3] Der Teilwert ist gesondert festzustellen. [4] Vor dem 1. Januar 1974 braucht diese Feststellung nur zu erfolgen, wenn ein berechtigtes Interesse des Steuerpflichtigen gegeben ist. [5] Die Vorschriften der Abgabenordnung und der Finanzgerichtsordnung über die gesonderte Feststellung von Besteuerungsgrundlagen gelten entsprechend.

(6) [1] Verluste, die bei der Veräußerung oder Entnahme von Grund und Boden im Sinne des Absatzes 1 entstehen, dürfen bei der Ermittlung des Gewinns in Höhe des Betrags nicht berücksichtigt werden, um den der ausschließlich auf den Grund und Boden entfallende Veräußerungspreis oder der an dessen Stelle tretende Wert nach Abzug der Veräußerungskosten unter dem Zweifachen des Ausgangsbetrags liegt. [2] Entsprechendes gilt bei Anwendung des § 6 Absatz 1 Nummer 2 Satz 2.

(7) Grund und Boden, der nach § 4 Absatz 1 Satz 5 des Einkommensteuergesetzes 1969 nicht anzusetzen war, ist wie eine Einlage zu behandeln; er ist dabei mit dem nach Absatz 1 oder Absatz 5 maßgebenden Wert anzusetzen.

§ 56 Sondervorschriften für Steuerpflichtige in dem in Artikel 3 des Einigungsvertrages genannten Gebiet. Bei Steuerpflichtigen, die am 31. Dezember 1990 einen Wohnsitz oder ihren gewöhnlichen Aufenthalt in dem in Artikel 3 des Einigungsvertrages genannten Gebiet und im Jahre 1990 keinen Wohnsitz oder gewöhnlichen Aufenthalt im bisherigen Geltungsbereich dieses Gesetzes hatten, gilt Folgendes:
§ 7 Absatz 5 ist auf Gebäude anzuwenden, die in dem in Artikel 3 des

Einigungsvertrages genannten Gebiet nach dem 31. Dezember 1990 angeschafft oder hergestellt worden sind.

§ 57 Besondere Anwendungsregeln aus Anlass der Herstellung der Einheit Deutschlands. (1) Die §§ 7c, 7f, 7g, 7k und 10e dieses Gesetzes, die §§ 76, 78, 82a und 82f der Einkommensteuer-Durchführungsverordnung[1] sowie die §§ 7 und 12 Absatz 3 des Schutzbaugesetzes sind auf Tatbestände anzuwenden, die in dem in Artikel 3 des Einigungsvertrages genannten Gebiet nach dem 31. Dezember 1990 verwirklicht worden sind.

(2) Die §§ 7b und 7d dieses Gesetzes sowie die §§ 81, 82d, 82g und 82i der Einkommensteuer-Durchführungsverordnung sind nicht auf Tatbestände anzuwenden, die in dem in Artikel 3 des Einigungsvertrages genannten Gebiet verwirklicht worden sind.

(3)[2] Bei der Anwendung des § 7g Absatz 2 Nummer 1 und des § 14a Absatz 1 ist in dem in Artikel 3 des Einigungsvertrages genannten Gebiet anstatt vom maßgebenden Einheitswert des Betriebs der Land- und Forstwirtschaft und den darin ausgewiesenen Werten vom Ersatzwirtschaftswert nach § 125 des Bewertungsgesetzes[3] auszugehen.

(4) [1] § 10d Absatz 1 ist mit der Maßgabe anzuwenden, dass der Sonderausgabenabzug erstmals von dem für die zweite Hälfte des Veranlagungszeitraums 1990 ermittelten Gesamtbetrag der Einkünfte vorzunehmen ist. [2] § 10d Absatz 2 und 3 ist auch für Verluste anzuwenden, die in dem in Artikel 3 des Einigungsvertrages genannten Gebiet im Veranlagungszeitraum 1990 entstanden sind.

(5) § 22 Nummer 4 ist auf vergleichbare Bezüge anzuwenden, die auf Grund des Gesetzes über Rechtsverhältnisse der Abgeordneten der Volkskammer der Deutschen Demokratischen Republik vom 31. Mai 1990 (GBl. I Nr. 30 S. 274)[4] gezahlt worden sind.

(6) § 34f Absatz 3 Satz 3 ist erstmals auf die in dem in Artikel 3 des Einigungsvertrags genannten Gebiet für die zweite Hälfte des Veranlagungszeitraums 1990 festgesetzte Einkommensteuer anzuwenden.

§ 58 Weitere Anwendung von Rechtsvorschriften, die vor Herstellung der Einheit Deutschlands in dem in Artikel 3 des Einigungsvertrages genannten Gebiet gegolten haben. (1) Die Vorschriften über Sonderabschreibungen nach § 3 Absatz 1 des Steueränderungsgesetzes vom 6. März 1990 (GBl. I Nr. 17 S. 136)[4] in Verbindung mit § 7 der Durchführungsbestimmung zum Gesetz zur Änderung der Rechtsvorschriften über die Einkommen-, Körperschaft- und Vermögensteuer – Steueränderungsgesetz – vom 16. März 1990 (GBl. I Nr. 21 S. 195)[4] sind auf Wirtschaftsgüter weiter anzuwenden, die nach dem 31. Dezember 1989 und vor dem 1. Januar 1991 in dem in Artikel 3 des Einigungsvertrages genannten Gebiet angeschafft oder hergestellt worden sind.

(2) [1] Rücklagen nach § 3 Absatz 2 des Steueränderungsgesetzes vom 6. März 1990 (GBl. I Nr. 17 S. 136)[4] in Verbindung mit § 8 der Durchführungsbestimmung zum Gesetz zur Änderung der Rechtsvorschriften über die Einkommen-, Körperschaft- und Vermögensteuer – Steueränderungsgesetz – vom

[1] Nr. **6**.
[2] § 57 Abs. 3 aufgeh. **mWv VZ 2025** durch G v. 26.11.2019 (BGBl. I S. 1794).
[3] Nr. **3**.
[4] GBl. der DDR.

16. März 1990 (GBl. I Nr. 21 S. 195)[1] dürfen, soweit sie zum 31. Dezember 1990 zulässigerweise gebildet worden sind, auch nach diesem Zeitpunkt fortgeführt werden. [2] Sie sind spätestens im Veranlagungszeitraum 1995 gewinn- oder sonst einkünfteerhöhend aufzulösen. [3] Sind vor dieser Auflösung begünstigte Wirtschaftsgüter angeschafft oder hergestellt worden, sind die in Rücklage eingestellten Beträge von den Anschaffungs- oder Herstellungskosten abzuziehen; die Rücklage ist in Höhe des abgezogenen Betrags im Veranlagungszeitraum der Anschaffung oder Herstellung gewinn- oder sonst einkünfteerhöhend aufzulösen.

(3) Die Vorschrift über den Steuerabzugsbetrag nach § 9 Absatz 1 der Durchführungsbestimmung zum Gesetz zur Änderung der Rechtsvorschriften über die Einkommen-, Körperschaft- und Vermögensteuer – Steueränderungsgesetz – vom 16. März 1990 (GBl. I Nr. 21 S. 195)[1] ist für Steuerpflichtige weiter anzuwenden, die vor dem 1. Januar 1991 in dem in Artikel 3 des Einigungsvertrages genannten Gebiet eine Betriebsstätte begründet haben, wenn sie von dem Tag der Begründung der Betriebsstätte an zwei Jahre lang die Tätigkeit ausüben, die Gegenstand der Betriebsstätte ist.

§§ 59 bis 61 (weggefallen)

X. Kindergeld

§ 62 Anspruchsberechtigte. (1)[2] [1] Für Kinder im Sinne des § 63 hat Anspruch auf Kindergeld nach diesem Gesetz, wer

1. im Inland einen Wohnsitz oder seinen gewöhnlichen Aufenthalt hat oder
2. ohne Wohnsitz oder gewöhnlichen Aufenthalt im Inland
   a) nach § 1 Absatz 2 unbeschränkt einkommensteuerpflichtig ist oder
   b) nach § 1 Absatz 3 als unbeschränkt einkommensteuerpflichtig behandelt wird.

[2] Voraussetzung für den Anspruch nach Satz 1 ist, dass der Berechtigte durch die an ihn vergebene Identifikationsnummer (§ 139b der Abgabenordnung[3]) identifiziert wird. [3] Die nachträgliche Vergabe der Identifikationsnummer wirkt auf Monate zurück, in denen die Voraussetzungen des Satzes 1 vorliegen.

(1a)[4] [1] Begründet ein Staatsangehöriger eines anderen Mitgliedstaates der Europäischen Union oder eines Staates, auf den das Abkommen über den Europäischen Wirtschaftsraum Anwendung findet, im Inland einen Wohnsitz oder gewöhnlichen Aufenthalt, so hat er für die ersten drei Monate ab Begründung des Wohnsitzes oder des gewöhnlichen Aufenthalts keinen Anspruch auf Kindergeld. [2] Dies gilt nicht, wenn er nachweist, dass er inländische Einkünfte im Sinne des § 2 Absatz 1 Satz 1 Nummer 1 bis 4 mit Ausnahme von Einkünften nach § 19 Absatz 1 Satz 1 Nummer 2 erzielt. [3] Nach Ablauf des in Satz 1 genannten Zeitraums hat er Anspruch auf Kindergeld, es sei denn, die Voraussetzungen des § 2 Absatz 2 oder Absatz 3 des Freizügigkeitsgesetzes/EU

---

[1] GBl. der DDR.

[2] § 62 Abs. 1 Sätze 2 und 3 angef. durch G v. 2.12.2014 (BGBl. I S. 1922); zur Anwendung siehe § 52 Abs. 49a Sätze 4 und 5.

[3] Nr. **1**.

[4] § 62 Abs. 1a eingef. durch G v. 11.7.2019 (BGBl. I S. 1066); zur Anwendung siehe § 52 Abs. 49a Satz 1.

liegen nicht vor oder es sind nur die Voraussetzungen des § 2 Absatz 2 Nummer 1a des Freizügigkeitsgesetzes/EU erfüllt, ohne dass vorher eine andere der in § 2 Absatz 2 des Freizügigkeitsgesetzes/EU genannten Voraussetzungen erfüllt war. [4]Die Prüfung, ob die Voraussetzungen für einen Anspruch auf Kindergeld gemäß Satz 2 vorliegen oder gemäß Satz 3 nicht gegeben sind, führt die Familienkasse in eigener Zuständigkeit durch. [5]Lehnt die Familienkasse eine Kindergeldfestsetzung in diesem Fall ab, hat sie ihre Entscheidung der zuständigen Ausländerbehörde mitzuteilen. [6]Wurde das Vorliegen der Anspruchsvoraussetzungen durch die Verwendung gefälschter oder verfälschter Dokumente oder durch Vorspiegelung falscher Tatsachen vorgetäuscht, hat die Familienkasse die zuständige Ausländerbehörde unverzüglich zu unterrichten.

(2)[1)] Ein nicht freizügigkeitsberechtigter Ausländer erhält Kindergeld nur, wenn er

1. eine Niederlassungserlaubnis oder eine Erlaubnis zum Daueraufenthalt-EU besitzt,
2. eine Blaue Karte EU, eine ICT-Karte, eine Mobiler-ICT-Karte oder eine Aufenthaltserlaubnis besitzt, die für einen Zeitraum von mindestens sechs Monaten zur Ausübung einer Erwerbstätigkeit berechtigen oder berechtigt haben oder diese erlauben, es sei denn, die Aufenthaltserlaubnis wurde
   a) nach § 16e des Aufenthaltsgesetzes zu Ausbildungszwecken, nach § 19c Absatz 1 des Aufenthaltsgesetzes zum Zweck der Beschäftigung als Au-Pair oder zum Zweck der Saisonbeschäftigung, nach § 19e des Aufenthaltsgesetzes zum Zweck der Teilnahme an einem Europäischen Freiwilligendienst oder nach § 20 Absatz 1 und 2 des Aufenthaltsgesetzes zur Arbeitsplatzsuche erteilt,
   b) nach § 16b des Aufenthaltsgesetzes zum Zweck eines Studiums, nach § 16d des Aufenthaltsgesetzes für Maßnahmen zur Anerkennung ausländischer Berufsqualifikationen oder nach § 20 Absatz 3 des Aufenthaltsgesetzes zur Arbeitsplatzsuche erteilt und er ist weder erwerbstätig noch nimmt er Elternzeit nach § 15 des Bundeselterngeld- und Elternzeitgesetzes oder laufende Geldleistungen nach dem Dritten Buch Sozialgesetzbuch in Anspruch,
   c) nach § 23 Absatz 1 des Aufenthaltsgesetzes wegen eines Krieges in seinem Heimatland oder nach den §§ 23a, 24 oder § 25 Absatz 3 bis 5 des Aufenthaltsgesetzes erteilt,
3. eine in Nummer 2 Buchstabe c genannte Aufenthaltserlaubnis besitzt und im Bundesgebiet berechtigt erwerbstätig ist oder Elternzeit nach § 15 des Bundeselterngeld- und Elternzeitgesetzes oder laufende Geldleistungen nach dem Dritten Buch Sozialgesetzbuch in Anspruch nimmt,
4. eine in Nummer 2 Buchstabe c genannte Aufenthaltserlaubnis besitzt und sich seit mindestens 15 Monaten erlaubt, gestattet oder geduldet im Bundesgebiet aufhält oder
5.[2)] eine Beschäftigungsduldung gemäß § 60d in Verbindung mit § 60a Absatz 2 Satz 3 des Aufenthaltsgesetzes besitzt.

[1)] § 62 Abs. 2 neu gef. mWv 1.3.2020 durch G v. 12.12.2019 (BGBl. I S. 2451); zur Anwendung siehe § 52 Abs. 49a Sätze 2 und 3.

[2)] Zur Anwendung von § 62 Abs. 2 Nr. 5 siehe § 52 Abs. 49a Satz 3.

§ 63 Kinder. (1)[1] [1] Als Kinder werden berücksichtigt

1. Kinder im Sinne des § 32 Absatz 1,
2. vom Berechtigten in seinen Haushalt aufgenommene Kinder seines Ehegatten,
3. vom Berechtigten in seinen Haushalt aufgenommene Enkel.

[2] § 32 Absatz 3 bis 5 gilt entsprechend. [3] Voraussetzung für die Berücksichtigung ist die Identifizierung des Kindes durch die an dieses Kind vergebene Identifikationsnummer (§ 139b der Abgabenordnung[2]). [4] Ist das Kind nicht nach einem Steuergesetz steuerpflichtig (§ 139a Absatz 2 der Abgabenordnung), ist es in anderer geeigneter Weise zu identifizieren. [5] Die nachträgliche Identifizierung oder nachträgliche Vergabe der Identifikationsnummer wirkt auf Monate zurück, in denen die Voraussetzungen der Sätze 1 bis 4 vorliegen. [6] Kinder, die weder einen Wohnsitz noch ihren gewöhnlichen Aufenthalt im Inland, in einem Mitgliedstaat der Europäischen Union oder in einem Staat, auf den das Abkommen über den Europäischen Wirtschaftsraum Anwendung findet, haben, werden nicht berücksichtigt, es sei denn, sie leben im Haushalt eines Berechtigten im Sinne des § 62 Absatz 1 Satz 1 Nummer 2 Buchstabe a. [7] Kinder im Sinne von § 2 Absatz 4 Satz 2 des Bundeskindergeldgesetzes werden nicht berücksichtigt.

(2) Die Bundesregierung wird ermächtigt, durch Rechtsverordnung, die nicht der Zustimmung des Bundesrates bedarf, zu bestimmen, dass einem Berechtigten, der im Inland erwerbstätig ist oder sonst seine hauptsächlichen Einkünfte erzielt, für seine in Absatz 1 Satz 3 erster Halbsatz bezeichneten Kinder Kindergeld ganz oder teilweise zu leisten ist, soweit dies mit Rücksicht auf die durchschnittlichen Lebenshaltungskosten für Kinder in deren Wohnsitzstaat und auf die dort gewährten dem Kindergeld vergleichbaren Leistungen geboten ist.

§ 64 Zusammentreffen mehrerer Ansprüche. (1) Für jedes Kind wird nur einem Berechtigten Kindergeld gezahlt.

(2) [1] Bei mehreren Berechtigten wird das Kindergeld demjenigen gezahlt, der das Kind in seinen Haushalt aufgenommen hat. [2] Ist ein Kind in den gemeinsamen Haushalt von Eltern, einem Elternteil und dessen Ehegatten, Pflegeeltern oder Großeltern aufgenommen worden, so bestimmen diese untereinander den Berechtigten. [3] Wird eine Bestimmung nicht getroffen, so bestimmt das Familiengericht auf Antrag den Berechtigten. [4] Den Antrag kann stellen, wer ein berechtigtes Interesse an der Zahlung des Kindergeldes hat. [5] Lebt ein Kind im gemeinsamen Haushalt von Eltern und Großeltern, so wird das Kindergeld vorrangig einem Elternteil gezahlt; es wird an einen Großelternteil gezahlt, wenn der Elternteil gegenüber der zuständigen Stelle auf seinen Vorrang schriftlich verzichtet hat.

(3) [1] Ist das Kind nicht in den Haushalt eines Berechtigten aufgenommen, so erhält das Kindergeld derjenige, der dem Kind eine Unterhaltsrente zahlt. [2] Zahlen mehrere Berechtigte dem Kind Unterhaltsrenten, so erhält das Kindergeld derjenige, der dem Kind die höchste Unterhaltsrente zahlt. [3] Werden gleich

---

[1] § 63 Abs. 1 Sätze 3 bis 5 eingef., bish. Sätze 3 und 4 werden Sätze 6 und 7, neuer Satz 6 geänd. durch G v. 2.12.2014 (BGBl. I S. 1922); zur Anwendung siehe § 52 Abs. 49a Sätze 4 und 5.

[2] Nr. **1**.

hohe Unterhaltsrenten gezahlt oder zahlt keiner der Berechtigten dem Kind Unterhalt, so bestimmen die Berechtigten untereinander, wer das Kindergeld erhalten soll. [4]Wird eine Bestimmung nicht getroffen, so gilt Absatz 2 Satz 3 und 4 entsprechend.

§ 65[1)] Andere Leistungen für Kinder. (1) [1]Kindergeld wird nicht für ein Kind gezahlt, für das eine der folgenden Leistungen zu zahlen ist oder bei entsprechender Antragstellung zu zahlen wäre:

1. Kinderzulagen aus der gesetzlichen Unfallversicherung oder Kinderzuschüsse aus den gesetzlichen Rentenversicherungen,
2. Leistungen für Kinder, die im Ausland gewährt werden und dem Kindergeld oder einer der unter Nummer 1 genannten Leistungen vergleichbar sind,
3. Leistungen für Kinder, die von einer zwischen- oder überstaatlichen Einrichtung gewährt werden und dem Kindergeld vergleichbar sind.

[2]Soweit es für die Anwendung von Vorschriften dieses Gesetzes auf den Erhalt von Kindergeld ankommt, stehen die Leistungen nach Satz 1 dem Kindergeld gleich. [3]Steht ein Berechtigter in einem Versicherungspflichtverhältnis zur Bundesagentur für Arbeit nach § 24 des Dritten Buches Sozialgesetzbuch oder ist er versicherungsfrei nach § 28 Absatz 1 Nummer 1 des Dritten Buches Sozialgesetzbuch oder steht er im Inland in einem öffentlich-rechtlichen Dienst- oder Amtsverhältnis, so wird sein Anspruch auf Kindergeld für ein Kind nicht nach Satz 1 Nummer 3 mit Rücksicht darauf ausgeschlossen, dass sein Ehegatte als Beamter, Ruhestandsbeamter oder sonstiger Bediensteter der Europäischen Union für das Kind Anspruch auf Kinderzulage hat.

(2) Ist in den Fällen des Absatzes 1 Satz 1 Nummer 1 der Bruttobetrag der anderen Leistung niedriger als das Kindergeld nach § 66, wird Kindergeld in Höhe des Unterschiedsbetrags gezahlt, wenn er mindestens 5 Euro beträgt.

§ 66 Höhe des Kindergeldes, Zahlungszeitraum. (1)[2)] [1]Das Kindergeld beträgt monatlich für das erste und zweite Kind jeweils 219 Euro, für das dritte Kind 225 Euro und für das vierte und jedes weitere Kind jeweils 250 Euro. [2]Darüber hinaus wird für jedes Kind, für das für den Monat Mai 2021 ein Anspruch auf Kindergeld besteht, für den Monat Mai 2021 ein Einmalbetrag in Höhe von 150 Euro gezahlt. [3]Ein Anspruch in Höhe des Einmalbetrags von 150 Euro für das Kalenderjahr 2021 besteht auch für ein Kind, für das nicht für den Monat Mai 2021, jedoch für mindestens einen anderen Kalendermonat im Kalenderjahr 2021 ein Anspruch auf Kindergeld besteht. [4]Der Einmalbetrag nach den Sätzen 2 und 3 wird als Kindergeld im Rahmen der Vergleichsberechnung nach § 31 Satz 4 berücksichtigt.

(2) Das Kindergeld wird monatlich vom Beginn des Monats an gezahlt, in dem die Anspruchsvoraussetzungen erfüllt sind, bis zum Ende des Monats, in dem die Anspruchsvoraussetzungen wegfallen.

(3)[3)] *(aufgehoben)*

[1)] § 65 Abs. 1 Satz 3 geänd. mWv VZ 2013 durch G v. 26.6.2013 (BGBl. I S. 1809).

[2)] § 66 Abs. 1 neu gef. mWv 1.1.2021 durch G v. 1.12.2020 (BGBl. I S. 2616); zur Anwendung siehe § 52 Abs. 49a Satz 13; Sätze 2 bis 4 angef. durch G v. 10.3.2021 (BGBl. I S. 330).

[3)] § 66 Abs. 3 aufgeh. durch G v. 11.7.2019 (BGBl. I S. 1066); zur letztmaligen Anwendung siehe § 52 Abs. 49a Satz 10.

§ 67[1)] Antrag. [1]Das Kindergeld ist bei der zuständigen Familienkasse schriftlich zu beantragen; eine elektronische Antragstellung nach amtlich vorgeschriebenem Datensatz über die amtlich vorgeschriebene Schnittstelle ist zulässig, soweit der Zugang eröffnet wurde. [2]Den Antrag kann außer dem Berechtigten auch stellen, wer ein berechtigtes Interesse an der Leistung des Kindergeldes hat. [3]In Fällen des Satzes 2 ist § 62 Absatz 1 Satz 2 bis 3 anzuwenden. [4]Der Berechtigte ist zu diesem Zweck verpflichtet, demjenigen, der ein berechtigtes Interesse an der Leistung des Kindergeldes hat, seine an ihn vergebene Identifikationsnummer (§ 139b der Abgabenordnung[2)]) mitzuteilen. [5]Kommt der Berechtigte dieser Verpflichtung nicht nach, teilt die zuständige Familienkasse demjenigen, der ein berechtigtes Interesse an der Leistung des Kindergeldes hat, auf seine Anfrage die Identifikationsnummer des Berechtigten mit.

§ 68[3)] Besondere Mitwirkungspflichten und Offenbarungsbefugnis.

(1) [1]Wer Kindergeld beantragt oder erhält, hat Änderungen in den Verhältnissen, die für die Leistung erheblich sind oder über die im Zusammenhang mit der Leistung Erklärungen abgegeben worden sind, unverzüglich der zuständigen Familienkasse mitzuteilen. [2]Ein Kind, das das 18. Lebensjahr vollendet hat, ist auf Verlangen der Familienkasse verpflichtet, an der Aufklärung des für die Kindergeldzahlung maßgebenden Sachverhalts mitzuwirken; § 101 der Abgabenordnung[2)] findet insoweit keine Anwendung.

(2) (weggefallen)

(3) Auf Antrag des Berechtigten erteilt die das Kindergeld auszahlende Stelle eine Bescheinigung über das für das Kalenderjahr ausgezahlte Kindergeld.

(4)[4)] [1]Die Familienkassen dürfen den Stellen, die die Bezüge im öffentlichen Dienst anweisen, den für die jeweilige Kindergeldzahlung maßgebenden Sachverhalt durch automatisierte Abrufverfahren bereitstellen oder Auskunft über diesen Sachverhalt erteilen. [2]Das Bundesministerium der Finanzen wird ermächtigt, durch Rechtsverordnung ohne Zustimmung des Bundesrates zur Durchführung von automatisierten Abrufen nach Satz 1 die Voraussetzungen, unter denen ein Datenabruf erfolgen darf, festzulegen.

(5)[5)] [1]Zur Erfüllung der in § 31a Absatz 2 der Abgabenordnung genannten Mitteilungspflichten dürfen die Familienkassen den Leistungsträgern, die für Leistungen der Arbeitsförderung nach § 19 Absatz 2, für Leistungen der Grundsicherung für Arbeitsuchende nach § 19a Absatz 2, für Kindergeld, Kinderzuschlag, Leistungen für Bildung und Teilhabe und Elterngeld nach § 25 Absatz 3 oder für Leistungen der Sozialhilfe nach § 28 Absatz 2 des Ersten Buches Sozialgesetzbuch zuständig sind, und den nach § 9 Absatz 1 Satz 2 des Unterhaltsvorschussgesetzes zuständigen Stellen den für die jeweilige Kindergeldzahlung maßgebenden Sachverhalt durch automatisierte Abrufverfahren bereitstellen. [2]Das Bundesministerium der Finanzen wird ermächtigt, durch Rechtsverordnung mit Zustimmung des Bundesrates zur Durchführung von

---

[1)] § 67 Sätze 3 bis 5 angef. durch G v. 2.12.2014 (BGBl. I S. 1922); zur Anwendung siehe § 52 Abs. 49a Sätze 4 und 5; Satz 1 neu gef. mWv VZ 2020 durch G v. 3.12.2020 (BGBl. I S. 2668).

[2)] Nr. **1**.

[3)] § 68 Überschrift geänd. mWv 18.7.2019 durch G v. 11.7.2019 (BGBl. I S. 1066).

[4)] § 68 Abs. 4 neu gef. mWv 14.12.2016 durch G v. 8.12.2016 (BGBl. I S. 2835); Satz 1 geänd. mWv 1.1.2019 durch G v. 20.11.2019 (BGBl. I S. 1626).

[5)] § 68 Abs. 5 angef. mWv 18.7.2019 durch G v. 11.7.2019 (BGBl. I S. 1066).

automatisierten Abrufen nach Satz 1 die Voraussetzungen, unter denen ein Datenabruf erfolgen darf, festzulegen.

(6)[1] [1] Zur Prüfung und Bemessung der in Artikel 3 Absatz 1 Buchstabe j in Verbindung mit Artikel 1 Buchstabe z der Verordnung (EG) Nr. 883/2004 des Europäischen Parlaments und des Rates vom 29. April 2004 zur Koordinierung der Systeme der sozialen Sicherheit (ABl. L 166 vom 30.4.2004, S. 1), die zuletzt durch die Verordnung (EU) 2017/492 (ABl. L 76 vom 22.3.2017, S. 13) geändert worden ist, genannten Familienleistungen dürfen die Familienkassen den zuständigen öffentlichen Stellen eines Mitgliedstaates der Europäischen Union den für die jeweilige Kindergeldzahlung maßgebenden Sachverhalt durch automatisierte Abrufverfahren bereitstellen. [2] Das Bundesministerium der Finanzen wird ermächtigt, durch Rechtsverordnung ohne Zustimmung des Bundesrates zur Durchführung von automatisierten Abrufen nach Satz 1 die Voraussetzungen, unter denen ein Datenabruf erfolgen darf, festzulegen.

(7)[2] [1] Die Datenstelle der Rentenversicherung darf den Familienkassen in einem automatisierten Abrufverfahren die zur Überprüfung des Anspruchs auf Kindergeld nach § 62 Absatz 1a und 2 erforderlichen Daten übermitteln; § 79 Absatz 2 bis 4 des Zehnten Buches Sozialgesetzbuch gilt entsprechend. [2] Die Träger der Leistungen nach dem Zweiten und Dritten Buch Sozialgesetzbuch dürfen den Familienkassen in einem automatisierten Abrufverfahren die zur Überprüfung des Anspruchs auf Kindergeld nach § 62 erforderlichen Daten übermitteln. [3] Das Bundesministerium für Arbeit und Soziales wird ermächtigt, durch Rechtsverordnung mit Zustimmung des Bundesrates die Voraussetzungen für das Abrufverfahren und Regelungen zu den Kosten des Verfahrens nach Satz 2 festzulegen.

§ 69[3] Datenübermittlung an die Familienkassen. Erfährt das Bundeszentralamt für Steuern, dass ein Kind, für das Kindergeld gezahlt wird, ins Ausland verzogen ist oder von Amts wegen von der Meldebehörde abgemeldet wurde, hat es der zuständigen Familienkasse unverzüglich die in § 139b Absatz 3 Nummer 1, 3, 5, 8 und 14 der Abgabenordnung[4] genannten Daten zum Zweck der Prüfung der Rechtmäßigkeit des Bezugs von Kindergeld zu übermitteln.

§ 70 Festsetzung und Zahlung des Kindergeldes. (1)[5] [1] Das Kindergeld nach § 62 wird von den Familienkassen durch Bescheid festgesetzt und ausgezahlt. [2] Die Auszahlung von festgesetztem Kindergeld erfolgt rückwirkend nur für die letzten sechs Monate vor Beginn des Monats, in dem der Antrag auf Kindergeld eingegangen ist. [3] Der Anspruch auf Kindergeld nach § 62 bleibt von dieser Auszahlungsbeschränkung unberührt.

(2) [1] Soweit in den Verhältnissen, die für den Anspruch auf Kindergeld erheblich sind, Änderungen eintreten, ist die Festsetzung des Kindergeldes mit Wirkung vom Zeitpunkt der Änderung der Verhältnisse aufzuheben oder zu ändern. [2] Ist die Änderung einer Kindergeldfestsetzung nur wegen einer Anhe-

---

[1] § 68 Abs. 6 angef. mWv 18.7.2019 durch G v. 11.7.2019 (BGBl. I S. 1066).
[2] § 68 Abs. 7 angef. mWv 18.7.2019 durch G v. 11.7.2019 (BGBl. I S. 1066).
[3] § 69 eingef. durch G v. 23.6.2017 (BGBl. I S. 1682); zur Anwendung siehe § 52 Abs. 49a Satz 11.
[4] Nr. **1**.
[5] § 70 Abs. 1 Sätze 2 und 3 angef. durch G v. 11.7.2019 (BGBl. I S. 1066); zur Anwendung siehe § 52 Abs. 50 Satz 1.

bung der in § 66 Absatz 1 genannten Kindergeldbeträge erforderlich, kann von der Erteilung eines schriftlichen Änderungsbescheides abgesehen werden.

(3)[1] [1]Materielle Fehler der letzten Festsetzung können durch Aufhebung oder Änderung der Festsetzung mit Wirkung ab dem auf die Bekanntgabe der Aufhebung oder Änderung der Festsetzung folgenden Monat beseitigt werden. [2]Bei der Aufhebung oder Änderung der Festsetzung nach Satz 1 ist § 176 der Abgabenordnung entsprechend anzuwenden; dies gilt nicht für Monate, die nach der Verkündung der maßgeblichen Entscheidung eines obersten Bundesgerichts beginnen.

(4)[2] *(aufgehoben)*

§ 71[3] Vorläufige Einstellung der Zahlung des Kindergeldes. (1) Die Familienkasse kann die Zahlung des Kindergeldes ohne Erteilung eines Bescheides vorläufig einstellen, wenn

1. sie Kenntnis von Tatsachen erhält, die kraft Gesetzes zum Ruhen oder zum Wegfall des Anspruchs führen, und
2. die Festsetzung, aus der sich der Anspruch ergibt, deshalb mit Wirkung für die Vergangenheit aufzuheben ist.

(2) [1]Soweit die Kenntnis der Familienkasse nicht auf Angaben des Berechtigten beruht, der das Kindergeld erhält, sind dem Berechtigten unverzüglich die vorläufige Einstellung der Zahlung des Kindergeldes sowie die dafür maßgeblichen Gründe mitzuteilen. [2]Ihm ist Gelegenheit zu geben, sich zu äußern.

(3) Die Familienkasse hat die vorläufig eingestellte Zahlung des Kindergeldes unverzüglich nachzuholen, soweit die Festsetzung, aus der sich der Anspruch ergibt, zwei Monate nach der vorläufigen Einstellung der Zahlung nicht mit Wirkung für die Vergangenheit aufgehoben oder geändert wird.

§ 72 Festsetzung und Zahlung des Kindergeldes an Angehörige des öffentlichen Dienstes. (1)[4] [1]Steht Personen, die

1. in einem öffentlich-rechtlichen Dienst-, Amts- oder Ausbildungsverhältnis stehen, mit Ausnahme der Ehrenbeamten,
2. Versorgungsbezüge nach beamten- oder soldatenrechtlichen Vorschriften oder Grundsätzen erhalten oder
3. Arbeitnehmer einer Körperschaft, einer Anstalt oder einer Stiftung des öffentlichen Rechts sind, einschließlich der zu ihrer Berufsausbildung Beschäftigten,

Kindergeld nach Maßgabe dieses Gesetzes zu, wird es von den Körperschaften, Anstalten oder Stiftungen des öffentlichen Rechts als Familienkassen festgesetzt und ausgezahlt. [2]Das Bundeszentralamt für Steuern erteilt den Familienkassen ein Merkmal zu ihrer Identifizierung (Familienkassenschlüssel). [3]Satz 1 ist nicht anzuwenden, wenn die Körperschaften, Anstalten oder Stiftungen des öffentlichen Rechts gegenüber dem Bundeszentralamt für Steuern auf ihre Zustän-

[1] § 70 Abs. 3 neu gef. mWv 1.1.2015 durch G v. 22.12.2014 (BGBl. I S. 2417).
[2] § 70 Abs. 4 aufgeh. durch G v. 1.11.2011 (BGBl. I S. 2131); zur Anwendung siehe § 52 Abs. 50 Satz 2.
[3] § 71 eingef. mWv 18.7.2019 durch G v. 11.7.2019 (BGBl. I S. 1066).
[4] § 72 Abs. 1 neu gef. mWv 14.12.2016 durch G v. 8.12.2016 (BGBl. I S. 2835); Satz 7 angef. mWv 1.1.2019 durch G v. 11.12.2018 (BGBl. I S. 2338).

digkeit zur Festsetzung und Auszahlung des Kindergeldes schriftlich oder elektronisch verzichtet haben und dieser Verzicht vom Bundeszentralamt für Steuern schriftlich oder elektronisch bestätigt worden ist. [4]Die Bestätigung des Bundeszentralamts für Steuern darf erst erfolgen, wenn die haushalterischen Voraussetzungen für die Übernahme der Festsetzung und Auszahlung des Kindergeldes durch die Bundesagentur für Arbeit vorliegen. [5]Das Bundeszentralamt für Steuern veröffentlicht die Namen und die Anschriften der Körperschaften, Anstalten oder Stiftungen des öffentlichen Rechts, die nach Satz 3 auf die Zuständigkeit verzichtet haben, sowie den jeweiligen Zeitpunkt, zu dem der Verzicht wirksam geworden ist, im Bundessteuerblatt. [6]Hat eine Körperschaft, Anstalt oder Stiftung des öffentlichen Rechts die Festsetzung des Kindergeldes auf eine Bundes- oder Landesfamilienkasse im Sinne des § 5 Absatz 1 Nummer 11 Satz 6 bis 9 des Finanzverwaltungsgesetzes[1)] übertragen, kann ein Verzicht nach Satz 3 nur durch die Bundes- oder Landesfamilienkasse im Einvernehmen mit der auftraggebenden Körperschaft, Anstalt oder Stiftung wirksam erklärt werden. [7]Satz 1 ist nicht anzuwenden, wenn die Körperschaften, Anstalten oder Stiftungen des öffentlichen Rechts nach dem 31. Dezember 2018 errichtet wurden; das Bundeszentralamt für Steuern kann auf Antrag eine Ausnahmegenehmigung erteilen, wenn das Kindergeld durch eine Landesfamilienkasse im Sinne des § 5 Absatz 1 Nummer 11 Satz 8 bis 10 des Finanzverwaltungsgesetzes festgesetzt und ausgezahlt wird und kein Verzicht nach Satz 3 vorliegt.

(2)[2)] Der Deutschen Post AG, der Deutschen Postbank AG und der Deutschen Telekom AG obliegt die Durchführung dieses Gesetzes für ihre jeweiligen Beamten und Versorgungsempfänger in Anwendung des Absatzes 1.

[Fassung bis VZ 2021:]

(3) Absatz 1 gilt nicht für Personen, die ihre Bezüge oder Arbeitsentgelt

1. von einem Dienstherrn oder Arbeitgeber im Bereich der Religionsgesellschaften des öffentlichen Rechts oder
2. von einem Spitzenverband der Freien Wohlfahrtspflege, einem diesem unmittelbar oder mittelbar angeschlossenen Mitgliedsverband oder einer einem solchen Verband angeschlossenen Einrichtung oder Anstalt

erhalten.

[Fassung ab VZ 2022:[3)]]

(3) Absatz 1 gilt nicht für Personen, die ihre Bezüge oder ihr Arbeitsentgelt

1. von einem Dienstherrn oder Arbeitgeber im Bereich der Religionsgesellschaften des öffentlichen Rechts,
2. von einem Spitzenverband der Freien Wohlfahrtspflege, einem diesem unmittelbar oder mittelbar angeschlossenen Mitgliedsverband oder einer einem solchen Verband angeschlossenen Einrichtung oder Anstalt oder
3. von einem Dienstherrn oder Arbeitgeber im Bereich des Bundes mit Ausnahme der Nachrichtendienste des Bundes, des Bundesverwaltungsamtes sowie derjenigen

---

[1)] Nr. **31**.

[2)] § 72 Abs. 2 aufgeh. **mWv VZ 2022** durch G v. 8.12.2016 (BGBl. I S. 2835).

[3)] § 72 Abs. 3 einl. Satzteil, Nr. 1 und 2 geänd., Nr. 3 angef. **mWv VZ 2022** durch G v. 8.12.2016 (BGBl. I S. 2835).

[Fassung bis VZ 2021:]

[Fassung ab VZ 2022:]
Behörden, Körperschaften, Anstalten und Stiftungen des öffentlichen Rechts, die die Festsetzung und Auszahlung des Kindergeldes auf das Bundesverwaltungsamt übertragen haben,

erhalten.

(4)[1] *Die Absätze 1 und 2 gelten* [***ab VZ 2022:*** Absatz 1 gilt] nicht für Personen, die voraussichtlich nicht länger als sechs Monate in den Kreis der in Absatz 1 Satz 1 Nummer 1 bis 3 *und Absatz 2* Bezeichneten eintreten.

(5) Obliegt mehreren Rechtsträgern die Zahlung von Bezügen oder Arbeitsentgelt (Absatz 1 Satz 1) gegenüber einem Berechtigten, so ist für die Durchführung dieses Gesetzes zuständig:

1. bei Zusammentreffen von Versorgungsbezügen mit anderen Bezügen oder Arbeitsentgelt der Rechtsträger, dem die Zahlung der anderen Bezüge oder des Arbeitsentgelts obliegt;
2. bei Zusammentreffen mehrerer Versorgungsbezüge der Rechtsträger, dem die Zahlung der neuen Versorgungsbezüge im Sinne der beamtenrechtlichen Ruhensvorschriften obliegt;
3. bei Zusammentreffen von Arbeitsentgelt (Absatz 1 Satz 1 Nummer 3) mit Bezügen aus einem der in Absatz 1 Satz 1 Nummer 1 bezeichneten Rechtsverhältnisse der Rechtsträger, dem die Zahlung dieser Bezüge obliegt;
4. bei Zusammentreffen mehrerer Arbeitsentgelte (Absatz 1 Satz 1 Nummer 3) der Rechtsträger, dem die Zahlung des höheren Arbeitsentgelts obliegt oder – falls die Arbeitsentgelte gleich hoch sind – der Rechtsträger, zu dem das zuerst begründete Arbeitsverhältnis besteht.

(6) [1]Scheidet ein Berechtigter im Laufe eines Monats aus dem Kreis der in Absatz 1 Satz 1 Nummer 1 bis 3 Bezeichneten aus oder tritt er im Laufe eines Monats in diesen Kreis ein, so wird das Kindergeld für diesen Monat von der Stelle gezahlt, die bis zum Ausscheiden oder Eintritt des Berechtigten zuständig war. [2]Dies gilt nicht, soweit die Zahlung von Kindergeld für ein Kind in Betracht kommt, das erst nach dem Ausscheiden oder Eintritt bei dem Berechtigten nach § 63 zu berücksichtigen ist. [3]Ist in einem Fall des Satzes 1 das Kindergeld bereits für einen folgenden Monat gezahlt worden, so muss der für diesen Monat Berechtigte die Zahlung gegen sich gelten lassen.

(7)[2] [1]In den Abrechnungen der Bezüge und des Arbeitsentgelts ist das Kindergeld gesondert auszuweisen, wenn es zusammen mit den Bezügen oder dem Arbeitsentgelt ausgezahlt wird. [2]Der Rechtsträger hat die Summe des von ihm für alle Berechtigten ausgezahlten Kindergeldes dem Betrag, den er insgesamt an Lohnsteuer einzubehalten hat, zu entnehmen und unter Angabe des in Absatz 1 genannten Familienkassenschlüssels bei der nächsten Lohnsteuer-Anmeldung gesondert abzusetzen. [3]Übersteigt das insgesamt ausgezahlte Kindergeld den Betrag, der insgesamt an Lohnsteuer abzuführen ist, so wird der

---

[1] § 72 Abs. 4 geänd. **mWv VZ 2022** durch G v. 8.12.2016 (BGBl. I S. 2835).
[2] § 72 Abs. 7 Satz 2 geänd. mWv VZ 2019 durch G v. 8.12.2016 (BGBl. I S. 2835).

übersteigende Betrag dem Rechtsträger auf Antrag von dem Finanzamt, an das die Lohnsteuer abzuführen ist, aus den Einnahmen der Lohnsteuer ersetzt.

(8)[1] [1]Abweichend von Absatz 1 Satz 1 werden Kindergeldansprüche auf Grund über- oder zwischenstaatlicher Rechtsvorschriften durch die Familienkassen der Bundesagentur für Arbeit festgesetzt und ausgezahlt. [2]Dies gilt auch für Fälle, in denen Kindergeldansprüche sowohl nach Maßgabe dieses Gesetzes als auch auf Grund über- oder zwischenstaatlicher Rechtsvorschriften bestehen. [*ab VZ 2022:* [3]Die Sätze 1 und 2 sind auf Kindergeldansprüche von Angehörigen der Nachrichtendienste des Bundes nicht anzuwenden.]

§ 73 (weggefallen)

§ 74 Zahlung des Kindergeldes in Sonderfällen. (1) [1]Das für ein Kind festgesetzte Kindergeld nach § 66 Absatz 1 kann an das Kind ausgezahlt werden, wenn der Kindergeldberechtigte ihm gegenüber seiner gesetzlichen Unterhaltspflicht nicht nachkommt. [2]Kindergeld kann an Kinder, die bei der Festsetzung des Kindergeldes berücksichtigt werden, bis zur Höhe des Betrags, der sich bei entsprechender Anwendung des § 76 ergibt, ausgezahlt werden. [3]Dies gilt auch, wenn der Kindergeldberechtigte mangels Leistungsfähigkeit nicht unterhaltspflichtig ist oder nur Unterhalt in Höhe eines Betrags zu leisten braucht, der geringer ist als das für die Auszahlung in Betracht kommende Kindergeld. [4]Die Auszahlung kann auch an die Person oder Stelle erfolgen, die dem Kind Unterhalt gewährt.

(2) Für Erstattungsansprüche der Träger von Sozialleistungen gegen die Familienkasse gelten die §§ 102 bis 109 und 111 bis 113 des Zehnten Buches Sozialgesetzbuch entsprechend.

§ 75 Aufrechnung. (1)[2] Mit Ansprüchen auf Erstattung von Kindergeld kann die Familienkasse gegen Ansprüche auf Kindergeld bis zu deren Hälfte aufrechnen, wenn der Leistungsberechtigte nicht nachweist, dass er dadurch hilfebedürftig im Sinne der Vorschriften des Zwölften Buches Sozialgesetzbuch über die Hilfe zum Lebensunterhalt oder im Sinne der Vorschriften des Zweiten Buches Sozialgesetzbuch über die Leistungen zur Sicherung des Lebensunterhalts wird.

(2) Absatz 1 gilt für die Aufrechnung eines Anspruchs auf Erstattung von Kindergeld gegen einen späteren Kindergeldanspruch eines mit dem Erstattungspflichtigen in Haushaltsgemeinschaft lebenden Berechtigten entsprechend, soweit es sich um laufendes Kindergeld für ein Kind handelt, das bei beiden berücksichtigt werden kann oder konnte.

§ 76 Pfändung. [1]Der Anspruch auf Kindergeld kann nur wegen gesetzlicher Unterhaltsansprüche eines Kindes, das bei der Festsetzung des Kindergeldes berücksichtigt wird, gepfändet werden. [2]Für die Höhe des pfändbaren Betrags gilt:

1. [1]Gehört das unterhaltsberechtigte Kind zum Kreis der Kinder, für die dem Leistungsberechtigten Kindergeld gezahlt wird, so ist eine Pfändung bis zu dem Betrag möglich, der bei gleichmäßiger Verteilung des Kindergeldes auf jedes dieser Kinder entfällt. [2]Ist das Kindergeld durch die Berücksichtigung

[1] § 72 Abs. 8 Satz 3 angef. **mWv VZ 2022** durch G v. 8.12.2016 (BGBl. I S. 2835).
[2] § 75 Abs. 1 geänd. mWv 1.1.2015 durch G v. 22.12.2014 (BGBl. I S. 2417).

eines weiteren Kindes erhöht, für das einer dritten Person Kindergeld oder dieser oder dem Leistungsberechtigten eine andere Geldleistung für Kinder zusteht, so bleibt der Erhöhungsbetrag bei der Bestimmung des pfändbaren Betrags des Kindergeldes nach Satz 1 außer Betracht;

2. der Erhöhungsbetrag nach Nummer 1 Satz 2 ist zugunsten jedes bei der Festsetzung des Kindergeldes berücksichtigten unterhaltsberechtigten Kindes zu dem Anteil pfändbar, der sich bei gleichmäßiger Verteilung auf alle Kinder, die bei der Festsetzung des Kindergeldes zugunsten des Leistungsberechtigten berücksichtigt werden, ergibt.

§ 76a[1] *(aufgehoben)*

§ 77 Erstattung von Kosten im Vorverfahren. (1) [1]Soweit der Einspruch gegen die Kindergeldfestsetzung erfolgreich ist, hat die Familienkasse demjenigen, der den Einspruch erhoben hat, die zur zweckentsprechenden Rechtsverfolgung oder Rechtsverteidigung notwendigen Aufwendungen zu erstatten. [2]Dies gilt auch, wenn der Einspruch nur deshalb keinen Erfolg hat, weil die Verletzung einer Verfahrens- oder Formvorschrift nach § 126 der Abgabenordnung[2] unbeachtlich ist. [3]Aufwendungen, die durch das Verschulden eines Erstattungsberechtigten entstanden sind, hat dieser selbst zu tragen; das Verschulden eines Vertreters ist dem Vertretenen zuzurechnen.

(2) Die Gebühren und Auslagen eines Bevollmächtigten oder Beistandes, der nach den Vorschriften des Steuerberatungsgesetzes zur geschäftsmäßigen Hilfeleistung in Steuersachen befugt ist, sind erstattungsfähig, wenn dessen Zuziehung notwendig war.

(3) [1]Die Familienkasse setzt auf Antrag den Betrag der zu erstattenden Aufwendungen fest. [2]Die Kostenentscheidung bestimmt auch, ob die Zuziehung eines Bevollmächtigten oder Beistandes im Sinne des Absatzes 2 notwendig war.

§ 78 Übergangsregelungen. (1) bis (4) (weggefallen)

(5) [1]Abweichend von § 64 Absatz 2 und 3 steht Berechtigten, die für Dezember 1990 für ihre Kinder Kindergeld in dem in Artikel 3 des Einigungsvertrages genannten Gebiet bezogen haben, das Kindergeld für diese Kinder auch für die folgende Zeit zu, solange sie ihren Wohnsitz oder gewöhnlichen Aufenthalt in diesem Gebiet beibehalten und die Kinder die Voraussetzungen ihrer Berücksichtigung weiterhin erfüllen. [2]§ 64 Absatz 2 und 3 ist insoweit erst für die Zeit vom Beginn des Monats an anzuwenden, in dem ein hierauf gerichteter Antrag bei der zuständigen Stelle eingegangen ist; der hiernach Berechtigte muss die nach Satz 1 geleisteten Zahlungen gegen sich gelten lassen.

---

[1] § 76a aufgeh. mWv 1.1.2012 durch G v. 7.7.2009 (BGBl. I S. 1707).
[2] Nr. **1**.

EStG

XI. Altersvorsorgezulage[1)]

§ 79[2)] Zulageberechtigte. [1]Die in § 10a Absatz 1 genannten Personen haben Anspruch auf eine Altersvorsorgezulage (Zulage). [2]Ist nur ein Ehegatte nach Satz 1 begünstigt, so ist auch der andere Ehegatte zulageberechtigt, wenn

1. beide Ehegatten nicht dauernd getrennt leben (§ 26 Absatz 1),
2. beide Ehegatten ihren Wohnsitz oder gewöhnlichen Aufenthalt in einem Mitgliedstaat der Europäischen Union oder einem Staat haben, auf den das Abkommen über den Europäischen Wirtschaftsraum anwendbar ist,
3. ein auf den Namen des anderen Ehegatten lautender Altersvorsorgevertrag besteht,
4. der andere Ehegatte zugunsten des Altersvorsorgevertrags nach Nummer 3 im jeweiligen Beitragsjahr mindestens 60 Euro geleistet hat und
5. die Auszahlungsphase des Altersvorsorgevertrags nach Nummer 3 noch nicht begonnen hat.

[3]Satz 1 gilt entsprechend für die in § 10a Absatz 6 Satz 1 und 2 genannten Personen, sofern sie unbeschränkt steuerpflichtig sind oder für das Beitragsjahr nach § 1 Absatz 3 als unbeschränkt steuerpflichtig behandelt werden.

EStG

§ 80 Anbieter. Anbieter im Sinne dieses Gesetzes sind Anbieter von Altersvorsorgeverträgen gemäß § 1 Absatz 2 des Altersvorsorgeverträge-Zertifizierungsgesetzes sowie die in § 82 Absatz 2 genannten Versorgungseinrichtungen.

§ 81 Zentrale Stelle. Zentrale Stelle im Sinne dieses Gesetzes ist die Deutsche Rentenversicherung Bund.

§ 81a Zuständige Stelle. [1]Zuständige Stelle ist bei einem

1. Empfänger von Besoldung nach dem Bundesbesoldungsgesetz oder einem Landesbesoldungsgesetz die die Besoldung anordnende Stelle,
2. Empfänger von Amtsbezügen im Sinne des § 10a Absatz 1 Satz 1 Nummer 2 die die Amtsbezüge anordnende Stelle,
3. versicherungsfrei Beschäftigten sowie bei einem von der Versicherungspflicht befreiten Beschäftigten im Sinne des § 10a Absatz 1 Satz 1 Nummer 3 der die Versorgung gewährleistende Arbeitgeber der rentenversicherungsfreien Beschäftigung,
4. Beamten, Richter, Berufssoldaten und Soldaten auf Zeit im Sinne des § 10a Absatz 1 Satz 1 Nummer 4 der zur Zahlung des Arbeitsentgelts verpflichtete Arbeitgeber und
5. Empfänger einer Versorgung im Sinne des § 10a Absatz 1 Satz 4 die die Versorgung anordnende Stelle.

[2]Für die in § 10a Absatz 1 Satz 1 Nummer 5 genannten Steuerpflichtigen gilt Satz 1 entsprechend.

---

1) Altersvorsorgeverträge-Zertifizierungsgesetz abgedruckt in **Aichberger, SGB 60/8**, Loseblattsammlung *Verlag C.H. Beck.*

2) § 79 neu gef. mWv VZ 2010 durch G v. 8.4.2010 (BGBl. I S. 386); Satz 2 geänd. mWv 1.1.2012 durch G v. 7.12.2011 (BGBl. I S. 2592); Satz 2 neu gef. mWv VZ 2013 durch G v. 24.6.2013 (BGBl. I S. 1667); Satz 3 angef. mWv VZ 2014 durch G v. 25.7.2014 (BGBl. I S. 1266).

§ 82 Altersvorsorgebeiträge. (1)[1] [1]Geförderte Altersvorsorgebeiträge sind im Rahmen des in § 10a Absatz 1 Satz 1 genannten Höchstbetrags

1. Beiträge,
2. Tilgungsleistungen,

die der Zulageberechtigte (§ 79) bis zum Beginn der Auszahlungsphase zugunsten eines auf seinen Namen lautenden Vertrags leistet, der nach § 5 des Altersvorsorgeverträge-Zertifizierungsgesetzes zertifiziert ist (Altersvorsorgevertrag). [2]Die Zertifizierung ist Grundlagenbescheid im Sinne des § 171 Absatz 10 der Abgabenordnung[2]. [3]Als Tilgungsleistungen gelten auch Beiträge, die vom Zulageberechtigten zugunsten eines auf seinen Namen lautenden Altersvorsorgevertrags im Sinne des § 1 Absatz 1a Satz 1 Nummer 3 des Altersvorsorgeverträge-Zertifizierungsgesetzes erbracht wurden und die zur Tilgung eines im Rahmen des Altersvorsorgevertrags abgeschlossenen Darlehens abgetreten wurden. [4]Im Fall der Übertragung von gefördertem Altersvorsorgevermögen nach § 1 Absatz 1 Satz 1 Nummer 10 Buchstabe b des Altersvorsorgeverträge-Zertifizierungsgesetzes in einen Altersvorsorgevertrag im Sinne des § 1 Absatz 1a Satz 1 Nummer 3 des Altersvorsorgeverträge-Zertifizierungsgesetzes gelten die Beiträge nach Satz 1 Nummer 1 ab dem Zeitpunkt der Übertragung als Tilgungsleistungen nach Satz 3; eine erneute Förderung nach § 10a oder Abschnitt XI erfolgt insoweit nicht. [5]Tilgungsleistungen nach den Sätzen 1 und 3 werden nur berücksichtigt, wenn das zugrunde liegende Darlehen für eine nach dem 31. Dezember 2007 vorgenommene wohnungswirtschaftliche Verwendung im Sinne des § 92a Absatz 1 Satz 1 eingesetzt wurde. [6]Bei einer Aufgabe der Selbstnutzung nach § 92a Absatz 3 Satz 1 gelten im Beitragsjahr der Aufgabe der Selbstnutzung auch die nach der Aufgabe der Selbstnutzung geleisteten Beiträge oder Tilgungsleistungen als Altersvorsorgebeiträge nach Satz 1. [7]Bei einer Reinvestition nach § 92a Absatz 3 Satz 9 Nummer 1 gelten im Beitragsjahr der Reinvestition auch die davor geleisteten Beiträge oder Tilgungsleistungen als Altersvorsorgebeiträge nach Satz 1. [8]Bei einem beruflich bedingten Umzug nach § 92a Absatz 4 gelten

1. im Beitragsjahr des Wegzugs auch die nach dem Wegzug und
2. im Beitragsjahr des Wiedereinzugs auch die vor dem Wiedereinzug

geleisteten Beiträge und Tilgungsleistungen als Altersvorsorgebeiträge nach Satz 1.

(2)[3] [1]Zu den Altersvorsorgebeiträgen gehören auch

a) die aus dem individuell versteuerten Arbeitslohn des Arbeitnehmers geleisteten Beiträge an einen Pensionsfonds, eine Pensionskasse oder eine Direktversicherung zum Aufbau einer kapitalgedeckten betrieblichen Altersversorgung und

b)[4] Beiträge des Arbeitnehmers und des ausgeschiedenen Arbeitnehmers, die dieser im Fall der zunächst durch Entgeltumwandlung (§ 1a des Betriebs-

---

[1] § 82 Abs. 1 Satz 1 geänd., Satz 3 neu gef. mWv VZ 2010 durch G v. 8.12.2010 (BGBl. I S. 1768); Satz 1 geänd. mWv VZ 2013 durch G v. 24.6.2013 (BGBl. I S. 1667); Sätze 6 und 7 angef. mWv VZ 2014 durch G v. 24.6.2013 (BGBl. I S. 1667); Satz 8 angef. mWv VZ 2014 durch G v. 25.7.2014 (BGBl. I S. 1266).

[2] Nr. **1**.

[3] § 82 Abs. 2 Satz 1 abschl. Satzteil aufgeh., Satz 2 eingef., bish. Satz 2 wird Satz 3 mWv 15.12. 2018 durch G v. 11.12.2018 (BGBl. I S. 2338).

[4] § 82 Abs. 2 Satz 1 Buchst. b geänd. mWv 1.1.2018 durch G v. 11.12.2018 (BGBl. I S. 2338).

rentengesetzes) finanzierten und nach § 3 Nummer 63 oder § 10a und diesem Abschnitt geförderten kapitalgedeckten betrieblichen Altersversorgung nach Maßgabe des § 1a Absatz 4, des § 1b Absatz 5 Satz 1 Nummer 2 und des § 22 Absatz 3 Nummer 1 Buchstabe a des Betriebsrentengesetzes selbst erbringt.

[2] Satz 1 gilt nur, wenn

1. a) vereinbart ist, dass die zugesagten Altersversorgungsleistungen als monatliche Leistungen in Form einer lebenslangen Leibrente oder als Ratenzahlungen im Rahmen eines Auszahlungsplans mit einer anschließenden Teilkapitalverrentung ab spätestens dem 85. Lebensjahr ausgezahlt werden und die Leistungen während der gesamten Auszahlungsphase gleich bleiben oder steigen; dabei können bis zu zwölf Monatsleistungen in einer Auszahlung zusammengefasst und bis zu 30 Prozent des zu Beginn der Auszahlungsphase zur Verfügung stehenden Kapitals außerhalb der monatlichen Leistungen ausgezahlt werden, und
   b) ein vereinbartes Kapitalwahlrecht nicht oder nicht außerhalb des letzten Jahres vor dem vertraglich vorgesehenen Beginn der Altersversorgungsleistung ausgeübt wurde, oder
2. bei einer reinen Beitragszusage nach § 1 Absatz 2 Nummer 2a des Betriebsrentengesetzes der Pensionsfonds, die Pensionskasse oder die Direktversicherung eine lebenslange Zahlung als Altersversorgungsleistung zu erbringen hat.

[3] Die §§ 3 und 4 des Betriebsrentengesetzes stehen dem vorbehaltlich des § 93 nicht entgegen.

(3) Zu den Altersvorsorgebeiträgen gehören auch die Beitragsanteile, die zur Absicherung der verminderten Erwerbsfähigkeit des Zulageberechtigten und zur Hinterbliebenenversorgung verwendet werden, wenn in der Leistungsphase die Auszahlung in Form einer Rente erfolgt.

(4) Nicht zu den Altersvorsorgebeiträgen zählen

1.[1] Aufwendungen, die vermögenswirksame Leistungen nach dem Fünften Vermögensbildungsgesetz[2] in der jeweils geltenden Fassung darstellen,
2. prämienbegünstigte Aufwendungen nach dem Wohnungsbau-Prämiengesetz in der Fassung der Bekanntmachung vom 30. Oktober 1997 (BGBl. I S. 2678), zuletzt geändert durch Artikel 5 des Gesetzes vom 29. Juli 2008 (BGBl. I S. 1509), in der jeweils geltenden Fassung,
3. Aufwendungen, die im Rahmen des § 10 als Sonderausgaben geltend gemacht werden,
4. Zahlungen nach § 92a Absatz 2 Satz 4 Nummer 1 und Absatz 3 Satz 9 Nummer 2 oder
5.[3] Übertragungen im Sinne des § 3 Nummer 55 bis 55c.

(5)[4] [1] Der Zulageberechtigte kann für ein abgelaufenes Beitragsjahr bis zum Beitragsjahr 2011 Altersvorsorgebeiträge auf einen auf seinen Namen lautenden Altersvorsorgevertrag leisten, wenn

---

[1] § 82 Abs. 4 Nr. 1 geänd. mWv VZ 2010 durch G v. 8.12.2010 (BGBl. I S. 1768).
[2] Nr. **25**.
[3] § 82 Abs. 4 Nr. 5 angef. durch G v. 7.12.2011 (BGBl. I S. 2592).
[4] § 82 Abs. 5 angef. mWv VZ 2014 durch G v. 25.7.2014 (BGBl. I S. 1266).

1. der Anbieter des Altersvorsorgevertrags davon Kenntnis erhält, in welcher Höhe und für welches Beitragsjahr die Altersvorsorgebeiträge berücksichtigt werden sollen,
2. in dem Beitragsjahr, für das die Altersvorsorgebeiträge berücksichtigt werden sollen, ein Altersvorsorgevertrag bestanden hat,
3. im fristgerechten Antrag auf Zulage für dieses Beitragsjahr eine Zulageberechtigung nach § 79 Satz 2 angegeben wurde, aber tatsächlich eine Zulageberechtigung nach § 79 Satz 1 vorliegt,
4. die Zahlung der Altersvorsorgebeiträge für abgelaufene Beitragsjahre bis zum Ablauf von zwei Jahren nach Erteilung der Bescheinigung nach § 92, mit der zuletzt Ermittlungsergebnisse für dieses Beitragsjahr bescheinigt wurden, längstens jedoch bis zum Beginn der Auszahlungsphase des Altersvorsorgevertrages erfolgt und
5. der Zulageberechtigte vom Anbieter in hervorgehobener Weise darüber informiert wurde oder dem Anbieter seine Kenntnis darüber versichert, dass die Leistungen aus diesen Altersvorsorgebeiträgen der vollen nachgelagerten Besteuerung nach § 22 Nummer 5 Satz 1 unterliegen.

[2] Wurden die Altersvorsorgebeiträge dem Altersvorsorgevertrag gutgeschrieben und sind die Voraussetzungen nach Satz 1 erfüllt, so hat der Anbieter der zentralen Stelle (§ 81) die entsprechenden Daten nach § 89 Absatz 2 Satz 1 für das zurückliegende Beitragsjahr nach einem mit der zentralen Stelle abgestimmten Verfahren mitzuteilen. [3] Die Beträge nach Satz 1 gelten für die Ermittlung der zu zahlenden Altersvorsorgezulage nach § 83 als Altersvorsorgebeiträge für das Beitragsjahr, für das sie gezahlt wurden. [4] Für die Anwendung des § 10a Absatz 1 Satz 1 sowie bei der Ermittlung der dem Steuerpflichtigen zustehenden Zulage im Rahmen des § 2 Absatz 6 und des § 10a sind die nach Satz 1 gezahlten Altersvorsorgebeiträge weder für das Beitragsjahr nach Satz 1 Nummer 2 noch für das Beitragsjahr der Zahlung zu berücksichtigen.

§ 83 Altersvorsorgezulage. In Abhängigkeit von den geleisteten Altersvorsorgebeiträgen wird eine Zulage gezahlt, die sich aus einer Grundzulage (§ 84) und einer Kinderzulage (§ 85) zusammensetzt.

§ 84[1)] Grundzulage. [1] Jeder Zulageberechtigte erhält eine Grundzulage; diese beträgt ab dem Beitragsjahr 2018 jährlich 175 Euro. [2] Für Zulageberechtigte nach § 79 Satz 1, die zu Beginn des Beitragsjahres (§ 88) das 25. Lebensjahr noch nicht vollendet haben, erhöht sich die Grundzulage nach Satz 1 um einmalig 200 Euro. [3] Die Erhöhung nach Satz 2 ist für das erste nach dem 31. Dezember 2007 beginnende Beitragsjahr zu gewähren, für das eine Altersvorsorgezulage beantragt wird.

§ 85 Kinderzulage. (1)[2)] [1] Die Kinderzulage beträgt für jedes Kind, für das gegenüber dem Zulageberechtigten Kindergeld festgesetzt wird, jährlich 185 Euro. [2] Für ein nach dem 31. Dezember 2007 geborenes Kind erhöht sich die Kinderzulage nach Satz 1 auf 300 Euro. [3] Der Anspruch auf Kinderzulage entfällt für den Veranlagungszeitraum, für den das Kindergeld insgesamt zurückgefordert wird. [4] Erhalten mehrere Zulageberechtigte für dasselbe Kind

---

[1)] § 84 Satz 1 2. HS geänd. mWv 1.1.2018 durch G v. 17.8.2017 (BGBl. I S. 3214).
[2)] § 85 Abs. 1 Sätze 1 und 4 geänd. mWv 1.1.2018 durch G v. 17.8.2017 (BGBl. I S. 3214).

Kindergeld, steht die Kinderzulage demjenigen zu, dem gegenüber für den ersten Anspruchszeitraum (§ 66 Absatz 2) im Kalenderjahr Kindergeld festgesetzt worden ist.

(2)[1] [1]Bei Eltern verschiedenen Geschlechts, die miteinander verheiratet sind, nicht dauernd getrennt leben (§ 26 Absatz 1) und ihren Wohnsitz oder gewöhnlichen Aufenthalt in einem Mitgliedstaat der Europäischen Union oder einem Staat haben, auf den das Abkommen über den Europäischen Wirtschaftsraum (EWR-Abkommen) anwendbar ist, wird die Kinderzulage der Mutter zugeordnet, auf Antrag beider Eltern dem Vater. [2]Bei Eltern gleichen Geschlechts, die miteinander verheiratet sind oder eine Lebenspartnerschaft führen, nicht dauernd getrennt leben (§ 26 Absatz 1) und ihren Wohnsitz oder gewöhnlichen Aufenthalt in einem Mitgliedstaat der Europäischen Union oder einem Staat haben, auf den das EWR-Abkommen anwendbar ist, ist die Kinderzulage dem Elternteil zuzuordnen, dem gegenüber das Kindergeld festgesetzt wird, auf Antrag beider Eltern dem anderen Elternteil. [3]Der Antrag kann für ein abgelaufenes Beitragsjahr nicht zurückgenommen werden.

§ 86 Mindesteigenbeitrag. (1)[2] [1]Die Zulage nach den §§ 84 und 85 wird gekürzt, wenn der Zulageberechtigte nicht den Mindesteigenbeitrag leistet. [2]Dieser beträgt jährlich 4 Prozent der Summe der in dem dem Kalenderjahr vorangegangenen Kalenderjahr

1. erzielten beitragspflichtigen Einnahmen im Sinne des Sechsten Buches Sozialgesetzbuch,
2. bezogenen Besoldung und Amtsbezüge,
3. in den Fällen des § 10a Absatz 1 Satz 1 Nummer 3 und Nummer 4 erzielten Einnahmen, die beitragspflichtig wären, wenn die Versicherungsfreiheit in der gesetzlichen Rentenversicherung nicht bestehen würde und
4. bezogenen Rente wegen voller Erwerbsminderung oder Erwerbsunfähigkeit oder bezogenen Versorgungsbezüge wegen Dienstunfähigkeit in den Fällen des § 10a Absatz 1 Satz 4,

jedoch nicht mehr als der in § 10a Absatz 1 Satz 1 genannte Höchstbetrag, vermindert um die Zulage nach den §§ 84 und 85; gehört der Ehegatte zum Personenkreis nach § 79 Satz 2, berechnet sich der Mindesteigenbeitrag des nach § 79 Satz 1 Begünstigten unter Berücksichtigung der den Ehegatten insgesamt zustehenden Zulagen. [3]Auslandsbezogene Bestandteile nach den §§ 52 ff. des Bundesbesoldungsgesetzes oder entsprechender Regelungen eines Landesbesoldungsgesetzes bleiben unberücksichtigt. [4]Als Sockelbetrag sind ab dem Jahr 2005 jährlich 60 Euro zu leisten. [5]Ist der Sockelbetrag höher als der Mindesteigenbeitrag nach Satz 2, so ist der Sockelbetrag als Mindesteigenbeitrag zu leisten. [6]Die Kürzung der Zulage ermittelt sich nach dem Verhältnis der Altersvorsorgebeiträge zum Mindesteigenbeitrag.

---

[1] § 85 Abs. 2 Satz 1 geänd. mWv VZ 2010 durch G v. 8.4.2010 (BGBl. I S. 386); Satz 2 eingef., bish. Satz 2 wird Satz 3 durch G v. 18.7.2014 (BGBl. I S. 1042); Satz 2 geänd. mWv 1.1.2018 durch G v. 17.8.2017 (BGBl. I S. 3214); Sätze 1 und 2 geänd. mWv 15.12.2018 durch G v. 11.12.2018 (BGBl. I S. 2338).

[2] Zur Anwendung von § 86 siehe Abs. 5; § 86 Abs. 1 Satz 2 geänd. mWv 2013 durch G v. 24.6. 2013 (BGBl. I S. 1667).

(2)[1) 1]Ein nach § 79 Satz 2 begünstigter Ehegatte hat Anspruch auf eine ungekürzte Zulage, wenn der zum begünstigten Personenkreis nach § 79 Satz 1 gehörende Ehegatte seinen geförderten Mindesteigenbeitrag unter Berücksichtigung der den Ehegatten insgesamt zustehenden Zulagen erbracht hat. [2]Werden bei einer in der gesetzlichen Rentenversicherung pflichtversicherten Person beitragspflichtige Einnahmen zu Grunde gelegt, die höher sind als das tatsächlich erzielte Entgelt oder die Entgeltersatzleistung, ist das tatsächlich erzielte Entgelt oder der Zahlbetrag der Entgeltersatzleistung für die Berechnung des Mindesteigenbeitrags zu berücksichtigen. [3]Für die nicht erwerbsmäßig ausgeübte Pflegetätigkeit einer nach § 3 Satz 1 Nummer 1a des Sechsten Buches Sozialgesetzbuch rentenversicherungspflichtigen Person ist für die Berechnung des Mindesteigenbeitrags ein tatsächlich erzieltes Entgelt von 0 Euro zu berücksichtigen.

(3) [1]Für Versicherungspflichtige nach dem Gesetz über die Alterssicherung der Landwirte ist Absatz 1 mit der Maßgabe anzuwenden, dass auch die Einkünfte aus Land- und Forstwirtschaft im Sinne des § 13 des zweiten dem Beitragsjahr vorangegangenen Veranlagungszeitraums als beitragspflichtige Einnahmen des vorangegangenen Kalenderjahres gelten. [2]Negative Einkünfte im Sinne des Satzes 1 bleiben unberücksichtigt, wenn weitere nach Absatz 1 oder Absatz 2 zu berücksichtigende Einnahmen erzielt werden.

(4) Wird nach Ablauf des Beitragsjahres festgestellt, dass die Voraussetzungen für die Gewährung einer Kinderzulage nicht vorgelegen haben, ändert sich dadurch die Berechnung des Mindesteigenbeitrags für dieses Beitragsjahr nicht.

(5)[2)] Bei den in § 10a Absatz 6 Satz 1 und 2 genannten Personen ist der Summe nach Absatz 1 Satz 2 die Summe folgender Einnahmen und Leistungen aus dem dem Kalenderjahr vorangegangenen Kalenderjahr hinzuzurechnen:

1. die erzielten Einnahmen aus der Tätigkeit, die die Zugehörigkeit zum Personenkreis des § 10a Absatz 6 Satz 1 begründet, und
2. die bezogenen Leistungen im Sinne des § 10a Absatz 6 Satz 2 Nummer 1.

§ 87 Zusammentreffen mehrerer Verträge. (1) [1]Zahlt der nach § 79 Satz 1 Zulageberechtigte Altersvorsorgebeiträge zugunsten mehrerer Verträge, so wird die Zulage nur für zwei dieser Verträge gewährt. [2]Der insgesamt nach § 86 zu leistende Mindesteigenbeitrag muss zugunsten dieser Verträge geleistet worden sein. [3]Die Zulage ist entsprechend dem Verhältnis der auf diese Verträge geleisteten Beiträge zu verteilen.

(2) [1]Der nach § 79 Satz 2 Zulageberechtigte kann die Zulage für das jeweilige Beitragsjahr nicht auf mehrere Altersvorsorgeverträge verteilen. [2]Es ist nur der Altersvorsorgevertrag begünstigt, für den zuerst die Zulage beantragt wird.

§ 88 Entstehung des Anspruchs auf Zulage. Der Anspruch auf die Zulage entsteht mit Ablauf des Kalenderjahres, in dem die Altersvorsorgebeiträge geleistet worden sind (Beitragsjahr).

[1)] § 86 Abs. 2 Satz 2 neu gef. mWv 1.1.2011 durch G v. 8.12.2010 (BGBl. I S. 1768); Satz 4 angef. mWv 2013 durch G v. 24.6.2013 (BGBl. I S. 1667); Satz 3 aufgeh., bish. Satz 4 wird Satz 3 mWv VZ 2014 durch G v. 25.7.2014 (BGBl. I S. 1266).

[2)] § 86 Abs. 5 angef. mWv VZ 2014 durch G v. 25.7.2014 (BGBl. I S. 1266).

EStG

§ 89 Antrag. (1) [1]Der Zulageberechtigte hat den Antrag auf Zulage nach amtlich vorgeschriebenem Vordruck bis zum Ablauf des zweiten Kalenderjahres, das auf das Beitragsjahr (§ 88) folgt, bei dem Anbieter seines Vertrages einzureichen. [2]Hat der Zulageberechtigte im Beitragsjahr Altersvorsorgebeiträge für mehrere Verträge gezahlt, so hat er mit dem Zulageantrag zu bestimmen, auf welche Verträge die Zulage überwiesen werden soll. [3]Beantragt der Zulageberechtigte die Zulage für mehr als zwei Verträge, so wird die Zulage nur für die zwei Verträge mit den höchsten Altersvorsorgebeiträgen gewährt. [4]Sofern eine Zulagenummer (§ 90 Absatz 1 Satz 2) durch die zentrale Stelle (§ 81) oder eine Versicherungsnummer nach § 147 des Sechsten Buches Sozialgesetzbuch für den nach § 79 Satz 2 berechtigten Ehegatten noch nicht vergeben ist, hat dieser über seinen Anbieter eine Zulagenummer bei der zentralen Stelle zu beantragen. [5]Der Antragsteller ist verpflichtet, dem Anbieter unverzüglich eine Änderung der Verhältnisse mitzuteilen, die zu einer Minderung oder zum Wegfall des Zulageanspruchs führt.

(1a)[1)] [1]Der Zulageberechtigte kann den Anbieter seines Vertrages schriftlich bevollmächtigen, für ihn abweichend von Absatz 1 die Zulage für jedes Beitragsjahr zu beantragen. [2]Absatz 1 Satz 5 gilt mit Ausnahme der Mitteilung geänderter beitragspflichtiger Einnahmen im Sinne des Sechsten Buches Sozialgesetzbuch entsprechend. [3]Ein Widerruf der Vollmacht ist bis zum Ablauf des Beitragsjahres, für das der Anbieter keinen Antrag auf Zulage stellen soll, gegenüber dem Anbieter zu erklären.

(2)[2)] [1]Der Anbieter ist verpflichtet,

a) die Vertragsdaten,

b)[3)] die Identifikationsnummer, die Versicherungsnummer nach § 147 des Sechsten Buches Sozialgesetzbuch, die Zulagenummer des Zulageberechtigten und dessen Ehegatten oder einen Antrag auf Vergabe einer Zulagenummer eines nach § 79 Satz 2 berechtigten Ehegatten,

c) die vom Zulageberechtigten mitgeteilten Angaben zur Ermittlung des Mindesteigenbeitrags (§ 86),

d)[4)] die Identifikationsnummer des Kindes sowie die weiteren für die Gewährung der Kinderzulage erforderlichen Daten,

e) die Höhe der geleisteten Altersvorsorgebeiträge und

f) das Vorliegen einer nach Absatz 1a erteilten Vollmacht

als die für die Ermittlung und Überprüfung des Zulageanspruchs und Durchführung des Zulageverfahrens erforderlichen Daten zu erfassen. [2]Er hat die Daten der bei ihm im Laufe eines Kalendervierteljahres eingegangenen Anträge bis zum Ende des folgenden Monats nach amtlich vorgeschriebenem Datensatz durch amtlich bestimmte Datenfernübertragung an die zentrale Stelle zu übermitteln. [3]Dies gilt auch im Fall des Absatzes 1 Satz 5. [4]§ 22a Absatz 2 gilt entsprechend.

[1)] § 89 Abs. 1a Satz 2 geänd. durch G v. 12.12.2019 (BGBl. I S. 2451).

[2)] § 89 Abs. 2 Satz 4 angef. mWv 1.1.2019 durch G v. 11.12.2018 (BGBl. I S. 2338).

[3)] § 89 Abs. 2 Satz 1 Buchst. b geänd. durch G v. 18.7.2016 (BGBl. I S. 1679); zur Anwendung siehe § 52 Abs. 51 Satz 1.

[4)] § 89 Abs. 2 Satz 1 Buchst. d geänd. mWv VZ 2020 durch G v. 11.12.2018 (BGBl. I S. 2338); zur Anwendung siehe § 52 Abs. 51 Satz 2.

(3) [1] Ist der Anbieter nach Absatz 1a Satz 1 bevollmächtigt worden, hat er der zentralen Stelle die nach Absatz 2 Satz 1 erforderlichen Angaben für jedes Kalenderjahr bis zum Ablauf des auf das Beitragsjahr folgenden Kalenderjahres zu übermitteln. [2] Liegt die Bevollmächtigung erst nach dem im Satz 1 genannten Meldetermin vor, hat der Anbieter die Angaben bis zum Ende des folgenden Kalendervierteljahres nach der Bevollmächtigung, spätestens jedoch bis zum Ablauf der in Absatz 1 Satz 1 genannten Antragsfrist, zu übermitteln. [3] Absatz 2 Satz 2 und 3 gilt sinngemäß.

§ 90 Verfahren. (1) [1] Die zentrale Stelle ermittelt auf Grund der von ihr erhobenen oder der ihr übermittelten Daten, ob und in welcher Höhe ein Zulageanspruch besteht. [2] Soweit der zuständige Träger der Rentenversicherung keine Versicherungsnummer vergeben hat, vergibt die zentrale Stelle zur Erfüllung der ihr nach diesem Abschnitt zugewiesenen Aufgaben eine Zulagenummer. [3] Die zentrale Stelle teilt im Fall eines Antrags nach § 10a Absatz 1a der zuständigen Stelle, im Fall eines Antrags nach § 89 Absatz 1 Satz 4 dem Anbieter die Zulagenummer mit; von dort wird sie an den Antragsteller weitergeleitet.

(2) [1] Die zentrale Stelle veranlasst die Auszahlung an den Anbieter zugunsten der Zulageberechtigten durch die zuständige Kasse. [2] Ein gesonderter Zulagenbescheid ergeht vorbehaltlich des Absatzes 4 nicht. [3] Der Anbieter hat die erhaltenen Zulagen unverzüglich den begünstigten Verträgen gutzuschreiben. [4] Zulagen, die nach Beginn der Auszahlungsphase für das Altersvorsorgevermögen von der zentralen Stelle an den Anbieter überwiesen werden, können vom Anbieter an den Anleger ausgezahlt werden. [5] Besteht kein Zulageanspruch, so teilt die zentrale Stelle dies dem Anbieter durch Datensatz mit. [6] Die zentrale Stelle teilt dem Anbieter die Altersvorsorgebeiträge im Sinne des § 82, auf die § 10a oder dieser Abschnitt angewendet wurde, durch Datensatz mit.

(3)[1)] [1] Erkennt die zentrale Stelle bis zum Ende des zweiten auf die Ermittlung der Zulage folgenden Jahres nachträglich, dass der Zulageanspruch ganz oder teilweise nicht besteht oder weggefallen ist, so hat sie zu Unrecht gutgeschriebene oder ausgezahlte Zulagen bis zum Ablauf eines Jahres nach der Erkenntnis zurückzufordern und dies dem Anbieter durch Datensatz mitzuteilen. [2] Bei bestehendem Vertragsverhältnis hat der Anbieter das Konto zu belasten. [3] Die ihm im Kalendervierteljahr mitgeteilten Rückforderungsbeträge hat er bis zum zehnten Tag des dem Kalendervierteljahr folgenden Monats in einem Betrag bei der zentralen Stelle anzumelden und an diese abzuführen. [4] Die Anmeldung nach Satz 3 ist nach amtlich vorgeschriebenem Vordruck abzugeben. [5] Sie gilt als Steueranmeldung im Sinne der Abgabenordnung.

(3a)[2)] [1] Erfolgt nach der Durchführung einer versorgungsrechtlichen Teilung eine Rückforderung von zu Unrecht gezahlten Zulagen, setzt die zentrale Stelle den Rückforderungsbetrag nach Absatz 3 unter Anrechnung bereits vom Anbieter einbehaltener und abgeführter Beträge gegenüber dem Zulageberechtigten fest, soweit

1. das Guthaben auf dem Vertrag des Zulageberechtigten zur Zahlung des Rückforderungsbetrags nach § 90 Absatz 3 Satz 1 nicht ausreicht und

---

[1)] § 90 Abs. 3 Satz 1 geänd. mWv 1.1.2019 durch G v. 17.8.2017 (BGBl. I S. 3214).
[2)] § 90 Abs. 3a eingef. mWv 1.1.2018 durch G v. 17.8.2017 (BGBl. I S. 3214).

2. im Rückforderungsbetrag ein Zulagebetrag enthalten ist, der in der Ehe- oder Lebenspartnerschaftszeit ausgezahlt wurde.

[2] Erfolgt nach einer Inanspruchnahme eines Altersvorsorge-Eigenheimbetrags im Sinne des § 92a Absatz 1 oder während einer Darlehenstilgung bei Altersvorsorgeverträgen nach § 1 Absatz 1a des Altersvorsorgeverträge-Zertifizierungsgesetzes eine Rückforderung zu Unrecht gezahlter Zulagen, setzt die zentrale Stelle den Rückforderungsbetrag nach Absatz 3 unter Anrechnung bereits vom Anbieter einbehaltener und abgeführter Beträge gegenüber dem Zulageberechtigten fest, soweit das Guthaben auf dem Altersvorsorgevertrag des Zulageberechtigten zur Zahlung des Rückforderungsbetrags nicht ausreicht. [3] Der Anbieter hat in diesen Fällen der zentralen Stelle die nach Absatz 3 einbehaltenen und abgeführten Beträge nach amtlich vorgeschriebenem Datensatz durch amtlich bestimmte Datenfernübertragung mitzuteilen.

(4)[1)] [1] Eine Festsetzung der Zulage erfolgt nur auf besonderen Antrag des Zulageberechtigten. [2] Der Antrag ist schriftlich innerhalb eines Jahres vom Antragsteller an den Anbieter zu richten; die Frist beginnt mit der Erteilung der Bescheinigung nach § 92, die die Ermittlungsergebnisse für das Beitragsjahr enthält, für das eine Festsetzung der Zulage erfolgen soll. [3] Der Anbieter leitet den Antrag der zentralen Stelle zur Festsetzung zu. [4] Er hat dem Antrag eine Stellungnahme und die zur Festsetzung erforderlichen Unterlagen beizufügen. [5] Die zentrale Stelle teilt die Festsetzung auch dem Anbieter mit. [6] Im Übrigen gilt Absatz 3 entsprechend.

(5)[2)] [1] Im Rahmen des Festsetzungsverfahrens kann der Zulageberechtigte bis zum rechtskräftigen Abschluss des Festsetzungsverfahrens eine nicht fristgerecht abgegebene Einwilligung nach § 10a Absatz 1 Satz 1 Halbsatz 2 gegenüber der zuständigen Stelle nachholen. [2] Über die Nachholung hat er die zentrale Stelle unter Angabe des Datums der Erteilung der Einwilligung unmittelbar zu informieren. [3] Hat der Zulageberechtigte im Rahmen des Festsetzungsverfahrens eine wirksame Einwilligung gegenüber der zuständigen Stelle erteilt, wird er so gestellt, als hätte er die Einwilligung innerhalb der Frist nach § 10a Absatz 1 Satz 1 Halbsatz 2 wirksam gestellt.

§ 91 Datenerhebung und Datenabgleich. (1)[3)] [1] Für die Berechnung und Überprüfung der Zulage sowie die Überprüfung des Vorliegens der Voraussetzungen des Sonderausgabenabzugs nach § 10a übermitteln die Träger der gesetzlichen Rentenversicherung, die landwirtschaftliche Alterskasse, die Bundesagentur für Arbeit, die Meldebehörden, die Familienkassen und die Finanzämter der zentralen Stelle auf Anforderung unter Angabe der Identifikationsnummer (§ 139b der Abgabenordnung[4)]) des Steuerpflichtigen die bei ihnen vorhandenen Daten nach § 89 Absatz 2 durch Datenfernübertragung; für Zwecke der Berechnung des Mindesteigenbeitrags für ein Beitragsjahr darf die zentrale Stelle bei den Trägern der gesetzlichen Rentenversicherung und der landwirtschaftlichen Alterskasse die bei ihnen vorhandenen Daten zu den beitragspflichtigen Einnahmen sowie in den Fällen des § 10a Absatz 1 Satz 4

[1)] § 90 Abs. 4 Satz 2 neu gef. mWv VZ 2013 durch G v. 24.6.2013 (BGBl. I S. 1667).

[2)] § 90 Abs. 5 angef. mWv 1.1.2019 durch G v. 17.8.2017 (BGBl. I S. 3214).

[3)] § 91 Abs. 1 Satz 1 geänd. mWv 1.1.2013 durch G v. 12.4.2012 (BGBl. I S. 579); Satz 1 1. HS geänd., 3. HS angef. mWv VZ 2019 durch G v. 12.12.2019 (BGBl. I S. 2451).

[4)] Nr. **1**.

zur Höhe der bezogenen Rente wegen voller Erwerbsminderung oder Erwerbsunfähigkeit erheben, sofern diese nicht vom Anbieter nach § 89 übermittelt worden sind; im Datenabgleich mit den Familienkassen sind auch die Identifikationsnummern des Kindergeldberechtigten und des Kindes anzugeben. [2] Für Zwecke der Überprüfung nach Satz 1 darf die zentrale Stelle die ihr übermittelten Daten mit den ihr nach § 89 Absatz 2 übermittelten Daten automatisiert abgleichen. [3] Führt die Überprüfung zu einer Änderung der ermittelten oder festgesetzten Zulage, ist dies dem Anbieter mitzuteilen. [4] Ergibt die Überprüfung eine Abweichung von dem in der Steuerfestsetzung berücksichtigten Sonderausgabenabzug nach § 10a oder der gesonderten Feststellung nach § 10a Absatz 4, ist dies dem Finanzamt mitzuteilen; die Steuerfestsetzung oder die gesonderte Feststellung ist insoweit zu ändern.

(2) [1] Die zuständige Stelle hat der zentralen Stelle die Daten nach § 10a Absatz 1 Satz 1 zweiter Halbsatz bis zum 31. März des dem Beitragsjahr folgenden Kalenderjahres durch Datenfernübertragung zu übermitteln. [2] Liegt die Einwilligung nach § 10a Absatz 1 Satz 1 zweiter Halbsatz erst nach dem im Satz 1 genannten Meldetermin vor, hat die zuständige Stelle die Daten spätestens bis zum Ende des folgenden Kalendervierteljahres nach Erteilung der Einwilligung nach Maßgabe von Satz 1 zu übermitteln.

§ 92[1)] Bescheinigung. [1] Der Anbieter hat dem Zulageberechtigten jährlich bis zum Ablauf des auf das Beitragsjahr folgenden Jahres eine Bescheinigung nach amtlich vorgeschriebenem Muster zu erteilen über

1. die Höhe der im abgelaufenen Beitragsjahr geleisteten Altersvorsorgebeiträge (Beiträge und Tilgungsleistungen),
2. die im abgelaufenen Beitragsjahr getroffenen, aufgehobenen oder geänderten Ermittlungsergebnisse (§ 90),
3. die Summe der bis zum Ende des abgelaufenen Beitragsjahres dem Vertrag gutgeschriebenen Zulagen,
4. die Summe der bis zum Ende des abgelaufenen Beitragsjahres geleisteten Altersvorsorgebeiträge (Beiträge und Tilgungsleistungen),
5. den Stand des Altersvorsorgevermögens,
6.[2)] den Stand des Wohnförderkontos (§ 92a Absatz 2 Satz 1), sofern er diesen von der zentralen Stelle mitgeteilt bekommen hat, und
7.[3)] die Bestätigung der durch den Anbieter erfolgten Datenübermittlung an die zentrale Stelle im Fall des § 10a Absatz 5 Satz 1.

[2] Einer jährlichen Bescheinigung bedarf es nicht, wenn zu Satz 1 Nummer 1, 2, 6 und 7 keine Angaben erforderlich sind und sich zu Satz 1 Nummer 3 bis 5 keine Änderungen gegenüber der zuletzt erteilten Bescheinigung ergeben. [3] Liegen die Voraussetzungen des Satzes 2 nur hinsichtlich der Angabe nach Satz 1 Nummer 6 nicht vor und wurde die Geschäftsbeziehung im Hinblick auf den jeweiligen Altersvorsorgevertrag zwischen Zulageberechtigtem und Anbieter beendet, weil

---

1) § 92 Satz 1 einl. Satzteil geänd. mWv VZ 2013, Sätze 2 und 3 neu gef., Satz 4 angef. mWv VZ 2014 durch G v. 24.6.2013 (BGBl. I S. 1667); Satz 3 geänd. mWv VZ 2014 durch G v. 25.7.2014 (BGBl. I S. 1266); Satz 1 einl. Satzteil geänd. mWv 1.1.2018 durch G v. 17.8.2017 (BGBl. I S. 3214).

2) § 92 Satz 1 Nr. 6 neu gef. mWv VZ 2013 durch G v. 24.6.2013 (BGBl. I S. 1667).

3) § 92 Satz 1 Nr. 7 geänd. durch G v. 8.12.2010 (BGBl. I S. 1768).

1. das angesparte Kapital vollständig aus dem Altersvorsorgevertrag entnommen wurde oder
2. das gewährte Darlehen vollständig getilgt wurde,

bedarf es keiner jährlichen Bescheinigung, wenn der Anbieter dem Zulageberechtigten in einer Bescheinigung im Sinne dieser Vorschrift Folgendes mitteilt: „Das Wohnförderkonto erhöht sich bis zum Beginn der Auszahlungsphase jährlich um 2 Prozent, solange Sie keine Zahlungen zur Minderung des Wohnförderkontos leisten.“ [4]Der Anbieter kann dem Zulageberechtigten mit dessen Einverständnis die Bescheinigung auch elektronisch bereitstellen.

§ 92a Verwendung für eine selbst genutzte Wohnung. (1)[1)] [1]Der Zulageberechtigte kann das in einem Altersvorsorgevertrag gebildete und nach § 10a oder nach diesem Abschnitt geförderte Kapital in vollem Umfang oder, wenn das verbleibende geförderte Restkapital mindestens 3 000 Euro beträgt, teilweise wie folgt verwenden (Altersvorsorge-Eigenheimbetrag):

1. bis zum Beginn der Auszahlungsphase unmittelbar für die Anschaffung oder Herstellung einer Wohnung oder zur Tilgung eines zu diesem Zweck aufgenommenen Darlehens, wenn das dafür entnommene Kapital mindestens 3 000 Euro beträgt, oder
2. bis zum Beginn der Auszahlungsphase unmittelbar für den Erwerb von Pflicht-Geschäftsanteilen an einer eingetragenen Genossenschaft für die Selbstnutzung einer Genossenschaftswohnung oder zur Tilgung eines zu diesem Zweck aufgenommenen Darlehens, wenn das dafür entnommene Kapital mindestens 3 000 Euro beträgt, oder
3.[2)] bis zum Beginn der Auszahlungsphase unmittelbar für die Finanzierung eines Umbaus einer Wohnung, wenn
   a) das dafür entnommene Kapital
      aa) mindestens 6 000 Euro beträgt und für einen innerhalb eines Zeitraums von drei Jahren nach der Anschaffung oder Herstellung der Wohnung vorgenommenen Umbau verwendet wird oder
      bb) mindestens 20 000 Euro beträgt,
   b) das dafür entnommene Kapital zu mindestens 50 Prozent auf Maßnahmen entfällt, die die Vorgaben der DIN 18040 Teil 2, Ausgabe September 2011, soweit baustrukturell möglich, erfüllen, und der verbleibende Teil der Kosten der Reduzierung von Barrieren in oder an der Wohnung dient; die zweckgerechte Verwendung ist durch einen Sachverständigen zu bestätigen; und
   c) der Zulageberechtigte oder ein Mitnutzer der Wohnung für die Umbaukosten weder eine Förderung durch Zuschüsse noch eine Steuerermäßigung nach § 35a in Anspruch nimmt oder nehmen wird noch die Berücksichtigung als außergewöhnliche Belastung nach § 33 beantragt hat oder beantragen wird und dies schriftlich bestätigt. [2]Diese Bestätigung ist bei der Antragstellung nach § 92b Absatz 1 Satz 1 gegenüber der zentralen Stelle abzugeben. [3]Bei der Inanspruchnahme eines Darlehens

---

[1)] § 92a Abs. 1 neu gef. mWv VZ 2014 durch G v. 24.6.2013 (BGBl. I S. 1667); Satz 3 geänd. mWv 8.9.2015 durch VO v. 31.8.2015 (BGBl. I S. 1474); Satz 5 2. HS angef. mWv 29.3.2019 durch G v. 25.3.2019 (BGBl. I S. 357); Satz 3 geänd. mWv 27.6.2020 durch VO v. 19.6.2020 (BGBl. I S. 1328).

[2)] § 92a Abs. 1 Satz 1 Nr. 3 geänd. mWv VZ 2014 durch G v. 25.7.2014 (BGBl. I S. 1266).

im Rahmen eines Altersvorsorgevertrags nach § 1 Absatz 1a des Altersvorsorgeverträge-Zertifizierungsgesetzes hat der Zulageberechtigte die Bestätigung gegenüber seinem Anbieter abzugeben.

[2]Die DIN 18040 ist im Beuth-Verlag GmbH, Berlin und Köln, erschienen und beim Deutschen Patent- und Markenamt in München archivmäßig gesichert niedergelegt. [3]Die technischen Mindestanforderungen für die Reduzierung von Barrieren in oder an der Wohnung nach Satz 1 Nummer 3 Buchstabe b werden durch das Bundesministerium des Innern, für Bau und Heimat im Einvernehmen mit dem Bundesministerium der Finanzen festgelegt und im Bundesbaublatt veröffentlicht. [4]Sachverständige im Sinne dieser Vorschrift sind nach Landesrecht Bauvorlageberechtigte sowie nach § 91 Absatz 1 Nummer 8 der Handwerksordnung öffentlich bestellte und vereidigte Sachverständige, die für ein Sachgebiet bestellt sind, das die Barrierefreiheit und Barrierereduzierung in Wohngebäuden umfasst, und die eine besondere Sachkunde oder ergänzende Fortbildung auf diesem Gebiet nachweisen. [5]Eine nach Satz 1 begünstigte Wohnung ist

1. eine Wohnung in einem eigenen Haus oder
2. eine eigene Eigentumswohnung oder
3. eine Genossenschaftswohnung einer eingetragenen Genossenschaft,

wenn diese Wohnung in einem Mitgliedstaat der Europäischen Union oder in einem Staat, auf den das Abkommen über den Europäischen Wirtschaftsraum (EWR-Abkommen) anwendbar ist, belegen ist und die Hauptwohnung oder den Mittelpunkt der Lebensinteressen des Zulageberechtigten darstellt; dies gilt auch für eine im Vereinigten Königreich Großbritannien und Nordirland belegene Wohnung, die vor dem Zeitpunkt, ab dem das Vereinigte Königreich Großbritannien und Nordirland nicht mehr Mitgliedstaat der Europäischen Union ist und auch nicht wie ein solcher zu behandeln ist, bereits begünstigt war, soweit für diese Wohnung bereits vor diesem Zeitpunkt eine Verwendung nach Satz 1 erfolgt ist und keine erneute beantragt wird. [6]Einer Wohnung im Sinne des Satzes 5 steht ein eigentumsähnliches oder lebenslanges Dauerwohnrecht nach § 33 des Wohnungseigentumsgesetzes gleich, soweit Vereinbarungen nach § 39 des Wohnungseigentumsgesetzes getroffen werden. [7]Bei der Ermittlung des Restkapitals nach Satz 1 ist auf den Stand des geförderten Altersvorsorgevermögens zum Ablauf des Tages abzustellen, an dem die zentrale Stelle den Bescheid nach § 92b ausgestellt hat. [8]Der Altersvorsorge-Eigenheimbetrag gilt nicht als Leistung aus einem Altersvorsorgevertrag, die dem Zulageberechtigten im Zeitpunkt der Auszahlung zufließt.

(2)[1)] [1]Der Altersvorsorge-Eigenheimbetrag, die Tilgungsleistungen im Sinne des § 82 Absatz 1 Satz 1 Nummer 2 und die hierfür gewährten Zulagen sind durch die zentrale Stelle in Bezug auf den zugrunde liegenden Altersvorsorgevertrag gesondert zu erfassen (Wohnförderkonto); die zentrale Stelle teilt für jeden Altersvorsorgevertrag, für den sie ein Wohnförderkonto (Altersvorsorgevertrag mit Wohnförderkonto) führt, dem Anbieter jährlich den Stand des Wohnförderkontos nach amtlich vorgeschriebenem Datensatz durch Datenfernübertragung mit. [2]Beiträge, die nach § 82 Absatz 1 Satz 3 wie Tilgungs-

---

[1)] § 92a Abs. 2 neu gef. mWv 2014 durch G v. 24.6.2013 (BGBl. I S. 1667); Satz 5 3. HS angef., Satz 7 geänd. mWv 1.1.2018 durch G v. 17.8.2017 (BGBl. I S. 3214); Satz 5 geänd. mWv 1.1.2018 durch G v. 11.12.2018 (BGBl. I S. 2338).

leistungen behandelt wurden, sind im Zeitpunkt der unmittelbaren Darlehenstilgung einschließlich der zur Tilgung eingesetzten Zulagen und Erträge in das Wohnförderkonto aufzunehmen; zur Tilgung eingesetzte ungeförderte Beiträge einschließlich der darauf entfallenden Erträge fließen dem Zulageberechtigten in diesem Zeitpunkt zu. [3] Nach Ablauf eines Beitragsjahres, letztmals für das Beitragsjahr des Beginns der Auszahlungsphase, ist der sich aus dem Wohnförderkonto ergebende Gesamtbetrag um 2 Prozent zu erhöhen. [4] Das Wohnförderkonto ist zu vermindern um

1. Zahlungen des Zulageberechtigten auf einen auf seinen Namen lautenden zertifizierten Altersvorsorgevertrag nach § 1 Absatz 1 des Altersvorsorgeverträge-Zertifizierungsgesetzes bis zum Beginn der Auszahlungsphase zur Minderung der in das Wohnförderkonto eingestellten Beträge; der Anbieter, bei dem die Einzahlung erfolgt, hat die Einzahlung der zentralen Stelle nach amtlich vorgeschriebenem Datensatz durch Datenfernübertragung mitzuteilen; erfolgt die Einzahlung nicht auf den Altersvorsorgevertrag mit Wohnförderkonto, hat der Zulageberechtigte dem Anbieter, bei dem die Einzahlung erfolgt, die Vertragsdaten des Altersvorsorgevertrags mit Wohnförderkonto mitzuteilen; diese hat der Anbieter der zentralen Stelle zusätzlich mitzuteilen;
2. den Verminderungsbetrag nach Satz 5.

[5] Verminderungsbetrag ist der sich mit Ablauf des Kalenderjahres des Beginns der Auszahlungsphase ergebende Stand des Wohnförderkontos dividiert durch die Anzahl der Jahre bis zur Vollendung des 85. Lebensjahres des Zulageberechtigten; als Beginn der Auszahlungsphase gilt der vom Zulageberechtigten und Anbieter vereinbarte Zeitpunkt, der zwischen der Vollendung des 60. Lebensjahres und des 68. Lebensjahres des Zulageberechtigten liegen muss; ist ein Auszahlungszeitpunkt nicht vereinbart, so gilt die Vollendung des 67. Lebensjahres als Beginn der Auszahlungsphase; die Verschiebung des Beginns der Auszahlungsphase über das 68. Lebensjahr des Zulageberechtigten hinaus ist unschädlich, sofern es sich um eine Verschiebung im Zusammenhang mit der Abfindung einer Kleinbetragsrente auf Grund des § 1 Absatz 1 Satz 1 Nummer 4 Buchstabe a des Altersvorsorgeverträge-Zertifizierungsgesetzes handelt. [6] Anstelle einer Verminderung nach Satz 5 kann der Zulageberechtigte jederzeit in der Auszahlungsphase von der zentralen Stelle die Auflösung des Wohnförderkontos verlangen (Auflösungsbetrag). [7] Der Anbieter hat im Zeitpunkt der unmittelbaren Darlehenstilgung die Beträge nach Satz 2 erster Halbsatz und der Anbieter eines Altersvorsorgevertrags mit Wohnförderkonto hat zu Beginn der Auszahlungsphase den Zeitpunkt des Beginns der Auszahlungsphase der zentralen Stelle nach amtlich vorgeschriebenem Datensatz durch Datenfernübertragung spätestens bis zum Ablauf des zweiten Monats, der auf den Monat der unmittelbaren Darlehenstilgung oder des Beginns der Auszahlungsphase folgt, mitzuteilen. [8] Wird gefördertes Altersvorsorgevermögen nach § 93 Absatz 2 Satz 1 von einem Anbieter auf einen anderen auf den Namen des Zulageberechtigten lautenden Altersvorsorgevertrag vollständig übertragen und hat die zentrale Stelle für den bisherigen Altersvorsorgevertrag ein Wohnförderkonto geführt, so schließt sie das Wohnförderkonto des bisherigen Vertrags und führt es zu dem neuen Altersvorsorgevertrag fort. [9] Erfolgt eine Zahlung nach Satz 4 Nummer 1 oder nach Absatz 3 Satz 9 Nummer 2 auf einen anderen Altersvorsorgevertrag als auf den Altersvorsorgevertrag mit Wohnförderkonto, schließt die zentrale Stelle das Wohnförderkonto des bisherigen Vertrags und

führt es ab dem Zeitpunkt der Einzahlung für den Altersvorsorgevertrag fort, auf den die Einzahlung erfolgt ist. [10]Die zentrale Stelle teilt die Schließung des Wohnförderkontos dem Anbieter des bisherigen Altersvorsorgevertrags mit Wohnförderkonto mit.

(2a)[1)] [1]Geht im Rahmen der Regelung von Scheidungsfolgen der Eigentumsanteil des Zulageberechtigten an der Wohnung im Sinne des Absatzes 1 Satz 5 ganz oder teilweise auf den anderen Ehegatten über, geht das Wohnförderkonto in Höhe des Anteils, der dem Verhältnis des übergegangenen Eigentumsanteils zum ursprünglichen Eigentumsanteil entspricht, mit allen Rechten und Pflichten auf den anderen Ehegatten über; dabei ist auf das Lebensalter des anderen Ehegatten abzustellen. [2]Hat der andere Ehegatte das Lebensalter für den vertraglich vereinbarten Beginn der Auszahlungsphase oder, soweit kein Beginn der Auszahlungsphase vereinbart wurde, das 67. Lebensjahr im Zeitpunkt des Übergangs des Wohnförderkontos bereits überschritten, so gilt als Beginn der Auszahlungsphase der Zeitpunkt des Übergangs des Wohnförderkontos. [3]Der Zulageberechtigte hat den Übergang des Eigentumsanteils der zentralen Stelle nachzuweisen. [4]Dazu hat er die für die Anlage eines Wohnförderkontos erforderlichen Daten des anderen Ehegatten mitzuteilen. [5]Die Sätze 1 bis 4 gelten entsprechend für Ehegatten, die im Zeitpunkt des Todes des Zulageberechtigten

1. nicht dauernd getrennt gelebt haben (§ 26 Absatz 1) und
2.[2)] ihren Wohnsitz oder gewöhnlichen Aufenthalt in einem Mitgliedstaat der Europäischen Union oder einem Staat hatten, auf den das Abkommen über den Europäischen Wirtschaftsraum anwendbar ist; dies gilt auch, wenn die Ehegatten ihren vor dem Zeitpunkt, ab dem das Vereinigte Königreich Großbritannien und Nordirland nicht mehr Mitgliedstaat der Europäischen Union ist und auch nicht wie ein solcher zu behandeln ist, begründeten Wohnsitz oder gewöhnlichen Aufenthalt im Vereinigten Königreich Großbritannien und Nordirland hatten und der Altersvorsorgevertrag vor dem 23. Juni 2016 abgeschlossen worden ist.

(3)[3)] [1]Nutzt der Zulageberechtigte die Wohnung im Sinne des Absatzes 1 Satz 5, für die ein Altersvorsorge-Eigenheimbetrag verwendet oder für die eine Tilgungsförderung im Sinne des § 82 Absatz 1 in Anspruch genommen worden ist, nicht nur vorübergehend nicht mehr zu eigenen Wohnzwecken, hat er dies dem Anbieter, in der Auszahlungsphase der zentralen Stelle, unter Angabe des Zeitpunkts der Aufgabe der Selbstnutzung anzuzeigen. [2]Eine Aufgabe der Selbstnutzung liegt auch vor, soweit der Zulageberechtigte das Eigentum an der Wohnung aufgibt. [3]Die Anzeigepflicht gilt entsprechend für den Rechtsnachfolger der begünstigten Wohnung, wenn der Zulageberechtigte stirbt. [4]Die Anzeigepflicht entfällt, wenn das Wohnförderkonto vollständig zurückgeführt worden ist, es sei denn, es liegt ein Fall des § 22 Nummer 5 Satz 6 vor. [5]Im Fall des Satzes 1 gelten die im Wohnförderkonto erfassten Beträge als Leistungen

---

[1)] § 92a Abs. 2a neu gef. mWv 2014 durch G v. 24.6.2013 (BGBl. I S. 1667); Satz 1 geänd. mWv 1.1.2018 durch G v. 17.8.2017 (BGBl. I S. 3214).

[2)] § 92a Abs. 2a Satz 5 Nr. 2 2. HS angef. mWv 29.3.2019 durch G v. 25.3.2019 (BGBl. I S. 357).

[3)] § 92a Abs. 3 neu gef. mWv 2014 durch G v. 24.6.2013 (BGBl. I S. 1667); Satz 9 einl. Satzteil und Satz 10 geänd. mWv VZ 2014 durch G v. 25.7.2014 (BGBl. I S. 1266); Sätze 1, 3, 7 und 11 geänd.; Satz 9 Nr. 5 angef., Satz 10 neu gef., Sätze 12 und 13 angef. mWv 1.1.2018 durch G v. 17.8.2017 (BGBl. I S. 3214).

aus einem Altersvorsorgevertrag, die dem Zulageberechtigten nach letztmaliger Erhöhung des Wohnförderkontos nach Absatz 2 Satz 3 zum Ende des Veranlagungszeitraums, in dem die Selbstnutzung aufgegeben wurde, zufließen; das Wohnförderkonto ist aufzulösen (Auflösungsbetrag). [6] Verstirbt der Zulageberechtigte, ist der Auflösungsbetrag ihm noch zuzurechnen. [7] Der Anbieter hat der zentralen Stelle den Zeitpunkt der Aufgabe nach amtlich vorgeschriebenem Datensatz durch Datenfernübertragung spätestens bis zum Ablauf des zweiten Monats, der auf den Monat der Anzeige des Zulageberechtigten folgt, mitzuteilen. [8] Wurde im Fall des Satzes 1 eine Tilgungsförderung nach § 82 Absatz 1 Satz 3 in Anspruch genommen und erfolgte keine Einstellung in das Wohnförderkonto nach Absatz 2 Satz 2, sind die Beiträge, die nach § 82 Absatz 1 Satz 3 wie Tilgungsleistungen behandelt wurden, sowie die darauf entfallenden Zulagen und Erträge in ein Wohnförderkonto aufzunehmen und anschließend die weiteren Regelungen dieses Absatzes anzuwenden; Absatz 2 Satz 2 zweiter Halbsatz und Satz 7 gilt entsprechend. [9] Die Sätze 5 bis 7 sowie § 20 sind nicht anzuwenden, wenn

1. der Zulageberechtigte einen Betrag in Höhe des noch nicht zurückgeführten Betrags im Wohnförderkonto innerhalb von zwei Jahren vor dem Veranlagungszeitraum und von fünf Jahren nach Ablauf des Veranlagungszeitraums, in dem er die Wohnung letztmals zu eigenen Wohnzwecken genutzt hat, für eine weitere Wohnung im Sinne des Absatzes 1 Satz 5 verwendet,
2. der Zulageberechtigte einen Betrag in Höhe des noch nicht zurückgeführten Betrags im Wohnförderkonto innerhalb eines Jahres nach Ablauf des Veranlagungszeitraums, in dem er die Wohnung letztmals zu eigenen Wohnzwecken genutzt hat, auf einen auf seinen Namen lautenden zertifizierten Altersvorsorgevertrag zahlt; Absatz 2 Satz 4 Nummer 1 ist entsprechend anzuwenden,
3. die Ehewohnung auf Grund einer richterlichen Entscheidung nach § 1361b des Bürgerlichen Gesetzbuchs oder nach der Verordnung über die Behandlung der Ehewohnung und des Hausrats dem anderen Ehegatten zugewiesen wird,
4. der Zulageberechtigte krankheits- oder pflegebedingt die Wohnung nicht mehr bewohnt, sofern er Eigentümer dieser Wohnung bleibt, sie ihm weiterhin zur Selbstnutzung zur Verfügung steht und sie nicht von Dritten, mit Ausnahme seines Ehegatten, genutzt wird oder
5. der Zulageberechtigte innerhalb von fünf Jahren nach Ablauf des Veranlagungszeitraums, in dem er die Wohnung letztmals zu eigenen Wohnzwecken genutzt hat, die Selbstnutzung dieser Wohnung wieder aufnimmt.

[10] Satz 9 Nummer 1 und 2 setzt voraus, dass der Zulageberechtigte dem Anbieter, in der Auszahlungsphase der zentralen Stelle, die fristgemäße Reinvestitionsabsicht im Rahmen der Anzeige nach Satz 1 und den Zeitpunkt der Reinvestition oder die Aufgabe der Reinvestitionsabsicht anzeigt; in den Fällen des Absatzes 2a und des Satzes 9 Nummer 3 gelten die Sätze 1 bis 9 entsprechend für den anderen, geschiedenen oder überlebenden Ehegatten, wenn er die Wohnung nicht nur vorübergehend nicht mehr zu eigenen Wohnzwecken nutzt. [11] Satz 5 ist mit der Maßgabe anzuwenden, dass der Eingang der Anzeige der aufgegebenen Reinvestitionsabsicht, spätestens jedoch der 1. Januar

1. des sechsten Jahres nach dem Jahr der Aufgabe der Selbstnutzung bei einer Reinvestitionsabsicht nach Satz 9 Nummer 1 oder
2. des zweiten Jahres nach dem Jahr der Aufgabe der Selbstnutzung bei einer Reinvestitionsabsicht nach Satz 9 Nummer 2

als Zeitpunkt der Aufgabe gilt. [12]Satz 9 Nummer 5 setzt voraus, dass bei einer beabsichtigten Wiederaufnahme der Selbstnutzung der Zulageberechtigte dem Anbieter, in der Auszahlungsphase der zentralen Stelle, die Absicht der fristgemäßen Wiederaufnahme der Selbstnutzung im Rahmen der Anzeige nach Satz 1 und den Zeitpunkt oder die Aufgabe der Reinvestitionsabsicht nach Satz 10 anzeigt. [13]Satz 10 zweiter Halbsatz und Satz 11 gelten für die Anzeige der Absicht der fristgemäßen Wiederaufnahme der Selbstnutzung entsprechend.

(4)[1)] [1]Absatz 3 sowie § 20 sind auf Antrag des Steuerpflichtigen nicht anzuwenden, wenn er

1. die Wohnung im Sinne des Absatzes 1 Satz 5 auf Grund eines beruflich bedingten Umzugs für die Dauer der beruflich bedingten Abwesenheit nicht selbst nutzt; wird während dieser Zeit mit einer anderen Person ein Nutzungsrecht für diese Wohnung vereinbart, ist diese Vereinbarung von vorneherein entsprechend zu befristen,
2. beabsichtigt, die Selbstnutzung wieder aufzunehmen und
3. die Selbstnutzung spätestens mit der Vollendung seines 67. Lebensjahres aufnimmt.

[2]Der Steuerpflichtige hat den Antrag bei der zentralen Stelle zu stellen und dabei die notwendigen Nachweise zu erbringen. [3]Die zentrale Stelle erteilt dem Steuerpflichtigen einen Bescheid über die Bewilligung des Antrags und informiert den Anbieter des Altersvorsorgevertrags mit Wohnförderkonto des Zulageberechtigten über die Bewilligung, eine Wiederaufnahme der Selbstnutzung nach einem beruflich bedingten Umzug und den Wegfall der Voraussetzungen nach diesem Absatz; die Information hat nach amtlich vorgeschriebenem Datensatz durch Datenfernübertragung zu erfolgen. [4]Entfällt eine der in Satz 1 genannten Voraussetzungen, ist Absatz 3 mit der Maßgabe anzuwenden, dass bei einem Wegfall der Voraussetzung nach Satz 1 Nummer 1 als Zeitpunkt der Aufgabe der Zeitpunkt des Wegfalls der Voraussetzung und bei einem Wegfall der Voraussetzung nach Satz 1 Nummer 2 oder Nummer 3 der Eingang der Mitteilung des Steuerpflichtigen nach Absatz 3 als Zeitpunkt der Aufgabe gilt, spätestens jedoch die Vollendung des 67. Lebensjahres des Steuerpflichtigen.

§ 92b Verfahren bei Verwendung für eine selbst genutzte Wohnung.

(1)[2)] [1]Der Zulageberechtigte hat die Verwendung des Kapitals nach § 92a Absatz 1 Satz 1 spätestens zehn Monate vor dem Beginn der Auszahlungsphase des Altersvorsorgevertrags im Sinne des § 1 Absatz 1 Nummer 2 des Altersvorsorgeverträge-Zertifizierungsgesetzes bei der zentralen Stelle zu beantragen und dabei die notwendigen Nachweise zu erbringen. [2]Er hat zu bestimmen, aus welchen Altersvorsorgeverträgen der Altersvorsorge-Eigenheimbetrag aus-

---

[1)] § 92a Abs. 4 Satz 1 Nr. 1 geänd. mWv 2014 durch G v. 24.6.2013 (BGBl. I S. 1667); Satz 1 einl. Satzteil geänd., Satz 3 geänd. mWv VZ 2014 durch G v. 25.7.2014 (BGBl. I S. 1266).

[2)] § 92b Abs. 1 neu gef. mWv VZ 2014 durch G v. 24.6.2013 (BGBl. I S. 1667).

gezahlt werden soll. [3]Die zentrale Stelle teilt dem Zulageberechtigten durch Bescheid und den Anbietern der in Satz 2 genannten Altersvorsorgeverträge nach amtlich vorgeschriebenem Datensatz durch Datenfernübertragung mit, bis zu welcher Höhe eine wohnungswirtschaftliche Verwendung im Sinne des § 92a Absatz 1 Satz 1 vorliegen kann.

(2)[1)] [1]Die Anbieter der in Absatz 1 Satz 2 genannten Altersvorsorgeverträge dürfen den Altersvorsorge-Eigenheimbetrag auszahlen, sobald sie die Mitteilung nach Absatz 1 Satz 3 erhalten haben. [2]Sie haben der zentralen Stelle nach amtlich vorgeschriebenem Datensatz durch Datenfernübertragung Folgendes spätestens bis zum Ablauf des zweiten Monats, der auf den Monat der Auszahlung folgt, anzuzeigen:

1. den Auszahlungszeitpunkt und den Auszahlungsbetrag,
2. die Summe der bis zum Auszahlungszeitpunkt dem Altersvorsorgevertrag gutgeschriebenen Zulagen,
3. die Summe der bis zum Auszahlungszeitpunkt geleisteten Altersvorsorgebeiträge und
4. den Stand des geförderten Altersvorsorgevermögens im Zeitpunkt der Auszahlung.

(3)[2)] [1]Die zentrale Stelle stellt zu Beginn der Auszahlungsphase und in den Fällen des § 92a Absatz 2a und 3 Satz 5 den Stand des Wohnförderkontos, soweit für die Besteuerung erforderlich, den Verminderungsbetrag und den Auflösungsbetrag von Amts wegen gesondert fest. [2]Die zentrale Stelle teilt die Feststellung dem Zulageberechtigten, in den Fällen des § 92a Absatz 2a Satz 1 auch dem anderen Ehegatten, durch Bescheid und dem Anbieter nach amtlich vorgeschriebenem Datensatz durch Datenfernübertragung mit. [3]Der Anbieter hat auf Anforderung der zentralen Stelle die zur Feststellung erforderlichen Unterlagen vorzulegen. [4]Auf Antrag des Zulageberechtigten stellt die zentrale Stelle den Stand des Wohnförderkontos gesondert fest. [5]§ 90 Absatz 4 Satz 2 bis 5 gilt entsprechend.

§ 93 Schädliche Verwendung. (1) [1]Wird gefördertes Altersvorsorgevermögen nicht unter den in § 1 Absatz 1 Satz 1 Nummer 4 und 10 Buchstabe c des Altersvorsorgeverträge-Zertifizierungsgesetzes oder § 1 Absatz 1 Satz 1 Nummer 4, 5 und 10 Buchstabe c des Altersvorsorgeverträge-Zertifizierungsgesetzes in der bis zum 31. Dezember 2004 geltenden Fassung genannten Voraussetzungen an den Zulageberechtigten ausgezahlt (schädliche Verwendung), sind die auf das ausgezahlte geförderte Altersvorsorgevermögen entfallenden Zulagen und die nach § 10a Absatz 4 gesondert festgestellten Beträge (Rückzahlungsbetrag) zurückzuzahlen. [2]Dies gilt auch bei einer Auszahlung nach Beginn der Auszahlungsphase (§ 1 Absatz 1 Satz 1 Nummer 2 des Altersvorsorgeverträge-Zertifizierungsgesetzes) und bei Auszahlungen im Fall des Todes des Zulageberechtigten. [3]Hat der Zulageberechtigte Zahlungen im Sinne des § 92a Absatz 2 Satz 4 Nummer 1 oder § 92a Absatz 3 Satz 9 Nummer 2 geleistet, dann handelt es sich bei dem hierauf beruhenden Altersvorsorgevermögen um gefördertes Altersvorsorgevermögen im Sinne des Satzes 1; der

---

1) § 92b Abs. 2 Satz 2 einl. Satzteil geänd. mWv 1.1.2018 durch G v. 17.8.2017 (BGBl. I S. 3214).

2) § 92b Abs. 3 Satz 1 geänd., Satz 2 neu gef. mWv VZ 2010 durch G v. 8.12.2010 (BGBl. I S. 1768); Satz 1 geänd., Satz 2 geänd. mWv VZ 2014 durch G v. 24.6.2013 (BGBl. I S. 1667).

Rückzahlungsbetrag bestimmt sich insoweit nach der für die in das Wohnförderkonto eingestellten Beträge gewährten Förderung. [4]Eine Rückzahlungsverpflichtung besteht nicht für den Teil der Zulagen und der Steuerermäßigung,

a) der auf nach § 1 Absatz 1 Satz 1 Nummer 2 des Altersvorsorgeverträge-Zertifizierungsgesetzes angespartes gefördertes Altersvorsorgevermögen entfällt, wenn es in Form einer Hinterbliebenenrente an die dort genannten Hinterbliebenen ausgezahlt wird; dies gilt auch für Leistungen im Sinne des § 82 Absatz 3 an Hinterbliebene des Steuerpflichtigen;

b) der den Beitragsanteilen zuzuordnen ist, die für die zusätzliche Absicherung der verminderten Erwerbsfähigkeit und eine zusätzliche Hinterbliebenenabsicherung ohne Kapitalbildung verwendet worden sind;

c)[1] der auf gefördertes Altersvorsorgevermögen entfällt, das im Fall des Todes des Zulageberechtigten auf einen auf den Namen des Ehegatten lautenden Altersvorsorgevertrag übertragen wird, wenn die Ehegatten im Zeitpunkt des Todes des Zulageberechtigten nicht dauernd getrennt gelebt haben (§ 26 Absatz 1) und ihren Wohnsitz oder gewöhnlichen Aufenthalt in einem Mitgliedstaat der Europäischen Union oder einem Staat hatten, auf den das Abkommen über den Europäischen Wirtschaftsraum (EWR-Abkommen) anwendbar ist; dies gilt auch, wenn die Ehegatten ihren vor dem Zeitpunkt, ab dem das Vereinigte Königreich Großbritannien und Nordirland nicht mehr Mitgliedstaat der Europäischen Union ist und auch nicht wie ein solcher zu behandeln ist, begründeten Wohnsitz oder gewöhnlichen Aufenthalt im Vereinigten Königreich Großbritannien und Nordirland hatten und der Vertrag vor dem 23. Juni 2016 abgeschlossen worden ist;

d) der auf den Altersvorsorge-Eigenheimbetrag entfällt.

(1a)[2] [1]Eine schädliche Verwendung liegt nicht vor, wenn gefördertes Altersvorsorgevermögen auf Grund einer internen Teilung nach § 10 des Versorgungsausgleichsgesetzes oder auf Grund einer externen Teilung nach § 14 des Versorgungsausgleichsgesetzes auf einen zertifizierten Altersvorsorgevertrag oder eine nach § 82 Absatz 2 begünstigte betriebliche Altersversorgung übertragen wird; die auf das übertragene Anrecht entfallende steuerliche Förderung geht mit allen Rechten und Pflichten auf die ausgleichsberechtigte Person über. [2]Eine schädliche Verwendung liegt ebenfalls nicht vor, wenn gefördertes Altersvorsorgevermögen auf Grund einer externen Teilung nach § 14 des Versorgungsausgleichsgesetzes auf die Versorgungsausgleichskasse oder die gesetzliche Rentenversicherung übertragen wird; die Rechte und Pflichten der ausgleichspflichtigen Person aus der steuerlichen Förderung des übertragenen Anteils entfallen. [3]In den Fällen der Sätze 1 und 2 teilt die zentrale Stelle der ausgleichspflichtigen Person die Höhe der auf die Ehezeit im Sinne des § 3 Absatz 1 des Versorgungsausgleichsgesetzes oder die Lebenspartnerschaftszeit im Sinne des § 20 Absatz 2 des Lebenspartnerschaftsgesetzes entfallenden gesondert festgestellten Beträge nach § 10a Absatz 4 und die ermittelten Zulagen mit. [4]Die entsprechenden Beträge sind monatsweise zuzuordnen. [5]Die zentrale Stelle teilt die geänderte Zuordnung der gesondert festgestellten Beträge nach § 10a Absatz 4 sowie der ermittelten Zulagen der ausgleichspflichti-

[1] § 93 Abs. 1 Satz 4 Buchst. c geänd. mWv VZ 2010 durch G v. 8.4.2010 (BGBl. I S. 386); Buchst. c 2. HS angef. mWv 29.3.2019 durch G v. 25.3.2019 (BGBl. I S. 357).

[2] § 93 Abs. 1a neu gef. mWv 1.9.2009 durch G v. 8.12.2010 (BGBl. I S. 1768); Satz 3 geänd. mWv 24.7.2014 durch G v. 18.7.2014 (BGBl. I S. 1042).

gen und in den Fällen des Satzes 1 auch der ausgleichsberechtigten Person durch Feststellungsbescheid mit. [6]Nach Eintritt der Unanfechtbarkeit dieses Feststellungsbescheids informiert die zentrale Stelle den Anbieter durch einen Datensatz über die geänderte Zuordnung.

(2)[1)] [1]Die Übertragung von gefördertem Altersvorsorgevermögen auf einen anderen auf den Namen des Zulageberechtigten lautenden Altersvorsorgevertrag (§ 1 Absatz 1 Satz 1 Nummer 10 Buchstabe b des Altersvorsorgeverträge-Zertifizierungsgesetzes) stellt keine schädliche Verwendung dar. [2]Dies gilt sinngemäß in den Fällen des § 4 Absatz 2 und 3 des Betriebsrentengesetzes, wenn das geförderte Altersvorsorgevermögen auf eine der in § 82 Absatz 2 Buchstabe a genannten Einrichtungen der betrieblichen Altersversorgung zum Aufbau einer kapitalgedeckten betrieblichen Altersversorgung übertragen und eine lebenslange Altersversorgung entsprechend § 82 Absatz 2 Satz 2 vorgesehen ist, wie auch in den Fällen einer Übertragung nach § 3 Nummer 55c Satz 2 Buchstabe a. [3]In den übrigen Fällen der Abfindung von Anwartschaften der betrieblichen Altersversorgung gilt dies, soweit das geförderte Altersvorsorgevermögen zugunsten eines auf den Namen des Zulageberechtigten lautenden Altersvorsorgevertrages geleistet wird. [4]Auch keine schädliche Verwendung sind der gesetzliche Forderungs- und Vermögensübergang nach § 9 des Betriebsrentengesetzes und die gesetzlich vorgesehene schuldbefreiende Übertragung nach § 8 Absatz 1 des Betriebsrentengesetzes.

(3)[2)] [1]Auszahlungen zur Abfindung einer Kleinbetragsrente zu Beginn der Auszahlungsphase oder im darauffolgenden Jahr gelten nicht als schädliche Verwendung. [2]Eine Kleinbetragsrente ist eine Rente, die bei gleichmäßiger Verrentung des gesamten zu Beginn der Auszahlungsphase zur Verfügung stehenden Kapitals eine monatliche Rente ergibt, die 1 Prozent der monatlichen Bezugsgröße nach § 18 des Vierten Buches Sozialgesetzbuch nicht übersteigt. [3]Bei der Berechnung dieses Betrags sind alle bei einem Anbieter bestehenden Verträge des Zulageberechtigten insgesamt zu berücksichtigen, auf die nach diesem Abschnitt geförderte Altersvorsorgebeiträge geleistet wurden. [4]Die Sätze 1 bis 3 gelten entsprechend, wenn

1. nach dem Beginn der Auszahlungsphase ein Versorgungsausgleich durchgeführt wird und
2. sich dadurch die Rente verringert.

(4)[3)] [1]Wird bei einem einheitlichen Vertrag nach § 1 Absatz 1a Satz 1 Nummer 2 zweiter Halbsatz des Altersvorsorgeverträge-Zertifizierungsgesetzes das Darlehen nicht wohnungswirtschaftlich im Sinne des § 92a Absatz 1 Satz 1 verwendet, liegt zum Zeitpunkt der Darlehensauszahlung eine schädliche Verwendung des geförderten Altersvorsorgevermögens vor, es sei denn, das geförderte Altersvorsorgevermögen wird innerhalb eines Jahres nach Ablauf des Veranlagungszeitraums, in dem das Darlehen ausgezahlt wurde, auf einen anderen zertifizierten Altersvorsorgevertrag übertragen, der auf den Namen des Zulageberechtigten lautet. [2]Der Zulageberechtigte hat dem Anbieter die Absicht zur Kapitalübertragung, den Zeitpunkt der Kapitalübertragung bis zum

---

[1)] § 93 Abs. 2 Satz 4 angef. mWv 1.1.2018 durch G v. 17.8.2017 (BGBl. I S. 3214); Abs. 2 Satz 2 geänd. mWv 1.1.2018 und mWv 15.12.2018 durch G v. 11.12.2018 (BGBl. I S. 2338).

[2)] § 93 Abs. 3 Satz 1 geänd., Satz 4 angef. mWv 1.1.2018 durch G v. 17.8.2017 (BGBl. I S. 3214).

[3)] § 93 Abs. 4 angef. mWv VZ 2010 durch G v. 8.12.2010 (BGBl. I S. 1768); Abs. 4 Satz 1 neu gef., Satz 2 und 3 geänd. mWv VZ 2013 durch G v. 24.6.2013 (BGBl. I S. 1667).

Zeitpunkt der Darlehensauszahlung und die Aufgabe der Absicht zur Kapitalübertragung mitzuteilen. [3]Wird die Absicht zur Kapitalübertragung aufgegeben, tritt die schädliche Verwendung zu dem Zeitpunkt ein, zu dem die Mitteilung des Zulageberechtigten hierzu beim Anbieter eingeht, spätestens aber am 1. Januar des zweiten Jahres nach dem Jahr, in dem das Darlehen ausgezahlt wurde.

§ 94 Verfahren bei schädlicher Verwendung. (1)[1)] [1]In den Fällen des § 93 Absatz 1 hat der Anbieter der zentralen Stelle vor der Auszahlung des geförderten Altersvorsorgevermögens die schädliche Verwendung nach amtlich vorgeschriebenem Datensatz durch amtlich bestimmte Datenfernübertragung anzuzeigen. [2]Die zentrale Stelle ermittelt den Rückzahlungsbetrag und teilt diesen dem Anbieter durch Datensatz mit. [3]Der Anbieter hat den Rückzahlungsbetrag einzubehalten, mit der nächsten Anmeldung nach § 90 Absatz 3 anzumelden und an die zentrale Stelle abzuführen. [4]Der Anbieter hat die einbehaltenen und abgeführten Beträge der zentralen Stelle nach amtlich vorgeschriebenem Datensatz durch amtlich bestimmte Datenfernübertragung mitzuteilen und diese Beträge dem Zulageberechtigten zu bescheinigen; mit Einverständnis des Zulageberechtigten kann die Bescheinigung elektronisch bereitgestellt werden. [5]In den Fällen des § 93 Absatz 3 gilt Satz 1 entsprechend.

(2)[2)] [1]Eine Festsetzung des Rückzahlungsbetrags erfolgt durch die zentrale Stelle auf besonderen Antrag des Zulageberechtigten oder sofern die Rückzahlung nach Absatz 1 ganz oder teilweise nicht möglich oder nicht erfolgt ist. [2]§ 90 Absatz 4 Satz 2 bis 6 gilt entsprechend; § 90 Absatz 4 Satz 5 gilt nicht, wenn die Geschäftsbeziehung im Hinblick auf den jeweiligen Altersvorsorgevertrag zwischen dem Zulageberechtigten und dem Anbieter beendet wurde. [3]Im Rückforderungsbescheid sind auf den Rückzahlungsbetrag die vom Anbieter bereits einbehaltenen und abgeführten Beträge nach Maßgabe der Bescheinigung nach Absatz 1 Satz 4 anzurechnen. [4]Der Zulageberechtigte hat den verbleibenden Rückzahlungsbetrag innerhalb eines Monats nach Bekanntgabe des Rückforderungsbescheids an die zuständige Kasse zu entrichten. [5]Die Frist für die Festsetzung des Rückzahlungsbetrags beträgt vier Jahre und beginnt mit Ablauf des Kalenderjahres, in dem die Auszahlung im Sinne des § 93 Absatz 1 erfolgt ist.

(3)[3)] [1]Sofern der zentralen Stelle für den Zulageberechtigten im Zeitpunkt der schädlichen Verwendung eine Meldung nach § 118 Absatz 1a des Zwölften Buches Sozialgesetzbuch zum erstmaligen Bezug von Hilfe zum Lebensunterhalt und von Grundsicherung im Alter und bei Erwerbsminderung vorliegt, teilt die zentrale Stelle zum Zeitpunkt der Mitteilung nach Absatz 1 Satz 2 der Datenstelle der Rentenversicherungsträger als Vermittlungsstelle die schädliche Verwendung durch Datenfernübertragung mit. [2]Dies gilt nicht, wenn das Ausscheiden aus diesem Hilfebezug nach § 118 Absatz 1a des Zwölften Buches Sozialgesetzbuch angezeigt wurde.

---

1) § 94 Abs. 1 Satz 4 geänd. mWv VZ 2014 durch G v. 24.6.2013 (BGBl. I S. 1667); Satz 4 2. HS angef. mWv VZ 2020 durch G v. 22.11.2019 (BGBl. I S. 1746).

2) § 94 Abs. 2 Satz 2 letzter HS angef. mWv VZ 2010 durch G v. 8.12.2010 (BGBl. I S. 1768).

3) § 94 Abs. 3 angef. mWv 1.1.2019 durch G v. 17.8.2017 (BGBl. I S. 3214).

§ 95[1)] Sonderfälle der Rückzahlung. (1)[2)] [1] Die §§ 93 und 94 gelten entsprechend, wenn

1. sich der Wohnsitz oder gewöhnliche Aufenthalt des Zulageberechtigten außerhalb der Mitgliedstaaten der Europäischen Union und der Staaten befindet, auf die das Abkommen über den Europäischen Wirtschaftsraum (EWR-Abkommen) anwendbar ist, oder wenn der Zulageberechtigte ungeachtet eines Wohnsitzes oder gewöhnlichen Aufenthaltes in einem dieser Staaten nach einem Abkommen zur Vermeidung der Doppelbesteuerung mit einem dritten Staat als außerhalb des Hoheitsgebiets dieser Staaten ansässig gilt und
2.[3)] entweder keine Zulageberechtigung besteht oder der Vertrag in der Auszahlungsphase ist.

[2] Satz 1 gilt nicht, sofern sich der Wohnsitz oder gewöhnliche Aufenthalt des Zulageberechtigten bereits seit dem 22. Juni 2016 ununterbrochen im Vereinigten Königreich Großbritannien und Nordirland befindet und der Vertrag vor dem 23. Juni 2016 abgeschlossen worden ist.

(2)[4)] [1] Auf Antrag des Zulageberechtigten ist der Rückzahlungsbetrag im Sinne des § 93 Absatz 1 Satz 1 zunächst bis zum Beginn der Auszahlung zu stunden. [2] Die Stundung ist zu verlängern, wenn der Rückzahlungsbetrag mit mindestens 15 Prozent der Leistungen aus dem Vertrag getilgt wird. [3] Die Stundung endet, wenn das geförderte Altersvorsorgevermögen nicht unter den in § 1 Absatz 1 Satz 1 Nummer 4 des Altersvorsorgeverträge-Zertifizierungsgesetzes genannten Voraussetzungen an den Zulageberechtigten ausgezahlt wird. [4] Der Stundungsantrag ist über den Anbieter an die zentrale Stelle zu richten. [5] Der Anbieter hat dem Zulageberechtigten den Stundungsantrag bereitzustellen; mit Einverständnis des Zulageberechtigten kann der Antrag elektronisch bereitgestellt werden. [6] Die zentrale Stelle teilt ihre Entscheidung auch dem Anbieter mit.

(3)[5)] Wurde der Rückzahlungsbetrag nach Absatz 2 gestundet und

1. verlegt der ehemals Zulageberechtigte seinen ausschließlichen Wohnsitz oder gewöhnlichen Aufenthalt in einen Mitgliedstaat der Europäischen Union oder einen Staat, auf den das Abkommen über den Europäischen Wirtschaftsraum (EWR-Abkommen) anwendbar ist, oder
2. wird der ehemals Zulageberechtigte erneut zulageberechtigt,

sind der Rückzahlungsbetrag und die bereits entstandenen Stundungszinsen von der zentralen Stelle zu erlassen.

---

1) § 95 Überschrift neu gef. durch G v. 8.4.2010 (BGBl. I S. 386).

2) § 95 Abs. 1 neu gef. durch G v. 8.4.2010 (BGBl. I S. 386); Satz 2 angef. mWv 29.3.2019 durch G v. 25.3.2019 (BGBl. I S. 357).

3) § 95 Abs. 1 Nr. 2 geänd. mWv VZ 2013 durch G v. 24.6.2013 (BGBl. I S. 1667).

4) § 95 Abs. 2 Satz 1 geänd., Satz 3 aufgeh., bish. Sätze 4 bis 6 werden Sätze 3 bis 5 durch G v. 8.4. 2010 (BGBl. I S. 386); Sätze 1 und 2 geänd. mWv VZ 2013 durch G v. 24.6.2013 (BGBl. I S. 1667); Satz 5 eingef., bish. Satz 5 wird Satz 6 mWv VZ 2020 durch G v. 22.11.2019 (BGBl. I S. 1746).

5) § 95 Abs. 3 neu gef. durch G v. 8.4.2010 (BGBl. I S. 386).

§ 96 Anwendung der Abgabenordnung, allgemeine Vorschriften.

(1) [1] Auf die Zulagen und die Rückzahlungsbeträge sind die für Steuervergütungen geltenden Vorschriften der Abgabenordnung entsprechend anzuwenden. [2] Dies gilt nicht für § 163 der Abgabenordnung[1)].

(2)[2)] [1] Hat der Anbieter vorsätzlich oder grob fahrlässig

1. unrichtige oder unvollständige Daten übermittelt oder

2. Daten pflichtwidrig nicht übermittelt,

obwohl der Zulageberechtigte seiner Informationspflicht gegenüber dem Anbieter zutreffend und rechtzeitig nachgekommen ist, haftet der Anbieter für die entgangene Steuer und die zu Unrecht gewährte Steuervergünstigung. [2] Dies gilt auch, wenn im Verhältnis zum Zulageberechtigten Festsetzungsverjährung eingetreten ist. [3] Der Zulageberechtigte haftet als Gesamtschuldner neben dem Anbieter, wenn er weiß, dass der Anbieter unrichtige oder unvollständige Daten übermittelt oder Daten pflichtwidrig nicht übermittelt hat. [4] Für die Inanspruchnahme des Anbieters ist die zentrale Stelle zuständig.

(3) Die zentrale Stelle hat auf Anfrage des Anbieters Auskunft über die Anwendung des Abschnitts XI zu geben.

(4) [1] Die zentrale Stelle kann beim Anbieter ermitteln, ob er seine Pflichten erfüllt hat. [2] Die §§ 193 bis 203 der Abgabenordnung gelten sinngemäß. [3] Auf Verlangen der zentralen Stelle hat der Anbieter ihr Unterlagen, soweit sie im Ausland geführt und aufbewahrt werden, verfügbar zu machen.

(5) Der Anbieter erhält vom Bund oder den Ländern keinen Ersatz für die ihm aus diesem Verfahren entstehenden Kosten.

(6) [1] Der Anbieter darf die im Zulageverfahren bekannt gewordenen Verhältnisse der Beteiligten nur für das Verfahren verwerten. [2] Er darf sie ohne Zustimmung der Beteiligten nur offenbaren, soweit dies gesetzlich zugelassen ist.

(7) [1] Für die Zulage gelten die Strafvorschriften des § 370 Absatz 1 bis 4, der §§ 371, 375 Absatz 1 und des § 376 sowie die Bußgeldvorschriften der §§ 378, 379 Absatz 1 und 4 und der §§ 383 und 384 der Abgabenordnung entsprechend. [2] Für das Strafverfahren wegen einer Straftat nach Satz 1 sowie der Begünstigung einer Person, die eine solche Tat begangen hat, gelten die §§ 385 bis 408, für das Bußgeldverfahren wegen einer Ordnungswidrigkeit nach Satz 1 die §§ 409 bis 412 der Abgabenordnung entsprechend.

§ 97 Übertragbarkeit. [1] Das nach § 10a oder Abschnitt XI geförderte Altersvorsorgevermögen einschließlich seiner Erträge, die geförderten laufenden Altersvorsorgebeiträge und der Anspruch auf die Zulage sind nicht übertragbar. [2] § 93 Absatz 1a und § 4 des Betriebsrentengesetzes bleiben unberührt.

§ 98 Rechtsweg. In öffentlich-rechtlichen Streitigkeiten über die auf Grund des Abschnitts XI ergehenden Verwaltungsakte ist der Finanzrechtsweg gegeben.

---

1) Nr. **1**.
2) § 96 Abs. 2 neu gef. mWv 1.1.2018 durch G v. 17.8.2017 (BGBl. I S. 3214).

§ 99 Ermächtigung. (1)[1] Das Bundesministerium der Finanzen wird ermächtigt, die Vordrucke für die Anträge nach § 89, für die Anmeldung nach § 90 Absatz 3 und für die in den §§ 92 und 94 Absatz 1 Satz 4 vorgesehenen Bescheinigungen und im Einvernehmen mit den obersten Finanzbehörden der Länder das Muster für die nach § 22 Nummer 5 Satz 7 vorgesehene Bescheinigung und den Inhalt und Aufbau der für die Durchführung des Zulageverfahrens zu übermittelnden Datensätze zu bestimmen.

(2)[2] [1] Das Bundesministerium der Finanzen wird ermächtigt, im Einvernehmen mit dem Bundesministerium für Arbeit und Soziales und dem Bundesministerium des Innern, für Bau und Heimat durch Rechtsverordnung[3] mit Zustimmung des Bundesrates Vorschriften zur Durchführung dieses Gesetzes über das Verfahren für die Ermittlung, Festsetzung, Auszahlung, Rückzahlung und Rückforderung der Zulage sowie die Rückzahlung und Rückforderung der nach § 10a Absatz 4 festgestellten Beträge zu erlassen. [2] Hierzu gehören insbesondere

1. Vorschriften über Aufzeichnungs-, Aufbewahrungs-, Bescheinigungs- und Anzeigepflichten des Anbieters,
2. Grundsätze des vorgesehenen Datenaustausches zwischen den Anbietern, der zentralen Stelle, den Trägern der gesetzlichen Rentenversicherung, der Bundesagentur für Arbeit, den Meldebehörden, den Familienkassen, den zuständigen Stellen und den Finanzämtern und
3. Vorschriften über Mitteilungspflichten, die für die Erteilung der Bescheinigungen nach § 22 Nummer 5 Satz 7 und § 92 erforderlich sind.

XII.[4] Förderbetrag zur betrieblichen Altersversorgung

§ 100[4] Förderbetrag zur betrieblichen Altersversorgung. (1) [1] Arbeitgeber im Sinne des § 38 Absatz 1 dürfen vom Gesamtbetrag der einzubehaltenden Lohnsteuer für jeden Arbeitnehmer mit einem ersten Dienstverhältnis einen Teilbetrag des Arbeitgeberbeitrags zur kapitalgedeckten betrieblichen Altersversorgung (Förderbetrag) entnehmen und bei der nächsten Lohnsteuer-Anmeldung gesondert absetzen. [2] Übersteigt der insgesamt zu gewährende Förderbetrag den Betrag, der insgesamt an Lohnsteuer abzuführen ist, so wird der übersteigende Betrag dem Arbeitgeber auf Antrag von dem Finanzamt, an das die Lohnsteuer abzuführen ist, aus den Einnahmen der Lohnsteuer ersetzt.

(2)[5] [1] Der Förderbetrag beträgt im Kalenderjahr 30 Prozent des zusätzlichen Arbeitgeberbeitrags nach Absatz 3, höchstens 288 Euro. [2] In Fällen, in denen der Arbeitgeber bereits im Jahr 2016 einen zusätzlichen Arbeitgeberbeitrag an einen Pensionsfonds, eine Pensionskasse oder für eine Direktversicherung geleistet hat, ist der jeweilige Förderbetrag auf den Betrag beschränkt, den der Arbeitgeber darüber hinaus leistet.

---

[1] § 99 Abs. 1 geänd. durch G v. 8.4.2010 (BGBl. I S. 386); geänd. mWv VZ 2010 durch G v. 8.12. 2010 (BGBl. I S. 1768); geänd. durch G v. 12.12.2019 (BGBl. I S. 2451).

[2] § 99 Abs. 2 Satz 1 geänd. mWv 27.6.2020 durch VO v. 19.6.2020 (BGBl. I S. 1328).

[3] Siehe die Altersvorsorge-Durchführungsverordnung idF der Bek. v. 28.2.2005 (BGBl. I S. 487), zuletzt geänd. durch G v. 11.2.2021 (BGBl. I S. 154).

[4] Abschnitt XII (§ 100) angef. mWv 1.1.2018 durch G v. 17.8.2017 (BGBl. I S. 3214).

[5] § 100 Abs. 2 Satz 1 geänd. durch G v. 12.8.2020 (BGBl. I S. 1879).

(3) Voraussetzung für die Inanspruchnahme des Förderbetrags nach den Absätzen 1 und 2 ist, dass

1. der Arbeitslohn des Arbeitnehmers im Lohnzahlungszeitraum, für den der Förderbetrag geltend gemacht wird, im Inland dem Lohnsteuerabzug unterliegt;
2. der Arbeitgeber für den Arbeitnehmer zusätzlich zum ohnehin geschuldeten Arbeitslohn im Kalenderjahr mindestens einen Betrag in Höhe von 240 Euro an einen Pensionsfonds, eine Pensionskasse oder für eine Direktversicherung zahlt;
3.[1] im Zeitpunkt der Beitragsleistung der laufende Arbeitslohn (§ 39b Absatz 2 Satz 1 und 2), der pauschal besteuerte Arbeitslohn (§ 40a Absatz 1 und 3) oder das pauschal besteuerte Arbeitsentgelt (§ 40a Absatz 2 und 2a) nicht mehr beträgt als
   a) 85,84 Euro bei einem täglichen Lohnzahlungszeitraum,
   b) 600,84 Euro bei einem wöchentlichen Lohnzahlungszeitraum,
   c) 2 575 Euro bei einem monatlichen Lohnzahlungszeitraum oder
   d) 30 900 Euro bei einem jährlichen Lohnzahlungszeitraum;
4.[2] eine Auszahlung der zugesagten Alters-, Invaliditäts- oder Hinterbliebenenversorgungsleistungen entsprechend § 82 Absatz 2 Satz 2 vorgesehen ist;
5. sichergestellt ist, dass von den Beiträgen jeweils derselbe prozentuale Anteil zur Deckung der Vertriebskosten herangezogen wird; der Prozentsatz kann angepasst werden, wenn die Kalkulationsgrundlagen geändert werden, darf die ursprüngliche Höhe aber nicht überschreiten.

(4) [1] Für die Inanspruchnahme des Förderbetrags sind die Verhältnisse im Zeitpunkt der Beitragsleistung maßgeblich; spätere Änderungen der Verhältnisse sind unbeachtlich. [2] Abweichend davon sind die für den Arbeitnehmer nach Absatz 1 geltend gemachten Förderbeträge zurückzugewähren, wenn eine Anwartschaft auf Leistungen aus einer nach Absatz 1 geförderten betrieblichen Altersversorgung später verfällt und sich daraus eine Rückzahlung an den Arbeitgeber ergibt. [3] Der Förderbetrag ist nur zurückzugewähren, soweit er auf den Rückzahlungsbetrag entfällt. [4] Der Förderbetrag ist in der Lohnsteuer-Anmeldung für den Lohnzahlungszeitraum, in dem die Rückzahlung zufließt, der an das Betriebsstättenfinanzamt abzuführenden Lohnsteuer hinzuzurechnen.

(5) Für den Förderbetrag gelten entsprechend:

1. die §§ 41, 41a, 42e, 42f und 42g,
2. die für Steuervergütungen geltenden Vorschriften der Abgabenordnung mit Ausnahme des § 163 der Abgabenordnung[3] und
3. die §§ 195 bis 203 der Abgabenordnung, die Strafvorschriften des § 370 Absatz 1 bis 4, der §§ 371, 375 Absatz 1 und des § 376, die Bußgeldvorschriften der §§ 378, 379 Absatz 1 und 4 und der §§ 383 und 384 der Abgabenordnung, die §§ 385 bis 408 für das Strafverfahren und die §§ 409 bis 412 der Abgabenordnung für das Bußgeldverfahren.

---

[1] § 100 Abs. 3 Nr. 3 Buchst. a bis d neu gef. durch G v. 12.8.2020 (BGBl. I S. 1879).
[2] § 100 Abs. 3 Nr. 4 geänd. mWv 15.12.2018 durch G v. 11.12.2018 (BGBl. I S. 2338).
[3] Nr. **1**.

(6)[1] [1]Der Arbeitgeberbeitrag im Sinne des Absatzes 3 Nummer 2 ist steuerfrei, soweit er im Kalenderjahr 960 Euro nicht übersteigt. [2]Die Steuerfreistellung des § 3 Nummer 63 bleibt hiervon unberührt.

XIII.[2] Mobilitätsprämie

§ 101[2] Bemessungsgrundlage und Höhe der Mobilitätsprämie. [1]Steuerpflichtige können für die Veranlagungszeiträume 2021 bis 2026 neben der Berücksichtigung der Entfernungspauschalen ab dem 21. vollen Entfernungskilometer gemäß § 9 Absatz 1 Satz 3 Nummer 4 Satz 8 Buchstabe a und b, Nummer 5 Satz 9 Buchstabe a und b und § 4 Absatz 5 Satz 1 Nummer 6 Satz 4 als Werbungskosten oder Betriebsausgaben eine Mobilitätsprämie beanspruchen. [2]Bemessungsgrundlage der Mobilitätsprämie sind die berücksichtigten Entfernungspauschalen im Sinne des Satzes 1, begrenzt auf den Betrag, um den das zu versteuernde Einkommen den Grundfreibetrag im Sinne des § 32a Absatz 1 Satz 2 Nummer 1 unterschreitet; bei Ehegatten, die nach den §§ 26, 26b zusammen zur Einkommensteuer veranlagt werden, sind das gemeinsame zu versteuernde Einkommen und der doppelte Grundfreibetrag maßgebend. [3]Bei Steuerpflichtigen mit Einkünften aus nichtselbständiger Arbeit gilt dies nur, soweit die Entfernungspauschalen im Sinne des Satzes 1 zusammen mit den übrigen zu berücksichtigenden Werbungskosten im Zusammenhang mit den Einnahmen aus nichtselbständiger Arbeit den Arbeitnehmer-Pauschbetrag nach § 9a Satz 1 Nummer 1 Buchstabe a übersteigen. [4]Die Mobilitätsprämie beträgt 14 Prozent dieser Bemessungsgrundlage.

§ 102[2] Anspruchsberechtigung. Anspruchsberechtigt sind unbeschränkt oder beschränkt Steuerpflichtige im Sinne des § 1.

§ 103[2] Entstehung der Mobilitätsprämie. Der Anspruch auf die Mobilitätsprämie entsteht mit Ablauf des Kalenderjahres, in dem der Anspruchsberechtigte die erste Tätigkeitsstätte im Sinne des § 9 Absatz 4 oder eine Betriebsstätte im Sinne des § 4 Absatz 5 Satz 1 Nummer 6 aufgesucht oder Familienheimfahrten im Rahmen einer doppelten Haushaltsführung im Sinne des § 9 Absatz 1 Satz 3 Nummer 5 Satz 5 sowie des § 4 Absatz 5 Satz 1 Nummer 6 durchgeführt hat.

§ 104[2] Antrag auf die Mobilitätsprämie. (1) Die Mobilitätsprämie wird auf Antrag gewährt.

(2) [1]Der Anspruchsberechtigte hat den Antrag auf die Mobilitätsprämie bis zum Ablauf des vierten Kalenderjahres, das auf das Kalenderjahr folgt, in dem nach § 103 die Mobilitätsprämie entsteht, zu stellen. [2]Der Antrag ist nach amtlich vorgeschriebenem Vordruck bei dem Finanzamt zu stellen, das für die Besteuerung des Anspruchsberechtigten nach dem Einkommen zuständig ist.

§ 105[3] Festsetzung und Auszahlung der Mobilitätsprämie. (1) [1]Die Mobilitätsprämie ist nach Ablauf des Kalenderjahres im Rahmen einer Einkommensteuerveranlagung festzusetzen. [2]Eine Festsetzung erfolgt nur, wenn

---

[1] § 100 Abs. 6 Satz 1 geänd. durch G v. 12.8.2020 (BGBl. I S. 1879).
[2] Abschnitt XIII (§§ 101 bis 109) angef. mWv VZ 2021 durch G v. 21.12.2019 (BGBl. I S. 2886).
[3] § 105 neu gef. mWv VZ 2021 durch G v. 21.12.2020 (BGBl. I S. 3096).

die Mobilitätsprämie mindestens 10 Euro beträgt. [3]Die festgesetzte Mobilitätsprämie mindert die festgesetzte Einkommensteuer im Wege der Anrechnung. [4]Sie gilt insoweit als Steuervergütung. [5]Die Auszahlung erfolgt aus den Einnahmen an Einkommensteuer.

(2) [1]Besteht das Einkommen ganz oder teilweise aus Einkünften aus nichtselbständiger Arbeit, die dem Steuerabzug unterlegen haben, gilt der Antrag auf Mobilitätsprämie zugleich als ein Antrag auf Einkommensteuerveranlagung. [2]Besteht nach § 46 keine Pflicht zur Durchführung einer Veranlagung und wird keine Veranlagung, insbesondere zur Anrechnung von Lohnsteuer auf die Einkommensteuer nach § 46 Absatz 2 Nummer 8 beantragt, ist für die Festsetzung der Mobilitätsprämie die im Rahmen der Einkommensteuerveranlagung festgesetzte Einkommensteuer, die sich auf Grund des Antrags auf Mobilitätsprämie ergibt, mit Null Euro anzusetzen. [3]Auch in den Fällen des § 25 gilt, ungeachtet des § 56 Satz 1 der Einkommensteuer-Durchführungsverordnung[1)], der Antrag auf Mobilitätsprämie zugleich als Abgabe einer Einkommensteuererklärung.

§ 106[2)] Ertragsteuerliche Behandlung der Mobilitätsprämie. Die Mobilitätsprämie gehört nicht zu den steuerpflichtigen Einnahmen im Sinne des Einkommensteuergesetzes.

§ 107[2)] Anwendung der Abgabenordnung. Auf die Mobilitätsprämie sind die für Steuervergütungen geltenden Vorschriften der Abgabenordnung mit Ausnahme des § 163 der Abgabenordnung[3)] entsprechend anzuwenden.

§ 108[2)] Anwendung von Straf- und Bußgeldvorschriften der Abgabenordnung. [1]Für die Mobilitätsprämie gelten die Strafvorschriften des § 370 Absatz 1 bis 4, der §§ 371, 375 Absatz 1 und des § 376 der Abgabenordnung[3)] sowie die Bußgeldvorschriften der §§ 378 und 379 Absatz 1 und 4 sowie der §§ 383 und 384 der Abgabenordnung entsprechend. [2]Für das Strafverfahren wegen einer Straftat nach Satz 1 sowie der Begünstigung einer Person, die eine solche Tat begangen hat, gelten die §§ 385 bis 408 der Abgabenordnung, für das Bußgeldverfahren wegen einer Ordnungswidrigkeit nach Satz 1 die §§ 409 bis 412 der Abgabenordnung entsprechend.

§ 109[2)] Verordnungsermächtigung. Die Bundesregierung wird ermächtigt, durch Rechtsverordnung mit Zustimmung des Bundesrates das Verfahren bei der Festsetzung und der Auszahlung der Mobilitätsprämie näher zu regeln.

XIV.[4)] [5)] Sondervorschriften zur Bewältigung der Corona-Pandemie

§ 110[4)] Anpassung von Vorauszahlungen für den Veranlagungszeitraum 2019. (1) [1]Auf Antrag wird der für die Bemessung der Vorauszahlungen für den Veranlagungszeitraum 2019 zugrunde gelegte Gesamtbetrag der Einkünfte pauschal um 30 Prozent gemindert. [2]Das gilt nicht, soweit in dem

---

1) Nr. **6**.
2) Abschnitt XIII (§§ 101 bis 109) angef. mWv VZ 2021 durch G v. 21.12.2019 (BGBl. I S. 2886).
3) Nr. **1**.
4) Abschnitt XIV (§§ 110 und 111) angef. durch G v. 29.6.2020 (BGBl. I S. 1512).
5) Zur Anwendung von §§ 110 und 111 siehe § 52 Abs. 52 und 53.

EStG

Gesamtbetrag der Einkünfte Einkünfte aus nichtselbständiger Arbeit (§ 19) enthalten sind. [3]Voraussetzung für die Anwendung des Satzes 1 ist, dass die Vorauszahlungen für 2020 auf 0 Euro herabgesetzt wurden.

(2) Abweichend von Absatz 1 wird der für die Bemessung der Vorauszahlungen für den Veranlagungszeitraum 2019 zugrunde gelegte Gesamtbetrag der Einkünfte um einen höheren Betrag als 30 Prozent gemindert, wenn der Steuerpflichtige einen voraussichtlichen Verlustrücktrag im Sinne des § 10d Absatz 1 Satz 1 für 2020 in dieser Höhe nachweisen kann.

(3)[1)] [1]Die Minderungen nach den Absätzen 1 und 2 dürfen insgesamt 10 000 000 Euro, bei Ehegatten, die nach den §§ 26 und 26b zusammenveranlagt werden, 20 000 000 Euro nicht überschreiten. [2]§ 37 Absatz 3, 5 und 6 ist entsprechend anzuwenden.

§ 111[2)] Vorläufiger Verlustrücktrag für 2020 und 2021. (1)[3)] [1]Auf Antrag wird bei der Steuerfestsetzung für den Veranlagungszeitraum 2019 pauschal ein Betrag in Höhe von 30 Prozent des Gesamtbetrags der Einkünfte des Veranlagungszeitraums 2019 als Verlustrücktrag aus 2020 abgezogen (vorläufiger Verlustrücktrag für 2020). [2]Bei der Berechnung des vorläufigen Verlustrücktrags für 2020 sind Einkünfte aus nichtselbständiger Arbeit (§ 19) nicht zu berücksichtigen, die im Gesamtbetrag der Einkünfte enthalten sind. [3]Voraussetzung für die Anwendung des Satzes 1 ist, dass die Vorauszahlungen für den Veranlagungszeitraum 2020 auf 0 Euro herabgesetzt wurden. [4]Soweit bei der Steuerfestsetzung für den Veranlagungszeitraum 2019 der vorläufige Verlustrücktrag für 2020 abgezogen wird, ist § 233a Absatz 2a der Abgabenordnung[4)] entsprechend anzuwenden.

(2) Abweichend von Absatz 1 wird ein höherer Betrag als 30 Prozent vom Gesamtbetrag der Einkünfte abgezogen, wenn der Steuerpflichtige einen voraussichtlichen Verlustrücktrag im Sinne des § 10d Absatz 1 Satz 1 für 2020 in dieser Höhe nachweisen kann.

(3)[5)] Der vorläufige Verlustrücktrag für 2020 nach den Absätzen 1 und 2 kann insgesamt bis zu 10 000 000 Euro, bei Ehegatten, die nach den §§ 26 und 26b zusammenveranlagt werden, bis zu 20 000 000 Euro betragen.

(4) [1]Führt die Herabsetzung von Vorauszahlungen für den Veranlagungszeitraum 2019 auf Grund eines voraussichtlich erwarteten Verlustrücktrags für 2020 zu einer Nachzahlung bei der Steuerfestsetzung für den Veranlagungszeitraum 2019, so wird diese auf Antrag des Steuerpflichtigen bis zum Ablauf eines Monats nach Bekanntgabe der Steuerfestsetzung für den Veranlagungszeitraum 2020 gestundet. [2]Stundungszinsen werden nicht erhoben.

(5) Für den Veranlagungszeitraum 2020 ist bei Anwendung von Absatz 1 oder 2 eine Einkommensteuererklärung abzugeben.

---

1) § 110 Abs. 3 Satz 1 geänd. durch G v. 10.3.2021 (BGBl. I S. 330); zur Anwendung siehe § 52 Abs. 52.

2) § 111 angef. durch G v. 29.6.2020 (BGBl. I S. 1512); Überschrift neu gef. durch G v. 10.3.2021 (BGBl. I S. 330); zur Anwendung siehe § 52 Abs. 53.

3) § 111 Abs. 1 Satz 4 angef. durch G v. 21.12.2020 (BGBl. I S. 3096).

4) Nr. **1**.

5) § 111 Abs. 3 geänd. mWv 18.3.2021 durch G v. 10.3.2021 (BGBl. I S. 330); zur Anwendung siehe § 52 Abs. 53.

(6) [1] Mit der Veranlagung für 2020 ist die Steuerfestsetzung für den Veranlagungszeitraum 2019 zu ändern; hierbei ist der bislang berücksichtigte vorläufige Verlustrücktrag für 2020 dem Gesamtbetrag der Einkünfte hinzuzurechnen. [2] Dies gilt auch dann, wenn der Steuerbescheid für den Veranlagungszeitraum 2019 bestandskräftig geworden ist; die Festsetzungsfrist endet insoweit nicht, bevor die Festsetzungsfrist für den Veranlagungszeitraum 2020 abgelaufen ist. [3] Soweit die Änderung der Steuerfestsetzung für den Veranlagungszeitraum 2019 auf der Hinzurechnung des vorläufigen Verlustrücktrags für 2020 beruht, ist § 233a Absatz 2a der Abgabenordnung entsprechend anzuwenden.

(7) Die Absätze 1 bis 3 sind nicht anzuwenden, wenn die Veranlagung für den Veranlagungszeitraum 2020 vor der Veranlagung für den Veranlagungszeitraum 2019 durchgeführt wird.

(8)[1)] [1] Wird der Einkommensteuerbescheid für 2019 vor dem 1. April 2021 bestandskräftig, kann bis zum 17. April 2021 nachträglich ein erstmaliger oder geänderter Antrag auf Berücksichtigung des vorläufigen Verlustrücktrags für 2020 gestellt werden. [2] Der Einkommensteuerbescheid für 2019 ist insoweit zu ändern.

(9)[2)] Die Absätze 1 bis 7 gelten für die Steuerfestsetzung für den Veranlagungszeitraum 2020 und die Berücksichtigung des Verlustrücktrags für 2021 entsprechend.

[1)] § 111 Abs. 8 neu gef. durch G v. 10.3.2021 (BGBl. I S. 330); zur Anwendung siehe § 52 Abs. 53.
[2)] § 111 Abs. 9 angef. durch G v. 10.3.2021 (BGBl. I S. 330); zur Anwendung siehe § 52 Abs. 53.

Anlage 1
(zu § 4d Absatz 1)

Tabelle für die Errechnung des Deckungskapitals für lebenslänglich laufende Leistungen von Unterstützungskassen

Erreichtes Alter des Leistungsempfängers (Jahre)	Die Jahresbeiträge der laufenden Leistungen sind zu vervielfachen bei Leistungen	
	an männliche Leistungsempfänger mit	an weibliche Leistungsempfänger mit
1	2	3
bis 26	11	17
27 bis 29	12	17
30	13	17
31 bis 35	13	16
36 bis 39	14	16
40 bis 46	14	15
47 und 48	14	14
49 bis 52	13	14
53 bis 56	13	13
57 und 58	13	12
59 und 60	12	12
61 bis 63	12	11
64	11	11
65 bis 67	11	10
68 bis 71	10	9
72 bis 74	9	8
75 bis 77	8	7
78	8	6
79 bis 81	7	6
82 bis 84	6	5
85 bis 87	5	4
88	4	4
89 und 90	4	3
91 bis 93	3	3
94	3	2
95 und älter	2	2

ESTG

Anlage 1a[1)]
(zu § 13a)

Ermittlung des Gewinns aus Land- und Forstwirtschaft nach Durchschnittssätzen

Für ein Wirtschaftsjahr betragen

1. der Grundbetrag und die Zuschläge für Tierzucht und Tierhaltung der landwirtschaftlichen Nutzung (§ 13a Absatz 4):

Gewinn pro Hektar selbst bewirtschafteter Fläche	350 EUR
bei Tierbeständen für die ersten 25 Vieheinheiten	0 EUR/Vieheinheit
bei Tierbeständen für alle weiteren Vieheinheiten	300 EUR/Vieheinheit

Angefangene Hektar und Vieheinheiten sind anteilig zu berücksichtigen.

2. die Grenzen und Gewinne der Sondernutzungen (§ 13a Absatz 6):

Nutzung	Grenze	Grenze
1	2	3
Weinbauliche Nutzung	0,66 ha	0,16 ha
Nutzungsteil Obstbau	1,37 ha	0,34 ha
Nutzungsteil Gemüsebau		
Freilandgemüse	0,67 ha	0,17 ha
Unterglas Gemüse	0,06 ha	0,015 ha
Nutzungsteil Blumen/Zierpflanzenbau		
Freiland Zierpflanzen	0,23 ha	0,05 ha
Unterglas Zierpflanzen	0,04 ha	0,01 ha
Nutzungsteil Baumschulen	0,15 ha	0,04 ha
Sondernutzung Spargel	0,42 ha	0,1 ha
Sondernutzung Hopfen	0,78 ha	0,19 ha
Binnenfischerei	2 000 kg Jahresfang	500 kg Jahresfang
Teichwirtschaft	1,6 ha	0,4 ha
Fischzucht	0,2 ha	0,05 ha
Imkerei	70 Völker	30 Völker
Wanderschäfereien	120 Mutterschafe	30 Mutterschafe
Weihnachtsbaumkulturen	0,4 ha	0,1 ha

3. in den Fällen des § 13a Absatz 7 Satz 1 Nummer 3 die Betriebsausgaben 60 Prozent der Betriebseinnahmen.

[1)] Anl. 1a eingef. durch G v. 22.12.2014 (BGBl. I S. 2417).

Anlage 2[1)]
(zu § 43b)

Gesellschaften im Sinne der Richtlinie Nr. 2011/96/EU

Gesellschaft im Sinne der genannten Richtlinie ist jede Gesellschaft, die

1. eine der folgenden Formen aufweist:
   a) eine Gesellschaft, die gemäß der Verordnung (EG) Nr. 2157/2001 des Rates vom 8. Oktober 2001 über das Statut der Europäischen Gesellschaft (SE) und der Richtlinie 2001/86/EG des Rates vom 8. Oktober 2001 zur Ergänzung des Statuts der Europäischen Gesellschaft hinsichtlich der Beteiligung der Arbeitnehmer gegründet wurde, sowie eine Genossenschaft, die gemäß der Verordnung (EG) Nr. 1435/2003 des Rates vom 22. Juli 2003 über das Statut der Europäischen Genossenschaft (SCE) und gemäß der Richtlinie 2003/72/EG des Rates vom 22. Juli 2003 zur Ergänzung des Statuts der Europäischen Genossenschaft hinsichtlich der Beteiligung der Arbeitnehmer gegründet wurde,
   b) Gesellschaften belgischen Rechts mit der Bezeichnung „société anonyme"/„naamloze vennootschap", „société en commandite par actions"/„commanditaire vennootschap op aandelen", „société privée à responsabilité limitée"/„besloten vennootschap met beperkte aansprakelijkheid", „société coopérative à responsabilité limitée"/„coöperatieve vennootschap met beperkte aansprakelijkheid", „société coopérative à responsabilité illimitée"/„coöperatieve vennootschap met onbeperkte aansprakelijkheid", „société en nom collectif"/„vennootschap onder firma" oder „société en commandite simple"/„gewone commanditaire vennootschap", öffentliche Unternehmen, die eine der genannten Rechtsformen angenommen haben, und andere nach belgischem Recht gegründete Gesellschaften, die der belgischen Körperschaftsteuer unterliegen,
   c) Gesellschaften bulgarischen Rechts mit der Bezeichnung „събирателно дружество", „командитно дружество", „дружество с ограничена отговорност", „акционерно дружество", „командитно дружество с акции", „неперсонифицирано дружество", „кооперации", „кооперативни съюзи" oder „държавни предприятия", die nach bulgarischem Recht gegründet wurden und gewerbliche Tätigkeiten ausüben,
   d) Gesellschaften tschechischen Rechts mit der Bezeichnung „akciová společnost" oder „společnost s ručením omezeným",
   e) Gesellschaften dänischen Rechts mit der Bezeichnung „aktieselskab" oder „anpartsselskab" und weitere nach dem Körperschaftsteuergesetz steuerpflichtige Gesellschaften, soweit ihr steuerbarer Gewinn nach den allgemeinen steuerrechtlichen Bestimmungen für die „aktieselskaber" ermittelt und besteuert wird,
   f) Gesellschaften deutschen Rechts mit der Bezeichnung „Aktiengesellschaft", „Kommanditgesellschaft auf Aktien", „Gesellschaft mit beschränkter Haftung", „Versicherungsverein auf Gegenseitigkeit", „Er-

[1)] Anl. 2 neu gef. mWv 1.7.2013 durch G v. 25.7.2014 (BGBl. I S. 1266); zur Anwendung siehe § 52 Abs. 55a Satz 2 a.F.: „§ 43b und die Anlage 2 (zu § 43b) in der am 1. Juli 2013 geltenden Fassung sind erstmals auf Ausschüttungen anzuwenden, die nach dem 30. Juni 2013 zufließen."; geänd. durch G v. 2.11.2015 (BGBl. I S. 1834); zur Anwendung siehe § 52 Abs. 42b.

werbs- und Wirtschaftsgenossenschaft" oder „Betrieb gewerblicher Art von juristischen Personen des öffentlichen Rechts" und andere nach deutschem Recht gegründete Gesellschaften, die der deutschen Körperschaftsteuer unterliegen,

g) Gesellschaften estnischen Rechts mit der Bezeichnung „täisühing", „usaldusühing", „osaühing", „aktsiaselts" oder „tulundusühistu",

h) nach irischem Recht gegründete oder eingetragene Gesellschaften, gemäß dem Industrial and Provident Societies Act eingetragene Körperschaften, gemäß dem Building Societies Act gegründete „building societies" und „trustee savings banks" im Sinne des Trustee Savings Banks Act von 1989,

i) Gesellschaften griechischen Rechts mit der Bezeichnung „ανώνυμη εταιρεία" oder „εταιρεία περιωρισμένης ευθύνης (Ε.Π.Ε.)" und andere nach griechischem Recht gegründete Gesellschaften, die der griechischen Körperschaftsteuer unterliegen,

j) Gesellschaften spanischen Rechts mit der Bezeichnung „sociedad anónima", „sociedad comanditaria por acciones" oder „sociedad de responsabilidad limitada" und die öffentlich-rechtlichen Körperschaften, deren Tätigkeit unter das Privatrecht fällt sowie andere nach spanischem Recht gegründete Körperschaften, die der spanischen Körperschaftsteuer („impuesto sobre sociedades") unterliegen,

k) Gesellschaften französischen Rechts mit der Bezeichnung „société anonyme", „société en commandite par actions", „société à responsabilité limitée", „sociétés par actions simplifiées", „sociétés d'assurances mutuelles", „caisses d'épargne et de prévoyance", „sociétés civiles", die automatisch der Körperschaftsteuer unterliegen, „coopératives" „unions de coopératives", die öffentlichen Industrie- und Handelsbetriebe, die öffentlichen Industrie- und Handelsunternehmen und andere nach französischem Recht gegründete Gesellschaften, die der französischen Körperschaftsteuer unterliegen,

l) Gesellschaften kroatischen Rechts mit der Bezeichnung „dioničko društvo" oder „društvo s ograničenom odgovornošću" und andere nach kroatischem Recht gegründete Gesellschaften, die der kroatischen Gewinnsteuer unterliegen,

m) Gesellschaften italienischen Rechts mit der Bezeichnung „società per azioni", „società in accomandita per azioni", „società a responsabilità limitata", „società cooperative" oder „società di mutua assicurazione" sowie öffentliche und private Körperschaften, deren Tätigkeit ganz oder überwiegend handelsgewerblicher Art ist,

n) Gesellschaften zyprischen Rechts mit der Bezeichnung „εταιρείες" im Sinne der Einkommensteuergesetze,

o) Gesellschaften lettischen Rechts mit der Bezeichnung „akciju sabiedrība" oder „sabiedrība ar ierobežotu atbildību",

p) Gesellschaften litauischen Rechts,

q) Gesellschaften luxemburgischen Rechts mit der Bezeichnung „société anonyme", „société en commandite par actions", „société à responsabilité limitée", „société coopérative", „société coopérative organisée comme une société anonyme", „association d'assurances mutuelles", „association d'épargne-pension" oder „entreprise de nature commerciale, industrielle ou minière de l'Etat, des communes, des syndicats de communes, des établissements publics et des autres personnes morales de droit public" sowie andere nach luxemburgischem Recht gegründete Gesellschaften, die der luxemburgischen Körperschaftsteuer unterliegen,

r) Gesellschaften ungarischen Rechts mit der Bezeichnung: „közkereseti társaság", „betéti társaság", „közös vállalat", „korlátolt felelősségű társaság", „részvénytársaság", „egyesülés" oder „szövetkezet",

s) Gesellschaften maltesischen Rechts mit der Bezeichnung: „Kumpaniji ta' Responsabilita' Limitata" oder „Soċjetajiet en commandite li l-kapital tagħhom maqsum f'azzjonijiet",

t) Gesellschaften niederländischen Rechts mit der Bezeichnung „naamloze vennnootschap", „besloten vennootschap met beperkte aansprakelijkheid", „open commanditaire vennootschap", „coöperatie", „onderlinge waarborgmaatschappij", „fonds voor gemene rekening", „vereniging op coöperatieve grondslag" oder „vereniging welke op onderlinge grondslag als verzekeraar of keredietinstelling optreedt" und andere nach niederländischem Recht gegründete Gesellschaften, die der niederländischen Körperschaftsteuer unterliegen,

u) Gesellschaften österreichischen Rechts mit der Bezeichnung „Aktiengesellschaft", „Gesellschaft mit beschränkter Haftung", „Versicherungsvereine auf Gegenseitigkeit", „Erwerbs- und Wirtschaftsgenossenschaften", „Betriebe gewerblicher Art von Körperschaften des öffentlichen Rechts" oder „Sparkassen" sowie andere nach österreichischem Recht gegründete Gesellschaften, die der österreichischen Körperschaftsteuer unterliegen,

v) Gesellschaften polnischen Rechts mit der Bezeichnung „spółka akcyjna", „spółka z ograniczoną odpowiedzialnością" oder „spółka komandytowoakcyjna",

w) Gesellschaften portugiesischen Rechts in Form von Handelsgesellschaften oder zivilrechtlichen Handelsgesellschaften sowie Genossenschaften und öffentliche Unternehmen,

x) Gesellschaften rumänischen Rechts mit der Bezeichnung „societăţi pe acţiuni", „societăţi în comandită pe acţiuni", „societăţi cu răspundere limitată", „societăţi în nume colectiv" oder „societăţi în comandită simplă",

y) Gesellschaften slowenischen Rechts mit der Bezeichnung „delniška družba", „komanditna družba" oder „družba z omejeno odgovornostjo",

z) Gesellschaften slowakischen Rechts mit der Bezeichnung „akciová spoločnost'", „spoločnost' s ručením obmedzeným" oder „komanditná spoločnost'",

aa) Gesellschaften finnischen Rechts mit der Bezeichnung „osakeyhtiö"/ „aktiebolag", „osuuskunta"/„andelslag", „säästöpankki"/„sparbank" oder „vakuutusyhtiö"/„försäkringsbolag",

bb) Gesellschaften schwedischen Rechts mit der Bezeichnung „aktiebolag", „försäkringsaktiebolag", „ekonomiska föreningar", „sparbanker", „ömsesidiga försäkringsbolag" oder „försäkringsföreningar",

cc) nach dem Recht des Vereinigten Königreichs gegründete Gesellschaften;

2. nach dem Steuerrecht eines Mitgliedstaats in Bezug auf den steuerlichen Wohnsitz als in diesem Staat ansässig betrachtet wird und auf Grund eines mit einem dritten Staat geschlossenen Doppelbesteuerungsabkommens in Bezug auf den steuerlichen Wohnsitz nicht als außerhalb der Gemeinschaft ansässig betrachtet wird und
3. ohne Wahlmöglichkeit einer der folgenden Steuern oder irgendeiner Steuer, die eine dieser Steuern ersetzt, unterliegt, ohne davon befreit zu sein:
   - vennootschapsbelasting/impôt des sociétés in Belgien,
   - корпоративен данък in Bulgarien,
   - daň z příjmů právnických osob in der Tschechischen Republik,
   - selskabsskat in Dänemark,
   - Körperschaftsteuer in Deutschland,
   - tulumaks in Estland,
   - corporation tax in Irland,
   - φόρος εισοδήματος νομικών προσώπων κερδοσκοπικού χαρακτήρα in Griechenland,
   - impuesto sobre sociedades in Spanien,
   - impôt sur les sociétés in Frankreich,
   - porez na dobit in Kroatien,
   - imposta sul reddito delle persone giuridiche in Italien,
   - φόρος είσοδήματος in Zypern,
   - uzņēmumu ienākuma nodoklis in Lettland,
   - pelno mokestis in Litauen,
   - impôt sur le revenu des collectivités in Luxemburg,
   - társasági adó, osztalékadó in Ungarn,
   - taxxa fuq l-income in Malta,
   - vennootschapsbelasting in den Niederlanden,
   - Körperschaftsteuer in Österreich,
   - podatek dochodowy od osób prawnych in Polen,
   - imposto sobre o rendimento das pessoas colectivas in Portugal,
   - impozit pe profit in Rumänien,
   - davek od dobička pravnih oseb in Slowenien,
   - daň z príjmov právnických osôb in der Slowakei,
   - yhteisöjen tulovero/inkomstskatten för samfund in Finnland,
   - statlig inkomstskatt in Schweden,
   - corporation tax im Vereinigten Königreich.

Anlage 3[1)]
(zu § 50g)

[Unternehmen und Steuern im Sinne von § 50g]

1. Unternehmen im Sinne von § 50g Absatz 3 Nummer 5 Buchstabe a Doppelbuchstabe aa sind:
   a) Gesellschaften belgischen Rechts mit der Bezeichnung „naamloze vennootschap"/„société anonyme", „commanditaire vennootschap op aandelen"/„société en commandite par actions" oder „besloten vennootschap met beperkte aansprakelijkheid"/„société privée à responsabilité limitée" sowie öffentlich-rechtliche Körperschaften, deren Tätigkeit unter das Privatrecht fällt;
   b) Gesellschaften dänischen Rechts mit der Bezeichnung „aktieselskab" und „anpartsselskab";
   c) Gesellschaften deutschen Rechts mit der Bezeichnung „Aktiengesellschaft", „Kommanditgesellschaft auf Aktien" oder „Gesellschaft mit beschränkter Haftung";
   d) Gesellschaften griechischen Rechts mit der Bezeichnung „ανώνυμη εταιρία";
   e) Gesellschaften spanischen Rechts mit der Bezeichnung „sociedad anónima", „sociedad comanditaria por acciones" oder „sociedad de responsabilidad limitada" sowie öffentlich-rechtliche Körperschaften, deren Tätigkeit unter das Privatrecht fällt;
   f) Gesellschaften französischen Rechts mit der Bezeichnung „société anonyme", „société en commandite par actions" oder „société a responsabilité limitée" sowie die staatlichen Industrie- und Handelsbetriebe und Unternehmen;
   g) Gesellschaften irischen Rechts mit der Bezeichnung „public companies limited by shares or by guarantee", „private companies limited by shares or by guarantee", gemäß den „Industrial and Provident Societies Acts" eingetragene Einrichtungen oder gemäß den „Building Societies Acts" eingetragene „building societies";
   h) Gesellschaften italienischen Rechts mit der Bezeichnung „società per azioni", „società in accomandita per azioni" oder „società a responsabilità limitata" sowie staatliche und private Industrie- und Handelsunternehmen;
   i) Gesellschaften luxemburgischen Rechts mit der Bezeichnung „société anonyme", „société en commandite par actions" oder „société à responsabilité limitée";
   j) Gesellschaften niederländischen Rechts mit der Bezeichnung „naamloze vennootschap" oder „besloten vennootschap met beperkte aansprakelijkheid";
   k) Gesellschaften österreichischen Rechts mit der Bezeichnung „Aktiengesellschaft" oder „Gesellschaft mit beschränkter Haftung";
   l) Gesellschaften portugiesischen Rechts in Form von Handelsgesellschaften oder zivilrechtlichen Handelsgesellschaften sowie Genossenschaften und öffentliche Unternehmen;

[1)] Anl. 3 neu gef. mWv 1.7.2013 durch G v. 25.7.2014 (BGBl. I S. 1266).

m) Gesellschaften finnischen Rechts mit der Bezeichnung „osakeyhtiö/aktiebolag", „osuuskunta/andelslag", „säästöpankki/sparbank" oder „vakuutusyhtiö/försäkringsbolag";
n) Gesellschaften schwedischen Rechts mit der Bezeichnung „aktiebolag" oder „försäkringsaktiebolag";
o) nach dem Recht des Vereinigten Königreichs gegründete Gesellschaften;
p) Gesellschaften tschechischen Rechts mit der Bezeichnung „akciová společnost", „společnost s ručením omezeným", „veřejná obchodní společnost", „komanditní společnost" oder „družstvo";
q) Gesellschaften estnischen Rechts mit der Bezeichnung „täisühing", „usaldusühing", „osaühing", „aktsiaselts" oder „tulundusühistu";
r) Gesellschaften zyprischen Rechts, die nach dem Gesellschaftsrecht als Gesellschaften bezeichnet werden, Körperschaften des öffentlichen Rechts und sonstige Körperschaften, die als Gesellschaft im Sinne der Einkommensteuergesetze gelten;
s) Gesellschaften lettischen Rechts mit der Bezeichnung „akciju sabiedrība" oder „sabiedrība ar ierobežotu atbildību";
t) nach dem Recht Litauens gegründete Gesellschaften;
u) Gesellschaften ungarischen Rechts mit der Bezeichnung „közkereseti társaság", „betéti társaság", „közös vállalat", „korlátolt felelősségű társaság", „részvénytársaság", „egyesülés", „közhasznú társaság" oder „szövetkezet";
v) Gesellschaften maltesischen Rechts mit der Bezeichnung „Kumpaniji ta' Responsabilita' Limitatata" oder „Soċjetajiet in akkomandita li l-kapital tagħhom maqsum f'azzjonijiet";
w) Gesellschaften polnischen Rechts mit der Bezeichnung „spółka akcyjna" oder „spółka z ograniczoną odpowiedzialnością";
x) Gesellschaften slowenischen Rechts mit der Bezeichnung „delniška družba", „komanditna delniška družba", „komanditna družba", „družba z omejeno odgovornostjo" oder „družba z neomejeno odgovornostjo";
y) Gesellschaften slowakischen Rechts mit der Bezeichnung „akciová spoločnos", „spoločnost' s ručením obmedzeným", „komanditná spoločnos", „verejná obchodná spoločnos" oder „družstvo";
aa) Gesellschaften bulgarischen Rechts mit der Bezeichnung „събирателното дружество", „командитното дружество", „дружеството с ограничена отговорност", „акционерното дружество", „командитното дружество с акции", „кооперации", „кооперативни съюзи", „държавни предприятия", die nach bulgarischem Recht gegründet wurden und gewerbliche Tätigkeiten ausüben;
bb) Gesellschaften rumänischen Rechts mit der Bezeichnung „societăţi pe acţiuni", „societăţi în comandită pe acţiuni" oder „societăţi cu răspundere limitată";
cc) Gesellschaften kroatischen Rechts mit der Bezeichnung „dioničko društvo" oder „društvo s ograničenom odgovornošću" und andere nach kroatischem Recht gegründete Gesellschaften, die der kroatischen Gewinnsteuer unterliegen.

2. Steuern im Sinne von § 50g Absatz 3 Nummer 5 Buchstabe a Doppelbuchstabe cc sind:
   - impôt des sociétés/vennootschapsbelasting in Belgien,
   - selskabsskat in Dänemark,
   - Körperschaftsteuer in Deutschland,
   - Φόρος εισοδήματος νομικών προσώπων in Griechenland,
   - impuesto sobre sociedades in Spanien,
   - impôt sur les sociétés in Frankreich,
   - corporation tax in Irland,
   - imposta sul reddito delle persone giuridiche in Italien,
   - impôt sur le revenu des collectivités in Luxemburg,
   - vennootschapsbelasting in den Niederlanden,
   - Körperschaftsteuer in Österreich,
   - imposto sobre o rendimento da pessoas colectivas in Portugal,
   - yhteisöjen tulovero/inkomstskatten för samfund in Finnland,
   - statlig inkomstskatt in Schweden,
   - corporation tax im Vereinigten Königreich,
   - Daň z příjmů právnických osob in der Tschechischen Republik,
   - Tulumaks in Estland,
   - φόρος εισοδήματος in Zypern,
   - Uzņēmumu ienākuma nodoklis in Lettland,
   - Pelno mokestis in Litauen,
   - Társasági adó in Ungarn,
   - Taxxa fuq l-income in Malta,
   - Podatek dochodowy od osób prawnych in Polen,
   - Davek od dobička pravnih oseb in Slowenien,
   - Daň z príjmov právnických osôb in der Slowakei,
   - корпоративен данък in Bulgarien,
   - impozit pe profit, impozitul pe veniturile obţinute din România de nerezidenţi in Rumänien,
   - porez na dobit in Kroatien.

EStG

Einkommensteuertabellen
Grund- und Splittingtabellen 2021

Vorbemerkung

Für die Berechnung der Einkommensteuer kommt seit dem 1.1.2004 der stufenlose Steuertarif zur Anwendung, der den bisher praktizierten Stufentarif ablöst. Dies bedeutet, dass die Einkommensteuer nicht mehr für eine Stufe, sondern exakt für den sich bei der Steuerveranlagung jeweils ergebenden Einzelwert berechnet wird.

Eine jeden Einzelwert berücksichtigende Einkommensteuertabelle ist somit aus Umfangsgründen nicht mehr möglich. Die nachstehenden Grund- und Splittingtabellen geben Ihnen deshalb für die zwischen den ausgewiesenen zu versteuernden Einkommen liegenden Werte nur **Annäherungswerte.**

Den Wert Ihrer Einkommensteuer können Sie aber innerhalb der ausgewiesenen zu versteuernden Einkommen zumindest annäherungsweise schätzen.

Hinweis

Die Zahlen der Tabellen sind nach gesetzlichen Vorgaben und amtlichen Unterlagen ermittelt. Die Wiedergabe erfolgt ohne Gewähr.

laufende Nr.	zu versteuerndes Einkommen[1] in €	tarifliche Einkommensteuer[1] in €
1	9 744	
2	9 780	5
3	9 816	10
4	9 852	15
5	9 888	20
6	9 924	25
7	9 960	30
8	9 996	35
9	10 032	41
10	10 068	46
11	10 104	51
12	10 140	57
13	10 176	62
14	10 212	67
15	10 248	73
16	10 284	78
17	10 320	83
18	10 356	89
19	10 392	94
20	10 428	100
21	10 464	105
22	10 500	111
23	10 536	117
24	10 572	122
25	10 608	128
26	10 644	134
27	10 680	139
28	10 716	145
29	10 752	151
30	10 788	157
31	10 824	162
32	10 860	168
33	10 896	174
34	10 932	180
35	10 968	186
36	11 004	192
37	11 040	198
38	11 076	204
39	11 112	210
40	11 148	216
41	11 184	222
42	11 220	228
43	11 256	234
44	11 292	240
45	11 328	246

laufende Nr.	zu versteuerndes Einkommen in €	tarifliche Einkommensteuer in €
46	11 364	252
47	11 400	259
48	11 436	265
49	11 472	271
50	11 508	277
51	11 544	284
52	11 580	290
53	11 616	296
54	11 652	303
55	11 688	309
56	11 724	316
57	11 760	322
58	11 796	329
59	11 832	335
60	11 868	342
61	11 904	348
62	11 940	355
63	11 976	362
64	12 012	368
65	12 048	375
66	12 084	382
67	12 120	388
68	12 156	395
69	12 192	402
70	12 228	409
71	12 264	415
72	12 300	422
73	12 336	429
74	12 372	436
75	12 408	443
76	12 444	450
77	12 480	457
78	12 516	464
79	12 552	471
80	12 588	478
81	12 624	485
82	12 660	492
83	12 696	500
84	12 732	507
85	12 768	514
86	12 804	521
87	12 840	528
88	12 876	536
89	12 912	543
90	12 948	550

[1] Die ESt gilt nur für den ausgewiesenen Wert, Zwischenwerte sind zu schätzen; s. Vorbemerkung.

laufende Nr.	zu versteuerndes Einkommen[1] in €	tarifliche Einkommensteuer[1] in €
91	12 984	558
92	13 020	565
93	13 056	572
94	13 092	580
95	13 128	587
96	13 164	595
97	13 200	602
98	13 236	610
99	13 272	617
100	13 308	625
101	13 344	632
102	13 380	640
103	13 416	648
104	13 452	655
105	13 488	663
106	13 524	671
107	13 560	679
108	13 596	686
109	13 632	694
110	13 668	702
111	13 704	710
112	13 740	718
113	13 776	726
114	13 812	734
115	13 848	742
116	13 884	750
117	13 920	758
118	13 956	766
119	13 992	774
120	14 028	782
121	14 064	790
122	14 100	798
123	14 136	806
124	14 172	815
125	14 208	823
126	14 244	831
127	14 280	839
128	14 316	848
129	14 352	856
130	14 388	864
131	14 424	873
132	14 460	881
133	14 496	890
134	14 532	898
135	14 568	906

laufende Nr.	zu versteuerndes Einkommen in €	tarifliche Einkommensteuer in €
136	14 604	915
137	14 640	923
138	14 676	932
139	14 712	941
140	14 748	949
141	14 784	958
142	14 820	967
143	14 856	975
144	14 892	984
145	14 928	992
146	14 964	1 001
147	15 000	1 010
148	15 036	1 018
149	15 072	1 027
150	15 108	1 036
151	15 144	1 045
152	15 180	1 053
153	15 216	1 062
154	15 252	1 071
155	15 288	1 079
156	15 324	1 088
157	15 360	1 097
158	15 396	1 105
159	15 432	1 114
160	15 468	1 123
161	15 504	1 132
162	15 540	1 140
163	15 576	1 149
164	15 612	1 158
165	15 648	1 167
166	15 684	1 175
167	15 720	1 184
168	15 756	1 193
169	15 792	1 202
170	15 828	1 211
171	15 864	1 219
172	15 900	1 228
173	15 936	1 237
174	15 972	1 246
175	16 008	1 255
176	16 044	1 263
177	16 080	1 272
178	16 116	1 281
179	16 152	1 290
180	16 188	1 299

[1] Die ESt gilt nur für den ausgewiesenen Wert, Zwischenwerte sind zu schätzen; s. Vorbemerkung.

laufende Nr.	zu versteuerndes Einkommen[1] in €	tarifliche Einkommensteuer[1] in €	laufende Nr.	zu versteuerndes Einkommen in €	tarifliche Einkommensteuer in €
181	16 224	1 308	226	17 844	1 711
182	16 260	1 316	227	17 880	1 720
183	16 296	1 325	228	17 916	1 730
184	16 332	1 334	229	17 952	1 739
185	16 368	1 343	230	17 988	1 748
186	16 404	1 352	231	18 024	1 757
187	16 440	1 361	232	18 060	1 766
188	16 476	1 370	233	18 096	1 775
189	16 512	1 379	234	18 132	1 784
190	16 548	1 387	235	18 168	1 793
191	16 584	1 396	236	18 204	1 803
192	16 620	1 405	237	18 240	1 812
193	16 656	1 414	238	18 276	1 821
194	16 692	1 423	239	18 312	1 830
195	16 728	1 432	240	18 348	1 839
196	16 764	1 441	241	18 384	1 848
197	16 800	1 450	242	18 420	1 858
198	16 836	1 459	243	18 456	1 867
199	16 872	1 468	244	18 492	1 876
200	16 908	1 477	245	18 528	1 885
201	16 944	1 486	246	18 564	1 894
202	16 980	1 495	247	18 600	1 903
203	17 016	1 504	248	18 636	1 913
204	17 052	1 513	249	18 672	1 922
205	17 088	1 522	250	18 708	1 931
206	17 124	1 531	251	18 744	1 940
207	17 160	1 540	252	18 780	1 950
208	17 196	1 549	253	18 816	1 959
209	17 232	1 558	254	18 852	1 968
210	17 268	1 567	255	18 888	1 977
211	17 304	1 576	256	18 924	1 987
212	17 340	1 585	257	18 960	1 996
213	17 376	1 594	258	18 996	2 005
214	17 412	1 603	259	19 032	2 014
215	17 448	1 612	260	19 068	2 024
216	17 484	1 621	261	19 104	2 033
217	17 520	1 630	262	19 140	2 042
218	17 556	1 639	263	19 176	2 052
219	17 592	1 648	264	19 212	2 061
220	17 628	1 657	265	19 248	2 070
221	17 664	1 666	266	19 284	2 079
222	17 700	1 675	267	19 320	2 089
223	17 736	1 684	268	19 356	2 098
224	17 772	1 693	269	19 392	2 107
225	17 808	1 702	270	19 428	2 117

[1] Die ESt gilt nur für den ausgewiesenen Wert, Zwischenwerte sind zu schätzen; s. Vorbemerkung.

laufende Nr.	zu versteuerndes Einkommen[1] in €	tarifliche Einkommensteuer[1] in €	laufende Nr.	zu versteuerndes Einkommen in €	tarifliche Einkommensteuer in €
271	19 464	2 126	316	21 084	2 552
272	19 500	2 135	317	21 120	2 561
273	19 536	2 145	318	21 156	2 571
274	19 572	2 154	319	21 192	2 580
275	19 608	2 163	320	21 228	2 590
276	19 644	2 173	321	21 264	2 600
277	19 680	2 182	322	21 300	2 609
278	19 716	2 192	323	21 336	2 619
279	19 752	2 201	324	21 372	2 629
280	19 788	2 210	325	21 408	2 638
281	19 824	2 220	326	21 444	2 648
282	19 860	2 229	327	21 480	2 657
283	19 896	2 238	328	21 516	2 667
284	19 932	2 248	329	21 552	2 677
285	19 968	2 257	330	21 588	2 686
286	20 004	2 267	331	21 624	2 696
287	20 040	2 276	332	21 660	2 706
288	20 076	2 286	333	21 696	2 715
289	20 112	2 295	334	21 732	2 725
290	20 148	2 304	335	21 768	2 735
291	20 184	2 314	336	21 804	2 744
292	20 220	2 323	337	21 840	2 754
293	20 256	2 333	338	21 876	2 764
294	20 292	2 342	339	21 912	2 774
295	20 328	2 352	340	21 948	2 783
296	20 364	2 361	341	21 984	2 793
297	20 400	2 371	342	22 020	2 803
298	20 436	2 380	343	22 056	2 812
299	20 472	2 390	344	22 092	2 822
300	20 508	2 399	345	22 128	2 832
301	20 544	2 409	346	22 164	2 842
302	20 580	2 418	347	22 200	2 851
303	20 616	2 428	348	22 236	2 861
304	20 652	2 437	349	22 272	2 871
305	20 688	2 447	350	22 308	2 881
306	20 724	2 456	351	22 344	2 890
307	20 760	2 466	352	22 380	2 900
308	20 796	2 475	353	22 416	2 910
309	20 832	2 485	354	22 452	2 920
310	20 868	2 494	355	22 488	2 929
311	20 904	2 504	356	22 524	2 939
312	20 940	2 513	357	22 560	2 949
313	20 976	2 523	358	22 596	2 959
314	21 012	2 533	359	22 632	2 969
315	21 048	2 542	360	22 668	2 979

[1] Die ESt gilt nur für den ausgewiesenen Wert, Zwischenwerte sind zu schätzen; s. Vorbemerkung.

laufende Nr.	zu versteuerndes Einkommen[1] in €	tarifliche Einkommensteuer[1] in €	laufende Nr.	zu versteuerndes Einkommen in €	tarifliche Einkommensteuer in €
361	22 704	2 988	406	24 324	3 436
362	22 740	2 998	407	24 360	3 446
363	22 776	3 008	408	24 396	3 456
364	22 812	3 018	409	24 432	3 466
365	22 848	3 028	410	24 468	3 476
366	22 884	3 038	411	24 504	3 486
367	22 920	3 047	412	24 540	3 496
368	22 956	3 057	413	24 576	3 507
369	22 992	3 067	414	24 612	3 517
370	23 028	3 077	415	24 648	3 527
371	23 064	3 087	416	24 684	3 537
372	23 100	3 097	417	24 720	3 547
373	23 136	3 107	418	24 756	3 557
374	23 172	3 117	419	24 792	3 567
375	23 208	3 126	420	24 828	3 577
376	23 244	3 136	421	24 864	3 588
377	23 280	3 146	422	24 900	3 598
378	23 316	3 156	423	24 936	3 608
379	23 352	3 166	424	24 972	3 618
380	23 388	3 176	425	25 008	3 628
381	23 424	3 186	426	25 044	3 638
382	23 460	3 196	427	25 080	3 649
383	23 496	3 206	428	25 116	3 659
384	23 532	3 216	429	25 152	3 669
385	23 568	3 226	430	25 188	3 679
386	23 604	3 236	431	25 224	3 689
387	23 640	3 246	432	25 260	3 700
388	23 676	3 256	433	25 296	3 710
389	23 712	3 266	434	25 332	3 720
390	23 748	3 276	435	25 368	3 730
391	23 784	3 286	436	25 404	3 740
392	23 820	3 296	437	25 440	3 751
393	23 856	3 306	438	25 476	3 761
394	23 892	3 316	439	25 512	3 771
395	23 928	3 326	440	25 548	3 781
396	23 964	3 336	441	25 584	3 792
397	24 000	3 346	442	25 620	3 802
398	24 036	3 356	443	25 656	3 812
399	24 072	3 366	444	25 692	3 822
400	24 108	3 376	445	25 728	3 833
401	24 144	3 386	446	25 764	3 843
402	24 180	3 396	447	25 800	3 853
403	24 216	3 406	448	25 836	3 864
404	24 252	3 416	449	25 872	3 874
405	24 288	3 426	450	25 908	3 884

[1] Die ESt gilt nur für den ausgewiesenen Wert, Zwischenwerte sind zu schätzen; s. Vorbemerkung.

laufende Nr.	zu versteuerndes Einkommen[1] in €	tarifliche Einkommensteuer[1] in €
451	25 944	3 895
452	25 980	3 905
453	26 016	3 915
454	26 052	3 925
455	26 088	3 936
456	26 124	3 946
457	26 160	3 956
458	26 196	3 967
459	26 232	3 977
460	26 268	3 988
461	26 304	3 998
462	26 340	4 008
463	26 376	4 019
464	26 412	4 029
465	26 448	4 039
466	26 484	4 050
467	26 520	4 060
468	26 556	4 071
469	26 592	4 081
470	26 628	4 091
471	26 664	4 102
472	26 700	4 112
473	26 736	4 123
474	26 772	4 133
475	26 808	4 144
476	26 844	4 154
477	26 880	4 164
478	26 916	4 175
479	26 952	4 185
480	26 988	4 196
481	27 024	4 206
482	27 060	4 217
483	27 096	4 227
484	27 132	4 238
485	27 168	4 248
486	27 204	4 259
487	27 240	4 269
488	27 276	4 280
489	27 312	4 290
490	27 348	4 301
491	27 384	4 311
492	27 420	4 322
493	27 456	4 332
494	27 492	4 343
495	27 528	4 353

laufende Nr.	zu versteuerndes Einkommen in €	tarifliche Einkommensteuer in €
496	27 564	4 364
497	27 600	4 375
498	27 636	4 385
499	27 672	4 396
500	27 708	4 406
501	27 744	4 417
502	27 780	4 427
503	27 816	4 438
504	27 852	4 449
505	27 888	4 459
506	27 924	4 470
507	27 960	4 480
508	27 996	4 491
509	28 032	4 502
510	28 068	4 512
511	28 104	4 523
512	28 140	4 534
513	28 176	4 544
514	28 212	4 555
515	28 248	4 566
516	28 284	4 576
517	28 320	4 587
518	28 356	4 598
519	28 392	4 608
520	28 428	4 619
521	28 464	4 630
522	28 500	4 640
523	28 536	4 651
524	28 572	4 662
525	28 608	4 672
526	28 644	4 683
527	28 680	4 694
528	28 716	4 705
529	28 752	4 715
530	28 788	4 726
531	28 824	4 737
532	28 860	4 748
533	28 896	4 758
534	28 932	4 769
535	28 968	4 780
536	29 004	4 791
537	29 040	4 801
538	29 076	4 812
539	29 112	4 823
540	29 148	4 834

[1] Die ESt gilt nur für den ausgewiesenen Wert, Zwischenwerte sind zu schätzen; s. Vorbemerkung.

laufende Nr.	zu versteuerndes Einkommen[1] in €	tarifliche Einkommensteuer[1] in €
541	29 184	4 845
542	29 220	4 855
543	29 256	4 866
544	29 292	4 877
545	29 328	4 888
546	29 364	4 899
547	29 400	4 909
548	29 436	4 920
549	29 472	4 931
550	29 508	4 942
551	29 544	4 953
552	29 580	4 964
553	29 616	4 974
554	29 652	4 985
555	29 688	4 996
556	29 724	5 007
557	29 760	5 018
558	29 796	5 029
559	29 832	5 040
560	29 868	5 051
561	29 904	5 062
562	29 940	5 072
563	29 976	5 083
564	30 012	5 094
565	30 048	5 105
566	30 084	5 116
567	30 120	5 127
568	30 156	5 138
569	30 192	5 149
570	30 228	5 160
571	30 264	5 171
572	30 300	5 182
573	30 336	5 193
574	30 372	5 204
575	30 408	5 215
576	30 444	5 226
577	30 480	5 237
578	30 516	5 248
579	30 552	5 259
580	30 588	5 270
581	30 624	5 281
582	30 660	5 292
583	30 696	5 303
584	30 732	5 314
585	30 768	5 325

laufende Nr.	zu versteuerndes Einkommen in €	tarifliche Einkommensteuer in €
586	30 804	5 336
587	30 840	5 347
588	30 876	5 358
589	30 912	5 369
590	30 948	5 380
591	30 984	5 391
592	31 020	5 402
593	31 056	5 413
594	31 092	5 424
595	31 128	5 436
596	31 164	5 447
597	31 200	5 458
598	31 236	5 469
599	31 272	5 480
600	31 308	5 491
601	31 344	5 502
602	31 380	5 513
603	31 416	5 524
604	31 452	5 536
605	31 488	5 547
606	31 524	5 558
607	31 560	5 569
608	31 596	5 580
609	31 632	5 591
610	31 668	5 603
611	31 704	5 614
612	31 740	5 625
613	31 776	5 636
614	31 812	5 647
615	31 848	5 658
616	31 884	5 670
617	31 920	5 681
618	31 956	5 692
619	31 992	5 703
620	32 028	5 715
621	32 064	5 726
622	32 100	5 737
623	32 136	5 748
624	32 172	5 759
625	32 208	5 771
626	32 244	5 782
627	32 280	5 793
628	32 316	5 805
629	32 352	5 816
630	32 388	5 827

[1] Die ESt gilt nur für den ausgewiesenen Wert, Zwischenwerte sind zu schätzen; s. Vorbemerkung.

laufende Nr.	zu versteuerndes Einkommen[1] in €	tarifliche Einkommensteuer[1] in €
631	32 424	5 838
632	32 460	5 850
633	32 496	5 861
634	32 532	5 872
635	32 568	5 884
636	32 604	5 895
637	32 640	5 906
638	32 676	5 918
639	32 712	5 929
640	32 748	5 940
641	32 784	5 951
642	32 820	5 963
643	32 856	5 974
644	32 892	5 986
645	32 928	5 997
646	32 964	6 008
647	33 000	6 020
648	33 036	6 031
649	33 072	6 042
650	33 108	6 054
651	33 144	6 065
652	33 180	6 077
653	33 216	6 088
654	33 252	6 099
655	33 288	6 111
656	33 324	6 122
657	33 360	6 134
658	33 396	6 145
659	33 432	6 157
660	33 468	6 168
661	33 504	6 179
662	33 540	6 191
663	33 576	6 202
664	33 612	6 214
665	33 648	6 225
666	33 684	6 237
667	33 720	6 248
668	33 756	6 260
669	33 792	6 271
670	33 828	6 283
671	33 864	6 294
672	33 900	6 306
673	33 936	6 317
674	33 972	6 329
675	34 008	6 340

laufende Nr.	zu versteuerndes Einkommen in €	tarifliche Einkommensteuer in €
676	34 044	6 352
677	34 080	6 363
678	34 116	6 375
679	34 152	6 386
680	34 188	6 398
681	34 224	6 409
682	34 260	6 421
683	34 296	6 433
684	34 332	6 444
685	34 368	6 456
686	34 404	6 467
687	34 440	6 479
688	34 476	6 490
689	34 512	6 502
690	34 548	6 514
691	34 584	6 525
692	34 620	6 537
693	34 656	6 549
694	34 692	6 560
695	34 728	6 572
696	34 764	6 583
697	34 800	6 595
698	34 836	6 607
699	34 872	6 618
700	34 908	6 630
701	34 944	6 642
702	34 980	6 653
703	35 016	6 665
704	35 052	6 677
705	35 088	6 688
706	35 124	6 700
707	35 160	6 712
708	35 196	6 723
709	35 232	6 735
710	35 268	6 747
711	35 304	6 759
712	35 340	6 770
713	35 376	6 782
714	35 412	6 794
715	35 448	6 806
716	35 484	6 817
717	35 520	6 829
718	35 556	6 841
719	35 592	6 853
720	35 628	6 864

[1] Die ESt gilt nur für den ausgewiesenen Wert, Zwischenwerte sind zu schätzen; s. Vorbemerkung.

laufende Nr.	zu versteuerndes Einkommen[1] in €	tarifliche Einkommensteuer[1] in €	laufende Nr.	zu versteuerndes Einkommen in €	tarifliche Einkommensteuer in €
721	35 664	6 876	766	37 284	7 411
722	35 700	6 888	767	37 320	7 423
723	35 736	6 900	768	37 356	7 435
724	35 772	6 911	769	37 392	7 447
725	35 808	6 923	770	37 428	7 459
726	35 844	6 935	771	37 464	7 472
727	35 880	6 947	772	37 500	7 484
728	35 916	6 959	773	37 536	7 496
729	35 952	6 970	774	37 572	7 508
730	35 988	6 982	775	37 608	7 520
731	36 024	6 994	776	37 644	7 532
732	36 060	7 006	777	37 680	7 544
733	36 096	7 018	778	37 716	7 556
734	36 132	7 030	779	37 752	7 568
735	36 168	7 041	780	37 788	7 580
736	36 204	7 053	781	37 824	7 592
737	36 240	7 065	782	37 860	7 604
738	36 276	7 077	783	37 896	7 616
739	36 312	7 089	784	37 932	7 629
740	36 348	7 101	785	37 968	7 641
741	36 384	7 113	786	38 004	7 653
742	36 420	7 125	787	38 040	7 665
743	36 456	7 136	788	38 076	7 677
744	36 492	7 148	789	38 112	7 689
745	36 528	7 160	790	38 148	7 701
746	36 564	7 172	791	38 184	7 713
747	36 600	7 184	792	38 220	7 726
748	36 636	7 196	793	38 256	7 738
749	36 672	7 208	794	38 292	7 750
750	36 708	7 220	795	38 328	7 762
751	36 744	7 232	796	38 364	7 774
752	36 780	7 244	797	38 400	7 786
753	36 816	7 256	798	38 436	7 799
754	36 852	7 268	799	38 472	7 811
755	36 888	7 279	800	38 508	7 823
756	36 924	7 291	801	38 544	7 835
757	36 960	7 303	802	38 580	7 847
758	36 996	7 315	803	38 616	7 860
759	37 032	7 327	804	38 652	7 872
760	37 068	7 339	805	38 688	7 884
761	37 104	7 351	806	38 724	7 896
762	37 140	7 363	807	38 760	7 909
763	37 176	7 375	808	38 796	7 921
764	37 212	7 387	809	38 832	7 933
765	37 248	7 399	810	38 868	7 945

[1] Die ESt gilt nur für den ausgewiesenen Wert, Zwischenwerte sind zu schätzen; s. Vorbemerkung.

laufende Nr.	zu versteuerndes Einkommen[1] in €	tarifliche Einkommensteuer[1] in €
811	38 904	7 958
812	38 940	7 970
813	38 976	7 982
814	39 012	7 994
815	39 048	8 007
816	39 084	8 019
817	39 120	8 031
818	39 156	8 044
819	39 192	8 056
820	39 228	8 068
821	39 264	8 080
822	39 300	8 093
823	39 336	8 105
824	39 372	8 117
825	39 408	8 130
826	39 444	8 142
827	39 480	8 154
828	39 516	8 167
829	39 552	8 179
830	39 588	8 192
831	39 624	8 204
832	39 660	8 216
833	39 696	8 229
834	39 732	8 241
835	39 768	8 253
836	39 804	8 266
837	39 840	8 278
838	39 876	8 291
839	39 912	8 303
840	39 948	8 315
841	39 984	8 328
842	40 020	8 340
843	40 056	8 353
844	40 092	8 365
845	40 128	8 378
846	40 164	8 390
847	40 200	8 403
848	40 236	8 415
849	40 272	8 427
850	40 308	8 440
851	40 344	8 452
852	40 380	8 465
853	40 416	8 477
854	40 452	8 490
855	40 488	8 502

laufende Nr.	zu versteuerndes Einkommen in €	tarifliche Einkommensteuer in €
856	40 524	8 515
857	40 560	8 527
858	40 596	8 540
859	40 632	8 552
860	40 668	8 565
861	40 704	8 577
862	40 740	8 590
863	40 776	8 602
864	40 812	8 615
865	40 848	8 628
866	40 884	8 640
867	40 920	8 653
868	40 956	8 665
869	40 992	8 678
870	41 028	8 690
871	41 064	8 703
872	41 100	8 716
873	41 136	8 728
874	41 172	8 741
875	41 208	8 753
876	41 244	8 766
877	41 280	8 779
878	41 316	8 791
879	41 352	8 804
880	41 388	8 816
881	41 424	8 829
882	41 460	8 842
883	41 496	8 854
884	41 532	8 867
885	41 568	8 880
886	41 604	8 892
887	41 640	8 905
888	41 676	8 918
889	41 712	8 930
890	41 748	8 943
891	41 784	8 956
892	41 820	8 969
893	41 856	8 981
894	41 892	8 994
895	41 928	9 007
896	41 964	9 019
897	42 000	9 032
898	42 036	9 045
899	42 072	9 058
900	42 108	9 070

[1] Die ESt gilt nur für den ausgewiesenen Wert, Zwischenwerte sind zu schätzen; s. Vorbemerkung.

laufende Nr.	zu versteuerndes Einkommen[1] in €	tarifliche Einkommensteuer[1] in €	laufende Nr.	zu versteuerndes Einkommen in €	tarifliche Einkommensteuer in €
901	42 144	9 083	946	43 764	9 662
902	42 180	9 096	947	43 800	9 675
903	42 216	9 109	948	43 836	9 688
904	42 252	9 121	949	43 872	9 701
905	42 288	9 134	950	43 908	9 714
906	42 324	9 147	951	43 944	9 727
907	42 360	9 160	952	43 980	9 740
908	42 396	9 172	953	44 016	9 753
909	42 432	9 185	954	44 052	9 766
910	42 468	9 198	955	44 088	9 779
911	42 504	9 211	956	44 124	9 792
912	42 540	9 224	957	44 160	9 805
913	42 576	9 236	958	44 196	9 818
914	42 612	9 249	959	44 232	9 832
915	42 648	9 262	960	44 268	9 845
916	42 684	9 275	961	44 304	9 858
917	42 720	9 288	962	44 340	9 871
918	42 756	9 301	963	44 376	9 884
919	42 792	9 313	964	44 412	9 897
920	42 828	9 326	965	44 448	9 910
921	42 864	9 339	966	44 484	9 923
922	42 900	9 352	967	44 520	9 936
923	42 936	9 365	968	44 556	9 949
924	42 972	9 378	969	44 592	9 962
925	43 008	9 391	970	44 628	9 976
926	43 044	9 403	971	44 664	9 989
927	43 080	9 416	972	44 700	10 002
928	43 116	9 429	973	44 736	10 015
929	43 152	9 442	974	44 772	10 028
930	43 188	9 455	975	44 808	10 041
931	43 224	9 468	976	44 844	10 054
932	43 260	9 481	977	44 880	10 067
933	43 296	9 494	978	44 916	10 081
934	43 332	9 507	979	44 952	10 094
935	43 368	9 520	980	44 988	10 107
936	43 404	9 533	981	45 024	10 120
937	43 440	9 545	982	45 060	10 133
938	43 476	9 558	983	45 096	10 147
939	43 512	9 571	984	45 132	10 160
940	43 548	9 584	985	45 168	10 173
941	43 584	9 597	986	45 204	10 186
942	43 620	9 610	987	45 240	10 199
943	43 656	9 623	988	45 276	10 213
944	43 692	9 636	989	45 312	10 226
945	43 728	9 649	990	45 348	10 239

[1] Die ESt gilt nur für den ausgewiesenen Wert, Zwischenwerte sind zu schätzen; s. Vorbemerkung.

laufende Nr.	zu versteuerndes Einkommen[1] in €	tarifliche Einkommensteuer[1] in €
991	45 384	10 252
992	45 420	10 266
993	45 456	10 279
994	45 492	10 292
995	45 528	10 305
996	45 564	10 319
997	45 600	10 332
998	45 636	10 345
999	45 672	10 358
1 000	45 708	10 372
1 001	45 744	10 385
1 002	45 780	10 398
1 003	45 816	10 411
1 004	45 852	10 425
1 005	45 888	10 438
1 006	45 924	10 451
1 007	45 960	10 465
1 008	45 996	10 478
1 009	46 032	10 491
1 010	46 068	10 505
1 011	46 104	10 518
1 012	46 140	10 531
1 013	46 176	10 545
1 014	46 212	10 558
1 015	46 248	10 571
1 016	46 284	10 585
1 017	46 320	10 598
1 018	46 356	10 612
1 019	46 392	10 625
1 020	46 428	10 638
1 021	46 464	10 652
1 022	46 500	10 665
1 023	46 536	10 679
1 024	46 572	10 692
1 025	46 608	10 705
1 026	46 644	10 719
1 027	46 680	10 732
1 028	46 716	10 746
1 029	46 752	10 759
1 030	46 788	10 773
1 031	46 824	10 786
1 032	46 860	10 799
1 033	46 896	10 813
1 034	46 932	10 826
1 035	46 968	10 840

laufende Nr.	zu versteuerndes Einkommen in €	tarifliche Einkommensteuer in €
1 036	47 004	10 853
1 037	47 040	10 867
1 038	47 076	10 880
1 039	47 112	10 894
1 040	47 148	10 907
1 041	47 184	10 921
1 042	47 220	10 934
1 043	47 256	10 948
1 044	47 292	10 961
1 045	47 328	10 975
1 046	47 364	10 988
1 047	47 400	11 002
1 048	47 436	11 015
1 049	47 472	11 029
1 050	47 508	11 043
1 051	47 544	11 056
1 052	47 580	11 070
1 053	47 616	11 083
1 054	47 652	11 097
1 055	47 688	11 110
1 056	47 724	11 124
1 057	47 760	11 138
1 058	47 796	11 151
1 059	47 832	11 165
1 060	47 868	11 178
1 061	47 904	11 192
1 062	47 940	11 206
1 063	47 976	11 219
1 064	48 012	11 233
1 065	48 048	11 246
1 066	48 084	11 260
1 067	48 120	11 274
1 068	48 156	11 287
1 069	48 192	11 301
1 070	48 228	11 315
1 071	48 264	11 328
1 072	48 300	11 342
1 073	48 336	11 356
1 074	48 372	11 369
1 075	48 408	11 383
1 076	48 444	11 397
1 077	48 480	11 411
1 078	48 516	11 424
1 079	48 552	11 438
1 080	48 588	11 452

[1] Die ESt gilt nur für den ausgewiesenen Wert, Zwischenwerte sind zu schätzen; s. Vorbemerkung.

laufende Nr.	zu versteuerndes Einkommen[1] in €	tarifliche Einkommensteuer[1] in €
1 081	48 624	11 465
1 082	48 660	11 479
1 083	48 696	11 493
1 084	48 732	11 507
1 085	48 768	11 520
1 086	48 804	11 534
1 087	48 840	11 548
1 088	48 876	11 562
1 089	48 912	11 575
1 090	48 948	11 589
1 091	48 984	11 603
1 092	49 020	11 617
1 093	49 056	11 630
1 094	49 092	11 644
1 095	49 128	11 658
1 096	49 164	11 672
1 097	49 200	11 686
1 098	49 236	11 699
1 099	49 272	11 713
1 100	49 308	11 727
1 101	49 344	11 741
1 102	49 380	11 755
1 103	49 416	11 769
1 104	49 452	11 782
1 105	49 488	11 796
1 106	49 524	11 810
1 107	49 560	11 824
1 108	49 596	11 838
1 109	49 632	11 852
1 110	49 668	11 866
1 111	49 704	11 879
1 112	49 740	11 893
1 113	49 776	11 907
1 114	49 812	11 921
1 115	49 848	11 935
1 116	49 884	11 949
1 117	49 920	11 963
1 118	49 956	11 977
1 119	49 992	11 991
1 120	50 028	12 005
1 121	50 064	12 019
1 122	50 100	12 033
1 123	50 136	12 046
1 124	50 172	12 060
1 125	50 208	12 074

laufende Nr.	zu versteuerndes Einkommen in €	tarifliche Einkommensteuer in €
1 126	50 244	12 088
1 127	50 280	12 102
1 128	50 316	12 116
1 129	50 352	12 130
1 130	50 388	12 144
1 131	50 424	12 158
1 132	50 460	12 172
1 133	50 496	12 186
1 134	50 532	12 200
1 135	50 568	12 214
1 136	50 604	12 228
1 137	50 640	12 242
1 138	50 676	12 256
1 139	50 712	12 270
1 140	50 748	12 284
1 141	50 784	12 298
1 142	50 820	12 313
1 143	50 856	12 327
1 144	50 892	12 341
1 145	50 928	12 355
1 146	50 964	12 369
1 147	51 000	12 383
1 148	51 036	12 397
1 149	51 072	12 411
1 150	51 108	12 425
1 151	51 144	12 439
1 152	51 180	12 453
1 153	51 216	12 467
1 154	51 252	12 482
1 155	51 288	12 496
1 156	51 324	12 510
1 157	51 360	12 524
1 158	51 396	12 538
1 159	51 432	12 552
1 160	51 468	12 566
1 161	51 504	12 580
1 162	51 540	12 595
1 163	51 576	12 609
1 164	51 612	12 623
1 165	51 648	12 637
1 166	51 684	12 651
1 167	51 720	12 666
1 168	51 756	12 680
1 169	51 792	12 694
1 170	51 828	12 708

[1] Die ESt gilt nur für den ausgewiesenen Wert, Zwischenwerte sind zu schätzen; s. Vorbemerkung.

laufende Nr.	zu versteuerndes Einkommen[1] in €	tarifliche Einkommensteuer[1] in €	laufende Nr.	zu versteuerndes Einkommen in €	tarifliche Einkommensteuer in €
1 171	51 864	12 722	1 216	53 484	13 367
1 172	51 900	12 737	1 217	53 520	13 382
1 173	51 936	12 751	1 218	53 556	13 396
1 174	51 972	12 765	1 219	53 592	13 411
1 175	52 008	12 779	1 220	53 628	13 425
1 176	52 044	12 793	1 221	53 664	13 440
1 177	52 080	12 808	1 222	53 700	13 454
1 178	52 116	12 822	1 223	53 736	13 469
1 179	52 152	12 836	1 224	53 772	13 483
1 180	52 188	12 850	1 225	53 808	13 498
1 181	52 224	12 865	1 226	53 844	13 512
1 182	52 260	12 879	1 227	53 880	13 527
1 183	52 296	12 893	1 228	53 916	13 541
1 184	52 332	12 907	1 229	53 952	13 556
1 185	52 368	12 922	1 230	53 988	13 570
1 186	52 404	12 936	1 231	54 024	13 585
1 187	52 440	12 950	1 232	54 060	13 599
1 188	52 476	12 965	1 233	54 096	13 614
1 189	52 512	12 979	1 234	54 132	13 628
1 190	52 548	12 993	1 235	54 168	13 643
1 191	52 584	13 008	1 236	54 204	13 657
1 192	52 620	13 022	1 237	54 240	13 672
1 193	52 656	13 036	1 238	54 276	13 687
1 194	52 692	13 051	1 239	54 312	13 701
1 195	52 728	13 065	1 240	54 348	13 716
1 196	52 764	13 079	1 241	54 384	13 730
1 197	52 800	13 094	1 242	54 420	13 745
1 198	52 836	13 108	1 243	54 456	13 759
1 199	52 872	13 122	1 244	54 492	13 774
1 200	52 908	13 137	1 245	54 528	13 789
1 201	52 944	13 151	1 246	54 564	13 803
1 202	52 980	13 165	1 247	54 600	13 818
1 203	53 016	13 180	1 248	54 636	13 832
1 204	53 052	13 194	1 249	54 672	13 847
1 205	53 088	13 209	1 250	54 708	13 862
1 206	53 124	13 223	1 251	54 744	13 876
1 207	53 160	13 237	1 252	54 780	13 891
1 208	53 196	13 252	1 253	54 816	13 906
1 209	53 232	13 266	1 254	54 852	13 920
1 210	53 268	13 281	1 255	54 888	13 935
1 211	53 304	13 295	1 256	54 924	13 950
1 212	53 340	13 309	1 257	54 960	13 964
1 213	53 376	13 324	1 258	54 996	13 979
1 214	53 412	13 338	1 259	55 032	13 994
1 215	53 448	13 353	1 260	55 068	14 008

[1] Die ESt gilt nur für den ausgewiesenen Wert, Zwischenwerte sind zu schätzen; s. Vorbemerkung.

laufende Nr.	zu versteuerndes Einkommen[1] in €	tarifliche Einkommensteuer[1] in €	laufende Nr.	zu versteuerndes Einkommen in €	tarifliche Einkommensteuer in €
1 261	55 104	14 023	1 306	56 724	14 690
1 262	55 140	14 038	1 307	56 760	14 705
1 263	55 176	14 053	1 308	56 796	14 720
1 264	55 212	14 067	1 309	56 832	14 735
1 265	55 248	14 082	1 310	56 868	14 750
1 266	55 284	14 097	1 311	56 904	14 765
1 267	55 320	14 111	1 312	56 940	14 780
1 268	55 356	14 126	1 313	56 976	14 795
1 269	55 392	14 141	1 314	57 012	14 810
1 270	55 428	14 156	1 315	57 048	14 825
1 271	55 464	14 170	1 316	57 084	14 840
1 272	55 500	14 185	1 317	57 120	14 855
1 273	55 536	14 200	1 318	57 156	14 870
1 274	55 572	14 215	1 319	57 192	14 885
1 275	55 608	14 229	1 320	57 228	14 900
1 276	55 644	14 244	1 321	57 264	14 915
1 277	55 680	14 259	1 322	57 300	14 930
1 278	55 716	14 274	1 323	57 336	14 945
1 279	55 752	14 289	1 324	57 372	14 960
1 280	55 788	14 303	1 325	57 408	14 975
1 281	55 824	14 318	1 326	57 444	14 990
1 282	55 860	14 333	1 327	57 480	15 005
1 283	55 896	14 348	1 328	57 516	15 020
1 284	55 932	14 363	1 329	57 552	15 035
1 285	55 968	14 377	1 330	57 588	15 050
1 286	56 004	14 392	1 331	57 624	15 065
1 287	56 040	14 407	1 332	57 660	15 080
1 288	56 076	14 422	1 333	57 696	15 095
1 289	56 112	14 437	1 334	57 732	15 110
1 290	56 148	14 452	1 335	57 768	15 125
1 291	56 184	14 466	1 336	57 804	15 141
1 292	56 220	14 481	1 337	57 840	15 156
1 293	56 256	14 496	1 338	57 876	15 171
1 294	56 292	14 511	1 339	57 912	15 186
1 295	56 328	14 526	1 340	57 948	15 201
1 296	56 364	14 541	1 341	57 984	15 216
1 297	56 400	14 556	1 342	58 020	15 231
1 298	56 436	14 571	1 343	58 056	15 246
1 299	56 472	14 585	1 344	58 092	15 262
1 300	56 508	14 600	1 345	58 128	15 277
1 301	56 544	14 615	1 346	58 164	15 292
1 302	56 580	14 630	1 347	58 200	15 307
1 303	56 616	14 645	1 348	58 236	15 322
1 304	56 652	14 660	1 349	58 272	15 337
1 305	56 688	14 675	1 350	58 308	15 352

[1] Die ESt gilt nur für den ausgewiesenen Wert, Zwischenwerte sind zu schätzen; s. Vorbemerkung.

laufende Nr.	zu versteuerndes Einkommen[1] in €	tarifliche Einkommensteuer[1] in €	laufende Nr.	zu versteuerndes Einkommen in €	tarifliche Einkommensteuer in €
1 351	58 344	15 367	1 396	59 964	16 048
1 352	58 380	15 382	1 397	60 000	16 063
1 353	58 416	15 398	1 398	60 036	16 078
1 354	58 452	15 413	1 399	60 072	16 093
1 355	58 488	15 428	1 400	60 108	16 108
1 356	58 524	15 443	1 401	60 144	16 123
1 357	58 560	15 458	1 402	60 180	16 138
1 358	58 596	15 473	1 403	60 216	16 154
1 359	58 632	15 488	1 404	60 252	16 169
1 360	58 668	15 503	1 405	60 288	16 184
1 361	58 704	15 519	1 406	60 324	16 199
1 362	58 740	15 534	1 407	60 360	16 214
1 363	58 776	15 549	1 408	60 396	16 229
1 364	58 812	15 564	1 409	60 432	16 244
1 365	58 848	15 579	1 410	60 468	16 259
1 366	58 884	15 594	1 411	60 504	16 275
1 367	58 920	15 609	1 412	60 540	16 290
1 368	58 956	15 624	1 413	60 576	16 305
1 369	58 992	15 640	1 414	60 612	16 320
1 370	59 028	15 655	1 415	60 648	16 335
1 371	59 064	15 670	1 416	60 684	16 350
1 372	59 100	15 685	1 417	60 720	16 365
1 373	59 136	15 700	1 418	60 756	16 380
1 374	59 172	15 715	1 419	60 792	16 396
1 375	59 208	15 730	1 420	60 828	16 411
1 376	59 244	15 745	1 421	60 864	16 426
1 377	59 280	15 760	1 422	60 900	16 441
1 378	59 316	15 776	1 423	60 936	16 456
1 379	59 352	15 791	1 424	60 972	16 471
1 380	59 388	15 806	1 425	61 008	16 486
1 381	59 424	15 821	1 426	61 044	16 501
1 382	59 460	15 836	1 427	61 080	16 516
1 383	59 496	15 851	1 428	61 116	16 532
1 384	59 532	15 866	1 429	61 152	16 547
1 385	59 568	15 881	1 430	61 188	16 562
1 386	59 604	15 897	1 431	61 224	16 577
1 387	59 640	15 912	1 432	61 260	16 592
1 388	59 676	15 927	1 433	61 296	16 607
1 389	59 712	15 942	1 434	61 332	16 622
1 390	59 748	15 957	1 435	61 368	16 637
1 391	59 784	15 972	1 436	61 404	16 653
1 392	59 820	15 987	1 437	61 440	16 668
1 393	59 856	16 002	1 438	61 476	16 683
1 394	59 892	16 018	1 439	61 512	16 698
1 395	59 928	16 033	1 440	61 548	16 713

[1] Die ESt gilt nur für den ausgewiesenen Wert, Zwischenwerte sind zu schätzen; s. Vorbemerkung.

laufende Nr.	zu versteuerndes Einkommen[1] in €	tarifliche Einkommensteuer[1] in €	laufende Nr.	zu versteuerndes Einkommen in €	tarifliche Einkommensteuer in €
1 441	61 584	16 728	1 486	63 204	17 409
1 442	61 620	16 743	1 487	63 240	17 424
1 443	61 656	16 758	1 488	63 276	17 439
1 444	61 692	16 774	1 489	63 312	17 454
1 445	61 728	16 789	1 490	63 348	17 469
1 446	61 764	16 804	1 491	63 384	17 484
1 447	61 800	16 819	1 492	63 420	17 499
1 448	61 836	16 834	1 493	63 456	17 514
1 449	61 872	16 849	1 494	63 492	17 530
1 450	61 908	16 864	1 495	63 528	17 545
1 451	61 944	16 879	1 496	63 564	17 560
1 452	61 980	16 894	1 497	63 600	17 575
1 453	62 016	16 910	1 498	63 636	17 590
1 454	62 052	16 925	1 499	63 672	17 605
1 455	62 088	16 940	1 500	63 708	17 620
1 456	62 124	16 955	1 501	63 744	17 635
1 457	62 160	16 970	1 502	63 780	17 650
1 458	62 196	16 985	1 503	63 816	17 666
1 459	62 232	17 000	1 504	63 852	17 681
1 460	62 268	17 015	1 505	63 888	17 696
1 461	62 304	17 031	1 506	63 924	17 711
1 462	62 340	17 046	1 507	63 960	17 726
1 463	62 376	17 061	1 508	63 996	17 741
1 464	62 412	17 076	1 509	64 032	17 756
1 465	62 448	17 091	1 510	64 068	17 771
1 466	62 484	17 106	1 511	64 104	17 787
1 467	62 520	17 121	1 512	64 140	17 802
1 468	62 556	17 136	1 513	64 176	17 817
1 469	62 592	17 152	1 514	64 212	17 832
1 470	62 628	17 167	1 515	64 248	17 847
1 471	62 664	17 182	1 516	64 284	17 862
1 472	62 700	17 197	1 517	64 320	17 877
1 473	62 736	17 212	1 518	64 356	17 892
1 474	62 772	17 227	1 519	64 392	17 908
1 475	62 808	17 242	1 520	64 428	17 923
1 476	62 844	17 257	1 521	64 464	17 938
1 477	62 880	17 272	1 522	64 500	17 953
1 478	62 916	17 288	1 523	64 536	17 968
1 479	62 952	17 303	1 524	64 572	17 983
1 480	62 988	17 318	1 525	64 608	17 998
1 481	63 024	17 333	1 526	64 644	18 013
1 482	63 060	17 348	1 527	64 680	18 028
1 483	63 096	17 363	1 528	64 716	18 044
1 484	63 132	17 378	1 529	64 752	18 059
1 485	63 168	17 393	1 530	64 788	18 074

[1] Die ESt gilt nur für den ausgewiesenen Wert, Zwischenwerte sind zu schätzen; s. Vorbemerkung.

laufende Nr.	zu versteuerndes Einkommen[1] in €	tarifliche Einkommensteuer[1] in €	laufende Nr.	zu versteuerndes Einkommen in €	tarifliche Einkommensteuer in €
1 531	64 824	18 089	1 576	66 444	18 769
1 532	64 860	18 104	1 577	66 480	18 784
1 533	64 896	18 119	1 578	66 516	18 800
1 534	64 932	18 134	1 579	66 552	18 815
1 535	64 968	18 149	1 580	66 588	18 830
1 536	65 004	18 165	1 581	66 624	18 845
1 537	65 040	18 180	1 582	66 660	18 860
1 538	65 076	18 195	1 583	66 696	18 875
1 539	65 112	18 210	1 584	66 732	18 890
1 540	65 148	18 225	1 585	66 768	18 905
1 541	65 184	18 240	1 586	66 804	18 921
1 542	65 220	18 255	1 587	66 840	18 936
1 543	65 256	18 270	1 588	66 876	18 951
1 544	65 292	18 286	1 589	66 912	18 966
1 545	65 328	18 301	1 590	66 948	18 981
1 546	65 364	18 316	1 591	66 984	18 996
1 547	65 400	18 331	1 592	67 020	19 011
1 548	65 436	18 346	1 593	67 056	19 026
1 549	65 472	18 361	1 594	67 092	19 042
1 550	65 508	18 376	1 595	67 128	19 057
1 551	65 544	18 391	1 596	67 164	19 072
1 552	65 580	18 406	1 597	67 200	19 087
1 553	65 616	18 422	1 598	67 236	19 102
1 554	65 652	18 437	1 599	67 272	19 117
1 555	65 688	18 452	1 600	67 308	19 132
1 556	65 724	18 467	1 601	67 344	19 147
1 557	65 760	18 482	1 602	67 380	19 162
1 558	65 796	18 497	1 603	67 416	19 178
1 559	65 832	18 512	1 604	67 452	19 193
1 560	65 868	18 527	1 605	67 488	19 208
1 561	65 904	18 543	1 606	67 524	19 223
1 562	65 940	18 558	1 607	67 560	19 238
1 563	65 976	18 573	1 608	67 596	19 253
1 564	66 012	18 588	1 609	67 632	19 268
1 565	66 048	18 603	1 610	67 668	19 283
1 566	66 084	18 618	1 611	67 704	19 299
1 567	66 120	18 633	1 612	67 740	19 314
1 568	66 156	18 648	1 613	67 776	19 329
1 569	66 192	18 664	1 614	67 812	19 344
1 570	66 228	18 679	1 615	67 848	19 359
1 571	66 264	18 694	1 616	67 884	19 374
1 572	66 300	18 709	1 617	67 920	19 389
1 573	66 336	18 724	1 618	67 956	19 404
1 574	66 372	18 739	1 619	67 992	19 420
1 575	66 408	18 754	1 620	68 028	19 435

[1] Die ESt gilt nur für den ausgewiesenen Wert, Zwischenwerte sind zu schätzen; s. Vorbemerkung.

laufende Nr.	zu versteuerndes Einkommen[1)] in €	tarifliche Einkommensteuer[1)] in €	laufende Nr.	zu versteuerndes Einkommen in €	tarifliche Einkommensteuer in €
1 621	68 064	19 450	1 666	69 684	20 130
1 622	68 100	19 465	1 667	69 720	20 145
1 623	68 136	19 480	1 668	69 756	20 160
1 624	68 172	19 495	1 669	69 792	20 176
1 625	68 208	19 510	1 670	69 828	20 191
1 626	68 244	19 525	1 671	69 864	20 206
1 627	68 280	19 540	1 672	69 900	20 221
1 628	68 316	19 556	1 673	69 936	20 236
1 629	68 352	19 571	1 674	69 972	20 251
1 630	68 388	19 586	1 675	70 008	20 266
1 631	68 424	19 601	1 676	70 044	20 281
1 632	68 460	19 616	1 677	70 080	20 296
1 633	68 496	19 631	1 678	70 116	20 312
1 634	68 532	19 646	1 679	70 152	20 327
1 635	68 568	19 661	1 680	70 188	20 342
1 636	68 604	19 677	1 681	70 224	20 357
1 637	68 640	19 692	1 682	70 260	20 372
1 638	68 676	19 707	1 683	70 296	20 387
1 639	68 712	19 722	1 684	70 332	20 402
1 640	68 748	19 737	1 685	70 368	20 417
1 641	68 784	19 752	1 686	70 404	20 433
1 642	68 820	19 767	1 687	70 440	20 448
1 643	68 856	19 782	1 688	70 476	20 463
1 644	68 892	19 798	1 689	70 512	20 478
1 645	68 928	19 813	1 690	70 548	20 493
1 646	68 964	19 828	1 691	70 584	20 508
1 647	69 000	19 843	1 692	70 620	20 523
1 648	69 036	19 858	1 693	70 656	20 538
1 649	69 072	19 873	1 694	70 692	20 554
1 650	69 108	19 888	1 695	70 728	20 569
1 651	69 144	19 903	1 696	70 764	20 584
1 652	69 180	19 918	1 697	70 800	20 599
1 653	69 216	19 934	1 698	70 836	20 614
1 654	69 252	19 949	1 699	70 872	20 629
1 655	69 288	19 964	1 700	70 908	20 644
1 656	69 324	19 979	1 701	70 944	20 659
1 657	69 360	19 994	1 702	70 980	20 674
1 658	69 396	20 009	1 703	71 016	20 690
1 659	69 432	20 024	1 704	71 052	20 705
1 660	69 468	20 039	1 705	71 088	20 720
1 661	69 504	20 055	1 706	71 124	20 735
1 662	69 540	20 070	1 707	71 160	20 750
1 663	69 576	20 085	1 708	71 196	20 765
1 664	69 612	20 100	1 709	71 232	20 780
1 665	69 648	20 115	1 710	71 268	20 795

1) Die ESt gilt nur für den ausgewiesenen Wert, Zwischenwerte sind zu schätzen; s. Vorbemerkung.

laufende Nr.	zu versteuerndes Einkommen[1] in €	tarifliche Einkommensteuer[1] in €	laufende Nr.	zu versteuerndes Einkommen in €	tarifliche Einkommensteuer in €
1 711	71 304	20 811	1 756	72 924	21 491
1 712	71 340	20 826	1 757	72 960	21 506
1 713	71 376	20 841	1 758	72 996	21 521
1 714	71 412	20 856	1 759	73 032	21 536
1 715	71 448	20 871	1 760	73 068	21 551
1 716	71 484	20 886	1 761	73 104	21 567
1 717	71 520	20 901	1 762	73 140	21 582
1 718	71 556	20 916	1 763	73 176	21 597
1 719	71 592	20 932	1 764	73 212	21 612
1 720	71 628	20 947	1 765	73 248	21 627
1 721	71 664	20 962	1 766	73 284	21 642
1 722	71 700	20 977	1 767	73 320	21 657
1 723	71 736	20 992	1 768	73 356	21 672
1 724	71 772	21 007	1 769	73 392	21 688
1 725	71 808	21 022	1 770	73 428	21 703
1 726	71 844	21 037	1 771	73 464	21 718
1 727	71 880	21 052	1 772	73 500	21 733
1 728	71 916	21 068	1 773	73 536	21 748
1 729	71 952	21 083	1 774	73 572	21 763
1 730	71 988	21 098	1 775	73 608	21 778
1 731	72 024	21 113	1 776	73 644	21 793
1 732	72 060	21 128	1 777	73 680	21 808
1 733	72 096	21 143	1 778	73 716	21 824
1 734	72 132	21 158	1 779	73 752	21 839
1 735	72 168	21 173	1 780	73 788	21 854
1 736	72 204	21 189	1 781	73 824	21 869
1 737	72 240	21 204	1 782	73 860	21 884
1 738	72 276	21 219	1 783	73 896	21 899
1 739	72 312	21 234	1 784	73 932	21 914
1 740	72 348	21 249	1 785	73 968	21 929
1 741	72 384	21 264	1 786	74 004	21 945
1 742	72 420	21 279	1 787	74 040	21 960
1 743	72 456	21 294	1 788	74 076	21 975
1 744	72 492	21 310	1 789	74 112	21 990
1 745	72 528	21 325	1 790	74 148	22 005
1 746	72 564	21 340	1 791	74 184	22 020
1 747	72 600	21 355	1 792	74 220	22 035
1 748	72 636	21 370	1 793	74 256	22 050
1 749	72 672	21 385	1 794	74 292	22 066
1 750	72 708	21 400	1 795	74 328	22 081
1 751	72 744	21 415	1 796	74 364	22 096
1 752	72 780	21 430	1 797	74 400	22 111
1 753	72 816	21 446	1 798	74 436	22 126
1 754	72 852	21 461	1 799	74 472	22 141
1 755	72 888	21 476	1 800	74 508	22 156

[1] Die ESt gilt nur für den ausgewiesenen Wert, Zwischenwerte sind zu schätzen; s. Vorbemerkung.

laufende Nr.	zu versteuerndes Einkommen[1] in €	tarifliche Einkommensteuer[1] in €	laufende Nr.	zu versteuerndes Einkommen in €	tarifliche Einkommensteuer in €
1 801	74 544	22 171	1 846	76 164	22 852
1 802	74 580	22 186	1 847	76 200	22 867
1 803	74 616	22 202	1 848	76 236	22 882
1 804	74 652	22 217	1 849	76 272	22 897
1 805	74 688	22 232	1 850	76 308	22 912
1 806	74 724	22 247	1 851	76 344	22 927
1 807	74 760	22 262	1 852	76 380	22 942
1 808	74 796	22 277	1 853	76 416	22 958
1 809	74 832	22 292	1 854	76 452	22 973
1 810	74 868	22 307	1 855	76 488	22 988
1 811	74 904	22 323	1 856	76 524	23 003
1 812	74 940	22 338	1 857	76 560	23 018
1 813	74 976	22 353	1 858	76 596	23 033
1 814	75 012	22 368	1 859	76 632	23 048
1 815	75 048	22 383	1 860	76 668	23 063
1 816	75 084	22 398	1 861	76 704	23 079
1 817	75 120	22 413	1 862	76 740	23 094
1 818	75 156	22 428	1 863	76 776	23 109
1 819	75 192	22 444	1 864	76 812	23 124
1 820	75 228	22 459	1 865	76 848	23 139
1 821	75 264	22 474	1 866	76 884	23 154
1 822	75 300	22 489	1 867	76 920	23 169
1 823	75 336	22 504	1 868	76 956	23 184
1 824	75 372	22 519	1 869	76 992	23 200
1 825	75 408	22 534	1 870	77 028	23 215
1 826	75 444	22 549	1 871	77 064	23 230
1 827	75 480	22 564	1 872	77 100	23 245
1 828	75 516	22 580	1 873	77 136	23 260
1 829	75 552	22 595	1 874	77 172	23 275
1 830	75 588	22 610	1 875	77 208	23 290
1 831	75 624	22 625	1 876	77 244	23 305
1 832	75 660	22 640	1 877	77 280	23 320
1 833	75 696	22 655	1 878	77 316	23 336
1 834	75 732	22 670	1 879	77 352	23 351
1 835	75 768	22 685	1 880	77 388	23 366
1 836	75 804	22 701	1 881	77 424	23 381
1 837	75 840	22 716	1 882	77 460	23 396
1 838	75 876	22 731	1 883	77 496	23 411
1 839	75 912	22 746	1 884	77 532	23 426
1 840	75 948	22 761	1 885	77 568	23 441
1 841	75 984	22 776	1 886	77 604	23 457
1 842	76 020	22 791	1 887	77 640	23 472
1 843	76 056	22 806	1 888	77 676	23 487
1 844	76 092	22 822	1 889	77 712	23 502
1 845	76 128	22 837	1 890	77 748	23 517

[1] Die ESt gilt nur für den ausgewiesenen Wert, Zwischenwerte sind zu schätzen; s. Vorbemerkung.

laufende Nr.	zu versteuerndes Einkommen[1] in €	tarifliche Einkommensteuer[1] in €	laufende Nr.	zu versteuerndes Einkommen in €	tarifliche Einkommensteuer in €
1 891	77 784	23 532	1 936	79 404	24 213
1 892	77 820	23 547	1 937	79 440	24 228
1 893	77 856	23 562	1 938	79 476	24 243
1 894	77 892	23 578	1 939	79 512	24 258
1 895	77 928	23 593	1 940	79 548	24 273
1 896	77 964	23 608	1 941	79 584	24 288
1 897	78 000	23 623	1 942	79 620	24 303
1 898	78 036	23 638	1 943	79 656	24 318
1 899	78 072	23 653	1 944	79 692	24 334
1 900	78 108	23 668	1 945	79 728	24 349
1 901	78 144	23 683	1 946	79 764	24 364
1 902	78 180	23 698	1 947	79 800	24 379
1 903	78 216	23 714	1 948	79 836	24 394
1 904	78 252	23 729	1 949	79 872	24 409
1 905	78 288	23 744	1 950	79 908	24 424
1 906	78 324	23 759	1 951	79 944	24 439
1 907	78 360	23 774	1 952	79 980	24 454
1 908	78 396	23 789	1 953	80 016	24 470
1 909	78 432	23 804	1 954	80 052	24 485
1 910	78 468	23 819	1 955	80 088	24 500
1 911	78 504	23 835	1 956	80 124	24 515
1 912	78 540	23 850	1 957	80 160	24 530
1 913	78 576	23 865	1 958	80 196	24 545
1 914	78 612	23 880	1 959	80 232	24 560
1 915	78 648	23 895	1 960	80 268	24 575
1 916	78 684	23 910	1 961	80 304	24 591
1 917	78 720	23 925	1 962	80 340	24 606
1 918	78 756	23 940	1 963	80 376	24 621
1 919	78 792	23 956	1 964	80 412	24 636
1 920	78 828	23 971	1 965	80 448	24 651
1 921	78 864	23 986	1 966	80 484	24 666
1 922	78 900	24 001	1 967	80 520	24 681
1 923	78 936	24 016	1 968	80 556	24 696
1 924	78 972	24 031	1 969	80 592	24 712
1 925	79 008	24 046	1 970	80 628	24 727
1 926	79 044	24 061	1 971	80 664	24 742
1 927	79 080	24 076	1 972	80 700	24 757
1 928	79 116	24 092	1 973	80 736	24 772
1 929	79 152	24 107	1 974	80 772	24 787
1 930	79 188	24 122	1 975	80 808	24 802
1 931	79 224	24 137	1 976	80 844	24 817
1 932	79 260	24 152	1 977	80 880	24 832
1 933	79 296	24 167	1 978	80 916	24 848
1 934	79 332	24 182	1 979	80 952	24 863
1 935	79 368	24 197	1 980	80 988	24 878

[1] Die ESt gilt nur für den ausgewiesenen Wert, Zwischenwerte sind zu schätzen; s. Vorbemerkung.

laufende Nr.	zu versteuerndes Einkommen[1] in €	tarifliche Einkommensteuer[1] in €
1 981	81 024	24 893
1 982	81 060	24 908
1 983	81 096	24 923
1 984	81 132	24 938
1 985	81 168	24 953
1 986	81 204	24 969
1 987	81 240	24 984
1 988	81 276	24 999
1 989	81 312	25 014
1 990	81 348	25 029
1 991	81 384	25 044
1 992	81 420	25 059
1 993	81 456	25 074
1 994	81 492	25 090
1 995	81 528	25 105
1 996	81 564	25 120
1 997	81 600	25 135
1 998	81 636	25 150
1 999	81 672	25 165
2 000	81 708	25 180
2 001	81 744	25 195
2 002	81 780	25 210
2 003	81 816	25 226
2 004	81 852	25 241
2 005	81 888	25 256
2 006	81 924	25 271
2 007	81 960	25 286
2 008	81 996	25 301
2 009	82 032	25 316
2 010	82 068	25 331
2 011	82 104	25 347
2 012	82 140	25 362
2 013	82 176	25 377
2 014	82 212	25 392
2 015	82 248	25 407
2 016	82 284	25 422
2 017	82 320	25 437
2 018	82 356	25 452
2 019	82 392	25 468
2 020	82 428	25 483
2 021	82 464	25 498
2 022	82 500	25 513
2 023	82 536	25 528
2 024	82 572	25 543
2 025	82 608	25 558

laufende Nr.	zu versteuerndes Einkommen in €	tarifliche Einkommensteuer in €
2 026	82 644	25 573
2 027	82 680	25 588
2 028	82 716	25 604
2 029	82 752	25 619
2 030	82 788	25 634
2 031	82 824	25 649
2 032	82 860	25 664
2 033	82 896	25 679
2 034	82 932	25 694
2 035	82 968	25 709
2 036	83 004	25 725
2 037	83 040	25 740
2 038	83 076	25 755
2 039	83 112	25 770
2 040	83 148	25 785
2 041	83 184	25 800
2 042	83 220	25 815
2 043	83 256	25 830
2 044	83 292	25 846
2 045	83 328	25 861
2 046	83 364	25 876
2 047	83 400	25 891
2 048	83 436	25 906
2 049	83 472	25 921
2 050	83 508	25 936
2 051	83 544	25 951
2 052	83 580	25 966
2 053	83 616	25 982
2 054	83 652	25 997
2 055	83 688	26 012
2 056	83 724	26 027
2 057	83 760	26 042
2 058	83 796	26 057
2 059	83 832	26 072
2 060	83 868	26 087
2 061	83 904	26 103
2 062	83 940	26 118
2 063	83 976	26 133
2 064	84 012	26 148
2 065	84 048	26 163
2 066	84 084	26 178
2 067	84 120	26 193
2 068	84 156	26 208
2 069	84 192	26 224
2 070	84 228	26 239

[1] Die ESt gilt nur für den ausgewiesenen Wert, Zwischenwerte sind zu schätzen; s. Vorbemerkung.

laufende Nr.	zu versteuerndes Einkommen[1] in €	tarifliche Einkommensteuer[1] in €	laufende Nr.	zu versteuerndes Einkommen in €	tarifliche Einkommensteuer in €
2 071	84 264	26 254	2 116	85 884	26 934
2 072	84 300	26 269	2 117	85 920	26 949
2 073	84 336	26 284	2 118	85 956	26 964
2 074	84 372	26 299	2 119	85 992	26 980
2 075	84 408	26 314	2 120	86 028	26 995
2 076	84 444	26 329	2 121	86 064	27 010
2 077	84 480	26 344	2 122	86 100	27 025
2 078	84 516	26 360	2 123	86 136	27 040
2 079	84 552	26 375	2 124	86 172	27 055
2 080	84 588	26 390	2 125	86 208	27 070
2 081	84 624	26 405	2 126	86 244	27 085
2 082	84 660	26 420	2 127	86 280	27 100
2 083	84 696	26 435	2 128	86 316	27 116
2 084	84 732	26 450	2 129	86 352	27 131
2 085	84 768	26 465	2 130	86 388	27 146
2 086	84 804	26 481	2 131	86 424	27 161
2 087	84 840	26 496	2 132	86 460	27 176
2 088	84 876	26 511	2 133	86 496	27 191
2 089	84 912	26 526	2 134	86 532	27 206
2 090	84 948	26 541	2 135	86 568	27 221
2 091	84 984	26 556	2 136	86 604	27 237
2 092	85 020	26 571	2 137	86 640	27 252
2 093	85 056	26 586	2 138	86 676	27 267
2 094	85 092	26 602	2 139	86 712	27 282
2 095	85 128	26 617	2 140	86 748	27 297
2 096	85 164	26 632	2 141	86 784	27 312
2 097	85 200	26 647	2 142	86 820	27 327
2 098	85 236	26 662	2 143	86 856	27 342
2 099	85 272	26 677	2 144	86 892	27 358
2 100	85 308	26 692	2 145	86 928	27 373
2 101	85 344	26 707	2 146	86 964	27 388
2 102	85 380	26 722	2 147	87 000	27 403
2 103	85 416	26 738	2 148	87 036	27 418
2 104	85 452	26 753	2 149	87 072	27 433
2 105	85 488	26 768	2 150	87 108	27 448
2 106	85 524	26 783	2 151	87 144	27 463
2 107	85 560	26 798	2 152	87 180	27 478
2 108	85 596	26 813	2 153	87 216	27 494
2 109	85 632	26 828	2 154	87 252	27 509
2 110	85 668	26 843	2 155	87 288	27 524
2 111	85 704	26 859	2 156	87 324	27 539
2 112	85 740	26 874	2 157	87 360	27 554
2 113	85 776	26 889	2 158	87 396	27 569
2 114	85 812	26 904	2 159	87 432	27 584
2 115	85 848	26 919	2 160	87 468	27 599

[1] Die ESt gilt nur für den ausgewiesenen Wert, Zwischenwerte sind zu schätzen; s. Vorbemerkung.

laufende Nr.	zu versteuerndes Einkommen[1] in €	tarifliche Einkommensteuer[1] in €
2 161	87 504	27 615
2 162	87 540	27 630
2 163	87 576	27 645
2 164	87 612	27 660
2 165	87 648	27 675
2 166	87 684	27 690
2 167	87 720	27 705
2 168	87 756	27 720
2 169	87 792	27 736
2 170	87 828	27 751
2 171	87 864	27 766
2 172	87 900	27 781
2 173	87 936	27 796
2 174	87 972	27 811
2 175	88 008	27 826
2 176	88 044	27 841
2 177	88 080	27 856
2 178	88 116	27 872
2 179	88 152	27 887
2 180	88 188	27 902
2 181	88 224	27 917
2 182	88 260	27 932
2 183	88 296	27 947
2 184	88 332	27 962
2 185	88 368	27 977
2 186	88 404	27 993
2 187	88 440	28 008
2 188	88 476	28 023
2 189	88 512	28 038
2 190	88 548	28 053
2 191	88 584	28 068
2 192	88 620	28 083
2 193	88 656	28 098
2 194	88 692	28 114
2 195	88 728	28 129
2 196	88 764	28 144
2 197	88 800	28 159
2 198	88 836	28 174
2 199	88 872	28 189
2 200	88 908	28 204
2 201	88 944	28 219
2 202	88 980	28 234
2 203	89 016	28 250
2 204	89 052	28 265
2 205	89 088	28 280

laufende Nr.	zu versteuerndes Einkommen in €	tarifliche Einkommensteuer in €
2 206	89 124	28 295
2 207	89 160	28 310
2 208	89 196	28 325
2 209	89 232	28 340
2 210	89 268	28 355
2 211	89 304	28 371
2 212	89 340	28 386
2 213	89 376	28 401
2 214	89 412	28 416
2 215	89 448	28 431
2 216	89 484	28 446
2 217	89 520	28 461
2 218	89 556	28 476
2 219	89 592	28 492
2 220	89 628	28 507
2 221	89 664	28 522
2 222	89 700	28 537
2 223	89 736	28 552
2 224	89 772	28 567
2 225	89 808	28 582
2 226	89 844	28 597
2 227	89 880	28 612
2 228	89 916	28 628
2 229	89 952	28 643
2 230	89 988	28 658
2 231	90 024	28 673
2 232	90 060	28 688
2 233	90 096	28 703
2 234	90 132	28 718
2 235	90 168	28 733
2 236	90 204	28 749
2 237	90 240	28 764
2 238	90 276	28 779
2 239	90 312	28 794
2 240	90 348	28 809
2 241	90 384	28 824
2 242	90 420	28 839
2 243	90 456	28 854
2 244	90 492	28 870
2 245	90 528	28 885
2 246	90 564	28 900
2 247	90 600	28 915
2 248	90 636	28 930
2 249	90 672	28 945
2 250	90 708	28 960

[1] Die ESt gilt nur für den ausgewiesenen Wert, Zwischenwerte sind zu schätzen; s. Vorbemerkung.

laufende Nr.	zu versteuerndes Einkommen[1] in €	tarifliche Einkommensteuer[1] in €	laufende Nr.	zu versteuerndes Einkommen in €	tarifliche Einkommensteuer in €
2 251	90 744	28 975	2 296	92 364	29 656
2 252	90 780	28 990	2 297	92 400	29 671
2 253	90 816	29 006	2 298	92 436	29 686
2 254	90 852	29 021	2 299	92 472	29 701
2 255	90 888	29 036	2 300	92 508	29 716
2 256	90 924	29 051	2 301	92 544	29 731
2 257	90 960	29 066	2 302	92 580	29 746
2 258	90 996	29 081	2 303	92 616	29 762
2 259	91 032	29 096	2 304	92 652	29 777
2 260	91 068	29 111	2 305	92 688	29 792
2 261	91 104	29 127	2 306	92 724	29 807
2 262	91 140	29 142	2 307	92 760	29 822
2 263	91 176	29 157	2 308	92 796	29 837
2 264	91 212	29 172	2 309	92 832	29 852
2 265	91 248	29 187	2 310	92 868	29 867
2 266	91 284	29 202	2 311	92 904	29 883
2 267	91 320	29 217	2 312	92 940	29 898
2 268	91 356	29 232	2 313	92 976	29 913
2 269	91 392	29 248	2 314	93 012	29 928
2 270	91 428	29 263	2 315	93 048	29 943
2 271	91 464	29 278	2 316	93 084	29 958
2 272	91 500	29 293	2 317	93 120	29 973
2 273	91 536	29 308	2 318	93 156	29 988
2 274	91 572	29 323	2 319	93 192	30 004
2 275	91 608	29 338	2 320	93 228	30 019
2 276	91 644	29 353	2 321	93 264	30 034
2 277	91 680	29 368	2 322	93 300	30 049
2 278	91 716	29 384	2 323	93 336	30 064
2 279	91 752	29 399	2 324	93 372	30 079
2 280	91 788	29 414	2 325	93 408	30 094
2 281	91 824	29 429	2 326	93 444	30 109
2 282	91 860	29 444	2 327	93 480	30 124
2 283	91 896	29 459	2 328	93 516	30 140
2 284	91 932	29 474	2 329	93 552	30 155
2 285	91 968	29 489	2 330	93 588	30 170
2 286	92 004	29 505	2 331	93 624	30 185
2 287	92 040	29 520	2 332	93 660	30 200
2 288	92 076	29 535	2 333	93 696	30 215
2 289	92 112	29 550	2 334	93 732	30 230
2 290	92 148	29 565	2 335	93 768	30 245
2 291	92 184	29 580	2 336	93 804	30 261
2 292	92 220	29 595	2 337	93 840	30 276
2 293	92 256	29 610	2 338	93 876	30 291
2 294	92 292	29 626	2 339	93 912	30 306
2 295	92 328	29 641	2 340	93 948	30 321

[1] Die ESt gilt nur für den ausgewiesenen Wert, Zwischenwerte sind zu schätzen; s. Vorbemerkung.

laufende Nr.	zu versteuerndes Einkommen[1] in €	tarifliche Einkommensteuer[1] in €	laufende Nr.	zu versteuerndes Einkommen in €	tarifliche Einkommensteuer in €
2 341	93 984	30 336	2 371	95 064	30 790
2 342	94 020	30 351	2 372	95 100	30 805
2 343	94 056	30 366	2 373	95 136	30 820
2 344	94 092	30 382	2 374	95 172	30 835
2 345	94 128	30 397	2 375	95 208	30 850
2 346	94 164	30 412	2 376	95 244	30 865
2 347	94 200	30 427	2 377	95 280	30 880
2 348	94 236	30 442	2 378	95 316	30 896
2 349	94 272	30 457	2 379	95 352	30 911
2 350	94 308	30 472	2 380	95 388	30 926
2 351	94 344	30 487	2 381	95 424	30 941
2 352	94 380	30 502	2 382	95 460	30 956
2 353	94 416	30 518	2 383	95 496	30 971
2 354	94 452	30 533	2 384	95 532	30 986
2 355	94 488	30 548	2 385	95 568	31 001
2 356	94 524	30 563	2 386	95 604	31 017
2 357	94 560	30 578	2 387	95 640	31 032
2 358	94 596	30 593	2 388	95 676	31 047
2 359	94 632	30 608	2 389	95 712	31 062
2 360	94 668	30 623	2 390	95 748	31 077
2 361	94 704	30 639	2 391	95 784	31 092
2 362	94 740	30 654	2 392	95 820	31 107
2 363	94 776	30 669	2 393	95 856	31 122
2 364	94 812	30 684	2 394	95 892	31 138
2 365	94 848	30 699	2 395	95 928	31 153
2 366	94 884	30 714	2 396	95 964	31 168
2 367	94 920	30 729	2 397	96 000	31 183
2 368	94 956	30 744	2 398	96 036	31 198
2 369	94 992	30 760	2 399	96 072	31 213
2 370	95 028	30 775	2 400	96 108	31 228

[1] Die ESt gilt nur für den ausgewiesenen Wert, Zwischenwerte sind zu schätzen; s. Vorbemerkung.

laufende Nr.	zu versteuerndes Einkommen[1] in €	tarifliche Einkommensteuer[1] in €
1	19 488	
2	19 560	10
3	19 632	20
4	19 704	30
5	19 776	40
6	19 848	50
7	19 920	60
8	19 992	70
9	20 064	82
10	20 136	92
11	20 208	102
12	20 280	114
13	20 352	124
14	20 424	134
15	20 496	146
16	20 568	156
17	20 640	166
18	20 712	178
19	20 784	188
20	20 856	200
21	20 928	210
22	21 000	222
23	21 072	234
24	21 144	244
25	21 216	256
26	21 288	268
27	21 360	278
28	21 432	290
29	21 504	302
30	21 576	314
31	21 648	324
32	21 720	336
33	21 792	348
34	21 864	360
35	21 936	372
36	22 008	384
37	22 080	396
38	22 152	408
39	22 224	420
40	22 296	432
41	22 368	444
42	22 440	456
43	22 512	468
44	22 584	480
45	22 656	492

laufende Nr.	zu versteuerndes Einkommen in €	tarifliche Einkommensteuer in €
46	22 728	504
47	22 800	518
48	22 872	530
49	22 944	542
50	23 016	554
51	23 088	568
52	23 160	580
53	23 232	592
54	23 304	606
55	23 376	618
56	23 448	632
57	23 520	644
58	23 592	658
59	23 664	670
60	23 736	684
61	23 808	696
62	23 880	710
63	23 952	724
64	24 024	736
65	24 096	750
66	24 168	764
67	24 240	776
68	24 312	790
69	24 384	804
70	24 456	818
71	24 528	830
72	24 600	844
73	24 672	858
74	24 744	872
75	24 816	886
76	24 888	900
77	24 960	914
78	25 032	928
79	25 104	942
80	25 176	956
81	25 248	970
82	25 320	984
83	25 392	1 000
84	25 464	1 014
85	25 536	1 028
86	25 608	1 042
87	25 680	1 056
88	25 752	1 072
89	25 824	1 086
90	25 896	1 100

[1] Die ESt gilt nur für den ausgewiesenen Wert, Zwischenwerte sind zu schätzen; s. Vorbemerkung.

laufende Nr.	zu versteuerndes Einkommen[1] in €	tarifliche Einkommensteuer[1] in €	laufende Nr.	zu versteuerndes Einkommen in €	tarifliche Einkommensteuer in €
91	25 968	1 116	136	29 208	1 830
92	26 040	1 130	137	29 280	1 846
93	26 112	1 144	138	29 352	1 864
94	26 184	1 160	139	29 424	1 882
95	26 256	1 174	140	29 496	1 898
96	26 328	1 190	141	29 568	1 916
97	26 400	1 204	142	29 640	1 934
98	26 472	1 220	143	29 712	1 950
99	26 544	1 234	144	29 784	1 968
100	26 616	1 250	145	29 856	1 984
101	26 688	1 264	146	29 928	2 002
102	26 760	1 280	147	30 000	2 020
103	26 832	1 296	148	30 072	2 036
104	26 904	1 310	149	30 144	2 054
105	26 976	1 326	150	30 216	2 072
106	27 048	1 342	151	30 288	2 090
107	27 120	1 358	152	30 360	2 106
108	27 192	1 372	153	30 432	2 124
109	27 264	1 388	154	30 504	2 142
110	27 336	1 404	155	30 576	2 158
111	27 408	1 420	156	30 648	2 176
112	27 480	1 436	157	30 720	2 194
113	27 552	1 452	158	30 792	2 210
114	27 624	1 468	159	30 864	2 228
115	27 696	1 484	160	30 936	2 246
116	27 768	1 500	161	31 008	2 264
117	27 840	1 516	162	31 080	2 280
118	27 912	1 532	163	31 152	2 298
119	27 984	1 548	164	31 224	2 316
120	28 056	1 564	165	31 296	2 334
121	28 128	1 580	166	31 368	2 350
122	28 200	1 596	167	31 440	2 368
123	28 272	1 612	168	31 512	2 386
124	28 344	1 630	169	31 584	2 404
125	28 416	1 646	170	31 656	2 422
126	28 488	1 662	171	31 728	2 438
127	28 560	1 678	172	31 800	2 456
128	28 632	1 696	173	31 872	2 474
129	28 704	1 712	174	31 944	2 492
130	28 776	1 728	175	32 016	2 510
131	28 848	1 746	176	32 088	2 526
132	28 920	1 762	177	32 160	2 544
133	28 992	1 780	178	32 232	2 562
134	29 064	1 796	179	32 304	2 580
135	29 136	1 812	180	32 376	2 598

[1] Die ESt gilt nur für den ausgewiesenen Wert, Zwischenwerte sind zu schätzen; s. Vorbemerkung.

laufende Nr.	zu versteuerndes Einkommen[1] in €	tarifliche Einkommensteuer[1] in €	laufende Nr.	zu versteuerndes Einkommen in €	tarifliche Einkommensteuer in €
181	32 448	2 616	226	35 688	3 422
182	32 520	2 632	227	35 760	3 440
183	32 592	2 650	228	35 832	3 460
184	32 664	2 668	229	35 904	3 478
185	32 736	2 686	230	35 976	3 496
186	32 808	2 704	231	36 048	3 514
187	32 880	2 722	232	36 120	3 532
188	32 952	2 740	233	36 192	3 550
189	33 024	2 758	234	36 264	3 568
190	33 096	2 774	235	36 336	3 586
191	33 168	2 792	236	36 408	3 606
192	33 240	2 810	237	36 480	3 624
193	33 312	2 828	238	36 552	3 642
194	33 384	2 846	239	36 624	3 660
195	33 456	2 864	240	36 696	3 678
196	33 528	2 882	241	36 768	3 696
197	33 600	2 900	242	36 840	3 716
198	33 672	2 918	243	36 912	3 734
199	33 744	2 936	244	36 984	3 752
200	33 816	2 954	245	37 056	3 770
201	33 888	2 972	246	37 128	3 788
202	33 960	2 990	247	37 200	3 806
203	34 032	3 008	248	37 272	3 826
204	34 104	3 026	249	37 344	3 844
205	34 176	3 044	250	37 416	3 862
206	34 248	3 062	251	37 488	3 880
207	34 320	3 080	252	37 560	3 900
208	34 392	3 098	253	37 632	3 918
209	34 464	3 116	254	37 704	3 936
210	34 536	3 134	255	37 776	3 954
211	34 608	3 152	256	37 848	3 974
212	34 680	3 170	257	37 920	3 992
213	34 752	3 188	258	37 992	4 010
214	34 824	3 206	259	38 064	4 028
215	34 896	3 224	260	38 136	4 048
216	34 968	3 242	261	38 208	4 066
217	35 040	3 260	262	38 280	4 084
218	35 112	3 278	263	38 352	4 104
219	35 184	3 296	264	38 424	4 122
220	35 256	3 314	265	38 496	4 140
221	35 328	3 332	266	38 568	4 158
222	35 400	3 350	267	38 640	4 178
223	35 472	3 368	268	38 712	4 196
224	35 544	3 386	269	38 784	4 214
225	35 616	3 404	270	38 856	4 234

[1] Die ESt gilt nur für den ausgewiesenen Wert, Zwischenwerte sind zu schätzen; s. Vorbemerkung.

laufende Nr.	zu versteuerndes Einkommen[1] in €	tarifliche Einkommensteuer[1] in €
271	38 928	4 252
272	39 000	4 270
273	39 072	4 290
274	39 144	4 308
275	39 216	4 326
276	39 288	4 346
277	39 360	4 364
278	39 432	4 384
279	39 504	4 402
280	39 576	4 420
281	39 648	4 440
282	39 720	4 458
283	39 792	4 476
284	39 864	4 496
285	39 936	4 514
286	40 008	4 534
287	40 080	4 552
288	40 152	4 572
289	40 224	4 590
290	40 296	4 608
291	40 368	4 628
292	40 440	4 646
293	40 512	4 666
294	40 584	4 684
295	40 656	4 704
296	40 728	4 722
297	40 800	4 742
298	40 872	4 760
299	40 944	4 780
300	41 016	4 798
301	41 088	4 818
302	41 160	4 836
303	41 232	4 856
304	41 304	4 874
305	41 376	4 894
306	41 448	4 912
307	41 520	4 932
308	41 592	4 950
309	41 664	4 970
310	41 736	4 988
311	41 808	5 008
312	41 880	5 026
313	41 952	5 046
314	42 024	5 066
315	42 096	5 084

laufende Nr.	zu versteuerndes Einkommen in €	tarifliche Einkommensteuer in €
316	42 168	5 104
317	42 240	5 122
318	42 312	5 142
319	42 384	5 160
320	42 456	5 180
321	42 528	5 200
322	42 600	5 218
323	42 672	5 238
324	42 744	5 258
325	42 816	5 276
326	42 888	5 296
327	42 960	5 314
328	43 032	5 334
329	43 104	5 354
330	43 176	5 372
331	43 248	5 392
332	43 320	5 412
333	43 392	5 430
334	43 464	5 450
335	43 536	5 470
336	43 608	5 488
337	43 680	5 508
338	43 752	5 528
339	43 824	5 548
340	43 896	5 566
341	43 968	5 586
342	44 040	5 606
343	44 112	5 624
344	44 184	5 644
345	44 256	5 664
346	44 328	5 684
347	44 400	5 702
348	44 472	5 722
349	44 544	5 742
350	44 616	5 762
351	44 688	5 780
352	44 760	5 800
353	44 832	5 820
354	44 904	5 840
355	44 976	5 858
356	45 048	5 878
357	45 120	5 898
358	45 192	5 918
359	45 264	5 938
360	45 336	5 958

[1] Die ESt gilt nur für den ausgewiesenen Wert, Zwischenwerte sind zu schätzen; s. Vorbemerkung.

laufende Nr.	zu versteuerndes Einkommen[1] in €	tarifliche Einkommensteuer[1] in €	laufende Nr.	zu versteuerndes Einkommen in €	tarifliche Einkommensteuer in €
361	45 408	5 976	406	48 648	6 872
362	45 480	5 996	407	48 720	6 892
363	45 552	6 016	408	48 792	6 912
364	45 624	6 036	409	48 864	6 932
365	45 696	6 056	410	48 936	6 952
366	45 768	6 076	411	49 008	6 972
367	45 840	6 094	412	49 080	6 992
368	45 912	6 114	413	49 152	7 014
369	45 984	6 134	414	49 224	7 034
370	46 056	6 154	415	49 296	7 054
371	46 128	6 174	416	49 368	7 074
372	46 200	6 194	417	49 440	7 094
373	46 272	6 214	418	49 512	7 114
374	46 344	6 234	419	49 584	7 134
375	46 416	6 252	420	49 656	7 154
376	46 488	6 272	421	49 728	7 176
377	46 560	6 292	422	49 800	7 196
378	46 632	6 312	423	49 872	7 216
379	46 704	6 332	424	49 944	7 236
380	46 776	6 352	425	50 016	7 256
381	46 848	6 372	426	50 088	7 276
382	46 920	6 392	427	50 160	7 298
383	46 992	6 412	428	50 232	7 318
384	47 064	6 432	429	50 304	7 338
385	47 136	6 452	430	50 376	7 358
386	47 208	6 472	431	50 448	7 378
387	47 280	6 492	432	50 520	7 400
388	47 352	6 512	433	50 592	7 420
389	47 424	6 532	434	50 664	7 440
390	47 496	6 552	435	50 736	7 460
391	47 568	6 572	436	50 808	7 480
392	47 640	6 592	437	50 880	7 502
393	47 712	6 612	438	50 952	7 522
394	47 784	6 632	439	51 024	7 542
395	47 856	6 652	440	51 096	7 562
396	47 928	6 672	441	51 168	7 584
397	48 000	6 692	442	51 240	7 604
398	48 072	6 712	443	51 312	7 624
399	48 144	6 732	444	51 384	7 644
400	48 216	6 752	445	51 456	7 666
401	48 288	6 772	446	51 528	7 686
402	48 360	6 792	447	51 600	7 706
403	48 432	6 812	448	51 672	7 728
404	48 504	6 832	449	51 744	7 748
405	48 576	6 852	450	51 816	7 768

[1] Die ESt gilt nur für den ausgewiesenen Wert, Zwischenwerte sind zu schätzen; s. Vorbemerkung.

laufende Nr.	zu versteuerndes Einkommen[1)] in €	tarifliche Einkommensteuer[1)] in €
451	51 888	7 790
452	51 960	7 810
453	52 032	7 830
454	52 104	7 850
455	52 176	7 872
456	52 248	7 892
457	52 320	7 912
458	52 392	7 934
459	52 464	7 954
460	52 536	7 976
461	52 608	7 996
462	52 680	8 016
463	52 752	8 038
464	52 824	8 058
465	52 896	8 078
466	52 968	8 100
467	53 040	8 120
468	53 112	8 142
469	53 184	8 162
470	53 256	8 182
471	53 328	8 204
472	53 400	8 224
473	53 472	8 246
474	53 544	8 266
475	53 616	8 288
476	53 688	8 308
477	53 760	8 328
478	53 832	8 350
479	53 904	8 370
480	53 976	8 392
481	54 048	8 412
482	54 120	8 434
483	54 192	8 454
484	54 264	8 476
485	54 336	8 496
486	54 408	8 518
487	54 480	8 538
488	54 552	8 560
489	54 624	8 580
490	54 696	8 602
491	54 768	8 622
492	54 840	8 644
493	54 912	8 664
494	54 984	8 686
495	55 056	8 706

laufende Nr.	zu versteuerndes Einkommen in €	tarifliche Einkommensteuer in €
496	55 128	8 728
497	55 200	8 750
498	55 272	8 770
499	55 344	8 792
500	55 416	8 812
501	55 488	8 834
502	55 560	8 854
503	55 632	8 876
504	55 704	8 898
505	55 776	8 918
506	55 848	8 940
507	55 920	8 960
508	55 992	8 982
509	56 064	9 004
510	56 136	9 024
511	56 208	9 046
512	56 280	9 068
513	56 352	9 088
514	56 424	9 110
515	56 496	9 132
516	56 568	9 152
517	56 640	9 174
518	56 712	9 196
519	56 784	9 216
520	56 856	9 238
521	56 928	9 260
522	57 000	9 280
523	57 072	9 302
524	57 144	9 324
525	57 216	9 344
526	57 288	9 366
527	57 360	9 388
528	57 432	9 410
529	57 504	9 430
530	57 576	9 452
531	57 648	9 474
532	57 720	9 496
533	57 792	9 516
534	57 864	9 538
535	57 936	9 560
536	58 008	9 582
537	58 080	9 602
538	58 152	9 624
539	58 224	9 646
540	58 296	9 668

1) Die ESt gilt nur für den ausgewiesenen Wert, Zwischenwerte sind zu schätzen; s. Vorbemerkung.

laufende Nr.	zu versteuerndes Einkommen[1] in €	tarifliche Einkommensteuer[1] in €
541	58 368	9 690
542	58 440	9 710
543	58 512	9 732
544	58 584	9 754
545	58 656	9 776
546	58 728	9 798
547	58 800	9 818
548	58 872	9 840
549	58 944	9 862
550	59 016	9 884
551	59 088	9 906
552	59 160	9 928
553	59 232	9 948
554	59 304	9 970
555	59 376	9 992
556	59 448	10 014
557	59 520	10 036
558	59 592	10 058
559	59 664	10 080
560	59 736	10 102
561	59 808	10 124
562	59 880	10 144
563	59 952	10 166
564	60 024	10 188
565	60 096	10 210
566	60 168	10 232
567	60 240	10 254
568	60 312	10 276
569	60 384	10 298
570	60 456	10 320
571	60 528	10 342
572	60 600	10 364
573	60 672	10 386
574	60 744	10 408
575	60 816	10 430
576	60 888	10 452
577	60 960	10 474
578	61 032	10 496
579	61 104	10 518
580	61 176	10 540
581	61 248	10 562
582	61 320	10 584
583	61 392	10 606
584	61 464	10 628
585	61 536	10 650

laufende Nr.	zu versteuerndes Einkommen in €	tarifliche Einkommensteuer in €
586	61 608	10 672
587	61 680	10 694
588	61 752	10 716
589	61 824	10 738
590	61 896	10 760
591	61 968	10 782
592	62 040	10 804
593	62 112	10 826
594	62 184	10 848
595	62 256	10 872
596	62 328	10 894
597	62 400	10 916
598	62 472	10 938
599	62 544	10 960
600	62 616	10 982
601	62 688	11 004
602	62 760	11 026
603	62 832	11 048
604	62 904	11 072
605	62 976	11 094
606	63 048	11 116
607	63 120	11 138
608	63 192	11 160
609	63 264	11 182
610	63 336	11 206
611	63 408	11 228
612	63 480	11 250
613	63 552	11 272
614	63 624	11 294
615	63 696	11 316
616	63 768	11 340
617	63 840	11 362
618	63 912	11 384
619	63 984	11 406
620	64 056	11 430
621	64 128	11 452
622	64 200	11 474
623	64 272	11 496
624	64 344	11 518
625	64 416	11 542
626	64 488	11 564
627	64 560	11 586
628	64 632	11 610
629	64 704	11 632
630	64 776	11 654

[1] Die ESt gilt nur für den ausgewiesenen Wert, Zwischenwerte sind zu schätzen; s. Vorbemerkung.

laufende Nr.	zu versteuerndes Einkommen[1] in €	tarifliche Einkommensteuer[1] in €
631	64 848	11 676
632	64 920	11 700
633	64 992	11 722
634	65 064	11 744
635	65 136	11 768
636	65 208	11 790
637	65 280	11 812
638	65 352	11 836
639	65 424	11 858
640	65 496	11 880
641	65 568	11 902
642	65 640	11 926
643	65 712	11 948
644	65 784	11 972
645	65 856	11 994
646	65 928	12 016
647	66 000	12 040
648	66 072	12 062
649	66 144	12 084
650	66 216	12 108
651	66 288	12 130
652	66 360	12 154
653	66 432	12 176
654	66 504	12 198
655	66 576	12 222
656	66 648	12 244
657	66 720	12 268
658	66 792	12 290
659	66 864	12 314
660	66 936	12 336
661	67 008	12 358
662	67 080	12 382
663	67 152	12 404
664	67 224	12 428
665	67 296	12 450
666	67 368	12 474
667	67 440	12 496
668	67 512	12 520
669	67 584	12 542
670	67 656	12 566
671	67 728	12 588
672	67 800	12 612
673	67 872	12 634
674	67 944	12 658
675	68 016	12 680

laufende Nr.	zu versteuerndes Einkommen in €	tarifliche Einkommensteuer in €
676	68 088	12 704
677	68 160	12 726
678	68 232	12 750
679	68 304	12 772
680	68 376	12 796
681	68 448	12 818
682	68 520	12 842
683	68 592	12 866
684	68 664	12 888
685	68 736	12 912
686	68 808	12 934
687	68 880	12 958
688	68 952	12 980
689	69 024	13 004
690	69 096	13 028
691	69 168	13 050
692	69 240	13 074
693	69 312	13 098
694	69 384	13 120
695	69 456	13 144
696	69 528	13 166
697	69 600	13 190
698	69 672	13 214
699	69 744	13 236
700	69 816	13 260
701	69 888	13 284
702	69 960	13 306
703	70 032	13 330
704	70 104	13 354
705	70 176	13 376
706	70 248	13 400
707	70 320	13 424
708	70 392	13 446
709	70 464	13 470
710	70 536	13 494
711	70 608	13 518
712	70 680	13 540
713	70 752	13 564
714	70 824	13 588
715	70 896	13 612
716	70 968	13 634
717	71 040	13 658
718	71 112	13 682
719	71 184	13 706
720	71 256	13 728

[1] Die ESt gilt nur für den ausgewiesenen Wert, Zwischenwerte sind zu schätzen; s. Vorbemerkung.

laufende Nr.	zu versteuerndes Einkommen[1] in €	tarifliche Einkommensteuer[1] in €
721	71 328	13 752
722	71 400	13 776
723	71 472	13 800
724	71 544	13 822
725	71 616	13 846
726	71 688	13 870
727	71 760	13 894
728	71 832	13 918
729	71 904	13 940
730	71 976	13 964
731	72 048	13 988
732	72 120	14 012
733	72 192	14 036
734	72 264	14 060
735	72 336	14 082
736	72 408	14 106
737	72 480	14 130
738	72 552	14 154
739	72 624	14 178
740	72 696	14 202
741	72 768	14 226
742	72 840	14 250
743	72 912	14 272
744	72 984	14 296
745	73 056	14 320
746	73 128	14 344
747	73 200	14 368
748	73 272	14 392
749	73 344	14 416
750	73 416	14 440
751	73 488	14 464
752	73 560	14 488
753	73 632	14 512
754	73 704	14 536
755	73 776	14 558
756	73 848	14 582
757	73 920	14 606
758	73 992	14 630
759	74 064	14 654
760	74 136	14 678
761	74 208	14 702
762	74 280	14 726
763	74 352	14 750
764	74 424	14 774
765	74 496	14 798

laufende Nr.	zu versteuerndes Einkommen in €	tarifliche Einkommensteuer in €
766	74 568	14 822
767	74 640	14 846
768	74 712	14 870
769	74 784	14 894
770	74 856	14 918
771	74 928	14 944
772	75 000	14 968
773	75 072	14 992
774	75 144	15 016
775	75 216	15 040
776	75 288	15 064
777	75 360	15 088
778	75 432	15 112
779	75 504	15 136
780	75 576	15 160
781	75 648	15 184
782	75 720	15 208
783	75 792	15 232
784	75 864	15 258
785	75 936	15 282
786	76 008	15 306
787	76 080	15 330
788	76 152	15 354
789	76 224	15 378
790	76 296	15 402
791	76 368	15 426
792	76 440	15 452
793	76 512	15 476
794	76 584	15 500
795	76 656	15 524
796	76 728	15 548
797	76 800	15 572
798	76 872	15 598
799	76 944	15 622
800	77 016	15 646
801	77 088	15 670
802	77 160	15 694
803	77 232	15 720
804	77 304	15 744
805	77 376	15 768
806	77 448	15 792
807	77 520	15 818
808	77 592	15 842
809	77 664	15 866
810	77 736	15 890

[1] Die ESt gilt nur für den ausgewiesenen Wert, Zwischenwerte sind zu schätzen; s. Vorbemerkung.

laufende Nr.	zu versteuerndes Einkommen[1] in €	tarifliche Einkommensteuer[1] in €
811	77 808	15 916
812	77 880	15 940
813	77 952	15 964
814	78 024	15 988
815	78 096	16 014
816	78 168	16 038
817	78 240	16 062
818	78 312	16 088
819	78 384	16 112
820	78 456	16 136
821	78 528	16 160
822	78 600	16 186
823	78 672	16 210
824	78 744	16 234
825	78 816	16 260
826	78 888	16 284
827	78 960	16 308
828	79 032	16 334
829	79 104	16 358
830	79 176	16 384
831	79 248	16 408
832	79 320	16 432
833	79 392	16 458
834	79 464	16 482
835	79 536	16 506
836	79 608	16 532
837	79 680	16 556
838	79 752	16 582
839	79 824	16 606
840	79 896	16 630
841	79 968	16 656
842	80 040	16 680
843	80 112	16 706
844	80 184	16 730
845	80 256	16 756
846	80 328	16 780
847	80 400	16 806
848	80 472	16 830
849	80 544	16 854
850	80 616	16 880
851	80 688	16 904
852	80 760	16 930
853	80 832	16 954
854	80 904	16 980
855	80 976	17 004

laufende Nr.	zu versteuerndes Einkommen in €	tarifliche Einkommensteuer in €
856	81 048	17 030
857	81 120	17 054
858	81 192	17 080
859	81 264	17 104
860	81 336	17 130
861	81 408	17 154
862	81 480	17 180
863	81 552	17 204
864	81 624	17 230
865	81 696	17 256
866	81 768	17 280
867	81 840	17 306
868	81 912	17 330
869	81 984	17 356
870	82 056	17 380
871	82 128	17 406
872	82 200	17 432
873	82 272	17 456
874	82 344	17 482
875	82 416	17 506
876	82 488	17 532
877	82 560	17 558
878	82 632	17 582
879	82 704	17 608
880	82 776	17 632
881	82 848	17 658
882	82 920	17 684
883	82 992	17 708
884	83 064	17 734
885	83 136	17 760
886	83 208	17 784
887	83 280	17 810
888	83 352	17 836
889	83 424	17 860
890	83 496	17 886
891	83 568	17 912
892	83 640	17 938
893	83 712	17 962
894	83 784	17 988
895	83 856	18 014
896	83 928	18 038
897	84 000	18 064
898	84 072	18 090
899	84 144	18 116
900	84 216	18 140

[1] Die ESt gilt nur für den ausgewiesenen Wert, Zwischenwerte sind zu schätzen; s. Vorbemerkung.

laufende Nr.	zu versteuerndes Einkommen[1] in €	tarifliche Einkommensteuer[1] in €
901	84 288	18 166
902	84 360	18 192
903	84 432	18 218
904	84 504	18 242
905	84 576	18 268
906	84 648	18 294
907	84 720	18 320
908	84 792	18 344
909	84 864	18 370
910	84 936	18 396
911	85 008	18 422
912	85 080	18 448
913	85 152	18 472
914	85 224	18 498
915	85 296	18 524
916	85 368	18 550
917	85 440	18 576
918	85 512	18 602
919	85 584	18 626
920	85 656	18 652
921	85 728	18 678
922	85 800	18 704
923	85 872	18 730
924	85 944	18 756
925	86 016	18 782
926	86 088	18 806
927	86 160	18 832
928	86 232	18 858
929	86 304	18 884
930	86 376	18 910
931	86 448	18 936
932	86 520	18 962
933	86 592	18 988
934	86 664	19 014
935	86 736	19 040
936	86 808	19 066
937	86 880	19 090
938	86 952	19 116
939	87 024	19 142
940	87 096	19 168
941	87 168	19 194
942	87 240	19 220
943	87 312	19 246
944	87 384	19 272
945	87 456	19 298
946	87 528	19 324
947	87 600	19 350
948	87 672	19 376
949	87 744	19 402
950	87 816	19 428
951	87 888	19 454
952	87 960	19 480
953	88 032	19 506
954	88 104	19 532
955	88 176	19 558
956	88 248	19 584
957	88 320	19 610
958	88 392	19 636
959	88 464	19 664
960	88 536	19 690
961	88 608	19 716
962	88 680	19 742
963	88 752	19 768
964	88 824	19 794
965	88 896	19 820
966	88 968	19 846
967	89 040	19 872
968	89 112	19 898
969	89 184	19 924
970	89 256	19 952
971	89 328	19 978
972	89 400	20 004
973	89 472	20 030
974	89 544	20 056
975	89 616	20 082
976	89 688	20 108
977	89 760	20 134
978	89 832	20 162
979	89 904	20 188
980	89 976	20 214
981	90 048	20 240
982	90 120	20 266
983	90 192	20 294
984	90 264	20 320
985	90 336	20 346
986	90 408	20 372
987	90 480	20 398
988	90 552	20 426
989	90 624	20 452
990	90 696	20 478

[1] Die ESt gilt nur für den ausgewiesenen Wert, Zwischenwerte sind zu schätzen; s. Vorbemerkung.

laufende Nr.	zu versteuerndes Einkommen[1] in €	tarifliche Einkommensteuer[1] in €	laufende Nr.	zu versteuerndes Einkommen in €	tarifliche Einkommensteuer in €
991	90 768	20 504	1 036	94 008	21 706
992	90 840	20 532	1 037	94 080	21 734
993	90 912	20 558	1 038	94 152	21 760
994	90 984	20 584	1 039	94 224	21 788
995	91 056	20 610	1 040	94 296	21 814
996	91 128	20 638	1 041	94 368	21 842
997	91 200	20 664	1 042	94 440	21 868
998	91 272	20 690	1 043	94 512	21 896
999	91 344	20 716	1 044	94 584	21 922
1 000	91 416	20 744	1 045	94 656	21 950
1 001	91 488	20 770	1 046	94 728	21 976
1 002	91 560	20 796	1 047	94 800	22 004
1 003	91 632	20 822	1 048	94 872	22 030
1 004	91 704	20 850	1 049	94 944	22 058
1 005	91 776	20 876	1 050	95 016	22 086
1 006	91 848	20 902	1 051	95 088	22 112
1 007	91 920	20 930	1 052	95 160	22 140
1 008	91 992	20 956	1 053	95 232	22 166
1 009	92 064	20 982	1 054	95 304	22 194
1 010	92 136	21 010	1 055	95 376	22 220
1 011	92 208	21 036	1 056	95 448	22 248
1 012	92 280	21 062	1 057	95 520	22 276
1 013	92 352	21 090	1 058	95 592	22 302
1 014	92 424	21 116	1 059	95 664	22 330
1 015	92 496	21 142	1 060	95 736	22 356
1 016	92 568	21 170	1 061	95 808	22 384
1 017	92 640	21 196	1 062	95 880	22 412
1 018	92 712	21 224	1 063	95 952	22 438
1 019	92 784	21 250	1 064	96 024	22 466
1 020	92 856	21 276	1 065	96 096	22 492
1 021	92 928	21 304	1 066	96 168	22 520
1 022	93 000	21 330	1 067	96 240	22 548
1 023	93 072	21 358	1 068	96 312	22 574
1 024	93 144	21 384	1 069	96 384	22 602
1 025	93 216	21 410	1 070	96 456	22 630
1 026	93 288	21 438	1 071	96 528	22 656
1 027	93 360	21 464	1 072	96 600	22 684
1 028	93 432	21 492	1 073	96 672	22 712
1 029	93 504	21 518	1 074	96 744	22 738
1 030	93 576	21 546	1 075	96 816	22 766
1 031	93 648	21 572	1 076	96 888	22 794
1 032	93 720	21 598	1 077	96 960	22 822
1 033	93 792	21 626	1 078	97 032	22 848
1 034	93 864	21 652	1 079	97 104	22 876
1 035	93 936	21 680	1 080	97 176	22 904

[1] Die ESt gilt nur für den ausgewiesenen Wert, Zwischenwerte sind zu schätzen; s. Vorbemerkung.

laufende Nr.	zu versteuerndes Einkommen[1] in €	tarifliche Einkommensteuer[1] in €	laufende Nr.	zu versteuerndes Einkommen in €	tarifliche Einkommensteuer in €
1 081	97 248	22 930	1 126	100 488	24 176
1 082	97 320	22 958	1 127	100 560	24 204
1 083	97 392	22 986	1 128	100 632	24 232
1 084	97 464	23 014	1 129	100 704	24 260
1 085	97 536	23 040	1 130	100 776	24 288
1 086	97 608	23 068	1 131	100 848	24 316
1 087	97 680	23 096	1 132	100 920	24 344
1 088	97 752	23 124	1 133	100 992	24 372
1 089	97 824	23 150	1 134	101 064	24 400
1 090	97 896	23 178	1 135	101 136	24 428
1 091	97 968	23 206	1 136	101 208	24 456
1 092	98 040	23 234	1 137	101 280	24 484
1 093	98 112	23 260	1 138	101 352	24 512
1 094	98 184	23 288	1 139	101 424	24 540
1 095	98 256	23 316	1 140	101 496	24 568
1 096	98 328	23 344	1 141	101 568	24 596
1 097	98 400	23 372	1 142	101 640	24 626
1 098	98 472	23 398	1 143	101 712	24 654
1 099	98 544	23 426	1 144	101 784	24 682
1 100	98 616	23 454	1 145	101 856	24 710
1 101	98 688	23 482	1 146	101 928	24 738
1 102	98 760	23 510	1 147	102 000	24 766
1 103	98 832	23 538	1 148	102 072	24 794
1 104	98 904	23 564	1 149	102 144	24 822
1 105	98 976	23 592	1 150	102 216	24 850
1 106	99 048	23 620	1 151	102 288	24 878
1 107	99 120	23 648	1 152	102 360	24 906
1 108	99 192	23 676	1 153	102 432	24 934
1 109	99 264	23 704	1 154	102 504	24 964
1 110	99 336	23 732	1 155	102 576	24 992
1 111	99 408	23 758	1 156	102 648	25 020
1 112	99 480	23 786	1 157	102 720	25 048
1 113	99 552	23 814	1 158	102 792	25 076
1 114	99 624	23 842	1 159	102 864	25 104
1 115	99 696	23 870	1 160	102 936	25 132
1 116	99 768	23 898	1 161	103 008	25 160
1 117	99 840	23 926	1 162	103 080	25 190
1 118	99 912	23 954	1 163	103 152	25 218
1 119	99 984	23 982	1 164	103 224	25 246
1 120	100 056	24 010	1 165	103 296	25 274
1 121	100 128	24 038	1 166	103 368	25 302
1 122	100 200	24 066	1 167	103 440	25 332
1 123	100 272	24 092	1 168	103 512	25 360
1 124	100 344	24 120	1 169	103 584	25 388
1 125	100 416	24 148	1 170	103 656	25 416

EStG

[1] Die ESt gilt nur für den ausgewiesenen Wert, Zwischenwerte sind zu schätzen; s. Vorbemerkung.

laufende Nr.	zu versteuerndes Einkommen[1] in €	tarifliche Einkommensteuer[1] in €
1 171	103 728	25 444
1 172	103 800	25 474
1 173	103 872	25 502
1 174	103 944	25 530
1 175	104 016	25 558
1 176	104 088	25 586
1 177	104 160	25 616
1 178	104 232	25 644
1 179	104 304	25 672
1 180	104 376	25 700
1 181	104 448	25 730
1 182	104 520	25 758
1 183	104 592	25 786
1 184	104 664	25 814
1 185	104 736	25 844
1 186	104 808	25 872
1 187	104 880	25 900
1 188	104 952	25 930
1 189	105 024	25 958
1 190	105 096	25 986
1 191	105 168	26 016
1 192	105 240	26 044
1 193	105 312	26 072
1 194	105 384	26 102
1 195	105 456	26 130
1 196	105 528	26 158
1 197	105 600	26 188
1 198	105 672	26 216
1 199	105 744	26 244
1 200	105 816	26 274
1 201	105 888	26 302
1 202	105 960	26 330
1 203	106 032	26 360
1 204	106 104	26 388
1 205	106 176	26 418
1 206	106 248	26 446
1 207	106 320	26 474
1 208	106 392	26 504
1 209	106 464	26 532
1 210	106 536	26 562
1 211	106 608	26 590
1 212	106 680	26 618
1 213	106 752	26 648
1 214	106 824	26 676
1 215	106 896	26 706

laufende Nr.	zu versteuerndes Einkommen in €	tarifliche Einkommensteuer in €
1 216	106 968	26 734
1 217	107 040	26 764
1 218	107 112	26 792
1 219	107 184	26 822
1 220	107 256	26 850
1 221	107 328	26 880
1 222	107 400	26 908
1 223	107 472	26 938
1 224	107 544	26 966
1 225	107 616	26 996
1 226	107 688	27 024
1 227	107 760	27 054
1 228	107 832	27 082
1 229	107 904	27 112
1 230	107 976	27 140
1 231	108 048	27 170
1 232	108 120	27 198
1 233	108 192	27 228
1 234	108 264	27 256
1 235	108 336	27 286
1 236	108 408	27 314
1 237	108 480	27 344
1 238	108 552	27 374
1 239	108 624	27 402
1 240	108 696	27 432
1 241	108 768	27 460
1 242	108 840	27 490
1 243	108 912	27 518
1 244	108 984	27 548
1 245	109 056	27 578
1 246	109 128	27 606
1 247	109 200	27 636
1 248	109 272	27 664
1 249	109 344	27 694
1 250	109 416	27 724
1 251	109 488	27 752
1 252	109 560	27 782
1 253	109 632	27 812
1 254	109 704	27 840
1 255	109 776	27 870
1 256	109 848	27 900
1 257	109 920	27 928
1 258	109 992	27 958
1 259	110 064	27 988
1 260	110 136	28 016

[1] Die ESt gilt nur für den ausgewiesenen Wert, Zwischenwerte sind zu schätzen; s. Vorbemerkung.

laufende Nr.	zu versteuerndes Einkommen[1] in €	tarifliche Einkommensteuer[1] in €
1 261	110 208	28 046
1 262	110 280	28 076
1 263	110 352	28 106
1 264	110 424	28 134
1 265	110 496	28 164
1 266	110 568	28 194
1 267	110 640	28 222
1 268	110 712	28 252
1 269	110 784	28 282
1 270	110 856	28 312
1 271	110 928	28 340
1 272	111 000	28 370
1 273	111 072	28 400
1 274	111 144	28 430
1 275	111 216	28 458
1 276	111 288	28 488
1 277	111 360	28 518
1 278	111 432	28 548
1 279	111 504	28 578
1 280	111 576	28 606
1 281	111 648	28 636
1 282	111 720	28 666
1 283	111 792	28 696
1 284	111 864	28 726
1 285	111 936	28 754
1 286	112 008	28 784
1 287	112 080	28 814
1 288	112 152	28 844
1 289	112 224	28 874
1 290	112 296	28 904
1 291	112 368	28 932
1 292	112 440	28 962
1 293	112 512	28 992
1 294	112 584	29 022
1 295	112 656	29 052
1 296	112 728	29 082
1 297	112 800	29 112
1 298	112 872	29 142
1 299	112 944	29 170
1 300	113 016	29 200
1 301	113 088	29 230
1 302	113 160	29 260
1 303	113 232	29 290
1 304	113 304	29 320
1 305	113 376	29 350

laufende Nr.	zu versteuerndes Einkommen in €	tarifliche Einkommensteuer in €
1 306	113 448	29 380
1 307	113 520	29 410
1 308	113 592	29 440
1 309	113 664	29 470
1 310	113 736	29 500
1 311	113 808	29 530
1 312	113 880	29 560
1 313	113 952	29 590
1 314	114 024	29 620
1 315	114 096	29 650
1 316	114 168	29 680
1 317	114 240	29 710
1 318	114 312	29 740
1 319	114 384	29 770
1 320	114 456	29 800
1 321	114 528	29 830
1 322	114 600	29 860
1 323	114 672	29 890
1 324	114 744	29 920
1 325	114 816	29 950
1 326	114 888	29 980
1 327	114 960	30 010
1 328	115 032	30 040
1 329	115 104	30 070
1 330	115 176	30 100
1 331	115 248	30 130
1 332	115 320	30 160
1 333	115 392	30 190
1 334	115 464	30 220
1 335	115 536	30 250
1 336	115 608	30 282
1 337	115 680	30 312
1 338	115 752	30 342
1 339	115 824	30 372
1 340	115 896	30 402
1 341	115 968	30 432
1 342	116 040	30 462
1 343	116 112	30 492
1 344	116 184	30 524
1 345	116 256	30 554
1 346	116 328	30 584
1 347	116 400	30 614
1 348	116 472	30 644
1 349	116 544	30 674
1 350	116 616	30 704

[1] Die ESt gilt nur für den ausgewiesenen Wert, Zwischenwerte sind zu schätzen; s. Vorbemerkung.

laufende Nr.	zu versteuerndes Einkommen[1] in €	tarifliche Einkommensteuer[1] in €
1 351	116 688	30 734
1 352	116 760	30 764
1 353	116 832	30 796
1 354	116 904	30 826
1 355	116 976	30 856
1 356	117 048	30 886
1 357	117 120	30 916
1 358	117 192	30 946
1 359	117 264	30 976
1 360	117 336	31 006
1 361	117 408	31 038
1 362	117 480	31 068
1 363	117 552	31 098
1 364	117 624	31 128
1 365	117 696	31 158
1 366	117 768	31 188
1 367	117 840	31 218
1 368	117 912	31 248
1 369	117 984	31 280
1 370	118 056	31 310
1 371	118 128	31 340
1 372	118 200	31 370
1 373	118 272	31 400
1 374	118 344	31 430
1 375	118 416	31 460
1 376	118 488	31 490
1 377	118 560	31 520
1 378	118 632	31 552
1 379	118 704	31 582
1 380	118 776	31 612
1 381	118 848	31 642
1 382	118 920	31 672
1 383	118 992	31 702
1 384	119 064	31 732
1 385	119 136	31 762
1 386	119 208	31 794
1 387	119 280	31 824
1 388	119 352	31 854
1 389	119 424	31 884
1 390	119 496	31 914
1 391	119 568	31 944
1 392	119 640	31 974
1 393	119 712	32 004
1 394	119 784	32 036
1 395	119 856	32 066

laufende Nr.	zu versteuerndes Einkommen in €	tarifliche Einkommensteuer in €
1 396	119 928	32 096
1 397	120 000	32 126
1 398	120 072	32 156
1 399	120 144	32 186
1 400	120 216	32 216
1 401	120 288	32 246
1 402	120 360	32 276
1 403	120 432	32 308
1 404	120 504	32 338
1 405	120 576	32 368
1 406	120 648	32 398
1 407	120 720	32 428
1 408	120 792	32 458
1 409	120 864	32 488
1 410	120 936	32 518
1 411	121 008	32 550
1 412	121 080	32 580
1 413	121 152	32 610
1 414	121 224	32 640
1 415	121 296	32 670
1 416	121 368	32 700
1 417	121 440	32 730
1 418	121 512	32 760
1 419	121 584	32 792
1 420	121 656	32 822
1 421	121 728	32 852
1 422	121 800	32 882
1 423	121 872	32 912
1 424	121 944	32 942
1 425	122 016	32 972
1 426	122 088	33 002
1 427	122 160	33 032
1 428	122 232	33 064
1 429	122 304	33 094
1 430	122 376	33 124
1 431	122 448	33 154
1 432	122 520	33 184
1 433	122 592	33 214
1 434	122 664	33 244
1 435	122 736	33 274
1 436	122 808	33 306
1 437	122 880	33 336
1 438	122 952	33 366
1 439	123 024	33 396
1 440	123 096	33 426

[1] Die ESt gilt nur für den ausgewiesenen Wert, Zwischenwerte sind zu schätzen; s. Vorbemerkung.

laufende Nr.	zu versteuerndes Einkommen[1] in €	tarifliche Einkommensteuer[1] in €	laufende Nr.	zu versteuerndes Einkommen in €	tarifliche Einkommensteuer in €
1 441	123 168	33 456	1 486	126 408	34 818
1 442	123 240	33 486	1 487	126 480	34 848
1 443	123 312	33 516	1 488	126 552	34 878
1 444	123 384	33 548	1 489	126 624	34 908
1 445	123 456	33 578	1 490	126 696	34 938
1 446	123 528	33 608	1 491	126 768	34 968
1 447	123 600	33 638	1 492	126 840	34 998
1 448	123 672	33 668	1 493	126 912	35 028
1 449	123 744	33 698	1 494	126 984	35 060
1 450	123 816	33 728	1 495	127 056	35 090
1 451	123 888	33 758	1 496	127 128	35 120
1 452	123 960	33 788	1 497	127 200	35 150
1 453	124 032	33 820	1 498	127 272	35 180
1 454	124 104	33 850	1 499	127 344	35 210
1 455	124 176	33 880	1 500	127 416	35 240
1 456	124 248	33 910	1 501	127 488	35 270
1 457	124 320	33 940	1 502	127 560	35 300
1 458	124 392	33 970	1 503	127 632	35 332
1 459	124 464	34 000	1 504	127 704	35 362
1 460	124 536	34 030	1 505	127 776	35 392
1 461	124 608	34 062	1 506	127 848	35 422
1 462	124 680	34 092	1 507	127 920	35 452
1 463	124 752	34 122	1 508	127 992	35 482
1 464	124 824	34 152	1 509	128 064	35 512
1 465	124 896	34 182	1 510	128 136	35 542
1 466	124 968	34 212	1 511	128 208	35 574
1 467	125 040	34 242	1 512	128 280	35 604
1 468	125 112	34 272	1 513	128 352	35 634
1 469	125 184	34 304	1 514	128 424	35 664
1 470	125 256	34 334	1 515	128 496	35 694
1 471	125 328	34 364	1 516	128 568	35 724
1 472	125 400	34 394	1 517	128 640	35 754
1 473	125 472	34 424	1 518	128 712	35 784
1 474	125 544	34 454	1 519	128 784	35 816
1 475	125 616	34 484	1 520	128 856	35 846
1 476	125 688	34 514	1 521	128 928	35 876
1 477	125 760	34 544	1 522	129 000	35 906
1 478	125 832	34 576	1 523	129 072	35 936
1 479	125 904	34 606	1 524	129 144	35 966
1 480	125 976	34 636	1 525	129 216	35 996
1 481	126 048	34 666	1 526	129 288	36 026
1 482	126 120	34 696	1 527	129 360	36 056
1 483	126 192	34 726	1 528	129 432	36 088
1 484	126 264	34 756	1 529	129 504	36 118
1 485	126 336	34 786	1 530	129 576	36 148

[1] Die ESt gilt nur für den ausgewiesenen Wert, Zwischenwerte sind zu schätzen; s. Vorbemerkung.

laufende Nr.	zu versteuerndes Einkommen[1] in €	tarifliche Einkommensteuer[1] in €	laufende Nr.	zu versteuerndes Einkommen in €	tarifliche Einkommensteuer in €
1 531	129 648	36 178	1 576	132 888	37 538
1 532	129 720	36 208	1 577	132 960	37 568
1 533	129 792	36 238	1 578	133 032	37 600
1 534	129 864	36 268	1 579	133 104	37 630
1 535	129 936	36 298	1 580	133 176	37 660
1 536	130 008	36 330	1 581	133 248	37 690
1 537	130 080	36 360	1 582	133 320	37 720
1 538	130 152	36 390	1 583	133 392	37 750
1 539	130 224	36 420	1 584	133 464	37 780
1 540	130 296	36 450	1 585	133 536	37 810
1 541	130 368	36 480	1 586	133 608	37 842
1 542	130 440	36 510	1 587	133 680	37 872
1 543	130 512	36 540	1 588	133 752	37 902
1 544	130 584	36 572	1 589	133 824	37 932
1 545	130 656	36 602	1 590	133 896	37 962
1 546	130 728	36 632	1 591	133 968	37 992
1 547	130 800	36 662	1 592	134 040	38 022
1 548	130 872	36 692	1 593	134 112	38 052
1 549	130 944	36 722	1 594	134 184	38 084
1 550	131 016	36 752	1 595	134 256	38 114
1 551	131 088	36 782	1 596	134 328	38 144
1 552	131 160	36 812	1 597	134 400	38 174
1 553	131 232	36 844	1 598	134 472	38 204
1 554	131 304	36 874	1 599	134 544	38 234
1 555	131 376	36 904	1 600	134 616	38 264
1 556	131 448	36 934	1 601	134 688	38 294
1 557	131 520	36 964	1 602	134 760	38 324
1 558	131 592	36 994	1 603	134 832	38 356
1 559	131 664	37 024	1 604	134 904	38 386
1 560	131 736	37 054	1 605	134 976	38 416
1 561	131 808	37 086	1 606	135 048	38 446
1 562	131 880	37 116	1 607	135 120	38 476
1 563	131 952	37 146	1 608	135 192	38 506
1 564	132 024	37 176	1 609	135 264	38 536
1 565	132 096	37 206	1 610	135 336	38 566
1 566	132 168	37 236	1 611	135 408	38 598
1 567	132 240	37 266	1 612	135 480	38 628
1 568	132 312	37 296	1 613	135 552	38 658
1 569	132 384	37 328	1 614	135 624	38 688
1 570	132 456	37 358	1 615	135 696	38 718
1 571	132 528	37 388	1 616	135 768	38 748
1 572	132 600	37 418	1 617	135 840	38 778
1 573	132 672	37 448	1 618	135 912	38 808
1 574	132 744	37 478	1 619	135 984	38 840
1 575	132 816	37 508	1 620	136 056	38 870

[1] Die ESt gilt nur für den ausgewiesenen Wert, Zwischenwerte sind zu schätzen; s. Vorbemerkung.

laufende Nr.	zu versteuerndes Einkommen[1] in €	tarifliche Einkommensteuer[1] in €	laufende Nr.	zu versteuerndes Einkommen in €	tarifliche Einkommensteuer in €
1 621	136 128	38 900	1 666	139 368	40 260
1 622	136 200	38 930	1 667	139 440	40 290
1 623	136 272	38 960	1 668	139 512	40 320
1 624	136 344	38 990	1 669	139 584	40 352
1 625	136 416	39 020	1 670	139 656	40 382
1 626	136 488	39 050	1 671	139 728	40 412
1 627	136 560	39 080	1 672	139 800	40 442
1 628	136 632	39 112	1 673	139 872	40 472
1 629	136 704	39 142	1 674	139 944	40 502
1 630	136 776	39 172	1 675	140 016	40 532
1 631	136 848	39 202	1 676	140 088	40 562
1 632	136 920	39 232	1 677	140 160	40 592
1 633	136 992	39 262	1 678	140 232	40 624
1 634	137 064	39 292	1 679	140 304	40 654
1 635	137 136	39 322	1 680	140 376	40 684
1 636	137 208	39 354	1 681	140 448	40 714
1 637	137 280	39 384	1 682	140 520	40 744
1 638	137 352	39 414	1 683	140 592	40 774
1 639	137 424	39 444	1 684	140 664	40 804
1 640	137 496	39 474	1 685	140 736	40 834
1 641	137 568	39 504	1 686	140 808	40 866
1 642	137 640	39 534	1 687	140 880	40 896
1 643	137 712	39 564	1 688	140 952	40 926
1 644	137 784	39 596	1 689	141 024	40 956
1 645	137 856	39 626	1 690	141 096	40 986
1 646	137 928	39 656	1 691	141 168	41 016
1 647	138 000	39 686	1 692	141 240	41 046
1 648	138 072	39 716	1 693	141 312	41 076
1 649	138 144	39 746	1 694	141 384	41 108
1 650	138 216	39 776	1 695	141 456	41 138
1 651	138 288	39 806	1 696	141 528	41 168
1 652	138 360	39 836	1 697	141 600	41 198
1 653	138 432	39 868	1 698	141 672	41 228
1 654	138 504	39 898	1 699	141 744	41 258
1 655	138 576	39 928	1 700	141 816	41 288
1 656	138 648	39 958	1 701	141 888	41 318
1 657	138 720	39 988	1 702	141 960	41 348
1 658	138 792	40 018	1 703	142 032	41 380
1 659	138 864	40 048	1 704	142 104	41 410
1 660	138 936	40 078	1 705	142 176	41 440
1 661	139 008	40 110	1 706	142 248	41 470
1 662	139 080	40 140	1 707	142 320	41 500
1 663	139 152	40 170	1 708	142 392	41 530
1 664	139 224	40 200	1 709	142 464	41 560
1 665	139 296	40 230	1 710	142 536	41 590

[1] Die ESt gilt nur für den ausgewiesenen Wert, Zwischenwerte sind zu schätzen; s. Vorbemerkung.

EStG

laufende Nr.	zu versteuerndes Einkommen[1] in €	tarifliche Einkommensteuer[1] in €	laufende Nr.	zu versteuerndes Einkommen in €	tarifliche Einkommensteuer in €
1 711	142 608	41 622	1 756	145 848	42 982
1 712	142 680	41 652	1 757	145 920	43 012
1 713	142 752	41 682	1 758	145 992	43 042
1 714	142 824	41 712	1 759	146 064	43 072
1 715	142 896	41 742	1 760	146 136	43 102
1 716	142 968	41 772	1 761	146 208	43 134
1 717	143 040	41 802	1 762	146 280	43 164
1 718	143 112	41 832	1 763	146 352	43 194
1 719	143 184	41 864	1 764	146 424	43 224
1 720	143 256	41 894	1 765	146 496	43 254
1 721	143 328	41 924	1 766	146 568	43 284
1 722	143 400	41 954	1 767	146 640	43 314
1 723	143 472	41 984	1 768	146 712	43 344
1 724	143 544	42 014	1 769	146 784	43 376
1 725	143 616	42 044	1 770	146 856	43 406
1 726	143 688	42 074	1 771	146 928	43 436
1 727	143 760	42 104	1 772	147 000	43 466
1 728	143 832	42 136	1 773	147 072	43 496
1 729	143 904	42 166	1 774	147 144	43 526
1 730	143 976	42 196	1 775	147 216	43 556
1 731	144 048	42 226	1 776	147 288	43 586
1 732	144 120	42 256	1 777	147 360	43 616
1 733	144 192	42 286	1 778	147 432	43 648
1 734	144 264	42 316	1 779	147 504	43 678
1 735	144 336	42 346	1 780	147 576	43 708
1 736	144 408	42 378	1 781	147 648	43 738
1 737	144 480	42 408	1 782	147 720	43 768
1 738	144 552	42 438	1 783	147 792	43 798
1 739	144 624	42 468	1 784	147 864	43 828
1 740	144 696	42 498	1 785	147 936	43 858
1 741	144 768	42 528	1 786	148 008	43 890
1 742	144 840	42 558	1 787	148 080	43 920
1 743	144 912	42 588	1 788	148 152	43 950
1 744	144 984	42 620	1 789	148 224	43 980
1 745	145 056	42 650	1 790	148 296	44 010
1 746	145 128	42 680	1 791	148 368	44 040
1 747	145 200	42 710	1 792	148 440	44 070
1 748	145 272	42 740	1 793	148 512	44 100
1 749	145 344	42 770	1 794	148 584	44 132
1 750	145 416	42 800	1 795	148 656	44 162
1 751	145 488	42 830	1 796	148 728	44 192
1 752	145 560	42 860	1 797	148 800	44 222
1 753	145 632	42 892	1 798	148 872	44 252
1 754	145 704	42 922	1 799	148 944	44 282
1 755	145 776	42 952	1 800	149 016	44 312

[1] Die ESt gilt nur für den ausgewiesenen Wert, Zwischenwerte sind zu schätzen; s. Vorbemerkung.

laufende Nr.	zu versteuerndes Einkommen[1] in €	tarifliche Einkommensteuer[1] in €	laufende Nr.	zu versteuerndes Einkommen in €	tarifliche Einkommensteuer in €
1 801	149 088	44 342	1 846	152 328	45 704
1 802	149 160	44 372	1 847	152 400	45 734
1 803	149 232	44 404	1 848	152 472	45 764
1 804	149 304	44 434	1 849	152 544	45 794
1 805	149 376	44 464	1 850	152 616	45 824
1 806	149 448	44 494	1 851	152 688	45 854
1 807	149 520	44 524	1 852	152 760	45 884
1 808	149 592	44 554	1 853	152 832	45 916
1 809	149 664	44 584	1 854	152 904	45 946
1 810	149 736	44 614	1 855	152 976	45 976
1 811	149 808	44 646	1 856	153 048	46 006
1 812	149 880	44 676	1 857	153 120	46 036
1 813	149 952	44 706	1 858	153 192	46 066
1 814	150 024	44 736	1 859	153 264	46 096
1 815	150 096	44 766	1 860	153 336	46 126
1 816	150 168	44 796	1 861	153 408	46 158
1 817	150 240	44 826	1 862	153 480	46 188
1 818	150 312	44 856	1 863	153 552	46 218
1 819	150 384	44 888	1 864	153 624	46 248
1 820	150 456	44 918	1 865	153 696	46 278
1 821	150 528	44 948	1 866	153 768	46 308
1 822	150 600	44 978	1 867	153 840	46 338
1 823	150 672	45 008	1 868	153 912	46 368
1 824	150 744	45 038	1 869	153 984	46 400
1 825	150 816	45 068	1 870	154 056	46 430
1 826	150 888	45 098	1 871	154 128	46 460
1 827	150 960	45 128	1 872	154 200	46 490
1 828	151 032	45 160	1 873	154 272	46 520
1 829	151 104	45 190	1 874	154 344	46 550
1 830	151 176	45 220	1 875	154 416	46 580
1 831	151 248	45 250	1 876	154 488	46 610
1 832	151 320	45 280	1 877	154 560	46 640
1 833	151 392	45 310	1 878	154 632	46 672
1 834	151 464	45 340	1 879	154 704	46 702
1 835	151 536	45 370	1 880	154 776	46 732
1 836	151 608	45 402	1 881	154 848	46 762
1 837	151 680	45 432	1 882	154 920	46 792
1 838	151 752	45 462	1 883	154 992	46 822
1 839	151 824	45 492	1 884	155 064	46 852
1 840	151 896	45 522	1 885	155 136	46 882
1 841	151 968	45 552	1 886	155 208	46 914
1 842	152 040	45 582	1 887	155 280	46 944
1 843	152 112	45 612	1 888	155 352	46 974
1 844	152 184	45 644	1 889	155 424	47 004
1 845	152 256	45 674	1 890	155 496	47 034

[1] Die ESt gilt nur für den ausgewiesenen Wert, Zwischenwerte sind zu schätzen; s. Vorbemerkung.

laufende Nr.	zu versteuerndes Einkommen[1] in €	tarifliche Einkommensteuer[1] in €	laufende Nr.	zu versteuerndes Einkommen in €	tarifliche Einkommensteuer in €
1 891	155 568	47 064	1 936	158 808	48 426
1 892	155 640	47 094	1 937	158 880	48 456
1 893	155 712	47 124	1 938	158 952	48 486
1 894	155 784	47 156	1 939	159 024	48 516
1 895	155 856	47 186	1 940	159 096	48 546
1 896	155 928	47 216	1 941	159 168	48 576
1 897	156 000	47 246	1 942	159 240	48 606
1 898	156 072	47 276	1 943	159 312	48 636
1 899	156 144	47 306	1 944	159 384	48 668
1 900	156 216	47 336	1 945	159 456	48 698
1 901	156 288	47 366	1 946	159 528	48 728
1 902	156 360	47 396	1 947	159 600	48 758
1 903	156 432	47 428	1 948	159 672	48 788
1 904	156 504	47 458	1 949	159 744	48 818
1 905	156 576	47 488	1 950	159 816	48 848
1 906	156 648	47 518	1 951	159 888	48 878
1 907	156 720	47 548	1 952	159 960	48 908
1 908	156 792	47 578	1 953	160 032	48 940
1 909	156 864	47 608	1 954	160 104	48 970
1 910	156 936	47 638	1 955	160 176	49 000
1 911	157 008	47 670	1 956	160 248	49 030
1 912	157 080	47 700	1 957	160 320	49 060
1 913	157 152	47 730	1 958	160 392	49 090
1 914	157 224	47 760	1 959	160 464	49 120
1 915	157 296	47 790	1 960	160 536	49 150
1 916	157 368	47 820	1 961	160 608	49 182
1 917	157 440	47 850	1 962	160 680	49 212
1 918	157 512	47 880	1 963	160 752	49 242
1 919	157 584	47 912	1 964	160 824	49 272
1 920	157 656	47 942	1 965	160 896	49 302
1 921	157 728	47 972	1 966	160 968	49 332
1 922	157 800	48 002	1 967	161 040	49 362
1 923	157 872	48 032	1 968	161 112	49 392
1 924	157 944	48 062	1 969	161 184	49 424
1 925	158 016	48 092	1 970	161 256	49 454
1 926	158 088	48 122	1 971	161 328	49 484
1 927	158 160	48 152	1 972	161 400	49 514
1 928	158 232	48 184	1 973	161 472	49 544
1 929	158 304	48 214	1 974	161 544	49 574
1 930	158 376	48 244	1 975	161 616	49 604
1 931	158 448	48 274	1 976	161 688	49 634
1 932	158 520	48 304	1 977	161 760	49 664
1 933	158 592	48 334	1 978	161 832	49 696
1 934	158 664	48 364	1 979	161 904	49 726
1 935	158 736	48 394	1 980	161 976	49 756

[1] Die ESt gilt nur für den ausgewiesenen Wert, Zwischenwerte sind zu schätzen; s. Vorbemerkung.

laufende Nr.	zu versteuerndes Einkommen[1)] in €	tarifliche Einkommensteuer[1)] in €	laufende Nr.	zu versteuerndes Einkommen in €	tarifliche Einkommensteuer in €
1 981	162 048	49 786	2 026	165 288	51 146
1 982	162 120	49 816	2 027	165 360	51 176
1 983	162 192	49 846	2 028	165 432	51 208
1 984	162 264	49 876	2 029	165 504	51 238
1 985	162 336	49 906	2 030	165 576	51 268
1 986	162 408	49 938	2 031	165 648	51 298
1 987	162 480	49 968	2 032	165 720	51 328
1 988	162 552	49 998	2 033	165 792	51 358
1 989	162 624	50 028	2 034	165 864	51 388
1 990	162 696	50 058	2 035	165 936	51 418
1 991	162 768	50 088	2 036	166 008	51 450
1 992	162 840	50 118	2 037	166 080	51 480
1 993	162 912	50 148	2 038	166 152	51 510
1 994	162 984	50 180	2 039	166 224	51 540
1 995	163 056	50 210	2 040	166 296	51 570
1 996	163 128	50 240	2 041	166 368	51 600
1 997	163 200	50 270	2 042	166 440	51 630
1 998	163 272	50 300	2 043	166 512	51 660
1 999	163 344	50 330	2 044	166 584	51 692
2 000	163 416	50 360	2 045	166 656	51 722
2 001	163 488	50 390	2 046	166 728	51 752
2 002	163 560	50 420	2 047	166 800	51 782
2 003	163 632	50 452	2 048	166 872	51 812
2 004	163 704	50 482	2 049	166 944	51 842
2 005	163 776	50 512	2 050	167 016	51 872
2 006	163 848	50 542	2 051	167 088	51 902
2 007	163 920	50 572	2 052	167 160	51 932
2 008	163 992	50 602	2 053	167 232	51 964
2 009	164 064	50 632	2 054	167 304	51 994
2 010	164 136	50 662	2 055	167 376	52 024
2 011	164 208	50 694	2 056	167 448	52 054
2 012	164 280	50 724	2 057	167 520	52 084
2 013	164 352	50 754	2 058	167 592	52 114
2 014	164 424	50 784	2 059	167 664	52 144
2 015	164 496	50 814	2 060	167 736	52 174
2 016	164 568	50 844	2 061	167 808	52 206
2 017	164 640	50 874	2 062	167 880	52 236
2 018	164 712	50 904	2 063	167 952	52 266
2 019	164 784	50 936	2 064	168 024	52 296
2 020	164 856	50 966	2 065	168 096	52 326
2 021	164 928	50 996	2 066	168 168	52 356
2 022	165 000	51 026	2 067	168 240	52 386
2 023	165 072	51 056	2 068	168 312	52 416
2 024	165 144	51 086	2 069	168 384	52 448
2 025	165 216	51 116	2 070	168 456	52 478

[1)] Die ESt gilt nur für den ausgewiesenen Wert, Zwischenwerte sind zu schätzen; s. Vorbemerkung.

laufende Nr.	zu versteuerndes Einkommen[1)] in €	tarifliche Einkommensteuer[1)] in €	laufende Nr.	zu versteuerndes Einkommen in €	tarifliche Einkommensteuer in €
2 071	168 528	52 508	2 116	171 768	53 868
2 072	168 600	52 538	2 117	171 840	53 898
2 073	168 672	52 568	2 118	171 912	53 928
2 074	168 744	52 598	2 119	171 984	53 960
2 075	168 816	52 628	2 120	172 056	53 990
2 076	168 888	52 658	2 121	172 128	54 020
2 077	168 960	52 688	2 122	172 200	54 050
2 078	169 032	52 720	2 123	172 272	54 080
2 079	169 104	52 750	2 124	172 344	54 110
2 080	169 176	52 780	2 125	172 416	54 140
2 081	169 248	52 810	2 126	172 488	54 170
2 082	169 320	52 840	2 127	172 560	54 200
2 083	169 392	52 870	2 128	172 632	54 232
2 084	169 464	52 900	2 129	172 704	54 262
2 085	169 536	52 930	2 130	172 776	54 292
2 086	169 608	52 962	2 131	172 848	54 322
2 087	169 680	52 992	2 132	172 920	54 352
2 088	169 752	53 022	2 133	172 992	54 382
2 089	169 824	53 052	2 134	173 064	54 412
2 090	169 896	53 082	2 135	173 136	54 442
2 091	169 968	53 112	2 136	173 208	54 474
2 092	170 040	53 142	2 137	173 280	54 504
2 093	170 112	53 172	2 138	173 352	54 534
2 094	170 184	53 204	2 139	173 424	54 564
2 095	170 256	53 234	2 140	173 496	54 594
2 096	170 328	53 264	2 141	173 568	54 624
2 097	170 400	53 294	2 142	173 640	54 654
2 098	170 472	53 324	2 143	173 712	54 684
2 099	170 544	53 354	2 144	173 784	54 716
2 100	170 616	53 384	2 145	173 856	54 746
2 101	170 688	53 414	2 146	173 928	54 776
2 102	170 760	53 444	2 147	174 000	54 806
2 103	170 832	53 476	2 148	174 072	54 836
2 104	170 904	53 506	2 149	174 144	54 866
2 105	170 976	53 536	2 150	174 216	54 896
2 106	171 048	53 566	2 151	174 288	54 926
2 107	171 120	53 596	2 152	174 360	54 956
2 108	171 192	53 626	2 153	174 432	54 988
2 109	171 264	53 656	2 154	174 504	55 018
2 110	171 336	53 686	2 155	174 576	55 048
2 111	171 408	53 718	2 156	174 648	55 078
2 112	171 480	53 748	2 157	174 720	55 108
2 113	171 552	53 778	2 158	174 792	55 138
2 114	171 624	53 808	2 159	174 864	55 168
2 115	171 696	53 838	2 160	174 936	55 198

1) Die ESt gilt nur für den ausgewiesenen Wert, Zwischenwerte sind zu schätzen; s. Vorbemerkung.

laufende Nr.	zu versteuerndes Einkommen[1] in €	tarifliche Einkommensteuer[1] in €	laufende Nr.	zu versteuerndes Einkommen in €	tarifliche Einkommensteuer in €
2 161	175 008	55 230	2 206	178 248	56 590
2 162	175 080	55 260	2 207	178 320	56 620
2 163	175 152	55 290	2 208	178 392	56 650
2 164	175 224	55 320	2 209	178 464	56 680
2 165	175 296	55 350	2 210	178 536	56 710
2 166	175 368	55 380	2 211	178 608	56 742
2 167	175 440	55 410	2 212	178 680	56 772
2 168	175 512	55 440	2 213	178 752	56 802
2 169	175 584	55 472	2 214	178 824	56 832
2 170	175 656	55 502	2 215	178 896	56 862
2 171	175 728	55 532	2 216	178 968	56 892
2 172	175 800	55 562	2 217	179 040	56 922
2 173	175 872	55 592	2 218	179 112	56 952
2 174	175 944	55 622	2 219	179 184	56 984
2 175	176 016	55 652	2 220	179 256	57 014
2 176	176 088	55 682	2 221	179 328	57 044
2 177	176 160	55 712	2 222	179 400	57 074
2 178	176 232	55 744	2 223	179 472	57 104
2 179	176 304	55 774	2 224	179 544	57 134
2 180	176 376	55 804	2 225	179 616	57 164
2 181	176 448	55 834	2 226	179 688	57 194
2 182	176 520	55 864	2 227	179 760	57 224
2 183	176 592	55 894	2 228	179 832	57 256
2 184	176 664	55 924	2 229	179 904	57 286
2 185	176 736	55 954	2 230	179 976	57 316
2 186	176 808	55 986	2 231	180 048	57 346
2 187	176 880	56 016	2 232	180 120	57 376
2 188	176 952	56 046	2 233	180 192	57 406
2 189	177 024	56 076	2 234	180 264	57 436
2 190	177 096	56 106	2 235	180 336	57 466
2 191	177 168	56 136	2 236	180 408	57 498
2 192	177 240	56 166	2 237	180 480	57 528
2 193	177 312	56 196	2 238	180 552	57 558
2 194	177 384	56 228	2 239	180 624	57 588
2 195	177 456	56 258	2 240	180 696	57 618
2 196	177 528	56 288	2 241	180 768	57 648
2 197	177 600	56 318	2 242	180 840	57 678
2 198	177 672	56 348	2 243	180 912	57 708
2 199	177 744	56 378	2 244	180 984	57 740
2 200	177 816	56 408	2 245	181 056	57 770
2 201	177 888	56 438	2 246	181 128	57 800
2 202	177 960	56 468	2 247	181 200	57 830
2 203	178 032	56 500	2 248	181 272	57 860
2 204	178 104	56 530	2 249	181 344	57 890
2 205	178 176	56 560	2 250	181 416	57 920

[1] Die ESt gilt nur für den ausgewiesenen Wert, Zwischenwerte sind zu schätzen; s. Vorbemerkung.

laufende Nr.	zu versteuerndes Einkommen[1] in €	tarifliche Einkommensteuer[1] in €
2 251	181 488	57 950
2 252	181 560	57 980
2 253	181 632	58 012
2 254	181 704	58 042
2 255	181 776	58 072
2 256	181 848	58 102
2 257	181 920	58 132
2 258	181 992	58 162
2 259	182 064	58 192
2 260	182 136	58 222
2 261	182 208	58 254
2 262	182 280	58 284
2 263	182 352	58 314
2 264	182 424	58 344
2 265	182 496	58 374
2 266	182 568	58 404
2 267	182 640	58 434
2 268	182 712	58 464
2 269	182 784	58 496
2 270	182 856	58 526
2 271	182 928	58 556
2 272	183 000	58 586
2 273	183 072	58 616
2 274	183 144	58 646
2 275	183 216	58 676
2 276	183 288	58 706
2 277	183 360	58 736
2 278	183 432	58 768
2 279	183 504	58 798
2 280	183 576	58 828
2 281	183 648	58 858
2 282	183 720	58 888
2 283	183 792	58 918
2 284	183 864	58 948
2 285	183 936	58 978
2 286	184 008	59 010
2 287	184 080	59 040
2 288	184 152	59 070
2 289	184 224	59 100
2 290	184 296	59 130
2 291	184 368	59 160
2 292	184 440	59 190
2 293	184 512	59 220
2 294	184 584	59 252
2 295	184 656	59 282

laufende Nr.	zu versteuerndes Einkommen in €	tarifliche Einkommensteuer in €
2 296	184 728	59 312
2 297	184 800	59 342
2 298	184 872	59 372
2 299	184 944	59 402
2 300	185 016	59 432
2 301	185 088	59 462
2 302	185 160	59 492
2 303	185 232	59 524
2 304	185 304	59 554
2 305	185 376	59 584
2 306	185 448	59 614
2 307	185 520	59 644
2 308	185 592	59 674
2 309	185 664	59 704
2 310	185 736	59 734
2 311	185 808	59 766
2 312	185 880	59 796
2 313	185 952	59 826
2 314	186 024	59 856
2 315	186 096	59 886
2 316	186 168	59 916
2 317	186 240	59 946
2 318	186 312	59 976
2 319	186 384	60 008
2 320	186 456	60 038
2 321	186 528	60 068
2 322	186 600	60 098
2 323	186 672	60 128
2 324	186 744	60 158
2 325	186 816	60 188
2 326	186 888	60 218
2 327	186 960	60 248
2 328	187 032	60 280
2 329	187 104	60 310
2 330	187 176	60 340
2 331	187 248	60 370
2 332	187 320	60 400
2 333	187 392	60 430
2 334	187 464	60 460
2 335	187 536	60 490
2 336	187 608	60 522
2 337	187 680	60 552
2 338	187 752	60 582
2 339	187 824	60 612
2 340	187 896	60 642

[1] Die ESt gilt nur für den ausgewiesenen Wert, Zwischenwerte sind zu schätzen; s. Vorbemerkung.

laufende Nr.	zu versteuerndes Einkommen[1] in €	tarifliche Einkommensteuer[1] in €
2 341	187 968	60 672
2 342	188 040	60 702
2 343	188 112	60 732
2 344	188 184	60 764
2 345	188 256	60 794
2 346	188 328	60 824
2 347	188 400	60 854
2 348	188 472	60 884
2 349	188 544	60 914
2 350	188 616	60 944
2 351	188 688	60 974
2 352	188 760	61 004
2 353	188 832	61 036
2 354	188 904	61 066
2 355	188 976	61 096
2 356	189 048	61 126
2 357	189 120	61 156
2 358	189 192	61 186
2 359	189 264	61 216
2 360	189 336	61 246
2 361	189 408	61 278
2 362	189 480	61 308
2 363	189 552	61 338
2 364	189 624	61 368
2 365	189 696	61 398
2 366	189 768	61 428
2 367	189 840	61 458
2 368	189 912	61 488
2 369	189 984	61 520
2 370	190 056	61 550

laufende Nr.	zu versteuerndes Einkommen in €	tarifliche Einkommensteuer in €
2 371	190 128	61 580
2 372	190 200	61 610
2 373	190 272	61 640
2 374	190 344	61 670
2 375	190 416	61 700
2 376	190 488	61 730
2 377	190 560	61 760
2 378	190 632	61 792
2 379	190 704	61 822
2 380	190 776	61 852
2 381	190 848	61 882
2 382	190 920	61 912
2 383	190 992	61 942
2 384	191 064	61 972
2 385	191 136	62 002
2 386	191 208	62 034
2 387	191 280	62 064
2 388	191 352	62 094
2 389	191 424	62 124
2 390	191 496	62 154
2 391	191 568	62 184
2 392	191 640	62 214
2 393	191 712	62 244
2 394	191 784	62 276
2 395	191 856	62 306
2 396	191 928	62 336
2 397	192 000	62 366
2 398	192 072	62 396
2 399	192 144	62 426
2 400	192 216	62 456

[1] Die ESt gilt nur für den ausgewiesenen Wert, Zwischenwerte sind zu schätzen; s. Vorbemerkung.

6. Einkommensteuer-Durchführungsverordnung 2000 (EStDV 2000)[1)]

In der Fassung der Bekanntmachung vom 10. Mai 2000[2)]
(BGBl. I S. 717)

FNA 611-1-1

geänd. durch Art. 7 Gesetz zur weiteren steuerlichen Förderung von Stiftungen v. 14.7.2000 (BGBl. I S. 1034), Art. 2 Gesetz zur Senkung der Steuersätze und zur Reform der Unternehmensbesteuerung (StSenkG) v. 23.10.2000 (BGBl. I S. 1433), Art. 2 Gesetz zur Umrechnung und Glättung steuerlicher Euro-Beträge (Steuer-Euroglättungsgesetz – StEuglG) v. 19.12.2000 (BGBl. I S. 1790), Art. 30 SGB IX – Rehabilitation und Teilhabe behinderter Menschen v. 19.6.2001 (BGBl. I S. 1046), Art. 322 Siebente Zuständigkeitsanpassungs-Verordnung v. 29.10.2001 (BGBl. I S. 2785), Art. 2 Steueränderungsgesetz 2001 (StÄndG 2001) v. 20.12.2001 (BGBl. I S. 3794), Art. 2 Flutopfersolidaritätsgesetz v. 19.9.2002 (BGBl. I S. 3651), Art. 2 Kleinunternehmerförderungsgesetz v. 31.7.2003 (BGBl. I S. 1550), Art. 270 Achte Zuständigkeitsanpassungsverordnung v. 25.11.2003 (BGBl. I S. 2304), Art. 2 Gesetz zur Umsetzung der Protokollerklärung der Bundesregierung zur Vermittlungsempfehlung zum Steuervergünstigungsabbaugesetz v. 22.12.2003 (BGBl. I S. 2840), Art. 49 Gesetz zur Einordnung des Sozialhilferechts in das Sozialgesetzbuch v. 27.12.2003 (BGBl. I S. 3022), Art. 10 Haushaltsbegleitgesetz 2004 (HBeglG 2004) v. 29.12.2003 (BGBl. I S. 3076), Art. 2 Abs. 18 Gesetz zur Reform des Geschmacksmusterrechts (Geschmacksmusterreformgesetz) v. 12.3.2004 (BGBl. I S. 390), Art. 2 Gesetz zur Neuordnung der einkommensteuerrechtlichen Behandlung von Altersvorsorgeaufwendungen und Altersbezügen (Alterseinkünftegesetz – AltEinkG) v. 5.7.2004 (BGBl. I S. 1427), Art. 2 Richtlinien-Umsetzungsgesetz (EURLUmsG) v. 9.12.2004 (BGBl. I S. 3310, ber. S. 3843), Art. 1 Dreiundzwanzigste Verordnung zur Änderung der Einkommensteuer-Durchführungsverordnung v. 29.12. 2004 (BGBl. I S. 3884), Art. 372 Neunte Zuständigkeitsanpassungsverordnung v. 31.10.2006 (BGBl. I S. 2407), Art. 2 Gesetz über steuerliche Begleitmaßnahmen zur Einführung der Europäischen Gesellschaft und zur Änderung weiterer steuerrechtlicher Vorschriften (SEStEG) v. 7.12.2006 (BGBl. I S. 2782), Art. 2 Gesetz zur weiteren Stärkung des bürgerschaftlichen Engagements v. 10.10. 2007 (BGBl. I S. 2332), Art. 1a Jahressteuergesetz 2008 (JStG 2008) v. 20.12.2007 (BGBl. I S. 3150), Art. 2 Jahressteuergesetz 2009 (JStG 2009) v. 19.12.2008 (BGBl. I S. 2794), Art. 2 Gesetz zur Modernisierung und Entbürokratisierung des Steuerverfahrens (Steuerbürokratieabbaugesetz) v. 20.12.2008 (BGBl. I S. 2850), Art. 2 Gesetz zur Sicherung von Beschäftigung und Stabilität in Deutschland v. 2.3.2009 (BGBl. I S. 416), Art. 9 Begleitgesetz zur zweiten Föderalismusreform v. 10.8.2009 (BGBl. I S. 2702), Art. 1 Verordnung zur Änderung steuerlicher Verordnungen v. 17.11.2010 (BGBl. I S. 1544), Art. 63 Gesetz über die weitere Bereinigung von Bundesrecht v. 8.12.2010 (BGBl. I S. 1864), Art. 2 Steuervereinfachungsgesetz 2011 v. 1.11.2011 (BGBl. I S. 2131), Art. 2 Verordnung zum Erlass und zur Änderung steuerlicher Verordnungen v. 11.12.2012 (BGBl. I S. 2637), Art. 3 Gesetz zur Stärkung des Ehrenamtes (Ehrenamtsstärkungsgesetz) v. 21.3. 2013 (BGBl. I S. 556), Art. 2 Verordnung zur Übertragung der Zuständigkeit für das Steuerabzugs- und Veranlagungsverfahren nach den §§ 50 und 50a des Einkommensteuergesetzes auf das Bundeszentralamt für Steuern und zur Regelung verschiedener Anwendungszeitpunkte und weiterer Vorschriften v. 24.6.2013 (BGBl. I S. 1679), Art. 2 Gesetz zur Anpassung steuerlicher Regelungen an die Rechtsprechung des Bundesverfassungsgerichts v. 18.7.2014 (BGBl. I S. 1042), Art. 24 Gesetz zur Anpassung des nationalen Steuerrechts an den Beitritt Kroatiens zur EU und zur Änderung weiterer steuerlicher Vorschriften v. 25.7.2014 (BGBl. I S. 1266), Art. 3 Verordnung zur Änderung steuerlicher Verordnungen und weiterer Vorschriften v. 22.12.2014 (BGBl. I S. 2392), Art. 235 Zehnte Zuständigkeitsanpassungsverordnung v. 31.8.2015 (BGBl. I S. 1474), Art. 5 Gesetz zur Modernisierung des Besteuerungsverfahrens v. 18.7.2016 (BGBl. I S. 1679), Art. 1 Dritte Verordnung zur Änderung steuerlicher Verordnungen v. 18.7.2016 (BGBl. I S. 1722), Art. 19 Abs. 14 Gesetz zur Stärkung der Teilhabe und Selbstbestimmung von Menschen mit Behinderungen (Bundesteilhabegesetz – BTHG) v. 23.12.2016 (BGBl. I S. 3234), Art. 8 Vierte Verordnung zur Änderung steuerlicher Verordnungen v. 12.7.2017 (BGBl. I S. 2360), Art. 4 Gesetz zum Ausschluss verfassungsfeindlicher Parteien von der Parteienfinanzierung v. 18.7.2017 (BGBl. I S. 2730), Art. 1 Fünfte Verordnung zur Änderung steuer-

---

[1)] Zur Anwendung siehe § 84. Zur Anwendung im Beitrittsgebiet siehe §§ 56 bis 58 EStG (Nr. **5**).

[2)] Neubekanntmachung der EStDV idF der Bek. v. 18.6.1997 (BGBl. I S. 1558) in der ab 1.1.2000 geltenden Fassung.

licher Verordnungen v. 25.6.2020 (BGBl. I S. 1495), Art. 2 Gesetz zur Erhöhung der Behinderten-Pauschbeträge und zur Anpassung weiterer steuerlicher Regelungen v. 9.12.2020 (BGBl. I S. 2770), Art. 6 und 7 Jahressteuergesetz 2020 (JStG 2020) v. 21.12.2020 (BGBl. I S. 3096) und Art. 10 Gesetz zur Modernisierung der Entlastung von Abzugsteuern und der Bescheinigung der Kapitalertragsteuer (Abzugsteuerentlastungsmodernisierungsgesetz – AbzStEntModG) v. 2.6.2021 (BGBl. I S. 1259)

Inhaltsübersicht

§ 1 Anwendung auf Ehegatten und Lebenspartner
§§ 2 und 3 (weggefallen)

Zu § 3 des Gesetzes

§ 4 Steuerfreie Einnahmen
§ 5 (weggefallen)

Zu den §§ 4 bis 7 des Gesetzes

§ 6 Eröffnung, Erwerb, Aufgabe und Veräußerung eines Betriebs
§ 7 (weggefallen)
§ 8 Eigenbetrieblich genutzte Grundstücke von untergeordnetem Wert
§ 8a (weggefallen)
§ 8b Wirtschaftsjahr
§ 8c Wirtschaftsjahr bei Land- und Forstwirten
§ 9 (weggefallen)
§ 9a Anschaffung, Herstellung
§ 10 Absetzung für Abnutzung im Fall des § 4 Abs. 3 des Gesetzes
§§ 10a bis 11b (weggefallen)
§ 11c Absetzung für Abnutzung bei Gebäuden
§ 11d Absetzung für Abnutzung oder Substanzverringerung bei nicht zu einem Betriebsvermögen gehörenden Wirtschaftsgütern, die der Steuerpflichtige unentgeltlich erworben hat
§ 12 (weggefallen)

Zu den §§ 7e und 10a des Gesetzes

§§ 13 und 14 (weggefallen)

Zu § 7b des Gesetzes

§ 15 Erhöhte Absetzungen für Einfamilienhäuser, Zweifamilienhäuser und Eigentumswohnungen
§§ 16 bis 21 (weggefallen)

Zu § 7e des Gesetzes

§§ 22 bis 28 (weggefallen)

Zu § 10 des Gesetzes

§ 29 Anzeigepflichten bei Versicherungsverträgen
§ 30 Nachversteuerung bei Versicherungsverträgen
§§ 31 bis 44 (weggefallen)

Zu § 10a des Gesetzes

§§ 45 bis 47 (weggefallen)

Zu § 10b des Gesetzes

§§ 48 und 49 (weggefallen)
§ 50 Zuwendungsbestätigung

Zu § 13 des Gesetzes

§ 51 Pauschale Ermittlung der Gewinne aus Holznutzungen
§ 52 Mitteilungspflichten bei Beihilfen aus öffentlichen Mitteln

Zu § 17 des Gesetzes

§ 53 Anschaffungskosten bestimmter Anteile an Kapitalgesellschaften
§ 54 Übersendung von Urkunden durch die Notare

Zu § 22 des Gesetzes

§ 55 Ermittlung des Ertrags aus Leibrenten in besonderen Fällen

Zu § 25 des Gesetzes

§ 56 Steuererklärungspflicht
§§ 57 bis 59 (weggefallen)
§ 60 Unterlagen zur Steuererklärung

Zu den §§ 26a und 26b des Gesetzes

§ 61 Antrag auf hälftige Verteilung von Abzugsbeträgen im Fall des § 26a des Gesetzes
§§ 62 bis 62c (weggefallen)
§ 62d Anwendung des § 10d des Gesetzes bei der Veranlagung von Ehegatten
§ 63 (weggefallen)

Zu § 33 des Gesetzes

§ 64 Nachweis von Krankheitskosten und der Voraussetzungen der behinderungsbedingten Fahrtkostenpauschale

Zu § 33b des Gesetzes

§ 65 Nachweis der Behinderung und des Pflegegrads
§§ 66 und 67 (weggefallen)

Zu § 34b des Gesetzes

§ 68 Nutzungssatz, Betriebsgutachten, Betriebswerk

Zu § 34c des Gesetzes

§ 68a Einkünfte aus mehreren ausländischen Staaten
§ 68b Nachweis über die Höhe der ausländischen Einkünfte und Steuern
§ 69 (weggefallen)

Zu § 46 des Gesetzes

§ 70 Ausgleich von Härten in bestimmten Fällen
§§ 71 und 72 (weggefallen)

Zu § 50 des Gesetzes

§ 73 (weggefallen)

Zu § 50a des Gesetzes

§ 73a Begriffsbestimmungen
§ 73b (weggefallen)
§ 73c Zeitpunkt des Zufließens im Sinne des § 50a Abs. 5 Satz 1 des Gesetzes
§ 73d Aufzeichnungen, Aufbewahrungspflichten, Steueraufsicht
§ 73e Einbehaltung, Abführung und Anmeldung der Steuer von Vergütungen im Sinne des § 50a Abs. 1 und 7 des Gesetzes (§ 50a Abs. 5 des Gesetzes)
§ 73f Steuerabzug in den Fällen des § 50a Abs. 6 des Gesetzes
§ 73g Haftungsbescheid

Zu § 51 des Gesetzes

§§ 74 bis 80 (weggefallen)
§ 81 Bewertungsfreiheit für bestimmte Wirtschaftsgüter des Anlagevermögens im Kohlen- und Erzbergbau
§ 82 (weggefallen)
§ 82a Erhöhte Absetzungen von Herstellungskosten und Sonderbehandlung von Erhaltungsaufwand für bestimmte Anlagen und Einrichtungen bei Gebäuden
§ 82b Behandlung größeren Erhaltungsaufwands bei Wohngebäuden
§§ 82c bis 82e (weggefallen)
§ 82f Bewertungsfreiheit für Handelsschiffe, für Schiffe, die der Seefischerei dienen, und für Luftfahrzeuge
§ 82g Erhöhte Absetzungen von Herstellungskosten für bestimmte Baumaßnahmen
§ 82h (weggefallen)
§ 82i Erhöhte Absetzungen von Herstellungskosten bei Baudenkmälern
§ 83 (weggefallen)

Schlussvorschriften

§ 84 Anwendungsvorschriften
§ 85 (gegenstandslos)

Anlage 1 *(aufgehoben)*
Anlagen 2 bis 4 (weggefallen)
Anlage 5 Verzeichnis der Wirtschaftsgüter des Anlagevermögens über Tage im Sinne des § 81 Abs. 3 Nr. 1
Anlage 6 Verzeichnis der Wirtschaftsgüter des beweglichen Anlagevermögens im Sinne des § 81 Abs. 3 Nr. 2

§ 1[1] **Anwendung auf Ehegatten und Lebenspartner** Die Regelungen dieser Verordnung zu Ehegatten und Ehen sind auch auf Lebenspartner und Lebenspartnerschaften anzuwenden.

§§ 2 und 3 (weggefallen)

Zu § 3 des Gesetzes[2]

§ 4 Steuerfreie Einnahmen. Die Vorschriften der Lohnsteuer-Durchführungsverordnung[3] über die Steuerpflicht oder die Steuerfreiheit von Einnahmen aus nichtselbständiger Arbeit sind bei der Veranlagung anzuwenden.

§ 5 (weggefallen)

Zu den §§ 4 bis 7 des Gesetzes

§ 6 Eröffnung, Erwerb, Aufgabe und Veräußerung eines Betriebs.

(1) Wird ein Betrieb eröffnet oder erworben, so tritt bei der Ermittlung des Gewinns an die Stelle des Betriebsvermögens am Schluss des vorangegangenen Wirtschaftsjahrs das Betriebsvermögen im Zeitpunkt der Eröffnung oder des Erwerbs des Betriebs.

(2) Wird ein Betrieb aufgegeben oder veräußert, so tritt bei der Ermittlung des Gewinns an die Stelle des Betriebsvermögens am Schluss des Wirtschaftsjahrs das Betriebsvermögen im Zeitpunkt der Aufgabe oder der Veräußerung des Betriebs.

§ 7 (weggefallen)

§ 8[4] **Eigenbetrieblich genutzte Grundstücke von untergeordnetem Wert.** Eigenbetrieblich genutzte Grundstücksteile brauchen nicht als Betriebsvermögen behandelt zu werden, wenn ihr Wert nicht mehr als ein Fünftel des gemeinen Werts des gesamten Grundstücks und nicht mehr als 20 500 Euro beträgt.

§ 8a (weggefallen)

§ 8b Wirtschaftsjahr. [1] Das Wirtschaftsjahr umfasst einen Zeitraum von zwölf Monaten. [2] Es darf einen Zeitraum von weniger als zwölf Monaten umfassen, wenn

1. ein Betrieb eröffnet, erworben, aufgegeben oder veräußert wird oder
2. ein Steuerpflichtiger von regelmäßigen Abschlüssen auf einen bestimmten Tag zu regelmäßigen Abschlüssen auf einen anderen bestimmten Tag übergeht. [2] Bei Umstellung eines Wirtschaftsjahrs, das mit dem Kalenderjahr übereinstimmt, auf ein vom Kalenderjahr abweichendes Wirtschaftsjahr und bei Umstellung eines vom Kalenderjahr abweichenden Wirtschaftsjahrs auf ein anderes vom Kalenderjahr abweichendes Wirtschaftsjahr gilt dies nur,

---

[1] § 1 eingef. durch G v. 18.7.2014 (BGBl. I S. 1042); zur Anwendung siehe § 84 Abs. 1a.
[2] Nr. **5**.
[3] Nr. **19**.
[4] § 8 geänd. mWv 1.1.2002 durch G v. 19.12.2000 (BGBl. I S. 1790).

wenn die Umstellung im Einvernehmen mit dem Finanzamt vorgenommen wird.

§ 8c Wirtschaftsjahr bei Land- und Forstwirten. (1)[1] [1] Als Wirtschaftsjahr im Sinne des § 4a Abs. 1 Nr. 1 des Gesetzes können Betriebe mit

1. einem Futterbauanteil von 80 Prozent und mehr der Fläche der landwirtschaftlichen Nutzung den Zeitraum vom 1. Mai bis 30. April,
2. reiner Forstwirtschaft den Zeitraum vom 1. Oktober bis 30. September,
3. reinem Weinbau den Zeitraum vom 1. September bis 31. August

bestimmen. [2] Ein Betrieb der in Satz 1 bezeichneten Art liegt auch dann vor, wenn daneben in geringem Umfang noch eine andere land- und forstwirtschaftliche Nutzung vorhanden ist. [3] Soweit die Oberfinanzdirektionen vor dem 1. Januar 1955 ein anderes als die in § 4a Abs. 1 Nr. 1 des Gesetzes oder in Satz 1 bezeichneten Wirtschaftsjahre festgesetzt haben, kann dieser andere Zeitraum als Wirtschaftsjahr bestimmt werden; dies gilt nicht für den Weinbau.

(2)[2] [1] Land- und forstwirtschaftliche Betriebe können auch das Kalenderjahr als Wirtschaftsjahr bestimmen. [2] Stellt ein Land- und Forstwirt von einem vom Kalenderjahr abweichenden Wirtschaftsjahr auf ein mit dem Kalenderjahr übereinstimmendes Wirtschaftsjahr um, verlängert sich das letzte vom Kalenderjahr abweichende Wirtschaftsjahr um den Zeitraum bis zum Beginn des ersten mit dem Kalenderjahr übereinstimmenden Wirtschaftsjahr; ein Rumpfwirtschaftsjahr ist nicht zu bilden. [3] Stellt ein Land- und Forstwirt das Wirtschaftsjahr für einen Betrieb mit reinem Weinbau auf ein Wirtschaftsjahr im Sinne des Absatzes 1 Satz 1 Nr. 3 um, gilt Satz 2 entsprechend.

(3)[3] Buchführende Land- und Forstwirte im Sinne des § 4a Absatz 1 Satz 2 Nummer 3 Satz 2 des Gesetzes sind Land- und Forstwirte, die auf Grund einer gesetzlichen Verpflichtung oder ohne eine solche Verpflichtung Bücher führen und regelmäßig Abschlüsse machen.

§ 9 (weggefallen)

§ 9a Anschaffung, Herstellung. Jahr der Anschaffung ist das Jahr der Lieferung, Jahr der Herstellung ist das Jahr der Fertigstellung.

§ 10 Absetzung für Abnutzung im Fall des § 4 Abs. 3 des Gesetzes.

(1) [1] Bei nicht in dem in Artikel 3 des Einigungsvertrages genannten Gebiet belegenen Gebäuden, die bereits am 21. Juni 1948 zum Betriebsvermögen gehört haben, sind im Fall des § 4 Abs. 3 des Gesetzes für die Bemessung der Absetzung für Abnutzung als Anschaffungs- oder Herstellungskosten höchstens die Werte zugrunde zu legen, die sich bei sinngemäßer Anwendung des § 16 Abs. 1 des D-Markbilanzgesetzes in der im Bundesgesetzblatt Teil III, Gliederungsnummer 4140-1, veröffentlichten bereinigten Fassung ergeben würden. [2] In dem Teil des Landes Berlin, in dem das Grundgesetz bereits vor dem 3. Oktober 1990 galt, tritt an die Stelle des 21. Juni 1948 der 1. April 1949.

---

[1] § 8c Abs. 1 Satz 1 Nr. 1 geänd. durch VO v. 17.11.2010 (BGBl. I S. 1544).

[2] § 8c Abs. 2 Satz 1 neu gef. durch VO v. 25.6.2020 (BGBl. I S. 1495); zur Anwendung siehe § 84 Abs. 2.

[3] § 8c Abs. 3 geänd. mWv VZ 2009 durch VO v. 17.11.2010 (BGBl. I S. 1544).

(2) Für Gebäude, die zum Betriebsvermögen eines Betriebs oder einer Betriebsstätte im Saarland gehören, gilt Absatz 1 mit der Maßgabe, dass an die Stelle des 21. Juni 1948 der 6. Juli 1959 sowie an die Stelle des § 16 Abs. 1 des D-Markbilanzgesetzes der § 8 Abs. 1 und der § 11 des D-Markbilanzgesetzes für das Saarland in der im Bundesgesetzblatt Teil III, Gliederungsnummer 4140-2, veröffentlichten bereinigten Fassung treten.

§ 10a[1] *(aufgehoben)*

§§ 11 bis 11b (weggefallen)

§ 11c Absetzung für Abnutzung bei Gebäuden. (1) [1]Nutzungsdauer eines Gebäudes im Sinne des § 7 Abs. 4 Satz 2 des Gesetzes ist der Zeitraum, in dem ein Gebäude voraussichtlich seiner Zweckbestimmung entsprechend genutzt werden kann. [2]Der Zeitraum der Nutzungsdauer beginnt

1. bei Gebäuden, die der Steuerpflichtige vor dem 21. Juni 1948 angeschafft oder hergestellt hat, mit dem 21. Juni 1948;
2. bei Gebäuden, die der Steuerpflichtige nach dem 20. Juni 1948 hergestellt hat, mit dem Zeitpunkt der Fertigstellung;
3. bei Gebäuden, die der Steuerpflichtige nach dem 20. Juni 1948 angeschafft hat, mit dem Zeitpunkt der Anschaffung.

[3]Für im Land Berlin belegene Gebäude treten an die Stelle des 20. Juni 1948 jeweils der 31. März 1949 und an die Stelle des 21. Juni 1948 jeweils der 1. April 1949. [4]Für im Saarland belegene Gebäude treten an die Stelle des 20. Juni 1948 jeweils der 19. November 1947 und an die Stelle des 21. Juni 1948 jeweils der 20. November 1947; soweit im Saarland belegene Gebäude zu einem Betriebsvermögen gehören, treten an die Stelle des 20. Juni 1948 jeweils der 5. Juli 1959 und an die Stelle des 21. Juni 1948 jeweils der 6. Juli 1959.

(2)[2] [1]Hat der Steuerpflichtige nach § 7 Abs. 4 Satz 3 des Gesetzes bei einem Gebäude eine Absetzung für außergewöhnliche technische oder wirtschaftliche Abnutzung vorgenommen, so bemessen sich die Absetzungen für Abnutzung von dem folgenden Wirtschaftsjahr oder Kalenderjahr an nach den Anschaffungs- oder Herstellungskosten des Gebäudes abzüglich des Betrags der Absetzung für außergewöhnliche technische oder wirtschaftliche Abnutzung. [2]Entsprechendes gilt, wenn der Steuerpflichtige ein zu einem Betriebsvermögen gehörendes Gebäude nach § 6 Abs. 1 Nr. 1 Satz 2 des Gesetzes mit dem niedrigeren Teilwert angesetzt hat. [3]Im Fall der Zuschreibung nach § 7 Abs. 4 Satz 3 des Gesetzes oder der Wertaufholung nach § 6 Abs. 1 Nr. 1 Satz 4 des Gesetzes erhöht sich die Bemessungsgrundlage für die Absetzungen für Abnutzung von dem folgenden Wirtschaftsjahr oder Kalenderjahr an um den Betrag der Zuschreibung oder Wertaufholung.

§ 11d Absetzung für Abnutzung oder Substanzverringerung bei nicht zu einem Betriebsvermögen gehörenden Wirtschaftsgütern, die der Steuerpflichtige unentgeltlich erworben hat. (1)[3] [1]Bei den nicht zu einem Betriebsvermögen gehörenden Wirtschaftsgütern, die der Steuerpflichtige un-

---

[1] § 10a aufgeh. mWv VZ 2009 durch G v. 8.12.2010 (BGBl. I S. 1864).
[2] Zur erstmaligen Anwendung von § 11c Abs. 2 Satz 3 siehe § 84 Abs. 2a.
[3] § 11d Abs. 1 Satz 1 geänd. durch VO v. 17.11.2010 (BGBl. I S. 1544).

entgeltlich erworben hat, bemessen sich die Absetzungen für Abnutzung nach den Anschaffungs- oder Herstellungskosten des Rechtsvorgängers oder dem Wert, der beim Rechtsvorgänger an deren Stelle getreten ist oder treten würde, wenn dieser noch Eigentümer wäre, zuzüglich der vom Rechtsnachfolger aufgewendeten Herstellungskosten und nach dem Prozentsatz, der für den Rechtsvorgänger maßgebend sein würde, wenn er noch Eigentümer des Wirtschaftsguts wäre. [2]Absetzungen für Abnutzung durch den Rechtsnachfolger sind nur zulässig, soweit die vom Rechtsvorgänger und vom Rechtsnachfolger zusammen vorgenommenen Absetzungen für Abnutzung, erhöhten Absetzungen und Abschreibungen bei dem Wirtschaftsgut noch nicht zur vollen Absetzung geführt haben. [3]Die Sätze 1 und 2 gelten für die Absetzung für Substanzverringerung und für erhöhte Absetzungen entsprechend.

(2) Bei Bodenschätzen, die der Steuerpflichtige auf einem ihm gehörenden Grundstück entdeckt hat, sind Absetzungen für Substanzverringerung nicht zulässig.

§ 12 (weggefallen)

Zu den §§ 7e und 10a des Gesetzes

§§ 13 und 14 (weggefallen)

Zu § 7b des Gesetzes

§ 15 Erhöhte Absetzungen für Einfamilienhäuser, Zweifamilienhäuser und Eigentumswohnungen. (1) Bauherr ist, wer auf eigene Rechnung und Gefahr ein Gebäude baut oder bauen lässt.

(2) In den Fällen des § 7b des Gesetzes in den vor Inkrafttreten des Gesetzes vom 22. Dezember 1981 (BGBl. I S. 1523) geltenden Fassungen und des § 54 des Gesetzes in der Fassung der Bekanntmachung vom 24. Januar 1984 (BGBl. I S. 113) ist § 15 der Einkommensteuer-Durchführungsverordnung 1979 (BGBl. 1980 I S. 1801), geändert durch die Verordnung vom 11. Juni 1981 (BGBl. I S. 526), weiter anzuwenden.

§§ 16 bis 21 (weggefallen)

Zu § 7e des Gesetzes

§§ 22 bis 28 (weggefallen)

Zu § 10 des Gesetzes

§ 29[1)] **Anzeigepflichten bei Versicherungsverträgen.** [1]Bei Versicherungen, deren Laufzeit vor dem 1. Januar 2005 begonnen hat, hat der Sicherungsnehmer nach amtlich vorgeschriebenem Muster dem für die Veranlagung des Versicherungsnehmers nach dem Einkommen zuständigen Finanzamt, bei einem Versicherungsnehmer, der im Inland weder einen Wohnsitz noch seinen

---

[1)] § 29 Abs. 1 Satz 3 geänd. mWv 1.1.2002 durch G v. 19.12.2000 (BGBl. I S. 1790); Satz 1 neu gef., Satz 4 angef. mWv 1.1.2005 durch G v. 5.7.2004 (BGBl. I S. 1427).

gewöhnlichen Aufenthalt hat, dem für die Veranlagung des Sicherungsnehmers zuständigen Finanzamt (§§ 19, 20 der Abgabenordnung[1]) unverzüglich die Fälle anzuzeigen, in denen Ansprüche aus Versicherungsverträgen zur Tilgung oder Sicherung von Darlehen eingesetzt werden. [2] Satz 1 gilt entsprechend für das Versicherungsunternehmen, wenn der Sicherungsnehmer Wohnsitz, Sitz oder Geschäftsleitung im Ausland hat. [3] Werden Ansprüche aus Versicherungsverträgen von Personen, die im Inland einen Wohnsitz oder ihren gewöhnlichen Aufenthalt haben (§ 1 Abs. 1 des Gesetzes), zur Tilgung oder Sicherung von Darlehen eingesetzt, sind die Sätze 1 und 2 nur anzuwenden, wenn die Darlehen den Betrag von 25 565 Euro übersteigen. [4] Der Steuerpflichtige hat dem für seine Veranlagung zuständigen Finanzamt (§ 19 der Abgabenordnung) die Abtretung und die Beleihung unverzüglich anzuzeigen.

(2) bis (6)[2] *(aufgehoben)*

§ 30[3] Nachversteuerung bei Versicherungsverträgen. [1] Eine Nachversteuerung ist durchzuführen, wenn die Voraussetzungen für den Sonderausgabenabzug von Vorsorgeaufwendungen nach § 10 Absatz 2 Satz 2 des Gesetzes in der am 31. Dezember 2004 geltenden Fassung nicht erfüllt sind. [2] Zu diesem Zweck ist die Steuer zu berechnen, die festzusetzen gewesen wäre, wenn der Steuerpflichtige die Beiträge nicht geleistet hätte. [3] Der Unterschied zwischen dieser und der festgesetzten Steuer ist als Nachsteuer zu erheben.

§§ 31 bis 44 (weggefallen)

Zu § 10a des Gesetzes

§§ 45 bis 47 (weggefallen)

Zu § 10b des Gesetzes

§§ 48 und 49[4] *(aufgehoben)*

§ 50[5] Zuwendungsbestätigung. (1)[6] [1] Zuwendungen im Sinne der §§ 10b und 34g des Gesetzes dürfen vorbehaltlich des Absatzes 2 nur abgezogen werden, wenn der Zuwendende eine Zuwendungsbestätigung, die der Zuwendungsempfänger unter Berücksichtigung des § 63 Absatz 5 der Abgabenordnung[1] nach amtlich vorgeschriebenem Vordruck ausgestellt hat, oder die in den Absätzen 4 bis 6 bezeichneten Unterlagen erhalten hat. *[2] Dies gilt nicht für Zuwendungen an nicht im Inland ansässige Zuwendungsempfänger nach § 10b Absatz 1 Satz 2 Nummer 1 und 3 des Gesetzes.*

---

[1] Nr. **1**.

[2] § 29 Abs. 2 und 4 aufgeh. mWv 1.1.2005 durch G v. 5.7.2004 (BGBl. I S. 1427); Abs. 3, 5 und 6 aufgeh. mWv VZ 1996 durch G v. 15.12.1995 (BGBl. I S. 1783); zur letztmaligen Anwendung für VZ 2005 siehe § 84 Abs. 3.

[3] § 30 neu gef. mWv 1.1.2005 durch G v. 5.7.2004 (BGBl. I S. 1427); Satz 1 neu gef. mWv VZ 2016 durch VO v. 18.7.2016 (BGBl. I S. 1722).

[4] §§ 48 und 49 aufgeh. mWv 1.1.2007 durch G v. 10.10.2007 (BGBl. I S. 2332).

[5] § 50 neu gef. durch G v. 18.7.2016 (BGBl. I S. 1679).

[6] § 50 Abs. 1 Satz 2 aufgeh. **mWv VZ 2025** durch G v. 21.12.2020 (BGBl. I S. 3096); zur Anwendung siehe § 84 Abs. 2d.

(2) [1]Der Zuwendende kann den Zuwendungsempfänger bevollmächtigen, die Zuwendungsbestätigung der für seine Besteuerung nach dem Einkommen zuständigen Finanzbehörde nach amtlich vorgeschriebenem Datensatz durch Datenfernübertragung nach Maßgabe des § 93c der Abgabenordnung zu übermitteln. [2]Der Zuwendende hat dem Zuwendungsempfänger zu diesem Zweck seine Identifikationsnummer (§ 139b der Abgabenordnung) mitzuteilen. [3]Die Vollmacht kann nur mit Wirkung für die Zukunft widerrufen werden. [4]Der Zuwendungsempfänger hat dem Zuwendenden die nach Satz 1 übermittelten Daten elektronisch oder auf dessen Wunsch als Ausdruck zur Verfügung zu stellen; in beiden Fällen ist darauf hinzuweisen, dass die Daten der Finanzbehörde übermittelt worden sind. [5]§ 72a Absatz 4 der Abgabenordnung findet keine Anwendung.

(3) [1]In den Fällen des Absatzes 2 ist für die Anwendung des § 93c Absatz 4 Satz 1 der Abgabenordnung das Finanzamt zuständig, in dessen Bezirk sich die Geschäftsleitung (§ 10 der Abgabenordnung) des Zuwendungsempfängers im Inland befindet. [2]Die nach Absatz 2 übermittelten Daten können durch dieses Finanzamt zum Zweck der Anwendung des § 93c Absatz 4 Satz 1 der Abgabenordnung bei den für die Besteuerung der Zuwendenden nach dem Einkommen zuständigen Finanzbehörden abgerufen und verwendet werden.

(4) [1]Statt einer Zuwendungsbestätigung genügt der Bareinzahlungsbeleg oder die Buchungsbestätigung eines Kreditinstituts, wenn

1. die Zuwendung zur Hilfe in Katastrophenfällen:
   a) innerhalb eines Zeitraums, den die obersten Finanzbehörden der Länder im Benehmen mit dem Bundesministerium der Finanzen bestimmen, auf ein für den Katastrophenfall eingerichtetes Sonderkonto einer inländischen juristischen Person des öffentlichen Rechts, einer inländischen öffentlichen Dienststelle oder eines inländischen amtlich anerkannten Verbandes der freien Wohlfahrtspflege einschließlich seiner Mitgliedsorganisationen eingezahlt worden ist oder
   b) bis zur Einrichtung des Sonderkontos auf ein anderes Konto der genannten Zuwendungsempfänger eingezahlt wird; wird die Zuwendung über ein als Treuhandkonto geführtes Konto eines Dritten auf eines der genannten Sonderkonten eingezahlt, genügt der Bareinzahlungsbeleg oder die Buchungsbestätigung des Kreditinstituts des Zuwendenden zusammen mit einer Kopie des Barzahlungsbelegs oder der Buchungsbestätigung des Kreditinstituts des Dritten, oder
2.[1)] die Zuwendung 300 Euro nicht übersteigt und
   a) der Empfänger eine inländische juristische Person des öffentlichen Rechts oder eine inländische öffentliche Dienststelle ist oder
   b) der Empfänger eine Körperschaft, Personenvereinigung oder Vermögensmasse im Sinne des § 5 Absatz 1 Nummer 9 des Körperschaftsteuergesetzes[2)] ist, wenn der steuerbegünstigte Zweck, für den die Zuwendung verwendet wird, und die Angaben über die Freistellung des Empfängers von der Körperschaftsteuer auf einem von ihm hergestellten Beleg aufgedruckt sind und darauf angegeben ist, ob es sich

---

[1)] § 50 Abs. 4 Satz 1 Nr. 2 einl. Satzteil geänd. mWv VZ 2020 durch G v. 21.12.2020 (BGBl. I S. 3096); zur Anwendung siehe § 84 Abs. 2c.

[2)] Nr. **17**.

bei der Zuwendung um eine Spende oder einen Mitgliedsbeitrag handelt, oder

c)[1] der Empfänger eine politische Partei im Sinne des § 2 des Parteiengesetzes ist, die nicht gemäß § 18 Absatz 7 des Parteiengesetzes von der staatlichen Teilfinanzierung ausgeschlossen ist, und bei Spenden der Verwendungszweck auf dem vom Empfänger hergestellten Beleg aufgedruckt ist.

2 Aus der Buchungsbestätigung müssen der Name und die Kontonummer oder ein sonstiges Identifizierungsmerkmal des Auftraggebers und des Empfängers, der Betrag, der Buchungstag sowie die tatsächliche Durchführung der Zahlung ersichtlich sein. 3 In den Fällen des Satzes 1 Nummer 2 Buchstabe b hat der Zuwendende zusätzlich den vom Zuwendungsempfänger hergestellten Beleg aufzubewahren.

(5) Bei Zuwendungen zur Hilfe in Katastrophenfällen innerhalb eines Zeitraums, den die obersten Finanzbehörden der Länder im Benehmen mit dem Bundesministerium der Finanzen bestimmen, die über ein Konto eines Dritten an eine inländische juristische Person des öffentlichen Rechts, an eine inländische öffentliche Dienststelle oder an eine nach § 5 Absatz 1 Nummer 9 des Körperschaftsteuergesetzes steuerbefreite Körperschaft, Personenvereinigung oder Vermögensmasse geleistet werden, genügt das Erhalten einer auf den jeweiligen Zuwendenden ausgestellten Zuwendungsbestätigung des Zuwendungsempfängers, wenn das Konto des Dritten als Treuhandkonto geführt wurde, die Zuwendung von dort an den Zuwendungsempfänger weitergeleitet wurde und diesem eine Liste mit den einzelnen Zuwendenden und ihrem jeweiligen Anteil an der Zuwendungssumme übergeben wurde.

(6) Bei Zahlungen von Mitgliedsbeiträgen an politische Parteien im Sinne des § 2 des Parteiengesetzes genügen statt Zuwendungsbestätigungen Bareinzahlungsbelege, Buchungsbestätigungen oder Beitragsquittungen.

(7) 1 Eine in § 5 Absatz 1 Nummer 9 des Körperschaftsteuergesetzes bezeichnete Körperschaft, Personenvereinigung oder Vermögensmasse hat die Vereinnahmung der Zuwendung und ihre zweckentsprechende Verwendung ordnungsgemäß aufzuzeichnen und ein Doppel der Zuwendungsbestätigung aufzubewahren. 2 Diese Aufbewahrungspflicht entfällt in den Fällen des Absatzes 2. 3 Bei Sachzuwendungen und beim Verzicht auf die Erstattung von Aufwand müssen sich aus den Aufzeichnungen auch die Grundlagen für den vom Empfänger bestätigten Wert der Zuwendung ergeben.

(8) 1 Die in den Absätzen 1, 4, 5 und 6 bezeichneten Unterlagen sind vom Zuwendenden auf Verlangen der Finanzbehörde vorzulegen. 2 Soweit der Zuwendende sie nicht bereits auf Verlangen der Finanzbehörde vorgelegt hat, sind sie vom Zuwendenden bis zum Ablauf eines Jahres nach Bekanntgabe der Steuerfestsetzung aufzubewahren.

[1] § 50 Abs. 4 Satz 1 Nr. 2 Buchst. c geänd. mWv 29.7.2017 durch G v. 18.7.2017 (BGBl. I S. 2730).

Zu § 13 des Gesetzes

§ 51[1] Pauschale Ermittlung der Gewinne aus Holznutzungen.

(1) Steuerpflichtige, die für ihren Betrieb nicht zur Buchführung verpflichtet sind, den Gewinn nicht nach § 4 Absatz 1 des Einkommensteuergesetzes ermitteln und deren forstwirtschaftlich genutzte Fläche 50 Hektar nicht übersteigt, können auf Antrag für ein Wirtschaftsjahr bei der Ermittlung der Gewinne aus Holznutzungen pauschale Betriebsausgaben abziehen.

(2) Die pauschalen Betriebsausgaben betragen 55 Prozent der Einnahmen aus der Verwertung des eingeschlagenen Holzes.

(3) Soweit Holz auf dem Stamm verkauft wird, betragen die pauschalen Betriebsausgaben 20 Prozent der Einnahmen aus der Verwertung des stehenden Holzes.

(4) Mit den pauschalen Betriebsausgaben nach den Absätzen 2 und 3 sind sämtliche Betriebsausgaben mit Ausnahme der Wiederaufforstungskosten und der Minderung des Buchwerts für ein Wirtschaftsgut Baumbestand abgegolten.

(5) Diese Regelung gilt nicht für die Ermittlung des Gewinns aus Waldverkäufen sowie für die übrigen Einnahmen und die damit in unmittelbarem Zusammenhang stehenden Betriebsausgaben.

§ 52[2] Mitteilungspflichten bei Beihilfen aus öffentlichen Mitteln.

(1) [1]Behörden und andere öffentliche Stellen im Sinne von § 6 Absatz 1 bis 1e der Abgabenordnung[3] sind als mitteilungspflichtige Stellen verpflichtet, der für die Besteuerung des Zahlungsempfängers nach dem Einkommen zuständigen Finanzbehörde eine Mitteilung zu übermitteln, wenn von dieser einer als Land- und Forstwirt tätigen natürlichen Person, Personenvereinigung oder juristischen Person Beihilfen aus öffentlichen Mitteln der Europäischen Union, des Bundes oder eines Landes gewährt werden. [2]Von der Mitteilungspflicht ausgenommen sind Förderkredite, Gewährleistungen, Bürgschaften, Garantien und Beteiligungen.

(2) [1]Zur Sicherstellung der gesetzmäßigen und gleichmäßigen Besteuerung der Beihilfen sind neben den nach § 93c Absatz 1 der Abgabenordnung erforderlichen Angaben folgende Angaben mitzuteilen:

1. der Tag der Antragstellung,
2. die Art und die Höhe der jeweils gewährten Beihilfe,
3. der Zeitraum oder der Zeitpunkt, für den die Beihilfe gewährt wird,
4. der Tag der Zahlung oder der Zahlungsanordnung.

[2]Die in § 93c Absatz 1 Nummer 2 Buchstabe c und d der Abgabenordnung genannten Daten sind mit der Maßgabe zu übermitteln, dass der Zahlungsempfänger als Steuerpflichtiger gilt. [3]Als Zahlungsempfänger ist stets der ursprüngliche Gläubiger der Forderung mitzuteilen, auch wenn die Forderung abgetreten, verpfändet oder gepfändet ist.

(3) [1]Die Mitteilungen sind bis zum letzten Tag des Monats Februar des auf die Gewährung der Beihilfe folgenden Kalenderjahres nach amtlich vor-

---

[1] § 51 neu gef. durch G v. 1.11.2011 (BGBl. I S. 2131); zur Anwendung siehe § 84 Abs. 3a.
[2] § 52 eingef. durch VO v. 25.6.2020 (BGBl. I S. 1495); zur Anwendung siehe § 84 Abs. 3b.
[3] Nr. **1**.

geschriebenem Datensatz über die amtlich bestimmte Schnittstelle (§ 87b Absatz 1 und 2 der Abgabenordnung) zu übermitteln. [2] Für den Tag der Gewährung der Beihilfe ist der Tag der Zahlung oder der Zahlungsanordnung gemäß Absatz 2 Satz 1 Nummer 4 maßgeblich. [3] Der Zahlungsempfänger im Sinne des Absatzes 2 hat der mitteilungspflichtigen Stelle zu diesem Zweck sein Identifikationsmerkmal (§§ 139a bis 139c der Abgabenordnung) mitzuteilen. [4] Die Mitteilung kann im Rahmen der Antragsverfahren der gewährten Beihilfen erfolgen.

Zu § 17 des Gesetzes

§ 53 Anschaffungskosten bestimmter Anteile an Kapitalgesellschaften.

[1] Bei Anteilen an einer Kapitalgesellschaft, die vor dem 21. Juni 1948 erworben worden sind, sind als Anschaffungskosten im Sinne des § 17 Abs. 2 des Gesetzes die endgültigen Höchstwerte zugrunde zu legen, mit denen die Anteile in eine steuerliche Eröffnungsbilanz in Deutscher Mark auf den 21. Juni 1948 hätten eingestellt werden können; bei Anteilen, die am 21. Juni 1948 als Auslandsvermögen beschlagnahmt waren, ist bei Veräußerung vor der Rückgabe der Veräußerungserlös und bei Veräußerung nach der Rückgabe der Wert im Zeitpunkt der Rückgabe als Anschaffungskosten maßgebend. [2] Im Land Berlin tritt an die Stelle des 21. Juni 1948 jeweils der 1. April 1949; im Saarland tritt an die Stelle des 21. Juni 1948 für die in § 43 Abs. 1 Ziff. 1 des Gesetzes über die Einführung des deutschen Rechts auf dem Gebiete der Steuern, Zölle und Finanzmonopole im Saarland vom 30. Juni 1959 (BGBl. I S. 339) bezeichneten Personen jeweils der 6. Juli 1959.

§ 54 Übersendung von Urkunden durch die Notare. (1)[1)] [1] Die Notare übersenden dem in § 20 der Abgabenordnung[2)] bezeichneten Finanzamt eine beglaubigte Abschrift aller auf Grund gesetzlicher Vorschrift aufgenommenen oder beglaubigten Urkunden, die die Gründung, Kapitalerhöhung oder -herabsetzung, Umwandlung oder Auflösung von Kapitalgesellschaften oder die Verfügung über Anteile an Kapitalgesellschaften zum Gegenstand haben. [2] Gleiches gilt für Dokumente, die im Rahmen einer Anmeldung einer inländischen Zweigniederlassung einer Kapitalgesellschaft mit Sitz im Ausland zur Eintragung in das Handelsregister diesem zu übersenden sind.

(2) [1] Die Abschrift ist binnen zwei Wochen, von der Aufnahme oder Beglaubigung der Urkunde ab gerechnet, einzureichen. [2] Sie soll mit der Steuernummer gekennzeichnet sein, mit der die Kapitalgesellschaft bei dem Finanzamt geführt wird. [3] Die Absendung der Urkunde ist auf der zurückbehaltenen Urschrift der Urkunde beziehungsweise auf einer zurückbehaltenen Abschrift zu vermerken.

(3) Den Beteiligten dürfen die Urschrift, eine Ausfertigung oder beglaubigte Abschrift der Urkunde erst ausgehändigt werden, wenn die Abschrift der Urkunde an das Finanzamt abgesandt ist.

[1)] § 54 Abs. 1 Satz 2 angef. durch G v. 20.12.2007 (BGBl. I S. 3150); zur Anwendung siehe § 84 Abs. 3c Satz 1.

[2)] Nr. **1**.

EStDV

(4)[1] Im Fall der Verfügung über Anteile an Kapitalgesellschaften durch einen Anteilseigner, der nicht nach § 1 Abs. 1 des Gesetzes unbeschränkt steuerpflichtig ist, ist zusätzlich bei dem Finanzamt Anzeige zu erstatten, das bei Beendigung einer zuvor bestehenden unbeschränkten Steuerpflicht des Anteilseigners oder bei unentgeltlichem Erwerb dessen Rechtsvorgängers nach § 19 der Abgabenordnung für die Besteuerung des Anteilseigners zuständig war.

Zu § 22 des Gesetzes

§ 55 Ermittlung des Ertrags aus Leibrenten in besonderen Fällen.

(1)[2] Der Ertrag des Rentenrechts ist in den folgenden Fällen auf Grund der in § 22 Nr. 1 Satz 3 Buchstabe a Doppelbuchstabe bb des Gesetzes aufgeführten Tabelle zu ermitteln:

1. bei Leibrenten, die vor dem 1. Januar 1955 zu laufen begonnen haben. [2] Dabei ist das vor dem 1. Januar 1955 vollendete Lebensjahr des Rentenberechtigten maßgebend;
2. bei Leibrenten, deren Dauer von der Lebenszeit einer anderen Person als des Rentenberechtigten abhängt. [2] Dabei ist das bei Beginn der Rente, im Fall der Nummer 1 das vor dem 1. Januar 1955 vollendete Lebensjahr dieser Person maßgebend;
3. bei Leibrenten, deren Dauer von der Lebenszeit mehrerer Personen abhängt. [2] Dabei ist das bei Beginn der Rente, im Fall der Nummer 1 das vor dem 1. Januar 1955 vollendete Lebensjahr der ältesten Person maßgebend, wenn das Rentenrecht mit dem Tod des zuerst Sterbenden erlischt, und das Lebensjahr der jüngsten Person, wenn das Rentenrecht mit dem Tod des zuletzt Sterbenden erlischt.

(2)[3] [1] Der Ertrag der Leibrenten, die auf eine bestimmte Zeit beschränkt sind (abgekürzte Leibrenten), ist nach der Lebenserwartung unter Berücksichtigung der zeitlichen Begrenzung zu ermitteln. [2] Der Ertragsanteil ist aus der nachstehenden Tabelle zu entnehmen. [3] Absatz 1 ist entsprechend anzuwenden.

Beschränkung der Laufzeit der Rente auf … Jahre ab Beginn des Rentenbezugs (ab 1. Januar 1955, falls die Rente vor diesem Zeitpunkt zu laufen begonnen hat)	Der Ertragsanteil beträgt vorbehaltlich der Spalte 3 … Prozent	Der Ertragsanteil ist der Tabelle in § 22 Nr. 1 Satz 3 Buchstabe a Doppelbuchstabe bb des Gesetzes zu entnehmen, wenn der Rentenberechtigte zu Beginn des Rentenbezugs (vor dem 1. Januar 1955, falls die Rente vor diesem Zeitpunkt zu laufen begonnen hat) das … te Lebensjahr vollendet hatte
1	2	3
1	0	entfällt
2	1	entfällt
3	2	97
4	4	92
5	5	88

[1] § 54 Abs. 4 angef. durch G v. 7.12.2006 (BGBl. I S. 2782); zur Anwendung siehe § 84 Abs. 3c Satz 2.

[2] § 55 Abs. 1 einl. Satzteil geänd. mWv 1.1.2005 durch G v. 5.7.2004 (BGBl. I S. 1427).

[3] § 55 Abs. 2 Satz 2 Tabelle neu gef. mWv 1.1.2005 durch G v. 5.7.2004 (BGBl. I S. 1427); geänd. durch VO v. 17.11.2010 (BGBl. I S. 1544).

Beschränkung der Laufzeit der Rente auf ... Jahre ab Beginn des Rentenbezugs (ab 1. Januar 1955, falls die Rente vor diesem Zeitpunkt zu laufen begonnen hat)	Der Ertragsanteil beträgt vorbehaltlich der Spalte 3 ... Prozent	Der Ertragsanteil ist der Tabelle in § 22 Nr. 1 Satz 3 Buchstabe a Doppelbuchstabe bb des Gesetzes zu entnehmen, wenn der Rentenberechtigte zu Beginn des Rentenbezugs (vor dem 1. Januar 1955, falls die Rente vor diesem Zeitpunkt zu laufen begonnen hat) das ... te Lebensjahr vollendet hatte
1	2	3
6	7	83
7	8	81
8	9	80
9	10	78
10	12	75
11	13	74
12	14	72
13	15	71
14–15	16	69
16–17	18	67
18	19	65
19	20	64
20	21	63
21	22	62
22	23	60
23	24	59
24	25	58
25	26	57
26	27	55
27	28	54
28	29	53
29–30	30	51
31	31	50
32	32	49
33	33	48
34	34	46
35–36	35	45
37	36	43
38	37	42
39	38	41
40–41	39	39
42	40	38
43–44	41	36
45	42	35
46–47	43	33
48	44	32
49–50	45	30
51–52	46	28
53	47	27
54–55	48	25
56–57	49	23
58–59	50	21
60–61	51	19
62–63	52	17
64–65	53	15

Beschränkung der Laufzeit der Rente auf … Jahre ab Beginn des Rentenbezugs (ab 1. Januar 1955, falls die Rente vor diesem Zeitpunkt zu laufen begonnen hat)	Der Ertragsanteil beträgt vorbehaltlich der Spalte 3 … Prozent	Der Ertragsanteil ist der Tabelle in § 22 Nr. 1 Satz 3 Buchstabe a Doppelbuchstabe bb des Gesetzes zu entnehmen, wenn der Rentenberechtigte zu Beginn des Rentenbezugs (vor dem 1. Januar 1955, falls die Rente vor diesem Zeitpunkt zu laufen begonnen hat) das … te Lebensjahr vollendet hatte
1	2	3
66–67	54	13
68–69	55	11
70–71	56	9
72–74	57	6
75–76	58	4
77–79	59	2
ab 80	Der Ertragsanteil ist immer der Tabelle in § 22 Nr. 1 Satz 3 Buchstabe a Doppelbuchstabe bb des Gesetzes zu entnehmen	

Zu § 25 des Gesetzes

§ 56 Steuererklärungspflicht. [1] Unbeschränkt Steuerpflichtige haben eine jährliche Einkommensteuererklärung für das abgelaufene Kalenderjahr (Veranlagungszeitraum) in den folgenden Fällen abzugeben:

1.[1] Ehegatten, bei denen im Veranlagungszeitraum die Voraussetzungen des § 26 Abs. 1 des Gesetzes vorgelegen haben und von denen keiner die Einzelveranlagung nach § 26a des Gesetzes wählt,
   a)[2] wenn keiner der Ehegatten Einkünfte aus nichtselbständiger Arbeit, von denen ein Steuerabzug vorgenommen worden ist, bezogen und der Gesamtbetrag der Einkünfte mehr als das Zweifache des Grundfreibetrages nach § 32a Absatz 1 Satz 2 Nummer 1 des Gesetzes in der jeweils geltenden Fassung betragen hat,
   b) wenn mindestens einer der Ehegatten Einkünfte aus nichtselbständiger Arbeit, von denen ein Steuerabzug vorgenommen worden ist, bezogen hat und eine Veranlagung nach § 46 Abs. 2 Nr. 1 bis 7 des Gesetzes in Betracht kommt;
   c)[3] *(aufgehoben)*
2. Personen, bei denen im Veranlagungszeitraum die Voraussetzungen des § 26 Abs. 1 des Gesetzes nicht vorgelegen haben,
   a)[4] wenn der Gesamtbetrag der Einkünfte den Grundfreibetrag nach § 32a Absatz 1 Satz 2 Nummer 1 des Gesetzes in der jeweils geltenden Fassung überstiegen hat und darin keine Einkünfte aus nichtselbständiger Arbeit, von denen ein Steuerabzug vorgenommen worden ist, enthalten sind,

[1] § 56 Satz 1 Nr. 1 geänd. durch G v. 1.11.2011 (BGBl. I S. 2131); zur Anwendung siehe § 84 Abs. 11.

[2] § 56 Satz 1 Nr. 1 Buchst. a geänd. durch G v. 23.10.2000 (BGBl. I S. 1433); geänd. durch G v. 2.3.2009 (BGBl. I S. 416).

[3] § 56 Satz 1 Nr. 1 Buchst. c aufgeh. mWv VZ 2009 durch VO v. 17.11.2010 (BGBl. I S. 1544).

[4] § 56 Satz 1 Nr. 2 Buchst. a geänd. durch G v. 23.10.2000 (BGBl. I S. 1433); geänd. durch G v. 2.3.2009 (BGBl. I S. 416).

b) wenn in dem Gesamtbetrag der Einkünfte Einkünfte aus nichtselbständiger Arbeit, von denen ein Steuerabzug vorgenommen worden ist, enthalten sind und eine Veranlagung nach § 46 Abs. 2 Nr. 1 bis 6 und 7 Buchstabe b des Gesetzes in Betracht kommt.

c)[1] *(aufgehoben)*

[2] Eine Steuererklärung ist außerdem abzugeben, wenn zum Schluss des vorangegangenen Veranlagungszeitraums ein verbleibender Verlustabzug festgestellt worden ist.

§§ 57 bis 59 (weggefallen)

§ 60 Unterlagen zur Steuererklärung. (1)[2] [1] Der Steuererklärung ist eine Abschrift der Bilanz, die auf dem Zahlenwerk der Buchführung beruht, im Fall der Eröffnung des Betriebs auch eine Abschrift der Eröffnungsbilanz beizufügen, wenn der Gewinn nach § 4 Abs. 1, § 5 oder § 5a des Gesetzes ermittelt und auf eine elektronische Übermittlung nach § 5b Abs. 2 des Gesetzes verzichtet wird. [2] Werden Bücher geführt, die den Grundsätzen der doppelten Buchführung entsprechen, ist eine Gewinn- und Verlustrechnung beizufügen.

(2) [1] Enthält die Bilanz Ansätze oder Beträge, die den steuerlichen Vorschriften nicht entsprechen, so sind diese Ansätze oder Beträge durch Zusätze oder Anmerkungen den steuerlichen Vorschriften anzupassen. [2] Der Steuerpflichtige kann auch eine den steuerlichen Vorschriften entsprechende Bilanz (Steuerbilanz) beifügen.

(3) [1] Liegt ein Anhang, ein Lagebericht oder ein Prüfungsbericht vor, so ist eine Abschrift der Steuererklärung beizufügen. [2] Bei der Gewinnermittlung nach § 5a des Gesetzes ist das besondere Verzeichnis nach § 5a Abs. 4 des Gesetzes der Steuererklärung beizufügen.

(4)[3] [1] Wird der Gewinn nach § 4 Abs. 3 des Gesetzes durch den Überschuss der Betriebseinnahmen über die Betriebsausgaben ermittelt, ist die Einnahmenüberschussrechnung nach amtlich vorgeschriebenem Datensatz durch Datenfernübertragung zu übermitteln. [2] Auf Antrag kann die Finanzbehörde zur Vermeidung unbilliger Härten auf eine elektronische Übermittlung verzichten; in diesem Fall ist der Steuererklärung eine Gewinnermittlung nach amtlich vorgeschriebenem Vordruck beizufügen. [3] § 150 Absatz 8 der Abgabenordnung[4] gilt entsprechend.

Zu den §§ 26a und 26b des Gesetzes[5]

§ 61[6] Antrag auf hälftige Verteilung von Abzugsbeträgen im Fall des § 26a des Gesetzes. Können die Ehegatten den Antrag nach § 26a Absatz 2 des Gesetzes nicht gemeinsam stellen, weil einer der Ehegatten dazu aus

---

[1] § 56 Satz 1 Nr. 2 Buchst. c aufgeh. mWv VZ 2009 durch VO v. 17.11.2010 (BGBl. I S. 1544).

[2] § 60 Abs. 1 Satz 1 neu gef. durch G v. 20.12.2008 (BGBl. I S. 2850); zur Anwendung siehe § 84 Abs. 3e.

[3] § 60 Abs. 4 angef. durch G v. 31.7.2003 (BGBl. I S. 1550); neu gef. durch G v. 20.12.2008 (BGBl. I S. 2850); zur Anwendung siehe § 84 Abs. 3e; Satz 3 geänd. mWv 1.1.2017 durch G v. 18.7. 2016 (BGBl. I S. 1679).

[4] Nr. **1**.

[5] Abschnittsüberschrift geänd. durch G v. 1.11.2011 (BGBl. I S. 2131).

[6] § 61 neu gef. durch G v. 1.11.2011 (BGBl. I S. 2131); zur Anwendung siehe § 84 Abs. 11.

zwingenden Gründen nicht in der Lage ist, kann das Finanzamt den Antrag des anderen Ehegatten als genügend ansehen.

§§ 62 bis 62c (weggefallen)

§ 62d Anwendung des § 10d des Gesetzes bei der Veranlagung von Ehegatten. (1)[1] [1]Im Fall der Einzelveranlagung von Ehegatten (§ 26a des Gesetzes) kann der Steuerpflichtige den Verlustabzug nach § 10d des Gesetzes auch für Verluste derjenigen Veranlagungszeiträume geltend machen, in denen die Ehegatten nach § 26b des Gesetzes zusammen veranlagt worden sind. [2]Der Verlustabzug kann in diesem Fall nur für Verluste geltend gemacht werden, die der einzeln veranlagte Ehegatte erlitten hat.

(2)[2] [1]Im Fall der Zusammenveranlagung von Ehegatten (§ 26b des Gesetzes) kann der Steuerpflichtige den Verlustabzug nach § 10d des Gesetzes auch für Verluste derjenigen Veranlagungszeiträume geltend machen, in denen die Ehegatten nach § 26a des Gesetzes einzeln veranlagt worden sind. [2]Im Fall der Zusammenveranlagung von Ehegatten (§ 26b des Gesetzes) in einem Veranlagungszeitraum, in den negative Einkünfte nach § 10d Abs. 1 des Gesetzes zurückgetragen werden, sind nach Anwendung des § 10d Abs. 1 des Gesetzes verbleibende negative Einkünfte für den Verlustvortrag nach § 10d Abs. 2 des Gesetzes in Veranlagungszeiträume, in denen eine Zusammenveranlagung nicht stattfindet, auf die Ehegatten nach dem Verhältnis aufzuteilen, in dem die auf den einzelnen Ehegatten entfallenden Verluste im Veranlagungszeitraum der Verlustentstehung zueinander stehen.

§ 63 (weggefallen)

Zu § 33 des Gesetzes

§ 64[3] Nachweis von Krankheitskosten und der Voraussetzungen der behinderungsbedingten Fahrtkostenpauschale. (1) Den Nachweis der Zwangsläufigkeit von Aufwendungen im Krankheitsfall hat der Steuerpflichtige zu erbringen:

1. durch eine Verordnung eines Arztes oder Heilpraktikers für Arznei-, Heil- und Hilfsmittel (§§ 2, 23, 31 bis 33 des Fünften Buches Sozialgesetzbuch);
2. durch ein amtsärztliches Gutachten oder eine ärztliche Bescheinigung eines Medizinischen Dienstes der Krankenversicherung (§ 275 des Fünften Buches Sozialgesetzbuch) für
   a) eine Bade- oder Heilkur; bei einer Vorsorgekur ist auch die Gefahr einer durch die Kur abzuwendenden Krankheit, bei einer Klimakur der medizinisch angezeigte Kurort und die voraussichtliche Kurdauer zu bescheinigen,

---

[1] § 62d Abs. 1 Sätze 1 und 2 geänd. durch G v. 1.11.2011 (BGBl. I S. 2131); zur Anwendung siehe § 84 Abs. 11.

[2] § 62d Abs. 2 Satz 2 neu gef. durch G v. 22.12.2003 (BGBl. I S. 2840); zur erstmaligen Anwendung siehe § 84 Abs. 3f; Satz 1 geänd. durch G v. 1.11.2011 (BGBl. I S. 2131); zur Anwendung siehe § 84 Abs. 11.

[3] § 64 neu gef. durch G v. 1.11.2011 (BGBl. I S. 2131); Überschrift neu gef. durch G v. 9.12.2020 (BGBl. I S. 2770).

b) eine psychotherapeutische Behandlung; die Fortführung einer Behandlung nach Ablauf der Bezuschussung durch die Krankenversicherung steht einem Behandlungsbeginn gleich,

c) eine medizinisch erforderliche auswärtige Unterbringung eines an Legasthenie oder einer anderen Behinderung leidenden Kindes des Steuerpflichtigen,

d) die Notwendigkeit der Betreuung des Steuerpflichtigen durch eine Begleitperson, sofern sich diese nicht bereits aus dem Nachweis der Behinderung nach § 65 Absatz 1 Nummer 1 ergibt,

e) medizinische Hilfsmittel, die als allgemeine Gebrauchsgegenstände des täglichen Lebens im Sinne von § 33 Absatz 1 des Fünften Buches Sozialgesetzbuch anzusehen sind,

f) wissenschaftlich nicht anerkannte Behandlungsmethoden, wie z.B. Frisch- und Trockenzellenbehandlungen, Sauerstoff-, Chelat- und Eigenbluttherapie.

[2] Der nach Satz 1 zu erbringende Nachweis muss vor Beginn der Heilmaßnahme oder dem Erwerb des medizinischen Hilfsmittels ausgestellt worden sein;

3. durch eine Bescheinigung des behandelnden Krankenhausarztes für Besuchsfahrten zu einem für längere Zeit in einem Krankenhaus liegenden Ehegatten oder Kind des Steuerpflichtigen, in dem bestätigt wird, dass der Besuch des Steuerpflichtigen zur Heilung oder Linderung einer Krankheit entscheidend beitragen kann.

(2) Die zuständigen Gesundheitsbehörden haben auf Verlangen des Steuerpflichtigen die für steuerliche Zwecke erforderlichen Gesundheitszeugnisse, Gutachten oder Bescheinigungen auszustellen.

(3)[1] Für den Nachweis der Anspruchsvoraussetzungen zur behinderungsbedingten Fahrtkostenpauschale sind die Vorschriften des § 65 anzuwenden.

EStDV

Zu § 33b des Gesetzes

§ 65[2] Nachweis der Behinderung und des Pflegegrads. (1) Den Nachweis einer Behinderung hat der Steuerpflichtige zu erbringen:

1.[3] bei einer Behinderung, deren Grad auf mindestens 50 festgestellt ist, durch Vorlage eines Ausweises nach dem Neunten Buch Sozialgesetzbuch oder eines Bescheides der nach § 152 Absatz 1 des Neunten Buches Sozialgesetzbuch zuständigen Behörde,

2.[4] bei einer Behinderung, deren Grad auf weniger als 50, aber mindestens 20 festgestellt ist,

a) durch eine Bescheinigung oder einen Bescheid der nach § 152 Absatz 1 des Neunten Buches Sozialgesetzbuch zuständigen Behörde oder,

---

[1] § 64 Abs. 3 angef. mWv VZ 2021 durch G v. 9.12.2020 (BGBl. I S. 2770).

[2] § 65 Überschrift neu gef. durch G v. 9.12.2020 (BGBl. I S. 2770).

[3] § 65 Abs. 1 Nr. 1 neu gef. mWv VZ 2009 durch VO v. 17.11.2010 (BGBl. I S. 1544); geänd. mWv 1.1.2018 durch G v. 23.12.2016 (BGBl. I S. 3234).

[4] § 65 Abs. 1 Nr. 2 neu gef. mWv VZ 2021 durch G v. 2.6.2021 (BGBl. I S. 1259); zur Anwendung siehe § 84 Abs. 3g Sätze 1 und 4.

b) wenn ihm wegen seiner Behinderung nach den gesetzlichen Vorschriften Renten oder andere laufende Bezüge zustehen, durch den Rentenbescheid oder den die anderen laufenden Bezüge nachweisenden Bescheid.

(2)[1] [1]Die gesundheitlichen Merkmale „blind" und „hilflos" hat der Steuerpflichtige durch einen Ausweis nach dem Neunten Buch Sozialgesetzbuch, der mit den Merkzeichen „Bl" oder „H" gekennzeichnet ist, oder durch einen Bescheid der nach § 152 Absatz 1 des Neunten Buches Sozialgesetzbuch zuständigen Behörde, der die entsprechenden Feststellungen enthält, nachzuweisen. [2]Dem Merkzeichen „H" steht die Einstufung als pflegebedürftige Person mit schwersten Beeinträchtigungen der Selbständigkeit oder der Fähigkeiten in die Pflegegrade 4 oder 5 nach dem Elften Buch Sozialgesetzbuch, dem Zwölften Buch Sozialgesetzbuch oder diesen entsprechenden gesetzlichen Bestimmungen gleich.

(2a)[2] Den Nachweis der Einstufung in einen Pflegegrad nach dem Elften Buch Sozialgesetzbuch, dem Zwölften Buch Sozialgesetzbuch oder diesen entsprechenden gesetzlichen Bestimmungen hat der Steuerpflichtige durch Vorlage des entsprechenden Bescheides nachzuweisen.

(3)[3] [4] [1]Die Gewährung des Behinderten-Pauschbetrags setzt voraus, dass der Antragsteller Inhaber gültiger Unterlagen nach den Absätzen 1 und 2 ist. [2]Bei erstmaliger Geltendmachung des Pauschbetrags oder bei Änderung der Verhältnisse hat der Steuerpflichtige die Unterlagen nach den Absätzen 1 und 2 zusammen mit seiner Steuererklärung oder seinem Antrag auf Lohnsteuerermäßigung, ansonsten auf Anforderung des Finanzamts vorzulegen.

(3a)[5] [6] [1]Die Gewährung des Behinderten-Pauschbetrags setzt voraus, dass die für die Feststellung einer Behinderung zuständige Stelle als mitteilungspflichtige Stelle ihre Feststellungen zur Behinderung nach den Absätzen 1 und 2 nach Maßgabe des § 93c der Abgabenordnung[7] an die für die Besteuerung des Antragstellers zuständige Finanzbehörde übermittelt hat. [2]Die nach Satz 1 mitteilungspflichtige Stelle hat ihre Feststellungen auf schriftlichen oder elektronischen Antrag derjenigen Person, die diese Feststellungen begehrt, an die nach Satz 1 zuständige Finanzbehörde zu übermitteln. [3]Die Person hat der mitteilungspflichtigen Stelle zu diesem Zweck ihre Identifikationsnummer (§ 139b der Abgabenordnung) mitzuteilen. [4]Neben den nach § 93c Absatz 1 der Abgabenordnung zu übermittelnden Daten sind zusätzlich folgende Daten zu übermitteln:

1. der Grad der Behinderung,
2. die Feststellung weiterer gesundheitlicher Merkmale (Merkzeichen):
   a) G (erheblich gehbehindert),

---

[1] § 65 Abs. 2 Satz 2 geänd. mWv 1.1.2005 durch G v. 27.12.2003 (BGBl. I S. 3022); Satz 1 neu gef. mWv VZ 2009 durch VO v. 17.11.2010 (BGBl. I S. 1544); Satz 1 geänd. mWv 1.1.2018 durch G v. 23.12.2016 (BGBl. I S. 3234); Satz 2 neu gef. mWv VZ 2021 durch G v. 9.12.2020 (BGBl. I S. 2770).

[2] § 65 Abs. 2a eingef. mWv VZ 2021 durch G v. 9.12.2020 (BGBl. I S. 2770).

[3] § 65 Abs. 3 neu gef. durch G v. 18.7.2016 (BGBl. I S. 1679).

[4] Zur Anwendung von § 65 Abs. 3 siehe § 84 Abs. 3g Satz 5.

[5] § 65 Abs. 3a eingef. durch G v. 18.7.2016 (BGBl. I S. 1679).

[6] Zur erstmaligen Anwendung von § 65 Abs. 3a siehe § 84 Abs. 3g Sätze 2 und 3.

[7] Nr. **1**.

b) aG (außergewöhnlich gehbehindert),
c) B (ständige Begleitung notwendig),
d) H (hilflos),
e) Bl (blind),
f) Gl (gehörlos),

3. die Feststellung, dass die Behinderung zu einer dauernden Einbuße der körperlichen Beweglichkeit geführt hat,
4. die Feststellung, dass die Behinderung auf einer typischen Berufskrankheit beruht,
5.[1] die Einstufung als pflegebedürftige Person mit schwersten Beeinträchtigungen der Selbständigkeit oder der Fähigkeiten in den Pflegegraden 4 oder 5,
6. die Dauer der Gültigkeit der Feststellung.

[5]Die mitteilungspflichtige Stelle hat jede Änderung der Feststellungen nach Satz 4 abweichend von § 93c Absatz 1 Nummer 1 der Abgabenordnung unverzüglich zu übermitteln. [6]§ 72a Absatz 4, § 93c Absatz 1 Nummer 3 und Absatz 4 sowie § 203a der Abgabenordnung finden keine Anwendung.

(4)[2] [1]Ist der Mensch mit Behinderungen verstorben und kann sein Rechtsnachfolger die Unterlagen nach den Absätzen 1 und 2 nicht vorlegen, so genügt zum Nachweis eine gutachtliche Stellungnahme der nach § 152 Absatz 1 des Neunten Buches Sozialgesetzbuch zuständigen Behörde. [2]Diese Stellungnahme hat die Finanzbehörde einzuholen.

§§ 66 und 67 (weggefallen)

Zu § 34b des Gesetzes

§ 68[3] Nutzungssatz, Betriebsgutachten, Betriebswerk. (1)[4] [1]Der Nutzungssatz muss periodisch für zehn Jahre durch die Finanzbehörde festgesetzt werden. [2]Er muss den Holznutzungen entsprechen, die unter Berücksichtigung der vollen Ertragsfähigkeit des Waldes in Kubikmetern im Festmaß (Erntefestmeter Derbholz ohne Rinde) nachhaltig erzielbar sind.

(2)[5] [1]Der Festsetzung des Nutzungssatzes ist ein amtlich anerkanntes Betriebsgutachten oder ein Betriebswerk zugrunde zu legen, das auf den Anfang des Wirtschaftsjahres aufzustellen ist, von dem an die Periode von zehn Jahren beginnt. [2]Es soll innerhalb eines Jahres nach diesem Stichtag der Finanzbehörde übermittelt werden. [3]Sofern der Zeitraum, für den es aufgestellt wurde, nicht unmittelbar an den vorherigen Zeitraum der Nutzungssatzfestsetzung anschließt, muss es spätestens auf den Anfang des Wirtschaftsjahrs des Schadensereignisses aufgestellt sein.

(3) [1]Ein Betriebsgutachten im Sinne des Absatzes 2 ist amtlich anerkannt, wenn die Anerkennung von einer Behörde oder einer Körperschaft des öffent-

---

[1] § 65 Abs. 3a Satz 4 Nr. 5 geänd. durch G v. 9.12.2020 (BGBl. I S. 2770).

[2] § 65 Abs. 4 Satz 1 neu gef. mWv VZ 2009 durch VO v. 17.11.2010 (BGBl. I S. 1544); Satz 1 geänd. mWv 1.1.2018 durch G v. 23.12.2016 (BGBl. I S. 3234); Satz 1 geänd. durch G v. 9.12.2020 (BGBl. I S. 2770).

[3] § 68 neu gef. mWv VZ 2012 durch G v. 1.11.2011 (BGBl. I S. 2131).

[4] § 68 Abs. 1 Satz 2 neu gef. mWv VZ 2016 durch VO v. 18.7.2016 (BGBl. I S. 1722).

[5] § 68 Abs. 2 Satz 3 geänd. mWv VZ 2016 durch VO v. 18.7.2016 (BGBl. I S. 1722).

lichen Rechts des Landes, in dem der forstwirtschaftliche Betrieb liegt, ausgesprochen wird. [2]Die Länder bestimmen, welche Behörden oder Körperschaften des öffentlichen Rechts diese Anerkennung auszusprechen haben.

Zu § 34c des Gesetzes

§ 68a[1)] Einkünfte aus mehreren ausländischen Staaten. [1]Die für die Einkünfte aus einem ausländischen Staat festgesetzte und gezahlte und um einen entstandenen Ermäßigungsanspruch gekürzte ausländische Steuer ist nur bis zur Höhe der deutschen Steuer anzurechnen, die auf die Einkünfte aus diesem ausländischen Staat entfällt. [2]Stammen die Einkünfte aus mehreren ausländischen Staaten, so sind die Höchstbeträge der anrechenbaren ausländischen Steuern für jeden einzelnen ausländischen Staat gesondert zu berechnen.

§ 68b Nachweis über die Höhe der ausländischen Einkünfte und Steuern. [1]Der Steuerpflichtige hat den Nachweis über die Höhe der ausländischen Einkünfte und über die Festsetzung und Zahlung der ausländischen Steuern durch Vorlage entsprechender Urkunden (z.B. Steuerbescheid, Quittung über die Zahlung) zu führen. [2]Sind diese Urkunden in einer fremden Sprache abgefasst, so kann eine beglaubigte Übersetzung in die deutsche Sprache verlangt werden.

§ 69 (weggefallen)

Zu § 46 des Gesetzes

§ 70[2)] Ausgleich von Härten in bestimmten Fällen. [1]Betragen in den Fällen des § 46 Absatz 2 Nummer 1 bis 7 des Gesetzes die einkommensteuerpflichtigen Einkünfte, von denen der Steuerabzug vom Arbeitslohn nicht vorgenommen worden ist und die nicht nach § 32d Absatz 6 des Gesetzes der tariflichen Einkommensteuer unterworfen wurden, insgesamt mehr als 410 Euro, so ist vom Einkommen der Betrag abzuziehen, um den die bezeichneten Einkünfte, vermindert um den auf sie entfallenden Altersentlastungsbetrag (§ 24a des Gesetzes) und den nach § 13 Absatz 3 des Gesetzes zu berücksichtigenden Betrag, niedriger als 820 Euro sind (Härteausgleichsbetrag). [2]Der Härteausgleichsbetrag darf nicht höher sein als die nach Satz 1 verminderten Einkünfte.

§§ 71 und 72 (weggefallen)

Zu § 50 des Gesetzes

§ 73 (weggefallen)

---

1) § 68a Satz 1 neu gef. mWv VZ 2009 durch VO v. 17.11.2010 (BGBl. I S. 1544).

2) § 70 Satz 1 neu gef. mWv VZ 2014 durch G v. 25.7.2014 (BGBl. I S. 1266); zur erstmaligen Anwendung siehe § 84 Abs. 3h.

Zu § 50a des Gesetzes

§ 73a Begriffsbestimmungen. (1)[1] Inländisch im Sinne des § 50a Abs. 1 Nr. 4 des Gesetzes sind solche Personenvereinigungen, die ihre Geschäftsleitung oder ihren Sitz im Geltungsbereich des Gesetzes haben.

(2)[2] Urheberrechte im Sinne des § 50a Abs. 1 Nr. 3 des Gesetzes sind Rechte, die nach Maßgabe des Urheberrechtsgesetzes geschützt sind.

(3)[3] Gewerbliche Schutzrechte im Sinne des § 50a Absatz 1 Nummer 3 des Gesetzes sind Rechte, die nach Maßgabe

1. des Designgesetzes,
2. des Patentgesetzes,
3. des Gebrauchsmustergesetzes oder
4. des Markengesetzes

geschützt sind.

§ 73b (weggefallen)

§ 73c[4] Zeitpunkt des Zufließens im Sinne des § 50a Abs. 5 Satz 1 des Gesetzes. Die Vergütungen im Sinne des § 50a Abs. 1 des Gesetzes fließen dem Gläubiger zu

1. im Fall der Zahlung, Verrechnung oder Gutschrift:
   bei Zahlung, Verrechnung oder Gutschrift;
2. im Fall der Hinausschiebung der Zahlung wegen vorübergehender Zahlungsunfähigkeit des Schuldners:
   bei Zahlung, Verrechnung oder Gutschrift;
3. im Fall der Gewährung von Vorschüssen:
   bei Zahlung, Verrechnung oder Gutschrift der Vorschüsse.

§ 73d Aufzeichnungen, Aufbewahrungspflichten, Steueraufsicht.
(1)[5] [1]Der Schuldner der Vergütungen im Sinne des § 50a Abs. 1 des Gesetzes (Schuldner) hat besondere Aufzeichnungen zu führen. [2]Aus den Aufzeichnungen müssen ersichtlich sein:

1. Name und Wohnung des beschränkt steuerpflichtigen Gläubigers (Steuerschuldners),
2. Höhe der Vergütungen in Euro,

---

[1] § 73a Abs. 1 geänd. durch G v. 19.12.2008 (BGBl. I S. 2794); zur Anwendung siehe § 84 Abs. 3i Satz 1.

[2] § 73a Abs. 2 geänd. durch G v. 19.12.2008 (BGBl. I S. 2794); zur Anwendung siehe § 84 Abs. 3i Satz 1; geänd. durch VO v. 25.6.2020 (BGBl. I S. 1495).

[3] § 73a Abs. 3 neu gef. durch VO v. 22.12.2014 (BGBl. I S. 2392); zur Anwendung siehe § 84 Abs. 3i Satz 6.

[4] § 73c einl. Satzteil geänd. durch G v. 19.12.2008 (BGBl. I S. 2794); zur Anwendung siehe § 84 Abs. 3i Satz 1.

[5] § 73d Abs. 1 neu gef. durch G v. 19.12.2008 (BGBl. I S. 2794); zur Anwendung siehe § 84 Abs. 3i Satz 1; Satz 3 geänd. durch G v. 10.8.2009 (BGBl. I S. 2702); zur Anwendung siehe § 84 Abs. 3i Satz 4.

3. Höhe und Art der von der Bemessungsgrundlage des Steuerabzugs abgezogenen Betriebsausgaben oder Werbungskosten,
4. Tag, an dem die Vergütungen dem Steuerschuldner zugeflossen sind,
5. Höhe und Zeitpunkt der Abführung der einbehaltenen Steuer.

³Er hat in Fällen des § 50a Abs. 3 des Gesetzes die von der Bemessungsgrundlage des Steuerabzugs abgezogenen Betriebsausgaben oder Werbungskosten und die Staatsangehörigkeit des beschränkt steuerpflichtigen Gläubigers in einer für das Bundeszentralamt für Steuern nachprüfbaren Form zu dokumentieren.

(2) Bei der Veranlagung des Schuldners zur Einkommensteuer (Körperschaftsteuer) und bei Außenprüfungen, die bei dem Schuldner vorgenommen werden, ist auch zu prüfen, ob die Steuern ordnungsmäßig einbehalten und abgeführt worden sind.

§ 73e[1] Einbehaltung, Abführung und Anmeldung der Steuer von Vergütungen im Sinne des § 50a Abs. 1 und 7 des Gesetzes (§ 50a Abs. 5 des Gesetzes) ¹Der Schuldner hat die innerhalb eines Kalendervierteljahrs einbehaltene Steuer von Vergütungen im Sinne des § 50a Absatz 1 des Gesetzes unter der Bezeichnung „Steuerabzug von Vergütungen im Sinne des § 50a Absatz 1 des Einkommensteuergesetzes" jeweils bis zum zehnten des dem Kalendervierteljahr folgenden Monats an das Bundeszentralamt für Steuern abzuführen. ²Bis zum gleichen Zeitpunkt hat der Schuldner dem Bundeszentralamt für Steuern eine Steueranmeldung über den Gläubiger, die Höhe der Vergütungen im Sinne des § 50a Absatz 1 des Gesetzes, die Höhe und Art der von der Bemessungsgrundlage des Steuerabzugs abgezogenen Betriebsausgaben oder Werbungskosten und die Höhe des Steuerabzugs zu übersenden. ³Satz 2 gilt entsprechend, wenn ein Steuerabzug auf Grund des § 50a Absatz 2 Satz 3 oder Absatz 4 Satz 1 des Gesetzes nicht vorzunehmen ist oder auf Grund des § 50c Absatz 2 des Gesetzes nicht oder nicht in voller Höhe vorzunehmen ist. ⁴Die Steueranmeldung ist nach amtlich vorgeschriebenem Datensatz durch Datenfernübertragung zu übermitteln. ⁵Auf Antrag kann das Bundeszentralamt für Steuern zur Vermeidung unbilliger Härten auf eine elektronische Übermittlung verzichten; in diesem Fall ist die Steueranmeldung vom Schuldner oder von einem zu seiner Vertretung Berechtigten zu unterschreiben. ⁶Ist es zweifelhaft, ob der Gläubiger beschränkt oder unbeschränkt steuerpflichtig ist, so darf der Schuldner die Einbehaltung der Steuer nur dann unterlassen, wenn der Gläubiger durch eine Bescheinigung des nach den abgabenrechtlichen Vorschriften für die Besteuerung seines Einkommens zuständigen Finanzamts nachweist, dass er unbeschränkt steuerpflichtig ist. ⁷Die Sätze 1, 2, 4 und 5 gelten entsprechend für die Steuer nach § 50a Absatz 7 des Gesetzes mit der Maßgabe, dass

1. die Steuer an das Finanzamt abzuführen und bei dem Finanzamt anzumelden ist, das den Steuerabzug angeordnet hat, und

[1] § 73e neu gef. durch G v. 19.12.2008 (BGBl. I S. 2794); zur erstmaligen Anwendung siehe § 84 Abs. 3i; Satz 4 ersetzt durch Sätze 4 und 5, bish. Sätze 5 und 6 werden Sätze 6 und 7 durch G v. 19.12. 2008 (BGBl. I S. 2794); zur Anwendung siehe § 84 Abs. 3i Satz 2; Sätze 1, 2 und 5 geänd. durch G v. 10.8.2009 (BGBl. I S. 2702); zur erstmaligen Anwendung siehe § 84 Abs. 3i Satz 4; Satz 7 neu gef. mWv 1.1.2015 durch G v. 25.7.2014 (BGBl. I S. 1266); zur Anwendung siehe § 84 Abs. 3i Satz 5; Satz 4 geänd. mWv 1.1.2017 durch G v. 18.7.2016 (BGBl. I S. 1679); Satz 4 geänd. mWv VZ 2017 durch VO v. 12.7.2017 (BGBl. I S. 2360); Satz 3 neu gef. durch G v. 2.6.2021 (BGBl. I S. 1259).

2. bei entsprechender Anordnung die innerhalb eines Monats einbehaltene Steuer jeweils bis zum zehnten des Folgemonats anzumelden und abzuführen ist.

§ 73f[1] Steuerabzug in den Fällen des § 50a Abs. 6 des Gesetzes. [1] Der Schuldner der Vergütungen für die Nutzung oder das Recht auf Nutzung von Urheberrechten im Sinne des § 50a Abs. 1 Nr. 3 des Gesetzes braucht den Steuerabzug nicht vorzunehmen, wenn er diese Vergütungen auf Grund eines Übereinkommens nicht an den beschränkt steuerpflichtigen Gläubiger (Steuerschuldner), sondern an die Gesellschaft für musikalische Aufführungs- und mechanische Vervielfältigungsrechte (Gema) oder an einen anderen Rechtsträger abführt und die obersten Finanzbehörden der Länder mit Zustimmung des Bundesministeriums der Finanzen einwilligen, dass dieser andere Rechtsträger an die Stelle des Schuldners tritt. [2] In diesem Fall hat die Gema oder der andere Rechtsträger den Steuerabzug vorzunehmen; § 50a Abs. 5 des Gesetzes sowie die §§ 73d und 73e gelten entsprechend.

§ 73g Haftungsbescheid. (1)[2] Ist die Steuer nicht ordnungsmäßig einbehalten oder abgeführt, so hat das Bundeszentralamt für Steuern oder das zuständige Finanzamt die Steuer von dem Schuldner, in den Fällen des § 73f von dem dort bezeichneten Rechtsträger, durch Haftungsbescheid oder von dem Steuerschuldner durch Steuerbescheid anzufordern.

(2)[3] Der Zustellung des Haftungsbescheids an den Schuldner bedarf es nicht, wenn der Schuldner die einbehaltene Steuer dem Bundeszentralamt für Steuern oder dem Finanzamt ordnungsmäßig angemeldet hat (§ 73e) oder wenn er vor dem Bundeszentralamt für Steuern oder dem Finanzamt oder einem Prüfungsbeamten des Bundeszentralamts für Steuern oder des Finanzamts seine Verpflichtung zur Zahlung der Steuer schriftlich anerkannt hat.

Zu § 51 des Gesetzes

§§ 74 bis 80 (weggefallen)

§ 81 Bewertungsfreiheit für bestimmte Wirtschaftsgüter des Anlagevermögens im Kohlen- und Erzbergbau. (1) [1] Steuerpflichtige, die den Gewinn nach § 5 des Gesetzes ermitteln, können bei abnutzbaren Wirtschaftsgütern des Anlagevermögens, bei denen die in den Absätzen 2 und 3 bezeichneten Voraussetzungen vorliegen, im Wirtschaftsjahr der Anschaffung oder Herstellung und in den vier folgenden Wirtschaftsjahren Sonderabschreibungen vornehmen, und zwar

1.[4] bei beweglichen Wirtschaftsgütern des Anlagevermögens bis zur Höhe von insgesamt 50 Prozent,

---

[1] § 73f Satz 1 geänd. durch G v. 19.12.2008 (BGBl. I S. 2794); zur Anwendung siehe § 84 Abs. 3i Satz 1.

[2] § 73g Abs. 1 geänd. durch G v. 10.8.2009 (BGBl. I S. 2702); zur Anwendung siehe § 84 Abs. 3i Satz 4.

[3] § 73g Abs. 2 geänd. durch G v. 10.8.2009 (BGBl. I S. 2702); zur Anwendung siehe § 84 Abs. 3i Satz 4.

[4] § 81 Abs. 1 Satz 1 Nr. 1 geänd. durch VO v. 17.11.2010 (BGBl. I S. 1544).

2.[1] bei unbeweglichen Wirtschaftsgütern des Anlagevermögens bis zur Höhe von insgesamt 30 Prozent

der Anschaffungs- oder Herstellungskosten. [2] § 9a gilt entsprechend.

(2) Voraussetzung für die Anwendung des Absatzes 1 ist,

1. dass die Wirtschaftsgüter
   a) im Tiefbaubetrieb des Steinkohlen-, Pechkohlen-, Braunkohlen- und Erzbergbaues
      aa) für die Errichtung von neuen Förderschachtanlagen, auch in der Form von Anschlussschachtanlagen,
      bb) für die Errichtung neuer Schächte sowie die Erweiterung des Grubengebäudes und den durch Wasserzuflüsse aus stillliegenden Anlagen bedingten Ausbau der Wasserhaltung bestehender Schachtanlagen,
      cc) für Rationalisierungsmaßnahmen in der Hauptschacht-, Blindschacht-, Strecken- und Abbauförderung, im Streckenvortrieb, in der Gewinnung, Versatzwirtschaft, Seilfahrt, Wetterführung und Wasserhaltung sowie in der Aufbereitung,
      dd) für die Zusammenfassung von mehreren Förderschachtanlagen zu einer einheitlichen Förderschachtanlage oder
      ee) für den Wiederaufschluss stillliegender Grubenfelder und Feldesteile,
   b) im Tagebaubetrieb des Braunkohlen- und Erzbergbaues
      aa) für die Erschließung neuer Tagebaue, auch in Form von Anschlusstagebauen,
      bb) für Rationalisierungsmaßnahmen bei laufenden Tagebauen,
      cc) beim Übergang zum Tieftagebau für die Freilegung und Gewinnung der Lagerstätte oder
      dd) für die Wiederinbetriebnahme stillgelegter Tagebaue

   angeschafft oder hergestellt werden und

2.[2] dass die Förderungswürdigkeit dieser Vorhaben von der obersten Landesbehörde oder der von ihr bestimmten Stelle im Einvernehmen mit dem Bundesministerium für Wirtschaft und Energie bescheinigt worden ist.

(3) Die Abschreibungen nach Absatz 1 können nur in Anspruch genommen werden

1. in den Fällen des Absatzes 2 Nr. 1 Buchstabe a bei Wirtschaftsgütern des Anlagevermögens unter Tage und bei den in der Anlage 5 zu dieser Verordnung bezeichneten Wirtschaftsgütern des Anlagevermögens über Tage,
2. in den Fällen des Absatzes 2 Nr. 1 Buchstabe b bei den in der Anlage 6 zu dieser Verordnung bezeichneten Wirtschaftsgütern des beweglichen Anlagevermögens.

(4) Die Abschreibungen nach Absatz 1 können in Anspruch genommen werden bei im Geltungsbereich dieser Verordnung ausschließlich des in Artikel 3 des Einigungsvertrages genannten Gebiets

---

[1] § 81 Abs. 1 Satz 1 Nr. 2 geänd. durch VO v. 17.11.2010 (BGBl. I S. 1544).

[2] § 81 Abs. 2 Nr. 2 geänd. durch G v. 29.10.2001 (BGBl. I S. 2785); geänd. durch VO v. 25.11. 2003 (BGBl. I S. 2304); geänd. durch VO v. 31.10.2006 (BGBl. I S. 2407); geänd. mWv 8.9.2015 durch VO v. 31.8.2015 (BGBl. I S. 1474).

1. vor dem 1. Januar 1990 angeschafften oder hergestellten Wirtschaftsgütern,
2. a) nach dem 31. Dezember 1989 und vor dem 1. Januar 1991 angeschafften oder hergestellten Wirtschaftsgütern,
   b) vor dem 1. Januar 1991 geleisteten Anzahlungen auf Anschaffungskosten und entstandenen Teilherstellungskosten,

wenn der Steuerpflichtige vor dem 1. Januar 1990 die Wirtschaftsgüter bestellt oder mit ihrer Herstellung begonnen hat.

(5)[1] Bei den in Absatz 2 Nr. 1 Buchstabe b bezeichneten Vorhaben können die vor dem 1. Januar 1990 im Geltungsbereich dieser Verordnung ausschließlich des in Artikel 3 des Einigungsvertrages genannten Gebiets aufgewendeten Kosten für den Vorabraum bis zu 50 Prozent als sofort abzugsfähige Betriebsausgaben behandelt werden.

§ 82 (weggefallen)

§ 82a[2] **Erhöhte Absetzungen von Herstellungskosten und Sonderbehandlung von Erhaltungsaufwand für bestimmte Anlagen und Einrichtungen bei Gebäuden.** (1)[3] [1] Der Steuerpflichtige kann von den Herstellungskosten

1. für Maßnahmen, die für den Anschluss eines im Inland belegenen Gebäudes an eine Fernwärmeversorgung einschließlich der Anbindung an das Heizsystem erforderlich sind, wenn die Fernwärmeversorgung überwiegend aus Anlagen der Kraft-Wärme-Kopplung, zur Verbrennung von Müll oder zur Verwertung von Abwärme gespeist wird,
2. für den Einbau von Wärmepumpenanlagen, Solaranlagen und Anlagen zur Wärmerückgewinnung in einem im Inland belegenen Gebäude einschließlich der Anbindung an das Heizsystem,
3. für die Errichtung von Windkraftanlagen, wenn die mit diesen Anlagen erzeugte Energie überwiegend entweder unmittelbar oder durch Verrechnung mit Elektrizitätsbezügen des Steuerpflichtigen von einem Elektrizitätsversorgungsunternehmen zur Versorgung eines im Inland belegenen Gebäudes des Steuerpflichtigen verwendet wird, einschließlich der Anbindung an das Versorgungssystem des Gebäudes,
4. für die Errichtung von Anlagen zur Gewinnung von Gas, das aus pflanzlichen oder tierischen Abfallstoffen durch Gärung unter Sauerstoffabschluss entsteht, wenn dieses Gas zur Beheizung eines im Inland belegenen Gebäudes des Steuerpflichtigen oder zur Warmwasserbereitung in einem solchen Gebäude des Steuerpflichtigen verwendet wird, einschließlich der Anbindung an das Versorgungssystem des Gebäudes,
5. für den Einbau einer Warmwasseranlage zur Versorgung von mehr als einer Zapfstelle und einer zentralen Heizungsanlage oder bei einer zentralen Heizungs- und Warmwasseranlage für den Einbau eines Heizkessels, eines Brenners, einer zentralen Steuerungseinrichtung, einer Wärmeabgabeeinrichtung und eine Änderung der Abgasanlage in einem im Inland belegenen Gebäude oder in einer im Inland belegenen Eigentumswohnung, wenn mit der Maß-

---

[1] § 81 geänd. durch VO v. 17.11.2010 (BGBl. I S. 1544).
[2] Zur Anwendung im Beitrittsgebiet siehe § 84 Abs. 4 sowie § 57 Abs. 1 EStG (Nr. **5**).
[3] § 82a Satz 1 geänd. durch VO v. 17.11.2010 (BGBl. I S. 1544).

nahme nicht vor Ablauf von zehn Jahren seit Fertigstellung dieses Gebäudes begonnen worden ist,

an Stelle der nach § 7 Abs. 4 oder 5 oder § 7b des Gesetzes zu bemessenden Absetzungen für Abnutzung im Jahr der Herstellung und in den folgenden neun Jahren jeweils bis zu 10 Prozent absetzen. [2] Nach Ablauf dieser zehn Jahre ist ein etwa noch vorhandener Restwert den Anschaffungs- oder Herstellungskosten des Gebäudes oder dem an deren Stelle tretenden Wert hinzuzurechnen; die weiteren Absetzungen für Abnutzung sind einheitlich für das gesamte Gebäude nach dem sich hiernach ergebenden Betrag und dem für das Gebäude maßgebenden Hundertsatz zu bemessen. [3] Voraussetzung für die Inanspruchnahme der erhöhten Absetzungen ist, dass das Gebäude in den Fällen der Nummer 1 vor dem 1. Juli 1983 fertiggestellt worden ist; die Voraussetzung entfällt, wenn der Anschluss nicht schon im Zusammenhang mit der Errichtung des Gebäudes möglich war.

(2) Die erhöhten Absetzungen können nicht vorgenommen werden, wenn für dieselbe Maßnahme eine Investitionszulage gewährt wird.

(3) [1] Sind die Aufwendungen für eine Maßnahme im Sinne des Absatzes 1 Erhaltungsaufwand und entstehen sie bei einer zu eigenen Wohnzwecken genutzten Wohnung im eigenen Haus, deren Nutzungswert nicht mehr besteuert wird, und liegen in den Fällen des Absatzes 1 Nr. 1 die Voraussetzungen des Absatzes 1 Satz 3 vor, können die Aufwendungen wie Sonderausgaben abgezogen werden; sie sind auf das Jahr, in dem die Arbeiten abgeschlossen worden sind, und die neun folgenden Jahre gleichmäßig zu verteilen. [2] Entsprechendes gilt bei Aufwendungen zur Anschaffung neuer Einzelöfen für eine Wohnung, wenn keine zentrale Heizungsanlage vorhanden ist und die Wohnung seit mindestens zehn Jahren fertiggestellt ist. [3] § 82b Abs. 2 und 3 gilt entsprechend.

§ 82b[1)] Behandlung größeren Erhaltungsaufwands bei Wohngebäuden. (1) [1] Der Steuerpflichtige kann größere Aufwendungen für die Erhaltung von Gebäuden, die im Zeitpunkt der Leistung des Erhaltungsaufwands nicht zu einem Betriebsvermögen gehören und überwiegend Wohnzwecken dienen, abweichend von § 11 Abs. 2 des Gesetzes auf zwei bis fünf Jahre gleichmäßig verteilen. [2] Ein Gebäude dient überwiegend Wohnzwecken, wenn die Grundfläche der Wohnzwecken dienenden Räume des Gebäudes mehr als die Hälfte der gesamten Nutzfläche beträgt. [3] Zum Gebäude gehörende Garagen sind ohne Rücksicht auf ihre tatsächliche Nutzung als Wohnzwecken dienend zu behandeln, soweit in ihnen nicht mehr als ein Personenkraftwagen für jede in dem Gebäude befindliche Wohnung untergestellt werden kann. [4] Räume für die Unterstellung weiterer Kraftwagen sind stets als nicht Wohnzwecken dienend zu behandeln.

(2) [1] Wird das Gebäude während des Verteilungszeitraums veräußert, ist der noch nicht berücksichtigte Teil des Erhaltungsaufwands im Jahr der Veräußerung als Werbungskosten abzusetzen. [2] Das Gleiche gilt, wenn ein Gebäude in ein Betriebsvermögen eingebracht oder nicht mehr zur Einkunftserzielung genutzt wird.

[1)] § 82b eingef. durch G v. 29.12.2003 (BGBl. I S. 3076); zur erstmaligen Anwendung siehe § 84 Abs. 4a Satz 2.

(3) Steht das Gebäude im Eigentum mehrerer Personen, so ist der in Absatz 1 bezeichnete Erhaltungsaufwand von allen Eigentümern auf den gleichen Zeitraum zu verteilen.

§§ 82c bis 82e (weggefallen)

§ 82f Bewertungsfreiheit für Handelsschiffe, für Schiffe, die der Seefischerei dienen, und für Luftfahrzeuge. (1)[1] [1]Steuerpflichtige, die den Gewinn nach § 5 des Gesetzes ermitteln, können bei Handelsschiffen, die in einem inländischen Seeschiffsregister eingetragen sind, im Wirtschaftsjahr der Anschaffung oder Herstellung und in den vier folgenden Wirtschaftsjahren Sonderabschreibungen bis zu insgesamt 40 Prozent der Anschaffungs- oder Herstellungskosten vornehmen. [2]§ 9a gilt entsprechend.

(2) Im Fall der Anschaffung eines Handelsschiffs ist Absatz 1 nur anzuwenden, wenn das Handelsschiff vor dem 1. Januar 1996 in ungebrauchtem Zustand vom Hersteller oder nach dem 31. Dezember 1995 bis zum Ablauf des vierten auf das Jahr der Fertigstellung folgenden Jahres erworben worden ist.

(3) [1]Die Inanspruchnahme der Abschreibungen nach Absatz 1 ist nur unter der Bedingung zulässig, dass die Handelsschiffe innerhalb eines Zeitraums von acht Jahren nach ihrer Anschaffung oder Herstellung nicht veräußert werden. [2]Für Anteile an Handelsschiffen gilt dies entsprechend.

(4) Die Abschreibungen nach Absatz 1 können bereits für Anzahlungen auf Anschaffungskosten und für Teilherstellungskosten in Anspruch genommen werden.

(5)[2] [1]Die Abschreibungen nach Absatz 1 können nur in Anspruch genommen werden, wenn das Handelsschiff vor dem 1. Januar 1999 angeschafft oder hergestellt wird und der Kaufvertrag oder Bauvertrag vor dem 25. April 1996 abgeschlossen worden ist. [2]Bei Steuerpflichtigen, die in eine Gesellschaft im Sinne des § 15 Absatz 1 Satz 1 Nummer 2 und Absatz 3 des Einkommensteuergesetzes nach Abschluss des Schiffbauvertrags (Unterzeichnung des Hauptvertrags) eintreten, sind Sonderabschreibungen nur zulässig, wenn sie der Gesellschaft vor dem 1. Januar 1999 beitreten.

(6)[3] [1]Die Absätze 1 bis 5 gelten für Schiffe, die der Seefischerei dienen, entsprechend. [2]Für Luftfahrzeuge, die vom Steuerpflichtigen hergestellt oder in ungebrauchtem Zustand vom Hersteller erworben worden sind und die zur gewerbsmäßigen Beförderung von Personen oder Sachen im internationalen Luftverkehr oder zur Verwendung zu sonstigen gewerblichen Zwecken im Ausland bestimmt sind, gelten die Absätze 1 und 3 bis 5 mit der Maßgabe entsprechend, dass an die Stelle der Eintragung in ein inländisches Seeschiffsregister die Eintragung in die deutsche Luftfahrzeugrolle, an die Stelle des Höchstsatzes von 40 Prozent ein Höchstsatz von 30 Prozent und bei der Vorschrift des Absatzes 3 an die Stelle des Zeitraums von acht Jahren ein Zeitraum von sechs Jahren treten.

[1] § 82f Satz 1 geänd. durch VO v. 17.11.2010 (BGBl. I S. 1544).
[2] § 82f Abs. 5 Satz 2 geänd. durch VO v. 17.11.2010 (BGBl. I S. 1544).
[3] § 82f Abs. 6 Satz 2 geänd. durch VO v. 17.11.2010 (BGBl. I S. 1544).

§ 82g[1] **Erhöhte Absetzungen von Herstellungskosten für bestimmte Baumaßnahmen.** [1]Der Steuerpflichtige kann von den durch Zuschüsse aus Sanierungs- oder Entwicklungsförderungsmitteln nicht gedeckten Herstellungskosten für Modernisierungs- und Instandsetzungsmaßnahmen im Sinne des § 177 des Baugesetzbuchs sowie für Maßnahmen, die der Erhaltung, Erneuerung und funktionsgerechten Verwendung eines Gebäudes dienen, das wegen seiner geschichtlichen, künstlerischen oder städtebaulichen Bedeutung erhalten bleiben soll, und zu deren Durchführung sich der Eigentümer neben bestimmten Modernisierungsmaßnahmen gegenüber der Gemeinde verpflichtet hat, die für Gebäude in einem förmlich festgelegten Sanierungsgebiet oder städtebaulichen Entwicklungsbereich aufgewendet worden sind, an Stelle der nach § 7 Abs. 4 oder 5 oder § 7b des Gesetzes zu bemessenden Absetzungen für Abnutzung im Jahr der Herstellung und in den neun folgenden Jahren jeweils bis zu 10 Prozent absetzen. [2]§ 82a Abs. 1 Satz 2 gilt entsprechend. [3]Satz 1 ist anzuwenden, wenn der Steuerpflichtige eine Bescheinigung der zuständigen Gemeindebehörde vorlegt, dass er Baumaßnahmen im Sinne des Satzes 1 durchgeführt hat; sind ihm Zuschüsse aus Sanierungs- oder Entwicklungsförderungsmitteln gewährt worden, so hat die Bescheinigung auch deren Höhe zu enthalten.

§ 82h (weggefallen)

§ 82i[2] **Erhöhte Absetzungen von Herstellungskosten bei Baudenkmälern.** (1)[3] [1]Bei einem Gebäude, das nach den jeweiligen landesrechtlichen Vorschriften ein Baudenkmal ist, kann der Steuerpflichtige von den Herstellungskosten für Baumaßnahmen, die nach Art und Umfang zur Erhaltung des Gebäudes als Baudenkmal und zu seiner sinnvollen Nutzung erforderlich sind und die nach Abstimmung mit der in Absatz 2 bezeichneten Stelle durchgeführt worden sind, an Stelle der nach § 7 Abs. 4 des Gesetzes zu bemessenden Absetzungen für Abnutzung im Jahr der Herstellung und in den neun folgenden Jahren jeweils bis zu 10 Prozent absetzen. [2]Eine sinnvolle Nutzung ist nur anzunehmen, wenn das Gebäude in der Weise genutzt wird, dass die Erhaltung der schützenswerten Substanz des Gebäudes auf die Dauer gewährleistet ist. [3]Bei einem Gebäudeteil, der nach den jeweiligen landesrechtlichen Vorschriften ein Baudenkmal ist, sind die Sätze 1 und 2 entsprechend anzuwenden. [4]Bei einem Gebäude, das für sich allein nicht die Voraussetzungen für ein Baudenkmal erfüllt, aber Teil einer Gebäudegruppe oder Gesamtanlage ist, die nach den jeweiligen landesrechtlichen Vorschriften als Einheit geschützt ist, können die erhöhten Absetzungen von den Herstellungskosten der Gebäudeteile und Maßnahmen vorgenommen werden, die nach Art und Umfang zur Erhaltung des schützenswerten Erscheinungsbildes der Gruppe oder Anlage erforderlich sind. [5]§ 82a Abs. 1 Satz 2 gilt entsprechend.

(2) Die erhöhten Absetzungen können nur in Anspruch genommen werden, wenn der Steuerpflichtige die Voraussetzungen des Absatzes 1 für das Gebäude oder den Gebäudeteil und für die Erforderlichkeit der Herstellungskosten durch

---

[1] Zur Anwendung siehe § 84 Abs. 6; § 82g Satz 1 geänd. durch VO v. 17.11.2010 (BGBl. I S. 1544).

[2] Zur Anwendung siehe § 84 Abs. 8 sowie § 57 Abs. 2 EStG (Nr. **5**).

[3] § 82i Abs. 1 Satz 1 geänd. durch VO v. 17.11.2010 (BGBl. I S. 1544).

eine Bescheinigung der nach Landesrecht zuständigen oder von der Landesregierung bestimmten Stelle nachweist.

§ 83 (weggefallen)

Schlussvorschriften

§ 84 Anwendungsvorschriften. (1)[1] Die vorstehende Fassung dieser Verordnung ist, soweit in den folgenden Absätzen nichts anderes bestimmt ist, erstmals für den Veranlagungszeitraum 2020 anzuwenden.

(1a)[2] § 1 in der Fassung des Artikels 2 des Gesetzes vom 18. Juli 2014 (BGBl. I S. 1042) ist in allen Fällen anzuwenden, in denen die Einkommensteuer noch nicht bestandskräftig festgesetzt ist.

(1b)[2] § 7 der Einkommensteuer-Durchführungsverordnung 1997 in der Fassung der Bekanntmachung vom 18. Juni 1997 (BGBl. I S. 1558) ist letztmals für das Wirtschaftsjahr anzuwenden, das vor dem 1. Januar 1999 endet.

(1c)[2] Die §§ 8 und 8a der Einkommensteuer-Durchführungsverordnung 1986 in der Fassung der Bekanntmachung vom 24. Juli 1986 (BGBl. I S. 1239) sind letztmals für das Wirtschaftsjahr anzuwenden, das vor dem 1. Januar 1990 endet.

(2)[3] § 8c Absatz 2 Satz 1 in der Fassung des Artikels 1 der Verordnung vom 25. Juni 2020 (BGBl. I S. 1495) kann erstmals für Wirtschaftsjahre angewendet werden, die nach dem 31. Dezember 2018 beginnen.

(2a) § 11c Abs. 2 Satz 3 ist erstmals für das nach dem 31. Dezember 1998 endende Wirtschaftsjahr anzuwenden.

(2b) § 29 Abs. 1 ist auch für Veranlagungszeiträume vor 1996 anzuwenden, soweit die Fälle, in denen Ansprüche aus Versicherungsverträgen nach dem 13. Februar 1992 zur Tilgung oder Sicherung von Darlehen eingesetzt wurden, noch nicht angezeigt worden sind.

(2c)[4] § 50 in der am 1. Januar 2020 geltenden Fassung ist erstmals auf Zuwendungen anzuwenden, die dem Zuwendungsempfänger nach dem 31. Dezember 2019 zufließen.

(2d)[5] § 50 in der Fassung des Artikels 7 des Gesetzes vom 21. Dezember 2020 (BGBl. I S. 3096) ist erstmals auf Zuwendungen anzuwenden, die dem Zuwendungsempfänger nach dem 31. Dezember 2024 zufließen.

(3) § 29 Abs. 3 bis 6, §§ 31 und 32 sind in der vor dem 1. Januar 1996 geltenden Fassung für vor diesem Zeitpunkt an Bausparkassen geleistete Beiträge letztmals für den Veranlagungszeitraum 2005 anzuwenden.

---

[1] § 84 Abs. 1 geänd. durch G v. 20.12.2008 (BGBl. I S. 2850); geänd. durch G v. 1.11.2011 (BGBl. I S. 2131); geänd. durch VO v. 18.7.2016 (BGBl. I S. 1722); geänd. durch VO v. 12.7.2017 (BGBl. I S. 2360); geänd. durch VO v. 25.6.2020 (BGBl. I S. 1495).

[2] § 84 Abs. 1a eingef., bish. Abs. 1a und 1b werden Abs. 1b und 1c durch G v. 18.7.2014 (BGBl. I S. 1042).

[3] § 84 Abs. 2 neu gef. durch VO v. 25.6.2020 (BGBl. I S. 1495).

[4] § 84 Abs. 2c eingef. durch G v. 18.7.2016 (BGBl. I S. 1679); geänd. durch G v. 21.12.2020 (BGBl. I S. 3096).

[5] § 84 Abs. 2d eingef. durch G v. 21.12.2020 (BGBl. I S. 3096).

(3a)[1] § 51 in der Fassung des Artikels 2 des Gesetzes vom 1. November 2011 (BGBl. I S. 2131) ist erstmals für das Wirtschaftsjahr anzuwenden, das nach dem 31. Dezember 2011 beginnt.

(3b)[2] [1]§ 52 ist erstmals für den übernächsten Veranlagungszeitraum anzuwenden, der auf den Veranlagungszeitraum folgt, in dem die für die Anwendung erforderlichen technischen und organisatorischen Voraussetzungen in der Finanzverwaltung für eine Umsetzung der Regelung vorliegen. [2]Das Bundesministerium der Finanzen gibt im Einvernehmen mit dem Bundesministerium für Ernährung und Landwirtschaft sowie den obersten Finanzbehörden der Länder im Bundessteuerblatt den Veranlagungszeitraum bekannt, ab dem die Regelung des § 52 erstmals anzuwenden ist. [3]Bisher schon bestehende Mitteilungspflichten sind für die Veranlagungszeiträume vor erstmaliger Anwendung des § 52 weiter zu erfüllen.

(3c)[3] [1]§ 54 Abs. 1 Satz 2 in der Fassung des Artikels 1a des Gesetzes vom 20. Dezember 2007 (BGBl. I S. 3150) ist erstmals für Vorgänge nach dem 31. Dezember 2007 anzuwenden. [2]§ 54 Abs. 4 in der Fassung des Artikels 2 des Gesetzes vom 7. Dezember 2006 (BGBl. I S. 2782) ist erstmals auf Verfügungen über Anteile an Kapitalgesellschaften anzuwenden, die nach dem 31. Dezember 2006 beurkundet werden.

(3d)[4] § 56 in der Fassung des Artikels 10 des Gesetzes vom 29. Dezember 2003 (BGBl. I S. 3076) ist erstmals für den Veranlagungszeitraum 2004 anzuwenden.

(3e)[5] § 60 Abs. 1 und 4 in der Fassung des Artikels 2 des Gesetzes vom 20. Dezember 2008 (BGBl. I S. 2850) ist erstmals für Wirtschaftsjahre (Gewinnermittlungszeiträume) anzuwenden, die nach dem 31. Dezember 2010 beginnen.

(3f)[6] § 62d Abs. 2 Satz 2 in der Fassung des Artikels 2 des Gesetzes vom 22. Dezember 2003 (BGBl. I S. 2840) ist erstmals auf Verluste anzuwenden, die aus dem Veranlagungszeitraum 2004 in den Veranlagungszeitraum 2003 zurückgetragen werden.

(3g)[7] [1]§ 65 Absatz 1 in der Fassung des Artikels 10 des Gesetzes vom 2. Juni 2021 (BGBl. I S. 1259) ist erstmals für den Veranlagungszeitraum 2021 anzuwenden. [2]§ 65 Absatz 3a ist erstmals für den Veranlagungszeitraum anzuwenden, der auf den Veranlagungszeitraum folgt, in dem die für die Anwendung erforderlichen Programmierarbeiten für das elektronische Datenübermittlungs-

---

[1] § 84 Abs. 3a neu gef. durch G v. 1.11.2011 (BGBl. I S. 2131).

[2] § 84 Abs. 3b eingef., bish. Abs. 3b bis 3i werden Abs. 3c bis 3j durch VO v. 25.6.2020 (BGBl. I S. 1495).

[3] § 84 früherer Abs. 3b eingef. durch G v. 7.12.2006 (BGBl. I S. 2782); Satz 1 eingef., bish. Wortlaut wird Satz 2 durch G v. 20.12.2007 (BGBl. I S. 3150); bish. Abs. 3b wird Abs. 3c durch VO v. 25.6.2020 (BGBl. I S. 1495).

[4] § 84 früherer Abs. 3b neu gef. durch G v. 29.12.2003 (BGBl. I S. 3076); bish. Abs. 3b wird Abs. 3c durch G v. 7.12.2006 (BGBl. I S. 2782); bish. Abs. 3c wird Abs. 3d durch VO v. 25.6.2020 (BGBl. I S. 1495).

[5] § 84 früherer Abs. 3d neu gef. durch G v. 20.12.2008 (BGBl. I S. 2850); bish. Abs. 3d wird Abs. 3e durch VO v. 25.6.2020 (BGBl. I S. 1495).

[6] § 84 früherer Abs. 3d eingef. durch G v. 22.12.2003 (BGBl. I S. 2840); bish. Abs. 3d wird Abs. 3e durch G v. 7.12.2006 (BGBl. I S. 2782); bish. Abs. 3e wird Abs. 3f durch VO v. 25.6.2020 (BGBl. I S. 1495).

[7] § 84 Abs. 3g neu gef. durch G v. 9.12.2020 (BGBl. I S. 2770); Sätze 1 und 4 neu gef., Satz 5 eingef., bish. Satz 5 wird Satz 6 durch G v. 2.6.2021 (BGBl. I S. 1259).

verfahren abgeschlossen sind. [3]Das Bundesministerium der Finanzen gibt im Einvernehmen mit den obersten Finanzbehörden der Länder im Bundessteuerblatt Teil I den Veranlagungszeitraum bekannt, ab dem die Regelung des § 65 Absatz 3a erstmals anzuwenden ist. [4]Mit der Anwendung von § 65 Absatz 3a ist § 65 Absatz 1 Nummer 1 und 2 Buchstabe a, Absatz 2 Satz 1 und 2 zweiter Halbsatz nicht weiter anzuwenden. [5]Der Anwendungsbereich des § 65 Absatz 3 wird auf die Fälle des § 65 Absatz 1 Nummer 2 Buchstabe b beschränkt. [6]Zu diesem Zeitpunkt noch gültige und dem Finanzamt vorliegende Feststellungen über eine Behinderung werden bis zum Ende ihrer Gültigkeit weiter berücksichtigt, es sei denn, die Feststellungen ändern sich vor Ablauf der Gültigkeit.

(3h)[1)] § 70 in der Fassung des Artikels 24 des Gesetzes vom 25. Juli 2014 (BGBl. I S. 1266) ist erstmals ab dem Veranlagungszeitraum 2014 anzuwenden.

(3i)[2)] [1]Die §§ 73a, 73c, 73d Abs. 1 sowie die §§ 73e und 73f Satz 1 in der Fassung des Artikels 2 des Gesetzes vom 19. Dezember 2008 (BGBl. I S. 2794) sind erstmals auf Vergütungen anzuwenden, die nach dem 31. Dezember 2008 zufließen. [2]Abweichend von Satz 1 ist § 73e Satz 4 und 5 in der Fassung des Artikels 2 des Gesetzes vom 19. Dezember 2008 (BGBl. I S. 2794) erstmals auf Vergütungen anzuwenden, die nach dem 31. Dezember 2009 zufließen. [3]§ 73e Satz 4 in der Fassung der Bekanntmachung vom 10. Mai 2000 (BGBl. I S. 717) ist letztmals auf Vergütungen anzuwenden, die vor dem 1. Januar 2010 zufließen. [4]§ 73d Absatz 1 Satz 3, § 73e Satz 1, 2 und 5 sowie § 73g Absatz 1 und 2 in der Fassung des Artikels 9 des Gesetzes vom 10. August 2009 (BGBl. I S. 2702) sind erstmals auf Vergütungen anzuwenden, die nach dem 31. Dezember 2013 zufließen. [5]§ 73e Satz 7 in der am 31. Juli 2014 geltenden Fassung ist erstmals auf Vergütungen anzuwenden, für die der Steuerabzug nach dem 31. Dezember 2014 angeordnet worden ist. [6]§ 73a Absatz 3 in der am 30. Dezember 2014 geltenden Fassung ist erstmals ab dem 1. Januar 2014 anzuwenden.

(3j)[3)] § 80 der Einkommensteuer-Durchführungsverordnung 1997 in der Fassung der Bekanntmachung vom 18. Juni 1997 (BGBl. I S. 1558) ist letztmals für das Wirtschaftsjahr anzuwenden, das vor dem 1. Januar 1999 endet.

(4) [1]§ 82a ist auf Tatbestände anzuwenden, die in dem in Artikel 3 des Einigungsvertrages genannten Gebiet nach dem 31. Dezember 1990 und vor dem 1. Januar 1992 verwirklicht worden sind. [2]Auf Tatbestände, die im Geltungsbereich dieser Verordnung ausschließlich des in Artikel 3 des Einigungsvertrages genannten Gebiets verwirklicht worden sind, ist

1. § 82a Abs. 1 und 2 bei Herstellungskosten für Einbauten von Anlagen und Einrichtungen im Sinne von dessen Absatz 1 Nr. 1 bis 5 anzuwenden, die nach dem 30. Juni 1985 und vor dem 1. Januar 1992 fertiggestellt worden sind,

---

[1)] § 84 früherer Abs. 3g neu gef. durch G v. 25.7.2014 (BGBl. I S. 1266); bish. Abs. 3g wird Abs. 3h durch VO v. 25.6.2020 (BGBl. I S. 1495).

[2)] § 84 früherer Abs. 3f neu gef. durch G v. 19.12.2008 (BGBl. I S. 2794); Satz 4 angef. durch G v. 10.8.2009 (BGBl. I S. 2702); Satz 4 neu gef. durch VO v. 24.6.2013 (BGBl. I S. 1679); Satz 5 angef. durch G v. 25.7.2014 (BGBl. I S. 1266); Satz 6 angef. durch VO v. 22.12.2014 (BGBl. I S. 2392); bish. Abs. 3h wird Abs. 3i durch VO v. 25.6.2020 (BGBl. I S. 1495).

[3)] § 84 früherer Abs. 3f wird Abs. 3g durch G v. 20.12.2001 (BGBl. I S. 3794); bish. Abs. 3g wird Abs. 3h durch G v. 22.12.2003 (BGBl. I S. 2840); bish. Abs. 3h wird Abs. 3i durch G v. 7.12.2006 (BGBl. I S. 2782); bish. Abs. 3i wird Abs. 3j durch VO v. 25.6.2020 (BGBl. I S. 1495).

2. § 82a Abs. 3 Satz 1 ab dem Veranlagungszeitraum 1987 bei Erhaltungsaufwand für Arbeiten anzuwenden, die vor dem 1. Januar 1992 abgeschlossen worden sind,
3. § 82a Abs. 3 Satz 2 ab dem Veranlagungszeitraum 1987 bei Aufwendungen für Einzelöfen anzuwenden, die vor dem 1. Januar 1992 angeschafft worden sind,
4. § 82a Abs. 3 Satz 1 in der Fassung der Bekanntmachung vom 24. Juli 1986 für Veranlagungszeiträume vor 1987 bei Erhaltungsaufwand für Arbeiten anzuwenden, die nach dem 30. Juni 1985 abgeschlossen worden sind,
5. § 82a Abs. 3 Satz 2 in der Fassung der Bekanntmachung vom 24. Juli 1986 für Veranlagungszeiträume vor 1987 bei Aufwendungen für Einzelöfen anzuwenden, die nach dem 30. Juni 1985 angeschafft worden sind,
6. § 82a bei Aufwendungen für vor dem 1. Juli 1985 fertiggestellte Anlagen und Einrichtungen in den vor diesem Zeitpunkt geltenden Fassungen weiter anzuwenden.

(4a)[1] [1] § 82b der Einkommensteuer-Durchführungsverordnung 1997 in der Fassung der Bekanntmachung vom 18. Juni 1997 (BGBl. I S. 1558) ist letztmals auf Erhaltungsaufwand anzuwenden, der vor dem 1. Januar 1999 entstanden ist. [2] § 82b in der Fassung des Artikels 10 des Gesetzes vom 29. Dezember 2003 (BGBl. I S. 3076) ist erstmals auf Erhaltungsaufwand anzuwenden, der nach dem 31. Dezember 2003 entstanden ist.

(4b) § 82d der Einkommensteuer-Durchführungsverordnung 1986 ist auf Wirtschaftsgüter sowie auf ausgebaute und neu hergestellte Gebäudeteile anzuwenden, die im Geltungsbereich dieser Verordnung ausschließlich des in Artikel 3 des Einigungsvertrages genannten Gebiets nach dem 18. Mai 1983 und vor dem 1. Januar 1990 hergestellt oder angeschafft worden sind.

(5) § 82f Abs. 5 und 7 Satz 1 der Einkommensteuer-Durchführungsverordnung 1979 in der Fassung der Bekanntmachung vom 24. September 1980 (BGBl. I S. 1801) ist letztmals für das Wirtschaftsjahr anzuwenden, das dem Wirtschaftsjahr vorangeht, für das § 15a des Gesetzes erstmals anzuwenden ist.

(6) [1] § 82g ist auf Maßnahmen anzuwenden, die nach dem 30. Juni 1987 und vor dem 1. Januar 1991 in dem Geltungsbereich dieser Verordnung ausschließlich des in Artikel 3 des Einigungsvertrages genannten Gebiets abgeschlossen worden sind. [2] Auf Maßnahmen, die vor dem 1. Juli 1987 in dem Geltungsbereich dieser Verordnung ausschließlich des in Artikel 3 des Einigungsvertrages genannten Gebiets abgeschlossen worden sind, ist § 82g in der vor diesem Zeitpunkt geltenden Fassung weiter anzuwenden.

(7) [1] § 82h in der durch die Verordnung vom 19. Dezember 1988 (BGBl. I S. 2301) geänderten Fassung ist erstmals auf Maßnahmen, die nach dem 30. Juni 1987 in dem Geltungsbereich dieser Verordnung ausschließlich des in Artikel 3 des Einigungsvertrages genannten Gebiets abgeschlossen worden sind, und letztmals auf Erhaltungsaufwand, der vor dem 1. Januar 1990 in dem Geltungsbereich dieser Verordnung ausschließlich des in Artikel 3 des Einigungsvertrages genannten Gebiets entstanden ist, mit der Maßgabe anzuwenden, dass der noch nicht berücksichtigte Teil des Erhaltungsaufwands in dem Jahr, in dem das Gebäude letztmals zur Einkunftserzielung genutzt wird, als Betriebsausgaben oder Werbungskosten abzusetzen ist. [2] Auf Maßnahmen, die vor dem 1. Juli

---

[1] § 84 Abs. 4a Satz 2 angef. durch G v. 29.12.2003 (BGBl. I S. 3076).

1987 in dem Geltungsbereich dieser Verordnung ausschließlich des in Artikel 3 des Einigungsvertrages genannten Gebiets abgeschlossen worden sind, ist § 82h in der vor diesem Zeitpunkt geltenden Fassung weiter anzuwenden.

(8) § 82i ist auf Herstellungskosten für Baumaßnahmen anzuwenden, die nach dem 31. Dezember 1977 und vor dem 1. Januar 1991 in dem Geltungsbereich dieser Verordnung ausschließlich des in Artikel 3 des Einigungsvertrages genannten Gebiets abgeschlossen worden sind.

(9) § 82k der Einkommensteuer-Durchführungsverordnung 1986 ist auf Erhaltungsaufwand, der vor dem 1. Januar 1990 in dem Geltungsbereich dieser Verordnung ausschließlich des in Artikel 3 des Einigungsvertrages genannten Gebiets entstanden ist, mit der Maßgabe anzuwenden, dass der noch nicht berücksichtigte Teil des Erhaltungsaufwands in dem Jahr, in dem das Gebäude letztmals zur Einkunftserzielung genutzt wird, als Betriebsausgaben oder Werbungskosten abzusetzen ist.

(10) [1] In Anlage 3 (zu § 80 Abs. 1) ist die Nummer 26 erstmals für das Wirtschaftsjahr anzuwenden, das nach dem 31. Dezember 1990 beginnt. [2] Für Wirtschaftsjahre, die vor dem 1. Januar 1991 beginnen, ist die Nummer 26 in Anlage 3 in der vor diesem Zeitpunkt geltenden Fassung anzuwenden.

(11)[1)] § 56 Satz 1 Nummer 1, die §§ 61 und 62d in der Fassung des Artikels 2 des Gesetzes vom 1. November 2011 (BGBl. I S. 2131) sind erstmals für den Veranlagungszeitraum 2013 anzuwenden.

§ 85 (gegenstandslos)

Anlage 1[2)] *(aufgehoben)*

Anlagen 2 bis 4 (weggefallen)

Anlage 5
(zu § 81 Abs. 3 Nr. 1)

Verzeichnis der Wirtschaftsgüter des Anlagevermögens über Tage im Sinne des § 81 Abs. 3 Nr. 1

Die Bewertungsfreiheit des § 81 kann im Tiefbaubetrieb des Steinkohlen-, Pechkohlen-, Braunkohlen- und Erzbergbaues für die Wirtschaftsgüter des Anlagevermögens über Tage in Anspruch genommen werden, die zu den folgenden, mit dem Grubenbetrieb unter Tage in unmittelbarem Zusammenhang stehenden, der Förderung, Seilfahrt, Wasserhaltung und Wetterführung sowie der Aufbereitung des Minerals dienenden Anlagen und Einrichtungen gehören:

1. Förderanlagen und -einrichtungen einschließlich Schachthalle, Hängebank, Wagenumlauf und Verladeeinrichtungen sowie Anlagen der Berge- und Grubenholzwirtschaft,
2. Anlagen und Einrichtungen der Wetterwirtschaft und Wasserhaltung,
3. Waschkauen sowie Einrichtungen der Grubenlampenwirtschaft, des Grubenrettungswesens und der Ersten Hilfe,

---

1) § 84 Abs. 11 angef. durch G v. 1.11.2011 (BGBl. I S. 2131).

2) Anl. 1 (zu § 48 Abs. 2) aufgeh. mWv 1.1.2007 durch G v. 10.10.2007 (BGBl. I S. 2332).

4. Sieberei, Wäsche und sonstige Aufbereitungsanlagen; im Erzbergbau alle der Aufbereitung dienenden Anlagen sowie die Anlagen zum Rösten von Eisenerzen, wenn die Anlagen nicht zu einem Hüttenbetrieb gehören.

Anlage 6
(zu § 81 Abs. 3 Nr. 2)

Verzeichnis der Wirtschaftsgüter des beweglichen Anlagevermögens im Sinne des § 81 Abs. 3 Nr. 2

Die Bewertungsfreiheit des § 81 kann im Tagebaubetrieb des Braunkohlen- und Erzbergbaues für die folgenden Wirtschaftsgüter des beweglichen Anlagevermögens in Anspruch genommen werden:

1. Grubenaufschluss,
2. Entwässerungsanlagen,
3. Großgeräte, die der Lösung, Bewegung und Verkippung der Abraummassen sowie der Förderung und Bewegung des Minerals dienen, soweit sie wegen ihrer besonderen, die Ablagerungs- und Größenverhältnisse des Tagebaubetriebs berücksichtigenden Konstruktion nur für diesen Tagebaubetrieb oder anschließend für andere begünstigte Tagebaubetriebe verwendet werden; hierzu gehören auch Spezialabraum- und -kohlenwagen einschließlich der dafür erforderlichen Lokomotiven sowie Transportbandanlagen mit den Auf- und Übergaben und den dazugehörigen Bunkereinrichtungen mit Ausnahme der Rohkohlenbunker in Kraftwerken, Brikettfabriken oder Versandanlagen, wenn die Wirtschaftsgüter die Voraussetzungen des ersten Halbsatzes erfüllen,
4. Einrichtungen des Grubenrettungswesens und der Ersten Hilfe,
5. Wirtschaftsgüter, die zu den Aufbereitungsanlagen im Erzbergbau gehören, wenn die Aufbereitungsanlagen nicht zu einem Hüttenbetrieb gehören.

7. Erbschaftsteuer- und Schenkungsteuergesetz (ErbStG)[1)]

In der Fassung der Bekanntmachung vom 27. Februar 1997[2)]

(BGBl. I S. 378)

FNA 611-8-2-2

geänd. durch Art. 10 Steuerentlastungsgesetz 1999/2000/2002 v. 24.3.1999 (BGBl. I S. 402), Art. 6 Gesetz zur weiteren steuerlichen Förderung von Stiftungen v. 14.7.2000 (BGBl. I S. 1034), Art. 19 Steuer-Euroglättungsgesetz v. 19.12.2000 (BGBl. I S. 1790), Art. 16 Steueränderungsgesetz 2001 v. 20.12.2001 (BGBl. I S. 3794), Art. 2 Gesetz zur Modernisierung des Stiftungsrechts v. 15.7.2002 (BGBl. I S. 2634), Art. 27 Drittes Gesetz zur Änderung verwaltungsverfahrensrechtlicher Vorschriften v. 21.8.2002 (BGBl. I S. 3322), Art. 13 Haushaltsbegleitgesetz 2004 v. 29.12.2003 (BGBl. I S. 3076), Art. 8 Gesetz zur weiteren Stärkung des bürgerschaftlichen Engagements v. 10.10.2007 (BGBl. I S. 2332), Art. 1 Erbschaftsteuerreformgesetz v. 24.12.2008 (BGBl. I S. 3018), Art. 6 Gesetz zur Beschleunigung des Wirtschaftswachstums (Wachstumsbeschleunigungsgesetz) v. 22.12.2009 (BGBl. I S. 3950), Art. 14 Jahressteuergesetz 2010 (JStG 2010) v. 8.12.2010 (BGBl. I S. 1768), Art. 8 Steuervereinfachungsgesetz 2011 v. 1.11.2011 (BGBl. I S. 2131), Art. 11 Gesetz zur Umsetzung der Beitreibungsrichtlinie sowie zur Änderung steuerlicher Vorschriften (Beitreibungsrichtlinie-Umsetzungsgesetz – BeitrRLUmsG) v. 7.12.2011 (BGBl. I S. 2592), Art. 5 Gesetz zu dem Abkommen vom 4. Februar 2010 zwischen der Bundesrepublik Deutschland und der Französischen Republik über den Güterstand der Wahl-Zugewinngemeinschaft v. 15.3.2012 (BGBl. II S. 178), Art. 30 Gesetz zur Umsetzung der Amtshilferichtlinie sowie zur Änderung steuerlicher Vorschriften (Amtshilferichtlinie-Umsetzungsgesetz – AmtshilfeRLUmsG) v. 26.6.2013 (BGBl. I S. 1809), BVerfG, Beschl. v. 17.12. 2014 – 1 BvL 21/12 – v. 17.12.2014 (BGBl. 2015 I S. 4), Art. 17 Gesetz zum Internationalen Erbrecht und zur Änderung von Vorschriften zum Erbschein sowie zur Änderung sonstiger Vorschriften v. 29.6.2015 (BGBl. I S. 1042), Art. 10 Steueränderungsgesetz 2015 v. 2.11.2015 (BGBl. I S. 1834), Art. 8 Gesetz zur Neuregelung des Kulturgutschutzrechts v. 31.7.2016 (BGBl. I S. 1914), Art. 1 Gesetz zur Anpassung des Erbschaftsteuer- und Schenkungsteuergesetzes an die Rechtsprechung des Bundesverfassungsgerichts v. 4.11.2016 (BGBl. I S. 2464), Art. 4 Gesetz zur Bekämpfung der Steuerumgehung und zur Änderung weiterer steuerlicher Vorschriften (Steuerumgehungsbekämpfungsgesetz – StUmgBG) v. 23.6.2017 (BGBl. I S. 1682), Art. 6 Gesetz zum Ausschluss verfassungsfeindlicher Parteien von der Parteienfinanzierung v. 18.7.2017 (BGBl. I S. 2730), Art. 18 Gesetz zur Vermeidung von Umsatzsteuerausfällen beim Handel mit Waren im Internet und zur Änderung weiterer steuerlicher Vorschriften v. 11.12.2018 (BGBl. I S. 2338), Art. 5 Gesetz über steuerliche und weitere Begleitregelungen zum Austritt des Vereinigten Königreichs Großbritannien und Nordirland aus der Europäischen Union (Brexit-Steuerbegleitgesetz – Brexit-StBG) v. 25.3.2019 (BGBl. I S. 357), Art. 12 Gesetz zur Reform des Grundsteuer- und Bewertungsrechts (Grundsteuer-Reformgesetz – GrStRefG) v. 26.11.2019 (BGBl. I S. 1794), Art. 34 Jahressteuergesetz 2020 (JStG 2020) v. 21.12.2020 (BGBl. I S. 3096), Art. 7 Abs. 24 Gesetz zur Umsetzung der Richtlinie (EU) 2019/2034 über die Beaufsichtigung von Wertpapierinstituten v. 12.5.2021 (BGBl. I S. 990), Art. 8 Gesetz zur Modernisierung des Körperschaftsteuerrechts v. 25.6.2021 (BGBl. I S. 2050), Art. 10 Gesetz zur Abwehr von Steuervermeidung und unfairem Steuerwettbewerb und zur Änderung weiterer Gesetze v. 25.6.2021 (BGBl. I S. 2056), Art. 6 Gesetz zur erleichterten Umsetzung der Reform der Grundsteuer und Änderung weiterer steuerrechtlicher Vorschriften (Grundsteuerreform-Umsetzungsgesetz – GrStRefUG) v. 16.7.2021 (BGBl. I S. 2931) und Art. 8 Gesetz zur Vereinheitlichung des Stiftungsrechts und zur Änderung des Infektionsschutzgesetzes v. 16.7.2021 (BGBl. I S. 2947)

[1)] Zur Anwendung siehe § 37.

[2)] Neubekanntmachung des ErbStG idF der Bek. v. 19.2.1991 (BGBl. I S. 468) in der ab 28.12.1996 geltenden Fassung.

Inhaltsübersicht

Abschnitt 1. Steuerpflicht

§ 1 Steuerpflichtige Vorgänge
§ 2 Persönliche Steuerpflicht
§ 3 Erwerb von Todes wegen
§ 4 Fortgesetzte Gütergemeinschaft
§ 5 Zugewinngemeinschaft
§ 6 Vor- und Nacherbschaft
§ 7 Schenkungen unter Lebenden
§ 8 Zweckzuwendungen
§ 9 Entstehung der Steuer

Abschnitt 2. Wertermittlung

§ 10 Steuerpflichtiger Erwerb
§ 11 Bewertungsstichtag
§ 12 Bewertung
§ 13 Steuerbefreiungen
§ 13a Steuerbefreiung für Betriebsvermögen, Betriebe der Land- und Forstwirtschaft und Anteile an Kapitalgesellschaften
§ 13b Begünstigtes Vermögen
§ 13c Verschonungsabschlag bei Großerwerben von begünstigtem Vermögen
§ 13d Steuerbefreiung für zu Wohnzwecken vermietete Grundstücke

Abschnitt 3. Berechnung der Steuer

§ 14 Berücksichtigung früherer Erwerbe
§ 15 Steuerklassen
§ 16 Freibeträge
§ 17 Besonderer Versorgungsfreibetrag
§ 18 Mitgliederbeiträge
§ 19 Steuersätze
§ 19a Tarifbegrenzung beim Erwerb von Betriebsvermögen, von Betrieben der Land- und Forstwirtschaft und von Anteilen an Kapitalgesellschaften

Abschnitt 4. Steuerfestsetzung und Erhebung

§ 20 Steuerschuldner
§ 21 Anrechnung ausländischer Erbschaftsteuer
§ 22 Kleinbetragsgrenze
§ 23 Besteuerung von Renten, Nutzungen und Leistungen
§ 24 Verrentung der Steuerschuld in den Fällen des § 1 Abs. 1 Nr. 4
§ 25 *(aufgehoben)*
§ 26 Ermäßigung der Steuer bei Aufhebung einer Familienstiftung oder Auflösung eines Vereins
§ 27 Mehrfacher Erwerb desselben Vermögens
§ 28 Stundung
§ 28a Verschonungsbedarfsprüfung
§ 29 Erlöschen der Steuer in besonderen Fällen
§ 30 Anzeige des Erwerbs
§ 31 Steuererklärung
§ 32 Bekanntgabe des Steuerbescheids an Vertreter
§ 33 Anzeigepflicht der Vermögensverwahrer, Vermögensverwalter und Versicherungsunternehmen
§ 34 Anzeigepflicht der Gerichte, Behörden, Beamten und Notare
§ 35 Örtliche Zuständigkeit

Abschnitt 5. Ermächtigungs- und Schlußvorschriften

§ 36 Ermächtigungen
§ 37 Anwendung des Gesetzes
§ 37a Sondervorschriften aus Anlaß der Herstellung der Einheit Deutschlands
§ 38 (weggefallen)
§ 39 (weggefallen)

Abschnitt 1. Steuerpflicht

§ 1 Steuerpflichtige Vorgänge (1) Der Erbschaftsteuer (Schenkungsteuer) unterliegen

1. der Erwerb von Todes wegen;
2. die Schenkungen unter Lebenden;
3. die Zweckzuwendungen;
4. das Vermögen einer Stiftung, sofern sie wesentlich im Interesse einer Familie oder bestimmter Familien errichtet ist, und eines Vereins, dessen Zweck wesentlich im Interesse einer Familie oder bestimmter Familien auf die Bindung von Vermögen gerichtet ist, in Zeitabständen von je 30 Jahren seit dem in § 9 Abs. 1 Nr. 4 bestimmten Zeitpunkt.

(2) Soweit nichts anderes bestimmt ist, gelten die Vorschriften dieses Gesetzes über die Erwerbe von Todes wegen auch für Schenkungen und Zweckzuwendungen, die Vorschriften über Schenkungen auch für Zweckzuwendungen unter Lebenden.

§ 2 Persönliche Steuerpflicht. (1) Die Steuerpflicht tritt ein

1.[1] in den Fällen des § 1 Abs. 1 Nr. 1 bis 3, wenn der Erblasser zur Zeit seines Todes, der Schenker zur Zeit der Ausführung der Schenkung oder der Erwerber zur Zeit der Entstehung der Steuer (§ 9) ein Inländer ist, für den gesamten Vermögensanfall (unbeschränkte Steuerpflicht). [2] Als Inländer gelten
   a) natürliche Personen, die im Inland einen Wohnsitz oder ihren gewöhnlichen Aufenthalt haben,
   b) deutsche Staatsangehörige, die sich nicht länger als fünf Jahre dauernd im Ausland aufgehalten haben, ohne im Inland einen Wohnsitz zu haben,
   c) unabhängig von der Fünfjahresfrist nach Buchstabe b deutsche Staatsangehörige, die
      aa) im Inland weder einen Wohnsitz noch ihren gewöhnlichen Aufenthalt haben und
      bb) zu einer inländischen juristischen Person des öffentlichen Rechts in einem Dienstverhältnis stehen und dafür Arbeitslohn aus einer inländischen öffentlichen Kasse beziehen,

      sowie zu ihrem Haushalt gehörende Angehörige, die die deutsche Staatsangehörigkeit besitzen. [2] Dies gilt nur für Personen, deren Nachlaß oder Erwerb in dem Staat, in dem sie ihren Wohnsitz oder ihren gewöhnlichen Aufenthalt haben, lediglich in einem der Steuerpflicht nach Nummer 3 ähnlichen Umfang zu einer Nachlaß- oder Erbanfallsteuer herangezogen wird,
   d) Körperschaften, Personenvereinigungen und Vermögensmassen, die ihre Geschäftsleitung oder ihren Sitz im Inland haben;
2. in den Fällen des § 1 Abs. 1 Nr. 4, wenn die Stiftung oder der Verein die Geschäftsleitung oder den Sitz im Inland hat;

---

[1] § 2 Abs. 1 Nr. 1 Satz 1 geänd. durch G v. 7.12.2011 (BGBl. I S. 2592); zur Anwendung siehe § 37 Abs. 7.

3.[1] in allen anderen Fällen für den Vermögensanfall, der in Inlandsvermögen im Sinne des § 121 des Bewertungsgesetzes[2] besteht (beschränkte Steuerpflicht). [2]Bei Inlandsvermögen im Sinne des § 121 Nr. 4 des Bewertungsgesetzes ist es ausreichend, wenn der Erblasser zur Zeit seines Todes oder der Schenker zur Zeit der Ausführung der Schenkung entsprechend der Vorschrift am Grund- oder Stammkapital der inländischen Kapitalgesellschaft beteiligt ist. [3]Wird nur ein Teil einer solchen Beteiligung durch Schenkung zugewendet, gelten die weiteren Erwerbe aus der Beteiligung, soweit die Voraussetzungen des § 14 erfüllt sind, auch dann als Erwerb von Inlandsvermögen, wenn im Zeitpunkt ihres Erwerbs die Beteiligung des Erblassers oder Schenkers weniger als ein Zehntel des Grund- oder Stammkapitals der Gesellschaft beträgt.

(2) Zum Inland im Sinne dieses Gesetzes gehört auch der der Bundesrepublik Deutschland zustehende Anteil am Festlandsockel, soweit dort Naturschätze des Meeresgrundes und des Meeresuntergrundes erforscht oder ausgebeutet werden.

(3)[3] *(aufgehoben)*

§ 3 Erwerb von Todes wegen. (1) Als Erwerb von Todes wegen gilt

1.[4] der Erwerb durch Erbanfall (§ 1922 des Bürgerlichen Gesetzbuchs), durch Vermächtnis (§§ 2147 ff. des Bürgerlichen Gesetzbuchs) oder auf Grund eines geltend gemachten Pflichtteilsanspruchs (§§ 2303 ff. des Bürgerlichen Gesetzbuchs);

2.[5] der Erwerb durch Schenkung auf den Todesfall (§ 2301 des Bürgerlichen Gesetzbuchs). [2]Als Schenkung auf den Todesfall gilt auch der auf dem Ausscheiden eines Gesellschafters beruhende Übergang des Anteils oder des Teils eines Anteils eines Gesellschafters einer Personengesellschaft oder Kapitalgesellschaft bei dessen Tod auf die anderen Gesellschafter oder die Gesellschaft, soweit der Wert, der sich für seinen Anteil zur Zeit seines Todes nach § 12 ergibt, Abfindungsansprüche Dritter übersteigt. [3]Wird auf Grund einer Regelung im Gesellschaftsvertrag einer Gesellschaft mit beschränkter Haftung der Geschäftsanteil eines Gesellschafters bei dessen Tod eingezogen und übersteigt der sich nach § 12 ergebende Wert seines Anteils zur Zeit seines Todes Abfindungsansprüche Dritter, gilt die insoweit bewirkte Werterhöhung der Geschäftsanteile der verbleibenden Gesellschafter als Schenkung auf den Todesfall;

3. die sonstigen Erwerbe, auf die die für Vermächtnisse geltenden Vorschriften des bürgerlichen Rechts Anwendung finden;

4. jeder Vermögensvorteil, der auf Grund eines vom Erblasser geschlossenen Vertrags bei dessen Tode von einem Dritten unmittelbar erworben wird.

---

[1] § 2 Abs. 1 Nr. 3 Satz 1 neu gef. durch G v. 7.12.2011 (BGBl. I S. 2592); zur Anwendung siehe § 37 Abs. 7; Satz 1 geänd. durch G v. 23.6.2017 (BGBl. I S. 1682); zur Anwendung siehe § 37 Abs. 14.

[2] Nr. **3**.

[3] § 2 Abs. 3 aufgeh. mWv 25.6.2017 durch G v. 23.6.2017 (BGBl. I S. 1682).

[4] § 3 Abs. 1 Nr. 1 neu gef. mWv 1.1.2009 durch G v. 24.12.2008 (BGBl. I S. 3018).

[5] § 3 Abs. 1 Nr. 2 neu gef. mWv 5.3.1999 durch G v. 24.3.1999 (BGBl. I S. 402).

(2) Als vom Erblasser zugewendet gilt auch

1.[1] der Übergang von Vermögen auf eine vom Erblasser angeordnete Stiftung. 2 Dem steht gleich die vom Erblasser angeordnete Bildung oder Ausstattung einer Vermögensmasse ausländischen Rechts, deren Zweck auf die Bindung von Vermögen gerichtet ist;
2. was jemand infolge Vollziehung einer vom Erblasser angeordneten Auflage oder infolge Erfüllung einer vom Erblasser gesetzten Bedingung erwirbt, es sei denn, daß eine einheitliche Zweckzuwendung vorliegt;
3. was jemand dadurch erlangt, daß bei Genehmigung einer Zuwendung des Erblassers Leistungen an andere Personen angeordnet oder zur Erlangung der Genehmigung freiwillig übernommen werden;
4.[2] was als Abfindung für einen Verzicht auf den entstandenen Pflichtteilsanspruch oder für die Ausschlagung einer Erbschaft, eines Erbersatzanspruchs oder eines Vermächtnisses oder für die Zurückweisung eines Rechts aus einem Vertrag des Erblassers zugunsten Dritter auf den Todesfall oder anstelle eines anderen in Absatz 1 genannten Erwerbs oder dafür gewährt wird, dass eine Rechtsstellung, insbesondere eine Erbenstellung, oder ein Recht oder ein Anspruch, die zu einem Erwerb nach Absatz 1 führen würden, nicht mehr oder nur noch teilweise geltend gemacht werden;
5.[3] was als Abfindung für ein aufschiebend bedingtes, betagtes oder befristetes Vermächtnis, das der Vermächtnisnehmer angenommen hat, vor dem Zeitpunkt des Eintritts der Bedingung oder des Ereignisses gewährt wird;
6. was als Entgelt für die Übertragung der Anwartschaft eines Nacherben gewährt wird;
7.[4] was der Vertragserbe oder der Schlusserbe eines gemeinschaftlichen Testaments oder der Vermächtnisnehmer wegen beeinträchtigender Schenkungen des Erblassers (§§ 2287, 2288 Abs. 2 des Bürgerlichen Gesetzbuchs) von dem Beschenkten nach den Vorschriften über die ungerechtfertigte Bereicherung erlangt.

§ 4 Fortgesetzte Gütergemeinschaft. (1)[5] Wird die Gütergemeinschaft beim Tod eines Ehegatten oder beim Tod eines Lebenspartners fortgesetzt (§§ 1483 ff. des Bürgerlichen Gesetzbuchs), wird dessen Anteil am Gesamtgut so behandelt, als wäre er ausschließlich den anteilsberechtigten Abkömmlingen angefallen.

(2) 1 Beim Tode eines anteilsberechtigten Abkömmlings gehört dessen Anteil am Gesamtgut zu seinem Nachlaß. 2 Als Erwerber des Anteils gelten diejenigen, denen der Anteil nach § 1490 Satz 2 und 3 des Bürgerlichen Gesetzbuchs zufällt.

---

[1] § 3 Abs. 2 Nr. 1 neu gef. mWv 5.3.1999 durch G v. 24.3.1999 (BGBl. I S. 402).
[2] § 3 Abs. 2 Nr. 4 neu gef. mWv 1.1.2009 durch G v. 24.12.2008 (BGBl. I S. 3018); geänd. durch G v. 23.6.2017 (BGBl. I S. 1682); zur Anwendung siehe § 37 Abs. 14.
[3] § 3 Abs. 2 Nr. 5 geänd. mWv 29.12.2020 durch G v. 21.12.2020 (BGBl. I S. 3096); zur Anwendung siehe § 37 Abs. 18.
[4] § 3 Abs. 2 Nr. 7 neu gef. mWv 1.1.2009 durch G v. 24.12.2008 (BGBl. I S. 3018).
[5] § 4 Abs. 1 neu gef. mWv 1.1.2009 durch G v. 24.12.2008 (BGBl. I S. 3018).

§ 5 Zugewinngemeinschaft. (1)[1] [1]Wird der Güterstand der Zugewinngemeinschaft (§ 1363 des Bürgerlichen Gesetzbuchs, § 6 des Lebenspartnerschaftsgesetzes) durch den Tod eines Ehegatten oder den Tod eines Lebenspartners beendet und der Zugewinn nicht nach § 1371 Abs. 2 des Bürgerlichen Gesetzbuchs ausgeglichen, gilt beim überlebenden Ehegatten oder beim überlebenden Lebenspartner der Betrag, den er nach Maßgabe des § 1371 Abs. 2 des Bürgerlichen Gesetzbuchs als Ausgleichsforderung geltend machen könnte, nicht als Erwerb im Sinne des § 3. [2]Bei der Berechnung dieses Betrags bleiben von den Vorschriften der §§ 1373 bis 1383 und 1390 des Bürgerlichen Gesetzbuchs abweichende güterrechtliche Vereinbarungen unberücksichtigt. [3]Die Vermutung des § 1377 Abs. 3 des Bürgerlichen Gesetzbuchs findet keine Anwendung. [4]Wird der Güterstand der Zugewinngemeinschaft durch Ehevertrag oder Lebenspartnerschaftsvertrag vereinbart, gilt als Zeitpunkt des Eintritts des Güterstandes (§ 1374 Abs. 1 des Bürgerlichen Gesetzbuchs) der Tag des Vertragsabschlusses. [5]Soweit das Endvermögen des Erblassers bei der Ermittlung des als Ausgleichsforderung steuerfreien Betrags mit einem höheren Wert als dem nach den steuerlichen Bewertungsgrundsätzen maßgebenden Wert angesetzt worden ist, gilt höchstens der dem Steuerwert des Endvermögens entsprechende Betrag nicht als Erwerb im Sinne des § 3. [6]Sind bei der Ermittlung der Bereicherung des überlebenden Ehegatten oder des überlebenden Lebenspartners Steuerbefreiungen berücksichtigt worden, gilt die Ausgleichsforderung im Verhältnis des um den Wert des steuerbefreiten Vermögens geminderten Werts des Endvermögens zum ungeminderten Wert des Endvermögens des Erblassers nicht als Erwerb im Sinne des § 3.

(2)[2] Wird der Güterstand der Zugewinngemeinschaft in anderer Weise als durch den Tod eines Ehegatten oder eines Lebenspartners beendet oder wird der Zugewinn nach § 1371 Abs. 2 des Bürgerlichen Gesetzbuchs ausgeglichen, gehört die Ausgleichsforderung (§ 1378 des Bürgerlichen Gesetzbuchs) nicht zum Erwerb im Sinne der §§ 3 und 7.

(3)[3] Wird der Güterstand der Wahl-Zugewinngemeinschaft (§ 1519 des Bürgerlichen Gesetzbuchs) beendet und der Zugewinn ausgeglichen, so gehört die Ausgleichsforderung (Artikel 12 Absatz 1 des Abkommens vom 4. Februar 2010 zwischen der Bundesrepublik Deutschland und der Französischen Republik über den Güterstand der Wahl-Zugewinngemeinschaft) nicht zum Erwerb im Sinne der §§ 3 und 7.

§ 6 Vor- und Nacherbschaft. (1) Der Vorerbe gilt als Erbe.

(2) [1]Bei Eintritt der Nacherbfolge haben diejenigen, auf die das Vermögen übergeht, den Erwerb als vom Vorerben stammend zu versteuern. [2]Auf Antrag ist der Versteuerung das Verhältnis des Nacherben zum Erblasser zugrunde zu legen. [3]Geht in diesem Fall auch eigenes Vermögen des Vorerben auf den Nacherben über, sind beide Vermögensanfälle hinsichtlich der Steuerklasse getrennt zu behandeln. [4]Für das eigene Vermögen des Vorerben kann ein Freibetrag jedoch nur gewährt werden, soweit der Freibetrag für das der Nacherbfolge unterliegende Vermögen nicht verbraucht ist. [5]Die Steuer ist für jeden

---

[1] § 5 Abs. 1 Satz 1 neu gef., Sätze 4 und 5 geänd. mWv 1.1.2009 durch G v. 24.12.2008 (BGBl. I S. 3018); Satz 6 angef. mWv 29.12.2020 durch G v. 21.12.2020 (BGBl. I S. 3096); zur Anwendung siehe § 37 Abs. 18.

[2] § 5 Abs. 2 geänd. mWv 1.1.2009 durch G v. 24.12.2008 (BGBl. I S. 3018).

[3] § 5 Abs. 3 angef. mWv 1.5.2013 durch G v. 15.3.2012 (BGBl. II S. 178).

Erwerb jeweils nach dem Steuersatz zu erheben, der für den gesamten Erwerb gelten würde.

(3) [1] Tritt die Nacherbfolge nicht durch den Tod des Vorerben ein, gilt die Vorerbfolge als auflösend bedingter, die Nacherbfolge als aufschiebend bedingter Anfall. [2] In diesem Fall ist dem Nacherben die vom Vorerben entrichtete Steuer abzüglich desjenigen Steuerbetrags anzurechnen, welcher der tatsächlichen Bereicherung des Vorerben entspricht.

(4)[1)] Nachvermächtnisse und beim Tod des Beschwerten fällige Vermächtnisse oder Auflagen stehen den Nacherbschaften gleich.

§ 7 Schenkungen unter Lebenden. (1) Als Schenkungen unter Lebenden gelten

1. jede freigebige Zuwendung unter Lebenden, soweit der Bedachte durch sie auf Kosten des Zuwendenden bereichert wird;
2. was infolge Vollziehung einer von dem Schenker angeordneten Auflage oder infolge Erfüllung einer einem Rechtsgeschäft unter Lebenden beigefügten Bedingung ohne entsprechende Gegenleistung erlangt wird, es sei denn, daß eine einheitliche Zweckzuwendung vorliegt;
3. was jemand dadurch erlangt, daß bei Genehmigung einer Schenkung Leistungen an andere Personen angeordnet oder zur Erlangung der Genehmigung freiwillig übernommen werden;
4.[2)] die Bereicherung, die ein Ehegatte oder ein Lebenspartner bei Vereinbarung der Gütergemeinschaft (§ 1415 des Bürgerlichen Gesetzbuchs) erfährt;
5. was als Abfindung für einen Erbverzicht (§§ 2346 und 2352 des Bürgerlichen Gesetzbuchs) gewährt wird;
6.[2)] *(aufgehoben)*
7. was ein Vorerbe dem Nacherben mit Rücksicht auf die angeordnete Nacherbschaft vor ihrem Eintritt herausgibt;
8.[3)] der Übergang von Vermögen auf Grund eines Stiftungsgeschäfts unter Lebenden. [2] Dem steht gleich die Bildung oder Ausstattung einer Vermögensmasse ausländischen Rechts, deren Zweck auf die Bindung von Vermögen gerichtet ist;
9.[4)] was bei *Aufhebung einer Stiftung* [***ab 1.7.2023:*** Auflösung, Aufhebung, Zulegung oder Zusammenlegung von Stiftungen] oder bei Auflösung eines Vereins, dessen Zweck auf die Bindung von Vermögen gerichtet ist, erworben wird. [2] Dem steht gleich der Erwerb bei Auflösung einer Vermögensmasse ausländischen Rechts, deren Zweck auf die Bindung von Vermögen gerichtet ist, sowie der Erwerb durch Zwischenberechtigte während des Bestehens der Vermögensmasse. [3] Wie eine Auflösung wird auch der Formwechsel eines rechtsfähigen Vereins, dessen Zweck wesentlich im Interesse einer Familie oder bestimmter Familien auf die Bindung von Vermögen gerichtet ist, in eine Kapitalgesellschaft behandelt;

[1)] § 6 Abs. 4 neu gef. mWv 1.1.2009 durch G v. 24.12.2008 (BGBl. I S. 3018).

[2)] § 7 Abs. 1 Nr. 4 geänd., Nr. 6 aufgeh. mWv 1.1.2009 durch G v. 24.12.2008 (BGBl. I S. 3018).

[3)] § 7 Abs. 1 Nr. 8 neu gef. mWv 5.3.1999 durch G v. 24.3.1999 (BGBl. I S. 402).

[4)] § 7 Abs. 1 Nr. 9 neu gef. mWv 5.3.1999 durch G v. 24.3.1999 (BGBl. I S. 402); Satz 3 angef. mWv 1.1.2009 durch G v. 24.12.2008 (BGBl. I S. 3018); Satz 1 geänd. **mWv 1.7.2023** durch G v. 16.7.2021 (BGBl. I S. 2947).

10. was als Abfindung für aufschiebend bedingt, betagt oder befristet erworbene Ansprüche, soweit es sich nicht um einen Fall des § 3 Abs. 2 Nr. 5 handelt, vor dem Zeitpunkt des Eintritts der Bedingung oder des Ereignisses gewährt wird.

(2) [1] Im Fall des Absatzes 1 Nr. 7 ist der Versteuerung auf Antrag das Verhältnis des Nacherben zum Erblasser zugrunde zu legen. [2] § 6 Abs. 2 Satz 3 bis 5 gilt entsprechend.

(3) Gegenleistungen, die nicht in Geld veranschlagt werden können, werden bei der Feststellung, ob eine Bereicherung vorliegt, nicht berücksichtigt.

(4) Die Steuerpflicht einer Schenkung wird nicht dadurch ausgeschlossen, daß sie zur Belohnung oder unter einer Auflage gemacht oder in die Form eines lästigen Vertrags gekleidet wird.

(5) [1] Ist Gegenstand der Schenkung eine Beteiligung an einer Personengesellschaft, in deren Gesellschaftsvertrag bestimmt ist, daß der neue Gesellschafter bei Auflösung der Gesellschaft oder im Fall eines vorherigen Ausscheidens nur den Buchwert seines Kapitalanteils erhält, werden diese Bestimmungen bei der Feststellung der Bereicherung nicht berücksichtigt. [2] Soweit die Bereicherung den Buchwert des Kapitalanteils übersteigt, gilt sie als auflösend bedingt erworben.

(6) Wird eine Beteiligung an einer Personengesellschaft mit einer Gewinnbeteiligung ausgestattet, die insbesondere der Kapitaleinlage, der Arbeits- oder der sonstigen Leistung des Gesellschafters für die Gesellschaft nicht entspricht oder die einem fremden Dritten üblicherweise nicht eingeräumt würde, gilt das Übermaß an Gewinnbeteiligung als selbständige Schenkung, die mit dem Kapitalwert anzusetzen ist.

ErbStG

(7)[1)] [1] Als Schenkung gilt auch der auf dem Ausscheiden eines Gesellschafters beruhende Übergang des Anteils oder des Teils eines Anteils eines Gesellschafters einer Personengesellschaft oder Kapitalgesellschaft auf die anderen Gesellschafter oder die Gesellschaft, soweit der Wert, der sich für seinen Anteil zur Zeit seines Ausscheidens nach § 12 ergibt, den Abfindungsanspruch übersteigt. [2] Wird auf Grund einer Regelung im Gesellschaftsvertrag einer Gesellschaft mit beschränkter Haftung der Geschäftsanteil eines Gesellschafters bei dessen Ausscheiden eingezogen und übersteigt der sich nach § 12 ergebende Wert seines Anteils zur Zeit seines Ausscheidens den Abfindungsanspruch, gilt die insoweit bewirkte Werterhöhung der Anteile der verbleibenden Gesellschafter als Schenkung des ausgeschiedenen Gesellschafters. [3] Bei Übertragungen im Sinne des § 10 Abs. 10 gelten die Sätze 1 und 2 sinngemäß.

(8)[2)] [1] Als Schenkung gilt auch die Werterhöhung von Anteilen an einer Kapitalgesellschaft, die eine an der Gesellschaft unmittelbar oder mittelbar beteiligte natürliche Person oder Stiftung (Bedachte) durch die Leistung einer anderen Person (Zuwendender) an die Gesellschaft erlangt. [2] Freigebig sind auch Zuwendungen zwischen Kapitalgesellschaften, soweit sie in der Absicht getätigt werden, Gesellschafter zu bereichern und soweit an diesen Gesellschaften nicht unmittelbar oder mittelbar dieselben Gesellschafter zu gleichen An-

---

1) § 7 Abs. 7 neu gef. mWv 5.3.1999 durch G v. 24.3.1999 (BGBl. I S. 402); Satz 3 angef. mWv 1.1.2009 durch G v. 24.12.2008 (BGBl. I S. 3018).

2) § 7 Abs. 8 angef. durch G v. 7.12.2011 (BGBl. I S. 2592); zur Anwendung siehe § 37 Abs. 7.

teilen beteiligt sind. [3] Die Sätze 1 und 2 gelten außer für Kapitalgesellschaften auch für Genossenschaften.

§ 8 Zweckzuwendungen. Zweckzuwendungen sind Zuwendungen von Todes wegen oder freigebige Zuwendungen unter Lebenden, die mit der Auflage verbunden sind, zugunsten eines bestimmten Zwecks verwendet zu werden, oder die von der Verwendung zugunsten eines bestimmten Zwecks abhängig sind, soweit hierdurch die Bereicherung des Erwerbers gemindert wird.

§ 9 Entstehung der Steuer. (1) Die Steuer entsteht

1.[1] bei Erwerben von Todes wegen mit dem Tode des Erblassers, jedoch
   a) für den Erwerb des unter einer aufschiebenden Bedingung, unter einer Betagung oder Befristung Bedachten sowie für zu einem Erwerb gehörende aufschiebend bedingte, betagte oder befristete Ansprüche mit dem Zeitpunkt des Eintritts der Bedingung oder des Ereignisses,
   b)[2] für den Erwerb eines geltend gemachten Pflichtteilsanspruchs mit dem Zeitpunkt der Geltendmachung,
   c)[3] im Fall des § 3 Abs. 2 Nr. 1 Satz 1 mit dem Zeitpunkt der Anerkennung der Stiftung als rechtsfähig und im Fall des § 3 Abs. 2 Nr. 1 Satz 2 mit dem Zeitpunkt der Bildung oder Ausstattung der Vermögensmasse,
   d) in den Fällen des § 3 Abs. 2 Nr. 2 mit dem Zeitpunkt der Vollziehung der Auflage oder der Erfüllung der Bedingung,
   e) in den Fällen des § 3 Abs. 2 Nr. 3 mit dem Zeitpunkt der Genehmigung,
   f)[4] in den Fällen des § 3 Absatz 2 Nummer 4 mit dem Zeitpunkt des Verzichts, der Ausschlagung, der Zurückweisung oder der Erklärung über das Nichtgeltendmachen,
   g) im Fall des § 3 Abs. 2 Nr. 5 mit dem Zeitpunkt der Vereinbarung über die Abfindung,
   h) für den Erwerb des Nacherben mit dem Zeitpunkt des Eintritts der Nacherbfolge,
   i) im Fall des § 3 Abs. 2 Nr. 6 mit dem Zeitpunkt der Übertragung der Anwartschaft,
   j) im Fall des § 3 Abs. 2 Nr. 7 mit dem Zeitpunkt der Geltendmachung des Anspruchs;
2. bei Schenkungen unter Lebenden mit dem Zeitpunkt der Ausführung der Zuwendung;
3. bei Zweckzuwendungen mit dem Zeitpunkt des Eintritts der Verpflichtung des Beschwerten;
4. in den Fällen des § 1 Abs. 1 Nr. 4 in Zeitabständen von je 30 Jahren seit dem Zeitpunkt des ersten Übergangs von Vermögen auf die Stiftung oder auf den Verein. [2] Fällt bei Stiftungen oder Vereinen der Zeitpunkt des ersten

[1] Zur Anwendung im Beitrittsgebiet siehe § 37a Abs. 2 Satz 1.

[2] § 9 Abs. 1 Nr. 1 Buchst. b neu gef. mWv 1.1.2009 durch G v. 24.12.2008 (BGBl. I S. 3018).

[3] § 9 Abs. 1 Nr. 1 Buchst. c neu gef. mWv 5.3.1999 durch G v. 24.3.1999 (BGBl. I S. 402); geänd. mWv 1.9.2002 durch G v. 15.7.2002 (BGBl. I S. 2634).

[4] § 9 Abs. 1 Nr. 1 Buchst. f neu gef. durch G v. 23.6.2017 (BGBl. I S. 1682); zur Anwendung siehe § 37 Abs. 14.

Übergangs von Vermögen auf den 1. Januar 1954 oder auf einen früheren Zeitpunkt, entsteht die Steuer erstmals am 1. Januar 1984. [3]Bei Stiftungen und Vereinen, bei denen die Steuer erstmals am 1. Januar 1984 entsteht, richtet sich der Zeitraum von 30 Jahren nach diesem Zeitpunkt.

(2)[1)] In den Fällen der Aussetzung der Versteuerung nach § 25 Abs. 1 Buchstabe a[2)] gilt die Steuer für den Erwerb des belasteten Vermögens als mit dem Zeitpunkt des Erlöschens der Belastung entstanden.

Abschnitt 2. Wertermittlung

§ 10 Steuerpflichtiger Erwerb. (1)[3)] [1]Als steuerpflichtiger Erwerb gilt die Bereicherung des Erwerbers, soweit sie nicht steuerfrei ist (§§ 5, 13, 13a, 13c, 13d, 16, 17 und 18). [2]In den Fällen des § 3 gilt unbeschadet Absatz 10 als Bereicherung der Betrag, der sich ergibt, wenn von dem nach § 12 zu ermittelnden Wert des gesamten Vermögensanfalls, soweit er der Besteuerung nach diesem Gesetz unterliegt, die nach den Absätzen 3 bis 9 abzugsfähigen Nachlassverbindlichkeiten mit ihrem nach § 12 zu ermittelnden Wert abgezogen werden. [3]Die vom Erblasser herrührenden Steuererstattungsansprüche sind bei der Ermittlung der Bereicherung zu berücksichtigen, auch wenn sie rechtlich erst nach dem Tod des Erblassers entstanden sind. [4]Der unmittelbare oder mittelbare Erwerb einer Beteiligung an einer Personengesellschaft oder einer anderen Gesamthandsgemeinschaft, die nicht unter § 97 Abs. 1 Satz 1 Nr. 5 des Bewertungsgesetzes[4)] fällt, gilt als Erwerb der anteiligen Wirtschaftsgüter; die dabei übergehenden Schulden und Lasten der Gesellschaft sind bei der Ermittlung der Bereicherung des Erwerbers wie eine Gegenleistung zu behandeln. [5]Bei der Zweckzuwendung tritt an die Stelle des Vermögensanfalls die Verpflichtung des Beschwerten. [6]Der steuerpflichtige Erwerb wird auf volle 100 Euro nach unten abgerundet. [7]In den Fällen des § 1 Abs. 1 Nr. 4 tritt an die Stelle des Vermögensanfalls das Vermögen der Stiftung oder des Vereins.

(2) Hat der Erblasser die Entrichtung der von dem Erwerber geschuldeten Steuer einem anderen auferlegt oder hat der Schenker die Entrichtung der vom Beschenkten geschuldeten Steuer selbst übernommen oder einem anderen auferlegt, gilt als Erwerb der Betrag, der sich bei einer Zusammenrechnung des Erwerbs nach Absatz 1 mit der aus ihm errechneten Steuer ergibt.

(3) Die infolge des Anfalls durch Vereinigung von Recht und Verbindlichkeit oder von Recht und Belastung erloschenen Rechtsverhältnisse gelten als nicht erloschen.

(4) Die Anwartschaft eines Nacherben gehört nicht zu seinem Nachlaß.

(5) Von dem Erwerb sind, soweit sich nicht aus den Absätzen 6 bis 9 etwas anderes ergibt, als Nachlaßverbindlichkeiten abzugsfähig

---

[1)] Zur Anwendung im Beitrittsgebiet siehe § 37a Abs. 2 Satz 2.

[2)] § 25 Abs. 1 Buchst. a ErbStG **1974**, vgl. § 37 Abs. 2.

[3)] § 10 Abs. 1 Satz 6 geänd. mWv 1.1.2002 durch G v. 19.12.2000 (BGBl. I S. 1790); Sätze 1 und 2 neu gef., Satz 3 eingef., bish. Sätze 3 bis 6 werden Sätze 4 bis 7, Satz 4 neu gef. mWv 1.1.2009 durch G v. 24.12.2008 (BGBl. I S. 3018); Satz 1 geänd. mWv 1.7.2016 durch G v. 4.11.2016 (BGBl. I S. 2464); zur Anwendung siehe § 37 Abs. 12 Satz 1; Satz 3 neu gef. mWv 29.12.2020 durch G v. 21.12.2020 (BGBl. I S. 3096); zur Anwendung siehe § 37 Abs. 18.

[4)] Nr. **3**.

ErbStG

1.[1)] die vom Erblasser herrührenden Schulden, soweit sie nicht mit einem zum Erwerb gehörenden Gewerbebetrieb, Anteil an einem Gewerbebetrieb, Betrieb der Land- und Forstwirtschaft oder Anteil an einem Betrieb der Land- und Forstwirtschaft in wirtschaftlichem Zusammenhang stehen und bereits bei der Bewertung der wirtschaftlichen Einheit berücksichtigt worden sind;
2. Verbindlichkeiten aus Vermächtnissen, Auflagen und geltend gemachten Pflichtteilen und Erbersatzansprüchen;
3.[2)] die Kosten der Bestattung des Erblassers, die Kosten für ein angemessenes Grabdenkmal, die Kosten für die übliche Grabpflege mit ihrem Kapitalwert für eine unbestimmte Dauer sowie die Kosten, die dem Erwerber unmittelbar im Zusammenhang mit der Abwicklung, Regelung oder Verteilung des Nachlasses oder mit der Erlangung des Erwerbs entstehen. [2] Für diese Kosten wird insgesamt ein Betrag von 10 300 Euro ohne Nachweis abgezogen. [3] Kosten für die Verwaltung des Nachlasses sind nicht abzugsfähig.

(6)[3)] [1] Nicht abzugsfähig sind Schulden und Lasten, soweit sie in wirtschaftlichem Zusammenhang mit Vermögensgegenständen stehen, die nicht der Besteuerung nach diesem Gesetz unterliegen. [2] Beschränkt sich die Besteuerung auf einzelne Vermögensgegenstände (§ 2 Abs. 1 Nr. 3, § 19 Abs. 2), sind nur die damit in wirtschaftlichem Zusammenhang stehenden Schulden und Lasten abzugsfähig. [3] Schulden und Lasten sind nicht abzugsfähig, soweit die Vermögensgegenstände, mit denen diese in wirtschaftlichem Zusammenhang stehen, steuerbefreit sind. [4] Schulden und Lasten, die mit nach den §§ 13a und 13c befreitem Vermögen in wirtschaftlichem Zusammenhang stehen, sind nur mit dem Betrag abzugsfähig, der dem Verhältnis des nach Anwendung der §§ 13a und 13c anzusetzenden Werts dieses Vermögens zu dem Wert vor Anwendung der §§ 13a und 13c entspricht. [5] Schulden und Lasten, die nicht in wirtschaftlichem Zusammenhang mit einzelnen Vermögensgegenständen des Erwerbs stehen, sind anteilig allen Vermögensgegenständen des Erwerbs zuzurechnen. [6] Dies gilt nicht für Kosten im Sinne des Absatzes 5 Nummer 3. [7] Der jeweilige Anteil bemisst sich nach dem Verhältnis des Werts des Vermögensgegenstands nach Abzug der mit diesem Vermögensgegenstand in wirtschaftlichem Zusammenhang stehenden Schulden und Lasten zum Gesamtwert der Vermögensgegenstände nach Abzug aller mit diesen Vermögensgegenständen in wirtschaftlichem Zusammenhang stehenden Schulden und Lasten. [8] In den Fällen einer Steuerbefreiung nach den §§ 13a und 13c ist bei Anwendung der Sätze 5 bis 7 nicht auf den einzelnen Vermögensgegenstand, sondern auf die Summe der begünstigten Vermögen im Sinne des § 13b Absatz 2 abzustellen. [9] Der auf den einzelnen Vermögensgegenstand entfallende Anteil an den Schulden und Lasten im Sinne des Satzes 5 ist nicht abzugsfähig, soweit dieser Vermögensgegenstand steuerbefreit ist. [10] Die auf das nach den §§ 13a und 13c befreite Vermögen entfallenden Schulden und Lasten im Sinne der Sätze 5 bis 8 sind nur mit dem Betrag abzugsfähig, der dem Verhältnis des nach Anwendung der

---

[1)] § 10 Abs. 5 Nr. 1 neu gef. mWv 1.1.2009 durch G v. 24.12.2008 (BGBl. I S. 3018).

[2)] § 10 Abs. 5 Nr. 3 Satz 2 geänd. mWv 1.1.2002 durch G v. 19.12.2000 (BGBl. I S. 1790).

[3)] § 10 Abs. 6 Sätze 4 und 5 neu gef., Satz 6 angef. mWv 1.1.2009 durch G v. 24.12.2008 (BGBl. I S. 3018); Sätze 4 und 5 geänd. mWv 1.7.2016 durch G v. 4.11.2016 (BGBl. I S. 2464); zur Anwendung siehe § 37 Abs. 12 Satz 1; Sätze 3 und 5 neu gef., Sätze 6 bis 10 eingef., bish. Satz 6 wird Satz 11 mWv 29.12.2020 durch G v. 21.12.2020 (BGBl. I S. 3096); zur Anwendung siehe § 37 Abs. 18.

ErbStG

§§ 13a und 13c anzusetzenden Werts dieses Vermögens zu dem Wert vor Anwendung der §§ 13a und 13c entspricht. [11] Haben sich Nutzungsrechte als Grundstücksbelastungen bei der Ermittlung des gemeinen Werts einer wirtschaftlichen Einheit des Grundbesitzes ausgewirkt, ist deren Abzug bei der Erbschaftsteuer ausgeschlossen.

(7) In den Fällen des § 1 Abs. 1 Nr. 4 sind Leistungen an die nach der Stiftungsurkunde oder nach der Vereinssatzung Berechtigten nicht abzugsfähig.

(8)[1)] [1] Die von dem Erwerber zu entrichtende eigene Erbschaftsteuer ist nicht abzugsfähig. [2] Satz 1 gilt in den Fällen des § 1 Absatz 1 Nummer 4 entsprechend.

(9) Auflagen, die dem Beschwerten selbst zugute kommen, sind nicht abzugsfähig.

(10)[2)] [1] Überträgt ein Erbe ein auf ihn von Todes wegen übergegangenes Mitgliedschaftsrecht an einer Personengesellschaft unverzüglich nach dessen Erwerb auf Grund einer im Zeitpunkt des Todes des Erblassers bestehenden Regelung im Gesellschaftsvertrag an die Mitgesellschafter und ist der Wert, der sich für seinen Anteil zur Zeit des Todes des Erblassers nach § 12 ergibt, höher als der gesellschaftsvertraglich festgelegte Abfindungsanspruch, so gehört nur der Abfindungsanspruch zum Vermögensanfall im Sinne des Absatzes 1 Satz 2. [2] Überträgt ein Erbe einen auf ihn von Todes wegen übergegangenen Geschäftsanteil an einer Gesellschaft mit beschränkter Haftung unverzüglich nach dessen Erwerb auf Grund einer im Zeitpunkt des Todes des Erblassers bestehenden Regelung im Gesellschaftsvertrag an die Mitgesellschafter oder wird der Geschäftsanteil auf Grund einer im Zeitpunkt des Todes des Erblassers bestehenden Regelung im Gesellschaftsvertrag von der Gesellschaft eingezogen und ist der Wert, der sich für seinen Anteil zur Zeit des Todes des Erblassers nach § 12 ergibt, höher als der gesellschaftsvertraglich festgelegte Abfindungsanspruch, so gehört nur der Abfindungsanspruch zum Vermögensanfall im Sinne des Absatzes 1 Satz 2.

§ 11 Bewertungsstichtag. Für die Wertermittlung ist, soweit in diesem Gesetz nichts anderes bestimmt ist, der Zeitpunkt der Entstehung der Steuer maßgebend.

§ 12[3)] Bewertung. (1) Die Bewertung richtet sich, soweit nicht in den Absätzen 2 bis 7 etwas anderes bestimmt ist, nach den Vorschriften des Ersten Teils des Bewertungsgesetzes[4)] (Allgemeine Bewertungsvorschriften) in der Fassung der Bekanntmachung vom 1. Februar 1991 (BGBl. I S. 230), zuletzt geändert durch Artikel 2 des Gesetzes vom 24. Dezember 2008 (BGBl. I S. 3018), in der jeweils geltenden Fassung.

(2) Anteile an Kapitalgesellschaften, für die ein Wert nach § 151 Abs. 1 Satz 1 Nr. 3 des Bewertungsgesetzes festzustellen ist, sind mit dem auf den Bewertungsstichtag (§ 11) festgestellten Wert anzusetzen.

[1)] § 10 Abs. 8 Satz 2 angef. mWv 29.12.2020 durch G v. 21.12.2020 (BGBl. I S. 3096); zur Anwendung siehe § 37 Abs. 18.

[2)] § 10 Abs. 10 angef. mWv 1.1.2009 durch G v. 24.12.2008 (BGBl. I S. 3018).

[3)] § 12 neu gef. mWv 1.1.2009 durch G v. 24.12.2008 (BGBl. I S. 3018).

[4)] Nr. **3**.

(3)[1] Grundbesitz (*§ 19 Abs. 1* [***ab 1.1.2025:*** § 157 Absatz 1 Satz 1 des Bewertungsgesetzes) ist mit dem nach § 151 Abs. 1 Satz 1 Nr. 1 des Bewertungsgesetzes auf den Bewertungsstichtag (§ 11) festgestellten Wert anzusetzen.

(4) Bodenschätze, die nicht zum Betriebsvermögen gehören, werden angesetzt, wenn für sie Absetzungen für Substanzverringerung bei der Einkunftsermittlung vorzunehmen sind; sie werden mit ihren ertragsteuerlichen Werten angesetzt.

(5) Inländisches Betriebsvermögen, für das ein Wert nach § 151 Abs. 1 Satz 1 Nr. 2 des Bewertungsgesetzes festzustellen ist, ist mit dem auf den Bewertungsstichtag (§ 11) festgestellten Wert anzusetzen.

(6) Gehört zum Erwerb ein Anteil an Wirtschaftsgütern und Schulden, für die ein Wert nach § 151 Abs. 1 Satz 1 Nr. 4 des Bewertungsgesetzes festzustellen ist, ist der darauf entfallende Teilbetrag des auf den Bewertungsstichtag (§ 11) festgestellten Werts anzusetzen.

(7) Ausländischer Grundbesitz und ausländisches Betriebsvermögen werden nach § 31 des Bewertungsgesetzes bewertet.

§ 13[2] **Steuerbefreiungen.** (1) Steuerfrei bleiben

1.[3] a)[4] Hausrat einschließlich Wäsche und Kleidungsstücke beim Erwerb durch Personen der Steuerklasse I, soweit der Wert insgesamt 41 000 Euro nicht übersteigt,

b)[5] andere bewegliche körperliche Gegenstände, die nicht nach Nummer 2 befreit sind, beim Erwerb durch Personen der Steuerklasse I, soweit der Wert insgesamt 12 000 Euro nicht übersteigt,

c)[6] Hausrat einschließlich Wäsche und Kleidungsstücke und andere bewegliche körperliche Gegenstände, die nicht nach Nummer 2 befreit sind, beim Erwerb durch Personen der Steuerklassen II und III, soweit der Wert insgesamt 12 000 Euro nicht übersteigt.

[2]Die Befreiung gilt nicht für Gegenstände, die zum land- und forstwirtschaftlichen Vermögen, zum Grundvermögen oder zum Betriebsvermögen gehören, für Zahlungsmittel, Wertpapiere, Münzen, Edelmetalle, Edelsteine und Perlen;

2. Grundbesitz oder Teile von Grundbesitz, Kunstgegenstände, Kunstsammlungen, wissenschaftliche Sammlungen, Bibliotheken und Archive

a)[7] mit 60 Prozent ihres Werts, jedoch Grundbesitz und Teile von Grundbesitz mit 85 Prozent ihres Werts, wenn die Erhaltung dieser Gegenstände wegen ihrer Bedeutung für Kunst, Geschichte oder Wissenschaft im öffentlichen Interesse liegt, die jährlichen Kosten in der Regel die erzielten Einnahmen übersteigen und die Gegenstände

---

[1] § 12 Abs. 3 geänd. **mWv 1.1.2025** durch G v. 26.11.2019 (BGBl. I S. 1794).

[2] Wegen der Übergangsregelung für vor dem 3.10.1973 abgeschlossene Erbschaftsteuer- und Lastenausgleichsversicherungen vgl. Art. 6 ErbStRG 1974.

[3] § 13 Abs. 1 Nr. 1 Satz 2 eingef., bish. Satz 2 wird Satz 3 mWv 1.1.2009 durch G v. 24.12.2008 (BGBl. I S. 3018) (§ 37 Abs. 1); Nr. 1 Satz 2 aufgeh., bish. Satz 3 wird Satz 2 durch G v. 8.12.2010 (BGBl. I S. 1768); zur Anwendung siehe § 37 Abs. 4.

[4] § 13 Abs. 1 Nr. 1 Buchst. a geänd. mWv 1.1.2002 durch G v. 19.12.2000 (BGBl. I S. 1790).

[5] § 13 Abs. 1 Nr. 1 Buchst. b geänd. mWv 1.1.2009 durch G v. 24.12.2008 (BGBl. I S. 3018).

[6] § 13 Abs. 1 Nr. 1 Buchst. c geänd. mWv 1.1.2009 durch G v. 24.12.2008 (BGBl. I S. 3018).

[7] § 13 Abs. 1 Nr. 2 Buchst. a neu gef. mWv 1.1.2009 durch G v. 24.12.2008 (BGBl. I S. 3018).

in einem den Verhältnissen entsprechenden Umfang den Zwecken der Forschung oder der Volksbildung nutzbar gemacht sind oder werden,

b) in vollem Umfang, wenn die Voraussetzungen des Buchstabens a erfüllt sind und ferner

aa) der Steuerpflichtige bereit ist, die Gegenstände den geltenden Bestimmungen der Denkmalspflege zu unterstellen,

bb)[1] die Gegenstände sich seit mindestens 20 Jahren im Besitz der Familie befinden oder in ein Verzeichnis national wertvollen Kulturgutes nach § 7 Absatz 1 des Kulturgutschutzgesetzes vom 31. Juli 2016 (BGBl. I S. 1914) in der jeweils geltenden Fassung eingetragen sind.

²Die Steuerbefreiung fällt mit Wirkung für die Vergangenheit weg, wenn die Gegenstände innerhalb von zehn Jahren nach dem Erwerb veräußert werden oder die Voraussetzungen für die Steuerbefreiung innerhalb dieses Zeitraums entfallen;

3. Grundbesitz oder Teile von Grundbesitz, der für Zwecke der Volkswohlfahrt der Allgemeinheit ohne gesetzliche Verpflichtung zur Benutzung zugänglich gemacht ist und dessen Erhaltung im öffentlichen Interesse liegt, wenn die jährlichen Kosten in der Regel die erzielten Einnahmen übersteigen. ²Die Steuerbefreiung fällt mit Wirkung für die Vergangenheit weg, wenn der Grundbesitz oder Teile des Grundbesitzes innerhalb von zehn Jahren nach dem Erwerb veräußert werden oder die Voraussetzungen für die Steuerbefreiung innerhalb dieses Zeitraums entfallen;

4. ein Erwerb nach § 1969 des Bürgerlichen Gesetzbuchs;

4a.[2] Zuwendungen unter Lebenden, mit denen ein Ehegatte dem anderen Ehegatten Eigentum oder Miteigentum an einem im Inland oder in einem Mitgliedstaat der Europäischen Union oder einem Staat des Europäischen Wirtschaftsraums belegenen bebauten Grundstück im Sinne des § 181 Abs. 1 Nr. 1 bis 5 des Bewertungsgesetzes[3] verschafft, soweit darin eine Wohnung zu eigenen Wohnzwecken genutzt wird (Familienheim), oder den anderen Ehegatten von eingegangenen Verpflichtungen im Zusammenhang mit der Anschaffung oder der Herstellung des Familienheims freistellt. ²Entsprechendes gilt, wenn ein Ehegatte nachträglichen Herstellungs- oder Erhaltungsaufwand für ein Familienheim trägt, das im gemeinsamen Eigentum der Ehegatten oder im Eigentum des anderen Ehegatten steht. ³Die Sätze 1 und 2 gelten für Zuwendungen zwischen Lebenspartnern entsprechend;

4b.[4] der Erwerb von Todes wegen des Eigentums oder Miteigentums an einem im Inland oder in einem Mitgliedstaat der Europäischen Union oder einem Staat des Europäischen Wirtschaftsraums belegenen bebauten Grundstück im Sinne des § 181 Abs. 1 Nr. 1 bis 5 des Bewertungsgesetzes durch den überlebenden Ehegatten oder den überlebenden Lebenspartner, soweit der Erblasser darin bis zum Erbfall eine Wohnung zu eigenen

---

[1] § 13 Abs. 1 Nr. 2 Buchst. b Doppelbuchst. bb neu gef. durch G v. 31.7.2016 (BGBl. I S. 1914); zur Anwendung siehe § 37 Abs. 11.

[2] § 13 Abs. 1 Nr. 4a neu gef. mWv 1.1.2009 durch G v. 24.12.2008 (BGBl. I S. 3018).

[3] Nr. **3**.

[4] § 13 Abs. 1 Nr. 4b eingef. mWv 1.1.2009 durch G v. 24.12.2008 (BGBl. I S. 3018).

Wohnzwecken genutzt hat oder bei der er aus zwingenden Gründen an einer Selbstnutzung zu eigenen Wohnzwecken gehindert war und die beim Erwerber unverzüglich zur Selbstnutzung zu eigenen Wohnzwecken bestimmt ist (Familienheim). [2]Ein Erwerber kann die Steuerbefreiung nicht in Anspruch nehmen, soweit er das begünstigte Vermögen auf Grund einer letztwilligen Verfügung des Erblassers oder einer rechtsgeschäftlichen Verfügung des Erblassers auf einen Dritten übertragen muss. [3]Gleiches gilt, wenn ein Erbe im Rahmen der Teilung des Nachlasses begünstigtes Vermögen auf einen Miterben überträgt. [4]Überträgt ein Erbe erworbenes begünstigtes Vermögen im Rahmen der Teilung des Nachlasses auf einen Dritten und gibt der Dritte dabei diesem Erwerber nicht begünstigtes Vermögen hin, das er vom Erblasser erworben hat, erhöht sich insoweit der Wert des begünstigten Vermögens des Dritten um den Wert des hingegebenen Vermögens, höchstens jedoch um den Wert des übertragenen Vermögens. [5]Die Steuerbefreiung fällt mit Wirkung für die Vergangenheit weg, wenn der Erwerber das Familienheim innerhalb von zehn Jahren nach dem Erwerb nicht mehr zu Wohnzwecken selbst nutzt, es sei denn, er ist aus zwingenden Gründen an einer Selbstnutzung zu eigenen Wohnzwecken gehindert;

4c.[1)] der Erwerb von Todes wegen des Eigentums oder Miteigentums an einem im Inland oder in einem Mitgliedstaat der Europäischen Union oder einem Staat des Europäischen Wirtschaftsraums belegenen bebauten Grundstück im Sinne des § 181 Abs. 1 Nr. 1 bis 5 des Bewertungsgesetzes durch Kinder im Sinne der Steuerklasse I Nr. 2 und der Kinder verstorbener Kinder im Sinne der Steuerklasse I Nr. 2, soweit der Erblasser darin bis zum Erbfall eine Wohnung zu eigenen Wohnzwecken genutzt hat oder bei der er aus zwingenden Gründen an einer Selbstnutzung zu eigenen Wohnzwecken gehindert war, die beim Erwerber unverzüglich zur Selbstnutzung zu eigenen Wohnzwecken bestimmt ist (Familienheim) und soweit die Wohnfläche der Wohnung 200 Quadratmeter nicht übersteigt. [2]Ein Erwerber kann die Steuerbefreiung nicht in Anspruch nehmen, soweit er das begünstigte Vermögen auf Grund einer letztwilligen Verfügung des Erblassers oder einer rechtsgeschäftlichen Verfügung des Erblassers auf einen Dritten übertragen muss. [3]Gleiches gilt, wenn ein Erbe im Rahmen der Teilung des Nachlasses begünstigtes Vermögen auf einen Miterben überträgt. [4]Überträgt ein Erbe erworbenes begünstigtes Vermögen im Rahmen der Teilung des Nachlasses auf einen Dritten und gibt der Dritte dabei diesem Erwerber nicht begünstigtes Vermögen hin, das er vom Erblasser erworben hat, erhöht sich insoweit der Wert des begünstigten Vermögens des Dritten um den Wert des hingegebenen Vermögens, höchstens jedoch um den Wert des übertragenen Vermögens. [5]Die Steuerbefreiung fällt mit Wirkung für die Vergangenheit weg, wenn der Erwerber das Familienheim innerhalb von zehn Jahren nach dem Erwerb nicht mehr zu Wohnzwecken selbst nutzt, es sei denn, er ist aus zwingenden Gründen an einer Selbstnutzung zu eigenen Wohnzwecken gehindert;

5. die Befreiung von einer Schuld gegenüber dem Erblasser, sofern die Schuld durch Gewährung von Mitteln zum Zweck des angemessenen

---

[1)] § 13 Abs. 1 Nr. 4c eingef. mWv 1.1.2009 durch G v. 24.12.2008 (BGBl. I S. 3018).

Unterhalts oder zur Ausbildung des Bedachten begründet worden ist oder der Erblasser die Befreiung mit Rücksicht auf die Notlage des Schuldners angeordnet hat und diese auch durch die Zuwendung nicht beseitigt wird. [2]Die Steuerbefreiung entfällt, soweit die Steuer aus der Hälfte einer neben der erlassenen Schuld dem Bedachten anfallenden Zuwendung gedeckt werden kann;

6.[1)] ein Erwerb, der Eltern, Adoptiveltern, Stiefeltern oder Großeltern des Erblassers anfällt, sofern der Erwerb zusammen mit dem übrigen Vermögen des Erwerbers 41 000 Euro nicht übersteigt und der Erwerber infolge körperlicher oder geistiger Gebrechen und unter Berücksichtigung seiner bisherigen Lebensstellung als erwerbsunfähig anzusehen ist oder durch die Führung eines gemeinsamen Hausstands mit erwerbsunfähigen oder in der Ausbildung befindlichen Abkömmlingen an der Ausübung einer Erwerbstätigkeit gehindert ist. [2]Übersteigt der Wert des Erwerbs zusammen mit dem übrigen Vermögen des Erwerbers den Betrag von 41 000 Euro, wird die Steuer nur insoweit erhoben, als sie aus der Hälfte des die Wertgrenze übersteigenden Betrags gedeckt werden kann;

7.[2)] Ansprüche nach den folgenden Gesetzen in der jeweils geltenden Fassung:

a) Lastenausgleichsgesetz,

b) Flüchtlingshilfegesetz in der Fassung der Bekanntmachung vom 15. Mai 1971 (BGBl. I S. 681), zuletzt geändert durch Artikel 6a des Gesetzes vom 21. Juli 2004 (BGBl. I S. 1742),

c) Allgemeines Kriegsfolgengesetz in der im Bundesgesetzblatt Teil III, Gliederungsnummer 653-1, veröffentlichten bereinigten Fassung, zuletzt geändert durch Artikel 127 der Verordnung vom 31. Oktober 2006 (BGBl. I S. 2407),

d) Gesetz zur Regelung der Verbindlichkeiten nationalsozialistischer Einrichtungen und der Rechtsverhältnisse an deren Vermögen vom 17. März 1965 (BGBl. I S. 79), zuletzt geändert durch Artikel 2 Abs. 17 des Gesetzes vom 12. August 2005 (BGBl. I S. 2354),

e) Häftlingshilfegesetz, Strafrechtliches Rehabilitierungsgesetz sowie Bundesvertriebenengesetz,

f) Vertriebenenzuwendungsgesetz vom 27. September 1994 (BGBl. I S. 2624, 2635), zuletzt geändert durch Artikel 4 Abs. 43 des Gesetzes vom 22. September 2005 (BGBl. I S. 2809),

g) Verwaltungsrechtliches Rehabilitierungsgesetz in der Fassung der Bekanntmachung vom 1. Juli 1997 (BGBl. I S. 1620), zuletzt geändert durch Artikel 2 des Gesetzes vom 21. August 2007 (BGBl. I S. 2118), und

h) Berufliches Rehabilitierungsgesetz in der Fassung der Bekanntmachung vom 1. Juli 1997 (BGBl. I S. 1625), zuletzt geändert durch Artikel 3 des Gesetzes vom 21. August 2007 (BGBl. I S. 2118);

[1)] § 13 Abs. 1 Nr. 6 Sätze 1 und 2 geänd. mWv 1.1.2002 durch G v. 19.12.2000 (BGBl. I S. 1790).
[2)] § 13 Abs. 1 Nr. 7 neu gef. mWv 1.1.2009 durch G v. 24.12.2008 (BGBl. I S. 3018).

8.[1] Ansprüche auf Entschädigungsleistungen nach den folgenden Gesetzen in der jeweils geltenden Fassung:
   a) Bundesentschädigungsgesetz in der im Bundesgesetzblatt Teil III, Gliederungsnummer 251-1, veröffentlichten bereinigten Fassung, zuletzt geändert durch Artikel 7 Abs. 4 des Gesetzes vom 26. März 2007 (BGBl. I S. 358), sowie
   b) Gesetz über Entschädigungen für Opfer des Nationalsozialismus im Beitrittsgebiet vom 22. April 1992 (BGBl. I S. 906);

9.[2] ein steuerpflichtiger Erwerb bis zu 20 000 Euro, der Personen anfällt, die dem Erblasser unentgeltlich oder gegen unzureichendes Entgelt Pflege oder Unterhalt gewährt haben, soweit das Zugewendete als angemessenes Entgelt anzusehen ist;

9a.[3] Geldzuwendungen unter Lebenden, die eine Pflegeperson für Leistungen für körperbezogene Pflegemaßnahmen und pflegerische Betreuungsmaßnahmen sowie Hilfen bei der Haushaltsführung vom Pflegebedürftigen erhält, bis zur Höhe des nach § 37 des Elften Buches Sozialgesetzbuch gewährten Pflegegeldes oder eines entsprechenden Pflegegeldes aus privaten Versicherungsverträgen nach den Vorgaben des Elften Buches Sozialgesetzbuch (private Pflegepflichtversicherung) oder einer Pauschalbeihilfe nach den Beihilfevorschriften für häusliche Pflege;

10. Vermögensgegenstände, die Eltern oder Voreltern ihren Abkömmlingen durch Schenkung oder Übergabevertrag zugewandt hatten und die an diese Personen von Todes wegen zurückfallen;

11. der Verzicht auf die Geltendmachung des Pflichtteilsanspruchs oder des Erbersatzanspruchs;

12. Zuwendungen unter Lebenden zum Zwecke des angemessenen Unterhalts oder zur Ausbildung des Bedachten;

13. Zuwendungen an Pensions- und Unterstützungskassen im Sinne des § 5 Abs. 1 Nr. 3 des Körperschaftsteuergesetzes[4], wenn sie die für eine Befreiung von der Körperschaftsteuer erforderlichen Voraussetzungen erfüllen. [2] Ist eine Kasse nach § 6 des Körperschaftsteuergesetzes teilweise steuerpflichtig, ist auch die Zuwendung im gleichen Verhältnis steuerpflichtig. [3] Die Befreiung fällt mit Wirkung für die Vergangenheit weg, wenn die Voraussetzungen des § 5 Abs. 1 Nr. 3 des Körperschaftsteuergesetzes innerhalb von zehn Jahren nach der Zuwendung entfallen;

14. die üblichen Gelegenheitsgeschenke;

15. Anfälle an den Bund, ein Land oder eine inländische Gemeinde (Gemeindeverband) sowie solche Anfälle, die ausschließlich Zwecken des Bundes, eines Landes oder einer inländischen Gemeinde (Gemeindeverband) dienen;

16. Zuwendungen
   a) an inländische Religionsgesellschaften des öffentlichen Rechts oder an inländische jüdische Kultusgemeinden,

---

[1] § 13 Abs. 1 Nr. 8 neu gef. mWv 1.1.2009 durch G v. 24.12.2008 (BGBl. I S. 3018).

[2] § 13 Abs. 1 Nr. 9 geänd. mWv 1.1.2002 durch G v. 19.12.2000 (BGBl. I S. 1790); geänd. mWv 1.1.2009 durch G v. 24.12.2008 (BGBl. I S. 3018).

[3] § 13 Abs. 1 Nr. 9a geänd. mWv 29.12.2020 durch G v. 21.12.2020 (BGBl. I S. 3096); zur Anwendung siehe § 37 Abs. 18.

[4] Nr. **17**.

ErbStG

b)[1] an inländische Körperschaften, Personenvereinigungen und Vermögensmassen, die nach der Satzung, dem Stiftungsgeschäft oder der sonstigen Verfassung und nach ihrer tatsächlichen Geschäftsführung ausschließlich und unmittelbar kirchlichen, gemeinnützigen oder mildtätigen Zwecken im Sinne der §§ 52 bis 54 der Abgabenordnung[2] dienen. [2]Die Befreiung fällt mit Wirkung für die Vergangenheit weg, wenn die Voraussetzungen für die Anerkennung der Körperschaft, Personenvereinigung oder Vermögensmasse als kirchliche, gemeinnützige oder mildtätige Institution innerhalb von zehn Jahren nach der Zuwendung entfallen und das Vermögen nicht begünstigten Zwecken zugeführt wird,

c)[3] an ausländische Religionsgesellschaften, Körperschaften, Personenvereinigungen und Vermögensmassen der in den Buchstaben a und b bezeichneten Art, die nach § 5 Absatz 1 Nummer 9 des Körperschaftsteuergesetzes in Verbindung mit § 5 Absatz 2 Nummer 2 zweiter Halbsatz des Körperschaftsteuergesetzes steuerbefreit wären, wenn sie inländische Einkünfte erzielen würden, und wenn durch die Staaten, in denen die Zuwendungsempfänger belegen sind, Amtshilfe und Unterstützung bei der Beitreibung geleistet werden. [2]Amtshilfe ist der Auskunftsaustausch im Sinne oder entsprechend der Amtshilferichtlinie gemäß § 2 Absatz 11 des EU-Amtshilfegesetzes in der für den jeweiligen Stichtag der Steuerentstehung geltenden Fassung oder eines entsprechenden Nachfolgerechtsaktes. [3]Beitreibung ist die gegenseitige Unterstützung bei der Beitreibung von Forderungen im Sinne oder entsprechend der Beitreibungsrichtlinie einschließlich der in diesem Zusammenhang anzuwendenden Durchführungsbestimmungen in den für den jeweiligen Stichtag der Steuerentstehung geltenden Fassungen oder eines entsprechenden Nachfolgerechtsaktes. [4]Werden die steuerbegünstigten Zwecke des Zuwendungsempfängers im Sinne des Satzes 1 nur im Ausland verwirklicht, ist für die Steuerbefreiung Voraussetzung, dass natürliche Personen, die ihren Wohnsitz oder ihren gewöhnlichen Aufenthalt im Geltungsbereich dieses Gesetzes haben, gefördert werden oder dass die Tätigkeit dieses Zuwendungsempfängers neben der Verwirklichung der steuerbegünstigten Zwecke auch zum Ansehen der Bundesrepublik Deutschland beitragen kann. [5]Buchstabe b Satz 2 gilt entsprechend;

17. Zuwendungen, die ausschließlich kirchlichen, gemeinnützigen oder mildtätigen Zwecken gewidmet sind, sofern die Verwendung zu dem bestimmten Zweck gesichert ist;

18.[4] Zuwendungen an

---

[1] § 13 Abs. 1 Nr. 16 Buchst. b Satz 1 geänd. durch G v. 2.11.2015 (BGBl. I S. 1834); zur Anwendung siehe § 37 Abs. 10.

[2] Nr. **1**.

[3] § 13 Abs. 1 Nr. 16 Buchst. c neu gef. durch G v. 2.11.2015 (BGBl. I S. 1834); zur Anwendung siehe § 37 Abs. 10; Satz 2 neu gef. durch G v. 23.6.2017 (BGBl. I S. 1682); zur Anwendung siehe § 37 Abs. 14.

[4] § 13 Abs. 1 Nr. 18 neu gef. mWv 1.1.2009 durch G v. 24.12.2008 (BGBl. I S. 3018).

a)[1] politische Parteien im Sinne des § 2 des Parteiengesetzes, sofern die jeweilige Partei nicht gemäß § 18 Absatz 7 des Parteiengesetzes von der staatlichen Teilfinanzierung ausgeschlossen ist,

b) Vereine ohne Parteicharakter, wenn

aa) der Zweck des Vereins ausschließlich darauf gerichtet ist, durch Teilnahme mit eigenen Wahlvorschlägen an Wahlen auf Bundes-, Landes- oder Kommunalebene bei der politischen Willensbildung mitzuwirken, und

bb) der Verein auf Bundes-, Landes- oder Kommunalebene bei der jeweils letzten Wahl wenigstens ein Mandat errungen oder der zuständigen Wahlbehörde oder dem zuständigen Wahlorgan angezeigt hat, dass er mit eigenen Wahlvorschlägen auf Bundes-, Landes- oder Kommunalebene an der jeweils nächsten Wahl teilnehmen will.

²Die Steuerbefreiung fällt mit Wirkung für die Vergangenheit weg, wenn der Verein an der jeweils nächsten Wahl nach der Zuwendung nicht teilnimmt, es sei denn, dass der Verein sich ernsthaft um eine Teilnahme bemüht hat;

19.[2] Leistungen von Religionsgemeinschaften, juristischen Personen des öffentlichen Rechts, Körperschaften, Personenvereinigungen oder Vermögensmassen an Personen in Ansehung der Beeinträchtigung ihrer körperlichen oder seelischen Unversehrtheit, insbesondere aufgrund sexuellen Missbrauchs, durch Handlungen von Personen, die für die Religionsgemeinschaft, juristische Person des öffentlichen Rechts, Körperschaft, Personenvereinigung oder Vermögensmasse oder für eine ihr über-, neben- oder nachgeordnete Einrichtung tätig sind oder waren, wenn die Leistungen in einem geordneten Verfahren gewährt werden, das allen betroffenen Personen offensteht. ²§ 30 Absatz 1 und 2 sind mit der Maßgabe anzuwenden, dass eine Anzeigepflicht ausschließlich für den Leistenden besteht. ³Die Anzeige ist mit einer Bestätigung des Leistenden über das Vorliegen der Voraussetzungen nach Satz 1 zu verbinden.

(2) ¹Angemessen im Sinne des Absatzes 1 Nr. 5 und 12 ist eine Zuwendung, die den Vermögensverhältnissen und der Lebensstellung des Bedachten entspricht. ²Eine dieses Maß übersteigende Zuwendung ist in vollem Umfang steuerpflichtig.

(3) ¹Jede Befreiungsvorschrift ist für sich anzuwenden. ²In den Fällen des Absatzes 1 Nr. 2 und 3 kann der Erwerber der Finanzbehörde bis zur Unanfechtbarkeit der Steuerfestsetzung erklären, daß er auf die Steuerbefreiung verzichtet.

§ 13a[3] Steuerbefreiung für Betriebsvermögen, Betriebe der Land- und Forstwirtschaft und Anteile an Kapitalgesellschaften. (1) ¹Begünstigtes Vermögen im Sinne des § 13b Absatz 2 bleibt vorbehaltlich der folgenden

---

[1] § 13 Abs. 1 Nr. 18 Buchst. a geänd. durch G v. 18.7.2017 (BGBl. I S. 2730); zur Anwendung siehe § 37 Abs. 15.

[2] § 13 Abs. 1 Nr. 19 angef. mWv 23.7.2021 durch G v. 16.7.2021 (BGBl. I S. 2931); zur Anwendung siehe § 37 Abs. 19.

[3] § 13a neu gef. mWv 1.7.2016 durch G v. 4.11.2016 (BGBl. I S. 2464); zur Anwendung siehe § 37 Abs. 12 Sätze 1 und 2.

Absätze zu 85 Prozent steuerfrei (Verschonungsabschlag), wenn der Erwerb begünstigten Vermögens im Sinne des § 13b Absatz 2 zuzüglich der Erwerbe im Sinne des Satzes 2 insgesamt 26 Millionen Euro nicht übersteigt. [2]Bei mehreren Erwerben begünstigten Vermögens im Sinne des § 13b Absatz 2 von derselben Person innerhalb von zehn Jahren werden bei der Anwendung des Satzes 1 die früheren Erwerbe nach ihrem früheren Wert dem letzten Erwerb hinzugerechnet. [3]Wird die Grenze von 26 Millionen Euro durch mehrere innerhalb von zehn Jahren von derselben Person anfallende Erwerbe überschritten, entfällt die Steuerbefreiung für die bis dahin nach Satz 1 oder Absatz 10 als steuerfrei behandelten früheren Erwerbe mit Wirkung für die Vergangenheit. [4]Die Festsetzungsfrist für die Steuer der früheren Erwerbe endet nicht vor dem Ablauf des vierten Jahres, nachdem das für die Erbschaftsteuer zuständige Finanzamt von dem letzten Erwerb Kenntnis erlangt.

(2) [1]Der nach Anwendung des Absatzes 1 verbleibende Teil des begünstigten Vermögens bleibt außer Ansatz, soweit der Wert dieses Vermögens insgesamt 150 000 Euro nicht übersteigt (Abzugsbetrag). [2]Der Abzugsbetrag von 150 000 Euro verringert sich, soweit der Wert dieses Vermögens insgesamt die Wertgrenze von 150 000 Euro übersteigt, um 50 Prozent des diese Wertgrenze übersteigenden Betrags. [3]Der Abzugsbetrag kann innerhalb von zehn Jahren für von derselben Person anfallende Erwerbe begünstigten Vermögens nur einmal berücksichtigt werden.

(3) [1]Voraussetzung für die Gewährung des Verschonungsabschlags nach Absatz 1 ist, dass die Summe der maßgebenden jährlichen Lohnsummen (Sätze 6 bis 13) des Betriebs, bei Beteiligungen an einer Personengesellschaft oder Anteilen an einer Kapitalgesellschaft des Betriebs der jeweiligen Gesellschaft innerhalb von fünf Jahren nach dem Erwerb (Lohnsummenfrist) insgesamt 400 Prozent der Ausgangslohnsumme nicht unterschreitet (Mindestlohnsumme). [2]Ausgangslohnsumme ist die durchschnittliche Lohnsumme der letzten fünf vor dem Zeitpunkt der Entstehung der Steuer (§ 9) endenden Wirtschaftsjahre. [3]Satz 1 ist nicht anzuwenden, wenn

1. die Ausgangslohnsumme 0 Euro beträgt oder
2. der Betrieb unter Einbeziehung der in den Sätzen 11 bis 13 genannten Beteiligungen und Gesellschaften sowie der nach Maßgabe dieser Bestimmung anteilig einzubeziehenden Beschäftigten nicht mehr als fünf Beschäftigte hat.

[4]An die Stelle der Mindestlohnsumme von 400 Prozent tritt bei

1. mehr als fünf, aber nicht mehr als zehn Beschäftigten eine Mindestlohnsumme von 250 Prozent,
2. mehr als zehn, aber nicht mehr als 15 Beschäftigten eine Mindestlohnsumme von 300 Prozent.

[5]Unterschreitet die Summe der maßgebenden jährlichen Lohnsummen die Mindestlohnsumme, vermindert sich der nach Absatz 1 zu gewährende Verschonungsabschlag mit Wirkung für die Vergangenheit in demselben prozentualen Umfang, wie die Mindestlohnsumme unterschritten wird. [6]Die Lohnsumme umfasst alle Vergütungen (Löhne und Gehälter und andere Bezüge und Vorteile), die im maßgebenden Wirtschaftsjahr an die auf den Lohn- und Gehaltslisten erfassten Beschäftigten gezahlt werden. [7]Außer Ansatz bleiben Vergütungen an solche Beschäftigte,

1. die sich im Mutterschutz im Sinne des Mutterschutzgesetzes in der Fassung der Bekanntmachung vom 20. Juni 2002 (BGBl. I S. 2318), das zuletzt durch Artikel 6 des Gesetzes vom 23. Oktober 2012 (BGBl. I S. 2246) geändert worden ist, befinden oder
2. die sich in einem Ausbildungsverhältnis befinden oder
3. die Krankengeld im Sinne des § 44 des Fünften Buches Sozialgesetzbuch – Gesetzliche Krankenversicherung – (Artikel 1 des Gesetzes vom 20. Dezember 1988, BGBl. I S. 2477, 2482), das zuletzt durch Artikel 3 des Gesetzes vom 30. Mai 2016 (BGBl. I S. 1254) geändert worden ist, beziehen oder
4. die Elterngeld im Sinne des Bundeselterngeld- und Elternzeitgesetzes in der Fassung der Bekanntmachung vom 27. Januar 2015 (BGBl. I S. 33) beziehen oder
5. die nicht ausschließlich oder überwiegend in dem Betrieb tätig sind (Saisonarbeiter);

diese im Zeitpunkt der Entstehung der Steuer (§ 9) einem Betrieb zuzurechnenden Beschäftigten bleiben bei der Anzahl der Beschäftigten des Betriebs im Sinne der Sätze 3 und 4 unberücksichtigt. [8] Zu den Vergütungen zählen alle Geld- oder Sachleistungen für die von den Beschäftigten erbrachte Arbeit, unabhängig davon, wie diese Leistungen bezeichnet werden und ob es sich um regelmäßige oder unregelmäßige Zahlungen handelt. [9] Zu den Löhnen und Gehältern gehören alle von den Beschäftigten zu entrichtenden Sozialbeiträge, Einkommensteuern und Zuschlagsteuern auch dann, wenn sie vom Arbeitgeber einbehalten und von ihm im Namen des Beschäftigten direkt an den Sozialversicherungsträger und die Steuerbehörde abgeführt werden. [10] Zu den Löhnen und Gehältern zählen alle von den Beschäftigten empfangenen Sondervergütungen, Prämien, Gratifikationen, Abfindungen, Zuschüsse zu Lebenshaltungskosten, Familienzulagen, Provisionen, Teilnehmergebühren und vergleichbare Vergütungen. [11] Gehören zum Betriebsvermögen des Betriebs, bei Beteiligungen an einer Personengesellschaft und Anteilen an einer Kapitalgesellschaft des Betriebs der jeweiligen Gesellschaft, unmittelbar oder mittelbar Beteiligungen an Personengesellschaften, die ihren Sitz oder ihre Geschäftsleitung im Inland, in einem Mitgliedstaat der Europäischen Union oder in einem Staat des Europäischen Wirtschaftsraums haben, sind die Lohnsummen und die Anzahl der Beschäftigten dieser Gesellschaften einzubeziehen zu dem Anteil, zu dem die unmittelbare oder mittelbare Beteiligung besteht. [12] Satz 11 gilt für Anteile an Kapitalgesellschaften entsprechend, wenn die unmittelbare oder mittelbare Beteiligung mehr als 25 Prozent beträgt. [13] Im Fall einer Betriebsaufspaltung sind die Lohnsummen und die Anzahl der Beschäftigten der Besitzgesellschaft und der Betriebsgesellschaft zusammenzuzählen.

(4) [1] Das für die Bewertung der wirtschaftlichen Einheit örtlich zuständige Finanzamt im Sinne des § 152 Nummer 1 bis 3 des Bewertungsgesetzes[1)] stellt die Ausgangslohnsumme, die Anzahl der Beschäftigten und die Summe der maßgebenden jährlichen Lohnsummen gesondert fest, wenn diese Angaben für die Erbschaftsteuer oder eine andere Feststellung im Sinne dieser Vorschrift von Bedeutung sind. [2] Bei Anteilen an Kapitalgesellschaften, die nach § 11 Absatz 1 des Bewertungsgesetzes zu bewerten sind, trifft die Feststellungen des Satzes 1 das örtlich zuständige Finanzamt entsprechend § 152 Nummer 3 des Bewer-

[1)] Nr. **3**.

tungsgesetzes. [3] Die Entscheidung über die Bedeutung trifft das Finanzamt, das für die Festsetzung der Erbschaftsteuer oder die Feststellung nach § 151 Absatz 1 Satz 1 Nummer 1 bis 3 des Bewertungsgesetzes zuständig ist. [4] § 151 Absatz 3 und die §§ 152 bis 156 des Bewertungsgesetzes sind auf die Sätze 1 bis 3 entsprechend anzuwenden.

(5) [1] Ein Erwerber kann den Verschonungsabschlag (Absatz 1) und den Abzugsbetrag (Absatz 2) nicht in Anspruch nehmen, soweit er begünstigtes Vermögen im Sinne des § 13b Absatz 2 auf Grund einer letztwilligen Verfügung des Erblassers oder einer rechtsgeschäftlichen Verfügung des Erblassers oder Schenkers auf einen Dritten übertragen muss. [2] Gleiches gilt, wenn ein Erbe im Rahmen der Teilung des Nachlasses begünstigtes Vermögen im Sinne des § 13b Absatz 2 auf einen Miterben überträgt. [3] Überträgt ein Erbe erworbenes begünstigtes Vermögen im Sinne des § 13b Absatz 2 im Rahmen der Teilung des Nachlasses auf einen Dritten und gibt der Dritte dabei diesem Erwerber nicht begünstigtes Vermögen hin, das er vom Erblasser erworben hat, erhöht sich insoweit der Wert des begünstigten Vermögens des Dritten um den Wert des hingegebenen Vermögens, höchstens jedoch um den Wert des übertragenen Vermögens.

(6) [1] Der Verschonungsabschlag (Absatz 1) und der Abzugsbetrag (Absatz 2) fallen nach Maßgabe des Satzes 2 mit Wirkung für die Vergangenheit weg, soweit der Erwerber innerhalb von fünf Jahren (Behaltensfrist)

1.[1)] einen Gewerbebetrieb oder einen Teilbetrieb, eine Beteiligung an einer Gesellschaft im Sinne des § 97 Absatz 1 Satz 1 Nummer 5 Satz 1 des Bewertungsgesetzes, einen Anteil eines persönlich haftenden Gesellschafters einer Kommanditgesellschaft auf Aktien oder einen Anteil daran veräußert; als Veräußerung gilt auch die Aufgabe des Gewerbebetriebs. [2] Gleiches gilt, wenn wesentliche Betriebsgrundlagen eines Gewerbebetriebs veräußert oder in das Privatvermögen überführt oder anderen betriebsfremden Zwecken zugeführt werden oder wenn Anteile an einer Kapitalgesellschaft veräußert werden, die der Veräußerer durch eine Sacheinlage (§ 20 Absatz 1 des Umwandlungssteuergesetzes[2)] vom 7. Dezember 2006 (BGBl. I S. 2782, 2791), zuletzt geändert durch Artikel 6 des Gesetzes vom 2. November 2015 (BGBl. I S. 1834), in der jeweils geltenden Fassung) aus dem Betriebsvermögen im Sinne des § 13b erworben hat oder wenn eine Beteiligung an einer Gesellschaft im Sinne des § 97 Absatz 1 Satz 1 Nummer 5 Satz 1 des Bewertungsgesetzes oder ein Anteil daran veräußert wird, den der Veräußerer durch eine Einbringung des Betriebsvermögens im Sinne des § 13b in eine Personengesellschaft (§ 24 Absatz 1 des Umwandlungssteuergesetzes) erworben hat;
2. das land- und forstwirtschaftliche Vermögen im Sinne des § 168 Absatz 1 Nummer 1 des Bewertungsgesetzes und selbst bewirtschaftete Grundstücke im Sinne des § 159 des Bewertungsgesetzes veräußert. [2] Gleiches gilt, wenn das land- und forstwirtschaftliche Vermögen einem Betrieb der Land- und Forstwirtschaft nicht mehr dauernd zu dienen bestimmt ist oder wenn der bisherige Betrieb innerhalb der Behaltensfrist als Stückländerei zu qualifi-

[1)] § 13a Abs. 6 Satz 1 Nr. 1 Sätze 1 und 2 geänd. mWv 1.7.2021 durch G v. 25.6.2021 (BGBl. I S. 2050).
[2)] Nr. **22**.

zieren wäre oder Grundstücke im Sinne des § 159 des Bewertungsgesetzes nicht mehr selbst bewirtschaftet werden;

3.[1] als Inhaber eines Gewerbebetriebs, als Gesellschafter einer Gesellschaft im Sinne des § 97 Absatz 1 Satz 1 Nummer 5 Satz 1 des Bewertungsgesetzes oder als persönlich haftender Gesellschafter einer Kommanditgesellschaft auf Aktien bis zum Ende des letzten in die Fünfjahresfrist fallenden Wirtschaftsjahres Entnahmen tätigt, die die Summe seiner Einlagen und der ihm zuzurechnenden Gewinne oder Gewinnanteile seit dem Erwerb um mehr als 150 000 Euro übersteigen; Verluste bleiben unberücksichtigt. [2] Gleiches gilt für Inhaber eines begünstigten Betriebs der Land- und Forstwirtschaft oder eines Teilbetriebs oder eines Anteils an einem Betrieb der Land- und Forstwirtschaft. [3] Bei Ausschüttungen an Gesellschafter einer Kapitalgesellschaft ist sinngemäß zu verfahren;

4. Anteile an Kapitalgesellschaften im Sinne des § 13b Absatz 1 Nummer 3 ganz oder teilweise veräußert; eine verdeckte Einlage der Anteile in eine Kapitalgesellschaft steht der Veräußerung der Anteile gleich. [2] Gleiches gilt, wenn die Kapitalgesellschaft innerhalb der Frist aufgelöst oder ihr Nennkapital herabgesetzt wird, wenn diese wesentliche Betriebsgrundlagen veräußert und das Vermögen an die Gesellschafter verteilt wird; Satz 1 Nummer 1 Satz 2 gilt entsprechend;

5. im Fall des § 13b Absatz 1 Nummer 3 Satz 2 die Verfügungsbeschränkung oder die Stimmrechtsbündelung aufgehoben wird.

[2] Der rückwirkende Wegfall des Verschonungsabschlags beschränkt sich in den Fällen des Satzes 1 Nummer 1, 2, 4 und 5 auf den Teil, der dem Verhältnis der im Zeitpunkt der schädlichen Verfügung verbleibenden Behaltensfrist einschließlich des Jahres, in dem die Verfügung erfolgt, zur gesamten Behaltensfrist entspricht. [3] In den Fällen des Satzes 1 Nummer 1, 2 und 4 ist von einer rückwirkenden Besteuerung abzusehen, wenn der Veräußerungserlös innerhalb der jeweils nach § 13b Absatz 1 begünstigungsfähigen Vermögensart verbleibt. [4] Hiervon ist auszugehen, wenn der Veräußerungserlös innerhalb von sechs Monaten in entsprechendes Vermögen investiert wird, das zum begünstigten Vermögen im Sinne des § 13b Absatz 2 gehört.

(7) [1] Der Erwerber ist verpflichtet, dem für die Erbschaftsteuer zuständigen Finanzamt innerhalb einer Frist von sechs Monaten nach Ablauf der Lohnsummenfrist das Unterschreiten der Mindestlohnsumme (Absatz 3 Satz 1) anzuzeigen. [2] In den Fällen des Absatzes 6 ist der Erwerber verpflichtet, dem für die Erbschaftsteuer zuständigen Finanzamt den entsprechenden Sachverhalt innerhalb einer Frist von einem Monat, nachdem der jeweilige Tatbestand verwirklicht wurde, anzuzeigen. [3] Die Festsetzungsfrist für die Steuer endet nicht vor dem Ablauf des vierten Jahres, nachdem das für die Erbschaftsteuer zuständige Finanzamt von dem Unterschreiten der Mindestlohnsumme (Absatz 3 Satz 1) oder dem Verstoß gegen die Behaltensregelungen (Absatz 6) Kenntnis erlangt. [4] Die Anzeige ist eine Steuererklärung im Sinne der Abgabenordnung. [5] Sie ist schriftlich abzugeben. [6] Die Anzeige hat auch dann zu erfolgen, wenn der Vorgang zu keiner Besteuerung führt.

(8) Soweit nicht inländisches Vermögen zum begünstigten Vermögen im Sinne des § 13b Absatz 2 gehört, hat der Steuerpflichtige nachzuweisen, dass

---

[1] § 13a Abs. 6 Satz 1 Nr. 3 Satz 1 geänd. mWv 1.7.2021 durch G v. 25.6.2021 (BGBl. I S. 2050).

die Voraussetzungen für eine Steuerbefreiung im Zeitpunkt der Entstehung der Steuer (§ 9) und während der gesamten in den Absätzen 3 und 6 genannten Zeiträume bestehen.

(9) [1] Für begünstigtes Vermögen im Sinne des § 13b Absatz 2 wird vor Anwendung des Absatzes 1 ein Abschlag gewährt, wenn der Gesellschaftsvertrag oder die Satzung Bestimmungen enthält, die

1. die Entnahme oder Ausschüttung auf höchstens 37,5 Prozent des um die auf den Gewinnanteil oder die Ausschüttungen aus der Gesellschaft entfallenden Steuern vom Einkommen gekürzten Betrages des steuerrechtlichen Gewinns beschränken; Entnahmen zur Begleichung der auf den Gewinnanteil oder die Ausschüttungen aus der Gesellschaft entfallenden Steuern vom Einkommen bleiben von der Beschränkung der Entnahme oder Ausschüttung unberücksichtigt und
2. die Verfügung über die Beteiligung an der Personengesellschaft oder den Anteil an der Kapitalgesellschaft auf Mitgesellschafter, auf Angehörige im Sinne des § 15 der Abgabenordnung[1)] oder auf eine Familienstiftung (§ 1 Absatz 1 Nummer 4) beschränken und
3. für den Fall des Ausscheidens aus der Gesellschaft eine Abfindung vorsehen, die unter dem gemeinen Wert der Beteiligung an der Personengesellschaft oder des Anteils an der Kapitalgesellschaft liegt,

und die Bestimmungen den tatsächlichen Verhältnissen entsprechen. [2] Gelten die in Satz 1 genannten Bestimmungen nur für einen Teil des begünstigten Vermögens im Sinne des § 13b Absatz 2, ist der Abschlag nur für diesen Teil des begünstigten Vermögens zu gewähren. [3] Die Höhe des Abschlags entspricht der im Gesellschaftsvertrag oder in der Satzung vorgesehenen prozentualen Minderung der Abfindung gegenüber dem gemeinen Wert (Satz 1 Nummer 3) und darf 30 Prozent nicht übersteigen. [4] Die Voraussetzungen des Satzes 1 müssen zwei Jahre vor dem Zeitpunkt der Entstehung der Steuer (§ 9) vorliegen. [5] Die Steuerbefreiung entfällt mit Wirkung für die Vergangenheit, wenn die Voraussetzungen des Satzes 1 nicht über einen Zeitraum von 20 Jahren nach dem Zeitpunkt der Entstehung der Steuer (§ 9) eingehalten werden; die §§ 13c und 28a bleiben unberührt. [6] In den Fällen des Satzes 1

1. ist der Erwerber verpflichtet, dem für die Erbschaftsteuer zuständigen Finanzamt die Änderungen der genannten Bestimmungen oder der tatsächlichen Verhältnisse innerhalb einer Frist von einem Monat anzuzeigen,
2. endet die Festsetzungsfrist für die Steuer nicht vor dem Ablauf des vierten Jahres, nachdem das für die Erbschaftsteuer zuständige Finanzamt von der Änderung einer der in Satz 1 genannten Bestimmungen oder der tatsächlichen Verhältnisse Kenntnis erlangt.

(9a)[2)] [1] Das für die Bewertung der wirtschaftlichen Einheit örtlich zuständige Finanzamt im Sinne des § 152 Nummer 2 und 3 des Bewertungsgesetzes stellt das Vorliegen der Voraussetzungen für den Abschlag nach Absatz 9 und dessen Höhe auf den Zeitpunkt der Entstehung der Steuer (§ 9) gesondert fest, wenn diese Angaben für die Erbschaftsteuer von Bedeutung sind. [2] Die Entscheidung über die Bedeutung trifft das Finanzamt, das für die Festsetzung der Erbschaft-

---

[1)] Nr. **1**.

[2)] § 13a Abs. 9a eingef. mWv 29.12.2020 durch G v. 21.12.2020 (BGBl. I S. 3096); zur Anwendung siehe § 37 Abs. 18.

steuer zuständig ist. [3] § 151 Absatz 3 und die §§ 152 bis 156 des Bewertungsgesetzes sind auf die Sätze 1 und 2 entsprechend anzuwenden.

(10) [1] Der Erwerber kann unwiderruflich erklären, dass die Steuerbefreiung nach den Absätzen 1 bis 9 in Verbindung mit § 13b nach folgender Maßgabe gewährt wird:

1. In Absatz 1 Satz 1 tritt an die Stelle des Verschonungsabschlags von 85 Prozent ein Verschonungsabschlag von 100 Prozent;
2. in Absatz 3 Satz 1 tritt an die Stelle der Lohnsummenfrist von fünf Jahren eine Lohnsummenfrist von sieben Jahren;
3. in Absatz 3 Satz 1 und 4 tritt an die Stelle der Mindestlohnsumme von 400 Prozent eine Mindestlohnsumme von 700 Prozent;
4. in Absatz 3 Satz 4 Nummer 1 tritt an die Stelle der Mindestlohnsumme von 250 Prozent eine Mindestlohnsumme von 500 Prozent;
5. in Absatz 3 Satz 4 Nummer 2 tritt an die Stelle der Mindestlohnsumme von 300 Prozent eine Mindestlohnsumme von 565 Prozent;
6. in Absatz 6 tritt an die Stelle der Behaltensfrist von fünf Jahren eine Behaltensfrist von sieben Jahren.

[2] Voraussetzung für die Gewährung der Steuerbefreiung nach Satz 1 ist, dass das begünstigungsfähige Vermögen nach § 13b Absatz 1 nicht zu mehr als 20 Prozent aus Verwaltungsvermögen nach § 13b Absatz 3 und 4 besteht. [3] Der Anteil des Verwaltungsvermögens am gemeinen Wert des Betriebs bestimmt sich nach dem Verhältnis der Summe der gemeinen Werte der Einzelwirtschaftsgüter des Verwaltungsvermögens nach § 13b Absatz 3 und 4 zum gemeinen Wert des Betriebs.

(11) Die Absätze 1 bis 10 gelten in den Fällen des § 1 Absatz 1 Nummer 4 entsprechend.

§ 13b[1)] Begünstigtes Vermögen. (1) Zum begünstigungsfähigen Vermögen gehören

1. der inländische Wirtschaftsteil des land- und forstwirtschaftlichen Vermögens (§ 168 Absatz 1 Nummer 1 des Bewertungsgesetzes[2)]) mit Ausnahme der Stückländereien (§ 160 Absatz 7 des Bewertungsgesetzes) und selbst bewirtschaftete Grundstücke im Sinne des § 159 des Bewertungsgesetzes sowie entsprechendes land- und forstwirtschaftliches Vermögen, das einer Betriebsstätte in einem Mitgliedstaat der Europäischen Union oder in einem Staat des Europäischen Wirtschaftsraums dient;
2.[3)] inländisches Betriebsvermögen (§§ 95 bis 97 Absatz 1 Satz 1 des Bewertungsgesetzes) beim Erwerb eines ganzen Gewerbebetriebs oder Teilbetriebs, einer Beteiligung an einer Gesellschaft im Sinne des § 97 Absatz 1 Satz 1 Nummer 5 Satz 1 des Bewertungsgesetzes, eines Anteils eines persönlich haftenden Gesellschafters einer Kommanditgesellschaft auf Aktien oder Anteils daran und entsprechendes Betriebsvermögen, das einer Betriebsstätte in einem Mitgliedstaat der Europäischen Union oder in einem Staat des Europäischen Wirtschaftsraums dient;

---

1) § 13b neu gef. mWv 1.7.2016 durch G v. 4.11.2016 (BGBl. I S. 2464); zur Anwendung siehe § 37 Abs. 12 Satz 1.

2) Nr. **3**.

3) § 13b Abs. 1 Nr. 2 geänd. mWv 1.7.2021 durch G v. 25.6.2021 (BGBl. I S. 2050).

3. Anteile an einer Kapitalgesellschaft, wenn die Kapitalgesellschaft im Zeitpunkt der Entstehung der Steuer (§ 9) Sitz oder Geschäftsleitung im Inland oder in einem Mitgliedstaat der Europäischen Union oder in einem Staat des Europäischen Wirtschaftsraums hat und der Erblasser oder Schenker am Nennkapital dieser Gesellschaft unmittelbar zu mehr als 25 Prozent beteiligt war (Mindestbeteiligung). [2] Ob der Erblasser oder Schenker die Mindestbeteiligung erfüllt, ist nach der Summe der dem Erblasser oder Schenker unmittelbar zuzurechnenden Anteile und der Anteile weiterer Gesellschafter zu bestimmen, wenn der Erblasser oder Schenker und die weiteren Gesellschafter untereinander verpflichtet sind, über die Anteile nur einheitlich zu verfügen oder ausschließlich auf andere derselben Verpflichtung unterliegende Anteilseigner zu übertragen und das Stimmrecht gegenüber nichtgebundenen Gesellschaftern einheitlich auszuüben.

(2) [1] Das begünstigungsfähige Vermögen ist begünstigt, soweit sein gemeiner Wert den um das unschädliche Verwaltungsvermögen im Sinne des Absatzes 7 gekürzten Nettowert des Verwaltungsvermögens im Sinne des Absatzes 6 übersteigt (begünstigtes Vermögen). [2] Abweichend von Satz 1 ist der Wert des begünstigungsfähigen Vermögens vollständig nicht begünstigt, wenn das Verwaltungsvermögen nach Absatz 4 vor der Anwendung des Absatzes 3 Satz 1, soweit das Verwaltungsvermögen nicht ausschließlich und dauerhaft der Erfüllung von Schulden aus durch Treuhandverhältnisse abgesicherten Altersversorgungsverpflichtungen dient und dem Zugriff aller übrigen nicht aus diesen Altersversorgungsverpflichtungen unmittelbar berechtigten Gläubiger entzogen ist, sowie der Schuldenverrechnung und des Freibetrags nach Absatz 4 Nummer 5 sowie der Absätze 6 und 7 mindestens 90 Prozent des gemeinen Werts des begünstigungsfähigen Vermögens beträgt.

(3) [1] Teile des begünstigungsfähigen Vermögens, die ausschließlich und dauerhaft der Erfüllung von Schulden aus Altersversorgungsverpflichtungen dienen und dem Zugriff aller übrigen nicht aus den Altersversorgungsverpflichtungen unmittelbar berechtigten Gläubiger entzogen sind, gehören bis zur Höhe des gemeinen Werts der Schulden aus Altersversorgungsverpflichtungen nicht zum Verwaltungsvermögen im Sinne des Absatzes 4 Nummer 1 bis 5. [2] Soweit Finanzmittel und Schulden bei Anwendung von Satz 1 berücksichtigt wurden, bleiben sie bei der Anwendung des Absatzes 4 Nummer 5 und des Absatzes 6 außer Betracht.

(4) Zum Verwaltungsvermögen gehören

1. Dritten zur Nutzung überlassene Grundstücke, Grundstücksteile, grundstücksgleiche Rechte und Bauten. [2] Eine Nutzungsüberlassung an Dritte ist nicht anzunehmen, wenn
   a) der Erblasser oder Schenker sowohl im überlassenden Betrieb als auch im nutzenden Betrieb allein oder zusammen mit anderen Gesellschaftern einen einheitlichen geschäftlichen Betätigungswillen durchsetzen konnte oder als Gesellschafter einer Gesellschaft im Sinne des § 15 Absatz 1 Satz 1 Nummer 2 und Absatz 3 oder § 18 Absatz 4 des Einkommensteuergesetzes[1)] den Vermögensgegenstand der Gesellschaft zur Nutzung überlassen hatte, und diese Rechtsstellung auf den Erwerber übergegangen ist, soweit keine Nutzungsüberlassung an einen weiteren Dritten erfolgt;

[1)] Nr. 5.

b) die Nutzungsüberlassung im Rahmen der Verpachtung eines ganzen Betriebs erfolgt, welche beim Verpächter zu Einkünften nach § 2 Absatz 1 Satz 1 Nummer 2 und 3 des Einkommensteuergesetzes führt und

aa) der Verpächter des Betriebs im Zusammenhang mit einer unbefristeten Verpachtung den Pächter durch eine letztwillige Verfügung oder eine rechtsgeschäftliche Verfügung als Erben eingesetzt hat oder

bb) die Verpachtung an einen Dritten erfolgt, weil der Beschenkte im Zeitpunkt der Entstehung der Steuer (§ 9) den Betrieb noch nicht führen kann, und die Verpachtung auf höchstens zehn Jahre befristet ist; hat der Beschenkte das 18. Lebensjahr noch nicht vollendet, beginnt die Frist mit der Vollendung des 18. Lebensjahres.

[2] Dies gilt nicht für verpachtete Betriebe, soweit sie vor ihrer Verpachtung die Voraussetzungen als begünstigtes Vermögen nach Absatz 2 nicht erfüllt haben und für verpachtete Betriebe, deren Hauptzweck in der Überlassung von Grundstücken, Grundstücksteilen, grundstücksgleichen Rechten und Bauten an Dritte zur Nutzung besteht, die nicht unter Buchstabe d fallen;

c) sowohl der überlassende Betrieb als auch der nutzende Betrieb zu einem Konzern im Sinne des § 4h des Einkommensteuergesetzes gehören, soweit keine Nutzungsüberlassung an einen weiteren Dritten erfolgt;

d) die überlassenen Grundstücke, Grundstücksteile, grundstücksgleichen Rechte und Bauten zum Betriebsvermögen, zum gesamthänderisch gebundenen Betriebsvermögen einer Personengesellschaft oder zum Vermögen einer Kapitalgesellschaft gehören und der Hauptzweck des Betriebs in der Vermietung von Wohnungen im Sinne des § 181 Absatz 9 des Bewertungsgesetzes besteht, dessen Erfüllung einen wirtschaftlichen Geschäftsbetrieb (§ 14 der Abgabenordnung[1]) erfordert;

e) die Grundstücke, Grundstücksteile, grundstücksgleichen Rechte und Bauten vorrangig überlassen werden, um im Rahmen von Lieferungsverträgen dem Absatz von eigenen Erzeugnissen und Produkten zu dienen;

f) die Grundstücke, Grundstücksteile, grundstücksgleichen Rechte und Bauten an Dritte zur land- und forstwirtschaftlichen Nutzung überlassen werden;

2.[2] Anteile an Kapitalgesellschaften, wenn die unmittelbare Beteiligung am Nennkapital dieser Gesellschaften 25 Prozent oder weniger beträgt und sie nicht dem Hauptzweck des Gewerbebetriebs eines Kreditinstitutes oder eines Finanzdienstleistungsinstitutes im Sinne des § 1 Absatz 1 und 1a des Kreditwesengesetzes in der Fassung der Bekanntmachung vom 9. September 1998 (BGBl. I S. 2776), das zuletzt durch Artikel 14 des Gesetzes vom 10. Mai 2016 (BGBl. I S. 1142) geändert worden ist, eines Wertpapierinstituts im Sinne des § 2 Absatz 1 des Wertpapierinstitutsgesetzes oder eines Versicherungsunternehmens, das der Aufsicht nach § 1 Absatz 1 Nummer 1 des Versicherungsaufsichtsgesetzes in der Fassung der Bekanntmachung vom 1. April 2015 (BGBl. I S. 434), das zuletzt durch Artikel 13 des Gesetzes vom 10. Mai 2016 (BGBl. I S. 1142) geändert worden ist,

---

[1] Nr. **1**.

[2] § 13b Abs. 4 Nr. 2 Satz 1 geänd. mWv 26.6.2021 durch G v. 12.5.2021 (BGBl. I S. 990).

unterliegt, zuzurechnen sind. 2 Ob diese Grenze unterschritten wird, ist nach der Summe der dem Betrieb unmittelbar zuzurechnenden Anteile und der Anteile weiterer Gesellschafter zu bestimmen, wenn die Gesellschafter untereinander verpflichtet sind, über die Anteile nur einheitlich zu verfügen oder sie ausschließlich auf andere derselben Verpflichtung unterliegende Anteilseigner zu übertragen und das Stimmrecht gegenüber nichtgebundenen Gesellschaftern nur einheitlich auszuüben;

3. Kunstgegenstände, Kunstsammlungen, wissenschaftliche Sammlungen, Bibliotheken und Archive, Münzen, Edelmetalle und Edelsteine, Briefmarkensammlungen, Oldtimer, Yachten, Segelflugzeuge sowie sonstige typischerweise der privaten Lebensführung dienende Gegenstände, wenn der Handel mit diesen Gegenständen, deren Herstellung oder Verarbeitung oder die entgeltliche Nutzungsüberlassung an Dritte nicht der Hauptzweck des Betriebs ist;

4.[1] Wertpapiere sowie vergleichbare Forderungen, wenn sie nicht dem Hauptzweck des Gewerbebetriebs eines Kreditinstitutes oder eines Finanzdienstleistungsinstitutes im Sinne des § 1 Absatz 1 und 1a des Kreditwesengesetzes in der Fassung der Bekanntmachung vom 9. September 1998 (BGBl. I S. 2776), das zuletzt durch Artikel 14 des Gesetzes vom 10. Mai 2016 (BGBl. I S. 1142) geändert worden ist, eines Wertpapierinstituts im Sinne des § 2 Absatz 1 des Wertpapierinstitutsgesetzes oder eines Versicherungsunternehmens, das der Aufsicht nach § 1 Absatz 1 Nummer 1 des Versicherungsaufsichtsgesetzes in der Fassung der Bekanntmachung vom 1. April 2015 (BGBl. I S. 434), das zuletzt durch Artikel 13 des Gesetzes vom 10. Mai 2016 (BGBl. I S. 1142) geändert worden ist, unterliegt, zuzurechnen sind;

5.[2] der gemeine Wert des nach Abzug des gemeinen Werts der Schulden verbleibenden Bestands an Zahlungsmitteln, Geschäftsguthaben, Geldforderungen und anderen Forderungen (Finanzmittel), soweit er 15 Prozent des anzusetzenden Werts des Betriebsvermögens des Betriebs oder der Gesellschaft übersteigt. 2 Der gemeine Wert der Finanzmittel ist um den positiven Saldo der eingelegten und der entnommenen Finanzmittel zu verringern, welche dem Betrieb im Zeitpunkt der Entstehung der Steuer (§ 9) weniger als zwei Jahre zuzurechnen waren (junge Finanzmittel); junge Finanzmittel sind Verwaltungsvermögen. 3 Satz 1 gilt nicht, wenn die genannten Wirtschaftsgüter dem Hauptzweck des Gewerbebetriebs eines Kreditinstitutes oder eines Finanzdienstleistungsinstitutes im Sinne des § 1 Absatz 1 und 1a des Kreditwesengesetzes in der Fassung der Bekanntmachung vom 9. September 1998 (BGBl. I S. 2776), das zuletzt durch Artikel 14 des Gesetzes vom 10. Mai 2016 (BGBl. I S. 1142) geändert worden ist, eines Wertpapierinstituts im Sinne des § 2 Absatz 1 des Wertpapierinstitutsgesetzes oder eines Versicherungsunternehmens, das der Aufsicht nach § 1 Absatz 1 Nummer 1 des Versicherungsaufsichtsgesetzes in der Fassung der Bekanntmachung vom 1. April 2015 (BGBl. I S. 434), das zuletzt durch Artikel 13 des Gesetzes vom 10. Mai 2016 (BGBl. I S. 1142)

---

[1] § 13b Abs. 4 Nr. 4 geänd. mWv 26.6.2021 durch G v. 12.5.2021 (BGBl. I S. 990).

[2] § 13b Abs. 4 Nr. 5 Satz 3 geänd. mWv 26.6.2021 durch G v. 12.5.2021 (BGBl. I S. 990); Satz 5 geänd. mWv 1.7.2021 durch G v. 25.6.2021 (BGBl. I S. 2050); Satz 5 geänd. mWv 1.7.2021 durch G v. 25.6.2021 (BGBl. I S. 2056).

geändert worden ist, unterliegt, zuzurechnen sind. [4] Voraussetzung für die Anwendung des Prozentsatzes von 15 Prozent des Satzes 1 ist, dass das nach Absatz 1 begünstigungsfähige Vermögen des Betriebs oder der nachgeordneten Gesellschaften nach seinem Hauptzweck einer Tätigkeit im Sinne des § 13 Absatz 1, des § 15 Absatz 1 Satz 1 Nummer 1, des § 18 Absatz 1 Nummer 1 und 2 des Einkommensteuergesetzes dient. [5] Die Voraussetzungen des Satzes 4 sind auch erfüllt, wenn die Tätigkeit durch Gesellschaften im Sinne des § 13 Absatz 7, des § 15 Absatz 1 Satz 1 Nummer 2 oder des § 18 Absatz 4 Satz 2 des Einkommensteuergesetzes ausgeübt wird; dies gilt auch, wenn sie ihrer Tätigkeit nach einer Gesellschaft im Sinne des § 15 Absatz 1 Satz 1 Nummer 2 oder des § 18 Absatz 4 Satz 2 des Einkommensteuergesetzes entsprechen, für Gesellschaften im Sinne des § 1a Absatz 1 des Körperschaftsteuergesetzes[1)] und für Gesellschaften im Sinne des § 1 Absatz 1 des Körperschaftsteuergesetzes mit Sitz im Ausland, deren Ort der Geschäftsleitung im Inland belegen ist, und die nach inländischem Gesellschaftsrecht als Personengesellschaft zu behandeln sind.

(5) [1] Beim Erwerb von Todes wegen entfällt die Zurechnung von Vermögensgegenständen zum Verwaltungsvermögen im Sinne des Absatzes 4 Nummer 1 bis 5 rückwirkend zum Zeitpunkt der Entstehung der Steuer (§ 9), wenn der Erwerber innerhalb von zwei Jahren ab dem Zeitpunkt der Entstehung der Steuer (§ 9) diese Vermögensgegenstände in Vermögensgegenstände innerhalb des vom Erblasser erworbenen, begünstigungsfähigen Vermögens im Sinne des Absatzes 1 investiert hat, die unmittelbar einer Tätigkeit im Sinne von § 13 Absatz 1, § 15 Absatz 1 Satz 1 Nummer 1 oder § 18 Absatz 1 Nummer 1 und 2 des Einkommensteuergesetzes dienen und kein Verwaltungsvermögen sind. [2] Voraussetzung hierfür ist, dass die Investition auf Grund eines im Zeitpunkt der Entstehung der Steuer (§ 9) vorgefassten Plans des Erblassers erfolgt und keine anderweitige Ersatzbeschaffung von Verwaltungsvermögen vorgenommen wird oder wurde. [3] Beim Erwerb von Todes wegen entfällt die Zurechnung von Finanzmitteln zum Verwaltungsvermögen im Sinne des Absatzes 4 Nummer 5 Satz 1 rückwirkend zum Zeitpunkt der Entstehung der Steuer (§ 9), soweit der Erwerber diese Finanzmittel innerhalb von zwei Jahren ab dem Zeitpunkt der Entstehung der Steuer (§ 9) verwendet, um bei auf Grund wiederkehrender saisonaler Schwankungen fehlenden Einnahmen die Vergütungen im Sinne des § 13a Absatz 3 Satz 6 bis 10 zu zahlen. [4] Satz 2 gilt entsprechend. [5] Der Erwerber hat das Vorliegen der Voraussetzungen der Sätze 1 bis 4 nachzuweisen.

(6) [1] Der Nettowert des Verwaltungsvermögens ergibt sich durch Kürzung des gemeinen Werts des Verwaltungsvermögens um den nach Anwendung der Absätze 3 und 4 verbleibenden anteiligen gemeinen Wert der Schulden. [2] Die anteiligen Schulden nach Satz 1 bestimmen sich nach dem Verhältnis des gemeinen Werts des Verwaltungsvermögens zum gemeinen Wert des Betriebsvermögens des Betriebs oder der Gesellschaft zuzüglich der nach Anwendung der Absätze 3 und 4 verbleibenden Schulden.

(7) [1] Der Nettowert des Verwaltungsvermögens wird vorbehaltlich des Satzes 2 wie begünstigtes Vermögen behandelt, soweit er 10 Prozent des um den Nettowert des Verwaltungsvermögens gekürzten gemeinen Werts des Betriebsvermögens nicht übersteigt (unschädliches Verwaltungsvermögen). [2] Verwal-

---

[1)] Nr. **17**.

tungsvermögen, das dem Betrieb im Zeitpunkt der Entstehung der Steuer (§ 9) weniger als zwei Jahre zuzurechnen war (junges Verwaltungsvermögen), und junge Finanzmittel im Sinne des Absatzes 4 Nummer 5 Satz 2 sind kein unschädliches Verwaltungsvermögen.

(8) [1] Eine Saldierung mit Schulden nach Absatz 6 findet für junge Finanzmittel im Sinne des Absatzes 4 Nummer 5 Satz 2 und junges Verwaltungsvermögen im Sinne des Absatzes 7 Satz 2 nicht statt. [2] Eine Verrechnung von Schulden mit Verwaltungsvermögen ist bei wirtschaftlich nicht belastenden Schulden und darüber hinaus ausgeschlossen, soweit die Summe der Schulden den durchschnittlichen Schuldenstand der letzten drei Jahre vor dem Zeitpunkt der Entstehung der Steuer (§ 9) übersteigt; dies gilt nicht, soweit die Erhöhung des Schuldenstands durch die Betriebstätigkeit veranlasst ist. [3] Als Nettowert des Verwaltungsvermögens ist mindestens der gemeine Wert des jungen Verwaltungsvermögens und der jungen Finanzmittel anzusetzen.

(9) [1] Gehören zum begünstigungsfähigen Vermögen im Sinne des Absatzes 1 Nummer 2 und 3 unmittelbar oder mittelbar Beteiligungen an Personengesellschaften oder Beteiligungen an entsprechenden Gesellschaften mit Sitz oder Geschäftsleitung im Ausland oder unmittelbar oder mittelbar Anteile an Kapitalgesellschaften oder Anteile an entsprechenden Kapitalgesellschaften mit Sitz oder Geschäftsleitung im Ausland, sind bei der Anwendung der Absätze 2 bis 8 anstelle der Beteiligungen oder Anteile die gemeinen Werte der diesen Gesellschaften zuzurechnenden Vermögensgegenstände nach Maßgabe der Sätze 2 bis 5 mit dem Anteil einzubeziehen, zu dem die unmittelbare oder mittelbare Beteiligung besteht. [2] Die unmittelbar oder mittelbar gehaltenen Finanzmittel, die Vermögensgegenstände des Verwaltungsvermögens im Sinne des Absatzes 4 Nummer 1 bis 4 sowie die Schulden sind jeweils zusammenzufassen (Verbundvermögensaufstellung); junge Finanzmittel und junges Verwaltungsvermögen sind gesondert aufzuführen. [3] Soweit sich in der Verbundvermögensaufstellung Forderungen und Verbindlichkeiten zwischen den Gesellschaften untereinander oder im Verhältnis zu dem übertragenen Betrieb oder der übertragenen Gesellschaft gegenüberstehen, sind diese nicht anzusetzen. [4] Absatz 4 Nummer 5 und die Absätze 6 bis 8 sind auf die Werte in der Verbundvermögensaufstellung anzuwenden. [5] Die Sätze 1 bis 4 sind auf Anteile im Sinne von Absatz 4 Nummer 2 sowie auf wirtschaftlich nicht belastende Schulden nicht anzuwenden; diese Anteile sind als Verwaltungsvermögen anzusetzen.

(10)[1)] [1] Das für die Bewertung der wirtschaftlichen Einheit örtlich zuständige Finanzamt im Sinne des § 152 Nummer 1 bis 3 des Bewertungsgesetzes stellt die Summen der gemeinen Werte der Finanzmittel im Sinne des Absatzes 4 Nummer 5 Satz 1, der jungen Finanzmittel im Sinne des Absatzes 4 Nummer 5 Satz 2, der Vermögensgegenstände des Verwaltungsvermögens im Sinne des Absatzes 4 Nummer 1 bis 4, der Schulden, des jungen Verwaltungsvermögens im Sinne des Absatzes 7 Satz 2, des Betriebsvermögens, das einer weder in einem Mitgliedstaat der Europäischen Union noch in einem Staat des Europäischen Wirtschaftsraums belegenen Betriebsstätte dient, und das Vorliegen der Voraussetzungen des Absatzes 4 Nummer 5 Satz 4 und 5 gesondert fest, wenn und soweit diese Werte für die Erbschaftsteuer oder eine andere Feststellung im Sinne dieser Vorschrift von Bedeutung sind. [2] Dies gilt entsprechend, wenn nur

---

[1)] § 13b Abs. 10 Satz 1 geänd. mWv 29.12.2020 durch G v. 21.12.2020 (BGBl. I S. 3096); zur Anwendung siehe § 37 Abs. 18.

ErbStG

ein Anteil am Betriebsvermögen im Sinne des Absatzes 1 Nummer 2 übertragen wird. [3]Die Entscheidung, ob die Werte von Bedeutung sind, trifft das für die Festsetzung der Erbschaftsteuer oder für die Feststellung nach § 151 Absatz 1 Satz 1 Nummer 1 bis 3 des Bewertungsgesetzes zuständige Finanzamt. [4]Bei Anteilen an Kapitalgesellschaften, die nach § 11 Absatz 1 des Bewertungsgesetzes zu bewerten sind, trifft die Feststellungen des Satzes 1 das örtlich zuständige Finanzamt entsprechend § 152 Nummer 3 des Bewertungsgesetzes. [5]§ 151 Absatz 3 und die §§ 152 bis 156 des Bewertungsgesetzes sind auf die Sätze 1 bis 4 entsprechend anzuwenden.

§ 13c[1)] Verschonungsabschlag bei Großerwerben von begünstigtem Vermögen. (1) [1]Überschreitet der Erwerb von begünstigtem Vermögen im Sinne des § 13b Absatz 2 die Grenze des § 13a Absatz 1 Satz 1 von 26 Millionen Euro, verringert sich auf Antrag des Erwerbers der Verschonungsabschlag nach § 13a Absatz 1 oder Absatz 10 um jeweils einen Prozentpunkt für jede vollen 750 000 Euro, die der Wert des begünstigten Vermögens im Sinne des § 13b Absatz 2 den Betrag von 26 Millionen Euro übersteigt. [2]Im Fall des § 13a Absatz 10 wird ab einem Erwerb von begünstigtem Vermögen im Sinne des § 13b Absatz 2 in Höhe von 90 Millionen Euro ein Verschonungsabschlag nicht mehr gewährt.

(2) [1]§ 13a Absatz 3 bis 9 findet auf Absatz 1 entsprechende Anwendung. [2]Bei mehreren Erwerben begünstigten Vermögens im Sinne des § 13b Absatz 2 von derselben Person innerhalb von zehn Jahren werden für die Bestimmung des Verschonungsabschlags für den letzten Erwerb nach Absatz 1 die früheren Erwerbe nach ihrem früheren Wert dem letzten Erwerb hinzugerechnet. [3]Der nach Satz 2 ermittelte Verschonungsabschlag für den letzten Erwerb findet auf die früheren Erwerbe Anwendung, wenn die Steuerbefreiung für den früheren Erwerb nach § 13a Absatz 1 Satz 3 wegfällt oder dies bei dem jeweiligen Erwerb zu einem geringeren Verschonungsabschlag führt, es sei denn, für den früheren Erwerb wurde ein Antrag nach § 28a Absatz 1 gestellt. [4]Die bis dahin für frühere Erwerbe gewährte Steuerbefreiung entfällt insoweit mit Wirkung für die Vergangenheit. [5]§ 13a Absatz 1 Satz 4 findet Anwendung. [6]Der Antrag nach Absatz 1 ist unwiderruflich und schließt einen Antrag nach § 28a Absatz 1 für denselben Erwerb aus.

(3) Die Absätze 1 und 2 gelten in den Fällen des § 1 Absatz 1 Nummer 4 entsprechend.

§ 13d[2)] Steuerbefreiung für zu Wohnzwecken vermietete Grundstücke. (1) Grundstücke im Sinne des Absatzes 3 sind mit 90 Prozent ihres Werts anzusetzen.

(2) [1]Ein Erwerber kann den verminderten Wertansatz nicht in Anspruch nehmen, soweit er erworbene Grundstücke auf Grund einer letztwilligen Verfügung des Erblassers oder einer rechtsgeschäftlichen Verfügung des Erblassers oder Schenkers auf einen Dritten übertragen muss. [2]Gleiches gilt, wenn ein Erbe im Rahmen der Teilung des Nachlasses Vermögen im Sinne des Absatzes 3

[1)] § 13c eingef. mWv 1.7.2016 durch G v. 4.11.2016 (BGBl. I S. 2464); zur Anwendung siehe § 37 Abs. 12 Sätze 1 und 3.

[2)] Früherer § 13c eingef. mWv 1.1.2009 durch G v. 24.12.2008 (BGBl. I S. 3018); bish. § 13c wird § 13d mWv 1.7.2016 durch G v. 4.11.2016 (BGBl. I S. 2464); zur Anwendung siehe § 37 Abs. 12 Satz 1.

ErbStG

auf einen Miterben überträgt. [3]Überträgt ein Erbe erworbenes begünstigtes Vermögen im Rahmen der Teilung des Nachlasses auf einen Dritten und gibt der Dritte dabei diesem Erwerber nicht begünstigtes Vermögen hin, das er vom Erblasser erworben hat, erhöht sich insoweit der Wert des begünstigten Vermögens des Dritten um den Wert des hingegebenen Vermögens, höchstens jedoch um den Wert des übertragenen Vermögens.

(3) Der verminderte Wertansatz gilt für bebaute Grundstücke oder Grundstücksteile, die

1. zu Wohnzwecken vermietet werden,
2. im Inland, in einem Mitgliedstaat der Europäischen Union oder in einem Staat des Europäischen Wirtschaftsraums belegen sind,
3. nicht zum begünstigten Betriebsvermögen oder begünstigten Vermögen eines Betriebs der Land- und Forstwirtschaft im Sinne des § 13a gehören.

(4) Die Absätze 1 bis 3 gelten in den Fällen des § 1 Abs. 1 Nr. 4 entsprechend.

Abschnitt 3. Berechnung der Steuer

§ 14 Berücksichtigung früherer Erwerbe. (1)[1)] [1]Mehrere innerhalb von zehn Jahren von derselben Person anfallende Vermögensvorteile werden in der Weise zusammengerechnet, daß dem letzten Erwerb die früheren Erwerbe nach ihrem früheren Wert zugerechnet werden. [2]Von der Steuer für den Gesamtbetrag wird die Steuer abgezogen, die für die früheren Erwerbe nach den persönlichen Verhältnissen des Erwerbers und auf der Grundlage der geltenden Vorschriften zur Zeit des letzten Erwerbs zu erheben gewesen wäre. [3]Anstelle der Steuer nach Satz 2 ist die tatsächlich für die in die Zusammenrechnung einbezogenen früheren Erwerbe zu entrichtende Steuer abzuziehen, wenn diese höher ist. [4]Die Steuer, die sich für den letzten Erwerb ohne Zusammenrechnung mit früheren Erwerben ergibt, darf durch den Abzug der Steuer nach Satz 2 oder Satz 3 nicht unterschritten werden. [5]Erwerbe, für die sich nach den steuerlichen Bewertungsgrundsätzen kein positiver Wert ergeben hat, bleiben unberücksichtigt.

(2)[2)] [1]Führt der Eintritt eines Ereignisses mit Wirkung für die Vergangenheit zu einer Veränderung des Werts eines früheren, in die Zusammenrechnung nach Absatz 1 einzubeziehenden Erwerbs, gilt dies auch für den späteren Erwerb als Ereignis mit Wirkung für die Vergangenheit nach § 175 Absatz 1 Satz 1 Nummer 2 der Abgabenordnung[3)] (rückwirkendes Ereignis). [2]Für den späteren Erwerb gelten auch der erstmalige Erlass, die Änderung und die Aufhebung eines Steuerbescheids für einen früheren, in die Zusammenrechnung einzubeziehenden Erwerb als rückwirkendes Ereignis. [3]Dasselbe gilt auch, soweit eine Änderung der Steuerfestsetzung für den früheren Erwerb lediglich zu einer geänderten anrechenbaren Steuer führt.

[1)] § 14 Abs. 1 Satz 4 eingef., bish. Satz 4 wird Satz 5 mWv 1.1.2009 durch G v. 24.12.2008 (BGBl. I S. 3018).

[2)] § 14 Abs. 2 neu gef. mWv 29.12.2020 durch G v. 21.12.2020 (BGBl. I S. 3096); zur Anwendung siehe § 37 Abs. 18.

[3)] Nr. **1**.

ErbStG

(3)[1] Die durch jeden weiteren Erwerb veranlaßte Steuer darf nicht mehr betragen als 50 Prozent dieses Erwerbs.

§ 15 Steuerklassen. (1) Nach dem persönlichen Verhältnis des Erwerbers zum Erblasser oder Schenker werden die folgenden drei Steuerklassen unterschieden:

Steuerklasse I:

1.[2] der Ehegatte und der Lebenspartner,
2. die Kinder und Stiefkinder,
3. die Abkömmlinge der in Nummer 2 genannten Kinder und Stiefkinder,
4. die Eltern und Voreltern bei Erwerben von Todes wegen;

Steuerklasse II:

1. die Eltern und Voreltern, soweit sie nicht zur Steuerklasse I gehören,
2. die Geschwister,
3. die Abkömmlinge ersten Grades von Geschwistern,
4. die Stiefeltern,
5. die Schwiegerkinder,
6. die Schwiegereltern,
7.[3] der geschiedene Ehegatte und der Lebenspartner einer aufgehobenen Lebenspartnerschaft;

Steuerklasse III:

alle übrigen Erwerber und die Zweckzuwendungen.

(1a) Die Steuerklassen I und II Nr. 1 bis 3 gelten auch dann, wenn die Verwandtschaft durch Annahme als Kind bürgerlich-rechtlich erloschen ist.

(2)[4] [1] In den Fällen des § 3 Abs. 2 Nr. 1 und des § 7 Abs. 1 Nr. 8 ist der Besteuerung das Verwandtschaftsverhältnis des nach der Stiftungsurkunde entferntest Berechtigten zu dem Erblasser oder Schenker zugrunde zu legen, sofern die Stiftung wesentlich im Interesse einer Familie oder bestimmter Familien im Inland errichtet ist. [2] In den Fällen des § 7 Abs. 1 Nr. 9 Satz 1 gilt als Schenker der Stifter oder derjenige, der das Vermögen auf den Verein übertragen hat, und in den Fällen des § 7 Abs. 1 Nr. 9 Satz 2 derjenige, der die Vermögensmasse im Sinne des § 3 Abs. 2 Nr. 1 Satz 2 oder § 7 Abs. 1 Nr. 8 Satz 2 gebildet oder ausgestattet hat. [3] In den Fällen des § 1 Abs. 1 Nr. 4 wird der doppelte Freibetrag nach § 16 Abs. 1 Nr. 2 gewährt; die Steuer ist nach dem Prozentsatz der Steuerklasse I zu berechnen, der für die Hälfte des steuerpflichtigen Vermögens gelten würde.

(3)[5] [1] Im Falle des § 2269 des Bürgerlichen Gesetzbuchs und soweit der überlebende Ehegatte oder der überlebende Lebenspartner an die Verfügung gebunden ist, ist auf Antrag der Versteuerung das Verhältnis des Schlusserben

---

[1] § 14 Abs. 2 eingef., bish. Abs. 2 wird Abs. 3 mWv 1.1.2009 durch G v. 24.12.2008 (BGBl. I S. 3018).

[2] § 15 Abs. 1 Steuerklasse I Nr. 1 geänd. durch G v. 8.12.2010 (BGBl. I S. 1768); zur Anwendung siehe § 37 Abs. 4 und 5 Nr. 1.

[3] § 15 Abs. 1 Steuerklasse II Nr. 7 geänd. durch G v. 8.12.2010 (BGBl. I S. 1768); zur Anwendung siehe § 37 Abs. 4 und 5 Nr. 1.

[4] § 15 Abs. 2 Satz 2 neu gef. mWv 5.3.1999 durch G v. 24.3.1999 (BGBl. I S. 402).

[5] § 15 Abs. 3 neu gef. mWv 1.1.2009 durch G v. 24.12.2008 (BGBl. I S. 3018).

oder Vermächtnisnehmers zum zuerst verstorbenen Ehegatten oder dem zuerst verstorbenen Lebenspartner zugrunde zu legen, soweit sein Vermögen beim Tod des überlebenden Ehegatten oder des überlebenden Lebenspartners noch vorhanden ist. [2] § 6 Abs. 2 Satz 3 bis 5 gilt entsprechend.

(4)[1)] [1] Bei einer Schenkung durch eine Kapitalgesellschaft oder Genossenschaft ist der Besteuerung das persönliche Verhältnis des Erwerbers zu derjenigen unmittelbar oder mittelbar beteiligten natürlichen Person oder Stiftung zugrunde zu legen, durch die sie veranlasst ist. [2] In diesem Fall gilt die Schenkung bei der Zusammenrechnung früherer Erwerbe (§ 14) als Vermögensvorteil, der dem Bedachten von dieser Person anfällt.

§ 16[2)] Freibeträge. (1)[3)] Steuerfrei bleibt in den Fällen der unbeschränkten Steuerpflicht (§ 2 Absatz 1 Nummer 1) der Erwerb

1.[4)] des Ehegatten und des Lebenspartners in Höhe von 500 000 Euro;
2. der Kinder im Sinne der Steuerklasse I Nr. 2 und der Kinder verstorbener Kinder im Sinne der Steuerklasse I Nr. 2 in Höhe von 400 000 Euro;
3. der Kinder der Kinder im Sinne der Steuerklasse I Nr. 2 in Höhe von 200 000 Euro;
4. der übrigen Personen der Steuerklasse I in Höhe von 100 000 Euro;
5. der Personen der Steuerklasse II in Höhe von 20 000 Euro;
6.[5)] *(aufgehoben)*
7. der übrigen Personen der Steuerklasse III in Höhe von 20 000 Euro.

(2)[6)] [1] In den Fällen der beschränkten Steuerpflicht (§ 2 Absatz 1 Nummer 3) wird der Freibetrag nach Absatz 1 um einen Teilbetrag gemindert. [2] Dieser Teilbetrag entspricht dem Verhältnis der Summe der Werte des in demselben Zeitpunkt erworbenen, nicht der beschränkten Steuerpflicht unterliegenden Vermögens und derjenigen, nicht der beschränkten Steuerpflicht unterliegenden Vermögensvorteile, die innerhalb von zehn Jahren von derselben Person angefallen sind, zum Wert des Vermögens, das insgesamt innerhalb von zehn Jahren von derselben Person *angefallenen*[7)] ist. [3] Die früheren Erwerbe sind mit ihrem früheren Wert anzusetzen.

§ 17 Besonderer Versorgungsfreibetrag. (1)[8)] [1] Neben dem Freibetrag nach § 16 wird dem überlebenden Ehegatten und dem überlebenden Lebenspartner ein besonderer Versorgungsfreibetrag von 256 000 Euro gewährt. [2] Der Freibetrag wird bei Ehegatten oder bei Lebenspartnern, denen aus Anlass des

---

[1)] § 15 Abs. 4 angef. durch G v. 7.12.2011 (BGBl. I S. 2592); zur Anwendung siehe § 37 Abs. 7.

[2)] § 16 neu gef. mWv 1.1.2002 durch G v. 19.12.2000 (BGBl. I S. 1790).

[3)] § 16 Abs. 1 neu gef. mWv 1.1.2009 durch G v. 24.12.2008 (BGBl. I S. 3018); einl. Satzteil neu gef. durch G v. 7.12.2011 (BGBl. I S. 2592); zur Anwendung siehe § 37 Abs. 7; einl. Satzteil geänd. durch G v. 23.6.2017 (BGBl. I S. 1682); zur Anwendung siehe § 37 Abs. 14.

[4)] § 16 Abs. 1 Nr. 1 neu gef. durch G v. 8.12.2010 (BGBl. I S. 1768); zur Anwendung siehe § 37 Abs. 4 und 5 Nr. 2 und 3.

[5)] § 16 Abs. 1 Nr. 6 aufgeh. durch G v. 8.12.2010 (BGBl. I S. 1768); zur Anwendung siehe § 37 Abs. 4.

[6)] § 16 Abs. 2 neu gef. durch G v. 23.6.2017 (BGBl. I S. 1682); zur Anwendung siehe § 37 Abs. 14.

[7)] Richtig wohl: „angefallen".

[8)] § 17 Abs. 1 neu gef. mWv 1.1.2009 durch G v. 24.12.2008 (BGBl. I S. 3018) (§ 37 Abs. 1); Satz 1 geänd. durch G v. 8.12.2010 (BGBl. I S. 1768); zur Anwendung siehe § 37 Abs. 4 und 5 Nr. 4 und 5; Satz 1 geänd. durch G v. 23.6.2017 (BGBl. I S. 1682); zur Anwendung siehe § 37 Abs. 13.

Todes des Erblassers nicht der Erbschaftsteuer unterliegende Versorgungsbezüge zustehen, um den nach § 14 des Bewertungsgesetzes[1)] zu ermittelnden Kapitalwert dieser Versorgungsbezüge gekürzt.

(2)[2)] [1] Neben dem Freibetrag nach § 16 wird Kindern im Sinne der Steuerklasse I Nr. 2 (§ 15 Abs. 1) für Erwerbe von Todes wegen ein besonderer Versorgungsfreibetrag in folgender Höhe gewährt:

1. bei einem Alter bis zu 5 Jahren in Höhe von 52 000 Euro;
2. bei einem Alter von mehr als 5 bis zu 10 Jahren in Höhe von 41 000 Euro;
3. bei einem Alter von mehr als 10 bis zu 15 Jahren in Höhe von 30 700 Euro;
4. bei einem Alter von mehr als 15 bis zu 20 Jahren in Höhe von 20 500 Euro;
5. bei einem Alter von mehr als 20 Jahren bis zur Vollendung des 27. Lebensjahres in Höhe von 10 300 Euro.

[2] Stehen dem Kind aus Anlaß des Todes des Erblassers nicht der Erbschaftsteuer unterliegende Versorgungsbezüge zu, wird der Freibetrag um den nach § 13 Abs. 1 des Bewertungsgesetzes zu ermittelnden Kapitalwert dieser Versorgungsbezüge gekürzt. [3] Bei der Berechnung des Kapitalwerts ist von der nach den Verhältnissen am Stichtag (§ 11) voraussichtlichen Dauer der Bezüge auszugehen.

(3)[3)] [1] In den Fällen der beschränkten Steuerpflicht (§ 2 Absatz 1 Nummer 3) wird der besondere Versorgungsfreibetrag nach Absatz 1 oder 2 gewährt, wenn durch die Staaten, in denen der Erblasser ansässig war oder der Erwerber ansässig ist, Amtshilfe geleistet wird. [2] Amtshilfe ist der Auskunftsaustausch im Sinne oder entsprechend der Amtshilferichtlinie gemäß § 2 Absatz 11 des EU-Amtshilfegesetzes in der für den jeweiligen Stichtag der Steuerentstehung geltenden Fassung oder eines entsprechenden Nachfolgerechtsaktes.

§ 18[4)] Mitgliederbeiträge. [1] Beiträge an Personenvereinigungen, die nicht lediglich die Förderung ihrer Mitglieder zum Zweck haben, sind steuerfrei, soweit die von einem Mitglied im Kalenderjahr der Vereinigung geleisteten Beiträge 300 Euro nicht übersteigen. [2] § 13 Abs. 1 Nr. 16 und 18 bleibt unberührt.

§ 19 Steuersätze. (1)[5)] Die Erbschaftsteuer wird nach folgenden Prozentsätzen erhoben:

Wert des steuerpflichtigen Erwerbs	Prozentsatz in der Steuerklasse		
(§ 10) bis einschließlich … Euro	I	II	III
75 000	7	15	30
300 000	11	20	30
600 000	15	25	30
6 000 000	19	30	30

[1)] Nr. **3**.

[2)] § 17 Abs. 2 Satz 1 neu gef. mWv 1.1.2002 durch G v. 19.12.2000 (BGBl. I S. 1790); Satz 1 einl. Satzteil geänd. durch G v. 23.6.2017 (BGBl. I S. 1682); zur Anwendung siehe § 37 Abs. 13.

[3)] § 17 Abs. 3 angef. durch G v. 23.6.2017 (BGBl. I S. 1682); zur Anwendung siehe § 37 Abs. 13.

[4)] § 18 Satz 1 geänd. mWv 1.1.2002 durch G v. 19.12.2000 (BGBl. I S. 1790).

[5)] § 19 Abs. 1 neu gef. mWv 1.1.2009 durch G v. 24.12.2008 (BGBl. I S. 3018); geänd. mWv 1.1. 2010 (§ 37 Abs. 1) durch G v. 22.12.2009 (BGBl. I S. 3950).

Wert des steuerpflichtigen Erwerbs (§ 10) bis einschließlich … Euro	Prozentsatz in der Steuerklasse		
	I	II	III
13 000 000	23	35	50
26 000 000	27	40	50
über 26 000 000	30	43	50

(2)[1)] Ist im Fall des § 2 Absatz 1 Nummer 1 ein Teil des Vermögens der inländischen Besteuerung auf Grund eines Abkommens zur Vermeidung der Doppelbesteuerung entzogen, ist die Steuer nach dem Steuersatz zu erheben, der für den ganzen Erwerb gelten würde.

(3) Der Unterschied zwischen der Steuer, die sich bei Anwendung des Absatzes 1 ergibt, und der Steuer, die sich berechnen würde, wenn der Erwerb die letztvorhergehende Wertgrenze nicht überstiegen hätte, wird nur insoweit erhoben, als er

a) bei einem Steuersatz bis zu 30 Prozent aus der Hälfte,

b) bei einem Steuersatz über 30 Prozent aus drei Vierteln,

des die Wertgrenze übersteigenden Betrags gedeckt werden kann.

§ 19a[2)] Tarifbegrenzung beim Erwerb von Betriebsvermögen, von Betrieben der Land- und Forstwirtschaft und von Anteilen an Kapitalgesellschaften. (1) Sind in dem steuerpflichtigen Erwerb einer natürlichen Person der Steuerklasse II oder III Betriebsvermögen, land- und forstwirtschaftliches Vermögen oder Anteile an Kapitalgesellschaften im Sinne des Absatzes 2 enthalten, ist von der tariflichen Erbschaftsteuer ein Entlastungsbetrag nach Absatz 4 abzuziehen.

(2)[3)] [1]Der Entlastungsbetrag gilt für den nicht unter § 13a Absatz 1 oder § 13c fallenden Teil des Vermögens im Sinne des § 13b Absatz 2. [2]Ein Erwerber kann den Entlastungsbetrag nicht in Anspruch nehmen, soweit er Vermögen im Sinne des Satzes 1 auf Grund einer letztwilligen Verfügung des Erblassers oder einer rechtsgeschäftlichen Verfügung des Erblassers oder Schenkers auf einen Dritten übertragen muss. [3]Gleiches gilt, wenn ein Erbe im Rahmen der Teilung des Nachlasses Vermögen im Sinne des Satzes 1 auf einen Miterben überträgt.

(3)[4)] Der auf das Vermögen im Sinne des Absatzes 2 entfallende Anteil an der tariflichen Erbschaftsteuer bemisst sich nach dem Verhältnis des Werts dieses Vermögens nach Anwendung des § 13a oder § 13c und nach Abzug der mit diesem Vermögen in wirtschaftlichem Zusammenhang stehenden abzugsfähigen Schulden und Lasten (§ 10 Absatz 5 und 6) zum Wert des gesamten Vermögensanfalls im Sinne des § 10 Absatz 1 Satz 1 und 2 nach Abzug der mit diesem Vermögen in wirtschaftlichem Zusammenhang stehenden abzugsfähigen Schulden und Lasten (§ 10 Absatz 5 und 6).

[1)] § 19 Abs. 2 geänd. durch G v. 7.12.2011 (BGBl. I S. 2592); zur Anwendung siehe § 37 Abs. 7; geänd. mWv 25.6.2017 durch G v. 23.6.2017 (BGBl. I S. 1682).

[2)] § 19a neu gef. mWv 1.1.2009 durch G v. 24.12.2008 (BGBl. I S. 3018).

[3)] § 19a Abs. 2 Satz 1 geänd. mWv 1.7.2016 durch G v. 4.11.2016 (BGBl. I S. 2464); zur Anwendung siehe § 37 Abs. 12 Satz 1.

[4)] § 19a Abs. 3 geänd. mWv 1.1.2010 (§ 37 Abs. 1) durch G v. 22.12.2009 (BGBl. I S. 3950); geänd. mWv 1.7.2016 durch G v. 4.11.2016 (BGBl. I S. 2464); zur Anwendung siehe § 37 Abs. 12 Satz 1.

(4) [1] Zur Ermittlung des Entlastungsbetrags ist für den steuerpflichtigen Erwerb zunächst die Steuer nach der tatsächlichen Steuerklasse des Erwerbers zu berechnen und nach Maßgabe des Absatzes 3 aufzuteilen. [2] Für den steuerpflichtigen Erwerb ist dann die Steuer nach Steuerklasse I zu berechnen und nach Maßgabe des Absatzes 3 aufzuteilen. [3] Der Entlastungsbetrag ergibt sich als Unterschiedsbetrag zwischen der auf Vermögen im Sinne des Absatzes 2 entfallenden Steuer nach den Sätzen 1 und 2.

(5)[1)] [1] Der Entlastungsbetrag fällt mit Wirkung für die Vergangenheit weg, soweit der Erwerber innerhalb von fünf Jahren gegen die Behaltensregelungen des § 13a verstößt. [2] In den Fällen des § 13a Absatz 10 und des § 28a Absatz 1 tritt an die Stelle der Frist nach Satz 1 eine Frist von sieben Jahren. [3] Die Festsetzungsfrist für die Steuer endet nicht vor dem Ablauf des vierten Jahres, nachdem die Finanzbehörde von dem Verstoß gegen die Behaltensregelungen Kenntnis erlangt. [4] § 13a Absatz 7 Satz 4 bis 6 gilt entsprechend.

Abschnitt 4. Steuerfestsetzung und Erhebung

§ 20 Steuerschuldner. (1)[2)] [1] Steuerschuldner ist der Erwerber, bei einer Schenkung auch der Schenker, bei einer Zweckzuwendung der mit der Ausführung der Zuwendung Beschwerte und in den Fällen des § 1 Abs. 1 Nr. 4 die Stiftung oder der Verein. [2] In den Fällen des § 3 Abs. 2 Nr. 1 Satz 2 und § 7 Abs. 1 Nr. 8 Satz 2 ist die Vermögensmasse Erwerber und Steuerschuldner, in den Fällen des § 7 Abs. 1 Nr. 8 Satz 2 ist Steuerschuldner auch derjenige, der die Vermögensmasse gebildet oder ausgestattet hat.

(2)[3)] Im Falle des § 4 sind die Abkömmlinge im Verhältnis der auf sie entfallenden Anteile, der überlebende Ehegatte oder der überlebende Lebenspartner für den gesamten Steuerbetrag Steuerschuldner.

(3) Der Nachlaß haftet bis zur Auseinandersetzung (§ 2042 des Bürgerlichen Gesetzbuchs) für die Steuer der am Erbfall Beteiligten.

(4) Der Vorerbe hat die durch die Vorerbschaft veranlaßte Steuer aus den Mitteln der Vorerbschaft zu entrichten.

(5) Hat der Steuerschuldner den Erwerb oder Teile desselben vor Entrichtung der Erbschaftsteuer einem anderen unentgeltlich zugewendet, haftet der andere in Höhe des Werts der Zuwendung persönlich für die Steuer.

(6) [1] Versicherungsunternehmen, die vor Entrichtung oder Sicherstellung der Steuer die von ihnen zu zahlende Versicherungssumme oder Leibrente in ein Gebiet außerhalb des Geltungsbereichs dieses Gesetzes zahlen oder außerhalb des Geltungsbereichs dieses Gesetzes wohnhaften Berechtigten zur Verfügung stellen, haften in Höhe des ausgezahlten Betrags für die Steuer. [2] Das gleiche gilt für Personen, in deren Gewahrsam sich Vermögen des Erblassers befindet, soweit sie das Vermögen vorsätzlich oder fahrlässig vor Entrichtung oder Sicherstellung der Steuer in ein Gebiet außerhalb des Geltungsbereichs

---

[1)] § 19a Abs. 5 Sätze 1 und 2 geänd. mWv 1.1.2009 durch G v. 22.12.2009 (BGBl. I S. 3950); zur Anwendung siehe § 37 Abs. 3 Satz 1; Sätze 2 und 4 geänd. mWv 1.7.2016 durch G v. 4.11.2016 (BGBl. I S. 2464); zur Anwendung siehe § 37 Abs. 12 Satz 1; Satz 2 geänd. mWv 15.12.2018 durch G v. 11.12.2018 (BGBl. I S. 2338); zur Anwendung siehe § 37 Abs. 16 Satz 1.

[2)] § 20 Abs. 1 neu gef. mWv 5.3.1999 durch G v. 24.3.1999 (BGBl. I S. 402).

[3)] § 20 Abs. 2 neu gef. mWv 1.1.2009 durch G v. 24.12.2008 (BGBl. I S. 3018).

dieses Gesetzes bringen oder außerhalb des Geltungsbereichs dieses Gesetzes wohnhaften Berechtigten zur Verfügung stellen.

(7)[1] Die Haftung nach Absatz 6 ist nicht geltend zu machen, wenn der in einem Steuerfall in ein Gebiet außerhalb des Geltungsbereichs dieses Gesetzes gezahlte oder außerhalb des Geltungsbereichs dieses Gesetzes wohnhaften Berechtigten zur Verfügung gestellte Betrag 600 Euro nicht übersteigt.

§ 21 Anrechnung ausländischer Erbschaftsteuer. (1)[2] [1]Bei Erwerbern, die in einem ausländischen Staat mit ihrem Auslandsvermögen zu einer der deutschen Erbschaftsteuer entsprechenden Steuer – ausländische Steuer – herangezogen werden, ist in den Fällen des § 2 Absatz 1 Nummer 1, sofern nicht die Vorschriften eines Abkommens zur Vermeidung der Doppelbesteuerung anzuwenden sind, auf Antrag die festgesetzte, auf den Erwerber entfallende, gezahlte und keinem Ermäßigungsanspruch unterliegende ausländische Steuer insoweit auf die deutsche Erbschaftsteuer anzurechnen, als das Auslandsvermögen auch der deutschen Erbschaftsteuer unterliegt. [2]Besteht der Erwerb nur zum Teil aus Auslandsvermögen, ist der darauf entfallende Teilbetrag der deutschen Erbschaftsteuer in der Weise zu ermitteln, daß die für das steuerpflichtige Gesamtvermögen einschließlich des steuerpflichtigen Auslandsvermögens sich ergebende Erbschaftsteuer im Verhältnis des steuerpflichtigen Auslandsvermögens zum steuerpflichtigen Gesamtvermögen aufgeteilt wird. [3]Ist das Auslandsvermögen in verschiedenen ausländischen Staaten belegen, ist dieser Teil für jeden einzelnen ausländischen Staat gesondert zu berechnen. [4]Die ausländische Steuer ist nur anrechenbar, wenn die deutsche Erbschaftsteuer für das Auslandsvermögen innerhalb von fünf Jahren seit dem Zeitpunkt der Entstehung der ausländischen Erbschaftsteuer entstanden ist.

(2) Als Auslandsvermögen im Sinne des Absatzes 1 gelten,

1. wenn der Erblasser zur Zeit seines Todes Inländer war: alle Vermögensgegenstände der in § 121 des Bewertungsgesetzes[3] genannten Art, die auf einen ausländischen Staat entfallen, sowie alle Nutzungsrechte an diesen Vermögensgegenständen;
2. wenn der Erblasser zur Zeit seines Todes kein Inländer war: alle Vermögensgegenstände mit Ausnahme des Inlandsvermögens im Sinne des § 121 des Bewertungsgesetzes sowie alle Nutzungsrechte an diesen Vermögensgegenständen.

(3) [1]Der Erwerber hat den Nachweis über die Höhe des Auslandsvermögens und über die Festsetzung und Zahlung der ausländischen Steuer durch Vorlage entsprechender Urkunden zu führen. [2]Sind diese Urkunden in einer fremden Sprache abgefaßt, kann eine beglaubigte Übersetzung in die deutsche Sprache verlangt werden.

(4) Ist nach einem Abkommen zur Vermeidung der Doppelbesteuerung die in einem ausländischen Staat erhobene Steuer auf die Erbschaftsteuer anzurechnen, sind die Absätze 1 bis 3 entsprechend anzuwenden.

---

[1] § 20 Abs. 7 geänd. mWv 1.1.2002 durch G v. 19.12.2000 (BGBl. I S. 1790).

[2] § 21 Abs. 1 Satz 1 geänd. durch G v. 7.12.2011 (BGBl. I S. 2592); zur Anwendung siehe § 37 Abs. 7; Satz 1 geänd. mWv 25.6.2017 durch G v. 23.6.2017 (BGBl. I S. 1682).

[3] Nr. 3.

ErbStG

§ 22[1] **Kleinbetragsgrenze.** Von der Festsetzung der Erbschaftsteuer ist abzusehen, wenn die Steuer, die für den einzelnen Steuerfall festzusetzen ist, den Betrag von 50 Euro nicht übersteigt.

§ 23 Besteuerung von Renten, Nutzungen und Leistungen. (1) [1] Steuern, die von dem Kapitalwert von Renten oder anderen wiederkehrenden Nutzungen oder Leistungen zu entrichten sind, können nach Wahl des Erwerbers statt vom Kapitalwert jährlich im voraus von dem Jahreswert entrichtet werden. [2] Die Steuer wird in diesem Fall nach dem Steuersatz erhoben, der sich nach § 19 für den gesamten Erwerb einschließlich des Kapitalwerts der Renten oder anderen wiederkehrenden Nutzungen oder Leistungen ergibt.

(2) [1] Der Erwerber hat das Recht, die Jahressteuer zum jeweils nächsten Fälligkeitstermin mit ihrem Kapitalwert abzulösen. [2] Für die Ermittlung des Kapitalwerts im Ablösungszeitpunkt sind die Vorschriften der §§ 13 und 14 des Bewertungsgesetzes[2] anzuwenden. [3] Der Antrag auf Ablösung der Jahressteuer ist spätestens bis zum Beginn des Monats zu stellen, der dem Monat vorausgeht, in dem die nächste Jahressteuer fällig wird.

§ 24 Verrentung der Steuerschuld in den Fällen des § 1 Abs. 1 Nr. 4. [1] In den Fällen des § 1 Abs. 1 Nr. 4 kann der Steuerpflichtige verlangen, daß die Steuer in 30 gleichen jährlichen Teilbeträgen (Jahresbeträgen) zu entrichten ist. [2] Die Summe der Jahresbeträge umfaßt die Tilgung und die Verzinsung der Steuer; dabei ist von einem Zinssatz von 5,5 Prozent auszugehen.

§ 25[3] ***Besteuerung bei Nutzungs- und Rentenlast.*** *(1) [1] Der Erwerb von Vermögen, dessen Nutzungen dem Schenker oder dem Ehegatten des Erblassers (Schenkers) zustehen oder das mit einer Rentenverpflichtung oder mit der Verpflichtung zu sonstigen wiederkehrenden Leistungen zugunsten dieser Personen belastet ist, wird ohne Berücksichtigung dieser Belastungen besteuert. [2] Die Steuer, die auf den Kapitalwert dieser Belastungen entfällt, ist jedoch bis zu deren Erlöschen zinslos zu stunden. [3] Die gestundete Steuer kann auf Antrag des Erwerbers jederzeit mit ihrem Barwert nach § 12 Abs. 3 des Bewertungsgesetzes[2] abgelöst werden.*

(2) Veräußert der Erwerber das belastete Vermögen vor dem Erlöschen der Belastung ganz oder teilweise, endet insoweit die Stundung mit dem Zeitpunkt der Veräußerung.

§ 26 Ermäßigung der Steuer bei Aufhebung einer Familienstiftung oder Auflösung eines Vereins. In den Fällen des § 7 Abs. 1 Nr. 9 ist auf die nach § 15 Abs. 2 Satz 2 zu ermittelnde Steuer die nach § 15 Abs. 2 Satz 3 festgesetzte Steuer anteilsmäßig anzurechnen

a) mit 50 Prozent, wenn seit der Entstehung der anrechenbaren Steuer nicht mehr als zwei Jahre,

b) mit 25 Prozent, wenn seit der Entstehung der anrechenbaren Steuer mehr als zwei Jahre, aber nicht mehr als vier Jahre vergangen sind.

---

[1] § 22 geänd. mWv 1.1.2002 durch G v. 19.12.2000 (BGBl. I S. 1790).

[2] Nr. **3**.

[3] § 25 aufgeh. mWv 1.1.2009 durch G v. 24.12.2008 (BGBl. I S. 3018); zur Weiteranwendung siehe § 37 Abs. 2 Satz 2.

§ 27[1] Mehrfacher Erwerb desselben Vermögens. (1) Fällt Personen der Steuerklasse I von Todes wegen Vermögen an, das in den letzten zehn Jahren vor dem Erwerb bereits von Personen dieser Steuerklasse erworben worden ist und für das nach diesem Gesetz eine Steuer zu erheben war, ermäßigt sich der auf dieses Vermögen entfallende Steuerbetrag vorbehaltlich des Absatzes 3 wie folgt:

um … Prozent	wenn zwischen den beiden Zeitpunkten der Entstehung der Steuer liegen
50	nicht mehr als 1 Jahr
45	mehr als 1 Jahr, aber nicht mehr als 2 Jahre
40	mehr als 2 Jahre, aber nicht mehr als 3 Jahre
35	mehr als 3 Jahre, aber nicht mehr als 4 Jahre
30	mehr als 4 Jahre, aber nicht mehr als 5 Jahre
25	mehr als 5 Jahre, aber nicht mehr als 6 Jahre
20	mehr als 6 Jahre, aber nicht mehr als 8 Jahre
10	mehr als 8 Jahre, aber nicht mehr als 10 Jahre

(2) Zur Ermittlung des Steuerbetrags, der auf das begünstigte Vermögen entfällt, ist die Steuer für den Gesamterwerb in dem Verhältnis aufzuteilen, in dem der Wert des begünstigten Vermögens zu dem Wert des steuerpflichtigen Gesamterwerbs ohne Abzug des dem Erwerber zustehenden Freibetrags steht.

(3) Die Ermäßigung nach Absatz 1 darf den Betrag nicht überschreiten, der sich bei Anwendung der in Absatz 1 genannten Prozentsätze auf die Steuer ergibt, die der Vorerwerber für den Erwerb desselben Vermögens entrichtet hat.

§ 28[1] Stundung. (1)[2] [1] Gehört zum Erwerb von Todes wegen begünstigtes Vermögen im Sinne des § 13b Absatz 2, ist dem Erwerber die darauf entfallende Erbschaftsteuer auf Antrag bis zu sieben Jahre zu stunden. [2] Der erste Jahresbetrag ist ein Jahr nach der Festsetzung der Steuer fällig und bis dahin zinslos zu stunden. [3] Für die weiteren zu entrichtenden Jahresbeträge sind die §§ 234 und 238 der Abgabenordnung ab dem zweiten Jahr nach der Festsetzung der Steuer anzuwenden. [4] § 222 der Abgabenordnung[3] bleibt unberührt. [5] Die Stundung endet, sobald der Erwerber, ausgehend vom Zeitpunkt der Entstehung der Steuer (§ 9), den Tatbestand nach § 13a Absatz 3 nicht einhält oder einen der Tatbestände nach § 13a Absatz 6 erfüllt. [6] Wurde ein Antrag nach § 13a Absatz 10 oder nach § 28a Absatz 1 gestellt, ist bei der Anwendung desSatzes 5 § 13a Absatz 10 entsprechend anzuwenden. [7] Satz 1 ist nicht auf die Erbschaftsteuer anzuwenden, die der Erwerber zu entrichten hat, weil er den Tatbestand nach § 13a Absatz 3 nicht eingehalten oder einen der Tatbestände nach § 13a Absatz 6 erfüllt hat. [8] Die Stundung endet, sobald der Erwerber den Betrieb oder den Anteil daran überträgt oder aufgibt.

---

[1] Zur Anwendung im Beitrittsgebiet siehe § 37a Abs. 5 bzw. Abs. 6.

[2] § 28 Abs. 1 neu gef. mWv 1.7.2016 durch G v. 4.11.2016 (BGBl. I S. 2464); zur Anwendung siehe § 37 Abs. 12 Satz 1; Satz 6 geänd. mWv 15.12.2018 durch G v. 11.12.2018 (BGBl. I S. 2338); zur Anwendung siehe § 37 Abs. 16 Satz 1.

[3] Nr. **1**.

(2) Absatz 1 findet in den Fällen des § 1 Abs. 1 Nr. 4 entsprechende Anwendung.

(3)[1] [1]Gehört zum Erwerb begünstigtes Vermögen im Sinne des § 13d Absatz 3, ist dem Erwerber die darauf entfallende Erbschaftsteuer auf Antrag bis zu zehn Jahren zu stunden, soweit er die Steuer nur durch Veräußerung dieses Vermögens aufbringen kann. [2]Satz 1 gilt entsprechend, wenn zum Erwerb ein Ein- oder Zweifamilienhaus oder Wohneigentum gehört, das der Erwerber nach dem Erwerb zu eigenen Wohnzwecken nutzt, längstens für die Dauer der Selbstnutzung. [3]Nach Aufgabe der Selbstnutzung ist die Stundung unter den Voraussetzungen des Satzes 1 weiter zu gewähren. [4]Die Stundung endet in den Fällen der Sätze 1 bis 3, soweit das erworbene Vermögen Gegenstand einer Schenkung im Sinne des § 7 ist. [5]Die §§ 234 und 238 der Abgabenordnung sind anzuwenden; bei Erwerben von Todes wegen erfolgt diese Stundung zinslos. [6]§ 222 der Abgabenordnung bleibt unberührt.

§ 28a[2] Verschonungsbedarfsprüfung. (1) [1]Überschreitet der Erwerb von begünstigtem Vermögen im Sinne des § 13b Absatz 2 die Grenze des § 13a Absatz 1 Satz 1 von 26 Millionen Euro, ist die auf das begünstigte Vermögen entfallende Steuer auf Antrag des Erwerbers zu erlassen, soweit er nachweist, dass er persönlich nicht in der Lage ist, die Steuer aus seinem verfügbaren Vermögen im Sinne des Absatzes 2 zu begleichen. [2]Ein Erwerber kann den Erlass nicht in Anspruch nehmen, soweit er begünstigtes Vermögen im Sinne des § 13b Absatz 2 auf Grund einer letztwilligen Verfügung des Erblassers oder einer rechtsgeschäftlichen Verfügung des Erblassers oder Schenkers auf einen Dritten übertragen muss. [3]Satz 2 gilt entsprechend, wenn ein Erbe im Rahmen der Teilung des Nachlasses begünstigtes Vermögen auf einen Miterben überträgt. [4]Überträgt ein Erbe erworbenes begünstigtes Vermögen im Sinne des § 13b Absatz 2 im Rahmen der Teilung des Nachlasses auf einen Dritten und gibt der Dritte dabei diesem Erwerber nicht begünstigtes Vermögen hin, das er vom Erblasser erworben hat, erhöht sich insoweit der Wert des begünstigten Vermögens des Dritten um den Wert des hingegebenen Vermögens, höchstens jedoch um den Wert des übertragenen Vermögens.

(2) Zu dem verfügbaren Vermögen gehören 50 Prozent der Summe der gemeinen Werte des

1. mit der Erbschaft oder Schenkung zugleich übergegangenen Vermögens, das nicht zum begünstigten Vermögen im Sinne des § 13b Absatz 2 gehört, und
2. dem Erwerber im Zeitpunkt der Entstehung der Steuer (§ 9) gehörenden Vermögens, das nicht zum begünstigten Vermögen im Sinne des § 13b Absatz 2 gehören würde.

(3) [1]Die nach Anwendung des Absatzes 1 Satz 1 verbleibende Steuer kann ganz oder teilweise bis zu sechs Monate gestundet werden, wenn die Einziehung bei Fälligkeit eine erhebliche Härte für den Erwerber bedeuten würde und der Anspruch nicht gefährdet erscheint. [2]Eine erhebliche Härte liegt ins-

---

[1] § 28 Abs. 3 angef. mWv 1.1.2009 durch G v. 24.12.2008 (BGBl. I S. 3018); Satz 1 geänd. mWv 1.7.2016 durch G v. 4.11.2016 (BGBl. I S. 2464); zur Anwendung siehe § 37 Abs. 12 Satz 1; Satz 5 neu gef., Satz 6 angef. mWv 15.12.2018 durch G v. 11.12.2018 (BGBl. I S. 2338); zur Anwendung siehe § 37 Abs. 16 Satz 1.

[2] § 28a eingef. mWv 1.7.2016 durch G v. 4.11.2016 (BGBl. I S. 2464); zur Anwendung siehe § 37 Abs. 12 Satz 1.

besondere vor, wenn der Erwerber einen Kredit aufnehmen oder verfügbares Vermögen im Sinne des Absatzes 2 veräußern muss, um die Steuer entrichten zu können. [3]Die §§ 234 und 238 der Abgabenordnung[1)] sind anzuwenden. [4]§ 222 der Abgabenordnung und § 28 bleiben unberührt.

(4) [1]Der Erlass der Steuer nach Absatz 1 Satz 1 steht unter der auflösenden Bedingung, dass

1. die Summe der maßgebenden jährlichen Lohnsummen des Betriebs, bei Beteiligungen an einer Personengesellschaft oder Anteilen an einer Kapitalgesellschaft des Betriebs der jeweiligen Gesellschaft, innerhalb von sieben Jahren nach dem Erwerb (Lohnsummenfrist) insgesamt die Mindestlohnsumme nach § 13a Absatz 10 Nummer 3 bis 5 unterschreitet. [2]§ 13a Absatz 3 Satz 2 und 6 bis 13 gilt entsprechend. [3]Unterschreitet die Summe der maßgebenden jährlichen Lohnsummen die Mindestlohnsumme, vermindert sich der nach Absatz 1 Satz 1 zu gewährende Erlass der Steuer mit Wirkung für die Vergangenheit in demselben prozentualen Umfang, wie die Mindestlohnsumme unterschritten wird;
2. der Erwerber innerhalb von sieben Jahren (Behaltensfrist) gegen die Behaltensbedingungen entsprechend § 13a Absatz 6 Satz 1 verstößt. [2]§ 13a Absatz 6 Satz 2 bis 4 gilt entsprechend;
3.[2)] der Erwerber innerhalb von zehn Jahren nach dem Zeitpunkt der Entstehung der Steuer (§ 9) weiteres Vermögen durch Schenkung oder von Todes wegen erhält, das verfügbares Vermögen im Sinne des Absatzes 2 darstellt. [2]Der Erwerber kann erneut einen Antrag nach Absatz 1 stellen. [3]Das verfügbare Vermögen nach Absatz 2 ist um 50 Prozent des gemeinen Werts des weiteren erworbenen Vermögens zu erhöhen;
4.[3)] die den Erwerb oder Teile des Erwerbs oder das in Nummer 3 oder Absatz 2 Nummer 2 bezeichnete Vermögen oder Teile dieses Vermögens betreffenden Feststellungsbescheide im Sinne des § 151 Absatz 1 Satz 1 des Bewertungsgesetzes[4)] oder des § 13b Absatz 10 Satz 1 geändert werden oder erstmals ergehen und die festgestellten Werte von den dem Erlass zugrunde gelegten Werten abweichen. [2]Gleiches gilt im Fall der Aufhebung eines Feststellungsbescheids. [3]Der Erwerber kann erneut einen Antrag nach Absatz 1 stellen;
5.[3)] die dem Erlass zugrunde liegende Steuerfestsetzung geändert wird und dabei von den dem Erlass zugrunde gelegten Werten abgewichen wird. [2]Der Erwerber kann erneut einen Antrag nach Absatz 1 stellen;
6.[3)] der Erlass gemäß Absatz 1 Satz 2 oder 3 ganz oder teilweise nicht mehr in Anspruch genommen werden kann. [2]Der Erwerber kann erneut einen Antrag nach Absatz 1 stellen.

[2]Der Verwaltungsakt nach Absatz 1 Satz 1 steht unter dem Vorbehalt des Widerrufs (§ 120 Absatz 2 Nummer 3 der Abgabenordnung). [3]Der Verwaltungsakt über den Erlass nach Absatz 1 Satz 1 ist bei Eintritt der auflösenden

---

[1)] Nr. **1**.

[2)] § 28a Abs. 4 Satz 1 Nr. 3 geänd. mWv 15.12.2018 durch G v. 11.12.2018 (BGBl. I S. 2338).

[3)] § 28a Abs. 4 Satz 1 Nr. 4 bis 6 angef. mWv 15.12.2018 durch G v. 11.12.2018 (BGBl. I S. 2338); zur Anwendung siehe § 37 Abs. 16 Satz 2.

[4)] Nr. **3**.

Bedingung nach Satz 1 mit Wirkung für die Vergangenheit ganz oder teilweise zu widerrufen; § 131 Absatz 4 der Abgabenordnung gilt entsprechend.

(5) [1] Der Erwerber ist verpflichtet, dem für die Erbschaftsteuer zuständigen Finanzamt innerhalb einer Frist von sechs Monaten nach Ablauf der Lohnsummenfrist das Unterschreiten der Mindestlohnsumme (Absatz 4 Satz 1 Nummer 1) anzuzeigen. [2] In den Fällen des Absatzes 4 Satz 1 Nummer 2 und 3 ist der Erwerber verpflichtet, dem für die Erbschaftsteuer zuständigen Finanzamt den entsprechenden Sachverhalt innerhalb einer Frist von einem Monat, nachdem der jeweilige Tatbestand verwirklicht wurde, anzuzeigen. [3] Die Anzeige ist eine Steuererklärung im Sinne der Abgabenordnung. [4] Sie ist schriftlich abzugeben. [5] Die Anzeige hat auch dann zu erfolgen, wenn der Vorgang nur teilweise zum Widerruf des Verwaltungsaktes nach Absatz 4 führt.

(6)[1)] [1] Die Zahlungsverjährungsfrist für die nach Anwendung des Absatzes 1 Satz 1 verbleibende Steuer endet nicht vor dem Ablauf des fünften Jahres, nachdem das für die Erbschaftsteuer zuständige Finanzamt von dem Unterschreiten der Mindestlohnsumme (Absatz 4 Satz 1 Nummer 1) oder dem Verwirklichen eines Tatbestands nach Absatz 4 Satz 1Nummer 2, 3 und 6 Kenntnis erlangt. [2] In den Fällen des Absatzes 4 Satz 1 Nummer 4 und 5 endet die Zahlungsverjährungsfrist nicht vor dem Ablauf des zweiten Jahres nach Bekanntgabe des Feststellungsbescheids oder des Steuerbescheids.

(7) Die Absätze 1 bis 6 gelten in den Fällen des § 1 Absatz 1 Nummer 4 entsprechend.

(8) Die Absätze 1 bis 7 gelten nicht, wenn ein Antrag nach § 13c gestellt wurde.

§ 29 Erlöschen der Steuer in besonderen Fällen. (1) Die Steuer erlischt mit Wirkung für die Vergangenheit,

1. soweit ein Geschenk wegen eines Rückforderungsrechts herausgegeben werden mußte;
2. soweit die Herausgabe gemäß § 528 Abs. 1 Satz 2 des Bürgerlichen Gesetzbuchs abgewendet worden ist;
3.[2)] soweit in den Fällen des § 5 Abs. 2 unentgeltliche Zuwendungen auf die Ausgleichsforderung angerechnet worden sind (§ 1380 Abs. 1 des Bürgerlichen Gesetzbuchs). [2] Entsprechendes gilt, wenn unentgeltliche Zuwendungen bei der Berechnung des nach § 5 Abs. 1 steuerfreien Betrags berücksichtigt werden;
4.[3)] soweit Vermögensgegenstände, die von Todes wegen (§ 3) oder durch Schenkung unter Lebenden (§ 7) erworben worden sind, innerhalb von 24 Monaten nach dem Zeitpunkt der Entstehung der Steuer (§ 9) dem Bund, einem Land, einer inländischen Gemeinde (Gemeindeverband) oder einer inländischen Stiftung zugewendet werden, die nach der Satzung, dem Stiftungsgeschäft oder der sonstigen Verfassung und nach ihrer tatsächlichen

---

[1)] § 28a Abs. 6 Satz 1 geänd., Satz 2 angef. mWv 15.12.2018 durch G v. 11.12.2018 (BGBl. I S. 2338); zur Anwendung siehe § 37 Abs. 16 Satz 2.

[2)] § 29 Abs. 1 Nr. 3 Satz 2 angef. mWv 1.1.2009 durch G v. 24.12.2008 (BGBl. I S. 3018).

[3)] § 29 Abs. 1 Nr. 4 Satz 1 mWv 1.1.2000 geänd. durch G v. 14.7.2000 (BGBl. I S. 1034) und durch G v. 10.10.2007 (BGBl. I S. 2332); Satz 2 geänd. durch G v. 24.12.2008 (BGBl. I S. 3018); Satz 2 geänd. mWv 29.12.2020 durch G v. 21.12.2020 (BGBl. I S. 3096); zur Anwendung siehe § 37 Abs. 18.

Geschäftsführung ausschließlich und unmittelbar als gemeinnützig anzuerkennenden steuerbegünstigten Zwecken im Sinne der §§ 52 bis 54 der Abgabenordnung[1] mit Ausnahme der Zwecke, die nach § 52 Abs. 2 Nr. 23 der Abgabenordnung gemeinnützig sind, dient. [2]Dies gilt nicht, wenn die Stiftung Leistungen im Sinne des § 58 Nummer 6 der Abgabenordnung an den Erwerber oder seine nächsten Angehörigen zu erbringen hat oder soweit für die Zuwendung die Vergünstigung nach § 10b des Einkommensteuergesetzes[2], § 9 Abs. 1 Nr. 2 des Körperschaftsteuergesetzes[3] oder § 9 Nr. 5 des Gewerbesteuergesetzes[4] in Anspruch genommen wird. [3]Für das Jahr der Zuwendung ist bei der Einkommensteuer oder Körperschaftsteuer und bei der Gewerbesteuer unwiderruflich zu erklären, in welcher Höhe die Zuwendung als Spende zu berücksichtigen ist. [4]Die Erklärung ist für die Festsetzung der Erbschaftsteuer oder Schenkungsteuer bindend.

(2) Der Erwerber ist für den Zeitraum, für den ihm die Nutzungen des zugewendeten Vermögens zugestanden haben, wie ein Nießbraucher zu behandeln.

§ 30 Anzeige des Erwerbs. (1)[5] Jeder der Erbschaftsteuer unterliegende Erwerb (§ 1) ist vom Erwerber, bei einer Zweckzuwendung vom Beschwerten binnen einer Frist von drei Monaten nach erlangter Kenntnis von dem Anfall oder von dem Eintritt der Verpflichtung dem für die Verwaltung der Erbschaftsteuer zuständigen Finanzamt schriftlich anzuzeigen.

(2) Erfolgt der steuerpflichtige Erwerb durch ein Rechtsgeschäft unter Lebenden, ist zur Anzeige auch derjenige verpflichtet, aus dessen Vermögen der Erwerb stammt.

(3)[6] [1]Einer Anzeige bedarf es nicht, wenn der Erwerb auf einer von einem deutschen Gericht, einem deutschen Notar oder einem deutschen Konsul eröffneten Verfügung von Todes wegen beruht und sich aus der Verfügung das Verhältnis des Erwerbers zum Erblasser unzweifelhaft ergibt; das gilt nicht, wenn zum Erwerb Grundbesitz, Betriebsvermögen, Anteile an Kapitalgesellschaften, die nicht der Anzeigepflicht nach § 33 unterliegen, oder Auslandsvermögen gehört. [2]Einer Anzeige bedarf es auch nicht, wenn eine Schenkung unter Lebenden oder eine Zweckzuwendung gerichtlich oder notariell beurkundet ist.

(4)[7] Die Anzeige soll folgende Angaben enthalten:

1. Vorname und Familienname, Identifikationsnummer (§ 139b der Abgabenordnung[1]), Beruf, Wohnung des Erblassers oder Schenkers und des Erwerbers;
2. Todestag und Sterbeort des Erblassers oder Zeitpunkt der Ausführung der Schenkung;

---

[1] Nr. **1**.
[2] Nr. **5**.
[3] Nr. **17**.
[4] Nr. **10**.
[5] § 30 Abs. 1 geänd. mWv 28.8.2002 durch G v. 21.8.2002 (BGBl. I S. 3322).
[6] § 30 Abs. 3 neu gef. mWv 1.1.2009 durch G v. 24.12.2008 (BGBl. I S. 3018).
[7] § 30 Abs. 4 Nr. 1 geänd. durch G v. 2.11.2015 (BGBl. I S. 1834); zur Anwendung siehe § 37 Abs. 10 Satz 1.

3. Gegenstand und Wert des Erwerbs;
4. Rechtsgrund des Erwerbs wie gesetzliche Erbfolge, Vermächtnis, Ausstattung;
5. persönliches Verhältnis des Erwerbers zum Erblasser oder zum Schenker wie Verwandtschaft, Schwägerschaft, Dienstverhältnis;
6. frühere Zuwendungen des Erblassers oder Schenkers an den Erwerber nach Art, Wert und Zeitpunkt der einzelnen Zuwendung.

(5)[1] [1] In den Fällen des § 1 Absatz 1 Nummer 4 ist von der Stiftung oder dem Verein binnen einer Frist von drei Monaten nach dem Zeitpunkt des ersten Übergangs von Vermögen auf die Stiftung oder auf den Verein der Vermögensübergang dem nach § 35 Absatz 4 zuständigen Finanzamt schriftlich anzuzeigen. [2] Die Anzeige soll folgende Angaben enthalten:

1. Name, Ort der Geschäftsleitung und des Sitzes der Stiftung oder des Vereins,
2. Name und Anschrift des gesetzlichen Vertreters der Stiftung oder des Vereins,
3. Zweck der Stiftung oder des Vereins,
4. Zeitpunkt des ersten Vermögensübergangs auf die Stiftung oder den Verein,
5. Wert und Zusammensetzung des Vermögens.

§ 31 Steuererklärung. (1)[2] [1] Das Finanzamt kann von jedem an einem Erbfall, an einer Schenkung oder an einer Zweckzuwendung Beteiligten ohne Rücksicht darauf, ob er selbst steuerpflichtig ist, die Abgabe einer Erklärung innerhalb einer von ihm zu bestimmenden Frist verlangen. [2] Die Frist muß mindestens einen Monat betragen. [3] In den Fällen des § 1 Absatz 1 Nummer 4 kann das Finanzamt von der Stiftung oder dem Verein sowie von jedem Familienmitglied im Sinne des § 1 Absatz 1 Nummer 4 und jedem Mitglied des Vereins die Abgabe einer Erklärung innerhalb einer von ihm zu bestimmenden Frist verlangen. [4] Satz 2 gilt entsprechend.

(2) Die Erklärung hat ein Verzeichnis der zum Nachlaß gehörenden Gegenstände und die sonstigen für die Feststellung des Gegenstands und des Werts des Erwerbs erforderlichen Angaben zu enthalten.

(3)[3] In den Fällen der fortgesetzten Gütergemeinschaft kann das Finanzamt die Steuererklärung allein von dem überlebenden Ehegatten oder dem überlebenden Lebenspartner verlangen.

(4) [1] Sind mehrere Erben vorhanden, sind sie berechtigt, die Steuererklärung gemeinsam abzugeben. [2] In diesem Fall ist die Steuererklärung von allen Beteiligten zu unterschreiben. [3] Sind an dem Erbfall außer den Erben noch weitere Personen beteiligt, können diese im Einverständnis mit den Erben in die gemeinsame Steuererklärung einbezogen werden.

---

[1] § 30 Abs. 5 angef. mWv 29.12.2020 durch G v. 21.12.2020 (BGBl. I S. 3096); zur Anwendung siehe § 37 Abs. 18.

[2] § 31 Abs. 1 Sätze 3 und 4 angef. mWv 29.12.2020 durch G v. 21.12.2020 (BGBl. I S. 3096); zur Anwendung siehe § 37 Abs. 18.

[3] § 31 Abs. 3 neu gef. mWv 1.1.2009 durch G v. 24.12.2008 (BGBl. I S. 3018).

(5) [1] Ist ein Testamentsvollstrecker oder Nachlaßverwalter vorhanden, ist die Steuererklärung von diesem abzugeben. [2] Das Finanzamt kann verlangen, daß die Steuererklärung auch von einem oder mehreren Erben mitunterschrieben wird.

(6) Ist ein Nachlaßpfleger bestellt, ist dieser zur Abgabe der Steuererklärung verpflichtet.

(7) [1] Das Finanzamt kann verlangen, daß eine Steuererklärung auf einem Vordruck nach amtlich bestimmtem Muster abzugeben ist, in der der Steuerschuldner die Steuer selbst zu berechnen hat. [2] Der Steuerschuldner hat die selbstberechnete Steuer innerhalb eines Monats nach Abgabe der Steuererklärung zu entrichten.

§ 32 Bekanntgabe des Steuerbescheids an Vertreter. (1) [1] In den Fällen des § 31 Abs. 5 ist der Steuerbescheid abweichend von § 122 Abs. 1 Satz 1 der Abgabenordnung[1)] dem Testamentsvollstrecker oder Nachlaßverwalter bekanntzugeben. [2] Diese Personen haben für die Bezahlung der Erbschaftsteuer zu sorgen. [3] Auf Verlangen des Finanzamts ist aus dem Nachlaß Sicherheit zu leisten.

(2) [1] In den Fällen des § 31 Abs. 6 ist der Steuerbescheid dem Nachlaßpfleger bekanntzugeben. [2] Absatz 1 Satz 2 und 3 ist entsprechend anzuwenden.

§ 33 Anzeigepflicht der Vermögensverwahrer, Vermögensverwalter und Versicherungsunternehmen. (1)[2)] [1] Wer sich geschäftsmäßig mit der Verwahrung oder Verwaltung fremden Vermögens befaßt, hat diejenigen in seinem Gewahrsam befindlichen Vermögensgegenstände und diejenigen gegen ihn gerichteten Forderungen, die beim Tod eines Erblassers zu dessen Vermögen gehörten oder über die dem Erblasser zur Zeit seines Todes die Verfügungsmacht zustand, dem für die Verwaltung der Erbschaftsteuer zuständigen Finanzamt schriftlich anzuzeigen. [2] Die Anzeige ist zu erstatten:

1. in der Regel: innerhalb eines Monats, seitdem der Todesfall dem Verwahrer oder Verwalter bekanntgeworden ist;
2. wenn der Erblasser zur Zeit seines Todes Angehöriger eines ausländischen Staats war und nach einer Vereinbarung mit diesem Staat der Nachlaß einem konsularischen Vertreter auszuhändigen ist: spätestens bei der Aushändigung des Nachlasses.

(2)[3)] Wer auf den Namen lautende Aktien oder Schuldverschreibungen ausgegeben hat, hat dem Finanzamt schriftlich von dem Antrag, solche Wertpapiere eines Verstorbenen auf den Namen anderer umzuschreiben, vor der Umschreibung Anzeige zu erstatten.

(3)[4)] Versicherungsunternehmen haben, bevor sie Versicherungssummen oder Leibrenten einem anderen als dem Versicherungsnehmer auszahlen oder zur Verfügung stellen, hiervon dem Finanzamt schriftlich Anzeige zu erstatten.

(4) Zuwiderhandlungen gegen diese Pflichten werden als Steuerordnungswidrigkeit mit Geldbuße geahndet.

[1)] Nr. **1**.
[2)] § 33 Abs. 1 Satz 1 geänd. mWv 28.8.2002 durch G v. 21.8.2002 (BGBl. I S. 3322).
[3)] § 33 Abs. 2 geänd. mWv 28.8.2002 durch G v. 21.8.2002 (BGBl. I S. 3322).
[4)] § 33 Abs. 3 geänd. mWv 28.8.2002 durch G v. 21.8.2002 (BGBl. I S. 3322).

§ 34 Anzeigepflicht der Gerichte, Behörden, Beamten und Notare.

(1)[1] Die Gerichte, Behörden, Beamten und Notare haben dem für die Verwaltung der Erbschaftsteuer zuständigen Finanzamt schriftlich Anzeige zu erstatten über diejenigen Beurkundungen, Zeugnisse und Anordnungen, die für die Festsetzung einer Erbschaftsteuer von Bedeutung sein können.

(2) Insbesondere haben anzuzeigen:

1. die Standesämter:
die Sterbefälle;
2.[2] die Gerichte und die Notare:
die Erteilung von Erbscheinen, Europäischen Nachlasszeugnissen, Testamentsvollstreckerzeugnissen und Zeugnissen über die Fortsetzung der Gütergemeinschaft, die Beschlüsse über Todeserklärungen sowie die Anordnung von Nachlaßpflegschaften und Nachlaßverwaltungen;
3. die Gerichte, die Notare und die deutschen Konsuln:
die eröffneten Verfügungen von Todes wegen, die abgewickelten Erbauseinandersetzungen, die beurkundeten Vereinbarungen der Gütergemeinschaft und die beurkundeten Schenkungen und Zweckzuwendungen.

§ 35 Örtliche Zuständigkeit. (1)[3] [1] Örtlich zuständig für die Steuerfestsetzung ist in den Fällen, in denen der Erblasser zur Zeit seines Todes oder der Schenker zur Zeit der Ausführung der Zuwendung ein Inländer war, das Finanzamt, das sich bei sinngemäßer Anwendung des § 19 Absatz 1 und des § 20 der Abgabenordnung[4] ergibt. [2] Im Fall der Steuerpflicht nach § 2 Absatz 1 Nummer 1 Buchstabe b richtet sich die Zuständigkeit nach dem letzten inländischen Wohnsitz oder gewöhnlichen Aufenthalt des Erblassers oder Schenkers.

(2) Die örtliche Zuständigkeit bestimmt sich nach den Verhältnissen des Erwerbers, bei Zweckzuwendungen nach den Verhältnissen des Beschwerten, zur Zeit des Erwerbs, wenn

1. bei einer Schenkung unter Lebenden der Erwerber, bei einer Zweckzuwendung unter Lebenden der Beschwerte, eine Körperschaft, Personenvereinigung oder Vermögensmasse ist oder
2. der Erblasser zur Zeit seines Todes oder der Schenker zur Zeit der Ausführung der Zuwendung kein Inländer war. [2] Sind an einem Erbfall mehrere inländische Erwerber mit Wohnsitz oder gewöhnlichem Aufenthalt in verschiedenen Finanzamtsbezirken beteiligt, ist das Finanzamt örtlich zuständig, das zuerst mit der Sache befaßt wird.

(3)[5] [1] Bei Schenkungen und Zweckzuwendungen unter Lebenden von einer Erbengemeinschaft ist das Finanzamt zuständig, das für die Bearbeitung des Erbfalls zuständig ist. [2] Satz 1 gilt auch, wenn eine Erbengemeinschaft aus zwei

---

[1] § 34 Abs. 1 geänd. mWv 28.8.2002 durch G v. 21.8.2002 (BGBl. I S. 3322).

[2] § 34 Abs. 2 Nr. 2 geänd. durch G v. 29.6.2015 (BGBl. I S. 1042); zur Anwendung siehe § 37 Abs. 9.

[3] § 35 Abs. 1 Sätze 1 und 2 geänd. mWv 29.12.2020 durch G v. 21.12.2020 (BGBl. I S. 3096); zur Anwendung siehe § 37 Abs. 18.

[4] Nr. **1**.

[5] § 35 Abs. 3 neu gef. mWv 1.1.2009 durch G v. 24.12.2008 (BGBl. I S. 3018).

Erben besteht und der eine Miterbe bei der Auseinandersetzung eine Schenkung an den anderen Miterben ausführt.

(4)[1] In den Fällen der Steuerpflicht nach § 2 Absatz 1 Nummer 2 ist das Finanzamt zuständig, das sich bei sinngemäßer Anwendung des § 20 Absatz 1 und 2 der Abgabenordnung ergibt.

(5)[2] In den Fällen des § 2 Absatz 1 Nummer 3 ist das Finanzamt örtlich zuständig, das sich bei sinngemäßer Anwendung des § 19 Absatz 2 der Abgabenordnung ergibt.

Abschnitt 5. Ermächtigungs- und Schlußvorschriften

§ 36 Ermächtigungen. (1) Die Bundesregierung wird ermächtigt, mit Zustimmung des Bundesrates

1. zur Durchführung dieses Gesetzes Rechtsverordnungen zu erlassen, soweit dies zur Wahrung der Gleichmäßigkeit bei der Besteuerung, zur Beseitigung von Unbilligkeiten in Härtefällen oder zur Vereinfachung des Besteuerungsverfahrens erforderlich ist, und zwar über
   a) die Abgrenzung der Steuerpflicht,
   b) die Feststellung und die Bewertung des Erwerbs von Todes wegen, der Schenkungen unter Lebenden und der Zweckzuwendungen, auch soweit es sich um den Inhalt von Schließfächern handelt,
   c) die Steuerfestsetzung, die Anwendung der Tarifvorschriften und die Steuerentrichtung,
   d) die Anzeige- und Erklärungspflicht der Steuerpflichtigen,
   e) die Anzeige-, Mitteilungs- und Übersendungspflichten der Gerichte, Behörden, Beamten und Notare, der Versicherungsunternehmen, der Vereine und Berufsverbände, die mit einem Versicherungsunternehmen die Zahlung einer Versicherungssumme für den Fall des Todes ihrer Mitglieder vereinbart haben, der geschäftsmäßigen Verwahrer und Verwalter fremden Vermögens, auch soweit es sich um in ihrem Gewahrsam befindliche Vermögensgegenstände des Erblassers handelt, sowie derjenigen, die auf den Namen lautende Aktien oder Schuldverschreibungen ausgegeben haben;
2. Vorschriften durch Rechtsverordnung zu erlassen über die sich aus der Aufhebung oder Änderung von Vorschriften dieses Gesetzes ergebenden Rechtsfolgen, soweit dies zur Wahrung der Gleichmäßigkeit der Besteuerung oder zur Beseitigung von Unbilligkeiten in Härtefällen erforderlich ist.

(2) Das Bundesministerium der Finanzen wird ermächtigt, den Wortlaut dieses Gesetzes und der zu diesem Gesetz erlassenen Durchführungsverordnung in der jeweils geltenden Fassung satzweise numeriert mit neuem Datum und neuer Paragraphenfolge bekanntzumachen und dabei Unstimmigkeiten des Wortlauts zu beseitigen.

---

[1] § 35 Abs. 4 eingef. mWv 29.12.2020 durch G v. 21.12.2020 (BGBl. I S. 3096); zur Anwendung siehe § 37 Abs. 18.

[2] § 35 früherer Abs. 4 neu gef. durch G v. 7.12.2011 (BGBl. I S. 2592); zur Anwendung siehe § 37 Abs. 7; geänd. mWv 25.6.2017 durch G v. 23.6.2017 (BGBl. I S. 1682); bish. Abs. 4 wird Abs. 5 mWv 29.12.2020 durch G v. 21.12.2020 (BGBl. I S. 3096); zur Anwendung siehe § 37 Abs. 18.

§ 37 Anwendung des Gesetzes. (1)[1] Dieses Gesetz in der Fassung des Artikels 6 des Gesetzes vom 22. Dezember 2009 (BGBl. I S. 3950) findet auf Erwerbe Anwendung, für die die Steuer nach dem 31. Dezember 2009 entsteht.

(2)[2] [1] In Erbfällen, die vor dem 31. August 1980 eingetreten sind, und für Schenkungen, die vor diesem Zeitpunkt ausgeführt worden sind, ist weiterhin § 25 in der Fassung des Gesetzes vom 17. April 1974 (BGBl. I S. 933) anzuwenden, auch wenn die Steuer infolge Aussetzung der Versteuerung nach § 25 Abs. 1 Buchstabe a erst nach dem 30. August 1980 entstanden ist oder entsteht. [2] In Erbfällen, die vor dem 1. Januar 2009 eingetreten sind, und für Schenkungen, die vor diesem Zeitpunkt ausgeführt worden sind, ist weiterhin § 25 Abs. 1 Satz 3 und Abs. 2 in der Fassung der Bekanntmachung vom 27. Februar 1997 (BGBl. I S. 378) anzuwenden.

(3)[3] [1] Die §§ 13a und 19a Absatz 5 in der Fassung des Artikels 6 des Gesetzes vom 22. Dezember 2009 (BGBl. I S. 3950) finden auf Erwerbe Anwendung, für die die Steuer nach dem 31. Dezember 2008 entsteht. [2] § 13a in der Fassung des Artikels 6 des Gesetzes vom 22. Dezember 2009 (BGBl. I S. 3950) ist nicht anzuwenden, wenn das begünstigte Vermögen vor dem 1. Januar 2011 von Todes wegen oder durch Schenkung unter Lebenden erworben wird, bereits Gegenstand einer vor dem 1. Januar 2007 ausgeführten Schenkung desselben Schenkers an dieselbe Person war und wegen eines vertraglichen Rückforderungsrechts nach dem 11. November 2005 herausgegeben werden musste.

(4)[4] § 13 Absatz 1 Nummer 1, § 13b Absatz 2 Satz 6 und 7 und Absatz 3, § 15 Absatz 1, § 16 Absatz 1 und § 17 Absatz 1 Satz 1 in der Fassung des Artikels 14 des Gesetzes vom 8. Dezember 2010 (BGBl. I S. 1768) sind auf Erwerbe anzuwenden, für die die Steuer nach dem 13. Dezember 2010 entsteht.

(5)[4] Soweit Steuerbescheide für Erwerbe von Lebenspartnern noch nicht bestandskräftig sind, ist

1. § 15 Absatz 1 in der Fassung des *Artikels 13*[5] des Gesetzes vom 8. Dezember 2010 (BGBl. I S. 1768) auf Erwerbe, für die die Steuer nach dem 31. Juli 2001 entstanden ist, anzuwenden;
2. § 16 Absatz 1 Nummer 1 in der Fassung des *Artikels 13*[5] des Gesetzes vom 8. Dezember 2010 (BGBl. I S. 1768) auf Erwerbe, für die die Steuer nach dem 31. Dezember 2001 und vor dem 1. Januar 2009 entstanden ist, mit der Maßgabe anzuwenden, dass an die Stelle des Betrages von 500 000 Euro ein Betrag von 307 000 Euro tritt;
3. § 16 Absatz 1 Nummer 1 in der Fassung des Artikels 14 des Gesetzes vom 8. Dezember 2010 (BGBl. I S. 1768) auf Erwerbe, für die die Steuer nach dem 31. Juli 2001 und vor dem 1. Januar 2002 entstanden ist, mit der Maßgabe anzuwenden, dass an die Stelle des Betrages von 500 000 Euro ein Betrag von 600 000 Deutsche Mark tritt;

ErbStG

---

[1] § 37 Abs. 1 neu gef. durch G v. 22.12.2009 (BGBl. I S. 3950).
[2] § 37 Abs. 2 Satz 2 angef. durch G v. 24.12.2008 (BGBl. I S. 3018).
[3] § 37 Abs. 3 neu gef. durch G v. 22.12.2009 (BGBl. I S. 3950).
[4] § 37 Abs. 4 und 5 angef. durch G v. 8.12.2010 (BGBl. I S. 1768).
[5] Richtig wohl: „Artikel 14".

4. § 17 Absatz 1 in der Fassung des Artikels 14 des Gesetzes vom 8. Dezember 2010 (BGBl. I S. 1768) auf Erwerbe, für die die Steuer nach dem 31. Dezember 2001 und vor dem 1. Januar 2009 entstanden ist, anzuwenden;
5. § 17 Absatz 1 in der Fassung des Artikels 14 des Gesetzes vom 8. Dezember 2010 (BGBl. I S. 1768) auf Erwerbe, für die die Steuer nach dem 31. Juli 2001 und vor dem 1. Januar 2002 entstanden ist, mit der Maßgabe anzuwenden, dass an die Stelle des Betrages von 256 000 Euro ein Betrag von 500 000 Deutsche Mark tritt.

(6)[1] § 13a Absatz 1a und § 13b Absatz 2 und 2a in der Fassung des Artikels 8 des Gesetzes vom 1. November 2011 (BGBl. I S. 2131) sind auf Erwerbe anzuwenden, für die die Steuer nach dem 30. Juni 2011 entsteht.

(7)[2] [1] § 2 Absatz 1 Nummer 1 und 3 und Absatz 3, § 7 Absatz 8, § 15 Absatz 4, § 16 Absatz 1 und 2, § 19 Absatz 2, § 21 Absatz 1 und § 35 Absatz 4 in der Fassung des Artikels 11 des Gesetzes vom 7. Dezember 2011 (BGBl. I S. 2592) finden auf Erwerbe Anwendung, für die die Steuer nach dem 13. Dezember 2011 entsteht. [2] § 2 Absatz 1 Nummer 1 und 3 und Absatz 3, § 16 Absatz 1 und 2, § 19 Absatz 2, § 21 Absatz 1 und § 35 Absatz 4 in der Fassung des Artikels 11 des Gesetzes vom 7. Dezember 2011 (BGBl. I S. 2592) finden auf Antrag auch auf Erwerbe Anwendung, für die die Steuer vor dem 14. Dezember 2011 entsteht, soweit Steuerbescheide noch nicht bestandskräftig sind.

(8)[3] § 13a Absatz 1 Satz 4, Absatz 4 Satz 5 und § 13b Absatz 2 in der Fassung des Artikels 30 des Gesetzes vom 26. Juni 2013 (BGBl. I S. 1809) sind auf Erwerbe anzuwenden, für die die Steuer nach dem 6. Juni 2013 entsteht.

(9)[4] § 34 Absatz 2 Nummer 2 in der Fassung des Artikels 17 des Gesetzes vom 29. Juni 2015 (BGBl. I S. 1042) ist auf Erwerbe anzuwenden, für die die Steuer nach dem 16. August 2015 entsteht.

(10)[5] [1] § 13 Absatz 1 Nummer 16 Buchstabe b und c und § 30 Absatz 4 Nummer 1 in der am 6. November 2015 geltenden Fassung sind auf Erwerbe anzuwenden, für die die Steuer nach dem 5. November 2015 entstanden ist. [2] § 13 Absatz 1 Nummer 16 Buchstabe b und c in der am 6. November 2015 geltenden Fassung ist auch auf Erwerbe anzuwenden, für die die Steuer vor dem 6. November 2015 entsteht, soweit Steuerbescheide noch nicht bestandskräftig sind.

(11)[6] § 13 Absatz 1 Nummer 2 Buchstabe b Doppelbuchstabe bb in der am 6. August 2016 geltenden Fassung ist auf Erwerbe anzuwenden, für die die Steuer nach dem 5. August 2016 entstanden ist.

(12)[7] [1] Die §§ 10, 13a bis 13d, 19a, 28 und 28a in der Fassung des Artikels 1 des Gesetzes vom 4. November 2016 (BGBl. I S. 2464) finden auf Erwerbe Anwendung, für die die Steuer nach dem 30. Juni 2016 entsteht. [2] § 13a Absatz 1 Satz 3 und 4 in der Fassung des Artikels 1 des Gesetzes vom 4. November 2016 (BGBl. I S. 2464) findet auf frühere Erwerbe Anwendung, für die die Steuer nach dem 30. Juni 2016 entsteht. [3] § 13c Absatz 2 Satz 3 bis 5

---

[1] § 37 Abs. 6 angef. durch G v. 1.11.2011 (BGBl. I S. 2131).
[2] § 37 Abs. 7 angef. durch G v. 7.12.2011 (BGBl. I S. 2592).
[3] § 37 Abs. 8 angef. durch G v. 26.6.2013 (BGBl. I S. 1809).
[4] § 37 Abs. 9 angef. durch G v. 29.6.2015 (BGBl. I S. 1042).
[5] § 37 Abs. 10 angef. durch G v. 2.11.2015 (BGBl. I S. 1834).
[6] § 37 Abs. 11 angef. durch G v. 31.7.2016 (BGBl. I S. 1914).
[7] § 37 Abs. 12 angef. durch G v. 4.11.2016 (BGBl. I S. 2464).

in der Fassung des Artikels 1 des Gesetzes vom 4. November 2016 (BGBl. I S. 2464) findet auf frühere Erwerbe Anwendung, für die die Steuer nach dem 30. Juni 2016 entsteht.

(13)[1) 1]§ 17 in der am 25. Juni 2017 geltenden Fassung ist auf Erwerbe anzuwenden, für die die Steuer nach dem 24. Juni 2017 entsteht. [2]§ 17 in der am 25. Juni 2017 geltenden Fassung ist auch auf Erwerbe anzuwenden, für die die Steuer vor dem 25. Juni 2017 entstanden ist, soweit Steuerbescheide noch nicht bestandskräftig sind.

(14)[2)] § 2 Absatz 1 Nummer 3, § 3 Absatz 2 Nummer 4, § 9 Absatz 1 Nummer 1 Buchstabe f, § 13 Absatz 1 Nummer 16 Buchstabe c Satz 2 und § 16 Absatz 1 und 2 in der am 25. Juni 2017 geltenden Fassung sind auf Erwerbe anzuwenden, für die die Steuer nach dem 24. Juni 2017 entsteht.

(15)[3)] § 13 Absatz 1 Nummer 18 Buchstabe a in der Fassung des Artikels 6 des Gesetzes vom 18. Juli 2017 (BGBl. I S. 2730) ist auf Erwerbe anzuwenden, für die die Steuer nach dem 29. Juli 2017 entsteht.

(16)[4)] [1]Die §§ 19a und 28 in der Fassung des Artikels 18 des Gesetzes vom 11. Dezember 2018 (BGBl. I S. 2338) finden auf Erwerbe Anwendung, für die die Steuer nach dem 14. Dezember 2018 entsteht. [2]§ 28a in der Fassung des Artikels 18 des Gesetzes vom 11. Dezember 2018 (BGBl. I S. 2338) findet auf Erwerbe Anwendung, für die ein Erlass erstmals nach dem 14. Dezember 2018 ausgesprochen wurde.

(17)[5)] Auf Erwerbe, für die die Steuer vor dem Zeitpunkt entstanden ist, ab dem das Vereinigte Königreich Großbritannien und Nordirland nicht mehr Mitgliedstaat der Europäischen Union ist und auch nicht wie ein solcher zu behandeln ist, ist dieses Gesetz mit der Maßgabe anzuwenden, dass das Vereinigte Königreich Großbritannien und Nordirland weiterhin als Mitgliedstaat der Europäischen Union gilt.

(18)[6)] § 3 Absatz 2 Nummer 5, § 5 Absatz 1 Satz 6, § 10 Absatz 1 Satz 3 sowie Absatz 6 und 8, § 13 Absatz 1 Nummer 9a, § 13a Absatz 9a, § 13b Absatz 10 Satz 1, § 14 Absatz 2, § 29 Absatz 1 Nummer 4 Satz 2, § 30 Absatz 5, § 31 Absatz 1 sowie § 35 Absatz 1, 4 und 5 in der am 29. Dezember 2020 geltenden Fassung sind auf Erwerbe anzuwenden, für die die Steuer nach dem 28. Dezember 2020 entsteht.

(19)[7)] § 13 Absatz 1 Nummer 19 in der Fassung des Artikels 6 des Gesetzes vom 16. Juli 2021 (BGBl. I S. 2931) ist in allen Fällen anzuwenden, soweit die Steuerbescheide noch nicht bestandskräftig sind.

§ 37a Sondervorschriften aus Anlaß der Herstellung der Einheit Deutschlands. (1) (weggefallen)

(2) [1]Für den Zeitpunkt der Entstehung der Steuerschuld ist § 9 Abs. 1 Nr. 1 auch dann maßgebend, wenn der Erblasser in dem in Artikel 3 des Einigungs-

[1)] § 37 Abs. 13 angef. durch G v. 23.6.2017 (BGBl. I S. 1682).
[2)] § 37 Abs. 14 angef. durch G v. 23.6.2017 (BGBl. I S. 1682).
[3)] § 37 Abs. 15 angef. durch G v. 18.7.2017 (BGBl. I S. 2730).
[4)] § 37 Abs. 16 angef. durch G v. 11.12.2018 (BGBl. I S. 2338).
[5)] § 37 Abs. 17 angef. durch G v. 25.3.2019 (BGBl. I S. 357).
[6)] § 37 Abs. 18 angef. durch G v. 21.12.2020 (BGBl. I S. 3096).
[7)] § 37 Abs. 19 angef. durch G v. 16.7.2021 (BGBl. I S. 2931).

vertrages genannten Gebiet[1] vor dem 1. Januar 1991 verstorben ist, es sei denn, daß die Steuer nach dem Erbschaftsteuergesetz der Deutschen Demokratischen Republik vor dem 1. Januar 1991 entstanden ist. [2] § 9 Abs. 2 gilt entsprechend, wenn die Versteuerung nach § 34 des Erbschaftsteuergesetzes (ErbStG) der Deutschen Demokratischen Republik in der Fassung vom 18. September 1970 (Sonderdruck Nr. 678 des Gesetzblattes) ausgesetzt wurde.

(3) (weggefallen)

(4) Als frühere Erwerbe im Sinne des § 14 gelten auch solche, die vor dem 1. Januar 1991 dem Erbschaftsteuerrecht der Deutschen Demokratischen Republik unterlegen haben.

(5) Als frühere Erwerbe desselben Vermögens im Sinne des § 27 gelten auch solche, für die eine Steuer nach dem Erbschaftsteuerrecht der Deutschen Demokratischen Republik erhoben wurde, wenn der Erwerb durch Personen im Sinne des § 15 Abs. 1 Steuerklasse I erfolgte.

(6) § 28 ist auch anzuwenden, wenn eine Steuer nach dem Erbschaftsteuerrecht der Deutschen Demokratischen Republik erhoben wird.

(7) [1] Ist in dem in Artikel 3 des Einigungsvertrages genannten Gebiet eine Steuerfestsetzung nach § 33 des Erbschaftsteuergesetzes der Deutschen Demokratischen Republik in der Weise erfolgt, daß die Steuer jährlich im voraus von dem Jahreswert von Renten, Nutzungen oder Leistungen zu entrichten ist, kann nach Wahl des Erwerbers die Jahressteuer zum jeweils nächsten Fälligkeitstermin mit ihrem Kapitalwert abgelöst werden. [2] § 23 Abs. 2 ist entsprechend anzuwenden.

(8) Wurde in Erbfällen, die vor dem 1. Januar 1991 eingetreten sind, oder für Schenkungen, die vor diesem Zeitpunkt ausgeführt worden sind, die Versteuerung nach § 34 des Erbschaftsteuergesetzes der Deutschen Demokratischen Republik ausgesetzt, ist diese Vorschrift weiterhin anzuwenden, auch wenn die Steuer infolge der Aussetzung der Versteuerung erst nach dem 31. Dezember 1990 entsteht.

§ 38 (weggefallen)

§ 39 (weggefallen)

---

[1] Das sind die Länder Brandenburg, Mecklenburg-Vorpommern, Sachsen, Sachsen-Anhalt und Thüringen sowie der Ostteil Berlins.

8. Erbschaftsteuer-Durchführungsverordnung (ErbStDV)[1)]

Vom 8. September 1998

(BGBl. I S. 2658)

FNA 611-8-2-2-1

geänd. durch Art. 20 Steuer-Euroglättungsgesetz (StEuglG) v. 19.12.2000 (BGBl. I S. 1790), Art. 3 Gesetz zur Modernisierung des Stiftungsrechts v. 15.7.2002 (BGBl. I S. 2634), Art. 34 Drittes Gesetz zur Änderung verwaltungsverfahrensrechtlicher Vorschriften v. 21.8.2002 (BGBl. I S. 3322), Art. 1 VO v. 2.11.2005 (BGBl. I S. 3126), Art. 3 Abs. 2 Gesetz zur Reform des Personenstandsrechts (Personenstandsrechtsreformgesetz – PStRG) v. 19.2.2007 (BGBl. I S. 122), Art. 5 Verordnung zur Änderung steuerlicher Verordnungen v. 17.11.2010 (BGBl. I S. 1544), Art. 27 Jahressteuergesetz 2010 (JStG 2010) v. 8.12.2010 (BGBl. I S. 1768), Art. 16 Gesetz zur Anpassung steuerlicher Regelungen an die Rechtsprechung des Bundesverfassungsgerichts v. 18.7.2014 (BGBl. I S. 1042), Art. 2 Verordnung zur Änderung steuerlicher Verordnungen und weiterer Vorschriften v. 22.12.2014 (BGBl. I S. 2392), Art. 18 Gesetz zum Internationalen Erbrecht und zur Änderung von Vorschriften zum Erbschein sowie zur Änderung sonstiger Vorschriften v. 29.6.2015 (BGBl. I S. 1042), Art. 13 Gesetz zur Reform des Grundsteuer- und Bewertungsrechts (Grundsteuer-Reformgesetz – GrStRefG) v. 26.11.2019 (BGBl. I S. 1794) und Art. 4 Fünfte Verordnung zur Änderung steuerlicher Verordnungen v. 25.6.2020 (BGBl. I S. 1495)

Nichtamtliche Inhaltsübersicht

Zu § 33 ErbStG

§ 1 Anzeigepflicht der Vermögensverwahrer und der Vermögensverwalter
§ 2 Anzeigepflicht derjenigen, die auf den Namen lautende Aktien oder Schuldverschreibungen ausgegeben haben
§ 3 Anzeigepflicht der Versicherungsunternehmen

Zu § 34 ErbStG

§ 4 Anzeigepflicht der Standesämter
§ 5 Verzeichnis der Standesämter
§ 6 Anzeigepflicht der Gerichte bei Todeserklärungen
§ 7 Anzeigepflicht der Gerichte, Notare und sonstigen Urkundspersonen in Erbfällen
§ 8 Anzeigepflicht der Gerichte, Notare und sonstigen Urkundspersonen bei Schenkungen und Zweckzuwendungen unter Lebenden
§ 9 Anzeigepflicht der Auslandsstellen
§ 10 Anzeigepflicht der Genehmigungsbehörden
§ 11 Anzeigen im automatisierten Verfahren

Schlußvorschriften

§ 12 Anwendung der Verordnung
§ 13 Inkrafttreten, Außerkrafttreten

Muster

Muster 1 Anzeige über die Verwahrung oder Verwaltung fremden Vermögens
Muster 2 Anzeige über die Auszahlung oder Zurverfügungstellung von Versicherungssummen oder Leibrenten an einen anderen als den Versicherungsnehmer
Muster 3 Totenliste
Muster 4 Fehlanzeige
Muster 5 Übersendungsschreiben der Gerichte und Notare
Muster 6 Beglaubigte Abschrift der Schenkungsurkunde

[1)] Zur Anwendung siehe § 12.

Zu § 33 ErbStG

§ 1 Anzeigepflicht der Vermögensverwahrer und der Vermögensverwalter. (1)[1] [1] Wer zur Anzeige über die Verwahrung oder Verwaltung von Vermögen eines Erblassers verpflichtet ist, hat die Anzeige nach § 33 Abs. 1 des Gesetzes[2] mit einem Vordruck nach Muster 1 zu erstatten. [2] Wird die Anzeige in einem maschinellen Verfahren erstellt, kann auf eine Unterschrift verzichtet werden. [3] Die Anzeigepflicht bezieht sich auch auf die für das Jahr des Todes bis zum Todestag errechneten Zinsen für Guthaben, Forderungen und Wertpapiere (Stückzinsen). [4] Die Anzeige ist bei dem für die Verwaltung der Erbschaftsteuer zuständigen Finanzamt (§ 35 des Gesetzes) einzureichen.

(2) Die Anzeigepflicht besteht auch dann, wenn an dem in Verwahrung oder Verwaltung befindlichen Wirtschaftsgut außer dem Erblasser auch noch andere Personen beteiligt sind.

(3) Befinden sich am Todestag des Erblassers bei dem Anzeigepflichtigen Wirtschaftsgüter in Gewahrsam, die vom Erblasser verschlossen oder unter Mitverschluß gehalten wurden (z.B. in Schließfächern), genügt die Mitteilung über das Bestehen eines derartigen Gewahrsams und, soweit er dem Anzeigepflichtigen bekannt ist, die Mitteilung des Versicherungswerts.

(4) Die Anzeige darf nur unterbleiben,

1. wenn es sich um Wirtschaftsgüter handelt, über die der Erblasser nur die Verfügungsmacht hatte, insbesondere als gesetzlicher Vertreter, Betreuer, Liquidator, Verwalter oder Testamentsvollstrecker, oder
2.[3] wenn der Wert der anzuzeigenden Wirtschaftsgüter 5 000 Euro nicht übersteigt.

ErbStDV

§ 2[4] Anzeigepflicht derjenigen, die auf den Namen lautende Aktien oder Schuldverschreibungen ausgegeben haben. [1] Wer auf den Namen lautende Aktien oder Schuldverschreibungen ausgegeben hat, hat unverzüglich nach dem Eingang eines Antrags auf Umschreibung der Aktien oder Schuldverschreibungen eines Verstorbenen dem für die Verwaltung der Erbschaftsteuer zuständigen Finanzamt (§ 35 des Gesetzes) unter Hinweis auf § 33 Abs. 2 des Gesetzes anzuzeigen:

1. die Wertpapier-Kennnummer, die Stückzahl und den Nennbetrag der Aktien oder Schuldverschreibungen,
2.[5] die letzte Anschrift und die Identifikationsnummer des Erblassers, auf dessen Namen die Wertpapiere lauten,
3. den Todestag des Erblassers und – wenn dem Anzeigepflichtigen bekannt – das Standesamt, bei dem der Sterbefall beurkundet worden ist,

---

[1] § 1 Abs. 1 Satz 2 eingef. durch VO v. 2.11.2005 (BGBl. I S. 3126).

[2] Nr. **7**.

[3] § 1 Abs. 4 Nr. 2 geänd. durch VO v. 2.11.2005 (BGBl. I S. 3126); geänd. durch VO v. 17.11.2010 (BGBl. I S. 1544); zur Anwendung siehe § 12 Abs. 1.

[4] § 2 Satz 2 angef. durch VO v. 17.11.2010 (BGBl. I S. 1544); zur erstmaligen Anwendung siehe § 12 Abs. 1.

[5] § 2 Satz 1 Nr. 2 geänd. durch VO v. 22.12.2014 (BGBl. I S. 2392); zur Anwendung siehe § 12 Abs. 3.

4.[1] den Namen, die Identifikationsnummer, die Anschrift und, soweit dem Anzeigepflichtigen bekannt, das persönliche Verhältnis (Verwandtschaftsverhältnis, Ehegatte oder Lebenspartner) der Person, auf deren Namen die Wertpapiere umgeschrieben werden sollen.

[2] Die Anzeige darf nur unterbleiben, wenn der Wert der anzuzeigenden Wertpapiere 5 000 Euro nicht übersteigt.

§ 3 Anzeigepflicht der Versicherungsunternehmen. (1) [1] Zu den Versicherungsunternehmen, die Anzeigen nach § 33 Abs. 3 des Gesetzes zu erstatten haben, gehören auch die Sterbekassen von Berufsverbänden, Vereinen und anderen Anstalten, soweit sie die Lebens-(Sterbegeld-) oder Leibrenten-Versicherung betreiben. [2] Die Anzeigepflicht besteht auch für Vereine und Berufsverbände, die mit einem Versicherungsunternehmen die Zahlung einer Versicherungssumme (eines Sterbegeldes) für den Fall des Todes ihrer Mitglieder vereinbart haben, wenn der Versicherungsbetrag an die Hinterbliebenen der Mitglieder weitergeleitet wird. [3] Ortskrankenkassen gelten nicht als Versicherungsunternehmen im Sinne der genannten Vorschrift.

(2)[2] [1] Dem für die Verwaltung der Erbschaftsteuer zuständigen Finanzamt (§ 35 des Gesetzes) sind mit einem Vordruck nach Muster 2 alle Versicherungssummen oder Leibrenten, die einem anderen als dem Versicherungsnehmer auszuzahlen oder zur Verfügung zu stellen sind, und, soweit dem Anzeigepflichtigen bekannt, das persönliche Verhältnis (Verwandtschaftsverhältnis, Ehegatte oder Lebenspartner) der Person, an die die Auszahlung oder Zurverfügungstellung erfolgt, anzuzeigen. [2] Zu den Versicherungssummen rechnen insbesondere auch Versicherungsbeträge aus Sterbegeld-, Aussteuer- und ähnlichen Versicherungen. [3] Bei einem Wechsel des Versicherungsnehmers vor Eintritt des Versicherungsfalls sind der Rückkaufswert der Versicherung sowie der Name, die Identifikationsnummer, die Anschrift und das Geburtsdatum des neuen Versicherungsnehmers anzuzeigen.

(3)[3] [1] Die Anzeige unterbleibt bei solchen Versicherungssummen, die auf Grund eines von einem Arbeitgeber für seine Arbeitnehmer abgeschlossenen Versicherungsvertrages bereits zu Lebzeiten des Versicherten (Arbeitnehmers) fällig und an diesen ausgezahlt werden. [2] Die Anzeige darf bei Kapitalversicherungen unterbleiben, wenn der auszuzahlende Betrag 5 000 Euro nicht übersteigt.

Zu § 34 ErbStG

§ 4 Anzeigepflicht der Standesämter. (1)[4] [1] Die Standesämter haben für jeden Kalendermonat die Sterbefälle jeweils durch Übersendung der Sterbeurkunde in zweifacher Ausfertigung binnen zehn Tagen nach Ablauf des Monats

---

[1] § 2 Satz 1 Nr. 4 geänd. durch VO v. 17.11.2010 (BGBl. I S. 1544); zur erstmaligen Anwendung siehe § 12 Abs. 1; Nr. 4 geänd. durch VO v. 22.12.2014 (BGBl. I S. 2392); zur Anwendung siehe § 12 Abs. 3.

[2] § 3 Abs. 2 Satz 1 geänd., Satz 3 neu gef. durch VO v. 17.11.2010 (BGBl. I S. 1544); zur erstmaligen Anwendung siehe § 12 Abs. 1; Satz 3 geänd. durch VO v. 22.12.2014 (BGBl. I S. 2392), zur Anwendung siehe § 12 Abs. 3.

[3] § 3 Satz 2 geänd. mWv 1.1.2002 durch G v. 19.12.2000 (BGBl. I S. 1790); geänd. durch VO v. 17.11.2010 (BGBl. I S. 1544); zur erstmaligen Anwendung siehe § 12 Abs. 1.

[4] § 4 Abs. 1 Satz 1 geänd. mWv 1.1.2009 durch G v. 19.2.2007 (BGBl. I S. 122).

dem für die Verwaltung der Erbschaftsteuer zuständigen Finanzamt, in dessen Bezirk sich der Sitz des Standesamtes befindet, anzuzeigen. [2]Dabei ist die Ordnungsnummer (§ 5 Abs. 2) anzugeben, die das Finanzamt dem Standesamt zugeteilt hat. [3]Die in Satz 1 genannten Urkunden sind um Angaben zu den in Muster 3 genannten Fragen zu ergänzen, soweit diese Angaben bekannt sind.

(2)[1)] Sind in dem vorgeschriebenen Zeitraum Sterbefälle nicht beurkundet oder bekannt geworden, hat das Standesamt innerhalb von zehn Tagen nach Ablauf des Zeitraumes unter Angabe der Nummer der letzten Eintragung in das Sterberegister eine Fehlanzeige mit einem Vordruck nach Muster 4 zu übersenden.

(3) Die Oberfinanzdirektion kann anordnen,

1. daß die Anzeigen von einzelnen Standesämtern für einen längeren oder kürzeren Zeitraum als einen Monat übermittelt werden können,
2. daß die Standesämter die Sterbefälle statt der Anzeigen nach Absatz 1 und 2 durch eine Totenliste (Absatz 4) nach Muster 3 anzeigen können,
3. daß auf die zweite Ausfertigung der Sterbeurkunde verzichtet werden kann.

(4)[2)] [1]Totenlisten nach Absatz 3 Nr. 2 sind vorbehaltlich des Absatzes 3 Nr. 1 für jeden Kalendermonat aufzustellen. [2]In die Totenlisten sind einzutragen:

1.[3)] die Sterbefälle nach der Reihenfolge der Eintragungen in das Sterberegister,
2. die dem Standesamt sonst bekanntgewordenen Sterbefälle von Personen, die im Ausland verstorben sind und bei ihrem Tod einen Wohnsitz oder ihren gewöhnlichen Aufenthalt oder Vermögen im Bezirk des Standesamtes gehabt haben.

[3]Das Standesamt hat die Totenliste binnen zehn Tagen nach dem Ablauf des Zeitraumes, für den sie aufgestellt ist, nach der in dem Muster 3 vorgeschriebenen Anleitung abzuschließen und dem für die Verwaltung der Erbschaftsteuer zuständigen Finanzamt, in dessen Bezirk sich der Sitz des Standesamtes befindet, einzusenden. [4]Dabei ist die Ordnungsnummer (§ 5 Abs. 2) anzugeben, die das Finanzamt dem Standesamt zugeteilt hat. [5]Sind in dem vorgeschriebenen Zeitraum Sterbefälle nicht beurkundet worden oder bekanntgeworden, hat das Standesamt innerhalb von zehn Tagen nach Ablauf des Zeitraumes diesem Finanzamt eine Fehlanzeige nach Muster 4 zu übersenden. [6]In der Fehlanzeige ist auch die Nummer der letzten Eintragung in das Sterberegister anzugeben.

§ 5 Verzeichnis der Standesämter. (1) [1]Die Landesregierungen oder die von ihnen bestimmten Stellen teilen den für ihr Gebiet zuständigen Oberfinanzdirektionen Änderungen des Bestandes oder der Zuständigkeit der Standesämter mit. [2]Von diesen Änderungen geben die Oberfinanzdirektionen den in Betracht kommenden Finanzämtern Kenntnis.

(2) Die Finanzämter geben jedem Standesamt ihres Bezirks eine Ordnungsnummer, die sie dem Standesamt mitteilen.

[1)] § 4 Abs. 2 geänd. mWv 1.1.2009 durch G v. 19.2.2007 (BGBl. I S. 122).
[2)] § 4 Abs. 4 Satz 6 geänd. mWv 1.1.2009 durch G v. 19.2.2007 (BGBl. I S. 122).
[3)] § 4 Abs. 4 Satz 2 Nr. 1 geänd. mWv 1.1.2009 durch G v. 19.2.2007 (BGBl. I S. 122).

§ 6 Anzeigepflicht der Gerichte bei Todeserklärungen. (1) [1]Die Gerichte haben dem für die Verwaltung der Erbschaftsteuer zuständigen Finanzamt (§ 35 des Gesetzes) eine beglaubigte Abschrift der Beschlüsse über die Todeserklärung Verschollener oder über die Feststellung des Todes und der Todeszeit zu übersenden. [2]Wird ein solcher Beschluß angefochten oder eine Aufhebung beantragt, hat das Gericht dies dem Finanzamt anzuzeigen.

(2) Die Übersendung der in Absatz 1 genannten Abschriften kann bei Erbfällen von Kriegsgefangenen und ihnen gleichgestellten Personen sowie bei Erbfällen von Opfern der nationalsozialistischen Verfolgung unterbleiben, wenn der Zeitpunkt des Todes vor dem 1. Januar 1946 liegt.

§ 7 Anzeigepflicht der Gerichte, Notare und sonstigen Urkundspersonen in Erbfällen. (1)[1)] [1]Die Gerichte haben dem für die Verwaltung der Erbschaftsteuer zuständigen Finanzamt (§ 35 des Gesetzes) beglaubigte Abschriften folgender Verfügungen und Schriftstücke mit einem Vordruck nach Muster 5 zu übersenden:

1. eröffnete Verfügungen von Todes wegen mit einer Mehrausfertigung der Niederschrift über die Eröffnungsverhandlung,
2. Erbscheine,
2a.[2)] Europäische Nachlasszeugnisse,
3. Testamentsvollstreckerzeugnisse,
4. Zeugnisse über die Fortsetzung von Gütergemeinschaften,
5. Beschlüsse über die Einleitung oder Aufhebung einer Nachlaßpflegschaft oder Nachlaßverwaltung,
6. beurkundete Vereinbarungen über die Abwicklung von Erbauseinandersetzungen.

[2]Eine elektronische Übermittlung der Anzeige ist ausgeschlossen. [3]Die Anzeige hat unverzüglich nach dem auslösenden Ereignis zu erfolgen. [4]Auf der Urschrift der Mitteilung oder Anzeige ist zu vermerken, wann und an welches Finanzamt die Abschrift übersandt worden ist.

(2) Jede Mitteilung oder Übersendung soll die folgenden Angaben enthalten:

1.[3)] den Namen, die Identifikationsnummer, den Geburtstag, die letzte Anschrift, den Todestag und den Sterbeort des Erblassers,
2.[4)] das Standesamt, bei dem der Sterbefall beurkundet worden ist, und die Nummer des Sterberegisters.

(3) Soweit es den Gerichten bekannt ist, haben sie mitzuteilen:

1. den Beruf und den Familienstand des Erblassers,
2.[5)] den Güterstand bei verheirateten oder in einer Lebenspartnerschaft lebenden Erblassern,

---

[1)] § 7 Abs. 1 Satz 2 eingef. durch G v. 21.8.2002 (BGBl. I S. 3322).

[2)] § 7 Abs. 1 Satz 1 Nr. 2a eingef. durch G v. 29.6.2015 (BGBl. I S. 1042); zur Anwendung siehe § 12 Abs. 4.

[3)] § 7 Abs. 2 Nr. 1 geänd. durch VO v. 22.12.2014 (BGBl. I S. 2392); zur Anwendung siehe § 12 Abs. 3.

[4)] § 7 Abs. 2 Nr. 2 geänd. mWv 1.1.2009 durch G v. 19.2.2007 (BGBl. I S. 122).

[5)] § 7 Abs. 3 Nr. 2 geänd. durch G v. 18.7.2014 (BGBl. I S. 1042); zur Anwendung siehe § 12 Abs. 2.

3.[1] die Anschriften und die Identifikationsnummern der Beteiligten sowie das persönliche Verhältnis (Verwandtschaftsverhältnis, Ehegatte oder Lebenspartner) zum Erblasser,
4. die Höhe und die Zusammensetzung des Nachlasses in Form eines Verzeichnisses,
5. später bekanntgewordene Veränderungen in der Person der Erben oder Vermächtnisnehmer, insbesondere durch Fortfall von vorgesehenen Erben oder Vermächtnisnehmern.

(4) Die Übersendung der in Absatz 1 erwähnten Abschriften und die Erstattung der dort vorgesehenen Anzeigen dürfen unterbleiben,

1.[2] wenn die Annahme berechtigt ist, dass außer Hausrat (einschließlich Wäsche und Kleidungsstücke) im Wert von höchstens 12 000 Euro nur noch anderes Vermögen im reinen Wert von höchstens 20 000 Euro vorhanden ist,
2. bei Erbfällen von Kriegsgefangenen und ihnen gleichgestellten Personen sowie bei Erbfällen von Opfern der nationalsozialistischen Verfolgung, wenn der Zeitpunkt des Todes vor dem 1. Januar 1946 liegt,
3. wenn der Erbschein lediglich zur Geltendmachung von Ansprüchen auf Grund des Lastenausgleichsgesetzes beantragt und dem Ausgleichsamt unmittelbar übersandt worden ist,
4. wenn seit dem Zeitpunkt des Todes des Erblassers mehr als zehn Jahre vergangen sind. 2 Das gilt nicht für Anzeigen über die Abwicklung von Erbauseinandersetzungen.

(5) Die vorstehenden Vorschriften gelten entsprechend für Notare (Bezirksnotare) und sonstige Urkundspersonen, soweit ihnen Geschäfte des Nachlaßgerichtes übertragen sind.

§ 8[3] Anzeigepflicht der Gerichte, Notare und sonstigen Urkundspersonen bei Schenkungen und Zweckzuwendungen unter Lebenden.

(1) 1 Die Gerichte haben dem für die Verwaltung der Erbschaftsteuer zuständigen Finanzamt (§ 35 des Gesetzes) eine beglaubigte Abschrift der Urkunde über eine Schenkung (§ 7 des Gesetzes) oder eine Zweckzuwendung unter Lebenden (§ 8 des Gesetzes) unter Angabe des der Kostenberechnung zugrunde gelegten Werts mit einem Vordruck nach Muster 6 zu übersenden. 2 Eine elektronische Übermittlung der Anzeige ist ausgeschlossen. 3 Enthält die Urkunde keine Angaben darüber, sind die Beteiligten über

1.[4] das persönliche Verhältnis (Verwandtschaftsverhältnis, Ehegatte oder Lebenspartner) des Erwerbers zum Schenker und
2. den Wert der Zuwendung

---

[1] § 7 Abs. 3 Nr. 3 geänd. durch VO v. 17.11.2010 (BGBl. I S. 1544); zur Anwendung siehe § 12 Abs. 1; geänd. durch VO v. 22.12.2014 (BGBl. I S. 2392); zur Anwendung siehe § 12 Abs. 3.

[2] § 7 Abs. 4 Nr. 1 neu gef. durch VO v. 17.11.2010 (BGBl. I S. 1544); zur erstmaligen Anwendung siehe § 12 Abs. 1.

[3] § 8 Abs. 1 Satz 2 eingef. durch G v. 21.8.2002 (BGBl. I S. 3322).

[4] § 8 Abs. 1 Satz 3 Nr. 1 geänd. durch VO v. 17.11.2010 (BGBl. I S. 1544); zur Anwendung siehe § 12 Abs. 1.

zu befragen und die Angaben in der Anzeige mitzuteilen. [4]Die Anzeige hat unverzüglich nach der Beurkundung zu erfolgen. [5]Auf der Urschrift der Urkunde ist zu vermerken, wann und an welches Finanzamt die Abschrift übersandt worden ist. [6]Die Gerichte haben bei der Beurkundung von Schenkungen und Zweckzuwendungen unter Lebenden die Beteiligten auf die mögliche Steuerpflicht hinzuweisen.

(2) Die Verpflichtungen nach Absatz 1 erstrecken sich auch auf Urkunden über Rechtsgeschäfte, die zum Teil oder der Form nach entgeltlich sind, bei denen aber Anhaltspunkte dafür vorliegen, daß eine Schenkung oder Zweckzuwendung unter Lebenden vorliegt.

(3)[1] Die Übersendung einer beglaubigten Abschrift von Schenkungs- und Übergabeverträgen und die Mitteilung der in Absatz 1 vorgesehenen Angaben darf unterbleiben, wenn Gegenstand der Schenkung nur Hausrat (einschließlich Wäsche und Kleidungsstücke) im Wert von höchstens 12 000 Euro und anderes Vermögen im reinen Wert von höchstens 20 000 Euro ist.

(4) Die vorstehenden Vorschriften gelten entsprechend für Notare (Bezirksnotare) und sonstige Urkundspersonen.

§ 9[2] Anzeigepflicht der Auslandsstellen. [1]Die diplomatischen Vertreter und Konsuln des Bundes haben dem Bundeszentralamt für Steuern anzuzeigen:

1. die ihnen bekannt gewordenen Sterbefälle von Deutschen ihres Amtsbezirks,
2. die ihnen bekannt gewordenen Zuwendungen ausländischer Erblasser oder Schenker an Personen, die im Inland einen Wohnsitz oder ihren gewöhnlichen Aufenthalt haben.

[2]Eine elektronische Übermittlung der Anzeige ist ausgeschlossen.

§ 10[3] Anzeigepflicht der Genehmigungsbehörden. [1]Die Behörden, die Stiftungen anerkennen oder Zuwendungen von Todes wegen und unter Lebenden an juristische Personen und dergleichen genehmigen, haben dem für die Verwaltung der Erbschaftsteuer zuständigen Finanzamt (§ 35 des Gesetzes) über solche innerhalb eines Kalendervierteljahres erteilten Anerkennungen oder Genehmigungen unmittelbar nach Ablauf des Vierteljahres eine Nachweisung zu übersenden. [2]Eine elektronische Übermittlung der Anzeige ist ausgeschlossen. [3]Die Verpflichtung erstreckt sich auch auf Rechtsgeschäfte der in § 8 Abs. 2 bezeichneten Art. [4]In der Nachweisung sind bei einem Anerkennungs- oder Genehmigungsfall anzugeben:

1. der Tag der Anerkennung oder Genehmigung,
2.[4] die Anschriften und die Identifikationsnummern des Erblassers (Schenkers) und des Erwerbers (bei einer Zweckzuwendung die Anschrift und die Identifikationsnummer des mit der Durchführung der Zweckzuwendung Beschwerten),

---

[1] § 8 Abs. 3 neu gef. durch VO v. 17.11.2010 (BGBl. I S. 1544); zur Anwendung siehe § 12 Abs. 1.

[2] § 9 Satz 2 angef. durch G v. 21.8.2002 (BGBl. I S. 3322); Satz 1 geänd. mWv 1.1.2009 durch G v. 19.2.2007 (BGBl. I S. 122); Satz 1 geänd. mWv 14.12.2010 durch G v. 8.12.2010 (BGBl. I S. 1768).

[3] § 10 Sätze 1, 4 und 5 geänd. durch G v. 15.7.2002 (BGBl. I S. 2634); Satz 2 eingef., bish. Sätze 2 bis 4 werden Sätze 3 bis 5 durch G v. 21.8.2002 (BGBl. I S. 3322).

[4] § 10 Satz 4 Nr. 2 geänd. durch VO v. 22.12.2014 (BGBl. I S. 2392); zur Anwendung siehe § 12 Abs. 3.

3. die Höhe des Erwerbs (der Zweckzuwendung),
4. bei Erwerben von Todes wegen der Todestag und der Sterbeort des Erblassers,
5. bei Anerkennung einer Stiftung als rechtsfähig der Name, der Sitz (der Ort der Geschäftsleitung), der Zweck der Stiftung und der Wert des ihr gewidmeten Vermögens,
6.[1] wenn bei der Anerkennung oder Genehmigung dem Erwerber Leistungen an andere Personen oder zu bestimmten Zwecken auferlegt oder wenn von dem Erwerber solche Leistungen zur Erlangung der Anerkennung oder Genehmigung freiwillig übernommen werden: Art und Wert der Leistungen, die begünstigten Personen oder Zwecke und das persönliche Verhältnis (Verwandtschaftsverhältnis, Ehegatte oder Lebenspartner) der begünstigten Personen zum Erblasser (Schenker).

[5] Als Nachweisung kann eine beglaubigte Abschrift der der Stiftung zugestellten Urkunde über die Anerkennung als rechtsfähig dienen, wenn aus ihr die genannten Angaben zu ersehen sind.

§ 11 Anzeigen im automatisierten Verfahren. Die oberste Finanzbehörde eines Landes kann anordnen, daß die Anzeigen den Finanzämtern ihres Zuständigkeitsbereichs in einem automatisierten Verfahren erstattet werden können, soweit die Übermittlung der jeweils aufgeführten Angaben gewährleistet und die Richtigkeit der Datenübermittlung sichergestellt ist.

Schlußvorschriften

§ 12[2] Anwendung der Verordnung. (1) Diese Verordnung in der Fassung des Artikels 5 der Verordnung vom 17. November 2010 (BGBl. I S. 1544) ist auf Erwerbe anzuwenden, für die die Steuer nach dem 31. Dezember 2010 entsteht.

(2) § 7 Absatz 3 Nummer 2 und die Muster 3 und Muster 5 in der Fassung des Artikels 16 des Gesetzes vom 18. Juli 2014 (BGBl. I S. 1042) sind auf Erwerbe anzuwenden, für die die Steuer nach dem 23. Juli 2014 entsteht.

(3)[3] § 2 Satz 1 Nummer 2 und 4, § 3 Absatz 2 Satz 3, § 7 Absatz 2 Nummer 1 und Absatz 3 Nummer 3, § 10 Satz 4 Nummer 2 sowie die Muster 1, 2, 5 und 6 in der am 30. Dezember 2014 geltenden Fassung sind auf Erwerbe anzuwenden, für die die Steuer nach dem 29. Dezember 2014 entsteht.

(4)[4] § 7 Absatz 1 Satz 1 Nummer 2a und Muster 5 in der Fassung des Artikels 18 des Gesetzes vom 29. Juni 2015 (BGBl. I S. 1042) sind auf Erwerbe anzuwenden, für die die Steuer nach dem 16. August 2015 entsteht.

---

[1] § 10 Satz 4 Nr. 6 geänd. durch VO v. 17.11.2010 (BGBl. I S. 1544); zur Anwendung siehe § 12 Abs. 1.
[2] § 12 neu gef. durch G v. 18.7.2014 (BGBl. I S. 1042).
[3] § 12 Abs. 3 angef. durch VO v. 22.12.2014 (BGBl. I S. 2392).
[4] § 12 Abs. 4 angef. durch G v. 29.6.2015 (BGBl. I S. 1042).

§ 13 Inkrafttreten, Außerkrafttreten. [1] Diese Verordnung tritt am 1. August 1998 in Kraft. [2] Gleichzeitig tritt die Erbschaftsteuer-Durchführungsverordnung in der im Bundesgesetzblatt Teil III, Gliederungsnummer 611-8-1, veröffentlichten bereinigten Fassung, zuletzt geändert durch Artikel 3 des Gesetzes vom 20. Dezember 1996 (BGBl. I S. 2049), außer Kraft.

Muster 1[1)]
(zu § 1 ErbStDV)

....
Firma

Erbschaftsteuer

An das
Finanzamt ....
– Erbschaftsteuerstelle –

Anzeige
über die Verwahrung oder Verwaltung fremden Vermögens (§ 33 Abs. 1 ErbStG und § 1 ErbStDV)

1. **Erblasser** Name, Vorname,
Identifikationsnummer ....
Geburtstag ....
Anschrift ....
Todestag .... Sterbeort ....
Standesamt .... Sterberegister-Nr. ....

2. **Guthaben und andere Forderungen, auch Gemeinschaftskonten**

IBAN	Nennbetrag am Todestag ohne Zinsen für das Jahr des Todes (volle EUR)	Aufgelaufene Zinsen bis zum Todestag (volle EUR)	Hat der Kontoinhaber mit dem Kreditinstitut vereinbart, daß die Guthaben oder eines derselben mit seinem Tod auf eine bestimmte Person übergehen? Wenn ja: Name und genaue Anschrift dieser Person
1	2	3	4

Von den Angaben in Spalte 1 entfallen auf unselbständige Zweigniederlassungen im Ausland:
IBAN:

3. **Wertpapiere, Anteile, Genußscheine und dergleichen, auch solche in Gemeinschaftsdepots**

Bezeichnung der Wertpapiere usw. Wertpapierkenn-Nr.	Nennbetrag am Todestag (volle EUR)	Kurswert bzw. Rücknahmepreis am Todestag (volle EUR)	Stückzinsen bis zum Todestag (volle EUR)	Bemerkungen
1	2	3	4	5

Von den Angaben in Spalte 1 entfallen auf unselbständige Zweigniederlassungen im Ausland:
Bezeichnung der Wertpapiere usw., Wertpapierkenn-Nr.:

4. Der Verstorbene hatte **kein – ein Schließfach / ... Schließfächer** Versicherungswert .... EUR
5. **Bemerkungen** (z.B. über Schulden des Erblassers beim Kreditinstitut):
....
....

....
Ort, Datum Unterschrift

[1)] Muster 1 geänd. mWv 1.1.2009 durch G v. 19.2.2007 (BGBl. I S. 122); geänd. durch VO v. 17.11.2010 (BGBl. I S. 1544); geänd. durch VO v. 22.12.2014 (BGBl. I S. 2392); zur Anwendung siehe § 12 Abs. 3.

Muster 2[1]
(zu § 3 ErbStDV)

....
Firma

Erbschaftsteuer

An das
Finanzamt ....
– Erbschaftsteuerstelle –

Anzeige

über die Auszahlung oder Zurverfügungstellung von Versicherungssummen oder Leibrenten an einen anderen als den Versicherungsnehmer (§ 33 Abs. 3 ErbStG und § 3 ErbStDV)

1. Versicherter		**und Versicherungsnehmer** (wenn er ein anderer ist als der Versicherte)
a) Name und Vorname, Identifikationsnummer	....	....
b) Geburtsdatum	....	....
c) Anschrift	....	....
d) Todestag	....	....
e) Sterbeort	....	....
f) Standesamt und Sterbe-register-Nr.	....	....

Zeitpunkt der Auszahlung beziehungsweise Zurverfügungstellung in Fällen, in denen der Versicherungsnehmer nicht verstorben ist:

2. Versicherungsschein-Nr. ....

3. a) Bei Kapitalversicherung

Auszuzahlender Versicherungsbetrag vor Abzug von einzubehaltender Kapitalertragsteuer, Solidaritätszuschlag, Kirchensteuer (einschließlich Dividenden und dergleichen abzüglich noch geschuldeter Prämien, vor der Fälligkeit der Versicherungssumme gewährter Darlehen, Vorschüsse und dergleichen .... EUR

b) Bei Rentenversicherung

Jahresbetrag .... EUR Dauer der Rente ....

4. Zahlungsempfänger ist ....

- □ als Inhaber des Versicherungsscheins*
- □ als Bevollmächtigter, gesetzlicher Vertreter des* ....
- □ als Begünstiger*
- □ aus einem anderen Grund (Abtretung, Verpfändung, gesetzliches Erbrecht, Testament und dergleichen) und welchem?* ....

* Zutreffendes ist anzukreuzen

5. Nach der **Auszahlungsbestimmung des Versicherungsnehmers,** die als Bestandteil des Versicherungsvertrags anzusehen ist, ist/sind bezugsberechtigt ....

6. Bei **Wechsel des Versicherungsnehmers**

Neuer Versicherungsnehmer ist ....

Rückkaufswert .... EUR

7. Bemerkungen (z.B. persönliches Verhältnis – Verwandtschaftsverhältnis, Ehegatte oder Lebenspartner – der Beteiligten) ....

....

....
Ort, Datum Unterschrift

[1] Muster 2 geänd. mWv 1.1.2009 durch G v. 19.2.2007 (BGBl. I S. 122); geänd. durch VO v. 17.11.2010 (BGBl. I S. 1544); geänd. durch VO v. 22.12.2014 (BGBl. I S. 2392); zur Anwendung siehe § 12 Abs. 3; geänd. mWv 30.6.2020 durch VO v. 25.6.2020 (BGBl. I S. 1495).

Muster 3[1)]
(zu § 4 ErbStDV)

....
Standesamt und Ordnungsnummer

Erbschaftsteuer
Totenliste

des Standesamtsbezirks ....
für den Zeitraum vom .... bis .... einschließlich
Sitz des Standesamts ....

Anleitung für die Aufstellung und Einsendung der Totenliste

1. Die Totenliste ist für den Zeitraum eines Monats aufzustellen, sofern nicht die Oberfinanzdirektion die Aufstellung für einen kürzeren oder längeren Zeitraum angeordnet hat. Sie ist beim Beginn des Zeitraums anzulegen. Die einzelnen Sterbefälle sind darin **sofort nach ihrer Beurkundung** einzutragen.
2. In die Totenliste sind aufzunehmen
   a) alle beurkundeten Sterbefälle nach der Reihenfolge der Eintragungen im Sterberegister,
   b) die dem Standesbeamten glaubhaft bekanntgewordenen Sterbefälle im Ausland, und zwar von Deutschen und Ausländern, wenn sie beim Tod einen Wohnsitz oder ihren gewöhnlichen Aufenthalt oder Vermögen im Bezirk des Standesamtes hatten.
3. Ausfüllen der Spalten:
   a) Spalte 1 muß **alle Nummern des Sterberegisters** in ununterbrochener Reihenfolge nachweisen. Die Auslassung einzelner Nummern ist in Spalte 7 zu erläutern. Auch der Sterbefall eines Unbekannten ist in der Totenliste anzugeben.
   b) In den Spalten 5 und 6 ist der Antwort stets der Buchstabe der Frage voranzusetzen, auf die sich die Antwort bezieht.
   c) Fragen, über die das Sterberegister keine Auskunft gibt, sind zu beantworten, soweit sie der Standesbeamte aus eigenem Wissen oder nach Befragen des Anmeldenden beantworten kann.
   d) Bezugnahmen auf vorhergehende Angaben durch „dsgl." oder durch Strichzeichen (") usw. sind zu vermeiden.
   e) Spalte 8 ist nicht auszufüllen.
4. Einlagebogen sind in den Titelbogen einzuheften.
5. Abschluß der Liste:
   a) Die Totenliste ist hinter der letzten Eintragung mit Orts- und Zeitangabe und der Unterschrift des Standesbeamten abzuschließen.
   b) Sind Sterbefälle der unter Nummer 2 Buchstabe b bezeichneten Art nicht bekanntgeworden, ist folgende Bescheinigung zu unterschreiben:

      Im Ausland eingetretene Sterbefälle von Deutschen und Ausländern, die beim Tod einen Wohnsitz oder ihren gewöhnlichen Aufenthalt oder Vermögen im Bezirk des Standesamtes hatten, sind mir nicht bekanntgeworden.

      ....
      Ort, Datum (Standesbeamter/Standesbeamtin)

   c) Binnen zehn Tagen nach Ablauf des Zeitraums, für den die Liste aufzustellen ist, ist sie dem Finanzamt einzureichen. Sind in dem Zeitraum Sterbefälle nicht anzugeben, ist dem Finanzamt binnen zehn Tagen nach Ablauf des Zeitraums eine Fehlanzeige nach besonderem Muster zu erstatten.

An das
Finanzamt ....
– Erbschaftsteuerstelle –

[1)] Muster 3 geänd. mWv 1.1.2009 durch G v. 19.2.2007 (BGBl. I S. 122); geänd. durch G v. 18.7. 2014 (BGBl. I S. 1042); zur Anwendung siehe § 12 Abs. 2.

(Seite 2)

Nummer des Sterberegisters	a) Familienname ggf. auch Geburtsname b) Vornamen c) Beruf d) Anschrift e) bei minderjährigen Kindern Name, Beruf und Anschrift (soweit von d) abweichend) des Vaters und der Mutter	a) Todestag b) Geburtstag c) Geburtsort	a) Familienstand b) bei Verheirateten oder bei Lebenspartnern Name, Beruf, Geburtstag, ggf. abweichende Anschrift des anderen Ehegatten oder Lebenspartners c) bei Verwitweten oder bei hinterbliebenen Lebenspartnern Beruf des verstorbenen Ehegatten oder Lebenspartners
	des Verstorbenen		
1	2	3	4

(Seite 3)

Lebten von dem Verstorbenen am Todestag a) Kinder? Wie viele? b) Abkömmlinge von verstorbenen Kindern? Wie viele? c) Eltern oder Geschwister? (Nur angeben, wenn a) und b) verneint wird) d) Sonstige Verwandte oder Verschwägerte? (Nur angeben, wenn a) bis c) verneint wird) e) Wer kann Auskunft geben? Zu a) bis e) bitte Name und Anschrift angeben	Worin besteht der Nachlaß und welchen Wert hat er? (kurze Angabe) a) land- und forstw. Vermögen (bitte Lage und Größe der bewirtschafteten Fläche angeben) b) Grundvermögen (bitte Lage angeben) c) Betriebsvermögen (bitte die Firma und Art des Betriebs, z.B. Einzelhandelsgeschäft, Großhandel, Handwerksbetrieb, Fabrik angeben angeben) d) Übriges Vermögen	Bemerkungen	Nummer und Jahrgang der Steuerliste
5	6	7	8

ErbStDV

Muster 4[1)]
(zu § 4 ErbStDV)

....
Standesamt und Ordnungsnummer

Erbschaftsteuer

An das
Finanzamt ....
– Erbschaftsteuerstelle –

Fehlanzeige

Im Standesamtsbezirk ....
sind für die Zeit vom .... bis .... einschließlich
Sterbefälle nicht anzugeben.

Der letzte Sterbefall ist beurkundet im Sterberegister unter Nr. ....

Im Ausland eingetretene Sterbefälle von Deutschen und von Ausländern, die beim Tod einen Wohnsitz oder ihren gewöhnlichen Aufenthalt oder Vermögen im Bezirk des Standesamtes hatten, sind mir nicht bekanntgeworden.

Bemerkungen ....
....

....
Ort, Datum Unterschrift

[1)] Muster 4 geänd. mWv 1.1.2009 durch G v. 19.2.2007 (BGBl. I S. 122).

Muster 5[1)]
(zu § 7 ErbStDV)

....
Amtsgericht/Notariat

Erbschaftsteuer

An das
Finanzamt ....
– Erbschaftsteuerstelle –

Die anliegende ... beglaubigte ... Abschrift ... /Ablichtung ... wird /werden mit folgenden Bemerkungen übersandt:

Erblasser Name, Vorname,	
Identifikationsnummer	....
Geburtstag	....
letzte Anschrift	....
Beruf	....
Familienstand	....
Güterstand (bei Verheirateten oder bei Lebenspartnern)	....
Todestag und Sterbeort	....
Standesamt und Sterberegister-Nr.	....
Testament/Erbvertrag vom	....
Tag der Eröffnung	....

Die **Gebühr** für die	**Errichtung**	**Verwahrung**	**Erteilung eines Erbscheins**
ist berechnet nach dem Wert von	.... EUR	.... EUR	.... EUR

Grund der Übersendung

Eröffnung einer	□ Verfügung von Todes wegen *			
Erteilung eines	□ Erbscheins *	□ Europäischen Nachlass-zeugnisses *	□ Testament-vollstrecker-zeugnisses *	□ Zeugnisses über die Fortsetzung von Gütergemeinschaften *
Beurkundung einer	□ Erbauseinandersetzung *			
Beschluß über die	□ Einleitung oder Aufhebung einer Nachlaßpflegschaft *		□ Einleitung oder Aufhebung einer Nachlaßverwaltung *	

Die Namen und Anschriften der Beteiligten und das persönliche Verhältnis (Verwandtschaftsverhältnis, Ehegatte oder Lebenspartner) zum Erblasser sowie Veränderungen in der Person der Erben, Vermächtnisnehmer, Testamentsvollstrecker usw. (durch Tod, Eintritt eines Ersatzerben, Ausschlagung, Amtsniederlegung des Testamentsvollstreckers und dergleichen) und Änderungen in den Verhältnissen dieser Personen (Namens-, Berufs-, Anschriftenänderungen und dergleichen)

□ ergeben sich aus der beiliegenden Abschrift der Eröffnungsverhandlung. *
□ sind auf einem gesonderten Blatt angegeben. *
□ Zur Höhe und Zusammensetzung des Nachlasses ist dem Gericht/Notariat folgendes bekanntgeworden: *
....
....
□ Ein Verzeichnis der Nachlaßgegenstände ist beigefügt. *

* Zutreffendes ist anzukreuzen

....
Ort, Datum Unterschrift

[1)] Muster 5 geänd. mWv 1.1.2009 durch G v. 19.2.2007 (BGBl. I S. 122); geänd. durch VO v. 17.11.2010 (BGBl. I S. 1544); geänd. durch G v. 18.7.2014 (BGBl. I S. 1042); zur Anwendung siehe § 12 Abs. 2; geänd. durch VO v. 22.12.2014 (BGBl. I S. 2392); zur Anwendung siehe § 12 Abs. 3; geänd. durch G v. 29.6.2015 (BGBl. I S. 1042); zur Anwendung siehe § 12 Abs. 4.

Muster 6[1)]
(§ 8 ErbStDV)

....
Amtsgericht/Notariat

Schenkungsteuer

An das
Finanzamt ....
– Erbschaftsteuerstelle –

Die anliegende beglaubigte Abschrift/Ablichtung wird mit folgenden Bemerkungen übersandt:

1. **Schenker** Name, Vorname, Identifikationsnummer ....
   Geburtstag ....
   Anschrift ....
2. **Beschenkter** Name, Vorname, Identifikationsnummer ....
   Geburtstag ....
   Anschrift ....
3. **Vertrag** vom .... Urkundenrolle-Nr. ....
4. **Ergänzende Angaben** (§ 34 ErbStG, § 8 ErbStDV)
   Persönliches Verhältnis (Verwandtschaftsverhältnis, Ehegatte oder Lebenspartner) des Erwerbers zum Schenker (z.B. Kind, Geschwisterkind, Bruder der Mutter, nicht verwandt) ....

Verkehrswert des übertragenen Vermögens	Bei Grundbesitz: letzter *Einheitswert* [***ab 1.1.2025:*** Grundsteuerwert]/ Grundbesitzwert (Nichtzutreffendes ist zu streichen)	Wert, der der Kostenberechnung zugrunde liegt
.... EUR	.... EUR	.... EUR

5. **Sonstige Angaben**
   Zur Verfahrensvereinfachung und Vermeidung von Rückfragen werden mit Einverständnis der Urkundsparteien folgende Angaben gemacht, soweit sie nicht bereits aus dem Vertrag ersichtlich sind:

Valutastand der übernommenen Verbindlichkeiten am Tag der Schenkung	Jahreswert von Gegenleistungen wie z.B. Nießbrauch	Höhe der Notargebühren
.... EUR	.... EUR	.... EUR

....
Ort, Datum Unterschrift

[1)] Muster 6 geänd. durch VO v. 17.11.2010 (BGBl. I S. 1544); geänd. durch VO v. 22.12.2014 (BGBl. I S. 2392); zur Anwendung siehe § 12 Abs. 3; geänd. **mWv 1.1.2025** durch G v. 26.11.2019 (BGBl. I S. 1794).

9. Finanzgerichtsordnung (FGO)

In der Fassung der Bekanntmachung vom 28. März 2001[1)]
(BGBl. I S. 442, ber. S. 2262, I 2002 S. 679)

FNA 350-1

geänd. durch Art. 2 Abs. 19 Zustellungsreformgesetz (ZustRG) v. 25.6.2001 (BGBl. I S. 1206, 2012), Art. 9 Gesetz zur Anpassung der Formvorschriften des Privatrechts und anderen Vorschriften an den modernen Rechtsgeschäftsverkehr v. 13.7.2001 (BGBl. I S. 1542), Art. 6 Gesetz zur Änderung des Finanzverwaltungsgesetzes und anderer Gesetze v. 14.12.2001 (BGBl. I S. 3714), Art. 11 Steueränderungsgesetz 2001 (StÄndG 2001) v. 20.12.2001 (BGBl. I S. 3794), Art. 5 Steuerverkürzungsbekämpfungsgesetz (StVBG) v. 19.12.2001 (BGBl. I S. 3922), Art. 4 Abs. 27 Kostenrechtsmodernisierungsgesetz (KostRMoG) v. 5.5.2004 (BGBl. I S. 718), Art. 7 Erstes Gesetz zur Modernisierung der Justiz v. 24.8.2004 (BGBl. I S. 2198), Art. 10 Anhörungsrügengesetz v. 9.12.2004 (BGBl. I S. 3220), Art. 7 Gesetz zur Vereinfachung und Vereinheitlichung der Verfahrensvorschriften zur Wahl und Berufung ehrenamtlicher Richter v. 21.12.2004 (BGBl. I S. 3599), Art. 3 Justizkommunikationsgesetz (JKomG) v. 22.3.2005 (BGBl. I S. 837, ber. S. 2022), Art. 10 Föderalismusreform-Begleitgesetz v. 5.9.2006 (BGBl. I S. 2098), Art. 14 Gesetz zur Neuregelung des Rechtsberatungsrechts v. 12.12. 2007 (BGBl. I S. 2840), Art. 6 Gesetz zur Modernisierung von Verfahren im anwaltlichen und notariellen Berufsrecht, zur Errichtung einer Schlichtungsstelle der Rechtsanwaltschaft sowie zur Änderung sonstiger Vorschriften v. 30.7.2009 (BGBl. I S. 2449), Art. 9 Gesetz über den Rechtsschutz bei überlangen Gerichtsverfahren und strafrechtlichen Ermittlungsverfahren v. 24.11.2011 (BGBl. I S. 2302), Art. 2 Abs. 35 Gesetz zur Änderung von Vorschriften über Verkündung und Bekanntmachungen sowie der Zivilprozessordnung, des Gesetzes betreffend die Einführung der Zivilprozessordnung und der Abgabenordnung v. 22.12.2011 (BGBl. I S. 3044), Art. 8 Gesetz zur Förderung der Mediation und anderer Verfahren der außergerichtlichen Konfliktbeilegung v. 21.7.2012 (BGBl. I S. 1577), Art. 2 Gesetz zur Einführung von Kostenhilfe für Drittbetroffene in Verfahren vor dem Europäischen Gerichtshof für Menschenrechte sowie zur Änderung der Finanzgerichtsordnung v. 20.4.2013 (BGBl. I S. 829), Art. 3 G zur Intensivierung des Einsatzes von Videokonferenztechnik in gerichtlichen und staatsanwaltschaftlichen Verfahren v. 25.4.2013 (BGBl. I S. 935), Art. 23 Gesetz zur Umsetzung der Amtshilferichtlinie sowie zur Änderung steuerlicher Vorschriften (Amtshilferichtlinie-Umsetzungsgesetz – AmtshilfeRLUmsG) v. 26.6.2013 (BGBl. I S. 1809), Art. 13 Gesetz zur Änderung des Prozesskostenhilfe- und Beratungshilferechts v. 31.8.2013 (BGBl. I S. 3533, ber. BGBl. 2016 I S. 121), Art. 6 Gesetz zur Förderung des elektronischen Rechtsverkehrs mit den Gerichten v. 10.10.2013 (BGBl. I S. 3786), Art. 14 Gesetz zur Durchführung der Verordnung (EU) Nr. 1215/2012 sowie zur Änderung sonstiger Vorschriften v. 8.7.2014 (BGBl. I S. 890), Art. 172 Zehnte Zuständigkeitsanpassungsverordnung v. 31.8.2015 (BGBl. I S. 1474), Art. 3 Gesetz zur Neuordnung des Rechts der Syndikusanwälte und zur Änderung der Finanzgerichtsordnung v. 21.12.2015 (BGBl. I S. 2517), Art. 15 Gesetz zur Modernisierung des Besteuerungsverfahrens v. 18.7.2016 (BGBl. I S. 1679), Art. 8 Gesetz zur Änderung des Sachverständigenrechts und zur weiteren Änderung des Gesetzes über das Verfahren in Familiensachen und in den Angelegenheiten der freiwilligen Gerichtsbarkeit sowie zur Änderung des Sozialgerichtsgesetzes, der Verwaltungsgerichtsordnung, der Finanzgerichtsordnung und des Gerichtskostengesetzes v. 11.10.2016 (BGBl. I S. 2222), Art. 22 und 23 Gesetz zur Einführung der elektronischen Akte in der Justiz und zur weiteren Förderung des elektronischen Rechtsverkehrs v. 5.7.2017 (BGBl. I S. 2208), Art. 11 Abs. 26 Gesetz zur Durchführung der Verordnung (EU) Nr. 910/2014 des Europäischen Parlaments und des Rates vom 23. Juli 2014 über elektronische Identifizierung und Vertrauensdienste für elektronische Transaktionen im Binnenmarkt und zur Aufhebung der Richtlinie 1999/93/EG (eIDAS-Durchführungsgesetz) v. 18.7. 2017 (BGBl. I S. 2745), Art. 5 Abs. 3 Gesetz zur Erweiterung der Medienöffentlichkeit in Gerichtsverfahren und zur Verbesserung der Kommunikationshilfen für Menschen mit Sprach- und Hörbehinderungen (Gesetz über die Erweiterung der Medienöffentlichkeit in Gerichtsverfahren – EMöGG) v. 8.10.2017 (BGBl. I S. 3546), Art. 8 Gesetz zur Einführung einer zivilprozessualen Musterfeststellungsklage v. 12.7.2018 (BGBl. I S. 1151), Art. 5 Abs. 8 Gesetz zur Einführung einer Karte für Unionsbürger und Angehörige des Europäischen Wirtschaftsraums mit Funktion zum elektronischen Identitätsnachweis sowie zur Änderung des Personalausweisgesetzes und weiterer Vor-

[1)] Neubekanntmachung der FGO v. 6.10.1965 (BGBl. I S. 1477) in der ab 1.1.2001 geltenden Fassung.

schriften[1] v. 21.6.2019 (BGBl. I S. 846), Art. 7 Gesetz zur Regelung der Wertgrenze für die Nichtzulassungsbeschwerde in Zivilsachen, zum Ausbau der Spezialisierung bei den Gerichten sowie zur Änderung weiterer prozessrechtlicher Vorschriften v. 12.12.2019 (BGBl. I S. 2633), Art. 15 Abs. 10 Gesetz zur Reform des Vormundschafts- und Betreuungsrechts v. 4.5.2021 (BGBl. I S. 882), Art. 15 Gesetz zur Fortentwicklung der Strafprozessordnung und zur Änderung weiterer Vorschriften v. 25.6. 2021 (BGBl. I S. 2099) und Art. 21 Gesetz zur Neuregelung des Berufsrechts der anwaltlichen und steuerberatenden Berufsausübungsgesellschaften sowie zur Änderung weiterer Vorschriften im Bereich der rechtsberatenden Berufe v. 7.7.2021 (BGBl. I S. 2363)

Nichtamtliche Inhaltsübersicht

Erster Teil. Gerichtsverfassung

Abschnitt I. Gerichte

§ 1 Unabhängigkeit der Gerichte
§ 2 Arten der Gerichte
§ 3 Errichtung und Aufhebung von Finanzgerichten
§ 4 Anwendung des Gerichtsverfassungsgesetzes
§ 5 Verfassung der Finanzgerichte
§ 6 Übertragung des Rechtsstreits auf Einzelrichter
§ 7–9 (weggefallen)
§ 10 Verfassung des Bundesfinanzhofs
§ 11 Zuständigkeit des Großen Senats
§ 12 Geschäftsstelle
§ 13 Rechts- und Amtshilfe

Abschnitt II. Richter

§ 14 Richter auf Lebenszeit
§ 15 Richter auf Probe

Abschnitt III. Ehrenamtliche Richter

§ 16 Stellung
§ 17 Voraussetzungen für die Berufung
§ 18 Ausschlussgründe
§ 19 Unvereinbarkeit
§ 20 Recht zur Ablehnung der Berufung
§ 21 Gründe für Amtsentbindung
§ 22 Wahl
§ 23 Wahlausschuss
§ 24 Bestimmung der Anzahl
§ 25 Vorschlagsliste
§ 26 Wahlverfahren
§ 27 Liste und Hilfsliste
§ 28 (weggefallen)
§ 29 Entschädigung
§ 30 Ordnungsstrafen

Abschnitt IV. Gerichtsverwaltung

§ 31 Dienstaufsicht
§ 32 Verbot der Übertragung von Verwaltungsgeschäften

Abschnitt V. Finanzrechtsweg und Zuständigkeit

Unterabschnitt 1. Finanzrechtsweg

§ 33 Zulässigkeit des Rechtsweges
§ 34 (weggefallen)

Unterabschnitt 2. Sachliche Zuständigkeit

§ 35 Zuständigkeit der Finanzgerichte
§ 36 Zuständigkeit des Bundesfinanzhofs
§ 37 (weggefallen)

[1] Die Änd. des Inkrafttretens dieses G durch Art. 154a G v. 20.11.2019 (BGBl. I S. 1626) ist unbeachtlich, da das G bei Erlass des ÄndG bereits in Kraft getreten war.

Unterabschnitt 3. Örtliche Zuständigkeit
§ 38 Örtliche Zuständigkeit des Finanzgerichts
§ 39 Bestimmung des Gerichts durch den Bundesfinanzhof

Zweiter Teil. Verfahren

Abschnitt I. Klagearten, Klagebefugnis, Klagevoraussetzungen, Klageverzicht
§ 40 Anfechtungs- und Verpflichtungsklage
§ 41 Feststellungsklage
§ 42 Unanfechtbare Verwaltungsakte
§ 43 Verbindung von Klagen
§ 44 Außergerichtlicher Rechtsbehelf
§ 45 Sprungklage
§ 46 Untätigkeitsklage
§ 47 Frist zur Erhebung der Anfechtungsklage
§ 48 Klagebefugnis
§ 49 (weggefallen)
§ 50 Klageverzicht

Abschnitt II. Allgemeine Verfahrensvorschriften
§ 51 Ausschließung und Ablehnung der Gerichtspersonen
§ 52 Sitzungspolizei usw.
§ 52a Elektronische Übermittlung von Dokumenten
§ 52b Elektronische Führung von Prozessakten
§ 52c Formulare; Verordnungsermächtigung
§ 52d Nutzungspflicht für Rechtsanwälte, Behörden und vertretungsberechtigte Personen
§ 53 Zustellung
§ 54 Beginn des Laufs von Fristen
§ 55 Belehrung über Frist
§ 56 Wiedereinsetzung in den vorigen Stand
§ 57 Am Verfahren Beteiligte
§ 58 Prozessfähigkeit
§ 59 Streitgenossenschaft
§ 60 Beiladungen
§ 60a Begrenzung der Beiladung
§ 61 (weggefallen)
§ 62 Bevollmächtigte und Beistände
§ 62a *(aufgehoben)*

Abschnitt III. Verfahren im ersten Rechtszug
§ 63 Passivlegitimation
§ 64 Form der Klageerhebung
§ 65 Notwendiger Inhalt der Klage
§ 66 Rechtshängigkeit
§ 67 Klageänderung
§ 68 Änderung des angefochtenen Verwaltungsakts
§ 69 Aussetzung der Vollziehung
§ 70 Wirkungen der Rechtshängigkeit; Entscheidung über die Zulässigkeit des Rechtsweges
§ 71 Zustellung der Klageschrift
§ 72 Zurücknahme der Klage
§ 73 Verbindung mehrerer Verfahren
§ 74 Aussetzung der Verhandlung
§ 75 Mitteilung der Besteuerungsgrundlagen
§ 76 Erforschung des Sachverhalts durch das Gericht
§ 77 Schriftsätze
§ 77a *(aufgehoben)*
§ 78 Akteneinsicht
§ 79 Vorbereitung der mündlichen Verhandlung
§ 79a Entscheidung im vorbereitenden Verfahren
§ 79b Fristsetzung
§ 80 Persönliches Erscheinen
§ 81 Beweiserhebung
§ 82 Verfahren bei der Beweisaufnahme
§ 83 Benachrichtigung der Parteien

§ 84 Zeugnisverweigerungsrecht
§ 85 Hilfspflichten der Zeugen
§ 86 Aktenvorlage und Auskunftserteilung
§ 87 Zeugnis von Behörden
§ 88 Weiterer Grund für Ablehnung von Sachverständigen
§ 89 Erzwingung der Vorlage von Urkunden
§ 90 Entscheidung grundsätzlich auf Grund mündlicher Verhandlung
§ 90a Entscheidung ohne mündliche Verhandlung; Gerichtsbescheid
§ 91 Ladung der Beteiligten
§ 91a Übertragung der mündlichen Verhandlung und der Vernehmung
§ 92 Gang der Verhandlung
§ 93 Erörterung der Streitsache
§ 93a *(aufgehoben)*
§ 94 Protokoll
§ 94a Verfahren nach billigem Ermessen

Abschnitt IV. Urteile und andere Entscheidungen

§ 95 Urteil
§ 96 Freie Beweiswürdigung, notwendiger Inhalt des Urteils
§ 97 Zwischenurteil über Zulässigkeit der Klage
§ 98 Teilurteil
§ 99 Vorabentscheidung über den Grund
§ 100 Aufhebung angefochtener Verwaltungsakte durch Urteil
§ 101 Urteil auf Erlass eines Verwaltungsakts
§ 102 Nachprüfung des Ermessensgebrauchs
§ 103 Am Urteil beteiligte Richter
§ 104 Verkündung und Zustellung des Urteils
§ 105 Urteilsform
§ 106 Gerichtsbescheide
§ 107 Berichtigung des Urteils
§ 108 Antrag auf Berichtigung des Tatbestandes
§ 109 Nachträgliche Ergänzung eines Urteils
§ 110 Rechtskraftwirkung der Urteile
§ 111, 112 (weggefallen)
§ 113 Beschlüsse
§ 114 Einstweilige Anordnungen

Abschnitt V. Rechtsmittel und Wiederaufnahme des Verfahrens

Unterabschnitt 1. Revision

§ 115 Zulassung der Revision
§ 116 Nichtzulassungsbeschwerde
§ 117 (weggefallen)
§ 118 Revisionsgründe
§ 119 Fälle der Verletzung von Bundesrecht
§ 120 Einlegung der Revision
§ 121 Verfahrensvorschriften
§ 122 Beteiligte am Revisionsverfahren
§ 123 Unzulässigkeit der Klageänderung
§ 124 Prüfung der Zulässigkeit der Revision
§ 125 Rücknahme der Revision
§ 126 Entscheidung über die Revision
§ 126a Unbegründete Revision
§ 127 Zurückverweisung

Unterabschnitt 2. Beschwerde, Erinnerung, Anhörungsrüge

§ 128 Fälle der Zulässigkeit der Beschwerde
§ 129 Einlegung der Beschwerde
§ 130 Abhilfe oder Vorlage beim BFH
§ 131 Aufschiebende Wirkung der Beschwerde
§ 132 Entscheidung über die Beschwerde
§ 133 Antrag auf Entscheidung des Gerichts
§ 133a Anhörungsrüge

Unterabschnitt 3. Wiederaufnahme des Verfahrens
§ 134 Anwendbarkeit der ZPO

Dritter Teil. Kosten und Vollstreckung

Abschnitt I. Kosten
§ 135 Kostenpflichtige
§ 136 Kompensation der Kosten
§ 137 Anderweitige Auferlegung der Kosten
§ 138 Kostenentscheidung durch Beschluss
§ 139 Erstattungsfähige Kosten
§ 140, 141 (weggefallen)
§ 142 Prozesskostenhilfe
§ 143 Kostenentscheidung
§ 144 Kostenentscheidung bei Rücknahme eines Rechtsbehelfs
§ 145 Anfechtung der Kostenentscheidung
§ 146–148 (weggefallen)
§ 149 Festsetzung der zu erstattenden Aufwendungen

Abschnitt II. Vollstreckung
§ 150 Anwendung der Bestimmungen der AO
§ 151 Anwendung der Bestimmungen der ZPO
§ 152 Vollstreckung wegen Geldforderungen
§ 153 Vollstreckung ohne Vollstreckungsklausel
§ 154 Androhung eines Zwangsgeldes

Vierter Teil. Übergangs- und Schlussbestimmungen
§ 155 Anwendung von GVG und von ZPO
§ 156 § 6 EGGVG
§ 157 Folgen der Nichtigkeitserklärung von landesrechtlichen Vorschriften
§ 158 Eidliche Vernehmung, Beeidigung
§ 159 § 43 EGGVG
§ 160 Beteiligung und Beiladung
§ 161 Aufhebung von Vorschriften
§ 162–183 (weggefallen)
§ 184 Inkrafttreten, Überleitungsvorschriften

Erster Teil. Gerichtsverfassung

Abschnitt I. Gerichte

§ 1 [Unabhängigkeit der Gerichte] Die Finanzgerichtsbarkeit wird durch unabhängige, von den Verwaltungsbehörden getrennte, besondere Verwaltungsgerichte ausgeübt.

§ 2 [Arten der Gerichte] Gerichte der Finanzgerichtsbarkeit sind in den Ländern die Finanzgerichte als obere Landesgerichte, im Bund der Bundesfinanzhof mit dem Sitz in München.

§ 3 [Errichtung und Aufhebung von Finanzgerichten] (1) Durch Gesetz werden angeordnet

1. die Errichtung und Aufhebung eines Finanzgerichts,
2. die Verlegung eines Gerichtssitzes,
3. Änderungen in der Abgrenzung der Gerichtsbezirke,
4. die Zuweisung einzelner Sachgebiete an ein Finanzgericht für die Bezirke mehrerer Finanzgerichte,
5. die Errichtung einzelner Senate des Finanzgerichts an anderen Orten,

FGO

6. der Übergang anhängiger Verfahren auf ein anderes Gericht bei Maßnahmen nach den Nummern 1, 3 und 4, wenn sich die Zuständigkeit nicht nach den bisher geltenden Vorschriften richten soll.

(2) Mehrere Länder können die Errichtung eines gemeinsamen Finanzgerichts oder gemeinsamer Senate eines Finanzgerichts oder die Ausdehnung von Gerichtsbezirken über die Landesgrenzen hinaus, auch für einzelne Sachgebiete, vereinbaren.

§ 4 [Anwendung des Gerichtsverfassungsgesetzes] Für die Gerichte der Finanzgerichtsbarkeit gelten die Vorschriften des Zweiten Titels des Gerichtsverfassungsgesetzes entsprechend.

§ 5 [Verfassung der Finanzgerichte] (1) [1] Das Finanzgericht besteht aus dem Präsidenten, den Vorsitzenden Richtern und weiteren Richtern in erforderlicher Anzahl. [2] Von der Ernennung eines Vorsitzenden Richters kann abgesehen werden, wenn bei einem Gericht nur ein Senat besteht.

(2) [1] Bei den Finanzgerichten werden Senate gebildet. [2] Zoll-, Verbrauchsteuer- und Finanzmonopolsachen sind in besonderen Senaten zusammenzufassen.

(3) [1] Die Senate entscheiden in der Besetzung mit drei Richtern und zwei ehrenamtlichen Richtern, soweit nicht ein Einzelrichter entscheidet. [2] Bei Beschlüssen außerhalb der mündlichen Verhandlung und bei Gerichtsbescheiden (§ 90a) wirken die ehrenamtlichen Richter nicht mit.

(4) [1] Die Länder können durch Gesetz die Mitwirkung von zwei ehrenamtlichen Richtern an den Entscheidungen des Einzelrichters vorsehen. [2] Absatz 3 Satz 2 bleibt unberührt.

§ 6 [Übertragung des Rechtsstreits auf Einzelrichter] (1) Der Senat kann den Rechtsstreit einem seiner Mitglieder als Einzelrichter zur Entscheidung übertragen, wenn

1. die Sache keine besonderen Schwierigkeiten tatsächlicher oder rechtlicher Art aufweist und
2. die Rechtssache keine grundsätzliche Bedeutung hat.

(2) Der Rechtsstreit darf dem Einzelrichter nicht übertragen werden, wenn bereits vor dem Senat mündlich verhandelt worden ist, es sei denn, dass inzwischen ein Vorbehalts-, Teil- oder Zwischenurteil ergangen ist.

(3) [1] Der Einzelrichter kann nach Anhörung der Beteiligten den Rechtsstreit auf den Senat zurückübertragen, wenn sich aus einer wesentlichen Änderung der Prozesslage ergibt, dass die Rechtssache grundsätzliche Bedeutung hat oder die Sache besondere Schwierigkeiten tatsächlicher oder rechtlicher Art aufweist. [2] Eine erneute Übertragung auf den Einzelrichter ist ausgeschlossen.

(4) [1] Beschlüsse nach den Absätzen 1 und 3 sind unanfechtbar. [2] Auf eine unterlassene Übertragung kann die Revision nicht gestützt werden.

§§ 7 bis 9 (weggefallen)

§ 10 [Verfassung des Bundesfinanzhofs] (1) Der Bundesfinanzhof besteht aus dem Präsidenten und aus den Vorsitzenden Richtern und weiteren Richtern in erforderlicher Anzahl.

(2) [1] Beim Bundesfinanzhof werden Senate gebildet. [2] § 5 Abs. 2 Satz 2 gilt sinngemäß.

(3) Die Senate des Bundesfinanzhofs entscheiden in der Besetzung von fünf Richtern, bei Beschlüssen außerhalb der mündlichen Verhandlung in der Besetzung von drei Richtern.

§ 11 [Zuständigkeit des Großen Senats] (1) Bei dem Bundesfinanzhof wird ein Großer Senat gebildet.

(2) Der Große Senat entscheidet, wenn ein Senat in einer Rechtsfrage von der Entscheidung eines anderen Senats oder des Großen Senats abweichen will.

(3) [1] Eine Vorlage an den Großen Senat ist nur zulässig, wenn der Senat, von dessen Entscheidung abgewichen werden soll, auf Anfrage des erkennenden Senats erklärt hat, dass er an seiner Rechtsauffassung festhält. [2] Kann der Senat, von dessen Entscheidung abgewichen werden soll, wegen einer Änderung des Geschäftsverteilungsplanes mit der Rechtsfrage nicht mehr befasst werden, tritt der Senat an seine Stelle, der nach dem Geschäftsverteilungsplan für den Fall, in dem abweichend entschieden wurde, nunmehr zuständig wäre. [3] Über die Anfrage und die Antwort entscheidet der jeweilige Senat durch Beschluss in der für Urteile erforderlichen Besetzung.

(4) Der erkennende Senat kann eine Frage von grundsätzlicher Bedeutung dem Großen Senat zur Entscheidung vorlegen, wenn das nach seiner Auffassung zur Fortbildung des Rechts oder zur Sicherung einer einheitlichen Rechtsprechung erforderlich ist.

(5) [1] Der Große Senat besteht aus dem Präsidenten und je einem Richter der Senate, in denen der Präsident nicht den Vorsitz führt. [2] Bei einer Verhinderung des Präsidenten tritt ein Richter aus dem Senat, dem er angehört, an seine Stelle.

(6) [1] Die Mitglieder und die Vertreter werden durch das Präsidium für ein Geschäftsjahr bestellt. [2] Den Vorsitz im Großen Senat führt der Präsident, bei Verhinderung das dienstälteste Mitglied. [3] Bei Stimmengleichheit gibt die Stimme des Vorsitzenden den Ausschlag.

(7) [1] Der Große Senat entscheidet nur über die Rechtsfrage. [2] Er kann ohne mündliche Verhandlung entscheiden. [3] Seine Entscheidung ist in der vorliegenden Sache für den erkennenden Senat bindend.

§ 12 [Geschäftsstelle] [1] Bei jedem Gericht wird eine Geschäftsstelle eingerichtet. [2] Sie wird mit der erforderlichen Anzahl von Urkundsbeamten besetzt.

§ 13 [Rechts- und Amtshilfe] Alle Gerichte und Verwaltungsbehörden leisten den Gerichten der Finanzgerichtsbarkeit Rechts- und Amtshilfe.

Abschnitt II. Richter

§ 14 [Richter auf Lebenszeit] (1) Die Richter werden auf Lebenszeit ernannt, soweit nicht in § 15 Abweichendes bestimmt ist.

(2) Die Richter des Bundesfinanzhofs müssen das 35. Lebensjahr vollendet haben.

§ 15 [Richter auf Probe] Bei den Finanzgerichten können Richter auf Probe oder Richter kraft Auftrags verwendet werden.

Abschnitt III. Ehrenamtliche Richter

§ 16 [Stellung] Der ehrenamtliche Richter wirkt bei der mündlichen Verhandlung und der Urteilsfindung mit gleichen Rechten wie der Richter mit.

§ 17[1)] [Voraussetzungen für die Berufung] [1]Der ehrenamtliche Richter muss Deutscher sein. [2]Er soll das 25. Lebensjahr vollendet und seinen Wohnsitz oder seine gewerbliche oder berufliche Niederlassung innerhalb des Gerichtsbezirks haben.

§ 18 [Ausschlussgründe] (1) Vom Amt des ehrenamtlichen Richters sind ausgeschlossen

1. Personen, die infolge Richterspruchs die Fähigkeit zur Bekleidung öffentlicher Ämter nicht besitzen oder wegen einer vorsätzlichen Tat zu einer Freiheitsstrafe von mehr als sechs Monaten oder innerhalb der letzten zehn Jahre wegen einer Steuer- oder Monopolstraftat verurteilt worden sind, soweit es sich nicht um eine Tat handelt, für die das nach der Verurteilung geltende Gesetz nur noch Geldbuße androht,
2. Personen, gegen die Anklage wegen einer Tat erhoben ist, die den Verlust der Fähigkeit zur Bekleidung öffentlicher Ämter zur Folge haben kann,
3. Personen, die nicht das Wahlrecht zu den gesetzgebenden Körperschaften des Landes besitzen.

(2) Personen, die in Vermögensverfall geraten sind, sollen nicht zu ehrenamtlichen Richtern berufen werden.

§ 19[2)] [Unvereinbarkeit] Zum ehrenamtlichen Richter können nicht berufen werden

1. Mitglieder des Bundestages, des Europäischen Parlaments, der gesetzgebenden Körperschaften eines Landes, der Bundesregierung oder einer Landesregierung,
2. Richter,
3. Beamte und Angestellte der Steuerverwaltungen des Bundes und der Länder,
4. Berufssoldaten und Soldaten auf Zeit,
5. Rechtsanwälte, Notare, Patentanwälte, Steuerberater, *Vorstandsmitglieder von Steuerberatungsgesellschaften, die nicht Steuerberater sind* [***ab 1.8.2022:*** Mitglieder der Geschäftsführungs- und Aufsichtsorgane von Berufsausübungsgesellschaften im Sinne der Bundesrechtsanwaltsordnung, der Patentanwaltsordnung und des Steuerberatungsgesetzes], ferner Steuerbevollmächtigte, Wirtschaftsprüfer, vereidigte Buchprüfer und Personen, die fremde Rechtsangelegenheiten geschäftsmäßig besorgen.

§ 20 [Recht zur Ablehnung der Berufung] (1) Die Berufung zum Amt des ehrenamtlichen Richters dürfen ablehnen

1. Geistliche und Religionsdiener,
2. Schöffen und andere ehrenamtliche Richter,

[1)] § 17 Satz 2 geänd. durch G v. 21.12.2004 (BGBl. I S. 3599).
[2)] § 19 Nr. 5 geänd. **mWv 1.8.2022** durch G v. 7.7.2021 (BGBl. I S. 2363).

3.[1] Personen, die zwei Amtsperioden lang als ehrenamtliche Richter beim Finanzgericht tätig gewesen sind,
4. Ärzte, Krankenpfleger, Hebammen,
5. Apothekenleiter, die kein pharmazeutisches Personal beschäftigen,
6.[2] Personen, die die Regelaltersgrenze nach dem Sechsten Buch Sozialgesetzbuch erreicht haben.

(2) In besonderen Härtefällen kann außerdem auf Antrag von der Übernahme des Amtes befreit werden.

§ 21 [Gründe für Amtsentbindung] (1) Ein ehrenamtlicher Richter ist von seinem Amt zu entbinden, wenn er
1. nach den §§ 17 bis 19 nicht berufen werden konnte oder nicht mehr berufen werden kann oder
2. einen Ablehnungsgrund nach § 20 Abs. 1 geltend macht oder
3. seine Amtspflichten gröblich verletzt hat oder
4. die zur Ausübung seines Amtes erforderlichen geistigen oder körperlichen Fähigkeiten nicht mehr besitzt oder
5. seinen Wohnsitz oder seine gewerbliche oder berufliche Niederlassung im Gerichtsbezirk aufgibt.

(2) In besonderen Härtefällen kann außerdem auf Antrag von der weiteren Ausübung des Amtes entbunden werden.

(3) [1] Die Entscheidung trifft der vom Präsidium für jedes Geschäftsjahr im Voraus bestimmte Senat in den Fällen des Absatzes 1 Nr. 1, 3 und 4 auf Antrag des Präsidenten des Finanzgerichts, in den Fällen des Absatzes 1 Nr. 2 und 5 und des Absatzes 2 auf Antrag des ehrenamtlichen Richters. [2] Die Entscheidung ergeht durch Beschluss nach Anhörung des ehrenamtlichen Richters.

(4) Absatz 3 gilt sinngemäß in den Fällen des § 20 Abs. 2.

(5) Auf Antrag des ehrenamtlichen Richters ist die Entscheidung nach Absatz 3 aufzuheben, wenn Anklage nach § 18 Nr. 2 erhoben war und der Angeschuldigte rechtskräftig außer Verfolgung gesetzt oder freigesprochen worden ist.

§ 22[3] [Wahl] Die ehrenamtlichen Richter werden für jedes Finanzgericht auf fünf Jahre durch einen Wahlausschuss nach Vorschlagslisten (§ 25) gewählt.

§ 23 [Wahlausschuss] (1) Bei jedem Finanzgericht wird ein Ausschuss zur Wahl der ehrenamtlichen Richter bestellt.

(2)[4] [1] Der Ausschuss besteht aus dem Präsidenten des Finanzgerichts als Vorsitzendem, einem durch die Oberfinanzdirektion zu bestimmenden Beamten der Landesfinanzverwaltung und sieben Vertrauensleuten, die die Voraussetzungen zur Berufung als ehrenamtlicher Richter erfüllen. [2] Die Vertrauensleute, ferner sieben Vertreter werden auf fünf Jahre vom Landtag oder von einem durch ihn bestimmten Landtagsausschuss oder nach Maßgabe der Landesgesetze

---

[1] § 20 Abs. 1 Nr. 3 geänd. durch G v. 21.12.2004 (BGBl. I S. 3599).
[2] § 20 Abs. 1 Nr. 6 geänd. mWv 5.8.2009 durch G v. 30.7.2009 (BGBl. I S. 2449).
[3] § 22 geänd. durch G v. 21.12.2004 (BGBl. I S. 3599).
[4] § 23 Abs. 2 Satz 5 angef. mWv 21.12.2001 durch G v. 14.12.2001 (BGBl. I S. 3714); Satz 2 geänd. durch G v. 21.12.2004 (BGBl. I S. 3599).

gewählt. [3] In den Fällen des § 3 Abs. 2 und bei Bestehen eines Finanzgerichts für die Bezirke mehrerer Oberfinanzdirektionen innerhalb eines Landes richtet sich die Zuständigkeit der Oberfinanzdirektion für die Bestellung des Beamten der Landesfinanzverwaltung sowie des Landes für die Wahl der Vertrauensleute nach dem Sitz des Finanzgerichts. [4] Die Landesgesetzgebung kann in diesen Fällen vorsehen, dass jede beteiligte Oberfinanzdirektion einen Beamten der Finanzverwaltung in den Ausschuss entsendet und dass jedes beteiligte Land mindestens zwei Vertrauensleute bestellt. [5] In Fällen, in denen ein Land nach § 2a Abs. 1 des Finanzverwaltungsgesetzes[1)] auf Mittelbehörden verzichtet hat, ist für die Bestellung des Beamten der Landesfinanzverwaltung die oberste Landesbehörde im Sinne des § 2 Abs. 1 Nr. 1 des Finanzverwaltungsgesetzes zuständig.

(3) Der Ausschuss ist beschlussfähig, wenn wenigstens der Vorsitzende, ein Vertreter der Finanzverwaltung und drei Vertrauensleute anwesend sind.

§ 24 [Bestimmung der Anzahl] Die für jedes Finanzgericht erforderliche Anzahl von ehrenamtlichen Richtern wird durch den Präsidenten so bestimmt, dass voraussichtlich jeder zu höchstens zwölf ordentlichen Sitzungstagen im Jahre herangezogen wird.

§ 25[2)] [Vorschlagsliste] [1] Die Vorschlagsliste der ehrenamtlichen Richter wird in jedem fünften Jahr durch den Präsidenten des Finanzgerichts aufgestellt. [2] Er soll zuvor die Berufsvertretungen hören. [3] In die Vorschlagsliste soll die doppelte Anzahl der nach § 24 zu wählenden ehrenamtlichen Richter aufgenommen werden.

§ 26 [Wahlverfahren] (1) Der Ausschuss wählt aus den Vorschlagslisten mit einer Mehrheit von mindestens zwei Dritteln der Stimmen die erforderliche Anzahl von ehrenamtlichen Richtern.

(2) Bis zur Neuwahl bleiben die bisherigen ehrenamtlichen Richter im Amt.

§ 27 [Liste und Hilfsliste] (1) [1] Das Präsidium des Finanzgerichts bestimmt vor Beginn des Geschäftsjahrs durch Aufstellung einer Liste die Reihenfolge, in der die ehrenamtlichen Richter heranzuziehen sind. [2] Für jeden Senat ist eine Liste aufzustellen, die mindestens zwölf Namen enthalten muss.

(2) Für die Heranziehung von Vertretern bei unvorhergesehener Verhinderung kann eine Hilfsliste ehrenamtlicher Richter aufgestellt werden, die am Gerichtssitz oder in seiner Nähe wohnen.

§ 28 (weggefallen)

§ 29[3)] [Entschädigung] Der ehrenamtliche Richter und der Vertrauensmann (§ 23) erhalten eine Entschädigung nach dem Justizvergütungs- und -entschädigungsgesetz.

§ 30 [Ordnungsstrafen] (1) [1] Gegen einen ehrenamtlichen Richter, der sich ohne genügende Entschuldigung zu einer Sitzung nicht rechtzeitig einfindet oder der sich seinen Pflichten auf andere Weise entzieht, kann ein Ordnungs-

---

[1)] Nr. **31**.
[2)] § 25 Sätze 1 und 2 geänd. durch G v. 21.12.2004 (BGBl. I S. 3599).
[3)] § 29 geänd. durch G v. 5.5.2004 (BGBl. I S. 718).

geld festgesetzt werden. [2]Zugleich können ihm die durch sein Verhalten verursachten Kosten auferlegt werden.

(2) [1]Die Entscheidung trifft der Vorsitzende. [2]Er kann sie bei nachträglicher Entschuldigung ganz oder zum Teil aufheben.

Abschnitt IV. Gerichtsverwaltung

§ 31 [Dienstaufsicht] Der Präsident des Gerichts übt die Dienstaufsicht über die Richter, Beamten, Angestellten und Arbeiter aus.

§ 32 [Verbot der Übertragung von Verwaltungsgeschäften] Dem Gericht dürfen keine Verwaltungsgeschäfte außerhalb der Gerichtsverwaltung übertragen werden.

Abschnitt V. Finanzrechtsweg und Zuständigkeit

Unterabschnitt 1. Finanzrechtsweg

§ 33 [Zulässigkeit des Rechtsweges] (1) Der Finanzrechtsweg ist gegeben

1. in öffentlich-rechtlichen Streitigkeiten über Abgabenangelegenheiten, soweit die Abgaben der Gesetzgebung des Bundes unterliegen und durch Bundesfinanzbehörden oder Landesfinanzbehörden verwaltet werden,
2. in öffentlich-rechtlichen Streitigkeiten über die Vollziehung von Verwaltungsakten in anderen als den in Nummer 1 bezeichneten Angelegenheiten, soweit die Verwaltungsakte durch Bundesfinanzbehörden oder Landesfinanzbehörden nach den Vorschriften der Abgabenordnung[1)] zu vollziehen sind,
3. in öffentlich-rechtlichen und berufsrechtlichen Streitigkeiten über Angelegenheiten, die durch den Ersten Teil, den Zweiten und den Sechsten Abschnitt des Zweiten Teils und den Ersten Abschnitt des Dritten Teils des Steuerberatungsgesetzes geregelt werden,
4. in anderen als den in den Nummern 1 bis 3 bezeichneten öffentlich-rechtlichen Streitigkeiten, soweit für diese durch Bundesgesetz oder Landesgesetz der Finanzrechtsweg eröffnet ist.

(2) Abgabenangelegenheiten im Sinne dieses Gesetzes sind alle mit der Verwaltung der Abgaben einschließlich der Abgabenvergütungen oder sonst mit der Anwendung der abgabenrechtlichen Vorschriften durch die Finanzbehörden zusammenhängenden Angelegenheiten einschließlich der Maßnahmen der Bundesfinanzbehörden zur Beachtung der Verbote und Beschränkungen für den Warenverkehr über die Grenze; den Abgabenangelegenheiten stehen die Angelegenheiten der Verwaltung der Finanzmonopole gleich.

(3) Die Vorschriften dieses Gesetzes finden auf das Straf- und Bußgeldverfahren keine Anwendung.

§ 34 (weggefallen)

Unterabschnitt 2. Sachliche Zuständigkeit

§ 35 [Zuständigkeit der Finanzgerichte] Das Finanzgericht entscheidet im ersten Rechtszug über alle Streitigkeiten, für die der Finanzrechtsweg gegeben ist.

[1)] Nr. **1**.

§ 36 [Zuständigkeit des Bundesfinanzhofs] Der Bundesfinanzhof entscheidet über das Rechtsmittel

1. der Revision gegen Urteile des Finanzgerichts und gegen Entscheidungen, die Urteilen des Finanzgerichts gleichstehen,
2. der Beschwerde gegen andere Entscheidungen des Finanzgerichts, des Vorsitzenden oder des Berichterstatters.

§ 37 (weggefallen)

Unterabschnitt 3. Örtliche Zuständigkeit

§ 38 [Örtliche Zuständigkeit des Finanzgerichts] (1) Örtlich zuständig ist das Finanzgericht, in dessen Bezirk die Behörde, gegen welche die Klage gerichtet ist, ihren Sitz hat.

(2) [1] Ist die in Absatz 1 bezeichnete Behörde eine oberste Finanzbehörde, so ist das Finanzgericht zuständig, in dessen Bezirk der Kläger seinen Wohnsitz, seine Geschäftsleitung oder seinen gewöhnlichen Aufenthalt hat; bei Zöllen, Verbrauchsteuern und Monopolabgaben ist das Finanzgericht zuständig, in dessen Bezirk ein Tatbestand verwirklicht wird, an den das Gesetz die Abgabe knüpft. [2] Hat der Kläger im Bezirk der obersten Finanzbehörde keinen Wohnsitz, keine Geschäftsleitung und keinen gewöhnlichen Aufenthalt, so findet Absatz 1 Anwendung.

(2a)[1)] [1] In Angelegenheiten des Familienleistungsausgleichs nach Maßgabe der §§ 62 bis 78 des Einkommensteuergesetzes[2)] ist das Finanzgericht zuständig, in dessen Bezirk der Kläger seinen Wohnsitz oder seinen gewöhnlichen Aufenthalt hat. [2] Hat der Kläger im Inland keinen Wohnsitz und keinen gewöhnlichen Aufenthalt, ist das Finanzgericht zuständig, in dessen Bezirk die Behörde, gegen welche die Klage gerichtet ist, ihren Sitz hat.

(3) Befindet sich der Sitz einer Finanzbehörde außerhalb ihres Bezirks, so richtet sich die örtliche Zuständigkeit abweichend von Absatz 1 nach der Lage des Bezirks.

§ 39 [Bestimmung des Gerichts durch den Bundesfinanzhof] (1) Das zuständige Finanzgericht wird durch den Bundesfinanzhof bestimmt,

1. wenn das an sich zuständige Finanzgericht in einem einzelnen Fall an der Ausübung der Gerichtsbarkeit rechtlich oder tatsächlich verhindert ist,
2. wenn es wegen der Grenzen verschiedener Gerichtsbezirke ungewiss ist, welches Finanzgericht für den Rechtsstreit zuständig ist,
3. wenn verschiedene Finanzgerichte sich rechtskräftig für zuständig erklärt haben,
4. wenn verschiedene Finanzgerichte, von denen eines für den Rechtsstreit zuständig ist, sich rechtskräftig für unzuständig erklärt haben,
5. wenn eine örtliche Zuständigkeit nach § 38 nicht gegeben ist.

[1)] § 38 Abs. 2a eingef. mWv 1.5.2013 durch G v. 20.4.2013 (BGBl. I S. 829); Satz 3 aufgeh. mWv 31.12.2015 durch G v. 21.12.2015 (BGBl. I S. 2517).

[2)] Nr. **5**.

(2) [1]Jeder am Rechtsstreit Beteiligte und jedes mit dem Rechtsstreit befasste Finanzgericht kann den Bundesfinanzhof anrufen. [2]Dieser kann ohne mündliche Verhandlung entscheiden.

Zweiter Teil. Verfahren

Abschnitt I. Klagearten, Klagebefugnis, Klagevoraussetzungen, Klageverzicht

§ 40 [Anfechtungs- und Verpflichtungsklage] (1) Durch Klage kann die Aufhebung, in den Fällen des § 100 Abs. 2 auch die Änderung eines Verwaltungsakts (Anfechtungsklage) sowie die Verurteilung zum Erlass eines abgelehnten oder unterlassenen Verwaltungsakts (Verpflichtungsklage) oder zu einer anderen Leistung begehrt werden.

(2) Soweit gesetzlich nichts anderes bestimmt ist, ist die Klage nur zulässig, wenn der Kläger geltend macht, durch den Verwaltungsakt oder durch die Ablehnung oder Unterlassung eines Verwaltungsakts oder einer anderen Leistung in seinen Rechten verletzt zu sein.

(3) Verwaltet eine Finanzbehörde des Bundes oder eines Landes eine Abgabe ganz oder teilweise für andere Abgabenberechtigte, so können diese in den Fällen Klage erheben, in denen der Bund oder das Land die Abgabe oder einen Teil der Abgabe unmittelbar oder mittelbar schulden würde.

§ 41 [Feststellungsklage] (1) Durch Klage kann die Feststellung des Bestehens oder Nichtbestehens eines Rechtsverhältnisses oder der Nichtigkeit eines Verwaltungsakts begehrt werden, wenn der Kläger ein berechtigtes Interesse an der baldigen Feststellung hat (Feststellungsklage).

(2) [1]Die Feststellung kann nicht begehrt werden, soweit der Kläger seine Rechte durch Gestaltungs- oder Leistungsklage verfolgen kann oder hätte verfolgen können. [2]Dies gilt nicht, wenn die Feststellung der Nichtigkeit eines Verwaltungsakts begehrt wird.

§ 42 [Unanfechtbare Verwaltungsakte] Auf Grund der Abgabenordnung[1)] erlassene Änderungs- und Folgebescheide können nicht in weiterem Umfang angegriffen werden, als sie in dem außergerichtlichen Vorverfahren angefochten werden können.

§ 43 [Verbindung von Klagen] Mehrere Klagebegehren können vom Kläger in einer Klage zusammen verfolgt werden, wenn sie sich gegen denselben Beklagten richten, im Zusammenhang stehen und dasselbe Gericht zuständig ist.

§ 44 [Außergerichtlicher Rechtsbehelf] (1) In den Fällen, in denen ein außergerichtlicher Rechtsbehelf gegeben ist, ist die Klage vorbehaltlich der §§ 45 und 46 nur zulässig, wenn das Vorverfahren über den außergerichtlichen Rechtsbehelf ganz oder zum Teil erfolglos geblieben ist.

[1)] Nr. 1.

FGO

(2) Gegenstand der Anfechtungsklage nach einem Vorverfahren ist der ursprüngliche Verwaltungsakt in der Gestalt, die er durch die Entscheidung über den außergerichtlichen Rechtsbehelf gefunden hat.

§ 45 [Sprungklage] (1) [1] Die Klage ist ohne Vorverfahren zulässig, wenn die Behörde, die über den außergerichtlichen Rechtsbehelf zu entscheiden hat, innerhalb eines Monats nach Zustellung der Klageschrift dem Gericht gegenüber zustimmt. [2] Hat von mehreren Berechtigten einer einen außergerichtlichen Rechtsbehelf eingelegt, ein anderer unmittelbar Klage erhoben, ist zunächst über den außergerichtlichen Rechtsbehelf zu entscheiden.

(2) [1] Das Gericht kann eine Klage, die nach Absatz 1 ohne Vorverfahren erhoben worden ist, innerhalb von drei Monaten nach Eingang der Akten der Behörde bei Gericht, spätestens innerhalb von sechs Monaten nach Klagezustellung, durch Beschluss an die zuständige Behörde zur Durchführung des Vorverfahrens abgeben, wenn eine weitere Sachaufklärung notwendig ist, die nach Art oder Umfang erhebliche Ermittlungen erfordert, und die Abgabe auch unter Berücksichtigung der Belange der Beteiligten sachdienlich ist. [2] Der Beschluss ist unanfechtbar.

(3) Stimmt die Behörde im Fall des Absatzes 1 nicht zu oder gibt das Gericht die Klage nach Absatz 2 ab, ist die Klage als außergerichtlicher Rechtsbehelf zu behandeln.

(4) Die Klage ist außerdem ohne Vorverfahren zulässig, wenn die Rechtswidrigkeit der Anordnung eines dinglichen Arrests geltend gemacht wird.

§ 46 [Untätigkeitsklage] (1) [1] Ist über einen außergerichtlichen Rechtsbehelf ohne Mitteilung eines zureichenden Grundes in angemessener Frist sachlich nicht entschieden worden, so ist die Klage abweichend von § 44 ohne vorherigen Abschluss des Vorverfahrens zulässig. [2] Die Klage kann nicht vor Ablauf von sechs Monaten seit Einlegung des außergerichtlichen Rechtsbehelfs erhoben werden, es sei denn, dass wegen besonderer Umstände des Falles eine kürzere Frist geboten ist. [3] Das Gericht kann das Verfahren bis zum Ablauf einer von ihm bestimmten Frist, die verlängert werden kann, aussetzen; wird dem außergerichtlichen Rechtsbehelf innerhalb dieser Frist stattgegeben oder der beantragte Verwaltungsakt innerhalb dieser Frist erlassen, so ist der Rechtsstreit in der Hauptsache als erledigt anzusehen.

(2) Absatz 1 Satz 2 und 3 gilt für die Fälle sinngemäß, in denen geltend gemacht wird, dass eine der in § 348 Nr. 3 und 4 der Abgabenordnung[1)] genannten Stellen über einen Antrag auf Vornahme eines Verwaltungsakts ohne Mitteilung eines zureichenden Grundes in angemessener Frist sachlich nicht entschieden hat.

§ 47 [Frist zur Erhebung der Anfechtungsklage] (1)[2)] [1] Die Frist für die Erhebung der Anfechtungsklage beträgt einen Monat; sie beginnt mit der Bekanntgabe der Entscheidung über den außergerichtlichen Rechtsbehelf, in den Fällen des § 45 und in den Fällen, in denen ein außergerichtlicher Rechtsbehelf nicht gegeben ist, mit der Bekanntgabe des Verwaltungsakts. [2] Dies gilt

---

[1)] Nr. **1**.
[2)] Abweichend hierzu siehe Art. 97 § 18a EGAO (Nr. **4**).

für die Verpflichtungsklage sinngemäß, wenn der Antrag auf Vornahme des Verwaltungsakts abgelehnt worden ist.

(2)[1] [1] Die Frist für die Erhebung der Klage gilt als gewahrt, wenn die Klage bei der Behörde, die den angefochtenen Verwaltungsakt oder die angefochtene Entscheidung erlassen oder den Beteiligten bekannt gegeben hat oder die nachträglich für den Steuerfall zuständig geworden ist, innerhalb der Frist angebracht oder zu Protokoll gegeben wird. [2] Die Behörde hat die Klageschrift in diesem Fall unverzüglich dem Gericht zu übermitteln.

(3) Absatz 2 gilt sinngemäß bei einer Klage, die sich gegen die Feststellung von Besteuerungsgrundlagen oder gegen die Festsetzung eines Steuermessbetrags richtet, wenn sie bei der Stelle angebracht wird, die zur Erteilung des Steuerbescheids zuständig ist.

§ 48 [Klagebefugnis] (1) Gegen Bescheide über die einheitliche und gesonderte Feststellung von Besteuerungsgrundlagen können Klage erheben:

1. zur Vertretung berufene Geschäftsführer oder, wenn solche nicht vorhanden sind, der Klagebevollmächtigte im Sinne des Absatzes 2;
2. wenn Personen nach Nummer 1 nicht vorhanden sind, jeder Gesellschafter, Gemeinschafter oder Mitberechtigte, gegen den der Feststellungsbescheid ergangen ist oder zu ergehen hätte;
3. auch wenn Personen nach Nummer 1 vorhanden sind, ausgeschiedene Gesellschafter, Gemeinschafter oder Mitberechtigte, gegen die der Feststellungsbescheid ergangen ist oder zu ergehen hätte;
4. soweit es sich darum handelt, wer an dem festgestellten Betrag beteiligt ist und wie dieser sich auf die einzelnen Beteiligten verteilt, jeder, der durch die Feststellungen hierzu berührt wird;
5. soweit es sich um eine Frage handelt, die einen Beteiligten persönlich angeht, jeder, der durch die Feststellungen über die Frage berührt wird.

(2) [1] Klagebefugt im Sinne des Absatzes 1 Nr. 1 ist der gemeinsame Empfangsbevollmächtigte im Sinne des § 183 Abs. 1 Satz 1 der Abgabenordnung[2] oder des § 6 Abs. 1 Satz 1 der Verordnung über die gesonderte Feststellung von Besteuerungsgrundlagen nach § 180 Abs. 2 der Abgabenordnung vom 19. Dezember 1986 (BGBl. I S. 2663). [2] Haben die Feststellungsbeteiligten keinen gemeinsamen Empfangsbevollmächtigten bestellt, ist klagebefugt im Sinne des Absatzes 1 Nr. 1 der nach § 183 Abs. 1 Satz 2 der Abgabenordnung fingierte oder der nach § 183 Abs. 1 Satz 3 bis 5 der Abgabenordnung oder nach § 6 Abs. 1 Satz 3 bis 5 der Verordnung über die gesonderte Feststellung von Besteuerungsgrundlagen nach § 180 Abs. 2 der Abgabenordnung von der Finanzbehörde bestimmte Empfangsbevollmächtigte; dies gilt nicht für Feststellungsbeteiligte, die gegenüber der Finanzbehörde der Klagebefugnis des Empfangsbevollmächtigten widersprechen. [3] Die Sätze 1 und 2 sind nur anwendbar, wenn die Beteiligten spätestens bei Erlass der Einspruchsentscheidung über die Klagebefugnis des Empfangsbevollmächtigten belehrt worden sind.

---

[1] § 47 Abs. 2 Satz 2 geänd. durch G v. 22.3.2005 (BGBl. I S. 837); Satz 1 geänd. mWv 1.1.2018 durch G v. 5.7.2017 (BGBl. I S. 2208).

[2] Nr. **1**.

§ 49 (weggefallen)

§ 50 [Klageverzicht] (1) [1] Auf die Erhebung der Klage kann nach Erlass des Verwaltungsakts verzichtet werden. [2] Der Verzicht kann auch bei Abgabe einer Steueranmeldung ausgesprochen werden, wenn er auf den Fall beschränkt wird, dass die Steuer nicht abweichend von der Steueranmeldung festgesetzt wird. [3] Eine trotz des Verzichts erhobene Klage ist unzulässig.

(1a) [1] Soweit Besteuerungsgrundlagen für ein Verständigungs- oder ein Schiedsverfahren nach einem Vertrag im Sinne des § 2 der Abgabenordnung[1)] von Bedeutung sein können, kann auf die Erhebung der Klage insoweit verzichtet werden. [2] Die Besteuerungsgrundlage, auf die sich der Verzicht beziehen soll, ist genau zu bezeichnen.

(2)[2)] [1] Der Verzicht ist gegenüber der zuständigen Behörde schriftlich oder zu Protokoll zu erklären; er darf keine weiteren Erklärungen enthalten. [2] Wird nachträglich die Unwirksamkeit des Verzichts geltend gemacht, so gilt § 56 Abs. 3 sinngemäß.

Abschnitt II. Allgemeine Verfahrensvorschriften

§ 51 [Ausschließung und Ablehnung der Gerichtspersonen] (1) [1] Für die Ausschließung und Ablehnung der Gerichtspersonen gelten die §§ 41 bis 49 der Zivilprozessordnung sinngemäß. [2] Gerichtspersonen können auch abgelehnt werden, wenn von ihrer Mitwirkung die Verletzung eines Geschäfts- oder Betriebsgeheimnisses oder Schaden für die geschäftliche Tätigkeit eines Beteiligten zu besorgen ist.

(2) Von der Ausübung des Amtes als Richter, als ehrenamtlicher Richter oder als Urkundsbeamter ist auch ausgeschlossen, wer bei dem vorausgegangenen Verwaltungsverfahren mitgewirkt hat.

(3) Besorgnis der Befangenheit nach § 42 der Zivilprozessordnung ist stets dann begründet, wenn der Richter oder ehrenamtliche Richter der Vertretung einer Körperschaft angehört oder angehört hat, deren Interessen durch das Verfahren berührt werden.

§ 52 [Sitzungspolizei usw.] (1) Die §§ 169, 171b bis 197 des Gerichtsverfassungsgesetzes über die Öffentlichkeit, Sitzungspolizei, Gerichtssprache, Beratung und Abstimmung gelten sinngemäß.

(2) Die Öffentlichkeit ist auch auszuschließen, wenn ein Beteiligter, der nicht Finanzbehörde ist, es beantragt.

(3) Bei der Abstimmung und Beratung dürfen auch die zu ihrer steuerrechtlichen Ausbildung beschäftigten Personen zugegen sein, soweit sie die Befähigung zum Richteramt besitzen und soweit der Vorsitzende ihre Anwesenheit gestattet.

§ 52a[3)] [Elektronische Übermittlung von Dokumenten] (1)[4)] Vorbereitende Schriftsätze und deren Anlagen, schriftlich einzureichende Anträge und

---

1) Nr. **1**.

2) § 50 Abs. 2 Satz 1 geänd. mWv 1.1.2018 durch G v. 5.7.2017 (BGBl. I S. 2208).

3) § 52a eingef. durch G v. 22.3.2005 (BGBl. I S. 837); Abs. 1 und 2 neu gef., Abs. 3–6 eingef., bish. Abs. 3 wird Abs. 7 mWv 1.1.2018 durch G v. 10.10.2013 (BGBl. I S. 3786).

4) § 52a Abs. 1 geänd. mWv 1.1.2020 durch G v. 12.12.2019 (BGBl. I S. 2633).

Erklärungen der Beteiligten sowie schriftlich einzureichende Auskünfte, Aussagen, Gutachten, Übersetzungen und Erklärungen Dritter können nach Maßgabe der Absätze 2 bis 6 als elektronische Dokumente bei Gericht eingereicht werden.

(2) [1] Das elektronische Dokument muss für die Bearbeitung durch das Gericht geeignet sein. [2] Die Bundesregierung bestimmt durch Rechtsverordnung mit Zustimmung des Bundesrates die für die Übermittlung und Bearbeitung geeigneten technischen Rahmenbedingungen.

(3)[1)] [1] Das elektronische Dokument muss mit einer qualifizierten elektronischen Signatur der verantwortenden Person versehen sein oder von der verantwortenden Person signiert und auf einem sicheren Übermittlungsweg eingereicht werden. [2] Satz 1 gilt nicht für Anlagen, die vorbereitenden Schriftsätzen beigefügt sind.

(4) Sichere Übermittlungswege sind

1. der Postfach- und Versanddienst eines De-Mail-Kontos, wenn der Absender bei Versand der Nachricht sicher im Sinne des § 4 Absatz 1 Satz 2 des De-Mail-Gesetzes angemeldet ist und er sich die sichere Anmeldung gemäß § 5 Absatz 5 des De-Mail-Gesetzes bestätigen lässt,
2.[2)] der Übermittlungsweg zwischen *dem besonderen elektronischen Anwaltspostfach nach § 31a der Bundesrechtsanwaltsordnung* [***ab 1.8.2022:*** den besonderen elektronischen Anwaltspostfächern nach den §§ 31a und 31b der Bundesrechtsanwaltsordnung] oder einem entsprechenden, auf gesetzlicher Grundlage errichteten elektronischen Postfach und der elektronischen Poststelle des Gerichts,
3. der Übermittlungsweg zwischen einem nach Durchführung eines Identifizierungsverfahrens eingerichteten Postfach einer Behörde oder einer juristischen Person des öffentlichen Rechts und der elektronischen Poststelle des Gerichts; das Nähere regelt die Verordnung nach Absatz 2 Satz 2,
4. sonstige bundeseinheitliche Übermittlungswege, die durch Rechtsverordnung der Bundesregierung mit Zustimmung des Bundesrates festgelegt werden, bei denen die Authentizität und Integrität der Daten sowie die Barrierefreiheit gewährleistet sind.

(5) [1] Ein elektronisches Dokument ist eingegangen, sobald es auf der für den Empfang bestimmten Einrichtung des Gerichts gespeichert ist. [2] Dem Absender ist eine automatisierte Bestätigung über den Zeitpunkt des Eingangs zu erteilen. [3] Die Vorschriften dieses Gesetzes über die Beifügung von Abschriften für die übrigen Beteiligten finden keine Anwendung.

(6) [1] Ist ein elektronisches Dokument für das Gericht zur Bearbeitung nicht geeignet, ist dies dem Absender unter Hinweis auf die Unwirksamkeit des Eingangs und die geltenden technischen Rahmenbedingungen unverzüglich mitzuteilen. [2] Das Dokument gilt als zum Zeitpunkt der früheren Einreichung eingegangen, sofern der Absender es unverzüglich in einer für das Gericht zur Bearbeitung geeigneten Form nachreicht und glaubhaft macht, dass es mit dem zuerst eingereichten Dokument inhaltlich übereinstimmt.

[1)] § 52a Abs. 3 Satz 2 angef. mWv 1.1.2020 durch G v. 12.12.2019 (BGBl. I S. 2633).
[2)] § 52a Abs. 4 Nr. 2 neu gef. **mWv 1.8.2022** durch G v. 7.7.2021 (BGBl. I S. 2363).

(7)[1] [1]Soweit eine handschriftliche Unterzeichnung durch den Richter oder den Urkundsbeamten der Geschäftsstelle vorgeschrieben ist, genügt dieser Form die Aufzeichnung als elektronisches Dokument, wenn die verantwortenden Personen am Ende des Dokuments ihren Namen hinzufügen und das Dokument mit einer qualifizierten elektronischen Signatur versehen. [2]Der in Satz 1 genannten Form genügt auch ein elektronisches Dokument, in welches das handschriftlich unterzeichnete Schriftstück gemäß § 52b Absatz 6 Satz 4 übertragen worden ist.

§ 52b[2] [Elektronische Führung von Prozessakten]

[Fassung bis 31.12.2025:]

(1)[4] [1]Die Prozessakten können elektronisch geführt werden. [2]Die Bundesregierung und die Landesregierungen bestimmen jeweils für ihren Bereich durch Rechtsverordnung den Zeitpunkt, von dem an die Prozessakten elektronisch geführt werden. [3]In der Rechtsverordnung sind die organisatorisch-technischen Rahmenbedingungen für die Bildung, Führung und Verwahrung der elektronischen Akten festzulegen. [4]Die Landesregierungen können die Ermächtigung auf die für die Finanzgerichtsbarkeit zuständigen obersten Landesbehörden übertragen. [5]Die Zulassung der elektronischen Akte kann auf einzelne Gerichte oder Verfahren beschränkt werden; wird von dieser Möglichkeit Gebrauch gemacht, kann in der Rechtsverordnung bestimmt werden, dass durch Verwaltungsvorschrift, die öffentlich bekanntzumachen ist, geregelt wird, in welchen Verfahren die Prozessakten elektronisch zu führen sind. [6]Die Rechtsverordnung der Bundesregierung bedarf nicht der Zustimmung des Bundesrates.

(1a)[5] [1]Die Prozessakten werden ab dem 1. Januar 2026 elektronisch geführt. [2]Die Bundesregierung und die

[Fassung ab 1.1.2026:[3]]

(1) [1]Die Prozessakten werden elektronisch geführt. [2]Die Bundesregierung und die Landesregierungen bestimmen jeweils für ihren Bereich durch Rechtsverordnung die organisatorischen und dem Stand der Technik entsprechenden technischen Rahmenbedingungen für die Bildung, Führung und Verwahrung der elektronischen Akten einschließlich der einzuhaltenden Anforderungen der Barrierefreiheit. [3]Die Bundesregierung und die Landesregierungen können jeweils für ihren Bereich durch Rechtsverordnung bestimmen, dass Akten, die in Papierform angelegt wurden, in Papierform weitergeführt werden. [4]Die Landesregierungen können die Ermächtigungen nach den Sätzen 2 und 3 auf die für die Finanzgerichtsbarkeit zuständigen obersten Landesbehörden übertragen. [5]Die Rechtsverordnungen der Bundesregierung bedürfen nicht der Zustimmung des Bundesrates.

---

[1] § 52a bish. Abs. 3 geänd. mWv 29.7.2017 durch G v. 18.7.2017 (BGBl. I S. 2745); Abs. 7 Satz 2 angef. mWv 1.1.2018 durch G v. 5.7.2017 (BGBl. I S. 2208).

[2] § 52b eingef. durch G v. 22.3.2005 (BGBl. I S. 837).

[3] § 52b Abs. 1 aufgeh., bish. Abs. 1a wird Abs. 1 und Satz 1 geänd. **mWv 1.1.2026** durch G v. 5.7. 2017 (BGBl. I S. 2208).

[4] § 52b Abs. 1 Satz 5 geänd. mWv 13.7.2017 durch G v. 5.7.2017 (BGBl. I S. 2208).

[5] § 52b Abs. 1a eingef. mWv 1.1.2018 durch G v. 5.7.2017 (BGBl. I S. 2208).

[Fassung bis 31.12.2025:]

Landesregierungen bestimmen jeweils für ihren Bereich durch Rechtsverordnung die organisatorischen und dem Stand der Technik entsprechenden technischen Rahmenbedingungen für die Bildung, Führung und Verwahrung der elektronischen Akten einschließlich der einzuhaltenden Anforderungen der Barrierefreiheit. [3]Die Bundesregierung und die Landesregierungen können jeweils für ihren Bereich durch Rechtsverordnung bestimmen, dass Akten, die in Papierform angelegt wurden, in Papierform weitergeführt werden. [4]Die Landesregierungen können die Ermächtigungen nach den Sätzen 2 und 3 auf die für die Finanzgerichtsbarkeit zuständigen obersten Landesbehörden übertragen. [5]Die Rechtsverordnungen der Bundesregierung bedürfen nicht der Zustimmung des Bundesrates.

[Fassung ab 1.1.2026:]

(2)[1)] [1]Werden die Akten in Papierform geführt, ist von einem elektronischen Dokument ein Ausdruck für die Akten zu fertigen. [2]Kann dies bei Anlagen zu vorbereitenden Schriftsätzen nicht oder nur mit unverhältnismäßigem Aufwand erfolgen, so kann ein Ausdruck unterbleiben. [3]Die Daten sind in diesem Fall dauerhaft zu speichern; der Speicherort ist aktenkundig zu machen.

(3)[2)] Ist das elektronische Dokument auf einem sicheren Übermittlungsweg eingereicht, so ist dies aktenkundig zu machen.

(4)[3)] Wird das elektronische Dokument mit einer qualifizierten elektronischen Signatur versehen und nicht auf einem sicheren Übermittlungsweg eingereicht, muss der Ausdruck einen Vermerk darüber enthalten,

1. welches Ergebnis die Integritätsprüfung des Dokumentes ausweist,
2. wen die Signaturprüfung als Inhaber der Signatur ausweist,
3. welchen Zeitpunkt die Signaturprüfung für die Anbringung der Signatur ausweist.

(5)[4)] Ein eingereichtes elektronisches Dokument kann im Falle von Absatz 2 nach Ablauf von sechs Monaten gelöscht werden.

(6)[5)] [1]Werden die Prozessakten elektronisch geführt, sind in Papierform vorliegende Schriftstücke und sonstige Unterlagen nach dem Stand der Technik

---

1) § 52b Abs. 2 neu gef. mWv 1.1.2018 durch G v. 10.10.2013 (BGBl. I S. 3786).

2) § 52b Abs. 3 neu gef. mWv 1.1.2018 durch G v. 10.10.2013 (BGBl. I S. 3786).

3) § 52b Abs. 4 neu gef. mWv 1.1.2018 durch G v. 10.10.2013 (BGBl. I S. 3786).

4) § 52b Abs. 5 neu gef. mWv 1.1.2018 durch G v. 10.10.2013 (BGBl. I S. 3786).

5) § 52b Abs. 6 angef. mWv 1.1.2018 durch G v. 10.10.2013 (BGBl. I S. 3786); neu gef. mWv 1.1.2018 durch G v. 5.7.2017 (BGBl. I S. 2208).

zur Ersetzung der Urschrift in ein elektronisches Dokument zu übertragen. [2]Es ist sicherzustellen, dass das elektronische Dokument mit den vorliegenden Schriftstücken und sonstigen Unterlagen bildlich und inhaltlich übereinstimmt. [3]Das elektronische Dokument ist mit einem Übertragungsnachweis zu versehen, der das bei der Übertragung angewandte Verfahren und die bildliche und inhaltliche Übereinstimmung dokumentiert. [4]Wird ein von den verantwortenden Personen handschriftlich unterzeichnetes gerichtliches Schriftstück übertragen, ist der Übertragungsnachweis mit einer qualifizierten elektronischen Signatur des Urkundsbeamten der Geschäftsstelle zu versehen. [5]Die in Papierform vorliegenden Schriftstücke und sonstigen Unterlagen können sechs Monate nach der Übertragung vernichtet werden, sofern sie nicht rückgabepflichtig sind.

§ 52c[1)] Formulare; Verordnungsermächtigung. [1]Das Bundesministerium der Justiz und für Verbraucherschutz kann durch Rechtsverordnung mit Zustimmung des Bundesrates elektronische Formulare einführen. [2]Die Rechtsverordnung kann bestimmen, dass die in den Formularen enthaltenen Angaben ganz oder teilweise in strukturierter maschinenlesbarer Form zu übermitteln sind. [3]Die Formulare sind auf einer in der Rechtsverordnung zu bestimmenden Kommunikationsplattform im Internet zur Nutzung bereitzustellen. [4]Die Rechtsverordnung kann bestimmen, dass eine Identifikation des Formularverwenders abweichend von § 52a Absatz 3 auch durch Nutzung des elektronischen Identitätsnachweises nach § 18 des Personalausweisgesetzes, § 12 des eID-Karte-Gesetzes oder § 78 Absatz 5 des Aufenthaltsgesetzes erfolgen kann.

[*ab 1.1.2022:*
§ 52d[2)] Nutzungspflicht für Rechtsanwälte, Behörden und vertretungsberechtigte Personen. [1]Vorbereitende Schriftsätze und deren Anlagen sowie schriftlich einzureichende Anträge und Erklärungen, die durch einen Rechtsanwalt, durch eine Behörde oder durch eine juristische Person des öffentlichen Rechts einschließlich der von ihr zur Erfüllung ihrer öffentlichen Aufgaben gebildeten Zusammenschlüsse eingereicht werden, sind als elektronisches Dokument zu übermitteln. [2]Gleiches gilt für die nach diesem Gesetz vertretungsberechtigten Personen, für die ein sicherer Übermittlungsweg nach § 52a Absatz 4 Nummer 2 zur Verfügung steht. [3]Ist eine Übermittlung aus technischen Gründen vorübergehend nicht möglich, bleibt die Übermittlung nach den allgemeinen Vorschriften zulässig. [4]Die vorübergehende Unmöglichkeit ist bei der Ersatzeinreichung oder unverzüglich danach glaubhaft zu machen; auf Anforderung ist ein elektronisches Dokument nachzureichen.]

§ 53 [Zustellung] (1) Anordnungen und Entscheidungen, durch die eine Frist in Lauf gesetzt wird, sowie Terminbestimmungen und Ladungen sind den Beteiligten zuzustellen, bei Verkündung jedoch nur, wenn es ausdrücklich vorgeschrieben ist.

[1)] § 52c eingef. mWv 1.7.2014 durch G v. 10.10.2013 (BGBl. I S. 3786); Satz 1 geänd. mWv 8.9. 2015 durch VO v. 31.8.2015 (BGBl. I S. 1474); Satz 4 geänd. mWv 1.11.2019 durch G v. 21.6.2019 (BGBl. I S. 846).

[2)] § 52d eingef. **mWv 1.1.2022** durch G v. 10.10.2013 (BGBl. I S. 3786).

FGO

(2)[1] Zugestellt wird von Amts wegen nach den Vorschriften der Zivilprozessordnung.

(3) [1] Wer seinen Wohnsitz oder seinen Sitz nicht im Geltungsbereich dieses Gesetzes hat, hat auf Verlangen einen Zustellungsbevollmächtigten zu bestellen. [2] Geschieht dies nicht, so gilt eine Sendung mit der Aufgabe zur Post als zugestellt, selbst wenn sie als unbestellbar zurückkommt.

§ 54 [Beginn des Laufs von Fristen] (1) Der Lauf einer Frist beginnt, soweit nichts anderes bestimmt ist, mit der Bekanntgabe des Verwaltungsakts oder der Entscheidung oder mit dem Zeitpunkt, an dem die Bekanntgabe als bewirkt gilt.

(2) Für die Fristen gelten die Vorschriften der §§ 222, 224 Abs. 2 und 3, §§ 225 und 226 der Zivilprozessordnung.

§ 55[2] [Belehrung über Frist] (1)[3] Die Frist für einen Rechtsbehelf beginnt nur zu laufen, wenn der Beteiligte über den Rechtsbehelf, die Behörde oder das Gericht, bei denen der Rechtsbehelf anzubringen ist, den Sitz und die einzuhaltende Frist schriftlich oder elektronisch belehrt worden ist.

(2)[4] [1] Ist die Belehrung unterblieben oder unrichtig erteilt, so ist die Einlegung des Rechtsbehelfs nur innerhalb eines Jahres seit Bekanntgabe im Sinne des § 54 Abs. 1 zulässig, es sei denn, dass die Einlegung vor Ablauf der Jahresfrist infolge höherer Gewalt unmöglich war oder eine schriftliche oder elektronische Belehrung dahin erfolgt ist, dass ein Rechtsbehelf nicht gegeben sei. [2] § 56 Abs. 2 gilt für den Fall höherer Gewalt sinngemäß.

§ 56 [Wiedereinsetzung in den vorigen Stand] (1) Wenn jemand ohne Verschulden verhindert war, eine gesetzliche Frist einzuhalten, so ist ihm auf Antrag Wiedereinsetzung in den vorigen Stand zu gewähren.

(2)[5] [1] Der Antrag ist binnen zwei Wochen nach Wegfall des Hindernisses zu stellen; bei Versäumung der Frist zur Begründung der Revision oder der Nichtzulassungsbeschwerde beträgt die Frist einen Monat. [2] Die Tatsachen zur Begründung des Antrags sind bei der Antragstellung oder im Verfahren über den Antrag glaubhaft zu machen. [3] Innerhalb der Antragsfrist ist die versäumte Rechtshandlung nachzuholen. [4] Ist dies geschehen, so kann Wiedereinsetzung auch ohne Antrag gewährt werden.

(3) Nach einem Jahr seit dem Ende der versäumten Frist kann Wiedereinsetzung nicht mehr beantragt oder ohne Antrag bewilligt werden, außer wenn der Antrag vor Ablauf der Jahresfrist infolge höherer Gewalt unmöglich war.

(4) Über den Antrag auf Wiedereinsetzung entscheidet das Gericht, das über die versäumte Rechtshandlung zu befinden hat.

(5) Die Wiedereinsetzung ist unanfechtbar.

§ 57 [Am Verfahren Beteiligte] Beteiligte am Verfahren sind

1. der Kläger,

---

[1] § 53 Abs. 2 geänd. mWv 1.7.2002 durch G v. 25.6.2001 (BGBl. I S. 1206).
[2] Abweichend hierzu siehe Art. 97 § 18a EGAO (Nr. **4**).
[3] § 55 Abs. 1 neu gef. durch G v. 22.3.2005 (BGBl. I S. 837).
[4] § 55 Abs. 2 Satz 1 geänd. durch G v. 22.3.2005 (BGBl. I S. 837).
[5] § 56 Abs. 2 Satz 1 2. HS angef. durch G v. 24.8.2004 (BGBl. I S. 2198).

2. der Beklagte,
3. der Beigeladene,
4. die Behörde, die dem Verfahren beigetreten ist (§ 122 Abs. 2).

§ 58[1)] [Prozessfähigkeit] (1) Fähig zur Vornahme von Verfahrenshandlungen sind

1. die nach dem bürgerlichen Recht Geschäftsfähigen,
2. die nach dem bürgerlichen Recht in der Geschäftsfähigkeit Beschränkten, soweit sie durch Vorschriften des bürgerlichen oder öffentlichen Rechts für den Gegenstand des Verfahrens als geschäftsfähig anerkannt sind.

(2) [1] Für rechtsfähige und nichtrechtsfähige Personenvereinigungen, für Personen, die geschäftsunfähig oder in der Geschäftsfähigkeit beschränkt sind, für alle Fälle der Vermögensverwaltung und für andere einer juristischen Person ähnliche Gebilde, die als solche der Besteuerung unterliegen, sowie bei Wegfall eines Steuerpflichtigen handeln die nach dem bürgerlichen Recht dazu befugten Personen. [2] Die §§ 53 bis 58 der Zivilprozessordnung gelten sinngemäß.

(3) Betrifft ein Einwilligungsvorbehalt nach *§ 1903* [***ab 1.1.2023:*** § 1825] des Bürgerlichen Gesetzbuchs den Gegenstand des Verfahrens, so ist ein geschäftsfähiger Betreuter nur insoweit zur Vornahme von Verfahrenshandlungen fähig, als er nach den Vorschriften des bürgerlichen Rechts ohne Einwilligung des Betreuers handeln kann oder durch Vorschriften des öffentlichen Rechts als handlungsfähig anerkannt ist.

§ 59 [Streitgenossenschaft] Die Vorschriften der §§ 59 bis 63 der Zivilprozessordnung über die Streitgenossenschaft sind sinngemäß anzuwenden.

§ 60 [Beiladungen] (1) [1] Das Finanzgericht kann von Amts wegen oder auf Antrag andere beiladen, deren rechtliche Interessen nach den Steuergesetzen durch die Entscheidung berührt werden, insbesondere solche, die nach den Steuergesetzen neben dem Steuerpflichtigen haften. [2] Vor der Beiladung ist der Steuerpflichtige zu hören, wenn er am Verfahren beteiligt ist.

(2) Wird eine Abgabe für einen anderen Abgabenberechtigten verwaltet, so kann dieser nicht deshalb beigeladen werden, weil seine Interessen als Abgabenberechtigter durch die Entscheidung berührt werden.

(3) [1] Sind an dem streitigen Rechtsverhältnis Dritte derart beteiligt, dass die Entscheidung auch ihnen gegenüber nur einheitlich ergehen kann, so sind sie beizuladen (notwendige Beiladung). [2] Dies gilt nicht für Mitberechtigte, die nach § 48 nicht klagebefugt sind.

(4) [1] Der Beiladungsbeschluss ist allen Beteiligten zuzustellen. [2] Dabei sollen der Stand der Sache und der Grund der Beiladung angegeben werden.

(5) Die als Mitberechtigte Beigeladenen können aufgefordert werden, einen gemeinsamen Zustellungsbevollmächtigten zu benennen.

(6) [1] Der Beigeladene kann innerhalb der Anträge eines als Kläger oder Beklagter Beteiligten selbständig Angriffs- und Verteidigungsmittel geltend machen und alle Verfahrenshandlungen wirksam vornehmen. [2] Abweichende Sachanträge kann er nur stellen, wenn eine notwendige Beiladung vorliegt.

[1)] § 58 Abs. 3 geänd. **mWv 1.1.2023** durch G v. 4.5.2021 (BGBl. I S. 882).

§ 60a[1)] **[Begrenzung der Beiladung]** [1]Kommt nach § 60 Abs. 3 die Beiladung von mehr als 50 Personen in Betracht, kann das Gericht durch Beschluss anordnen, dass nur solche Personen beigeladen werden, die dies innerhalb einer bestimmten Frist beantragen. [2]Der Beschluss ist unanfechtbar. [3]Er ist im Bundesanzeiger bekannt zu machen. [4]Er muss außerdem in Tageszeitungen veröffentlicht werden, die in dem Bereich verbreitet sind, in dem sich die Entscheidung voraussichtlich auswirken wird. [5]Die Bekanntmachung kann zusätzlich in einem von dem Gericht für Bekanntmachungen bestimmten Informations- und Kommunikationssystem erfolgen. [6]Die Frist muss mindestens drei Monate seit Veröffentlichung im Bundesanzeiger betragen. [7]In der Veröffentlichung in Tageszeitungen ist mitzuteilen, an welchem Tage die Frist abläuft. [8]Für die Wiedereinsetzung in den vorigen Stand wegen Versäumung der Frist gilt § 56 entsprechend. [9]Das Gericht soll Personen, die von der Entscheidung erkennbar in besonderem Maße betroffen werden, auch ohne Antrag beiladen.

§ 61 (weggefallen)

§ 62[2)] **[Bevollmächtigte und Beistände]** (1) Die Beteiligten können vor dem Finanzgericht den Rechtsstreit selbst führen.

(2) [1]Die Beteiligten können sich durch einen Rechtsanwalt, Steuerberater, Steuerbevollmächtigten, Wirtschaftsprüfer oder vereidigten Buchprüfer als Bevollmächtigten vertreten lassen; zur Vertretung berechtigt sind auch Gesellschaften im Sinne des § 3 Nr. 2 und 3 des Steuerberatungsgesetzes, die durch solche Personen handeln. [2]Darüber hinaus sind als Bevollmächtigte vor dem Finanzgericht vertretungsbefugt nur

1. Beschäftigte des Beteiligten oder eines mit ihm verbundenen Unternehmens (§ 15 des Aktiengesetzes); Behörden und juristische Personen des öffentlichen Rechts einschließlich der von ihnen zur Erfüllung ihrer öffentlichen Aufgaben gebildeten Zusammenschlüsse können sich auch durch Beschäftigte anderer Behörden oder juristischer Personen des öffentlichen Rechts einschließlich der von ihnen zur Erfüllung ihrer öffentlichen Aufgaben gebildeten Zusammenschlüsse vertreten lassen,
2. volljährige Familienangehörige (§ 15 der Abgabenordnung[3)], § 11 des Lebenspartnerschaftsgesetzes), Personen mit Befähigung zum Richteramt und Streitgenossen, wenn die Vertretung nicht im Zusammenhang mit einer entgeltlichen Tätigkeit steht,
3.[4)] Personen und Vereinigungen im Sinne des § 3a des Steuerberatungsgesetzes im Rahmen ihrer Befugnisse nach § 3a des Steuerberatungsgesetzes,

[*ab 1.8.2022:*

3a.[5)] zu beschränkter geschäftsmäßiger Hilfeleistung in Steuersachen nach den §§ 3d und 3e des Steuerberatungsgesetzes berechtigte Personen im Rahmen dieser Befugnisse,]

FGO

[1)] § 60a Satz 3 geänd., Satz 5 eingef., Satz 6 geänd. durch G v. 22.3.2005 (BGBl. I S. 837, 2022); Sätze 3 und 6 geänd. mWv 1.4.2012 durch G v. 22.12.2011 (BGBl. I S. 3044).

[2)] § 62 neu gef. mWv 1.7.2008 durch G v. 12.12.2007 (BGBl. I S. 2840).

[3)] Nr. **1**.

[4)] § 62 Abs. 2 Nr. 3 geänd. mWv 5.8.2009 durch G v. 30.7.2009 (BGBl. I S. 2449).

[5)] § 62 Abs. 2 Satz 2 Nr. 3a eingef. **mWv 1.8.2022** durch G v. 7.7.2021 (BGBl. I S. 2363).

4. landwirtschaftliche Buchstellen im Rahmen ihrer Befugnisse nach § 4 Nr. 8 des Steuerberatungsgesetzes,
5. Lohnsteuerhilfevereine im Rahmen ihrer Befugnisse nach § 4 Nr. 11 des Steuerberatungsgesetzes,
6. Gewerkschaften und Vereinigungen von Arbeitgebern sowie Zusammenschlüsse solcher Verbände für ihre Mitglieder oder für andere Verbände oder Zusammenschlüsse mit vergleichbarer Ausrichtung und deren Mitglieder,
7. juristische Personen, deren Anteile sämtlich im wirtschaftlichen Eigentum einer der in Nummer 6 bezeichneten Organisationen stehen, wenn die juristische Person ausschließlich die Rechtsberatung und Prozessvertretung dieser Organisation und ihrer Mitglieder oder anderer Verbände oder Zusammenschlüsse mit vergleichbarer Ausrichtung und deren Mitglieder entsprechend deren Satzung durchführt, und wenn die Organisation für die Tätigkeit der Bevollmächtigten haftet.

3 Bevollmächtigte, die keine natürlichen Personen sind, handeln durch ihre Organe und mit der Prozessvertretung beauftragten Vertreter.

(3) 1 Das Gericht weist Bevollmächtigte, die nicht nach Maßgabe des Absatzes 2 vertretungsbefugt sind, durch unanfechtbaren Beschluss zurück. 2 Prozesshandlungen eines nicht vertretungsbefugten Bevollmächtigten und Zustellungen oder Mitteilungen an diesen Bevollmächtigten sind bis zu seiner Zurückweisung wirksam. 3 Das Gericht kann den in Absatz 2 Satz 2 bezeichneten Bevollmächtigten durch unanfechtbaren Beschluss die weitere Vertretung untersagen, wenn sie nicht in der Lage sind, das Sach- und Streitverhältnis sachgerecht darzustellen.

(4) 1 Vor dem Bundesfinanzhof müssen sich die Beteiligten durch Prozessbevollmächtigte vertreten lassen. 2 Dies gilt auch für Prozesshandlungen, durch die ein Verfahren vor dem Bundesfinanzhof eingeleitet wird. 3 Als Bevollmächtigte sind nur die in Absatz 2 Satz 1 bezeichneten Personen und Gesellschaften zugelassen. 4 Behörden und juristische Personen des öffentlichen Rechts einschließlich der von ihnen zur Erfüllung ihrer öffentlichen Aufgaben gebildeten Zusammenschlüsse können sich durch eigene Beschäftigte mit Befähigung zum Richteramt oder durch Beschäftigte mit Befähigung zum Richteramt anderer Behörden oder juristischer Personen des öffentlichen Rechts einschließlich der von ihnen zur Erfüllung ihrer öffentlichen Aufgaben gebildeten Zusammenschlüsse vertreten lassen. 5 Ein Beteiligter, der nach Maßgabe des Satzes 3 zur Vertretung berechtigt ist, kann sich selbst vertreten.

(5) 1 Richter dürfen nicht als Bevollmächtigte vor dem Gericht auftreten, dem sie angehören. 2 Ehrenamtliche Richter dürfen, außer in den Fällen des Absatzes 2 Satz 2 Nr. 1, nicht vor einem Spruchkörper auftreten, dem sie angehören. 3 Absatz 3 Satz 1 und 2 gilt entsprechend.

(6) 1 Die Vollmacht ist schriftlich zu den Gerichtsakten einzureichen. 2 Sie kann nachgereicht werden; hierfür kann das Gericht eine Frist bestimmen. 3 Der Mangel der Vollmacht kann in jeder Lage des Verfahrens geltend gemacht werden. 4 Das Gericht hat den Mangel der Vollmacht von Amts wegen zu berücksichtigen, wenn nicht als Bevollmächtigter eine in Absatz 2 Satz 1 bezeichnete Person oder Gesellschaft auftritt. 5 Ist ein Bevollmächtigter bestellt, sind die Zustellungen oder Mitteilungen des Gerichts an ihn zu richten.

(7) [1] In der Verhandlung können die Beteiligten mit Beiständen erscheinen. [2] Beistand kann sein, wer in Verfahren, in denen die Beteiligten den Rechtsstreit selbst führen können, als Bevollmächtigter zur Vertretung in der Verhandlung befugt ist. [3] Das Gericht kann andere Personen als Beistand zulassen, wenn dies sachdienlich ist und hierfür nach den Umständen des Einzelfalls ein Bedürfnis besteht. [4] Absatz 3 Satz 1 und 3 und Absatz 5 gelten entsprechend. [5] Das von dem Beistand Vorgetragene *gelten*[1)] als von dem Beteiligten vorgebracht, soweit es nicht von diesem sofort widerrufen oder berichtigt wird.

§ 62a[2)] *(aufgehoben)*

Abschnitt III. Verfahren im ersten Rechtszug

§ 63 [Passivlegitimation] (1) Die Klage ist gegen die Behörde zu richten,

1. die den ursprünglichen Verwaltungsakt erlassen oder
2. die den beantragten Verwaltungsakt oder die andere Leistung unterlassen oder abgelehnt hat oder
3. der gegenüber die Feststellung des Bestehens oder Nichtbestehens eines Rechtsverhältnisses oder der Nichtigkeit eines Verwaltungsakts begehrt wird.

(2) Ist vor Erlass der Entscheidung über den Einspruch eine andere als die ursprünglich zuständige Behörde für den Steuerfall örtlich zuständig geworden, so ist die Klage zu richten

1. gegen die Behörde, welche die Einspruchsentscheidung erlassen hat,

2.[3)] wenn über einen Einspruch ohne Mitteilung eines zureichenden Grundes in angemessener Frist sachlich nicht entschieden worden ist (§ 46), gegen die Behörde, die im Zeitpunkt der Klageerhebung für den Steuerfall örtlich zuständig ist.

(3) Hat eine Behörde, die auf Grund gesetzlicher Vorschrift berechtigt ist, für die zuständige Behörde zu handeln, den ursprünglichen Verwaltungsakt erlassen oder den beantragten Verwaltungsakt oder die andere Leistung unterlassen oder abgelehnt, so ist die Klage gegen die zuständige Behörde zu richten.

§ 64 [Form der Klageerhebung] (1)[4)] Die Klage ist bei dem Gericht schriftlich oder zu Protokoll des Urkundsbeamten der Geschäftsstelle zu erheben.

(2) Der Klage sollen Abschriften für die übrigen Beteiligten beigefügt werden; § 77 Abs. 2 gilt sinngemäß.

§ 65 [Notwendiger Inhalt der Klage] (1)[5)] [1] Die Klage muss den Kläger, den Beklagten, den Gegenstand des Klagebegehrens, bei Anfechtungsklagen auch den Verwaltungsakt und die Entscheidung über den außergerichtlichen Rechtsbehelf bezeichnen. [2] Sie soll einen bestimmten Antrag enthalten. [3] Die zur Begründung dienenden Tatsachen und Beweismittel sollen angegeben

---

[1)] Richtig wohl: „gilt".
[2)] § 62a aufgeh. mWv 1.7.2008 durch G v. 12.12.2007 (BGBl. I S. 2840).
[3)] § 63 Abs. 2 Nr. 2 ber. durch G v. 28.8.2001 (BGBl. I S. 2262).
[4)] § 64 Abs. 1 geänd. mWv 1.1.2018 durch G v. 5.7.2017 (BGBl. I S. 2208).
[5)] § 65 Abs. 1 Satz 4 geänd. mWv 1.7.2014 durch G v. 10.10.2013 (BGBl. I S. 3786).

werden. ⁴Der Klage soll eine Abschrift des angefochtenen Verwaltungsakts und der Einspruchsentscheidung beigefügt werden.

(2)[1] ¹Entspricht die Klage diesen Anforderungen nicht, hat der Vorsitzende oder der nach § 21g des Gerichtsverfassungsgesetzes zuständige Berufsrichter (Berichterstatter) den Kläger zu der erforderlichen Ergänzung innerhalb einer bestimmten Frist aufzufordern. ²Er kann dem Kläger für die Ergänzung eine Frist mit ausschließender Wirkung setzen, wenn es an einem der in Absatz 1 Satz 1 genannten Erfordernisse fehlt. ³Für die Wiedereinsetzung in den vorigen Stand wegen Versäumung der Frist gilt § 56 entsprechend.

§ 66[2] [Rechtshängigkeit] ¹Durch Erhebung der Klage wird die Streitsache rechtshängig. ²In Verfahren nach dem Siebzehnten Titel des Gerichtsverfassungsgesetzes wegen eines überlangen Gerichtsverfahrens wird die Streitsache erst mit Zustellung der Klage rechtshängig.

§ 67 [Klageänderung] (1) Eine Änderung der Klage ist zulässig, wenn die übrigen Beteiligten einwilligen oder das Gericht die Änderung für sachdienlich hält; § 68 bleibt unberührt.

(2) Die Einwilligung des Beklagten in die Änderung der Klage ist anzunehmen, wenn er sich, ohne ihr zu widersprechen, in einem Schriftsatz oder in einer mündlichen Verhandlung auf die geänderte Klage eingelassen hat.

(3) Die Entscheidung, dass eine Änderung der Klage nicht vorliegt oder zuzulassen ist, ist nicht selbständig anfechtbar.

§ 68[3] [Änderung des angefochtenen Verwaltungsakts] ¹Wird der angefochtene Verwaltungsakt nach Bekanntgabe der Einspruchsentscheidung geändert oder ersetzt, so wird der neue Verwaltungsakt Gegenstand des Verfahrens. ²Ein Einspruch gegen den neuen Verwaltungsakt ist insoweit ausgeschlossen. ³Die Finanzbehörde hat dem Gericht, bei dem das Verfahren anhängig ist, eine Abschrift des neuen Verwaltungsakts zu übermitteln. ⁴Satz 1 gilt entsprechend, wenn

1. ein Verwaltungsakt nach § 129 der Abgabenordnung[4] berichtigt wird oder
2. ein Verwaltungsakt an die Stelle eines angefochtenen unwirksamen Verwaltungsakts tritt.

§ 69 [Aussetzung der Vollziehung] (1) ¹Durch Erhebung der Klage wird die Vollziehung des angefochtenen Verwaltungsakts vorbehaltlich des Absatzes 5 nicht gehemmt, insbesondere die Erhebung einer Abgabe nicht aufgehalten. ²Entsprechendes gilt bei Anfechtung von Grundlagenbescheiden für die darauf beruhenden Folgebescheide.

(2) ¹Die zuständige Finanzbehörde kann die Vollziehung ganz oder teilweise aussetzen. ²Auf Antrag soll die Aussetzung erfolgen, wenn ernstliche Zweifel an der Rechtmäßigkeit des angefochtenen Verwaltungsakts bestehen oder wenn die Vollziehung für den Betroffenen eine unbillige, nicht durch überwiegende öffentliche Interessen gebotene Härte zur Folge hätte. ³Die Aussetzung kann

---

[1] § 65 Abs. 2 Satz 1 geänd. durch G v. 22.3.2005 (BGBl. I S. 837, 2022).
[2] § 66 Satz 2 angef. mWv 15.10.2016 durch G v. 11.10.2016 (BGBl. I S. 2222).
[3] § 68 Satz 3 geänd. duch G v. 22.3.2005 (BGBl. I S. 837, 2022).
[4] Nr. **1**.

von einer Sicherheitsleistung abhängig gemacht werden. [4]Soweit die Vollziehung eines Grundlagenbescheides ausgesetzt wird, ist auch die Vollziehung eines Folgebescheides auszusetzen. [5]Der Erlass eines Folgebescheides bleibt zulässig. [6]Über eine Sicherheitsleistung ist bei der Aussetzung eines Folgebescheides zu entscheiden, es sei denn, dass bei der Aussetzung der Vollziehung des Grundlagenbescheides die Sicherheitsleistung ausdrücklich ausgeschlossen worden ist. [7]Ist der Verwaltungsakt schon vollzogen, tritt an die Stelle der Aussetzung der Vollziehung die Aufhebung der Vollziehung. [8]Bei Steuerbescheiden sind die Aussetzung und die Aufhebung der Vollziehung auf die festgesetzte Steuer, vermindert um die anzurechnenden Steuerabzugsbeträge, um die anzurechnende Körperschaftsteuer und um die festgesetzten Vorauszahlungen, beschränkt; dies gilt nicht, wenn die Aussetzung oder Aufhebung der Vollziehung zur Abwendung wesentlicher Nachteile nötig erscheint.

(3) [1]Auf Antrag kann das Gericht der Hauptsache die Vollziehung ganz oder teilweise aussetzen; Absatz 2 Satz 2 bis 6 und § 100 Abs. 2 Satz 2 gelten sinngemäß. [2]Der Antrag kann schon vor Erhebung der Klage gestellt werden. [3]Ist der Verwaltungsakt im Zeitpunkt der Entscheidung schon vollzogen, kann das Gericht ganz oder teilweise die Aufhebung der Vollziehung, auch gegen Sicherheit, anordnen. [4]Absatz 2 Satz 8 gilt entsprechend. [5]In dringenden Fällen kann der Vorsitzende entscheiden.

(4) [1]Der Antrag nach Absatz 3 ist nur zulässig, wenn die Behörde einen Antrag auf Aussetzung der Vollziehung ganz oder zum Teil abgelehnt hat. [2]Das gilt nicht, wenn

1. die Finanzbehörde über den Antrag ohne Mitteilung eines zureichenden Grundes in angemessener Frist sachlich nicht entschieden hat oder
2. eine Vollstreckung droht.

(5) [1]Durch Erhebung der Klage gegen die Untersagung des Gewerbebetriebes oder der Berufsausübung wird die Vollziehung des angefochtenen Verwaltungsakts gehemmt. [2]Die Behörde, die den Verwaltungsakt erlassen hat, kann die hemmende Wirkung durch besondere Anordnung ganz oder zum Teil beseitigen, wenn sie es im öffentlichen Interesse für geboten hält; sie hat das öffentliche Interesse schriftlich zu begründen. [3]Auf Antrag kann das Gericht der Hauptsache die hemmende Wirkung wiederherstellen, wenn ernstliche Zweifel an der Rechtmäßigkeit des Verwaltungsakts bestehen. [4]In dringenden Fällen kann der Vorsitzende entscheiden.

(6) [1]Das Gericht der Hauptsache kann Beschlüsse über Anträge nach den Absätzen 3 und 5 Satz 3 jederzeit ändern oder aufheben. [2]Jeder Beteiligte kann die Änderung oder Aufhebung wegen veränderter oder im ursprünglichen Verfahren ohne Verschulden nicht geltend gemachter Umstände beantragen.

(7) Lehnt die Behörde die Aussetzung der Vollziehung ab, kann das Gericht nur nach den Absätzen 3 und 5 Satz 3 angerufen werden.

§ 70 [Wirkungen der Rechtshängigkeit; Entscheidung über die Zulässigkeit des Rechtsweges] [1]Für die sachliche und örtliche Zuständigkeit gelten die §§ 17 bis 17b des Gerichtsverfassungsgesetzes entsprechend. [2]Beschlüsse entsprechend § 17a Abs. 2 und 3 des Gerichtsverfassungsgesetzes sind unanfechtbar.

§ 71 [Zustellung der Klageschrift] (1)[1] [1]Die Klageschrift ist dem Beklagten von Amts wegen zuzustellen. [2]Zugleich mit der Zustellung der Klage ist der Beklagte aufzufordern, sich schriftlich oder zu Protokoll des Urkundsbeamten der Geschäftsstelle zu äußern. [3]Hierfür kann eine Frist gesetzt werden.

(2)[2] Die beteiligte Finanzbehörde hat die den Streitfall betreffenden Akten nach Empfang der Klageschrift an das Gericht zu übermitteln.

§ 72 [Zurücknahme der Klage] (1)[3] [1]Der Kläger kann seine Klage bis zur Rechtskraft des Urteils zurücknehmen. [2]Nach Schluss der mündlichen Verhandlung, bei Verzicht auf die mündliche Verhandlung und nach Ergehen eines Gerichtsbescheides ist die Rücknahme nur mit Einwilligung des Beklagten möglich. [3]Die Einwilligung gilt als erteilt, wenn der Klagerücknahme nicht innerhalb von zwei Wochen seit Zustellung des die Rücknahme enthaltenden Schriftsatzes widersprochen wird; das Gericht hat auf diese Folge hinzuweisen.

(1a) [1]Soweit Besteuerungsgrundlagen für ein Verständigungs- oder ein Schiedsverfahren nach einem Vertrag im Sinne des § 2 der Abgabenordnung[4] von Bedeutung sein können, kann die Klage hierauf begrenzt zurückgenommen werden. [2]§ 50 Abs. 1a Satz 2 gilt entsprechend.

(2) [1]Die Rücknahme hat bei Klagen, deren Erhebung an eine Frist gebunden ist, den Verlust der Klage zur Folge. [2]Wird die Klage zurückgenommen, so stellt das Gericht das Verfahren durch Beschluss ein. [3]Wird nachträglich die Unwirksamkeit der Klagerücknahme geltend gemacht, so gilt § 56 Abs. 3 sinngemäß.

§ 73 [Verbindung mehrerer Verfahren] (1) [1]Das Gericht kann durch Beschluss mehrere bei ihm anhängige Verfahren zu gemeinsamer Verhandlung und Entscheidung verbinden und wieder trennen. [2]Es kann anordnen, dass mehrere in einem Verfahren zusammengefasste Klagegegenstände in getrennten Verfahren verhandelt und entschieden werden.

(2) Ist die Klage von jemandem erhoben, der wegen dieses Klagegegenstands nach § 60 Abs. 3 zu einem anderen Verfahren beizuladen wäre, so wird die notwendige Beiladung des Klägers dadurch ersetzt, dass die beiden Verfahren zu gemeinsamer Verhandlung und einheitlicher Entscheidung verbunden werden.

§ 74 [Aussetzung der Verhandlung] Das Gericht kann, wenn die Entscheidung des Rechtsstreits ganz oder zum Teil von dem Bestehen oder Nichtbestehen eines Rechtsverhältnisses abhängt, das den Gegenstand eines anderen anhängigen Rechtsstreits bildet oder von einer Verwaltungsbehörde festzustellen ist, anordnen, dass die Verhandlung bis zur Erledigung des anderen Rechtsstreits oder bis zur Entscheidung der Verwaltungsbehörde auszusetzen sei.

§ 75 [Mitteilung der Besteuerungsgrundlagen] Den Beteiligten sind, soweit es noch nicht geschehen ist, die Unterlagen der Besteuerung auf Antrag

---

[1] § 71 Abs. 1 Satz 2 geänd. mWv 1.1.2018 durch G v. 5.7.2017 (BGBl. I S. 2208).
[2] § 71 Abs. 2 geänd. durch G v. 22.3.2005 (BGBl. I S. 837).
[3] § 72 Abs. 1 Satz 3 angef. durch G v. 24.8.2004 (BGBl. I S. 2198).
[4] Nr. **1**.

FGO

oder, wenn der Inhalt der Klageschrift dazu Anlass gibt, von Amts wegen mitzuteilen.

§ 76 [Erforschung des Sachverhalts durch das Gericht] (1)[1] [1]Das Gericht erforscht den Sachverhalt von Amts wegen. [2]Die Beteiligten sind dabei heranzuziehen. [3]Sie haben ihre Erklärungen über tatsächliche Umstände vollständig und der Wahrheit gemäß abzugeben und sich auf Anforderung des Gerichts zu den von den anderen Beteiligten vorgebrachten Tatsachen zu erklären. [4]§ 90 Abs. 2, § 93 Abs. 3 Satz 2, § 97, §§ 99, 100 der Abgabenordnung[2] gelten sinngemäß. [5]Das Gericht ist an das Vorbringen und an die Beweisanträge der Beteiligten nicht gebunden.

(2) Der Vorsitzende hat darauf hinzuwirken, dass Formfehler beseitigt, sachdienliche Anträge gestellt, unklare Anträge erläutert, ungenügende tatsächliche Angaben ergänzt, ferner alle für die Feststellung und Beurteilung des Sachverhalts wesentlichen Erklärungen abgegeben werden.

(3) [1]Erklärungen und Beweismittel, die erst nach Ablauf der von der Finanzbehörde nach § 364b Abs. 1 der Abgabenordnung gesetzten Frist im Einspruchsverfahren oder im finanzgerichtlichen Verfahren vorgebracht werden, kann das Gericht zurückweisen und ohne weitere Ermittlungen entscheiden. [2]§ 79b Abs. 3 gilt entsprechend.

(4)[3] Die Verpflichtung der Finanzbehörde zur Ermittlung des Sachverhalts (§§ 88, 89 Abs. 1 der Abgabenordnung) wird durch das finanzgerichtliche Verfahren nicht berührt.

§ 77 [Schriftsätze] (1)[4] [1]Die Beteiligten sollen zur Vorbereitung der mündlichen Verhandlung Schriftsätze einreichen. [2]Hierzu kann der Vorsitzende sie unter Fristsetzung auffordern. [3]Den Schriftsätzen sollen Abschriften für die übrigen Beteiligten beigefügt werden. [4]Die Schriftsätze sind den Beteiligten von Amts wegen zu übermitteln.

(2)[5] [1]Den Schriftsätzen sind die Urkunden oder elektronischen Dokumente, auf die Bezug genommen wird, in Abschrift ganz oder im Auszug beizufügen. [2]Sind die Urkunden dem Gegner bereits bekannt oder sehr umfangreich, so genügt die genaue Bezeichnung mit dem Anerbieten, Einsicht bei Gericht zu gewähren.

§ 77a[6] *(aufgehoben)*

§ 78 [Akteneinsicht] (1)[7] [1]Die Beteiligten können die Gerichtsakte und die dem Gericht vorgelegten Akten einsehen. [2]Beteiligte können sich auf ihre Kosten durch die Geschäftsstelle Ausfertigungen, Auszüge, Ausdrucke und Abschriften erteilen lassen.

---

[1] § 76 Abs. 1 Satz 4 geänd. mWv 30.6.2013 durch G v. 26.6.2013 (BGBl. I S. 1809).
[2] Nr. **1**.
[3] § 76 Abs. 4 geänd. durch G v. 5.9.2006 (BGBl. I S. 2098).
[4] § 77 Abs. 1 Satz 4 geänd. durch G v. 22.3.2005 (BGBl. I S. 837).
[5] § 77 Abs. 2 Satz 1 geänd. mWv 1.7.2014 durch G v. 10.10.2013 (BGBl. I S. 3786); Satz 1 geänd. mWv 1.1.2018 durch G v. 5.7.2017 (BGBl. I S. 2208).
[6] § 77a eingef. mWv 1.8.2001 durch G v. 13.7.2001 (BGBl. I S. 1542) und aufgeh. mWv 1.4.2005 durch G v. 22.3.2005 (BGBl. I S. 837).
[7] § 78 Abs. 1 neu gef. durch G v. 22.3.2005 (BGBl. I S. 837); Satz 2 angef. mWv 1.1.2018 durch G v. 5.7.2017 (BGBl. I S. 2208).

(2)[1] [1]Werden die Prozessakten elektronisch geführt, wird Akteneinsicht durch Bereitstellung des Inhalts der Akten zum Abruf oder durch Übermittlung des Inhalts der Akten auf einem sicheren Übermittlungsweg gewährt. [2]Auf besonderen Antrag wird Akteneinsicht durch Einsichtnahme in die Akten in Diensträumen gewährt. [3]Ein Aktenausdruck oder ein Datenträger mit dem Inhalt der Akten wird auf besonders zu begründenden Antrag nur übermittelt, wenn der Antragsteller hieran ein berechtigtes Interesse darlegt. [4]Stehen der Akteneinsicht in der nach Satz 1 vorgesehenen Form wichtige Gründe entgegen, kann die Akteneinsicht in der nach den Sätzen 2 und 3 vorgesehenen Form auch ohne Antrag gewährt werden. [5]Über einen Antrag nach Satz 3 entscheidet der Vorsitzende; die Entscheidung ist unanfechtbar. [6]§ 79a Absatz 4 gilt entsprechend.

(3)[2] [1]Werden die Prozessakten in Papierform geführt, wird Akteneinsicht durch Einsichtnahme in die Akten in Diensträumen gewährt. [2]Die Akteneinsicht kann, soweit nicht wichtige Gründe entgegenstehen, auch durch Bereitstellung des Inhalts der Akten zum Abruf oder durch Übermittlung des Inhalts der Akten auf einem sicheren Übermittlungsweg gewährt werden.

(4)[3] Die Entwürfe zu Urteilen, Beschlüssen und Verfügungen, die Arbeiten zu ihrer Vorbereitung, ferner die Dokumente, die Abstimmungen oder Ordnungsstrafen des Gerichts betreffen, werden weder vorgelegt noch abschriftlich mitgeteilt.

§ 79 [Vorbereitung der mündlichen Verhandlung] (1) [1]Der Vorsitzende oder der Berichterstatter hat schon vor der mündlichen Verhandlung alle Anordnungen zu treffen, die notwendig sind, um den Rechtsstreit möglichst in einer mündlichen Verhandlung zu erledigen. [2]Er kann insbesondere

1. die Beteiligten zur Erörterung des Sach- und Streitstandes und zur gütlichen Beilegung des Rechtsstreits laden;
2.[4] den Beteiligten die Ergänzung oder Erläuterung ihrer vorbereitenden Schriftsätze, die Vorlegung von Urkunden, die Übermittlung von elektronischen Dokumenten und die Vorlegung von anderen zur Niederlegung bei Gericht geeigneten Gegenständen aufgeben, insbesondere eine Frist zur Erklärung über bestimmte klärungsbedürftige Punkte setzen;
3. Auskünfte einholen;
4.[5] die Vorlage von Urkunden oder die Übermittlung von elektronischen Dokumenten anordnen;
5. das persönliche Erscheinen der Beteiligten anordnen; § 80 gilt entsprechend;
6. Zeugen und Sachverständige zur mündlichen Verhandlung laden.

(2) Die Beteiligten sind von jeder Anordnung zu benachrichtigen.

[1] § 78 Abs. 2 neu gef. mWv 1.1.2018 durch G v. 5.7.2017 (BGBl. I S. 2208); Satz 1 geänd. mWv 1.7.2021 durch G v. 25.6.2021 (BGBl. I S. 2099).
[2] § 78 Abs. 3 eingef. mWv 1.1.2018 durch G v. 5.7.2017 (BGBl. I S. 2208); Satz 2 geänd. mWv 1.7.2021 durch G v. 25.6.2021 (BGBl. I S. 2099).
[3] § 78 Abs. 2 eingef., bish. Abs. 2 wird Abs. 3 und geänd. durch G v. 22.3.2005 (BGB. I S. 837); Abs. 3 eingef., bish. Abs. 3 wird Abs. 4 mWv 1.1.2018 durch G v. 5.7.2017 (BGBl. I S. 2208).
[4] § 79 Abs. 1 Satz 2 Nr. 2 neu gef. durch G v. 22.3.2005 (BGBl. I S. 837).
[5] § 79 Abs. 1 Satz 2 Nr. 4 geänd. durch G v. 22.3.2005 (BGBl. I S. 837).

(3) [1]Der Vorsitzende oder der Berichterstatter kann einzelne Beweise erheben. [2]Dies darf nur insoweit geschehen, als es zur Vereinfachung der Verhandlung vor dem Gericht sachdienlich und von vornherein anzunehmen ist, dass das Gericht das Beweisergebnis auch ohne unmittelbaren Eindruck von dem Verlauf der Beweisaufnahme sachgemäß zu würdigen vermag.

§ 79a [Entscheidung im vorbereitenden Verfahren] (1) Der Vorsitzende entscheidet, wenn die Entscheidung im vorbereitenden Verfahren ergeht,

1. über die Aussetzung und das Ruhen des Verfahrens;
2.[1] bei Zurücknahme der Klage, auch über einen Antrag auf Prozesskostenhilfe;
3.[2] bei Erledigung des Rechtsstreits in der Hauptsache, auch über einen Antrag auf Prozesskostenhilfe;
4. über den Streitwert;
5. über Kosten;
6.[3] über die Beiladung.

(2) [1]Der Vorsitzende kann ohne mündliche Verhandlung durch Gerichtsbescheid (§ 90a) entscheiden. [2]Dagegen ist nur der Antrag auf mündliche Verhandlung innerhalb eines Monats nach Zustellung des Gerichtsbescheides gegeben.

(3) Im Einverständnis der Beteiligten kann der Vorsitzende auch sonst anstelle des Senats entscheiden.

(4) Ist ein Berichterstatter bestellt, so entscheidet dieser anstelle des Vorsitzenden.

§ 79b [Fristsetzung] (1) [1]Der Vorsitzende oder der Berichterstatter kann dem Kläger eine Frist setzen zur Angabe der Tatsachen, durch deren Berücksichtigung oder Nichtberücksichtigung im Verwaltungsverfahren er sich beschwert fühlt. [2]Die Fristsetzung nach Satz 1 kann mit der Fristsetzung nach § 65 Abs. 2 Satz 2 verbunden werden.

(2) Der Vorsitzende oder der Berichterstatter kann einem Beteiligten unter Fristsetzung aufgeben, zu bestimmten Vorgängen

1. Tatsachen anzugeben oder Beweismittel zu bezeichnen,
2.[4] Urkunden oder andere bewegliche Sachen vorzulegen oder elektronische Dokumente zu übermitteln, soweit der Beteiligte dazu verpflichtet ist.

(3)[5] [1]Das Gericht kann Erklärungen und Beweismittel, die erst nach Ablauf einer nach den Absätzen 1 und 2 gesetzten Frist vorgebracht werden, zurückweisen und ohne weitere Ermittlungen entscheiden, wenn

1. ihre Zulassung nach der freien Überzeugung des Gerichts die Erledigung des Rechtsstreits verzögern würde und
2. der Beteiligte die Verspätung nicht genügend entschuldigt und
3. der Beteiligte über die Folgen einer Fristversäumnis belehrt worden ist.

---

[1] § 79a Abs. 1 Nr. 2 geänd. durch G v. 24.8.2004 (BGBl. I S. 2198).
[2] § 79a Abs. 1 Nr. 3 geänd. durch G v. 24.8.2004 (BGBl. I S. 2198).
[3] § 79a Abs. 1 Nr. 6 angef. durch G v. 24.8.2004 (BGBl. I S. 2198).
[4] § 79b Abs. 2 Nr. 2 geänd. durch G v. 22.3.2005 (BGBl. S. 837).
[5] § 79b Abs. 3 ber. 28.8.2001 (BGBl. I S. 2262) und 11.2.2002 (BGBl. I S. 679).

[2]Der Entschuldigungsgrund ist auf Verlangen des Gerichts glaubhaft zu machen. [3]Satz 1 gilt nicht, wenn es mit geringem Aufwand möglich ist, den Sachverhalt auch ohne Mitwirkung des Beteiligten zu ermitteln.

§ 80 [Persönliches Erscheinen] (1) [1]Das Gericht kann das persönliche Erscheinen eines Beteiligten anordnen. [2]Für den Fall des Ausbleibens kann es Ordnungsgeld wie gegen einen im Vernehmungstermin nicht erschienenen Zeugen androhen. [3]Bei schuldhaftem Ausbleiben setzt das Gericht durch Beschluss das angedrohte Ordnungsgeld fest. [4]Androhung und Festsetzung des Ordnungsgelds können wiederholt werden.

(2) Ist Beteiligter eine juristische Person oder eine Vereinigung, so ist das Ordnungsgeld dem nach Gesetz oder Satzung Vertretungsberechtigten anzudrohen und gegen ihn festzusetzen.

(3) Das Gericht kann einer beteiligten öffentlich-rechtlichen Körperschaft oder Behörde aufgeben, zur mündlichen Verhandlung einen Beamten oder Angestellten zu entsenden, der mit einem schriftlichen Nachweis über die Vertretungsbefugnis versehen und über die Sach- und Rechtslage ausreichend unterrichtet ist.

§ 81 [Beweiserhebung] (1) [1]Das Gericht erhebt Beweis in der mündlichen Verhandlung. [2]Es kann insbesondere Augenschein einnehmen, Zeugen, Sachverständige und Beteiligte vernehmen und Urkunden heranziehen.

(2) Das Gericht kann in geeigneten Fällen schon vor der mündlichen Verhandlung durch eines seiner Mitglieder als beauftragten Richter Beweis erheben lassen oder durch Bezeichnung der einzelnen Beweisfragen ein anderes Gericht um die Beweisaufnahme ersuchen.

§ 82[1)] [Verfahren bei der Beweisaufnahme] Soweit die §§ 83 bis 89 nicht abweichende Vorschriften enthalten, sind auf die Beweisaufnahme die §§ 358 bis 371, 372 bis 377, 380 bis 382, 386 bis 414 und 450 bis 494 der Zivilprozessordnung sinngemäß anzuwenden.

§ 83 [Benachrichtigung der Parteien] [1]Die Beteiligten werden von allen Beweisterminen benachrichtigt und können der Beweisaufnahme beiwohnen. [2]Sie können an Zeugen und Sachverständige sachdienliche Fragen richten. [3]Wird eine Frage beanstandet, so entscheidet das Gericht.

§ 84 [Zeugnisverweigerungsrecht] (1) Für das Recht zur Verweigerung des Zeugnisses und die Pflicht zur Belehrung über das Zeugnisverweigerungsrecht gelten die §§ 101 bis 103 der Abgabenordnung[2)] sinngemäß.

(2) Wer als Angehöriger zur Verweigerung des Zeugnisses berechtigt ist, kann die Ableistung des Eides verweigern.

§ 85[3)] [Hilfspflichten der Zeugen] [1]Zeugen, die nicht aus dem Gedächtnis aussagen können, haben Dokumente und Geschäftsbücher, die ihnen zur Verfügung stehen, einzusehen und, soweit nötig, Aufzeichnungen daraus zu ent-

---

[1)] § 82 geänd. durch G v. 22.3.2005 (BGBl. I S. 837).

[2)] Nr. **1**.

[3)] § 85 geänd. durch G v. 22.3.2005 (BGBl. I S. 837); Satz 2 geänd. mWv 30.6.2013 durch G v. 26.6.2013 (BGBl. I S. 1809).

FGO

nehmen. [2] Die Vorschriften der § 97, §§ 99, 100, 104 der Abgabenordnung[1)] gelten sinngemäß.

§ 86 [Aktenvorlage und Auskunftserteilung] (1)[2)] Behörden sind zur Vorlage von Urkunden und Akten, zur Übermittlung elektronischer Dokumente und zu Auskünften verpflichtet, soweit nicht durch das Steuergeheimnis (§ 30 der Abgabenordnung[1)]) geschützte Verhältnisse Dritter unbefugt offenbart werden.

(2)[3)] [1] Wenn das Bekanntwerden von Urkunden, elektronischer Dokumente oder Akten oder von Auskünften dem Wohle des Bundes oder eines deutschen Landes Nachteile bereiten würde oder wenn die Vorgänge aus anderen Gründen als nach Absatz 1 nach einem Gesetz oder ihrem Wesen nach geheimgehalten werden müssen, kann die zuständige oberste Aufsichtsbehörde die Vorlage von Urkunden oder Akten, die Übermittlung elektronischer Dokumente und die Erteilung der Auskünfte verweigern. [2] Satz 1 gilt in den Fällen des § 88 Absatz 3 Satz 3 und Absatz 5 Satz 4 sowie des § 156 Absatz 2 Satz 3 der Abgabenordnung entsprechend.

(3)[4)] [1] Auf Antrag eines Beteiligten stellt der Bundesfinanzhof in den Fällen der Absätze 1 und 2 ohne mündliche Verhandlung durch Beschluss fest, ob die Verweigerung der Vorlage der Urkunden oder Akten, der Übermittlung elektronischer Dokumente oder die Verweigerung der Erteilung von Auskünften rechtmäßig ist. [2] Der Antrag ist bei dem für die Hauptsache zuständigen Gericht zu stellen. [3] Auf Aufforderung des Bundesfinanzhofs hat die oberste Aufsichtsbehörde die verweigerten Dokumente oder Akten vorzulegen oder zu übermitteln oder ihm die verweigerten Auskünfte zu erteilen. [4] Sie ist zu diesem Verfahren beizuladen. [5] Das Verfahren unterliegt den Vorschriften des materiellen Geheimschutzes. [6] Können diese nicht eingehalten werden oder macht die zuständige oberste Aufsichtsbehörde geltend, dass besondere Gründe der Geheimhaltung oder des Geheimschutzes einer Übergabe oder Übermittlung der Dokumente oder der Akten an den Bundesfinanzhof entgegenstehen, wird die Vorlage nach Satz 3 dadurch bewirkt, dass die Dokumente oder Akten dem Bundesfinanzhof in von der obersten Aufsichtsbehörde bestimmten Räumlichkeiten zur Verfügung gestellt werden. [7] Für die nach Satz 3 vorgelegten oder übermittelten Dokumente oder Akten und für die gemäß Satz 6 geltend gemachten besonderen Gründe gilt § 78 nicht. [8] Die Mitglieder des Bundesfinanzhofs sind zur Geheimhaltung verpflichtet; die Entscheidungsgründe dürfen Art und Inhalt der geheim gehaltenen Dokumente oder Akten und Auskünfte nicht erkennen lassen. [9] Für das nichtrichterliche Personal gelten die Regelungen des personellen Geheimschutzes.

§ 87 [Zeugnis von Behörden] Wenn von Behörden, von Verbänden und Vertretungen von Betriebs- oder Berufszweigen, von geschäftlichen oder gewerblichen Unternehmungen, Gesellschaften oder Anstalten Zeugnis begehrt wird, ist das Ersuchen, falls nicht bestimmte Personen als Zeugen in Betracht

---

1) Nr. **1**.

2) § 86 Abs. 1 geänd. durch G v. 22.3.2005 (BGBl. I S. 837).

3) § 86 Abs. 2 geänd. durch G v. 22.3.2005 (BGBl. I S. 837); Satz 2 angef. mWv 1.1.2017 durch G v. 18.7.2016 (BGBl. I S. 1679).

4) § 86 Abs. 3 neu gef. durch G v. 22.3.2005 (BGBl. I S. 837).

kommen, an den Vorstand oder an die Geschäfts- oder Betriebsleitung zu richten.

§ 88 [Weiterer Grund für Ablehnung von Sachverständigen] Die Beteiligten können Sachverständige auch ablehnen, wenn von deren Heranziehung eine Verletzung eines Geschäfts- oder Betriebsgeheimnisses oder Schaden für ihre geschäftliche Tätigkeit zu befürchten ist.

§ 89[1)] [Erzwingung der Vorlage von Urkunden] Für die Erzwingung einer gesetzlich vorgeschriebenen Vorlage von Urkunden und elektronischen Dokumenten gelten § 380 der Zivilprozessordnung und § 255 der Abgabenordnung[2)] sinngemäß.

§ 90 [Entscheidung grundsätzlich auf Grund mündlicher Verhandlung] (1) [1] Das Gericht entscheidet, soweit nichts anderes bestimmt ist, auf Grund mündlicher Verhandlung. [2] Entscheidungen des Gerichts, die nicht Urteile sind, können ohne mündliche Verhandlung ergehen.

(2) Mit Einverständnis der Beteiligten kann das Gericht ohne mündliche Verhandlung entscheiden.

§ 90a [Entscheidung ohne mündliche Verhandlung; Gerichtsbescheid] (1) Das Gericht kann in geeigneten Fällen ohne mündliche Verhandlung durch Gerichtsbescheid entscheiden.

(2) [1] Die Beteiligten können innerhalb eines Monats nach Zustellung des Gerichtsbescheides mündliche Verhandlung beantragen. [2] Hat das Finanzgericht in dem Gerichtsbescheid die Revision zugelassen, können sie auch Revision einlegen. [3] Wird von beiden Rechtsbehelfen Gebrauch gemacht, findet mündliche Verhandlung statt.

(3) Der Gerichtsbescheid wirkt als Urteil; wird rechtzeitig mündliche Verhandlung beantragt, gilt er als nicht ergangen.

(4) Wird mündliche Verhandlung beantragt, kann das Gericht in dem Urteil von einer weiteren Darstellung des Tatbestands und der Entscheidungsgründe absehen, soweit es der Begründung des Gerichtsbescheides folgt und dies in seiner Entscheidung feststellt.

§ 91 [Ladung der Beteiligten] (1) [1] Sobald der Termin zur mündlichen Verhandlung bestimmt ist, sind die Beteiligten mit einer Ladungsfrist von mindestens zwei Wochen, beim Bundesfinanzhof von mindestens vier Wochen, zu laden. [2] In dringenden Fällen kann der Vorsitzende die Frist abkürzen.

(2) Bei der Ladung ist darauf hinzuweisen, dass beim Ausbleiben eines Beteiligten auch ohne ihn verhandelt und entschieden werden kann.

(3) Das Gericht kann Sitzungen auch außerhalb des Gerichtssitzes abhalten, wenn dies zur sachdienlichen Erledigung notwendig ist.

(4) § 227 Abs. 3 Satz 1 der Zivilprozessordnung ist nicht anzuwenden.

§ 91a[3)] [Übertragung der mündlichen Verhandlung und der Vernehmung] (1) [1] Das Gericht kann den Beteiligten, ihren Bevollmächtigten und

---

1) § 89 geänd. durch G v. 22.3.2005 (BGBl. I S. 837).
2) Nr. **1**.
3) § 91a neu gef. mWv 1.11.2013 durch G v. 25.4.2013 (BGBl. I S. 935).

Beistånden auf Antrag oder von Amts wegen gestatten, sich während einer mündlichen Verhandlung an einem anderen Ort aufzuhalten und dort Verfahrenshandlungen vorzunehmen. [2]Die Verhandlung wird zeitgleich in Bild und Ton an diesen Ort und in das Sitzungszimmer übertragen.

(2) [1]Das Gericht kann auf Antrag gestatten, dass sich ein Zeuge, ein Sachverständiger oder ein Beteiligter während einer Vernehmung an einem anderen Ort aufhält. [2]Die Vernehmung wird zeitgleich in Bild und Ton an diesen Ort und in das Sitzungszimmer übertragen. [3]Ist Beteiligten, Bevollmächtigten und Beiständen nach Absatz 1 Satz 1 gestattet worden, sich an einem anderen Ort aufzuhalten, so wird die Vernehmung auch an diesen Ort übertragen.

(3) [1]Die Übertragung wird nicht aufgezeichnet. [2]Entscheidungen nach Absatz 1 Satz 1 und Absatz 2 Satz 1 sind unanfechtbar.

(4) Die Absätze 1 und 3 gelten entsprechend für Erörterungstermine (§ 79 Absatz 1 Satz 2 Nummer 1).

§ 92 [Gang der Verhandlung] (1) Der Vorsitzende eröffnet und leitet die mündliche Verhandlung.

(2) Nach Aufruf der Sache trägt der Vorsitzende oder der Berichterstatter den wesentlichen Inhalt der Akten vor.

(3) Hierauf erhalten die Beteiligten das Wort, um ihre Anträge zu stellen und zu begründen.

§ 93 [Erörterung der Streitsache] (1) Der Vorsitzende hat die Streitsache mit den Beteiligten tatsächlich und rechtlich zu erörtern.

(2) [1]Der Vorsitzende hat jedem Mitglied des Gerichts auf Verlangen zu gestatten, Fragen zu stellen. [2]Wird eine Frage beanstandet, so entscheidet das Gericht.

(3) [1]Nach Erörterung der Streitsache erklärt der Vorsitzende die mündliche Verhandlung für geschlossen. [2]Das Gericht kann die Wiedereröffnung beschließen.

§ 93a[1)] *(aufgehoben)*

§ 94[2)] **[Protokoll]** Für das Protokoll gelten die §§ 159 bis 165 der Zivilprozessordnung entsprechend.

§ 94a[3)] **[Verfahren nach billigem Ermessen]** [1]Das Gericht kann sein Verfahren nach billigem Ermessen bestimmen, wenn der Streitwert bei einer Klage, die eine Geldleistung oder einen hierauf gerichteten Verwaltungsakt betrifft, fünfhundert Euro nicht übersteigt. [2]Auf Antrag eines Beteiligten muss mündlich verhandelt werden. [3]Das Gericht entscheidet über die Klage durch Urteil; § 76 über den Untersuchungsgrundsatz und § 79a Abs. 2, § 90a über den Gerichtsbescheid bleiben unberührt.

[1)] § 93a aufgeh. mWv 1.11.2013 durch G v. 25.4.2013 (BGBl. I S. 935).
[2)] § 94 geänd. mWv 1.1.2018 durch G v. 5.7.2017 (BGBl. I S. 2208).
[3)] § 94a Satz 1 geänd. mWv 1.1.2002 durch G v. 19.12.2000 (BGBl. I S. 1757).

Abschnitt IV. Urteile und andere Entscheidungen

§ 95 [Urteil] Über die Klage wird, soweit nichts anderes bestimmt ist, durch Urteil entschieden.

§ 96 [Freie Beweiswürdigung, notwendiger Inhalt des Urteils]

(1) [1]Das Gericht entscheidet nach seiner freien, aus dem Gesamtergebnis des Verfahrens gewonnenen Überzeugung; die §§ 158, 160, 162 der Abgabenordnung[1)] gelten sinngemäß. [2]Das Gericht darf über das Klagebegehren nicht hinausgehen, ist aber an die Fassung der Anträge nicht gebunden. [3]In dem Urteil sind die Gründe anzugeben, die für die richterliche Überzeugung leitend gewesen sind.

(2) Das Urteil darf nur auf Tatsachen und Beweisergebnisse gestützt werden, zu denen die Beteiligten sich äußern konnten.

§ 97 [Zwischenurteil über Zulässigkeit der Klage] Über die Zulässigkeit der Klage kann durch Zwischenurteil vorab entschieden werden.

§ 98 [Teilurteil] Ist nur ein Teil des Streitgegenstands zur Entscheidung reif, so kann das Gericht ein Teilurteil erlassen.

§ 99 [Vorabentscheidung über den Grund] (1) Ist bei einer Leistungsklage oder einer Anfechtungsklage gegen einen Verwaltungsakt ein Anspruch nach Grund und Betrag strittig, so kann das Gericht durch Zwischenurteil über den Grund vorab entscheiden.

(2) Das Gericht kann durch Zwischenurteil über eine entscheidungserhebliche Sach- oder Rechtsfrage vorab entscheiden, wenn dies sachdienlich ist und nicht der Kläger oder der Beklagte widerspricht.

§ 100[2)] [Aufhebung angefochtener Verwaltungsakte durch Urteil]

(1) [1]Soweit ein angefochtener Verwaltungsakt rechtswidrig und der Kläger dadurch in seinen Rechten verletzt ist, hebt das Gericht den Verwaltungsakt und die etwaige Entscheidung über den außergerichtlichen Rechtsbehelf auf; die Finanzbehörde ist an die rechtliche Beurteilung gebunden, die der Aufhebung zugrunde liegt, an die tatsächliche so weit, als nicht neu bekannt werdende Tatsachen und Beweismittel eine andere Beurteilung rechtfertigen. [2]Ist der Verwaltungsakt schon vollzogen, so kann das Gericht auf Antrag auch aussprechen, dass und wie die Finanzbehörde die Vollziehung rückgängig zu machen hat. [3]Dieser Ausspruch ist nur zulässig, wenn die Behörde dazu in der Lage und diese Frage spruchreif ist. [4]Hat sich der Verwaltungsakt vorher durch Zurücknahme oder anders erledigt, so spricht das Gericht auf Antrag durch Urteil aus, dass der Verwaltungsakt rechtswidrig gewesen ist, wenn der Kläger ein berechtigtes Interesse an dieser Feststellung hat.

(2) [1]Begehrt der Kläger die Änderung eines Verwaltungsakts, der einen Geldbetrag festsetzt oder eine darauf bezogene Feststellung trifft, kann das Gericht den Betrag in anderer Höhe festsetzen oder die Feststellung durch eine andere ersetzen. [2]Erfordert die Ermittlung des festzusetzenden oder festzustellenden Betrags einen nicht unerheblichen Aufwand, kann das Gericht die

---

[1)] Nr. **1**.
[2)] Zur Nichtanwendung vgl. Art. 97 § 13 Satz 2 EGAO (Nr. **4**).

Änderung des Verwaltungsakts durch Angabe der zu Unrecht berücksichtigten oder nicht berücksichtigten tatsächlichen oder rechtlichen Verhältnisse so bestimmen, dass die Behörde den Betrag auf Grund der Entscheidung errechnen kann. [3]Die Behörde teilt den Beteiligten das Ergebnis der Neuberechnung unverzüglich formlos mit; nach Rechtskraft der Entscheidung ist der Verwaltungsakt mit dem geänderten Inhalt neu bekannt zu geben.

(3) [1]Hält das Gericht eine weitere Sachaufklärung für erforderlich, kann es, ohne in der Sache selbst zu entscheiden, den Verwaltungsakt und die Entscheidung über den außergerichtlichen Rechtsbehelf aufheben, soweit nach Art oder Umfang die noch erforderlichen Ermittlungen erheblich sind und die Aufhebung auch unter Berücksichtigung der Belange der Beteiligten sachdienlich ist. [2]Satz 1 gilt nicht, soweit der Steuerpflichtige seiner Erklärungspflicht nicht nachgekommen ist und deshalb die Besteuerungsgrundlagen geschätzt worden sind. [3]Auf Antrag kann das Gericht bis zum Erlass des neuen Verwaltungsakts eine einstweilige Regelung treffen, insbesondere bestimmen, dass Sicherheiten geleistet werden oder ganz oder zum Teil bestehen bleiben und Leistungen zunächst nicht zurückgewährt werden müssen. [4]Der Beschluss kann jederzeit geändert oder aufgehoben werden. [5]Eine Entscheidung nach Satz 1 kann nur binnen sechs Monaten seit Eingang der Akten der Behörde bei Gericht ergehen.

(4) Kann neben der Aufhebung eines Verwaltungsakts eine Leistung verlangt werden, so ist im gleichen Verfahren auch die Verurteilung zur Leistung zulässig.

§ 101 [Urteil auf Erlass eines Verwaltungsakts] [1]Soweit die Ablehnung oder Unterlassung eines Verwaltungsakts rechtswidrig und der Kläger dadurch in seinen Rechten verletzt ist, spricht das Gericht die Verpflichtung der Finanzbehörde aus, den begehrten Verwaltungsakt zu erlassen, wenn die Sache spruchreif ist. [2]Andernfalls spricht es die Verpflichtung aus, den Kläger unter Beachtung der Rechtsauffassung des Gerichts zu bescheiden.

§ 102[1)] [Nachprüfung des Ermessensgebrauchs] [1]Soweit die Finanzbehörde ermächtigt ist, nach ihrem Ermessen zu handeln oder zu entscheiden, prüft das Gericht auch, ob der Verwaltungsakt oder die Ablehnung oder Unterlassung des Verwaltungsakts rechtswidrig ist, weil die gesetzlichen Grenzen des Ermessens überschritten sind oder von dem Ermessen in einer dem Zweck der Ermächtigung nicht entsprechenden Weise Gebrauch gemacht ist. [2]Die Finanzbehörde kann ihre Ermessenserwägungen hinsichtlich des Verwaltungsaktes bis zum Abschluss der Tatsacheninstanz eines finanzgerichtlichen Verfahrens ergänzen.

§ 103 [Am Urteil beteiligte Richter] Das Urteil kann nur von den Richtern und ehrenamtlichen Richtern gefällt werden, die an der dem Urteil zugrunde liegenden Verhandlung teilgenommen haben.

§ 104 [Verkündung und Zustellung des Urteils] (1) [1]Das Urteil wird, wenn eine mündliche Verhandlung stattgefunden hat, in der Regel in dem Termin, in dem die mündliche Verhandlung geschlossen wird, verkündet, in besonderen Fällen in einem sofort anzuberaumenden Termin, der nicht über

---

1) § 102 Satz 2 angef. mWv 23.12.2001 durch G v. 20.12.2001 (BGBl. I S. 3794).

zwei Wochen hinaus angesetzt werden soll. [2]Das Urteil wird durch Verlesung der Formel verkündet; es ist den Beteiligten zuzustellen.

(2)[1)] Statt der Verkündung ist die Zustellung des Urteils zulässig; dann ist das Urteil binnen zwei Wochen nach der mündlichen Verhandlung der Geschäftsstelle zu übermitteln.

(3) Entscheidet das Gericht ohne mündliche Verhandlung, so wird die Verkündung durch Zustellung an die Beteiligten ersetzt.

§ 105 [Urteilsform] (1) [1]Das Urteil ergeht im Namen des Volkes. [2]Es ist schriftlich abzufassen und von den Richtern, die bei der Entscheidung mitgewirkt haben, zu unterzeichnen. [3]Ist ein Richter verhindert, seine Unterschrift beizufügen, so wird dies mit dem Hinderungsgrund vom Vorsitzenden oder, wenn er verhindert ist, vom dienstältesten beisitzenden Richter unter dem Urteil vermerkt. [4]Der Unterschrift der ehrenamtlichen Richter bedarf es nicht.

(2) Das Urteil enthält

1. die Bezeichnung der Beteiligten, ihrer gesetzlichen Vertreter und der Bevollmächtigten nach Namen, Beruf, Wohnort und ihrer Stellung im Verfahren,
2. die Bezeichnung des Gerichts und die Namen der Mitglieder, die bei der Entscheidung mitgewirkt haben,
3. die Urteilsformel,
4. den Tatbestand,
5. die Entscheidungsgründe,
6. die Rechtsmittelbelehrung.

(3) [1]Im Tatbestand ist der Sach- und Streitstand unter Hervorhebung der gestellten Anträge seinem wesentlichen Inhalt nach gedrängt darzustellen. [2]Wegen der Einzelheiten soll auf Schriftsätze, Protokolle und andere Unterlagen verwiesen werden, soweit sich aus ihnen der Sach- und Streitstand ausreichend ergibt.

(4)[2)] [1]Ein Urteil, das bei der Verkündung noch nicht vollständig abgefasst war, ist vor Ablauf von zwei Wochen, vom Tag der Verkündung an gerechnet, vollständig abgefasst der Geschäftsstelle zu übermitteln. [2]Kann dies ausnahmsweise nicht geschehen, so ist innerhalb dieser zwei Wochen das von den Richtern unterschriebene Urteil ohne Tatbestand, Entscheidungsgründe und Rechtsmittelbelehrung der Geschäftsstelle zu übermitteln. [3]Tatbestand, Entscheidungsgründe und Rechtsmittelbelehrung sind alsbald nachträglich niederzulegen, von den Richtern besonders zu unterschreiben und der Geschäftsstelle zu übermitteln.

(5) Das Gericht kann von einer weiteren Darstellung der Entscheidungsgründe absehen, soweit es der Begründung des Verwaltungsakts oder der Entscheidung über den außergerichtlichen Rechtsbehelf folgt und dies in seiner Entscheidung feststellt.

(6)[3)] [1]Der Urkundsbeamte der Geschäftsstelle hat auf dem Urteil den Tag der Zustellung und im Fall des § 104 Abs. 1 Satz 1 den Tag der Verkündung zu

[1)] § 104 Abs. 2 geänd. durch G v. 22.3.2005 (BGBl. I S. 837).
[2)] § 105 Abs. 4 geänd. durch G v. 22.3.2005 (BGBl. I S. 837).
[3)] § 105 Abs. 6 Sätze 2 und 3 angef. durch G v. 22.3.2005 (BGBl. I S. 837).

vermerken und diesen Vermerk zu unterschreiben. ²Werden die Akten elektronisch geführt, hat der Urkundsbeamte der Geschäftsstelle den Vermerk in einem gesonderten Dokument festzuhalten. ³Das Dokument ist mit dem Urteil untrennbar zu verbinden.

§ 106 [Gerichtsbescheide] Die §§ 104 und 105 gelten für Gerichtsbescheide sinngemäß.

§ 107 [Berichtigung des Urteils] (1) Schreibfehler, Rechenfehler und ähnliche offenbare Unrichtigkeiten im Urteil sind jederzeit vom Gericht zu berichtigen.

(2)[1] ¹Über die Berichtigung kann ohne mündliche Verhandlung entschieden werden. ²Der Berichtigungsbeschluss wird auf dem Urteil und den Ausfertigungen vermerkt. ³Ist das Urteil elektronisch abgefasst, ist auch der Beschluss elektronisch abzufassen und mit dem Urteil untrennbar zu verbinden.

§ 108 [Antrag auf Berichtigung des Tatbestandes] (1) Enthält der Tatbestand des Urteils andere Unrichtigkeiten oder Unklarheiten, so kann die Berichtigung binnen zwei Wochen nach Zustellung des Urteils beantragt werden.

(2)[2] ¹Das Gericht entscheidet ohne Beweisaufnahme durch Beschluss. ²Der Beschluss ist unanfechtbar. ³Bei der Entscheidung wirken nur die Richter mit, die beim Urteil mitgewirkt haben. ⁴Ist ein Richter verhindert, so gibt bei Stimmengleichheit die Stimme des Vorsitzenden den Ausschlag. ⁵Der Berichtigungsbeschluss wird auf dem Urteil und den Ausfertigungen vermerkt. ⁶Ist das Urteil elektronisch abgefasst, ist auch der Beschluss elektronisch abzufassen und mit dem Urteil untrennbar zu verbinden.

§ 109[3] [Nachträgliche Ergänzung eines Urteils] (1) Wenn ein nach dem Tatbestand von einem Beteiligten gestellter Antrag oder die Kostenfolge bei der Entscheidung ganz oder zum Teil übergangen ist, so ist auf Antrag das Urteil durch nachträgliche Entscheidung zu ergänzen.

(2) ¹Die Entscheidung muss binnen zwei Wochen nach Zustellung des Urteils beantragt werden. ²Die mündliche Verhandlung hat nur den nicht erledigten Teil des Rechtsstreits zum Gegenstand. ³Von der Durchführung einer mündlichen Verhandlung kann abgesehen werden, wenn mit der Ergänzung des Urteils nur über einen Nebenanspruch oder über die Kosten entschieden werden soll und wenn die Bedeutung der Sache keine mündliche Verhandlung erfordert.

§ 110 [Rechtskraftwirkung der Urteile] (1) ¹Rechtskräftige Urteile binden, soweit über den Streitgegenstand entschieden worden ist,

1. die Beteiligten und ihre Rechtsnachfolger,
2. in den Fällen des § 48 Abs. 1 Nr. 1 die nicht klageberechtigten Gesellschafter oder Gemeinschafter und
3. im Fall des § 60a die Personen, die einen Antrag auf Beiladung nicht oder nicht fristgemäß gestellt haben.

---

[1] § 107 Abs. 2 Satz 3 angef. durch G v. 22.3.2005 (BGBl. I S. 837).
[2] § 108 Abs. 2 Satz 6 angef. durch G v. 22.3.2005 (BGBl. I S. 837).
[3] § 109 Abs. 2 Satz 3 angef. mWv 1.1.2020 durch G v. 12.12.2019 (BGBl. I S. 2633).

FGO

[2]Die gegen eine Finanzbehörde ergangenen Urteile wirken auch gegenüber der öffentlich-rechtlichen Körperschaft, der die beteiligte Finanzbehörde angehört.

(2) Die Vorschriften der Abgabenordnung[1)] und anderer Steuergesetze über die Rücknahme, Widerruf, Aufhebung und Änderung von Verwaltungsakten sowie über die Nachforderung von Steuern bleiben unberührt, soweit sich aus Absatz 1 Satz 1 nichts anderes ergibt.

§§ 111 und 112 (weggefallen)

§ 113 [Beschlüsse] (1) Für Beschlüsse gelten § 96 Abs. 1 Satz 1 und 2, § 105 Abs. 2 Nr. 6, §§ 107 bis 109 sinngemäß.

(2) [1]Beschlüsse sind zu begründen, wenn sie durch Rechtsmittel angefochten werden können oder über einen Rechtsbehelf entscheiden. [2]Beschlüsse über die Aussetzung der Vollziehung (§ 69 Abs. 3 und 5) und über einstweilige Anordnungen (§ 114 Abs. 1), Beschlüsse nach Erledigung des Rechtsstreits in der Hauptsache (§ 138) sowie Beschlüsse, in denen ein Antrag auf Bewilligung von Prozesskostenhilfe zurückgewiesen wird (§ 142), sind stets zu begründen. [3]Beschlüsse, die über ein Rechtsmittel entscheiden, bedürfen keiner weiteren Begründung, soweit das Gericht das Rechtsmittel aus den Gründen der angefochtenen Entscheidung als unbegründet zurückweist.

§ 114 [Einstweilige Anordnungen] (1) [1]Auf Antrag kann das Gericht, auch schon vor Klageerhebung, eine einstweilige Anordnung in Bezug auf den Streitgegenstand treffen, wenn die Gefahr besteht, dass durch eine Veränderung des bestehenden Zustands die Verwirklichung eines Rechts des Antragstellers vereitelt oder wesentlich erschwert werden könnte. [2]Einstweilige Anordnungen sind auch zur Regelung eines vorläufigen Zustands in Bezug auf ein streitiges Rechtsverhältnis zulässig, wenn diese Regelung, vor allem bei dauernden Rechtsverhältnissen, um wesentliche Nachteile abzuwenden oder drohende Gewalt zu verhindern oder aus anderen Gründen nötig erscheint.

(2) [1]Für den Erlass einstweiliger Anordnungen ist das Gericht der Hauptsache zuständig. [2]Dies ist das Gericht des ersten Rechtszugs. [3]In dringenden Fällen kann der Vorsitzende entscheiden.

(3) Für den Erlass einstweiliger Anordnungen gelten die §§ 920, 921, 923, 926, 928 bis 932, 938, 939, 941 und 945 der Zivilprozessordnung sinngemäß.

(4) Das Gericht entscheidet durch Beschluss.

(5) Die Vorschriften der Absätze 1 bis 3 gelten nicht für die Fälle des § 69.

Abschnitt V. Rechtsmittel und Wiederaufnahme des Verfahrens

Unterabschnitt 1. Revision

§ 115 [Zulassung der Revision] (1) Gegen das Urteil des Finanzgerichts (§ 36 Nr. 1) steht den Beteiligten die Revision an den Bundesfinanzhof zu, wenn das Finanzgericht oder auf Beschwerde gegen die Nichtzulassung der Bundesfinanzhof sie zugelassen hat.

(2) Die Revision ist nur zuzulassen, wenn

1. die Rechtssache grundsätzliche Bedeutung hat,

[1)] Nr. **1**.

2. die Fortbildung des Rechts oder die Sicherung einer einheitlichen Rechtsprechung eine Entscheidung des Bundesfinanzhofs erfordert oder
3. ein Verfahrensmangel geltend gemacht wird und vorliegt, auf dem die Entscheidung beruhen kann.

(3) Der Bundesfinanzhof ist an die Zulassung gebunden.

§ 116 [Nichtzulassungsbeschwerde] (1) Die Nichtzulassung der Revision kann durch Beschwerde angefochten werden.

(2)[1)] [1]Die Beschwerde ist innerhalb eines Monats nach Zustellung des vollständigen Urteils bei dem Bundesfinanzhof einzulegen. [2]Sie muss das angefochtene Urteil bezeichnen. [3]Der Beschwerdeschrift soll eine Ausfertigung oder Abschrift des Urteils, gegen das Revision eingelegt werden soll, beigefügt werden. [4]Satz 3 gilt nicht im Falle der elektronischen Beschwerdeeinlegung.

(3) [1]Die Beschwerde ist innerhalb von zwei Monaten nach der Zustellung des vollständigen Urteils zu begründen. [2]Die Begründung ist bei dem Bundesfinanzhof einzureichen. [3]In der Begründung müssen die Voraussetzungen des § 115 Abs. 2 dargelegt werden. [4]Die Begründungsfrist kann von dem Vorsitzenden auf einen vor ihrem Ablauf gestellten Antrag um einen weiteren Monat verlängert werden.

(4) Die Einlegung der Beschwerde hemmt die Rechtskraft des Urteils.

(5) [1]Der Bundesfinanzhof entscheidet über die Beschwerde durch Beschluss. [2]Der Beschluss soll kurz begründet werden; von einer Begründung kann abgesehen werden, wenn sie nicht geeignet ist, zur Klärung der Voraussetzungen beizutragen, unter denen eine Revision zuzulassen ist, oder wenn der Beschwerde stattgegeben wird. [3]Mit der Ablehnung der Beschwerde durch den Bundesfinanzhof wird das Urteil rechtskräftig.

(6) Liegen die Voraussetzungen des § 115 Abs. 2 Nr. 3 vor, kann der Bundesfinanzhof in dem Beschluss das angefochtene Urteil aufheben und den Rechtsstreit zur anderweitigen Verhandlung und Entscheidung zurückverweisen.

(7) [1]Wird der Beschwerde gegen die Nichtzulassung der Revision stattgegeben, so wird das Beschwerdeverfahren als Revisionsverfahren fortgesetzt, wenn nicht der Bundesfinanzhof das angefochtene Urteil nach Absatz 6 aufhebt; der Einlegung einer Revision durch den Beschwerdeführer bedarf es nicht. [2]Mit der Zustellung der Entscheidung beginnt für den Beschwerdeführer die Revisionsbegründungsfrist, für die übrigen Beteiligten die Revisions- und die Revisionsbegründungsfrist. [3]Auf Satz 1 und 2 ist in dem Beschluss hinzuweisen.

§ 117 (weggefallen)

§ 118 [Revisionsgründe] (1) [1]Die Revision kann nur darauf gestützt werden, dass das angefochtene Urteil auf der Verletzung von Bundesrecht beruhe. [2]Soweit im Fall des § 33 Abs. 1 Nr. 4 die Vorschriften dieses Unterabschnitts durch Landesgesetz für anwendbar erklärt werden, kann die Revision auch darauf gestützt werden, dass das angefochtene Urteil auf der Verletzung von Landesrecht beruhe.

[1)] § 116 Abs. 2 Satz 4 angef. mWv 1.1.2018 durch G v. 5.7.2017 (BGBl. I S. 2208).

(2) Der Bundesfinanzhof ist an die in dem angefochtenen Urteil getroffenen tatsächlichen Feststellungen gebunden, es sei denn, dass in Bezug auf diese Feststellungen zulässige und begründete Revisionsgründe vorgebracht sind.

(3) [1] Wird die Revision auf Verfahrensmängel gestützt und liegt nicht zugleich eine der Voraussetzungen des § 115 Abs. 2 Nr. 1 und 2 vor, so ist nur über die geltend gemachten Verfahrensmängel zu entscheiden. [2] Im Übrigen ist der Bundesfinanzhof an die geltend gemachten Revisionsgründe nicht gebunden.

§ 119 [Fälle der Verletzung von Bundesrecht] Ein Urteil ist stets als auf der Verletzung von Bundesrecht beruhend anzusehen, wenn

1. das erkennende Gericht nicht vorschriftsmäßig besetzt war,
2. bei der Entscheidung ein Richter mitgewirkt hat, der von der Ausübung des Richteramts kraft Gesetzes ausgeschlossen oder wegen Besorgnis der Befangenheit mit Erfolg abgelehnt war,
3. einem Beteiligten das rechtliche Gehör versagt war,
4. ein Beteiligter im Verfahren nicht nach Vorschrift des Gesetzes vertreten war, außer wenn er der Prozessführung ausdrücklich oder stillschweigend zugestimmt hat,
5. das Urteil auf eine mündliche Verhandlung ergangen ist, bei der die Vorschriften über die Öffentlichkeit des Verfahrens verletzt worden sind, oder
6. die Entscheidung nicht mit Gründen versehen ist.

§ 120 [Einlegung der Revision] (1)[1)] [1] Die Revision ist bei dem Bundesfinanzhof innerhalb eines Monats nach Zustellung des vollständigen Urteils schriftlich einzulegen. [2] Die Revision muss das angefochtene Urteil bezeichnen. [3] Eine Ausfertigung oder Abschrift des Urteils soll beigefügt werden, sofern dies nicht schon nach § 116 Abs. 2 Satz 3 geschehen ist. [4] Satz 3 gilt nicht im Falle der elektronischen Revisionseinlegung.

(2) [1] Die Revision ist innerhalb von zwei Monaten nach Zustellung des vollständigen Urteils zu begründen; im Fall des § 116 Abs. 7 beträgt die Begründungsfrist für den Beschwerdeführer einen Monat nach Zustellung des Beschlusses über die Zulassung der Revision. [2] Die Begründung ist bei dem Bundesfinanzhof einzureichen. [3] Die Frist kann auf einen vor ihrem Ablauf gestellten Antrag von dem Vorsitzenden verlängert werden.

(3) Die Begründung muss enthalten:

1. die Erklärung, inwieweit das Urteil angefochten und dessen Aufhebung beantragt wird (Revisionsanträge);
2. die Angabe der Revisionsgründe, und zwar
   a) die bestimmte Bezeichnung der Umstände, aus denen sich die Rechtsverletzung ergibt;
   b) soweit die Revision darauf gestützt wird, dass das Gesetz in Bezug auf das Verfahren verletzt sei, die Bezeichnung der Tatsachen, die den Mangel ergeben.

[1)] § 120 Abs. 1 Satz 4 angef. durch G v. 22.3.2005 (BGBl. I S. 837).

§ 121 [Verfahrensvorschriften] [1] Für das Revisionsverfahren gelten die Vorschriften über das Verfahren im ersten Rechtszug und die Vorschriften über Urteile und andere Entscheidungen entsprechend, soweit sich aus den Vorschriften über die Revision nichts anderes ergibt. [2] § 79a über die Entscheidung durch den vorbereitenden Richter und § 94a über das Verfahren nach billigem Ermessen sind nicht anzuwenden. [3] Erklärungen und Beweismittel, die das Finanzgericht nach § 79b zu Recht zurückgewiesen hat, bleiben auch im Revisionsverfahren ausgeschlossen.

§ 122 [Beteiligte am Revisionsverfahren] (1) Beteiligter am Verfahren über die Revision ist, wer am Verfahren über die Klage beteiligt war.

(2) [1] Betrifft das Verfahren eine auf Bundesrecht beruhende Abgabe oder eine Rechtsstreitigkeit über Bundesrecht, so kann das Bundesministerium der Finanzen dem Verfahren beitreten. [2] Betrifft das Verfahren eine von den Landesfinanzbehörden verwaltete Abgabe oder eine Rechtsstreitigkeit über Landesrecht, so steht dieses Recht auch der zuständigen obersten Landesbehörde zu. [3] Der Senat kann die zuständigen Stellen zum Beitritt auffordern. [4] Mit ihrem Beitritt erlangt die Behörde die Rechtsstellung eines Beteiligten.

§ 123 [Unzulässigkeit der Klageänderung] (1) [1] Klageänderungen und Beiladungen sind im Revisionsverfahren unzulässig. [2] Das gilt nicht für Beiladungen nach § 60 Abs. 3 Satz 1.

(2) [1] Ein im Revisionsverfahren nach § 60 Abs. 3 Satz 1 Beigeladener kann Verfahrensmängel nur innerhalb von zwei Monaten nach Zustellung des Beiladungsbeschlusses rügen. [2] Die Frist kann auf einen vor ihrem Ablauf gestellten Antrag von dem Vorsitzenden verlängert werden.

§ 124 [Prüfung der Zulässigkeit der Revision] (1) [1] Der Bundesfinanzhof prüft, ob die Revision statthaft und ob sie in der gesetzlichen Form und Frist eingelegt und begründet worden ist. [2] Mangelt es an einem dieser Erfordernisse, so ist die Revision unzulässig.

(2) Der Beurteilung der Revision unterliegen auch diejenigen Entscheidungen, die dem Endurteil vorausgegangen sind, sofern sie nicht nach den Vorschriften dieses Gesetzes unanfechtbar sind.

§ 125 [Rücknahme der Revision] (1) [1] Die Revision kann bis zur Rechtskraft des Urteils zurückgenommen werden. [2] Nach Schluss der mündlichen Verhandlung, bei Verzicht auf die mündliche Verhandlung und nach Ergehen eines Gerichtsbescheides ist die Rücknahme nur mit Einwilligung des Revisionsbeklagten möglich.

(2) Die Zurücknahme bewirkt den Verlust des eingelegten Rechtsmittels.

§ 126 [Entscheidung über die Revision] (1) Ist die Revision unzulässig, so verwirft der Bundesfinanzhof sie durch Beschluss.

(2) Ist die Revision unbegründet, so weist der Bundesfinanzhof sie zurück.

(3) [1] Ist die Revision begründet, so kann der Bundesfinanzhof

1. in der Sache selbst entscheiden oder

2. das angefochtene Urteil aufheben und die Sache zur anderweitigen Verhandlung und Entscheidung zurückverweisen.

[2]Der Bundesfinanzhof verweist den Rechtsstreit zurück, wenn der in dem Revisionsverfahren nach § 123 Abs. 1 Satz 2 Beigeladene ein berechtigtes Interesse daran hat.

(4) Ergeben die Entscheidungsgründe zwar eine Verletzung des bestehenden Rechts, stellt sich die Entscheidung selbst aber aus anderen Gründen als richtig dar, so ist die Revision zurückzuweisen.

(5) Das Gericht, an das die Sache zur anderweitigen Verhandlung und Entscheidung zurückverwiesen ist, hat seiner Entscheidung die rechtliche Beurteilung des Bundesfinanzhofs zugrunde zu legen.

(6) [1]Die Entscheidung über die Revision bedarf keiner Begründung, soweit der Bundesfinanzhof Rügen von Verfahrensmängeln nicht für durchgreifend erachtet. [2]Das gilt nicht für Rügen nach § 119 und, wenn mit der Revision ausschließlich Verfahrensmängel geltend gemacht werden, für Rügen, auf denen die Zulassung der Revision beruht.

§ 126a [Unbegründete Revision] [1]Der Bundesfinanzhof kann über die Revision in der Besetzung von fünf Richtern durch Beschluss entscheiden, wenn er einstimmig die Revision für unbegründet und eine mündliche Verhandlung nicht für erforderlich hält. [2]Die Beteiligten sind vorher zu hören. [3]Der Beschluss soll eine kurze Begründung enthalten; dabei sind die Voraussetzungen dieses Verfahrens festzustellen. [4]§ 126 Abs. 6 gilt entsprechend.

§ 127 [Zurückverweisung] Ist während des Revisionsverfahrens ein neuer oder geänderter Verwaltungsakt Gegenstand des Verfahrens geworden (§§ 68, 123 Satz 2), so kann der Bundesfinanzhof das angefochtene Urteil aufheben und die Sache zur anderweitigen Verhandlung und Entscheidung an das Finanzgericht zurückverweisen.

Unterabschnitt 2. Beschwerde, Erinnerung, Anhörungsrüge

§ 128 [Fälle der Zulässigkeit der Beschwerde] (1) Gegen die Entscheidungen des Finanzgerichts, des Vorsitzenden oder des Berichterstatters, die nicht Urteile oder Gerichtsbescheide sind, steht den Beteiligten und den sonst von der Entscheidung Betroffenen die Beschwerde an den Bundesfinanzhof zu, soweit nicht in diesem Gesetz etwas anderes bestimmt ist.

(2) Prozessleitende Verfügungen, Aufklärungsanordnungen, Beschlüsse über die Vertagung oder die Bestimmung einer Frist, Beweisbeschlüsse, Beschlüsse nach den §§ 91a und 93a, Beschlüsse über die Ablehnung von Beweisanträgen, über Verbindung und Trennung von Verfahren und Ansprüchen und über die Ablehnung von Gerichtspersonen, Sachverständigen und Dolmetschern, Einstellungsbeschlüsse nach Klagerücknahme sowie Beschlüsse im Verfahren der Prozesskostenhilfe können nicht mit der Beschwerde angefochten werden.

(3) [1]Gegen die Entscheidung über die Aussetzung der Vollziehung nach § 69 Abs. 3 und 5 und über einstweilige Anordnungen nach § 114 Abs. 1 steht den Beteiligten die Beschwerde nur zu, wenn sie in der Entscheidung zugelassen worden ist. [2]Für die Zulassung gilt § 115 Abs. 2 entsprechend.

(4) [1]In Streitigkeiten über Kosten ist die Beschwerde nicht gegeben. [2]Das gilt nicht für die Beschwerde gegen die Nichtzulassung der Revision.

§ 129 [Einlegung der Beschwerde] (1)[1)] Die Beschwerde ist beim Finanzgericht schriftlich oder zu Protokoll des Urkundsbeamten der Geschäftsstelle innerhalb von zwei Wochen nach Bekanntgabe der Entscheidung einzulegen.

(2) Die Beschwerdefrist ist auch gewahrt, wenn die Beschwerde innerhalb der Frist beim Bundesfinanzhof eingeht.

§ 130 [Abhilfe oder Vorlage beim BFH] (1) Hält das Finanzgericht, der Vorsitzende oder der Berichterstatter, dessen Entscheidung angefochten wird, die Beschwerde für begründet, so ist ihr abzuhelfen; sonst ist sie unverzüglich dem Bundesfinanzhof vorzulegen.

(2) Das Finanzgericht soll die Beteiligten von der Vorlage der Beschwerde in Kenntnis setzen.

§ 131 [Aufschiebende Wirkung der Beschwerde] (1) [1]Die Beschwerde hat nur dann aufschiebende Wirkung, wenn sie die Festsetzung eines Ordnungs- oder Zwangsmittels zum Gegenstand hat. [2]Das Finanzgericht, der Vorsitzende oder der Berichterstatter, dessen Entscheidung angefochten wird, kann auch sonst bestimmen, dass die Vollziehung der angefochtenen Entscheidung einstweilen auszusetzen ist.

(2) Die §§ 178 und 181 Abs. 2 des Gerichtsverfassungsgesetzes bleiben unberührt.

§ 132 [Entscheidung über die Beschwerde] Über die Beschwerde entscheidet der Bundesfinanzhof durch Beschluss.

§ 133 [Antrag auf Entscheidung des Gerichts] (1)[2)] [1]Gegen die Entscheidung des beauftragten oder ersuchten Richters oder des Urkundsbeamten kann innerhalb von zwei Wochen nach Bekanntgabe die Entscheidung des Finanzgerichts beantragt werden. [2]Der Antrag ist schriftlich oder zu Protokoll des Urkundsbeamten der Geschäftsstelle des Gerichts zu stellen. [3]Die §§ 129 bis 131 gelten sinngemäß.

(2) Im Verfahren vor dem Bundesfinanzhof gilt Absatz 1 für Entscheidungen des beauftragten oder ersuchten Richters oder des Urkundsbeamten der Geschäftsstelle sinngemäß.

§ 133a[3)] [Anhörungsrüge] (1) [1]Auf die Rüge eines durch eine gerichtliche Entscheidung beschwerten Beteiligten ist das Verfahren fortzuführen, wenn

1. ein Rechtsmittel oder ein anderer Rechtsbehelf gegen die Entscheidung nicht gegeben ist und
2. das Gericht den Anspruch dieses Beteiligten auf rechtliches Gehör in entscheidungserheblicher Weise verletzt hat.

[2]Gegen eine der Endentscheidung vorausgehende Entscheidung findet die Rüge nicht statt.

[1)] § 129 Abs. 1 geänd. mWv 1.1.2018 durch G v. 5.7.2017 (BGBl. I S. 2208).
[2)] § 133 Abs. 1 Satz 2 geänd. mWv 1.1.2018 durch G v. 5.7.2017 (BGBl. I S. 2208).
[3)] § 133a eingef. mWv 1.1.2005 durch G v. 9.12.2004 (BGBl. I S. 3220).

(2)[1] [1]Die Rüge ist innerhalb von zwei Wochen nach Kenntnis von der Verletzung des rechtlichen Gehörs zu erheben; der Zeitpunkt der Kenntniserlangung ist glaubhaft zu machen. [2]Nach Ablauf eines Jahres seit Bekanntgabe der angegriffenen Entscheidung kann die Rüge nicht mehr erhoben werden. [3]Formlos mitgeteilte Entscheidungen gelten mit dem dritten Tage nach Aufgabe zur Post als bekannt gegeben. [4]Die Rüge ist schriftlich oder zu Protokoll des Urkundsbeamten der Geschäftsstelle bei dem Gericht zu erheben, dessen Entscheidung angegriffen wird. [5]Die Rüge muss die angegriffene Entscheidung bezeichnen und das Vorliegen der in Absatz 1 Satz 1 Nr. 2 genannten Voraussetzungen darlegen.

(3) Den übrigen Beteiligten ist, soweit erforderlich, Gelegenheit zur Stellungnahme zu geben.

(4) [1]Ist die Rüge nicht statthaft oder nicht in der gesetzlichen Form oder Frist erhoben, so ist sie als unzulässig zu verwerfen. [2]Ist die Rüge unbegründet, weist das Gericht sie zurück. [3]Die Entscheidung ergeht durch unanfechtbaren Beschluss. [4]Der Beschluss soll kurz begründet werden.

(5) [1]Ist die Rüge begründet, so hilft ihr das Gericht ab, indem es das Verfahren fortführt, soweit dies aufgrund der Rüge geboten ist. [2]Das Verfahren wird in die Lage zurückversetzt, in der es sich vor dem Schluss der mündlichen Verhandlung befand. [3]In schriftlichen Verfahren tritt an die Stelle des Schlusses der mündlichen Verhandlung der Zeitpunkt, bis zu dem Schriftsätze eingereicht werden können. [4]Für den Ausspruch des Gerichts ist § 343 der Zivilprozessordnung entsprechend anzuwenden.

(6) § 131 Abs. 1 Satz 2 ist entsprechend anzuwenden.

Unterabschnitt 3. Wiederaufnahme des Verfahrens

§ 134 [Anwendbarkeit der ZPO] Ein rechtskräftig beendetes Verfahren kann nach den Vorschriften des Vierten Buchs der Zivilprozessordnung wieder aufgenommen werden.

FGO

Dritter Teil. Kosten und Vollstreckung

Abschnitt I. Kosten[2]

§ 135 [Kostenpflichtige] (1) Der unterliegende Beteiligte trägt die Kosten des Verfahrens.

(2) Die Kosten eines ohne Erfolg eingelegten Rechtsmittels fallen demjenigen zur Last, der das Rechtsmittel eingelegt hat.

(3) Dem Beigeladenen können Kosten nur auferlegt werden, soweit er Anträge gestellt oder Rechtsmittel eingelegt hat.

(4) Die Kosten des erfolgreichen Wiederaufnahmeverfahrens können der Staatskasse auferlegt werden, soweit sie nicht durch das Verschulden eines Beteiligten entstanden sind.

---

[1] § 133a Abs. 2 Satz 5 aufgeh., bish. Satz 6 wird Satz 5 mWv 1.7.2008 durch G v. 12.12.2007 (BGBl. I S. 2840); Satz 4 geänd. mWv 1.1.2018 durch G v. 5.7.2017 (BGBl. I S. 2208).

[2] Wegen der Berechnung der Kosten siehe §§ 3 und 34 sowie Anlagen 1 und 2 des Gerichtskostengesetzes (Nr. **33**).

(5) [1] Besteht der kostenpflichtige Teil aus mehreren Personen, so haften diese nach Kopfteilen. [2] Bei erheblicher Verschiedenheit ihrer Beteiligung kann nach Ermessen des Gerichts die Beteiligung zum Maßstab genommen werden.

§ 136 [Kompensation der Kosten] (1) [1] Wenn ein Beteiligter teils obsiegt, teils unterliegt, so sind die Kosten gegeneinander aufzuheben oder verhältnismäßig zu teilen. [2] Sind die Kosten gegeneinander aufgehoben, so fallen die Gerichtskosten jedem Teil zur Hälfte zur Last. [3] Einem Beteiligten können die Kosten ganz auferlegt werden, wenn der andere nur zu einem geringen Teil unterlegen ist.

(2) Wer einen Antrag, eine Klage, ein Rechtsmittel oder einen anderen Rechtsbehelf zurücknimmt, hat die Kosten zu tragen.

(3) Kosten, die durch einen Antrag auf Wiedereinsetzung in den vorigen Stand entstehen, fallen dem Antragsteller zur Last.

§ 137[1)] [Anderweitige Auferlegung der Kosten] [1] Einem Beteiligten können die Kosten ganz oder teilweise auch dann auferlegt werden, wenn er obsiegt hat, die Entscheidung aber auf Tatsachen beruht, die er früher hätte geltend machen oder beweisen können und sollen. [2] Kosten, die durch Verschulden eines Beteiligten entstanden sind, können diesem auferlegt werden. [3] Berücksichtigt das Gericht nach § 76 Abs. 3 Erklärungen und Beweismittel, die im Einspruchsverfahren nach § 364b der Abgabenordnung[2)] rechtmäßig zurückgewiesen wurden, sind dem Kläger insoweit die Kosten aufzuerlegen.

§ 138 [Kostenentscheidung durch Beschluss] (1) Ist der Rechtsstreit in der Hauptsache erledigt, so entscheidet das Gericht nach billigem Ermessen über die Kosten des Verfahrens durch Beschluss; der bisherige Sach- und Streitstand ist zu berücksichtigen.

(2) [1] Soweit ein Rechtsstreit dadurch erledigt wird, dass dem Antrag des Steuerpflichtigen durch Rücknahme oder Änderung des angefochtenen Verwaltungsakts stattgegeben oder dass im Fall der Untätigkeitsklage gemäß § 46 Abs. 1 Satz 3 Halbsatz 2 innerhalb der gesetzten Frist dem außergerichtlichen Rechtsbehelf stattgegeben oder der beantragte Verwaltungsakt erlassen wird, sind die Kosten der Behörde aufzuerlegen. [2] § 137 gilt sinngemäß.

(3)[3)] Der Rechtsstreit ist auch in der Hauptsache erledigt, wenn der Beklagte der Erledigungserklärung des Klägers nicht innerhalb von zwei Wochen seit Zustellung des die Erledigungserklärung enthaltenden Schriftsatzes widerspricht und er vom Gericht auf diese Folge hingewiesen worden ist.

§ 139 [Erstattungsfähige Kosten] (1) Kosten sind die Gerichtskosten (Gebühren und Auslagen) und die zur zweckentsprechenden Rechtsverfolgung oder Rechtsverteidigung notwendigen Aufwendungen der Beteiligten einschließlich der Kosten des Vorverfahrens.

(2) Die Aufwendungen der Finanzbehörden sind nicht zu erstatten.

(3) [1] Gesetzlich vorgesehene Gebühren und Auslagen eines Bevollmächtigten oder Beistands, der nach den Vorschriften des Steuerberatungsgesetzes zur

---

[1)] § 137 Satz 3 angef. mWv 28.12.2001 durch G v. 19.12.2001 (BGBl. I S. 3922).
[2)] Nr. **1**.
[3)] § 138 Abs. 3 angef. durch G v. 24.8.2004 (BGBl. I S. 2198).

geschäftsmäßigen Hilfeleistung in Steuersachen befugt ist, sind stets erstattungsfähig. [2]Aufwendungen für einen Bevollmächtigten oder Beistand, für den Gebühren und Auslagen gesetzlich nicht vorgesehen sind, können bis zur Höhe der gesetzlichen Gebühren und Auslagen der Rechtsanwälte erstattet werden. [3]Soweit ein Vorverfahren geschwebt hat, sind die Gebühren und Auslagen erstattungsfähig, wenn das Gericht die Zuziehung eines Bevollmächtigten oder Beistands für das Vorverfahren für notwendig erklärt. [4]Steht der Bevollmächtigte oder Beistand in einem Angestelltenverhältnis zu einem Beteiligten, so werden die durch seine Zuziehung entstandenen Gebühren nicht erstattet.

(4) Die außergerichtlichen Kosten des Beigeladenen sind nur erstattungsfähig, wenn das Gericht sie aus Billigkeit der unterliegenden Partei oder der Staatskasse auferlegt.

§§ 140 und 141 (weggefallen)

§ 142 [Prozesskostenhilfe] (1) Die Vorschriften der Zivilprozessordnung über die Prozesskostenhilfe gelten sinngemäß.

(2)[1)] [1]Einem Beteiligten, dem Prozesskostenhilfe bewilligt worden ist, kann auch ein Steuerberater, Steuerbevollmächtigter, Wirtschaftsprüfer oder vereidigter Buchprüfer beigeordnet werden. [2]Die Vergütung richtet sich nach den für den beigeordneten Rechtsanwalt geltenden Vorschriften des Rechtsanwaltsvergütungsgesetzes.

(3)[2)] [1]Die Prüfung der persönlichen und wirtschaftlichen Verhältnisse nach den §§ 114 bis 116 der Zivilprozessordnung einschließlich der in § 118 Absatz 2 der Zivilprozessordnung bezeichneten Maßnahmen und der Entscheidungen nach § 118 Absatz 2 Satz 4 der Zivilprozessordnung obliegt dem Urkundsbeamten der Geschäftsstelle des jeweiligen Rechtszugs, wenn der Vorsitzende ihm das Verfahren insoweit überträgt. [2]Liegen die Voraussetzungen für die Bewilligung der Prozesskostenhilfe hiernach nicht vor, erlässt der Urkundsbeamte die den Antrag ablehnende Entscheidung; anderenfalls vermerkt der Urkundsbeamte in den Prozessakten, dass dem Antragsteller nach seinen persönlichen und wirtschaftlichen Verhältnissen Prozesskostenhilfe gewährt werden kann und in welcher Höhe gegebenenfalls Monatsraten oder Beträge aus dem Vermögen zu zahlen sind.

(4)[3)] Dem Urkundsbeamten obliegen im Verfahren über die Prozesskostenhilfe ferner die Bestimmung des Zeitpunkts für die Einstellung und eine Wiederaufnahme der Zahlungen nach § 120 Absatz 3 der Zivilprozessordnung sowie die Änderung und die Aufhebung der Bewilligung der Prozesskostenhilfe nach den §§ 120a und 124 Absatz 1 Nummer 2 bis 5 der Zivilprozessordnung.

(5)[4)] [1]Der Vorsitzende kann Aufgaben nach den Absätzen 3 und 4 zu jedem Zeitpunkt an sich ziehen. [2]§ 5 Absatz 1 Nummer 1, die §§ 6, 7, 8 Absatz 1 bis 4 und § 9 des Rechtspflegergesetzes gelten entsprechend mit der Maßgabe, dass an die Stelle des Rechtspflegers der Urkundsbeamte der Geschäftsstelle tritt.

(6)[3)] § 79a Absatz 4 gilt entsprechend.

[1)] § 142 Abs. 2 Satz 1 geänd., Satz 2 angef. mWv 1.1.2014 durch G v. 31.8.2013 (BGBl. I S. 3533).

[2)] § 142 Abs. 3 angef. mWv 1.1.2014 durch G v. 31.8.2013 (BGBl. I S. 3533); neu gef. mWv 16.7.2014 durch G v. 8.7.2014 (BGBl. I S. 890).

[3)] § 142 Abs. 4 und 6 angef. mWv 1.1.2014 durch G v. 31.8.2013 (BGBl. I S. 3533).

[4)] § 142 Abs. 5 angef. mWv 1.1.2014 durch G v. 31.8.2013 (BGBl. I S. 3533, ber. 2016 S. 121).

(7)[1] [1]Gegen Entscheidungen des Urkundsbeamten nach den Absätzen 3 und 4 ist die Erinnerung an das Gericht gegeben. [2]Die Frist für die Einlegung der Erinnerung beträgt zwei Wochen. [3]Über die Erinnerung entscheidet das Gericht durch Beschluss.

(8)[1] Durch Landesgesetz kann bestimmt werden, dass die Absätze 3 bis 7 für die Gerichte des jeweiligen Landes nicht anzuwenden sind.

§ 143 [Kostenentscheidung] (1) Das Gericht hat im Urteil oder, wenn das Verfahren in anderer Weise beendet worden ist, durch Beschluss über die Kosten zu entscheiden.

(2) Wird eine Sache vom Bundesfinanzhof an das Finanzgericht zurückverwiesen, so kann diesem die Entscheidung über die Kosten des Verfahrens übertragen werden.

§ 144 [Kostenentscheidung bei Rücknahme eines Rechtsbehelfs]

Ist ein Rechtsbehelf seinem vollen Umfang nach zurückgenommen worden, so wird über die Kosten des Verfahrens nur entschieden, wenn ein Beteiligter Kostenerstattung beantragt.

§ 145 [Anfechtung der Kostenentscheidung] Die Anfechtung der Entscheidung über die Kosten ist unzulässig, wenn nicht gegen die Entscheidung in der Hauptsache ein Rechtsmittel eingelegt wird.

§§ 146 bis 148 (weggefallen)

§ 149 [Festsetzung der zu erstattenden Aufwendungen] (1) Die den Beteiligten zu erstattenden Aufwendungen werden auf Antrag von dem Urkundsbeamten des Gerichts des ersten Rechtszugs festgesetzt.

(2) [1]Gegen die Festsetzung ist die Erinnerung an das Gericht gegeben. [2]Die Frist für die Einlegung der Erinnerung beträgt zwei Wochen. [3]Über die Zulässigkeit der Erinnerung sind die Beteiligten zu belehren.

(3) Der Vorsitzende des Gerichts oder das Gericht können anordnen, dass die Vollstreckung einstweilen auszusetzen ist.

(4) Über die Erinnerung entscheidet das Gericht durch Beschluss.

FGO

Abschnitt II. Vollstreckung

§ 150[2] [Anwendung der Bestimmungen der AO] [1]Soll zugunsten des Bundes, eines Landes, eines Gemeindeverbands, einer Gemeinde oder einer Körperschaft, Anstalt oder Stiftung des öffentlichen Rechts als Abgabenberechtigte vollstreckt werden, so richtet sich die Vollstreckung nach den Bestimmungen der Abgabenordnung[3], soweit nicht durch Gesetz etwas anderes bestimmt ist. [2]Vollstreckungsbehörden sind die Finanzämter und Hauptzollämter. [3]Für die Vollstreckung gilt § 69 sinngemäß.

§ 151 [Anwendung der Bestimmungen der ZPO] (1) [1]Soll gegen den Bund, ein Land, einen Gemeindeverband, eine Gemeinde, eine Körperschaft,

---

[1] § 142 Abs. 7 und 8 angef. mWv 1.1.2014 durch G v. 31.8.2013 (BGBl. I S. 3533).
[2] § 150 Satz 2 geänd. durch G v. 22.3.2005 (BGBl. I S. 837).
[3] Nr. **1**.

eine Anstalt oder Stiftung des öffentlichen Rechts vollstreckt werden, so gilt für die Zwangsvollstreckung das Achte Buch der Zivilprozessordnung sinngemäß; § 150 bleibt unberührt. [2] Vollstreckungsgericht ist das Finanzgericht.

(2) Vollstreckt wird

1. aus rechtskräftigen und aus vorläufig vollstreckbaren gerichtlichen Entscheidungen,
2. aus einstweiligen Anordnungen,
3. aus Kostenfestsetzungsbeschlüssen.

(3) Urteile auf Anfechtungs- und Verpflichtungsklagen können nur wegen der Kosten für vorläufig vollstreckbar erklärt werden.

(4) Für die Vollstreckung können den Beteiligten auf ihren Antrag Ausfertigungen des Urteils ohne Tatbestand und ohne Entscheidungsgründe erteilt werden, deren Zustellung in den Wirkungen der Zustellung eines vollständigen Urteils gleichsteht.

§ 152 [Vollstreckung wegen Geldforderungen] (1) [1] Soll im Fall des § 151 wegen einer Geldforderung vollstreckt werden, so verfügt das Vollstreckungsgericht auf Antrag des Gläubigers die Vollstreckung. [2] Es bestimmt die vorzunehmenden Vollstreckungsmaßnahmen und ersucht die zuständigen Stellen um deren Vornahme. [3] Die ersuchte Stelle ist verpflichtet, dem Ersuchen nach den für sie geltenden Vollstreckungsvorschriften nachzukommen.

(2) [1] Das Gericht hat vor Erlass der Vollstreckungsverfügung die Behörde oder bei Körperschaften, Anstalten und Stiftungen des öffentlichen Rechts, gegen die vollstreckt werden soll, die gesetzlichen Vertreter von der beabsichtigten Vollstreckung zu benachrichtigen mit der Aufforderung, die Vollstreckung innerhalb einer vom Gericht zu bemessenden Frist abzuwenden. [2] Die Frist darf einen Monat nicht übersteigen.

(3) [1] Die Vollstreckung ist unzulässig in Sachen, die für die Erfüllung öffentlicher Aufgaben unentbehrlich sind oder deren Veräußerung ein öffentliches Interesse entgegensteht. [2] Über Einwendungen entscheidet das Gericht nach Anhörung der zuständigen Aufsichtsbehörde oder bei obersten Bundes- oder Landesbehörden des zuständigen Ministers.

(4) Für öffentlich-rechtliche Kreditinstitute gelten die Absätze 1 bis 3 nicht.

(5) Der Ankündigung der Vollstreckung und der Einhaltung einer Wartefrist bedarf es nicht, wenn es sich um den Vollzug einer einstweiligen Anordnung handelt.

§ 153 [Vollstreckung ohne Vollstreckungsklausel] In den Fällen der §§ 150, 152 Abs. 1 bis 3 bedarf es einer Vollstreckungsklausel nicht.

§ 154[1)] [Androhung eines Zwangsgeldes] [1] Kommt die Finanzbehörde in den Fällen des § 100 Abs. 1 Satz 2 und der §§ 101 und 114 der ihr im Urteil oder in der einstweiligen Anordnung auferlegten Verpflichtung nicht nach, so kann das Gericht des ersten Rechtszugs auf Antrag unter Fristsetzung gegen sie ein Zwangsgeld bis eintausend Euro durch Beschluss androhen, nach fruchtlosem Fristablauf festsetzen und von Amts wegen vollstrecken. [2] Das Zwangsgeld kann wiederholt angedroht, festgesetzt und vollstreckt werden.

---

1) § 154 Satz 1 geänd. mWv 1.1.2002 durch G v. 19.12.2000 (BGBl. I S. 1757).

Vierter Teil. Übergangs- und Schlussbestimmungen

§ 155[1] **[Anwendung von GVG und von ZPO]** [1]Soweit dieses Gesetz keine Bestimmungen über das Verfahren enthält, sind das Gerichtsverfassungsgesetz und, soweit die grundsätzlichen Unterschiede der beiden Verfahrensarten es nicht ausschließen, die Zivilprozessordnung einschließlich § 278 Absatz 5 und § 278a sinngemäß anzuwenden; Buch 6 der Zivilprozessordnung ist nicht anzuwenden. [2]Die Vorschriften des Siebzehnten Titels des Gerichtsverfassungsgesetzes sind mit der Maßgabe entsprechend anzuwenden, dass an die Stelle des Oberlandesgerichts und des Bundesgerichtshofs der Bundesfinanzhof und an die Stelle der Zivilprozessordnung die Finanzgerichtsordnung tritt; die Vorschriften über das Verfahren im ersten Rechtszug sind entsprechend anzuwenden.

§ 156[2] **[§ 6 EGGVG]** § 6 des Einführungsgesetzes zum Gerichtsverfassungsgesetz gilt entsprechend.

§ 157 [Folgen der Nichtigkeitserklärung von landesrechtlichen Vorschriften] [1]Hat das Verfassungsgericht eines Landes die Nichtigkeit von Landesrecht festgestellt oder Vorschriften des Landesrechts für nichtig erklärt, so bleiben vorbehaltlich einer besonderen gesetzlichen Regelung durch das Land die nicht mehr anfechtbaren Entscheidungen der Gerichte der Finanzgerichtsbarkeit, die auf der für nichtig erklärten Norm beruhen, unberührt. [2]Die Vollstreckung aus einer solchen Entscheidung ist unzulässig. [3]§ 767 der Zivilprozessordnung gilt sinngemäß.

§ 158 [Eidliche Vernehmung, Beeidigung] [1]Die eidliche Vernehmung eines Auskunftspflichtigen nach § 94 der Abgabenordnung[3] oder die Beeidigung eines Sachverständigen nach § 96 Abs. 7 Satz 5 der Abgabenordnung durch das Finanzgericht findet vor dem dafür im Geschäftsverteilungsplan bestimmten Richter statt. [2]Über die Rechtmäßigkeit einer Verweigerung des Zeugnisses, des Gutachtens oder der Eidesleistung entscheidet das Finanzgericht durch Beschluss.

§ 159[4] **[§ 43 EGGVG]** § 43 des Einführungsgesetzes zum Gerichtsverfassungsgesetz gilt entsprechend.

§ 160 [Beteiligung und Beiladung] Soweit der Finanzrechtsweg auf Grund des § 33 Abs. 1 Nr. 4 eröffnet wird, können die Beteiligung am Verfahren und die Beiladung durch Gesetz abweichend von den Vorschriften dieses Gesetzes geregelt werden.

§ 161 (Aufhebung von Vorschriften)

§§ 162 bis 183 (weggefallen)

---

[1] § 155 Satz 2 angef. durch G v. 24.11.2011 (BGBl. I S. 2302); Satz 1 geänd. mWv 26.7.2012 durch G v. 21.7.2012 (BGBl. I S. 1577); Satz 1 geänd. mWv 1.11.2018 durch G v. 12.7.2018 (BGBl. I S. 1151).

[2] § 156 eingef. mWv 1.1.2005 durch G v. 21.12.2004 (BGBl. I S. 3599).

[3] Nr. **1**.

[4] § 159 eingef. mWv 19.10.2017 durch G v. 8.10.2017 (BGBl. I S. 3546).

§ 184 (1) Inkrafttreten.[1)]

(2) (Überleitungsvorschriften)

FGO

[1)] § 184 betrifft das Inkrafttreten des Gesetzes in seiner ursprünglichen Fassung v. 6.10.1965. Das Inkrafttreten der späteren Änderungen ergibt sich aus den jeweiligen Änderungsgesetzen.

10. Gewerbesteuergesetz (GewStG)[1) 2)]

In der Fassung der Bekanntmachung vom 15. Oktober 2002[3)]
(BGBl. I S. 4167)

FNA 611-5

geänd. durch Art. 4 Steuervergünstigungsabbaugesetz (StVergAbG) v. 16.5.2003 (BGBl. I S. 660), Art. 3 Kleinunternehmerförderungsgesetz v. 31.7.2003 (BGBl. I S. 1550), Art. 7 Förderbankenneustrukturierungsgesetz v. 15.8.2003 (BGBl. I S. 1657), Art. 4 Steueränderungsgesetz 2003 (StÄndG 2003) v. 15.12.2003 (BGBl. I S. 2645), Art. 4 Gesetz zur Umsetzung der Protokollerklärung der Bundesregierung zur Vermittlungsempfehlung zum StVergAbG v. 22.12.2003 (BGBl. I S. 2840), Art. 2 Gesetz zur Änderung des Gewerbesteuergesetzes und anderer Gesetze v. 23.12.2003 (BGBl. I S. 2922), Art. 50 Gesetz zur Einordnung des Sozialhilferechts in das Sozialgesetzbuch v. 27.12.2003 (BGBl. I S. 3022), Art. 12 Haushaltsbegleitgesetz 2004 (HBeglG 2004) v. 29.12.2003 (BGBl. I S. 3076), Art. 32 Gesetz zur Organisationsreform in der gesetzlichen Rentenversicherung (RVOrgG) v. 9.12.2004 (BGBl. I S. 3242), Art. 4 Richtlinien-Umsetzungsgesetz (EURLUmsG) v. 9.12.2004 (BGBl. I S. 3310, ber. S. 3843), Art. 4 Gesetz zu dem Dritten Zusatzprotokoll vom 4. Juni 2004 zum Abkommen vom 16. Juni 1959 zwischen der Bundesrepublik Deutschland und dem Königreich der Niederlande zur Vermeidung der Doppelbesteuerung auf dem Gebiete der Steuern vom Einkommen und vom Vermögen sowie verschiedener sonstiger Steuern und zur Regelung anderer Fragen auf steuerlichem Gebiete v. 15.12.2004 (BGBl. II S. 1653), Art. 4 Gesetz über steuerliche Begleitmaßnahmen zur Einführung der Europäischen Gesellschaft und zur Änderung weiterer steuerrechtlicher Vorschriften (SEStEG) v. 7.12.2006 (BGBl. I S. 2782, ber, I 2007 S. 68), Art. 5 Jahressteuergesetz 2007 (JStG 2007) v. 13.12.2006 (BGBl. I S. 2878), Art. 3 Unternehmensteuerreformgesetz 2008 v. 14.8.2007 (BGBl. I S. 1912), Art. 4 Gesetz zur weiteren Stärkung des bürgerschaftlichen Engagements v. 10.10.2007 (BGBl. I S. 2332), Art. 5 Jahressteuergesetz 2008 (JStG 2008) v. 20.12.2007 (BGBl. I S. 3150), Art. 5 Gesetz zur Modernisierung der Rahmenbedingungen für Kapitalbeteiligungen (MoRaKG) v. 12.8.2008 (BGBl. I S. 1672), Art. 4 Jahressteuergesetz 2009 (JStG 2009) v. 19.12. 2008 (BGBl. I S. 2794), Art. 7 Gesetz zur Modernisierung und Entbürokratisierung des Steuerverfahrens (Steuerbürokratieabbaugesetz) v. 20.12.2008 (BGBl. I S. 2850), Art. 6a Drittes Gesetz zum Abbau bürokratischer Hemmnisse insbesondere in der mittelständischen Wirtschaft (Drittes Mittelstandsentlastungsgesetz) v. 17.3.2009 (BGBl. I S. 550), Art. 3 Gesetz zur Beschleunigung des Wirtschaftswachstums (Wachstumsbeschleunigungsgesetz) v. 22.12.2009 (BGBl. I S. 3950), Art. 3 Gesetz zur Umsetzung steuerlicher EU-Vorgaben sowie zur Änderung steuerlicher Vorschriften v. 8.4.2010 (BGBl. I S. 386), Art. 3 Jahressteuergesetz 2010 (JStG 2010) v. 8.12.2010 (BGBl. I S. 1768), Art. 5 Gesetz zur Umsetzung der Beitreibungsrichtlinie sowie zur Änderung steuerlicher Vorschriften (Beitreibungsrichtlinie-Umsetzungsgesetz – BeitrRLUmsG) v. 7.12.2011 (BGBl. I S. 2592), Art. 4 Gesetz zur Änderung und Vereinfachung der Unternehmensbesteuerung und des steuerlichen Reisekostenrechts v. 20.2.2013 (BGBl. I S. 285), Art. 5 Gesetz zur Stärkung des Ehrenamtes (Ehrenamtsstärkungsgesetz) v. 21.3.2013 (BGBl. I S. 556), Art. 4 Gesetz zur Umsetzung der Amtshilferichtlinie sowie zur Änderung steuerlicher Vorschriften (Amtshilferichtlinie-Umsetzungsgesetz – AmtshilfeRLUmsG) v. 26.6.2013 (BGBl. I S. 1809), Art. 5 Gesetz zur Anpassung des nationalen Steuerrechts an den Beitritt Kroatiens zur EU und zur Änderung weiterer steuerlicher Vorschriften v. 25.7.2014 (BGBl. I S. 1266), Art. 7 Gesetz zur Anpassung der Abgabenordnung an den Zollkodex der Union und zur Änderung weiterer steuerlicher Vorschriften v. 22.12.2014 (BGBl. I S. 2417), Art. 2 Abs. 12 Gesetz zur Modernisierung der Finanzaufsicht über Versicherungen v. 1.4.2015 (BGBl. I S. 434), Art. 5 Steueränderungsgesetz 2015 v. 2.11.2015 (BGBl. I S. 1834), Art. 2 Gesetz zur Weiterentwicklung der steuerlichen Verlustverrechnung bei Körperschaften v. 20.12.2016 (BGBl. I S. 2998), Art. 16 Gesetz zur Umsetzung der Änderungen der EU-Amtshilferichtlinie und von weiteren Maßnahmen gegen Gewinnkürzungen und -verlagerungen v. 20.12.2016 (BGBl. I S. 3000), Art. 10 Drittes Gesetz zur Stärkung der pflegerischen Versorgung und zur Änderung weiterer Vorschriften (Drittes Pflegestärkungsgesetz – PSG III) v. 23.12.2016 (BGBl. I S. 3191), Art. 4 Gesetz gegen schädliche Steuerpraktiken im Zusammenhang mit Rechteüberlassungen v. 27.6.2017 (BGBl. I S. 2074 iVm

---

1) Zum GewStG siehe auch die Gewerbesteuer-Durchführungsverordnung (Nr. **11**) und die Gewerbesteuer-Richtlinien (**dtv 5545**).

2) Zum Erhebungszeitraum siehe § 36.

3) Neubekanntmachung des GewStG idF der Bek. v. 19.5.1999 (BGBl. I S. 1010) in der ab 27.7. 2002 geltenden Fassung.

Art. 19 G v. 11.12.2018, BGBl. I S. 2338), Art. 8 Gesetz zur Vermeidung von Umsatzsteuerausfällen beim Handel mit Waren im Internet und zur Änderung weiterer steuerlicher Vorschriften v. 11.12. 2018 (BGBl. I S. 2338), Art. 10 Gesetz zur Reform des Grundsteuer- und Bewertungsrechts (Grundsteuer-Reformgesetz – GrStRefG) v. 26.11.2019 (BGBl. I S. 1794), Art. 8 und 9 Gesetz zur weiteren steuerlichen Förderung der Elektromobilität und zur Änderung weiterer steuerlicher Vorschriften v. 12.12.2019 (BGBl. I S. 2451), Art. 5 Zweites Gesetz zur Umsetzung steuerlicher Hilfsmaßnahmen zur Bewältigung der Corona-Krise (Zweites Corona-Steuerhilfegesetz) v. 29.6.2020 (BGBl. I S. 1512), Art. 14 Gesetz zur Förderung der Elektromobilität und zur Modernisierung des Wohnungseigentumsgesetzes und zur Änderung von kosten- und grundbuchrechtlichen Vorschriften (Wohnungseigentumsmodernisierungsgesetz – WEMoG) v. 16.10.2020 (BGBl. I S. 2187), Art. 9 Jahressteuergesetz 2020 (JStG 2020) v. 21.12.2020 (BGBl. I S. 3096), Art. 7 Abs. 26 Gesetz zur Umsetzung der Richtlinie (EU) 2019/2034 über die Beaufsichtigung von Wertpapierinstituten v. 12.5.2021 (BGBl. I S. 990), Art. 9 Gesetz zur Stärkung des Fondsstandorts Deutschland und zur Umsetzung der Richtlinie (EU) 2019/1160 zur Änderung der Richtlinien 2009/65/EG und 2011/61/EU im Hinblick auf den grenzüberschreitenden Vertrieb von Organismen für gemeinsame Anlagen (Fondsstandortgesetz – FoStoG) v. 3.6.2021 (BGBl. I S. 1498), Art. 3 Gesetz zur Umsetzung der Anti-Steuervermeidungsrichtlinie (ATAD-Umsetzungsgesetz – ATADUmsG) v. 25.6.2021 (BGBl. I S. 2035) und Art. 2 Gesetz zur Modernisierung des Körperschaftsteuerrechts v. 25.6.2021 (BGBl. I S. 2050)

Inhaltsübersicht

Abschnitt I. Allgemeines

§ 1 Steuerberechtigte
§ 2 Steuergegenstand
§ 2a Arbeitsgemeinschaften
§ 3 Befreiungen
§ 4 Hebeberechtigte Gemeinde
§ 5 Steuerschuldner
§ 6 Besteuerungsgrundlage

Abschnitt II. Bemessung der Gewerbesteuer

§ 7 Gewerbeertrag
§ 7a Sonderregelung bei der Ermittlung des Gewerbeertrags einer Organgesellschaft
§ 7b Sonderregelung bei der Ermittlung des Gewerbeertrags bei unternehmensbezogener Sanierung
§ 8 Hinzurechnungen
§ 8a *(aufgehoben)*
§ 9 Kürzungen
§ 10 Maßgebender Gewerbeertrag
§ 10a Gewerbeverlust
§ 11 Steuermesszahl und Steuermessbetrag

Abschnitt III

§§ 12 und 13 (weggefallen)

Abschnitt IV. Steuermessbetrag

§ 14 Festsetzung des Steuermessbetrags
§ 14a Steuererklärungspflicht
§ 14b Verspätungszuschlag
§ 15 Pauschfestsetzung

Abschnitt V. Entstehung, Festsetzung und Erhebung der Steuer

§ 16 Hebesatz
§ 17 (weggefallen)
§ 18 Entstehung der Steuer
§ 19 Vorauszahlungen
§ 20 Abrechnung über die Vorauszahlungen
§ 21 Entstehung der Vorauszahlungen
§§ 22 bis 27 (weggefallen)

Abschnitt VI. Zerlegung

§ 28 Allgemeines
§ 29 Zerlegungsmaßstab
§ 30 Zerlegung bei mehrgemeindlichen Betriebsstätten
§ 31 Begriff der Arbeitslöhne für die Zerlegung

§ 32 (weggefallen)
§ 33 Zerlegung in besonderen Fällen
§ 34 Kleinbeträge
§ 35 (weggefallen)

Abschnitt VII. Gewerbesteuer der Reisegewerbebetriebe

§ 35a Gewerbesteuer der Reisegewerbebetriebe

Abschnitt VIII. Änderung des Gewerbesteuermessbescheids von Amts wegen

§ 35b Änderung des Gewerbesteuermessbescheids von Amts wegen

Abschnitt IX. Durchführung

§ 35c Ermächtigung

Abschnitt X. Schlussvorschriften

§ 36 Zeitlicher Anwendungsbereich
§ 37 (weggefallen)

Abschnitt I. Allgemeines

§ 1[1)] Steuerberechtigte Die Gemeinden erheben eine Gewerbesteuer als Gemeindesteuer.

§ 2 Steuergegenstand. (1) [1]Der Gewerbesteuer unterliegt jeder stehende Gewerbebetrieb, soweit er im Inland betrieben wird. [2]Unter Gewerbebetrieb ist ein gewerbliches Unternehmen im Sinne des Einkommensteuergesetzes[2)] zu verstehen. [3]Im Inland betrieben wird ein Gewerbebetrieb, soweit für ihn im Inland oder auf einem in einem inländischen Schiffsregister eingetragenen Kauffahrteischiff eine Betriebsstätte unterhalten wird.

(2)[3)] [1]Als Gewerbebetrieb gilt stets und in vollem Umfang die Tätigkeit der Kapitalgesellschaften (insbesondere Europäische Gesellschaften, Aktiengesellschaften, Kommanditgesellschaften auf Aktien, Gesellschaften mit beschränkter Haftung), Genossenschaften einschließlich Europäischer Genossenschaften sowie der Versicherungs- und Pensionsfondsvereine auf Gegenseitigkeit. [2]Ist eine Kapitalgesellschaft Organgesellschaft im Sinne der § 14 oder § 17 des Körperschaftsteuergesetzes[4)], so gilt sie als Betriebsstätte des Organträgers.

(3) Als Gewerbebetrieb gilt auch die Tätigkeit der sonstigen juristischen Personen des privaten Rechts und der nichtrechtsfähigen Vereine, soweit sie einen wirtschaftlichen Geschäftsbetrieb (ausgenommen Land- und Forstwirtschaft) unterhalten.

(4) Vorübergehende Unterbrechungen im Betrieb eines Gewerbes, die durch die Art des Betriebs veranlasst sind, heben die Steuerpflicht für die Zeit bis zur Wiederaufnahme des Betriebs nicht auf.

(5) [1]Geht ein Gewerbebetrieb im Ganzen auf einen anderen Unternehmer über, so gilt der Gewerbebetrieb als durch den bisherigen Unternehmer eingestellt. [2]Der Gewerbebetrieb gilt als durch den anderen Unternehmer neu gegründet, wenn er nicht mit einem bereits bestehenden Gewerbebetrieb vereinigt wird.

[1)] § 1 neu gef. mWv EZ 2004 durch G v. 23.12.2003 (BGBl. I S. 2922).

[2)] Nr. **5**.

[3)] § 2 Abs. 2 Satz 1 neu gef. mWv EZ 2006 durch G v. 7.12.2006 (BGBl. I S. 2782); Satz 1 geänd. mWv EZ 2006 durch G v. 13.12.2006 (BGBl. I S. 2878); Satz 2 Verweis geänd. durch G v. 20.2.2013 (BGBl. I S. 285).

[4)] Nr. **17**.

(6) Inländische Betriebsstätten von Unternehmen, deren Geschäftsleitung sich in einem ausländischen Staat befindet, mit dem kein Abkommen zur Vermeidung der Doppelbesteuerung besteht, unterliegen nicht der Gewerbesteuer, wenn und soweit

1. die Einkünfte aus diesen Betriebsstätten im Rahmen der beschränkten Einkommensteuerpflicht steuerfrei sind und
2. der ausländische Staat Unternehmen, deren Geschäftsleitung sich im Inland befindet, eine entsprechende Befreiung von den der Gewerbesteuer ähnlichen oder ihr entsprechenden Steuern gewährt, oder in dem ausländischen Staat keine der Gewerbesteuer ähnlichen oder ihr entsprechenden Steuern bestehen.

(7)[1] Zum Inland im Sinne dieses Gesetzes gehört auch der der Bundesrepublik Deutschland zustehende Anteil

1. an der ausschließlichen Wirtschaftszone, soweit dort
   a) die lebenden und nicht lebenden natürlichen Ressourcen der Gewässer über dem Meeresboden, des Meeresbodens und seines Untergrunds erforscht, ausgebeutet, erhalten oder bewirtschaftet werden,
   b) andere Tätigkeiten zur wirtschaftlichen Erforschung oder Ausbeutung der ausschließlichen Wirtschaftszone ausgeübt werden, wie beispielsweise die Energieerzeugung aus Wasser, Strömung und Wind oder
   c) künstliche Inseln errichtet oder genutzt werden und Anlagen und Bauwerke für die in den Buchstaben a und b genannten Zwecke errichtet oder genutzt werden, und
2. am Festlandsockel, soweit dort
   a) dessen natürliche Ressourcen erforscht oder ausgebeutet werden; natürliche Ressourcen in diesem Sinne sind die mineralischen und sonstigen nicht lebenden Ressourcen des Meeresbodens und seines Untergrunds sowie die zu den sesshaften Arten gehörenden Lebewesen, die im nutzbaren Stadium entweder unbeweglich auf oder unter dem Meeresboden verbleiben oder sich nur in ständigem körperlichen Kontakt mit dem Meeresboden oder seinem Untergrund fortbewegen können; oder
   b) künstliche Inseln errichtet oder genutzt werden und Anlagen und Bauwerke für die in Buchstabe a genannten Zwecke errichtet oder genutzt werden, und
3. der nicht zur Bundesrepublik Deutschland gehörende Teil eines grenzüberschreitenden Gewerbegebiets, das nach den Vorschriften eines Abkommens zur Vermeidung der Doppelbesteuerung als solches bestimmt ist.

(8)[2] Für die Anwendung dieses Gesetzes sind eine optierende Gesellschaft im Sinne des § 1a des Körperschaftsteuergesetzes als Kapitalgesellschaft und ihre Gesellschafter wie die nicht persönlich haftenden Gesellschafter einer Kapitalgesellschaft zu behandeln.

§ 2a Arbeitsgemeinschaften. [1] Als Gewerbebetrieb gilt nicht die Tätigkeit der Arbeitsgemeinschaften, deren alleiniger Zweck in der Erfüllung eines einzigen Werkvertrags oder Werklieferungsvertrags besteht. [2] Die Betriebsstätten

[1] § 2 Abs. 7 neu gef. mWv EZ 2016 durch G v. 2.11.2015 (BGBl. I S. 1834).
[2] § 2 Abs. 8 angef. durch G v. 25.6.2021 (BGBl. I S. 2050).

der Arbeitsgemeinschaften gelten insoweit anteilig als Betriebsstätten der Beteiligten.

§ 3 Befreiungen. Von der Gewerbesteuer sind befreit

1.[1] das Bundeseisenbahnvermögen, die staatlichen Lotterieunternehmen, die zugelassenen öffentlichen Spielbanken mit ihren der Spielbankabgabe unterliegenden Tätigkeiten und der Erdölbevorratungsverband nach § 2 Absatz 1 des Erdölbevorratungsgesetzes vom 16. Januar 2012 (BGBl. I S. 74) in der jeweils geltenden Fassung;

2.[2] die Deutsche Bundesbank, die Kreditanstalt für Wiederaufbau, die Landwirtschaftliche Rentenbank, die Bayerische Landesanstalt für Aufbaufinanzierung, die Niedersächsische Gesellschaft für öffentliche Finanzierungen mit beschränkter Haftung, die Bremer Aufbau-Bank GmbH, die Landeskreditbank Baden-Württemberg – Förderbank, die Bayerische Landesbodenkreditanstalt, die Investitionsbank Berlin, die Hamburgische Investitions- und Förderbank, die NRW.Bank, die Investitions- und Förderbank Niedersachsen, die Saarländische Investitionskreditbank Aktiengesellschaft, die Investitionsbank Schleswig-Holstein, die Investitionsbank des Landes Brandenburg, die Sächsische Aufbaubank – Förderbank –, die Thüringer Aufbaubank, die Investitionsbank Sachsen-Anhalt – Anstalt der Norddeutschen Landesbank – Girozentrale –, die Investitions- und Strukturbank Rheinland-Pfalz, das Landesförderinstitut Mecklenburg-Vorpommern – Geschäftsbereich der Norddeutschen Landesbank Girozentrale –, die Wirtschafts- und Infrastrukturbank Hessen – rechtlich unselbständige Anstalt in der Landesbank Hessen-Thüringen Girozentrale und die Liquiditäts-Konsortialbank Gesellschaft mit beschränkter Haftung;

3. die Bundesanstalt für vereinigungsbedingte Sonderaufgaben;

4. (weggefallen)

5. Hauberg-, Wald-, Forst- und Laubgenossenschaften und ähnliche Realgemeinden. [2] Unterhalten sie einen Gewerbebetrieb, der über den Rahmen eines Nebenbetriebs hinausgeht, so sind sie insoweit steuerpflichtig;

6. Körperschaften, Personenvereinigungen und Vermögensmassen, die nach der Satzung, dem Stiftungsgeschäft oder der sonstigen Verfassung und nach der tatsächlichen Geschäftsführung ausschließlich und unmittelbar gemeinnützigen, mildtätigen oder kirchlichen Zwecken dienen (§§ 51 bis 68 der Abgabenordnung[3]). [2] Wird ein wirtschaftlicher Geschäftsbetrieb – ausgenommen Land- und Forstwirtschaft – unterhalten, ist die Steuerfreiheit insoweit ausgeschlossen;

7. Hochsee- und Küstenfischerei, wenn sie mit weniger als sieben im Jahresdurchschnitt beschäftigten Arbeitnehmern oder mit Schiffen betrieben wird, die eine eigene Triebkraft von weniger als 100 Pferdekräften haben;

GewStG

---

[1] § 3 Nr. 1 geänd. mWv EZ 2019 durch G v. 12.12.2019 (BGBl. I S. 2451); zur Anwendung siehe § 36 Abs. 2 Satz 1.

[2] § 3 Nr. 2 geänd. durch G v. 15.8.2003 (BGBl. I S. 1657); geänd. durch G v. 15.12.2003 (BGBl. I S. 2645); geänd. durch G v. 9.12.2004 (BGBl. I S. 3310); geänd. durch G v. 13.12.2006 (BGBl. I S. 2878); geänd. durch G v. 19.12.2008 (BGBl. I S. 2794); geänd. durch G v. 8.12.2010 (BGBl. I S. 1768); geänd. durch G v. 25.7.2014 (BGBl. I S. 1266).

[3] Nr. **1**.

8.[1] Genossenschaften sowie Vereine im Sinne des § 5 Abs. 1 Nr. 14 des Körperschaftsteuergesetzes[2], soweit sie von der Körperschaftsteuer befreit sind;

9.[3] rechtsfähige Pensions-, Sterbe-, Kranken- und Unterstützungskassen im Sinne des § 5 Abs. 1 Nr. 3 des Körperschaftsteuergesetzes, soweit sie die für eine Befreiung von der Körperschaftsteuer erforderlichen Voraussetzungen erfüllen;

10. Körperschaften oder Personenvereinigungen, deren Hauptzweck die Verwaltung des Vermögens für einen nichtrechtsfähigen Berufsverband im Sinne des § 5 Abs. 1 Nr. 5 des Körperschaftsteuergesetzes ist, wenn ihre Erträge im Wesentlichen aus dieser Vermögensverwaltung herrühren und ausschließlich dem Berufsverband zufließen;

11.[4] öffentlich-rechtliche Versicherungs- und Versorgungseinrichtungen von Berufsgruppen, deren Angehörige auf Grund einer durch Gesetz angeordneten oder auf Gesetz beruhenden Verpflichtung Mitglieder dieser Einrichtungen sind, wenn die Satzung der Einrichtung die Zahlung keiner höheren jährlichen Beiträge zulässt als das Zwölffache der Beiträge, die sich bei einer Beitragsbemessungsgrundlage in Höhe der doppelten monatlichen Beitragsbemessungsgrenze in der allgemeinen Rentenversicherung ergeben würden. [2] Sind nach der Satzung der Einrichtung nur Pflichtmitgliedschaften sowie freiwillige Mitgliedschaften, die unmittelbar an eine Pflichtmitgliedschaft anschließen, möglich, so steht dies der Steuerbefreiung nicht entgegen, wenn die Satzung die Zahlung keiner höheren jährlichen Beiträge zulässt als das Fünfzehnfache der Beiträge, die sich bei einer Beitragsbemessungsgrundlage in Höhe der doppelten monatlichen Beitragsbemessungsgrenze in der allgemeinen Rentenversicherung ergeben würden;

12.[5] Gesellschaften, bei denen die Gesellschafter als Unternehmer (Mitunternehmer) anzusehen sind, sowie Genossenschaften, soweit die Gesellschaften und die Genossenschaften eine gemeinschaftliche Tierhaltung im Sinne des *§ 51a des Bewertungsgesetzes*[6] [***ab EZ 2025:*** § 13b des Einkommensteuergesetzes[7]] betreiben;

13.[8] private Schulen und andere allgemeinbildende oder berufsbildende Einrichtungen, soweit unmittelbar dem Schul- und Bildungszweck dienende Leistungen erbracht werden, wenn sie

    a) als Ersatzschulen gemäß Artikel 7 Absatz 4 des Grundgesetzes staatlich genehmigt oder nach Landesrecht erlaubt sind oder

---

[1] § 3 Nr. 8 geänd. durch G v. 12.12.2019 (BGBl. I S. 2451).

[2] Nr. **17**.

[3] Die nach dem PostpersonalrechtsG errichteten Unterstützungskassen sind ab ihrer Gründung von der Gewerbesteuer befreit. Vgl. § 15 Abs. 2 PostpersonalrechtsG v. 14.9.1994 (BGBl. I S. 2325, 2353), zuletzt geänd. durch G v. 28.6.2021 (BGBl. I S. 2250).

[4] § 3 Nr. 11 geänd. mWv EZ 2005 durch G v. 9.12.2004 (BGBl. I S. 3242).

[5] § 3 Nr. 12 geänd. durch G v. 12.12.2019 (BGBl. I S. 2451); zur Anwendung siehe § 36 Abs. 2 Satz 2.

[6] Nr. **3**.

[7] Nr. **5**.

[8] § 3 Nr. 13 neu gef. mWv EZ 2015 durch G v. 12.12.2019 (BGBl. I S. 2451); zur Anwendung siehe § 36 Abs. 2 Satz 3.

b) auf einen Beruf oder eine vor einer juristischen Person des öffentlichen Rechts abzulegende Prüfung ordnungsgemäß vorbereiten;

14.[1] Genossenschaften sowie Vereine, deren Tätigkeit sich auf den Betrieb der Land- und Forstwirtschaft beschränkt, wenn die Mitglieder der Genossenschaft oder dem Verein Flächen zur Nutzung oder für die Bewirtschaftung der Flächen erforderliche Gebäude überlassen und

a) bei Genossenschaften das Verhältnis der Summe der Werte der Geschäftsanteile des einzelnen Mitglieds zu der Summe der Werte aller Geschäftsanteile,

b) bei Vereinen das Verhältnis des Werts des Anteils an dem Vereinsvermögen, der im Fall der Auflösung des Vereins an das einzelne Mitglied fallen würde, zu dem Wert des Vereinsvermögens

nicht wesentlich von dem Verhältnis abweicht, in dem der Wert der von dem einzelnen Mitglied zur Nutzung überlassenen Flächen und Gebäude zu dem Wert der insgesamt zur Nutzung überlassenen Flächen und Gebäude steht;

15.[2] Genossenschaften sowie Vereine im Sinne des § 5 Abs. 1 Nr. 10 des Körperschaftsteuergesetzes, soweit sie von der Körperschaftsteuer befreit sind;

16. (weggefallen)

17.[3] die von den zuständigen Landesbehörden begründeten oder anerkannten gemeinnützigen Siedlungsunternehmen im Sinne des Reichssiedlungsgesetzes in der jeweils aktuellen Fassung oder entsprechender Landesgesetze, soweit diese Landesgesetze nicht wesentlich von den Bestimmungen des Reichssiedlungsgesetzes abweichen, und im Sinne der Bodenreformgesetze der Länder, soweit die Unternehmen im ländlichen Raum Siedlungs-, Agrarstrukturverbesserungs- und Landentwicklungsmaßnahmen mit Ausnahme des Wohnungsbaus durchführen. [2] Die Steuerbefreiung ist ausgeschlossen, wenn die Einnahmen des Unternehmens aus den in Satz 1 nicht bezeichneten Tätigkeiten die Einnahmen aus den in Satz 1 bezeichneten Tätigkeiten übersteigen;

18. (weggefallen)

19. der Pensions-Sicherungs-Verein Versicherungsverein auf Gegenseitigkeit, wenn er die für eine Befreiung von der Körperschaftsteuer erforderlichen Voraussetzungen erfüllt;

20.[4] Krankenhäuser, Altenheime, Altenwohnheime, Pflegeheime, Einrichtungen zur vorübergehenden Aufnahme pflegebedürftiger Personen und Einrichtungen zur ambulanten Pflege kranker und pflegebedürftiger Personen sowie Einrichtungen zur ambulanten oder stationären Rehabilitation, wenn

a) diese Einrichtungen von juristischen Personen des öffentlichen Rechts betrieben werden oder

---

[1] § 3 Nr. 14 geänd. durch G v. 12.12.2019 (BGBl. I S. 2451).
[2] § 3 Nr. 15 geänd. durch G v. 12.12.2019 (BGBl. I S. 2451).
[3] § 3 Nr. 17 geänd. durch G v. 19.12.2008 (BGBl. I S. 2794).
[4] § 3 Nr. 20 geänd. mWv EZ 2015 durch G v. 25.7.2014 (BGBl. I S. 1266).

b) bei Krankenhäusern im Erhebungszeitraum die in § 67 Abs. 1 oder 2 der Abgabenordnung bezeichneten Voraussetzungen erfüllt worden sind oder

c)[1] bei Altenheimen, Altenwohnheimen und Pflegeheimen im Erhebungszeitraum mindestens 40 Prozent der Leistungen den in § 61a des Zwölften Buches Sozialgesetzbuch oder den in § 53 Nr. 2 der Abgabenordnung genannten Personen zugute gekommen sind oder

d) bei Einrichtungen zur vorübergehenden Aufnahme pflegebedürftiger Personen und bei Einrichtungen zur ambulanten Pflege kranker und pflegebedürftiger Personen im Erhebungszeitraum die Pflegekosten in mindestens 40 Prozent der Fälle von den gesetzlichen Trägern der Sozialversicherung oder Sozialhilfe ganz oder zum überwiegenden Teil getragen worden sind oder

e)[2] bei Einrichtungen zur ambulanten oder stationären Rehabilitation die Behandlungskosten in mindestens 40 Prozent der Fälle von den gesetzlichen Trägern der Sozialversicherung oder Sozialhilfe ganz oder zum überwiegenden Teil getragen worden sind. [2] Satz 1 ist nur anzuwenden, soweit die Einrichtung Leistungen im Rahmen der verordneten ambulanten oder stationären Rehabilitation im Sinne des Sozialrechts einschließlich der Beihilfevorschriften des Bundes und der Länder erbringt;

21. Entschädigungs- und Sicherungseinrichtungen im Sinne des § 5 Abs. 1 Nr. 16 des Körperschaftsteuergesetzes, soweit sie von der Körperschaftsteuer befreit sind;

22. Bürgschaftsbanken (Kreditgarantiegemeinschaften), wenn sie von der Körperschaftsteuer befreit sind;

23.[3] Unternehmensbeteiligungsgesellschaften, die nach dem Gesetz über Unternehmensbeteiligungsgesellschaften anerkannt sind. [2] Für Unternehmensbeteiligungsgesellschaften im Sinne des § 25 Abs. 1 des Gesetzes über Unternehmensbeteiligungsgesellschaften haben der Widerruf der Anerkennung und der Verzicht auf die Anerkennung Wirkung für die Vergangenheit, wenn nicht Aktien der Unternehmensbeteiligungsgesellschaft öffentlich angeboten worden sind; Entsprechendes gilt, wenn eine solche Gesellschaft nach § 25 Abs. 3 des Gesetzes über Unternehmensbeteiligungsgesellschaften die Anerkennung als Unternehmensbeteiligungsgesellschaft verliert. [3] Für offene Unternehmensbeteiligungsgesellschaften im Sinne des § 1a Abs. 2 Satz 1 des Gesetzes über Unternehmensbeteiligungsgesellschaften haben der Widerruf der Anerkennung und der Verzicht auf die Anerkennung innerhalb der in § 7 Abs. 1 Satz 1 des Gesetzes über Unternehmensbeteiligungsgesellschaften genannten Frist Wirkung für die Vergangenheit. [4] Bescheide über die Anerkennung, die Rücknahme oder den Widerruf der Anerkennung und über die Feststellung, ob Aktien der Unternehmensbeteiligungsgesellschaft im Sinne des § 25 Abs. 1 des Gesetzes über Unternehmensbeteiligungsgesellschaf-

---

[1] § 3 Nr. 20 Buchst. c geänd. mWv EZ 2005 durch G v. 27.12.2003 (BGBl. I S. 3022); geänd. mWv 1.1.2017 durch G v. 23.12.2016 (BGBl. I S. 3191); geänd. mWv EZ 2017 durch G v. 11.12. 2018 (BGBl. I S. 2338).

[2] § 3 Nr. 20 Buchst. e angef. mWv EZ 2015 durch G v. 25.7.2014 (BGBl. I S. 1266).

[3] § 3 Nr. 23 Satz 3 geänd. durch G v. 12.8.2008 (BGBl. I S. 1672).

ten öffentlich angeboten worden sind, sind Grundlagenbescheide im Sinne der Abgabenordnung; die Bekanntmachung der Aberkennung der Eigenschaft als Unternehmensbeteiligungsgesellschaft nach § 25 Abs. 3 des Gesetzes über Unternehmensbeteiligungsgesellschaften steht einem Grundlagenbescheid gleich;

24.[1] die folgenden Kapitalbeteiligungsgesellschaften für die mittelständische Wirtschaft, soweit sich deren Geschäftsbetrieb darauf beschränkt, im öffentlichen Interesse mit Eigenmitteln oder mit staatlicher Hilfe Beteiligungen zu erwerben, wenn der von ihnen erzielte Gewinn ausschließlich und unmittelbar für die satzungsmäßigen Zwecke der Beteiligungsfinanzierung verwendet wird: Mittelständische Beteiligungsgesellschaft Baden-Württemberg GmbH, Mittelständische Beteiligungsgesellschaft Bremen mbH, BTG Beteiligungsgesellschaft Hamburg mbH, MBG Mittelständische Beteiligungsgesellschaft Hessen GmbH, Mittelständische Beteiligungsgesellschaft Niedersachsen (MBG) mbH, Kapitalbeteiligungsgesellschaft für die mittelständische Wirtschaft in Nordrhein-Westfalen mbH, MBG Mittelständische Beteiligungsgesellschaft Rheinland-Pfalz mbH, Wagnisfinanzierungsgesellschaft für Technologieförderung in Rheinland-Pfalz mbH (WFT), Saarländische Kapitalbeteiligungsgesellschaft mbH, Gesellschaft für Wagniskapital Mittelständische Beteiligungsgesellschaft Schleswig-Holstein Gesellschaft mit beschränkter Haftung – MBG, Technologie-Beteiligungs-Gesellschaft mbH der Deutschen Ausgleichsbank, bgb Beteiligungsgesellschaft Berlin mbH für kleine und mittlere Betriebe, Mittelständische Beteiligungsgesellschaft Berlin-Brandenburg mbH, Mittelständische Beteiligungsgesellschaft Mecklenburg-Vorpommern mbH, Mittelständische Beteiligungsgesellschaft Sachsen mbH, Mittelständische Beteiligungsgesellschaft Sachsen-Anhalt mbH, Wagnisbeteiligungsgesellschaft Sachsen-Anhalt mbH, IBG Beteiligungsgesellschaft Sachsen-Anhalt mbH, Mittelständische Beteiligungsgesellschaft Thüringen (MBG) mbH;

25. Wirtschaftsförderungsgesellschaften, wenn sie von der Körperschaftsteuer befreit sind;

26. Gesamthafenbetriebe im Sinne des § 1 des Gesetzes über die Schaffung eines besonderen Arbeitgebers für Hafenarbeiter vom 3. August 1950 (BGBl. S. 352), soweit sie von der Körperschaftsteuer befreit sind;

27. Zusammenschlüsse im Sinne des § 5 Abs. 1 Nr. 20 des Körperschaftsteuergesetzes, soweit sie von der Körperschaftsteuer befreit sind;

28. die Arbeitsgemeinschaften Medizinischer Dienst der Krankenversicherung im Sinne des § 278 des Fünften Buches Sozialgesetzbuch und der Medizinische Dienst der Spitzenverbände der Krankenkassen im Sinne des § 282 des Fünften Buches Sozialgesetzbuch, soweit sie von der Körperschaftsteuer befreit sind;

29. gemeinsame Einrichtungen im Sinne des § 5 Abs. 1 Nr. 22 des Körperschaftsteuergesetzes, soweit sie von der Körperschaftsteuer befreit sind;

---

[1] § 3 Nr. 24 geänd. durch G v. 15.12.2003 (BGBl. I S. 2645); geänd. mWv EZ 2019 durch G v. 11.12.2018 (BGBl. I S. 2338); geänd. mWv EZ 2019 durch G v. 12.12.2019 (BGBl. I S. 2451); zur Anwendung siehe § 36 Abs. 2 Satz 4.

30.[1] die Auftragsforschung im Sinne des § 5 Abs. 1 Nr. 23 des Körperschaftsteuergesetzes, soweit sie von der Körperschaftsteuer befreit ist;

31.[2] die Global Legal Entity Identifier Stiftung, soweit sie von der Körperschaftsteuer befreit ist;

32.[3] stehende Gewerbebetriebe von Anlagenbetreibern im Sinne des § 3 Nummer 2 des Erneuerbare-Energien-Gesetzes, wenn sich deren Tätigkeit ausschließlich auf die Erzeugung und Vermarktung von Strom aus einer auf, an oder in einem Gebäude angebrachten Solaranlage bis zu einer installierten Leistung von 10 Kilowatt beschränkt.

§ 4 Hebeberechtigte Gemeinde. (1) [1] Die stehenden Gewerbebetriebe unterliegen der Gewerbesteuer in der Gemeinde, in der eine Betriebsstätte zur Ausübung des stehenden Gewerbes unterhalten wird. [2] Befinden sich Betriebsstätten desselben Gewerbebetriebs in mehreren Gemeinden oder erstreckt sich eine Betriebsstätte über mehrere Gemeinden, so wird die Gewerbesteuer in jeder Gemeinde nach dem Teil des Steuermessbetrags erhoben, der auf sie entfällt.

(2)[4] [1] Für Betriebsstätten in gemeindefreien Gebieten bestimmt die Landesregierung durch Rechtsverordnung, wer die nach diesem Gesetz den Gemeinden zustehenden Befugnisse ausübt. [2] Der in § 2 Absatz 7 Nummer 1 und 2 bezeichnete Anteil am Festlandsockel und an der ausschließlichen Wirtschaftszone ist gemeindefreies Gebiet. [3] In Fällen von Satz 2 bestimmt sich die zuständige Landesregierung im Sinne des Satzes 1 unter entsprechender Anwendung des § 22a der Abgabenordnung[5].

(3)[6] [1] Für Betriebsstätten im nicht zur Bundesrepublik Deutschland gehörenden Teil eines grenzüberschreitenden Gewerbegebiets im Sinne des § 2 Absatz 7 Nummer 3 ist die Gemeinde hebeberechtigt, in der der zur Bundesrepublik Deutschland gehörende Teil des grenzüberschreitenden Gewerbegebiets liegt. [2] Liegt der zur Bundesrepublik Deutschland gehörende Teil in mehreren Gemeinden, gilt Absatz 2 entsprechend.

§ 5 Steuerschuldner. (1)[7] [1] Steuerschuldner ist der Unternehmer. [2] Als Unternehmer gilt der, für dessen Rechnung das Gewerbe betrieben wird. [3] Ist die Tätigkeit einer Personengesellschaft Gewerbebetrieb, so ist Steuerschuldner die Gesellschaft. [4] Wird das Gewerbe in der Rechtsform einer Europäischen wirtschaftlichen Interessenvereinigung mit Sitz im Geltungsbereich der Verordnung (EWG) Nr. 2137/85 des Rates vom 25. Juli 1985 über die Schaffung einer Europäischen wirtschaftlichen Interessenvereinigung (EWIV) (ABl. L 199 vom 31.7.1985, S. 1) betrieben, sind abweichend von Satz 3 die Mitglieder Gesamtschuldner.

---

[1] § 3 Nr. 30 angef. durch G v. 15.12.2003 (BGBl. I S. 2645).

[2] § 3 Nr. 31 angef. durch G v. 22.12.2014 (BGBl. I S. 2417).

[3] § 3 Nr. 32 angef. mWv EZ 2019 durch G v. 12.12.2019 (BGBl. I S. 2451); zur Anwendung siehe § 36 Abs. 2 Satz 5.

[4] § 4 Abs. 2 Sätze 2 und 3 angef. mWv EZ 2015 durch G v. 25.7.2014 (BGBl. I S. 1266); Satz 2 neu gef. durch G v. 20.12.2016 (BGBl. I S. 3000).

[5] Nr. **1**.

[6] § 4 Abs. 3 angef. mWv EZ 2004 durch G v. 15.12.2004 (BGBl. II S. 1653); Satz 1 geänd. mWv EZ 2016 durch G v. 2.11.2015 (BGBl. I S. 1834).

[7] § 5 Abs. 1 Satz 4 geänd. durch G v. 8.12.2010 (BGBl. I S. 1768).

(2) [1] Geht ein Gewerbebetrieb im Ganzen auf einen anderen Unternehmer über (§ 2 Abs. 5), so ist der bisherige Unternehmer bis zum Zeitpunkt des Übergangs Steuerschuldner. [2] Der andere Unternehmer ist von diesem Zeitpunkt an Steuerschuldner.

§ 6 Besteuerungsgrundlage. Besteuerungsgrundlage für die Gewerbesteuer ist der Gewerbeertrag.

Abschnitt II. Bemessung der Gewerbesteuer

§ 7[1)] Gewerbeertrag. [1] Gewerbeertrag ist der nach den Vorschriften des Einkommensteuergesetzes[2)] oder des Körperschaftsteuergesetzes[3)] zu ermittelnde Gewinn aus dem Gewerbebetrieb, der bei der Ermittlung des Einkommens für den dem Erhebungszeitraum (§ 14) entsprechenden Veranlagungszeitraum zu berücksichtigen ist, vermehrt und vermindert um die in den §§ 8 und 9 bezeichneten Beträge. [2] Zum Gewerbeertrag gehört auch der Gewinn aus der Veräußerung oder Aufgabe

1. des Betriebs oder eines Teilbetriebs einer Mitunternehmerschaft,
2. des Anteils eines Gesellschafters, der als Unternehmer (Mitunternehmer) des Betriebs einer Mitunternehmerschaft anzusehen ist,
3. des Anteils eines persönlich haftenden Gesellschafters einer Kommanditgesellschaft auf Aktien,

soweit er nicht auf eine natürliche Person als unmittelbar beteiligter Mitunternehmer entfällt.

[Fassung EZ 2008:[4)]]
[3] Der nach § 5a des Einkommensteuergesetzes ermittelte Gewinn einschließlich der Hinzurechnungen nach § 5a Absatz 4 und 4a des Einkommensteuergesetzes und das nach § 8 Absatz 1 Satz 2 des Körperschaftsteuergesetzes ermittelte Einkommen gelten als Gewerbeertrag nach Satz 1.

[Fassung ab EZ 2009:[5)]]
[3] Der nach § 5a des Einkommensteuergesetzes ermittelte Gewinn einschließlich der Hinzurechnungen nach § 5a Absatz 4 und 4a des Einkommensteuergesetzes und das nach § 8 Absatz 1 Satz 3 des Körperschaftsteuergesetzes ermittelte Einkommen gelten als Gewerbeertrag nach Satz 1.

[4] § 3 Nr. 40 und § 3c Abs. 2 des Einkommensteuergesetzes sind bei der Ermittlung des Gewerbeertrags einer Mitunternehmerschaft anzuwenden, soweit an der Mitunternehmerschaft natürliche Personen unmittelbar oder mittelbar über eine oder mehrere Personengesellschaften beteiligt sind; im Übrigen ist § 8b des Körperschaftsteuergesetzes anzuwenden. [5] Bei der Ermittlung des Gewerbeertrags einer Kapitalgesellschaft, auf die § 8 Abs. 7 Satz 1 Nr. 2 des Körperschaftsteuergesetzes anzuwenden ist, ist § 8 Abs. 9 Satz 1 bis 3 des Körper-

---

1) § 7 Satz 4 angef. mWv EZ 2004 durch G v. 9.12.2004 (BGBl. I S. 3310); Sätze 5 und 6 angef. durch G v. 19.12.2008 (BGBl. I S. 2794); Satz 3 geänd. durch G v. 19.12.2008 (BGBl. I S. 2794); Sätze 7 bis 9 angef. durch G v. 20.12.2016 (BGBl. I S. 3000); zur Anwendung von Satz 7 siehe § 36 Abs. 3 Satz 3; Satz 9 geänd. **mWv EZ 2022** durch G v. 25.6.2021 (BGBl. I S. 2035); zur Anwendung siehe § 36 Abs. 3 Satz 4.

2) Nr. **5**.

3) Nr. **17**.

4) § 7 Satz 3 idF des G v. 12.12.2019 (BGBl. I S. 2451); zur Anwendung siehe § 36 Abs. 3 Satz 2.

5) § 7 Satz 3 neu gef. mWv EZ 2009 durch G v. 12.12.2019 (BGBl. I S. 2451); zur Anwendung siehe § 36 Abs. 3 Satz 1.

schaftsteuergesetzes entsprechend anzuwenden; ein sich danach bei der jeweiligen Sparte im Sinne des § 8 Abs. 9 Satz 1 des Körperschaftsteuergesetzes ergebender negativer Gewerbeertrag darf nicht mit einem positiven Gewerbeertrag aus einer anderen Sparte im Sinne des § 8 Abs. 9 Satz 1 des Körperschaftsteuergesetzes ausgeglichen werden. [6] § 50d Abs. 10 des Einkommensteuergesetzes ist bei der Ermittlung des Gewerbeertrags entsprechend anzuwenden. [7] Hinzurechnungsbeträge im Sinne des § 10 Absatz 1 des Außensteuergesetzes[1)] sind Einkünfte, die in einer inländischen Betriebsstätte anfallen. [8] Einkünfte im Sinne des § 20 Absatz 2 Satz 1 des Außensteuergesetzes gelten als in einer inländischen Betriebsstätte erzielt; das gilt auch, wenn sie nicht von einem Abkommen zur Vermeidung der Doppelbesteuerung erfasst werden oder das Abkommen zur Vermeidung der Doppelbesteuerung selbst die Steueranrechnung anordnet. [9] Satz 8 ist nicht anzuwenden, soweit auf die Einkünfte, würden sie in einer Zwischengesellschaft im Sinne des § 8 des Außensteuergesetzes erzielt, § 8 Absatz 2 [***ab EZ 2022:*** bis 4] des Außensteuergesetzes zur Anwendung käme.

§ 7a[2)] Sonderregelung bei der Ermittlung des Gewerbeertrags einer Organgesellschaft. (1) [1] Bei der Ermittlung des Gewerbeertrags einer Organgesellschaft ist § 9 Nummer 2a, 7 und 8 nicht anzuwenden. [2] In den Fällen des Satzes 1 ist § 8 Nummer 1 bei Aufwendungen, die im unmittelbaren Zusammenhang mit Gewinnen aus Anteilen im Sinne des § 9 Nummer 2a, 7 oder 8 stehen, nicht anzuwenden.

(2) [1] Sind im Gewinn einer Organgesellschaft

1. Gewinne aus Anteilen im Sinne des § 9 Nummer 2a, 7 oder 8 oder
2. in den Fällen der Nummer 1 auch Aufwendungen, die im unmittelbaren Zusammenhang mit diesen Gewinnen aus Anteilen stehen,

enthalten, sind § 15 Satz 1 Nummer 2 Satz 2 bis 4 des Körperschaftsteuergesetzes[3)] und § 8 Nummer 1 und 5 sowie § 9 Nummer 2a, 7 und 8 bei der Ermittlung des Gewerbeertrags der Organgesellschaft entsprechend anzuwenden. [2] Der bei der Ermittlung des Gewerbeertrags der Organgesellschaft berücksichtigte Betrag der Hinzurechnungen nach § 8 Nummer 1 ist dabei unter Berücksichtigung der Korrekturbeträge nach Absatz 1 und 2 Satz 1 zu berechnen.

(3) Die Absätze 1 und 2 gelten in den Fällen des § 15 Satz 2 des Körperschaftsteuergesetzes entsprechend.

§ 7b[4)] Sonderregelung bei der Ermittlung des Gewerbeertrags bei unternehmensbezogener Sanierung. (1) Die §§ 3a und 3c Absatz 4 des Einkommensteuergesetzes[5)] sind vorbehaltlich der nachfolgenden Absätze bei der Ermittlung des Gewerbeertrags entsprechend anzuwenden.

(2) [1] Der nach Anwendung des § 3a Absatz 3 Satz 2 Nummer 1 des Einkommensteuergesetzes verbleibende geminderte Sanierungsertrag im Sinne des § 3a Absatz 3 Satz 1 des Einkommensteuergesetzes mindert nacheinander

---

[1)] Nr. **2**.
[2)] § 7a eingef. mWv EZ 2017 durch G v. 20.12.2016 (BGBl. I S. 3000).
[3)] Nr. **17**.
[4)] § 7b eingef. durch G v. 27.6.2017 (BGBl. I S. 2074).
[5)] Nr. **5**.

1. den negativen Gewerbeertrag des Sanierungsjahrs des zu sanierenden Unternehmens,
2. Fehlbeträge im Sinne des § 10a Satz 3 und
3. im Sanierungsjahr ungeachtet des § 10a Satz 2 die nach § 10a Satz 6 zum Ende des vorangegangenen Erhebungszeitraums gesondert festgestellten Fehlbeträge; die in § 10a Satz 1 und 2 genannten Beträge werden der Minderung entsprechend aufgebraucht.

²Ein nach Satz 1 verbleibender Sanierungsertrag mindert die Beträge nach Satz 1 Nummer 1 bis 3 eines anderen Unternehmens, wenn dieses die erlassenen Schulden innerhalb eines Zeitraums von fünf Jahren vor dem Schuldenerlass auf das zu sanierende Unternehmen übertragen hat und soweit die entsprechenden Beträge zum Ablauf des Wirtschaftsjahrs der Übertragung bereits entstanden waren. ³Der verbleibende Sanierungsertrag nach Satz 2 ist zunächst um den Minderungsbetrag nach § 3a Absatz 3 Satz 2 Nummer 13 des Einkommensteuergesetzes zu kürzen. ⁴Bei der Minderung nach Satz 1 ist § 10a Satz 4 und 5 entsprechend anzuwenden. ⁵In Fällen des § 10a Satz 9 ist § 8 Absatz 9 Satz 9 des Körperschaftsteuergesetzes[1)] entsprechend anzuwenden. ⁶An den Feststellungen der vortragsfähigen Fehlbeträge nehmen nur die nach Anwendung der Sätze 1 und 2 verbleibenden Beträge teil.

(3) ¹In den Fällen des § 2 Absatz 2 Satz 2 ist § 15 Satz 1 Nummer 1a des Körperschaftsteuergesetzes entsprechend anzuwenden. ²Absatz 2 Satz 3 gilt entsprechend.

§ 8 Hinzurechnungen. Dem Gewinn aus Gewerbebetrieb (§ 7) werden folgende Beträge wieder hinzugerechnet, soweit sie bei der Ermittlung des Gewinns abgesetzt worden sind:

1.[2)] Ein Viertel der Summe aus

a) Entgelten für Schulden. ²Als Entgelt gelten auch der Aufwand aus nicht dem gewöhnlichen Geschäftsverkehr entsprechenden gewährten Skonti oder wirtschaftlich vergleichbaren Vorteilen im Zusammenhang mit der Erfüllung von Forderungen aus Lieferungen und Leistungen vor Fälligkeit sowie die Diskontbeträge bei der Veräußerung von Wechsel- und anderen Geldforderungen. ³Soweit Gegenstand der Veräußerung eine Forderung aus einem schwebenden Vertragsverhältnis ist, gilt die Differenz zwischen dem Wert der Forderung aus dem schwebenden Vertragsverhältnis, wie ihn die Vertragsparteien im Zeitpunkt des Vertragsschlusses der Veräußerung zugrunde gelegt haben, und dem vereinbarten Veräußerungserlös als bei der Ermittlung des Gewinns abgesetzt,

b) Renten und dauernden Lasten. ²Pensionszahlungen auf Grund einer unmittelbar vom Arbeitgeber erteilten Versorgungszusage gelten nicht als dauernde Last im Sinne des Satzes 1,

c) Gewinnanteilen des stillen Gesellschafters,

GewStG

---

1) Nr. **17**.

2) § 8 Nr. 1 neu gef. mWv EZ 2008 durch G v. 14.8.2007 (BGBl. I S. 1912); abschl. Satzteil geänd. mWv EZ 2020 durch G v. 29.6.2020 (BGBl. I S. 1512).

d)[1] einem Fünftel der Miet- und Pachtzinsen (einschließlich Leasingraten) für die Benutzung von beweglichen Wirtschaftsgütern des Anlagevermögens, die im Eigentum eines anderen stehen. [2] Eine Hinzurechnung nach Satz 1 ist nur zur Hälfte vorzunehmen bei

aa) Fahrzeugen mit Antrieb ausschließlich durch Elektromotoren, die ganz oder überwiegend aus mechanischen oder elektrochemischen Energiespeichern oder aus emissionsfrei betriebenen Energiewandlern gespeist werden (Elektrofahrzeuge),

bb) extern aufladbaren Hybridelektrofahrzeugen, für die sich aus der Übereinstimmungsbescheinigung nach Anhang IX der Richtlinie 2007/46/EG oder aus der Übereinstimmungsbescheinigung nach Artikel 38 der Verordnung (EU) Nr. 168/2013 ergibt, dass das Fahrzeug eine Kohlendioxidemission von höchstens 50 Gramm je gefahrenen Kilometer hat oder die Reichweite des Fahrzeugs unter ausschließlicher Nutzung der elektrischen Antriebsmaschine mindestens 80 Kilometer beträgt, und

cc) Fahrrädern, die keine Kraftfahrzeuge sind,

e)[2] der Hälfte der Miet- und Pachtzinsen (einschließlich Leasingraten) für die Benutzung der unbeweglichen Wirtschaftsgüter des Anlagevermögens, die im Eigentum eines anderen stehen, und

f) einem Viertel der Aufwendungen für die zeitlich befristete Überlassung von Rechten (insbesondere Konzessionen und Lizenzen, mit Ausnahme von Lizenzen, die ausschließlich dazu berechtigen, daraus abgeleitete Rechte Dritten zu überlassen). [2] Eine Hinzurechnung nach Satz 1 ist nicht vorzunehmen auf Aufwendungen, die nach § 25 des Künstlersozialversicherungsgesetzes Bemessungsgrundlage für die Künstlersozialabgabe sind,

soweit die Summe den Betrag von *100 000 Euro* [**ab EZ 2020:** 200 000 Euro] übersteigt;

2., 3.[3] *(aufgehoben)*

4. die Gewinnanteile, die an persönlich haftende Gesellschafter einer Kommanditgesellschaft auf Aktien auf ihre nicht auf das Grundkapital gemachten Einlagen oder als Vergütung (Tantieme) für die Geschäftsführung verteilt worden sind;

5.[4] die nach § 3 Nr. 40 des Einkommensteuergesetzes[5] oder § 8b Abs. 1 des Körperschaftsteuergesetzes[6] außer Ansatz bleibenden Gewinnanteile (Dividenden) und die diesen gleichgestellten Bezüge und erhaltenen Leistungen aus Anteilen an einer Körperschaft, Personenvereinigung oder Vermögensmasse im Sinne des Körperschaftsteuergesetzes, soweit

GewStG

---

[1] § 8 Nr. 1 Buchst. d Satz 2 angef. durch G v. 12.12.2019 (BGBl. I S. 2451); zur Anwendung siehe § 36 Abs. 4.

[2] § 8 Nr. 1 Buchst. e geänd. mWv EZ 2010 durch G v. 22.12.2009 (BGBl. I S. 3950).

[3] § 8 Nr. 2 und 3 aufgeh. mWv EZ 2008 durch G v. 14.8.2007 (BGBl. I S. 1912).

[4] § 8 Nr. 5 Satz 1 geänd. durch G v. 22.12.2003 (BGBl. I S. 2840); Satz 1 geänd. durch G v. 14.8. 2007 (BGBl. I S. 1912); Satz 2 aufgeh. **mWv EZ 2022** durch G v. 25.6.2021 (BGBl. I S. 2035); zur Anwendung siehe § 36 Abs. 4a.

[5] Nr. **5**.

[6] Nr. **17**.

sie nicht die Voraussetzungen des § 9 Nr. 2a oder 7 erfüllen, nach Abzug der mit diesen Einnahmen, Bezügen und erhaltenen Leistungen in wirtschaftlichem Zusammenhang stehenden Betriebsausgaben, soweit sie nach § 3c Abs. 2 des Einkommensteuergesetzes und § 8b Abs. 5 und 10 des Körperschaftsteuergesetzes unberücksichtigt bleiben. 2 *Dies gilt nicht für Gewinnausschüttungen, die unter § 3 Nr. 41 Buchstabe a des Einkommensteuergesetzes fallen;*

6. (weggefallen)

7.[1] *(aufgehoben)*

8.[2] die Anteile am Verlust einer in- oder ausländischen offenen Handelsgesellschaft, einer Kommanditgesellschaft oder einer anderen Gesellschaft, bei der die Gesellschafter als Unternehmer (Mitunternehmer) des Gewerbebetriebs anzusehen sind. 2 Satz 1 ist bei Lebens- und Krankenversicherungsunternehmen nicht anzuwenden; für Pensionsfonds gilt Entsprechendes;

9. die Ausgaben im Sinne des § 9 Abs. 1 Nr. 2 des Körperschaftsteuergesetzes;

10. Gewinnminderungen, die
    a) durch Ansatz des niedrigeren Teilwerts des Anteils an einer Körperschaft oder
    b) durch Veräußerung oder Entnahme des Anteils an einer Körperschaft oder bei Auflösung oder Herabsetzung des Kapitals der Körperschaft

    entstanden sind, soweit der Ansatz des niedrigeren Teilwerts oder die sonstige Gewinnminderung auf Gewinnausschüttungen der Körperschaft, um die der Gewerbeertrag nach § 9 Nr. 2a, 7 oder 8 zu kürzen ist, oder organschaftliche Gewinnabführungen der Körperschaft zurückzuführen ist;

11. (weggefallen)

12. ausländische Steuern, die nach § 34c des Einkommensteuergesetzes oder nach einer Bestimmung, die § 34c des Einkommensteuergesetzes für entsprechend anwendbar erklärt, bei der Ermittlung der Einkünfte abgezogen werden, soweit sie auf Gewinne oder Gewinnanteile entfallen, die bei der Ermittlung des Gewerbeertrags außer Ansatz gelassen oder nach § 9 gekürzt werden.

§ 8a[3] *(aufgehoben)*

§ 9 Kürzungen. Die Summe des Gewinns und der Hinzurechnungen wird gekürzt um

1.[4] *1,2 Prozent des Einheitswerts* [***ab EZ 2025:*** 0,11 Prozent des Grundsteuerwerts] des zum Betriebsvermögen des Unternehmers gehörenden und nicht von der Grundsteuer befreiten Grundbesitzes; maßgebend ist der

[1] § 8 Nr. 7 aufgeh. mWv EZ 2008 durch G v. 14.8.2007 (BGBl. I S. 1912).

[2] § 8 Nr. 8 Satz 2 angef. mWv EZ 2020 durch G v. 21.12.2020 (BGBl. I S. 3096).

[3] § 8a eingef. mWv EZ 2003 durch G v. 16.5.2003 (BGBl. I S. 660); aufgeh. mWv EZ 2004 durch G v. 23.12.2003 (BGBl. I S. 2922).

[4] § 9 Nr. 1 Satz 1 neu gef. durch G v. 14.8.2007 (BGBl. I S. 1912); Satz 1 geänd. **mWv EZ 2025** durch G v. 26.11.2019 (BGBl. I S. 1794); Satz 2 geänd. mWv 1.12.2020 durch G v. 16.10.2020 →

Einheitswert, der auf den letzten Feststellungszeitpunkt (Hauptfeststellungs-, Fortschreibungs- oder Nachfeststellungszeitpunkt) vor dem Ende des Erhebungszeitraums (§ 14) lautet. [2] An Stelle der Kürzung nach Satz 1 tritt auf Antrag bei Unternehmen, die ausschließlich eigenen Grundbesitz oder neben eigenem Grundbesitz eigenes Kapitalvermögen verwalten und nutzen oder daneben Wohnungsbauten betreuen oder Einfamilienhäuser, Zweifamilienhäuser oder Eigentumswohnungen im Sinne des Wohnungseigentumsgesetzes in der jeweils geltenden Fassung, errichten und veräußern, die Kürzung um den Teil des Gewerbeertrags, der auf die Verwaltung und Nutzung des eigenen Grundbesitzes entfällt. [3] Satz 2 gilt entsprechend, wenn

a) in Verbindung mit der Errichtung und Veräußerung von Eigentumswohnungen Teileigentum im Sinne des Wohnungseigentumsgesetzes errichtet und veräußert wird und das Gebäude zu mehr als 66 ⅔ Prozent Wohnzwecken dient,

b) in Verbindung mit der Verwaltung und Nutzung des eigenen Grundbesitzes Einnahmen aus der Lieferung von Strom

    aa) im Zusammenhang mit dem Betrieb von Anlagen zur Stromerzeugung aus erneuerbaren Energien im Sinne des § 3 Nummer 21 des Erneuerbare-Energien-Gesetzes oder

    bb) aus dem Betrieb von Ladestationen für Elektrofahrzeuge oder Elektrofahrräder,

   erzielt werden und diese Einnahmen im Wirtschaftsjahr nicht höher als 10 Prozent der Einnahmen aus der Gebrauchsüberlassung des Grundbesitzes sind; die Einnahmen im Sinne von Doppelbuchstabe aa dürfen nicht aus der Lieferung an Letztverbraucher stammen, es sei denn, diese sind Mieter des Anlagenbetreibers, oder

c) Einnahmen aus unmittelbaren Vertragsbeziehungen mit den Mietern des Grundbesitzes aus anderen als den in den Buchstaben a und b bezeichneten Tätigkeiten erzielt werden und diese Einnahmen im Wirtschaftsjahr nicht höher als 5 Prozent der Einnahmen aus der Gebrauchsüberlassung des Grundbesitzes sind.

[4] Betreut ein Unternehmen auch Wohnungsbauten oder veräußert es auch Einfamilienhäuser, Zweifamilienhäuser oder Eigentumswohnungen oder übt es auch Tätigkeiten im Sinne von Satz 3 Buchstabe b und c aus, so ist Voraussetzung für die Anwendung des Satzes 2, dass der Gewinn aus der Verwaltung und Nutzung des eigenen Grundbesitzes gesondert ermittelt wird. [5] Die Sätze 2 und 3 gelten nicht,

1. wenn der Grundbesitz ganz oder zum Teil dem Gewerbebetrieb eines Gesellschafters oder Genossen dient,

1a.[1] soweit der Gewerbeertrag Vergütungen im Sinne des § 15 Absatz 1 Satz 1 Nummer 2 Satz 1 des Einkommensteuergesetzes[2] enthält, die der Gesellschafter von der Gesellschaft für seine Tätigkeit im Dienst

---

(Fortsetzung der Anm. von voriger Seite)
(BGBl. I S. 2187); Satz 3 neu gef., Satz 4 geänd. mWv EZ 2021 durch G v. 3.6.2021 (BGBl. I S. 1498).

[1] § 9 Nr. 1 Satz 5 Nr. 1a neu gef. mWv EZ 2015 durch G v. 25.7.2014 (BGBl. I S. 1266).

[2] Nr. **5**.

der Gesellschaft oder für die Hingabe von Darlehen oder für die Überlassung von Wirtschaftsgütern, mit Ausnahme der Überlassung von Grundbesitz, bezogen hat. [2]Satz 1 ist auch auf Vergütungen anzuwenden, die vor dem 19. Juni 2008 erstmals vereinbart worden sind, wenn die Vereinbarung nach diesem Zeitpunkt wesentlich geändert wird, oder

2. soweit der Gewerbeertrag Gewinne aus der Aufdeckung stiller Reserven aus dem Grundbesitz enthält, der innerhalb von drei Jahren vor der Aufdeckung der stillen Reserven zu einem unter dem Teilwert liegenden Wert in das Betriebsvermögen des aufdeckenden Gewerbebetriebs überführt oder übertragen worden ist, und soweit diese Gewinne auf bis zur Überführung oder Übertragung entstandenen stillen Reserven entfallen.

[6]Eine Kürzung nach den Sätzen 2 und 3 ist ausgeschlossen für den Teil des Gewerbeertrags, der auf Veräußerungs- oder Aufgabegewinne im Sinne des § 7 Satz 2 Nr. 2 und 3 entfällt;

2.[1]) die Anteile am Gewinn einer in- oder ausländischen offenen Handelsgesellschaft, einer Kommanditgesellschaft oder einer anderen Gesellschaft, bei der die Gesellschafter als Unternehmer (Mitunternehmer) des Gewerbebetriebs anzusehen sind, wenn die Gewinnanteile bei der Ermittlung des Gewinns angesetzt worden sind. [2]Satz 1 ist nicht anzuwenden, soweit im Gewinnanteil Einkünfte im Sinne des § 7 Satz 7 und 8 enthalten sind. [3]Bei Lebens- und Krankenversicherungsunternehmen und Pensionsfonds ist Satz 1 auch auf den übrigen Gewinnanteil nicht anzuwenden. [4]Satz 2 ist nicht anzuwenden, soweit diese Einkünfte bereits bei einer den Anteil am Gewinn vermittelnden inländischen offenen Handelsgesellschaft, Kommanditgesellschaft oder anderen Gesellschaft, bei der die Gesellschafter als Unternehmer (Mitunternehmer) des Gewerbebetriebs anzusehen sind, Bestandteil des Gewerbeertrags waren. [5]Bei Lebens- und Krankenversicherungsunternehmen und Pensionsfonds ist Satz 4 auf Einkünfte im Sinne des § 7 Satz 8 nicht anzuwenden;

2a.[2]) die Gewinne aus Anteilen an einer nicht steuerbefreiten inländischen Kapitalgesellschaft im Sinne des § 2 Abs. 2, einer Kredit- oder Versicherungsanstalt des öffentlichen Rechts, einer *Erwerbs- und Wirtschaftsgenossenschaft*[3]) oder einer Unternehmensbeteiligungsgesellschaft im Sinne des § 3 Nr. 23, wenn die Beteiligung zu Beginn des Erhebungszeitraums mindestens 15 Prozent des Grund- oder Stammkapitals beträgt und die Gewinnanteile bei Ermittlung des Gewinns (§ 7) angesetzt worden sind. [2]Ist ein Grund- oder Stammkapital nicht vorhanden, so ist die Beteiligung an dem Vermögen, bei Genossenschaften die Beteiligung an der Summe der Geschäftsguthaben, maßgebend. [3]Im unmittelbaren Zusam-

GewStG

[1]) § 9 Nr. 2 geänd. durch G v. 16.5.2003 (BGBl. I S. 660); Satz 2 angef. durch G v. 22.12.2003 (BGBl. I S. 2840); Satz 1 geänd. durch G v. 23.12.2003 (BGBl. I S. 2922); Satz 2 geänd. mWv EZ 2017 durch G v. 20.12.2016 (BGBl. I S. 3000); Satz 2 neu gef., Sätze 3 bis 5 angef. mWv EZ 2021 durch G v. 25.6.2021 (BGBl. I S. 2035).

[2]) § 9 Nr. 2a Satz 3 angef. durch G v. 22.12.2003 (BGBl. I S. 2840); Sätze 3 und 4 eingef., bish. Satz 3 wird Satz 5 durch G v. 13.12.2006 (BGBl. I S. 2878); Satz 1 geänd. durch G v. 14.8.2007 (BGBl. I S. 1912); Satz 1 geänd. durch G v. 19.12.2008 (BGBl. I S. 2794); Satz 2 geänd. durch G v. 12.12.2019 (BGBl. I S. 2451).

[3]) Richtig wohl: „Genossenschaft".

menhang mit Gewinnanteilen stehende Aufwendungen mindern den Kürzungsbetrag, soweit entsprechende Beteiligungserträge zu berücksichtigen sind; insoweit findet § 8 Nr. 1 keine Anwendung. [4]Nach § 8b Abs. 5 des Körperschaftsteuergesetzes[1)] nicht abziehbare Betriebsausgaben sind keine Gewinne aus Anteilen im Sinne des Satzes 1. [5]Satz 1 ist bei Lebens- und Krankenversicherungsunternehmen auf Gewinne aus Anteilen, die den Kapitalanlagen zuzurechnen sind, nicht anzuwenden; für Pensionsfonds gilt Entsprechendes;

2b. die nach § 8 Nr. 4 dem Gewerbeertrag einer Kommanditgesellschaft auf Aktien hinzugerechneten Gewinnanteile, wenn sie bei der Ermittlung des Gewinns (§ 7) angesetzt worden sind;

3.[2)] den Teil des Gewerbeertrags eines inländischen Unternehmens, der auf eine nicht im Inland belegene Betriebsstätte dieses Unternehmens entfällt; dies gilt nicht für Einkünfte im Sinne des § 7 Satz 7 und 8. [2]Bei Unternehmen, die ausschließlich den Betrieb von eigenen oder gecharterten Handelsschiffen im internationalen Verkehr zum Gegenstand haben, gelten 80 Prozent des Gewerbeertrags als auf eine nicht im Inland belegene Betriebsstätte entfallend. [3]Ist Gegenstand eines Betriebs nicht ausschließlich der Betrieb von Handelsschiffen im internationalen Verkehr, so gelten 80 Prozent des Teils des Gewerbeertrags, der auf den Betrieb von Handelsschiffen im internationalen Verkehr entfällt, als auf eine nicht im Inland belegene Betriebsstätte entfallend; in diesem Fall ist Voraussetzung, dass dieser Teil gesondert ermittelt wird. [4]Handelsschiffe werden im internationalen Verkehr betrieben, wenn eigene oder gecharterte Handelsschiffe im Wirtschaftsjahr überwiegend zur Beförderung von Personen und Gütern im Verkehr mit oder zwischen ausländischen Häfen, innerhalb eines ausländischen Hafens oder zwischen einem ausländischen Hafen und der freien See eingesetzt werden. [5]Für die Anwendung der Sätze 2 bis 4 gilt § 5a Abs. 2 Satz 2 des Einkommensteuergesetzes entsprechend;

4.[3)] *(aufgehoben)*

5.[4)] die aus den Mitteln des Gewerbebetriebs geleisteten Zuwendungen (Spenden und Mitgliedsbeiträge) zur Förderung steuerbegünstigter Zwecke im Sinne der §§ 52 bis 54 der Abgabenordnung[5)] bis zur Höhe von insgesamt 20 Prozent des um die Hinzurechnungen nach § 8 Nummer 9 erhöhten Gewinns aus Gewerbebetrieb (§ 7) oder 4 Promille der Summe der gesamten Umsätze und der im Wirtschaftsjahr aufgewendeten Löhne und Gehälter. [2]Voraussetzung für die Kürzung ist, dass diese Zuwendungen

---

[1)] Nr. **17**.

[2)] § 9 Nr. 3 Satz 3 geänd. durch G v. 13.12.2006 (BGBl. I S. 2878); Satz 1 neu gef. mWv EZ 2017 durch G v. 20.12.2016 (BGBl. I S. 3000); zur Anwendung siehe § 36 Abs. 5 Satz 1; Satz 1 geänd. mWv EZ 2021 durch G v. 25.6.2021 (BGBl. I S. 2035).

[3)] § 9 Nr. 4 aufgeh. mWv EZ 2007 durch G v. 14.8.2007 (BGBl. I S. 1912).

[4)] § 9 Nr. 5 neu gef. durch G v. 8.4.2010 (BGBl. I S. 386); Satz 5 geänd. durch G v. 7.12.2011 (BGBl. I S. 2592); Satz 9 geänd., Satz 10 eingef., bish. Sätze 10 bis 17 werden Sätze 11 bis 18, neue Sätze 13 und 14 geänd. durch G v. 21.3.2013 (BGBl. I S. 556); Satz 4 geänd. durch G v. 26.6.2013 (BGBl. I S. 1809); Satz 7 geänd., Satz 12 neu gef. durch G v. 12.12.2019 (BGBl. I S. 2451); zur Anwendung von Satz 12 siehe § 36 Abs. 5 Satz 2; Satz 7 geänd. durch G v. 21.12.2020 (BGBl. I S. 3096).

[5)] Nr. **1**.

a) an eine juristische Person des öffentlichen Rechts oder an eine öffentliche Dienststelle, die in einem Mitgliedstaat der Europäischen Union oder in einem Staat belegen ist, auf den das Abkommen über den Europäischen Wirtschaftsraum (EWR-Abkommen) Anwendung findet, oder

b) an eine nach § 5 Absatz 1 Nummer 9 des Körperschaftsteuergesetzes steuerbefreite Körperschaft, Personenvereinigung oder Vermögensmasse oder

c) an eine Körperschaft, Personenvereinigung oder Vermögensmasse, die in einem Mitgliedstaat der Europäischen Union oder in einem Staat belegen ist, auf den das Abkommen über den Europäischen Wirtschaftsraum (EWR-Abkommen) Anwendung findet, und die nach § 5 Absatz 1 Nummer 9 des Körperschaftsteuergesetzes in Verbindung mit § 5 Absatz 2 Nummer 2 zweiter Halbsatz des Körperschaftsteuergesetzes steuerbefreit wäre, wenn sie inländische Einkünfte erzielen würde,

geleistet werden (Zuwendungsempfänger). [3] Für nicht im Inland ansässige Zuwendungsempfänger nach Satz 2 ist weitere Voraussetzung, dass durch diese Staaten Amtshilfe und Unterstützung bei der Beitreibung geleistet werden. [4] Amtshilfe ist der Auskunftsaustausch im Sinne oder entsprechend der Amtshilferichtlinie gemäß § 2 Absatz 2 des EU-Amtshilfegesetzes[1]. [5] Beitreibung ist die gegenseitige Unterstützung bei der Beitreibung von Forderungen im Sinne oder entsprechend der Beitreibungsrichtlinie einschließlich der in diesem Zusammenhang anzuwendenden Durchführungsbestimmungen in den für den jeweiligen Veranlagungszeitraum geltenden Fassungen oder eines entsprechenden Nachfolgerechtsaktes. [6] Werden die steuerbegünstigten Zwecke des Zuwendungsempfängers im Sinne von Satz 2 Buchstabe a nur im Ausland verwirklicht, ist für eine Kürzung nach Satz 1 Voraussetzung, dass natürliche Personen, die ihren Wohnsitz oder ihren gewöhnlichen Aufenthalt im Geltungsbereich dieses Gesetzes haben, gefördert werden oder dass die Tätigkeit dieses Zuwendungsempfängers neben der Verwirklichung der steuerbegünstigten Zwecke auch zum Ansehen der Bundesrepublik Deutschland beitragen kann. [7] In die Kürzung nach Satz 1 sind auch Mitgliedsbeiträge an Körperschaften einzubeziehen, die Kunst und Kultur gemäß § 52 Absatz 2 Nummer 5 der Abgabenordnung fördern, soweit es sich nicht um Mitgliedsbeiträge nach Satz 12 Buchstabe b handelt, auch wenn den Mitgliedern Vergünstigungen gewährt werden. [8] Überschreiten die geleisteten Zuwendungen die Höchstsätze nach Satz 1, kann die Kürzung im Rahmen der Höchstsätze nach Satz 1 in den folgenden Erhebungszeiträumen vorgenommen werden. [9] Einzelunternehmen und Personengesellschaften können auf Antrag neben der Kürzung nach Satz 1 eine Kürzung um die im Erhebungszeitraum in das zu erhaltende Vermögen (Vermögensstock) einer Stiftung, die die Voraussetzungen der Sätze 2 bis 6 erfüllt, geleisteten Spenden in diesem und in den folgenden neun Erhebungszeiträumen bis zu einem Betrag von 1 Million Euro

GewStG

[1] Das EUAHiG (BGBl. I S. 1809) dient der Umsetzung der Richtlinie 2011/16/EU des Rates v. 15.2.2011 über die Zusammenarbeit der Verwaltungsbehörden im Bereich der Besteuerung und zur Aufhebung der Richtlinie 77/799/EWG.

vornehmen. [10] Nicht abzugsfähig nach Satz 9 sind Spenden in das verbrauchbare Vermögen einer Stiftung. [11] Der besondere Kürzungsbetrag nach Satz 9 kann der Höhe nach innerhalb des Zehnjahreszeitraums nur einmal in Anspruch genommen werden. [12] Eine Kürzung nach den Sätzen 1 bis 10 ist ausgeschlossen, soweit auf die geleisteten Zuwendungen § 8 Absatz 3 des Körperschaftsteuergesetzes anzuwenden ist oder soweit Mitgliedsbeiträge an Körperschaften geleistet werden,

a) die den Sport (§ 52 Absatz 2 Satz 1 Nummer 21 der Abgabenordnung),
b) die kulturelle Betätigungen, die in erster Linie der Freizeitgestaltung dienen,
c) die Heimatpflege und Heimatkunde (§ 52 Absatz 2 Satz 1 Nummer 22 der Abgabenordnung),
d) die Zwecke im Sinne des § 52 Absatz 2 Satz 1 Nummer 23 der Abgabenordnung

fördern oder

e) deren Zweck nach § 52 Absatz 2 Satz 2 der Abgabenordnung für gemeinnützig erklärt worden ist, weil deren Zweck die Allgemeinheit auf materiellem, geistigem oder sittlichem Gebiet entsprechend einem Zweck nach den Buchstaben a bis d fördert.

[13] § 10b Absatz 3 und 4 Satz 1 sowie § 10d Absatz 4 des Einkommensteuergesetzes und § 9 Absatz 2 Satz 2 bis 5 und Absatz 3 Satz 1 des Körperschaftsteuergesetzes, sowie die einkommensteuerrechtlichen Vorschriften zur Abziehbarkeit von Zuwendungen gelten entsprechend. [14] Wer vorsätzlich oder grob fahrlässig eine unrichtige Bestätigung über Spenden und Mitgliedsbeiträge ausstellt oder veranlasst, dass entsprechende Zuwendungen nicht zu den in der Bestätigung angegebenen steuerbegünstigten Zwecken verwendet werden (Veranlasserhaftung), haftet für die entgangene Gewerbesteuer. [15] In den Fällen der Veranlasserhaftung ist vorrangig der Zuwendungsempfänger in Anspruch zu nehmen; die natürlichen Personen, die in diesen Fällen für den Zuwendungsempfänger handeln, sind nur in Anspruch zu nehmen, wenn die entgangene Steuer nicht nach § 47 der Abgabenordnung erloschen ist und Vollstreckungsmaßnahmen gegen den Zuwendungsempfänger nicht erfolgreich sind; § 10b Absatz 4 Satz 5 des Einkommensteuergesetzes gilt entsprechend. [16] Der Haftungsbetrag ist mit 15 Prozent der Zuwendungen anzusetzen und fließt der für den Spendenempfänger zuständigen Gemeinde zu, die durch sinngemäße Anwendung des § 20 der Abgabenordnung bestimmt wird. [17] Der Haftungsbetrag wird durch Haftungsbescheid des Finanzamts festgesetzt; die Befugnis der Gemeinde zur Erhebung der entgangenen Gewerbesteuer bleibt unberührt. [18] § 184 Abs. 3 der Abgabenordnung gilt sinngemäß.

6. (weggefallen)

7.[1)] die Gewinne aus Anteilen an einer Kapitalgesellschaft mit Geschäftsleitung und Sitz außerhalb des Geltungsbereichs dieses Gesetzes, wenn die Beteiligung zu Beginn des Erhebungszeitraums mindestens 15 Prozent

---

[1)] § 9 Nr. 7 neu gef. mWv EZ 2020 durch G v. 12.12.2019 (BGBl. I S. 2451).

des Nennkapitals beträgt und die Gewinnanteile bei der Ermittlung des Gewinns (§ 7) angesetzt worden sind. [2] § 9 Nummer 2a Satz 3 bis 5 gilt entsprechend;

8.[1)] die Gewinne aus Anteilen an einer ausländischen Gesellschaft, die nach einem Abkommen zur Vermeidung der Doppelbesteuerung unter der Voraussetzung einer Mindestbeteiligung von der Gewerbesteuer befreit sind, wenn die Beteiligung mindestens 15 Prozent beträgt und die Gewinnanteile bei der Ermittlung des Gewinns (§ 7) angesetzt worden sind; ist in einem Abkommen zur Vermeidung der Doppelbesteuerung eine niedrigere Mindestbeteiligungsgrenze vereinbart, ist diese maßgebend. [2] § 9 Nr. 2a Satz 3 gilt entsprechend. [3] § 9 Nr. 2a Satz 4 gilt entsprechend. [4] Satz 1 ist bei Lebens- und Krankenversicherungsunternehmen auf Gewinne aus Anteilen, die den Kapitalanlagen zuzurechnen sind, nicht anzuwenden; für Pensionsfonds gilt Entsprechendes.

9. (weggefallen)

10.[2)] *(aufgehoben)*

§ 10 Maßgebender Gewerbeertrag. (1) Maßgebend ist der Gewerbeertrag, der in dem Erhebungszeitraum bezogen worden ist, für den der Steuermessbetrag (§ 14) festgesetzt wird.

(2) Weicht bei Unternehmen, die Bücher nach den Vorschriften des Handelsgesetzbuchs[3)] zu führen verpflichtet sind, das Wirtschaftsjahr, für das sie regelmäßig Abschlüsse machen, vom Kalenderjahr ab, so gilt der Gewerbeertrag als in dem Erhebungszeitraum bezogen, in dem das Wirtschaftsjahr endet.

§ 10a[4)] Gewerbeverlust. [1] Der maßgebende Gewerbeertrag wird bis zu einem Betrag in Höhe von 1 Million Euro um die Fehlbeträge gekürzt, die sich bei der Ermittlung des maßgebenden Gewerbeertrags für die vorangegangenen Erhebungszeiträume nach den Vorschriften der §§ 7 bis 10 ergeben haben, soweit die Fehlbeträge nicht bei der Ermittlung des Gewerbeertrags für die vorangegangenen Erhebungszeiträume berücksichtigt worden sind. [2] Der 1 Million Euro übersteigende maßgebende Gewerbeertrag ist bis zu 60 Prozent um nach Satz 1 nicht berücksichtigte Fehlbeträge der vorangegangenen Erhebungszeiträume zu kürzen. [3] Im Fall des § 2 Abs. 2 Satz 2 kann die Organgesellschaft den maßgebenden Gewerbeertrag nicht um Fehlbeträge kürzen, die sich vor dem rechtswirksamen Abschluss des Gewinnabführungsvertrags ergeben haben. [4] Bei einer Mitunternehmerschaft ist der sich für die Mitunternehmerschaft insgesamt ergebende Fehlbetrag den Mitunternehmern entsprechend dem sich aus dem Gesellschaftsvertrag ergebenden allgemeinen Gewinnverteilungs-

---

[1)] § 9 Nr. 8 Satz 2 angef. durch G v. 22.12.2003 (BGBl. I S. 2840); Sätze 2 und 3 eingef., bish. Satz 2 wird Satz 4 durch G v. 13.12.2006 (BGBl. I S. 2878); Satz 1 neu gef. mWv EZ 2008 durch G v. 14.8. 2007 (BGBl. I S. 1912).

[2)] § 9 Nr. 10 aufgeh. mWv EZ 2004 durch G v. 23.12.2003 (BGBl. I S. 2922).

[3)] Auszugsweise abgedruckt unter Nr. **34**.

[4)] § 10a Satz 1 ersetzt durch Sätze 1 bis 3, Sätze 2 bis 4 werden Sätze 4 bis 6 mWv EZ 2004 durch G v. 23.12.2003 (BGBl. I S. 2922); Sätze 4 und 5 eingef., bish. Sätze 4 bis 6 werden Sätze 6 bis 8 durch G v. 13.12.2006 (BGBl. I S. 2878); Satz 7 eingef., bish. Sätze 7 und 8 werden Sätze 8 und 9 durch G v. 20.12.2007 (BGBl. I S. 3150); Satz 9 eingef., bish. Satz 9 wird Satz 10 und neu gef. durch G v. 19.12.2008 (BGBl. I S. 2794); Satz 9 geänd. durch G v. 8.12.2010 (BGBl. I S. 1768); Satz 10 einl. Satzteil neu gef. mWv EZ 2016 durch G v. 20.12.2016 (BGBl. I S. 2998); Satz 10 neu gef., Sätze 11 und 12 angef. durch G v. 21.12.2020 (BGBl. I S. 3096); zur Anwendung siehe § 36 Abs. 5a.

schlüssel zuzurechnen; Vorabgewinnanteile sind nicht zu berücksichtigen. [5] Für den Abzug der den Mitunternehmern zugerechneten Fehlbeträge nach Maßgabe der Sätze 1 und 2 ist der sich für die Mitunternehmerschaft insgesamt ergebende maßgebende Gewerbeertrag sowie der Höchstbetrag nach Satz 1 den Mitunternehmern entsprechend dem sich aus dem Gesellschaftsvertrag für das Abzugsjahr ergebenden allgemeinen Gewinnverteilungsschlüssel zuzurechnen; Vorabgewinnanteile sind nicht zu berücksichtigen. [6] Die Höhe der vortragsfähigen Fehlbeträge ist gesondert festzustellen. [7] Vortragsfähige Fehlbeträge sind die nach der Kürzung des maßgebenden Gewerbeertrags nach Satz 1 und 2 zum Schluss des Erhebungszeitraums verbleibenden Fehlbeträge. [8] Im Fall des § 2 Abs. 5 kann der andere Unternehmer den maßgebenden Gewerbeertrag nicht um die Fehlbeträge kürzen, die sich bei der Ermittlung des maßgebenden Gewerbeertrags des übergegangenen Unternehmens ergeben haben. [9] § 8 Abs. 8 und 9 Satz 5 bis 8 des Körperschaftsteuergesetzes[1)] ist entsprechend anzuwenden. [10] Auf die Fehlbeträge ist § 8c des Körperschaftsteuergesetzes entsprechend anzuwenden; dies gilt auch für den Fehlbetrag einer Mitunternehmerschaft, soweit dieser

1. einer Körperschaft unmittelbar oder
2. einer Mitunternehmerschaft, soweit an dieser eine Körperschaft unmittelbar oder mittelbar über eine oder mehrere Personengesellschaften beteiligt ist,

zuzurechnen ist. [11] Auf die Fehlbeträge ist § 8d des Körperschaftsteuergesetzes entsprechend anzuwenden, wenn ein fortführungsgebundener Verlustvortrag nach § 8d des Körperschaftsteuergesetzes gesondert festgestellt worden ist. [12] Unterbleibt eine Feststellung nach § 8d Absatz 1 Satz 8 des Körperschaftsteuergesetzes, weil keine nicht genutzten Verluste nach § 8c Absatz 1 Satz 1 des Körperschaftsteuergesetzes vorliegen, ist auf Antrag auf die Fehlbeträge § 8d des Körperschaftsteuergesetzes entsprechend anzuwenden; für die Form und die Frist dieses Antrags gilt § 8d Absatz 1 Satz 5 des Körperschaftsteuergesetzes entsprechend.

§ 11 Steuermesszahl und Steuermessbetrag. (1)[2)] [1] Bei der Berechnung der Gewerbesteuer ist von einem Steuermessbetrag auszugehen. [2] Dieser ist durch Anwendung eines Prozentsatzes (Steuermesszahl) auf den Gewerbeertrag zu ermitteln. [3] Der Gewerbeertrag ist auf volle 100 Euro nach unten abzurunden und

1. bei natürlichen Personen sowie bei Personengesellschaften um einen Freibetrag in Höhe von 24 500 Euro,
2.[3)] bei Unternehmen im Sinne des § 2 Abs. 3 und des § 3 Nr. 5, 6, 8, 9, 15, 17, 21, 26, 27, 28 und 29 sowie bei Unternehmen von juristischen Personen des öffentlichen Rechts um einen Freibetrag in Höhe von 5 000 Euro,

höchstens jedoch in Höhe des abgerundeten Gewerbeertrags, zu kürzen.

(2)[4)] Die Steuermesszahl für den Gewerbeertrag beträgt 3,5 Prozent.

[1)] Nr. **17**.
[2)] § 11 Abs. 1 Satz 2 geänd. mWv EZ 2004 durch G v. 9.12.2004 (BGBl. I S. 3310).
[3)] § 11 Abs. 1 Nr. 2 geänd. mWv EZ 2009 G v. 17.3.2009 (BGBl. I S. 550).
[4)] § 11 Abs. 2 neu gef. durch G v. 14.8.2007 (BGBl. I S. 1912).

(3)[1] [1]Die Steuermesszahl ermäßigt sich auf 56 Prozent bei Hausgewerbetreibenden und ihnen nach § 1 Abs. 2 Buchstabe b und d des Heimarbeitsgesetzes in der im Bundesgesetzblatt Teil III, Gliederungsnummer 804-1, veröffentlichten bereinigten Fassung, zuletzt geändert durch Artikel 4 des Gesetzes vom 13. Juli 1988 (BGBl. I S. 1034), gleichgestellten Personen. [2]Das Gleiche gilt für die nach § 1 Abs. 2 Buchstabe c des Heimarbeitsgesetzes gleichgestellten Personen, deren Entgelte (§ 10 Abs. 1 des Umsatzsteuergesetzes[2]) aus der Tätigkeit unmittelbar für den Absatzmarkt im Erhebungszeitraum 25 000 Euro nicht übersteigen.

Abschnitt III

§§ 12 und 13 (weggefallen)

Abschnitt IV. Steuermessbetrag

§ 14 Festsetzung des Steuermessbetrags. [1]Der Steuermessbetrag wird für den Erhebungszeitraum nach dessen Ablauf festgesetzt. [2]Erhebungszeitraum ist das Kalenderjahr. [3]Besteht die Gewerbesteuerpflicht nicht während eines ganzen Kalenderjahrs, so tritt an die Stelle des Kalenderjahrs der Zeitraum der Steuerpflicht (abgekürzter Erhebungszeitraum).

§ 14a[3] Steuererklärungspflicht. [1]Der Steuerschuldner (§ 5) hat für steuerpflichtige Gewerbebetriebe eine Erklärung zur Festsetzung des Steuermessbetrags und in den Fällen des § 28 außerdem eine Zerlegungserklärung nach amtlich vorgeschriebenem Datensatz durch Datenfernübertragung zu übermitteln. [2]Auf Antrag kann die Finanzbehörde zur Vermeidung unbilliger Härten auf eine elektronische Übermittlung verzichten; in diesem Fall ist die Erklärung nach amtlich vorgeschriebenem Vordruck abzugeben und vom Steuerschuldner oder von den in § 34 der Abgabenordnung[4] bezeichneten Personen eigenhändig zu unterschreiben.

§ 14b Verspätungszuschlag. [1]Ein nach § 152 der Abgabenordnung[4] zu entrichtender Verspätungszuschlag fließt der Gemeinde zu. [2]Sind mehrere Gemeinden an der Gewerbesteuer beteiligt, so fließt der Verspätungszuschlag der Gemeinde zu, in der sich die Geschäftsleitung am Ende des Erhebungszeitraums befindet. [3]Befindet sich die Geschäftsleitung im Ausland, so fließt der Verspätungszuschlag der Gemeinde zu, in der sich die wirtschaftlich bedeutendste Betriebsstätte befindet. [4]Auf den Verspätungszuschlag ist der Hebesatz der Gemeinde nicht anzuwenden.

§ 15 Pauschfestsetzung. Wird die Einkommensteuer oder die Körperschaftsteuer in einem Pauschbetrag festgesetzt, so kann die für die Festsetzung zuständige Behörde im Einvernehmen mit der Landesregierung oder der von ihr bestimmten Behörde auch den Steuermessbetrag in einem Pauschbetrag festsetzen.

---

[1] § 11 Abs. 3 Satz 1 geänd. mWv EZ 2004 durch G v. 29.12.2003 (BGBl. I S. 3076); geänd. mWv EZ 2010 durch G v. 8.12.2010 (BGBl. I S. 1768).
[2] Nr. **23**.
[3] § 14a neu gef. durch G v. 20. 12 2008 (BGBl. I S. 2850).
[4] Nr. **1**.

Abschnitt V. Entstehung, Festsetzung und Erhebung der Steuer

§ 16 Hebesatz. (1) Die Steuer wird auf Grund des Steuermessbetrags (§ 14) mit einem Prozentsatz (Hebesatz) festgesetzt und erhoben, der von der hebeberechtigten Gemeinde (§§ 4, 35a) zu bestimmen ist.

(2) Der Hebesatz kann für ein Kalenderjahr oder mehrere Kalenderjahre festgesetzt werden.

(3) [1]Der Beschluss über die Festsetzung oder Änderung des Hebesatzes ist bis zum 30. Juni eines Kalenderjahrs mit Wirkung vom Beginn dieses Kalenderjahrs zu fassen. [2]Nach diesem Zeitpunkt kann der Beschluss über die Festsetzung des Hebesatzes gefasst werden, wenn der Hebesatz die Höhe der letzten Festsetzung nicht überschreitet.

(4)[1)] [1]Der Hebesatz muss für alle in der Gemeinde vorhandenen Unternehmen der gleiche sein. [2]Er beträgt 200 Prozent, wenn die Gemeinde nicht einen höheren Hebesatz bestimmt hat. [3]Wird das Gebiet von Gemeinden geändert, so kann die Landesregierung oder die von ihr bestimmte Stelle für die von der Änderung betroffenen Gebietsteile auf eine bestimmte Zeit verschiedene Hebesätze zulassen. [4]In den Fällen des Satzes 3 sind die §§ 28 bis 34 mit der Maßgabe anzuwenden, dass an die Stelle mehrerer Gemeinden die Gebietsteile der Gemeinde mit verschiedenen Hebesätzen treten.

(5) In welchem Verhältnis die Hebesätze für die Grundsteuer der Betriebe der Land- und Forstwirtschaft, für die Grundsteuer der Grundstücke und für die Gewerbesteuer zueinander stehen müssen, welche Höchstsätze nicht überschritten werden dürfen und inwieweit mit Genehmigung der Gemeindeaufsichtsbehörde Ausnahmen zugelassen werden können, bleibt einer landesrechtlichen Regelung vorbehalten.

§ 17 (weggefallen)

§ 18 Entstehung der Steuer. Die Gewerbesteuer entsteht, soweit es sich nicht um Vorauszahlungen (§ 21) handelt, mit Ablauf des Erhebungszeitraums, für den die Festsetzung vorgenommen wird.

§ 19 Vorauszahlungen. (1) [1]Der Steuerschuldner hat am 15. Februar, 15. Mai, 15. August und 15. November Vorauszahlungen zu entrichten. [2]Gewerbetreibende, deren Wirtschaftsjahr vom Kalenderjahr abweicht, haben die Vorauszahlungen während des Wirtschaftsjahrs zu entrichten, das im Erhebungszeitraum endet. [3]Satz 2 gilt nur, wenn der Gewerbebetrieb nach dem 31. Dezember 1985 gegründet worden oder infolge Wegfalls eines Befreiungsgrundes in die Steuerpflicht eingetreten ist oder das Wirtschaftsjahr nach diesem Zeitpunkt auf einen vom Kalenderjahr abweichenden Zeitraum umgestellt worden ist.

(2) Jede Vorauszahlung beträgt grundsätzlich ein Viertel der Steuer, die sich bei der letzten Veranlagung ergeben hat.

(3)[2)] [1]Die Gemeinde kann die Vorauszahlungen der Steuer anpassen, die sich für den Erhebungszeitraum (§ 14) voraussichtlich ergeben wird. [2]Die Anpas-

---

[1)] § 16 Abs. 4 Satz 2 eingef., bish. Satz 2 wird Satz 3 mWv EZ 2004 durch G v. 23.12.2003 (BGBl. I S. 2922); Satz 4 angef. mWv EZ 2009 durch G v. 19.12.2008 (BGBl. I S. 2794).

[2)] § 19 Abs. 3 Satz 5 aufgeh. mWv EZ 2015 durch G v. 25.7.2014 (BGBl. I S. 1266).

sung kann bis zum Ende des 15. auf den Erhebungszeitraum folgenden Kalendermonats vorgenommen werden; bei einer nachträglichen Erhöhung der Vorauszahlungen ist der Erhöhungsbetrag innerhalb eines Monats nach Bekanntgabe des Vorauszahlungsbescheids zu entrichten. [3] Das Finanzamt kann bis zum Ende des *15. auf den Erhebungszeitraum folgenden Kalendermonats*[1)] für Zwecke der Gewerbesteuer-Vorauszahlungen den Steuermessbetrag festsetzen, der sich voraussichtlich ergeben wird. [4] An diese Festsetzung ist die Gemeinde bei der Anpassung der Vorauszahlungen nach den Sätzen 1 und 2 gebunden.

(4) Wird im Laufe des Erhebungszeitraums ein Gewerbebetrieb neu gegründet oder tritt ein bereits bestehender Gewerbebetrieb infolge Wegfalls des Befreiungsgrundes in die Steuerpflicht ein, so gilt für die erstmalige Festsetzung der Vorauszahlungen Absatz 3 entsprechend.

(5) [1] Die einzelne Vorauszahlung ist auf den nächsten vollen Betrag in Euro nach unten abzurunden. [2] Sie wird nur festgesetzt, wenn sie mindestens 50 Euro beträgt.

§ 20 Abrechnung über die Vorauszahlungen. (1) Die für einen Erhebungszeitraum (§ 14) entrichteten Vorauszahlungen werden auf die Steuerschuld für diesen Erhebungszeitraum angerechnet.

(2) Ist die Steuerschuld größer als die Summe der anzurechnenden Vorauszahlungen, so ist der Unterschiedsbetrag, soweit er den im Erhebungszeitraum und nach § 19 Abs. 3 Satz 2 nach Ablauf des Erhebungszeitraums fällig gewordenen, aber nicht entrichteten Vorauszahlungen entspricht, sofort, im Übrigen innerhalb eines Monats nach Bekanntgabe des Steuerbescheids zu entrichten (Abschlusszahlung).

(3) Ist die Steuerschuld kleiner als die Summe der anzurechnenden Vorauszahlungen, so wird der Unterschiedsbetrag nach Bekanntgabe des Steuerbescheids durch Aufrechnung oder Zurückzahlung ausgeglichen.

§ 21 Entstehung der Vorauszahlungen. Die Vorauszahlungen auf die Gewerbesteuer entstehen mit Beginn des Kalendervierteljahrs, in dem die Vorauszahlungen zu entrichten sind, oder, wenn die Steuerpflicht erst im Laufe des Kalendervierteljahrs begründet wird, mit Begründung der Steuerpflicht.

§§ 22 bis 27 (weggefallen)

Abschnitt VI. Zerlegung

§ 28 Allgemeines. (1) [1] Sind im Erhebungszeitraum Betriebsstätten zur Ausübung des Gewerbes in mehreren Gemeinden unterhalten worden, so ist der Steuermessbetrag in die auf die einzelnen Gemeinden entfallenden Anteile (Zerlegungsanteile) zu zerlegen. [2] Das gilt auch in den Fällen, in denen eine Betriebsstätte sich über mehrere Gemeinden erstreckt hat oder eine Betriebsstätte innerhalb eines Erhebungszeitraums von einer Gemeinde in eine andere Gemeinde verlegt worden ist.

(2) [1] Bei der Zerlegung sind die Gemeinden nicht zu berücksichtigen, in denen

---

1) Auf Antrag des Steuerpflichtigen für EZ 2019: 21. Kalendermonat, für EZ 2020 18. Kalendermonat; siehe § 36 Abs. 5b.

GewStG

1. Verkehrsunternehmen lediglich Gleisanlagen unterhalten,
2. sich nur Anlagen befinden, die der Weiterleitung fester, flüssiger oder gasförmiger Stoffe sowie elektrischer Energie dienen, ohne dass diese dort abgegeben werden,
3. Bergbauunternehmen keine oberirdischen Anlagen haben, in welchen eine gewerbliche Tätigkeit entfaltet wird.
4.[1] *(aufgehoben)*

[2] Dies gilt nicht, wenn dadurch auf keine Gemeinde ein Zerlegungsanteil oder der Steuermessbetrag entfallen würde.

§ 29 Zerlegungsmaßstab. (1)[2] Zerlegungsmaßstab ist

1. vorbehaltlich der Nummer 2 das Verhältnis, in dem die Summe der Arbeitslöhne, die an die bei allen Betriebsstätten (§ 28) beschäftigten Arbeitnehmer gezahlt worden sind, zu den Arbeitslöhnen steht, die an die bei den Betriebsstätten der einzelnen Gemeinden beschäftigten Arbeitnehmer gezahlt worden sind;
2.[3] bei Betrieben, die ausschließlich Anlagen zur Erzeugung von Strom und anderen Energieträgern sowie Wärme aus Windenergie und solarer Strahlungsenergie betreiben,
   a) vorbehaltlich des Buchstabens b zu einem Zehntel das in Nummer 1 bezeichnete Verhältnis und zu neun Zehnteln das Verhältnis, in dem die Summe der installierten Leistung im Sinne von § 3 Nummer 31 des Erneuerbare-Energien-Gesetzes in allen Betriebsstätten (§ 28) zur installierten Leistung in den einzelnen Betriebsstätten steht,
   b) für die Erhebungszeiträume 2021 bis 2023 bei Betrieben, die ausschließlich Anlagen zur Erzeugung von Strom und anderen Energieträgern sowie Wärme aus solarer Strahlungsenergie betreiben,
      aa) für den auf Neuanlagen im Sinne von Satz 3 entfallenden Anteil am Steuermessbetrag zu einem Zehntel das in Nummer 1 bezeichnete Verhältnis und zu neun Zehnteln das Verhältnis, in dem die Summe der installierten Leistung im Sinne von § 3 Nummer 31 des Erneuerbare-Energien-Gesetzes in allen Betriebsstätten (§ 28) zur installierten Leistung in den einzelnen Betriebsstätten steht, und
      bb) für den auf die übrigen Anlagen im Sinne von Satz 4 entfallenden Anteil am Steuermessbetrag das in Nummer 1 bezeichnete Verhältnis.

   [2] Der auf Neuanlagen und auf übrige Anlagen jeweils entfallende Anteil am Steuermessbetrag wird ermittelt aus dem Verhältnis, in dem
      aa) die Summe der installierten Leistung im Sinne von § 3 Nummer 31 des Erneuerbare-Energien-Gesetzes für Neuanlagen und
      bb) die Summe der installierten Leistung im Sinne von § 3 Nummer 31 des Erneuerbare-Energien-Gesetzes für die übrigen Anlagen

---

[1] § 28 Abs. 2 Satz 1 Nr. 4 eingef. mWv EZ 2003 durch G v. 16.5.2003 (BGBl. I S. 660); aufgeh. mWv EZ 2004 durch G v. 23.12.2003 (BGBl. I S. 2922).
[2] § 29 Abs. 1 neu gef. mWv EZ 2009 durch G v. 19.12.2008 (BGBl. I S. 2794).
[3] § 29 Abs. 1 Nr. 2 neu gef. mWv EZ 2021 durch G v. 3.6.2021 (BGBl. I S. 1498).

zur gesamten installierten Leistung im Sinne von § 3 Nummer 31 des Erneuerbare-Energien-Gesetzes des Betriebs steht. [3]Neuanlagen sind Anlagen, die nach dem 30. Juni 2013 zur Erzeugung von Strom und anderen Energieträgern sowie Wärme aus solarer Strahlungsenergie genehmigt wurden. [4]Die übrigen Anlagen sind Anlagen, die nicht unter Satz 3 fallen.

(2) Bei der Zerlegung nach Absatz 1 sind die Arbeitslöhne anzusetzen, die in den Betriebsstätten der beteiligten Gemeinden (§ 28) während des Erhebungszeitraums (§ 14) erzielt oder gezahlt worden sind.

(3) Bei Ermittlung der Verhältniszahlen sind die Arbeitslöhne auf volle 1 000 Euro abzurunden.

§ 30 Zerlegung bei mehrgemeindlichen Betriebsstätten. Erstreckt sich die Betriebsstätte auf mehrere Gemeinden, so ist der Steuermessbetrag oder Zerlegungsanteil auf die Gemeinden zu zerlegen, auf die sich die Betriebsstätte erstreckt, und zwar nach der Lage der örtlichen Verhältnisse unter Berücksichtigung der durch das Vorhandensein der Betriebsstätte erwachsenden Gemeindelasten.

§ 31 Begriff der Arbeitslöhne für die Zerlegung. (1) [1]Arbeitslöhne sind vorbehaltlich der Absätze 2 bis 5 die Vergütungen im Sinne des § 19 Abs. 1 Nr. 1 des Einkommensteuergesetzes[1)], soweit sie nicht durch andere Rechtsvorschriften von der Einkommensteuer befreit sind. [2]Zuschläge für Mehrarbeit und für Sonntags-, Feiertags- und Nachtarbeit gehören unbeschadet der einkommensteuerlichen Behandlung zu den Arbeitslöhnen.

(2) Zu den Arbeitslöhnen gehören nicht Vergütungen, die an Personen gezahlt worden sind, die zu ihrer Berufsausbildung beschäftigt werden.

(3) In den Fällen des § 3 Nr. 5, 6, 8, 9, 12, 13, 15, 17, 21, 26, 27, 28 und 29 bleiben die Vergütungen an solche Arbeitnehmer außer Ansatz, die nicht ausschließlich oder überwiegend in dem steuerpflichtigen Betrieb oder Teil des Betriebs tätig sind.

(4) [1]Nach dem Gewinn berechnete einmalige Vergütungen (z.B. Tantiemen, Gratifikationen) sind nicht anzusetzen. [2]Das Gleiche gilt für sonstige Vergütungen, soweit sie bei dem einzelnen Arbeitnehmer 50 000 Euro übersteigen.

(5) Bei Unternehmen, die nicht von einer juristischen Person betrieben werden, sind für die im Betrieb tätigen Unternehmer (Mitunternehmer) insgesamt 25 000 Euro jährlich anzusetzen.

§ 32 (weggefallen)

§ 33 Zerlegung in besonderen Fällen. (1) [1]Führt die Zerlegung nach den §§ 28 bis 31 zu einem offenbar unbilligen Ergebnis, so ist nach einem Maßstab zu zerlegen, der die tatsächlichen Verhältnisse besser berücksichtigt. [2]In dem Zerlegungsbescheid hat das Finanzamt darauf hinzuweisen, dass bei der Zerlegung Satz 1 angewendet worden ist.

(2) Einigen sich die Gemeinden mit dem Steuerschuldner über die Zerlegung, so ist der Steuermessbetrag nach Maßgabe der Einigung zu zerlegen.

[1)] Nr. 5.

§ 34 Kleinbeträge. (1) [1]Übersteigt der Steuermessbetrag nicht den Betrag von 10 Euro, so ist er in voller Höhe der Gemeinde zuzuweisen, in der sich die Geschäftsleitung befindet. [2]Befindet sich die Geschäftsleitung im Ausland, so ist der Steuermessbetrag der Gemeinde zuzuweisen, in der sich die wirtschaftlich bedeutendste der zu berücksichtigenden Betriebsstätten befindet.

(2) [1]Übersteigt der Steuermessbetrag zwar den Betrag von 10 Euro, würde aber nach den Zerlegungsvorschriften einer Gemeinde ein Zerlegungsanteil von nicht mehr als 10 Euro zuzuweisen sein, so ist dieser Anteil der Gemeinde zuzuweisen, in der sich die Geschäftsleitung befindet. [2]Absatz 1 Satz 2 ist entsprechend anzuwenden.

(3) [1]Wird der Zerlegungsbescheid geändert oder berichtigt, würde sich dabei aber der Zerlegungsanteil einer Gemeinde um nicht mehr als 10 Euro erhöhen oder ermäßigen, so ist der Betrag der Erhöhung oder Ermäßigung bei dem Zerlegungsanteil der Gemeinde zu berücksichtigen, in der sich die Geschäftsleitung befindet. [2]Absatz 1 Satz 2 ist entsprechend anzuwenden.

§ 35 (weggefallen)

Abschnitt VII. Gewerbesteuer der Reisegewerbebetriebe

§ 35a Gewerbesteuer der Reisegewerbebetriebe. (1) Der Gewerbesteuer unterliegen auch die Reisegewerbebetriebe, soweit sie im Inland betrieben werden.

(2)[1)] [1]Reisegewerbebetrieb im Sinne dieses Gesetzes ist ein Gewerbebetrieb, dessen Inhaber nach den Vorschriften der Gewerbeordnung und den dazugehörigen Ausführungsbestimmungen einer Reisegewerbekarte bedarf. [2]Wird im Rahmen eines einheitlichen Gewerbebetriebs sowohl ein stehendes Gewerbe als auch ein Reisegewerbe betrieben, so ist der Betrieb in vollem Umfang als stehendes Gewerbe zu behandeln.

(3) Hebeberechtigt ist die Gemeinde, in der sich der Mittelpunkt der gewerblichen Tätigkeit befindet.

(4) Ist im Laufe des Erhebungszeitraums der Mittelpunkt der gewerblichen Tätigkeit von einer Gemeinde in eine andere Gemeinde verlegt worden, so hat das Finanzamt den Steuermessbetrag nach den zeitlichen Anteilen (Kalendermonaten) auf die beteiligten Gemeinden zu zerlegen.

Abschnitt VIII. Änderung des Gewerbesteuermessbescheids von Amts wegen

§ 35b Änderung des Gewerbesteuermessbescheids von Amts wegen.

(1) [1]Der Gewerbesteuermessbescheid oder Verlustfeststellungsbescheid ist von Amts wegen aufzuheben oder zu ändern, wenn der Einkommensteuerbescheid, der Körperschaftsteuerbescheid oder ein Feststellungsbescheid aufgehoben oder geändert wird und die Aufhebung oder Änderung den Gewinn aus Gewerbebetrieb berührt. [2]Die Änderung des Gewinns aus Gewerbebetrieb ist insoweit zu berücksichtigen, als sie die Höhe des Gewerbeertrags oder des

1) § 35a Abs. 2 Satz 1 neu gef. durch G v. 8.12.2010 (BGBl. I S. 1768).

GewStG

vortragsfähigen Gewerbeverlustes beeinflusst. ³ § 171 Abs. 10 der Abgabenordnung[1] gilt sinngemäß.

(2)[2] ¹ Zuständig für die Feststellung des vortragsfähigen Gewerbeverlustes ist das für den Erlass des Gewerbesteuermessbescheids zuständige Finanzamt. ² Bei der Feststellung des vortragsfähigen Gewerbeverlustes sind die Besteuerungsgrundlagen so zu berücksichtigen, wie sie der Festsetzung des Steuermessbetrags für den Erhebungszeitraum, auf dessen Schluss der vortragsfähige Gewerbeverlust festgestellt wird, zu Grunde gelegt worden sind; § 171 Absatz 10, § 175 Absatz 1 Satz 1 Nummer 1 und § 351 Absatz 2 der Abgabenordnung sowie § 42 der Finanzgerichtsordnung[3] gelten entsprechend. ³ Die Besteuerungsgrundlagen dürfen bei der Feststellung nur insoweit abweichend von Satz 2 berücksichtigt werden, wie die Aufhebung, Änderung oder Berichtigung des Gewerbesteuermessbescheids ausschließlich mangels Auswirkung auf die Höhe des festzusetzenden Steuermessbetrags unterbleibt. ⁴ Die Feststellungsfrist endet nicht, bevor die Festsetzungsfrist für den Erhebungszeitraum abgelaufen ist, auf dessen Schluss der vortragsfähige Gewerbeverlust gesondert festzustellen ist; § 181 Abs. 5 der Abgabenordnung ist nur anzuwenden, wenn die zuständige Finanzbehörde die Feststellung des vortragsfähigen Gewerbeverlustes pflichtwidrig unterlassen hat.

Abschnitt IX. Durchführung

§ 35c Ermächtigung. (1) Die Bundesregierung wird ermächtigt, mit Zustimmung des Bundesrates

1. zur Durchführung des Gewerbesteuergesetzes Rechtsverordnungen zu erlassen
   a) über die Abgrenzung der Steuerpflicht,
   b) über die Ermittlung des Gewerbeertrags,
   c) über die Festsetzung der Steuermessbeträge, soweit dies zur Wahrung der Gleichmäßigkeit der Besteuerung und zur Vermeidung von Unbilligkeiten in Härtefällen erforderlich ist,
   d) über die Zerlegung des Steuermessbetrags,
   e) über die Abgabe von Steuererklärungen unter Berücksichtigung von Freibeträgen und Freigrenzen;
2. Vorschriften durch Rechtsverordnung zu erlassen
   a) über die sich aus der Aufhebung oder Änderung von Vorschriften dieses Gesetzes ergebenden Rechtsfolgen, soweit dies zur Wahrung der Gleichmäßigkeit bei der Besteuerung oder zur Beseitigung von Unbilligkeiten in Härtefällen erforderlich ist,
   b) (weggefallen)
   c) über die Steuerbefreiung der Einnehmer einer staatlichen Lotterie,

---

[1] Nr. **1**.

[2] § 35b Abs. 2 Satz 1 geänd. mWv EZ 2004 durch G v. 23.12.2003 (BGBl. I S. 2922); Satz 4 angef. durch G v. 13.12.2006 (BGBl. I S. 2878); Satz 1 geänd. durch G v. 20.12.2007 (BGBl. I S. 3150); Sätze 2 und 3 neu gef. durch G v. 8.12.2010 (BGBl. I S. 1768).

[3] Nr. **9**.

d)[1] über die Steuerbefreiung bei bestimmten kleineren Versicherungsvereinen auf Gegenseitigkeit im Sinne des § 210 des Versicherungsaufsichtsgesetzes, wenn sie von der Körperschaftsteuer befreit sind,

e)[2] über die Beschränkung der Hinzurechnung von Entgelten für Schulden und ihnen gleichgestellte Beträge (§ 8 Nr. 1 Buchstabe a) bei Kreditinstituten nach dem Verhältnis des Eigenkapitals zu Teilen der Aktivposten und bei Gewerbebetrieben, die nachweislich ausschließlich unmittelbar oder mittelbar Kredite oder Kreditrisiken, die einem Kreditinstitut oder einem in § 3 Nr. 2 genannten Gewerbebetrieb aus Bankgeschäften entstanden sind, erwerben und Schuldtitel zur Refinanzierung des Kaufpreises für den Erwerb solcher Kredite oder zur Refinanzierung von für die Risikoübernahmen zu stellenden Sicherheiten ausgeben,

f)[3] über die Beschränkung der Hinzurechnung von Entgelten für Schulden und ihnen gleichgestellte Beträge (§ 8 Nummer 1 Buchstabe a) bei

aa) Finanzdienstleistungsinstituten, soweit sie Finanzdienstleistungen im Sinne des § 1 Absatz 1a Satz 2 des Kreditwesengesetzes tätigen,

bb) Zahlungsinstituten, soweit sie Zahlungsdienste im Sinne des § 1 Absatz 1 Satz 2 Nummer 3 Buchstabe b und Nummer 6 des Zahlungsdiensteaufsichtsgesetzes erbringen,

cc) Wertpapierinstituten, soweit sie Wertpapierdienstleistungen, Wertpapiernebendienstleistungen und Nebengeschäfte im Sinne des § 2 Absatz 2 bis 4 des Wertpapierinstitutsgesetzes erbringen.

[2] Voraussetzung für die Umsetzung von Satz 1 ist, dass die Umsätze des Finanzdienstleistungsinstituts zu mindestens 50 Prozent auf Finanzdienstleistungen, die Umsätze der Wertpapierinstitute zu mindestens 50 Prozent auf Wertpapierdienstleistungen, Wertpapiernebendienstleistungen und Nebengeschäfte und die Umsätze des Zahlungsinstituts zu mindestens 50 Prozent auf Zahlungsdienste entfallen,

g) über die Festsetzung abweichender Vorauszahlungstermine.

(2) Das Bundesministerium der Finanzen wird ermächtigt, den Wortlaut dieses Gesetzes und der zu diesem Gesetz erlassenen Rechtsverordnungen in der jeweils geltenden Fassung satzweise nummeriert mit neuem Datum und in neuer Paragrafenfolge bekannt zu machen und dabei Unstimmigkeiten im Wortlaut zu beseitigen.

Abschnitt X. Schlussvorschriften

§ 36[4] Zeitlicher Anwendungsbereich. (1)[5] Die vorstehende Fassung dieses Gesetzes ist, soweit in den folgenden Absätzen nichts anderes bestimmt ist, erstmals für den Erhebungszeitraum 2021 anzuwenden.

---

[1] § 35c Abs. 1 Nr. 2 Buchst. d geänd. mWv EZ 2016 durch G v. 1.4.2015 (BGBl. I S. 434).

[2] § 35c Abs. 1 Nr. 2 Buchst. e 2. HS angef. durch G v. 31.7.2003 (BGBl. I S. 1550); 1. HS geänd. mWv EZ 2008 durch G v. 14.8.2007 (BGBl. I S. 1912).

[3] § 35c Abs. 1 Nr. 2 Buchst. f neu gef. durch G v. 26.6.2013 (BGBl. I S. 1809); Satz 1 Doppelbuchst. bb geänd. mWv EZ 2018 durch G v. 12.12.2019 (BGBl. I S. 2451); zur Anwendung siehe § 36 Abs. 6; Satz 1 Doppelbuchst. cc angef., Satz 2 geänd. durch G v. 12.5.2021 (BGBl. I S. 990).

[4] § 36 neu gef. durch G v. 12.12.2019 (BGBl. I S. 2451).

[5] § 36 Abs. 1 geänd. durch G v. 3.6.2021 (BGBl. I S. 1498).

(2)[1] [1]§ 3 Nummer 1 in der Fassung des Artikels 8 des Gesetzes vom 12. Dezember 2019 (BGBl. I S. 2451) ist erstmals für den Erhebungszeitraum 2019 anzuwenden. [2]§ 3 Nummer 12 in der Fassung des Artikels 9 des Gesetzes vom 12. Dezember 2019 (BGBl. I S. 2451) ist erstmals für den Erhebungszeitraum 2025 anzuwenden. [3]§ 3 Nummer 13 in der Fassung des Artikels 8 des Gesetzes vom 12. Dezember 2019 (BGBl. I S. 2451) ist erstmals für den Erhebungszeitraum 2015 anzuwenden. [4]§ 3 Nummer 24 in der Fassung des Artikels 8 des Gesetzes vom 12. Dezember 2019 (BGBl. I S. 2451) ist erstmals für den Erhebungszeitraum 2019 anzuwenden. [5]§ 3 Nummer 32 in der Fassung des Artikels 8 des Gesetzes vom 12. Dezember 2019 (BGBl. I S. 2451) ist erstmals für den Erhebungszeitraum 2019 anzuwenden.

(3)[2] [1]§ 7 Satz 3 in der durch Artikel 8 des Gesetzes vom 12. Dezember 2019 (BGBl. I S. 2451) geänderten Fassung ist erstmals für den Erhebungszeitraum 2009 anzuwenden. [2]Für den Erhebungszeitraum 2008 ist § 7 Satz 3 in folgender Fassung anzuwenden: *[dort abgedruckt]*. [3]§ 7 Satz 7 in der Fassung des Artikels 16 des Gesetzes vom 20. Dezember 2016 (BGBl. I S. 3000) ist erstmals für den Erhebungszeitraum 2017 anzuwenden. [4]§ 7 Satz 9 in der Fassung des Artikels 3 des Gesetzes vom 25. Juni 2021 (BGBl. I S. 2035) ist erstmals für den Erhebungszeitraum 2022 anzuwenden.

(4) [1]§ 8 Nummer 1 Buchstabe d Satz 2 ist nur auf Entgelte anzuwenden, die auf Verträgen beruhen, die nach dem 31. Dezember 2019 abgeschlossen worden sind. [2]Dabei ist bei Verträgen, die vor dem 1. Januar 2025 abgeschlossen werden, statt einer Reichweite von 80 Kilometern eine Reichweite von 60 Kilometern ausreichend. [3]§ 8 Nummer 1 Buchstabe d Satz 2 ist letztmals für den Erhebungszeitraum 2030 anzuwenden.

(4a)[3] § 8 Nummer 5 in der Fassung des Artikels 3 des Gesetzes vom 25. Juni 2021 (BGBl. I S. 2035) ist erstmals für den Erhebungszeitraum 2022 anzuwenden.

(5)[4] [1]§ 9 Nummer 3 Satz 1 erster Halbsatz in der Fassung des Artikels 16 des Gesetzes vom 20. Dezember 2016 (BGBl. I S. 3000) ist erstmals für den Erhebungszeitraum 2017 anzuwenden. [2]§ 9 Nummer 5 Satz 12 in der Fassung des Artikels 8 des Gesetzes vom 12. Dezember 2019 (BGBl. I S. 2451) ist erstmals für Zuwendungen anzuwenden, die nach dem 31. Dezember 2019 geleistet werden.

(5a)[5] § 10a in der Fassung des Artikels 9 des Gesetzes vom 21. Dezember 2020 (BGBl. I S. 3096) ist auch für Erhebungszeiträume vor 2020 anzuwenden.

(5b)[6] § 19 Absatz 3 Satz 2 und 3 ist auf Antrag des Steuerpflichtigen mit der Maßgabe anzuwenden, dass für den Erhebungszeitraum 2019 an die Stelle des 15. Kalendermonats der 21. Kalendermonat tritt sowie dass für den Erhebungszeitraum 2020 an die Stelle des 15. Kalendermonats der 18. Kalendermonat tritt.

---

[1] § 36 Abs. 2 Satz 2 eingef., bish. Sätze 2 bis 4 werden Sätze 3 bis 5 durch G v. 12.12.2019 (BGBl. I S. 2451).

[2] § 36 Abs. 3 Satz 3 angef. durch G v. 21.12.2020 (BGBl. I S. 3096); Satz 4 angef. durch G v. 25.6. 2021 (BGBl. I S. 2035).

[3] § 36 Abs. 4a eingef. durch G v. 25.6.2021 (BGBl. I S. 2035).

[4] § 36 Abs. 5 Satz 1 eingef., bish. Wortlaut wird Satz 2 durch G v. 21.12.2020 (BGBl. I S. 3096).

[5] § 36 Abs. 5a eingef. durch G v. 21.12.2020 (BGBl. I S. 3096).

[6] § 36 Abs. 5b eingef. durch G v. 25.6.2021 (BGBl. I S. 2035).

(6) § 35c Absatz 1 Nummer 2 Buchstabe f Satz 1 Doppelbuchstabe bb in der Fassung des Artikels 8 des Gesetzes vom 12. Dezember 2019 (BGBl. I S. 2451) ist erstmals für den Erhebungszeitraum 2018 anzuwenden.

§ 37 (weggefallen)

11. Gewerbesteuer-Durchführungsverordnung (GewStDV)[1)]

In der Fassung der Bekanntmachung vom 15. Oktober 2002[2)]

(BGBl. I S. 4180)

FNA 611-5-1

geänd. durch Art. 5 Steuervergünstigungsabbaugesetz (StVergAbG) v. 16.5.2003 (BGBl. I S. 660), Art. 4 Kleinunternehmerförderungsgesetz v. 31.7.2003 (BGBl. I S. 1550), Art. 5 Gesetz über steuerliche Begleitmaßnahmen zur Einführung der Europäischen Gesellschaft und zur Änderung weiterer steuerrechtlicher Vorschriften (SEStEG) v. 7.12.2006 (BGBl. I S. 2782), Art. 6 Jahressteuergesetz 2007 (JStG 2007) v. 13.12.2006 (BGBl. I S. 2878), Art. 4 Unternehmensteuerreformgesetz 2008 v. 14.8. 2007 (BGBl. I S. 1912), Art. 6 Jahressteuergesetz 2008 (JStG 2008) v. 20.12.2007 (BGBl. I S. 3150), Art. 5 Jahressteuergesetz 2009 (JStG 2009) v. 19.12.2008 (BGBl. I S. 2794), Art. 6b Drittes Gesetz zum Abbau bürokratischer Hemmnisse insbesondere in der mittelständischen Wirtschaft (Drittes Mittelstandsentlastungsgesetz) v. 17.3.2009 (BGBl. I S. 550), Art. 17 Gesetz zur verbesserten steuerlichen Berücksichtigung von Vorsorgeaufwendungen (Bürgerentlastungsgesetz Krankenversicherung) v. 16.7.2009 (BGBl. I S. 1959), Art. 4 Gesetz zur Umsetzung steuerlicher EU-Vorgaben sowie zur Änderung steuerlicher Vorschriften v. 8.4.2010 (BGBl. I S. 386), Art. 4 Verordnung zur Änderung steuerlicher Verordnungen v. 17.11.2010 (BGBl. I S. 1544), Art. 5 Gesetz zur Umsetzung der Amtshilferichtlinie sowie zur Änderung steuerlicher Vorschriften (Amtshilferichtlinie-Umsetzungsgesetz – AmtshilfeRLUmsG) v. 26.6.2013 (BGBl. I S. 1809), Art. 2 Abs. 13 Gesetz zur Modernisierung der Finanzaufsicht über Versicherungen v. 1.4.2015 (BGBl. I S. 434), Art. 11 Gesetz zur Reform des Grundsteuer- und Bewertungsrechts (Grundsteuer-Reformgesetz – GrStRefG) v. 26.11.2019 (BGBl. I S. 1794), Art. 10 Gesetz zur weiteren steuerlichen Förderung der Elektromobilität und zur Änderung weiterer steuerlicher Vorschriften v. 12.12.2019 (BGBl. I S. 2451), Art. 3 Fünfte Verordnung zur Änderung steuerlicher Verordnungen v. 25.6.2020 (BGBl. I S. 1495) und Art. 7 Abs. 8 Gesetz zur Umsetzung der Richtlinie (EU) 2019/2034 über die Beaufsichtigung von Wertpapierinstituten v. 12.5.2021 (BGBl. I S. 990)

Nichtamtliche Inhaltsübersicht

Zu § 2 GewStG

§ 1 Stehender Gewerbebetrieb
§ 2 Betriebe der öffentlichen Hand
§ 3 (weggefallen)
§ 4 Aufgabe, Auflösung und Insolvenz
§ 5 Betriebsstätten auf Schiffen
§ 6 Binnen- und Küstenschifffahrtsbetriebe
§ 7 (weggefallen)
§ 8 Zusammenfassung mehrerer wirtschaftlicher Geschäftsbetriebe
§ 9 (weggefallen)

Zu § 3 GewStG

§§ 10 bis 12 (weggefallen)
§ 12a Kleinere Versicherungsvereine
§ 13 Einnehmer einer staatlichen Lotterie

Zu § 4 GewStG

§ 14 (weggefallen)
§ 15 Hebeberechtigte Gemeinde bei Gewerbebetrieben auf Schiffen und bei Binnen- und Küstenschifffahrtsbetrieben

---

[1)] Zum Erhebungszeitraum siehe § 36.

[2)] Neubekanntmachung der GewStDV idF der Bek. v. 21.3.1991 (BGBl. I S. 831) in der ab 27.7. 2002 geltenden Fassung.

Zu den §§ 7, 8 und 9 GewStG
§ 16 Gewerbeertrag bei Abwicklung und Insolvenz
§§ 17, 18 (weggefallen)
Zu § 8 GewStG
§ 19 Schulden bestimmter Unternehmen
Zu § 9 GewStG
§ 20 Grundbesitz
§ 21 (weggefallen)
Zu § 11 GewStG
§ 22 Hausgewerbetreibende und ihnen gleichgestellte Personen
§§ 23, 24 (weggefallen)
Zu § 14a GewStG
§ 25 Gewerbesteuererklärung
§§ 26 bis 28 (weggefallen)
Zu § 19 GewStG
§ 29 Anpassung und erstmalige Festsetzung der Vorauszahlungen
§ 30 Verlegung von Betriebsstätten
§§ 31 bis 33 (weggefallen)
Zu § 34 GewStG
§ 34 Kleinbeträge bei Verlegung der Geschäftsleitung
Zu § 35a GewStG
§ 35 Reisegewerbebetriebe
Schlussvorschriften
§ 36 Zeitlicher Anwendungsbereich

Zu § 2 des Gesetzes

§ 1 Stehender Gewerbebetrieb. Stehender Gewerbebetrieb ist jeder Gewerbebetrieb, der kein Reisegewerbebetrieb im Sinne des § 35a Abs. 2 des Gesetzes[1] ist.

§ 2 Betriebe der öffentlichen Hand. (1)[2] [1] Unternehmen von juristischen Personen des öffentlichen Rechts sind gewerbesteuerpflichtig, wenn sie als stehende Gewerbebetriebe anzusehen sind; für den Umfang des Unternehmens ist § 4 Abs. 6 Satz 1 des Körperschaftsteuergesetzes[3] entsprechend anzuwenden. [2] Das gilt auch für Unternehmen, die der Versorgung der Bevölkerung mit Wasser, Gas, Elektrizität oder Wärme, dem öffentlichen Verkehr oder dem Hafenbetrieb dienen.

(2) [1] Unternehmen von juristischen Personen des öffentlichen Rechts, die überwiegend der Ausübung der öffentlichen Gewalt dienen (Hoheitsbetriebe), gehören unbeschadet der Vorschrift des Absatzes 1 Satz 2 nicht zu den Gewerbebetrieben. [2] Für die Annahme eines Hoheitsbetriebs reichen Zwangs- oder Monopolrechte nicht aus.

§ 3 (weggefallen)

---

[1] Nr. **10**.
[2] § 2 Abs. 1 Satz 1 2. HS angef. durch G v. 19.12.2008 (BGBl. I S. 2794).
[3] Nr. **17**.

§ 4 Aufgabe, Auflösung und Insolvenz. (1) Ein Gewerbebetrieb, der aufgegeben oder aufgelöst wird, bleibt Steuergegenstand bis zur Beendigung der Aufgabe oder Abwicklung.

(2) Die Gewerbesteuerpflicht wird durch die Eröffnung des Insolvenzverfahrens über das Vermögen des Unternehmers nicht berührt.

§ 5 Betriebsstätten auf Schiffen. Ein Gewerbebetrieb wird gewerbesteuerlich insoweit nicht im Inland betrieben, als für ihn eine Betriebsstätte auf einem Kauffahrteischiff unterhalten wird, das im sogenannten regelmäßigen Liniendienst ausschließlich zwischen ausländischen Häfen verkehrt, auch wenn es in einem inländischen Schiffsregister eingetragen ist.

§ 6 Binnen- und Küstenschifffahrtsbetriebe. Bei Binnen- und Küstenschifffahrtsbetrieben, die feste örtliche Anlagen oder Einrichtungen zur Ausübung des Gewerbes nicht unterhalten, gilt eine Betriebsstätte in dem Ort als vorhanden, der als Heimathafen (Heimatort) im Schiffsregister eingetragen ist.

§ 7 (weggefallen)

§ 8 Zusammenfassung mehrerer wirtschaftlicher Geschäftsbetriebe. Werden von einer sonstigen juristischen Person des privaten Rechts oder einem nichtrechtsfähigen Verein (§ 2 Abs. 3 des Gesetzes) mehrere wirtschaftliche Geschäftsbetriebe unterhalten, so gelten sie als ein einheitlicher Gewerbebetrieb.

§ 9 (weggefallen)

Zu § 3 des Gesetzes

§§ 10 bis 12 (weggefallen)

§ 12a[1)] Kleinere Versicherungsvereine. Kleinere Versicherungsvereine auf Gegenseitigkeit im Sinne des § 210 des Versicherungsaufsichtsgesetzes sind von der Gewerbesteuer befreit, wenn sie nach § 5 Abs. 1 Nr. 4 des Körperschaftsteuergesetzes[2)] von der Körperschaftsteuer befreit sind.

§ 13 Einnehmer einer staatlichen Lotterie. Die Tätigkeit der Einnehmer einer staatlichen Lotterie unterliegt auch dann nicht der Gewerbesteuer, wenn sie im Rahmen eines Gewerbebetriebs ausgeübt wird.

Zu § 4 des Gesetzes

§ 14 (weggefallen)

§ 15 Hebeberechtigte Gemeinde bei Gewerbebetrieben auf Schiffen und bei Binnen- und Küstenschifffahrtsbetrieben. Hebeberechtigte Gemeinde für die Betriebsstätten auf Kauffahrteischiffen, die in einem inländischen Schiffsregister eingetragen sind und nicht im sogenannten regelmäßigen Liniendienst ausschließlich zwischen ausländischen Häfen verkehren, und für

---

1) § 12a geänd. mWv EZ 2016 durch G v. 1.4.2015 (BGBl. I S. 434).
2) Nr. **17**.

die in § 6 bezeichneten Binnen- und Küstenschifffahrtsbetriebe ist die Gemeinde, in der der inländische Heimathafen (Heimatort) des Schiffes liegt.

Zu den §§ 7, 8 und 9 des Gesetzes

§ 16 Gewerbeertrag bei Abwicklung und Insolvenz. (1) Der Gewerbeertrag, der bei einem in der Abwicklung befindlichen Gewerbebetrieb im Sinne des § 2 Abs. 2 des Gesetzes im Zeitraum der Abwicklung entstanden ist, ist auf die Jahre des Abwicklungszeitraums zu verteilen.

(2) Das gilt entsprechend für Gewerbebetriebe, wenn über das Vermögen des Unternehmens ein Insolvenzverfahren eröffnet worden ist.

§§ 17 und 18 (weggefallen)

Zu § 8 des Gesetzes

§ 19[1] Schulden bestimmter Unternehmen. (1)[2] [1] Bei Kreditinstituten im Sinne des § 1 Absatz 1 in Verbindung mit § 2 Absatz 1 des Kreditwesengesetzes sind nur Entgelte für Schulden und den Entgelten gleichgestellte Beträge anzusetzen, die dem Betrag der Schulden entsprechen, um den der Ansatz der zum Anlagevermögen gehörenden Grundstücke, Gebäude, Betriebs- und Geschäftsausstattung, Schiffe, Anteile an Kreditinstituten und sonstigen Unternehmen sowie der Forderungen aus Vermögenseinlagen als stiller Gesellschafter und aus Genussrechten das Eigenkapital überschreitet; hierunter fallen nicht Gegenstände, über die Leasingverträge abgeschlossen worden sind. [2] Dem Anlagevermögen nach Satz 1 sind Forderungen gegen ein Unternehmen hinzuzurechnen, mit dem eine organschaftliche Verbindung nach § 2 Abs. 2 Satz 2 des Gesetzes besteht und das nicht zu den Kreditinstituten oder Unternehmen gehört, auf die Satz 1 und die Absätze 2 bis 4 anzuwenden sind.

(2)[3] [1] Voraussetzung für die Anwendung des Absatzes 1 ist, dass im Durchschnitt aller Monatsausweise des Wirtschaftsjahrs des Kreditinstituts nach § 25 des Kreditwesengesetzes oder entsprechender Statistiken die Aktivposten aus Bankgeschäften und dem Erwerb von Geldforderungen die Aktivposten aus anderen Geschäften überwiegen. [2] In den Vergleich sind Aktivposten aus Anlagen nach Absatz 1 nicht einzubeziehen.

(3) Die vorstehenden Bestimmungen gelten entsprechend

1. für Pfandleiher im Sinne der Pfandleiherverordnung in der Fassung der Bekanntmachung vom 1. Juni 1976 (BGBl. I S. 1334) in der jeweils geltenden Fassung;
2. für Gewerbebetriebe, die nachweislich ausschließlich unmittelbar oder mittelbar Kredite oder Kreditrisiken aus Bankgeschäften im Sinne des § 1 Abs. 1 Satz 2 Nr. 2, 3 und 8 des Kreditwesengesetzes in der Fassung des Artikels 27 des Gesetzes vom 19. Dezember 2008 (BGBl. I S. 2794) von Kreditinstituten im Sinne des § 1 des Kreditwesengesetzes oder von in § 3 Nr. 2 des Gesetzes genannten Gewerbebetrieben erwerben und Schuldtitel

---

[1] § 19 neu gef. durch G v. 19.12.2008 (BGBl. I S. 2794).

[2] § 19 Abs. 1 Sätze 1 und 2 geänd. durch VO v. 17.11.2010 (BGBl. I S. 1544); Satz 1 geänd. mWv EZ 2021 durch VO v. 25.6.2020 (BGBl. I S. 1495).

[3] § 19 Abs. 2 Satz 1 geänd. durch VO v. 17.11.2010 (BGBl. I S. 1544).

zur Refinanzierung des Kaufpreises für den Erwerb solcher Kredite oder zur Refinanzierung von für die Risikoübernahmen zu stellenden Sicherheiten ausgeben; die Refinanzierung durch Aufnahme von Darlehen von Gewerbebetrieben im Sinne der Nummer 3 an der Stelle der Ausgabe von Schuldtiteln ist unschädlich, und

3. für Gewerbebetriebe, die nachweislich ausschließlich Schuldtitel bezogen auf die in Nummer 2 bezeichneten Kredite oder Kreditrisiken ausgeben und an Gewerbebetriebe im Sinne der Nummer 2 Darlehen gewähren.

4.[1] *(aufgehoben)*

(4)[2] [1] Bei Finanzdienstleistungsinstituten im Sinne des § 1 Absatz 1a des Kreditwesengesetzes, die mit Ausnahme der Unternehmen im Sinne des § 2 Absatz 6 Nummer 17 des Kreditwesengesetzes nicht der Ausnahmeregelung des § 2 Absatz 6 des Kreditwesengesetzes unterliegen, bei Wertpapierinstituten im Sinne des § 2 Absatz 1 des Wertpapierinstitutsgesetzes sowie bei Zahlungsinstituten im Sinne des § 1 Absatz 1 Satz 1 Nummer 1 des Zahlungsdiensteaufsichtsgesetzes unterbleibt eine Hinzurechnung von Entgelten für Schulden und ihnen gleichgestellten Beträgen nach § 8 Nummer 1 Buchstabe a des Gesetzes, soweit die Entgelte und ihnen gleichgestellten Beträge unmittelbar auf Finanzdienstleistungen im Sinne des § 1 Absatz 1a Satz 2 des Kreditwesengesetzes, Wertpapierdienstleistungen im Sinne des § 2 Absatz 2 des Wertpapierinstitutsgesetzes oder Zahlungsdienste im Sinne des § 1 Absatz 1 Satz 2 Nummer 3 Buchstabe b und Nummer 6 des Zahlungsdiensteaufsichtsgesetzes entfallen. [2] Satz 1 ist nur anzuwenden, wenn die Umsätze des Finanzdienstleistungsinstituts zu mindestens 50 Prozent auf Finanzdienstleistungen, des Wertpapierinstituts zu mindestens 50 Prozent auf Wertpapierdienstleistungen, Wertpapiernebendienstleistungen und Nebengeschäfte im Sinne des § 2 Absatz 2 bis 4 des Wertpapierinstitutsgesetzes und die Umsätze des Zahlungsinstituts zu mindestens 50 Prozent auf Zahlungsdienste entfallen.

Zu § 9 des Gesetzes

§ 20 Grundbesitz. (1) [1] Die Frage, ob und inwieweit im Sinne des § 9 Nr. 1 des Gesetzes Grundbesitz zum Betriebsvermögen des Unternehmers gehört, ist nach den Vorschriften des Einkommensteuergesetzes[3] oder des Körperschaftsteuergesetzes[4] zu entscheiden. [2] Maßgebend ist dabei der Stand zu Beginn des Kalenderjahrs.

(2)[5] Gehört der Grundbesitz nur zum Teil zum Betriebsvermögen im Sinne des Absatzes 1, so ist der Kürzung nach § 9 Nr. 1 des Gesetzes nur der entsprechende Teil des *Einheitswerts* [***ab EZ 2025:*** Grundsteuerwerts] zugrunde zu legen.

§ 21 (weggefallen)

---

[1] § 19 Abs. 3 Nr. 4 aufgeh. mWv EZ 2008 durch G v. 8.4.2010 (BGBl. I S. 386).

[2] § 19 Abs. 4 neu gef. durch G v. 26.6.2013 (BGBl. I S. 1809); Satz 1 geänd. mWv EZ 2018 durch G v. 12.12.2019 (BGBl. I S. 2451); Sätze 1 und 2 geänd. durch G v. 12.5.2021 (BGBl. I S. 990).

[3] Nr. **5**.

[4] Nr. **17**.

[5] § 20 Abs. 2 geänd. **mWv EZ 2025** durch G v. 26.11.2019 (BGBl. I S. 1794).

Zu § 11 des Gesetzes

§ 22 Hausgewerbetreibende und ihnen gleichgestellte Personen. [1]Betreibt ein Hausgewerbetreibender oder eine ihm gleichgestellte Person noch eine andere gewerbliche Tätigkeit und sind beide Tätigkeiten als eine Einheit anzusehen, so ist § 11 Abs. 3 des Gesetzes nur anzuwenden, wenn die andere Tätigkeit nicht überwiegt. [2]Die Vergünstigung gilt in diesem Fall für den gesamten Gewerbeertrag.

§§ 23 und 24 (weggefallen)

Zu § 14a des Gesetzes

§ 25 Gewerbesteuererklärung. (1) Eine Gewerbesteuererklärung ist abzugeben

1. für alle gewerbesteuerpflichtigen Unternehmen, deren Gewerbeertrag im Erhebungszeitraum den Betrag von 24 500 Euro überstiegen hat;
2. für Kapitalgesellschaften (Aktiengesellschaften, Kommanditgesellschaften auf Aktien, Gesellschaften mit beschränkter Haftung), wenn sie nicht von der Gewerbesteuer befreit sind;
3.[1)] für Genossenschaften einschließlich Europäischer Genossenschaften und für Versicherungsvereine auf Gegenseitigkeit, wenn sie nicht von der Gewerbesteuer befreit sind. [2]Für sonstige juristische Personen des privaten Rechts und für nichtrechtsfähige Vereine ist eine Gewerbesteuererklärung nur abzugeben, soweit diese Unternehmen einen wirtschaftlichen Geschäftsbetrieb – ausgenommen Land- und Forstwirtschaft – unterhalten, dessen Gewerbeertrag im Erhebungszeitraum den Betrag von 5 000 Euro überstiegen hat;
4.[2)] für Unternehmen von juristischen Personen des öffentlichen Rechts, wenn sie als stehende Gewerbebetriebe anzusehen sind und ihr Gewerbeertrag im Erhebungszeitraum den Betrag von 5 000 Euro überstiegen hat;
5.[3)] für Unternehmen im Sinne des § 3 Nr. 5, 6, 8, 9, 15, 17, 21, 26, 27, 28 und 29 des Gesetzes nur, wenn sie neben der von der Gewerbesteuer befreiten Tätigkeit auch eine der Gewerbesteuer unterliegende Tätigkeit ausgeübt haben und ihr steuerpflichtiger Gewerbeertrag im Erhebungszeitraum den Betrag von 5 000 Euro überstiegen hat;
6. für Unternehmen, für die zum Schluss des vorangegangenen Erhebungszeitraums vortragsfähige Fehlbeträge gesondert festgestellt worden sind;
7. für alle gewerbesteuerpflichtigen Unternehmen, für die vom Finanzamt eine Gewerbesteuererklärung besonders verlangt wird.

(2)[4)] [1]Die Steuererklärung ist spätestens an dem von den obersten Finanzbehörden der Länder bestimmten Zeitpunkt abzugeben. [2]Das Recht des Finanz-

---

[1)] § 25 Abs. 1 Nr. 3 Satz 1 geänd. mWv EZ 2006 durch G v. 7.12.2006 (BGBl. I S. 2782); Satz 2 geänd. mWv EZ 2009 durch G v. 17.3.2009 (BGBl. I S. 550).

[2)] § 25 Abs. 1 Nr. 4 geänd. mWv EZ 2009 durch G v. 17.3.2009 (BGBl. I S. 550).

[3)] § 25 Abs. 1 Nr. 5 geänd. mWv EZ 2009 durch G v. 17.3.2009 (BGBl. I S. 550).

[4)] § 25 Abs. 2 Satz 2 aufgeh., bish. Satz 3 wird Satz 2 mWv EZ 2021 durch VO v. 25.6.2020 (BGBl. I S. 1495).

amts, schon vor diesem Zeitpunkt Angaben zu verlangen, die für die Besteuerung von Bedeutung sind, bleibt unberührt.

§§ 26 bis 28 (weggefallen)

Zu § 19 des Gesetzes

§ 29 Anpassung und erstmalige Festsetzung der Vorauszahlungen.

(1) [1] Setzt das Finanzamt nach § 19 Abs. 3 Satz 3 des Gesetzes einen Steuermessbetrag für Zwecke der Gewerbesteuer-Vorauszahlungen fest, so braucht ein Zerlegungsbescheid nicht erteilt zu werden. [2] Die hebeberechtigten Gemeinden können an dem Steuermessbetrag in demselben Verhältnis beteiligt werden, nach dem die Zerlegungsanteile in dem unmittelbar vorangegangenen Zerlegungsbescheid festgesetzt sind. [3] Das Finanzamt hat in diesem Fall gleichzeitig mit der Festsetzung des Steuermessbetrags den hebeberechtigten Gemeinden mitzuteilen

1.[1)] den Prozentsatz, um den sich der Steuermessbetrag gegenüber dem in der Mitteilung über die Zerlegung (§ 188 Abs. 1 der Abgabenordnung[2)]) angegebenen Steuermessbetrag erhöht oder ermäßigt, oder den Zerlegungsanteil,
2. den Erhebungszeitraum, für den die Änderung erstmals gilt.

(2)[3)] [1] In den Fällen des § 19 Abs. 4 des Gesetzes hat das Finanzamt erforderlichenfalls den Steuermessbetrag für Zwecke der Gewerbesteuer-Vorauszahlungen zu zerlegen. [2] Das Gleiche gilt in den Fällen des § 19 Abs. 3 des Gesetzes, wenn an den Vorauszahlungen nicht dieselben Gemeinden beteiligt sind, die nach dem unmittelbar vorangegangenen Zerlegungsbescheid beteiligt waren. [3] Bei der Zerlegung sind die mutmaßlichen Arbeitslöhne des Erhebungszeitraums anzusetzen, für den die Festsetzung der Vorauszahlungen erstmals gilt.

§ 30 Verlegung von Betriebsstätten. [1] Wird eine Betriebsstätte in eine andere Gemeinde verlegt, so sind die Vorauszahlungen in dieser Gemeinde von dem auf die Verlegung folgenden Fälligkeitstag ab zu entrichten. [2] Das gilt nicht, wenn in der Gemeinde, aus der die Betriebsstätte verlegt wird, mindestens eine Betriebsstätte des Unternehmens bestehen bleibt.

§§ 31 bis 33 (weggefallen)

Zu § 34 des Gesetzes

§ 34 Kleinbeträge bei Verlegung der Geschäftsleitung. Hat das Unternehmen die Geschäftsleitung im Laufe des Erhebungszeitraums in eine andere Gemeinde verlegt, so ist der Kleinbetrag der Gemeinde zuzuweisen, in der sich die Geschäftsleitung am Ende des Erhebungszeitraums befindet.

---

1) § 29 Abs. 1 Satz 3 Nr. 1 geänd. mWv EZ 2006 durch G v. 13.12.2006 (BGBl. I S. 2878).
2) Nr. 1.
3) § 29 Abs. 2 Satz 3 geänd. mWv EZ 2006 durch G v. 13.12.2006 (BGBl. I S. 2878).

Zu § 35a des Gesetzes

§ 35 Reisegewerbebetriebe. (1) [1]Der Mittelpunkt der gewerblichen Tätigkeit befindet sich in der Gemeinde, von der aus die gewerbliche Tätigkeit vorwiegend ausgeübt wird. [2]Das ist in der Regel die Gemeinde, in der sich der Wohnsitz des Reisegewerbetreibenden befindet. [3]In Ausnahmefällen ist Mittelpunkt eine auswärtige Gemeinde, wenn die gewerbliche Tätigkeit von dieser Gemeinde (z.B. von einem Büro oder Warenlager) aus vorwiegend ausgeübt wird. [4]Ist der Mittelpunkt der gewerblichen Tätigkeit nicht feststellbar, so ist die Gemeinde hebeberechtigt, in der der Unternehmer polizeilich gemeldet oder meldepflichtig ist.

(2) Eine Zerlegung des Steuermessbetrags auf die Gemeinden, in denen das Gewerbe ausgeübt worden ist, unterbleibt.

(3) [1]Der Steuermessbetrag ist im Fall des § 35a Abs. 4 des Gesetzes nach dem Anteil der Kalendermonate auf die hebeberechtigten Gemeinden zu zerlegen. [2]Kalendermonate, in denen die Steuerpflicht nur während eines Teils bestanden hat, sind voll zu rechnen. [3]Der Anteil für den Kalendermonat, in dem der Mittelpunkt der gewerblichen Tätigkeit verlegt worden ist, ist der Gemeinde zuzuteilen, in der sich der Mittelpunkt in diesem Kalendermonat die längste Zeit befunden hat.

Schlussvorschriften

§ 36[1] Zeitlicher Anwendungsbereich. Die vorstehende Fassung dieser Verordnung ist erstmals für den Erhebungszeitraum 2021 anzuwenden.

[1] § 36 neu gef. durch VO v. 25.6.2020 (BGBl. I S. 1495).

12. Grunderwerbsteuergesetz (GrEStG)

In der Fassung der Bekanntmachung vom 26. Februar 1997[1)]
(BGBl. I S. 418, ber. S. 1804)

FNA 610-6-10

geänd. durch Art. 15 Steuerentlastungsgesetz 1999/2000/2002 v. 24.03.1999 (BGBl. I S. 402), Art. 13 Steuer-Euroglättungsgesetz (StEuglG) v. 19.12.2000 (BGBl. I S. 1790), Art. 13 Steueränderungsgesetz 2001 (StÄndG 2001) v. 20.12.2001 (BGBl. I S. 3794), Art. 9 Fünftes Gesetz zur Änderung des Steuerbeamten-Ausbildungsgesetzes und zur Änderung von Steuergesetzen v. 23.7.2002 (BGBl. I S. 2715), Art. 26 Drittes Gesetz zur Änderung verwaltungsverfahrensrechtlicher Vorschriften v. 21.8. 2002 (BGBl. I S. 3322), Art. 18 Richtlinien-Umsetzungsgesetz (EURLUmsG) v. 9.12.2004 (BGBl. I S. 3310, 3548, 3843), Art. 5 Gesetz zur Beschleunigung der Umsetzung von Öffentlich Privaten Partnerschaften und zur Verbesserung gesetzlicher Rahmenbedingungen für Öffentliche Private Partnerschaften v. 1.9.2005 (BGBl. I S. 2676), Art. 10 Jahressteuergesetz 2008 (JStG 2008) v. 20.12.2007 (BGBl. I S. 3150), Art. 13 Jahressteuergesetz 2009 (JStG 2009) v. 19.12.2008 (BGBl. I S. 2794), Art. 7 Gesetz zur Beschleunigung des Wirtschaftswachstums (Wachstumsbeschleunigungsgesetz) v. 22.12. 2009 (BGBl. I S. 3950), Art. 29 Jahressteuergesetz 2010 (JStG 2010) v. 8.12.2010 (BGBl. I S. 1768), Art. 12 Gesetz zur Umsetzung der Richtlinie 2009/65/EG zur Koordinierung der Rechts- und Verwaltungsvorschriften betreffend bestimmte Organismen für gemeinsame Anlagen in Wertpapieren (OGAW-IV-Umsetzungsgesetz – OGAW-IV-UmsG) v. 22.6.2011 (BGBl. I S. 1126), Art. 9 Steuervereinfachungsgesetz 2011 v. 1.11.2011 (BGBl. I S. 2131), Art. 26 Gesetz zur Umsetzung der Amtshilferichtlinie sowie zur Änderung steuerlicher Vorschriften (Amtshilferichtlinie-Umsetzungsgesetz – AmtshilfeRLUmsG) v. 26.6.2013 (BGBl. I S. 1809), Art. 14 Gesetz zur Anpassung des nationalen Steuerrechts an den Beitritt Kroatiens zur EU und zur Änderung weiterer steuerlicher Vorschriften v. 25.7.2014 (BGBl. I S. 1266), BVerfG, Beschl. – 1 BvL 13/11, 1 BvL 14/11 – v. 23.6.2015 (BGBl. I S. 1423), Art. 8 Steueränderungsgesetz 2015 v. 2.11.2015 (BGBl. I S. 1834), Art. 18 Gesetz zur Modernisierung des Besteuerungsverfahrens v. 18.7.2016 (BGBl. I S. 1679), Art. 14 Gesetz zur Vermeidung von Umsatzsteuerausfällen beim Handel mit Waren im Internet und zur Änderung weiterer steuerlicher Vorschriften v. 11.12.2018 (BGBl. I S. 2338), Art. 6 Gesetz über steuerliche und weitere Begleitregelungen zum Austritt des Vereinigten Königreichs Großbritannien und Nordirland aus der Europäischen Union (Brexit-Steuerbegleitgesetz – Brexit-StBG) v. 25.3.2019 (BGBl. I S. 357), Art. 196 Elfte Zuständigkeitsanpassungsverordnung v. 19.6.2020 (BGBl. I S. 1328), Art. 13 Gesetz zur Förderung der Elektromobilität und zur Modernisierung des Wohnungseigentumsgesetzes und zur Änderung von kosten- und grundbuchrechtlichen Vorschriften (Wohnungseigentumsmodernisierungsgesetz – WEMoG) v. 16.10.2020 (BGBl. I S. 2187), Art. 32 und 33 Jahressteuergesetz 2020 (JStG 2020) v. 21.12.2020 (BGBl. I S. 3096), Art. 1 Gesetz zur Änderung des Grunderwerbsteuergesetzes v. 12.5.2021 (BGBl. I S. 986), Art. 6 Gesetz zur Stärkung des Fondsstandorts Deutschland und zur Umsetzung der Richtlinie (EU) 2019/1160 zur Änderung der Richtlinien 2009/65/EG und 2011/61/EU im Hinblick auf den grenzüberschreitenden Vertrieb von Organismen für gemeinsame Anlagen (Fondsstandortgesetz – FoStoG) v. 3.6.2021 (BGBl. I S. 1498), Art. 9 Gesetz zur Modernisierung des Körperschaftsteuerrechts v. 25.6.2021 (BGBl. I S. 2050) und Art. 11 Gesetz zur Abwehr von Steuervermeidung und unfairem Steuerwettbewerb und zur Änderung weiterer Gesetze v. 25.6.2021 (BGBl. I S. 2056)

Nichtamtliche Inhaltsübersicht

Erster Abschnitt. Gegenstand der Steuer

§ 1 Erwerbsvorgänge
§ 2 Grundstücke

Zweiter Abschnitt. Steuervergünstigungen

§ 3 Allgemeine Ausnahmen von der Besteuerung
§ 4 Besondere Ausnahmen von der Besteuerung
§ 5 Übergang auf eine Gesamthand
§ 6 Übergang von einer Gesamthand

[1)] Neubekanntmachung des GrEStG v. 17.12.1982 (BGBl. I S. 1777) in der ab 1.1.1997 geltenden Fassung.

§ 6a Steuervergünstigung bei Umstrukturierungen im Konzern
§ 7 Umwandlung von gemeinschaftlichem Eigentum in Flächeneigentum

Dritter Abschnitt. Bemessungsgrundlage

§ 8 Grundsatz
§ 9 Gegenleistung
§ 10 (weggefallen)

Vierter Abschnitt. Steuerberechnung

§ 11 Steuersatz, Abrundung
§ 12 Pauschbesteuerung

Fünfter Abschnitt. Steuerschuld

§ 13 Steuerschuldner
§ 14 Entstehung der Steuer in besonderen Fällen
§ 15 Fälligkeit der Steuer

Sechster Abschnitt. Nichtfestsetzung der Steuer, Aufhebung oder Änderung der Steuerfestsetzung

§ 16 Nichtfestsetzung der Steuer, Aufhebung oder Änderung der Steuerfestsetzung

Siebenter Abschnitt. Örtliche Zuständigkeit, Feststellung von Besteuerungsgrundlagen, Anzeigepflichten und Erteilung der Unbedenklichkeitsbescheinigung

§ 17 Örtliche Zuständigkeit, Feststellung von Besteuerungsgrundlagen
§ 18 Anzeigepflicht der Gerichte, Behörden und Notare
§ 19 Anzeigepflicht der Beteiligten
§ 20 Inhalt der Anzeigen
§ 21 Urkundenaushändigung
§ 22 Unbedenklichkeitsbescheinigung

Achter Abschnitt. Durchführung

§ 22a Ermächtigung

Neunter Abschnitt. Übergangs- und Schlußvorschriften

§ 23 Anwendungsbereich
§§ 24 bis 27 (weggefallen)
§ 28 (Inkrafttreten)

Erster Abschnitt. Gegenstand der Steuer

§ 1 Erwerbsvorgänge. (1) Der Grunderwerbsteuer unterliegen die folgenden Rechtsvorgänge, soweit sie sich auf inländische Grundstücke beziehen:

1. ein Kaufvertrag oder ein anderes Rechtsgeschäft, das den Anspruch auf Übereignung begründet;
2. die Auflassung, wenn kein Rechtsgeschäft vorausgegangen ist, das den Anspruch auf Übereignung begründet;
3. der Übergang des Eigentums, wenn kein den Anspruch auf Übereignung begründendes Rechtsgeschäft vorausgegangen ist und es auch keiner Auflassung bedarf. [2] Ausgenommen sind

   a)[1)] der Übergang des Eigentums durch die Abfindung in Land und die unentgeltliche Zuteilung von Land für gemeinschaftliche Anlagen im Flurbereinigungsverfahren sowie durch die entsprechenden Rechtsvorgänge im beschleunigten Zusammenlegungsverfahren und im Landtauschverfahren nach dem Flurbereinigungsgesetz in seiner jeweils geltenden Fassung bis zur Höhe des Sollanspruchs, wenn der neue Eigentü-

[1)] § 1 Abs. 1 Nr. 3 Satz 2 Buchst. a geänd. mWv 29.12.2020 durch G v. 21.12.2020 (BGBl. I S. 3096); zur Anwendung siehe § 23 Abs. 17; geänd. mWv 2.8.2021 durch G v. 3.6.2021 (BGBl. I S. 1498).

mer in diesem Verfahren als Eigentümer eines im Flurbereinigungsgebiet gelegenen Grundstücks Beteiligter ist; in diesen Fällen ist auch der den Sollanspruch auf Zuteilung übersteigende Teil der Zuteilung (Mehrzuteilung) ausgenommen, wenn der Wert des dem neuen Eigentümer zugeteilten Grundstücks seinen sich aus dem Wert des eingebrachten Grundstücks ergebenden Sollanspruch auf Zuteilung nicht um mehr als 20 vom Hundert übersteigt,

b)[1] der Übergang des Eigentums im Umlegungsverfahren nach dem Baugesetzbuch in seiner jeweils geltenden Fassung bis zur Höhe des Sollanspruchs, wenn der neue Eigentümer in diesem Verfahren als Eigentümer eines im Umlegungsgebiet gelegenen Grundstücks Beteiligter ist; in diesen Fällen ist auch der den Sollanspruch auf Zuteilung übersteigende Teil der Zuteilung (Mehrzuteilung) ausgenommen, wenn der Wert des dem neuen Eigentümer zugeteilten Grundstücks seinen sich aus dem Wert des eingebrachten Grundstücks ergebenden Sollanspruch auf Zuteilung nicht um mehr als 20 vom Hundert übersteigt,

c) der Übergang des Eigentums im Zwangsversteigerungsverfahren;

4. das Meistgebot im Zwangsversteigerungsverfahren;
5. ein Rechtsgeschäft, das den Anspruch auf Abtretung eines Übereignungsanspruchs oder der Rechte aus einem Meistgebot begründet;
6. ein Rechtsgeschäft, das den Anspruch auf Abtretung der Rechte aus einem Kaufangebot begründet. [2]Dem Kaufangebot steht ein Angebot zum Abschluß eines anderen Vertrags gleich, kraft dessen die Übereignung verlangt werden kann;
7. die Abtretung eines der in den Nummern 5 und 6 bezeichneten Rechte, wenn kein Rechtsgeschäft vorausgegangen ist, das den Anspruch auf Abtretung der Rechte begründet.

(2) Der Grunderwerbsteuer unterliegen auch Rechtsvorgänge, die es ohne Begründung eines Anspruchs auf Übereignung einem anderen rechtlich oder wirtschaftlich ermöglichen, ein inländisches Grundstück auf eigene Rechnung zu verwerten.

(2a)[2] [1]Gehört zum Vermögen einer Personengesellschaft ein inländisches Grundstück und ändert sich innerhalb von zehn Jahren der Gesellschafterbestand unmittelbar oder mittelbar dergestalt, daß mindestens 90 vom Hundert der Anteile am Gesellschaftsvermögen auf neue Gesellschafter übergehen, gilt dies als ein auf die Übereignung eines Grundstücks auf eine neue Personengesellschaft gerichtetes Rechtsgeschäft. [2]Mittelbare Änderungen im Gesellschafterbestand von den an einer Personengesellschaft beteiligten Personengesellschaften werden durch Multiplikation der Vomhundertsätze der Anteile am Gesellschaftsvermögen anteilig berücksichtigt. [3]Ist eine Kapitalgesellschaft an einer Personengesellschaft unmittelbar oder mittelbar beteiligt, gelten die Sät-

---

[1] § 1 Abs. 1 Nr. 3 Satz 2 Buchst. b geänd. mWv 29.12.2020 durch G v. 21.12.2020 (BGBl. I S. 3096); zur Anwendung siehe § 23 Abs. 17; geänd. mWv 2.8.2021 durch G v. 3.6.2021 (BGBl. I S. 1498).

[2] § 1 Abs. 2a neu gef. mWv 1.1.2000 (§ 23 Abs. 6 Satz 2) durch G v. 24.3.1999 (BGBl. I S. 402); Satz 1 geänd. und Satz 3 neu gef. mWv 1.1.2002 (§ 23 Abs. 7 Satz 1) durch G v. 20.12.2001 (BGBl. I S. 3794); Sätze 2 bis 5 eingef., bish. Sätze 2 und 3 werden Sätze 6 und 7 durch G v. 2.11.2015 (BGBl. I S. 1834); zur Anwendung siehe § 23 Abs. 13; Sätze 1 und 4 geänd. durch G v. 12.5.2021 (BGBl. I S. 986); zur Anwendung siehe § 23 Abs. 18 bis 20.

ze 4 und 5. [4] Eine unmittelbar beteiligte Kapitalgesellschaft gilt in vollem Umfang als neue Gesellschafterin, wenn an ihr mindestens 90 vom Hundert der Anteile auf neue Gesellschafter übergehen. [5] Bei mehrstufigen Beteiligungen gilt Satz 4 auf der Ebene jeder mittelbar beteiligten Kapitalgesellschaft entsprechend. [6] Bei der Ermittlung des Vomhundertsatzes bleibt der Erwerb von Anteilen von Todes wegen außer Betracht. [7] Hat die Personengesellschaft vor dem Wechsel des Gesellschafterbestandes ein Grundstück von einem Gesellschafter oder einer anderen Gesamthand erworben, ist auf die nach § 8 Abs. 2 Satz 1 Nr. 3 ermittelte Bemessungsgrundlage die Bemessungsgrundlage für den Erwerbsvorgang, für den auf Grund des § 5 Abs. 3 oder des § 6 Abs. 3 Satz 2 die Steuervergünstigung zu versagen ist, mit dem entsprechenden Betrag anzurechnen.

(2b)[1] [1] Gehört zum Vermögen einer Kapitalgesellschaft ein inländisches Grundstück und ändert sich innerhalb von zehn Jahren der Gesellschafterbestand unmittelbar oder mittelbar dergestalt, dass mindestens 90 vom Hundert der Anteile der Gesellschaft auf neue Gesellschafter übergehen, gilt dies als ein auf die Übereignung eines Grundstücks auf eine neue Kapitalgesellschaft gerichtetes Rechtsgeschäft. [2] Mittelbare Änderungen im Gesellschafterbestand von den an einer Kapitalgesellschaft beteiligten Personengesellschaften werden durch Multiplikation der Vomhundertsätze der Anteile der Gesellschaft anteilig berücksichtigt. [3] Ist eine Kapitalgesellschaft an einer Kapitalgesellschaft unmittelbar oder mittelbar beteiligt, gelten die Sätze 4 und 5. [4] Eine unmittelbar beteiligte Kapitalgesellschaft gilt in vollem Umfang als neue Gesellschafterin, wenn an ihr mindestens 90 vom Hundert der Anteile auf neue Gesellschafter übergehen. [5] Bei mehrstufigen Beteiligungen gilt Satz 4 auf der Ebene jeder mittelbar beteiligten Kapitalgesellschaft entsprechend. [6] Bei der Ermittlung des Vomhundertsatzes bleibt der Erwerb von Anteilen von Todes wegen außer Betracht.

(2c)[2] Bei der Ermittlung des Vomhundertsatzes im Sinne von Absatz 2a Satz 1 und Absatz 2b Satz 1 bleiben Übergänge von Anteilen an Kapitalgesellschaften außer Betracht, die zum Handel an einem im Inland, in einem anderen Mitgliedstaat der Europäischen Union oder einem anderen Vertragsstaat des Abkommens über den Europäischen Wirtschaftsraum betriebenen organisierten Markt nach § 2 Absatz 11 des Wertpapierhandelsgesetzes oder einem Drittlandhandelsplatz, der gemäß Artikel 25 Absatz 4 Buchstabe a der Richtlinie 2014/65/EU von der Europäischen Kommission als gleichwertig erklärt wurde, zugelassen sind, soweit der Anteilsübergang auf Grund eines Geschäfts an diesem Markt oder Drittlandhandelsplatz oder einem multilateralen Handelssystem im Sinne des Artikels 2 Absatz 1 Nummer 14 der Verordnung (EU) Nr. 600/2014 erfolgt.

(3)[3] Gehört zum Vermögen einer Gesellschaft ein inländisches Grundstück, so unterliegen der Steuer, soweit eine Besteuerung nach den Absätzen 2a und 2b nicht in Betracht kommt, außerdem:

---

[1] § 1 Abs. 2b eingef. mWv 1.7.2021 durch G v. 12.5.2021 (BGBl. I S. 986); zur Anwendung siehe § 23 Abs. 18 und 23.

[2] § 1 Abs. 2c eingef. mWv 1.7.2021 durch G v. 12.5.2021 (BGBl. I S. 986).

[3] § 1 Abs. 3 Nr. 1 bis 4 geänd. mWv 1.1.2000 (§ 23 Abs. 6 Satz 2) durch G v. 24.3.1999 (BGBl. I S. 402); einl. Satzteil geänd. mWv 1.7.2021 durch G v. 12.5.2021 (BGBl. I S. 986); zur Anwendung siehe § 23 Abs. 18.

1.[1] ein Rechtsgeschäft, das den Anspruch auf Übertragung eines oder mehrerer Anteile der Gesellschaft begründet, wenn durch die Übertragung unmittelbar oder mittelbar mindestens 90 vom Hundert der Anteile der Gesellschaft in der Hand des Erwerbers oder in der Hand von herrschenden und abhängigen Unternehmen oder abhängigen Personen oder in der Hand von abhängigen Unternehmen oder abhängigen Personen allein vereinigt werden würden;

2.[2] die Vereinigung unmittelbar oder mittelbar von mindestens 90 vom Hundert der Anteile der Gesellschaft, wenn kein schuldrechtliches Geschäft im Sinne der Nummer 1 vorausgegangen ist;

3.[3] ein Rechtsgeschäft, das den Anspruch auf Übertragung unmittelbar oder mittelbar von mindestens 90 vom Hundert der Anteile der Gesellschaft begründet;

4.[4] der Übergang unmittelbar oder mittelbar von mindestens 90 vom Hundert der Anteile der Gesellschaft auf einen anderen, wenn kein schuldrechtliches Geschäft im Sinne der Nummer 3 vorausgegangen ist.

(3a)[5] [1]Soweit eine Besteuerung nach den Absätzen 2a, 2b und 3 nicht in Betracht kommt, gilt als Rechtsvorgang im Sinne des Absatzes 3 auch ein solcher, aufgrund dessen ein Rechtsträger unmittelbar oder mittelbar oder teils unmittelbar, teils mittelbar eine wirtschaftliche Beteiligung in Höhe von mindestens 90 vom Hundert an einer Gesellschaft, zu deren Vermögen ein inländisches Grundstück gehört, innehat. [2]Die wirtschaftliche Beteiligung ergibt sich aus der Summe der unmittelbaren und mittelbaren Beteiligungen am Kapital oder am Vermögen der Gesellschaft. [3]Für die Ermittlung der mittelbaren Beteiligungen sind die Vomhundertsätze am Kapital oder am Vermögen der Gesellschaften zu multiplizieren.

(4)[6] Im Sinne des Absatzes 3 gelten als abhängig

1. natürliche Personen, soweit sie einzeln oder zusammengeschlossen einem Unternehmen so eingegliedert sind, dass sie den Weisungen des Unternehmers in Bezug auf die Anteile zu folgen verpflichtet sind;
2. juristische Personen, die nach dem Gesamtbild der tatsächlichen Verhältnisse finanziell, wirtschaftlich und organisatorisch in ein Unternehmen eingegliedert sind.

(5) Bei einem Tauschvertrag, der für beide Vertragsteile den Anspruch auf Übereignung eines Grundstücks begründet, unterliegt der Steuer sowohl die Vereinbarung über die Leistung des einen als auch die Vereinbarung über die Leistung des anderen Vertragsteils.

---

[1] § 1 Abs. 3 Nr. 1 geänd. durch G v. 12.5.2021 (BGBl. I S. 986); zur Anwendung siehe § 23 Abs. 18 und 21.

[2] § 1 Abs. 3 Nr. 2 geänd. durch G v. 12.5.2021 (BGBl. I S. 986); zur Anwendung siehe § 23 Abs. 18 und 21.

[3] § 1 Abs. 3 Nr. 3 geänd. mWv 1.7.2021 durch G v. 12.5.2021 (BGBl. I S. 986); zur Anwendung siehe § 23 Abs. 18.

[4] § 1 Abs. 3 Nr. 4 geänd. mWv 1.7.2021 durch G v. 12.5.2021 (BGBl. I S. 986); zur Anwendung siehe § 23 Abs. 18.

[5] § 1 Abs. 3a eingef. durch G v. 26.6.2013 (BGBl. I S. 1809); zur Anwendung siehe § 23 Abs. 11; Satz 1 geänd. durch G v. 12.5.2021 (BGBl. I S. 986); zur Anwendung siehe § 23 Abs. 18 und 22.

[6] § 1 Abs. 4 neu gef. mWv 15.12.2018 durch G v. 11.12.2018 (BGBl. I S. 2338); zur Anwendung siehe § 23 Abs. 16 Satz 1.

(6)[1] [1]Ein in Absatz 1, 2, 3 oder Absatz 3a bezeichneter Rechtsvorgang unterliegt der Steuer auch dann, wenn ihm ein in einem anderen dieser Absätze bezeichneter Rechtsvorgang vorausgegangen ist. [2]Die Steuer wird jedoch nur insoweit erhoben, als die Bemessungsgrundlage für den späteren Rechtsvorgang den Betrag übersteigt, von dem beim vorausgegangenen Rechtsvorgang die Steuer berechnet worden ist.

(7)[2] *(aufgehoben)*

§ 2 Grundstücke. (1) [1]Unter Grundstücken im Sinne dieses Gesetzes sind Grundstücke im Sinne des bürgerlichen Rechts zu verstehen. [2]Jedoch werden nicht zu den Grundstücken gerechnet:

1. Maschinen und sonstige Vorrichtungen aller Art, die zu einer Betriebsanlage gehören,
2. Mineralgewinnungsrechte und sonstige Gewerbeberechtigungen,
3.[3] das Recht des Grundstückseigentümers auf den Erbbauzins.

(2) Den Grundstücken stehen gleich

1. Erbbaurechte,
2. Gebäude auf fremdem Boden,
3.[4] dinglich gesicherte Sondernutzungsrechte nach den Vorschriften des Wohnungseigentumsgesetzes und des § 1010 des Bürgerlichen Gesetzbuchs.

(3) [1]Bezieht sich ein Rechtsvorgang auf mehrere Grundstücke, die zu einer wirtschaftlichen Einheit gehören, so werden diese Grundstücke als ein Grundstück behandelt. [2]Bezieht sich ein Rechtsvorgang auf einen oder mehrere Teile eines Grundstücks, so werden diese Teile als ein Grundstück behandelt.

Zweiter Abschnitt. Steuervergünstigungen

§ 3 Allgemeine Ausnahmen von der Besteuerung. Von der Besteuerung sind ausgenommen:

1.[5] der Erwerb eines Grundstücks, wenn der für die Berechnung der Steuer maßgebende Wert (§ 8) 2 500 Euro nicht übersteigt;
2. der Grundstückserwerb von Todes wegen und Grundstücksschenkungen unter Lebenden im Sinne des Erbschaftsteuer- und Schenkungsteuergesetzes[6]. [2]Schenkungen unter einer Auflage unterliegen der Besteuerung jedoch hinsichtlich des Werts solcher Auflagen, die bei der Schenkungsteuer abziehbar sind;
3.[7] der Erwerb eines zum Nachlaß gehörigen Grundstücks durch Miterben zur Teilung des Nachlasses. [2]Den Miterben steht der überlebende Ehegatte

---

[1] § 1 Abs. 6 geänd. mWv 1.4.1999 (§ 23 Abs. 6 Satz 1) durch G v. 24.3.1999 (BGBl. I S. 402); Satz 1 geänd. durch G v. 26.6.2013 (BGBl. I S. 1809); zur Anwendung siehe § 23 Abs. 11.

[2] § 1 Abs. 7 aufgeh. durch G v. 20.12.2001 (BGBl. I S. 3794); zur letztmaligen Anwendung siehe § 23 Abs. 7 Satz 2.

[3] § 2 Abs. 1 Satz 2 Nr. 3 angef. mWv 1.1.2002 (§ 23 Abs. 7 Satz 1) durch G v. 20.12.2001 (BGBl. I S. 3794).

[4] § 2 Abs. 2 Nr. 3 geänd. mWv 1.12.2020 durch G v. 16.10.2020 (BGBl. I S. 2187).

[5] § 3 Nr. 1 geänd. mWv 1.1.2002 durch G v. 19.12.2000 (BGBl. I S. 1790).

[6] Nr. **7**.

[7] § 3 Nr. 3 Sätze 2 und 3 neu gef. mWv 14.12.2010 durch G v. 8.12.2010 (BGBl. I S. 1768); zur Anwendung siehe § 23 Abs. 9.

oder Lebenspartner gleich, wenn er mit den Erben des verstorbenen Ehegatten oder Lebenspartners gütergemeinschaftliches Vermögen zu teilen hat oder wenn ihm in Anrechnung auf eine Ausgleichsforderung am Zugewinn des verstorbenen Ehegatten oder Lebenspartners ein zum Nachlass gehöriges Grundstück übertragen wird. [3]Den Miterben stehen außerdem ihre Ehegatten oder ihre Lebenspartner gleich;

4.[1)] der Grundstückserwerb durch den Ehegatten oder den Lebenspartner des Veräußerers;

5. der Grundstückserwerb durch den früheren Ehegatten des Veräußerers im Rahmen der Vermögensauseinandersetzung nach der Scheidung;

5a.[2)] der Grundstückserwerb durch den früheren Lebenspartner des Veräußerers im Rahmen der Vermögensauseinandersetzung nach der Aufhebung der Lebenspartnerschaft;

6.[3)] der Erwerb eines Grundstücks durch Personen, die mit dem Veräußerer in gerader Linie verwandt sind oder deren Verwandtschaft durch die Annahme als Kind bürgerlich-rechtlich erloschen ist. [2]Den Abkömmlingen stehen die Stiefkinder gleich. [3]Den in den Sätzen 1 und 2 genannten Personen stehen deren Ehegatten oder deren Lebenspartner gleich;

7.[4)] der Erwerb eines zum Gesamtgut gehörigen Grundstücks durch Teilnehmer an einer fortgesetzten Gütergemeinschaft zur Teilung des Gesamtguts. [2]Den Teilnehmern an der fortgesetzten Gütergemeinschaft stehen ihre Ehegatten oder ihre Lebenspartner gleich;

8. der Rückerwerb eines Grundstücks durch den Treugeber bei Auflösung des Treuhandverhältnisses. [2]Voraussetzung ist, daß für den Rechtsvorgang, durch den der Treuhänder den Anspruch auf Übereignung des Grundstücks oder das Eigentum an dem Grundstück erlangt hatte, die Steuer entrichtet worden ist. [3]Die Anwendung der Vorschrift des § 16 Abs. 2 bleibt unberührt.

§ 4 Besondere Ausnahmen von der Besteuerung. Von der Besteuerung sind ausgenommen:

1.[5)] der Erwerb eines Grundstücks durch eine juristische Person des öffentlichen Rechts, wenn das Grundstück aus Anlaß des Übergangs von öffentlich-rechtlichen Aufgaben oder aus Anlaß von Grenzänderungen von der einen auf die andere juristische Person übergeht und nicht überwiegend einem Betrieb gewerblicher Art dient;

2. der Erwerb eines Grundstücks durch einen ausländischen Staat, wenn das Grundstück für die Zwecke von Botschaften, Gesandtschaften oder Konsulaten dieses Staates bestimmt ist und Gegenseitigkeit gewährt wird;

[1)] § 3 Nr. 4 neu gef. mWv 14.12.2010 durch G v. 8.12.2010 (BGBl. I S. 1768); zur Anwendung siehe § 23 Abs. 9.

[2)] § 3 Nr. 5a eingef. mWv 14.12.2010 durch G v. 8.12.2010 (BGBl. I S. 1768); zur Anwendung siehe § 23 Abs. 9.

[3)] § 3 Nr. 6 neu gef. mWv 14.12.2010 durch G v. 8.12.2010 (BGBl. I S. 1768); zur Anwendung siehe § 23 Abs. 9.

[4)] § 3 Nr. 7 Satz 2 neu gef. mWv 14.12.2010 durch G v. 8.12.2010 (BGBl. I S. 1768); zur Anwendung siehe § 23 Abs. 9.

[5)] § 4 Nr. 1 geänd. mWv 1.1.1998 durch G v. 24.3.1999 (BGBl. I S. 402); zur Anwendung siehe § 23 Abs. 5.

3. der Erwerb eines Grundstücks durch einen ausländischen Staat oder eine ausländische kulturelle Einrichtung, wenn das Grundstück für kulturelle Zwecke bestimmt ist und Gegenseitigkeit gewährt wird;

4.[1] der Übergang von Grundstücken gemäß § 1 Absatz 1 Nummer 3 und von Gesellschaftsanteilen gemäß § 1 Absatz 3 Nummer 2 und 4 als unmittelbare Rechtsfolge eines Zusammenschlusses kommunaler Gebietskörperschaften, der durch Vereinbarung der beteiligten Gebietskörperschaften mit Zustimmung der nach Landesrecht zuständigen Stelle oder durch Gesetz zustande kommt, sowie Rechtsgeschäfte über Grundstücke gemäß § 1 Absatz 1 Nummer 1 und über Gesellschaftsanteile gemäß § 1 Absatz 3 Nummer 1 und 3 aus Anlass der Aufhebung der Kreisfreiheit einer Gemeinde;

5.[2] der Erwerb eines Grundstücks von einer juristischen Person des öffentlichen Rechts sowie der Rückerwerb des Grundstücks durch die juristische Person des öffentlichen Rechts, wenn das Grundstück im Rahmen einer Öffentlich Privaten Partnerschaft für einen öffentlichen Dienst oder Gebrauch im Sinne des § 3 Abs. 2 des Grundsteuergesetzes[3] benutzt wird und zwischen dem Erwerber und der juristischen Person des öffentlichen Rechts die Rückübertragung des Grundstücks am Ende des Vertragszeitraums vereinbart worden ist. [2]Die Ausnahme von der Besteuerung entfällt mit Wirkung für die Vergangenheit, wenn die juristische Person des öffentlichen Rechts auf die Rückübertragung des Grundstücks verzichtet oder das Grundstück nicht mehr für einen öffentlichen Dienst oder Gebrauch genutzt wird;

6.[4] Erwerbe, die allein auf dem Austritt des Vereinigten Königreichs Großbritannien und Nordirland aus der Europäischen Union beruhen.

§ 5 Übergang auf eine Gesamthand. (1)[5] [1]Geht ein Grundstück von mehreren Miteigentümern auf eine Gesamthand (Gemeinschaft zur gesamten Hand) über, so wird die Steuer nicht erhoben, soweit der Anteil des einzelnen am Vermögen der Gesamthand Beteiligten seinem Bruchteil am Grundstück entspricht. [2]Satz 1 gilt nicht für eine Gesamthand, die nach § 1a des Körperschaftsteuergesetzes[6] optiert hat, es sei denn, die Ausübung und Wirksamkeit der Option liegt länger als die in Absatz 3 Satz 1 genannte Frist zurück und die jeweilige Beteiligung am Vermögen der Gesamthand besteht länger als die in Absatz 3 Satz 1 genannte Frist. [3]Satz 1 gilt nicht für eine Gesellschaft im Sinne des § 1 Absatz 1 des Körperschaftsteuergesetzes mit Sitz im Ausland, deren Ort der Geschäftsleitung im Inland belegen ist, und die nach inländischem Gesellschaftsrecht als Personengesellschaft behandelt wird.

(2)[7] [1]Geht ein Grundstück von einem Alleineigentümer auf eine Gesamthand über, so wird die Steuer in Höhe des Anteils nicht erhoben, zu dem der

[1] § 4 Nr. 4 neu gef. durch G v. 26.6.2013 (BGBl. I S. 1809); zur Anwendung siehe § 23 Abs. 11.

[2] § 4 Nr. 9 angef. mWv 8.9.2005 durch G v. 1.9.2005 (BGBl. I S. 2676); Nr. 5 bis 8 aufgeh., bish. Nr. 9 wird Nr. 5 durch G v. 26.6.2013 (BGBl. I S. 1809); zur Anwendung siehe § 23 Abs. 11.

[3] Nr. **13**.

[4] § 4 Nr. 6 angef. durch G v. 25.3.2019 (BGBl. I S. 357).

[5] § 5 Abs. 1 Satz 2 angef. mWv 1.7.2021 durch G v. 25.6.2021 (BGBl. I S. 2050); Satz 3 angef. mWv 1.7.2021 durch G v. 25.6.2021 (BGBl. I S. 2056).

[6] Nr. **17**.

[7] § 5 Abs. 2 Satz 2 angef. mWv 1.7.2021 durch G v. 25.6.2021 (BGBl. I S. 2050); Satz 3 angef. mWv 1.7.2021 durch G v. 25.6.2021 (BGBl. I S. 2056).

Veräußerer am Vermögen der Gesamthand beteiligt ist. [2] Absatz 1 Satz 2 gilt entsprechend. [3] Absatz 1 Satz 3 gilt entsprechend.

(3)[1)] [1] Die Absätze 1 und 2 sind insoweit nicht anzuwenden, als sich der Anteil des Veräußerers am Vermögen der Gesamthand innerhalb von zehn Jahren nach dem Übergang des Grundstücks auf die Gesamthand vermindert. [2] Satz 1 gilt nicht, soweit allein durch den Austritt des Vereinigten Königreichs Großbritannien und Nordirland aus der Europäischen Union sich der Anteil des Veräußerers am Vermögen der Gesamthand innerhalb von zehn Jahren nach dem Übergang des Grundstücks auf die Gesamthand vermindert. [3] Bei der Anwendung des Satzes 1 gilt die Ausübung der Option nach § 1a des Körperschaftsteuergesetzes als Verminderung des Anteils des Veräußerers am Vermögen der Gesamthand, wenn die Option innerhalb der jeweils für Satz 1 geltenden Frist ausgeübt und wirksam wird.

§ 6 Übergang von einer Gesamthand. (1) [1] Geht ein Grundstück von einer Gesamthand in das Miteigentum mehrerer an der Gesamthand beteiligter Personen über, so wird die Steuer nicht erhoben, soweit der Bruchteil, den der einzelne Erwerber erhält, dem Anteil entspricht, zu dem er am Vermögen der Gesamthand beteiligt ist. [2] Wird ein Grundstück bei der Auflösung der Gesamthand übertragen, so ist die Auseinandersetzungsquote maßgebend, wenn die Beteiligten für den Fall der Auflösung der Gesamthand eine vom Beteiligungsverhältnis abweichende Auseinandersetzungsquote vereinbart haben.

(2) [1] Geht ein Grundstück von einer Gesamthand in das Alleineigentum einer an der Gesamthand beteiligten Person über, so wird die Steuer in Höhe des Anteils nicht erhoben, zu dem der Erwerber am Vermögen der Gesamthand beteiligt ist. [2] Geht ein Grundstück bei der Auflösung der Gesamthand in das Alleineigentum eines Gesamthänders über, so gilt Absatz 1 Satz 2 entsprechend.

(3)[2)] [1] Die Vorschriften des Absatzes 1 gelten entsprechend beim Übergang eines Grundstücks von einer Gesamthand auf eine andere Gesamthand. [2] Absatz 1 ist insoweit nicht entsprechend anzuwenden, als sich der Anteil des Gesamthänders am Vermögen der erwerbenden Gesamthand innerhalb von zehn Jahren nach dem Übergang des Grundstücks von der einen auf die andere Gesamthand vermindert. [3] Satz 2 gilt nicht, soweit allein durch den Austritt des Vereinigten Königreichs Großbritannien und Nordirland aus der Europäischen Union sich der Anteil des Gesamthänders am Vermögen der erwerbenden Gesamthand innerhalb von fünf Jahren nach dem Übergang des Grundstücks auf die Gesamthand vermindert. [4] Absatz 1 ist nicht entsprechend anzuwenden, wenn die erwerbende Gesamthand nach § 1a des Körperschaftsteuergesetzes[3)] optiert hat und von einer Gesamthand übergeht, die nicht nach § 1a des Körperschaftsteuergesetzes optiert hat; es sei denn die Ausübung und Wirk-

---

[1)] § 5 Abs. 3 angef. mWv 1.1.2000 (§ 23 Abs. 6 Satz 2) durch G v. 24.3.1999 (BGBl. I S. 402); Satz 2 angef. mWv 1.2.2020 durch G v. 21.12.2020 (BGBl. I S. 3096); zur Anwendung siehe § 23 Abs. 7 Satz 3; Sätze 1 und 2 geänd. durch G v. 12.5.2021 (BGBl. I S. 986); zur Anwendung siehe § 23 Abs. 18 und 24; Satz 3 angef. mWv 1.7.2021 durch G v. 25.6.2021 (BGBl. I S. 2050).

[2)] § 6 Abs. 3 Satz 2 angef. durch G v. 20.12.2001 (BGBl. I S. 3794); zur Anwendung siehe § 23 Abs. 7 Satz 1; Satz 3 angef. mWv 1.2.2020 durch G v. 21.12.2020 (BGBl. I S. 3096); zur Anwendung siehe § 23 Abs. 7 Satz 3; Satz 2 geänd. durch G v. 12.5.2021 (BGBl. I S. 986); zur Anwendung siehe § 23 Abs. 18 und 24; Satz 4 angef. mWv 1.7.2021 durch G v. 25.6.2021 (BGBl. I S. 2050); Satz 5 angef. mWv 1.7.2021 durch G v. 25.6.2021 (BGBl. I S. 2056).

[3)] Nr. **17**.

samkeit der Option liegt länger als die in Satz 2 genannte Frist zurück und die jeweilige Beteiligung am Vermögen der Gesamthand besteht länger als die in Satz 2 genannte Frist. [5] Absatz 1 ist nicht entsprechend anzuwenden, wenn die erwerbende Gesamthand eine Gesellschaft im Sinne des § 1 Absatz 1 des Körperschaftsteuergesetzes mit Sitz im Ausland ist, deren Ort der Geschäftsleitung im Inland belegen ist, und die nach inländischem Gesellschaftsrecht als Personengesellschaft behandelt wird.

(4)[1)] Die Vorschriften der Absätze 1 bis 3 gelten insoweit nicht, als

1. ein Gesamthänder – im Fall der Erbfolge sein Rechtsvorgänger – innerhalb von zehn Jahren vor dem Erwerbsvorgang seinen Anteil an der Gesamthand durch Rechtsgeschäft unter Lebenden erworben hat oder
2. die vom Beteiligungsverhältnis abweichende Auseinandersetzungsquote innerhalb der letzten zehn Jahre vor der Auflösung der Gesamthand vereinbart worden ist oder
3. bei einem Erwerbsvorgang im Sinne des § 1 Absatz 3 Nummer 1 oder Nummer 2 oder Absatz 3a der Erwerber – im Fall der Erbfolge sein Rechtsvorgänger – innerhalb von 15 Jahren vor dem Erwerbsvorgang seinen Anteil am Vermögen der Personengesellschaft erstmals durch Rechtsgeschäft unter Lebenden erworben hat, es sei denn, einer der Erwerbe der Anteile am Gesellschaftsvermögen durch diesen Erwerber – im Fall der Erbfolge durch seinen Rechtsvorgänger – hat zu einem steuerpflichtigen Erwerbsvorgang im Sinne des § 1 Absatz 2a geführt.

§ 6a[2)] Steuervergünstigung bei Umstrukturierungen im Konzern.

[1] Für einen nach § 1 Absatz 1 Nummer 3 Satz 1, Absatz 2 bis 3 oder Absatz 3a steuerbaren Rechtsvorgang auf Grund einer Umwandlung im Sinne des § 1 Absatz 1 Nummer 1 bis 3 des Umwandlungsgesetzes, einer Einbringung oder eines anderen Erwerbsvorgangs auf gesellschaftsvertraglicher Grundlage wird die Steuer nicht erhoben. [2] Satz 1 gilt auch für entsprechende Umwandlungen, Einbringungen sowie andere Erwerbsvorgänge auf gesellschaftsvertraglicher Grundlage auf Grund des Rechts eines Mitgliedstaates der Europäischen Union oder eines Staats, auf den das Abkommen über den Europäischen Wirtschaftsraum Anwendung findet. [3] Satz 1 gilt nur, wenn an dem dort genannten Rechtsvorgang ausschließlich ein herrschendes Unternehmen und ein oder mehrere von diesem herrschenden Unternehmen abhängige Gesellschaften oder mehrere von einem herrschenden Unternehmen abhängige Gesellschaften beteiligt sind. [4] Im Sinne von Satz 3 abhängig ist eine Gesellschaft, an deren Kapital oder Gesellschaftsvermögen das herrschende Unternehmen innerhalb von fünf Jahren vor dem Rechtsvorgang und fünf Jahren nach dem Rechtsvorgang unmittelbar oder mittelbar oder teils unmittelbar, teils mittelbar zu mindestens 95 vom Hundert ununterbrochen beteiligt ist. [5] Satz 3 gilt nicht, soweit allein durch den Austritt des Vereinigten Königreichs Großbritannien

---

1) § 6 Abs. 4 neu gef. durch G v. 12.5.2021 (BGBl. I S. 986); zur Anwendung siehe § 23 Abs. 18 und 24.

2) § 6a eingef. durch G v. 22.12.2009 (BGBl. I S. 3950); zur Anwendung siehe § 23 Abs. 8; Satz 4 neu gef. mWv 1.1.2010 durch G v. 22.6.2011 (BGBl. I S. 1126); zur Anwendung siehe § 23 Abs. 10; Satz 1 neu gef. durch G v. 26.6.2013 (BGBl. I S. 1809); zur Anwendung siehe § 23 Abs. 11; Sätze 1 bis 3 neu gef. durch G v. 25.7.2014 (BGBl. I S. 1266); zur Anwendung siehe § 23 Abs. 12; Satz 5 angef. durch G v. 25.3.2019 (BGBl. I S. 357); Satz 1 geänd. mWv 1.7.2021 durch G v. 12.5.2021 (BGBl. I S. 986); zur Anwendung siehe § 23 Abs. 18.

und Nordirland aus der Europäischen Union das herrschende Unternehmen nicht im Sinne von Satz 4 innerhalb von fünf Jahren nach dem Rechtsvorgang unmittelbar oder mittelbar oder teils unmittelbar, teils mittelbar zu mindestens 95 vom Hundert ununterbrochen beteiligt ist.

§ 7 Umwandlung von gemeinschaftlichem Eigentum in Flächeneigentum. (1) Wird ein Grundstück, das mehreren Miteigentümern gehört, von den Miteigentümern flächenweise geteilt, so wird die Steuer nicht erhoben, soweit der Wert des Teilgrundstücks, das der einzelne Erwerber erhält, dem Bruchteil entspricht, zu dem er am gesamten zu verteilenden Grundstück beteiligt ist.

(2) [1] Wird ein Grundstück, das einer Gesamthand gehört, von den an der Gesamthand beteiligten Personen flächenweise geteilt, so wird die Steuer nicht erhoben, soweit der Wert des Teilgrundstücks, das der einzelne Erwerber erhält, dem Anteil entspricht, zu dem er am Vermögen der Gesamthand beteiligt ist. [2] Wird ein Grundstück bei der Auflösung der Gesamthand flächenweise geteilt, so ist die Auseinandersetzungsquote maßgebend, wenn die Beteiligten für den Fall der Auflösung der Gesamthand eine vom Beteiligungsverhältnis abweichende Auseinandersetzungsquote vereinbart haben.

(3)[1)] [1] Die Vorschriften des Absatzes 2 gelten insoweit nicht, als ein Gesamthänder – im Fall der Erbfolge sein Rechtsvorgänger – seinen Anteil an der Gesamthand innerhalb von zehn Jahren vor der Umwandlung durch Rechtsgeschäft unter Lebenden erworben hat. [2] Die Vorschrift des Absatzes 2 Satz 2 gilt außerdem insoweit nicht, als die vom Beteiligungsverhältnis abweichende Auseinandersetzungsquote innerhalb der letzten zehn Jahre vor der Auflösung der Gesamthand vereinbart worden ist.

Dritter Abschnitt. Bemessungsgrundlage

§ 8 Grundsatz. (1) Die Steuer bemißt sich nach dem Wert der Gegenleistung.

(2)[2)] [1] Die Steuer wird nach den Grundbesitzwerten im Sinne des § 151 Absatz 1 Satz 1 Nummer 1 in Verbindung mit § 157 Absatz 1 bis 3 des Bewertungsgesetzes[3)] bemessen:

1. wenn eine Gegenleistung nicht vorhanden oder nicht zu ermitteln ist;
2. bei Umwandlungen auf Grund eines Bundes- oder Landesgesetzes, bei Einbringungen sowie bei anderen Erwerbsvorgängen auf gesellschaftsvertraglicher Grundlage;
3.[4)] in den Fällen des § 1 Absatz 2a bis 3a;

[1)] § 7 Abs. 3 Sätze 1 und 2 geänd. durch G v. 12.5.2021 (BGBl. I S. 986); zur Anwendung siehe § 23 Abs. 18 und 24.

[2)] § 8 Abs. 2 Satz 1 geänd., Satz 2 angef. mWv 1.4.1999 (§ 23 Abs. 6 Satz 1) durch G v. 24.3.1999 (BGBl. I S. 402), Sätze 1 und 2 geänd. durch G v. 20.12.2007 (BGBl. I S. 3150); Sätze 1 und 2 geänd. durch G v. 2.11.2015 (BGBl. I S. 1834); zur Anwendung siehe § 23 Abs. 14; Satz 2 geänd. mWv 1.7.2021 durch G v. 12.5.2021 (BGBl. I S. 986); zur Anwendung siehe § 23 Abs. 18.

[3)] Nr. **3**.

[4)] § 8 Abs. 2 Satz 1 Nr. 3 neu gef. mWv 1.7.2021 durch G v. 12.5.2021 (BGBl. I S. 986); zur Anwendung siehe § 23 Abs. 18.

4.[1] wenn zwischen den an einer Umwandlung beteiligten Rechtsträgern innerhalb des Rückwirkungszeitraums im Sinne der §§ 2, 20 Absatz 6 oder § 24 Absatz 4 des Umwandlungssteuergesetzes[2] ein Erwerbsvorgang nach § 1 Absatz 1 Nummer 1 verwirklicht wird, der Wert der Gegenleistung geringer ist als der Grundbesitzwert nach § 151 Absatz 1 Satz 1 Nummer 1 in Verbindung mit § 157 Absatz 1 bis 3 des Bewertungsgesetzes und die Umwandlung ohne diesen Erwerbsvorgang eine Besteuerung nach § 1 Absatz 1 Nummer 3, Absatz 3 oder Absatz 3a ausgelöst hätte.

[2] Erstreckt sich der Erwerbsvorgang auf ein noch zu errichtendes Gebäude oder beruht die Änderung des Gesellschafterbestandes im Sinne des § 1 Absatz 2a oder 2b auf einem vorgefaßten Plan zur Bebauung eines Grundstücks, ist der Wert des Grundstücks abweichend von § 157 Absatz 1 Satz 1 des Bewertungsgesetzes nach den tatsächlichen Verhältnissen im Zeitpunkt der Fertigstellung des Gebäudes maßgebend.

§ 9 Gegenleistung. (1)[3] Als Gegenleistung gelten

1. bei einem Kauf:
   der Kaufpreis einschließlich der vom Käufer übernommenen sonstigen Leistungen und der dem Verkäufer vorbehaltenen Nutzungen;
2. bei einem Tausch:
   die Tauschleistung des anderen Vertragsteils einschließlich einer vereinbarten zusätzlichen Leistung;
3. bei einer Leistung an Erfüllungs Statt:
   der Wert, zu dem die Leistung an Erfüllungs Statt angenommen wird;
4. beim Meistgebot im Zwangsversteigerungsverfahren:
   das Meistgebot einschließlich der Rechte, die nach den Versteigerungsbedingungen bestehen bleiben;
5. bei Abtretung der Rechte aus dem Meistgebot:
   die Übernahme der Verpflichtung aus dem Meistgebot. [2] Zusätzliche Leistungen, zu denen sich der Erwerber gegenüber dem Meistbietenden verpflichtet, sind dem Meistgebot hinzuzurechnen. [3] Leistungen, die der Meistbietende dem Erwerber gegenüber übernimmt, sind abzusetzen;
6. bei der Abtretung des Übereignungsanspruchs:
   die Übernahme der Verpflichtung aus dem Rechtsgeschäft, das den Übereignungsanspruch begründet hat, einschließlich der besonderen Leistungen, zu denen sich der Übernehmer dem Abtretenden gegenüber verpflichtet. [2] Leistungen, die der Abtretende dem Übernehmer gegenüber übernimmt, sind abzusetzen;
7. bei der Enteignung:
   die Entschädigung. [2] Wird ein Grundstück enteignet, das zusammen mit anderen Grundstücken eine wirtschaftliche Einheit bildet, so gehört die besondere Entschädigung für eine Wertminderung der nicht enteigneten Grundstücke nicht zur Gegenleistung; dies gilt auch dann, wenn ein Grundstück zur Vermeidung der Enteignung freiwillig veräußert wird.

[1] § 8 Abs. 2 Satz 1 Nr. 4 angef. mWv 1.7.2021 durch G v. 12.5.2021 (BGBl. I S. 986); zur Anwendung siehe § 23 Abs. 18.
[2] Nr. **22**.
[3] Zur Anwendung von § 9 Abs. 1 siehe § 23 Abs. 6 Satz 1.

8.[1] *(aufgehoben)*

(2) Zur Gegenleistung gehören auch

1. Leistungen, die der Erwerber des Grundstücks dem Veräußerer neben der beim Erwerbsvorgang vereinbarten Gegenleistung zusätzlich gewährt;
2. die Belastungen, die auf dem Grundstück ruhen, soweit sie auf den Erwerber kraft Gesetzes übergehen. [2]Zur Gegenleistung gehören jedoch nicht die auf dem Grundstück ruhenden dauernden Lasten. [3]Der Erbbauzins gilt nicht als dauernde Last;
3. Leistungen, die der Erwerber des Grundstücks anderen Personen als dem Veräußerer als Gegenleistung dafür gewährt, daß sie auf den Erwerb des Grundstücks verzichten;
4. Leistungen, die ein anderer als der Erwerber des Grundstücks dem Veräußerer als Gegenleistung dafür gewährt, daß der Veräußerer dem Erwerber das Grundstück überläßt.

(3) Die Grunderwerbsteuer, die für den zu besteuernden Erwerbsvorgang zu entrichten ist, wird der Gegenleistung weder hinzugerechnet noch von ihr abgezogen.

§ 10[2] (weggefallen)

Vierter Abschnitt. Steuerberechnung

§ 11 Steuersatz, Abrundung. (1)[3] Die Steuer beträgt 3,5 vom Hundert.[4]

(2)[5] Die Steuer ist auf volle Euro nach unten abzurunden.

§ 12 Pauschbesteuerung. Das Finanzamt kann im Einvernehmen mit dem Steuerpflichtigen von der genauen Ermittlung des Steuerbetrags absehen und die Steuer in einem Pauschbetrag festsetzen, wenn dadurch die Besteuerung vereinfacht und das steuerliche Ergebnis nicht wesentlich geändert wird.

Fünfter Abschnitt. Steuerschuld

§ 13 Steuerschuldner. Steuerschuldner sind

1. regelmäßig:
   die an einem Erwerbsvorgang als Vertragsteile beteiligten Personen;
2. beim Erwerb kraft Gesetzes:
   der bisherige Eigentümer und der Erwerber;
3. beim Erwerb im Enteignungsverfahren:
   der Erwerber;

---

[1] § 9 Abs. 1 Nr. 8 aufgeh. mWv 1.4.1999 (§ 23 Abs. 6 Satz 1) durch G v. 24.3.1999 (BGBl. I S. 402).

[2] Zur letztmaligen Anwendung von § 10 siehe § 23 Abs. 4 Satz 2.

[3] Zur erstmaligen Anwendung von § 11 Abs. 1 siehe § 23 Abs. 4 Satz 1.

[4] Seit dem 1.9.2006 dürfen die Bundesländer den Steuersatz selbst festlegen, zu beachten sind daher deren abweichende Steuersätze.

[5] § 11 Abs. 2 geänd. mWv 1.1.2002 durch G v. 19.12.2000 (BGBl. I S. 1790).

4. beim Meistgebot im Zwangsversteigerungsverfahren:
der Meistbietende;
5.[1] bei der Vereinigung von mindestens 90 vom Hundert der Anteile an einer Gesellschaft in der Hand
a) des Erwerbers:
der Erwerber;
b) mehrerer Unternehmen oder Personen:
diese Beteiligten;
6.[2] bei Änderung des Gesellschafterbestandes einer Personengesellschaft:
die Personengesellschaft;
7.[3] bei Änderung des Gesellschafterbestandes einer Kapitalgesellschaft: die Kapitalgesellschaft;
8.[4] bei der wirtschaftlichen Beteiligung von mindestens 90 vom Hundert an einer Gesellschaft:
der Rechtsträger, der die wirtschaftliche Beteiligung innehat.

§ 14 Entstehung der Steuer in besonderen Fällen. Die Steuer entsteht,
1. wenn die Wirksamkeit eines Erwerbsvorgangs von dem Eintritt einer Bedingung abhängig ist, mit dem Eintritt der Bedingung;
2. wenn ein Erwerbsvorgang einer Genehmigung bedarf, mit der Genehmigung.

§ 15 Fälligkeit der Steuer. [1]Die Steuer wird einen Monat nach der Bekanntgabe des Steuerbescheids fällig. [2]Das Finanzamt darf eine längere Zahlungsfrist setzen.

Sechster Abschnitt. Nichtfestsetzung der Steuer, Aufhebung oder Änderung der Steuerfestsetzung

§ 16 Nichtfestsetzung der Steuer, Aufhebung oder Änderung der Steuerfestsetzung. (1) Wird ein Erwerbsvorgang rückgängig gemacht bevor das Eigentum am Grundstück auf den Erwerber übergegangen ist, so wird auf Antrag die Steuer nicht festgesetzt oder die Steuerfestsetzung aufgehoben,
1. wenn die Rückgängigmachung durch Vereinbarung, durch Ausübung eines vorbehaltenen Rücktrittsrechts oder eines Wiederkaufsrechts innerhalb von zwei Jahren seit der Entstehung der Steuer stattfindet;
2. wenn die Vertragsbedingungen nicht erfüllt werden und der Erwerbsvorgang deshalb auf Grund eines Rechtsanspruchs rückgängig gemacht wird.

(2) Erwirbt der Veräußerer das Eigentum an dem veräußerten Grundstück zurück, so wird auf Antrag sowohl für den Rückerwerb als auch für den voraus-

---

[1] § 13 Nr. 5 geänd. mWv 1.1.2000 (§ 23 Abs. 6 Satz 2) durch G v. 24.3.1999 (BGBl. I S. 402); geänd. mWv 1.7.2021 durch G v. 12.5.2021 (BGBl. I S. 986); zur Anwendung siehe § 23 Abs. 18.

[2] § 13 Nr. 6 geänd. mWv 1.1.2000 (§ 23 Abs. 6 Satz 2) durch G v. 24.3.1999 (BGBl. I S. 402); zur Anwendung siehe § 23 Abs. 3.

[3] § 13 Nr. 7 eingef. mWv 1.7.2021 durch G v. 12.5.2021 (BGBl. I S. 986); zur Anwendung siehe § 23 Abs. 18.

[4] § 13 Nr. 7 (jetzt: Nr. 8) eingef. durch G v. 26.6.2013 (BGBl. I S. 1809); zur Anwendung siehe § 23 Abs. 11; bish. Nr. 7 wird Nr. 8 und geänd. mWv 1.7.2021 durch G v. 12.5.2021 (BGBl. I S. 986); zur Anwendung siehe § 23 Abs. 18.

gegangenen Erwerbsvorgang die Steuer nicht festgesetzt oder die Steuerfestsetzung aufgehoben,

1. wenn der Rückerwerb innerhalb von zwei Jahren seit der Entstehung der Steuer für den vorausgegangenen Erwerbsvorgang stattfindet. [2] Ist für den Rückerwerb eine Eintragung in das Grundbuch erforderlich, so muß innerhalb der Frist die Auflassung erklärt und die Eintragung im Grundbuch beantragt werden;
2. wenn das dem Erwerbsvorgang zugrundeliegende Rechtsgeschäft nichtig oder infolge einer Anfechtung als von Anfang an nichtig anzusehen ist;
3. wenn die Vertragsbedingungen des Rechtsgeschäfts, das den Anspruch auf Übereignung begründet hat, nicht erfüllt werden und das Rechtsgeschäft deshalb auf Grund eines Rechtsanspruchs rückgängig gemacht wird.

(3) Wird die Gegenleistung für das Grundstück herabgesetzt, so wird auf Antrag die Steuer entsprechend niedriger festgesetzt oder die Steuerfestsetzung geändert,

1. wenn die Herabsetzung innerhalb von zwei Jahren seit der Entstehung der Steuer stattfindet;
2.[1)] wenn die Herabsetzung (Minderung) auf Grund des § 437 des Bürgerlichen Gesetzbuchs vollzogen wird.

(4)[2)] Tritt ein Ereignis ein, das nach den Absätzen 1 bis 3 die Aufhebung oder Änderung einer Steuerfestsetzung begründet, endet die Festsetzungsfrist (§§ 169 bis 171 der Abgabenordnung[3)]) insoweit nicht vor Ablauf eines Jahres nach dem Eintritt des Ereignisses.

(5)[4)] Die Vorschriften der Absätze 1 bis 4 gelten nicht, wenn einer der in § 1 Absatz 2 bis 3a bezeichneten Erwerbsvorgänge rückgängig gemacht wird, der nicht fristgerecht und in allen Teilen vollständig angezeigt (§§ 18 bis 20) war.

Siebenter Abschnitt. Örtliche Zuständigkeit, Feststellung von Besteuerungsgrundlagen, Anzeigepflichten und Erteilung der Unbedenklichkeitsbescheinigung

§ 17 Örtliche Zuständigkeit, Feststellung von Besteuerungsgrundlagen. (1) [1] Für die Besteuerung ist vorbehaltlich des Satzes 2 das Finanzamt örtlich zuständig, in dessen Bezirk das Grundstück oder der wertvollste Teil des Grundstücks liegt. [2] Liegt das Grundstück in den Bezirken von Finanzämtern verschiedener Länder, so ist jedes dieser Finanzämter für die Besteuerung des Erwerbs insoweit zuständig, als der Grundstücksteil in seinem Bezirk liegt.

(2) In den Fällen des Absatzes 1 Satz 2 sowie in Fällen, in denen sich ein Rechtsvorgang auf mehrere Grundstücke bezieht, die in den Bezirken verschiedener Finanzämter liegen, stellt das Finanzamt, in dessen Bezirk der wertvollste Grundstücksteil oder das wertvollste Grundstück oder der wertvollste Bestand

GrEStG

---

1) § 16 Abs. 3 Nr. 2 geänd. durch G v. 23.7.2002 (BGBl. I S. 2715).

2) § 16 Abs. 4 geänd. durch G v. 24.3.1999 (BGBl. I S. 402); zur Anwendung siehe § 23 Abs. 6 Satz 2; geänd. mWv 1.1.2002 (§ 23 Abs. 7 Satz 1) durch G v. 20.12.2001 (BGBl. I S. 3794).

3) Nr. **1**.

4) § 16 Abs. 5 geänd. durch G v. 26.6.2013 (BGBl. I S. 1809); zur Anwendung siehe § 23 Abs. 11; geänd. durch G v. 25.7.2014 (BGBl. I S. 1266); zur Anwendung siehe § 23 Abs. 12.

an Grundstücksteilen oder Grundstücken liegt, die Besteuerungsgrundlagen gesondert fest.

(3)[1] [1] Die Besteuerungsgrundlagen werden

1. bei Grundstückserwerben durch Umwandlungen auf Grund eines Bundes- oder Landesgesetzes durch das Finanzamt, in dessen Bezirk sich die Geschäftsleitung des Erwerbers befindet, und
2.[2] in den Fällen des § 1 Absatz 2a bis 3a durch das Finanzamt, in dessen Bezirk sich die Geschäftsleitung der Gesellschaft befindet,

gesondert festgestellt, wenn ein außerhalb des Bezirks dieser Finanzämter liegendes Grundstück oder ein auf das Gebiet eines anderen Landes sich erstreckender Teil eines im Bezirk dieser Finanzämter liegenden Grundstücks betroffen wird. [2] Befindet sich die Geschäftsleitung nicht im Geltungsbereich des Gesetzes und werden in verschiedenen Finanzamtsbezirken liegende Grundstücke oder in verschiedenen Ländern liegende Grundstücksteile betroffen, so stellt das nach Absatz 2 zuständige Finanzamt die Besteuerungsgrundlagen gesondert fest.

(3a)[3] In die gesonderte Feststellung nach Absatz 2 und 3 sind nicht die Grundbesitzwerte im Sinne des § 151 Absatz 1 Satz 1 Nummer 1 in Verbindung mit § 157 Absatz 1 bis 3 des Bewertungsgesetzes[4] aufzunehmen, wenn die Steuer nach § 8 Absatz 2 zu bemessen ist.

(4) [1] Von der gesonderten Feststellung kann abgesehen werden, wenn

1. der Erwerb steuerfrei ist oder
2.[5] die anteilige Besteuerungsgrundlage für den Erwerb des in einem anderen Land liegenden Grundstücksteils 2 500 Euro nicht übersteigt.

[2] Wird von der gesonderten Feststellung abgesehen, so ist in den Fällen der Nummer 2 die anteilige Besteuerungsgrundlage denen der anderen für die Besteuerung zuständigen Finanzämter nach dem Verhältnis ihrer Anteile hinzuzurechnen.

§ 18 Anzeigepflicht der Gerichte, Behörden und Notare. (1)[6] [1] Gerichte, Behörden und Notare haben dem zuständigen Finanzamt schriftlich Anzeige nach amtlich vorgeschriebenem Vordruck zu erstatten über

1. Rechtsvorgänge, die sie beurkundet oder über die sie eine Urkunde entworfen und darauf eine Unterschrift beglaubigt haben, wenn die Rechtsvorgänge ein Grundstück im Geltungsbereich dieses Gesetzes betreffen;

---

[1] § 17 Abs. 3 Satz 1 Nr. 1 geänd. durch G v. 24.3.1999 (BGBl. I S. 402); zur Anwendung siehe § 23 Abs. 6 Satz 1; Satz 1 Nr. 2 geänd. durch G v. 26.6.2013 (BGBl. I S. 1809); zur Anwendung siehe § 23 Abs. 11; Satz 1 Nr. 2 geänd. mWv 1.7.2021 durch G v. 12.5.2021 (BGBl. I S. 986); zur Anwendung siehe § 23 Abs. 18.

[2] Zur erstmaligen Anwendung siehe § 23 Abs. 3.

[3] § 17 Abs. 3a eingef. mWv 1.1.2002 durch G v. 20.12.2001 (BGBl. I S. 3794); geänd. durch G v. 19.12.2008 (BGBl. I S. 2794); geänd. durch G v. 2.11.2015 (BGBl. I S. 1834); zur Anwendung siehe § 23 Abs. 14; geänd. mWv 1.7.2021 durch G v. 12.5.2021 (BGBl. I S. 986); zur Anwendung siehe § 23 Abs. 18.

[4] Nr. **3**.

[5] § 17 Abs. 4 Nr. 2 geänd. mWv 1.1.2002 durch G v. 19.12.2000 (BGBl. I S. 1790).

[6] § 18 Abs. 1 Satz 1 geänd., Satz 3 angef. mWv 28.8.2002 durch G v. 21.8.2002 (BGBl. I S. 3322); Satz 3 aufgeh. mWv 5.11.2011 durch G v. 1.11.2011 (BGBl. I S. 2131).

2. Anträge auf Berichtigung des Grundbuchs, die sie beurkundet oder über die sie eine Urkunde entworfen und darauf eine Unterschrift beglaubigt haben, wenn der Antrag darauf gestützt wird, daß der Grundstückseigentümer gewechselt hat;
3. Zuschlagsbeschlüsse im Zwangsversteigerungsverfahren, Enteignungsbeschlüsse und andere Entscheidungen, durch die ein Wechsel im Grundstückseigentum bewirkt wird. [2] Die Anzeigepflicht der Gerichte besteht auch beim Wechsel im Grundstückseigentum auf Grund einer Eintragung im Handels-, Genossenschafts- oder Vereinsregister;
4. nachträgliche Änderungen oder Berichtigungen eines der unter den Nummern 1 bis 3 aufgeführten Vorgänge.

[2] Der Anzeige ist eine Abschrift der Urkunde über den Rechtsvorgang, den Antrag, den Beschluß oder die Entscheidung beizufügen.

(2)[1)] [1] Die Anzeigepflicht bezieht sich auch auf Vorgänge, die ein Erbbaurecht oder ein Gebäude auf fremdem Boden betreffen. [2] Sie gilt außerdem für Vorgänge, die die Übertragung von Anteilen an einer Kapitalgesellschaft, einer Personenhandelsgesellschaft oder einer Gesellschaft des bürgerlichen Rechts betreffen, wenn zum Vermögen der Gesellschaft ein im Geltungsbereich dieses Gesetzes liegendes Grundstück gehört.

(3) [1] Die Anzeigen sind innerhalb von zwei Wochen nach der Beurkundung oder der Unterschriftsbeglaubigung oder der Bekanntgabe der Entscheidung zu erstatten, und zwar auch dann, wenn die Wirksamkeit des Rechtsvorgangs vom Eintritt einer Bedingung, vom Ablauf einer Frist oder von einer Genehmigung abhängig ist. [2] Sie sind auch dann zu erstatten, wenn der Rechtsvorgang von der Besteuerung ausgenommen ist.

(4) Die Absendung der Anzeige ist auf der Urschrift der Urkunde, in den Fällen, in denen eine Urkunde entworfen und darauf eine Unterschrift beglaubigt worden ist, auf der zurückbehaltenen beglaubigten Abschrift zu vermerken.

(5) Die Anzeigen sind an das für die Besteuerung, in den Fällen des § 17 Abs. 2 und 3 an das für die gesonderte Feststellung zuständige Finanzamt zu richten.

§ 19 Anzeigepflicht der Beteiligten. (1)[2)] [1] Steuerschuldner müssen Anzeige erstatten über

1. Rechtsvorgänge, die es ohne Begründung eines Anspruchs auf Übereignung einem anderen rechtlich oder wirtschaftlich ermöglichen, ein Grundstück auf eigene Rechnung zu verwerten;
2. formungültige Verträge über die Übereignung eines Grundstücks, die die Beteiligten unter sich gelten lassen und wirtschaftlich erfüllen;
3. den Erwerb von Gebäuden auf fremdem Boden;

[1)] § 18 Abs. 2 Satz 2 geänd. mWv 15.12.2018 durch G v. 11.12.2018 (BGBl. I S. 2338); zur Anwendung siehe § 23 Abs. 16 Satz 1.

[2)] § 19 Abs. 1 Satz 2 geänd. mWv 1.1.2002 (§ 23 Abs. 7 Satz 1) durch G v. 20.12.2001 (BGBl. I S. 3794).

3a.[1] unmittelbare und mittelbare Änderungen des Gesellschafterbestandes einer Personengesellschaft, die innerhalb von zehn Jahren zum Übergang von 90 vom Hundert der Anteile am Gesellschaftsvermögen auf neue Gesellschafter geführt haben, wenn zum Vermögen der Personengesellschaft ein inländisches Grundstück gehört (§ 1 Abs. 2a);

3b.[2] unmittelbare und mittelbare Änderungen des Gesellschafterbestandes einer Kapitalgesellschaft, die innerhalb von zehn Jahren zum Übergang von 90 vom Hundert der Anteile der Gesellschaft auf neue Gesellschafter geführt haben, wenn zum Vermögen der Kapitalgesellschaft ein inländisches Grundstück gehört (§ 1 Absatz 2b),

4.[3] schuldrechtliche Geschäfte, die auf die Vereinigung von mindestens 90 vom Hundert der Anteile einer Gesellschaft gerichtet sind, wenn zum Vermögen der Gesellschaft ein Grundstück gehört (§ 1 Abs. 3 Nr. 1);

5.[4] die Vereinigung von mindestens 90 vom Hundert der Anteile einer Gesellschaft, zu deren Vermögen ein Grundstück gehört (§ 1 Abs. 3 Nr. 2);

6.[5] Rechtsgeschäfte, die den Anspruch auf Übertragung von mindestens 90 vom Hundert der Anteile einer Gesellschaft begründen, wenn zum Vermögen der Gesellschaft ein Grundstück gehört (§ 1 Abs. 3 Nr. 3);

7.[6] die Übertragung von mindestens 90 vom Hundert der Anteile einer Gesellschaft auf einen anderen, wenn zum Vermögen der Gesellschaft ein Grundstück gehört (§ 1 Abs. 3 Nr. 4);

7a.[7] Rechtsvorgänge, aufgrund derer ein Rechtsträger unmittelbar oder mittelbar oder teils unmittelbar, teils mittelbar eine wirtschaftliche Beteiligung in Höhe von mindestens 90 vom Hundert an einer Gesellschaft, zu deren Vermögen ein inländisches Grundstück gehört, innehat (§ 1 Absatz 3a);

8.[8] Entscheidungen im Sinne von § 18 Abs. 1 Satz 1 Nr. 3. [2]Die Anzeigepflicht besteht auch beim Wechsel im Grundstückseigentum auf Grund einer Eintragung im Handels-, Genossenschafts- oder Vereinsregister;

---

[1] § 19 Abs. 1 Satz 1 Nr. 3a neu gef. mWv 1.1.2002 (§ 23 Abs. 7 Satz 1) durch G v. 20.12.2001 (BGBl. I S. 3794); geänd. durch G v. 12.5.2021 (BGBl. I S. 986); zur Anwendung siehe § 23 Abs. 18 und 20.

[2] § 19 Abs. 1 Satz 1 Nr. 3b eingef. mWv 1.7.2021 durch G v. 12.5.2021 (BGBl. I S. 986); zur Anwendung siehe § 23 Abs. 18.

[3] § 19 Abs. 1 Satz 1 Nr. 4 geänd. mWv 1.1.2000 (§ 23 Abs. 6 Satz 2) durch G v. 24.3.1999 (BGBl. I S. 402); geänd. durch G v. 12.5.2021 (BGBl. I S. 986); zur Anwendung siehe § 23 Abs. 18 und 21.

[4] § 19 Abs. 1 Satz 1 Nr. 5 geänd. mWv 1.1.2000 (§ 23 Abs. 6 Satz 2) durch G v. 24.3.1999 (BGBl. I S. 402); geänd. durch G v. 12.5.2021 (BGBl. I S. 986); zur Anwendung siehe § 23 Abs. 18 und 21.

[5] § 19 Abs. 1 Satz 1 Nr. 6 geänd. mWv 1.1.2000 (§ 23 Abs. 6 Satz 2) durch G v. 24.3.1999 (BGBl. I S. 402); geänd. mWv 1.7.2021 durch G v. 12.5.2021 (BGBl. I S. 986); zur Anwendung siehe § 23 Abs. 18.

[6] § 19 Abs. 1 Satz 1 Nr. 7 geänd. mWv 1.1.2000 (§ 23 Abs. 6 Satz 2) durch G v. 24.3.1999 (BGBl. I S. 402); geänd. mWv 1.7.2021 durch G v. 12.5.2021 (BGBl. I S. 986); zur Anwendung siehe § 23 Abs. 18.

[7] § 19 Abs. 1 Satz 1 Nr. 7a eingef. durch G v. 26.6.2013 (BGBl. I S. 1809); zur Anwendung siehe § 23 Abs. 11; geänd. durch G v. 12.5.2021 (BGBl. I S. 986); zur Anwendung siehe § 23 Abs. 18 und 22.

[8] § 19 Abs. 1 Nr. 8 angef. mWv 1.1.2002 (§ 23 Abs. 7 Satz 1) durch G v. 20.12.2001 (BGBl. I S. 3794).

9.[1] Umwandlungen, wenn innerhalb des Rückwirkungszeitraums im Sinne der §§ 2, 20 Absatz 6 oder § 24 Absatz 4 des Umwandlungssteuergesetzes[2] ein Erwerbsvorgang nach § 1 Absatz 1 Nummer 1 verwirklicht wird und die Umwandlung ohne diesen Erwerbsvorgang eine Besteuerung nach § 1 Absatz 1 Nummer 3, Absatz 3 oder 3a ausgelöst hätte.

[2] Sie haben auch alle Erwerbsvorgänge anzuzeigen, über die ein Gericht, eine Behörde oder ein Notar eine Anzeige nach § 18 nicht zu erstatten hat.

(2) Die in Absatz 1 bezeichneten Personen haben außerdem in allen Fällen Anzeige zu erstatten über

1. jede Erhöhung der Gegenleistung des Erwerbers durch Gewährung von zusätzlichen Leistungen neben der beim Erwerbsvorgang vereinbarten Gegenleistung;
2. Leistungen, die der Erwerber des Grundstücks anderen Personen als dem Veräußerer als Gegenleistung dafür gewährt, daß sie auf den Erwerb des Grundstücks verzichten;
3. Leistungen, die ein anderer als der Erwerber des Grundstücks dem Veräußerer als Gegenleistung dafür gewährt, daß der Veräußerer dem Erwerber das Grundstück überläßt;

4.[3] Änderungen im Gesellschafterbestand einer Gesamthand bei Gewährung der Steuervergünstigung nach § 5 Abs. 1 und 2 oder § 6 Abs. 3 in Verbindung mit § 6 Abs. 1;

4a.[4] Änderungen von Beherrschungsverhältnissen im Sinne des § 6a Satz 4;

5.[5] Änderungen in der Nutzung oder den Verzicht auf Rückübertragung, wenn der Grundstückserwerb nach § 4 Nummer 5 von der Besteuerung ausgenommen war.

(3)[6] [1] Die Anzeigepflichtigen haben innerhalb von zwei Wochen, nachdem sie von dem anzeigepflichtigen Vorgang Kenntnis erhalten haben, den Vorgang anzuzeigen, und zwar auch dann, wenn der Vorgang von der Besteuerung ausgenommen ist. [2] Die Frist nach Satz 1 verlängert sich auf einen Monat für den Steuerschuldner, der eine natürliche Person ohne Wohnsitz oder gewöhnlichen Aufenthalt im Inland, eine Kapitalgesellschaft ohne Geschäftsleitung oder Sitz im Inland oder eine Personengesellschaft ohne Ort der Geschäftsführung im Inland ist.

(4) [1] Die Anzeigen sind an das für die Besteuerung, in den Fällen des § 17 Abs. 2 und 3 an das für die gesonderte Feststellung zuständige Finanzamt zu richten. [2] Ist über den anzeigepflichtigen Vorgang eine privatschriftliche Urkunde aufgenommen worden, so ist der Anzeige eine Abschrift der Urkunde beizufügen.

---

[1] § 19 Abs. 1 Satz 1 Nr. 9 angef. mWv 1.7.2021 durch G v. 12.5.2021 (BGBl. I S. 986); zur Anwendung siehe § 23 Abs. 18.

[2] Nr. **22**.

[3] § 19 Abs. 2 Nr. 4 angef. mWv 1.1.2000 (§ 23 Abs. 6 Satz 2) durch G v. 24.3.1999 (BGBl. I S. 402) und neu gef. mWv 1.1.2002 (§ 23 Abs. 7 Satz 1) durch G v. 20.12.2001 (BGBl. I S. 3794).

[4] § 19 Abs. 2 Nr. 4a eingef. mWv 1.1.2010 (§ 23 Abs. 8 Satz 1) durch G v. 22.12.2009 (BGBl. I S. 3950).

[5] § 19 Abs. 2 Nr. 5 angef. mWv 8.9.2005 durch G v. 1.9.2005 (BGBl. I S. 2676); geänd. durch G v. 26.6.2013 (BGBl. I S. 1809); zur Anwendung siehe § 23 Abs. 11.

[6] § 19 Abs. 3 Satz 2 angef. durch G v. 18.7.2016 (BGBl. I S. 1679); zur Anwendung siehe § 23 Abs. 15.

(5)[1] [1]Die Anzeigen sind Steuererklärungen im Sinne der Abgabenordnung. [2]Sie sind schriftlich abzugeben. [3]Sie können gemäß § 87a der Abgabenordnung[2] in elektronischer Form übermittelt werden.

(6)[3] [1]Die Höhe des Verspätungszuschlags bestimmt sich nach § 152 Absatz 5 Satz 2 der Abgabenordnung; § 152 Absatz 6 der Abgabenordnung ist nicht anzuwenden. [2]Die Begrenzung der Höhe des Verspätungszuschlags nach § 152 Absatz 10 der Abgabenordnung findet keine Anwendung.

§ 20 Inhalt der Anzeigen.

[alte Fassung:]

(1) Die Anzeigen müssen enthalten:

1.[5] Vorname, Zuname, Anschrift sowie die steuerliche Identifikationsnummer gemäß § 139b der Abgabenordnung[2] oder die Wirtschafts-Identifikationsnummer gemäß § 139c der Abgabenordnung des Veräußerers und des Erwerbers, gegebenenfalls auch, ob und um welche begünstigte Person im Sinne des § 3 Nummer 3 bis 7 es sich bei dem Erwerber handelt;
2. die Bezeichnung des Grundstücks nach Grundbuch, Kataster, Straße und Hausnummer;
3. die Größe des Grundstücks und bei bebauten Grundstücken die Art der Bebauung;
4. die Bezeichnung des anzeigepflichtigen Vorgangs und den Tag der Beurkundung, bei einem Vorgang, der einer Genehmigung bedarf, auch die Bezeichnung desjenigen, dessen Genehmigung erforderlich ist;
5. den Kaufpreis oder die sonstige Gegenleistung (§ 9);
6. den Namen der Urkundsperson.

[neue Fassung:[4]]

(1) Die Anzeigen müssen enthalten:

1. Name, Vorname, Anschrift, Geburtsdatum sowie die Identifikationsnummer gemäß § 139b der Abgabenordnung oder die Wirtschafts-Identifikationsnummer gemäß § 139c der Abgabenordnung des Veräußerers und des Erwerbers, den Namen desjenigen, der nach der vertraglichen Vereinbarung die Grunderwerbsteuer trägt, sowie Name und Anschrift dessen gesetzlichen Vertreters und gegebenenfalls die Angabe, ob und um welche begünstigte Person im Sinne des § 3 Nummer 3 bis 7 es sich bei dem Erwerber handelt; bei nicht natürlichen Personen sind bis zur Einführung der Wirtschafts-Identifikationsnummer gemäß § 139c der Abgabenordnung die Register- und die für die Besteuerung nach dem Einkommen vergebene Steuernummer des Veräußerers und des Erwerbers anzugeben;
2. die Bezeichnung des Grundstücks nach Grundbuch, Kataster, Straße und Hausnummer, den Anteil des Veräußerers und des Erwerbers am Grundstück und bei Wohnungs- und Teileigentum die genaue Bezeichnung des Wohnungs- und

---

[1] § 19 Abs. 5 geänd. mWv 28.8.2002 durch G v. 21.8.2002 (BGBl. I S. 3322).

[2] Nr. **1**.

[3] § 19 Abs. 6 angef. mWv 29.12.2020 durch G v. 21.12.2020 (BGBl. I S. 3096); zur Anwendung siehe § 23 Abs. 17.

[4] § 20 neu gef. durch G v. 11.12.2018 (BGBl. I S. 2338); zur Anwendung siehe § 23 Abs. 16 Satz 2.

[5] § 20 Abs. 1 Nr. 1 neu gef. durch G v. 8.12.2010 (BGBl. I S. 1768).

[alte Fassung:]

(2) Die Anzeigen, die sich auf Anteile an einer Gesellschaft beziehen, müssen außerdem enthalten:

1.[1] die Firma, den Ort der Geschäftsführung sowie die Wirtschafts-Identifikationsnummer der Gesellschaft gemäß § 139c der Abgabenordnung,
2. die Bezeichnung des oder der Gesellschaftsanteile;
3.[2] bei mehreren beteiligten Rechtsträgern eine Beteiligungsübersicht.

[neue Fassung:]

Teileigentums sowie den Miteigentumsanteil;

3. die Größe des Grundstücks und bei bebauten Grundstücken die Art der Bebauung;
4. die Bezeichnung des anzeigepflichtigen Vorgangs, den Tag der Beurkundung und die Urkundennummer, bei einem Vorgang, der einer Genehmigung bedarf, auch die Bezeichnung desjenigen, dessen Genehmigung erforderlich ist, bei einem Vorgang unter einer Bedingung auch die Bezeichnung der Bedingung;
5. den Kaufpreis oder die sonstige Gegenleistung (§ 9);
6. den Namen und die Anschrift der Urkundsperson.

(2) Die Anzeigen, die sich auf Anteile an einer Gesellschaft beziehen, müssen außerdem enthalten:

1. die Firma, den Ort der Geschäftsführung sowie die Wirtschafts-Identifikationsnummer der Gesellschaft gemäß § 139c der Abgabenordnung; bis zur Einführung der Wirtschafts-Identifikationsnummer gemäß § 139c der Abgabenordnung ist die Register- und die für die Besteuerung nach dem Einkommen vergebene Steuernummer der Gesellschaft anzugeben;
2. die Bezeichnung des oder der Gesellschaftsanteile;
3. bei mehreren beteiligten Rechtsträgern eine Beteiligungsübersicht.

§ 21[3] Urkundenaushändigung. Die Gerichte, Behörden und Notare dürfen Urkunden, die einen anzeigepflichtigen Vorgang betreffen, den Beteiligten erst aushändigen und Ausfertigungen oder beglaubigte Abschriften den Beteiligten erst erteilen, wenn sie die Anzeigen in allen Teilen vollständig (§§ 18 und 20) an das Finanzamt abgesandt haben.

---

[1] § 20 Abs. 2 Nr. 1 neu gef. durch G v. 8.12.2010 (BGBl. I S. 1768).

[2] § 20 Abs. 2 Nr. 3 angef. durch G v. 26.6.2013 (BGBl. I S. 1809); zur Anwendung siehe § 23 Abs. 11.

[3] § 21 geänd. durch G v. 2.11.2015 (BGBl. I S. 1834); zur Anwendung siehe § 23 Abs. 13.

§ 22 Unbedenklichkeitsbescheinigung. (1)[1] [1]Der Erwerber eines Grundstücks darf in das Grundbuch erst dann eingetragen werden, wenn eine Bescheinigung des für die Besteuerung zuständigen Finanzamts vorgelegt wird (§ 17 Abs. 1 Satz 1) oder Bescheinigungen der für die Besteuerung zuständigen Finanzämter (§ 17 Abs. 1 Satz 2) vorgelegt werden, daß der Eintragung steuerliche Bedenken nicht entgegenstehen. [2]Die obersten Finanzbehörden der Länder können im Einvernehmen mit den Landesjustizverwaltungen Ausnahmen hiervon vorsehen.

(2)[2] [1]Das Finanzamt hat die Bescheinigung zu erteilen, wenn die Grunderwerbsteuer entrichtet, sichergestellt oder gestundet worden ist oder wenn Steuerfreiheit gegeben ist. [2]Es darf die Bescheinigung auch in anderen Fällen erteilen, wenn nach seinem Ermessen die Steuerforderung nicht gefährdet ist. [3]Das Finanzamt hat die Bescheinigung schriftlich zu erteilen. [4]Eine elektronische Übermittlung der Bescheinigung ist ausgeschlossen.

Achter Abschnitt.[3] Durchführung

§ 22a[4] Ermächtigung. [1]Zur Vereinfachung des Besteuerungsverfahrens wird das Bundesministerium der Finanzen ermächtigt, im Benehmen mit dem Bundesministerium des Innern, für Bau und Heimat und mit Zustimmung des Bundesrates durch Rechtsverordnung ein Verfahren zur elektronischen Übermittlung der Anzeige und der Abschrift der Urkunde im Sinne des § 18 näher zu bestimmen. [2]Die Authentifizierung des Datenübermittlers sowie die Vertraulichkeit und Integrität des übermittelten elektronischen Dokuments sind sicherzustellen. [3]Soweit von dieser Ermächtigung nicht Gebrauch gemacht wurde, ist die elektronische Übermittlung der Anzeige und der Abschrift der Urkunde im Sinne des § 18 ausgeschlossen.

Neunter Abschnitt.[3] Übergangs- und Schlußvorschriften

§ 23 Anwendungsbereich. (1) [1]Dieses Gesetz ist auf Erwerbsvorgänge anzuwenden, die nach dem 31. Dezember 1982 verwirklicht werden. [2]Es ist auf Antrag auch auf Erwerbsvorgänge anzuwenden, die vor dem 1. Januar 1983, jedoch nach dem Tag der Verkündung des Gesetzes, 22. Dezember 1982, verwirklicht werden.

(2) [1]Auf vor dem 1. Januar 1983 verwirklichte Erwerbsvorgänge sind vorbehaltlich des Absatzes 1 Satz 2 die bis zum Inkrafttreten dieses Gesetzes geltenden Vorschriften anzuwenden. [2]Dies gilt insbesondere, wenn für einen vor dem 1. Januar 1983 verwirklichten Erwerbsvorgang Steuerbefreiung in Anspruch genommen und nach dem 31. Dezember 1982 ein Nacherhebungstatbestand verwirklicht wurde.

---

[1] § 22 Abs. 1 Satz 2 angef. durch G v. 24.3.1999 (BGBl. I S. 402).

[2] § 22 Abs. 2 Sätze 3 und 4 angef. mWv 28.8.2002 durch G v. 21.8.2002 (BGBl. I S. 3322).

[3] Achter Abschnitt (§ 22a) eingef., bish. Achter Abschnitt wird Neunter Abschnitt mWv 5.11.2011 durch G v. 1.11.2011 (BGBl. I S. 2131).

[4] § 22a eingef. mWv 5.11.2011 durch G v. 1.11.2011 (BGBl. I S. 2131); Satz 1 geänd. mWv 27.6. 2020 durch VO v. 19.6.2020 (BGBl. I S. 1328).

(3)[1] § 1 Abs. 2a, § 9 Abs. 1 Nr. 8, § 13 Nr. 6, § 16 Abs. 5, § 17 Abs. 3 Nr. 2 und § 19 Abs. 1 Nr. 3a in der Fassung des Gesetzes vom 20. Dezember 1996 (BGBl. I S. 2049) sind erstmals auf Rechtsgeschäfte anzuwenden, die die Voraussetzungen des § 1 Abs. 2a in der Fassung des Gesetzes vom 20. Dezember 1996 (BGBl. I S. 2049) nach dem 31. Dezember 1996 erfüllen.

(4)[2] [1] § 8 Abs. 2 und § 11 Abs. 1 in der Fassung des Gesetzes vom 20. Dezember 1996 (BGBl. I S. 2049) sind erstmals auf Erwerbsvorgänge anzuwenden, die nach dem 31. Dezember 1996 verwirklicht werden. [2] § 10 ist letztmals auf Erwerbsvorgänge anzuwenden, die vor dem 1. Januar 1997 verwirklicht werden.

(5)[3] § 4 Nr. 1 in der Fassung des Gesetzes vom 24. März 1999 (BGBl. I S. 402) ist erstmals auf Erwerbsvorgänge anzuwenden, die nach dem 31. Dezember 1997 verwirklicht werden.

(6)[4] [1] § 1 Abs. 6, § 8 Abs. 2, § 9 Abs. 1 und § 17 Abs. 3 Satz 1 Nr. 1 in der Fassung des Gesetzes vom 24. März 1999 (BGBl. I S. 402) sind erstmals auf Erwerbsvorgänge anzuwenden, die nach dem Tage der Verkündung des Gesetzes[5] verwirklicht werden. [2] § 1 Abs. 2a und 3, § 5 Abs. 3, § 13 Nr. 5 und 6, § 16 Abs. 4 und § 19 Abs. 1 Satz 1 Nr. 3a bis 7 und Abs. 2 Nr. 4 in der Fassung des Gesetzes vom 24. März 1999 (BGBl. I S. 402) sind erstmals auf Erwerbsvorgänge anzuwenden, die nach dem 31. Dezember 1999 verwirklicht werden.

(7)[6] [1] § 1 Abs. 2a Satz 3, § 2 Abs. 1 Satz 2 Nr. 3, § 6 Abs. 3 Satz 2, § 16 Abs. 4, § 19 Abs. 1 Satz 1 Nr. 8 und § 19 Abs. 2 Nr. 4 in der Fassung des Gesetzes vom 20. Dezember 2001 (BGBl. I S. 3794) sind erstmals auf Erwerbsvorgänge anzuwenden, die nach dem 31. Dezember 2001 verwirklicht werden. [2] § 1 Abs. 7 ist letztmals auf Erwerbsvorgänge anzuwenden, die bis zum 31. Dezember 2001 verwirklicht werden. [3] § 5 Absatz 3 Satz 2 und § 6 Absatz 3 Satz 3 in der Fassung des Artikels 33 des Gesetzes vom 21. Dezember 2020 (BGBl. I S. 3096) sind erstmals auf Erwerbsvorgänge anzuwenden, die nach dem 31. Januar 2020 verwirklicht werden.

(8)[7] [1] Die §§ 6a und 19 Absatz 2 Nummer 4a in der Fassung des Artikels 7 des Gesetzes vom 22. Dezember 2009 (BGBl. I S. 3950) sind erstmals auf Erwerbsvorgänge anzuwenden, die nach dem 31. Dezember 2009 verwirklicht werden. [2] § 6a ist nicht anzuwenden, wenn ein im Zeitraum vom 1. Januar 2008 bis 31. Dezember 2009 verwirklichter Erwerbsvorgang rückgängig gemacht wird und deshalb nach § 16 Absatz 1 oder 2 die Steuer nicht zu erheben oder eine Steuerfestsetzung aufzuheben oder zu ändern ist.

(9)[8] Soweit Steuerbescheide für Erwerbsvorgänge von Lebenspartnern noch nicht bestandskräftig sind, ist § 3 Nummer 3 bis 7 in der Fassung des Artikels 29 des Gesetzes vom 8. Dezember 2010 (BGBl. I S. 1768) erstmals auf Erwerbsvorgänge anzuwenden, die nach dem 31. Juli 2001 verwirklicht werden.

---

[1] § 23 Abs. 3 geänd. durch G v. 24.3.1999 (BGBl. I S. 402).
[2] § 23 Abs. 4 geänd. durch G v. 24.3.1999 (BGBl. I S. 402).
[3] § 23 Abs. 5 angef. durch G v. 24.3.1999 (BGBl. I S. 402).
[4] § 23 Abs. 6 angef. durch G v. 24.3.1999 (BGBl. I S. 402).
[5] Verkündet am 31. März 1999.
[6] § 23 Abs. 7 angef. durch G v. 20.12.2001 (BGBl. I S. 3794); Satz 3 angef. durch G v. 21.12.2020 (BGBl. I S. 3096).
[7] § 23 Abs. 8 angef. durch G v. 22.12.2009 (BGBl. I S. 3950).
[8] § 23 Abs. 9 neu gef. durch G v. 26.6.2013 (BGBl. I S. 1809).

(10)[1] § 6a Satz 4 in der Fassung des Artikels 12 des Gesetzes vom 22. Juni 2011 (BGBl. I S. 1126) ist erstmals auf Erwerbsvorgänge anzuwenden, die nach dem 31. Dezember 2009 verwirklicht werden.

(11)[2] § 1 Absatz 3a und 6 Satz 1, § 4 Nummer 4 und 5, § 6a Satz 1, § 8 Absatz 2 Satz 1 Nummer 3, § 13 Nummer 7, § 16 Absatz 5, § 17 Absatz 3 Satz 1 Nummer 2, § 19 Absatz 1 Satz 1 Nummer 7a und Absatz 2 Nummer 5, § 20 Absatz 2 Nummer 3 in der Fassung des Artikels 26 des Gesetzes vom 26. Juni 2013 (BGBl. I S. 1809) sind erstmals auf Erwerbsvorgänge anzuwenden, die nach dem 6. Juni 2013 verwirklicht werden.

(12)[3] § 6a Satz 1 bis 3 sowie § 16 Absatz 5 in der am 31. Juli 2014 geltenden Fassung sind auf Erwerbsvorgänge anzuwenden, die nach dem 6. Juni 2013 verwirklicht werden.

(13)[4] § 1 Absatz 2a und § 21 in der am 6. November 2015 geltenden Fassung sind auf Erwerbsvorgänge anzuwenden, die nach dem 5. November 2015 verwirklicht werden.

(14)[5] [1] § 8 Absatz 2 und § 17 Absatz 3a in der am 6. November 2015 geltenden Fassung sind auf Erwerbsvorgänge anzuwenden, die nach dem 31. Dezember 2008 verwirklicht werden. [2] Soweit Steuer- und Feststellungsbescheide, die vor dem 6. November 2015 für Erwerbsvorgänge nach dem 31. Dezember 2008 ergangen sind, wegen § 176 Absatz 1 Satz 1 Nummer 1 der Abgabenordnung nicht geändert werden können, ist die festgesetzte Steuer vollstreckbar.

(15)[6] § 19 Absatz 3 Satz 2 in der am 23. Juli 2016 geltenden Fassung ist auf Erwerbsvorgänge anzuwenden, die nach dem 22. Juli 2016 verwirklicht werden.

(16)[7] [1] § 1 Absatz 4 und § 18 Absatz 2 Satz 2 in der am 15. Dezember 2018 geltenden Fassung sind auf Erwerbsvorgänge anzuwenden, die nach dem 14. Dezember 2018 verwirklicht werden. [2] Der Zeitpunkt der erstmaligen Anwendung des § 20 in der am 15. Dezember 2018 geltenden Fassung wird durch die Rechtsverordnung im Sinne des § 22a Satz 1 bestimmt.

(17)[8] § 1 Absatz 1 Nummer 3 Satz 2 Buchstabe a und b und § 19 Absatz 6 in der Fassung des Artikels 32 des Gesetzes vom 21. Dezember 2020 (BGBl. I S. 3096) sind erstmals auf Erwerbsvorgänge anzuwenden, die nach dem 28. Dezember 2020 verwirklicht werden.

(18)[9] § 1 Absatz 2a Satz 1 und 4, Absatz 2b, 3 und 3a Satz 1, § 5 Absatz 3, § 6 Absatz 3 Satz 2 und Absatz 4, § 6a Satz 1, § 7 Absatz 3, § 8 Absatz 2 Satz 1 Nummer 3 und 4 und Satz 2, § 13 Nummer 5 bis 8, § 17 Absatz 3 Satz 1 Nummer 2 und § 19 Absatz 1 Satz 1 Nummer 3a bis 9 und Absatz 6 in der am 1. Juli 2021 geltenden Fassung sind erstmals auf Erwerbsvorgänge anzuwenden, die nach dem 30. Juni 2021 verwirklicht werden.

---

[1] § 23 Abs. 10 angef. durch G v. 22.6.2011 (BGBl. I S. 1126).
[2] § 23 Abs. 11 angef. durch G v. 26.6.2013 (BGBl. I S. 1809).
[3] § 23 Abs. 12 angef. durch G v. 25.7.2014 (BGBl. I S. 1266).
[4] § 23 Abs. 13 angef. durch G v. 2.11.2015 (BGBl. I S. 1834).
[5] § 23 Abs. 14 angef. durch G v. 2.11.2015 (BGBl. I S. 1834).
[6] § 23 Abs. 15 angef. durch G v. 18.7.2016 (BGBl. I S. 1679).
[7] § 23 Abs. 16 angef. durch G v. 11.12.2018 (BGBl. I S. 2338).
[8] § 23 Abs. 17 angef. durch G v. 21.12.2020 (BGBl. I S. 3096).
[9] § 23 Abs. 18 angef. durch G v. 12.5.2021 (BGBl. I S. 986).

(19)[1] [1]Bei Anwendung des § 1 Absatz 2a in der am 1. Juli 2021 geltenden Fassung bleiben Übergänge von Anteilen am Gesellschaftsvermögen auf Gesellschafter unberücksichtigt, die mit Ablauf des 30. Juni 2021 keine neuen Gesellschafter im Sinne des § 1 Absatz 2a in der am 30. Juni 2021 geltenden Fassung mehr sind. [2]Bei der Anwendung des § 1 Absatz 2a in der am 1. Juli 2021 geltenden Fassung ist für die Ermittlung, inwieweit sich der Gesellschafterbestand geändert hat, § 1 Absatz 2a Satz 3 bis 5 in der am 1. Juli 2021 geltenden Fassung auch auf vor dem 1. Juli 2021 erfolgte Anteilsübergänge anzuwenden.

(20)[2] [1]§ 1 Absatz 2a und § 19 Absatz 1 Satz 1 Nummer 3a in der am 30. Juni 2021 geltenden Fassung sind auf Änderungen des Gesellschafterbestandes bis zum 30. Juni 2026 weiter anzuwenden. [2]Dies gilt nicht, wenn der Rechtsvorgang nach § 1 Absatz 1, 2, 2a, 3 oder Absatz 3a in der am 1. Juli 2021 geltenden Fassung steuerbar ist oder ein vorausgegangener Rechtsvorgang nach § 1 Absatz 2a in der am 1. Juli 2021 geltenden Fassung steuerbar war.

(21)[3] [1]§ 1 Absatz 3 Nummer 1 und 2 und § 19 Absatz 1 Satz 1 Nummer 4 und 5 in der am 30. Juni 2021 geltenden Fassung sind auf Erwerbsvorgänge, die nach dem 30. Juni 2021 verwirklicht werden, weiter anzuwenden, wenn am 30. Juni 2021 unmittelbar oder mittelbar weniger als 95 vom Hundert und mindestens 90 vom Hundert der Anteile der Gesellschaft in der Hand des Erwerbers oder in der Hand von herrschenden und abhängigen Unternehmen oder abhängigen Personen oder in der Hand von abhängigen Unternehmen oder abhängigen Personen allein vereinigt waren. [2]Bei der Ermittlung der allein in einer Hand vereinigten Anteile der Gesellschaft im Sinne des Satzes 1 sind auch solche Anteile zu berücksichtigen, über die der Erwerber oder die herrschenden und abhängigen Unternehmen oder abhängigen Personen oder die abhängigen Unternehmen oder abhängigen Personen vor dem 1. Juli 2021 ein Rechtsgeschäft abgeschlossen haben, das den Anspruch auf Übertragung eines oder mehrerer dieser Anteile begründet. [3]Die Sätze 1 und 2 gelten nicht, wenn der Rechtsvorgang nach § 1 Absatz 1, 2, 2a, 2b, 3 oder Absatz 3a in der am 1. Juli 2021 geltenden Fassung steuerbar ist. [4]Sinken die Anteile nach dem 30. Juni 2021 unter 90 vom Hundert, finden die Sätze 1 und 2 auf spätere Erwerbsvorgänge keine Anwendung.

(22)[4] [1]§ 1 Absatz 3a und § 19 Absatz 1 Satz 1 Nummer 7a in der am 30. Juni 2021 geltenden Fassung sind auf Erwerbsvorgänge nach dem 30. Juni 2021 weiter anzuwenden, wenn der Rechtsträger am 30. Juni 2021 unmittelbar oder mittelbar oder teils unmittelbar, teils mittelbar eine wirtschaftliche Beteiligung von weniger als 95 vom Hundert und mindestens 90 vom Hundert an einer Gesellschaft, zu deren Vermögen ein inländisches Grundstück gehört, innehatte. [2]Dies gilt nicht, wenn der Rechtsvorgang nach § 1 Absatz 1, 2, 2a, 2b, 3 oder Absatz 3a in der am 1. Juli 2021 geltenden Fassung steuerbar ist. [3]Sinkt nach dem 30. Juni 2021 die wirtschaftliche Beteiligung im Sinne des § 1 Absatz 3a unter 90 vom Hundert, findet Satz 1 auf spätere Erwerbsvorgänge keine Anwendung.

GrEStG

[1] § 23 Abs. 19 angef. durch G v. 12.5.2021 (BGBl. I S. 986).
[2] § 23 Abs. 20 angef. durch G v. 12.5.2021 (BGBl. I S. 986).
[3] § 23 Abs. 21 angef. durch G v. 12.5.2021 (BGBl. I S. 986).
[4] § 23 Abs. 22 angef. durch G v. 12.5.2021 (BGBl. I S. 986).

(23)[1] Bei der Anwendung des § 1 Absatz 2b bleiben Übergänge von Anteilen der Gesellschaft, die vor dem 1. Juli 2021 erfolgen, unberücksichtigt.

(24)[2] § 5 Absatz 3, § 6 Absatz 3 Satz 2 und Absatz 4 und § 7 Absatz 3 in der am 1. Juli 2021 geltenden Fassung sind nicht anzuwenden, wenn die in § 5 Absatz 3, § 6 Absatz 3 Satz 2 oder Absatz 4 oder § 7 Absatz 3 in der am 30. Juni 2021 geltenden Fassung geregelte Frist vor dem 1. Juli 2021 abgelaufen war.

§§ 24 bis 27 (weggefallen)

§ 28 (Inkrafttreten)[3]

[1] § 23 Abs. 23 angef. durch G v. 12.5.2021 (BGBl. I S. 986).
[2] § 23 Abs. 24 angef. durch G v. 12.5.2021 (BGBl. I S. 986).
[3] Das Gesetz in seiner ursprünglichen Fassung ist am 1.1.1983 in Kraft getreten.

13. Grundsteuergesetz (GrStG)[1) 2) 3)]

Vom 7. August 1973
(BGBl. I S. 965)

FNA 611-7

geänd. durch Art. 15 Einführungsgesetz zur Abgabenordnung v. 14.12.1976 (BGBl. I S. 3341), § 41 Einigungsvertrag v. 31.8.1990 (BGBl. II S. 889, 986), Art. 12 Standortsicherungsgesetz v. 13.9.1993 (BGBl. I S. 1569), Art. 6 Abs. 56 Eisenbahnneuordnungsgesetz v. 27.12.1993 (BGBl. I S. 2378), Art. 12 Abs. 43 Postneuordnungsgesetz v. 14.9.1994 (BGBl. I S. 2325), Art. 9 Gesetz zur Fortsetzung der Unternehmenssteuerreform v. 29.10.1997 (BGBl. I S. 2590), Art. 9 Gesetz zur Änderung des Einführungsgesetzes zur Insolvenzordnung und anderer Gesetze (EGInsOÄndG) v. 19.12.1998 (BGBl. I S. 3836), Art. 11 Steuerbereinigungsgesetz 1999 (StBereinG 1999) v. 22.12.1999 (BGBl. I S. 2601), Art. 21 Steuer-Euroglättungsgesetz v. 19.12.2000 (BGBl. I S. 1790), Art. 29 Gesetz zur Umbenennung des Bundesgrenzschutzes in Bundespolizei v. 21.6.2005 (BGBl. I S. 1818), Art. 6 Gesetz zur Beschleunigung der Umsetzung von Öffentlich Privaten Partnerschaften und zur Verbesserung gesetzlicher Rahmenbedingungen für Öffentlich Private Partnerschaften v. 1.9.2005 (BGBl. I S. 2676), Art. 38 Jahressteuergesetz 2009 (JStG 2009) v. 19.12.2008 (BGBl. I S. 2794), Art. 3 Gesetz zur Reform des Grundsteuer- und Bewertungsrechts (Grundsteuer-Reformgesetz – GrStRefG) v. 26.11.2019 (BGBl. I S. 1794), Art. 1 Gesetz zur Änderung des Grundsteuergesetzes zur Mobilisierung von baureifen Grundstücken für die Bebauung v. 30.11.2019 (BGBl. I S. 1875), Art. 31 Jahressteuergesetz 2020 (JStG 2020) v. 21.12.2020 (BGBl. I S. 3096) und Art. 3 Gesetz zur erleichterten Umsetzung der Reform der Grundsteuer und Ändeurng weiterer steuerrechtlicher Vorschriften (Grundsteuerreform-Umsetzungsgesetz – GrStRefUG) v. 16.7.2021 (BGBl. I S. 2931)

Inhaltsübersicht

Abschnitt I. Steuerpflicht

§ 1 Heberecht
§ 2 Steuergegenstand
§ 3 Steuerbefreiung für Grundbesitz bestimmter Rechtsträger
§ 4 Sonstige Steuerbefreiungen
§ 5 Zu Wohnzwecken benutzter Grundbesitz
§ 6 Land- und forstwirtschaftlich genutzter Grundbesitz
§ 7 Unmittelbare Benutzung für einen steuerbegünstigten Zweck
§ 8 Teilweise Benutzung für einen steuerbegünstigten Zweck
§ 9 Stichtag für die Festsetzung der Grundsteuer, Entstehung der Steuer
§ 10 Steuerschuldner
§ 11 Persönliche Haftung
§ 12 Dingliche Haftung

Abschnitt II. Bemessung der Grundsteuer

§ 13 Steuermesszahl und Steuermessbetrag
§ 14 Steuermesszahl für Betriebe der Land- und Forstwirtschaft
§ 15 Steuermesszahl für Grundstücke
§ 16 Hauptveranlagung
§ 17 Neuveranlagung
§ 18 Nachveranlagung
§ 19 Anzeigepflicht
§ 20 Aufhebung des Steuermessbetrags
§ 21 Änderung von Steuermessbescheiden

---

1) Verkündet als Art. 1 des G zur Reform des Grundsteuerrechts v. 7.8.1973 (BGBl. I S. 965); Inkrafttreten gem. Art. 8 dieses G am 12.8.1973.

2) Zur Anwendung im Beitrittsgebiet siehe §§ 40 bis 46 sowie Einigungsvertrag mit Anlage I Kapitel IV Abschnitt II Nr. 14.

3) Zu abweichendem Landesrecht siehe u.a.:
- **Baden-Württemberg:** Gesetz zur Regelung einer Landesgrundsteuer (Landesgrundsteuergesetz – LGrStG) v. 4.11.2020 (GBl. S. 974),
- **Niedersachsen:** Niedersächsisches Grundsteuergesetz (NGrStG) v. 7.7.2021 (Nds. GVBl. S. 502).

§ 22 Zerlegung des Steuermessbetrags
§ 23 Zerlegungsstichtag
§ 24 Ersatz der Zerlegung durch Steuerausgleich

Abschnitt III. Festsetzung und Entrichtung der Grundsteuer

§ 25 Festsetzung des Hebesatzes
§ 26 Koppelungsvorschriften und Höchsthebesätze
§ 27 Festsetzung der Grundsteuer
§ 28 Fälligkeit
§ 29 Vorauszahlungen
§ 30 Abrechnung über die Vorauszahlungen
§ 31 Nachentrichtung der Steuer

[bis 31.12.2024:]

Abschnitt IV. Erlaß der Grundsteuer

§ 32 Erlaß für Kulturgut und Grünanlagen
§ 33 Erlaß wegen wesentlicher Ertragsminderung
§ 34 Verfahren

Abschnitt V. Übergangs- und Schlußvorschriften

§ 35 (aufgehoben)
§ 36 Steuervergünstigung für abgefundene Kriegsbeschädigte
§ 37 Sondervorschriften für die Hauptveranlagung 1974
§ 38 Anwendung des Gesetzes
§ 39 (aufgehoben)

Abschnitt VI. Grundsteuer für Steuergegenstände in dem in Artikel 3 des Einigungsvertrages genannten Gebiet ab dem Kalenderjahr 1991

§ 40 Land- und forstwirtschaftliches Vermögen
§ 41 Bemessung der Grundsteuer für Grundstücke nach dem Einheitswert
§ 42 Bemessung der Grundsteuer für Mietwohngrundstücke und Einfamilienhäuser nach der Ersatzbemessungsgrundlage
§ 43 Steuerfreiheit für neugeschaffene Wohnungen
§ 44 Steueranmeldung
§ 45 Fälligkeit von Kleinbeträgen
§ 46 Zuständigkeit der Gemeinden

[ab 1.1.2025:]

Abschnitt IV. Erlass der Grundsteuer

§ 32 Erlass für Kulturgut und Grünanlagen
§ 33 Erlass wegen wesentlicher Reinertragsminderung bei Betrieben der Land- und Forstwirtschaft
§ 34 Erlass wegen wesentlicher Ertragsminderung bei bebauten Grundstücken
§ 35 Verfahren

Abschnitt V. Übergangs- und Schlussvorschriften

§ 36 Sondervorschriften für die Hauptveranlagung 2025
§ 37 Anwendung des Gesetzes
§ 38 Bekanntmachung

Abschnitt I. Steuerpflicht

§ 1 Heberecht (1) Die Gemeinde bestimmt, ob von dem in ihrem Gebiet liegenden Grundbesitz Grundsteuer zu erheben ist.

(2) Bestehen in einem Land keine Gemeinden, so stehen das Recht des Absatzes 1 und die in diesem Gesetz bestimmten weiteren Rechte dem Land zu.

(3) Für den in gemeindefreien Gebieten liegenden Grundbesitz bestimmt die Landesregierung durch Rechtsverordnung, wer die nach diesem Gesetz den Gemeinden zustehenden Befugnisse ausübt.

§ 2 Steuergegenstand.

[Fassung bis 31.12.2024:]

Steuergegenstand ist der Grundbesitz im Sinne des Bewertungsgesetzes[2]):

1. die Betriebe der Land- und Forstwirtschaft (§§ 33, 48a und 51a des Bewertungsgesetzes). [2]Diesen stehen die in § 99 Abs. 1 Nr. 2 des Bewertungsgesetzes bezeichneten Betriebsgrundstücke gleich;
2. die Grundstücke (§§ 68, 70 des Bewertungsgesetzes). [2]Diesen stehen die in § 99 Abs. 1 Nr. 1 des Bewertungsgesetzes bezeichneten Betriebsgrundstücke gleich.

[Fassung ab 1.1.2025:[1])]

Steuergegenstand ist der inländische Grundbesitz im Sinne des Bewertungsgesetzes:

1.[3]) die Betriebe der Land- und Forstwirtschaft (§§ 232 bis 234, 240 des Bewertungsgesetzes); diesen stehen die in § 218 Satz 2 des Bewertungsgesetzes bezeichneten Betriebsgrundstücke gleich;

2. die Grundstücke (§§ 243, 244 des Bewertungsgesetzes); diesen stehen die in § 218 Satz 3 des Bewertungsgesetzes bezeichneten Betriebsgrundstücke gleich.

§ 3 Steuerbefreiung für Grundbesitz bestimmter Rechtsträger.

(1)[4]) [1]Von der Grundsteuer sind befreit

1. Grundbesitz, der von einer inländischen juristischen Person des öffentlichen Rechts für einen öffentlichen Dienst oder Gebrauch benutzt wird. [2]Ausgenommen ist der Grundbesitz, der von Berufsvertretungen und Berufsverbänden sowie von Kassenärztlichen Vereinigungen und Kassenärztlichen Bundesvereinigungen benutzt wird;

1a.[5]) *(aufgehoben)*

2.[6]) Grundbesitz, der vom Bundeseisenbahnvermögen für Verwaltungszwecke benutzt wird;

3. Grundbesitz, der von
   a) einer inländischen juristischen Person des öffentlichen Rechts,
   b) einer inländischen Körperschaft, Personenvereinigung oder Vermögensmasse, die nach der Satzung, dem Stiftungsgeschäft oder der sonstigen Verfassung und nach ihrer tatsächlichen Geschäftsführung ausschließlich und unmittelbar gemeinnützigen oder mildtätigen Zwecken dient,

   für gemeinnützige oder mildtätige Zwecke benutzt wird;

4. Grundbesitz, der von einer Religionsgesellschaft, die Körperschaft des öffentlichen Rechts ist, einem ihrer Orden, einer ihrer religiösen Genossenschaften oder einem ihrer Verbände für Zwecke der religiösen Unterweisung, der Wissenschaft, des Unterrichts, der Erziehung oder für Zwecke der eigenen Verwaltung benutzt wird. [2]Den Religionsgesellschaften

---

[1]) § 2 neu gef. durch G v. 26.11.2019 (BGBl. I S. 1794); zur Anwendung siehe § 37 Abs. 1 n.F.

[2]) Nr. **3**.

[3]) § 2 Nr. 1 geänd. durch G v. 21.12.2020 (BGBl. I S. 3096).

[4]) § 3 Abs. 1 Satz 2 geänd. durch G v. 13.9.1993 (BGBl. I S. 1569); Satz 3 angef. mWv 8.9.2005 durch G v. 1.9.2005 (BGBl. I S. 2676).

[5]) § 3 Abs. 1 Nr. 1a eingef. durch G v. 14.9.1994 (BGBl. I S. 2325); aufgeh. durch G v. 22.12.1999 (BGBl. I S. 2601).

[6]) § 3 Abs. 1 Nr. 2 geänd. mWv 1.1.1994 durch G v. 27.12.1993 (BGBl. I S. 2378).

stehen die jüdischen Kultusgemeinden gleich, die nicht Körperschaften des öffentlichen Rechts sind;

5.[1] Dienstwohnungen der Geistlichen und Kirchendiener der Religionsgesellschaften, die Körperschaften des öffentlichen Rechts sind, und der jüdischen Kultusgemeinden. [2] § 5 ist insoweit nicht anzuwenden;

6.[2] Grundbesitz der Religionsgesellschaften, die Körperschaften des öffentlichen Rechts sind, und der jüdischen Kultusgemeinden, der am 1. Januar 1987 und im Veranlagungszeitpunkt zu einem nach Kirchenrecht gesonderten Vermögen, insbesondere einem Stellenfonds gehört, dessen Erträge ausschließlich für die Besoldung und Versorgung der Geistlichen und Kirchendiener sowie ihrer Hinterbliebenen bestimmt sind. [2] Ist in dem in Artikel 3 des Einigungsvertrages genannten Gebiet die Zugehörigkeit des Grundbesitzes zu einem gesonderten Vermögen im Sinne des Satzes 1 am 1. Januar 1987 nicht gegeben, reicht es insoweit aus, daß der Grundbesitz zu einem Zeitpunkt vor dem 1. Januar 1987 zu einem gesonderten Vermögen im Sinne des Satzes 1 gehörte. [3] Die §§ 5 und 6 sind insoweit nicht anzuwenden.

[2] Der Grundbesitz muß ausschließlich demjenigen, der ihn für die begünstigten Zwecke benutzt, oder einem anderen nach den Nummern 1 bis 6 begünstigten Rechtsträger zuzurechnen sein. [3] Satz 2 gilt nicht, wenn der Grundbesitz von einem nicht begünstigten Rechtsträger im Rahmen einer Öffentlich Privaten Partnerschaft einer juristischen Person des öffentlichen Rechts für einen öffentlichen Dienst oder Gebrauch überlassen wird und die Übertragung auf den Nutzer am Ende des Vertragszeitraums vereinbart ist.

(2) [1] Öffentlicher Dienst oder Gebrauch im Sinne dieses Gesetzes ist die hoheitliche Tätigkeit oder der bestimmungsgemäße Gebrauch durch die Allgemeinheit. [2] Ein Entgelt für den Gebrauch durch die Allgemeinheit darf nicht in der Absicht, Gewinn zu erzielen, gefordert werden.

(3)[3] Öffentlicher Dienst oder Gebrauch im Sinne dieses Gesetzes ist nicht anzunehmen bei Betrieben gewerblicher Art von juristischen Personen des öffentlichen Rechts im Sinne des Körperschaftsteuergesetzes[4].

§ 4 Sonstige Steuerbefreiungen. Soweit sich nicht bereits eine Befreiung nach § 3 ergibt, sind von der Grundsteuer befreit

1. Grundbesitz, der dem Gottesdienst einer Religionsgesellschaft, die Körperschaft des öffentlichen Rechts ist, oder einer jüdischen Kultusgemeinde gewidmet ist;
2. Bestattungsplätze;
3. a) die dem öffentlichen Verkehr dienenden Straßen, Wege, Plätze, Wasserstraßen, Häfen und Schienenwege sowie die Grundflächen mit den diesem Verkehr unmittelbar dienenden Bauwerken und Einrichtungen, zum Beispiel Brücken, Schleuseneinrichtungen, Signalstationen, Stellwerke, Blockstellen;

GrStG

---

[1] § 3 Abs. 1 Satz 1 Nr. 5 neu gef. durch G v. 13.9.1993 (BGBl. I S. 1569).
[2] § 3 Abs. 1 Satz 1 Nr. 6 angef. durch G v. 13.9.1993 (BGBl. I S. 1569).
[3] § 3 Abs. 3 geänd. durch G v. 22.12.1999 (BGBl. I S. 2601).
[4] Nr. **17**.

b)[1] auf Verkehrsflughäfen und Verkehrslandeplätzen alle Flächen, die unmittelbar zur Gewährleistung eines ordnungsgemäßen Flugbetriebes notwendig sind und von Hochbauten und sonstigen Luftfahrthindernissen freigehalten werden müssen, die Grundflächen mit den Bauwerken und Einrichtungen, die unmittelbar diesem Betrieb dienen, sowie die Grundflächen ortsfester Flugsicherungsanlagen einschließlich der Flächen, die für einen einwandfreien Betrieb dieser Anlagen erforderlich sind;

c) die fließenden Gewässer und die ihren Abfluß regelnden Sammelbecken, soweit sie nicht unter Buchstabe a fallen;

4. die Grundflächen mit den im Interesse der Ordnung und Verbesserung der Wasser- und Bodenverhältnisse unterhaltenen Einrichtungen der öffentlich-rechtlichen Wasser- und Bodenverbände und die im öffentlichen Interesse staatlich unter Schau gestellten Privatdeiche;

5. Grundbesitz, der für Zwecke der Wissenschaft, des Unterrichts oder der Erziehung benutzt wird, wenn durch die Landesregierung oder die von ihr beauftragte Stelle anerkannt ist, daß der Benutzungszweck im Rahmen der öffentlichen Aufgaben liegt. [2]Der Grundbesitz muß ausschließlich demjenigen, der ihn benutzt, oder einer juristischen Person des öffentlichen Rechts zuzurechnen sein;

6.[2] Grundbesitz, der für die Zwecke eines Krankenhauses benutzt wird, wenn das Krankenhaus in dem Kalenderjahr, das dem Veranlagungszeitpunkt (§ 13 Abs. 1) vorangeht, die Voraussetzungen des § 67 Abs. 1 oder 2 der Abgabenordnung[3] erfüllt hat. [2]Der Grundbesitz muß ausschließlich demjenigen, der ihn benutzt, oder einer juristischen Person des öffentlichen Rechts zuzurechnen sein.

§ 5 Zu Wohnzwecken benutzter Grundbesitz. (1) Dient Grundbesitz, der für steuerbegünstigte Zwecke (§§ 3 und 4) benutzt wird, zugleich Wohnzwecken, gilt die Befreiung nur für

1.[4] Gemeinschaftsunterkünfte der Bundeswehr, der ausländischen Streitkräfte, der internationalen militärischen Hauptquartiere, der Bundespolizei, der Polizei und des sonstigen Schutzdienstes des Bundes und der Gebietskörperschaften sowie ihrer Zusammenschlüsse;

2. Wohnräume in Schülerheimen, Ausbildungs- und Erziehungsheimen sowie Prediger- und Priesterseminaren, wenn die Unterbringung in ihnen für die Zwecke des Unterrichts, der Ausbildung oder der Erziehung erforderlich ist. [2]Wird das Heim oder Seminar nicht von einem der nach § 3 Abs. 1 Nr. 1, 3 oder 4 begünstigten Rechtsträger unterhalten, so bedarf es einer Anerkennung der Landesregierung oder der von ihr beauftragten Stelle, daß die Unterhaltung des Heims oder Seminars im Rahmen der öffentlichen Aufgaben liegt;

3. Wohnräume, wenn der steuerbegünstigte Zweck im Sinne des § 3 Abs. 1 Nr. 1, 3 oder 4 nur durch ihre Überlassung erreicht werden kann;

---

[1] § 4 Nr. 3 Buchst. b neu gef. durch G v. 22.12.1999 (BGBl. I S. 2601).
[2] § 4 Nr. 6 neu gef. mWv 1.1.1977 durch G v. 14.12.1976 (BGBl. I S. 3341).
[3] Nr. **1**.
[4] § 5 Nr. 1 geänd. mWv 1.7.2005 durch G v. 21.6.2005 (BGBl. I S. 1818).

4. Räume, in denen sich Personen für die Erfüllung der steuerbegünstigten Zwecke ständig bereithalten müssen (Bereitschaftsräume), wenn sie nicht zugleich die Wohnung des Inhabers darstellen.

(2) Wohnungen sind stets steuerpflichtig, auch wenn die Voraussetzungen des Absatzes 1 vorliegen.

§ 6 Land- und forstwirtschaftlich genutzter Grundbesitz. Wird Grundbesitz, der für steuerbegünstigte Zwecke (§§ 3 und 4) benutzt wird, zugleich land- und forstwirtschaftlich genutzt, so gilt die Befreiung nur für

1. Grundbesitz, der Lehr- oder Versuchszwecken dient;
2. Grundbesitz, der von der Bundeswehr, den ausländischen Streitkräften, den internationalen militärischen Hauptquartieren oder den in § 5 Abs. 1 Nr. 1 bezeichneten Schutzdiensten als Übungsplatz oder Flugplatz benutzt wird;
3. Grundbesitz, der unter § 4 Nr. 1 bis 4 fällt.

§ 7 Unmittelbare Benutzung für einen steuerbegünstigten Zweck. [1] Die Befreiung nach den §§ 3 und 4 tritt nur ein, wenn der Steuergegenstand für den steuerbegünstigten Zweck unmittelbar benutzt wird. [2] Unmittelbare Benutzung liegt vor, sobald der Steuergegenstand für den steuerbegünstigten Zweck hergerichtet wird.

§ 8 Teilweise Benutzung für einen steuerbegünstigten Zweck.

(1) Wird ein räumlich abgegrenzter Teil des Steuergegenstandes für steuerbegünstigte Zwecke (§§ 3 und 4) benutzt, so ist nur dieser Teil des Steuergegenstandes steuerfrei.

(2) Dient der Steuergegenstand oder ein Teil des Steuergegenstandes (Absatz 1) sowohl steuerbegünstigten Zwecken (§§ 3 und 4) als auch anderen Zwecken, ohne daß eine räumliche Abgrenzung für die verschiedenen Zwecke möglich ist, so ist der Steuergegenstand oder der Teil des Steuergegenstandes nur befreit, wenn die steuerbegünstigten Zwecke überwiegen.

§ 9 Stichtag für die Festsetzung der Grundsteuer; Entstehung der Steuer. (1) Die Grundsteuer wird nach den Verhältnissen zu Beginn des Kalenderjahres festgesetzt.

(2) Die Steuer entsteht mit dem Beginn des Kalenderjahres, für das die Steuer festzusetzen ist.

§ 10 Steuerschuldner.

[Fassung bis 31.12.2024:]

(1) Schuldner der Grundsteuer ist derjenige, dem der Steuergegenstand bei der Feststellung des Einheitswerts zugerechnet ist.

(2) Derjenige, dem ein Erbbaurecht, ein Wohnungserbbaurecht oder ein Teilerbbaurecht zugerechnet ist,

[Fassung ab 1.1.2025:[1])]

(1) Schuldner der Grundsteuer ist derjenige, dem der Steuergegenstand bei der Feststellung des Grundsteuerwerts zugerechnet ist.

(2) Ist der Steuergegenstand mehreren Personen zugerechnet, so sind sie Gesamtschuldner.

[1]) § 10 Abs. 1 geänd., Abs. 2 aufgeh., bish. Abs. 3 wird Abs. 2 durch G v. 26.11.2019 (BGBl. I S. 1794); zur Anwendung siehe § 37 Abs. 1 n.F.

[Fassung bis 31.12.2024:]

ist auch Schuldner der Grundsteuer für die wirtschaftliche Einheit des belasteten Grundstücks.

(3) Ist der Steuergegenstand mehreren Personen zugerechnet, so sind sie Gesamtschuldner.

[Fassung ab 1.1.2025:]

§ 11 Persönliche Haftung. (1) Neben dem Steuerschuldner haften der Nießbraucher des Steuergegenstandes und derjenige, dem ein dem Nießbrauch ähnliches Recht zusteht.

(2)[1] [1]Wird ein Steuergegenstand ganz oder zu einem Teil einer anderen Person übereignet, so haftet der Erwerber neben dem früheren Eigentümer für die auf den Steuergegenstand oder Teil des Steuergegenstandes entfallende Grundsteuer, die für die Zeit seit dem Beginn des letzten vor der Übereignung liegenden Kalenderjahres zu entrichten ist. [2]Das gilt nicht für Erwerbe aus einer Insolvenzmasse und für Erwerbe im Vollstreckungsverfahren.

§ 12 Dingliche Haftung. Die Grundsteuer ruht auf dem Steuergegenstand als öffentliche Last.

Abschnitt II. Bemessung der Grundsteuer

[Fassung bis 31.12.2024:]

§ 13 Steuermeßzahl und Steuermeßbetrag

(1) [1]Bei der Berechnung der Grundsteuer ist von einem Steuermeßbetrag auszugehen. [2]Dieser ist durch Anwendung eines Tausendsatzes (Steuermeßzahl) auf den Einheitswert oder seinen steuerpflichtigen Teil zu ermitteln, der nach dem Bewertungsgesetz[3] im Veranlagungszeitpunkt (§ 16 Abs. 1, § 17 Abs. 3, § 18 Abs. 3) für den Steuergegenstand maßgebend ist.

(2)[4] *(aufgehoben)*

(3) In den Fällen des § 10 Abs. 2 ist der Berechnung des Steuermeßbetrags die Summe der beiden Einheitswerte zugrunde zu legen, die nach § 92 des Bewertungsgesetzes festgestellt werden.

[Fassung ab 1.1.2025:[2]]

§ 13 Steuermesszahl und Steuermessbetrag

[1]Bei der Berechnung der Grundsteuer ist von einem Steuermessbetrag auszugehen. [2]Dieser ist durch Anwendung eines Promillesatzes (Steuermesszahl) auf den Grundsteuerwert oder seinen steuerpflichtigen Teil zu ermitteln, der nach dem Bewertungsgesetz im Veranlagungszeitpunkt (§ 16 Absatz 1, § 17 Absatz 3, § 18 Absatz 3) für den Steuergegenstand maßgebend ist.

[1] § 11 Abs. 2 Satz 2 neu gef. durch G v. 19.12.1998 (BGBl. I S. 3836).
[2] § 13 neu gef. durch G v. 26.11.2019 (BGBl. I S. 1794); zur Anwendung siehe § 37 Abs. 1 n.F.
[3] Nr. 3.
[4] § 13 Abs. 2 aufgeh. durch G v. 27.12.1993 (BGBl. I S. 2378).

§ 14[1)] Steuermeßzahl für Betriebe der Land- und Forstwirtschaft.

Für Betriebe der Land- und Forstwirtschaft beträgt die Steuermeßzahl *6 vom Tausend* [***ab 1.1.2025:*** 0,55 Promille].

[Fassung bis 31.12.2024:]

§ 15 Steuermeßzahl für Grundstücke

(1) Die Steuermeßzahl beträgt 3,5 vom Tausend.

(2) Abweichend von Absatz 1 beträgt die Steuermeßzahl

1.[5)] für Einfamilienhäuser im Sinne des § 75 Abs. 5 des Bewertungsgesetzes mit Ausnahme des Wohnungseigentums und des Wohnungserbbaurechts einschließlich des damit belasteten Grundstücks 2,6 vom Tausend für die ersten 38 346,89 Euro des Einheitswerts oder seines steuerpflichtigen Teils und 3,5 vom Tausend für den Rest des Einheitswerts oder seines steuerpflichtigen Teils;
2. für Zweifamilienhäuser im Sinne des § 75 Abs. 6 des Bewertungsgesetzes 3,1 vom Tausend.

[Fassung ab 1.1.2025:[2)]]

§ 15 Steuermesszahl für Grundstücke

(1) Die Steuermesszahl beträgt

1. für unbebaute Grundstücke im Sinne des § 246 des Bewertungsgesetzes[3)] 0,34 Promille,
2. für bebaute Grundstücke
   a)[4)] im Sinne des § 249 Absatz 1 Nummer 1 bis 4 des Bewertungsgesetzes 0,31 Promille,
   b) im Sinne des § 249 Absatz 1 Nummer 5 bis 8 des Bewertungsgesetzes 0,34 Promille.

(2)[6)] [1] Die Steuermesszahl nach Absatz 1 Nummer 2 Buchstabe a wird um 25 Prozent ermäßigt, wenn

1.[7)] für das Grundstück nach § 13 Absatz 3 des Wohnraumförderungsgesetzes vom 13. September 2001 (BGBl. I S. 2376), das zuletzt durch Artikel 3 des Gesetzes vom 2. Oktober 2015 (BGBl. I S. 1610) geändert worden ist, eine Förderzusage erteilt wurde und
2.[8)] die sich aus der Förderzusage im Sinne des § 13 Absatz 2 des Wohnraumförderungsgesetzes ergebenden Bindungen für jeden Erhebungszeitraum innerhalb des Hauptveranlagungszeitraums bestehen.

[2] Liegen die Voraussetzungen des Satzes 1 für einen Teil der Gebäude oder für Teile eines Gebäudes vor, so ist die Ermäßigung der Steuermesszahl entsprechend anteilig zu gewähren.

[1)] § 14 geänd. durch G v. 26.11.2019 (BGBl. I S. 1794); zur Anwendung siehe § 37 Abs. 1 n.F.
[2)] § 15 neu gef. durch G v. 26.11.2019 (BGBl. I S. 1794); zur Anwendung siehe § 37 Abs. 1 n.F.
[3)] Nr. **3**.
[4)] § 15 Abs. 1 Nr. 2 Buchst. a geänd. durch G v. 16.7.2021 (BGBl. I S. 2931).
[5)] § 15 Abs. 2 Nr. 1 geänd. mWv 1.1.2002 durch G v. 19.12.2000 (BGBl. I S. 1790).
[6)] § 15 Abs. 2 Satz 2 angef. durch G v. 16.7.2021 (BGBl. I S. 2931).
[7)] § 15 Abs. 2 Satz 1 Nr. 1 geänd. durch G v. 16.7.2021 (BGBl. I S. 2931).
[8)] § 15 Abs. 2 Satz 1 Nr. 2 geänd. durch G v. 16.7.2021 (BGBl. I S. 2931).

[Fassung bis 31.12.2024:]

[Fassung ab 1.1.2025:]

(3)[1] Absatz 2 gilt entsprechend für Grundstücke, für die nach dem Ersten Wohnungsbaugesetz vom 24. April 1950 (BGBl. S. 83) in der bis zum 31. Dezember 1987 geltenden Fassung, nach dem Zweiten Wohnungsbaugesetz vom 27. Juni 1956 (BGBl. I S. 523) in der bis zum 31. Dezember 2001 geltenden Fassung oder nach den Wohnraumförderungsgesetzen der Länder eine Förderzusage erteilt wurde.

(4) [1]Liegen für ein Grundstück weder die Voraussetzungen des Absatzes 2 noch des Absatzes 3 vor, wird die Steuermesszahl nach Absatz 1 Nummer 2 Buchstabe a um 25 Prozent ermäßigt, wenn das jeweilige Grundstück

1. einer Wohnungsbaugesellschaft zugerechnet wird, deren Anteile mehrheitlich von einer oder mehreren Gebietskörperschaften gehalten werden und zwischen der Wohnungsbaugesellschaft und der Gebietskörperschaft oder den Gebietskörperschaften ein Gewinnabführungsvertrag besteht,
2. einer Wohnungsbaugesellschaft zugerechnet wird, die als gemeinnützig im Sinne des § 52 der Abgabenordnung[2] anerkannt ist, oder
3. einer Genossenschaft oder einem Verein zugerechnet wird, der seine Geschäftstätigkeit auf die in § 5 Absatz 1 Nummer 10 Buchstabe a und b des Körperschaftsteuergesetzes[3] genannten Bereiche beschränkt und von der Körperschaftsteuer befreit ist.

[2]Der Abschlag auf die Steuermesszahl nach Satz 1 wird auf Antrag für jeden Erhebungszeitraum innerhalb des Hauptveranlagungszeitraums gewährt, wenn nachgewiesen wird, dass die je-

GrStG

[1] § 15 Abs. 3 neu gef. durch G v. 16.7.2021 (BGBl. I S. 2931).
[2] Nr. **1**.
[3] Nr. **17**.

[Fassung bis 31.12.2024:]

[Fassung ab 1.1.2025:]

weiligen Voraussetzungen am Hauptveranlagungsstichtag vorlagen. [3]Entfallen die Voraussetzungen des Satzes 1 während des Hauptveranlagungszeitraums, ist dies nach § 19 Absatz 2 anzuzeigen.

(5) [1]Die Steuermesszahl nach Absatz 1 Nummer 2 wird für bebaute Grundstücke um 10 Prozent ermäßigt, wenn sich auf dem Grundstück Gebäude befinden, die Baudenkmäler im Sinne des jeweiligen Landesdenkmalschutzgesetzes sind. [2]Stehen auf einem Grundstück nur ein Teil der Gebäude oder nur Teile eines Gebäudes im Sinne des jeweiligen Landesdenkmalschutzgesetzes unter Denkmalschutz, so ist die Ermäßigung der Steuermesszahl entsprechend anteilig zu gewähren.

§ 16 Hauptveranlagung. (1)[1)] [1]Die Steuermeßbeträge werden auf den Hauptfeststellungszeitpunkt (*§ 21 Abs. 2 des Bewertungsgesetzes*[2)] [***ab 1.1.2025:*** § 221 Absatz 2 des Bewertungsgesetzes]) allgemein festgesetzt (Hauptveranlagung). [2]Dieser Zeitpunkt ist der Hauptveranlagungszeitpunkt.

(2) [1]Der bei der Hauptveranlagung festgesetzte Steuermeßbetrag gilt vorbehaltlich der §§ 17 und 20 von dem Kalenderjahr an, das zwei Jahre nach dem Hauptveranlagungszeitpunkt beginnt. [2]Dieser Steuermeßbetrag bleibt unbeschadet der §§ 17 und 20 bis zu dem Zeitpunkt maßgebend, von dem an die Steuermeßbeträge der nächsten Hauptveranlagung wirksam werden. [3]Der sich nach den Sätzen 1 und 2 ergebende Zeitraum ist der Hauptveranlagungszeitraum.

(3)[3)] Ist die Festsetzungsfrist (§ 169 der Abgabenordnung[4)]) bereits abgelaufen, so kann die Hauptveranlagung unter Zugrundelegung der Verhältnisse vom Hauptveranlagungszeitpunkt mit Wirkung für einen späteren Veranlagungszeitpunkt vorgenommen werden, für den diese Frist noch nicht abgelaufen ist.

§ 17 Neuveranlagung. (1)[5)] Wird eine Wertfortschreibung (*§ 22 Abs. 1 des Bewertungsgesetzes*[2)] [***ab 1.1.2025:*** § 222 Absatz 1 des Bewertungsgesetzes]) oder eine Artfortschreibung oder Zurechnungsfortschreibung (*§ 22 Abs. 2 des Be-*

[1)] § 16 Abs. 1 Satz 1 geänd. durch G v. 26.11.2019 (BGBl. I S. 1794); zur Anwendung siehe § 37 Abs. 1 n.F.

[2)] Nr. **3**.

[3)] § 16 Abs. 3 neu gef. durch G v. 14.12.1976 (BGBl. I S. 3341).

[4)] Nr. **1**.

[5)] § 17 Abs. 1 geänd. durch G v. 26.11.2019 (BGBl. I S. 1794); zur Anwendung siehe § 37 Abs. 1 n.F.

wertungsgesetzes [***ab 1.1.2025:*** § 222 Absatz 2 des Bewertungsgesetzes]) durchgeführt, so wird der Steuermeßbetrag auf den Fortschreibungszeitpunkt neu festgesetzt (Neuveranlagung).

(2)[1)] Der Steuermeßbetrag wird auch dann neu festgesetzt, wenn dem Finanzamt bekannt wird, daß

1.[2)] Gründe, die im Feststellungsverfahren über den *Einheitswert* [***ab 1.1.2025:*** Grundsteuerwert] nicht zu berücksichtigen sind, zu einem anderen als dem für den letzten Veranlagungszeitpunkt festgesetzten Steuermeßbetrag führen oder

2.[3)] die letzte Veranlagung fehlerhaft ist; § 176 der Abgabenordnung[4)] ist hierbei entsprechend anzuwenden; das gilt jedoch nur für Veranlagungszeitpunkte, die vor der Verkündung der maßgeblichen Entscheidung eines obersten Gerichts des Bundes liegen.

(3) [1] Der Neuveranlagung werden die Verhältnisse im Neuveranlagungszeitpunkt zugrunde gelegt. [2] Neuveranlagungszeitpunkt ist

1. in den Fällen des Absatzes 1 der Beginn des Kalenderjahres, auf den die Fortschreibung durchgeführt wird;
2. in den Fällen des Absatzes 2 Nr. 1 der Beginn des Kalenderjahres, auf den sich erstmals ein abweichender Steuermeßbetrag ergibt. [2] § 16 Abs. 3 ist entsprechend anzuwenden;
3. in den Fällen des Absatzes 2 Nr. 2 der Beginn des Kalenderjahres, in dem der Fehler dem Finanzamt bekannt wird, bei einer Erhöhung des Steuermeßbetrags jedoch frühestens der Beginn des Kalenderjahres, in dem der Steuermeßbescheid erteilt wird.

(4) Treten die Voraussetzungen für eine Neuveranlagung während des Zeitraums zwischen dem Hauptveranlagungszeitpunkt und dem Zeitpunkt des Wirksamwerdens der Steuermeßbeträge (§ 16 Abs. 2) ein, so wird die Neuveranlagung auf den Zeitpunkt des Wirksamwerdens der Steuermeßbeträge vorgenommen.

§ 18 Nachveranlagung. (1)[5)] Wird eine Nachfeststellung (*§ 23 Abs. 1 des Bewertungsgesetzes*[6)] [***ab 1.1.2025:*** § 223 Absatz 1 des Bewertungsgesetzes]) durchgeführt, so wird der Steuermeßbetrag auf den Nachfeststellungszeitpunkt nachträglich festgesetzt (Nachveranlagung).

(2)[7)] Der Steuermeßbetrag wird auch dann nachträglich festgesetzt, wenn der Grund für die Befreiung des Steuergegenstandes von der Grundsteuer wegfällt, der für die Berechnung der Grundsteuer maßgebende *Einheitswert* [***ab 1.1.2025:*** Grundsteuerwert] (§ 13 Abs. 1) aber bereits festgestellt ist.

---

1) § 17 Abs. 2 Satz 2 aufgeh. durch G v. 14.12.1976 (BGBl. I S. 3341).
2) § 17 Abs. 2 Nr. 1 geänd. **mWv 1.1.2025** durch G v. 21.12.2020 (BGBl. I S. 3096).
3) § 17 Abs. 2 Nr. 2 neu gef. durch G v. 14.12.1976 (BGBl. I S. 3341).
4) Nr. **1**.
5) § 18 Abs. 1 geänd. durch G v. 26.11.2019 (BGBl. I S. 1794); zur Anwendung siehe § 37 Abs. 1 n.F.
6) Nr. **3**.
7) § 18 Abs. 2 geänd. **mWv 1.1.2025** durch G v. 21.12.2020 (BGBl. I S. 3096).

(3) [1]Der Nachveranlagung werden die Verhältnisse im Nachveranlagungszeitpunkt zugrunde gelegt. [2]Nachveranlagungszeitpunkt ist

1.[1)] in den Fällen des Absatzes 1 der Beginn des Kalenderjahres, auf den der *Einheitswert* [***ab 1.1.2025:*** Grundsteuerwert] nachträglich festgestellt wird;
2. in den Fällen des Absatzes 2 der Beginn des Kalenderjahres, der auf den Wegfall des Befreiungsgrundes folgt. [2]§ 16 Abs. 3 ist entsprechend anzuwenden.

(4) Treten die Voraussetzungen für eine Nachveranlagung während des Zeitraums zwischen dem Hauptveranlagungszeitpunkt und dem Zeitpunkt des Wirksamwerdens der Steuermeßbeträge (§ 16 Abs. 2) ein, so wird die Nachveranlagung auf den Zeitpunkt des Wirksamwerdens der Steuermeßbeträge vorgenommen.

§ 19 Anzeigepflicht. (1) [1]Jede Änderung in der Nutzung oder in den Eigentumsverhältnissen eines ganz oder teilweise von der Grundsteuer befreiten Steuergegenstandes hat derjenige anzuzeigen, der nach § 10 als Steuerschuldner in Betracht kommt. [2]Die Anzeige ist innerhalb von drei Monaten nach Eintritt der Änderung bei dem Finanzamt zu erstatten, das für die Festsetzung des Steuermeßbetrags zuständig ist.

[***ab 1.1.2025:***

(2)[2)] [1]Den Wegfall der Voraussetzungen für die ermäßigte Steuermesszahl nach § 15 Absatz 2 bis 5 hat derjenige anzuzeigen, der nach § 10 als Steuerschuldner in Betracht kommt. [2]Die Anzeige ist innerhalb von drei Monaten nach dem Wegfall der Voraussetzungen bei dem Finanzamt zu erstatten, das für die Festsetzung des Steuermessbetrags zuständig ist.]

§ 20 Aufhebung des Steuermeßbetrags. (1) Der Steuermeßbetrag wird aufgehoben,

1.[3)] wenn der *Einheitswert* [***ab 1.1.2025:*** Grundsteuerwert] aufgehoben wird oder
2.[4)] wenn dem Finanzamt bekannt wird, daß
   a) für den ganzen Steuergegenstand ein Befreiungsgrund eingetreten ist oder
   b) der Steuermeßbetrag fehlerhaft festgesetzt worden ist.

(2) Der Steuermeßbetrag wird aufgehoben

1.[5)] in den Fällen des Absatzes 1 Nr. 1 mit Wirkung vom Aufhebungszeitpunkt (*§ 24 Abs. 2 des Bewertungsgesetzes*[6)] [***ab 1.1.2025:*** § 224 Absatz 2 des Bewertungsgesetzes]) an;

[1)] § 18 Abs. 3 Satz 2 Nr. 1 geänd. **mWv 1.1.2025** durch G v. 21.12.2020 (BGBl. I S. 3096).

[2)] § 19 Abs. 2 angef. durch G v. 26.11.2019 (BGBl. I S. 1794); zur Anwendung siehe § 37 Abs. 1 n.F.; Satz 1 geänd. durch G v. 16.7.2021 (BGBl. I S. 2931).

[3)] § 20 Abs. 1 Nr. 1 geänd. durch G v. 26.11.2019 (BGBl. I S. 1794); zur Anwendung siehe § 37 Abs. 1 n.F.

[4)] § 20 Abs. 1 Nr. 2 geänd. durch G v. 14.12.1976 (BGBl. I S. 3341).

[5)] § 20 Abs. 2 Nr. 1 geänd. durch G v. 26.11.2019 (BGBl. I S. 1794); zur Anwendung siehe § 37 Abs. 1 n.F.

[6)] Nr. **3**.

2. in den Fällen des Absatzes 1 Nr. 2 Buchstabe a mit Wirkung vom Beginn des Kalenderjahres an, der auf den Eintritt des Befreiungsgrundes folgt. [2] § 16 Abs. 3 ist entsprechend anzuwenden;
3. in den Fällen des Absatzes 1 Nr. 2 Buchstabe b mit Wirkung vom Beginn des Kalenderjahres an, in dem der Fehler dem Finanzamt bekannt wird.

(3) Treten die Voraussetzungen für eine Aufhebung während des Zeitraums zwischen dem Hauptveranlagungszeitpunkt und dem Zeitpunkt des Wirksamwerdens der Steuermeßbeträge (§ 16 Abs. 2) ein, so wird die Aufhebung auf den Zeitpunkt des Wirksamwerdens der Steuermeßbeträge vorgenommen.

§ 21[1)] Änderung von Steuermeßbescheiden. [1] Bescheide über die Neuveranlagung oder die Nachveranlagung von Steuermeßbeträgen können schon vor dem maßgebenden Veranlagungszeitpunkt erteilt werden. [2] Sie sind zu ändern oder aufzuheben, wenn sich bis zu diesem Zeitpunkt Änderungen ergeben, die zu einer abweichenden Festsetzung führen.

[Fassung bis 31.12.2024:]

§ 22 Zerlegung des Steuermeßbetrags

(1) [1] Erstreckt sich der Steuergegenstand über mehrere Gemeinden, so ist der Steuermeßbetrag vorbehaltlich des § 24 in die auf die einzelnen Gemeinden entfallenden Anteile zu zerlegen (Zerlegungsanteile). [2] Für den Zerlegungsmaßstab gilt folgendes:
1. [1] Bei Betrieben der Land- und Forstwirtschaft ist der auf den Wohnungswert entfallende Teil des Steuermeßbetrags der Gemeinde zuzuweisen, in der sich der Wohnteil oder dessen wertvollster Teil befindet. [2] Der auf den Wirtschaftswert entfallende Teil des Steuermeßbetrags ist in dem Verhältnis zu zerlegen, in dem die auf die einzelnen Gemeinden entfallenden Flächengrößen zueinander stehen.
2. [1] Bei Grundstücken ist der Steuermeßbetrag in dem Verhältnis zu zerlegen, in dem die auf die einzelnen Gemeinden entfallenden Flächengrößen zueinander stehen. [2] Führt die Zerlegung nach Flächengrößen zu einem offenbar unbilligen Ergebnis, so hat das Fi-

[Fassung ab 1.1.2025:[2)]]

§ 22 Zerlegung des Steuermessbetrags

(1) Erstreckt sich der Steuergegenstand über mehrere Gemeinden, so ist der Steuermessbetrag vorbehaltlich des § 24 anteilig in die auf die einzelnen Gemeinden entfallenden Anteile zu zerlegen (Zerlegungsanteile).

---

1) Zur Anwendung siehe § 36 Abs. 3.

2) § 22 neu gef. durch G v. 26.11.2019 (BGBl. I S. 1794); zur Anwendung siehe § 37 Abs. 1 n.F.

[Fassung bis 31.12.2024:]

nanzamt auf Antrag einer Gemeinde die Zerlegung nach dem Maßstab vorzunehmen, der nach bisherigem Recht zugrunde gelegt wurde. [3] Dies gilt nur so lange, als keine wesentliche Änderung der tatsächlichen Verhältnisse eintritt; im Falle einer wesentlichen Änderung ist nach einem Maßstab zu zerlegen, der den tatsächlichen Verhältnissen besser Rechnung trägt.

[3] Einigen sich die Gemeinden mit dem Steuerschuldner über die Zerlegungsanteile, so sind diese maßgebend.

(2)[1)] Entfällt auf eine Gemeinde ein Zerlegungsanteil von weniger als fünfundzwanzig Euro, so ist dieser Anteil der Gemeinde zuzuweisen, der nach Absatz 1 der größte Zerlegungsanteil zusteht.

[Fassung ab 1.1.2025:]

(2) Zerlegungsmaßstab ist bei Betrieben der Land- und Forstwirtschaft der nach § 239 Absatz 2 des Bewertungsgesetzes[2)] ermittelte Gemeindeanteil am Grundsteuerwert des Betriebs der Land- und Forstwirtschaft.

(3) [1] Zerlegungsmaßstab ist bei Grundstücken das Verhältnis, in dem die auf die einzelnen Gemeinden entfallenden Flächengrößen zueinander stehen. [2] Führt die Zerlegung nach Flächengrößen zu einem offenbar unbilligen Ergebnis, sind die Zerlegungsanteile maßgebend, auf die sich die Gemeinden mit dem Steuerschuldner einigen.

(4) Entfällt auf eine Gemeinde ein Zerlegungsanteil von weniger als 25 Euro, so ist dieser Anteil der Gemeinde zuzuweisen, der nach Absatz 2 oder 3 der größte Zerlegungsanteil zusteht.

§ 23 Zerlegungsstichtag. (1)[3)] Der Zerlegung des Steuermeßbetrags werden die Verhältnisse in dem Feststellungszeitpunkt zugrunde gelegt, auf den der für die Festsetzung des Steuermeßbetrags maßgebende *Einheitswert* [***ab 1.1. 2025:*** Grundsteuerwert] festgestellt worden ist.

[1)] § 22 Abs. 2 geänd. mWv 1.1.2002 durch G v. 19.12.2000 (BGBl. I S. 1790).

[2)] Nr. **3**.

[3)] § 23 Abs. 1 geänd. durch G v. 26.11.2019 (BGBl. I S. 1794); zur Anwendung siehe § 37 Abs. 1 n.F.

(2)[1] Ändern sich die Grundlagen für die Zerlegung, ohne daß der *Einheitswert* [***ab 1.1.2025:*** Grundsteuerwert] fortgeschrieben oder nachträglich festgestellt wird, so sind die Zerlegungsanteile nach dem Stand vom 1. Januar des folgenden Jahres neu zu ermitteln, wenn wenigstens bei einer Gemeinde der neue Anteil um mehr als ein Zehntel, mindestens aber um zehn Euro von ihrem bisherigen Anteil abweicht.

§ 24 Ersatz der Zerlegung durch Steuerausgleich. [1] Die Landesregierung kann durch Rechtsverordnung bestimmen, daß bei Betrieben der Land- und Forstwirtschaft, die sich über mehrere Gemeinden erstrecken, aus Vereinfachungsgründen an Stelle der Zerlegung ein Steuerausgleich stattfindet. [2] Beim Steuerausgleich wird der gesamte Steuermeßbetrag der Gemeinde zugeteilt, in der der wertvollste Teil des Steuergegenstandes liegt (Sitzgemeinde); an dem Steueraufkommen der Sitzgemeinde werden die übrigen Gemeinden beteiligt. [3] Die Beteiligung soll annähernd zu dem Ergebnis führen, das bei einer Zerlegung einträte.

Abschnitt III. Festsetzung und Entrichtung der Grundsteuer

§ 25 Festsetzung des Hebesatzes. (1) Die Gemeinde bestimmt, mit welchem Hundertsatz des Steuermeßbetrags oder des Zerlegungsanteils die Grundsteuer zu erheben ist (Hebesatz).

(2) Der Hebesatz ist für ein oder mehrere Kalenderjahre, höchstens jedoch für den Hauptveranlagungszeitraum der Steuermeßbeträge festzusetzen.

(3) [1] Der Beschluß über die Festsetzung oder Änderung des Hebesatzes ist bis zum 30. Juni eines Kalenderjahres mit Wirkung vom Beginn dieses Kalenderjahres zu fassen. [2] Nach diesem Zeitpunkt kann der Beschluß über die Festsetzung des Hebesatzes gefaßt werden, wenn der Hebesatz die Höhe der letzten Festsetzung nicht überschreitet.

[Fassung bis 31.12.2024:]

(4) [1] Der Hebesatz muß jeweils einheitlich sein

1. für die in einer Gemeinde liegenden Betriebe der Land- und Forstwirtschaft;
2. für die in einer Gemeinde liegenden Grundstücke.

[2] Wird das Gebiet von Gemeinden geändert, so kann die Landesregierung oder die von ihr bestimmte Stelle für die von der Änderung betroffenen Gebietsteile auf eine bestimmte Zeit verschiedene Hebesätze zulassen.

[Fassung ab 1.1.2025:[2]]

(4) [1] Der Hebesatz muss vorbehaltlich des Absatzes 5 jeweils einheitlich sein

1. für die in einer Gemeinde liegenden Betriebe der Land- und Forstwirtschaft und
2. für die in einer Gemeinde liegenden Grundstücke.

[2] Werden Gemeindegebiete geändert, so kann die Landesregierung oder die von ihr bestimmte Stelle für die von der Änderung betroffenen Gebietsteile für eine bestimmte Zeit verschiedene Hebesätze zulassen.

[1] § 23 Abs. 2 geänd. mWv 1.1.2002 durch G v. 19.12.2000 (BGBl. I S. 1790); geänd. durch G v. 26.11.2019 (BGBl. I S. 1794); zur Anwendung siehe § 37 Abs. 1 n.F.

[2] § 25 Abs. 4 neu gef. **mWv 1.1.2025** durch G v. 30.11.2019 (BGBl. I S. 1875); zur Anwendung siehe § 37 Abs. 3 n.F.

[*ab 1.1.2025:*

(5)[1] [1]Die Gemeinde kann aus städtebaulichen Gründen baureife Grundstücke als besondere Grundstücksgruppe innerhalb der unbebauten Grundstücke im Sinne des § 246 des Bewertungsgesetzes[2] bestimmen und abweichend von Absatz 4 Satz 1 Nummer 2 für die Grundstücksgruppe der baureifen Grundstücke einen gesonderten Hebesatz festsetzen. [2]Baureife Grundstücke sind unbebaute Grundstücke im Sinne des § 246 des Bewertungsgesetzes, die nach Lage, Form und Größe und ihrem sonstigen tatsächlichen Zustand sowie nach öffentlich-rechtlichen Vorschriften sofort bebaut werden könnten. [3]Eine erforderliche, aber noch nicht erteilte Baugenehmigung sowie zivilrechtliche Gründe, die einer sofortigen Bebauung entgegenstehen, sind unbeachtlich. [4]Als städtebauliche Gründe kommen insbesondere die Deckung eines erhöhten Bedarfs an Wohn- und Arbeitsstätten sowie Gemeinbedarfs- und Folgeeinrichtungen, die Nachverdichtung bestehender Siedlungsstrukturen oder die Stärkung der Innenentwicklung in Betracht. [5]Die Gemeinde hat den gesonderten Hebesatz auf einen bestimmten Gemeindeteil zu beschränken, wenn nur für diesen Gemeindeteil die städtebaulichen Gründe vorliegen. [6]Der Gemeindeteil muss mindestens 10 Prozent des gesamten Gemeindegebiets umfassen und in dem Gemeindeteil müssen mehrere baureife Grundstücke belegen sein. [7]Die genaue Bezeichnung der baureifen Grundstücke, deren Lage sowie das Gemeindegebiet, auf das sich der gesonderte Hebesatz bezieht, sind jeweils nach den Verhältnissen zu Beginn eines Kalenderjahres von der Gemeinde zu bestimmen, in einer Karte nachzuweisen und im Wege einer Allgemeinverfügung öffentlich bekannt zu geben. [8]In der Allgemeinverfügung sind die städtebaulichen Erwägungen nachvollziehbar darzulegen und die Wahl des Gemeindegebiets, auf das sich der gesonderte Hebesatz beziehen soll, zu begründen. [9]Hat eine Gemeinde die Grundstücksgruppe baureifer Grundstücke bestimmt und für die Grundstücksgruppe der baureifen Grundstücke einen gesonderten Hebesatz festgesetzt, muss dieser Hebesatz für alle in der Gemeinde oder dem Gemeindeteil liegenden baureifen Grundstücke einheitlich und höher als der einheitliche Hebesatz für die übrigen in der Gemeinde liegenden Grundstücke sein.]

§ 26[3] Koppelungsvorschriften und Höchsthebesätze. In welchem Verhältnis die Hebesätze für die Grundsteuer der Betriebe der Land- und Forstwirtschaft, für die Grundsteuer der Grundstücke und für die Gewerbesteuer zueinander stehen müssen, welche Höchstsätze nicht überschritten werden dürfen und inwieweit mit Genehmigung der Gemeindeaufsichtsbehörde Ausnahmen zugelassen werden können, bleibt einer landesrechtlichen Regelung vorbehalten.

§ 27 Festsetzung der Grundsteuer. (1) [1]Die Grundsteuer wird für das Kalenderjahr festgesetzt. [2]Ist der Hebesatz für mehr als ein Kalenderjahr festgesetzt, kann auch die jährlich zu erhebende Grundsteuer für die einzelnen Kalenderjahre dieses Zeitraums festgesetzt werden.

---

[1] § 25 Abs. 5 angef. **mWv 1.1.2025** durch G v. 30.11.2019 (BGBl. I S. 1875); zur Anwendung siehe § 37 Abs. 3 n.F.

[2] Nr. **3**.

[3] § 26 geänd. durch G v. 30.11.1978 (BGBl. I S. 1849); geänd. durch G v. 29.10.1997 (BGBl. I S. 2590).

(2) Wird der Hebesatz geändert (§ 25 Abs. 3), so ist die Festsetzung nach Absatz 1 zu ändern.

(3) [1] Für diejenigen Steuerschuldner, die für das Kalenderjahr die gleiche Grundsteuer wie im Vorjahr zu entrichten haben, kann die Grundsteuer durch öffentliche Bekanntmachung festgesetzt werden. [2] Für die Steuerschuldner treten mit dem Tage der öffentlichen Bekanntmachung die gleichen Rechtswirkungen ein, wie wenn ihnen an diesem Tage ein schriftlicher Steuerbescheid zugegangen wäre.

§ 28 Fälligkeit. (1) Die Grundsteuer wird zu je einem Viertel ihres Jahresbetrags am 15. Februar, 15. Mai, 15. August und 15. November fällig.

(2) Die Gemeinden können bestimmen, daß Kleinbeträge wie folgt fällig werden:

1.[1)] am 15. August mit ihrem Jahresbetrag, wenn dieser fünfzehn Euro nicht übersteigt;

2.[2)] am 15. Februar und 15. August zu je einer Hälfte ihres Jahresbetrags, wenn dieser dreißig Euro nicht übersteigt.

(3) [1] Auf Antrag des Steuerschuldners kann die Grundsteuer abweichend vom Absatz 1 oder Absatz 2 Nr. 2 am 1. Juli in einem Jahresbetrag entrichtet werden. [2] Der Antrag muß spätestens bis zum 30. September des vorangehenden Kalenderjahres gestellt werden. [3] Die beantragte Zahlungsweise bleibt so lange maßgebend, bis ihre Änderung beantragt wird; die Änderung muß spätestens bis zum 30. September des vorangehenden Jahres beantragt werden.

§ 29 Vorauszahlungen. Der Steuerschuldner hat bis zur Bekanntgabe eines neuen Steuerbescheids zu den bisherigen Fälligkeitstagen Vorauszahlungen unter Zugrundelegung der zuletzt festgesetzten Jahressteuer zu entrichten.

§ 30 Abrechnung über die Vorauszahlungen. (1) [1] Ist die Summe der Vorauszahlungen, die bis zur Bekanntgabe des neuen Steuerbescheids zu entrichten waren (§ 29), kleiner als die Steuer, die sich nach dem bekanntgegebenen Steuerbescheid für die vorausgegangenen Fälligkeitstage ergibt (§ 28), so ist der Unterschiedsbetrag innerhalb eines Monats nach Bekanntgabe des Steuerbescheids zu entrichten. [2] Die Verpflichtung, rückständige Vorauszahlungen schon früher zu entrichten, bleibt unberührt.

(2) Ist die Summe der Vorauszahlungen, die bis zur Bekanntgabe des neuen Steuerbescheids entrichtet worden sind, größer als die Steuer, die sich nach dem bekanntgegebenen Steuerbescheid für die vorangegangenen Fälligkeitstage ergibt, so wird der Unterschiedsbetrag nach Bekanntgabe des Steuerbescheids durch Aufrechnung oder Zurückzahlung ausgeglichen.

(3) Die Absätze 1 und 2 gelten entsprechend, wenn der Steuerbescheid aufgehoben oder geändert wird.

§ 31 Nachentrichtung der Steuer. Hatte der Steuerschuldner bis zur Bekanntgabe der Jahressteuer keine Vorauszahlungen nach § 29 zu entrichten, so hat er die Steuer, die sich nach dem bekanntgegebenen Steuerbescheid für die

---

1) § 28 Abs. 2 Nr. 1 geänd. mWv 1.1.2000 durch G v. 19.12.2000 (BGBl. I S. 1970).
2) § 28 Abs. 2 Nr. 2 geänd. mWv 1.1.2000 durch G v. 19.12.2000 (BGBl. I S. 1970).

vorangegangenen Fälligkeitstage ergibt (§ 28), innerhalb eines Monats nach Bekanntgabe des Steuerbescheids zu entrichten.

Abschnitt IV. Erlaß der Grundsteuer

§ 32 Erlaß für Kulturgut und Grünanlagen. (1) Die Grundsteuer ist zu erlassen

1. für Grundbesitz oder Teile von Grundbesitz, dessen Erhaltung wegen seiner Bedeutung für Kunst, Geschichte, Wissenschaft oder Naturschutz im öffentlichen Interesse liegt, wenn die erzielten Einnahmen und die sonstigen Vorteile (Rohertrag) in der Regel unter den jährlichen Kosten liegen. [2] Bei Park- und Gartenanlagen von geschichtlichem Wert ist der Erlaß von der weiteren Voraussetzung abhängig, daß sie in dem billigerweise zu fordernden Umfang der Öffentlichkeit zugänglich gemacht sind;
2. für öffentliche Grünanlagen, Spiel- und Sportplätze, wenn die jährlichen Kosten in der Regel den Rohertrag übersteigen.

(2) [1] Ist der Rohertrag für Grundbesitz, in dessen Gebäuden Gegenstände von wissenschaftlicher, künstlerischer oder geschichtlicher Bedeutung, insbesondere Sammlungen oder Bibliotheken, dem Zweck der Forschung oder Volksbildung nutzbar gemacht sind, durch die Benutzung zu den genannten Zwecken nachhaltig gemindert, so ist von der Grundsteuer der Hundertsatz zu erlassen, um den der Rohertrag gemindert ist. [2] Das gilt nur, wenn die wissenschaftliche, künstlerische oder geschichtliche Bedeutung der untergebrachten Gegenstände durch die Landesregierung oder die von ihr beauftragte Stelle anerkannt ist.

[Fassung bis 31.12.2024:]

§ 33 Erlaß wegen wesentlicher Ertragsminderung

(1)[2)] [1] Ist bei Betrieben der Land- und Forstwirtschaft und bei bebauten Grundstücken der normale Rohertrag des Steuergegenstandes um mehr als 50 Prozent gemindert und hat der Steuerschuldner die Minderung des Rohertrags nicht zu vertreten, so wird die Grundsteuer in Höhe von 25 Prozent erlassen. [2] Beträgt die Minderung des normalen Rohertrags 100 Prozent, ist die Grundsteuer in Höhe von 50 Prozent zu erlassen. [3] Bei Betrieben der Land- und Forstwirtschaft und bei eigengewerblich genutzten bebauten Grund-

[Fassung ab 1.1.2025:[1)]]

§ 33 Erlass wegen wesentlicher Reinertragsminderung bei Betrieben der Land- und Forstwirtschaft

(1) [1] Die Grundsteuer wird in Höhe von 25 Prozent erlassen, wenn bei Betrieben der Land- und Forstwirtschaft der tatsächliche Reinertrag des Steuergegenstandes um mehr als 50 Prozent gemindert ist und der Steuerschuldner die Minderung des tatsächlichen Reinertrags nicht zu vertreten hat. [2] Beträgt die vom Steuerschuldner nicht zu vertretende Minderung des tatsächlichen Reinertrags 100 Prozent, ist die Grundsteuer abweichend von Satz 1 in Höhe von 50 Prozent zu erlassen. [3] Der tatsächliche Reinertrag eines Betriebs

[1)] § 33 neu gef. durch G v. 26.11.2019 (BGBl. I S. 1794); zur Anwendung siehe § 37 Abs. 1 n.F.
[2)] § 33 Abs. 1 neu gef. mWv 1.1.2008 durch G v. 19.12.2008 (BGBl. I S. 2794).

[Fassung bis 31.12.2024:]

stücken wird der Erlass nur gewährt, wenn die Einziehung der Grundsteuer nach den wirtschaftlichen Verhältnissen des Betriebs unbillig wäre. [4] Normaler Rohertrag ist

1. bei Betrieben der Land- und Forstwirtschaft der Rohertrag, der nach den Verhältnissen zu Beginn des Erlasszeitraums bei ordnungsmäßiger Bewirtschaftung gemeinhin und nachhaltig erzielbar wäre;
2. bei bebauten Grundstücken die nach den Verhältnissen zu Beginn des Erlasszeitraums geschätzte übliche Jahresrohmiete.

(2) Bei eigengewerblich genutzten bebauten Grundstücken gilt als Minderung des normalen Rohertrags die Minderung der Ausnutzung des Grundstücks.

(3) Umfaßt der Wirtschaftsteil eines Betriebs der Land- und Forstwirtschaft nur die forstwirtschaftliche Nutzung, so ist die Ertragsminderung danach zu bestimmen, in welchem Ausmaß eingetretene Schäden den Ertragswert der forstwirtschaftlichen Nutzung bei einer Wertfortschreibung mindern würden.

(4) [1] Wird nur ein Teil des Grundstücks eigengewerblich genutzt, so ist die Ertragsminderung für diesen Teil nach Absatz 2, für den übrigen Teil nach Absatz 1 zu bestimmen. [2] Umfaßt der Wirtschaftsteil eines Betriebs

[Fassung ab 1.1.2025:]

der Land- und Forstwirtschaft ermittelt sich nach den Grundsätzen des § 236 Absatz 3 Satz 1 und 2 des Bewertungsgesetzes[1)] für ein Wirtschaftsjahr. [4] Er gilt als in dem Erlasszeitraum bezogen, in dem das für den Betrieb der Land- und Forstwirtschaft maßgebliche Wirtschaftsjahr endet.

(2) [1] Der Erlass nach Absatz 1 wird nur gewährt, wenn die Einziehung der Grundsteuer nach den wirtschaftlichen Verhältnissen des Betriebs unbillig wäre. [2] Ein Erlass nach Absatz 1 ist insbesondere ausgeschlossen, wenn für den Betrieb der Land- und Forstwirtschaft nach § 4 Absatz 1, § 4 Absatz 3 oder § 13a des Einkommensteuergesetzes[2)] für dasjenige Wirtschaftsjahr ein Gewinn ermittelt wurde, das im Erlasszeitraum bei der Ermittlung des tatsächlichen Reinertrags nach Absatz 1 zugrunde zu legen ist.

(3) Eine Ertragsminderung ist kein Erlassgrund, wenn sie für den Erlasszeitraum durch Fortschreibung des Grundsteuerwerts berücksichtigt werden kann oder bei rechtzeitiger Stellung des Antrags auf Fortschreibung hätte berücksichtigt werden können.

[1)] Nr. **3**.
[2)] Nr. **5**.

[Fassung bis 31.12.2024:]

der Land- und Forstwirtschaft nur zu einem Teil die forstwirtschaftliche Nutzung, so ist die Ertragsminderung für diesen Teil nach Absatz 3, für den übrigen Teil nach Absatz 1 zu bestimmen. [3] In den Fällen der Sätze 1 und 2 ist für den ganzen Steuergegenstand ein einheitlicher Hundertsatz der Ertragsminderung nach dem Anteil der einzelnen Teile am Einheitswert des Grundstücks oder am Wert des Wirtschaftsteils des Betriebs der Land- und Forstwirtschaft zu ermitteln.

(5) Eine Ertragsminderung ist kein Erlaßgrund, wenn sie für den Erlaßzeitraum durch Fortschreibung des Einheitswerts berücksichtigt werden kann oder bei rechtzeitiger Stellung des Antrags auf Fortschreibung hätte berücksichtigt werden können.

[Fassung ab 1.1.2025:]

[Fassung bis 31.12.2024:]

§ 34 Verfahren

(1) [1] Der Erlaß wird jeweils nach Ablauf eines Kalenderjahres für die Grundsteuer ausgesprochen, die für das Kalenderjahr festgesetzt worden ist (Erlaßzeitraum). [2] Maßgebend für die Entscheidung über den Erlaß sind die Verhältnisse des Erlaßzeitraums.

[Fassung ab 1.1.2025:[1])]

§ 34 Erlass wegen wesentlicher Ertragsminderung bei bebauten Grundstücken

(1) [1] Die Grundsteuer wird in Höhe von 25 Prozent erlassen, wenn bei bebauten Grundstücken der normale Rohertrag des Steuergegenstandes um mehr als 50 Prozent gemindert ist und der Steuerschuldner die Minderung des normalen Rohertrags nicht zu vertreten hat. [2] Beträgt die vom Steuerschuldner nicht zu vertretende Minderung des normalen Rohertrags 100 Prozent, ist die Grundsteuer abweichend von Satz 1 in Höhe von 50 Prozent zu erlassen. [3] Normaler Rohertrag ist bei bebauten Grundstücken die nach den Verhältnissen zu Beginn des Erlasszeitraums geschätzte übliche Jahresmiete. [4] Die übliche Jahresmiete ist in Anlehnung an die Miete zu ermitteln, die für Räume gleicher oder ähnlicher Art,

[1]) § 34 eingef., bish. § 34 wird § 35 durch G v. 26.11.2019 (BGBl. I S. 1794); zur Anwendung siehe § 37 Abs. 1 n.F.

[Fassung bis 31.12.2024:]

(2) [1] Der Erlaß wird nur auf Antrag gewährt. [2] Der Antrag ist bis zu dem auf den Erlaßzeitraum folgenden 31. März zu stellen.

(3) [1] In den Fällen des § 32 bedarf es keiner jährlichen Wiederholung des Antrags. [2] Der Steuerschuldner ist verpflichtet, eine Änderung der maßgeblichen Verhältnisse der Gemeinde binnen drei Monaten nach Eintritt der Änderung anzuzeigen.

[Fassung ab 1.1.2025:]

Lage und Ausstattung regelmäßig gezahlt wird. [5] Betriebskosten sind nicht einzubeziehen.

(2) [1] Bei eigengewerblich genutzten bebauten Grundstücken gilt als Minderung des normalen Rohertrags die Minderung der Ausnutzung des Grundstücks. [2] In diesen Fällen wird der Erlass nach Absatz 1 nur gewährt, wenn die Einziehung der Grundsteuer nach den wirtschaftlichen Verhältnissen des Betriebs unbillig wäre.

(3) [1] Wird nur ein Teil des Grundstücks eigengewerblich genutzt, so ist die Ertragsminderung für diesen Teil nach Absatz 2, für den übrigen Teil nach Absatz 1 zu bestimmen. [2] In diesen Fällen ist für den ganzen Steuergegenstand ein einheitlicher Prozentsatz der Ertragsminderung nach dem Anteil der einzelnen Teile am Grundsteuerwert des Grundstücks zu ermitteln.

(4) Eine Ertragsminderung ist kein Erlassgrund, wenn sie für den Erlasszeitraum durch Fortschreibung des Grundsteuerwerts berücksichtigt werden kann oder bei rechtzeitiger Stellung des Antrags auf Fortschreibung hätte berücksichtigt werden können.

[*ab 1.1.2025:*

§ 35[1)] Verfahren. (1) [1] Der Erlaß wird jeweils nach Ablauf eines Kalenderjahres für die Grundsteuer ausgesprochen, die für das Kalenderjahr festgesetzt worden ist (Erlaßzeitraum). [2] Maßgebend für die Entscheidung über den Erlaß sind die Verhältnisse des Erlaßzeitraums.

(2) [1] Der Erlaß wird nur auf Antrag gewährt. [2] Der Antrag ist bis zu dem auf den Erlaßzeitraum folgenden 31. März zu stellen.

(3) [1] In den Fällen des § 32 bedarf es keiner jährlichen Wiederholung des Antrags. [2] Der Steuerschuldner ist verpflichtet, eine Änderung der maßgeblichen Verhältnisse der Gemeinde binnen drei Monaten nach Eintritt der Änderung anzuzeigen.]

---

1) § 35 aufgeh. durch G v. 22.12.1999 (BGBl. I S. 2601); § 34 eingef., bish. § 34 wird § 35 durch G v. 26.11.2019 (BGBl. I S. 1794); zur Anwendung siehe § 37 Abs. 1 n.F.

Abschnitt V.[1] Übergangs- und Schlussvorschriften

[Fassung bis 31.12.2024:]

§ 36 Steuervergünstigung für abgefundene Kriegsbeschädigte

(1)[3] [1]Der Veranlagung der Steuermeßbeträge für Grundbesitz solcher Kriegsbeschädigten, die zum Erwerb oder zur wirtschaftlichen Stärkung ihres Grundbesitzes eine Kapitalabfindung auf Grund des Bundesversorgungsgesetzes in der Fassung der Bekanntmachung vom 22. Januar 1982 (BGBl. I S. 21), zuletzt geändert durch die Verordnung vom 15. Juni 1999 (BGBl. I S. 1328), erhalten haben, ist der um die Kapitalabfindung verminderte Einheitswert zugrunde zu legen. [2]Die Vergünstigung wird nur so lange gewährt, als die Versorgungsgebührnisse wegen der Kapitalabfindung in der gesetzlichen Höhe gekürzt werden.

(2) Die Steuervergünstigung nach Absatz 1 ist auch für ein Grundstück eines gemeinnützigen Wohnungs- oder Siedlungsunternehmens zu gewähren, wenn die folgenden Voraussetzungen sämtlich erfüllt sind:

1. Der Kriegsbeschädigte muß für die Zuweisung des Grundstücks die Kapitalabfindung an das Wohnungs- oder Siedlungsunternehmen bezahlt haben.
2. Er muß entweder mit dem Unternehmen einen Mietvertrag mit Kaufanwartschaft in der Weise abgeschlossen haben, daß er zur Miete wohnt, bis das Eigentum an dem Grundstück von ihm erworben ist, oder seine Rechte als Mieter müssen durch den Mietvertrag derart geregelt sein, daß das Mietverhältnis dem Eigentumserwerb fast gleichkommt.

[Fassung ab 1.1.2025:[2]]

§ 36 Sondervorschriften für die Hauptveranlagung 2025

(1) Auf den 1. Januar 2025 findet eine Hauptveranlagung der Grundsteuermessbeträge statt (Hauptveranlagung 2025).

(2) [1]Die in der Hauptveranlagung 2025 festgesetzten Steuermessbeträge gelten abweichend von § 16 Absatz 2 vorbehaltlich der §§ 17 bis 20 mit Wirkung von dem am 1. Januar 2025 beginnenden Kalenderjahr an. [2]Der Beginn dieses Kalenderjahres ist der Hauptveranlagungszeitpunkt.

GrStG

[1] Abschnittsüberschrift eingef. durch G v. 26.11.2019 (BGBl. I S. 1794).
[2] § 36 neu gef. durch G v. 26.11.2019 (BGBl. I S. 1794).
[3] § 36 Abs. 1 Satz 1 geänd. durch G v. 22.12.1999 (BGBl. I S. 2601).

[Fassung bis 31.12.2024:]

3. Es muß sichergestellt sein, daß die Steuervergünstigung in vollem Umfang dem Kriegsbeschädigten zugute kommt.

(3) [1] Lagen die Voraussetzungen des Absatzes 1 oder des Absatzes 2 bei einem verstorbenen Kriegsbeschädigten zur Zeit seines Todes vor und hat seine Witwe das Grundstück ganz oder teilweise geerbt, so ist auch der Witwe die Steuervergünstigung zu gewähren, wenn sie in dem Grundstück wohnt. [2] Verheiratet sich die Witwe wieder, so fällt die Steuervergünstigung weg.

[Fassung ab 1.1.2025:]

(3)[1)] [1] Bescheide über die Hauptveranlagung können schon vor dem Hauptveranlagungszeitpunkt erteilt werden. [2] § 21 Satz 2 ist entsprechend anzuwenden.

[bis 31.12.2024:]

§ 37 Sondervorschriften für die Hauptveranlagung 1974

(1)[3)] Auf den 1. Januar 1974 findet eine Hauptveranlagung der Grundsteuermeßbeträge statt (Hauptveranlagung 1974).

(2) [1] Die Hauptveranlagung 1974 gilt mit Wirkung von dem am 1. Januar 1974 beginnenden Kalenderjahr an. [2] Der Beginn dieses Kalenderjahres ist der Hauptveranlagungszeitpunkt.

(3) Bei der Hauptveranlagung 1974 gilt Artikel 1 des Bewertungsänderungsgesetzes 1971 vom 27. Juli 1971 (Bundesgesetzbl. I S. 1157).

(4)[5)] *(aufgehoben)*

[ab 1.1.2025:[2)]]

§ 37 Anwendung des Gesetzes

(1) Diese Fassung des Gesetzes gilt erstmals für die Grundsteuer des Kalenderjahres 2025.

(2) Für die Grundsteuer bis einschließlich zum Kalenderjahr 2024 findet das Grundsteuergesetz in der Fassung vom 7. August 1973 (BGBl. I S. 965), das zuletzt durch Artikel 38 des Gesetzes vom 19. Dezember 2008 (BGBl. I S. 2794) geändert worden ist, weiter Anwendung.

(3)[4)] § 25 Absatz 4 und 5 in der am 1. Januar 2025 geltenden Fassung ist erstmals bei der Hauptveranlagung auf den 1. Januar 2025 anzuwenden.

---

1) § 36 Abs. 3 angef. durch G v. 21.12.2020 (BGBl. I S. 3096).

2) Bish. § 37 aufgeh., bish. § 38 wird § 37 und Abs. 1 geänd., Abs. 2 angef. durch G v. 26.11.2019 (BGBl. I S. 1794).

3) § 37 Abs. 1 Satz 2 aufgeh. durch G v. 22.12.1999 (BGBl. I S. 2601).

4) § 37 Abs. 3 angef. durch G v. 30.11.2019 (BGBl. I S. 1875).

5) § 37 Abs. 4 aufgeh. durch G v. 22.12.1999 (BGBl. I S. 2601).

[bis 31.12.2024:[1])]

§ 38 Anwendung des Gesetzes

Diese Fassung des Gesetzes gilt erstmals für die Grundsteuer des Kalenderjahres 2008.

[ab 1.1.2025:[2])]

§ 38 Bekanntmachung

Das Bundesministerium der Finanzen wird ermächtigt, den Wortlaut dieses Gesetzes in der jeweils geltenden Fassung bekannt zu machen.

§ 39[3]) *(aufgehoben)*

[bis 31.12.2024:]

Abschnitt VI.[4]) Grundsteuer für Steuergegenstände in dem in Artikel 3 des Einigungsvertrages genannten Gebiet ab dem Kalenderjahr 1991

§ 40[4]) **Land- und forstwirtschaftliches Vermögen.** [1] Anstelle der Betriebe der Land- und Forstwirtschaft im Sinne des § 2 tritt das zu einer Nutzungseinheit zusammengefaßte Vermögen im Sinne des § 125 Abs. 3 des Bewertungsgesetzes[5]). [2] Schuldner der Grundsteuer ist abweichend von § 10 der Nutzer des land- und forstwirtschaftlichen Vermögens (§ 125 Abs. 2 des Bewertungsgesetzes). [3] Mehrere Nutzer des Vermögens sind Gesamtschuldner.

§ 41[4]) **Bemessung der Grundsteuer für Grundstücke nach dem Einheitswert.** [1] Ist ein im Veranlagungszeitpunkt für die Grundsteuer maßgebender Einheitswert 1935 festgestellt oder festzustellen (§ 132 des Bewertungsgesetzes[5])), gelten bei der Festsetzung des Steuermeßbetrags abweichend von § 15 die Steuermeßzahlen der weiter anwendbaren §§ 29 bis 33 der Grundsteuerdurchführungsverordnung vom 1. Juli 1937 (RGBl. I S. 733). [2] Die ermäßigten Steuermeßzahlen für Einfamilienhäuser gelten nicht für das Wohnungseigentum und das Wohnungserbbaurecht einschließlich des damit belasteten Grundstücks.

§ 42[4]) **Bemessung der Grundsteuer für Mietwohngrundstücke und Einfamilienhäuser nach der Ersatzbemessungsgrundlage.** (1) Bei Mietwohngrundstücken und Einfamilienhäusern, für die ein im Veranlagungszeitpunkt für die Grundsteuer maßgebender Einheitswert 1935 nicht festgestellt oder festzustellen ist (§ 132 des Bewertungsgesetzes[5])), bemißt sich der Jahresbetrag der Grundsteuer nach der Wohnfläche und bei anderweitiger Nutzung nach der Nutzfläche (Ersatzbemessungsgrundlage).

(2) [1] Bei einem Hebesatz von 300 vom Hundert für Grundstücke beträgt der Jahresbetrag der Grundsteuer für das Grundstück

[1]) § 38 neu gef. durch G v. 22.12.1999 (BGBl. I S. 2601); geänd. durch G v. 19.12.2008 (BGBl. I S. 2794).

[2]) § 38 eingef. durch G v. 26.11.2019 (BGBl. I S. 1794).

[3]) § 39 aufgeh. durch G v. 22.12.1999 (BGBl. I S. 2601).

[4]) Abschnitt VI (§§ 40–46) angef. durch Vertrag v. 31.8.1990 (BGBl. II S. 889, 986); aufgeh. durch G v. 26.11.2019 (BGBl. I S. 1794); zur Anwendung siehe § 37 Abs. 1 n.F.

[5]) Nr. **3**.

a)[1] für Wohnungen, die mit Bad, Innen-WC und Sammelheizung ausgestattet sind,
1 Euro je m² Wohnfläche,

b)[2] für andere Wohnungen
75 Cent je m² Wohnfläche,

c)[3] je Abstellplatz für Personenkraftwagen in einer Garage
5 Euro.

²Für Räume, die anderen als Wohnzwecken dienen, ist der Jahresbetrag je m² Nutzfläche anzusetzen, der für die auf dem Grundstück befindlichen Wohnungen maßgebend ist.

(3)[4] ¹Wird der Hebesatz abweichend von Absatz 2 festgesetzt, erhöhen oder vermindern sich die Jahresbeträge des Absatzes 2 in dem Verhältnis, in dem der festgesetzte Hebesatz für Grundstücke zu dem Hebesatz von 300 vom Hundert steht. ²Der sich danach ergebende Jahresbetrag je m² Wohn- oder Nutzfläche wird auf volle Cent nach unten abgerundet.

(4) ¹Steuerschuldner ist derjenige, dem das Gebäude bei einer Feststellung des Einheitswerts gemäß § 10 zuzurechnen wäre. ²Das gilt auch dann, wenn der Grund und Boden einem anderen gehört.

§ 43[5] Steuerfreiheit für neugeschaffene Wohnungen. (1) ¹Für Grundstücke mit neugeschaffenen Wohnungen, die nach dem 31. Dezember 1980 und vor dem 1. Januar 1992 bezugsfertig geworden sind oder bezugsfertig werden, gilt folgendes:

1. Grundstücke mit Wohnungen, die vor dem 1. Januar 1990 bezugsfertig geworden sind, bleiben für den noch nicht abgelaufenen Teil eines zehnjährigen Befreiungszeitraums steuerfrei, der mit dem 1. Januar des Kalenderjahres beginnt, das auf das Jahr der Bezugsfertigkeit des Gebäudes folgt;
2. Grundstücke mit Wohnungen, die im Kalenderjahr 1990 bezugsfertig geworden sind, sind bis zum 31. Dezember 2000 steuerfrei;
3. Grundstücke mit Wohnungen, die im Kalenderjahr 1991 bezugsfertig werden, sind bis zum 31. Dezember 2001 steuerfrei.

²Dies gilt auch, wenn vor dem 1. Januar 1991 keine Steuerfreiheit gewährt wurde.

(2) Befinden sich auf einem Grundstück nur zum Teil steuerfreie Wohnungen im Sinne des Absatzes 1, gilt folgendes:

1. ¹Wird die Grundsteuer nach dem Einheitswert bemessen (§ 41), bemißt sich der Steuermeßbetrag für den sich aus Absatz 1 ergebenden Befreiungszeitraum nur nach dem Teil des jeweils maßgebenden Einheitswerts, der auf die steuerpflichtigen Wohnungen und Räume einschließlich zugehörigen Grund und Bodens entfällt. ²Der steuerpflichtige Teil des Einheitswerts wird im Steuermeßbetragsverfahren ermittelt.

---

[1] § 42 Abs. 2 Satz 1 Buchst. a geänd. mWv 1.1.2002 durch G v. 19.12.2000 (BGBl. I S. 1790).
[2] § 42 Abs. 2 Satz 1 Buchst. b geänd. mWv 1.1.2002 durch G v. 19.12.2000 (BGBl. I S. 1790).
[3] § 42 Abs. 2 Satz 1 Buchst. c geänd. mWv 1.1.2002 durch G v. 19.12.2000 (BGBl. I S. 1790).
[4] § 42 Abs. 3 Satz 2 geänd. mWv 1.1.2002 durch G v. 19.12.2000 (BGBl. I S. 1790).
[5] Abschnitt VI (§§ 40–46) angef. durch Vertrag v. 31.8.1990 (BGBl. II S. 889, 986); aufgeh. durch G v. 26.11.2019 (BGBl. I S. 1794); zur Anwendung siehe § 37 Abs. 1 n.F.

2. Ist die Ersatzbemessungsgrundlage Wohn- oder Nutzfläche maßgebend (§ 42), bleibt während der Dauer des sich aus Absatz 1 ergebenden Befreiungszeitraums die Wohnfläche der befreiten Wohnungen bei Anwendung des § 42 außer Ansatz.

(3) [1] Einer Wohnung stehen An-, Aus- oder Umbauten gleich, die der Vergrößerung oder Verbesserung von Wohnungen dienen. [2] Voraussetzung ist, daß die Baumaßnahmen zu einer Wertfortschreibung geführt haben oder führen.

§ 44[1)] Steueranmeldung. (1) Soweit die Grundsteuer nach der Wohn- oder Nutzfläche zu bemessen ist, hat der Steuerschuldner eine Steuererklärung nach amtlich vorgeschriebenem Vordruck abzugeben, in der er die Grundsteuer nach § 42 selbst berechnet (Steueranmeldung).

(2) [1] Der Steuerschuldner hat der Berechnung der Grundsteuer den Hebesatz zugrunde zu legen, den die Gemeinde bis zum Beginn des Kalenderjahres bekanntgemacht hat, für das die Grundsteuer erhoben wird. [2] Andernfalls hat er die Grundsteuer nach dem Hebesatz des Vorjahres zu berechnen; für das Kalenderjahr 1991 gilt insoweit ein Hebesatz von 300 vom Hundert.

(3) [1] Die Steueranmeldung ist für jedes Kalenderjahr nach den Verhältnissen zu seinem Beginn bis zu dem Fälligkeitstag abzugeben, zu dem Grundsteuer für das Kalenderjahr nach § 28 erstmals fällig ist. [2] Für die Entrichtung der Grundsteuer gilt § 28 entsprechend.

§ 45[1)] Fälligkeit von Kleinbeträgen. Hat der Rat der Stadt oder Gemeinde vor dem 1. Januar 1991 für kleinere Beträge eine Zahlungsweise zugelassen, die von § 28 Abs. 2 und 3 abweicht, bleibt die Regelung bestehen, bis sie aufgehoben wird.

§ 46[1)] Zuständigkeit der Gemeinden. Die Festsetzung und Erhebung der Grundsteuer obliegt bis zu einer anderen landesrechtlichen Regelung den Gemeinden.

[1)] Abschnitt VI (§§ 40–46) angef. durch Vertrag v. 31.8.1990 (BGBl. II S. 889, 986); aufgeh. durch G v. 26.11.2019 (BGBl. I S. 1794); zur Anwendung siehe § 37 Abs. 1 n.F.

15. Investmentsteuergesetz (InvStG)[1) 2)]

Vom 19. Juli 2016

(BGBl. I S. 1730, geänd. durch G v. 20.12.2016, BGBl. I S. 3000 und G v. 23.6.2017, BGBl. I S. 1682)

FNA 610-6-18

geänd. durch Art. 15 Gesetz zur Vermeidung von Umsatzsteuerausfällen beim Handel mit Waren im Internet und zur Änderung weiterer steuerlicher Vorschriften v. 11.12.2018 (BGBl. I S. 2338), Art. 17 Gesetz zur weiteren steuerlichen Förderung der Elektromobilität und zur Änderung weiterer steuerlicher Vorschriften v. 12.12.2019 (BGBl. I S. 2451), Art. 10 Jahressteuergesetz 2020 (JStG 2020) v. 21.12.2020 (BGBl. I S. 3096), Art. 3 Gesetz zur Modernisierung der Entlastung von Abzugsteuern und der Bescheinigung der Kapitalertragsteuer (Abzugsteuerentlastungsmodernisierungsgesetz – AbzStEntModG) v. 2.6.2021 (BGBl. I S. 1259), Art. 5 Gesetz zur Stärkung des Fondsstandorts Deutschland und zur Umsetzung der Richtlinie (EU) 2019/1160 zur Änderung der Richtlinien 2009/65/EG und 2011/61/EU im Hinblick auf den grenzüberschreitenden Vertrieb von Organismen für gemeinsame Anlagen (Fondsstandortgesetz – FoStoG) v. 3.6.2021 (BGBl. I S. 1498), Art. 4 Gesetz zur Umsetzung der Anti-Steuervermeidungsrichtlinie (ATAD-Umsetzungsgesetz – ATADUmsG) v. 25.6.2021 (BGBl. I S. 2035) und Art. 4 Gesetz zur Modernisierung des Körperschaftsteuerrechts v. 25.6.2021 (BGBl. I S. 2050)

Inhaltsübersicht

Kapitel 1. Allgemeine Regelungen

§ 1 Anwendungsbereich
§ 2 Begriffsbestimmungen
§ 3 Gesetzlicher Vertreter
§ 4 Zuständige Finanzbehörden, Verordnungsermächtigung
§ 5 Prüfung der steuerlichen Verhältnisse
§ 5a Übertragung von Wirtschaftsgütern in einen Investmentfonds

Kapitel 2. Investmentfonds

Abschnitt 1. Besteuerung des Investmentfonds

§ 6 Körperschaftsteuerpflicht eines Investmentfonds
§ 7 Erhebung der Kapitalertragsteuer gegenüber Investmentfonds
§ 8 Steuerbefreiung aufgrund steuerbegünstigter Anleger
§ 9 Nachweis der Steuerbefreiung
§ 10 Investmentfonds oder Anteilklassen für steuerbegünstigte Anleger; Nachweis der Steuerbefreiung
§ 11 Erstattung von Kapitalertragsteuer an Investmentfonds durch die Finanzbehörden
§ 12 Leistungspflicht gegenüber steuerbegünstigten Anlegern
§ 13 Wegfall der Steuerbefreiung eines Anlegers
§ 14 Haftung bei unberechtigter Steuerbefreiung oder -erstattung
§ 15 Gewerbesteuer

Abschnitt 2. Besteuerung des Anlegers eines Investmentfonds

§ 16 Investmenterträge
§ 17 Erträge bei Abwicklung eines Investmentfonds
§ 18 Vorabpauschale
§ 19 Gewinne aus der Veräußerung von Investmentanteilen
§ 20 Teilfreistellung
§ 21 Anteilige Abzüge aufgrund einer Teilfreistellung
§ 22 Änderung des anwendbaren Teilfreistellungssatzes

Abschnitt 3. Verschmelzung von Investmentfonds

§ 23 Verschmelzung von Investmentfonds

---

1) Verkündet als Art. 1 Investmentsteuerreformgesetz v. 19.7.2016 (BGBl. I S. 1730); Inkrafttreten gem. Art. 11 Abs. 3 Satz 1 dieses G am 1.1.2018.

2) Beachte die Anwendungs- und Übergangsvorschriften in § 56, nach denen das Investmentsteuergesetz v. 15.12.2003 (BGBl. I S. 2676, 2724) teilweise weiterhin anwendbar ist, und § 57.

Abschnitt 4. Verhältnis zu den Besteuerungsregelungen für Spezial-Investmentfonds
§ 24 Kein Wechsel zu den Besteuerungsregelungen für Spezial-Investmentfonds

Kapitel 3. Spezial-Investmentfonds

Abschnitt 1. Voraussetzungen und Besteuerung eines Spezial-Investmentfonds
§ 25 Getrennte Besteuerungsregelungen
§ 26 Anlagebestimmungen
§ 27 Rechtsformen von inländischen Spezial-Investmentfonds
§ 28 Beteiligung von Personengesellschaften
§ 29 Steuerpflicht des Spezial-Investmentfonds
§ 30 Inländische Beteiligungseinnahmen und sonstige inländische Einkünfte mit Steuerabzug
§ 31 Steuerabzug und Steueranrechnung bei Ausübung der Transparenzoption
§ 32 Haftung bei ausgeübter Transparenzoption
§ 33 Inländische Immobilienerträge und sonstige inländische Einkünfte ohne Steuerabzug

Abschnitt 2. Besteuerung des Anlegers eines Spezial-Investmentfonds
§ 34 Spezial-Investmenterträge
§ 35 Ausgeschüttete Erträge und Ausschüttungsreihenfolge
§ 36 Ausschüttungsgleiche Erträge
§ 37 Ermittlung der Einkünfte
§ 38 Vereinnahmung und Verausgabung
§ 39 Werbungskosten, Abzug der Direktkosten
§ 40 Abzug der Allgemeinkosten
§ 41 Verlustverrechnung
§ 42 Steuerbefreiung von Beteiligungseinkünften und inländischen Immobilienerträgen
§ 43 Steuerbefreiung aufgrund von Abkommen zur Vermeidung der Doppelbesteuerung, der Hinzurechnungsbesteuerung und der Teilfreistellung
§ 44 Anteilige Abzüge aufgrund einer Steuerbefreiung
§ 45 Gewerbesteuer bei Spezial-Investmenterträgen
§ 46 Zinsschranke
§ 47 Anrechnung und Abzug von ausländischer Steuer
§ 48 Fonds-Aktiengewinn, Fonds-Abkommensgewinn, Fonds-Teilfreistellungsgewinn
§ 49 Veräußerung von Spezial-Investmentanteilen, Teilwertansatz
§ 50 Kapitalertragsteuer
§ 51 Feststellung der Besteuerungsgrundlagen

Abschnitt 3. Wegfall der Voraussetzungen eines Spezial-Investmentfonds
§ 52 Wegfall der Voraussetzungen eines Spezial-Investmentfonds

Kapitel 4. Altersvorsorgevermögenfonds
§ 53 Altersvorsorgevermögenfonds

Kapitel 5. Verschmelzung von Spezial-Investmentfonds und von Altersvorsorgevermögenfonds
§ 54 Verschmelzung von Spezial-Investmentfonds und Altersvorsorgevermögenfonds

Kapitel 6. Bußgeldvorschriften, Anwendungs- und Übergangsvorschriften
§ 55 Bußgeldvorschriften
§ 56 Anwendungs- und Übergangsvorschriften zum Investmentsteuerreformgesetz
§ 57 Anwendungsvorschriften

Kapitel 1. Allgemeine Regelungen

§ 1 Anwendungsbereich. (1) Dieses Gesetz ist anzuwenden auf Investmentfonds und deren Anleger.

(2)[1)] [1]Investmentfonds sind Investmentvermögen nach § 1 Absatz 1 des Kapitalanlagegesetzbuchs[2)]. [2]Für Zwecke dieses Gesetzes besteht keine Bindungswirkung an die aufsichtsrechtliche Entscheidung nach § 5 Absatz 3 des

---

[1)] § 1 Abs. 2 Satz 2 eingef., bish. Satz 2 wird Satz 3 durch G v. 21.12.2020 (BGBl. I S. 3096); zur Anwendung siehe § 57 Abs. 2 Nr. 1.

[2)] **Wirtschaftsgesetze** Nr. **142**.

Kapitalanlagegesetzbuches. [3] Als Investmentfonds im Sinne dieses Gesetzes gelten auch

1. Organismen für gemeinsame Anlagen, bei denen die Zahl der möglichen Anleger auf einen Anleger begrenzt ist, wenn die übrigen Voraussetzungen des § 1 Absatz 1 des Kapitalanlagegesetzbuchs erfüllt sind,
2. Kapitalgesellschaften, denen nach dem Recht des Staates, in dem sie ihren Sitz oder ihre Geschäftsleitung haben, eine operative unternehmerische Tätigkeit untersagt ist und die keiner Ertragsbesteuerung unterliegen oder die von der Ertragsbesteuerung befreit sind, und
3. von AIF-Kapitalverwaltungsgesellschaften verwaltete Investmentvermögen nach § 2 Absatz 3 des Kapitalanlagegesetzbuchs.

(3)[1)] [1] Keine Investmentfonds im Sinne dieses Gesetzes sind

1. Gesellschaften, Einrichtungen und Organisationen nach § 2 Absatz 1 und 2 des Kapitalanlagegesetzbuchs,
2. Investmentvermögen in der Rechtsform einer Personengesellschaft oder einer vergleichbaren ausländischen Rechtsform, es sei denn, es handelt sich um Organismen für gemeinsame Anlagen in Wertpapieren nach § 1 Absatz 2 des Kapitalanlagegesetzbuchs oder um Altersvorsorgevermögenfonds nach § 53,
3. Unternehmensbeteiligungsgesellschaften nach § 1a Absatz 1 des Gesetzes über Unternehmensbeteiligungsgesellschaften,
4. Kapitalbeteiligungsgesellschaften, die im öffentlichen Interesse mit Eigenmitteln oder mit staatlicher Hilfe Beteiligungen erwerben, und
5. REIT-Aktiengesellschaften nach § 1 Absatz 1 des REIT-Gesetzes und andere REIT-Körperschaften, -Personenvereinigungen oder -Vermögensmassen nach § 19 Absatz 5 des REIT-Gesetzes.

[2] Sondervermögen und vergleichbare ausländische Rechtsformen gelten nicht als Personengesellschaft im Sinne des Satzes 1 Nummer 2. [***ab 1.1.2022:*** [3] Investmentvermögen in der Rechtsform einer Personengesellschaft sind auch dann keine Investmentfonds, wenn sie nach § 1a des Körperschaftsteuergesetzes[2)] zur Körperschaftsbesteuerung optiert haben.]

(4) Haftungs- und vermögensrechtlich voneinander getrennte Teile eines Investmentfonds gelten für die Zwecke dieses Gesetzes als eigenständige Investmentfonds.

§ 2 Begriffsbestimmungen. (1) Die Begriffsbestimmungen des Kapitalanlagegesetzbuchs gelten entsprechend, soweit sich keine abweichenden Begriffsbestimmungen aus diesem Gesetz ergeben.

(2) Ein inländischer Investmentfonds ist ein Investmentfonds, der dem inländischen Recht unterliegt.

(3) Ein ausländischer Investmentfonds ist ein Investmentfonds, der ausländischem Recht unterliegt.

(4) [1] Investmentanteil ist der Anteil an einem Investmentfonds, unabhängig von der rechtlichen Ausgestaltung des Anteils oder des Investmentfonds. [2] Spe-

---

[1)] § 1 Abs. 3 Satz 3 angef. **mWv 1.1.2022** durch G v. 25.6.2021 (BGBl. I S. 2050); zur Anwendung siehe § 57 Abs. 6 Nr. 1.
[2)] Nr. **17**.

zial-Investmentanteil ist der Anteil an einem Spezial-Investmentfonds, unabhängig von der rechtlichen Ausgestaltung des Anteils oder des Spezial-Investmentfonds.

(5) [1] Ein Dach-Investmentfonds ist ein Investmentfonds, der Investmentanteile an einem anderen Investmentfonds (Ziel-Investmentfonds) hält. [2] Ein Dach-Spezial-Investmentfonds ist ein Spezial-Investmentfonds, der Spezial-Investmentanteile an einem anderen Spezial-Investmentfonds (Ziel-Spezial-Investmentfonds) hält.

(6)[1)] [1] Aktienfonds sind Investmentfonds, die gemäß den Anlagebedingungen fortlaufend mehr als 50 Prozent ihres Aktivvermögens in Kapitalbeteiligungen anlegen (Aktienfonds-Kapitalbeteiligungsquote). [2] Ein Dach-Investmentfonds ist auch dann ein Aktienfonds, wenn der Dach-Investmentfonds nach seinen Anlagebedingungen verpflichtet ist, derart in Ziel-Investmentfonds zu investieren, dass fortlaufend die Aktienfonds-Kapitalbeteiligungsquote erreicht wird und die Anlagebedingungen vorsehen, dass der Dach-Investmentfonds für die Einhaltung der Aktienfonds-Kapitalbeteiligungsquote auf die bewertungstäglich von den Ziel-Investmentfonds veröffentlichten tatsächlichen Kapitalbeteiligungsquoten abstellt. [3] Satz 2 ist nur auf Ziel-Investmentfonds anzuwenden, die mindestens einmal pro Woche eine Bewertung vornehmen. [4] In dem Zeitpunkt, in dem der Investmentfonds wesentlich gegen die Anlagebedingungen verstößt und dabei die Aktienfonds-Kapitalbeteiligungsquote unterschreitet, endet die Eigenschaft als Aktienfonds.

(7)[2)] [1] Mischfonds sind Investmentfonds, die gemäß den Anlagebedingungen fortlaufend mindestens 25 Prozent ihres Aktivvermögens in Kapitalbeteiligungen anlegen (Mischfonds-Kapitalbeteiligungsquote). [2] Ein Dach-Investmentfonds ist auch dann ein Mischfonds, wenn der Dach-Investmentfonds nach seinen Anlagebedingungen verpflichtet ist, derart in Ziel-Investmentfonds zu investieren, dass fortlaufend die Mischfonds-Kapitalbeteiligungsquote erreicht wird und die Anlagebedingungen vorsehen, dass der Dach-Investmentfonds für deren Einhaltung auf die bewertungstäglich von den Ziel-Investmentfonds veröffentlichten tatsächlichen Kapitalbeteiligungsquoten abstellt. [3] Satz 2 ist nur auf Ziel-Investmentfonds anzuwenden, die mindestens einmal pro Woche eine Bewertung vornehmen. [4] Absatz 6 Satz 4 ist entsprechend anzuwenden.

(8)[3)] [1] Kapitalbeteiligungen sind

1. zum amtlichen Handel an einer Börse zugelassene oder auf einem organisierten Markt notierte Anteile an einer Kapitalgesellschaft,
2. Anteile an einer Kapitalgesellschaft, die keine Immobilien-Gesellschaft ist und die
   a) in einem Mitgliedstaat der Europäischen Union oder in einem anderen Vertragsstaat des Abkommens über den Europäischen Wirtschaftsraum

---

[1)] § 2 Abs. 6 neu gef. durch G v. 11.12.2018 (BGBl. I S. 2338); zur Anwendung siehe § 56 Abs. 1 Satz 5 und Abs. 1a Sätze 1 und 2.

[2)] § 2 Abs. 7 neu gef. durch G v. 11.12.2018 (BGBl. I S. 2338); zur Anwendung siehe § 56 Abs. 1 Satz 5 und Abs. 1a Sätze 1 und 2.

[3)] § 2 Abs. 8 Satz 2 neu gef., Sätze 3 und 4 angef. durch G v. 11.12.2018 (BGBl. I S. 2338); zur Anwendung siehe § 56 Abs. 1 Satz 5; Satz 5 angef. durch G v. 12.12.2019 (BGBl. I S. 2451); zur Anwendung siehe § 57 Abs. 1 Satz 1 Nr. 1.

ansässig ist und dort der Ertragsbesteuerung für Kapitalgesellschaften unterliegt und nicht von ihr befreit ist, oder

b) in einem Drittstaat ansässig ist und dort einer Ertragsbesteuerung für Kapitalgesellschaften in Höhe von mindestens 15 Prozent unterliegt und nicht von ihr befreit ist,

3. Investmentanteile an Aktienfonds in Höhe von 51 Prozent des Wertes des Investmentanteils oder
4. Investmentanteile an Mischfonds in Höhe von 25 Prozent des Wertes des Investmentanteils.

[2] Sieht ein Aktienfonds in seinen Anlagebedingungen einen höheren Prozentsatz als 51 Prozent seines Aktivvermögens für die fortlaufende Mindestanlage in Kapitalbeteiligungen vor, gilt abweichend von Satz 1 Nummer 3 der Investmentanteil im Umfang dieses höheren Prozentsatzes als Kapitalbeteiligung. [3] Sieht ein Mischfonds in seinen Anlagebedingungen einen höheren Prozentsatz als 25 Prozent seines Aktivvermögens für die fortlaufende Mindestanlage in Kapitalbeteiligungen vor, gilt abweichend von Satz 1 Nummer 4 der Investmentanteil im Umfang dieses höheren Prozentsatzes als Kapitalbeteiligung. [4] Im Übrigen gelten Investmentanteile nicht als Kapitalbeteiligungen. [5] Auch nicht als Kapitalbeteiligungen gelten

1.[1)] Anteile an Personengesellschaften, auch wenn die Personengesellschaften Anteile an Kapitalgesellschaften halten [***ab 1.1.2022:*** oder wenn die Personengesellschaften nach § 1a des Körperschaftsteuergesetzes[2)] zur Körperschaftsbesteuerung optiert haben],
2. Anteile an Kapitalgesellschaften, die nach Absatz 9 Satz 6 als Immobilien gelten,
3. Anteile an Kapitalgesellschaften, die von der Ertragsbesteuerung befreit sind, soweit sie Ausschüttungen vornehmen, es sei denn, die Ausschüttungen unterliegen einer Besteuerung von mindestens 15 Prozent und der Investmentfonds ist nicht davon befreit und
4. Anteile an Kapitalgesellschaften,
   a) deren Einnahmen unmittelbar oder mittelbar zu mehr als 10 Prozent aus Beteiligungen an Kapitalgesellschaften stammen, die nicht die Voraussetzungen des Satzes 1 Nummer 2 erfüllen oder
   b) die unmittelbar oder mittelbar Beteiligungen an Kapitalgesellschaften halten, die nicht die Voraussetzungen des Satzes 1 Nummer 2 erfüllen, wenn der gemeine Wert derartiger Beteiligungen mehr als 10 Prozent des gemeinen Werts der Kapitalgesellschaften beträgt.

(9)[3)] [1] Immobilienfonds sind Investmentfonds, die gemäß den Anlagebedingungen fortlaufend mehr als 50 Prozent ihres Aktivvermögens in Immobilien und Immobilien-Gesellschaften anlegen (Immobilienfondsquote). [2] Auslands-Immobilienfonds sind Investmentfonds, die gemäß den Anlagebedingungen fortlaufend mehr als 50 Prozent ihres Aktivvermögens in ausländische Immobilien und Auslands-Immobiliengesellschaften anlegen (Auslands-Immobilienfondsquote). [3] Auslands-Immobiliengesellschaften sind Immobilien-Gesellschaf-

---

[1)] § 2 Abs. 8 Satz 5 Nr. 1 geänd. **mWv 1.1.2022** durch G v. 25.6.2021 (BGBl. I S. 2050).

[2)] Nr. **17**.

[3)] § 2 Abs. 9 neu gef. durch G v. 12.12.2019 (BGBl. I S. 2451); zur Anwendung siehe § 57 Abs. 1 Satz 1 Nr. 1.

ten, die ausschließlich in ausländische Immobilien investieren. [4] Investmentanteile an Immobilienfonds oder an Auslands-Immobilienfonds gelten in Höhe von 51 Prozent des Wertes des Investmentanteils als Immobilien. [5] Sieht ein Immobilienfonds oder ein Auslands-Immobilienfonds in seinen Anlagebedingungen einen höheren Prozentsatz als 51 Prozent seines Aktivvermögens für die fortlaufende Mindestanlage in Immobilien vor, gilt der Investmentanteil im Umfang dieses höheren Prozentsatzes als Immobilie. [6] Anteile an Körperschaften, Personenvereinigungen oder Vermögensmassen, bei denen nach gesetzlichen Bestimmungen oder nach deren Anlagebedingungen das Bruttovermögen zu mindestens 75 Prozent aus unbeweglichem Vermögen besteht, gelten in Höhe von 75 Prozent des Wertes der Anteile als Immobilien, wenn die Körperschaften, Personenvereinigungen oder Vermögensmassen einer Ertragsbesteuerung in Höhe von mindestens 15 Prozent unterliegen und nicht von ihr befreit sind oder wenn deren Ausschüttungen einer Besteuerung von mindestens 15 Prozent unterliegen und der Investmentfonds nicht davon befreit ist. [7] Absatz 6 Satz 4 ist entsprechend anzuwenden.

(9a)[1)] [1] Die Höhe des Aktivvermögens bestimmt sich nach dem Wert der Vermögensgegenstände des Investmentfonds ohne Berücksichtigung von Verbindlichkeiten des Investmentfonds. [2] Anstelle des Aktivvermögens darf in den Anlagebedingungen auf den Wert des Investmentfonds abgestellt werden. [3] Bei der Ermittlung des Umfangs des in Kapitalbeteiligungen angelegten Vermögens sind in den Fällen des Satzes 2 die Kredite entsprechend dem Anteil der Kapitalbeteiligungen am Wert aller Vermögensgegenstände abzuziehen. [4] Satz 3 gilt entsprechend für die Ermittlung des Umfangs des in Immobilien angelegten Vermögens.

(10) Anleger ist derjenige, dem der Investmentanteil oder Spezial-Investmentanteil nach § 39 der Abgabenordnung[2)] zuzurechnen ist.

(11) Ausschüttungen sind die dem Anleger gezahlten oder gutgeschriebenen Beträge einschließlich des Steuerabzugs auf den Kapitalertrag.

(12) Als Anlagebedingungen gelten auch die Satzung, der Gesellschaftsvertrag oder vergleichbare konstituierende Rechtsakte eines Investmentfonds.

(13)[3)] Als Veräußerung von Investmentanteilen und Spezial-Investmentanteilen gilt auch deren Rückgabe, Abtretung, Entnahme oder verdeckte Einlage in eine Kapitalgesellschaft sowie eine beendete Abwicklung oder Liquidation des Investmentfonds oder Spezial-Investmentfonds.

(14) Der Gewinnbegriff umfasst auch Verluste aus einem Rechtsgeschäft.

(15) Ein Amts- und Beitreibungshilfe leistender ausländischer Staat ist ein Mitgliedstaat der Europäischen Union oder ein Drittstaat, der

1. der Bundesrepublik Deutschland Amtshilfe gemäß der Amtshilferichtlinie im Sinne des § 2 Absatz 2 des EU-Amtshilfegesetzes oder gemäß vergleichbaren völkerrechtlichen Vereinbarungen leistet und
2. die Bundesrepublik Deutschland bei der Beitreibung von Forderungen gemäß der Beitreibungsrichtlinie im Sinne des § 2 Absatz 2 des EU-Beitrei-

---

[1)] § 2 Abs. 9a eingef. durch G v. 11.12.2018 (BGBl. I S. 2338); zur Anwendung siehe § 56 Abs. 1 Satz 5.

[2)] Nr. **1**.

[3)] § 2 Abs. 13 geänd. durch G v. 12.12.2019 (BGBl. I S. 2451); zur Anwendung siehe § 57 Abs. 1 Satz 1 Nr. 1.

bungsgesetzes oder gemäß vergleichbaren völkerrechtlichen Vereinbarungen unterstützt.

[*ab 1.1.2022:*

(16)[1)] Anteile an Personengesellschaften, die nach § 1a des Körperschaftsteuergesetzes zur Körperschaftsbesteuerung optiert haben, gelten für die Zwecke der §§ 26, 28 und 48 nicht als Beteiligung an einer Kapitalgesellschaft, sondern es sind weiterhin die für Personengesellschaften geltenden Regelungen anzuwenden.]

§ 3 Gesetzlicher Vertreter. (1) [1]Die Rechte und Pflichten eines Investmentfonds nach diesem Gesetz sind von dem gesetzlichen Vertreter des Investmentfonds wahrzunehmen oder zu erfüllen. [2]Die Rechte und Pflichten gegenüber einem Investmentfonds nach diesem Gesetz sind gegenüber dem gesetzlichen Vertreter des Investmentfonds wahrzunehmen oder zu erfüllen.

(2) [1]Als gesetzlicher Vertreter von inländischen Investmentfonds gilt für die Zwecke dieses Gesetzes die Kapitalverwaltungsgesellschaft oder die inländische Betriebsstätte oder Zweigniederlassung einer ausländischen Verwaltungsgesellschaft. [2]Wird der inländische Investmentfonds von einer ausländischen Verwaltungsgesellschaft verwaltet, die über keine inländische Betriebsstätte oder Zweigniederlassung verfügt, so gilt die inländische Verwahrstelle als gesetzlicher Vertreter.

(3) Während der Abwicklung eines inländischen Investmentfonds ist die inländische Verwahrstelle oder der an ihrer Stelle bestellte Liquidator gesetzlicher Vertreter des Investmentfonds.

(4) Die Verwaltungsgesellschaft eines ausländischen Investmentfonds gilt als gesetzlicher Vertreter, sofern kein davon abweichender gesetzlicher Vertreter nachgewiesen wird.

§ 4 Zuständige Finanzbehörden, Verordnungsermächtigung. (1) Für die Besteuerung von Investmentfonds ist das Finanzamt örtlich zuständig, in dessen Bezirk sich die Geschäftsleitung des gesetzlichen Vertreters nach § 3 befindet.

(2) Befindet sich die Geschäftsleitung des gesetzlichen Vertreters außerhalb des Geltungsbereichs dieses Gesetzes, so ist für die Besteuerung des Investmentfonds zuständig

1. das Finanzamt, in dessen Bezirk sich das Vermögen des Investmentfonds oder, wenn dies für mehrere Finanzämter zutrifft, das Finanzamt, in dessen Bezirk sich der wertvollste Teil des Vermögens befindet, sofern der Investmentfonds Einkünfte nach § 6 Absatz 2 erzielt, die keinem Steuerabzug unterliegen,
2. das Bundeszentralamt für Steuern in allen übrigen Fällen.

(3) Das Bundesministerium der Finanzen kann durch Rechtsverordnung mit Zustimmung des Bundesrates die Zuständigkeit nach Absatz 2 Nummer 2 und nach § 9 Absatz 1 Nummer 2 einer anderen Finanzbehörde oder mehreren anderen Finanzbehörden übertragen.

[1)] § 2 Abs. 16 angef. **mWv 1.1.2022** durch G v. 25.6.2021 (BGBl. I S. 2050); zur Anwendung siehe § 57 Abs. 6 Nr. 2.

§ 5 Prüfung der steuerlichen Verhältnisse. (1) Die zuständige Finanzbehörde ist zur Überprüfung der steuerlichen Verhältnisse befugt.

(2) [1]Eine Prüfung nach Absatz 1 ist zulässig bei Investmentfonds zur Ermittlung

1. der steuerlichen Verhältnisse des Investmentfonds,
2. der Voraussetzungen für eine Besteuerung als Spezial-Investmentfonds und
3. der Besteuerungsgrundlagen der Anleger.

[2]Die §§ 194 bis 203 der Abgabenordnung[1)] sind entsprechend anzuwenden.

§ 5a Übertragung von Wirtschaftsgütern in einen Investmentfonds. [1]Werden ein oder mehrere Wirtschaftsgüter aus dem Betriebsvermögen eines Anlegers in das Vermögen eines Investmentfonds übertragen, so ist bei der Übertragung der Teilwert anzusetzen. [2]Die Übertragung von einem oder mehreren Wirtschaftsgütern aus dem Privatvermögen eines Anlegers in das Vermögen eines Investmentfonds gilt als Veräußerung zum gemeinen Wert. [3]Die Sätze 1 und 2 sind unabhängig davon anzuwenden, ob bei der Übertragung der Wirtschaftsgüter neue Investmentanteile ausgegeben werden.

Kapitel 2. Investmentfonds

Abschnitt 1. Besteuerung des Investmentfonds

§ 6 Körperschaftsteuerpflicht eines Investmentfonds. (1)[2)] [1]Inländische Investmentfonds gelten als Zweckvermögen nach § 1 Absatz 1 Nummer 5 des Körperschaftsteuergesetzes[3)] und sind unbeschränkt körperschaftsteuerpflichtig. [2]Ausländische Investmentfonds gelten als Vermögensmassen nach § 2 Nummer 1 des Körperschaftsteuergesetzes und sind beschränkt körperschaftsteuerpflichtig.

(2)[4)] [1]Investmentfonds sind vorbehaltlich des Satzes 2 steuerbefreit. [2]Nicht steuerbefreit sind inländische Beteiligungseinnahmen, inländische Immobilienerträge und sonstige inländische Einkünfte. [3]Die nach Satz 2 steuerpflichtigen Einkünfte sind zugleich inländische Einkünfte nach § 2 Nummer 1 des Körperschaftsteuergesetzes.

(3) [1]Inländische Beteiligungseinnahmen sind

1. Einnahmen nach § 43 Absatz 1 Satz 1 Nummer 1 und 1a des Einkommensteuergesetzes[5)] und
2. Entgelte, Einnahmen und Bezüge nach § 2 Nummer 2 Buchstabe a bis c des Körperschaftsteuergesetzes.

[2]Die Regelungen zum Steuerabzug nach § 32 Absatz 3 des Körperschaftsteuergesetzes sind entsprechend anzuwenden.

[1)] Nr. **1**.

[2)] § 6 Abs. 1 Sätze 1 und 2 geänd. durch G v. 12.12.2019 (BGBl. I S. 2451); zur Anwendung siehe § 57 Abs. 1 Satz 1 Nr. 2.

[3)] Nr. **17**.

[4)] § 6 Abs. 2 neu gef. durch G v. 12.12.2019 (BGBl. I S. 2451); zur Anwendung siehe § 57 Abs. 1 Satz 1 Nr. 2.

[5)] Nr. **5**.

(4)[1] [1] Inländische Immobilienerträge sind

1. Einkünfte aus der Vermietung und Verpachtung von im Inland belegenen Grundstücken oder grundstücksgleichen Rechten und
2. Gewinne aus der Veräußerung von im Inland belegenen Grundstücken oder grundstücksgleichen Rechten.

[2] Zur Ermittlung des Gewinns nach Satz 1 Nummer 2 ist § 23 Absatz 3 Satz 1 bis 4 des Einkommensteuergesetzes entsprechend anzuwenden. [3] Wertveränderungen, die vor dem 1. Januar 2018 eingetreten sind, sind steuerfrei, sofern der Zeitraum zwischen der Anschaffung und der Veräußerung mehr als zehn Jahre beträgt.

(5)[2] [1] Sonstige inländische Einkünfte sind

1. Einkünfte nach § 49 Absatz 1 des Einkommensteuergesetzes mit Ausnahme der Einkünfte nach § 49 Absatz 1 Nummer 2 Buchstabe e des Einkommensteuergesetzes, soweit sie nicht von den Absätzen 3 oder 4 erfasst werden, und
2. bei inländischen Investmentfonds in der Rechtsform einer Investmentaktiengesellschaft darüber hinaus
   a) Einkünfte, die die Investmentaktiengesellschaft oder eines ihrer Teilgesellschaftsvermögen aus der Verwaltung ihres Vermögens erzielt, und
   b) Einkünfte, die die Investmentaktiengesellschaft oder eines ihrer Teilgesellschaftsvermögen aus der Nutzung ihres Investmentbetriebsvermögens nach § 112 Absatz 2 Satz 1 des Kapitalanlagegesetzbuchs erzielt.

[2] Von gewerblichen Einkünften nach § 49 Absatz 1 Nummer 2 des Einkommensteuergesetzes ist nur auszugehen, wenn der Investmentfonds seine Vermögensgegenstände aktiv unternehmerisch bewirtschaftet.

(6) § 8b des Körperschaftsteuergesetzes ist nicht anzuwenden.

(6a)[3] Die Anschaffung oder Veräußerung einer unmittelbaren oder mittelbaren Beteiligung an einer Personengesellschaft gilt als Anschaffung oder Veräußerung der anteiligen Wirtschaftsgüter.

(7)[4] [1] Die Einkünfte sind als Überschuss der Einnahmen über die Werbungskosten, die in einem wirtschaftlichen Zusammenhang zu den Einnahmen stehen, zu ermitteln. [2] § 4 Absatz 5 bis 7 des Einkommensteuergesetzes gilt bei der Ermittlung der Einkünfte nach Satz 1 entsprechend. [3] Bei Einkünften, die einem Steuerabzug unterliegen, sind der Ansatz der Werbungskosten sowie eine Verrechnung mit negativen Einkünften ausgeschlossen. [4] Weicht das Geschäftsjahr des Investmentfonds vom Kalenderjahr ab, gelten die Einkünfte des Investmentfonds als in dem Kalenderjahr bezogen, in dem sein Geschäftsjahr endet.

(8) [1] Nicht ausgeglichene negative Einkünfte sind in den folgenden Veranlagungszeiträumen abzuziehen. [2] § 10d Absatz 4 des Einkommensteuergesetzes ist sinngemäß anzuwenden.

---

[1] Zur Anwendung von § 6 Abs. 4 Satz 1 siehe § 57 Abs. 1 Nr. 2.

[2] § 6 Abs. 5 Satz 2 angef. durch G v. 12.12.2019 (BGBl. I S. 2451); zur Anwendung siehe § 57 Abs. 1 Satz 1 Nr. 2.

[3] § 6 Abs. 6a eingef. durch G v. 12.12.2019 (BGBl. I S. 2451); zur Anwendung siehe § 57 Abs. 1 Satz 1 Nr. 2.

[4] § 6 Abs. 7 Satz 4 angef. durch G v. 12.12.2019 (BGBl. I S. 2451); zur Anwendung siehe § 57 Abs. 1 Satz 1 Nr. 2.

§ 7 Erhebung der Kapitalertragsteuer gegenüber Investmentfonds.

(1) [1]Bei Einkünften nach § 6 Absatz 2, die einem Steuerabzug unterliegen, beträgt die Kapitalertragsteuer 15 Prozent des Kapitalertrags. [2]Es ist keine Erstattung von Kapitalertragsteuer nach § 44a Absatz 9 Satz 1 des Einkommensteuergesetzes[1)] vorzunehmen. [3]Wird Solidaritätszuschlag erhoben, so mindert sich die Kapitalertragsteuer in der Höhe, dass die Summe aus der geminderten Kapitalertragsteuer und dem Solidaritätszuschlag 15 Prozent des Kapitalertrags beträgt. [4]Im Übrigen ist gegenüber Investmentfonds keine Kapitalertragsteuer zu erheben.

(2) Soweit Einkünfte nach § 6 Absatz 2 einem Steuerabzug unterliegen, sind die Körperschaftsteuer und der Solidaritätszuschlag durch den Steuerabzug abgegolten.

(3) [1]Absatz 1 ist nur anzuwenden, wenn der nach § 44 des Einkommensteuergesetzes zum Abzug der Kapitalertragsteuer verpflichteten Person (Entrichtungspflichtiger) eine Bescheinigung vorliegt, in der die zuständige Finanzbehörde den Status als Investmentfonds bestätigt hat (Statusbescheinigung). [2]Der Entrichtungspflichtige hat den Tag der Ausstellung der Statusbescheinigung und die darin verwendeten Identifikationsmerkmale aufzuzeichnen.

(4)[2)] [1]Die Erteilung der Statusbescheinigung erfolgt auf Antrag, der nach amtlich vorgeschriebenem Muster zu stellen ist. [2]Die Gültigkeit der Statusbescheinigung darf höchstens drei Jahre betragen. [3]In der Statusbescheinigung ist anzugeben, ob der Investmentfonds unbeschränkt oder beschränkt körperschaftsteuerpflichtig ist. [4]Die Statusbescheinigung kann rückwirkend für einen Zeitraum von sechs Monaten vor der Antragstellung erteilt werden. [5]Die zuständige Finanzbehörde kann die Statusbescheinigung jederzeit zurückfordern. [6]Fordert die zuständige Finanzbehörde die Statusbescheinigung zurück oder erkennt der Investmentfonds, dass die Voraussetzungen für ihre Erteilung weggefallen sind, so ist die Statusbescheinigung unverzüglich zurückzugeben.

(5)[3)] [1]Wenn ein unbeschränkt körperschaftsteuerpflichtiger Investmentfonds innerhalb von 18 Monaten nach Zufluss eines Kapitalertrags eine Statusbescheinigung vorlegt, so hat der Entrichtungspflichtige dem Investmentfonds die Kapitalertragsteuer zu erstatten, die den nach Absatz 1 vorzunehmenden Steuerabzug übersteigt. [2]Das Gleiche gilt, soweit der Investmentfonds innerhalb von 18 Monaten nach Zufluss eines Kapitalertrags nachweist, dass die Voraussetzungen für eine Steuerbefreiung nach den §§ 8 bis 10 vorliegen. [3]Eine zuvor erteilte Steuerbescheinigung ist unverzüglich im Original zurückzugeben. [4]Die Erstattung darf erst nach Rückgabe einer bereits erteilten Steuerbescheinigung erfolgen.

§ 8 Steuerbefreiung aufgrund steuerbegünstigter Anleger. (1) Einkünfte nach § 6 Absatz 2 sind auf Antrag des Investmentfonds steuerbefreit, soweit

1. an dem Investmentfonds Anleger, die die Voraussetzungen des § 44a Absatz 7 Satz 1 des Einkommensteuergesetzes[1)] erfüllen, oder vergleichbare auslän-

---

[1)] Nr. **5**.

[2)] § 7 Abs. 4 Satz 3 eingef., bish. Sätze 3 bis 5 werden Sätze 4 bis 6 durch G v. 2.6.2021 (BGBl. I S. 1259); zur Anwendung siehe § 57 Abs. 3.

[3)] § 7 Abs. 5 Satz 1 geänd. durch G v. 2.6.2021 (BGBl. I S. 1259); zur Anwendung siehe § 57 Abs. 3.

dische Anleger mit Sitz und Geschäftsleitung in einem Amts- und Beitreibungshilfe leistenden ausländischen Staat beteiligt sind, oder
2. die Anteile an dem Investmentfonds im Rahmen von Altersvorsorge- oder Basisrentenverträgen gehalten werden, die nach den §§ 5 oder 5a des Altersvorsorgeverträge-Zertifizierungsgesetzes zertifiziert wurden.

(2) Inländische Immobilienerträge sind auf Antrag des Investmentfonds steuerbefreit, soweit an dem Investmentfonds beteiligt sind:
1. inländische juristische Personen des öffentlichen Rechts, soweit die Investmentanteile nicht einem nicht von der Körperschaftsteuer befreiten Betrieb gewerblicher Art zuzurechnen sind, oder
2. von der Körperschaftsteuer befreite inländische Körperschaften, Personenvereinigungen oder Vermögensmassen, soweit sie nicht unter Nummer 1 fallen, oder vergleichbare ausländische Körperschaften, Personenvereinigungen oder Vermögensmassen mit Sitz und Geschäftsleitung in einem Amts- und Beitreibungshilfe leistenden ausländischen Staat.

(3) [1] Bei Einkünften, die einem Steuerabzug unterliegen, richtet sich der Umfang der Steuerbefreiung nach dem Anteil, den die steuerbegünstigten Anleger am Gesamtbestand der Investmentanteile eines Investmentfonds zum jeweiligen Zeitpunkt des Zuflusses der Einnahmen halten. [2] Bei zu veranlagenden Einkünften richtet sich der Umfang der Steuerbefreiung nach dem Anteil des durchschnittlichen Investmentanteilbesitzes von steuerbegünstigten Anlegern am durchschnittlichen Gesamtbestand der Investmentanteile während des Geschäftsjahres des Investmentfonds.

(4)[1)] [1] Die Steuerbefreiung bei inländischen Beteiligungseinnahmen setzt voraus, dass der Investmentfonds die Voraussetzungen für eine Anrechenbarkeit von Kapitalertragsteuer nach § 36a des Einkommensteuergesetzes erfüllt. [2] Die Steuerbefreiung nach Absatz 1 Nummer 1 oder Absatz 2 setzt zudem voraus, dass
1. der Anleger seit mindestens drei Monaten zivilrechtlicher und wirtschaftlicher Eigentümer der Investmentanteile ist und
2. keine Verpflichtung zur Übertragung der Anteile auf eine andere Person besteht.

§ 9 Nachweis der Steuerbefreiung. (1) Die Steuerbefreiung nach § 8 Absatz 1 Nummer 1 ist nachzuweisen durch
1. eine Bescheinigung nach § 44a Absatz 7 Satz 2 des Einkommensteuergesetzes[2)] oder
2. eine vom Bundeszentralamt für Steuern auszustellende Bescheinigung über die Vergleichbarkeit des ausländischen Anlegers mit Anlegern nach § 44a Absatz 7 Satz 1 des Einkommensteuergesetzes (Befreiungsbescheinigung) und
3. eine von der depotführenden Stelle des Anlegers nach Ablauf des Kalenderjahres nach amtlichem Muster erstellte Bescheinigung über den Umfang der durchgehend während des Kalenderjahres vom Anleger gehaltenen Invest-

1) § 8 Abs. 4 neu gef. durch G v. 12.12.2019 (BGBl. I S. 2451); zur Anwendung siehe § 57 Abs. 1 Satz 1 Nr. 3.
2) Nr. **5**.

mentanteile sowie den Zeitpunkt und Umfang des Erwerbs oder der Veräußerung von Investmentanteilen während des Kalenderjahres (Investmentanteil-Bestandsnachweis).

(2) [1] Die Befreiungsbescheinigung ist nur auszustellen, wenn der ausländische Anleger die Vergleichbarkeit nachweist. [2] Eine Vergleichbarkeit setzt voraus, dass der ausländische Anleger eine Körperschaft, Personenvereinigung oder Vermögensmasse ist, die nach der Satzung, dem Stiftungsgeschäft oder der sonstigen Verfassung und nach der tatsächlichen Geschäftsführung ausschließlich und unmittelbar gemeinnützigen, mildtätigen oder kirchlichen Zwecken dient (§§ 51 bis 68 der Abgabenordnung[1)]). [3] § 7 Absatz 4 ist auf die Befreiungsbescheinigung entsprechend anzuwenden.

(3) Die Steuerbefreiung nach § 8 Absatz 1 Nummer 2 setzt voraus, dass der Anbieter eines Altersvorsorge- oder Basisrentenvertrags dem Investmentfonds innerhalb eines Monats nach dessen Geschäftsjahresende mitteilt, zu welchen Zeitpunkten und in welchem Umfang Anteile erworben oder veräußert wurden.

§ 10 Investmentfonds oder Anteilklassen für steuerbegünstigte Anleger; Nachweis der Steuerbefreiung. (1) [1] Investmentfonds oder Anteilklassen sind steuerbefreit, wenn sich nach den Anlagebedingungen nur steuerbegünstigte Anleger nach § 8 Absatz 1 beteiligen dürfen. [2] Inländische Beteiligungseinnahmen sind nur steuerbefreit, wenn der Investmentfonds die Voraussetzungen für eine Anrechenbarkeit der Kapitalertragsteuer nach § 36a des Einkommensteuergesetzes[2)] erfüllt.

(2) Inländische Immobilienerträge eines Investmentfonds oder einer Anteilklasse sind steuerbefreit, wenn sich nur steuerbegünstigte Anleger nach § 8 Absatz 1 oder 2 beteiligen dürfen.

(3) Die Steuerbefreiung nach den Absätzen 1 und 2 setzt voraus, dass die Anlagebedingungen nur eine Rückgabe von Investmentanteilen an den Investmentfonds zulassen und die Übertragung von Investmentanteilen ausgeschlossen ist.

(4) [1] Die Anleger haben ihre Steuerbefreiung gegenüber dem Investmentfonds nachzuweisen. [2] Zum Nachweis der Steuerbefreiung hat

1. ein Anleger nach § 8 Absatz 1 Nummer 1 oder Absatz 2 eine gültige Bescheinigung nach § 9 Absatz 1 an den Investmentfonds zu übermitteln und
2. der Anbieter eines Altersvorsorge- oder Basisrentenvertrags gegenüber dem Investmentfonds mitzuteilen, dass er die Investmentanteile ausschließlich im Rahmen von Altersvorsorge- und Basisrentenverträgen erwirbt.

(5)[3)] Bei der Auszahlung von Kapitalerträgen an steuerbefreite Investmentfonds oder Anteilklassen im Sinne des Absatzes 1 Satz 1 ist kein Steuerabzug vorzunehmen.

[1)] Nr. **1**.
[2)] Nr. **5**.
[3)] § 10 Abs. 5 geänd. durch G v. 21.12.2020 (BGBl. I S. 3096); zur Anwendung siehe § 57 Abs. 2 Nr. 2.

§ 11 Erstattung von Kapitalertragsteuer an Investmentfonds durch die Finanzbehörden. (1)[1] [1]Das Betriebsstättenfinanzamt des Entrichtungspflichtigen erstattet auf Antrag des Investmentfonds die einbehaltene Kapitalertragsteuer, wenn

1. auf nicht nach § 6 Absatz 2 steuerpflichtige Kapitalerträge Kapitalertragsteuer und Solidaritätszuschlag einbehalten und abgeführt wurde und der Entrichtungspflichtige keine Erstattung vorgenommen hat,
2. in über § 7 hinausgehender Höhe Kapitalertragsteuer und Solidaritätszuschlag einbehalten und abgeführt wurde und der Entrichtungspflichtige keine Erstattung vorgenommen hat oder
3. in den Fällen der §§ 8 und 10 nicht vom Steuerabzug Abstand genommen wurde

und eine Statusbescheinigung, eine Steuerbescheinigung und eine Erklärung des Entrichtungspflichtigen vorgelegt werden, aus der hervorgeht, dass eine Erstattung weder vorgenommen wurde noch vorgenommen wird. [2]Die Erstattung nach Satz 1 Nummer 3 setzt zusätzlich voraus, dass die Bescheinigungen und die Mitteilungen nach den §§ 8 bis 10 beigefügt werden. [3]Bei beschränkt körperschaftsteuerpflichtigen Investmentfonds tritt das Bundeszentralamt für Steuern an die Stelle des Betriebsstättenfinanzamtes des Entrichtungspflichtigen. [4]Eine Steuerbescheinigung gilt als vorgelegt, soweit bei beschränkt körperschaftsteuerpflichtigen Investmentfonds Angaben nach § 45a Absatz 2a des Einkommensteuergesetzes[2] übermittelt wurden.

(2)[3] [1]Der Antrag auf Erstattung der Kapitalertragsteuer ist innerhalb von zwei Jahren nach Ablauf des Geschäftsjahres des Investmentfonds für das Geschäftsjahr nach amtlich vorgeschriebenem Muster zu stellen. [2]Beträgt der Zeitraum zwischen dem Zugang eines Antrags auf Erteilung einer Statusbescheinigung als Investmentfonds oder eines Antrags auf Erteilung einer Bescheinigung nach § 9 Absatz 1 und der Bestandskraft der Entscheidung über diesen Antrag mehr als sechs Monate, so verlängert sich die Antragsfrist entsprechend. [3]Im Übrigen kann die Antragsfrist nicht verlängert werden. [4]Eine Erstattung ist ausgeschlossen, wenn die Unterlagen nach Absatz 1 Satz 1 oder 2 nicht innerhalb der Antragsfrist eingereicht werden.

§ 12 Leistungspflicht gegenüber steuerbegünstigten Anlegern.
(1) Der Investmentfonds hat den steuerbegünstigten Anlegern einen Betrag in Höhe der aufgrund der §§ 8 und 10 nicht erhobenen Steuer und der nach § 7 Absatz 5 oder nach § 11 Absatz 1 Satz 1 Nummer 2 erstatteten Steuer (Befreiungsbetrag) auszuzahlen.

(2) [1]Die Anbieter von Altersvorsorge- oder Basisrentenverträgen haben den Befreiungsbetrag zugunsten der Berechtigten aus den Altersvorsorge- oder Basisrentenverträgen wieder anzulegen. [2]Ein Anspruch auf Wiederanlage besteht nur, wenn zum Zeitpunkt des Zuflusses des Befreiungsbetrags an den Anbieter (Stichtag) ein Altersvorsorge- oder Basisrentenvertrag besteht. [3]Die Höhe des wieder anzulegenden Betrags richtet sich nach der Anzahl der

---

[1] § 11 Abs. 1 neu gef. mWv VZ 2020 durch G v. 12.12.2019 (BGBl. I S. 2451); zur Anwendung siehe § 57 Abs. 1 Satz 1 Nr. 4; Sätze 3 und 4 angef. durch G v. 2.6.2021 (BGBl. I S. 1259); zur Anwendung siehe § 57 Abs. 3.
[2] Nr. **5**.
[3] § 11 Abs. 2 Satz 4 geänd. durch G v. 2.6.2021 (BGBl. I S. 1259).

InvStG

Investmentanteile, die im Rahmen des Vertrags am Stichtag gehalten werden, im Verhältnis zum Gesamtzufluss.

§ 13 Wegfall der Steuerbefreiung eines Anlegers. (1) [1] Fallen die Voraussetzungen für eine Steuerbefreiung eines Anlegers eines Investmentfonds oder einer Anteilklasse nach § 10 weg, so ist der Anleger verpflichtet, dies dem Investmentfonds innerhalb eines Monats nach dem Wegfall der Voraussetzungen mitzuteilen. [2] Das Gleiche gilt, wenn ein Anleger seine Investmentanteile an einem Investmentfonds oder einer Anteilklasse nach § 10 auf einen anderen Anleger überträgt.

(2) Die Steuerbefreiung eines Investmentfonds oder einer Anteilklasse nach § 10 entfällt in dem Umfang, in dem bei den Anlegern des Investmentfonds die Voraussetzungen für eine Steuerbefreiung wegfallen oder die Investmentanteile auf einen anderen Anleger übertragen werden.

(3) Der Anleger hat unverzüglich die in den Fällen des Absatzes 2 zu Unrecht gewährten Befreiungsbeträge an den Investmentfonds zurückzuzahlen.

(4) [1] Der Investmentfonds hat in den Fällen des Absatzes 2 die zurückgezahlten Befreiungsbeträge und die noch nicht ausgezahlten Befreiungsbeträge unverzüglich an die nach § 4 Absatz 1 oder Absatz 2 Nummer 1 zuständige Finanzbehörde zu zahlen. [2] Fehlt eine nach § 4 Absatz 1 oder Absatz 2 Nummer 1 zuständige Finanzbehörde, so hat der Investmentfonds die zurückgezahlten Befreiungsbeträge und die noch nicht ausgezahlten Befreiungsbeträge unverzüglich an den Entrichtungspflichtigen zu zahlen.

§ 14 Haftung bei unberechtigter Steuerbefreiung oder -erstattung.

(1) [1] Der Anleger nach § 8 Absatz 1 oder 2, der zum Zeitpunkt des Zuflusses der Einnahmen bei dem Investmentfonds die Voraussetzungen für eine Steuerbefreiung nicht oder nicht mehr erfüllt, haftet für die Steuer, die einem Investmentfonds oder einer Anteilklasse zu Unrecht erstattet wurde oder bei dem Investmentfonds oder der Anteilklasse zu Unrecht nicht erhoben wurde. [2] Die Haftung ist beschränkt auf die Höhe des dem Anleger zugewendeten und nicht an den Investmentfonds zurückgezahlten Befreiungsbetrags.

(2) [1] Der Anleger nach § 8 Absatz 1 oder 2, der einen Investmentanteil an einem Investmentfonds oder an einer Anteilklasse nach § 10 auf einen Erwerber überträgt, der nicht die Voraussetzungen des § 8 Absatz 1 oder 2 erfüllt, haftet für die Steuer, die dem Investmentfonds oder der Anteilklasse zu Unrecht erstattet wurde oder bei dem Investmentfonds oder der Anteilklasse zu Unrecht nicht erhoben wurde. [2] Die Haftung ist beschränkt auf die Höhe der erstatteten oder nicht erhobenen Steuer, die auf den Erwerber entfällt und von dem Erwerber nicht an den Investmentfonds zurückgezahlt wurde.

(3) [1] Der Anbieter eines Altersvorsorge- oder Basisrentenvertrags haftet für die Steuer, die einem Investmentfonds oder einer Anteilklasse zu Unrecht erstattet wurde oder bei einem Investmentfonds oder einer Anteilklasse zu Unrecht nicht erhoben wurde. [2] Die Haftung ist beschränkt auf die Höhe der Kapitalertragsteuer, die aufgrund falscher, unterlassener oder verspäteter Mitteilungen des Anbieters zu Unrecht erstattet oder nicht erhoben wurde. [3] Die Haftung ist ausgeschlossen, wenn der Anbieter eines Altersvorsorge- oder Basisrentenvertrags nachweist, dass er nicht vorsätzlich oder grob fahrlässig gehandelt hat.

(4) Die depotführende Stelle haftet für die Steuer, die aufgrund eines falschen Investmentanteil-Bestandsnachweises einem Investmentfonds zu Unrecht erstattet wurde oder bei einem Investmentfonds zu Unrecht nicht erhoben wurde.

(5) Der gesetzliche Vertreter des Investmentfonds haftet für die Steuer, die einem Investmentfonds oder einer Anteilklasse zu Unrecht erstattet wurde oder bei einem Investmentfonds oder einer Anteilklasse zu Unrecht nicht erhoben wurde, wenn der gesetzliche Vertreter

1. bei der Geltendmachung einer Steuerbefreiung wusste oder bei Anwendung einer angemessenen Sorgfalt hätte erkennen können, dass die Voraussetzungen für die Steuerbefreiung nicht vorlagen, oder
2. zu einem späteren Zeitpunkt erkennt, dass die Voraussetzungen für eine Steuerbefreiung nicht vorlagen, aber die zuständige Finanzbehörde daraufhin nicht unverzüglich unterrichtet.

(6) [1] Soweit die Haftung reicht, sind der Investmentfonds und die Haftungsschuldner nach den Absätzen 1 bis 5 Gesamtschuldner. [2] Die zuständige Finanzbehörde kann die Steuerschuld oder Haftungsschuld nach pflichtgemäßem Ermessen gegenüber jedem Gesamtschuldner geltend machen. [3] Vorrangig in Anspruch zu nehmen sind die Haftungsschuldner nach den Absätzen 1 bis 5. [4] Sind Tatbestände der Absätze 1 bis 5 nebeneinander erfüllt, so ist vorrangig der Haftungsschuldner nach den Absätzen 1, 2 oder 3 in Anspruch zu nehmen, danach der Haftungsschuldner nach Absatz 4 und zuletzt der Haftungsschuldner nach Absatz 5. [5] Die Inanspruchnahme des Investmentfonds ist ausgeschlossen, soweit der Investmentfonds nachweist, dass er dem Anleger oder dem Anbieter eines Altersvorsorge- oder Basisrentenvertrags den zu Unrecht gewährten Befreiungsbetrag zugewendet hat und dass eine Rückforderung gegenüber dem Anleger oder dem Anbieter eines Altersvorsorge- oder Basisrentenvertrags ausgeschlossen oder uneinbringlich ist.

§ 15 Gewerbesteuer. (1) Investmentfonds gelten als sonstige juristische Personen des privaten Rechts nach § 2 Absatz 3 des Gewerbesteuergesetzes[1)].

(2) [1] Ein Investmentfonds ist von der Gewerbesteuer befreit, wenn

1.[2)] sein objektiver Geschäftszweck auf die Anlage und Verwaltung seiner Mittel für gemeinschaftliche Rechnung der Anleger beschränkt ist und
2. er seine Vermögensgegenstände nicht in wesentlichem Umfang aktiv unternehmerisch bewirtschaftet.

[2] Satz 1 Nummer 2 ist nicht auf Beteiligungen an Immobilien-Gesellschaften nach § 1 Absatz 19 Nummer 22 des Kapitalanlagegesetzbuchs anzuwenden.

(3) Die Voraussetzungen des Absatzes 2 gelten als erfüllt, wenn die Einnahmen aus einer aktiven unternehmerischen Bewirtschaftung in einem Geschäftsjahr weniger als 5 Prozent der gesamten Einnahmen des Investmentfonds betragen.

[1)] Nr. **10**.
[2)] § 15 Abs. 2 Satz 1 Nr. 1 geänd. durch G v. 12.12.2019 (BGBl. I S. 2451); zur Anwendung siehe § 57 Abs. 1 Satz 1 Nr. 5.

(4)[1] [1]Die aktive unternehmerische Tätigkeit eines gewerbesteuerpflichtigen Investmentfonds bildet einen wirtschaftlichen Geschäftsbetrieb. [2]Der Gewinn des wirtschaftlichen Geschäftsbetriebs ist als Überschuss der Betriebseinnahmen über die Betriebsausgaben zu ermitteln. [3]Der so ermittelte Gewinn ist der Gewinn nach § 7 Satz 1 des Gewerbesteuergesetzes zur Ermittlung des Gewerbeertrags.

Abschnitt 2. Besteuerung des Anlegers eines Investmentfonds

§ 16 Investmenterträge. (1) Erträge aus Investmentfonds (Investmenterträge) sind

1. Ausschüttungen des Investmentfonds nach § 2 Absatz 11,
2. Vorabpauschalen nach § 18 und
3. Gewinne aus der Veräußerung von Investmentanteilen nach § 19.

(2) [1]Investmenterträge sind nicht anzusetzen, wenn die Investmentanteile im Rahmen von Altersvorsorge- oder Basisrentenverträgen gehalten werden, die nach § 5 oder § 5a des Altersvorsorgeverträge-Zertifizierungsgesetzes zertifiziert wurden. [2]Vorabpauschalen sind nicht anzusetzen, wenn die Investmentanteile gehalten werden

1. im Rahmen der betrieblichen Altersvorsorge nach dem Betriebsrentengesetz,
2. von Versicherungsunternehmen im Rahmen von Versicherungsverträgen nach § 20 Absatz 1 Nummer 6 Satz 1 und 4 des Einkommensteuergesetzes[2] oder
3. von Kranken- und Pflegeversicherungsunternehmen zur Sicherung von Alterungsrückstellungen.

(3) Auf Investmenterträge aus Investmentfonds sind § 3 Nummer 40 des Einkommensteuergesetzes und § 8b des Körperschaftsteuergesetzes[3] nicht anzuwenden.

(4) [1]Ist die Ausschüttung eines ausländischen Investmentfonds nach einem Abkommen zur Vermeidung der Doppelbesteuerung von der Bemessungsgrundlage der deutschen Steuer auszunehmen, so wird die Freistellung ungeachtet des Abkommens nur gewährt, wenn

1. der Investmentfonds in dem Staat, dem nach dem Abkommen das Besteuerungsrecht zusteht, der allgemeinen Ertragsbesteuerung unterliegt und
2. die Ausschüttung zu mehr als 50 Prozent auf nicht steuerbefreiten Einkünften des Investmentfonds beruht.

[2]Satz 1 ist auch dann anzuwenden, wenn nach dem Abkommen die Besteuerung der Ausschüttung in diesem Staat 0 Prozent nicht übersteigen darf. [3]Von einer allgemeinen Ertragsbesteuerung ist auszugehen, wenn der Anleger nachweist, dass der Investmentfonds einer Ertragsbesteuerung in Höhe von mindestens 10 Prozent unterliegt und nicht von ihr befreit ist.

---

[1] § 15 Abs. 4 Satz 1 geänd. durch G v. 12.12.2019 (BGBl. I S. 2451); zur Anwendung siehe § 57 Abs. 1 Satz 1 Nr. 5.
[2] Nr. **5**.
[3] Nr. **17**.

§ 17 Erträge bei Abwicklung eines Investmentfonds. (1)[1] [1] Während der Abwicklung eines Investmentfonds gelten Ausschüttungen eines Kalenderjahres insoweit als steuerfreie Kapitalrückzahlung, wie der letzte in diesem Kalenderjahr festgesetzte Rücknahmepreis die fortgeführten Anschaffungskosten unterschreitet. [2] Maßgeblich für die Zwecke des Satzes 1 sind bei bestandsgeschützten Alt-Anteilen die fiktiven Anschaffungskosten nach § 56 Absatz 2 Satz 2 und 3. [3] Im Übrigen ist auf die tatsächlichen Anschaffungskosten abzustellen. [4] Satz 1 ist höchstens für einen Zeitraum von fünf Kalenderjahren nach dem Kalenderjahr, in dem die Abwicklung beginnt, anzuwenden.

(2) [1] Als Beginn der Abwicklung eines inländischen Investmentfonds gilt der Zeitpunkt, zu dem das Recht der Kapitalverwaltungsgesellschaft zur Verwaltung des Investmentfonds erlischt. [2] Als Beginn der Abwicklung eines ausländischen Investmentfonds gilt der Zeitpunkt, zu dem das Recht der Verwaltungsstelle zur Verwaltung des Investmentfonds erlischt, es sei denn, der gesetzliche Vertreter des ausländischen Investmentfonds weist einen davon abweichenden Beginn der Abwicklung nach.

(3) Die Anschaffungskosten eines Investmentanteils sind um die Ausschüttungen, die nach Absatz 1 nicht zu den Erträgen gehören, zu mindern.

§ 18 Vorabpauschale. (1)[2] [1] Die Vorabpauschale ist der Betrag, um den die Ausschüttungen eines Investmentfonds innerhalb eines Kalenderjahres den Basisertrag für dieses Kalenderjahr unterschreiten. [2] Der Basisertrag wird ermittelt durch Multiplikation des Rücknahmepreises des Investmentanteils zu Beginn des Kalenderjahres mit 70 Prozent des Basiszinses nach Absatz 4. [3] Der Basisertrag ist auf den Mehrbetrag begrenzt, der sich zwischen dem ersten und dem letzten im Kalenderjahr festgesetzten Rücknahmepreis zuzüglich der Ausschüttungen innerhalb des Kalenderjahres ergibt. [4] Wird kein Rücknahmepreis festgesetzt, so tritt der Börsen- oder Marktpreis an die Stelle des Rücknahmepreises.

(2) Im Jahr des Erwerbs der Investmentanteile vermindert sich die Vorabpauschale um ein Zwölftel für jeden vollen Monat, der dem Monat des Erwerbs vorangeht.

(3) Die Vorabpauschale gilt am ersten Werktag des folgenden Kalenderjahres als zugeflossen.

(4)[3] [1] Der Basiszins ist aus der langfristig erzielbaren Rendite öffentlicher Anleihen abzuleiten. [2] Dabei ist auf den Zinssatz abzustellen, den die Deutsche Bundesbank anhand der Zinsstrukturdaten jeweils auf den ersten Börsentag des Jahres errechnet. [3] Das Bundesministerium der Finanzen veröffentlicht den maßgebenden Zinssatz im Bundessteuerblatt.

§ 19 Gewinne aus der Veräußerung von Investmentanteilen. (1) [1] Für die Ermittlung des Gewinns aus der Veräußerung von Investmentanteilen, die nicht zu einem Betriebsvermögen gehören, ist § 20 Absatz 4 des Einkommensteuergesetzes[4] entsprechend anzuwenden. [2] § 20 Absatz 4a des Einkommensteuergesetzes ist nicht anzuwenden. [3] Der Gewinn ist um die während der

---

[1] § 17 Abs. 1 Sätze 1 bis 3 neu gef. durch G v. 12.12.2019 (BGBl. I S. 2451); zur Anwendung siehe § 57 Abs. 1 Satz 1 Nr. 6.

[2] § 18 Abs. 1 Satz 2 geänd. durch G v. 20.12.2016 (BGBl. I S. 3000).

[3] § 18 Abs. 4 angef. durch G v. 20.12.2016 (BGBl. I S. 3000).

[4] Nr. 5.

Besitzzeit angesetzten Vorabpauschalen zu vermindern. [4]Die angesetzten Vorabpauschalen sind ungeachtet einer möglichen Teilfreistellung nach § 20 in voller Höhe zu berücksichtigen.

(2) [1]Fällt ein Investmentfonds nicht mehr in den Anwendungsbereich dieses Gesetzes, so gelten seine Anteile als veräußert. [2]Als Veräußerungserlös gilt der gemeine Wert der Investmentanteile zu dem Zeitpunkt, zu dem der Investmentfonds nicht mehr in den Anwendungsbereich fällt.

§ 20 Teilfreistellung. (1)[1)] [1]Steuerfrei sind bei Aktienfonds 30 Prozent der Erträge (Aktienteilfreistellung). [2]Bei natürlichen Personen, die ihre Investmentanteile im Betriebsvermögen halten, beträgt die Aktienteilfreistellung 60 Prozent. [3]Bei Anlegern, die dem Körperschaftsteuergesetz[2)] unterliegen, beträgt die Aktienteilfreistellung 80 Prozent. [4]Die Sätze 2 und 3 gelten nicht,

1. wenn der Anleger ein Lebens- oder Krankenversicherungsunternehmen ist und der Investmentanteil den Kapitalanlagen zuzurechnen ist oder
2. wenn der Anleger ein Institut oder Unternehmen nach § 3 Nummer 40 Satz 3 des Einkommensteuergesetzes[3)] oder nach § 8b Absatz 7 des Körperschaftsteuergesetzes ist und der Investmentanteil dem Handelsbestand im Sinne des § 340e Absatz 3 des Handelsgesetzbuchs zuzuordnen oder zum Zeitpunkt des Zugangs zum Betriebsvermögen als Umlaufvermögen auszuweisen ist.

[5]Satz 4 Nummer 1 gilt entsprechend, wenn der Anleger ein Pensionsfonds ist.

(2) Bei Mischfonds ist die Hälfte der für Aktienfonds geltenden Aktienteilfreistellung anzusetzen.

(3)[4)] [1]Bei Immobilienfonds sind 60 Prozent der Erträge steuerfrei (Immobilienteilfreistellung). [2]Bei Auslands-Immobilienfonds sind 80 Prozent der Erträge steuerfrei (Auslands-Immobilienteilfreistellung). [3]Die Anwendung der Immobilienteilfreistellung oder der Auslands-Immobilienteilfreistellung schließt die Anwendung der Aktienteilfreistellung aus.

(3a)[5)] [1]Die Absätze 1 bis 3 gelten auch für Investmentanteile, die mittelbar über Personengesellschaften gehalten werden. [***ab 1.1.2022:*** [2]Satz 1 ist nicht auf Personengesellschaften anzuwenden, die nach § 1a des Körperschaftsteuergesetzes zur Körperschaftsbesteuerung optiert haben.]

(4)[6)] Weist der Anleger nach, dass der Investmentfonds die Aktienfonds- oder Mischfonds-Kapitalbeteiligungsquote oder Immobilienfonds- oder Auslands-Immobilienfondsquote während des Geschäftsjahres tatsächlich durchgehend überschritten hat, so ist die Teilfreistellung auf Antrag des Anlegers in der Veranlagung anzuwenden.

[1)] § 20 Abs. 1 Satz 4 neu gef., Satz 5 angef. durch G v. 12.12.2019 (BGBl. I S. 2451); zur Anwendung siehe § 57 Abs. 1 Satz 1 Nr. 7.

[2)] Nr. **17**.

[3)] Nr. **5**.

[4)] § 20 Abs. 3 neu gef. durch G v. 12.12.2019 (BGBl. I S. 2451); zur Anwendung siehe § 57 Abs. 1 Satz 1 Nr. 7.

[5)] § 20 Abs. 3a eingef. durch G v. 12.12.2019 (BGBl. I S. 2451); zur Anwendung siehe § 57 Abs. 1 Satz 1 Nr. 7; Satz 2 angef. **mWv 1.1.2022** durch G v. 25.6.2021 (BGBl. I S. 2050); zur Anwendung siehe § 57 Abs. 6 Nr. 3.

[6)] § 20 Abs. 4 geänd. durch G v. 12.12.2019 (BGBl. I S. 2451); zur Anwendung siehe § 57 Abs. 1 Satz 1 Nr. 7.

(5) Bei der Ermittlung des Gewerbeertrags nach § 7 des Gewerbesteuergesetzes[1)] sind die Freistellungen nach den Absätzen 1 bis 3 nur zur Hälfte zu berücksichtigen.

§ 21 Anteilige Abzüge aufgrund einer Teilfreistellung. [1] Betriebsvermögensminderungen, Betriebsausgaben, Veräußerungskosten oder Werbungskosten, die mit den Erträgen aus Aktien-, Misch- oder Immobilienfonds in wirtschaftlichem Zusammenhang stehen, dürfen unabhängig davon, in welchem Veranlagungszeitraum die Betriebsvermögensmehrungen oder Einnahmen anfallen, bei der Ermittlung der Einkünfte in dem prozentualen Umfang nicht abgezogen werden, wie auf die Erträge eine Teilfreistellung anzuwenden ist. [2] Entsprechendes gilt, wenn bei der Ermittlung der Einkünfte der Wert des Betriebsvermögens oder des Anteils am Betriebsvermögen oder die Anschaffungs- oder Herstellungskosten oder der an deren Stelle tretende Wert mindernd zu berücksichtigen sind. [3] Für die Anwendung der Sätze 1 und 2 ist die Absicht zur Erzielung von Betriebsvermögensmehrungen oder von Erträgen aus Aktien-, Misch- oder Immobilienfonds ausreichend.

§ 22 Änderung des anwendbaren Teilfreistellungssatzes. (1) [1] Ändert sich der anwendbare Teilfreistellungssatz oder fallen die Voraussetzungen der Teilfreistellung weg, so gilt der Investmentanteil als veräußert und an dem Folgetag als angeschafft. [2] Der Investmentanteil gilt mit Ablauf des Veranlagungszeitraums als veräußert, wenn der Anleger in dem Veranlagungszeitraum den Nachweis nach § 20 Absatz 4 erbringt und in dem folgenden Veranlagungszeitraum keinen Nachweis oder einen Nachweis für einen anderen Teilfreistellungssatz erbringt.

(2)[2)] [1] Als Veräußerungserlös und Anschaffungskosten ist

1. in den Fällen des Absatzes 1 Satz 1 der Rücknahmepreis des Tages anzusetzen, an dem die Änderung eingetreten ist oder an dem die Voraussetzungen weggefallen sind, oder
2. in den Fällen des Absatzes 1 Satz 2 der letzte festgesetzte Rücknahmepreis des Veranlagungszeitraums anzusetzen, in dem das Vorliegen der Voraussetzungen für eine Teilfreistellung oder für einen anderen Teilfreistellungssatz nachgewiesen wurde.

[2] Wird kein Rücknahmepreis festgesetzt, so tritt der Börsen- oder Marktpreis an die Stelle des Rücknahmepreises. [3] Ändert sich der anwendbare Teilfreistellungssatz durch die Einlage eines Investmentanteils in ein Betriebsvermögen, ist der nach den Sätzen 1 und 2 anzusetzende Wert als Einlagewert im Sinne von § 6 Absatz 1 Nummer 5 Satz 1 zweiter Halbsatz Buchstabe c des Einkommensteuergesetzes[3)] anzusetzen. [4] Der nach den Sätzen 1 bis 3 anzusetzende Wert gilt als Anschaffungskosten im Sinne von § 6 Absatz 1 Nummer 2 Satz 1 des Einkommensteuergesetzes. [5] Soweit der nach den Sätzen 1 bis 3 anzusetzende Wert höher ist als der Wert vor der fiktiven Veräußerung, sind Wertminderungen im Sinne von § 6 Absatz 1 Nummer 2 Satz 2 des Einkommensteuergesetzes erst zum Zeitpunkt der tatsächlichen Veräußerung des In-

---

[1)] Nr. **10**.

[2)] § 22 Abs. 2 Sätze 3 bis 6 angef. durch G v. 21.12.2020 (BGBl. I S. 3096); zur Anwendung siehe § 57 Abs. 2 Nr. 3.

[3)] Nr. **5**.

vestmentanteils zu berücksichtigen. [6] Wertaufholungen im Sinne des § 6 Absatz 1 Nummer 2 Satz 3 in Verbindung mit Nummer 1 Satz 4 des Einkommensteuergesetzes sind erst zum Zeitpunkt der tatsächlichen Veräußerung zu berücksichtigen, soweit auf die vorherigen Wertminderungen Satz 5 angewendet wurde und soweit der Wert vor der fiktiven Veräußerung überschritten wird.

(3)[1)] [1] Der Gewinn aus der fiktiven Veräußerung nach Absatz 1 gilt in dem Zeitpunkt als zugeflossen, in dem der Investmentanteil tatsächlich veräußert wird oder nach § 19 Absatz 2 als veräußert gilt. [2] Der Gewinn aus der fiktiven Veräußerung nach Absatz 1 unterliegt dem gesonderten Steuertarif für Einkünfte aus Kapitalvermögen nach § 32d des Einkommensteuergesetzes, wenn im Zeitpunkt der fiktiven Veräußerung die Voraussetzungen für eine Besteuerung nach § 20 Absatz 1 Nummer 3 des Einkommensteuergesetzes vorlagen und keine abweichende Zuordnung zu anderen Einkunftsarten nach § 20 Absatz 8 Satz 1 des Einkommensteuergesetzes vorzunehmen war.

Abschnitt 3. Verschmelzung von Investmentfonds

§ 23 Verschmelzung von Investmentfonds. (1) [1] Werden inländische Investmentfonds nach den §§ 181 bis 191 des Kapitalanlagegesetzbuchs miteinander verschmolzen, so hat

1. der übertragende Investmentfonds die zu übertragenden Vermögensgegenstände und Verbindlichkeiten, die Teil des Nettoinventars sind, mit den Anschaffungskosten abzüglich der Absetzungen für Abnutzung oder Substanzverringerung (fortgeführte Anschaffungskosten) zu seinem Geschäftsjahresende (Übertragungsstichtag) anzusetzen und
2. der übernehmende Investmentfonds die übernommenen Vermögensgegenstände und Verbindlichkeiten mit den fortgeführten Anschaffungskosten zu Beginn des dem Übertragungsstichtag folgenden Tages anzusetzen.

[2] Ein nach § 189 Absatz 2 Satz 1 des Kapitalanlagegesetzbuchs bestimmter Übertragungsstichtag gilt als Geschäftsjahresende des übertragenden Investmentfonds.

(2) Der übernehmende Investmentfonds tritt in die steuerliche Rechtsstellung des übertragenden Investmentfonds ein.

(3) [1] Die Ausgabe der Anteile am übernehmenden Investmentfonds an die Anleger des übertragenden Investmentfonds gilt nicht als Tausch. [2] Die erworbenen Anteile an dem übernehmenden Investmentfonds treten an die Stelle der Anteile an dem übertragenden Investmentfonds. [3] Erhalten die Anleger des übertragenden Investmentfonds eine Barzahlung nach § 190 des Kapitalanlagegesetzbuchs, so gilt diese als Ertrag nach § 16 Absatz 1 Nummer 1.

(4) Die Absätze 1 bis 3 gelten auch für die Verschmelzung von ausländischen Investmentfonds miteinander, die demselben Recht eines Amts- und Beitreibungshilfe leistenden ausländischen Staates unterliegen.

[1)] § 22 Abs. 3 Satz 1 geänd., Satz 2 angef. durch G v. 21.12.2020 (BGBl. I S. 3096); zur Anwendung siehe § 57 Abs. 2 Nr. 3.

Abschnitt 4. Verhältnis zu den Besteuerungsregelungen für Spezial-Investmentfonds

§ 24 Kein Wechsel zu den Besteuerungsregelungen für Spezial-Investmentfonds. Wenn Investmentfonds oder ihre Anleger der Besteuerung nach Kapitel 2 unterlegen haben, so ist ein Wechsel zur Besteuerung nach Kapitel 3 ausgeschlossen.

Kapitel 3. Spezial-Investmentfonds

Abschnitt 1. Voraussetzungen und Besteuerung eines Spezial-Investmentfonds

§ 25 Getrennte Besteuerungsregelungen. Die Vorschriften des Kapitels 2 sind auf Spezial-Investmentfonds und deren Anleger nicht anzuwenden, es sei denn, in Kapitel 3 werden abweichende Bestimmungen getroffen.

§ 26 Anlagebestimmungen. Ein Spezial-Investmentfonds ist ein Investmentfonds, der die Voraussetzungen für eine Gewerbesteuerbefreiung nach § 15 Absatz 2 und 3 erfüllt und in der Anlagepraxis nicht wesentlich gegen die nachfolgenden weiteren Voraussetzungen (Anlagebestimmungen) verstößt:

1. [1]Der Investmentfonds oder dessen Verwalter ist in seinem Sitzstaat einer Aufsicht über Vermögen zur gemeinschaftlichen Kapitalanlage unterstellt. [2]Diese Bestimmung gilt für Investmentfonds, die nach § 2 Absatz 3 des Kapitalanlagegesetzbuchs von AIF-Kapitalverwaltungsgesellschaften verwaltet werden, als erfüllt.
2. Die Anleger können mindestens einmal pro Jahr das Recht zur Rückgabe oder Kündigung ihrer Anteile, Aktien oder Beteiligung ausüben.
3. [1]Das Vermögen wird nach dem Grundsatz der Risikomischung angelegt. [2]Eine Risikomischung liegt regelmäßig vor, wenn das Vermögen in mehr als drei Vermögensgegenstände mit unterschiedlichen Anlagerisiken angelegt ist. [3]Der Grundsatz der Risikomischung gilt als gewahrt, wenn der Investmentfonds in nicht nur unerheblichem Umfang Anteile an einem oder mehreren anderen Investmentfonds hält und diese anderen Investmentfonds unmittelbar oder mittelbar nach dem Grundsatz der Risikomischung angelegt sind.
4. Das Vermögen wird zu mindestens 90 Prozent des Wertes des Investmentfonds in die folgenden Vermögensgegenstände angelegt:
   a) Wertpapiere im Sinne des § 193 des Kapitalanlagegesetzbuchs und sonstige Anlageinstrumente im Sinne des § 198 des Kapitalanlagegesetzbuchs,
   b) Geldmarktinstrumente,
   c) Derivate,
   d) Bankguthaben,
   e) Grundstücke, grundstücksgleiche Rechte und vergleichbare Rechte nach dem Recht anderer Staaten,
   f) Beteiligungen an Immobilien-Gesellschaften nach § 1 Absatz 19 Nummer 22 des Kapitalanlagegesetzbuchs,

g) Betriebsvorrichtungen und andere Bewirtschaftungsgegenstände nach § 231 Absatz 3 des Kapitalanlagegesetzbuchs,

h) Investmentanteile an inländischen und ausländischen Organismen für gemeinsame Kapitalanlagen in Wertpapieren sowie an inländischen und ausländischen Investmentfonds, die die Voraussetzungen der Nummern 1 bis 7 erfüllen,

i) Spezial-Investmentanteile,

j)[1] Beteiligungen an ÖPP-Projektgesellschaften nach § 1 Absatz 19 Nummer 28 des Kapitalanlagegesetzbuchs und an Infrastruktur-Projektgesellschaften nach § 1 Absatz 19 Nummer 23a des Kapitalanlagegesetzbuchs, wenn der Verkehrswert dieser Beteiligung ermittelt werden kann,

k) Edelmetalle,

l) unverbriefte Darlehensforderungen,

m) Beteiligungen an Kapitalgesellschaften, wenn der Verkehrswert dieser Beteiligungen ermittelt werden kann,

n)[2] Kryptowerte im Sinne von § 1 Absatz 11 Satz 4 des Kreditwesengesetzes, wenn deren Verkehrswert ermittelt werden kann und es sich nicht um Wertpapiere im Sinne des § 193 des Kapitalanlagegesetzbuchs handelt.

5.[3] [1] Höchstens 20 Prozent des Wertes des Investmentfonds werden in Beteiligungen an Kapitalgesellschaften investiert, die weder zum Handel an einer Börse zugelassen noch in einem anderen organisierten Markt zugelassen oder in diesen einbezogen sind. [2] Investmentfonds, die nach ihren Anlagebedingungen das bei ihnen angelegte Geld in Immobilien, Immobilien-Gesellschaften oder in Infrastruktur-Projektgesellschaften anlegen, dürfen bis zu 100 Prozent ihres Wertes in Beteiligungen an Kapitalgesellschaften investieren, die die Voraussetzungen von Immobilien-Gesellschaften oder Infrastruktur-Projektgesellschaften erfüllen. [3] Innerhalb der Grenzen des Satzes 1 dürfen auch Unternehmensbeteiligungen gehalten werden, die vor dem 28. November 2013 erworben wurden. [4] Höchstens 20 Prozent des Wertes des Investmentfonds werden in Kryptowerte im Sinne von Nummer 4 Buchstabe n investiert.

6. [1] Die Höhe der unmittelbaren Beteiligung oder der mittelbaren Beteiligung über eine Personengesellschaft an einer Kapitalgesellschaft liegt unter 10 Prozent des Kapitals der Kapitalgesellschaft. [2] Dies gilt nicht für Beteiligungen eines Investmentfonds an

a) Immobilien-Gesellschaften,

b) ÖPP-Projektgesellschaften und

c) Gesellschaften, deren Unternehmensgegenstand auf die Erzeugung erneuerbarer Energien nach § 5 Nummer 14 des Erneuerbare-Energien-Gesetzes gerichtet ist.

---

[1] § 26 Nr. 4 Buchst. j neu gef. durch G v. 3.6.2021 (BGBl. I S. 1498); zur Anwendung siehe § 57 Abs. 4.

[2] § 26 Nr. 4 Buchst. n angef. mWv 2.8.2021 durch G v. 3.6.2021 (BGBl. I S. 1498).

[3] § 26 Nr. 5 Satz 2 geänd. durch G v. 11.12.2018 (BGBl. I S. 2338); zur Anwendung siehe § 56 Abs. 1 Satz 5; Satz 2 neu gef., Satz 4 angef. durch G v. 3.6.2021 (BGBl. I S. 1498); zur Anwendung von Satz 2 siehe § 57 Abs. 4.

7.[1] [1] Ein Kredit darf nur kurzfristig und nur bis zu einer Höhe von 30 Prozent des Wertes des Investmentfonds aufgenommen werden. [2] Investmentfonds, die nach den Anlagebedingungen das bei ihnen eingelegte Geld in Immobilien anlegen, dürfen kurzfristige Kredite bis zu einer Höhe von 30 Prozent des Wertes des Investmentfonds und im Übrigen Kredite bis zu einer Höhe von 60 Prozent des Verkehrswertes der unmittelbar oder mittelbar gehaltenen Immobilien aufnehmen.

8. [1] An dem Investmentfonds dürfen sich unmittelbar und mittelbar über Personengesellschaften insgesamt nicht mehr als 100 Anleger beteiligen. [2] Natürliche Personen dürfen nur beteiligt sein, wenn
   a) die natürlichen Personen ihre Spezial-Investmentanteile im Betriebsvermögen halten,
   b) die Beteiligung natürlicher Personen aufgrund aufsichtsrechtlicher Regelungen erforderlich ist oder
   c) die mittelbare Beteiligung von natürlichen Personen an einem Spezial-Investmentfonds vor dem 9. Juni 2016 erworben wurde.

   [2] Der Bestandsschutz nach Satz 2 Buchstabe c ist bei Beteiligungen, die ab dem 24. Februar 2016 erworben wurden, bis zum 1. Januar 2020 und bei Beteiligungen, die vor dem 24. Februar 2016 erworben wurden, bis zum 1. Januar 2030 anzuwenden. [3] Der Bestandsschutz nach Satz 2 Buchstabe c ist auch auf die Gesamtrechtsnachfolger von natürlichen Personen anzuwenden.

9. Der Spezial-Investmentfonds hat ein Sonderkündigungsrecht, wenn die zulässige Anlegerzahl überschritten wird oder Personen beteiligt sind, die nicht die Voraussetzungen der Nummer 8 Satz 2 erfüllen.

10. Die Anlagebestimmungen gehen aus den Anlagebedingungen hervor.

§ 27 Rechtsformen von inländischen Spezial-Investmentfonds. Inländische Spezial-Investmentfonds können gebildet werden

1. in Form eines Sondervermögens nach § 1 Absatz 10 des Kapitalanlagegesetzbuchs oder
2. in Form einer Investmentaktiengesellschaft mit veränderlichem Kapital nach § 108 des Kapitalanlagegesetzbuchs.

§ 28 Beteiligung von Personengesellschaften. (1) [1] Personengesellschaften, die unmittelbar oder mittelbar über andere Personengesellschaften Anleger eines Spezial-Investmentfonds sind, haben dem Spezial-Investmentfonds innerhalb von drei Monaten nach einem Erwerb des Spezial-Investmentanteils den Namen und die Anschrift ihrer Gesellschafter mitzuteilen. [2] Die Personengesellschaft hat dem Spezial-Investmentfonds Änderungen in ihrer Zusammensetzung innerhalb von drei Monaten anzuzeigen.

(2) Der gesetzliche Vertreter des Spezial-Investmentfonds hat die unmittelbar und mittelbar über Personengesellschaften beteiligten Anleger spätestens sechs Monate nach dem Erwerb eines Spezial-Investmentanteils in einem Anteilsregister einzutragen.

[1] § 26 Nr. 7 Satz 2 geänd. durch G v. 3.6.2021 (BGBl. I S. 1498); zur Anwendung siehe § 57 Abs. 4.

(3) Erlangt der Spezial-Investmentfonds Kenntnis von einer Überschreitung der zulässigen Anlegerzahl oder von der Beteiligung natürlicher Personen, die nicht die Voraussetzungen des § 26 Nummer 8 erfüllen, so hat er unverzüglich sein Sonderkündigungsrecht auszuüben oder sonstige Maßnahmen zu ergreifen, um die zulässige Anlegerzahl und Anlegerzusammensetzung wiederherzustellen.

§ 29 Steuerpflicht des Spezial-Investmentfonds. (1) Die Vorschriften der §§ 6 und 7 für die Besteuerung von Investmentfonds sind auf Spezial-Investmentfonds anzuwenden, soweit sich aus den nachfolgenden Regelungen keine Abweichungen ergeben.

(2) In der Statusbescheinigung nach § 7 Absatz 3 ist der Status als Spezial-Investmentfonds zu bestätigen.

(3) [1] Bei einer Überschreitung der zulässigen Beteiligungshöhe nach § 26 Nummer 6 sind auf den Spezial-Investmentfonds keine Besteuerungsregelungen anzuwenden, die eine über dieser Grenze liegende Beteiligungshöhe voraussetzen. [2] Dies gilt auch, wenn in Abkommen zur Vermeidung der Doppelbesteuerung Abweichendes geregelt ist.

(4) Spezial-Investmentfonds sind von der Gewerbesteuer befreit.

§ 30 Inländische Beteiligungseinnahmen und sonstige inländische Einkünfte mit Steuerabzug. (1) [1] Die Körperschaftsteuerpflicht für die inländischen Beteiligungseinnahmen eines Spezial-Investmentfonds entfällt, wenn der Spezial-Investmentfonds gegenüber dem Entrichtungspflichtigen unwiderruflich erklärt, dass den Anlegern des Spezial-Investmentfonds Steuerbescheinigungen gemäß § 45a Absatz 2 des Einkommensteuergesetzes[1)] ausgestellt werden sollen (Transparenzoption). [2] Die Anleger gelten in diesem Fall als Gläubiger der inländischen Beteiligungseinnahmen und als Schuldner der Kapitalertragsteuer.

(2) § 8b des Körperschaftsteuergesetzes[2)] ist vorbehaltlich des Absatzes 3 auf die dem Anleger zugerechneten Beteiligungseinnahmen anwendbar, soweit

1. es sich um Gewinnausschüttungen einer Gesellschaft im Sinne des § 26 Nummer 6 Satz 2 handelt und
2. die auf die Spezial-Investmentanteile des Anlegers rechnerisch entfallende Beteiligung am Kapital der Gesellschaft die Voraussetzungen für eine Freistellung nach § 8b des Körperschaftsteuergesetzes erfüllt.

(3)[3)] [1] § 3 Nummer 40 des Einkommensteuergesetzes und § 8b des Körperschaftsteuergesetzes sind auf die dem Anleger zugerechneten inländischen Beteiligungseinnahmen nicht anzuwenden, wenn der Anleger

1. ein Lebens- oder Krankenversicherungsunternehmen ist und der Spezial-Investmentanteil den Kapitalanlagen zuzurechnen ist oder
2. ein Institut oder Unternehmen nach § 3 Nummer 40 Satz 3 des Einkommensteuergesetzes oder § 8b Absatz 7 des Körperschaftsteuergesetzes ist und der Spezial-Investmentfonds in wesentlichem Umfang Anteile hält, die

---

[1)] Nr. **5**.
[2)] Nr. **17**.
[3)] § 30 Abs. 3 neu gef. durch G v. 12.12.2019 (BGBl. I S. 2451); zur Anwendung siehe § 57 Abs. 1 Satz 1 Nr. 8.

a) dem Handelsbestand im Sinne des § 340e Absatz 3 des Handelsgesetzbuchs zuzuordnen wären oder

b) zum Zeitpunkt des Zugangs zum Betriebsvermögen als Umlaufvermögen auszuweisen wären,

wenn sie von dem Institut oder Unternehmen unmittelbar erworben worden wären.

2 Satz 1 Nummer 1 gilt entsprechend, wenn der Anleger ein Pensionsfonds ist.

(4) 1 Ist der Anleger des Spezial-Investmentfonds ein Dach-Spezial-Investmentfonds, so sind die Absätze 1 bis 3 entsprechend auf den Dach-Spezial-Investmentfonds und dessen Anleger anzuwenden. 2 Dies gilt nicht, soweit der Dach-Spezial-Investmentfonds Spezial-Investmentanteile an einem anderen Dach-Spezial-Investmentfonds hält.

(5) Die Absätze 1 bis 4 gelten entsprechend für sonstige inländische Einkünfte eines Spezial-Investmentfonds, die bei Vereinnahmung durch den Spezial-Investmentfonds einem Steuerabzug unterliegen.

§ 31 Steuerabzug und Steueranrechnung bei Ausübung der Transparenzoption. (1)[1)] 1 Nimmt ein Spezial-Investmentfonds die Transparenzoption wahr, so sind die Regelungen des Einkommensteuergesetzes[2)] zum Steuerabzug vom Kapitalertrag so anzuwenden, als ob dem jeweiligen Anleger die inländischen Beteiligungseinnahmen oder die sonstigen inländischen Einkünfte unmittelbar selbst zugeflossen wären. 2 In den Steuerbescheinigungen sind neben den nach § 45a des Einkommensteuergesetzes erforderlichen Angaben zusätzlich anzugeben:

1. Name und Anschrift des Spezial-Investmentfonds als Zahlungsempfänger,
2.[3)] Zurechnungszeitpunkt des Kapitalertrags,
3. Name und Anschrift der am Spezial-Investmentfonds beteiligten Anleger als Gläubiger der Kapitalerträge,
4.[4)] Gesamtzahl der Anteile des Spezial-Investmentfonds und Anzahl der Anteile der einzelnen Anleger jeweils zum Zurechnungszeitpunkt sowie
5. Anteile der einzelnen Anleger an der Kapitalertragsteuer.

3 Zurechnungszeitpunkt ist der Tag, an dem die jeweiligen Kapitalerträge dem Spezial-Investmentfonds zugerechnet werden; dies ist bei Kapitalerträgen nach § 43 Absatz 1 Satz 1 Nummer 1 und 1a des Einkommensteuergesetzes der Tag des Gewinnverteilungsbeschlusses.

(2) Wird vom Steuerabzug Abstand genommen oder wird die Steuer erstattet, so hat der Spezial-Investmentfonds die Beträge an diejenigen Anleger auszuzahlen, bei denen die Voraussetzungen für eine Abstandnahme oder Erstattung vorliegen.

---

1) § 31 Abs. 1 Satz 3 angef. durch G v. 12.12.2019 (BGBl. I S. 2451); zur Anwendung siehe § 57 Abs. 1 Satz 1 Nr. 9.

2) Nr. **5**.

3) § 31 Abs. 1 Satz 2 Nr. 2 neu gef. durch G v. 12.12.2019 (BGBl. I S. 2451); zur Anwendung siehe § 57 Abs. 1 Satz 1 Nr. 9.

4) § 31 Abs. 1 Satz 2 Nr. 4 neu gef. durch G v. 12.12.2019 (BGBl. I S. 2451); zur Anwendung siehe § 57 Abs. 1 Satz 1 Nr. 9.

(3)[1] [1]Die auf Kapitalerträge im Sinne des § 43 Absatz 1 Satz 1 Nummer 1a oder des § 36a Absatz 1 Satz 4 des Einkommensteuergesetzes bei Ausübung der Transparenzoption erhobene Kapitalertragsteuer wird auf die Einkommen- oder Körperschaftsteuer des Anlegers angerechnet, wenn

1. der Spezial-Investmentfonds die Voraussetzungen für eine Anrechenbarkeit nach § 36a Absatz 1 bis 3 des Einkommensteuergesetzes erfüllt und
2. der Anleger innerhalb eines Zeitraums von 45 Tagen vor und 45 Tagen nach dem Zurechnungszeitpunkt mindestens 45 Tage ununterbrochen wirtschaftlicher Eigentümer der Spezial-Investmentanteile ist (Mindesthaltedauer), der Anleger während der Mindesthaltedauer unter Berücksichtigung von gegenläufigen Ansprüchen und von Ansprüchen nahestehender Personen ununterbrochen das volle Risiko eines sinkenden Wertes der Spezial-Investmentanteile trägt und nicht verpflichtet ist, den ihm nach § 30 Absatz 1 unmittelbar zugerechneten Kapitalertrag ganz oder überwiegend, unmittelbar oder mittelbar anderen Personen zu vergüten.

[2]Fehlen die Voraussetzungen des Satzes 1, so sind drei Fünftel der Kapitalertragsteuer nicht anzurechnen. [3]Die Sätze 1 und 2 sind nicht anzuwenden, wenn

1. die Kapitalerträge des Anlegers im Sinne des § 43 Absatz 1 Satz 1 Nummer 1a und des § 36a Absatz 1 Satz 4 des Einkommensteuergesetzes im Veranlagungszeitraum nicht mehr als 20 000 Euro betragen oder
2. der Spezial-Investmentfonds im Zurechnungszeitpunkt seit mindestens einem Jahr ununterbrochen wirtschaftlicher Eigentümer der Aktien oder Genussscheine ist und der Anleger im Zurechnungszeitpunkt seit mindestens einem Jahr ununterbrochen wirtschaftlicher Eigentümer der Spezial-Investmentanteile ist.

[4]Ein Spezial-Investmentfonds und der an ihm beteiligte Anleger gelten unabhängig von dem Beteiligungsumfang als einander nahestehende Personen im Sinne des Satzes 1 und des § 36a Absatz 3 des Einkommensteuergesetzes. [5]Wurde für einen Anleger kein Steuerabzug vorgenommen oder ein Steuerabzug erstattet und liegen die Voraussetzungen des Satzes 1 nicht vor, ist der Anleger verpflichtet,

1. dies gegenüber seinem zuständigen Finanzamt anzuzeigen,
2. Kapitalertragsteuer in Höhe von 15 Prozent der Kapitalerträge im Sinne des § 43 Absatz 1 Satz 1 Nummer 1a und des § 36a Absatz 1 Satz 4 des Einkommensteuergesetzes nach amtlich *vorgeschriebenen*[2] Vordruck auf elektronischem Weg anzumelden und
3. die angemeldete Steuer zu entrichten.

[6]Die Anzeige, Anmeldung und Entrichtung hat bei Steuerpflichtigen, die ihren Gewinn durch Bestandsvergleich ermitteln, nach Ablauf des Wirtschaftsjahres, bei Investmentfonds nach Ablauf des Geschäftsjahres und bei anderen Steuerpflichtigen nach Ablauf des Kalenderjahres bis zum zehnten des folgenden Monats zu erfolgen. [7]§ 42 der Abgabenordnung[3] bleibt unberührt.

---

[1] § 31 Abs. 3 neu gef. durch G v. 12.12.2019 (BGBl. I S. 2451); zur Anwendung siehe § 57 Abs. 1 Satz 1 Nr. 9.

[2] Richtig wohl: „vorgeschriebenem".

[3] Nr. **1**.

§ 32 Haftung bei ausgeübter Transparenzoption. (1) [1]Der Entrichtungspflichtige haftet für die Steuer, die bei ausgeübter Transparenzoption zu Unrecht nicht erhoben oder erstattet wurde. [2]Die Haftung ist ausgeschlossen, soweit der Entrichtungspflichtige nachweist, dass er die ihm auferlegten Pflichten weder vorsätzlich noch grob fahrlässig verletzt hat.

(2) Der Anleger haftet für die Steuer, die bei ausgeübter Transparenzoption zu Unrecht nicht erhoben oder erstattet wurde, wenn die Haftung nach Absatz 1 ausgeschlossen oder die Haftungsschuld uneinbringlich ist.

(3) [1]Der gesetzliche Vertreter des Spezial-Investmentfonds haftet für die Steuer, die bei ausgeübter Transparenzoption zu Unrecht nicht erhoben oder erstattet wurde, wenn die Haftung nach den Absätzen 1 und 2 ausgeschlossen oder die Haftungsschuld uneinbringlich ist. [2]Die Haftung setzt voraus, dass der gesetzliche Vertreter zum Zeitpunkt der Abstandnahme vom Steuerabzug oder der Erstattung von Kapitalertragsteuer Kenntnis von den fehlenden Voraussetzungen für eine Abstandnahme oder Erstattung hatte und dies dem Entrichtungspflichtigen nicht mitgeteilt hat.

§ 33 Inländische Immobilienerträge und sonstige inländische Einkünfte ohne Steuerabzug. (1) Die Steuerpflicht für die inländischen Immobilienerträge eines Spezial-Investmentfonds entfällt, wenn der Spezial-Investmentfonds auf ausgeschüttete oder ausschüttungsgleiche inländische Immobilienerträge Kapitalertragsteuer gemäß § 50 erhebt, an die zuständige Finanzbehörde abführt und den Anlegern Steuerbescheinigungen gemäß § 45a Absatz 2 des Einkommensteuergesetzes[1)] ausstellt.

(2)[2)] [1]Die ausgeschütteten oder ausschüttungsgleichen inländischen Immobilienerträge gelten bei einem vereinnahmenden Investmentfonds oder Dach-Spezial-Investmentfonds als Einkünfte nach § 6 Absatz 4. [2]Diese unterliegen einem Steuerabzug ohne Berücksichtigung des § 7 Absatz 1 Satz 3. [3]Der Steuerabzug gegenüber einem Dach-Spezial-Investmentfonds entfällt, wenn der Dach-Spezial-Investmentfonds unwiderruflich gegenüber dem Ziel-Spezial-Investmentfonds erklärt, dass den Anlegern des Dach-Spezial-Investmentfonds Steuerbescheinigungen gemäß § 45a Absatz 2 des Einkommensteuergesetzes ausgestellt werden sollen (Immobilien-Transparenzoption). [4]Bei ausgeübter Immobilien-Transparenzoption gelten

1. beschränkt steuerpflichtigen Anlegern unmittelbar Einkünfte im Sinne des § 49 Absatz 1 Nummer 2 Buchstabe f, Nummer 6 oder 8 des Einkommensteuergesetzes,
2. Anlegern, die unbeschränkt steuerpflichtige Investmentfonds oder Dach-Spezial-Investmentfonds sind, Einkünfte nach § 6 Absatz 4 und
3. sonstigen Anlegern Spezial-Investmenterträge

als zugeflossen.

[5]§ 31 Absatz 1 und 2 sowie § 32 sind entsprechend anzuwenden. [6]Dach-Spezial-Investmentfonds, bei denen nach Satz 4 Nummer 1 oder 2 inländische Immobilienerträge zugerechnet werden, können insoweit keine Immobilien-Transparenzoption ausüben. [7]Gegenüber dem Dach-Spezial-Investmentfonds

---

[1)] Nr. **5**.

[2)] § 33 Abs. 2 eingef., bish. Abs. 2 wird Abs. 3 und Sätze 1 und 2 neu gef., bish. Abs. 3 wird Abs. 4 und neu gef. durch G v. 23.6.2017 (BGBl. I S. 1682).

ist in den Fällen des Satzes 4 Nummer 1 oder 2 ein Steuerabzug ohne Berücksichtigung des § 7 Absatz 1 Satz 3 vorzunehmen.

(3)[1)] [1]Die ausgeschütteten oder ausschüttungsgleichen inländischen Immobilienerträge gelten bei beschränkt steuerpflichtigen Anlegern als unmittelbar bezogene Einkünfte nach § 49 Absatz 1 Nummer 2 Buchstabe f, Nummer 6 oder Nummer 8 des Einkommensteuergesetzes. [2]Satz 1 und Absatz 2 Satz 4 Nummer 1 gelten auch für die Anwendung der Regelungen in Abkommen zur Vermeidung der Doppelbesteuerung. [3]Der Abzug der Kapitalertragsteuer durch den Spezial-Investmentfonds auf die in den ausgeschütteten oder ausschüttungsgleichen Erträgen enthaltenen inländischen Immobilienerträge hat bei beschränkt steuerpflichtigen Anlegern, abweichend von § 50 Absatz 2 Satz 1 des Einkommensteuergesetzes, keine abgeltende Wirkung.

(4)[1)] [1]Die Absätze 1 bis 3 gelten entsprechend für sonstige inländische Einkünfte, die bei Vereinnahmung keinem Steuerabzug unterliegen. [2]Die sonstigen inländischen Einkünfte gelten bei beschränkt steuerpflichtigen Anlegern als unmittelbar bezogene Einkünfte nach dem Tatbestand des § 49 Absatz 1 des Einkommensteuergesetzes, der der Vereinnahmung durch den Spezial-Investmentfonds zugrunde lag.

Abschnitt 2. Besteuerung des Anlegers eines Spezial-Investmentfonds

§ 34 Spezial-Investmenterträge. (1) Erträge aus Spezial-Investmentfonds (Spezial-Investmenterträge) sind

1. ausgeschüttete Erträge nach § 35,
2. ausschüttungsgleiche Erträge nach § 36 Absatz 1 und
3. Gewinne aus der Veräußerung von Spezial-Investmentanteilen nach § 49.

(2) [1]Auf Spezial-Investmenterträge sind § 2 Absatz 5b, § 20 Absatz 6 und 9, die §§ 32d und 43 Absatz 5 Satz 1 des Einkommensteuergesetzes[2)] nicht anzuwenden. [2]§ 3 Nummer 40 des Einkommensteuergesetzes und § 8b des Körperschaftsteuergesetzes[3)] sind vorbehaltlich des § 42 nicht anzuwenden.

(3) [1]Die Freistellung von ausgeschütteten und ausschüttungsgleichen Erträgen aufgrund eines Abkommens zur Vermeidung der Doppelbesteuerung richtet sich nach § 43 Absatz 1. [2]Ungeachtet von Abkommen zur Vermeidung der Doppelbesteuerung wird die Freistellung von Ausschüttungen eines ausländischen Spezial-Investmentfonds nur unter den Voraussetzungen des § 16 Absatz 4 gewährt.

§ 35 Ausgeschüttete Erträge und Ausschüttungsreihenfolge. (1) Ausgeschüttete Erträge sind die nach den §§ 37 bis 41 ermittelten Einkünfte, die von einem Spezial-Investmentfonds zur Ausschüttung verwendet werden.

(2)[4)] [1]Zurechnungsbeträge, Immobilien-Zurechnungsbeträge und Absetzungsbeträge gelten vorrangig als ausgeschüttet. [2]Substanzbeträge gelten erst

---

[1)] § 33 Abs. 2 eingef., bish. Abs. 2 wird Abs. 3 und Sätze 1 und 2 neu gef., bish. Abs. 3 wird Abs. 4 und neu gef. durch G v. 23.6.2017 (BGBl. I S. 1682).

[2)] Nr. **5**.

[3)] Nr. **17**.

[4)] § 35 Abs. 2 Satz 1 geänd. durch G v. 12.12.2019 (BGBl. I S. 2451); zur Anwendung siehe § 57 Abs. 1 Satz 1 Nr. 10.

nach Ausschüttung sämtlicher Erträge des laufenden und aller vorherigen Geschäftsjahre als verwendet.

(3)[1] Zurechnungsbeträge sind die zugeflossenen inländischen Beteiligungseinnahmen und sonstigen inländischen Einkünfte mit Steuerabzug nach Abzug der Kapitalertragsteuer und der bundes- oder landesgesetzlich geregelten Zuschlagsteuern zur Kapitalertragsteuer, wenn die Transparenzoption nach § 30 ausgeübt wurde.

(3a)[2] [1] Immobilien-Zurechnungsbeträge sind die inländischen Immobilienerträge und sonstigen inländischen Einkünfte ohne Steuerabzug, für die ein Dach-Spezial-Investmentfonds die Immobilien-Transparenzoption nach § 33 ausgeübt hat.

(4)[3] [1] Absetzungsbeträge sind die ausgeschütteten Einnahmen aus der Vermietung und Verpachtung von Grundstücken oder grundstücksgleichen Rechten, soweit auf diese Einnahmen Absetzungen für Abnutzungen oder Substanzverringerung entfallen. [2] Absetzungsbeträge können nur im Geschäftsjahr ihrer Entstehung oder innerhalb von vier Monaten nach Ablauf des Geschäftsjahres ihrer Entstehung und nur zusammen mit den Einnahmen im Sinne des Satzes 1 ausgeschüttet werden.

(5)[4] Substanzbeträge sind die verbleibenden Beträge einer Ausschüttung nach Abzug der ausgeschütteten Erträge, der ausgeschütteten ausschüttungsgleichen Erträge der Vorjahre, der steuerfrei thesaurierbaren Kapitalerträge im Sinne des § 36 Absatz 2, der Zurechnungsbeträge, der Immobilien-Zurechnungsbeträge und der Absetzungsbeträge.

(6) Werden einem Anleger Erträge ausgeschüttet, die auf Zeiträume entfallen, in denen der Anleger nicht an dem Spezial-Investmentfonds beteiligt war, gelten insoweit Substanzbeträge als ausgeschüttet.

(7)[5] § 36 Absatz 4 Satz 1 ist entsprechend anzuwenden.

§ 36 Ausschüttungsgleiche Erträge. (1) [1] Ausschüttungsgleiche Erträge sind die folgenden nach den §§ 37 bis 41 ermittelten positiven Einkünfte, die von einem Spezial-Investmentfonds nicht zur Ausschüttung verwendet werden:

1. Kapitalerträge nach § 20 des Einkommensteuergesetzes[6] mit Ausnahme der steuerfrei thesaurierbaren Kapitalerträge,
2. Erträge aus der Vermietung und Verpachtung von Grundstücken und grundstücksgleichen Rechten sowie Gewinne aus der Veräußerung von Grundstücken und grundstücksgleichen Rechten und
3. sonstige Erträge.

---

[1] § 35 Abs. 3 neu gef. durch G v. 12.12.2019 (BGBl. I S. 2451); zur Anwendung siehe § 57 Abs. 1 Satz 1 Nr. 10.

[2] § 35 Abs. 3a eingef. durch G v. 12.12.2019 (BGBl. I S. 2451); zur Anwendung siehe § 57 Abs. 1 Satz 1 Nr. 10.

[3] § 35 Abs. 4 Satz 2 angef. durch G v. 12.12.2019 (BGBl. I S. 2451); zur Anwendung siehe § 57 Abs. 1 Satz 1 Nr. 10.

[4] § 35 Abs. 5 geänd. durch G v. 12.12.2019 (BGBl. I S. 2451); zur Anwendung siehe § 57 Abs. 1 Satz 1 Nr. 10.

[5] § 35 Abs. 7 angef. durch G v. 12.12.2019 (BGBl. I S. 2451); zur Anwendung siehe § 57 Abs. 1 Satz 1 Nr. 10.

[6] Nr. **5**.

[2]Keine ausschüttungsgleichen Erträge sind die inländischen Beteiligungseinnahmen und die sonstigen inländischen Einkünfte mit Steuerabzug, wenn die Transparenzoption nach § 30 wahrgenommen wurde.

(2) Steuerfrei thesaurierbare Kapitalerträge sind

1. Erträge aus Stillhalterprämien nach § 20 Absatz 1 Nummer 11 des Einkommensteuergesetzes,
2. Gewinne nach § 20 Absatz 2 Satz 1 Nummer 1, 3 und 7 des Einkommensteuergesetzes; ausgenommen sind Erträge aus Swap-Verträgen, soweit sich die Höhe der getauschten Zahlungsströme nach Kapitalerträgen nach § 20 Absatz 1 Nummer 1 oder Nummer 7 des Einkommensteuergesetzes bestimmt, und
3. Gewinne aus der Veräußerung von Investmentanteilen und Spezial-Investmentanteilen.

(3) Sonstige Erträge sind Einkünfte, die nicht unter die §§ 20, 21 und 23 Absatz 1 Satz 1 Nummer 1 des Einkommensteuergesetzes fallen.

(4)[1)] [1]Die ausschüttungsgleichen Erträge sind nach § 37 mit der Maßgabe zu ermitteln, dass Einnahmen und Werbungskosten insoweit den Anlegern zugerechnet werden, wie diese zum Zeitpunkt des Zuflusses der Einnahmen oder des Abflusses der Werbungskosten Spezial-Investmentanteile an dem Spezial-Investmentfonds halten. [2]Die ausschüttungsgleichen Erträge gelten mit Ablauf des Geschäftsjahres als zugeflossen, in dem sie vereinnahmt worden sind. [3]Bei einer Veräußerung von Spezial-Investmentanteilen vor Ablauf des Geschäftsjahres gelten die ausschüttungsgleichen Erträge im Zeitpunkt der Veräußerung als zugeflossen. [4]Bei Teilausschüttung der in den Absätzen 1 und 5 genannten Erträge innerhalb von vier Monaten nach Ablauf des Geschäftsjahres sind die ausschüttungsgleichen Erträge dem Anleger abweichend von Satz 2 im Zeitpunkt der Teilausschüttung zuzurechnen. [5]Reicht die Ausschüttung nicht aus, um die Kapitalertragsteuer gemäß § 50 einschließlich der bundes- oder landesgesetzlich geregelten Zuschlagsteuern zur Kapitalertragsteuer gegenüber sämtlichen, am Ende des Geschäftsjahres beteiligten Anlegern einzubehalten, gilt auch die Teilausschüttung den Anlegern mit dem Ablauf des Geschäftsjahres, in dem die Erträge vom Spezial-Investmentfonds erzielt worden sind, als zugeflossen und für den Steuerabzug als ausschüttungsgleicher Ertrag.

(5) [1]Die steuerfrei thesaurierbaren Kapitalerträge gelten mit Ablauf des 15. Geschäftsjahres nach dem Geschäftsjahr der Vereinnahmung als ausschüttungsgleiche Erträge und zu diesem Zeitpunkt als zugeflossen, soweit sie die Verluste der Vorjahre übersteigen und nicht bis zum Ende des 15. Geschäftsjahres oder in den vorherigen Geschäftsjahren ausgeschüttet wurden. [2]Absatz 4 ist auf die steuerfrei thesaurierbaren Kapitalerträge nicht anzuwenden.

(6) Wird nicht spätestens vier Monate nach Ablauf des Geschäftsjahres des Spezial-Investmentfonds eine Ausschüttung der Erträge des abgelaufenen Geschäftsjahres vorgenommen, so gelten diese Erträge als nicht zur Ausschüttung verwendet.

§ 37 Ermittlung der Einkünfte. (1) [1]Der Spezial-Investmentfonds ermittelt die Einkünfte des Spezial-Investmentfonds entsprechend § 2 Absatz 2 Satz 1

[1)] § 36 Abs. 4 Satz 2 neu gef., Sätze 3 bis 5 angef. durch G v. 12.12.2019 (BGBl. I S. 2451); zur Anwendung siehe § 57 Abs. 1 Satz 1 Nr. 11.

Nummer 2 und § 23 Absatz 3 des Einkommensteuergesetzes[1)] und gliedert sie nach den steuerlichen Wirkungen beim Anleger. [2]Dabei sind insbesondere die Einkünfte gesondert auszuweisen, bei denen beim Anleger die Regelungen nach den §§ 42 bis 47 zur Anwendung kommen.

(2)[2)] [1]Spezial-Investmenterträge, die einem Dach-Spezial-Investmentfonds zufließen oder die als zugeflossen gelten, sind nach der Art der Einkünfte des Ziel-Spezial-Investmentfonds und nach den steuerlichen Wirkungen bei den Anlegern des Dach-Spezial-Investmentfonds zu gliedern, sofern in Kapitel 3 keine abweichenden Bestimmungen getroffen werden. [2]Bei der Gliederung nach Satz 1 sind die Spezial-Investmenterträge nach § 34 Absatz 1 Nummer 1 und 2 nicht als steuerfrei thesaurierbare Kapitalerträge im Sinne des § 36 Absatz 2 anzusetzen.

(3)[3)] [1]Absetzungsbeträge, die einem Dach-Spezial-Investmentfonds zufließen, können von diesem unter den Voraussetzungen des § 35 Absatz 4 Satz 2 als Absetzungsbeträge ausgeschüttet werden. [2]Zurechnungsbeträge und Immobilien-Zurechnungsbeträge, die einem Dach-Spezial-Investmentfonds zufließen, stehen diesem nicht als solche Beträge zur Ausschüttung zur Verfügung.

§ 38 Vereinnahmung und Verausgabung. (1) § 11 des Einkommensteuergesetzes[1)] ist nach Maßgabe der folgenden Absätze anzuwenden.

(2) Dividenden gelten bereits am Tag des Dividendenabschlags als zugeflossen.

(3) [1]Periodengerecht abzugrenzen sind

1. Zinsen und angewachsene Ansprüche einer sonstigen Kapitalforderung nach § 20 Absatz 1 Nummer 7 des Einkommensteuergesetzes, wenn die Kapitalforderung eine Emissionsrendite hat oder bei ihr das Stammrecht und der Zinsschein getrennt wurden,
2. angewachsene Ansprüche aus einem Emissions-Agio oder -Disagio und
3. Mieten.

[2]Die angewachsenen Ansprüche sind mit der Emissionsrendite anzusetzen, sofern diese leicht und eindeutig ermittelbar ist. [3]Anderenfalls ist der Unterschiedsbetrag zwischen dem Marktwert zum Ende des Geschäftsjahres und dem Marktwert zu Beginn des Geschäftsjahres oder im Falle des Erwerbs innerhalb des Geschäftsjahres der Unterschiedsbetrag zwischen dem Marktwert zum Ende des Geschäftsjahres und den Anschaffungskosten als Zins (Marktrendite) anzusetzen. [4]Die abgegrenzten Zinsen, angewachsenen Ansprüche und Mieten gelten als zugeflossen.

(4) Periodengerecht abgegrenzte Werbungskosten gelten als abgeflossen, soweit der tatsächliche Abfluss im folgenden Geschäftsjahr erfolgt.

(5) Gewinnanteile des Spezial-Investmentfonds an einer Personengesellschaft gehören zu den Erträgen des Geschäftsjahres, in dem das Wirtschaftsjahr der Personengesellschaft endet.

---

1) Nr. **5**.

2) § 37 Abs. 2 angef. durch G v. 21.12.2020 (BGBl. I S. 3096); zur Anwendung siehe § 57 Abs. 2 Nr. 4.

3) § 37 Abs. 3 angef. durch G v. 21.12.2020 (BGBl. I S. 3096); zur Anwendung siehe § 57 Abs. 2 Nr. 4.

(6) [1] Wird ein Zinsschein oder eine Zinsforderung vom Stammrecht abgetrennt, gilt dies als Veräußerung der Schuldverschreibung und als Anschaffung der durch die Trennung entstandenen Wirtschaftsgüter. [2] Die Trennung gilt als vollzogen, wenn dem Inhaber der Schuldverschreibung die Wertpapierkennnummern für die durch die Trennung entstandenen Wirtschaftsgüter zugehen. [3] Als Veräußerungserlös der Schuldverschreibung gilt deren gemeiner Wert zum Zeitpunkt der Trennung. [4] Für die Ermittlung der Anschaffungskosten der neuen Wirtschaftsgüter ist der Wert nach Satz 3 entsprechend dem gemeinen Wert der neuen Wirtschaftsgüter aufzuteilen. [5] Die Erträge des Stammrechts sind in sinngemäßer Anwendung des Absatzes 3 periodengerecht abzugrenzen.

(7) [1] Wird eine sonstige Kapitalforderung im Sinne des § 20 Absatz 1 Nummer 7 des Einkommensteuergesetzes gegen Anteile an einer Körperschaft, Vermögensmasse oder Personenvereinigung getauscht, bemessen sich die Anschaffungskosten der Anteile nach dem gemeinen Wert der sonstigen Kapitalforderung. [2] § 20 Absatz 4a des Einkommensteuergesetzes findet keine Anwendung.

(8) Die abgegrenzten Zinsen, angewachsenen Ansprüche und Mieten sowie die Erträge nach Absatz 6 Satz 5 gehören zu den ausgeschütteten und ausschüttungsgleichen Erträgen.

§ 39 Werbungskosten, Abzug der Direktkosten. (1) [1] Werbungskosten des Spezial-Investmentfonds, die in einem unmittelbaren wirtschaftlichen Zusammenhang mit Einnahmen stehen, sind Direktkosten. [2] Zu den Direktkosten gehören auch Absetzungen für Abnutzung oder Substanzverringerung bis zur Höhe der nach § 7 des Einkommensteuergesetzes[1)] zulässigen Beträge. [3] Die übrigen Werbungskosten des Spezial-Investmentfonds sind Allgemeinkosten.

(2) [1] Direktkosten, die in einem unmittelbaren wirtschaftlichen Zusammenhang mit Einnahmen nach § 20 Absatz 1 Nummer 1 oder Absatz 2 Satz 1 Nummer 1 des Einkommensteuergesetzes stehen, sind ausschließlich den Einnahmen nach § 20 Absatz 2 Satz 1 Nummer 1 des Einkommensteuergesetzes zuzuordnen. [2] Liegen keine Einnahmen nach § 20 Absatz 2 Satz 1 Nummer 1 des Einkommensteuergesetzes vor oder sind die Einnahmen niedriger als die Werbungskosten, so hat der Spezial-Investmentfonds Verlustvorträge zu bilden.

(3) Verluste aus Finanzderivaten sind als Direktkosten bei den Einnahmen nach § 20 Absatz 2 Satz 1 Nummer 1 des Einkommensteuergesetzes abzuziehen, wenn der Spezial-Investmentfonds im Rahmen einer konzeptionellen Gestaltung Verluste aus Finanzderivaten und in gleicher oder ähnlicher Höhe Einnahmen nach § 20 Absatz 2 Satz 1 Nummer 1 des Einkommensteuergesetzes herbeigeführt hat.

(4) Die nach der Zuordnung nach den Absätzen 2 und 3 verbleibenden Direktkosten sind von den jeweiligen Einnahmen abzuziehen.

§ 40 Abzug der Allgemeinkosten. (1) [1] Die Allgemeinkosten sind zwischen den nach § 43 Absatz 1 steuerbefreiten Einkünften und allen übrigen Einkünften des Spezial-Investmentfonds aufzuteilen. [2] Der Anteil, der auf die nach § 43 Absatz 1 steuerbefreiten Einkünfte entfällt, bestimmt sich nach dem Verhältnis des durchschnittlichen Vermögens des vorangegangenen Geschäftsjahres, das Quelle dieser Einkünfte ist, zu dem durchschnittlichen Gesamtvermögen des vorangegangenen Geschäftsjahres. [3] Zur Berechnung des durch-

1) Nr. 5.

schnittlichen Vermögens sind die monatlichen Endwerte des vorangegangenen Geschäftsjahres zugrunde zu legen.

(2) [1] Die Allgemeinkosten sind innerhalb der nach § 43 Absatz 1 steuerbefreiten Einkünfte und innerhalb aller übrigen Einkünfte zwischen den laufenden Einnahmen und den sonstigen Gewinnen aufzuteilen. [2] Laufende Einnahmen sind die Einnahmen aus den in § 36 Absatz 1 Satz 1 genannten Ertragsarten mit Ausnahme der steuerfrei thesaurierbaren Kapitalertragsarten. [3] Sonstige Gewinne sind die Einnahmen und Gewinne aus den steuerfrei thesaurierbaren Kapitalertragsarten.

(3) [1] Die Aufteilung nach Absatz 2 erfolgt nach dem Verhältnis der positiven Salden der laufenden Einnahmen des vorangegangenen Geschäftsjahres einerseits und der positiven Salden der sonstigen Gewinne des vorangegangenen Geschäftsjahres. [2] Bei der Aufteilung bleiben Gewinn- und Verlustvorträge unberücksichtigt. [3] Sind die Salden der laufenden Einnahmen oder der sonstigen Gewinne negativ, so erfolgt die Zuordnung der Allgemeinkosten jeweils hälftig zu den laufenden Einnahmen sowie zu den sonstigen Gewinnen.

(4) [1] Nach der Aufteilung der Allgemeinkosten nach Absatz 3 werden die Allgemeinkosten den entsprechend § 37 gegliederten Einnahmen und Gewinnen zugeordnet. [2] Die Zuordnung erfolgt nach dem Verhältnis der entsprechenden positiven Einnahmen und Gewinne des vorangegangenen Geschäftsjahres. [3] Wenn entsprechende Einnahmen oder Gewinne im vorangegangenen Geschäftsjahr nicht positiv waren, wird diesen Einnahmen oder Gewinnen vor der Zuordnung nach den Sätzen 1 und 2 jeweils der Anteil der Allgemeinkosten zugeordnet, der bei einer Aufteilung zu gleichen Teilen rechnerisch entsteht.

(5) [1] Allgemeinkosten, die in einem mittelbaren wirtschaftlichen Zusammenhang mit Einnahmen nach § 20 Absatz 1 Nummer 1 oder Absatz 2 Satz 1 Nummer 1 des Einkommensteuergesetzes[1)] stehen, sind ausschließlich den Einnahmen nach § 20 Absatz 2 Satz 1 Nummer 1 des Einkommensteuergesetzes zuzuordnen. [2] Liegen keine Einnahmen nach § 20 Absatz 2 Satz 1 Nummer 1 des Einkommensteuergesetzes vor oder sind die Einnahmen niedriger als die Werbungskosten, so hat der Spezial-Investmentfonds Verlustvorträge zu bilden.

§ 41 Verlustverrechnung. (1) [1] Negative Erträge des Spezial-Investmentfonds sind mit positiven Erträgen gleicher Art bis zu deren Höhe auszugleichen. [2] Die Gleichartigkeit ist gegeben, wenn die gleichen steuerlichen Wirkungen beim Anleger eintreten.

(2) [1] Nicht ausgeglichene negative Erträge sind in den folgenden Geschäftsjahren abzuziehen. [2] § 10d Absatz 4 des Einkommensteuergesetzes[1)] gilt entsprechend. [3] Nicht ausgeglichene negative Erträge sind nicht abziehbar, soweit ein Anleger seine Spezial-Investmentanteile veräußert.

§ 42 Steuerbefreiung von Beteiligungseinkünften und inländischen Immobilienerträgen. (1)[2)] [1] Soweit die ausgeschütteten und ausschüttungsgleichen Erträge Kapitalerträge nach § 43 Absatz 1 Satz 1 Nummer 6 und 9 sowie Satz 2 des Einkommensteuergesetzes[1)] enthalten, ist § 3 Nummer 40 des

---

[1)] Nr. 5.

[2)] § 42 Abs. 1 Satz 2 neu gef. durch G v. 12.12.2019 (BGBl. I S. 2451); zur Anwendung siehe § 57 Abs. 1 Satz 1 Nr. 12; Satz 2 geänd. durch G v. 21.12.2020 (BGBl. I S. 3096); zur Anwendung siehe § 57 Abs. 2 Nr. 5.

Einkommensteuergesetzes anzuwenden. [2]Satz 1 gilt nicht für Gewinne aus der Veräußerung von Anteilen an Investmentfonds im Sinne des § 16 Absatz 1 Nummer 3 in Verbindung mit § 2 Absatz 13 und in den Fällen des § 30 Absatz 3 Satz 1 Nummer 1 und 2 sowie Satz 2.

(2)[1)] [1]Soweit die ausgeschütteten und ausschüttungsgleichen Erträge Kapitalerträge nach § 43 Absatz 1 Satz 1 Nummer 6 sowie Satz 2 des Einkommensteuergesetzes enthalten, ist § 8b des Körperschaftsteuergesetzes[2)] unter den Voraussetzungen des § 30 Absatz 2 anwendbar. [2]Soweit die ausgeschütteten und ausschüttungsgleichen Erträge Kapitalerträge nach § 43 Absatz 1 Satz 1 Nummer 9 sowie Satz 2 des Einkommensteuergesetzes enthalten, ist § 8b des Körperschaftsteuergesetzes anwendbar. [3]Satz 2 gilt nicht für Gewinne aus der Veräußerung von Anteilen an Investmentfonds im Sinne des § 16 Absatz 1 Nummer 3 in Verbindung mit § 2 Absatz 13 und in den Fällen des § 30 Absatz 3 Satz 1 Nummer 1 und 2 sowie Satz 2.

(3) [1]Die Absätze 1 und 2 sind nicht anzuwenden, wenn es sich um Kapitalerträge nach § 43 Absatz 1 Satz 1 Nummer 6 und 9 sowie Satz 2 des Einkommensteuergesetzes aus einer steuerlich nicht vorbelasteten Körperschaft, Personenvereinigung oder Vermögensmasse handelt. [2]Als steuerlich nicht vorbelastet gelten Körperschaften, Personenvereinigungen oder Vermögensmassen, die keiner Ertragsbesteuerung unterliegen, von der Ertragsbesteuerung persönlich befreit sind oder sachlich insoweit von der Ertragsbesteuerung befreit sind, wie sie Ausschüttungen vornehmen. [3]Satz 1 ist nicht auf vorbelastete REIT-Dividenden nach § 19a des REIT-Gesetzes anzuwenden.

(4) [1]Sind in den ausgeschütteten oder ausschüttungsgleichen Erträgen inländische Beteiligungseinnahmen enthalten, die von dem Spezial-Investmentfonds versteuert wurden, so sind 60 Prozent dieser ausgeschütteten oder ausschüttungsgleichen Erträge steuerfrei. [2]Abweichend von Satz 1 sind die in ausgeschütteten oder ausschüttungsgleichen Erträgen enthaltenen inländischen Beteiligungseinnahmen vollständig steuerbefreit, wenn

1. der Anleger dem Körperschaftsteuergesetz unterliegt und
2. dem Spezial-Investmentfonds kein Ermäßigungsanspruch aus einem Abkommen zur Vermeidung der Doppelbesteuerung aufgrund eines Quellensteuerhöchstsatzes von unter 15 Prozent zusteht.

(5) [1]Sind in den ausgeschütteten oder ausschüttungsgleichen Erträgen inländische Immobilienerträge oder sonstige inländische Einkünfte enthalten, die von dem Spezial-Investmentfonds versteuert wurden, so sind 20 Prozent dieser ausgeschütteten oder ausschüttungsgleichen Erträge steuerfrei. [2]Absatz 4 Satz 2 ist entsprechend anzuwenden.

§ 43 Steuerbefreiung aufgrund von Abkommen zur Vermeidung der Doppelbesteuerung, der Hinzurechnungsbesteuerung und der Teilfreistellung. (1) [1]Die ausgeschütteten und ausschüttungsgleichen Erträge sind bei der Veranlagung des Anlegers insoweit von der Bemessungsgrundlage der deutschen Steuer auszunehmen, als sie aus einem ausländischen Staat stammende Einkünfte enthalten, für die die Bundesrepublik Deutschland aufgrund eines

[1)] § 42 Abs. 2 Satz 3 neu gef. durch G v. 12.12.2019 (BGBl. I S. 2451); zur Anwendung siehe § 57 Abs. 1 Satz 1 Nr. 12; Satz 3 geänd. durch G v. 21.12.2020 (BGBl. I S. 3096); zur Anwendung siehe § 57 Abs. 2 Nr. 5.

[2)] Nr. **17**.

Abkommens zur Vermeidung der Doppelbesteuerung auf die Ausübung des Besteuerungsrechts verzichtet hat. ²Satz 1 ist nicht auf Erträge nach § 20 Absatz 1 Nummer 1 und 3 des Einkommensteuergesetzes[1)] anzuwenden. ³Satz 2 ist nicht auf Erträge nach § 20 Absatz 1 Nummer 1 des Einkommensteuergesetzes aus einer Gesellschaft im Sinne des § 26 Nummer 6 Satz 2 anzuwenden, soweit

1. der Anleger die persönlichen Voraussetzungen für eine Freistellung nach dem Abkommen zur Vermeidung der Doppelbesteuerung erfüllt und
2. die auf die Spezial-Investmentanteile des Anlegers rechnerisch entfallende Beteiligung am Kapital der Gesellschaft die Voraussetzungen für eine Freistellung nach dem Abkommen zur Vermeidung der Doppelbesteuerung erfüllt.

(2)[2)] *§ 3 Nummer 41 Buchstabe a des Einkommensteuergesetzes ist entsprechend anzuwenden.*

(3) Auf ausgeschüttete oder ausschüttungsgleiche Erträge, die aus Ausschüttungen von Investmentfonds, Vorabpauschalen oder Gewinnen aus der Veräußerung von Investmentanteilen stammen, ist die Teilfreistellung nach § 20 entsprechend anzuwenden.

§ 44 Anteilige Abzüge aufgrund einer Steuerbefreiung. § 21 ist entsprechend auf Betriebsvermögensminderungen, Betriebsausgaben, Veräußerungskosten oder Werbungskosten anzuwenden, die mit Erträgen in wirtschaftlichem Zusammenhang stehen, die ganz oder teilweise von der Besteuerung freizustellen sind.

§ 45 Gewerbesteuer bei Spezial-Investmenterträgen. (1) ¹Bei der Ermittlung des Gewerbeertrags nach § 7 des Gewerbesteuergesetzes[3)] sind § 42 Absatz 4 sowie § 3 Nummer 40 des Einkommensteuergesetzes[1)] und § 8b des Körperschaftsteuergesetzes[4)] nicht anzuwenden auf Kapitalerträge nach § 43 Absatz 1 Satz 1 Nummer 1, 1a und 6 sowie Satz 2 des Einkommensteuergesetzes, die in den ausgeschütteten oder ausschüttungsgleichen Erträgen enthalten sind und auf inländische Beteiligungseinnahmen, die dem Anleger nach § 30 Absatz 1 Satz 2 zugerechnet werden. ²Dies gilt nicht, wenn

1. der Schuldner der Kapitalerträge eine Gesellschaft nach § 26 Nummer 6 Satz 2 ist,
2. der Anleger dem Körperschaftsteuergesetz unterliegt und kein Institut oder Unternehmen nach § 3 Nummer 40 Satz 3 oder 4 des Einkommensteuergesetzes oder § 8b Absatz 7 oder 8 des Körperschaftsteuergesetzes ist und
3. die auf die Spezial-Investmentanteile des Anlegers rechnerisch entfallende Beteiligung am Kapital der Gesellschaft die Voraussetzungen für eine Kürzung nach § 9 Nummer 2a und 7 des Gewerbesteuergesetzes erfüllt.

---

1) Nr. **5**.

2) § 43 Abs. 2 aufgeh. durch G v. 25.6.2021 (BGBl. I S. 2035), zur letztmaligen Anwendung siehe § 57 Abs. 5.

3) Nr. **10**.

4) Nr. **17**.

(2) Die nach § 43 Absatz 3 zu gewährenden Teilfreistellungen sind bei der Ermittlung des Gewerbeertrags nach § 7 des Gewerbesteuergesetzes nur zur Hälfte zu berücksichtigen.

§ 46 Zinsschranke. (1) [1] Beim Anleger sind für Zwecke des § 4h Absatz 1 des Einkommensteuergesetzes[1)] ausgeschüttete oder ausschüttungsgleiche Erträge, die aus Zinserträgen nach § 4h Absatz 3 Satz 3 des Einkommensteuergesetzes stammen, als Zinserträge zu berücksichtigen. [2] Dies gilt nicht für ausgeschüttete Erträge, die nach § 35 Absatz 6 als Substanzbeträge gelten.

(2) Der anzusetzende Zinsertrag mindert sich um die folgenden Abzugsbeträge:

1. Direktkosten,
2. die nach § 40 den Zinserträgen zuzurechnenden Allgemeinkosten,
3. Zinsaufwendungen und
4. negative Kapitalerträge nach § 20 Absatz 1 Nummer 7 oder Absatz 2 Satz 1 Nummer 7 des Einkommensteuergesetzes.

(3) Übersteigen die Abzugsbeträge den Zinsertrag, so ist die Differenz auf die folgenden Geschäftsjahre des Spezial-Investmentfonds zu übertragen; dies mindert den Zinsertrag der folgenden Geschäftsjahre.

§ 47 Anrechnung und Abzug von ausländischer Steuer. (1) [1] Enthalten die ausgeschütteten und ausschüttungsgleichen Erträge Einkünfte aus einem ausländischen Staat, die in diesem Staat zu einer Steuer herangezogen wurden, die anrechenbar ist

1. nach § 34c Absatz 1 des Einkommensteuergesetzes[1)],
2. nach § 26 Absatz 1 des Körperschaftsteuergesetzes[2)] oder
3. nach einem Abkommen zur Vermeidung der Doppelbesteuerung auf die Einkommensteuer oder Körperschaftsteuer,

so ist bei unbeschränkt steuerpflichtigen Anlegern die festgesetzte und gezahlte und um einen entstandenen Ermäßigungsanspruch gekürzte ausländische Steuer auf den Teil der Einkommensteuer oder Körperschaftsteuer anzurechnen, der auf diese ausländischen, um die anteilige ausländische Steuer erhöhten Einkünfte entfällt. [2] Wird von auf ausländische Spezial-Investmentanteile ausgeschütteten oder ausschüttungsgleichen Erträgen in dem Staat, in dem der ausländische Spezial-Investmentfonds ansässig ist, eine Abzugsteuer erhoben, so gilt für deren Anrechnung Satz 1 entsprechend.

(2) Zur Ermittlung des Teils der Einkommensteuer oder Körperschaftsteuer, der auf die ausländischen, um die anteilige ausländische Steuer erhöhten Einkünfte nach Absatz 1 entfällt, ist

1. bei einkommensteuerpflichtigen Anlegern der durchschnittliche Steuersatz, der sich bei der Veranlagung des zu versteuernden Einkommens, einschließlich der ausländischen Einkünfte, nach den §§ 32a, 32b, 34, 34a und 34b des Einkommensteuergesetzes ergibt, auf die ausländischen Einkünfte anzuwenden,

---

1) Nr. **5**.
2) Nr. **17**.

2. bei körperschaftsteuerpflichtigen Anlegern die deutsche Körperschaftsteuer, die sich bei der Veranlagung des zu versteuernden Einkommens, einschließlich der ausländischen Einkünfte, ohne Anwendung der §§ 37 und 38 des Körperschaftsteuergesetzes ergibt, aufzuteilen; die Aufteilung erfolgt nach dem Verhältnis der ausländischen Einkünfte zur Summe der Einkünfte.

(3) Der Höchstbetrag der anrechenbaren ausländischen Steuern aus verschiedenen Staaten ist für die ausgeschütteten und ausschüttungsgleichen Erträge aus jedem einzelnen Spezial-Investmentfonds zusammengefasst zu berechnen.

(4) [1] § 34c Absatz 1 Satz 3 und 4 sowie Absatz 2, 3 und 6 des Einkommensteuergesetzes ist entsprechend anzuwenden. [2] Der Anrechnung der ausländischen Steuer nach § 34c Absatz 1 des Einkommensteuergesetzes steht bei ausländischen Spezial-Investmentanteilen § 34c Absatz 6 Satz 1 des Einkommensteuergesetzes nicht entgegen.

(5) Ausländische Steuern, die auf ausgeschüttete und ausschüttungsgleiche Erträge entfallen, die nach § 43 Absatz 1 steuerfrei sind, sind bei der Anrechnung oder dem Abzug nach Absatz 1 nicht zu berücksichtigen.

§ 48 Fonds-Aktiengewinn, Fonds-Abkommensgewinn, Fonds-Teilfreistellungsgewinn. (1) [1] Der Spezial-Investmentfonds hat bei jeder Bewertung seines Vermögens pro Spezial-Investmentanteil den Fonds-Aktiengewinn, den Fonds-Abkommensgewinn und den Fonds-Teilfreistellungsgewinn als absolute Werte in Euro zu ermitteln und dem Anleger diese Werte bekannt zu machen. [2] Der Fonds-Aktiengewinn, der Fonds-Abkommensgewinn und der Fonds-Teilfreistellungsgewinn ändern sich nicht durch die Ausgabe und Rücknahme von Spezial-Investmentanteilen.

(2) [1] Die Steuerbefreiung nach § 42 Absatz 1 bis 3 ist nur anzuwenden, wenn der Spezial-Investmentfonds den Fonds-Aktiengewinn ermittelt und bekannt macht oder wenn der Anleger den Fonds-Aktiengewinn nachweist. [2] Die Steuerbefreiung nach § 43 Absatz 1 ist nur anzuwenden, wenn der Spezial-Investmentfonds den Fonds-Abkommensgewinn ermittelt und bekannt macht oder wenn der Anleger den Fonds-Abkommensgewinn nachweist. [3] Die Teilfreistellung nach § 43 Absatz 3 ist nur anzuwenden, wenn der Spezial-Investmentfonds die Fonds-Teilfreistellungsgewinne ermittelt und bekannt macht oder wenn der Anleger die Fonds-Teilfreistellungsgewinne nachweist.

(3) [1] Der Fonds-Aktiengewinn ist der Teil des Wertes eines Spezial-Investmentanteils, der auf folgende Erträge, die nicht ausgeschüttet wurden und nicht als ausgeschüttet gelten, sowie auf folgende Wertveränderungen entfällt:

1. Gewinne aus der Veräußerung von Anteilen an Körperschaften, Personenvereinigungen und Vermögensmassen, deren Leistungen beim Empfänger zu den Einnahmen nach § 20 Absatz 1 Nummer 1 des Einkommensteuergesetzes[1] gehören,
2. Wertveränderungen von Anteilen an Körperschaften, Personenvereinigungen und Vermögensmassen, deren Leistungen beim Empfänger zu den Einnahmen im Sinne des § 20 Absatz 1 Nummer 1 des Einkommensteuergesetzes gehören,

---

[1] Nr. 5.

3. Anleger-Aktiengewinne eines Dach-Spezial-Investmentfonds aus der Veräußerung eines Spezial-Investmentanteils an einem Ziel-Spezial-Investmentfonds und
4. Anleger-Aktiengewinne eines Dach-Spezial-Investmentfonds aus dem Besitz eines Spezial-Investmentanteils an einem Ziel-Spezial-Investmentfonds, die bei der Bewertung des Dach-Spezial-Investmentfonds ermittelt werden.

[2] Satz 1 gilt nur für Bestandteile, die nicht bereits von Absatz 5 erfasst werden.

(4) [1] Gewinne aus der Veräußerung sowie Wertveränderungen von Anteilen an Körperschaften, Personenvereinigungen und Vermögensmassen sind nicht in den Fonds-Aktiengewinn einzubeziehen, wenn die Körperschaft, Personenvereinigung oder Vermögensmasse

1. keiner Ertragsbesteuerung unterliegt,
2. von der Ertragsbesteuerung persönlich befreit ist oder
3. sachlich insoweit von der Ertragsbesteuerung befreit ist, wie sie eine Ausschüttung vornimmt.

[2] Verluste aus Finanzderivaten mindern den Fonds-Aktiengewinn, wenn der Spezial-Investmentfonds im Rahmen einer konzeptionellen Gestaltung Verluste aus Finanzderivaten und in gleicher oder ähnlicher Höhe Wertveränderungen nach Absatz 3 Nummer 2 herbeigeführt hat.

(5) Der Fonds-Abkommensgewinn ist der Teil des Wertes eines Spezial-Investmentanteils, der auf folgende Erträge, die nicht ausgeschüttet wurden und nicht als ausgeschüttet gelten, sowie auf folgende Wertveränderungen entfällt:

1. Erträge, die aufgrund eines Abkommens zur Vermeidung der Doppelbesteuerung nach § 43 Absatz 1 von der Besteuerung freizustellen sind,
2. Wertveränderungen von Vermögensgegenständen, auf die bei einer Veräußerung § 43 Absatz 1 anwendbar wäre,
3. Anleger-Abkommensgewinne eines Dach-Spezial-Investmentfonds aus der Veräußerung eines Spezial-Investmentanteils an einem Ziel-Spezial-Investmentfonds und
4. Anleger-Abkommensgewinne eines Dach-Spezial-Investmentfonds aus dem Besitz eines Spezial-Investmentanteils an einem Ziel-Spezial-Investmentfonds, die bei der Bewertung des Dach-Spezial-Investmentfonds ermittelt werden.

(6) [1] Der Fonds-Teilfreistellungsgewinn ist jeweils getrennt für die in § 20 Absatz 1 genannten Arten von Anlegern zu ermitteln. [2] Der Fonds-Teilfreistellungsgewinn ist der Teil des Wertes eines Spezial-Investmentanteils, der auf folgende Erträge, die nicht ausgeschüttet wurden und nicht als ausgeschüttet gelten, sowie auf folgende Wertveränderungen entfällt:

1. Erträge aus einem Investmentanteil, soweit diese nach § 20 von der Besteuerung freizustellen sind,
2. Wertveränderungen von Investmentanteilen, soweit auf diese bei einer Veräußerung § 20 anwendbar wäre,
3. Anleger-Teilfreistellungsgewinne eines Dach-Spezial-Investmentfonds aus der Veräußerung eines Spezial-Investmentanteils an einem Ziel-Spezial-Investmentfonds und
4. Anleger-Teilfreistellungsgewinne eines Dach-Spezial-Investmentfonds aus dem Besitz eines Spezial-Investmentanteils an einem Ziel-Spezial-Invest-

mentfonds, die bei der Bewertung des Dach-Spezial-Investmentfonds ermittelt werden.

§ 49 Veräußerung von Spezial-Investmentanteilen, Teilwertansatz.

(1)[1)] [1]Wird der Spezial-Investmentanteil veräußert oder wird ein Gewinn aus dem Spezial-Investmentanteil in sonstiger Weise realisiert, so sind

1. auf den Anleger-Aktiengewinn § 3 Nummer 40 des Einkommensteuergesetzes[2)], § 8b des Körperschaftsteuergesetzes[3)] und § 44 anzuwenden,
2. der Anleger-Abkommensgewinn von der Besteuerung freizustellen und § 44 anzuwenden und
3. der Anleger-Teilfreistellungsgewinn von der Besteuerung freizustellen und § 44 anzuwenden.

[2]Satz 1 ist bei bilanziellem Ansatz der Spezial-Investmentanteile mit einem niedrigeren Teilwert nach § 6 Absatz 1 Nummer 2 Satz 2 des Einkommensteuergesetzes und bei einer Teilwertzuschreibung nach § 6 Absatz 1 Nummer 2 Satz 3 des Einkommensteuergesetzes auf die Anschaffungskosten der Spezial-Investmentanteile entsprechend anzuwenden. [3]Für die Anwendung des § 3 Nummer 40 des Einkommensteuergesetzes und des § 8b des Körperschaftsteuergesetzes gilt § 30 Absatz 3 entsprechend.

(2) [1]Der Anleger-Aktiengewinn pro Spezial-Investmentanteil ist, vorbehaltlich einer Berichtigung nach Satz 4 oder 5, der Unterschiedsbetrag zwischen dem Fonds-Aktiengewinn zu dem Zeitpunkt, zu dem der Spezial-Investmentanteil veräußert wird oder zu dem ein Gewinn aus dem Spezial-Investmentanteil in sonstiger Weise realisiert wird oder zu dem er zu bewerten ist, und dem Fonds-Aktiengewinn bei der Anschaffung des Spezial-Investmentanteils. [2]Satz 1 gilt entsprechend für die Ermittlung des Anleger-Abkommensgewinns und des Anleger-Teilfreistellungsgewinns. [3]Bei bilanziellem Ansatz der Spezial-Investmentanteile mit einem niedrigeren Teilwert nach § 6 Absatz 1 Nummer 2 Satz 2 des Einkommensteuergesetzes sind die nach Satz 1 oder 2 ermittelten Unterschiedsbeträge, vorbehaltlich einer Berichtigung nach Satz 4 oder 5, auf die Auswirkung auf den Bilanzansatz begrenzt. [4]Die nach den Sätzen 1 bis 3 ermittelten Unterschiedsbeträge sind jeweils um den zum Schluss des vorangegangenen Wirtschaftsjahres angesetzten Anleger-Aktiengewinn, Anleger-Abkommensgewinn oder Anleger-Teilfreistellungsgewinn zu berichtigen. [5]Die Berichtigungen nach Satz 4 sind bei einer bilanziellen Teilwertzuschreibung nach § 6 Absatz 1 Nummer 2 Satz 3 des Einkommensteuergesetzes auf die Anschaffungskosten der Spezial-Investmentanteile entsprechend anzuwenden. [6]Der nach den Sätzen 1 bis 5 ermittelte Anleger-Aktiengewinn, Anleger-Abkommensgewinn oder Anleger-Teilfreistellungsgewinn kann positiv oder negativ sein.

(3)[4)] [1]Für die Ermittlung des Gewinns aus der Veräußerung von Spezial-Investmentanteilen, die nicht zu einem Betriebsvermögen gehören, gilt § 20

---

1) § 49 Abs. 1 Satz 3 angef. durch G v. 21.12.2020 (BGBl. I S. 3096); zur Anwendung siehe § 57 Abs. 2 Nr. 6.

2) Nr. **5**.

3) Nr. **17**.

4) § 49 Abs. 3 Satz 5 neu gef. mWv 18.12.2019 durch G v. 12.12.2019 (BGBl. I S. 2451).

Absatz 4 des Einkommensteuergesetzes entsprechend. [2]Der Gewinn aus der Veräußerung von Spezial-Investmentanteilen ist

1. um die während der Besitzzeit bereits besteuerten ausschüttungsgleichen Erträge zu mindern sowie
2. um die auf diese Erträge gezahlten inländischen und ausländischen Steuern, vermindert um die erstattete inländische und ausländische Steuer des Geschäftsjahres oder früherer Geschäftsjahre, zu erhöhen.

[3]Ausschüttungsgleiche Erträge, die in einem späteren Geschäftsjahr innerhalb der Besitzzeit ausgeschüttet wurden, sind dem Veräußerungserlös hinzuzurechnen. [4]Des Weiteren ist der Gewinn aus der Veräußerung um die während der Besitzzeit des Anlegers zugeflossenen Substanzbeträge und Absetzungsbeträge zu erhöhen. [5]Zurechnungsbeträge und Immobilien-Zurechnungsbeträge, die nicht an den Anleger ausgeschüttet wurden, mindern den Gewinn aus der Veräußerung.

(4) § 15b des Einkommensteuergesetzes ist auf Verluste aus der Veräußerung von Spezial-Investmentanteilen sowie auf Verluste durch Ansatz des niedrigeren Teilwertes bei Spezial-Investmentanteilen entsprechend anzuwenden.

§ 50 Kapitalertragsteuer. (1) [1]Ein inländischer Spezial-Investmentfonds hat als Entrichtungspflichtiger 15 Prozent Kapitalertragsteuer einzubehalten und abzuführen. [2]Dem Steuerabzug unterliegen

1. die ausgeschütteten und ausschüttungsgleichen Erträge, mit Ausnahme der nach § 43 Absatz 1 und 2 steuerfreien Erträge, und
2. der Gewinn aus der Veräußerung eines Spezial-Investmentanteils.

(2) [1]Der Entrichtungspflichtige hat ausländische Steuern nach Maßgabe des § 47 zu berücksichtigen. [2]Die Vorschriften des Einkommensteuergesetzes[1)], die für den Steuerabzug von Kapitalerträgen nach § 43 Absatz 1 Satz 1 Nummer 7 und Satz 2 des Einkommensteuergesetzes gelten, sind entsprechend anzuwenden.

(3) Soweit die ausgeschütteten Erträge Kapitalerträge nach § 43 Absatz 1 Satz 1 Nummer 6 und 8 bis 12 des Einkommensteuergesetzes enthalten, gilt § 43 Absatz 2 Satz 3 bis 8 des Einkommensteuergesetzes entsprechend.

§ 51 Feststellung der Besteuerungsgrundlagen. (1) Die Besteuerungsgrundlagen nach den §§ 29 bis 49, die nicht ausgeglichenen negativen Erträge nach § 41 und die positiven Erträge, die nicht zu einer Ausschüttung verwendet wurden, sind gegenüber dem Spezial-Investmentfonds und dem Anleger gesondert und einheitlich festzustellen.

(2) [1]Eine Erklärung zur gesonderten und einheitlichen Feststellung der Besteuerungsgrundlagen ist der zuständigen Finanzbehörde innerhalb von vier Monaten nach Ablauf des Geschäftsjahres eines Spezial-Investmentfonds nach amtlich vorgeschriebenem Vordruck abzugeben. [2]Wird innerhalb von vier Monaten nach Ablauf des Geschäftsjahres ein Beschluss über eine Ausschüttung gefasst, so ist die Erklärung innerhalb von vier Monaten nach dem Tag des Beschlusses abzugeben.

[1)] Nr. 5.

(3) Die Erklärung zur gesonderten und einheitlichen Feststellung hat abzugeben:

1. bei einem inländischen Spezial-Investmentfonds die Kapitalverwaltungsgesellschaft, die inländische Betriebsstätte oder Zweigniederlassung der ausländischen Verwaltungsgesellschaft oder die inländische Verwahrstelle oder
2. bei einem ausländischen Spezial-Investmentfonds die inländische oder ausländische Verwaltungsgesellschaft oder der inländische Anleger.

(4) Der Erklärung zur gesonderten und einheitlichen Feststellung sind folgende Unterlagen beizufügen:

1. der Jahresbericht oder der Jahresabschluss und der Lagebericht jeweils für das abgelaufene Geschäftsjahr,
2. im Falle einer Ausschüttung ein verbindlicher Beschluss der Verwaltungsgesellschaft über die Verwendung der Erträge,
3. der Verkaufsprospekt, sofern ein Verkaufsprospekt erstellt wurde,
4. das Anteilsregister,
5. die Überleitungsrechnung, aus der hervorgeht, wie die Besteuerungsgrundlagen aus der handels- oder investmentrechtlichen Rechnungslegung ermittelt wurden,
6. die Summen- und Saldenlisten, aus denen sich die Zusammensetzung der Einnahmen und Werbungskosten des Spezial-Investmentfonds ergibt, und
7. die Unterlagen zur Aufteilung der Einkünfte auf die einzelnen Anleger.

(5)[1] [1]Die Erklärung zur gesonderten und einheitlichen Feststellung steht einer gesonderten und einheitlichen Feststellung unter dem Vorbehalt der Nachprüfung gemäß § 164 der Abgabenordnung[2] gleich. [2]Eine berichtigte Feststellungserklärung gilt als Antrag auf Änderung.

Abschnitt 3. Wegfall der Voraussetzungen eines Spezial-Investmentfonds

§ 52 Wegfall der Voraussetzungen eines Spezial-Investmentfonds.

(1) [1]Ein Spezial-Investmentfonds gilt als aufgelöst, wenn der Spezial-Investmentfonds seine Anlagebedingungen in der Weise ändert, dass die Voraussetzungen des § 26 nicht mehr erfüllt sind oder ein wesentlicher Verstoß gegen die Anlagebestimmungen des § 26 vorliegt. [2]Liegen zugleich die Voraussetzungen eines Investmentfonds weiterhin vor, so gilt mit der Auflösung ein Investmentfonds als neu aufgelegt. [3]Entfallen die Voraussetzungen des § 26 zu einem anderen Zeitpunkt als zum Ende des Geschäftsjahres, so gilt für steuerliche Zwecke ein Rumpfgeschäftsjahr als beendet.

(2)[3] [1]Die Anteile an dem Spezial-Investmentfonds gelten zu dem Zeitpunkt als veräußert, zu dem die Voraussetzungen nach § 26 entfallen. [2]Als Veräußerungserlös ist der Rücknahmepreis am Ende des Geschäftsjahres oder Rumpfgeschäftsjahres anzusetzen. [3]Wird kein Rücknahmepreis festgesetzt, so tritt der

---

[1] § 51 Abs. 5 Satz 2 angef. durch G v. 11.12.2018 (BGBl. I S. 2338); zur Anwendung siehe § 56 Abs. 1 Satz 5.

[2] Nr. **1**.

[3] § 52 Abs. 2 Satz 4 aufgeh. durch G v. 12.12.2019 (BGBl. I S. 2451); zur Anwendung siehe § 57 Abs. 1 Satz 1 Nr. 13 und Satz 2.

Börsen- oder Marktpreis an die Stelle des Rücknahmepreises. [4] *Die festgesetzte Steuer gilt bis zur tatsächlichen Veräußerung des Anteils als zinslos gestundet.*

(3) [1] Zu dem Zeitpunkt, zu dem die Voraussetzungen des § 26 entfallen, gelten unter den Voraussetzungen des Absatzes 1 zugleich die Investmentanteile an dem Investmentfonds als angeschafft. [2] Als Anschaffungskosten der Investmentanteile ist der nach Absatz 2 Satz 2 oder 3 anwendbare Wert anzusetzen.

Kapitel 4. Altersvorsorgevermögenfonds

§ 53 Altersvorsorgevermögenfonds. (1) Ein Altersvorsorgevermögenfonds ist eine offene Investmentkommanditgesellschaft,

1. deren Gesellschaftszweck unmittelbar und ausschließlich auf die Abdeckung von betrieblichen Altersvorsorgeverpflichtungen ihrer Anleger gerichtet ist und
2. die die Voraussetzungen eines Spezial-Investmentfonds erfüllt.

(2) [1] Die Anleger haben der offenen Investmentkommanditgesellschaft schriftlich nach amtlichem Muster zu bestätigen, dass sie ihren Anteil unmittelbar und ausschließlich zur Abdeckung betrieblicher Altersvorsorgeverpflichtungen halten. [2] Liegt diese Bestätigung bei im Ausland ansässigen Anlegern vor, so gilt die Voraussetzung des Absatzes 1 Nummer 1 als erfüllt. [3] Im Übrigen gilt diese Voraussetzung als nicht erfüllt, wenn der Wert der Anteile, die ein Anleger erwirbt, den Wert seiner betrieblichen Altersvorsorgeverpflichtung übersteigt.

(3) [1] Die Vorschriften für Spezial-Investmentfonds und deren Anleger sind entsprechend auf Altersvorsorgevermögenfonds und deren Anleger anzuwenden. [2] Bei einem Wegfall der Voraussetzungen des Absatzes 1 ist § 52 sinngemäß anzuwenden. [3] Für die Bewertung eines Anteils an einem Altersvorsorgevermögenfonds gilt § 6 Absatz 1 Nummer 2 des Einkommensteuergesetzes[1)] entsprechend.

(4) [1] Die Beteiligung an einem Altersvorsorgevermögenfonds führt nicht zur Begründung oder anteiligen Zurechnung einer Betriebsstätte des Anteilseigners. [2] Die Einkünfte des Altersvorsorgevermögenfonds gelten als nicht gewerblich. [3] § 9 Nummer 2 des Gewerbesteuergesetzes[2)] ist auf Anteile am Gewinn eines Altersvorsorgevermögenfonds nicht anzuwenden.

Kapitel 5. Verschmelzung von Spezial-Investmentfonds und von Altersvorsorgevermögenfonds

§ 54 Verschmelzung von Spezial-Investmentfonds und Altersvorsorgevermögenfonds. (1) [1] Bei einer Verschmelzung von inländischen Spezial-Investmentfonds miteinander gilt § 23 Absatz 1 bis 3 entsprechend. [2] Satz 1 ist nicht anzuwenden, wenn ein Sondervermögen nach § 1 Absatz 10 des Kapitalanlagegesetzbuchs oder ein Teilinvestmentvermögen eines solchen Sondervermögens mit einer Investmentaktiengesellschaft mit veränderlichem Kapital nach § 108 des Kapitalanlagegesetzbuchs oder einem Teilgesellschaftsvermögen einer solchen Investmentaktiengesellschaft verschmolzen wird.

---

1) Nr. **5**.
2) Nr. **10**.

(2) [1]Bei einer Verschmelzung von ausländischen Spezial-Investmentfonds miteinander gilt § 23 Absatz 4 entsprechend. [2]Satz 1 ist nicht anzuwenden, wenn ein ausländischer Spezial-Investmentfonds in einer Rechtsform, die mit einem Sondervermögen oder einem Teilinvestmentvermögen vergleichbar ist, mit einem ausländischen Spezial-Investmentfonds in einer Rechtsform, die mit einer Investmentaktiengesellschaft mit veränderlichem Kapital oder einem Teilgesellschaftsvermögen vergleichbar ist, verschmolzen wird.

(3) Bei einer Verschmelzung von inländischen Altersvorsorgevermögenfonds miteinander gilt § 23 Absatz 1 bis 3 entsprechend.

(4) Bei einer Verschmelzung von ausländischen Altersvorsorgevermögenfonds miteinander gilt § 23 Absatz 4 entsprechend.

Kapitel 6. Bußgeldvorschriften, Anwendungs- und Übergangsvorschriften

§ 55 Bußgeldvorschriften. (1) Ordnungswidrig handelt, wer vorsätzlich oder leichtfertig

1. entgegen § 7 Absatz 4 Satz 5, auch in Verbindung mit § 29 Absatz 1, eine Statusbescheinigung nicht oder nicht rechtzeitig zurückgibt,
2. entgegen § 28 Absatz 1 Satz 1 eine Mitteilung nicht, nicht richtig, nicht vollständig oder nicht rechtzeitig macht,
3. entgegen § 28 Absatz 1 Satz 2 eine Anzeige nicht, nicht richtig, nicht vollständig oder nicht rechtzeitig erstattet,
4. entgegen § 28 Absatz 2 einen Anleger nicht, nicht richtig, nicht vollständig oder nicht rechtzeitig einträgt oder
5. entgegen § 28 Absatz 3 eine dort genannte Maßnahme nicht oder nicht rechtzeitig ergreift.

(2) Die Ordnungswidrigkeit kann mit einer Geldbuße bis zu zehntausend Euro geahndet werden.

(3) Verwaltungsbehörde im Sinne des § 36 Absatz 1 Nummer 1 des Gesetzes über Ordnungswidrigkeiten ist die in § 4 genannte Finanzbehörde.

§ 56[1)] Anwendungs- und Übergangsvorschriften zum Investmentsteuerreformgesetz. (1)[2)] [1]Die Vorschriften dieses Gesetzes in der am 1. Januar 2018 geltenden Fassung sind ab dem 1. Januar 2018 anzuwenden. [2]Für die Zeit vor dem 1. Januar 2018 und für Unterschiedsbeträge nach § 5 Absatz 1 Satz 1 Nummer 5 und § 13 Absatz 4 des Investmentsteuergesetzes in der am 31. Dezember 2017 geltenden Fassung, die für vor dem 1. Januar 2018 endende Geschäftsjahre veröffentlicht werden, ist weiterhin das Investmentsteuergesetz in der am 31. Dezember 2017 geltenden Fassung anzuwenden. [3]Bei Investmentfonds und Kapital-Investitionsgesellschaften nach dem Investmentsteuergesetz in der am 31. Dezember 2017 geltenden Fassung mit einem vom Kalenderjahr abweichenden Geschäftsjahr gilt für steuerliche Zwecke ein Rumpfgeschäftsjahr zum 31. Dezember 2017 als beendet. [4]Für Rumpfgeschäftsjahre nach Satz 3 verlängert sich die Frist für die Veröffentlichung der

---

[1)] § 56 Überschrift geänd. durch G v. 12.12.2019 (BGBl. I S. 2451).

[2)] § 56 Abs. 1 Satz 4 neu gef. durch G v. 23.6.2017 (BGBl. I S. 1682); Satz 5 angef. durch G v. 11.12.2018 (BGBl. I S. 2338).

Besteuerungsgrundlagen nach § 5 Absatz 1 Satz 1 Nummer 3 Satz 1 des Investmentsteuergesetzes in der am 31. Dezember 2017 geltenden Fassung bis zum 31. Dezember 2018. [5] Abweichend von Satz 1 sind die Vorschriften dieses Gesetzes in der durch Artikel 15 des Gesetzes vom 11. Dezember 2018 (BGBl. I S. 2338) geänderten Fassung anzuwenden auf Investmenterträge, die nach dem 10. August 2018 zufließen oder als zugeflossen gelten sowie auf Bewertungen nach § 6 des Einkommensteuergesetzes[1)], die nach diesem Zeitpunkt vorzunehmen sind.

(1a)[2)] [1] Für Investmentfonds, die vor dem 1. Januar 2019 aufgelegt wurden, gelten Anlagebedingungen, die die Voraussetzungen des § 2 Absatz 6 in der Fassung des Artikels 1 des Gesetzes vom 19. Juli 2016 (BGBl. I S. 1730) erfüllen, als Anlagebedingungen, die die Voraussetzungen des § 2 Absatz 6 in der Fassung des Artikels 15 des Gesetzes vom 11. Dezember 2018 (BGBl. I S. 2338) erfüllen. [2] Satz 1 ist entsprechend anzuwenden auf Investmentfonds, die vor dem 1. Januar 2019 aufgelegt wurden und die Voraussetzungen des § 2 Absatz 7 oder 9 erfüllen.

(2)[3)] [1] Anteile an Investmentfonds, an Kapital-Investitionsgesellschaften nach dem Investmentsteuergesetz in der am 31. Dezember 2017 geltenden Fassung oder an Organismen, die zum 1. Januar 2018 erstmals in den Anwendungsbereich dieses Gesetzes fallen (Alt-Anteile), gelten mit Ablauf des 31. Dezember 2017 als veräußert und mit Beginn des 1. Januar 2018 als angeschafft. [2] Als Veräußerungserlös und Anschaffungskosten ist der letzte im Kalenderjahr 2017 festgesetzte Rücknahmepreis anzusetzen. [3] Wird kein Rücknahmepreis festgesetzt, tritt der Börsen- oder Marktpreis an die Stelle des Rücknahmepreises. [4] Der nach den Sätzen 2 und 3 ermittelte Wert der Alt-Anteile gilt als Anschaffungskosten im Sinne von § 6 Absatz 1 Nummer 2 Satz 1 des Einkommensteuergesetzes. [5] Soweit der nach den Sätzen 2 und 3 ermittelte Wert der Alt-Anteile höher ist als der Buchwert der Alt-Anteile am 31. Dezember 2017, sind Wertminderungen im Sinne von § 6 Absatz 1 Nummer 2 Satz 2 des Einkommensteuergesetzes erst zum Zeitpunkt der tatsächlichen Veräußerung der Alt-Anteile zu berücksichtigen. [6] Wertaufholungen im Sinne des § 6 Absatz 1 Nummer 2 Satz 3 in Verbindung mit Nummer 1 Satz 4 des Einkommensteuergesetzes sind erst zum Zeitpunkt der tatsächlichen Veräußerung der Alt-Anteile zu berücksichtigen, soweit auf die vorherigen Wertminderungen Satz 5 angewendet wurde und soweit der Buchwert der Alt-Anteile zum 31. Dezember 2017 überschritten wird. [7] Der Buchwert der Alt-Anteile zum 31. Dezember 2017 ist ohne Berücksichtigung der fiktiven Veräußerung nach Satz 1 zu ermitteln.

(3)[4)] [1] Der nach den am 31. Dezember 2017 geltenden Vorschriften ermittelte Gewinn aus der fiktiven Veräußerung nach Absatz 2 Satz 1 einschließlich außerbilanzieller Hinzurechnungen und Abrechnungen ist zu dem Zeitpunkt zu berücksichtigen, zu dem der Alt-Anteil tatsächlich veräußert wird. [2] Bei der tatsächlichen Veräußerung von Alt-Anteilen gelten die zuerst angeschafften Anteile als zuerst veräußert. [3] Der Gewinn aus der fiktiven Veräußerung nach Absatz 2 Satz 1 unterliegt zum Zeitpunkt der tatsächlichen Veräußerung des

[1)] Nr. **5**.
[2)] § 56 Abs. 1a eingef. durch G v. 11.12.2018 (BGBl. I S. 2338).
[3)] § 56 Abs. 2 Sätze 4 bis 7 angef. durch G v. 11.12.2018 (BGBl. I S. 2338).
[4)] § 56 Abs. 3 Satz 1 geänd., Satz 7 angef. durch G v. 23.6.2017 (BGBl. I S. 1682).

Alt-Anteils dem Steuerabzug nach § 43 Absatz 1 Satz 1 Nummer 9 des Einkommensteuergesetzes. [4]Kann der Gewinn aus der fiktiven Veräußerung nicht ermittelt werden, so sind 30 Prozent des Rücknahmepreises oder, wenn kein Rücknahmepreis festgesetzt ist, des Börsen- oder Marktpreises als Bemessungsgrundlage für den Steuerabzug anzusetzen (Ersatzbemessungsgrundlage). [5]Bei Ansatz der Ersatzbemessungsgrundlage ist die Abgeltungswirkung nach § 43 Absatz 5 Satz 1 erster Halbsatz des Einkommensteuergesetzes ausgeschlossen und der Entrichtungspflichtige ist verpflichtet, eine Steuerbescheinigung nach § 45a Absatz 2 des Einkommensteuergesetzes auszustellen, in der er den Ansatz der Ersatzbemessungsgrundlage kenntlich zu machen hat. [6]Die als zugeflossen geltenden, aber noch nicht dem Steuerabzug unterworfenen Erträge nach § 7 Absatz 1 Satz 1 Nummer 3 in der bis zum 31. Dezember 2017 geltenden Fassung und der Zwischengewinn nach § 7 Absatz 1 Satz 1 Nummer 4 in der bis zum 31. Dezember 2017 geltenden Fassung unterliegen zum Zeitpunkt der tatsächlichen Veräußerung des Alt-Anteils dem Steuerabzug nach § 43 Absatz 1 Satz 1 Nummer 5 des Einkommensteuergesetzes. [7]Die vorstehenden Sätze sind nicht auf den Gewinn aus der fiktiven Veräußerung nach Absatz 2 Satz 1 anzuwenden, wenn der Gewinn einem Investmentfonds oder einem Spezial-Investmentfonds zuzurechnen ist.

(3a)[1)] Für die Zwecke der Absätze 2 und 3 steht eine fiktive Veräußerung nach § 19 Absatz 2 oder § 52 Absatz 2 einer tatsächlichen Veräußerung gleich.

(4) [1]Die inländische Stelle, die die Alt-Anteile verwahrt oder verwaltet, hat bis zum 31. Dezember 2020 Folgendes zu ermitteln und bis zur tatsächlichen Veräußerung vorzuhalten:

1. den Gewinn aus der fiktiven Veräußerung nach Absatz 2 Satz 1 und
2. die Erträge nach § 7 Absatz 1 Satz 1 Nummer 3 und 4 des Investmentsteuergesetzes in der bis zum 31. Dezember 2017 geltenden Fassung.

[2]Die inländische Stelle hat dem Steuerpflichtigen auf Antrag die Angaben nach Satz 1 Nummer 1 mitzuteilen. [3]Überträgt der Anleger die Alt-Anteile auf ein anderes Depot, so hat die abgebende inländische Stelle der übernehmenden inländischen Stelle die Angaben nach Satz 1 mitzuteilen.

(5)[2)] [1]Der Gewinn nach Absatz 3 Satz 1 ist gesondert festzustellen, wenn die Alt-Anteile zum Betriebsvermögen des Anlegers gehören. [2]Für die Zwecke des Satzes 1 gilt eine Mitunternehmerschaft als Anleger. [3]Bei einer Gesamthand, die keine Mitunternehmerschaft ist, gelten für die Zwecke des Satzes 1 deren Beteiligte als Anleger. [4]Der Anleger hat eine Erklärung zur gesonderten Feststellung des Gewinns nach Absatz 3 Satz 1 frühestens nach dem 31. Dezember 2019 und spätestens bis zum 31. Dezember 2022 nach amtlich vorgeschriebenem Datensatz durch Datenfernübertragung zu übermitteln. [5]Der Anleger hat in der Feststellungserklärung den Gewinn nach Absatz 3 Satz 1 selbst zu ermitteln. [6]Die Feststellungserklärung steht einer gesonderten Feststellung unter dem Vorbehalt der Nachprüfung gleich; eine berichtigte Feststellungserklärung gilt als Antrag auf Änderung. [7]Die für Steueranmeldungen geltenden Vorschriften der Abgabenordnung gelten entsprechend. [8]Auf Antrag kann die Finanzbehörde zur Vermeidung unbilliger Härten auf eine elektronische Über-

---

[1)] § 56 Abs. 3a eingef. durch G v. 12.12.2019 (BGBl. I S. 2451); zur Anwendung siehe § 57 Abs. 1 Satz 1 Nr. 14.

[2)] § 56 Abs. 5 neu gef. durch G v. 11.12.2018 (BGBl. I S. 2338).

InvStG

mittlung verzichten; in diesem Fall ist die Erklärung zur gesonderten Feststellung nach amtlich vorgeschriebenem Vordruck abzugeben und vom Anleger eigenhändig zu unterschreiben. [9] Zuständig für die gesonderte Feststellung des Gewinns nach Absatz 3 Satz 1 ist das Finanzamt, das für die Besteuerung des Anlegers nach dem Einkommen zuständig ist. [10] In den Fällen des § 180 Absatz 1 Satz 1 Nummer 2 der Abgabenordnung[1)] ist für die gesonderte Feststellung des Gewinns nach Absatz 3 Satz 1 das Finanzamt zuständig, das für die gesonderte Feststellung nach § 18 der Abgabenordnung zuständig ist. [11] Für Alt-Anteile, die vor dem 1. Januar 2023 und vor der Abgabe der Feststellungserklärung veräußert wurden, ist keine Erklärung abzugeben und keine Feststellung vorzunehmen. [12] § 180 Absatz 3 Satz 1 Nummer 2 sowie Satz 2 und 3 der Abgabenordnung ist entsprechend anzuwenden.

(6)[2)] [1] Bei Alt-Anteilen, die vor dem 1. Januar 2009 erworben wurden und seit der Anschaffung nicht im Betriebsvermögen gehalten wurden (bestandsgeschützte Alt-Anteile), sind

1. Wertveränderungen, die zwischen dem Anschaffungszeitpunkt und dem 31. Dezember 2017 eingetreten sind, steuerfrei und
2. Wertveränderungen, die ab dem 1. Januar 2018 eingetreten sind, steuerpflichtig, soweit der Gewinn aus der Veräußerung von bestandsgeschützten Alt-Anteilen 100 000 Euro übersteigt.

[2] Der am Schluss des Veranlagungszeitraums verbleibende Freibetrag nach Satz 1 Nummer 2 ist bis zu seinem vollständigen Verbrauch jährlich gesondert festzustellen. [3] Verbleibender Freibetrag ist im Jahr der erstmaligen Inanspruchnahme der Betrag von 100 000 Euro vermindert um den bei der Ermittlung der Einkünfte berücksichtigten Freibetrag nach Satz 1 Nummer 2; verbleibender Freibetrag ist in den Folgejahren der zum Schluss des vorangegangenen Veranlagungszeitraums festgestellte verbleibende Freibetrag vermindert um den bei der Ermittlung der Einkünfte berücksichtigten Freibetrag nach Satz 1 Nummer 2. [4] Zuständig für die gesonderte Feststellung des verbleibenden Freibetrags ist das Finanzamt, das für die Besteuerung des Anlegers nach dem Einkommen zuständig ist. [5] § 10d Absatz 4 Satz 4 bis 6 des Einkommensteuergesetzes ist entsprechend anzuwenden. [6] Anteile im Sinne des § 21 Absatz 2a und 2b des Investmentsteuergesetzes in der bis zum 31. Dezember 2017 geltenden Fassung sind keine bestandsgeschützten Alt-Anteile im Sinne der Sätze 1 bis 5.

(7)[3)] [1] Ordentliche Alterträge gelten mit Ablauf des Geschäftsjahres, in dem sie vereinnahmt wurden, als den Anlegern zugeflossene ausschüttungsgleiche Erträge, wenn sie nicht ausgeschüttet werden und den Anlegern vor dem 1. Januar 2018 zufließen. [2] Soweit ein Anleger einen Anteil an einem Spezial-Investmentfonds von dem Tag, an dem das Geschäftsjahr des Spezial-Investmentfonds nach dem 30. Juni 2017 geendet hat, bis zum 2. Januar 2018 ununterbrochen hält, gelten die darauf entfallenden ausschüttungsgleichen Erträge nach Satz 1, die in einem nach dem 30. Juni 2017 endenden Geschäftsjahr

---

[1)] Nr. **1**.

[2)] § 56 Abs. 6 Sätze 4 und 5 aufgeh., bish. Satz 6 wird Satz 4 durch G v. 11.12.2018 (BGBl. I S. 2338); Satz 4 geänd. durch G v. 12.12.2019 (BGBl. I S. 2451); zur Anwendung siehe § 57 Abs. 1 Satz 1 Nr. 14; Satz 3 eingef., bish. Satz 3 wird Satz 4, Satz 5 eingef., bish. Satz 4 wird Satz 6 und neuer Satz 6 geänd. durch G v. 21.12.2020 (BGBl. I S. 3096); zur Anwendung siehe § 57 Abs. 2 Nr. 7.

[3)] § 56 Abs. 7 angef. durch G v. 23.6.2017 (BGBl. I S. 1682).

vereinnahmt wurden, als am 1. Januar 2018 zugeflossen. [3]Die ausschüttungsgleichen Erträge nach den Sätzen 1 und 2 unterliegen der Besteuerung nach dem Investmentsteuergesetz in der am 31. Dezember 2017 geltenden Fassung und nach dem Einkommensteuergesetz in der am 26. Juli 2016 geltenden Fassung. [4]Die ausschüttungsgleichen Erträge nach Satz 2 können als ausschüttungsgleiche Erträge der Vorjahre im Sinne des § 35 Absatz 5 ausgeschüttet werden. [5]Ordentliche Alterträge sind Erträge der in § 1 Absatz 3 Satz 3 Nummer 1 und 2 sowie Satz 4 des Investmentsteuergesetzes in der am 31. Dezember 2017 geltenden Fassung bezeichneten Art, die der Investmentfonds oder der Spezial-Investmentfonds vor dem 1. Januar 2018 vereinnahmt.

(8)[1)] [1]Außerordentliche Alterträge, ausschüttungsgleiche Erträge, die vor dem 1. Januar 2018 als zugeflossen gelten, Absetzungsbeträge, die auf Zeiträume vor dem 1. Januar 2018 entfallen, nicht ausgeglichene negative Erträge nach § 3 Absatz 4 Satz 2 des Investmentsteuergesetzes in der am 31. Dezember 2017 geltenden Fassung und sonstige für die Zeiträume vor dem 1. Januar 2018 ermittelte Werte sind für die Anwendung dieses Gesetzes in der am 1. Januar 2018 geltenden Fassung nicht zu berücksichtigen. [2]Außerordentliche Alterträge sind Erträge, deren Art nicht unter § 1 Absatz 3 Satz 3 Nummer 1 und 2 sowie Satz 4 des Investmentsteuergesetzes in der am 31. Dezember 2017 geltenden Fassung fällt und von dem Investmentfonds oder dem Spezial-Investmentfonds vor dem 1. Januar 2018 vereinnahmt wurden. [3]Bei der Ermittlung des Fonds-Aktiengewinns, des Fonds-Abkommensgewinns und des Fonds-Teilfreistellungsgewinns sind die vor dem 1. Januar 2018 vereinnahmten Gewinne, eingetretenen Wertveränderungen und die vereinnahmten Erträge nicht zu berücksichtigen.

(9)[2)] [1]Substanzbeträge gelten als Spezial-Investmenterträge nach § 34 Absatz 1 Nummer 1, soweit bei dem Anleger ein positiver Gewinn nach Absatz 3 Satz 1 vorhanden ist. [2]Sie unterliegen nicht dem Steuerabzug nach § 50.

§ 57[3)] Anwendungsvorschriften. (1) [1]Ab dem 1. Januar 2020 anzuwenden sind:

1. § 2 Absatz 8 Satz 5, Absatz 9 und 13,
2. § 6 Absatz 1, 2, 4 Satz 1, Absatz 5 Satz 2, Absatz 6a und 7 Satz 4,
3. § 8 Absatz 4,
4. § 11 Absatz 1,
5. § 15 Absatz 2 Satz 1 und Absatz 4,
6. § 17 Absatz 1 Satz 1 bis 3,
7. § 20 Absatz 1, 3, 3a und 4,
8. § 30 Absatz 3,
9. § 31 Absatz 1 und 3,
10. § 35,
11. § 36 Absatz 4,
12. § 42 Absatz 1 und 2,

[1)] § 56 Abs. 8 angef. durch G v. 23.6.2017 (BGBl. I S. 1682).
[2)] § 56 Abs. 9 angef. durch G v. 23.6.2017 (BGBl. I S. 1682).
[3)] § 57 angef. durch G v. 12.12.2019 (BGBl. I S. 2451).

13. § 52 Absatz 2,
14. § 56 Absatz 3a und 6 Satz 4

in der Fassung des Artikels 17 des Gesetzes vom 12. Dezember 2019 (BGBl. I S. 2451). [2] Bis einschließlich 31. Dezember 2019 gewährte Stundungen nach § 52 Absatz 2 Satz 4 in der am 17. Dezember 2019 geltenden Fassung bleiben unberührt.

(2)[1)] Ab dem 1. Januar 2021 anzuwenden sind:

1. § 1 Absatz 2 Satz 2,
2. § 10 Absatz 5,
3. § 22 Absatz 2 Satz 3 bis 6 und Absatz 3,
4. § 37 Absatz 2 und 3,
5. § 42 Absatz 1 Satz 2 und Absatz 2 Satz 3,
6. § 49 Absatz 1 Satz 3,
7. § 56 Absatz 6 Satz 3 bis 6

in der Fassung des Artikels 10 des Gesetzes vom 21. Dezember 2020 (BGBl. I S. 3096).

(3)[2)] [1] § 7 Absatz 4 Satz 3 und Absatz 5 Satz 1 sowie § 11 Absatz 1 Satz 3 und 4 in der Fassung des Artikels 3 des Gesetzes vom 2. Juni 2021 (BGBl. I S. 1259) sind ab dem 1. Juli 2021 anzuwenden. [2] Bei Vorlage einer Statusbescheinigung, die nicht die Angaben nach § 7 Absatz 4 Satz 3 in der Fassung des Artikels 3 des Gesetzes vom 2. Juni 2021 (BGBl. I S. 1259) enthält, ist ab dem 1. Juli 2021 eine Erstattung nach § 7 Absatz 5 ausgeschlossen.

(4)[3)] § 26 Nummer 4 Buchstabe j, Nummer 5 Satz 2 und Nummer 7 Satz 2 in der Fassung des Artikels 5 des Gesetzes vom 3. Juni 2021 (BGBl. I S. 1498) ist ab dem 2. August 2021 anzuwenden.

(5)[4)] § 43 Absatz 2 in der am 30. Juni 2021 geltenden Fassung ist letztmals für den Veranlagungszeitraum 2021 anzuwenden.

(6)[5)] Ab dem 1. Januar 2022 anzuwenden sind:

1. § 1 Absatz 3 *Satz 2*[6)],
2. § 2 Absatz 16,
3. § 20 Absatz 3a Satz 2

in der Fassung des Artikels 4 des Gesetzes vom 25. Juni 2021 (BGBl. I S. 2050).

---

1) § 57 Abs. 2 angef. durch G v. 21.12.2020 (BGBl. I S. 3096).
2) § 57 Abs. 3 angef. durch G v. 2.6.2021 (BGBl. I S. 1259).
3) § 57 Abs. 4 angef. durch G v. 3.6.2021 (BGBl. I S. 1498).
4) § 57 Abs. 5 angef. durch G v. 25.6.2021 (BGBl. I S. 2035).
5) § 57 Abs. 6 angef. durch G v. 25.6.2021 (BGBl. I S. 2050).
6) Richtig wohl: „Satz 3".

16. Gesetz über steuerrechtliche Maßnahmen bei Erhöhung des Nennkapitals aus Gesellschaftsmitteln[1) 2)]

In der Fassung der Bekanntmachung vom 10. Oktober 1967[3)]
(BGBl. I S. 977)

FNA 610-6-4

geänd. durch Art. 2 Gesetz zur Änderung des Kapitalverkehrsteuergesetzes und anderer Gesetze v. 23.12.1971 (BGBl. I S. 2134), Art. 4 Einführungsgesetz zum Körperschaftsteuerreformgesetz v. 6.9.1976 (BGBl. I S. 2641), Art. 4 Einführungsgesetz zur Abgabenordnung v. 14.12.1976 (BGBl. I S. 3341), Art. 30 Zweites Gesetz zur Verbesserung der Haushaltsstruktur v. 22.12.1981 (BGBl. I S. 1523), Art. 4 Gesetz zur Förderung der Vermögensbildung der Arbeitnehmer durch Kapitalbeteiligungen v. 22.12.1983 (BGBl. I S. 1592), Art. 3 § 5 Gesetz über die Zulassung von Stückaktien v. 25.3.1998 (BGBl. I S. 590), Art. 13 Steuersenkungsgesetz v. 23.10.2000 (BGBl. I S. 1433), Art. 8 Gesetz zur Fortentwicklung des Unternehmenssteuerrechts (UntStFG) v. 20.12.2001 (BGBl. I S. 3858) und Art. 10 Gesetz über steuerliche Begleitmaßnahmen zur Einführung der Europäischen Gesellschaft und zur Änderung weiterer steuerrechtlicher Vorschriften (SEStEG) v. 7.12.2006 (BGBl. I S. 2782)

§ 1[4)] Steuern vom Einkommen und Ertrag der Anteilseigner. Erhöht eine Kapitalgesellschaft im Sinne des § 1 Abs. 1 Nr. 1 des Körperschaftsteuergesetzes[5)] ihr Nennkapital durch Umwandlung von Rücklagen in Nennkapital, so gehört der Wert der neuen Anteilsrechte bei den Anteilseignern nicht zu den Einkünften im Sinne des § 2 Abs. 1 des Einkommensteuergesetzes[6)].

§ 2[7)] *(aufgehoben)*

§ 3[8)] Anschaffungskosten nach Kapitalerhöhung. Als Anschaffungskosten der vor der Erhöhung des Nennkapitals erworbenen Anteilsrechte und der auf sie entfallenen neuen Anteilsrechte gelten die Beträge, die sich für die einzelnen Anteilsrechte ergeben, wenn die Anschaffungskosten der vor der Erhöhung des Nennkapitals erworbenen Anteilsrechte auf diese und auf die auf sie entfallenen neuen Anteilsrechte nach dem Verhältnis der Anteile am Nennkapital verteilt werden.

§ 4[9)] Mitteilung der Erhöhung des Nennkapitals an das Finanzamt.

Die Kapitalgesellschaft hat die Erhöhung des Nennkapitals innerhalb von zwei Wochen nach der Eintragung des Beschlusses über die Erhöhung des Nennkapitals in das Handelsregister dem Finanzamt mitzuteilen und eine Abschrift des Beschlusses über die Erhöhung des Nennkapitals einzureichen.

---

1) Zur Anwendung siehe § 10.

2) Titel geänd. durch G v. 22.12.1983 (BGBl. I S. 1592).

3) Neubekanntmachung des KapErhStG idF der Bek. v. 2.11.1961 (BGBl. I S. 1917) in der ab 1.1. 1966 geltenden Fassung.

4) § 1 neu gef. durch G v. 6.9.1976 (BGBl. I S. 2641).

5) Nr. **17**.

6) Nr. **5**.

7) § 2 aufgeh. durch G v. 23.12.1971 (BGBl. I S. 2134).

8) § 3 Überschrift neu gef. durch G v. 6.9.1976 (BGBl. I S. 2641); geänd. durch G v. 25.3.1998 (BGBl. I S. 590).

9) Bish. § 5 wird § 4 durch G v. 6.9.1976 (BGBl. I S. 2641).

§ 5[1] *(aufgehoben)*

§ 6[2] *(aufgehoben)*

§ 7[3] **Anteilsrechte an ausländischen Gesellschaften.** (1) [1] § 1 ist auf den Wert neuer Anteilsrechte an ausländischen Gesellschaften anzuwenden, wenn

1. die ausländische Gesellschaft einer Aktiengesellschaft, einer Kommanditgesellschaft auf Aktien oder einer Gesellschaft mit beschränkter Haftung vergleichbar ist,
2. die neuen Anteilsrechte auf Maßnahmen beruhen, die eine Kapitalerhöhung aus Gesellschaftsmitteln nach den Vorschriften der §§ 207 bis 220 des Aktiengesetzes oder nach den Vorschriften des Gesetzes über die Kapitalerhöhung aus Gesellschaftsmitteln und über die Gewinn- und Verlustrechnung vom 23. Dezember 1959 (Bundesgesetzbl. I S. 789), zuletzt geändert durch das Einführungsgesetz zum Strafgesetzbuch vom 2. März 1974 (Bundesgesetzbl. I S. 469), entsprechen und
3. die neuen Anteilsrechte wirtschaftlich den Anteilsrechten entsprechen, die nach den in Nummer 2 bezeichneten Vorschriften ausgegeben werden.

[2] Der Erwerber der Anteilsrechte hat nachzuweisen, daß die Voraussetzungen der Nummern 1 bis 3 erfüllt sind.

(2)[4] [1] Setzt die ausländische Gesellschaft in den Fällen des Absatzes 1 innerhalb von fünf Jahren nach Ausgabe der neuen Anteilsrechte ihr Kapital herab und zahlt sie die dadurch freiwerdenden Mittel ganz oder teilweise zurück, so gelten die zurückgezahlten Beträge bei den Anteilseignern insoweit als Einkünfte aus Kapitalvermögen im Sinne des § 20 Abs. 1 Ziff. 1 des Einkommensteuergesetzes[5], als sie den Betrag der Erhöhung des Kapitals nicht übersteigen. [2] Das gleiche gilt, wenn die ausländische Gesellschaft Maßnahmen trifft, die den in Satz 1 bezeichneten Maßnahmen vergleichbar sind. [3] Die Sätze 1 und 2 sind in den Fällen des § 27 Abs. 8 des Körperschaftsteuergesetzes[6] in der Fassung des Artikels 3 des Gesetzes vom 7. Dezember 2006 (BGBl. I S. 2782) nicht anzuwenden.

§ 8[7] *(aufgehoben)*

§ 8a[8] **Schlußvorschriften.** (1) [1] Dieses Gesetz ist erstmals auf Kapitalerhöhungen anzuwenden, die in einem nach dem 31. Dezember 1976 abgelaufenen Wirtschaftsjahr der Kapitalgesellschaft wirksam werden. [2] Ist eine Kapitalerhöhung in einem früheren Wirtschaftsjahr wirksam geworden, so treten in den Fällen der §§ 6 und 7 Abs. 2 des Gesetzes in der Fassung der Bekanntmachung vom 10. Oktober 1967 (Bundesgesetzbl. I S. 977) die in diesen Vorschriften bezeichneten Rechtsfolgen ein.

---

[1] § 5 aufgeh. durch G v. 23.10.2000 (BGBl. I S. 1433); zur letztmaligen Anwendung siehe § 8a Abs. 2.

[2] § 6 eingef. durch G v. 6.9.1976 (BGBl. I S. 2641); geänd. durch G v. 25.3.1998 (BGBl. I S. 590); aufgeh. durch G v. 23.10.2000 (BGBl. I S. 1433); zur letztmaligen Anwendung siehe § 8a Abs. 2.

[3] § 7 neu gef. durch G v. 6.9.1976 (BGBl. I S. 2641).

[4] § 7 Abs. 2 Satz 3 angef. mWv 13.12.2006 durch G v. 7.12.2006 (BGBl. I S. 2782).

[5] Nr. **5**.

[6] Nr. **17**.

[7] § 8 aufgeh. durch G v. 22.12.1983 (BGBl. I S. 1592).

[8] § 8a eingef. durch G v. 6.9.1976 (BGBl. I S. 2641).

(2)[1] Die §§ 5 und 6 sind letztmals auf die Rückzahlung von Nennkapital anzuwenden, wenn das Nennkapital in dem letzten Wirtschaftsjahr erhöht worden ist, in dem bei der Kapitalgesellschaft das Körperschaftsteuergesetz in der Fassung der Bekanntmachung vom 22. April 1999 (BGBl. I S. 817), das zuletzt durch Artikel 4 des Gesetzes vom 14. Juli 2000 (BGBl. I S. 1034) geändert worden ist, anzuwenden ist, soweit dafür eine Rücklage als verwendet gilt, die aus Gewinnen eines vor dem 1. Januar 1977 abgelaufenen Wirtschaftsjahrs gebildet worden ist.

§ 9 Anwendung im Land Berlin. *(gegenstandslos)*

§ 10[2] Anwendungszeitraum. [1] Die vorstehende Fassung dieses Gesetzes ist erstmals ab 1. Januar 1984 anzuwenden. [2] Auf Aktien, die vor dem 1. Januar 1984 an Arbeitnehmer überlassen worden sind, ist § 8 Abs. 1 dieses Gesetzes in der vor dem 1. Januar 1984 jeweils geltenden Fassung weiter anzuwenden.

§ 11[3] [4] Inkrafttreten. Dieses Gesetz tritt am Tage nach seiner Verkündung[5] in Kraft.

---

[1] § 8a Abs. 2 angef. durch G v. 23.10.2000 (BGBl. I S. 1433); neu gef. durch G v. 20.12.2001 (BGBl. I S. 3858).

[2] § 10 neu gef. durch G v. 22.12.1983 (BGBl. I S. 1592).

[3] **Amtl. Anm.:** Diese Vorschrift betrifft das Inkrafttreten des Gesetzes in der ursprünglichen Fassung v. 30.12.1959 (BGBl. I S. 834). Das Inkrafttreten der späteren Änderungen ergibt sich aus den jeweiligen Änderungsgesetzen.

[4] Bish. § 10 wird § 11 durch G v. 22.12.1981 (BGBl. I S. 1522).

[5] Verkündet am 31.12.1959.

17. Körperschaftsteuergesetz (KStG)[1) 2)]

In der Fassung der Bekanntmachung vom 15. Oktober 2002[3)]
(BGBl. I S. 4144)

FNA 611-4-4

geänd. durch Art. 2 Steuervergünstigungsabbaugesetz (StVergAbG) v. 16.5.2003 (BGBl. I S. 660), Art. 6 Gesetz zur Neustrukturierung der Förderbanken des Bundes (Förderbankenneustrukturierungsgesetz) v. 15.8.2003 (BGBl. I S. 1657), Art. 3 Steueränderungsgesetz 2003 (StÄndG 2003) v. 15.12. 2003 (BGBl. I S. 2645), Art. 3 Gesetz zur Umsetzung der Protokollerklärung der Bundesregierung zur Vermittlungsempfehlung zum StVergAbG v. 22.12.2003 (BGBl. I S. 2840), Art. 11 Haushaltsbegleitgesetz 2004 (HBeglG 2004) v. 29.12.2003 (BGBl. I S. 3076), Art. 2 EG-Amtshilfe-Anpassungsgesetz v. 2.12.2004 (BGBl. I S. 3112), Art. 31 Gesetz zur Organisationsreform in der gesetzlichen Rentenversicherung (RVOrgG) v. 9.12.2004 (BGBl. I S. 3242), Art. 3 Richtlinien-Umsetzungsgesetz (EURLUmsG) v. 9.12.2004 (BGBl. I S. 3310, ber. S. 3843), Art. 4 Gesetz zur Änderung des Versicherungsaufsichtsgesetzes und anderer Gesetze v. 15.12.2004 (BGBl. I S. 3416), Art. 2 Steueränderungsgesetz 2007 v. 19.7.2006 (BGBl. I S. 1652), Art. 6 Gesetz zur Umsetzung der neu gefassten Bankenrichtlinie und der neu gefassten Kapitaladäquanzrichtlinie v. 17.11.2006 (BGBl. I S. 2606), Art. 3 Gesetz über steuerliche Begleitmaßnahmen zur Einführung der Europäischen Gesellschaft und zur Änderung weiterer steuerrechtlicher Vorschriften (SEStEG) v. 7.12.2006 (BGBl. I S. 2782, ber. BGBl.2007 I S. 68), Art. 4 Jahressteuergesetz 2007 (JStG 2007) v. 13.12.2006 (BGBl. I S. 2878), Art. 2 Unternehmensteuerreformgesetz 2008 v. 14.8.2007 (BGBl. I S. 1912), Art. 3 Gesetz zur weiteren Stärkung des bürgerschaftlichen Engagements v. 10.10.2007 (BGBl. I S. 2332), Art. 3 Jahressteuergesetz 2008 (JStG 2008) v. 20.12.2007 (BGBl. I S. 3150), Art. 4 Gesetz zur Modernisierung der Rahmenbedingungen für Kapitalbeteiligungen (MoRaKG)[4)] v. 12.8.2008 (BGBl. I S. 1672), Art. 3 Jahressteuergesetz 2009 (JStG 2009) v. 19.12.2008 (BGBl. I S. 2794), Art. 6 Gesetz zur Modernisierung und Entbürokratisierung des Steuerverfahrens (Steuerbürokratieabbaugesetz) v. 20.12.2008 (BGBl. I S. 2850), Art. 6 Drittes Gesetz zum Abbau bürokratischer Hemnisse insbesondere in der mittelständischen Wirtschaft (Drittes Mittelstandsentlastungsgesetz) v. 17.3.2009 (BGBl. I S. 550), Art. 2 Gesetz zur Fortführung der Gesetzeslage 2006 bei der Entfernungspauschale v. 20.4.2009 (BGBl. I S. 774), Art. 7 Gesetz zur verbesserten steuerlichen Berücksichtigung von Vorsorgeaufwendungen (Bürgerentlastungsgesetz Krankenversicherung) v. 16.7.2009 (BGBl. I S. 1959), Art. 2 Gesetz zur Bekämpfung der Steuerhinterziehung (Steuerhinterziehungsbekämpfungsgesetz) v. 29.7.2009 (BGBl. I S. 2302), Art. 2 Gesetz zur Beschleunigung des Wirtschaftswachstums (Wachstumsbeschleunigungsgesetz) v. 22.12.2009 (BGBl. I S. 3950), Art. 2 Gesetz zur Umsetzung steuerlicher EU-Vorgaben sowie zur Änderung steuerlicher Vorschriften v. 8.4.2010 (BGBl. I S. 386), Art. 2 Jahressteuergesetz 2010 (JStG 2010) v. 8.12.2010 (BGBl. I S. 1768), Art. 8 Gesetz zur Umsetzung der Richtlinie 2009/65/EG zur Koordinierung der Rechts- und Verwaltungsvorschriften betreffend bestimmte Organismen für gemeinsame Anlagen in Wertpapieren (OGAW-IV-Umsetzungsgesetz – OGAW-IV-UmsG) v. 22.6.2011 (BGBl. I S. 1126), Art. 17 Steuervereinfachungsgesetz 2011 v. 1.11. 2011 (BGBl. I S. 2131), Art. 4 Gesetz zur Umsetzung der Beitreibungsrichtlinie sowie zur Änderung steuerlicher Vorschriften (Beitreibungsrichtlinie-Umsetzungsgesetz – BeitrRLUmsG) v. 7.12.2011 (BGBl. I S. 2592), Art. 2 Gesetz zur Änderung und Vereinfachung der Unternehmensbesteuerung und des steuerlichen Reisekostenrechts v. 20.2.2013 (BGBl. I S. 285), Art. 4 Gesetz zur Stärkung des Ehrenamtes (Ehrenamtsstärkungsgesetz) v. 21.3.2013 (BGBl. I S. 556), Art. 1 Gesetz zur Umsetzung des EuGH-Urteils vom 20. Oktober 2011 in der Rechtssache C-284/09 v. 21.3.2013 (BGBl. I S. 561), Art. 3 Gesetz zur Umsetzung der Amtshilferichtlinie sowie zur Änderung steuerlicher Vorschriften (Amtshilferichtlinie-Umsetzungsgesetz – AmtshilfeRLUmsG) v. 26.6.2013 (BGBl. I S. 1809), Art. 12 Gesetz zur Anpassung des Investmentsteuergesetzes und anderer Gesetze an das AIFM-Umsetzungsgesetz (AIFM-Steuer-Anpassungsgesetz – AIFM-StAnpG) v. 18.12.2013 (BGBl. I S. 4318), Art. 4 Gesetz zur Anpassung des nationalen Steuerrechts an den Beitritt Kroatiens zur EU und zur Änderung

---

[1)] Zum KStG siehe auch die Körperschaftsteuer-Durchführungsverordnung (Nr. **18**) und die Körperschaftsteuer-Richtlinien (**dtv 5544**).

[2)] Zur Anwendung siehe § 34.

[3)] Neubekanntmachung des KStG idF der Bek. v. 22.4.1999 (BGBl. I S. 817) in der ab 21.9.2002 geltenden Fassung.

[4)] Die Änd. des MoRaKG sind mangels Genehmigung durch die EU-Kommission (Art. 8 Abs. 2 MoRaKG) nicht in Kraft getreten.

weiterer steuerlicher Vorschriften v. 25.7.2014 (BGBl. I S. 1266), Art. 6 Gesetz zur Anpassung der Abgabenordnung an den Zollkodex der Union und zur Änderung weiterer steuerlicher Vorschriften v. 22.12.2014 (BGBl. I S. 2417), Art. 2 Abs. 10 Gesetz zur Modernisierung der Finanzaufsicht über Versicherungen v. 1.4.2015 (BGBl. I S. 434, geänd. durch G v. 2.11.2015, BGBl. I S. 1834), Art. 4 Steueränderungsgesetz 2015 v. 2.11.2015 (BGBl. I S. 1834), Art. 4 Gesetz zur Reform der Investmentbesteuerung (Investmentsteuerreformgesetz – InvStRefG) v. 19.7.2016 (BGBl. I S. 1730), Art. 1 Gesetz zur Weiterentwicklung der steuerlichen Verlustverrechnung bei Körperschaften v. 20.12.2016 (BGBl. I S. 2998), Art. 14 Gesetz zur Umsetzung der Änderungen der EU-Amtshilferichtlinie und von weiteren Maßnahmen gegen Gewinnkürzungen und -verlagerungen v. 20.12.2016 (BGBl. I S. 3000), BVerfG, Beschl. – 2 BvL 6/11 – v. 29.3.2017 (BGBl. I S. 1289), Art. 3 Gesetz gegen schädliche Steuerpraktiken im Zusammenhang mit Rechteüberlassungen v. 27.6.2017 (BGBl. I S. 2074 iVm Art. 19 G v. 11.12.2018, BGBl. I S. 2338), Art. 5 Gesetz zum Ausschluss verfassungsfeindlicher Parteien von der Parteienfinanzierung v. 18.7.2017 (BGBl. I S. 2730), Art. 5, 6 und 7 Gesetz zur Vermeidung von Umsatzsteuerausfällen beim Handel mit Waren im Internet und zur Änderung weiterer steuerlicher Vorschriften v. 11.12.2018 (BGBl. I S. 2338), Art. 2 Gesetz über steuerliche und weitere Begleitregelungen zum Austritt des Vereinigten Königreichs Großbritannien und Nordirland aus der Europäischen Union (Brexit-Steuerbegleitgesetz – Brexit-StBG) v. 25.3.2019 (BGBl. I S. 357), Art. 2 Gesetz zur steuerlichen Förderung des Mietwohnungsneubaus v. 4.8.2019 (BGBl. I S. 1122), Art. 6 und 7 Gesetz zur weiteren steuerlichen Förderung der Elektromobilität und zur Änderung weiterer steuerlicher Vorschriften v. 12.12.2019 (BGBl. I S. 2451), Art. 6 Gesetz zur Einführung einer Pflicht zur Mitteilung grenzüberschreitender Steuergestaltungen v. 21.12.2019 (BGBl. I S. 2875), Art. 8 Jahressteuergesetz 2020 (JStG 2020) v. 21.12.2020 (BGBl. I S. 3096), Art. 7 Abs. 28 Gesetz zur Umsetzung der Richtlinie (EU) 2019/2034 über die Beaufsichtigung von Wertpapierinstituten v. 12.5.2021 (BGBl. I S. 990), Art. 2 Gesetz zur Umsetzung der Anti-Steuervermeidungsrichtlinie (ATAD-Umsetzungsgesetz – ATADUmsG) v. 25.6.2021 (BGBl. I S. 2035), Art. 1 Gesetz zur Modernisierung des Körperschaftsteuerrechts v. 25.6.2021 (BGBl. I S. 2050) und Art. 3 Gesetz zur Abwehr von Steuervermeidung und unfairem Steuerwettbewerb und zur Änderung weiterer Gesetze v. 25.6.2021 (BGBl. I S. 2056)

Inhaltsübersicht

Erster Teil. Steuerpflicht

§ 1 Unbeschränkte Steuerpflicht
§ 1a Option zur Körperschaftsbesteuerung
§ 2 Beschränkte Steuerpflicht
§ 3 Abgrenzung der Steuerpflicht bei nichtrechtsfähigen Personenvereinigungen und Vermögensmassen sowie bei Realgemeinden
§ 4 Betriebe gewerblicher Art von juristischen Personen des öffentlichen Rechts
§ 5 Befreiungen
§ 6 Einschränkung der Befreiung von Pensions-, Sterbe-, Kranken- und Unterstützungskassen
§ 6a Einkommensermittlung bei voll steuerpflichtigen Unterstützungskassen

Zweiter Teil. Einkommen

Erstes Kapitel. Allgemeine Vorschriften

§ 7 Grundlagen der Besteuerung
§ 8 Ermittlung des Einkommens
§ 8a Betriebsausgabenabzug für Zinsaufwendungen bei Körperschaften (Zinsschranke)
§ 8b Beteiligung an anderen Körperschaften und Personenvereinigungen
§ 8c Verlustabzug bei Körperschaften
§ 8d Fortführungsgebundener Verlustvortrag
§ 9 Abziehbare Aufwendungen
§ 10 Nichtabziehbare Aufwendungen
§ 11 Auflösung und Abwicklung (Liquidation)
§ 12 Entstrickungs- und Wegzugsbesteuerung
§ 13 Beginn und Erlöschen einer Steuerbefreiung

Zweites Kapitel. Sondervorschriften für die Organschaft

§ 14 Aktiengesellschaft oder Kommanditgesellschaft auf Aktien als Organgesellschaft
§ 15 Ermittlung des Einkommens bei Organschaft
§ 16 Ausgleichszahlungen
§ 17 Andere Kapitalgesellschaften als Organgesellschaft
§ 18 (weggefallen)
§ 19 Steuerabzug bei dem Organträger

Drittes Kapitel. Sondervorschriften für Versicherungen und Pensionsfonds
§ 20 Schwankungsrückstellungen, Schadenrückstellungen
§ 21 Beitragsrückerstattungen
§ 21a Deckungsrückstellungen

Viertes Kapitel. Sondervorschriften für Genossenschaften
§ 22 Genossenschaftliche Rückvergütung

Dritter Teil. Tarif; Besteuerung bei ausländischen Einkunftsteilen
§ 23 Steuersatz
§ 24 Freibetrag für bestimmte Körperschaften
§ 25 Freibetrag für Genossenschaften sowie Vereine, die Land- und Forstwirtschaft betreiben
§ 26 Steuerermäßigung bei ausländischen Einkünften

Vierter Teil. Nicht in das Nennkapital geleistete Einlagen und Entstehung und Veranlagung
§ 27 Nicht in das Nennkapital geleistete Einlagen
§ 28 Umwandlung von Rücklagen in Nennkapital und Herabsetzung des Nennkapitals
§ 29 Kapitalveränderungen bei Umwandlungen
§ 30 Entstehung der Körperschaftsteuer
§ 31 Steuererklärungspflicht, Veranlagung und Erhebung der Körperschaftsteuer
§ 32 Sondervorschriften für den Steuerabzug
§ 32a Erlass, Aufhebung oder Änderung von Steuerbescheiden bei verdeckter Gewinnausschüttung oder verdeckter Einlage

Fünfter Teil. Ermächtigungs- und Schlussvorschriften
§ 33 Ermächtigungen
§ 34 Schlussvorschriften
§ 35 Sondervorschriften für Körperschaften, Personenvereinigungen oder Vermögensmassen in dem in Artikel 3 des Einigungsvertrages genannten Gebiet

Sechster Teil. Sondervorschriften für den Übergang vom Anrechnungsverfahren zum Halbeinkünfteverfahren
§ 36 Endbestände
§ 37 Körperschaftsteuerguthaben und Körperschaftsteuerminderung
§ 38 Körperschaftsteuererhöhung
§ 39 Einlagen der Anteilseigner und Sonderausweis
§ 40 (weggefallen)

Erster Teil. Steuerpflicht

§ 1 Unbeschränkte Steuerpflicht. (1) Unbeschränkt körperschaftsteuerpflichtig sind die folgenden Körperschaften, Personenvereinigungen und Vermögensmassen, die ihre Geschäftsleitung oder ihren Sitz im Inland haben:

1.[1] Kapitalgesellschaften (insbesondere Europäische Gesellschaften, Aktiengesellschaften, Kommanditgesellschaften auf Aktien, Gesellschaften mit beschränkter Haftung) einschließlich optierender Gesellschaften im Sinne des § 1a;

2.[2] Genossenschaften einschließlich der Europäischen Genossenschaften;

3.[3] Versicherungs- und Pensionsfondsvereine auf Gegenseitigkeit;

4. sonstige juristische Personen des privaten Rechts;

---

[1] § 1 Abs. 1 Nr. 1 neu gef. mWv VZ 2006 durch G v. 7.12.2006 (BGBl. I S. 2782); geänd. durch G v. 25.6.2021 (BGBl. I S. 2050).

[2] § 1 Abs. 1 Nr. 2 neu gef. mWv VZ 2006 durch G v. 7.12.2006 (BGBl. I S. 2782).

[3] § 1 Abs. 1 Nr. 3 geänd. durch G v. 9.12.2004 (BGBl. I S. 3310).

5. nichtrechtsfähige Vereine, Anstalten, Stiftungen und andere Zweckvermögen des privaten Rechts;
6. Betriebe gewerblicher Art von juristischen Personen des öffentlichen Rechts.

(2) Die unbeschränkte Körperschaftsteuerpflicht erstreckt sich auf sämtliche Einkünfte.

(3)[1] Zum Inland im Sinne dieses Gesetzes gehört auch der der Bundesrepublik Deutschland zustehende Anteil

1. an der ausschließlichen Wirtschaftszone, soweit dort
   a) die lebenden und nicht lebenden natürlichen Ressourcen der Gewässer über dem Meeresboden, des Meeresbodens und seines Untergrunds erforscht, ausgebeutet, erhalten oder bewirtschaftet werden,
   b) andere Tätigkeiten zur wirtschaftlichen Erforschung oder Ausbeutung der ausschließlichen Wirtschaftszone ausgeübt werden, wie beispielsweise die Energieerzeugung aus Wasser, Strömung und Wind oder
   c) künstliche Inseln errichtet oder genutzt werden und Anlagen und Bauwerke für die in den Buchstaben a und b genannten Zwecke errichtet oder genutzt werden, und
2. am Festlandsockel, soweit dort
   a) dessen natürliche Ressourcen erforscht oder ausgebeutet werden; natürliche Ressourcen in diesem Sinne sind die mineralischen und sonstigen nicht lebenden Ressourcen des Meeresbodens und seines Untergrunds sowie die zu den sesshaften Arten gehörenden Lebewesen, die im nutzbaren Stadium entweder unbeweglich auf oder unter dem Meeresboden verbleiben oder sich nur in ständigem körperlichen Kontakt mit dem Meeresboden oder seinem Untergrund fortbewegen können; oder
   b) künstliche Inseln errichtet oder genutzt werden und Anlagen und Bauwerke für die in Buchstabe a genannten Zwecke errichtet oder genutzt werden.

§ 1a[2] Option zur Körperschaftsbesteuerung. (1) [1] Auf unwiderruflichen Antrag sind für Zwecke der Besteuerung nach dem Einkommen eine Personenhandels- oder Partnerschaftsgesellschaft wie eine Kapitalgesellschaft (optierende Gesellschaft) und ihre Gesellschafter wie die nicht persönlich haftenden Gesellschafter einer Kapitalgesellschaft zu behandeln; § 217 Absatz 1 des Umwandlungsgesetzes gilt sinngemäß. [2] Der Antrag ist von der Personenhandels- oder Partnerschaftsgesellschaft nach amtlich vorgeschriebenem Datensatz durch Datenfernübertragung bei dem für die gesonderte und einheitliche Feststellung der Einkünfte nach § 180 der Abgabenordnung[3] zuständigen Finanzamt spätestens einen Monat vor Beginn des Wirtschaftsjahrs zu stellen, ab dem die Besteuerung wie eine Kapitalgesellschaft gelten soll; § 31 Absatz 1a Satz 2 gilt entsprechend. [3] Erfolgt für die Personenhandels- oder Partnerschaftsgesellschaft keine gesonderte und einheitliche Feststellung der Einkünfte, ist der Antrag bei dem für die Einkommensteuer oder Körperschaftsteuer des Gesell-

[1] § 1 Abs. 3 neu gef. mWv VZ 2016 durch G v. 2.11.2015 (BGBl. I S. 1834).

[2] § 1a eingef. mWv VZ 2021 durch G v. 25.6.2021 (BGBl. I S. 2050); zur Anwendung siehe § 34 Abs. 1a.

[3] Nr. **1**.

schafters zuständigen Finanzamt zu stellen. [4]Erzielt eine Personenhandels- oder Partnerschaftsgesellschaft ausschließlich Einkünfte, die dem Steuerabzug vom Kapitalertrag oder dem Steuerabzug auf Grund des § 50a des Einkommensteuergesetzes[1)] unterliegen und gilt infolgedessen die Einkommensteuer nach § 50 Absatz 2 Satz 1 des Einkommensteuergesetzes oder die Körperschaftsteuer nach § 32 Absatz 1 als abgegolten, ist der Antrag bei dem Bundeszentralamt für Steuern zu stellen. [5]Hat die Gesellschaft ihren Sitz im Inland, ist der Antrag abweichend von den Sätzen 3 und 4 bei dem Finanzamt zu stellen, in dessen Bezirk die Gesellschaft ihren Sitz hat. [6]Die Sätze 1 bis 5 finden keine Anwendung auf

1. Investmentfonds im Sinne des Investmentsteuergesetzes[2)] und
2. Gesellschaften, die nach Ausübung der Option in dem Staat, in dem sich ihre Geschäftsleitung befindet, keiner der deutschen unbeschränkten Körperschaftsteuerpflicht vergleichbaren Steuerpflicht unterliegen.

(2) [1]Der Übergang zur Körperschaftsbesteuerung gilt als Formwechsel im Sinne des § 1 Absatz 3 Nummer 3 des Umwandlungssteuergesetzes[3)]. [2]Die §§ 1 und 25 des Umwandlungssteuergesetzes sind entsprechend anzuwenden. [3]Als Einbringungszeitpunkt gilt das Ende des Wirtschaftsjahrs, das dem Wirtschaftsjahr im Sinne des Absatzes 1 Satz 2 unmittelbar vorangeht; § 9 Satz 3 des Umwandlungssteuergesetzes ist nicht anzuwenden. [4]Das im Einbringungszeitpunkt in der Steuerbilanz auszuweisende Eigenkapital wird auf dem steuerlichen Einlagekonto der optierenden Gesellschaft erfasst. [5]Die zur Vertretung der Gesellschaft ermächtigten Personen gelten als gesetzliche Vertreter der optierenden Gesellschaft.

(3) [1]Aufgrund der Option gilt die Beteiligung an einer optierenden Gesellschaft für Zwecke der Besteuerung nach dem Einkommen als Beteiligung eines nicht persönlich haftenden Gesellschafters an einer Kapitalgesellschaft. [2]Beim Gesellschafter führen daher insbesondere

1. durch das Gesellschaftsverhältnis veranlasste Einnahmen zu Einkünften im Sinne des § 20 Absatz 1 Nummer 1 des Einkommensteuergesetzes,
2. Einnahmen, die er von der Gesellschaft für seine Tätigkeit im Dienst der Gesellschaft bezieht, zu Einkünften im Sinne des § 19 des Einkommensteuergesetzes,
3. Einnahmen aus der Hingabe von Darlehen zu Einkünften im Sinne des § 20 Absatz 1 Nummer 7 oder Absatz 2 Satz 1 Nummer 7 des Einkommensteuergesetzes und
4. Einnahmen aus der Überlassung von Wirtschaftsgütern zu Einkünften im Sinne des § 21 oder § 22 des Einkommensteuergesetzes.

[3]Die §§ 13 bis 16, 18 und 35 des Einkommensteuergesetzes sind vorbehaltlich des Satzes 4 nicht anzuwenden. [4]Soweit entsprechende Einnahmen bei einem Gesellschafter einer Kapitalgesellschaft anderen Einkunftsarten zuzurechnen wären, gilt abweichend von Satz 3, dass auch die Einnahmen des Gesellschafters der optierenden Gesellschaft zu diesen Einkünften gehören. [5]Gewinnanteile gelten erst dann als ausgeschüttet, wenn sie entnommen werden oder ihre

---

[1)] Nr. **5**.
[2)] Nr. **15**.
[3)] Nr. **22**.

Auszahlung verlangt werden kann. [6] § 4 Absatz 3 des Einkommensteuergesetzes ist bei einer optierenden Gesellschaft nicht anzuwenden. [7] In den Fällen des Satzes 2 Nummer 2 gelten die optierende Gesellschaft als lohnsteuerlicher Arbeitgeber und der Gesellschafter als Arbeitnehmer.

(4) [1] Eine Gesellschaft, die nach Absatz 1 zur Körperschaftsbesteuerung optiert hat, kann beantragen, dass sie nicht mehr wie eine Kapitalgesellschaft und ihre Gesellschafter nicht mehr wie die nicht persönlich haftenden Gesellschafter einer Kapitalgesellschaft behandelt werden (Rückoption). [2] Die Rückoption gilt als Formwechsel nach § 1 Absatz 1 Satz 1 Nummer 2 des Umwandlungssteuergesetzes mit der Maßgabe, dass § 9 Satz 3 des Umwandlungssteuergesetzes keine Anwendung findet. [3] Absatz 1 Satz 2, 3 und 5 gilt mit der Maßgabe entsprechend, dass der Antrag bei dem für die Körperschaftsbesteuerung zuständigen Finanzamt zu stellen ist; in den Fällen des Absatzes 1 Satz 4 ist der Antrag bei dem Bundeszentralamt für Steuern zu stellen. [4] Die Sätze 1 und 2 finden auch ohne Antrag Anwendung, wenn die Voraussetzungen des Absatzes 1 entfallen. [5] Scheidet der vorletzte Gesellschafter aus der Gesellschaft aus, gilt die optierende Gesellschaft als unmittelbar danach aufgelöst und, sofern der verbleibende Gesellschafter die persönlichen Voraussetzungen eines übernehmenden Rechtsträgers einer Umwandlung einer Kapitalgesellschaft im Sinne des § 1 Absatz 1 Satz 1 Nummer 1 oder 4 des Umwandlungssteuergesetzes erfüllt, im Fall des § 1 Absatz 1 Satz 1 Nummer 1 des Umwandlungssteuergesetzes als auf den verbleibenden Gesellschafter verschmolzen beziehungsweise gilt im Fall des § 1 Absatz 1 Satz 1 Nummer 4 des Umwandlungssteuergesetzes das Vermögen der optierenden Gesellschaft als auf den verbleibenden Gesellschafter übertragen mit der Maßgabe, dass jeweils § 2 des Umwandlungssteuergesetzes keine Anwendung findet. [6] Erfüllt der verbleibende Gesellschafter nicht die persönlichen Voraussetzungen eines übernehmenden Rechtsträgers einer Umwandlung einer Kapitalgesellschaft im Sinne des § 1 Absatz 1 Satz 1 Nummer 1 oder 4 des Umwandlungssteuergesetzes, gilt die optierende Gesellschaft als aufgelöst und ihr Vermögen als an die Gesellschafter ausgeschüttet; § 11 des Körperschaftsteuergesetzes ist entsprechend mit der Maßgabe anzuwenden, dass an die Stelle des zur Verteilung kommenden Vermögens der gemeine Wert des vorhandenen Vermögens tritt. [7] Abweichend von Satz 4 gilt die Umwandlung der optierenden Gesellschaft in eine Körperschaft im Sinne des Umwandlungssteuergesetzes als Umwandlung einer Kapitalgesellschaft in eine Körperschaft.

§ 2 Beschränkte Steuerpflicht. Beschränkt körperschaftsteuerpflichtig sind

1. Körperschaften, Personenvereinigungen und Vermögensmassen, die weder ihre Geschäftsleitung noch ihren Sitz im Inland haben, mit ihren inländischen Einkünften;
2.[1)] sonstige Körperschaften, Personenvereinigungen und Vermögensmassen, die nicht unbeschränkt steuerpflichtig sind, mit den inländischen Einkünften, die dem Steuerabzug vollständig oder teilweise unterliegen; inländische Einkünfte sind auch
   a) die Entgelte, die den sonstigen Körperschaften, Personenvereinigungen oder Vermögensmassen dafür gewährt werden, dass sie Anteile an einer Kapitalgesellschaft mit Sitz oder Geschäftsleitung im Inland einem Ande-

---

[1)] § 2 Nr. 2 geänd. mWv VZ 2004 durch G v. 15.12.2003 (BGBl. I S. 2645); 2. HS angef. durch G v. 14.8.2007 (BGBl. I S. 1912).

ren überlassen und der Andere, dem die Anteile zuzurechnen sind, diese Anteile oder gleichartige Anteile zurückzugeben hat,

b) die Entgelte, die den sonstigen Körperschaften, Personenvereinigungen oder Vermögensmassen im Rahmen eines Wertpapierpensionsgeschäfts im Sinne des § 340b Abs. 2 des Handelsgesetzbuchs gewährt werden, soweit Gegenstand des Wertpapierpensionsgeschäfts Anteile an einer Kapitalgesellschaft mit Sitz oder Geschäftsleitung im Inland sind, und

c) die in § 8b Abs. 10 Satz 2 genannten Einnahmen oder Bezüge, die den sonstigen Körperschaften, Personenvereinigungen oder Vermögensmassen als Entgelt für die Überlassung von Anteilen an einer Kapitalgesellschaft mit Sitz oder Geschäftsleitung im Inland gewährt gelten.

§ 3 Abgrenzung der Steuerpflicht bei nichtrechtsfähigen Personenvereinigungen und Vermögensmassen sowie bei Realgemeinden.

(1) Nichtrechtsfähige Personenvereinigungen, Anstalten, Stiftungen und andere Zweckvermögen sind körperschaftsteuerpflichtig, wenn ihr Einkommen weder nach diesem Gesetz noch nach dem Einkommensteuergesetz[1)] unmittelbar bei einem anderen Steuerpflichtigen zu versteuern ist.

(2) [1] Hauberg-, Wald-, Forst- und Laubgenossenschaften und ähnliche Realgemeinden, die zu den in § 1 bezeichneten Steuerpflichtigen gehören, sind nur insoweit körperschaftsteuerpflichtig, als sie einen Gewerbebetrieb unterhalten oder verpachten, der über den Rahmen eines Nebenbetriebs hinausgeht. [2] Im Übrigen sind ihre Einkünfte unmittelbar bei den Beteiligten zu versteuern.

§ 4 Betriebe gewerblicher Art von juristischen Personen des öffentlichen Rechts. (1) [1] Betriebe gewerblicher Art von juristischen Personen des öffentlichen Rechts im Sinne des § 1 Abs. 1 Nr. 6 sind vorbehaltlich des Absatzes 5 alle Einrichtungen, die einer nachhaltigen wirtschaftlichen Tätigkeit zur Erzielung von Einnahmen außerhalb der Land- und Forstwirtschaft dienen und die sich innerhalb der Gesamtbetätigung der juristischen Person wirtschaftlich herausheben. [2] Die Absicht, Gewinn zu erzielen, und die Beteiligung am allgemeinen wirtschaftlichen Verkehr sind nicht erforderlich.

(2) Ein Betrieb gewerblicher Art ist auch unbeschränkt steuerpflichtig, wenn er selbst eine juristische Person des öffentlichen Rechts ist.

(3) Zu den Betrieben gewerblicher Art gehören auch Betriebe, die der Versorgung der Bevölkerung mit Wasser, Gas, Elektrizität oder Wärme, dem öffentlichen Verkehr oder dem Hafenbetrieb dienen.

(4) Als Betrieb gewerblicher Art gilt die Verpachtung eines solchen Betriebs.

(5) [1] Zu den Betrieben gewerblicher Art gehören nicht Betriebe, die überwiegend der Ausübung der öffentlichen Gewalt dienen (Hoheitsbetriebe). [2] Für die Annahme eines Hoheitsbetriebs reichen Zwangs- oder Monopolrechte nicht aus.

(6)[2)] [1] Ein Betrieb gewerblicher Art kann mit einem oder mehreren anderen Betrieben gewerblicher Art zusammengefasst werden, wenn

---

1) Nr. 5.
2) § 4 Abs. 6 angef. mWv VZ 2009 durch G v. 19.12.2008 (BGBl. I S. 2794).

1. sie gleichartig sind,
2. zwischen ihnen nach dem Gesamtbild der tatsächlichen Verhältnisse objektiv eine enge wechselseitige technisch-wirtschaftliche Verflechtung von einigem Gewicht besteht oder
3. Betriebe gewerblicher Art im Sinne des Absatzes 3 vorliegen.

[2] Ein Betrieb gewerblicher Art kann nicht mit einem Hoheitsbetrieb zusammengefasst werden.

§ 5 Befreiungen. (1) Von der Körperschaftsteuer sind befreit

1.[1] das Bundeseisenbahnvermögen, die staatlichen Lotterieunternehmen und der Erdölbevorratungsverband nach § 2 Absatz 1 des Erdölbevorratungsgesetzes vom 16. Januar 2012 (BGBl. I S. 74) in der jeweils geltenden Fassung;

2.[2] die Deutsche Bundesbank, die Kreditanstalt für Wiederaufbau, die Landwirtschaftliche Rentenbank, die Bayerische Landesanstalt für Aufbaufinanzierung, die Niedersächsische Gesellschaft für öffentliche Finanzierung mit beschränkter Haftung, die Bremer Aufbau-Bank GmbH, die Landeskreditbank Baden-Württemberg – Förderbank, die Bayerische Landesbodenkreditanstalt, die Investitionsbank Berlin, die Hamburgische Investitions- und Förderbank, die NRW.Bank, die Investitions- und Förderbank Niedersachsen, die Saarländische Investitionskreditbank Aktiengesellschaft, die Investitionsbank Schleswig-Holstein, die Investitionsbank des Landes Brandenburg, die Sächsische Aufbaubank – Förderbank –, die Thüringer Aufbaubank, die Investitionsbank Sachsen-Anhalt – Anstalt der Norddeutschen Landesbank – Girozentrale –, die Investitions- und Strukturbank Rheinland-Pfalz, das Landesförderinstitut Mecklenburg-Vorpommern – Geschäftsbereich der Norddeutschen Landesbank Girozentrale –, die Wirtschafts- und Infrastrukturbank Hessen – rechtlich unselbständige Anstalt in der Landesbank Hessen-Thüringen Girozentrale und die Liquiditäts-Konsortialbank Gesellschaft mit beschränkter Haftung;

2a. die Bundesanstalt für vereinigungsbedingte Sonderaufgaben;

3. rechtsfähige Pensions-, Sterbe- und Krankenkassen, die den Personen, denen die Leistungen der Kasse zugute kommen oder zugute kommen sollen (Leistungsempfängern), einen Rechtsanspruch gewähren, und rechtsfähige Unterstützungskassen, die den Leistungsempfängern keinen Rechtsanspruch gewähren,

   a) wenn sich die Kasse beschränkt

      aa) auf Zugehörige oder frühere Zugehörige einzelner oder mehrerer wirtschaftlicher Geschäftsbetriebe oder

---

[1] § 5 Abs. 1 Nr. 1 geänd. mWv VZ 2019 durch G v. 12.12.2019 (BGBl. I S. 2451); zur Anwendung siehe § 34 Abs. 2a.

[2] § 5 Abs. 1 Nr. 2 geänd. durch G v. 15.8.2003 (BGBl. I S. 1657); geänd. durch G v. 15.12.2003 (BGBl. I S. 2645); geänd. durch G v. 9.12.2004 (BGBl. I S. 3310); geänd. durch G v. 13.12.2006 (BGBl. I S. 2878); geänd. durch G v. 19.12.2008 (BGBl. I S. 2794); geänd. mWv VZ 2009 durch G v. 8.12.2010 (BGBl. I S. 1768); geänd. mWv VZ 2013 durch G v. 25.7.2014 (BGBl. I S. 1266); zur Anwendung siehe § 34 Abs. 3.

bb) auf Zugehörige oder frühere Zugehörige der Spitzenverbände der freien Wohlfahrtspflege (Arbeiterwohlfahrt-Bundesverband e.V., Deutscher Caritasverband e.V., Deutscher Paritätischer Wohlfahrtsverband e.V., Deutsches Rotes Kreuz, Diakonisches Werk – Innere Mission und Hilfswerk der Evangelischen Kirche in Deutschland sowie Zentralwohlfahrtsstelle der Juden in Deutschland e.V.) einschließlich ihrer Untergliederungen, Einrichtungen und Anstalten und sonstiger gemeinnütziger Wohlfahrtsverbände oder

cc) auf Arbeitnehmer sonstiger Körperschaften, Personenvereinigungen und Vermögensmassen im Sinne der §§ 1 und 2; den Arbeitnehmern stehen Personen, die sich in einem arbeitnehmerähnlichen Verhältnis befinden, gleich;

zu den Zugehörigen oder Arbeitnehmern rechnen jeweils auch deren Angehörige;

b) wenn sichergestellt ist, dass der Betrieb der Kasse nach dem Geschäftsplan und nach Art und Höhe der Leistungen eine soziale Einrichtung darstellt. [2]Diese Voraussetzung ist bei Unterstützungskassen, die Leistungen von Fall zu Fall gewähren, nur gegeben, wenn sich diese Leistungen mit Ausnahme des Sterbegeldes auf Fälle der Not oder Arbeitslosigkeit beschränken;

c) wenn vorbehaltlich des § 6 die ausschließliche und unmittelbare Verwendung des Vermögens und der Einkünfte der Kasse nach der Satzung und der tatsächlichen Geschäftsführung für die Zwecke der Kasse dauernd gesichert ist;

d)[1] wenn bei Pensions-, Sterbe- und Krankenkassen am Schluss des Wirtschaftsjahrs, zu dem der Wert der Deckungsrückstellung versicherungsmathematisch zu berechnen ist, das nach den handelsrechtlichen Grundsätzen ordnungsmäßiger Buchführung unter Berücksichtigung des Geschäftsplans sowie der allgemeinen Versicherungsbedingungen und der fachlichen Geschäftsunterlagen im Sinne des § 219 Absatz 3 Nummer 1 des Versicherungsaufsichtsgesetzes auszuweisende Vermögen nicht höher ist als bei einem Versicherungsverein auf Gegenseitigkeit die Verlustrücklage und bei einer Kasse anderer Rechtsform der dieser Rücklage entsprechende Teil des Vermögens. [2]Bei der Ermittlung des Vermögens ist eine Rückstellung für Beitragsrückerstattung nur insoweit abziehbar, als den Leistungsempfängern ein Anspruch auf die Überschussbeteiligung zusteht. [3]Übersteigt das Vermögen der Kasse den bezeichneten Betrag, so ist die Kasse nach Maßgabe des § 6 Abs. 1 bis 4 steuerpflichtig; und

e) wenn bei Unterstützungskassen am Schluss des Wirtschaftsjahrs das Vermögen ohne Berücksichtigung künftiger Versorgungsleistungen nicht höher ist als das um 25 Prozent erhöhte zulässige Kassenvermögen. [2]Für die Ermittlung des tatsächlichen und des zulässigen Kassenvermögens gilt § 4d des Einkommensteuergesetzes[2]. [3]Über-

[1] § 5 Abs. 1 Nr. 3 Buchst. d Satz 1 geänd. mWv VZ 2016 durch G v. 1.4.2015 (BGBl. I S. 434); zur Anwendung siehe § 34 Abs. 3a.

[2] Nr. **5**.

steigt das Vermögen der Kasse den in Satz 1 bezeichneten Betrag, so ist die Kasse nach Maßgabe des § 6 Abs. 5 steuerpflichtig;

4.[1] kleinere Versicherungsvereine auf Gegenseitigkeit im Sinne des § 210 des Versicherungsaufsichtsgesetzes, wenn

a) ihre Beitragseinnahmen im Durchschnitt der letzten drei Wirtschaftsjahre einschließlich des im Veranlagungszeitraum endenden Wirtschaftsjahrs die durch Rechtsverordnung festzusetzenden Jahresbeträge nicht überstiegen haben oder

b) sich ihr Geschäftsbetrieb auf die Sterbegeldversicherung beschränkt und die Versicherungsvereine nach dem Geschäftsplan sowie nach Art und Höhe der Leistungen soziale Einrichtungen darstellen;

5. Berufsverbände ohne öffentlich-rechtlichen Charakter sowie kommunale Spitzenverbände auf Bundes- oder Landesebene einschließlich ihrer Zusammenschlüsse, wenn der Zweck dieser Verbände nicht auf einen wirtschaftlichen Geschäftsbetrieb gerichtet ist. ²Die Steuerbefreiung ist ausgeschlossen,

a) soweit die Körperschaften oder Personenvereinigungen einen wirtschaftlichen Geschäftsbetrieb unterhalten oder

b) wenn die Berufsverbände Mittel von mehr als 10 Prozent der Einnahmen für die unmittelbare oder mittelbare Unterstützung oder Förderung politischer Parteien verwenden.

³Die Sätze 1 und 2 gelten auch für Zusammenschlüsse von juristischen Personen des öffentlichen Rechts, die wie die Berufsverbände allgemeine ideelle und wirtschaftliche Interessen ihrer Mitglieder wahrnehmen. ⁴Verwenden Berufsverbände Mittel für die unmittelbare oder mittelbare Unterstützung oder Förderung politischer Parteien, beträgt die Körperschaftsteuer 50 Prozent der Zuwendungen;

6. Körperschaften oder Personenvereinigungen, deren Hauptzweck die Verwaltung des Vermögens für einen nichtrechtsfähigen Berufsverband der in Nummer 5 bezeichneten Art ist, sofern ihre Erträge im Wesentlichen aus dieser Vermögensverwaltung herrühren und ausschließlich dem Berufsverband zufließen;

7.[2] politische Parteien im Sinne des § 2 des Parteiengesetzes und ihre Gebietsverbände, sofern die jeweilige Partei nicht gemäß § 18 Absatz 7 des Parteiengesetzes von der staatlichen Teilfinanzierung ausgeschlossen ist, sowie kommunale Wählervereinigungen und ihre Dachverbände. ²Wird ein wirtschaftlicher Geschäftsbetrieb unterhalten, so ist die Steuerbefreiung insoweit ausgeschlossen;

8.[3] öffentlich-rechtliche Versicherungs- und Versorgungseinrichtungen von Berufsgruppen, deren Angehörige auf Grund einer durch Gesetz angeordneten oder auf Gesetz beruhenden Verpflichtung Mitglieder dieser Einrichtung sind, wenn die Satzung der Einrichtung die Zahlung keiner höheren jährlichen Beiträge zulässt als das Zwölffache der Beiträge, die sich bei einer Beitragsbemessungsgrundlage in Höhe der doppelten mo-

---

[1] § 5 Abs. 1 Nr. 4 geänd. mWv VZ 2016 durch G v. 1.4.2015 (BGBl. I S. 434); zur Anwendung siehe § 34 Abs. 3a.

[2] § 5 Abs. 1 Nr. 7 Satz 1 geänd. mWv 29.7.2017 durch G v. 18.7.2017 (BGBl. I S. 2730).

[3] § 5 Abs. 1 Nr. 8 geänd. mWv VZ 2005 durch G v. 9.12.2004 (BGBl. I S. 3242).

natlichen Beitragsbemessungsgrenze in der allgemeinen Rentenversicherung ergeben würden. [2]Ermöglicht die Satzung der Einrichtung nur Pflichtmitgliedschaften sowie freiwillige Mitgliedschaften, die unmittelbar an eine Pflichtmitgliedschaft anschließen, so steht dies der Steuerbefreiung nicht entgegen, wenn die Satzung die Zahlung keiner höheren jährlichen Beiträge zulässt als das Fünfzehnfache der Beiträge, die sich bei einer Beitragsbemessungsgrundlage in Höhe der doppelten monatlichen Beitragsbemessungsgrenze in der allgemeinen Rentenversicherung ergeben würden;

9. Körperschaften, Personenvereinigungen und Vermögensmassen, die nach der Satzung, dem Stiftungsgeschäft oder der sonstigen Verfassung und nach der tatsächlichen Geschäftsführung ausschließlich und unmittelbar gemeinnützigen, mildtätigen oder kirchlichen Zwecken dienen (§§ 51 bis 68 der Abgabenordnung[1)]). [2]Wird ein wirtschaftlicher Geschäftsbetrieb unterhalten, ist die Steuerbefreiung insoweit ausgeschlossen. [3]Satz 2 gilt nicht für selbst bewirtschaftete Forstbetriebe;

10.[2)] Genossenschaften sowie Vereine, soweit sie

a) Wohnungen herstellen oder erwerben und sie den Mitgliedern auf Grund eines Mietvertrags oder auf Grund eines genossenschaftlichen Nutzungsvertrags zum Gebrauch überlassen; den Wohnungen stehen Räume in Wohnheimen im Sinne des § 15 des Zweiten Wohnungsbaugesetzes gleich,

b) im Zusammenhang mit einer Tätigkeit im Sinne des Buchstabens a Gemeinschaftsanlagen oder Folgeeinrichtungen herstellen oder erwerben und sie betreiben, wenn sie überwiegend für Mitglieder bestimmt sind und der Betrieb durch die Genossenschaft oder den Verein notwendig ist.

[2]Die Steuerbefreiung ist ausgeschlossen, wenn die Einnahmen des Unternehmens aus den in Satz 1 nicht bezeichneten Tätigkeiten 10 Prozent der gesamten Einnahmen übersteigen. [3]Erzielt das Unternehmen Einnahmen aus der Lieferung von Strom aus Anlagen, für den es unter den Voraussetzungen des § 21 Absatz 3 des Erneuerbare-Energien-Gesetzes einen Anspruch auf Zahlung eines Mieterstromzuschlags hat, erhöht sich die Grenze des Satzes 2 für diese Einnahmen auf 20 Prozent, wenn die Grenze des Satzes 2 nur durch diese Einnahmen überschritten wird. [4]Zu den Einnahmen nach Satz 3 gehören auch Einnahmen aus der zusätzlichen Stromlieferung im Sinne des § 42a Absatz 2 Satz 6 des Energiewirtschaftsgesetzes sowie Einnahmen aus der Einspeisung von Strom aus diesen Anlagen. [5]Investierende Mitglieder im Sinne des § 8 Absatz 2 des Genossenschaftsgesetzes sind keine Mitglieder im Sinne des Satzes 1. [6]Satz 1 ist auch auf Verträge zur vorübergehenden Unterbringung von Wohnungslosen anzuwenden, die mit juristischen Personen des öffentlichen Rechts oder mit Steuerpflichtigen im Sinne der Nummer 9, die Mitglied sind, abgeschlossen werden. [7]Eine Einweisungsverfügung nach

---

[1)] Nr. **1**.

[2)] § 5 Abs. 1 Nr. 10 Sätze 3 und 4 angef. mWv VZ 2019 durch G v. 4.8.2019 (BGBl. I S. 1122); zur Anwendung siehe § 34 Abs. 3b; Satz 1 geänd. durch G v. 12.12.2019 (BGBl. I S. 2451); Satz 5 angef. mWv VZ 2020 durch G v. 21.12.2019 (BGBl. I S. 2875); Sätze 6 und 7 angef. mWv VZ 2020 durch G v. 21.12.2020 (BGBl. I S. 3096). – Zum Verzicht auf die Steuerbefreiung siehe § 34 Abs. 2.

den Ordnungsbehördengesetzen der Länder steht dem Abschluss eines Vertrags im Sinne des Satzes 6 gleich;

11. (weggefallen)

12.[1)] die von den zuständigen Landesbehörden begründeten oder anerkannten gemeinnützigen Siedlungsunternehmen im Sinne des Reichssiedlungsgesetzes in der jeweils aktuellen Fassung oder entsprechender Landesgesetze, soweit diese Landesgesetze nicht wesentlich von den Bestimmungen des Reichssiedlungsgesetzes abweichen, und im Sinne der Bodenreformgesetze der Länder, soweit die Unternehmen im ländlichen Raum Siedlungs-, Agrarstrukturverbesserungs- und Landentwicklungsmaßnahmen mit Ausnahme des Wohnungsbaus durchführen. [2]Die Steuerbefreiung ist ausgeschlossen, wenn die Einnahmen des Unternehmens aus den in Satz 1 nicht bezeichneten Tätigkeiten die Einnahmen aus den in Satz 1 bezeichneten Tätigkeiten übersteigen;

13. (weggefallen)

14.[2)] Genossenschaften sowie Vereine, soweit sich ihr Geschäftsbetrieb beschränkt

a) auf die gemeinschaftliche Benutzung land- und forstwirtschaftlicher Betriebseinrichtungen oder Betriebsgegenstände,

b) auf Leistungen im Rahmen von Dienst- oder Werkverträgen für die Produktion land- und forstwirtschaftlicher Erzeugnisse für die Betriebe der Mitglieder, wenn die Leistungen im Bereich der Land- und Forstwirtschaft liegen; dazu gehören auch Leistungen zur Erstellung und Unterhaltung von Betriebsvorrichtungen, Wirtschaftswegen und Bodenverbesserungen,

c) auf die Bearbeitung oder die Verwertung der von den Mitgliedern selbst gewonnenen land- und forstwirtschaftlichen Erzeugnisse, wenn die Bearbeitung oder die Verwertung im Bereich der Land- und Forstwirtschaft liegt, oder

d) auf die Beratung für die Produktion oder Verwertung land- und forstwirtschaftlicher Erzeugnisse der Betriebe der Mitglieder.

[2]Die Steuerbefreiung ist ausgeschlossen, wenn die Einnahmen des Unternehmens aus den in Satz 1 nicht bezeichneten Tätigkeiten 10 Prozent der gesamten Einnahmen übersteigen. [3]Bei Genossenschaften und Vereinen, deren Geschäftsbetrieb sich überwiegend auf die Durchführung von Milchqualitäts- und Milchleistungsprüfungen oder auf die Tierbesamung beschränkt, bleiben die auf diese Tätigkeiten gerichteten Zweckgeschäfte mit Nichtmitgliedern bei der Berechnung der 10-Prozentgrenze außer Ansatz;

15. der Pensions-Sicherungs-Verein Versicherungsverein auf Gegenseitigkeit,

a) wenn er mit Erlaubnis der Versicherungsaufsichtsbehörde ausschließlich die Aufgaben des Trägers der Insolvenzsicherung wahrnimmt, die sich aus dem Gesetz zur Verbesserung der betrieblichen Altersversorgung vom 19. Dezember 1974 (BGBl. I S. 3610) ergeben, und

---

[1)] § 5 Abs. 1 Nr. 12 Satz 1 geänd. mWv VZ 2008 durch G v. 20.12.2007 (BGBl. I S. 3150).

[2)] § 5 Abs. 1 Nr. 14 Satz 1 einl. Satzteil geänd. durch G v. 12.12.2019 (BGBl. I S. 2451). – Zum Verzicht auf die Steuerbefreiung siehe § 34 Abs. 2.

b) wenn seine Leistungen nach dem Kreis der Empfänger sowie nach Art und Höhe den in den §§ 7 bis 9, 17 und 30 des Gesetzes zur Verbesserung der betrieblichen Altersversorgung bezeichneten Rahmen nicht überschreiten;

16.[1] Körperschaften, Personenvereinigungen und Vermögenmassen, soweit sie

a) als Einlagensicherungssysteme im Sinne des § 2 Absatz 1 des Einlagensicherungsgesetzes sowie als Entschädigungseinrichtungen im Sinne des Anlegerentschädigungsgesetzes ihre gesetzlichen Pflichtaufgaben erfüllen oder

b)[2] als nicht als Einlagensicherungssysteme anerkannte vertragliche Systeme zum Schutz von Einlagen und institutsbezogene Sicherungssysteme im Sinne des § 61 des Einlagensicherungsgesetzes nach ihrer Satzung oder sonstigen Verfassung ausschließlich den Zweck haben, Einlagen zu sichern oder bei Gefahr für die Erfüllung der Verpflichtungen eines Kreditinstituts im Sinne des § 1 Absatz 1 des Kreditwesengesetzes oder eines Finanzdienstleistungsinstituts im Sinne des § 1 Absatz 1a Satz 2 Nummer 1 bis 4 des Kreditwesengesetzes oder eines Wertpapierinstituts im Sinne des § 2 Absatz 1 des Wertpapierinstitutsgesetzes Hilfe zu leisten oder Einlagensicherungssysteme im Sinne des § 2 Absatz 1 des Einlagensicherungsgesetzes bei deren Pflichtenerfüllung zu unterstützen.

[2] Voraussetzung für die Steuerbefreiung nach Satz 1 ist zusätzlich, dass das Vermögen und etwa erzielte Überschüsse dauernd nur zur Erreichung des gesetzlichen oder satzungsmäßigen Zwecks verwendet werden. [3] Die Sätze 1 und 2 gelten entsprechend für Sicherungsfonds im Sinne der §§ 223 und 224 des Versicherungsaufsichtsgesetzes sowie für Einrichtungen zur Sicherung von Einlagen bei Wohnungsgenossenschaften mit Spareinrichtung. [4] Die Steuerbefreiung ist für wirtschaftliche Geschäftsbetriebe ausgeschlossen, die nicht ausschließlich auf die Erfüllung der begünstigten Aufgaben gerichtet sind;

17. Bürgschaftsbanken (Kreditgarantiegemeinschaften), deren Tätigkeit sich auf die Wahrnehmung von Wirtschaftsförderungsmaßnahmen insbesondere in Form der Übernahme und Verwaltung von staatlichen Bürgschaften und Garantien oder von Bürgschaften und Garantien mit staatlichen Rückbürgschaften oder auf der Grundlage staatlich anerkannter Richtlinien gegenüber Kreditinstituten, Versicherungsunternehmen, Leasinggesellschaften und Beteiligungsgesellschaften für Kredite, Leasingforderungen und Beteiligungen an mittelständischen Unternehmen zu ihrer Gründung und zur Erhaltung und Förderung ihrer Leistungsfähigkeit beschränkt. [2] Voraussetzung ist, dass das Vermögen und etwa erzielte Überschüsse nur zur Erreichung des in Satz 1 genannten Zwecks verwendet werden;

18. Wirtschaftsförderungsgesellschaften, deren Tätigkeit sich auf die Verbesserung der sozialen und wirtschaftlichen Struktur einer bestimmten Region durch Förderung der Wirtschaft, insbesondere durch Industrie-

---

[1] § 5 Abs. 1 Nr. 16 Satz 3 geänd. durch G v. 15.12.2004 (BGBl. I S. 3416); Satz 3 geänd. mWv VZ 2016 durch G v. 1.4.2015 (BGBl. I S. 434); zur Anwendung siehe § 34 Abs. 3a; Sätze 1 und 2 neu gef. mWv VZ 2015 durch G v. 2.11.2015 (BGBl. I S. 1834); zur Anwendung siehe § 34 Abs. 3 Satz 3.

[2] § 5 Abs. 1 Nr. 16 Buchst. b geänd. durch G v. 12.5.2021 (BGBl. I S. 990).

ansiedlung, Beschaffung neuer Arbeitsplätze und der Sanierung von Altlasten beschränkt, wenn an ihnen überwiegend Gebietskörperschaften beteiligt sind. [2] Voraussetzung ist, dass das Vermögen und etwa erzielte Überschüsse nur zur Erreichung des in Satz 1 genannten Zwecks verwendet werden;

19. Gesamthafenbetriebe im Sinne des § 1 des Gesetzes über die Schaffung eines besonderen Arbeitgebers für Hafenarbeiter vom 3. August 1950 (BGBl. S. 352), soweit sie Tätigkeiten ausüben, die in § 2 Abs. 1 dieses Gesetzes bestimmt und nach § 2 Abs. 2 dieses Gesetzes genehmigt worden sind. [2] Voraussetzung ist, dass das Vermögen und etwa erzielte Überschüsse nur zur Erfüllung der begünstigten Tätigkeiten verwendet werden. [3] Wird ein wirtschaftlicher Geschäftsbetrieb unterhalten, dessen Tätigkeit nicht ausschließlich auf die Erfüllung der begünstigten Tätigkeiten gerichtet ist, ist die Steuerbefreiung insoweit ausgeschlossen;

20. Zusammenschlüsse von juristischen Personen des öffentlichen Rechts, von steuerbefreiten Körperschaften oder von steuerbefreiten Personenvereinigungen,
    a) deren Tätigkeit sich auf den Zweck beschränkt, im Wege des Umlageverfahrens die Versorgungslasten auszugleichen, die den Mitgliedern aus Versorgungszusagen gegenüber ihren Arbeitnehmern erwachsen,
    b) wenn am Schluss des Wirtschaftsjahrs das Vermögen nicht höher ist als 60 Prozent der im Wirtschaftsjahr erbrachten Leistungen an die Mitglieder;

21. die nicht in der Rechtsform einer Körperschaft des öffentlichen Rechts errichteten Arbeitsgemeinschaften Medizinischer Dienst der Krankenversicherung im Sinne des § 278 des Fünften Buches Sozialgesetzbuch und der Medizinische Dienst der Spitzenverbände der Krankenkassen im Sinne des § 282 des Fünften Buches Sozialgesetzbuch, soweit sie die ihnen durch Gesetz zugewiesenen Aufgaben wahrnehmen. [2] Voraussetzung ist, dass das Vermögen und etwa erzielte Überschüsse nur zur Erreichung der in Satz 1 genannten Zwecke verwendet werden;

22. gemeinsame Einrichtungen der Tarifvertragsparteien im Sinne des § 4 Abs. 2 des Tarifvertragsgesetzes vom 25. August 1969 (BGBl. I S. 1323), die satzungsmäßige Beiträge auf der Grundlage des § 186a des Arbeitsförderungsgesetzes vom 25. Juni 1969 (BGBl. I S. 582) oder tarifvertraglicher Vereinbarungen erheben und Leistungen ausschließlich an die tarifgebundenen Arbeitnehmer des Gewerbezweigs oder an deren Hinterbliebene erbringen, wenn sie dabei zu nicht steuerbegünstigten Betrieben derselben oder ähnlicher Art nicht in größerem Umfang in Wettbewerb treten, als es bei Erfüllung ihrer begünstigten Aufgaben unvermeidlich ist. [2] Wird ein wirtschaftlicher Geschäftsbetrieb unterhalten, dessen Tätigkeit nicht ausschließlich auf die Erfüllung der begünstigten Tätigkeiten gerichtet ist, ist die Steuerbefreiung insoweit ausgeschlossen;

23.[1)] die Auftragsforschung öffentlich-rechtlicher Wissenschafts- und Forschungseinrichtungen; ist die Tätigkeit auf die Anwendung gesicherter wissenschaftlicher Erkenntnisse, die Übernahme von Projektträgerschaf-

---

[1)] § 5 Abs. 1 Nr. 23 angef. durch G v. 15.12.2003 (BGBl. I S. 2645).

ten sowie wirtschaftliche Tätigkeiten ohne Forschungsbezug gerichtet, ist die Steuerbefreiung insoweit ausgeschlossen;

24.[1] die Global Legal Entity Identifier Stiftung, soweit die Stiftung Tätigkeiten ausübt, die im unmittelbaren Zusammenhang mit der Einführung, dem Unterhalten und der Fortentwicklung eines Systems zur eindeutigen Identifikation von Rechtspersonen mittels eines weltweit anzuwendenden Referenzcodes stehen.

(2) Die Befreiungen nach Absatz 1 und nach anderen Gesetzen als dem Körperschaftsteuergesetz gelten nicht

1.[2] für inländische Einkünfte, die dem Steuerabzug vollständig oder teilweise unterliegen; Entsprechendes gilt für die in § 32 Abs. 3 Satz 1 zweiter Halbsatz genannten Einkünfte,

2.[3] für beschränkt Steuerpflichtige im Sinne des § 2 Nr. 1, es sei denn, es handelt sich um Steuerpflichtige im Sinne des Absatzes 1 Nr. 9, die nach den Rechtsvorschriften eines Mitgliedstaats der Europäischen Union oder nach den Rechtsvorschriften eines Staates, auf den das Abkommen über den Europäischen Wirtschaftsraum vom 3. Januar 1994 (ABl. EG Nr. L 1 S. 3), zuletzt geändert durch den Beschluss des Gemeinsamen EWR-Ausschusses Nr. 91/2007 vom 6. Juli 2007 (ABl. EU Nr. L 328 S. 40), in der jeweiligen Fassung Anwendung findet, gegründete Gesellschaften im Sinne des Artikels 54 des Vertrags über die Arbeitsweise der Europäischen Union oder des Artikels 34 des Abkommens über den Europäischen Wirtschaftsraum sind, deren Sitz und Ort der Geschäftsleitung sich innerhalb des Hoheitsgebiets eines dieser Staaten befindet, und mit diesen Staaten ein Amtshilfeabkommen besteht,

3.[4] soweit § 38 Abs. 2 anzuwenden ist.

§ 6 Einschränkung der Befreiung von Pensions-, Sterbe-, Kranken- und Unterstützungskassen. (1) Übersteigt am Schluss des Wirtschaftsjahrs, zu dem der Wert der Deckungsrückstellung versicherungsmathematisch zu berechnen ist, das Vermögen einer Pensions-, Sterbe- oder Krankenkasse im Sinne des § 5 Abs. 1 Nr. 3 den in Buchstabe d dieser Vorschrift bezeichneten Betrag, so ist die Kasse steuerpflichtig, soweit ihr Einkommen anteilig auf das übersteigende Vermögen entfällt.

(2) Die Steuerpflicht entfällt mit Wirkung für die Vergangenheit, soweit das übersteigende Vermögen innerhalb von achtzehn Monaten nach dem Schluss des Wirtschaftsjahrs, für das es festgestellt worden ist, mit Zustimmung der Versicherungsaufsichtsbehörde zur Leistungserhöhung, zur Auszahlung an das Trägerunternehmen, zur Verrechnung mit Zuwendungen des Trägerunternehmens, zur gleichmäßigen Herabsetzung künftiger Zuwendungen des Trägerunternehmens oder zur Verminderung der Beiträge der Leistungsempfänger verwendet wird.

---

[1] § 5 Abs. 1 Nr. 24 angef. mWv VZ 2014 durch G v. 22.12.2014 (BGBl. I S. 2417); zur Anwendung siehe § 34 Abs. 3 Satz 4.

[2] § 5 Abs. 2 Nr. 1 geänd. mWv VZ 2004 (§ 34 Abs. 5a) durch G v. 15.12.2003 (BGBl. I S. 2645); Nr. 1 2. HS angef. durch G v. 14.8.2007 (BGBl. I S. 1912).

[3] § 5 Abs. 2 Nr. 2 neu gef. mWv VZ 2009 durch G v. 19.12.2008 (BGBl. I S. 2794); geänd. durch G v. 26.6.2013 (BGBl. I S. 1809).

[4] § 5 Abs. 2 Nr. 3 neu gef. mWv VZ 2009 durch G v. 19.12.2008 (BGBl. I S. 2794).

(3) Wird das übersteigende Vermögen nicht in der in Absatz 2 bezeichneten Weise verwendet, so erstreckt sich die Steuerpflicht auch auf die folgenden Kalenderjahre, für die der Wert der Deckungsrückstellung nicht versicherungsmathematisch zu berechnen ist.

(4) [1] Bei der Ermittlung des Einkommens der Kasse sind Beitragsrückerstattungen oder sonstige Vermögensübertragungen an das Trägerunternehmen außer in den Fällen des Absatzes 2 nicht abziehbar. [2] Das Gleiche gilt für Zuführungen zu einer Rückstellung für Beitragsrückerstattung, soweit den Leistungsempfängern ein Anspruch auf die Überschussbeteiligung nicht zusteht.

(5)[1)] [1] Übersteigt am Schluss des Wirtschaftsjahrs das Vermögen einer Unterstützungskasse im Sinne des § 5 Abs. 1 Nr. 3 den in Buchstabe e dieser Vorschrift bezeichneten Betrag, so ist die Kasse steuerpflichtig, soweit ihr Einkommen anteilig auf das übersteigende Vermögen entfällt. [2] Bei der Ermittlung des Einkommens sind Zuwendungen des Trägerunternehmens nicht erhöhend und Versorgungsleistungen der Kasse sowie Vermögensübertragungen an das Trägerunternehmen nicht mindernd zu berücksichtigen.

(5a)[2)] [1] Unterstützungskassen in der Rechtsform der Kapitalgesellschaft können bis zum 31. Dezember 2016 auf amtlich vorgeschriebenem Vordruck einen positiven Zuwendungsbetrag erklären. [2] Dieser errechnet sich aus den Zuwendungen des Trägerunternehmens in den Veranlagungszeiträumen 2006 bis 2015 abzüglich der Versorgungsleistungen in diesem Zeitraum, soweit diese Zuwendungen und diese Versorgungsleistungen in dem steuerpflichtigen Teil des Einkommens der Kasse nach Absatz 5 Satz 1 enthalten waren. [3] Dabei gelten Versorgungsleistungen in den Veranlagungszeiträumen 2006 bis 2015 als vornehmlich aus Zuwendungen des Trägerunternehmens in diesem Zeitraum erbracht. [4] Ab dem Veranlagungszeitraum 2016 mindert sich das steuerpflichtige Einkommen der Kasse in Höhe des zum Schluss des vorherigen Veranlagungszeitraums festgestellten Betrags nach Satz 6; es mindert sich höchstens um einen Betrag in Höhe der im Wirtschaftsjahr getätigten Versorgungsleistungen. [5] Durch die Minderung darf das Einkommen nicht negativ werden. [6] Gesondert festzustellen sind

1. der Zuwendungsbetrag auf den 31. Dezember 2015 und
2. der zum 31. Dezember des jeweiligen Folgejahres verbleibende Zuwendungsbetrag, der sich ergibt, wenn vom zum Schluss des Vorjahres festgestellten Betrag der Betrag abgezogen wird, um den sich das steuerpflichtige Einkommen im laufenden Veranlagungszeitraum nach den Sätzen 4 und 5 gemindert hat.

(6) [1] Auf den Teil des Vermögens einer Pensions-, Sterbe-, Kranken- oder Unterstützungskasse, der am Schluss des Wirtschaftsjahrs den in § 5 Abs. 1 Nr. 3 Buchstabe d oder e bezeichneten Betrag übersteigt, ist Buchstabe c dieser Vorschrift nicht anzuwenden. [2] Bei Unterstützungskassen gilt dies auch, soweit das Vermögen vor dem Schluss des Wirtschaftsjahrs den in § 5 Abs. 1 Nr. 3 Buchstabe e bezeichneten Betrag übersteigt.

---

1) § 6 Abs. 5 Satz 2 neu gef. mWv VZ 2016 durch G v. 2.11.2015 (BGBl. I S. 1834).
2) § 6 Abs. 5a eingef. mWv VZ 2016 durch G v. 2.11.2015 (BGBl. I S. 1834).

§ 6a[1)] Einkommensermittlung bei voll steuerpflichtigen Unterstützungskassen. Bei Unterstützungskassen, die voll steuerpflichtig sind, ist § 6 Absatz 5 Satz 2 und Absatz 5a entsprechend anzuwenden.

Zweiter Teil. Einkommen

Erstes Kapitel. Allgemeine Vorschriften

§ 7 Grundlagen der Besteuerung. (1) Die Körperschaftsteuer bemisst sich nach dem zu versteuernden Einkommen.

(2) Zu versteuerndes Einkommen ist das Einkommen im Sinne des § 8 Abs. 1, vermindert um die Freibeträge der §§ 24 und 25.

(3) [1] Die Körperschaftsteuer ist eine Jahressteuer. [2] Die Grundlagen für ihre Festsetzung sind jeweils für ein Kalenderjahr zu ermitteln. [3] Besteht die unbeschränkte oder beschränkte Steuerpflicht nicht während eines ganzen Kalenderjahrs, so tritt an die Stelle des Kalenderjahrs der Zeitraum der jeweiligen Steuerpflicht.

(4) [1] Bei Steuerpflichtigen, die verpflichtet sind, Bücher nach den Vorschriften des Handelsgesetzbuchs zu führen, ist der Gewinn nach dem Wirtschaftsjahr zu ermitteln, für das sie regelmäßig Abschlüsse machen. [2] Weicht bei diesen Steuerpflichtigen das Wirtschaftsjahr, für das sie regelmäßig Abschlüsse machen, vom Kalenderjahr ab, so gilt der Gewinn aus Gewerbebetrieb als in dem Kalenderjahr bezogen, in dem das Wirtschaftsjahr endet. [3] Die Umstellung des Wirtschaftsjahrs auf einen vom Kalenderjahr abweichenden Zeitraum ist steuerlich nur wirksam, wenn sie im Einvernehmen mit dem Finanzamt vorgenommen wird.

§ 8 Ermittlung des Einkommens. (1)[2)] [1] Was als Einkommen gilt und wie das Einkommen zu ermitteln ist, bestimmt sich nach den Vorschriften des Einkommensteuergesetzes[3)] und dieses Gesetzes. [2] Bei Betrieben gewerblicher Art im Sinne des § 4 sind die Absicht, Gewinn zu erzielen, und die Beteiligung am allgemeinen wirtschaftlichen Verkehr nicht erforderlich. [3] Bei den inländischen öffentlich-rechtlichen Rundfunkanstalten beträgt das Einkommen aus dem Geschäft der Veranstaltung von Werbesendungen 16 Prozent der Entgelte (§ 10 Abs. 1 des Umsatzsteuergesetzes[4)]) aus Werbesendungen. [4] Bei Körperschaften im Sinne des § 1 Absatz 1 mit Sitz im Ausland, deren Ort der Geschäftsleitung im Inland belegen ist und die nach inländischem Gesellschaftsrecht mangels Rechtsfähigkeit nicht als juristische Person zu behandeln sind, sind Leistungen und Leistungsversprechen zwischen der Körperschaft und Personen, die aus dieser Körperschaft Einkünfte im Sinne des § 20 Absatz 1 Nummer 1 und 9 des Einkommensteuergesetzes erzielen, für Zwecke der Durchführung der Besteuerung mit Ertragsteuern wie Leistungen und Leistungsversprechen zwischen einer rechtsfähigen Körperschaft und deren Anteilseignern zu behandeln.

[1)] § 6a eingef. mWv VZ 2016 durch G v. 2.11.2015 (BGBl. I S. 1834).

[2)] § 8 Abs. 1 Satz 2 eingef., bish. Satz 2 wird Satz 3 durch G v. 19.12.2008 (BGBl. I S. 2794); Satz 4 angef. durch G v. 25.6.2021 (BGBl. I S. 2056); zur Anwendung siehe § 34 Abs. 3c.

[3)] Nr. **5**.

[4)] Nr. **23**.

(2)[1] Bei unbeschränkt Steuerpflichtigen im Sinne des § 1 Abs. 1 Nr. 1 bis 3 sind alle Einkünfte als Einkünfte aus Gewerbebetrieb zu behandeln.

(3)[2] ¹Für die Ermittlung des Einkommens ist es ohne Bedeutung, ob das Einkommen verteilt wird. ²Auch verdeckte Gewinnausschüttungen sowie Ausschüttungen jeder Art auf Genussrechte, mit denen das Recht auf Beteiligung am Gewinn und am Liquidationserlös der Kapitalgesellschaft verbunden ist, mindern das Einkommen nicht. ³Verdeckte Einlagen erhöhen das Einkommen nicht. ⁴Das Einkommen erhöht sich, soweit eine verdeckte Einlage das Einkommen des Gesellschafters gemindert hat. ⁵Satz 4 gilt auch für eine verdeckte Einlage, die auf einer verdeckten Gewinnausschüttung einer dem Gesellschafter nahe stehenden Person beruht und bei der Besteuerung des Gesellschafters nicht berücksichtigt wurde, es sei denn, die verdeckte Gewinnausschüttung hat bei der leistenden Körperschaft das Einkommen nicht gemindert. ⁶In den Fällen des Satzes 5 erhöht die verdeckte Einlage nicht die Anschaffungskosten der Beteiligung.

(4)[3] *(aufgehoben)*

(5) Bei Personenvereinigungen bleiben für die Ermittlung des Einkommens Beiträge, die auf Grund der Satzung von den Mitgliedern lediglich in ihrer Eigenschaft als Mitglieder erhoben werden, außer Ansatz.

(6) Besteht das Einkommen nur aus Einkünften, von denen lediglich ein Steuerabzug vorzunehmen ist, so ist ein Abzug von Betriebsausgaben oder Werbungskosten nicht zulässig.

(7)[4] ¹Die Rechtsfolgen einer verdeckten Gewinnausschüttung im Sinne des Absatzes 3 Satz 2 sind

1. bei Betrieben gewerblicher Art im Sinne des § 4 nicht bereits deshalb zu ziehen, weil sie ein Dauerverlustgeschäft ausüben;
2. bei Kapitalgesellschaften nicht bereits deshalb zu ziehen, weil sie ein Dauerverlustgeschäft ausüben. ²Satz 1 gilt nur bei Kapitalgesellschaften, bei denen die Mehrheit der Stimmrechte unmittelbar oder mittelbar auf juristische Personen des öffentlichen Rechts entfällt und nachweislich ausschließlich diese Gesellschafter die Verluste aus Dauerverlustgeschäften tragen.

²Ein Dauerverlustgeschäft liegt vor, soweit aus verkehrs-, umwelt-, sozial-, kultur-, bildungs- oder gesundheitspolitischen Gründen eine wirtschaftliche Betätigung ohne kostendeckendes Entgelt unterhalten wird oder in den Fällen von Satz 1 Nr. 2 das Geschäft Ausfluss einer Tätigkeit ist, die bei juristischen Personen des öffentlichen Rechts zu einem Hoheitsbetrieb gehört.

(8)[5] ¹Werden Betriebe gewerblicher Art zusammengefasst, ist § 10d des Einkommensteuergesetzes auf den Betrieb gewerblicher Art anzuwenden, der sich durch die Zusammenfassung ergibt. ²Nicht ausgeglichene negative Einkünfte der einzelnen Betriebe gewerblicher Art aus der Zeit vor der Zusammenfassung können nicht beim zusammengefassten Betrieb gewerblicher Art abgezogen werden. ³Ein Rücktrag von Verlusten des zusammengefassten Be-

---

[1] § 8 Abs. 2 neu gef. mWv VZ 2006 durch G v. 7.12.2006 (BGBl. I S. 2782).
[2] § 8 Abs. 3 Sätze 3 bis 6 angef. durch G v. 13.12.2006 (BGBl. I S. 2878).
[3] § 8 Abs. 4 aufgeh. durch G v. 14.8.2007 (BGBl. I S. 1912).
[4] § 8 Abs. 7 angef. mWv VZ 2009 durch G v. 19.12.2008 (BGBl. I S. 2794).
[5] § 8 Abs. 8 angef. mWv VZ 2009 durch G v. 19.12.2008 (BGBl. I S. 2794); Satz 6 angef. durch G v. 27.6.2017 (BGBl. I S. 2074); zur Anwendung siehe § 34 Abs. 3d.

triebs gewerblicher Art auf die einzelnen Betriebe gewerblicher Art vor Zusammenfassung ist unzulässig. [4]Ein bei einem Betrieb gewerblicher Art vor der Zusammenfassung festgestellter Verlustvortrag kann nach Maßgabe des § 10d des Einkommensteuergesetzes vom Gesamtbetrag der Einkünfte abgezogen werden, den dieser Betrieb gewerblicher Art nach Beendigung der Zusammenfassung erzielt. [5]Die Einschränkungen der Sätze 2 bis 4 gelten nicht, wenn gleichartige Betriebe gewerblicher Art zusammengefasst oder getrennt werden. [6]Kommt es bei einem Betrieb gewerblicher Art, der sich durch eine Zusammenfassung ergeben hat, innerhalb eines Zeitraums von fünf Jahren nach der Zusammenfassung zur Anwendung des § 3a des Einkommensteuergesetzes, ist § 3a Absatz 3 Satz 3 des Einkommensteuergesetzes entsprechend auf die in Satz 4 genannten Verlustvorträge anzuwenden.

(9)[1)] [1]Wenn für Kapitalgesellschaften Absatz 7 Satz 1 Nr. 2 zur Anwendung kommt, sind die einzelnen Tätigkeiten der Gesellschaft nach folgender Maßgabe Sparten zuzuordnen:

1. Tätigkeiten, die als Dauerverlustgeschäfte Ausfluss einer Tätigkeit sind, die bei juristischen Personen des öffentlichen Rechts zu einem Hoheitsbetrieb gehören, sind jeweils gesonderten Sparten zuzuordnen;
2. Tätigkeiten, die nach § 4 Abs. 6 Satz 1 zusammenfassbar sind oder aus den übrigen, nicht in Nummer 1 bezeichneten Dauerverlustgeschäften stammen, sind jeweils gesonderten Sparten zuzuordnen, wobei zusammenfassbare Tätigkeiten jeweils eine einheitliche Sparte bilden;
3. alle übrigen Tätigkeiten sind einer einheitlichen Sparte zuzuordnen.

[2]Für jede sich hiernach ergebende Sparte ist der Gesamtbetrag der Einkünfte getrennt zu ermitteln. [3]Die Aufnahme einer weiteren, nicht gleichartigen Tätigkeit führt zu einer neuen, gesonderten Sparte; Entsprechendes gilt für die Aufgabe einer solchen Tätigkeit. [4]Ein negativer Gesamtbetrag der Einkünfte einer Sparte darf nicht mit einem positiven Gesamtbetrag der Einkünfte einer anderen Sparte ausgeglichen oder nach Maßgabe des § 10d des Einkommensteuergesetzes abgezogen werden. [5]Er mindert jedoch nach Maßgabe des § 10d des Einkommensteuergesetzes die positiven Gesamtbeträge der Einkünfte, die sich in dem unmittelbar vorangegangenen und in den folgenden Veranlagungszeiträumen für dieselbe Sparte ergeben. [6]Liegen die Voraussetzungen des Absatzes 7 Satz 1 Nr. 2 Satz 2 ab einem Zeitpunkt innerhalb eines Veranlagungszeitraums nicht mehr vor, sind die Sätze 1 bis 5 ab diesem Zeitpunkt nicht mehr anzuwenden; hiernach nicht ausgeglichene oder abgezogene negative Beträge sowie verbleibende Verlustvorträge aus den Sparten, in denen Dauerverlusttätigkeiten ausgeübt werden, entfallen. [7]Liegen die Voraussetzungen des Absatzes 7 Satz 1 Nr. 2 Satz 2 erst ab einem bestimmten Zeitpunkt innerhalb eines Veranlagungszeitraums vor, sind die Sätze 1 bis 5 ab diesem Zeitpunkt anzuwenden; ein bis zum Eintritt der Voraussetzungen entstandener Verlust kann nach Maßgabe des § 10d des Einkommensteuergesetzes abgezogen werden; ein danach verbleibender Verlust ist der Sparte zuzuordnen, in denen keine Dauerverlustgeschäfte ausgeübt werden. [8]Der am Schluss eines Veranlagungszeitraums verbleibende negative Gesamtbetrag der Einkünfte einer Sparte ist

---

[1)] § 8 Abs. 9 angef. mWv VZ 2009 durch G v. 19.12.2008 (BGBl. I S. 2794); Satz 8 angef. mWv VZ 2009 durch G v. 8.12.2010 (BGBl. I S. 1768); Satz 9 angef. durch G v. 27.6.2017 (BGBl. I S. 2074); zur Anwendung siehe § 34 Abs. 3d.

gesondert festzustellen; § 10d Absatz 4 des Einkommensteuergesetzes gilt entsprechend. [9]Die §§ 3a und 3c Absatz 4 des Einkommensteuergesetzes sind entsprechend anzuwenden; § 3a Absatz 2 des Einkommensteuergesetzes ist für die Kapitalgesellschaft anzuwenden.

(10)[1)] [1]Bei Einkünften aus Kapitalvermögen ist § 2 Absatz 5b des Einkommensteuergesetzes nicht anzuwenden. [2]§ 32d Abs. 2 Satz 1 Nr. 1 Satz 1 und Nr. 3 Satz 1 und Satz 3 bis 6 des Einkommensteuergesetzes ist entsprechend anzuwenden; in diesen Fällen ist § 20 Abs. 6 und 9 des Einkommensteuergesetzes nicht anzuwenden.

§ 8a[2)] Betriebsausgabenabzug für Zinsaufwendungen bei Körperschaften (Zinsschranke) (1)[3)] [1]§ 4h Abs. 1 Satz 2 des Einkommensteuergesetzes[4)] ist mit der Maßgabe anzuwenden, dass anstelle des maßgeblichen Gewinns das maßgebliche Einkommen tritt. [2]Maßgebliches Einkommen ist das nach den Vorschriften des Einkommensteuergesetzes und dieses Gesetzes ermittelte Einkommen mit Ausnahme der §§ 4h und 10d des Einkommensteuergesetzes und des § 9 Abs. 1 Nr. 2 dieses Gesetzes. [3]Die §§ 8c und 8d gelten für den Zinsvortrag nach § 4h Absatz 1 Satz 5 des Einkommensteuergesetzes mit der Maßgabe entsprechend, dass stille Reserven im Sinne des § 8c Absatz 1 Satz 6 nur zu berücksichtigen sind, soweit sie die nach § 8c Absatz 1 Satz 5 und § 8d Absatz 2 Satz 1 abziehbaren nicht genutzten Verluste übersteigen. [4]Auf Kapitalgesellschaften, die ihre Einkünfte nach § 2 Abs. 2 Nr. 2 des Einkommensteuergesetzes ermitteln, ist § 4h des Einkommensteuergesetzes sinngemäß anzuwenden.

(2) § 4h Abs. 2 Satz 1 Buchstabe b des Einkommensteuergesetzes ist nur anzuwenden, wenn die Vergütungen für Fremdkapital an einen zu mehr als einem Viertel unmittelbar oder mittelbar am Grund- oder Stammkapital beteiligten Anteilseigner, eine diesem nahe stehende Person (§ 1 Abs. 2 des Außensteuergesetzes[5)] vom 8. September 1972 – BGBl. I S. 1713 –, das zuletzt durch Artikel 3 des Gesetzes vom 28. Mai 2007 – BGBl. I S. 914 – geändert worden ist, in der jeweils geltenden Fassung) oder einen Dritten, der auf den zu mehr als einem Viertel am Grund- oder Stammkapital beteiligten Anteilseigner oder eine diesem nahe stehende Person zurückgreifen kann, nicht mehr als 10 Prozent der die Zinserträge übersteigenden Zinsaufwendungen der Körperschaft im Sinne des § 4h Abs. 3 des Einkommensteuergesetzes betragen und die Körperschaft dies nachweist.

(3) [1]§ 4h Abs. 2 Satz 1 Buchstabe c des Einkommensteuergesetzes ist nur anzuwenden, wenn die Vergütungen für Fremdkapital der Körperschaft oder eines anderen demselben Konzern zugehörenden Rechtsträgers an einen zu mehr als einem Viertel unmittelbar oder mittelbar am Kapital beteiligten Gesellschafter einer konzernzugehörigen Gesellschaft, eine diesem nahe stehende Person (§ 1 Abs. 2 des Außensteuergesetzes) oder einen Dritten, der auf den

[1)] § 8 Abs. 10 angef. mWv VZ 2009 durch G v. 19.12.2008 (BGBl. I S. 2794).

[2)] § 8a neu gef. durch G v. 14.8.2007 (BGBl. I S. 1912); zur Anwendung von § 8a Abs. 2 und 3 siehe § 34 Abs. 4.

[3)] § 8a Abs. 1 Sätze 1 und 3 geänd. durch G v. 22.12.2009 (BGBl. I S. 3950); Satz 3 neu gef. mWv VZ 2016 durch G v. 20.12.2016 (BGBl. I S. 2998); Satz 3 geänd. durch G v. 11.12.2018 (BGBl. I S. 2338).

[4)] Nr. **5**.

[5)] Nr. **2**.

zu mehr als einem Viertel am Kapital beteiligten Gesellschafter oder eine diesem nahe stehende Person zurückgreifen kann, nicht mehr als 10 Prozent der die Zinserträge übersteigenden Zinsaufwendungen des Rechtsträgers im Sinne des § 4h Abs. 3 des Einkommensteuergesetzes betragen und die Körperschaft dies nachweist. [2]Satz 1 gilt nur für Zinsaufwendungen aus Verbindlichkeiten, die in dem voll konsolidierten Konzernabschluss nach § 4h Abs. 2 Satz 1 Buchstabe c des Einkommensteuergesetzes ausgewiesen sind und bei Finanzierung durch einen Dritten einen Rückgriff gegen einen nicht zum Konzern gehörenden Gesellschafter oder eine diesem nahe stehende Person auslösen.

§ 8b Beteiligung an anderen Körperschaften und Personenvereinigungen. (1)[1)] [1]Bezüge im Sinne des § 20 Abs. 1 Nr. 1, 2, 9 und 10 Buchstabe a des Einkommensteuergesetzes[2)] bleiben bei der Ermittlung des Einkommens außer Ansatz. [2]Satz 1 gilt nur, soweit die Bezüge das Einkommen der leistenden Körperschaft nicht gemindert haben. [3]Sofern die Bezüge in einem anderen Staat auf Grund einer vom deutschen Recht abweichenden steuerlichen Zurechnung der Anteile im Sinne des Satzes 1 einer anderen Person zugerechnet werden, gilt Satz 1 nur, soweit das Einkommen der anderen Person oder ihr nahestehender Personen nicht niedriger ist als bei einer dem deutschen Recht entsprechenden Zurechnung. [4]Sind die Bezüge im Sinne des Satzes 1 nach einem Abkommen zur Vermeidung der Doppelbesteuerung von der Bemessungsgrundlage für die Körperschaftsteuer auszunehmen, gilt Satz 2 ungeachtet des Wortlauts des Abkommens für diese Freistellung entsprechend. [5]Satz 2 gilt nicht, soweit die verdeckte Gewinnausschüttung das Einkommen einer dem Steuerpflichtigen nahe stehenden Person erhöht hat und § 32a des Körperschaftsteuergesetzes auf die Veranlagung dieser nahe stehenden Person keine Anwendung findet. [6]Bezüge im Sinne des Satzes 1 sind auch Einnahmen aus der Veräußerung von Dividendenscheinen und sonstigen Ansprüchen im Sinne des § 20 Abs. 2 Satz 1 Nr. 2 Buchstabe a des Einkommensteuergesetzes sowie Einnahmen aus der Abtretung von Dividendenansprüchen oder sonstigen Ansprüchen im Sinne des § 20 Abs. 2 Satz 2 des Einkommensteuergesetzes.

(2)[3)] [1]Bei der Ermittlung des Einkommens bleiben Gewinne aus der Veräußerung eines Anteils an einer Körperschaft oder Personenvereinigung, deren Leistungen beim Empfänger zu Einnahmen im Sinne des § 20 Abs. 1 Nr. 1, 2, 9 und 10 Buchstabe a des Einkommensteuergesetzes gehören, oder an einer Organgesellschaft im Sinne des § 14 oder § 17 außer Ansatz. [2]Veräußerungsgewinn im Sinne des Satzes 1 ist der Betrag, um den der Veräußerungspreis oder der an dessen Stelle tretende Wert nach Abzug der Veräußerungskosten den Wert übersteigt, der sich nach den Vorschriften über die steuerliche Gewinnermittlung im Zeitpunkt der Veräußerung ergibt (Buchwert). [3]Satz 1 gilt entsprechend für Gewinne aus der Auflösung oder der Herabsetzung des Nennkapitals oder aus dem Ansatz des in § 6 Absatz 1 Nummer 2 Satz 3 des

---

1) § 8b Abs. 1 Sätze 2 bis 4 eingef., bish. Satz 2 wird Satz 5 durch G v. 13.12.2006 (BGBl. I S. 2878); Satz 2 neu gef. mWv VZ 2014 durch G v. 26.6.2013 (BGBl. I S. 1809); Satz 3 eingef., bish. Sätze 3 bis 5 werden Sätze 4 bis 6 mWv VZ 2020 durch G v. 25.6.2021 (BGBl. I S. 2035); zur Anwendung siehe § 34 Abs. 5 Satz 1.

2) Nr. **5**.

3) § 8b Abs. 2 neu gef. mWv VZ 2004 durch G v. 22.12.2003 (BGBl. I S. 2840); Satz 3 geänd., Satz 5 eingef., bish. Satz 5 wird Satz 6 mWv VZ 2006 durch G v. 7.12.2006 (BGBl. I S. 2782); Sätze 1 und 3 geänd. mWv VZ 2015 durch G v. 25.7.2014 (BGBl. I S. 1266).

Einkommensteuergesetzes bezeichneten Werts. [4]Die Sätze 1 und 3 gelten nicht, soweit der Anteil in früheren Jahren steuerwirksam auf den niedrigeren Teilwert abgeschrieben und die Gewinnminderung nicht durch den Ansatz eines höheren Werts ausgeglichen worden ist. [5]Satz 4 gilt außer für Gewinne aus dem Ansatz mit dem Wert, der sich nach § 6 Abs. 1 Nr. 2 Satz 3 des Einkommensteuergesetzes ergibt, auch für steuerwirksam vorgenommene Abzüge nach § 6b des Einkommensteuergesetzes und ähnliche Abzüge. [6]Veräußerung im vorstehenden Sinne ist auch die verdeckte Einlage.

(3)[1)] [1]Von dem jeweiligen Gewinn im Sinne des Absatzes 2 Satz 1, 3 und 6 gelten 5 Prozent als Ausgaben, die nicht als Betriebsausgaben abgezogen werden dürfen. [2]§ 3c Abs. 1 des Einkommensteuergesetzes ist nicht anzuwenden. [3]Gewinnminderungen, die im Zusammenhang mit dem in Absatz 2 genannten Anteil entstehen, sind bei der Ermittlung des Einkommens nicht zu berücksichtigen. [4]Zu den Gewinnminderungen im Sinne des Satzes 3 gehören auch Gewinnminderungen im Zusammenhang mit einer Darlehensforderung oder aus der Inanspruchnahme von Sicherheiten, die für ein Darlehen hingegeben wurden, wenn das Darlehen oder die Sicherheit von einem Gesellschafter gewährt wird, der zu mehr als einem Viertel unmittelbar oder mittelbar am Grund- oder Stammkapital der Körperschaft, der das Darlehen gewährt wurde, beteiligt ist oder war. [5]Dies gilt auch für diesem Gesellschafter nahestehende Personen im Sinne des § 1 Abs. 2 des Außensteuergesetzes[2)] oder für Gewinnminderungen aus dem Rückgriff eines Dritten auf den zu mehr als einem Viertel am Grund- oder Stammkapital beteiligten Gesellschafter oder eine diesem nahestehende Person auf Grund eines der Gesellschaft gewährten Darlehens.

[Fassung bis VZ 2021:]

[6]Die Sätze 4 und 5 sind nicht anzuwenden, wenn nachgewiesen wird, dass auch ein fremder Dritter das Darlehen bei sonst gleichen Umständen gewährt oder noch nicht zurückgefordert hätte; dabei sind nur die eigenen Sicherungsmittel der Gesellschaft zu berücksichtigen. [7]Die Sätze 4 bis 6 gelten entsprechend für Forderungen aus Rechtshandlungen, die einer Darlehensgewährung wirtschaftlich vergleichbar sind. [8]Gewinne aus dem Ansatz einer Darlehensforderung mit dem nach § 6 Abs. 1 Nr. 2 Satz 3 des Einkommensteuergesetzes maßgeblichen Wert bleiben bei der Ermittlung des Einkommens außer Ansatz, soweit auf die vorangegangene

[Fassung ab VZ 2022:[3)]]

[6]Währungskursverluste gelten nicht als Gewinnminderungen im Sinne der Sätze 4 und 5. [7]Die Sätze 4 und 5 sind nicht anzuwenden, wenn nachgewiesen wird, dass auch ein fremder Dritter das Darlehen bei sonst gleichen Umständen gewährt oder noch nicht zurückgefordert hätte; dabei sind nur die eigenen Sicherungsmittel der Gesellschaft zu berücksichtigen. [8]Die Sätze 4 bis 7 gelten entsprechend für Forderungen aus Rechtshandlungen, die einer Darlehensgewährung wirtschaftlich vergleichbar sind. [9]Gewinne aus dem Ansatz einer Darlehensforderung mit dem nach § 6 Abs. 1 Nr. 2 Satz 3 des Einkommensteuergesetzes maßgeblichen Wert bleiben bei der Ermittlung des

---

[1)] § 8b Abs. 3 neu gef. mWv VZ 2004 durch G v. 22.12.2003 (BGBl. I S. 2840); Satz 1 geänd., Sätze 4 bis 8 angef. mWv VZ 2008 durch G v. 20.12.2007 (BGBl. I S. 3150).

[2)] Nr. **2**.

[3)] § 8b Abs. 3 Satz 6 eingef., bish. Sätze 6 bis 8 werden Sätze 7 bis 9 und neuer Satz 8 geänd. **mWv VZ 2022** durch G v. 25.6.2021 (BGBl. I S. 2050); zur Anwendung siehe § 34 Abs. 5 Satz 2.

[Fassung bis VZ 2021:]
Teilwertabschreibung Satz 3 angewendet worden ist.

[Fassung ab VZ 2022:]
Einkommens außer Ansatz, soweit auf die vorangegangene Teilwertabschreibung Satz 3 angewendet worden ist.

(4)[1] [1]Bezüge im Sinne des Absatzes 1 sind abweichend von Absatz 1 Satz 1 bei der Ermittlung des Einkommens zu berücksichtigen, wenn die Beteiligung zu Beginn des Kalenderjahres unmittelbar weniger als 10 Prozent des Grund- oder Stammkapitals betragen hat; ist ein Grund- oder Stammkapital nicht vorhanden, ist die Beteiligung an dem Vermögen, bei Genossenschaften die Beteiligung an der Summe der Geschäftsguthaben, maßgebend. [2]Für die Bemessung der Höhe der Beteiligung ist § 13 Absatz 2 Satz 2 des Umwandlungssteuergesetzes[2] nicht anzuwenden. [3]Überlässt eine Körperschaft Anteile an einen anderen und hat der andere diese oder gleichartige Anteile zurückzugeben, werden die Anteile für die Ermittlung der Beteiligungsgrenze der überlassenden Körperschaft zugerechnet. [4]Beteiligungen über eine Mitunternehmerschaft sind dem Mitunternehmer anteilig zuzurechnen; § 15 Absatz 1 Satz 1 Nummer 2 Satz 2 des Einkommensteuergesetzes gilt sinngemäß. [5]Eine dem Mitunternehmer nach Satz 4 zugerechnete Beteiligung gilt für die Anwendung dieses Absatzes als unmittelbare Beteiligung. [6]Für Zwecke dieses Absatzes gilt der Erwerb einer Beteiligung von mindestens 10 Prozent als zu Beginn des Kalenderjahres erfolgt. [7]Absatz 5 ist auf Bezüge im Sinne des Satzes 1 nicht anzuwenden. [8]Beteiligungen von Kreditinstituten im Sinne des § 1 Absatz 1 Satz 1 des Kreditwesengesetzes, die Mitglied einer kreditwirtschaftlichen Verbundgruppe im Sinne des § 2 Absatz 1 Nummer 13 des Zahlungsdiensteaufsichtsgesetzes sind, an anderen Unternehmen und Einrichtungen dieser Verbundgruppe sind zusammenzurechnen.

(5)[3] [1]Von den Bezügen im Sinne des Absatzes 1, die bei der Ermittlung des Einkommens außer Ansatz bleiben, gelten 5 Prozent als Ausgaben, die nicht als Betriebsausgaben abgezogen werden dürfen. [2]§ 3c Abs. 1 des Einkommensteuergesetzes ist nicht anzuwenden.

(6) [1]Die Absätze 1 bis 5 gelten auch für die dort genannten Bezüge, Gewinne und Gewinnminderungen, die dem Steuerpflichtigen im Rahmen des Gewinnanteils aus einer Mitunternehmerschaft zugerechnet werden, sowie für Gewinne und Verluste, soweit sie bei der Veräußerung oder Aufgabe eines Mitunternehmeranteils auf Anteile im Sinne des Absatzes 2 entfallen. [2]Die Absätze 1 bis 5 gelten für Bezüge und Gewinne, die einem Betrieb gewerblicher Art einer juristischen Person des öffentlichen Rechts über andere juristische Personen des öffentlichen Rechts zufließen, über die sie mittelbar an der leistenden Körperschaft, Personenvereinigung oder Vermögensmasse beteiligt ist und bei denen die Leistungen nicht im Rahmen eines Betriebs gewerblicher Art erfasst werden, und damit in Zusammenhang stehende Gewinnminderungen entsprechend.

---

[1] § 8b Abs. 4 neu gef. durch G v. 21.3.2013 (BGBl. I S. 561); zur Anwendung siehe § 27 Abs. 11 UmwStG (Nr. **22**); Satz 8 geänd. mWv VZ 2018 durch G v. 12.12.2019 (BGBl. I S. 2451); zur Anwendung siehe § 34 Abs. 5 Satz 4.

[2] Nr. **22**.

[3] § 8b Abs. 5 neu gef. mWv VZ 2004 durch G v. 22.12.2003 (BGBl. I S. 2840).

(7)[1)] [1]Die Absätze 1 bis 6 sind nicht auf Anteile anzuwenden, die bei Kreditinstituten, Wertpapierinstituten und Finanzdienstleistungsinstituten dem Handelsbestand im Sinne des § 340e Absatz 3 des Handelsgesetzbuchs zuzuordnen sind. [2]Gleiches gilt für Anteile, die bei Finanzunternehmen im Sinne des Kreditwesengesetzes, an denen Kreditinstitute, Wertpapierinstitute oder Finanzdienstleistungsinstitute unmittelbar oder mittelbar zu mehr als 50 Prozent beteiligt sind, zum Zeitpunkt des Zugangs zum Betriebsvermögen als Umlaufvermögen auszuweisen sind.

(8)[2)] [1]Die Absätze 1 bis 7 sind nicht anzuwenden auf Anteile, die bei Lebens- und Krankenversicherungsunternehmen den Kapitalanlagen zuzurechnen sind. [2]Satz 1 gilt nicht für Gewinne im Sinne des Absatzes 2, soweit eine Teilwertabschreibung in früheren Jahren nach Absatz 3 bei der Ermittlung des Einkommens unberücksichtigt geblieben ist und diese Minderung nicht durch den Ansatz eines höheren Werts ausgeglichen worden ist. [3]Gewinnminderungen, die im Zusammenhang mit den Anteilen im Sinne des Satzes 1 stehen, sind bei der Ermittlung des Einkommens nicht zu berücksichtigen, wenn das Lebens- oder Krankenversicherungsunternehmen die Anteile von einem verbundenen Unternehmen (§ 15 des Aktiengesetzes) erworben hat, soweit ein Veräußerungsgewinn für das verbundene Unternehmen nach Absatz 2 in der Fassung des Artikels 3 des Gesetzes vom 23. Oktober 2000 (BGBl. I S. 1433) bei der Ermittlung des Einkommens außer Ansatz geblieben ist. [4]Für die Ermittlung des Einkommens sind die Anteile mit den nach handelsrechtlichen Vorschriften ausgewiesenen Werten anzusetzen, die bei der Ermittlung der nach § 21 abziehbaren Beträge zu Grunde gelegt wurden. [5]Entsprechendes gilt für Pensionsfonds.

(9)[3)] Die Absätze 7 und 8 gelten nicht für Bezüge im Sinne des Absatzes 1, auf die die Mitgliedstaaten der Europäischen Union Artikel 4 Abs. 1 der Richtlinie 2011/96/EU des Rates vom 30. November 2011 über das gemeinsame Steuersystem der Mutter- und Tochtergesellschaften verschiedener Mitgliedstaaten (ABl. L 345 vom 29.12.2011, S. 8), anzuwenden haben.

(10)[4)] [1]Überlässt eine Körperschaft (überlassende Körperschaft) Anteile, auf die bei ihr Absatz 4, 7 oder 8 anzuwenden ist oder auf die bei ihr aus anderen Gründen die Steuerfreistellungen der Absätze 1 und 2 oder vergleichbare ausländische Vorschriften nicht anzuwenden sind, an eine Körperschaft (andere Körperschaft), bei der auf die Anteile Absatz 4, 7 oder 8 nicht anzuwenden ist, und hat die andere Körperschaft, der die Anteile zuzurechnen sind, diese oder gleichartige Anteile zurückzugeben, dürfen die für die Überlassung gewährten Entgelte bei der anderen Körperschaft nicht als Betriebsausgabe abgezogen werden. [2]Überlässt die andere Körperschaft für die Überlassung der Anteile Wirtschaftsgüter an die überlassende Körperschaft, aus denen diese Einnahmen oder Bezüge erzielt, gelten diese Einnahmen oder Bezüge als von der anderen

---

[1)] § 8b Abs. 7 neu gef. mWv VZ 2017 durch G v. 20.12.2016 (BGBl. I S. 3000); zur Anwendung siehe § 34 Abs. 5 Satz 5; Abs. 7 Sätze 1 und 2 geänd. durch G v. 12.5.2021 (BGBl. I S. 990).

[2)] § 8b Abs. 8 angef. mWv VZ 2004 bzw. VZ 2005 (§ 34 Abs. 7 Satz 8 Nr. 1) durch G v. 22.12. 2003 (BGBl. I S. 2840). Zum Rückwirkungszeitraum bei Antragstellung bis 30.6.2004 siehe § 34 Abs. 7 Satz 8 Nr. 2.

[3)] § 8b Abs. 9 angef. mWv VZ 2005 durch G v. 9.12.2004 (BGBl. I S. 3310). Zur Fassung für VZ 2004 vgl. § 34 Abs. 7 Satz 10; geänd. mWv 1.1.2012 durch G v. 26.6.2013 (BGBl. I S. 1809).

[4)] § 8b Abs. 10 angef. durch G v. 14.8.2007 (BGBl. I S. 1912); neu gef. durch G v. 26.6.2013 (BGBl. I S. 1809); Satz 11 neu gef. mWv 1.1.2018 durch G v. 11.12.2018 (BGBl. I S. 2338).

Körperschaft bezogen und als Entgelt für die Überlassung an die überlassende Körperschaft gewährt. [3] Absatz 3 Satz 1 und 2 sowie Absatz 5 sind nicht anzuwenden. [4] Die Sätze 1 bis 3 gelten auch für Wertpapierpensionsgeschäfte im Sinne des § 340b Absatz 2 des Handelsgesetzbuchs. [5] Die Sätze 1 bis 4 gelten nicht, wenn die andere Körperschaft keine Einnahmen oder Bezüge aus den ihr überlassenen Anteilen erzielt. [6] Zu den Einnahmen und Bezügen aus den überlassenen Anteilen im Sinne des Satzes 5 gehören auch Entgelte, die die andere Körperschaft dafür erhält, dass sie die entliehenen Wertpapiere weiterverleiht. [7] Die Sätze 1 bis 6 gelten entsprechend, wenn die Anteile an eine Personengesellschaft oder von einer Personengesellschaft überlassen werden, an der die überlassende oder die andere Körperschaft unmittelbar oder mittelbar über eine Personengesellschaft oder mehrere Personengesellschaften beteiligt ist. [8] In diesen Fällen gelten die Anteile als an die Körperschaft oder von der Körperschaft überlassen. [9] Die Sätze 1 bis 8 gelten entsprechend, wenn Anteile, die die Voraussetzungen des Absatzes 7 erfüllen, von einer Personengesellschaft überlassen werden. [10] Die Sätze 1 bis 8 gelten nicht, soweit § 2 Nummer 2 zweiter Halbsatz oder § 5 Absatz 2 Nummer 1 zweiter Halbsatz auf die überlassende Körperschaft Anwendung findet. [11] Als Anteil im Sinne der Sätze 1 bis 10 gilt auch der Anteil im Sinne von § 2 Absatz 4 des Investmentsteuergesetzes[1)] vom 19. Juli 2016 (BGBl. I S. 1730), das zuletzt durch Artikel 10 des Gesetzes vom 23. Juni 2017 (BGBl. I S. 1682) geändert worden ist, in der jeweils geltenden Fassung, soweit daraus Einnahmen erzielt werden, auf die § 8b anzuwenden ist.

(11)[2)] Die Absätze 1 bis 10 sind nicht anzuwenden bei Anteilen an Unterstützungskassen.

§ 8c[3)] Verlustabzug bei Körperschaften. (1)[4)] [1] Werden innerhalb von fünf Jahren mittelbar oder unmittelbar mehr als 50 Prozent des gezeichneten Kapitals, der Mitgliedschaftsrechte, der Beteiligungsrechte oder der Stimmrechte an einer Körperschaft an einen Erwerber oder diesem nahe stehende Personen übertragen oder liegt ein vergleichbarer Sachverhalt vor (schädlicher Beteiligungserwerb), sind bis zum schädlichen Beteiligungserwerb nicht ausgeglichene oder abgezogene negative Einkünfte (nicht genutzte Verluste) vollständig nicht mehr abziehbar. [2] Als ein Erwerber im Sinne des Satzes 1 gilt auch eine Gruppe von Erwerbern mit gleichgerichteten Interessen. [3] Eine Kapitalerhöhung steht der Übertragung des gezeichneten Kapitals gleich, soweit sie zu einer Veränderung der Beteiligungsquoten am Kapital der Körperschaft führt. [4] Ein schädlicher Beteiligungserwerb liegt nicht vor, wenn

1. an dem übertragenden Rechtsträger der Erwerber zu 100 Prozent mittelbar oder unmittelbar beteiligt ist und der Erwerber eine natürliche oder juristische Person oder eine Personenhandelsgesellschaft ist,
2. an dem übernehmenden Rechtsträger der Veräußerer zu 100 Prozent mittelbar oder unmittelbar beteiligt ist und der Veräußerer eine natürliche oder juristische Person oder eine Personenhandelsgesellschaft ist oder

---

1) Nr. **15**.

2) § 8b Abs. 11 angef. mWv VZ 2016 durch G v. 2.11.2015 (BGBl. I S. 1834).

3) § 8c eingef. durch G v. 14.8.2007 (BGBl. I S. 1912).

4) § 8c Abs. 1 neu gef. durch G v. 11.12.2018 (BGBl. I S. 2338); zur Anwendung siehe § 34 Abs. 6 Sätze 1 und 2; Satz 1 geänd. mWv VZ 2020 durch G v. 12.12.2019 (BGBl. I S. 2451).

3. an dem übertragenden und an dem übernehmenden Rechtsträger dieselbe natürliche oder juristische Person oder dieselbe Personenhandelsgesellschaft zu jeweils 100 Prozent mittelbar oder unmittelbar beteiligt ist.

[5] Ein nicht abziehbarer nicht genutzter Verlust kann abweichend von Satz 1 abgezogen werden, soweit er die gesamten zum Zeitpunkt des schädlichen Beteiligungserwerbs vorhandenen im Inland steuerpflichtigen stillen Reserven des Betriebsvermögens der Körperschaft nicht übersteigt. [6] Stille Reserven im Sinne des Satzes 5 sind der Unterschiedsbetrag zwischen dem in der steuerlichen Gewinnermittlung ausgewiesenen Eigenkapital und dem auf dieses Eigenkapital jeweils entfallenden gemeinen Wert der Anteile an der Körperschaft, soweit diese im Inland steuerpflichtig sind. [7] Ist das Eigenkapital der Körperschaft negativ, sind stille Reserven im Sinne des Satzes 5 der Unterschiedsbetrag zwischen dem in der steuerlichen Gewinnermittlung ausgewiesenen Eigenkapital und dem diesem Anteil entsprechenden gemeinen Wert des Betriebsvermögens der Körperschaft. [8] Bei der Ermittlung der stillen Reserven ist nur das Betriebsvermögen zu berücksichtigen, das der Körperschaft ohne steuerrechtliche Rückwirkung, insbesondere ohne Anwendung des § 2 Absatz 1 des Umwandlungssteuergesetzes, zuzurechnen ist.

(1a)[1)] [1] Für die Anwendung des Absatzes 1 ist ein Beteiligungserwerb zum Zweck der Sanierung des Geschäftsbetriebs der Körperschaft unbeachtlich. [2] Sanierung ist eine Maßnahme, die darauf gerichtet ist, die Zahlungsunfähigkeit oder Überschuldung zu verhindern oder zu beseitigen und zugleich die wesentlichen Betriebsstrukturen zu erhalten.
[3] Die Erhaltung der wesentlichen Betriebsstrukturen setzt voraus, dass

1. die Körperschaft eine geschlossene Betriebsvereinbarung mit einer Arbeitsplatzregelung befolgt oder
2.[2)] die Summe der maßgebenden jährlichen Lohnsummen der Körperschaft innerhalb von fünf Jahren nach dem Beteiligungserwerb 400 Prozent der Ausgangslohnsumme nicht unterschreitet; § 13a Absatz 1 Satz 3 und 4 und Absatz 4 des Erbschaftsteuer- und Schenkungsteuergesetzes[3)] in der Fassung des Gesetzes vom 24. Dezember 2008 (BGBl. I S. 3018) gilt sinngemäß; oder
3.[4)] der Körperschaft durch Einlagen wesentliches Betriebsvermögen zugeführt wird. [2] Eine wesentliche Betriebsvermögenszuführung liegt vor, wenn der Körperschaft innerhalb von zwölf Monaten nach dem Beteiligungserwerb neues Betriebsvermögen zugeführt wird, das mindestens 25 Prozent des in der Steuerbilanz zum Schluss des vorangehenden Wirtschaftsjahrs enthaltenen Aktivvermögens entspricht. [3] Wird nur ein Anteil an der Körperschaft erworben, ist nur der entsprechende Anteil des Aktivvermögens zuzuführen. [4] Der Erlass von Verbindlichkeiten durch den Erwerber oder eine diesem nahestehende Person steht der Zuführung neuen Betriebsvermögens gleich, soweit die Verbindlichkeiten werthaltig sind. [5] Leistungen

---

[1)] § 8c Abs. 1a eingef. durch G v. 16.7.2009 (BGBl. I S. 1959); zur Anwendung siehe § 34 Abs. 6 Satz 4.
[2)] § 8c Abs. 1a Satz 3 Nr. 2 geänd. mWv VZ 2008 durch G v. 12.12.2019 (BGBl. I S. 2451); zur Anwendung siehe § 34 Abs. 6 Satz 3.
[3)] Nr. **7**.
[4)] § 8c Abs. 1a Satz 3 Nr. 3 Satz 5 geänd. durch G v. 22.12.2009 (BGBl. I S. 3950); zur Anwendung siehe § 34 Abs. 6 Satz 4.

der Kapitalgesellschaft, die innerhalb von drei Jahren nach der Zuführung des neuen Betriebsvermögens erfolgen, mindern den Wert des zugeführten Betriebsvermögens. [6] Wird dadurch die erforderliche Zuführung nicht mehr erreicht, ist Satz 1 nicht mehr anzuwenden.

[4] Keine Sanierung liegt vor, wenn die Körperschaft ihren Geschäftsbetrieb im Zeitpunkt des Beteiligungserwerbs im Wesentlichen eingestellt hat oder nach dem Beteiligungserwerb ein Branchenwechsel innerhalb eines Zeitraums von fünf Jahren erfolgt.

(2)[1)] § 3a Absatz 3 des Einkommensteuergesetzes[2)] ist auf verbleibende nicht genutzte Verluste anzuwenden, die sich nach einer Anwendung des Absatzes 1 ergeben.

§ 8d[3)] Fortführungsgebundener Verlustvortrag. (1)[4)] [1] § 8c ist nach einem schädlichen Beteiligungserwerb auf Antrag nicht anzuwenden, wenn die Körperschaft seit ihrer Gründung oder zumindest seit dem Beginn des dritten Veranlagungszeitraums, der dem Veranlagungszeitraum nach Satz 5 vorausgeht, ausschließlich denselben Geschäftsbetrieb unterhält und in diesem Zeitraum bis zum Schluss des Veranlagungszeitraums des schädlichen Beteiligungserwerbs kein Ereignis im Sinne von Absatz 2 stattgefunden hat. [2] Satz 1 gilt nicht:

1. für Verluste aus der Zeit vor einer Einstellung oder Ruhendstellung des Geschäftsbetriebs oder
2. wenn die Körperschaft zu Beginn des dritten Veranlagungszeitraums, der dem Veranlagungszeitraum nach Satz 5 vorausgeht, Organträger oder an einer Mitunternehmerschaft beteiligt ist.

[3] Ein Geschäftsbetrieb umfasst die von einer einheitlichen Gewinnerzielungsabsicht getragenen, nachhaltigen, sich gegenseitig ergänzenden und fördernden Betätigungen der Körperschaft und bestimmt sich nach qualitativen Merkmalen in einer Gesamtbetrachtung. [4] Qualitative Merkmale sind insbesondere die angebotenen Dienstleistungen oder Produkte, der Kunden- und Lieferantenkreis, die bedienten Märkte und die Qualifikation der Arbeitnehmer. [5] Der Antrag ist in der Steuererklärung für die Veranlagung des Veranlagungszeitraums zu stellen, in den der schädliche Beteiligungserwerb fällt. [6] Der Verlustvortrag, der zum Schluss des Veranlagungszeitraums verbleibt, in den der schädliche Beteiligungserwerb fällt, wird zum fortführungsgebundenen Verlust (fortführungsgebundener Verlustvortrag). [7] Dieser ist gesondert auszuweisen und festzustellen; § 10d Absatz 4 des Einkommensteuergesetzes[2)] gilt entsprechend. [8] Der fortführungsgebundene Verlustvortrag ist vor dem nach § 10d Absatz 4 des Einkommensteuergesetzes festgestellten Verlustvortrag abzuziehen. [9] Satz 8 gilt bei Anwendung des § 3a Absatz 3 des Einkommensteuergesetzes entsprechend.

(2)[5)] [1] Wird der Geschäftsbetrieb im Sinne des Absatzes 1 eingestellt, geht der nach Absatz 1 zuletzt festgestellte fortführungsgebundene Verlustvortrag unter;

[1)] § 8c Abs. 2 angef. durch G v. 27.6.2017 (BGBl. I S. 2074); zur Anwendung siehe § 34 Abs. 3d.
[2)] Nr. **5**.
[3)] § 8d eingef. mWv VZ 2016 durch G v. 20.12.2016 (BGBl. I S. 2998); zur Anwendung siehe § 34 Abs. 6a.
[4)] § 8d Abs. 1 Satz 9 angef. durch G v. 27.6.2017 (BGBl. I S. 2074); zur Anwendung siehe § 34 Abs. 3d.
[5)] § 8d Abs. 2 Satz 1 geänd. mWv 15.12.2018 durch G v. 11.12.2018 (BGBl. I S. 2338).

§ 8c Absatz 1 Satz 5 bis 8 gilt bezogen auf die zum Schluss des vorangegangenen Veranlagungszeitraums vorhandenen stillen Reserven entsprechend. [2] Gleiches gilt, wenn

1. der Geschäftsbetrieb ruhend gestellt wird,
2. der Geschäftsbetrieb einer andersartigen Zweckbestimmung zugeführt wird,
3. die Körperschaft einen zusätzlichen Geschäftsbetrieb aufnimmt,
4. die Körperschaft sich an einer Mitunternehmerschaft beteiligt,
5. die Körperschaft die Stellung eines Organträgers im Sinne des § 14 Absatz 1 einnimmt oder
6. auf die Körperschaft Wirtschaftsgüter übertragen werden, die sie zu einem geringeren als dem gemeinen Wert ansetzt.

§ 9 Abziehbare Aufwendungen. (1)[1)] Abziehbare Aufwendungen sind auch:

1.[2)] bei Kommanditgesellschaften auf Aktien und bei vergleichbaren Kapitalgesellschaften der Teil des Gewinns, der an persönlich haftende Gesellschafter auf ihre nicht auf das Grundkapital gemachten Einlagen oder als Vergütung (Tantieme) für die Geschäftsführung verteilt wird;

2.[3)] vorbehaltlich des § 8 Absatz 3 Zuwendungen (Spenden und Mitgliedsbeiträge) zur Förderung steuerbegünstigter Zwecke im Sinne der §§ 52 bis 54 der Abgabenordnung[4)] bis zur Höhe von insgesamt
   a) 20 Prozent des Einkommens oder
   b) 4 Promille der Summe der gesamten Umsätze und der im Kalenderjahr aufgewendeten Löhne und Gehälter.

   [2] Voraussetzung für den Abzug ist, dass diese Zuwendungen
   a) an eine juristische Person des öffentlichen Rechts oder an eine öffentliche Dienststelle, die in einem Mitgliedstaat der Europäischen Union oder in einem Staat belegen ist, auf den das Abkommen über den Europäischen Wirtschaftsraum (EWR-Abkommen) Anwendung findet, oder
   b) an eine nach § 5 Absatz 1 Nummer 9 steuerbefreite Körperschaft, Personenvereinigung oder Vermögensmasse oder
   c) an eine Körperschaft, Personenvereinigung oder Vermögensmasse, die in einem Mitgliedstaat der Europäischen Union oder in einem Staat belegen ist, auf den das Abkommen über den Europäischen Wirtschaftsraum (EWR-Abkommen) Anwendung findet, und die nach § 5 Absatz 1 Nummer 9 in Verbindung mit § 5 Absatz 2 Nummer 2 zweiter Halbsatz steuerbefreit wäre, wenn sie inländische Einkünfte erzielen würde,

---

1) § 9 Abs. 1 Satz 8 neu gef. mWv VZ 2020 durch G v. 12.12.2019 (BGBl. I S. 2451); zur Anwendung siehe § 34 Abs. 6b.

2) § 9 Abs. 1 Nr. 1 geänd. mWv VZ 2006 durch G v. 7.12.2006 (BGBl. I S. 2782).

3) § 9 Abs. 1 Nr. 2 neu gef. durch G v. 10.10.2007 (BGBl. I S. 2332); Nr. 2 Satz 1 neu gef., Sätze 2 bis 7 eingef., bish. Sätze 2 bis 4 werden Sätze 8 bis 10 durch G v. 8.4.2010 (BGBl. I S. 386); Satz 5 geänd. mWv VZ 2012 durch G v. 7.12.2011 (BGBl. I S. 2592); Satz 4 geänd. mWv VZ 2013 durch G v. 26.6.2013 (BGBl. I S. 1809).

4) Nr. **1**.

geleistet werden (Zuwendungsempfänger). [3] Für nicht im Inland ansässige Zuwendungsempfänger nach Satz 2 ist weitere Voraussetzung, dass durch diese Staaten Amtshilfe und Unterstützung bei der Beitreibung geleistet werden. [4] Amtshilfe ist der Auskunftsaustausch im Sinne oder entsprechend der Amtshilferichtlinie gemäß § 2 Absatz 2 des EU-Amtshilfegesetzes. [5] Beitreibung ist die gegenseitige Unterstützung bei der Beitreibung von Forderungen im Sinne oder entsprechend der Beitreibungsrichtlinie einschließlich der in diesem Zusammenhang anzuwendenden Durchführungsbestimmungen in den für den jeweiligen Veranlagungszeitraum geltenden Fassungen oder eines entsprechenden Nachfolgerechtsaktes. [6] Werden die steuerbegünstigten Zwecke des Zuwendungsempfängers im Sinne von Satz 2 Buchstabe a nur im Ausland verwirklicht, ist für die Abziehbarkeit der Zuwendungen Voraussetzung, dass natürliche Personen, die ihren Wohnsitz oder ihren gewöhnlichen Aufenthalt im Geltungsbereich dieses Gesetzes haben, gefördert werden oder dass die Tätigkeit dieses Zuwendungsempfängers neben der Verwirklichung der steuerbegünstigten Zwecke auch zum Ansehen der Bundesrepublik Deutschland beitragen kann. [7] Abziehbar sind auch Mitgliedsbeiträge an Körperschaften, die Kunst und Kultur gemäß § 52 Absatz 2 Nummer 5 der Abgabenordnung fördern, soweit es sich nicht um Mitgliedsbeiträge nach Satz 8 Nummer 2 handelt, auch wenn den Mitgliedern Vergünstigungen gewährt werden. [8] Nicht abziehbar sind Mitgliedsbeiträge an Körperschaften,

1. die den Sport (§ 52 Absatz 2 Satz 1 Nummer 21 der Abgabenordnung),
2. die kulturelle Betätigungen, die in erster Linie der Freizeitgestaltung dienen,
3. die die Heimatpflege und Heimatkunde (§ 52 Absatz 2 Satz 1 Nummer 22 der Abgabenordnung),
4. die Zwecke im Sinne des § 52 Absatz 2 Satz 1 Nummer 23 der Abgabenordnung

fördern oder

5. deren Zweck nach § 52 Absatz 2 Satz 2 der Abgabenordnung für gemeinnützig erklärt worden ist, weil deren Zweck die Allgemeinheit auf materiellem, geistigem oder sittlichem Gebiet entsprechend einem Zweck nach den Nummern 1 bis 4 fördert.

[9] Abziehbare Zuwendungen, die die Höchstbeträge nach Satz 1 überschreiten, sind im Rahmen der Höchstbeträge in den folgenden Veranlagungszeiträumen abzuziehen. [10] § 10d Abs. 4 des Einkommensteuergesetzes[1)] gilt entsprechend.

(2)[2)] [1] Als Einkommen im Sinne dieser Vorschrift gilt das Einkommen vor Abzug der in Absatz 1 Nr. 2 bezeichneten Zuwendungen und vor dem Verlustabzug nach § 10d des Einkommensteuergesetzes. [2] Als Zuwendung im Sinne dieser Vorschrift gilt auch die Zuwendung von Wirtschaftsgütern mit Ausnahme von Nutzungen und Leistungen. [3] Der Wert der Zuwendung ist nach § 6 Absatz 1 Nummer 4 Satz 1 und 4 des Einkommensteuergesetzes zu ermitteln. [4] Aufwendungen zugunsten einer Körperschaft, die zum Empfang

---

1) Nr. **5**.
2) § 9 Abs. 2 neu gef. durch G v. 10.10.2007 (BGBl. I S. 2332); Satz 3 geänd. durch G v. 20.4.2009 (BGBl. I S. 774).

steuerlich abziehbarer Zuwendungen berechtigt ist, sind nur abziehbar, wenn ein Anspruch auf die Erstattung der Aufwendungen durch Vertrag oder Satzung eingeräumt und auf die Erstattung verzichtet worden ist. [5] Der Anspruch darf nicht unter der Bedingung des Verzichts eingeräumt worden sein.

(3)[1)] [1] Der Steuerpflichtige darf auf die Richtigkeit der Bestätigung über Spenden und Mitgliedsbeiträge vertrauen, es sei denn, dass er die Bestätigung durch unlautere Mittel oder falsche Angaben erwirkt hat oder dass ihm die Unrichtigkeit der Bestätigung bekannt oder infolge grober Fahrlässigkeit nicht bekannt war. [2] Wer vorsätzlich oder grob fahrlässig eine unrichtige Bestätigung ausstellt oder veranlasst, dass Zuwendungen nicht zu den in der Bestätigung angegebenen steuerbegünstigten Zwecken verwendet werden (Veranlasserhaftung), haftet für die entgangene Steuer; diese ist mit 30 Prozent des zugewendeten Betrags anzusetzen. [3] In den Fällen der Veranlasserhaftung ist vorrangig der Zuwendungsempfänger in Anspruch zu nehmen; die natürlichen Personen, die in diesen Fällen für den Zuwendungsempfänger handeln, sind nur in Anspruch zu nehmen, wenn die entgangene Steuer nicht nach § 47 der Abgabenordnung erloschen ist und Vollstreckungsmaßnahmen gegen den Zuwendungsempfänger nicht erfolgreich sind; § 10b Absatz 4 Satz 5 des Einkommensteuergesetzes gilt entsprechend.

§ 10 Nichtabziehbare Aufwendungen. Nichtabziehbar sind auch:

1. die Aufwendungen für die Erfüllung von Zwecken des Steuerpflichtigen, die durch Stiftungsgeschäft, Satzung oder sonstige Verfassung vorgeschrieben sind. [2] § 9 Abs. 1 Nr. 2 bleibt unberührt,
2. die Steuern vom Einkommen und sonstige Personensteuern sowie die Umsatzsteuer für Umsätze, die Entnahmen oder verdeckte Gewinnausschüttungen sind, und die Vorsteuerbeträge auf Aufwendungen, für die das Abzugsverbot des § 4 Abs. 5 Satz 1 Nr. 1 bis 4 und 7 oder Abs. 7 des Einkommensteuergesetzes[2)] gilt; das gilt auch für die auf diese Steuern entfallenden Nebenleistungen,
3. [3)] in einem Strafverfahren festgesetzte Geldstrafen, sonstige Rechtsfolgen vermögensrechtlicher Art, bei denen der Strafcharakter überwiegt, und Leistungen zur Erfüllung von Auflagen oder Weisungen, soweit die Auflagen oder Weisungen nicht lediglich der Wiedergutmachung des durch die Tat verursachten Schadens dienen, sowie damit zusammenhängende Aufwendungen,
4. [4)] die Hälfte der Vergütungen jeder Art, die an Mitglieder des Aufsichtsrats, Verwaltungsrats oder andere mit der Überwachung der Geschäftsführung beauftragte Personen gewährt werden.

[1)] § 9 Abs. 3 Satz 2 geänd., Satz 3 eingef., bish. Satz 3 wird Satz 4 mWv VZ 2009 durch G v. 19.12. 2008 (BGBl. I S. 2794); Satz 2 2. HS angef., Sätze 3 und 4 ersetzt durch neuen Satz 3 durch G v. 8.4. 2010 (BGBl. I S. 386); Satz 2 1. HS geänd. durch G v. 21.3.2013 (BGBl. I S. 556).

[2)] Nr. **5**.

[3)] § 10 Nr. 3 geänd. mWv VZ 2019 durch G v. 12.12.2019 (BGBl. I S. 2451); zur Anwendung siehe § 34 Abs. 6c.

[4)] § 10 Nr. 4 geänd. durch G v. 12.12.2019 (BGBl. I S. 2451).

§ 11[1)] Auflösung und Abwicklung (Liquidation) (1)[2)] [1]Wird ein unbeschränkt Steuerpflichtiger im Sinne des § 1 Abs. 1 Nr. 1 bis 3 nach der Auflösung abgewickelt, so ist der im Zeitraum der Abwicklung erzielte Gewinn der Besteuerung zugrunde zu legen. [2]Der Besteuerungszeitraum soll drei Jahre nicht übersteigen.

(2) Zur Ermittlung des Gewinns im Sinne des Absatzes 1 ist das Abwicklungs-Endvermögen dem Abwicklungs-Anfangsvermögen gegenüberzustellen.

(3) Abwicklungs-Endvermögen ist das zur Verteilung kommende Vermögen, vermindert um die steuerfreien Vermögensmehrungen, die dem Steuerpflichtigen in dem Abwicklungszeitraum zugeflossen sind.

(4) [1]Abwicklungs-Anfangsvermögen ist das Betriebsvermögen, das am Schluss des der Auflösung vorangegangenen Wirtschaftsjahrs der Veranlagung zur Körperschaftsteuer zugrunde gelegt worden ist. [2]Ist für den vorangegangenen Veranlagungszeitraum eine Veranlagung nicht durchgeführt worden, so ist das Betriebsvermögen anzusetzen, das im Falle einer Veranlagung nach den steuerrechtlichen Vorschriften über die Gewinnermittlung auszuweisen gewesen wäre. [3]Das Abwicklungs-Anfangsvermögen ist um den Gewinn eines vorangegangenen Wirtschaftsjahrs zu kürzen, der im Abwicklungszeitraum ausgeschüttet worden ist.

(5) War am Schluss des vorangegangenen Veranlagungszeitraums Betriebsvermögen nicht vorhanden, so gilt als Abwicklungs-Anfangsvermögen die Summe der später geleisteten Einlagen.

(6) Auf die Gewinnermittlung sind im Übrigen die sonst geltenden Vorschriften anzuwenden.

(7)[3)] Unterbleibt eine Abwicklung, weil über das Vermögen des unbeschränkt Steuerpflichtigen im Sinne des § 1 Abs. 1 Nr. 1 bis 3 das Insolvenzverfahren eröffnet worden ist, sind die Absätze 1 bis 6 sinngemäß anzuwenden.

§ 12[4)] Entstrickungs- und Wegzugsbesteuerung. (1)[5)] [1]Wird bei der Körperschaft, Personenvereinigung oder Vermögensmasse das Besteuerungsrecht der Bundesrepublik Deutschland hinsichtlich des Gewinns aus der Veräußerung oder der Nutzung eines Wirtschaftsguts ausgeschlossen oder beschränkt, gilt dies als Veräußerung oder Überlassung des Wirtschaftsguts zum gemeinen Wert; § 4 Absatz 1 Satz 5, § 4g und § 15 Abs. 1a des Einkommensteuergesetzes[6)] gelten entsprechend. [2]Ein Ausschluss oder eine Beschränkung des Besteuerungsrechts hinsichtlich des Gewinns aus der Veräußerung eines Wirtschaftsguts liegt insbesondere vor, wenn ein bisher einer inländischen Betriebsstätte einer Körperschaft, Personenvereinigung oder Vermögensmasse zuzuordnendes Wirtschaftsgut einer ausländischen Betriebsstätte dieser Körperschaft, Personenvereinigung oder Vermögensmasse zuzuordnen ist. [3]Entfällt die Beschränkung des Besteuerungsrechts der Bundesrepublik Deutschland hin-

---

[1)] Zum Besteuerungszeitraum siehe auch § 34 Abs. 14.

[2)] § 11 Abs. 1 geänd. mWv VZ 2006 durch G v. 7.12.2006 (BGBl. I S. 2782).

[3)] § 11 Abs. 7 geänd. mWv VZ 2006 durch G v. 7.12.2006 (BGBl. I S. 2782).

[4)] § 12 neu gef. durch G v. 7.12.2006 (BGBl. I S. 2782); Überschrift neu gef. durch G v. 25.6.2021 (BGBl. I S. 2035).

[5)] § 12 Abs. 1 2. HS geänd. durch G v. 20.12.2007 (BGBl. I S. 3150); Satz 1 geänd., Satz 2 angef. durch G v. 8.12.2010 (BGBl. I S. 1768); Satz 3 angef. mWv VZ 2020 durch G v. 25.6.2021 (BGBl. I S. 2035); zur Anwendung siehe § 34 Abs. 6d Satz 1.

[6)] Nr. **5**.

sichtlich des Gewinns aus der Veräußerung eines Wirtschaftsguts und erfolgt in einem anderen Staat eine Besteuerung auf Grund des Ausschlusses oder der Beschränkung des Besteuerungsrechts dieses Staates hinsichtlich des Gewinns aus der Veräußerung des Wirtschaftsguts, gilt dies auf Antrag als Veräußerung und Anschaffung des Wirtschaftsguts zu dem Wert, den der andere Staat der Besteuerung zugrunde legt, höchstens zum gemeinen Wert.

(1a)[1)] § 4 Absatz 1 Satz 3 zweiter Halbsatz, Satz 8 zweiter Halbsatz, Satz 9 und Satz 10 des Einkommensteuergesetzes gilt im Fall der Begründung des Besteuerungsrechts oder des Wegfalls einer Beschränkung des Besteuerungsrechts der Bundesrepublik Deutschland hinsichtlich des Gewinns aus der Veräußerung eines Wirtschaftsguts, das der außerbetrieblichen Sphäre einer Körperschaft, Personenvereinigung oder Vermögensmasse zuzuordnen ist, entsprechend.

(2)[2)] [1] Wird das Vermögen einer beschränkt steuerpflichtigen Körperschaft, Personenvereinigung oder Vermögensmasse als Ganzes auf eine andere Körperschaft desselben ausländischen Staates durch einen Vorgang übertragen, der einer Verschmelzung im Sinne des § 2 des Umwandlungsgesetzes vom 28. Oktober 1994 (BGBl. I S. 3210, 1995 I S. 428), das zuletzt durch Artikel 10 des Gesetzes vom 9. Dezember 2004 (BGBl. I S. 3214) geändert worden ist, in der jeweils geltenden Fassung vergleichbar ist, sind die übergehenden Wirtschaftsgüter abweichend von Absatz 1 mit dem Buchwert anzusetzen, soweit

1. *sichergestellt ist, dass sie später bei der übernehmenden Körperschaft der Besteuerung mit Körperschaftsteuer unterliegen,*
2. *das Recht der Bundesrepublik Deutschland hinsichtlich der Besteuerung der übertragenen Wirtschaftsgüter bei der übernehmenden Körperschaft nicht beschränkt wird,*
3. *eine Gegenleistung nicht gewährt wird oder in Gesellschaftsrechten besteht und*
4. *wenn der übernehmende und der übertragende Rechtsträger nicht die Voraussetzungen des § 1 Abs. 2 Satz 1 und 2 des Umwandlungssteuergesetzes[3)] vom 7. Dezember 2006 (BGBl. I S. 2782, 2791) in der jeweils geltenden Fassung erfüllen.*

[2] Wird das Vermögen einer Körperschaft durch einen Vorgang im Sinne des Satzes 1 auf eine andere Körperschaft übertragen, gilt § 13 des Umwandlungssteuergesetzes für die Besteuerung der Anteilseigner der übertragenden Körperschaft entsprechend.

(3)[4)] [1] Verlegt eine Körperschaft, Vermögensmasse oder Personenvereinigung ihre Geschäftsleitung oder ihren Sitz und scheidet sie dadurch aus der unbeschränkten Steuerpflicht in einem Mitgliedstaat der Europäischen Union oder einem Staat aus, auf den das Abkommen über den Europäischen Wirtschaftsraum Anwendung findet, gilt sie als aufgelöst, und § 11 ist entsprechend anzuwenden. [2] Gleiches gilt, wenn die Körperschaft, Vermögensmasse oder Personenvereinigung auf Grund eines Abkommens zur Vermeidung der Doppelbesteuerung infolge der Verlegung ihres Sitzes oder ihrer Geschäftleitung als außerhalb des Hoheitsgebietes der in Satz 1 genannten Staaten ansässig anzusehen ist. [3] An die Stelle des zur Verteilung kommenden Vermögens tritt der gemeine Wert des vorhandenen Vermögens. [4] Dieser Absatz ist mit der Maßgabe anzuwenden, dass allein

---

[1)] § 12 Abs. 1a eingef. mWv VZ 2020 durch G v. 25.6.2021 (BGBl. I S. 2035); zur Anwendung siehe § 34 Abs. 6d Satz 1.

[2)] § 12 Abs. 2 aufgeh. **mWv VZ 2022** durch G v. 25.6.2021 (BGBl. I S. 2050); zur letztmaligen Anwendung siehe § 34 Abs. 6d Satz 2.

[3)] Nr. **22**.

[4)] § 12 Abs. 3 aufgeh. **mWv VZ 2022** durch G v. 25.6.2021 (BGBl. I S. 2050).

der Austritt des Vereinigten Königreichs Großbritannien und Nordirland aus der Europäischen Union nicht dazu führt, dass eine Körperschaft, Vermögensmasse oder Personenvereinigung dadurch als aus der unbeschränkten Steuerpflicht in einem Mitgliedstaat der Europäischen Union ausgeschieden gilt oder als außerhalb der Europäischen Union ansässig anzusehen ist.

(4)[1] *(aufgehoben)*

§ 13 Beginn und Erlöschen einer Steuerbefreiung. (1) Wird eine steuerpflichtige Körperschaft, Personenvereinigung oder Vermögensmasse von der Körperschaftsteuer befreit, so hat sie auf den Zeitpunkt, in dem die Steuerpflicht endet, eine Schlussbilanz aufzustellen.

(2) Wird eine von der Körperschaftsteuer befreite Körperschaft, Personenvereinigung oder Vermögensmasse steuerpflichtig und ermittelt sie ihren Gewinn durch Betriebsvermögensvergleich, so hat sie auf den Zeitpunkt, in dem die Steuerpflicht beginnt, eine Anfangsbilanz aufzustellen.

(3)[2] In der Schlussbilanz im Sinne des Absatzes 1 und in der Anfangsbilanz im Sinne des Absatzes 2 sind die Wirtschaftsgüter vorbehaltlich des Absatzes 4 mit den Teilwerten anzusetzen.

(4)[3] [1] Beginnt die Steuerbefreiung auf Grund des § 5 Abs. 1 Nr. 9, sind die Wirtschaftsgüter, die der Förderung steuerbegünstigter Zwecke im Sinne der §§ 52 bis 54 der Abgabenordnung[4] dienen, in der Schlussbilanz mit den Buchwerten anzusetzen. [2] Erlischt die Steuerbefreiung, so ist in der Anfangsbilanz für die in Satz 1 bezeichneten Wirtschaftsgüter der Wert anzusetzen, der sich bei ununterbrochener Steuerpflicht nach den Vorschriften über die steuerliche Gewinnermittlung ergeben würde.

(5) Beginnt oder erlischt die Steuerbefreiung nur teilweise, so gelten die Absätze 1 bis 4 für den entsprechenden Teil des Betriebsvermögens.

(6) [1] Gehören Anteile an einer Kapitalgesellschaft nicht zu dem Betriebsvermögen der Körperschaft, Personenvereinigung oder Vermögensmasse, die von der Körperschaftsteuer befreit wird, so ist § 17 des Einkommensteuergesetzes[5] auch ohne Veräußerung anzuwenden, wenn die übrigen Voraussetzungen dieser Vorschrift in dem Zeitpunkt erfüllt sind, in dem die Steuerpflicht endet. [2] Als Veräußerungspreis gilt der gemeine Wert der Anteile. [3] Im Falle des Beginns der Steuerpflicht gilt der gemeine Wert der Anteile als Anschaffungskosten der Anteile. [4] Die Sätze 1 und 2 gelten nicht in den Fällen des Absatzes 4 Satz 1.

Zweites Kapitel. Sondervorschriften für die Organschaft

§ 14 Aktiengesellschaft oder Kommanditgesellschaft auf Aktien als Organgesellschaft. (1)[6] [1] Verpflichtet sich eine Europäische Gesellschaft, Ak-

---

[1] § 12 Abs. 4 aufgeh. mWv VZ 2020 durch G v. 25.6.2021 (BGBl. I S. 2056); zur letztm[aligen] Anwendung siehe § 34 Abs. 6d Satz 3.

[2] § 13 Abs. 3 Sätze 2 bis 11 aufgeh. mWv VZ 2010 durch G v. 8.12.2010 (BGBl. I S. 1768).

[3] § 13 Abs. 4 Satz 1 geänd. durch G v. 12.12.2019 (BGBl. I S. 2451).

[4] Nr. **1**.

[5] Nr. **5**.

[6] § 14 Abs. 1 Satz 2 angef. durch G v. 16.5.2003 (BGBl. I S. 660); Satz 1 geänd. mWv VZ 2006 durch G v. 7.12.2006 (BGBl. I S. 2782); Satz 1 einl. Satzteil geänd. durch G v. 20.2.2013 (BGBl. I S. 285).

tiengesellschaft oder Kommanditgesellschaft auf Aktien mit Geschäftsleitung im Inland und Sitz in einem Mitgliedstaat der Europäischen Union oder in einem Vertragsstaat des EWR-Abkommens (Organgesellschaft) durch einen Gewinnabführungsvertrag im Sinne des § 291 Abs. 1 des Aktiengesetzes, ihren ganzen Gewinn an ein einziges anderes gewerbliches Unternehmen abzuführen, ist das Einkommen der Organgesellschaft, soweit sich aus § 16 nichts anderes ergibt, dem Träger des Unternehmens (Organträger) zuzurechnen, wenn die folgenden Voraussetzungen erfüllt sind:

1. [1]Der Organträger muss an der Organgesellschaft vom Beginn ihres Wirtschaftsjahrs an ununterbrochen in einem solchen Maße beteiligt sein, dass ihm die Mehrheit der Stimmrechte aus den Anteilen an der Organgesellschaft zusteht (finanzielle Eingliederung). [2]Mittelbare Beteiligungen sind zu berücksichtigen, wenn die Beteiligung an jeder vermittelnden Gesellschaft die Mehrheit der Stimmrechte gewährt.
2.[1)] [1]Organträger muss eine natürliche Person oder eine nicht von der Körperschaftsteuer befreite Körperschaft, Personenvereinigung oder Vermögensmasse sein. [2]Organträger kann auch eine Personengesellschaft im Sinne des § 15 Absatz 1 Satz 1 Nummer 2 des Einkommensteuergesetzes[2)] sein, wenn sie eine Tätigkeit im Sinne des § 15 Absatz 1 Satz 1 Nummer 1 des Einkommensteuergesetzes ausübt. [3]Die Voraussetzung der Nummer 1 muss im Verhältnis zur Personengesellschaft selbst erfüllt sein. [4]Die Beteiligung im Sinne der Nummer 1 an der Organgesellschaft oder, bei mittelbarer Beteiligung an der Organgesellschaft, die Beteiligung im Sinne der Nummer 1 an der vermittelnden Gesellschaft, muss ununterbrochen während der gesamten Dauer der Organschaft einer inländischen Betriebsstätte im Sinne des § 12 der Abgabenordnung[3)] des Organträgers zuzuordnen sein. [5]Ist der Organträger mittelbar über eine oder mehrere Personengesellschaften an der Organgesellschaft beteiligt, gilt Satz 4 sinngemäß. [6]Das Einkommen der Organgesellschaft ist der inländischen Betriebsstätte des Organträgers zuzurechnen, der die Beteiligung im Sinne der Nummer 1 an der Organgesellschaft oder, bei mittelbarer Beteiligung an der Organgesellschaft, die Beteiligung im Sinne der Nummer 1 an der vermittelnden Gesellschaft zuzuordnen ist. [7]Eine inländische Betriebsstätte im Sinne der vorstehenden Sätze ist nur gegeben, wenn die dieser Betriebsstätte zuzurechnenden Einkünfte sowohl nach innerstaatlichem Steuerrecht als auch nach einem anzuwendenden Abkommen zur Vermeidung der Doppelbesteuerung der inländischen Besteuerung unterliegen.
3.[4)] [1]Der Gewinnabführungsvertrag muss auf mindestens fünf Jahre abgeschlossen und während seiner gesamten Geltungsdauer durchgeführt werden. [2]Eine vorzeitige Beendigung des Vertrags durch Kündigung ist unschädlich, wenn ein wichtiger Grund die Kündigung rechtfertigt. [3]Die Kündigung oder Aufhebung des Gewinnabführungsvertrags auf einen Zeitpunkt während des Wirtschaftsjahrs der Organgesellschaft wirkt auf den Beginn dieses Wirtschaftsjahrs zurück. [4]Der Gewinnabführungsvertrag gilt auch als

---

[1)] § 14 Abs. 1 Satz 1 Nr. 2 neu gef. mWv VZ 2003 durch G v. 16.5.2003 (BGBl. I S. 660); Nr. 2 neu gef. mWv VZ 2012 durch G v. 20.2.2013 (BGBl. I S. 285).

[2)] Nr. **5**.

[3)] Nr. **1**.

[4)] § 14 Abs. 1 Satz 1 Nr. 3 neu gef. mWv VZ 2003 durch G v. 16.5.2003 (BGBl. I S. 660); Nr. 3 Sätze 4 und 5 angef. durch G v. 20.2.2013 (BGBl. I S. 285).

durchgeführt, wenn der abgeführte Gewinn oder ausgeglichene Verlust auf einem Jahresabschluss beruht, der fehlerhafte Bilanzansätze enthält, sofern

a) der Jahresabschluss wirksam festgestellt ist,
b) die Fehlerhaftigkeit bei Erstellung des Jahresabschlusses unter Anwendung der Sorgfalt eines ordentlichen Kaufmanns nicht hätte erkannt werden müssen und
c) ein von der Finanzverwaltung beanstandeter Fehler spätestens in dem nächsten nach dem Zeitpunkt der Beanstandung des Fehlers aufzustellenden Jahresabschluss der Organgesellschaft und des Organträgers korrigiert und das Ergebnis entsprechend abgeführt oder ausgeglichen wird, soweit es sich um einen Fehler handelt, der in der Handelsbilanz zu korrigieren ist.

[5] Die Voraussetzung des Satzes 4 Buchstabe b gilt bei Vorliegen eines uneingeschränkten Bestätigungsvermerks nach § 322 Absatz 3 des Handelsgesetzbuchs zum Jahresabschluss, zu einem Konzernabschluss, in den der handelsrechtliche Jahresabschluss einbezogen worden ist, oder über die freiwillige Prüfung des Jahresabschlusses oder der Bescheinigung eines Steuerberaters oder Wirtschaftsprüfers über die Erstellung eines Jahresabschlusses mit umfassenden Beurteilungen als erfüllt.

4. Die Organgesellschaft darf Beträge aus dem Jahresüberschuss nur insoweit in die Gewinnrücklagen (§ 272 Abs. 3 des Handelsgesetzbuchs[1]) mit Ausnahme der gesetzlichen Rücklagen einstellen, als dies bei vernünftiger kaufmännischer Beurteilung wirtschaftlich begründet ist.

5.[2] Negative Einkünfte des Organträgers oder der Organgesellschaft bleiben bei der inländischen Besteuerung unberücksichtigt, soweit sie in einem ausländischen Staat im Rahmen der Besteuerung des Organträgers, der Organgesellschaft oder einer anderen Person berücksichtigt werden.

[2] Das Einkommen der Organgesellschaft ist dem Organträger erstmals für das Kalenderjahr zuzurechnen, in dem das Wirtschaftsjahr der Organgesellschaft endet, in dem der Gewinnabführungsvertrag wirksam wird.

(2)[3] [1] Der ganze Gewinn gilt auch dann als abgeführt im Sinne des Absatzes 1 Satz 1, wenn über den mindestens zugesicherten Betrag im Sinne des § 304 Absatz 2 Satz 1 des Aktiengesetzes hinausgehende Ausgleichszahlungen vereinbart und geleistet werden. [2] Dies gilt nur, wenn die Ausgleichszahlungen insgesamt den dem Anteil am gezeichneten Kapital entsprechenden Gewinnanteil des Wirtschaftsjahres nicht überschreiten, der ohne Gewinnabführungsvertrag hätte geleistet werden können. [3] Der über den Mindestbetrag nach § 304 Absatz 2 Satz 1 des Aktiengesetzes hinausgehende Betrag muss nach vernünftiger kaufmännischer Beurteilung wirtschaftlich begründet sein.

(3)[4] [1] Mehrabführungen, die ihre Ursache in vororganschaftlicher Zeit haben, gelten als Gewinnausschüttungen der Organgesellschaft an den Organträger. [2] Minderabführungen, die ihre Ursache in vororganschaftlicher Zeit haben, sind als Einlage durch den Organträger in die Organgesellschaft zu behandeln. [3] Mehrabführungen nach Satz 1 und Minderabführungen nach

---

[1] Nr. **34**.
[2] § 14 Abs. 1 Satz 1 Nr. 5 neu gef. durch G v. 20.2.2013 (BGBl. I S. 285).
[3] § 14 Abs. 2 eingef. durch G v. 11.12.2018 (BGBl. I S. 2338); zur Anwendung siehe § 34 Abs. 6e.
[4] § 14 Abs. 3 angef. durch G v. 9.12.2004 (BGBl. I S. 3310).

Satz 2 gelten in dem Zeitpunkt als erfolgt, in dem das Wirtschaftsjahr der Organgesellschaft endet. [4] Der Teilwertansatz nach § 13 Abs. 3 Satz 1 ist der vororganschaftlichen Zeit zuzurechnen.

[Fassung bis VZ 2021:[1)]]

(4) [1] Für Minder- und Mehrabführungen, die ihre Ursache in organschaftlicher Zeit haben, ist in der Steuerbilanz des Organträgers ein besonderer aktiver oder passiver Ausgleichsposten in Höhe des Betrags zu bilden, der dem Verhältnis der Beteiligung des Organträgers am Nennkapital der Organgesellschaft entspricht. [2] Im Zeitpunkt der Veräußerung der Organbeteiligung sind die besonderen Ausgleichsposten aufzulösen. [3] Dadurch erhöht oder verringert sich das Einkommen des Organträgers. [4] § 3 Nr. 40, § 3c Abs. 2 des Einkommensteuergesetzes und § 8b dieses Gesetzes sind anzuwenden. [5] Der Veräußerung gleichgestellt sind insbesondere die Umwandlung der Organgesellschaft auf eine Personengesellschaft oder eine natürliche Person, die verdeckte Einlage der Beteiligung an der Organgesellschaft und die Auflösung der Organgesellschaft. [6] Minder- oder Mehrabführungen im Sinne des Satzes 1 liegen insbesondere vor, wenn der an den Organträger abgeführte Gewinn von dem Steuerbilanzgewinn der Organgesellschaft abweicht und diese Abweichung in organschaftlicher Zeit verursacht ist.

[Fassung ab VZ 2022:[2)]]

(4) [1] Minderabführungen der Organgesellschaft, die ihre Ursache in organschaftlicher Zeit haben, sind als Einlage durch den Organträger in die Organgesellschaft zu behandeln. [2] Mehrabführungen der Organgesellschaft, die ihre Ursache in organschaftlicher Zeit haben, gelten als Einlagenrückgewähr der Organgesellschaft an den Organträger. [3] Minder- oder Mehrabführungen im Sinne der Sätze 1 und 2 liegen insbesondere vor, wenn der an den Organträger abgeführte Gewinn von dem Steuerbilanzgewinn der Organgesellschaft abweicht und diese Abweichung in organschaftlicher Zeit verursacht ist. [4] Minder- und Mehrabführungen nach den Sätzen 1 und 2 gelten in dem Zeitpunkt als erfolgt, in dem das Wirtschaftsjahr der Organgesellschaft endet.

(5)[3)] [1] Das dem Organträger zuzurechnende Einkommen der Organgesellschaft und damit zusammenhängende andere Besteuerungsgrundlagen werden gegenüber dem Organträger und der Organgesellschaft gesondert und einheitlich festgestellt. [2] Die Feststellungen nach Satz 1 sind für die Besteuerung des Einkommens des Organträgers und der Organgesellschaft bindend. [3] Die Sätze 1 und 2 gelten entsprechend für von der Organgesellschaft geleistete Steuern, die auf die Steuer des Organträgers anzurechnen sind. [4] Zuständig für diese Feststellungen ist das Finanzamt, das für die Besteuerung nach dem Einkommen der Organgesellschaft zuständig ist. [5] Die Erklärung zu den gesonderten und ein-

---

[1)] § 14 Abs. 4 angef. durch G v. 20.12.2007 (BGBl. I S. 3150).

[2)] § 24 Abs. 4 neu gef. **mWv VZ 2022** durch G v. 25.6.2021 (BGBl. I S. 2050); zur Anwendung siehe § 34 Abs. 6e Sätze 5 bis 16.

[3)] § 14 Abs. 5 angef. durch G v. 20.2.2013 (BGBl. I S. 285).

heitlichen Feststellungen nach den Sätzen 1 und 3 soll mit der Körperschaftsteuererklärung der Organgesellschaft verbunden werden.

§ 15[1] Ermittlung des Einkommens bei Organschaft. [1] Bei der Ermittlung des Einkommens bei Organschaft gilt abweichend von den allgemeinen Vorschriften Folgendes:

1.[2] [1] Ein Verlustabzug im Sinne des § 10d des Einkommensteuergesetzes[3] ist bei der Organgesellschaft nicht zulässig. [2] Satz 1 steht einer Anwendung von § 3a des Einkommensteuergesetzes nicht entgegen. [3] Der für § 3c Absatz 4 Satz 4 des Einkommensteuergesetzes maßgebende Betrag ist der sich nach Anwendung von Nummer 1a ergebende verminderte Sanierungsertrag.

1a.[4] [1] Auf einen sich nach § 3a Absatz 3 Satz 4 des Einkommensteuergesetzes ergebenden verbleibenden Sanierungsertrag einer Organgesellschaft ist § 3a Absatz 3 Satz 2, 3 und 5 des Einkommensteuergesetzes beim Organträger anzuwenden. [2] Wird der Gewinn des Organträgers gesondert und einheitlich festgestellt, gilt § 3a Absatz 4 des Einkommensteuergesetzes entsprechend. [3] Die Sätze 1 und 2 gelten auch, wenn die Voraussetzungen des § 14 Absatz 1 im Sanierungsjahr nicht vorliegen und das Einkommen der Organgesellschaft in einem innerhalb der letzten fünf Jahre vor dem Sanierungsjahr liegenden Veranlagungszeitraum dem Organträger gemäß § 14 Absatz 1 Satz 1 zugerechnet worden ist.

2.[5] [1] § 8b Absatz 1 bis 6 dieses Gesetzes sowie § 4 Absatz 6 und § 12 Absatz 2 Satz 1 des Umwandlungssteuergesetzes[6] sind bei der Organgesellschaft nicht anzuwenden. [2] Sind in dem dem Organträger zugerechneten Einkommen Bezüge, Gewinne oder Gewinnminderungen im Sinne des § 8b Absatz 1 bis 3 dieses Gesetzes oder mit solchen Beträgen zusammenhängende Ausgaben im Sinne des § 3c Absatz 2 des Einkommensteuergesetzes, ein Übernahmeverlust im Sinne des § 4 Absatz 6 des Umwandlungssteuergesetzes oder ein Gewinn oder Verlust im Sinne des § 12 Absatz 2 Satz 1 des Umwandlungssteuergesetzes enthalten, sind § 8b dieses Gesetzes, § 4 Absatz 6 und § 12 Absatz 2 des Umwandlungssteuergesetzes sowie § 3 Nummer 40 und § 3c Absatz 2 des Einkommensteuergesetzes bei der Ermittlung des Einkommens des Organträgers anzuwenden; in den Fällen des § 12 Absatz 2 Satz 2 des Umwandlungssteuergesetzes sind neben § 8b dieses Gesetzes auch § 3 Nummer 40 und § 3c Absatz 2 des Einkommensteuergesetzes entsprechend anzuwenden. [3] Satz 2 gilt nicht, soweit bei der Organgesellschaft § 8b Abs. 7, 8 oder 10 anzuwenden ist. [4] Für die Anwendung der Beteiligungsgrenze im Sinne des § 8b Absatz 4 in der Fassung des Artikels 1 des Gesetzes vom 21. März 2013 (BGBl. I S. 561)

---

[1] § 15 Sätze 3 und 4 angef. mWv VZ 2018 durch G v. 11.12.2018 (BGBl. I S. 2338); zur Anwendung siehe § 34 Abs. 6f.

[2] § 15 Satz 1 Nr. 1 Sätze 2 und 3 angef. durch G v. 27.6.2017 (BGBl. I S. 2074); zur Anwendung siehe § 34 Abs. 3d.

[3] Nr. **5**.

[4] § 15 Satz 1 Nr. 1a eingef. durch G v. 27.6.2017 (BGBl. I S. 2074); zur Anwendung siehe § 34 Abs. 3d.

[5] § 15 Satz 1 Nr. 2 neu gef. durch G v. 7.12.2006 (BGBl. I S. 2782); Nr. 2 Satz 3 angef. mWv VZ 2009 durch G v. 19.12.2008 (BGBl. I S. 2794); Satz 4 angef. durch G v. 21.3.2013 (BGBl. I S. 561); Sätze 1 und 2 neu gef. durch G v. 12.12.2019 (BGBl. I S. 2451); zur Anwendung siehe § 34 Abs. 6g.

[6] Nr. **22**.

werden Beteiligungen der Organgesellschaft und Beteiligungen des Organträgers getrennt betrachtet.

2a.[1)] [1] § 20 Absatz 1 Satz 1 bis 3 und Absatz 2 bis 4, die §§ 21, 30 Absatz 2, die §§ 42 und 43 Absatz 3, § 44 sowie § 49 Absatz 1 des Investmentsteuergesetzes[2)] sind bei der Organgesellschaft nicht anzuwenden. [2] Sind in dem dem Organträger zugerechneten Einkommen Erträge im Sinne des § 16 oder § 34 des Investmentsteuergesetzes oder mit solchen Erträgen zusammenhängende Betriebsvermögensminderungen, Betriebsausgaben oder Veräußerungskosten im Sinne des § 21 oder § 44 des Investmentsteuergesetzes enthalten, sind die §§ 20, 21, 30 Absatz 2, die §§ 42, 43 Absatz 3, § 44 sowie § 49 Absatz 1 des Investmentsteuergesetzes bei der Ermittlung des Einkommens des Organträgers anzuwenden. [3] Für Zwecke des Satzes 2 gilt der Organträger als Anleger im Sinne des § 2 Absatz 10 des Investmentsteuergesetzes. [4] Die bloße Begründung oder Beendigung einer Organschaft nach § 14 Absatz 1 Satz 1 führt nicht zu einer Veräußerung nach § 22 Absatz 1 des Investmentsteuergesetzes. [5] Die Sätze 1 bis 4 gelten nicht, soweit die Organgesellschaft die Voraussetzungen des § 20 Absatz 1 Satz 4 oder des § 30 Absatz 3 des Investmentsteuergesetzes erfüllt. [6] Für die Anwendung der Beteiligungsgrenze im Sinne des § 30 Absatz 2 Nummer 2 des Investmentsteuergesetzes werden Beteiligungen der Organgesellschaft und Beteiligungen des Organträgers getrennt betrachtet.

3.[3)] [1] § 4h des Einkommensteuergesetzes ist bei der Organgesellschaft nicht anzuwenden. [2] Organträger und Organgesellschaften gelten als ein Betrieb im Sinne des § 4h des Einkommensteuergesetzes. [3] Sind in dem dem Organträger zugerechneten Einkommen der Organgesellschaften Zinsaufwendungen und Zinserträge im Sinne des § 4h Abs. 3 des Einkommensteuergesetzes enthalten, sind diese bei Anwendung des § 4h Abs. 1 des Einkommensteuergesetzes beim Organträger einzubeziehen.

4.[4)] [1] § 8 Abs. 3 Satz 2 und Abs. 7 ist bei der Organgesellschaft auf Dauerverlustgeschäfte im Sinne des § 8 Abs. 7 Satz 2 nicht anzuwenden. [2] Sind in dem dem Organträger zugerechneten Einkommen Verluste aus Dauerverlustgeschäften im Sinne des § 8 Abs. 7 Satz 2 enthalten, ist § 8 Abs. 3 Satz 2 und Abs. 7 bei der Ermittlung des Einkommens des Organträgers anzuwenden.

5.[5)] [1] § 8 Abs. 9 ist bei der Organgesellschaft nicht anzuwenden. [2] Sind in dem dem Organträger zugerechneten Einkommen Einkommen einer Kapitalgesellschaft enthalten, auf die § 8 Abs. 7 Satz 1 Nr. 2 anzuwenden ist, ist § 8 Abs. 9 bei der Ermittlung des Einkommens des Organträgers anzuwenden.

[2] Nummer 2 gilt entsprechend für Gewinnanteile aus der Beteiligung an einer ausländischen Gesellschaft, die nach den Vorschriften eines Abkommens zur Vermeidung der Doppelbesteuerung von der Besteuerung auszunehmen sind. [3] Bei Anwendung des Satzes 2 finden § 16 Absatz 4 sowie § 43 Absatz 1 Satz 3

[1)] § 15 Satz 1 Nr. 2a eingef. mWv VZ 2018 durch G v. 11.12.2018 (BGBl. I S. 2338); zur Anwendung siehe § 34 Abs. 6f.

[2)] Nr. **15**.

[3)] § 15 Satz 1 Nr. 3 angef. durch G v. 14.8.2007 (BGBl. I S. 1912).

[4)] § 15 Satz 1 Nr. 4 angef. durch G v. 19.12.2008 (BGBl. I S. 2794).

[5)] § 15 Satz 1 Nr. 5 angef. durch G v. 19.12.2008 (BGBl. I S. 2794).

des Investmentsteuergesetzes beim Organträger Anwendung. [4]Für Zwecke des Satzes 3 gilt der Organträger als Anleger im Sinne des § 2 Absatz 10 des Investmentsteuergesetzes.

§ 16[1)] Ausgleichszahlungen. [1]Die Organgesellschaft hat ihr Einkommen in Höhe von 20/17 der geleisteten Ausgleichszahlungen selbst zu versteuern. [2]Ist die Verpflichtung zum Ausgleich vom Organträger erfüllt worden, so hat die Organgesellschaft 20/17 der geleisteten Ausgleichszahlungen anstelle des Organträgers zu versteuern.

§ 17[2)] Andere Kapitalgesellschaften als Organgesellschaft. (1) [1]Die §§ 14 bis 16 gelten entsprechend, wenn eine andere als die in § 14 Absatz 1 Satz 1 bezeichnete Kapitalgesellschaft mit Geschäftsleitung im Inland und Sitz in einem Mitgliedstaat der Europäischen Union oder in einem Vertragsstaat des EWR-Abkommens sich wirksam verpflichtet, ihren ganzen Gewinn an ein anderes Unternehmen im Sinne des § 14 abzuführen. [2]Weitere Voraussetzung ist, dass

1. eine Gewinnabführung den in § 301 des Aktiengesetzes genannten Betrag nicht überschreitet und
2.[3)] eine Verlustübernahme durch Verweis auf die Vorschriften des § 302 des Aktiengesetzes in seiner jeweils gültigen Fassung vereinbart wird.

(2)[4)] Für die Anwendung des Absatzes 1 Satz 2 Nummer 2 gilt § 34 Absatz 10b in der Fassung des Artikels 12 des Gesetzes vom 18. Dezember 2013 (BGBl. I S. 4318)[5)] entsprechend fort.

§ 18[6)] *(aufgehoben)*

§ 19 Steuerabzug bei dem Organträger. (1)[7)] Sind bei der Organgesellschaft die Voraussetzungen für die Anwendung besonderer Tarifvorschriften

---

[1)] § 16 Sätze 1 und 2 geänd. durch G v. 14.8.2007 (BGBl. I S. 1912).

[2)] § 17 Satz 1 geänd. durch G v. 20.2.2013 (BGBl. I S. 285).

[3)] § 17 Satz 2 Nr. 2 neu gef. durch G v. 20.2.2013 (BGBl. I S. 285).

[4)] § 17 Abs. 2 angef. mWv VZ 2015 durch G v. 25.7.2014 (BGBl. I S. 1266).

[5)] Wortlaut:

„(10b) [1]§ 17 Satz 2 Nummer 2 in der Fassung des Artikels 2 des Gesetzes vom 20. Februar 2013 (BGBl. I S. 285) ist erstmals auf Gewinnabführungsverträge anzuwenden, die nach dem Tag des Inkrafttretens dieses Gesetzes abgeschlossen oder geändert werden. [2]Enthält ein Gewinnabführungsvertrag, der vor diesem Zeitpunkt wirksam abgeschlossen wurde, keinen den Anforderungen des § 17 Satz 2 Nummer 2 in der Fassung der Bekanntmachung vom 15. Oktober 2002 (BGBl. I S. 4144), das zuletzt durch Artikel 4 des Gesetzes vom 7. Dezember 2011 (BGBl. I S. 2592) geändert worden ist, entsprechenden Verweis auf § 302 des Aktiengesetzes, steht dies der Anwendung der §§ 14 bis 16 für Veranlagungszeiträume, die vor dem 1. Januar 2015 enden, nicht entgegen, wenn eine Verlustübernahme entsprechend § 302 des Aktiengesetzes tatsächlich erfolgt ist und eine Verlustübernahme entsprechend § 17 Satz 2 Nummer 2 in der Fassung des Artikels 2 des Gesetzes vom 20. Februar 2013 (BGBl. I S. 285) bis zum Ablauf des 31. Dezember 2014 wirksam vereinbart wird. [3]Für die Anwendung des Satzes 2 ist die Vereinbarung einer Verlustübernahme entsprechend § 17 Satz 2 Nummer 2 in der Fassung des Artikels 2 des Gesetzes vom 20. Februar 2013 (BGBl. I S. 285) nicht erforderlich, wenn die steuerliche Organschaft vor dem 1. Januar 2015 beendet wurde. [4]Die Änderung im Sinne des Satzes 2 eines bestehenden Gewinnabführungsvertrags gilt für die Anwendung des § 14 Absatz 1 Satz 1 Nummer 3 nicht als Neuabschluss."

[6)] § 18 aufgeh. durch G v. 20.2.2013 (BGBl. I S. 285).

[7)] § 19 Abs. 1 neu gef. mWv VZ 2012 durch G v. 25.7.2014 (BGBl. I S. 1266); zur Anwendung siehe § 34 Abs. 7.

erfüllt, die einen Abzug von der Körperschaftsteuer vorsehen, und unterliegt der Organträger der unbeschränkten Körperschaftsteuerpflicht, sind diese Tarifvorschriften beim Organträger so anzuwenden, als wären die Voraussetzungen für ihre Anwendung bei ihm selbst erfüllt.

(2)[1] Unterliegt der Organträger der unbeschränkten Einkommensteuerpflicht, gilt Absatz 1 entsprechend, soweit für die Einkommensteuer gleichartige Tarifvorschriften wie für die Körperschaftsteuer bestehen.

(3)[1] Unterliegt der Organträger nicht der unbeschränkten Körperschaftsteuer- oder Einkommensteuerpflicht, gelten die Absätze 1 und 2 entsprechend, soweit die besonderen Tarifvorschriften bei beschränkt Steuerpflichtigen anwendbar sind.

(4)[1] [1] Ist der Organträger eine Personengesellschaft, gelten die Absätze 1 bis 3 für die Gesellschafter der Personengesellschaft entsprechend. [2] Bei jedem Gesellschafter ist der Teilbetrag abzuziehen, der dem auf den Gesellschafter entfallenden Bruchteil des dem Organträger zuzurechnenden Einkommens der Organgesellschaft entspricht.

(5) Sind in dem Einkommen der Organgesellschaft Betriebseinnahmen enthalten, die einem Steuerabzug unterlegen haben, so ist die einbehaltene Steuer auf die Körperschaftsteuer oder die Einkommensteuer des Organträgers oder, wenn der Organträger eine Personengesellschaft ist, anteilig auf die Körperschaftsteuer oder die Einkommensteuer der Gesellschafter anzurechnen.

Drittes Kapitel.[2] Sondervorschriften für Versicherungen und Pensionsfonds

§ 20 Schwankungsrückstellungen, Schadenrückstellungen. (1)[3] [1] Für die Bildung der Rückstellungen zum Ausgleich des schwankenden Jahresbedarfs sind insbesondere folgende Voraussetzungen erforderlich:

1. Es muss nach den Erfahrungen in dem betreffenden Versicherungszweig mit erheblichen Schwankungen des Jahresbedarfs zu rechnen sein.
2. [1] Die Schwankungen des Jahresbedarfs dürfen nicht durch die Prämien ausgeglichen werden. [2] Sie müssen aus den am Bilanzstichtag bestehenden Versicherungsverträgen herrühren und dürfen nicht durch Rückversicherungen gedeckt sein.

[2] Auf Schwankungsrückstellungen und ähnliche Rückstellungen im Sinne des § 341h des Handelsgesetzbuchs ist § 6 Absatz 1 Nummer 3a Buchstabe e des Einkommensteuergesetzes[4] nicht anzuwenden.

(2)[5] [1] Bei Rückstellungen für noch nicht abgewickelte Versicherungsfälle (§ 341g des Handelsgesetzbuchs) sind die Erfahrungen im Sinne des § 6 Abs. 1 Nr. 3a Buchstabe a des Einkommensteuergesetzes für jeden Versicherungszweig zu berücksichtigen, für den nach aufsichtsrechtlichen Vorschriften eine geson-

---

[1] § 19 Abs. 2 bis 4 neu gef. mWv VZ 2012 durch G v. 25.7.2014 (BGBl. I S. 1266); zur Anwendung siehe § 34 Abs. 7.

[2] Überschrift neu gef. durch G v. 20.12.2016 (BGBl. I S. 3000).

[3] § 20 Abs. 1 Satz 2 angef. durch G v. 2.11.2015 (BGBl. I S. 1834); zur Anwendung siehe § 34 Abs. 7a Satz 1.

[4] Nr. **5**.

[5] § 20 Abs. 2 Satz 3 angef. mWv VZ 2010 durch G v. 8.12.2010 (BGBl. I S. 1768); Satz 3 geänd. mWv VZ 2016 durch G v. 1.4.2015 (BGBl. I S. 434); zur Anwendung siehe § 34 Abs. 7a.

derte Gewinn- und Verlustrechnung aufzustellen ist. [2] Die Summe der einzelbewerteten Schäden des Versicherungszweiges ist um den Betrag zu mindern (Minderungsbetrag), der wahrscheinlich insgesamt nicht zur Befriedigung der Ansprüche für die Schäden benötigt wird. [3] Für Zwecke der Sätze 1 und 2 haben die Niederlassungen der Versicherungsunternehmen im Sinne des § 341 Absatz 2 Satz 2 des Handelsgesetzbuchs die auf Grund des § 55a des Versicherungsaufsichtsgesetzes in der am 31. Dezember 2015 geltenden Fassung erlassene Verordnung über die Berichterstattung von Versicherungsunternehmen gegenüber der Bundesanstalt für Finanzdienstleistungsaufsicht entsprechend anzuwenden.

§ 21[1)] Beitragsrückerstattungen. (1) [1] Aufwendungen für Beitragsrückerstattungen und Direktgutschriften, die für das selbst abgeschlossene Geschäft gewährt werden, sind abziehbar

1. in dem nach Art der Lebensversicherung betriebenen Geschäft bis zu einem Höchstbetrag, der sich auf Grundlage des nach handelsrechtlichen Vorschriften ermittelten Jahresergebnisses für das selbst abgeschlossene Geschäft ohne Berücksichtigung eines Gewinnabführungsvertrages ermittelt. [2] Diese Grundlage erhöht sich um die für Beitragsrückerstattungen und Direktgutschriften aufgewendeten Beträge, soweit die Beträge das Jahresergebnis gemindert haben. [3] Sie mindert sich um den Nettoertrag des Eigenkapitals am Beginn des Wirtschaftsjahrs. [4] Als Eigenkapital gilt das nach den Vorschriften der auf Grund des § 39 des Versicherungsaufsichtsgesetzes erlassenen Verordnungen über die Berichterstattung von Versicherungsunternehmen zu ermittelnde Eigenkapital zuzüglich 10 Prozent des ungebundenen Teils der Rückstellung für Beitragsrückerstattung. [5] Als Nettoertrag gilt 70 Prozent der Differenz zwischen Erträgen und Aufwendungen aus Kapitalanlagen, die anteilig auf das Eigenkapital entfallen. [6] Dabei sind die Kapitalanlagen auszusondern, bei denen das Anlagerisiko nicht vom Versicherungsunternehmen getragen wird. [7] Als Höchstbetrag mindestens abziehbar sind die Aufwendungen, die auf Grund gesetzlicher Vorschriften zu gewähren sind. [8] Die Sätze 1 bis 7 sind für Pensionsfonds entsprechend anzuwenden,
2. in den übrigen Versicherungsgeschäften auf Grund des versicherungstechnischen Überschusses bis zur Höhe des Überschusses, der sich aus den Beitragseinnahmen nach Abzug aller anteiligen abziehbaren und nichtabziehbaren Betriebsausgaben einschließlich der Versicherungsleistungen, Rückstellungen und Rechnungsabgrenzungsposten ergibt. [2] Der Berechnung des Überschusses sind die auf das Wirtschaftsjahr entfallenden Beitragseinnahmen und Betriebsausgaben des einzelnen Versicherungszweiges aus dem selbst abgeschlossenen Geschäft für eigene Rechnung zugrunde zu legen.

[2] Der nach Satz 1 Nummer 1 für den Abzug maßgebliche Betrag ist in dem Verhältnis abziehbar, wie die für die Beitragsrückerstattung maßgeblichen Überschüsse am Kapitalanlageergebnis im Geltungsbereich dieses Gesetzes dem Grunde nach steuerpflichtig und nicht steuerbefreit sind. [3] Ist maßgeblicher Betrag der sich nach Satz 1 Nummer 1 Satz 7 ergebende Betrag, ist Satz 2 nur für Aufwendungen aus dem Kapitalanlageergebnis anzuwenden.

[1)] § 21 neu gef. mWv VZ 2019 durch G v. 11.12.2018 (BGBl. I S. 2338); zur Anwendung siehe § 34 Abs. 8 Satz 2. Zur Anwendung in bestimmten Fällen bereits für VZ 2018 siehe § 34 Abs. 8 Satz 2 Nr. 2.

(2) § 6 Absatz 1 Nummer 3a des Einkommensteuergesetzes[1] ist nicht anzuwenden.

§ 21a Deckungsrückstellungen. (1)[2] ¹ § 6 Abs. 1 Nr. 3a Buchstabe e des Einkommensteuergesetzes[1] ist von Versicherungsunternehmen und Pensionsfonds mit der Maßgabe anzuwenden, dass Deckungsrückstellungen im Sinne des § 341f des Handelsgesetzbuchs mit dem sich für die zugrunde liegenden Verträge aus der Bestimmung in Verbindung mit § 25 der Verordnung über die Rechnungslegung von Versicherungsunternehmen oder in Verbindung mit der auf Grund des § 240 Satz 1 Nummer 10 des Versicherungsaufsichtsgesetzes erlassenen Rechtsverordnung ergebenden Höchstzinssatz oder einem niedrigeren zulässigerweise verwendeten Zinssatz abgezinst werden können. ² Für die von Schaden- und Unfallversicherungsunternehmen gebildeten Renten-Deckungsrückstellungen kann der Höchstzinssatz, der sich auf Grund der nach § 217 Satz 1 Nummer 7 des Versicherungsaufsichtsgesetzes erlassenen Rechtsverordnung ergibt, oder ein niedrigerer zulässigerweise verwendeter Zinssatz zugrunde gelegt werden.

(2)[3] Soweit die in Absatz 1 genannten versicherungsrechtlichen Bestimmungen auf Versicherungsunternehmen mit Sitz in einem anderen Mitgliedsstaat der Europäischen Union oder in einem anderen Vertragsstaat des EWR-Abkommens keine Anwendung finden, können diese entsprechend verfahren.

§ 21b[4] *(aufgehoben)*

Viertes Kapitel. Sondervorschriften für Genossenschaften

§ 22 Genossenschaftliche Rückvergütung. (1)[5] ¹ Rückvergütungen der Genossenschaften an ihre Mitglieder sind nur insoweit als Betriebsausgaben abziehbar, als die dafür verwendeten Beträge im Mitgliedergeschäft erwirtschaftet worden sind. ² Zur Feststellung dieser Beträge ist der Überschuss

1. bei Absatz- und Produktionsgenossenschaften im Verhältnis des Wareneinkaufs bei Mitgliedern zum gesamten Wareneinkauf,
2.[6] bei den übrigen Genossenschaften im Verhältnis des Mitgliederumsatzes zum Gesamtumsatz

aufzuteilen. ³ Der hiernach sich ergebende Gewinn aus dem Mitgliedergeschäft bildet die obere Grenze für den Abzug. ⁴ Überschuss im Sinne des Satzes 2 ist das um den Gewinn aus Nebengeschäften geminderte Einkommen vor Abzug der genossenschaftlichen Rückvergütungen und des Verlustabzugs.

(2) ¹ Voraussetzung für den Abzug nach Absatz 1 ist, dass die genossenschaftliche Rückvergütung unter Bemessung nach der Höhe des Umsatzes zwischen den Mitgliedern und der Genossenschaft bezahlt ist und dass sie

1. auf einem durch die Satzung der Genossenschaft eingeräumten Anspruch des Mitglieds beruht oder

---

[1] Nr. **5**.
[2] § 21a Abs. 1 Sätze 1 und 2 geänd. mWv VZ 2016 durch G v. 1.4.2015 (BGBl. I S. 434; geänd. durch G v. 2.11.2015, BGBl. I S. 1834); zur Anwendung siehe § 34 Abs. 8a.
[3] § 21a Abs. 2 geänd. durch G v. 26.6.2013 (BGBl. I S. 1809).
[4] § 21b aufgeh. mWv VZ 2016 durch G v. 20.12.2016 (BGBl. I S. 3000).
[5] § 22 Abs. 1 Satz 1 geänd. durch G v. 12.12.2019 (BGBl. I S. 2451).
[6] § 22 Abs. 1 Satz 2 Nr. 2 geänd. durch G v. 12.12.2019 (BGBl. I S. 2451).

2. durch Beschluss der Verwaltungsorgane der Genossenschaft festgelegt und der Beschluss den Mitgliedern bekannt gegeben worden ist oder
3. in der Generalversammlung beschlossen worden ist, die den Gewinn verteilt.

2 Nachzahlungen der Genossenschaft für Lieferungen oder Leistungen und Rückzahlungen von Unkostenbeiträgen sind wie genossenschaftliche Rückvergütungen zu behandeln.

Dritter Teil. Tarif; Besteuerung bei ausländischen Einkunftsteilen

§ 23 Steuersatz. (1)[1)] Die Körperschaftsteuer beträgt 15 Prozent des zu versteuernden Einkommens.

(2) Wird die Einkommensteuer auf Grund der Ermächtigung des § 51 Abs. 3 des Einkommensteuergesetzes[2)] herabgesetzt oder erhöht, so ermäßigt oder erhöht sich die Körperschaftsteuer entsprechend.

§ 24[3)] Freibetrag für bestimmte Körperschaften. 1 Vom Einkommen der steuerpflichtigen Körperschaften, Personenvereinigungen oder Vermögensmassen ist ein Freibetrag von 5 000 Euro, höchstens jedoch in Höhe des Einkommens, abzuziehen. 2 Satz 1 gilt nicht

1. für Körperschaften und Personenvereinigungen, deren Leistungen bei den Empfängern zu den Einnahmen im Sinne des § 20 Abs. 1 Nr. 1 oder 2 des Einkommensteuergesetzes[2)] gehören,
2. für Vereine im Sinne des § 25,
3.[4)] für Investmentfonds im Sinne des § 1 des Investmentsteuergesetzes[5)] und Spezial-Investmentfonds im Sinne des § 26 des Investmentsteuergesetzes, deren Leistungen bei den Empfängern zu den Einnahmen im Sinne des § 20 Absatz 1 Nummer 3 oder 3a des Einkommensteuergesetzes gehören.

§ 25[6)] Freibetrag für Genossenschaften sowie Vereine, die Land- und Forstwirtschaft betreiben. (1)[7)] 1 Vom Einkommen der steuerpflichtigen Genossenschaften sowie der steuerpflichtigen Vereine, deren Tätigkeit sich auf den Betrieb der Land- und Forstwirtschaft beschränkt, ist ein Freibetrag in Höhe von 15 000 Euro, höchstens jedoch in Höhe des Einkommens, im Veranlagungszeitraum der Gründung und in den folgenden neun Veranlagungszeiträumen abzuziehen. 2 Voraussetzung ist, dass

1. die Mitglieder der Genossenschaft oder dem Verein Flächen zur Nutzung oder für die Bewirtschaftung der Flächen erforderliche Gebäude überlassen und
2. a) bei Genossenschaften das Verhältnis der Summe der Werte der Geschäftsanteile des einzelnen Mitglieds zu der Summe der Werte aller Geschäftsanteile,

---

1) § 23 Abs. 1 geänd. durch G v. 14.8.2007 (BGBl. I S. 1912).
2) Nr. **5**.
3) § 24 Satz 1 geänd. mWv VZ 2009 durch G v. 17.3.2009 (BGBl. I S. 550).
4) § 24 Satz 2 Nr. 3 angef. mWv VZ 2019 durch G v. 12.12.2019 (BGBl. I S. 2451); zur Anwendung siehe § 34 Abs. 8b.
5) Nr. **15**.
6) § 25 Überschrift geänd. durch G v. 12.12.2019 (BGBl. I S. 2451).
7) § 25 Abs. 1 Satz 1 neu gef. mWv VZ 2009 durch G v. 17.3.2009 (BGBl. I S. 550).

b) bei Vereinen das Verhältnis des Werts des Anteils an dem Vereinsvermögen, der im Falle der Auflösung des Vereins an das einzelne Mitglied fallen würde, zu dem Wert des Vereinsvermögens

nicht wesentlich von dem Verhältnis abweicht, in dem der Wert der von dem einzelnen Mitglied zur Nutzung überlassenen Flächen und Gebäude zu dem Wert der insgesamt zur Nutzung überlassenen Flächen und Gebäude steht.

(2)[1)] Absatz 1 Satz 1 gilt auch für steuerpflichtige Genossenschaften sowie für steuerpflichtige Vereine, die eine gemeinschaftliche Tierhaltung im Sinne des *§ 51a des Bewertungsgesetzes* [***ab VZ 2025:*** § 13b des Einkommensteuergesetzes] betreiben.

§ 26[2)] Steuerermäßigung bei ausländischen Einkünften. (1)[3)] [1] Für die Anrechnung einer der deutschen Körperschaftsteuer entsprechenden ausländischen Steuer auf die deutsche Körperschaftsteuer und für die Berücksichtigung anderer Steuerermäßigungen bei ausländischen Einkünften gelten vorbehaltlich des Satzes 2 und des Absatzes 2 die folgenden Bestimmungen entsprechend:

1. bei unbeschränkt Steuerpflichtigen § 34c Absatz 1 bis 3 und 5 bis 7 und § 50d Absatz 10 des Einkommensteuergesetzes[4)] sowie
2. bei beschränkt Steuerpflichtigen § 50 Absatz 3 und § 50d Absatz 10 des Einkommensteuergesetzes.

[2] Dabei ist auf Bezüge im Sinne des § 8b Absatz 1 Satz 1, die auf Grund des § 8b Absatz 1 Satz 2 und 3 bei der Ermittlung des Einkommens nicht außer Ansatz bleiben, vorbehaltlich des Absatzes 2 § 34c Absatz 1 bis 3 und 6 Satz 6 des Einkommensteuergesetzes entsprechend anzuwenden.

(2)[5)] [1] Abweichend von § 34c Absatz 1 Satz 2 des Einkommensteuergesetzes ist die auf die ausländischen Einkünfte entfallende deutsche Körperschaftsteuer in der Weise zu ermitteln, dass die sich bei der Veranlagung des zu versteuernden Einkommens, einschließlich der ausländischen Einkünfte, ohne Anwendung der §§ 37 und 38 ergebende deutsche Körperschaftsteuer im Verhältnis dieser ausländischen Einkünfte zur Summe der Einkünfte aufgeteilt wird. [2] Bei der entsprechenden Anwendung von § 34c Absatz 2 des Einkommensteuergesetzes ist die ausländische Steuer abzuziehen, soweit sie auf ausländische Einkünfte entfällt, die bei der Ermittlung der Einkünfte nicht außer Ansatz bleiben. [3] § 34c Absatz 6 Satz 3 des Einkommensteuergesetzes ist auch auf Einkünfte entsprechend anzuwenden, die auf Grund einer Verordnung oder Richtlinie der Europäischen Union in einem anderen Mitgliedstaat der Europäischen Union nicht besteuert werden.

[1)] § 25 Abs. 2 neu gef. mWv VZ 2009 durch G v. 17.3.2009 (BGBl. I S. 550); geänd. **mWv VZ 2025** durch G v. 12.12.2019 (BGBl. I S. 2451); zur Anwendung siehe § 34 Abs. 8c.

[2)] § 26 Überschrift neu gef. durch G v. 22.12.2014 (BGBl. I S. 2417).

[3)] § 26 Abs. 1 Satz 1 einl. Satzteil geänd. durch G v. 22.12.2014 (BGBl. I S. 2417); zur Anwendung siehe § 34 Abs. 9.

[4)] Nr. **5**.

[5)] § 26 Abs. 2 Satz 1 neu gef. durch G v. 22.12.2014 (BGBl. I S. 2417); zur Anwendung siehe § 34 Abs. 9.

Vierter Teil. Nicht in das Nennkapital geleistete Einlagen und Entstehung und Veranlagung

§ 27 Nicht in das Nennkapital geleistete Einlagen. (1)[1] [1]Die unbeschränkt steuerpflichtige Kapitalgesellschaft hat die nicht in das Nennkapital geleisteten Einlagen am Schluss jedes Wirtschaftsjahrs auf einem besonderen Konto (steuerliches Einlagekonto) auszuweisen. [2]Das steuerliche Einlagekonto ist ausgehend von dem Bestand am Ende des vorangegangenen Wirtschaftsjahrs um die jeweiligen Zu- und Abgänge des Wirtschaftsjahrs fortzuschreiben. [3]Leistungen der Kapitalgesellschaft mit Ausnahme der Rückzahlung von Nennkapital im Sinne des § 28 Abs. 2 Satz 2 und 3 [*ab VZ 2022:* und der Mehrabführungen im Sinne des Absatzes 6] mindern das steuerliche Einlagekonto unabhängig von ihrer handelsrechtlichen Einordnung nur, soweit sie den auf den Schluss des vorangegangenen Wirtschaftsjahrs ermittelten ausschüttbaren Gewinn übersteigen (Einlagenrückgewähr). [4]Der Bestand des steuerlichen Einlagekontos kann durch Leistungen nicht negativ werden; Absatz 6 bleibt unberührt. [5]Als ausschüttbarer Gewinn gilt das um das gezeichnete Kapital geminderte in der Steuerbilanz ausgewiesene Eigenkapital abzüglich des Bestands des steuerlichen Einlagekontos.

(2)[2] [1]Der unter Berücksichtigung der Zu- und Abgänge des Wirtschaftsjahrs ermittelte Bestand des steuerlichen Einlagekontos wird gesondert festgestellt. [2]Der Bescheid über die gesonderte Feststellung ist Grundlagenbescheid für den Bescheid über die gesonderte Feststellung zum folgenden Feststellungszeitpunkt. [3]Bei Eintritt in die unbeschränkte Steuerpflicht ist der zum Zeitpunkt des Eintritts in die Steuerpflicht vorhandene Bestand der nicht in das Nennkapital geleisteten Einlagen gesondert festzustellen; der gesondert festgestellte Bestand gilt als Bestand des steuerlichen Einlagekontos am Ende des vorangegangenen Wirtschaftsjahrs. [4]Kapitalgesellschaften haben auf den Schluss jedes Wirtschaftsjahrs Erklärungen zur gesonderten Feststellung von Besteuerungsgrundlagen abzugeben. [5]Die Erklärungen sind von den in § 34 der Abgabenordnung[3] bezeichneten Personen eigenhändig zu unterschreiben.

(3) [1]Erbringt eine Kapitalgesellschaft für eigene Rechnung Leistungen, die nach Absatz 1 Satz 3 als Abgang auf dem steuerlichen Einlagekonto zu berücksichtigen sind, so ist sie verpflichtet, ihren Anteilseignern die folgenden Angaben nach amtlich vorgeschriebenem Muster zu bescheinigen:

1. den Namen und die Anschrift des Anteilseigners,
2. die Höhe der Leistungen, soweit das steuerliche Einlagekonto gemindert wurde,
3. den Zahlungstag.

---

[1] § 27 Abs. 1 geänd. mWv VZ 2006 durch G v. 7.12.2006 (BGBl. I S. 2782); Satz 3 geänd. durch G v. 20.12.2007 (BGBl. I S. 3150); Satz 6 aufgeh. durch G v. 25.7.2014 (BGBl. I S. 1266); Satz 3 geänd. **mWv VZ 2022** durch G v. 25.6.2021 (BGBl. I S. 2050); zur Anwendung siehe § 34 Abs. 6e Sätze 5 bis 16.

[2] § 27 Abs. 2 Satz 3 eingef., bish. Sätze 3 und 4 werden Sätze 4 und 5 mWv VZ 2006 durch G v. 7.12.2006 (BGBl. I S. 2782).

[3] Nr. **1**.

[2]Die Bescheinigung braucht nicht unterschrieben zu werden, wenn sie in einem maschinellen Verfahren ausgedruckt worden ist und den Aussteller erkennen lässt.

(4)[1)] [1]Ist die in Absatz 1 bezeichnete Leistung einer Kapitalgesellschaft von der Vorlage eines Dividendenscheins abhängig und wird sie für Rechnung der Kapitalgesellschaft durch ein inländisches Kreditinstitut erbracht, so hat das Institut dem Anteilseigner eine Bescheinigung mit den in Absatz 3 Satz 1 bezeichneten Angaben nach amtlich vorgeschriebenem Muster zu erteilen. [2]Aus der Bescheinigung muss ferner hervorgehen, für welche Kapitalgesellschaft die Leistung erbracht wird. [3]Die Sätze 1 und 2 gelten entsprechend, wenn anstelle eines inländischen Kreditinstituts eine inländische Zweigniederlassung eines der in § 53b Absatz 1 oder 7 des Kreditwesengesetzes genannten Unternehmen die Leistung erbringt.

(5)[2)] [1]Ist für eine Leistung der Kapitalgesellschaft die Minderung des Einlagekontos zu niedrig bescheinigt worden, bleibt die der Bescheinigung zugrunde gelegte Verwendung unverändert. [2]Ist für eine Leistung bis zum Tag der Bekanntgabe der erstmaligen Feststellung im Sinne des Absatzes 2 zum Schluss des Wirtschaftsjahrs der Leistung eine Steuerbescheinigung im Sinne des Absatzes 3 nicht erteilt worden, gilt der Betrag der Einlagenrückgewähr als mit 0 Euro bescheinigt. [3]In den Fällen der Sätze 1 und 2 ist eine Berichtigung oder erstmalige Erteilung von Steuerbescheinigungen im Sinne des Absatzes 3 nicht zulässig. [4]In anderen Fällen ist die auf den überhöht ausgewiesenen Betrag der Einlagenrückgewähr entfallende Kapitalertragsteuer durch Haftungsbescheid geltend zu machen; § 44 Abs. 5 Satz 1 zweiter Halbsatz des Einkommensteuergesetzes[3)] gilt insoweit nicht. [5]Die Steuerbescheinigungen können berichtigt werden. [6]Die Feststellung im Sinne des Absatzes 2 für das Wirtschaftsjahr, in dem die entsprechende Leistung erfolgt ist, ist an die der Kapitalertragsteuerhaftung nach Satz 4 zugrunde gelegte Einlagenrückgewähr anzupassen.

(6)[4)] [1]Minderabführungen erhöhen und Mehrabführungen mindern das Einlagekonto einer Organgesellschaft, wenn sie ihre Ursache in organschaftlicher Zeit haben. [***ab VZ 2022:*** [2]Mehrabführungen im Sinne des Satzes 1 mindern das steuerliche Einlagekonto der Organgesellschaft vor anderen Leistungen.]

(7)[5)] Die vorstehenden Absätze gelten sinngemäß für andere unbeschränkt steuerpflichtige Körperschaften und Personenvereinigungen, die Leistungen im Sinne des § 20 Abs. 1 Nr. 1, 9 oder Nr. 10 des Einkommensteuergesetzes gewähren können.

(8)[6)] [1]Eine Einlagenrückgewähr können auch Körperschaften oder Personenvereinigungen erbringen, die in einem anderen Mitgliedstaat der Europäischen Union der unbeschränkten Steuerpflicht unterliegen, wenn sie Leis-

---

1) § 27 Abs. 4 Satz 3 geänd. mWv VZ 2015 durch G v. 25.7.2014 (BGBl. I S. 1266).

2) § 27 Abs. 5 neu gef. mWv VZ 2006 durch G v. 7.12.2006 (BGBl. I S. 2782).

3) Nr. **5**.

4) § 27 Abs. 6 Sätze 2 bis 4 aufgeh. mWv VZ 2008 durch G v. 20.12.2007 (BGBl. I S. 3150); Satz 6 angef. **mWv VZ 2022** durch G v. 25.6.2021 (BGBl. I S. 2050); zur Anwendung siehe § 34 Abs. 6e Sätze 5 bis 16.

5) § 27 Abs. 7 angef. mWv VZ 2006 durch G v. 7.12.2006 (BGBl. I S. 2782, ber. BGBl. I 2007 S. 68).

6) § 27 Abs. 8 angef. mWv VZ 2006 durch G v. 7.12.2006 (BGBl. I S. 2782).

tungen im Sinne des § 20 Abs. 1 Nr. 1 oder 9 des Einkommensteuergesetzes gewähren können. [2]Die Einlagenrückgewähr ist in entsprechender Anwendung der Absätze 1 bis 6 und der §§ 28 und 29 zu ermitteln. [3]Der als Leistung im Sinne des Satzes 1 zu berücksichtigende Betrag wird auf Antrag der Körperschaft oder Personenvereinigung für den jeweiligen Veranlagungszeitraum gesondert festgestellt. [4]Der Antrag ist nach amtlich vorgeschriebenem Vordruck bis zum Ende des Kalenderjahrs zu stellen, das auf das Kalenderjahr folgt, in dem die Leistung erfolgt ist. [5]Zuständig für die gesonderte Feststellung ist die Finanzbehörde, die im Zeitpunkt der Abgabe des Antrags nach § 20 der Abgabenordnung für die Besteuerung nach dem Einkommen örtlich zuständig ist. [6]Bei Körperschaften oder Personenvereinigungen, für die im Zeitpunkt der Antragstellung nach § 20 der Abgabenordnung keine Finanzbehörde zuständig ist, ist abweichend von Satz 5 das Bundeszentralamt für Steuern zuständig. [7]Im Antrag sind die für die Berechnung der Einlagenrückgewähr erforderlichen Umstände darzulegen. [8]In die Bescheinigung nach Absatz 3 ist das Aktenzeichen der nach Satz 5 oder 6 zuständigen Behörde aufzunehmen. [9]Soweit Leistungen nach Satz 1 nicht gesondert festgestellt worden sind, gelten sie als Gewinnausschüttung, die beim Anteilseigner zu Einnahmen im Sinne des § 20 Abs. 1 Nr. 1 oder 9 des Einkommensteuergesetzes führen.

§ 28 Umwandlung von Rücklagen in Nennkapital und Herabsetzung des Nennkapitals. (1) [1]Wird das Nennkapital durch Umwandlung von Rücklagen erhöht, so gilt der positive Bestand des steuerlichen Einlagekontos als vor den sonstigen Rücklagen umgewandelt. [2]Maßgeblich ist dabei der sich vor Anwendung des Satzes 1 ergebende Bestand des steuerlichen Einlagekontos zum Schluss des Wirtschaftsjahrs der Rücklagenumwandlung. [3]Enthält das Nennkapital auch Beträge, die ihm durch Umwandlung von sonstigen Rücklagen mit Ausnahme von aus Einlagen der Anteilseigner stammenden Beträgen zugeführt worden sind, so sind diese Teile des Nennkapitals getrennt auszuweisen und gesondert festzustellen (Sonderausweis). [4]§ 27 Abs. 2 gilt entsprechend.

(2)[1)] [1]Im Fall der Herabsetzung des Nennkapitals oder der Auflösung der Körperschaft wird zunächst der Sonderausweis zum Schluss des vorangegangenen Wirtschaftsjahrs gemindert; ein übersteigender Betrag ist dem steuerlichen Einlagekonto gutzuschreiben, soweit die Einlage in das Nennkapital geleistet ist. [2]Die Rückzahlung des Nennkapitals gilt, soweit der Sonderausweis zu mindern ist, als Gewinnausschüttung, die beim Anteilseigner zu Bezügen im Sinne des § 20 Abs. 1 Nr. 2 des Einkommensteuergesetzes[2)] führt. [3]Ein den Sonderausweis übersteigender Betrag ist vom positiven Bestand des steuerlichen Einlagekontos abzuziehen. [4]Soweit der positive Bestand des steuerlichen Einlagekontos für den Abzug nach Satz 3 nicht ausreicht, gilt die Rückzahlung des Nennkapitals ebenfalls als Gewinnausschüttung, die beim Anteilseigner zu Bezügen im Sinne des § 20 Abs. 1 Nr. 2 des Einkommensteuergesetzes führt.

(3) Ein Sonderausweis zum Schluss des Wirtschaftsjahrs vermindert sich um den positiven Bestand des steuerlichen Einlagekontos zu diesem Stichtag; der Bestand des steuerlichen Einlagekontos vermindert sich entsprechend.

[1)] § 28 Abs. 2 neu gef. mWv VZ 2006 durch G v. 7.12.2006 (BGBl. I S. 2782).
[2)] Nr. **5**.

§ 29 Kapitalveränderungen bei Umwandlungen. (1)[1] In Umwandlungsfällen im Sinne des § 1 des Umwandlungsgesetzes gilt das Nennkapital der übertragenden Kapitalgesellschaft und bei Anwendung des Absatzes 2 Satz 3 und des Absatzes 3 Satz 3 zusätzlich das Nennkapital der übernehmenden Kapitalgesellschaft als in vollem Umfang nach § 28 Abs. 2 Satz 1 herabgesetzt.

(2) [1] Geht das Vermögen einer Kapitalgesellschaft durch Verschmelzung nach § 2 des Umwandlungsgesetzes auf eine unbeschränkt steuerpflichtige Körperschaft über, so ist der Bestand des steuerlichen Einlagekontos dem steuerlichen Einlagekonto der übernehmenden Körperschaft hinzuzurechnen. [2] Eine Hinzurechnung des Bestands des steuerlichen Einlagekontos nach Satz 1 unterbleibt im Verhältnis des Anteils des Übernehmers an dem übertragenden Rechtsträger. [3] Der Bestand des Einlagekontos des Übernehmers mindert sich anteilig im Verhältnis des Anteils des übertragenden Rechtsträgers am Übernehmer.

(3) [1] Geht Vermögen einer Kapitalgesellschaft durch Aufspaltung oder Abspaltung im Sinne des § 123 Abs. 1 und 2 des Umwandlungsgesetzes auf eine unbeschränkt steuerpflichtige Körperschaft über, so ist der Bestand des steuerlichen Einlagekontos der übertragenden Kapitalgesellschaft einer übernehmenden Körperschaft im Verhältnis der übergehenden Vermögensteile zu dem bei der übertragenden Kapitalgesellschaft vor dem Übergang bestehenden Vermögen zuzuordnen, wie es in der Regel in den Angaben zum Umtauschverhältnis der Anteile im Spaltungs- und Übernahmevertrag oder im Spaltungsplan (§ 126 Abs. 1 Nr. 3, § 136 des Umwandlungsgesetzes) zum Ausdruck kommt. [2] Entspricht das Umtauschverhältnis der Anteile nicht dem Verhältnis der übergehenden Vermögensteile zu dem bei der übertragenden Kapitalgesellschaft vor der Spaltung bestehenden Vermögen, ist das Verhältnis der gemeinen Werte der übergehenden Vermögensteile zu dem vor der Spaltung vorhandenen Vermögen maßgebend. [3] Für die Entwicklung des steuerlichen Einlagekontos des Übernehmers gilt Absatz 2 Satz 2 und 3 entsprechend. [4] Soweit das Vermögen durch Abspaltung auf eine Personengesellschaft übergeht, mindert sich das steuerliche Einlagekonto der übertragenden Kapitalgesellschaft in dem Verhältnis der übergehenden Vermögensteile zu dem vor der Spaltung bestehenden Vermögen.

(4) Nach Anwendung der Absätze 2 und 3 ist für die Anpassung des Nennkapitals der umwandlungsbeteiligten Kapitalgesellschaften § 28 Abs. 1 und 3 anzuwenden.

(5)[2] Die vorstehenden Absätze gelten sinngemäß für andere unbeschränkt steuerpflichtige Körperschaften und Personenvereinigungen, die Leistungen im Sinne des § 20 Abs. 1 Nr. 1, 9 und 10 des Einkommensteuergesetzes[3] gewähren können.

(6)[4] [1] War für die übertragende Körperschaft oder Personenvereinigung ein Einlagekonto bisher nicht festzustellen, tritt für die Anwendung der vorstehenden Absätze an die Stelle des Einlagekontos der Bestand der nicht in das Nennkapital geleisteten Einlagen zum Zeitpunkt des Vermögensübergangs. [2] § 27 Abs. 8 gilt entsprechend.

---

[1] § 29 Abs. 1 geänd. mWv VZ 2005 durch G v. 9.12.2004 (BGBl. I S. 3310).
[2] § 29 Abs. 5 geänd. mWv VZ 2006 durch G v. 7.12.2006 (BGBl. I S. 2782).
[3] Nr. 5.
[4] § 29 Abs. 6 angef. mWv VZ 2006 durch G v. 7.12.2006 (BGBl. I S. 2782).

§ 30 Entstehung der Körperschaftsteuer. Die Körperschaftsteuer entsteht

1. für Steuerabzugsbeträge in dem Zeitpunkt, in dem die steuerpflichtigen Einkünfte zufließen,
2. für Vorauszahlungen mit Beginn des Kalendervierteljahrs, in dem die Vorauszahlungen zu entrichten sind, oder, wenn die Steuerpflicht erst im Laufe des Kalenderjahrs begründet wird, mit Begründung der Steuerpflicht,
3. für die veranlagte Steuer mit Ablauf des Veranlagungszeitraums, soweit nicht die Steuer nach Nummer 1 oder 2 schon früher entstanden ist.

§ 31 Steuererklärungspflicht, Veranlagung und Erhebung der Körperschaftsteuer. (1)[1)] [1] Auf die Durchführung der Besteuerung einschließlich der Anrechnung, Entrichtung und Vergütung der Körperschaftsteuer sowie die Festsetzung und Erhebung von Steuern, die nach der veranlagten Körperschaftsteuer bemessen werden (Zuschlagsteuern), sind die Vorschriften des Einkommensteuergesetzes[2)] entsprechend anzuwenden, soweit dieses Gesetz nichts anderes bestimmt. [2] Die sich im Zuge der Festsetzung ergebenden einzelnen Körperschaftsteuerbeträge sind jeweils zu Gunsten des Steuerpflichtigen auf volle Euro-Beträge zu runden. [3] § 37b des Einkommensteuergesetzes findet entsprechende Anwendung.

(1a)[3)] [1] Die Körperschaftsteuererklärung und die Erklärung zur gesonderten Feststellung von Besteuerungsgrundlagen sind nach amtlich vorgeschriebenem Datensatz durch Datenfernübertragung zu übermitteln. [2] Auf Antrag kann die Finanzbehörde zur Vermeidung unbilliger Härten auf eine elektronische Übermittlung verzichten; in diesem Fall sind die Erklärungen nach amtlich vorgeschriebenem Vordruck abzugeben und vom gesetzlichen Vertreter des Steuerpflichtigen eigenhändig zu unterschreiben.

(2) Bei einem vom Kalenderjahr abweichenden Wirtschaftsjahr gilt § 37 Abs. 1 des Einkommensteuergesetzes mit der Maßgabe, dass die Vorauszahlungen auf die Körperschaftsteuer bereits während des Wirtschaftsjahrs zu entrichten sind, das im Veranlagungszeitraum endet.

§ 32[4)] Sondervorschriften für den Steuerabzug. (1) Die Körperschaftsteuer für Einkünfte, die dem Steuerabzug unterliegen, ist durch den Steuerabzug abgegolten,

1. wenn die Einkünfte nach § 5 Abs. 2 Nr. 1 von der Steuerbefreiung ausgenommen sind oder
2. wenn der Bezieher der Einkünfte beschränkt steuerpflichtig ist und die Einkünfte nicht in einem inländischen gewerblichen oder land- oder forstwirtschaftlichen Betrieb angefallen sind.

[1)] § 31 Abs. 1 Satz 2 angef. durch G v. 15.12.2003 (BGBl. I S. 2645); Satz 3 angef. mWv VZ 2007 durch G v. 13.12.2006 (BGBl. I S. 2878); Satz 2 eingef., bish. Sätze 2 und 3 werden Sätze 3 und 4 durch G v. 14.8.2007 (BGBl. I S. 1912); Satz 2 aufgeh., bish. Sätze 3 und 4 werden Sätze 2 und 3 mWv VZ 2015 durch G v. 25.7.2014 (BGBl. I S. 1266).

[2)] Nr. **5**.

[3)] § 31 Abs. 1a eingef. mWv VZ 2011 durch G v. 20.12.2008 (BGBl. I S. 2850).

[4)] § 32 Überschrift geänd. durch G v. 19.12.2008 (BGBl. I S. 2794).

(2)[1] Die Körperschaftsteuer ist nicht abgegolten,

1. wenn bei dem Steuerpflichtigen während eines Kalenderjahrs sowohl unbeschränkte Steuerpflicht als auch beschränkte Steuerpflicht im Sinne des § 2 Nr. 1 bestanden hat; in diesen Fällen sind die während der beschränkten Steuerpflicht erzielten Einkünfte in eine Veranlagung zur unbeschränkten Körperschaftsteuerpflicht einzubeziehen;
2.[2] für Einkünfte, die dem Steuerabzug nach § 50a Abs. 1 Nr. 1, 2 oder Nr. 4 des Einkommensteuergesetzes[3] unterliegen, wenn der Gläubiger der Vergütungen eine Veranlagung zur Körperschaftsteuer beantragt;
3. soweit der Steuerpflichtige wegen der Steuerabzugsbeträge in Anspruch genommen werden kann oder
4. soweit § 38 Abs. 2 anzuwenden ist.

(3)[4] [1] Von den inländischen Einkünften im Sinne des § 2 Nr. 2 zweiter Halbsatz ist ein Steuerabzug vorzunehmen; Entsprechendes gilt, wenn die inländischen Einkünfte im Sinne des § 2 Nr. 2 zweiter Halbsatz von einer nach § 5 Abs. 1 oder nach anderen Gesetzen als dem Körperschaftsteuergesetz steuerbefreiten Körperschaft, Personenvereinigung oder Vermögensmasse erzielt werden. [2] Der Steuersatz beträgt 15 Prozent des Entgelts. [3] Die für den Steuerabzug von Kapitalerträgen im Sinne des § 43 Abs. 1 Satz 1 Nummer 1 und 1a geltenden Vorschriften des Einkommensteuergesetzes mit Ausnahme des § 44 Abs. 2 und § 44a Abs. 8 des Einkommensteuergesetzes sind entsprechend anzuwenden. [4] Der Steuerabzug ist bei Einnahmen oder Bezügen im Sinne des § 2 Nr. 2 zweiter Halbsatz Buchstabe c von der anderen Körperschaft im Sinne des § 8b Abs. 10 Satz 2 vorzunehmen. [5] In Fällen des Satzes 4 hat die überlassende Körperschaft der anderen Körperschaft den zur Deckung der Kapitalertragsteuer notwendigen Betrag zur Verfügung zu stellen; § 44 Absatz 1 Satz 10 und 11 des Einkommensteuergesetzes gilt entsprechend.

(4)[5] [1] Absatz 2 Nr. 2 gilt nur für beschränkt steuerpflichtige Körperschaften, Personenvereinigungen oder Vermögensmassen im Sinne des § 2 Nr. 1, die nach den Rechtsvorschriften eines Mitgliedstaats der Europäischen Union oder nach den Rechtsvorschriften eines Staates, auf den das Abkommen über den Europäischen Wirtschaftsraum vom 3. Januar 1994 (ABl. EG Nr. L 1 S. 3), zuletzt geändert durch den Beschluss des Gemeinsamen EWR-Ausschusses Nr. 91/2007 vom 6. Juli 2007 (ABl. EU Nr. L 328 S. 40), in der jeweiligen Fassung Anwendung findet, gegründete Gesellschaften im Sinne des Artikels 54 des Vertrags über die Arbeitsweise der Europäischen Union oder des Artikels 34 des Abkommens über den Europäischen Wirtschaftsraum sind, deren Sitz und Ort der Geschäftsleitung sich innerhalb des Hoheitsgebiets eines dieser Staaten befindet. [2] Europäische Gesellschaften sowie Europäische Genossenschaften gelten für die Anwendung des Satzes 1 als nach den Rechtsvorschriften des Staates

---

[1] § 32 Abs. 2 neu gef. mWv VZ 2009 durch G v. 19.12.2008 (BGBl. I S. 2794).

[2] Vgl. hierzu Art. 1 § 1 Nr. 3 der VO zur Übertragung der Zuständigkeit für das Steuerabzugs- und Veranlagungsverfahren auf das BZSt und zur Regelung verschiedener Anwendungszeitpunkte v. 24.6. 2013 (BGBl. I S. 1679).

[3] Nr. **5**.

[4] § 32 Abs. 3 angef. durch G v. 14.8.2007 (BGBl. I S. 1912); Satz 3 geänd. mWv 1.1.2012 durch G v. 22.6.2011 (BGBl. I S. 1126); Satz 5 geänd. mWv 1.1.2018 durch G v. 19.7.2016 (BGBl. I S. 1730).

[5] § 32 Abs. 4 angef. mWv VZ 2009 durch G v. 19.12.2008 (BGBl. I S. 2794); Satz 1 geänd. durch G v. 26.6.2013 (BGBl. I S. 1809).

gegründete Gesellschaften, in dessen Hoheitsgebiet sich der Sitz der Gesellschaften befindet.

(5)[1] [1] Ist die Körperschaftsteuer des Gläubigers für Kapitalerträge im Sinne des § 20 Absatz 1 Nummer 1 des Einkommensteuergesetzes nach Absatz 1 abgegolten, wird dem Gläubiger der Kapitalerträge auf Antrag die einbehaltene und abgeführte Kapitalertragsteuer nach Maßgabe des § 36 Absatz 2 Nummer 2 des Einkommensteuergesetzes erstattet, wenn

1. der Gläubiger der Kapitalerträge eine nach § 2 Nummer 1 beschränkt steuerpflichtige Gesellschaft ist, die
   a) zugleich eine Gesellschaft im Sinne des Artikels 54 des Vertrags über die Arbeitsweise der Europäischen Union oder des Artikels 34 des Abkommens über den Europäischen Wirtschaftsraum ist,
   b) ihren Sitz und Ort der Geschäftsleitung innerhalb des Hoheitsgebiets eines Mitgliedstaates der Europäischen Union oder eines Staates, auf den das Abkommen über den Europäischen Wirtschaftsraum Anwendung findet, hat,
   c) im Staat des Orts ihrer Geschäftsleitung ohne Wahlmöglichkeit einer mit § 1 vergleichbaren unbeschränkten Steuerpflicht unterliegt, ohne von dieser befreit zu sein, und
2. der Gläubiger unmittelbar am Grund- oder Stammkapital der Schuldnerin der Kapitalerträge beteiligt ist und die Mindestbeteiligungsvoraussetzung des § 43b Absatz 2 des Einkommensteuergesetzes nicht erfüllt.

[2] Satz 1 gilt nur, soweit

1. keine Erstattung der betreffenden Kapitalertragsteuer nach anderen Vorschriften vorgesehen ist,
2. die Kapitalerträge nach § 8b Absatz 1 bei der Einkommensermittlung außer Ansatz bleiben würden,
3. die Kapitalerträge aufgrund ausländischer Vorschriften keiner Person zugerechnet werden, die keinen Anspruch auf Erstattung nach Maßgabe dieses Absatzes hätte, wenn sie die Kapitalerträge unmittelbar erzielte,
4. ein Anspruch auf völlige oder teilweise Erstattung der Kapitalertragsteuer bei entsprechender Anwendung des § 50d Absatz 3 des Einkommensteuergesetzes nicht ausgeschlossen wäre und
5. die Kapitalertragsteuer nicht beim Gläubiger oder einem unmittelbar oder mittelbar am Gläubiger beteiligten Anteilseigner angerechnet oder als Betriebsausgabe oder als Werbungskosten abgezogen werden kann; die Möglichkeit eines Anrechnungsvortrags steht der Anrechnung gleich.

[3] Der Gläubiger der Kapitalerträge hat die Voraussetzungen für die Erstattung nachzuweisen. [4] Er hat insbesondere durch eine Bescheinigung der Steuerbehörden seines Ansässigkeitsstaates nachzuweisen, dass er in diesem Staat als steuerlich ansässig betrachtet wird, dort unbeschränkt körperschaftsteuerpflichtig und nicht von der Körperschaftsteuer befreit sowie der tatsächliche Empfänger der Kapitalerträge ist. [5] Aus der Bescheinigung der ausländischen Steuerverwaltung muss hervorgehen, dass die deutsche Kapitalertragsteuer nicht angerechnet, nicht abgezogen oder nicht vorgetragen werden kann und inwieweit

[1] § 32 Abs. 5 angef. durch G v. 21.3.2013 (BGBl. I S. 561).

eine Anrechnung, ein Abzug oder Vortrag auch tatsächlich nicht erfolgt ist. [6]Die Erstattung der Kapitalertragsteuer erfolgt für alle in einem Kalenderjahr bezogenen Kapitalerträge im Sinne des Satzes 1 auf der Grundlage eines Freistellungsbescheids nach § 155 Absatz 1 Satz 3 der Abgabenordnung[1)].

§ 32a[2)] Erlass, Aufhebung oder Änderung von Steuerbescheiden bei verdeckter Gewinnausschüttung oder verdeckter Einlage. (1) [1]Soweit gegenüber einer Körperschaft ein Steuerbescheid hinsichtlich der Berücksichtigung einer verdeckten Gewinnausschüttung erlassen, aufgehoben oder geändert wird, kann ein Steuerbescheid oder ein Feststellungsbescheid gegenüber dem Gesellschafter, dem die verdeckte Gewinnausschüttung zuzurechnen ist, oder einer diesem nahe stehenden Person erlassen, aufgehoben oder geändert werden. [2]Die Festsetzungsfrist endet insoweit nicht vor Ablauf eines Jahres nach Unanfechtbarkeit des Steuerbescheides der Körperschaft. [3]Die Sätze 1 und 2 gelten auch für verdeckte Gewinnausschüttungen an Empfänger von Bezügen im Sinne des § 20 Abs. 1 Nr. 9 und 10 Buchstabe a des Einkommensteuergesetzes[3)].

(2) [1]Soweit gegenüber dem Gesellschafter ein Steuerbescheid oder ein Feststellungsbescheid hinsichtlich der Berücksichtigung einer verdeckten Einlage erlassen, aufgehoben oder geändert wird, kann ein Steuerbescheid gegenüber der Körperschaft, welcher der Vermögensvorteil zugewendet wurde, aufgehoben, erlassen oder geändert werden. [2]Absatz 1 Satz 2 gilt entsprechend.

Fünfter Teil. Ermächtigungs- und Schlussvorschriften

§ 33 Ermächtigungen. (1) Die Bundesregierung wird ermächtigt, zur Durchführung dieses Gesetzes mit Zustimmung des Bundesrates durch Rechtsverordnung

1. zur Wahrung der Gleichmäßigkeit bei der Besteuerung, zur Beseitigung von Unbilligkeiten in Härtefällen und zur Vereinfachung des Besteuerungsverfahrens den Umfang der Steuerbefreiungen nach § 5 Abs. 1 Nr. 3 und 4 näher zu bestimmen. [2]Dabei können
   a) zur Durchführung des § 5 Abs. 1 Nr. 3 Vorschriften erlassen werden, nach denen die Steuerbefreiung nur eintritt,
      aa) wenn die Leistungsempfänger nicht überwiegend aus dem Unternehmer oder seinen Angehörigen, bei Gesellschaften aus den Gesellschaftern und ihren Angehörigen bestehen,
      bb) wenn bei Kassen mit Rechtsanspruch der Leistungsempfänger die Rechtsansprüche und bei Kassen ohne Rechtsanspruch der Leistungsempfänger die laufenden Kassenleistungen und das Sterbegeld bestimmte Beträge nicht übersteigen, die dem Wesen der Kasse als soziale Einrichtung entsprechen,
      cc) wenn bei Auflösung der Kasse ihr Vermögen satzungsmäßig nur für soziale Zwecke verwendet werden darf,

---

[1)] Nr. **1**.
[2)] § 32a eingef. durch G v. 13.12.2006 (BGBl. I S. 2878).
[3)] Nr. **5**.

dd) wenn rechtsfähige Pensions-, Sterbe- und Krankenkassen der Versicherungsaufsicht unterliegen,

ee) wenn bei rechtsfähigen Unterstützungskassen die Leistungsempfänger zu laufenden Beiträgen oder Zuschüssen nicht verpflichtet sind und die Leistungsempfänger oder die Arbeitnehmervertretungen des Betriebs oder der Dienststelle an der Verwaltung der Beträge, die der Kasse zufließen, beratend mitwirken können;

b) zur Durchführung des § 5 Abs. 1 Nr. 4 Vorschriften erlassen werden

aa) über die Höhe der für die Inanspruchnahme der Steuerbefreiung zulässigen Beitragseinnahmen,

bb) nach denen bei Versicherungsvereinen auf Gegenseitigkeit, deren Geschäftsbetrieb sich auf die Sterbegeldversicherung beschränkt, die Steuerbefreiung unabhängig von der Höhe der Beitragseinnahmen auch eintritt, wenn die Höhe des Sterbegeldes insgesamt die Leistung der nach § 5 Abs. 1 Nr. 3 steuerbefreiten Sterbekassen nicht übersteigt und wenn der Verein auch im Übrigen eine soziale Einrichtung darstellt;

2. Vorschriften zu erlassen

a)[1] *(aufgehoben)*

b) über die Herabsetzung oder Erhöhung der Körperschaftsteuer nach § 23 Abs. 2;

c) nach denen bei Anschaffung oder Herstellung von abnutzbaren beweglichen und bei Herstellung von abnutzbaren unbeweglichen Wirtschaftsgütern des Anlagevermögens auf Antrag ein Abzug von der Körperschaftsteuer für den Veranlagungszeitraum der Anschaffung oder Herstellung bis zur Höhe von 7,5 Prozent der Anschaffungs- oder Herstellungskosten dieser Wirtschaftsgüter vorgenommen werden kann. [2] § 51 Abs. 1 Nr. 2 Buchstabe s des Einkommensteuergesetzes[2] gilt entsprechend;

d)[3] nach denen Versicherungsvereine auf Gegenseitigkeit von geringerer wirtschaftlicher Bedeutung, die eine Schwankungsrückstellung nach § 20 Abs. 1 nicht gebildet haben, zum Ausgleich des schwankenden Jahresbedarfs zu Lasten des steuerlichen Gewinns Beträge der nach § 193 des Versicherungsaufsichtsgesetzes zu bildenden Verlustrücklage zuführen können.

e)[4] *(aufgehoben)*

(2) Das Bundesministerium der Finanzen wird ermächtigt,

1. im Einvernehmen mit den obersten Finanzbehörden der Länder Muster der in den §§ 27 und 37 vorgeschriebenen Bescheinigungen zu bestimmen;
2. den Wortlaut dieses Gesetzes und der zu diesem Gesetz erlassenen Durchführungsverordnungen in der jeweils geltenden Fassung mit neuem Datum, unter neuer Überschrift und in neuer Paragrafenfolge bekannt zu machen und dabei Unstimmigkeiten des Wortlauts zu beseitigen.

---

[1] § 33 Abs. 1 Nr. 2 Buchst. a aufgeh. durch G v. 11.12.2018 (BGBl. I S. 2338).

[2] Nr. **5**.

[3] § 33 Abs. 1 Nr. 2 Buchst. d geänd. mWv VZ 2016 durch G v. 1.4.2015 (BGBl. I S. 434); zur Anwendung siehe § 34 Abs. 10a.

[4] § 33 Abs. 1 Nr. 2 Buchst. e aufgeh. mWv 1.7.2021 durch G v. 25.6.2021 (BGBl. I S. 2056).

§ 34[1] Schlussvorschriften. (1)[2] Diese Fassung des Gesetzes gilt, soweit in den folgenden Absätzen nichts anderes bestimmt ist, erstmals für den Veranlagungszeitraum 2020 [*ab 1.1.2022:* 2022].

(1a)[3] § 1a in der Fassung des Artikels 1 des Gesetzes vom 25. Juni 2021 (BGBl. I S. 2050) ist erstmals für den Veranlagungszeitraum 2021 anzuwenden mit der Maßgabe, dass der Antrag erstmals für nach dem 31. Dezember 2021 beginnende Wirtschaftsjahre gestellt werden kann.

(2)[4] [1] Genossenschaften sowie Vereine können bis zum 31. Dezember 1991, in den Fällen des § 54 Absatz 4 in der Fassung des Artikels 9 des Gesetzes vom 18. Dezember 1989 (BGBl. I S. 2212) bis zum 31. Dezember 1992 oder, wenn es sich um Genossenschaften oder Vereine in dem in Artikel 3 des Einigungsvertrages genannten Gebiet handelt, bis zum 31. Dezember 1993 durch schriftliche Erklärung auf die Steuerbefreiung nach § 5 Absatz 1 Nummer 10 und 14 des Körperschaftsteuergesetzes in der Fassung des Artikels 4 des Gesetzes vom 14. Juli 2000 (BGBl. I S. 1034) verzichten, und zwar auch für den Veranlagungszeitraum 1990. [2] Die Körperschaft ist mindestens für fünf aufeinanderfolgende Kalenderjahre an die Erklärung gebunden. [3] Die Erklärung kann nur mit Wirkung vom Beginn eines Kalenderjahrs an widerrufen werden. [4] Der Widerruf ist spätestens bis zur Unanfechtbarkeit der Steuerfestsetzung des Kalenderjahrs zu erklären, für das er gelten soll.

(2a)[5] § 5 Absatz 1 Nummer 1 in der Fassung des Artikels 6 des Gesetzes vom 12. Dezember 2019 (BGBl. I S. 2451) ist erstmals für den Veranlagungszeitraum 2019 anzuwenden.

(3)[6] [1] § 5 Absatz 1 Nummer 2 ist für die Hamburgische Investitions- und Förderbank erstmals für den Veranlagungszeitraum 2013 anzuwenden. [2] Die Steuerbefreiung nach § 5 Absatz 1 Nummer 2 in der bis zum 30. Juli 2014 geltenden Fassung ist für die Hamburgische Wohnungsbaukreditanstalt letztmals für den Veranlagungszeitraum 2013 anzuwenden. [3] § 5 Absatz 1 Nummer 16 Satz 1 und 2 in der am 1. Januar 2016 geltenden Fassung ist erstmals für den Veranlagungszeitraum 2015 anzuwenden. [4] § 5 Absatz 1 Nummer 24 in der am 31. Dezember 2014 geltenden Fassung ist erstmals für den Veranlagungszeitraum 2014 anzuwenden.

(3a)[7] § 5 Absatz 1 Nummer 3 Buchstabe d, Nummer 4 und 16 Satz 3 in der am 1. Januar 2016 geltenden Fassung ist erstmals für den Veranlagungszeitraum 2016 anzuwenden.

(3b)[8] § 5 Absatz 1 Nummer 10 in der Fassung des Artikels 2 des Gesetzes vom 4. August 2019 (BGBl. I S. 1122) ist erstmals für den Veranlagungszeitraum 2019 anzuwenden.

---

[1] § 34 neu gef. durch G v. 25.7.2014 (BGBl. I S. 1266).

[2] § 34 Abs. 1 geänd. durch G v. 2.11.2015 (BGBl. I S. 1834); geänd. durch G v. 27.6.2017 (BGBl. I S. 2074); geänd. durch G v. 12.12.2019 (BGBl. I S. 2451); geänd. durch G v. 25.6.2021 (BGBl. I S. 2050).

[3] § 34 Abs. 1a eingef. durch G v. 25.6.2021 (BGBl. I S. 2050).

[4] § 34 Abs. 2 Satz 1 geänd. durch G v. 12.12.2019 (BGBl. I S. 2451).

[5] § 34 Abs. 2a eingef. durch G v. 12.12.2019 (BGBl. I S. 2451).

[6] § 34 Abs. 3 Satz 3 angef. durch G v. 22.12.2014 (BGBl. I S. 2417); Satz 3 eingef., bish. Satz 3 wird Satz 4 durch G v. 2.11.2015 (BGBl. I S. 1834).

[7] § 34 Abs. 3a eingef. durch G v. 1.4.2015 (BGBl. I S. 434).

[8] § 34 Abs. 3b eingef. durch G v. 4.8.2019 (BGBl. I S. 1122).

(3c)[1] § 8 Absatz 1 in der Fassung des Artikels 3 des Gesetzes vom 25. Juni 2021 (BGBl. I S. 2056) ist auch für Veranlagungszeiträume vor 2021 anzuwenden.

(3d)[2] § 8 Absatz 8 Satz 6, § 8 Absatz 9 Satz 9, § 8c Absatz 2, § 8d Absatz 1 Satz 9, § 15 Satz 1 Nummer 1 Satz 2 und 3 und § 15 Satz 1 Nummer 1a in der Fassung des Artikels 3 des Gesetzes vom 27. Juni 2017 (BGBl. I S. 2074) sind auch für Veranlagungszeiträume vor 2017 anzuwenden, wenn der Steuerpflichtige einen Antrag nach § 52 Absatz 4a Satz 3 des Einkommensteuergesetzes[3] in der Fassung des Artikels 2 des Gesetzes vom 11. Dezember 2018 (BGBl. I S. 2338) stellt.

(4) § 8a Absatz 2 und 3 ist nicht anzuwenden, wenn die Rückgriffsmöglichkeit des Dritten allein auf der Gewährträgerhaftung einer Gebietskörperschaft oder einer anderen Einrichtung des öffentlichen Rechts gegenüber den Gläubigern eines Kreditinstituts für Verbindlichkeiten beruht, die bis zum 18. Juli 2001 vereinbart waren; Gleiches gilt für bis zum 18. Juli 2005 vereinbarte Verbindlichkeiten, wenn deren Laufzeit nicht über den 31. Dezember 2015 hinausgeht.

(5)[4] [1] § 8b Absatz 1 Satz 3 in der Fassung des Artikels 2 des Gesetzes vom 25. Juni 2021 (BGBl. I S. 2035) ist erstmals für Bezüge anzuwenden, die nach dem 31. Dezember 2019 zufließen. [2] § 8b Absatz 3 Satz 6 in der Fassung des Artikels 1 des Gesetzes vom 25. Juni 2021 (BGBl. I S. 2050) ist erstmals für Gewinnminderungen im Sinne des § 8b Absatz 3 Satz 4 und 5 anzuwenden, die nach dem 31. Dezember 2021 eintreten. [3] § 8b Absatz 4 in der am 12. Dezember 2006 geltenden Fassung ist für Anteile weiter anzuwenden, die einbringungsgeboren im Sinne des § 21 des Umwandlungssteuergesetzes in der am 12. Dezember 2006 geltenden Fassung sind, und für Anteile im Sinne des § 8b Absatz 4 Satz 1 Nummer 2, die auf einer Übertragung bis zum 12. Dezember 2006 beruhen. [4] § 8b Absatz 4 Satz 8 in der Fassung des Artikels 6 des Gesetzes vom 12. Dezember 2019 (BGBl. I S. 2451) ist erstmals für den Veranlagungszeitraum 2018 anzuwenden. [5] § 8b Absatz 7 Satz 1 in der am 1. Januar 2017 geltenden Fassung ist erstmals für den Veranlagungszeitraum 2017 anzuwenden; § 8b Absatz 7 Satz 2 in der am 1. Januar 2017 geltenden Fassung ist anzuwenden auf Anteile, die nach dem 31. Dezember 2016 dem Betriebsvermögen zugehen.

(6)[5] [1] § 8c Absatz 1 Satz 1 bis 3 in der Fassung des Artikels 6 des Gesetzes vom 11. Dezember 2018 (BGBl. I S. 2338) findet erstmals für den Veranlagungszeitraum 2008 und auf Anteilsübertragungen nach dem 31. Dezember 2007 Anwendung. [2] 8c Absatz 1 Satz 4 bis 8 in der Fassung des Artikels 6 des Gesetzes vom 11. Dezember 2018 (BGBl. I S. 2338) ist erstmals auf schädliche Beteiligungserwerbe nach dem 31. Dezember 2009 anzuwenden. [3] § 8c Ab-

---

[1] § 34 Abs. 3c eingef. durch G v. 25.6.2021 (BGBl. I S. 2056).

[2] § 34 Abs. 3b eingef. durch G v. 11.12.2018 (BGBl. I S. 2338); bish. Abs. 3b wird Abs. 3c durch G v. 4.8.2019 (BGBl. I S. 1122); bish. Abs. 3c wird Abs. 3d durch G v. 25.6.2021 (BGBl. I S. 2056).

[3] Nr. **5**.

[4] § 34 Abs. 5 Satz 2 angef. durch G v. 20.12.2016 (BGBl. I S. 3000); Satz 2 eingef., bish. Satz 2 wird Satz 3 durch G v. 12.12.2019 (BGBl. I S. 2451); Satz 1 eingef., bish. Sätze 1 bis 3 werden Sätze 2 bis 4 durch G v. 25.6.2021 (BGBl. I S. 2035); Satz 2 eingef., bish. Sätze 2 bis 4 werden Sätze 3 bis 5 durch G v. 25.6.2021 (BGBl. I S. 2050).

[5] § 34 Abs. 6 neu gef. durch G v. 11.12.2018 (BGBl. I S. 2338); Satz 3 neu gef. durch G v. 12.12. 2019 (BGBl. I S. 2451).

satz 1a in der Fassung des Artikels 6 des Gesetzes vom 12. Dezember 2019 (BGBl. I S. 2451) ist erstmals für den Veranlagungszeitraum 2008 und auf Anteilsübertragungen nach dem 31. Dezember 2007 anzuwenden. [4] Erfüllt ein nach dem 31. Dezember 2007 erfolgter Beteiligungserwerb die Voraussetzungen des § 8c Absatz 1a, bleibt er bei der Anwendung des § 8c Absatz 1 Satz 1 unberücksichtigt.

(6a)[1)] [1] § 8d ist erstmals auf schädliche Beteiligungserwerbe im Sinne des § 8c anzuwenden, die nach dem 31. Dezember 2015 erfolgen, wenn der Geschäftsbetrieb der Körperschaft vor dem 1. Januar 2016 weder eingestellt noch ruhend gestellt war. [2] § 8d Absatz 1 Satz 2 Nummer 1 ist auf Einstellungen oder Ruhendstellungen anzuwenden, die nach dem 31. Dezember 2015 erfolgen.

(6b)[2)] § 9 Absatz 1 Satz 8 in der Fassung des Artikels 6 des Gesetzes vom 12. Dezember 2019 (BGBl. I S. 2451) ist erstmals auf Mitgliedsbeiträge anzuwenden, die nach dem 31. Dezember 2019 gezahlt werden.

(6c)[3)] § 10 Nummer 3 in der Fassung des Artikels 6 des Gesetzes vom 12. Dezember 2019 (BGBl. I S. 2451) ist erstmals anzuwenden auf nach dem 31. Dezember 2018 festgesetzte Geldstrafen, sonstige Rechtsfolgen vermögensrechtlicher Art, bei denen der Strafcharakter überwiegt, und Leistungen zur Erfüllung von Auflagen oder Weisungen, soweit die Auflagen oder Weisungen nicht lediglich der Wiedergutmachung des durch die Tat verursachten Schadens dienen, sowie auf nach dem 31. Dezember 2018 entstandene damit zusammenhängende Aufwendungen.

(6d)[4)] [1] § 12 Absatz 1 und 1a in der Fassung des Artikels 2 des Gesetzes vom 25. Juni 2021 (BGBl. I S. 2035) ist erstmals für nach dem 31. Dezember 2019 endende Wirtschaftsjahre anzuwenden. [2] § 12 Absatz 2 in der am 31. Dezember 2021 geltenden Fassung ist letztmals auf Verschmelzungen anwendbar, deren steuerlicher Übertragungsstichtag vor dem 1. Januar 2022 liegt. [3] § 12 Absatz 4 in der am 30. Juni 2021 geltenden Fassung ist letztmals für den Veranlagungszeitraum 2020 anzuwenden.

(6e)[5)] [1] § 14 Absatz 2 in der Fassung des Artikels 6 des Gesetzes vom 11. Dezember 2018 (BGBl. I S. 2338) ist auch für Veranlagungszeiträume vor 2017 anzuwenden. [2] Ist im Einzelfall eine vor dem 1. August 2018 bestehende Organschaft unter Berücksichtigung von Ausgleichszahlungen nach anderen Grundsätzen als denen des § 14 Absatz 2 in der Fassung des Artikels 6 des Gesetzes vom 11. Dezember 2018 (BGBl. I S. 2338) anerkannt worden, so sind diese Grundsätze insoweit letztmals für den Veranlagungszeitraum 2021 maßgebend. [3] Wird ein Gewinnabführungsvertrag im Sinne des Satzes 2 vorzeitig nach dem 1. August 2018 durch Kündigung beendet, gilt die Kündigung als durch einen wichtigen Grund im Sinne des § 14 Absatz 1 Satz 1 Nummer 3 Satz 2 gerechtfertigt. [4] Wird ein Gewinnabführungsvertrag im Sinne des Satzes 2 an die Anforderungen des § 14 Absatz 2 in der Fassung des Artikels 6 des Gesetzes vom 11. Dezember 2018 (BGBl. I S. 2338) angepasst, gilt diese

---

[1)] § 34 Abs. 6a eingef. durch G v. 20.12.2016 (BGBl. I S. 2998).

[2)] § 34 Abs. 6b eingef. durch G v. 12.12.2019 (BGBl. I S. 2451).

[3)] § 34 Abs. 6c eingef. durch G v. 12.12.2019 (BGBl. I S. 2451).

[4)] § 34 Abs. 6d eingef. durch G v. 25.6.2021 (BGBl. I S. 2035); Satz 2 angef. durch G v. 25.6.2021 (BGBl. I S. 2050); Satz 3 angef. durch G v. 25.6.2021 (BGBl. I S. 2056).

[5)] § 34 Abs. 6b eingef. durch G v. 11.12.2018 (BGBl. I S. 2338); bish. Abs. 6b wird Abs. 6d durch G v. 12.12.2019 (BGBl. I S. 2451); bish. Abs. 6d wird Abs. 6e durch G v. 25.6.2021 (BGBl. I S. 2035); Sätze 5 bis 16 angef. durch G v. 25.6.2021 (BGBl. I S. 2050).

Anpassung für die Anwendung des § 14 Absatz 1 Satz 1 Nummer 3 nicht als Neuabschluss. [5] § 14 Absatz 4 sowie § 27 Absatz 1 Satz 3 und Absatz 6 in der Fassung des Artikels 1 des Gesetzes vom 25. Juni 2021 (BGBl. I S. 2050) sind erstmals auf Minder- und Mehrabführungen anzuwenden, die nach dem 31. Dezember 2021 erfolgen. [6] Hinsichtlich des Zeitpunkts der Minder- und Mehrabführungen ist dabei auf das Ende des Wirtschaftsjahres der Organgesellschaft abzustellen. [7] Beim Organträger sind noch bestehende Ausgleichsposten für organschaftliche Minder- und Mehrabführungen, die nach Maßgabe des § 14 Absatz 4 in der am 31. Dezember 2021 geltenden Fassung in der Steuerbilanz gebildet wurden, in dem Wirtschaftsjahr aufzulösen, das nach dem 31. Dezember 2021 endet. [8] Aktive Ausgleichsposten erhöhen, passive Ausgleichsposten mindern dabei den Buchwert der Beteiligung des Organträgers an der Organgesellschaft in der Steuerbilanz. [9] Soweit ein passiver Ausgleichsposten die Summe aus dem aktiven Ausgleichsposten und dem Buchwert der Beteiligung des Organträgers an der Organgesellschaft in der Steuerbilanz übersteigt, liegt ein Ertrag aus der Beteiligung an der Organgesellschaft vor. [10] § 3 Nummer 40 Buchstabe c und § 3c Absatz 2 des Einkommensteuergesetzes sowie § 8b Absatz 2, 3, 7 und 8 dieses Gesetzes sind auf diesen Beteiligungsertrag anzuwenden. [11] Bis zur Höhe des Betrages nach Satz 9 kann durch den Steuerpflichtigen eine den steuerlichen Gewinn mindernde Rücklage gebildet werden. [12] Soweit diese Rücklage gebildet wird, sind § 3 Nummer 40 Buchstabe c und § 3c Absatz 2 des Einkommensteuergesetzes sowie § 8b Absatz 2, 3, 7 und 8 dieses Gesetzes auf den Ertrag nach Satz 9 nicht anzuwenden. [13] Die Rücklage nach Satz 11 ist grundsätzlich im Wirtschaftsjahr der Bildung und in den neun folgenden Wirtschaftsjahren zu jeweils einem Zehntel gewinnerhöhend aufzulösen. [14] Die Rücklage ist in vollem Umfang gewinnerhöhend aufzulösen, wenn die Beteiligung des Organträgers an der Organgesellschaft veräußert wird. [15] Der Veräußerung gleichgestellt sind insbesondere die Umwandlung der Organgesellschaft auf eine Personengesellschaft oder eine natürliche Person, die verdeckte Einlage der Beteiligung an der Organgesellschaft und die Auflösung der Organgesellschaft. [16] § 3 Nummer 40 Buchstabe c und § 3c Absatz 2 des Einkommensteuergesetzes sowie § 8b Absatz 2, 3, 7 und 8 dieses Gesetzes sind bei der Auflösung der Rücklage anzuwenden.

(6f)[1)] § 15 in der Fassung des Artikels 6 des Gesetzes vom 11. Dezember 2018 (BGBl. I S. 2338) ist erstmals für den Veranlagungszeitraum 2018 anzuwenden.

(6g)[2)] § 15 Satz 1 Nummer 2 Satz 1 und 2 in der Fassung des Artikels 6 des Gesetzes vom 12. Dezember 2019 (BGBl. I S. 2451) ist erstmals auf Umwandlungen anzuwenden, bei denen die Anmeldung zur Eintragung in das für die Wirksamkeit des jeweiligen Vorgangs maßgebende öffentliche Register nach dem 12. Dezember 2019 erfolgt ist.

(7) § 19 in der am 31. Juli 2014 geltenden Fassung ist erstmals für den Veranlagungszeitraum 2012 anzuwenden.

[1)] § 34 Abs. 6c eingef. durch G v. 11.12.2018 (BGBl. I S. 2338); bish. Abs. 6c wird Abs. 6e durch G v. 12.12.2019 (BGBl. I S. 2451); bish. Abs. 6e wird Abs. 6f durch G v. 25.6.2021 (BGBl. I S. 2035).

[2)] § 34 Abs. 6f eingef. durch G v. 12.12.2019 (BGBl. I S. 2451); bish. Abs. 6f wird Abs. 6g durch G v. 25.6.2021 (BGBl. I S. 2035).

(7a)[1] [1] § 20 Absatz 1 in der am 1. Januar 2016 geltenden Fassung ist auch für Veranlagungszeiträume vor 2016 anzuwenden. [2] § 20 Absatz 2 in der am 1. Januar 2016 geltenden Fassung ist erstmals für den Veranlagungszeitraum 2016 anzuwenden.

(8)[2] [1] § 21 Absatz 2 Satz 2 Nummer 1 ist für die Veranlagungszeiträume 2016 bis 2018 in der folgenden Fassung anzuwenden:

„1. die Zuführungen innerhalb des am Bilanzstichtag endenden Wirtschaftsjahrs und der vier vorangegangenen Wirtschaftsjahre. [2] Der Betrag nach Satz 1 darf nicht niedriger sein als der Betrag, der sich ergeben würde, wenn das am 13. Dezember 2010 geltende Recht weiter anzuwenden wäre,“.

[2] § 21 in der Fassung des Artikels 7 des Gesetzes vom 11. Dezember 2018 (BGBl. I S. 2338) ist anzuwenden:

1. erstmals für den Veranlagungszeitraum 2019;
2. auf bis zum 30. Juni 2019 zu stellenden, unwiderruflichen Antrag bereits für den Veranlagungszeitraum 2018. [2] Der Antrag nach Satz 1 kann nur gestellt werden, wenn es im Veranlagungszeitrum 2018 sonst zu einer Auflösung der Rückstellung für Beitragsrückerstattung nach § 21 Absatz 2 Satz 2 in der zum 31. Dezember 2017 geltenden Fassung kommen würde.

(8a)[3] § 21a Absatz 1 in der am 1. Januar 2016 geltenden Fassung ist erstmals für den Veranlagungszeitraum 2016 anzuwenden.

(8b)[4] § 24 in der Fassung des Artikels 6 des Gesetzes vom 12. Dezember 2019 (BGBl. I S. 2451) ist erstmals für den Veranlagungszeitraum 2019 anzuwenden.

(8c)[5] § 25 Absatz 2 in der Fassung des Artikels 7 des Gesetzes vom 12. Dezember 2019 (BGBl. I S. 2451) ist erstmals für den Veranlagungszeitraum 2025 anzuwenden.

(9)[6] [1] § 26 in der am 31. Dezember 2014 geltenden Fassung ist erstmals auf Einkünfte und Einkunftsteile anzuwenden, die nach dem 31. Dezember 2013 zufließen. [2] Auf vor dem 1. Januar 2014 zugeflossene Einkünfte und Einkunftsteile ist § 26 Absatz 2 Satz 1 in der am 31. Dezember 2014 geltenden Fassung in allen Fällen anzuwenden, in denen die Körperschaftsteuer noch nicht bestandskräftig festgesetzt ist.

(10) § 27 Absatz 1 Satz 6 in der Fassung des Artikels 3 Nummer 10 des Gesetzes vom 7. Dezember 2006 (BGBl. I S. 2782) gilt letztmals für den Veranlagungszeitraum 2005.

(10a)[7] § 33 Absatz 1 Nummer 2 Buchstabe d in der am 1. Januar 2016 geltenden Fassung ist erstmals für den Veranlagungszeitraum 2016 anzuwenden.

---

[1] § 34 Abs. 7a eingef. durch G v. 1.4.2015 (BGBl. I S. 434); Satz 1 eingef., bish. Wortlaut wird Satz 2 durch G v. 2.11.2015 (BGBl. I S. 1834).

[2] § 34 Abs. 8 neu gef. durch G v. 2.11.2015 (BGBl. I S. 1834); geänd. durch G v. 20.12.2016 (BGBl. I S. 3000); Satz 2 angef. durch G v. 11.12.2018 (BGBl. I S. 2338).

[3] § 34 Abs. 8a eingef. durch G v. 1.4.2015 (BGBl. I S. 434).

[4] § 34 Abs. 8b eingef. durch G v. 12.12.2019 (BGBl. I S. 2451).

[5] § 34 Abs. 8c eingef. durch G v. 12.12.2019 (BGBl. I S. 2451).

[6] § 34 Abs. 9 neu gef. durch G v. 22.12.2014 (BGBl. I S. 2417).

[7] § 34 Abs. 10a eingef. durch G v. 1.4.2015 (BGBl. I S. 434).

(11) § 36 ist in allen Fällen, in denen die Endbestände im Sinne des § 36 Absatz 7 noch nicht bestandskräftig festgestellt sind, in der folgenden Fassung anzuwenden: *[dort abgedruckt]*

(12) § 37 Absatz 1 ist in den Fällen des Absatzes 11 in der folgenden Fassung anzuwenden: *[dort abgedruckt]*

(13) [1] § 38 Absatz 1 in der am 19. Dezember 2006 geltenden Fassung gilt nur für Genossenschaften, die zum Zeitpunkt der erstmaligen Anwendung dieses Gesetzes in der Fassung des Artikels 3 des Gesetzes vom 23. Oktober 2000 (BGBl. I S. 1433) bereits bestanden haben. [2] Die Regelung ist auch für Veranlagungszeiträume vor 2007 anzuwenden. [3] Ist in den Fällen des § 40 Absatz 5 und 6 in der am 13. Dezember 2006 geltenden Fassung die Körperschaftsteuerfestsetzung unter Anwendung des § 38 in der am 27. Dezember 2007 geltenden Fassung vor dem 28. Dezember 2007 erfolgt, sind die §§ 38 und 40 Absatz 5 und 6 weiter anzuwenden. [4] § 38 Absatz 4 bis 9 in der am 29. Dezember 2007 geltenden Fassung ist insoweit nicht anzuwenden.

(14) [1] Die §§ 38 und 40 in der am 27. Dezember 2007 geltenden Fassung sowie § 10 des Umwandlungssteuergesetzes[1)] vom 7. Dezember 2006 (BGBl. I S. 2782, 2791) sind auf Antrag weiter anzuwenden für

1. Körperschaften oder deren Rechtsnachfolger, an denen unmittelbar oder mittelbar zu mindestens 50 Prozent
   a) juristische Personen des öffentlichen Rechts aus Mitgliedstaaten der Europäischen Union oder aus Staaten, auf die das EWR-Abkommen Anwendung findet, oder
   b) Körperschaften, Personenvereinigungen oder Vermögensmassen im Sinne des § 5 Absatz 1 Nummer 9

   alleine oder gemeinsam beteiligt sind, und
2.[2)] Genossenschaften,

die ihre Umsatzerlöse überwiegend durch Verwaltung und Nutzung eigenen zu Wohnzwecken dienenden Grundbesitzes, durch Betreuung von Wohnbauten oder durch die Errichtung und Veräußerung von Eigenheimen, Kleinsiedlungen oder Eigentumswohnungen erzielen, sowie für steuerbefreite Körperschaften. [2] Der Antrag ist unwiderruflich und kann von der Körperschaft bis zum 30. September 2008 bei dem für die Besteuerung zuständigen Finanzamt gestellt werden. [3] Die Körperschaften oder deren Rechtsnachfolger müssen die Voraussetzungen nach Satz 1 ab dem 1. Januar 2007 bis zum Ende des Zeitraums im Sinne des § 38 Absatz 2 Satz 3 erfüllen. [4] Auf den Schluss des Wirtschaftsjahres, in dem die Voraussetzungen des Satzes 1 nach Antragstellung erstmals nicht mehr vorliegen, wird der Endbetrag nach § 38 Absatz 1 letztmals ermittelt und festgestellt. [5] Die Festsetzung und Erhebung des Körperschaftsteuererhöhungsbetrags richtet sich nach § 38 Absatz 4 bis 9 in der am 29. Dezember 2007 geltenden Fassung mit der Maßgabe, dass als Zahlungszeitraum im Sinne des § 38 Absatz 6 Satz 1 die verbleibenden Wirtschaftsjahre des Zeitraums im Sinne des § 38 Absatz 2 Satz 3 gelten. [6] Die Sätze 4 und 5 gelten entsprechend, soweit das Vermögen der Körperschaft oder ihres Rechtsnachfolgers durch Verschmelzung nach § 2 des Umwandlungsgesetzes oder Auf- oder Abspaltung im Sinne des § 123 Absatz 1 und 2 des Umwandlungs-

---

[1)] Nr. **22**.
[2)] § 34 Abs. 14 Satz 1 Nr. 2 geänd. durch G v. 12.12.2019 (BGBl. I S. 2451).

gesetzes ganz oder teilweise auf eine andere Körperschaft übergeht und diese keinen Antrag nach Satz 2 gestellt hat. 7 § 40 Absatz 6 in der am 27. Dezember 2007 geltenden Fassung ist nicht anzuwenden.

§ 35 Sondervorschriften für Körperschaften, Personenvereinigungen oder Vermögensmassen in dem in Artikel 3 des Einigungsvertrages genannten Gebiet. Soweit ein Verlust einer Körperschaft, Personenvereinigung oder Vermögensmasse, die am 31. Dezember 1990 ihre Geschäftsleitung oder ihren Sitz in dem in Artikel 3 des Einigungsvertrages genannten Gebiet und im Jahre 1990 keine Geschäftsleitung und keinen Sitz im bisherigen Geltungsbereich des Körperschaftsteuergesetzes hatte, aus dem Veranlagungszeitraum 1990 auf das Einkommen eines Veranlagungszeitraums für das das Körperschaftsteuergesetz in der Fassung des Artikels 3 des Gesetzes vom 23. Oktober 2000 (BGBl. I S. 1433) erstmals anzuwenden ist oder eines nachfolgenden Veranlagungszeitraums vorgetragen wird, ist das steuerliche Einlagekonto zu erhöhen.

Sechster Teil. Sondervorschriften für den Übergang vom Anrechnungsverfahren zum Halbeinkünfteverfahren

§ 36[1] Endbestände. (1) Auf den Schluss des letzten Wirtschaftsjahrs, das in dem Veranlagungszeitraum endet, für den das Körperschaftsteuergesetz in der Fassung der Bekanntmachung vom 22. April 1999 (BGBl. I S. 817), das durch Artikel 4 des Gesetzes vom 14. Juli 2000 (BGBl. I S. 1034) geändert worden ist, letztmals anzuwenden ist, werden die Endbestände der Teilbeträge des verwendbaren Eigenkapitals ausgehend von den gemäß § 47 Absatz 1 Satz 1 Nummer 1 des Körperschaftsteuergesetzes in der Fassung der Bekanntmachung vom 22. April 1999 (BGBl. I S. 817), das zuletzt durch Artikel 4 des Gesetzes vom 14. Juli 2000 (BGBl. I S. 1034) geändert worden ist, festgestellten Teilbeträgen gemäß den nachfolgenden Absätzen ermittelt.

(2) 1 Die Teilbeträge sind um die Gewinnausschüttungen, die auf einem den gesellschaftsrechtlichen Vorschriften entsprechenden Gewinnverteilungsbeschluss für ein abgelaufenes Wirtschaftsjahr beruhen und die in dem in Absatz 1 genannten Wirtschaftsjahr folgenden Wirtschaftsjahr erfolgen, sowie um andere Ausschüttungen und sonstige Leistungen, die in dem in Absatz 1 genannten Wirtschaftsjahr erfolgen, zu verringern. 2 Die Regelungen des Vierten Teils des Körperschaftsteuergesetzes in der Fassung der Bekanntmachung vom 22. April 1999 (BGBl. I S. 817), das zuletzt durch Artikel 4 des Gesetzes vom 14. Juli 2000 (BGBl. I S. 1034) geändert worden ist, sind anzuwenden. 3 Der Teilbetrag im Sinne des § 54 Absatz 11 Satz 1 des Körperschaftsteuergesetzes in der Fassung der Bekanntmachung vom 22. April 1999 (BGBl. I S. 817), das zuletzt durch Artikel 4 des Gesetzes vom 14. Juli 2000 (BGBl. I S. 1034) geändert worden ist (Teilbetrag, der einer Körperschaftsteuer in Höhe von 45 Prozent unterlegen hat), erhöht sich um die Einkommensteile, die nach § 34 Absatz 12 Satz 2 bis 5 in der am 14. Dezember 2010 geltenden Fassung einer Körperschaftsteuer von 45 Prozent unterlegen haben, und der Teilbetrag, der nach dem 31. Dezember 1998 einer Körperschaftsteuer in Höhe von 40 Prozent

[1] Fassung des § 36 gem. § 34 Abs. 11; anzuwenden für alle Fälle, in denen die Endbestände iSd § 36 Abs. 7 noch nicht bestandsfähig festgestellt sind.

ungemildert unterlegen hat, erhöht sich um die Beträge, die nach § 34 Absatz 12 Satz 6 bis 8 in der am 14. Dezember 2010 geltenden Fassung einer Körperschaftsteuer von 40 Prozent unterlegen haben, jeweils nach Abzug der Körperschaftsteuer, der sie unterlegen haben.

(3) (weggefallen)

(4) Ist die Summe der unbelasteten Teilbeträge im Sinne des § 30 Absatz 2 Nummer 1 bis 3 in der Fassung des Artikels 4 des Gesetzes vom 14. Juli 2000 (BGBl. I S. 1034) nach Anwendung des Absatzes 2 negativ, sind diese Teilbeträge zunächst untereinander und danach mit den mit Körperschaftsteuer belasteten Teilbeträgen in der Reihenfolge zu verrechnen, in der ihre Belastung zunimmt.

(5) [1] Ist die Summe der unbelasteten Teilbeträge im Sinne des § 30 Absatz 2 Nummer 1 bis 3 in der Fassung des Artikels 4 des Gesetzes vom 14. Juli 2000 (BGBl. I S. 1034) nach Anwendung des Absatzes 2 nicht negativ, sind zunächst die Teilbeträge im Sinne des § 30 Absatz 2 Nummer 1 und 3 in der Fassung des Artikels 4 des Gesetzes vom 14. Juli 2000 (BGBl. I S. 1034) zusammenzufassen. [2] Ein sich aus der Zusammenfassung ergebender Negativbetrag ist vorrangig mit einem positiven Teilbetrag im Sinne des § 30 Absatz 2 Nummer 2 in der Fassung des Artikels 4 des Gesetzes vom 14. Juli 2000 (BGBl. I S. 1034) zu verrechnen. [3] Ein negativer Teilbetrag im Sinne des § 30 Absatz 2 Nummer 2 in der Fassung des Artikels 4 des Gesetzes vom 14. Juli 2000 (BGBl. I S. 1034) ist vorrangig mit dem positiven zusammengefassten Teilbetrag im Sinne des Satzes 1 zu verrechnen.

(6) [1] Ist einer der belasteten Teilbeträge negativ, sind diese Teilbeträge zunächst untereinander in der Reihenfolge zu verrechnen, in der ihre Belastung zunimmt. [2] Ein sich danach ergebender Negativbetrag mindert vorrangig den nach Anwendung des Absatzes 5 verbleibenden positiven Teilbetrag im Sinne des § 30 Absatz 2 Nummer 2 in der Fassung des Artikels 4 des Gesetzes vom 14. Juli 2000 (BGBl. I S. 1034); ein darüber hinausgehender Negativbetrag mindert den positiven zusammengefassten Teilbetrag nach Absatz 5 Satz 1.

(6a) [1] Ein sich nach Anwendung der Absätze 1 bis 6 ergebender positiver Teilbetrag, der einer Körperschaftsteuer von 45 Prozent unterlegen hat, mindert in Höhe von 5/22 seines Bestands einen nach Anwendung der Absätze 1 bis 6 verbleibenden positiven Bestand des Teilbetrags im Sinne des § 30 Absatz 2 Nummer 2 in der Fassung des Artikels 4 des Gesetzes vom 14. Juli 2000 (BGBl. I S. 1034) bis zu dessen Verbrauch. [2] Ein sich nach Anwendung der Absätze 1 bis 6 ergebender positiver Teilbetrag, der einer Körperschaftsteuer von 45 Prozent unterlegen hat, erhöht in Höhe von 27/5 des Minderungsbetrags nach Satz 1 den nach Anwendung der Absätze 1 bis 6 verbleibenden Bestand des Teilbetrags, der nach dem 31. Dezember 1998 einer Körperschaftsteuer von 40 Prozent ungemildert unterlegen hat. [3] Der nach Satz 1 abgezogene Betrag erhöht und der nach Satz 2 hinzugerechnete Betrag vermindert den nach Anwendung der Absätze 1 bis 6 verbleibenden Bestand des Teilbetrags, der einer Körperschaftsteuer von 45 Prozent unterlegen hat.

(7) Die Endbestände sind getrennt auszuweisen und werden gesondert festgestellt; dabei sind die verbleibenden unbelasteten Teilbeträge im Sinne des § 30 Absatz 2 Nummer 1 und 3 des Körperschaftsteuergesetzes in der Fassung der Bekanntmachung vom 22. April 1999 (BGBl. I S. 817), das zuletzt durch

Artikel 4 des Gesetzes vom 14. Juli 2000 (BGBl. I S. 1034) geändert worden ist, in einer Summe auszuweisen.

§ 37 Körperschaftsteuerguthaben und Körperschaftsteuerminderung.

[alte Fassung:[1])]

(1) [1] Auf den Schluss des Wirtschaftsjahrs, das dem in § 36 Abs. 1 genannten Wirtschaftsjahr folgt, wird ein Körperschaftsteuerguthaben ermittelt. [2] Das Körperschaftsteuerguthaben beträgt ⅙ des Endbestands des mit einer Körperschaftsteuer von 40 Prozent belasteten Teilbetrags.

[neue Fassung:[2])]

(1) [1] Auf den Schluss des Wirtschaftsjahrs, das dem in § 36 Abs. 1 genannten Wirtschaftsjahr folgt, wird ein Körperschaftsteuerguthaben ermittelt. [2] Das Körperschaftsteuerguthaben beträgt 15/55 des Endbestands des mit einer Körperschaftsteuer von 45 Prozent belasteten Teilbetrags zuzüglich ⅙ des Endbestands des mit einer Körperschaftsteuer von 40 Prozent belasteten Teilbetrags.

(2)[3]) [1] Das Körperschaftsteuerguthaben mindert sich vorbehaltlich des Absatzes 2a um jeweils ⅙ der Gewinnausschüttungen, die in den folgenden Wirtschaftsjahren erfolgen und die auf einem den gesellschaftsrechtlichen Vorschriften entsprechenden Gewinnverteilungsbeschluss beruhen. [2] Satz 1 gilt für Mehrabführungen im Sinne des § 14 Abs. 3 entsprechend. [3] Die Körperschaftsteuer des Veranlagungszeitraums, in dem das Wirtschaftsjahr endet, in dem die Gewinnausschüttung erfolgt, mindert sich bis zum Verbrauch des Körperschaftsteuerguthabens um diesen Betrag, letztmalig in dem Veranlagungszeitraum, in dem das 18. Wirtschaftsjahr endet, das auf das Wirtschaftsjahr folgt, auf dessen Schluss nach Absatz 1 das Körperschaftsteuerguthaben ermittelt wird. [4] Das verbleibende Körperschaftsteuerguthaben ist auf den Schluss der jeweiligen Wirtschaftsjahre, letztmals auf den Schluss des 17. Wirtschaftsjahrs, das auf das Wirtschaftsjahr folgt, auf dessen Schluss nach Absatz 1 das Körperschaftsteuerguthaben ermittelt wird, fortzuschreiben und gesondert festzustellen. [5] § 27 Abs. 2 gilt entsprechend.

(2a)[4]) Die Minderung ist begrenzt

1. für Gewinnausschüttungen, die nach dem 11. April 2003 und vor dem 1. Januar 2006 erfolgen, jeweils auf 0 Euro;
2.[5]) für Gewinnausschüttungen, die nach dem 31. Dezember 2005 erfolgen auf den Betrag, der auf das Wirtschaftsjahr der Gewinnausschüttung entfällt, wenn das auf den Schluss des vorangegangenen Wirtschaftsjahrs festgestellte Körperschaftsteuerguthaben gleichmäßig auf die einschließlich des Wirtschaftsjahrs der Gewinnausschüttung verbleibenden Wirtschaftsjahre verteilt wird, für die nach Absatz 2 Satz 3 eine Körperschaftsteuerminderung in Betracht kommt.

---

[1]) Zur letztmaligen Anwendung siehe Abs. 4 Sätze 4 und 5.

[2]) § 37 Abs. 1 idF des § 34 Abs. 12; anzuwenden in den Fällen, in denen die Schlussbestände nach § 36 idF des § 34 Abs. 11 zu ermitteln sind.

[3]) § 37 Abs. 2 neu gef. durch G v. 16.5.2003 (BGBl. I S. 660); Satz 2 eingef., bish. Sätze 2 bis 4 werden Sätze 3 bis 5 durch G v. 9.12.2004 (BGBl. I S. 3310).

[4]) § 37 Abs. 2a eingef. durch G v. 16.5.2003 (BGBl. I S. 660).

[5]) § 37 Abs. 2a Nr. 2 geänd. mWv 1.1.2007 durch G v. 13.12.2006 (BGBl. I S. 2878).

(3) [1] Erhält eine unbeschränkt steuerpflichtige Körperschaft oder Personenvereinigung, deren Leistungen bei den Empfängern zu den Einnahmen im Sinne des § 20 Abs. 1 Nr. 1 oder 2 des Einkommensteuergesetzes in der Fassung des Artikels 1 des Gesetzes vom 20. Dezember 2001 (BGBl. I S. 3858) gehören, Bezüge, die nach § 8b Abs. 1 bei der Einkommensermittlung außer Ansatz bleiben und die bei der leistenden Körperschaft zu einer Minderung der Körperschaftsteuer geführt haben, erhöht sich bei ihr die Körperschaftsteuer und das Körperschaftsteuerguthaben um den Betrag der Minderung der Körperschaftsteuer bei der leistenden Körperschaft. [2] Satz 1 gilt auch, wenn der Körperschaft oder Personenvereinigung die entsprechenden Bezüge einer Organgesellschaft zugerechnet werden, weil sie entweder Organträger ist oder an einer Personengesellschaft beteiligt ist, die Organträger ist. [3] Im Fall des § 4 des Umwandlungssteuergesetzes[1)] sind die Sätze 1 und 2 entsprechend anzuwenden. [4] Die leistende Körperschaft hat der Empfängerin die folgenden Angaben nach amtlich vorgeschriebenem Muster zu bescheinigen:

1. den Namen und die Anschrift des Anteilseigners,
2. die Höhe des in Anspruch genommenen Körperschaftsteuerminderungsbetrags,
3. den Zahlungstag.

[5] § 27 Abs. 3 Satz 2, Abs. 4 und 5 gilt entsprechend. [6] Die Sätze 1 bis 4 gelten nicht für steuerbefreite Körperschaften und Personenvereinigungen im Sinne des § 5 Abs. 1 Nr. 9, soweit die Einnahmen in einem wirtschaftlichen Geschäftsbetrieb anfallen, für den die Steuerbefreiung ausgeschlossen ist.

(4)[2)] [1] Das Körperschaftsteuerguthaben wird letztmalig auf den 31. Dezember 2006 ermittelt. [2] Geht das Vermögen einer unbeschränkt steuerpflichtigen Körperschaft durch einen der in § 1 Abs. 1 des Umwandlungssteuergesetzes vom 7. Dezember 2006 (BGBl. I S. 2782, 2791) in der jeweils geltenden Fassung genannten Vorgänge, bei denen die Anmeldung zur Eintragung in ein öffentliches Register nach dem 12. Dezember 2006 erfolgt, ganz oder teilweise auf einen anderen Rechtsträger über, wird das Körperschaftsteuerguthaben bei der übertragenden Körperschaft letztmalig auf den vor dem 31. Dezember 2006 liegenden steuerlichen Übertragungsstichtag ermittelt. [3] Wird das Vermögen einer Körperschaft oder Personenvereinigung im Rahmen einer Liquidation im Sinne des § 11 nach dem 12. Dezember 2006 und vor dem 1. Januar 2007 verteilt, wird das Körperschaftsteuerguthaben letztmalig auf den Stichtag ermittelt, auf den die Liquidationsschlussbilanz erstellt wird. [4] Die Absätze 1 bis 3 sind letztmals auf Gewinnausschüttungen und als ausgeschüttet geltende Beträge anzuwenden, die vor dem 1. Januar 2007 oder bis zu dem nach Satz 2 maßgebenden Zeitpunkt erfolgt sind. [5] In Fällen der Liquidation sind die Absätze 1 bis 3 auf Abschlagszahlungen anzuwenden, die bis zum Stichtag erfolgt sind, auf den das Körperschaftsteuerguthaben letztmalig ermittelt wird.

(5)[3)] [1] Die Körperschaft hat innerhalb eines Auszahlungszeitraums von 2008 bis 2017 einen Anspruch auf Auszahlung des Körperschaftsteuerguthabens in zehn gleichen Jahresbeträgen. [2] Der Anspruch entsteht mit Ablauf des 31. De-

---

[1)] Nr. **22**.

[2)] § 37 Abs. 4 angef. mWv VZ 2006 durch G v. 7.12.2006 (BGBl. I S. 2782); Sätze 3 und 4 neu gef., Satz 5 angef. mWv VZ 2008 durch G v. 20.12.2007 (BGBl. I S. 3150).

[3)] § 37 Abs. 5 angef. mWv VZ 2006 durch G v. 7.12.2006 (BGBl. I S. 2782); Satz 2 geänd., Satz 4 neu gef., Satz 5 eingef., bish. Sätze 5 und 6 werden Sätze 6 und 7, Sätze 8 und 9 angef. mWv VZ →

zember 2006 oder des nach Absatz 4 Satz 2 oder Satz 3 maßgebenden Tages. [3]Der Anspruch wird für den gesamten Auszahlungszeitraum festgesetzt. [4]Der Anspruch ist jeweils am 30. September auszuzahlen. [5]Für das Jahr der Bekanntgabe des Bescheids und die vorangegangenen Jahre ist der Anspruch innerhalb eines Monats nach Bekanntgabe des Bescheids auszuzahlen, wenn die Bekanntgabe des Bescheids nach dem 31. August 2008 erfolgt. [6]Abweichend von Satz 1 ist der festgesetzte Anspruch in einem Betrag auszuzahlen, wenn das festgesetzte Körperschaftsteuerguthaben nicht mehr als 1 000 Euro beträgt. [7]Der Anspruch ist nicht verzinslich. [8]Die Festsetzungsfrist für die Festsetzung des Anspruchs läuft nicht vor Ablauf des Jahres ab, in dem der letzte Jahresbetrag fällig geworden ist oder ohne Anwendung des Satzes 6 fällig geworden wäre. [9]§ 10d Abs. 4 Satz 4 und 5 des Einkommensteuergesetzes[1] gilt sinngemäß. [10]Auf die Abtretung oder Verpfändung des Anspruchs ist § 46 Abs. 4 der Abgabenordnung[2] nicht anzuwenden.

(6)[3] [1]Wird der Bescheid über die Festsetzung des Anspruchs nach Absatz 5 aufgehoben oder geändert, wird der Betrag, um den der Anspruch, der sich aus dem geänderten Bescheid ergibt, die Summe der Auszahlungen, die bis zur Bekanntgabe des neuen Bescheids geleistet worden sind, übersteigt, auf die verbleibenden Fälligkeitstermine des Auszahlungszeitraums verteilt. [2]Abweichend von Satz 1 ist der übersteigende Betrag in einer Summe auszuzahlen, wenn er nicht mehr als 1 000 Euro beträgt und auf die vorangegangene Festsetzung Absatz 5 Satz 6 oder dieser Satz angewendet worden ist. [3]Ist die Summe der Auszahlungen, die bis zur Bekanntgabe des neuen Bescheids geleistet worden sind, größer als der Auszahlungsanspruch, der sich aus dem geänderten Bescheid ergibt, ist der Unterschiedsbetrag innerhalb eines Monats nach Bekanntgabe des Bescheids zu entrichten.

(7)[4] [1]Erträge und Gewinnminderungen der Körperschaft, die sich aus der Anwendung des Absatzes 5 ergeben, gehören nicht zu den Einkünften im Sinne des Einkommensteuergesetzes. [2]Die Auszahlung ist aus den Einnahmen an Körperschaftsteuer zu leisten.

§ 38 Körperschaftsteuererhöhung. (1)[5] [1]Ein positiver Endbetrag im Sinne des § 36 Abs. 7 aus dem Teilbetrag im Sinne des § 30 Abs. 2 Nr. 2 in der Fassung des Artikels 4 des Gesetzes vom 14. Juli 2000 (BGBl. I S. 1034) ist auch zum Schluss der folgenden Wirtschaftsjahre fortzuschreiben und gesondert festzustellen. [2]§ 27 Abs. 2 gilt entsprechend. [3]Der Betrag verringert sich jeweils, soweit er als für Leistungen verwendet gilt. [4]Er gilt als für Leistungen verwendet, soweit die Summe der Leistungen, die die Gesellschaft im Wirtschaftsjahr erbracht hat, den um den Bestand des Satzes 1 verminderten ausschüttbaren Gewinn (§ 27) übersteigt. [5]Maßgeblich sind die Bestände zum Schluss

---

(Fortsetzung der Anm. von voriger Seite)
2008 durch G v. 20.12.2007 (BGBl. I S. 3150); Satz 6 eingef., bish. Sätze 6 bis 9 werden Sätze 7 bis 10, Satz 8 geänd. mWv Kj. 2008 durch G v. 20.12.2008 (BGBl. I S. 2850).

[1] Nr. **5**.

[2] Nr. **1**.

[3] § 37 Abs. 6 angef. mWv VZ 2006 durch G v. 7.12.2006 (BGBl. I S. 2782); Satz 2 eingef., bish. Satz 2 wird Satz 3 mWv Kj. 2008 durch G v. 20.12.2008 (BGBl. I S. 2850).

[4] § 37 Abs. 7 angef. mWv VZ 2006 durch G v. 7.12.2006 (BGBl. I S. 2782).

[5] § 38 Abs. 1 Sätze 6 und 7 angef. durch G v. 13.12.2006 (BGBl. I S. 2878); zur Anwendung siehe § 34 Abs. 13 und 14; Satz 7 geänd. durch G v. 25.7.2014 (BGBl. I S. 1266).

des vorangegangenen Wirtschaftsjahrs. [6] Die Rückzahlung von Geschäftsguthaben an ausscheidende Mitglieder von Genossenschaften stellt, soweit es sich dabei nicht um Nennkapital im Sinne des § 28 Abs. 2 Satz 2 handelt, keine Leistung im Sinne der Sätze 3 und 4 dar. [7] Satz 6 gilt nicht, soweit der unbelastete Teilbetrag im Sinne des Satzes 1 nach § 40 Abs. 1 oder Abs. 2 infolge der Umwandlung einer Körperschaft, die nicht Genossenschaft im Sinne des § 34 Absatz 13 ist, übergangen ist.

(2)[1)] [1] Die Körperschaftsteuer des Veranlagungszeitraums, in dem das Wirtschaftsjahr endet, in dem die Leistungen erfolgen, erhöht sich um 3/7 des Betrags der Leistungen, für die ein Teilbetrag aus dem Endbetrag im Sinne des Absatzes 1 als verwendet gilt. [2] Die Körperschaftsteuererhöhung mindert den Endbetrag im Sinne des Absatzes 1 bis zu dessen Verbrauch. [3] Satz 1 ist letztmals für den Veranlagungszeitraum anzuwenden, in dem das 18. Wirtschaftsjahr endet, das auf das Wirtschaftsjahr folgt, auf dessen Schluss nach § 37 Abs. 1 Körperschaftsteuerguthaben ermittelt werden.

(3) [1] Die Körperschaftsteuer wird nicht erhöht, soweit eine von der Körperschaftsteuer befreite Körperschaft Leistungen an einen unbeschränkt steuerpflichtigen, von der Körperschaftsteuer befreiten Anteilseigner oder an eine juristische Person des öffentlichen Rechts vornimmt. [2] Der Anteilseigner ist verpflichtet, der ausschüttenden Körperschaft seine Befreiung durch eine Bescheinigung des Finanzamts nachzuweisen, es sei denn, er ist eine juristische Person des öffentlichen Rechts. [3] Das gilt nicht, soweit die Leistung auf Anteile entfällt, die in einem wirtschaftlichen Geschäftsbetrieb gehalten werden, für den die Befreiung von der Körperschaftsteuer ausgeschlossen ist, oder in einem nicht von der Körperschaftsteuer befreiten Betrieb gewerblicher Art.

(4)[2)] [1] Der Endbetrag nach Absatz 1 wird letztmalig auf den 31. Dezember 2006 ermittelt und festgestellt. [2] Wird das Vermögen einer Körperschaft oder Personenvereinigung im Rahmen einer Liquidation im Sinne des § 11 nach dem 31. Dezember 2006 verteilt, wird der Endbetrag im Sinne des Satzes 1 letztmalig auf den Schluss des letzten vor dem 1. Januar 2007 endenden Besteuerungszeitraums festgestellt. [3] Bei über den 31. Dezember 2006 hinaus fortdauernden Liquidationen endet der Besteuerungszeitraum nach § 11 auf Antrag der Körperschaft oder Personenvereinigung mit Ablauf des 31. Dezember 2006. [4] Die Absätze 1 bis 3 sind letztmals auf Leistungen anzuwenden, die vor dem 1. Januar 2007 oder dem nach Satz 2 maßgebenden Zeitpunkt erfolgt sind.

(5)[3)] [1] Der Körperschaftsteuererhöhungsbetrag beträgt 3/100 des nach Absatz 4 Satz 1 festgestellten Endbetrags. [2] Er ist begrenzt auf den Betrag, der sich nach den Absätzen 1 bis 3 als Körperschaftsteuererhöhung ergeben würde, wenn die Körperschaft oder Personenvereinigung ihr am 31. Dezember 2006 oder an dem nach Absatz 4 Satz 2 maßgebenden Zeitpunkt bestehendes Eigenkapital laut Steuerbilanz für eine Ausschüttung verwenden würde. [3] Ein Körperschaftsteuererhöhungsbetrag ist nur festzusetzen, wenn er 1 000 Euro übersteigt.

---

1) § 38 Abs. 2 Satz 3 geänd. durch G v. 16.5.2003 (BGBl. I S. 660).

2) § 38 Abs. 4 angef. durch G v. 20.12.2007 (BGBl. I S. 3150); zur Anwendung siehe § 34 Abs. 13 und 14.

3) § 38 Abs. 5 angef. durch G v. 20.12.2007 (BGBl. I S. 3150); zur Anwendung siehe § 34 Abs. 13 und 14.

(6)[1] [1]Die Körperschaft oder deren Rechtsnachfolger hat den sich nach Absatz 5 ergebenden Körperschaftsteuererhöhungsbetrag innerhalb eines Zeitraums von 2008 bis 2017 in zehn gleichen Jahresbeträgen zu entrichten (Zahlungszeitraum). [2]Satz 1 gilt nicht für Körperschaften oder Personenvereinigungen, die sich am 31. Dezember 2006 bereits in Liquidation befanden. [3]Der Anspruch entsteht am 1. Januar 2007. [4]Der Körperschaftsteuererhöhungsbetrag wird für den gesamten Zahlungszeitraum festgesetzt. [5]Der Jahresbetrag ist jeweils am 30. September fällig. [6]Für das Jahr der Bekanntgabe des Bescheids und die vorangegangenen Jahre ist der Jahresbetrag innerhalb eines Monats nach Bekanntgabe des Bescheids fällig, wenn die Bekanntgabe des Bescheids nach dem 31. August 2008 erfolgt. [7]In den Fällen des Satzes 2 ist der gesamte Anspruch innerhalb eines Monats nach Bekanntgabe des Bescheids fällig. [8]Der Anspruch ist nicht verzinslich. [9]Die Festsetzungsfrist für die Festsetzung des Körperschaftsteuererhöhungsbetrags läuft nicht vor Ablauf des Jahres ab, in dem der letzte Jahresbetrag fällig geworden ist.

(7)[2] [1]Auf Antrag kann die Körperschaft oder deren Rechtsnachfolger abweichend von Absatz 6 Satz 1 den Körperschaftsteuererhöhungsbetrag in einer Summe entrichten. [2]Der Antrag kann letztmals zum 30. September 2015 gestellt werden. [3]Anstelle des jeweiligen Jahresbetrags ist zu dem Zahlungstermin, der auf den Zeitpunkt der Antragstellung folgt, der zu diesem Termin nach Absatz 6 Satz 4 fällige Jahresbetrag zuzüglich der noch nicht fälligen Jahresbeträge abgezinst mit einem Zinssatz von 5,5 Prozent zu entrichten. [4]Mit der Zahlung erlischt der gesamte Anspruch. [5]Die Sätze 3 und 4 sind in den Fällen des Absatzes 6 Satz 7, des Absatzes 8 und des Absatzes 9 Satz 1 und 2 von Amts wegen anzuwenden.

(8)[3] Bei Liquidationen, die nach dem 31. Dezember 2006 beginnen, werden alle entstandenen und festgesetzten Körperschaftsteuererhöhungsbeträge an dem 30. September fällig, der auf den Zeitpunkt der Erstellung der Liquidationseröffnungsbilanz folgt.

(9)[4] [1]Geht das Vermögen einer unbeschränkt steuerpflichtigen Körperschaft oder Personenvereinigung durch einen der in § 1 Abs. 1 Nr. 1 des Umwandlungssteuergesetzes[5] vom 7. Dezember 2006 (BGBl. I S. 2782, 2791) in der jeweils geltenden Fassung genannten Vorgänge ganz oder teilweise auf eine nicht unbeschränkt steuerpflichtige Körperschaft oder Personenvereinigung über oder verlegt eine unbeschränkt steuerpflichtige Körperschaft oder Personenvereinigung ihren Sitz oder Ort der Geschäftsleitung und endet dadurch ihre unbeschränkte Steuerpflicht, werden alle entstandenen und festgesetzten Körperschaftsteuererhöhungsbeträge an dem 30. September fällig, der auf den Zeitpunkt des Vermögensübergangs oder des Wegzugs folgt. [2]Ist eine Festsetzung nach Absatz 6 noch nicht erfolgt, ist der gesamte Anspruch innerhalb eines Monats nach Bekanntgabe des Bescheids fällig. [3]Satz 1 gilt nicht, wenn

---

[1] § 38 Abs. 6 angef. durch G v. 20.12.2007 (BGBl. I S. 3150); zur Anwendung siehe § 34 Abs. 13 und 14.

[2] § 38 Abs. 7 angef. durch G v. 20.12.2007 (BGBl. I S. 3150); zur Anwendung siehe § 34 Abs. 13 und 14; Satz 5 geänd. mWv VZ 2010 durch G v. 8.12.2010 (BGBl. I S. 1768).

[3] § 38 Abs. 8 angef. durch G v. 20.12.2007 (BGBl. I S. 3150); zur Anwendung siehe § 34 Abs. 13 und 14.

[4] § 38 Abs. 9 angef. durch G v. 20.12.2007 (BGBl. I S. 3150); zur Anwendung siehe § 34 Abs. 13 und 14.

[5] Nr. **22**.

der übernehmende Rechtsträger in einem anderen Mitgliedstaat der Europäischen Union unbeschränkt steuerpflichtig ist oder die Körperschaft oder Personenvereinigung in den Fällen des Wegzugs in einem anderen Mitgliedstaat der Europäischen Union unbeschränkt steuerpflichtig wird.

(10)[1] § 37 Abs. 6 und 7 gilt entsprechend.

§ 39 Einlagen der Anteilseigner und Sonderausweis. (1) Ein sich nach § 36 Abs. 7 ergebender positiver Endbetrag des Teilbetrags im Sinne des § 30 Abs. 2 Nr. 4 des Körperschaftsteuergesetzes in der Fassung der Bekanntmachung vom 22. April 1999 (BGBl. I S. 817), das zuletzt durch Artikel 4 des Gesetzes vom 14. Juli 2000 (BGBl. I S. 1034) geändert worden ist, wird als Anfangsbestand des steuerlichen Einlagekontos im Sinne des § 27 erfasst.

(2)[2] Der nach § 47 Abs. 1 Satz 1 Nr. 2 in der Fassung des Artikels 4 des Gesetzes vom 14. Juli 2000 (BGBl. I S. 1034) zuletzt festgestellte Betrag wird als Anfangsbestand in die Feststellung nach § 28 Abs. 1 Satz 3 einbezogen.

§ 40[3] *(aufgehoben)*

---

[1] § 38 Abs. 10 angef. durch G v. 20.12.2007 (BGBl. I S. 3150); zur Anwendung siehe § 34 Abs. 13 und 14.

[2] § 39 Abs. 2 geänd. durch G v. 9.12.2004 (BGBl. I S. 3310).

[3] § 40 aufgeh. durch G v. 20.12.2007 (BGBl. I S. 3150); zur weiteren Anwendung siehe § 34 Abs. 13 Satz 3 und Abs. 14.

18. Körperschaftsteuer-Durchführungsverordnung 1994 (KStDV 1994)

In der Fassung der Bekanntmachung vom 22. Februar 1996[1)]
(BGBl. I S. 365)

FNA 611-4-6

geänd. durch Art. 5 Steuer-Euroglättungsgesetz (StEuglG) v. 19.12.2000 (BGBl. I S. 1790), Art. 3 Verordnung zur Änderung steuerlicher Verordnungen v. 17.11.2010 (BGBl. I S. 1544) und Art. 2 Abs. 11 Gesetz zur Modernisierung der Finanzaufsicht über Versicherungen v. 1.4.2015 (BGBl. I S. 434)

Zu § 5 Abs. 1 Nr. 3 des Gesetzes

§ 1 Allgemeines. Rechtsfähige Pensions-, Sterbe-, Kranken- und Unterstützungskassen sind nur dann eine soziale Einrichtung im Sinne des § 5 Abs. 1 Nr. 3 Buchstabe b des Gesetzes, wenn sie die folgenden Voraussetzungen erfüllen:

1. Die Leistungsempfänger dürfen sich in der Mehrzahl nicht aus dem Unternehmer oder dessen Angehörigen und bei Gesellschaften in der Mehrzahl nicht aus den Gesellschaftern oder deren Angehörigen zusammensetzen.
2. Bei Auflösung der Kasse darf ihr Vermögen vorbehaltlich der Regelung in § 6 des Gesetzes satzungsmäßig nur den Leistungsempfängern oder deren Angehörigen zugute kommen oder für ausschließlich gemeinnützige oder mildtätige Zwecke verwendet werden.
3. Außerdem müssen bei Kassen mit Rechtsanspruch der Leistungsempfänger die Voraussetzungen des § 2, bei Kassen ohne Rechtsanspruch der Leistungsempfänger die Voraussetzungen des § 3 erfüllt sein.

§ 2[2)] Kassen mit Rechtsanspruch der Leistungsempfänger. (1) Bei rechtsfähigen Pensions- oder Sterbekassen, die den Leistungsempfängern einen Rechtsanspruch gewähren, dürfen die jeweils erreichten Rechtsansprüche der Leistungsempfänger vorbehaltlich des Absatzes 2 die folgenden Beträge nicht übersteigen:

als Pension	25 769 Euro jährlich,
als Witwengeld	17 179 Euro jährlich,
als Waisengeld	5 154 Euro jährlich für jede Halbwaise,
	10 308 Euro jährlich für jede Vollwaise,
als Sterbegeld	7 669 Euro als Gesamtleistung.

(2) [1] Die jeweils erreichten Rechtsansprüche, mit Ausnahme des Anspruchs auf Sterbegeld, dürfen in nicht mehr als 12 vom Hundert aller Fälle auf höhere als die in Absatz 1 bezeichneten Beträge gerichtet sein. [2] Dies gilt in nicht mehr als 4 vom Hundert aller Fälle uneingeschränkt. [3] Im Übrigen dürfen die jeweils erreichten Rechtsansprüche die folgenden Beträge nicht übersteigen:

als Pension	38 654 Euro jährlich,
als Witwengeld	25 769 Euro jährlich,

---

1) Neubekanntmachung der KStDV idF der Bek. v. 31.7.1984 (BGBl. I S. 1055) in der ab 18.12.1993 geltenden Fassung.

2) § 2 neu gef. mWv 1.1.2002 durch G v. 19.12.2000 (BGBl. I S. 1790).

als Waisengeld 7 731 Euro jährlich für jede Halbwaise,
15 461 Euro jährlich für jede Vollwaise.

§ 3 Kassen ohne Rechtsanspruch der Leistungsempfänger. Rechtsfähige Unterstützungskassen, die den Leistungsempfängern keinen Rechtsanspruch gewähren, müssen die folgenden Voraussetzungen erfüllen:

1. Die Leistungsempfänger dürfen zu laufenden Beiträgen oder zu sonstigen Zuschüssen nicht verpflichtet sein.
2. Den Leistungsempfängern oder den Arbeitnehmervertretungen des Betriebs oder der Dienststelle muß satzungsgemäß und tatsächlich das Recht zustehen, an der Verwaltung sämtlicher Beträge, die der Kasse zufließen, beratend mitzuwirken.
3. Die laufenden Leistungen und das Sterbegeld dürfen die in § 2 bezeichneten Beträge nicht übersteigen.

Zu § 5 Abs. 1 Nr. 4 des Gesetzes

§ 4[1] Kleinere Versicherungsvereine. Kleinere Versicherungsvereine auf Gegenseitigkeit im Sinne des § 210 des Versicherungsaufsichtsgesetzes sind von der Körperschaftsteuer befreit, wenn

1.[2] ihre Beitragseinnahmen im Durchschnitt der letzten drei Wirtschaftsjahre einschließlich des im Veranlagungszeitraum endenden Wirtschaftsjahrs die folgenden Jahresbeträge nicht überstiegen haben:
   a) 797 615 Euro bei Versicherungsvereinen, die die Lebensversicherung oder die Krankenversicherung betreiben,
   b) 306 775 Euro bei allen übrigen Versicherungsvereinen oder
2. sich ihr Geschäftsbetrieb auf die Sterbegeldversicherung beschränkt und sie im übrigen die Voraussetzungen des § 1 erfüllen.

Zu § 26 Abs. 3 des Gesetzes

§ 5[3] *(aufgehoben)*

Schlußvorschrift

§ 6[4] Anwendungszeitraum. Die Körperschaftsteuer-Durchführungsverordnung in der am 1. Januar 2016 geltenden Fassung ist erstmals für den Veranlagungszeitraum 2016 anzuwenden.

§ 7[5] Inkrafttreten.

Anlage[6] *(aufgehoben)*

---

[1] § 4 einl. Satzteil geänd. mWv VZ 2016 durch G v. 1.4.2015 (BGBl. I S. 434).
[2] § 4 Nr. 1 Buchst. a und b geänd. mWv 1.1.2002 durch G v. 19.12.2000 (BGBl. I S. 1790).
[3] § 5 aufgeh. mWv 23.11.2010 durch VO v. 17.11.2010 (BGBl. I S. 1544).
[4] § 6 neu gef. durch G v. 1.4.2015 (BGBl. I S. 434).
[5] Die VO in ihrer ursprünglichen Fassung trat am 24.6.1977 in Kraft. Das Inkrafttreten der späteren Änderungen ergibt sich aus den jeweiligen Änderungsbestimmungen.
[6] Anl. aufgeh. mWv 23.11.2010 durch VO v. 17.11.2010 (BGBl. I S. 1544).

19. Lohnsteuer-Durchführungsverordnung (LStDV 1990)[1)]

In der Fassung der Bekanntmachung vom 10. Oktober 1989[2)]
(BGBl. I S. 1848)

FNA 611-2

geänd. durch Art. 2 Gesetz zur Entlastung der Familien und zur Verbesserung der Rahmenbedingungen für Investitionen und Arbeitsplätze (Steueränderungsgesetz 1992 – StÄndG 1992) v. 25.2.1992 (BGBl. I S. 297), Art. 11 Jahressteuergesetz 1996 v. 11.10.1995 (BGBl. I S. 1250), Art. 3 Steuerentlastungsgesetz 1999/2000/2002 v. 24.3.1999 (BGBl. I S. 402), Art. 3 Gesetz zur Bereinigung von steuerlichen Vorschriften (Steuerrechtsbereinigungsgesetz 1999 – StBereinG 1999) v. 22.12.1999 (BGBl. I S. 2601), Art. 3 Steuer-Euroglättungsgesetz v. 19.12.2000 (BGBl. I S. 1790), Art. 3 Steueränderungsgesetz 2001 (StÄndG 2001) v. 20.12.2001 (BGBl. I S. 3794), Art. 2 Steueränderungsgesetz 2003 (StÄndG 2003) v. 15.12.2003 (BGBl. I S. 2645), Art. 3 Gesetz zur Neuordnung der einkommensteuerrechtlichen Behandlung von Altersvorsorgeaufwendungen und Altersbezügen (Alterseinkünftegesetz – AltEinkG) v. 5.7.2004 (BGBl. I S. 1427), Art. 2 Jahressteuergesetz 2007 (JStG 2007) v. 13.12.2006 (BGBl. I S. 2878), Art. 2 Verordnung zur Änderung steuerlicher Verordnungen v. 17.11.2010 (BGBl. I S. 1544), Art. 3 Gesetz zur Umsetzung der Beitreibungsrichtlinie sowie zur Änderung steuerlicher Vorschriften (Beitreibungsrichtlinie-Umsetzungsgesetz – BeitrRLUmsG) v. 7.12.2011 (BGBl. I S. 2592), Art. 5 Gesetz zur Änderung und Vereinfachung der Unternehmensbesteuerung und des steuerlichen Reisekostenrechts v. 20.2.2013 (BGBl. I S. 285), Art. 27 Gesetz zur Anpassung des nationalen Steuerrechts an den Beitritt Kroatiens zur EU und zur Änderung weiterer steuerlicher Vorschriften v. 25.7.2014 (BGBl. I S. 1266), Art. 6 Gesetz zur Modernisierung des Besteuerungsverfahrens v. 18.7.2016 (BGBl. I S. 1679), Art. 10 Gesetz zur Stärkung der betrieblichen Altersversorgung und zur Änderung anderer Gesetze (Betriebsrentenstärkungsgesetz) v. 17.8.2017 (BGBl. I S. 3214), Art. 4 Gesetz zur Vermeidung von Umsatzsteuerausfällen beim Handel mit Waren im Internet und zur Änderung weiterer steuerlicher Vorschriften v. 11.12.2018 (BGBl. I S. 2338) und Art. 2 Fünfte Verordnung zur Änderung steuerlicher Verordnungen v. 25.6.2020 (BGBl. I S. 1495)

§ 1 Arbeitnehmer, Arbeitgeber. (1) [1] Arbeitnehmer sind Personen, die in öffentlichem oder privatem Dienst angestellt oder beschäftigt sind oder waren und die aus diesem Dienstverhältnis oder einem früheren Dienstverhältnis Arbeitslohn beziehen. [2] Arbeitnehmer sind auch die Rechtsnachfolger dieser Personen, soweit sie Arbeitslohn aus dem früheren Dienstverhältnis ihres Rechtsvorgängers beziehen.

(2) [1] Ein Dienstverhältnis (Absatz 1) liegt vor, wenn der Angestellte (Beschäftigte) dem Arbeitgeber (öffentliche Körperschaft, Unternehmer, Haushaltsvorstand) seine Arbeitskraft schuldet. [2] Dies ist der Fall, wenn die tätige Person in der Betätigung ihres geschäftlichen Willens unter der Leitung des Arbeitgebers steht oder im geschäftlichen Organismus des Arbeitgebers dessen Weisungen zu folgen verpflichtet ist.

(3) Arbeitnehmer ist nicht, wer Lieferungen und sonstige Leistungen innerhalb der von ihm selbständig ausgeübten gewerblichen oder beruflichen Tätigkeit im Inland gegen Entgelt ausführt, soweit es sich um die Entgelte für diese Lieferungen und sonstigen Leistungen handelt.

§ 2 Arbeitslohn. (1) [1] Arbeitslohn sind alle Einnahmen, die dem Arbeitnehmer aus dem Dienstverhältnis zufließen. [2] Es ist unerheblich, unter welcher Bezeichnung oder in welcher Form die Einnahmen gewährt werden.

[1)] Zur Anwendung siehe § 8.

[2)] Neubekanntmachung der LStDV idF der Bek. v. 23.10.1984 (BGBl. I S. 1313) in der ab 20.10. 1989 geltenden Fassung.

(2) Zum Arbeitslohn gehören auch

1. Einnahmen im Hinblick auf ein künftiges Dienstverhältnis;
2. Einnahmen aus einem früheren Dienstverhältnis, unabhängig davon, ob sie dem zunächst Bezugsberechtigten oder seinem Rechtsnachfolger zufließen. [2] Bezüge, die ganz oder teilweise auf früheren Beitragsleistungen des Bezugsberechtigten oder seines Rechtsvorgängers beruhen, gehören nicht zum Arbeitslohn, es sei denn, daß die Beitragsleistungen Werbungskosten gewesen sind;
3.[1)] Ausgaben, die ein Arbeitgeber leistet, um einen Arbeitnehmer oder diesem nahestehende Personen für den Fall der Krankheit, des Unfalls, der Invalidität, des Alters oder des Todes abzusichern (Zukunftssicherung). [2] Voraussetzung ist, daß der Arbeitnehmer der Zukunftssicherung ausdrücklich oder stillschweigend zustimmt. [3] Ist bei einer Zukunftssicherung für mehrere Arbeitnehmer oder diesen nahestehende Personen in Form einer Gruppenversicherung oder Pauschalversicherung der für den einzelnen Arbeitnehmer geleistete Teil der Ausgaben nicht in anderer Weise zu ermitteln, so sind die Ausgaben nach der Zahl der gesicherten Arbeitnehmer auf diese aufzuteilen. [4] Nicht zum Arbeitslohn gehören Ausgaben, die nur dazu dienen, dem Arbeitgeber die Mittel zur Leistung einer dem Arbeitnehmer zugesagten Versorgung zu verschaffen;
4. Entschädigungen, die dem Arbeitnehmer oder seinem Rechtsnachfolger als Ersatz für entgangenen oder entgehenden Arbeitslohn oder für die Aufgabe oder Nichtausübung einer Tätigkeit gewährt werden;
5. besondere Zuwendungen, die auf Grund des Dienstverhältnisses oder eines früheren Dienstverhältnisses gewährt werden, zum Beispiel Zuschüsse im Krankheitsfall;
6. besondere Entlohnungen für Dienste, die über die regelmäßige Arbeitszeit hinaus geleistet werden, wie Entlohnung für Überstunden, Überschichten, Sonntagsarbeit;
7. Lohnzuschläge, die wegen der Besonderheit der Arbeit gewährt werden;
8. Entschädigungen für Nebenämter und Nebenbeschäftigungen im Rahmen eines Dienstverhältnisses.

§ 3[2)] *(aufgehoben)*

§ 4 Lohnkonto. (1)[3)] Der Arbeitgeber hat im Lohnkonto des Arbeitnehmers Folgendes aufzuzeichnen:

1.[4)] den Vornamen, den Familiennamen, den Tag der Geburt, den Wohnort, die Wohnung sowie die in einer vom Finanzamt ausgestellten Bescheinigung für den Lohnsteuerabzug eingetragenen allgemeinen Besteuerungsmerkmale. [2] Ändern sich im Laufe des Jahres die in einer Bescheinigung für den Lohnsteuerabzug eingetragenen allgemeinen Besteuerungsmerkmale, so ist auch der Zeitpunkt anzugeben, von dem an die Änderungen gelten;

[1)] § 2 Abs. 2 Nr. 3 Satz 1 2. HS aufgeh. durch G v. 22.12.1999 (BGBl. I S. 2601).
[2)] § 3 aufgeh. durch G v. 24.3.1999 (BGBl. I S. 402).
[3)] § 4 Abs. 1 einl. Satzteil geänd. mWv 23.11.2010 durch VO v. 17.11.2010 (BGBl. I S. 1544).
[4)] § 4 Abs. 1 Nr. 1 neu gef. mWv 1.1.2012 durch G v. 7.12.2011 (BGBl. I S. 2592).

2.[1] den Jahresfreibetrag oder den Jahreshinzurechnungsbetrag sowie den Monatsbetrag, Wochenbetrag oder Tagesbetrag, der in einer vom Finanzamt ausgestellten Bescheinigung für den Lohnsteuerabzug eingetragen ist, und den Zeitraum, für den die Eintragungen gelten;

3.[2] bei einem Arbeitnehmer, der dem Arbeitgeber eine Bescheinigung nach § 39b Abs. 6 des Einkommensteuergesetzes[3] in der am 31. Dezember 2010 geltenden Fassung (Freistellungsbescheinigung) vorgelegt hat, einen Hinweis darauf, daß eine Bescheinigung vorliegt, den Zeitraum, für den die Lohnsteuerbefreiung gilt, das Finanzamt, das die Bescheinigung ausgestellt hat, und den Tag der Ausstellung;

4.[4] in den Fällen des § 19 Abs. 2 des Einkommensteuergesetzes die für die zutreffende Berechnung des Versorgungsfreibetrags und des Zuschlags zum Versorgungsfreibetrag erforderlichen Angaben.

(2) Bei jeder Lohnabrechnung ist im Lohnkonto folgendes aufzuzeichnen:

1. der Tag der Lohnzahlung und der Lohnzahlungszeitraum;

2.[5] in den Fällen des § 41 Absatz 1 Satz 5 des Einkommensteuergesetzes jeweils der Großbuchstabe U;

3. der Arbeitslohn, getrennt nach Barlohn und Sachbezügen, und die davon einbehaltene Lohnsteuer. [2]Dabei sind die Sachbezüge einzeln zu bezeichnen und – unter Angabe des Abgabetags oder bei laufenden Sachbezügen des Abgabezeitraums, des Abgabeorts und des Entgelts – mit dem nach § 8 Abs. 2 oder 3 des Einkommensteuergesetzes maßgebenden und um das Entgelt geminderten Wert zu erfassen. [3]Sachbezüge im Sinne des § 8 Abs. 3 des Einkommensteuergesetzes und Versorgungsbezüge sind jeweils als solche kenntlich zu machen und ohne Kürzung um Freibeträge nach § 8 Abs. 3 oder § 19 Abs. 2 des Einkommensteuergesetzes einzutragen. [4]Trägt der Arbeitgeber im Falle der Nettolohnzahlung die auf den Arbeitslohn entfallende Steuer selbst, ist in jedem Fall der Bruttoarbeitslohn einzutragen, die nach den Nummern 4 bis 8 gesondert aufzuzeichnenden Beträge sind nicht mitzuzählen;

4.[6] steuerfreie Bezüge mit Ausnahme der Vorteile im Sinne des § 3 Nummer 37, 45, 46 und 51 des Einkommensteuergesetzes. [2]Das Betriebsstättenfinanzamt kann zulassen, daß auch andere nach § 3 des Einkommensteuergesetzes steuerfreie Bezüge nicht angegeben werden, wenn es sich um Fälle von geringer Bedeutung handelt oder wenn die Möglichkeit zur Nachprüfung in anderer Weise sichergestellt ist;

5. Bezüge, die nach einem Abkommen zur Vermeidung der Doppelbesteuerung oder unter Progressionsvorbehalt nach § 34c Abs. 5 des Einkommensteuergesetzes von der Lohnsteuer freigestellt sind;

---

[1] § 4 Abs. 1 Nr. 2 neu gef. mWv 1.1.2012 durch G v. 7.12.2011 (BGBl. I S. 2592).

[2] § 4 Abs. 1 Nr. 3 geänd. mWv 1.1.2012 durch G v. 7.12.2011 (BGBl. I S. 2592).

[3] Nr. 5.

[4] § 4 Abs. 1 Nr. 4 angef. mWv 1.1.2005 durch G v. 5.7.2004 (BGBl. I S. 1427).

[5] § 4 Abs. 2 Nr. 2 geänd. mWv 23.11.2010 durch VO v. 17.11.2010 (BGBl. I S. 1544).

[6] § 4 Abs. 2 Nr. 4 Satz 1 neu gef. durch G v. 20.12.2001 (BGBl. I S. 3794); Nr. 4 Satz 1 geänd. mWv 1.1.2002 durch G v. 15.12.2003 (BGBl. I S. 2645); Nr. 4 Satz 1 geänd. mWv 30.6.2020 durch VO v. 25.6.2020 (BGBl. I S. 1495).

6.[1] außerordentliche Einkünfte im Sinne des § 34 Abs. 1 und 2 Nr. 2 und 4 des Einkommensteuergesetzes und die davon nach § 39b Abs. 3 Satz 9 des Einkommensteuergesetzes einbehaltene Lohnsteuer;

7.[2] das Vorliegen der Voraussetzungen für den Förderbetrag nach § 100 des Einkommensteuergesetzes;

8.[3] Bezüge, die nach den §§ 40 bis 40b des Einkommensteuergesetzes pauschal besteuert worden sind, und die darauf entfallende Lohnsteuer. 2 Lassen sich in den Fällen des § 40 Absatz 1 Satz 1 Nummer 2 und Absatz 2 des Einkommensteuergesetzes die auf den einzelnen Arbeitnehmer entfallenden Beträge nicht ohne weiteres ermitteln, so sind sie in einem Sammelkonto anzuschreiben. 3 Das Sammelkonto muß die folgenden Angaben enthalten: Tag der Zahlung, Zahl der bedachten Arbeitnehmer, Summe der insgesamt gezahlten Bezüge, Höhe der Lohnsteuer sowie Hinweise auf die als Belege zum Sammelkonto aufzubewahrenden Unterlagen, insbesondere Zahlungsnachweise, Bestätigung des Finanzamts über die Zulassung der Lohnsteuerpauschalierung. 4 In den Fällen des § 40a des Einkommensteuergesetzes genügt es, wenn der Arbeitgeber Aufzeichnungen führt, aus denen sich für die einzelnen Arbeitnehmer Name und Anschrift, Dauer der Beschäftigung, Tag der Zahlung, Höhe des Arbeitslohns und in den Fällen des § 40a Abs. 3 des Einkommensteuergesetzes auch die Art der Beschäftigung ergeben. 5 Sind in den Fällen der Sätze 3 und 4 Bezüge nicht mit dem ermäßigten Kirchensteuersatz besteuert worden, so ist zusätzlich der fehlende Kirchensteuerabzug aufzuzeichnen und auf die als Beleg aufzubewahrende Unterlage hinzuweisen, aus der hervorgeht, daß der Arbeitnehmer keiner Religionsgemeinschaft angehört, für die die Kirchensteuer von den Finanzbehörden erhoben wird.

(2a)[4] 1 Der Arbeitgeber hat die nach den Absätzen 1 und 2 sowie die nach § 41 des Einkommensteuergesetzes aufzuzeichnenden Daten der Finanzbehörde nach einer amtlich vorgeschriebenen einheitlichen Form über eine digitale Schnittstelle elektronisch bereitzustellen. 2 Auf Antrag des Arbeitgebers kann das Betriebsstättenfinanzamt zur Vermeidung unbilliger Härten zulassen, dass der Arbeitgeber die in Satz 1 genannten Daten in anderer auswertbarer Form bereitstellt.

(3)[5] 1 Das Betriebsstättenfinanzamt kann bei Arbeitgebern, die für die Lohnabrechnung ein maschinelles Verfahren anwenden, Ausnahmen von den Vorschriften der Absätze 1 und 2 zulassen, wenn die Möglichkeit zur Nachprüfung in anderer Weise sichergestellt ist. 2 Das Betriebsstättenfinanzamt soll zulassen, daß Sachbezüge im Sinne des § 8 Absatz 2 Satz 11 und Absatz 3 des Einkommensteuergesetzes für solche Arbeitnehmer nicht aufzuzeichnen sind, für die durch betriebliche Regelungen und entsprechende Überwachungsmaßnahmen gewährleistet ist, daß die in § 8 Absatz 2 Satz 11 oder Absatz 3 des Einkommensteuergesetzes genannten Beträge nicht überschritten werden.

---

[1] § 4 Abs. 2 Nr. 6 neu gef. durch G v. 24.3.1999 (BGBl. I S. 402).

[2] § 4 Abs. 2 Nr. 7 eingef. mWv 1.1.2018 durch G v. 17.8.2017 (BGBl. I S. 3214).

[3] § 4 Abs. 2 Nr. 8 geänd. durch G v. 25.2.1992 (BGBl. I S. 297); Nr. 8 Satz 2 geänd. mWv 23.11.2010 durch VO v. 17.11.2010 (BGBl. I S. 1544).

[4] § 4 Abs. 2a eingef. durch G v. 18.7.2016 (BGBl. I S. 1679); zur Anwendung siehe § 8 Abs. 3.

[5] § 4 Abs. 3 Satz 2 neu gef. durch G v. 11.10.1995 (BGBl. I S. 1250); Satz 1 geänd. mWv 23.11.2010 durch VO v. 17.11.2010 (BGBl. I S. 1544); Satz 2 geänd. mWv 1.1.2014 durch G v. 20.2.2013 (BGBl. I S. 285).

(4)[1] 1 In den Fällen des § 38 Abs. 3a des Einkommensteuergesetzes ist ein Lohnkonto vom Dritten zu führen. 2 In den Fällen des § 38 Abs. 3a Satz 2 ist der Arbeitgeber anzugeben und auch der Arbeitslohn einzutragen, der nicht vom Dritten, sondern vom Arbeitgeber selbst gezahlt wird. 3 In den Fällen des § 38 Abs. 3a Satz 7 ist der Arbeitslohn für jedes Dienstverhältnis gesondert aufzuzeichnen.

§ 5[2] Besondere Aufzeichnungs- und Mitteilungspflichten im Rahmen der betrieblichen Altersversorgung. (1)[3] Der Arbeitgeber hat bei der Durchführung einer kapitalgedeckten betrieblichen Altersversorgung über eine Pensionskasse oder eine Direktversicherung im Fall des § 52 Absatz 40 des Einkommensteuergesetzes[4] aufzuzeichnen, dass vor dem 1. Januar 2018 mindestens ein Beitrag nach § 40b Absatz 1 und 2 des Einkommensteuergesetzes in einer vor dem 1. Januar 2005 geltenden Fassung pauschal besteuert wurde.

(2)[5] 1 Der Arbeitgeber hat der Versorgungseinrichtung (Pensionsfonds, Pensionskasse, Direktversicherung), die für ihn die betriebliche Altersversorgung durchführt, spätestens zwei Monate nach Ablauf des Kalenderjahres oder nach Beendigung des Dienstverhältnisses im Laufe des Kalenderjahres die für den einzelnen Arbeitnehmer geleisteten und

1.[6] nach § 3 Nummer 56 und 63 sowie nach § 100 Absatz 6 Satz 1 des Einkommensteuergesetzes steuerfrei belassenen,
2. nach § 40b des Einkommensteuergesetzes in der am 31. Dezember 2004 geltenden Fassung pauschal besteuerten oder
3. individuell besteuerten

Beiträge mitzuteilen. 2 Ferner hat der Arbeitgeber oder die Unterstützungskasse die nach § 3 Nr. 66 des Einkommensteuergesetzes steuerfrei belassenen Leistungen mitzuteilen. 3 Die Mitteilungspflicht des Arbeitgebers oder der Unterstützungskasse kann durch einen Auftragnehmer wahrgenommen werden.

(3) 1 Eine Mitteilung nach Absatz 2 kann unterbleiben, wenn die Versorgungseinrichtung die steuerliche Behandlung der für den einzelnen Arbeitnehmer im Kalenderjahr geleisteten Beiträge bereits kennt oder aus den bei ihr vorhandenen Daten feststellen kann, und dieser Umstand dem Arbeitgeber mitgeteilt worden ist. 2 Unterbleibt die Mitteilung des Arbeitgebers, ohne dass ihm eine entsprechende Mitteilung der Versorgungseinrichtung vorliegt, so hat die Versorgungseinrichtung davon auszugehen, dass es sich insgesamt bis zu den in § 3 Nr. 56 oder 63 des Einkommensteuergesetzes genannten Höchstbeträgen um steuerbegünstigte Beiträge handelt, die in der Auszahlungsphase als Leistungen im Sinne von § 22 Nr. 5 Satz 1 des Einkommensteuergesetzes zu besteuern sind.

§ 6[7] *(aufgehoben)*

---

[1] § 4 Abs. 4 aufgeh. durch G v. 22.12.1999 (BGBl. I S. 2601); neuer Abs. 4 angef. mWv 1.1.2004 durch G v. 15.12.2003 (BGBl. I S. 2645).
[2] § 5 eingef. mWv 1.1.2007 durch G v. 13.12.2006 (BGBl. I S. 2878).
[3] § 5 Abs. 1 neu gef. mWv 15.12.2018 durch G v. 11.12.2018 (BGBl. I S. 2338).
[4] Nr. 5.
[5] § 5 Abs. 2 Satz 1 einl. Satzteil geänd. mWv 1.1.2018 durch G v. 17.8.2017 (BGBl. I S. 3214).
[6] § 5 Abs. 2 Satz 1 Nr. 1 geänd. mWv 1.1.2018 durch G v. 17.8.2017 (BGBl. I S. 3214).
[7] § 6 aufgeh. durch G v. 20.12.2001 (BGBl. I S. 3794); zur weiteren Anwendung von Abs. 3 und 4 siehe § 8 Abs. 2 Satz 1.

§ 7[1] *(aufgehoben)*

§ 8 Anwendungszeitraum. (1)[2] Die Vorschriften dieser Verordnung in der Fassung des Artikels 2 des Gesetzes vom 13. Dezember 2006 (BGBl. I S. 2878) sind erstmals anzuwenden auf laufenden Arbeitslohn, der für einen nach dem 31. Dezember 2006 endenden Lohnzahlungszeitraum gezahlt wird, und auf sonstige Bezüge, die nach dem 31. Dezember 2006 zufließen.

(2) [1] § 6 Abs. 3 und 4 sowie § 7 in der am 31. Dezember 2001 geltenden Fassung sind weiter anzuwenden im Falle einer schädlichen Verfügung vor dem 1. Januar 2002. [2] Die Nachversteuerung nach § 7 Abs. 1 Satz 1 unterbleibt, wenn der nachzufordernde Betrag 10 Euro nicht übersteigt.

(3)[3] § 4 Absatz 2a ist für ab dem 1. Januar 2018 im Lohnkonto aufzuzeichnende Daten anzuwenden.

§ 9[4] *(aufgehoben)*

[1] § 7 aufgeh. durch G v. 20.12.2001 (BGBl. I S. 3794); zur weiteren Anwendung siehe § 8 Abs. 2.
[2] § 8 Abs. 1 neu gef. durch G v. 13.12.2006 (BGBl. I S. 2878).
[3] § 8 Abs. 3 angef. durch G v. 18.7.2016 (BGBl. I S. 1679).
[4] § 9 aufgeh. durch G v. 25.2.1992 (BGBl. I S. 297).

20. Solidaritätszuschlaggesetz 1995 (SolZG 1995)

In der Fassung der Bekanntmachung vom 15. Oktober 2002[1]
(BGBl. I S. 4130)

FNA 610-6-12

geänd. durch Art. 8b Zweites Gesetz für moderne Dienstleistungen am Arbeitsmarkt v. 23.12.2002 (BGBl. I S. 4621), Art. 14 Jahressteuergesetz 2007 (JStG 2007) v. 13.12.2006 (BGBl. I S. 2878), Art. 7 Jahressteuergesetz 2008 (JStG 2008) v. 20.12.2007 (BGBl. I S. 3150), Art. 24 Jahressteuergesetz 2009 (JStG 2009) v. 19.12.2008 (BGBl. I S. 2794), Art. 5 Gesetz zur Förderung von Familien und haushaltsnahen Dienstleistungen (Familienleistungsgesetz – FamLeistG) v. 22.12.2008 (BGBl. I S. 2955), Art. 9 Gesetz zur Beschleunigung des Wirtschaftswachstums (Wachstumsbeschleunigungsgesetz) v. 22.12.2009 (BGBl. I S. 3950), Art. 31 Jahressteuergesetz 2010 (JStG 2010) v. 8.12.2010 (BGBl. I S. 1768), Art. 6 Gesetz zur Umsetzung der Beitreibungsrichtlinie sowie zur Änderung steuerlicher Vorschriften (Beitreibungsrichtlinie-Umsetzungsgesetz – BeitrRLUmsG) v. 7.12.2011 (BGBl. I S. 2592), Art. 3 und 4 Gesetz zur Anhebung des Grundfreibetrags, des Kinderfreibetrags, des Kindergeldes und des Kinderzuschlags v. 16.7.2015 (BGBl. I S. 1202), Art. 8 Gesetz zur Reform der Investmentbesteuerung (Investmentsteuerreformgesetz – InvStRefG) v. 19.7.2016 (BGBl. I S. 1730), Art. 10 und 11 Gesetz zur Umsetzung der Änderungen der EU-Amtshilferichtlinie und von weiteren Maßnahmen gegen Gewinnkürzungen und -verlagerungen v. 20.12.2016 (BGBl. I S. 3000), Art. 4 und 5 Gesetz zur steuerlichen Entlastung der Familien sowie zur Anpassung weiterer steuerlicher Regelungen (Familienentlastungsgesetz – FamEntlastG) v. 29.11.2018 (BGBl. I S. 2210), Art. 72 Zweites Gesetz zur Anpassung des Datenschutzrechts an die Verordnung (EU) 2016/679 und zur Umsetzung der Richtlinie (EU) 2016/680 (Zweites Datenschutz-Anpassungs- und Umsetzungsgesetz EU – 2. DSAnpUG-EU) v. 20.11.2019 (BGBl. I S. 1626), Art. 1 Gesetz zur Rückführung des Solidaritätszuschlags 1995 v. 10.12.2019 (BGBl. I S. 2115) und Art. 4 Zweites Gesetz zur steuerlichen Entlastung von Familien sowie zur Anpassung weiterer steuerlicher Regelungen (Zweites Familienentlastungsgesetz – 2. FamEntlastG) v. 1.12.2020 (BGBl. I S. 2616)

§ 1 Erhebung eines Solidaritätszuschlags. (1) Zur Einkommensteuer und zur Körperschaftsteuer wird ein Solidaritätszuschlag als Ergänzungsabgabe erhoben.

(2)[2] [1] Auf die Festsetzung und Erhebung des Solidaritätszuschlags sind die Vorschriften des Einkommensteuergesetzes mit Ausnahme des § 36a des Einkommensteuergesetzes[3] und des Körperschaftsteuergesetzes[4] entsprechend anzuwenden. [2] Wird die Einkommen- oder Körperschaftsteuer im Wege des Steuerabzugs erhoben, so dürfen die zu diesem Zweck verarbeiteten personenbezogenen Daten auch für die Erhebung des Solidaritätszuschlags im Wege des Steuerabzugs verarbeitet werden.

(3) Ist die Einkommen- oder Körperschaftsteuer für Einkünfte, die dem Steuerabzug unterliegen, durch den Steuerabzug abgegolten oder werden solche Einkünfte bei der Veranlagung zur Einkommen- oder Körperschaftsteuer oder beim Lohnsteuer-Jahresausgleich nicht erfasst, gilt dies für den Solidaritätszuschlag entsprechend.

(4) [1] Die Vorauszahlungen auf den Solidaritätszuschlag sind gleichzeitig mit den festgesetzten Vorauszahlungen auf die Einkommensteuer oder Körperschaftsteuer zu entrichten; § 37 Abs. 5 des Einkommensteuergesetzes ist nicht

---

[1] Neubekanntmachung des SolZG v. 23.6.1993 (BGBl. I S. 944, 975) in der ab 27.7.2002 geltenden Fassung.

[2] § 1 Abs. 2 geänd. mWv VZ 2016 durch G v. 19.7.2016 (BGBl. I S. 1730); Satz 2 angef. mWv 26.11.2019 durch G v. 20.11.2019 (BGBl. I S. 1626).

[3] Nr. **5**.

[4] Nr. **17**.

anzuwenden. ²Solange ein Bescheid über die Vorauszahlungen auf den Solidaritätszuschlag nicht erteilt worden ist, sind die Vorauszahlungen ohne besondere Aufforderung nach Maßgabe der für den Solidaritätszuschlag geltenden Vorschriften zu entrichten. ³§ 240 Abs. 1 Satz 3 der Abgabenordnung[1] ist insoweit nicht anzuwenden; § 254 Abs. 2 der Abgabenordnung gilt insoweit sinngemäß.

(5) ¹Mit einem Rechtsbehelf gegen den Solidaritätszuschlag kann weder die Bemessungsgrundlage noch die Höhe des zu versteuernden Einkommens angegriffen werden. ²Wird die Bemessungsgrundlage geändert, ändert sich der Solidaritätszuschlag entsprechend.

§ 2 Abgabepflicht. Abgabepflichtig sind

1. natürliche Personen, die nach § 1 des Einkommensteuergesetzes[2] einkommensteuerpflichtig sind,
2. natürliche Personen, die nach § 2 des Außensteuergesetzes[3] erweitert beschränkt steuerpflichtig sind,
3. Körperschaften, Personenvereinigungen und Vermögensmassen, die nach § 1 oder § 2 des Körperschaftsteuergesetzes[4] körperschaftsteuerpflichtig sind.

§ 3 Bemessungsgrundlage und zeitliche Anwendung. (1) Der Solidaritätszuschlag bemisst sich vorbehaltlich der Absätze 2 bis 5,

1. soweit eine Veranlagung zur Einkommensteuer oder Körperschaftsteuer vorzunehmen ist:
   nach der nach Absatz 2 berechneten Einkommensteuer oder der festgesetzten Körperschaftsteuer für Veranlagungszeiträume ab 1998, vermindert um die anzurechnende oder vergütete Körperschaftsteuer, wenn ein positiver Betrag verbleibt;
2. soweit Vorauszahlungen zur Einkommensteuer oder Körperschaftsteuer zu leisten sind:
   nach den Vorauszahlungen auf die Steuer für Veranlagungszeiträume ab 2002;
3. soweit Lohnsteuer zu erheben ist:
   nach der nach Absatz 2a berechneten Lohnsteuer für
   a) laufenden Arbeitslohn, der für einen nach dem 31. Dezember 1997 endenden Lohnzahlungszeitraum gezahlt wird,
   b) sonstige Bezüge, die nach dem 31. Dezember 1997 zufließen;
4. soweit ein Lohnsteuer-Jahresausgleich durchzuführen ist, nach der nach Absatz 2a sich ergebenden Jahreslohnsteuer für Ausgleichsjahre ab 1998;
5. soweit Kapitalertragsteuer oder Zinsabschlag zu erheben ist außer in den Fällen des § 43b des Einkommensteuergesetzes[2]:
   nach der ab 1. Januar 1998 zu erhebenden Kapitalertragsteuer oder dem ab diesem Zeitpunkt zu erhebenden Zinsabschlag;
6. soweit bei beschränkt Steuerpflichtigen ein Steuerabzugsbetrag nach § 50a des Einkommensteuergesetzes zu erheben ist:
   nach dem ab 1. Januar 1998 zu erhebenden Steuerabzugsbetrag.

---

[1] Nr. 1.
[2] Nr. 5.
[3] Nr. 2.
[4] Nr. 17.

(2) Bei der Veranlagung zur Einkommensteuer ist Bemessungsgrundlage für den Solidaritätszuschlag die Einkommensteuer, die abweichend von § 2 Abs. 6 des Einkommensteuergesetzes unter Berücksichtigung von Freibeträgen nach § 32 Abs. 6 des Einkommensteuergesetzes in allen Fällen des § 32 des Einkommensteuergesetzes festzusetzen wäre.

(2a)[1] [1] Vorbehaltlich des § 40a Absatz 2 des Einkommensteuergesetzes ist beim Steuerabzug vom Arbeitslohn Bemessungsgrundlage die Lohnsteuer; beim Steuerabzug vom laufenden Arbeitslohn und beim Jahresausgleich ist die Lohnsteuer maßgebend, die sich ergibt, wenn der nach § 39b Absatz 2 Satz 5 des Einkommensteuergesetzes zu versteuernde Jahresbetrag für die Steuerklassen I, II und III im Sinne des § 38b des Einkommensteuergesetzes um den Kinderfreibetrag von 5 460 Euro[2] sowie den Freibetrag für den Betreuungs- und Erziehungs- oder Ausbildungsbedarf von 2 928 Euro[3] und für die Steuerklasse IV im Sinne des § 38b des Einkommensteuergesetzes um den Kinderfreibetrag von 2 730 Euro[2] sowie den Freibetrag für den Betreuungs- und Erziehungs- oder Ausbildungsbedarf von 1 464 Euro[3] für jedes Kind vermindert wird, für das eine Kürzung der Freibeträge für Kinder nach § 32 Absatz 6 Satz 4 des Einkommensteuergesetzes nicht in Betracht kommt. [2] Bei der Anwendung des § 39b des Einkommensteuergesetzes für die Ermittlung des Solidaritätszuschlages ist die als Lohnsteuerabzugsmerkmal gebildete Zahl der Kinderfreibeträge maßgebend. [3] Bei Anwendung des § 39f des Einkommensteuergesetzes ist beim Steuerabzug vom laufenden Arbeitslohn die Lohnsteuer maßgebend, die sich bei Anwendung des nach § 39f Abs. 1 des Einkommensteuergesetzes ermittelten Faktors auf den nach den Sätzen 1 und 2 ermittelten Betrag ergibt.

(3)[4] [1] Der Solidaritätszuschlag ist von einkommensteuerpflichtigen Personen nur zu erheben, wenn die Bemessungsgrundlage nach Absatz 1 Nummer 1 und 2, vermindert um die Einkommensteuer nach § 32d Absatz 3 und 4 des Einkommensteuergesetzes,

1.[5] in den Fällen des § 32a Absatz 5 und 6 des Einkommensteuergesetzes 33 912 Euro,

2.[5] in anderen Fällen 16 956 Euro

übersteigt. [2] Auf die Einkommensteuer nach § 32d Absatz 3 und 4 des Einkommensteuergesetzes ist der Solidaritätszuschlag ungeachtet des Satzes 1 zu erheben.

---

[1] § 3 Abs. 2a neu gef. durch G v. 23.12.2002 (BGBl. I S. 4621); zur erstmaligen Anwendung ab VZ 2002 siehe § 6 Abs. 8; Satz 2 angef. durch G v. 13.12.2006 (BGBl. I S. 2878); Satz 3 angef. durch G v. 19.12.2008 (BGBl. I S. 2794); Satz 2 neu gef. durch G v. 7.12.2011 (BGBl. I S. 2592); zur Anwendung siehe § 6 Abs. 13; Satz 1 neu gef. durch G v. 16.7.2015 (BGBl. I S. 1202); zur Anwendung siehe § 6 Abs. 14.

[2] Betrag geänd. mWv VZ 2016 durch G v. 16.7.2015 (BGBl. I S. 1202); zur Anwendung siehe § 6 Abs. 15; geänd. mWv VZ 2017 und mWv VZ 2018 durch G v. 20.12.2016 (BGBl. I S. 3000); zur Anwendung siehe § 6 Abs. 17 und 18; geänd. mWv VZ 2019 und mWv VZ 2020 durch G v. 29.11.2018 (BGBl. I S. 2210); zur Anwendung siehe § 6 Abs. 19 und 20; geänd. mWv VZ 2021 durch G v. 1.12.2020 (BGBl. I S. 2616); zur Anwendung siehe § 6 Abs. 22.

[3] Betrag geänd. mWv VZ 2021 durch G v. 1.12.2020 (BGBl. I S. 2616); zur Anwendung siehe § 6 Abs. 22.

[4] § 3 Abs. 3 neu gef. mWv VZ 2011 durch G v. 8.12.2010 (BGBl. I S. 1768); zur Anwendung auch für VZ 2009 und 2010 siehe § 6 Abs. 12.

[5] § 3 Abs. 3 Satz 1 Nr. 1 und 2 geänd. mWv VZ 2021 durch G v. 10.12.2019 (BGBl. I S. 2115); zur Anwendung siehe § 6 Abs. 21 Satz 1.

(4)[1] Beim Abzug vom laufenden Arbeitslohn ist der Solidaritätszuschlag nur zu erheben, wenn die Bemessungsgrundlage im jeweiligen Lohnzahlungszeitraum

1.[2] bei monatlicher Lohnzahlung
   a) in der Steuerklasse III mehr als 2 826 Euro und
   b) in den Steuerklassen I, II, IV bis VI mehr als 1 413 Euro,

2.[2] bei wöchentlicher Lohnzahlung
   a) in der Steuerklasse III mehr als 659,40 Euro und
   b) in den Steuerklassen I, II, IV bis VI mehr als 329,70 Euro,

3.[2] bei täglicher Lohnzahlung
   a) in der Steuerklasse III mehr als 94,20 Euro und
   b) in den Steuerklassen I, II, IV bis VI mehr als 47,10 Euro

beträgt.

(4a)[3] [1] Beim Abzug von einem sonstigen Bezug ist der Solidaritätszuschlag nur zu erheben, wenn die Jahreslohnsteuer im Sinne des § 39b Absatz 3 Satz 5 des Einkommensteuergesetzes unter Berücksichtigung des Kinderfreibetrags und des Freibetrags für den Betreuungs- und Erziehungs- oder Ausbildungsbedarf für jedes Kind entsprechend den Vorgaben in Absatz 2a folgende Beträge übersteigt:

1. in den Steuerklassen I, II, IV bis VI 16 956 Euro und
2. in der Steuerklasse III 33 912 Euro.

[2] Die weiteren Berechnungsvorgaben in § 39b Absatz 3 des Einkommensteuergesetzes finden Anwendung.

(5)[4] Beim Lohnsteuer-Jahresausgleich ist der Solidaritätszuschlag nur zu ermitteln, wenn die Bemessungsgrundlage in Steuerklasse III mehr als 33 912 Euro und in den Steuerklassen I, II oder IV mehr als 16 956 Euro beträgt.

§ 4[5] Zuschlagsatz. [1] Der Solidaritätszuschlag beträgt 5,5 Prozent der Bemessungsgrundlage. [2] Er beträgt nicht mehr als 11,9 Prozent des Unterschiedsbetrages zwischen der Bemessungsgrundlage, vermindert um die Einkommensteuer nach § 32d Absatz 3 und 4 des Einkommensteuergesetzes[6], und der nach § 3 Absatz 3, 4 und 5 jeweils maßgebenden Freigrenze. [3] Bruchteile eines Cents bleiben außer Ansatz. [4] Der Solidaritätszuschlag auf die Einkommensteuer nach § 32d Absatz 3 und 4 des Einkommensteuergesetzes und auf die Lohnsteuer nach § 39b Absatz 3 des Einkommensteuergesetzes beträgt ungeachtet des Satzes 2 5,5 Prozent.

---

[1] § 3 Abs. 4 Satz 2 aufgeh. mWv VZ 2021 durch G v. 10.12.2019 (BGBl. I S. 2115); zur Anwendung siehe § 6 Abs. 21 Satz 2.

[2] § 3 Abs. 4 Nr. 1 bis 3 geänd. mWv VZ 2021 durch G v. 10.12.2019 (BGBl. I S. 2115); zur Anwendung siehe § 6 Abs. 21 Satz 2.

[3] § 3 Abs. 4a eingef. mWv VZ 2021 durch G v. 10.12.2019 (BGBl. I S. 2115); zur Anwendung siehe § 6 Abs. 21 Satz 2.

[4] § 3 Abs. 5 geänd. mWv VZ 2021 durch G v. 10.12.2019 (BGBl. I S. 2115); zur Anwendung siehe § 6 Abs. 21 Satz 3.

[5] § 4 neu gef. mWv VZ 2011 durch G v. 8.12.2010 (BGBl. I S. 1768); zur Anwendung auch für VZ 2009 und 2010 siehe § 6 Abs. 12; Sätze 2 und 4 geänd. mWv VZ 2021 durch G v. 10.12.2019 (BGBl. I S. 2115); zur Anwendung siehe § 6 Abs. 21 Sätze 1 und 2.

[6] Nr. **5**.

§ 5 Doppelbesteuerungsabkommen. Werden auf Grund eines Abkommens zur Vermeidung der Doppelbesteuerung im Geltungsbereich dieses Gesetzes erhobene Steuern vom Einkommen ermäßigt, so ist diese Ermäßigung zuerst auf den Solidaritätszuschlag zu beziehen.

§ 6 Anwendungsvorschrift. (1) § 2 in der Fassung des Gesetzes vom 18. Dezember 1995 (BGBl. I S. 1959) ist ab dem Veranlagungszeitraum 1995 anzuwenden.

(2) Das Gesetz in der Fassung des Gesetzes vom 11. Oktober 1995 (BGBl. I S. 1250) ist erstmals für den Veranlagungszeitraum 1996 anzuwenden.

(3) Das Gesetz in der Fassung des Gesetzes vom 21. November 1997 (BGBl. I S. 2743) ist erstmals für den Veranlagungszeitraum 1998 anzuwenden.

(4) Das Gesetz in der Fassung des Gesetzes vom 23. Oktober 2000 (BGBl. I S. 1433) ist erstmals für den Veranlagungszeitraum 2001 anzuwenden.

(5) Das Gesetz in der Fassung des Gesetzes vom 21. Dezember 2000 (BGBl. I S. 1978) ist erstmals für den Veranlagungszeitraum 2001 anzuwenden.

(6) Das Solidaritätszuschlaggesetz 1995 in der Fassung des Artikels 6 des Gesetzes vom 19. Dezember 2000 (BGBl. I S. 1790) ist erstmals für den Veranlagungszeitraum 2002 anzuwenden.

(7) § 1 Abs. 2a in der Fassung des Gesetzes zur Regelung der Bemessungsgrundlage für Zuschlagsteuern vom 21. Dezember 2000 (BGBl. I S. 1978, 1979) ist letztmals für den Veranlagungszeitraum 2001 anzuwenden.

(8) § 3 Abs. 2a in der Fassung des *Gesetzes zur Regelung der Bemessungsgrundlage für Zuschlagsteuern vom 21. Dezember 2000 (BGBl. I S. 1978, 1979)*[1] ist erstmals für den Veranlagungszeitraum 2002 anzuwenden.

(9)[2] § 3 in der Fassung des Artikels 7 des Gesetzes vom 20. Dezember 2007 (BGBl. I S. 3150) ist erstmals für den Veranlagungszeitraum 2008 anzuwenden.

(10)[3] § 3 in der Fassung des Artikels 5 des Gesetzes vom 22. Dezember 2008 (BGBl. I S. 2955) ist erstmals für den Veranlagungszeitraum 2009 anzuwenden.

(11)[4] § 3 in der Fassung des Artikels 9 des Gesetzes vom 22. Dezember 2009 (BGBl. I S. 3950) ist erstmals für den Veranlagungszeitraum 2010 anzuwenden.

(12)[5] [1] § 3 Absatz 3 und § 4 in der Fassung des Artikels 31 des Gesetzes vom 8. Dezember 2010 (BGBl. I S. 1768) sind erstmals für den Veranlagungszeitraum 2011 anzuwenden. [2] Abweichend von Satz 1 sind § 3 Absatz 3 und § 4 in der Fassung des Artikels 31 des Gesetzes vom 8. Dezember 2010 (BGBl. I S. 1768) auch für die Veranlagungszeiträume 2009 und 2010 anzuwenden, soweit sich dies zu Gunsten des Steuerpflichtigen auswirkt.

(13)[6] § 3 Absatz 2a Satz 2 in der Fassung des Artikels 6 des Gesetzes vom 7. Dezember 2011 (BGBl. I S. 2592) ist erstmals für den Veranlagungszeitraum 2012 anzuwenden.

---

[1] Muss wohl lauten: „Zweiten Gesetzes zur Familienförderung vom 16. August 2001 (BGBl. I S. 2074)" bzw. „Fünften Gesetzes zur Änderung des Steuerbeamten-Ausbildungsgesetzes und zur Änderung von Steuergesetzen vom 23. Juli 2002 (BGBl. I S. 2715)".

[2] § 6 Abs. 9 angef. durch G v. 20.12.2007 (BGBl. I S. 3150).

[3] § 6 Abs. 10 angef. durch G v. 22.12.2008 (BGBl. I S. 2955).

[4] § 6 Abs. 11 angef. durch G v. 22.12.2009 (BGBl. I S. 3950).

[5] § 6 Abs. 12 angef. durch G v. 8.12.2010 (BGBl. I S. 1768).

[6] § 6 Abs. 13 angef. durch G v. 7.12.2011 (BGBl. I S. 2592).

(14)[1] [1] § 3 Absatz 2a Satz 1 in der am 23. Juli 2015 geltenden Fassung ist erstmals anzuwenden auf laufenden Arbeitslohn, der für einen nach dem 30. November 2015 endenden Lohnzahlungszeitraum gezahlt wird, und auf sonstige Bezüge, die nach dem 30. November 2015 zufließen. [2] Bei der Lohnsteuerberechnung auf laufenden Arbeitslohn, der für einen nach dem 30. November 2015, aber vor dem 1. Januar 2016 endenden täglichen, wöchentlichen und monatlichen Lohnzahlungszeitraum gezahlt wird, ist zu berücksichtigen, dass § 3 Absatz 2a Satz 1 in der am 23. Juli 2015 geltenden Fassung bis zum 30. November 2015 nicht angewandt wurde (Nachholung). [3] Das Bundesministerium der Finanzen hat dies im Einvernehmen mit den obersten Finanzbehörden der Länder bei der Aufstellung und Bekanntmachung der entsprechenden Programmablaufpläne zu berücksichtigen (§ 52 Absatz 32a Satz 3 des Einkommensteuergesetzes[2]).

(15)[3] § 3 Absatz 2a in der am 1. Januar 2016 geltenden Fassung ist erstmals auf den laufenden Arbeitslohn anzuwenden, der für einen nach dem 31. Dezember 2015 endenden Lohnzahlungszeitraum gezahlt wird, und auf sonstige Bezüge, die nach dem 31. Dezember 2015 zufließen.

(16)[4] Das Gesetz in der Fassung des Gesetzes vom 19. Juli 2016 (BGBl. I S. 1730) ist erstmals für den Veranlagungszeitraum 2016 anzuwenden.

(17)[5] § 3 Absatz 2a in der am 1. Januar 2017 geltenden Fassung ist erstmals auf den laufenden Arbeitslohn anzuwenden, der für einen nach dem 31. Dezember 2016 endenden Lohnzahlungszeitraum gezahlt wird, und auf sonstige Bezüge, die nach dem 31. Dezember 2016 zufließen.

(18)[6] § 3 Absatz 2a in der am 1. Januar 2018 geltenden Fassung ist erstmals auf den laufenden Arbeitslohn anzuwenden, der für einen nach dem 31. Dezember 2017 endenden Lohnzahlungszeitraum gezahlt wird, und auf sonstige Bezüge, die nach dem 31. Dezember 2017 zufließen.

(19)[7] § 3 Absatz 2a in der am 1. Januar 2019 geltenden Fassung ist erstmals auf den laufenden Arbeitslohn anzuwenden, der für einen nach dem 31. Dezember 2018 endenden Lohnzahlungszeitraum gezahlt wird, und auf sonstige Bezüge, die nach dem 31. Dezember 2018 zufließen.

(20)[8] § 3 Absatz 2a in der am 1. Januar 2020 geltenden Fassung ist erstmals auf den laufenden Arbeitslohn anzuwenden, der für einen nach dem 31. Dezember 2019 endenden Lohnzahlungszeitraum gezahlt wird, und auf sonstige Bezüge, die nach dem 31. Dezember 2019 zufließen.

(21)[9] [1] § 3 Absatz 3 und § 4 Satz 2 in der Fassung des Gesetzes vom 10. Dezember 2019 (BGBl. I S. 2115) sind erstmals im Veranlagungszeitraum 2021 anzuwenden. [2] § 3 Absatz 4 und 4a und § 4 Satz 2 und 4 in der Fassung des Gesetzes vom 10. Dezember 2019 (BGBl. I S. 2115) sind erstmals auf den laufenden Arbeitslohn anzuwenden, der für einen nach dem 31. Dezember

---

[1] § 6 Abs. 14 angef. durch G v. 16.7.2015 (BGBl. I S. 1202).
[2] Nr. **5**.
[3] § 6 Abs. 15 angef. durch G v. 16.7.2015 (BGBl. I S. 1202).
[4] § 6 Abs. 16 angef. durch G v. 19.7.2016 (BGBl. I S. 1730).
[5] § 6 Abs. 17 angef. durch G v. 20.12.2016 (BGBl. I S. 3000).
[6] § 6 Abs. 18 angef. durch G v. 20.12.2016 (BGBl. I S. 3000).
[7] § 6 Abs. 19 angef. durch G v. 29.11.2018 (BGBl. I S. 2210).
[8] § 6 Abs. 20 angef. durch G v. 29.11.2018 (BGBl. I S. 2210).
[9] § 6 Abs. 21 angef. durch G v. 10.12.2019 (BGBl. I S. 2115).

2020 endenden Lohnzahlungszeitraum gezahlt wird, und auf sonstige Bezüge, die nach dem 31. Dezember 2020 zufließen. [3] § 3 Absatz 5 in der Fassung des Gesetzes vom 10. Dezember 2019 (BGBl. I S. 2115) ist beim Lohnsteuer-Jahresausgleich durch den Arbeitgeber (§ 42b des Einkommensteuergesetzes) erstmals für das Ausgleichsjahr 2021 anzuwenden.

(22)[1)] § 3 Absatz 2a in der am 1. Januar 2021 geltenden Fassung ist erstmals auf den laufenden Arbeitslohn anzuwenden, der für einen nach dem 31. Dezember 2020 endenden Lohnzahlungszeitraum gezahlt wird, und auf sonstige Bezüge, die nach dem 31. Dezember 2020 zufließen.

[1)] § 6 Abs. 22 angef. durch G v. 1.12.2020 (BGBl. I S. 2616).

21. Verordnung über die sozialversicherungsrechtliche Beurteilung von Zuwendungen des Arbeitgebers als Arbeitsentgelt (Sozialversicherungsentgeltverordnung – SvEV)[1)]

Vom 21. Dezember 2006
(BGBl. I S. 3385)

FNA 860-4-1-16

geänd. durch Art. 2 Verordnung zur Neuordnung der Regelungen über die sozialversicherungsrechtlicher Beurteilung von Zuwendungen des Arbeitgebers als Arbeitsentgelt v. 21.12.2006 (BGBl. I S. 3385, geänd. durch G v. 10.12.2007, BGBl. I S. 2838), Art. 2 Gesetz zur Förderung der zusätzlichen Altersvorsorge und zur Änderung des Dritten Buches Sozialgesetzbuch v. 10.12.2007 (BGBl. I S. 2838), Art. 19a Gesetz zur Änderung des Vierten Buches Sozialgesetzbuch und anderer Gesetze v. 19.12.2007 (BGBl. I S. 3024), Art. 1 Erste Verordnung zur Änderung der Sozialversicherungsentgeltverordnung v. 18.11.2008 (BGBl. I S. 2220), Art. 9i Gesetz zur Änderung des Vierten Buches Sozialgesetzbuch, zur Errichtung einer Versorgungsausgleichskasse und anderer Gesetze v. 15.7.2009 (BGBl. I S. 1939), Art. 1 Zweite Verordnung zur Änderung der Sozialversicherungsentgeltverordnung v. 19.10.2009 (BGBl. I S. 3667), Art. 1 Dritte Verordnung zur Änderung der Sozialversicherungsentgeltverordnung v. 10.11.2010 (BGBl. I S. 1751), Art. 1 Vierte Verordnung zur Änderung der Sozialversicherungsentgeltverordnung v. 2.12.2011 (BGBl. I S. 2453), Art. 17 Gesetz zur Umsetzung der Beitreibungsrichtlinie sowie zur Änderung steuerlicher Vorschriften (Beitreibungsrichtlinie-Umsetzungsgesetz – BeitrRLUmsG) v. 7.12.2011 (BGBl. I S. 2592), Art. 48 Gesetz zur Verbesserung der Eingliederungschancen am Arbeitsmarkt v. 20.12.2011 (BGBl. I S. 2854), Art. 1 Fünfte Verordnung zur Änderung der Sozialversicherungsentgeltverordnung v. 19.12.2012 (BGBl. I S. 2714), Art. 1 Sechste Verordnung zur Änderung der Sozialversicherungsentgeltverordnung v. 21.10.2013 (BGBl. I S. 3871), Art. 1 Siebte Verordnung zur Änderung der Sozialversicherungsentgeltverordnung v. 24.11.2014 (BGBl. I S. 1799), Art. 13 Fünftes Gesetz zur Änderung des Vierten Buches Sozialgesetzbuch und anderer Gesetze (5. SGB IV-ÄndG) v. 15.4.2015 (BGBl. I S. 583), Art. 1 Achte Verordnung zur Änderung der Sozialversicherungsentgeltverordnung v. 18.11.2015 (BGBl. I S. 2075), Art. 1 Neunte Verordnung zur Änderung der Sozialversicherungsentgeltverordnung v. 21.11.2016 (BGBl. I S. 2637), Art. 6 Abs. 11 Gesetz zur Neuregelung des Mutterschutzrechts v. 23.5.2017 (BGBl. I S. 1228), Art. 12 Gesetz zur Stärkung der betrieblichen Altersversorgung und zur Änderung anderer Gesetze (Betriebsrentenstärkungsgesetz) v. 17.8.2017 (BGBl. I S. 3214), Art. 1 Verordnung zur Änderung der Sozialversicherungsentgeltverordnung und anderer Verordnungen v. 7.12.2017 (BGBl. I S. 3906), Art. 1 Zehnte Verordnung zur Änderung der Sozialversicherungsentgeltverordnung v. 6.11.2018 (BGBl. I S. 1842), Art. 1 Elfte Verordnung zur Änderung der Sozialversicherungsentgeltverordnung v. 29.11.2019 (BGBl. I S. 1997), Art. 1 Verordnung zur Änderung der Sozialversicherungsentgeltverordnung und der Unfallversicherungsobergrenzenverordnung v. 15.12.2020 (BGBl. I S. 2933) und Art. 17 Abs. 5 Gesetz zur Stärkung des Fondsstandorts Deutschland und zur Umsetzung der Richtlinie (EU) 2019/1160 zur Änderung der Richtlinien 2009/65/EG und 2011/61/EU im Hinblick auf den grenzüberschreitenden Vertrieb von Organismen für gemeinsame Anlagen (Fondsstandortgesetz – FoStoG) v. 3.6.2021 (BGBl. I S. 1498)

§ 1[2)] Dem sozialversicherungspflichtigen Arbeitsentgelt nicht zuzurechnende Zuwendungen. (1) [1] Dem Arbeitsentgelt sind nicht zuzurechnen:

[1)] Verkündet als Art. 1 VO zur Neuordnung der Regelungen über die sozialversicherungsrechtl. Beurteilung von Zuwendungen des Arbeitgebers als Arbeitsentgelt; Inkrafttreten gem. Art. 4 dieser VO am 1.1.2007.

[2)] § 1 Abs. 1 Satz 1 Nr. 4 neu gef., Nr. 9 geänd. mWv 1.1.2009 durch G v. 10.12.2007 (BGBl. I S. 2838); Abs. 1 Satz 1 Nr. 4 neu gef., Nr. 4a eingef., Satz 3 geänd., Satz 4 angef. mWv 1.1.2008 durch G v. 19.12.2007 (BGBl. I S. 3024); Abs. 1 Satz 1 Nr. 4 neu gef., Nr. 12 geänd., Nr. 13 und 14 angef. mWv 1.1.2009 durch VO v. 18.11.2008 (BGBl. I S. 2220); Abs. 1 Satz 1 Nr. 14 geänd., Nr. 15 angef. mWv 22.7.2009 durch G v. 15.7.2009 (BGBl. I S. 1939); Abs. 1 Satz 2 geänd. mWv 1.1.2012 →

1. einmalige Einnahmen, laufende Zulagen, Zuschläge, Zuschüsse sowie ähnliche Einnahmen, die zusätzlich zu Löhnen oder Gehältern gewährt werden, soweit sie lohnsteuerfrei sind; dies gilt nicht für Sonntags-, Feiertags- und Nachtarbeitszuschläge, soweit das Entgelt, auf dem sie berechnet werden, mehr als 25 Euro für jede Stunde beträgt, und nicht für Vermögensbeteiligungen nach § 19a Absatz 1 Satz 1 des Einkommensteuergesetzes[1],
2. sonstige Bezüge nach § 40 Abs. 1 Satz 1 Nr. 1 des Einkommensteuergesetzes, die nicht einmalig gezahltes Arbeitsentgelt nach § 23a des Vierten Buches Sozialgesetzbuch sind,
3. Einnahmen nach § 40 Abs. 2 des Einkommensteuergesetzes,
4. Beiträge nach § 40b des Einkommensteuergesetzes in der am 31. Dezember 2004 geltenden Fassung, die zusätzlich zu Löhnen und Gehältern gewährt werden; dies gilt auch für darin enthaltene Beiträge, die aus einer Entgeltumwandlung (§ 1 Abs. 2 Nr. 3 des Betriebsrentengesetzes) stammen,

4a. Zuwendungen nach § 3 Nr. 56 und § 40b des Einkommensteuergesetzes, die zusätzlich zu Löhnen und Gehältern gewährt werden und für die Satz 3 und 4 nichts Abweichendes bestimmen,

5. Beträge nach § 10 des Entgeltfortzahlungsgesetzes,
6. Zuschüsse zum Mutterschaftsgeld nach § 20 des Mutterschutzgesetzes,
7. in den Fällen des § 3 Abs. 3 der vom Arbeitgeber insoweit übernommene Teil des Gesamtsozialversicherungsbeitrags,
8. Zuschüsse des Arbeitgebers zum Kurzarbeitergeld und Saison-Kurzarbeitergeld, soweit sie zusammen mit dem Kurzarbeitergeld 80 Prozent des Unterschiedsbetrages zwischen dem Sollentgelt und dem Ist-Entgelt nach § 106 des Dritten Buches Sozialgesetzbuch nicht übersteigen,
9. steuerfreie Zuwendungen an Pensionskassen, Pensionsfonds oder Direktversicherungen nach § 3 Nr. 63 Satz 1 und 2 sowie § 100 Absatz 6 Satz 1 des Einkommensteuergesetzes im Kalenderjahr bis zur Höhe von insgesamt 4 Prozent der Beitragsbemessungsgrenze in der allgemeinen Rentenversicherung; dies gilt auch für darin enthaltene Beträge, die aus einer Entgeltumwandlung (§ 1 Abs. 2 Nr. 3 des Betriebsrentengesetzes) stammen,
10. Leistungen eines Arbeitgebers oder einer Unterstützungskasse an einen Pensionsfonds zur Übernahme bestehender Versorgungsverpflichtungen oder Versorgungsanwartschaften durch den Pensionsfonds, soweit diese nach § 3 Nr. 66 des Einkommensteuergesetzes steuerfrei sind,
11. steuerlich nicht belastete Zuwendungen des Beschäftigten zugunsten von durch Naturkatastrophen im Inland Geschädigten aus Arbeitsentgelt einschließlich Wertguthaben,
12. Sonderzahlungen nach § 19 Absatz 1 Satz 1 Nummer 3 Satz 2 bis 4 des Einkommensteuergesetzes der Arbeitgeber zur Deckung eines finanziellen Fehlbetrages an die Einrichtungen, für die Satz 3 gilt,

---

(Fortsetzung der Anm. von voriger Seite)
durch G v. 7.12.2011 (BGBl. I S. 2592); Abs. 1 Satz 1 Nr. 8 geänd. mWv 1.4.2012 durch G v. 20.12. 2011 (BGBl. I S. 2854); Abs. 1 Satz 1 Nr. 12 und 15 geänd., Nr. 16 angef., Satz 2 neu gef., Satz 3 geänd. mWv 22.4.2015 durch G v. 15.4.2015 (BGBl. I S. 583); Abs. 1 Satz 1 Nr. 6 geänd. mWv 1.1. 2018 durch G v. 23.5.2017 (BGBl. I S. 1228); Abs. 1 Satz 1 Nr. 9 geänd. mWv 1.1.2018 durch G v. 17.8.2017 (BGBl. I S. 3214); Abs. 1 Satz 1 Nr. 1 geänd. mWv 1.7.2021 durch G v. 3.6.2021 (BGBl. I S. 1498).

[1] Nr. **5**.

13. Sachprämien nach § 37a des Einkommensteuergesetzes,
14. Zuwendungen nach § 37b Abs. 1 des Einkommensteuergesetzes, soweit die Zuwendungen an Arbeitnehmer eines Dritten erbracht werden und diese Arbeitnehmer nicht Arbeitnehmer eines mit dem Zuwendenden verbundenen Unternehmens sind,
15. vom Arbeitgeber getragene oder übernommene Studiengebühren für ein Studium des Beschäftigten, soweit sie steuerrechtlich kein Arbeitslohn sind,
16. steuerfreie Aufwandsentschädigungen und die in § 3 Nummer 26 und 26a des Einkommensteuergesetzes genannten steuerfreien Einnahmen.

[2]Dem Arbeitsentgelt sind die in Satz 1 Nummer 1 bis 4a, 9 bis 11, 13, 15 und 16 genannten Einnahmen, Zuwendungen und Leistungen nur dann nicht zuzurechnen, soweit diese vom Arbeitgeber oder von einem Dritten mit der Entgeltabrechnung für den jeweiligen Abrechnungszeitraum lohnsteuerfrei belassen oder pauschal besteuert werden. [3]Die Summe der in Satz 1 Nr. 4a genannten Zuwendungen nach § 3 Nr. 56 und § 40b des Einkommensteuergesetzes, die vom Arbeitgeber oder von einem Dritten mit der Entgeltabrechnung für den jeweiligen Abrechnungszeitraum lohnsteuerfrei belassen oder pauschal besteuert werden, höchstens jedoch monatlich 100 Euro, sind bis zur Höhe von 2,5 Prozent des für ihre Bemessung maßgebenden Entgelts dem Arbeitsentgelt zuzurechnen, wenn die Versorgungsregelung mindestens bis zum 31. Dezember 2000 vor der Anwendung etwaiger Nettobegrenzungsregelungen eine allgemein erreichbare Gesamtversorgung von mindestens 75 Prozent des gesamtversorgungsfähigen Entgelts und nach dem Eintritt des Versorgungsfalles eine Anpassung nach Maßgabe der Entwicklung der Arbeitsentgelte im Bereich der entsprechenden Versorgungsregelung oder gesetzlicher Versorgungsbezüge vorsieht; die dem Arbeitsentgelt zuzurechnenden Beiträge und Zuwendungen vermindern sich um monatlich 13,30 Euro. [4]Satz 3 gilt mit der Maßgabe, dass die Zuwendungen nach § 3 Nr. 56 und § 40b des Einkommensteuergesetzes dem Arbeitsentgelt insoweit zugerechnet werden, als sie in der Summe monatlich 100 Euro übersteigen.

(2) In der gesetzlichen Unfallversicherung und in der Seefahrt sind auch lohnsteuerfreie Zuschläge für Sonntags-, Feiertags- und Nachtarbeit dem Arbeitsentgelt zuzurechnen; dies gilt in der Unfallversicherung nicht für Erwerbseinkommen, das bei einer Hinterbliebenenrente zu berücksichtigen ist.

§ 2[1)] Verpflegung, Unterkunft und Wohnung als Sachbezug. (1) [1]Der Wert der als Sachbezug zur Verfügung gestellten Verpflegung wird auf monatlich 263 Euro festgesetzt. [2]Dieser Wert setzt sich zusammen aus dem Wert für

---

[1)] § 2 Abs. 1, Abs. 3 Satz 1 und Abs. 4 Satz 2 geänd. mWv 1.1.2009 durch VO v. 18.11.2008 (BGBl. I S. 2220); Abs. 1 Satz 1, Satz 2 Nr. 1–3 geänd. mWv 1.1.2010 durch VO v. 19.10.2009 (BGBl. I S. 3667); Abs. 1 Sätze 1 und 2, Abs. 3 Satz 1, Abs. 4 Satz 2 geänd. mWv 1.1.2011 durch VO v. 10.11.2010 (BGBl. I S. 1751); Abs. 1 Satz 1, Satz 2 Nr. 2 und 3, Abs. 3 Satz 1, Abs. 4 Satz 2 geänd. mWv 1.1.2012 durch VO v. 2.12.2011 (BGBl. I S. 2453); Abs. 1 Satz 1, Satz 2 Nr. 1, 2 und 3, Abs. 3 Satz 1, Abs. 4 Satz 2 geänd. mWv 1.1.2013 durch VO v. 19.12.2012 (BGBl. I S. 2714); Abs. 1 Satz 1, Satz 2 Nr. 1–3, Abs. 3 Satz 1, Abs. 4 Satz 2 geänd. mWv 1.1.2014 durch VO v. 21.10.2013 (BGBl. I S. 3871); Abs. 3 Satz 1, Abs. 4 Satz 2 geänd. mWv 1.1.2015 durch VO v. 24.11.2014 (BGBl. I S. 1799); Abs. 1 Satz 1, Satz 2 Nr. 1–3 geänd. mWv 1.1.2016 durch VO v. 18.11.2015 (BGBl. I S. 2075); Abs. 1 Satz 1 und Satz 2 Nr. 1–3 geänd. mWv 1.1.2017 durch VO v. 21.11.2016 (BGBl. I S. 2637); Abs. 1 Satz 1, Satz 2 Nr. 1–3, Abs. 3 Satz 1, Abs. 4 Satz 2 geänd. mWv 1.1.2018 durch VO v. 7.12.2017 (BGBl. I S. 3906); Abs. 1 Satz 1, Satz 2 Nr. 1–3, Abs. 3 Satz 1, Abs. 4 Satz 2 geänd. mWv 1.1.2019 durch VO v. 6.11.2018 (BGBl. I S. 1842); Abs. 1 Satz 1, Satz 2 Nr. 1–3, Abs. 3 Satz 1, Abs. 4 Satz 2 →

1. Frühstück von 55 Euro,
2. Mittagessen von 104 Euro und
3. Abendessen von 104 Euro.

(2) [1] Für Verpflegung, die nicht nur dem Beschäftigten, sondern auch seinen nicht bei demselben Arbeitgeber beschäftigten Familienangehörigen zur Verfügung gestellt wird, erhöhen sich die nach Absatz 1 anzusetzenden Werte je Familienangehörigen,

1. der das 18. Lebensjahr vollendet hat, um 100 Prozent,
2. der das 14., aber noch nicht das 18. Lebensjahr vollendet hat, um 80 Prozent,
3. der das 7., aber noch nicht das 14. Lebensjahr vollendet hat, um 40 Prozent und
4. der das 7. Lebensjahr noch nicht vollendet hat, um 30 Prozent.

[2] Bei der Berechnung des Wertes ist das Lebensalter des Familienangehörigen im ersten Entgeltabrechnungszeitraum des Kalenderjahres maßgebend. [3] Sind Ehegatten bei demselben Arbeitgeber beschäftigt, sind die Erhöhungswerte nach Satz 1 für Verpflegung der Kinder beiden Ehegatten je zur Hälfte zuzurechnen.

(3) [1] Der Wert einer als Sachbezug zur Verfügung gestellten Unterkunft wird auf monatlich 237 Euro festgesetzt. [2] Der Wert der Unterkunft nach Satz 1 vermindert sich

1. bei Aufnahme des Beschäftigten in den Haushalt des Arbeitgebers oder bei Unterbringung in einer Gemeinschaftsunterkunft um 15 Prozent,
2. für Jugendliche bis zur Vollendung des 18. Lebensjahres und Auszubildende um 15 Prozent und
3. bei der Belegung
   a) mit zwei Beschäftigten um 40 Prozent,
   b) mit drei Beschäftigten um 50 Prozent und
   c) mit mehr als drei Beschäftigten um 60 Prozent.

[3] Ist es nach Lage des einzelnen Falles unbillig, den Wert einer Unterkunft nach Satz 1 zu bestimmen, kann die Unterkunft mit dem ortsüblichen Mietpreis bewertet werden; Absatz 4 Satz 2 gilt entsprechend.

(4) [1] Für eine als Sachbezug zur Verfügung gestellte Wohnung ist als Wert der ortsübliche Mietpreis unter Berücksichtigung der sich aus der Lage der Wohnung zum Betrieb ergebenden Beeinträchtigungen sowie unter entsprechender Anwendung des § 8 Absatz 2 Satz 12 des Einkommensteuergesetzes[1)] anzusetzen. [2] Ist im Einzelfall die Feststellung des ortsüblichen Mietpreises mit außergewöhnlichen Schwierigkeiten verbunden, kann die Wohnung mit 4,16 Euro je Quadratmeter monatlich, bei einfacher Ausstattung (ohne Sammelheizung oder ohne Bad oder Dusche) mit 3,40 Euro je Quadratmeter monatlich bewertet werden. [3] Bestehen gesetzliche Mietpreisbeschränkungen, sind die durch diese Beschränkungen festgelegten Mietpreise als Werte anzusetzen. [4] Dies gilt auch für die vertraglichen Mietpreisbeschränkungen im sozialen

---

(Fortsetzung der Anm. von voriger Seite)
geänd. mWv 1.1.2020 durch VO v. 29.11.2019 (BGBl. I S. 1997); Abs. 1 Satz 1, Satz 2 Nr. 1, 2 und 3, Abs. 3 Satz 1, Abs. 4 Sätze 1 und 2 geänd. mWv 1.1.2021 durch G v. 15.12.2020 (BGBl. I S. 2933).

[1)] Nr. **5**.

Wohnungsbau, die nach den jeweiligen Förderrichtlinien des Landes für den betreffenden Förderjahrgang sowie für die mit Wohnungsfürsorgemitteln aus öffentlichen Haushalten geförderten Wohnungen vorgesehen sind. [5]Für Energie, Wasser und sonstige Nebenkosten ist der übliche Preis am Abgabeort anzusetzen.

(5) Werden Verpflegung, Unterkunft oder Wohnung verbilligt als Sachbezug zur Verfügung gestellt, ist der Unterschiedsbetrag zwischen dem vereinbarten Preis und dem Wert, der sich bei freiem Bezug nach den Absätzen 1 bis 4 ergeben würde, dem Arbeitsentgelt zuzurechnen.

(6) [1]Bei der Berechnung des Wertes für kürzere Zeiträume als einen Monat ist für jeden Tag ein Dreißigstel der Werte nach den Absätzen 1 bis 5 zugrunde zu legen. [2]Die Prozentsätze der Absätze 2 und 3 sind auf den Tageswert nach Satz 1 anzuwenden. [3]Die Berechnungen werden jeweils auf 2 Dezimalstellen durchgeführt; die zweite Dezimalstelle wird um 1 erhöht, wenn sich in der dritten Dezimalstelle eine der Zahlen 5 bis 9 ergibt.

§ 3[1)] Sonstige Sachbezüge. (1) [1]Werden Sachbezüge, die nicht von § 2 erfasst werden, unentgeltlich zur Verfügung gestellt, ist als Wert für diese Sachbezüge der um übliche Preisnachlässe geminderte übliche Endpreis am Abgabeort anzusetzen. [2]Sind auf Grund des § 8 Absatz 2 Satz 10 des Einkommensteuergesetzes[2)] Durchschnittswerte festgesetzt worden, sind diese Werte maßgebend. [3]Findet § 8 Abs. 2 Satz 2, 3, 4 oder 5 oder Abs. 3 Satz 1 des Einkommensteuergesetzes Anwendung, sind die dort genannten Werte maßgebend. [4]§ 8 Absatz 2 Satz 11 des Einkommensteuergesetzes gilt entsprechend.

(2) Werden Sachbezüge, die nicht von § 2 erfasst werden, verbilligt zur Verfügung gestellt, ist als Wert für diese Sachbezüge der Unterschiedsbetrag zwischen dem vereinbarten Preis und dem Wert, der sich bei freiem Bezug nach Absatz 1 ergeben würde, dem Arbeitsentgelt zuzurechnen.

(3) [1]Waren und Dienstleistungen, die vom Arbeitgeber nicht überwiegend für den Bedarf seiner Arbeitnehmer hergestellt, vertrieben oder erbracht werden und die nach § 40 Abs. 1 Satz 1 Nr. 1 des Einkommensteuergesetzes pauschal versteuert werden, können mit dem Durchschnittsbetrag der pauschal versteuerten Waren und Dienstleistungen angesetzt werden; dabei kann der Durchschnittsbetrag des Vorjahres angesetzt werden. [2]Besteht das Beschäftigungsverhältnis nur während eines Teils des Kalenderjahres, ist für jeden Tag des Beschäftigungsverhältnisses der dreihundertsechzigste Teil des Durchschnittswertes nach Satz 1 anzusetzen. [3]Satz 1 gilt nur, wenn der Arbeitgeber den von dem Beschäftigten zu tragenden Teil des Gesamtsozialversicherungsbeitrags übernimmt. [4]Die Sätze 1 bis 3 gelten entsprechend für Sachzuwendungen im Wert von nicht mehr als 80 Euro, die der Arbeitnehmer für Verbesserungsvorschläge sowie für Leistungen in der Unfallverhütung und im Arbeitsschutz erhält. [5]Die mit einem Durchschnittswert angesetzten Sachbezüge, die in einem Kalenderjahr gewährt werden, sind insgesamt dem letzten Entgeltabrechnungszeitraum in diesem Kalenderjahr zuzuordnen.

§ 4[3)] *(aufgehoben)*

[1)] § 3 Abs. 1 Sätze 2 und 4 geänd. mWv 1.1.2014 durch VO v. 21.10.2013 (BGBl. I S. 3871).
[2)] Nr. **5**.
[3)] § 4 aufgeh. mWv 1.1.2009 durch VO v. 21.12.2006 (BGBl. I S. 3385).

22. Umwandlungssteuergesetz[1)]

Vom 7. Dezember 2006
(BGBl. I S. 2782, 2791)

FNA 610-6-16

geänd. durch Art. 5 Unternehmensteuerreformgesetz 2008 v. 14.8.2007 (BGBl. I S. 1912), Art. 4 Jahressteuergesetz 2008 (JStG 2008) v. 20.12.2007 (BGBl. I S. 3150), Art. 6 Jahressteuergesetz 2009 (JStG 2009) v. 19.12.2008 (BGBl. I S. 2794), Art. 4 Gesetz zur Beschleunigung des Wirtschaftswachstums (Wachstumsbeschleunigungsgesetz) v. 22.12.2009 (BGBl. I S. 3950), Art. 3 Gesetz zur Umsetzung des EuGH-Urteils vom 20. Oktober 2011 in der Rechtssache C-284/09 v. 21.3.2013 (BGBl. I S. 561), Art. 9 Gesetz zur Umsetzung der Amtshilferichtlinie sowie zur Änderung steuerlicher Vorschriften (Amtshilferichtlinie-Umsetzungsgesetz – AmtshilfeRLUmsG) v. 26.6.2013 (BGBl. I S. 1809), Art. 6 Gesetz zur Anpassung des nationalen Steuerrechts an den Beitritt Kroatiens zur EU und zur Änderung weiterer steuerlicher Vorschriften v. 25.7.2014 (BGBl. I S. 1266), Art. 6 Steueränderungsgesetz 2015 v. 2.11.2015 (BGBl. I S. 1834), Art. 3 Gesetz über steuerliche und weitere Begleitregelungen zum Austritt des Vereinigten Königreichs Großbritannien und Nordirland aus der Europäischen Union (Brexit-Steuerbegleitgesetz – Brexit-StBG) v. 25.3.2019 (BGBl. I S. 357), Art. 3 Gesetz zur Umsetzung steuerlicher Hilfsmaßnahmen zur Bewältigung der Corona-Krise (Corona-Steuerhilfegesetz) v. 19.6.2020 (BGBl. I S. 1385), Art. 4 Gesetz zur Modernisierung der Entlastung von Abzugsteuern und der Bescheinigung der Kapitalertragsteuer (Abzugsteuerentlastungsmodernisierungsgesetz – AbzStEntModG) v. 2.6.2021 (BGBl. I S. 1259) und Art. 3 Gesetz zur Modernisierung des Körperschaftsteuerrechts v. 25.6.2021 (BGBl. I S. 2050)

Inhaltsübersicht

Erster Teil. Allgemeine Vorschriften

§ 1 Anwendungsbereich und Begriffsbestimmungen
§ 2 Steuerliche Rückwirkung

Zweiter Teil. Vermögensübergang bei Verschmelzung auf eine Personengesellschaft oder auf eine natürliche Person und Formwechsel einer Kapitalgesellschaft in eine Personengesellschaft

§ 3 Wertansätze in der steuerlichen Schlussbilanz der übertragenden Körperschaft
§ 4 Auswirkungen auf den Gewinn des übernehmenden Rechtsträgers
§ 5 Besteuerung der Anteilseigner der übertragenden Körperschaft
§ 6 Gewinnerhöhung durch Vereinigung von Forderungen und Verbindlichkeiten
§ 7 Besteuerung offener Rücklagen
§ 8 Vermögensübergang auf einen Rechtsträger ohne Betriebsvermögen
§ 9 Formwechsel in eine Personengesellschaft
§ 10 (weggefallen)

Dritter Teil. Verschmelzung oder Vermögensübertragung (Vollübertragung) auf eine andere Körperschaft

§ 11 Wertansätze in der steuerlichen Schlussbilanz der übertragenden Körperschaft
§ 12 Auswirkungen auf den Gewinn der übernehmenden Körperschaft
§ 13 Besteuerung der Anteilseigner der übertragenden Körperschaft
§ 14 (weggefallen)

Vierter Teil. Aufspaltung, Abspaltung und Vermögensübertragung (Teilübertragung)

§ 15 Aufspaltung, Abspaltung und Teilübertragung auf andere Körperschaften
§ 16 Aufspaltung oder Abspaltung auf eine Personengesellschaft

Fünfter Teil. Gewerbesteuer

§ 17 (weggefallen)
§ 18 Gewerbesteuer bei Vermögensübergang auf eine Personengesellschaft oder auf eine natürliche Person sowie bei Formwechsel in eine Personengesellschaft
§ 19 Gewerbesteuer bei Vermögensübergang auf eine andere Körperschaft

[1)] Verkündet als Art. 6 G über steuerliche Begleitmaßnahmen zur Einführung der Europäischen Gesellschaft und zur Änd. weiterer steuerrechtlicher Vorschriften v. 7.12.2006 (BGBl. I S. 2782, ber. I 2007 S. 68); Inkrafttreten gem. Art. 14 dieses G am 13.12.2006.

Sechster Teil. Einbringung von Unternehmensteilen in eine Kapitalgesellschaft oder Genossenschaft und Anteilstausch
§ 20 Einbringung von Unternehmensteilen in eine Kapitalgesellschaft oder Genossenschaft
§ 21 Bewertung der Anteile beim Anteilstausch
§ 22 Besteuerung des Anteilseigners
§ 23 Auswirkungen bei der übernehmenden Gesellschaft
Siebter Teil. Einbringung eines Betriebs, Teilbetriebs oder Mitunternehmeranteils in eine Personengesellschaft
§ 24 Einbringung von Betriebsvermögen in eine Personengesellschaft
Achter Teil. Formwechsel einer Personengesellschaft in eine Kapitalgesellschaft oder Genossenschaft
§ 25 Entsprechende Anwendung des Sechsten Teils
Neunter Teil. Verhinderung von Missbräuchen
§ 26 (weggefallen)
Zehnter Teil. Anwendungsvorschriften und Ermächtigung
§ 27 Anwendungsvorschriften
§ 28 Bekanntmachungserlaubnis

Erster Teil. Allgemeine Vorschriften

§ 1 Anwendungsbereich und Begriffsbestimmungen. (1) [1]Der Zweite bis Fünfte Teil gilt nur für

1. die Verschmelzung, Aufspaltung und Abspaltung im Sinne der §§ 2, 123 Abs. 1 und 2 des Umwandlungsgesetzes von Körperschaften oder vergleichbare ausländische Vorgänge sowie des Artikels 17 der Verordnung (EG) Nr. 2157/2001 und des Artikels 19 der Verordnung (EG) Nr. 1435/2003;
2. den Formwechsel einer Kapitalgesellschaft in eine Personengesellschaft im Sinne des § 190 Abs. 1 des Umwandlungsgesetzes oder vergleichbare ausländische Vorgänge;
3. die Umwandlung im Sinne des § 1 Abs. 2 des Umwandlungsgesetzes, soweit sie einer Umwandlung im Sinne des § 1 Abs. 1 des Umwandlungsgesetzes entspricht sowie
4.[1)] die Vermögensübertragung im Sinne des § 174 des Umwandlungsgesetzes *vom 28. Oktober 1994 (BGBl. I S. 3210, 1995 I S. 428), das zuletzt durch Artikel 10 des Gesetzes vom 9. Dezember 2004 (BGBl. I S. 3214) geändert worden ist, in der jeweils geltenden Fassung.*

[2]Diese Teile gelten nicht für die Ausgliederung im Sinne des § 123 Abs. 3 des Umwandlungsgesetzes.

(2)[2)] [1]Absatz 1 findet nur Anwendung, wenn

1.[3)] beim Formwechsel der umwandelnde Rechtsträger oder bei den anderen Umwandlungen die übertragenden und die übernehmenden Rechtsträger nach den Rechtsvorschriften eines Mitgliedstaats der Europäischen Union oder eines Staates, auf den das Abkommen über den Europäischen Wirtschaftsraum Anwendung findet, gegründete Gesellschaften im Sinne des Artikels 54 des Vertrags über die Arbeitsweise der

---

[1)] § 1 Abs. 1 Satz 1 Nr. 4 geänd. **mWv 1.1.2022** durch G v. 25.6.2021 (BGBl. I S. 2050); zur Anwendung siehe § 27 Abs. 18.

[2)] § 1 Abs. 2 Satz 3 angef. durch G v. 25.3.2019 (BGBl. I S. 357); Abs. 2 aufgeh. **mWv 1.1.2022** durch G v. 25.6.2021 (BGBl. I S. 2050); zur Anwendung siehe § 27 Abs. 18.

[3)] § 1 Abs. 2 Satz 1 Nr. 1 geänd. durch G v. 26.6.2013 (BGBl. I S. 1809).

Europäischen Union oder des Artikels 34 des Abkommens über den Europäischen Wirtschaftsraum sind, deren Sitz und Ort der Geschäftsleitung sich innerhalb des Hoheitsgebiets eines dieser Staaten befinden oder

2. *übertragender Rechtsträger eine Gesellschaft im Sinne der Nummer 1 und übernehmender Rechtsträger eine natürliche Person ist, deren Wohnsitz oder gewöhnlicher Aufenthalt sich innerhalb des Hoheitsgebiets eines der Staaten im Sinne der Nummer 1 befindet und die nicht auf Grund eines Abkommens zur Vermeidung der Doppelbesteuerung mit einem dritten Staat als außerhalb des Hoheitsgebiets dieser Staaten ansässig angesehen wird.*

2 Eine Europäische Gesellschaft im Sinne der Verordnung (EG) Nr. 2157/2001 und eine Europäische Genossenschaft im Sinne der Verordnung (EG) Nr. 1435/2003 gelten für die Anwendung des Satzes 1 als eine nach den Rechtsvorschriften des Staates gegründete Gesellschaft, in dessen Hoheitsgebiet sich der Sitz der Gesellschaft befindet. 3 Eine übertragende Gesellschaft, auf die § 122m des Umwandlungsgesetzes Anwendung findet, gilt als Gesellschaft mit Sitz und Ort der Geschäftsleitung innerhalb des Hoheitsgebiets eines Mitgliedstaats der Europäischen Union.

(3) Der Sechste bis Achte Teil gilt nur für

1. die Verschmelzung, Aufspaltung und Abspaltung im Sinne der §§ 2 und 123 Abs. 1 und 2 des Umwandlungsgesetzes von Personenhandelsgesellschaften und Partnerschaftsgesellschaften oder vergleichbare ausländische Vorgänge;
2. die Ausgliederung von Vermögensteilen im Sinne des § 123 Abs. 3 des Umwandlungsgesetzes oder vergleichbare ausländische Vorgänge;
3. den Formwechsel einer Personengesellschaft in eine Kapitalgesellschaft oder Genossenschaft im Sinne des § 190 Abs. 1 des Umwandlungsgesetzes oder vergleichbare ausländische Vorgänge;
4. die Einbringung von Betriebsvermögen durch Einzelrechtsnachfolge in eine Kapitalgesellschaft, eine Genossenschaft oder Personengesellschaft sowie
5. den Austausch von Anteilen.

(4) 1 Absatz 3 gilt nur, wenn

1.[1)] der übernehmende Rechtsträger eine *Gesellschaft im Sinne von Absatz 2 Satz 1 Nr. 1 ist* [***ab 1.1.2022:*** Europäische Gesellschaft im Sinne der Verordnung (EG) Nr. 2157/2001, eine Europäische Genossenschaft im Sinne der Verordnung (EG) Nr. 1435/2003 oder eine andere Gesellschaft im Sinne des Artikels 54 des Vertrags über die Arbeitsweise der Europäischen Union oder des Artikels 34 des Abkommens über den Europäischen Wirtschaftsraum ist, deren Sitz und Ort der Geschäftsleitung sich innerhalb des Hoheitsgebiets eines dieser Staaten befindet,] und

2. in den Fällen des Absatzes 3 Nr. 1 bis 4

   a) beim Formwechsel der umwandelnde Rechtsträger, bei der Einbringung durch Einzelrechtsnachfolge der einbringende Rechtsträger oder bei den anderen Umwandlungen der übertragende Rechtsträger

      aa)[2)] eine *Gesellschaft im Sinne von Absatz 2 Satz 1 Nr. 1 ist und, wenn es sich um eine Personengesellschaft handelt, soweit an dieser Körperschaften,*

[1)] § 1 Abs. 4 Satz 1 Nr. 1 geänd. **mWv 1.1.2022** durch G v. 25.6.2021 (BGBl. I S. 2050); zur Anwendung siehe § 27 Abs. 18.

[2)] § 1 Abs. 4 Satz 1 Nr. 2 Buchst. a Doppelbuchst. aa neu gef. **mWv 1.1.2022** durch G v. 25.6.2021 (BGBl. I S. 2050); zur Anwendung siehe § 27 Abs. 18.

Personenvereinigungen, Vermögensmassen oder natürliche Personen unmittelbar oder mittelbar über eine oder mehrere Personengesellschaften beteiligt sind, die die Voraussetzungen im Sinne von Absatz 2 Satz 1 Nr. 1 und 2 erfüllen, [***ab 1.1.2022:*** natürliche Person ist, deren Wohnsitz oder gewöhnlicher Aufenthalt sich innerhalb des Hoheitsgebiets eines der Staaten im Sinne der Nummer 1 befindet und die nicht auf Grund eines Abkommens zur Vermeidung der Doppelbesteuerung mit einem dritten Staat als außerhalb des Hoheitsgebiets dieser Staaten ansässig angesehen wird,] oder

bb)[1] eine *natürliche Person im Sinne von Absatz 2 Satz 1 Nr. 2 ist* [***ab 1.1.2022:*** Gesellschaft im Sinne der Nummer 1 ist und, wenn es sich um eine Personengesellschaft handelt, soweit an dieser Körperschaften, Personenvereinigungen, Vermögensmassen oder natürliche Personen unmittelbar oder mittelbar über eine oder mehrere Personengesellschaften beteiligt sind, die die Voraussetzungen im Sinne der Nummern 1 und 2 Buchstabe a Doppelbuchstabe aa erfüllen,]

oder

b) das Recht der Bundesrepublik Deutschland hinsichtlich der Besteuerung des Gewinns aus der Veräußerung der erhaltenen Anteile nicht ausgeschlossen oder beschränkt ist.

[2] Satz 1 ist in den Fällen der Einbringung eines Betriebs, Teilbetriebs oder Mitunternehmeranteils in eine Personengesellschaft nach § 24 nicht anzuwenden.

(5) Soweit dieses Gesetz nichts anderes bestimmt, ist

1.[2] Richtlinie 2009/133/EG
die Richtlinie 2009/133/EG des Rates vom 19. Oktober 2009 über das gemeinsame Steuersystem für Fusionen, Spaltungen, Abspaltungen, die Einbringung von Unternehmensteilen und den Austausch von Anteilen, die Gesellschaften verschiedener Mitgliedstaaten betreffen, sowie für die Verlegung des Sitzes einer Europäischen Gesellschaft oder einer Europäischen Genossenschaft von einem Mitgliedstaat in einen anderen Mitgliedstaat (ABl. L 310 vom 25.11.2009, S. 34), die zuletzt durch die Richtlinie 2013/13/EU (ABl. L 141 vom 28.5.2013, S. 30) geändert worden ist, in der zum Zeitpunkt des steuerlichen Übertragungsstichtags jeweils geltenden Fassung;

2. Verordnung (EG) Nr. 2157/2001
die Verordnung (EG) Nr. 2157/2001 des Rates vom 8. Oktober 2001 über das Statut der Europäischen Gesellschaft (SE) (ABl. EG Nr. L 294 S. 1), zuletzt geändert durch die Verordnung (EG) Nr. 885/2004 des Rates vom 26. April 2004 (ABl. EU Nr. L 168 S. 1), in der zum Zeitpunkt des steuerlichen Übertragungsstichtags jeweils geltenden Fassung;

3. Verordnung (EG) Nr. 1435/2003
die Verordnung (EG) Nr. 1435/2003 des Rates vom 22. Juli 2003 über das Statut der Europäischen Genossenschaften (SCE) (ABl. EU Nr. L 207 S. 1)

---

[1] § 1 Abs. 4 Satz 1 Nr. 2 Buchst. a Doppelbuchst. bb neu gef. **mWv 1.1.2022** durch G v. 25.6.2021 (BGBl. I S. 2050); zur Anwendung siehe § 27 Abs. 18.

[2] § 1 Abs. 5 Nr. 1 neu gef. mWv 1.1.2014 durch G v. 25.7.2014 (BGBl. I S. 1266).

in der zum Zeitpunkt des steuerlichen Übertragungsstichtags jeweils geltenden Fassung;

4. Buchwert
der Wert, der sich nach den steuerrechtlichen Vorschriften über die Gewinnermittlung in einer für den steuerlichen Übertragungsstichtag aufzustellenden Steuerbilanz ergibt oder ergäbe.

§ 2 Steuerliche Rückwirkung. (1) [1]Das Einkommen und das Vermögen der übertragenden Körperschaft sowie des übernehmenden Rechtsträgers sind so zu ermitteln, als ob das Vermögen der Körperschaft mit Ablauf des Stichtags der Bilanz, die dem Vermögensübergang zu Grunde liegt (steuerlicher Übertragungsstichtag), ganz oder teilweise auf den übernehmenden Rechtsträger übergegangen wäre. [2]Das Gleiche gilt für die Ermittlung der Bemessungsgrundlagen bei der Gewerbesteuer.

(2) Ist die Übernehmerin eine Personengesellschaft, gilt Absatz 1 Satz 1 für das Einkommen und das Vermögen der Gesellschafter.

(3) Die Absätze 1 und 2 sind nicht anzuwenden, soweit Einkünfte auf Grund abweichender Regelungen zur Rückbeziehung eines in § 1 Abs. 1 bezeichneten Vorgangs in einem anderen Staat der Besteuerung entzogen werden.

(4)[1)] [1]Der Ausgleich oder die Verrechnung eines Übertragungsgewinns mit verrechenbaren Verlusten, verbleibenden Verlustvorträgen, nicht ausgeglichenen negativen Einkünften, einem Zinsvortrag nach § 4h Absatz 1 Satz 5 des Einkommensteuergesetzes[2)] und einem EBITDA-Vortrag nach § 4h Absatz 1 Satz 3 des Einkommensteuergesetzes (Verlustnutzung) des übertragenden Rechtsträgers ist nur zulässig, wenn dem übertragenden Rechtsträger die Verlustnutzung auch ohne Anwendung der Absätze 1 und 2 möglich gewesen wäre. [2]Satz 1 gilt für negative Einkünfte des übertragenden Rechtsträgers im Rückwirkungszeitraum entsprechend. [3]Der Ausgleich oder die Verrechnung von positiven Einkünften des übertragenden Rechtsträgers im Rückwirkungszeitraum mit verrechenbaren Verlusten, verbleibenden Verlustvorträgen, nicht ausgeglichenen negativen Einkünften und einem Zinsvortrag nach § 4h Absatz 1 Satz 5 des Einkommensteuergesetzes des übernehmenden Rechtsträgers ist nicht zulässig. [4]Ist übernehmender Rechtsträger eine Organgesellschaft, gilt Satz 3 auch für einen Ausgleich oder eine Verrechnung beim Organträger entsprechend. [5]Ist übernehmender Rechtsträger eine Personengesellschaft, gilt Satz 3 auch für einen Ausgleich oder eine Verrechnung bei den Gesellschaftern entsprechend. [6]Die Sätze 3 bis 5 gelten nicht, wenn übertragender Rechtsträger und übernehmender Rechtsträger vor Ablauf des steuerlichen Übertragungsstichtags verbundene Unternehmen im Sinne des § 271 Absatz 2 des Handelsgesetzbuches[3)] sind.

(5)[4)] [1]Unbeschadet anderer Vorschriften ist der Ausgleich oder die sonstige Verrechnung negativer Einkünfte des übernehmenden Rechtsträgers, die von diesem infolge der Anwendung der Absätze 1 und 2 erzielt werden, auch

---

[1)] § 2 Abs. 4 angef. durch G v. 19.12.2008 (BGBl. I S. 2794); zur Anwendung siehe § 27 Abs. 9; Satz 1 geänd. durch G v. 22.12.2009 (BGBl. I S. 3950); zur Anwendung siehe § 27 Abs. 10; Sätze 3 bis 6 angef. durch G v. 26.6.2013 (BGBl. I S. 1809); zur Anwendung siehe § 27 Abs. 12.

[2)] Nr. **5**.

[3)] Nr. **34**.

[4)] § 2 Abs. 5 angef. durch G v. 2.6.2021 (BGBl. I S. 1259); zur Anwendung siehe § 27 Abs. 16.

UmwStG

insoweit nicht zulässig, als die negativen Einkünfte auf der Veräußerung oder der Bewertung von Finanzinstrumenten oder Anteilen an einer Körperschaft beruhen. [2]Als negative Einkünfte im Sinne des Satzes 1 gelten auch Aufwendungen außerhalb des Rückwirkungszeitraums, die darauf beruhen, dass Finanzinstrumente oder Anteile an einer Körperschaft, die dem übernehmenden Rechtsträger auf Grund der Anwendung der Absätze 1 und 2 zugerechnet werden, bis zu dem in Satz 4 bezeichneten Zeitpunkt veräußert werden oder nach den Sätzen 3 und 4 als veräußert gelten. [3]Als Veräußerung im Sinne der Sätze 1 und 2 gilt auch die Einlösung, Rückzahlung, Abtretung, Entnahme, verdeckte Einlage in eine Kapitalgesellschaft oder ein sonstiger ertragsteuerlich einer Veräußerung gleichgestellter Vorgang. [4]Mit Ablauf des nach der Umwandlung endenden Gewinnermittlungszeitraums nach § 4a des Einkommensteuergesetzes oder in anderen Fällen mit Ablauf des nach der Umwandlung endenden Kalenderjahrs noch nicht veräußerte oder nach Satz 3 als veräußert geltende Wirtschaftsgüter im Sinne des Satzes 2 gelten zu diesem Zeitpunkt als zum gemeinen Wert veräußert und wieder angeschafft. [5]Satz 2 findet keine Anwendung, soweit die Finanzinstrumente oder Anteile an einer Körperschaft ohne die Anwendung der Absätze 1 und 2 beim übertragenden Rechtsträger in dessen steuerlicher Schlussbilanz mit einem anderen als dem gemeinen Wert hätten angesetzt werden können. [6]Die Sätze 1 bis 5 finden keine Anwendung, wenn der Steuerpflichtige nachweist, dass die Verrechnung negativer Einkünfte im Sinne der Sätze 1 und 2 kein Haupt- oder Nebenzweck der Umwandlung war. [7]Ist der übernehmende Rechtsträger an den Finanzinstrumenten oder Anteilen an einer Körperschaft unmittelbar oder mittelbar über eine oder mehrere Personengesellschaften beteiligt, gelten die Sätze 2 bis 6 sinngemäß für Aufwendungen und Einkünfteminderungen infolge der Veräußerung oder eines niedrigeren Wertansatzes der Finanzinstrumente oder Anteile beziehungsweise infolge der Veräußerung von Anteilen an den Personengesellschaften oder deren Auflösung.

Zweiter Teil. Vermögensübergang bei Verschmelzung auf eine Personengesellschaft oder auf eine natürliche Person und Formwechsel einer Kapitalgesellschaft in eine Personengesellschaft

§ 3 Wertansätze in der steuerlichen Schlussbilanz der übertragenden Körperschaft. (1) [1]Bei einer Verschmelzung auf eine Personengesellschaft oder natürliche Person sind die übergehenden Wirtschaftsgüter, einschließlich nicht entgeltlich erworbener und selbst geschaffener immaterieller Wirtschaftsgüter, in der steuerlichen Schlussbilanz der übertragenden Körperschaft mit dem gemeinen Wert anzusetzen. [2]Für die Bewertung von Pensionsrückstellungen gilt § 6a des Einkommensteuergesetzes[1)].

(2) [1]Auf Antrag können die übergehenden Wirtschaftsgüter abweichend von Absatz 1 einheitlich mit dem Buchwert oder einem höheren Wert, höchstens jedoch mit dem Wert nach Absatz 1, angesetzt werden, soweit

1. sie Betriebsvermögen der übernehmenden Personengesellschaft oder natürlichen Person werden und sichergestellt ist, dass sie später der Besteuerung mit Einkommensteuer oder Körperschaftsteuer unterliegen, und

---

[1)] Nr. **5**.

2. das Recht der Bundesrepublik Deutschland hinsichtlich der Besteuerung des Gewinns aus der Veräußerung der übertragenen Wirtschaftsgüter bei den Gesellschaftern der übernehmenden Personengesellschaft oder bei der natürlichen Person nicht ausgeschlossen oder beschränkt wird und
3. eine Gegenleistung nicht gewährt wird oder in Gesellschaftsrechten besteht.

[2]Der Antrag ist spätestens bis zur erstmaligen Abgabe der steuerlichen Schlussbilanz bei dem für die Besteuerung der übertragenden Körperschaft zuständigen Finanzamt zu stellen.

(3)[1)] [1]Haben die Mitgliedstaaten der Europäischen Union bei Verschmelzung einer unbeschränkt steuerpflichtigen Körperschaft Artikel 10 der Richtlinie 2009/133/EG anzuwenden, ist die Körperschaftsteuer auf den Übertragungsgewinn gemäß § 26 des Körperschaftsteuergesetzes[2)] um den Betrag ausländischer Steuer zu ermäßigen, der nach den Rechtsvorschriften eines anderen Mitgliedstaats der Europäischen Union erhoben worden wäre, wenn die übertragenen Wirtschaftsgüter zum gemeinen Wert veräußert worden wären. [2]Satz 1 gilt nur, soweit die übertragenen Wirtschaftsgüter einer Betriebsstätte der übertragenden Körperschaft in einem anderen Mitgliedstaat der Europäischen Union zuzurechnen sind und die Bundesrepublik Deutschland die Doppelbesteuerung bei der übertragenden Körperschaft nicht durch Freistellung vermeidet.

UmwStG

§ 4 Auswirkungen auf den Gewinn des übernehmenden Rechtsträgers. (1) [1]Der übernehmende Rechtsträger hat die auf ihn übergegangenen Wirtschaftsgüter mit dem in der steuerlichen Schlussbilanz der übertragenden Körperschaft enthaltenen Wert im Sinne des § 3 zu übernehmen. [2]Die Anteile an der übertragenden Körperschaft sind bei dem übernehmenden Rechtsträger zum steuerlichen Übertragungsstichtag mit dem Buchwert, erhöht um Abschreibungen, die in früheren Jahren steuerwirksam vorgenommen worden sind, sowie um Abzüge nach § 6b des Einkommensteuergesetzes[3)] und ähnliche Abzüge, höchstens mit dem gemeinen Wert, anzusetzen. [3]Auf einen sich daraus ergebenden Gewinn finden § 8b Abs. 2 Satz 4 und 5 des Körperschaftsteuergesetzes[2)] sowie § 3 Nr. 40 Satz 1 Buchstabe a Satz 2 und 3 des Einkommensteuergesetzes Anwendung.

(2)[4)] [1]Der übernehmende Rechtsträger tritt in die steuerliche Rechtsstellung der übertragenden Körperschaft ein, insbesondere bezüglich der Bewertung der übernommenen Wirtschaftsgüter, der Absetzungen für Abnutzung und der den steuerlichen Gewinn mindernden Rücklagen. [2]Verrechenbare Verluste, verbleibende Verlustvorträge, vom übertragenden Rechtsträger nicht ausgeglichene negative Einkünfte, ein Zinsvortrag nach § 4h Absatz 1 Satz 5 des Einkommensteuergesetzes und ein EBITDA-Vortrag nach § 4h Absatz 1 Satz 3 des Einkommensteuergesetzes gehen nicht über. [3]Ist die Dauer der Zugehörigkeit eines Wirtschaftsguts zum Betriebsvermögen für die Besteuerung bedeutsam, so ist der Zeitraum seiner Zugehörigkeit zum Betriebsvermögen der übertragenden Körperschaft dem übernehmenden Rechtsträger anzurechnen. [4]Ist

---

[1)] § 3 Abs. 3 Satz 1 geänd. durch G v. 25.7.2014 (BGBl. I S. 1266).
[2)] Nr. **17**.
[3)] Nr. **5**.
[4)] § 4 Abs. 2 Satz 2 neu gef. durch G v. 14.8.2007 (BGBl. I S. 1912); zur Anwendung siehe § 27 Abs. 5; Satz 2 geänd. durch G v. 22.12.2009 (BGBl. I S. 3950); zur Anwendung siehe § 27 Abs. 10.

die übertragende Körperschaft eine Unterstützungskasse, erhöht sich der laufende Gewinn des übernehmenden Rechtsträgers in dem Wirtschaftsjahr, in das der Umwandlungsstichtag fällt, um die von ihm, seinen Gesellschaftern oder seinen Rechtsvorgängern an die Unterstützungskasse geleisteten Zuwendungen nach § 4d des Einkommensteuergesetzes; § 15 Abs. 1 Satz 1 Nr. 2 Satz 2 des Einkommensteuergesetzes gilt sinngemäß. [5] In Höhe der nach Satz 4 hinzugerechneten Zuwendungen erhöht sich der Buchwert der Anteile an der Unterstützungskasse.

(3) Sind die übergegangenen Wirtschaftsgüter in der steuerlichen Schlussbilanz der übertragenden Körperschaft mit einem über dem Buchwert liegenden Wert angesetzt, sind die Absetzungen für Abnutzung bei dem übernehmenden Rechtsträger in den Fällen des § 7 Abs. 4 Satz 1 und Abs. 5 des Einkommensteuergesetzes nach der bisherigen Bemessungsgrundlage, in allen anderen Fällen nach dem Buchwert, jeweils vermehrt um den Unterschiedsbetrag zwischen dem Buchwert der einzelnen Wirtschaftsgüter und dem Wert, mit dem die Körperschaft die Wirtschaftsgüter in der steuerlichen Schlussbilanz angesetzt hat, zu bemessen.

(4) [1] Infolge des Vermögensübergangs ergibt sich ein Übernahmegewinn oder Übernahmeverlust in Höhe des Unterschiedsbetrags zwischen dem Wert, mit dem die übergegangenen Wirtschaftsgüter zu übernehmen sind, abzüglich der Kosten für den Vermögensübergang und dem Wert der Anteile an der übertragenden Körperschaft (Absätze 1 und 2, § 5 Abs. 2 und 3). [2] Für die Ermittlung des Übernahmegewinns oder Übernahmeverlusts sind abweichend von Satz 1 die übergegangenen Wirtschaftsgüter der übertragenden Körperschaft mit dem Wert nach § 3 Abs. 1 anzusetzen, soweit an ihnen kein Recht der Bundesrepublik Deutschland zur Besteuerung des Gewinns aus einer Veräußerung bestand. [3] Bei der Ermittlung des Übernahmegewinns oder des Übernahmeverlusts bleibt der Wert der übergegangenen Wirtschaftsgüter außer Ansatz, soweit er auf Anteile an der übertragenden Körperschaft entfällt, die am steuerlichen Übertragungsstichtag nicht zum Betriebsvermögen des übernehmenden Rechtsträgers gehören.

(5)[1)] *[1] Ein Übernahmegewinn erhöht sich und ein Übernahmeverlust verringert sich um einen Sperrbetrag im Sinne des § 50c des Einkommensteuergesetzes, soweit die Anteile an der übertragenden Körperschaft am steuerlichen Übertragungsstichtag zum Betriebsvermögen des übernehmenden Rechtsträgers gehören.* [2] Ein Übernahmegewinn vermindert sich oder ein Übernahmeverlust erhöht sich um die Bezüge, die nach § 7 zu den Einkünften aus Kapitalvermögen im Sinne des § 20 Abs. 1 Nr. 1 des Einkommensteuergesetzes gehören.

(6)[2)] [1] Ein Übernahmeverlust bleibt außer Ansatz, soweit er auf eine Körperschaft, Personenvereinigung oder Vermögensmasse als Mitunternehmerin der Personengesellschaft entfällt. [2] Satz 1 gilt nicht für Anteile an der übertragenden Gesellschaft, die die Voraussetzungen des § 8b Abs. 7 oder des Abs. 8 Satz 1 des Körperschaftsteuergesetzes erfüllen. [3] In den Fällen des Satzes 2 ist der Übernahmeverlust bis zur Höhe der Bezüge im Sinne des § 7 zu berücksichtigen. [4] In den übrigen Fällen ist er in Höhe von 60 Prozent, höchstens jedoch in

---

[1)] § 4 Abs. 5 Satz 1 aufgeh. durch G v. 2.6.2021 (BGBl. I S. 1259); zur weiteren Anwendung siehe § 27 Abs. 17.

[2)] § 4 Abs. 6 Satz 4 geänd., Satz 5 eingef., bish. Satz 5 wird Satz 6 und geänd. durch G v. 19.12.2008 (BGBl. I S. 2794); zur Anwendung siehe § 27 Abs. 8.

Höhe von 60 Prozent der Bezüge im Sinne des § 7 zu berücksichtigen; ein danach verbleibender Übernahmeverlust bleibt außer Ansatz. [5] Satz 4 gilt nicht für Anteile an der übertragenden Gesellschaft, die die Voraussetzungen des § 3 Nr. 40 Satz 3 und 4 des Einkommensteuergesetzes erfüllen; in diesen Fällen gilt Satz 3 entsprechend. [6] Ein Übernahmeverlust bleibt abweichend von den Sätzen 2 bis 5 außer Ansatz, soweit bei Veräußerung der Anteile an der übertragenden Körperschaft ein Veräußerungsverlust nach § 17 Abs. 2 Satz 6 des Einkommensteuergesetzes nicht zu berücksichtigen wäre oder soweit die Anteile an der übertragenden Körperschaft innerhalb der letzten fünf Jahre vor dem steuerlichen Übertragungsstichtag entgeltlich erworben wurden.

(7)[1)] [1] Soweit der Übernahmegewinn auf eine Körperschaft, Personenvereinigung oder Vermögensmasse als Mitunternehmerin der Personengesellschaft entfällt, ist § 8b des Körperschaftsteuergesetzes anzuwenden. [2] In den übrigen Fällen ist § 3 Nr. 40 sowie § 3c des Einkommensteuergesetzes anzuwenden.

§ 5 Besteuerung der Anteilseigner der übertragenden Körperschaft.

(1) Hat der übernehmende Rechtsträger Anteile an der übertragenden Körperschaft nach dem steuerlichen Übertragungsstichtag angeschafft oder findet er einen Anteilseigner ab, so ist sein Gewinn so zu ermitteln, als hätte er die Anteile an diesem Stichtag angeschafft.

(2) Anteile an der übertragenden Körperschaft im Sinne des § 17 des Einkommensteuergesetzes[2)], die an dem steuerlichen Übertragungsstichtag nicht zu einem Betriebsvermögen eines Gesellschafters der übernehmenden Personengesellschaft oder einer natürlichen Person gehören, gelten für die Ermittlung des Gewinns als an diesem Stichtag in das Betriebsvermögen des übernehmenden Rechtsträgers mit den Anschaffungskosten eingelegt.

(3) [1] Gehören an dem steuerlichen Übertragungsstichtag Anteile an der übertragenden Körperschaft zum Betriebsvermögen eines Anteilseigners, ist der Gewinn so zu ermitteln, als seien die Anteile an diesem Stichtag zum Buchwert, erhöht um Abschreibungen sowie um Abzüge nach § 6b des Einkommensteuergesetzes und ähnliche Abzüge, die in früheren Jahren steuerwirksam vorgenommen worden sind, höchstens mit dem gemeinen Wert, in das Betriebsvermögen des übernehmenden Rechtsträgers überführt worden. [2] § 4 Abs. 1 Satz 3 gilt entsprechend.

§ 6 Gewinnerhöhung durch Vereinigung von Forderungen und Verbindlichkeiten. (1) [1] Erhöht sich der Gewinn des übernehmenden Rechtsträgers dadurch, dass der Vermögensübergang zum Erlöschen von Forderungen und Verbindlichkeiten zwischen der übertragenden Körperschaft und dem übernehmenden Rechtsträger oder zur Auflösung von Rückstellungen führt, so darf der übernehmende Rechtsträger insoweit eine den steuerlichen Gewinn mindernde Rücklage bilden. [2] Die Rücklage ist in den auf ihre Bildung folgenden drei Wirtschaftsjahren mit mindestens je einem Drittel gewinnerhöhend aufzulösen.

(2) [1] Absatz 1 gilt entsprechend, wenn sich der Gewinn eines Gesellschafters des übernehmenden Rechtsträgers dadurch erhöht, dass eine Forderung oder

---

[1)] § 4 Abs. 7 Satz 2 geänd. durch G v. 19.12.2008 (BGBl. I S. 2794); zur Anwendung siehe § 27 Abs. 8.

[2)] Nr. **5**.

UmwStG

Verbindlichkeit der übertragenden Körperschaft auf den übernehmenden Rechtsträger übergeht oder dass infolge des Vermögensübergangs eine Rückstellung aufzulösen ist. [2]Satz 1 gilt nur für Gesellschafter, die im Zeitpunkt der Eintragung des Umwandlungsbeschlusses in das öffentliche Register an dem übernehmenden Rechtsträger beteiligt sind.

(3) [1]Die Anwendung der Absätze 1 und 2 entfällt rückwirkend, wenn der übernehmende Rechtsträger den auf ihn übergegangenen Betrieb innerhalb von fünf Jahren nach dem steuerlichen Übertragungsstichtag in eine Kapitalgesellschaft einbringt oder ohne triftigen Grund veräußert oder aufgibt. [2]Bereits erteilte Steuerbescheide, Steuermessbescheide, Freistellungsbescheide oder Feststellungsbescheide sind zu ändern, soweit sie auf der Anwendung der Absätze 1 und 2 beruhen.

§ 7 Besteuerung offener Rücklagen. [1]Dem Anteilseigner ist der Teil des in der Steuerbilanz ausgewiesenen Eigenkapitals abzüglich des Bestands des steuerlichen Einlagekontos im Sinne des § 27 des Körperschaftsteuergesetzes[1)], der sich nach Anwendung des § 29 Abs. 1 des Körperschaftsteuergesetzes ergibt, in dem Verhältnis der Anteile zum Nennkapital der übertragenden Körperschaft als Einnahmen aus Kapitalvermögen im Sinne des § 20 Abs. 1 Nr. 1 des Einkommensteuergesetzes[2)] zuzurechnen. [2]Dies gilt unabhängig davon, ob für den Anteilseigner ein Übernahmegewinn oder Übernahmeverlust nach § 4 oder § 5 ermittelt wird.

UmwStG

§ 8 Vermögensübergang auf einen Rechtsträger ohne Betriebsvermögen. (1) [1]Wird das übertragene Vermögen nicht Betriebsvermögen des übernehmenden Rechtsträgers, sind die infolge des Vermögensübergangs entstehenden Einkünfte bei diesem oder den Gesellschaftern des übernehmenden Rechtsträgers zu ermitteln. [2]Die §§ 4, 5 und 7 gelten entsprechend.

(2) In den Fällen des Absatzes 1 sind § 17 Abs. 3 und § 22 Nr. 2 des Einkommensteuergesetzes[2)] nicht anzuwenden.

§ 9[3)] Formwechsel in eine Personengesellschaft. [1]Im Falle des Formwechsels einer Kapitalgesellschaft in eine Personengesellschaft sind die §§ 3 bis 8 und 10 entsprechend anzuwenden. [2]Die Kapitalgesellschaft hat für steuerliche Zwecke auf den Zeitpunkt, in dem der Formwechsel wirksam wird, eine Übertragungsbilanz, die Personengesellschaft eine Eröffnungsbilanz aufzustellen. [3]Die Bilanzen nach Satz 2 können auch für einen Stichtag aufgestellt werden, der höchstens acht Monate vor der Anmeldung des Formwechsels zur Eintragung in ein öffentliches Register liegt (Übertragungsstichtag); § 2 Absatz 3 bis 5 gilt entsprechend.

§ 10[4)] *(aufgehoben)*

[1)] Nr. **17**.
[2)] Nr. **5**.
[3)] § 9 Satz 3 geänd. durch G v. 22.12.2009 (BGBl. I S. 3950); zur Anwendung siehe § 27 Abs. 10 und 15; Satz 3 geänd. durch G v. 2.6.2021 (BGBl. I S. 1259); zur Anwendung siehe § 27 Abs. 16.
[4)] § 10 aufgeh. durch G v. 20.12.2007 (BGBl. I S. 3150); zur Anwendung siehe § 27 Abs. 6.

Dritter Teil. Verschmelzung oder Vermögensübertragung (Vollübertragung) auf eine andere Körperschaft

§ 11 Wertansätze in der steuerlichen Schlussbilanz der übertragenden Körperschaft. (1) [1] Bei einer Verschmelzung oder Vermögensübertragung (Vollübertragung) auf eine andere Körperschaft sind die übergehenden Wirtschaftsgüter, einschließlich nicht entgeltlich erworbener oder selbst geschaffener immaterieller Wirtschaftsgüter, in der steuerlichen Schlussbilanz der übertragenden Körperschaft mit dem gemeinen Wert anzusetzen. [2] Für die Bewertung von Pensionsrückstellungen gilt § 6a des Einkommensteuergesetzes[1)].

(2) [1] Auf Antrag können die übergehenden Wirtschaftsgüter abweichend von Absatz 1 einheitlich mit dem Buchwert oder einem höheren Wert, höchstens jedoch mit dem Wert nach Absatz 1, angesetzt werden, soweit

1. sichergestellt ist, dass sie später bei der übernehmenden Körperschaft der Besteuerung mit Körperschaftsteuer unterliegen und
2. das Recht der Bundesrepublik Deutschland hinsichtlich der Besteuerung des Gewinns aus der Veräußerung der übertragenen Wirtschaftsgüter bei der übernehmenden Körperschaft nicht ausgeschlossen oder beschränkt wird und
3. eine Gegenleistung nicht gewährt wird oder in Gesellschaftsrechten besteht.

[2] Anteile an der übernehmenden Körperschaft sind mindestens mit dem Buchwert, erhöht um Abschreibungen sowie um Abzüge nach § 6b des Einkommensteuergesetzes und ähnliche Abzüge, die in früheren Jahren steuerwirksam vorgenommen worden sind, höchstens mit dem gemeinen Wert, anzusetzen. [3] Auf einen sich daraus ergebenden Gewinn findet § 8b Abs. 2 Satz 4 und 5 des Körperschaftsteuergesetzes[2)] Anwendung.

(3) § 3 Abs. 2 Satz 2 und Abs. 3 gilt entsprechend.

§ 12 Auswirkungen auf den Gewinn der übernehmenden Körperschaft. (1) [1] Die übernehmende Körperschaft hat die auf sie übergegangenen Wirtschaftsgüter mit dem in der steuerlichen Schlussbilanz der übertragenden Körperschaft enthaltenen Wert im Sinne des § 11 zu übernehmen. [2] § 4 Abs. 1 Satz 2 und 3 gilt entsprechend.

(2) [1] Bei der übernehmenden Körperschaft bleibt ein Gewinn oder ein Verlust in Höhe des Unterschieds zwischen dem Buchwert der Anteile an der übertragenden Körperschaft und dem Wert, mit dem die übergegangenen Wirtschaftsgüter zu übernehmen sind, abzüglich der Kosten für den Vermögensübergang, außer Ansatz. [2] § 8b des Körperschaftsteuergesetzes[2)] ist anzuwenden, soweit der Gewinn im Sinne des Satzes 1 abzüglich der anteilig darauf entfallenden Kosten für den Vermögensübergang, dem Anteil der übernehmenden Körperschaft an der übertragenden Körperschaft entspricht. [3] § 5 Abs. 1 gilt entsprechend.

(3) Die übernehmende Körperschaft tritt in die steuerliche Rechtsstellung der übertragenden Körperschaft ein; § 4 Abs. 2 und 3 gilt entsprechend.

---

1) Nr. **5**.
2) Nr. **17**.

UmwStG

(4) § 6 gilt sinngemäß für den Teil des Gewinns aus der Vereinigung von Forderungen und Verbindlichkeiten, der der Beteiligung der übernehmenden Körperschaft am Grund- oder Stammkapital der übertragenden Körperschaft entspricht.

(5) Im Falle des Vermögensübergangs in den nicht steuerpflichtigen oder steuerbefreiten Bereich der übernehmenden Körperschaft gilt das in der Steuerbilanz ausgewiesene Eigenkapital abzüglich des Bestands des steuerlichen Einlagekontos im Sinne des § 27 des Körperschaftsteuergesetzes, der sich nach Anwendung des § 29 Abs. 1 des Körperschaftsteuergesetzes ergibt, als Einnahme im Sinne des § 20 Abs. 1 Nr. 1 des Einkommensteuergesetzes[1].

§ 13 Besteuerung der Anteilseigner der übertragenden Körperschaft.

(1) Die Anteile an der übertragenden Körperschaft gelten als zum gemeinen Wert veräußert und die an ihre Stelle tretenden Anteile an der übernehmenden Körperschaft gelten als mit diesem Wert angeschafft.

(2) [1] Abweichend von Absatz 1 sind auf Antrag die Anteile an der übernehmenden Körperschaft mit dem Buchwert der Anteile an der übertragenden Körperschaft anzusetzen, wenn

1. das Recht der Bundesrepublik Deutschland hinsichtlich der Besteuerung des Gewinns aus der Veräußerung der Anteile an der übernehmenden Körperschaft nicht ausgeschlossen oder beschränkt wird oder
2.[2] die Mitgliedstaaten der Europäischen Union bei einer Verschmelzung Artikel 8 der Richtlinie 2009/133/EG anzuwenden haben; in diesem Fall ist der Gewinn aus einer späteren Veräußerung der erworbenen Anteile ungeachtet der Bestimmungen eines Abkommens zur Vermeidung der Doppelbesteuerung in der gleichen Art und Weise zu besteuern, wie die Veräußerung der Anteile an der übertragenden Körperschaft zu besteuern wäre. [2] § 15 Abs. 1a Satz 2 des Einkommensteuergesetzes[1] ist entsprechend anzuwenden.

[2] Die Anteile an der übernehmenden Körperschaft treten steuerlich an die Stelle der Anteile an der übertragenden Körperschaft. [3] Gehören die Anteile an der übertragenden Körperschaft nicht zu einem Betriebsvermögen, treten an die Stelle des Buchwerts die Anschaffungskosten.

§ 14 (weggefallen)

Vierter Teil. Aufspaltung, Abspaltung und Vermögensübertragung (Teilübertragung)

§ 15 Aufspaltung, Abspaltung und Teilübertragung auf andere Körperschaften. (1) [1] Geht Vermögen einer Körperschaft durch Aufspaltung oder Abspaltung oder durch Teilübertragung auf andere Körperschaften über, gelten die §§ 11 bis 13 vorbehaltlich des Satzes 2 und des § 16 entsprechend. [2] § 11 Abs. 2 und § 13 Abs. 2 sind nur anzuwenden, wenn auf die Übernehmerinnen ein Teilbetrieb übertragen wird und im Falle der Abspaltung oder Teilübertragung bei der übertragenden Körperschaft ein Teilbetrieb verbleibt. [3] Als Teil-

[1] Nr. 5.
[2] § 13 Abs. 2 Satz 1 Nr. 2 Satz 1 geänd. durch G v. 25.7.2014 (BGBl. I S. 1266).

betrieb gilt auch ein Mitunternehmeranteil oder die Beteiligung an einer Kapitalgesellschaft, die das gesamte Nennkapital der Gesellschaft umfasst.

(2) [1] § 11 Abs. 2 ist auf Mitunternehmeranteile und Beteiligungen im Sinne des Absatzes 1 nicht anzuwenden, wenn sie innerhalb eines Zeitraums von drei Jahren vor dem steuerlichen Übertragungsstichtag durch Übertragung von Wirtschaftsgütern, die kein Teilbetrieb sind, erworben oder aufgestockt worden sind. [2] § 11 Abs. 2 ist ebenfalls nicht anzuwenden, wenn durch die Spaltung die Veräußerung an außenstehende Personen vollzogen wird. [3] Das Gleiche gilt, wenn durch die Spaltung die Voraussetzungen für eine Veräußerung geschaffen werden. [4] Davon ist auszugehen, wenn innerhalb von fünf Jahren nach dem steuerlichen Übertragungsstichtag Anteile an einer an der Spaltung beteiligten Körperschaft, die mehr als 20 Prozent der vor Wirksamwerden der Spaltung an der Körperschaft bestehenden Anteile ausmachen, veräußert werden. [5] Bei der Trennung von Gesellschafterstämmen setzt die Anwendung des § 11 Abs. 2 außerdem voraus, dass die Beteiligungen an der übertragenden Körperschaft mindestens fünf Jahre vor dem steuerlichen Übertragungsstichtag bestanden haben.

(3)[1)] Bei einer Abspaltung mindern sich verrechenbare Verluste, verbleibende Verlustvorträge, nicht ausgeglichene negative Einkünfte, ein Zinsvortrag nach § 4h Absatz 1 Satz 5 des Einkommensteuergesetzes[2)] und ein EBITDA-Vortrag nach § 4h Absatz 1 Satz 3 des Einkommensteuergesetzes der übertragenden Körperschaft in dem Verhältnis, in dem bei Zugrundelegung des gemeinen Werts das Vermögen auf eine andere Körperschaft übergeht.

UmwStG

§ 16 Aufspaltung oder Abspaltung auf eine Personengesellschaft.

[1] Soweit Vermögen einer Körperschaft durch Aufspaltung oder Abspaltung auf eine Personengesellschaft übergeht, gelten die §§ 3 bis 8, 10 und 15 entsprechend. [2] § 10 ist für den in § 40 Abs. 2 Satz 3 des Körperschaftsteuergesetzes[3)] bezeichneten Teil des Betrags im Sinne des § 38 des Körperschaftsteuergesetzes anzuwenden.

Fünfter Teil. Gewerbesteuer

§ 17 (weggefallen)

§ 18 Gewerbesteuer bei Vermögensübergang auf eine Personengesellschaft oder auf eine natürliche Person sowie bei Formwechsel in eine Personengesellschaft. (1) [1] Die §§ 3 bis 9 und 16 gelten bei Vermögensübergang auf eine Personengesellschaft oder auf eine natürliche Person sowie bei Formwechsel in eine Personengesellschaft auch für die Ermittlung des Gewerbeertrags. [2] Der maßgebende Gewerbeertrag der übernehmenden Personengesellschaft oder natürlichen Person kann nicht um Fehlbeträge des laufenden Erhebungszeitraums und die vortragsfähigen Fehlbeträge der übertragenden Körperschaft im Sinne des § 10a des Gewerbesteuergesetzes[4)] gekürzt werden.

---

1) § 15 Abs. 3 neu gef. durch G v. 14.8.2007 (BGBl. I S. 1912); zur Anwendung siehe § 27 Abs. 5; geänd. durch G v. 22.12.2009 (BGBl. I S. 3950); zur Anwendung siehe § 27 Abs. 10.

2) Nr. **5**.

3) Nr. **17**.

4) Nr. **10**.

(2) [1] Ein Übernahmegewinn oder Übernahmeverlust ist nicht zu erfassen. [2] In Fällen des § 5 Abs. 2 ist ein Gewinn nach § 7 nicht zu erfassen.

(3)[1)] [1] Wird der Betrieb der Personengesellschaft oder der natürlichen Person innerhalb von fünf Jahren nach der Umwandlung aufgegeben oder veräußert, unterliegt ein Aufgabe- oder Veräußerungsgewinn der Gewerbesteuer, auch soweit er auf das Betriebsvermögen entfällt, das bereits vor der Umwandlung im Betrieb der übernehmenden Personengesellschaft oder der natürlichen Person vorhanden war. [2] Satz 1 gilt entsprechend, soweit ein Teilbetrieb oder ein Anteil an der Personengesellschaft aufgegeben oder veräußert wird. [3] Der auf den Aufgabe- oder Veräußerungsgewinnen im Sinne der Sätze 1 und 2 beruhende Teil des Gewerbesteuer-Messbetrags ist bei der Ermäßigung der Einkommensteuer nach § 35 des Einkommensteuergesetzes[2)] nicht zu berücksichtigen.

§ 19 Gewerbesteuer bei Vermögensübergang auf eine andere Körperschaft. (1) Geht das Vermögen der übertragenden Körperschaft auf eine andere Körperschaft über, gelten die §§ 11 bis 15 auch für die Ermittlung des Gewerbeertrags.

(2) Für die vortragsfähigen Fehlbeträge der übertragenden Körperschaft im Sinne des § 10a des Gewerbesteuergesetzes[3)] gelten § 12 Abs. 3 und § 15 Abs. 3 entsprechend.

UmwStG

Sechster Teil. Einbringung von Unternehmensteilen in eine Kapitalgesellschaft oder Genossenschaft und Anteilstausch

§ 20 Einbringung von Unternehmensteilen in eine Kapitalgesellschaft oder Genossenschaft. (1) Wird ein Betrieb oder Teilbetrieb oder ein Mitunternehmeranteil in eine Kapitalgesellschaft oder eine Genossenschaft (übernehmende Gesellschaft) eingebracht und erhält der Einbringende dafür neue Anteile an der Gesellschaft (Sacheinlage), gelten für die Bewertung des eingebrachten Betriebsvermögens und der neuen Gesellschaftsanteile die nachfolgenden Absätze.

(2) [1] Die übernehmende Gesellschaft hat das eingebrachte Betriebsvermögen mit dem gemeinen Wert anzusetzen; für die Bewertung von Pensionsrückstellungen gilt § 6a des Einkommensteuergesetzes[2)]. [2] Abweichend von Satz 1 kann das übernommene Betriebsvermögen auf Antrag einheitlich mit dem Buchwert oder einem höheren Wert, höchstens jedoch mit dem Wert im Sinne des Satzes 1, angesetzt werden, soweit

1. sichergestellt ist, dass es später bei der übernehmenden Körperschaft der Besteuerung mit Körperschaftsteuer unterliegt,
2. die Passivposten des eingebrachten Betriebsvermögens die Aktivposten nicht übersteigen; dabei ist das Eigenkapital nicht zu berücksichtigen,
3. das Recht der Bundesrepublik Deutschland hinsichtlich der Besteuerung des Gewinns aus der Veräußerung des eingebrachten Betriebsvermögens

---

1) § 18 Abs. 3 Satz 1 geänd. durch G v. 20.12.2007 (BGBl. I S. 3150); zur Anwendung siehe § 27 Abs. 7.

2) Nr. **5**.

3) Nr. **10**.

bei der übernehmenden Gesellschaft nicht ausgeschlossen oder beschränkt wird und

4.[1)] der gemeine Wert von sonstigen Gegenleistungen, die neben den neuen Gesellschaftsanteilen gewährt werden, nicht mehr beträgt als

a) 25 Prozent des Buchwerts des eingebrachten Betriebsvermögens oder

b) 500 000 Euro, höchstens jedoch den Buchwert des eingebrachten Betriebsvermögens.

[3]Der Antrag ist spätestens bis zur erstmaligen Abgabe der steuerlichen Schlussbilanz bei dem für die Besteuerung der übernehmenden Gesellschaft zuständigen Finanzamt zu stellen. [4]Erhält der Einbringende neben den neuen Gesellschaftsanteilen auch sonstige Gegenleistungen, ist das eingebrachte Betriebsvermögen abweichend von Satz 2 mindestens mit dem gemeinen Wert der sonstigen Gegenleistungen anzusetzen, wenn dieser den sich nach Satz 2 ergebenden Wert übersteigt.

(3) [1]Der Wert, mit dem die übernehmende Gesellschaft das eingebrachte Betriebsvermögen ansetzt, gilt für den Einbringenden als Veräußerungspreis und als Anschaffungskosten der Gesellschaftsanteile. [2]Ist das Recht der Bundesrepublik Deutschland hinsichtlich der Besteuerung des Gewinns aus der Veräußerung des eingebrachten Betriebsvermögens im Zeitpunkt der Einbringung ausgeschlossen und wird dieses auch nicht durch die Einbringung begründet, gilt für den Einbringenden insoweit der gemeine Wert des Betriebsvermögens im Zeitpunkt der Einbringung als Anschaffungskosten der Anteile. [3]Soweit neben den Gesellschaftsanteilen auch andere Wirtschaftsgüter gewährt werden, ist deren gemeiner Wert bei der Bemessung der Anschaffungskosten der Gesellschaftsanteile von dem sich nach den Sätzen 1 und 2 ergebenden Wert abzuziehen. [4]Umfasst das eingebrachte Betriebsvermögen auch einbringungsgeborene Anteile im Sinne von § 21 Abs. 1 in der Fassung der Bekanntmachung vom 15. Oktober 2002 (BGBl. I S. 4133, 2003 I S. 738), geändert durch Artikel 3 des Gesetzes vom 16. Mai 2003 (BGBl. I S. 660), gelten die erhaltenen Anteile insoweit auch als einbringungsgeboren im Sinne von § 21 Abs. 1 in der Fassung der Bekanntmachung vom 15. Oktober 2002 (BGBl. I S. 4133, 2003 I S. 738), geändert durch Artikel 3 des Gesetzes vom 16. Mai 2003 (BGBl. I S. 660).

(4) [1]Auf einen bei der Sacheinlage entstehenden Veräußerungsgewinn ist § 16 Abs. 4 des Einkommensteuergesetzes nur anzuwenden, wenn der Einbringende eine natürliche Person ist, es sich nicht um die Einbringung von Teilen eines Mitunternehmeranteils handelt und die übernehmende Gesellschaft das eingebrachte Betriebsvermögen mit dem gemeinen Wert ansetzt. [2]In diesen Fällen ist § 34 Abs. 1 und 3 des Einkommensteuergesetzes nur anzuwenden, soweit der Veräußerungsgewinn nicht nach § 3 Nr. 40 Satz 1 in Verbindung mit § 3c Abs. 2 des Einkommensteuergesetzes teilweise steuerbefreit ist.

(5) [1]Das Einkommen und das Vermögen des Einbringenden und der übernehmenden Gesellschaft sind auf Antrag so zu ermitteln, als ob das eingebrachte Betriebsvermögen mit Ablauf des steuerlichen Übertragungsstichtags (Absatz 6) auf die Übernehmerin übergegangen wäre. [2]Dies gilt hinsichtlich des Einkommens und des Gewerbeertrags nicht für Entnahmen und Einlagen, die nach

[1)] § 20 Abs. 2 Satz 2 Nr. 4 angef., Satz 4 neu gef. durch G v. 2.11.2015 (BGBl. I S. 1834); zur erstmaligen Anwendung siehe § 27 Abs. 14.

dem steuerlichen Übertragungsstichtag erfolgen. [3] Die Anschaffungskosten der Anteile (Absatz 3) sind um den Buchwert der Entnahmen zu vermindern und um den sich nach § 6 Abs. 1 Nr. 5 des Einkommensteuergesetzes ergebenden Wert der Einlagen zu erhöhen.

(6)[1)] [1] Als steuerlicher Übertragungsstichtag (Einbringungszeitpunkt) darf in den Fällen der Sacheinlage durch Verschmelzung im Sinne des § 2 des Umwandlungsgesetzes der Stichtag angesehen werden, für den die Schlussbilanz jedes der übertragenden Unternehmen im Sinne des § 17 Abs. 2 des Umwandlungsgesetzes aufgestellt ist; dieser Stichtag darf höchstens acht Monate vor der Anmeldung der Verschmelzung zur Eintragung in das Handelsregister liegen. [2] Entsprechendes gilt, wenn Vermögen im Wege der Sacheinlage durch Aufspaltung, Abspaltung oder Ausgliederung nach § 123 des Umwandlungsgesetzes auf die übernehmende Gesellschaft übergeht. [3] In anderen Fällen der Sacheinlage darf die Einbringung auf einen Tag zurückbezogen werden, der höchstens acht Monate vor dem Tag des Abschlusses des Einbringungsvertrags liegt und höchstens acht Monate vor dem Zeitpunkt liegt, an dem das eingebrachte Betriebsvermögen auf die übernehmende Gesellschaft übergeht. [4] § 2 Absatz 3 bis 5 gilt entsprechend.

(7) § 3 Abs. 3 ist entsprechend anzuwenden.

(8)[2)] Ist eine gebietsfremde einbringende oder erworbene Gesellschaft im Sinne von Artikel 3 der Richtlinie 2009/133/EG als steuerlich transparent anzusehen, ist auf Grund Artikel 11 der Richtlinie 2009/133/EG die ausländische Steuer, die nach den Rechtsvorschriften des anderen Mitgliedstaats der Europäischen Union erhoben worden wäre, wenn die einer in einem anderen Mitgliedstaat belegenen Betriebsstätte zuzurechnenden eingebrachten Wirtschaftsgüter zum gemeinen Wert veräußert worden wären, auf die auf den Einbringungsgewinn entfallende Körperschaftsteuer oder Einkommensteuer unter entsprechender Anwendung von § 26 des Körperschaftsteuergesetzes[3)] und von den §§ 34c und 50 Absatz 3 des Einkommensteuergesetzes anzurechnen.

(9)[4)] Ein Zinsvortrag nach § 4h Abs. 1 Satz 5 des Einkommensteuergesetzes und ein EBITDA-Vortrag nach § 4h Absatz 1 Satz 3 des Einkommensteuergesetzes des eingebrachten Betriebs gehen nicht auf die übernehmende Gesellschaft über.

§ 21 Bewertung der Anteile beim Anteilstausch. (1)[5)] [1] Werden Anteile an einer Kapitalgesellschaft oder einer Genossenschaft (erworbene Gesellschaft) in eine Kapitalgesellschaft oder Genossenschaft (übernehmende Gesellschaft) gegen Gewährung neuer Anteile an der übernehmenden Gesellschaft eingebracht (Anteilstausch), hat die übernehmende Gesellschaft die eingebrachten Anteile mit dem gemeinen Wert anzusetzen. [2] Abweichend von Satz 1 können

---

[1)] § 20 Abs. 6 Satz 4 geänd. durch G v. 19.12.2008 (BGBl. I S. 2794); zur Anwendung siehe § 27 Abs. 9; Satz 4 geänd. durch G v. 2.6.2021 (BGBl. I S. 1259); zur Anwendung siehe § 27 Abs. 16.

[2)] § 20 Abs. 8 geänd. durch G v. 25.7.2014 (BGBl. I S. 1266); zur Anwendung siehe § 27 Abs. 13.

[3)] Nr. **17**.

[4)] § 20 Abs. 9 angef. durch G v. 14.8.2007 (BGBl. I S. 1912); zur Anwendung siehe § 27 Abs. 5; geänd. durch G v. 22.12.2009 (BGBl. I S. 3950); zur Anwendung siehe § 27 Abs. 10.

[5)] § 21 Abs. 1 Sätze 2 und 3 neu gef., Satz 4 angef. durch G v. 2.11.2015 (BGBl. I S. 1834); zur erstmaligen Anwendung siehe § 27 Abs. 14.

die eingebrachten Anteile auf Antrag mit dem Buchwert oder einem höheren Wert, höchstens jedoch mit dem gemeinen Wert, angesetzt werden, wenn

1. die übernehmende Gesellschaft nach der Einbringung auf Grund ihrer Beteiligung einschließlich der eingebrachten Anteile nachweisbar unmittelbar die Mehrheit der Stimmrechte an der erworbenen Gesellschaft hat (qualifizierter Anteilstausch) und soweit
2. der gemeine Wert von sonstigen Gegenleistungen, die neben den neuen Anteilen gewährt werden, nicht mehr beträgt als
   a) 25 Prozent des Buchwerts der eingebrachten Anteile oder
   b) 500 000 Euro, höchstens jedoch den Buchwert der eingebrachten Anteile.

[3] § 20 Absatz 2 Satz 3 gilt entsprechend. [4] Erhält der Einbringende neben den neuen Gesellschaftsanteilen auch sonstige Gegenleistungen, sind die eingebrachten Anteile abweichend von Satz 2 mindestens mit dem gemeinen Wert der sonstigen Gegenleistungen anzusetzen, wenn dieser den sich nach Satz 2 ergebenden Wert übersteigt.

(2) [1] Der Wert, mit dem die übernehmende Gesellschaft die eingebrachten Anteile ansetzt, gilt für den Einbringenden als Veräußerungspreis der eingebrachten Anteile und als Anschaffungskosten der erhaltenen Anteile. [2] Abweichend von Satz 1 gilt für den Einbringenden der gemeine Wert der eingebrachten Anteile als Veräußerungspreis und als Anschaffungskosten der erhaltenen Anteile, wenn für die eingebrachten Anteile nach der Einbringung das Recht der Bundesrepublik Deutschland hinsichtlich der Besteuerung des Gewinns aus der Veräußerung dieser Anteile ausgeschlossen oder beschränkt ist; dies gilt auch, wenn das Recht der Bundesrepublik Deutschland hinsichtlich der Besteuerung des Gewinns aus der Veräußerung der erhaltenen Anteile ausgeschlossen oder beschränkt ist. [3] Auf Antrag gilt in den Fällen des Satzes 2 unter den Voraussetzungen des Absatzes 1 Satz 2 der Buchwert oder ein höherer Wert, höchstens der gemeine Wert, als Veräußerungspreis der eingebrachten Anteile und als Anschaffungskosten der erhaltenen Anteile, wenn

1. das Recht der Bundesrepublik Deutschland hinsichtlich der Besteuerung des Gewinns aus der Veräußerung der erhaltenen Anteile nicht ausgeschlossen oder beschränkt ist oder
2.[1)] der Gewinn aus dem Anteilstausch auf Grund Artikel 8 der Richtlinie 2009/133/EG nicht besteuert werden darf; in diesem Fall ist der Gewinn aus einer späteren Veräußerung der erhaltenen Anteile ungeachtet der Bestimmungen eines Abkommens zur Vermeidung der Doppelbesteuerung in der gleichen Art und Weise zu besteuern, wie die Veräußerung der Anteile an der erworbenen Gesellschaft zu besteuern gewesen wäre; § 15 Abs. 1a Satz 2 des Einkommensteuergesetzes[2)] ist entsprechend anzuwenden.

[4] Der Antrag ist spätestens bis zur erstmaligen Abgabe der Steuererklärung bei dem für die Besteuerung des Einbringenden zuständigen Finanzamt zu stellen. [5] Haben die eingebrachten Anteile beim Einbringenden nicht zu einem Betriebsvermögen gehört, treten an die Stelle des Buchwerts die Anschaffungskosten. [6] § 20 Abs. 3 Satz 3 und 4 gilt entsprechend.

[1)] § 21 Abs. 2 Satz 3 Nr. 2 geänd. durch G v. 25.7.2014 (BGBl. I S. 1266).

[2)] Nr. **5**.

UmwStG

(3) [1]Auf den beim Anteilstausch entstehenden Veräußerungsgewinn ist § 17 Abs. 3 des Einkommensteuergesetzes nur anzuwenden, wenn der Einbringende eine natürliche Person ist und die übernehmende Gesellschaft die eingebrachten Anteile nach Absatz 1 Satz 1 oder in den Fällen des Absatzes 2 Satz 2 der Einbringende mit dem gemeinen Wert ansetzt; dies gilt für die Anwendung von § 16 Abs. 4 des Einkommensteuergesetzes unter der Voraussetzung, dass eine im Betriebsvermögen gehaltene Beteiligung an einer Kapitalgesellschaft eingebracht wird, die das gesamte Nennkapital der Kapitalgesellschaft umfasst. [2]§ 34 Abs. 1 des Einkommensteuergesetzes findet keine Anwendung.

§ 22[1)] Besteuerung des Anteilseigners. (1) [1]Soweit in den Fällen einer Sacheinlage unter dem gemeinen Wert (§ 20 Abs. 2 Satz 2) der Einbringende die erhaltenen Anteile innerhalb eines Zeitraums von sieben Jahren nach dem Einbringungszeitpunkt veräußert, ist der Gewinn aus der Einbringung rückwirkend im Wirtschaftsjahr der Einbringung als Gewinn des Einbringenden im Sinne von § 16 des Einkommensteuergesetzes[2)] zu versteuern (Einbringungsgewinn I); § 16 Abs. 4 und § 34 des Einkommensteuergesetzes sind nicht anzuwenden. [2]Die Veräußerung der erhaltenen Anteile gilt insoweit als rückwirkendes Ereignis im Sinne von § 175 Abs. 1 Satz 1 Nr. 2 der Abgabenordnung[3)]. [3]Einbringungsgewinn I ist der Betrag, um den der gemeine Wert des eingebrachten Betriebsvermögens im Einbringungszeitpunkt nach Abzug der Kosten für den Vermögensübergang den Wert, mit dem die übernehmende Gesellschaft dieses eingebrachte Betriebsvermögen angesetzt hat, übersteigt, vermindert um jeweils ein Siebtel für jedes seit dem Einbringungszeitpunkt abgelaufene Zeitjahr. [4]Der Einbringungsgewinn I gilt als nachträgliche Anschaffungskosten der erhaltenen Anteile. [5]Umfasst das eingebrachte Betriebsvermögen auch Anteile an Kapitalgesellschaften oder Genossenschaften, ist insoweit § 22 Abs. 2 anzuwenden; ist in diesen Fällen das Recht der Bundesrepublik Deutschland hinsichtlich der Besteuerung des Gewinns aus der Veräußerung der erhaltenen Anteile ausgeschlossen oder beschränkt, sind daneben auch die Sätze 1 bis 4 anzuwenden. [6]Die Sätze 1 bis 5 gelten entsprechend, wenn

1. der Einbringende die erhaltenen Anteile unmittelbar oder mittelbar unentgeltlich auf eine Kapitalgesellschaft oder eine Genossenschaft überträgt,
2.[4)] der Einbringende die erhaltenen Anteile entgeltlich überträgt, es sei denn, er weist nach, dass die Übertragung durch einen Vorgang im Sinne des § 20 Absatz 1 oder § 21 Absatz 1 oder auf Grund vergleichbarer ausländischer Vorgänge zu Buchwerten erfolgte und keine sonstigen Gegenleistungen erbracht wurden, die die Grenze des § 20 Absatz 2 Satz 2 Nummer 4 oder die Grenze des § 21 Absatz 1 Satz 2 Nummer 2 übersteigen,
3. die Kapitalgesellschaft, an der die Anteile bestehen, aufgelöst und abgewickelt wird oder das Kapital dieser Gesellschaft herabgesetzt und an die Anteilseigner zurückgezahlt wird oder Beträge aus dem steuerlichen Ein-

---

[1)] Zur Nichtanwendung siehe § 27 Abs. 4.

[2)] Nr. **5**.

[3)] Nr. **1**.

[4)] § 22 Abs. 1 Satz 6 Nr. 2 neu gef. durch G v. 2.11.2015 (BGBl. I S. 1834); zur erstmaligen Anwendung siehe § 27 Abs. 14.

lagekonto im Sinne des § 27 des Körperschaftsteuergesetzes[1] ausgeschüttet oder zurückgezahlt werden,

4.[2] der Einbringende die erhaltenen Anteile durch einen Vorgang im Sinne des § 21 Absatz 1 oder einen Vorgang im Sinne des § 20 Absatz 1 oder auf Grund vergleichbarer ausländischer Vorgänge zum Buchwert in eine Kapitalgesellschaft oder eine Genossenschaft eingebracht hat und diese Anteile anschließend unmittelbar oder mittelbar veräußert oder durch einen Vorgang im Sinne der Nummern 1 oder 2 unmittelbar oder mittelbar übertragen werden, es sei denn, er weist nach, dass diese Anteile zu Buchwerten übertragen wurden und keine sonstigen Gegenleistungen erbracht wurden, die die Grenze des § 20 Absatz 2 Satz 2 Nummer 4 oder die Grenze des § 21 Absatz 1 Satz 2 Nummer 2 übersteigen (Ketteneinbringung),

5.[3] der Einbringende die erhaltenen Anteile in eine Kapitalgesellschaft oder eine Genossenschaft durch einen Vorgang im Sinne des § 20 Absatz 1 oder einen Vorgang im Sinne des § 21 Absatz 1 oder auf Grund vergleichbarer ausländischer Vorgänge zu Buchwerten einbringt und die aus dieser Einbringung erhaltenen Anteile anschließend unmittelbar oder mittelbar veräußert oder durch einen Vorgang im Sinne der Nummern 1 oder 2 unmittelbar oder mittelbar übertragen werden, es sei denn, er weist nach, dass die Einbringung zu Buchwerten erfolgte und keine sonstigen Gegenleistungen erbracht wurden, die die Grenze des § 20 Absatz 2 Satz 2 Nummer 4 oder die Grenze des § 21 Absatz 1 Satz 2 Nummer 2 übersteigen, oder

6.[4] für den Einbringenden oder die übernehmende Gesellschaft im Sinne der Nummer 4 die Voraussetzungen im Sinne von § 1 Abs. 4 nicht mehr erfüllt sind.

[7] Satz 4 gilt in den Fällen des Satzes 6 Nr. 4 und 5 auch hinsichtlich der Anschaffungskosten der auf einer Weitereinbringung dieser Anteile (§ 20 Abs. 1 und § 21 Abs. 1 Satz 2) zum Buchwert beruhenden Anteile.

(2)[5] [1] Soweit im Rahmen einer Sacheinlage (§ 20 Abs. 1) oder eines Anteilstausches (§ 21 Abs. 1) unter dem gemeinen Wert eingebrachte Anteile innerhalb eines Zeitraums von sieben Jahren nach dem Einbringungszeitpunkt durch die übernehmende Gesellschaft unmittelbar oder mittelbar veräußert werden und soweit beim Einbringenden der Gewinn aus der Veräußerung dieser Anteile im Einbringungszeitpunkt nicht nach § 8b Abs. 2 des Körperschaftsteuergesetzes steuerfrei gewesen wäre, ist der Gewinn aus der Einbringung im Wirtschaftsjahr der Einbringung rückwirkend als Gewinn des Einbringenden aus der Veräußerung von Anteilen zu versteuern (Einbringungsgewinn II); § 16 Abs. 4 und § 34 des Einkommensteuergesetzes sind nicht anzuwenden. [2] Absatz 1 Satz 2 gilt entsprechend. [3] Einbringungsgewinn II ist der Betrag, um den der gemeine Wert der eingebrachten Anteile im Einbringungszeitpunkt nach Abzug der Kosten für den Vermögensübergang den Wert, mit dem der Ein-

[1] Nr. **17**.

[2] § 22 Abs. 1 Satz 6 Nr. 4 neu gef. durch G v. 2.11.2015 (BGBl. I S. 1834); zur erstmaligen Anwendung siehe § 27 Abs. 14.

[3] § 22 Abs. 1 Satz 6 Nr. 5 neu gef. durch G v. 2.11.2015 (BGBl. I S. 1834); zur erstmaligen Anwendung siehe § 27 Abs. 14.

[4] Zur Anwendung siehe § 22 Abs. 8.

[5] § 22 Abs. 2 Satz 1 geänd. mWv 25.12.2008 durch G v. 19.12.2008 (BGBl. I S. 2794).

bringende die erhaltenen Anteile angesetzt hat, übersteigt, vermindert um jeweils ein Siebtel für jedes seit dem Einbringungszeitpunkt abgelaufene Zeitjahr. [4]Der Einbringungsgewinn II gilt als nachträgliche Anschaffungskosten der erhaltenen Anteile. [5]Sätze 1 bis 4 sind nicht anzuwenden, soweit der Einbringende die erhaltenen Anteile veräußert hat; dies gilt auch in den Fällen von § 6 des Außensteuergesetzes[1)] vom 8. September 1972 (BGBl. I S. 1713), das zuletzt durch Artikel 7 des Gesetzes vom 7. Dezember 2006 (BGBl. I S. 2782) geändert worden ist, in der jeweils geltenden Fassung, wenn und soweit die Steuer nicht gestundet wird. [6]Sätze 1 bis 5 gelten entsprechend, wenn die übernehmende Gesellschaft die eingebrachten Anteile ihrerseits durch einen Vorgang nach Absatz 1 Satz 6 Nr. 1 bis 5 weiter überträgt oder für diese die Voraussetzungen nach § 1 Abs. 4 nicht mehr erfüllt sind. [7]Absatz 1 Satz 7 ist entsprechend anzuwenden.

(3) [1]Der Einbringende hat in den dem Einbringungszeitpunkt folgenden sieben Jahren jährlich spätestens bis zum 31. Mai den Nachweis darüber zu erbringen, wem mit Ablauf des Tages, der dem maßgebenden Einbringungszeitpunkt entspricht,

1. in den Fällen des Absatzes 1 die erhaltenen Anteile und die auf diesen Anteilen beruhenden Anteile und
2. in den Fällen des Absatzes 2 die eingebrachten Anteile und die auf diesen Anteilen beruhenden Anteile

zuzurechnen sind. [2]Erbringt er den Nachweis nicht, gelten die Anteile im Sinne des Absatzes 1 oder des Absatzes 2 an dem Tag, der dem Einbringungszeitpunkt folgt oder der in den Folgejahren diesem Kalendertag entspricht, als veräußert.

(4) Ist der Veräußerer von Anteilen nach Absatz 1

1. eine juristische Person des öffentlichen Rechts, gilt in den Fällen des Absatzes 1 der Gewinn aus der Veräußerung der erhaltenen Anteile als in einem Betrieb gewerblicher Art dieser Körperschaft entstanden,
2. von der Körperschaftsteuer befreit, gilt in den Fällen des Absatzes 1 der Gewinn aus der Veräußerung der erhaltenen Anteile als in einem wirtschaftlichen Geschäftsbetrieb dieser Körperschaft entstanden.

(5) Das für den Einbringenden zuständige Finanzamt bescheinigt der übernehmenden Gesellschaft auf deren Antrag die Höhe des zu versteuernden Einbringungsgewinns, die darauf entfallende festgesetzte Steuer und den darauf entrichteten Betrag; nachträgliche Minderungen des versteuerten Einbringungsgewinns sowie die darauf entfallende festgesetzte Steuer und der darauf entrichtete Betrag sind dem für die übernehmende Gesellschaft zuständigen Finanzamt von Amts wegen mitzuteilen.

(6) In den Fällen der unentgeltlichen Rechtsnachfolge gilt der Rechtsnachfolger des Einbringenden als Einbringender im Sinne der Absätze 1 bis 5 und der Rechtsnachfolger der übernehmenden Gesellschaft als übernehmende Gesellschaft im Sinne des Absatzes 2.

(7) Werden in den Fällen einer Sacheinlage (§ 20 Abs. 1) oder eines Anteilstauschs (§ 21 Abs. 1) unter dem gemeinen Wert stille Reserven auf Grund einer Gesellschaftsgründung oder Kapitalerhöhung von den erhaltenen oder einge-

---

1) Nr. 2.

brachten Anteilen oder von auf diesen Anteilen beruhenden Anteilen auf andere Anteile verlagert, gelten diese Anteile insoweit auch als erhaltene oder eingebrachte Anteile oder als auf diesen Anteilen beruhende Anteile im Sinne des Absatzes 1 oder 2 (Mitverstrickung von Anteilen).

(8)[1] [1] Absatz 1 Satz 6 Nummer 6 und Absatz 2 Satz 6 sind mit der Maßgabe anzuwenden, dass allein der Austritt des Vereinigten Königreichs Großbritannien und Nordirland aus der Europäischen Union nicht dazu führt, dass die Voraussetzungen des § 1 Absatz 4 nicht mehr erfüllt sind. [2] Satz 1 gilt nur für Einbringungen, bei denen in den Fällen der Gesamtrechtsnachfolge der Umwandlungsbeschluss vor dem Zeitpunkt, ab dem das Vereinigte Königreich Großbritannien und Nordirland nicht mehr Mitgliedstaat der Europäischen Union ist und auch nicht wie ein solcher zu behandeln ist, erfolgt oder in den anderen Fällen, in denen die Einbringung nicht im Wege der Gesamtrechtsnachfolge erfolgt, der Einbringungsvertrag vor diesem Zeitpunkt geschlossen worden ist.

§ 23[2] Auswirkungen bei der übernehmenden Gesellschaft. (1)[3] Setzt die übernehmende Gesellschaft das eingebrachte Betriebsvermögen mit einem unter dem gemeinen Wert liegenden Wert (§ 20 Abs. 2 Satz 2, § 21 Abs. 1 Satz 2) an, gelten § 4 Abs. 2 Satz 3 und § 12 Abs. 3 erster Halbsatz entsprechend.

(2) [1] In den Fällen des § 22 Abs. 1 kann die übernehmende Gesellschaft auf Antrag den versteuerten Einbringungsgewinn im Wirtschaftsjahr der Veräußerung der Anteile oder eines gleichgestellten Ereignisses (§ 22 Abs. 1 Satz 1 und Satz 6 Nr. 1 bis 6) als Erhöhungsbetrag ansetzen, soweit der Einbringende die auf den Einbringungsgewinn entfallende Steuer entrichtet hat und dies durch Vorlage einer Bescheinigung des zuständigen Finanzamts im Sinne von § 22 Abs. 5 nachgewiesen wurde; der Ansatz des Erhöhungsbetrags bleibt ohne Auswirkung auf den Gewinn. [2] Satz 1 ist nur anzuwenden, soweit das eingebrachte Betriebsvermögen in den Fällen des § 22 Abs. 1 noch zum Betriebsvermögen der übernehmenden Gesellschaft gehört, es sei denn, dieses wurde zum gemeinen Wert übertragen. [3] Wurden die veräußerten Anteile auf Grund einer Einbringung von Anteilen nach § 20 Abs. 1 oder § 21 Abs. 1 (§ 22 Abs. 2) erworben, erhöhen sich die Anschaffungskosten der eingebrachten Anteile in Höhe des versteuerten Einbringungsgewinns, soweit der Einbringende die auf den Einbringungsgewinn entfallende Steuer entrichtet hat; Satz 1 und § 22 Abs. 1 Satz 7 gelten entsprechend.

(3) [1] Setzt die übernehmende Gesellschaft das eingebrachte Betriebsvermögen mit einem über dem Buchwert, aber unter dem gemeinen Wert liegenden Wert an, gilt § 12 Abs. 3 erster Halbsatz entsprechend mit der folgenden Maßgabe:

1. Die Absetzungen für Abnutzung oder Substanzverringerung nach § 7 Abs. 1, 4, 5 und 6 des Einkommensteuergesetzes[4] sind vom Zeitpunkt der Einbringung an nach den Anschaffungs- oder Herstellungskosten des Einbringenden, vermehrt um den Unterschiedsbetrag zwischen dem Buchwert der

[1] § 22 Abs. 8 angef. durch G v. 25.3.2019 (BGBl. I S. 357).
[2] Zur Nichtanwendung siehe § 27 Abs. 4.
[3] § 23 Abs. 1 geänd. durch G v. 19.12.2008 (BGBl. I S. 2794).
[4] Nr. **5**.

UmwStG

einzelnen Wirtschaftsgüter und dem Wert, mit dem die Kapitalgesellschaft die Wirtschaftsgüter ansetzt, zu bemessen.

2. Bei den Absetzungen für Abnutzung nach § 7 Abs. 2 des Einkommensteuergesetzes tritt im Zeitpunkt der Einbringung an die Stelle des Buchwerts der einzelnen Wirtschaftsgüter der Wert, mit dem die Kapitalgesellschaft die Wirtschaftsgüter ansetzt.

[2]Bei einer Erhöhung der Anschaffungskosten oder Herstellungskosten auf Grund rückwirkender Besteuerung des Einbringungsgewinns (Absatz 2) gilt dies mit der Maßgabe, dass an die Stelle des Zeitpunkts der Einbringung der Beginn des Wirtschaftsjahrs tritt, in welches das die Besteuerung des Einbringungsgewinns auslösende Ereignis fällt.

(4) Setzt die übernehmende Gesellschaft das eingebrachte Betriebsvermögen mit dem gemeinen Wert an, gelten die eingebrachten Wirtschaftsgüter als im Zeitpunkt der Einbringung von der Kapitalgesellschaft angeschafft, wenn die Einbringung des Betriebsvermögens im Wege der Einzelrechtsnachfolge erfolgt; erfolgt die Einbringung des Betriebsvermögens im Wege der Gesamtrechtsnachfolge nach den Vorschriften des Umwandlungsgesetzes, gilt Absatz 3 entsprechend.

(5) Der maßgebende Gewerbeertrag der übernehmenden Gesellschaft kann nicht um die vortragsfähigen Fehlbeträge des Einbringenden im Sinne des § 10a des Gewerbesteuergesetzes[1)] gekürzt werden.

(6) § 6 Abs. 1 und 3 gilt entsprechend.

Siebter Teil. Einbringung eines Betriebs, Teilbetriebs oder Mitunternehmeranteils in eine Personengesellschaft

§ 24 Einbringung von Betriebsvermögen in eine Personengesellschaft. (1) Wird ein Betrieb oder Teilbetrieb oder ein Mitunternehmeranteil in eine Personengesellschaft eingebracht und wird der Einbringende Mitunternehmer der Gesellschaft, gelten für die Bewertung des eingebrachten Betriebsvermögens die Absätze 2 bis 4.

(2)[2)] [1]Die Personengesellschaft hat das eingebrachte Betriebsvermögen in ihrer Bilanz einschließlich der Ergänzungsbilanzen für ihre Gesellschafter mit dem gemeinen Wert anzusetzen; für die Bewertung von Pensionsrückstellungen gilt § 6a des Einkommensteuergesetzes[3)]. [2]Abweichend von Satz 1 kann das übernommene Betriebsvermögen auf Antrag mit dem Buchwert oder einem höheren Wert, höchstens jedoch mit dem Wert im Sinne des Satzes 1, angesetzt werden, soweit

1. das Recht der Bundesrepublik Deutschland hinsichtlich der Besteuerung des eingebrachten Betriebsvermögens nicht ausgeschlossen oder beschränkt wird und
2. der gemeine Wert von sonstigen Gegenleistungen, die neben den neuen Gesellschaftsanteilen gewährt werden, nicht mehr beträgt als
   a) 25 Prozent des Buchwerts des eingebrachten Betriebsvermögens oder

---

[1)] Nr. **10**.

[2)] § 24 Abs. 2 Satz 2 neu gef., Satz 4 angef. durch G v. 2.11.2015 (BGBl. I S. 1834); zur erstmaligen Anwendung siehe § 27 Abs. 14.

[3)] Nr. **5**.

b) 500 000 Euro, höchstens jedoch den Buchwert des eingebrachten Betriebsvermögens.

[3] § 20 Abs. 2 Satz 3 gilt entsprechend. [4] Erhält der Einbringende neben den neuen Gesellschaftsanteilen auch sonstige Gegenleistungen, ist das eingebrachte Betriebsvermögen abweichend von Satz 2 mindestens mit dem gemeinen Wert der sonstigen Gegenleistungen anzusetzen, wenn dieser den sich nach Satz 2 ergebenden Wert übersteigt.

(3) [1] Der Wert, mit dem das eingebrachte Betriebsvermögen in der Bilanz der Personengesellschaft einschließlich der Ergänzungsbilanzen für ihre Gesellschafter angesetzt wird, gilt für den Einbringenden als Veräußerungspreis. [2] § 16 Abs. 4 des Einkommensteuergesetzes ist nur anzuwenden, wenn das eingebrachte Betriebsvermögen mit dem gemeinen Wert angesetzt wird und es sich nicht um die Einbringung von Teilen eines Mitunternehmeranteils handelt; in diesen Fällen ist § 34 Abs. 1 und 3 des Einkommensteuergesetzes anzuwenden, soweit der Veräußerungsgewinn nicht nach § 3 Nr. 40 Satz 1 Buchstabe b in Verbindung mit § 3c Abs. 2 des Einkommensteuergesetzes teilweise steuerbefreit ist. [3] In den Fällen des Satzes 2 gilt § 16 Abs. 2 Satz 3 des Einkommensteuergesetzes entsprechend.

(4) § 23 Abs. 1, 3, 4 und 6 gilt entsprechend; in den Fällen der Einbringung in eine Personengesellschaft im Wege der Gesamtrechtsnachfolge gilt auch § 20 Abs. 5 und 6 entsprechend.

(5)[1)] Soweit im Rahmen einer Einbringung nach Absatz 1 unter dem gemeinen Wert eingebrachte Anteile an einer Körperschaft, Personenvereinigung oder Vermögensmasse innerhalb eines Zeitraums von sieben Jahren nach dem Einbringungszeitpunkt durch die übernehmende Personengesellschaft veräußert oder durch einen Vorgang nach § 22 Absatz 1 Satz 6 Nummer 1 bis 5 weiter übertragen werden und soweit beim Einbringenden der Gewinn aus der Veräußerung dieser Anteile im Einbringungszeitpunkt nicht nach § 8b Absatz 2 des Körperschaftsteuergesetzes[2)] steuerfrei gewesen wäre, ist § 22 Absatz 2, 3 und 5 bis 7 insoweit entsprechend anzuwenden, als der Gewinn aus der Veräußerung der eingebrachten Anteile auf einen Mitunternehmer entfällt, für den insoweit § 8b Absatz 2 des Körperschaftsteuergesetzes Anwendung findet.

(6)[3)] § 20 Abs. 9 gilt entsprechend.

Achter Teil. Formwechsel einer Personengesellschaft in eine Kapitalgesellschaft oder Genossenschaft

§ 25 Entsprechende Anwendung des Sechsten Teils. [1] In den Fällen des Formwechsels einer Personengesellschaft in eine Kapitalgesellschaft oder Genossenschaft im Sinne des § 190 des Umwandlungsgesetzes vom 28. Oktober 1994 (BGBl. I S. 3210, 1995 I S. 428), das zuletzt durch Artikel 10 des Gesetzes vom 9. Dezember 2004 (BGBl. I S. 3214) geändert worden ist, in der jeweils geltenden Fassung oder auf Grund vergleichbarer ausländischer Vorgänge gelten §§ 20 bis 23 entsprechend. [2] § 9 Satz 2 und 3 ist entsprechend anzuwenden.

[1)] § 24 Abs. 5 geänd. durch G v. 21.3.2013 (BGBl. I S. 561).
[2)] Nr. **17**.
[3)] § 24 Abs. 6 angef. durch G v. 14.8.2007 (BGBl. I S. 1912); zur Anwendung siehe § 27 Abs. 5.

Neunter Teil. Verhinderung von Missbräuchen

§ 26 (weggefallen)

Zehnter Teil. Anwendungsvorschriften und Ermächtigung

§ 27 Anwendungsvorschriften. (1) [1] Diese Fassung des Gesetzes ist erstmals auf Umwandlungen und Einbringungen anzuwenden, bei denen die Anmeldung zur Eintragung in das für die Wirksamkeit des jeweiligen Vorgangs maßgebende öffentliche Register nach dem 12. Dezember 2006 erfolgt ist. [2] Für Einbringungen, deren Wirksamkeit keine Eintragung in ein öffentliches Register voraussetzt, ist diese Fassung des Gesetzes erstmals anzuwenden, wenn das wirtschaftliche Eigentum an den eingebrachten Wirtschaftsgütern nach dem 12. Dezember 2006 übergegangen ist.

(2) [1] Das Umwandlungssteuergesetz in der Fassung der Bekanntmachung vom 15. Oktober 2002 (BGBl. I S. 4133, 2003 I S. 738), geändert durch Artikel 3 des Gesetzes vom 16. Mai 2003 (BGBl. I S. 660), ist letztmals auf Umwandlungen und Einbringungen anzuwenden, bei denen die Anmeldung zur Eintragung in das für die Wirksamkeit des jeweiligen Vorgangs maßgebende öffentliche Register bis zum 12. Dezember 2006 erfolgt ist. [2] Für Einbringungen, deren Wirksamkeit keine Eintragung in ein öffentliches Register voraussetzt, ist diese Fassung letztmals anzuwenden, wenn das wirtschaftliche Eigentum an den eingebrachten Wirtschaftsgütern bis zum 12. Dezember 2006 übergegangen ist.

(3) Abweichend von Absatz 2 ist

1. § 5 Abs. 4 für einbringungsgeborene Anteile im Sinne von § 21 Abs. 1 mit der Maßgabe weiterhin anzuwenden, dass die Anteile zu dem Wert im Sinne von § 5 Abs. 2 oder Abs. 3 in der Fassung des Absatzes 1 als zum steuerlichen Übertragungsstichtag in das Betriebsvermögen des übernehmenden Rechtsträgers überführt gelten,
2. § 20 Abs. 6 in der am 21. Mai 2003 geltenden Fassung für die Fälle des Ausschlusses des Besteuerungsrechts (§ 20 Abs. 3) weiterhin anwendbar, wenn auf die Einbringung Absatz 2 anzuwenden war,
3. § 21 in der am 21. Mai 2003 geltenden Fassung *ist*[1] für einbringungsgeborene Anteile im Sinne von § 21 Abs. 1, die auf einem Einbringungsvorgang beruhen, auf den Absatz 2 anwendbar war, weiterhin anzuwenden. [2] Für § 21 Abs. 2 Satz 1 Nr. 2 in der am 21. Mai 2003 geltenden Fassung gilt dies mit der Maßgabe, dass eine Stundung der Steuer gemäß § 6 Abs. 5 des Außensteuergesetzes[2] in der Fassung des Gesetzes vom 7. Dezember 2006 (BGBl. I S. 2782) unter den dort genannten Voraussetzungen erfolgt, wenn die Einkommensteuer noch nicht bestandskräftig festgesetzt ist; § 6 Abs. 6 und 7 des Außensteuergesetzes ist entsprechend anzuwenden.

(4) Abweichend von Absatz 1 sind §§ 22, 23 und 24 Abs. 5 nicht anzuwenden, soweit hinsichtlich des Gewinns aus der Veräußerung der Anteile oder einem gleichgestellten Ereignis im Sinne von § 22 Abs. 1 die Steuerfreistellung

[1] Wortlaut amtlich.
[2] Nr. 2.

nach § 8b Abs. 4 des Körperschaftsteuergesetzes[1] in der am 12. Dezember 2006 geltenden Fassung oder nach § 3 Nr. 40 Satz 3 und 4 des Einkommensteuergesetzes[2] in der am 12. Dezember 2006 geltenden Fassung ausgeschlossen ist.

(5)[3] ¹ § 4 Abs. 2 Satz 2, § 15 Abs. 3, § 20 Abs. 9 und § 24 Abs. 6 in der Fassung des Artikels 5 des Gesetzes vom 14. August 2007 (BGBl. I S. 1912) sind erstmals auf Umwandlungen und Einbringungen anzuwenden, bei denen die Anmeldung zur Eintragung in das für die Wirksamkeit des jeweiligen Vorgangs maßgebende öffentliche Register nach dem 31. Dezember 2007 erfolgt ist. ² Für Einbringungen, deren Wirksamkeit keine Eintragung in ein öffentliches Register voraussetzt, ist diese Fassung des Gesetzes erstmals anzuwenden, wenn das wirtschaftliche Eigentum an den eingebrachten Wirtschaftsgütern nach dem 31. Dezember 2007 übergegangen ist.

(6)[4] ¹ § 10 ist letztmals auf Umwandlungen anzuwenden, bei denen der steuerliche Übertragungsstichtag vor dem 1. Januar 2007 liegt. ² § 10 ist abweichend von Satz 1 weiter anzuwenden in den Fällen, in denen ein Antrag nach § 34 Abs. 16 des Körperschaftsteuergesetzes in der Fassung des Artikels 3 des Gesetzes vom 20. Dezember 2007 (BGBl. I S. 3150) gestellt wurde.

(7)[5] § 18 Abs. 3 Satz 1 in der Fassung des Artikels 4 des Gesetzes vom 20. Dezember 2007 (BGBl. I S. 3150) ist erstmals auf Umwandlungen anzuwenden, bei denen die Anmeldung zur Eintragung in das für die Wirksamkeit der Umwandlung maßgebende öffentliche Register nach dem 31. Dezember 2007 erfolgt ist.

(8)[6] § 4 Abs. 6 Satz 4 bis 6 sowie § 4 Abs. 7 Satz 2 in der Fassung des Artikels 6 des Gesetzes vom 19. Dezember 2008 (BGBl. I S. 2794) sind erstmals auf Umwandlungen anzuwenden, bei denen § 3 Nr. 40 des Einkommensteuergesetzes in der durch Artikel 1 Nr. 3 des Gesetzes vom 14. August 2007 (BGBl. I S. 1912) geänderten Fassung für die Bezüge im Sinne des § 7 anzuwenden ist.

(9)[7] ¹ § 2 Abs. 4 und § 20 Abs. 6 Satz 4 in der Fassung des Artikels 6 des Gesetzes vom 19. Dezember 2008 (BGBl. I S. 2794) sind erstmals auf Umwandlungen und Einbringungen anzuwenden, bei denen der schädliche Beteiligungserwerb oder ein anderes die Verlustnutzung ausschließendes Ereignis nach dem 28. November 2008 eintritt. ² § 2 Abs. 4 und § 20 Abs. 6 Satz 4 in der Fassung des Artikels 6 des Gesetzes vom 19. Dezember 2008 (BGBl. I S. 2794) gelten nicht, wenn sich der Veräußerer und der Erwerber am 28. November 2008 über den später vollzogenen schädlichen Beteiligungserwerb oder ein anderes die Verlustnutzung ausschließendes Ereignis einig sind, der übernehmende Rechtsträger dies anhand schriftlicher Unterlagen nachweist und die Anmeldung zur Eintragung in das für die Wirksamkeit des Vorgangs maß-

---

[1] Nr. **17**.
[2] Nr. **5**.
[3] § 27 Abs. 5 angef. durch G v. 14.8.2007 (BGBl. I S. 1912).
[4] § 27 Abs. 6 als Abs. 5 angef. durch G v. 20.12.2007 (BGBl. I S. 3150); Absatzzählung geänd. durch G v. 19.12.2008 (BGBl. I S. 2794).
[5] § 27 Abs. 7 als Abs. 6 angef. durch G v. 20.12.2007 (BGBl. I S. 3150); Absatzzählung geänd. durch G v. 19.12.2008 (BGBl. I S. 2794).
[6] § 27 Abs. 8 angef. durch G v. 19.12.2008 (BGBl. I S. 2794).
[7] § 27 Abs. 9 angef. durch G v. 19.12.2008 (BGBl. I S. 2794).

gebende öffentliche Register bzw. bei Einbringungen der Übergang des wirtschaftlichen Eigentums bis zum 31. Dezember 2009 erfolgt.

(10)[1] § 2 Absatz 4 Satz 1, § 4 Absatz 2 Satz 2, § 9 Satz 3, § 15 Absatz 3 und § 20 Absatz 9 in der Fassung des Artikels 4 des Gesetzes vom 22. Dezember 2009 (BGBl. I S. 3950) sind erstmals auf Umwandlungen und Einbringungen anzuwenden, deren steuerlicher Übertragungsstichtag in einem Wirtschaftsjahr liegt, für das § 4h Absatz 1, 4 Satz 1 und Absatz 5 Satz 1 und 2 des Einkommensteuergesetzes in der Fassung des Artikels 1 des Gesetzes vom 22. Dezember 2009 (BGBl. I S. 3950) erstmals anzuwenden ist.

(11)[2] Für Bezüge im Sinne des § 8b Absatz 1 des Körperschaftsteuergesetzes aufgrund einer Umwandlung ist § 8b Absatz 4 des Körperschaftsteuergesetzes in der Fassung des Artikels 1 des Gesetzes vom 21. März 2013 (BGBl. I S. 561) abweichend von § 34 Absatz 7a Satz 2 des Körperschaftsteuergesetzes bereits erstmals vor dem 1. März 2013 anzuwenden, wenn die Anmeldung zur Eintragung in das für die Wirksamkeit des jeweiligen Vorgangs maßgebende öffentliche Register nach dem 28. Februar 2013 erfolgt.

(12)[3] [1] § 2 Absatz 4 Satz 3 bis 6 in der Fassung des Artikels 9 des Gesetzes vom 26. Juni 2013 (BGBl. I S. 1809) ist erstmals auf Umwandlungen und Einbringungen anzuwenden, bei denen die Anmeldung zur Eintragung in das für die Wirksamkeit des jeweiligen Vorgangs maßgebende öffentliche Register nach dem 6. Juni 2013 erfolgt. [2] Für Einbringungen, deren Wirksamkeit keine Eintragung in ein öffentliches Register voraussetzt, ist § 2 in der Fassung des Artikels 9 des Gesetzes vom 26. Juni 2013 (BGBl. I S. 1809) erstmals anzuwenden, wenn das wirtschaftliche Eigentum an den eingebrachten Wirtschaftsgütern nach dem 6. Juni 2013 übergegangen ist.

(13)[4] § 20 Absatz 8 in der am 31. Juli 2014 geltenden Fassung ist erstmals bei steuerlichen Übertragungsstichtagen nach dem 31. Dezember 2013 anzuwenden.

(14)[5] § 20 Absatz 2, § 21 Absatz 1, § 22 Absatz 1 Satz 6 Nummer 2, 4 und 5 sowie § 24 Absatz 2 in der am 6. November 2015 geltenden Fassung sind erstmals auf Einbringungen anzuwenden, wenn in den Fällen der Gesamtrechtsnachfolge der Umwandlungsbeschluss nach dem 31. Dezember 2014 erfolgt ist oder in den anderen Fällen der Einbringungsvertrag nach dem 31. Dezember 2014 geschlossen worden ist.

(15)[6] [1] § 9 Satz 3 sowie § 20 Absatz 6 Satz 1 und 3 sind mit der Maßgabe anzuwenden, dass an die Stelle des Zeitraums von acht Monaten ein Zeitraum von zwölf Monaten tritt, wenn die Anmeldung zur Eintragung oder der Abschluss des Einbringungsvertrags im Jahr 2020 erfolgt. [2] Erlässt das Bundesministerium der Justiz und für Verbraucherschutz eine Rechtsverordnung auf Grundlage des § 8 in Verbindung mit § 4 des Gesetzes über Maßnahmen im Gesellschafts-, Genossenschafts-, Vereins-, Stiftungs- und Wohnungseigentumsrecht zur Bekämpfung der Auswirkungen der COVID-19-Pandemie vom

---

[1] § 27 Abs. 10 angef. durch G v. 22.12.2009 (BGBl. I S. 3950).
[2] § 27 Abs. 11 angef. durch G v. 21.3.2013 (BGBl. I S. 561).
[3] § 27 Abs. 12 angef. durch G v. 26.6.2013 (BGBl. I S. 1809); Sätze 1 und 2 geänd. durch G v. 25.7.2014 (BGBl. I S. 1266).
[4] § 27 Abs. 13 angef. durch G v. 25.7.2014 (BGBl. I S. 1266).
[5] § 27 Abs. 14 angef. durch G v. 2.11.2015 (BGBl. I S. 1834).
[6] § 27 Abs. 15 angef. durch G v. 19.6.2020 (BGBl. I S. 1385).

27. März 2020 (BGBl. I S. 569, 570), wird das Bundesministerium der Finanzen ermächtigt, durch Rechtsverordnung[1] mit Zustimmung des Bundesrates die Geltung des Satzes 1 für Anmeldungen zur Eintragung und Einbringungsvertragsabschlüsse zu verlängern, die bis zu dem Tag erfolgen, der in der Rechtsverordnung des Bundesministeriums der Justiz und für Verbraucherschutz festgelegt wurde.

(16)[2] [1] § 2 Absatz 5, § 9 Satz 3 zweiter Halbsatz und § 20 Absatz 6 Satz 4 in der Fassung des Artikels 4 des Gesetzes vom 2. Juni 2021 (BGBl. I S. 1259) sind erstmals auf Umwandlungen und Einbringungen anzuwenden, bei denen die Anmeldung zur Eintragung in das für die Wirksamkeit des Vorgangs maßgebende öffentliche Register beziehungsweise bei Einbringungen der Übergang des wirtschaftlichen Eigentums nach dem 20. November 2020 erfolgt. [2] Abweichend von Satz 1 sind § 2 Absatz 5, § 9 Satz 3 zweiter Halbsatz und § 20 Absatz 6 Satz 4 in der Fassung des Artikels 4 des Gesetzes vom 2. Juni 2021 (BGBl. I S. 1259) auch in anderen offenen Fällen anzuwenden, in denen die äußeren Umstände darauf schließen lassen, dass die Verrechnung übergehender stiller Lasten wesentlicher Zweck der Umwandlung oder Einbringung war und der Steuerpflichtige dies nicht widerlegen kann.

(17)[3] § 4 Absatz 5 Satz 1 in der am 8. Juni 2021 geltenden Fassung ist weiterhin anzuwenden, soweit die Anteile an der übertragenden Körperschaft am steuerlichen Übertragungsstichtag zum Betriebsvermögen des übernehmenden Rechtsträgers gehören und mit einem Sperrbetrag im Sinne des § 50c des Einkommensteuergesetzes in der Fassung des Gesetzes vom 24. März 1999 (BGBl. I S. 402) behaftet sind.

(18)[4] § 1 in der Fassung des Artikels 3 des Gesetzes vom 25. Juni 2021 (BGBl. I S. 2050) ist erstmals auf Umwandlungen und Einbringungen anzuwenden, deren steuerlicher Übertragungsstichtag nach dem 31. Dezember 2021 liegt.

§ 28 Bekanntmachungserlaubnis. Das Bundesministerium der Finanzen wird ermächtigt, den Wortlaut dieses Gesetzes und der zu diesem Gesetz erlassenen Rechtsverordnungen in der jeweils geltenden Fassung satzweise nummeriert mit neuem Datum und in neuer Paragraphenfolge bekannt zu machen und dabei Unstimmigkeiten im Wortlaut zu beseitigen.

---

[1] Verordnung zu § 27 Absatz 15 des Umwandlungssteuergesetzes v. 18.12.2020 (BGBl. I S. 3042).
[2] § 27 Abs. 16 angef. durch G v. 2.6.2021 (BGBl. I S. 1259).
[3] § 27 Abs. 17 angef. durch G v. 2.6.2021 (BGBl. I S. 1259).
[4] § 27 Abs. 18 angef . durch G v. 25.6.2021 (BGBl. I S. 2050).

23. Umsatzsteuergesetz (UStG)

In der Fassung der Bekanntmachung vom 21. Februar 2005[1)]
(BGBl. I S. 386)

FNA 611-10-14

geänd. durch Art. 4 Abs. 31 Gesetz zur Neuorganisation der Bundesfinanzverwaltung und zur Schaffung eines Refinanzierungsregisters v. 22.9.2005 (BGBl. I S. 2809), Art. 2 Gesetz zur steuerlichen Förderung von Wachstum und Beschäftigung v. 26.4.2006 (BGBl. I S. 1091), Art. 2 Gesetz zur Eindämmung missbräuchlicher Steuergestaltungen v. 28.4.2006 (BGBl. I S. 1095), Art. 4 Haushaltsbegleitgesetz 2006 (HBeglG 2006) v. 29.6.2006 (BGBl. I S. 1402), Art. 8 Erstes Gesetz zum Abbau bürokratischer Hemmnisse insbesondere in der mittelständischen Wirtschaft v. 22.8.2006 (BGBl. I S. 1970), Art. 7 Jahressteuergesetz 2007 (JStG 2007) v. 13.12.2006 (BGBl. I S. 2878), Art. 28 Abs. 2 Zweites Gesetz zum Abbau bürokratischer Hemmnisse insbesondere in der mittelständischen Wirtschaft v. 7.9.2007 (BGBl. I S. 2246), Art. 7 Gesetz zur weiteren Stärkung des bürgerschaftlichen Engagements v. 10.10.2007 (BGBl. I S. 2332), Art. 8 Jahressteuergesetz 2008 (JStG 2008) v. 20.12. 2007 (BGBl. I S. 3150), Art. 7 Jahressteuergesetz 2009 (JStG 2009) v. 19.12.2008 (BGBl. I S. 2794), Art. 8 Gesetz zur Modernisierung und Entbürokratisierung des Steuerverfahrens (Steuerbürokratieabbaugesetz) v. 20.12.2008 (BGBl. I S. 2850), Art. 8 Gesetz zur verbesserten steuerlichen Berücksichtigung von Vorsorgeaufwendungen (BürgerentlastungsG Krankenversicherung) v. 16.7.2009 (BGBl. I S. 1959), Art. 5 Gesetz zur Beschleunigung des Wirtschaftswachstums (Wachstumsbeschleunigungsgesetz) v. 22.12.2009 (BGBl. I S. 3950), Art. 6 Gesetz zur Umsetzung steuerlicher EU-Vorgaben sowie zur Änderung steuerlicher Vorschriften v. 8.4.2010 (BGBl. I S. 386), Art. 2 Abs. 5 Gesetz zur Weiterentwicklung der Organisation der Grundsicherung für Arbeitsuchende v. 3.8.2010 (BGBl. I S. 1112), Art. 4 Jahressteuergesetz 2010 (JStG 2010) v. 8.12.2010 (BGBl. I S. 1768), Art. 11 Gesetz zur Ermittlung von Regelbedarfen und zur Änderung des Zweiten und Zwölften Buches SGB v. 24.3.2011 (BGBl. I S. 453), Art. 2 Gesetz zur bestätigenden Regelung verschiedener steuerlicher und verkehrsrechtlicher Vorschriften des Haushaltsbegleitgesetz 2004 v. 5.4.2011 (BGBl. I S. 554), Art. 6 Sechstes Gesetz zur Änderung von Verbrauchsteuergesetzen v. 16.6.2011 (BGBl. I S. 1090), Art. 13 Gesetz zur Anpassung der Rechtsgrundlagen für die Fortentwicklung des Emissionshandels v. 21.7.2011 (BGBl. I S. 1475), Art. 5 Steuervereinfachungsgesetz 2011 v. 1.11.2011 (BGBl. I S. 2131), Art. 1 Drittes Gesetz zur Änderung des Umsatzsteuergesetzes v. 6.12.2011 (BGBl. I S. 2562), Art. 23 Gesetz zur Umsetzung der Beitreibungsrichtlinie sowie zur Änderung steuerlicher Vorschriften (Beitreibungsrichtlinie-Umsetzungsgesetz – BeitrRLUmsG) v. 7.12.2011 (BGBl. I S. 2592), Art. 2 Gesetz zur Änderung des GemeindefinanzreformG und von steuerlichen Vorschriften v. 8.5.2012 (BGBl. I S. 1030), Art. 10 Gesetz zur Umsetzung der Amtshilferichtlinie sowie zur Ännderung steuerlicher Vorschriften (Amtshilferichtlinie-Umsetzungsgesetz – AmtshilfeRLUmsG) v. 26.6.2013 (BGBl. I S. 1809 iVm Bek. v. 26.7.2013, BGBl. II S. 1120), Art. 4 Gesetz zur Anpassung des Investmentsteuergesetzes und anderer Gesetze an das AIFM-Umsetzungsgesetz (AIFM-Steuer-Anpassungsgesetz – AIFM-StAnpG) v. 18.12.2013 (BGBl. I S. 4318), Art. 7, 8 und 9 Gesetz zur Anpassung des nationalen Steuerrechts an den Beitritt Kroatiens zur EU und zur Änderung weiterer steuerlicher Vorschriften v. 25.7.2014 (BGBl. I S. 1266), Art. 9, 10 und 11 Gesetz zur Anpassung der Abgabenordnung an den Zollkodex der Union und zur Änderung weiterer steuerlicher Vorschriften v. 22.12. 2014 (BGBl. I S. 2417), Art. 11 und 12 Steueränderungsgesetz 2015 v. 2.11.2015 (BGBl. I S. 1834), Art. 12 Gesetz zur Modernisierung des Besteuerungsverfahrens v. 18.7.2016 (BGBl. I S. 1679), Art. 5 Gesetz zur Reform der Investmentbesteuerung (Investmentsteuerreformgesetz – InvStRefG) v. 19.7. 2016 (BGBl. I S. 1730), Art. 11 Drittes Gesetz zur Stärkung der pflegerischen Versorgung und zur Änderung weiterer Vorschriften (Drittes Pflegestärkungsgesetz – PSG III) v. 23.12.2016 (BGBl. I S. 3191), Art. 16, 17 und 20 Abs. 7 Gesetz zur Stärkung der Teilhabe und Selbstbestimmung von Menschen mit Behinderungen (Bundesteilhabegesetz – BTHG) v. 23.12.2016 (BGBl. I S. 3234), Art. 15 Gesetz zur Auflösung der Bundesmonopolverwaltung für Branntwein und zur Änderung weiterer Gesetze (Branntweinmonopolverwaltung-Auflösungsgesetz – BfBAG) v. 10.3.2017 (BGBl. I S. 420), Art. 22 Abs. 1 Gesetz zur Umsetzung der Vierten EU-Geldwäscherichtlinie, zur Ausführung der EU-Geldtransferverordnung und zur Neuorganisation der Zentralstelle für Finanztransaktionsuntersuchungen v. 23.6.2017 (BGBl. I S. 1822), Art. 4a Zweites Gesetz zur Entlastung insbesondere der mittelständischen Wirtschaft von Bürokratie (Zweites Bürokratieentlastungsgesetz) v. 30.6.2017

---

1) Neubekanntmachung des UStG idF der Bek. v. 9.6.1999 (BGBl. I S. 1270) in der ab 1.1.2005 geltenden Fassung.

(BGBl. I S. 2143), Art. 7 Gesetz zum Ausschluss verfassungsfeindlicher Parteien von der Parteienfinanzierung v. 18.7.2017 (BGBl. I S. 2730), Art. 11 Abs. 35 Gesetz zur Durchführung der Verordnung (EU) Nr. 910/2014 des Europäischen Parlaments und des Rates vom 23. Juli 2014 über elektronische Identifizierung und Vertrauensdienste für elektronische Transaktionen im Binnenmarkt und zur Aufhebung der Richtlinie 1999/93/EG (eIDAS-Durchführungsgesetz) v. 18.7.2017 (BGBl. I S. 2745), Art. 9 Gesetz zur Vermeidung von Umsatzsteuerausfällen beim Handel mit Waren im Internet und zur Änderung weiterer steuerlicher Vorschriften v. 11.12.2018 (BGBl. I S. 2338), Art. 75 Zweites Gesetz zur Anpassung des Datenschutzrechts an die Verordnung (EU) 2016/679 und zur Umsetzung der Richtlinie (EU) 2016/680 (Zweites Datenschutz-Anpassungs- und Umsetzungsgesetz EU – 2. DSAnpUG-EU) v. 20.11.2019 (BGBl. I S. 1626), Art. 7 Drittes Gesetz zur Entlastung insbesondere der mittelständischen Wirtschaft von Bürokratie (Drittes Bürokratieentlastungsgesetz) v. 22.11.2019 (BGBl. I S. 1746), Art. 9 Gesetz zur Reform des Grundsteuer- und Bewertungsrechts (Grundsteuer-Reformgesetz – GrStRefG) v. 26.11.2019 (BGBl. I S. 1794), Art. 11, 12 und 13 Gesetz zur weiteren steuerlichen Förderung der Elektromobilität und zur Änderung weiterer steuerlicher Vorschriften v. 12.12.2019 (BGBl. I S. 2451), Art. 20 Gesetz zur Regelung des Sozialen Entschädigungsrechts v. 12.12.2019 (BGBl. I S. 2652, geänd. durch G v. 21.12.2020, BGBl. I S. 3096), Art. 7 Gesetz zur Einführung einer Pflicht zur Mitteilung grenzüberschreitender Steuergestaltungen v. 21.12.2019 (BGBl. I S. 2875), Art. 3 Gesetz zur Umsetzung des Klimaschutzprogramms 2030 im Steuerrecht v. 21.12.2019 (BGBl. I S. 2886), Art. 1 Gesetz zur Umsetzung steuerlicher Hilfsmaßnahmen zur Bewältigung der Corona-Krise (Corona-Steuerhilfegesetz) v. 19.6.2020 (BGBl. I S. 1385), Art. 3 Zweites Gesetz zur Umsetzung steuerlicher Hilfsmaßnahmen zur Bewältigung der Corona-Krise (Zweites Corona-Steuerhilfegesetz) v. 29.6.2020 (BGBl. I S. 1512), Art. 11 bis 15 Jahressteuergesetz 2020 (JStG 2020) v. 21.12.2020 (BGBl. I S. 3096), Art. 3 Drittes Gesetz zur Umsetzung steuerlicher Hilfsmaßnahmen zur Bewältigung der Corona-Krise (Drittes Corona-Steuerhilfegesetz) v. 10.3.2021 (BGBl. I S. 330), Art. 15 Abs. 28 Vormundschafts- und Betreuungsrechts-Reformgesetz v. 4.5.2021 (BGBl. I S. 882), Art. 11 Gesetz zur Modernisierung der Entlastung von Abzugsteuern und der Bescheinigung der Kapitalertragsteuer (Abzugsteuerentlastungsmodernisierungsgesetz – AbzStEntModG) v. 2.6.2021 (BGBl. I S. 1259), Art. 13 Gesetz zur digitalen Modernisierung von Versorgung und Pflege (Digitale-Versorgung-und-Pflege-Modernisierungs-Gesetz – DVPMG) v. 3.6. 2021 (BGBl. I S. 1309) und Art. 4 Gesetz zur Stärkung des Fondsstandorts Deutschland und zur Umsetzung der Richtlinie (EU) 2019/1160 zur Änderung der Richtlinien 2009/65/EG und 2011/61/EU im Hinblick auf den grenzüberschreitenden Vertrieb von Organismen für gemeinsame Anlagen (Fondsstandortgesetz – FoStoG) v. 3.6.2021 (BGBl. I S. 1498)

UStG

Inhaltsübersicht

I. Steuergegenstand und Geltungsbereich

§ 1 Steuerbare Umsätze
§ 1a Innergemeinschaftlicher Erwerb
§ 1b Innergemeinschaftlicher Erwerb neuer Fahrzeuge
§ 1c Innergemeinschaftlicher Erwerb durch diplomatische Missionen, zwischenstaatliche Einrichtungen und Streitkräfte der Vertragsparteien des Nordatlantikvertrags
§ 2 Unternehmer, Unternehmen
§ 2a Fahrzeuglieferer
§ 2b Juristische Personen des öffentlichen Rechts
§ 3 Lieferung, sonstige Leistung
§ 3a Ort der sonstigen Leistung
§ 3b Ort der Beförderungsleistungen und der damit zusammenhängenden sonstigen Leistungen
§ 3c Ort der Lieferung beim Fernverkauf
§ 3d Ort des innergemeinschaftlichen Erwerbs
§ 3e Ort der Lieferungen und Restaurationsleistungen während einer Beförderung an Bord eines Schiffs, in einem Luftfahrzeug oder in einer Eisenbahn
§ 3f (weggefallen)
§ 3g Ort der Lieferung von Gas, Elektrizität, Wärme oder Kälte

II. Steuerbefreiungen und Steuervergütungen

§ 4 Steuerbefreiungen bei Lieferungen und sonstigen Leistungen
§ 4a Steuervergütung
§ 4b Steuerbefreiung beim innergemeinschaftlichen Erwerb von Gegenständen
§ 5 Steuerbefreiungen bei der Einfuhr
§ 6 Ausfuhrlieferung
§ 6a Innergemeinschaftliche Lieferung

§ 6b Konsignationslagerregelung
§ 7 Lohnveredelung an Gegenständen der Ausfuhr
§ 8 Umsätze für die Seeschifffahrt und für die Luftfahrt
§ 9 Verzicht auf Steuerbefreiungen

III. Bemessungsgrundlagen

§ 10 Bemessungsgrundlage für Lieferungen, sonstige Leistungen und innergemeinschaftliche Erwerbe
§ 11 Bemessungsgrundlage für die Einfuhr

IV. Steuer und Vorsteuer

§ 12 Steuersätze
§ 13 Entstehung der Steuer
§ 13a Steuerschuldner
§ 13b Leistungsempfänger als Steuerschuldner
§ 13c Haftung bei Abtretung, Verpfändung oder Pfändung von Forderungen
§ 13d (weggefallen)
§ 14 Ausstellung von Rechnungen
§ 14a Zusätzliche Pflichten bei der Ausstellung von Rechnungen in besonderen Fällen
§ 14b Aufbewahrung von Rechnungen
§ 14c Unrichtiger oder unberechtigter Steuerausweis
§ 15 Vorsteuerabzug
§ 15a Berichtigung des Vorsteuerabzugs

V. Besteuerung

§ 16 Steuerberechnung, Besteuerungszeitraum und Einzelbesteuerung
§ 17 Änderung der Bemessungsgrundlage
§ 18 Besteuerungsverfahren
§ 18a Zusammenfassende Meldung
§ 18b Gesonderte Erklärung innergemeinschaftlicher Lieferungen und bestimmter sonstiger Leistungen im Besteuerungsverfahren
§ 18c Meldepflicht bei der Lieferung neuer Fahrzeuge
§ 18d Vorlage von Urkunden
§ 18e Bestätigungsverfahren
§ 18f Sicherheitsleistung
§ 18g Abgabe des Antrags auf Vergütung von Vorsteuerbeträgen in einem anderen Mitgliedstaat
§ 18h Verfahren der Abgabe der Umsatzsteuererklärung für einen anderen Mitgliedstaat
§ 18i Besonderes Besteuerungsverfahren für von nicht im Gemeinschaftsgebiet ansässigen Unternehmern erbrachte sonstige Leistungen
§ 18j Besonderes Besteuerungsverfahren für den innergemeinschaftlichen Fernverkauf, für Lieferungen innerhalb eines Mitgliedstaates über eine elektronische Schnittstelle und für von im Gemeinschaftsgebiet, nicht aber im Mitgliedstaat des Verbrauchs ansässigen Unternehmern erbrachte sonstige Leistungen
§ 18k Besonderes Besteuerungsverfahren für Fernverkäufe von aus dem Drittlandsgebiet eingeführten Gegenständen in Sendungen mit einem Sachwert von höchstens 150 Euro
§ 19 Besteuerung der Kleinunternehmer
§ 20 Berechnung der Steuer nach vereinnahmten Entgelten
§ 21 Besondere Vorschriften für die Einfuhrumsatzsteuer
§ 21a Sonderregelungen bei der Einfuhr von Sendungen mit einem Sachwert von höchstens 150 Euro
§ 22 Aufzeichnungspflichten
§ 22a Fiskalvertretung
§ 22b Rechte und Pflichten des Fiskalvertreters
§ 22c Ausstellung von Rechnungen im Fall der Fiskalvertretung
§ 22d Steuernummer und zuständiges Finanzamt
§ 22e Untersagung der Fiskalvertretung
§ 22f Besondere Pflichten für Betreiber einer elektronischen Schnittstelle

VI. Sonderregelungen

§ 23 Allgemeine Durchschnittssätze
§ 23a Durchschnittssatz für Körperschaften, Personenvereinigungen und Vermögensmassen im Sinne des § 5 Abs. 1 Nr. 9 des Körperschaftsteuergesetzes
§ 24 Durchschnittssätze für land- und forstwirtschaftliche Betriebe

§ 25 Besteuerung von Reiseleistungen
§ 25a Differenzbesteuerung
§ 25b Innergemeinschaftliche Dreiecksgeschäfte
§ 25c Besteuerung von Umsätzen mit Anlagegold
§ 25d (weggefallen)
§ 25e Haftung beim Handel über eine elektronische Schnittstelle
§ 25f Versagung des Vorsteuerabzugs und der Steuerbefreiung bei Beteiligung an einer Steuerhinterziehung

VII. Durchführung, Bußgeld-, Straf-, Verfahrens-, Übergangs- und Schlussvorschriften

§ 26 Durchführung, Erstattung in Sonderfällen
§ 26a Bußgeldvorschriften
§ 26b (weggefallen)
§ 26c Strafvorschriften
§ 27 Allgemeine Übergangsvorschriften
§ 27a Umsatzsteuer-Identifikationsnummer
§ 27b Umsatzsteuer-Nachschau
§ 28 Zeitlich begrenzte Fassungen einzelner Gesetzesvorschriften
§ 29 Umstellung langfristiger Verträge

Anlage 1 (zu § 4 Nr. 4a)
Liste der Gegenstände, die der Umsatzsteuerlagerregelung unterliegen können
Anlage 2 (zu § 12 Absatz 2 Nummer 1, 2, 12, 13 und 14)
Liste der dem ermäßigten Steuersatz unterliegenden Gegenstände
Anlage 3 (zu § 13b Abs. 2 Nummer 7)
Liste der Gegenstände im Sinne des § 13b Absatz 2 Nummer 7
Anlage 4 (zu § 13b Absatz 2 Nummer 11)
Liste der Gegenstände, für deren Lieferung der Leistungsempfänger die Steuer schuldet

Erster Abschnitt. Steuergegenstand und Geltungsbereich

§ 1 Steuerbare Umsätze. (1) Der Umsatzsteuer unterliegen die folgenden Umsätze:

1. die Lieferungen und sonstigen Leistungen, die ein Unternehmer im Inland gegen Entgelt im Rahmen seines Unternehmens ausführt. [2] Die Steuerbarkeit entfällt nicht, wenn der Umsatz auf Grund gesetzlicher oder behördlicher Anordnung ausgeführt wird oder nach gesetzlicher Vorschrift als ausgeführt gilt;
2. (weggefallen)
3. (weggefallen)
4. die Einfuhr von Gegenständen im Inland oder in den österreichischen Gebieten Jungholz und Mittelberg (Einfuhrumsatzsteuer);
5. der innergemeinschaftliche Erwerb im Inland gegen Entgelt.

(1a) [1] Die Umsätze im Rahmen einer Geschäftsveräußerung an einen anderen Unternehmer für dessen Unternehmen unterliegen nicht der Umsatzsteuer. [2] Eine Geschäftsveräußerung liegt vor, wenn ein Unternehmen oder ein in der Gliederung eines Unternehmens gesondert geführter Betrieb im Ganzen entgeltlich oder unentgeltlich übereignet oder in eine Gesellschaft eingebracht wird. [3] Der erwerbende Unternehmer tritt an die Stelle des Veräußerers.

(2)[1)] [1] Inland im Sinne dieses Gesetzes ist das Gebiet der Bundesrepublik Deutschland mit Ausnahme des Gebiets von Büsingen, der Insel Helgoland, der Freizonen im Sinne des Artikels 243 des Zollkodex der Union (Freihäfen), der Gewässer und Watten zwischen der Hoheitsgrenze und der jeweiligen

---

[1)] § 1 Abs. 2 Satz 1 geänd., Satz 4 angef. mWv 1.1.2021 durch G v. 21.12.2020 (BGBl. I S. 3096).

Strandlinie sowie der deutschen Schiffe und der deutschen Luftfahrzeuge in Gebieten, die zu keinem Zollgebiet gehören. [2] Ausland im Sinne dieses Gesetzes ist das Gebiet, das danach nicht Inland ist. [3] Wird ein Umsatz im Inland ausgeführt, so kommt es für die Besteuerung nicht darauf an, ob der Unternehmer deutscher Staatsangehöriger ist, seinen Wohnsitz oder Sitz im Inland hat, im Inland eine Betriebsstätte unterhält, die Rechnung erteilt oder die Zahlung empfängt. [4] Zollkodex der Union bezeichnet die Verordnung (EU) Nr. 952/2013 des Europäischen Parlaments und des Rates vom 9. Oktober 2013 zur Festlegung des Zollkodex der Union (ABl. L 269 vom 10.10.2013, S. 1; L 287 vom 20.10.2013, S. 90) in der jeweils geltenden Fassung.

(2a)[1] [1] Das Gemeinschaftsgebiet im Sinne dieses Gesetzes umfasst das Inland im Sinne des Absatzes 2 Satz 1 und die Gebiete der übrigen Mitgliedstaaten der Europäischen Union, die nach dem Gemeinschaftsrecht als Inland dieser Mitgliedstaaten gelten (übriges Gemeinschaftsgebiet). [2] Das Fürstentum Monaco gilt als Gebiet der Französischen Republik; die Insel Man gilt als Gebiet des Vereinigten Königreichs Großbritannien und Nordirland. [3] Drittlandsgebiet im Sinne dieses Gesetzes ist das Gebiet, das nicht Gemeinschaftsgebiet ist.

(3)[2] [1] Folgende Umsätze, die in den Freihäfen und in den Gewässern und Watten zwischen der Hoheitsgrenze und der jeweiligen Strandlinie bewirkt werden, sind wie Umsätze im Inland zu behandeln:

1.[3] die Lieferungen und die innergemeinschaftlichen Erwerbe von Gegenständen, die zum Gebrauch oder Verbrauch in den bezeichneten Gebieten oder zur Ausrüstung oder Versorgung eines Beförderungsmittels bestimmt sind, wenn die Gegenstände
   a) nicht für das Unternehmen des Abnehmers erworben werden, oder
   b)[4] vom Abnehmer ausschließlich oder zum Teil für eine nach § 4 Nummer 8 bis 27 und 29 steuerfreie Tätigkeit verwendet werden;
2.[5] die sonstigen Leistungen, die
   a) nicht für das Unternehmen des Leistungsempfängers ausgeführt werden, oder
   b)[6] vom Leistungsempfänger ausschließlich oder zum Teil für eine nach § 4 Nummer 8 bis 27 und 29 steuerfreie Tätigkeit verwendet werden;
3. die Lieferungen im Sinne des § 3 Abs. 1b und die sonstigen Leistungen im Sinne des § 3 Abs. 9a;
4. die Lieferungen von Gegenständen, die sich im Zeitpunkt der Lieferung
   a) in einem zollamtlich bewilligten Freihafen-Veredelungsverkehr oder in einer zollamtlich besonders zugelassenen Freihafenlagerung oder
   b) einfuhrumsatzsteuerrechtlich im freien Verkehr befinden;
5. die sonstigen Leistungen, die im Rahmen eines Veredelungsverkehrs oder einer Lagerung im Sinne der Nummer 4 Buchstabe a ausgeführt werden;
6.[7] *(aufgehoben)*

---

[1] § 1 Abs. 2a Satz 1 geänd. mWv 30.6.2013 durch G v. 26.6.2013 (BGBl. I S. 1809).
[2] § 1 Satz 2 geänd. durch G v. 20.12.2007 (BGBl. I S. 3150).
[3] § 1 Abs. 3 Satz 1 Nr. 1 neu gef. mWv 19.12.2006 durch G v. 13.12.2006 (BGBl. I S. 2878).
[4] § 1 Abs. 3 Satz 1 Nr. 1 Buchst. b geänd. mWv 1.1.2020 durch G v. 12.12.2019 (BGBl. I S. 2451).
[5] § 1 Abs. 3 Satz 1 Nr. 2 neu gef. mWv 19.12.2006 durch G v. 13.12.2006 (BGBl. I S. 2878).
[6] § 1 Abs. 3 Satz 1 Nr. 2 Buchst. b geänd. mWv 1.1.2020 durch G v. 12.12.2019 (BGBl. I S. 2451).
[7] § 1 Abs. 3 Satz 1 Nr. 6 aufgeh. mWv 19.12.2006 durch G v. 13.12.2006 (BGBl. I S. 2878).

7. der innergemeinschaftliche Erwerb eines neuen Fahrzeugs durch die in § 1a Abs. 3 und § 1b Abs. 1 genannten Erwerber.

[2] Lieferungen und sonstige Leistungen an juristische Personen des öffentlichen Rechts sowie deren innergemeinschaftlicher Erwerb in den bezeichneten Gebieten sind als Umsätze im Sinne der Nummern 1 und 2 anzusehen, soweit der Unternehmer nicht anhand von Aufzeichnungen und Belegen das Gegenteil glaubhaft macht.

§ 1a Innergemeinschaftlicher Erwerb. (1) Ein innergemeinschaftlicher Erwerb gegen Entgelt liegt vor, wenn die folgenden Voraussetzungen erfüllt sind:

1. Ein Gegenstand gelangt bei einer Lieferung an den Abnehmer (Erwerber) aus dem Gebiet eines Mitgliedstaates in das Gebiet eines anderen Mitgliedstaates oder aus dem übrigen Gemeinschaftsgebiet in die in § 1 Abs. 3 bezeichneten Gebiete, auch wenn der Lieferer den Gegenstand in das Gemeinschaftsgebiet eingeführt hat,
2. der Erwerber ist
   a) ein Unternehmer, der den Gegenstand für sein Unternehmen erwirbt, oder
   b) eine juristische Person, die nicht Unternehmer ist oder die den Gegenstand nicht für ihr Unternehmen erwirbt,

   und
3. die Lieferung an den Erwerber
   a) wird durch einen Unternehmer gegen Entgelt im Rahmen seines Unternehmens ausgeführt und
   b) ist nach dem Recht des Mitgliedstaates, der für die Besteuerung des Lieferers zuständig ist, nicht auf Grund der Sonderregelung für Kleinunternehmer steuerfrei.

(2) [1] Als innergemeinschaftlicher Erwerb gegen Entgelt gilt das Verbringen eines Gegenstands des Unternehmens aus dem übrigen Gemeinschaftsgebiet in das Inland durch einen Unternehmer zu seiner Verfügung, ausgenommen zu einer nur vorübergehenden Verwendung, auch wenn der Unternehmer den Gegenstand in das Gemeinschaftsgebiet eingeführt hat. [2] Der Unternehmer gilt als Erwerber.

(2a)[1)] Ein innergemeinschaftlicher Erwerb im Sinne des Absatzes 2 liegt nicht vor in den Fällen des § 6b.

(3) Ein innergemeinschaftlicher Erwerb im Sinne der Absätze 1 und 2 liegt nicht vor, wenn die folgenden Voraussetzungen erfüllt sind:

1. Der Erwerber ist
   a) ein Unternehmer, der nur steuerfreie Umsätze ausführt, die zum Ausschluss vom Vorsteuerabzug führen,
   b) ein Unternehmer, für dessen Umsätze Umsatzsteuer nach § 19 Abs. 1 nicht erhoben wird,

---

[1)] § 1 Abs. 2a eingef. mWv 1.1.2020 durch G v. 12.12.2019 (BGBl. I S. 2451).

c) ein Unternehmer, der den Gegenstand zur Ausführung von Umsätzen verwendet, für die die Steuer nach den Durchschnittssätzen des § 24 festgesetzt ist, oder

d) eine juristische Person, die nicht Unternehmer ist oder die den Gegenstand nicht für ihr Unternehmen erwirbt,

und

2. der Gesamtbetrag der Entgelte für Erwerbe im Sinne des Absatzes 1 Nr. 1 und des Absatzes 2 hat den Betrag von 12 500 Euro im vorangegangenen Kalenderjahr nicht überstiegen und wird diesen Betrag im laufenden Kalenderjahr voraussichtlich nicht übersteigen (Erwerbsschwelle).

(4)[1)] [1] Der Erwerber kann auf die Anwendung des Absatzes 3 verzichten. [2] Als Verzicht gilt die Verwendung einer dem Erwerber erteilten Umsatzsteuer-Identifikationsnummer gegenüber dem Lieferer. [3] Der Verzicht bindet den Erwerber mindestens für zwei Kalenderjahre.

(5) [1] Absatz 3 gilt nicht für den Erwerb neuer Fahrzeuge und verbrauchsteuerpflichtiger Waren. [2] Verbrauchsteuerpflichtige Waren im Sinne dieses Gesetzes sind Mineralöle, Alkohol und alkoholische Getränke sowie Tabakwaren.

§ 1b Innergemeinschaftlicher Erwerb neuer Fahrzeuge. (1) Der Erwerb eines neuen Fahrzeugs durch einen Erwerber, der nicht zu den in § 1a Abs. 1 Nr. 2 genannten Personen gehört, ist unter den Voraussetzungen des § 1a Abs. 1 Nr. 1 innergemeinschaftlicher Erwerb.

(2) [1] Fahrzeuge im Sinne dieses Gesetzes sind

1. motorbetriebene Landfahrzeuge mit einem Hubraum von mehr als 48 Kubikzentimetern oder einer Leistung von mehr als 7,2 Kilowatt;
2. Wasserfahrzeuge mit einer Länge von mehr als 7,5 Metern;
3. Luftfahrzeuge, deren Starthöchstmasse mehr als 1 550 Kilogramm beträgt.

[2] Satz 1 gilt nicht für die in § 4 Nr. 12 Satz 2 und Nr. 17 Buchstabe b bezeichneten Fahrzeuge.

(3) Ein Fahrzeug gilt als neu, wenn das

1. Landfahrzeug nicht mehr als 6 000 Kilometer zurückgelegt hat oder wenn seine erste Inbetriebnahme im Zeitpunkt des Erwerbs nicht mehr als sechs Monate zurückliegt;
2. Wasserfahrzeug nicht mehr als 100 Betriebsstunden auf dem Wasser zurückgelegt hat oder wenn seine erste Inbetriebnahme im Zeitpunkt des Erwerbs nicht mehr als drei Monate zurückliegt;
3. Luftfahrzeug nicht länger als 40 Betriebsstunden genutzt worden ist oder wenn seine erste Inbetriebnahme im Zeitpunkt des Erwerbs nicht mehr als drei Monate zurückliegt.

§ 1c Innergemeinschaftlicher Erwerb durch diplomatische Missionen, zwischenstaatliche Einrichtungen und Streitkräfte der Vertragsparteien des Nordatlantikvertrags. (1) [1] Ein innergemeinschaftlicher Erwerb im Sinne des § 1a liegt nicht vor, wenn ein Gegenstand bei einer Lieferung aus dem Gebiet eines anderen Mitgliedstaates in das Inland gelangt und die Erwerber

---

[1)] § 1a Abs. 4 neu gef. mWv 1.1.2011 durch G v. 8.12.2010 (BGBl. I S. 1768).

folgende Einrichtungen sind, soweit sie nicht Unternehmer sind oder den Gegenstand nicht für ihr Unternehmen erwerben:

1. im Inland ansässige ständige diplomatische Missionen und berufskonsularische Vertretungen,
2. im Inland ansässige zwischenstaatliche Einrichtungen,
3. im Inland stationierte Streitkräfte anderer Vertragsparteien des Nordatlantikvertrags oder

[*ab 1.7.2022:*
4.[1] im Inland stationierte Streitkräfte anderer Mitgliedstaaten, die an einer Verteidigungsanstrengung teilnehmen, die zur Durchführung einer Tätigkeit der Union im Rahmen der Gemeinsamen Sicherheits- und Verteidigungspolitik unternommen wird.]

[2] Diese Einrichtungen gelten nicht als Erwerber im Sinne des § 1a Abs. 1 Nr. 2. [3] § 1b bleibt unberührt.

(2) Als innergemeinschaftlicher Erwerb gegen Entgelt im Sinne des § 1a Abs. 2 gilt das Verbringen eines Gegenstands durch die deutschen Streitkräfte aus dem übrigen Gemeinschaftsgebiet in das Inland für den Gebrauch oder Verbrauch dieser Streitkräfte oder ihres zivilen Begleitpersonals, wenn die Lieferung des Gegenstands an die deutschen Streitkräfte im übrigen Gemeinschaftsgebiet oder die Einfuhr durch diese Streitkräfte nicht der Besteuerung unterlegen hat.

§ 2 Unternehmer, Unternehmen. (1) [1] Unternehmer ist, wer eine gewerbliche oder berufliche Tätigkeit selbständig ausübt. [2] Das Unternehmen umfasst die gesamte gewerbliche oder berufliche Tätigkeit des Unternehmers. [3] Gewerblich oder beruflich ist jede nachhaltige Tätigkeit zur Erzielung von Einnahmen, auch wenn die Absicht, Gewinn zu erzielen, fehlt oder eine Personenvereinigung nur gegenüber ihren Mitgliedern tätig wird.

(2) Die gewerbliche oder berufliche Tätigkeit wird nicht selbständig ausgeübt,

1. soweit natürliche Personen, einzeln oder zusammengeschlossen, einem Unternehmen so eingegliedert sind, dass sie den Weisungen des Unternehmers zu folgen verpflichtet sind,
2. wenn eine juristische Person nach dem Gesamtbild der tatsächlichen Verhältnisse finanziell, wirtschaftlich und organisatorisch in das Unternehmen des Organträgers eingegliedert ist (Organschaft). [2] Die Wirkungen der Organschaft sind auf Innenleistungen zwischen den im Inland gelegenen Unternehmensteilen beschränkt. [3] Diese Unternehmensteile sind als ein Unternehmen zu behandeln. [4] Hat der Organträger seine Geschäftsleitung im Ausland, gilt der wirtschaftlich bedeutendste Unternehmensteil im Inland als der Unternehmer.

(3)[2] [1] Die juristischen Personen des öffentlichen Rechts sind nur im Rahmen ihrer Betriebe gewerblicher Art (§ 1 Abs. 1 Nr. 6, § 4 des Körperschaftsteuergesetzes[3]) und ihrer land- oder forstwirtschaftlichen Betriebe gewerblich oder beruflich tätig. [2] Auch wenn

---

[1] § 1c Abs. 1 Satz 1 Nr. 4 angef. **mWv 1.7.2022** durch G v. 21.12.2020 (BGBl. I S. 3096).

[2] § 2 Abs. 3 aufgeh. durch G v. 2.11.2015 (BGBl. I S. 1834); zur letztmaligen Anwendung siehe § 27 Abs. 22 Sätze 1 und 3 bis 6 sowie Abs. 22a.

[3] Nr. **17**.

UStG

die Voraussetzungen des Satzes 1 nicht gegeben sind, gelten als gewerbliche oder berufliche Tätigkeit im Sinne dieses Gesetzes

1. (weggefallen)

2. die Tätigkeit der Notare im Landesdienst und der Ratschreiber im Land Baden-Württemberg, soweit Leistungen ausgeführt werden, für die nach der Bundesnotarordnung die Notare zuständig sind;

3. die Abgabe von Brillen und Brillenteilen einschließlich der Reparaturarbeiten durch Selbstabgabestellen der gesetzlichen Träger der Sozialversicherung;

4. die Leistungen der Vermessungs- und Katasterbehörden bei der Wahrnehmung von Aufgaben der Landesvermessung und des Liegenschaftskatasters mit Ausnahme der Amtshilfe;

5. die Tätigkeit der Bundesanstalt für Landwirtschaft und Ernährung, soweit Aufgaben der Marktordnung, der Vorratshaltung und der Nahrungsmittelhilfe wahrgenommen werden.

§ 2a Fahrzeuglieferer. [1]Wer im Inland ein neues Fahrzeug liefert, das bei der Lieferung in das übrige Gemeinschaftsgebiet gelangt, wird, wenn er nicht Unternehmer im Sinne des § 2 ist, für diese Lieferung wie ein Unternehmer behandelt. [2]Dasselbe gilt, wenn der Lieferer eines neuen Fahrzeugs Unternehmer im Sinne des § 2 ist und die Lieferung nicht im Rahmen des Unternehmens ausführt.

§ 2b[1)] Juristische Personen des öffentlichen Rechts. (1) [1]Vorbehaltlich des Absatzes 4 gelten juristische Personen des öffentlichen Rechts nicht als Unternehmer im Sinne des § 2, soweit sie Tätigkeiten ausüben, die ihnen im Rahmen der öffentlichen Gewalt obliegen, auch wenn sie im Zusammenhang mit diesen Tätigkeiten Zölle, Gebühren, Beiträge oder sonstige Abgaben erheben. [2]Satz 1 gilt nicht, sofern eine Behandlung als Nichtunternehmer zu größeren Wettbewerbsverzerrungen führen würde.

(2) Größere Wettbewerbsverzerrungen liegen insbesondere nicht vor, wenn

1. der von einer juristischen Person des öffentlichen Rechts im Kalenderjahr aus gleichartigen Tätigkeiten erzielte Umsatz voraussichtlich 17 500 Euro jeweils nicht übersteigen wird oder
2. vergleichbare, auf privatrechtlicher Grundlage erbrachte Leistungen ohne Recht auf Verzicht (§ 9) einer Steuerbefreiung unterliegen.

(3) Sofern eine Leistung an eine andere juristische Person des öffentlichen Rechts ausgeführt wird, liegen größere Wettbewerbsverzerrungen insbesondere nicht vor, wenn

1. die Leistungen aufgrund gesetzlicher Bestimmungen nur von juristischen Personen des öffentlichen Rechts erbracht werden dürfen oder
2. die Zusammenarbeit durch gemeinsame spezifische öffentliche Interessen bestimmt wird. [2]Dies ist regelmäßig der Fall, wenn
   a) die Leistungen auf langfristigen öffentlich-rechtlichen Vereinbarungen beruhen,

---

[1)] § 2b eingef. durch G v. 2.11.2015 (BGBl. I S. 1834); zur erstmaligen Anwendung siehe § 27 Abs. 22 Satz 2.

b) die Leistungen dem Erhalt der öffentlichen Infrastruktur und der Wahrnehmung einer allen Beteiligten obliegenden öffentlichen Aufgabe dienen,

c) die Leistungen ausschließlich gegen Kostenerstattung erbracht werden und

d) der Leistende gleichartige Leistungen im Wesentlichen an andere juristische Personen des öffentlichen Rechts erbringt.

(4) Auch wenn die Voraussetzungen des Absatzes 1 Satz 1 gegeben sind, gelten juristische Personen des öffentlichen Rechts bei Vorliegen der übrigen Voraussetzungen des § 2 Absatz 1 mit der Ausübung folgender Tätigkeiten stets als Unternehmer:

1.[1] *(aufgehoben)*

2.[2] *(aufgehoben)*

3. die Leistungen der Vermessungs- und Katasterbehörden bei der Wahrnehmung von Aufgaben der Landesvermessung und des Liegenschaftskatasters mit Ausnahme der Amtshilfe;
4. die Tätigkeit der Bundesanstalt für Landwirtschaft und Ernährung, soweit Aufgaben der Marktordnung, der Vorratshaltung und der Nahrungsmittelhilfe wahrgenommen werden;
5. Tätigkeiten, die in Anhang I der Richtlinie 2006/112/EG des Rates vom 28. November 2006 über das gemeinsame Mehrwertsteuersystem (ABl. L 347 vom 11.12.2006, S. 1) in der jeweils gültigen Fassung genannt sind, sofern der Umfang dieser Tätigkeiten nicht unbedeutend ist.

§ 3 Lieferung, sonstige Leistung. (1) Lieferungen eines Unternehmers sind Leistungen, durch die er oder in seinem Auftrag ein Dritter den Abnehmer oder in dessen Auftrag einen Dritten befähigt, im eigenen Namen über einen Gegenstand zu verfügen (Verschaffung der Verfügungsmacht).

(1a)[3] [1] Als Lieferung gegen Entgelt gilt das Verbringen eines Gegenstands des Unternehmens aus dem Inland in das übrige Gemeinschaftsgebiet durch einen Unternehmer zu seiner Verfügung, ausgenommen zu einer nur vorübergehenden Verwendung, auch wenn der Unternehmer den Gegenstand in das Inland eingeführt hat. [2] Der Unternehmer gilt als Lieferer. [3] Die Sätze 1 und 2 gelten nicht in den Fällen des § 6b.

(1b) [1] Einer Lieferung gegen Entgelt werden gleichgestellt

1. die Entnahme eines Gegenstands durch einen Unternehmer aus seinem Unternehmen für Zwecke, die außerhalb des Unternehmens liegen;
2. die unentgeltliche Zuwendung eines Gegenstands durch einen Unternehmer an sein Personal für dessen privaten Bedarf, sofern keine Aufmerksamkeiten vorliegen;
3. jede andere unentgeltliche Zuwendung eines Gegenstands, ausgenommen Geschenke von geringem Wert und Warenmuster für Zwecke des Unternehmens.

[2] Voraussetzung ist, dass der Gegenstand oder seine Bestandteile zum vollen oder teilweisen Vorsteuerabzug berechtigt haben.

---

[1] § 2b Abs. 4 Nr. 1 aufgeh. mWv 18.12.2019 durch G v. 12.12.2019 (BGBl. I S. 2451).

[2] § 2b Abs. 4 Nr. 2 aufgeh. mWv 18.12.2019 durch G v. 12.12.2019 (BGBl. I S. 2451).

[3] § 3 Abs. 1a Satz 3 angef. mWv 1.1.2020 durch G v. 12.12.2019 (BGBl. I S. 2451).

(2) (weggefallen)

(3) [1] Beim Kommissionsgeschäft (§ 383 des Handelsgesetzbuchs) liegt zwischen dem Kommittenten und dem Kommissionär eine Lieferung vor. [2] Bei der Verkaufskommission gilt der Kommissionär, bei der Einkaufskommission der Kommittent als Abnehmer.

(3a)[1)] [1] Ein Unternehmer, der mittels seiner elektronischen Schnittstelle die Lieferung eines Gegenstands, dessen Beförderung oder Versendung im Gemeinschaftsgebiet beginnt und endet, durch einen nicht im Gemeinschaftsgebiet ansässigen Unternehmer an einen Empfänger nach § 3a Absatz 5 Satz 1 unterstützt, wird behandelt, als ob er diesen Gegenstand für sein Unternehmen selbst erhalten und geliefert hätte. [2] Dies gilt auch in den Fällen, in denen der Unternehmer mittels seiner elektronischen Schnittstelle den Fernverkauf von aus dem Drittlandsgebiet eingeführten Gegenständen in Sendungen mit einem Sachwert von höchstens 150 Euro unterstützt. [3] Eine elektronische Schnittstelle im Sinne der Sätze 1 und 2 ist ein elektronischer Marktplatz, eine elektronische Plattform, ein elektronisches Portal oder Ähnliches. [4] Ein Fernverkauf im Sinne des Satzes 2 ist die Lieferung eines Gegenstands, der durch den Lieferer oder für dessen Rechnung aus dem Drittlandsgebiet an einen Erwerber in einem Mitgliedstaat befördert oder versendet wird, einschließlich jener Lieferung, an deren Beförderung oder Versendung der Lieferer indirekt beteiligt ist. [5] Erwerber im Sinne des Satzes 4 ist ein in § 3a Absatz 5 Satz 1 bezeichneter Empfänger oder eine in § 1a Absatz 3 Nummer 1 genannte Person, die weder die maßgebende Erwerbsschwelle überschreitet noch auf ihre Anwendung verzichtet; im Fall der Beendigung der Beförderung oder Versendung im Gebiet eines anderen Mitgliedstaates ist die von diesem Mitgliedstaat festgesetzte Erwerbsschwelle maßgebend. [6] Satz 2 gilt nicht für die Lieferung neuer Fahrzeuge und eines Gegenstandes, der mit oder ohne probeweise Inbetriebnahme durch den Lieferer oder für dessen Rechnung montiert oder installiert geliefert wird.

(4) [1] Hat der Unternehmer die Bearbeitung oder Verarbeitung eines Gegenstands übernommen und verwendet er hierbei Stoffe, die er selbst beschafft, so ist die Leistung als Lieferung anzusehen (Werklieferung), wenn es sich bei den Stoffen nicht nur um Zutaten oder sonstige Nebensachen handelt. [2] Das gilt auch dann, wenn die Gegenstände mit dem Grund und Boden fest verbunden werden.

(5) [1] Hat ein Abnehmer dem Lieferer die Nebenerzeugnisse oder Abfälle, die bei der Bearbeitung oder Verarbeitung des ihm übergebenen Gegenstands entstehen, zurückzugeben, so beschränkt sich die Lieferung auf den Gehalt des Gegenstands an den Bestandteilen, die dem Abnehmer verbleiben. [2] Das gilt auch dann, wenn der Abnehmer an Stelle der bei der Bearbeitung oder Verarbeitung entstehenden Nebenerzeugnisse oder Abfälle Gegenstände gleicher Art zurückgibt, wie sie in seinem Unternehmen regelmäßig anfallen.

(5a)[2)] Der Ort der Lieferung richtet sich vorbehaltlich der §§ 3c, 3e und 3g nach den Absätzen 6 bis 8.

(6)[3)] [1] Wird der Gegenstand der Lieferung durch den Lieferer, den Abnehmer oder einen vom Lieferer oder vom Abnehmer beauftragten Dritten beför-

---

[1)] § 3 Abs. 3a eingef. mWv 1.7.2021 durch G v. 21.12.2020 (BGBl. I S. 3096); zur Anwendung siehe § 27 Abs. 34 Satz 1.

[2)] § 3 Abs. 5a geänd. mWv 18.12.2019 durch G v. 12.12.2019 (BGBl. I S. 2451).

[3)] § 3 Abs. 6 Sätze 5 und 6 aufgeh. mWv 1.1.2020 durch G v. 12.12.2019 (BGBl. I S. 2451).

dert oder versendet, gilt die Lieferung dort als ausgeführt, wo die Beförderung oder Versendung an den Abnehmer oder in dessen Auftrag an einen Dritten beginnt. [2] Befördern ist jede Fortbewegung eines Gegenstands. [3] Versenden liegt vor, wenn jemand die Beförderung durch einen selbständigen Beauftragten ausführen oder besorgen lässt. [4] Die Versendung beginnt mit der Übergabe des Gegenstands an den Beauftragten.

(6a)[1)] [1] Schließen mehrere Unternehmer über denselben Gegenstand Liefergeschäfte ab und gelangt dieser Gegenstand bei der Beförderung oder Versendung unmittelbar vom ersten Unternehmer an den letzten Abnehmer (Reihengeschäft), so ist die Beförderung oder Versendung des Gegenstands nur einer der Lieferungen zuzuordnen. [2] Wird der Gegenstand der Lieferung dabei durch den ersten Unternehmer in der Reihe befördert oder versendet, ist die Beförderung oder Versendung seiner Lieferung zuzuordnen. [3] Wird der Gegenstand der Lieferung durch den letzten Abnehmer befördert oder versendet, ist die Beförderung oder Versendung der Lieferung an ihn zuzuordnen. [4] Wird der Gegenstand der Lieferung durch einen Abnehmer befördert oder versendet, der zugleich Lieferer ist (Zwischenhändler), ist die Beförderung oder Versendung der Lieferung an ihn zuzuordnen, es sei denn, er weist nach, dass er den Gegenstand als Lieferer befördert oder versendet hat. [5] Gelangt der Gegenstand der Lieferung aus dem Gebiet eines Mitgliedstaates in das Gebiet eines anderen Mitgliedstaates und verwendet der Zwischenhändler gegenüber dem leistenden Unternehmer bis zum Beginn der Beförderung oder Versendung eine Umsatzsteuer-Identifikationsnummer, die ihm vom Mitgliedstaat des Beginns der Beförderung oder Versendung erteilt wurde, ist die Beförderung oder Versendung seiner Lieferung zuzuordnen. [6] Gelangt der Gegenstand der Lieferung in das Drittlandsgebiet, ist von einem ausreichenden Nachweis nach Satz 4 auszugehen, wenn der Zwischenhändler gegenüber dem leistenden Unternehmer bis zum Beginn der Beförderung oder Versendung eine Umsatzsteuer-Identifikationsnummer oder Steuernummer verwendet, die ihm vom Mitgliedstaat des Beginns der Beförderung oder Versendung erteilt wurde. [7] Gelangt der Gegenstand der Lieferung vom Drittlandsgebiet in das Gemeinschaftsgebiet, ist von einem ausreichenden Nachweis nach Satz 4 auszugehen, wenn der Gegenstand der Lieferung im Namen des Zwischenhändlers oder im Rahmen der indirekten Stellvertretung (Artikel 18 der Verordnung (EU) Nr. 952/2013 des Europäischen Parlaments und des Rates vom 9. Oktober 2013 zur Festlegung des Zollkodex der Union, ABl. L 269 vom 10.10.2013, S. 1) für seine Rechnung zum zoll- und steuerrechtlich freien Verkehr angemeldet wird.

(6b)[2)] Wird ein Unternehmer gemäß Absatz 3a behandelt, als ob er einen Gegenstand selbst erhalten und geliefert hätte, wird die Beförderung oder Versendung des Gegenstands der Lieferung durch diesen Unternehmer zugeschrieben.

(7)[3)] [1] Wird der Gegenstand der Lieferung nicht befördert oder versendet, wird die Lieferung dort ausgeführt, wo sich der Gegenstand zur Zeit der

---

[1)] § 3 Abs. 6a eingef. mWv 1.1.2020 durch G v. 12.12.2019 (BGBl. I S. 2451).

[2)] § 3 Abs. 6b eingef. mWv 1.7.2021 durch G v. 21.12.2020 (BGBl. I S. 3096); zur Anwendung siehe § 27 Abs. 34 Satz 1.

[3)] § 3 Abs. 7 Satz 2 einl. Satzteil geänd. mWv 1.1.2020 durch G v. 12.12.2019 (BGBl. I S. 2451); Satz 2 einl. Satzteil geänd. mWv 1.7.2021 durch G v. 21.12.2020 (BGBl. I S. 3096); zur Anwendung siehe § 27 Abs. 34 Satz 1.

Verschaffung der Verfügungsmacht befindet. [2] In den Fällen des der Absätze 6a und 6b gilt Folgendes:

1. Lieferungen, die der Beförderungs- oder Versendungslieferung vorangehen, gelten dort als ausgeführt, wo die Beförderung oder Versendung des Gegenstands beginnt.
2. Lieferungen, die der Beförderungs- oder Versendungslieferung folgen, gelten dort als ausgeführt, wo die Beförderung oder Versendung des Gegenstands endet.

(8) Gelangt der Gegenstand der Lieferung bei der Beförderung oder Versendung aus dem Drittlandsgebiet in das Inland, gilt der Ort der Lieferung dieses Gegenstands als im Inland gelegen, wenn der Lieferer oder sein Beauftragter Schuldner der Einfuhrumsatzsteuer ist.

(8a) (weggefallen)

(9)[1)] [1] Sonstige Leistungen sind Leistungen, die keine Lieferungen sind. [2] Sie können auch in einem Unterlassen oder im Dulden einer Handlung oder eines Zustands bestehen.

(9a)[2)] Einer sonstigen Leistung gegen Entgelt werden gleichgestellt

1. die Verwendung eines dem Unternehmen zugeordneten Gegenstands, der zum vollen oder teilweisen Vorsteuerabzug berechtigt hat, durch einen Unternehmer für Zwecke, die außerhalb des Unternehmens liegen, oder für den privaten Bedarf seines Personals, sofern keine Aufmerksamkeiten vorliegen; dies gilt nicht, wenn der Vorsteuerabzug nach § 15 Absatz 1b ausgeschlossen oder wenn eine Vorsteuerberichtigung nach § 15a Absatz 6a durchzuführen ist;
2. die unentgeltliche Erbringung einer anderen sonstigen Leistung durch den Unternehmer für Zwecke, die außerhalb des Unternehmens liegen, oder für den privaten Bedarf seines Personals, sofern keine Aufmerksamkeiten vorliegen.

(10) Überlässt ein Unternehmer einem Auftraggeber, der ihm einen Stoff zur Herstellung eines Gegenstands übergeben hat, an Stelle des herzustellenden Gegenstands einen gleichartigen Gegenstand, wie er ihn in seinem Unternehmen aus solchem Stoff herzustellen pflegt, so gilt die Leistung des Unternehmers als Werkleistung, wenn das Entgelt für die Leistung nach Art eines Werklohns unabhängig vom Unterschied zwischen dem Marktpreis des empfangenen Stoffs und dem des überlassenen Gegenstands berechnet wird.

(11) Wird ein Unternehmer in die Erbringung einer sonstigen Leistung eingeschaltet und handelt er dabei im eigenen Namen, jedoch für fremde Rechnung, gilt diese Leistung als an ihn und von ihm erbracht.

(11a)[3)] [1] Wird ein Unternehmer in die Erbringung einer sonstigen Leistung, die über ein Telekommunikationsnetz, eine Schnittstelle oder ein Portal erbracht wird, eingeschaltet, gilt er im Sinne von Absatz 11 als im eigenen Namen und für fremde Rechnung handelnd. [2] Dies gilt nicht, wenn der

---

[1)] § 3 Abs. 9 Sätze 4 und 5 aufgeh. mWv 29.12.2007 durch G v. 20.12.2007 (BGBl. I S. 3150); Satz 3 aufgeh. mWv 1.1.2019 durch G v. 11.12.2018 (BGBl. I S. 2338).

[2)] § 3 Abs. 9a Nr. 1 letzter HS angef. durch G v. 8.12.2010 (BGBl. I S. 1768); zur Anwendung siehe § 27 Abs. 16.

[3)] § 3 Abs. 11a eingef. mWv 1.1.2015 durch G v. 25.7.2014 (BGBl. I S. 1266).

Anbieter dieser sonstigen Leistung von dem Unternehmer als Leistungserbringer ausdrücklich benannt wird und dies in den vertraglichen Vereinbarungen zwischen den Parteien zum Ausdruck kommt. [3] Diese Bedingung ist erfüllt, wenn

1. in den von jedem an der Erbringung beteiligten Unternehmer ausgestellten oder verfügbar gemachten Rechnungen die sonstige Leistung im Sinne des Satzes 2 und der Erbringer dieser Leistung angegeben sind;
2. in den dem Leistungsempfänger ausgestellten oder verfügbar gemachten Rechnungen die sonstige Leistung im Sinne des Satzes 2 und der Erbringer dieser Leistung angegeben sind.

[4] Die Sätze 2 und 3 finden keine Anwendung, wenn der Unternehmer hinsichtlich der Erbringung der sonstigen Leistung im Sinne des Satzes 2

1. die Abrechnung gegenüber dem Leistungsempfänger autorisiert,
2. die Erbringung der sonstigen Leistung genehmigt oder
3. die allgemeinen Bedingungen der Leistungserbringung festlegt.

[5] Die Sätze 1 bis 4 gelten nicht, wenn der Unternehmer lediglich Zahlungen in Bezug auf die erbrachte sonstige Leistung im Sinne des Satzes 2 abwickelt und nicht an der Erbringung dieser sonstigen Leistung beteiligt ist.

(12) [1] Ein Tausch liegt vor, wenn das Entgelt für eine Lieferung in einer Lieferung besteht. [2] Ein tauschähnlicher Umsatz liegt vor, wenn das Entgelt für eine sonstige Leistung in einer Lieferung oder sonstigen Leistung besteht.

(13)[1)] [1] Ein Gutschein (Einzweck- oder Mehrzweck-Gutschein) ist ein Instrument, bei dem

1. die Verpflichtung besteht, es als vollständige oder teilweise Gegenleistung für eine Lieferung oder sonstige Leistung anzunehmen und
2. der Liefergegenstand oder die sonstige Leistung oder die Identität des leistenden Unternehmers entweder auf dem Instrument selbst oder in damit zusammenhängenden Unterlagen, einschließlich der Bedingungen für die Nutzung dieses Instruments, angegeben sind.

[2] Instrumente, die lediglich zu einem Preisnachlass berechtigen, sind keine Gutscheine im Sinne des Satzes 1.

(14)[2)] [1] Ein Gutschein im Sinne des Absatzes 13, bei dem der Ort der Lieferung oder der sonstigen Leistung, auf die sich der Gutschein bezieht, und die für diese Umsätze geschuldete Steuer zum Zeitpunkt der Ausstellung des Gutscheins feststehen, ist ein Einzweck-Gutschein. [2] Überträgt ein Unternehmer einen Einzweck-Gutschein im eigenen Namen, gilt die Übertragung des Gutscheins als die Lieferung des Gegenstands oder die Erbringung der sonstigen Leistung, auf die sich der Gutschein bezieht. [3] Überträgt ein Unternehmer einen Einzweck-Gutschein im Namen eines anderen Unternehmers, gilt diese Übertragung als Lieferung des Gegenstands oder Erbringung der sonstigen Leistung, auf die sich der Gutschein bezieht, durch den Unternehmer, in dessen Namen die Übertragung des Gutscheins erfolgt. [4] Wird die im Einzweck-Gut-

---

[1)] § 3 Abs. 13 angef. mWv 1.1.2019 durch G v. 11.12.2018 (BGBl. I S. 2338); zur Anwendung siehe § 27 Abs. 23.

[2)] § 3 Abs. 14 angef. mWv 1.1.2019 durch G v. 11.12.2018 (BGBl. I S. 2338); zur Anwendung siehe § 27 Abs. 23.

schein bezeichnete Leistung von einem anderen Unternehmer erbracht als dem, der den Gutschein im eigenen Namen ausgestellt hat, wird der leistende Unternehmer so behandelt, als habe er die im Gutschein bezeichnete Leistung an den Aussteller erbracht. [5]Die tatsächliche Lieferung oder die tatsächliche Erbringung der sonstigen Leistung, für die ein Einzweck-Gutschein als Gegenleistung angenommen wird, gilt in den Fällen der Sätze 2 bis 4 nicht als unabhängiger Umsatz.

(15)[1)] [1]Ein Gutschein im Sinne des Absatzes 13, bei dem es sich nicht um einen Einzweck-Gutschein handelt, ist ein Mehrzweck-Gutschein. [2]Die tatsächliche Lieferung oder die tatsächliche Erbringung der sonstigen Leistung, für die der leistende Unternehmer einen Mehrzweck-Gutschein als vollständige oder teilweise Gegenleistung annimmt, unterliegt der Umsatzsteuer nach § 1 Absatz 1, wohingegen jede vorangegangene Übertragung dieses Mehrzweck-Gutscheins nicht der Umsatzsteuer unterliegt.

§ 3a[2)] Ort der sonstigen Leistung. (1)[3)] [1]Eine sonstige Leistung wird vorbehaltlich der Absätze 2 bis 8 und der §§ 3b und 3e an dem Ort ausgeführt, von dem aus der Unternehmer sein Unternehmen betreibt. [2]Wird die sonstige Leistung von einer Betriebsstätte ausgeführt, gilt die Betriebsstätte als der Ort der sonstigen Leistung.

(2)[4)] [1]Eine sonstige Leistung, die an einen Unternehmer für dessen Unternehmen ausgeführt wird, wird vorbehaltlich der Absätze 3 bis 8 und der §§ 3b und 3e an dem Ort ausgeführt, von dem aus der Empfänger sein Unternehmen betreibt. [2]Wird die sonstige Leistung an die Betriebsstätte eines Unternehmers ausgeführt, ist stattdessen der Ort der Betriebsstätte maßgebend. [3]Die Sätze 1 und 2 gelten entsprechend bei einer sonstigen Leistung an eine ausschließlich nicht unternehmerisch tätige juristische Person, der eine Umsatzsteuer-Identifikationsnummer erteilt worden ist, und bei einer sonstigen Leistung an eine juristische Person, die sowohl unternehmerisch als auch nicht unternehmerisch tätig ist; dies gilt nicht für sonstige Leistungen, die ausschließlich für den privaten Bedarf des Personals oder eines Gesellschafters bestimmt sind.

(3) Abweichend von den Absätzen 1 und 2 gilt:

1. [1]Eine sonstige Leistung im Zusammenhang mit einem Grundstück wird dort ausgeführt, wo das Grundstück liegt. [2]Als sonstige Leistungen im Zusammenhang mit einem Grundstück sind insbesondere anzusehen:
   a) sonstige Leistungen der in § 4 Nr. 12 bezeichneten Art,
   b) sonstige Leistungen im Zusammenhang mit der Veräußerung oder dem Erwerb von Grundstücken,
   c) sonstige Leistungen, die der Erschließung von Grundstücken oder der Vorbereitung, Koordinierung oder Ausführung von Bauleistungen dienen.

---

1) § 3 Abs. 15 angef. mWv 1.1.2019 durch G v. 11.12.2018 (BGBl. I S. 2338); zur Anwendung siehe § 27 Abs. 23.

2) § 3a neu gef. mWv 1.1.2010 durch G v. 19.12.2008 (BGBl. I S. 2794).

3) § 3a Abs. 1 Satz 1 geänd. mWv 1.1.2011 durch G v. 8.12.2010 (BGBl. I S. 1768); Satz 1 geänd. mWv 18.12.2019 durch G v. 12.12.2019 (BGBl. I S. 2451).

4) § 3a Abs. 2 Satz 1 geänd. mWv 1.1.2011 durch G v. 8.12.2010 (BGBl. I S. 1768); Satz 3 geänd. mWv 30.6.2013 durch G v. 26.6.2013 (BGBl. I S. 1809); Satz 1 geänd. mWv 18.12.2019 durch G v. 12.12.2019 (BGBl. I S. 2451).

2.[1] [1] Die kurzfristige Vermietung eines Beförderungsmittels wird an dem Ort ausgeführt, an dem dieses Beförderungsmittel dem Empfänger tatsächlich zur Verfügung gestellt wird. [2] Als kurzfristig im Sinne des Satzes 1 gilt eine Vermietung über einen ununterbrochenen Zeitraum

a) von nicht mehr als 90 Tagen bei Wasserfahrzeugen,

b) von nicht mehr als 30 Tagen bei anderen Beförderungsmitteln.

[3] Die Vermietung eines Beförderungsmittels, die nicht als kurzfristig im Sinne des Satzes 2 anzusehen ist, an einen Empfänger, der weder ein Unternehmer ist, für dessen Unternehmen die Leistung bezogen wird, noch eine nicht unternehmerisch tätige juristische Person, der eine Umsatzsteuer-Identifikationsnummer erteilt worden ist, wird an dem Ort erbracht, an dem der Empfänger seinen Wohnsitz oder Sitz hat. [4] Handelt es sich bei dem Beförderungsmittel um ein Sportboot, wird abweichend von Satz 3 die Vermietungsleistung an dem Ort ausgeführt, an dem das Sportboot dem Empfänger tatsächlich zur Verfügung gestellt wird, wenn sich auch der Sitz, die Geschäftsleitung oder eine Betriebsstätte des Unternehmers, von wo aus diese Leistung tatsächlich erbracht wird, an diesem Ort befindet.

3. Die folgenden sonstigen Leistungen werden dort ausgeführt, wo sie vom Unternehmer tatsächlich erbracht werden:

a)[2] kulturelle, künstlerische, wissenschaftliche, unterrichtende, sportliche, unterhaltende oder ähnliche Leistungen, wie Leistungen im Zusammenhang mit Messen und Ausstellungen, einschließlich der Leistungen der jeweiligen Veranstalter sowie die damit zusammenhängenden Tätigkeiten, die für die Ausübung der Leistungen unerlässlich sind, an einen Empfänger, der weder ein Unternehmer ist, für dessen Unternehmen die Leistung bezogen wird, noch eine nicht unternehmerisch tätige juristische Person, der eine Umsatzsteuer-Identifikationsnummer erteilt worden ist,

b) die Abgabe von Speisen und Getränken zum Verzehr an Ort und Stelle (Restaurationsleistung), wenn diese Abgabe nicht an Bord eines Schiffs, in einem Luftfahrzeug oder in einer Eisenbahn während einer Beförderung innerhalb des Gemeinschaftsgebiets erfolgt,

c) Arbeiten an beweglichen körperlichen Gegenständen und die Begutachtung dieser Gegenstände für einen Empfänger, der weder ein Unternehmer ist, für dessen Unternehmen die Leistung ausgeführt wird, noch eine nicht unternehmerisch tätige juristische Person, der eine Umsatzsteuer-Identifikationsnummer erteilt worden ist.

4. Eine Vermittlungsleistung an einen Empfänger, der weder ein Unternehmer ist, für dessen Unternehmen die Leistung bezogen wird, noch eine nicht unternehmerisch tätige juristische Person, der eine Umsatzsteuer-Identifikationsnummer erteilt worden ist, wird an dem Ort erbracht, an dem der vermittelte Umsatz als ausgeführt gilt.

5.[3] Die Einräumung der Eintrittsberechtigung zu kulturellen, künstlerischen, wissenschaftlichen, unterrichtenden, sportlichen, unterhaltenden oder ähn-

[1] § 3a Abs. 3 Nr. 2 Sätze 3 und 4 angef. mWv 30.6.2013 durch G v. 26.6.2013 (BGBl. I S. 1809).
[2] § 3a Abs. 3 Nr. 3 Buchst. a geänd. mWv 1.1.2011 durch G v. 8.12.2010 (BGBl. I S. 1768).
[3] § 3a Abs. 3 Nr. 5 angef. mWv 1.1.2011 durch G v. 8.12.2010 (BGBl. I S. 1768).

lichen Veranstaltungen, wie Messen und Ausstellungen, sowie die damit zusammenhängenden sonstigen Leistungen an einen Unternehmer für dessen Unternehmen oder an eine nicht unternehmerisch tätige juristische Person, der eine Umsatzsteuer-Identifikationsnummer erteilt worden ist, wird an dem Ort erbracht, an dem die Veranstaltung tatsächlich durchgeführt wird.

(4) [1] Ist der Empfänger einer der in Satz 2 bezeichneten sonstigen Leistungen weder ein Unternehmer, für dessen Unternehmen die Leistung bezogen wird, noch eine nicht unternehmerisch tätige juristische Person, der eine Umsatzsteuer-Identifikationsnummer erteilt worden ist, und hat er seinen Wohnsitz oder Sitz im Drittlandsgebiet, wird die sonstige Leistung an seinem Wohnsitz oder Sitz ausgeführt. [2] Sonstige Leistungen im Sinne des Satzes 1 sind:

1. die Einräumung, Übertragung und Wahrnehmung von Patenten, Urheberrechten, Markenrechten und ähnlichen Rechten;
2. die sonstigen Leistungen, die der Werbung oder der Öffentlichkeitsarbeit dienen, einschließlich der Leistungen der Werbungsmittler und der Werbeagenturen;
3. die sonstigen Leistungen aus der Tätigkeit als Rechtsanwalt, Patentanwalt, Steuerberater, Steuerbevollmächtigter, Wirtschaftsprüfer, vereidigter Buchprüfer, Sachverständiger, Ingenieur, Aufsichtsratsmitglied, Dolmetscher und Übersetzer sowie ähnliche Leistungen anderer Unternehmer, insbesondere die rechtliche, wirtschaftliche und technische Beratung;
4. die Datenverarbeitung;
5. die Überlassung von Informationen einschließlich gewerblicher Verfahren und Erfahrungen;
6. a)[1)] Bank- und Finanzumsätze, insbesondere der in § 4 Nummer 8 Buchstabe a bis h bezeichneten Art und die Verwaltung von Krediten und Kreditsicherheiten, sowie Versicherungsumsätze der in § 4 Nummer 10 bezeichneten Art,
   b) die sonstigen Leistungen im Geschäft mit Gold, Silber und Platin. [2] Das gilt nicht für Münzen und Medaillen aus diesen Edelmetallen;
7. die Gestellung von Personal;
8. der Verzicht auf Ausübung eines der in Nummer 1 bezeichneten Rechte;
9. der Verzicht, ganz oder teilweise eine gewerbliche oder berufliche Tätigkeit auszuüben;
10. die Vermietung beweglicher körperlicher Gegenstände, ausgenommen Beförderungsmittel;

11.–13.[2)] *(aufgehoben)*

14.[3)] die Gewährung des Zugangs zum Erdgasnetz, zum Elektrizitätsnetz oder zu Wärme- oder Kältenetzen und die Fernleitung, die Über-

---

[1)] § 3a Abs. 4 Satz 2 Nr. 6 Buchst. a neu gef. mWv 31.12.2014 durch G v. 22.12.2014 (BGBl. I S. 2417).

[2)] § 3a Abs. 4 Satz 2 Nr. 11 bis 13 aufgeh. mWv 1.1.2015 durch G v. 25.7.2014 (BGBl. I S. 1266).

[3)] § 3a Abs. 4 Satz 2 Nr. 14 neu gef. mWv 1.1.2011 durch G v. 8.12.2010 (BGBl. I S. 1768).

tragung oder Verteilung über diese Netze sowie die Erbringung anderer damit unmittelbar zusammenhängender sonstiger Leistungen.

(5)[1] [1] Ist der Empfänger einer der in Satz 2 bezeichneten sonstigen Leistungen

1. kein Unternehmer, für dessen Unternehmen die Leistung bezogen wird,
2. keine ausschließlich nicht unternehmerisch tätige juristische Person, der eine Umsatzsteuer-Identifikationsnummer erteilt worden ist,
3. keine juristische Person, die sowohl unternehmerisch als auch nicht unternehmerisch tätig ist, bei der die Leistung nicht ausschließlich für den privaten Bedarf des Personals oder eines Gesellschafters bestimmt ist,

wird die sonstige Leistung an dem Ort ausgeführt, an dem der Leistungsempfänger seinen Wohnsitz, seinen gewöhnlichen Aufenthaltsort oder seinen Sitz hat. [2] Sonstige Leistungen im Sinne des Satzes 1 sind:

1. die sonstigen Leistungen auf dem Gebiet der Telekommunikation;
2. die Rundfunk- und Fernsehdienstleistungen;
3. die auf elektronischem Weg erbrachten sonstigen Leistungen.

[3] Satz 1 ist nicht anzuwenden, wenn der leistende Unternehmer seinen Sitz, seine Geschäftsleitung, eine Betriebsstätte oder in Ermangelung eines Sitzes, einer Geschäftsleitung oder einer Betriebsstätte seinen Wohnsitz oder gewöhnlichen Aufenthalt in nur einem Mitgliedstaat hat und der Gesamtbetrag der Entgelte der in Satz 2 bezeichneten sonstigen Leistungen an in Satz 1 bezeichnete Empfänger mit Wohnsitz, gewöhnlichem Aufenthalt oder Sitz in anderen Mitgliedstaaten sowie der innergemeinschaftlichen Fernverkäufe nach § 3c Absatz 1 Satz 2 und 3 insgesamt 10 000 Euro im vorangegangenen Kalenderjahr nicht überschritten hat und im laufenden Kalenderjahr nicht überschreitet. [4] Der leistende Unternehmer kann dem Finanzamt erklären, dass er auf die Anwendung des Satzes 3 verzichtet. [5] Die Erklärung bindet den Unternehmer mindestens für zwei Kalenderjahre.

(6)[2] [1] Erbringt ein Unternehmer, der sein Unternehmen von einem im Drittlandsgebiet liegenden Ort aus betreibt,

1. eine in Absatz 3 Nr. 2 bezeichnete Leistung oder die langfristige Vermietung eines Beförderungsmittels,
2.[3] eine in Absatz 4 Satz 2 Nummer 1 bis 10 bezeichnete sonstige Leistung an eine im Inland ansässige juristische Person des öffentlichen Rechts oder
3.[4] eine in Absatz 5 Satz 2 Nummer 1 und 2 bezeichnete Leistung,

ist diese Leistung abweichend von Absatz 1, Absatz 3 Nummer 2, Absatz 4 Satz 1 oder Absatz 5 als im Inland ausgeführt zu behandeln, wenn sie dort genutzt oder ausgewertet wird. [2] Wird die Leistung von einer Betriebsstätte

[1] § 3a Abs. 5 neu gef. mWv 1.1.2015 durch G v. 25.7.2014 (BGBl. I S. 1266); Sätze 3 bis 5 angef. mWv 1.1.2019 durch G v. 11.12.2018 (BGBl. I S. 2338); zur Anwendung siehe § 27 Abs. 24 Satz 1; Satz 3 neu gef. mWv 1.7.2021 durch G v. 21.12.2020 (BGBl. I S. 3096); zur Anwendung siehe § 27 Abs. 34 Satz 1.

[2] § 3a Abs. 6 Satz 1 abschl. Satzteil geänd. mWv 1.1.2015 durch G v. 25.7.2014 (BGBl. I S. 1266).

[3] § 3a Abs. 6 Satz 1 Nr. 2 neu gef. mWv 1.1.2011 durch G v. 8.12.2010 (BGBl. I S. 1768).

[4] § 3a Abs. 6 Satz 1 Nr. 3 geänd. mWv 1.1.2015 durch G v. 25.7.2014 (BGBl. I S. 1266); geänd. mWv 1.1.2015 durch G v. 22.12.2014 (BGBl. I S. 2417).

eines Unternehmers ausgeführt, gilt Satz 1 entsprechend, wenn die Betriebsstätte im Drittlandsgebiet liegt.

(7) [1] Vermietet ein Unternehmer, der sein Unternehmen vom Inland aus betreibt, kurzfristig ein Schienenfahrzeug, einen Kraftomnibus oder ein ausschließlich zur Beförderung von Gegenständen bestimmtes Straßenfahrzeug, ist diese Leistung abweichend von Absatz 3 Nr. 2 als im Drittlandsgebiet ausgeführt zu behandeln, wenn die Leistung an einen im Drittlandsgebiet ansässigen Unternehmer erbracht wird, das Fahrzeug für dessen Unternehmen bestimmt ist und im Drittlandsgebiet genutzt wird. [2] Wird die Vermietung des Fahrzeugs von einer Betriebsstätte eines Unternehmers ausgeführt, gilt Satz 1 entsprechend, wenn die Betriebsstätte im Inland liegt.

(8)[1)] [1] Erbringt ein Unternehmer eine Güterbeförderungsleistung, ein Beladen, Entladen, Umschlagen oder ähnliche mit der Beförderung eines Gegenstandes im Zusammenhang stehende Leistungen im Sinne des § 3b Absatz 2, eine Arbeit an beweglichen körperlichen Gegenständen oder eine Begutachtung dieser Gegenstände, eine Reisevorleistung im Sinne des § 25 Absatz 1 Satz 5 oder eine Veranstaltungsleistung im Zusammenhang mit Messen und Ausstellungen, ist diese Leistung abweichend von Absatz 2 als im Drittlandsgebiet ausgeführt zu behandeln, wenn die Leistung dort genutzt oder ausgewertet wird. [2] Satz 1 gilt nicht, wenn die dort genannten Leistungen in einem der in § 1 Absatz 3 genannten Gebiete tatsächlich ausgeführt werden.

§ 3b[2)] Ort der Beförderungsleistungen und der damit zusammenhängenden sonstigen Leistungen. (1) [1] Eine Beförderung einer Person wird dort ausgeführt, wo die Beförderung bewirkt wird. [2] Erstreckt sich eine solche Beförderung nicht nur auf das Inland, fällt nur der Teil der Leistung unter dieses Gesetz, der auf das Inland entfällt. [3] Die Sätze 1 und 2 gelten entsprechend für die Beförderung von Gegenständen, die keine innergemeinschaftliche Beförderung eines Gegenstands im Sinne des Absatzes 3 ist, wenn der Empfänger weder ein Unternehmer, für dessen Unternehmen die Leistung bezogen wird, noch eine nicht unternehmerisch tätige juristische Person ist, der eine Umsatzsteuer-Identifikationsnummer erteilt worden ist. [4] Die Bundesregierung kann mit Zustimmung des Bundesrates durch Rechtsverordnung zur Vereinfachung des Besteuerungsverfahrens bestimmen, dass bei Beförderungen, die sich sowohl auf das Inland als auch auf das Ausland erstrecken (grenzüberschreitende Beförderungen),

1. kurze inländische Beförderungsstrecken als ausländische und kurze ausländische Beförderungsstrecken als inländische angesehen werden;
2. Beförderungen über kurze Beförderungsstrecken in den in § 1 Abs. 3 bezeichneten Gebieten nicht wie Umsätze im Inland behandelt werden.

(2) Das Beladen, Entladen, Umschlagen und ähnliche mit der Beförderung eines Gegenstands im Zusammenhang stehende Leistungen an einen Empfänger, der weder ein Unternehmer ist, für dessen Unternehmen die Leistung bezogen wird, noch eine nicht unternehmerisch tätige juristische Person ist,

---

[1)] § 3a Abs. 8 angef. mWv 1.1.2011 durch G v. 8.12.2010 (BGBl. I S. 1768); Satz 1 neu gef. mWv 1.7.2011 durch G v. 7.12.2011 (BGBl. I S. 2592); Satz 2 aufgeh., bish. Satz 3 wird Satz 2 und neu gef. mWv 1.1.2015 durch G v. 25.7.2014 (BGBl. I S. 1266).

[2)] § 3b neu gef. mWv 1.1.2010 durch G v. 19.12.2008 (BGBl. I S. 2794).

der eine Umsatzsteuer-Identifikationsnummer erteilt worden ist, werden dort ausgeführt, wo sie vom Unternehmer tatsächlich erbracht werden.

(3) Die Beförderung eines Gegenstands, die in dem Gebiet eines Mitgliedstaates beginnt und in dem Gebiet eines anderen Mitgliedstaates endet (innergemeinschaftliche Beförderung eines Gegenstands), an einen Empfänger, der weder ein Unternehmer ist, für dessen Unternehmen die Leistung bezogen wird, noch eine nicht unternehmerisch tätige juristische Person, der eine Umsatzsteuer-Identifikationsnummer erteilt worden ist, wird an dem Ort ausgeführt, an dem die Beförderung des Gegenstands beginnt.

§ 3c[1)] Ort der Lieferung beim Fernverkauf. (1) [1] Als Ort der Lieferung eines innergemeinschaftlichen Fernverkaufs gilt der Ort, an dem sich der Gegenstand bei Beendigung der Beförderung oder Versendung an den Erwerber befindet. [2] Ein innergemeinschaftlicher Fernverkauf ist die Lieferung eines Gegenstands, der durch den Lieferer oder für dessen Rechnung aus dem Gebiet eines Mitgliedstaates in das Gebiet eines anderen Mitgliedstaates oder aus dem übrigen Gemeinschaftsgebiet in die in § 1 Absatz 3 bezeichneten Gebiete an den Erwerber befördert oder versandt wird, einschließlich jener Lieferung, an deren Beförderung oder Versendung der Lieferer indirekt beteiligt ist. [3] Erwerber im Sinne des Satzes 2 ist ein in § 3a Absatz 5 Satz 1 bezeichneter Empfänger oder eine in § 1a Absatz 3 Nummer 1 genannte Person, die weder die maßgebende Erwerbsschwelle überschreitet noch auf ihre Anwendung verzichtet; im Fall der Beendigung der Beförderung oder Versendung im Gebiet eines anderen Mitgliedstaates ist die von diesem Mitgliedstaat festgesetzte Erwerbsschwelle maßgebend.

(2) [1] Als Ort der Lieferung eines Fernverkaufs eines Gegenstands, der aus dem Drittlandsgebiet in einen anderen Mitgliedstaat als den, in dem die Beförderung oder Versendung des Gegenstands an den Erwerber endet, eingeführt wird, gilt der Ort, an dem sich der Gegenstand bei Beendigung der Beförderung oder Versendung an den Erwerber befindet. [2] § 3 Absatz 3a Satz 4 und 5 gilt entsprechend.

(3) [1] Der Ort der Lieferung beim Fernverkauf eines Gegenstands, der aus dem Drittlandsgebiet in den Mitgliedstaat, in dem die Beförderung oder Versendung der Gegenstände an den Erwerber endet, eingeführt wird, gilt als in diesem Mitgliedstaat gelegen, sofern die Steuer auf diesen Gegenstand gemäß dem besonderen Besteuerungsverfahren nach § 18k zu erklären ist. [2] § 3 Absatz 3a Satz 4 und 5 gilt entsprechend. [3] Bei einem Fernverkauf nach § 3 Absatz 3a Satz 2 gilt Satz 1 für die Lieferung, der die Beförderung oder Versendung des Gegenstandes gemäß § 3 Absatz 6b zugeschrieben wird, entsprechend, auch wenn die Steuer auf diesen Gegenstand nicht gemäß dem besonderen Besteuerungsverfahren nach § 18k zu erklären ist und ein Unternehmer oder dessen Beauftragter Schuldner der Einfuhrumsatzsteuer für die Einfuhr des Gegenstands ist.

(4) [1] Absatz 1 ist nicht anzuwenden, wenn der leistende Unternehmer seinen Sitz, seine Geschäftsleitung, eine Betriebsstätte oder in Ermangelung eines Sitzes, einer Geschäftsleitung oder einer Betriebsstätte seinen Wohnsitz oder gewöhnlichen Aufenthalt in nur einem Mitgliedstaat hat und der Gesamtbetrag

---

[1)] § 3c neu gef. mWv 1.7.2021 durch G v. 21.12.2020 (BGBl. I S. 3096); zur Anwendung siehe § 27 Abs. 34 Satz 1.

der Entgelte der in § 3a Absatz 5 Satz 2 bezeichneten sonstigen Leistungen an in § 3a Absatz 5 Satz 1 bezeichnete Empfänger mit Wohnsitz, gewöhnlichem Aufenthalt oder Sitz in anderen Mitgliedstaaten sowie der innergemeinschaftlichen Fernverkäufe nach Absatz 1 Satz 2 und 3 insgesamt 10 000 Euro im vorangegangenen Kalenderjahr nicht überschritten hat und im laufenden Kalenderjahr nicht überschreitet. [2] Der leistende Unternehmer kann dem Finanzamt erklären, dass er auf die Anwendung des Satzes 1 verzichtet. [3] Die Erklärung bindet den Unternehmer mindestens für zwei Kalenderjahre.

(5) [1] Die Absätze 1 bis 3 gelten nicht für

1. die Lieferung neuer Fahrzeuge,
2. die Lieferung eines Gegenstands, der mit oder ohne probeweise Inbetriebnahme durch den Lieferer oder für dessen Rechnung montiert oder installiert geliefert wird, und für
3. die Lieferung eines Gegenstands, auf die die Differenzbesteuerung nach § 25a Absatz 1 oder 2 angewendet wird.

[2] Bei verbrauchsteuerpflichtigen Waren gelten die Absätze 1 bis 3 nicht für Lieferungen an eine in § 1a Absatz 3 Nummer 1 genannte Person.

§ 3d[1)] Ort des innergemeinschaftlichen Erwerbs. [1] Der innergemeinschaftliche Erwerb wird in dem Gebiet des Mitgliedstaates bewirkt, in dem sich der Gegenstand am Ende der Beförderung oder Versendung befindet. [2] Verwendet der Erwerber gegenüber dem Lieferer eine ihm von einem anderen Mitgliedstaat erteilte Umsatzsteuer-Identifikationsnummer, gilt der Erwerb so lange in dem Gebiet dieses Mitgliedstaates als bewirkt, bis der Erwerber nachweist, dass der Erwerb durch den in Satz 1 bezeichneten Mitgliedstaat besteuert worden ist oder nach § 25b Abs. 3 als besteuert gilt, sofern der erste Abnehmer seiner Erklärungspflicht nach § 18a Absatz 7 Satz 1 Nummer 4 nachgekommen ist.

§ 3e[2)] Ort der Lieferungen und Restaurationsleistungen während einer Beförderung an Bord eines Schiffs, in einem Luftfahrzeug oder in einer Eisenbahn. (1) Wird ein Gegenstand an Bord eines Schiffs, in einem Luftfahrzeug oder in einer Eisenbahn während einer Beförderung innerhalb des Gemeinschaftsgebiets geliefert oder dort eine sonstige Leistung ausgeführt, die in der Abgabe von Speisen und Getränken zum Verzehr an Ort und Stelle (Restaurationsleistung) besteht, gilt der Abgangsort des jeweiligen Beförderungsmittels im Gemeinschaftsgebiet als Ort der Lieferung oder der sonstigen Leistung.

(2) [1] Als Beförderung innerhalb des Gemeinschaftsgebiets im Sinne des Absatzes 1 gilt die Beförderung oder der Teil der Beförderung zwischen dem Abgangsort und dem Ankunftsort des Beförderungsmittels im Gemeinschaftsgebiet ohne Zwischenaufenthalt außerhalb des Gemeinschaftsgebiets. [2] Abgangsort im Sinne des Satzes 1 ist der erste Ort innerhalb des Gemeinschaftsgebiets, an dem Reisende in das Beförderungsmittel einsteigen können. [3] Ankunftsort im Sinne des Satzes 1 ist der letzte Ort innerhalb des Gemeinschaftsgebiets, an dem Reisende das Beförderungsmittel verlassen können. [4] Hin- und Rückfahrt gelten als gesonderte Beförderungen.

[1)] § 3d Satz 2 geänd. mWv 1.7.2010 durch G v. 8.4.2010 (BGBl. I S. 386).
[2)] § 3e neu gef. mWv 1.1.2010 durch G v. 19.12.2008 (BGBl. I S. 2794).

§ 3f[1] *(aufgehoben)*

§ 3g[2] **Ort der Lieferung von Gas, Elektrizität, Wärme oder Kälte.**

(1)[3] [1] Bei einer Lieferung von Gas über das Erdgasnetz, von Elektrizität oder von Wärme oder Kälte über Wärme- oder Kältenetze an einen Unternehmer, dessen Haupttätigkeit in Bezug auf den Erwerb dieser Gegenstände in deren Lieferung besteht und dessen eigener Verbrauch dieser Gegenstände von untergeordneter Bedeutung ist, gilt als Ort dieser Lieferung der Ort, an dem der Abnehmer sein Unternehmen betreibt. [2] Wird die Lieferung an die Betriebsstätte eines Unternehmers im Sinne des Satzes 1 ausgeführt, so ist stattdessen der Ort der Betriebsstätte maßgebend.

(2)[4] [1] Bei einer Lieferung von Gas über das Erdgasnetz, von Elektrizität oder von Wärme oder Kälte über Wärme- oder Kältenetze an andere als die in Absatz 1 bezeichneten Abnehmer gilt als Ort der Lieferung der Ort, an dem der Abnehmer die Gegenstände tatsächlich nutzt oder verbraucht. [2] Soweit die Gegenstände von diesem Abnehmer nicht tatsächlich genutzt oder verbraucht werden, gelten sie als an dem Ort genutzt oder verbraucht, an dem der Abnehmer seinen Sitz, eine Betriebsstätte, an die die Gegenstände geliefert werden, oder seinen Wohnsitz hat.

(3) Auf Gegenstände, deren Lieferungsort sich nach Absatz 1 oder Absatz 2 bestimmt, sind die Vorschriften des § 1a Abs. 2 und § 3 Abs. 1a nicht anzuwenden.

Zweiter Abschnitt. Steuerbefreiungen und Steuervergütungen

§ 4 Steuerbefreiungen bei Lieferungen und sonstigen Leistungen.

Von den unter § 1 Abs. 1 Nr. 1 fallenden Umsätzen sind steuerfrei:

1. a) die Ausfuhrlieferungen (§ 6) und die Lohnveredelungen an Gegenständen der Ausfuhr (§ 7),

   b)[5] die innergemeinschaftlichen Lieferungen (§ 6a); dies gilt nicht, wenn der Unternehmer seiner Pflicht zur Abgabe der Zusammenfassenden Meldung (§ 18a) nicht nachgekommen ist oder soweit er diese im Hinblick auf die jeweilige Lieferung unrichtig oder unvollständig abgegeben hat. [2] § 18a Absatz 10 bleibt unberührt;

2. die Umsätze für die Seeschifffahrt und für die Luftfahrt (§ 8);

3. die folgenden sonstigen Leistungen:

   a) die grenzüberschreitenden Beförderungen von Gegenständen, die Beförderungen im internationalen Eisenbahnfrachtverkehr und andere sonstige Leistungen, wenn sich die Leistungen

      aa) unmittelbar auf Gegenstände der Ausfuhr beziehen oder auf eingeführte Gegenstände beziehen, die im externen Versandverfahren in das Drittlandsgebiet befördert werden, oder

---

[1] § 3f aufgeh. mWv 18.12.2019 durch G v. 12.12.2019 (BGBl. I S. 2451).
[2] § 3g Überschrift geänd. mWv 1.1.2011 durch G v. 8.12.2010 (BGBl. I S. 1768).
[3] § 3g Abs. 1 Satz 1 neu gef. mWv 1.1.2011 durch G v. 8.12.2010 (BGBl. I S. 1768).
[4] § 3g Abs. 2 Satz 1 neu gef., Satz 2 geänd. mWv 1.1.2011 durch G v. 8.12.2010 (BGBl. I S. 1768).
[5] § 4 Nr. 1 Buchst. b neu gef. mWv 1.1.2020 durch G v. 12.12.2019 (BGBl. I S. 2451).

bb)[1] auf Gegenstände der Einfuhr in das Gebiet eines Mitgliedstaates der Europäischen Union beziehen und die Kosten für die Leistungen in der Bemessungsgrundlage für diese Einfuhr enthalten sind. [2] Nicht befreit sind die Beförderungen der in § 1 Abs. 3 Nr. 4 Buchstabe a bezeichneten Gegenstände aus einem Freihafen in das Inland,

b) die Beförderungen von Gegenständen nach und von den Inseln, die die autonomen Regionen Azoren und Madeira bilden,

c) sonstige Leistungen, die sich unmittelbar auf eingeführte Gegenstände beziehen, für die zollamtlich eine vorübergehende Verwendung in den in § 1 Abs. 1 Nr. 4 bezeichneten Gebieten bewilligt worden ist, wenn der Leistungsempfänger ein ausländischer Auftraggeber (§ 7 Abs. 2) ist. [2] Dies gilt nicht für sonstige Leistungen, die sich auf Beförderungsmittel, Paletten und Container beziehen.

[2] Die Vorschrift gilt nicht für die in den Nummern 8, 10 und 11 bezeichneten Umsätze und für die Bearbeitung oder Verarbeitung eines Gegenstands einschließlich der Werkleistung im Sinne des § 3 Abs. 10. [3] Die Voraussetzungen der Steuerbefreiung müssen vom Unternehmer nachgewiesen sein. [4] Das Bundesministerium der Finanzen kann mit Zustimmung des Bundesrates durch Rechtsverordnung bestimmen, wie der Unternehmer den Nachweis zu führen hat;

4. die Lieferungen von Gold an Zentralbanken;

4a. die folgenden Umsätze:

a) die Lieferungen der in der Anlage 1 bezeichneten Gegenstände an einen Unternehmer für sein Unternehmen, wenn der Gegenstand der Lieferung im Zusammenhang mit der Lieferung in ein Umsatzsteuerlager eingelagert wird oder sich in einem Umsatzsteuerlager befindet. [2] Mit der Auslagerung eines Gegenstands aus einem Umsatzsteuerlager entfällt die Steuerbefreiung für die der Auslagerung vorangegangene Lieferung, den der Auslagerung vorangegangenen innergemeinschaftlichen Erwerb oder die der Auslagerung vorangegangene Einfuhr; dies gilt nicht, wenn der Gegenstand im Zusammenhang mit der Auslagerung in ein anderes Umsatzsteuerlager im Inland eingelagert wird. [3] Eine Auslagerung ist die endgültige Herausnahme eines Gegenstands aus einem Umsatzsteuerlager. [4] Der endgültigen Herausnahme steht gleich der sonstige Wegfall der Voraussetzungen für die Steuerbefreiung sowie die Erbringung einer nicht nach Buchstabe b begünstigten Leistung an den eingelagerten Gegenständen,

b) die Leistungen, die mit der Lagerung, der Erhaltung, der Verbesserung der Aufmachung und Handelsgüte oder der Vorbereitung des Vertriebs oder Weiterverkaufs der eingelagerten Gegenstände unmittelbar zusammenhängen. [2] Dies gilt nicht, wenn durch die Leistungen die Gegenstände so aufbereitet werden, dass sie zur Lieferung auf der Einzelhandelsstufe geeignet sind.

[2] Die Steuerbefreiung gilt nicht für Leistungen an Unternehmer, die diese zur Ausführung von Umsätzen verwenden, für die die Steuer nach

[1] § 4 Nr. 3 Buchst. a Doppelbuchst. bb Satz 1 geänd. mWv 30.6.2013 durch G v. 26.6.2013 (BGBl. I S. 1809).

den Durchschnittssätzen des § 24 festgesetzt ist. [3]Die Voraussetzungen der Steuerbefreiung müssen vom Unternehmer eindeutig und leicht nachprüfbar nachgewiesen sein. [4]Umsatzsteuerlager kann jedes Grundstück oder Grundstücksteil im Inland sein, das zur Lagerung der in Anlage 1 genannten Gegenstände dienen soll und von einem Lagerhalter betrieben wird. [5]Es kann mehrere Lagerorte umfassen. [6]Das Umsatzsteuerlager bedarf der Bewilligung des für den Lagerhalter zuständigen Finanzamts. [7]Der Antrag ist schriftlich zu stellen. [8]Die Bewilligung ist zu erteilen, wenn ein wirtschaftliches Bedürfnis für den Betrieb des Umsatzsteuerlagers besteht und der Lagerhalter die Gewähr für dessen ordnungsgemäße Verwaltung bietet;

4b. die einer Einfuhr vorangehende Lieferung von Gegenständen, wenn der Abnehmer oder dessen Beauftragter den Gegenstand der Lieferung einführt. [2]Dies gilt entsprechend für Lieferungen, die den in Satz 1 genannten Lieferungen vorausgegangen sind. [3]Die Voraussetzungen der Steuerbefreiung müssen vom Unternehmer eindeutig und leicht nachprüfbar nachgewiesen sein;

4c.[1] die Lieferung von Gegenständen an einen Unternehmer für sein Unternehmen, die dieser nach § 3 Absatz 3a Satz 1 im Gemeinschaftsgebiet weiterliefert;

5. die Vermittlung
   a) der unter die Nummer 1 Buchstabe a, Nummern 2 bis 4b und Nummern 6 und 7 fallenden Umsätze,
   b) der grenzüberschreitenden Beförderungen von Personen mit Luftfahrzeugen oder Seeschiffen,
   c) der Umsätze, die ausschließlich im Drittlandsgebiet bewirkt werden,
   d) der Lieferungen, die nach § 3 Abs. 8 als im Inland ausgeführt zu behandeln sind.

   [2]Nicht befreit ist die Vermittlung von Umsätzen durch Reisebüros für Reisende. [3]Die Voraussetzungen der Steuerbefreiung müssen vom Unternehmer nachgewiesen sein. [4]Das Bundesministerium der Finanzen kann mit Zustimmung des Bundesrates durch Rechtsverordnung bestimmen, wie der Unternehmer den Nachweis zu führen hat;

6. a) die Lieferungen und sonstigen Leistungen der Eisenbahnen des Bundes auf Gemeinschaftsbahnhöfen, Betriebswechselbahnhöfen, Grenzbetriebsstrecken und Durchgangsstrecken an Eisenbahnverwaltungen mit Sitz im Ausland,
   b) (weggefallen)
   c) die Lieferungen von eingeführten Gegenständen an im Drittlandsgebiet, ausgenommen Gebiete nach § 1 Abs. 3, ansässige Abnehmer, soweit für die Gegenstände zollamtlich eine vorübergehende Verwendung in den in § 1 Abs. 1 Nr. 4 bezeichneten Gebieten bewilligt worden ist und diese Bewilligung auch nach der Lieferung gilt. [2]Nicht befreit sind die Lieferungen von Beförderungsmitteln, Paletten und Containern,

[1] § 4 Nr. 4c eingef. mWv 1.7.2021 durch G v. 21.12.2020 (BGBl. I S. 3096); zur Anwendung siehe § 27 Abs. 34 Satz 1.

d) Personenbeförderungen im Passagier- und Fährverkehr mit Wasserfahrzeugen für die Seeschifffahrt, wenn die Personenbeförderungen zwischen inländischen Seehäfen und der Insel Helgoland durchgeführt werden,

e)[1] die Abgabe von Speisen und Getränken zum Verzehr an Ort und Stelle im Verkehr mit Wasserfahrzeugen für die Seeschifffahrt zwischen einem inländischen und ausländischen Seehafen und zwischen zwei ausländischen Seehäfen. [2] Inländische Seehäfen im Sinne des Satzes 1 sind auch die Freihäfen und Häfen auf der Insel Helgoland;

7.[2] die Lieferungen, ausgenommen Lieferungen neuer Fahrzeuge im Sinne des § 1b Abs. 2 und 3, und die sonstigen Leistungen

a) an andere Vertragsparteien des Nordatlantikvertrags, die nicht unter die in § 26 Abs. 5 bezeichneten Steuerbefreiungen fallen, wenn die Umsätze für den Gebrauch oder Verbrauch durch die Streitkräfte dieser Vertragsparteien, ihr ziviles Begleitpersonal oder für die Versorgung ihrer Kasinos oder Kantinen bestimmt sind und die Streitkräfte der gemeinsamen Verteidigungsanstrengung dienen,

b) an die in dem Gebiet eines anderen Mitgliedstaates stationierten Streitkräfte der Vertragsparteien des Nordatlantikvertrags, soweit sie nicht an die Streitkräfte dieses Mitgliedstaates ausgeführt werden,

c) an die in dem Gebiet eines anderen Mitgliedstaates ansässigen ständigen diplomatischen Missionen und berufskonsularischen Vertretungen sowie deren Mitglieder,

d) an die in dem Gebiet eines anderen Mitgliedstaates ansässigen zwischenstaatlichen Einrichtungen sowie deren Mitglieder,

[*ab 1.7.2022:*

e)[3] an Streitkräfte eines anderen Mitgliedstaates, wenn die Umsätze für den Gebrauch oder Verbrauch durch die Streitkräfte, ihres zivilen Begleitpersonals oder für die Versorgung ihrer Kasinos oder Kantinen bestimmt sind und die Streitkräfte an einer Verteidigungsanstrengung teilnehmen, die zur Durchführung einer Tätigkeit der Union im Rahmen der Gemeinsamen Sicherheits- und Verteidigungspolitik unternommen wird und

f)[4] an die in dem Gebiet eines anderen Mitgliedstaates stationierten Streitkräfte eines Mitgliedstaates, wenn die Umsätze nicht an die Streitkräfte des anderen Mitgliedstaates ausgeführt werden, die Umsätze für den Gebrauch oder Verbrauch durch die Streitkräfte, ihres zivilen Begleitpersonals oder für die Versorgung ihrer Kasinos oder Kantinen bestimmt sind und die Streitkräfte an einer Verteidigungsanstrengung teilnehmen, die zur Durchführung einer Tätigkeit der Union im Rahmen der Gemeinsamen Sicherheits- und Verteidigungspolitik unternommen wird.]

---

[1] § 4 Nr. 6 Buchst. e Satz 1 geänd. durch G v. 20.12.2007 (BGBl. I S. 3150).

[2] § 4 Nr. 7 Sätze 2, 3 und 5 geänd. durch G v. 19.12.2008 (BGBl. I S. 2794); Sätze 2, 3 und 5 geänd. **mWv 1.7.2022** durch G v. 21.12.2020 (BGBl. I S. 3096).

[3] § 4 Nr. 7 Satz 1 Nr. e angef. **mWv 1.7.2022** durch G v. 21.12.2020 (BGBl. I S. 3096).

[4] § 4 Nr. 7 Satz 1 Nr. f angef. **mWv 1.7.2022** durch G v. 21.12.2020 (BGBl. I S. 3096).

[2] Der Gegenstand der Lieferung muss in den Fällen des Satzes 1 Buchstabe b bis d [*ab 1.7.2022:* und f] in das Gebiet des anderen Mitgliedstaates befördert oder versendet werden. [3] Für die Steuerbefreiungen nach Satz 1 Buchstabe b bis d [*ab 1.7.2022:* und f] sind die in dem anderen Mitgliedstaat geltenden Voraussetzungen maßgebend. [4] Die Voraussetzungen der Steuerbefreiungen müssen vom Unternehmer nachgewiesen sein. [5] Bei den Steuerbefreiungen nach Satz 1 Buchstabe b bis d [*ab 1.7.2022:* und f] hat der Unternehmer die in dem anderen Mitgliedstaat geltenden Voraussetzungen dadurch nachzuweisen, dass ihm der Abnehmer eine von der zuständigen Behörde des anderen Mitgliedstaates oder, wenn er hierzu ermächtigt ist, eine selbst ausgestellte Bescheinigung nach amtlich vorgeschriebenem Muster aushändigt. [6] Das Bundesministerium der Finanzen kann mit Zustimmung des Bundesrates durch Rechtsverordnung bestimmen, wie der Unternehmer die übrigen Voraussetzungen nachzuweisen hat;

8. a) die Gewährung und die Vermittlung von Krediten,
   b) die Umsätze und die Vermittlung der Umsätze von gesetzlichen Zahlungsmitteln. [2] Das gilt nicht, wenn die Zahlungsmittel wegen ihres Metallgehalts oder ihres Sammlerwerts umgesetzt werden,
   c) die Umsätze im Geschäft mit Forderungen, Schecks und anderen Handelspapieren sowie die Vermittlung dieser Umsätze, ausgenommen die Einziehung von Forderungen,
   d) die Umsätze und die Vermittlung der Umsätze im Einlagengeschäft, im Kontokorrentverkehr, im Zahlungs- und Überweisungsverkehr und das Inkasso von Handelspapieren,
   e) die Umsätze im Geschäft mit Wertpapieren und die Vermittlung dieser Umsätze, ausgenommen die Verwahrung und die Verwaltung von Wertpapieren,
   f) die Umsätze und die Vermittlung der Umsätze von Anteilen an Gesellschaften und anderen Vereinigungen,
   g) die Übernahme von Verbindlichkeiten, von Bürgschaften und anderen Sicherheiten sowie die Vermittlung dieser Umsätze,
   h)[1] die Verwaltung von Organismen für gemeinsame Anlagen in Wertpapieren im Sinne des § 1 Absatz 2 des Kapitalanlagegesetzbuchs, die Verwaltung von mit diesen vergleichbaren alternativen Investmentfonds im Sinne des § 1 Absatz 3 des Kapitalanlagegesetzbuchs, die Verwaltung von Wagniskapitalfonds und die Verwaltung von Versorgungseinrichtungen im Sinne des Versicherungsaufsichtsgesetzes,
   i) die Umsätze der im Inland gültigen amtlichen Wertzeichen zum aufgedruckten Wert;
   j) (weggefallen)
   k) (weggefallen)
9. a) die Umsätze, die unter das Grunderwerbsteuergesetz[2] fallen,

---

[1] § 4 Nr. 8 Buchst. h neu gef. mWv 1.1.2018 durch G v. 19.7.2016 (BGBl. I S. 1730); geänd. mWv 1.7.2021 durch G v. 3.6.2021 (BGBl. I S. 1498).
[2] Nr. **12**.

b)[1] die Umsätze, die unter das Rennwett- und Lotteriegesetz fallen. [2]Nicht befreit sind die unter das Rennwett- und Lotteriegesetz fallenden Umsätze, die von der Rennwett- und Lotteriesteuer befreit sind oder von denen diese Steuer allgemein nicht erhoben wird;

10. a) die Leistungen auf Grund eines Versicherungsverhältnisses im Sinne des Versicherungsteuergesetzes. [2]Das gilt auch, wenn die Zahlung des Versicherungsentgelts nicht der Versicherungsteuer unterliegt,

b) die Leistungen, die darin bestehen, dass anderen Personen Versicherungsschutz verschafft wird;

11. die Umsätze aus der Tätigkeit als Bausparkassenvertreter, Versicherungsvertreter und Versicherungsmakler;

11a. die folgenden vom 1. Januar 1993 bis zum 31. Dezember 1995 ausgeführten Umsätze der Deutschen Bundespost TELEKOM und der Deutsche Telekom AG:

a) die Überlassung von Anschlüssen des Telefonnetzes und des dienstintegrierenden digitalen Fernmeldenetzes sowie die Bereitstellung der von diesen Anschlüssen ausgehenden Verbindungen innerhalb dieser Netze und zu Mobilfunkendeinrichtungen,

b) die Überlassung von Übertragungswegen im Netzmonopol des Bundes,

c) die Ausstrahlung und Übertragung von Rundfunksignalen einschließlich der Überlassung der dazu erforderlichen Sendeanlagen und sonstigen Einrichtungen sowie das Empfangen und Verteilen von Rundfunksignalen in Breitbandverteilnetzen einschließlich der Überlassung von Kabelanschlüssen;

11b.[2] Universaldienstleistungen nach Artikel 3 Absatz 4 der Richtlinie 97/67/EG des Europäischen Parlaments und des Rates vom 15. Dezember 1997 über gemeinsame Vorschriften für die Entwicklung des Binnenmarktes der Postdienste der Gemeinschaft und die Verbesserung der Dienstequalität (ABl. L 15 vom 21.1.1998, S. 14, L 23 vom 30.1.1998, S. 39), die zuletzt durch die Richtlinie 2008/6/EG (ABl. L 52 vom 27.2.2008, S. 3) geändert worden ist, in der jeweils geltenden Fassung. [2]Die Steuerbefreiung setzt voraus, dass der Unternehmer sich entsprechend einer Bescheinigung des Bundeszentralamtes für Steuern gegenüber dieser Behörde verpflichtet hat, flächendeckend im gesamten Gebiet der Bundesrepublik Deutschland die Gesamtheit der Universaldienstleistungen oder einen Teilbereich dieser Leistungen nach Satz 1 anzubieten. [3]Die Steuerbefreiung gilt nicht für Leistungen, die der Unternehmer erbringt

a) auf Grund individuell ausgehandelter Vereinbarungen oder

b) auf Grund allgemeiner Geschäftsbedingungen zu abweichenden Qualitätsbedingungen oder zu günstigeren Preisen als den nach den allgemein für jedermann zugänglichen Tarifen oder als den nach § 19 des Postgesetzes vom 22. Dezember 1997 (BGBl. I S. 3294), das zuletzt durch Artikel 272 der Verordnung vom 31. Oktober 2006

---

[1] § 4 Nr. 9 Buchst. b Satz 1 geänd. mWv 6.5.2006 durch G v. 28.4.2006 (BGBl. I S. 1095).

[2] § 4 Nr. 11b neu gef. mWv 1.7.2010 durch G v. 8.4.2010 (BGBl. I S. 386).

(BGBl. I S. 2407) geändert worden ist, in der jeweils geltenden Fassung, genehmigten Entgelten;

12. a)[1] die Vermietung und die Verpachtung von Grundstücken, von Berechtigungen, für die die Vorschriften des bürgerlichen Rechts über Grundstücke gelten, und von staatlichen Hoheitsrechten, die Nutzungen von Grund und Boden betreffen,

b) die Überlassung von Grundstücken und Grundstücksteilen zur Nutzung auf Grund eines auf Übertragung des Eigentums gerichteten Vertrags oder Vorvertrags,

c) die Bestellung, die Übertragung und die Überlassung der Ausübung von dinglichen Nutzungsrechten an Grundstücken.

§9 II

[2]Nicht befreit sind die Vermietung von Wohn- und Schlafräumen, die ein Unternehmer zur kurzfristigen Beherbergung von Fremden bereithält, die Vermietung von Plätzen für das Abstellen von Fahrzeugen, die kurzfristige Vermietung auf Campingplätzen und die Vermietung und die Verpachtung von Maschinen und sonstigen Vorrichtungen aller Art, die zu einer Betriebsanlage gehören (Betriebsvorrichtungen), auch wenn sie wesentliche Bestandteile eines Grundstücks sind;

13. die Leistungen, die die Gemeinschaften der Wohnungseigentümer im Sinne des Wohnungseigentumsgesetzes in der im Bundesgesetzblatt Teil III, Gliederungsnummer 403-1, veröffentlichten bereinigten Fassung, in der jeweils geltenden Fassung an die Wohnungseigentümer und Teileigentümer erbringen, soweit die Leistungen in der Überlassung des gemeinschaftlichen Eigentums zum Gebrauch, seiner Instandhaltung, Instandsetzung und sonstigen Verwaltung sowie der Lieferung von Wärme und ähnlichen Gegenständen bestehen;

14.[2] a) Heilbehandlungen im Bereich der Humanmedizin, die im Rahmen der Ausübung der Tätigkeit als Arzt, Zahnarzt, Heilpraktiker, Physiotherapeut, Hebamme oder einer ähnlichen heilberuflichen Tätigkeit durchgeführt werden. [2]Satz 1 gilt nicht für die Lieferung oder Wiederherstellung von Zahnprothesen (aus Unterpositionen 9021 21 und 9021 29 00 des Zolltarifs) und kieferorthopädischen Apparaten (aus Unterposition 9021 10 des Zolltarifs), soweit sie der Unternehmer in seinem Unternehmen hergestellt oder wiederhergestellt hat;

b) Krankenhausbehandlungen und ärztliche Heilbehandlungen einschließlich der Diagnostik, Befunderhebung, Vorsorge, Rehabilitation, Geburtshilfe und Hospizleistungen sowie damit eng verbundene Umsätze, die von Einrichtungen des öffentlichen Rechts erbracht werden. [2]Die in Satz 1 bezeichneten Leistungen sind auch steuerfrei, wenn sie von

aa)[3] zugelassenen Krankenhäusern nach § 108 des Fünften Buches Sozialgesetzbuch oder anderen Krankenhäusern, die ihre Leistungen in sozialer Hinsicht unter vergleichbaren Bedingungen

---

[1] Zur Übergangsregelung für die Nutzung von Sportanlagen siehe § 27 Abs. 6.

[2] § 4 Nr. 14 neu gef. mWv 1.1.2009 durch G v. 19.12.2008 (BGBl. I S. 2794).

[3] § 4 Nr. 14 Buchst. b Satz 2 Doppelbuchst. aa geänd. mWv 1.1.2020 durch G v. 12.12.2019 (BGBl. I S. 2451).

wie die Krankenhäuser erbringen, die in öffentlich-rechtlicher Trägerschaft stehen oder nach § 108 des Fünften Buches Sozialgesetzbuch zugelassen sind; in sozialer Hinsicht vergleichbare Bedingungen liegen vor, wenn das Leistungsangebot des Krankenhauses den von Krankenhäusern in öffentlich-rechtlicher Trägerschaft oder nach § 108 des Fünften Buches Sozialgesetzbuch zugelassenen Krankenhäusern erbrachten Leistungen entspricht und die Kosten voraussichtlich in mindestens 40 Prozent der jährlichen Belegungs- oder Berechnungstage auf Patienten entfallen, bei denen für die Krankenhausleistungen kein höheres Entgelt als für allgemeine Krankenhausleistungen nach dem Krankenhausentgeltgesetz oder der Bundespflegesatzverordnung berechnet wurde oder voraussichtlich mindestens 40 Prozent der Leistungen den in § 4 Nummer 15 Buchstabe b genannten Personen zugutekommen, dabei ist grundsätzlich auf die Verhältnisse im vorangegangenen Kalenderjahr abzustellen,

bb) Zentren für ärztliche Heilbehandlung und Diagnostik oder Befunderhebung, die an der vertragsärztlichen Versorgung nach § 95 des Fünften Buches Sozialgesetzbuch teilnehmen oder für die Regelungen nach § 115 des Fünften Buches Sozialgesetzbuch gelten,

cc) Einrichtungen, die von den Trägern der gesetzlichen Unfallversicherung nach § 34 des Siebten Buches Sozialgesetzbuch an der Versorgung beteiligt worden sind,

dd) Einrichtungen, mit denen Versorgungsverträge nach den §§ 111 und 111a des Fünften Buches Sozialgesetzbuch bestehen,

ee)[1] Rehabilitationseinrichtungen, mit denen Verträge nach § 38 des Neunten Buches Sozialgesetzbuch bestehen,

ff)[2] Einrichtungen zur Geburtshilfe, für die Verträge nach § 134a des Fünften Buches Sozialgesetzbuch gelten,

gg)[2] Hospizen, mit denen Verträge nach § 39a Abs. 1 des Fünften Buches Sozialgesetzbuch bestehen, oder

hh)[2] Einrichtungen, mit denen Verträge nach § 127 in Verbindung mit § 126 Absatz 3 des Fünften Buches Sozialgesetzbuch über die Erbringung nichtärztlicher Dialyseleistungen bestehen,

erbracht werden und es sich ihrer Art nach um Leistungen handelt, auf die sich die Zulassung, der Vertrag oder die Regelung nach dem Sozialgesetzbuch jeweils bezieht, oder

ii)[3] von Einrichtungen nach § 138 Abs. 1 Satz 1 des Strafvollzugsgesetzes erbracht werden;

---

[1] § 4 Nr. 14 Buchst. b Satz 2 Doppelbuchst. ee geänd. mWv 1.1.2018 durch G v. 23.12.2016 (BGBl. I S. 3234).

[2] § 4 Nr. 14 Buchst. b Satz 2 Doppelbuchst. ff und gg geänd., Doppelbuchst. hh eingef. mWv 1.1. 2015 durch G v. 22.12.2014 (BGBl. I S. 2417).

[3] § 4 Nr. 14 Buchst. b Satz 2 bish. Doppelbuchst. hh wird Doppelbuchst. ii mWv 1.1.2015 durch G v. 22.12.2014 (BGBl. I S. 2417).

c)[1] Leistungen nach den Buchstaben a und b, die im Rahmen der hausarztzentrierten Versorgung nach § 73b des Fünften Buches Sozialgesetzbuch oder der besonderen Versorgung nach § 140a des Fünften Buches Sozialgesetzbuch von Einrichtungen erbracht werden, mit denen entsprechende Verträge bestehen, sowie Leistungen zur Sicherstellung der ambulanten Versorgung in stationären Pflegeeinrichtungen die durch Einrichtungen erbracht werden, mit denen Verträge nach § 119b des Fünften Buches Sozialgesetzbuch bestehen;

d)[2] *(aufgehoben)*

e)[3] die zur Verhütung von nosokomialen Infektionen und zur Vermeidung der Weiterverbreitung von Krankheitserregern, insbesondere solcher mit Resistenzen, erbrachten Leistungen eines Arztes oder einer Hygienefachkraft, an in den Buchstaben a und b genannte Einrichtungen, die diesen dazu dienen, ihre Heilbehandlungsleistungen ordnungsgemäß unter Beachtung der nach dem Infektionsschutzgesetz und den Rechtsverordnungen der Länder nach § 23 Absatz 8 des Infektionsschutzgesetzes bestehenden Verpflichtungen zu erbringen;

f)[4] die eng mit der Förderung des öffentlichen Gesundheitswesens verbundenen Leistungen, die erbracht werden von

aa) juristischen Personen des öffentlichen Rechts,

bb) Sanitäts- und Rettungsdiensten, die die landesrechtlichen Voraussetzungen erfüllen, oder

cc) Einrichtungen, die nach § 75 des Fünften Buches Sozialgesetzbuch die Durchführung des ärztlichen Notdienstes sicherstellen;

15.[5] die Umsätze der gesetzlichen Träger der Sozialversicherung, der gesetzlichen Träger der Grundsicherung für Arbeitsuchende nach dem Zweiten Buch Sozialgesetzbuch sowie der gemeinsamen Einrichtungen nach § 44b Abs. 1 des Zweiten Buches Sozialgesetzbuch, der örtlichen und überörtlichen Träger der Sozialhilfe sowie der *Verwaltungsbehörden und sonstigen Stellen der Kriegsopferversorgung einschließlich der Träger der Kriegsopferfürsorge* [***ab 1.1.2024:*** nach Bundes- oder Landesrecht zur Durchführung des Vierzehnten Buches Sozialgesetzbuch zuständigen Verwaltungsbehörden]

a) untereinander,

b)[6] an die Versicherten, die Bezieher von Leistungen nach dem Zweiten Buch Sozialgesetzbuch, die Empfänger von Sozialhilfe oder die

---

[1] § 4 Nr. 14 Buchst. c neu gef. mWv 1.1.2020 durch G v. 12.12.2019 (BGBl. I S. 2451).

[2] § 4 Nr. 14 Buchst. d aufgeh. mWv 1.1.2020 durch G v. 12.12.2019 (BGBl. I S. 2451).

[3] § 4 Nr. 14 Buchst. e angef. mWv 1.7.2013 durch G v. 26.6.2013 (BGBl. I S. 1809); geänd. mWv 1.1.2020 durch G v. 12.12.2019 (BGBl. I S. 2451).

[4] § 4 Nr. 14 Buchst. f angef. mWv 1.1.2021 durch G v. 21.12.2020 (BGBl. I S. 3096).

[5] § 4 Nr. 15 geänd. mWv 1.1.2011 durch G v. 3.8.2010 (BGBl. I S. 1112); einl. Satzteil geänd. **mWv 1.1.2024** durch G v. 12.12.2019 (BGBl. I S. 2652); zur weiteren Anwendung der alten Fassung siehe § 27 Abs. 25a.

[6] § 4 Nr. 15 Buchst. b Satz 2 aufgeh. mWv 18.12.2019 durch G v. 12.12.2019 (BGBl. I S. 2451); geänd. **mWv 1.1.2024** durch G v. 12.12.2019 (BGBl. I S. 2652); zur weiteren Anwendung der alten Fassung siehe § 27 Abs. 25a.

Versorgungsberechtigten [***ab 1.1.2024:*** Berechtigten der Sozialen Entschädigung];

15a.[1] die auf Gesetz beruhenden Leistungen *der Medizinischen Dienste der Krankenversicherung (§ 278 SGB V)* [***neue Fassung:*** der Medizinischen Dienste (§ 278 SGB V)] und *des Medizinischen Dienstes der Spitzenverbände der Krankenkassen (§ 282 SGB V)* [***neue Fassung:*** des Medizinischen Dienstes Bund (§ 281 SGB V)] untereinander und für die gesetzlichen Träger der Sozialversicherung und deren Verbände und für die Träger der Grundsicherung für Arbeitsuchende nach dem Zweiten Buch Sozialgesetzbuch sowie die gemeinsamen Einrichtungen nach § 44b des Zweiten Buches Sozialgesetzbuch;

15b.[2] Eingliederungsleistungen nach dem Zweiten Buch Sozialgesetzbuch, Leistungen der aktiven Arbeitsförderung nach dem Dritten Buch Sozialgesetzbuch und vergleichbare Leistungen, die von Einrichtungen des öffentlichen Rechts oder anderen Einrichtungen mit sozialem Charakter erbracht werden. [2] Andere Einrichtungen mit sozialem Charakter im Sinne dieser Vorschrift sind Einrichtungen,

a) die nach § 178 des Dritten Buches Sozialgesetzbuch zugelassen sind,
b) die für ihre Leistungen nach Satz 1 Verträge mit den gesetzlichen Trägern der Grundsicherung für Arbeitsuchende nach dem Zweiten Buch Sozialgesetzbuch geschlossen haben oder
c) die für Leistungen, die denen nach Satz 1 vergleichbar sind, Verträge mit juristischen Personen des öffentlichen Rechts, die diese Leistungen mit dem Ziel der Eingliederung in den Arbeitsmarkt durchführen, geschlossen haben;

15c.[3] Leistungen zur Teilhabe am Arbeitsleben nach § 49 des Neunten Buches Sozialgesetzbuch, die von Einrichtungen des öffentlichen Rechts oder anderen Einrichtungen mit sozialem Charakter erbracht werden. [2] Andere Einrichtungen mit sozialem Charakter im Sinne dieser Vorschrift sind Rehabilitationsdienste und -einrichtungen nach den §§ 36 und 51 des Neunten Buches Sozialgesetzbuch, mit denen Verträge nach § 38 des Neunten Buches Sozialgesetzbuch abgeschlossen worden sind;

16.[4] die eng mit der Betreuung oder Pflege körperlich, kognitiv oder psychisch hilfsbedürftiger Personen verbundenen Leistungen, die erbracht werden von

a) juristischen Personen des öffentlichen Rechts,
b) Einrichtungen, mit denen ein Vertrag nach § 132 des Fünften Buches Sozialgesetzbuch besteht,
c) Einrichtungen, mit denen ein Vertrag nach § 132a des Fünften Buches Sozialgesetzbuch, § 72 oder § 77 des Elften Buches Sozialgesetzbuch besteht oder die Leistungen zur häuslichen Pflege oder

---

[1] § 4 Nr. 15a geänd. mWv 1.1.2011 durch G v. 24.3.2011 (BGBl. I S. 453); geänd. durch G v. 12.12.2019 (BGBl. I S. 2451); zur Anwendung siehe § 27 Abs. 27.

[2] § 4 Nr. 15b eingef. mWv 1.1.2015 durch G v. 25.7.2014 (BGBl. I S. 1266).

[3] § 4 Nr. 15c eingef. mWv 1.1.2017 und geänd. mWv 1.1.2018 durch G v. 23.12.2016 (BGBl. I S. 3234).

[4] § 4 Nr. 16 neu gef. mWv 1.1.2009 durch G v. 19.12.2008 (BGBl. I S. 2794); Satz 2 geänd. mWv 1.7.2013 durch G v. 26.6.2013 (BGBl. I S. 1809); Satz 1 einl. und abschl. Satzteil sowie Satz 2 geänd. mWv 1.1.2021 durch G v. 21.12.2020 (BGBl. I S. 3096).

zur Heimpflege erbringen und die hierzu nach § 26 Abs. 5 in Verbindung mit § 44 des Siebten Buches Sozialgesetzbuch bestimmt sind,

d) Einrichtungen, die Leistungen der häuslichen Krankenpflege oder Haushaltshilfe erbringen und die hierzu nach § 26 Abs. 5 in Verbindung mit den §§ 32 und 42 des Siebten Buches Sozialgesetzbuch bestimmt sind,

e)[1] Einrichtungen, mit denen eine Vereinbarung nach § 194 des Neunten Buches Sozialgesetzbuch besteht,

f)[2] Einrichtungen, die nach § 225 des Neunten Buches Sozialgesetzbuch anerkannt sind,

g)[3] Einrichtungen, soweit sie Leistungen erbringen, die landesrechtlich als Angebote zur Unterstützung im Alltag nach § 45a des Elften Buches Sozialgesetzbuch anerkannt sind,

h)[4] Einrichtungen, mit denen eine Vereinbarung nach § 123 des Neunten Buches Sozialgesetzbuch oder nach § 76 des Zwölften Buches Sozialgesetzbuch besteht,

i)[5] Einrichtungen, mit denen ein Vertrag nach § 8 Absatz 3 des Gesetzes zur Errichtung der Sozialversicherung für Landwirtschaft, Forsten und Gartenbau über die Gewährung von häuslicher Krankenpflege oder Haushaltshilfe nach den §§ 10 und 11 des Zweiten Gesetzes über die Krankenversicherung der Landwirte, § 10 des Gesetzes über die Alterssicherung der Landwirte oder nach § 54 Absatz 2 des Siebten Buches Sozialgesetzbuch besteht,

j)[6] Einrichtungen, die aufgrund einer Landesrahmenempfehlung nach § 2 der Frühförderungsverordnung als fachlich geeignete interdisziplinäre Frühförderstellen anerkannt sind,

k)[7] Einrichtungen, die als Betreuer nach *§ 1896* [***ab 1.1.2023:*** § 1814] Absatz 1 des Bürgerlichen Gesetzbuchs bestellt worden sind, sofern es sich nicht um Leistungen handelt, die nach *§ 1908i Absatz 1 in Verbindung mit § 1835* [***ab 1.1.2023:*** § 1877] Absatz 3 des Bürgerlichen Gesetzbuchs vergütet werden,

l)[8] Einrichtungen, mit denen eine Vereinbarung zur Pflegeberatung nach § 7a des Elften Buches Sozialgesetzbuch besteht, oder

m)[9] Einrichtungen, bei denen die Betreuungs- oder Pflegekosten oder die Kosten für eng mit der Betreuung oder Pflege verbundene Leistungen in mindestens 25 Prozent der Fälle von den gesetzli-

---

[1] § 4 Nr. 16 Satz 1 Buchst. e geänd. mWv 1.1.2018 durch G v. 23.12.2016 (BGBl. I S. 3234).

[2] § 4 Nr. 16 Satz 1 Buchst. f geänd. mWv 1.1.2018 durch G v. 23.12.2016 (BGBl. I S. 3234).

[3] § 4 Nr. 16 Satz 1 Buchst. g neu gef. mWv 1.1.2017 durch G v. 23.12.2016 (BGBl. I S. 3191).

[4] § 4 Nr. 16 Satz 1 Buchst. h neu gef. mWv 1.1.2018 durch G v. 23.12.2016 (BGBl. I S. 3234).

[5] § 4 Nr. 16 Satz 1 Buchst. i neu gef. mWv 30.6.2013 durch G v. 26.6.2013 (BGBl. I S. 1809).

[6] § 4 Nr. 16 Satz 1 Buchst. j geänd. mWv 1.7.2013 durch G v. 26.6.2013 (BGBl. I S. 1809).

[7] § 4 Nr. 16 Satz 1 Buchst. k eingef., bish. Buchst. k wird Buchst. l mWv 1.7.2013 durch G v. 26.6.2013 (BGBl. I S. 1809); geänd. **mWv 1.1.2023** durch G v. 4.5.2021 (BGBl. I S. 882).

[8] § 4 Nr. 16 Buchst. l eingef. mWv 1.1.2021 durch G v. 21.12.2020 (BGBl. I S. 3096).

[9] § 4 Nr. 16 Satz 1 Buchst. l (jetzt Buchst. m) neu gef. mWv 1.1.2020 durch G v. 23.12.2016 (BGBl. I S. 3234); geänd. **mWv 1.1.2024** durch G v. 12.12.2019 (BGBl. I S. 2652); zur weiteren Anwendung der alten Fassung siehe § 27 Abs. 25a; bish. Buchst. l wird Buchst. m und geänd. mWv 1.1.2021 durch G v. 21.12.2020 (BGBl. I S. 3096).

chen Trägern der Sozialversicherung, den Trägern der Sozialhilfe, den Trägern der Eingliederungshilfe nach § 94 des Neunten Buches Sozialgesetzbuch oder *der für die Durchführung der Kriegsopferversorgung zuständigen Versorgungsverwaltung einschließlich der Träger der Kriegsopferfürsorge* [***ab 1.1.2024:*** den nach Bundes- oder Landesrecht zur Durchführung des Vierzehnten Buches Sozialgesetzbuch zuständigen Stellen] ganz oder zum überwiegenden Teil vergütet werden.

[2] Leistungen im Sinne des Satzes 1, die von Einrichtungen nach den Buchstaben b bis m erbracht werden, sind befreit, soweit es sich ihrer Art nach um Leistungen handelt, auf die sich die Anerkennung, der Vertrag oder die Vereinbarung nach Sozialrecht oder die Vergütung jeweils bezieht;

17. a) die Lieferungen von menschlichen Organen, menschlichem Blut und Frauenmilch,

b) die Beförderungen von kranken und verletzten Personen mit Fahrzeugen, die hierfür besonders eingerichtet sind;

18.[1)] eng mit der Sozialfürsorge und der sozialen Sicherheit verbundene Leistungen, wenn diese Leistungen von Einrichtungen des öffentlichen Rechts oder anderen Einrichtungen, die keine systematische Gewinnerzielung anstreben, erbracht werden. [2] Etwaige Gewinne, die trotzdem anfallen, dürfen nicht verteilt, sondern müssen zur Erhaltung oder Verbesserung der durch die Einrichtung erbrachten Leistungen verwendet werden. [3] Für in anderen Nummern des § 4 bezeichnete Leistungen kommt die Steuerbefreiung nur unter den dort genannten Voraussetzungen in Betracht;

18a.[2)] die Leistungen zwischen den selbständigen Gliederungen einer politischen Partei, soweit diese Leistungen im Rahmen der satzungsgemäßen Aufgaben gegen Kostenerstattung ausgeführt werden, und sofern die jeweilige Partei nicht gemäß § 18 Absatz 7 des Parteiengesetzes von der staatlichen Teilfinanzierung ausgeschlossen ist;

19. a)[3)] die Umsätze der Blinden, die nicht mehr als zwei Arbeitnehmer beschäftigen. [2] Nicht als Arbeitnehmer gelten der Ehegatte, der eingetragene Lebenspartner, die minderjährigen Abkömmlinge, die Eltern des Blinden und die Lehrlinge. [3] Die Blindheit ist nach den für die Besteuerung des Einkommens maßgebenden Vorschriften nachzuweisen. [4] Die Steuerfreiheit gilt nicht für die Lieferungen von Energieerzeugnissen im Sinne des § 1 Abs. 2 und 3 des Energiesteuergesetzes und von Alkoholerzeugnissen im Sinne des Alkoholsteuergesetzes, wenn der Blinde für diese Erzeugnisse Energiesteuer oder Alkoholsteuer zu entrichten hat, und für Lieferungen im Sinne der Nummer 4a Satz 1 Buchstabe a Satz 2,

---

[1)] § 4 Nr. 18 neu gef. mWv 1.1.2020 durch G v. 12.12.2019 (BGBl. I S. 2451).

[2)] § 4 Nr. 18a geänd. mWv 29.7.2017 durch G v. 18.7.2017 (BGBl. I S. 2730).

[3)] § 4 Nr. 19 Buchst. a Satz 4 neu gef. mWv 19.12.2006 durch G v. 13.12.2006 (BGBl. I S. 2878); Satz 2 geänd. mWv 30.6.2013 durch G v. 26.6.2013 (BGBl. I S. 1809); Satz 4 geänd. mWv 1.1.2018 durch G v. 10.3.2017 (BGBl. I S. 420); Satz 4 geänd. mWv 18.12.2019 durch G v. 12.12.2019 (BGBl. I S. 2451).

b)[1] die folgenden Umsätze der nicht unter Buchstabe a fallenden Inhaber von anerkannten Blindenwerkstätten und der anerkannten Zusammenschlüsse von Blindenwerkstätten im Sinne des § 226 des Neunten Buches Sozialgesetzbuch:

aa) die Lieferungen von Blindenwaren und Zusatzwaren,

bb) die sonstigen Leistungen, soweit bei ihrer Ausführung ausschließlich Blinde mitgewirkt haben;

20. a)[2] die Umsätze folgender Einrichtungen des Bundes, der Länder, der Gemeinden oder der Gemeindeverbände: Theater, Orchester, Kammermusikensembles, Chöre, Museen, botanische Gärten, zoologische Gärten, Tierparks, Archive, Büchereien sowie Denkmäler der Bau- und Gartenbaukunst. [2] Das Gleiche gilt für die Umsätze gleichartiger Einrichtungen anderer Unternehmer, wenn die zuständige Landesbehörde bescheinigt, dass sie die gleichen kulturellen Aufgaben wie die in Satz 1 bezeichneten Einrichtungen erfüllen. [3] Steuerfrei sind auch die Umsätze von Bühnenregisseuren und Bühnenchoreographen an Einrichtungen im Sinne der Sätze 1 und 2, wenn die zuständige Landesbehörde bescheinigt, dass deren künstlerische Leistungen diesen Einrichtungen unmittelbar dienen. [4] Museen im Sinne dieser Vorschrift sind wissenschaftliche Sammlungen und Kunstsammlungen,

b) die Veranstaltung von Theatervorführungen und Konzerten durch andere Unternehmer, wenn die Darbietungen von den unter Buchstabe a bezeichneten Theatern, Orchestern, Kammermusikensembles oder Chören erbracht werden;

21. a) die unmittelbar dem Schul- und Bildungszweck dienenden Leistungen privater Schulen und anderer allgemein bildender oder berufsbildender Einrichtungen,

aa) wenn sie als Ersatzschulen gemäß Artikel 7 Abs. 4 des Grundgesetzes staatlich genehmigt oder nach Landesrecht erlaubt sind oder

bb) wenn die zuständige Landesbehörde bescheinigt, dass sie auf einen Beruf oder eine vor einer juristischen Person des öffentlichen Rechts abzulegende Prüfung ordnungsgemäß vorbereiten,

b) die unmittelbar dem Schul- und Bildungszweck dienenden Unterrichtsleistungen selbständiger Lehrer

aa) an Hochschulen im Sinne der §§ 1 und 70 des Hochschulrahmengesetzes und öffentlichen allgemein bildenden oder berufsbildenden Schulen oder

bb) an privaten Schulen und anderen allgemein bildenden oder berufsbildenden Einrichtungen, soweit diese die Voraussetzungen des Buchstabens a erfüllen;

---

[1] § 4 Nr. 19 Buchst. b geänd. durch G v. 7.9.2007 (BGBl. I S. 2246); geänd. mWv 1.1.2018 durch G v. 23.12.2016 (BGBl. I S. 3234).

[2] § 4 Nr. 20 Buchst. a Satz 3 eingef., bish. Satz 3 wird Satz 4 mWv 1.1.2011 durch G v. 8.12.2010 (BGBl. I S. 1768); Satz 3 eingef., bish. Sätze 3 und 4 werden Sätze 4 und 5 mWv 1.7.2013 durch G v. 26.6.2013 (BGBl. I S. 1809); Satz 4 aufgeh., bish. Satz 5 wird Satz 4 mWv 1.1.2015 durch G v. 22.12. 2014 (BGBl. I S. 2417).

21a.[1] (weggefallen)

22. a) die Vorträge, Kurse und anderen Veranstaltungen wissenschaftlicher oder belehrender Art, die von juristischen Personen des öffentlichen Rechts, von Verwaltungs- und Wirtschaftsakademien, von Volkshochschulen oder von Einrichtungen, die gemeinnützigen Zwecken oder dem Zweck eines Berufsverbandes dienen, durchgeführt werden, wenn die Einnahmen überwiegend zur Deckung der Kosten verwendet werden,

    b) andere kulturelle und sportliche Veranstaltungen, die von den in Buchstabe a genannten Unternehmern durchgeführt werden, soweit das Entgelt in Teilnehmergebühren besteht;

23.[2] a) die Erziehung von Kindern und Jugendlichen und damit eng verbundene Lieferungen und sonstige Leistungen, die durch Einrichtungen des öffentlichen Rechts, die mit solchen Aufgaben betraut sind, oder durch andere Einrichtungen erbracht werden, deren Zielsetzung mit der einer Einrichtung des öffentlichen Rechts vergleichbar ist und die keine systematische Gewinnerzielung anstreben; etwaige Gewinne, die trotzdem anfallen, dürfen nicht verteilt, sondern müssen zur Erhaltung oder Verbesserung der durch die Einrichtung erbrachten Leistungen verwendet werden,

    b) eng mit der Betreuung von Kindern und Jugendlichen verbundene Lieferungen und sonstige Leistungen, die durch Einrichtungen des öffentlichen Rechts oder durch andere als Einrichtungen mit sozialem Charakter anerkannte Einrichtungen erbracht werden. [2] Andere Einrichtungen mit sozialem Charakter im Sinne dieser Vorschrift sind Einrichtungen, soweit sie

        aa) auf Grund gesetzlicher Regelungen im Bereich der sozialen Sicherheit tätig werden oder

        bb) Leistungen erbringen, die im vorangegangenen Kalenderjahr ganz oder zum überwiegenden Teil durch Einrichtungen des öffentlichen Rechts vergütet wurden,

    c)[3] Verpflegungsdienstleistungen und Beherbergungsleistungen gegenüber Kindern in Kindertageseinrichtungen, Studierenden und Schülern an Hochschulen im Sinne der Hochschulgesetze der Länder, an einer staatlichen oder staatlich anerkannten Berufsakademie, an öffentlichen Schulen und an Ersatzschulen, die gemäß Artikel 7 Absatz 4 des Grundgesetzes staatlich genehmigt oder nach Landesrecht erlaubt sind, sowie an staatlich anerkannten Ergänzungsschulen und an Berufsschulheimen durch Einrichtungen des öffentlichen Rechts oder durch andere Einrichtungen, die keine systematische Gewinnerzielung anstreben; etwaige Gewinne, die trotzdem anfallen, dürfen nicht verteilt, sondern müssen zur Erhaltung oder Verbesserung der durch die Einrichtung erbrachten Leistungen verwendet werden.

[2] Steuerfrei sind auch die Beherbergung, Beköstigung und die üblichen Naturalleistungen, die die Unternehmer den Personen, die bei der

---

[1] Zur weiteren Anwendung von § 4 Nr. 21a siehe § 27 Abs. 10.
[2] § 4 Nr. 23 neu gef. mWv 1.1.2020 durch G v. 12.12.2019 (BGBl. I S. 2451).
[3] § 4 Nr. 23 Satz 1 Buchst. c neu gef. mWv 1.1.2021 durch G v. 21.12.2020 (BGBl. I S. 3096).

Erbringung der Leistungen nach Satz 1 Buchstabe a und b beteiligt sind, als Vergütung für die geleisteten Dienste gewähren. [3]Kinder und Jugendliche im Sinne von Satz 1 Buchstabe a und b sind alle Personen, die noch nicht 27 Jahre alt sind. [4]Für die in den Nummern 15b, 15c, 21, 24 und 25 bezeichneten Leistungen kommt die Steuerbefreiung nur unter den dort genannten Voraussetzungen in Betracht;

24. die Leistungen des Deutschen Jugendherbergswerkes, Hauptverband für Jugendwandern und Jugendherbergen e.V., einschließlich der diesem Verband angeschlossenen Untergliederungen, Einrichtungen und Jugendherbergen, soweit die Leistungen den Satzungszwecken unmittelbar dienen oder Personen, die bei diesen Leistungen tätig sind, Beherbergung, Beköstigung und die üblichen Naturalleistungen als Vergütung für die geleisteten Dienste gewährt werden. [2]Das Gleiche gilt für die Leistungen anderer Vereinigungen, die gleiche Aufgaben unter denselben Voraussetzungen erfüllen;

25.[1)] Leistungen der Jugendhilfe nach § 2 Absatz 2 des Achten Buches Sozialgesetzbuch, die Inobhutnahme nach § 42 des Achten Buches Sozialgesetzbuch und Leistungen der Adoptionsvermittlung nach dem Adoptionsvermittlungsgesetz, wenn diese Leistungen von Trägern der öffentlichen Jugendhilfe oder anderen Einrichtungen mit sozialem Charakter erbracht werden. [2]Andere Einrichtungen mit sozialem Charakter im Sinne dieser Vorschrift sind

a)[2)] von der zuständigen Jugendbehörde anerkannte Träger der freien Jugendhilfe, die Kirchen und Religionsgemeinschaften des öffentlichen Rechts,

b) Einrichtungen, soweit sie

aa) für ihre Leistungen eine im Achten Buch Sozialgesetzbuch geforderte Erlaubnis besitzen oder nach § 44 oder § 45 Abs. 1 Nr. 1 und 2 des Achten Buches Sozialgesetzbuch einer Erlaubnis nicht bedürfen,

bb) Leistungen erbringen, die im vorangegangenen Kalenderjahr ganz oder zum überwiegenden Teil durch Träger der öffentlichen Jugendhilfe oder Einrichtungen nach Buchstabe a vergütet wurden,

cc)[3)] Leistungen der Kindertagespflege erbringen, für die sie nach § 23 Absatz 3 des Achten Buches Sozialgesetzbuch geeignet sind, oder

dd)[4)] Leistungen der Adoptionsvermittlung erbringen, für die sie nach § 4 Absatz 1 des Adoptionsvermittlungsgesetzes anerkannt oder nach § 4 Absatz 2 des Adoptionsvermittlungsgesetzes zugelassen sind.

[3]Steuerfrei sind auch

[1)] § 4 Nr. 25 neu gef. mWv 1.1.2008 durch G v. 20.12.2007 (BGBl. I S. 3150); Satz 1 neu gef. mWv 1.1.2020 durch G v. 12.12.2019 (BGBl. I S. 2451).

[2)] § 4 Nr. 25 Satz 2 Buchst. a geänd. mWv 1.1.2020 durch G v. 12.12.2019 (BGBl. I S. 2451).

[3)] § 4 Nr. 25 Satz 2 Buchst. b Doppelbuchst. cc neu gef. mWv 31.7.2014 durch G v. 25.7.2014 (BGBl. I S. 1266).

[4)] § 4 Nr. 25 Satz 2 Buchst. b Doppelbuchst. dd angef. mWv 1.1.2020 durch G v. 12.12.2019 (BGBl. I S. 2451).

a) die Durchführung von kulturellen und sportlichen Veranstaltungen, wenn die Darbietungen von den von der Jugendhilfe begünstigten Personen selbst erbracht oder die Einnahmen überwiegend zur Deckung der Kosten verwendet werden und diese Leistungen in engem Zusammenhang mit den in Satz 1 bezeichneten Leistungen stehen,

b) die Beherbergung, Beköstigung und die üblichen Naturalleistungen, die diese Einrichtungen den Empfängern der Jugendhilfeleistungen und Mitarbeitern in der Jugendhilfe sowie den bei den Leistungen nach Satz 1 tätigen Personen als Vergütung für die geleisteten Dienste gewähren,

c)[1] Leistungen, die von Einrichtungen erbracht werden, die als Vormünder nach § 1773 des Bürgerlichen Gesetzbuchs oder als Ergänzungspfleger nach *§ 1909* [***ab 1.1.2023:*** § 1809] des Bürgerlichen Gesetzbuchs bestellt worden sind, sofern es sich nicht um Leistungen handelt, die nach *§ 1835* [***ab 1.1.2023:*** § 1877] Absatz 3 des Bürgerlichen Gesetzbuchs vergütet werden,

d)[2] Einrichtungen, die als Verfahrensbeistand nach den §§ 158, 174 oder 191 des Gesetzes über das Verfahren in Familiensachen und in den Angelegenheiten der freiwilligen Gerichtsbarkeit bestellt worden sind, wenn die Preise, die diese Einrichtungen verlangen, von den zuständigen Behörden genehmigt sind oder die genehmigten Preise nicht übersteigen; bei Umsätzen, für die eine Preisgenehmigung nicht vorgesehen ist, müssen die verlangten Preise unter den Preisen liegen, die der Mehrwertsteuer unterliegende gewerbliche Unternehmen für entsprechende Umsätze fordern;

26. die ehrenamtliche Tätigkeit,

a) wenn sie für juristische Personen des öffentlichen Rechts ausgeübt wird oder

b) wenn das Entgelt für diese Tätigkeit nur in Auslagenersatz und einer angemessenen Entschädigung für Zeitversäumnis besteht;

27. a)[3] die Gestellung von Personal durch religiöse und weltanschauliche Einrichtungen für die in Nummer 14 Buchstabe b, in den Nummern 16, 18, 21, 22 Buchstabe a sowie in den Nummern 23 und 25 genannten Tätigkeiten und für Zwecke geistlichen Beistands,

b)[4] die Gestellung von land- und forstwirtschaftlichen Arbeitskräften durch juristische Personen des privaten oder des öffentlichen Rechts für land- und forstwirtschaftliche Betriebe (§ 24 Abs. 2) mit höchstens drei Vollarbeitskräften zur Überbrückung des Ausfalls des Betriebsinhabers oder dessen voll mitarbeitenden Familienangehörigen wegen Krankheit, Unfalls, Schwangerschaft, eingeschränkter Erwerbsfähigkeit oder Todes sowie die Gestellung von Betriebshelfern an die gesetzlichen Träger der Sozialversicherung;

---

[1] § 4 Nr. 25 Satz 3 Buchst. c angef. mWv 1.7.2013 durch G v. 26.6.2013 (BGBl. I S. 1809); geänd. **mWv 1.1.2023** durch G v. 4.5.2021 (BGBl. I S. 882).

[2] § 4 Nr. 25 Satz 3 Buchst. d angef. mWv 1.1.2021 durch G v. 21.12.2020 (BGBl. I S. 3096).

[3] § 4 Nr. 27 Buchst. a neu gef. mWv 1.1.2015 durch G v. 25.7.2014 (BGBl. I S. 1266); geänd. mWv 18.12.2019 durch G v. 12.12.2019 (BGBl. I S. 2451).

[4] § 4 Nr. 27 Buchst. b geänd. mWv 1.1.2009 durch G v. 19.12.2008 (BGBl. I S. 2794).

28.[1] die Lieferungen von Gegenständen, für die der Vorsteuerabzug nach § 15 Abs. 1a ausgeschlossen ist oder wenn der Unternehmer die gelieferten Gegenstände ausschließlich für eine nach den Nummern 8 bis 27 und 29 steuerfreie Tätigkeit verwendet hat;

29.[2] sonstige Leistungen von selbständigen, im Inland ansässigen Zusammenschlüssen von Personen, deren Mitglieder eine dem Gemeinwohl dienende nichtunternehmerische Tätigkeit oder eine dem Gemeinwohl dienende Tätigkeit ausüben, die nach den Nummern 11b, 14 bis 18, 20 bis 25 oder 27 von der Steuer befreit ist, gegenüber ihren im Inland ansässigen Mitgliedern, soweit diese Leistungen für unmittelbare Zwecke der Ausübung dieser Tätigkeiten verwendet werden und der Zusammenschluss von seinen Mitgliedern lediglich die genaue Erstattung des jeweiligen Anteils an den gemeinsamen Kosten fordert, vorausgesetzt, dass diese Befreiung nicht zu einer Wettbewerbsverzerrung führt.

§ 4a Steuervergütung. (1) [1] Körperschaften, die ausschließlich und unmittelbar gemeinnützige, mildtätige oder kirchliche Zwecke verfolgen (§§ 51 bis 68 der Abgabenordnung[3]), und juristischen Personen des öffentlichen Rechts wird auf Antrag eine Steuervergütung zum Ausgleich der Steuer gewährt, die auf der an sie bewirkten Lieferung eines Gegenstands, seiner Einfuhr oder seinem innergemeinschaftlichen Erwerb lastet, wenn die folgenden Voraussetzungen erfüllt sind:

1. Die Lieferung, die Einfuhr oder der innergemeinschaftliche Erwerb des Gegenstands muss steuerpflichtig gewesen sein.
2. Die auf die Lieferung des Gegenstands entfallende Steuer muss in einer nach § 14 ausgestellten Rechnung gesondert ausgewiesen und mit dem Kaufpreis bezahlt worden sein.
3. Die für die Einfuhr oder den innergemeinschaftlichen Erwerb des Gegenstands geschuldete Steuer muss entrichtet worden sein.
4. Der Gegenstand muss in das Drittlandsgebiet gelangt sein.
5. Der Gegenstand muss im Drittlandsgebiet zu humanitären, karitativen oder erzieherischen Zwecken verwendet werden.
6.[4] Der Erwerb oder die Einfuhr des Gegenstands und seine Ausfuhr dürfen von einer Körperschaft, die steuerbegünstigte Zwecke verfolgt, nicht im Rahmen eines wirtschaftlichen Geschäftsbetriebs und von einer juristischen Person des öffentlichen Rechts nicht im Rahmen ihres Unternehmens vorgenommen worden sein.
7. Die vorstehenden Voraussetzungen müssen nachgewiesen sein.

[2] Der Antrag ist nach amtlich vorgeschriebenem Vordruck zu stellen, in dem der Antragsteller die zu gewährende Vergütung selbst zu berechnen hat.

---

[1] § 4 Nr. 28 geänd. durch G v. 20.12.2007 (BGBl. I S. 3150); geänd. mWv 1.1.2020 durch G v. 12.12.2019 (BGBl. I S. 2451).

[2] § 4 Nr. 29 angef. mWv 1.1.2020 durch G v. 12.12.2019 (BGBl. I S. 2451).

[3] Nr. **1**.

[4] § 4a Abs. 1 Satz 1 Nr. 6 geänd. mWv 1.1.2016 durch G v. 2.11.2015 (BGBl. I S. 1834).

(2) Das Bundesministerium der Finanzen kann mit Zustimmung des Bundesrates durch Rechtsverordnung näher bestimmen,
1. wie die Voraussetzungen für den Vergütungsanspruch nach Absatz 1 Satz 1 nachzuweisen sind und
2. in welcher Frist die Vergütung zu beantragen ist.

§ 4b Steuerbefreiung beim innergemeinschaftlichen Erwerb von Gegenständen. Steuerfrei ist der innergemeinschaftliche Erwerb
1. der in § 4 Nr. 8 Buchstabe e und Nr. 17 Buchstabe a sowie der in § 8 Abs. 1 Nr. 1 und 2 bezeichneten Gegenstände;
2. der in § 4 Nr. 4 bis 4b und Nr. 8 Buchstabe b und i sowie der in § 8 Abs. 2 Nr. 1 und 2 bezeichneten Gegenstände unter den in diesen Vorschriften bezeichneten Voraussetzungen;
3. der Gegenstände, deren Einfuhr (§ 1 Abs. 1 Nr. 4) nach den für die Einfuhrumsatzsteuer geltenden Vorschriften steuerfrei wäre;
4. der Gegenstände, die zur Ausführung von Umsätzen verwendet werden, für die der Ausschluss vom Vorsteuerabzug nach § 15 Abs. 3 nicht eintritt.

§ 5 Steuerbefreiungen bei der Einfuhr. (1) Steuerfrei ist die Einfuhr
1. der in § 4 Nr. 8 Buchstabe e und Nr. 17 Buchstabe a sowie der in § 8 Abs. 1 Nr. 1, 2 und 3 bezeichneten Gegenstände;
2. der in § 4 Nr. 4 und Nr. 8 Buchstabe b und i sowie der in § 8 Abs. 2 Nr. 1, 2 und 3 bezeichneten Gegenstände unter den in diesen Vorschriften bezeichneten Voraussetzungen;
3.[1] der Gegenstände, die von einem Schuldner der Einfuhrumsatzsteuer im Anschluss an die Einfuhr unmittelbar zur Ausführung von innergemeinschaftlichen Lieferungen (§ 4 Nummer 1 Buchstabe b, § 6a) verwendet werden; der Schuldner der Einfuhrumsatzsteuer hat zum Zeitpunkt der Einfuhr
   a) seine im Geltungsbereich dieses Gesetzes erteilte Umsatzsteuer-Identifikationsnummer oder die im Geltungsbereich dieses Gesetzes erteilte Umsatzsteuer-Identifikationsnummer seines Fiskalvertreters und
   b) die im anderen Mitgliedstaat erteilte Umsatzsteuer-Identifikationsnummer des Abnehmers mitzuteilen sowie
   c) nachzuweisen, dass die Gegenstände zur Beförderung oder Versendung in das übrige Gemeinschaftsgebiet bestimmt sind;
4. der in der Anlage 1 bezeichneten Gegenstände, die im Anschluss an die Einfuhr zur Ausführung von steuerfreien Umsätzen nach § 4 Nr. 4a Satz 1 Buchstabe a Satz 1 verwendet werden sollen; der Schuldner der Einfuhrumsatzsteuer hat die Voraussetzungen der Steuerbefreiung nachzuweisen;
5. der in der Anlage 1 bezeichneten Gegenstände, wenn die Einfuhr im Zusammenhang mit einer Lieferung steht, die zu einer Auslagerung im Sinne des § 4 Nr. 4a Satz 1 Buchstabe a Satz 2 führt, und der Lieferer oder sein Beauftragter Schuldner der Einfuhrumsatzsteuer ist; der Schuldner der Einfuhrumsatzsteuer hat die Voraussetzungen der Steuerbefreiung nachzuweisen;

[1] § 5 Abs. 1 Nr. 3 neu gef. mWv 1.1.2011 durch G v. 8.12.2010 (BGBl. I S. 1768).

6.[1] von Erdgas über das Erdgasnetz oder von Erdgas, das von einem Gastanker aus in das Erdgasnetz oder ein vorgelagertes Gasleitungsnetz eingespeist wird, von Elektrizität oder von Wärme oder Kälte über Wärme- oder Kältenetze;

7.[2] von aus dem Drittlandsgebiet eingeführten Gegenständen in Sendungen mit einem Sachwert von höchstens 150 Euro, für die die Steuer im Rahmen des besonderen Besteuerungsverfahrens nach § 18k zu erklären ist und für die in der Anmeldung zur Überlassung in den freien Verkehr die nach Artikel 369q der Richtlinie 2006/112/EG des Rates vom 28. November 2006 über das gemeinsame Mehrwertsteuersystem (ABl. L 347 vom 11.12.2006, S. 1) in der jeweils geltenden Fassung von einem Mitgliedstaat der Europäischen Union erteilte individuelle Identifikationsnummer des Lieferers oder die dem in seinem Auftrag handelnden Vertreter für diesen Lieferer erteilte individuelle Identifikationsnummer angegeben wird;

[*ab 1.7.2022:*

8.[3] von Gegenständen durch die Streitkräfte anderer Mitgliedstaaten für den eigenen Gebrauch oder Verbrauch oder für den ihres zivilen Begleitpersonals oder für die Versorgung ihrer Kasinos oder Kantinen, wenn diese Streitkräfte an einer Verteidigungsanstrengung teilnehmen, die zur Durchführung einer Tätigkeit der Union im Rahmen der Gemeinsamen Sicherheits- und Verteidigungspolitik unternommen wird.]

(2) Das Bundesministerium der Finanzen kann durch Rechtsverordnung, die nicht der Zustimmung des Bundesrates bedarf, zur Erleichterung des Warenverkehrs über die Grenze und zur Vereinfachung der Verwaltung Steuerfreiheit oder Steuerermäßigung anordnen

1. für Gegenstände, die nicht oder nicht mehr am Güterumsatz und an der Preisbildung teilnehmen;
2. für Gegenstände in kleinen Mengen oder von geringem Wert;
3. für Gegenstände, die nur vorübergehend ausgeführt worden waren, ohne ihre Zugehörigkeit oder enge Beziehung zur inländischen Wirtschaft verloren zu haben;
4. für Gegenstände, die nach zollamtlich bewilligter Veredelung in Freihäfen eingeführt werden;
5. für Gegenstände, die nur vorübergehend eingeführt und danach unter zollamtlicher Überwachung wieder ausgeführt werden;
6. für Gegenstände, für die nach zwischenstaatlichem Brauch keine Einfuhrumsatzsteuer erhoben wird;
7. für Gegenstände, die an Bord von Verkehrsmitteln als Mundvorrat, als Brenn-, Treib- oder Schmierstoffe, als technische Öle oder als Betriebsmittel eingeführt werden;
8.[4] für Gegenstände, die weder zum Handel noch zur gewerblichen Verwendung bestimmt und insgesamt nicht mehr wert sind, als in Rechtsakten des Rates der Europäischen Union oder der Europäischen Kommission über

---

[1] § 5 Abs. 1 Nr. 6 neu gef. mWv 1.1.2011 durch G v. 8.12.2010 (BGBl. I S. 1768).

[2] § 5 Abs. 1 Nr. 7 angef. mWv 1.7.2021 durch G v. 21.12.2020 (BGBl. I S. 3096); zur Anwendung siehe § 27 Abs. 34 Satz 1.

[3] § 5 Abs. 1 Nr. 8 angef. **mWv 1.7.2022** durch G v. 21.12.2020 (BGBl. I S. 3096).

[4] § 5 Abs. 2 Nr. 8 Sätze 1 und 2 geänd. mWv 30.6.2013 durch G v. 26.6.2013 (BGBl. I S. 1809).

die Verzollung zum Pauschalsatz festgelegt ist, soweit dadurch schutzwürdige Interessen der inländischen Wirtschaft nicht verletzt werden und keine unangemessenen Steuervorteile entstehen. [2] Es hat dabei Rechtsakte des Rates der Europäischen Union oder der Europäischen Kommission zu berücksichtigen.

(3)[1)] Das Bundesministerium der Finanzen kann durch Rechtsverordnung, die nicht der Zustimmung des Bundesrates bedarf, anordnen, dass unter den sinngemäß anzuwendenden Voraussetzungen von Rechtsakten des Rates der Europäischen Union oder der Europäischen Kommission über die Erstattung oder den Erlass von Einfuhrabgaben die Einfuhrumsatzsteuer ganz oder teilweise erstattet oder erlassen wird.

§ 6 Ausfuhrlieferung. (1) [1] Eine Ausfuhrlieferung (§ 4 Nr. 1 Buchstabe a) liegt vor, wenn bei einer Lieferung

1. der Unternehmer den Gegenstand der Lieferung in das Drittlandsgebiet, ausgenommen Gebiete nach § 1 Abs. 3, befördert oder versendet hat oder
2. der Abnehmer den Gegenstand der Lieferung in das Drittlandsgebiet, ausgenommen Gebiete nach § 1 Abs. 3, befördert oder versendet hat und ein ausländischer Abnehmer ist oder
3. der Unternehmer oder der Abnehmer den Gegenstand der Lieferung in die in § 1 Abs. 3 bezeichneten Gebiete befördert oder versendet hat und der Abnehmer
   a)[2)] ein Unternehmer ist, der den Gegenstand für sein Unternehmen erworben hat und dieser nicht ausschließlich oder nicht zum Teil für eine nach § 4 Nummer 8 bis 27 und 29 steuerfreie Tätigkeit verwendet werden soll, oder
   b) ein ausländischer Abnehmer, aber kein Unternehmer ist und der Gegenstand in das übrige Drittlandsgebiet gelangt.

[2] Der Gegenstand der Lieferung kann durch Beauftragte vor der Ausfuhr bearbeitet oder verarbeitet worden sein.

(2) [1] Ausländischer Abnehmer im Sinne des Absatzes 1 Satz 1 Nr. 2 und 3 ist

1. ein Abnehmer, der seinen Wohnort oder Sitz im Ausland, ausgenommen die in § 1 Abs. 3 bezeichneten Gebiete, hat, oder
2. eine Zweigniederlassung eines im Inland oder in den in § 1 Abs. 3 bezeichneten Gebieten ansässigen Unternehmers, die ihren Sitz im Ausland, ausgenommen die bezeichneten Gebiete, hat, wenn sie das Umsatzgeschäft im eigenen Namen abgeschlossen hat.

[2] Eine Zweigniederlassung im Inland oder in den in § 1 Abs. 3 bezeichneten Gebieten ist kein ausländischer Abnehmer.

(3) Ist in den Fällen des Absatzes 1 Satz 1 Nr. 2 und 3 der Gegenstand der Lieferung zur Ausrüstung oder Versorgung eines Beförderungsmittels bestimmt, so liegt eine Ausfuhrlieferung nur vor, wenn

1. der Abnehmer ein ausländischer Unternehmer ist und

[1)] § 5 Abs. 3 geänd. mWv 30.6.2013 durch G v. 26.6.2013 (BGBl. I S. 1809).

[2)] § 6 Abs. 1 Satz 1 Nr. 3 Buchst. a geänd. mWv 25.12.2008 durch G v. 19.12.2008 (BGBl. I S. 2794); geänd. mWv 1.1.2020 durch G v. 12.12.2019 (BGBl. I S. 2451).

2. das Beförderungsmittel den Zwecken des Unternehmens des Abnehmers dient.

(3a)[1] [1] Wird in den Fällen des Absatzes 1 Satz 1 Nr. 2 und 3 der Gegenstand der Lieferung nicht für unternehmerische Zwecke erworben und durch den Abnehmer im persönlichen Reisegepäck ausgeführt, liegt eine Ausfuhrlieferung nur vor, wenn

1. der Abnehmer seinen Wohnort oder Sitz im Drittlandsgebiet, ausgenommen Gebiete nach § 1 Abs. 3, hat,
2. der Gegenstand der Lieferung vor Ablauf des dritten Kalendermonats, der auf den Monat der Lieferung folgt, ausgeführt wird und
3.[2] der Gesamtwert der Lieferung einschließlich Umsatzsteuer 50 Euro übersteigt.

[2] Nummer 3 tritt zum Ende des Jahres außer Kraft, in dem die Ausfuhr- und Abnehmernachweise in Deutschland erstmals elektronisch erteilt werden.

(4) [1] Die Voraussetzungen der Absätze 1, 3 und 3a sowie die Bearbeitung oder Verarbeitung im Sinne des Absatzes 1 Satz 2 müssen vom Unternehmer nachgewiesen sein. [2] Das Bundesministerium der Finanzen kann mit Zustimmung des Bundesrates durch Rechtsverordnung bestimmen, wie der Unternehmer die Nachweise zu führen hat.

(5) Die Absätze 1 bis 4 gelten nicht für die Lieferungen im Sinne des § 3 Abs. 1b.

§ 6a Innergemeinschaftliche Lieferung. (1)[3] [1] Eine innergemeinschaftliche Lieferung (§ 4 Nummer 1 Buchstabe b) liegt vor, wenn bei einer Lieferung die folgenden Voraussetzungen erfüllt sind:

1. der Unternehmer oder der Abnehmer hat den Gegenstand der Lieferung in das übrige Gemeinschaftsgebiet befördert oder versendet,
2. der Abnehmer ist
   a) ein in einem anderen Mitgliedstaat für Zwecke der Umsatzsteuer erfasster Unternehmer, der den Gegenstand der Lieferung für sein Unternehmen erworben hat,
   b) eine in einem anderen Mitgliedstaat für Zwecke der Umsatzsteuer erfasste juristische Person, die nicht Unternehmer ist oder die den Gegenstand der Lieferung nicht für ihr Unternehmen erworben hat, oder
   c) bei der Lieferung eines neuen Fahrzeugs auch jeder andere Erwerber,
3. der Erwerb des Gegenstands der Lieferung unterliegt beim Abnehmer in einem anderen Mitgliedstaat den Vorschriften der Umsatzbesteuerung und
4. der Abnehmer im Sinne der Nummer 2 Buchstabe a oder b hat gegenüber dem Unternehmer eine ihm von einem anderen Mitgliedstaat erteilte gültige Umsatzsteuer-Identifikationsnummer verwendet.

---

[1] § 6 Abs. 3a Satz 2 angef. mWv 1.1.2020 durch G v. 12.12.2019 (BGBl. I S. 2451).
[2] § 6 Abs. 3a Satz 1 Nr. 3 angef. mWv 1.1.2020 durch G v. 12.12.2019 (BGBl. I S. 2451).
[3] § 6a Abs. 1 Satz 1 neu gef. mWv 1.1.2020 durch G v. 12.12.2019 (BGBl. I S. 2451).

[2]Der Gegenstand der Lieferung kann durch Beauftragte vor der Beförderung oder Versendung in das übrige Gemeinschaftsgebiet bearbeitet oder verarbeitet worden sein.

(2) Als innergemeinschaftliche Lieferung gilt auch das einer Lieferung gleichgestellte Verbringen eines Gegenstands (§ 3 Abs. 1a).

(3) [1]Die Voraussetzungen der Absätze 1 und 2 müssen vom Unternehmer nachgewiesen sein. [2]Das Bundesministerium der Finanzen kann mit Zustimmung des Bundesrates durch Rechtsverordnung bestimmen, wie der Unternehmer den Nachweis zu führen hat.

(4) [1]Hat der Unternehmer eine Lieferung als steuerfrei behandelt, obwohl die Voraussetzungen nach Absatz 1 nicht vorliegen, so ist die Lieferung gleichwohl als steuerfrei anzusehen, wenn die Inanspruchnahme der Steuerbefreiung auf unrichtigen Angaben des Abnehmers beruht und der Unternehmer die Unrichtigkeit dieser Angaben auch bei Beachtung der Sorgfalt eines ordentlichen Kaufmanns nicht erkennen konnte. [2]In diesem Fall schuldet der Abnehmer die entgangene Steuer.

§ 6b[1)] Konsignationslagerregelung. (1) Für die Beförderung oder Versendung eines Gegenstandes aus dem Gebiet eines Mitgliedstaates in das Gebiet eines anderen Mitgliedstaates für Zwecke einer Lieferung des Gegenstandes nach dem Ende dieser Beförderung oder Versendung an einen Erwerber gilt eine Besteuerung nach Maßgabe der nachfolgenden Vorschriften, wenn folgende Voraussetzungen erfüllt sind:

1. Der Unternehmer oder ein vom Unternehmer beauftragter Dritter befördert oder versendet einen Gegenstand des Unternehmens aus dem Gebiet eines Mitgliedstaates (Abgangsmitgliedstaat) in das Gebiet eines anderen Mitgliedstaates (Bestimmungsmitgliedstaat) zu dem Zweck, dass nach dem Ende dieser Beförderung oder Versendung die Lieferung (§ 3 Absatz 1) gemäß einer bestehenden Vereinbarung an einen Erwerber bewirkt werden soll, dessen vollständiger Name und dessen vollständige Anschrift dem Unternehmer zum Zeitpunkt des Beginns der Beförderung oder Versendung des Gegenstands bekannt ist und der Gegenstand im Bestimmungsland verbleibt.
2. Der Unternehmer hat in dem Bestimmungsmitgliedstaat weder seinen Sitz noch seine Geschäftsleitung oder eine Betriebsstätte oder in Ermangelung eines Sitzes, einer Geschäftsleitung oder einer Betriebsstätte seinen Wohnsitz oder gewöhnlichen Aufenthalt.
3. Der Erwerber im Sinne der Nummer 1, an den die Lieferung bewirkt werden soll, hat gegenüber dem Unternehmer bis zum Beginn der Beförderung oder Versendung die ihm vom Bestimmungsmitgliedstaat erteilte Umsatzsteuer-Identifikationsnummer verwendet.
4. Der Unternehmer zeichnet die Beförderung oder Versendung des Gegenstandes im Sinne der Nummer 1 nach Maßgabe des § 22 Absatz 4f gesondert auf und kommt seiner Pflicht nach § 18a Absatz 1 in Verbindung mit Absatz 6 Nummer 3 und Absatz 7 Nummer 2a rechtzeitig, richtig und vollständig nach.

[1)] § 6b eingef. mWv 1.1.2020 durch G v. 12.12.2019 (BGBl. I S. 2451).

UStG

(2) Wenn die Voraussetzungen nach Absatz 1 erfüllt sind, gilt zum Zeitpunkt der Lieferung des Gegenstandes an den Erwerber, sofern diese Lieferung innerhalb der Frist nach Absatz 3 bewirkt wird, Folgendes:

1. Die Lieferung an den Erwerber wird einer im Abgangsmitgliedstaat steuerbaren und steuerfreien innergemeinschaftlichen Lieferung (§ 6a) gleichgestellt.
2. Die Lieferung an den Erwerber wird einem im Bestimmungsmitgliedstaat steuerbaren innergemeinschaftlichen Erwerb (§ 1a Absatz 1) gleichgestellt.

(3)[1)] Wird die Lieferung an den Erwerber nicht innerhalb von zwölf Monaten nach dem Ende der Beförderung oder Versendung des Gegenstandes im Sinne des Absatzes 1 Nummer 1 bewirkt und ist keine der Voraussetzungen des Absatzes 6 erfüllt, so gilt am Tag nach Ablauf des Zeitraums von zwölf Monaten die Beförderung oder Versendung des Gegenstandes als das einer innergemeinschaftlichen Lieferung gleichgestellte Verbringen (§ 6a Absatz 2 in Verbindung mit § 3 Absatz 1a).

(4) Absatz 3 ist nicht anzuwenden, wenn folgende Voraussetzungen vorliegen:

1. Die nach Absatz 1 Nummer 1 beabsichtigte Lieferung wird nicht bewirkt und der Gegenstand gelangt innerhalb von zwölf Monaten nach dem Ende der Beförderung oder Versendung aus dem Bestimmungsmitgliedstaat in den Abgangsmitgliedstaat zurück.
2. Der Unternehmer zeichnet das Zurückgelangen des Gegenstandes nach Maßgabe des § 22 Absatz 4f gesondert auf.

(5) Tritt innerhalb von zwölf Monaten nach dem Ende der Beförderung oder Versendung des Gegenstandes im Sinne des Absatzes 1 Nummer 1 und vor dem Zeitpunkt der Lieferung ein anderer Unternehmer an die Stelle des Erwerbers im Sinne des Absatzes 1 Nummer 1, gilt in dem Zeitpunkt, in dem der andere Unternehmer an die Stelle des Erwerbers tritt, Absatz 4 sinngemäß, wenn folgende Voraussetzungen vorliegen:

1. Der andere Unternehmer hat gegenüber dem Unternehmer die ihm vom Bestimmungsmitgliedstaat erteilte Umsatzsteuer-Identifikationsnummer verwendet.
2. Der vollständige Name und die vollständige Anschrift des anderen Unternehmers sind dem Unternehmer bekannt.
3. Der Unternehmer zeichnet den Erwerberwechsel nach Maßgabe des § 22 Absatz 4f gesondert auf.

(6)[2)] [1]Fällt eine der Voraussetzungen nach den Absätzen 1 und 5 innerhalb von zwölf Monaten nach dem Ende der Beförderung oder Versendung des Gegenstandes im Sinne des Absatzes 1 Nummer 1 und vor dem Zeitpunkt der Lieferung weg, so gilt am Tag des Wegfalls der Voraussetzung die Beförderung oder Versendung des Gegenstandes als das einer innergemeinschaftlichen Lieferung gleichgestellte Verbringen (§ 6a Absatz 2 in Verbindung mit § 3 Absatz 1a). [2]Wird die Lieferung an einen anderen Erwerber als einen Erwerber nach Absatz 1 Nummer 1 oder Absatz 5 bewirkt, gelten die Voraussetzungen nach den Absätzen 1 und 5 an dem Tag vor der Lieferung als nicht mehr erfüllt.

---

1) § 6b Abs. 3 geänd. durch G v. 21.12.2020 (BGBl. I S. 3096).
2) § 6b Abs. 6 Satz 1 geänd. durch G v. 21.12.2020 (BGBl. I S. 3096).

[3]Satz 2 gilt sinngemäß, wenn der Gegenstand vor der Lieferung oder bei der Lieferung in einen anderen Mitgliedstaat als den Abgangsmitgliedstaat oder in das Drittlandsgebiet befördert oder versendet wird. [4]Im Fall der Zerstörung, des Verlustes oder des Diebstahls des Gegenstandes nach dem Ende der Beförderung oder Versendung des Gegenstandes im Sinne des Absatzes 1 Nummer 1 und vor dem Zeitpunkt der Lieferung gelten die Voraussetzungen nach den Absätzen 1 und 5 an dem Tag, an dem die Zerstörung, der Verlust oder der Diebstahl festgestellt wird, als nicht mehr erfüllt.

§ 7 Lohnveredelung an Gegenständen der Ausfuhr. (1) [1]Eine Lohnveredelung an einem Gegenstand der Ausfuhr (§ 4 Nr. 1 Buchstabe a) liegt vor, wenn bei einer Bearbeitung oder Verarbeitung eines Gegenstands der Auftraggeber den Gegenstand zum Zweck der Bearbeitung oder Verarbeitung in das Gemeinschaftsgebiet eingeführt oder zu diesem Zweck in diesem Gebiet erworben hat und

1. der Unternehmer den bearbeiteten oder verarbeiteten Gegenstand in das Drittlandsgebiet, ausgenommen Gebiete nach § 1 Abs. 3, befördert oder versendet hat oder
2. der Auftraggeber den bearbeiteten oder verarbeiteten Gegenstand in das Drittlandsgebiet befördert oder versendet hat und ein ausländischer Auftraggeber ist oder
3. der Unternehmer den bearbeiteten oder verarbeiteten Gegenstand in die in § 1 Abs. 3 bezeichneten Gebiete befördert oder versendet hat und der Auftraggeber
   a) ein ausländischer Auftraggeber ist oder
   b) ein Unternehmer ist, der im Inland oder in den bezeichneten Gebieten ansässig ist und den bearbeiteten oder verarbeiteten Gegenstand für Zwecke seines Unternehmens verwendet.

[2]Der bearbeitete oder verarbeitete Gegenstand kann durch weitere Beauftragte vor der Ausfuhr bearbeitet oder verarbeitet worden sein.

(2) Ausländischer Auftraggeber im Sinne des Absatzes 1 Satz 1 Nr. 2 und 3 ist ein Auftraggeber, der die für den ausländischen Abnehmer geforderten Voraussetzungen (§ 6 Abs. 2) erfüllt.

(3) Bei Werkleistungen im Sinne des § 3 Abs. 10 gilt Absatz 1 entsprechend.

(4) [1]Die Voraussetzungen des Absatzes 1 sowie die Bearbeitung oder Verarbeitung im Sinne des Absatzes 1 Satz 2 müssen vom Unternehmer nachgewiesen sein. [2]Das Bundesministerium der Finanzen kann mit Zustimmung des Bundesrates durch Rechtsverordnung bestimmen, wie der Unternehmer die Nachweise zu führen hat.

(5) Die Absätze 1 bis 4 gelten nicht für die sonstigen Leistungen im Sinne des § 3 Abs. 9a Nr. 2.

§ 8 Umsätze für die Seeschifffahrt und für die Luftfahrt. (1) Umsätze für die Seeschifffahrt (§ 4 Nr. 2) sind:

1.[1] die Lieferungen, Umbauten, Instandsetzungen, Wartungen, Vercharterungen und Vermietungen von Wasserfahrzeugen für die Seeschifffahrt, die

---

[1] § 8 Abs. 1 Nr. 1 geänd. durch G v. 13.12.2006 (BGBl. I S. 2878).

dem Erwerb durch die Seeschifffahrt oder der Rettung Schiffbrüchiger zu dienen bestimmt sind (aus Positionen 8901 und 8902 00, aus Unterposition 8903 92 10, aus Position 8904 00 und aus Unterposition 8906 90 10 des Zolltarifs);

2. die Lieferungen, Instandsetzungen, Wartungen und Vermietungen von Gegenständen, die zur Ausrüstung der in Nummer 1 bezeichneten Wasserfahrzeuge bestimmt sind;
3. die Lieferungen von Gegenständen, die zur Versorgung der in Nummer 1 bezeichneten Wasserfahrzeuge bestimmt sind. [2]Nicht befreit sind die Lieferungen von Bordproviant zur Versorgung von Wasserfahrzeugen der Küstenfischerei;
4.[1)] die Lieferungen von Gegenständen, die zur Versorgung von Kriegsschiffen (Unterposition 8906 10 00 des Zolltarifs) auf Fahrten bestimmt sind, bei denen ein Hafen oder ein Ankerplatz im Ausland und außerhalb des Küstengebiets im Sinne des Zollrechts angelaufen werden soll;
5. andere als die in den Nummern 1 und 2 bezeichneten sonstigen Leistungen, die für den unmittelbaren Bedarf der in Nummer 1 bezeichneten Wasserfahrzeuge, einschließlich ihrer Ausrüstungsgegenstände und ihrer Ladungen, bestimmt sind.

(2) Umsätze für die Luftfahrt (§ 4 Nr. 2) sind:

1.[2)] die Lieferungen, Umbauten, Instandsetzungen, Wartungen, Vercharterungen und Vermietungen von Luftfahrzeugen, die zur Verwendung durch Unternehmer bestimmt sind, die im entgeltlichen Luftverkehr überwiegend grenzüberschreitende Beförderungen oder Beförderungen auf ausschließlich im Ausland gelegenen Strecken und nur in unbedeutendem Umfang nach § 4 Nummer 17 Buchstabe b steuerfreie, auf das Inland beschränkte Beförderungen durchführen;
2. die Lieferungen, Instandsetzungen, Wartungen und Vermietungen von Gegenständen, die zur Ausrüstung der in Nummer 1 bezeichneten Luftfahrzeuge bestimmt sind;
3. die Lieferungen von Gegenständen, die zur Versorgung der in Nummer 1 bezeichneten Luftfahrzeuge bestimmt sind;
4. andere als die in den Nummern 1 und 2 bezeichneten sonstigen Leistungen, die für den unmittelbaren Bedarf der in Nummer 1 bezeichneten Luftfahrzeuge, einschließlich ihrer Ausrüstungsgegenstände und ihrer Ladungen, bestimmt sind.

(3) [1]Die in den Absätzen 1 und 2 bezeichneten Voraussetzungen müssen vom Unternehmer nachgewiesen sein. [2]Das Bundesministerium der Finanzen kann mit Zustimmung des Bundesrates durch Rechtsverordnung bestimmen, wie der Unternehmer den Nachweis zu führen hat.

§ 9 Verzicht auf Steuerbefreiungen. (1) Der Unternehmer kann einen Umsatz, der nach § 4 Nr. 8 Buchstabe a bis g, Nr. 9 Buchstabe a, Nr. 12, 13 oder 19 steuerfrei ist, als steuerpflichtig behandeln, wenn der Umsatz an einen anderen Unternehmer für dessen Unternehmen ausgeführt wird.

[1)] § 8 Abs. 1 Nr. 4 geänd. durch G v. 13.12.2006 (BGBl. I S. 2878).
[2)] § 8 Abs. 2 Nr. 1 neu gef. mWv 1.7.2013 durch G v. 26.6.2013 (BGBl. I S. 1809).

(2)[1] [1]Der Verzicht auf Steuerbefreiung nach Absatz 1 ist bei der Bestellung und Übertragung von Erbbaurechten (§ 4 Nr. 9 Buchstabe a), bei der Vermietung oder Verpachtung von Grundstücken (§ 4 Nr. 12 Satz 1 Buchstabe a) und bei den in § 4 Nr. 12 Satz 1 Buchstabe b und c bezeichneten Umsätzen nur zulässig, soweit der Leistungsempfänger das Grundstück ausschließlich für Umsätze verwendet oder zu verwenden beabsichtigt, die den Vorsteuerabzug nicht ausschließen. [2]Der Unternehmer hat die Voraussetzungen nachzuweisen.

§27II

(3)[2] [1]Der Verzicht auf Steuerbefreiung nach Absatz 1 ist bei Lieferungen von Grundstücken (§ 4 Nr. 9 Buchstabe a) im Zwangsversteigerungsverfahren durch den Vollstreckungsschuldner an den Ersteher bis zur Aufforderung zur Abgabe von Geboten im Versteigerungstermin zulässig. [2]Bei anderen Umsätzen im Sinne von § 4 Nummer 9 Buchstabe a kann der Verzicht auf Steuerbefreiung nach Absatz 1 nur in dem gemäß § 311b Absatz 1 des Bürgerlichen Gesetzbuchs notariell zu beurkundenden Vertrag erklärt werden.

Dritter Abschnitt. Bemessungsgrundlagen

§ 10 Bemessungsgrundlage für Lieferungen, sonstige Leistungen und innergemeinschaftliche Erwerbe. (1)[3] [1]Der Umsatz wird bei Lieferungen und sonstigen Leistungen (§ 1 Abs. 1 Nr. 1 Satz 1) und bei dem innergemeinschaftlichen Erwerb (§ 1 Abs. 1 Nr. 5) nach dem Entgelt bemessen. [2]Entgelt ist alles, was den Wert der Gegenleistung bildet, die der leistende Unternehmer vom Leistungsempfänger oder von einem anderen als dem Leistungsempfänger für die Leistung erhält oder erhalten soll, einschließlich der unmittelbar mit dem Preis dieser Umsätze zusammenhängenden Subventionen, jedoch abzüglich der für diese Leistung gesetzlich geschuldeten Umsatzsteuer. [3]Bei dem innergemeinschaftlichen Erwerb sind Verbrauchsteuern, die vom Erwerber geschuldet oder entrichtet werden, in die Bemessungsgrundlage einzubeziehen. [4]Bei Lieferungen und dem innergemeinschaftlichen Erwerb im Sinne des § 4 Nr. 4a Satz 1 Buchstabe a Satz 2 sind die Kosten für die Leistungen im Sinne des § 4 Nr. 4a Satz 1 Buchstabe b und die vom Auslagerer geschuldeten oder entrichteten Verbrauchsteuern in die Bemessungsgrundlage einzubeziehen. [5]Die Beträge, die der Unternehmer im Namen und für Rechnung eines anderen vereinnahmt und verausgabt (durchlaufende Posten), gehören nicht zum Entgelt. [6]Liegen bei der Entgegennahme eines Mehrzweck-Gutscheins (§ 3 Absatz 15) keine Angaben über die Höhe der für den Gutschein erhaltenen Gegenleistung nach Satz 2 vor, so wird das Entgelt nach dem Gutscheinwert selbst oder nach dem in den damit zusammenhängenden Unterlagen angegebenen Geldwert bemessen, abzüglich der Umsatzsteuer, die danach auf die gelieferten Gegenstände oder die erbrachten Dienstleistungen entfällt.

(2) [1]Werden Rechte übertragen, die mit dem Besitz eines Pfandscheins verbunden sind, so gilt als vereinbartes Entgelt der Preis des Pfandscheins zuzüglich der Pfandsumme. [2]Beim Tausch (§ 3 Abs. 12 Satz 1), bei tauschähnlichen Umsätzen (§ 3 Abs. 12 Satz 2) und bei Hingabe an Zahlungs statt gilt der Wert

[1] Zur besonderen Anwendung von § 9 Abs. 2 siehe § 27 Abs. 2.

[2] § 9 Abs. 3 Satz 2 inhaltlich bestätigt durch G v. 5.4.2011 (BGBl. I S. 554).

[3] § 10 Abs. 1 Satz 2 neu gef., Satz 3 aufgeh., bish. Sätze 4 bis 6 werden Sätze 3 bis 5, neuer Satz 6 angef. mWv 1.1.2019 durch G v. 11.12.2018 (BGBl. I S. 2338); zur Anwendung von Satz 6 siehe § 27 Abs. 23.

jedes Umsatzes als Entgelt für den anderen Umsatz. [3]Die Umsatzsteuer gehört nicht zum Entgelt.

(3) (weggefallen)

(4) [1]Der Umsatz wird bemessen

1. bei dem Verbringen eines Gegenstands im Sinne des § 1a Abs. 2 und des § 3 Abs. 1a sowie bei Lieferungen im Sinne des § 3 Abs. 1b nach dem Einkaufspreis zuzüglich der Nebenkosten für den Gegenstand oder für einen gleichartigen Gegenstand oder mangels eines Einkaufspreises nach den Selbstkosten, jeweils zum Zeitpunkt des Umsatzes;
2. bei sonstigen Leistungen im Sinne des § 3 Abs. 9a Nr. 1 nach den bei der Ausführung dieser Umsätze entstandenen Ausgaben, soweit sie zum vollen oder teilweisen Vorsteuerabzug berechtigt haben. [2]Zu diesen Ausgaben gehören auch die Anschaffungs- oder Herstellungskosten eines Wirtschaftsguts, soweit das Wirtschaftsgut dem Unternehmen zugeordnet ist und für die Erbringung der sonstigen Leistung verwendet wird. [3]Betragen die Anschaffungs- oder Herstellungskosten mindestens 500 Euro, sind sie gleichmäßig auf einen Zeitraum zu verteilen, der dem für das Wirtschaftsgut maßgeblichen Berichtigungszeitraum nach § 15a entspricht;
3. bei sonstigen Leistungen im Sinne des § 3 Abs. 9a Nr. 2 nach den bei der Ausführung dieser Umsätze entstandenen Ausgaben. [2]Satz 1 Nr. 2 Sätze 2 und 3 gilt entsprechend.

[2]Die Umsatzsteuer gehört nicht zur Bemessungsgrundlage.

(5)[1)] [1]Absatz 4 gilt entsprechend für

1. Lieferungen und sonstige Leistungen, die Körperschaften und Personenvereinigungen im Sinne des § 1 Abs. 1 Nr. 1 bis 5 des Körperschaftsteuergesetzes[2)], nichtrechtsfähige Personenvereinigungen sowie Gemeinschaften im Rahmen ihres Unternehmens an ihre Anteilseigner, Gesellschafter, Mitglieder, Teilhaber oder diesen nahe stehende Personen sowie Einzelunternehmer an ihnen nahe stehende Personen ausführen;
2. Lieferungen und sonstige Leistungen, die ein Unternehmer an sein Personal oder dessen Angehörige auf Grund des Dienstverhältnisses ausführt,

wenn die Bemessungsgrundlage nach Absatz 4 das Entgelt nach Absatz 1 übersteigt; der Umsatz ist jedoch höchstens nach dem marktüblichen Entgelt zu bemessen. [2]Übersteigt das Entgelt nach Absatz 1 das marktübliche Entgelt, gilt Absatz 1.

(6) [1]Bei Beförderungen von Personen im Gelegenheitsverkehr mit Kraftomnibussen, die nicht im Inland zugelassen sind, tritt in den Fällen der Beförderungseinzelbesteuerung (§ 16 Abs. 5) an die Stelle des vereinbarten Entgelts ein Durchschnittsbeförderungsentgelt. [2]Das Durchschnittsbeförderungsentgelt ist nach der Zahl der beförderten Personen und der Zahl der Kilometer der Beförderungsstrecke im Inland (Personenkilometer) zu berechnen. [3]Das Bundesministerium der Finanzen kann mit Zustimmung des Bundesrates durch Rechtsverordnung das Durchschnittsbeförderungsentgelt je Personenkilometer festsetzen. [4]Das Durchschnittsbeförderungsentgelt muss zu einer Steuer führen,

[1)] § 10 Abs. 5 Satz 1 2. HS und Satz 2 angef. mWv 31.7.2014 durch G v. 25.7.2014 (BGBl. I S. 1266).

[2)] Nr. **17**.

UStG

die nicht wesentlich von dem Betrag abweicht, der sich nach diesem Gesetz ohne Anwendung des Durchschnittsbeförderungsentgelts ergeben würde.

§ 11 Bemessungsgrundlage für die Einfuhr. (1) Der Umsatz wird bei der Einfuhr (§ 1 Abs. 1 Nr. 4) nach dem Wert des eingeführten Gegenstands nach den jeweiligen Vorschriften über den Zollwert bemessen.

(2) [1] Ist ein Gegenstand ausgeführt, in einem Drittlandsgebiet für Rechnung des Ausführers veredelt und von diesem oder für ihn wieder eingeführt worden, so wird abweichend von Absatz 1 der Umsatz bei der Einfuhr nach dem für die Veredelung zu zahlenden Entgelt oder, falls ein solches Entgelt nicht gezahlt wird, nach der durch die Veredelung eingetretenen Wertsteigerung bemessen. [2] Das gilt auch, wenn die Veredelung in einer Ausbesserung besteht und an Stelle eines ausgebesserten Gegenstands ein Gegenstand eingeführt wird, der ihm nach Menge und Beschaffenheit nachweislich entspricht. [3] Ist der eingeführte Gegenstand vor der Einfuhr geliefert worden und hat diese Lieferung nicht der Umsatzsteuer unterlegen, so gilt Absatz 1.

(3) Dem Betrag nach Absatz 1 oder 2 sind hinzuzurechnen, soweit sie darin nicht enthalten sind:

1. die im Ausland für den eingeführten Gegenstand geschuldeten Beträge an Einfuhrabgaben, Steuern und sonstigen Abgaben;
2. [1)] die auf Grund der Einfuhr im Zeitpunkt des Entstehens der Einfuhrumsatzsteuer auf den Gegenstand entfallenden Beträge an Einfuhrabgaben und an Verbrauchsteuern außer der Einfuhrumsatzsteuer, soweit die Steuern unbedingt entstanden sind;
3. die auf den Gegenstand entfallenden Kosten für die Vermittlung der Lieferung und die Kosten der Beförderung sowie für andere sonstige Leistungen bis zum ersten Bestimmungsort im Gemeinschaftsgebiet;
4. die in Nummer 3 bezeichneten Kosten bis zu einem weiteren Bestimmungsort im Gemeinschaftsgebiet, sofern dieser im Zeitpunkt des Entstehens der Einfuhrumsatzsteuer bereits feststeht.

(4) Zur Bemessungsgrundlage gehören nicht Preisermäßigungen und Vergütungen, die sich auf den eingeführten Gegenstand beziehen und die im Zeitpunkt des Entstehens der Einfuhrumsatzsteuer feststehen.

(5)[2)] Für die Umrechnung von Werten in fremder Währung gelten die entsprechenden Vorschriften über den Zollwert der Waren, die in Rechtsakten des Rates der Europäischen Union oder der Europäischen Kommission festgelegt sind.

Vierter Abschnitt. Steuer und Vorsteuer

§ 12 Steuersätze. (1)[3)] [4)] Die Steuer beträgt für jeden steuerpflichtigen Umsatz 19 Prozent der Bemessungsgrundlage (§§ 10, 11, 25 Abs. 3 und § 25a Abs. 3 und 4).

---

1) § 11 Abs. 3 Nr. 2 geänd. mWv 1.1.2021 durch G v. 21.12.2020 (BGBl. I S. 3096).
2) § 11 Abs. 5 geänd. mWv 30.6.2013 durch G v. 26.6.2013 (BGBl. I S. 1809).
3) § 12 Abs. 1 geänd. mWv 1.1.2007 durch G v. 29.6.2006 (BGBl. I S. 1402).
4) Zur geänderten befristeten Anwendung siehe § 28 Abs. 1.

(2)[1] Die Steuer ermäßigt sich auf 7 Prozent für die folgenden Umsätze:

1.[2] die Lieferungen, die Einfuhr und der innergemeinschaftliche Erwerb der in Anlage 2 bezeichneten Gegenstände mit Ausnahme der in der Nummer 49 Buchstabe f, den Nummern 53 und 54 bezeichneten Gegenstände;

2.[3] die Vermietung der in Anlage 2 bezeichneten Gegenstände mit Ausnahme der in der Nummer 49 Buchstabe f, den Nummern 53 und 54 bezeichneten Gegenstände;

3. die Aufzucht und das Halten von Vieh, die Anzucht von Pflanzen und die Teilnahme an Leistungsprüfungen für Tiere;

4. die Leistungen, die unmittelbar der Vatertierhaltung, der Förderung der Tierzucht, der künstlichen Tierbesamung oder der Leistungs- und Qualitätsprüfung in der Tierzucht und in der Milchwirtschaft dienen;

5. (weggefallen)

6.[4] die Leistungen aus der Tätigkeit als Zahntechniker sowie die in § 4 Nr. 14 Buchstabe a Satz 2 bezeichneten Leistungen der Zahnärzte;

7. a) die Eintrittsberechtigung für Theater, Konzerte und Museen sowie die den Theatervorführungen und Konzerten vergleichbaren Darbietungen ausübender Künstler,

b) die Überlassung von Filmen zur Auswertung und Vorführung sowie die Filmvorführungen, soweit die Filme nach § 6 Abs. 3 Nr. 1 bis 5 des Gesetzes zum Schutze der Jugend in der Öffentlichkeit oder nach § 14 Abs. 2 Nr. 1 bis 5 des Jugendschutzgesetzes vom 23. Juli 2002 (BGBl. I S. 2730, 2003 I S. 476) in der jeweils geltenden Fassung gekennzeichnet sind oder vor dem 1. Januar 1970 erstaufgeführt wurden,

c) die Einräumung, Übertragung und Wahrnehmung von Rechten, die sich aus dem Urheberrechtsgesetz ergeben,

d) die Zirkusvorführungen, die Leistungen aus der Tätigkeit als Schausteller sowie die unmittelbar mit dem Betrieb der zoologischen Gärten verbundenen Umsätze;

8. a)[5] die Leistungen der Körperschaften, die ausschließlich und unmittelbar gemeinnützige, mildtätige oder kirchliche Zwecke verfolgen (§§ 51 bis 68 der Abgabenordnung[6]). [2] Das gilt nicht für Leistungen, die im Rahmen eines wirtschaftlichen Geschäftsbetriebs ausgeführt werden. [3] Für Leistungen, die im Rahmen eines Zweckbetriebs ausgeführt werden, gilt Satz 1 nur, wenn der Zweckbetrieb nicht in erster Linie der Erzielung zusätzlicher Einnahmen durch die Ausführung von Umsätzen dient, die in unmittelbarem Wettbewerb mit dem allgemeinen Steuersatz unterliegenden Leistungen anderer Unternehmer ausgeführt werden, oder wenn die Körperschaft mit diesen Leistungen ihrer in den §§ 66 bis 68 der Abgabenordnung bezeichneten Zweck-

---

[1] Zur geänderten befristeten Anwendung siehe § 28 Abs. 2.

[2] § 12 Abs. 2 Nr. 1 neu gef. mWv 1.1.2014 durch G v. 26.6.2013 (BGBl. I S. 1809).

[3] § 12 Abs. 2 Nr. 2 neu gef. mWv 1.1.2014 durch G v. 26.6.2013 (BGBl. I S. 1809).

[4] § 12 Abs. 2 Nr. 6 geänd. durch G v. 19.12.2008 (BGBl. I S. 2794).

[5] § 12 Abs. 2 Nr. 8 Buchst. a Satz 3 angef. mWv 19.12.2006 durch G v. 13.12.2006 (BGBl. I S. 2878).

[6] Nr. **1**.

betriebe ihre steuerbegünstigten satzungsgemäßen Zwecke selbst verwirklicht,

b) die Leistungen der nichtrechtsfähigen Personenvereinigungen und Gemeinschaften der in Buchstabe a Satz 1 bezeichneten Körperschaften, wenn diese Leistungen, falls die Körperschaften sie anteilig selbst ausführten, insgesamt nach Buchstabe a ermäßigt besteuert würden;

9. die unmittelbar mit dem Betrieb der Schwimmbäder verbundenen Umsätze sowie die Verabreichung von Heilbädern. [2]Das Gleiche gilt für die Bereitstellung von Kureinrichtungen, soweit als Entgelt eine Kurtaxe zu entrichten ist;

10.[1)] die Beförderungen von Personen

a) im Schienenbahnverkehr,

b) im Verkehr mit Oberleitungsomnibussen, im genehmigten Linienverkehr mit Kraftfahrzeugen, im Verkehr mit Taxen, mit Drahtseilbahnen und sonstigen mechanischen Aufstiegshilfen aller Art und im genehmigten Linienverkehr mit Schiffen sowie die Beförderungen im Fährverkehr

aa) innerhalb einer Gemeinde oder

bb) wenn die Beförderungsstrecke nicht mehr als 50 Kilometer beträgt;

11.[2)] die Vermietung von Wohn- und Schlafräumen, die ein Unternehmer zur kurzfristigen Beherbergung von Fremden bereithält, sowie die kurzfristige Vermietung von Campingflächen. [2]Satz 1 gilt nicht für Leistungen, die nicht unmittelbar der Vermietung dienen, auch wenn diese Leistungen mit dem Entgelt für die Vermietung abgegolten sind;

12.[3)] die Einfuhr der in Nummer 49 Buchstabe f, den Nummern 53 und 54 der Anlage 2 bezeichneten Gegenstände;

13.[4)] die Lieferungen und der innergemeinschaftliche Erwerb der in Nummer 53 der Anlage 2 bezeichneten Gegenstände, wenn die Lieferungen

a) vom Urheber der Gegenstände oder dessen Rechtsnachfolger bewirkt werden oder

b) von einem Unternehmer bewirkt werden, der kein Wiederverkäufer (§ 25a Absatz 1 Nummer 1 Satz 2) ist, und die Gegenstände

aa) vom Unternehmer in das Gemeinschaftsgebiet eingeführt wurden,

bb) von ihrem Urheber oder dessen Rechtsnachfolger an den Unternehmer geliefert wurden oder

cc) den Unternehmer zum vollen Vorsteuerabzug berechtigt haben;

14.[5)] die Überlassung der in Nummer 49 Buchstabe a bis e und Nummer 50 der Anlage 2 bezeichneten Erzeugnisse in elektronischer Form, unabhängig davon, ob das Erzeugnis auch auf einem physischen Träger angeboten wird, mit Ausnahme der Veröffentlichungen, die vollständig oder im Wesentlichen aus Videoinhalten oder hörbarer Musik bestehen. [2]Eben-

---

1) § 12 Abs. 2 Nr. 10 neu gef. mWv 1.1.2020 durch G v. 21.12.2019 (BGBl. I S. 2886).
2) § 12 Abs. 2 Nr. 11 angef. mWv 1.1.2010 durch G v. 22.12.2009 (BGBl. I S. 3950).
3) § 12 Abs. 2 Nr. 12 angef. mWv 1.1.2014 durch G v. 26.6.2013 (BGBl. I S. 1809).
4) § 12 Abs. 2 Nr. 13 angef. mWv 1.1.2014 durch G v. 26.6.2013 (BGBl. I S. 1809).
5) § 12 Abs. 2 Nr. 14 angef. mWv 18.12.2019 durch G v. 12.12.2019 (BGBl. I S. 2451).

falls ausgenommen sind Erzeugnisse, für die Beschränkungen als jugendgefährdende Trägermedien oder Hinweispflichten nach § 15 Absatz 1 bis 3 und 6 des Jugendschutzgesetzes in der jeweils geltenden Fassung bestehen, sowie Veröffentlichungen, die vollständig oder im Wesentlichen Werbezwecken, einschließlich Reisewerbung, dienen. [3] Begünstigt ist auch die Bereitstellung eines Zugangs zu Datenbanken, die eine Vielzahl von elektronischen Büchern, Zeitungen oder Zeitschriften oder Teile von diesen enthalten;

15.[1)] die nach dem 30. Juni 2020 und vor dem 1. Januar 2023 erbrachten Restaurant- und Verpflegungsdienstleistungen, mit Ausnahme der Abgabe von Getränken.

§ 13 Entstehung der Steuer. (1) Die Steuer entsteht

1. für Lieferungen und sonstige Leistungen
   a) bei der Berechnung der Steuer nach vereinbarten Entgelten (§ 16 Abs. 1 Satz 1) mit Ablauf des Voranmeldungszeitraums, in dem die Leistungen ausgeführt worden sind. [2] Das gilt auch für Teilleistungen. [3] Sie liegen vor, wenn für bestimmte Teile einer wirtschaftlich teilbaren Leistung das Entgelt gesondert vereinbart wird. [4] Wird das Entgelt oder ein Teil des Entgelts vereinnahmt, bevor die Leistung oder die Teilleistung ausgeführt worden ist, so entsteht insoweit die Steuer mit Ablauf des Voranmeldungszeitraums, in dem das Entgelt oder das Teilentgelt vereinnahmt worden ist,
   b) bei der Berechnung der Steuer nach vereinnahmten Entgelten (§ 20) mit Ablauf des Voranmeldungszeitraums, in dem die Entgelte vereinnahmt worden sind,
   c) in den Fällen der Beförderungseinzelbesteuerung nach § 16 Abs. 5 in dem Zeitpunkt, in dem der Kraftomnibus in das Inland gelangt,
   d)[2)] in den Fällen des § 18 Abs. 4c mit Ablauf des Besteuerungszeitraums nach § 16 Abs. 1a Satz 1, in dem die Leistungen ausgeführt worden sind,
   e)[3)] in den Fällen des § 18 Absatz 4e mit Ablauf des Besteuerungszeitraums nach § 16 Absatz 1b Satz 1, in dem die Leistungen ausgeführt worden sind,
   f)[4)] in den Fällen des § 18i mit Ablauf des Besteuerungszeitraums nach § 16 Absatz 1c Satz 1, in dem die Leistungen ausgeführt worden sind,
   g)[4)] in den Fällen des § 18j vorbehaltlich des Buchstabens i mit Ablauf des Besteuerungszeitraums nach § 16 Absatz 1d Satz 1, in dem die Leistungen ausgeführt worden sind,

---

[1)] § 12 Abs. 2 Nr. 15 angef. durch G v. 19.6.2020 (BGBl. I S. 1385); geänd. durch G v. 10.3.2021 (BGBl. I S. 330).

[2)] Zur letztmaligen Anwendung von § 13 Abs. 1 Nr. 1 Buchst. d auf vor dem 1.7.2021 ausgeführte Umsätze siehe § 27 Abs. 34 Satz 2.

[3)] § 13 Abs. 1 Nr. 1 Buchst. e angef. mWv 1.1.2015 durch G v. 25.7.2014 (BGBl. I S. 1266); zur letztmaligen Anwendung von § 13 Abs. 1 Nr. 1 Buchst. e auf vor dem 1.7.2021 ausgeführte Umsätze siehe § 27 Abs. 34 Satz 2.

[4)] § 13 Abs. 1 Nr. 1 Buchst. f und g angef. mWv 1.7.2021 durch G v. 21.12.2020 (BGBl. I S. 3096); zur Anwendung siehe § 27 Abs. 34 Satz 1.

UStG

h)[1] in den Fällen des § 18k mit Ablauf des Besteuerungszeitraums nach § 16 Absatz 1e Satz 1, in dem die Lieferungen ausgeführt worden sind; die Gegenstände gelten als zu dem Zeitpunkt geliefert, zu dem die Zahlung angenommen wurde,

i)[1] in den Fällen des § 3 Absatz 3a zu dem Zeitpunkt, zu dem die Zahlung angenommen wurde;

2. für Leistungen im Sinne des § 3 Abs. 1b und 9a mit Ablauf des Voranmeldungszeitraums, in dem diese Leistungen ausgeführt worden sind;

3.[2] in den Fällen des § 14c im Zeitpunkt der Ausgabe der Rechnung;

4.[3] *(aufgehoben)*

5. im Fall des § 17 Abs. 1 Satz 6 mit Ablauf des Voranmeldungszeitraums, in dem die Änderung der Bemessungsgrundlage eingetreten ist;

6. für den innergemeinschaftlichen Erwerb im Sinne des § 1a mit Ausstellung der Rechnung, spätestens jedoch mit Ablauf des dem Erwerb folgenden Kalendermonats;

7. für den innergemeinschaftlichen Erwerb von neuen Fahrzeugen im Sinne des § 1b am Tag des Erwerbs;

8. im Fall des § 6a Abs. 4 Satz 2 in dem Zeitpunkt, in dem die Lieferung ausgeführt wird;

9. im Fall des § 4 Nr. 4a Satz 1 Buchstabe a Satz 2 mit Ablauf des Voranmeldungszeitraums, in dem der Gegenstand aus einem Umsatzsteuerlager ausgelagert wird.

(2) Für die Einfuhrumsatzsteuer gilt § 21 Abs. 2.

(3) (weggefallen)

§ 13a Steuerschuldner. (1) Steuerschuldner ist in den Fällen

1. des § 1 Abs. 1 Nr. 1 und des § 14c Abs. 1 der Unternehmer;
2. des § 1 Abs. 1 Nr. 5 der Erwerber;
3. des § 6a Abs. 4 der Abnehmer;
4. des § 14c Abs. 2 der Aussteller der Rechnung;
5. des § 25b Abs. 2 der letzte Abnehmer;
6. des § 4 Nr. 4a Satz 1 Buchstabe a Satz 2 der Unternehmer, dem die Auslagerung zuzurechnen ist (Auslagerer); daneben auch der Lagerhalter als Gesamtschuldner, wenn er entgegen § 22 Abs. 4c Satz 2 die inländische Umsatzsteuer-Identifikationsnummer des Auslagerers oder dessen Fiskalvertreters nicht oder nicht zutreffend aufzeichnet;

7.[4] des § 18k neben dem Unternehmer der im Gemeinschaftsgebiet ansässige Vertreter, sofern ein solcher vom Unternehmer vertraglich bestellt und dies der Finanzbehörde nach § 18k Absatz 1 Satz 2 angezeigt wurde. [2]Der Vertreter ist gleichzeitig Empfangsbevollmächtigter für den Unternehmer und dadurch ermächtigt, alle Verwaltungsakte und Mitteilungen der Finanzbehörde in Empfang zu nehmen, die mit dem Besteuerungsverfahren

---

[1] § 13 Abs. 1 Nr. 1 Buchst. h und i angef. mWv 1.7.2021 durch G v. 21.12.2020 (BGBl. I S. 3096); zur Anwendung siehe § 27 Abs. 34 Satz 1.

[2] § 13 Abs. 1 Nr. 3 neu gef. mWv 6.11.2015 durch G v. 2.11.2015 (BGBl. I S. 1834).

[3] § 13 Abs. 1 Nr. 4 aufgeh. mWv 6.11.2015 durch G v. 2.11.2015 (BGBl. I S. 1834).

[4] § 13a Abs. 1 Nr. 7 angef. mWv 1.7.2021 durch G v. 21.12.2020 (BGBl. I S. 3096).

nach § 18k und einem außergerichtlichen Rechtsbehelfsverfahren nach dem Siebenten Teil der Abgabenordnung zusammenhängen. [3]Bei der Bekanntgabe an den Vertreter ist darauf hinzuweisen, dass sie auch mit Wirkung für und gegen den Unternehmer erfolgt. [4]Die Empfangsbevollmächtigung des Vertreters kann nur nach Beendigung des Vertragsverhältnisses und mit Wirkung für die Zukunft widerrufen werden. [5]Der Widerruf wird gegenüber der Finanzbehörde erst wirksam, wenn er ihr zugegangen ist.

(2) Für die Einfuhrumsatzsteuer gilt § 21 Abs. 2.

§ 13b[1)] Leistungsempfänger als Steuerschuldner. (1) Für nach § 3a Absatz 2 im Inland steuerpflichtige sonstige Leistungen eines im übrigen Gemeinschaftsgebiet ansässigen Unternehmers entsteht die Steuer mit Ablauf des Voranmeldungszeitraums, in dem die Leistungen ausgeführt worden sind.

(2) Für folgende steuerpflichtige Umsätze entsteht die Steuer mit Ausstellung der Rechnung, spätestens jedoch mit Ablauf des der Ausführung der Leistung folgenden Kalendermonats:

1. Werklieferungen und nicht unter Absatz 1 fallende sonstige Leistungen eines im Ausland ansässigen Unternehmers;
2. Lieferungen sicherungsübereigneter Gegenstände durch den Sicherungsgeber an den Sicherungsnehmer außerhalb des Insolvenzverfahrens;
3. Umsätze, die unter das Grunderwerbsteuergesetz[2)] fallen;
4.[3)] Bauleistungen, einschließlich Werklieferungen und sonstigen Leistungen im Zusammenhang mit Grundstücken, die der Herstellung, Instandsetzung, Instandhaltung, Änderung oder Beseitigung von Bauwerken dienen, mit Ausnahme von Planungs- und Überwachungsleistungen. [2]Als Grundstücke gelten insbesondere auch Sachen, Ausstattungsgegenstände und Maschinen, die auf Dauer in einem Gebäude oder Bauwerk installiert sind und die nicht bewegt werden können, ohne das Gebäude oder Bauwerk zu zerstören oder zu verändern. [3]Nummer 1 bleibt unberührt;
5.[4)] Lieferungen
   a) der in § 3g Absatz 1 Satz 1 genannten Gegenstände eines im Ausland ansässigen Unternehmers unter den Bedingungen des § 3g und
   b) von Gas über das Erdgasnetz und von Elektrizität, die nicht unter Buchstabe a fallen;
6.[5)] Übertragung von Berechtigungen nach § 3 Nummer 3 des Treibhausgas-Emissionshandelsgesetzes, Emissionsreduktionseinheiten nach § 2 Nummer 20 des Projekt-Mechanismen-Gesetzes, zertifizierten Emissionsreduktionen nach § 2 Nummer 21 des Projekt-Mechanismen-Gesetzes sowie Gas- und Elektrizitätszertifikaten;
7.[6)] Lieferungen der in der Anlage 3 bezeichneten Gegenstände;

[1)] § 13b neu gef. mWv 1.7.2010 durch G v. 8.4.2010 (BGBl. I S. 386).
[2)] Nr. **12**.
[3)] § 13b Abs. 2 Nr. 4 neu gef. mWv 6.11.2015 durch G v. 2.11.2015 (BGBl. I S. 1834).
[4)] § 13b Abs. 2 Nr. 5 neu gef. durch G v. 26.6.2013 (BGBl. I S. 1809); zur Anwendung ab 1.9.2013 siehe Art. 31 Abs. 5 des G v. 26.6.2013 iVm Bek. v. 26.7.2013 (BGBl. II S. 1120).
[5)] § 13b Abs. 2 Nr. 6 neu gef. mWv 1.1.2020 durch G v. 12.12.2019 (BGBl. I S. 2451).
[6)] § 13b Abs. 2 Nr. 7 angef. mWv 1.1.2011 durch G v. 8.12.2010 (BGBl. I S. 1768).

8.[1] Reinigen von Gebäuden und Gebäudeteilen. ²Nummer 1 bleibt unberührt;

9.[2] Lieferungen von Gold mit einem Feingehalt von mindestens 325 Tausendstel, in Rohform oder als Halbzeug (aus Position 7108 des Zolltarifs) und von Goldplattierungen mit einem Goldfeingehalt von mindestens 325 Tausendstel (aus Position 7109);

10.[3] Lieferungen von Mobilfunkgeräten, Tablet-Computern und Spielekonsolen sowie von integrierten Schaltkreisen vor Einbau in einen zur Lieferung auf der Einzelhandelsstufe geeigneten Gegenstand, wenn die Summe der für sie in Rechnung zu stellenden Entgelte im Rahmen eines wirtschaftlichen Vorgangs mindestens 5 000 Euro beträgt; nachträgliche Minderungen des Entgelts bleiben dabei unberücksichtigt;

11.[4] Lieferungen der in der Anlage 4 bezeichneten Gegenstände, wenn die Summe der für sie in Rechnung zu stellenden Entgelte im Rahmen eines wirtschaftlichen Vorgangs mindestens 5 000 Euro beträgt; nachträgliche Minderungen des Entgelts bleiben dabei unberücksichtigt;

12.[5] sonstige Leistungen auf dem Gebiet der Telekommunikation. ²Nummer 1 bleibt unberührt.

(3) Abweichend von den *Absatz*[6] 1 und 2 Nummer 1 entsteht die Steuer für sonstige Leistungen, die dauerhaft über einen Zeitraum von mehr als einem Jahr erbracht werden, spätestens mit Ablauf eines jeden Kalenderjahres, in dem sie tatsächlich erbracht werden.

(4) ¹Bei der Anwendung der Absätze 1 bis 3 gilt § 13 Absatz 1 Nummer 1 Buchstabe a Satz 2 und 3 entsprechend. ²Wird in den in den Absätzen 1 bis 3 sowie in den in Satz 1 genannten Fällen das Entgelt oder ein Teil des Entgelts vereinnahmt, bevor die Leistung oder die Teilleistung ausgeführt worden ist, entsteht insoweit die Steuer mit Ablauf des Voranmeldungszeitraums, in dem das Entgelt oder das Teilentgelt vereinnahmt worden ist.

(5)[7] ¹In den in den Absätzen 1 und 2 Nummer 1 bis 3 genannten Fällen schuldet der Leistungsempfänger die Steuer, wenn er ein Unternehmer oder eine juristische Person ist; in den in Absatz 2 Nummer 5 Buchstabe a, Nummer 6, 7, 9 bis 11 genannten Fällen schuldet der Leistungsempfänger die Steuer, wenn er ein Unternehmer ist. ²In den in Absatz 2 Nummer 4 Satz 1 genannten Fällen schuldet der Leistungsempfänger die Steuer unabhängig davon, ob er sie für eine von ihm erbrachte Leistung im Sinne des Absatzes 2 Nummer 4 Satz 1

---

[1] § 13b Abs. 2 Nr. 8 angef. mWv 1.1.2011 durch G v. 8.12.2010 (BGBl. I S. 1768).

[2] § 13b Abs. 2 Nr. 9 angef. mWv 1.1.2011 durch G v. 8.12.2010 (BGBl. I S. 1768).

[3] § 13b Abs. 2 Nr. 10 angef. mWv 1.7.2011 durch G v. 16.6.2011 (BGBl. I S. 1090); geänd. mWv 1.10.2014 durch G v. 25.7.2014 (BGBl. I S. 1266).

[4] § 13b Abs. 2 Nr. 11 angef. mWv 1.10.2014 durch G v. 25.7.2014 (BGBl. I S. 1266); neu gef. mWv 1.1.2015 durch G v. 22.12.2014 (BGBl. I S. 2417).

[5] § 13b Abs. 2 Nr. 12 angef. mWv 1.1.2021 durch G v. 21.12.2020 (BGBl. I S. 3096).

[6] Richtig wohl: „Absätzen".

[7] § 13b Abs. 5 neu gef. durch G v. 26.6.2013 (BGBl. I S. 1809); zur Anwendung ab 1.9.2013 siehe Art. 31 Abs. 5 des G v. 26.6.2013 iVm Bek. v. 26.7.2013 (BGBl. II S. 1120); Satz 1 geänd., Sätze 2 und 5 neu gef., Satz 7 eingef., bish. Satz 7 wird Satz 8, Satz 9 angef. mWv 1.10.2014 durch G v. 25.7. 2014 (BGBl. I S. 1266); Satz 3 neu gef. mWv 31.12.2014 durch G v. 22.12.2014 (BGBl. I S. 2417); Satz 6 neu gef., Satz 10 angef. mWv 6.11.2015 durch G v. 2.11.2015 (BGBl. I S. 1834); Satz 6 eingef., bish. Sätze 6 bis 10 werden Sätze 7 bis 11 und neue Sätze 7 bis 11 geänd. mWv 1.1.2021 durch G v. 21.12.2020 (BGBl. I S. 3096).

verwendet, wenn er ein Unternehmer ist, der nachhaltig entsprechende Leistungen erbringt; davon ist auszugehen, wenn ihm das zuständige Finanzamt eine im Zeitpunkt der Ausführung des Umsatzes gültige auf längstens drei Jahre befristete Bescheinigung, die nur mit Wirkung für die Zukunft widerrufen oder zurückgenommen werden kann, darüber erteilt hat, dass er ein Unternehmer ist, der entsprechende Leistungen erbringt. [3]Bei den in Absatz 2 Nummer 5 Buchstabe b genannten Lieferungen von Erdgas schuldet der Leistungsempfänger die Steuer, wenn er ein Wiederverkäufer von Erdgas im Sinne des § 3g ist. [4]Bei den in Absatz 2 Nummer 5 Buchstabe b genannten Lieferungen von Elektrizität schuldet der Leistungsempfänger in den Fällen die Steuer, in denen der liefernde Unternehmer und der Leistungsempfänger Wiederverkäufer von Elektrizität im Sinne des § 3g sind. [5]In den in Absatz 2 Nummer 8 Satz 1 genannten Fällen schuldet der Leistungsempfänger die Steuer unabhängig davon, ob er sie für eine von ihm erbrachte Leistung im Sinne des Absatzes 2 Nummer 8 Satz 1 verwendet, wenn er ein Unternehmer ist, der nachhaltig entsprechende Leistungen erbringt; davon ist auszugehen, wenn ihm das zuständige Finanzamt eine im Zeitpunkt der Ausführung des Umsatzes gültige auf längstens drei Jahre befristete Bescheinigung, die nur mit Wirkung für die Zukunft widerrufen oder zurückgenommen werden kann, darüber erteilt hat, dass er ein Unternehmer ist, der entsprechende Leistungen erbringt. [6]Bei den in Absatz 2 Nummer 12 Satz 1 genannten Leistungen schuldet der Leistungsempfänger die Steuer, wenn er ein Unternehmer ist, dessen Haupttätigkeit in Bezug auf den Erwerb dieser Leistungen in deren Erbringung besteht und dessen eigener Verbrauch dieser Leistungen von untergeordneter Bedeutung ist; davon ist auszugehen, wenn ihm das zuständige Finanzamt eine im Zeitpunkt der Ausführung des Umsatzes gültige auf längstens drei Jahre befristete Bescheinigung, die nur mit Wirkung für die Zukunft widerrufen oder zurückgenommen werden kann, darüber erteilt hat, dass er ein Unternehmer ist, der entsprechende Leistungen erbringt. [7]Die Sätze 1 bis 6 gelten vorbehaltlich des *Satzes 10*[1)] auch, wenn die Leistung für den nichtunternehmerischen Bereich bezogen wird. [8]Sind Leistungsempfänger und leistender Unternehmer in Zweifelsfällen übereinstimmend vom Vorliegen der Voraussetzungen des Absatzes 2 Nummer 4, 5 Buchstabe b, Nummer 7 bis 12 ausgegangen, obwohl dies nach der Art der Umsätze unter Anlegung objektiver Kriterien nicht zutreffend war, gilt der Leistungsempfänger dennoch als Steuerschuldner, sofern dadurch keine Steuerausfälle entstehen. [9]Die Sätze 1 bis 7 gelten nicht, wenn bei dem Unternehmer, der die Umsätze ausführt, die Steuer nach § 19 Absatz 1 nicht erhoben wird. [10]Die Sätze 1 bis 9 gelten nicht, wenn ein in Absatz 2 Nummer 2, 7 oder 9 bis 11 genannter Gegenstand von dem Unternehmer, der die Lieferung bewirkt, unter den Voraussetzungen des § 25a geliefert wird. [11]In den in Absatz 2 Nummer 4, 5 Buchstabe b und Nummer 7 bis 12 genannten Fällen schulden juristische Personen des öffentlichen Rechts die Steuer nicht, wenn sie die Leistung für den nichtunternehmerischen Bereich beziehen.

(6) Die Absätze 1 bis 5 finden keine Anwendung, wenn die Leistung des im Ausland ansässigen Unternehmers besteht

1. in einer Personenbeförderung, die der Beförderungseinzelbesteuerung (§ 16 Absatz 5) unterlegen hat,

---

[1)] Richtig wohl: „Satzes 11".

2.[1] in einer Personenbeförderung, die mit einem Fahrzeug im Sinne des § 1b Absatz 2 Satz 1 Nummer 1 durchgeführt worden ist,
3. in einer grenzüberschreitenden Personenbeförderung im Luftverkehr,
4. in der Einräumung der Eintrittsberechtigung für Messen, Ausstellungen und Kongresse im Inland,
5. in einer sonstigen Leistung einer Durchführungsgesellschaft an im Ausland ansässige Unternehmer, soweit diese Leistung im Zusammenhang mit der Veranstaltung von Messen und Ausstellungen im Inland steht oder
6.[2] in der Abgabe von Speisen und Getränken zum Verzehr an Ort und Stelle (Restaurationsleistung), wenn diese Abgabe an Bord eines Schiffs, in einem Luftfahrzeug oder in einer Eisenbahn erfolgt.

(7)[3] [1] Ein im Ausland ansässiger Unternehmer im Sinne des Absatzes 2 Nummer 1 und 5 ist ein Unternehmer, der im Inland, auf der Insel Helgoland und in einem der in § 1 Absatz 3 bezeichneten Gebiete weder einen Wohnsitz, seinen gewöhnlichen Aufenthalt, seinen Sitz, seine Geschäftsleitung noch eine Betriebsstätte hat; dies gilt auch, wenn der Unternehmer ausschließlich einen Wohnsitz oder einen gewöhnlichen Aufenthaltsort im Inland, aber seinen Sitz, den Ort der Geschäftsleitung oder eine Betriebsstätte im Ausland hat. [2] Ein im übrigen Gemeinschaftsgebiet ansässiger Unternehmer ist ein Unternehmer, der in den Gebieten der übrigen Mitgliedstaaten der Europäischen Union, die nach dem Gemeinschaftsrecht als Inland dieser Mitgliedstaaten gelten, einen Wohnsitz, seinen gewöhnlichen Aufenthalt, seinen Sitz, seine Geschäftsleitung oder eine Betriebsstätte hat; dies gilt nicht, wenn der Unternehmer ausschließlich einen Wohnsitz oder einen gewöhnlichen Aufenthaltsort in den Gebieten der übrigen Mitgliedstaaten der Europäischen Union, die nach dem Gemeinschaftsrecht als Inland dieser Mitgliedstaaten gelten, aber seinen Sitz, den Ort der Geschäftsleitung oder eine Betriebsstätte im Drittlandsgebiet hat. [3] Hat der Unternehmer im Inland eine Betriebsstätte und führt er einen Umsatz nach Absatz 1 oder Absatz 2 Nummer 1 oder Nummer 5 aus, gilt er hinsichtlich dieses Umsatzes als im Ausland oder im übrigen Gemeinschaftsgebiet ansässig, wenn die Betriebsstätte an diesem Umsatz nicht beteiligt ist. [4] Maßgebend ist der Zeitpunkt, in dem die Leistung ausgeführt wird. [5] Ist es zweifelhaft, ob der Unternehmer diese Voraussetzungen erfüllt, schuldet der Leistungsempfänger die Steuer nur dann nicht, wenn ihm der Unternehmer durch eine Bescheinigung des nach den abgabenrechtlichen Vorschriften für die Besteuerung seiner Umsätze zuständigen Finanzamts nachweist, dass er kein Unternehmer im Sinne der Sätze 1 und 2 ist.

(8) Bei der Berechnung der Steuer sind die §§ 19 und 24 nicht anzuwenden.

(9) Das Bundesministerium der Finanzen kann mit Zustimmung des Bundesrates durch Rechtsverordnung bestimmen, unter welchen Voraussetzungen zur Vereinfachung des Besteuerungsverfahrens in den Fällen, in denen ein anderer als der Leistungsempfänger ein Entgelt gewährt (§ 10 Absatz 1 Satz 3), der andere an Stelle des Leistungsempfängers Steuerschuldner nach Absatz 5 ist.

[1] § 13b Abs. 6 Nr. 2 geänd. mWv 1.10.2013 durch G v. 26.6.2013 (BGBl. I S. 1809).
[2] § 13b Abs. 6 Nr. 6 angef. mWv 14.12.2010 durch G v. 8.12.2010 (BGBl. I S. 1768).
[3] § 13b Abs. 7 Sätze 1 und 2 neu gef., Satz 3 eingef., bish. Sätze 3 und 4 werden Sätze 4 und 5 mWv 30.6.2013 durch G v. 26.6.2013 (BGBl. I S. 1809); Satz 5 geänd. mWv 31.7.2014 durch G v. 25.7.2014 (BGBl. I S. 1266).

(10)[1] [1]Das Bundesministerium der Finanzen kann mit Zustimmung des Bundesrates durch Rechtsverordnung den Anwendungsbereich der Steuerschuldnerschaft des Leistungsempfängers nach den Absätzen 2 und 5 auf weitere Umsätze erweitern, wenn im Zusammenhang mit diesen Umsätzen in vielen Fällen der Verdacht auf Steuerhinterziehung in einem besonders schweren Fall aufgetreten ist, die voraussichtlich zu erheblichen und unwiederbringlichen Steuermindereinnahmen führen. [2]Voraussetzungen für eine solche Erweiterung sind, dass

1. die Erweiterung frühestens zu dem Zeitpunkt in Kraft treten darf, zu dem die Europäische Kommission entsprechend Artikel 199b Absatz 3 der Richtlinie 2006/112/EG des Rates vom 28. November 2006 über das gemeinsame Mehrwertsteuersystem (ABl. L 347 vom 11.12.2006, S. 1) in der Fassung von Artikel 1 Nummer 1 der Richtlinie 2013/42/EU (ABl. L 201 vom 26.7. 2013, S. 1) mitgeteilt hat, dass sie keine Einwände gegen die Erweiterung erhebt;
2. die Bundesregierung einen Antrag auf eine Ermächtigung durch den Rat entsprechend Artikel 395 der Richtlinie 2006/112/EG in der Fassung von Artikel 1 Nummer 2 der Richtlinie 2013/42/EG (ABl. L 201 vom 26.7. 2013, S. 1) gestellt hat, durch die die Bundesrepublik Deutschland ermächtigt werden soll, in Abweichung von Artikel 193 der Richtlinie 2006/112/EG, die zuletzt durch die Richtlinie 2013/61/EU (ABl. L 353 vom 28.12. 2013, S. 5) geändert worden ist, die Steuerschuldnerschaft des Leistungsempfängers für die von der Erweiterung nach Nummer 1 erfassten Umsätze zur Vermeidung von Steuerhinterziehungen einführen zu dürfen;
3. die Verordnung nach neun Monaten außer Kraft tritt, wenn die Ermächtigung nach Nummer 2 nicht erteilt worden ist; wurde die Ermächtigung nach Nummer 2 erteilt, tritt die Verordnung außer Kraft, sobald die gesetzliche Regelung, mit der die Ermächtigung in nationales Recht umgesetzt wird, in Kraft tritt.

§ 13c[2] Haftung bei Abtretung, Verpfändung oder Pfändung von Forderungen. (1)[3] [1]Soweit der leistende Unternehmer den Anspruch auf die Gegenleistung für einen steuerpflichtigen Umsatz im Sinne des § 1 Abs. 1 Nr. 1 an einen anderen Unternehmer abgetreten und die festgesetzte Steuer, bei deren Berechnung dieser Umsatz berücksichtigt worden ist, bei Fälligkeit nicht oder nicht vollständig entrichtet hat, haftet der Abtretungsempfänger nach Maßgabe des Absatzes 2 für die in der Forderung enthaltene Umsatzsteuer, soweit sie im vereinnahmten Betrag enthalten ist. [2]Ist die Vollziehung der Steuerfestsetzung in Bezug auf die in der abgetretenen Forderung enthaltene Umsatzsteuer gegenüber dem leistenden Unternehmer ausgesetzt, gilt die Steuer insoweit als nicht fällig. [3]Soweit der Abtretungsempfänger die Forderung an einen Dritten abgetreten hat, gilt sie in voller Höhe als vereinnahmt. [4]Die Forderung gilt durch den Abtretungsempfänger nicht als vereinnahmt, soweit der leistende Unternehmer für die Abtretung der Forderung eine Gegenleistung in Geld vereinnahmt. [5]Voraussetzung ist, dass dieser Geldbetrag tatsächlich in den Verfügungsbereich des leistenden Unternehmers gelangt; davon ist nicht

---

[1] § 13b Abs. 10 angef. mWv 1.1.2015 durch G v. 22.12.2014 (BGBl. I S. 2417).
[2] Zur Anwendung siehe § 27 Abs. 7 Satz 1.
[3] § 13c Abs. 1 Sätze 4 und 5 angef. mWv 1.1.2017 durch G v. 30.6.2017 (BGBl. I S. 2143).

auszugehen, soweit dieser Geldbetrag auf ein Konto gezahlt wird, auf das der Abtretungsempfänger die Möglichkeit des Zugriffs hat.

(2) [1]Der Abtretungsempfänger ist ab dem Zeitpunkt in Anspruch zu nehmen, in dem die festgesetzte Steuer fällig wird, frühestens ab dem Zeitpunkt der Vereinnahmung der abgetretenen Forderung. [2]Bei der Inanspruchnahme nach Satz 1 besteht abweichend von § 191 der Abgabenordnung[1)] kein Ermessen. [3]Die Haftung ist der Höhe nach begrenzt auf die im Zeitpunkt der Fälligkeit nicht entrichtete Steuer. [4]Soweit der Abtretungsempfänger auf die nach Absatz 1 Satz 1 festgesetzte Steuer Zahlungen im Sinne des § 48 der Abgabenordnung geleistet hat, haftet er nicht.

(3) [1]Die Absätze 1 und 2 gelten bei der Verpfändung oder der Pfändung von Forderungen entsprechend. [2]An die Stelle des Abtretungsempfängers tritt im Fall der Verpfändung der Pfandgläubiger und im Fall der Pfändung der Vollstreckungsgläubiger.

§ 13d[2)] *(aufgehoben)*

§ 14 Ausstellung von Rechnungen. (1)[3)] [1]Rechnung ist jedes Dokument, mit dem über eine Lieferung oder sonstige Leistung abgerechnet wird, gleichgültig, wie dieses Dokument im Geschäftsverkehr bezeichnet wird. [2]Die Echtheit der Herkunft der Rechnung, die Unversehrtheit ihres Inhalts und ihre Lesbarkeit müssen gewährleistet werden. [3]Echtheit der Herkunft bedeutet die Sicherheit der Identität des Rechnungsausstellers. [4]Unversehrtheit des Inhalts bedeutet, dass die nach diesem Gesetz erforderlichen Angaben nicht geändert wurden. [5]Jeder Unternehmer legt fest, in welcher Weise die Echtheit der Herkunft, die Unversehrtheit des Inhalts und die Lesbarkeit der Rechnung gewährleistet werden. [6]Dies kann durch jegliche innerbetriebliche Kontrollverfahren erreicht werden, die einen verlässlichen Prüfpfad zwischen Rechnung und Leistung schaffen können. [7]Rechnungen sind auf Papier oder vorbehaltlich der Zustimmung des Empfängers elektronisch zu übermitteln. [8]Eine elektronische Rechnung ist eine Rechnung, die in einem elektronischen Format ausgestellt und empfangen wird.

(2) [1]Führt der Unternehmer eine Lieferung oder eine sonstige Leistung nach § 1 Abs. 1 Nr. 1 aus, gilt Folgendes:

1. führt der Unternehmer eine steuerpflichtige Werklieferung (§ 3 Abs. 4 Satz 1) oder sonstige Leistung im Zusammenhang mit einem Grundstück aus, ist er verpflichtet, innerhalb von sechs Monaten nach Ausführung der Leistung eine Rechnung auszustellen;
2.[4)] führt der Unternehmer eine andere als die in Nummer 1 genannte Leistung aus, ist er berechtigt, eine Rechnung auszustellen. [2]Soweit er einen Umsatz an einen anderen Unternehmer für dessen Unternehmen oder an eine juristische Person, die nicht Unternehmer ist, ausführt, ist er verpflichtet, innerhalb von sechs Monaten nach Ausführung der Leistung eine Rechnung auszustellen. [3]Eine Verpflichtung zur Ausstellung einer Rechnung

---

[1)] Nr. **1**.

[2)] § 13d aufgeh. mWv 1.1.2008 durch G v. 20.12.2007 (BGBl. I S. 3150).

[3)] § 14 Abs. 1 neu gef. durch G v. 1.11.2011 (BGBl. I S. 2131); zur Anwendung siehe § 27 Abs. 18.

[4)] § 14 Abs. 2 Satz 1 Nr. 2 Satz 2 geänd., Sätze 3 und 4 angef. durch G v. 20.12.2008 (BGBl. I S. 2850); zur Anwendung siehe § 27 Abs. 15; Satz 3 geänd. mWv 1.1.2020 durch G v. 12.12.2019 (BGBl. I S. 2451).

besteht nicht, wenn der Umsatz nach § 4 Nummer 8 bis 29 steuerfrei ist. [4] § 14a bleibt unberührt.

[2] Unbeschadet der Verpflichtungen nach Satz 1 Nr. 1 und 2 Satz 2 kann eine Rechnung von einem in Satz 1 Nr. 2 bezeichneten Leistungsempfänger für eine Lieferung oder sonstige Leistung des Unternehmers ausgestellt werden, sofern dies vorher vereinbart wurde (Gutschrift). [3] Die Gutschrift verliert die Wirkung einer Rechnung, sobald der Empfänger der Gutschrift dem ihm übermittelten Dokument widerspricht. [4] Eine Rechnung kann im Namen und für Rechnung des Unternehmers oder eines in Satz 1 Nr. 2 bezeichneten Leistungsempfängers von einem Dritten ausgestellt werden.

(3)[1)] Unbeschadet anderer nach Absatz 1 zulässiger Verfahren gelten bei einer elektronischen Rechnung die Echtheit der Herkunft und die Unversehrtheit des Inhalts als gewährleistet durch

1.[2)] eine qualifizierte elektronische Signatur oder
2. elektronischen Datenaustausch (EDI) nach Artikel 2 der Empfehlung 94/820/EG der Kommission vom 19. Oktober 1994 über die rechtlichen Aspekte des elektronischen Datenaustausches (ABl. L 338 vom 28.12.1994, S. 98), wenn in der Vereinbarung über diesen Datenaustausch der Einsatz von Verfahren vorgesehen ist, die die Echtheit der Herkunft und die Unversehrtheit der Daten gewährleisten.

(4)[3)] [1] Eine Rechnung muss folgende Angaben enthalten:

1. den vollständigen Namen und die vollständige Anschrift des leistenden Unternehmers und des Leistungsempfängers,
2.[4)] die dem leistenden Unternehmer vom Finanzamt erteilte Steuernummer oder die ihm vom Bundeszentralamt für Steuern erteilte Umsatzsteuer-Identifikationsnummer,
3. das Ausstellungsdatum,
4. eine fortlaufende Nummer mit einer oder mehreren Zahlenreihen, die zur Identifizierung der Rechnung vom Rechnungsaussteller einmalig vergeben wird (Rechnungsnummer),
5. die Menge und die Art (handelsübliche Bezeichnung) der gelieferten Gegenstände oder den Umfang und die Art der sonstigen Leistung,
6.[5)] den Zeitpunkt der Lieferung oder sonstigen Leistung; in den Fällen des Absatzes 5 Satz 1 den Zeitpunkt der Vereinnahmung des Entgelts oder eines Teils des Entgelts, sofern der Zeitpunkt der Vereinnahmung feststeht und nicht mit dem Ausstellungsdatum der Rechnung übereinstimmt,
7. das nach Steuersätzen und einzelnen Steuerbefreiungen aufgeschlüsselte Entgelt für die Lieferung oder sonstige Leistung (§ 10) sowie jede im Voraus vereinbarte Minderung des Entgelts, sofern sie nicht bereits im Entgelt berücksichtigt ist,

---

[1)] § 14 Abs. 3 neu gef. durch G v. 1.11.2011 (BGBl. I S. 2131); zur Anwendung siehe § 27 Abs. 18.
[2)] § 14 Abs. 3 Nr. 1 geänd. mWv 29.7.2017 durch G v. 18.7.2017 (BGBl. I S. 2745).
[3)] § 14 Abs. 4 Satz 4 angef. mWv 29.12.2020 durch G v. 21.12.2020 (BGBl. I S. 3096).
[4)] § 14 Abs. 3 Nr. 2 geänd. mWv 1.1.2006 durch G v. 22.9.2005 (BGBl. I S. 2809).
[5)] § 14 Abs. 4 Satz 1 Nr. 6 neu gef. mWv 19.12.2006 durch G v. 13.12.2006 (BGBl. I S. 2878).

8. den anzuwendenden Steuersatz sowie den auf das Entgelt entfallenden Steuerbetrag oder im Fall einer Steuerbefreiung einen Hinweis darauf, dass für die Lieferung oder sonstige Leistung eine Steuerbefreiung gilt,
9. in den Fällen des § 14b Abs. 1 Satz 5 einen Hinweis auf die Aufbewahrungspflicht des Leistungsempfängers, und
10.[1)] in den Fällen der Ausstellung der Rechnung durch den Leistungsempfänger oder durch einen von ihm beauftragten Dritten gemäß Absatz 2 Satz 2 die Angabe „Gutschrift".

[2] In den Fällen des § 10 Abs. 5 sind die Nummern 7 und 8 mit der Maßgabe anzuwenden, dass die Bemessungsgrundlage für die Leistung (§ 10 Abs. 4) und der darauf entfallende Steuerbetrag anzugeben sind. [3] Unternehmer, die § 24 Abs. 1 bis 3 anwenden, sind jedoch auch in diesen Fällen nur zur Angabe des Entgelts und des darauf entfallenden Steuerbetrags berechtigt. [4] Die Berichtigung einer Rechnung um fehlende oder unzutreffende Angaben ist kein rückwirkendes Ereignis im Sinne von § 175 Absatz 1 Satz 1 Nummer 2 und § 233a Absatz 2a der Abgabenordnung[2)].

(5) [1] Vereinnahmt der Unternehmer das Entgelt oder einen Teil des Entgelts für eine noch nicht ausgeführte Lieferung oder sonstige Leistung, gelten die Absätze 1 bis 4 sinngemäß. [2] Wird eine Endrechnung erteilt, sind in ihr die vor Ausführung der Lieferung oder sonstigen Leistung vereinnahmten Teilentgelte und die auf sie entfallenden Steuerbeträge abzusetzen, wenn über die Teilentgelte Rechnungen im Sinne der Absätze 1 bis 4 ausgestellt worden sind.

(6) Das Bundesministerium der Finanzen kann mit Zustimmung des Bundesrates zur Vereinfachung des Besteuerungsverfahrens durch Rechtsverordnung bestimmen, in welchen Fällen und unter welchen Voraussetzungen

1. Dokumente als Rechnungen anerkannt werden können,
2. die nach Absatz 4 erforderlichen Angaben in mehreren Dokumenten enthalten sein können,
3. Rechnungen bestimmte Angaben nach Absatz 4 nicht enthalten müssen,
4. eine Verpflichtung des Unternehmers zur Ausstellung von Rechnungen mit gesondertem Steuerausweis (Absatz 4) entfällt oder
5. Rechnungen berichtigt werden können.

(7)[3)] [1] Führt der Unternehmer einen Umsatz im Inland aus, für den der Leistungsempfänger die Steuer nach § 13b schuldet, und hat der Unternehmer im Inland weder seinen Sitz noch seine Geschäftsleitung, eine Betriebsstätte, von der aus der Umsatz ausgeführt wird oder die an der Erbringung dieses Umsatzes beteiligt ist, oder in Ermangelung eines Sitzes seinen Wohnsitz oder gewöhnlichen Aufenthalt im Inland, so gelten abweichend von den Absätzen 1 bis 6 für die Rechnungserteilung die Vorschriften des Mitgliedstaats, in dem der Unternehmer seinen Sitz, seine Geschäftsleitung, eine Betriebsstätte, von der aus der Umsatz ausgeführt wird, oder in Ermangelung eines Sitzes seinen Wohnsitz oder gewöhnlichen Aufenthalt hat. [2] Satz 1 gilt nicht, wenn eine Gutschrift gemäß Absatz 2 Satz 2 vereinbart worden ist. [3] Nimmt der Unter-

---

1) § 14 Abs. 4 Satz 1 Nr. 10 angef. mWv 30.6.2013 durch G v. 26.6.2013 (BGBl. I S. 1809).

2) Nr. **1**.

3) § 14 Abs. 7 angef. mWv 30.6.2013 durch G v. 26.6.2013 (BGBl. I S. 1809); Satz 3 angef. mWv 1.1.2019 durch G v. 11.12.2018 (BGBl. I S. 2338); zur Anwendung siehe § 27 Abs. 24 Satz 1.

nehmer in einem anderen Mitgliedstaat an einem der besonderen Besteuerungsverfahren entsprechend Titel XII Kapitel 6 der Richtlinie 2006/112/EG des Rates vom 28. November 2006 über das gemeinsame Mehrwertsteuersystem (ABl. L 347 vom 11.12.2006, S. 1) in der jeweils gültigen Fassung teil, so gelten für die in den besonderen Besteuerungsverfahren zu erklärenden Umsätze abweichend von den Absätzen 1 bis 6 für die Rechnungserteilung die Vorschriften des Mitgliedstaates, in dem der Unternehmer seine Teilnahme anzeigt.

§ 14a Zusätzliche Pflichten bei der Ausstellung von Rechnungen in besonderen Fällen. (1)[1] [1] Hat der Unternehmer seinen Sitz, seine Geschäftsleitung, eine Betriebsstätte, von der aus der Umsatz ausgeführt wird, oder in Ermangelung eines Sitzes seinen Wohnsitz oder gewöhnlichen Aufenthalt im Inland und führt er einen Umsatz in einem anderen Mitgliedstaat aus, an dem eine Betriebsstätte in diesem Mitgliedstaat nicht beteiligt ist, so ist er zur Ausstellung einer Rechnung mit der Angabe „Steuerschuldnerschaft des Leistungsempfängers" verpflichtet, wenn die Steuer in dem anderen Mitgliedstaat von dem Leistungsempfänger geschuldet wird und keine Gutschrift gemäß § 14 Absatz 2 Satz 2 vereinbart worden ist. [2] Führt der Unternehmer eine sonstige Leistung im Sinne des § 3a Absatz 2 in einem anderen Mitgliedstaat aus, so ist die Rechnung bis zum fünfzehnten Tag des Monats, der auf den Monat folgt, in dem der Umsatz ausgeführt worden ist, auszustellen. [3] In dieser Rechnung sind die Umsatzsteuer-Identifikationsnummer des Unternehmers und die des Leistungsempfängers anzugeben. [4] Wird eine Abrechnung durch Gutschrift gemäß § 14 Absatz 2 Satz 2 über eine sonstige Leistung im Sinne des § 3a Absatz 2 vereinbart, die im Inland ausgeführt wird und für die der Leistungsempfänger die Steuer nach § 13b Absatz 1 und 5 schuldet, sind die Sätze 2 und 3 und Absatz 5 entsprechend anzuwenden.

(2)[2] [1] Führt der Unternehmer eine Lieferung im Sinne des § 3c Absatz 1 im Inland aus, ist er zur Ausstellung einer Rechnung verpflichtet. [2] Satz 1 gilt nicht, wenn der Unternehmer an dem besonderen Besteuerungsverfahren nach § 18j teilnimmt.

(3)[3] [1] Führt der Unternehmer eine innergemeinschaftliche Lieferung aus, ist er zur Ausstellung einer Rechnung bis zum fünfzehnten Tag des Monats, der auf den Monat folgt, in dem der Umsatz ausgeführt worden ist, verpflichtet. [2] In der Rechnung sind auch die Umsatzsteuer-Identifikationsnummer des Unternehmers und die des Leistungsempfängers anzugeben. [3] Satz 1 gilt auch für Fahrzeuglieferer (§ 2a). [4] Satz 2 gilt nicht in den Fällen der §§ 1b und 2a.

(4) [1] Eine Rechnung über die innergemeinschaftliche Lieferung eines neuen Fahrzeugs muss auch die in § 1b Abs. 2 und 3 bezeichneten Merkmale enthalten. [2] Das gilt auch in den Fällen des § 2a.

(5)[4] [1] Führt der Unternehmer eine Leistung im Sinne des § 13b Absatz 2 aus, für die der Leistungsempfänger nach § 13b Absatz 5 die Steuer schuldet, ist er zur Ausstellung einer Rechnung mit der Angabe „Steuerschuldnerschaft des

---

[1] § 14a Abs. 1 neu gef. mWv 30.6.2013 durch G v. 26.6.2013 (BGBl. I S. 1809); Satz 4 geänd. mWv 31.7.2014 durch G v. 25.7.2014 (BGBl. I S. 1266).

[2] § 14a Abs. 2 neu gef. mWv 1.7.2021 durch G v. 21.12.2020 (BGBl. I S. 3096); zur Anwendung siehe § 27 Abs. 34 Satz 1.

[3] § 14a Abs. 3 Sätze 1 und 2 geänd. mWv 30.6.2013 durch G v. 26.6.2013 (BGBl. I S. 1809).

[4] § 14a Abs. 5 neu gef. mWv 30.6.2013 durch G v. 26.6.2013 (BGBl. I S. 1809).

Leistungsempfängers" verpflichtet; Absatz 1 bleibt unberührt. [2]Die Vorschrift über den gesonderten Steuerausweis in einer Rechnung nach § 14 Absatz 4 Satz 1 Nummer 8 wird nicht angewendet.

(6)[1)] [1]In den Fällen der Besteuerung von Reiseleistungen nach § 25 hat die Rechnung die Angabe „Sonderregelung für Reisebüros" und in den Fällen der Differenzbesteuerung nach § 25a die Angabe „Gebrauchtgegenstände/Sonderregelung", „Kunstgegenstände/Sonderregelung" oder „Sammlungsstücke und Antiquitäten/Sonderregelung" zu enthalten. [2]In den Fällen des § 25 Abs. 3 und des § 25a Abs. 3 und 4 findet die Vorschrift über den gesonderten Steuerausweis in einer Rechnung (§ 14 Abs. 4 Satz 1 Nr. 8) keine Anwendung.

(7) [1]Wird in einer Rechnung über eine Lieferung im Sinne des § 25b Abs. 2 abgerechnet, ist auch auf das Vorliegen eines innergemeinschaftlichen Dreiecksgeschäfts und die Steuerschuldnerschaft des letzten Abnehmers hinzuweisen. [2]Dabei sind die Umsatzsteuer-Identifikationsnummer des Unternehmers und die des Leistungsempfängers anzugeben. [3]Die Vorschrift über den gesonderten Steuerausweis in einer Rechnung (§ 14 Abs. 4 Satz 1 Nr. 8) findet keine Anwendung.

§ 14b Aufbewahrung von Rechnungen. (1)[2)] [1]Der Unternehmer hat ein Doppel der Rechnung, die er selbst oder ein Dritter in seinem Namen und für seine Rechnung ausgestellt hat, sowie alle Rechnungen, die er erhalten oder die ein Leistungsempfänger oder in dessen Namen und für dessen Rechnung ein Dritter ausgestellt hat, zehn Jahre aufzubewahren. [2]Die Rechnungen müssen für den gesamten Zeitraum die Anforderungen des § 14 Absatz 1 Satz 2 erfüllen. [3]Die Aufbewahrungsfrist beginnt mit dem Schluss des Kalenderjahres, in dem die Rechnung ausgestellt worden ist; § 147 Abs. 3 der Abgabenordnung[3)] bleibt unberührt. [4]Die Sätze 1 bis 3 gelten auch

1. für Fahrzeuglieferer (§ 2a);
2. in den Fällen, in denen der letzte Abnehmer die Steuer nach § 13a Abs. 1 Nr. 5 schuldet, für den letzten Abnehmer;
3.[4)] in den Fällen, in denen der Leistungsempfänger die Steuer nach § 13b Absatz 5 schuldet, für den Leistungsempfänger.

[5]In den Fällen des § 14 Abs. 2 Satz 1 Nr. 1 hat der Leistungsempfänger die Rechnung, einen Zahlungsbeleg oder eine andere beweiskräftige Unterlage zwei Jahre gemäß den Sätzen 2 und 3 aufzubewahren, soweit er

1. nicht Unternehmer ist oder
2. Unternehmer ist, aber die Leistung für seinen nichtunternehmerischen Bereich verwendet.

(2) [1]Der im Inland oder in einem der in § 1 Abs. 3 bezeichneten Gebiete ansässige Unternehmer hat alle Rechnungen im Inland oder in einem der in § 1 Abs. 3 bezeichneten Gebiete aufzubewahren. [2]Handelt es sich um eine elektronische Aufbewahrung, die eine vollständige Fernabfrage (Online-Zugriff) der betreffenden Daten und deren Herunterladen und Verwendung

---

[1)] § 14a Abs. 6 Satz 1 neu gef. mWv 30.6.2013 durch G v. 26.6.2013 (BGBl. I S. 1809).

[2)] § 14b Abs. 1 Satz 2 geänd. durch G v. 1.11.2011 (BGBl. I S. 2131); zur Anwendung siehe § 27 Abs. 18.

[3)] Nr. **1**.

[4)] § 14b Abs. 1 Satz 4 Nr. 3 geänd. mWv 1.7.2010 durch G v. 8.4.2010 (BGBl. I S. 386).

gewährleistet, darf der Unternehmer die Rechnungen auch im übrigen Gemeinschaftsgebiet, in einem der in § 1 Abs. 3 bezeichneten Gebiete, im Gebiet von Büsingen oder auf der Insel Helgoland aufbewahren. [3]Der Unternehmer hat dem Finanzamt den Aufbewahrungsort mitzuteilen, wenn er die Rechnungen nicht im Inland oder in einem der in § 1 Abs. 3 bezeichneten Gebiete aufbewahrt. [4]Der nicht im Inland oder in einem der in § 1 Abs. 3 bezeichneten Gebiete ansässige Unternehmer hat den Aufbewahrungsort der nach Absatz 1 aufzubewahrenden Rechnungen im Gemeinschaftsgebiet, in den in § 1 Abs. 3 bezeichneten Gebieten, im Gebiet von Büsingen oder auf der Insel Helgoland zu bestimmen. [5]In diesem Fall ist er verpflichtet, dem Finanzamt auf dessen Verlangen alle aufzubewahrenden Rechnungen und Daten oder die an deren Stelle tretenden Bild- und Datenträger unverzüglich zur Verfügung zu stellen. [6]Kommt er dieser Verpflichtung nicht oder nicht rechtzeitig nach, kann das Finanzamt verlangen, dass er die Rechnungen im Inland oder in einem der in § 1 Abs. 3 bezeichneten Gebiete aufbewahrt.

(3) Ein im Inland oder in einem der in § 1 Abs. 3 bezeichneten Gebiete ansässiger Unternehmer ist ein Unternehmer, der in einem dieser Gebiete einen Wohnsitz, seinen Sitz, seine Geschäftsleitung oder eine Zweigniederlassung hat.

(4) [1]Bewahrt ein Unternehmer die Rechnungen im übrigen Gemeinschaftsgebiet elektronisch auf, können die zuständigen Finanzbehörden die Rechnungen für Zwecke der Umsatzsteuerkontrolle über Online-Zugriff einsehen, herunterladen und verwenden. [2]Es muss sichergestellt sein, dass die zuständigen Finanzbehörden die Rechnungen unverzüglich über Online-Zugriff einsehen, herunterladen und verwenden können.

(5)[1)] Will der Unternehmer die Rechnungen außerhalb des Gemeinschaftsgebiets elektronisch aufbewahren, gilt § 146 Absatz 2b der Abgabenordnung.

UStG

§ 14c Unrichtiger oder unberechtigter Steuerausweis. (1) [1]Hat der Unternehmer in einer Rechnung für eine Lieferung oder sonstige Leistung einen höheren Steuerbetrag, als er nach diesem Gesetz für den Umsatz schuldet, gesondert ausgewiesen (unrichtiger Steuerausweis), schuldet er auch den Mehrbetrag. [2]Berichtigt er den Steuerbetrag gegenüber dem Leistungsempfänger, ist § 17 Abs. 1 entsprechend anzuwenden. [3]In den Fällen des § 1 Abs. 1a und in den Fällen der Rückgängigmachung des Verzichts auf die Steuerbefreiung nach § 9 gilt Absatz 2 Satz 3 bis 5 entsprechend.

(2) [1]Wer in einer Rechnung einen Steuerbetrag gesondert ausweist, obwohl er zum gesonderten Ausweis der Steuer nicht berechtigt ist (unberechtigter Steuerausweis), schuldet den ausgewiesenen Betrag. [2]Das Gleiche gilt, wenn jemand wie ein leistender Unternehmer abrechnet und einen Steuerbetrag gesondert ausweist, obwohl er nicht Unternehmer ist oder eine Lieferung oder sonstige Leistung nicht ausführt. [3]Der nach den Sätzen 1 und 2 geschuldete Steuerbetrag kann berichtigt werden, soweit die Gefährdung des Steueraufkommens beseitigt worden ist. [4]Die Gefährdung des Steueraufkommens ist beseitigt, wenn ein Vorsteuerabzug beim Empfänger der Rechnung nicht durchgeführt oder die geltend gemachte Vorsteuer an die Finanzbehörde zurückgezahlt worden ist. [5]Die Berichtigung des geschuldeten Steuerbetrags ist

---

1) § 14b Abs. 5 angef. mWv 25.12.2008 durch G v. 19.12.2008 (BGBl. I S. 2794); geänd. mWv 29.12.2020 durch G v. 21.12.2020 (BGBl. I S. 3096).

beim Finanzamt gesondert schriftlich zu beantragen und nach dessen Zustimmung in entsprechender Anwendung des § 17 Abs. 1 für den Besteuerungszeitraum vorzunehmen, in dem die Voraussetzungen des Satzes 4 eingetreten sind.

§ 15 Vorsteuerabzug. (1) [1]Der Unternehmer kann die folgenden Vorsteuerbeträge abziehen:

1. die gesetzlich geschuldete Steuer für Lieferungen und sonstige Leistungen, die von einem anderen Unternehmer für sein Unternehmen ausgeführt worden sind. [2]Die Ausübung des Vorsteuerabzugs setzt voraus, dass der Unternehmer eine nach den §§ 14, 14a ausgestellte Rechnung besitzt. [3]Soweit der gesondert ausgewiesene Steuerbetrag auf eine Zahlung vor Ausführung dieser Umsätze entfällt, ist er bereits abziehbar, wenn die Rechnung vorliegt und die Zahlung geleistet worden ist;
2.[1)] die entstandene Einfuhrumsatzsteuer für Gegenstände, die für sein Unternehmen nach § 1 Absatz 1 Nummer 4 eingeführt worden sind;
3.[2)] die Steuer für den innergemeinschaftlichen Erwerb von Gegenständen für sein Unternehmen, wenn der innergemeinschaftliche Erwerb nach § 3d Satz 1 im Inland bewirkt wird;
4.[3)] die Steuer für Leistungen im Sinne des § 13b Absatz 1 und 2, die für sein Unternehmen ausgeführt worden sind. [2]Soweit die Steuer auf eine Zahlung vor Ausführung dieser Leistungen entfällt, ist sie abziehbar, wenn die Zahlung geleistet worden ist;
5. die nach § 13a Abs. 1 Nr. 6 geschuldete Steuer für Umsätze, die für sein Unternehmen ausgeführt worden sind.

[2]Nicht als für das Unternehmen ausgeführt gilt die Lieferung, die Einfuhr oder der innergemeinschaftliche Erwerb eines Gegenstands, den der Unternehmer zu weniger als 10 Prozent für sein Unternehmen nutzt.

(1a)[4)] [1]Nicht abziehbar sind Vorsteuerbeträge, die auf Aufwendungen, für die das Abzugsverbot des § 4 Abs. 5 Satz 1 Nr. 1 bis 4, 7 oder des § 12 Nr. 1 des Einkommensteuergesetzes[5)] gilt, entfallen. [2]Dies gilt nicht für Bewirtungsaufwendungen, soweit § 4 Abs. 5 Satz 1 Nr. 2 des Einkommensteuergesetzes einen Abzug angemessener und nachgewiesener Aufwendungen ausschließt.

(1b)[6)] [1]Verwendet der Unternehmer ein Grundstück sowohl für Zwecke seines Unternehmens als auch für Zwecke, die außerhalb des Unternehmens liegen, oder für den privaten Bedarf seines Personals, ist die Steuer für die Lieferungen, die Einfuhr und den innergemeinschaftlichen Erwerb sowie für die sonstigen Leistungen im Zusammenhang mit diesem Grundstück vom Vorsteuerabzug ausgeschlossen, soweit sie nicht auf die Verwendung des Grundstücks für Zwecke des Unternehmens entfällt. [2]Bei Berechtigungen, für die die Vorschriften des bürgerlichen Rechts über Grundstücke gelten, und bei Gebäuden auf fremdem Grund und Boden ist Satz 1 entsprechend anzuwenden.

[1)] § 15 Abs. 1 Satz 1 Nr. 2 geänd. mWv 30.6.2013 durch G v. 26.6.2013 (BGBl. I S. 1809).
[2)] § 15 Abs. 1 Satz 1 Nr. 3 geänd. mWv 30.6.2013 durch G v. 26.6.2013 (BGBl. I S. 1809).
[3)] § 15 Abs. 1 Satz 1 Nr. 4 geänd. mWv 1.7.2010 durch G v. 8.4.2010 (BGBl. I S. 386).
[4)] § 15 Abs. 1a neu gef. mWv 19.12.2006 durch G v. 13.12.2006 (BGBl. I S. 2878).
[5)] Nr. **5**.
[6)] § 15 Abs. 1b eingef. durch G v. 8.12.2010 (BGBl. I S. 1768); zur Anwendung siehe § 27 Abs. 16.

(2) [1] Vom Vorsteuerabzug ausgeschlossen ist die Steuer für die Lieferungen, die Einfuhr und den innergemeinschaftlichen Erwerb von Gegenständen sowie für die sonstigen Leistungen, die der Unternehmer zur Ausführung folgender Umsätze verwendet:

1. steuerfreie Umsätze;
2. Umsätze im Ausland, die steuerfrei wären, wenn sie im Inland ausgeführt würden.
3.[1] *(aufgehoben)*

[2] Gegenstände oder sonstige Leistungen, die der Unternehmer zur Ausführung einer Einfuhr oder eines innergemeinschaftlichen Erwerbs verwendet, sind den Umsätzen zuzurechnen, für die der eingeführte oder innergemeinschaftlich erworbene Gegenstand verwendet wird.

(3) Der Ausschluss vom Vorsteuerabzug nach Absatz 2 tritt nicht ein, wenn die Umsätze

1. in den Fällen des Absatzes 2 Satz 1 Nr. 1
   a) nach § 4 Nr. 1 bis 7, § 25 Abs. 2 oder nach den in § 26 Abs. 5 bezeichneten Vorschriften steuerfrei sind oder
   b)[2] nach § 4 Nummer 8 Buchstabe a bis g, Nummer 10 oder Nummer 11 steuerfrei sind und sich unmittelbar auf Gegenstände beziehen, die in das Drittlandsgebiet ausgeführt werden;
2.[3] in den Fällen des Absatzes 2 Satz 1 Nr. 2
   a) nach § 4 Nr. 1 bis 7, § 25 Abs. 2 oder nach den in § 26 Abs. 5 bezeichneten Vorschriften steuerfrei wären oder
   b)[4] nach § 4 Nummer 8 Buchstabe a bis g, Nummer 10 oder Nummer 11 steuerfrei wären und der Leistungsempfänger im Drittlandsgebiet ansässig ist oder diese Umsätze sich unmittelbar auf Gegenstände beziehen, die in das Drittlandsgebiet ausgeführt werden.

(4)[5] [1] Verwendet der Unternehmer einen für sein Unternehmen gelieferten, eingeführten oder innergemeinschaftlich erworbenen Gegenstand oder eine von ihm in Anspruch genommene sonstige Leistung nur zum Teil zur Ausführung von Umsätzen, die den Vorsteuerabzug ausschließen, so ist der Teil der jeweiligen Vorsteuerbeträge nicht abziehbar, der den zum Ausschluss vom Vorsteuerabzug führenden Umsätzen wirtschaftlich zuzurechnen ist. [2] Der Unternehmer kann die nicht abziehbaren Teilbeträge im Wege einer sachgerechten Schätzung ermitteln. [3] Eine Ermittlung des nicht abziehbaren Teils der Vorsteuerbeträge nach dem Verhältnis der Umsätze, die den Vorsteuerabzug ausschließen, zu den Umsätzen, die zum Vorsteuerabzug berechtigen, ist nur zulässig, wenn keine andere wirtschaftliche Zurechnung möglich ist. [4] In den Fällen des Absatzes 1b gelten die Sätze 1 bis 3 entsprechend.

(4a) Für Fahrzeuglieferer (§ 2a) gelten folgende Einschränkungen des Vorsteuerabzugs:

---

[1] § 15 Abs. 2 Satz 1 Nr. 3 aufgeh. mWv 19.12.2006 durch G v. 13.12.2006 (BGBl. I S. 2878).
[2] § 15 Abs. 3 Nr. 1 Buchst. b neu gef. mWv 30.6.2013 durch G v. 26.6.2013 (BGBl. I S. 1809).
[3] § 15 Abs. 3 Nr. 2 einl. Satzteil geänd. durch G v. 13.12.2006 (BGBl. I S. 2878).
[4] § 15 Abs. 3 Nr. 2 Buchst. b neu gef. mWv 30.6.2013 durch G v. 26.6.2013 (BGBl. I S. 1809).
[5] § 15 Abs. 4 Satz 4 angef. mWv 1.1.2011 durch G v. 8.12.2010 (BGBl. I S. 1768).

1. Abziehbar ist nur die auf die Lieferung, die Einfuhr oder den innergemeinschaftlichen Erwerb des neuen Fahrzeugs entfallende Steuer.
2. Die Steuer kann nur bis zu dem Betrag abgezogen werden, der für die Lieferung des neuen Fahrzeugs geschuldet würde, wenn die Lieferung nicht steuerfrei wäre.
3. Die Steuer kann erst in dem Zeitpunkt abgezogen werden, in dem der Fahrzeuglieferer die innergemeinschaftliche Lieferung des neuen Fahrzeugs ausführt.

(4b)[1)] Für Unternehmer, die nicht im Gemeinschaftsgebiet ansässig sind und die nur Steuer nach § 13b Absatz 5, nur Steuer nach § 13b Absatz 5 und § 13a Absatz 1 Nummer 1 in Verbindung mit § 14c Absatz 1 oder nur Steuer nach § 13b Absatz 5 und § 13a Absatz 1 Nummer 4 schulden, gelten die Einschränkungen des § 18 Absatz 9 Satz 5 und 6 entsprechend.

(5) Das Bundesministerium der Finanzen kann mit Zustimmung des Bundesrates durch Rechtsverordnung nähere Bestimmungen darüber treffen,

1. in welchen Fällen und unter welchen Voraussetzungen zur Vereinfachung des Besteuerungsverfahrens für den Vorsteuerabzug auf eine Rechnung im Sinne des § 14 oder auf einzelne Angaben in der Rechnung verzichtet werden kann,
2. unter welchen Voraussetzungen, für welchen Besteuerungszeitraum und in welchem Umfang zur Vereinfachung oder zur Vermeidung von Härten in den Fällen, in denen ein anderer als der Leistungsempfänger ein Entgelt gewährt (§ 10 Abs. 1 Satz 3), der andere den Vorsteuerabzug in Anspruch nehmen kann, und
3. wann in Fällen von geringer steuerlicher Bedeutung zur Vereinfachung oder zur Vermeidung von Härten bei der Aufteilung der Vorsteuerbeträge (Absatz 4) Umsätze, die den Vorsteuerabzug ausschließen, unberücksichtigt bleiben können oder von der Zurechnung von Vorsteuerbeträgen zu diesen Umsätzen abgesehen werden kann.

§ 15a[2)] Berichtigung des Vorsteuerabzugs. (1) [1] Ändern sich bei einem Wirtschaftsgut, das nicht nur einmalig zur Ausführung von Umsätzen verwendet wird, innerhalb von fünf Jahren ab dem Zeitpunkt der erstmaligen Verwendung die für den ursprünglichen Vorsteuerabzug maßgebenden Verhältnisse, ist für jedes Kalenderjahr der Änderung ein Ausgleich durch eine Berichtigung des Abzugs der auf die Anschaffungs- oder Herstellungskosten entfallenden Vorsteuerbeträge vorzunehmen. [2] Bei Grundstücken einschließlich ihrer wesentlichen Bestandteile, bei Berechtigungen, für die die Vorschriften des bürgerlichen Rechts über Grundstücke gelten, und bei Gebäuden auf fremdem Grund und Boden tritt an die Stelle des Zeitraums von fünf Jahren ein Zeitraum von zehn Jahren.

(2) [1] Ändern sich bei einem Wirtschaftsgut, das nur einmalig zur Ausführung eines Umsatzes verwendet wird, die für den ursprünglichen Vorsteuerabzug maßgebenden Verhältnisse, ist eine Berichtigung des Vorsteuerabzugs vor-

---

[1)] § 15 Abs. 4b neu gef. mWv 1.1.2020 durch G v. 12.12.2019 (BGBl. I S. 2451); zur Anwendung siehe § 27 Abs. 28.

[2)] Zur Anwendung siehe § 27 Abs. 11.

zunehmen. [2]Die Berichtigung ist für den Besteuerungszeitraum vorzunehmen, in dem das Wirtschaftsgut verwendet wird.

(3)[1)] [1]Geht in ein Wirtschaftsgut nachträglich ein anderer Gegenstand ein und verliert dieser Gegenstand dabei seine körperliche und wirtschaftliche Eigenart endgültig oder wird an einem Wirtschaftsgut eine sonstige Leistung ausgeführt, gelten im Fall der Änderung der für den ursprünglichen Vorsteuerabzug maßgebenden Verhältnisse die Absätze 1 und 2 entsprechend. [2]Soweit im Rahmen einer Maßnahme in ein Wirtschaftsgut mehrere Gegenstände eingehen oder an einem Wirtschaftsgut mehrere sonstige Leistungen ausgeführt werden, sind diese zu einem Berichtigungsobjekt zusammenzufassen. [3]Eine Änderung der Verhältnisse liegt dabei auch vor, wenn das Wirtschaftsgut für Zwecke, die außerhalb des Unternehmens liegen, aus dem Unternehmen entnommen wird, ohne dass dabei nach § 3 Abs. 1b eine unentgeltliche Wertabgabe zu besteuern ist.

(4)[2)] [1]Die Absätze 1 und 2 sind auf sonstige Leistungen, die nicht unter Absatz 3 Satz 1 fallen, entsprechend anzuwenden. [2]Die Berichtigung ist auf solche sonstigen Leistungen zu beschränken, für die in der Steuerbilanz ein Aktivierungsgebot bestünde. [3]Dies gilt jedoch nicht, soweit es sich um sonstige Leistungen handelt, für die der Leistungsempfänger bereits für einen Zeitraum vor Ausführung der sonstigen Leistung den Vorsteuerabzug vornehmen konnte. [4]Unerheblich ist, ob der Unternehmer nach den §§ 140, 141 der Abgabenordnung[3)] tatsächlich zur Buchführung verpflichtet ist.

(5) [1]Bei der Berichtigung nach Absatz 1 ist für jedes Kalenderjahr der Änderung in den Fällen des Satzes 1 von einem Fünftel und in den Fällen des Satzes 2 von einem Zehntel der auf das Wirtschaftsgut entfallenden Vorsteuerbeträge auszugehen. [2]Eine kürzere Verwendungsdauer ist entsprechend zu berücksichtigen. [3]Die Verwendungsdauer wird nicht dadurch verkürzt, dass das Wirtschaftsgut in ein anderes einbezogen wird.

(6) Die Absätze 1 bis 5 sind auf Vorsteuerbeträge, die auf nachträgliche Anschaffungs- oder Herstellungskosten entfallen, sinngemäß anzuwenden.

(6a)[4)] Eine Änderung der Verhältnisse liegt auch bei einer Änderung der Verwendung im Sinne des § 15 Absatz 1b vor.

(7) Eine Änderung der Verhältnisse im Sinne der Absätze 1 bis 3 ist auch beim Übergang von der allgemeinen Besteuerung zur Nichterhebung der Steuer nach § 19 Abs. 1 und umgekehrt und beim Übergang von der allgemeinen Besteuerung zur Durchschnittssatzbesteuerung nach den §§ 23, 23a oder 24 und umgekehrt gegeben.

(8)[5)] [1]Eine Änderung der Verhältnisse liegt auch vor, wenn das noch verwendungsfähige Wirtschaftsgut, das nicht nur einmalig zur Ausführung eines Umsatzes verwendet wird, vor Ablauf des nach den Absätzen 1 und 5 maß-

[1)] § 15a Abs. 3 Satz 2 eingef., bish. Satz 2 wird Satz 3 durch G v. 22.8.2006 (BGBl. I S. 1970); zur Anwendung siehe § 27 Abs. 12.

[2)] § 15a Abs. 4 Sätze 2 bis 4 angef. durch G v. 22.8.2006 (BGBl. I S. 1970); zur Anwendung siehe § 27 Abs. 12.

[3)] Nr. **1**.

[4)] § 15a Abs. 6a eingef. durch G v. 8.12.2010 (BGBl. I S. 1768); zur Anwendung siehe § 27 Abs. 16.

[5)] § 15a Abs. 8 Satz 2 angef. durch G v. 8.12.2010 (BGBl. I S. 1768); zur Anwendung siehe § 27 Abs. 16.

geblichen Berichtigungszeitraums veräußert oder nach § 3 Abs. 1b geliefert wird und dieser Umsatz anders zu beurteilen ist als die für den ursprünglichen Vorsteuerabzug maßgebliche Verwendung. [2]Dies gilt auch für Wirtschaftsgüter, für die der Vorsteuerabzug nach § 15 Absatz 1b teilweise ausgeschlossen war.

(9) Die Berichtigung nach Absatz 8 ist so vorzunehmen, als wäre das Wirtschaftsgut in der Zeit von der Veräußerung oder Lieferung im Sinne des § 3 Abs. 1b bis zum Ablauf des maßgeblichen Berichtigungszeitraums unter entsprechend geänderten Verhältnissen weiterhin für das Unternehmen verwendet worden.

(10) [1]Bei einer Geschäftsveräußerung (§ 1 Abs. 1a) wird der nach den Absätzen 1 und 5 maßgebliche Berichtigungszeitraum nicht unterbrochen. [2]Der Veräußerer ist verpflichtet, dem Erwerber die für die Durchführung der Berichtigung erforderlichen Angaben zu machen.

(11) Das Bundesministerium der Finanzen kann mit Zustimmung des Bundesrates durch Rechtsverordnung nähere Bestimmungen darüber treffen,

1. wie der Ausgleich nach den Absätzen 1 bis 9 durchzuführen ist und in welchen Fällen er zur Vereinfachung des Besteuerungsverfahrens, zur Vermeidung von Härten oder nicht gerechtfertigten Steuervorteilen zu unterbleiben hat;
2. dass zur Vermeidung von Härten oder eines nicht gerechtfertigten Steuervorteils bei einer unentgeltlichen Veräußerung oder Überlassung eines Wirtschaftsguts
   a) eine Berichtigung des Vorsteuerabzugs in entsprechender Anwendung der Absätze 1 bis 9 auch dann durchzuführen ist, wenn eine Änderung der Verhältnisse nicht vorliegt,
   b) der Teil des Vorsteuerbetrags, der bei einer gleichmäßigen Verteilung auf den in Absatz 9 bezeichneten Restzeitraum entfällt, vom Unternehmer geschuldet wird,
   c) der Unternehmer den nach den Absätzen 1 bis 9 oder Buchstabe b geschuldeten Betrag dem Leistungsempfänger wie eine Steuer in Rechnung stellen und dieser den Betrag als Vorsteuer abziehen kann.

Fünfter Abschnitt. Besteuerung

§ 16 Steuerberechnung, Besteuerungszeitraum und Einzelbesteuerung. (1) [1]Die Steuer ist, soweit nicht § 20 gilt, nach vereinbarten Entgelten zu berechnen. [2]Besteuerungszeitraum ist das Kalenderjahr. [3]Bei der Berechnung der Steuer ist von der Summe der Umsätze nach § 1 Abs. 1 Nr. 1 und 5 auszugehen, soweit für sie die Steuer in dem Besteuerungszeitraum entstanden und die Steuerschuldnerschaft gegeben ist. [4]Der Steuer sind die nach § 6a Abs. 4 Satz 2, nach § 14c sowie nach § 17 Abs. 1 Satz 6 geschuldeten Steuerbeträge hinzuzurechnen.

(1a)[1)] [1]Macht ein nicht im Gemeinschaftsgebiet ansässiger Unternehmer von § 18 Abs. 4c Gebrauch, ist Besteuerungszeitraum das Kalendervierteljahr. [2]Bei der Berechnung der Steuer ist von der Summe der Umsätze nach § 3a Abs. 5

[1)] § 16 Abs. 1a Satz 2 geänd. mWv 1.1.2010 durch G v. 19.12.2008 (BGBl. I S. 2794); zur letztmaligen Anwendung von § 16 Abs. 1a auf vor dem 1.7.2021 ausgeführte Umsätze siehe § 27 Abs. 34 Satz 2.

auszugehen, die im Gemeinschaftsgebiet steuerbar sind, soweit für sie in dem Besteuerungszeitraum die Steuer entstanden und die Steuerschuldnerschaft gegeben ist. [3] Absatz 2 ist nicht anzuwenden.

(1b)[1)] [1] Macht ein im übrigen Gemeinschaftsgebiet ansässiger Unternehmer (§ 13b Absatz 7 Satz 2) von § 18 Absatz 4e Gebrauch, ist Besteuerungszeitraum das Kalendervierteljahr. [2] Bei der Berechnung der Steuer ist von der Summe der Umsätze nach § 3a Absatz 5 auszugehen, die im Inland steuerbar sind, soweit für sie in dem Besteuerungszeitraum die Steuer entstanden und die Steuerschuldnerschaft gegeben ist. [3] Absatz 2 ist nicht anzuwenden.

(1c)[2)] [1] Macht ein nicht im Gemeinschaftsgebiet ansässiger Unternehmer von § 18i Gebrauch, ist Besteuerungszeitraum das Kalendervierteljahr. [2] Sofern die Teilnahme an dem Verfahren nach § 18i im Inland angezeigt wurde, ist bei der Berechnung der Steuer von der Summe der sonstigen Leistungen an Empfänger nach § 3a Absatz 5 Satz 1 auszugehen, die im Gemeinschaftsgebiet steuerbar sind, soweit für sie in dem Besteuerungszeitraum die Steuer entstanden und die Steuerschuldnerschaft gegeben ist. [3] Sofern die Teilnahme an dem Verfahren nach § 18i in einem anderen Mitgliedstaat der Europäischen Union angezeigt wurde, ist bei der Berechnung der Steuer von der Summe der sonstigen Leistungen an Empfänger nach § 3a Absatz 5 Satz 1 auszugehen, die im Inland steuerbar sind, soweit für sie in dem Besteuerungszeitraum die Steuer entstanden und die Steuerschuldnerschaft gegeben ist. [4] Absatz 2 ist nicht anzuwenden.

(1d)[3)] [1] Macht ein Unternehmer von § 18j Gebrauch, ist Besteuerungszeitraum das Kalendervierteljahr. [2] Sofern die Teilnahme an dem Verfahren nach § 18j im Inland angezeigt wurde, ist bei der Berechnung der Steuer von der Summe der Lieferungen nach § 3 Absatz 3a Satz 1 innerhalb eines Mitgliedstaates und der innergemeinschaftlichen Fernverkäufe nach § 3c Absatz 1 Satz 2 und 3, die im Gemeinschaftsgebiet steuerbar sind, sowie der sonstigen Leistungen an Empfänger nach § 3a Absatz 5 Satz 1, die in einem anderen Mitgliedstaat der Europäischen Union steuerbar sind, auszugehen, soweit für sie in dem Besteuerungszeitraum die Steuer entstanden und die Steuerschuldnerschaft gegeben ist. [3] Sofern die Teilnahme an dem Verfahren nach § 18j in einem anderen Mitgliedstaat der Europäischen Union angezeigt wurde, ist bei der Berechnung der Steuer von der Summe der Lieferungen nach § 3 Absatz 3a Satz 1 innerhalb eines Mitgliedstaates, der innergemeinschaftlichen Fernverkäufe nach § 3c Absatz 1 Satz 2 und 3 und der sonstigen Leistungen an Empfänger nach § 3a Absatz 5 Satz 1 auszugehen, die im Inland steuerbar sind, soweit für sie in dem Besteuerungszeitraum die Steuer entstanden und die Steuerschuldnerschaft gegeben ist. [4] Absatz 2 ist nicht anzuwenden.

(1e)[4)] [1] Macht ein Unternehmer oder ein in seinem Auftrag handelnder Vertreter von § 18k Gebrauch, ist Besteuerungszeitraum der Kalendermonat. [2] Sofern die Teilnahme an dem Verfahren nach § 18k im Inland angezeigt wurde,

---

[1)] § 16 Abs. 1b eingef. mWv 1.1.2015 durch G v. 25.7.2014 (BGBl. I S. 1266); zur letztmaligen Anwendung von § 16 Abs. 1b auf vor dem 1.7.2021 ausgeführte Umsätze siehe § 27 Abs. 34 Satz 2.

[2)] § 16 Abs. 1c eingef. mWv 1.7.2021 durch G v. 21.12.2020 (BGBl. I S. 3096); zur Anwendung siehe § 27 Abs. 34 Satz 1.

[3)] § 16 Abs. 1d eingef. mWv 1.7.2021 durch G v. 21.12.2020 (BGBl. I S. 3096); zur Anwendung siehe § 27 Abs. 34 Satz 1.

[4)] § 16 Abs. 1e eingef. mWv 1.7.2021 durch G v. 21.12.2020 (BGBl. I S. 3096); zur Anwendung siehe § 27 Abs. 34 Satz 1.

ist bei der Berechnung der Steuer von der Summe der Fernverkäufe nach § 3 Absatz 3a Satz 2 und § 3c Absatz 2 und 3, die im Gemeinschaftsgebiet steuerbar sind, auszugehen, soweit für sie in dem Besteuerungszeitraum die Steuer entstanden und die Steuerschuldnerschaft gegeben ist. [3] Sofern die Teilnahme an dem Verfahren nach § 18k in einem anderen Mitgliedstaat der Europäischen Union angezeigt wurde, ist bei der Berechnung der Steuer von der Summe der Fernverkäufe nach § 3 Absatz 3a Satz 2 und § 3c Absatz 2 und 3 auszugehen, die im Inland steuerbar sind, soweit für sie in dem Besteuerungszeitraum die Steuer entstanden und die Steuerschuldnerschaft gegeben ist. [4] Absatz 2 ist nicht anzuwenden.

(2)[1)] [1] Von der nach Absatz 1 berechneten Steuer sind vorbehaltlich des § 18 Absatz 9 Satz 3 die in den Besteuerungszeitraum fallenden, nach § 15 abziehbaren Vorsteuerbeträge abzusetzen. [2] § 15a ist zu berücksichtigen.

(3) Hat der Unternehmer seine gewerbliche oder berufliche Tätigkeit nur in einem Teil des Kalenderjahres ausgeübt, so tritt dieser Teil an die Stelle des Kalenderjahres.

(4) Abweichend von den Absätzen 1, 2 und 3 kann das Finanzamt einen kürzeren Besteuerungszeitraum bestimmen, wenn der Eingang der Steuer gefährdet erscheint oder der Unternehmer damit einverstanden ist.

(5) [1] Bei Beförderungen von Personen im Gelegenheitsverkehr mit Kraftomnibussen, die nicht im Inland zugelassen sind, wird die Steuer, abweichend von Absatz 1, für jeden einzelnen steuerpflichtigen Umsatz durch die zuständige Zolldienststelle berechnet (Beförderungseinzelbesteuerung), wenn eine Grenze zum Drittlandsgebiet überschritten wird. [2] Zuständige Zolldienststelle ist die Eingangszollstelle oder Ausgangszollstelle, bei der der Kraftomnibus in das Inland gelangt oder das Inland verlässt. [3] Die zuständige Zolldienststelle handelt bei der Beförderungseinzelbesteuerung für das Finanzamt, in dessen Bezirk sie liegt (zuständiges Finanzamt). [4] Absatz 2 und § 19 Abs. 1 sind bei der Beförderungseinzelbesteuerung nicht anzuwenden.

(5a) Beim innergemeinschaftlichen Erwerb neuer Fahrzeuge durch andere Erwerber als die in § 1a Abs. 1 Nr. 2 genannten Personen ist die Steuer abweichend von Absatz 1 für jeden einzelnen steuerpflichtigen Erwerb zu berechnen (Fahrzeugeinzelbesteuerung).

(5b) [1] Auf Antrag des Unternehmers ist nach Ablauf des Besteuerungszeitraums an Stelle der Beförderungseinzelbesteuerung (Absatz 5) die Steuer nach den Absätzen 1 und 2 zu berechnen. [2] Die Absätze 3 und 4 gelten entsprechend.

(6)[2)] [1] Werte in fremder Währung sind zur Berechnung der Steuer und der abziehbaren Vorsteuerbeträge auf Euro nach den Durchschnittskursen umzurechnen, die das Bundesministerium der Finanzen für den Monat öffentlich bekannt gibt, in dem die Leistung ausgeführt oder das Entgelt oder ein Teil des Entgelts vor Ausführung der Leistung (§ 13 Abs. 1 Nr. 1 Buchstabe a Satz 4) vereinnahmt wird. [2] Ist dem leistenden Unternehmer die Berechnung der Steuer nach vereinnahmten Entgelten gestattet (§ 20), so sind die Entgelte nach

---

[1)] § 16 Abs. 2 Sätze 3 und 4 aufgeh. mWv 30.6.2013 durch G v. 26.6.2013 (BGBl. I S. 1809); Satz 1 neu gef. mWv 1.1.2020 durch G v. 12.12.2019 (BGBl. I S. 2451); zur Anwendung siehe § 27 Abs. 28.

[2)] § 16 Abs. 6 Sätze 4 und 5 neu gef. mWv 1.1.2015 durch G v. 25.7.2014 (BGBl. I S. 1266); Sätze 4 und 5 neu gef. mWv 1.7.2021 durch G v. 21.12.2020 (BGBl. I S. 3096).

den Durchschnittskursen des Monats umzurechnen, in dem sie vereinnahmt werden. [3] Das Finanzamt kann die Umrechnung nach dem Tageskurs, der durch Bankmitteilung oder Kurszettel nachzuweisen ist, gestatten. [4] Macht ein Unternehmer von § 18 Absatz 4c oder 4e oder den §§ 18i, 18j oder 18k Gebrauch, hat er zur Berechnung der Steuer Werte in fremder Währung nach den Kursen umzurechnen, die für den letzten Tag des Besteuerungszeitraums nach Absatz 1a Satz 1, Absatz 1b Satz 1, Absatz 1c Satz 1, Absatz 1d Satz 1 oder Absatz 1e Satz 1 von der Europäischen Zentralbank festgestellt worden sind. [5] Sind für die in Satz 4 genannten Tage keine Umrechnungskurse festgestellt worden, hat der Unternehmer die Steuer nach den für den nächsten Tag nach Ablauf des Besteuerungszeitraums nach Absatz 1a Satz 1, Absatz 1b Satz 1, Absatz 1c Satz 1, Absatz 1d Satz 1 oder Absatz 1e Satz 1 von der Europäischen Zentralbank festgestellten Umrechnungskursen umzurechnen.

(7) Für die Einfuhrumsatzsteuer gelten § 11 Abs. 5 und § 21 Abs. 2.

§ 17 Änderung der Bemessungsgrundlage. (1)[1)] [1] Hat sich die Bemessungsgrundlage für einen steuerpflichtigen Umsatz im Sinne des § 1 Abs. 1 Nr. 1 geändert, hat der Unternehmer, der diesen Umsatz ausgeführt hat, den dafür geschuldeten Steuerbetrag zu berichtigen. [2] Ebenfalls ist der Vorsteuerabzug bei dem Unternehmer, an den dieser Umsatz ausgeführt wurde, zu berichtigen. [3] Dies gilt nicht, soweit er durch die Änderung der Bemessungsgrundlage wirtschaftlich nicht begünstigt wird. [4] Wird in diesen Fällen ein anderer Unternehmer durch die Änderung der Bemessungsgrundlage wirtschaftlich begünstigt, hat dieser Unternehmer seinen Vorsteuerabzug zu berichtigen. [5] Die Sätze 1 bis 4 gelten in den Fällen des § 1 Abs. 1 Nr. 5 und des § 13b sinngemäß. [6] Bei Preisnachlässen und Preiserstattungen eines Unternehmers in einer Leistungskette an einen in dieser Leistungskette nicht unmittelbar nachfolgenden Abnehmer liegt eine Minderung der Bemessungsgrundlage nach Satz 1 nur vor, wenn der Leistungsbezug dieses Abnehmers im Rahmen der Leistungskette im Inland steuerpflichtig ist. [7] Die Berichtigung des Vorsteuerabzugs kann unterbleiben, soweit ein dritter Unternehmer den auf die Minderung des Entgelts entfallenden Steuerbetrag an das Finanzamt entrichtet; in diesem Fall ist der dritte Unternehmer Schuldner der Steuer. [8] Die Berichtigungen nach den Sätzen 1 und 2 sind für den Besteuerungszeitraum vorzunehmen, in dem die Änderung der Bemessungsgrundlage eingetreten ist. [9] Die Berichtigung nach Satz 4 ist für den Besteuerungszeitraum vorzunehmen, in dem der andere Unternehmer wirtschaftlich begünstigt wird.

(2) Absatz 1 gilt sinngemäß, wenn

1. das vereinbarte Entgelt für eine steuerpflichtige Lieferung, sonstige Leistung oder einen steuerpflichtigen innergemeinschaftlichen Erwerb uneinbringlich geworden ist. [2] Wird das Entgelt nachträglich vereinnahmt, sind Steuerbetrag und Vorsteuerabzug erneut zu berichtigen;
2. für eine vereinbarte Lieferung oder sonstige Leistung ein Entgelt entrichtet, die Lieferung oder sonstige Leistung jedoch nicht ausgeführt worden ist;
3. eine steuerpflichtige Lieferung, sonstige Leistung oder ein steuerpflichtiger innergemeinschaftlicher Erwerb rückgängig gemacht worden ist;

[1)] § 17 Abs. 1 Satz 6 eingef., bish. Sätze 6 bis 8 werden Sätze 7 bis 9 mWv 29.12.2020 durch G v. 21.12.2020 (BGBl. I S. 3096).

4. der Erwerber den Nachweis im Sinne des § 3d Satz 2 führt;
5.[1] Aufwendungen im Sinne des § 15 Abs. 1a getätigt werden.

(3) [1] Ist Einfuhrumsatzsteuer, die als Vorsteuer abgezogen worden ist, herabgesetzt, erlassen oder erstattet worden, so hat der Unternehmer den Vorsteuerabzug entsprechend zu berichtigen. [2] Absatz 1 Satz 7 gilt sinngemäß.

(4) Werden die Entgelte für unterschiedlich besteuerte Lieferungen oder sonstige Leistungen eines bestimmten Zeitabschnitts gemeinsam geändert (z.B. Jahresboni, Jahresrückvergütungen), so hat der Unternehmer dem Leistungsempfänger einen Beleg zu erteilen, aus dem zu ersehen ist, wie sich die Änderung der Entgelte auf die unterschiedlich besteuerten Umsätze verteilt.

§ 18 Besteuerungsverfahren. (1)[2] [1] Der Unternehmer hat vorbehaltlich des § 18i Absatz 3, des § 18j Absatz 4 und des § 18k Absatz 4 bis zum zehnten Tag nach Ablauf jedes Voranmeldungszeitraums eine Voranmeldung nach amtlich vorgeschriebenem Datensatz durch Datenfernübertragung zu übermitteln, in der er die Steuer für den Voranmeldungszeitraum (Vorauszahlung) selbst zu berechnen hat. [2] Auf Antrag kann das Finanzamt zur Vermeidung von unbilligen Härten auf eine elektronische Übermittlung verzichten; in diesem Fall hat der Unternehmer eine Voranmeldung nach amtlich vorgeschriebenem Vordruck abzugeben. [3] § 16 Abs. 1 und 2 und § 17 sind entsprechend anzuwenden. [4] Die Vorauszahlung ist am zehnten Tag nach Ablauf des Voranmeldungszeitraums fällig und bis dahin vom Unternehmer zu entrichten.

(2)[3] [1] Voranmeldungszeitraum ist das Kalendervierteljahr. [2] Beträgt die Steuer für das vorangegangene Kalenderjahr mehr als 7 500 Euro, ist der Kalendermonat Voranmeldungszeitraum. [3] Beträgt die Steuer für das vorangegangene Kalenderjahr nicht mehr als 1 000 Euro, kann das Finanzamt den Unternehmer von der Verpflichtung zur Abgabe der Voranmeldungen und Entrichtung der Vorauszahlungen befreien. [4] Nimmt der Unternehmer seine berufliche oder gewerbliche Tätigkeit auf, ist im laufenden und folgenden Kalenderjahr Voranmeldungszeitraum der Kalendermonat. [5] Daneben ist im laufenden und folgenden Kalenderjahr in folgenden Fällen Voranmeldungszeitraum der Kalendermonat:
1. bei im Handelsregister eingetragenen, noch nicht gewerblich oder beruflich tätig gewesenen juristischen Personen oder Personengesellschaften, die objektiv belegbar die Absicht haben, eine gewerbliche oder berufliche Tätigkeit selbständig auszuüben (Vorratsgesellschaften), und zwar ab dem Zeitpunkt des Beginns der tatsächlichen Ausübung dieser Tätigkeit, und
2. bei der Übernahme von juristischen Personen oder Personengesellschaften, die bereits gewerblich oder beruflich tätig gewesen sind und zum Zeitpunkt der Übernahme ruhen oder nur geringfügig gewerblich oder beruflich tätig sind (Firmenmantel), und zwar ab dem Zeitpunkt der Übernahme.

---

[1] § 17 Abs. 2 Nr. 5 geänd. mWv 25.12.2008 durch G v. 19.12.2008 (BGBl. I S. 2794).

[2] § 18 Abs. 1 neu gef. mWv 1.1.2009 durch G v. 20.12.2008 (BGBl. I S. 2850); Satz 1 geänd. mWv 1.1.2017 durch G v. 18.7.2016 (BGBl. I S. 1679); Sätze 1 und 4 neu gef. mWv 1.7.2021 durch G v. 21.12.2020 (BGBl. I S. 3096); zur Anwendung siehe § 27 Abs. 34 Satz 1.

[3] § 18 Abs. 2 Sätze 2 und 3 Beträge geänd. mWv 1.1.2009 durch G v. 20.12.2008 (BGBl. I S. 2850); Satz 5 angef. durch G v. 22.12.2014 (BGBl. I S. 2417); zur Anwendung siehe § 27 Abs. 21; Satz 5 einl. Satzteil geänd., Satz 6 angef. mWv 1.1.2021 durch G v. 22.11.2019 (BGBl. I S. 1746).

[6] Für die Besteuerungszeiträume 2021 bis 2026 ist abweichend von Satz 4 in den Fällen, in denen der Unternehmer seine gewerbliche oder berufliche Tätigkeit nur in einem Teil des vorangegangenen Kalenderjahres ausgeübt hat, die tatsächliche Steuer in eine Jahressteuer umzurechnen und in den Fällen, in denen der Unternehmer seine gewerbliche oder berufliche Tätigkeit im laufenden Kalenderjahr aufnimmt, die voraussichtliche Steuer des laufenden Kalenderjahres maßgebend.

(2a)[1)] [1] Der Unternehmer kann an Stelle des Kalendervierteljahres den Kalendermonat als Voranmeldungszeitraum wählen, wenn sich für das vorangegangene Kalenderjahr ein Überschuss zu seinen Gunsten von mehr als 7 500 Euro ergibt. [2] In diesem Fall hat der Unternehmer bis zum 10. Februar des laufenden Kalenderjahres eine Voranmeldung für den ersten Kalendermonat abzugeben. [3] Die Ausübung des Wahlrechts bindet den Unternehmer für dieses Kalenderjahr. [4] Absatz 2 Satz 6 gilt entsprechend.

(3)[2)] [1] Der Unternehmer hat vorbehaltlich des § 18i Absatz 3, des § 18j Absatz 4 und des § 18k Absatz 4 für das Kalenderjahr oder für den kürzeren Besteuerungszeitraum eine Steuererklärung nach amtlich vorgeschriebenem Datensatz durch Datenfernübertragung zu übermitteln, in der er die zu entrichtende Steuer oder den Überschuss, der sich zu seinen Gunsten ergibt, nach § 16 Absatz 1 bis 4 und § 17 selbst zu berechnen hat (Steueranmeldung). [2] In den Fällen des § 16 Absatz 3 und 4 ist die Steueranmeldung binnen einem Monat nach Ablauf des kürzeren Besteuerungszeitraums zu übermitteln. [3] Auf Antrag kann das Finanzamt zur Vermeidung von unbilligen Härten auf eine elektronische Übermittlung verzichten; in diesem Fall hat der Unternehmer eine Steueranmeldung nach amtlich vorgeschriebenem Vordruck abzugeben und eigenhändig zu unterschreiben.

(4)[3)] [1] Berechnet der Unternehmer die zu entrichtende Steuer oder den Überschuss in der Steueranmeldung für das Kalenderjahr abweichend von der Summe der Vorauszahlungen, so ist der Unterschiedsbetrag zugunsten des Finanzamts einen Monat nach dem Eingang der Steueranmeldung fällig und bis dahin vom Unternehmer zu entrichten. [2] Setzt das Finanzamt die zu entrichtende Steuer oder den Überschuss abweichend von der Steueranmeldung für den Voranmeldungszeitraum oder für das Kalenderjahr oder auf Grund unterbliebener Abgabe der Steueranmeldung fest, so ist der Unterschiedsbetrag zugunsten des Finanzamts einen Monat nach der Bekanntgabe des Steuerbescheids fällig und bis dahin vom Unternehmer zu entrichten. [3] Die Fälligkeit rückständiger Vorauszahlungen (Absatz 1) bleibt von den Sätzen 1 und 2 unberührt.

(4a)[4)] [1] Voranmeldungen (Absätze 1 und 2) und eine Steuererklärung (Absätze 3 und 4) haben auch die Unternehmer und juristischen Personen abzugeben, die ausschließlich Steuer für Umsätze nach § 1 Abs. 1 Nr. 5, § 13b Absatz 5 oder § 25b Abs. 2 zu entrichten haben, sowie Fahrzeuglieferer (§ 2a). [2] Voranmeldungen sind nur für die Voranmeldungszeiträume abzugeben, in denen

---

[1)] § 18 Abs. 2a Satz 1 geänd. mWv 1.1.2009 durch G v. 20.12.2008 (BGBl. I S. 2850); Satz 4 angef. mWv 1.1.2021 durch G v. 22.11.2019 (BGBl. I S. 1746).

[2)] § 18 Abs. 3 neu gef. durch G v. 8.12.2010 (BGBl. I S. 1768); zur Anwendung siehe § 27 Abs. 17; Satz 1 geänd. mWv 1.1.2017 durch G v. 18.7.2016 (BGBl. I S. 1679); Satz 1 neu gef. mWv 1.7.2021 durch G v. 21.12.2020 (BGBl. I S. 3096); zur Anwendung siehe § 27 Abs. 34 Satz 1.

[3)] § 18 Abs. 4 Sätze 1 und 2 neu gef. mWv 1.7.2021 durch G v. 21.12.2020 (BGBl. I S. 3096).

[4)] § 18 Abs. 4a Satz 1 geänd. mWv 1.7.2010 durch G v. 8.4.2010 (BGBl. I S. 386).

die Steuer für diese Umsätze zu erklären ist. [3]Die Anwendung des Absatzes 2a ist ausgeschlossen.

(4b) Für Personen, die keine Unternehmer sind und Steuerbeträge nach § 6a Abs. 4 Satz 2 oder nach § 14c Abs. 2 schulden, gilt Absatz 4a entsprechend.

(4c)[1)] [1]Ein nicht im Gemeinschaftsgebiet ansässiger Unternehmer, der vor dem 1. Juli 2021 als Steuerschuldner Umsätze nach § 3a Absatz 5 im Gemeinschaftsgebiet erbringt, kann abweichend von den Absätzen 1 bis 4 für jeden Besteuerungszeitraum (§ 16 Absatz 1a Satz 1) eine Steuererklärung nach amtlich vorgeschriebenem Datensatz durch Datenfernübertragung bis zum 20. Tag nach Ablauf jedes Besteuerungszeitraums dem Bundeszentralamt für Steuern übermitteln, in der er die Steuer für die vorgenannten Umsätze selbst zu berechnen hat (Steueranmeldung). [2]Die Steuer ist am 20. Tag nach Ablauf des Besteuerungszeitraums fällig und bis dahin vom Unternehmer zu entrichten. [3]Die Ausübung des Wahlrechts hat der Unternehmer auf dem amtlich vorgeschriebenen, elektronisch zu übermittelnden Dokument dem Bundeszentralamt für Steuern anzuzeigen, bevor er Umsätze nach § 3a Abs. 5 im Gemeinschaftsgebiet erbringt. [4]Das Wahlrecht kann nur mit Wirkung vom Beginn eines Besteuerungszeitraums an widerrufen werden. [5]Der Widerruf ist vor Beginn des Besteuerungszeitraums, für den er gelten soll, gegenüber dem Bundeszentralamt für Steuern auf elektronischem Weg zu erklären. [6]Kommt der Unternehmer seinen Verpflichtungen nach den Sätzen 1 bis 3 oder § 22 Abs. 1 wiederholt nicht oder nicht rechtzeitig nach, schließt ihn das Bundeszentralamt für Steuern von dem Besteuerungsverfahren nach Satz 1 aus. [7]Der Ausschluss gilt ab dem Besteuerungszeitraum, der nach dem Zeitpunkt der Bekanntgabe des Ausschlusses gegenüber dem Unternehmer beginnt.

(4d)[2)] Für nicht im Gemeinschaftsgebiet ansässige Unternehmer, die vor dem 1. Juli 2021 im Inland im Besteuerungszeitraum (§ 16 Absatz 1 Satz 2) als Steuerschuldner Umsätze nach § 3a Absatz 5 erbringen und diese Umsätze in einem anderen Mitgliedstaat erklären sowie die darauf entfallende Steuer entrichten, gelten insoweit die Absätze 1 bis 4 nicht.

(4e)[3)] [1]Ein im übrigen Gemeinschaftsgebiet ansässiger Unternehmer (§ 13b Absatz 7 Satz 2), der vor dem 1. Juli 2021 als Steuerschuldner Umsätze nach § 3a Absatz 5 im Inland erbringt, kann abweichend von den Absätzen 1 bis 4 für jeden Besteuerungszeitraum (§ 16 Absatz 1b Satz 1) eine Steuererklärung nach amtlich vorgeschriebenem Datensatz durch Datenfernübertragung bis zum 20. Tag nach Ablauf jedes Besteuerungszeitraums übermitteln, in der er die Steuer für die vorgenannten Umsätze selbst zu berechnen hat; dies gilt nur, wenn der Unternehmer im Inland, auf der Insel Helgoland und in einem der in § 1 Absatz 3 bezeichneten Gebiete weder seinen Sitz, seine Geschäftsleitung noch eine Betriebsstätte hat. [2]Die Steuererklärung ist der zuständigen Steuer-

---

[1)] § 18 Abs. 4c Sätze 3, 4 und 6 geänd. mWv 1.1.2006 durch G v. 22.9.2005 (BGBl. I S. 2809); Satz 3 geänd. mWv 1.1.2010 durch G v. 19.12.2008 (BGBl. I S. 2794); Satz 1 neu gef. mWv 1.1.2019 durch G v. 11.12.2018 (BGBl. I S. 2338); zur Anwendung siehe § 27 Abs. 24 Satz 2; Sätze 1 und 2 neu gef. mWv 1.7.2021 durch G v. 21.12.2020 (BGBl. I S. 3096); zur letztmaligen Anwendung von § 18 Abs. 4c auf vor dem 1.7.2021 ausgeführte Umsätze siehe § 27 Abs. 34 Satz 2.

[2)] § 18 Abs. 4d neu gef. mWv 1.7.2021 durch G v. 21.12.2020 (BGBl. I S. 3096); zur letztmaligen Anwendung von § 18 Abs. 4d auf vor dem 1.7.2021 ausgeführte Umsätze siehe § 27 Abs. 34 Satz 2.

[3)] § 18 Abs. 4e eingef. mWv 1.1.2015 durch G v. 25.7.2014 (BGBl. I S. 1266); Sätze 1 und 4 neu gef. mWv 1.7.2021 durch G v. 21.12.2020 (BGBl. I S. 3096); zur letztmaligen Anwendung von § 18 Abs. 4e auf vor dem 1.7.2021 ausgeführte Umsätze siehe § 27 Abs. 34 Satz 2.

behörde des Mitgliedstaates der Europäischen Union zu übermitteln, in dem der Unternehmer ansässig ist; diese Steuererklärung ist ab dem Zeitpunkt eine Steueranmeldung im Sinne des § 150 Absatz 1 Satz 3 und des § 168 der Abgabenordnung[1)], zu dem die in ihr enthaltenen Daten von der zuständigen Steuerbehörde des Mitgliedstaates der Europäischen Union, an die der Unternehmer die Steuererklärung übermittelt hat, dem Bundeszentralamt für Steuern übermittelt und dort in bearbeitbarer Weise aufgezeichnet wurden. [3] Satz 2 gilt für die Berichtigung einer Steuererklärung entsprechend. [4] Die Steuer ist am 20. Tag nach Ablauf des Besteuerungszeitraums fällig und bis dahin vom Unternehmer zu entrichten. [5] Die Ausübung des Wahlrechts nach Satz 1 hat der Unternehmer in dem amtlich vorgeschriebenen, elektronisch zu übermittelnden Dokument der Steuerbehörde des Mitgliedstaates der Europäischen Union, in dem der Unternehmer ansässig ist, vor Beginn des Besteuerungszeitraums anzuzeigen, ab dessen Beginn er von dem Wahlrecht Gebrauch macht. [6] Das Wahlrecht kann nur mit Wirkung vom Beginn eines Besteuerungszeitraums an widerrufen werden. [7] Der Widerruf ist vor Beginn des Besteuerungszeitraums, für den er gelten soll, gegenüber der Steuerbehörde des Mitgliedstaates der Europäischen Union, in dem der Unternehmer ansässig ist, auf elektronischem Weg zu erklären. [8] Kommt der Unternehmer seinen Verpflichtungen nach den Sätzen 1 bis 5 oder § 22 Absatz 1 wiederholt nicht oder nicht rechtzeitig nach, schließt ihn die zuständige Steuerbehörde des Mitgliedstaates der Europäischen Union, in dem der Unternehmer ansässig ist, von dem Besteuerungsverfahren nach Satz 1 aus. [9] Der Ausschluss gilt ab dem Besteuerungszeitraum, der nach dem Zeitpunkt der Bekanntgabe des Ausschlusses gegenüber dem Unternehmer beginnt. [10] Die Steuererklärung nach Satz 1 gilt als fristgemäß übermittelt, wenn sie bis zum 20. Tag nach Ablauf des Besteuerungszeitraums (§ 16 Absatz 1b Satz 1) der zuständigen Steuerbehörde des Mitgliedstaates der Europäischen Union übermittelt worden ist, in dem der Unternehmer ansässig ist, und dort in bearbeitbarer Weise aufgezeichnet wurde. [11] Die Entrichtung der Steuer erfolgt entsprechend Satz 4 fristgemäß, wenn die Zahlung bis zum 20. Tag nach Ablauf des Besteuerungszeitraums (§ 16 Absatz 1b Satz 1) bei der zuständigen Steuerbehörde des Mitgliedstaates der Europäischen Union, in dem der Unternehmer ansässig ist, eingegangen ist. [12] § 240 der Abgabenordnung ist mit der Maßgabe anzuwenden, dass eine Säumnis frühestens mit Ablauf des 10. Tages nach Ablauf des auf den Besteuerungszeitraum (§ 16 Absatz 1b Satz 1) folgenden übernächsten Monats eintritt.

(4f)[2)] [1] Soweit Organisationseinheiten der Gebietskörperschaften Bund und Länder durch ihr Handeln eine Erklärungspflicht begründen, obliegen der jeweiligen Organisationseinheit für die Umsatzbesteuerung alle steuerlichen Rechte und Pflichten. [2] In den in § 30 Absatz 2 Nummer 1 Buchstabe a und b der Abgabenordnung genannten Verfahren tritt die Organisationseinheit insoweit an die Stelle der Gebietskörperschaft. [3] § 2 Absatz 1 Satz 2 bleibt unberührt. [4] Die Organisationseinheiten können jeweils für ihren Geschäftsbereich durch Organisationsentscheidungen weitere untergeordnete Organisationseinheiten mit Wirkung für die Zukunft bilden. [5] Einer Organisationseinheit übergeordnete Organisationseinheiten können durch Organisationsentscheidungen

---

[1)] Nr. **1**.

[2)] § 18 Abs. 4f eingef. mWv 1.1.2021 und Satz 6 neu gef. mWv 1.7.2021 durch G v. 21.12.2020 (BGBl. I S. 3096); zur Anwendung siehe § 27 Abs. 22 Satz 7.

mit Wirkung für die Zukunft die in Satz 1 genannten Rechte und Pflichten der untergeordneten Organisationseinheit wahrnehmen oder mehrere Organisationseinheiten zu einer Organisationseinheit zusammenschließen. [6] Die in § 1a Absatz 3 Nummer 2, § 2b Absatz 2 Nummer 1, § 3a Absatz 5 Satz 3, § 3c Absatz 4 Satz 1, § 18 Absatz 2 Satz 2, § 18a Absatz 1 Satz 2, § 19 Absatz 1 und § 20 Absatz 1 Satz 1 Nummer 1 genannten Betragsgrenzen gelten für Organisationseinheiten stets als überschritten. [7] Wahlrechte, deren Rechtsfolgen das gesamte Unternehmen der Gebietskörperschaft erfassen, können nur einheitlich ausgeübt werden. [8] Die Gebietskörperschaft kann gegenüber dem für sie zuständigen Finanzamt mit Wirkung für die Zukunft erklären, dass die Sätze 1 bis 5 nicht zur Anwendung kommen sollen; ein Widerruf ist nur mit Wirkung für die Zukunft möglich.

(4g)[1)] [1] Die oberste Landesfinanzbehörde oder die von ihr beauftragte Landesfinanzbehörde kann anordnen, dass eine andere als die nach § 21 Absatz 1 der Abgabenordnung örtlich zuständige Finanzbehörde die Besteuerung einer Organisationseinheit des jeweiligen Landes übernimmt. [2] Die oberste Landesfinanzbehörde oder die von ihr beauftragte Landesfinanzbehörde kann mit der obersten Finanzbehörde eines anderen Landes oder einer von dieser beauftragten Landesfinanzbehörde vereinbaren, dass eine andere als die nach § 21 Absatz 1 der Abgabenordnung zuständige Finanzbehörde die Besteuerung einer Organisationseinheit des Landes der zuständigen Finanzbehörde übernimmt. [3] Die Senatsverwaltung für Finanzen von Berlin oder eine von ihr beauftragte Landesfinanzbehörde kann mit der obersten Finanzbehörde eines anderen Landes oder mit einer von dieser beauftragten Landesfinanzbehörde vereinbaren, dass eine andere als die nach § 21 Absatz 1 der Abgabenordnung zuständige Finanzbehörde die Besteuerung für eine Organisationseinheit der Gebietskörperschaft Bund übernimmt.

(5) In den Fällen der Beförderungseinzelbesteuerung (§ 16 Abs. 5) ist abweichend von den Absätzen 1 bis 4 wie folgt zu verfahren:

1. Der Beförderer hat für jede einzelne Fahrt eine Steuererklärung nach amtlich vorgeschriebenem Vordruck in zwei Stücken bei der zuständigen Zolldienststelle abzugeben.
2. [1] Die zuständige Zolldienststelle setzt für das zuständige Finanzamt die Steuer auf beiden Stücken der Steuererklärung fest und gibt ein Stück dem Beförderer zurück, der die Steuer gleichzeitig zu entrichten hat. [2] Der Beförderer hat dieses Stück mit der Steuerquittung während der Fahrt mit sich zu führen.
3. [1] Der Beförderer hat bei der zuständigen Zolldienststelle, bei der er die Grenze zum Drittlandsgebiet überschreitet, eine weitere Steuererklärung in zwei Stücken abzugeben, wenn sich die Zahl der Personenkilometer (§ 10 Abs. 6 Satz 2), von der bei der Steuerfestsetzung nach Nummer 2 ausgegangen worden ist, geändert hat. [2] Die Zolldienststelle setzt die Steuer neu fest. [3] Gleichzeitig ist ein Unterschiedsbetrag zugunsten des Finanzamts zu entrichten oder ein Unterschiedsbetrag zugunsten des Beförderers zu erstatten. [4] Die Sätze 2 und 3 sind nicht anzuwenden, wenn der Unterschiedsbetrag weniger als 2,50 Euro beträgt. [5] Die Zolldienststelle kann in diesen Fällen auf eine schriftliche Steuererklärung verzichten.

[1)] § 18 Abs. 4g eingef. mWv 1.1.2021 durch G v. 21.12.2020 (BGBl. I S. 3096); zur Anwendung siehe § 27 Abs. 22 Satz 7.

(5a)[1] [1]In den Fällen der Fahrzeugeinzelbesteuerung (§ 16 Abs. 5a) hat der Erwerber, abweichend von den Absätzen 1 bis 4, spätestens bis zum 10. Tag nach Ablauf des Tages, an dem die Steuer entstanden ist, eine Steuererklärung nach amtlich vorgeschriebenem Vordruck abzugeben, in der er die zu entrichtende Steuer selbst zu berechnen hat (Steueranmeldung). [2]Die Steueranmeldung muss vom Erwerber eigenhändig unterschrieben sein. [3]Gibt der Erwerber die Steueranmeldung nicht ab oder hat er die Steuer nicht richtig berechnet, so kann das Finanzamt die Steuer festsetzen. [4]Die Steuer ist am zehnten Tag nach Ablauf des Tages fällig, an dem sie entstanden ist, und ist bis dahin vom Erwerber zu entrichten.

(5b) [1]In den Fällen des § 16 Abs. 5b ist das Besteuerungsverfahren nach den Absätzen 3 und 4 durchzuführen. [2]Die bei der Beförderungseinzelbesteuerung (§ 16 Abs. 5) entrichtete Steuer ist auf die nach Absatz 3 Satz 1 zu entrichtende Steuer anzurechnen.

(6) [1]Zur Vermeidung von Härten kann das Bundesministerium der Finanzen mit Zustimmung des Bundesrates durch Rechtsverordnung die Fristen für die Voranmeldungen und Vorauszahlungen um einen Monat verlängern und das Verfahren näher bestimmen. [2]Dabei kann angeordnet werden, dass der Unternehmer eine Sondervorauszahlung auf die Steuer für das Kalenderjahr zu entrichten hat.

(7) [1]Zur Vereinfachung des Besteuerungsverfahrens kann das Bundesministerium der Finanzen mit Zustimmung des Bundesrates durch Rechtsverordnung bestimmen, dass und unter welchen Voraussetzungen auf die Erhebung der Steuer für Lieferungen von Gold, Silber und Platin sowie sonstige Leistungen im Geschäft mit diesen Edelmetallen zwischen Unternehmern, die an einer Wertpapierbörse im Inland mit dem Recht zur Teilnahme am Handel zugelassen sind, verzichtet werden kann. [2]Das gilt nicht für Münzen und Medaillen aus diesen Edelmetallen.

(8) (weggefallen)

(9)[2] [1]Zur Vereinfachung des Besteuerungsverfahrens kann das Bundesministerium der Finanzen mit Zustimmung des Bundesrates durch Rechtsverordnung die Vergütung der Vorsteuerbeträge (§ 15) an im Ausland ansässige Unternehmer, abweichend von § 16 und von den Absätzen 1 bis 4, in einem besonderen Verfahren regeln. [2]Dabei kann auch angeordnet werden,

1. dass die Vergütung nur erfolgt, wenn sie eine bestimmte Mindesthöhe erreicht,
2. innerhalb welcher Frist der Vergütungsantrag zu stellen ist,
3. in welchen Fällen der Unternehmer den Antrag eigenhändig zu unterschreiben hat,
4. wie und in welchem Umfang Vorsteuerbeträge durch Vorlage von Rechnungen und Einfuhrbelegen nachzuweisen sind,
5. dass der Bescheid über die Vergütung der Vorsteuerbeträge elektronisch erteilt wird,

---

[1] § 18 Abs. 5a Satz 4 neu gef. mWv 1.7.2021 durch G v. 21.12.2020 (BGBl. I S. 3096).

[2] § 18 Abs. 9 neu gef. durch G v. 19.12.2008 (BGBl. I S. 2794); zur Anwendung siehe § 27 Abs. 14; Satz 3 eingef., bish. Sätze 3 bis 6 werden Sätze 4 bis 7 und Satz 7 neu gef. mWv 1.1.2020 durch G v. 12.12.2019 (BGBl. I S. 2451); zur Anwendung siehe § 27 Abs. 28; Satz 7 neu gef., Satz 8 angef. mWv 1.7.2021 durch G v. 21.12.2020 (BGBl. I S. 3096); zur Anwendung siehe § 27 Abs. 34 Satz 1.

6. wie und in welchem Umfang der zu vergütende Betrag zu verzinsen ist.

[3] Sind die durch die Rechtsverordnung nach den Sätzen 1 und 2 geregelten Voraussetzungen des besonderen Verfahrens erfüllt und schuldet der im Ausland ansässige Unternehmer ausschließlich Steuer nach § 13a Absatz 1 Nummer 1 in Verbindung mit § 14c Absatz 1 oder § 13a Absatz 1 Nummer 4, kann die Vergütung der Vorsteuerbeträge nur in dem besonderen Verfahren durchgeführt werden. [4] Einem Unternehmer, der im Gemeinschaftsgebiet ansässig ist und Umsätze ausführt, die zum Teil den Vorsteuerabzug ausschließen, wird die Vorsteuer höchstens in der Höhe vergütet, in der er in dem Mitgliedstaat, in dem er ansässig ist, bei Anwendung eines Pro-rata-Satzes zum Vorsteuerabzug berechtigt wäre. [5] Einem Unternehmer, der nicht im Gemeinschaftsgebiet ansässig ist, wird die Vorsteuer nur vergütet, wenn in dem Land, in dem der Unternehmer seinen Sitz hat, keine Umsatzsteuer oder ähnliche Steuer erhoben oder im Fall der Erhebung im Inland ansässigen Unternehmern vergütet wird. [6] Von der Vergütung ausgeschlossen sind bei Unternehmern, die nicht im Gemeinschaftsgebiet ansässig sind, die Vorsteuerbeträge, die auf den Bezug von Kraftstoffen entfallen. [7] Die Sätze 5 und 6 gelten nicht für Unternehmer, die nicht im Gemeinschaftsgebiet ansässig sind, soweit sie im Besteuerungszeitraum (§ 16 Absatz 1 Satz 2) vor dem 1. Juli 2021 als Steuerschuldner Umsätze nach § 3a Absatz 5 im Gemeinschaftsgebiet erbracht und für diese Umsätze von § 18 Absatz 4c Gebrauch gemacht haben oder diese Umsätze in einem anderen Mitgliedstaat erklärt sowie die darauf entfallende Steuer entrichtet haben; Voraussetzung ist, dass die Vorsteuerbeträge im Zusammenhang mit Umsätzen nach § 3a Absatz 5 stehen. [8] Die Sätze 5 und 6 gelten auch nicht für Unternehmer, die nicht im Gemeinschaftsgebiet ansässig sind, soweit sie im Besteuerungszeitraum (§ 16 Absatz 1 Satz 2) nach dem 30. Juni 2021 als Steuerschuldner Lieferungen nach § 3 Absatz 3a Satz 1 innerhalb eines Mitgliedstaates, Fernverkäufe nach § 3 Absatz 3a Satz 2, innergemeinschaftliche Fernverkäufe nach § 3c Absatz 1 Satz 2 und 3, Fernverkäufe nach § 3c Absatz 2 oder 3 oder sonstige Leistungen an Empfänger nach § 3a Absatz 5 Satz 1 im Gemeinschaftsgebiet erbracht und für diese Umsätze von den §§ 18i, 18j oder 18k Gebrauch gemacht haben; Voraussetzung ist, dass die Vorsteuerbeträge mit Lieferungen nach § 3 Absatz 3a Satz 1 innerhalb eines Mitgliedstaates, Fernverkäufen nach § 3 Absatz 3a Satz 2, innergemeinschaftlichen Fernverkäufen nach § 3c Absatz 1 Satz 2 und 3, Fernverkäufen nach § 3c Absatz 2 oder 3 oder sonstigen Leistungen an Empfänger nach § 3a Absatz 5 Satz 1 im Zusammenhang stehen.

(10) Zur Sicherung des Steueranspruchs in Fällen des innergemeinschaftlichen Erwerbs neuer motorbetriebener Landfahrzeuge und neuer Luftfahrzeuge (§ 1b Abs. 2 und 3) gilt Folgendes:

1.[1] Die für die Zulassung oder die Registrierung von Fahrzeugen zuständigen Behörden sind verpflichtet, den für die Besteuerung des innergemeinschaftlichen Erwerbs neuer Fahrzeuge zuständigen Finanzbehörden ohne Ersuchen Folgendes mitzuteilen:

   a) bei neuen motorbetriebenen Landfahrzeugen die erstmalige Ausgabe von Zulassungsbescheinigungen Teil II oder die erstmalige Zuteilung eines amtlichen Kennzeichens bei zulassungsfreien Fahrzeugen. [2] Gleichzeitig sind die in Nummer 2 Buchstabe a bezeichneten Daten

[1] § 18 Abs. 10 Nr. 1 Buchst. a neu gef. mWv 14.12.2010 durch G v. 8.12.2010 (BGBl. I S. 1768).

UStG

und das zugeteilte amtliche Kennzeichen oder, wenn dieses noch nicht zugeteilt worden ist, die Nummer der Zulassungsbescheinigung Teil II zu übermitteln,

b) bei neuen Luftfahrzeugen die erstmalige Registrierung dieser Luftfahrzeuge. [2] Gleichzeitig sind die in Nummer 3 Buchstabe a bezeichneten Daten und das zugeteilte amtliche Kennzeichen zu übermitteln. [3] Als Registrierung im Sinne dieser Vorschrift gilt nicht die Eintragung eines Luftfahrzeugs in das Register für Pfandrechte an Luftfahrzeugen.

2.[1)] In den Fällen des innergemeinschaftlichen Erwerbs neuer motorbetriebener Landfahrzeuge (§ 1b Absatz 2 Satz 1 Nummer 1 und Absatz 3 Nummer 1) gilt Folgendes:

a) [1] Bei der erstmaligen Ausgabe einer Zulassungsbescheinigung Teil II im Inland oder bei der erstmaligen Zuteilung eines amtlichen Kennzeichens für zulassungsfreie Fahrzeuge im Inland hat der Antragsteller die folgenden Angaben zur Übermittlung an die Finanzbehörden zu machen:

aa) den Namen und die Anschrift des Antragstellers sowie das für ihn zuständige Finanzamt (§ 21 der Abgabenordnung),

bb) den Namen und die Anschrift des Lieferers,

cc) den Tag der Lieferung,

dd) den Tag der ersten Inbetriebnahme,

ee) den Kilometerstand am Tag der Lieferung,

ff) die Fahrzeugart, den Fahrzeughersteller, den Fahrzeugtyp und die Fahrzeug-Identifizierungsnummer,

gg) den Verwendungszweck.

[2] Der Antragsteller ist zu den Angaben nach den Doppelbuchstaben aa und bb auch dann verpflichtet, wenn er nicht zu den in § 1a Absatz 1 Nummer 2 und § 1b Absatz 1 genannten Personen gehört oder wenn Zweifel daran bestehen, dass die Eigenschaften als neues Fahrzeug im Sinne des § 1b Absatz 3 Nummer 1 vorliegen. [3] Die Zulassungsbehörde darf die Zulassungsbescheinigung Teil II oder bei zulassungsfreien Fahrzeugen, die nach § 4 Absatz 2 und 3 der Fahrzeug-Zulassungsverordnung ein amtliches Kennzeichen führen, die Zulassungsbescheinigung Teil I erst aushändigen, wenn der Antragsteller die vorstehenden Angaben gemacht hat.

b) [1] Ist die Steuer für den innergemeinschaftlichen Erwerb nicht entrichtet worden, hat die Zulassungsbehörde auf Antrag des Finanzamts die Zulassungsbescheinigung Teil I für ungültig zu erklären und das amtliche Kennzeichen zu entstempeln. [2] Die Zulassungsbehörde trifft die hierzu erforderlichen Anordnungen durch schriftlichen Verwaltungsakt (Abmeldungsbescheid). [3] Das Finanzamt kann die Abmeldung von Amts wegen auch selbst durchführen, wenn die Zulassungsbehörde das Verfahren noch nicht eingeleitet hat. [4] Satz 2 gilt entsprechend. [5] Das Finanzamt teilt die durchgeführte Abmeldung unverzüglich der Zulassungsbehörde mit und händigt dem Fahrzeughalter die vorgeschriebene Bescheinigung über die Abmeldung aus. [6] Die Durchführung der Ab-

[1)] § 18 Abs. 10 Nr. 2 neu gef. mWv 14.12.2010 durch G v. 8.12.2010 (BGBl. I S. 1768).

UStG

meldung von Amts wegen richtet sich nach dem Verwaltungsverfahrensgesetz. 7 Für Streitigkeiten über Abmeldungen von Amts wegen ist der Verwaltungsrechtsweg gegeben.

3. In den Fällen des innergemeinschaftlichen Erwerbs neuer Luftfahrzeuge (§ 1b Abs. 2 Satz 1 Nr. 3 und Abs. 3 Nr. 3) gilt Folgendes:

   a)[1] 1 Bei der erstmaligen Registrierung in der Luftfahrzeugrolle hat der Antragsteller die folgenden Angaben zur Übermittlung an die Finanzbehörden zu machen:

      aa) den Namen und die Anschrift des Antragstellers sowie das für ihn zuständige Finanzamt (§ 21 der Abgabenordnung),
      bb) den Namen und die Anschrift des Lieferers,
      cc) den Tag der Lieferung,
      dd) das Entgelt (Kaufpreis),
      ee) den Tag der ersten Inbetriebnahme,
      ff) die Starthöchstmasse,
      gg) die Zahl der bisherigen Betriebsstunden am Tag der Lieferung,
      hh) den Flugzeughersteller und den Flugzeugtyp,
      ii) den Verwendungszweck.

   2 Der Antragsteller ist zu den Angaben nach Satz 1 Doppelbuchstabe aa und bb auch dann verpflichtet, wenn er nicht zu den in § 1a Abs. 1 Nr. 2 und § 1b Abs. 1 genannten Personen gehört oder wenn Zweifel daran bestehen, ob die Eigenschaften als neues Fahrzeug im Sinne des § 1b Abs. 3 Nr. 3 vorliegen. 3 Das Luftfahrt-Bundesamt darf die Eintragung in der Luftfahrzeugrolle erst vornehmen, wenn der Antragsteller die vorstehenden Angaben gemacht hat.

   b) 1 Ist die Steuer für den innergemeinschaftlichen Erwerb nicht entrichtet worden, so hat das Luftfahrt-Bundesamt auf Antrag des Finanzamts die Betriebserlaubnis zu widerrufen. 2 Es trifft die hierzu erforderlichen Anordnungen durch schriftlichen Verwaltungsakt (Abmeldungsbescheid). 3 Die Durchführung der Abmeldung von Amts wegen richtet sich nach dem Verwaltungsverfahrensgesetz. 4 Für Streitigkeiten über Abmeldungen von Amts wegen ist der Verwaltungsrechtsweg gegeben.

(11) 1 Die für die Steueraufsicht zuständigen Zolldienststellen wirken an der umsatzsteuerlichen Erfassung von Personenbeförderungen mit nicht im Inland zugelassenen Kraftomnibussen mit. 2 Sie sind berechtigt, im Rahmen von zeitlich und örtlich begrenzten Kontrollen die nach ihrer äußeren Erscheinung nicht im Inland zugelassenen Kraftomnibusse anzuhalten und die tatsächlichen und rechtlichen Verhältnisse festzustellen, die für die Umsatzsteuer maßgebend sind, und die festgestellten Daten den zuständigen Finanzbehörden zu übermitteln.

(12)[2] 1 Im Ausland ansässige Unternehmer (§ 13b Absatz 7), die grenzüberschreitende Personenbeförderungen mit nicht im Inland zugelassenen Kraftomnibussen durchführen, haben dies vor der erstmaligen Ausführung derartiger auf das Inland entfallender Umsätze (§ 3b Abs. 1 Satz 2) bei dem für die

---

[1] § 18 Abs. 10 Satz 2 geänd. durch G v. 19.12.2008 (BGBl. I S. 2794).

[2] § 18 Abs. 12 Satz 1 geänd. mWv 1.7.2010 durch G v. 8.4.2010 (BGBl. I S. 386); Satz 1 geänd. mWv 31.7.2014 durch G v. 25.7.2014 (BGBl. I S. 1266).

Umsatzbesteuerung zuständigen Finanzamt anzuzeigen, soweit diese Umsätze nicht der Beförderungseinzelbesteuerung (§ 16 Abs. 5) unterliegen. [2]Das Finanzamt erteilt hierüber eine Bescheinigung. [3]Die Bescheinigung ist während jeder Fahrt mitzuführen und auf Verlangen den für die Steueraufsicht zuständigen Zolldienststellen vorzulegen. [4]Bei Nichtvorlage der Bescheinigung können diese Zolldienststellen eine Sicherheitsleistung nach den abgabenrechtlichen Vorschriften in Höhe der für die einzelne Beförderungsleistung voraussichtlich zu entrichtenden Steuer verlangen. [5]Die entrichtete Sicherheitsleistung ist auf die nach Absatz 3 Satz 1 zu entrichtende Steuer anzurechnen.

§ 18a[1)] Zusammenfassende Meldung. (1)[2)] [1]Der Unternehmer im Sinne des § 2 hat bis zum 25. Tag nach Ablauf jedes Kalendermonats (Meldezeitraum), in dem er innergemeinschaftliche Warenlieferungen oder Lieferungen im Sinne des § 25b Absatz 2 ausgeführt hat, dem Bundeszentralamt für Steuern eine Meldung (Zusammenfassende Meldung) nach amtlich vorgeschriebenem Datensatz durch Datenfernübertragung zu übermitteln, in der er die Angaben nach Absatz 7 Satz 1 Nummer 1, 2, 2a und 4 zu machen hat. [2]Soweit die Summe der Bemessungsgrundlagen für innergemeinschaftliche Warenlieferungen und für Lieferungen im Sinne des § 25b Absatz 2 weder für das laufende Kalendervierteljahr noch für eines der vier vorangegangenen Kalendervierteljahre jeweils mehr als 50 000 Euro beträgt, kann die Zusammenfassende Meldung bis zum 25. Tag nach Ablauf des Kalendervierteljahres übermittelt werden. [3]Übersteigt die Summe der Bemessungsgrundlage für innergemeinschaftliche Warenlieferungen und für Lieferungen im Sinne des § 25b Absatz 2 im Laufe eines Kalendervierteljahres 50 000 Euro, hat der Unternehmer bis zum 25. Tag nach Ablauf des Kalendermonats, in dem dieser Betrag überschritten wird, eine Zusammenfassende Meldung für diesen Kalendermonat und die bereits abgelaufenen Kalendermonate dieses Kalendervierteljahres zu übermitteln. [4]Nimmt der Unternehmer die in Satz 2 enthaltene Regelung nicht in Anspruch, hat er dies gegenüber dem Bundeszentralamt für Steuern anzuzeigen. [5]Vom 1. Juli 2010 bis zum 31. Dezember 2011 gelten die Sätze 2 und 3 mit der Maßgabe, dass an die Stelle des Betrages von 50 000 Euro der Betrag von 100 000 Euro tritt.

(2)[3)] [1]Der Unternehmer im Sinne des § 2 hat bis zum 25. Tag nach Ablauf jedes Kalendervierteljahres (Meldezeitraum), in dem er im übrigen Gemeinschaftsgebiet steuerpflichtige sonstige Leistungen im Sinne des § 3a Absatz 2, für die der in einem anderen Mitgliedstaat ansässige Leistungsempfänger die Steuer dort schuldet, ausgeführt hat, dem Bundeszentralamt für Steuern eine Zusammenfassende Meldung nach amtlich vorgeschriebenem Datensatz durch Datenfernübertragung zu übermitteln, in der er die Angaben nach Absatz 7 Satz 1 Nummer 3 zu machen hat. [2]Soweit der Unternehmer bereits nach Absatz 1 zur monatlichen Übermittlung einer Zusammenfassenden Meldung verpflichtet ist, hat er die Angaben im Sinne von Satz 1 in der Zusammenfassenden Meldung für den letzten Monat des Kalendervierteljahres zu machen.

(3) [1]Soweit der Unternehmer im Sinne des § 2 die Zusammenfassende Meldung entsprechend Absatz 1 bis zum 25. Tag nach Ablauf jedes Kalender-

---

[1)] § 18a neu gef. mWv 1.7.2010 durch G v. 8.4.2010 (BGBl. I S. 386).

[2)] § 18a Abs. 1 Satz 1 geänd. mWv 1.1.2017 durch G v. 18.7.2016 (BGBl. I S. 1679); Satz 1 geänd. mWv 1.1.2020 durch G v. 12.12.2019 (BGBl. I S. 2451).

[3)] § 18a Abs. 2 Satz 1 geänd. mWv 1.1.2017 durch G v. 18.7.2016 (BGBl. I S. 1679).

monats übermittelt, kann er die nach Absatz 2 vorgesehenen Angaben in die Meldung für den jeweiligen Meldezeitraum aufnehmen. [2] Nimmt der Unternehmer die in Satz 1 enthaltene Regelung in Anspruch, hat er dies gegenüber dem Bundeszentralamt für Steuern anzuzeigen.

(4) Die Absätze 1 bis 3 gelten nicht für Unternehmer, die § 19 Absatz 1 anwenden.

(5)[1)] [1] Auf Antrag kann das Finanzamt zur Vermeidung unbilliger Härten auf eine elektronische Übermittlung verzichten; in diesem Fall hat der Unternehmer eine Meldung nach amtlich vorgeschriebenem Vordruck abzugeben. [2] § 150 Absatz 8 der Abgabenordnung[2)] gilt entsprechend. [3] Soweit das Finanzamt nach § 18 Absatz 1 Satz 2 auf eine elektronische Übermittlung der Voranmeldung verzichtet hat, gilt dies auch für die Zusammenfassende Meldung. [4] Für die Anwendung dieser Vorschrift gelten auch nichtselbständige juristische Personen im Sinne des § 2 Absatz 2 Nummer 2 als Unternehmer. [5] § 18 Absatz 4f ist entsprechend anzuwenden. [6] Die Landesfinanzbehörden übermitteln dem Bundeszentralamt für Steuern die erforderlichen Angaben zur Bestimmung der Unternehmer, die nach den Absätzen 1 und 2 zur Abgabe der Zusammenfassenden Meldung verpflichtet sind. [7] Diese Angaben dürfen nur zur Sicherstellung der Abgabe der Zusammenfassenden Meldung verarbeitet werden. [8] Das Bundeszentralamt für Steuern übermittelt den Landesfinanzbehörden die Angaben aus den Zusammenfassenden Meldungen, soweit diese für steuerliche Kontrollen benötigt werden.

(6) Eine innergemeinschaftliche Warenlieferung im Sinne dieser Vorschrift ist

1. eine innergemeinschaftliche Lieferung im Sinne des § 6a Absatz 1 mit Ausnahme der Lieferungen neuer Fahrzeuge an Abnehmer ohne Umsatzsteuer-Identifikationsnummer;
2. eine innergemeinschaftliche Lieferung im Sinne des § 6a Absatz 2;
3.[3)] eine Beförderung oder Versendung im Sinne des § 6b Absatz 1 oder 4 oder ein Erwerberwechsel nach § 6b Absatz 5.

(7) [1] Die Zusammenfassende Meldung muss folgende Angaben enthalten:

1. für innergemeinschaftliche Warenlieferungen im Sinne des Absatzes 6 Nummer 1:
   a) die Umsatzsteuer-Identifikationsnummer jedes Erwerbers, die ihm in einem anderen Mitgliedstaat erteilt worden ist und unter der die innergemeinschaftlichen Warenlieferungen an ihn ausgeführt worden sind, und
   b) für jeden Erwerber die Summe der Bemessungsgrundlagen der an ihn ausgeführten innergemeinschaftlichen Warenlieferungen;
2. für innergemeinschaftliche Warenlieferungen im Sinne des Absatzes 6 Nummer 2:

[1)] § 18a Abs. 5 Satz 6 geänd. mWv 26.11.2019 durch G v. 20.11.2019 (BGBl. I S. 1626); Satz 5 eingef., bish. Sätze 5 bis 7 werden Sätze 6 bis 8 mWv 1.1.2021 durch G v. 21.12.2020 (BGBl. I S. 3096).

[2)] Nr. **1**.

[3)] § 18a Abs. 6 Nr. 3 angef. mWv 1.1.2020 durch G v. 12.12.2019 (BGBl. I S. 2451); geänd. mWv 29.12.2020 durch G v. 21.12.2020 (BGBl. I S. 3096).

a) die Umsatzsteuer-Identifikationsnummer des Unternehmers in den Mitgliedstaaten, in die er Gegenstände verbracht hat, und
b) die darauf entfallende Summe der Bemessungsgrundlagen;

2a.[1)] für Beförderungen oder Versendungen oder einen Erwerberwechsel im Sinne des Absatzes 6 Nummer 3:
a) in den Fällen des § 6b Absatz 1 die Umsatzsteuer-Identifikationsnummer des Erwerbers im Sinne des § 6b Absatz 1 Nummer 1 und 3,
b) in den Fällen des § 6b Absatz 4 die Umsatzsteuer-Identifikationsnummer des ursprünglich vorgesehenen Erwerbers im Sinne des § 6b Absatz 1 Nummer 1 und 3 oder
c) in den Fällen des § 6b Absatz 5 die Umsatzsteuer-Identifikationsnummer des ursprünglich vorgesehenen Erwerbers im Sinne des § 6b Absatz 1 Nummer 1 und 3 sowie die des neuen Erwerbers;

3. für im übrigen Gemeinschaftsgebiet ausgeführte steuerpflichtige sonstige Leistungen im Sinne des § 3a Absatz 2, für die der in einem anderen Mitgliedstaat ansässige Leistungsempfänger die Steuer dort schuldet:
a) die Umsatzsteuer-Identifikationsnummer jedes Leistungsempfängers, die ihm in einem anderen Mitgliedstaat erteilt worden ist und unter der die steuerpflichtigen sonstigen Leistungen an ihn erbracht wurden,
b) für jeden Leistungsempfänger die Summe der Bemessungsgrundlagen der an ihn erbrachten steuerpflichtigen sonstigen Leistungen und
c) einen Hinweis auf das Vorliegen einer im übrigen Gemeinschaftsgebiet ausgeführten steuerpflichtigen sonstigen Leistung im Sinne des § 3a Absatz 2, für die der in einem anderen Mitgliedstaat ansässige Leistungsempfänger die Steuer dort schuldet;

4. für Lieferungen im Sinne des § 25b Absatz 2:
a) die Umsatzsteuer-Identifikationsnummer eines jeden letzten Abnehmers, die diesem in dem Mitgliedstaat erteilt worden ist, in dem die Versendung oder Beförderung beendet worden ist,
b) für jeden letzten Abnehmer die Summe der Bemessungsgrundlagen der an ihn ausgeführten Lieferungen und
c) einen Hinweis auf das Vorliegen eines innergemeinschaftlichen Dreiecksgeschäfts.

[2] § 16 Absatz 6 und § 17 sind sinngemäß anzuwenden.

(8) [1] Die Angaben nach Absatz 7 Satz 1 Nummer 1 und 2 sind für den Meldezeitraum zu machen, in dem die Rechnung für die innergemeinschaftliche Warenlieferung ausgestellt wird, spätestens jedoch für den Meldezeitraum, in dem der auf die Ausführung der innergemeinschaftlichen Warenlieferung folgende Monat endet. [2] Die Angaben nach Absatz 7 Satz 1 Nummer 3 und 4 sind für den Meldezeitraum zu machen, in dem die im übrigen Gemeinschaftsgebiet steuerpflichtige sonstige Leistung im Sinne des § 3a Absatz 2, für die der in einem anderen Mitgliedstaat ansässige Leistungsempfänger die Steuer dort schuldet, und die Lieferungen nach § 25b Absatz 2 ausgeführt worden sind.

(9) [1] Hat das Finanzamt den Unternehmer von der Verpflichtung zur Abgabe der Voranmeldungen und Entrichtung der Vorauszahlungen befreit (§ 18 Absatz 2 Satz 3), kann er die Zusammenfassende Meldung abweichend von den

[1)] § 18a Abs. 7 Satz 1 Nr. 2a neu gef. mWv 29.12.2020 durch G v. 21.12.2020 (BGBl. I S. 3096).

Absätzen 1 und 2 bis zum 25. Tag nach Ablauf jedes Kalenderjahres abgeben, in dem er innergemeinschaftliche Warenlieferungen ausgeführt hat oder im übrigen Gemeinschaftsgebiet steuerpflichtige sonstige Leistungen im Sinne des § 3a Absatz 2 ausgeführt hat, für die der in einem anderen Mitgliedstaat ansässige Leistungsempfänger die Steuer dort schuldet, wenn

1. die Summe seiner Lieferungen und sonstigen Leistungen im vorangegangenen Kalenderjahr 200 000 Euro nicht überstiegen hat und im laufenden Kalenderjahr voraussichtlich nicht übersteigen wird,
2. die Summe seiner innergemeinschaftlichen Warenlieferungen oder im übrigen Gemeinschaftsgebiet ausgeführten steuerpflichtigen Leistungen im Sinne des § 3a Absatz 2, für die der in einem anderen Mitgliedstaat ansässige Leistungsempfänger die Steuer dort schuldet, im vorangegangenen Kalenderjahr 15 000 Euro nicht überstiegen hat und im laufenden Kalenderjahr voraussichtlich nicht übersteigen wird und
3. es sich bei den in Nummer 2 bezeichneten Warenlieferungen nicht um Lieferungen neuer Fahrzeuge an Abnehmer mit Umsatzsteuer-Identifikationsnummer handelt.

[2] Absatz 8 gilt entsprechend.

(10) Erkennt der Unternehmer nachträglich, dass eine von ihm abgegebene Zusammenfassende Meldung unrichtig oder unvollständig ist, so ist er verpflichtet, die ursprüngliche Zusammenfassende Meldung innerhalb eines Monats zu berichtigen.

(11)[1)] Auf die Zusammenfassende Meldung sind mit Ausnahme von § 152 der Abgabenordnung ergänzend die für Steuererklärungen geltenden Vorschriften der Abgabenordnung anzuwenden.

(12)[2)] [1] Zur Erleichterung und Vereinfachung der Abgabe und Verarbeitung der Zusammenfassenden Meldung kann das Bundesministerium der Finanzen durch Rechtsverordnung mit Zustimmung des Bundesrates bestimmen, dass die Zusammenfassende Meldung auf maschinell verwertbaren Datenträgern oder durch Datenfernübertragung übermittelt werden kann. [2] Dabei können insbesondere geregelt werden:

1. die Voraussetzungen für die Anwendung des Verfahrens;
2. das Nähere über Form, Inhalt, Verarbeitung und Sicherung der zu übermittelnden Daten;
3. die Art und Weise der Übermittlung der Daten;
4. die Zuständigkeit für die Entgegennahme der zu übermittelnden Daten;
5. die Mitwirkungspflichten Dritter bei der Verarbeitung der Daten;
6. der Umfang und die Form der für dieses Verfahren erforderlichen besonderen Erklärungspflichten des Unternehmers.

[3] Zur Regelung der Datenübermittlung kann in der Rechtsverordnung auf Veröffentlichungen sachverständiger Stellen verwiesen werden; hierbei sind das Datum der Veröffentlichung, die Bezugsquelle und eine Stelle zu bezeichnen, bei der die Veröffentlichung archivmäßig gesichert niedergelegt ist.

---

1) § 18a Abs. 11 neu gef. mWv 1.1.2017 durch G v. 18.7.2016 (BGBl. I S. 1679).

2) § 18a Abs. 12 Satz 2 Nr. 5 geänd. mWv 26.11.2019 durch G v. 20.11.2019 (BGBl. I S. 1626).

§ 18b[1] Gesonderte Erklärung innergemeinschaftlicher Lieferungen und bestimmter sonstiger Leistungen im Besteuerungsverfahren. [1]Der Unternehmer im Sinne des § 2 hat für jeden Voranmeldungs- und Besteuerungszeitraum in den amtlich vorgeschriebenen Vordrucken (§ 18 Abs. 1 bis 4) die Bemessungsgrundlagen folgender Umsätze gesondert zu erklären:

1. seiner innergemeinschaftlichen Lieferungen,
2.[2] seiner im übrigen Gemeinschaftsgebiet ausgeführten steuerpflichtigen sonstigen Leistungen im Sinne des § 3a Absatz 2, für die der in einem anderen Mitgliedstaat ansässige Leistungsempfänger die Steuer dort schuldet, und
3. seiner Lieferungen im Sinne des § 25b Abs. 2.

[2]Die Angaben für einen in Satz 1 Nummer 1 genannten Umsatz sind in dem Voranmeldungszeitraum zu machen, in dem die Rechnung für diesen Umsatz ausgestellt wird, spätestens jedoch in dem Voranmeldungszeitraum, in dem der auf die Ausführung dieses Umsatzes folgende Monat endet. [3]Die Angaben für Umsätze im Sinne des Satzes 1 Nummer 2 und 3 sind in dem Voranmeldungszeitraum zu machen, in dem diese Umsätze ausgeführt worden sind. [4]§ 16 Abs. 6 und § 17 sind sinngemäß anzuwenden. [5]Erkennt der Unternehmer nachträglich vor Ablauf der Festsetzungsfrist, dass in einer von ihm abgegebenen Voranmeldung (§ 18 Abs. 1) die Angaben zu Umsätzen im Sinne des Satzes 1 unrichtig oder unvollständig sind, ist er verpflichtet, die ursprüngliche Voranmeldung unverzüglich zu berichtigen. [6]Die Sätze 2 bis 5 gelten für die Steuererklärung (§ 18 Abs. 3 und 4) entsprechend.

§ 18c Meldepflicht bei der Lieferung neuer Fahrzeuge. [1]Zur Sicherung des Steueraufkommens durch einen Austausch von Auskünften mit anderen Mitgliedstaaten kann das Bundesministerium der Finanzen mit Zustimmung des Bundesrates durch Rechtsverordnung bestimmen, dass Unternehmer (§ 2) und Fahrzeuglieferer (§ 2a) der Finanzbehörde ihre innergemeinschaftlichen Lieferungen neuer Fahrzeuge an Abnehmer ohne Umsatzsteuer-Identifikationsnummer melden müssen. [2]Dabei können insbesondere geregelt werden:

1. die Art und Weise der Meldung;
2. der Inhalt der Meldung;
3. die Zuständigkeit der Finanzbehörden;
4. der Abgabezeitpunkt der Meldung.
5. (weggefallen)

§ 18d[3] Vorlage von Urkunden. [1]Die Finanzbehörden sind zur Erfüllung der Auskunftsverpflichtung nach der Verordnung (EU) Nr. 904/2010 des Rates vom 7. Oktober 2010 über die Zusammenarbeit der Verwaltungsbehörden und die Betrugsbekämpfung auf dem Gebiet der Mehrwertsteuer (ABl. L 268 vom 12.10.2010, S. 1) berechtigt, von Unternehmern die Vorlage der jeweils erforderlichen Bücher, Aufzeichnungen, Geschäftspapiere und anderen Urkunden zur Einsicht und Prüfung zu verlangen. [2]§ 97 Absatz 2 der Abgaben-

[1] § 18b neu gef. mWv 1.1.2010 durch G v. 19.12.2008 (BGBl. I S. 2794); Sätze 2 und 3 neu gef. mWv 1.7.2010 durch G v. 8.4.2010 (BGBl. I S. 386).

[2] § 18b Satz 1 Nr. 2 geänd. mWv 1.7.2010 durch G v. 8.4.2010 (BGBl. I S. 386).

[3] § 18d Sätze 1 und 2 geänd. mWv 30.6.2013 durch G v. 26.6.2013 (BGBl. I S. 1809).

ordnung[1)] gilt entsprechend. [3]Der Unternehmer hat auf Verlangen der Finanzbehörde die in Satz 1 bezeichneten Unterlagen vorzulegen.

§ 18e[2)] Bestätigungsverfahren. Das Bundeszentralamt für Steuern bestätigt auf Anfrage

1. dem Unternehmer im Sinne des § 2 die Gültigkeit einer Umsatzsteuer-Identifikationsnummer sowie den Namen und die Anschrift der Person, der die Umsatzsteuer-Identifikationsnummer von einem anderen Mitgliedstaat erteilt wurde;
2. dem Lagerhalter im Sinne des § 4 Nr. 4a die Gültigkeit der inländischen Umsatzsteuer-Identifikationsnummer sowie den Namen und die Anschrift des Auslagerers oder dessen Fiskalvertreters;
3.[3)] dem Betreiber im Sinne des § 25e Absatz 1 die Gültigkeit einer inländischen Umsatzsteuer-Identifikationsnummer sowie den Namen und die Anschrift des liefernden Unternehmers im Sinne des § 25e Absatz 2 Satz 1.

§ 18f Sicherheitsleistung. [1]Bei Steueranmeldungen im Sinne von § 18 Abs. 1 und 3 kann die Zustimmung nach § 168 Satz 2 der Abgabenordnung[1)] im Einvernehmen mit dem Unternehmer von einer Sicherheitsleistung abhängig gemacht werden. [2]Satz 1 gilt entsprechend für die Festsetzung nach § 167 Abs. 1 Satz 1 der Abgabenordnung, wenn sie zu einer Erstattung führt.

§ 18g[4)] Abgabe des Antrags auf Vergütung von Vorsteuerbeträgen in einem anderen Mitgliedstaat. [1]Ein im Inland ansässiger Unternehmer, der Anträge auf Vergütung von Vorsteuerbeträgen entsprechend der Richtlinie 2008/9/EG des Rates vom 12. Februar 2008 zur Regelung der Erstattung der Mehrwertsteuer gemäß der Richtlinie 2006/112/EG an nicht im Mitgliedstaat der Erstattung, sondern in einem anderen Mitgliedstaat ansässige Steuerpflichtige (ABl. EU Nr. L 44 S. 23) in einem anderen Mitgliedstaat stellen kann, hat diesen Antrag nach amtlich vorgeschriebenem Datensatz durch Datenfernübertragung dem Bundeszentralamt für Steuern zu übermitteln. [2]In diesem hat er die Steuer für den Vergütungszeitraum selbst zu berechnen. [3]§ 18 Absatz 4f ist entsprechend anzuwenden.

§ 18h[5)] Verfahren der Abgabe der Umsatzsteuererklärung für einen anderen Mitgliedstaat. (1)[6)] [1]Ein im Inland ansässiger Unternehmer, der vor dem 1. Juli 2021 in einem anderen Mitgliedstaat der Europäischen Union Umsätze nach § 3a Absatz 5 erbringt, für die er dort die Steuer schuldet und Umsatzsteuererklärungen abzugeben hat, hat gegenüber dem Bundeszentralamt für Steuern nach amtlich vorgeschriebenem Datensatz durch Datenfernüber-

---

[1)] Nr. 1.

[2)] § 18e einl. Satzteil geänd. mWv 1.1.2006 durch G v. 22.9.2005 (BGBl. I S. 2809).

[3)] § 18e Nr. 3 angef. mWv 1.7.2021 angef. durch G v. 21.12.2020 (BGBl. I S. 3096).

[4)] § 18g eingef. durch G v. 19.12.2008 (BGBl. I S. 2794); zur Anwendung siehe § 27 Abs. 14; Satz 1 geänd. mWv 1.1.2017 durch G v. 18.7.2016 (BGBl. I S. 1679); Satz 3 angef. mWv 1.1.2021 durch G v. 21.12.2020 (BGBl. I S. 3096).

[5)] § 18h eingef. mWv 1.10.2014 durch G v. 25.7.2014 (BGBl. I S. 1266); zur Anwendung von Abs. 3 und 4 siehe § 27 Abs. 20; zur letztmaligen Anwendung von § 18h auf vor dem 1.7.2021 ausgeführte Umsätze siehe § 27 Abs. 34 Satz 2.

[6)] § 18h Abs. 1 Satz 1 geänd. mWv 1.1.2017 durch G v. 18.7.2016 (BGBl. I S. 1679); Satz 1 neu gef. mWv 1.7.2021 durch G v. 21.12.2020 (BGBl. I S. 3096).

tragung anzuzeigen, wenn er an dem besonderen Besteuerungsverfahren entsprechend Titel XII Kapitel 6 Abschnitt 3 der Richtlinie 2006/112/EG des Rates in der Fassung von Artikel 5 Nummer 15 der Richtlinie 2008/8/EG des Rates vom 12. Februar 2008 zur Änderung der Richtlinie 2006/112/EG bezüglich des Ortes der Dienstleistung (ABl. L 44 vom 20.2.2008, *S. 23*)[1] teilnimmt. [2] Eine Teilnahme im Sinne des Satzes 1 ist dem Unternehmer nur einheitlich für alle Mitgliedstaaten der Europäischen Union möglich, in denen er weder einen Sitz noch eine Betriebsstätte hat. [3] Die Anzeige nach Satz 1 hat vor Beginn des Besteuerungszeitraums zu erfolgen, ab dessen Beginn der Unternehmer von dem besonderen Besteuerungsverfahren Gebrauch macht. [4] Die Anwendung des besonderen Besteuerungsverfahrens kann nur mit Wirkung vom Beginn eines Besteuerungszeitraums an widerrufen werden. [5] Der Widerruf ist vor Beginn des Besteuerungszeitraums, für den er gelten soll, gegenüber dem Bundeszentralamt für Steuern nach amtlich vorgeschriebenem Datensatz auf elektronischem Weg zu erklären.

(2) Erfüllt der Unternehmer die Voraussetzungen für die Teilnahme an dem besonderen Besteuerungsverfahren nach Absatz 1 nicht, stellt das Bundeszentralamt für Steuern dies durch Verwaltungsakt gegenüber dem Unternehmer fest.

(3)[2] [1] Ein Unternehmer, der das in Absatz 1 genannte besondere Besteuerungsverfahren anwendet, hat seine hierfür abzugebenden Umsatzsteuererklärungen bis zum 20. Tag nach Ablauf jedes Besteuerungszeitraums nach amtlich vorgeschriebenem Datensatz durch Datenfernübertragung dem Bundeszentralamt für Steuern zu übermitteln. [2] In dieser Erklärung hat er die Steuer für den Besteuerungszeitraum selbst zu berechnen. [3] Die berechnete Steuer ist an das Bundeszentralamt für Steuern zu entrichten.

(4) [1] Kommt der Unternehmer seinen Verpflichtungen nach Absatz 3 oder den von ihm in einem anderen Mitgliedstaat der Europäischen Union zu erfüllenden Aufzeichnungspflichten entsprechend Artikel 369k der Richtlinie 2006/112/EG des Rates in der Fassung des Artikels 5 Nummer 15 der Richtlinie 2008/8/EG des Rates vom 12. Februar 2008 zur Änderung der Richtlinie 2006/112/EG bezüglich des Ortes der Dienstleistung (ABl. L 44 vom 20.2. 2008, S. 11) wiederholt nicht oder nicht rechtzeitig nach, schließt ihn das Bundeszentralamt für Steuern von dem besonderen Besteuerungsverfahren nach Absatz 1 durch Verwaltungsakt aus. [2] Der Ausschluss gilt ab dem Besteuerungszeitraum, der nach dem Zeitpunkt der Bekanntgabe des Ausschlusses gegenüber dem Unternehmer beginnt.

(5) Ein Unternehmer ist im Inland im Sinne des Absatzes 1 Satz 1 ansässig, wenn er im Inland seinen Sitz oder seine Geschäftsleitung hat oder, für den Fall, dass er im Drittlandsgebiet ansässig ist, im Inland eine Betriebsstätte hat.

(6) Auf das Verfahren sind, soweit es vom Bundeszentralamt für Steuern durchgeführt wird, die §§ 30, 80 und 87a und der Zweite Abschnitt des Dritten Teils und der Siebente Teil der Abgabenordnung sowie die Finanzgerichtsordnung[3] anzuwenden.

---

[1] Richtig wohl: „S. 11".
[2] § 18h Abs. 3 Satz 1 geänd. mWv 1.1.2017 durch G v. 18.7.2016 (BGBl. I S. 1679).
[3] Nr. **9**.

(7)[1] § 18 Absatz 4f ist entsprechend anzuwenden.

§ 18i[2] Besonderes Besteuerungsverfahren für von nicht im Gemeinschaftsgebiet ansässigen Unternehmern erbrachte sonstige Leistungen.

(1) [1] Ein nicht im Gemeinschaftsgebiet ansässiger Unternehmer, der nach dem 30. Juni 2021 als Steuerschuldner sonstige Leistungen an Empfänger nach § 3a Absatz 5 Satz 1 im Gemeinschaftsgebiet erbringt, für die er dort die Steuer schuldet und Umsatzsteuererklärungen abzugeben hat, hat anzuzeigen, wenn er an dem besonderen Besteuerungsverfahren entsprechend Titel XII Kapitel 6 Abschnitt 2 der Richtlinie 2006/112/EG des Rates in der Fassung von Artikel 2 Nummer 14 bis 20 der Richtlinie (EU) 2017/2455 des Rates vom 5. Dezember 2017 zur Änderung der Richtlinie 2006/112/EG und der Richtlinie 2009/132/EG in Bezug auf bestimmte mehrwertsteuerliche Pflichten für die Erbringung von Dienstleistungen und für Fernverkäufe von Gegenständen (ABl. L 348 vom 29.12.2017, S. 7) teilnimmt. [2] Die Anzeige ist der zuständigen Finanzbehörde eines Mitgliedstaates der Europäischen Union nach amtlich vorgeschriebenem Datensatz durch Datenfernübertragung zu übermitteln; zuständige Finanzbehörde im Inland ist insoweit das Bundeszentralamt für Steuern. [3] Die Anzeige hat vor Beginn des Besteuerungszeitraums (§ 16 Absatz 1c Satz 1) zu erfolgen, ab dessen Beginn der Unternehmer von dem besonderen Besteuerungsverfahren Gebrauch macht. [4] Eine Teilnahme an dem besonderen Besteuerungsverfahren ist dem Unternehmer nur einheitlich für alle Mitgliedstaaten der Europäischen Union und alle sonstigen Leistungen an Empfänger nach § 3a Absatz 5 Satz 1 im Gemeinschaftsgebiet möglich. [5] Die Anwendung des besonderen Besteuerungsverfahrens kann nur mit Wirkung vom Beginn eines Besteuerungszeitraums an widerrufen werden. [6] Der Widerruf ist vor Beginn des Besteuerungszeitraums, für den er gelten soll, gegenüber der Finanzbehörde nach Satz 2 nach amtlich vorgeschriebenem Datensatz durch Datenfernübertragung zu erklären.

(2) Erfolgt die Anzeige nach Absatz 1 Satz 1 im Inland und erfüllt der Unternehmer die Voraussetzungen für die Teilnahme an dem besonderen Besteuerungsverfahren nicht, stellt das Bundeszentralamt für Steuern dies gegenüber dem Unternehmer fest und lehnt dessen Teilnahme an dem besonderen Besteuerungsverfahren ab.

(3)[3] [1] Ein Unternehmer, der das in Absatz 1 genannte besondere Besteuerungsverfahren anwendet, hat der Finanzbehörde, bei der er die Teilnahme an dem besonderen Besteuerungsverfahren angezeigt hat, eine Steuererklärung innerhalb eines Monats nach Ablauf jedes Besteuerungszeitraums (§ 16 Absatz 1c Satz 1) nach amtlich vorgeschriebenem Datensatz durch Datenfernübertragung zu übermitteln. [2] In der Steuererklärung hat er die Steuer für den Besteuerungszeitraum selbst zu berechnen. [3] Die berechnete Steuer ist am letzten Tag des auf den Besteuerungszeitraum folgenden Monats fällig und bis dahin vom Unternehmer an die Finanzbehörde zu entrichten, bei der der Unternehmer die Teilnahme an dem besonderen Besteuerungsverfahren angezeigt hat. [4] Soweit der Unternehmer im Inland Leistungen nach Absatz 1 Satz 1

---

[1] § 18h Abs. 7 angef. mWv 1.1.2021 durch G v. 21.12.2020 (BGBl. I S. 3096).

[2] § 18i eingef. mWv 1.4.2021 durch G v. 21.12.2020 (BGBl. I S. 3096); zur Anwendung siehe § 27 Abs. 33 Satz 1.

[3] Zur Anwendung ab 1.7.2021 siehe § 27 Abs. 33 Satz 1.

erbringt, ist § 18 Absatz 1 bis 4 nicht anzuwenden. [5] Berichtigungen einer Steuererklärung, die innerhalb von drei Jahren nach dem letzten Tag des Zeitraums nach Satz 1 vorgenommen werden, sind mit einer späteren Steuererklärung unter Angabe des zu berichtigenden Besteuerungszeitraums anzuzeigen.

(4) [1] Die Steuererklärung nach Absatz 3 Satz 1 und 2, die der Unternehmer der zuständigen Finanzbehörde eines anderen Mitgliedstaates der Europäischen Union übermittelt hat, ist ab dem Zeitpunkt eine Steueranmeldung im Sinne des § 150 Absatz 1 Satz 3 und des § 168 der Abgabenordnung[1)], zu dem die in ihr enthaltenen Daten von der zuständigen Finanzbehörde des anderen Mitgliedstaates der Europäischen Union dem Bundeszentralamt für Steuern übermittelt und dort in bearbeitbarer Weise aufgezeichnet wurden. [2] Dies gilt für die Berichtigung einer Steuererklärung entsprechend. [3] Die Steuererklärung nach Satz 1 gilt als fristgemäß übermittelt, wenn sie bis zum letzten Tag der Frist nach Absatz 3 Satz 1 der zuständigen Finanzbehörde des anderen Mitgliedstaates der Europäischen Union übermittelt worden ist und dort in bearbeitbarer Weise aufgezeichnet wurde. [4] Die Entrichtung der Steuer erfolgt im Falle der Steuererklärung nach Satz 1 fristgemäß, wenn die Zahlung bis zum letzten Tag der Frist nach Absatz 3 Satz 3 bei der zuständigen Finanzbehörde des anderen Mitgliedstaates der Europäischen Union eingegangen ist. [5] § 240 der Abgabenordnung ist in diesen Fällen mit der Maßgabe anzuwenden, dass eine Säumnis frühestens mit Ablauf des zehnten Tages nach Ablauf des zweiten auf den Besteuerungszeitraum folgenden Monats eintritt.

(5) [1] Kommt der Unternehmer seinen Verpflichtungen nach Absatz 3 oder § 22 Absatz 1 oder den von ihm in einem anderen Mitgliedstaat der Europäischen Union zu erfüllenden Aufzeichnungspflichten entsprechend Artikel 369 der Richtlinie 2006/112/EG wiederholt nicht oder nicht rechtzeitig nach, schließt ihn die Finanzbehörde, bei der der Unternehmer die Teilnahme an dem Verfahren nach Absatz 1 Satz 2 angezeigt hat, von dem besonderen Besteuerungsverfahren nach Absatz 1 aus. [2] Der Ausschluss gilt ab dem Besteuerungszeitraum, der nach dem Zeitpunkt der Bekanntgabe des Ausschlusses gegenüber dem Unternehmer beginnt; ist der Ausschluss jedoch auf eine Änderung des Ortes des Sitzes oder der Betriebsstätte zurückzuführen, ist der Ausschluss ab dem Tag dieser Änderung wirksam. [3] Der Ausschluss wegen eines wiederholten Verstoßes gegen die in Satz 1 genannten Verpflichtungen hat auch den Ausschluss von den besonderen Besteuerungsverfahren nach den §§ 18j und 18k zur Folge.

(6)[2)] Auf das besondere Besteuerungsverfahren sind, soweit die Anzeige nach Absatz 1 Satz 1 gegenüber dem Bundeszentralamt für Steuern erfolgt und dieses die Steuererklärungen den zuständigen Finanzbehörden der anderen Mitgliedstaaten der Europäischen Union übermittelt, die §§ 2a, 29b bis 30, 32a bis 32j, 80, 87a, 87b und der Zweite Abschnitt des Dritten Teils und der Siebente Teil der Abgabenordnung sowie die Finanzgerichtsordnung[3)] anzuwenden.

[1)] Nr. **1**.
[2)] Zur Anwendung ab 1.7.2021 siehe § 27 Abs. 33 Satz 1.
[3)] Nr. **9**.

§ 18j[1] Besonderes Besteuerungsverfahren für den innergemeinschaftlichen Fernverkauf, für Lieferungen innerhalb eines Mitgliedstaates über eine elektronische Schnittstelle und für von im Gemeinschaftsgebiet, nicht aber im Mitgliedstaat des Verbrauchs ansässigen Unternehmern erbrachte sonstige Leistungen. (1) [1] Ein Unternehmer, der

1. nach dem 30. Juni 2021 Lieferungen nach § 3 Absatz 3a Satz 1 innerhalb eines Mitgliedstaates oder innergemeinschaftliche Fernverkäufe nach § 3c Absatz 1 Satz 2 und 3 im Gemeinschaftsgebiet erbringt oder
2. im Gemeinschaftsgebiet ansässig ist und nach dem 30. Juni 2021 in einem anderen Mitgliedstaat der Europäischen Union sonstige Leistungen an Empfänger nach § 3a Absatz 5 Satz 1 ausführt,

für die er dort die Steuer schuldet und Umsatzsteuererklärungen abzugeben hat, hat anzuzeigen, wenn er an dem besonderen Besteuerungsverfahren entsprechend Titel XII Kapitel 6 Abschnitt 3 der Richtlinie 2006/112/EG des Rates in der Fassung von Artikel 1 Nummer 8 bis 13 der Richtlinie (EU) 2019/1995 des Rates vom 21. November 2019 zur Änderung der Richtlinie 2006/112/EG des Rates vom 28. November 2006 in Bezug auf Vorschriften für Fernverkäufe von Gegenständen und bestimmte inländische Lieferungen von Gegenständen (ABl. L 310 vom 2.12.2019, S. 1) teilnimmt. [2] Die Anzeige ist der zuständigen Finanzbehörde des nach Artikel 369a Nummer 2 der Richtlinie 2006/112/EG des Rates in der Fassung von Artikel 1 Nummer 9 der Richtlinie (EU) 2019/1995 zuständigen Mitgliedstaates der Europäischen Union nach amtlich vorgeschriebenem Datensatz durch Datenfernübertragung zu übermitteln; zuständige Finanzbehörde im Inland ist insoweit das Bundeszentralamt für Steuern. [3] Die Anzeige hat vor Beginn des Besteuerungszeitraums (§ 16 Absatz 1d Satz 1) zu erfolgen, ab dessen Beginn der Unternehmer von dem besonderen Besteuerungsverfahren Gebrauch macht. [4] Eine Teilnahme an dem besonderen Besteuerungsverfahren ist dem Unternehmer nur einheitlich für alle Mitgliedstaaten der Europäischen Union und alle Umsätze nach Satz 1 möglich; dies gilt hinsichtlich sonstiger Leistungen an Empfänger nach § 3a Absatz 5 Satz 1 nur für die Mitgliedstaaten der Europäischen Union, in denen der Unternehmer weder einen Sitz noch eine Betriebsstätte hat. [5] Die Anwendung des besonderen Besteuerungsverfahrens kann nur mit Wirkung vom Beginn eines Besteuerungszeitraums an widerrufen werden. [6] Der Widerruf ist vor Beginn des Besteuerungszeitraums, für den er gelten soll, gegenüber der Finanzbehörde nach Satz 2 nach amtlich vorgeschriebenem Datensatz durch Datenfernübertragung zu erklären.

(2) [1] Im übrigen Gemeinschaftsgebiet ansässige Unternehmer (§ 13b Absatz 7 Satz 2) können die Teilnahme an dem besonderen Besteuerungsverfahren nur in dem Mitgliedstaat der Europäischen Union, in dem sie ansässig sind, anzeigen; hinsichtlich sonstiger Leistungen an Empfänger nach § 3a Absatz 5 Satz 1 im Inland ist eine Teilnahme jedoch nur zulässig, soweit der Unternehmer im Inland, auf der Insel Helgoland und in einem der in § 1 Absatz 3 bezeichneten Gebiete weder seinen Sitz, seine Geschäftsleitung noch eine Betriebsstätte hat. [2] Im Inland ansässige Unternehmer können die Teilnahme an dem besonderen Besteuerungsverfahren nur im Inland anzeigen; dies gilt nicht in Fällen des Satzes 4. [3] Ein Unternehmer ist im Inland ansässig, wenn er im

[1] § 18j eingef. mWv 1.4.2021 durch G v. 21.12.2020 (BGBl. I S. 3096); zur Anwendung siehe § 27 Abs. 33 Satz 1.

Inland seinen Sitz oder seine Geschäftsleitung hat oder, für den Fall, dass er im Drittlandsgebiet ansässig ist, im Inland eine Betriebsstätte hat. [4] Hat ein im Drittlandsgebiet ansässiger Unternehmer neben der Betriebsstätte im Inland noch mindestens eine weitere Betriebsstätte im übrigen Gemeinschaftsgebiet, kann er sich für die Anzeige der Teilnahme an dem besonderen Besteuerungsverfahren im Inland entscheiden. [5] Hat ein im Drittlandsgebiet ansässiger Unternehmer keine Betriebsstätte im Gemeinschaftsgebiet, hat er die Teilnahme an dem besonderen Besteuerungsverfahren im Inland anzuzeigen, wenn die Beförderung oder Versendung der Gegenstände im Inland beginnt. [6] Beginnt die Beförderung oder Versendung der Gegenstände teilweise im Inland und teilweise im übrigen Gemeinschaftsgebiet, kann sich der im Drittlandsgebiet ansässige Unternehmer, der keine Betriebsstätte im Gemeinschaftsgebiet hat, für die Anzeige der Teilnahme an dem besonderen Besteuerungsverfahren im Inland entscheiden. [7] Der im Drittlandsgebiet ansässige Unternehmer ist an seine Entscheidung nach Satz 4 oder 6 für das betreffende Kalenderjahr und die beiden darauffolgenden Kalenderjahre gebunden.

(3) Erfolgt die Anzeige nach Absatz 1 Satz 1 im Inland und erfüllt der Unternehmer die Voraussetzungen für die Teilnahme an dem besonderen Besteuerungsverfahren nicht, stellt das Bundeszentralamt für Steuern dies gegenüber dem Unternehmer fest und lehnt dessen Teilnahme an dem besonderen Besteuerungsverfahren ab.

(4)[1)] [1] Ein Unternehmer, der das in Absatz 1 genannte besondere Besteuerungsverfahren anwendet, hat der Finanzbehörde nach Absatz 1 Satz 2 in Verbindung mit Absatz 2 eine Steuererklärung innerhalb eines Monats nach Ablauf jedes Besteuerungszeitraums (§ 16 Absatz 1d Satz 1) nach amtlich vorgeschriebenem Datensatz durch Datenfernübertragung zu übermitteln. [2] In der Steuererklärung hat er die Steuer für den Besteuerungszeitraum selbst zu berechnen. [3] Die berechnete Steuer ist am letzten Tag des auf den Besteuerungszeitraum folgenden Monats fällig und bis dahin vom Unternehmer an die Finanzbehörde nach Absatz 1 Satz 2 zu entrichten. [4] Soweit der Unternehmer im Inland Leistungen nach Absatz 1 Satz 1 erbringt, ist § 18 Absatz 1 bis 4 nicht anzuwenden. [5] Berichtigungen einer Steuererklärung, die innerhalb von drei Jahren nach dem letzten Tag des Zeitraums nach Satz 1 vorgenommen werden, sind mit einer späteren Steuererklärung unter Angabe des zu berichtigenden Besteuerungszeitraums anzuzeigen.

(5) [1] Die Steuererklärung nach Absatz 4 Satz 1 und 2, die der Unternehmer der zuständigen Finanzbehörde eines anderen Mitgliedstaates der Europäischen Union übermittelt hat, ist ab dem Zeitpunkt eine Steueranmeldung im Sinne des § 150 Absatz 1 Satz 3 und des § 168 der Abgabenordnung[2)], zu dem die in ihr enthaltenen Daten von der zuständigen Finanzbehörde des anderen Mitgliedstaates der Europäischen Union dem Bundeszentralamt für Steuern übermittelt und dort in bearbeitbarer Weise aufgezeichnet wurden. [2] Dies gilt für die Berichtigung einer Steuererklärung entsprechend. [3] Die Steuererklärung nach Satz 1 gilt als fristgemäß übermittelt, wenn sie bis zum letzten Tag der Frist nach Absatz 4 Satz 1 der zuständigen Finanzbehörde des anderen Mitgliedstaates der Europäischen Union übermittelt worden ist und dort in bearbeitbarer Weise aufgezeichnet wurde. [4] Die Entrichtung der Steuer erfolgt im

---

[1)] Zur Anwendung ab 1.7.2021 siehe § 27 Abs. 33 Satz 1.
[2)] Nr. **1**.

Falle der Steuererklärung nach Satz 1 fristgemäß, wenn die Zahlung bis zum letzten Tag der Frist nach Absatz 4 Satz 3 bei der zuständigen Finanzbehörde des anderen Mitgliedstaates der Europäischen Union eingegangen ist. [5] § 240 der Abgabenordnung ist in diesen Fällen mit der Maßgabe anzuwenden, dass eine Säumnis frühestens mit Ablauf des zehnten Tages nach Ablauf des zweiten auf den Besteuerungszeitraum folgenden Monats eintritt.

(6) [1] Kommt der Unternehmer seinen Verpflichtungen nach Absatz 4 oder § 22 Absatz 1 oder den von ihm in einem anderen Mitgliedstaat der Europäischen Union zu erfüllenden Aufzeichnungspflichten entsprechend Artikel 369k der Richtlinie 2006/112/EG wiederholt nicht oder nicht rechtzeitig nach, schließt ihn die Finanzbehörde nach Absatz 1 Satz 2 von dem besonderen Besteuerungsverfahren nach Absatz 1 aus. [2] Der Ausschluss gilt ab dem Besteuerungszeitraum, der nach dem Zeitpunkt der Bekanntgabe des Ausschlusses gegenüber dem Unternehmer beginnt; ist der Ausschluss jedoch auf eine Änderung des Ortes des Sitzes oder der Betriebsstätte oder des Ortes zurückzuführen, von dem aus die Beförderung oder Versendung von Gegenständen ausgeht, ist der Ausschluss ab dem Tag dieser Änderung wirksam. [3] Der Ausschluss wegen eines wiederholten Verstoßes gegen die in Satz 1 genannten Verpflichtungen hat auch den Ausschluss von den besonderen Besteuerungsverfahren nach den §§ 18i und 18k zur Folge.

(7)[1] Auf das besondere Besteuerungsverfahren sind, soweit die Anzeige nach Absatz 1 Satz 1 gegenüber dem Bundeszentralamt für Steuern erfolgt und dieses die Steuererklärungen der zuständigen Finanzbehörde eines anderen Mitgliedstaates der Europäischen Union übermittelt, die §§ 2a, 29b bis 30, 32a bis 32j, 80, 87a, 87b und der Zweite Abschnitt des Dritten Teils und der Siebente Teil der Abgabenordnung sowie die Finanzgerichtsordnung[2] anzuwenden.

(8) § 18 Absatz 4f ist entsprechend anzuwenden.

§ 18k[3] Besonderes Besteuerungsverfahren für Fernverkäufe von aus dem Drittlandsgebiet eingeführten Gegenständen in Sendungen mit einem Sachwert von höchstens 150 Euro. (1) [1] Ein Unternehmer, der nach dem 30. Juni 2021 als Steuerschuldner Fernverkäufe nach § 3 Absatz 3a Satz 2 oder § 3c Absatz 2 oder 3 in Sendungen mit einem Sachwert von höchstens 150 Euro im Gemeinschaftsgebiet erbringt, für die er dort die Steuer schuldet und Umsatzsteuererklärungen abzugeben hat, oder ein in seinem Auftrag handelnder im Gemeinschaftsgebiet ansässiger Vertreter hat anzuzeigen, wenn er an dem besonderen Besteuerungsverfahren entsprechend Titel XII Kapitel 6 Abschnitt 4 der Richtlinie 2006/112/EG des Rates in der Fassung von Artikel 2 Nummer 30 der Richtlinie (EU) 2017/2455 des Rates vom 5. Dezember 2017 zur Änderung der Richtlinie 2006/112/EG und der Richtlinie 2009/132/EG in Bezug auf bestimmte mehrwertsteuerliche Pflichten für die Erbringung von Dienstleistungen und für Fernverkäufe von Gegenständen (ABl. L 348 vom 29.12.2017, S. 7) teilnimmt. [2] Die Anzeige ist der zuständigen Finanzbehörde des unter den Voraussetzungen des Artikels 369l Unterabsatz 2 Nummer 3 der Richtlinie 2006/112/EG zuständigen Mitgliedstaates der Europäischen Union

---

[1] Zur Anwendung ab 1.7.2021 siehe § 27 Abs. 33 Satz 1.

[2] Nr. **9**.

[3] § 18k eingef. mWv 1.4.2021 durch G v. 21.12.2020 (BGBl. I S. 3096); zur Anwendung siehe § 27 Abs. 33 Satz 1.

vor Beginn des Besteuerungszeitraums (§ 16 Absatz 1e Satz 1) nach amtlich vorgeschriebenem Datensatz durch Datenfernübertragung zu übermitteln; zuständige Finanzbehörde im Inland ist insoweit das Bundeszentralamt für Steuern. [3] Eine Teilnahme an dem besonderen Besteuerungsverfahren ist für nicht im Gemeinschaftsgebiet ansässige Unternehmer nur zulässig, wenn das Drittland, in dem sie ansässig sind, in der Durchführungsverordnung entsprechend Artikel 369m Absatz 3 der Richtlinie 2006/112/EG aufgeführt ist, oder wenn sie einen im Gemeinschaftsgebiet ansässigen Vertreter vertraglich bestellt und dies der Finanzbehörde nach Satz 2 angezeigt haben. [4] Satz 1 gilt nicht für Sendungen, die verbrauchsteuerpflichtige Waren enthalten. [5] Eine Teilnahme an dem besonderen Besteuerungsverfahren ist nur einheitlich für alle Mitgliedstaaten der Europäischen Union und für alle Fernverkäufe im Sinne des Satzes 1 möglich; sie gilt ab dem Tag, an dem dem Unternehmer oder dem im Auftrag handelnden Vertreter die nach Artikel 369q Absatz 1 oder 3 der Richtlinie 2006/112/EG erteilte individuelle Identifikationsnummer des Unternehmers bekannt gegeben wurde. [6] Die Anwendung des besonderen Besteuerungsverfahrens kann nur mit Wirkung vom Beginn eines Besteuerungszeitraums an widerrufen werden. [7] Der Widerruf ist vor Beginn des Besteuerungszeitraums, für den er gelten soll, gegenüber der Finanzbehörde nach Satz 2 nach amtlich vorgeschriebenem Datensatz durch Datenfernübertragung zu erklären.

(2) [1] Im übrigen Gemeinschaftsgebiet ansässige Unternehmer (§ 13b Absatz 7 Satz 2) oder im Auftrag handelnde Vertreter können die Teilnahme an dem besonderen Besteuerungsverfahren nur in dem Mitgliedstaat der Europäischen Union, in dem sie ansässig sind, anzeigen. [2] Im Inland ansässige Unternehmer oder im Auftrag handelnde Vertreter können die Teilnahme an dem besonderen Besteuerungsverfahren nur im Inland anzeigen; dies gilt nicht in Fällen des Satzes 4. [3] Ein Unternehmer oder ein im Auftrag handelnder Vertreter ist im Inland ansässig, wenn er im Inland seinen Sitz oder seine Geschäftsleitung hat oder, für den Fall, dass er im Drittlandsgebiet ansässig ist, im Inland eine Betriebsstätte hat. [4] Hat der im Drittlandsgebiet ansässige Unternehmer oder im Auftrag handelnde Vertreter neben der Betriebsstätte im Inland noch mindestens eine weitere Betriebsstätte im übrigen Gemeinschaftsgebiet, kann er sich für die Anzeige der Teilnahme an dem besonderen Besteuerungsverfahren im Inland entscheiden. [5] Der Unternehmer oder im Auftrag handelnde Vertreter ist an seine Entscheidung nach Satz 4 für das betreffende Kalenderjahr und die beiden darauffolgenden Kalenderjahre gebunden.

(3) Erfolgt die Anzeige nach Absatz 1 Satz 1 im Inland und erfüllt der Unternehmer die Voraussetzungen für die Teilnahme an dem besonderen Besteuerungsverfahren nicht, stellt das Bundeszentralamt für Steuern dies gegenüber dem Unternehmer fest und lehnt dessen Teilnahme an dem besonderen Besteuerungsverfahren ab.

(4)[1)] [1] Ein Unternehmer oder im Auftrag handelnder Vertreter, der das in Absatz 1 genannte besondere Besteuerungsverfahren anwendet, hat der Finanzbehörde nach Absatz 1 Satz 2 in Verbindung mit Absatz 2 eine Steuererklärung innerhalb eines Monats nach Ablauf jedes Besteuerungszeitraums (§ 16 Absatz 1e Satz 1) nach amtlich vorgeschriebenem Datensatz durch Datenfernübertragung zu übermitteln. [2] In der Steuererklärung hat er die Steuer für den Besteuerungszeitraum selbst zu berechnen. [3] Die berechnete Steuer ist am

[1)] Zur Anwendung ab 1.7.2021 siehe § 27 Abs. 33 Satz 1.

letzten Tag des auf den Besteuerungszeitraum folgenden Monats fällig und bis dahin vom Unternehmer oder vom im Auftrag handelnden Vertreter an die Finanzbehörde nach Absatz 1 Satz 2 zu entrichten. [4] Soweit der Unternehmer im Inland Lieferungen nach Absatz 1 Satz 1 erbringt, ist § 18 Absatz 1 bis 4 nicht anzuwenden. [5] Berichtigungen einer Steuererklärung, die innerhalb von drei Jahren nach dem letzten Tag des Zeitraums nach Satz 1 vorgenommen werden, sind mit einer späteren Steuererklärung unter Angabe des zu berichtigenden Besteuerungszeitraums anzuzeigen.

(5) [1] Die Steuererklärung nach Absatz 4 Satz 1 und 2, die der Unternehmer der zuständigen Finanzbehörde eines anderen Mitgliedstaates der Europäischen Union übermittelt hat, ist ab dem Zeitpunkt eine Steueranmeldung im Sinne des § 150 Absatz 1 Satz 3 und des § 168 der Abgabenordnung[1)], zu dem die in ihr enthaltenen Daten von der zuständigen Finanzbehörde des anderen Mitgliedstaates der Europäischen Union dem Bundeszentralamt für Steuern übermittelt und dort in bearbeitbarer Weise aufgezeichnet wurden. [2] Dies gilt für die Berichtigung einer Steuererklärung entsprechend. [3] Die Steuererklärung nach Satz 1 gilt als fristgemäß übermittelt, wenn sie bis zum letzten Tag der Frist nach Absatz 4 Satz 1 der zuständigen Finanzbehörde des anderen Mitgliedstaates der Europäischen Union übermittelt worden ist und dort in bearbeitbarer Weise aufgezeichnet wurde. [4] Die Entrichtung der Steuer erfolgt im Falle der Steuererklärung nach Satz 1 fristgemäß, wenn die Zahlung bis zum letzten Tag der Frist nach Absatz 4 Satz 3 bei der zuständigen Finanzbehörde des anderen Mitgliedstaates der Europäischen Union eingegangen ist. [5] § 240 der Abgabenordnung ist in diesen Fällen mit der Maßgabe anzuwenden, dass eine Säumnis frühestens mit Ablauf des zehnten Tages nach Ablauf des zweiten auf den Besteuerungszeitraum folgenden Monats eintritt.

(6) [1] Kommt der Unternehmer oder der im Auftrag handelnde Vertreter seinen Verpflichtungen nach Absatz 4 oder § 22 Absatz 1 oder den von ihm in einem anderen Mitgliedstaat der Europäischen Union zu erfüllenden Aufzeichnungspflichten entsprechend Artikel 369x der Richtlinie 2006/112/EG wiederholt nicht oder nicht rechtzeitig nach, schließt ihn die Finanzbehörde nach Absatz 1 Satz 2 von dem besonderen Besteuerungsverfahren nach Absatz 1 aus. [2] Ein Ausschluss des im Auftrag handelnden Vertreters bewirkt auch den Ausschluss des von ihm vertretenen Unternehmers. [3] Der Ausschluss wegen eines wiederholten Verstoßes gegen die in Satz 1 genannten Verpflichtungen gilt ab dem Tag, der auf den Zeitpunkt der Bekanntgabe des Ausschlusses gegenüber dem Unternehmer oder dem im Auftrag handelnden Vertreter folgt; ist der Ausschluss jedoch auf eine Änderung des Ortes des Sitzes oder der Betriebsstätte zurückzuführen, ist der Ausschluss ab dem Tag dieser Änderung wirksam; erfolgt der Ausschluss aus anderen Gründen gilt er ab dem Besteuerungszeitraum, der nach dem Zeitpunkt der Bekanntgabe des Ausschlusses gegenüber dem Unternehmer oder dem im Auftrag handelnden Vertreter beginnt. [4] Der Ausschluss wegen eines wiederholten Verstoßes gegen die in Satz 1 genannten Verpflichtungen hat auch den Ausschluss von den besonderen Besteuerungsverfahren nach den §§ 18i und 18j zur Folge; es sei denn, der Ausschluss des Unternehmers war bedingt durch einen wiederholten Verstoß gegen die in Satz 1 genannten Verpflichtungen durch den im Auftrag handelnden Vertreter.

[1)] Nr. **1**.

(7)[1] Auf das besondere Besteuerungsverfahren sind, soweit die Anzeige nach Absatz 1 Satz 1 gegenüber dem Bundeszentralamt für Steuern erfolgt und dieses die Steuererklärungen der zuständigen Finanzbehörde eines anderen Mitgliedstaates der Europäischen Union übermittelt, die §§ 2a, 29b bis 30, 32a bis 32j, 80, 87a, 87b und der Zweite Abschnitt des Dritten Teils und der Siebente Teil der Abgabenordnung sowie die Finanzgerichtsordnung[2] anzuwenden.

(8) § 18 Absatz 4f ist entsprechend anzuwenden.

§ 19 Besteuerung der Kleinunternehmer. (1)[3] [1] Die für Umsätze im Sinne des § 1 Abs. 1 Nr. 1 geschuldete Umsatzsteuer wird von Unternehmern, die im Inland oder in den in § 1 Abs. 3 bezeichneten Gebieten ansässig sind, nicht erhoben, wenn der in Satz 2 bezeichnete Umsatz zuzüglich der darauf entfallenden Steuer im vorangegangenen Kalenderjahr 22 000 Euro nicht überstiegen hat und im laufenden Kalenderjahr 50 000 Euro voraussichtlich nicht übersteigen wird. [2] Umsatz im Sinne des Satzes 1 ist der nach vereinnahmten Entgelten bemessene Gesamtumsatz, gekürzt um die darin enthaltenen Umsätze von Wirtschaftsgütern des Anlagevermögens. [3] Satz 1 gilt nicht für die nach § 13a Abs. 1 Nr. 6, § 13b Absatz 5, § 14c Abs. 2 und § 25b Abs. 2 geschuldete Steuer. [4] In den Fällen des Satzes 1 finden die Vorschriften über die Steuerbefreiung innergemeinschaftlicher Lieferungen (§ 4 Nr. 1 Buchstabe b, § 6a), über den Verzicht auf Steuerbefreiungen (§ 9), über den gesonderten Ausweis der Steuer in einer Rechnung (§ 14 Abs. 4), über die Angabe der Umsatzsteuer-Identifikationsnummern in einer Rechnung (§ 14a Abs. 1, 3 und 7) und über den Vorsteuerabzug (§ 15) keine Anwendung.

(2) [1] Der Unternehmer kann dem Finanzamt bis zur Unanfechtbarkeit der Steuerfestsetzung (§ 18 Abs. 3 und 4) erklären, dass er auf die Anwendung des Absatzes 1 verzichtet. [2] Nach Eintritt der Unanfechtbarkeit der Steuerfestsetzung bindet die Erklärung den Unternehmer mindestens für fünf Kalenderjahre. [3] Sie kann nur mit Wirkung vom Beginn eines Kalenderjahres an widerrufen werden. [4] Der Widerruf ist spätestens bis zur Unanfechtbarkeit der Steuerfestsetzung des Kalenderjahres, für das er gelten soll, zu erklären.

(3) [1] Gesamtumsatz ist die Summe der vom Unternehmer ausgeführten steuerbaren Umsätze im Sinne des § 1 Abs. 1 Nr. 1 abzüglich folgender Umsätze:

1.[4] der Umsätze, die nach § 4 Nr. 8 Buchstabe i, Nr. 9 Buchstabe b und Nummer 11 bis 29 steuerfrei sind;
2. der Umsätze, die nach § 4 Nr. 8 Buchstabe a bis h, Nr. 9 Buchstabe a und Nr. 10 steuerfrei sind, wenn sie Hilfsumsätze sind.

[2] Soweit der Unternehmer die Steuer nach vereinnahmten Entgelten berechnet (§ 13 Abs. 1 Nr. 1 Buchstabe a Satz 4 oder § 20), ist auch der Gesamtumsatz nach diesen Entgelten zu berechnen. [3] Hat der Unternehmer seine gewerbliche oder berufliche Tätigkeit nur in einem Teil des Kalenderjahres ausgeübt, so ist der tatsächliche Gesamtumsatz in einen Jahresgesamtumsatz umzurechnen. [4] Angefangene Kalendermonate sind bei der Umrechnung als volle Kalender-

[1] Zur Anwendung ab 1.7.2021 siehe § 27 Abs. 33 Satz 1.

[2] Nr. **9**.

[3] § 19 Abs. 1 Satz 3 geänd. mWv 1.7.2010 durch G v. 8.4.2010 (BGBl. I S. 386); Satz 1 geänd. mWv 1.1.2020 durch G v. 22.11.2019 (BGBl. I S. 1746).

[4] § 19 Abs. 3 Satz 1 Nr. 1 geänd. mWv 1.1.2020 durch G v. 12.12.2019 (BGBl. I S. 2451).

monate zu behandeln, es sei denn, dass die Umrechnung nach Tagen zu einem niedrigeren Jahresgesamtumsatz führt.

(4) [1] Absatz 1 gilt nicht für die innergemeinschaftlichen Lieferungen neuer Fahrzeuge. [2] § 15 Abs. 4a ist entsprechend anzuwenden.

§ 20[1)] Berechnung der Steuer nach vereinnahmten Entgelten. [1] Das Finanzamt kann auf Antrag gestatten, dass ein Unternehmer,

1.[2)] dessen Gesamtumsatz (§ 19 Abs. 3) im vorangegangenen Kalenderjahr nicht mehr als 600 000 Euro betragen hat, oder
2. der von der Verpflichtung, Bücher zu führen und auf Grund jährlicher Bestandsaufnahmen regelmäßig Abschlüsse zu machen, nach § 148 der Abgabenordnung[3)] befreit ist, oder
3. soweit er Umsätze aus einer Tätigkeit als Angehöriger eines freien Berufs im Sinne des § 18 Abs. 1 Nr. 1 des Einkommensteuergesetzes[4)] ausführt,

die Steuer nicht nach den vereinbarten Entgelten (§ 16 Abs. 1 Satz 1), sondern nach den vereinnahmten Entgelten berechnet. [2] Erstreckt sich die Befreiung nach Satz 1 Nr. 2 nur auf einzelne Betriebe des Unternehmers und liegt die Voraussetzung nach Satz 1 Nr. 1 nicht vor, so ist die Erlaubnis zur Berechnung der Steuer nach den vereinnahmten Entgelten auf diese Betriebe zu beschränken. [3] Wechselt der Unternehmer die Art der Steuerberechnung, so dürfen Umsätze nicht doppelt erfasst werden oder unversteuert bleiben.

§ 21 Besondere Vorschriften für die Einfuhrumsatzsteuer. (1) Die Einfuhrumsatzsteuer ist eine Verbrauchsteuer im Sinne der Abgabenordnung[3)].

(2)[5)] Für die Einfuhrumsatzsteuer gelten die Vorschriften für Zölle sinngemäß; ausgenommen sind die Vorschriften über den passiven Veredelungsverkehr.

(2a) [1] Abfertigungsplätze im Ausland, auf denen dazu befugte deutsche Zollbedienstete Amtshandlungen nach Absatz 2 vornehmen, gehören insoweit zum Inland. [2] Das Gleiche gilt für ihre Verbindungswege mit dem Inland, soweit auf ihnen einzuführende Gegenstände befördert werden.

(3) Die Zahlung der Einfuhrumsatzsteuer kann ohne Sicherheitsleistung aufgeschoben werden, wenn die zu entrichtende Steuer nach § 15 Abs. 1 Satz 1 Nr. 2 in voller Höhe als Vorsteuer abgezogen werden kann.

(3a)[6)] Einfuhrumsatzsteuer, für die ein Zahlungsaufschub gemäß Artikel 110 Buchstabe b oder c der Verordnung (EU) Nr. 952/2013 des Europäischen Parlaments und des Rates vom 9. Oktober 2013 zur Festlegung des Zollkodex der Union (Unionszollkodex) bewilligt ist, ist abweichend von den zollrechtlichen Vorschriften am 26. des zweiten auf den betreffenden Monat folgenden Kalendermonats fällig.

[1)] § 20 Abs. 2 aufgeh. durch G v. 6.12.2011 (BGBl. I S. 2562).

[2)] § 20 Satz 1 Nr. 1 geänd. durch G v. 6.12.2011 (BGBl. I S. 2562); geänd. mWv 1.1.2020 durch G v. 21.12.2019 (BGBl. I S. 2875).

[3)] Nr. **1**.

[4)] Nr. **5**.

[5)] § 21 Abs. 2 geänd. mWv 1.1.2021 durch G v. 21.12.2020 (BGBl. I S. 3096).

[6)] § 21 Abs. 3a eingef. durch G v. 29.6.2020 (BGBl. I S. 1512); zur Anwendung ab 1.12.2020 siehe § 27 Abs. 31 iVm BMF v. 6.10.2020, BStBl. I 2020, 984.

(4) [1] Entsteht für den eingeführten Gegenstand nach dem Zeitpunkt des Entstehens der Einfuhrumsatzsteuer eine Zollschuld oder eine Verbrauchsteuer oder wird für den eingeführten Gegenstand nach diesem Zeitpunkt eine Verbrauchsteuer unbedingt, so entsteht gleichzeitig eine weitere Einfuhrumsatzsteuer. [2] Das gilt auch, wenn der Gegenstand nach dem in Satz 1 bezeichneten Zeitpunkt bearbeitet oder verarbeitet worden ist. [3] Bemessungsgrundlage ist die entstandene Zollschuld oder die entstandene oder unbedingt gewordene Verbrauchsteuer. [4] Steuerschuldner ist, wer den Zoll oder die Verbrauchsteuer zu entrichten hat. [5] Die Sätze 1 bis 4 gelten nicht, wenn derjenige, der den Zoll oder die Verbrauchsteuer zu entrichten hat, hinsichtlich des eingeführten Gegenstands nach § 15 Abs. 1 Satz 1 Nr. 2 zum Vorsteuerabzug berechtigt ist.

(5) Die Absätze 2 bis 4 gelten entsprechend für Gegenstände, die nicht Waren im Sinne des Zollrechts sind und für die keine Zollvorschriften bestehen.

§ 21a[1)] Sonderregelungen bei der Einfuhr von Sendungen mit einem Sachwert von höchstens 150 Euro. (1) [1] Bei der Einfuhr von Gegenständen in Sendungen mit einem Sachwert von höchstens 150 Euro aus dem Drittlandsgebiet, für die eine Steuerbefreiung nach § 5 Absatz 1 Nummer 7 nicht in Anspruch genommen wird, kann die Person, die die Gegenstände im Inland für Rechnung der Person, für die die Gegenstände bestimmt sind (Sendungsempfänger), bei einer Zollstelle gestellt (gestellende Person), auf Antrag die Sonderregelung nach den Absätzen 2 bis 6 in Anspruch nehmen, sofern

1. die Voraussetzungen für die Bewilligung eines Zahlungsaufschubs gemäß Artikel 110 Buchstabe b des Zollkodex der Union erfüllt sind,
2. die Beförderung oder Versendung im Inland endet und
3. die Sendung keine verbrauchsteuerpflichtigen Waren enthält.

[2] Der Antrag ist zusammen mit der Anmeldung zur Überlassung in den freien Verkehr zu stellen.

(2) [1] Die gestellende Person hat die Waren nach Maßgabe des Artikels 63d Unterabsatz 2 der Verordnung (EU) Nr. 282/2011 zur Festlegung von Durchführungsvorschriften zur Richtlinie 2006/112/EG über das gemeinsame Mehrwertsteuersystem (ABl. L 77 vom 23.3.2011, S. 1) in der jeweils geltenden Fassung für Rechnung des Sendungsempfängers, zur Überlassung in den zollrechtlich freien Verkehr anzumelden. [2] Für die Anmeldung ist entweder eine Standard-Zollanmeldung zu verwenden oder, soweit zulässig, eine Zollanmeldung für Sendungen von geringem Wert gemäß Artikel 143a der Delegierten Verordnung (EU) 2015/2446 der Kommission vom 28. Juli 2015 zur Ergänzung der Verordnung (EU) Nr. 952/2013 des Europäischen Parlaments und des Rates mit Einzelheiten zur Präzisierung von Bestimmungen des Zollkodex der Union (ABl. L 343 vom 29.12.2015, S. 1) in der jeweils geltenden Fassung.

(3) [1] Die entstandene Einfuhrumsatzsteuer wird in entsprechender Anwendung von Artikel 110 Buchstabe b des Zollkodex der Union aufgeschoben und dem Aufschubkonto der gestellenden Person belastet. [2] Eine Sicherheitsleistung ist nicht erforderlich, wenn die gestellende Person Zugelassener Wirtschaftsbeteiligter für zollrechtliche Vereinfachungen gemäß Artikel 38 Absatz 2 Buch-

---

[1)] § 21a eingef. mWv 1.7.2021 durch G v. 21.12.2020 (BGBl. I S. 3096); zur Anwendung siehe § 27 Abs. 34 Satz 1.

stabe a des Zollkodex der Union ist oder die Voraussetzungen erfüllt für die Reduzierung einer Gesamtsicherheit gemäß Artikel 95 Absatz 2 des Zollkodex der Union in Verbindung mit Artikel 84 Absatz 1 der Delegierten Verordnung (EU) 2015/2446 der Kommission vom 28. Juli 2015 zur Ergänzung der Verordnung (EU) Nr. 952/2013 des Europäischen Parlaments und des Rates mit Einzelheiten zur Präzisierung von Bestimmungen des Zollkodex der Union.

(4) [1] Bei der Auslieferung hat der Sendungsempfänger die Einfuhrumsatzsteuer an die gestellende Person zu entrichten. [2] Die gestellende Person, sofern sie nicht bereits Steuerschuldner ist, haftet für die Einfuhrumsatzsteuer, die auf Sendungen lastet, die ausgeliefert werden, ohne dass die Einfuhrumsatzsteuer vom Sendungsempfänger erhoben wurde. [3] Dies gilt entsprechend für die Einfuhrumsatzsteuer auf Sendungen, deren Verbleib die gestellende Person nicht nachweisen kann (abhandengekommene Sendungen).

(5) [1] Bis zum zehnten Tag des auf die Einfuhr folgenden Monats teilt die gestellende Person der zuständigen Zollstelle nach amtlich vorgeschriebenem Datensatz auf elektronischem Weg und unter Angabe der Registriernummern der jeweiligen Zollanmeldungen mit,

1. welche Sendungen im abgelaufenen Kalendermonat an die jeweiligen Sendungsempfänger ausgeliefert wurden (ausgelieferte Sendungen),
2. die je Sendung vereinnahmten Beträge an Einfuhrumsatzsteuer,
3. den Gesamtbetrag der vereinnahmten Einfuhrumsatzsteuer,
4. welche Sendungen, die im abgelaufenen Kalendermonat und gegebenenfalls davor eingeführt wurden, bis zum Ende des abgelaufenen Kalendermonats nicht ausgeliefert werden konnten und sich noch in der Verfügungsgewalt der gestellenden Person befinden (noch nicht zugestellte Sendungen),
5. welche Sendungen, bei denen es nicht möglich war, sie dem Sendungsempfänger zu übergeben, im abgelaufenen Kalendermonat wiederausgeführt oder unter zollamtlicher Überwachung zerstört oder anderweitig verwertet wurden (nicht zustellbare Sendungen), sowie
6. welche Sendungen abhandengekommen sind und die darauf lastende Einfuhrumsatzsteuer.

[2] Auf Verlangen der zuständigen Zollbehörden hat die gestellende Person den Verbleib der Sendungen nachzuweisen. [3] Die Mitteilung nach Satz 1 hat die Wirkung einer Steueranmeldung nach § 168 der Abgabenordnung[1)], wobei die gestellende Person hinsichtlich des Gesamtbetrages nach Satz 1 Nummer 3 als Steuerschuldner gilt. [4] Dieser ist zu dem für den Zahlungsaufschub gemäß Artikel 110 Buchstabe b des Zollkodex der Union geltenden Termin fällig und durch die gestellende Person an die Zollverwaltung zu entrichten.

(6) [1] Einfuhrumsatzsteuer für noch nicht zugestellte Sendungen bleibt dem Aufschubkonto belastet und wird in den folgenden Aufschubzeitraum vorgetragen. [2] Einfuhrumsatzsteuer für nicht zustellbare Sendungen gilt als nicht entstanden und wird aus dem Aufschubkonto ausgebucht, wenn ausgeschlossen ist, dass die Waren im Inland in den Wirtschaftskreislauf eingehen. [3] Einfuhrumsatzsteuer, die auf abhandengekommenen Sendungen lastet, wird ebenfalls aus dem Aufschubkonto ausgebucht und vom zuständigen Hauptzollamt per Haftungsbescheid gegenüber der gestellenden Person geltend gemacht. [4] Für

[1)] Nr. 1.

Einfuhrumsatzsteuer, die auf ausgelieferten Sendungen lastet, ohne dass Einfuhrumsatzsteuer vom Sendungsempfänger der Sendung erhoben wurde, gilt Satz 3 entsprechend.

§ 22 Aufzeichnungspflichten. (1)[1)] [1] Der Unternehmer ist verpflichtet, zur Feststellung der Steuer und der Grundlagen ihrer Berechnung Aufzeichnungen zu machen. [2] Diese Verpflichtung gilt in den Fällen des § 13a Absatz 1 Nummer 2 und 5, des § 13b Absatz 5 und des § 14c Absatz 2 auch für Personen, die nicht Unternehmer sind, in den Fällen des § 18k auch für den im Auftrag handelnden Vertreter und in den Fällen des § 21a für die gestellende Person. [3] Ist ein land- und forstwirtschaftlicher Betrieb nach § 24 Absatz 3 als gesondert geführter Betrieb zu behandeln, hat der Unternehmer Aufzeichnungspflichten für diesen Betrieb gesondert zu erfüllen. [4] In den Fällen des § 18 Absatz 4c und 4d sind die erforderlichen Aufzeichnungen vom Ende des Jahres an, in dem der Umsatz bewirkt wurde, zehn Jahre lang aufzubewahren und auf Anfrage des Bundeszentralamtes für Steuern auf elektronischem Weg zur Verfügung zu stellen; in den Fällen des § 18 Absatz 4e sind die erforderlichen Aufzeichnungen vom Ende des Jahres an, in dem der Umsatz bewirkt wurde, zehn Jahre lang aufzubewahren und auf Anfrage der für das Besteuerungsverfahren zuständigen Finanzbehörde auf elektronischem Weg zur Verfügung zu stellen; in den Fällen der §§ 18i, 18j, 18k und 21a sind die erforderlichen Aufzeichnungen vom Ende des Jahres an, in dem der Umsatz oder Geschäftsvorgang bewirkt wurde, zehn Jahre lang aufzubewahren und auf Anfrage der im Inland oder im übrigen Gemeinschaftsgebiet für das besondere Besteuerungsverfahren oder für die Sonderregelung zuständigen Finanzbehörde auf elektronischem Weg zur Verfügung zu stellen.

(2) Aus den Aufzeichnungen müssen zu ersehen sein:

1. die vereinbarten Entgelte für die vom Unternehmer ausgeführten Lieferungen und sonstigen Leistungen. [2] Dabei ist ersichtlich zu machen, wie sich die Entgelte auf die steuerpflichtigen Umsätze, getrennt nach Steuersätzen, und auf die steuerfreien Umsätze verteilen. [3] Dies gilt entsprechend für die Bemessungsgrundlagen nach § 10 Abs. 4, wenn Lieferungen im Sinne des § 3 Abs. 1b, sonstige Leistungen im Sinne des § 3 Abs. 9a sowie des § 10 Abs. 5 ausgeführt werden. [4] Aus den Aufzeichnungen muss außerdem hervorgehen, welche Umsätze der Unternehmer nach § 9 als steuerpflichtig behandelt. [5] Bei der Berechnung der Steuer nach vereinnahmten Entgelten (§ 20) treten an die Stelle der vereinbarten Entgelte die vereinnahmten Entgelte. [6] Im Fall des § 17 Abs. 1 Satz 6 hat der Unternehmer, der die auf die Minderung des Entgelts entfallende Steuer an das Finanzamt entrichtet, den Betrag der Entgeltsminderung gesondert aufzuzeichnen;
2. die vereinnahmten Entgelte und Teilentgelte für noch nicht ausgeführte Lieferungen und sonstige Leistungen. [2] Dabei ist ersichtlich zu machen, wie sich die Entgelte und Teilentgelte auf die steuerpflichtigen Umsätze, getrennt nach Steuersätzen, und auf die steuerfreien Umsätze verteilen. [3] Nummer 1 Satz 4 gilt entsprechend;

[1)] § 22 Abs. 1 neu gef. mWv 1.7.2021 durch G v. 21.12.2020 (BGBl. I S. 3096); zur Anwendung siehe § 27 Abs. 34 Satz 1.

3. die Bemessungsgrundlage für Lieferungen im Sinne des § 3 Abs. 1b und für sonstige Leistungen im Sinne des § 3 Abs. 9a Nr. 1. [2] Nummer 1 Satz 2 gilt entsprechend;
4. die wegen unrichtigen Steuerausweises nach § 14c Abs. 1 und wegen unberechtigten Steuerausweises nach § 14c Abs. 2 geschuldeten Steuerbeträge;
5. die Entgelte für steuerpflichtige Lieferungen und sonstige Leistungen, die an den Unternehmer für sein Unternehmen ausgeführt worden sind, und die vor Ausführung dieser Umsätze gezahlten Entgelte und Teilentgelte, soweit für diese Umsätze nach § 13 Abs. 1 Nr. 1 Buchstabe a Satz 4 die Steuer entsteht, sowie die auf die Entgelte und Teilentgelte entfallenden Steuerbeträge;
6.[1)] die Bemessungsgrundlagen für die Einfuhr von Gegenständen (§ 11), die für das Unternehmen des Unternehmers eingeführt worden sind, sowie die dafür entstandene Einfuhrumsatzsteuer;
7. die Bemessungsgrundlagen für den innergemeinschaftlichen Erwerb von Gegenständen sowie die hierauf entfallenden Steuerbeträge;
8.[2)] in den Fällen des § 13b Absatz 1 bis 5 beim Leistungsempfänger die Angaben entsprechend den Nummern 1 und 2. [2] Der Leistende hat die Angaben nach den Nummern 1 und 2 gesondert aufzuzeichnen;
9. die Bemessungsgrundlage für Umsätze im Sinne des § 4 Nr. 4a Satz 1 Buchstabe a Satz 2 sowie die hierauf entfallenden Steuerbeträge;
10.[3)] in den Fällen des § 21a Namen und Anschriften der Versender und der Sendungsempfänger, die Bemessungsgrundlagen für die Einfuhr von Gegenständen (§ 11), die hierzu von den Versendern, Sendungsempfängern und Dritten erhaltenen Informationen, sowie die Sendungen, die im abgelaufenen Kalendermonat an die jeweiligen Sendungsempfänger ausgeliefert wurden, die je Sendung vereinnahmten Beträge an Einfuhrumsatzsteuer, die Sendungen, die noch nicht ausgeliefert werden konnten und sich noch in der Verfügungsgewalt der gestellenden Person befinden, sowie die Sendungen, die wiederausgeführt oder unter zollamtlicher Überwachung zerstört oder anderweitig verwertet wurden.

(3) [1] Die Aufzeichnungspflichten nach Absatz 2 Nr. 5 und 6 entfallen, wenn der Vorsteuerabzug ausgeschlossen ist (§ 15 Abs. 2 und 3). [2] Ist der Unternehmer nur teilweise zum Vorsteuerabzug berechtigt, so müssen aus den Aufzeichnungen die Vorsteuerbeträge eindeutig und leicht nachprüfbar zu ersehen sein, die den zum Vorsteuerabzug berechtigenden Umsätzen ganz oder teilweise zuzurechnen sind. [3] Außerdem hat der Unternehmer in diesen Fällen die Bemessungsgrundlagen für die Umsätze, die nach § 15 Abs. 2 und 3 den Vorsteuerabzug ausschließen, getrennt von den Bemessungsgrundlagen der übrigen Umsätze, ausgenommen die Einfuhren und die innergemeinschaftlichen Erwerbe, aufzuzeichnen. [4] Die Verpflichtung zur Trennung der Bemessungsgrundlagen nach Absatz 2 Nr. 1 Satz 2, Nr. 2 Satz 2 und Nr. 3 Satz 2 bleibt unberührt.

[1)] § 22 Abs. 2 Nr. 6 geänd. mWv 31.7.2014 durch G v. 25.7.2014 (BGBl. I S. 1266).

[2)] § 22 Abs. 2 Nr. 8 geänd. mWv 1.7.2010 durch G v. 8.4.2010 (BGBl. I S. 386).

[3)] § 22 Abs. 2 Nr. 10 angef. mWv 1.7.2021 durch G v. 21.12.2020 (BGBl. I S. 3096); zur Anwendung siehe § 27 Abs. 34 Satz 1.

(4) In den Fällen des § 15a hat der Unternehmer die Berechnungsgrundlagen für den Ausgleich aufzuzeichnen, der von ihm in den in Betracht kommenden Kalenderjahren vorzunehmen ist.

(4a) Gegenstände, die der Unternehmer zu seiner Verfügung vom Inland in das übrige Gemeinschaftsgebiet verbringt, müssen aufgezeichnet werden, wenn

1. an den Gegenständen im übrigen Gemeinschaftsgebiet Arbeiten ausgeführt werden,
2. es sich um eine vorübergehende Verwendung handelt, mit den Gegenständen im übrigen Gemeinschaftsgebiet sonstige Leistungen ausgeführt werden und der Unternehmer in dem betreffenden Mitgliedstaat keine Zweigniederlassung hat oder
3. es sich um eine vorübergehende Verwendung im übrigen Gemeinschaftsgebiet handelt und in entsprechenden Fällen die Einfuhr der Gegenstände aus dem Drittlandsgebiet vollständig steuerfrei wäre.

(4b)[1] Gegenstände, die der Unternehmer von einem im übrigen Gemeinschaftsgebiet ansässigen Unternehmer mit Umsatzsteuer-Identifikationsnummer zur Ausführung einer sonstigen Leistung im Sinne des § 3a Abs. 3 Nr. 3 Buchstabe c erhält, müssen aufgezeichnet werden.

(4c) [1] Der Lagerhalter, der ein Umsatzsteuerlager im Sinne des § 4 Nr. 4a betreibt, hat Bestandsaufzeichnungen über die eingelagerten Gegenstände und Aufzeichnungen über Leistungen im Sinne des § 4 Nr. 4a Satz 1 Buchstabe b Satz 1 zu führen. [2] Bei der Auslagerung eines Gegenstands aus dem Umsatzsteuerlager muss der Lagerhalter Name, Anschrift und die inländische Umsatzsteuer-Identifikationsnummer des Auslagerers oder dessen Fiskalvertreters aufzeichnen.

(4d) [1] Im Fall der Abtretung eines Anspruchs auf die Gegenleistung für einen steuerpflichtigen Umsatz an einen anderen Unternehmer (§ 13c) hat

1. der leistende Unternehmer den Namen und die Anschrift des Abtretungsempfängers sowie die Höhe des abgetretenen Anspruchs auf die Gegenleistung aufzuzeichnen;
2. der Abtretungsempfänger den Namen und die Anschrift des leistenden Unternehmers, die Höhe des abgetretenen Anspruchs auf die Gegenleistung sowie die Höhe der auf den abgetretenen Anspruch vereinnahmten Beträge aufzuzeichnen. [2] Sofern der Abtretungsempfänger die Forderung oder einen Teil der Forderung an einen Dritten abtritt, hat er zusätzlich den Namen und die Anschrift des Dritten aufzuzeichnen.

[2] Satz 1 gilt entsprechend bei der Verpfändung oder der Pfändung von Forderungen. [3] An die Stelle des Abtretungsempfängers tritt im Fall der Verpfändung der Pfandgläubiger und im Fall der Pfändung der Vollstreckungsgläubiger.

(4e)[2] [1] Wer in den Fällen des § 13c Zahlungen nach § 48 der Abgabenordnung[3] leistet, hat Aufzeichnungen über die entrichteten Beträge zu führen. [2] Dabei sind auch Name, Anschrift und die Steuernummer des Schuldners der Umsatzsteuer aufzuzeichnen.

---

[1] § 22 Abs. 4b geänd. mWv 1.1.2010 durch G v. 19.12.2008 (BGBl. I S. 2794).
[2] § 22 Abs. 4e Satz 1 geänd. durch G v. 20.12.2007 (BGBl. I S. 3150).
[3] Nr. **1**.

(4f)[1] [1]Der Unternehmer, der nach Maßgabe des § 6b einen Gegenstand aus dem Gebiet eines Mitgliedstaates in das Gebiet eines anderen Mitgliedstaates befördert oder versendet, hat über diese Beförderung oder Versendung gesondert Aufzeichnungen zu führen. [2]Diese Aufzeichnungen müssen folgende Angaben enthalten:

1. den vollständigen Namen und die vollständige Anschrift des Erwerbers im Sinne des § 6b Absatz 1 Nummer 1 oder des § 6b Absatz 5;
2. den Abgangsmitgliedstaat;
3. den Bestimmungsmitgliedstaat;
4. den Tag des Beginns der Beförderung oder Versendung im Abgangsmitgliedstaat;
5. die von dem Erwerber im Sinne des § 6b Absatz 1 oder des § 6b Absatz 5 verwendete Umsatzsteuer-Identifikationsnummer;
6. den vollständigen Namen und die vollständige Anschrift des Lagers, in das der Gegenstand im Rahmen der Beförderung oder Versendung in den Bestimmungsmitgliedstaat gelangt;
7. den Tag des Endes der Beförderung oder Versendung im Bestimmungsmitgliedstaat;
8. die Umsatzsteuer-Identifikationsnummer eines Dritten als Lagerhalter;
9. die Bemessungsgrundlage nach § 10 Absatz 4 Satz 1 Nummer 1, die handelsübliche Bezeichnung und Menge der im Rahmen der Beförderung oder Versendung in das Lager gelangten Gegenstände;
10. den Tag der Lieferung im Sinne des § 6b Absatz 2;
11. das Entgelt für die Lieferung nach Nummer 10 sowie die handelsübliche Bezeichnung und Menge der gelieferten Gegenstände;
12. die von dem Erwerber für die Lieferung nach Nummer 10 verwendete Umsatzsteuer-Identifikationsnummer;
13. das Entgelt sowie die handelsübliche Bezeichnung und Menge der Gegenstände im Fall des einer innergemeinschaftlichen Lieferung gleichgestellten Verbringens im Sinne des § 6b Absatz 3;
14. die Bemessungsgrundlage der nach § 6b Absatz 4 Nummer 1 in den Abgangsmitgliedstaat zurückgelangten Gegenstände und den Tag des Beginns dieser Beförderung oder Versendung.

(4g)[2] [1]Der Unternehmer, an den der Gegenstand nach Maßgabe des § 6b geliefert werden soll, hat über diese Lieferung gesondert Aufzeichnungen zu führen. [2]Diese Aufzeichnungen müssen folgende Angaben enthalten:

1. die von dem Unternehmer im Sinne des § 6b Absatz 1 Nummer 1 verwendete Umsatzsteuer-Identifikationsnummer;
2. die handelsübliche Bezeichnung und Menge der für den Unternehmer als Erwerber im Sinne des § 6b Absatz 1 oder des § 6b Absatz 5 bestimmten Gegenstände;
3. den Tag des Endes der Beförderung oder Versendung der für den Unternehmer als Erwerber im Sinne des § 6b Absatz 1 oder des § 6b Absatz 5 bestimmten Gegenstände im Bestimmungsmitgliedstaat;

---

[1] § 22 Abs. 4f eingef. mWv 1.1.2020 durch G v. 12.12.2019 (BGBl. I S. 2451).
[2] § 22 Abs. 4g eingef. mWv 1.1.2020 durch G v. 12.12.2019 (BGBl. I S. 2451).

4. das Entgelt für die Lieferung an den Unternehmer sowie die handelsübliche Bezeichnung und Menge der gelieferten Gegenstände;
5. den Tag des innergemeinschaftlichen Erwerbs im Sinne des § 6b Absatz 2 Nummer 2;
6. die handelsübliche Bezeichnung und Menge der auf Veranlassung des Unternehmers im Sinne des § 6b Absatz 1 Nummer 1 aus dem Lager entnommenen Gegenstände;
7. die handelsübliche Bezeichnung der im Sinne des § 6b Absatz 6 Satz 4 zerstörten oder fehlenden Gegenstände und den Tag der Zerstörung, des Verlusts oder des Diebstahls der zuvor in das Lager gelangten Gegenstände oder den Tag, an dem die Zerstörung oder das Fehlen der Gegenstände festgestellt wurde.

[3] Wenn der Inhaber des Lagers, in das der Gegenstand im Sinne des § 6b Absatz 1 Nummer 1 befördert oder versendet wird, nicht mit dem Erwerber im Sinne des § 6b Absatz 1 Nummer 1 oder des § 6b Absatz 5 identisch ist, ist der Unternehmer von den Aufzeichnungen nach Satz 1 Nummer 3, 6 und 7 entbunden.

(5) Ein Unternehmer, der ohne Begründung einer gewerblichen Niederlassung oder außerhalb einer solchen von Haus zu Haus oder auf öffentlichen Straßen oder an anderen öffentlichen Orten Umsätze ausführt oder Gegenstände erwirbt, hat ein Steuerheft nach amtlich vorgeschriebenem Vordruck zu führen.

(6) Das Bundesministerium der Finanzen kann mit Zustimmung des Bundesrates durch Rechtsverordnung

1. nähere Bestimmungen darüber treffen, wie die Aufzeichnungspflichten zu erfüllen sind und in welchen Fällen Erleichterungen bei der Erfüllung dieser Pflichten gewährt werden können, sowie
2. Unternehmer im Sinne des Absatzes 5 von der Führung des Steuerhefts befreien, sofern sich die Grundlagen der Besteuerung aus anderen Unterlagen ergeben, und diese Befreiung an Auflagen knüpfen.

§ 22a Fiskalvertretung. (1) Ein Unternehmer, der weder im Inland noch in einem der in § 1 Abs. 3 genannten Gebiete seinen Wohnsitz, seinen Sitz, seine Geschäftsleitung oder eine Zweigniederlassung hat und im Inland ausschließlich steuerfreie Umsätze ausführt und keine Vorsteuerbeträge abziehen kann, kann sich im Inland durch einen Fiskalvertreter vertreten lassen.

(2) Zur Fiskalvertretung sind die in § 3 Nr. 1 bis 3 und § 4 Nr. 9 Buchstabe c des Steuerberatungsgesetzes genannten Personen befugt.

(3) Der Fiskalvertreter bedarf der Vollmacht des im Ausland ansässigen Unternehmers.

§ 22b Rechte und Pflichten des Fiskalvertreters. (1) [1] Der Fiskalvertreter hat die Pflichten des im Ausland ansässigen Unternehmers nach diesem Gesetz als eigene zu erfüllen. [2] Er hat die gleichen Rechte wie der Vertretene.

(2)[1)] [1] Der Fiskalvertreter hat unter der ihm nach § 22d Absatz 1 erteilten Steuernummer vierteljährlich Voranmeldungen (§ 18 Absatz 1) sowie eine

---

[1)] § 22b Abs. 2 neu gef. mWv 1.1.2020 durch G v. 12.12.2019 (BGBl. I S. 2451); zur Anwendung siehe § 27 Abs. 29.

Steuererklärung (§ 18 Absatz 3 und 4) abzugeben, in der er die Besteuerungsgrundlagen für jeden von ihm vertretenen Unternehmer zusammenfasst. 2 Der Steuererklärung hat der Fiskalvertreter als Anlage eine Aufstellung beizufügen, die die von ihm vertretenen Unternehmer mit deren jeweiligen Besteuerungsgrundlagen enthält.

(2a)[1] Der Fiskalvertreter hat unter der ihm nach § 22d Absatz 1 erteilten Umsatzsteuer-Identifikationsnummer nach § 27a eine Zusammenfassende Meldung nach Maßgabe des § 18a abzugeben.

(3) 1 Der Fiskalvertreter hat die Aufzeichnungen im Sinne des § 22 für jeden von ihm vertretenen Unternehmer gesondert zu führen. 2 Die Aufzeichnungen müssen Namen und Anschrift der von ihm vertretenen Unternehmer enthalten.

§ 22c Ausstellung von Rechnungen im Fall der Fiskalvertretung.

Die Rechnung hat folgende Angaben zu enthalten:

1. den Hinweis auf die Fiskalvertretung;
2. den Namen und die Anschrift des Fiskalvertreters;
3. die dem Fiskalvertreter nach § 22d Abs. 1 erteilte Umsatzsteuer-Identifikationsnummer.

§ 22d Steuernummer und zuständiges Finanzamt. (1) Der Fiskalvertreter erhält für seine Tätigkeit eine gesonderte Steuernummer und eine gesonderte Umsatzsteuer-Identifikationsnummer nach § 27a, unter der er für alle von ihm vertretenen im Ausland ansässigen Unternehmen auftritt.

(2) Der Fiskalvertreter wird bei dem Finanzamt geführt, das für seine Umsatzbesteuerung zuständig ist.

§ 22e Untersagung der Fiskalvertretung. (1) Die zuständige Finanzbehörde kann die Fiskalvertretung der in § 22a Abs. 2 mit Ausnahme der in § 3 des Steuerberatungsgesetzes genannten Person untersagen, wenn der Fiskalvertreter wiederholt gegen die ihm auferlegten Pflichten nach § 22b verstößt oder ordnungswidrig im Sinne des § 26a handelt.

(2) Für den vorläufigen Rechtsschutz gegen die Untersagung gelten § 361 Abs. 4 der Abgabenordnung[2] und § 69 Abs. 5 der Finanzgerichtsordnung[3].

§ 22f[4] Besondere Pflichten für Betreiber einer elektronischen Schnittstelle. (1)[5] 1 In den Fällen des § 25e Absatz 1 hat der Betreiber für Lieferungen eines Unternehmers, bei denen die Beförderung oder Versendung im Inland beginnt oder endet, Folgendes aufzuzeichnen:

---

[1] § 22b Abs. 2a eingef. mWv 1.1.2020 durch G v. 12.12.2019 (BGBl. I S. 2451); zur Anwendung siehe § 27 Abs. 29.

[2] Nr. **1**.

[3] Nr. **9**.

[4] § 22f Überschrift neu gef. mWv 1.7.2021 durch G v. 21.12.2020 (BGBl. I S. 3096); zur Anwendung siehe § 27 Abs. 34 Satz 1.

[5] § 22f Abs. 1 neu gef. mWv 1.7.2021 durch G v. 21.12.2020 (BGBl. I S. 3096); zur Anwendung siehe § 27 Abs. 34 Satz 1.

1. den vollständigen Namen und die vollständige Anschrift des liefernden Unternehmers,
2. die elektronische Adresse oder Website des liefernden Unternehmers,
3. die dem liefernden Unternehmer vom Bundeszentralamt für Steuern nach § 27a erteilte Umsatzsteuer-Identifikationsnummer,
4. soweit bekannt, die dem liefernden Unternehmer von dem nach § 21 der Abgabenordnung[1)] zuständigen Finanzamt erteilte Steuernummer,
5. soweit bekannt, die Bankverbindung oder Nummer des virtuellen Kontos des Lieferers,
6. den Ort des Beginns der Beförderung oder Versendung sowie den Bestimmungsort,
7. den Zeitpunkt und die Höhe des Umsatzes,
8. eine Beschreibung der Gegenstände und
9. soweit bekannt, die Bestellnummer oder die eindeutige Transaktionsnummer.

[2] Unternehmer ohne Wohnsitz oder gewöhnlichen Aufenthalt, Sitz oder Geschäftsleitung im Inland, in einem anderen Mitgliedstaat der Europäischen Union oder in einem Staat, auf den das Abkommen über den Europäischen Wirtschaftsraum anwendbar ist, haben mit der Antragstellung auf steuerliche Erfassung einen Empfangsbevollmächtigten im Inland zu benennen. [3] § 123 Satz 2 und 3 der Abgabenordnung bleibt unberührt.

(2)[2)] [1] Erfolgt die Registrierung auf der elektronischen Schnittstelle nicht als Unternehmer, gilt Absatz 1 Satz 1 Nummer 1 und 6 bis 9 entsprechend. [2] Zusätzlich ist das Geburtsdatum aufzuzeichnen.

(3)[3)] [1] Wer mittels einer elektronischen Schnittstelle die Erbringung einer sonstigen Leistung an einen Empfänger nach § 3a Absatz 5 Satz 1 unterstützt, hat Aufzeichnungen nach Artikel 54c der Durchführungsverordnung (EU) Nr. 282/2011 des Rates vom 15. März 2011 (ABl. L 77 vom 23.3.2011, S. 1) zu führen. [2] Das Gleiche gilt in den Fällen des § 3 Absatz 3a.

(4)[4)] [1] Die nach den Absätzen 1 bis 3 vorzuhaltenden Aufzeichnungen sind vom Ende des Jahres an, in dem der Umsatz bewirkt wurde, zehn Jahre lang aufzubewahren und auf Anforderung des Finanzamtes elektronisch zu übermitteln. [2] Stellt die Finanzbehörde ein Sammelauskunftsersuchen (§ 93 Absatz 1a Satz 1 der Abgabenordnung), findet § 93 Absatz 1a Satz 2 der Abgabenordnung keine Anwendung.

(5)[5)] Das Bundesministerium der Finanzen wird ermächtigt, durch Rechtsverordnung mit Zustimmung des Bundesrates Vorschriften zum Datenübermittlungsverfahren nach Absatz 4 Satz 1 zu erlassen.

[1)] Nr. **1**.

[2)] § 22f Abs. 2 Satz 1 geänd. mWv 1.7.2021 durch G v. 21.12.2020 (BGBl. I S. 3096); zur Anwendung siehe § 27 Abs. 34 Satz 1.

[3)] § 22f Abs. 3 eingef. mWv 1.7.2021 durch G v. 21.12.2020 (BGBl. I S. 3096); zur Anwendung siehe § 27 Abs. 34 Satz 1.

[4)] § 22f bish. Abs. 3 wird Abs. 4 und Satz 1 neu gef. mWv 1.7.2021 durch G v. 21.12.2020 (BGBl. I S. 3096); zur Anwendung siehe § 27 Abs. 34 Satz 1.

[5)] § 22f bish. Abs. 4 wird Abs. 5 und neu gef. mWv 1.7.2021 durch G v. 21.12.2020 (BGBl. I S. 3096); zur Anwendung siehe § 27 Abs. 34 Satz 1.

Sechster Abschnitt. Sonderregelungen

§ 23 Allgemeine Durchschnittssätze. (1) Das Bundesministerium der Finanzen kann mit Zustimmung des Bundesrates zur Vereinfachung des Besteuerungsverfahrens für Gruppen von Unternehmern, bei denen hinsichtlich der Besteuerungsgrundlagen annähernd gleiche Verhältnisse vorliegen und die nicht verpflichtet sind, Bücher zu führen und auf Grund jährlicher Bestandsaufnahmen regelmäßig Abschlüsse zu machen, durch Rechtsverordnung Durchschnittssätze festsetzen für

1. die nach § 15 abziehbaren Vorsteuerbeträge oder die Grundlagen ihrer Berechnung oder
2. die zu entrichtende Steuer oder die Grundlagen ihrer Berechnung.

(2) Die Durchschnittssätze müssen zu einer Steuer führen, die nicht wesentlich von dem Betrag abweicht, der sich nach diesem Gesetz ohne Anwendung der Durchschnittssätze ergeben würde.

(3) [1] Der Unternehmer, bei dem die Voraussetzungen für eine Besteuerung nach Durchschnittssätzen im Sinne des Absatzes 1 gegeben sind, kann beim Finanzamt bis zur Unanfechtbarkeit der Steuerfestsetzung (§ 18 Abs. 3 und 4) beantragen, nach den festgesetzten Durchschnittssätzen besteuert zu werden. [2] Der Antrag kann nur mit Wirkung vom Beginn eines Kalenderjahres an widerrufen werden. [3] Der Widerruf ist spätestens bis zur Unanfechtbarkeit der Steuerfestsetzung des Kalenderjahres, für das er gelten soll, zu erklären. [4] Eine erneute Besteuerung nach Durchschnittssätzen ist frühestens nach Ablauf von fünf Kalenderjahren zulässig.

§ 23a Durchschnittssatz für Körperschaften, Personenvereinigungen und Vermögensmassen im Sinne des § 5 Abs. 1 Nr. 9 des Körperschaftsteuergesetzes. (1) [1] Zur Berechnung der abziehbaren Vorsteuerbeträge (§ 15) wird für Körperschaften, Personenvereinigungen und Vermögensmassen im Sinne des § 5 Abs. 1 Nr. 9 des Körperschaftsteuergesetzes[1)], die nicht verpflichtet sind, Bücher zu führen und auf Grund jährlicher Bestandsaufnahmen regelmäßig Abschlüsse zu machen, ein Durchschnittssatz von 7 Prozent des steuerpflichtigen Umsatzes, mit Ausnahme der Einfuhr und des innergemeinschaftlichen Erwerbs, festgesetzt. [2] Ein weiterer Vorsteuerabzug ist ausgeschlossen.

(2)[2)] Der Unternehmer, dessen steuerpflichtiger Umsatz, mit Ausnahme der Einfuhr und des innergemeinschaftlichen Erwerbs, im vorangegangenen Kalenderjahr 35 000 Euro überstiegen hat, kann den Durchschnittssatz nicht in Anspruch nehmen.

(3) [1] Der Unternehmer, bei dem die Voraussetzungen für die Anwendung des Durchschnittssatzes gegeben sind, kann dem Finanzamt spätestens bis zum 10. Tag nach Ablauf des ersten Voranmeldungszeitraums eines Kalenderjahres erklären, dass er den Durchschnittssatz in Anspruch nehmen will. [2] Die Erklärung bindet den Unternehmer mindestens für fünf Kalenderjahre. [3] Sie kann nur mit Wirkung vom Beginn eines Kalenderjahres an widerrufen werden. [4] Der Widerruf ist spätestens bis zum 10. Tag nach Ablauf des ersten Vor-

---

1) Nr. **17**.
2) § 23a Abs. 2 geänd. mWv 1.1.2008 durch G v. 10.10.2007 (BGBl. I S. 2332).

anmeldungszeitraums dieses Kalenderjahres zu erklären. [5] Eine erneute Anwendung des Durchschnittssatzes ist frühestens nach Ablauf von fünf Kalenderjahren zulässig.

§ 24 Durchschnittssätze für land- und forstwirtschaftliche Betriebe.

[Fassung bis 31.12.2021:]

(1)[2] [1] Für die im Rahmen eines land- und forstwirtschaftlichen Betriebs ausgeführten Umsätze wird die Steuer vorbehaltlich der Sätze 2 bis 4 wie folgt festgesetzt:

1.[3] für die Lieferungen von forstwirtschaftlichen Erzeugnissen, ausgenommen Sägewerkserzeugnisse, auf 5,5 Prozent,
2.[4] [5] für die Lieferungen der in der Anlage 2 nicht aufgeführten Sägewerkserzeugnisse und Getränke sowie von alkoholischen Flüssigkeiten, ausgenommen die Lieferungen in das Ausland und die im Ausland bewirkten Umsätze, und für sonstige Leistungen, soweit in der Anlage 2 nicht aufgeführte Getränke abgegeben werden, auf 19 Prozent,
3.[6] für die übrigen Umsätze im Sinne des § 1 Abs. 1 Nr. 1 auf 10,7 Prozent

der Bemessungsgrundlage.

[Fassung ab 1.1.2022:[1]]

(1) [1] Hat der Gesamtumsatz des Unternehmers (§ 19 Absatz 3) im vorangegangenen Kalenderjahr nicht mehr als 600 000 Euro betragen, wird die Steuer für die im Rahmen eines land- und forstwirtschaftlichen Betriebs ausgeführten Umsätze vorbehaltlich der Sätze 2 bis 4 wie folgt festgesetzt:

1. für die Lieferungen von forstwirtschaftlichen Erzeugnissen, ausgenommen Sägewerkserzeugnisse, auf 5,5 Prozent,
2. für die Lieferungen der in der Anlage 2 nicht aufgeführten Sägewerkserzeugnisse und Getränke sowie von alkoholischen Flüssigkeiten, ausgenommen die Lieferungen in das Ausland und die im Ausland bewirkten Umsätze, und für sonstige Leistungen, soweit in der Anlage 2 nicht aufgeführte Getränke abgegeben werden, auf 19 Prozent,
3. für die übrigen Umsätze im Sinne des § 1 Absatz 1 Nummer 1 auf 10,7 Prozent der Bemessungsgrundlage.

[2] Die Befreiungen nach § 4 mit Ausnahme der Nummern 1 bis 7 bleiben unberührt; § 9 findet keine Anwendung. [3] Die Vorsteuerbeträge werden, soweit sie den in Satz 1 Nr. 1 bezeichneten Umsätzen zuzurechnen sind, auf 5,5 Prozent, in den übrigen Fällen des Satzes 1 auf 10,7 Prozent der Bemessungsgrundlage für diese Umsätze festgesetzt. [4] Ein weiterer Vorsteuerabzug entfällt. [5] § 14 ist mit der Maßgabe anzuwenden, dass der für den Umsatz maßgebliche Durchschnittssatz in der Rechnung zusätzlich anzugeben ist.

(2)[7] [1] Als land- und forstwirtschaftlicher Betrieb gelten

[1] § 24 Abs. 1 Satz 1 neu gef. **mWv 1.1.2022** durch G v. 21.12.2020 (BGBl. I S. 3096); zur Anwendung siehe § 27 Abs. 32.

[2] § 24 Abs. 1 Satz 3 geänd. mWv 1.1.2007 durch G v. 29.6.2006 (BGBl. I S. 1402).

[3] § 24 Abs. 1 Satz 1 Nr. 1 geänd. mWv 1.1.2007 durch G v. 29.6.2006 (BGBl. I S. 1402).

[4] § 24 Abs. 1 Satz 1 Nr. 2 geänd. mWv 1.1.2007 durch G v. 29.6.2006 (BGBl. I S. 1402); geänd. mWv 29.12.2007 durch G v. 20.12.2007 (BGBl. I S. 3150).

[5] Zur geänderten befristeten Anwendung siehe § 28 Abs. 3.

[6] § 24 Abs. 1 Satz 1 Nr. 3 geänd. mWv 1.1.2007 durch G v. 29.6.2006 (BGBl. I S. 1402).

[7] § 24 Abs. 2 Satz 3 aufgeh. mWv 29.12.2020 durch G v. 21.12.2020 (BGBl. I S. 3096).

1. die Landwirtschaft, die Forstwirtschaft, der Wein-, Garten-, Obst- und Gemüsebau, die Baumschulen, alle Betriebe, die Pflanzen und Pflanzenteile mit Hilfe der Naturkräfte gewinnen, die Binnenfischerei, die Teichwirtschaft, die Fischzucht für die Binnenfischerei und Teichwirtschaft, die Imkerei, die Wanderschäferei sowie die Saatzucht;

[Fassung bis 31.12.2024:]

2. Tierzucht- und Tierhaltungsbetriebe, soweit ihre Tierbestände nach den §§ 51 und 51a des Bewertungsgesetzes[2] zur landwirtschaftlichen Nutzung gehören.

[Fassung ab 1.1.2025:[1]]

2. Tierzucht- und Tierhaltungsbetriebe, soweit ihre Tierbestände nach § 241 des Bewertungsgesetzes zur landwirtschaftlichen Nutzung gehören oder diese die Voraussetzungen des § 13 Absatz 1 Nummer 1 Satz 2 des Einkommensteuergesetzes[3] in Verbindung mit § 13b des Einkommensteuergesetzes erfüllen.

2 Zum land- und forstwirtschaftlichen Betrieb gehören auch die Nebenbetriebe, die dem land- und forstwirtschaftlichen Betrieb zu dienen bestimmt sind.

(3) Führt der Unternehmer neben den in Absatz 1 bezeichneten Umsätzen auch andere Umsätze aus, so ist der land- und forstwirtschaftliche Betrieb als ein in der Gliederung des Unternehmens gesondert geführter Betrieb zu behandeln.

(4) 1 Der Unternehmer kann spätestens bis zum 10. Tag eines Kalenderjahres gegenüber dem Finanzamt erklären, dass seine Umsätze vom Beginn des vorangegangenen Kalenderjahres an nicht nach den Absätzen 1 bis 3, sondern nach den allgemeinen Vorschriften dieses Gesetzes besteuert werden sollen. 2 Die Erklärung bindet den Unternehmer mindestens für fünf Kalenderjahre; im Fall der Geschäftsveräußerung ist der Erwerber an diese Frist gebunden. 3 Sie kann mit Wirkung vom Beginn eines Kalenderjahres an widerrufen werden. 4 Der Widerruf ist spätestens bis zum 10. Tag nach Beginn dieses Kalenderjahres zu erklären. 5 Die Frist nach Satz 4 kann verlängert werden. 6 Ist die Frist bereits abgelaufen, so kann sie rückwirkend verlängert werden, wenn es unbillig wäre, die durch den Fristablauf eingetretenen Rechtsfolgen bestehen zu lassen.

§ 25 Besteuerung von Reiseleistungen. (1)[4] 1 Die nachfolgenden Vorschriften gelten für Reiseleistungen eines Unternehmers, soweit der Unternehmer dabei gegenüber dem Leistungsempfänger im eigenen Namen auftritt und Reisevorleistungen in Anspruch nimmt. 2 Die Leistung des Unternehmers ist als sonstige Leistung anzusehen. 3 Erbringt der Unternehmer an einen Leistungsempfänger im Rahmen einer Reise mehrere Leistungen dieser Art, so gelten sie als eine einheitliche sonstige Leistung. 4 Der Ort der sonstigen Leistung bestimmt sich nach § 3a Abs. 1. 5 Reisevorleistungen sind Lieferungen und sonstige Leistungen Dritter, die den Reisenden unmittelbar zugute kommen.

---

[1] § 24 Abs. 2 Satz 1 Nr. 2 neu gef. **mWv 1.1.2025** durch G v. 12.12.2019 (BGBl. I S. 2451).
[2] Nr. **3**.
[3] Nr. **5**.
[4] § 25 Abs. 1 Satz 1 geänd. mWv 18.12.2019 durch G v. 12.12.2019 (BGBl. I S. 2451).

(2) [1]Die sonstige Leistung ist steuerfrei, soweit die ihr zuzurechnenden Reisevorleistungen im Drittlandsgebiet bewirkt werden. [2]Die Voraussetzung der Steuerbefreiung muss vom Unternehmer nachgewiesen sein. [3]Das Bundesministerium der Finanzen kann mit Zustimmung des Bundesrates durch Rechtsverordnung bestimmen, wie der Unternehmer den Nachweis zu führen hat.

(3)[1)] [1]Die sonstige Leistung bemisst sich nach dem Unterschied zwischen dem Betrag, den der Leistungsempfänger aufwendet, um die Leistung zu erhalten, und dem Betrag, den der Unternehmer für die Reisevorleistungen aufwendet. [2]Die Umsatzsteuer gehört nicht zur Bemessungsgrundlage. [3]*Der Unternehmer kann die Bemessungsgrundlage statt für jede einzelne Leistung entweder für Gruppen von Leistungen oder für die gesamten innerhalb des Besteuerungszeitraums erbrachten Leistungen ermitteln.*

(4) [1]Abweichend von § 15 Abs. 1 ist der Unternehmer nicht berechtigt, die ihm für die Reisevorleistungen gesondert in Rechnung gestellten sowie die nach § 13b geschuldeten Steuerbeträge als Vorsteuer abzuziehen. [2]Im Übrigen bleibt § 15 unberührt.

(5) Für die sonstigen Leistungen gilt § 22 mit der Maßgabe, dass aus den Aufzeichnungen des Unternehmers zu ersehen sein müssen:

1. der Betrag, den der Leistungsempfänger für die Leistung aufwendet,
2. die Beträge, die der Unternehmer für die Reisevorleistungen aufwendet,
3. die Bemessungsgrundlage nach Absatz 3 und
4. wie sich die in den Nummern 1 und 2 bezeichneten Beträge und die Bemessungsgrundlage nach Absatz 3 auf steuerpflichtige und steuerfreie Leistungen verteilen.

§ 25a Differenzbesteuerung. (1) Für die Lieferungen im Sinne des § 1 Abs. 1 Nr. 1 von beweglichen körperlichen Gegenständen gilt eine Besteuerung nach Maßgabe der nachfolgenden Vorschriften (Differenzbesteuerung), wenn folgende Voraussetzungen erfüllt sind:

1. [1]Der Unternehmer ist ein Wiederverkäufer. [2]Als Wiederverkäufer gilt, wer gewerbsmäßig mit beweglichen körperlichen Gegenständen handelt oder solche Gegenstände im eigenen Namen öffentlich versteigert.
2. [1]Die Gegenstände wurden an den Wiederverkäufer im Gemeinschaftsgebiet geliefert. [2]Für diese Lieferung wurde
   a) Umsatzsteuer nicht geschuldet oder nach § 19 Abs. 1 nicht erhoben oder
   b) die Differenzbesteuerung vorgenommen.
3. Die Gegenstände sind keine Edelsteine (aus Positionen 7102 und 7103 des Zolltarifs) oder Edelmetalle (aus Positionen 7106, 7108, 7110 und 7112 des Zolltarifs).

(2) [1]Der Wiederverkäufer kann spätestens bei Abgabe der ersten Voranmeldung eines Kalenderjahres gegenüber dem Finanzamt erklären, dass er die Differenzbesteuerung von Beginn dieses Kalenderjahres an auch auf folgende Gegenstände anwendet:

[1)] § 25 Abs. 3 Satz 3 aufgeh. **mWv 1.1.2022** durch G v. 12.12.2019 (BGBl. I S. 2451); zur Anwendung siehe § 27 Abs. 26.

1.[1] Kunstgegenstände (Nummer 53 der Anlage 2), Sammlungsstücke (Nummer 49 Buchstabe f und Nummer 54 der Anlage 2) oder Antiquitäten (Position 9706 00 00 des Zolltarifs), die er selbst eingeführt hat, oder
2. Kunstgegenstände, wenn die Lieferung an ihn steuerpflichtig war und nicht von einem Wiederverkäufer ausgeführt wurde.

[2] Die Erklärung bindet den Wiederverkäufer für mindestens zwei Kalenderjahre.

(3)[2] [1] Der Umsatz wird nach dem Betrag bemessen, um den der Verkaufspreis den Einkaufspreis für den Gegenstand übersteigt; bei Lieferungen im Sinne des § 3 Abs. 1b und in den Fällen des § 10 Abs. 5 tritt an die Stelle des Verkaufspreises der Wert nach § 10 Abs. 4 Satz 1 Nr. 1. [2] Lässt sich der Einkaufspreis eines Kunstgegenstandes (Nummer 53 der Anlage 2) nicht ermitteln oder ist der Einkaufspreis unbedeutend, wird der Betrag, nach dem sich der Umsatz bemisst, mit 30 Prozent des Verkaufspreises angesetzt. [3] Die Umsatzsteuer gehört nicht zur Bemessungsgrundlage. [4] Im Fall des Absatzes 2 Satz 1 Nr. 1 gilt als Einkaufspreis der Wert im Sinne des § 11 Abs. 1 zuzüglich der Einfuhrumsatzsteuer. [5] Im Fall des Absatzes 2 Satz 1 Nr. 2 schließt der Einkaufspreis die Umsatzsteuer des Lieferers ein.

(4) [1] Der Wiederverkäufer kann die gesamten innerhalb eines Besteuerungszeitraums ausgeführten Umsätze nach dem Gesamtbetrag bemessen, um den die Summe der Verkaufspreise und der Werte nach § 10 Abs. 4 Satz 1 Nr. 1 die Summe der Einkaufspreise dieses Zeitraums übersteigt (Gesamtdifferenz). [2] Die Besteuerung nach der Gesamtdifferenz ist nur bei solchen Gegenständen zulässig, deren Einkaufspreis 500 Euro nicht übersteigt. [3] Im Übrigen gilt Absatz 3 entsprechend.

(5)[3] [1] Die Steuer ist mit dem allgemeinen Steuersatz nach § 12 Abs. 1 zu berechnen. [2] Die Steuerbefreiungen, ausgenommen die Steuerbefreiung für innergemeinschaftliche Lieferungen (§ 4 Nr. 1 Buchstabe b, § 6a), bleiben unberührt. [3] Abweichend von § 15 Abs. 1 ist der Wiederverkäufer in den Fällen des Absatzes 2 nicht berechtigt, die entstandene Einfuhrumsatzsteuer, die gesondert ausgewiesene Steuer oder die nach § 13b Absatz 5 geschuldete Steuer für die an ihn ausgeführte Lieferung als Vorsteuer abzuziehen.

(6) [1] § 22 gilt mit der Maßgabe, dass aus den Aufzeichnungen des Wiederverkäufers zu ersehen sein müssen
1. die Verkaufspreise oder die Werte nach § 10 Abs. 4 Satz 1 Nr. 1,
2. die Einkaufspreise und
3. die Bemessungsgrundlagen nach den Absätzen 3 und 4.

[2] Wendet der Wiederverkäufer neben der Differenzbesteuerung die Besteuerung nach den allgemeinen Vorschriften an, hat er getrennte Aufzeichnungen zu führen.

(7) Es gelten folgende Besonderheiten:
1. Die Differenzbesteuerung findet keine Anwendung

---

[1] § 25a Abs. 2 Satz 1 Nr. 1 geänd. durch G v. 13.12.2006 (BGBl. I S. 2878).

[2] § 25a Abs. 3 Satz 2 eingef., bish. Sätze 2 bis 4 werden Sätze 3 bis 5 mWv 1.1.2014 durch G v. 26.6.2013 (BGBl. I S. 1809).

[3] § 25a Abs. 5 Satz 3 geänd. mWv 1.7.2010 durch G v. 8.4.2010 (BGBl. I S. 386); Satz 3 geänd. mWv 31.7.2014 durch G v. 25.7.2014 (BGBl. I S. 1266).

a) auf die Lieferungen eines Gegenstands, den der Wiederverkäufer innergemeinschaftlich erworben hat, wenn auf die Lieferung des Gegenstands an den Wiederverkäufer die Steuerbefreiung für innergemeinschaftliche Lieferungen im übrigen Gemeinschaftsgebiet angewendet worden ist,

b) auf die innergemeinschaftliche Lieferung eines neuen Fahrzeugs im Sinne des § 1b Abs. 2 und 3.

2. Der innergemeinschaftliche Erwerb unterliegt nicht der Umsatzsteuer, wenn auf die Lieferung der Gegenstände an den Erwerber im Sinne des § 1a Abs. 1 die Differenzbesteuerung im übrigen Gemeinschaftsgebiet angewendet worden ist.
3. Die Anwendung des § 3c und die Steuerbefreiung für innergemeinschaftliche Lieferungen (§ 4 Nr. 1 Buchstabe b, § 6a) sind bei der Differenzbesteuerung ausgeschlossen.

(8) [1] Der Wiederverkäufer kann bei jeder Lieferung auf die Differenzbesteuerung verzichten, soweit er Absatz 4 nicht anwendet. [2] Bezieht sich der Verzicht auf die in Absatz 2 bezeichneten Gegenstände, ist der Vorsteuerabzug frühestens in dem Voranmeldungszeitraum möglich, in dem die Steuer für die Lieferung entsteht.

§ 25b Innergemeinschaftliche Dreiecksgeschäfte. (1) [1] Ein innergemeinschaftliches Dreiecksgeschäft liegt vor, wenn

1. drei Unternehmer über denselben Gegenstand Umsatzgeschäfte abschließen und dieser Gegenstand unmittelbar vom ersten Lieferer an den letzten Abnehmer gelangt,
2. die Unternehmer in jeweils verschiedenen Mitgliedstaaten für Zwecke der Umsatzsteuer erfasst sind,
3. der Gegenstand der Lieferungen aus dem Gebiet eines Mitgliedstaates in das Gebiet eines anderen Mitgliedstaates gelangt und
4. der Gegenstand der Lieferungen durch den ersten Lieferer oder den ersten Abnehmer befördert oder versendet wird.

[2] Satz 1 gilt entsprechend, wenn der letzte Abnehmer eine juristische Person ist, die nicht Unternehmer ist oder den Gegenstand nicht für ihr Unternehmen erwirbt und die in dem Mitgliedstaat für Zwecke der Umsatzsteuer erfasst ist, in dem sich der Gegenstand am Ende der Beförderung oder Versendung befindet.

(2) Im Fall des Absatzes 1 wird die Steuer für die Lieferung an den letzten Abnehmer von diesem geschuldet, wenn folgende Voraussetzungen erfüllt sind:

1. Der Lieferung ist ein innergemeinschaftlicher Erwerb vorausgegangen,
2. der erste Abnehmer ist in dem Mitgliedstaat, in dem die Beförderung oder Versendung endet, nicht ansässig. [2] Er verwendet gegenüber dem ersten Lieferer und dem letzten Abnehmer dieselbe Umsatzsteuer-Identifikationsnummer, die ihm von einem anderen Mitgliedstaat erteilt worden ist als dem, in dem die Beförderung oder Versendung beginnt oder endet,
3. der erste Abnehmer erteilt dem letzten Abnehmer eine Rechnung im Sinne des § 14a Abs. 7, in der die Steuer nicht gesondert ausgewiesen ist, und
4. der letzte Abnehmer verwendet eine Umsatzsteuer-Identifikationsnummer des Mitgliedstaates, in dem die Beförderung oder Versendung endet.

(3) Im Fall des Absatzes 2 gilt der innergemeinschaftliche Erwerb des ersten Abnehmers als besteuert.

(4) Für die Berechnung der nach Absatz 2 geschuldeten Steuer gilt die Gegenleistung als Entgelt.

(5) Der letzte Abnehmer ist unter den übrigen Voraussetzungen des § 15 berechtigt, die nach Absatz 2 geschuldete Steuer als Vorsteuer abzuziehen.

(6) [1] § 22 gilt mit der Maßgabe, dass aus den Aufzeichnungen zu ersehen sein müssen

1. beim ersten Abnehmer, der eine inländische Umsatzsteuer-Identifikationsnummer verwendet, das vereinbarte Entgelt für die Lieferung im Sinne des Absatzes 2 sowie der Name und die Anschrift des letzten Abnehmers;
2. beim letzten Abnehmer, der eine inländische Umsatzsteuer-Identifikationsnummer verwendet:
   a) die Bemessungsgrundlage der an ihn ausgeführten Lieferung im Sinne des Absatzes 2 sowie die hierauf entfallenden Steuerbeträge,
   b) der Name und die Anschrift des ersten Abnehmers.

[2] Beim ersten Abnehmer, der eine Umsatzsteuer-Identifikationsnummer eines anderen Mitgliedstaates verwendet, entfallen die Aufzeichnungspflichten nach § 22, wenn die Beförderung oder Versendung im Inland endet.

§ 25c Besteuerung von Umsätzen mit Anlagegold. (1) [1] Die Lieferung, die Einfuhr und der innergemeinschaftliche Erwerb von Anlagegold, einschließlich Anlagegold in Form von Zertifikaten über sammel- oder einzelverwahrtes Gold und über Goldkonten gehandeltes Gold, insbesondere auch Golddarlehen und Goldswaps, durch die ein Eigentumsrecht an Anlagegold oder ein schuldrechtlicher Anspruch auf Anlagegold begründet wird, sowie Terminkontrakte und im Freiverkehr getätigte Terminabschlüsse mit Anlagegold, die zur Übertragung eines Eigentumsrechts an Anlagegold oder eines schuldrechtlichen Anspruchs auf Anlagegold führen, sind steuerfrei. [2] Satz 1 gilt entsprechend für die Vermittlung der Lieferung von Anlagegold.

(2) Anlagegold im Sinne dieses Gesetzes sind:

1. Gold in Barren- oder Plättchenform mit einem von den Goldmärkten akzeptierten Gewicht und einem Feingehalt von mindestens 995 Tausendstel;
2. Goldmünzen, die einen Feingehalt von mindestens 900 Tausendstel aufweisen, nach dem Jahr 1800 geprägt wurden, in ihrem Ursprungsland gesetzliches Zahlungsmittel sind oder waren und üblicherweise zu einem Preis verkauft werden, der den Offenmarktwert ihres Goldgehalts um nicht mehr als 80 Prozent übersteigt.

(3) [1] Der Unternehmer, der Anlagegold herstellt oder Gold in Anlagegold umwandelt, kann eine Lieferung, die nach Absatz 1 Satz 1 steuerfrei ist, als steuerpflichtig behandeln, wenn sie an einen anderen Unternehmer für dessen Unternehmen ausgeführt wird. [2] Der Unternehmer, der üblicherweise Gold zu gewerblichen Zwecken liefert, kann eine Lieferung von Anlagegold im Sinne des Absatzes 2 Nr. 1, die nach Absatz 1 Satz 1 steuerfrei ist, als steuerpflichtig behandeln, wenn sie an einen anderen Unternehmer für dessen Unternehmen ausgeführt wird. [3] Ist eine Lieferung nach den Sätzen 1 oder 2 als steuerpflichtig

UStG

behandelt worden, kann der Unternehmer, der diesen Umsatz vermittelt hat, die Vermittlungsleistung ebenfalls als steuerpflichtig behandeln.

(4) Bei einem Unternehmer, der steuerfreie Umsätze nach Absatz 1 ausführt, ist die Steuer für folgende an ihn ausgeführte Umsätze abweichend von § 15 Abs. 2 nicht vom Vorsteuerabzug ausgeschlossen:

1. die Lieferungen von Anlagegold durch einen anderen Unternehmer, der diese Lieferungen nach Absatz 3 Satz 1 oder 2 als steuerpflichtig behandelt;
2. die Lieferungen, die Einfuhr und der innergemeinschaftliche Erwerb von Gold, das anschließend von ihm oder für ihn in Anlagegold umgewandelt wird;
3. die sonstigen Leistungen, die in der Veränderung der Form, des Gewichts oder des Feingehalts von Gold, einschließlich Anlagegold, bestehen.

(5) Bei einem Unternehmer, der Anlagegold herstellt oder Gold in Anlagegold umwandelt und anschließend nach Absatz 1 Satz 1 steuerfrei liefert, ist die Steuer für an ihn ausgeführte Umsätze, die in unmittelbarem Zusammenhang mit der Herstellung oder Umwandlung des Goldes stehen, abweichend von § 15 Abs. 2 nicht vom Vorsteuerabzug ausgeschlossen.

(6)[1] Bei Umsätzen mit Anlagegold gelten zusätzlich zu den Aufzeichnungspflichten nach § 22 die Identifizierungs-, Aufzeichnungs- und Aufbewahrungspflichten des Geldwäschegesetzes entsprechend.

§ 25d[2] *(aufgehoben)*

§ 25e[3] Haftung beim Handel über eine elektronische Schnittstelle.

(1)[4] Wer mittels einer elektronischen Schnittstelle die Lieferung eines Gegenstandes unterstützt (Betreiber), haftet für die nicht entrichtete Steuer aus dieser Lieferung; dies gilt nicht in den Fällen des § 3 Absatz 3a.

(2)[5] [1]Der Betreiber haftet nicht nach Absatz 1, wenn der liefernde Unternehmer im Sinne von § 22f Absatz 1 Satz 1 Nummer 3 im Zeitpunkt der Lieferung über eine gültige, ihm vom Bundeszentralamt für Steuern nach § 27a erteilte Umsatzsteuer-Identifikationsnummer verfügt. [2]Dies gilt nicht, wenn er Kenntnis davon hatte oder nach der Sorgfalt eines ordentlichen Kaufmanns hätte haben müssen, dass der liefernde Unternehmer seinen steuerlichen Verpflichtungen nicht oder nicht im vollen Umfang nachkommt.

(3)[6] [1]Der Betreiber haftet des Weiteren nicht nach Absatz 1, wenn die Registrierung auf der elektronischen Schnittstelle des Betreibers nicht als Unternehmer erfolgt ist und der Betreiber die Anforderungen nach § 22f Absatz 2 erfüllt. [2]Dies gilt nicht, wenn nach Art, Menge oder Höhe der erzielten Umsätze davon auszugehen ist, dass der Betreiber Kenntnis davon hatte oder

[1] § 25c Abs. 6 geänd. mWv 26.6.2017 durch G v. 23.6.2017 (BGBl. I S. 1822).

[2] § 25d aufgeh. mWv 1.1.2020 durch G v. 12.12.2019 (BGBl. I S. 2451).

[3] § 25e eingef. mWv 1.1.2019 durch G v. 11.12.2018 (BGBl. I S. 2338); zur Anwendung von Abs. 1 bis 4 ab 1.3.2019 bzw. ab 1.10.2019 siehe § 27 Abs. 25 Satz 3; Überschrift neu gef. mWv 1.7.2021 durch G v. 21.12.2020 (BGBl. I S. 3096); zur Anwendung siehe § 27 Abs. 34 Satz 1.

[4] § 25e Abs. 1 neu gef. mWv 1.7.2021 durch G v. 21.12.2020 (BGBl. I S. 3096); zur Anwendung siehe § 27 Abs. 34 Satz 1.

[5] § 25e Abs. 2 Satz 1 neu gef. mWv 1.7.2021 durch G v. 21.12.2020 (BGBl. I S. 3096); zur Anwendung siehe § 27 Abs. 34 Satz 1.

[6] § 25e Abs. 3 Satz 1 geänd. mWv 1.7.2021 durch G v. 21.12.2020 (BGBl. I S. 3096); zur Anwendung siehe § 27 Abs. 34 Satz 1.

nach der Sorgfalt eines ordentlichen Kaufmanns hätte haben müssen, dass die Umsätze im Rahmen eines Unternehmens erbracht werden.

(4)[1] [1] Kommt der liefernde Unternehmer seinen steuerlichen Pflichten nicht oder nicht in wesentlichem Umfang nach, ist das für den liefernden Unternehmer zuständige Finanzamt berechtigt, dies dem Betreiber mitzuteilen, wenn andere Maßnahmen keinen unmittelbaren Erfolg versprechen. [2] Nach Zugang der Mitteilung haftet der Betreiber in den Fällen des Absatzes 2 für die Steuer auf Umsätze im Sinne des Absatzes 1, soweit das dem Umsatz zugrunde liegende Rechtsgeschäft nach dem Zugang der Mitteilung abgeschlossen worden ist. [3] Eine Inanspruchnahme des Betreibers nach Satz 2 erfolgt nicht, wenn der Betreiber innerhalb einer vom Finanzamt im Rahmen der Mitteilung nach Satz 1 gesetzten Frist nachweist, dass der liefernde Unternehmer über seine elektronische Schnittstelle keine Waren mehr anbieten kann. [4] Die Sätze 1 bis 3 sind in den Fällen des Absatzes 3 entsprechend anzuwenden.

(5)[2] Eine elektronische Schnittstelle im Sinne dieser Vorschrift ist ein elektronischer Marktplatz, eine elektronische Plattform, ein elektronisches Portal oder Ähnliches.

(6)[3] [1] Unterstützen im Sinne dieser Vorschrift bezeichnet die Nutzung einer elektronischen Schnittstelle, um es einem Leistungsempfänger und einem liefernden Unternehmer, der über eine elektronische Schnittstelle Gegenstände zum Verkauf anbietet, zu ermöglichen, in Kontakt zu treten, woraus eine Lieferung von Gegenständen an diesen Leistungsempfänger resultiert. [2] Der Betreiber einer elektronischen Schnittstelle unterstützt die Lieferung von Gegenständen jedoch dann nicht im Sinne dieser Vorschrift, wenn er weder unmittelbar noch mittelbar

1. irgendeine der Bedingungen für die Lieferung der Gegenstände festlegt,
2. an der Autorisierung der Abrechnung mit dem Leistungsempfänger bezüglich der getätigten Zahlungen beteiligt ist und
3. an der Bestellung oder Lieferung der Gegenstände beteiligt ist.

[3] Ein Unterstützen im Sinne dieser Vorschrift liegt auch dann nicht vor, wenn der Betreiber der elektronischen Schnittstelle lediglich eine der folgenden Leistungen anbietet:

1. die Verarbeitung von Zahlungen im Zusammenhang mit der Lieferung von Gegenständen,
2. die Auflistung von Gegenständen oder die Werbung für diese, oder
3. die Weiterleitung oder Vermittlung von Leistungsempfängern an andere elektronische Schnittstellen, über die Gegenstände zum Verkauf angeboten werden, ohne dass eine weitere Einbindung in die Lieferung besteht.

(7) Örtlich zuständig für den Erlass des Haftungsbescheides ist das Finanzamt, das für die Besteuerung des liefernden Unternehmers zuständig ist.

---

[1] § 25e Abs. 4 Satz 3 geänd. mWv 1.7.2021 durch G v. 21.12.2020 (BGBl. I S. 3096); zur Anwendung siehe § 27 Abs. 34 Satz 1.

[2] § 25e Abs. 5 neu gef. mWv 1.7.2021 durch G v. 21.12.2020 (BGBl. I S. 3096); zur Anwendung siehe § 27 Abs. 34 Satz 1.

[3] § 25e Abs. 6 neu gef. mWv 1.7.2021 durch G v. 21.12.2020 (BGBl. I S. 3096); zur Anwendung siehe § 27 Abs. 34 Satz 1.

(8) Hat der liefernde Unternehmer keinen Wohnsitz oder gewöhnlichen Aufenthalt, Sitz oder Geschäftsleitung im Inland, einem anderen Mitgliedstaat der Europäischen Union oder in einem Staat, auf den das Abkommen über den europäischen Wirtschaftsraum anzuwenden ist, ist § 219 der Abgabenordnung[1)] nicht anzuwenden.

§ 25f[2)] Versagung des Vorsteuerabzugs und der Steuerbefreiung bei Beteiligung an einer Steuerhinterziehung. (1)[3)] Sofern der Unternehmer wusste oder hätte wissen müssen, dass er sich mit der von ihm erbrachten Leistung oder seinem Leistungsbezug an einem Umsatz beteiligt, bei dem der Leistende oder ein anderer Beteiligter auf einer vorhergehenden oder nachfolgenden Umsatzstufe in eine begangene Hinterziehung von Umsatzsteuer oder Erlangung eines nicht gerechtfertigten Vorsteuerabzugs im Sinne des § 370 der Abgabenordnung[1)] oder in eine Schädigung des Umsatzsteueraufkommens im Sinne der §§ 26a, 26c einbezogen war, ist Folgendes zu versagen:

1. die Steuerbefreiung nach § 4 Nummer 1 Buchstabe b in Verbindung mit § 6a,
2. der Vorsteuerabzug nach § 15 Absatz 1 Satz 1 Nummer 1,
3. der Vorsteuerabzug nach § 15 Absatz 1 Satz 1 Nummer 3 sowie
4. der Vorsteuerabzug nach § 15 Absatz 1 Satz 1 Nummer 4.

(2) § 25b Absatz 3 und 5 ist in den Fällen des Absatzes 1 nicht anzuwenden.

Siebenter Abschnitt. Durchführung, Bußgeld-, Straf-, Verfahrens-, Übergangs- und Schlussvorschriften

§ 26[4)] Durchführung, Erstattung in Sonderfällen. (1) [1]Die Bundesregierung kann mit Zustimmung des Bundesrates durch Rechtsverordnung zur Wahrung der Gleichmäßigkeit bei der Besteuerung, zur Beseitigung von Unbilligkeiten in Härtefällen oder zur Vereinfachung des Besteuerungsverfahrens den Umfang der in diesem Gesetz enthaltenen Steuerbefreiungen, Steuerermäßigungen und des Vorsteuerabzugs näher bestimmen sowie die zeitlichen Bindungen nach § 19 Abs. 2, § 23 Abs. 3 und § 24 Abs. 4 verkürzen. [2]Bei der näheren Bestimmung des Umfangs der Steuerermäßigung nach § 12 Abs. 2 Nr. 1 kann von der zolltariflichen Abgrenzung abgewichen werden.

(2) Das Bundesministerium der Finanzen kann mit Zustimmung des Bundesrates durch Rechtsverordnung den Wortlaut derjenigen Vorschriften des Gesetzes und der auf Grund dieses Gesetzes erlassenen Rechtsverordnungen, in denen auf den Zolltarif hingewiesen wird, dem Wortlaut des Zolltarifs in der jeweils geltenden Fassung anpassen.

(3) [1]Das Bundesministerium der Finanzen kann unbeschadet der Vorschriften der §§ 163 und 227 der Abgabenordnung[1)] anordnen, dass die Steuer für grenzüberschreitende Beförderungen von Personen im Luftverkehr niedriger festgesetzt oder ganz oder zum Teil erlassen wird, soweit der Unternehmer keine Rechnungen mit gesondertem Ausweis der Steuer (§ 14 Abs. 4) erteilt

---

[1)] Nr. **1**.

[2)] § 25f eingef. mWv 1.1.2020 durch G v. 12.12.2019 (BGBl. I S. 2451); zur Anwendung siehe § 27 Abs. 30.

[3)] § 25f Abs. 1 einl. Satzteil geänd. mWv 1.7.2021 durch G v. 21.12.2020 (BGBl. I S. 3096).

[4)] § 26 Überschrift geänd. mWv 30.6.2013 durch G v. 26.6.2013 (BGBl. I S. 1809).

hat. [2]Bei Beförderungen durch ausländische Unternehmer kann die Anordnung davon abhängig gemacht werden, dass in dem Land, in dem der ausländische Unternehmer seinen Sitz hat, für grenzüberschreitende Beförderungen im Luftverkehr, die von Unternehmern mit Sitz in der Bundesrepublik Deutschland durchgeführt werden, eine Umsatzsteuer oder ähnliche Steuer nicht erhoben wird.

(4)[1)] [1]Die Umsatzsteuer wird einem Konsortium, das auf der Grundlage der Verordnung (EG) Nr. 723/2009 des Rates vom 25. Juni 2009 über den gemeinschaftlichen Rechtsrahmen für ein Konsortium für eine europäische Forschungsinfrastruktur (ABl. L 206 vom 8.8.2009, S. 1) durch einen Beschluss der Kommission gegründet wurde, vom Bundeszentralamt für Steuern vergütet, wenn

1. das Konsortium seinen satzungsgemäßen Sitz im Inland hat,
2. es sich um die gesetzlich geschuldete Umsatzsteuer handelt, die in Rechnung gestellt und gesondert ausgewiesen wurde,
3. es sich um Umsatzsteuer für Lieferungen und sonstige Leistungen handelt, die das Konsortium für seine satzungsgemäße und nichtunternehmerische Tätigkeit in Anspruch genommen hat,
4. der Steuerbetrag je Rechnung insgesamt 25 Euro übersteigt und
5. die Steuer gezahlt wurde.

[2]Satz 1 gilt entsprechend für die von einem Konsortium nach § 13b Absatz 5 geschuldete und von ihm entrichtete Umsatzsteuer, wenn diese je Rechnung insgesamt 25 Euro übersteigt. [3]Die Sätze 1 und 2 sind auf ein Konsortium mit satzungsgemäßem Sitz in einem anderen Mitgliedstaat sinngemäß anzuwenden, wenn die Voraussetzungen für die Vergütung durch die in § 4 Nummer 7 Satz 5 genannte Bescheinigung nachgewiesen wird. [4]Mindert sich die Bemessungsgrundlage nachträglich, hat das Konsortium das Bundeszentralamt für Steuern davon zu unterrichten und den zu viel vergüteten Steuerbetrag zurückzuzahlen. [5]Wird ein Gegenstand, den ein Konsortium für seine satzungsgemäße Tätigkeit erworben hat und für dessen Erwerb eine Vergütung der Umsatzsteuer gewährt worden ist, entgeltlich oder unentgeltlich abgegeben, vermietet oder übertragen, ist der Teil der vergüteten Umsatzsteuer, der dem Veräußerungspreis oder bei unentgeltlicher Abgabe oder Übertragung dem Zeitwert des Gegenstands entspricht, an das Bundeszentralamt für Steuern zu entrichten. [6]Der zu entrichtende Steuerbetrag kann aus Vereinfachungsgründen durch Anwendung des im Zeitpunkt der Abgabe oder Übertragung des Gegenstands geltenden Steuersatzes ermittelt werden.

(5) Das Bundesministerium der Finanzen kann mit Zustimmung des Bundesrates durch Rechtsverordnung näher bestimmen, wie der Nachweis bei den folgenden Steuerbefreiungen zu führen ist:

1. Artikel III Nr. 1 des Abkommens zwischen der Bundesrepublik Deutschland und den Vereinigten Staaten von Amerika über die von der Bundesrepublik zu gewährenden Abgabenvergünstigungen für die von den Vereinigten Staaten im Interesse der gemeinsamen Verteidigung geleisteten Ausgaben (BGBl. 1955 II S. 823);

[1)] § 26 Abs. 4 neu gef. mWv 30.6.2013 durch G v. 26.6.2013 (BGBl. I S. 1809).

2. Artikel 67 Abs. 3 des Zusatzabkommens zu dem Abkommen zwischen den Parteien des Nordatlantikvertrags über die Rechtsstellung ihrer Truppen hinsichtlich der in der Bundesrepublik Deutschland stationierten ausländischen Truppen (BGBl. 1961 II S. 1183, 1218);
3. Artikel 14 Abs. 2 Buchstabe b und d des Abkommens zwischen der Bundesrepublik Deutschland und dem Obersten Hauptquartier der Alliierten Mächte, Europa, über die besonderen Bedingungen für die Einrichtung und den Betrieb internationaler militärischer Hauptquartiere in der Bundesrepublik Deutschland (BGBl. 1969 II S. 1997, 2009).

(6) Das Bundesministerium der Finanzen kann dieses Gesetz und die auf Grund dieses Gesetzes erlassenen Rechtsverordnungen in der jeweils geltenden Fassung mit neuem Datum und unter neuer Überschrift im Bundesgesetzblatt bekannt machen.

§ 26a Bußgeldvorschriften. (1)[1] Ordnungswidrig handelt, wer entgegen § 18 Absatz 1 Satz 4, Absatz 4 Satz 1 oder 2, Absatz 4c Satz 2, Absatz 4e Satz 4 oder Absatz 5a Satz 4, § 18i Absatz 3 Satz 3, § 18j Absatz 4 Satz 3 oder § 18k Absatz 4 Satz 3 eine Vorauszahlung, einen Unterschiedsbetrag oder eine festgesetzte Steuer nicht, nicht vollständig oder nicht rechtzeitig entrichtet.

(2)[2] Ordnungswidrig handelt, wer vorsätzlich oder leichtfertig

1. entgegen § 14 Abs. 2 Satz 1 Nr. 1 oder 2 Satz 2 eine Rechnung nicht oder nicht rechtzeitig ausstellt,
2. entgegen § 14b Abs. 1 Satz 1, auch in Verbindung mit Satz 4, ein dort bezeichnetes Doppel oder eine dort bezeichnete Rechnung nicht oder nicht mindestens zehn Jahre aufbewahrt,
3. entgegen § 14b Abs. 1 Satz 5 eine dort bezeichnete Rechnung, einen Zahlungsbeleg oder eine andere beweiskräftige Unterlage nicht oder nicht mindestens zwei Jahre aufbewahrt,
4. entgegen § 18 Abs. 12 Satz 3 die dort bezeichnete Bescheinigung nicht oder nicht rechtzeitig vorlegt,
5.[3] entgegen § 18a Absatz 1 bis 3 in Verbindung mit Absatz 7 Satz 1, Absatz 8 oder Absatz 9 eine Zusammenfassende Meldung nicht, nicht richtig, nicht vollständig oder nicht rechtzeitig abgibt oder entgegen § 18a Absatz 10 eine Zusammenfassende Meldung nicht oder nicht rechtzeitig berichtigt,
6. einer Rechtsverordnung nach § 18c zuwiderhandelt, soweit sie für einen bestimmten Tatbestand auf die Bußgeldvorschrift verweist, oder
7. entgegen § 18d Satz 3 die dort bezeichneten Unterlagen nicht, nicht vollständig oder nicht rechtzeitig vorlegt.

(3)[4] Die Ordnungswidrigkeit kann in den Fällen des Absatzes 1 mit einer Geldbuße bis zu dreißigtausend Euro, in den Fällen des Absatzes 2 Nummer 3 mit einer Geldbuße bis zu tausend Euro, in den übrigen Fällen des Absatzes 2 mit einer Geldbuße bis zu fünftausend Euro geahndet werden.

---

[1] § 26a Abs. 1 eingef. mWv 1.7.2021 durch G v. 21.12.2020 (BGBl. I S. 3096).
[2] § 26a bish. Abs. 1 wird Abs. 2 mWv 1.7.2021 durch G v. 21.12.2020 (BGBl. I S. 3096).
[3] § 26a Abs. 1 (jetzt Abs. 2) Nr. 5 neu gef. mWv 1.7.2010 durch G v. 8.4.2010 (BGBl. I S. 386).
[4] § 26a bish. Abs. 2 wird Abs. 3 und neu gef. mWv 1.7.2021 durch G v. 21.12.2020 (BGBl. I S. 3096).

UStG

(4)[1] Verwaltungsbehörde im Sinne des § 36 Absatz 1 Nummer 1 des Gesetzes über Ordnungswidrigkeiten ist in den Fällen des Absatzes 2 Nummer 5 und 6 das Bundeszentralamt für Steuern.

§ 26b[2] *(aufgehoben)*

§ 26c[3] **Strafvorschriften.** Mit Freiheitsstrafe bis zu fünf Jahren oder mit Geldstrafe wird bestraft, wer in den Fällen des § 26a Absatz 1 gewerbsmäßig oder als Mitglied einer Bande, die sich zur fortgesetzten Begehung solcher Handlungen verbunden hat, handelt.

§ 27 Allgemeine Übergangsvorschriften. (1)[4] [1] Änderungen dieses Gesetzes sind, soweit nichts anderes bestimmt ist, auf Umsätze im Sinne des § 1 Abs. 1 Nr. 1 und 5 anzuwenden, die ab dem Inkrafttreten der maßgeblichen Änderungsvorschrift ausgeführt werden. [2] Das gilt für Lieferungen und sonstige Leistungen auch insoweit, als die Steuer dafür nach § 13 Abs. 1 Nr. 1 Buchstabe a Satz 4, Buchstabe b oder § 13b Absatz 4 Satz 2 vor dem Inkrafttreten der Änderungsvorschrift entstanden ist. [3] Die Berechnung dieser Steuer ist für den Voranmeldungszeitraum zu berichtigen, in dem die Lieferung oder sonstige Leistung ausgeführt wird.

(1a) [1] § 4 Nr. 14 ist auf Antrag auf vor dem 1. Januar 2000 erbrachte Umsätze aus der Tätigkeit als Sprachheilpädagoge entsprechend anzuwenden, soweit der Sprachheilpädagoge gemäß § 124 Abs. 2 des Fünften Buches Sozialgesetzbuch von den zuständigen Stellen der gesetzlichen Krankenkassen umfassend oder für bestimmte Teilgebiete der Sprachtherapie zur Abgabe von sprachtherapeutischen Heilmitteln zugelassen ist und die Voraussetzungen des § 4 Nr. 14 spätestens zum 1. Januar 2000 erfüllt. [2] Bestandskräftige Steuerfestsetzungen können insoweit aufgehoben oder geändert werden.

(2) § 9 Abs. 2 ist nicht anzuwenden, wenn das auf dem Grundstück errichtete Gebäude

1. Wohnzwecken dient oder zu dienen bestimmt ist und vor dem 1. April 1985 fertig gestellt worden ist,
2. anderen nichtunternehmerischen Zwecken dient oder zu dienen bestimmt ist und vor dem 1. Januar 1986 fertig gestellt worden ist,
3. anderen als in den Nummern 1 und 2 bezeichneten Zwecken dient oder zu dienen bestimmt ist und vor dem 1. Januar 1998 fertig gestellt worden ist,

und wenn mit der Errichtung des Gebäudes in den Fällen der Nummern 1 und 2 vor dem 1. Juni 1984 und in den Fällen der Nummer 3 vor dem 11. November 1993 begonnen worden ist.

(3) § 14 Abs. 1a in der bis zum 31. Dezember 2003 geltenden Fassung ist auf Rechnungen anzuwenden, die nach dem 30. Juni 2002 ausgestellt werden, sofern die zugrunde liegenden Umsätze bis zum 31. Dezember 2003 ausgeführt wurden.

---

[1] § 26a bish. Abs. 3 wird Abs. 4 und geänd. mWv 1.7.2021 durch G v. 21.12.2020 (BGBl. I S. 3096).

[2] § 26b aufgeh. mWv 1.7.2021 durch G v. 21.12.2020 (BGBl. I S. 3096).

[3] § 26c Überschrift neu gef. und Wortlaut geänd. mWv 1.7.2021 durch G v. 21.12.2020 (BGBl. I S. 3096).

[4] § 27 Abs. 1 Satz 2 geänd. durch G v. 29.6.2006 (BGBl. I S. 1402); Satz 2 geänd. durch G v. 8.4.2010 (BGBl. I S. 386).

(4) [1]Die §§ 13b, 14 Abs. 1, § 14a Abs. 4 und 5 Satz 3 Nr. 3, § 15 Abs. 1 Satz 1 Nr. 4 und Abs. 4b, § 17 Abs. 1 Satz 1, § 18 Abs. 4a Satz 1, § 19 Abs. 1 Satz 3, § 22 Abs. 1 Satz 2 und Abs. 2 Nr. 8, § 25a Abs. 5 Satz 3 in der jeweils bis zum 31. Dezember 2003 geltenden Fassung sind auch auf Umsätze anzuwenden, die vor dem 1. Januar 2002 ausgeführt worden sind, soweit das Entgelt für diese Umsätze erst nach dem 31. Dezember 2001 gezahlt worden ist. [2]Soweit auf das Entgelt oder Teile des Entgelts für nach dem 31. Dezember 2001 ausgeführte Umsätze vor dem 1. Januar 2002 das Abzugsverfahren nach § 18 Abs. 8 in der bis zum 31. Dezember 2001 geltenden Fassung angewandt worden ist, mindert sich die vom Leistungsempfänger nach § 13b geschuldete Steuer um die bisher im Abzugsverfahren vom leistenden Unternehmer geschuldete Steuer.

(5) [1]§ 3 Abs. 9a Satz 2, § 15 Abs. 1b, § 15a Abs. 3 Nr. 2 und § 15a Abs. 4 Satz 2 in der jeweils bis 31. Dezember 2003 geltenden Fassung sind auf Fahrzeuge anzuwenden, die nach dem 31. März 1999 und vor dem 1. Januar 2004 angeschafft oder hergestellt, eingeführt, innergemeinschaftlich erworben oder gemietet worden sind und für die der Vorsteuerabzug nach § 15 Abs. 1b vorgenommen worden ist. [2]Dies gilt nicht für nach dem 1. Januar 2004 anfallende Vorsteuerbeträge, die auf die Miete oder den Betrieb dieser Fahrzeuge entfallen.

(6) Umsätze aus der Nutzungsüberlassung von Sportanlagen können bis zum 31. Dezember 2004 in eine steuerfreie Grundstücksüberlassung und in eine steuerpflichtige Überlassung von Betriebsvorrichtungen aufgeteilt werden.

(7)[1)] § 13c ist anzuwenden auf Forderungen, die nach dem 7. November 2003 abgetreten, verpfändet oder gepfändet worden sind.

(8) § 15a Abs. 1 Satz 1 und Abs. 4 Satz 1 in der Fassung des Gesetzes vom 20. Dezember 2001 (BGBl. I S. 3794) ist auch für Zeiträume vor dem 1. Januar 2002 anzuwenden, wenn der Unternehmer den Vorsteuerabzug im Zeitpunkt des Leistungsbezugs auf Grund der von ihm erklärten Verwendungsabsicht in Anspruch genommen hat und die Nutzung ab dem Zeitpunkt der erstmaligen Verwendung mit den für den Vorsteuerabzug maßgebenden Verhältnissen nicht übereinstimmt.

(9) § 18 Abs. 1 Satz 1 ist erstmals auf Voranmeldungszeiträume anzuwenden, die nach dem 31. Dezember 2004 enden.

(10) § 4 Nr. 21a in der bis 31. Dezember 2003 geltenden Fassung ist auf Antrag auf vor dem 1. Januar 2005 erbrachte Umsätze der staatlichen Hochschulen aus Forschungstätigkeit anzuwenden, wenn die Leistungen auf einem Vertrag beruhen, der vor dem 3. September 2003 abgeschlossen worden ist.

(11) § 15a in der Fassung des Artikels 5 des Gesetzes vom 9. Dezember 2004 (BGBl. I S. 3310) ist auf Vorsteuerbeträge anzuwenden, deren zugrunde liegende Umsätze im Sinne des § 1 Abs. 1 nach dem 31. Dezember 2004 ausgeführt werden.

(12)[2)] Auf Vorsteuerbeträge, deren zugrunde liegende Umsätze im Sinne des § 1 Abs. 1 nach dem 31. Dezember 2006 ausgeführt werden, ist § 15a Abs. 3 und 4 in der am 1. Januar 2007 geltenden Fassung anzuwenden.

[1)] § 27 Abs. 7 Satz 2 aufgeh. durch G v. 20.12.2007 (BGBl. I S. 3150).
[2)] § 27 Abs. 12 angef. durch G v. 22.8.2006 (BGBl. I S. 1970).

(13)[1] § 18a Abs. 1 Satz 1, 4 und 5 in der Fassung des Artikels 7 des Gesetzes vom 13. Dezember 2006 (BGBl. I S. 2878) ist erstmals auf Meldezeiträume anzuwenden, die nach dem 31. Dezember 2006 enden.

(14)[2] § 18 Abs. 9 in der Fassung des Artikels 7 des Gesetzes vom 19. Dezember 2008 (BGBl. I S. 2794) und § 18g sind auf Anträge auf Vergütung von Vorsteuerbeträgen anzuwenden, die nach dem 31. Dezember 2009 gestellt werden.

(15)[3] § 14 Abs. 2 Satz 1 Nr. 2 und § 14 Abs. 3 Nr. 2 in der jeweils ab 1. Januar 2009 geltenden Fassung sind auf alle Rechnungen über Umsätze anzuwenden, die nach dem 31. Dezember 2008 ausgeführt werden.

(16)[4] [1]§ 3 Absatz 9a Nummer 1, § 15 Absatz 1b, § 15a Absatz 6a und 8 Satz 2 in der Fassung des Artikels 4 des Gesetzes vom 8. Dezember 2010 (BGBl. I S. 1768) sind nicht anzuwenden auf Wirtschaftsgüter im Sinne des § 15 Absatz 1b, die auf Grund eines vor dem 1. Januar 2011 rechtswirksam abgeschlossenen obligatorischen Vertrags oder gleichstehenden Rechtsakts angeschafft worden sind oder mit deren Herstellung vor dem 1. Januar 2011 begonnen worden ist. [2]Als Beginn der Herstellung gilt bei Gebäuden, für die eine Baugenehmigung erforderlich ist, der Zeitpunkt, in dem der Bauantrag gestellt wird; bei baugenehmigungsfreien Gebäuden, für die Bauunterlagen einzureichen sind, der Zeitpunkt, in dem die Bauunterlagen eingereicht werden.

(17)[5] § 18 Absatz 3 in der Fassung des Artikels 4 des Gesetzes vom 8. Dezember 2010 (BGBl. I S. 1768) ist erstmals auf Besteuerungszeiträume anzuwenden, die nach dem 31. Dezember 2010 enden.

(18)[6] § 14 Absatz 1 und 3 ist in der ab 1. Juli 2011 geltenden Fassung auf alle Rechnungen über Umsätze anzuwenden, die nach dem 30. Juni 2011 ausgeführt werden.

(19)[7] [1]Sind Unternehmer und Leistungsempfänger davon ausgegangen, dass der Leistungsempfänger die Steuer nach § 13b auf eine vor dem 15. Februar 2014 erbrachte steuerpflichtige Leistung schuldet, und stellt sich diese Annahme als unrichtig heraus, ist die gegen den leistenden Unternehmer wirkende Steuerfestsetzung zu ändern, soweit der Leistungsempfänger die Erstattung der Steuer fordert, die er in der Annahme entrichtet hatte, Steuerschuldner zu sein. [2]§ 176 der Abgabenordnung[8] steht der Änderung nach Satz 1 nicht entgegen. [3]Das für den leistenden Unternehmer zuständige Finanzamt kann auf Antrag zulassen, dass der leistende Unternehmer dem Finanzamt den ihm gegen den Leistungsempfänger zustehenden Anspruch auf Zahlung der gesetzlich entstandenen Umsatzsteuer abtritt, wenn die Annahme der Steuerschuld des Leistungsempfängers im Vertrauen auf eine Verwaltungsanweisung beruhte und der leistende Unternehmer bei der Durchsetzung des abgetretenen Anspruchs mitwirkt. [4]Die Abtretung wirkt an Zahlungs statt, wenn

---

[1] § 27 Abs. 13 angef. durch G v. 13.12.2006 (BGBl. I S. 2878).
[2] § 27 Abs. 14 angef. durch G v. 19.12.2008 (BGBl. I S. 2794).
[3] § 27 Abs. 15 angef. durch G v. 20.12.2008 (BGBl. I S. 2850).
[4] § 27 Abs. 16 angef. durch G v. 8.12.2010 (BGBl. I S. 1768).
[5] § 27 Abs. 17 angef. durch G v. 8.12.2010 (BGBl. I S. 1768).
[6] § 27 Abs. 18 angef. durch G v. 1.11.2011 (BGBl. I S. 2131).
[7] § 27 Abs. 19 angef. durch G v. 25.7.2014 (BGBl. I S. 1266).
[8] Nr. **1**.

1. der leistende Unternehmer dem Leistungsempfänger eine erstmalige oder geänderte Rechnung mit offen ausgewiesener Umsatzsteuer ausstellt,
2. die Abtretung an das Finanzamt wirksam bleibt,
3. dem Leistungsempfänger diese Abtretung unverzüglich mit dem Hinweis angezeigt wird, dass eine Zahlung an den leistenden Unternehmer keine schuldbefreiende Wirkung mehr hat, und
4. der leistende Unternehmer seiner Mitwirkungspflicht nachkommt.

(20)[1] § 18h Absatz 3 und 4 in der Fassung des Artikels 8 des Gesetzes vom 25. Juli 2014 (BGBl. I S. 1266) ist erstmals auf Besteuerungszeiträume anzuwenden, die nach dem 31. Dezember 2014 enden.

(21)[2] § 18 Absatz 2 in der am 1. Januar 2015 geltenden Fassung ist erstmals auf Voranmeldungszeiträume anzuwenden, die nach dem 31. Dezember 2014 enden.

(22)[3] [1] § 2 Absatz 3 in der am 31. Dezember 2015 geltenden Fassung ist auf Umsätze, die nach dem 31. Dezember 2015 und vor dem 1. Januar 2017 ausgeführt werden, weiterhin anzuwenden. [2] § 2b in der am 1. Januar 2016 geltenden Fassung ist auf Umsätze anzuwenden, die nach dem 31. Dezember 2016 ausgeführt werden. [3] Die juristische Person des öffentlichen Rechts kann dem Finanzamt gegenüber einmalig erklären, dass sie § 2 Absatz 3 in der am 31. Dezember 2015 geltenden Fassung für sämtliche nach dem 31. Dezember 2016 und vor dem 1. Januar 2021 ausgeführte Leistungen weiterhin anwendet. [4] Eine Beschränkung der Erklärung auf einzelne Tätigkeitsbereiche oder Leistungen ist nicht zulässig. [5] Die Erklärung ist bis zum 31. Dezember 2016 abzugeben. [6] Sie kann nur mit Wirkung vom Beginn eines auf die Abgabe folgenden Kalenderjahres an widerrufen werden. [7] § 18 Absatz 4f und 4g ist erstmals auf Besteuerungszeiträume anzuwenden, die nicht der Erklärung nach Satz 3 unterliegen.

(22a)[4] [1] Hat eine juristische Person des öffentlichen Rechts gegenüber dem Finanzamt gemäß Absatz 22 Satz 3 erklärt, dass sie § 2 Absatz 3 in der am 31. Dezember 2015 geltenden Fassung für sämtliche nach dem 31. Dezember 2016 und vor dem 1. Januar 2021 ausgeführte Leistungen weiterhin anwendet und die Erklärung für vor dem 1. Januar 2021 endende Zeiträume nicht widerrufen, gilt die Erklärung auch für sämtliche Leistungen, die nach dem 31. Dezember 2020 und vor dem 1. Januar 2023 ausgeführt werden. [2] Die Erklärung nach Satz 1 kann auch für Zeiträume nach dem 31. Dezember 2020 nur mit Wirkung vom Beginn eines auf die Abgabe folgenden Kalenderjahres an widerrufen werden. [3] Es ist nicht zulässig, den Widerruf auf einzelne Tätigkeitsbereiche oder Leistungen zu beschränken.

(23)[5] § 3 Absatz 13 bis 15 sowie § 10 Absatz 1 Satz 6 in der Fassung des Artikels 9 des Gesetzes vom 11. Dezember 2018 (BGBl. I S. 2338) sind erstmals auf Gutscheine anzuwenden, die nach dem 31. Dezember 2018 ausgestellt werden.

---

[1] § 27 Abs. 20 angef. durch G v. 25.7.2014 (BGBl. I S. 1266).
[2] § 27 Abs. 21 angef. durch G v. 22.12.2014 (BGBl. I S. 2417).
[3] § 27 Abs. 22 angef. durch G v. 2.11.2015 (BGBl. I S. 1834); Satz 7 angef. durch G v. 21.12.2020 (BGBl. I S. 3096).
[4] § 27 Abs. 22a eingef. durch G v. 19.6.2020 (BGBl. I S. 1385).
[5] § 27 Abs. 23 angef. durch G v. 11.12.2018 (BGBl. I S. 2338).

(24)[1] [1] § 3a Absatz 5 Satz 3 bis 5 und § 14 Absatz 7 Satz 3 in der Fassung des Artikels 9 des Gesetzes vom 11. Dezember 2018 (BGBl. I S. 2338) sind auf Umsätze anzuwenden, die nach dem 31. Dezember 2018 ausgeführt werden. [2] § 18 Absatz 4c Satz 1 und Absatz 4d in der Fassung des Artikels 9 des Gesetzes vom 11. Dezember 2018 (BGBl. I S. 2338) ist auf Besteuerungszeiträume anzuwenden, die nach dem 31. Dezember 2018 enden.

(25)[2] [1] Das Bundesministerium der Finanzen teilt den Beginn, ab dem Daten nach § 22f Absatz 5 auf Anforderung zu übermitteln sind, durch ein im Bundessteuerblatt zu veröffentlichendes Schreiben mit. [2] Gleiches gilt für die Festlegung des Kalenderjahres, ab dem Daten nach § 22f Absatz 3 auf Anforderung zu übermitteln sind. [3] § 25e Absatz 1 bis Absatz 4 in der Fassung des Artikels 9 des Gesetzes vom 11. Dezember 2018 (BGBl. I S. 2338) ist für die in § 22f Absatz 1 Satz 4 in der am 1. Januar 2019 geltenden Fassung genannten Unternehmer ab 1. März 2019 und für andere als die in § 22f Absatz 1 Satz 4 in der am 1. Januar 2019 geltenden Fassung genannten Unternehmer ab 1. Oktober 2019 anzuwenden.

(25a)[3] Für Personen, die Leistungen nach dem Soldatenversorgungsgesetz in der Fassung der Bekanntmachung vom 16. September 2009 (BGBl. I S. 3054), das zuletzt durch Artikel 19 des Gesetzes vom 4. August 2019 (BGBl. I S. 1147) geändert worden ist, in Verbindung mit dem Bundesversorgungsgesetz in der Fassung der Bekanntmachung vom 22. Januar 1982 (BGBl. I S. 21), das zuletzt durch Artikel 1 der Verordnung vom 13. Juni 2019 (BGBl. I S. 793) geändert worden ist, erhalten, gelten die Vorschriften des § 4 Nummer 15 Buchstabe b Satz 1 und Nummer 16 *Buchstabe l*[4] in der am 31. Dezember 2023 geltenden Fassung weiter.

(26)[5] § 25 Absatz 3 in der Fassung des Artikels 11 des Gesetzes vom 12. Dezember 2019 (BGBl. I S. 2451) ist erstmals auf Umsätze anzuwenden, die nach dem 31. Dezember 2021 bewirkt werden.

(27)[6] § 4 Nummer 15a in der bis zum 31. Dezember 2019 geltenden Fassung gilt bis zu den Zeitpunkten nach § 412 Absatz 1 Satz 4 des Fünften Buches Sozialgesetzbuch sowie § 412 Absatz 5 Satz 9 in Verbindung mit § 412 Absatz 1 Satz 4 des Fünften Buches Sozialgesetzbuch fort.

(28)[7] § 15 Absatz 4b, § 16 Absatz 2 Satz 1 und § 18 Absatz 9 in der Fassung des Artikels 12 des Gesetzes vom 12. Dezember 2019 (BGBl. I S. 2451) sind erstmals auf Voranmeldungs-, Besteuerungs- und Vergütungszeiträume anzuwenden, die nach dem 31. Dezember 2019 enden.

(29)[8] § 22b Absatz 2 und 2a in der Fassung des Artikels 12 des Gesetzes vom 12. Dezember 2019 (BGBl. I S. 2451) ist erstmals auf Voranmeldungs-, Be-

---

[1] § 27 Abs. 24 angef. durch G v. 11.12.2018 (BGBl. I S. 2338).

[2] § 27 Abs. 25 angef. durch G v. 11.12.2018 (BGBl. I S. 2338); Satz 1 neu gef., Satz 3 aufgeh., bish. Satz 4 wird Satz 3 durch G v. 21.12.2020 (BGBl. I S. 3096).

[3] § 27 Abs. 25a eingef. durch G v. 12.12.2019 (BGBl. I S. 2652, geänd. durch G v. 21.12.2020, BGBl. I S. 3096).

[4] Richtig wohl: „Buchstabe m".

[5] § 27 Abs. 26 angef. durch G v. 12.12.2019 (BGBl. I S. 2451).

[6] § 27 Abs. 27 angef. durch G v. 12.12.2019 (BGBl. I S. 2451); geänd. durch G v. 3.6.2021 (BGBl. I S. 1309).

[7] § 27 Abs. 28 angef. durch G v. 12.12.2019 (BGBl. I S. 2451).

[8] § 27 Abs. 29 angef. durch G v. 12.12.2019 (BGBl. I S. 2451).

steuerungs- und Meldezeiträume anzuwenden, die nach dem 31. Dezember 2019 enden.

(30)[1] § 25f in der Fassung des Artikels 12 des Gesetzes vom 12. Dezember 2019 (BGBl. I S. 2451) ist erstmals auf Voranmeldungs- und Besteuerungszeiträume anzuwenden, die nach dem 31. Dezember 2019 enden.

(31)[2] Der Termin, ab dem § 21 Absatz 3a in der Fassung des Artikels 3 des Gesetzes vom 29. Juni 2020 (BGBl. I S. 1512) erstmals anzuwenden ist, wird mit einem Schreiben des Bundesministeriums der Finanzen bekanntgegeben.[3]

(32)[4] § 24 Absatz 1 in der Fassung des Artikels 11 des Gesetzes vom 21. Dezember 2020 (BGBl. I S. 3096) ist erstmals auf Umsätze anzuwenden, die nach dem 31. Dezember 2021 bewirkt werden.

(33)[5] [1] § 18i Absatz 3 und 6, § 18j Absatz 4 und 7, § 18k Absatz 4 und 7 in der Fassung des Artikels 13 des Gesetzes vom 21. Dezember 2020 (BGBl. I S. 3096) sind erstmals auf Umsätze anzuwenden, die nach dem 30. Juni 2021 ausgeführt werden. [2] Die in den §§ 18i, 18j und 18k enthaltenen Verweise auf die §§ 3, 3a, 3c, 16, 18i, 18j, 18k und 22 beziehen sich auf die jeweilige Fassung der Artikel 13 und 14 des vorgenannten Gesetzes.

(34)[6] [1] Die §§ 3 und 3a Absatz 5, die §§ 3c, 4, 5, 11, 13 Absatz 1 Nummer 1 Buchstabe f bis i, § 14a Absatz 2, § 16 Absatz 1c bis 1e, § 18 Absatz 1, 3 und 9, die §§ 21a, 22, 22f und 25e in der Fassung des Artikels 14 des Gesetzes vom 21. Dezember 2020 (BGBl. I S. 3096) sind erstmals auf Umsätze und Einfuhren anzuwenden, die nach dem 30. Juni 2021 ausgeführt werden. [2] § 13 Absatz 1 Nummer 1 Buchstabe d und e, § 16 Absatz 1a und 1b, § 18 Absatz 4c bis 4e und § 18h sind letztmalig auf Umsätze anzuwenden, die vor dem 1. Juli 2021 ausgeführt werden.

§ 27a Umsatzsteuer-Identifikationsnummer. (1)[7] [1] Das Bundeszentralamt für Steuern erteilt Unternehmern im Sinne des § 2 auf Antrag eine Umsatzsteuer-Identifikationsnummer. [2] Das Bundeszentralamt für Steuern erteilt auch juristischen Personen, die nicht Unternehmer sind oder die Gegenstände nicht für ihr Unternehmen erwerben, eine Umsatzsteuer-Identifikationsnummer, wenn sie diese für innergemeinschaftliche Erwerbe benötigen. [3] Im Fall der Organschaft wird auf Antrag für jede juristische Person eine eigene Umsatzsteuer-Identifikationsnummer erteilt. [4] Der Antrag auf Erteilung einer Umsatzsteuer-Identifikationsnummer nach den Sätzen 1 bis 3 ist schriftlich zu stellen. [5] In dem Antrag sind Name, Anschrift und Steuernummer, unter der der Antragsteller umsatzsteuerlich geführt wird, anzugeben.

---

[1] § 27 Abs. 30 angef. durch G v. 12.12.2019 (BGBl. I S. 2451).
[2] § 27 Abs. 31 angef. durch G v. 29.6.2020 (BGBl. I S. 1512).
[3] Die Regelung ist zu dem am 1.12.2020 beginnenden Aufschubzeitraum umzusetzen; siehe BMF v. 6.10.2020, BStBl. I 2020, 984
[4] § 27 Abs. 32 angef. durch G v. 21.12.2020 (BGBl. I S. 3096); geänd. durch G v. 2.6.2021 (BGBl. I S. 1259).
[5] § 27 Abs. 33 angef. durch G v. 21.12.2020 (BGBl. I S. 3096).
[6] § 27 Abs. 34 angef. durch G v. 21.12.2020 (BGBl. I S. 3096).
[7] § 27a Abs. 1 Satz 1 geänd. mWv 1.1.2006 durch G v. 22.9.2005 (BGBl. I S. 2809); Satz 2 neu gef., Satz 3 aufgeh., bish. Sätze 4 bis 6 werden Sätze 3 bis 5, Satz 4 geänd. mWv 1.1.2010 durch G v. 8.4.2010 (BGBl. I S. 386).

(1a)[1] [1]Das nach § 21 der Abgabenordnung[2] für die Umsatzbesteuerung des Unternehmers zuständige Finanzamt kann die nach Absatz 1 Satz 1 bis 3 erteilte Umsatzsteuer-Identifikationsnummer begrenzen, wenn ernsthafte Anzeichen vorliegen oder nachgewiesen ist, dass die Umsatzsteuer-Identifikationsnummer zur Gefährdung des Umsatzsteueraufkommens verwendet wird. [2]Dies gilt auch, soweit das Umsatzsteueraufkommen anderer Mitgliedstaaten gefährdet wird.

(2)[3] [1]Die Landesfinanzbehörden übermitteln dem Bundeszentralamt für Steuern die für die Erteilung der Umsatzsteuer-Identifikationsnummer nach Absatz 1 erforderlichen Angaben über die bei ihnen umsatzsteuerlich geführten natürlichen und juristischen Personen und Personenvereinigungen. [2]Diese Angaben dürfen nur für die Erteilung einer Umsatzsteuer-Identifikationsnummer, für Zwecke der Verordnung (EU) Nr. 904/2010 des Rates vom 7. Oktober 2010 über die Zusammenarbeit der Verwaltungsbehörden und die Betrugsbekämpfung auf dem Gebiet der Mehrwertsteuer (ABl. L 268 vom 12.10.2010, S. 1), für die Umsatzsteuerkontrolle, für Zwecke der Amtshilfe zwischen den zuständigen Behörden anderer Staaten in Umsatzsteuersachen sowie für Übermittlungen an das Statistische Bundesamt nach § 2a des Statistikregistergesetzes und an das Bundeskartellamt zur Überprüfung und Vervollständigung der Daten nach § 3 Absatz 1 Nummer 4 des Wettbewerbsregistergesetzes verarbeitet werden. [3]Außerdem übermitteln die Landesfinanzbehörden dem Bundeszentralamt für Steuern die nach Absatz 1a erforderlichen Daten. [4]Das Bundeszentralamt für Steuern übermittelt den Landesfinanzbehörden die erteilten Umsatzsteuer-Identifikationsnummern und die Daten, die sie für die Umsatzsteuerkontrolle benötigen.

§ 27b Umsatzsteuer-Nachschau. (1) [1]Zur Sicherstellung einer gleichmäßigen Festsetzung und Erhebung der Umsatzsteuer können die damit betrauten Amtsträger der Finanzbehörde ohne vorherige Ankündigung und außerhalb einer Außenprüfung Grundstücke und Räume von Personen, die eine gewerbliche oder berufliche Tätigkeit selbständig ausüben, während der Geschäfts- und Arbeitszeiten betreten, um Sachverhalte festzustellen, die für die Besteuerung erheblich sein können (Umsatzsteuer-Nachschau). [2]Wohnräume dürfen gegen den Willen des Inhabers nur zur Verhütung dringender Gefahren für die öffentliche Sicherheit und Ordnung betreten werden.

(2)[4] [1]Soweit dies zur Feststellung einer steuerlichen Erheblichkeit zweckdienlich ist, haben die von der Umsatzsteuer-Nachschau betroffenen Personen den damit betrauten Amtsträgern auf Verlangen Aufzeichnungen, Bücher, Geschäftspapiere und andere Urkunden über die der Umsatzsteuer-Nachschau unterliegenden Sachverhalte vorzulegen und Auskünfte zu erteilen. [2]Wurden die in Satz 1 genannten Unterlagen mit Hilfe eines Datenverarbeitungssystems erstellt, können die mit der Umsatzsteuer-Nachschau betrauten Amtsträger auf

---

[1] § 27a Abs. 1a eingef. mWv 1.1.2021 durch G v. 21.12.2020 (BGBl. I S. 3096).

[2] Nr. **1**.

[3] § 27a Abs. 2 Sätze 1 und 3 geänd. mWv 1.1.2006 durch G v. 22.9.2005 (BGBl. I S. 2809); Satz 2 geänd. mWv 30.6.2013 durch G v. 26.6.2013 (BGBl. I S. 1809); Satz 2 geänd. mWv 26.11.2019 durch G v. 20.11.2019 (BGBl. I S. 1626); Satz 3 eingef., bish. Satz 3 wird Satz 4 mWv 1.1.2021 durch G v. 21.12.2020 (BGBl. I S. 3096); Satz 2 neu gef. mWv 9.6.2021 durch G v. 2.6.2021 (BGBl. I S. 1259).

[4] § 27b Abs. 2 Sätze 2 und 3 angef. mWv 1.7.2011 durch G v. 1.11.2011 (BGBl. I S. 2131).

Verlangen die gespeicherten Daten über die der Umsatzsteuer-Nachschau unterliegenden Sachverhalte einsehen und soweit erforderlich hierfür das Datenverarbeitungssystem nutzen. [3]Dies gilt auch für elektronische Rechnungen nach § 14 Absatz 1 Satz 8.

(3) [1]Wenn die bei der Umsatzsteuer-Nachschau getroffenen Feststellungen hierzu Anlass geben, kann ohne vorherige Prüfungsanordnung (§ 196 der Abgabenordnung[1)]) zu einer Außenprüfung nach § 193 der Abgabenordnung übergegangen werden. [2]Auf den Übergang zur Außenprüfung wird schriftlich hingewiesen.

(4) Werden anlässlich der Umsatzsteuer-Nachschau Verhältnisse festgestellt, die für die Festsetzung und Erhebung anderer Steuern als der Umsatzsteuer erheblich sein können, so ist die Auswertung der Feststellungen insoweit zulässig, als ihre Kenntnis für die Besteuerung der in Absatz 1 genannten Personen oder anderer Personen von Bedeutung sein kann.

§ 28 Zeitlich begrenzte Fassungen einzelner Gesetzesvorschriften.

(1)[2)] § 12 Absatz 1 ist vom 1. Juli 2020 bis 31. Dezember 2020 mit der Maßgabe anzuwenden, dass die Steuer für jeden steuerpflichtigen Umsatz 16 Prozent der Bemessungsgrundlage (§§ 10, 11, 25 Absatz 3 und § 25a Absatz 3 und 4) beträgt.

(2)[3)] § 12 Absatz 2 ist vom 1. Juli 2020 bis 31. Dezember 2020 mit der Maßgabe anzuwenden, dass sich die Steuer für die in den Nummern 1 bis 15 genannten Umsätze auf 5 Prozent ermäßigt.

(3)[4)] § 24 Absatz 1 Satz 1 Nummer 2 ist vom 1. Juli 2020 bis 31. Dezember 2020 mit der Maßgabe anzuwenden, dass die Steuer für die Lieferungen der in der Anlage 2 nicht aufgeführten Sägewerkserzeugnisse und Getränke sowie von alkoholischen Flüssigkeiten, ausgenommen die Lieferungen in das Ausland und die im Ausland bewirkten Umsätze, und für sonstige Leistungen, soweit in der Anlage 2 nicht aufgeführte Getränke abgegeben werden, 16 Prozent beträgt.

(4)[5)] § 12 Abs. 2 Nr. 10 gilt bis zum 31. Dezember 2011 in folgender Fassung:

10. a) die Beförderungen von Personen mit Schiffen,
    b) die Beförderungen von Personen im Schienenbahnverkehr, im Verkehr mit Oberleitungsomnibussen, im genehmigten Linienverkehr mit Kraftfahrzeugen, im Verkehr mit Taxen, mit Drahtseilbahnen und sonstigen mechanischen Aufstiegshilfen aller Art und die Beförderungen im Fährverkehr
       aa) innerhalb einer Gemeinde oder
       bb) wenn die Beförderungsstrecke nicht mehr als 50 Kilometer beträgt.

§ 29 Umstellung langfristiger Verträge. (1) [1]Beruht die Leistung auf einem Vertrag, der nicht später als vier Kalendermonate vor dem Inkrafttreten dieses Gesetzes abgeschlossen worden ist, so kann, falls nach diesem Gesetz ein

---

[1)] Nr. 1.
[2)] § 28 Abs. 1 neu gef. durch G v. 29.6.2020 (BGBl. I S. 1512).
[3)] § 28 Abs. 2 neu gef. durch G v. 29.6.2020 (BGBl. I S. 1512).
[4)] § 28 Abs. 3 neu gef. durch G v. 29.6.2020 (BGBl. I S. 1512).
[5)] § 28 Abs. 4 geänd. durch G v. 20.12.2007 (BGBl. I S. 3150).

anderer Steuersatz anzuwenden ist, der Umsatz steuerpflichtig, steuerfrei oder nicht steuerbar wird, der eine Vertragsteil von dem anderen einen angemessenen Ausgleich der umsatzsteuerlichen Mehr- oder Minderbelastung verlangen. [2] Satz 1 gilt nicht, soweit die Parteien etwas anderes vereinbart haben. [3] Ist die Höhe der Mehr- oder Minderbelastung streitig, so ist § 287 Abs. 1 der Zivilprozessordnung entsprechend anzuwenden.

(2) Absatz 1 gilt sinngemäß bei einer Änderung dieses Gesetzes.

Anlage 1[1)]
(zu § 4 Nr. 4a)

Liste der Gegenstände, die der Umsatzsteuerlagerregelung unterliegen können

Lfd. Nr.	Warenbezeichnung	Zolltarif (Kapitel, Position, Unterposition)
1	Kartoffeln, frisch oder gekühlt	Position 0701
2	Oliven, vorläufig haltbar gemacht (z.B. durch Schwefeldioxid oder in Wasser, dem Salz, Schwefeldioxid oder andere vorläufig konservierend wirkende Stoffe zugesetzt sind), zum unmittelbaren Genuss nicht geeignet	Unterposition 0711 20
3	Schalenfrüchte, frisch oder getrocknet, auch ohne Schalen oder enthäutet	Positionen 0801 und 0802
4	Kaffee, nicht geröstet, nicht entkoffeiniert, entkoffeiniert	Unterpositionen 0901 11 00 und 0901 12 00
5	Tee, auch aromatisiert	Position 0902
6	Getreide	Positionen 1001bis 1005, 1007 00 und 1008
7	Rohreis (Paddy-Reis)	Unterposition 1006 10
8	Ölsamen und ölhaltige Früchte	Positionen 1201 00 bis 1207
9	Pflanzliche Fette und Öle und deren Fraktionen, roh, auch raffiniert, jedoch nicht chemisch modifiziert	Positionen 1507 bis 1515
10	Rohzucker	Unterpositionen 1701 11 und 1701 12
11	Kakaobohnen und Kakaobohnenbruch, roh oder geröstet	Position 1801 00 00
12	Mineralöle (einschließlich Propan und Butan sowie Rohöle aus Erdöl)	Positionen 2709 00, 2710, Unterpositionen 2711 12 und 2711 13
13	Erzeugnisse der chemischen Industrie	Kapitel 28 und 29
14	Kautschuk, in Primärformen oder in Platten, Blättern oder Streifen	Positionen 4001 und 4002
15	Chemische Halbstoffe aus Holz, ausgenommen solche zum Auflösen; Halbstoffe aus Holz, durch Kombination aus mechanischem und chemischem Aufbereitungsverfahren hergestellt	Positionen 4703 bis 4705 00 00
16	Wolle, weder gekrempelt noch gekämmt	Position 5101
17	Silber, in Rohform oder Pulver	aus Position 7106
18	Gold, in Rohform oder als Pulver, zu nicht monetären Zwecken	Unterpositionen 7108 11 00 und 7108 12 00
19	Platin, in Rohform oder als Pulver	aus Position 7110
20	Eisen- und Stahlerzeugnisse	Positionen 7207 bis 7212, 7216, 7219, 7220, 7225 und 7226
21	Nicht raffiniertes Kupfer und Kupferanoden zum elektrolytischen Raffinieren; raffiniertes Kupfer und Kupferlegierungen, in Rohform; Kupfervorlegierungen; Draht aus Kupfer	Positionen 7402 00 00, 7403, 7405 00 00 und 7408
22	Nickel in Rohform	Position 7502

[1)] Anl. 1 neu gef. durch G v. 13.12.2006 (BGBl. I S. 2878).

Lfd. Nr.	Warenbezeichnung	Zolltarif (Kapitel, Position, Unterposition)
23	Aluminium in Rohform	Position 7601
24	Blei in Rohform	Position 7801
25	Zink in Rohform	Position 7901
26	Zinn in Rohform	Position 8001
27	Andere unedle Metalle, ausgenommen Waren daraus und Abfälle und Schrott	aus Positionen 8101 bis 8112

Die Gegenstände dürfen nicht für die Lieferung auf der Einzelhandelsstufe aufgemacht sein.

Anlage 2[1)]
(zu § 12 Absatz 2 Nummer 1, 2, 12, 13 und 14)

Liste der dem ermäßigten Steuersatz unterliegenden Gegenstände

Lfd. Nr.	Warenbezeichnung	Zolltarif (Kapitel, Position, Unterposition)
1	Lebende Tiere, und zwar	
	a) *(aufgehoben)*	
	b) Maultiere und Maulesel,	aus Position 0101
	c) Hausrinder einschließlich reinrassiger Zuchttiere,	aus Position 0102
	d) Hausschweine einschließlich reinrassiger Zuchttiere,	aus Position 0103
	e) Hausschafe einschließlich reinrassiger Zuchttiere,	aus Position 0104
	f) Hausziegen einschließlich reinrassiger Zuchttiere,	aus Position 0104
	g) Hausgeflügel (Hühner, Enten, Gänse, Truthühner und Perlhühner),	Position 0105
	h) Hauskaninchen,	aus Position 0106
	i) Haustauben,	aus Position 0106
	j) Bienen,	aus Position 0106
	k) ausgebildete Blindenführhunde	aus Position 0106
2	Fleisch und genießbare Schlachtnebenerzeugnisse	Kapitel 2
3	Fische und Krebstiere, Weichtiere und andere wirbellose Wassertiere, ausgenommen Zierfische, Langusten, Hummer, Austern und Schnecken	aus Kapitel 3
4	Milch und Milcherzeugnisse; Vogeleier und Eigelb, ausgenommen ungenießbare Eier ohne Schale und ungenießbares Eigelb; natürlicher Honig	aus Kapitel 4
5	Andere Waren tierischen Ursprungs, und zwar	
	a) Mägen von Hausrindern und Hausgeflügel,	aus Position 0504 00 00
	b) (weggefallen)	
	c) rohe Knochen	aus Position 0506
6	Bulben, Zwiebeln, Knollen, Wurzelknollen und Wurzelstöcke, ruhend, im Wachstum oder in Blüte; Zichorienpflanzen und -wurzeln	Position 0601
7	Andere lebende Pflanzen einschließlich ihrer Wurzeln, Stecklinge und Pfropfreiser; Pilzmyzel	Position 0602
8	Blumen und Blüten sowie deren Knospen, geschnitten, zu Binde- oder Zierzwecken, frisch	aus Position 0603
9	Blattwerk, Blätter, Zweige und andere Pflanzenteile, ohne Blüten und Blütenknospen, sowie Gräser, Moose und Flechten, zu Binde- oder Zierzwecken, frisch	aus Position 0604

[1)] Anl. 2 neu gef. durch G v. 13.12.2006 (BGBl. I S. 2878); geänd. mWv 1.7.2012 durch G v. 8.5.2012 (BGBl. I S. 1030); geänd. mWv 1.1.2015 durch G v. 25.7.2014 (BGBl. I S. 1266); geänd. mWv 18.12.2019 und mWv 1.1.2020 durch G v. 12.12.2019 (BGBl. I S. 2451).

UStG

Lfd. Nr.	Warenbezeichnung	Zolltarif (Kapitel, Position, Unterposition)
10	Gemüse, Pflanzen, Wurzeln und Knollen, die zu Ernährungszwecken verwendet werden, und zwar	
	a) Kartoffeln, frisch oder gekühlt,	Position 0701
	b) Tomaten, frisch oder gekühlt,	Position 0702 00 00
	c) Speisezwiebeln, Schalotten, Knoblauch, Porree/Lauch und andere Gemüse der Allium-Arten, frisch oder gekühlt,	Position 0703
	d) Kohl, Blumenkohl/Karfiol, Kohlrabi, Wirsingkohl und ähnliche genießbare Kohlarten der Gattung Brassica, frisch oder gekühlt,	Position 0704
	e) Salate (Lactuca sativa) und Chicorée (Cichorium-Arten), frisch oder gekühlt,	Position 0705
	f) Karotten und Speisemöhren, Speiserüben, Rote Rüben, Schwarzwurzeln, Knollensellerie, Rettiche und ähnliche genießbare Wurzeln, frisch oder gekühlt,	Position 0706
	g) Gurken und Cornichons, frisch oder gekühlt,	Position 0707 00
	h) Hülsenfrüchte, auch ausgelöst, frisch oder gekühlt,	Position 0708
	i) anderes Gemüse, frisch oder gekühlt,	Position 0709
	j) Gemüse, auch in Wasser oder Dampf gekocht, gefroren,	Position 0710
	k) Gemüse, vorläufig haltbar gemacht (z.B. durch Schwefeldioxid oder in Wasser, dem Salz, Schwefeldioxid oder andere vorläufig konservierend wirkende Stoffe zugesetzt sind), zum unmittelbaren Genuss nicht geeignet,	Position 0711
	l) Gemüse, getrocknet, auch in Stücke oder Scheiben geschnitten, als Pulver oder sonst zerkleinert, jedoch nicht weiter zubereitet,	Position 0712
	m) getrocknete, ausgelöste Hülsenfrüchte, auch geschält oder zerkleinert,	Position 0713
	n) Topinambur	aus Position 0714
11	Genießbare Früchte und Nüsse	Positionen 0801 bis 0813
12	Kaffee, Tee, Mate und Gewürze	Kapitel 9
13	Getreide	Kapitel 10
14	Müllereierzeugnisse, und zwar	
	a) Mehl von Getreide,	Positionen 1101 00 und 1102
	b) Grobgrieß, Feingrieß und Pellets von Getreide,	Position 1103
	c) Getreidekörner, anders bearbeitet; Getreidekeime, ganz, gequetscht, als Flocken oder gemahlen	Position 1104
15	Mehl, Grieß, Pulver, Flocken, Granulat und Pellets von Kartoffeln	Position 1105
16	Mehl, Grieß und Pulver von getrockneten Hülsenfrüchten sowie Mehl, Grieß und Pulver von genießbaren Früchten	aus Position 1106
17	Stärke	aus Position 1108
18	Ölsamen und ölhaltige Früchte sowie Mehl hiervon	Positionen 1201 00 bis 1208
19	Samen, Früchte und Sporen, zur Aussaat	Position 1209
20	(weggefallen)	
21	Rosmarin, Beifuß und Basilikum in Aufmachungen für den Küchengebrauch sowie Dost, Minzen, Salbei, Kamilleblüten und Haustee	aus Position 1211
22	Johannisbrot und Zuckerrüben, frisch oder getrocknet, auch gemahlen; Steine und Kerne von Früchten sowie andere pflanzliche Waren (einschließlich nichtgerösteter Zichorienwurzeln der Varietät Cichorium intybus sativum)	aus Position 1212

Lfd. Nr.	Warenbezeichnung	Zolltarif (Kapitel, Position, Unterposition)
	der hauptsächlich zur menschlichen Ernährung verwendeten Art, anderweit weder genannt noch inbegriffen; ausgenommen Algen, Tange und Zuckerrohr	
23	Stroh und Spreu von Getreide sowie verschiedene zur Fütterung verwendete Pflanzen	Positionen 1213 00 00 und 1214
24	Pektinstoffe, Pektinate und Pektate	Unterposition 1302 20
25	(weggefallen)	
26	Genießbare tierische und pflanzliche Fette und Öle, auch verarbeitet, und zwar	
	a) Schweineschmalz, anderes Schweinefett und Geflügelfett,	aus Position 1501 00
	b) Fett von Rindern, Schafen oder Ziegen, ausgeschmolzen oder mit Lösungsmitteln ausgezogen,	aus Position 1502 00
	c) Oleomargarin,	aus Position 1503 00
	d) fette pflanzliche Öle und pflanzliche Fette sowie deren Fraktionen, auch raffiniert,	aus Positionen 1507 bis 1515
	e) tierische und pflanzliche Fette und Öle sowie deren Fraktionen, ganz oder teilweise hydriert, umgeestert, wiederverestert oder elaidiniert, auch raffiniert, jedoch nicht weiterverarbeitet, ausgenommen hydriertes Rizinusöl (sog. Opalwachs),	aus Position 1516
	f) Margarine; genießbare Mischungen und Zubereitungen von tierischen oder pflanzlichen Fetten und Ölen sowie von Fraktionen verschiedener Fette und Öle, ausgenommen Form- und Trennöle	aus Position 1517
27	(weggefallen)	
28	Zubereitungen von Fleisch, Fischen oder von Krebstieren, Weichtieren und anderen wirbellosen Wassertieren, ausgenommen Kaviar sowie zubereitete oder haltbar gemachte Langusten, Hummer, Austern und Schnecken	aus Kapitel 16
29	Zucker und Zuckerwaren	Kapitel 17
30	Kakaopulver ohne Zusatz von Zucker oder anderen Süßmitteln sowie Schokolade und andere kakaohaltige Lebensmittelzubereitungen	Positionen 1805 00 00 und 1806
31	Zubereitungen aus Getreide, Mehl, Stärke oder Milch; Backwaren	Kapitel 19
32	Zubereitungen von Gemüse, Früchten, Nüssen oder anderen Pflanzenteilen, ausgenommen Frucht- und Gemüsesäfte	Positionen 2001 bis 2008
33	Verschiedene Lebensmittelzubereitungen	Kapitel 21
34	Wasser, ausgenommen – Trinkwasser, einschließlich Quellwasser und Tafelwasser, das in zur Abgabe an den Verbraucher bestimmten Fertigpackungen in den Verkehr gebracht wird, – Heilwasser und – Wasserdampf	aus Unterposition 2201 90 00
35	Milchmischgetränke mit einem Anteil an Milch oder Milcherzeugnissen (z.B. Molke) von mindestens 75 Prozent des Fertigerzeugnisses	aus Position 2202
36	Speiseessig	Position 2209 00
37	Rückstände und Abfälle der Lebensmittelindustrie; zubereitetes Futter	Kapitel 23
38	(weggefallen)	
39	Speisesalz, nicht in wässriger Lösung	aus Position 2501 00

Lfd. Nr.	Warenbezeichnung	Zolltarif (Kapitel, Position, Unterposition)
40	a) handelsübliches Ammoniumcarbonat und andere Ammoniumcarbonate,	Unterposition 2836 99 17
	b) Natriumhydrogencarbonat (Natriumbicarbonat)	Unterposition 2836 30 00
41	D-Glucitol (Sorbit), auch mit Zusatz von Saccharin oder dessen Salzen	Unterpositionen 2905 44 und 2106 90
42	Essigsäure	Unterposition 2915 21 00
43	Natriumsalz und Kaliumsalz des Saccharins	aus Unterposition 2925 11 00
44	(weggefallen)	
45	Tierische oder pflanzliche Düngemittel mit Ausnahme von Guano, auch untereinander gemischt, jedoch nicht chemisch behandelt; durch Mischen von tierischen oder pflanzlichen Erzeugnissen gewonnene Düngemittel	aus Position 3101 00 00
46	Mischungen von Riechstoffen und Mischungen (einschließlich alkoholischer Lösungen) auf der Grundlage eines oder mehrerer dieser Stoffe, in Aufmachungen für den Küchengebrauch	aus Unterposition 3302 10
47	Gelatine	aus Position 3503 00
48	Holz, und zwar	
	a) Brennholz in Form von Rundlingen, Scheiten, Zweigen, Reisigbündeln oder ähnlichen Formen,	Unterposition 4401 10 00
	b) Sägespäne, Holzabfälle und Holzausschuss, auch zu Pellets, Briketts, Scheiten oder ähnlichen Formen zusammengepresst	Unterposition 4401 30
49	Bücher, Zeitungen und andere Erzeugnisse des grafischen Gewerbes mit Ausnahme der Erzeugnisse, für die Beschränkungen als jugendgefährdende Trägermedien bzw. Hinweispflichten nach § 15 Abs. 1 bis 3 und 6 des Jugendschutzgesetzes in der jeweils geltenden Fassung bestehen, sowie der Veröffentlichungen, die überwiegend Werbezwecken (einschließlich Reisewerbung) dienen, und zwar	
	a) Bücher, Broschüren und ähnliche Drucke, auch in Teilheften, losen Bogen oder Blättern, zum Broschieren, Kartonieren oder Binden bestimmt, sowie Zeitungen und andere periodische Druckschriften kartoniert, gebunden oder in Sammlungen mit mehr als einer Nummer in gemeinsamem Umschlag (ausgenommen solche, die überwiegend Werbung enthalten),	aus Positionen 4901, 9705 00 00 und 9706 00 00
	b) Zeitungen und andere periodische Druckschriften, auch mit Bildern oder Werbung enthaltend (ausgenommen Anzeigenblätter, Annoncen-Zeitungen und dergleichen, die überwiegend Werbung enthalten),	aus Position 4902
	c) Bilderalben, Bilderbücher und Zeichen- oder Malbücher, für Kinder,	aus Position 4903 00 00
	d) Noten, handgeschrieben oder gedruckt, auch mit Bildern, auch gebunden,	aus Position 4904 00 00
	e) kartografische Erzeugnisse aller Art, einschließlich Wandkarten, topografischer Pläne und Globen, gedruckt,	aus Position 4905
	f) Briefmarken und dergleichen (z.B. Ersttagsbriefe, Ganzsachen) als Sammlungsstücke	aus Positionen 4907 00 und 9704 00 00
50	Platten, Bänder, nicht flüchtige Halbleiterspeichervorrichtungen, „intelligente Karten (smart cards)" und andere Tonträger oder ähnliche Aufzeichnungsträger, die ausschließlich die Tonaufzeichnung der Lesung eines Buches enthalten, mit Ausnahme der Erzeugnisse, für die Be-	aus Position 8523

Lfd. Nr.	Warenbezeichnung	Zolltarif (Kapitel, Position, Unterposition)
	schränkungen als jugendgefährdende Trägermedien bzw. Hinweispflichten nach § 15 Absatz 1 bis 3 und 6 des Jugendschutzgesetzes in der jeweils geltenden Fassung bestehen	
51	Rollstühle und andere Fahrzeuge für Behinderte, auch mit Motor oder anderer Vorrichtung zur mechanischen Fortbewegung	Position 8713
52	Körperersatzstücke, orthopädische Apparate und andere orthopädische Vorrichtungen sowie Vorrichtungen zum Beheben von Funktionsschäden oder Gebrechen, für Menschen, und zwar	
	a) künstliche Gelenke, ausgenommen Teile und Zubehör,	aus Unterposition 9021 31 00
	b) orthopädische Apparate und andere orthopädische Vorrichtungen einschließlich Krücken sowie medizinisch-chirurgischer Gürtel und Bandagen, ausgenommen Teile und Zubehör,	aus Unterposition 9021 10
	c) Prothesen, ausgenommen Teile und Zubehör,	aus Unterpositionen 9021 21, 9021 29 00 und 9021 39
	d) Schwerhörigengeräte, Herzschrittmacher und andere Vorrichtungen zum Beheben von Funktionsschäden oder Gebrechen, zum Tragen in der Hand oder am Körper oder zum Einpflanzen in den Organismus, ausgenommen Teile und Zubehör	Unterpositionen 9021 40 00 und 9021 50 00, aus Unterposition 9021 90
53	Kunstgegenstände, und zwar	
	a) Gemälde und Zeichnungen, vollständig mit der Hand geschaffen, sowie Collagen und ähnliche dekorative Bildwerke,	Position 9701
	b) Originalstiche, -schnitte und -steindrucke,	Position 9702 00 00
	c) Originalerzeugnisse der Bildhauerkunst, aus Stoffen aller Art	Position 9703 00 00
54	Sammlungsstücke,	
	a) zoologische, botanische, mineralogische oder anatomische, und Sammlungen dieser Art,	aus Position 9705 00 00
	b) von geschichtlichem, archäologischem, paläontologischem oder völkerkundlichem Wert,	aus Position 9705 00 00
	c) von münzkundlichem Wert, und zwar	
	aa) kursungültige Banknoten einschließlich Briefmarkengeld und Papiernotgeld,	aus Position 9705 00 00
	bb) Münzen aus unedlen Metallen,	aus Position 9705 00 00
	cc) Münzen und Medaillen aus Edelmetallen, wenn die Bemessungsgrundlage für die Umsätze dieser Gegenstände mehr als 250 Prozent des unter Zugrundelegung des Feingewichts berechneten Metallwerts ohne Umsatzsteuer beträgt	aus Positionen 7118, 9705 00 00 und 9706 00 00
55	Erzeugnisse für Zwecke der Monatshygiene, und zwar	
	a) hygienische Binden (Einlagen) und Tampons aus Stoffen aller Art,	aus Position 9619
	b) Hygienegegenstände aus Kunststoffen (Menstruationstassen, Menstruationsschwämmchen),	aus Unterposition 3924 90
	c) Waren zu hygienischen Zwecken aus Weichkautschuk (Menstruationstassen),	aus Unterposition 4014 90
	d) natürliche Schwämme tierischen Ursprungs (Menstruationsschwämmchen),	aus Unterposition 0511 99 39

Lfd. Nr.	Warenbezeichnung	Zolltarif (Kapitel, Position, Unterposition)
e)	Periodenhosen (Slips und andere Unterhosen mit einer eingearbeiteten saugfähigen Einlage, zur mehrfachen Verwendung),	aus Position 9619

Anlage 3[1)]
(zu § 13b Absatz 2 Nummer 7)

Liste der Gegenstände im Sinne des § 13b Absatz 2 Nummer 7

Lfd. Nr.	Warenbezeichnung	Zolltarif (Kapitel, Position, Unterposition)
1	Granulierte Schlacke (Schlackensand) aus der Eisen- und Stahlherstellung	Unterposition 2618 00 00
2	Schlacken (ausgenommen granulierte Schlacke), Zunder und andere Abfälle der Eisen- und Stahlherstellung	Unterposition 2619 00
3	Schlacken, Aschen und Rückstände (ausgenommen solche der Eisen- und Stahlherstellung), die Metalle, Arsen oder deren Verbindungen enthalten	Position 2620
4	Abfälle, Schnitzel und Bruch von Kunststoffen	Position 3915
5	Abfälle, Bruch und Schnitzel von Weichkautschuk, auch zu Pulver oder Granulat zerkleinert	Unterposition 4004 00 00
6	Bruchglas und andere Abfälle und Scherben von Glas	Unterposition 7001 00 10
7	Abfälle und Schrott von Edelmetallen oder Edelmetallplattierungen; andere Abfälle und Schrott, Edelmetalle oder Edelmetallverbindungen enthaltend, von der hauptsächlich zur Wiedergewinnung von Edelmetallen verwendeten Art	Position 7112
8	Abfälle und Schrott, aus Eisen oder Stahl; Abfallblöcke aus Eisen oder Stahl	Position 7204
9	Abfälle und Schrott, aus Kupfer	Position 7404
10	Abfälle und Schrott, aus Nickel	Position 7503
11	Abfälle und Schrott, aus Aluminium	Position 7602
12	Abfälle und Schrott, aus Blei	Position 7802
13	Abfälle und Schrott, aus Zink	Position 7902
14	Abfälle und Schrott, aus Zinn	Position 8002
15	Abfälle und Schrott, aus anderen unedlen Metallen	aus Positionen 8101 bis 8113
16	Abfälle und Schrott, von elektrischen Primärelementen, Primärbatterien und Akkumulatoren; ausgebrauchte elektrische Primärelemente, Primärbatterien und Akkumulatoren	Unterposition 8548 10

Anlage 4[2)]
(zu § 13b Absatz 2 Nummer 11)

Liste der Gegenstände, für deren Lieferung der Leistungsempfänger die Steuer schuldet

Lfd. Nr.	Warenbezeichnung	Zolltarif (Kapitel, Position, Unterposition)
1	Silber, in Rohform oder als Halbzeug oder Pulver; Silberplattierungen auf unedlen Metallen, in Rohform oder als Halbzeug	Positionen 7106 und 7107

1) Anl. 3 angef. mWv 1.1.2011 durch G v. 8.12.2010 (BGBl. I S. 1768).
2) Anl. 4 neu gef. mWv 1.1.2015 durch G v. 22.12.2014 (BGBl. I S. 2417); geänd. mWv 6.11.2015 durch G v. 2.11.2015 (BGBl. I S. 1834).

Lfd. Nr.	Warenbezeichnung	Zolltarif (Kapitel, Position, Unterposition)
2	Platin, in Rohform oder als Halbzeug oder Pulver; Platinplattierungen auf unedlen Metallen, auf Silber oder auf Gold, in Rohform oder als Halbzeug	Position 7110 und Unterposition 7111 00 00
3	Roheisen oder Spiegeleisen, in Masseln, Blöcken oder anderen Rohformen; Körner und Pulver aus Roheisen, Spiegeleisen, Eisen oder Stahl; Rohblöcke und andere Rohformen aus Eisen oder Stahl; Halbzeug aus Eisen oder Stahl	Positionen 7201, 7205 bis 7207, 7218 und 7224
4	Nicht raffiniertes Kupfer und Kupferanoden zum elektrolytischen Raffinieren; raffiniertes Kupfer und Kupferlegierungen, in Rohform; Kupfervorlegierungen; Pulver und Flitter aus Kupfer	Positionen 7402, 7403, 7405 und 7406
5	Nickelmatte, Nickeloxidsinter und andere Zwischenerzeugnisse der Nickelmetallurgie; Nickel in Rohform; Pulver und Flitter, aus Nickel	Positionen 7501, 7502 und 7504
6	Aluminium in Rohform; Pulver und Flitter, aus Aluminium	Positionen 7601 und 7603
7	Blei in Rohform; Pulver und Flitter, aus Blei	Position 7801; aus Position 7804
8	Zink in Rohform; Staub, Pulver und Flitter, aus Zink	Positionen 7901 und 7903
9	Zinn in Rohform	Position 8001
10	Andere unedle Metalle in Rohform oder als Pulver	aus Positionen 8101 bis 8112
11	Cermets in Rohform	Unterposition 8113 00 20

24. Umsatzsteuer-Durchführungsverordnung (UStDV)

In der Fassung der Bekanntmachung vom 21. Februar 2005[1]
(BGBl. I S. 434)

FNA 611-10-14-1

geänd. durch Art. 4 Abs. 32 Gesetz zur Neuorganisation der Bundesfinanzverwaltung und zur Schaffung eines Refinanzierungsregisters v. 22.9.2005 (BGBl. I S. 2809), Art. 9 Erstes Gesetz zum Abbau bürokratischer Hemmnisse insbesondere in der mittelständischen Wirtschaft v. 22.8.2006 (BGBl. I S. 1970), Art. 8 Jahressteuergesetz 2007 (JStG 2007) v. 13.12.2006 (BGBl. I S. 2878), Art. 9 Jahressteuergesetz 2008 (JStG 2008) v. 20.12.2007 (BGBl. I S. 3150), Art. 8 Jahressteuergesetz 2009 (JStG 2009) v. 19.12.2008 (BGBl. I S. 2794), Art. 9 Gesetz zur Modernisierung und Entbürokratisierung des Steuerverfahrens (Steuerbürokratieabbaugesetz) v. 20.12.2008 (BGBl. I S. 2850), Art. 7 Drittes Gesetz zum Abbau bürokratischer Hemmnisse insbesondere in der mittelständischen Wirtschaft (Drittes Mittelstandsentlastungsgesetz) v. 17.3.2009 (BGBl. I S. 550), Art. 7 Gesetz zur Umsetzung steuerlicher EU-Vorgaben sowie zur Änderung steuerlicher Vorschriften v. 8.4.2010 (BGBl. I S. 386), Art. 7 Verordnung zur Änderung steuerlicher Verordnungen v. 17.11.2010 (BGBl. I S. 1544), Art. 1 Zweite Verordnung zur Änderung steuerlicher Verordnungen v. 2.12.2011 (BGBl. I S. 2416), Art. 4 Verordnung zum Erlass und zur Änderung steuerlicher Verordnungen v. 11.12.2012 (BGBl. I S. 2637), Art. 1 Elfte Verordnung zur Änderung der Umsatzsteuer-Durchführungsverordnung v. 25.3. 2013 (BGBl. I S. 602), Art. 10 und 11 Gesetz zur Anpassung des nationalen Steuerrechts an den Beitritt Kroatiens zur EU und zur Änderung weiterer steuerlicher Vorschriften v. 25.7.2014 (BGBl. I S. 1266), Art. 6 Verordnung zur Änderung steuerlicher Verordnungen und weiterer Vorschriften v. 22.12.2014 (BGBl. I S. 2392), Art. 21 Abs. 2 Gesetz zur Modernisierung des Besteuerungsverfahrens v. 18.7.2016 (BGBl. I S. 1679), Art. 3 Dritte Verordnung zur Änderung steuerlicher Verordnungen v. 18.7.2016 (BGBl. I S. 1722), Art. 5 Zweites Gesetz zur Entlastung insbesondere der mittelständischen Wirtschaft von Bürokratie (Zweites Bürokratieentlastungsgesetz) v. 30.6.2017 (BGBl. I S. 2143), Art. 9 Vierte Verordnung zur Änderung steuerlicher Verordnungen v. 12.7.2017 (BGBl. I S. 2360), Art. 14 und 15 Gesetz zur weiteren steuerlichen Förderung der Elektromobilität und zur Änderung weiterer steuerlicher Vorschriften v. 12.12.2019 (BGBl. I S. 2451), Art. 4 Gesetz zur Umsetzung des Klimaschutzprogramms 2030 im Steuerrecht v. 21.12.2019 (BGBl. I S. 2886), Art. 5 Fünfte Verordnung zur Änderung steuerlicher Verordnungen v. 25.6.2020 (BGBl. I S. 1495) und Art. 16 Jahressteuergesetz 2020 (JStG 2020) v. 21.12.2020 (BGBl. I S. 3096)

Inhaltsübersicht

Zu § 3a des Gesetzes

§ 1 (weggefallen)

Zu § 3b des Gesetzes

§ 2 Verbindungsstrecken im Inland
§ 3 Verbindungsstrecken im Ausland
§ 4 Anschlussstrecken im Schienenbahnverkehr
§ 5 (weggefallen)
§ 6 Straßenstrecken in den in § 1 Abs. 3 des Gesetzes bezeichneten Gebieten
§ 7 Kurze Strecken im grenzüberschreitenden Verkehr mit Wasserfahrzeugen

Zu § 4 Nr. 1 Buchstabe a und den §§ 6 und 7 des Gesetzes

Ausfuhrnachweis und buchmäßiger Nachweis bei Ausfuhrlieferungen und Lohnveredelungen an Gegenständen der Ausfuhr
§ 8 Grundsätze für den Ausfuhrnachweis bei Ausfuhrlieferungen
§ 9 Ausfuhrnachweis bei Ausfuhrlieferungen in Beförderungsfällen
§ 10 Ausfuhrnachweis bei Ausfuhrlieferungen in Versendungsfällen
§ 11 Ausfuhrnachweis bei Ausfuhrlieferungen in Bearbeitungs- und Verarbeitungsfällen
§ 12 Ausfuhrnachweis bei Lohnveredelungen an Gegenständen der Ausfuhr
§ 13 Buchmäßiger Nachweis bei Ausfuhrlieferungen und Lohnveredelungen an Gegenständen der Ausfuhr

---

[1] Neubekanntmachung der UStDV idF der Bek. v. 9.6.1999 (BGBl. I S. 1308) in der ab 1.1.2005 geltenden Fassung.

§§ 14 bis 16 (weggefallen)
§ 17 Abnehmernachweis bei Ausfuhrlieferungen im nichtkommerziellen Reiseverkehr

Zu § 4 Nr. 1 Buchstabe b und § 6a des Gesetzes

§ 17a Gelangensvermutung bei innergemeinschaftlichen Lieferungen in Beförderungs- und Versendungsfällen
§ 17b Gelangensnachweis bei innergemeinschaftlichen Lieferungen in Beförderungs- und Versendungsfällen
§ 17c Nachweis bei innergemeinschaftlichen Lieferungen in Bearbeitungs- oder Verarbeitungsfällen
§ 17d Buchmäßiger Nachweis bei innergemeinschaftlichen Lieferungen

Zu § 4 Nr. 2 und § 8 des Gesetzes

§ 18 Buchmäßiger Nachweis bei Umsätzen für die Seeschifffahrt und für die Luftfahrt

Zu § 4 Nr. 3 des Gesetzes

§ 19 (weggefallen)
§ 20 Belegmäßiger Nachweis bei steuerfreien Leistungen, die sich auf Gegenstände der Ausfuhr oder Einfuhr beziehen
§ 21 Buchmäßiger Nachweis bei steuerfreien Leistungen, die sich auf Gegenstände der Ausfuhr oder Einfuhr beziehen

Zu § 4 Nr. 5 des Gesetzes

§ 22 Buchmäßiger Nachweis bei steuerfreien Vermittlungen

Zu § 4 Nr. 18 des Gesetzes

§ 23 (weggefallen)

Zu § 4a des Gesetzes

§ 24 Antragsfrist für die Steuervergütung und Nachweis der Voraussetzungen

Zu § 10 Abs. 6 des Gesetzes

§ 25 Durchschnittsbeförderungsentgelt

Zu § 12 Abs. 2 Nr. 1 des Gesetzes

§§ 26 bis 29 (weggefallen)

Zu § 12 Abs. 2 Nr. 7 Buchstabe d des Gesetzes

§ 30 Schausteller

Zu § 13b des Gesetzes

§ 30a Steuerschuldnerschaft bei unfreien Versendungen

Zu § 14 des Gesetzes

§ 31 Angaben in der Rechnung
§ 32 Rechnungen über Umsätze, die verschiedenen Steuersätzen unterliegen
§ 33 Rechnungen über Kleinbeträge
§ 34 Fahrausweise als Rechnungen

Zu § 15 des Gesetzes

§ 35 Vorsteuerabzug bei Rechnungen über Kleinbeträge und bei Fahrausweisen
§§ 36 bis 39a (weggefallen)
§ 40 Vorsteuerabzug bei unfreien Versendungen
§§ 41 bis 42 (weggefallen)
§ 43 Erleichterungen bei der Aufteilung der Vorsteuern

Zu § 15a des Gesetzes

§ 44 Vereinfachungen bei der Berichtigung des Vorsteuerabzugs
§ 45 Maßgebliches Ende des Berichtigungszeitraums

Zu den §§ 16 und 18 des Gesetzes

Dauerfristverlängerung

§ 46 Fristverlängerung
§ 47 Sondervorauszahlung
§ 48 Verfahren

Verzicht auf die Steuererhebung

§ 49 Verzicht auf die Steuererhebung im Börsenhandel mit Edelmetallen
§ 50 (weggefallen)

Besteuerung im Abzugsverfahren

§§ 51 bis 58 (weggefallen)

Vergütung der Vorsteuerbeträge in einem besonderen Verfahren

§ 59 Vergütungsberechtigte Unternehmer
§ 60 Vergütungszeitraum
§ 61 Vergütungsverfahren für im übrigen Gemeinschaftsgebiet ansässige Unternehmer
§ 61a Vergütungsverfahren für nicht im Gemeinschaftsgebiet ansässige Unternehmer

Sondervorschriften für die Besteuerung bestimmter Unternehmer

§ 62 Berücksichtigung von Vorsteuerbeträgen, Belegnachweis

Zu § 22 des Gesetzes

§ 63 Aufzeichnungspflichten
§ 64 Aufzeichnung im Fall der Einfuhr
§ 65 Aufzeichnungspflichten der Kleinunternehmer
§ 66 Aufzeichnungspflichten bei der Anwendung allgemeiner Durchschnittssätze
§ 66a Aufzeichnungspflichten bei der Anwendung des Durchschnittssatzes für Körperschaften, Personenvereinigungen und Vermögensmassen im Sinne des § 5 Abs. 1 Nr. 9 des Körperschaftsteuergesetzes
§ 67 Aufzeichnungspflichten bei der Anwendung der Durchschnittssätze für land- und forstwirtschaftliche Betriebe
§ 68 Befreiung von der Führung des Steuerhefts

Zu § 23 des Gesetzes

§ 69 Festsetzung allgemeiner Durchschnittssätze
§ 70 Umfang der Durchschnittssätze

Zu § 24 Abs. 4 des Gesetzes

§ 71 Verkürzung der zeitlichen Bindungen für land- und forstwirtschaftliche Betriebe

Zu § 25 Abs. 2 des Gesetzes

§ 72 Buchmäßiger Nachweis bei steuerfreien Reiseleistungen

Zu § 26 Abs. 5 des Gesetzes

§ 73 Nachweis der Voraussetzungen der in bestimmten Abkommen enthaltenen Steuerbefreiungen

Übergangs- und Schlussvorschriften

§ 74 (Änderungen der §§ 34, 67 und 68)
§ 74a Übergangsvorschriften
§ 75 Berlin-Klausel (weggefallen)
§ 76 (Inkrafttreten)

Anlage (zu den §§ 69 und 70)

Abschnitt A. Durchschnittssätze für die Berechnung sämtlicher Vorsteuerbeträge (§ 70 Abs. 1)
Abschnitt B. Durchschnittssätze für die Berechnung eines Teils der Vorsteuerbeträge (§ 70 Abs. 2)

Zu § 3a des Gesetzes[1)]

§ 1[2)] *(aufgehoben)*

Zu § 3b des Gesetzes

§ 2 Verbindungsstrecken im Inland. [1]Bei grenzüberschreitenden Beförderungen ist die Verbindungsstrecke zwischen zwei Orten im Ausland, die über das Inland führt, als ausländische Beförderungsstrecke anzusehen, wenn diese Verbindungsstrecke den nächsten oder verkehrstechnisch günstigsten Weg darstellt und der inländische Streckenanteil nicht länger als 30 Kilometer ist. [2]Dies

---

1) Nr. **23**.
2) § 1 aufgeh. mWv 1.1.2010 durch G v. 19.12.2008 (BGBl. I S. 2794).

gilt nicht für Personenbeförderungen im Linienverkehr mit Kraftfahrzeugen. [3] § 7 bleibt unberührt.

§ 3 Verbindungsstrecken im Ausland. [1] Bei grenzüberschreitenden Beförderungen ist die Verbindungsstrecke zwischen zwei Orten im Inland, die über das Ausland führt, als inländische Beförderungsstrecke anzusehen, wenn der ausländische Streckenanteil nicht länger als zehn Kilometer ist. [2] Dies gilt nicht für Personenbeförderungen im Linienverkehr mit Kraftfahrzeugen. [3] § 7 bleibt unberührt.

§ 4 Anschlussstrecken im Schienenbahnverkehr. Bei grenzüberschreitenden Personenbeförderungen mit Schienenbahnen sind anzusehen:

1. als inländische Beförderungsstrecken die Anschlussstrecken im Ausland, die von Eisenbahnverwaltungen mit Sitz im Inland betrieben werden, sowie Schienenbahnstrecken in den in § 1 Abs. 3 des Gesetzes bezeichneten Gebieten;
2. als ausländische Beförderungsstrecken die inländischen Anschlussstrecken, die von Eisenbahnverwaltungen mit Sitz im Ausland betrieben werden.

§ 5[1)] *(aufgehoben)*

§ 6 Straßenstrecken in den in § 1 Abs. 3 des Gesetzes bezeichneten Gebieten. Bei grenzüberschreitenden Personenbeförderungen mit Kraftfahrzeugen von und zu den in § 1 Abs. 3 des Gesetzes bezeichneten Gebieten sowie zwischen diesen Gebieten sind die Streckenanteile in diesen Gebieten als inländische Beförderungsstrecken anzusehen.

§ 7 Kurze Strecken im grenzüberschreitenden Verkehr mit Wasserfahrzeugen. (1) Bei grenzüberschreitenden Beförderungen im Passagier- und Fährverkehr mit Wasserfahrzeugen, die sich ausschließlich auf das Inland und die in § 1 Abs. 3 des Gesetzes bezeichneten Gebiete erstrecken, sind die Streckenanteile in den in § 1 Abs. 3 des Gesetzes bezeichneten Gebieten als inländische Beförderungsstrecken anzusehen.

(2) [1] Bei grenzüberschreitenden Beförderungen im Passagier- und Fährverkehr mit Wasserfahrzeugen, die in inländischen Häfen beginnen und enden, sind

1. ausländische Streckenanteile als inländische Beförderungsstrecken anzusehen, wenn die ausländischen Streckenanteile nicht länger als zehn Kilometer sind, und
2. inländische Streckenanteile als ausländische Beförderungsstrecken anzusehen, wenn
   a) die ausländischen Streckenanteile länger als zehn Kilometer und
   b) die inländischen Streckenanteile nicht länger als 20 Kilometer sind.

[2] Streckenanteile in den in § 1 Abs. 3 des Gesetzes bezeichneten Gebieten sind in diesen Fällen als inländische Beförderungsstrecken anzusehen.

(3) Bei grenzüberschreitenden Beförderungen im Passagier- und Fährverkehr mit Wasserfahrzeugen für die Seeschifffahrt, die zwischen ausländischen

---

[1)] § 5 aufgeh. mWv 1.7.2021 durch G v. 21.12.2020 (BGBl. I S. 3096).

Seehäfen oder zwischen einem inländischen Seehafen und einem ausländischen Seehafen durchgeführt werden, sind inländische Streckenanteile als ausländische Beförderungsstrecken anzusehen und Beförderungen in den in § 1 Abs. 3 des Gesetzes bezeichneten Gebieten nicht wie Umsätze im Inland zu behandeln.

(4) Inländische Häfen im Sinne dieser Vorschrift sind auch Freihäfen und die Insel Helgoland.

(5) Bei grenzüberschreitenden Beförderungen im Fährverkehr über den Rhein, die Donau, die Elbe, die Neiße und die Oder sind die inländischen Streckenanteile als ausländische Beförderungsstrecken anzusehen.

Zu § 4 Nr. 1 Buchstabe a und den §§ 6 und 7 des Gesetzes

Ausfuhrnachweis und buchmäßiger Nachweis bei Ausfuhrlieferungen und Lohnveredelungen an Gegenständen der Ausfuhr

§ 8 Grundsätze für den Ausfuhrnachweis bei Ausfuhrlieferungen.

(1)[1] [1]Bei Ausfuhrlieferungen (§ 6 des Gesetzes) muss der Unternehmer im Geltungsbereich des Gesetzes durch Belege nachweisen, dass er oder der Abnehmer den Gegenstand der Lieferung in das Drittlandsgebiet befördert oder versendet hat (Ausfuhrnachweis). [2]Die Voraussetzung muss sich aus den Belegen eindeutig und leicht nachprüfbar ergeben.

(2) Ist der Gegenstand der Lieferung durch Beauftragte vor der Ausfuhr bearbeitet oder verarbeitet worden (§ 6 Abs. 1 Satz 2 des Gesetzes), so muss sich auch dies aus den Belegen nach Absatz 1 eindeutig und leicht nachprüfbar ergeben.

§ 9[2] Ausfuhrnachweis bei Ausfuhrlieferungen in Beförderungsfällen.

(1) [1]Hat der Unternehmer oder der Abnehmer den Gegenstand der Lieferung in das Drittlandsgebiet befördert, hat der Unternehmer den Ausfuhrnachweis durch folgenden Beleg zu führen:

1.[3] bei Ausfuhranmeldung im elektronischen Ausfuhrverfahren nach Artikel 326 der Durchführungsverordnung zum Zollkodex der Union mit der durch die zuständige Ausfuhrzollstelle auf elektronischem Weg übermittelten Bestätigung, dass der Gegenstand ausgeführt wurde (Ausgangsvermerk);
2.[4] bei allen anderen Ausfuhranmeldungen durch einen Beleg in Papierform oder einen elektronisch zur Verfügung gestellten Beleg, der folgende Angaben zu enthalten hat:
   a) den Namen und die Anschrift des liefernden Unternehmers,
   b) die Menge des ausgeführten Gegenstands und die handelsübliche Bezeichnung,
   c) den Ort und den Tag der Ausfuhr sowie
   d) eine Ausfuhrbestätigung der Grenzzollstelle eines Mitgliedstaates, die den Ausgang des Gegenstands aus dem Gemeinschaftsgebiet überwacht.

---

[1] § 8 Abs. 1 Satz 1 geänd. mWv 30.12.2014 durch VO v. 22.12.2014 (BGBl. I S. 2392).
[2] § 9 neu gef. mWv 1.1.2012 durch VO v. 2.12.2011 (BGBl. I S. 2416).
[3] § 9 Abs. 1 Satz 1 Nr. 1 geänd. mWv 20.7.2017 durch VO v. 12.7.2017 (BGBl. I S. 2360).
[4] § 9 Abs. 1 Satz 1 Nr. 2 einl. Satzteil geänd. mWv 30.6.2020 durch VO v. 25.6.2020 (BGBl. I S. 1495).

[2] Hat der Unternehmer statt des Ausgangsvermerks eine von der Ausfuhrzollstelle auf elektronischem Weg übermittelte alternative Bestätigung, dass der Gegenstand ausgeführt wurde (Alternativ-Ausgangsvermerk), gilt diese als Ausfuhrnachweis.

(2)[1)] [1] Bei der Ausfuhr von Fahrzeugen im Sinne des § 1b Absatz 2 Satz 1 Nummer 1 des Gesetzes, die zum bestimmungsmäßigen Gebrauch im Straßenverkehr einer Zulassung bedürfen, muss

1. der Beleg nach Absatz 1 auch die Fahrzeug-Identifikationsnummer im Sinne des § 6 Absatz 5 Nummer 5 der Fahrzeug-Zulassungsverordnung enthalten und
2. der Unternehmer zusätzlich über eine Bescheinigung über die Zulassung, die Verzollung oder die Einfuhrbesteuerung im Drittland verfügen.

[2] Satz 1 Nummer 2 gilt nicht in den Fällen, in denen das Fahrzeug mit einem Ausfuhrkennzeichen ausgeführt wird, wenn aus dem Beleg nach Satz 1 Nummer 1 die Nummer des Ausfuhrkennzeichens ersichtlich ist, oder in denen das Fahrzeug nicht im Sinne der Fahrzeug-Zulassungsverordnung vom 3. Februar 2011 (BGBl. I S. 139), die durch Artikel 3 der Verordnung vom 10. Mai 2012 (BGBl. I S. 1086) geändert worden ist, in der jeweils geltenden Fassung auf öffentlichen Straßen in Betrieb gesetzt worden ist und nicht auf eigener Achse in das Drittlandsgebiet ausgeführt wird.

(3)[2)] [1] An die Stelle der Ausfuhrbestätigung nach Absatz 1 Satz 1 Nummer 2 Buchstabe d tritt bei einer Ausfuhr im gemeinsamen Versandverfahren oder im Unionsversandverfahren oder bei einer Ausfuhr mit Carnets TIR, wenn diese Verfahren nicht bei einer Grenzzollstelle beginnen, eine Ausfuhrbestätigung der Abgangsstelle. [2] Diese Ausfuhrbestätigung wird nach Eingang des Beendigungsnachweises für das Versandverfahren erteilt, sofern sich aus ihr die Ausfuhr ergibt.

(4)[3)] Im Sinne dieser Verordnung gilt als Durchführungsverordnung zum Zollkodex der Union die Durchführungsverordnung (EU) 2015/2447 der Kommission vom 24. November 2015 mit Einzelheiten zur Umsetzung von Bestimmungen der Verordnung (EU) Nr. 952/2013 des Europäischen Parlaments und des Rates zur Festlegung des Zollkodex der Union (ABl. L 343 vom 29.12.2015, S. 558) in der jeweils geltenden Fassung.

§ 10[4)] Ausfuhrnachweis bei Ausfuhrlieferungen in Versendungsfällen.

(1) [1] Hat der Unternehmer oder der Abnehmer den Gegenstand der Lieferung in das Drittlandsgebiet versendet, hat der Unternehmer den Ausfuhrnachweis durch folgenden Beleg zu führen:

1.[5)] bei Ausfuhranmeldung im elektronischen Ausfuhrverfahren nach Artikel 326 der Durchführungsverordnung zum Zollkodex der Union mit dem Ausgangsvermerk;

---

1) § 9 Abs. 2 Satz 1 einl. Satzteil geänd., Satz 2 neu gef. mWv 20.12.2012 durch VO v. 11.12.2012 (BGBl. I S. 2637).

2) § 9 Abs. 3 Satz 1 geänd. mWv 20.7.2017 durch VO v. 12.7.2017 (BGBl. I S. 2360).

3) § 9 Abs. 4 neu gef. mWv 20.7.2017 durch VO v. 12.7.2017 (BGBl. I S. 2360).

4) § 10 neu gef. mWv 1.1.2012 durch VO v. 2.12.2011 (BGBl. I S. 2416).

5) § 10 Abs. 1 Satz 1 Nr. 1 geänd. mWv 20.7.2017 durch VO v. 12.7.2017 (BGBl. I S. 2360).

2. bei allen anderen Ausfuhranmeldungen:
   a) mit einem Versendungsbeleg, insbesondere durch handelsrechtlichen Frachtbrief, der vom Auftraggeber des Frachtführers unterzeichnet ist, mit einem Konnossement, mit einem Einlieferungsschein für im Postverkehr beförderte Sendungen oder deren Doppelstücke, oder
   b)[1] mit einem anderen handelsüblichen Beleg als den Belegen nach Buchstabe a, insbesondere mit einer Bescheinigung des beauftragten Spediteurs; dieser Beleg hat folgende Angaben zu enthalten:
      aa) den Namen und die Anschrift des mit der Beförderung beauftragten Unternehmers sowie das Ausstellungsdatum,
      bb) den Namen und die Anschrift des liefernden Unternehmers und des Auftraggebers der Versendung,
      cc) die Menge und die Art (handelsübliche Bezeichnung) des ausgeführten Gegenstands,
      dd) den Ort und den Tag der Ausfuhr oder den Ort und den Tag der Versendung des ausgeführten Gegenstands in das Drittlandsgebiet,
      ee) den Empfänger des ausgeführten Gegenstands und den Bestimmungsort im Drittlandsgebiet,
      ff) eine Versicherung des mit der Beförderung beauftragten Unternehmers darüber, dass die Angaben im Beleg auf der Grundlage von Geschäftsunterlagen gemacht wurden, die im Gemeinschaftsgebiet nachprüfbar sind, sowie
      gg) die Unterschrift des mit der Beförderung beauftragten Unternehmers.

[2] Hat der Unternehmer statt des Ausgangsvermerks einen Alternativ-Ausgangsvermerk, gilt dieser als Ausfuhrnachweis.

(2)[2] [1] Bei der Ausfuhr von Fahrzeugen im Sinne des § 1b Absatz 2 Satz 1 Nummer 1 des Gesetzes, die zum bestimmungsmäßigen Gebrauch im Straßenverkehr einer Zulassung bedürfen, muss

1. der Beleg nach Absatz 1 auch die Fahrzeug-Identifikationsnummer enthalten und
2. der Unternehmer zusätzlich über eine Bescheinigung über die Zulassung, die Verzollung oder die Einfuhrbesteuerung im Drittland verfügen.

[2] Satz 1 Nummer 2 gilt nicht in den Fällen, in denen das Fahrzeug mit einem Ausfuhrkennzeichen ausgeführt wird, wenn aus dem Beleg nach Satz 1 Nummer 1 die Nummer des Ausfuhrkennzeichens ersichtlich ist, oder in denen das Fahrzeug nicht im Sinne der Fahrzeug-Zulassungsverordnung auf öffentlichen Straßen in Betrieb gesetzt worden ist und nicht auf eigener Achse in das Drittlandsgebiet ausgeführt wird.

(3)[3] [1] Ist eine Ausfuhr elektronisch angemeldet worden und ist es dem Unternehmer nicht möglich oder nicht zumutbar, den Ausfuhrnachweis nach Absatz 1 Satz 1 Nummer 1 zu führen, kann dieser die Ausfuhr mit den in

---

[1] § 10 Abs. 1 Satz 1 Nr. 2 Buchst. b Doppelbuchst. aa, ff und gg geänd. mWv 23.7.2016 durch VO v. 18.7.2016 (BGBl. I S. 1722).

[2] § 10 Abs. 2 Satz 1 einl. Satzteil geänd., Satz 2 neu gef. mWv 20.12.2012 durch VO v. 11.12.2012 (BGBl. I S. 2637).

[3] § 10 Abs. 3 Satz 2 geänd. mWv 20.7.2017 durch VO v. 12.7.2017 (BGBl. I S. 2360).

Absatz 1 Satz 1 Nummer 2 genannten Belegen nachweisen. [2]In den Fällen nach Satz 1 muss der Beleg zusätzlich zu den Angaben nach Absatz 1 Satz 1 Nummer 2 die Versendungsbezugsnummer der Ausfuhranmeldung nach Artikel 226 der Durchführungsverordnung zum Zollkodex der Union (Master Reference Number – MRN) enthalten.

(4) Ist es dem Unternehmer nicht möglich oder nicht zumutbar, den Ausfuhrnachweis nach Absatz 1 Satz 1 Nummer 2 zu führen, kann er die Ausfuhr wie in Beförderungsfällen nach § 9 Absatz 1 Satz 1 Nummer 2 nachweisen.

§ 11[1)] Ausfuhrnachweis bei Ausfuhrlieferungen in Bearbeitungs- und Verarbeitungsfällen. (1) Hat ein Beauftragter den Gegenstand der Lieferung vor der Ausfuhr bearbeitet oder verarbeitet, hat der liefernde Unternehmer den Ausfuhrnachweis durch einen Beleg nach § 9 oder § 10 zu führen, der zusätzlich folgende Angaben zu enthalten hat:

1. den Namen und die Anschrift des Beauftragten,
2. die Menge und die handelsübliche Bezeichnung des Gegenstands, der an den Beauftragten übergeben oder versendet wurde,
3. den Ort und den Tag der Entgegennahme des Gegenstands durch den Beauftragten sowie
4. die Bezeichnung des Auftrags sowie die Bezeichnung der Bearbeitung oder Verarbeitung, die vom Beauftragten vorgenommen wurde.

(2) Haben mehrere Beauftragte den Gegenstand der Lieferung bearbeitet oder verarbeitet, hat der liefernde Unternehmer die in Absatz 1 genannten Angaben für jeden Beauftragten, der die Bearbeitung oder Verarbeitung vornimmt, zu machen.

§ 12 Ausfuhrnachweis bei Lohnveredelungen an Gegenständen der Ausfuhr. Bei Lohnveredelungen an Gegenständen der Ausfuhr (§ 7 des Gesetzes) sind die Vorschriften über die Führung des Ausfuhrnachweises bei Ausfuhrlieferungen (§§ 8 bis 11) entsprechend anzuwenden.

§ 13[2)] Buchmäßiger Nachweis bei Ausfuhrlieferungen und Lohnveredelungen an Gegenständen der Ausfuhr. (1) [1]Bei Ausfuhrlieferungen und Lohnveredelungen an Gegenständen der Ausfuhr (§§ 6 und 7 des Gesetzes) hat der Unternehmer im Geltungsbereich des Gesetzes die Voraussetzungen der Steuerbefreiung buchmäßig nachzuweisen. [2]Die Voraussetzungen müssen eindeutig und leicht nachprüfbar aus der Buchführung zu ersehen sein.

(2) Der Unternehmer hat regelmäßig Folgendes aufzuzeichnen:

1. die Menge des Gegenstands der Lieferung oder die Art und den Umfang der Lohnveredelung sowie die handelsübliche Bezeichnung einschließlich der Fahrzeug-Identifikationsnummer bei Fahrzeugen im Sinne des § 1b Absatz 2 des Gesetzes,
2. den Namen und die Anschrift des Abnehmers oder Auftraggebers,
3. den Tag der Lieferung oder der Lohnveredelung,
4. das vereinbarte Entgelt oder bei der Besteuerung nach vereinnahmten Entgelten das vereinnahmte Entgelt und den Tag der Vereinnahmung,

---

1) § 11 neu gef. mWv 1.1.2012 durch VO v. 2.12.2011 (BGBl. I S. 2416).
2) § 13 neu gef. mWv 1.1.2012 durch VO v. 2.12.2011 (BGBl. I S. 2416).

5. die Art und den Umfang einer Bearbeitung oder Verarbeitung vor der Ausfuhr (§ 6 Absatz 1 Satz 2, § 7 Absatz 1 Satz 2 des Gesetzes),
6. den Tag der Ausfuhr sowie
7.[1] in den Fällen des § 9 Absatz 1 Satz 1 Nummer 1, des § 10 Absatz 1 Satz 1 Nummer 1 und des § 10 Absatz 3 die Master Reference Number – MRN.

(3) In den Fällen des § 6 Absatz 1 Satz 1 Nummer 1 des Gesetzes, in denen der Abnehmer kein ausländischer Abnehmer ist, hat der Unternehmer zusätzlich zu den Angaben nach Absatz 2 aufzuzeichnen:
1. die Beförderung oder Versendung durch ihn selbst sowie
2. den Bestimmungsort.

(4) In den Fällen des § 6 Absatz 1 Satz 1 Nummer 3 des Gesetzes hat der Unternehmer zusätzlich zu den Angaben nach Absatz 2 aufzuzeichnen:
1. die Beförderung oder Versendung,
2. den Bestimmungsort sowie
3. in den Fällen, in denen der Abnehmer ein Unternehmer ist, auch den Gewerbezweig oder Beruf des Abnehmers und den Erwerbszweck.

(5) In den Fällen des § 6 Absatz 1 Satz 1 Nummer 2 und 3 des Gesetzes, in denen der Abnehmer ein Unternehmer ist und er oder sein Beauftragter den Gegenstand der Lieferung im persönlichen Reisegepäck ausführt, hat der Unternehmer zusätzlich zu den Angaben nach Absatz 2 auch den Gewerbezweig oder Beruf des Abnehmers und den Erwerbszweck aufzuzeichnen.

(6) In den Fällen des § 6 Absatz 3 des Gesetzes hat der Unternehmer zusätzlich zu den Angaben nach Absatz 2 Folgendes aufzuzeichnen:
1. den Gewerbezweig oder Beruf des Abnehmers sowie
2. den Verwendungszweck des Beförderungsmittels.

(7) [1]In den Fällen des § 7 Absatz 1 Satz 1 Nummer 1 des Gesetzes, in denen der Auftraggeber kein ausländischer Auftraggeber ist, ist Absatz 3 entsprechend anzuwenden. [2]In den Fällen des § 7 Absatz 1 Satz 1 Nummer 3 Buchstabe b des Gesetzes ist Absatz 4 entsprechend anzuwenden.

§§ 14 bis 16 (weggefallen)

§ 17[2] Abnehmernachweis bei Ausfuhrlieferungen im nichtkommerziellen Reiseverkehr. In den Fällen des § 6 Absatz 3a des Gesetzes hat der Beleg nach § 9 zusätzlich folgende Angaben zu enthalten:
1. den Namen und die Anschrift des Abnehmers sowie
2. eine Bestätigung der Grenzzollstelle eines Mitgliedstaates, die den Ausgang des Gegenstands der Lieferung aus dem Gemeinschaftsgebiet überwacht, dass die nach Nummer 1 gemachten Angaben mit den Eintragungen in dem vorgelegten Pass oder sonstigen Grenzübertrittspapier desjenigen übereinstimmen, der den Gegenstand in das Drittlandsgebiet verbringt.

---

[1] § 13 Abs. 2 Nr. 7 geänd. mWv 20.7.2017 durch VO v. 12.7.2017 (BGBl. I S. 2360).
[2] § 17 neu gef. mWv 1.1.2012 durch VO v. 2.12.2011 (BGBl. I S. 2416).

Zu § 4 Nr. 1 Buchstabe b und § 6a des Gesetzes

§ 17a[1] Gelangensvermutung bei innergemeinschaftlichen Lieferungen in Beförderungs- und Versendungsfällen. (1) Für die Zwecke der Anwendung der Steuerbefreiung für innergemeinschaftliche Lieferungen (§ 4 Nummer 1 Buchstabe b des Gesetzes) wird vermutet, dass der Gegenstand der Lieferung in das übrige Gemeinschaftsgebiet befördert oder versendet wurde, wenn eine der folgenden Voraussetzungen erfüllt ist:

1. Der liefernde Unternehmer gibt an, dass der Gegenstand der Lieferung von ihm oder von einem von ihm beauftragten Dritten in das übrige Gemeinschaftsgebiet befördert oder versendet wurde und ist im Besitz folgender einander nicht *widersprechenden*[2] Belege, welche jeweils von unterschiedlichen Parteien ausgestellt wurden, die voneinander, vom liefernden Unternehmer und vom Abnehmer unabhängig sind:
   a) mindestens zwei Belege nach Absatz 2 Nummer 1 oder
   b)[3] einem Beleg nach Absatz 2 Nummer 1 und einem Beleg nach Absatz 2 Nummer 2, mit dem die Beförderung oder die Versendung in das übrige Gemeinschaftsgebiet bestätigt wird.
2. Der liefernde Unternehmer ist im Besitz folgender Belege:
   a) einer Gelangensbestätigung (§ 17b Absatz 2 Satz 1 Nummer 2), die der Abnehmer dem liefernden Unternehmer spätestens am zehnten Tag des auf die Lieferung folgenden Monats vorlegt und
   b)[4] folgender einander nicht *widersprechenden*[2] Belege, welche jeweils von unterschiedlichen Parteien ausgestellt wurden, die voneinander, vom liefernden Unternehmer und vom Abnehmer unabhängig sind:
      aa) mindestens zwei Belege nach Absatz 2 Nummer 1 oder
      bb) einem Beleg nach Absatz 2 Nummer 1 und einem Beleg nach Absatz 2 Nummer 2, mit dem die Beförderung oder die Versendung in das übrige Gemeinschaftsgebiet bestätigt wird.

(2) Belege im Sinne des Absatzes 1 Nummer 1 und 2 sind:

1. Beförderungsbelege (§ 17b Absatz 3 Satz 1 Nummer 3) oder Versendungsbelege (§ 17b Absatz 3 Satz 1 Nummer 1 Buchstabe a);
2. folgende sonstige Belege:
   a)[5] eine Versicherungspolice für die Beförderung oder die Versendung des Gegenstands der Lieferung in das übrige Gemeinschaftsgebiet oder Bankunterlagen, die die Bezahlung der Beförderung oder der Versendung des Gegenstands der Lieferung in das übrige Gemeinschaftsgebiet belegen;
   b) ein von einer *öffentlicher*[6] Stelle (z.B. Notar) ausgestelltes offizielles Dokument, das die Ankunft des Gegenstands der Lieferung im übrigen Gemeinschaftsgebiet bestätigt;

---

[1] § 17a eingef. mWv 1.1.2020 durch G v. 12.12.2019 (BGBl. I S. 2451).
[2] Richtig wohl: „widersprechender".
[3] § 17a Abs. 1 Nr. 1 Buchst. b geänd. mWv 30.6.2020 durch VO v. 25.6.2020 (BGBl. I S. 1495).
[4] § 17a Abs. 1 Nr. 2 Buchst. b Doppelbuchst. bb geänd. mWv 30.6.2020 durch VO v. 25.6.2020 (BGBl. I S. 1495).
[5] § 17a Abs. 2 Nr. 2 Buchst. a neu gef. mWv 30.6.2020 durch VO v. 25.6.2020 (BGBl. I S. 1495).
[6] Richtig wohl: „öffentlichen".

UStDV

c) eine Bestätigung eines Lagerinhabers im übrigen Gemeinschaftsgebiet, dass die Lagerung des Gegenstands der Lieferung dort erfolgt.

(3) Das Finanzamt kann eine nach Absatz 1 bestehende Vermutung widerlegen.

§ 17b[1] Gelangensnachweis bei innergemeinschaftlichen Lieferungen in Beförderungs- und Versendungsfällen. (1)[2] [1]Besteht keine Vermutung nach § 17a Absatz 1, hat der Unternehmer bei innergemeinschaftlichen Lieferungen (§ 6a Absatz 1 des Gesetzes) im Geltungsbereich des Gesetzes durch Belege nachzuweisen, dass er oder der Abnehmer den Gegenstand der Lieferung in das übrige Gemeinschaftsgebiet befördert oder versendet hat. [2]Die Voraussetzung muss sich aus den Belegen eindeutig und leicht nachprüfbar ergeben.

(2) Als eindeutig und leicht nachprüfbar nach Absatz 1 gilt insbesondere ein Nachweis, der wie folgt geführt wird:

1. durch das Doppel der Rechnung (§§ 14 und 14a des Gesetzes) und
2. durch eine Bestätigung des Abnehmers, dass der Gegenstand der Lieferung in das übrige Gemeinschaftsgebiet gelangt ist (Gelangensbestätigung), die folgende Angaben zu enthalten hat:
   a) den Namen und die Anschrift des Abnehmers,
   b) die Menge des Gegenstands der Lieferung und die handelsübliche Bezeichnung einschließlich der Fahrzeug-Identifikationsnummer bei Fahrzeugen im Sinne des § 1b Absatz 2 des Gesetzes,
   c) im Fall der Beförderung oder Versendung durch den Unternehmer oder im Fall der Versendung durch den Abnehmer den Ort und den Monat des Erhalts des Gegenstands im übrigen Gemeinschaftsgebiet und im Fall der Beförderung des Gegenstands durch den Abnehmer den Ort und den Monat des Endes der Beförderung des Gegenstands im übrigen Gemeinschaftsgebiet,
   d) das Ausstellungsdatum der Bestätigung sowie
   e) die Unterschrift des Abnehmers oder eines von ihm zur Abnahme Beauftragten. [2]Bei einer elektronischen Übermittlung der Gelangensbestätigung ist eine Unterschrift nicht erforderlich, sofern erkennbar ist, dass die elektronische Übermittlung im Verfügungsbereich des Abnehmers oder des Beauftragten begonnen hat.

   [2]Die Gelangensbestätigung kann als Sammelbestätigung ausgestellt werden. [3]In der Sammelbestätigung können Umsätze aus bis zu einem Quartal zusammengefasst werden. [4]Die Gelangensbestätigung kann in jeder die erforderlichen Angaben enthaltenden Form erbracht werden; sie kann auch aus mehreren Dokumenten bestehen, aus denen sich die geforderten Angaben insgesamt ergeben.

---

[1] Früherer § 17a neu gef. mWv 1.10.2013 durch VO v. 25.3.2013 (BGBl. I S. 602); bish. § 17a wird § 17b und Überschrift neu gef. mWv 1.1.2020 durch G v. 12.12.2019 (BGBl. I S. 2451).

[2] § 17b (früherer § 17a) Abs. 1 Satz 1 geänd. mWv 30.12.2014 durch VO v. 22.12.2014 (BGBl. I S. 2392); Satz 1 neu gef. mWv 1.1.2020 durch G v. 12.12.2019 (BGBl. I S. 2451).

(3)[1] [1] In folgenden Fällen kann der Unternehmer den Nachweis auch durch folgende andere Belege als die in Absatz 2 Nummer 2 genannte Gelangensbestätigung führen:

1. bei der Versendung des Gegenstands der Lieferung durch den Unternehmer oder Abnehmer:
   a) durch einen Versendungsbeleg, insbesondere durch
      aa) einen handelsrechtlichen Frachtbrief, der vom Auftraggeber des Frachtführers unterzeichnet ist und die Unterschrift des Empfängers als Bestätigung des Erhalts des Gegenstands der Lieferung enthält,
      bb) ein Konnossement oder
      cc) Doppelstücke des Frachtbriefs oder Konnossements,
   b) durch einen anderen handelsüblichen Beleg als den Belegen nach Buchstabe a, insbesondere mit einer Bescheinigung des beauftragten Spediteurs, der folgende Angaben zu enthalten hat:
      aa) den Namen und die Anschrift des mit der Beförderung beauftragten Unternehmers sowie das Ausstellungsdatum,
      bb) den Namen und die Anschrift des liefernden Unternehmers sowie des Auftraggebers der Versendung,
      cc) die Menge des Gegenstands der Lieferung und dessen handelsübliche Bezeichnung,
      dd) den Empfänger des Gegenstands der Lieferung und den Bestimmungsort im übrigen Gemeinschaftsgebiet,
      ee) den Monat, in dem die Beförderung des Gegenstands der Lieferung im übrigen Gemeinschaftsgebiet geendet hat,
      ff) eine Versicherung des mit der Beförderung beauftragten Unternehmers, dass die Angaben in dem Beleg auf Grund von Geschäftsunterlagen gemacht wurden, die im Gemeinschaftsgebiet nachprüfbar sind, sowie
      gg) die Unterschrift des mit der Beförderung beauftragten Unternehmers.

   [2] Bei einer elektronischen Übermittlung des Belegs an den liefernden Unternehmer ist eine Unterschrift des mit der Beförderung beauftragten Unternehmers nicht erforderlich, sofern erkennbar ist, dass die elektronische Übermittlung im Verfügungsbereich des mit der Beförderung beauftragten Unternehmers begonnen hat,
   c) durch eine schriftliche oder elektronische Auftragserteilung und ein von dem mit der Beförderung Beauftragten erstelltes Protokoll, das den Transport lückenlos bis zur Ablieferung beim Empfänger nachweist, oder
   d) in den Fällen von Postsendungen, in denen eine Belegnachweisführung nach Buchstabe c nicht möglich ist: durch eine Empfangsbescheinigung eines Postdienstleisters über die Entgegennahme der an den Abnehmer adressierten Postsendung und den Nachweis über die Bezahlung der Lieferung;

---

[1] § 17b (früherer § 17a) Abs. 3 Satz 3 geänd. mWv 30.12.2014 durch VO v. 22.12.2014 (BGBl. I S. 2392).

2. bei der Versendung des Gegenstands der Lieferung durch den Abnehmer durch einen Nachweis über die Entrichtung der Gegenleistung für die Lieferung des Gegenstands von einem Bankkonto des Abnehmers sowie durch eine Bescheinigung des beauftragten Spediteurs, die folgende Angaben zu enthalten hat:
   a) den Namen und die Anschrift des mit der Beförderung beauftragten Unternehmers sowie das Ausstellungsdatum,
   b) den Namen und die Anschrift des liefernden Unternehmers sowie des Auftraggebers der Versendung,
   c) die Menge des Gegenstands der Lieferung und die handelsübliche Bezeichnung,
   d) den Empfänger des Gegenstands der Lieferung und den Bestimmungsort im übrigen Gemeinschaftsgebiet,
   e) eine Versicherung des mit der Beförderung beauftragten Unternehmers, den Gegenstand der Lieferung an den Bestimmungsort im übrigen Gemeinschaftsgebiet zu befördern, sowie
   f) die Unterschrift des mit der Beförderung beauftragten Unternehmers;
3.[1] bei der Beförderung im Unionsversandverfahren in das übrige Gemeinschaftsgebiet durch eine Bestätigung der Abgangsstelle über die innergemeinschaftliche Lieferung, die nach Eingang des Beendigungsnachweises für das Versandverfahren erteilt wird, sofern sich daraus die Lieferung in das übrige Gemeinschaftsgebiet ergibt;
4. bei der Lieferung verbrauchsteuerpflichtiger Waren:
   a) bei der Beförderung verbrauchsteuerpflichtiger Waren unter Steueraussetzung und Verwendung des IT-Verfahrens EMCS (Excise Movement and Control System – EDV-gestütztes Beförderungs- und Kontrollsystem für verbrauchsteuerpflichtige Waren) durch die von der zuständigen Behörde des anderen Mitgliedstaates validierte EMCS-Eingangsmeldung,
   b) bei der Beförderung verbrauchsteuerpflichtiger Waren des steuerrechtlich freien Verkehrs durch die dritte Ausfertigung des vereinfachten Begleitdokuments, das dem zuständigen Hauptzollamt für Zwecke der Verbrauchsteuerentlastung vorzulegen ist;
5. bei der Lieferung von Fahrzeugen, die durch den Abnehmer befördert werden und für die eine Zulassung für den Straßenverkehr erforderlich ist, durch einen Nachweis über die Zulassung des Fahrzeugs auf den Erwerber im Bestimmungsmitgliedstaat der Lieferung.

[2] Der Beleg nach Satz 1 muss bei der Lieferung eines Fahrzeugs im Sinne des § 1b Absatz 2 des Gesetzes zusätzlich dessen Fahrzeug-Identifikationsnummer enthalten. [3] In den Fällen von Satz 1 Nummer 1 gilt Absatz 2 Nummer 2 Satz 2 bis 4 entsprechend. [4] Bestehen in den Fällen des Satzes 1 Nummer 2 begründete Zweifel, dass der Liefergegenstand tatsächlich in das übrige Gemeinschaftsgebiet gelangt ist, hat der Unternehmer den Nachweis nach Absatz 1 oder mit den übrigen Belegen nach den Absätzen 2 oder 3 zu führen.

[1] § 17b (früherer § 17a) Abs. 3 Satz 1 Nr. 3 geänd. mWv 20.7.2017 durch VO v. 12.7.2017 (BGBl. I S. 2360).

§ 17c[1)] Nachweis bei innergemeinschaftlichen Lieferungen in Bearbeitungs- oder Verarbeitungsfällen. [1]Ist der Gegenstand der Lieferung vor der Beförderung oder Versendung in das übrige Gemeinschaftsgebiet durch einen Beauftragten bearbeitet oder verarbeitet worden (§ 6a Absatz 1 Satz 2 des Gesetzes), hat der Unternehmer dies durch Belege eindeutig und leicht nachprüfbar nachzuweisen. [2]Der Nachweis ist durch Belege nach § 17b zu führen, die zusätzlich die in § 11 Absatz 1 Nummer 1 bis 4 bezeichneten Angaben enthalten. [3]Ist der Gegenstand durch mehrere Beauftragte bearbeitet oder verarbeitet worden, ist § 11 Absatz 2 entsprechend anzuwenden.

§ 17d[2)] Buchmäßiger Nachweis bei innergemeinschaftlichen Lieferungen. (1) [1]Bei innergemeinschaftlichen Lieferungen (§ 6a Absatz 1 und 2 des Gesetzes) hat der Unternehmer im Geltungsbereich des Gesetzes die Voraussetzungen der Steuerbefreiung einschließlich der ausländischen Umsatzsteuer-Identifikationsnummer des Abnehmers buchmäßig nachzuweisen. [2]Die Voraussetzungen müssen eindeutig und leicht nachprüfbar aus der Buchführung zu ersehen sein.

(2) Der Unternehmer hat Folgendes aufzuzeichnen:

1. den Namen und die Anschrift des Abnehmers,
2. den Namen und die Anschrift des Beauftragten des Abnehmers bei einer Lieferung, die im Einzelhandel oder in einer für den Einzelhandel gebräuchlichen Art und Weise erfolgt,
3. den Gewerbezweig oder Beruf des Abnehmers,
4. die Menge des Gegenstands der Lieferung und dessen handelsübliche Bezeichnung einschließlich der Fahrzeug-Identifikationsnummer bei Fahrzeugen im Sinne des § 1b Absatz 2 des Gesetzes,
5. den Tag der Lieferung,
6. das vereinbarte Entgelt oder bei der Besteuerung nach vereinnahmten Entgelten das vereinnahmte Entgelt und den Tag der Vereinnahmung,
7. die Art und den Umfang einer Bearbeitung oder Verarbeitung vor der Beförderung oder der Versendung in das übrige Gemeinschaftsgebiet (§ 6a Absatz 1 Satz 2 des Gesetzes),
8. die Beförderung oder Versendung in das übrige Gemeinschaftsgebiet sowie
9. den Bestimmungsort im übrigen Gemeinschaftsgebiet.

(3) In den einer Lieferung gleichgestellten Verbringungsfällen (§ 6a Absatz 2 des Gesetzes) hat der Unternehmer Folgendes aufzuzeichnen:

1. die Menge des verbrachten Gegenstands und seine handelsübliche Bezeichnung einschließlich der Fahrzeug-Identifikationsnummer bei Fahrzeugen im Sinne des § 1b Absatz 2 des Gesetzes,
2. die Anschrift und die Umsatzsteuer-Identifikationsnummer des im anderen Mitgliedstaat belegenen Unternehmensteils,
3. den Tag des Verbringens sowie

[1)] Früherer § 17b neu gef. mWv 1.1.2012 durch VO v. 2.12.2011 (BGBl. I S. 2416); bish. § 17b wird § 17c und Satz 2 geänd. mWv 1.1.2020 durch G v. 12.12.2019 (BGBl. I S. 2451).

[2)] Früherer § 17c neu gef. mWv 1.1.2012 durch VO v. 2.12.2011 (BGBl. I S. 2416); bish. § 17c wird § 17d mWv 1.1.2020 durch G v. 12.12.2019 (BGBl. I S. 2451).

4. die Bemessungsgrundlage nach § 10 Absatz 4 Satz 1 Nummer 1 des Gesetzes.

(4) Werden neue Fahrzeuge an Abnehmer ohne Umsatzsteuer-Identifikationsnummer in das übrige Gemeinschaftsgebiet geliefert, hat der Unternehmer Folgendes aufzuzeichnen:
1. den Namen und die Anschrift des Erwerbers,
2. die handelsübliche Bezeichnung des gelieferten Fahrzeugs einschließlich der Fahrzeug-Identifikationsnummer,
3. den Tag der Lieferung,
4. das vereinbarte Entgelt oder bei der Besteuerung nach vereinnahmten Entgelten das vereinnahmte Entgelt und den Tag der Vereinnahmung,
5. die in § 1b Absatz 2 und 3 des Gesetzes genannten Merkmale,
6. die Beförderung oder Versendung in das übrige Gemeinschaftsgebiet sowie
7. den Bestimmungsort im übrigen Gemeinschaftsgebiet.

Zu § 4 Nr. 2 und § 8 des Gesetzes

§ 18 Buchmäßiger Nachweis bei Umsätzen für die Seeschifffahrt und für die Luftfahrt. [1]Bei Umsätzen für die Seeschifffahrt und für die Luftfahrt (§ 8 des Gesetzes) ist § 13 Abs. 1 und 2 Nr. 1 bis 4 entsprechend anzuwenden. [2]Zusätzlich soll der Unternehmer aufzeichnen, für welchen Zweck der Gegenstand der Lieferung oder die sonstige Leistung bestimmt ist.

Zu § 4 Nr. 3 des Gesetzes

§ 19 (weggefallen)

§ 20 Belegmäßiger Nachweis bei steuerfreien Leistungen, die sich auf Gegenstände der Ausfuhr oder Einfuhr beziehen. (1)[1)] [1]Bei einer Leistung, die sich unmittelbar auf einen Gegenstand der Ausfuhr bezieht oder auf einen eingeführten Gegenstand bezieht, der im externen Versandverfahren in das Drittlandsgebiet befördert wird (§ 4 Nr. 3 Satz 1 Buchstabe a Doppelbuchstabe aa des Gesetzes), muss der Unternehmer durch Belege die Ausfuhr oder Wiederausfuhr des Gegenstands nachweisen. [2]Die Voraussetzung muss sich aus den Belegen eindeutig und leicht nachprüfbar ergeben. [3]Die Vorschriften über den Ausfuhrnachweis in den §§ 9 bis 11 sind entsprechend anzuwenden.

(2)[2)] Bei einer Leistung, die sich auf einen Gegenstand der Einfuhr in das Gebiet eines Mitgliedstaates der Europäischen Union bezieht (§ 4 Nr. 3 Satz 1 Buchstabe a Doppelbuchstabe bb des Gesetzes), muss der Unternehmer durch Belege nachweisen, dass die Kosten für diese Leistung in der Bemessungsgrundlage für die Einfuhr enthalten sind.

(3)[3)] Der Unternehmer muss die Nachweise im Geltungsbereich des Gesetzes führen.

[1)] § 20 Abs. 1 Satz 1 geänd. durch G v. 19.12.2008 (BGBl. I S. 2794).

[2)] § 20 Abs. 2 geänd. durch G v. 19.12.2008 (BGBl. I S. 2794); geänd. mWv 20.12.2012 durch VO v. 11.12.2012 (BGBl. I S. 2637).

[3)] § 20 Abs. 3 geänd. mWv 30.12.2014 durch VO v. 22.12.2014 (BGBl. I S. 2392).

§ 21[1)] **Buchmäßiger Nachweis bei steuerfreien Leistungen, die sich auf Gegenstände der Ausfuhr oder Einfuhr beziehen.** [1] Bei einer Leistung, die sich auf einen Gegenstand der Ausfuhr, auf einen Gegenstand der Einfuhr in das Gebiet eines Mitgliedstaates der Europäischen Union oder auf einen eingeführten Gegenstand bezieht, der im externen Versandverfahren in das Drittlandsgebiet befördert wird (§ 4 Nr. 3 Satz 1 Buchstabe a des Gesetzes), ist § 13 Abs. 1 und Abs. 2 Nr. 1 bis 4 entsprechend anzuwenden. [2] Zusätzlich soll der Unternehmer aufzeichnen:

1. bei einer Leistung, die sich auf einen Gegenstand der Ausfuhr bezieht oder auf einen eingeführten Gegenstand bezieht, der im externen Versandverfahren in das Drittlandsgebiet befördert wird, dass der Gegenstand ausgeführt oder wiederausgeführt worden ist;
2. bei einer Leistung, die sich auf einen Gegenstand der Einfuhr in das Gebiet eines Mitgliedstaates der Europäischen Union bezieht, dass die Kosten für die Leistung in der Bemessungsgrundlage für die Einfuhr enthalten sind.

Zu § 4 Nr. 5 des Gesetzes

§ 22 Buchmäßiger Nachweis bei steuerfreien Vermittlungen.

(1) Bei Vermittlungen im Sinne des § 4 Nr. 5 des Gesetzes ist § 13 Abs. 1 entsprechend anzuwenden.

(2) Der Unternehmer soll regelmäßig Folgendes aufzeichnen:

1. die Vermittlung und den vermittelten Umsatz;
2. den Tag der Vermittlung;
3. den Namen und die Anschrift des Unternehmers, der den vermittelten Umsatz ausgeführt hat;
4. das für die Vermittlung vereinbarte Entgelt oder bei der Besteuerung nach vereinnahmten Entgelten das für die Vermittlung vereinnahmte Entgelt und den Tag der Vereinnahmung.

Zu § 4 Nr. 18 des Gesetzes

§ 23[2)] *(aufgehoben)*

Zu § 4a des Gesetzes

§ 24 Antragsfrist für die Steuervergütung und Nachweis der Voraussetzungen. (1) [1] Die Steuervergütung ist bei dem zuständigen Finanzamt bis zum Ablauf des Kalenderjahres zu beantragen, das auf das Kalenderjahr folgt, in dem der Gegenstand in das Drittlandsgebiet gelangt. [2] Ein Antrag kann mehrere Ansprüche auf die Steuervergütung umfassen.

(2) Der Nachweis, dass der Gegenstand in das Drittlandsgebiet gelangt ist, muss in der gleichen Weise wie bei Ausfuhrlieferungen geführt werden (§§ 8 bis 11).

[1)] § 21 Satz 1 geänd. durch G v. 19.12.2008 (BGBl. I S. 2794); Satz 1 und Satz 2 Nr. 2 geänd. mWv 20.12.2012 durch VO v. 11.12.2012 (BGBl. I S. 2637).

[2)] § 23 aufgeh. mWv 1.1.2020 durch G v. 12.12.2019 (BGBl. I S. 2451).

(3)[1] [1]Die Voraussetzungen für die Steuervergütung sind im Geltungsbereich des Gesetzes buchmäßig nachzuweisen. [2]Regelmäßig sollen aufgezeichnet werden:

1. die handelsübliche Bezeichnung und die Menge des ausgeführten Gegenstands;
2. der Name und die Anschrift des Lieferers;
3. der Name und die Anschrift des Empfängers;
4. der Verwendungszweck im Drittlandsgebiet;
5. der Tag der Ausfuhr des Gegenstands;
6. die mit dem Kaufpreis für die Lieferung des Gegenstands bezahlte Steuer oder die für die Einfuhr oder den innergemeinschaftlichen Erwerb des Gegenstands entrichtete Steuer.

Zu § 10 Abs. 6 des Gesetzes

§ 25 Durchschnittsbeförderungsentgelt. Das Durchschnittsbeförderungsentgelt wird auf 4,43 Cent je Personenkilometer festgesetzt.

Zu § 12 Abs. 2 Nr. 1 des Gesetzes

§§ 26 bis 29 (weggefallen)

Zu § 12 Abs. 2 Nr. 7 Buchstabe d des Gesetzes

§ 30 Schausteller. Als Leistungen aus der Tätigkeit als Schausteller gelten Schaustellungen, Musikaufführungen, unterhaltende Vorstellungen oder sonstige Lustbarkeiten auf Jahrmärkten, Volksfesten, Schützenfesten oder ähnlichen Veranstaltungen.

UStDV

Zu § 13b des Gesetzes

§ 30a[2] Steuerschuldnerschaft bei unfreien Versendungen. [1]Lässt ein Absender einen Gegenstand durch einen im Ausland ansässigen Frachtführer oder Verfrachter unfrei zum Empfänger der Frachtsendung befördern oder eine solche Beförderung durch einen im Ausland ansässigen Spediteur unfrei besorgen, ist der Empfänger der Frachtsendung an Stelle des Leistungsempfängers Steuerschuldner nach § 13b Absatz 5 des Gesetzes, wenn

1. er ein Unternehmer oder eine juristische Person des öffentlichen Rechts ist,
2. er die Entrichtung des Entgelts für die Beförderung oder für ihre Besorgung übernommen hat und
3. aus der Rechnung über die Beförderung oder ihre Besorgung auch die in Nummer 2 bezeichnete Voraussetzung zu ersehen ist.

[2]Dies gilt auch, wenn die Leistung für den nichtunternehmerischen Bereich bezogen wird.

---

[1] § 24 Abs. 3 Satz 1 geänd. mWv 30.12.2014 durch VO v. 22.12.2014 (BGBl. I S. 2392).
[2] § 30a Satz 1 einl. Satzteil geänd. mWv 1.7.2010 durch G v. 8.4.2010 (BGBl. I S. 386).

Zu § 14 des Gesetzes

§ 31 Angaben in der Rechnung. (1) [1]Eine Rechnung kann aus mehreren Dokumenten bestehen, aus denen sich die nach § 14 Abs. 4 des Gesetzes geforderten Angaben insgesamt ergeben. [2]In einem dieser Dokumente sind das Entgelt und der darauf entfallende Steuerbetrag jeweils zusammengefasst anzugeben und alle anderen Dokumente zu bezeichnen, aus denen sich die übrigen Angaben nach § 14 Abs. 4 des Gesetzes ergeben. [3]Die Angaben müssen leicht und eindeutig nachprüfbar sein.

(2) Den Anforderungen des § 14 Abs. 4 Satz 1 Nr. 1 des Gesetzes ist genügt, wenn sich auf Grund der in die Rechnung aufgenommenen Bezeichnungen der Name und die Anschrift sowohl des leistenden Unternehmers als auch des Leistungsempfängers eindeutig feststellen lassen.

(3) [1]Für die in § 14 Abs. 4 Satz 1 Nr. 1 und 5 des Gesetzes vorgeschriebenen Angaben können Abkürzungen, Buchstaben, Zahlen oder Symbole verwendet werden, wenn ihre Bedeutung in der Rechnung oder in anderen Unterlagen eindeutig festgelegt ist. [2]Die erforderlichen anderen Unterlagen müssen sowohl beim Aussteller als auch beim Empfänger der Rechnung vorhanden sein.

(4) Als Zeitpunkt der Lieferung oder sonstigen Leistung (§ 14 Abs. 4 Satz 1 Nr. 6 des Gesetzes) kann der Kalendermonat angegeben werden, in dem die Leistung ausgeführt wird.

(5) [1]Eine Rechnung kann berichtigt werden, wenn

a) sie nicht alle Angaben nach § 14 Abs. 4 oder § 14a des Gesetzes enthält oder

b) Angaben in der Rechnung unzutreffend sind.

[2]Es müssen nur die fehlenden oder unzutreffenden Angaben durch ein Dokument, das spezifisch und eindeutig auf die Rechnung bezogen ist, übermittelt werden. [3]Es gelten die gleichen Anforderungen an Form und Inhalt wie in § 14 des Gesetzes.

UStDV

§ 32 Rechnungen über Umsätze, die verschiedenen Steuersätzen unterliegen. Wird in einer Rechnung über Lieferungen oder sonstige Leistungen, die verschiedenen Steuersätzen unterliegen, der Steuerbetrag durch Maschinen automatisch ermittelt und durch diese in der Rechnung angegeben, ist der Ausweis des Steuerbetrags in einer Summe zulässig, wenn für die einzelnen Posten der Rechnung der Steuersatz angegeben wird.

§ 33[1)] Rechnungen über Kleinbeträge. [1]Eine Rechnung, deren Gesamtbetrag 250 Euro nicht übersteigt, muss mindestens folgende Angaben enthalten:

1. den vollständigen Namen und die vollständige Anschrift des leistenden Unternehmers,
2. das Ausstellungsdatum,
3. die Menge und die Art der gelieferten Gegenstände oder den Umfang und die Art der sonstigen Leistung und

---

[1)] § 33 Satz 1 einl. Satzteil geänd. mWv 1.1.2007 durch G v. 22.8.2006 (BGBl. I S. 1970); Satz 1 einl. Satzteil geänd. mWv 1.1.2017 durch G v. 30.6.2017 (BGBl. I S. 2143).

4. das Entgelt und den darauf entfallenden Steuerbetrag für die Lieferung oder sonstige Leistung in einer Summe sowie den anzuwendenden Steuersatz oder im Fall einer Steuerbefreiung einen Hinweis darauf, dass für die Lieferung oder sonstige Leistung eine Steuerbefreiung gilt.

[2] Die §§ 31 und 32 sind entsprechend anzuwenden. [3] Die Sätze 1 und 2 gelten nicht für Rechnungen über Leistungen im Sinne der §§ 3c, 6a und 13b des Gesetzes.

§ 34 Fahrausweise als Rechnungen. (1)[1)] Fahrausweise, die für die Beförderung von Personen ausgegeben werden, gelten als Rechnungen im Sinne des § 14 des Gesetzes, wenn sie mindestens die folgenden Angaben enthalten:

1. den vollständigen Namen und die vollständige Anschrift des Unternehmers, der die Beförderungsleistung ausführt. [2] § 31 Abs. 2 ist entsprechend anzuwenden,
2. das Ausstellungsdatum,
3. das Entgelt und den darauf entfallenden Steuerbetrag in einer Summe,
4. den anzuwendenden Steuersatz, wenn die Beförderungsleistung nicht dem ermäßigten Steuersatz nach § 12 Abs. 2 Nr. 10 des Gesetzes unterliegt, und
5. im Fall der Anwendung des § 26 Abs. 3 des Gesetzes einen Hinweis auf die grenzüberschreitende Beförderung von Personen im Luftverkehr.

(2) [1] Fahrausweise für eine grenzüberschreitende Beförderung im Personenverkehr und im internationalen Eisenbahn-Personenverkehr gelten nur dann als Rechnung im Sinne des § 14 des Gesetzes, wenn eine Bescheinigung des Beförderungsunternehmers oder seines Beauftragten darüber vorliegt, welcher Anteil des Beförderungspreises auf die Strecke im Inland entfällt. [2] In der Bescheinigung ist der Steuersatz anzugeben, der auf den auf das Inland entfallenden Teil der Beförderungsleistung anzuwenden ist.

(3) Die Absätze 1 und 2 gelten für Belege im Reisegepäckverkehr entsprechend.

Zu § 15 des Gesetzes

§ 35 Vorsteuerabzug bei Rechnungen über Kleinbeträge und bei Fahrausweisen. (1) Bei Rechnungen im Sinne des § 33 kann der Unternehmer den Vorsteuerabzug in Anspruch nehmen, wenn er den Rechnungsbetrag in Entgelt und Steuerbetrag aufteilt.

(2)[2)] [1] Absatz 1 ist für Rechnungen im Sinne des § 34 entsprechend anzuwenden. [2] Bei der Aufteilung in Entgelt und Steuerbetrag ist der Steuersatz nach § 12 Absatz 1 des Gesetzes anzuwenden, wenn in der Rechnung dieser Steuersatz angegeben ist. [3] Bei den übrigen Rechnungen ist der Steuersatz nach § 12 Abs. 2 des Gesetzes anzuwenden. [4] Bei Fahrausweisen im Luftverkehr kann der Vorsteuerabzug nur in Anspruch genommen werden, wenn der Steuersatz nach § 12 Abs. 1 des Gesetzes im Fahrausweis angegeben ist.

§§ 36 bis 39a (weggefallen)

[1)] § 34 Abs. 1 Satz 2 aufgeh. mWv 1.1.2020 durch G v. 21.12.2019 (BGBl. I S. 2886).
[2)] § 35 Abs. 2 Satz 2 neu gef. mWv 1.1.2020 durch G v. 21.12.2019 (BGBl. I S. 2886).

§ 40 Vorsteuerabzug bei unfreien Versendungen. (1) [1] Lässt ein Absender einen Gegenstand durch einen Frachtführer oder Verfrachter unfrei zu einem Dritten befördern oder eine solche Beförderung durch einen Spediteur unfrei besorgen, so ist für den Vorsteuerabzug der Empfänger der Frachtsendung als Auftraggeber dieser Leistungen anzusehen. [2] Der Absender darf die Steuer für diese Leistungen nicht als Vorsteuer abziehen. [3] Der Empfänger der Frachtsendung kann diese Steuer unter folgenden Voraussetzungen abziehen:

1. Er muss im Übrigen hinsichtlich der Beförderung oder ihrer Besorgung zum Abzug der Steuer berechtigt sein (§ 15 Abs. 1 Satz 1 Nr. 1 des Gesetzes).
2. Er muss die Entrichtung des Entgelts zuzüglich der Steuer für die Beförderung oder für ihre Besorgung übernommen haben.
3. [1] Die in Nummer 2 bezeichnete Voraussetzung muss aus der Rechnung über die Beförderung oder ihre Besorgung zu ersehen sein. [2] Die Rechnung ist vom Empfänger der Frachtsendung aufzubewahren.

(2) Die Vorschriften des § 22 des Gesetzes sowie des § 35 Abs. 1 und § 63 dieser Verordnung gelten für den Empfänger der Frachtsendung entsprechend.

§§ 41 bis 42 (weggefallen)

§ 43 Erleichterungen bei der Aufteilung der Vorsteuern. Die den folgenden steuerfreien Umsätzen zuzurechnenden Vorsteuerbeträge sind nur dann vom Vorsteuerabzug ausgeschlossen, wenn sie diesen Umsätzen ausschließlich zuzurechnen sind:

1. Umsätze von Geldforderungen, denen zum Vorsteuerabzug berechtigende Umsätze des Unternehmers zugrunde liegen;
2. Umsätze von Wechseln, die der Unternehmer von einem Leistungsempfänger erhalten hat, weil er den Leistenden als Bürge oder Garantiegeber befriedigt. [2] Das gilt nicht, wenn die Vorsteuern, die dem Umsatz dieses Leistenden zuzurechnen sind, vom Vorsteuerabzug ausgeschlossen sind;
3. [1)] sonstige Leistungen, die im Austausch von gesetzlichen Zahlungsmitteln bestehen, Lieferungen von im Inland gültigen amtlichen Wertzeichen sowie Einlagen bei Kreditinstituten, wenn diese Umsätze als Hilfsumsätze anzusehen sind.

USTDV

Zu § 15a des Gesetzes

§ 44 Vereinfachungen bei der Berichtigung des Vorsteuerabzugs.

(1) Eine Berichtigung des Vorsteuerabzugs nach § 15a des Gesetzes entfällt, wenn die auf die Anschaffungs- oder Herstellungskosten eines Wirtschaftsguts entfallende Vorsteuer 1 000 Euro nicht übersteigt.

(2) [1] Haben sich bei einem Wirtschaftsgut in einem Kalenderjahr die für den ursprünglichen Vorsteuerabzug maßgebenden Verhältnisse um weniger als 10 Prozentpunkte geändert, entfällt bei diesem Wirtschaftsgut für dieses Kalenderjahr die Berichtigung des Vorsteuerabzugs. [2] Das gilt nicht, wenn der Betrag, um den der Vorsteuerabzug für dieses Kalenderjahr zu berichtigen ist, 1 000 Euro übersteigt.

[1)] § 43 Nr. 3 geänd. mWv 1.1.2012 durch VO v. 2.12.2011 (BGBl. I S. 2416).

(3)[1] [1]Übersteigt der Betrag, um den der Vorsteuerabzug bei einem Wirtschaftsgut für das Kalenderjahr zu berichtigen ist, nicht 6 000 Euro, so ist die Berichtigung des Vorsteuerabzugs nach § 15a des Gesetzes abweichend von § 18 Abs. 1 und 2 des Gesetzes erst im Rahmen der Steuerfestsetzung für den Besteuerungszeitraum durchzuführen, in dem sich die für den ursprünglichen Vorsteuerabzug maßgebenden Verhältnisse geändert haben. [2]Wird das Wirtschaftsgut während des maßgeblichen Berichtigungszeitraums veräußert oder nach § 3 Abs. 1b des Gesetzes geliefert, so ist die Berichtigung des Vorsteuerabzugs für das Kalenderjahr der Lieferung und die folgenden Kalenderjahre des Berichtigungszeitraums abweichend von Satz 1 bereits bei der Berechnung der Steuer für den Voranmeldungszeitraum (§ 18 Abs. 1 und 2 des Gesetzes) durchzuführen, in dem die Lieferung stattgefunden hat.

(4) Die Absätze 1 bis 3 sind bei einer Berichtigung der auf nachträgliche Anschaffungs- oder Herstellungskosten und auf die in § 15a Abs. 3 und 4 des Gesetzes bezeichneten Leistungen entfallenden Vorsteuerbeträge entsprechend anzuwenden.

§ 45 Maßgebliches Ende des Berichtigungszeitraums. [1]Endet der Zeitraum, für den eine Berichtigung des Vorsteuerabzugs nach § 15a des Gesetzes durchzuführen ist, vor dem 16. eines Kalendermonats, so bleibt dieser Kalendermonat für die Berichtigung unberücksichtigt. [2]Endet er nach dem 15. eines Kalendermonats, so ist dieser Kalendermonat voll zu berücksichtigen.

Zu den §§ 16 und 18 des Gesetzes

Dauerfristverlängerung

§ 46[2] Fristverlängerung. [1]Das Finanzamt hat dem Unternehmer auf Antrag die Fristen für die Übermittlung der Voranmeldungen und für die Entrichtung der Vorauszahlungen (§ 18 Abs. 1, 2 und 2a des Gesetzes) um einen Monat zu verlängern. [2]Das Finanzamt hat den Antrag abzulehnen oder eine bereits gewährte Fristverlängerung zu widerrufen, wenn der Steueranspruch gefährdet erscheint.

§ 47 Sondervorauszahlung. (1)[3] [1]Die Fristverlängerung ist bei einem Unternehmer, der die Voranmeldungen monatlich zu übermitteln hat, unter der Auflage zu gewähren, dass dieser eine Sondervorauszahlung auf die Steuer eines jeden Kalenderjahres entrichtet. [2]Die Sondervorauszahlung beträgt ein Elftel der Summe der Vorauszahlungen für das vorangegangene Kalenderjahr.

(2) [1]Hat der Unternehmer seine gewerbliche oder berufliche Tätigkeit nur in einem Teil des vorangegangenen Kalenderjahres ausgeübt, so ist die Summe der Vorauszahlungen dieses Zeitraums in eine Jahressumme umzurechnen. [2]Angefangene Kalendermonate sind hierbei als volle Kalendermonate zu behandeln.

(3) Hat der Unternehmer seine gewerbliche oder berufliche Tätigkeit im laufenden Kalenderjahr begonnen, so ist die Sondervorauszahlung auf der

---

[1] § 44 Abs. 3 aufgeh., bish. Abs. 4 wird Abs. 3 und Satz 2 aufgeh., neuer Satz 2 geänd., bish. Abs. 5 wird Abs. 4 und geänd. mWv 1.1.2012 durch VO v. 2.12.2011 (BGBl. I S. 2416); zur Anwendung siehe § 74a Abs. 2.

[2] § 46 Satz 1 geänd. mWv 30.12.2014 durch VO v. 22.12.2014 (BGBl. I S. 2392).

[3] § 47 Abs. 1 Satz 1 geänd. mWv 30.12.2014 durch VO v. 22.12.2014 (BGBl. I S. 2392).

Grundlage der zu erwartenden Vorauszahlungen dieses Kalenderjahres zu berechnen.

§ 48 Verfahren. (1)[1] [1]Der Unternehmer hat die Fristverlängerung für die Übermittlung der Voranmeldungen bis zu dem Zeitpunkt zu beantragen, an dem die Voranmeldung, für die die Fristverlängerung erstmals gelten soll, nach § 18 Abs. 1, 2 und 2a des Gesetzes zu übermitteln ist. [2]Der Antrag ist nach amtlich vorgeschriebenem Datensatz durch Datenfernübertragung zu übermitteln. [3]Auf Antrag kann das Finanzamt zur Vermeidung von unbilligen Härten auf eine elektronische Übermittlung verzichten; in diesem Fall hat der Unternehmer einen Antrag nach amtlich vorgeschriebenem Vordruck zu stellen. [4]In dem Antrag hat der Unternehmer, der die Voranmeldungen monatlich zu übermitteln hat, die Sondervorauszahlung (§ 47) selbst zu berechnen und anzumelden. [5]Gleichzeitig hat er die angemeldete Sondervorauszahlung zu entrichten.

(2)[2] [1]Während der Geltungsdauer der Fristverlängerung hat der Unternehmer, der die Voranmeldungen monatlich zu übermitteln hat, die Sondervorauszahlung für das jeweilige Kalenderjahr bis zum gesetzlichen Zeitpunkt der Übermittlung der ersten Voranmeldung zu berechnen, anzumelden und zu entrichten. [2]Absatz 1 Satz 2 und 3 gilt entsprechend.

(3) Das Finanzamt kann die Sondervorauszahlung festsetzen, wenn sie vom Unternehmer nicht oder nicht richtig berechnet wurde oder wenn die Anmeldung zu einem offensichtlich unzutreffenden Ergebnis führt.

(4)[3] [1]Die festgesetzte Sondervorauszahlung ist bei der Festsetzung der Vorauszahlung für den letzten Voranmeldungszeitraum des Besteuerungszeitraums zu berücksichtigen, für den die Fristverlängerung gilt. [2]Ein danach verbleibender Erstattungsanspruch ist mit Ansprüchen aus dem Steuerschuldverhältnis aufzurechnen (§ 226 der Abgabenordnung[4]), im Übrigen zu erstatten.

Verzicht auf die Steuererhebung

§ 49 Verzicht auf die Steuererhebung im Börsenhandel mit Edelmetallen. Auf die Erhebung der Steuer für die Lieferungen von Gold, Silber und Platin sowie für die sonstigen Leistungen im Geschäft mit diesen Edelmetallen wird verzichtet, wenn

1. die Umsätze zwischen Unternehmern ausgeführt werden, die an einer Wertpapierbörse im Inland mit dem Recht zur Teilnahme am Handel zugelassen sind,
2. die bezeichneten Edelmetalle zum Handel an einer Wertpapierbörse im Inland zugelassen sind und
3. keine Rechnungen mit gesondertem Ausweis der Steuer erteilt werden.

---

[1] § 48 Abs. 1 Satz 2 ersetzt durch Sätze 2 und 3, bish. Sätze 3 und 4 werden Sätze 4 und 5 mWv 1.1.2011 durch G v. 20.12.2008 (BGBl. I S. 2850); Sätze 1 und 4 geänd. mWv 30.12.2014 durch VO v. 22.12.2014 (BGBl. I S. 2392); Satz 2 geänd. mWv 1.1.2017 durch G v. 18.7.2016 (BGBl. I S. 1679).

[2] § 48 Abs. 2 Satz 2 geänd. mWv 1.1.2011 durch G v. 20.12.2008 (BGBl. I S. 2850); Satz 1 geänd. mWv 30.12.2014 durch VO v. 22.12.2014 (BGBl. I S. 2392).

[3] § 48 Abs. 4 neu gef. mWv 23.7.2016 durch VO v. 18.7.2016 (BGBl. I S. 1722).

[4] Nr. **1**.

§ 50 (weggefallen)

Besteuerung im Abzugsverfahren

§§ 51 bis 58 (weggefallen)

Vergütung der Vorsteuerbeträge in einem besonderen Verfahren

§ 59[1] Vergütungsberechtigte Unternehmer. [1]Die Vergütung der abziehbaren Vorsteuerbeträge (§ 15 des Gesetzes) an im Ausland ansässige Unternehmer ist abweichend von den §§ 16 und 18 Abs. 1 bis 4 des Gesetzes nach den §§ 60 bis 61a durchzuführen, wenn der Unternehmer im Vergütungszeitraum

1. im Inland keine Umsätze im Sinne des § 1 Abs. 1 Nr. 1 und 5 des Gesetzes oder nur steuerfreie Umsätze im Sinne des § 4 Nr. 3 des Gesetzes ausgeführt hat,
2. nur Umsätze ausgeführt hat, für die der Leistungsempfänger die Steuer schuldet (§ 13b des Gesetzes) oder die der Beförderungseinzelbesteuerung (§ 16 Abs. 5 und § 18 Abs. 5 des Gesetzes) unterlegen haben,
3. im Inland nur innergemeinschaftliche Erwerbe und daran anschließende Lieferungen im Sinne des § 25b Abs. 2 des Gesetzes ausgeführt hat,
4.[2] im Inland als Steuerschuldner vor dem 1. Juli 2021 nur Umsätze im Sinne des § 3a Absatz 5 des Gesetzes erbracht und von dem Wahlrecht nach § 18 Absatz 4c des Gesetzes Gebrauch gemacht hat oder diese Umsätze in einem anderen Mitgliedstaat erklärt sowie die darauf entfallende Steuer entrichtet hat oder nach dem 30. Juni 2021 nur sonstige Leistungen an Empfänger nach § 3a Absatz 5 Satz 1 des Gesetzes erbracht und von dem Wahlrecht nach § 18i des Gesetzes Gebrauch gemacht hat,
5.[3] im Inland als Steuerschuldner vor dem 1. Juli 2021 nur Umsätze im Sinne des § 3a Absatz 5 des Gesetzes erbracht und von dem Wahlrecht nach § 18 Absatz 4e des Gesetzes Gebrauch gemacht hat oder nach dem 30. Juni 2021 nur Lieferungen nach § 3 Absatz 3a Satz 1 des Gesetzes innerhalb eines Mitgliedstaates, innergemeinschaftliche Fernverkäufe nach § 3c Absatz 1 Satz 2 und 3 des Gesetzes sowie sonstige Leistungen an Empfänger nach § 3a Absatz 5 Satz 1 des Gesetzes erbracht und von dem Wahlrecht nach § 18j des Gesetzes Gebrauch gemacht hat oder
6.[4] im Inland als Steuerschuldner nur Fernverkäufe nach § 3 Absatz 3a Satz 2 und § 3c Absatz 2 und 3 des Gesetzes erbracht und von dem Wahlrecht nach § 18k des Gesetzes Gebrauch gemacht hat.

[2]Ein im Ausland ansässiger Unternehmer im Sinne des Satzes 1 ist ein Unternehmer, der im Inland, auf der Insel Helgoland und in einem der in § 1 Absatz 3 des Gesetzes bezeichneten Gebiete weder einen Wohnsitz, seinen gewöhnlichen Aufenthalt, seinen Sitz, seine Geschäftsleitung noch eine Betriebsstätte hat, von der aus im Inland steuerbare Umsätze ausgeführt werden;

[1] § 59 neu gef. durch G v. 19.12.2008 (BGBl. I S. 2794); zur Anwendung siehe § 74a Abs. 1; Satz 3 angef. mWv 20.12.2012 durch VO v. 11.12.2012 (BGBl. I S. 2637); Satz 2 neu gef. mWv 30.12.2014 durch VO v. 22.12.2014 (BGBl. I S. 2392); Satz 2 neu gef. mWv 1.1.2020 durch G v. 12.12.2019 (BGBl. I S. 2451).

[2] § 59 Satz 1 Nr. 4 neu gef. mWv 1.7.2021 durch G v. 21.12.2020 (BGBl. I S. 3096).

[3] § 59 Satz 1 Nr. 5 neu gef. mWv 1.7.2021 durch G v. 21.12.2020 (BGBl. I S. 3096).

[4] § 59 Satz 1 Nr. 6 angef. mWv 1.7.2021 durch G v. 21.12.2020 (BGBl. I S. 3096).

ein im Ausland ansässiger Unternehmer ist auch ein Unternehmer, der ausschließlich einen Wohnsitz oder seinen gewöhnlichen Aufenthalt im Inland, aber im Ausland seinen Sitz, seine Geschäftsleitung oder eine Betriebsstätte hat, von der aus Umsätze ausgeführt werden. [3] Maßgebend für die Ansässigkeit ist der jeweilige Vergütungszeitraum im Sinne des § 60, für den der Unternehmer eine Vergütung beantragt.

§ 60[1)] Vergütungszeitraum. [1] Vergütungszeitraum ist nach Wahl des Unternehmers ein Zeitraum von mindestens drei Monaten bis zu höchstens einem Kalenderjahr. [2] Der Vergütungszeitraum kann weniger als drei Monate umfassen, wenn es sich um den restlichen Zeitraum des Kalenderjahres handelt. [3] In den Vergütungsantrag für den Zeitraum nach den Sätzen 1 und 2 können auch abziehbare Vorsteuerbeträge aufgenommen werden, die in vorangegangene Vergütungszeiträume des betreffenden Jahres fallen. [4] Hat der Unternehmer einen Vergütungsantrag für das Kalenderjahr oder für den letzten Zeitraum des Kalenderjahres gestellt, kann er für das betreffende Jahr einmalig einen weiteren Vergütungsantrag stellen, in welchem ausschließlich abziehbare Vorsteuerbeträge aufgenommen werden dürfen, die in den Vergütungsanträgen für die Zeiträume nach den Sätzen 1 und 2 nicht enthalten sind; § 61 Absatz 3 Satz 3 und § 61a Absatz 3 Satz 3 gelten entsprechend.

§ 61[2)] Vergütungsverfahren für im übrigen Gemeinschaftsgebiet ansässige Unternehmer. (1)[3)] [1] Der im übrigen Gemeinschaftsgebiet ansässige Unternehmer hat den Vergütungsantrag nach amtlich vorgeschriebenem Datensatz durch Datenfernübertragung über das in dem Mitgliedstaat, in dem der Unternehmer ansässig ist, eingerichtete elektronische Portal dem Bundeszentralamt für Steuern zu übermitteln. [2] Der Vergütungsantrag gilt nur dann als vorgelegt, wenn der Unternehmer

1. alle Angaben gemacht hat, die in den Artikeln 8 und 9 Absatz 1 der Richtlinie 2008/9/EG des Rates vom 12. Februar 2008 zur Regelung der Erstattung der Mehrwertsteuer gemäß der Richtlinie 2006/112/EG an nicht im Mitgliedstaat der Erstattung, sondern in einem anderen Mitgliedstaat ansässige Steuerpflichtige (ABl. L 44 vom 20.2.2008, S. 23), die durch die Richtlinie 2010/66/EU (ABl. L 275 vom 20.10.2010, S. 1) geändert worden ist, in der jeweils geltenden Fassung gefordert werden, sowie
2. eine Beschreibung seiner Geschäftstätigkeit anhand harmonisierter Codes vorgenommen hat, die gemäß Artikel 34a Absatz 3 Unterabsatz 2 der Verordnung (EG) Nr. 1798/2003 des Rates vom 7. Oktober 2003 über die Zusammenarbeit der Verwaltungsbehörden auf dem Gebiet der Mehrwertsteuer und zur Aufhebung der Verordnung (EWG) Nr. 218/92 (ABl. L 264 vom 15.10.2003, S. 1), die zuletzt durch die Verordnung (EU) Nr. 904/2010 (ABl. L 268 vom 12.10.2010, S. 1) geändert worden ist, in der jeweils geltenden Fassung bestimmt werden.

---

1) § 60 Satz 3 eingef., bish. Satz 3 wird Satz 4 und neu gef. mWv 30.12.2014 durch VO v. 22.12.2014 (BGBl. I S. 2392); Sätze 3 und 4 neu gef. mWv 20.7.2017 durch VO v. 12.7.2017 (BGBl. I S. 2360).

2) § 61 neu gef. durch G v. 19.12.2008 (BGBl. I S. 2794); zur Anwendung siehe § 74a Abs. 1.

3) § 61 Abs. 1 geänd. mWv 1.1.2017 durch G v. 18.7.2016 (BGBl. I S. 1679); Satz 2 angef. mWv 20.7.2017 durch VO v. 12.7.2017 (BGBl. I S. 2360).

(2)[1] [1]Die Vergütung ist binnen neun Monaten nach Ablauf des Kalenderjahres, in dem der Vergütungsanspruch entstanden ist, zu beantragen. [2]Der Unternehmer hat die Vergütung selbst zu berechnen. [3]Dem Vergütungsantrag sind die Rechnungen und Einfuhrbelege als eingescannte Originale vollständig beizufügen, wenn das Entgelt für den Umsatz oder die Einfuhr mindestens 1 000 Euro, bei Rechnungen über den Bezug von Kraftstoffen mindestens 250 Euro beträgt. [4]Bei begründeten Zweifeln an dem Recht auf Vorsteuerabzug in der beantragten Höhe kann das Bundeszentralamt für Steuern verlangen, dass die Vorsteuerbeträge durch Vorlage von Rechnungen und Einfuhrbelegen im Original nachgewiesen werden.

(3) [1]Die beantragte Vergütung muss mindestens 400 Euro betragen. [2]Das gilt nicht, wenn der Vergütungszeitraum das Kalenderjahr oder der letzte Zeitraum des Kalenderjahres ist. [3]Für diese Vergütungszeiträume muss die beantragte Vergütung mindestens 50 Euro betragen.

(4)[2] [1]Der Bescheid über die Vergütung von Vorsteuerbeträgen ist durch Bereitstellung zum Datenabruf nach § 122a in Verbindung mit § 87a Absatz 8 der Abgabenordnung[3] bekannt zu geben. [2]Hat der Empfänger des Bescheids der Bekanntgabe durch Bereitstellung zum Datenabruf nach Satz 1 nicht zugestimmt, ist der Bescheid schriftlich zu erteilen.

(5)[4] [1]Der nach § 18 Abs. 9 des Gesetzes zu vergütende Betrag ist zu verzinsen. [2]Der Zinslauf beginnt mit Ablauf von vier Monaten und zehn Arbeitstagen nach Eingang des Vergütungsantrags beim Bundeszentralamt für Steuern. [3]Übermittelt der Antragsteller Rechnungen oder Einfuhrbelege als eingescannte Originale abweichend von Absatz 2 Satz 3 nicht zusammen mit dem Vergütungsantrag, sondern erst zu einem späteren Zeitpunkt, beginnt der Zinslauf erst mit Ablauf von vier Monaten und zehn Arbeitstagen nach Eingang dieser eingescannten Originale beim Bundeszentralamt für Steuern. [4]Hat das Bundeszentralamt für Steuern zusätzliche oder weitere zusätzliche Informationen angefordert, beginnt der Zinslauf erst mit Ablauf von zehn Arbeitstagen nach Ablauf der Fristen in Artikel 21 der Richtlinie 2008/9/EG. [5]Der Zinslauf endet mit erfolgter Zahlung des zu vergütenden Betrages; die Zahlung gilt als erfolgt mit dem Tag der Fälligkeit, es sei denn, der Unternehmer weist nach, dass er den zu vergütenden Betrag später erhalten hat. [6]Wird die Festsetzung oder Anmeldung der Steuervergütung geändert, ist eine bisherige Zinsfestsetzung zu ändern; § 233a Abs. 5 der Abgabenordnung gilt entsprechend. [7]Für die Höhe und Berechnung der Zinsen gilt § 238 der Abgabenordnung. [8]Auf die Festsetzung der Zinsen ist § 239 der Abgabenordnung entsprechend anzuwenden. [9]Bei der Festsetzung von Prozesszinsen nach § 236 der Abgabenordnung sind Zinsen anzurechnen, die für denselben Zeitraum nach den Sätzen 1 bis 5 festgesetzt wurden.

(6) Ein Anspruch auf Verzinsung nach Absatz 5 besteht nicht, wenn der Unternehmer einer Mitwirkungspflicht nicht innerhalb einer Frist von einem

[1] § 61 Abs. 2 Satz 3 neu gef. mWv 20.7.2017 durch VO v. 12.7.2017 (BGBl. I S. 2360).

[2] § 61 Abs. 4 neu gef. mWv 20.7.2017 durch VO v. 12.7.2017 (BGBl. I S. 2360).

[3] Nr. **1**.

[4] § 61 Abs. 5 Satz 3 neu gef., Satz 9 angef. mWv 30.12.2014 durch VO v. 22.12.2014 (BGBl. I S. 2392); Satz 4 neu gef. mWv 20.7.2017 durch VO v. 12.7.2017 (BGBl. I S. 2360); Sätze 2 bis 4 neu gef. mWv 1.1.2020 durch G v. 12.12.2019 (BGBl. I S. 2451).

Monat nach Zugang einer entsprechenden Aufforderung des Bundeszentralamtes für Steuern nachkommt.

§ 61a[1] **Vergütungsverfahren für nicht im Gemeinschaftsgebiet ansässige Unternehmer.** (1)[2] [1]Der nicht im Gemeinschaftsgebiet ansässige Unternehmer hat den Vergütungsantrag nach amtlich vorgeschriebenem Datensatz durch Datenfernübertragung an das Bundeszentralamt für Steuern zu übermitteln. [2]Auf Antrag kann das Bundeszentralamt für Steuern zur Vermeidung von unbilligen Härten auf eine elektronische Übermittlung verzichten. [3]In diesem Fall hat der nicht im Gemeinschaftsgebiet ansässige Unternehmer die Vergütung nach amtlich vorgeschriebenem Vordruck beim Bundeszentralamt für Steuern zu beantragen und den Vergütungsantrag eigenhändig zu unterschreiben.

(2)[3] [1]Die Vergütung ist binnen sechs Monaten nach Ablauf des Kalenderjahres, in dem der Vergütungsanspruch entstanden ist, zu beantragen. [2]Der Unternehmer hat die Vergütung selbst zu berechnen. [3]Die Vorsteuerbeträge sind durch Vorlage von Rechnungen und Einfuhrbelegen im Original nachzuweisen.

(3) [1]Die beantragte Vergütung muss mindestens 1 000 Euro betragen. [2]Das gilt nicht, wenn der Vergütungszeitraum das Kalenderjahr oder der letzte Zeitraum des Kalenderjahres ist. [3]Für diese Vergütungszeiträume muss die beantragte Vergütung mindestens 500 Euro betragen.

(4) Der Unternehmer muss der zuständigen Finanzbehörde durch behördliche Bescheinigung des Staates, in dem er ansässig ist, nachweisen, dass er als Unternehmer unter einer Steuernummer eingetragen ist.

Sondervorschriften für die Besteuerung bestimmter Unternehmer

§ 62 Berücksichtigung von Vorsteuerbeträgen, Belegnachweis.

(1) Ist bei den in § 59 genannten Unternehmern die Besteuerung nach § 16 und § 18 Abs. 1 bis 4 des Gesetzes durchzuführen, so sind hierbei die Vorsteuerbeträge nicht zu berücksichtigen, die nach § 59 vergütet worden sind.

(2) Die abziehbaren Vorsteuerbeträge sind in den Fällen des Absatzes 1 durch Vorlage der Rechnungen und Einfuhrbelege im Original nachzuweisen.

Zu § 22 des Gesetzes

§ 63 Aufzeichnungspflichten. (1) Die Aufzeichnungen müssen so beschaffen sein, dass es einem sachverständigen Dritten innerhalb einer angemessenen Zeit möglich ist, einen Überblick über die Umsätze des Unternehmers und die abziehbaren Vorsteuern zu erhalten und die Grundlagen für die Steuerberechnung festzustellen.

---

[1] § 61a eingef. durch G v. 19.12.2008 (BGBl. I S. 2794); zur Anwendung siehe § 74a Abs. 1.

[2] § 61a Abs. 1 neu gef. durch VO v. 22.12.2014 (BGBl. I S. 2392); zur Anwendung siehe § 74a Abs. 4; Satz 1 geänd. mWv 1.1.2017 durch G v. 18.7.2016 (BGBl. I S. 1679).

[3] § 61a Abs. 2 Satz 4 aufgeh. durch VO v. 22.12.2014 (BGBl. I S. 2392); zur Anwendung siehe § 74a Abs. 4.

(2) [1]Entgelte, Teilentgelte, Bemessungsgrundlagen nach § 10 Abs. 4 und 5 des Gesetzes, nach § 14c des Gesetzes geschuldete Steuerbeträge sowie Vorsteuerbeträge sind am Schluss jedes Voranmeldungszeitraums zusammenzurechnen. [2]Im Fall des § 17 Abs. 1 Satz 6 des Gesetzes sind die Beträge der Entgeltsminderungen am Schluss jedes Voranmeldungszeitraums zusammenzurechnen.

(3) [1]Der Unternehmer kann die Aufzeichnungspflichten nach § 22 Abs. 2 Nr. 1 Satz 1, 3, 5 und 6, Nr. 2 Satz 1 und Nr. 3 Satz 1 des Gesetzes in folgender Weise erfüllen:

1. Das Entgelt oder Teilentgelt und der Steuerbetrag werden in einer Summe statt des Entgelts oder des Teilentgelts aufgezeichnet.
2. Die Bemessungsgrundlage nach § 10 Abs. 4 und 5 des Gesetzes und der darauf entfallende Steuerbetrag werden in einer Summe statt der Bemessungsgrundlage aufgezeichnet.
3. Bei der Anwendung des § 17 Abs. 1 Satz 6 des Gesetzes werden die Entgeltsminderung und die darauf entfallende Minderung des Steuerbetrags in einer Summe statt der Entgeltsminderung aufgezeichnet.

[2]§ 22 Abs. 2 Nr. 1 Satz 2, Nr. 2 Satz 2 und Nr. 3 Satz 2 des Gesetzes gilt entsprechend. [3]Am Schluss jedes Voranmeldungszeitraums hat der Unternehmer die Summe der Entgelte und Teilentgelte, der Bemessungsgrundlagen nach § 10 Abs. 4 und 5 des Gesetzes sowie der Entgeltsminderungen im Fall des § 17 Abs. 1 Satz 6 des Gesetzes zu errechnen und aufzuzeichnen.

(4) [1]Dem Unternehmer, dem wegen der Art und des Umfangs des Geschäfts eine Trennung der Entgelte und Teilentgelte nach Steuersätzen (§ 22 Abs. 2 Nr. 1 Satz 2 und Nr. 2 Satz 2 des Gesetzes) in den Aufzeichnungen nicht zuzumuten ist, kann das Finanzamt auf Antrag gestatten, dass er die Entgelte und Teilentgelte nachträglich auf der Grundlage der Wareneingänge oder, falls diese hierfür nicht verwendet werden können, nach anderen Merkmalen trennt. [2]Entsprechendes gilt für die Trennung nach Steuersätzen bei den Bemessungsgrundlagen nach § 10 Abs. 4 und 5 des Gesetzes (§ 22 Abs. 2 Nr. 1 Satz 3 und Nr. 3 Satz 2 des Gesetzes). [3]Das Finanzamt darf nur ein Verfahren zulassen, dessen steuerliches Ergebnis nicht wesentlich von dem Ergebnis einer nach Steuersätzen getrennten Aufzeichnung der Entgelte, Teilentgelte und sonstigen Bemessungsgrundlagen abweicht. [4]Die Anwendung des Verfahrens kann auf einen in der Gliederung des Unternehmens gesondert geführten Betrieb beschränkt werden.

(5) [1]Der Unternehmer kann die Aufzeichnungspflicht nach § 22 Abs. 2 Nr. 5 des Gesetzes in der Weise erfüllen, dass er die Entgelte oder Teilentgelte und die auf sie entfallenden Steuerbeträge (Vorsteuern) jeweils in einer Summe, getrennt nach den in den Eingangsrechnungen angewandten Steuersätzen, aufzeichnet. [2]Am Schluss jedes Voranmeldungszeitraums hat der Unternehmer die Summe der Entgelte und Teilentgelte und die Summe der Vorsteuerbeträge zu errechnen und aufzuzeichnen.

§ 64[1)] Aufzeichnung im Fall der Einfuhr. Der Aufzeichnungspflicht nach § 22 Absatz 2 Nummer 6 des Gesetzes ist genügt, wenn die entstandene Einfuhrumsatzsteuer mit einem Hinweis auf einen entsprechenden zollamtlichen Beleg aufgezeichnet wird.

[1)] § 64 neu gef. mWv 31.7.2014 durch G v. 25.7.2014 (BGBl. I S. 1266).

§ 65 Aufzeichnungspflichten der Kleinunternehmer. [1]Unternehmer, auf deren Umsätze § 19 Abs. 1 Satz 1 des Gesetzes anzuwenden ist, haben an Stelle der nach § 22 Abs. 2 bis 4 des Gesetzes vorgeschriebenen Angaben Folgendes aufzuzeichnen:

1. die Werte der erhaltenen Gegenleistungen für die von ihnen ausgeführten Lieferungen und sonstigen Leistungen;
2. die sonstigen Leistungen im Sinne des § 3 Abs. 9a Nr. 2 des Gesetzes. [2]Für ihre Bemessung gilt Nummer 1 entsprechend.

[2]Die Aufzeichnungspflichten nach § 22 Abs. 2 Nr. 4, 7, 8 und 9 des Gesetzes bleiben unberührt.

§ 66 Aufzeichnungspflichten bei der Anwendung allgemeiner Durchschnittssätze. Der Unternehmer ist von den Aufzeichnungspflichten nach § 22 Abs. 2 Nr. 5 und 6 des Gesetzes befreit, soweit er die abziehbaren Vorsteuerbeträge nach einem Durchschnittssatz (§§ 69 und 70) berechnet.

§ 66a Aufzeichnungspflichten bei der Anwendung des Durchschnittssatzes für Körperschaften, Personenvereinigungen und Vermögensmassen im Sinne des § 5 Abs. 1 Nr. 9 des Körperschaftsteuergesetzes.

Der Unternehmer ist von den Aufzeichnungspflichten nach § 22 Abs. 2 Nr. 5 und 6 des Gesetzes befreit, soweit er die abziehbaren Vorsteuerbeträge nach dem in § 23a des Gesetzes festgesetzten Durchschnittssatz berechnet.

§ 67 Aufzeichnungspflichten bei der Anwendung der Durchschnittssätze für land- und forstwirtschaftliche Betriebe. [1]Unternehmer, auf deren Umsätze § 24 des Gesetzes anzuwenden ist, sind für den land- und forstwirtschaftlichen Betrieb von den Aufzeichnungspflichten nach § 22 des Gesetzes befreit. [2]Ausgenommen hiervon sind die Bemessungsgrundlagen für die Umsätze im Sinne des § 24 Abs. 1 Satz 1 Nr. 2 des Gesetzes. [3]Die Aufzeichnungspflichten nach § 22 Abs. 2 Nr. 4, 7 und 8 des Gesetzes bleiben unberührt.

§ 68 Befreiung von der Führung des Steuerhefts. (1)[1)] Unternehmer im Sinne des § 22 Abs. 5 des Gesetzes sind von der Verpflichtung, ein Steuerheft zu führen, befreit,

1. wenn sie im Inland eine gewerbliche Niederlassung besitzen und ordnungsmäßige Aufzeichnungen nach § 22 des Gesetzes in Verbindung mit den §§ 63 bis 66 dieser Verordnung führen;
2. soweit ihre Umsätze nach den Durchschnittssätzen für land- und forstwirtschaftliche Betriebe (§ 24 Abs. 1 Satz 1 Nr. 1 und 3 des Gesetzes) besteuert werden;
3. soweit sie mit Zeitungen und Zeitschriften handeln;
4. soweit sie auf Grund gesetzlicher Vorschriften verpflichtet sind, Bücher zu führen, oder ohne eine solche Verpflichtung Bücher führen.

(2) In den Fällen des Absatzes 1 Nr. 1 stellt das Finanzamt dem Unternehmer eine Bescheinigung über die Befreiung von der Führung des Steuerhefts aus.

1) § 68 Abs. 1 Nr. 4 angef. durch G v. 17.3.2009 (BGBl. I S. 550).

Zu § 23 des Gesetzes

§ 69 Festsetzung allgemeiner Durchschnittssätze. (1) [1] Zur Berechnung der abziehbaren Vorsteuerbeträge nach allgemeinen Durchschnittssätzen (§ 23 des Gesetzes) werden die in der Anlage bezeichneten Prozentsätze des Umsatzes als Durchschnittssätze festgesetzt. [2] Die Durchschnittssätze gelten jeweils für die bei ihnen angegebenen Berufs- und Gewerbezweige.

(2) Umsatz im Sinne des Absatzes 1 ist der Umsatz, den der Unternehmer im Rahmen der in der Anlage bezeichneten Berufs- und Gewerbezweige im Inland ausführt, mit Ausnahme der Einfuhr, des innergemeinschaftlichen Erwerbs und der in § 4 Nr. 8, 9 Buchstabe a, Nr. 10 und 21 des Gesetzes bezeichneten Umsätze.

(3) Der Unternehmer, dessen Umsatz (Absatz 2) im vorangegangenen Kalenderjahr 61 356 Euro überstiegen hat, kann die Durchschnittssätze nicht in Anspruch nehmen.

§ 70 Umfang der Durchschnittssätze. (1) [1] Die in Abschnitt A der Anlage bezeichneten Durchschnittssätze gelten für sämtliche Vorsteuerbeträge, die mit der Tätigkeit der Unternehmer in den in der Anlage bezeichneten Berufs- und Gewerbezweigen zusammenhängen. [2] Ein weiterer Vorsteuerabzug ist insoweit ausgeschlossen.

(2) [1] Neben den Vorsteuerbeträgen, die nach den in Abschnitt B der Anlage bezeichneten Durchschnittssätzen berechnet werden, können unter den Voraussetzungen des § 15 des Gesetzes abgezogen werden:

1. die Vorsteuerbeträge für Gegenstände, die der Unternehmer zur Weiterveräußerung erworben oder eingeführt hat, einschließlich der Vorsteuerbeträge für Rohstoffe, Halberzeugnisse, Hilfsstoffe und Zutaten;
2. die Vorsteuerbeträge
   a) für Lieferungen von Gebäuden, Grundstücken und Grundstücksteilen,
   b) für Ausbauten, Einbauten, Umbauten und Instandsetzungen bei den in Buchstabe a bezeichneten Gegenständen,
   c) für Leistungen im Sinne des § 4 Nr. 12 des Gesetzes.

[2] Das gilt nicht für Vorsteuerbeträge, die mit Maschinen und sonstigen Vorrichtungen aller Art in Zusammenhang stehen, die zu einer Betriebsanlage gehören, auch wenn sie wesentliche Bestandteile eines Grundstücks sind.

Zu § 24 Abs. 4 des Gesetzes

§ 71 Verkürzung der zeitlichen Bindungen für land- und forstwirtschaftliche Betriebe. [1] Der Unternehmer, der eine Erklärung nach § 24 Abs. 4 Satz 1 des Gesetzes abgegeben hat, kann von der Besteuerung des § 19 Abs. 1 des Gesetzes zur Besteuerung nach § 24 Abs. 1 bis 3 des Gesetzes mit Wirkung vom Beginn eines jeden folgenden Kalenderjahres an übergehen. [2] Auf den Widerruf der Erklärung ist § 24 Abs. 4 Satz 4 des Gesetzes anzuwenden.

Zu § 25 Abs. 2 des Gesetzes

§ 72 Buchmäßiger Nachweis bei steuerfreien Reiseleistungen.

(1) Bei Leistungen, die nach § 25 Abs. 2 des Gesetzes ganz oder zum Teil steuerfrei sind, ist § 13 Abs. 1 entsprechend anzuwenden.

(2) Der Unternehmer soll regelmäßig Folgendes aufzeichnen:

1. die Leistung, die ganz oder zum Teil steuerfrei ist;
2. den Tag der Leistung;
3. die der Leistung zuzurechnenden einzelnen Reisevorleistungen im Sinne des § 25 Abs. 2 des Gesetzes und die dafür von dem Unternehmer aufgewendeten Beträge;
4. den vom Leistungsempfänger für die Leistung aufgewendeten Betrag;
5. die Bemessungsgrundlage für die steuerfreie Leistung oder für den steuerfreien Teil der Leistung.

(3)[1] Absatz 2 gilt entsprechend für die Fälle, in denen der Unternehmer die Bemessungsgrundlage nach § 25 Abs. 3 Satz 3 des Gesetzes ermittelt.

Zu § 26 Abs. 5 des Gesetzes

§ 73 Nachweis der Voraussetzungen der in bestimmten Abkommen enthaltenen Steuerbefreiungen. (1) Der Unternehmer hat die Voraussetzungen der in § 26 Abs. 5 des Gesetzes bezeichneten Steuerbefreiungen wie folgt nachzuweisen:

1. bei Lieferungen und sonstigen Leistungen, die von einer amtlichen Beschaffungsstelle in Auftrag gegeben worden sind, durch eine Bescheinigung der amtlichen Beschaffungsstelle nach amtlich vorgeschriebenem Vordruck (Abwicklungsschein);
2. bei Lieferungen und sonstigen Leistungen, die von einer deutschen Behörde für eine amtliche Beschaffungsstelle in Auftrag gegeben worden sind, durch eine Bescheinigung der deutschen Behörde.

(2)[2] [1] Zusätzlich zu Absatz 1 muss der Unternehmer die Voraussetzungen der Steuerbefreiungen im Geltungsbereich des Gesetzes buchmäßig nachweisen. [2] Die Voraussetzungen müssen eindeutig und leicht nachprüfbar aus den Aufzeichnungen zu ersehen sein. [3] In den Aufzeichnungen muss auf die in Absatz 1 bezeichneten Belege hingewiesen sein.

(3) Das Finanzamt kann auf die in Absatz 1 Nr. 1 bezeichnete Bescheinigung verzichten, wenn die vorgeschriebenen Angaben aus anderen Belegen und aus den Aufzeichnungen des Unternehmers eindeutig und leicht nachprüfbar zu ersehen sind.

(4) Bei Beschaffungen oder Baumaßnahmen, die von deutschen Behörden durchgeführt und von den Entsendestaaten oder den Hauptquartieren nur zu einem Teil finanziert werden, gelten Absatz 1 Nr. 2 und Absatz 2 hinsichtlich der anteiligen Steuerbefreiung entsprechend.

---

[1] § 72 Abs. 3 aufgeh. durch G v. 12.12.2019 (BGBl. I S. 2451); zur Anwendung siehe § 74a Abs. 5.
[2] § 73 Abs. 2 Satz 1 geänd. mWv 30.12.2014 durch VO v. 22.12.2014 (BGBl. I S. 2392).

Übergangs- und Schlussvorschriften

§ 74 (Änderungen der §§ 34, 67 und 68)

§ 74a[1] **Übergangsvorschriften.** (1) Die §§ 59 bis 61 in der Fassung des Artikels 8 des Gesetzes vom 19. Dezember 2008 (BGBl. I S. 2794) und § 61a sind auf Anträge auf Vergütung von Vorsteuerbeträgen anzuwenden, die nach dem 31. Dezember 2009 gestellt werden.

(2)[2] Für Wirtschaftsgüter, die vor dem 1. Januar 2012 angeschafft oder hergestellt worden sind, ist § 44 Absatz 3 und 4 in der am 31. Dezember 2011 geltenden Fassung weiterhin anzuwenden.

(3)[3] Für bis zum 30. September 2013 ausgeführte innergemeinschaftliche Lieferungen kann der Unternehmer den Nachweis der Steuerbefreiung gemäß den §§ 17a bis 17c in der am 31. Dezember 2011 geltenden Fassung führen.

(4)[4] § 61a Absatz 1 und 2 in der am 30. Dezember 2014 geltenden Fassung ist auf Anträge auf Vergütung von Vorsteuerbeträgen anzuwenden, die nach dem 30. Juni 2016 gestellt werden.

(5)[5] § 72 in der am 17. Dezember 2019 geltenden Fassung ist weiterhin auf Umsätze anzuwenden, die vor dem 1. Januar 2022 bewirkt werden.

§ 75 Berlin-Klausel. (weggefallen)

§ 76[6] (Inkrafttreten)

Anlage
(zu den §§ 69 und 70)

Abschnitt A. Durchschnittssätze für die Berechnung sämtlicher Vorsteuerbeträge (§ 70 Abs. 1)

I. Handwerk

1. **Bäckerei:** 5,4 % des Umsatzes
Handwerksbetriebe, die Frischbrot, Pumpernickel, Knäckebrot, Brötchen, sonstige Frischbackwaren, Semmelbrösel, Paniermehl und Feingebäck, darunter Kuchen, Torten, Tortenböden, herstellen und die Erzeugnisse überwiegend an Endverbraucher absetzen. Die Cafeumsätze dürfen 10 Prozent des Umsatzes nicht übersteigen.
2. **Bau- und Möbeltischlerei:** 9,0 % des Umsatzes
Handwerksbetriebe, die Bauelemente und Bauten aus Holz, Parkett, Holzmöbel und sonstige Tischlereierzeugnisse herstellen und reparieren, ohne dass bestimmte Erzeugnisse klar überwiegen.

---

[1] § 74a eingef. durch G v. 19.12.2008 (BGBl. I S. 2794).
[2] § 74a Abs. 2 angef. durch VO v. 2.12.2011 (BGBl. I S. 2416).
[3] § 74a Abs. 3 angef. durch VO v. 25.3.2013 (BGBl. I S. 602).
[4] § 74a Abs. 4 angef. durch VO v. 22.12.2014 (BGBl. I S. 2392).
[5] § 74a Abs. 5 angef. durch G v. 12.12.2019 (BGBl. I S. 2451).
[6] § 76 betrifft das Inkrafttreten der VO in der ursprünglichen Fassung v. 21.12.1979. Das Inkrafttreten der späteren Änderungen ergibt sich aus den jeweiligen Änderungsgesetzen bzw. -verordnungen.

3. **Beschlag-, Kunst- und Reparaturschmiede:** 7,5 % des Umsatzes
Handwerksbetriebe, die Beschlag- und Kunstschmiedearbeiten einschließlich der Reparaturarbeiten ausführen.

4. **Buchbinderei:** 5,2 % des Umsatzes
Handwerksbetriebe, die Buchbindearbeiten aller Art ausführen.

5. **Druckerei:** 6,4 % des Umsatzes
Handwerksbetriebe, die folgende Arbeiten ausführen:
   1. Hoch-, Flach-, Licht-, Sieb- und Tiefdruck;
   2. Herstellung von Weichpackungen, Bild-, Abreiß- und Monatskalendern, Spielen und Spielkarten, nicht aber von kompletten Gesellschafts- und Unterhaltungsspielen;
   3. Zeichnerische Herstellung von Landkarten, Bauskizzen, Kleidermodellen u.ä. für Druckzwecke.

6. **Elektroinstallation:** 9,1 % des Umsatzes
Handwerksbetriebe, die die Installation von elektrischen Leitungen sowie damit verbundener Geräte einschließlich der Reparatur- und Unterhaltungsarbeiten ausführen.

7. **Fliesen- und Plattenlegerei, sonstige Fußbodenlegerei und -kleberei:** 8,6 % des Umsatzes
Handwerksbetriebe, die Fliesen, Platten, Mosaik und Fußböden aus Steinholz, Kunststoffen, Terrazzo und ähnlichen Stoffen verlegen, Estricharbeiten ausführen sowie Fußböden mit Linoleum und ähnlichen Stoffen bekleben, einschließlich der Reparatur- und Instandhaltungsarbeiten.

8. **Friseure:** 4,5 % des Umsatzes
Damenfriseure, Herrenfriseure sowie Damen- und Herrenfriseure.

9. **Gewerbliche Gärtnerei:** 5,8 % des Umsatzes
Ausführung gärtnerischer Arbeiten im Auftrage anderer, wie Veredeln, Landschaftsgestaltung, Pflege von Gärten und Friedhöfen, Binden von Kränzen und Blumen, wobei diese Tätigkeiten nicht überwiegend auf der Nutzung von Bodenflächen beruhen.

10. **Glasergewerbe:** 9,2 % des Umsatzes
Handwerksbetriebe, die Glaserarbeiten ausführen, darunter Bau-, Auto-, Bilder- und Möbelarbeiten.

11. **Hoch- und Ingenieurhochbau:** 6,3 % des Umsatzes
Handwerksbetriebe, die Hoch- und Ingenieurhochbauten, aber nicht Brücken- und Spezialbauten, ausführen, einschließlich der Reparatur- und Unterhaltungsarbeiten.

12. **Klempnerei, Gas- und Wasserinstallation:** 8,4 % des Umsatzes
Handwerksbetriebe, die Bauklempnerarbeiten und die Installation von Gas- und Flüssigkeitsleitungen sowie damit verbundener Geräte einschließlich der Reparatur- und Unterhaltungsarbeiten ausführen.

13. **Maler- und Lackierergewerbe, Tapezierer:** 3,7 % des Umsatzes
Handwerksbetriebe, die folgende Arbeiten ausführen:
   1. Maler- und Lackiererarbeiten, einschließlich Schiffsmalerei und Entrostungsarbeiten. Nicht dazu gehört das Lackieren von Straßenfahrzeugen;
   2. Aufkleben von Tapeten, Kunststofffolien und Ähnlichem.

14. Polsterei- und Dekorateurgewerbe: 9,5 % des Umsatzes
Handwerksbetriebe, die Polsterer- und Dekorateurarbeiten einschließlich Reparaturarbeiten ausführen. Darunter fallen auch die Herstellung von Möbelpolstern und Matratzen mit fremdbezogenen Vollpolstereinlagen, Federkernen oder Schaumstoff- bzw. Schaumgummikörpern, die Polsterung fremdbezogener Möbelgestelle sowie das Anbringen von Dekorationen, ohne Schaufensterdekorationen.

15. Putzmacherei: 12,2 % des Umsatzes
Handwerksbetriebe, die Hüte aus Filz, Stoff und Stroh für Damen, Mädchen und Kinder herstellen und umarbeiten. Nicht dazu gehört die Herstellung und Umarbeitung von Huthalbfabrikaten aus Filz.

16. Reparatur von Kraftfahrzeugen: 9,1 % des Umsatzes
Handwerksbetriebe, die Kraftfahrzeuge, ausgenommen Ackerschlepper, reparieren.

17. Schlosserei und Schweißerei: 7,9 % des Umsatzes
Handwerksbetriebe, die Schlosser- und Schweißarbeiten einschließlich der Reparaturarbeiten ausführen.

18. Schneiderei: 6,0 % des Umsatzes
Handwerksbetriebe, die folgende Arbeiten ausführen:
1. Maßfertigung von Herren- und Knabenoberbekleidung, von Uniformen und Damen-, Mädchen- und Kinderoberbekleidung, aber nicht Maßkonfektion;
2. Reparatur- und Hilfsarbeiten an Erzeugnissen des Bekleidungsgewerbes.

19. Schuhmacherei: 6,5 % des Umsatzes
Handwerksbetriebe, die Maßschuhe, darunter orthopädisches Schuhwerk, herstellen und Schuhe reparieren.

20. Steinbildhauerei und Steinmetzerei: 8,4 % des Umsatzes
Handwerksbetriebe, die Steinbildhauer- und Steinmetzerzeugnisse herstellen, darunter Grabsteine, Denkmäler und Skulpturen einschließlich der Reparaturarbeiten.

21. Stukkateurgewerbe: 4,4 % des Umsatzes
Handwerksbetriebe, die Stukkateur-, Gipserei- und Putzarbeiten, darunter Herstellung von Rabitzwänden, ausführen.

22. Winder und Scherer: 2,0 % des Umsatzes
In Heimarbeit Beschäftigte, die in eigener Arbeitsstätte mit nicht mehr als zwei Hilfskräften im Auftrag von Gewerbetreibenden Garne in Lohnarbeit umspulen.

23. Zimmerei: 8,1 % des Umsatzes
Handwerksbetriebe, die Bauholz zurichten, Dachstühle und Treppen aus Holz herstellen sowie Holzbauten errichten und entsprechende Reparatur- und Unterhaltungsarbeiten ausführen.

II. Einzelhandel

1. Blumen und Pflanzen: 5,7 % des Umsatzes
Einzelhandelsbetriebe, die überwiegend Blumen, Pflanzen, Blattwerk, Wurzelstücke und Zweige vertreiben.

2. Brennstoffe: 12,5 % des Umsatzes
Einzelhandelsbetriebe, die überwiegend Brennstoffe vertreiben.

3. **Drogerien:** 10,9 % des Umsatzes
Einzelhandelsbetriebe, die überwiegend vertreiben:
Heilkräuter, pharmazeutische Spezialitäten und Chemikalien, hygienische Artikel, Desinfektionsmittel, Körperpflegemittel, kosmetische Artikel, diätetische Nahrungsmittel, Säuglings- und Krankenpflegebedarf, Reformwaren, Schädlingsbekämpfungsmittel, Fotogeräte und Fotozubehör.

4. **Elektrotechnische Erzeugnisse, Leuchten, Rundfunk-, Fernseh- und Phonogeräte:** 11,7 % des Umsatzes
Einzelhandelsbetriebe, die überwiegend vertreiben:
Elektrotechnische Erzeugnisse, darunter elektrotechnisches Material, Glühbirnen und elektrische Haushalts- und Verbrauchergeräte, Leuchten, Rundfunk-, Fernseh-, Phono-, Tonaufnahme- und -wiedergabegeräte, deren Teile und Zubehör, Schallplatten und Tonbänder.

5. **Fahrräder und Mopeds:** 12,2 % des Umsatzes
Einzelhandelsbetriebe, die überwiegend Fahrräder, deren Teile und Zubehör, Mopeds und Fahrradanhänger vertreiben.

6. **Fische und Fischerzeugnisse:** 6,6 % des Umsatzes
Einzelhandelsbetriebe, die überwiegend Fische, Fischerzeugnisse, Krebse, Muscheln und ähnliche Waren vertreiben.

7. **Kartoffeln, Gemüse, Obst und Südfrüchte:** 6,4 % des Umsatzes
Einzelhandelsbetriebe, die überwiegend Speisekartoffeln, Gemüse, Obst, Früchte (auch Konserven) sowie Obst- und Gemüsesäfte vertreiben.

8. **Lacke, Farben und sonstiger Anstrichbedarf:** 11,2 % des Umsatzes
Einzelhandelsbetriebe, die überwiegend Lacke, Farben, sonstigen Anstrichbedarf, darunter Malerwerkzeuge, Tapeten, Linoleum, sonstigen Fußbodenbelag, aber nicht Teppiche, vertreiben.

9. **Milch, Milcherzeugnisse, Fettwaren und Eier:** 6,4 % des Umsatzes
Einzelhandelsbetriebe, die überwiegend Milch, Milcherzeugnisse, Fettwaren und Eier vertreiben.

10. **Nahrungs- und Genussmittel:** 8,3 % des Umsatzes
Einzelhandelsbetriebe, die überwiegend Nahrungs- und Genussmittel aller Art vertreiben, ohne dass bestimmte Warenarten klar überwiegen.

11. **Oberbekleidung:** 12,3 % des Umsatzes
Einzelhandelsbetriebe, die überwiegend vertreiben:
Oberbekleidung für Herren, Knaben, Damen, Mädchen und Kinder, auch in sportlichem Zuschnitt, darunter Berufs- und Lederbekleidung, aber nicht gewirkte und gestrickte Oberbekleidung, Sportbekleidung, Blusen, Hausjacken, Morgenröcke und Schürzen.

12. **Reformwaren:** 8,5 % des Umsatzes
Einzelhandelsbetriebe, die überwiegend vertreiben:
Reformwaren, darunter Reformnahrungsmittel, diätetische Lebensmittel, Kurmittel, Heilkräuter, pharmazeutische Extrakte und Spezialitäten.

13. **Schuhe und Schuhwaren:** 11,8 % des Umsatzes
Einzelhandelsbetriebe, die überwiegend Schuhe aus verschiedenen Werkstoffen sowie Schuhwaren vertreiben.

14. **Süßwaren:** 6,6 % des Umsatzes
Einzelhandelsbetriebe, die überwiegend Süßwaren vertreiben.

15. Textilwaren verschiedener Art: 12,3 % des Umsatzes
Einzelhandelsbetriebe, die überwiegend Textilwaren vertreiben, ohne dass bestimmte Warenarten klar überwiegen.

16. Tiere und zoologischer Bedarf: 8,8 % des Umsatzes
Einzelhandelsbetriebe, die überwiegend lebende Haus- und Nutztiere, zoologischen Bedarf, Bedarf für Hunde- und Katzenhaltung und dergleichen vertreiben.

17. Unterhaltungszeitschriften und Zeitungen: 6,3 % des Umsatzes
Einzelhandelsbetriebe, die überwiegend Unterhaltungszeitschriften, Zeitungen und Romanhefte vertreiben.

18. Wild und Geflügel: 6,4 % des Umsatzes
Einzelhandelsbetriebe, die überwiegend Wild, Geflügel und Wildgeflügel vertreiben.

III. Sonstige Gewerbebetriebe

1. Eisdielen: 5,8 % des Umsatzes
Betriebe, die überwiegend erworbenes oder selbst hergestelltes Speiseeis zum Verzehr auf dem Grundstück des Verkäufers abgeben.

2. Fremdenheime und Pensionen: 6,7 % des Umsatzes
Unterkunftsstätten, in denen jedermann beherbergt und häufig auch verpflegt wird.

3. Gast- und Speisewirtschaften: 8,7 % des Umsatzes
Gast- und Speisewirtschaften mit Ausschank alkoholischer Getränke (ohne Bahnhofswirtschaften).

4. Gebäude- und Fensterreinigung: 1,6 % des Umsatzes
Betriebe für die Reinigung von Gebäuden, Räumen und Inventar, einschließlich Teppichreinigung, Fensterputzen, Schädlingsbekämpfung und Schiffsreinigung. Nicht dazu gehören die Betriebe für Hausfassadenreinigung.

5. Personenbeförderung mit Personenkraftwagen: 6,0 % des Umsatzes
Betriebe zur Beförderung von Personen mit Taxis oder Mietwagen.

6. Wäschereien: 6,5 % des Umsatzes
Hierzu gehören auch Mietwaschküchen, Wäschedienst, aber nicht Wäscheverleih.

IV. Freie Berufe

1. a) Bildhauer: 7,0 % des Umsatzes
b) Grafiker (nicht Gebrauchsgrafiker): 5,2 % des Umsatzes
c) Kunstmaler: 5,2 % des Umsatzes

2. Selbständige Mitarbeiter bei Bühne, Film, Funk, Fernsehen und Schallplattenproduzenten: 3,6 % des Umsatzes
Natürliche Personen, die auf den Gebieten der Bühne, des Films, des Hörfunks, des Fernsehens, der Schallplatten-, Bild- und Tonträgerproduktion selbständig Leistungen in Form von eigenen Darbietungen oder Beiträge zu Leistungen Dritter erbringen.

3. Hochschullehrer: 2,9 % des Umsatzes
Umsätze aus freiberuflicher Tätigkeit zur unselbständig ausgeübten wissenschaftlichen Tätigkeit.

4. **Journalisten:** 4,8 % des Umsatzes
Freiberuflich tätige Unternehmer, die in Wort und Bild überwiegend aktuelle politische, kulturelle und wirtschaftliche Ereignisse darstellen.

5. **Schriftsteller:** 2,6 % des Umsatzes
Freiberuflich tätige Unternehmer, die geschriebene Werke mit überwiegend wissenschaftlichem, unterhaltendem oder künstlerischem Inhalt schaffen.

Abschnitt B. Durchschnittssätze für die Berechnung eines Teils der Vorsteuerbeträge (§ 70 Abs. 2)

1. **Architekten:** 1,9 % des Umsatzes
Architektur-, Bauingenieur- und Vermessungsbüros, darunter Baubüros, statische Büros und Bausachverständige, aber nicht Film- und Bühnenarchitekten.

2. **Hausbandweber:** 3,2 % des Umsatzes
In Heimarbeit Beschäftigte, die in eigener Arbeitsstätte mit nicht mehr als zwei Hilfskräften im Auftrag von Gewerbetreibenden Schmalbänder in Lohnarbeit weben oder wirken.

3. **Patentanwälte:** 1,7 % des Umsatzes
Patentanwaltspraxis, aber nicht die Lizenz- und Patentverwertung.

4. **Rechtsanwälte und Notare:** 1,5 % des Umsatzes
Rechtsanwaltspraxis mit und ohne Notariat sowie das Notariat, nicht aber die Patentanwaltspraxis.

5. **Schornsteinfeger:** 1,6 % des Umsatzes

6. **Wirtschaftliche Unternehmensberatung, Wirtschaftsprüfung:**
1,7 % des Umsatzes
Wirtschaftsprüfer, vereidigte Buchprüfer, Steuerberater und Steuerbevollmächtigte. Nicht dazu gehören Treuhandgesellschaften für Vermögensverwaltung.

UStDV

25. Fünftes Gesetz zur Förderung der Vermögensbildung der Arbeitnehmer (Fünftes Vermögensbildungsgesetz – 5. VermBG)[1)]

In der Fassung der Bekanntmachung vom 4. März 1994[2)]
(BGBl. I S. 406)

FNA 800-9

geänd. durch Art. 7 Drittes Gesetz zur Durchführung versicherungsrechtlicher Richtlinien des Rates der Europäischen Gemeinschaften (Drittes Durchführungsgesetz/EWG zum VAG) v. 21.7.1994 (BGBl. I S. 1630), Art. 51 Gesetz zur Reform der Arbeitsförderung (Arbeitsförderungs-Reformgesetz – AFRG) v. 24.3.1997 (BGBl. I S. 594), Art. 6 Gesetz zur Neuordnung des Zivilschutzes (Zivilschutzneuordnungsgesetz – ZSNeuOG) v. 25.3.1997 (BGBl. I S. 726), Art. 6 Gesetz zur weiteren Fortentwicklung des Finanzplatzes Deutschland (Drittes Finanzmarktförderungsgesetz) v. 24.3.1998 (BGBl. I S. 529), Art. 1 Gesetz zur Förderung der Beteiligung der Arbeitnehmer am Produktivvermögen und anderer Formen der Vermögensbildung der Arbeitnehmer (Drittes Vermögensbeteiligungsgesetz) v. 7.9.1998 (BGBl. I S. 2647), Art. 33 Gesetz zur Umrechnung und Glättung steuerlicher Euro-Beträge (Steuer-Euroglättungsgesetz – StEuglG) v. 19.12.2000 (BGBl. I S. 1790), Art. 25 Gesetz zur Reform der gesetzlichen Rentenversicherung und zur Förderung eines kapitalgedeckten Altersvorsorgevermögens (Altersvermögensgesetz – AVmG) v. 26.6.2001 (BGBl. I S. 1310), Art. 30 Gesetz zur Änderung steuerlicher Vorschriften (Steueränderungsgesetz 2001 – StÄndG 2001) v. 20.12.2001 (BGBl. I S. 3794), Art. 14 Gesetz zur Modernisierung des Investmentwesens und zur Besteuerung von Investmentvermögen (Investmentmodernisierungsgesetz) v. 15.12.2003 (BGBl. I S. 2676), Art. 74 Drittes Gesetz für moderne Dienstleistungen am Arbeitsmarkt v. 23.12.2003 (BGBl. I S. 2848), Art. 19 Haushaltsbegleitgesetz 2004 (HBeglG 2004) v. 29.12.2003 (BGBl. I S. 3076), Art. 17 Gesetz zur Einführung der Europäischen Genossenschaft und zur Änderung des Genossenschaftsrechts v. 14.8.2006 (BGBl. I S. 1911), Art. 13a Nr. 4 Gesetz zur Umsetzung der Richtlinie über Märkte für Finanzinstrumente und der Durchführungsrichtlinie der Kommission (Finanzmarktrichtlinie-Umsetzungsgesetz) v. 16.7.2007 (BGBl. I S. 1330), Art. 9 Abs. 15 Gesetz zur Reform des Versicherungsvertragsrechts v. 23.11.2007 (BGBl. I S. 2631), Art. 18 Gesetz zur Änderung des Investmentgesetzes und zur Anpassung anderer Vorschriften (Investmentänderungsgesetz) v. 21.12. 2007 (BGBl. I S. 3089), Art. 7 Gesetz zur verbesserten Einbeziehung der selbstgenutzten Wohnimmobilie in die geförderte Altersvorsorge (Eigenheimrentengesetz – EigRentG) v. 29.7.2008 (BGBl. I S. 1509), Art. 1 Gesetz zur Änderung des Fünften Vermögensbildungsgesetzes v. 8.12.2008 (BGBl. I S. 2373), Art. 5 Gesetz zur Modernisierung und Entbürokratisierung des Steuerverfahrens (Steuerbürokratieabbaugesetz) v. 20.12.2008 (BGBl. I S. 2850), Art. 2 Gesetz zur steuerlichen Förderung der Mitarbeiterkapitalbeteiligung (Mitarbeiterkapitalbeteiligungsgesetz) v. 7.3.2009 (BGBl. I S. 451), Art. 12 Gesetz zur verbesserten steuerlichen Berücksichtigung von Vorsorgeaufwendungen (Bürgerentlastungsgesetz Krankenversicherung) v. 16.7.2009 (BGBl. I S. 1959), Art. 10 Jahressteuergesetz 2010 (JStG 2010) v. 8.12.2010 (BGBl. I S. 1768), Art. 6 Gesetz zur bestätigenden Regelung verschiedener steuerlicher und verkehrsrechtlicher Vorschriften des Haushaltsbegleitgesetzes 2004 v. 5.4.2011 (BGBl. I S. 554), Art. 13 Gesetz zur Umsetzung der Beitreibungsrichtlinie sowie zur Änderung steuerlicher Vorschriften (Beitreibungsrichtlinie-Umsetzungsgesetz – BeitrRLUmsG) v. 7.12.2011 (BGBl. I S. 2592), Art. 18 Gesetz zur Umsetzung der Amtshilferichtlinie sowie zur Änderung steuerlicher Vorschriften (Amtshilferichtlinie-Umsetzungsgesetz – AmtshilfeRLUmsG) v. 26.6.2013 (BGBl. I S. 1809), Art. 5 Gesetz zur Anpassung des Investmentsteuergesetzes und anderer Gesetze an das AIFM-Umsetzungsgesetz (AIFM-Steuer-Anpassungsgesetz – AIFM-StAnpG) v. 18.12. 2013 (BGBl. I S. 4318), Art. 8 Gesetz zur Modernisierung des Besteuerungsverfahrens v. 18.7.2016 (BGBl. I S. 1679) und Art. 111 Zweites Datenschutz-Anpassungs- und Umsetzungsgesetz EU v. 20.11.2019 (BGBl. I S. 1626)

VermBG

[1)] Die hier wiedergegebene Fassung gilt für vermögenswirksame Leistungen, die nach dem 31.12. 1993 angelegt werden (§ 17).

[2)] Neubekanntmachung des 5. VermBG idF der Bek. v. 19.2.1987 (BGBl. I S. 630) in der ab 1.1. 1994 geltenden Fassung.

Nichtamtliche Inhaltsübersicht

§ 1 Persönlicher Geltungsbereich
§ 2 Vermögenswirksame Leistungen, Anlageformen
§ 3 Vermögenswirksame Leistungen für Angehörige, Überweisung durch den Arbeitgeber, Kennzeichnungs-, Bestätigungs- und Mitteilungspflichten
§ 4 Sparvertrag über Wertpapiere oder andere Vermögensbeteiligungen
§ 5 Wertpapier-Kaufvertrag
§ 6 Beteiligungs-Vertrag
§ 7 Beteiligungs-Kaufvertrag
§ 8 Sparvertrag
§ 9 Kapitalversicherungsvertrag
§ 10 Vereinbarung zusätzlicher vermögenswirksamer Leistungen
§ 11 Vermögenswirksame Anlage von Teilen des Arbeitslohns
§ 12 Freie Wahl der Anlage
§ 13 Anspruch auf Arbeitnehmer-Sparzulage
§ 14 Festsetzung der Arbeitnehmer-Sparzulage, Anwendung der Abgabenordnung, Verordnungsermächtigung, Rechtsweg
§ 15 Elektronische Vermögensbildungsbescheinigung, Verordnungsermächtigungen, Haftung, Anrufungsauskunft, Außenprüfung
§ 16 Berlin-Klausel (gegenstandslos)
§ 17 Anwendungsvorschriften
§ 18 Kündigung eines vor 1994 abgeschlossenen Anlagevertrags und der Mitgliedschaft in einer Genossenschaft oder Gesellschaft mit beschränkter Haftung

§ 1 Persönlicher Geltungsbereich. (1) Die Vermögensbildung der Arbeitnehmer durch vereinbarte vermögenswirksame Leistungen der Arbeitgeber wird nach den Vorschriften dieses Gesetzes gefördert.

(2) [1] Arbeitnehmer im Sinne dieses Gesetzes sind Arbeiter und Angestellte einschließlich der zu ihrer Berufsausbildung Beschäftigten. [2] Als Arbeitnehmer gelten auch die in Heimarbeit Beschäftigten.

(3) Die Vorschriften dieses Gesetzes gelten nicht

1. für vermögenswirksame Leistungen juristischer Personen an Mitglieder des Organs, das zur gesetzlichen Vertretung der juristischen Person berufen ist,
2. für vermögenswirksame Leistungen von Personengesamtheiten an die durch Gesetz, Satzung oder Gesellschaftsvertrag zur Vertretung der Personengesamtheit berufenen Personen.

(4)[1)] Für Beamte, Richter, Berufssoldaten und Soldaten auf Zeit gelten die nachstehenden Vorschriften dieses Gesetzes entsprechend.

§ 2 Vermögenswirksame Leistungen, Anlageformen. (1) Vermögenswirksame Leistungen sind Geldleistungen, die der Arbeitgeber für den Arbeitnehmer anlegt

1. als Sparbeiträge des Arbeitnehmers auf Grund eines Sparvertrags über Wertpapiere oder andere Vermögensbeteiligungen (§ 4)
   a)[2)] zum Erwerb von Aktien, die vom Arbeitgeber ausgegeben werden oder an einer deutschen Börse zum regulierten Markt zugelassen oder in den Freiverkehr einbezogen sind,

---

1) § 1 Abs. 4 geänd. durch G v. 25.3.1997 (BGBl. I S. 726).
2) § 2 Abs. 1 Nr. 1 Buchst. a geänd. mWv 1.11.2007 durch G v. 16.7.2007 (BGBl. I S. 1330).

VermBG

b)[1] zum Erwerb von Wandelschuldverschreibungen, die vom Arbeitgeber ausgegeben werden oder an einer deutschen Börse zum regulierten Markt zugelassen oder in den Freiverkehr einbezogen sind, sowie von Gewinnschuldverschreibungen, die vom Arbeitgeber ausgegeben werden, zum Erwerb von Namensschuldverschreibungen des Arbeitgebers jedoch nur dann, wenn auf dessen Kosten die Ansprüche des Arbeitnehmers aus der Schuldverschreibung durch ein Kreditinstitut verbürgt oder durch ein Versicherungsunternehmen privatrechtlich gesichert sind und das Kreditinstitut oder Versicherungsunternehmen im Geltungsbereich dieses Gesetzes zum Geschäftsbetrieb befugt ist,

c)[2] zum Erwerb von Anteilen an OGAW-Sondervermögen sowie an als Sondervermögen aufgelegten offenen Publikums-AIF nach den §§ 218 und 219 des Kapitalanlagegesetzbuchs sowie von Anteilen an offenen EU-Investmentvermögen und offenen ausländischen AIF, die nach dem Kapitalanlagegesetzbuch vertrieben werden dürfen, wenn nach dem Jahresbericht für das vorletzte Geschäftsjahr, das dem Kalenderjahr des Abschlusses des Vertrags im Sinne des § 4 oder des § 5 vorausgeht, der Wert der Aktien in diesem Investmentvermögen 60 Prozent des Werts dieses Investmentvermögens nicht unterschreitet; für neu aufgelegte Investmentvermögen ist für das erste und zweite Geschäftsjahr der erste Jahresbericht oder der erste Halbjahresbericht nach Auflegung des Investmentvermögens maßgebend,

d)[3] *(aufgehoben)*

e)[4] *(aufgehoben)*

f)[5] zum Erwerb von Genußscheinen, die vom Arbeitgeber als Wertpapiere ausgegeben werden oder an einer deutschen Börse zum regulierten Markt zugelassen oder in den Freiverkehr einbezogen sind und von Unternehmen mit Sitz und Geschäftsleitung im Geltungsbereich dieses Gesetzes, die keine Kreditinstitute sind, ausgegeben werden, wenn mit den Genußscheinen das Recht am Gewinn eines Unternehmens verbunden ist und der Arbeitnehmer nicht als Mitunternehmer im Sinne des § 15 Abs. 1 Satz 1 Nr. 2 des Einkommensteuergesetzes[6] anzusehen ist,

g) zur Begründung oder zum Erwerb eines Geschäftsguthabens bei einer Genossenschaft mit Sitz und Geschäftsleitung im Geltungsbereich dieses Gesetzes; ist die Genossenschaft nicht der Arbeitgeber, so setzt die Anlage vermögenswirksamer Leistungen voraus, daß die Genossenschaft entweder ein Kreditinstitut oder eine Bau- oder Wohnungsgenossenschaft im Sinne des § 2 Abs. 1 Nr. 2 des Wohnungsbau-Prämiengesetzes[7] ist, die zum Zeitpunkt der Begründung oder des

---

[1] § 2 Abs. 1 Nr. 1 Buchst. b geänd. mWv 1.11.2007 durch G v. 16.7.2007 (BGBl. I S. 1330).

[2] § 2 Abs. 1 Nr. 1 Buchst. c neu gef. durch G v. 18.12.2013 (BGBl. I S. 4318); zur Anwendung siehe § 17 Abs. 15 Satz 1.

[3] § 2 Abs. 1 Nr. 1 Buchst. d aufgeh. durch G v. 18.12.2013 (BGBl. I S. 4318); zur Anwendung siehe § 17 Abs. 15 Satz 1.

[4] § 2 Abs. 1 Nr. 1 Buchst. e aufgeh. mWv 1.1.1999 durch G v. 7.9.1998 (BGBl. I S. 2647).

[5] § 2 Abs. 1 Nr. 1 Buchst. f geänd. mWv 1.11.2007 durch G v. 16.7.2007 (BGBl. I S. 1330); geänd. mWv 1.4.2009 durch G v. 7.3.2009 (BGBl. I S. 451).

[6] Nr. **5**.

[7] Nr. **27**.

Erwerbs des Geschäftsguthabens seit mindestens drei Jahren im Genossenschaftsregister ohne wesentliche Änderung ihres Unternehmensgegenstandes eingetragen und nicht aufgelöst ist oder Sitz und Geschäftsleitung in dem in Artikel 3 des Einigungsvertrages genannten Gebiet hat und dort entweder am 1. Juli 1990 als Arbeiterwohnungsbaugenossenschaft, Gemeinnützige Wohnungsbaugenossenschaft oder sonstige Wohnungsbaugenossenschaft bestanden oder einen nicht unwesentlichen Teil von Wohnungen aus dem Bestand einer solchen Bau- oder Wohnungsgenossenschaft erworben hat,

h) zur Übernahme einer Stammeinlage oder zum Erwerb eines Geschäftsanteils an einer Gesellschaft mit beschränkter Haftung mit Sitz und Geschäftsleitung im Geltungsbereich dieses Gesetzes, wenn die Gesellschaft das Unternehmen des Arbeitgebers ist,

i) zur Begründung oder zum Erwerb einer Beteiligung als stiller Gesellschafter im Sinne des § 230 des Handelsgesetzbuchs am Unternehmen des Arbeitgebers mit Sitz und Geschäftsleitung im Geltungsbereich dieses Gesetzes, wenn der Arbeitnehmer nicht als Mitunternehmer im Sinne des § 15 Abs. 1 Nr. 2 des Einkommensteuergesetzes anzusehen ist,

k) zur Begründung oder zum Erwerb einer Darlehensforderung gegen den Arbeitgeber, wenn auf dessen Kosten die Ansprüche des Arbeitnehmers aus dem Darlehensvertrag durch ein Kreditinstitut verbürgt oder durch ein Versicherungsunternehmen privatrechtlich gesichert sind und das Kreditinstitut oder Versicherungsunternehmen im Geltungsbereich dieses Gesetzes zum Geschäftsbetrieb befugt ist,

l) zur Begründung oder zum Erwerb eines Genußrechts am Unternehmen des Arbeitgebers mit Sitz und Geschäftsleitung im Geltungsbereich dieses Gesetzes, wenn damit das Recht am Gewinn dieses Unternehmens verbunden ist, der Arbeitnehmer nicht als Mitunternehmer im Sinne des § 15 Abs. 1 Nr. 2 des Einkommensteuergesetzes anzusehen ist und über das Genußrecht kein Genußschein im Sinne des Buchstaben f ausgegeben wird,

2. als Aufwendungen des Arbeitnehmers auf Grund eines Wertpapier-Kaufvertrags (§ 5),

3. als Aufwendungen des Arbeitnehmers auf Grund eines Beteiligungs-Vertrags (§ 6) oder eines Beteiligungs-Kaufvertrags (§ 7),

4. als Aufwendungen des Arbeitnehmers nach den Vorschriften des Wohnungsbau-Prämiengesetzes; die Voraussetzungen für die Gewährung einer Prämie nach dem Wohnungsbau-Prämiengesetz brauchen nicht vorzuliegen; die Anlage vermögenswirksamer Leistungen als Aufwendungen nach § 2 Abs. 1 Nr. 2 des Wohnungsbau-Prämiengesetzes für den ersten Erwerb von Anteilen an Bau- und Wohnungsgenossenschaften setzt voraus, daß die Voraussetzungen der Nummer 1 Buchstabe g zweiter Halbsatz erfüllt sind,

5.[1] als Aufwendungen des Arbeitnehmers

---

[1] § 2 Abs. 1 Nr. 5 geänd. mWv 14.12.2011 durch G v. 7.12.2011 (BGBl. I S. 2592); zur Anwendung siehe § 17 Abs. 12.

a) zum Bau, zum Erwerb, zum Ausbau oder zur Erweiterung eines im Inland belegenen Wohngebäudes oder einer im Inland belegenen Eigentumswohnung,
b) zum Erwerb eines Dauerwohnrechts im Sinne des Wohnungseigentumsgesetzes an einer im Inland belegenen Wohnung,
c) zum Erwerb eines im Inland belegenen Grundstücks zum Zwecke des Wohnungsbaus oder
d) zur Erfüllung von Verpflichtungen, die im Zusammenhang mit den in den Buchstaben a bis c bezeichneten Vorhaben eingegangen sind,

sofern der Anlage nicht ein von einem Dritten vorgefertigtes Konzept zu Grunde liegt, bei dem der Arbeitnehmer vermögenswirksame Leistungen zusammen mit mehr als 15 anderen Arbeitnehmern anlegen kann; die Förderung der Aufwendungen nach den Buchstaben a bis c setzt voraus, daß sie unmittelbar für die dort bezeichneten Vorhaben verwendet werden,

6. als Sparbeiträge des Arbeitnehmers auf Grund eines Sparvertrags (§ 8),
7. als Beiträge des Arbeitnehmers auf Grund eines Kapitalversicherungsvertrags (§ 9),
8. als Aufwendungen des Arbeitnehmers, der nach § 18 Abs. 2 oder 3 die Mitgliedschaft in einer Genossenschaft oder Gesellschaft mit beschränkter Haftung gekündigt hat, zur Erfüllung von Verpflichtungen aus der Mitgliedschaft, die nach dem 31. Dezember 1994 fortbestehen oder entstehen.

(2) [1] Aktien, Wandelschuldverschreibungen, Gewinnschuldverschreibungen oder Genußscheine eines Unternehmens, das im Sinne des § 18 Abs. 1 des Aktiengesetzes als herrschendes Unternehmen mit dem Unternehmen des Arbeitgebers verbunden ist, stehen Aktien, Wandelschuldverschreibungen, Gewinnschuldverschreibungen oder Genußscheinen im Sinne des Absatzes 1 Nr. 1 Buchstabe a, b oder f gleich, die vom Arbeitgeber ausgegeben werden. [2] Ein Geschäftsguthaben bei einer Genossenschaft mit Sitz und Geschäftsleitung im Geltungsbereich dieses Gesetzes, die im Sinne des § 18 Abs. 1 des Aktiengesetzes als herrschendes Unternehmen mit dem Unternehmen des Arbeitgebers verbunden ist, steht einem Geschäftsguthaben im Sinne des Absatzes 1 Nr. 1 Buchstabe g bei einer Genossenschaft, die das Unternehmen des Arbeitgebers ist, gleich. [3] Eine Stammeinlage oder ein Geschäftsanteil an einer Gesellschaft mit beschränkter Haftung mit Sitz und Geschäftsleitung im Geltungsbereich dieses Gesetzes, die im Sinne des § 18 Abs. 1 des Aktiengesetzes als herrschendes Unternehmen mit dem Unternehmen des Arbeitgebers verbunden ist, stehen einer Stammeinlage oder einem Geschäftsanteil im Sinne des Absatzes 1 Nr. 1 Buchstabe h an einer Gesellschaft, die das Unternehmen des Arbeitgebers ist, gleich. [4] Eine Beteiligung als stiller Gesellschafter an einem Unternehmen mit Sitz und Geschäftsleitung im Geltungsbereich dieses Gesetzes, das im Sinne des § 18 Abs. 1 des Aktiengesetzes als herrschendes Unternehmen mit dem Unternehmen des Arbeitgebers verbunden ist oder das auf Grund eines Vertrags mit dem Arbeitgeber an dessen Unternehmen gesellschaftsrechtlich beteiligt ist, steht einer Beteiligung als stiller Gesellschafter im Sinne des Absatzes 1 Nr. 1 Buchstabe i gleich. [5] Eine Darlehensforderung gegen ein Unternehmen mit Sitz und Geschäftsleitung im Geltungsbereich dieses Gesetzes, das im Sinne des § 18 Abs. 1 des Aktiengesetzes als herrschendes Unternehmen mit dem Unternehmen des Arbeitgebers verbunden ist, oder ein

Genußrecht an einem solchen Unternehmen stehen einer Darlehensforderung oder einem Genußrecht im Sinne des Absatzes 1 Nr. 1 Buchstabe k oder l gleich.

(3) Die Anlage vermögenswirksamer Leistungen in Gewinnschuldverschreibungen im Sinne des Absatzes 1 Nr. 1 Buchstabe b und des Absatzes 2 Satz 1, in denen neben der gewinnabhängigen Verzinsung eine gewinnunabhängige Mindestverzinsung zugesagt ist, setzt voraus, daß

1. der Aussteller in der Gewinnschuldverschreibung erklärt, die gewinnunabhängige Mindestverzinsung werde im Regelfall die Hälfte der Gesamtverzinsung nicht überschreiten, oder
2. die gewinnunabhängige Mindestverzinsung zum Zeitpunkt der Ausgabe der Gewinnschuldverschreibung die Hälfte der Emissionsrendite festverzinslicher Wertpapiere nicht überschreitet, die in den Monatsberichten der Deutschen Bundesbank für den viertletzten Kalendermonat ausgewiesen wird, der dem Kalendermonat der Ausgabe vorausgeht.

(4) Die Anlage vermögenswirksamer Leistungen in Genußscheinen und Genußrechten im Sinne des Absatzes 1 Nr. 1 Buchstabe f und l und des Absatzes 2 Satz 1 und 5 setzt voraus, daß eine Rückzahlung zum Nennwert nicht zugesagt ist; ist neben dem Recht am Gewinn eine gewinnunabhängige Mindestverzinsung zugesagt, gilt Absatz 3 entsprechend.

(5)[1] Der Anlage vermögenswirksamer Leistungen nach Absatz 1 Nr. 1 Buchstabe f, i bis l, Absatz 2 Satz 1, 4 und 5 sowie Absatz 4 in einer Genossenschaft mit Sitz und Geschäftsleitung im Geltungsbereich dieses Gesetzes stehen § 19 und eine Festsetzung durch Satzung gemäß § 20 des Genossenschaftsgesetzes nicht entgegen.

(5a)[2] [1] Der Arbeitgeber hat vor der Anlage vermögenswirksamer Leistungen im eigenen Unternehmen in Zusammenarbeit mit dem Arbeitnehmer Vorkehrungen zu treffen, die der Absicherung der angelegten vermögenswirksamen Leistungen bei einer während der Dauer der Sperrfrist eintretenden Zahlungsunfähigkeit des Arbeitgebers dienen. [2] Das Bundesministerium für Arbeit und Sozialordnung berichtet den gesetzgebenden Körperschaften bis zum 30. Juni 2002 über die nach Satz 1 getroffenen Vorkehrungen.

(6)[3] [1] Vermögenswirksame Leistungen sind steuerpflichtige Einnahmen im Sinne des Einkommensteuergesetzes und Einkommen, Verdienst oder Entgelt (Arbeitsentgelt) im Sinne der Sozialversicherung und des Dritten Buches Sozialgesetzbuch. [2] Reicht der nach Abzug der vermögenswirksamen Leistung verbleibende Arbeitslohn zur Deckung der einzubehaltenden Steuern, Sozialversicherungsbeiträge und Beiträge zur Bundesagentur für Arbeit nicht aus, so hat der Arbeitnehmer dem Arbeitgeber den zur Deckung erforderlichen Betrag zu zahlen.

(7) [1] Vermögenswirksame Leistungen sind arbeitsrechtlich Bestandteil des Lohns oder Gehalts. [2] Der Anspruch auf die vermögenswirksame Leistung ist nicht übertragbar.

---

[1] § 2 Abs. 5 geänd. mWv 18.8.2006 durch G v. 14.8.2006 (BGBl. I S. 1911).
[2] § 2 Abs. 5a eingef. mWv 1.1.1999 durch G v. 7.9.1998 (BGBl. I S. 2647).
[3] § 2 Abs. 6 geänd. mWv 1.1.1998 durch G v. 24.3.1997 (BGBl. I S. 594); Satz 2 geänd. mWv 1.1.2004 durch G v. 23.12.2003 (BGBl. I S. 2848).

§ 3 Vermögenswirksame Leistungen für Angehörige, Überweisung durch den Arbeitgeber, Kennzeichnungs-, Bestätigungs- und Mitteilungspflichten. (1) [1]Vermögenswirksame Leistungen können auch angelegt werden

1.[1)] zugunsten des nicht dauernd getrennt lebenden Ehegatten oder Lebenspartners des Arbeitnehmers,
2. zugunsten der in § 32 Abs. 1 des Einkommensteuergesetzes[2)] bezeichneten Kinder, die zu Beginn des maßgebenden Kalenderjahrs das 17. Lebensjahr noch nicht vollendet hatten oder die in diesem Kalenderjahr lebend geboren wurden oder
3. zugunsten der Eltern oder eines Elternteils des Arbeitnehmers, wenn der Arbeitnehmer als Kind die Voraussetzungen der Nummer 2 erfüllt.

[2]Dies gilt nicht für die Anlage vermögenswirksamer Leistungen auf Grund von Verträgen nach den §§ 5 bis 7.

(2) [1]Der Arbeitgeber hat die vermögenswirksamen Leistungen für den Arbeitnehmer unmittelbar an das Unternehmen oder Institut zu überweisen, bei dem sie angelegt werden sollen. [2]Er hat dabei gegenüber dem Unternehmen oder Institut die vermögenswirksamen Leistungen zu kennzeichnen. [3]Das Unternehmen oder Institut hat die nach § 2 Abs. 1 Nr. 1 bis 5, Abs. 2 bis 4 angelegten vermögenswirksamen Leistungen und die Art ihrer Anlage zu kennzeichnen. [4]Kann eine vermögenswirksame Leistung nicht oder nicht mehr die Voraussetzungen des § 2 Abs. 1 bis 4 erfüllen, so hat das Unternehmen oder Institut dies dem Arbeitgeber unverzüglich schriftlich mitzuteilen. [5]Die Sätze 1 bis 4 gelten nicht für die Anlage vermögenswirksamer Leistungen auf Grund von Verträgen nach den §§ 5, 6 Abs. 1 und § 7 Abs. 1 mit dem Arbeitgeber.

(3) [1]Für eine vom Arbeitnehmer gewählte Anlage nach § 2 Abs. 1 Nr. 5 hat der Arbeitgeber auf Verlangen des Arbeitnehmers die vermögenswirksamen Leistungen an den Arbeitnehmer zu überweisen, wenn dieser dem Arbeitgeber eine schriftliche Bestätigung seines Gläubigers vorgelegt hat, daß die Anlage bei ihm die Voraussetzungen des § 2 Abs. 1 Nr. 5 erfüllt; Absatz 2 gilt in diesem Falle nicht. [2]Der Arbeitgeber hat die Richtigkeit der Bestätigung nicht zu prüfen.

§ 4 Sparvertrag über Wertpapiere oder andere Vermögensbeteiligungen. (1)[3)] Ein Sparvertrag über Wertpapiere oder andere Vermögensbeteiligungen im Sinne des § 2 Abs. 1 Nr. 1 ist ein Sparvertrag mit einem Kreditinstitut oder einer Kapitalverwaltungsgesellschaft, in dem sich der Arbeitnehmer verpflichtet, als Sparbeiträge zum Erwerb von Wertpapieren im Sinne des § 2 Abs. 1 Nr. 1 Buchstabe a bis f, Abs. 2 Satz 1, Abs. 3 und 4 oder zur Begründung oder zum Erwerb von Rechten im Sinne des § 2 Abs. 1 Nr. 1 Buchstabe g bis l, Abs. 2 Satz 2 bis 5 und Abs. 4 einmalig oder für die Dauer von sechs Jahren seit Vertragsabschluß laufend vermögenswirksame Leistungen einzahlen zu lassen oder andere Beträge einzuzahlen.

[1)] § 3 Abs. 1 Satz 1 Nr. 1 neu gef. durch G v. 26.6.2013 (BGBl. I S. 1809); zur Anwendung siehe § 17 Abs. 13 Satz 1.

[2)] Nr. **5**.

[3)] § 4 Abs. 1 geänd. mWv 28.12.2007 durch G v. 21.12.2007 (BGBl. I S. 3089); geänd. mWv 24.12.2013 durch G v. 18.12.2013 (BGBl. I S. 4318).

VermBG

(2)[1] [1]Die Förderung der auf Grund eines Vertrags nach Absatz 1 angelegten vermögenswirksamen Leistungen setzt voraus, daß

1. die Leistungen eines Kalenderjahrs, vorbehaltlich des Absatzes 3, spätestens bis zum Ablauf des folgenden Kalenderjahrs zum Erwerb der Wertpapiere oder zur Begründung oder zum Erwerb der Rechte verwendet und bis zur Verwendung festgelegt werden und
2. die mit den Leistungen erworbenen Wertpapiere unverzüglich nach ihrem Erwerb bis zum Ablauf einer Frist von sieben Jahren (Sperrfrist) festgelegt werden und über die Wertpapiere oder die mit den Leistungen begründeten oder erworbenen Rechte bis zum Ablauf der Sperrfrist nicht durch Rückzahlung, Abtretung, Beleihung oder in anderer Weise verfügt wird.

[2]Die Sperrfrist gilt für alle auf Grund des Vertrags angelegten vermögenswirksamen Leistungen und beginnt am 1. Januar des Kalenderjahrs, in dem der Vertrag abgeschlossen worden ist. [3]Als Zeitpunkt des Vertragsabschlusses gilt der Tag, an dem die vermögenswirksame Leistung, bei Verträgen über laufende Einzahlungen die erste vermögenswirksame Leistung, beim Kreditinstitut oder bei der Kapitalverwaltungsgesellschaft eingeht.

(3)[2] Vermögenswirksame Leistungen, die nicht bis zum Ablauf der Frist nach Absatz 2 Nr. 1 verwendet worden sind, gelten als rechtzeitig verwendet, wenn sie am Ende eines Kalenderjahrs insgesamt 150 Euro nicht übersteigen und bis zum Ablauf der Sperrfrist nach Absatz 2 verwendet oder festgelegt werden.

(4) Eine vorzeitige Verfügung ist abweichend von Absatz 2 unschädlich, wenn

1.[3] der Arbeitnehmer oder sein von ihm nicht dauernd getrennt lebender Ehegatte oder Lebenspartner nach Vertragsabschluß gestorben oder völlig erwerbsunfähig geworden ist,
2.[4] der Arbeitnehmer nach Vertragsabschluß, aber vor der vorzeitigen Verfügung geheiratet oder eine Lebenspartnerschaft begründet hat und im Zeitpunkt der vorzeitigen Verfügung mindestens zwei Jahre seit Beginn der Sperrfrist vergangen sind,
3. der Arbeitnehmer nach Vertragsabschluß arbeitslos geworden ist und die Arbeitslosigkeit mindestens ein Jahr lang ununterbrochen bestanden hat und im Zeitpunkt der vorzeitigen Verfügung noch besteht,
4.[5] der Arbeitnehmer den Erlös innerhalb der folgenden drei Monate unmittelbar für die eigene Weiterbildung oder für die seines von ihm nicht dauernd getrennt lebenden Ehegatten oder Lebenspartners einsetzt und die Maßnahme außerhalb des Betriebes, dem er oder der Ehegatte oder der Le-

[1] § 4 Abs. 2 Satz 3 geänd. mWv 28.12.2007 durch G v. 21.12.2007 (BGBl. I S. 3089); Satz 3 geänd. mWv 24.12.2013 durch G v. 18.12.2013 (BGBl. I S. 4318).

[2] § 4 Abs. 3 geänd. mWv 1.1.2002 durch G v. 19.12.2000 (BGBl. I S. 1790).

[3] § 4 Abs. 4 Nr. 1 geänd. durch G v. 26.6.2013 (BGBl. I S. 1809); zur Anwendung siehe § 17 Abs. 13 Satz 2.

[4] § 4 Abs. 4 Nr. 2 geänd. durch G v. 26.6.2013 (BGBl. I S. 1809); zur Anwendung siehe § 17 Abs. 13 Satz 2.

[5] § 4 Abs. 4 neu gef. durch G v. 8.12.2008 (BGBl. I S. 2373); zur Anwendung siehe § 17 Abs. 9; geänd. mWv 1.4.2009 durch G v. 7.3.2009 (BGBl. I S. 451); geänd. durch G v. 26.6.2013 (BGBl. I S. 1809); zur Anwendung siehe § 17 Abs. 13 Satz 2; geänd. durch G v. 18.12.2013 (BGBl. I S. 4318); zur Anwendung siehe § 17 Abs. 15 Satz 2.

benspartner angehört, durchgeführt wird und Kenntnisse und Fertigkeiten vermittelt werden, die dem beruflichen Fortkommen dienen und über arbeitsplatzbezogene Anpassungsfortbildungen hinausgehen; für vermögenswirksame Leistungen, die der Arbeitgeber für den Arbeitnehmer nach § 2 Absatz 1 Nummer 1 Buchstabe a, b, f bis l angelegt hat und die Rechte am Unternehmen des Arbeitgebers begründen, gilt dies nur bei Zustimmung des Arbeitgebers; bei nach § 2 Abs. 2 gleichgestellten Anlagen gilt dies nur bei Zustimmung des Unternehmens, das im Sinne des § 18 Abs. 1 des Aktiengesetzes als herrschendes Unternehmen mit dem Unternehmen des Arbeitgebers verbunden ist,

5. der Arbeitnehmer nach Vertragsabschluß unter Aufgabe der nichtselbständigen Arbeit eine Erwerbstätigkeit, die nach § 138 Abs. 1 der Abgabenordnung[1] der Gemeinde mitzuteilen ist, aufgenommen hat oder

6.[2] festgelegte Wertpapiere veräußert werden und der Erlös bis zum Ablauf des Kalendermonats, der dem Kalendermonat der Veräußerung folgt, zum Erwerb von in Absatz 1 bezeichneten Wertpapieren wiederverwendet wird; der bis zum Ablauf des der Veräußerung folgenden Kalendermonats nicht wiederverwendete Erlös gilt als rechtzeitig wiederverwendet, wenn er am Ende eines Kalendermonats insgesamt 150 Euro nicht übersteigt.

(5)[3] Unschädlich ist auch, wenn in die Rechte und Pflichten des Kreditinstituts oder der Kapitalverwaltungsgesellschaft aus dem Sparvertrag an seine Stelle ein anderes Kreditinstitut oder eine andere Kapitalverwaltungsgesellschaft während der Laufzeit des Vertrags durch Rechtsgeschäft eintritt.

(6) [1] Werden auf einen Vertrag über laufend einzuzahlende vermögenswirksame Leistungen oder andere Beträge in einem Kalenderjahr, das dem Kalenderjahr des Vertragsabschlusses folgt, weder vermögenswirksame Leistungen noch andere Beträge eingezahlt, so ist der Vertrag unterbrochen und kann nicht fortgeführt werden. [2] Das gleiche gilt, wenn mindestens alle Einzahlungen eines Kalenderjahrs zurückgezahlt oder die Rückzahlungsansprüche aus dem Vertrag abgetreten oder beliehen werden.

§ 5 Wertpapier-Kaufvertrag. (1) Ein Wertpapier-Kaufvertrag im Sinne des § 2 Abs. 1 Nr. 2 ist ein Kaufvertrag zwischen dem Arbeitnehmer und dem Arbeitgeber zum Erwerb von Wertpapieren im Sinne des § 2 Abs. 1 Nr. 1 Buchstabe a bis f, Abs. 2 Satz 1, Abs. 3 und 4 durch den Arbeitnehmer mit der Vereinbarung, den vom Arbeitnehmer geschuldeten Kaufpreis mit vermögenswirksamen Leistungen zu verrechnen oder mit anderen Beträgen zu zahlen.

(2) Die Förderung der auf Grund eines Vertrags nach Absatz 1 angelegten vermögenswirksamen Leistungen setzt voraus, daß

1. mit den Leistungen eines Kalenderjahrs spätestens bis zum Ablauf des folgenden Kalenderjahrs die Wertpapiere erworben werden und
2. die mit den Leistungen erworbenen Wertpapiere unverzüglich nach ihrem Erwerb bis zum Ablauf einer Frist von sechs Jahren (Sperrfrist) festgelegt werden und über die Wertpapiere bis zum Ablauf der Sperrfrist nicht durch Rückzahlung, Abtretung, Beleihung oder in anderer Weise verfügt wird; die

---

[1] Nr. **1**.

[2] § 4 Abs. 4 Nr. 6 geänd. mWv 1.1.2002 durch G v. 19.12.2000 (BGBl. I S. 1790).

[3] § 4 Abs. 5 geänd. mWv 28.12.2007 durch G v. 21.12.2007 (BGBl. I S. 3089); geänd. mWv 24.12.2013 durch G v. 18.12.2013 (BGBl. I S. 4318).

Sperrfrist beginnt am 1. Januar des Kalenderjahrs, in dem das Wertpapier erworben worden ist; § 4 Abs. 4 Nr. 1 bis 5 gilt entsprechend.

§ 6 Beteiligungs-Vertrag. (1) Ein Beteiligungs-Vertrag im Sinne des § 2 Abs. 1 Nr. 3 ist ein Vertrag zwischen dem Arbeitnehmer und dem Arbeitgeber über die Begründung von Rechten im Sinne des § 2 Abs. 1 Nr. 1 Buchstabe g bis l und Abs. 4 für den Arbeitnehmer am Unternehmen des Arbeitgebers mit der Vereinbarung, die vom Arbeitnehmer für die Begründung geschuldete Geldsumme mit vermögenswirksamen Leistungen zu verrechnen oder mit anderen Beträgen zu zahlen.

(2) Ein Beteiligungs-Vertrag im Sinne des § 2 Abs. 1 Nr. 3 ist auch ein Vertrag zwischen dem Arbeitnehmer und

1. einem Unternehmen, das nach § 2 Abs. 2 Satz 2 bis 5 mit dem Unternehmen des Arbeitgebers verbunden oder nach § 2 Abs. 2 Satz 4 an diesem Unternehmen beteiligt ist, über die Begründung von Rechten im Sinne des § 2 Abs. 1 Nr. 1 Buchstabe g bis l, Abs. 2 Satz 2 bis 5 und Abs. 4 für den Arbeitnehmer an diesem Unternehmen oder
2. einer Genossenschaft mit Sitz und Geschäftsleitung im Geltungsbereich dieses Gesetzes, die ein Kreditinstitut oder eine Bau- oder Wohnungsgenossenschaft ist, die die Voraussetzungen des § 2 Abs. 1 Nr. 1 Buchstabe g zweiter Halbsatz erfüllt, über die Begründung eines Geschäftsguthabens für den Arbeitnehmer bei dieser Genossenschaft

mit der Vereinbarung, die vom Arbeitnehmer für die Begründung der Rechte oder des Geschäftsguthabens geschuldete Geldsumme mit vermögenswirksamen Leistungen zahlen zu lassen oder mit anderen Beträgen zu zahlen.

(3) Die Förderung der auf Grund eines Vertrags nach Absatz 1 oder 2 angelegten vermögenswirksamen Leistungen setzt voraus, daß

1. mit den Leistungen eines Kalenderjahrs spätestens bis zum Ablauf des folgenden Kalenderjahrs die Rechte begründet werden und
2. über die mit den Leistungen begründeten Rechte bis zum Ablauf einer Frist von sechs Jahren (Sperrfrist) nicht durch Rückzahlung, Abtretung, Beleihung oder in anderer Weise verfügt wird; die Sperrfrist beginnt am 1. Januar des Kalenderjahrs, in dem das Recht begründet worden ist; § 4 Abs. 4 Nr. 1 bis 5 gilt entsprechend.

§ 7 Beteiligungs-Kaufvertrag. (1) Ein Beteiligungs-Kaufvertrag im Sinne des § 2 Abs. 1 Nr. 3 ist ein Kaufvertrag zwischen dem Arbeitnehmer und dem Arbeitgeber zum Erwerb von Rechten im Sinne des § 2 Abs. 1 Nr. 1 Buchstabe g bis l, Abs. 2 Satz 2 bis 5 und Abs. 4 durch den Arbeitnehmer mit der Vereinbarung, den vom Arbeitnehmer geschuldeten Kaufpreis mit vermögenswirksamen Leistungen zu verrechnen oder mit anderen Beträgen zu zahlen.

(2) Ein Beteiligungs-Kaufvertrag im Sinne des § 2 Abs. 1 Nr. 3 ist auch ein Kaufvertrag zwischen dem Arbeitnehmer und einer Gesellschaft mit beschränkter Haftung, die nach § 2 Abs. 2 Satz 3 mit dem Unternehmen des Arbeitgebers verbunden ist, zum Erwerb eines Geschäftsanteils im Sinne des § 2 Abs. 1 Nr. 1 Buchstabe h an dieser Gesellschaft durch den Arbeitnehmer mit der Vereinbarung, den vom Arbeitnehmer geschuldeten Kaufpreis mit vermögenswirksamen Leistungen zahlen zu lassen oder mit anderen Beträgen zu zahlen.

(3) Für die Förderung der auf Grund eines Vertrags nach Absatz 1 oder 2 angelegten vermögenswirksamen Leistungen gilt § 6 Abs. 3 entsprechend.

§ 8 Sparvertrag. (1) Ein Sparvertrag im Sinne des § 2 Abs. 1 Nr. 6 ist ein Sparvertrag zwischen dem Arbeitnehmer und einem Kreditinstitut, in dem die in den Absätzen 2 bis 5 bezeichneten Vereinbarungen, mindestens aber die in den Absätzen 2 und 3 bezeichneten Vereinbarungen, getroffen sind.

(2) [1] Der Arbeitnehmer ist verpflichtet,

1. einmalig oder für die Dauer von sechs Jahren seit Vertragsabschluß laufend, mindestens aber einmal im Kalenderjahr, als Sparbeiträge vermögenswirksame Leistungen einzahlen zu lassen oder andere Beträge einzuzahlen und
2. bis zum Ablauf einer Frist von sieben Jahren (Sperrfrist) die eingezahlten vermögenswirksamen Leistungen bei dem Kreditinstitut festzulegen und die Rückzahlungsansprüche aus dem Vertrag weder abzutreten noch zu beleihen.

[2] Der Zeitpunkt des Vertragsabschlusses und der Beginn der Sperrfrist bestimmen sich nach den Regelungen des § 4 Abs. 2 Satz 2 und 3.

(3) Der Arbeitnehmer ist abweichend von der in Absatz 2 Satz 1 Nr. 2 bezeichneten Vereinbarung zu vorzeitiger Verfügung berechtigt, wenn eine der in § 4 Abs. 4 Nr. 1 bis 5 bezeichneten Voraussetzungen erfüllt ist.

(4)[1)] [1] Der Arbeitnehmer ist abweichend von der in Absatz 2 Satz 1 Nr. 2 bezeichneten Vereinbarung auch berechtigt, vor Ablauf der Sperrfrist mit eingezahlten vermögenswirksamen Leistungen zu erwerben

1. Wertpapiere im Sinne des § 2 Abs. 1 Nr. 1 Buchstabe a bis f, Abs. 2 Satz 1, Abs. 3 und 4,
2. Schuldverschreibungen, die vom Bund, von den Ländern, von den Gemeinden, von anderen Körperschaften des öffentlichen Rechts, vom Arbeitgeber, von einem im Sinne des § 18 Abs. 1 des Aktiengesetzes als herrschendes Unternehmen mit dem Unternehmen des Arbeitgebers verbundenen Unternehmen oder von einem Kreditinstitut mit Sitz und Geschäftsleitung im Geltungsbereich dieses Gesetzes ausgegeben werden, Namensschuldverschreibungen des Arbeitgebers jedoch nur dann, wenn auf dessen Kosten die Ansprüche des Arbeitnehmers aus der Schuldverschreibung durch ein Kreditinstitut verbürgt oder durch ein Versicherungsunternehmen privatrechtlich gesichert sind und das Kreditinstitut oder Versicherungsunternehmen im Geltungsbereich dieses Gesetzes zum Geschäftsbetrieb befugt ist,
3. Genußscheine, die von einem Kreditinstitut mit Sitz und Geschäftsleitung im Geltungsbereich dieses Gesetzes, das nicht der Arbeitgeber ist, als Wertpapiere ausgegeben werden, wenn mit den Genußscheinen das Recht am Gewinn des Kreditinstituts verbunden ist, der Arbeitnehmer nicht als Mitunternehmer im Sinne des § 15 Abs. 1 Nr. 2 des Einkommensteuergesetzes[2)] anzusehen ist und die Voraussetzungen des § 2 Abs. 4 erfüllt sind,
4. Anleiheforderungen, die in ein Schuldbuch des Bundes oder eines Landes eingetragen werden,

---

[1)] § 8 Abs. 4 Satz 1 Nr. 5 und 6 geänd. mWv 1.1.2004 durch G v. 15.12.2003 (BGBl. I S. 2676); Nr. 5 geänd., Nr. 6 neu gef. mWv 24.12.2013 durch G v. 18.12.2013 (BGBl. I S. 4318).

[2)] Nr. **5**.

5.[1] Anteile an einem Sondervermögen, die von Kapitalverwaltungsgesellschaften im Sinne des Kapitalanlagegesetzbuchs ausgegeben werden und nicht unter § 2 Abs. 1 Nr. 1 Buchstabe c fallen, oder

6.[2] Anteile an offenen EU-Investmentvermögen und ausländischen AIF, die nach dem Kapitalanlagegesetzbuch vertrieben werden dürfen.

²Der Arbeitnehmer ist verpflichtet, bis zum Ablauf der Sperrfrist die nach Satz 1 erworbenen Wertpapiere bei dem Kreditinstitut, mit dem der Sparvertrag abgeschlossen ist, festzulegen und über die Wertpapiere nicht zu verfügen; diese Verpflichtung besteht nicht, wenn eine der in § 4 Abs. 4 Nr. 1 bis 5 bezeichneten Voraussetzungen erfüllt ist.

(5)[3] ¹Der Arbeitnehmer ist abweichend von der in Absatz 2 Satz 1 Nummer 2 bezeichneten Vereinbarung auch berechtigt, vor Ablauf der Sperrfrist die Überweisung eingezahlter vermögenswirksamer Leistungen auf einen von ihm oder seinem nicht dauernd getrennt lebenden Ehegatten oder Lebenspartner abgeschlossenen Bausparvertrag zu verlangen, wenn weder mit der Auszahlung der Bausparsumme begonnen worden ist noch die überwiesenen Beträge vor Ablauf der Sperrfrist ganz oder zum Teil zurückgezahlt, noch Ansprüche aus dem Bausparvertrag abgetreten oder beliehen werden oder wenn eine solche vorzeitige Verfügung nach § 2 Absatz 3 Satz 2 Nummer 1 und 2 des Wohnungsbau-Prämiengesetzes[4] in der Fassung der Bekanntmachung vom 30. Oktober 1997 (BGBl. I S. 2678), das zuletzt durch Artikel 7 des Gesetzes vom 5. April 2011 (BGBl. I S. 554) geändert worden ist, in der jeweils geltenden Fassung unschädlich ist. ²Satz 1 gilt für vor dem 1. Januar 2009 und nach dem 31. Dezember 2008 abgeschlossene Bausparverträge.

§ 9 Kapitalversicherungsvertrag. (1) Ein Kapitalversicherungsvertrag im Sinne des § 2 Abs. 1 Nr. 7 ist ein Vertrag über eine Kapitalversicherung auf den Erlebens- und Todesfall gegen laufenden Beitrag, der für die Dauer von mindestens zwölf Jahren und mit den in den Absätzen 2 bis 5 bezeichneten Vereinbarungen zwischen dem Arbeitnehmer und einem Versicherungsunternehmen abgeschlossen ist, das im Geltungsbereich dieses Gesetzes zum Geschäftsbetrieb befugt ist.

(2) Der Arbeitnehmer ist verpflichtet, als Versicherungsbeiträge vermögenswirksame Leistungen einzahlen zu lassen oder andere Beträge einzuzahlen.

(3) Die Versicherungsbeiträge enthalten keine Anteile für Zusatzleistungen wie für Unfall, Invalidität oder Krankheit.

(4)[5] Der Versicherungsvertrag sieht vor, daß bereits ab Vertragsbeginn ein nicht kürzbarer Anteil von mindestens 50 Prozent des gezahlten Beitrags als Rückkaufswert (§ 169 des Versicherungsvertragsgesetzes) erstattet oder der Berechnung der prämienfreien Versicherungsleistung (§ 165 des Versicherungsvertragsgesetzes) zugrunde gelegt wird.

---

[1] § 8 Abs. 4 Satz 1 Nr. 5 geänd. mWv 1.1.2004 durch G v. 15.12.2003 (BGBl. I S. 2676); geänd. mWv 24.12.2013 durch G v. 18.12.2013 (BGBl. I S. 4318).

[2] § 8 Abs. 4 Satz 1 Nr. 6 neu gef. mWv 24.12.2013 durch G v. 18.12.2013 (BGBl. I S. 4318).

[3] § 8 Abs. 5 Satz 1 neu gef. durch G v. 26.6.2013 (BGBl. I S. 1809); zur Anwendung siehe § 17 Abs. 13 Satz 2.

[4] Nr. **27**.

[5] § 9 Abs. 4 neu gef. mWv 1.1.1994 durch G v. 21.7.1994 (BGBl. I S. 1630); geänd. mWv 1.1.2008 durch G v. 23.11.2007 (BGBl. I S. 2631); geänd. mWv 1.4.2009 durch G v. 7.3.2009 (BGBl. I S. 451).

(5) Die Gewinnanteile werden verwendet

1. zur Erhöhung der Versicherungsleistung oder
2. auf Verlangen des Arbeitnehmers zur Verrechnung mit fälligen Beiträgen, wenn er nach Vertragsabschluß arbeitslos geworden ist und die Arbeitslosigkeit mindestens ein Jahr lang ununterbrochen bestanden hat und im Zeitpunkt der Verrechnung noch besteht.

§ 10 Vereinbarung zusätzlicher vermögenswirksamer Leistungen.

(1) Vermögenswirksame Leistungen können in Verträgen mit Arbeitnehmern, in Betriebsvereinbarungen, in Tarifverträgen oder in bindenden Festsetzungen (§ 19 des Heimarbeitsgesetzes) vereinbart werden.

(2) bis (4)[1] *(aufgehoben)*

(5)[2] Der Arbeitgeber kann auf tarifvertraglich vereinbarte vermögenswirksame Leistungen die betrieblichen Sozialleistungen anrechnen, die dem Arbeitnehmer in dem Kalenderjahr bisher schon als vermögenswirksame Leistungen erbracht worden sind.

§ 11 Vermögenswirksame Anlage von Teilen des Arbeitslohns.

(1) Der Arbeitgeber hat auf schriftliches Verlangen des Arbeitnehmers einen Vertrag über die vermögenswirksame Anlage von Teilen des Arbeitslohns abzuschließen.

(2) Auch vermögenswirksam angelegte Teile des Arbeitslohns sind vermögenswirksame Leistungen im Sinne dieses Gesetzes.

(3)[3] [1] Zum Abschluß eines Vertrags nach Absatz 1, wonach die Lohnteile nicht zusammen mit anderen vermögenswirksamen Leistungen für den Arbeitnehmer angelegt und überwiesen werden sollen, ist der Arbeitgeber nur dann verpflichtet, wenn der Arbeitnehmer die Anlage von Teilen des Arbeitslohns in monatlichen der Höhe nach gleichbleibenden Beträgen von mindestens 13 Euro oder in vierteljährlichen der Höhe nach gleichbleibenden Beträgen von mindestens 39 Euro oder nur einmal im Kalenderjahr in Höhe eines Betrags von mindestens 39 Euro verlangt. [2] Der Arbeitnehmer kann bei der Anlage in monatlichen Beträgen während des Kalenderjahrs die Art der vermögenswirksamen Anlage und das Unternehmen oder Institut, bei dem sie erfolgen soll, nur mit Zustimmung des Arbeitgebers wechseln.

(4) [1] Der Arbeitgeber kann einen Termin im Kalenderjahr bestimmen, zu dem die Arbeitnehmer des Betriebs oder Betriebsteils die einmalige Anlage von Teilen des Arbeitslohns nach Absatz 3 verlangen können. [2] Die Bestimmung dieses Termins unterliegt der Mitbestimmung des Betriebsrats oder der zuständigen Personalvertretung; das für die Mitbestimmung in sozialen Angelegenheiten vorgeschriebene Verfahren ist einzuhalten. [3] Der nach Satz 1 bestimmte Termin ist den Arbeitnehmern in jedem Kalenderjahr erneut in geeigneter Form bekanntzugeben. [4] Zu einem anderen als dem nach Satz 1 bestimmten Termin kann der Arbeitnehmer eine einmalige Anlage nach Absatz 3 nur verlangen

---

[1] § 10 Abs. 2 bis 4 aufgeh. mWv 1.1.2002 durch G v. 26.6.2001 (BGBl. I S. 1310).
[2] § 10 Abs. 5 Satz 2 aufgeh. mWv 1.1.2002 durch G v. 26.6.2001 (BGBl. I S. 1310).
[3] § 11 Abs. 3 Satz 1 geänd. mWv 1.1.2002 durch G v. 19.12.2000 (BGBl. I S. 1790).

1. von Teilen des Arbeitslohns, den er im letzten Lohnzahlungszeitraum des Kalenderjahrs erzielt, oder
2. von Teilen besonderer Zuwendungen, die im Zusammenhang mit dem Weihnachtsfest oder Jahresende gezahlt werden.

(5) [1] Der Arbeitnehmer kann jeweils einmal im Kalenderjahr von dem Arbeitgeber schriftlich verlangen, daß der Vertrag über die vermögenswirksame Anlage von Teilen des Arbeitslohns aufgehoben, eingeschränkt oder erweitert wird. [2] Im Fall der Aufhebung ist der Arbeitgeber nicht verpflichtet, in demselben Kalenderjahr einen neuen Vertrag über die vermögenswirksame Anlage von Teilen des Arbeitslohns abzuschließen.

(6) In Tarifverträgen oder Betriebsvereinbarungen kann von den Absätzen 3 bis 5 abgewichen werden.

§ 12[1)] Freie Wahl der Anlage. [1] Vermögenswirksame Leistungen werden nur dann nach den Vorschriften dieses Gesetzes gefördert, wenn der Arbeitnehmer die Art der vermögenswirksamen Anlage und das Unternehmen oder Institut, bei dem sie erfolgen soll, frei wählen kann. [2] Einer Förderung steht jedoch nicht entgegen, daß durch Tarifvertrag die Anlage auf die Formen des § 2 Abs. 1 Nr. 1 bis 5, Abs. 2 bis 4 beschränkt wird. [3] Eine Anlage im Unternehmen des Arbeitgebers nach § 2 Abs. 1 Nr. 1 Buchstabe g bis l und Abs. 4 ist nur mit Zustimmung des Arbeitgebers zulässig.

§ 13 Anspruch auf Arbeitnehmer-Sparzulage. (1)[2)] [1] Der Arbeitnehmer hat Anspruch auf eine Arbeitnehmer-Sparzulage nach Absatz 2, wenn er gegenüber dem Unternehmen, dem Institut oder dem in § 3 Absatz 3 genannten Gläubiger in die Datenübermittlung nach Maßgabe des § 15 Absatz 1 Satz 2 und 3 eingewilligt hat und sein Einkommen folgende Grenzen nicht übersteigt:
1. bei nach § 2 Abs. 1 Nr. 1 bis 3, Abs. 2 bis 4 angelegten vermögenswirksamen Leistungen die Einkommensgrenze von 20 000 Euro oder bei einer Zusammenveranlagung nach § 26b des Einkommensteuergesetzes[3)] von 40 000 Euro oder
2. bei nach § 2 Abs. 1 Nr. 4 und 5 angelegten vermögenswirksamen Leistungen die Einkommensgrenze von 17 900 Euro oder bei einer Zusammenveranlagung nach § 26b des Einkommensteuergesetzes von 35 800 Euro.

[2] Maßgeblich ist das zu versteuernde Einkommen nach § 2 Absatz 5 des Einkommensteuergesetzes in dem Kalenderjahr, in dem die vermögenswirksamen Leistungen angelegt worden sind.

(2)[4)] Die Arbeitnehmer-Sparzulage beträgt 20 Prozent der nach § 2 Absatz 1 Nummer 1 bis 3, Absatz 2 bis 4 angelegten vermögenswirksamen Leistungen,

---

1) § 12 Satz 2 eingef., bish. Satz 2 wird Satz 3 mWv 1.1.1999 durch G v. 7.9.1998 (BGBl. I S. 2647).

2) § 13 Abs. 1 neu gef. durch G v. 7.9.1998 (BGBl. I S. 2647); zur Anwendung siehe § 17 Abs. 6; Satz 2 geänd. mWv 1.1.2002 durch G v. 19.12.2000 (BGBl. I S. 1790); Satz 3 geänd. mWv 23.12.2001 durch G v. 20.12.2001 (BGBl. I S. 3794); Satz 1 neu gef., Satz 2 aufgeh., bish. Satz 3 wird Satz 2 durch G v. 7.3.2009 (BGBl. I S. 451); zur Anwendung siehe § 17 Abs. 7; Satz 2 geänd. durch G v. 8.12.2010 (BGBl. I S. 1768); zur Anwendung siehe § 17 Abs. 11; Satz 1 einl. Satzteil neu gef., Nr. 1 und 2 geänd. durch G v. 26.6.2013 (BGBl. I S. 1809); zur erstmaligen Anwendung ab 1.1.2017 siehe BMF v. 16.12.2016, BStBl. I 2016, 1435 (§ 17 Abs. 14).

3) Nr. **5**.

4) § 13 Abs. 2 neu gef. mWv 12.4.2011 durch G v. 5.4.2011 (BGBl. I S. 554).

soweit sie 400 Euro im Kalenderjahr nicht übersteigen, und 9 Prozent der nach § 2 Absatz 1 Nummer 4 und 5 angelegten vermögenswirksamen Leistungen, soweit sie 470 Euro im Kalenderjahr nicht übersteigen.

(3)[1] [1]Die Arbeitnehmer-Sparzulage gilt weder als steuerpflichtige Einnahme im Sinne des Einkommensteuergesetzes noch als Einkommen, Verdienst oder Entgelt (Arbeitsentgelt) im Sinne der Sozialversicherung und des Dritten Buches Sozialgesetzbuch; sie gilt arbeitsrechtlich nicht als Bestandteil des Lohns oder Gehalts. [2]Der Anspruch auf Arbeitnehmer-Sparzulage ist nicht übertragbar.

(4) Der Anspruch auf Arbeitnehmer-Sparzulage entsteht mit Ablauf des Kalenderjahrs, in dem die vermögenswirksamen Leistungen angelegt worden sind.

(5)[2] [1]Der Anspruch auf Arbeitnehmer-Sparzulage entfällt rückwirkend, soweit die in den §§ 4 bis 7 genannten Fristen oder bei einer Anlage nach § 2 Abs. 1 Nr. 4 die in § 2 Abs. 1 Nr. 3 und 4 und Abs. 3 Satz 1 des Wohnungsbau-Prämiengesetzes[3] vorgesehenen Voraussetzungen nicht eingehalten werden. [2]Satz 1 gilt für vor dem 1. Januar 2009 und nach dem 31. Dezember 2008 abgeschlossene Bausparverträge. [3]Der Anspruch entfällt nicht, wenn die Sperrfrist nicht eingehalten wird, weil

1. der Arbeitnehmer das Umtausch- oder Abfindungsangebot eines Wertpapier-Emittenten angenommen hat oder Wertpapiere dem Aussteller nach Auslosung oder Kündigung durch den Aussteller zur Einlösung vorgelegt worden sind,
2. die mit den vermögenswirksamen Leistungen erworbenen oder begründeten Wertpapiere oder Rechte im Sinne des § 2 Abs. 1 Nr. 1, Abs. 2 bis 4 ohne Mitwirkung des Arbeitnehmers wertlos geworden sind oder
3. der Arbeitnehmer über nach § 2 Abs. 1 Nr. 4 angelegte vermögenswirksame Leistungen nach Maßgabe des § 4 Abs. 4 Nr. 4 in Höhe von mindestens 30 Euro verfügt.

§ 14 Festsetzung der Arbeitnehmer-Sparzulage, Anwendung der Abgabenordnung, Verordnungsermächtigung, Rechtsweg. (1) [1]Die Verwaltung der Arbeitnehmer-Sparzulage obliegt den Finanzämtern. [2]Die Arbeitnehmer-Sparzulage wird aus den Einnahmen an Lohnsteuer gezahlt.

(2) [1]Auf die Arbeitnehmer-Sparzulage sind die für Steuervergütungen geltenden Vorschriften der Abgabenordnung[4] entsprechend anzuwenden. [2]Dies gilt nicht für § 163 der Abgabenordnung.

(3) [1]Für die Arbeitnehmer-Sparzulage gelten die Strafvorschriften des § 370 Abs. 1 bis 4, der §§ 371, 375 Abs. 1 und des § 376 sowie die Bußgeldvorschriften der §§ 378, 379 Abs. 1 und 4 und der §§ 383 und 384 der Abgabenordnung entsprechend. [2]Für das Strafverfahren wegen einer Straftat nach Satz 1 sowie der Begünstigung einer Person, die eine solche Tat begangen hat, gelten

---

[1] § 13 Abs. 3 Satz 2 angef. mWv 29.7.1994 durch G v. 21.7.1994 (BGBl. I S. 1630); Satz 1 geänd. mWv 1.1.1998 durch G v. 24.3.1997 (BGBl. I S. 594).

[2] § 13 Abs. 5 Satz 1 neu gef., Satz 2 eingef., bish. Satz 2 wird Satz 3 durch G v. 29.7.2008 (BGBl. I S. 1509); zur Anwendung siehe § 17 Abs. 8; Satz 3 Nr. 1 und 2 geänd., Nr. 3 angef. durch G v. 8.12. 2008 (BGBl. I S. 2373); zur Anwendung siehe § 17 Abs. 9.

[3] Nr. **27**.

[4] Nr. **1**.

die §§ 385 bis 408, für das Bußgeldverfahren wegen einer Ordnungswidrigkeit nach Satz 1 die §§ 409 bis 412 der Abgabenordnung entsprechend.

(4)[1] [1] Die Arbeitnehmer-Sparzulage wird auf Antrag durch das für die Besteuerung des Arbeitnehmers nach dem Einkommen zuständige Finanzamt festgesetzt. [2] Der Arbeitnehmer hat den Antrag nach amtlich vorgeschriebenem Vordruck zu stellen. [3] Die Arbeitnehmer-Sparzulage wird fällig

a) mit Ablauf der für die Anlageform vorgeschriebenen Sperrfrist nach diesem Gesetz,

b) mit Ablauf der im Wohnungsbau-Prämiengesetz[2] oder in der Verordnung zur Durchführung des Wohnungsbau-Prämiengesetzes genannten Sperr- und Rückzahlungsfristen. [2] Bei Bausparverträgen gelten die in § 2 Abs. 3 Satz 1 des Wohnungsbau-Prämiengesetzes genannten Sperr- und Rückzahlungsfristen und zwar unabhängig davon, ob der Vertrag vor dem 1. Januar 2009 oder nach dem 31. Dezember 2008 abgeschlossen worden ist,

c) mit Zuteilung des Bausparvertrags oder

d) in den Fällen unschädlicher Verfügung.

(5)[3] [1] Ein Bescheid über die Ablehnung der Festsetzung einer Arbeitnehmer-Sparzulage ist aufzuheben und die Arbeitnehmer-Sparzulage ist nachträglich festzusetzen, wenn der Einkommensteuerbescheid nach Ergehen des Ablehnungsbescheides geändert wird und dadurch erstmals festgestellt wird, dass die Einkommensgrenzen des § 13 Absatz 1 unterschritten sind. [2] Die Frist für die Festsetzung der Arbeitnehmer-Sparzulage endet in diesem Fall nicht vor Ablauf eines Jahres nach Bekanntgabe des geänderten Steuerbescheides. [3] Satz 2 gilt entsprechend, wenn der geänderten Einkommensteuerfestsetzung kein Bescheid über die Ablehnung der Festsetzung einer Arbeitnehmer-Sparzulage vorangegangen ist.

(6)[4] Besteht für Aufwendungen, die vermögenswirksame Leistungen darstellen, ein Anspruch auf Arbeitnehmer-Sparzulage und hat der Arbeitnehmer hierfür abweichend von § 1 Satz 2 Nummer 1 des Wohnungsbau-Prämiengesetzes eine Wohnungsbauprämie beantragt, endet die Frist für die Festsetzung der Arbeitnehmer-Sparzulage nicht vor Ablauf eines Jahres nach Bekanntgabe der Mitteilung über die Änderung des Prämienanspruchs.

(7)[5] [1] Die Bundesregierung wird ermächtigt, durch Rechtsverordnung mit Zustimmung des Bundesrates das Verfahren bei der Festsetzung und der Auszahlung der Arbeitnehmer-Sparzulage näher zu regeln, soweit dies zur Vereinfachung des Verfahrens erforderlich ist. [2] Dabei kann auch bestimmt werden, daß der Arbeitgeber, das Unternehmen, das Institut oder der in § 3 Abs. 3 genannte Gläubiger bei der Antragstellung mitwirkt und ihnen die Arbeitnehmer-Sparzulage zugunsten des Arbeitnehmers überwiesen wird.

---

[1] § 14 Abs. 4 Satz 4 Buchst. b neu gef. durch G v. 29.7.2008 (BGBl. I S. 1509); zur Anwendung siehe § 17 Abs. 8; Satz 2 neu gef. durch G v. 16.7.2009 (BGBl. I S. 1959); zur Anwendung siehe § 17 Abs. 10; Satz 3 aufgeh., bish. Satz 4 wird Satz 3 durch G v. 26.6.2013 (BGBl. I S. 1809); zur erstmaligen Anwendung ab 1.1.2017 siehe BMF v. 16.12.2016, BStBl. I 2016, 1435 (§ 17 Abs. 14).

[2] Nr. **27**.

[3] § 14 Abs. 5 neu gef. mWv 30.6.2013 durch G v. 26.6.2013 (BGBl. I S. 1809).

[4] § 14 Abs. 6 neu gef. mWv 30.6.2013 durch G v. 26.6.2013 (BGBl. I S. 1809).

[5] § 14 Abs. 6 eingef., bish. Abs. 5 und 6 werden Abs. 7 und 8 mWv 1.1.2002 durch G v. 26.6.2001 (BGBl. I S. 1310).

(8)[1] In öffentlich-rechtlichen Streitigkeiten über die auf Grund dieses Gesetzes ergehenden Verwaltungsakte der Finanzbehörden ist der Finanzrechtsweg gegeben.

§ 15[2] Elektronische Vermögensbildungsbescheinigung, Verordnungsermächtigungen, Haftung, Anrufungsauskunft, Außenprüfung.

(1)[3] [1]Das Unternehmen, das Institut oder der in § 3 Absatz 3 genannte Gläubiger hat der für die Besteuerung des Arbeitnehmers nach dem Einkommen zuständigen Finanzbehörde nach Maßgabe des § 93c der Abgabenordnung[4] neben den in § 93c Absatz 1 der Abgabenordnung genannten Daten folgende Angaben zu übermitteln (elektronische Vermögensbildungsbescheinigung), wenn der Arbeitnehmer gegenüber der mitteilungspflichtigen Stelle in die Datenübermittlung eingewilligt hat:

1.[5] den jeweiligen Jahresbetrag der nach § 2 Abs. 1 Nr. 1 bis 5, Abs. 2 bis 4 angelegten vermögenswirksamen Leistungen sowie die Art ihrer Anlage,
2.[5] das Kalenderjahr, dem diese vermögenswirksamen Leistungen zuzuordnen sind, und
3.[6] entweder das Ende der für die Anlageform vorgeschriebenen Sperrfrist nach diesem Gesetz oder bei einer Anlage nach § 2 Abs. 1 Nr. 4 das Ende der im Wohnungsbau-Prämiengesetz[7] oder in der Verordnung zur Durchführung des Wohnungsbau-Prämiengesetzes genannten Sperr- und Rückzahlungsfristen. Bei Bausparverträgen sind die in § 2 Abs. 3 Satz 1 des Wohnungsbau-Prämiengesetzes genannten Sperr- und Rückzahlungsfristen zu bescheinigen unabhängig davon, ob der Vertrag vor dem 1. Januar 2009 oder nach dem 31. Dezember 2008 abgeschlossen worden ist.

[2]Die Einwilligung nach Satz 1 ist spätestens bis zum Ablauf des zweiten Kalenderjahres, das auf das Kalenderjahr der Anlage der vermögenswirksamen Leistungen folgt, zu erteilen. [3]Dabei hat der Arbeitnehmer dem Mitteilungspflichtigen die Identifikationsnummer mitzuteilen. [4]Wird die Einwilligung nach Ablauf des Kalenderjahres der Anlage der vermögenswirksamen Leistun-

---

[1] § 14 Abs. 6 eingef., bish. Abs. 5 und 6 werden Abs. 7 und 8 mWv 1.1.2002 durch G v. 26.6.2001 (BGBl. I S. 1310).

[2] § 15 Überschrift neu gef. durch G v. 26.6.2013 (BGBl. I S. 1809); zur erstmaligen Anwendung ab 1.1.2017 siehe BMF v. 16.12.2016, BStBl. I 2016, 1435 (§ 17 Abs. 14).

[3] § 15 Abs. 1 Sätze 2 bis 5 angef. durch G v. 20.12.2008 (BGBl. I S. 2850); Satz 1 einl. Satzteil und Sätze 2 bis 5 neu gef., Sätze 6 bis 8 angef. durch G v. 26.6.2013 (BGBl. I S. 1809); zur erstmaligen Anwendung ab 1.1.2017 siehe BMF v. 16.12.2016, BStBl. I 2016, 1435 (§ 17 Abs. 14); Satz 1 einl. Satzteil neu gef., Satz 7 aufgeh., bish. Satz 8 wird Satz 7 und geänd. mWv 1.1.2017 durch G v. 18.7.2016 (BGBl. I S. 1679); Sätze 4 bis 6 aufgeh., bish. Satz 7 wird Satz 4 mWv 26.11.2019 durch G v. 20.11.2019 (BGBl. I S. 1626); zur Anwendung siehe auch § 17 Abs. 16.

[4] Nr. **1**.

[5] § 15 Abs. 1 Nr. 1 eingef., bish. Nr. 1 bis 3 werden Nr. 2 bis 4 durch G v. 26.6.2013 (BGBl. I S. 1809); zur erstmaligen Anwendung ab 1.1.2017 siehe BMF v. 16.12.2016, BStBl. I 2016, 1435 (§ 17 Abs. 14); Nr. 1 aufgeh., bish. Nr. 2 bis 4 werden Nr. 1 bis 3 mWv 1.1.2017 durch G v. 18.7.2016 (BGBl. I S. 1679).

[6] § 15 Abs. 1 Nr. 3 neu gef. durch G v. 29.7.2008 (BGBl. I S. 1509); zur Anwendung siehe § 17 Abs. 8; Nr. 1 eingef., bish. Nr. 1 bis 3 werden Nr. 2 bis 4 durch G v. 26.6.2013 (BGBl. I S. 1809); zur erstmaligen Anwendung ab 1.1.2017 siehe BMF v. 16.12.2016, BStBl. I 2016, 1435 (§ 17 Abs. 14); Nr. 1 aufgeh., bish. Nr. 2 bis 4 werden Nr. 1 bis 3 mWv 1.1.2017 durch G v. 18.7.2016 (BGBl. I S. 1679).

[7] Nr. **27**.

gen abgegeben, sind die Daten bis zum Ende des folgenden Kalendervierteljahres zu übermitteln.

(1a)[1] [1] In den Fällen des Absatzes 1 ist für die Anwendung des § 72a Absatz 4 und des § 93c Absatz 4 Satz 1 der Abgabenordnung die für die Besteuerung der mitteilungspflichtigen Stelle nach dem Einkommen zuständige Finanzbehörde zuständig. [2] Die nach Absatz 1 übermittelten Daten können durch die nach Satz 1 zuständige Finanzbehörde zum Zweck der Anwendung des § 93c Absatz 4 Satz 1 der Abgabenordnung bei den für die Besteuerung der Arbeitnehmer nach dem Einkommen zuständigen Finanzbehörden abgerufen und verwendet werden.

(2) Die Bundesregierung wird ermächtigt, durch Rechtsverordnung mit Zustimmung des Bundesrates weitere Vorschriften zu erlassen über

1. Aufzeichnungs- und Mitteilungspflichten des Arbeitgebers und des Unternehmens oder Instituts, bei dem die vermögenswirksamen Leistungen angelegt sind, und
2. die Festlegung von Wertpapieren und die Art der Festlegung, soweit dies erforderlich ist, damit nicht die Arbeitnehmer-Sparzulage zu Unrecht gezahlt, versagt, nicht zurückgefordert oder nicht einbehalten wird.

(3) Haben der Arbeitgeber, das Unternehmen, das Institut oder der in § 3 Abs. 3 genannte Gläubiger ihre Pflichten nach diesem Gesetz oder nach einer auf Grund dieses Gesetzes erlassenen Rechtsverordnung verletzt, so haften sie für die Arbeitnehmer-Sparzulage, die wegen ihrer Pflichtverletzung zu Unrecht gezahlt, nicht zurückgefordert oder nicht einbehalten worden ist.

(4)[2] Das Finanzamt, das für die Besteuerung nach dem Einkommen der in Absatz 3 Genannten zuständig ist, hat auf deren Anfrage Auskunft darüber zu erteilen, wie im einzelnen Fall die Vorschriften über vermögenswirksame Leistungen anzuwenden sind, die nach § 2 Absatz 1 Nummer 1 bis 5 und Absatz 2 bis 4 angelegt werden.

(5)[3] [1] Das für die Lohnsteuer-Außenprüfung zuständige Finanzamt kann bei den in Absatz 3 Genannten eine Außenprüfung durchführen, um festzustellen, ob sie ihre Pflichten nach diesem Gesetz oder nach einer auf Grund dieses Gesetzes erlassenen Rechtsverordnung, soweit diese mit der Anlage vermögenswirksamer Leistungen nach § 2 Abs. 1 Nr. 1 bis 5, Abs. 2 bis 4 zusammenhängen, erfüllt haben. [2] Die §§ 195 bis 203a der Abgabenordnung gelten entsprechend.

§ 16 Berlin-Klausel. (gegenstandslos)

§ 17 Anwendungsvorschriften. (1)[4] Die vorstehenden Vorschriften dieses Gesetzes gelten vorbehaltlich der nachfolgenden Absätze für vermögenswirksame Leistungen, die nach dem 31. Dezember 1993 angelegt werden.

(2) Für vermögenswirksame Leistungen, die vor dem 1. Januar 1994 angelegt werden, gilt, soweit Absatz 5 nichts anderes bestimmt, § 17 des Fünften Vermögensbildungsgesetzes in der Fassung der Bekanntmachung vom 19. Januar 1989 (BGBl. I S. 137) – Fünftes Vermögensbildungsgesetz 1989 –, unter

[1] § 15 Abs. 1a eingef. mWv 1.1.2017 durch G v. 18.7.2016 (BGBl. I S. 1679).
[2] § 15 Abs. 4 neu gef. mWv 1.1.2017 durch G v. 18.7.2016 (BGBl. I S. 1679).
[3] § 15 Abs. 5 Satz 2 neu gef. mWv 1.1.2017 durch G v. 18.7.2016 (BGBl. I S. 1679).
[4] § 17 Abs. 1 neu gef. durch G v. 29.7.2008 (BGBl. I S. 1509).

Berücksichtigung der Änderung durch Artikel 2 Nr. 1 des Gesetzes vom 13. Dezember 1990 (BGBl. I S. 2749).

(3) Für vermögenswirksame Leistungen, die im Jahr 1994 angelegt werden auf Grund eines vor dem 1. Januar 1994 abgeschlossenen Vertrags

1. nach § 4 Abs. 1 oder § 5 Abs. 1 des Fünften Vermögensbildungsgesetzes 1989 zum Erwerb von Aktien oder Wandelschuldverschreibungen, die keine Aktien oder Wandelschuldverschreibungen im Sinne des vorstehenden § 2 Abs. 1 Nr. 1 Buchstabe a oder b, Abs. 2 Satz 1 sind, oder
2. nach § 6 Abs. 2 des Fünften Vermögensbildungsgesetzes 1989 über die Begründung eines Geschäftsguthabens bei einer Genossenschaft, die keine Genossenschaft im Sinne des vorstehenden § 2 Abs. 1 Nr. 1 Buchstabe g, Abs. 2 Satz 2 ist, oder
3. nach § 6 Abs. 2 oder § 7 Abs. 2 des Fünften Vermögensbildungsgesetzes 1989 über die Übernahme einer Stammeinlage oder zum Erwerb eines Geschäftsanteils an einer Gesellschaft mit beschränkter Haftung, die keine Gesellschaft im Sinne des vorstehenden § 2 Abs. 1 Nr. 1 Buchstabe h, Abs. 2 Satz 3 ist,

gelten statt der vorstehenden §§ 2, 4, 6 und 7 die §§ 2, 4, 6 und 7 des Fünften Vermögensbildungsgesetzes 1989.

(4) Für vermögenswirksame Leistungen, die nach dem 31. Dezember 1993 auf Grund eines Vertrags im Sinne des § 17 Abs. 5 Satz 1 des Fünften Vermögensbildungsgesetzes 1989 angelegt werden, gilt § 17 Abs. 5 und 6 des Fünften Vermögensbildungsgesetzes 1989.

(5) [1] Für vermögenswirksame Leistungen, die vor dem 1. Januar 1994 auf Grund eines Vertrags im Sinne des Absatzes 3 angelegt worden sind, gelten § 4 Abs. 2 bis 5, § 5 Abs. 2, § 6 Abs. 3 und § 7 Abs. 3 des Fünften Vermögensbildungsgesetzes 1989 über Fristen für die Verwendung vermögenswirksamer Leistungen und über Sperrfristen nach dem 31. Dezember 1993 nicht mehr. [2] Für vermögenswirksame Leistungen, die vor dem 1. Januar 1990 auf Grund eines Vertrags im Sinne des § 17 Abs. 2 des Fünften Vermögensbildungsgesetzes 1989 über die Begründung einer oder mehrerer Beteiligungen als stiller Gesellschafter angelegt worden sind, gilt § 7 Abs. 3 des Fünften Vermögensbildungsgesetzes in der Fassung der Bekanntmachung vom 19. Februar 1987 (BGBl. I S. 630) über die Sperrfrist nach dem 31. Dezember 1993 nicht mehr.

(6)[1)] Für vermögenswirksame Leistungen, die vor dem 1. Januar 1999 angelegt worden sind, gilt § 13 Abs. 1 und 2 dieses Gesetzes in der Fassung der Bekanntmachung vom 4. März 1994 (BGBl. I S. 406).

(7)[2)] § 13 Abs. 1 Satz 1 und Abs. 2 in der Fassung des Artikels 2 des Gesetzes vom 7. März 2009 (BGBl. I S. 451) ist erstmals für vermögenswirksame Leistungen anzuwenden, die nach dem 31. Dezember 2008 angelegt werden.

(8)[3)] § 8 Abs. 5, § 13 Abs. 5 Satz 1 und 2, § 14 Abs. 4 Satz 4 Buchstabe b und § 15 Abs. 1 Nr. 3 in der Fassung des Artikels 7 des Gesetzes vom 29. Juli 2008 (BGBl. I S. 1509) sind erstmals für vermögenswirksame Leistungen anzuwenden, die nach dem 31. Dezember 2008 angelegt werden.

[1)] § 17 Abs. 6 angef. durch G v. 7.9.1998 (BGBl. I S. 2647).
[2)] § 17 Abs. 7 neu gef. durch G v. 7.3.2009 (BGBl. I S. 451).
[3)] § 17 Abs. 8 angef. durch G v. 29.7.2008 (BGBl. I S. 1509).

(9)[1] § 4 Abs. 4 Nr. 4 und § 13 Abs. 5 Satz 3 Nr. 3 in der Fassung des Artikels 1 des Gesetzes vom 8. Dezember 2008 (BGBl. I S. 2373) ist erstmals bei Verfügungen nach dem 31. Dezember 2008 anzuwenden.

(10)[2] § 14 Absatz 4 Satz 2 in der Fassung des Artikels 12 des Gesetzes vom 16. Juli 2009 (BGBl. I S. 1959) ist erstmals für vermögenswirksame Leistungen anzuwenden, die nach dem 31. Dezember 2006 angelegt werden, und in Fällen, in denen am 22. Juli 2009 über einen Antrag auf Arbeitnehmer-Sparzulage noch nicht bestandskräftig entschieden ist.

(11)[3] § 13 Absatz 1 Satz 2 in der Fassung des Artikels 10 des Gesetzes vom 8. Dezember 2010 (BGBl. I S. 1768) ist erstmals für vermögenswirksame Leistungen anzuwenden, die nach dem 31. Dezember 2008 angelegt werden.

(12)[4] § 2 Absatz 1 Nummer 5 in der Fassung des Artikels 13 des Gesetzes vom 7. Dezember 2011 (BGBl. I S. 2592) ist erstmals für vermögenswirksame Leistungen anzuwenden, die nach dem 31. Dezember 2011 angelegt werden.

(13)[5] [1] § 3 Absatz 1 Satz 1 Nummer 1 in der Fassung des Artikels 18 des Gesetzes vom 26. Juni 2013 (BGBl. I S. 1809) ist erstmals für vermögenswirksame Leistungen anzuwenden, die nach dem 31. Dezember 2012 angelegt werden. [2] § 4 Absatz 4 Nummer 1, 2 und 4 sowie § 8 Absatz 5 Satz 1 in der Fassung des Artikels 18 des Gesetzes vom 26. Juni 2013 (BGBl. I S. 1809) sind erstmals bei Verfügungen nach dem 31. Dezember 2012 anzuwenden.

(14)[6] [1] Das Bundesministerium der Finanzen teilt den Zeitpunkt der erstmaligen Anwendung der §§ 13 und 14 Absatz 4 sowie des § 15 in der Fassung des Artikels 18 des Gesetzes vom 26. Juni 2013 (BGBl. I S. 1809) durch ein im Bundessteuerblatt zu veröffentlichendes Schreiben[7] mit. [2] Bis zu diesem Zeitpunkt sind die §§ 13 und 14 Absatz 4 sowie der § 15 in der Fassung des Artikels 13 des Gesetzes vom 7. Dezember 2011 (BGBl. I S. 2592) weiter anzuwenden.

(15)[8] [1] § 2 Absatz 1 Nummer 1 in der Fassung des Artikels 5 des Gesetzes vom 18. Dezember 2013 (BGBl. I S. 4318) ist erstmals für vermögenswirksame Leistungen anzuwenden, die nach dem 31. Dezember 2013 angelegt werden. [2] § 4 Absatz 4 Nummer 4 in der Fassung des Artikels 5 des Gesetzes vom 18. Dezember 2013 (BGBl. I S. 4318) ist erstmals bei Verfügungen nach dem 31. Dezember 2013 anzuwenden.

(16)[9] Zur Abwicklung von Verträgen, die vor dem 25. Mai 2018 unter den Voraussetzungen des § 15 Absatz 1 Satz 4 in der am 30. Juni 2013 geltenden Fassung abgeschlossen wurden, sind das Unternehmen, das Institut oder der in § 3 Absatz 3 genannte Gläubiger verpflichtet, die Daten nach Maßgabe des § 15 Absatz 1 Satz 1 zu übermitteln, es sei denn, der Arbeitnehmer hat der Datenübermittlung schriftlich widersprochen.

---

[1] § 17 Abs. 9 angef. durch G v. 8.12.2008 (BGBl. I S. 2373).
[2] § 17 Abs. 10 angef. durch G v. 16.7.2009 (BGBl. I S. 1959).
[3] § 17 Abs. 11 angef. durch G v. 8.12.2010 (BGBl. I S. 1768).
[4] § 17 Abs. 12 angef. durch G v. 7.12.2011 (BGBl. I S. 2592).
[5] § 17 Abs. 13 angef. durch G v. 26.6.2013 (BGBl. I S. 1809).
[6] § 17 Abs. 14 angef. durch G v. 26.6.2013 (BGBl. I S. 1809).
[7] Siehe BMF v. 16.12.2016, BStBl. I 2016, 1435.
[8] § 17 Abs. 15 angef. durch G v. 18.12.2013 (BGBl. I S. 4318).
[9] § 17 Abs. 16 angef. durch G v. 20.11.2019 (BGBl. I S. 1626).

§ 18 Kündigung eines vor 1994 abgeschlossenen Anlagevertrags und der Mitgliedschaft in einer Genossenschaft oder Gesellschaft mit beschränkter Haftung. (1) Hat sich der Arbeitnehmer in einem Vertrag im Sinne des § 17 Abs. 3 verpflichtet, auch nach dem 31. Dezember 1994 vermögenswirksame Leistungen überweisen zu lassen oder andere Beträge zu zahlen, so kann er den Vertrag bis zum 30. September 1994 auf den 31. Dezember 1994 mit der Wirkung schriftlich kündigen, daß auf Grund dieses Vertrags vermögenswirksame Leistungen oder andere Beträge nach dem 31. Dezember 1994 nicht mehr zu zahlen sind.

(2) [1] Ist der Arbeitnehmer im Zusammenhang mit dem Abschluß eines Vertrags im Sinne des § 17 Abs. 3 Nr. 2 Mitglied in einer Genossenschaft geworden, so kann er die Mitgliedschaft bis zum 30. September 1994 auf den 31. Dezember 1994 mit der Wirkung schriftlich kündigen, daß nach diesem Zeitpunkt die Verpflichtung, Einzahlungen auf einen Geschäftsanteil zu leisten und ein Eintrittsgeld zu zahlen, entfällt. [2] Weitergehende Rechte des Arbeitnehmers nach dem Statut der Genossenschaft bleiben unberührt. [3] Der ausgeschiedene Arbeitnehmer kann die Auszahlung des Auseinandersetzungsguthabens, die Genossenschaft kann die Zahlung eines den ausgeschiedenen Arbeitnehmer treffenden Anteils an einem Fehlbetrag zum 1. Januar 1998 verlangen.

(3) [1] Ist der Arbeitnehmer im Zusammenhang mit dem Abschluß eines Vertrags im Sinne des § 17 Abs. 3 Nr. 3 Gesellschafter einer Gesellschaft mit beschränkter Haftung geworden, so kann er die Mitgliedschaft bis zum 30. September 1994 auf den 31. Dezember 1994 schriftlich kündigen. [2] Weitergehende Rechte des Arbeitnehmers nach dem Gesellschaftsvertrag bleiben unberührt. [3] Der zum Austritt berechtigte Arbeitnehmer kann von der Gesellschaft als Abfindung den Verkehrswert seines Geschäftsanteils verlangen; maßgebend ist der Verkehrswert im Zeitpunkt des Zugangs der Kündigungserklärung. [4] Der Arbeitnehmer kann die Abfindung nur verlangen, wenn die Gesellschaft sie ohne Verstoß gegen § 30 Abs. 1 des Gesetzes betreffend die Gesellschaften mit beschränkter Haftung zahlen kann. [5] Hat die Gesellschaft die Abfindung bezahlt, so stehen dem Arbeitnehmer aus seinem Geschäftsanteil keine Rechte mehr zu. [6] Kann die Gesellschaft bis zum 31. Dezember 1996 die Abfindung nicht gemäß Satz 4 zahlen, so ist sie auf Antrag des zum Austritt berechtigten Arbeitnehmers aufzulösen. [7] § 61 Abs. 1, Abs. 2 Satz 1 und Abs. 3 des Gesetzes betreffend die Gesellschaften mit beschränkter Haftung gilt im übrigen entsprechend.

(4) Werden auf Grund der Kündigung nach Absatz 1, 2 oder 3 Leistungen nicht erbracht, so hat der Arbeitnehmer dies nicht zu vertreten.

(5) [1] Hat der Arbeitnehmer nach Absatz 1 einen Vertrag im Sinne des § 17 Abs. 3 Nr. 2 oder nach Absatz 2 die Mitgliedschaft in einer Genossenschaft gekündigt, so gelten beide Kündigungen als erklärt, wenn der Arbeitnehmer dies nicht ausdrücklich ausgeschlossen hat. [2] Entsprechendes gilt, wenn der Arbeitnehmer nach Absatz 1 einen Vertrag im Sinne des § 17 Abs. 3 Nr. 3 oder nach Absatz 3 die Mitgliedschaft in einer Gesellschaft mit beschränkter Haftung gekündigt hat.

(6) Macht der Arbeitnehmer von seinem Kündigungsrecht nach Absatz 1 keinen Gebrauch, so gilt die Verpflichtung, vermögenswirksame Leistungen überweisen zu lassen, nach dem 31. Dezember 1994 als Verpflichtung, andere Beträge in entsprechender Höhe zu zahlen.

26. Verordnung zur Durchführung des Fünften Vermögensbildungsgesetzes (Fünftes Vermögensbildungsgesetz-Durchführungsverordnung – VermBDV)[1)]

Vom 20. Dezember 1994
(BGBl. I S. 3904)

FNA 800-9-3-3

geänd. durch Art. 34 Gesetz zur Umrechnung und Glättung steuerlicher Euro-Beträge (Steuer-Euroglättungsgesetz – StEuglG) v. 19.12.2000 (BGBl. I S. 1790), Art. 19 Gesetz zur Änderung des Investmentgesetzes und zur Anpassung anderer Vorschriften (Investmentänderungsgesetz) v. 21.12. 2007 (BGBl. I S. 3089), Art. 8 Gesetz zur verbesserten Einbeziehung der selbstgenutzten Wohnimmobilie in die geförderte Altersvorsorge (Eigenheimrentengesetz – EigRentG) v. 29.7.2008 (BGBl. I S. 1509), Art. 14 Gesetz zur Modernisierung und Entbürokratisierung des Steuerverfahrens (Steuerbürokratieabbaugesetz) v. 20.12.2008 (BGBl. I S. 2850), Art. 19 Gesetz zur Umsetzung der Amtshilferichtlinie sowie zur Änderung steuerlicher Vorschriften (Amtshilferichtlinie-Umsetzungsgesetz – AmtshilfeRLUmsG) v. 26.6.2013 (BGBl. I S. 1809), Art. 10 Gesetz zur Anpassung des Investmentsteuergesetzes und anderer Gesetze an das AIFM-Umsetzungsgesetz (AIFM-Steuer-Anpassungsgesetz – AIFM-StAnpG) v. 18.12.2013 (BGBl. I S. 4318), Art. 14 Gesetz zur Anpassung steuerlicher Regelungen an die Rechtsprechung des Bundesverfassungsgerichts v. 18.7.2014 (BGBl. I S. 1042), Art. 8 Verordnung zur Änderung steuerlicher Verordnungen und weiterer Vorschriften v. 22.12.2014 (BGBl. I S. 2392) und Art. 10 Vierte Verordnung zur Änderung steuerlicher Verordnungen v. 12.7.2017 (BGBl. I S. 2360)

Auf Grund des § 14 Abs. 5 und des § 15 Abs. 2 des Fünften Vermögensbildungsgesetzes[2)] in der Fassung der Bekanntmachung vom 4. März 1994 (BGBl. I S. 406) verordnet die Bundesregierung und auf Grund des § 156 Abs. 1 der Abgabenordnung vom 16. März 1976 (BGBl. I S. 613), der durch Artikel 26 des Gesetzes vom 21. Dezember 1993 (BGBl. I S. 2310) geändert worden ist, verordnet das Bundesministerium der Finanzen:

§ 1 Verfahren. Auf das Verfahren bei der Festsetzung, Auszahlung und Rückzahlung der Arbeitnehmer-Sparzulage sind neben den in § 14 Abs. 2 des Gesetzes bezeichneten Vorschriften die für die Einkommensteuer und Lohnsteuer geltenden Regelungen sinngemäß anzuwenden, soweit sich aus den nachstehenden Vorschriften nichts anderes ergibt.

§ 2[3)] Mitteilungspflichten des Arbeitgebers, des Kreditinstituts oder des Unternehmens. (1) Der Arbeitgeber hat bei Überweisung vermögenswirksamer Leistungen im Dezember und Januar eines Kalenderjahres dem Kreditinstitut oder dem Unternehmen, bei dem die vermögenswirksamen Leistungen angelegt werden, das Kalenderjahr mitzuteilen, dem die vermögenswirksamen Leistungen zuzuordnen sind.

[1)] Titel neu gef. durch VO v. 12.7.2017 (BGBl. I S. 2360).

[2)] Nr. **25**.

[3)] § 2 Abs. 3 Satz 1 und 2, Abs. 4 Satz 1 und 2 geänd. mWv 28.12.2007 durch G v. 21.12.2007 (BGBl. I S. 3089); Abs. 2 Satz 1 geänd. durch G v. 26.6.2013 (BGBl. I S. 1809); zur erstmaligen Anwendung ab 1.1.2017 siehe BMF v. 16.12.2016 (BStBl. I S. 1435); Abs. 3 Sätze 1 und 2, Abs. 4 Sätze 1 und 2 geänd. mWv 24.12.2013 durch G v. 18.12.2013 (BGBl. I S. 4318); Abs. 2 Satz 1 Nr. 3 geänd. mWv 24.7.2014 durch G v. 18.7.2014 (BGBl. I S. 1042); Abs. 2 Satz 1 neu gef., Abs. 3 Satz 1 abschl. Satzteil und Abs. 4 Satz 1 geänd. mWv 1.1.2018 durch VO v. 12.7.2017 (BGBl. I S. 2360).

(2) [1] Werden bei einer Anlage nach § 2 Absatz 1 Nummer 4 des Gesetzes

1. Wohnbau-Sparverträge in Baufinanzierungsverträge umgewandelt (§ 12 Absatz 1 Nummer 2 der Verordnung zur Durchführung des Wohnungsbau-Prämiengesetzes) oder
2. Baufinanzierungsverträge in Wohnbau-Sparverträge umgewandelt (§ 18 Absatz 1 Nummer 2 der Verordnung zur Durchführung des Wohnungsbau-Prämiengesetzes),

hat das Kreditinstitut oder Unternehmen, bei dem die vermögenswirksamen Leistungen angelegt worden sind, dem neuen Kreditinstitut oder Unternehmen unverzüglich mitzuteilen.

a) den Betrag der vermögenswirksamen Leistungen,
b) das Kalenderjahr, dem sie zuzuordnen sind,
c) das Ende der Sperrfrist,
d) seinen Institutsschlüssel gemäß § 5 Absatz 1 und
e) die bisherige Vertragsnummer des Arbeitnehmers.

[2] Das neue Kreditinstitut oder Unternehmen hat die Angaben aufzuzeichnen.

(3) [1] Das Kreditinstitut oder die Kapitalverwaltungsgesellschaft, bei dem vermögenswirksame Leistungen auf Grund eines Vertrags im Sinne des § 4 des Gesetzes angelegt werden, hat

1. dem Arbeitgeber, der mit den vermögenswirksamen Leistungen erworbene Wertpapiere verwahrt oder an dessen Unternehmen eine nichtverbriefte Vermögensbeteiligung im Sinne des § 2 Abs. 1 Nr. 1 Buchstabe g bis l des Gesetzes mit den vermögenswirksamen Leistungen begründet oder erworben wird, oder
2. dem Unternehmen, an dem eine nichtverbriefte Vermögensbeteiligung im Sinne des § 2 Abs. 1 Nr. 1 Buchstabe g bis l des Gesetzes mit den vermögenswirksamen Leistungen begründet oder erworben wird,

das Ende der für die vermögenswirksamen Leistungen geltenden Sperrfrist unverzüglich mitzuteilen. [2] Wenn über die verbrieften oder nichtverbrieften Vermögensbeteiligungen vor Ablauf der Sperrfrist verfügt worden ist, hat dies der Arbeitgeber oder das Unternehmen dem Kreditinstitut oder der Kapitalverwaltungsgesellschaft unverzüglich mitzuteilen.

(4) [1] Der Arbeitgeber, bei dem vermögenswirksame Leistungen auf Grund eines Vertrags im Sinne des § 5 des Gesetzes angelegt werden, hat dem vom Arbeitnehmer benannten Kreditinstitut, das die erworbenen Wertpapiere verwahrt, oder der vom Arbeitnehmer benannten Kapitalverwaltungsgesellschaft, die die erworbenen Wertpapiere verwahrt, das Ende der für die vermögenswirksamen Leistungen geltenden Sperrfrist unverzüglich mitzuteilen. [2] Wenn über die Wertpapiere vor Ablauf der Sperrfrist verfügt worden ist, hat dies das Kreditinstitut oder die Kapitalverwaltungsgesellschaft dem Arbeitgeber unverzüglich mitzuteilen.

§ 3 Aufzeichnungspflichten des Beteiligungsunternehmens. (1) [1] Das Unternehmen, an dem eine nichtverbriefte Vermögensbeteiligung im Sinne des § 2 Abs. 1 Nr. 1 Buchstabe g bis l des Gesetzes auf Grund eines Vertrags im Sinne des § 6 Abs. 2 oder des § 7 Abs. 2 des Gesetzes mit vermögenswirksamen Leistungen begründet oder erworben wird, hat den Betrag der vermögenswirksamen Leistungen und das Kalenderjahr, dem sie zuzuordnen sind, sowie das

Ende der Sperrfrist aufzuzeichnen. [2]Bei Verträgen im Sinne des § 4 des Gesetzes genügt die Aufzeichnung des Endes der Sperrfrist.

(2) Zu den Aufzeichnungen nach Absatz 1 Satz 1 ist auch der Arbeitgeber verpflichtet, an dessen Unternehmen eine nichtverbriefte Vermögensbeteiligung im Sinne des § 2 Abs. 1 Nr. 1 Buchstabe g bis l des Gesetzes auf Grund eines Vertrags im Sinne des § 6 Abs. 1 oder des § 7 Abs. 1 des Gesetzes mit vermögenswirksamen Leistungen begründet oder erworben wird.

§ 4[1)] Festlegung von Wertpapieren. (1) Wertpapiere, die auf Grund eines Vertrags im Sinne des § 4 des Gesetzes mit vermögenswirksamen Leistungen erworben werden, sind auf den Namen des Arbeitnehmers dadurch festzulegen, daß sie für die Dauer der Sperrfrist wie folgt in Verwahrung gegeben werden:

1. [1]Erwirbt der Arbeitnehmer Einzelurkunden, so müssen diese in das Depot bei dem Kreditinstitut oder der Kapitalverwaltungsgesellschaft gegeben werden, mit dem er den Sparvertrag abgeschlossen hat. [2]Das Kreditinstitut oder die Kapitalverwaltungsgesellschaft muß in den Depotbüchern einen Sperrvermerk für die Dauer der Sperrfrist anbringen. [3]Bei Drittverwahrung genügt ein Sperrvermerk im Kundenkonto beim erstverwahrenden Kreditinstitut oder bei der erstverwahrenden Kapitalverwaltungsgesellschaft.
2. Erwirbt der Arbeitnehmer Anteile an einem Sammelbestand von Wertpapieren oder werden Wertpapiere bei einer Wertpapiersammelbank in Sammelverwahrung gegeben, so muß das Kreditinstitut oder die Kapitalverwaltungsgesellschaft einen Sperrvermerk in das Depotkonto eintragen.

(2) [1]Wertpapiere nach Absatz 1 Satz 1,

1. die eine Vermögensbeteiligung an Unternehmen des Arbeitgebers oder eine gleichgestellte Vermögensbeteiligung (§ 2 Abs. 2 Satz 1 des Gesetzes) verbriefen oder
2. die der Arbeitnehmer vom Arbeitgeber erwirbt,

können auch vom Arbeitgeber verwahrt werden. [2]Der Arbeitgeber hat die Verwahrung sowie das Ende der Sperrfrist aufzuzeichnen.

(3) [1]Wertpapiere, die auf Grund eines Vertrags im Sinne des § 5 des Gesetzes erworben werden, sind festzulegen durch Verwahrung

1. beim Arbeitgeber oder
2. im Auftrag des Arbeitgebers bei einem Dritten oder
3. bei einem vom Arbeitnehmer benannten inländischen Kreditinstitut oder bei einer vom Arbeitnehmer benannten inländischen Kapitalverwaltungsgesellschaft.

[2]In den Fällen der Nummern 1 und 2 hat der Arbeitgeber die Verwahrung, den Betrag der vermögenswirksamen Leistungen, das Kalenderjahr, dem sie zuzuordnen sind, und das Ende der Sperrfrist aufzuzeichnen. [3]Im Falle der Nummer 3 hat das Kreditinstitut oder die Kapitalverwaltungsgesellschaft das Ende der Sperrfrist aufzuzeichnen.

(4) Bei einer Verwahrung durch ein Kreditinstitut oder eine Kapitalverwaltungsgesellschaft hat der Arbeitnehmer innerhalb von drei Monaten nach dem

---

[1)] § 4 Abs. 1 Nr. 1 Sätze 1 bis 3 und Nr. 2, Abs. 3 Satz 1 Nr. 3, Satz 3 und Abs. 4 geänd. mWv 28.12.2007 durch G v. 21.12.2007 (BGBl. I S. 3089); Abs. 1 Nr. 1 Sätze 1 bis 3 und Nr. 2, Abs. 3 Satz 1 Nr. 3, Satz 3 und Abs. 4 geänd. mWv 24.12.2013 durch G v. 18.12.2013 (BGBl. I S. 4318).

Erwerb der Wertpapiere dem Arbeitgeber eine Bescheinigung des Kreditinstituts oder der Kapitalverwaltungsgesellschaft darüber vorzulegen, daß die Wertpapiere entsprechend Absatz 1 in Verwahrung genommen worden sind.

§ 5[1)] Elektronische Vermögensbildungsbescheinigung. (1) [1]Das Kreditinstitut, das Unternehmen oder der Arbeitgeber, bei dem vermögenswirksame Leistungen nach § 2 Absatz 1 Nummer 1 bis 4 oder Absatz 2 bis 4 des Gesetzes angelegt werden, hat in der elektronischen Vermögensbildungsbescheinigung seinen Institutsschlüssel und die Vertragsnummer des Arbeitnehmers anzugeben. [2]Der Institutsschlüssel ist bei der Zentralstelle für Arbeitnehmer-Sparzulage und Wohnungsbauprämie anzufordern. [3]Bei der Anforderung sind anzugeben

1. Name und Anschrift des anfordernden Kreditinstituts, Unternehmens oder Arbeitgebers,
2. Bankverbindung für die Überweisung der Arbeitnehmer-Sparzulagen,
3. Lieferanschrift für die Übersendung von Datenträgern.

[4]Die Vertragsnummer darf keine Sonderzeichen enthalten.

(2) Der Arbeitgeber oder das Unternehmen, bei dem vermögenswirksame Leistungen nach § 2 Abs. 1 Nr. 2 und 3, Abs. 2 bis 4 des Gesetzes angelegt werden, hat in der elektronischen Vermögensbildungsbescheinigung, die noch nicht zum Erwerb von Wertpapieren oder zur Begründung von Rechten verwendet worden sind, als Ende der Sperrfrist den 31. Dezember des sechsten Kalenderjahres nach dem Kalenderjahr anzugeben, dem die vermögenswirksamen Leistungen zuzuordnen sind.

(3) [1]In der elektronischen Vermögensbildungsbescheinigung über vermögenswirksame Leistungen, die nach § 2 Absatz 1 Nummer 1 oder Nummer 4 des Gesetzes bei Kreditinstituten, Kapitalverwaltungsgesellschaften oder Versicherungsunternehmen angelegt worden sind, ist bei einer unschädlichen vorzeitigen Verfügung als Ende der Sperrfrist der Zeitpunkt dieser Verfügung anzugeben. [2]Dies gilt bei Zuteilung eines Bausparvertrags entsprechend.

(4) Bei einer schädlichen vorzeitigen Verfügung über vermögenswirksame Leistungen, die nach § 2 Abs. 1 Nr. 1 oder 4 des Gesetzes bei Kreditinstituten, Kapitalverwaltungsgesellschaften oder Versicherungsunternehmen angelegt worden sind, darf eine elektronische Vermögensbildungsbescheinigung nicht erteilt werden.

§ 6[2)] Festsetzung der Arbeitnehmer-Sparzulage, Mitteilungspflichten der Finanzämter. (1) [1]Die Festsetzung der Arbeitnehmer-Sparzulage ist regelmäßig mit der Einkommensteuererklärung zu beantragen. [2]Die festzusetzende Arbeitnehmer-Sparzulage ist auf den nächsten vollen Euro-Betrag auf-

---

[1)] § 5 Abs. 4 Satz 1 und Abs. 5 geänd. mWv 28.12.2007 durch G v. 21.12.2007 (BGBl. I S. 3089); Überschrift neu gef., Abs. 1 aufgeh., bish. Abs. 2 bis 5 werden Abs. 1 bis 4, neuer Abs. 1 Satz 1, neuer Abs. 2, Abs. 3 Satz 1 und Abs. 4 geänd. durch G v. 26.6.2013 (BGBl. I S. 1809); zur erstmaligen Anwendung ab 1.1.2017 siehe BMF v. 16.12.2016 (BStBl. I S. 1435); Abs. 3 Satz 1, Abs. 4 geänd. mWv 24.12.2013 durch G v. 18.12.2013 (BGBl. I S. 4318); Abs. 3 neu gef. mWv 30.12.2014 durch VO v. 22.12.2014 (BGBl. I S. 2392); Abs. 1 Satz 1 neu gef., Abs. 1 Satz 2, Abs. 3 Satz 1 und Abs. 4 geänd. mWv 1.1.2018 durch VO v. 12.7.2017 (BGBl. I S. 2360).

[2)] § 6 Abs. 1 Satz 2, Abs. 3 und Abs. 4 Satz 1 geänd. mWv 1.1.2002 durch G v. 19.12.2000 (BGBl. I S. 1790); Abs. 1 Satz 3, Abs. 2 Satz 1, Abs. 3 und Abs. 4 Satz 1 geänd. mWv 1.1.2018 durch VO v. 12.7.2017 (BGBl. I S. 2360).

zurunden. [3]Sind für den Arbeitnehmer die vermögenswirksamen Leistungen eines Kalenderjahres auf mehr als einem der in § 2 Abs. 1 Nr. 1 bis 5 des Gesetzes bezeichneten Anlageverträge angelegt worden, so gilt die Aufrundung für jeden Vertrag.

(2) [1]Festgesetzte, noch nicht fällige Arbeitnehmer-Sparzulagen sind der Zentralstelle für Arbeitnehmer-Sparzulage und Wohnungsbauprämie zur Aufzeichnung der für ihre Auszahlung notwendigen Daten mitzuteilen. [2]Das gilt auch für die Änderung festgesetzter Arbeitnehmer-Sparzulagen sowie in den Fällen, in denen festgesetzte Arbeitnehmer-Sparzulagen nach Auswertung einer Anzeige über die teilweise schädliche vorzeitige Verfügung (§ 8 Abs. 4 Satz 2) unberührt bleiben.

(3) Werden bei einer Anlage nach § 2 Abs. 1 Nr. 1 bis 4, Abs. 2 bis 4 des Gesetzes vor Ablauf der Sperrfrist teilweise Beträge zurückgezahlt, Ansprüche aus dem Vertrag abgetreten oder beliehen, die Bauspar- oder Versicherungssumme ausgezahlt, die Festlegung aufgehoben oder Spitzenbeträge nach § 4 Abs. 3 des Gesetzes von mehr als 150 Euro nicht rechtzeitig verwendet, so gelten für die Festsetzung oder Neufestsetzung der Arbeitnehmer-Sparzulage die Beträge in folgender Reihenfolge als zurückgezahlt:

1. Beträge, die keine vermögenswirksamen Leistungen sind,
2. vermögenswirksame Leistungen, für die keine Arbeitnehmer-Sparzulage festgesetzt worden ist,
3. vermögenswirksame Leistungen, für die eine Arbeitnehmer-Sparzulage festgesetzt worden ist.

(4) [1]In den Fällen des § 4 Abs. 4 Nr. 6 des Gesetzes gilt für die Festsetzung oder Neufestsetzung der Arbeitnehmer-Sparzulage der nicht wiederverwendete Erlös, wenn er 150 Euro übersteigt, in folgender Reihenfolge als zurückgezahlt:

1. Beträge, die keine vermögenswirksamen Leistungen sind,
2. vermögenswirksame Leistungen, für die keine Arbeitnehmer-Sparzulage festgesetzt worden ist,
3. vermögenswirksame Leistungen, für die eine Arbeitnehmer-Sparzulage festgesetzt worden ist.

[2]Maßgebend sind die bis zum Ablauf des Kalenderjahres, das dem Kalenderjahr der Veräußerung vorangeht, angelegten Beträge.

§ 7[1)] Auszahlung der Arbeitnehmer-Sparzulage. (1) Die festgesetzte Arbeitnehmer-Sparzulage ist vom Finanzamt an den Arbeitnehmer auszuzahlen

1. bei einer Anlage nach § 2 Abs. 1 Nr. 4 des Gesetzes in Verbindung mit § 2 Abs. 1 Nr. 2 des Wohnungsbau-Prämiengesetzes sowie bei einer Anlage nach § 2 Abs. 1 Nr. 5 des Gesetzes;
2. bei einer Anlage nach § 2 Abs. 1 Nr. 1 bis 4, Abs. 2 bis 4 des Gesetzes, wenn im Zeitpunkt der Bekanntgabe des Bescheids über die Festsetzung der Arbeitnehmer-Sparzulage die für die Anlageform vorgeschriebene Sperrfrist oder die im Wohnungsbau-Prämiengesetz oder in der Verordnung zur

1) § 7 Abs. 1 Nr. 2 Satz 1 geänd., Satz 2 angef. mWv 1.8.2008 durch G v. 29.7.2008 (BGBl. I S. 1509); Abs. 1 Nr. 3 geänd. durch G v. 26.6.2013 (BGBl. I S. 1809); zur erstmaligen Anwendung ab 1.1.2017 siehe BMF v. 16.12.2016 (BStBl. I S. 1435); Abs. 1 Nr. 2 Satz 1 geänd., Abs. 2 Satz 1 neu gef. mWv 1.1.2018 durch VO v. 12.7.2017 (BGBl. I S. 2360).

Durchführung des Wohnungsbau-Prämiengesetzes genannten Sperr- und Rückzahlungsfristen abgelaufen sind. [2]Bei Bausparverträgen gelten die in § 2 Abs. 3 Satz 1 des Wohnungsbau-Prämiengesetzes genannten Sperr- und Rückzahlungsfristen unabhängig davon, ob der Vertrag vor dem 1. Januar 2009 oder nach dem 31. Dezember 2008 abgeschlossen worden ist;

3. in den Fällen des § 5 Absatz 3;
4. bei einer Anlage nach § 2 Abs. 1 Nr. 2 und 3 des Gesetzes, wenn eine unschädliche vorzeitige Verfügung vorliegt.

(2) [1]Die bei der Zentralstelle für Arbeitnehmer-Sparzulage und Wohnungsbauprämie aufgezeichneten Arbeitnehmer-Sparzulagen für Anlagen nach § 2 Absatz 1 Nummer 1 bis 4, Absatz 2 bis 4 des Gesetzes sind dem Kreditinstitut, dem Unternehmen oder dem Arbeitgeber, bei dem die vermögenswirksamen Leistungen angelegt worden sind, zugunsten des Arbeitnehmers zu überweisen. [2]Die Überweisung ist in den Fällen des § 14 Abs. 4 Satz 4 Buchstabe c und d des Gesetzes bis zum Ende des Kalendermonats vorzunehmen, der auf den Kalendermonat folgt, in dem die Zuteilung oder die unschädliche vorzeitige Verfügung angezeigt worden ist.

§ 8[1)] Anzeigepflichten des Kreditinstituts, des Unternehmens oder des Arbeitgebers. (1) Der Zentralstelle für Arbeitnehmer-Sparzulage und Wohnungsbauprämie ist anzuzeigen,

1. von dem Kreditinstitut, der Kapitalverwaltungsgesellschaft oder dem Versicherungsunternehmen, welches zu den nach § 2 Absatz 1 Nummer 1 oder Nummer 4 des Gesetzes angelegten vermögenswirksamen Leistungen eine elektronische Vermögensbildungsbescheinigung übermittelt hat, wenn vor Ablauf der Sperrfrist
   a) vermögenswirksame Leistungen zurückgezahlt werden,
   b) über Ansprüche aus einem Vertrag im Sinne des § 4 des Gesetzes oder einem Bausparvertrag durch Rückzahlung, Abtretung, Beleihung oder in anderer Weise verfügt wird,
   c) die Festlegung erworbener Wertpapiere aufgehoben oder über solche Wertpapiere verfügt wird oder
   d) der Bausparvertrag zugeteilt oder die Bausparsumme ausgezahlt wird;
2. von dem Kreditinstitut oder der Kapitalverwaltungsgesellschaft, bei dem oder bei der vermögenswirksame Leistungen nach § 4 des Gesetzes angelegt worden sind, wenn Spitzenbeträge nach § 4 Absatz 3 oder Absatz 4 Nummer 6 des Gesetzes von mehr als 150 Euro nicht rechtzeitig verwendet oder wiederverwendet worden sind;
3. von dem Kreditinstitut oder der Kapitalverwaltungsgesellschaft, dem nach § 2 Abs. 3 Satz 2 mitgeteilt worden ist, daß über verbriefte oder nichtverbriefte Vermögensbeteiligungen vor Ablauf der Sperrfrist verfügt worden ist;

VermBDV

[1)] § 8 Abs. 1 Nr. 2 geänd. mWv 1.1.2002 durch G v. 19.12.2000 (BGBl. I S. 1790); Abs. 1 Nr. 1 bis 3 und 6, Abs. 2 Satz 1 geänd. mWv 28.12.2007 durch G v. 21.12.2007 (BGBl. I S. 3089); Abs. 3 geänd. mWv 1.1.2009 durch G v. 20.12.2008 (BGBl. I S. 2850); Abs. 1 Nr. 1 bis 3 und 6, Abs. 2 Satz 1 geänd. mWv 24.12.2013 durch G v. 18.12.2013 (BGBl. I S. 4318); Abs. 1 einl. Satzteil und Nr. 1 und 2 neu gef., Abs. 2 Satz 2 neu gef., Sätze 3 bis 5 angef., Abs. 3 und Abs. 4 Satz 1 geänd. durch VO v. 12.7.2017 (BGBl. I S. 2360); zur Anwendung siehe § 10 Abs. 1 und 2.

4. von dem Unternehmen oder Arbeitgeber, bei dem eine nichtverbriefte Vermögensbeteiligung nach § 2 Abs. 1 Nr. 1 Buchstabe g bis l des Gesetzes auf Grund eines Vertrags nach § 6 oder § 7 des Gesetzes mit vermögenswirksamen Leistungen begründet oder erworben worden ist, wenn vor Ablauf der Sperrfrist über die Vermögensbeteiligung verfügt wird oder wenn der Arbeitnehmer die Vermögensbeteiligung nicht bis zum Ablauf des Kalenderjahres erhalten hat, das auf das Kalenderjahr der vermögenswirksamen Leistungen folgt;
5. von dem Arbeitgeber, der Wertpapiere nach § 4 Abs. 3 Satz 1 Nr. 1 oder 2 verwahrt oder bei einem Dritten verwahren läßt, wenn vor Ablauf der Sperrfrist die Festlegung von Wertpapieren aufgehoben oder über Wertpapiere verfügt wird oder wenn bei einer Verwahrung nach § 4 Abs. 3 Satz 1 Nr. 3 der Arbeitnehmer die Verwahrungsbescheinigung nach § 4 Abs. 4 nicht rechtzeitig vorlegt;
6. von dem Arbeitgeber, bei dem vermögenswirksame Leistungen auf Grund eines Vertrags im Sinne des § 5 des Gesetzes angelegt werden, wenn ihm die Mitteilung des Kreditinstituts oder der Kapitalverwaltungsgesellschaft nach § 2 Abs. 4 Satz 2 zugegangen ist oder wenn der Arbeitnehmer mit den vermögenswirksamen Leistungen eines Kalenderjahres nicht bis zum Ablauf des folgenden Kalenderjahres die Wertpapiere erworben hat.

(2) [1] Das Kreditinstitut, die Kapitalverwaltungsgesellschaft oder das Versicherungsunternehmen hat in den Anzeigen nach Absatz 1 Nr. 1 bis 3 zu kennzeichnen, ob eine unschädliche, vollständig schädliche oder teilweise schädliche vorzeitige Verfügung vorliegt. [2] Nur in den Anzeigen über eine teilweise schädliche vorzeitige Verfügung sind der Gesamtbetrag, über den schädlich vorzeitig verfügt worden ist, sowie die in den einzelnen Kalenderjahren jeweils angelegten vermögenswirksamen Leistungen anzugeben. [3] Der Gesamtbetrag ist die Summe aller Teilbeträge, über die schädlich vorzeitig verfügt worden ist. [4] Bei späteren Anzeigen sind auch die bereits angezeigten Teilbeträge einzubeziehen. [5] Der jeweils letzte übermittelte Gesamtbetrag ist gültig.

(3) Die Anzeigen nach Absatz 1 sind nach amtlich vorgeschriebenem Vordruck oder nach amtlich vorgeschriebenem Datensatz durch Datenfernübertragung für die innerhalb eines Kalendermonats bekannt gewordenen vorzeitigen Verfügungen der Zentralstelle für Arbeitnehmer-Sparzulage und Wohnungsbauprämie jeweils spätestens bis zum 15. Tag des folgenden Kalendermonats zuzuleiten.

(4) [1] Sind bei der Zentralstelle für Arbeitnehmer-Sparzulage und Wohnungsbauprämie Arbeitnehmer-Sparzulagen für Fälle aufgezeichnet,

1. die nach Absatz 1 Nr. 4 bis 6 angezeigt werden oder
2. die nach Absatz 1 Nr. 1 bis 3 angezeigt werden, wenn die Anzeigen als vollständig oder teilweise schädliche vorzeitige Verfügung gekennzeichnet sind,

so hat die Zentralstelle die Auszahlung der aufgezeichneten Arbeitnehmer-Sparzulagen zu sperren. [2] Die Zentralstelle hat die Anzeigen um ihre Aufzeichnungen zu ergänzen und zur Auswertung dem Finanzamt zu übermitteln, das nach Kenntnis der Zentralstelle zuletzt eine Arbeitnehmer-Sparzulage für den Arbeitnehmer festgesetzt hat.

§ 9[1)] Rückforderung der Arbeitnehmer-Sparzulage durch das Finanzamt. [1]Das für die Besteuerung des Arbeitnehmers nach dem Einkommen zuständige Finanzamt (§ 19 der Abgabenordnung[2)]) hat eine zu Unrecht gezahlte Arbeitnehmer-Sparzulage vom Arbeitnehmer zurückzufordern. [2]Die Rückforderung unterbleibt, wenn der zurückzufordernde Betrag fünf Euro nicht übersteigt.

§ 10[3)] Anwendungsregelung. (1) Diese Verordnung in der am 20. Juli 2017 geltenden Fassung ist, soweit in Absatz 2 nichts anderes bestimmt ist, erstmals ab dem 1. Januar 2018 anzuwenden.

(2) § 8 Absatz 2 Satz 2 bis 5 in der am 20. Juli 2017 geltenden Fassung ist anzuwenden bei Anzeigen nach dem 19. Juli 2017.

§ 11[4)] *(aufgehoben)*

[1)] § 9 Satz 2 geänd. mWv 1.1.2002 durch G v. 19.12.2000 (BGBl. I S. 1790).
[2)] Nr. **1**.
[3)] § 10 neu gef. durch VO v. 12.7.2017 (BGBl. I S. 2360).
[4)] § 11 aufgeh. durch VO v. 12.7.2017 (BGBl. I S. 2360).

27. Wohnungsbau-Prämiengesetz (WoPG 1996)[1]

In der Fassung der Bekanntmachung vom 30. Oktober 1997[2]
(BGBl. I S. 2678)

FNA 2330-9

geänd. durch Art. 32 Gesetz zur Umrechnung und Glättung steuerlicher Euro-Beträge (Steuer-Euroglättungsgesetz – StEuglG) v. 19.12.2000 (BGBl. I S. 1790), Art. 29 Gesetz zur Änderung steuerlicher Vorschriften (Steueränderungsgesetz 2001 – StÄndG 2001) v. 20.12.2001 (BGBl. I S. 3794), Art. 13 Fünftes Gesetz zur Änderung des Steuerbeamten-Ausbildungsgesetzes und zur Änderung von Steuergesetzen v. 23.7.2002 (BGBl. I S. 2715), Art. 5 Haushaltsbegleitgesetz 2004 (HBeglG 2004) v. 29.12.2003 (BGBl. I S. 3076), Art. 5 Gesetz zur verbesserten Einbeziehung der selbstgenutzten Wohnimmobilie in die geförderte Altersvorsorge (Eigenheimrentengesetz – EigRentG) v. 29.7.2008 (BGBl. I S. 1509), Art. 13 Gesetz zur Modernisierung und Entbürokratisierung des Steuerverfahrens (Steuerbürokratieabbaugesetz) v. 20.12.2008 (BGBl. I S. 2850), Art. 11 Jahressteuergesetz 2010 (JStG 2010) v. 8.12.2010 (BGBl. I S. 1768), Art. 7 Gesetz zur bestätigenden Regelung verschiedener steuerlicher und verkehrsrechtlicher Vorschriften des Haushaltsbegleitgesetzes 2004 v. 5.4.2011 (BGBl. I S. 554), Art. 9 Gesetz zur Anpassung steuerlicher Regelungen an die Rechtsprechung des Bundesverfassungsgerichts v. 18.7.2014 (BGBl. I S. 1042) und Art. 26 und 27 Gesetz zur weiteren steuerlichen Förderung der Elektromobilität und zur Änderung weiterer steuerlicher Vorschriften v. 12.12.2019 (BGBl. I S. 2451)

§ 1[3] **Prämienberechtigte.** [1]Unbeschränkt einkommensteuerpflichtige Personen im Sinne des § 1 Absatz 1, 2 oder 3 des Einkommensteuergesetzes[4], die das 16. Lebensjahr vollendet haben oder Vollwaisen sind, können für Aufwendungen zur Förderung des Wohnungsbaus eine Prämie erhalten. [2]Voraussetzung ist, daß

1. die Aufwendungen nicht vermögenswirksame Leistungen darstellen, für die Anspruch auf Arbeitnehmer-Sparzulage nach § 13 des Fünften Vermögensbildungsgesetzes[5] besteht, und
2. das maßgebende Einkommen des Prämienberechtigten die Einkommensgrenze (§ 2a) nicht überschritten hat.

§ 2[6] **Prämienbegünstigte Aufwendungen.** (1) Als Aufwendungen zur Förderung des Wohnungsbaus im Sinne des § 1 gelten

1. Beiträge an Bausparkassen zur Erlangung von Baudarlehen, soweit die an dieselbe Bausparkasse geleisteten Beiträge im Sparjahr (§ 4 Abs. 1) mindestens 50 Euro betragen. [2]Voraussetzung ist, daß die Bausparkasse ihren Sitz oder ihre Geschäftsleitung in einem Mitgliedstaat der Europäischen Union

---

[1] Die hier wiedergegebene Fassung ist erstmals für das Sparjahr 2009 anzuwenden (§ 10 Abs. 1).

[2] Neubekanntmachung des WoPG idF der Bek. v. 30.7.1992 (BGBl. I S. 1405) in der ab 18.12.1996 geltenden Fassung.

[3] § 1 Satz 1 geänd. mWv 18.12.2019 durch G v. 12.12.2019 (BGBl. I S. 2451); zur Anwendung siehe § 10 Abs. 1 Satz 2.

[4] Nr. **5**.

[5] Nr. **25**.

[6] § 2 Abs. 1 Nr. 1 geänd. mWv 1.1.2002 durch G v. 19.12.2000 (BGBl. I S. 1790); Abs. 2 Satz 2 Nr. 4 geänd., Nr. 5 aufgeh. mWv 23.12.2001 durch G v. 20.12.2001 (BGBl. I S. 3794); Abs. 1 Nr. 3 und 4 geänd. mWv 27.7.2002 durch G v. 23.7.2002 (BGBl. I S. 2715); Abs. 1 Nr. 1 Satz 4 angef. mWv Sparjahr 2008, Abs. 2 Sätze 1 und 2 neu gef., Sätze 3–7 eingef., bish. Sätze 3–5 werden Sätze 8–10, Abs. 3 angef. mWv Sparjahr 2009 durch G v. 29.7.2008 (BGBl. I S. 1509); Abs. 1 Nr. 1 Satz 4 geänd., Abs. 2 Satz 10 neu gef. mWv 18.12.2019 durch G v. 12.12.2019 (BGBl. I S. 2451); zur Anwendung siehe § 10 Abs. 1 Satz 2.

hat und ihr die Erlaubnis zum Geschäftsbetrieb im Gebiet der Europäischen Union erteilt ist. [3] Bausparkassen sind Kreditinstitute, deren Geschäftsbetrieb darauf gerichtet ist, Bauspareinlagen entgegenzunehmen und aus den angesammelten Beträgen den Bausparern nach einem auf gleichmäßige Zuteilungsfolge gerichteten Verfahren Baudarlehen für wohnungswirtschaftliche Maßnahmen zu gewähren. [4] Werden Beiträge an Bausparkassen zugunsten eines zertifizierten Altersvorsorgevertrages zur Erlangung eines Bauspardarlehens in einem Sparjahr (§ 4 Abs. 1) vom Anbieter den Altersvorsorgebeiträgen nach § 82 des Einkommensteuergesetzes[1)] zugeordnet, handelt es sich bei allen Beiträgen zu diesem Vertrag innerhalb dieses Sparjahres bis zu dem in § 10a Absatz 1 des Einkommensteuergesetzes genannten Höchstbetrag um Altersvorsorgebeiträge und nicht um prämienbegünstigte Aufwendungen im Sinne der Absätze 2 und 3;
2. Aufwendungen für den ersten Erwerb von Anteilen an Bau- und Wohnungsgenossenschaften;
3. Beiträge auf Grund von Sparverträgen, die auf die Dauer von drei bis sechs Jahren als allgemeine Sparverträge oder als Sparverträge mit festgelegten Sparraten mit einem Kreditinstitut abgeschlossen werden, wenn die eingezahlten Sparbeiträge und die Prämien zum Bau oder Erwerb selbst genutzten Wohneigentums oder zum Erwerb eines eigentumsähnlichen Dauerwohnrechts verwendet werden;
4. Beiträge auf Grund von Verträgen, die mit Wohnungs- und Siedlungsunternehmen nach der Art von Sparverträgen mit festgelegten Sparraten auf die Dauer von drei bis acht Jahren mit dem Zweck einer Kapitalansammlung abgeschlossen werden, wenn die eingezahlten Beiträge und die Prämien zum Bau oder Erwerb selbst genutzten Wohneigentums oder zum Erwerb eines eigentumsähnlichen Dauerwohnrechts verwendet werden. [2] Den Verträgen mit Wohnungs- und Siedlungsunternehmen stehen Verträge mit den am 31. Dezember 1989 als Organe der staatlichen Wohnungspolitik anerkannten Unternehmen gleich, soweit sie die Voraussetzungen nach Satz 1 erfüllen.

(2) [1] Für die Prämienbegünstigung der in Absatz 1 Nr. 1 bezeichneten Aufwendungen ist Voraussetzung, dass
1. bei Auszahlung der Bausparsumme oder bei Beleihung der Ansprüche aus dem Vertrag der Bausparer die empfangenen Beträge unverzüglich und unmittelbar zum Wohnungsbau verwendet oder
2. im Fall der Abtretung der Erwerber die Bausparsumme oder die auf Grund einer Beleihung empfangenen Beträge unverzüglich und unmittelbar zum Wohnungsbau für die abtretende Person oder deren Angehörige im Sinne des § 15 der Abgabenordnung[2)] verwendet.

[2] Unschädlich ist jedoch eine Verfügung ohne Verwendung zum Wohnungsbau, die frühestens sieben Jahre nach dem Vertragsabschluss erfolgt, wenn der Bausparer bei Vertragsabschluss das 25. Lebensjahr noch nicht vollendet hatte. [3] Die Prämienbegünstigung ist in diesen Fällen auf die Berücksichtigung der in Absatz 1 Nr. 1 bezeichneten Aufwendungen der letzten sieben Sparjahre bis zu der Verfügung beschränkt. [4] Jeder Bausparer kann nur einmal über einen vor Vollendung des 25. Lebensjahres abgeschlossenen Bausparvertrag ohne woh-

---

1) Nr. **5**.
2) Nr. **1**.

WoPG

nungswirtschaftliche Verwendung prämienunschädlich verfügen. [5] Unschädlich ist auch eine Verfügung ohne Verwendung zum Wohnungsbau, wenn der Bausparer oder sein von ihm nicht dauernd getrennt lebender Ehegatte nach Vertragsabschluss gestorben oder völlig erwerbsunfähig geworden ist oder der Bausparer nach Vertragsabschluss arbeitslos geworden ist und die Arbeitslosigkeit mindestens ein Jahr lang ununterbrochen bestanden hat und im Zeitpunkt der Verfügung noch besteht. [6] Die Prämienbegünstigung ist in diesen Fällen auf die Berücksichtigung der in Absatz 1 Nr. 1 bezeichneten Aufwendungen der letzten sieben Sparjahre bis zum Eintritt des Ereignisses beschränkt. [7] Die Vereinbarung über die Erhöhung der Bausparsumme ist als selbständiger Vertrag zu behandeln. [8] Als Wohnungsbau im Sinne der Nummern 1 und 2 gelten auch bauliche Maßnahmen des Mieters zur Modernisierung seiner Wohnung. [9] Dies gilt ebenfalls für den ersten Erwerb von Anteilen an Bau- und Wohnungsgenossenschaften im Sinne des Absatzes 1 Nr. 2 und den Erwerb von Rechten zur dauernden Selbstnutzung von Wohnraum in Alten-, Altenpflege- und Behinderteneinrichtungen oder -anlagen. [10] Sofern nichts anderes bestimmt ist, setzt die Unschädlichkeit weiter voraus, dass die empfangenen Beträge nur zum Wohnungsbau in einem Mitgliedstaat der Europäischen Union oder in einem Staat eingesetzt werden, auf den das Abkommen über den Europäischen Wirtschaftsraum anwendbar ist.

(3) [1] Für vor dem 1. Januar 2009 abgeschlossene Verträge, für die bis zum 31. Dezember 2008 mindestens ein Beitrag in Höhe der Regelsparrate entrichtet wurde, ist Voraussetzung für die Prämienbegünstigung der in Absatz 1 Nr. 1 bezeichneten Aufwendungen, dass vor Ablauf von sieben Jahren seit Vertragsabschluss weder die Bausparsumme ganz oder zum Teil ausgezahlt noch geleistete Beiträge ganz oder zum Teil zurückgezahlt oder Ansprüche aus dem Bausparvertrag abgetreten oder beliehen werden. [2] Unschädlich ist jedoch die vorzeitige Verfügung, wenn

1. die Bausparsumme ausgezahlt oder die Ansprüche aus dem Vertrag beliehen werden und der Bausparer die empfangenen Beträge unverzüglich und unmittelbar zum Wohnungsbau verwendet,
2. im Fall der Abtretung der Erwerber die Bausparsumme oder die auf Grund einer Beleihung empfangenen Beträge unverzüglich und unmittelbar zum Wohnungsbau für die abtretende Person oder deren Angehörige im Sinne des § 15 der Abgabenordnung verwendet,
3. der Bausparer oder sein von ihm nicht dauernd getrennt lebender Ehegatte nach Vertragsabschluss gestorben oder völlig erwerbsunfähig geworden ist oder
4. der Bausparer nach Vertragsabschluss arbeitslos geworden ist und die Arbeitslosigkeit mindestens ein Jahr lang ununterbrochen bestanden hat und im Zeitpunkt der vorzeitigen Verfügung noch besteht.

[3] Absatz 2 Satz 7 bis 10 gilt sinngemäß.

§ 2a[1)] Einkommensgrenze. [1] Die Einkommensgrenze beträgt 35 000 Euro, bei Ehegatten (§ 3 Abs. 3) 70 000 Euro. [2] Maßgebend ist das zu versteuernde

[1)] § 2a Satz 1 geänd. mWv 1.1.2002 durch G v. 19.12.2000 (BGBl. I S. 1790); Satz 2 geänd. mWv 23.12.2001 durch G v. 20.12.2001 (BGBl. I S. 3794); Satz 2 geänd. mWv 14.12.2010 durch G v. 8.12. 2010 (BGBl. I S. 1768); Satz 1 geänd. mWv Sparjahr 2021 durch G v. 12.12.2019 (BGBl. I S. 2451).

Einkommen (§ 2 Absatz 5 des Einkommensteuergesetzes[1)]) des Sparjahrs (§ 4 Abs. 1). [3]Bei Ehegatten ist das zu versteuernde Einkommen maßgebend, das sich bei einer Zusammenveranlagung nach § 26b des Einkommensteuergesetzes ergeben hat oder, falls eine Veranlagung nicht durchgeführt worden ist, ergeben würde.

§ 2b (weggefallen)

§ 3[2)] Höhe der Prämie. (1) [1]Die Prämie bemißt sich nach den im Sparjahr (§ 4 Abs. 1) geleisteten prämienbegünstigten Aufwendungen. [2]Sie beträgt 10 Prozent der Aufwendungen.

(2) [1]Die Aufwendungen des Prämienberechtigten sind je Kalenderjahr bis zu einem Höchstbetrag von 700 Euro, bei Ehegatten (Absatz 3) zusammen bis zu 1 400 Euro prämienbegünstigt. [2]Die Höchstbeträge stehen den Prämienberechtigten gemeinsam zu (Höchstbetragsgemeinschaft).

(3) [1]Ehegatten im Sinne dieses Gesetzes sind Personen, welche nach § 26b des Einkommensteuergesetzes[1)] zusammen veranlagt werden oder die, falls eine Veranlagung zur Einkommensteuer nicht durchgeführt wird, die Voraussetzungen des § 26 Absatz 1 Satz 1 des Einkommensteuergesetzes erfüllen. [2]Die Regelungen dieses Gesetzes zu Ehegatten sind auch auf Lebenspartner anzuwenden, wenn in Verbindung mit § 2 Absatz 8 des Einkommensteuergesetzes die Voraussetzungen des Satzes 1 erfüllt sind.

§ 4[3)] Prämienverfahren allgemein. (1) [1]Der Anspruch auf Prämie entsteht mit Ablauf des Sparjahrs. [2]Sparjahr ist das Kalenderjahr, in dem die prämienbegünstigten Aufwendungen geleistet worden sind.

(2) [1]Die Prämie ist nach amtlich vorgeschriebenem Vordruck bis zum Ablauf des zweiten Kalenderjahrs, das auf das Sparjahr (Absatz 1) folgt, bei dem Unternehmen zu beantragen, an das die prämienbegünstigten Aufwendungen geleistet worden sind. [2]Der Antragsteller hat zu erklären, für welche Aufwendungen er die Prämie beansprucht, wenn bei mehreren Verträgen die Summe der Aufwendungen den Höchstbetrag (§ 3 Abs. 2) überschreitet; Ehegatten (§ 3 Abs. 3) haben dies einheitlich zu erklären. [3]Der Antragsteller ist verpflichtet, dem Unternehmen unverzüglich eine Änderung der Verhältnisse mitzuteilen, die zu einer Minderung oder zum Wegfall des Prämienanspruchs führen.

(3) [1]Überschreiten bei mehreren Veträgen die insgesamt ermittelten oder festgesetzten Prämien die für das Sparjahr höchstens zulässige Prämie (§ 3), ist die Summe der Prämien hierauf zu begrenzen. [2]Dabei ist die Prämie vorrangig für Aufwendungen auf Verträge mit dem jeweils älteren Vertragsdatum zu belassen. [3]Insoweit ist eine abweichende Erklärung des Prämienberechtigten oder seines Ehegatten unbeachtlich.

WoPG

[1)] Nr. **5**.

[2)] § 3 Abs. 2 Satz 1 geänd. mWv 1.1.2002 durch G v. 19.12.2000 (BGBl. I S. 1790); Abs. 1 Satz 2 geänd. mWv Sparjahr 2004 durch G v. 29.12.2003 (BGBl. I S. 3076); Abs. 1 Satz 2 geänd. mWv 12.4. 2011 durch G v. 5.4.2011 (BGBl. I S. 554); Abs. 3 neu gef. mWv 24.7.2014 durch G v. 18.7.2014 (BGBl. I S. 1042); Abs. 1 Satz 2, Abs. 2 Satz 1 geänd. mWv Sparjahr 2021 durch G v. 12.12.2019 (BGBl. I S. 2451); zur Anwendung siehe § 10 Abs. 3.

[3)] § 4 Abs. 4 geänd. durch G v. 20.12.2001 (BGBl. I S. 3794); zur erstmaligen Anwendung siehe § 10 Abs. 1 Satz 5.

(4) Ein Rückforderungsanspruch erlischt, wenn er nicht bis zum Ablauf des vierten Kalenderjahrs geltend gemacht worden ist, das auf das Kalenderjahr folgt, in dem der Prämienberechtigte die Prämie verwendet hat (§ 5).

(5) [1]Das Unternehmen darf die im Prämienverfahren bekanntgewordenen Verhältnisse der Beteiligten nur für das Verfahren verwerten. [2]Es darf sie ohne Zustimmung der Beteiligten nur offenbaren, soweit dies gesetzlich zugelassen ist.

§ 4a[1)] Prämienverfahren im Fall des § 2 Abs. 1 Nr. 1. (1) [1]Bei Aufwendungen im Sinne des § 2 Abs. 1 Nr. 1 hat die Bausparkasse auf Grund des Antrags zu ermitteln, ob und in welcher Höhe ein Prämienanspruch nach Maßgabe dieses Gesetzes oder nach einer auf Grund dieses Gesetzes erlassenen Rechtsverordnung besteht. [2]Dabei hat sie alle Verträge mit dem Prämienberechtigten und seinem Ehegatten (§ 3 Abs. 3) zu berücksichtigen. [3]Die Bausparkasse hat dem Antragsteller das Ermittlungsergebnis spätestens im nächsten Kontoauszug mitzuteilen.

(2) [1]Die Bausparkasse hat die im Kalendermonat ermittelten Prämien (Absatz 1 Satz 1) im folgenden Kalendermonat in einem Betrag zur Auszahlung anzumelden, wenn die Voraussetzungen für die Prämienbegünstigung nach § 2 Abs. 2 nachgewiesen sind. [2]In den Fällen des § 2 Abs. 3 darf die Prämie nicht vor Ablauf des Kalendermonats angemeldet werden, in dem

a) der Bausparvertrag zugeteilt,

b) die in § 2 Abs. 3 Satz 1 genannte Frist überschritten oder

c) unschädlich im Sinne des § 2 Abs. 3 Satz 2 verfügt

worden ist. [3]Die Anmeldung ist nach amtlich vorgeschriebenem Vordruck (Wohnungsbauprämien-Anmeldung) bei dem für die Besteuerung der Bausparkasse nach dem Einkommen zuständigen Finanzamt (§ 20 der Abgabenordnung[2)]) abzugeben. [4]Hierbei hat die Bausparkasse zu bestätigen, daß die Voraussetzungen für die Auszahlung des angemeldeten Prämienbetrags vorliegen. [5]Die Wohnungsbauprämien-Anmeldung gilt als Steueranmeldung im Sinne der Abgabenordnung. [6]Das Finanzamt veranlaßt die Auszahlung an die Bausparkasse zugunsten der Prämienberechtigten durch die zuständige Bundeskasse. [7]Die Bausparkasse hat die erhaltenen Prämien unverzüglich dem Prämienberechtigten gutzuschreiben oder auszuzahlen.

(3) [1]Die Bausparkasse hat die für die Überprüfung des Prämienanspruchs erforderlichen Daten innerhalb von vier Monaten nach Ablauf der Antragsfrist für das Sparjahr (§ 4 Abs. 2 Satz 1) nach amtlich vorgeschriebenem Datensatz durch Datenfernübertragung an die Zentralstelle der Länder zu übermitteln. [2]Besteht der Prämienanspruch nicht oder in anderer Höhe, so teilt die Zentralstelle dies der Bausparkasse durch einen Datensatz mit.

(4) [1]Erkennt die Bausparkasse oder wird ihr mitgeteilt, daß der Prämienanspruch ganz oder teilweise nicht besteht oder weggefallen ist, so hat sie das bisherige Ermittlungsergebnis aufzuheben oder zu ändern; zu Unrecht gutgeschriebene oder ausgezahlte Prämien hat sie zurückzufordern. [2]Absatz 1 Satz 3 gilt entsprechend. [3]Bei fortbestehendem Vertragsverhältnis kann sie das

---

[1)] § 4a Abs. 2 Satz 1 2. HS angef., Satz 2 neu gef. mWv Sparjahr 2009 durch G v. 29.7.2008 (BGBl. I S. 1509); Abs. 3 Satz 1 geänd. mWv 1.1.2009 durch G v. 20.12.2008 (BGBl. I S. 2850).

[2)] Nr. 1.

Konto belasten. [4] Die Bausparkasse hat geleistete Rückforderungsbeträge in der Wohnungsbauprämien-Anmeldung des nachfolgenden Monats abzusetzen. [5] Kann die Bausparkasse zu Unrecht gutgeschriebene oder ausgezahlte Prämien nicht belasten oder kommt der Prämienempfänger ihrer Zahlungsaufforderung nicht nach, so hat sie hierüber unverzüglich das für die Besteuerung nach dem Einkommen des Prämienberechtigten zuständige Finanzamt (Wohnsitzfinanzamt nach § 19 der Abgabenordnung) zu unterrichten. [6] In diesen Fällen erläßt das Wohnsitzfinanzamt einen Rückforderungsbescheid.

(5) [1] Eine Festsetzung der Prämie erfolgt nur auf besonderen Antrag des Prämienberechtigten. [2] Der Antrag ist schriftlich innerhalb eines Jahres nach Bekanntwerden des Ermittlungsergebnisses der Bausparkasse vom Antragsteller unter Angabe seines Wohnsitzfinanzamts an die Bausparkasse zu richten. [3] Die Bausparkasse leitet den Antrag diesem Finanzamt zur Entscheidung zu. [4] Dem Antrag hat sie eine Stellungnahme und die zur Entscheidung erforderlichen Unterlagen beizufügen. [5] Das Finanzamt teilt seine Entscheidung auch der Bausparkasse mit.

(6) [1] Die Bausparkasse haftet als Gesamtschuldner neben dem Prämienempfänger für die Prämie, die wegen ihrer Pflichtverletzung zu Unrecht gezahlt, nicht einbehalten oder nicht zurückgefordert wird. [2] Die Bausparkasse haftet nicht, wenn sie ohne Verschulden darüber irrte, daß die Prämie zu zahlen war. [3] Für die Inanspruchnahme der Bausparkasse ist das in Absatz 2 Satz 3 bestimmte Finanzamt zuständig. [4] Für die Inanspruchnahme des Prämienempfängers ist das Wohnsitzfinanzamt zuständig.

(7) Das nach Absatz 2 Satz 3 zuständige Finanzamt hat auf Anfrage der Bausparkasse Auskunft über die Anwendung dieses Gesetzes zu geben.

(8) [1] Das nach Absatz 2 Satz 3 zuständige Finanzamt kann bei der Bausparkasse ermitteln, ob sie Ihre Pflichten nach diesem Gesetz oder nach einer auf Grund dieses Gesetzes erlassenen Rechtsverordnung erfüllt hat. [2] Die §§ 193 bis 203 der Abgabenordnung gelten sinngemäß. [3] Die Unterlagen über das Prämienverfahren sind im Geltungsbereich dieses Gesetzes zu führen und aufzubewahren.

(9) Die Bausparkasse erhält vom Bund oder den Ländern keinen Ersatz für die ihr aus dem Prämienverfahren entstehenden Kosten.

WoPG

§ 4b Prämienverfahren in den Fällen des § 2 Abs. 1 Nr. 2 bis 4.

(1) Bei Aufwendungen im Sinne des § 2 Abs. 1 Nr. 2 bis 4 hat das Unternehmen den Antrag an das Wohnsitzfinanzamt des Prämienberechtigten weiterzuleiten.

(2) [1] Wird dem Antrag entsprochen, veranlaßt das Finanzamt die Auszahlung der Prämie an das Unternehmen zugunsten des Prämienberechtigten durch die zuständige Bundeskasse. [2] Einen Bescheid über die Festsetzung der Prämie erteilt das Finanzamt nur auf besonderen Antrag des Prämienberechtigten. [3] Wird nachträglich festgestellt, daß die Voraussetzungen für die Prämie nicht vorliegen oder die Prämie aus anderen Gründen ganz oder teilweise zu Unrecht gezahlt worden ist, so hat das Finanzamt die Prämienfestsetzung aufzuheben oder zu ändern und die Prämie, soweit sie zu Unrecht gezahlt worden ist, zurückzufordern. [4] Sind zu diesem Zeitpunkt die prämienbegünstigten Aufwendungen durch das Unternehmen noch nicht ausgezahlt, so darf die Aus-

zahlung nicht vorgenommen werden, bevor die Prämien an das Finanzamt zurückgezahlt sind.

§ 5[1)] Verwendung der Prämie. (1) (weggefallen)

(2) [1]Die Prämien für die in § 2 Abs. 1 Nr. 1, 3 und 4 bezeichneten Aufwendungen sind vorbehaltlich des § 2 Abs. 2 Satz 2 bis 6 sowie Abs. 3 Satz 2 zusammen mit den prämienbegünstigten Aufwendungen zu dem vertragsmäßigen Zweck zu verwenden. [2]Geschieht das nicht, so hat das Unternehmen in den Fällen des § 4b dem Finanzamt unverzüglich Mitteilung zu machen.

(3) Über Prämien, die für Aufwendungen nach § 2 Abs. 1 Nr. 2 ausgezahlt werden, kann der Prämienberechtigte verfügen, wenn das Geschäftsguthaben beim Ausscheiden des Prämienberechtigten aus der Genossenschaft ausgezahlt wird.

§ 6 Steuerliche Behandlung der Prämie. Die Prämien gehören nicht zu den Einkünften im Sinne des Einkommensteuergesetzes[2)].

§ 7 Aufbringung der Mittel. Der Bund stellt die Beträge für die Prämien den Ländern in voller Höhe gesondert zur Verfügung.

§ 8 Anwendung der Abgabenordnung und der Finanzgerichtsordnung. (1) [1]Auf die Wohnungsbauprämie sind die für Steuervergütungen geltenden Vorschriften der Abgabenordnung[3)] entsprechend anzuwenden. [2]Dies gilt nicht für § 108 Abs. 3 der Abgabenordnung hinsichtlich der in § 2 genannten Fristen sowie für die §§ 109 und 163 der Abgabenordnung.

(2) [1]Für die Wohnungsbauprämie gelten die Strafvorschriften des § 370 Abs. 1 bis 4, der §§ 371, 375 Abs. 1 und des § 376 sowie die Bußgeldvorschriften der §§ 378, 379 Abs. 1, 4 und der §§ 383 und 384 der Abgabenordnung entsprechend. [2]Für das Strafverfahren wegen einer Straftat nach Satz 1 sowie der Begünstigung einer Person, die eine solche Tat begangen hat, gelten die §§ 385 bis 408, für das Bußgeldverfahren wegen einer Ordnungswidrigkeit nach Satz 1 die §§ 409 bis 412 der Abgabenordnung entsprechend.

(3) In öffentlich-rechtlichen Streitigkeiten über die auf Grund dieses Gesetzes ergehenden Verwaltungsakte der Finanzbehörden ist der Finanzrechtsweg gegeben.

(4) Besteuerungsgrundlagen für die Berechnung des nach § 2a maßgebenden Einkommens, die der Veranlagung zur Einkommensteuer zugrunde gelegen haben, können der Höhe nach nicht durch einen Rechtsbehelf gegen die Prämie angegriffen werden.

§ 9[4)] Ermächtigungen. (1) Die Bundesregierung wird ermächtigt, durch Rechtsverordnung mit Zustimmung des Bundesrates Vorschriften zur Durchführung dieses Gesetzes zu erlassen über

1. (weggefallen)
2. die Bestimmung der Genossenschaften, die zu den Bau- und Wohnungsgenossenschaften gehören (§ 2 Abs. 1 Nr. 2);

---

1) § 5 Abs. 2 Satz 1 geänd. mWv Sparjahr 2009 durch G v. 29.7.2008 (BGBl. I S. 1509).
2) Nr. **5**.
3) Nr. **1**.
4) § 9 Abs. 3 Buchst. b geänd. mWv 1.1.2009 durch G v. 20.12.2008 (BGBl. I S. 2850).

3. den Inhalt der in § 2 Abs. 1 Nr. 3 bezeichneten Sparverträge, die Berechnung der Rückzahlungsfristen, die Folgen vorzeitiger Rückzahlung von Sparbeträgen und die Verpflichtungen der Kreditinstitute; die Vorschriften sind den in den §§ 18 bis 29 der Einkommensteuer-Durchführungsverordnung 1953 enthaltenen Vorschriften mit der Maßgabe anzupassen, daß eine Frist bestimmt werden kann, innerhalb der die Prämien zusammen mit den prämienbegünstigten Aufwendungen zu dem vertragsmäßigen Zweck zu verwenden sind;
4. den Inhalt der in § 2 Abs. 1 Nr. 4 bezeichneten Verträge und die Verwendung der auf Grund solcher Verträge angesammelten Beträge; dabei kann der vertragsmäßige Zweck auf den Bau durch das Unternehmen oder auf den Erwerb von dem Unternehmen, mit dem der Vertrag abgeschlossen worden ist, beschränkt und eine Frist von mindestens drei Jahren bestimmt werden, innerhalb der die Prämien zusammen mit den prämienbegünstigten Aufwendungen zu dem vertragsmäßigen Zweck zu verwenden sind. [2]Die Prämienbegünstigung kann auf Verträge über Gebäude beschränkt werden, die nach dem 31. Dezember 1949 fertiggestellt worden sind. [3]Für die Fälle des Erwerbs kann bestimmt werden, daß der angesammelte Betrag und die Prämien nur zur Leistung des in bar zu zahlenden Kaufpreises verwendet werden dürfen;
5. die Ermittlung, Festsetzung, Auszahlung oder Rückzahlung der Prämie, wenn Besteuerungsgrundlagen für die Berechnung des nach § 2a maßgebenden Einkommens, die der Veranlagung zur Einkommensteuer zugrunde gelegen haben, geändert werden oder wenn für Aufwendungen, die vermögenswirksame Leistungen darstellen, Arbeitnehmer-Sparzulagen zurückgezahlt oder nachträglich festgesetzt oder ausgezahlt werden;
6. das Verfahren für die Ermittlung, Festsetzung, Auszahlung und Rückforderung der Prämie. [2]Hierzu gehören insbesondere Vorschriften über Aufzeichnungs-, Aufbewahrungs-, Bescheinigungs- und Anzeigepflichten des Unternehmens, bei dem die prämienbegünstigten Aufwendungen angelegt worden sind.

(2) Das Bundesministerium der Finanzen wird ermächtigt, den Wortlaut des Wohnungsbau-Prämiengesetzes und der hierzu erlassenen Durchführungsverordnung in der jeweils geltenden Fassung mit neuem Datum, unter neuer Überschrift und in neuer Paragraphenfolge bekanntzumachen und dabei Unstimmigkeiten des Wortlauts zu beseitigen.

(3) Das Bundesministerium der Finanzen wird ermächtigt, im Einvernehmen mit den obersten Finanzbehörden der Länder

a) den in § 4 Abs. 2 Satz 1 und den in § 4a Abs. 2 Satz 3 vorgeschriebenen Vordruck und
b) die in § 4a Abs. 3 vorgeschriebenen Datensätze

zu bestimmen.

§ 10[1)] Schlußvorschriften. (1) [1]Dieses Gesetz in der Fassung des Artikels 11 des Gesetzes vom 8. Dezember 2010 (BGBl. I S. 1768) ist vorbehaltlich Satz 2

[1)] § 10 Abs. 1 Satz 1 neu gef. durch G v. 19.12.2000 (BGBl. I S. 1790); Abs. 1 Satz 1 neu gef., Satz 3 angef. durch G v. 20.12.2001 (BGBl. I S. 3794); Abs. 1 Satz 1 neu gef. durch G v. 29.12.2003 (BGBl. I S. 3076); Abs. 1 Satz 1 neu gef., Satz 2 eingef., bish. Sätze 2 und 3 werden Sätze 3 und 4, Abs. 2 Satz 2 →

WoPG

erstmals für das Sparjahr 2009 anzuwenden. [2] § 1 Satz 1 und § 2 Absatz 2 Satz 10 in der Fassung des Artikels 26 des Gesetzes vom 12. Dezember 2019 (BGBl. I S. 2451) sind in allen offenen Fällen anzuwenden. [3] § 2 Abs. 1 Nr. 1 Satz 4 in der Fassung des Artikels 5 des Gesetzes vom 29. Juli 2008 (BGBl. I S. 1509) ist erstmals für das Sparjahr 2008 anzuwenden. [4] Bei Aufwendungen im Sinne des § 2 Abs. 1 Nr. 1 ist die Prämie für Sparjahre vor 1996 nach § 4 in der Fassung des Artikels 7 des Gesetzes vom 15. Dezember 1995 (BGBl. I S. 1783) festzusetzen. [5] § 4 Abs. 4 in der Fassung des Artikels 29 des Gesetzes vom 20. Dezember 2001 (BGBl. I S. 3794) ist erstmals bei nicht vertragsgemäßer Verwendung nach dem 31. Dezember 1998 anzuwenden. [6] § 4a Abs. 3 Satz 1 und § 9 Abs. 3 Buchstabe b in der Fassung des Artikels 13 des Gesetzes vom 20. Dezember 2008 (BGBl. I S. 2850) sind erstmals für Datenlieferungen nach dem 31. Dezember 2008 anzuwenden.

(2) [1] Beiträge an Bausparkassen (§ 2 Abs. 1 Nr. 1), für die in den Kalenderjahren 1991 bis 1993 die Zusatzförderung nach § 10 Abs. 6 dieses Gesetzes in der Fassung der Bekanntmachung vom 30. Juli 1992 (BGBl. I S. 1405) in Anspruch genommen worden ist, müssen ausdrücklich zur Verwendung für den Wohnungsbau in dem in Artikel 3 des Einigungsvertrages genannten Gebiet bestimmt sein. [2] Eine Verfügung, die § 2 Abs. 3 entspricht, nicht aber dem besonderen vertraglichen Zweck, ist hinsichtlich der Zusatzprämie und des zusätzlichen Höchstbetrages schädlich. [3] Schädlich ist auch die Verwendung für Ferien- und Wochenendwohnungen, die in einem entsprechend ausgewiesenen Sondergebiet liegen oder die sich auf Grund ihrer Bauweise nicht zum dauernden Bewohnen eignen.

(3) § 2a Satz 1, § 3 Absatz 1 Satz 2 und § 3 Absatz 2 Satz 1 in der Fassung des Gesetzes vom 12. Dezember 2019 (BGBl. I S. 2451) sind erstmals für das Sparjahr 2021 anzuwenden.

(Fortsetzung der Anm. von voriger Seite)
geänd. durch G v. 29.7.2008 (BGBl. I S. 1509); Abs. 1 Satz 5 angef. durch G v. 20.12.2008 (BGBl. I S. 2850); Abs. 1 Satz 1 geänd. durch G v. 8.12.2010 (BGBl. I S. 1768); Abs. 1 Satz 2 eingef., bish. Sätze 2–5 werden Sätze 3–6, Abs. 3 angef. durch G v. 12.12.2019 (BGBl. I S. 2451).

30. Vertrag über die Arbeitsweise der Europäischen Union[1) 2) 3)]

In der Fassung der Bekanntmachung vom 9. Mai 2008[4)]
(ABl. C 115 S. 47)

Celex-Nr. 1 1957 E

zuletzt geänd. durch Art. 2 und 6 Amsterdamer Vertrag v. 2.10.1997 (ABl. C 340 S. 1), Art. 2 Nizza-Vertrag v. 26.2.2001 (ABl. C 80 S. 1, ber. ABl. C 96 S. 27), Art. 4 Nr. 1 EU-Erweiterungs-Protokoll v. 26.2.2001 (ABl. C 80 S. 49, geänd. ABl. 2003 L 236 S. 33), EU-Beitrittsakte 2003 v. 16.4.2003 (ABl. L 236 S. 33), Art. 1 Protokoll Nr. 3 zur EU-Beitrittsakte 2003 v. 16.4.2003 (ABl. L 236 S. 940), Art. 9, 10, 12, 13, 16, 17 und 18 Abs. 1 EU-Beitrittsakte 2005 v. 25.4.2005 (ABl. L 157 S. 203), Art. 2 Vertrag von Lissabon v. 13.12.2007 (ABl. C 306 S. 1, ber. ABl. 2008 C 111 S. 56, ABl. 2009 C 290 S. 1, ABl. 2016 L 150 S. 1), Art. 2 ÄndBeschl. 2010/718/EU v. 29.10.2010 (ABl. L 325 S. 4), Art. 1 ÄndBeschl. 2011/199/EU v. 25.3.2011 (ABl. L 91 S. 1), Art. 12 EU-Beitrittsakte 2013 v. 9.12.2011 (ABl. 2012 L 112 S. 21) und Art. 2 ÄndBeschl. 2012/419/EU v. 11.7.2012 (ABl. L 204 S. 131)

– Auszug –

Dritter Teil. Die internen Politiken und Maßnahmen der Union

Titel II. Der freie Warenverkehr

Art. 28 [Zollunion] (1) Die Union umfasst eine Zollunion, die sich auf den gesamten Warenaustausch erstreckt; sie umfasst das Verbot, zwischen den Mitgliedstaaten Ein- und Ausfuhrzölle und Abgaben gleicher Wirkung zu erheben, sowie die Einführung eines Gemeinsamen Zolltarifs gegenüber dritten Ländern.

(2) Artikel 30 und Kapitel 3 dieses Titels gelten für die aus den Mitgliedstaaten stammenden Waren sowie für diejenigen Waren aus dritten Ländern, die sich in den Mitgliedstaaten im freien Verkehr befinden.

Art. 29 [Freier Verkehr von Waren aus dritten Ländern] Als im freien Verkehr eines Mitgliedstaats befindlich gelten diejenigen Waren aus dritten Ländern, für die in dem betreffenden Mitgliedstaat die Einfuhrförmlichkeiten erfüllt sowie die vorgeschriebenen Zölle und Abgaben gleicher Wirkung erhoben und nicht ganz oder teilweise rückvergütet worden sind.

[1)] Vertragsparteien sind Belgien, Bulgarien, Dänemark, Deutschland, Estland, Finnland, Frankreich, Griechenland, Irland, Italien, Kroatien, Lettland, Litauen, Luxemburg, Malta, die Niederlande, Österreich, Polen, Portugal, Rumänien, Schweden, Slowakei, Slowenien, Spanien, Tschechien, Ungarn und Zypern; die EU-Mitgliedschaft des Vereinigten Königreichs Großbritannien und Nordirland endete mit Ablauf des 31.1.2020 (siehe ABl. L 29 vom 31.1.2020, S. 189).

[2)] Die Artikelfolge und Verweise/Bezugnahmen auf Vorschriften des EUV sind gemäß Art. 5 des Vertrags von Lissabon iVm den Übereinstimmungstabellen zum EUV bzw. AEUV an die neue Nummerierung angepasst worden.

[3)] Zu den Assoziationsregelungen und sonstigen Vereinbarungen und Vorschriften, die sich auf den EU-Arbeitsweisevertrag beziehen, vgl. den jährlich zum 31.12. abgeschlossenen Fundstellennachweis B der geltenden völkerrechtlichen Vereinbarungen der Bundesrepublik Deutschland unter dem Datum 25.3.1957.

[4)] Konsolidierte Fassung des Vertrags zur Gründung der Europäischen Gemeinschaft v. 25.3.1957 (BGBl. II S. 766). Die Bundesrepublik Deutschland hat dem Vertrag von Lissabon mit G. v. 8.10.2008 (BGBl. II S. 1038) zugestimmt; Inkrafttreten am 1.12.2009, siehe Bek. v. 13.11.2009 (BGBl. II S. 1223).

Titel IV. Die Freizügigkeit, der freie Dienstleistungs- und Kapitalverkehr

Kapitel 1. Die Arbeitskräfte

Art. 45 [Freizügigkeit der Arbeitnehmer] (1) Innerhalb der Union ist die Freizügigkeit der Arbeitnehmer gewährleistet.

(2) Sie umfasst die Abschaffung jeder auf der Staatsangehörigkeit beruhenden unterschiedlichen Behandlung der Arbeitnehmer der Mitgliedstaaten in Bezug auf Beschäftigung, Entlohnung und sonstige Arbeitsbedingungen.

(3) Sie gibt – vorbehaltlich der aus Gründen der öffentlichen Ordnung, Sicherheit und Gesundheit gerechtfertigten Beschränkungen – den Arbeitnehmern das Recht,

a) sich um tatsächlich angebotene Stellen zu bewerben;
b) sich zu diesem Zweck im Hoheitsgebiet der Mitgliedstaaten frei zu bewegen;
c) sich in einem Mitgliedstaat aufzuhalten, um dort nach den für die Arbeitnehmer dieses Staates geltenden Rechts- und Verwaltungsvorschriften eine Beschäftigung auszuüben;
d) nach Beendigung einer Beschäftigung im Hoheitsgebiet eines Mitgliedstaats unter Bedingungen zu verbleiben, welche die Kommission durch Verordnungen festlegt.

(4) Dieser Artikel findet keine Anwendung auf die Beschäftigung in der öffentlichen Verwaltung.

Art. 46 [Maßnahmen zur Herstellung der Freizügigkeit] Das Europäische Parlament und der Rat treffen gemäß dem ordentlichen Gesetzgebungsverfahren und nach Anhörung des Wirtschafts- und Sozialausschusses durch Richtlinien oder Verordnungen alle erforderlichen Maßnahmen, um die Freizügigkeit der Arbeitnehmer im Sinne des Artikels 45 herzustellen, insbesondere

a) durch Sicherstellung einer engen Zusammenarbeit zwischen den einzelstaatlichen Arbeitsverwaltungen;
b) durch die Beseitigung der Verwaltungsverfahren und -praktiken sowie der für den Zugang zu verfügbaren Arbeitsplätzen vorgeschriebenen Fristen, die sich aus innerstaatlichen Rechtsvorschriften oder vorher zwischen den Mitgliedstaaten geschlossenen Übereinkünften ergeben und deren Beibehaltung die Herstellung der Freizügigkeit der Arbeitnehmer hindert;
c) durch die Beseitigung aller Fristen und sonstigen Beschränkungen, die in innerstaatlichen Rechtsvorschriften oder vorher zwischen den Mitgliedstaaten geschlossenen Übereinkünften vorgesehen sind und die den Arbeitnehmern der anderen Mitgliedstaaten für die freie Wahl des Arbeitsplatzes andere Bedingungen als den inländischen Arbeitnehmern auferlegen;
d) durch die Schaffung geeigneter Verfahren für die Zusammenführung und den Ausgleich von Angebot und Nachfrage auf dem Arbeitsmarkt zu Bedingungen, die eine ernstliche Gefährdung der Lebenshaltung und des Beschäftigungsstands in einzelnen Gebieten und Industrien ausschließen.

Kapitel 2. Das Niederlassungsrecht

Art. 49 [Niederlassungsfreiheit] [1]Die Beschränkungen der freien Niederlassung von Staatsangehörigen eines Mitgliedstaats im Hoheitsgebiet eines anderen Mitgliedstaats sind nach Maßgabe der folgenden Bestimmungen verboten. [2]Das Gleiche gilt für Beschränkungen der Gründung von Agenturen, Zweigniederlassungen oder Tochtergesellschaften durch Angehörige eines Mitgliedstaats, die im Hoheitsgebiet eines Mitgliedstaats ansässig sind.

Vorbehaltlich des Kapitels über den Kapitalverkehr umfasst die Niederlassungsfreiheit die Aufnahme und Ausübung selbstständiger Erwerbstätigkeiten sowie die Gründung und Leitung von Unternehmen, insbesondere von Gesellschaften im Sinne des Artikels 54 Absatz 2, nach den Bestimmungen des Aufnahmestaats für seine eigenen Angehörigen.

Art. 50 [Maßnahmen zur Verwirklichung der Niederlassungsfreiheit]

(1) Das Europäische Parlament und der Rat erlassen gemäß dem ordentlichen Gesetzgebungsverfahren und nach Anhörung des Wirtschafts- und Sozialausschusses Richtlinien zur Verwirklichung der Niederlassungsfreiheit für eine bestimmte Tätigkeit.

(2) Das Europäische Parlament, der Rat und die Kommission erfüllen die Aufgaben, die ihnen aufgrund der obigen Bestimmungen übertragen sind, indem sie insbesondere

a) im Allgemeinen diejenigen Tätigkeiten mit Vorrang behandeln, bei denen die Niederlassungsfreiheit die Entwicklung der Produktion und des Handels in besonderer Weise fördert;

b) eine enge Zusammenarbeit zwischen den zuständigen Verwaltungen der Mitgliedstaaten sicherstellen, um sich über die besondere Lage auf den verschiedenen Tätigkeitsgebieten innerhalb der Union zu unterrichten;

c) die aus innerstaatlichen Rechtsvorschriften oder vorher zwischen den Mitgliedstaaten geschlossenen Übereinkünften abgeleiteten Verwaltungsverfahren und -praktiken ausschalten, deren Beibehaltung der Niederlassungsfreiheit entgegensteht;

d) dafür Sorge tragen, dass Arbeitnehmer eines Mitgliedstaats, die im Hoheitsgebiet eines anderen Mitgliedstaats beschäftigt sind, dort verbleiben und eine selbstständige Tätigkeit unter denselben Voraussetzungen ausüben können, die sie erfüllen müssten, wenn sie in diesen Staat erst zu dem Zeitpunkt einreisen würden, in dem sie diese Tätigkeit aufzunehmen beabsichtigen;

e) den Erwerb und die Nutzung von Grundbesitz im Hoheitsgebiet eines Mitgliedstaats durch Angehörige eines anderen Mitgliedstaats ermöglichen, soweit hierdurch die Grundsätze des Artikels 39 Absatz 2 nicht beeinträchtigt werden;

f) veranlassen, dass bei jedem in Betracht kommenden Wirtschaftszweig die Beschränkungen der Niederlassungsfreiheit in Bezug auf die Voraussetzungen für die Errichtung von Agenturen, Zweigniederlassungen und Tochtergesellschaften im Hoheitsgebiet eines Mitgliedstaats sowie für den Eintritt des Personals der Hauptniederlassung in ihre Leitungs- oder Überwachungsorgane schrittweise aufgehoben werden;

g) soweit erforderlich, die Schutzbestimmungen koordinieren, die in den Mitgliedstaaten den Gesellschaften im Sinne des Artikels 54 Absatz 2 im Interesse der Gesellschafter sowie Dritter vorgeschrieben sind, um diese Bestimmungen gleichwertig zu gestalten;

h) sicherstellen, dass die Bedingungen für die Niederlassung nicht durch Beihilfen der Mitgliedstaaten verfälscht werden.

Kapitel 3. Dienstleistungen

Art. 56 [Dienstleistungsfreiheit] Die Beschränkungen des freien Dienstleistungsverkehrs innerhalb der Union für Angehörige der Mitgliedstaaten, die in einem anderen Mitgliedstaat als demjenigen des Leistungsempfängers ansässig sind, sind nach Maßgabe der folgenden Bestimmungen verboten.

Das Europäische Parlament und der Rat können gemäß dem ordentlichen Gesetzgebungsverfahren beschließen, dass dieses Kapitel auch auf Erbringer von Dienstleistungen Anwendung findet, welche die Staatsangehörigkeit eines dritten Landes besitzen und innerhalb der Union ansässig sind.

Art. 57 [Dienstleistungen] Dienstleistungen im Sinne der Verträge sind Leistungen, die in der Regel gegen Entgelt erbracht werden, soweit sie nicht den Vorschriften über den freien Waren- und Kapitalverkehr und über die Freizügigkeit der Personen unterliegen.

Als Dienstleistungen gelten insbesondere:

a) gewerbliche Tätigkeiten,

b) kaufmännische Tätigkeiten,

c) handwerkliche Tätigkeiten,

d) freiberufliche Tätigkeiten.

Unbeschadet des Kapitels über die Niederlassungsfreiheit kann der Leistende zwecks Erbringung seiner Leistungen seine Tätigkeit vorübergehend in dem Mitgliedstaat ausüben, in dem die Leistung erbracht wird, und zwar unter den Voraussetzungen, welche dieser Mitgliedstaat für seine eigenen Angehörigen vorschreibt.

Art. 58 [Verkehrsdienstleistungen; Kapitalverkehr] (1) Für den freien Dienstleistungsverkehr auf dem Gebiet des Verkehrs gelten die Bestimmungen des Titels über den Verkehr.

(2) Die Liberalisierung der mit dem Kapitalverkehr verbundenen Dienstleistungen der Banken und Versicherungen wird im Einklang mit der Liberalisierung des Kapitalverkehrs durchgeführt.

Kapitel 4. Der Kapital- und Zahlungsverkehr

Art. 63 [Freier Kapital- und Zahlungsverkehr] (1) Im Rahmen der Bestimmungen dieses Kapitels sind alle Beschränkungen des Kapitalverkehrs zwischen den Mitgliedstaaten sowie zwischen den Mitgliedstaaten und dritten Ländern verboten.

(2) Im Rahmen der Bestimmungen dieses Kapitels sind alle Beschränkungen des Zahlungsverkehrs zwischen den Mitgliedstaaten sowie zwischen den Mitgliedstaaten und dritten Ländern verboten.

Art. 64[1)] **[Ausnahmen im Kapitalverkehr mit Drittstaaten]** (1) [1] Artikel 63 berührt nicht die Anwendung derjenigen Beschränkungen auf dritte Länder, die am 31. Dezember 1993 aufgrund einzelstaatlicher Rechtsvorschriften oder aufgrund von Rechtsvorschriften der Union für den Kapitalverkehr mit dritten Ländern im Zusammenhang mit Direktinvestitionen einschließlich Anlagen in Immobilien, mit der Niederlassung, der Erbringung von Finanzdienstleistungen oder der Zulassung von Wertpapieren zu den Kapitalmärkten bestehen. [2] Für in Bulgarien, Estland und Ungarn bestehende Beschränkungen nach innerstaatlichem Recht ist der maßgebliche Zeitpunkt der 31. Dezember 1999. [3] Für in Kroatien nach innerstaatlichem Recht bestehende Beschränkungen ist der maßgebliche Zeitpunkt der 31. Dezember 2002.

(2) Unbeschadet der anderen Kapitel der Verträge sowie ihrer Bemühungen um eine möglichst weit gehende Verwirklichung des Zieles eines freien Kapitalverkehrs zwischen den Mitgliedstaaten und dritten Ländern beschließen das Europäische Parlament und der Rat gemäß dem ordentlichen Gesetzgebungsverfahren Maßnahmen für den Kapitalverkehr mit dritten Ländern im Zusammenhang mit Direktinvestitionen einschließlich Anlagen in Immobilien, mit der Niederlassung, der Erbringung von Finanzdienstleistungen oder der Zulassung von Wertpapieren zu den Kapitalmärkten.

(3) Abweichend von Absatz 2 kann nur der Rat gemäß einem besonderen Gesetzgebungsverfahren und nach Anhörung des Europäischen Parlaments Maßnahmen einstimmig beschließen, die im Rahmen des Unionsrechts für die Liberalisierung des Kapitalverkehrs mit Drittländern einen Rückschritt darstellen.

Art. 65 [Nationale Beschränkungen] (1) Artikel 63 berührt nicht das Recht der Mitgliedstaaten,

a) die einschlägigen Vorschriften ihres Steuerrechts anzuwenden, die Steuerpflichtige mit unterschiedlichem Wohnort oder Kapitalanlageort unterschiedlich behandeln,

b) die unerlässlichen Maßnahmen zu treffen, um Zuwiderhandlungen gegen innerstaatliche Rechts- und Verwaltungsvorschriften, insbesondere auf dem Gebiet des Steuerrechts und der Aufsicht über Finanzinstitute, zu verhindern, sowie Meldeverfahren für den Kapitalverkehr zwecks administrativer oder statistischer Information vorzusehen oder Maßnahmen zu ergreifen, die aus Gründen der öffentlichen Ordnung oder Sicherheit gerechtfertigt sind.

(2) Dieses Kapitel berührt nicht die Anwendbarkeit von Beschränkungen des Niederlassungsrechts, die mit den Verträgen vereinbar sind.

(3) Die in den Absätzen 1 und 2 genannten Maßnahmen und Verfahren dürfen weder ein Mittel zur willkürlichen Diskriminierung noch eine verschleierte Beschränkung des freien Kapital- und Zahlungsverkehrs im Sinne des Artikels 63 darstellen.

(4) [1] Sind keine Maßnahmen nach Artikel 64 Absatz 3 erlassen worden, so kann die Kommission oder, wenn diese binnen drei Monaten nach der Vorlage eines entsprechenden Antrags des betreffenden Mitgliedstaats keinen Beschluss erlassen hat, der Rat einen Beschluss erlassen, mit dem festgelegt wird, dass die von einem Mitgliedstaat in Bezug auf ein oder mehrere Drittländer getroffenen

[1)] Art. 64 Abs. 1 Satz 3 angef. mWv 1.7.2013 durch Akte v. 9.12.2011 (ABl. 2012 L 112 S. 21).

restriktiven steuerlichen Maßnahmen insofern als mit den Verträgen vereinbar anzusehen sind, als sie durch eines der Ziele der Union gerechtfertigt und mit dem ordnungsgemäßen Funktionieren des Binnenmarkts vereinbar sind. [2]Der Rat beschließt einstimmig auf Antrag eines Mitgliedstaats.

Titel VII. Gemeinsame Regeln betreffend Wettbewerb, Steuerfragen und Angleichung der Rechtsvorschriften

Kapitel 1. Wettbewerbsregeln

Abschnitt 2. Staatliche Beihilfen

Art. 107 [Beihilfeverbot; Ausnahmen] (1) Soweit in den Verträgen nicht etwas anderes bestimmt ist, sind staatliche oder aus staatlichen Mitteln gewährte Beihilfen gleich welcher Art, die durch die Begünstigung bestimmter Unternehmen oder Produktionszweige den Wettbewerb verfälschen oder zu verfälschen drohen, mit dem Binnenmarkt unvereinbar, soweit sie den Handel zwischen Mitgliedstaaten beeinträchtigen.

(2) Mit dem Binnenmarkt vereinbar sind:

a) Beihilfen sozialer Art an einzelne Verbraucher, wenn sie ohne Diskriminierung nach der Herkunft der Waren gewährt werden;
b) Beihilfen zur Beseitigung von Schäden, die durch Naturkatastrophen oder sonstige außergewöhnliche Ereignisse entstanden sind;
c) Beihilfen für die Wirtschaft bestimmter, durch die Teilung Deutschlands betroffener Gebiete der Bundesrepublik Deutschland, soweit sie zum Ausgleich der durch die Teilung verursachten wirtschaftlichen Nachteile erforderlich sind. Der Rat kann fünf Jahre nach dem Inkrafttreten des Vertrags von Lissabon auf Vorschlag der Kommission einen Beschluss erlassen, mit dem dieser Buchstabe aufgehoben wird.

(3) Als mit dem Binnenmarkt vereinbar können angesehen werden:

a) Beihilfen zur Förderung der wirtschaftlichen Entwicklung von Gebieten, in denen die Lebenshaltung außergewöhnlich niedrig ist oder eine erhebliche Unterbeschäftigung herrscht, sowie der in Artikel 349 genannten Gebiete unter Berücksichtigung ihrer strukturellen, wirtschaftlichen und sozialen Lage;
b) Beihilfen zur Förderung wichtiger Vorhaben von gemeinsamem europäischem Interesse oder zur Behebung einer beträchtlichen Störung im Wirtschaftsleben eines Mitgliedstaats;
c) Beihilfen zur Förderung der Entwicklung gewisser Wirtschaftszweige oder Wirtschaftsgebiete, soweit sie die Handelsbedingungen nicht in einer Weise verändern, die dem gemeinsamen Interesse zuwiderläuft;
d) Beihilfen zur Förderung der Kultur und der Erhaltung des kulturellen Erbes, soweit sie die Handels- und Wettbewerbsbedingungen in der Union nicht in einem Maß beeinträchtigen, das dem gemeinsamen Interesse zuwiderläuft;
e) sonstige Arten von Beihilfen, die der Rat durch einen Beschluss auf Vorschlag der Kommission bestimmt.

Art. 108 [Beihilfeaufsicht] (1) [1]Die Kommission überprüft fortlaufend in Zusammenarbeit mit den Mitgliedstaaten die in diesen bestehenden Beihilferegelungen. [2]Sie schlägt ihnen die zweckdienlichen Maßnahmen vor, welche die fortschreitende Entwicklung und das Funktionieren des Binnenmarkts erfordern.

(2) Stellt die Kommission fest, nachdem sie den Beteiligten eine Frist zur Äußerung gesetzt hat, dass eine von einem Staat oder aus staatlichen Mitteln gewährte Beihilfe mit dem Binnenmarkt nach Artikel 107 unvereinbar ist oder dass sie missbräuchlich angewandt wird, so beschließt sie, dass der betreffende Staat sie binnen einer von ihr bestimmten Frist aufzuheben oder umzugestalten hat.

Kommt der betreffende Staat diesem Beschluss innerhalb der festgesetzten Frist nicht nach, so kann die Kommission oder jeder betroffene Staat in Abweichung von den Artikeln 258 und 259 den Gerichtshof der Europäischen Union unmittelbar anrufen.

[1] Der Rat kann einstimmig auf Antrag eines Mitgliedstaats beschließen, dass eine von diesem Staat gewährte oder geplante Beihilfe in Abweichung von Artikel 107 oder von den nach Artikel 109 erlassenen Verordnungen als mit dem Binnenmarkt vereinbar gilt, wenn außergewöhnliche Umstände einen solchen Beschluss rechtfertigen. [2] Hat die Kommission bezüglich dieser Beihilfe das in Unterabsatz 1 dieses Absatzes vorgesehene Verfahren bereits eingeleitet, so bewirkt der Antrag des betreffenden Staates an den Rat die Aussetzung dieses Verfahrens, bis der Rat sich geäußert hat.

Äußert sich der Rat nicht binnen drei Monaten nach Antragstellung, so beschließt die Kommission.

(3) [1] Die Kommission wird von jeder beabsichtigten Einführung oder Umgestaltung von Beihilfen so rechtzeitig unterrichtet, dass sie sich dazu äußern kann. [2] Ist sie der Auffassung, dass ein derartiges Vorhaben nach Artikel 107 mit dem Binnenmarkt unvereinbar ist, so leitet sie unverzüglich das in Absatz 2 vorgesehene Verfahren ein. [3] Der betreffende Mitgliedstaat darf die beabsichtigte Maßnahme nicht durchführen, bevor die Kommission einen abschließenden Beschluss erlassen hat.

(4) Die Kommission kann Verordnungen zu den Arten von staatlichen Beihilfen erlassen, für die der Rat nach Artikel 109 festgelegt hat, dass sie von dem Verfahren nach Absatz 3 ausgenommen werden können.

Art. 109 [Erlass von Durchführungsverordnungen] Der Rat kann auf Vorschlag der Kommission und nach Anhörung des Europäischen Parlaments alle zweckdienlichen Durchführungsverordnungen zu den Artikeln 107 und 108 erlassen und insbesondere die Bedingungen für die Anwendung des Artikels 108 Absatz 3 sowie diejenigen Arten von Beihilfen festlegen, die von diesem Verfahren ausgenommen sind.

Kapitel 2. Steuerliche Vorschriften

Art. 110 [Diskriminierungs- und Protektionsverbot] Die Mitgliedstaaten erheben auf Waren aus anderen Mitgliedstaaten weder unmittelbar noch mittelbar höhere inländische Abgaben gleich welcher Art, als gleichartige inländische Waren unmittelbar oder mittelbar zu tragen haben.

Die Mitgliedstaaten erheben auf Waren aus anderen Mitgliedstaaten keine inländischen Abgaben, die geeignet sind, andere Produktionen mittelbar zu schützen.

Art. 111 [Privilegierungsverbot für Rückvergütungen] Werden Waren in das Hoheitsgebiet eines Mitgliedstaats ausgeführt, so darf die Rückvergütung für inländische Abgaben nicht höher sein als die auf die ausgeführten Waren mittelbar oder unmittelbar erhobenen inländischen Abgaben.

Art. 112 [Kompensationsverbot unter Genehmigungsvorbehalt]

Für Abgaben außer Umsatzsteuern, Verbrauchsabgaben und sonstigen indirekten Steuern sind Entlastungen und Rückvergütungen bei der Ausfuhr nach anderen Mitgliedstaaten sowie Ausgleichsabgaben bei der Einfuhr aus den Mitgliedstaaten nur zulässig, soweit der Rat sie vorher auf Vorschlag der Kommission für eine begrenzte Frist genehmigt hat.

Art. 113 [Harmonisierung der indirekten Steuern] Der Rat erlässt gemäß einem besonderen Gesetzgebungsverfahren und nach Anhörung des Europäischen Parlaments und des Wirtschafts- und Sozialausschusses einstimmig die Bestimmungen zur Harmonisierung der Rechtsvorschriften über die Umsatzsteuern, die Verbrauchsabgaben und sonstige indirekte Steuern, soweit diese Harmonisierung für die Errichtung und das Funktionieren des Binnenmarkts und die Vermeidung von Wettbewerbsverzerrungen notwendig ist.

31. Gesetz über die Finanzverwaltung (Finanzverwaltungsgesetz – FVG)

In der Fassung der Bekanntmachung vom 4. April 2006[1)]
(BGBl. I S. 846, ber. S. 1202)

FNA 600–1

geänd. durch Art. 3 Abs. 7 Bundesschuldenwesenmodernisierungsgesetz v. 12.7.2006 (BGBl. I S. 1466), Art. 12 Föderalismusreform-Begleitgesetz v. 5.9.2006 (BGBl. I S. 2098), Art. 9 G über steuerliche Begleitmaßnahmen zur Einführung der Europäischen Gesellschaft und zur Änd. weiterer steuerrechtlicher Vorschriften (SEStEG) v. 7.12.2006 (BGBl. I S. 2782), Art. 12 Jahressteuergesetz 2007 (JStG 2007) v. 13.12.2006 (BGBl. I S. 2878), Art. 4 G zur Schaffung deutscher Immobilien-Aktiengesellschaften mit börsennotierten Anteilen v. 28.5.2007 (BGBl. I S. 914), Art. 12 Unternehmensteuerreformgesetz 2008 v. 14.8.2007 (BGBl. I S. 1912), Art. 1 Zweites G zur Änd. des Finanzverwaltungsgesetzes und anderer Gesetze v. 13.12.2007 (BGBl. I S. 2897), Art. 13 Jahressteuergesetz 2008 (JStG 2008) v. 20.12.2007 (BGBl. I S. 3150), Art. 2 G zur Änd. der Organisation des Bundesausgleichsamtes v. 5.3.2008 (BGBl. I S. 282), Art. 12 Jahressteuergesetz 2009 (JStG 2009) v. 19.12.2008 (BGBl. I S. 2794), Art. 15 Steuerbürokratieabbaugesetz v. 20.12.2008 (BGBl. I S. 2850), Art. 5 G zur Neuregelung der Kraftfahrzeugsteuer und Änd. anderer Gesetze v. 29.5.2009 (BGBl. I S. 1170), Art. 2 Bürgerentlastungsgesetz Krankenversicherung v. 16.7.2009 (BGBl. I S. 1959), Art. 6 Begleitgesetz zur zweiten Föderalismusreform v. 10.8.2009 (BGBl. I S. 2702), Art. 9 G zur Umsetzung steuerlicher EU-Vorgaben sowie zur Änd. steuerlicher Vorschriften v. 8.4.2010 (BGBl. I S. 386), Art. 5 G zum Versorgungslastenteilungs-Staatsvertrag v. 5.9.2010 (BGBl. I S. 1288 iVm Bek. v. 8.10. 2010, BGBl. I S. 1404), Art. 17 Jahressteuergesetz 2010 (JStG 2010) v. 8.12.2010 (BGBl. I S. 1768), Art. 4 G zur Umsetzung des EuGH-Urteils vom 20. Oktober 2011 in der Rechtssache C-284/09 v. 21.3.2013 (BGBl. I S. 561), Art. 17 Amtshilferichtlinie-Umsetzungsgesetz v. 26.6.2013 (BGBl. I S. 1809), Art. 2 AIFM-Steuer-Anpassungsgesetz v. 18.12.2013 (BGBl. I S. 4318), Art. 17 und Art. 18 G zur Anpassung des nationalen Steuerrechts an den Beitritt Kroatiens zur EU und zur Änd. weiterer steuerlicher Vorschriften v. 25.7.2014 (BGBl. I S. 1266), Art. 12 G zur Anpassung der Abgabenordnung an den Zollkodex der Union und zur Änd. weiterer steuerlicher Vorschriften v. 22.12.2014 (BGBl. I S. 2417), Art. 14 Steueränderungsgesetz 2015 v. 2.11.2015 (BGBl. I S. 1834), Art. 1 G zur Neuorganisation der Zollverwaltung v. 3.12.2015 (BGBl. I S. 2178), Art. 2 und Art. 3 G zum automatischen Austausch von Informationen über Finanzkonten in Steuersachen und zur Änd. weiterer Gesetze v. 21.12.2015 (BGBl. I S. 2531), Art. 9 G zur Modernisierung des Besteuerungsverfahrens v. 18.7.2016 (BGBl. I S. 1679), Art. 7 Investmentsteuerreformgesetz v. 19.7.2016 (BGBl. I S. 1730), Art. 4 bis 6 G zur Beendigung der Sonderzuständigkeit der Familienkassen des öffentlichen Dienstes im Bereich des Bundes v. 8.12.2016 (BGBl. I S. 2835), Art. 5 G zur Umsetzung der Änd. der EU-AmtshilfeRL und von weiteren Maßnahmen gegen Gewinnkürzungen und -verlagerungen v. 20.12.2016 (BGBl. I S. 3000), Art. 2 Branntweinmonopolverwaltung-Auflösungsgesetz v. 10.3. 2017 (BGBl. I S. 420), Art. 7 G zur Umsetzung der Vierten EU-GeldwäscheRL, zur Ausführung der EU-GeldtransferVO und zur Neuorganisation der Zentralstelle für Finanztransaktionsuntersuchungen v. 23.6.2017 (BGBl. I S. 1822), Art. 16 G zur Änd. des Bundesversorgungsgesetzes und anderer Vorschriften v. 17.7.2017 (BGBl. I S. 2541), Art. 8 G zur Neuregelung des bundesstaatlichen Finanzausgleichssystems ab dem Jahr 2020 und zur Änd. haushaltsrechtlicher Vorschriften v. 14.8.2017 (BGBl. I S. 3122), Art. 10 G zur Vermeidung von Umsatzsteuerausfällen beim Handel mit Waren im Internet und zur Änderung weiterer steuerlicher Vorschriften v. 11.12.2018 (BGBl. I S. 2338), Art. 10 G zur fortgesetzten Beteiligung des Bundes an den Integrationskosten der Länder und Kommunen und zur Regelung der Folgen der Abfinanzierung des Fonds „Deutsche Einheit" v. 17.12.2018 (BGBl. I S. 2522), Art. 67 Zweites Datenschutz-Anpassungs- und Umsetzungsgesetz EU v. 20.11. 2019 (BGBl. I S. 1626), Art. 2 G zur Umsetzung der RL (EU) 2017/1852 des Rates vom 10. Oktober 2017 über Verfahren zur Beilegung von Besteuerungsstreitigkeiten in der EU v. 10.12.2019 (BGBl. I S. 2103), Art. 18 und 19 G zur weiteren steuerlichen Förderung der Elektromobilität und zur Änd. weiterer steuerlicher Vorschriften v. 12.12.2019 (BGBl. I S. 2451), Art. 3 G zur Einführung einer Pflicht zur Mitteilung grenzüberschreitender Steuergestaltungen v. 21.12.2019 (BGBl. I S. 2875), Art. 7a G zur Einführung der Grundrente für langjährige Versicherung in der gesetzlichen Renten-

[1)] Neubekanntmachung des FVG v. 30.8.1971 (BGBl. I S. 1426) in der ab 1.1.2006 geltenden Fassung.

versicherung mit unterdurchschnittlichem Einkommen und für weitere Maßnahmen zur Erhöhung der Alterseinkommen (Grundrentengesetz) v. 12.8.2020 (BGBl. I S. 1879), Art. 4 G über die Umwandlung des Informationstechnikzentrums Bund in eine nichtrechtsfähige Anstalt des öffentlichen Rechts und zur Änd. weiterer Vorschriften v. 7.12.2020 (BGBl. I S. 2756), Art. 17, 18, 19, 20 und 21 Jahressteuergesetz 2020 (JStG 2020) v. 21.12.2020 (BGBl. I S. 3096), Art. 7 Gesetz Digitale Rentenübersicht v. 11.2.2021 (BGBl. I S. 154), Art. 8 Siebtes G zur Änd. von Verbrauchsteuergesetzen v. 30.3.2021 (BGBl. I S. 607), Art. 8 und 9 Abzugsteuerentlastungsmodernisierungsgesetz v. 2.6. 2021 (BGBl. I S. 1259), Art. 10 Gesetz zur Modernisierung des Körperschaftsteuerrechts v. 25.6.2021 (BGBl. I S. 2050) und Art. 8 Gesetz zur Abwehr von Steuervermeidung und unfairem Steuerwettbewerb und zur Änd. weiterer G v. 25.6.2021 (BGBl. I S. 2056)

– Auszug –

Abschnitt I. Allgemeine Vorschriften

§ 1[1)] Bundesfinanzbehörden. Bundesfinanzbehörden sind

1. als oberste Behörde:
   das Bundesministerium der Finanzen;
2. als Oberbehörden:
   das Bundeszentralamt für Steuern, das Informationstechnikzentrum Bund und die Generalzolldirektion;
3. als örtliche Behörden:
   die Hauptzollämter einschließlich ihrer Dienststellen (Zollämter) und die Zollfahndungsämter.

§ 2[2)] Landesfinanzbehörden. (1) Landesfinanzbehörden sind

1. als oberste Behörde:
   die für die Finanzverwaltung zuständige oberste Landesbehörde;
2. Oberbehörden, soweit nach diesem Gesetz oder nach Landesrecht als Landesfinanzbehörden eingerichtet;
3. als Mittelbehörden, soweit eingerichtet:
   die Oberfinanzdirektionen; anstelle der Oberfinanzdirektionen können Oberbehörden nach Nummer 2 oder andere nach Landesrecht eingerichtete Mittelbehörden treten;
4. als örtliche Behörden:
   die Finanzämter.

(2) [1]Durch Rechtsverordnung der zuständigen Landesregierung kann ein Rechenzentrum der Landesfinanzverwaltung als Teil der für die Finanzverwaltung zuständigen obersten Landesbehörde, als Oberbehörde oder als Teil einer Oberbehörde, die nach Landesrecht als Landesfinanzbehörde nach Absatz 1 Nr. 2 oder 3 eingerichtet ist, als Teil einer Mittelbehörde, als Finanzamt oder als Teil eines Finanzamtes eingerichtet werden. [2]Die Landesregierung kann die Ermächtigung durch Rechtsverordnung auf die für die Finanzverwaltung zuständige oberste Landesbehörde übertragen. [3]Soweit ein Rechenzentrum der

FVG

[1)] § 1 Nr. 2 geänd. mWv 1.8.2006 durch G v. 12.7.2006 (BGBl. I S. 1466); Nr. 3, 4 geänd. mWv 1.1.2008 durch G v. 13.12.2007 (BGBl. I S. 2897); Nr. 2 geänd. mWv 13.3.2008 durch G v. 5.3.2008 (BGBl. I S. 282); Nr. 2 geänd., Nr. 3 aufgeh., bish. Nr. 4 wird Nr. 3 mWv 1.1.2016 durch G v. 3.12. 2015 (BGBl. I S. 2178); Nr. 2 neu gef. mWv 1.1.2017 durch G v. 8.12.2016 (BGBl. I S. 2835); Nr. 2 geänd. mWv 1.1.2019 durch G v. 10.3.2017 (BGBl. I S. 420); Nr. 2 geänd. mWv 1.1.2021 durch G v. 7.12.2020 (BGBl. I S. 2756).

[2)] § 2 Abs. 1 Nr. 3, Abs. 2 Satz 1 geänd. mWv 29.12.2020 durch G v. 21.12.2020 (BGBl. I S. 3096).

Finanzverwaltung eingerichtet ist, können ihm weitere Aufgaben, auch aus dem Geschäftsbereich einer anderen obersten Landesbehörde, übertragen werden.

(3) [1]Durch Rechtsverordnung der zuständigen Landesregierung können für Kassengeschäfte andere örtliche Landesbehörden zu Landesfinanzbehörden bestimmt werden (besondere Landesfinanzbehörden). [2]Absatz 2 Satz 2 ist anzuwenden.

§ 2a[1)] Verzicht auf Mittelbehörden, Aufgabenwahrnehmung durch andere Finanzbehörden. (1) [1]Durch Rechtsverordnung kann auf Mittelbehörden verzichtet werden. [2]Die Rechtsverordnung erlässt für den Bereich von Aufgaben des Landes die zuständige Landesregierung. [3]Die Landesregierung kann die Ermächtigung durch Rechtsverordnung auf die für die Finanzverwaltung zuständige oberste Landesbehörde übertragen.

(2) [1]Wird auf Mittelbehörden verzichtet, gehen die diesen zugewiesenen Aufgaben der Landesfinanzverwaltung auf die oberste Behörde nach § 2 Abs. 1 Nr. 1 über. [2]Durch Rechtsverordnung der zuständigen Landesregierung können Landesaufgaben nach Satz 1 einer anderen Landesfinanzbehörde übertragen werden. [3]Die Landesregierung kann die Ermächtigung durch Rechtsverordnung auf die für die Finanzverwaltung zuständige oberste Landesbehörde übertragen.

§ 2b (weggefallen)

§ 3[2)] Leitung der Finanzverwaltung. (1) [1]Das Bundesministerium der Finanzen leitet die Bundesfinanzverwaltung. [2]Soweit die Bundesfinanzbehörden Aufgaben aus dem Geschäftsbereich eines anderen Bundesministeriums zu erledigen haben, erteilt dieses die fachlichen Weisungen. [3]Fachliche Weisungen, die wesentliche organisatorische Auswirkungen haben, ergehen im Benehmen mit dem Bundesministerium der Finanzen.

(2) [1]Die für die Finanzverwaltung zuständige oberste Landesbehörde leitet die Landesfinanzverwaltung. [2]Soweit Landesfinanzbehörden Aufgaben aus dem Geschäftsbereich einer anderen obersten Landesbehörde zu erledigen haben, erteilt diese die fachlichen Weisungen. [3]Fachliche Weisungen, die wesentliche organisatorische Auswirkungen haben, ergehen im Benehmen mit der für die Finanzverwaltung zuständigen obersten Landesbehörde.

Abschnitt II. Oberbehörden

§ 4[3)] Sitz und Aufgaben der Bundesoberbehörden. (1) Das Bundesministerium der Finanzen bestimmt den Sitz der Bundesoberbehörden, soweit durch Gesetz nichts anderes bestimmt ist.

[1)] § 2a Abs. 2 Satz 1 neu gef. mWv 1.1.2008 durch G v. 13.12.2007 (BGBl. I S. 2897); Abs. 1 Satz 2 geänd., Satz 4 aufgeh., Abs. 2 Satz 1 geänd., Satz 2 aufgeh., bish. Sätze 3 und 4 werden Sätze 2 und 3 mWv 1.1.2016 durch G v. 3.12.2015 (BGBl. I S. 2178); Abs. 2 Satz 1 geänd. mWv 29.12.2020 durch G v. 21.12.2020 (BGBl. I S. 3096).

[2)] § 3 Abs. 1 Satz 2 eingef., bish. Sätze 2 und 3 werden Sätze 3 und 4 mWv 13.3.2008 durch G v. 5.3.2008 (BGBl. I S. 282); Abs. 1 Satz 2 aufgeh., bish. Sätze 3 und 4 werden Sätze 2 und 3 mWv 1.1. 2017 durch G v. 8.12.2016 (BGBl. I S. 2835).

[3)] § 4 Abs. 2 geänd. mWv 1.1.2016 durch G v. 3.12.2015 (BGBl. I S. 2178).

(2) Die Bundesoberbehörden erledigen in eigener Zuständigkeit Aufgaben, die ihnen durch dieses Gesetz, durch andere oder aufgrund anderer Bundesgesetze zugewiesen werden.

(3) Die Bundesoberbehörden erledigen als beauftragte Behörden Aufgaben des Bundes, mit deren Durchführung sie vom Bundesministerium der Finanzen oder mit dessen Zustimmung von dem fachlich zuständigen Bundesministerium beauftragt werden.

§ 5[1] Aufgaben des Bundeszentralamtes für Steuern. (1) [1] Das Bundeszentralamt für Steuern hat unbeschadet des § 4 Abs. 2 und 3 folgende Aufgaben:

1. die Mitwirkung an Außenprüfungen (§ 19);

---

[1] § 5 Abs. 1 Nr. 26 geänd., Nr. 27 und 28 angef. mWv 12.9.2006 durch G v. 5.9.2006 (BGBl. I S. 2098); Abs. 1 Nr. 28 geänd., Nr. 29 angef. mWv 13.12.2006 durch G v. 7.12.2006 (BGBl. I S. 2782); Abs. 1 Nr. 5 neu gef., Nr. 31 und 32 angef. mWv 19.12.2006 durch G v. 13.12.2006 (BGBl. I S. 2878); Abs. 1 Nr. 33 eingef. mWv 1.1.2007 durch G v. 28.5.2007 (BGBl. I S. 914); Abs. 6 Satz 1 neu gef., Satz 2 eingef., bish. Sätze 2 und 3 werden Sätze 3 und 4 mWv 1.1.2009 durch G v. 14.8.2007 (BGBl. I S. 1912); Abs. 1 Nr. 28a und 30 eingef. mWv 29.12.2007 durch G v. 20.12.2007 (BGBl. I S. 3150); Abs. 1 Nr. 12 aufgeh., Nr. 33 geänd., Nr. 34 eingef. mWv 1.1.2009, Abs. 1 Nr. 8 Satz 1 geänd., Satz 2 aufgeh., Nr. 35 angef. mWv 1.1.2010 durch G v. 19.12.2008 (BGBl. I S. 2794); Abs. 1 Nr. 18 neu gef. mWv 1.1.2009 durch G v. 20.12.2008 (BGBl. I S. 2850); Abs. 1 Nr. 18 Satz 1 Buchst. a und b geänd., Buchst. e neu gef. und Abs. 2 Satz 1 geänd. mWv 23.7.2009, Abs. 1 Nr. 36 angef. mWv 1.1.2010 durch G v. 16.7.2009 (BGBl. I S. 1959); Abs. 1 Nr. 12 neu gef., Abs. 7 angef. mWv 18.8.2009 durch G v. 10.8.2009 (BGBl. I S. 2702); Abs. 1 Nr. 25 neu gef. mWv 1.7.2010 durch G v. 10.8.2009 (BGBl. I S. 2702); Abs. 1 Nr. 36 geänd., Nr. 37 angef. mWv 15.4.2010 durch G v. 8.4.2010 (BGBl. I S. 386); Abs. 1 Nr. 14, Nr. 18 Buchst. d neu gef., Nr. 18 Buchst. e und f, Nr. 37 geänd., Nr. 18 Buchst. g und Nr. 38 angef. mWv 14.12.2010 durch G v. 8.12.2010 (BGBl. I S. 1768); Abs. 1 Nr. 38 geänd., Nr. 39 angef. mWv 29.3.2013 durch G v. 21.3.2013 (BGBl. I S. 561); Abs. 1 Nr. 9 einl. Satzteil, Nr. 10, 18 Buchst. a, Nr. 20 Sätze 2 und 4, Nr. 21 geänd. mWv 30.6.2013 durch G v. 26.6.2013 (BGBl. I S. 1809); Abs. 1 Nr. 4 neu gef., Nr. 5a eingef. mWv 24.12.2013 durch G v. 18.12.2013 (BGBl. I S. 4318); Abs. 1 Nr. 10 und 18 Buchst. e neu gef. mWv 31.7.2014 durch G v. 25.7.2014 (BGBl. I S. 1266); Abs. 1 Nr. 21 und 39 geänd., Nr. 40 und 41 angef. mWv 1.10.2014 durch G v. 25.7.2014 (BGBl. I S. 1266); Abs. 1 Nr. 41 geänd., Nr. 42 angef. mWv 31.12.2014 durch G v. 22.12.2014 (BGBl. I S. 2417); Abs. 4 Satz 1 neu gef., Satz 2 eingef., bish. Sätze 2–4 werden Sätze 3–5 mWv 15.4.2010, Abs. 1 Nr. 5b eingef. mWv 31.12.2015 durch G v. 21.12.2015 (BGBl. I S. 2531); Abs. 1 Nr. 18 Buchst. d und Nr. 36 neu gef., Satz 2 angef. mWv 1.1.2017 durch G v. 18.7.2016 (BGBl. I S. 1679); Abs. 1 Satz 1 Nr. 4 neu gef. mWv 1.1.2018 durch G v. 19.7.2016 (BGBl. I S. 1730); Abs. 1 Satz 1 Nr. 11 Satz 5 eingef., bish. Sätze 5–10 werden Sätze 6–11, neue Sätze 10 und 11 geänd., Satz 12 angef. mWv 14.12.2016, Abs. 1 Satz 1 Nr. 11 Satz 6 neu gef. **mWv 1.1.2022** durch G v. 8.12.2016 (BGBl. I S. 2835); Abs. 1 Satz 1 Nr. 5a geänd., Nr. 5c–5f eingef. mWv 24.12.2016 durch G v. 20.12.2016 (BGBl. I S. 3000); Abs. 1 Satz 1 Nr. 34 neu gef. mWv 15.12.2018 durch G v. 11.12.2018 (BGBl. I S. 2338); Abs. 1 Satz 1 Nr. 18 Buchst. a und e und Nr. 36 geänd. mWv 1.1.2019 durch G v. 20.11.2019 (BGBl. I S. 1626); Abs. 1 Satz 1 Nr. 5 neu gef. mWv 13.12.2019 durch G v. 10.12.2019 (BGBl. I S. 2103); Abs. 1 Satz 1 Nr. 21 neu gef., Nr. 42 geänd., Nr. 43 angef. mWv 18.12.2019, Nr. 5d Buchst. b und c geänd., Buchst. d angef., Nr. 5e Buchst. a und b geänd., Buchst. c angef. mWv 31.3.2020 durch G v. 12.12.2019 (BGBl. I S. 2451); Abs. 1 Satz 1 Nr. 5c und 5f neu gef., Nr. 5g eingef., Nr. 43 geänd., Nr. 44 angef. mWv 1.1.2020 durch G v. 21.12.2019 (BGBl. I S. 2875); Abs. 1 Satz 1 Nr. 44 geänd., Nr. 45 angef. mWv 1.1.2021 durch G v. 12.8.2020 (BGBl. I S. 1879); Abs. 1a eingef. mWv 29.12.2020, Abs. 1 Satz 1 Nr. 46 angef. mWv 1.1.2021, Nr. 21, 40 und 41 neu gef. mWv 1.4.2021, Nr. 29a eingef. und Abs. 1a Satz 2 geänd. **mWv 1.1.2023**, Abs. 1 Satz 1 Nr. 47 angef. **mWv 1.1.2024** durch G v. 21.12.2020 (BGBl. I S. 3096); Abs. 1 Satz 1 Nr. 18 Buchst. e geänd. **mWv 1.7.2022** durch G v. 11.2.2021 (BGBl. I S. 154); Abs. 1 Satz 1 Nr. 2 neu gef., Nr. 5 geänd., Nr. 14a und 28b eingef., Nr. 39 aufgeh., Abs. 1a Satz 2 geänd. mWv 9.6.2021, Abs. 1 Satz 1 Nr. 3 neu gef. **mWv 1.1.2022** durch G v. 2.6.2021 (BGBl. I S. 1259); Abs. 1 Satz 1 Nr. 2a eingef. mWv 1.7.2021 durch G v. 25.6.2021 (BGBl. I S. 2050); Abs. 1 Satz 1 Nr. 12 neu gef. mWv 1.7.2021 durch G v. 25.6.2021 (BGBl. I S. 2056).

2. die Erstattung von Kapitalertragsteuer und von im Wege des Steuerabzugs nach § 50a des Einkommensteuergesetzes[1] erhobener Steuer an beschränkt Steuerpflichtige, soweit die Einkommensteuer oder die Körperschaftsteuer mit dem Steuerabzug abgegolten ist und die beschränkte Steuerpflicht nicht auf § 2 Nummer 2 des Körperschaftsteuergesetzes[2] beruht;

2a. die Entgegennahme der Anträge nach § 1a Absatz 1 Satz 4 des Körperschaftsteuergesetzes und Berücksichtigung des Status der optierenden Gesellschaft in den Verfahren zur Entlastung von deutschen Abzugsteuern (Erstattungen und Freistellungen) auf Grund von Abkommen zur Vermeidung der Doppelbesteuerung;

3. die Entlastung bei deutschen Besitz- oder Verkehrsteuern gegenüber internationalen Organisationen, amtlichen zwischenstaatlichen Einrichtungen, ausländischen Missionen, berufskonsularischen Vertretungen und deren Mitgliedern auf Grund völkerrechtlicher Vereinbarung oder besonderer gesetzlicher Regelung nach näherer Weisung des Bundesministeriums der Finanzen [***ab 1.1.2022:*** sowie die Durchführung des Besteuerungsverfahrens nach § 18 Absatz 5a des Umsatzsteuergesetzes[3] einschließlich der damit im Zusammenhang stehenden Tätigkeiten für ausländische Missionen, berufskonsularische Vertretungen und deren Mitglieder];

4. die Besteuerung von Investmentfonds und Spezial-Investmentfonds sowie die Feststellung der Besteuerungsgrundlagen von Spezial-Investmentfonds, soweit es nach § 4 Absatz 2 Nummer 2 des Investmentsteuergesetzes[4] zuständig ist. [2] Daneben stellt das Bundeszentralamt für Steuern auf Anforderung den für die Besteuerung von Investmentfonds, Spezial-Investmentfonds oder deren Anlegern zuständigen Landesfinanzbehörden seine Erkenntnisse über ausländische Rechtsformen und ausländisches Recht zur Verfügung;

5. die Ausübung der Funktion der zuständigen Behörde auf dem Gebiet der steuerlichen Rechts- und Amtshilfe und bei der Durchführung von Verständigungs- und Schiedsverfahren im Einvernehmen mit der zuständigen obersten Landesfinanzbehörde oder mit der von dieser beauftragten Behörde nach den Doppelbesteuerungsabkommen, dem Übereinkommen Nr. 90/436/EWG über die Beseitigung der Doppelbesteuerung im Falle von Gewinnberichtigungen zwischen verbundenen Unternehmen (ABl. L 225 vom 20.8.1990, S. 10) in der jeweils geltenden Fassung und dem EU-Doppelbesteuerungsabkommen-Streitbeilegungsgesetz vom 10. Dezember 2019 (BGBl. I S. 2103) in der jeweils geltenden Fassung und bei der Durchführung von Vorabverständigungsverfahren nach § 89a der Abgabenordnung[5], soweit das zuständige Bundesministerium seine Befugnisse in diesem Bereich delegiert;

5a. die Entgegennahme und Weiterleitung von Meldungen nach auf der Grundlage von § 117c der Abgabenordnung ergangenen Rechtsverordnungen und die Durchführung von Bußgeldverfahren in den Fällen des

[1] Nr. **5**.
[2] Nr. **17**.
[3] Nr. **23**.
[4] Nr. **15**.
[5] Nr. **1**.

FVG

§ 379 Absatz 2 Nummer 1b der Abgabenordnung sowie die Auswertung dieser Meldungen im Rahmen der dem Bundeszentralamt für Steuern gesetzlich übertragenen Aufgaben;

5b. die Entgegennahme und Weiterleitung von Meldungen und Auswertungen im Rahmen der nach § 2 des Gesetzes zum automatischen Austausch von Informationen über Finanzkonten in Steuersachen auszutauschenden Informationen und die Durchführung von Bußgeldverfahren nach § 28 des vorgenannten Gesetzes;

5c. die Einstellung von Informationen zu grenzüberschreitenden Vorbescheiden oder Vorabverständigungen über die Verrechnungspreisgestaltung gemäß § 7 Absatz 3 bis 5 des EU-Amtshilfegesetzes in das Zentralverzeichnis der Mitgliedstaaten der Europäischen Union gemäß Artikel 21 Absatz 5 der Richtlinie 2011/16/EU des Rates vom 15. Februar 2011 über die Zusammenarbeit der Verwaltungsbehörden im Bereich der Besteuerung und zur Aufhebung der Richtlinie 77/799/EWG (ABl. L 64 vom 11.3. 2011, S. 1) in der jeweils geltenden Fassung sowie die Entgegennahme der von den anderen Mitgliedstaaten der Europäischen Union in das Zentralverzeichnis eingestellten Informationen im Sinne des Artikels 8a der Richtlinie 2011/16/EU und ihre Weiterleitung an die jeweils zuständige Landesfinanzbehörde nach Maßgabe des § 7 Absatz 9 des EU-Amtshilfegesetzes;

5d. die automatische Übermittlung der länderbezogenen Berichte, die dem Bundeszentralamt für Steuern hierzu von den Unternehmen nach § 138a Absatz 6 der Abgabenordnung übermittelt worden sind, an

a) die jeweils zuständige Landesfinanzbehörde,

b) die zuständigen Behörden der Vertragsstaaten der am 27. Januar 2016 unterzeichneten „Mehrseitigen Vereinbarung zwischen den zuständigen Behörden über den Austausch länderbezogener Berichte" (BGBl. 2016 II S. 1178, 1179),

c) die zuständigen Behörden der anderen Mitgliedstaaten gemäß Artikel 8aa der Richtlinie 2011/16/EU sowie

d) die zuständigen Behörden der Drittstaaten, mit denen die Bundesrepublik Deutschland ein Abkommen über den steuerlichen Informationsaustausch geschlossen hat, nachdem ein automatischer Austausch von Informationen vereinbart werden kann;

5e. die Entgegennahme und Weiterleitung

a) der länderbezogenen Berichte, die dem zentralen Verbindungsbüro von den zuständigen Behörden der anderen Mitgliedstaaten gemäß Artikel 8aa der Richtlinie 2011/16/EU übersandt wurden, an die zuständigen Landesfinanzbehörden,

b) der länderbezogenen Berichte im Sinne des § 138a Absatz 2 der Abgabenordnung, die dem zentralen Verbindungsbüro von den zuständigen Behörden der Vertragsstaaten der am 27. Januar 2016 unterzeichneten „Mehrseitigen Vereinbarung zwischen den zuständigen Behörden über den Austausch länderbezogener Berichte" (BGBl. 2016 II S. 1178, 1179) übermittelt wurden, an die jeweils zuständige Landesfinanzbehörde sowie

c) der länderbezogenen Berichte im Sinne des § 138a Absatz 2 der Abgabenordnung, die dem zentralen Verbindungsbüro von den zuständigen Behörden der Drittstaaten, mit denen die Bundesrepublik Deutschland ein Abkommen über den steuerlichen Informationsaustausch geschlossen hat, nach dem ein automatischer Austausch von Informationen vereinbart werden kann, übermittelt wurden, an die jeweils zuständige Landesfinanzbehörde;

5f. die automatische Übermittlung von Informationen zu grenzüberschreitenden Steuergestaltungen gemäß § 7 Absatz 13 des EU-Amtshilfegesetzes sowie die Entgegennahme von Informationen im Sinne des Artikels 8ab der Richtlinie 2011/16/EU gemäß § 7 Absatz 14 des EU-Amtshilfegesetzes;

5g. die Auswertung der Informationen nach den Nummern 5c, 5d, 5e und 5f im Rahmen der dem Bundeszentralamt für Steuern gesetzlich übertragenen Aufgaben; Auswertungen der Informationen nach den Nummern 5c, 5d, 5e und 5f durch die jeweils zuständige Landesfinanzbehörde bleiben hiervon unberührt;

6. die zentrale Sammlung und Auswertung von Unterlagen über steuerliche Auslandsbeziehungen nach näherer Weisung des Bundesministeriums der Finanzen;

7. bei Personen, die nicht im Geltungsbereich dieses Gesetzes ansässig sind, die Bestimmung des für die Besteuerung örtlich zuständigen Finanzamts, wenn sich mehrere Finanzämter für örtlich zuständig oder für örtlich unzuständig halten oder wenn sonst Zweifel über die örtliche Zuständigkeit bestehen;

8. die Vergütung der Vorsteuerbeträge in dem besonderen Verfahren nach § 18 Abs. 9 des Umsatzsteuergesetzes;

9. auf Grund der Verordnung (EU) Nr. 904/2010 des Rates vom 7. Oktober 2010 über die Zusammenarbeit der Verwaltungsbehörden und die Betrugsbekämpfung auf dem Gebiet der Mehrwertsteuer (ABl. L 268 vom 12.10.2010, S. 1)
   a) die Vergabe der Umsatzsteuer-Identifikationsnummer (§ 27a des Umsatzsteuergesetzes),
   b) die Entgegennahme der Zusammenfassenden Meldungen (§ 18a des Umsatzsteuergesetzes) und Speicherung der Daten,
   c) den Austausch von gespeicherten Informationen mit anderen Mitgliedstaaten;

10. die Erteilung von Bescheinigungen in Anwendung des Artikels 151 der Richtlinie 2006/112/EG des Rates vom 28. November 2006 über das gemeinsame Mehrwertsteuersystem (ABl. L 347 vom 11.12.2006, S. 1, L 335 vom 20.12.2007, S. 60), die zuletzt durch die Richtlinie 2013/61/EU (ABl. L 353 vom 28.12.2013, S. 5) geändert worden ist, in der jeweils geltenden Fassung zum Nachweis der Umsatzsteuerbefreiung der Umsätze, die in anderen Mitgliedstaaten der Europäischen Union an im Geltungsbereich dieses Gesetzes ansässige zwischenstaatliche Einrichtungen, ständige diplomatische Missionen und berufskonsularische Vertretungen sowie deren Mitglieder ausgeführt werden;

11. die Durchführung des Familienleistungsausgleichs nach Maßgabe der §§ 31, 62 bis 78 des Einkommensteuergesetzes. [2]Die Bundesagentur für Arbeit stellt dem Bundeszentralamt für Steuern zur Durchführung dieser Aufgaben ihre Dienststellen als Familienkassen zur Verfügung. [3]Das Nähe-

re, insbesondere die Höhe der Verwaltungskostenerstattung, wird durch Verwaltungsvereinbarung geregelt. [4]Der Vorstand der Bundesagentur für Arbeit kann innerhalb seines Zuständigkeitsbereichs abweichend von den Vorschriften der Abgabenordnung über die örtliche Zuständigkeit von Finanzbehörden die Entscheidung über den Anspruch auf Kindergeld für bestimmte Bezirke oder Gruppen von Berechtigten einer anderen Familienkasse übertragen. [5]Für die besonderen Belange der Personen, die in einem öffentlich-rechtlichen Dienst-, Amts- oder Ausbildungsverhältnis zum Bund stehen oder Versorgungsbezüge nach bundesbeamten- oder soldatenrechtlichen Vorschriften oder Grundsätzen erhalten oder Arbeitnehmer des Bundes oder einer sonstigen Körperschaft, einer Anstalt oder einer Stiftung des öffentlichen Rechts im Bereich des Bundes sind, benennt die Bundesagentur für Arbeit als Familienkasse zentrale Ansprechpartner. [6]Das Bundesministerium der Finanzen wird ermächtigt, durch Rechtsverordnung, *die nicht der Zustimmung des Bundesrates bedarf,* [***ab 1.1.2022:*** ohne Zustimmung des Bundesrates] Bundesfamilienkassen zur Wahrnehmung der Aufgaben der Familienkassen nach *§ 72 Abs. 1 des Einkommensteuergesetzes* [***ab 1.1.2022:*** § 72 Absatz 1 des Einkommensteuergesetzes für die in § 72 Absatz 3 Nummer 3 des Einkommensteuergesetzes ausgenommenen Behörden, Körperschaften, Anstalten oder Stiftungen des öffentlichen Rechts im Bereich des Bundes] einzurichten. [7]Diese können auch Aufgaben im Auftrag der mittelbaren Verwaltung wahrnehmen. [8]Die Landesregierungen werden ermächtigt, durch Rechtsverordnung Landesfamilienkassen zur Wahrnehmung der Aufgaben nach § 72 Abs. 1 des Einkommensteuergesetzes einzurichten. [9]Diese können auch Aufgaben der mittelbaren Verwaltung wahrnehmen. [10]Die Ermächtigung kann durch Rechtsverordnung auf die zuständigen obersten Landesbehörden übertragen werden. [11]Die Familienkassen gelten als Bundesfinanzbehörden, soweit sie den Familienleistungsausgleich durchführen, und unterliegen insoweit der Fachaufsicht des Bundeszentralamtes für Steuern. [12]Das Bundeszentralamt für Steuern erteilt diesen Familienkassen ein Merkmal zur Identifizierung (Familienkassenschlüssel) und veröffentlicht die Namen und die Anschriften dieser Familienkassen jeweils zu Beginn eines Kalenderjahres im Bundessteuerblatt;

12. die Durchführung der Veranlagung nach § 50 Absatz 2 Satz 2 Nummer 5 des Einkommensteuergesetzes und § 32 Absatz 2 Nummer 2 des Körperschaftsteuergesetzes sowie die Durchführung des Steuerabzugsverfahrens nach § 50a Absatz 1 des Einkommensteuergesetzes und nach § 10 des Steueroasen-Abwehrgesetzes; einschließlich des Erlasses von Haftungs- und Nachforderungsbescheiden und deren Vollstreckung;
13. die zentrale Sammlung und Auswertung der von den Finanzbehörden der Länder übermittelten Informationen über Betrugsfälle im Bereich der Umsatzsteuer;
14. die Sammlung, Auswertung und Weitergabe der Daten, die nach § 45d des Einkommensteuergesetzes in den dort genannten Fällen zu übermitteln sind sowie die Übermittlung der Identifikationsnummer (§ 139b der Abgabenordnung) in dem Anfrageverfahren nach § 44a Absatz 2a Satz 3 bis 7 des Einkommensteuergesetzes;

14a. die Sammlung, Auswertung und Bereitstellung der Daten, die nach den §§ 45b und 45c des Einkommensteuergesetzes in den dort genannten

FVG

Fällen zu übermitteln sind; das Bundeszentralamt für Steuern unterrichtet die Finanzbehörden der Länder über die Ergebnisse der Datenauswertung und stellt den Finanzbehörden der Länder Daten für die Verwendung in Besteuerungsverfahren zur Verfügung;

15. die Koordinierung von Umsatzsteuerprüfungen der Landesfinanzbehörden in grenz- und länderübergreifenden Fällen;
16. das Zusammenführen und Auswerten von umsatzsteuerlich erheblichen Informationen zur Identifizierung prüfungswürdiger Sachverhalte;
17. die Beobachtung von elektronisch angebotenen Dienstleistungen zur Unterstützung der Landesfinanzverwaltungen bei der Umsatzbesteuerung des elektronischen Handels;
18. a) die Weiterleitung der Daten, die nach § 10 Absatz 2a, 2b und 4b des Einkommensteuergesetzes in den dort genannten Fällen zu übermitteln sind,
    b) die Sammlung, Auswertung und Weitergabe der Daten, die nach § 10a Absatz 5 des Einkommensteuergesetzes in den dort genannten Fällen zu übermitteln sind,
    c) die Sammlung, Auswertung und Weitergabe der Daten, die nach § 22a des Einkommensteuergesetzes in den dort genannten Fällen zu übermitteln sind,
    d) bei einer Datenübermittlung nach § 22a Absatz 1 des Einkommensteuergesetzes die Prüfung nach § 93c Absatz 4 Satz 1 der Abgabenordnung und die Erhebung des Verspätungsgeldes nach § 22a Absatz 5 des Einkommensteuergesetzes,
    e) die Übermittlung der Identifikationsnummer (§ 139b der Abgabenordnung) im Anfrageverfahren nach § 22a Absatz 2 in Verbindung mit § 10 Absatz 2a, 2b und 4b, § 10a Absatz 5 und § 32b Absatz 3 Satz 1 [***ab 1.7.2022:*** sowie nach § 52 Absatz 30b] des Einkommensteuergesetzes,
    f) die Gewährung der Altersvorsorgezulage nach Abschnitt XI des Einkommensteuergesetzes sowie
    g) die Durchführung von Bußgeldverfahren nach § 50f des Einkommensteuergesetzes.

    [2] Das Bundeszentralamt für Steuern bedient sich zur Durchführung dieser Aufgaben der Deutschen Rentenversicherung Bund, soweit diese zentrale Stelle im Sinne des § 81 des Einkommensteuergesetzes ist, im Wege der Organleihe. [3] Die Deutsche Rentenversicherung Bund unterliegt insoweit der Fachaufsicht des Bundeszentralamtes für Steuern. [4] Das Nähere, insbesondere die Höhe der Verwaltungskostenerstattung, wird durch Verwaltungsvereinbarung geregelt;
19. die zentrale Sammlung der von den Finanzbehörden übermittelten Angaben über erteilte Freistellungsbescheinigungen nach § 48b des Einkommensteuergesetzes und die Erteilung von Auskünften im Wege einer elektronischen Abfrage an den Leistungsempfänger im Sinne des § 48 Abs. 1 Satz 1 des Einkommensteuergesetzes über die übermittelten Freistellungsbescheinigungen;
20. den Einzug der einheitlichen Pauschsteuer nach § 40a Abs. 2 des Einkommensteuergesetzes. [2] Das Bundeszentralamt für Steuern bedient sich zur Durchführung dieser Aufgabe der Deutschen Rentenversicherung

Knappschaft-Bahn-See als Träger der knappschaftlichen Rentenversicherung im Wege der Organleihe. [3]Das Nähere, insbesondere die Höhe der Verwaltungskostenerstattung, wird durch Verwaltungsvereinbarung geregelt. [4]Die Deutsche Rentenversicherung Knappschaft-Bahn-See als Träger der knappschaftlichen Rentenversicherung gilt für die Durchführung dieser Aufgabe als Bundesfinanzbehörde und unterliegt insoweit der Fachaufsicht des Bundeszentralamtes für Steuern;

21. für vor dem 1. Juli 2021 ausgeführte Umsätze die Durchführung des Besteuerungsverfahrens nach § 18 Absatz 4c des Umsatzsteuergesetzes in der bis zum 30. Juni 2021 geltenden Fassung einschließlich der damit im Zusammenhang stehenden Tätigkeiten auf Grund von Kapitel XI Abschnitt 1 und 2 der Verordnung (EU) Nr. 904/2010 des Rates vom 7. Oktober 2010 über die Zusammenarbeit der Verwaltungsbehörden und die Betrugsbekämpfung auf dem Gebiet der Mehrwertsteuer (ABl. L 268 vom 12.10.2010, S. 1) sowie für nach dem 30. Juni 2021 ausgeführte Umsätze die Entgegennahme und Weiterleitung von Anzeigen, Umsatzsteuererklärungen und Zahlungen von nicht im Gemeinschaftsgebiet ansässigen Unternehmern in Anwendung der Artikel 360 bis 367 und 369 der Richtlinie 2006/112/EG des Rates in der Fassung von Artikel 2 Nummer 17 bis 19 der Richtlinie (EU) 2017/2455 des Rates vom 5. Dezember 2017 zur Änderung der Richtlinie 2006/112/EG und der Richtlinie 2009/132/EG in Bezug auf bestimmte mehrwertsteuerliche Pflichten für die Erbringung von Dienstleistungen und für Fernverkäufe von Gegenständen (ABl. L 348 vom 29.12.2017, S. 7) einschließlich der mit der Durchführung des Besteuerungsverfahrens nach § 18i des Umsatzsteuergesetzes zusammenhängenden Tätigkeiten auf Grund der Kapitel V und XI der Verordnung (EU) Nr. 904/2010 des Rates in der Fassung von Artikel 1 der Verordnung (EU) 2017/2454 des Rates vom 5. Dezember 2017 zur Änderung der Verordnung (EU) Nr. 904/2010 des Rates über die Zusammenarbeit der Verwaltungsbehörden und die Betrugsbekämpfung auf dem Gebiet der Mehrwertsteuer (ABl. L 348 vom 29.12.2017, S. 1);
22. die Vergabe und die Verwaltung des Identifikationsmerkmals nach den §§ 139a bis 139d der Abgabenordnung;
23. die Bestätigungen nach § 18e des Umsatzsteuergesetzes 1999;
24. den Abruf von Daten aus den nach § 93b der Abgabenordnung in Verbindung mit § 24c Abs. 1 Satz 1 des Kreditwesengesetzes von den Kreditinstituten geführten Dateien und die Weiterleitung der abgerufenen Daten an die zuständigen Finanzbehörden;
25. die Verwaltung der Versicherung- und Feuerschutzsteuer und die zentrale Sammlung und Auswertung der Informationen für die Verwaltung der Versicherung- und Feuerschutzsteuer;
26. Entgegennahme von Meldungen und Zahlungen von Zinsabschlag nach der Zinsinformationsverordnung und deren Weiterleitung;
27. die Erteilung von verbindlichen Auskünften nach § 89 Abs. 2 Satz 3 der Abgabenordnung;
28. die Unterstützung der Finanzbehörden der Länder bei der Verhütung und Verfolgung von Steuerstraftaten mit länderübergreifender, internationaler oder erheblicher Bedeutung sowie bei Anzeigen nach § 116 Abs. 1 der Abgabenordnung. [2]Das Bundeszentralamt für Steuern hat zur Wahrneh-

mung dieser Aufgabe alle hierfür erforderlichen Informationen zu sammeln und auszuwerten und die Behörden der Länder über die sie betreffenden Informationen und die in Erfahrung gebrachten Zusammenhänge von Straftaten zu unterrichten;

28a. die Weiterleitung von Mitteilungen nach § 116 Abs. 1 der Abgabenordnung an die zuständigen Finanzbehörden der Zollverwaltung;

28b. die Unterstützung der Finanzbehörden der Länder bei der Ermittlung von Steuergestaltungen, die die Erlangung eines Steuervorteils aus der Erhebung oder Entlastung von Kapitalertragsteuer mit länderübergreifender, internationaler oder erheblicher Bedeutung zum Gegenstand haben; das Bundeszentralamt für Steuern hat zur Wahrnehmung dieser Aufgabe alle hierfür erforderlichen Informationen zu sammeln und auszuwerten und die Behörden der Länder über die sie betreffenden Informationen zu unterrichten;

29. die Durchführung der gesonderten Feststellung und Erteilung der Bescheinigung nach § 27 Abs. 8 des Körperschaftsteuergesetzes;

[*ab 1.1.2023:*

29a. Entgegennahme, Verarbeitung und Weiterleitung der Versicherungsdaten bei privaten Krankenversicherungen und privaten Pflege-Pflichtversicherungen nach § 39 Absatz 4a des Einkommensteuergesetzes;]

30. Bildung, Speicherung und Bereitstellung elektronischer Lohnsteuerabzugsmerkmale;

31. die zentrale Sammlung der von den Finanzbehörden der Länder übermittelten Daten zu Konzernübersichten (Konzernverzeichnis) sowie die Erteilung von Auskünften daraus im Wege einer elektronischen Abfrage durch die Finanzbehörden der Länder;

32. die zentrale Sammlung der von den Finanzbehörden der Länder übermittelten branchenbezogenen Kennzahlen sowie die Erteilung von Auskünften daraus im Wege einer elektronischen Abfrage durch die Finanzbehörden der Länder.

33. die Registrierung eines Vor-REIT nach § 2 des REIT-Gesetzes;

34. die Zertifizierung von Altersvorsorge- und Basisrentenverträgen nach dem Altersvorsorgeverträge-Zertifizierungsgesetz und die Durchführung von Bußgeldverfahren nach § 13 des Altersvorsorgeverträge-Zertifizierungsgesetzes;

35. die Prüfung der Vollständigkeit und Zulässigkeit von Anträgen auf Vorsteuer-Vergütung für im Inland ansässige Unternehmer in Anwendung von Artikel 18 der Richtlinie 2008/9/EG des Rates vom 12. Februar 2008 zur Regelung der Erstattung der Mehrwertsteuer gemäß der Richtlinie 2006/112/EG an nicht im Mitgliedstaat der Erstattung, sondern in einem anderen Mitgliedstaat ansässige Steuerpflichtige (ABl. EU Nr. L 44 S. 23);

36. die Prüfung nach § 93c Absatz 4 Satz 1 der Abgabenordnung der nach § 10 Absatz 2b des Einkommensteuergesetzes zu übermittelnden Daten sowie bei dieser Datenübermittlung die Festsetzung und Erhebung des Haftungsbetrages nach § 72a Absatz 4 der Abgabenordnung;

37. Ausstellung der Bescheinigung an Unternehmer über die Erfüllung der Voraussetzungen des § 4 Nummer 11b des Umsatzsteuergesetzes;

38. ab 14. Dezember 2010 die Weiterleitung von Anzeigen nach § 9 der Erbschaftsteuer-Durchführungsverordnung[1)] an die zuständigen Finanzbehörden der Länder;
39. *(aufgehoben)*
40. für vor dem 1. Juli 2021 ausgeführte Umsätze die mit der Durchführung des Besteuerungsverfahrens nach § 18 Absatz 4e des Umsatzsteuergesetzes in Zusammenhang stehenden Tätigkeiten auf Grund der Kapitel V und XI Abschnitt 2 der Verordnung (EU) Nr. 904/2010 des Rates vom 7. Oktober 2010 über die Zusammenarbeit der Verwaltungsbehörden und die Betrugsbekämpfung auf dem Gebiet der Mehrwertsteuer (ABl. L 268 vom 12.10.2010, S. 1) und die Entgegennahme und Weiterleitung von Anzeigen und Umsatzsteuererklärungen für im Inland ansässige Unternehmer in Anwendung der Artikel 369c bis 369i der Richtlinie 2006/112/EG des Rates in der Fassung des Artikels 5 Nummer 15 der Richtlinie 2008/8/EG des Rates vom 12. Februar 2008 zur Änderung der Richtlinie 2006/112/EG bezüglich des Ortes der Dienstleistung (ABl. L 44 vom 20.2.2008, S. 11) einschließlich der damit zusammenhängenden Tätigkeiten auf Grund von Artikel 17 Absatz 1 Buchstabe d und Artikel 21 Absatz 1 sowie Kapitel XI Abschnitt 2 der Verordnung (EU) Nr. 904/2010 des Rates vom 7. Oktober 2010 über die Zusammenarbeit der Verwaltungsbehörden und die Betrugsbekämpfung auf dem Gebiet der Mehrwertsteuer (ABl. L 268 vom 12.10.2010, S. 1) sowie für nach dem 30. Juni 2021 ausgeführte Umsätze die Entgegennahme und Weiterleitung von Anzeigen, Umsatzsteuererklärungen und Zahlungen von im Inland oder nicht im Gemeinschaftsgebiet ansässigen Unternehmern in Anwendung der Artikel 369c bis 369i und 369k der Richtlinie 2006/112/EG des Rates in der Fassung von Artikel 1 Nummer 11 bis 13 der Richtlinie (EU) 2019/1995 des Rates vom 21. November 2019 zur Änderung der Richtlinie 2006/112/EG des Rates vom 28. November 2006 in Bezug auf Vorschriften für Fernverkäufe von Gegenständen und bestimmte inländische Lieferungen von Gegenständen (ABl. L 310 vom 2.12.2019, S. 1) einschließlich der mit der Durchführung des Besteuerungsverfahrens nach § 18j des Umsatzsteuergesetzes zusammenhängenden Tätigkeiten auf Grund der Kapitel V und XI Abschnitt 2 und 3 der Verordnung (EU) Nr. 904/2010 des Rates in der Fassung von Artikel 1 der Verordnung (EU) 2017/2454 des Rates vom 5. Dezember 2017 zur Änderung der Verordnung (EU) Nr. 904/2010 des Rates über die Zusammenarbeit der Verwaltungsbehörden und die Betrugsbekämpfung auf dem Gebiet der Mehrwertsteuer (ABl. L 348 vom 29.12.2017, S. 1);
41. die Entgegennahme und Weiterleitung von Anzeigen, Umsatzsteuererklärungen und Zahlungen von im Inland oder nicht im Gemeinschaftsgebiet ansässigen Unternehmern oder von im Auftrag handelnden im Inland ansässigen Vertretern in Anwendung der Artikel 369o bis 369v und 369x der Richtlinie 2006/112/EG des Rates in der Fassung von Artikel 2 Nummer 30 der Richtlinie (EU) 2017/2455 des Rates vom 5. Dezember 2017 zur Änderung der Richtlinie 2006/112/EG und der Richtlinie 2009/132/EG in Bezug auf bestimmte mehrwertsteuerliche Pflichten für die Erbringung von Dienstleistungen und für Fernverkäufe von Gegen-

[1)] Nr. **8**.

ständen (ABl. L 348 vom 29.12.2017, S. 7) einschließlich der mit der Durchführung des Besteuerungsverfahrens nach § 18k des Umsatzsteuergesetzes zusammenhängenden Tätigkeiten auf Grund der Kapitel V und XI Abschnitt 3 der Verordnung (EU) Nr. 904/2010 des Rates in der Fassung von Artikel 1 der Verordnung (EU) 2017/2454 des Rates vom 5. Dezember 2017 zur Änderung der Verordnung (EU) Nr. 904/2010 des Rates über die Zusammenarbeit der Verwaltungsbehörden und die Betrugsbekämpfung auf dem Gebiet der Mehrwertsteuer (ABl. L 348 vom 29.12.2017, S. 1);

42. die Einrichtung und Pflege des Online-Zugriffs der Finanzämter auf ATLAS-Ein- und Ausfuhrdaten;

43. die Unterstützung des Bundesministeriums der Finanzen bei der Gesetzesfolgenabschätzung im Steuerrecht;

44. die Sammlung, Sortierung, Zuordnung und Auswertung der ihm nach den §§ 138d bis 138h der Abgabenordnung und § 7 Absatz 14 Satz 2 des EU-Amtshilfegesetzes zugegangenen Mitteilungen über grenzüberschreitende Steuergestaltungen, ihre Weiterleitung an die Generalzolldirektion nach § 138j Absatz 1 Satz 2 der Abgabenordnung, die Information der Landesfinanzbehörden nach § 138i und § 138j Absatz 3 der Abgabenordnung sowie die Unterrichtung des Bundesministeriums der Finanzen über die Ergebnisse der Auswertung nach § 138j Absatz 1 der Abgabenordnung;

45. die Übermittlung von Daten im Rahmen des automatisierten Datenabrufverfahrens mit den Trägern der gesetzlichen Rentenversicherung in den in § 151b Absatz 2 Satz 2 und § 151c Absatz 1 des Sechsten Buches Sozialgesetzbuch genannten Fällen;

46. Mitwirkung bei der Festlegung der Einzelheiten der Risikomanagementsysteme zur Gewährleistung eines bundeseinheitlichen Vollzugs auf dem Gebiet der Steuern, die von den Landesfinanzbehörden im Auftrag des Bundes verwaltet werden;

[*ab 1.1.2024:*

47. a) die zentrale Sammlung der von den Finanzbehörden der Länder nach § 60b der Abgabenordnung übermittelten Daten zu nach § 5 Absatz 1 Nummer 9 des Körperschaftsteuergesetzes steuerbefreiten Körperschaften, Personenvereinigungen oder Vermögensmassen (Zuwendungsempfängerregister) sowie die Erteilung von Auskünften daraus im Wege einer elektronischen Abfrage durch die Finanzbehörden der Länder und durch Dritte,

    b) die Feststellung, ob Körperschaften ohne Sitz im Geltungsbereich des Grundgesetzes, die nachweislich Zuwendungen von Spendern mit Wohnsitz, Aufenthalt oder Sitz im Geltungsbereich dieses Gesetzes erhalten haben, für Zwecke des § 50 Absatz 1 der Einkommensteuer-Durchführungsverordnung[1], die Voraussetzungen der §§ 51 bis 68 der Abgabenordnung erfüllen,

    c) die über Buchstabe a hinausgehende Aufnahme eines Zuwendungsempfängers im Sinne des § 10b Absatz 1 Satz 2 Nummer 1 und 3 des Einkommensteuergesetzes auf Antrag des Zuwendungsempfängers in

---

[1] Nr. **6**.

FVG

das Zuwendungsempfängerregister, wenn der Zuwendungsempfänger unmittelbar steuerbegünstigte Zwecke im Sinne der §§ 52 bis 54 der Abgabenordnung verwirklicht und die Voraussetzungen des § 51 der Abgabenordnung und des § 10b Absatz 1 Satz 3 bis 6 des Einkommensteuergesetzes erfüllt sowie die Aufnahme eines Zuwendungsempfängers im Sinne des § 34g des Einkommensteuergesetzes, wenn der Zuwendungsempfänger die Voraussetzungen des § 34g des Einkommensteuergesetzes erfüllt,

d) der Abgleich der in den Verfassungsschutzberichten des Bundes und der Länder als „extremistisch" eingestuften Organisationen mit den im Zuwendungsempfängerregister aufgeführten Körperschaften auf die Voraussetzungen des § 51 Absatz 3 der Abgabenordnung und die Mitteilung des Ergebnisses der Prüfung an die zuständige Landesfinanzbehörde,

e) die Bereitstellung für Zwecke des Sonderausgabenabzugs nach § 10b des Einkommensteuergesetzes von Name, Anschrift, Wirtschaftsidentifikationsnummer, satzungsgemäßen Zwecken nach § 52 Absatz 2 der Abgabenordnung, zuständigem Finanzamt, Datum des Freistellungsbescheides, Bankverbindung sowie Datum der gesonderten Feststellung der satzungsmäßigen Gemeinnützigkeit nach § 60a der Abgabenordnung als automatisiert abrufbare Merkmale der im Zuwendungsempfängerregister geführten Körperschaften, Personenvereinigungen, Vermögensmassen, juristische Personen des öffentlichen Rechts oder öffentlichen Dienststellen für die Finanzbehörden der Länder und für Dritte,

f) die Entgegennahme und Weiterleitung von Änderungsanträgen zum Registerinhalt einer im Zuwendungsempfängerregister geführten Körperschaft, Personenvereinigung, Vermögensmasse, juristischen Person des öffentlichen Rechts oder öffentlichen Dienststelle an die zuständige Finanzbehörde.]

[2] Das Bundeszentralamt für Steuern hat Daten, die von ihm oder der zentralen Stelle im Sinne des § 81 des Einkommensteuergesetzes nach § 88 Absatz 4 der Abgabenordnung nicht an die Landesfinanzbehörden weitergeleitet wurden, bis zum Ablauf des 15. Jahres nach dem Jahr des Zugangs der Daten zur Durchführung von Verfahren im Sinne des § 30 Absatz 2 Nummer 1 Buchstabe a und b der Abgabenordnung sowie zur Datenschutzkontrolle zu speichern.

(1a) [1] Soweit durch Absatz 1 Aufgaben der Steuerverwaltung übertragen wurden, ist hiervon auch die Durchführung von Vorfeldermittlungen nach § 208 Absatz 1 Satz 1 Nummer 3 der Abgabenordnung umfasst. [2] Dies gilt nicht für Fälle des Absatzes 1 Satz 1 Nummer 1, 5 bis 7, 9, 10, 13 bis 17, 19, 22 bis 24, 26, 28, 28a, 28b, *30* [***ab 1.1.2023:*** 29a] bis 34, 36, 38 und 42 bis 46.

(2) [1] Die vom Bundeszentralamt für Steuern auf Grund gesetzlicher Vorschriften gewährten Steuererstattungen und Steuervergütungen sowie die nach § 44b Absatz 6 Satz 1 bis 3 des Einkommensteuergesetzes erstattete Kapitalertragsteuer werden von den Ländern in dem Verhältnis getragen, in dem sie an dem Aufkommen der betreffenden Steuern beteiligt sind. [2] Kapitalertragsteuer, die das Bundeszentralamt für Steuern anlässlich der Vergütung von Körperschaftsteuer vereinnahmt hat, steht den Ländern in demselben Verhältnis zu.

[3]Für die Aufteilung ist das Aufkommen an den betreffenden Steuern in den einzelnen Ländern maßgebend, das sich ohne Berücksichtigung der in den Sätzen 1 und 2 bezeichneten Steuerbeträge für das Vorjahr ergibt. [4]Das Nähere bestimmt das Bundesministerium der Finanzen durch Rechtsverordnung, die der Zustimmung des Bundesrates bedarf.

(3) [1]Die von den Familienkassen bei der Durchführung des Familienleistungsausgleichs nach Absatz 1 Nr. 11 ausgezahlten Steuervergütungen im Sinne des § 31 des Einkommensteuergesetzes werden jeweils von den Ländern und Gemeinden, in denen der Gläubiger der Steuervergütung seinen Wohnsitz hat, nach den für die Verteilung des Aufkommens der Einkommensteuer maßgebenden Vorschriften mitgetragen. [2]Das Bundeszentralamt für Steuern stellt nach Ablauf eines jeden Monats die Anteile der einzelnen Länder einschließlich ihrer Gemeinden an den gewährten Leistungen fest. [3]Die nach Satz 2 festgestellten Anteile sind dem Bund von den Ländern bis zum 15. des dem Zahlungsmonat folgenden Monats zu erstatten. [4]Für den Monat Dezember ist dem Bund von den Ländern ein Abschlag auf der Basis der Abrechnung des Vormonats zu leisten. [5]Die Abrechnung für den Monat Dezember hat bis zum 15. Januar des Folgejahres zu erfolgen. [6]Das Bundesministerium der Finanzen wird ermächtigt, durch Rechtsverordnung[1)] mit Zustimmung des Bundesrates das Nähere zu bestimmen.

(4) [1]Die von der zentralen Stelle (§ 81 des Einkommensteuergesetzes) veranlassten Auszahlungen von Altersvorsorgezulagen (§ 83 des Einkommensteuergesetzes) werden nach den für die Verteilung des Aufkommens der Einkommensteuer maßgebenden Vorschriften von den Ländern und Gemeinden mitgetragen, in denen der Gläubiger der Steuervergütung seinen inländischen Wohnsitz hat; bei Gläubigern mit ausländischem Wohnsitz wird der letzte bekannte inländische Wohnsitz zugrunde gelegt. [2]Die sich aus Satz 1 ergebenden Finanzierungsanteile gelten auch, wenn der Wohnsitz nicht nach Satz 1 zugeordnet werden kann. [3]Die zentrale Stelle stellt nach Ablauf des dem Kalendervierteljahr folgenden Monats die Anteile der einzelnen Länder einschließlich ihrer Gemeinden an den zu gewährenden Leistungen fest. [4]Die nach Satz 2 festgestellten Anteile sind dem Bund von den Ländern bis zum 15. des zweiten, dem Kalendervierteljahr folgenden Monats zu erstatten. [5]Das Bundesministerium der Finanzen wird ermächtigt, durch Rechtsverordnung[2)] mit Zustimmung des Bundesrates das Nähere zu bestimmen.

(5) [1]An dem Aufkommen der von der vereinnahmten pauschalen Lohnsteuer (§ 40a Abs. 6 des Einkommensteuergesetzes) sind die Länder und Gemeinden, in denen die Steuerpflichtigen ihren Wohnsitz haben, nach den für die Verteilung des Aufkommens der Einkommensteuer maßgebenden Vorschriften zu beteiligen. [2]Nach Ablauf eines jeden Monats werden die Anteile der einzelnen Länder einschließlich ihrer Gemeinden an der vereinnahmten pauschalen Lohnsteuer festgestellt. [3]Die nach Satz 2 festgestellten Anteile sind an die Länder bis zum 15. des darauf folgenden Monats auszuzahlen. [4]Das Bundesministerium der Finanzen wird ermächtigt, durch Rechtsverordnung

---

[1)] Siehe VO zur Durchführung von § 5 Abs. 3 FVG v. 19.12.1995 (BGBl. I S. 2086), zuletzt geänd. durch VO v. 12.7.2017 (BGBl. I S. 2360).

[2)] Siehe VO zur Durchführung von § 5 Abs. 4 FVG v. 22.8.2002 (BGBl. I S. 3405), zuletzt geänd. durch G v. 21.12.2015 (BGBl. I S. 2531).

mit Zustimmung des Bundesrates das Nähere zur Verwaltung und Auszahlung der einheitlichen Pauschsteuer zu bestimmen.

(6) [1]An dem Aufkommen der nach der Richtlinie 2003/48/EG des Rates vom 3. Juni 2003 im Bereich der Besteuerung von Zinserträgen (ABl. EU Nr. L 157 S. 38, 2005 Nr. L 103 S. 41), zuletzt geändert durch die Richtlinie 2006/98/EG des Rates vom 20. November 2006 (ABl. EU Nr. L 363 S. 129), in der jeweils geltenden Fassung von den berechtigten Mitgliedstaaten sowie von den in Artikel 17 dieser Richtlinie genannten Staaten und abhängigen Gebieten erhobenen Quellensteuer sind die Länder und Gemeinden entsprechend ihrem Anteil an der Kapitalertragsteuer nach § 43 Abs. 1 Satz 1 Nr. 6, 7 und 8 bis 12 sowie Satz 2 des Einkommensteuergesetzes zu beteiligen. [2]Die Verteilung des Länder- und Gemeindeanteils auf die einzelnen Länder erfolgt nach den Anteilen an der Kapitalertragsteuer nach § 43 Abs. 1 Satz 1 Nr. 6, 7 und 8 bis 12 sowie Satz 2 des Einkommensteuergesetzes vom Vorjahr, die den Ländern und Gemeinden nach Zerlegung (§ 8 des Zerlegungsgesetzes) zustehen; für 2009 sind die Anteile der Länder und Gemeinden am Zinsabschlagsaufkommen des Jahres 2008 nach Zerlegung maßgeblich. [3]Das Bundeszentralamt für Steuern stellt jeweils nach Ablauf eines Monats die Anteile der Länder einschließlich ihrer Gemeinden fest und zahlt sie an die Länder bis zum 15. des dem Abrechnungsmonat folgenden Monats aus. [4]Das Bundesministerium der Finanzen wird ermächtigt, durch Rechtsverordnung mit Zustimmung des Bundesrates das Nähere zur Verwaltung und Auszahlung dieser Quellensteuer zu bestimmen.

(7) [1]Das Aufkommen der in Ausübung der Aufgaben nach Absatz 1 Nummer 12 zugeflossenen Einkommen- und Körperschaftsteuer steht den Ländern und Gemeinden nach den für die Verteilung des Aufkommens der Einkommen- und Körperschaftsteuer maßgebenden Vorschriften zu. [2]Nach Ablauf eines jeden Monats werden die Anteile der einzelnen Länder einschließlich ihrer Gemeinden an den Einnahmen durch das Bundeszentralamt für Steuern festgestellt. [3]Die nach Satz 2 festgestellten Anteile sind an die Länder bis zum 15. des darauf folgenden Monats auszuzahlen. [4]Das Bundesministerium der Finanzen wird ermächtigt, durch Rechtsverordnung mit Zustimmung des Bundesrates das Nähere zur Verwaltung und Auszahlung der Einnahmen in Ausübung der Aufgaben nach Absatz 1 Nummer 12 zu bestimmen.

§ 5a[1)] Aufgaben und Gliederung der Generalzolldirektion. (1) [1]Unbeschadet des § 4 Absatz 2 und 3 leitet die Generalzolldirektion bundesweit die Durchführung der Aufgaben der Zollverwaltung. [2]Sie übt die Dienst- und Fachaufsicht über die Hauptzollämter und Zollfahndungsämter aus. [3]Sie wertet die ihr nach § 138j Absatz 1 Satz 2 der Abgabenordnung[2)] vom Bundeszentralamt für Steuern übermittelten Daten über grenzüberschreitende Steuergestaltungen aus, unterrichtet nach § 138j Absatz 2 der Abgabenordnung das Bundesministerium der Finanzen über die Ergebnisse der Auswertung und stellt

[1)] § 5a eingef. mWv 1.1.2016 durch G v. 3.12.2015 (BGBl. I S. 2178); Abs. 2 Satz 3 eingef., bish. Satz 3 wird Satz 4, Abs. 3 Satz 2 geänd. mWv 26.6.2017 durch G v. 23.6.2017 (BGBl. I S. 1822); Abs. 4 aufgeh. mWv 21.12.2018 durch G v. 17.12.2018 (BGBl. I S. 2522); Abs. 1 Satz 3 eingef., bish. Satz 3 wird Satz 4 mWv 1.1.2020 durch G v. 21.12.2019 (BGBl. I S. 2875); Abs. 2 Satz 2 neu gef., Satz 3 aufgeh., bish. Satz 4 wird Satz 3, Abs. 3 Satz 2 geänd. mWv 1.4.2021 durch G v. 30.3.2021 (BGBl. I S. 607).

[2)] Nr. **1**.

dem zuständigen Hauptzollamt die zur Durchführung des Besteuerungsverfahrens und des Bußgeldverfahrens erforderlichen Informationen zur Verfügung. [4]Außerdem nimmt die Generalzolldirektion die ihr sonst übertragenen Aufgaben wahr.

(2) [1]Die Generalzolldirektion gliedert sich in Direktionen. [2]Es wird neben der für den Zollfahndungsdienst zuständigen Direktion (Zollkriminalamt) eine für die Aufgaben nach dem Gesetz über das Aufspüren von Gewinnen aus schweren Straftaten (Geldwäschegesetz) zuständige Direktion (Zentralstelle für Finanztransaktionsuntersuchungen) eingerichtet. [3]Andere Organisationseinheiten können eingerichtet werden.

(3) [1]Die Zuständigkeiten und Aufgaben der Direktionen und der anderen Organisationseinheiten bestimmt das Bundesministerium der Finanzen. [2]Aufgaben des Zollfahndungsdienstes werden durch das Zollkriminalamt wahrgenommen.

§ 5b[1)] Übertragung von Bauaufgaben. [1]Durch Verwaltungsvereinbarung mit dem jeweiligen Land kann der Bund die Leitung und Erledigung seiner Bauaufgaben im Wege der Organleihe Landesbehörden sowie Landesbetrieben, Sondervermögen des Landes und landesunmittelbaren juristischen Personen des öffentlichen Rechts übertragen. [2]Die Verwaltungsvereinbarung muss vorsehen, dass die Landesbehörden die Anordnungen des fachlich zuständigen Bundesministeriums zu befolgen haben.

§ 6[2)] Sitz und Aufgaben der Landesoberbehörde. (1) Die für die Finanzverwaltung zuständige oberste Landesbehörde bestimmt den Sitz der Landesoberbehörde, soweit durch Gesetz nichts anderes bestimmt ist.

(2) Die Landesoberbehörde erledigt Aufgaben, die ihr nach Maßgabe des § 17 Abs. 3 Satz 1 zugewiesen werden und die ihr sonst übertragenen Aufgaben.

(3) Für die Ernennung und Entlassung des Leiters einer Oberbehörde, die nach § 2 Abs. 1 Nr. 3 anstelle einer Oberfinanzdirektion tritt, gilt § 9a Satz 3 entsprechend.

Abschnitt III. Mittelbehörden

§ 7[3)] Bezirk und Sitz. Die obersten Landesbehörden bestimmen den Bezirk und Sitz der Mittelbehörde, die ihnen jeweils untersteht.

§ 8[4)] *(aufgehoben)*

[1)] § 5b eingef. mWv 1.1.2016 durch G v. 3.12.2015 (BGBl. I S. 2178).
[2)] § 6 Abs. 3 geänd. mWv 1.1.2008 durch G v. 13.12.2007 (BGBl. I S. 2897).
[3)] § 7 neu gef. mWv 1.1.2008 durch G v. 13.12.2007 (BGBl. I S. 2897); Abs. 1 aufgeh. mWv 1.1.2016 durch G v. 3.12.2015 (BGBl. I S. 2178); geänd. mWv 29.12.2020 durch G v. 21.12.2020 (BGBl. I S. 3096).
[4)] § 8 aufgeh. mWv 1.1.2016 durch G v. 3.12.2015 (BGBl. I S. 2178).

§ 8a[1] Aufgaben und Gliederung. (1) [1]Die Mittelbehörden leiten die Finanzverwaltung des jeweiligen Landes in ihrem Bezirk. [2]Einer Mittelbehörde kann auch die Leitung der Finanzverwaltung eines Landes für mehrere Oberfinanzbezirke übertragen werden. [3]Die Mittelbehörden können weitere Aufgaben erledigen.

(2) [1]Die Mittelbehörden können sich in eine Besitz- und Verkehrsteuerabteilung und eine Landesbauabteilung oder Landesvermögens- und Bauabteilung gliedern. [2]Außerdem können weitere Landesabteilungen oder andere Organisationseinheiten des Landes eingerichtet werden.

(3) [1]Durch Rechtsverordnung können Aufgaben einer Mittelbehörde für den ganzen Bezirk oder einen Teil davon auf andere Mittelbehörden übertragen werden, wenn dadurch der Vollzug der Aufgaben verbessert oder erleichtert wird. [2]Die Rechtsverordnung erlässt die zuständige Landesregierung. [3]Die Landesregierung kann die Ermächtigung auf die für die Finanzverwaltung zuständige oberste Landesbehörde übertragen.

(4) [1]Die Besitz- und Verkehrsteuerabteilung leitet die Durchführung der Aufgaben, für deren Erledigung die Finanzämter zuständig sind. [2]Außerdem erledigt sie die ihr sonst übertragenen Aufgaben.

§ 9[2] *(aufgehoben)*

§ 9a[3] Leitung. [1]Der Präsident oder die Präsidentin leitet die jeweilige Mittelbehörde. [2]Ihm oder ihr kann auch die Leitung einer Abteilung übertragen werden. [3]Er oder sie wird auf Vorschlag der für die Finanzverwaltung zuständigen obersten Landesbehörde im Einvernehmen mit der Bundesregierung durch die zuständige Stelle des Landes ernannt und entlassen.

Abschnitt IV. Örtliche Behörden

§ 12[4] Bezirk und Sitz der Hauptzollämter und Zollfahndungsämter sowie Aufgaben der Hauptzollämter. (1) Die Generalzolldirektion bestimmt den Bezirk und den Sitz der Hauptzollämter und der Zollfahndungsämter.

(2) Die Hauptzollämter sind als örtliche Bundesbehörden für die Verwaltung der Zölle, der bundesgesetzlich geregelten Verbrauchsteuern einschließlich der Einfuhrumsatzsteuer und der Biersteuer, der Luftverkehrsteuer, der Kraftfahrzeugsteuer, der Abgaben im Rahmen der Europäischen Gemeinschaften, für die zollamtliche Überwachung des Warenverkehrs über die Grenze, für die Grenzaufsicht, für die Bekämpfung der Schwarzarbeit und der illegalen Beschäftigung und für die ihnen sonst übertragenen Aufgaben zuständig.

---

[1] § 8a eingef. mWv 1.1.2008 durch G v. 13.12.2007 (BGBl. I S. 2897); Überschrift, Abs. 1 Sätze 1–3, Abs. 2 Satz 1 und Abs. 3 Satz 1 geänd. mWv 29.12.2020 durch G v. 21.12.2020 (BGBl. I S. 3096).

[2] § 9 aufgeh. mWv 1.1.2016 durch G v. 3.12.2015 (BGBl. I S. 2178).

[3] § 9a eingef. mWv 1.1.2008 durch G v. 13.12.2007 (BGBl. I S. 2897); Überschrift und Satz 1 geänd. mWv 29.12.2020 durch G v. 21.12.2020 (BGBl. I S. 3096).

[4] § 12 Abs. 2 geänd. mWv 1.1.2008 durch G v. 13.12.2007 (BGBl. I S. 2897); Abs. 2 geänd., Abs. 4 angef. mWv 30.6.2013 und Abs. 2 geänd., Abs. 4 aufgeh. mWv 1.7.2014 durch G v. 26.6.2013 (BGBl. I S. 1809); Abs. 1 geänd., Abs. 3 Satz 2 angef. mWv 1.1.2016 durch G v. 3.12.2015 (BGBl. I S. 2178).

(3) [1]Das Bundesministerium der Finanzen kann durch Rechtsverordnung ohne Zustimmung des Bundesrates die Zuständigkeit eines Hauptzollamts nach Absatz 2 auf einzelne Aufgaben beschränken oder Zuständigkeiten nach Absatz 2 einem Hauptzollamt für den Bereich mehrerer Hauptzollämter übertragen, wenn dadurch der Vollzug der Aufgaben verbessert oder erleichtert wird. [2]Das Bundesministerium der Finanzen kann die Ermächtigung nach Satz 1 durch Rechtsverordnung auf die Generalzolldirektion übertragen.

§§ 12a–12d (weggefallen)

§ 13 Beistandspflicht der Ortsbehörden. (1) Die Gemeindebehörden, die Ortspolizeibehörden und die sonstigen Ortsbehörden haben den Hauptzollämtern auch neben der in § 111 der Abgabenordnung[1)] vorgesehenen Beistandspflicht Hilfe zu leisten, soweit dies wegen ihrer Kenntnis der örtlichen Verhältnisse oder zur Ersparung von Kosten oder Zeit zweckmäßig ist.

(2) Für Hilfeleistungen nach Absatz 1 werden Entschädigungen nicht gewährt.

§§ 14–16 (weggefallen)

§ 17[2)] Bezirk, Sitz und Aufgaben der Finanzämter. (1) Die für die Finanzverwaltung zuständige oberste Landesbehorde bestimmt den Bezirk und den Sitz der Finanzämter.

(2) [1]Die Finanzämter sind als örtliche Landesbehörden für die Verwaltung der Steuern mit Ausnahme der Kraftfahrzeugsteuer, der sonstigen auf motorisierte Verkehrsmittel bezogenen Verkehrsteuern, der Zölle und der bundesgesetzlich geregelten Verbrauchsteuern (§ 12) zuständig, soweit die Verwaltung nicht auf Grund des Artikels 108 Absatz 4 Satz 1 des Grundgesetzes[3)] den Bundesfinanzbehörden oder auf Grund des Artikels 108 Absatz 4 Satz 2 des Grundgesetzes den Gemeinden (Gemeindeverbänden) übertragen worden ist. [2]Sie sind ferner für die ihnen sonst übertragenen Aufgaben zuständig. [3]Soweit es sich um Aufgaben der Finanzverwaltung handelt und der Vollzug der Aufgaben verbessert oder erleichtert wird, kann die zuständige Landesregierung durch Rechtsverordnung

1. die Zuständigkeit eines Finanzamts oder einer besonderen Landesfinanzbehörde (§ 2 Absatz 3) auf einzelne Aufgaben beschränken,
2. einem Finanzamt oder einer besonderen Landesfinanzbehörde (§ 2 Absatz 3) Zuständigkeiten für die Bezirke mehrerer Finanzämter übertragen oder
3. einer Landesoberbehörde (§ 6) die landesweite Zuständigkeit für Kassengeschäfte und das Erhebungsverfahren einschließlich der Vollstreckung übertragen.

[4]Die Landesregierung kann die Ermächtigung durch Rechtsverordnung auf die für die Finanzverwaltung zuständige oberste Landesbehörde übertragen.

FVG

---

1) Nr. 1.

2) § 17 Abs. 2 Satz 1 neu gef. mWv 1.7.2009 durch G v. 29.5.2009 (BGBl. I S. 1170); Abs. 2 Satz 3 neu gef. mWv 6.11.2015 durch G v. 2.11.2015 (BGBl. I S. 1834); Abs. 5 angef. mWv 18.8.2017 durch G v. 14.8.2017 (BGBl. I S. 3122).

3) Nr. 32.

(3) [1] Wenn im Besteuerungsverfahren automatische Einrichtungen eingesetzt werden, können durch Rechtsverordnung der zuständigen Landesregierung damit zusammenhängende Steuerverwaltungstätigkeiten auf ein nach § 2 Abs. 2 eingerichtetes Rechenzentrum übertragen werden. [2] Dieses handelt insoweit für das jeweils örtlich zuständige Finanzamt. [3] Absatz 2 Satz 4 gilt entsprechend.

(4) Auf Grund eines Staatsvertrages zwischen mehreren Ländern können Zuständigkeiten nach Absatz 2 Satz 1 und 2 auf ein Finanzamt, ein nach § 2 Abs. 2 eingerichtetes Rechenzentrum der Landesfinanzverwaltung oder eine besondere Landesfinanzbehörde (§ 2 Abs. 3) außerhalb des Landes übertragen werden.

(5) [1] Das Bundesministerium der Finanzen kann zur Effizienzsteigerung im Verwaltungsvollzug auf Antrag von und im Einvernehmen mit allen unmittelbar betroffenen Ländern durch Rechtsverordnung mit Zustimmung des Bundesrates jeweils Zuständigkeiten nach Absatz 2 Satz 1 eines Landes oder mehrerer Länder auf ein Finanzamt, ein nach § 2 Absatz 2 eingerichtetes Rechenzentrum der Landesfinanzverwaltung oder eine besondere Landesfinanzbehörde (§ 2 Absatz 3) eines anderen Landes übertragen. [2] Absatz 4 bleibt unberührt. [3] Durch die Rechtsverordnung nach Satz 1 kann zugleich die Kostentragung geregelt werden.

Abschnitt V. Zusammenwirken von Bundes- und Landesfinanzbehörden

§ 21a[1)] Allgemeine Verfahrensgrundsätze. (1) [1] Zur Verbesserung und Erleichterung des Vollzugs von Steuergesetzen und im Interesse des Zieles der Gleichmäßigkeit der Besteuerung bestimmt das Bundesministerium der Finanzen mit Zustimmung der obersten Finanzbehörden der Länder einheitliche Verwaltungsgrundsätze, Regelungen zur Zusammenarbeit des Bundes mit den Ländern und erteilt allgemeine fachliche Weisungen. [2] Die Zustimmung gilt als erteilt, wenn nicht mindestens elf Länder widersprechen. [3] Initiativen zur Festlegung der Angelegenheiten des Satzes 1 kann das Bundesministerium der Finanzen allein oder auf gemeinsame Veranlassung von mindestens vier Ländern ergreifen. [4] Die Vertraulichkeit der Sitzungen ist zu wahren, wenn nicht im Einzelfall einstimmig etwas anderes beschlossen wurde. [5] Für Beratungen im schriftlichen Verfahren gilt Entsprechendes.

(2) [1] Die oberste Finanzbehörde jedes Landes vereinbart mit dem Bundesministerium der Finanzen bilateral Vollzugsziele für die Steuerverwaltung des Landes auf der Grundlage eines vom Bundesministerium der Finanzen mit Zustimmung der obersten Finanzbehörden der Länder bestimmten Rahmenkatalogs maßgebender Leistungskennzahlen. [2] Die Zustimmung gilt als erteilt, wenn eine Mehrheit der Länder nicht widerspricht.

(3) [1] Die obersten Finanzbehörden des Bundes und der Länder überprüfen regelmäßig die Erfüllung der vereinbarten Vollzugsziele. [2] Hierzu übermitteln die obersten Finanzbehörden der Länder dem Bundesministerium der Finanzen die erforderlichen Daten.

[1)] § 21a neu gef. mWv 18.8.2009 durch G v. 10.8.2009 (BGBl. I S. 2702); Abs. 1 Satz 2 neu gef. mWv 18.8.2017 durch G v. 14.8.2017 (BGBl. I S. 3122); Abs. 1 Sätze 4 und 5 angef. mWv 18.12. 2019 durch G v. 12.12.2019 (BGBl. I S. 2451); Abs. 5 angef. mWv 1.1.2020 durch G v. 21.12.2019 (BGBl. I S. 2875).

(4) Vereinbarungen nach Absatz 2 sind für die obersten Finanzbehörden des Bundes und der Länder verbindlich.

(5) Die Finanzbehörden der Länder wirken bei der Auswertung von Mitteilungen über grenzüberschreitende Steuergestaltungen nach § 138j Absatz 1 Satz 1 der Abgabenordnung[1] durch das Bundeszentralamt für Steuern mit, soweit Steuern betroffen sind, die von den Ländern oder Gemeinden verwaltet werden.

[1] Nr. **1**.

32. Grundgesetz für die Bundesrepublik Deutschland

Vom 23. Mai 1949

(BGBl. S. 1)

BGBl. III/FNA 100-1

geänd. durch Art. 7 Abs. 1 StrafrechtsÄndG v. 30.8.1951 (BGBl. I S. 739), Art. 1 G zur Einfügung eines Art. 120a in das GG v. 14.8.1952 (BGBl. I S. 445), Art. 1 G zur Änd. des Art. 107 des GG v. 20.4.1953 (BGBl. I S. 130), Art. 1 ErgänzungsG v. 26.3.1954 (BGBl. I S. 45), Art. 1 Zweites G zur Änd. des Art. 107 des GG v. 25.12.1954 (BGBl. I S. 517), § 1 FinanzverfassungsG v. 23.12.1955 (BGBl. I S. 817), Art. I ErgänzungsG v. 19.3.1956 (BGBl. I S. 111), Art. I G zur Änd. und Ergänzung des Art. 106 des GG v. 24.12.1956 (BGBl. I S. 1077), § 1 G zur Einfügung eines Art. 135a in das GG v. 22.10.1957 (BGBl. I S. 1745), Art. I ErgänzungsG v. 23.12.1959 (BGBl. I S. 813), § 1 Elftes ÄndG v. 6.2.1961 (BGBl. I S. 65), Art. I Zwölftes ÄndG v. 6.3.1961 (BGBl. I S. 141), Art. I Dreizehntes ÄndG v. 16.6.1965 (BGBl. I S. 513), Art. I Vierzehntes ÄndG v. 30.7.1965 (BGBl. I S. 649), Art. 1 Fünfzehntes ÄndG v. 8.6.1967 (BGBl. I S. 581), Art. 1 Sechzehntes ÄndG v. 18.6.1968 (BGBl. I S. 657), Art. 1 Siebzehntes ÄndG v. 24.6.1968 (BGBl. I S. 709), Art. 1 Achtzehntes ÄndG (Artikel 76 und 77) v. 15.11.1968 (BGBl. I S. 1177), Art. 1 Neunzehntes ÄndG v. 29.1.1969 (BGBl. I S. 97), Art. I Zwanzigstes ÄndG v. 12.5.1969 (BGBl. I S. 357), Art. I Einundzwanzigstes ÄndG (FinanzreformG) v. 12.5.1969 (BGBl. I S. 359), Art. I Zweiundzwanzigstes ÄndG v. 12.5.1969 (BGBl. I S. 363), Art. 1 Dreiundzwanzigstes ÄndG v. 17.7.1969 (BGBl. I S. 817), Art. I Vierundzwanzigstes ÄndG v. 28.7.1969 (BGBl. I S. 985), Art. I Fünfundzwanzigstes ÄndG v. 19.8.1969 (BGBl. I S. 1241), Art. I Sechsundzwanzigstes ÄndG v. 26.8.1969 (BGBl. I S. 1357), G über die Sammlung des Bundesrechts iVm BGBl. III Folge 132 (Stand 1.10.1969) v. 10.7. 1958 (BGBl. I S. 437), Art. I Siebenundzwanzigstes ÄndG v. 31.7.1970 (BGBl. I S. 1161), Art. I Achtundzwanzigstes ÄndG v. 18.3.1971 (BGBl. I S. 206), Art. I Neunundzwanzigstes ÄndG v. 18.3. 1971 (BGBl. I S. 207), Art. I Dreißigstes ÄndG v. 12.4.1972 (BGBl. I S. 593), Art. I Einunddreißigstes ÄndG v. 28.7.1972 (BGBl. I S. 1305), Art. 1 Zweiunddreißigstes ÄndG v. 15.7.1975 (BGBl. I S. 1901), Art. I Dreiunddreißigstes ÄndG v. 23.8.1976 (BGBl. I S. 2381), Art. I Vierunddreißigstes ÄndG v. 23.8. 1976 (BGBl. I S. 2383), Art. I Fünfunddreißigstes ÄndG v. 21.12.1983 (BGBl. I S. 1481), Art. 4 Einigungsvertrag v. 31.8.1990 (BGBl. II S. 885, 889), Art. 1 ÄndG v. 14.7.1992 (BGBl. I S. 1254), Art. 1 ÄndG v. 21.12.1992 (BGBl. I S. 2086), Art. 1 ÄndG v. 28.6.1993 (BGBl. I S. 1002), Art. 1 ÄndG v. 20.12.1993 (BGBl. I S. 2089), Art. 1 ÄndG v. 30.8.1994 (BGBl. I S. 2245), Art. 1 ÄndG v. 27.10.1994 (BGBl. I S. 3146), Art. 1 ÄndG v. 3.11.1995 (BGBl. I S. 1492), Art. 1 ÄndG v. 20.10.1997 (BGBl. I S. 2470), Art. 1 ÄndG v. 26.3.1998 (BGBl. I S. 610), Art. 1 ÄndG v. 16.7.1998 (BGBl. I S. 1822), Art. 1 ÄndG (Art. 16) v. 29.11.2000 (BGBl. I S. 1633), Art. 1 ÄndG (Art. 12a) v. 19.12.2000 (BGBl. I S. 1755), Art. 1 ÄndG (Art. 108) v. 26.11.2001 (BGBl. I S. 3219), Art. 1 ÄndG (Staatsziel Tierschutz) v. 26.7.2002 (BGBl. I S. 2862), Art. 1 ÄndG (Art. 96) v. 26.7.2002 (BGBl. I S. 2863), Art. 1 ÄndG (Art. 22, 23, 33, 52, 72, 73, 74, 74a, 75, 84, 85, 87c, 91a, 91b, 93, 98, 104a, 104b, 105, 107, 109, 125a, 125b, 125c, 143c) v. 28.8.2006 (BGBl. I S. 2034), Art. 1 ÄndG (Art. 23, 45, 93) v. 8.10.2008 (BGBl. I S. 1926), Art. 1 ÄndG (Art. 106, 106b, 107, 108) v. 19.3.2009 (BGBl. I S. 606), Art. 1 ÄndG (Art. 45d) v. 17.7.2009 (BGBl. I S. 1977), Art. 1 ÄndG (Art. 87d) v. 29.7.2009 (BGBl. I S. 2247), Art. 1 ÄndG (Art. 91c, 91d, 104b, 109, 109a, 115, 143d) v. 29.7.2009 (BGBl. I S. 2248), Art. 1 ÄndG (Art. 91e) v. 21.7.2010 (BGBl. I S. 944), Art. 1 ÄndG (Art. 93) v. 11.7.2012 (BGBl. I S. 1478), Art. 1 ÄndG (Art. 91b) v. 23.12.2014 (BGBl. I S. 2438), Art. 1 ÄndG (Art. 21) v. 13.7.2017 (BGBl. I S. 2346), Art. 1 ÄndG (Art. 90, 91c, 104b, 104c, 107, 108, 109a, 114, 125c, 143d, 143e, 143f, 143g) v. 13.7.2017 (BGBl. I S. 2347), Art. 1 ÄndG (Art. 104b, 104c, 104d, 125c, 143e) v. 28.3.2019 (BGBl. I S. 404), Art. 1 ÄndG (Art. 72, 105, 125b) v. 15.11.2019 (BGBl. I S. 1546) und Art. 1 und 2 ÄndG (Art. 104a, 143h) v. 29.9.2020 (BGBl. I S. 2048)

– Auszug –

[1] Gem. Art. 2 G v. 8.10.2008 (BGBl. I S. 1926) trat das G „an dem Tag in Kraft, an dem der Vertrag von Lissabon vom 13. Dezember 2007 (BGBl. 2008 II S. 1038) nach seinem Artikel 6 Abs. 2 für die Bundesrepublik Deutschland in Kraft tritt". Der Vertrag von Lissabon ist für die Bundesrepublik Deutschland am 1.12.2009 in Kraft getreten (Bek. v. 13.11.2009, BGBl. II S. 1223).

I.[1] Die Grundrechte

Art. 1[2)3)] [Schutz der Menschenwürde, Menschenrechte, Grundrechtsbindung] (1) [1]Die Würde des Menschen ist unantastbar. [2]Sie zu achten und zu schützen ist Verpflichtung aller staatlichen Gewalt.

(2) Das Deutsche Volk bekennt sich darum zu unverletzlichen und unveräußerlichen Menschenrechten als Grundlage jeder menschlichen Gemeinschaft, des Friedens und der Gerechtigkeit in der Welt.

(3) Die nachfolgenden Grundrechte binden Gesetzgebung, vollziehende Gewalt und Rechtsprechung als unmittelbar geltendes Recht.

Art. 2 [Freie Entfaltung der Persönlichkeit, Recht auf Leben, körperliche Unversehrtheit, Freiheit der Person] (1) Jeder hat das Recht auf die freie Entfaltung seiner Persönlichkeit, soweit er nicht die Rechte anderer verletzt und nicht gegen die verfassungsmäßige Ordnung oder das Sittengesetz verstößt.

(2) [1]Jeder hat das Recht auf Leben und körperliche Unversehrtheit. [2]Die Freiheit der Person ist unverletzlich.[4] [3]In diese Rechte darf nur auf Grund eines Gesetzes eingegriffen werden.[5]

Art. 3[6)7)] [Gleichheit vor dem Gesetz] (1) Alle Menschen sind vor dem Gesetz gleich.

(2) [1]Männer und Frauen sind gleichberechtigt. [2]Der Staat fördert die tatsächliche Durchsetzung der Gleichberechtigung von Frauen und Männern und wirkt auf die Beseitigung bestehender Nachteile hin.

(3)[8] [1]Niemand darf wegen seines Geschlechtes, seiner Abstammung, seiner Rasse, seiner Sprache, seiner Heimat und Herkunft, seines Glaubens, seiner religiösen oder politischen Anschauungen benachteiligt oder bevorzugt werden. [2]Niemand darf wegen seiner Behinderung benachteiligt werden.

VII. Die Gesetzgebung des Bundes

Art. 72[9] [Konkurrierende Gesetzgebung] (1) Im Bereich der konkurrierenden Gesetzgebung haben die Länder die Befugnis zur Gesetzgebung, solange

---

[1] Siehe hierzu auch die Konvention zum Schutz der Menschenrechte und Grundfreiheiten idF der Bek. v. 22.10.2010 (BGBl. II S. 1198), geänd. durch Protokoll v. 24.6.2013 (BGBl. 2014 II S. 1034, 1035).

[2] Art. 1 Abs. 3 neu gef. mWv 22.3.1956 durch G v. 19.3.1956 (BGBl. I S. 111).

[3] Zur Unzulässigkeit der Änderung des Art. 1 siehe Art. 79 Abs. 3.

[4] Zur Freiheitsentziehung siehe Art. 104.

[5] Siehe hierzu Buch 7 (§§ 415 ff. – Verfahren in Freiheitsentziehungssachen) des Gesetzes über das Verfahren in Familiensachen und in den Angelegenheiten der freiwilligen Gerichtsbarkeit (FamFG) v. 17.12.2008 (BGBl. I S. 2586, 2587), zuletzt geänd. durch G v. 16.7.2021 (BGBl. I S. 2947).

[6] Art. 3 Abs. 2 Satz 2 und Abs. 3 Satz 2 angef. mWv 15.11.1994 durch G v. 27.10.1994 (BGBl. I S. 3146).

[7] Siehe hierzu auch Art. 33 Abs. 2 GG.

[8] Siehe hierzu das Allgemeine GleichbehandlungsG v. 14.8.2006 (BGBl. I S. 1897), zuletzt geänd. durch G v. 3.4.2013 (BGBl. I S. 610).

[9] Art. 72 neu gef. mWv 15.11.1994 durch G v. 27.10.1994 (BGBl. I S. 3146); Abs. 2 geänd. und Abs. 3 eingef., bish. Abs. 3 wird Abs. 4 mWv 1.9.2006 durch G v. 28.8.2006 (BGBl. I S. 2034); Abs. 3 Satz 1 Nr. 6 geänd., Nr. 7 angef. mWv 21.11.2019 durch G v. 15.11.2019 (BGBl. I S. 1546).

und soweit der Bund von seiner Gesetzgebungszuständigkeit nicht durch Gesetz Gebrauch gemacht hat.

(2) Auf den Gebieten des Artikels 74 Abs. 1 Nr. 4, 7, 11, 13, 15, 19a, 20, 22, 25 und 26 hat der Bund das Gesetzgebungsrecht, wenn und soweit die Herstellung gleichwertiger Lebensverhältnisse im Bundesgebiet oder die Wahrung der Rechts- oder Wirtschaftseinheit im gesamtstaatlichen Interesse eine bundesgesetzliche Regelung erforderlich macht.

(3) [1] Hat der Bund von seiner Gesetzgebungszuständigkeit Gebrauch gemacht, können die Länder durch Gesetz hiervon abweichende Regelungen treffen über:

1. das Jagdwesen (ohne das Recht der Jagdscheine);
2. den Naturschutz und die Landschaftspflege (ohne die allgemeinen Grundsätze des Naturschutzes, das Recht des Artenschutzes oder des Meeresnaturschutzes);
3. die Bodenverteilung;
4. die Raumordnung;
5. den Wasserhaushalt (ohne stoff- oder anlagenbezogene Regelungen);
6. die Hochschulzulassung und die Hochschulabschlüsse;
7.[1)] die Grundsteuer.

[2] Bundesgesetze auf diesen Gebieten treten frühestens sechs Monate nach ihrer Verkündung in Kraft, soweit nicht mit Zustimmung des Bundesrates anderes bestimmt ist. [3] Auf den Gebieten des Satzes 1 geht im Verhältnis von Bundes- und Landesrecht das jeweils spätere Gesetz vor.

(4) Durch Bundesgesetz kann bestimmt werden, daß eine bundesgesetzliche Regelung, für die eine Erforderlichkeit im Sinne des Absatzes 2 nicht mehr besteht, durch Landesrecht ersetzt werden kann.

X. Das Finanzwesen

Art. 105[2)] [Gesetzgebungsrecht] (1) Der Bund hat die ausschließliche Gesetzgebung über die Zölle und Finanzmonopole.

(2) [1] Der Bund hat die konkurrierende Gesetzgebung über die Grundsteuer. [2] Er hat die konkurrierende Gesetzgebung über die übrigen Steuern, wenn ihm das Aufkommen dieser Steuern ganz oder zum Teil zusteht oder die Voraussetzungen des Artikels 72 Abs. 2 vorliegen.

(2a) [1] Die Länder haben die Befugnis zur Gesetzgebung über die örtlichen Verbrauch- und Aufwandsteuern, solange und soweit sie nicht bundesgesetzlich geregelten Steuern gleichartig sind. [2] Sie haben die Befugnis zur Bestimmung des Steuersatzes bei der Grunderwerbsteuer.

(3) Bundesgesetze über Steuern, deren Aufkommen den Ländern oder den Gemeinden (Gemeindeverbänden) ganz oder zum Teil zufließt, bedürfen der Zustimmung des Bundesrates.

[1)] Die Grundsteuer kann erstmalig ab dem **1.1.2025** auf der Grundlage abweichenden Landesrechts erhoben werden; siehe Art. 125b Abs. 3 GG.

[2)] Art. 105 Abs. 2 neu gef. und Abs. 2a eingef. mWv 1.1.1970 durch G v. 12.5.1969 (BGBl. I S. 359); Abs. 2a Satz 2 angef. mWv 1.9.2006 durch G v. 28.8.2006 (BGBl. I S. 2034); Abs. 2 Satz 1 eingef., Satz 2 geänd. mWv 21.11.2019 durch G v. 15.11.2019 (BGBl. I S. 1546).

Art. 106[1)] **[Verteilung des Steueraufkommens und des Ertrages der Finanzmonopole]** (1) Der Ertrag der Finanzmonopole und das Aufkommen der folgenden Steuern stehen dem Bund zu:

1. die Zölle,
2. die Verbrauchsteuern, soweit sie nicht nach Absatz 2 den Ländern, nach Absatz 3 Bund und Ländern gemeinsam oder nach Absatz 6 den Gemeinden zustehen,
3. die Straßengüterverkehrsteuer, die Kraftfahrzeugsteuer und sonstige auf motorisierte Verkehrsmittel bezogene Verkehrsteuern,
4. die Kapitalverkehrsteuern, die Versicherungsteuer und die Wechselsteuer,
5. die einmaligen Vermögensabgaben und die zur Durchführung des Lastenausgleichs erhobenen Ausgleichsabgaben,
6. die Ergänzungsabgabe zur Einkommensteuer und zur Körperschaftsteuer,
7. Abgaben im Rahmen der Europäischen Gemeinschaften.

(2) Das Aufkommen der folgenden Steuern steht den Ländern zu:

1. die Vermögensteuer,
2. die Erbschaftsteuer,
3. die Verkehrsteuern, soweit sie nicht nach Absatz 1 dem Bund oder nach Absatz 3 Bund und Ländern gemeinsam zustehen,
4. die Biersteuer,
5. die Abgabe von Spielbanken.

(3) [1] Das Aufkommen der Einkommensteuer, der Körperschaftsteuer und der Umsatzsteuer steht dem Bund und den Ländern gemeinsam zu (Gemeinschaftsteuern), soweit das Aufkommen der Einkommensteuer nicht nach Absatz 5 und das Aufkommen der Umsatzsteuer nicht nach Absatz 5a den Gemeinden zugewiesen wird. [2] Am Aufkommen der Einkommensteuer und der Körperschaftsteuer sind der Bund und die Länder je zur Hälfte beteiligt. [3] Die Anteile von Bund und Ländern an der Umsatzsteuer werden durch Bundesgesetz, das der Zustimmung des Bundesrates bedarf, festgesetzt. [4] Bei der Festsetzung ist von folgenden Grundsätzen auszugehen:

1. [1] Im Rahmen der laufenden Einnahmen haben der Bund und die Länder gleichmäßig Anspruch auf Deckung ihrer notwendigen Ausgaben. [2] Dabei ist der Umfang der Ausgaben unter Berücksichtigung einer mehrjährigen Finanzplanung zu ermitteln.
2. Die Deckungsbedürfnisse des Bundes und der Länder sind so aufeinander abzustimmen, daß ein billiger Ausgleich erzielt, eine Überbelastung der Steuerpflichtigen vermieden und die Einheitlichkeit der Lebensverhältnisse im Bundesgebiet gewahrt wird.

[1)] Art. 106 neu gef. mWv 1.4.1955 durch G v. 23.12.1955 BGBl. I S. 817); Abs. 2 Nr. 7 aufgeh., bish. Nr. 8 wird Nr. 7, Abs. 6 und Abs. 7 eingef., bish. Abs. 6 wird Abs. 8 und Satz 2 aufgeh. mWv 1.4.1957 (Vorschriften über die verbundene Steuerwirtschaft mWv 1.4.1958) durch G. v. 24.12.1956 (BGBl. I S. 1077); neu gef. mWv 1.1.1970 durch G v. 12.5.1969 (BGBl. I S. 359); Abs. 3 Sätze 5 und 6 angef., Abs. 4 Satz 1 geänd. mWv 11.11.1995 durch G v. 3.11.1995 (BGBl. I S. 1492); Abs. 3 Satz 1 und Abs. 6 Sätze 1–3 und 6 neu gef., Abs. 5a eingef. mWv 25.10.1997 durch G v. 20.10.1997 (BGBl. I S. 2470); Abs. 1 Nr. 3 neu gef., Abs. 2 Nr. 3 aufgeh., Nr. 4–6 werden Nr. 3–5 mWv 1.7.2009 durch G v. 19.3. 2009 (BGBl. I S. 606).

[5] Zusätzlich werden in die Festsetzung der Anteile von Bund und Ländern an der Umsatzsteuer Steuermindereinnahmen einbezogen, die den Ländern ab 1. Januar 1996 aus der Berücksichtigung von Kindern im Einkommensteuerrecht entstehen. [6] Das Nähere bestimmt das Bundesgesetz nach Satz 3.

(4) [1] Die Anteile von Bund und Ländern an der Umsatzsteuer sind neu festzusetzen, wenn sich das Verhältnis zwischen den Einnahmen und Ausgaben des Bundes und der Länder wesentlich anders entwickelt; Steuermindereinnahmen, die nach Absatz 3 Satz 5 in die Festsetzung der Umsatzsteueranteile zusätzlich einbezogen werden, bleiben hierbei unberücksichtigt. [2] Werden den Ländern durch Bundesgesetz zusätzliche Ausgaben auferlegt oder Einnahmen entzogen, so kann die Mehrbelastung durch Bundesgesetz, das der Zustimmung des Bundesrates bedarf, auch mit Finanzzuweisungen des Bundes ausgeglichen werden, wenn sie auf einen kurzen Zeitraum begrenzt ist. [3] In dem Gesetz sind die Grundsätze für die Bemessung dieser Finanzzuweisungen und für ihre Verteilung auf die Länder zu bestimmen.

(5) [1] Die Gemeinden erhalten einen Anteil an dem Aufkommen der Einkommensteuer, der von den Ländern an ihre Gemeinden auf der Grundlage der Einkommensteuerleistungen ihrer Einwohner weiterzuleiten ist. [2] Das Nähere bestimmt ein Bundesgesetz[1)], das der Zustimmung des Bundesrates bedarf. [3] Es kann bestimmen, daß die Gemeinden Hebesätze für den Gemeindeanteil festsetzen.

(5a) [1] Die Gemeinden erhalten ab dem 1. Januar 1998 einen Anteil an dem Aufkommen der Umsatzsteuer. [2] Er wird von den Ländern auf der Grundlage eines orts- und wirtschaftsbezogenen Schlüssels an ihre Gemeinden weitergeleitet. [3] Das Nähere wird durch Bundesgesetz, das der Zustimmung des Bundesrates bedarf, bestimmt.

(6) [1] Das Aufkommen der Grundsteuer und Gewerbesteuer steht den Gemeinden, das Aufkommen der örtlichen Verbrauch- und Aufwandsteuern steht den Gemeinden oder nach Maßgabe der Landesgesetzgebung den Gemeindeverbänden zu. [2] Den Gemeinden ist das Recht einzuräumen, die Hebesätze der Grundsteuer und Gewerbesteuer im Rahmen der Gesetze festzusetzen. [3] Bestehen in einem Land keine Gemeinden, so steht das Aufkommen der Grundsteuer und Gewerbesteuer sowie der örtlichen Verbrauch- und Aufwandsteuern dem Land zu. [4] Bund und Länder können durch eine Umlage an dem Aufkommen der Gewerbesteuer beteiligt werden. [5] Das Nähere über die Umlage bestimmt ein Bundesgesetz, das der Zustimmung des Bundesrates bedarf. [6] Nach Maßgabe der Landesgesetzgebung können die Grundsteuer und Gewerbesteuer sowie der Gemeindeanteil vom Aufkommen der Einkommensteuer und der Umsatzsteuer als Bemessungsgrundlagen für Umlagen zugrunde gelegt werden.

(7) [1] Von dem Länderanteil am Gesamtaufkommen der Gemeinschaftsteuern fließt den Gemeinden und Gemeindeverbänden insgesamt ein von der Landesgesetzgebung zu bestimmender Hundertsatz zu. [2] Im übrigen bestimmt die Landesgesetzgebung, ob und inwieweit das Aufkommen der Landessteuern den Gemeinden (Gemeindeverbänden) zufließt.

(8) [1] Veranlaßt der Bund in einzelnen Ländern oder Gemeinden (Gemeindeverbänden) besondere Einrichtungen, die diesen Ländern oder Gemeinden (Ge-

---

[1)] Siehe das Gemeindefinanzreformgesetz idF der Bek. v. 10.3.2009 (BGBl. I S. 502), zuletzt geänd. durch G v. 9.12.2019 (BGBl. I S. 2051).

meindeverbänden) unmittelbar Mehrausgaben oder Mindereinnahmen (Sonderbelastungen) verursachen, gewährt der Bund den erforderlichen Ausgleich, wenn und soweit den Ländern oder Gemeinden (Gemeindeverbänden) nicht zugemutet werden kann, die Sonderbelastungen zu tragen. [2] Entschädigungsleistungen Dritter und finanzielle Vorteile, die diesen Ländern oder Gemeinden (Gemeindeverbänden) als Folge der Einrichtungen erwachsen, werden bei dem Ausgleich berücksichtigt.

(9) Als Einnahmen und Ausgaben der Länder im Sinne dieses Artikels gelten auch die Einnahmen und Ausgaben der Gemeinden (Gemeindeverbände).

Art. 106a[1)] [Bundeszuschuss für öffentlichen Personennahverkehr]

[1] Den Ländern steht ab 1. Januar 1996 für den öffentlichen Personennahverkehr ein Betrag aus dem Steueraufkommen des Bundes zu. [2] Das Nähere regelt ein Bundesgesetz, das der Zustimmung des Bundesrates bedarf. [3] Der Betrag nach Satz 1 bleibt bei der Bemessung der Finanzkraft nach Artikel 107 Abs. 2 unberücksichtigt.

Art. 106b[2)] [Länderanteil an der Kraftfahrzeugsteuer] [1] Den Ländern steht ab dem 1. Juli 2009 infolge der Übertragung der Kraftfahrzeugsteuer auf den Bund ein Betrag aus dem Steueraufkommen des Bundes zu. [2] Das Nähere regelt ein Bundesgesetz, das der Zustimmung des Bundesrates bedarf.

Art. 107[3)] [4)] [Finanzausgleich; Ergänzungszuweisungen] (1) [1] Das Aufkommen der Landessteuern und der Länderanteil am Aufkommen der Einkommensteuer und der Körperschaftsteuer stehen den einzelnen Ländern insoweit zu, als die Steuern von den Finanzbehörden in ihrem Gebiet vereinnahmt werden (örtliches Aufkommen). [2] Durch Bundesgesetz, das der Zustimmung des Bundesrates bedarf, sind für die Körperschaftsteuer und die Lohnsteuer nähere Bestimmungen über die Abgrenzung sowie über Art und Umfang der Zerlegung des örtlichen Aufkommens zu treffen. [3] Das Gesetz kann auch Bestimmungen über die Abgrenzung und Zerlegung des örtlichen Aufkommens anderer Steuern treffen. [4] Der Länderanteil am Aufkommen der Umsatzsteuer steht den einzelnen Ländern, vorbehaltlich der Regelungen nach Absatz 2, nach Maßgabe ihrer Einwohnerzahl zu.

(2) [1] Durch Bundesgesetz, das der Zustimmung des Bundesrates bedarf, ist sicherzustellen, dass die unterschiedliche Finanzkraft der Länder angemessen ausgeglichen wird; hierbei sind die Finanzkraft und der Finanzbedarf der Gemeinden (Gemeindeverbände) zu berücksichtigen. [2] Zu diesem Zweck sind in dem Gesetz Zuschläge zu und Abschläge von der jeweiligen Finanzkraft bei der Verteilung der Länderanteile am Aufkommen der Umsatzsteuer zu regeln. [3] Die Voraussetzungen für die Gewährung von Zuschlägen und für die Erhebung von Abschlägen sowie die Maßstäbe für die Höhe dieser Zuschläge und Abschläge sind in dem Gesetz zu bestimmen. [4] Für Zwecke der Bemessung der Finanzkraft kann die bergrechtliche

[1)] Art. 106a eingef. mWv 23.12.1993 durch G v. 20.12.1993 (BGBl. I S. 2089).

[2)] Art. 106b eingef. mWv 26.3.2009 durch G v. 19.3.2009 (BGBl. I S. 606).

[3)] Art. 107 Satz 1 geänd. mWv 23.4.1953 durch G v. 20.4.1953 (BGBl. I S. 130); Satz 1 geänd. mWv 31.12.1954 durch G v. 25.12.1954 (BGBl. I S. 517); neu gef. mWv 1.1.1970 durch G v. 12.5.1969 (BGBl. I S. 359); Abs. 1 Satz 4 neu gef. mWv 1.9.2006 durch G v. 28.8.2006 (BGBl. I S. 2034); Abs. 1 Satz 4 geänd. mWv 26.3.2009 durch G v. 19.3.2009 (BGBl. I S. 606); Abs. 1 Satz 4 und Abs. 2 neu gef. mWv 20.7.2017 durch G v. 13.7.2017 (BGBl. I S. 2347).

[4)] Zur Anwendung von Art. 107 siehe Art. 143g GG.

Förderabgabe mit nur einem Teil ihres Aufkommens berücksichtigt werden. [5] Das Gesetz kann auch bestimmen, dass der Bund aus seinen Mitteln leistungsschwachen Ländern Zuweisungen zur ergänzenden Deckung ihres allgemeinen Finanzbedarfs (Ergänzungszuweisungen) gewährt. [6] Zuweisungen können unabhängig von den Maßstäben nach den Sätzen 1 bis 3 auch solchen leistungsschwachen Ländern gewährt werden, deren Gemeinden (Gemeindeverbände) eine besonders geringe Steuerkraft aufweisen (Gemeindesteuerkraftzuweisungen), sowie außerdem solchen leistungsschwachen Ländern, deren Anteile an den Fördermitteln nach Artikel 91b ihre Einwohneranteile unterschreiten.

Art. 108[1)] **[Finanzverwaltung]** (1) [1] Zölle, Finanzmonopole, die bundesgesetzlich geregelten Verbrauchsteuern einschließlich der Einfuhrumsatzsteuer, die Kraftfahrzeugsteuer und sonstige auf motorisierte Verkehrsmittel bezogene Verkehrsteuern ab dem 1. Juli 2009 sowie die Abgaben im Rahmen der Europäischen Gemeinschaften werden durch Bundesfinanzbehörden verwaltet. [2] Der Aufbau dieser Behörden wird durch Bundesgesetz[2)] geregelt. [3] Soweit Mittelbehörden eingerichtet sind, werden deren Leiter im Benehmen mit den Landesregierungen bestellt.

(2) [1] Die übrigen Steuern werden durch Landesfinanzbehörden verwaltet. [2] Der Aufbau dieser Behörden und die einheitliche Ausbildung der Beamten können durch Bundesgesetz[3)] mit Zustimmung des Bundesrates geregelt werden. [3] Soweit Mittelbehörden eingerichtet sind, werden deren Leiter im Einvernehmen mit der Bundesregierung bestellt.

(3) [1] Verwalten die Landesfinanzbehörden Steuern, die ganz oder zum Teil dem Bund zufließen, so werden sie im Auftrage des Bundes tätig. [2] Artikel 85 Abs. 3 und 4 gilt mit der Maßgabe, daß an die Stelle der Bundesregierung der Bundesminister der Finanzen tritt.

(4) [1] Durch Bundesgesetz, das der Zustimmung des Bundesrates bedarf, kann bei der Verwaltung von Steuern ein Zusammenwirken von Bundes- und Landesfinanzbehörden sowie für Steuern, die unter Absatz 1 fallen, die Verwaltung durch Landesfinanzbehörden und für andere Steuern die Verwaltung durch Bundesfinanzbehörden vorgesehen werden, wenn und soweit dadurch der Vollzug der Steuergesetze erheblich verbessert oder erleichtert wird. [2] Für die den Gemeinden (Gemeindeverbänden) allein zufließenden Steuern kann die den Landesfinanzbehörden zustehende Verwaltung durch die Länder ganz oder zum Teil den Gemeinden (Gemeindeverbänden) übertragen werden. [3] Das Bundesgesetz nach Satz 1 kann für ein Zusammenwirken von Bund und Ländern bestimmen, dass bei Zustimmung einer im Gesetz genannten Mehrheit Regelungen für den Vollzug von Steuergesetzen für alle Länder verbindlich werden.

(4a) [1] Durch Bundesgesetz, das der Zustimmung des Bundesrates bedarf, können bei der Verwaltung von Steuern, die unter Absatz 2 fallen, ein Zusammenwirken von Landesfinanzbehörden und eine länderübergreifende Übertragung von Zuständigkeiten auf Landesfinanzbehörden eines oder mehrerer Länder im

GG

[1)] Art. 108 neu gef. mWv 1.1.1970 durch G v. 12.5.1969 (BGBl. I S. 359); Abs. 1 Satz 3 und Abs. 2 Satz 3 neu gef. mWv 30.11.2001 durch G v. 26.11.2001 (BGBl. I S. 3219); Abs. 1 Satz 1 neu gef. mWv 26.3.2009 durch G v. 19.3.2009 (BGBl. I S. 606); Abs. 4 Satz 3 angef., Abs. 4a eingef. mWv 20.7.2017 durch G v. 13.7.2017 (BGBl. I S. 2347).

[2)] Siehe das Finanzverwaltungsgesetz (auszugsweise abgedruckt unter Nr. **31**).

[3)] Siehe das Steuerbeamten-Ausbildungsgsetz idF der Bek. v. 29.10.1996 (BGBl. I S. 1577), zuletzt geänd. durch G v. 9.7.2021 (BGBl. I S. 2442).

Einvernehmen mit den betroffenen Ländern vorgesehen werden, wenn und soweit dadurch der Vollzug der Steuergesetze erheblich verbessert oder erleichtert wird. 2 Die Kostentragung kann durch Bundesgesetz geregelt werden.

(5) 1 Das von den Bundesfinanzbehörden anzuwendende Verfahren wird durch Bundesgesetz geregelt. 2 Das von den Landesfinanzbehörden und in den Fällen des Absatzes 4 Satz 2 von den Gemeinden (Gemeindeverbänden) anzuwendende Verfahren kann durch Bundesgesetz mit Zustimmung des Bundesrates geregelt werden.

(6) Die Finanzgerichtsbarkeit wird durch Bundesgesetz[1)] einheitlich geregelt.

(7) Die Bundesregierung kann allgemeine Verwaltungsvorschriften erlassen, und zwar mit Zustimmung des Bundesrates, soweit die Verwaltung den Landesfinanzbehörden oder Gemeinden (Gemeindeverbänden) obliegt.

XI. Übergangs- und Schlußbestimmungen

Art. 125b[2)] [Fortgeltung von Bundesrecht; abweichende Regelungen durch die Länder] (1) 1 Recht, das auf Grund des Artikels 75 in der bis zum 1. September 2006 geltenden Fassung erlassen worden ist und das auch nach diesem Zeitpunkt als Bundesrecht erlassen werden könnte, gilt als Bundesrecht fort. 2 Befugnisse und Verpflichtungen der Länder zur Gesetzgebung bleiben insoweit bestehen. 3 Auf den in Artikel 72 Abs. 3 Satz 1 genannten Gebieten können die Länder von diesem Recht abweichende Regelungen treffen, auf den Gebieten des Artikels 72 Abs. 3 Satz 1 Nr. 2, 5 und 6 jedoch erst, wenn und soweit der Bund ab dem 1. September 2006 von seiner Gesetzgebungszuständigkeit Gebrauch gemacht hat, in den Fällen der Nummern 2 und 5 spätestens ab dem 1. Januar 2010, im Falle der Nummer 6 spätestens ab dem 1. August 2008.

(2) Von bundesgesetzlichen Regelungen, die auf Grund des Artikels 84 Abs. 1 in der vor dem 1. September 2006 geltenden Fassung erlassen worden sind, können die Länder abweichende Regelungen treffen, von Regelungen des Verwaltungsverfahrens bis zum 31. Dezember 2008 aber nur dann, wenn ab dem 1. September 2006 in dem jeweiligen Bundesgesetz Regelungen des Verwaltungsverfahrens geändert worden sind.

(3) Auf dem Gebiet des Artikels 72 Absatz 3 Satz 1 Nummer 7 darf abweichendes Landesrecht der Erhebung der Grundsteuer frühestens für Zeiträume ab dem 1. Januar 2025 zugrunde gelegt werden.

Art. 143g[3)] [4)] [Anwendung des Art. 107 GG] Für die Regelung der Steuerertragsverteilung, des Länderfinanzausgleichs und der Bundesergänzungszuweisungen bis zum 31. Dezember 2019 ist Artikel 107 in seiner bis zum Inkrafttreten des Gesetzes zur Änderung des Grundgesetzes vom 13. Juli 2017 geltenden Fassung weiter anzuwenden.

---

1) Siehe die Finanzgerichtsordnung (Nr. **9**).

2) Art. 125b eingef. mWv 1.9.2006 durch G v. 28.8.2006 (BGBl. I S. 2034); Abs. 3 angef. mWv 21.11. 2019 durch G v. 15.11.2019 (BGBl. I S. 1546).

3) Gegenstandslos durch Zeitablauf.

4) Art. 143g eingef. mWv 20.7.2017 durch G v. 13.7.2017 (BGBl. I S. 2347).

33. Gerichtskostengesetz (GKG)

In der Fassung der Bekanntmachung vom 27. Februar 2014[1)]
(BGBl. I S. 154)

FNA 360-7

geänd. durch Art. 7 G zur Verkürzung des Restschuldbefreiungsverfahrens und zur Stärkung der Gläubigerrechte v. 15.7.2013 (BGBl. I S. 2379), Art. 4 Abs. 47 G zur Strukturreform des Gebührenrechts des Bundes v. 7.8.2013 (BGBl. I S. 3154, aufgeh. durch Art. 2 G v. 18.7.2016, BGBl. I S. 1666), Art. 21 G zur Förderung des elektronischen Rechtsverkehrs mit den Gerichten v. 10.10.2013 (BGBl. I S. 3786), Art. 7 G zur Durchführung der VO (EU) Nr. 1215/2012 sowie zur Änd. sonstiger Vorschriften v. 8.7.2014 (BGBl. I S. 890), Art. 3 G zur Durchführung des Haager Übereinkommens v. 30.6.2005 über Gerichtsstandsvereinbarungen sowie zur Änd. des RechtspflegerG, des Gerichts- und NotarkostenG, des AltersteilzeitG und des SGB III v. 10.12.2014 (BGBl. I S. 2082 iVm Bek. v. 23.6.2015, BGBl. I S. 1034), Art. 12 G zum Internationalen Erbrecht und zur Änd. von Vorschriften zum Erbschein sowie zur Änd. sonstiger Vorschriften v. 29.6.2015 (BGBl. I S. 1042), Art. 3 3. OpferrechtsreformG v. 21.12.2015 (BGBl. I S. 2525), Art. 2 Abs. 3 VergaberechtsmodernisierungsG v. 17.2.2016 (BGBl. I S. 203), Art. 8 G zur Umsetzung der RL über die Vergleichbarkeit von Zahlungskontoentgelten, den Wechsel von Zahlungskonten sowie den Zugang zu Zahlungskonten mit grundlegenden Funktionen v. 11.4.2016 (BGBl. I S. 720), Art. 4 Abs. 44 G zur Aktualisierung der Strukturreform des Gebührenrechts des Bundes v. 18.7.2016 (BGBl. I S. 1666), Art. 9 G zur Änd. des Sachverständigenrechts und zur weiteren Änd. des FamFG sowie zur Änd. des SGG, der VwGO, der FGO und des GKG v. 11.10.2016 (BGBl. I S. 2222), Art. 9 EU-KontenpfändungsVO-DurchführungsG v. 21.11.2016 (BGBl. I S. 2591), Art. 2 G zur Änd. der Vorschriften zur Vergabe von Wegenutzungsrechten zur leitungsgebundenen Energieversorgung v. 27.1.2017 (BGBl. I S. 130), Art. 4 G zur Erleichterung der Bewältigung von Konzerninsolvenzen v. 13.4.2017 (BGBl. I S. 866, aufgeh. durch Art. 8 G v. 5.6.2017, BGBl. I S. 1476), Art. 6 Abs. 22 G zur Reform der strafrechtlichen Vermögensabschöpfung v. 13.4.2017 (BGBl. I S. 872), Art. 4, 6 G zur Durchführung der VO (EU) 2015/848 über Insolvenzverfahren v. 5.6.2017 (BGBl. I S. 1476), Art. 24 Abs. 4 Zweites FinanzmarktnovellierungsG v. 23.6.2017 (BGBl. I S. 1693), Art. 24 G zur Einführung der elektronischen Akte in der Justiz und zur weiteren Förderung des elektronischen Rechtsverkehrs v. 5.7.2017 (BGBl. I S. 2208), Art. 2 Abs. 7 G zur Einführung eines Wettbewerbsregisters und zur Änd. des G gegen Wettbewerbsbeschränkungen v. 18.7.2017 (BGBl. I S. 2739, geänd. durch G v. 18.1.2021, BGBl. I S. 2), Art. 4 G zur Einführung einer zivilprozessualen Musterfeststellungsklage v. 12.7.2018 (BGBl. I S. 1151), Art. 4 G zur Umsetzung der RL (EU) 2016/943 zum Schutz von Geschäftsgeheimnissen vor rechtswidrigem Erwerb sowie rechtswidriger Nutzung und Offenlegung v. 18.4. 2019 (BGBl. I S. 466), Art. 10a G für mehr Sicherheit in der Arzneimittelversorgung v. 9.8.2019 (BGBl. I S. 1202), Art. 4 G zur Stärkung der Verfahrensrechte von Beschuldigten im Jugendstrafverfahren v. 9.12.2019 (BGBl. I S. 2146), Art. 2 Abs. 4 G zur Änd. des EG-Verbraucherschutzdurchsetzungs G sowie des G über die Errichtung des Bundesamts für Justiz v. 25.6.2020 (BGBl. I S. 1474), Art. 9 WohnungseigentumsmodernisierungsG v. 16.10.2020 (BGBl. I S. 2187), Art. 2 Sechstes G zur Änd. des G über die internationale Rechtshilfe in Strafsachen v. 23.11.2020 (BGBl. I S. 2474), Art. 3 G zur Stärkung des fairen Wettbewerbs v. 26.11.2020 (BGBl. I S. 2568), Art. 1 KostenrechtsänderungsG 2021 v. 21.12.2020 (BGBl. I S. 3229), Art. 11 Sanierungs- und InsolvenzrechtsfortentwicklungsG v. 22.12.2020 (BGBl. I S. 3256), Art. 9 G zur weiteren Verkürzung des Restschuldbefreiungsverfahrens und zur Anpassung pandemiebedingter Vorschriften im Gesellschafts-, Genossenschafts-, Vereins- und Stiftungsrecht sowie im Miet- und Pachtrecht v. 22.12.2020 (BGBl. I S. 3328), Art. 2 GWB-DigitalisierungsG v. 18.1.2021 (BGBl. I S. 2), Art. 2 Zweites G zur Änd. des AgrarmarktstrukturG v. 2.6.2021 (BGBl. I S. 1278), Art. 3 Zweites G zur Änd. mautrechtlicher Vorschriften hinsichtlich der Einführung des europäischen elektronischen Mautdienstes v. 8.6.2021 (BGBl. I S. 1603) und Art. 16 G zur Fortentwicklung der StrafprozessO und zur Änd. weiterer Vorschriften v. 25.6.2021 (BGBl. I S. 2099)

– Auszug –

[1)] Neubekanntmachung des GKG v. 5.5.2004 (BGBl. I S. 718) in der ab 1.1.2014 geltenden Fassung.

Abschnitt 1. Allgemeine Vorschriften

§ 1 Geltungsbereich. (1) …

(2) Dieses Gesetz ist ferner anzuwenden für Verfahren

1. …
2. vor den Gerichten der Finanzgerichtsbarkeit nach der Finanzgerichtsordnung[1)];

3.–5. …

(3) …

(4) Kosten nach diesem Gesetz werden auch erhoben für Verfahren über eine Beschwerde, die mit einem der in den Absätzen 1 bis 3 genannten Verfahren im Zusammenhang steht.

(5) Die Vorschriften dieses Gesetzes über die Erinnerung und die Beschwerde gehen den Regelungen der für das zugrunde liegende Verfahren geltenden Verfahrensvorschriften vor.

§ 3 Höhe der Kosten. (1) Die Gebühren richten sich nach dem Wert des Streitgegenstands (Streitwert), soweit nichts anderes bestimmt ist.

(2) Kosten werden nach dem Kostenverzeichnis der Anlage 1 zu diesem Gesetz erhoben.

Abschnitt 6. Gebührenvorschriften

§ 34[2)] Wertgebühren. (1) [1]Wenn sich die Gebühren nach dem Streitwert richten, beträgt bei einem Streitwert bis 500 Euro die Gebühr 38 Euro. [2]Die Gebühr erhöht sich bei einem

Streitwert bis … Euro	für jeden angefangenen Betrag von weiteren … Euro	um … Euro
2 000	500	20
10 000	1 000	21
25 000	3 000	29
50 000	5 000	38
200 000	15 000	132
500 000	30 000	198
über 500 000	50 000	198

[3]Eine Gebührentabelle für Streitwerte bis 500 000 Euro ist diesem Gesetz als Anlage 2 beigefügt.

(2) Der Mindestbetrag einer Gebühr ist 15 Euro.

[1)] Nr. **9**.
[2)] § 34 Abs. 1 Sätze 1 und 2 neu gef. mWv 1.1.2021 durch G v. 21.12.2020 (BGBl. I S. 3229).

GKG

Abschnitt 7. Wertvorschriften

Unterabschnitt 2. Besondere Wertvorschriften

§ 52[1)] Verfahren vor Gerichten der Verwaltungs-, Finanz- und Sozialgerichtsbarkeit. (1) In Verfahren vor den Gerichten der Verwaltungs-, Finanz- und Sozialgerichtsbarkeit ist, soweit nichts anderes bestimmt ist, der Streitwert nach der sich aus dem Antrag des Klägers für ihn ergebenden Bedeutung der Sache nach Ermessen zu bestimmen.

(2) Bietet der Sach- und Streitstand für die Bestimmung des Streitwerts keine genügenden Anhaltspunkte, ist ein Streitwert von 5 000 Euro anzunehmen.

(3) [1] Betrifft der Antrag des Klägers eine bezifferte Geldleistung oder einen hierauf bezogenen Verwaltungsakt, ist deren Höhe maßgebend. [2] Hat der Antrag des Klägers offensichtlich absehbare Auswirkungen auf künftige Geldleistungen oder auf noch zu erlassende, auf derartige Geldleistungen bezogene Verwaltungsakte, ist die Höhe des sich aus Satz 1 ergebenden Streitwerts um den Betrag der offensichtlich absehbaren zukünftigen Auswirkungen für den Kläger anzuheben, wobei die Summe das Dreifache des Werts nach Satz 1 nicht übersteigen darf. [3] In Verfahren in Kindergeldangelegenheiten vor den Gerichten der Finanzgerichtsbarkeit ist § 42 Absatz 1 Satz 1 und Absatz 3 entsprechend anzuwenden; an die Stelle des dreifachen Jahresbetrags tritt der einfache Jahresbetrag.

(4) In Verfahren

1. vor den Gerichten der Finanzgerichtsbarkeit, mit Ausnahme der Verfahren nach § 155 Satz 2 der Finanzgerichtsordnung[2)] und der Verfahren in Kindergeldangelegenheiten, darf der Streitwert nicht unter 1 500 Euro,
2. vor den Gerichten der Sozialgerichtsbarkeit und bei Rechtsstreitigkeiten nach dem Krankenhausfinanzierungsgesetz nicht über 2 500 000 Euro,
3. vor den Gerichten der Verwaltungsgerichtsbarkeit über Ansprüche nach dem Vermögensgesetz nicht über 500 000 Euro und
4. bei Rechtsstreitigkeiten nach § 36 Absatz 6 Satz 1 des Pflegeberufegesetzes nicht über 1 500 000 Euro

angenommen werden.

(5) Solange in Verfahren vor den Gerichten der Finanzgerichtsbarkeit der Wert nicht festgesetzt ist und sich der nach den Absätzen 3 und 4 Nummer 1 maßgebende Wert auch nicht unmittelbar aus den gerichtlichen Verfahrensakten ergibt, sind die Gebühren vorläufig nach dem in Absatz 4 Nummer 1 bestimmten Mindestwert zu bemessen.

(6) [1] In Verfahren, die die Begründung, die Umwandlung, das Bestehen, das Nichtbestehen oder die Beendigung eines besoldeten öffentlich-rechtlichen Dienst- oder Amtsverhältnisses betreffen, ist Streitwert

1. die Summe der für ein Kalenderjahr zu zahlenden Bezüge mit Ausnahme nicht ruhegehaltsfähiger Zulagen, wenn Gegenstand des Verfahrens ein Dienst- oder Amtsverhältnis auf Lebenszeit ist,

---

[1)] § 52 Abs. 3 Satz 3 angef., Abs. 5 eingef., bish. Abs. 5–7 werden Abs. 6–8 mWv 16.7.2014 durch G v. 8.7.2014 (BGBl. I S. 890); Abs. 7 geänd. mWv 4.7.2015 durch G v. 29.6.2015 (BGBl. I S. 1042); Abs. 4 Nr. 2 und 3 geänd., Nr. 4 angef. mWv 1.1.2019 durch G v. 9.8.2019 (BGBl. I S. 1202).

[2)] Nr. **9**.

2. im Übrigen die Hälfte der für ein Kalenderjahr zu zahlenden Bezüge mit Ausnahme nicht ruhegehaltsfähiger Zulagen.

[2] Maßgebend für die Berechnung ist das laufende Kalenderjahr. [3] Bezügebestandteile, die vom Familienstand oder von Unterhaltsverpflichtungen abhängig sind, bleiben außer Betracht. [4] Betrifft das Verfahren die Verleihung eines anderen Amts oder den Zeitpunkt einer Versetzung in den Ruhestand, ist Streitwert die Hälfte des sich nach den Sätzen 1 bis 3 ergebenden Betrags.

(7) Ist mit einem in Verfahren nach Absatz 6 verfolgten Klagebegehren ein aus ihm hergeleiteter vermögensrechtlicher Anspruch verbunden, ist nur ein Klagebegehren, und zwar das wertmäßig höhere, maßgebend.

(8) Dem Kläger steht gleich, wer sonst das Verfahren des ersten Rechtszugs beantragt hat.

Anlage 1[1]
(zu § 3 Abs. 2)

Kostenverzeichnis

Teil 6. Verfahren vor den Gerichten der Finanzgerichtsbarkeit

Nr.	Gebührentatbestand	Gebühr oder Satz der Gebühr nach § 34 GKG
	Hauptabschnitt 1. Prozessverfahren	
	Abschnitt 1. Erster Rechtszug	
	Unterabschnitt 1. Verfahren vor dem Finanzgericht	
6110	Verfahren im Allgemeinen, soweit es sich nicht nach § 45 Abs. 3 FGO erledigt	4,0
6111	Beendigung des gesamten Verfahrens durch 1. Zurücknahme der Klage a) vor dem Schluss der mündlichen Verhandlung oder, b) wenn eine solche nicht stattfindet, vor Ablauf des Tages, an dem das Urteil oder der Gerichtsbescheid der Geschäftsstelle übermittelt wird, oder 2. Beschluss in den Fällen des § 138 FGO, es sei denn, dass bereits ein Urteil oder ein Gerichtsbescheid vorausgegangen ist: Die Gebühr 6110 ermäßigt sich auf .... Die Gebühr ermäßigt sich auch, wenn mehrere Ermäßigungstatbestände erfüllt sind.	2,0
	Unterabschnitt 2. Verfahren vor dem Bundesfinanzhof	
6112	Verfahren im Allgemeinen	5,0
6113	Beendigung des gesamten Verfahrens durch 1. Zurücknahme der Klage	

[1] Anl. 1 geänd. mWv 1.1.2021 durch G v. 21.12.2020 (BGBl. I S. 3229).

Nr.	Gebührentatbestand	Gebühr oder Satz der Gebühr nach § 34 GKG
	a) vor dem Schluss der mündlichen Verhandlung oder, b) wenn eine solche nicht stattfindet, vor Ablauf des Tages, an dem das Urteil oder der Gerichtsbescheid der Geschäftsstelle übermittelt wird, oder 2. Beschluss in den Fällen des § 138 FGO, es sei denn, dass bereits ein Urteil oder ein Gerichtsbescheid vorausgegangen ist: Die Gebühr 6112 ermäßigt sich auf	3,0
	Die Gebühr ermäßigt sich auch, wenn mehrere Ermäßigungstatbestände erfüllt sind.	
	Abschnitt 2. Revision	
6120	Verfahren im Allgemeinen	5,0
6121	Beendigung des gesamten Verfahrens durch Zurücknahme der Revision oder der Klage, bevor die Schrift zur Begründung der Revision bei Gericht eingegangen ist: Die Gebühr 6120 ermäßigt sich auf	1,0
	Erledigungen in den Fällen des § 138 FGO stehen der Zurücknahme gleich.	
6122	Beendigung des gesamten Verfahrens, wenn nicht Nummer 6121 erfüllt ist, durch 1. Zurücknahme der Revision oder der Klage a) vor dem Schluss der mündlichen Verhandlung oder, b) wenn eine solche nicht stattfindet, vor Ablauf des Tages, an dem das Urteil, der Gerichtsbescheid oder der Beschluss in der Hauptsache der Geschäftsstelle übermittelt wird, oder 2. Beschluss in den Fällen des § 138 FGO, es sei denn, dass bereits ein Urteil, ein Gerichtsbescheid oder ein Beschluss in der Hauptsache vorausgegangen ist: Die Gebühr 6120 ermäßigt sich auf	3,0
	Die Gebühr ermäßigt sich auch, wenn mehrere Ermäßigungstatbestände erfüllt sind.	

Hauptabschnitt 2. Vorläufiger Rechtsschutz

Vorbemerkung 6.2:

(1) Die Vorschriften dieses Hauptabschnitts gelten für einstweilige Anordnungen und für Verfahren nach § 69 Abs. 3 und 5 FGO.

(2) Im Verfahren über den Antrag auf Erlass und im Verfahren über den Antrag auf Aufhebung einer einstweiligen Anordnung werden die Gebühren jeweils gesondert erhoben. Mehrere Verfahren nach § 69 Abs. 3 und 5 FGO gelten innerhalb eines Rechtszugs als ein Verfahren.

Nr.	Gebührentatbestand	Gebühr oder Satz der Gebühr nach § 34 GKG
	Abschnitt 1. Erster Rechtszug	
6210	Verfahren im Allgemeinen	2,0
6211	Beendigung des gesamten Verfahrens durch 1. Zurücknahme des Antrags a) vor dem Schluss der mündlichen Verhandlung oder, b) wenn eine solche nicht stattfindet, vor Ablauf des Tages, an dem der Beschluss (§ 114 Abs. 4 FGO) der Geschäftsstelle übermittelt wird, oder 2. Beschluss in den Fällen des § 138 FGO, es sei denn, dass bereits ein Beschluss nach § 114 Abs. 4 FGO vorausgegangen ist: Die Gebühr 6210 ermäßigt sich auf Die Gebühr ermäßigt sich auch, wenn mehrere Ermäßigungstatbestände erfüllt sind.	0,75
	Abschnitt 2. Beschwerde	
	Vorbemerkung 6.2.2: Die Vorschriften dieses Abschnitts gelten für Beschwerden gegen Beschlüsse über einstweilige Anordnungen (§ 114 FGO) und über die Aussetzung der Vollziehung (§ 69 Abs. 3 und 5 FGO).	
6220	Verfahren über die Beschwerde	2,0
6221	Beendigung des gesamten Verfahrens durch Zurücknahme der Beschwerde: Die Gebühr 6220 ermäßigt sich auf	1,0
	Hauptabschnitt 3. Besondere Verfahren	
6300	Selbstständiges Beweisverfahren	1,0
6301	Verfahren über Anträge auf gerichtliche Handlungen der Zwangsvollstreckung gemäß § 152 FGO	22,00 €
	Hauptabschnitt 4. Rüge wegen Verletzung des Anspruchs auf rechtliches Gehör	
6400	Verfahren über die Rüge wegen Verletzung des Anspruchs auf rechtliches Gehör (§ 133a FGO): Die Rüge wird in vollem Umfang verworfen oder zurückgewiesen	66,00 €
	Hauptabschnitt 5. Sonstige Beschwerden	
6500	Verfahren über die Beschwerde gegen die Nichtzulassung der Revision: Soweit die Beschwerde verworfen oder zurückgewiesen wird	2,0
6501	Verfahren über die Beschwerde gegen die Nichtzulassung der Revision:	

GKG

Nr.	Gebührentatbestand	Gebühr oder Satz der Gebühr nach § 34 GKG
	Soweit die Beschwerde zurückgenommen oder das Verfahren durch anderweitige Erledigung beendet wird	1,0
	Die Gebühr entsteht nicht, soweit die Revision zugelassen wird.	
6502	Verfahren über nicht besonders aufgeführte Beschwerden, die nicht nach anderen Vorschriften gebührenfrei sind:	
	Die Beschwerde wird verworfen oder zurückgewiesen	66,00 €
	Wird die Beschwerde nur teilweise verworfen oder zurückgewiesen, kann das Gericht die Gebühr nach billigem Ermessen auf die Hälfte ermäßigen oder bestimmen, dass eine Gebühr nicht zu erheben ist.	
	Hauptabschnitt 6. Besondere Gebühr	
6600	Auferlegung einer Gebühr nach § 38 GKG wegen Verzögerung des Rechtsstreits	wie vom Gericht bestimmt

Anlage 2[1)]
(zu § 34 Absatz 1 Satz 3)

Gebührentabelle

Streitwert bis … €	Gebühr … €	Streitwert bis … €	Gebühr … €
500	38,00	**50 000**	601,00
1 000	58,00	**65 000**	733,00
1 500	78,00	**80 000**	865,00
2 000	98,00	**95 000**	997,00
3 000	119,00	**110 000**	1 129,00
4 000	140,00	**125 000**	1 261,00
5 000	161,00	**140 000**	1 393,00
6 000	182,00	**155 000**	1 525,00
7 000	203,00	**170 000**	1 657,00
8 000	224,00	**185 000**	1 789,00
9 000	245,00	**200 000**	1 921,00
10 000	266,00	**230 000**	2 119,00
13 000	295,00	**260 000**	2 317,00
16 000	324,00	**290 000**	2 515,00
19 000	353,00	**320 000**	2 713,00
22 000	382,00	**350 000**	2 911,00
25 000	411,00	**380 000**	3 109,00

GKG

1) Anl. 2 neu gef. mWv 1.1.2021 durch G v. 22.12.2020 (BGBl. I S. 3256).

Streitwert bis … €	Gebühr … €	Streitwert bis … €	Gebühr … €
30 000	449,00	**410 000**	3 307,00
35 000	487,00	**440 000**	3 505,00
40 000	525,00	**470 000**	3 703,00
45 000	563,00	**500 000**	3 901,00

34. Handelsgesetzbuch

Vom 10. Mai 1897
(RGBl. S. 219)

BGBl. III/FNA 4100-1

zuletzt geänd. durch Art. 7 Abs. 2 G zur Umsetzung der RL (EU) 2019/2034 über die Beaufsichtigung von Wertpapierinstituten v. 12.5.2021 (BGBl. I S. 990), Art. 10 FondsstandortG v. 3.6.2021 (BGBl. I S. 1498), Art. 11 FinanzmarktintegritätsstärkungsG v. 3.6.2021 (BGBl. I S. 1534) und Art. 4 G zur Ausführung des HNS-Übereinkommens 2010 und zur Änd. des ÖlschadenG, der Schifffahrtsrechtlichen VerteilungsO, des SeeaufgabenG und des HGB v. 16.7.2021 (BGBl. I S. 3079)

– Auszug –

Drittes Buch.[1] Handelsbücher

Erster Abschnitt. Vorschriften für alle Kaufleute

Erster Unterabschnitt. Buchführung. Inventar

§ 238[2] Buchführungspflicht. (1) [1] Jeder Kaufmann ist verpflichtet, Bücher zu führen und in diesen seine Handelsgeschäfte und die Lage seines Vermögens nach den Grundsätzen ordnungsmäßiger Buchführung ersichtlich zu machen. [2] Die Buchführung muß so beschaffen sein, daß sie einem sachverständigen Dritten innerhalb angemessener Zeit einen Überblick über die Geschäftsvorfälle und über die Lage des Unternehmens vermitteln kann. [3] Die Geschäftsvorfälle müssen sich in ihrer Entstehung und Abwicklung verfolgen lassen.

(2) Der Kaufmann ist verpflichtet, eine mit der Urschrift übereinstimmende Wiedergabe der abgesandten Handelsbriefe (Kopie, Abdruck, Abschrift oder sonstige Wiedergabe des Wortlauts auf einem Schrift-, Bild- oder anderen Datenträger) zurückzubehalten.

§ 239[3] Führung der Handelsbücher. (1) [1] Bei der Führung der Handelsbücher und bei den sonst erforderlichen Aufzeichnungen hat sich der Kaufmann einer lebenden Sprache zu bedienen. [2] Werden Abkürzungen, Ziffern, Buchstaben oder Symbole verwendet, muß im Einzelfall deren Bedeutung eindeutig festliegen.

(2) Die Eintragungen in Büchern und die sonst erforderlichen Aufzeichnungen müssen vollständig, richtig, zeitgerecht und geordnet vorgenommen werden.

(3) [1] Eine Eintragung oder eine Aufzeichnung darf nicht in einer Weise verändert werden, daß der ursprüngliche Inhalt nicht mehr feststellbar ist. [2] Auch solche Veränderungen dürfen nicht vorgenommen werden, deren Beschaffenheit es ungewiß läßt, ob sie ursprünglich oder erst später gemacht worden sind.

(4) [1] Die Handelsbücher und die sonst erforderlichen Aufzeichnungen können auch in der geordneten Ablage von Belegen bestehen oder auf Datenträgern geführt werden, soweit diese Formen der Buchführung einschließlich

---

[1] 3. Buch (§§ 238–339) eingef. durch G v. 19.12.1985 (BGBl. I S. 2355).
[2] § 238 eingef. durch G v. 19.12.1985 (BGBl. I S. 2355).
[3] § 239 eingef. durch G v. 19.12.1985 (BGBl. I S. 2355).

des dabei angewandten Verfahrens den Grundsätzen ordnungsmäßiger Buchführung entsprechen. [2]Bei der Führung der Handelsbücher und der sonst erforderlichen Aufzeichnungen auf Datenträgern muß insbesondere sichergestellt sein, daß die Daten während der Dauer der Aufbewahrungsfrist verfügbar sind und jederzeit innerhalb angemessener Frist lesbar gemacht werden können. [3]Absätze 1 bis 3 gelten sinngemäß.

§ 240[1)] Inventar. (1) Jeder Kaufmann hat zu Beginn seines Handelsgewerbes seine Grundstücke, seine Forderungen und Schulden, den Betrag seines baren Geldes sowie seine sonstigen Vermögensgegenstände genau zu verzeichnen und dabei den Wert der einzelnen Vermögensgegenstände und Schulden anzugeben.

(2) [1]Er hat demnächst für den Schluß eines jeden Geschäftsjahrs ein solches Inventar aufzustellen. [2]Die Dauer des Geschäftsjahres darf zwölf Monate nicht überschreiten. [3]Die Aufstellung des Inventars ist innerhalb der einem ordnungsmäßigen Geschäftsgang entsprechenden Zeit zu bewirken.

(3) [1]Vermögensgegenstände des Sachanlagevermögens sowie Roh-, Hilfs- und Betriebsstoffe können, wenn sie regelmäßig ersetzt werden und ihr Gesamtwert für das Unternehmen von nachrangiger Bedeutung ist, mit einer gleichbleibenden Menge und einem gleichbleibenden Wert angesetzt werden, sofern ihr Bestand in seiner Größe, seinem Wert und seiner Zusammensetzung nur geringen Veränderungen unterliegt. [2]Jedoch ist in der Regel alle drei Jahre eine körperliche Bestandsaufnahme durchzuführen.

(4) Gleichartige Vermögensgegenstände des Vorratsvermögens sowie andere gleichartige oder annähernd gleichwertige bewegliche Vermögensgegenstände und Schulden können jeweils zu einer Gruppe zusammengefaßt und mit dem gewogenen Durchschnittswert angesetzt werden.

§ 241[2)] Inventurvereinfachungsverfahren. (1) [1]Bei der Aufstellung des Inventars darf der Bestand der Vermögensgegenstände nach Art, Menge und Wert auch mit Hilfe anerkannter mathematisch-statistischer Methoden auf Grund von Stichproben ermittelt werden. [2]Das Verfahren muß den Grundsätzen ordnungsmäßiger Buchführung entsprechen. [3]Der Aussagewert des auf diese Weise aufgestellten Inventars muß dem Aussagewert eines auf Grund einer körperlichen Bestandsaufnahme aufgestellten Inventars gleichkommen.

(2) Bei der Aufstellung des Inventars für den Schluß eines Geschäftsjahrs bedarf es einer körperlichen Bestandsaufnahme der Vermögensgegenstände für diesen Zeitpunkt nicht, soweit durch Anwendung eines den Grundsätzen ordnungsmäßiger Buchführung entsprechenden anderen Verfahrens gesichert ist, daß der Bestand der Vermögensgegenstände nach Art, Menge und Wert auch ohne die körperliche Bestandsaufnahme für diesen Zeitpunkt festgestellt werden kann.

(3) In dem Inventar für den Schluß eines Geschäftsjahrs brauchen Vermögensgegenstände nicht verzeichnet zu werden, wenn

1. der Kaufmann ihren Bestand auf Grund einer körperlichen Bestandsaufnahme oder auf Grund eines nach Absatz 2 zulässigen anderen Verfahrens nach

---

[1)] § 240 eingef. durch G v. 19.12.1985 (BGBl. I S. 2355); Abs. 4 geänd. durch G v. 24.6.1994 (BGBl. I. S. 1377).

[2)] § 241 eingef. durch G v. 19.12.1985 (BGBl. I S. 2355).

Art, Menge und Wert in einem besonderen Inventar verzeichnet hat, das für einen Tag innerhalb der letzten drei Monate vor oder der ersten beiden Monate nach dem Schluß des Geschäftsjahrs aufgestellt ist, und

2. auf Grund des besonderen Inventars durch Anwendung eines den Grundsätzen ordnungsmäßiger Buchführung entsprechenden Fortschreibungs- oder Rückrechnungsverfahrens gesichert ist, daß der am Schluß des Geschäftsjahrs vorhandene Bestand der Vermögensgegenstände für diesen Zeitpunkt ordnungsgemäß bewertet werden kann.

§ 241a[1] Befreiung von der Pflicht zur Buchführung und Erstellung eines Inventars. [1]Einzelkaufleute, die an den Abschlussstichtagen von zwei aufeinander folgenden Geschäftsjahren nicht mehr als jeweils 600 000 Euro Umsatzerlöse und jeweils 60 000 Euro Jahresüberschuss aufweisen, brauchen die §§ 238 bis 241 nicht anzuwenden. [2]Im Fall der Neugründung treten die Rechtsfolgen schon ein, wenn die Werte des Satzes 1 am ersten Abschlussstichtag nach der Neugründung nicht überschritten werden.

Zweiter Unterabschnitt. Eröffnungsbilanz. Jahresabschluß

Erster Titel. Allgemeine Vorschriften

§ 242[2] Pflicht zur Aufstellung. (1) [1]Der Kaufmann hat zu Beginn seines Handelsgewerbes und für den Schluß eines jeden Geschäftsjahrs einen das Verhältnis seines Vermögens und seiner Schulden darstellenden Abschluß (Eröffnungsbilanz, Bilanz) aufzustellen. [2]Auf die Eröffnungsbilanz sind die für den Jahresabschluß geltenden Vorschriften entsprechend anzuwenden, soweit sie sich auf die Bilanz beziehen.

(2) Er hat für den Schluß eines jeden Geschäftsjahrs eine Gegenüberstellung der Aufwendungen und Erträge des Geschäftsjahrs (Gewinn- und Verlustrechnung) aufzustellen.

(3) Die Bilanz und die Gewinn- und Verlustrechnung bilden den Jahresabschluß.

(4) [1]Die Absätze 1 bis 3 sind auf Einzelkaufleute im Sinn des § 241a nicht anzuwenden. [2]Im Fall der Neugründung treten die Rechtsfolgen nach Satz 1 schon ein, wenn die Werte des § 241a Satz 1 am ersten Abschlussstichtag nach der Neugründung nicht überschritten werden.

§ 243[3] Aufstellungsgrundsatz. (1) Der Jahresabschluß ist nach den Grundsätzen ordnungsmäßiger Buchführung aufzustellen.

(2) Er muß klar und übersichtlich sein.

(3) Der Jahresabschluß ist innerhalb der einem ordnungsmäßigen Geschäftsgang entsprechenden Zeit aufzustellen.

---

[1] § 241a eingef. mWv 29.5.2009 durch G v. 25.5.2009 (BGBl. I S. 1102); Satz 1 geänd. mWv 23.7.2015 durch G v. 17.7.2015 (BGBl. I S. 1245); Satz 1 geänd. mWv 1.1.2016 durch G v. 28.7.2015 (BGBl. I S. 1400).

[2] § 242 eingef. durch G v. 19.12.1985 (BGBl. I S. 2355); Abs. 4 angef. mWv 29.5.2009 durch G v. 25.5.2009 (BGBl. I S. 1102).

[3] § 243 eingef. durch G v. 19.12.1985 (BGBl. I S. 2355).

§ 244[1] Sprache. Währungseinheit. Der Jahresabschluß ist in deutscher Sprache und in Euro aufzustellen.

§ 245[2] Unterzeichnung. [1]Der Jahresabschluß ist vom Kaufmann unter Angabe des Datums zu unterzeichnen. [2]Sind mehrere persönlich haftende Gesellschafter vorhanden, so haben sie alle zu unterzeichnen.

Zweiter Titel. Ansatzvorschriften

§ 246[3] Vollständigkeit. Verrechnungsverbot. (1) [1]Der Jahresabschluss hat sämtliche Vermögensgegenstände, Schulden, Rechnungsabgrenzungsposten sowie Aufwendungen und Erträge zu enthalten, soweit gesetzlich nichts anderes bestimmt ist. [2]Vermögensgegenstände sind in der Bilanz des Eigentümers aufzunehmen; ist ein Vermögensgegenstand nicht dem Eigentümer, sondern einem anderen wirtschaftlich zuzurechnen, hat dieser ihn in seiner Bilanz auszuweisen. [3]Schulden sind in die Bilanz des Schuldners aufzunehmen. [4]Der Unterschiedsbetrag, um den die für die Übernahme eines Unternehmens bewirkte Gegenleistung den Wert der einzelnen Vermögensgegenstände des Unternehmens abzüglich der Schulden im Zeitpunkt der Übernahme übersteigt (entgeltlich erworbener Geschäfts- oder Firmenwert), gilt als zeitlich begrenzt nutzbarer Vermögensgegenstand.

(2) [1]Posten der Aktivseite dürfen nicht mit Posten der Passivseite, Aufwendungen nicht mit Erträgen, Grundstücksrechte nicht mit Grundstückslasten verrechnet werden. [2]Vermögensgegenstände, die dem Zugriff aller übrigen Gläubiger entzogen sind und ausschließlich der Erfüllung von Schulden aus Altersversorgungsverpflichtungen oder vergleichbaren langfristig fälligen Verpflichtungen dienen, sind mit diesen Schulden zu verrechnen; entsprechend ist mit den zugehörigen Aufwendungen und Erträgen aus der Abzinsung und aus dem zu verrechnenden Vermögen zu verfahren. [3]Übersteigt der beizulegende Zeitwert der Vermögensgegenstände den Betrag der Schulden, ist der übersteigende Betrag unter einem gesonderten Posten zu aktivieren.

(3) [1]Die auf den vorhergehenden Jahresabschluss angewandten Ansatzmethoden sind beizubehalten. [2]§ 252 Abs. 2 ist entsprechend anzuwenden.

§ 247[4] Inhalt der Bilanz. (1) In der Bilanz sind das Anlage- und das Umlaufvermögen, das Eigenkapital, die Schulden sowie die Rechnungsabgrenzungsposten gesondert auszuweisen und hinreichend aufzugliedern.

(2) Beim Anlagevermögen sind nur die Gegenstände auszuweisen, die bestimmt sind, dauernd dem Geschäftsbetrieb zu dienen.

§ 248[5] Bilanzierungsverbote und -wahlrechte. (1) In die Bilanz dürfen nicht als Aktivposten aufgenommen werden

---

[1] § 244 eingef. durch G v. 19.12.1985 (BGBl. I S. 2355); geänd. durch G v. 9.6.1998 (BGBl. I S. 1242).

[2] § 245 eingef. durch G v. 19.12.1985 (BGBl. I S. 2355).

[3] § 246 eingef. durch G v. 19.12.1985 (BGBl. I S. 2355); Abs. 1 Sätze 2 und 3 angef. durch G v. 30.11.1990 (BGBl. I S. 2570); Abs. 1 neu gef., Abs. 2 Sätze 2 und 3, Abs. 3 angef. mWv 29.5.2009 durch G v. 25.5.2009 (BGBl. I S. 1102).

[4] § 247 eingef. durch G v. 19.12.1985 (BGBl. I S. 2355); Abs. 3 aufgeh. mWv 29.5.2009 durch G v. 25.5.2009 (BGBl. I S. 1102).

[5] § 248 neu gef. mWv 29.5.2009 durch G v. 25.5.2009 (BGBl. I S. 1102).

1. Aufwendungen für die Gründung eines Unternehmens,
2. Aufwendungen für die Beschaffung des Eigenkapitals und
3. Aufwendungen für den Abschluss von Versicherungsverträgen.

(2) [1] Selbst geschaffene immaterielle Vermögensgegenstände des Anlagevermögens können als Aktivposten in die Bilanz aufgenommen werden. [2] Nicht aufgenommen werden dürfen selbst geschaffene Marken, Drucktitel, Verlagsrechte, Kundenlisten oder vergleichbare immaterielle Vermögensgegenstände des Anlagevermögens.

§ 249[1)] Rückstellungen. (1) [1] Rückstellungen sind für ungewisse Verbindlichkeiten und für drohende Verluste aus schwebenden Geschäften zu bilden. [2] Ferner sind Rückstellungen zu bilden für

1. im Geschäftsjahr unterlassene Aufwendungen für Instandhaltung, die im folgenden Geschäftsjahr innerhalb von drei Monaten, oder für Abraumbeseitigung, die im folgenden Geschäftsjahr nachgeholt werden,
2. Gewährleistungen, die ohne rechtliche Verpflichtung erbracht werden.

(2) [1] Für andere als die in Absatz 1 bezeichneten Zwecke dürfen Rückstellungen nicht gebildet werden. [2] Rückstellungen dürfen nur aufgelöst werden, soweit der Grund hierfür entfallen ist.

§ 250[2)] Rechnungsabgrenzungsposten. (1) Als Rechnungsabgrenzungsposten sind auf der Aktivseite Ausgaben vor dem Abschlußstichtag auszuweisen, soweit sie Aufwand für eine bestimmte Zeit nach diesem Tag darstellen.

(2) Auf der Passivseite sind als Rechnungsabgrenzungsposten Einnahmen vor dem Abschlußstichtag auszuweisen, soweit sie Ertrag für eine bestimmte Zeit nach diesem Tag darstellen.

(3) [1] Ist der Erfüllungsbetrag einer Verbindlichkeit höher als der Ausgabebetrag, so darf der Unterschiedsbetrag in den Rechnungsabgrenzungsposten auf der Aktivseite aufgenommen werden. [2] Der Unterschiedsbetrag ist durch planmäßige jährliche Abschreibungen zu tilgen, die auf die gesamte Laufzeit der Verbindlichkeit verteilt werden können.

§ 251[3)] Haftungsverhältnisse. [1] Unter der Bilanz sind, sofern sie nicht auf der Passivseite auszuweisen sind, Verbindlichkeiten aus der Begebung und Übertragung von Wechseln, aus Bürgschaften, Wechsel- und Scheckbürgschaften und aus Gewährleistungsverträgen sowie Haftungsverhältnisse aus der Bestellung von Sicherheiten für fremde Verbindlichkeiten zu vermerken; sie dürfen in einem Betrag angegeben werden. [2] Haftungsverhältnisse sind auch anzugeben, wenn ihnen gleichwertige Rückgriffsforderungen gegenüberstehen.

---

1) § 249 eingef. durch G v. 19.12.1985 (BGBl. I S. 2355); Abs. 1 Satz 3, Abs. 2 aufgeh., bish. Abs. 3 wird Abs. 2 und Satz 1 neu gef. mWv 29.5.2009 durch G v. 25.5.2009 (BGBl. I S. 1102).

2) § 250 eingef. durch G v. 19.12.1985 (BGBl. I S. 2355); Abs. 1 Satz 2 aufgeh., Abs. 3 Satz 1 geänd. mWv 29.5.2009 durch G v. 25.5.2009 (BGBl. I S. 1102).

3) § 251 eingef. durch G v. 19.12.1985 (BGBl. I S. 2355).

Dritter Titel. Bewertungsvorschriften

§ 252[1)] Allgemeine Bewertungsgrundsätze. (1) Bei der Bewertung der im Jahresabschluß ausgewiesenen Vermögensgegenstände und Schulden gilt insbesondere folgendes:

1. Die Wertansätze in der Eröffnungsbilanz des Geschäftsjahrs müssen mit denen der Schlußbilanz des vorhergehenden Geschäftsjahrs übereinstimmen.
2. Bei der Bewertung ist von der Fortführung der Unternehmenstätigkeit auszugehen, sofern dem nicht tatsächliche oder rechtliche Gegebenheiten entgegenstehen.
3. Die Vermögensgegenstände und Schulden sind zum Abschlußstichtag einzeln zu bewerten.
4. Es ist vorsichtig zu bewerten, namentlich sind alle vorhersehbaren Risiken und Verluste, die bis zum Abschlußstichtag entstanden sind, zu berücksichtigen, selbst wenn diese erst zwischen dem Abschlußstichtag und dem Tag der Aufstellung des Jahresabschlusses bekanntgeworden sind; Gewinne sind nur zu berücksichtigen, wenn sie am Abschlußstichtag realisiert sind.
5. Aufwendungen und Erträge des Geschäftsjahrs sind unabhängig von den Zeitpunkten der entsprechenden Zahlungen im Jahresabschluß zu berücksichtigen.
6. Die auf den vorhergehenden Jahresabschluss angewandten Bewertungsmethoden sind beizubehalten.

(2) Von den Grundsätzen des Absatzes 1 darf nur in begründeten Ausnahmefällen abgewichen werden.

§ 253[2)] Zugangs- und Folgebewertung. (1) [1] Vermögensgegenstände sind höchstens mit den Anschaffungs- oder Herstellungskosten, vermindert um die Abschreibungen nach den Absätzen 3 bis 5, anzusetzen. [2] Verbindlichkeiten sind zu ihrem Erfüllungsbetrag und Rückstellungen in Höhe des nach vernünftiger kaufmännischer Beurteilung notwendigen Erfüllungsbetrages anzusetzen. [3] Soweit sich die Höhe von Altersversorgungsverpflichtungen ausschließlich nach dem beizulegenden Zeitwert von Wertpapieren im Sinn des § 266 Abs. 2 A. III. 5 bestimmt, sind Rückstellungen hierfür zum beizulegenden Zeitwert dieser Wertpapiere anzusetzen, soweit er einen garantierten Mindestbetrag übersteigt. [4] Nach § 246 Abs. 2 Satz 2 zu verrechnende Vermögensgegenstände sind mit ihrem beizulegenden Zeitwert zu bewerten. [5] Kleinstkapitalgesellschaften (§ 267a) dürfen eine Bewertung zum beizulegenden Zeitwert nur vornehmen, wenn sie von keiner der in § 264 Absatz 1 Satz 5, § 266 Absatz 1 Satz 4, § 275 Absatz 5 und § 326 Absatz 2 vorgesehenen Erleichterungen Gebrauch machen. [6] Macht eine Kleinstkapitalgesellschaft von mindestens einer der in Satz 5 genannten Erleichterungen Gebrauch, erfolgt die Bewertung der Vermögensgegenstände nach Satz 1, auch soweit eine Verrechnung nach § 246 Absatz 2 Satz 2 vorgesehen ist.

HGB

[1)] § 252 eingef. durch G v. 19.12.1985 (BGBl. I S. 2355); Abs. 1 Nr. 6 neu gef. mWv 29.5.2009 durch G v. 25.5.2009 (BGBl. I S. 1102).

[2)] § 253 neu gef. mWv 29.5.2009 durch G v. 25.5.2009 (BGBl. I S. 1102); Abs. 1 Sätze 5 und 6 angef. mWv 28.12.2012 durch G v. 20.12.2012 (BGBl. I S. 2751); Abs. 1 Satz 6 und Abs. 5 Satz 1 geänd., Abs. 3 Sätze 3 und 4 eingef., bish. Sätze 3 und 4 werden Sätze 5 und 6 mWv 23.7.2015 durch G v. 17.7.2015 (BGBl. I S. 1245); Abs. 2 Satz 5 geänd. mWv 8.9.2015 durch VO v. 31.8.2015 (BGBl. I S. 1474); Abs. 2 Satz 1 neu gef., Abs. 6 angef. mWv 17.3.2016 durch G v. 11.3.2016 (BGBl. I S. 396).

(2) [1]Rückstellungen mit einer Restlaufzeit von mehr als einem Jahr sind abzuzinsen mit dem ihrer Restlaufzeit entsprechenden durchschnittlichen Marktzinssatz, der sich im Falle von Rückstellungen für Altersversorgungsverpflichtungen aus den vergangenen zehn Geschäftsjahren und im Falle sonstiger Rückstellungen aus den vergangenen sieben Geschäftsjahren ergibt. [2]Abweichend von Satz 1 dürfen Rückstellungen für Altersversorgungsverpflichtungen oder vergleichbare langfristig fällige Verpflichtungen pauschal mit dem durchschnittlichen Marktzinssatz abgezinst werden, der sich bei einer angenommenen Restlaufzeit von 15 Jahren ergibt. [3]Die Sätze 1 und 2 gelten entsprechend für auf Rentenverpflichtungen beruhende Verbindlichkeiten, für die eine Gegenleistung nicht mehr zu erwarten ist. [4]Der nach den Sätzen 1 und 2 anzuwendende Abzinsungszinssatz wird von der Deutschen Bundesbank nach Maßgabe einer Rechtsverordnung ermittelt und monatlich bekannt gegeben. [5]In der Rechtsverordnung nach Satz 4, die nicht der Zustimmung des Bundesrates bedarf, bestimmt das Bundesministerium der Justiz und für Verbraucherschutz im Benehmen mit der Deutschen Bundesbank das Nähere zur Ermittlung der Abzinsungszinssätze, insbesondere die Ermittlungsmethodik und deren Grundlagen, sowie die Form der Bekanntgabe.

(3) [1]Bei Vermögensgegenständen des Anlagevermögens, deren Nutzung zeitlich begrenzt ist, sind die Anschaffungs- oder die Herstellungskosten um planmäßige Abschreibungen zu vermindern. [2]Der Plan muss die Anschaffungs- oder Herstellungskosten auf die Geschäftsjahre verteilen, in denen der Vermögensgegenstand voraussichtlich genutzt werden kann. [3]Kann in Ausnahmefällen die voraussichtliche Nutzungsdauer eines selbst geschaffenen immateriellen Vermögensgegenstands des Anlagevermögens nicht verlässlich geschätzt werden, sind planmäßige Abschreibungen auf die Herstellungskosten über einen Zeitraum von zehn Jahren vorzunehmen. [4]Satz 3 findet auf einen entgeltlich erworbenen Geschäfts- oder Firmenwert entsprechende Anwendung. [5]Ohne Rücksicht darauf, ob ihre Nutzung zeitlich begrenzt ist, sind bei Vermögensgegenständen des Anlagevermögens bei voraussichtlich dauernder Wertminderung außerplanmäßige Abschreibungen vorzunehmen, um diese mit dem niedrigeren Wert anzusetzen, der ihnen am Abschlussstichtag beizulegen ist. [6]Bei Finanzanlagen können außerplanmäßige Abschreibungen auch bei voraussichtlich nicht dauernder Wertminderung vorgenommen werden.

(4) [1]Bei Vermögensgegenständen des Umlaufvermögens sind Abschreibungen vorzunehmen, um diese mit einem niedrigeren Wert anzusetzen, der sich aus einem Börsen- oder Marktpreis am Abschlussstichtag ergibt. [2]Ist ein Börsen- oder Marktpreis nicht festzustellen und übersteigen die Anschaffungs- oder Herstellungskosten den Wert, der den Vermögensgegenständen am Abschlussstichtag beizulegen ist, so ist auf diesen Wert abzuschreiben.

(5) [1]Ein niedrigerer Wertansatz nach Absatz 3 Satz 5 oder 6 und Absatz 4 darf nicht beibehalten werden, wenn die Gründe dafür nicht mehr bestehen. [2]Ein niedrigerer Wertansatz eines entgeltlich erworbenen Geschäfts- oder Firmenwertes ist beizubehalten.

(6) [1]Im Falle von Rückstellungen für Altersversorgungsverpflichtungen ist der Unterschiedsbetrag zwischen dem Ansatz der Rückstellungen nach Maßgabe des entsprechenden durchschnittlichen Marktzinssatzes aus den vergangenen zehn Geschäftsjahren und dem Ansatz der Rückstellungen nach Maßgabe des entsprechenden durchschnittlichen Marktzinssatzes aus den vergangenen sieben Geschäftsjahren in jedem Geschäftsjahr zu ermitteln. [2]Gewinne dürfen

nur ausgeschüttet werden, wenn die nach der Ausschüttung verbleibenden frei verfügbaren Rücklagen zuzüglich eines Gewinnvortrags und abzüglich eines Verlustvortrags mindestens dem Unterschiedsbetrag nach Satz 1 entsprechen. [3] Der Unterschiedsbetrag nach Satz 1 ist in jedem Geschäftsjahr im Anhang oder unter der Bilanz darzustellen.

§ 254[1)] Bildung von Bewertungseinheiten. [1] Werden Vermögensgegenstände, Schulden, schwebende Geschäfte oder mit hoher Wahrscheinlichkeit erwartete Transaktionen zum Ausgleich gegenläufiger Wertänderungen oder Zahlungsströme aus dem Eintritt vergleichbarer Risiken mit Finanzinstrumenten zusammengefasst (Bewertungseinheit), sind § 249 Abs. 1, § 252 Abs. 1 Nr. 3 und 4, § 253 Abs. 1 Satz 1 und § 256a in dem Umfang und für den Zeitraum nicht anzuwenden, in dem die gegenläufigen Wertänderungen oder Zahlungsströme sich ausgleichen. [2] Als Finanzinstrumente im Sinn des Satzes 1 gelten auch Termingeschäfte über den Erwerb oder die Veräußerung von Waren.

§ 255[2)] Bewertungsmaßstäbe. (1) [1] Anschaffungskosten sind die Aufwendungen, die geleistet werden, um einen Vermögensgegenstand zu erwerben und ihn in einen betriebsbereiten Zustand zu versetzen, soweit sie dem Vermögensgegenstand einzeln zugeordnet werden können. [2] Zu den Anschaffungskosten gehören auch die Nebenkosten sowie die nachträglichen Anschaffungskosten. [3] Anschaffungspreisminderungen, die dem Vermögensgegenstand einzeln zugeordnet werden können, sind abzusetzen.

(2) [1] Herstellungskosten sind die Aufwendungen, die durch den Verbrauch von Gütern und die Inanspruchnahme von Diensten für die Herstellung eines Vermögensgegenstands, seine Erweiterung oder für eine über seinen ursprünglichen Zustand hinausgehende wesentliche Verbesserung entstehen. [2] Dazu gehören die Materialkosten, die Fertigungskosten und die Sonderkosten der Fertigung sowie angemessene Teile der Materialgemeinkosten, der Fertigungsgemeinkosten und des Werteverzehrs des Anlagevermögens, soweit dieser durch die Fertigung veranlasst ist. [3] Bei der Berechnung der Herstellungskosten dürfen angemessene Teile der Kosten der allgemeinen Verwaltung sowie angemessene Aufwendungen für soziale Einrichtungen des Betriebs, für freiwillige soziale Leistungen und für die betriebliche Altersversorgung einbezogen werden, soweit diese auf den Zeitraum der Herstellung entfallen. [4] Forschungs- und Vertriebskosten dürfen nicht einbezogen werden.

(2a) [1] Herstellungskosten eines selbst geschaffenen immateriellen Vermögensgegenstands des Anlagevermögens sind die bei dessen Entwicklung anfallenden Aufwendungen nach Absatz 2. [2] Entwicklung ist die Anwendung von Forschungsergebnissen oder von anderem Wissen für die Neuentwicklung von Gütern oder Verfahren oder die Weiterentwicklung von Gütern oder Verfahren mittels wesentlicher Änderungen. [3] Forschung ist die eigenständige und planmäßige Suche nach neuen wissenschaftlichen oder technischen Erkenntnissen oder Erfahrungen allgemeiner Art, über deren technische Verwertbarkeit und wirtschaftliche Erfolgsaussichten grundsätzlich keine Aussagen gemacht werden

[1)] § 254 neu gef. mWv 29.5.2009 durch G v. 25.5.2009 (BGBl. I S. 1102).

[2)] § 255 eingef. durch G v. 19.12.1985 (BGBl. I S. 2355); Überschrift, Abs. 2, Abs. 4 neu gef., Abs. 2a eingef. mWv 29.5.2009 durch G v. 25.5.2009 (BGBl. I S. 1102); Abs. 1 Satz 3 neu gef. mWv 23.7.2015 durch G v. 17.7.2015 (BGBl. I S. 1245).

können. [4]Können Forschung und Entwicklung nicht verlässlich voneinander unterschieden werden, ist eine Aktivierung ausgeschlossen.

(3) [1]Zinsen für Fremdkapital gehören nicht zu den Herstellungskosten. [2]Zinsen für Fremdkapital, das zur Finanzierung der Herstellung eines Vermögensgegenstands verwendet wird, dürfen angesetzt werden, soweit sie auf den Zeitraum der Herstellung entfallen; in diesem Falle gelten sie als Herstellungskosten des Vermögensgegenstands.

(4) [1]Der beizulegende Zeitwert entspricht dem Marktpreis. [2]Soweit kein aktiver Markt besteht, anhand dessen sich der Marktpreis ermitteln lässt, ist der beizulegende Zeitwert mit Hilfe allgemein anerkannter Bewertungsmethoden zu bestimmen. [3]Lässt sich der beizulegende Zeitwert weder nach Satz 1 noch nach Satz 2 ermitteln, sind die Anschaffungs- oder Herstellungskosten gemäß § 253 Abs. 4 fortzuführen. [4]Der zuletzt nach Satz 1 oder 2 ermittelte beizulegende Zeitwert gilt als Anschaffungs- oder Herstellungskosten im Sinn des Satzes 3.

§ 256[1)] Bewertungsvereinfachungsverfahren. [1]Soweit es den Grundsätzen ordnungsmäßiger Buchführung entspricht, kann für den Wertansatz gleichartiger Vermögensgegenstände des Vorratsvermögens unterstellt werden, daß die zuerst oder daß die zuletzt angeschafften oder hergestellten Vermögensgegenstände zuerst verbraucht oder veräußert worden sind. [2]§ 240 Abs. 3 und 4 ist auch auf den Jahresabschluß anwendbar.

§ 256a[2)] Währungsumrechnung. [1]Auf fremde Währung lautende Vermögensgegenstände und Verbindlichkeiten sind zum Devisenkassamittelkurs am Abschlussstichtag umzurechnen. [2]Bei einer Restlaufzeit von einem Jahr oder weniger sind § 253 Abs. 1 Satz 1 und § 252 Abs. 1 Nr. 4 Halbsatz 2 nicht anzuwenden.

Dritter Unterabschnitt. Aufbewahrung und Vorlage

§ 257[3)] Aufbewahrung von Unterlagen. Aufbewahrungsfristen.

(1) Jeder Kaufmann ist verpflichtet, die folgenden Unterlagen geordnet aufzubewahren:

1. Handelsbücher, Inventare, Eröffnungsbilanzen, Jahresabschlüsse, Einzelabschlüsse nach § 325 Abs. 2a, Lageberichte, Konzernabschlüsse, Konzernlageberichte sowie die zu ihrem Verständnis erforderlichen Arbeitsanweisungen und sonstigen Organisationsunterlagen,
2. die empfangenen Handelsbriefe,
3. Wiedergaben der abgesandten Handelsbriefe,
4. Belege für Buchungen in den von ihm nach § 238 Abs. 1 zu führenden Büchern (Buchungsbelege).

(2) Handelsbriefe sind nur Schriftstücke, die ein Handelsgeschäft betreffen.

---

1) § 256 eingef. durch G v. 19.12.1985 (BGBl. I S. 2355); Satz 1 geänd. mWv 29.5.2009 durch G v. 25.5.2009 (BGBl. I S. 1102).

2) § 256a eingef. mWv 29.5.2009 durch G v. 25.5.2009 (BGBl. I S. 1102).

3) § 257 eingef. durch G v. 19.12.1985 (BGBl. I S. 2355); Abs. 4 neu gef. durch G v. 19.12.1998 (BGBl. I S. 3816); Abs. 1 Nr. 1, Abs. 3 Satz 1, Abs. 5 geänd. mWv 10.12.2004 durch G v. 4.12.2004 (BGBl. I S. 3166).

(3) [1] Mit Ausnahme der Eröffnungsbilanzen und Abschlüsse können die in Absatz 1 aufgeführten Unterlagen auch als Wiedergabe auf einem Bildträger oder auf anderen Datenträgern aufbewahrt werden, wenn dies den Grundsätzen ordnungsmäßiger Buchführung entspricht und sichergestellt ist, daß die Wiedergabe oder die Daten

1. mit den empfangenen Handelsbriefen und den Buchungsbelegen bildlich und mit den anderen Unterlagen inhaltlich übereinstimmen, wenn sie lesbar gemacht werden,
2. während der Dauer der Aufbewahrungsfrist verfügbar sind und jederzeit innerhalb angemessener Frist lesbar gemacht werden können.

[2] Sind Unterlagen auf Grund des § 239 Abs. 4 Satz 1 auf Datenträgern hergestellt worden, können statt des Datenträgers die Daten auch ausgedruckt aufbewahrt werden; die ausgedruckten Unterlagen können auch nach Satz 1 aufbewahrt werden.

(4) Die in Absatz 1 Nr. 1 und 4 aufgeführten Unterlagen sind zehn Jahre, die sonstigen in Absatz 1 aufgeführten Unterlagen sechs Jahre aufzubewahren.

(5) Die Aufbewahrungsfrist beginnt mit dem Schluß des Kalenderjahrs, in dem die letzte Eintragung in das Handelsbuch gemacht, das Inventar aufgestellt, die Eröffnungsbilanz oder der Jahresabschluß festgestellt, der Einzelabschluss nach § 325 Abs. 2a oder der Konzernabschluß aufgestellt, der Handelsbrief empfangen oder abgesandt worden oder der Buchungsbeleg entstanden ist.

§ 258[1)] Vorlegung im Rechtsstreit. (1) Im Laufe eines Rechtsstreits kann das Gericht auf Antrag oder von Amts wegen die Vorlegung der Handelsbücher einer Partei anordnen.

(2) Die Vorschriften der Zivilprozeßordnung über die Verpflichtung des Prozeßgegners zur Vorlegung von Urkunden bleiben unberührt.

§ 259[2)] Auszug bei Vorlegung im Rechtsstreit. [1] Werden in einem Rechtsstreit Handelsbücher vorgelegt, so ist von ihrem Inhalt, soweit er den Streitpunkt betrifft, unter Zuziehung der Parteien Einsicht zu nehmen und geeignetenfalls ein Auszug zu fertigen. [2] Der übrige Inhalt der Bücher ist dem Gericht insoweit offenzulegen, als es zur Prüfung ihrer ordnungsmäßigen Führung notwendig ist.

§ 260[3)] Vorlegung bei Auseinandersetzungen. Bei Vermögensauseinandersetzungen, insbesondere in Erbschafts-, Gütergemeinschafts- und Gesellschaftsteilungssachen, kann das Gericht die Vorlegung der Handelsbücher zur Kenntnisnahme von ihrem ganzen Inhalt anordnen.

§ 261[4)] Vorlegung von Unterlagen auf Bild- oder Datenträgern. Wer aufzubewahrende Unterlagen nur in der Form einer Wiedergabe auf einem Bildträger oder auf anderen Datenträgern vorlegen kann, ist verpflichtet, auf seine Kosten diejenigen Hilfsmittel zur Verfügung zu stellen, die erforderlich sind, um die Unterlagen lesbar zu machen; soweit erforderlich, hat er die

HGB

[1)] § 258 eingef. durch G v. 19.12.1985 (BGBl. I S. 2355).
[2)] § 259 eingef. durch G v. 19.12.1985 (BGBl. I S. 2355).
[3)] § 260 eingef. durch G v. 19.12.1985 (BGBl. I S. 2355).
[4)] § 261 eingef. durch G v. 19.12.1985 (BGBl. I S. 2355).

Unterlagen auf seine Kosten auszudrucken oder ohne Hilfsmittel lesbare Reproduktionen beizubringen.

Vierter Unterabschnitt.[1] Landesrecht

§ 262[2] *(aufgehoben)*

§ 263[3] **Vorbehalt landesrechtlicher Vorschriften.** Unberührt bleiben bei Unternehmen ohne eigene Rechtspersönlichkeit einer Gemeinde, eines Gemeindeverbands oder eines Zweckverbands landesrechtliche Vorschriften, die von den Vorschriften dieses Abschnitts abweichen.

Zweiter Abschnitt.[4] Ergänzende Vorschriften für Kapitalgesellschaften (Aktiengesellschaften, Kommanditgesellschaften auf Aktien und Gesellschaften mit beschränkter Haftung) sowie bestimmte Personenhandelsgesellschaften

Erster Unterabschnitt. Jahresabschluß der Kapitalgesellschaft und Lagebericht

Erster Titel. Allgemeine Vorschriften

§ 264[5] **Pflicht zur Aufstellung; Befreiung.** (1) [1]Die gesetzlichen Vertreter einer Kapitalgesellschaft haben den Jahresabschluß (§ 242) um einen Anhang zu erweitern, der mit der Bilanz und der Gewinn- und Verlustrechnung eine Einheit bildet, sowie einen Lagebericht aufzustellen. [2]Die gesetzlichen Vertreter einer kapitalmarktorientierten Kapitalgesellschaft, die nicht zur Aufstellung eines Konzernabschlusses verpflichtet ist, haben den Jahresabschluss um eine Kapitalflussrechnung und einen Eigenkapitalspiegel zu erweitern, die mit der Bilanz, Gewinn- und Verlustrechnung und dem Anhang eine Einheit bilden; sie können den Jahresabschluss um eine Segmentberichterstattung erweitern. [3]Der Jahresabschluß und der Lagebericht sind von den gesetzlichen Vertretern in den ersten drei Monaten des Geschäftsjahrs für das vergangene Geschäftsjahr aufzustellen. [4]Kleine Kapitalgesellschaften (§ 267 Abs. 1) brauchen den Lagebericht nicht aufzustellen; sie dürfen den Jahresabschluß auch

---

[1] 4. UAbschnitt Überschrift neu gef. durch G v. 22.6.1998 (BGBl. I S. 1474).

[2] § 262 eingef. durch G v. 19.12.1985 (BGBl. I S. 2355); aufgeh. durch G v. 22.6.1998 (BGBl. I S. 1474).

[3] § 263 eingef. durch G v. 19.12.1985 (BGBl. I S. 2355).

[4] 2. Abschnitt Überschrift geänd. mWv 9.3.2000 durch G v. 24.2.2000 (BGBl. I S. 154).

[5] § 264 eingef. durch G v. 19.12.1985 (BGBl. I S. 2355); Abs. 1 Satz 3 neu gef. durch G v. 25.7.1994 (BGBl. I S. 1682); Abs. 3 angef. durch G v. 20.4.1998 (BGBl. I S. 707); Abs. 4 angef. mWv 9.3.2000 durch G v. 24.2.2000 (BGBl. I S. 154); Abs. 3 Nr. 3 und 4 neu gef., Nr. 5 aufgeh. mWv 1.1.2007 durch G v. 10.11.2006 (BGBl. I S. 2553); Abs. 2 Satz 3 angef. mWv 20.1.2007 durch G v. 5.1.2007 (BGBl. I S. 10); Abs. 2 Satz 3 geänd. mWv 28.12.2007 durch G v. 21.12.2007 (BGBl. I S. 3089); Abs. 1 Satz 2 eingef., bish. Sätze 2 und 3 werden Sätze 3 und 4 mWv 29.5.2009 durch G v. 25.5.2009 (BGBl. I S. 1102); Abs. 3 Nr. 4 Buchst. a und b geänd. mWv 1.4.2012 durch G v. 22.12.2011 (BGBl. I S. 3044); Abs. 1 Satz 5 angef., Abs. 2 Sätze 3 und 4 eingef., bish. Satz 3 wird Satz 5, Abs. 3 einl. Satzteil neu gef., Nr. 2 geänd. und Nr. 3 neu gef. mWv 28.12.2012 durch G v. 20.12.2012 (BGBl. I S. 2751); Abs. 2 Satz 3 eingef., bish. Sätze 3 und 4 werden Sätze 4 und 5, bish. Satz 5 aufgeh. mWv 10.10.2013 durch G v. 4.10.2013 (BGBl. I S. 3746); Überschrift neu gef., Abs. 1 Satz 5 Nr. 1 und 3 geänd., Abs. 1a eingef., Abs. 3 und 4 neu gef. mWv 23.7.2015 durch G v. 17.7.2015 (BGBl. I S. 1245); Abs. 3 Satz 1 Nr. 3 Buchst. a geänd. mWv 19.4.2017 durch G v. 11.4.2017 (BGBl. I S. 802); Abs. 2 Satz 3 geänd. mWv 3.1.2018 durch G v. 23.6.2017 (BGBl. I S. 1693); Abs. 2 Satz 3 neu gef. mWv 19.8.2020 durch G v. 12.8.2020 (BGBl. I S. 1874); Abs. 3 Satz 1 geänd. mWv 1.7.2021 durch G v. 3.6.2021 (BGBl. I S. 1534).

später aufstellen, wenn dies einem ordnungsgemäßen Geschäftsgang entspricht, jedoch innerhalb der ersten sechs Monate des Geschäftsjahres. [5] Kleinstkapitalgesellschaften (§ 267a) brauchen den Jahresabschluss nicht um einen Anhang zu erweitern, wenn sie

1. die in § 268 Absatz 7 genannten Angaben,
2. die in § 285 Nummer 9 Buchstabe c genannten Angaben und
3. im Falle einer Aktiengesellschaft die in § 160 Absatz 3 Satz 2 des Aktiengesetzes genannten Angaben

unter der Bilanz angeben.

(1a) [1] In dem Jahresabschluss sind die Firma, der Sitz, das Registergericht und die Nummer, unter der die Gesellschaft in das Handelsregister eingetragen ist, anzugeben. [2] Befindet sich die Gesellschaft in Liquidation oder Abwicklung, ist auch diese Tatsache anzugeben.

(2) [1] Der Jahresabschluß der Kapitalgesellschaft hat unter Beachtung der Grundsätze ordnungsmäßiger Buchführung ein den tatsächlichen Verhältnissen entsprechendes Bild der Vermögens-, Finanz- und Ertragslage der Kapitalgesellschaft zu vermitteln. [2] Führen besondere Umstände dazu, daß der Jahresabschluß ein den tatsächlichen Verhältnissen entsprechendes Bild im Sinne des Satzes 1 nicht vermittelt, so sind im Anhang zusätzliche Angaben zu machen. [3] Die Mitglieder des vertretungsberechtigten Organs einer Kapitalgesellschaft, die als Inlandsemittent (§ 2 Absatz 14 des Wertpapierhandelsgesetzes) Wertpapiere (§ 2 Absatz 1 des Wertpapierhandelsgesetzes) begibt und keine Kapitalgesellschaft im Sinne des § 327a ist, haben in einer dem Jahresabschluss beizufügenden schriftlichen Erklärung zu versichern, dass der Jahresabschluss nach bestem Wissen ein den tatsächlichen Verhältnissen entsprechendes Bild im Sinne des Satzes 1 vermittelt oder der Anhang Angaben nach Satz 2 enthält. [4] Macht eine Kleinstkapitalgesellschaft von der Erleichterung nach Absatz 1 Satz 5 Gebrauch, sind nach Satz 2 erforderliche zusätzliche Angaben unter der Bilanz zu machen. [5] Es wird vermutet, dass ein unter Berücksichtigung der Erleichterungen für Kleinstkapitalgesellschaften aufgestellter Jahresabschluss den Erfordernissen des Satzes 1 entspricht.

(3) [1] Eine Kapitalgesellschaft, die nicht im Sinne des § 264d kapitalmarktorientiert ist und als Tochterunternehmen in den Konzernabschluss eines Mutterunternehmens mit Sitz in einem Mitgliedstaat der Europäischen Union oder einem anderen Vertragsstaat des Abkommens über den Europäischen Wirtschaftsraum einbezogen ist, braucht die Vorschriften dieses Unterabschnitts und des Dritten und Vierten Unterabschnitts dieses Abschnitts nicht anzuwenden, wenn alle folgenden Voraussetzungen erfüllt sind:

1. alle Gesellschafter des Tochterunternehmens haben der Befreiung für das jeweilige Geschäftsjahr zugestimmt;
2. das Mutterunternehmen hat sich bereit erklärt, für die von dem Tochterunternehmen bis zum Abschlussstichtag eingegangenen Verpflichtungen im folgenden Geschäftsjahr einzustehen;
3. der Konzernabschluss und der Konzernlagebericht des Mutterunternehmens sind nach den Rechtsvorschriften des Staates, in dem das Mutterunternehmen seinen Sitz hat, und im Einklang mit folgenden Richtlinien aufgestellt und geprüft worden:

a) Richtlinie 2013/34/EU des Europäischen Parlaments und des Rates vom 26. Juni 2013 über den Jahresabschluss, den konsolidierten Abschluss und damit verbundene Berichte von Unternehmen bestimmter Rechtsformen und zur Änderung der Richtlinie 2006/43/EG des Europäischen Parlaments und des Rates und zur Aufhebung der Richtlinien 78/660/EWG und 83/349/EWG des Rates (ABl. L 182 vom 29.6.2013, S. 19), die zuletzt durch die Richtlinie 2014/102/EU (ABl. L 334 vom 21.11.2014, S. 86) geändert worden ist,

b) Richtlinie 2006/43/EG des Europäischen Parlaments und des Rates vom 17. Mai 2006 über Abschlussprüfungen von Jahresabschlüssen und konsolidierten Abschlüssen, zur Änderung der Richtlinien 78/660/EWG und 83/349/EWG des Rates und zur Aufhebung der Richtlinie 84/253/EWG des Rates (ABl. L 157 vom 9.6.2006, S. 87), die durch die Richtlinie 2013/34/EU (ABl. L 182 vom 29.6.2013, S. 19) geändert worden ist;

4. die Befreiung des Tochterunternehmens ist im Anhang des Konzernabschlusses des Mutterunternehmens angegeben und

5. für das Tochterunternehmen sind nach § 325 Absatz 1 bis 1b offengelegt worden:
   a) der Beschluss nach Nummer 1,
   b) die Erklärung nach Nummer 2,
   c) der Konzernabschluss,
   d) der Konzernlagebericht und
   e) der Bestätigungsvermerk zum Konzernabschluss und Konzernlagebericht des Mutterunternehmens nach Nummer 3.

[2] Hat bereits das Mutterunternehmen einzelne oder alle der in Satz 1 Nummer 5 bezeichneten Unterlagen offengelegt, braucht das Tochterunternehmen die betreffenden Unterlagen nicht erneut offenzulegen, wenn sie im Bundesanzeiger unter dem Tochterunternehmen auffindbar sind; § 326 Absatz 2 ist auf diese Offenlegung nicht anzuwenden. [3] Satz 2 gilt nur dann, wenn das Mutterunternehmen die betreffende Unterlage in deutscher oder in englischer Sprache offengelegt hat oder das Tochterunternehmen zusätzlich eine beglaubigte Übersetzung dieser Unterlage in deutscher Sprache nach § 325 Absatz 1 bis 1b offenlegt.

(4) Absatz 3 ist nicht anzuwenden, wenn eine Kapitalgesellschaft das Tochterunternehmen eines Mutterunternehmens ist, das einen Konzernabschluss nach den Vorschriften des Publizitätsgesetzes aufgestellt hat, und wenn in diesem Konzernabschluss von dem Wahlrecht des § 13 Absatz 3 Satz 1 des Publizitätsgesetzes Gebrauch gemacht worden ist; § 314 Absatz 3 bleibt unberührt.

§ 264a[1)] Anwendung auf bestimmte offene Handelsgesellschaften und Kommanditgesellschaften. (1) Die Vorschriften des Ersten bis Fünften Unterabschnitts des Zweiten Abschnitts sind auch anzuwenden auf offene Handelsgesellschaften und Kommanditgesellschaften, bei denen nicht wenigstens ein persönlich haftender Gesellschafter

HGB

[1)] § 264a eingef. mWv 9.3.2000 durch G v. 24.2.2000 (BGBl. I S. 154).

1. eine natürliche Person oder
2. eine offene Handelsgesellschaft, Kommanditgesellschaft oder andere Personengesellschaft mit einer natürlichen Person als persönlich haftendem Gesellschafter

ist oder sich die Verbindung von Gesellschaften in dieser Art fortsetzt.

(2) In den Vorschriften dieses Abschnitts gelten als gesetzliche Vertreter einer offenen Handelsgesellschaft und Kommanditgesellschaft nach Absatz 1 die Mitglieder des vertretungsberechtigten Organs der vertretungsberechtigten Gesellschaften.

§ 264b[1)] Befreiung der offenen Handelsgesellschaften und Kommanditgesellschaften im Sinne des § 264a von der Anwendung der Vorschriften dieses Abschnitts. Eine Personenhandelsgesellschaft im Sinne des § 264a Absatz 1, die nicht im Sinne des § 264d kapitalmarktorientiert ist, ist von der Verpflichtung befreit, einen Jahresabschluss und einen Lagebericht nach den Vorschriften dieses Abschnitts aufzustellen, prüfen zu lassen und offenzulegen, wenn alle folgenden Voraussetzungen erfüllt sind:

1. die betreffende Gesellschaft ist einbezogen in den Konzernabschluss und in den Konzernlagebericht
   a) eines persönlich haftenden Gesellschafters der betreffenden Gesellschaft oder
   b) eines Mutterunternehmens mit Sitz in einem Mitgliedstaat der Europäischen Union oder einem anderen Vertragsstaat des Abkommens über den Europäischen Wirtschaftsraum, wenn in diesen Konzernabschluss eine größere Gesamtheit von Unternehmen einbezogen ist;
2. die in § 264 Absatz 3 Satz 1 Nummer 3 genannte Voraussetzung ist erfüllt;
3. die Befreiung der Personenhandelsgesellschaft ist im Anhang des Konzernabschlusses angegeben und
4. für die Personenhandelsgesellschaft sind der Konzernabschluss, der Konzernlagebericht und der Bestätigungsvermerk nach § 325 Absatz 1 bis 1b offengelegt worden; § 264 Absatz 3 Satz 2 und 3 ist entsprechend anzuwenden.

§ 264c[2)] Besondere Bestimmungen für offene Handelsgesellschaften und Kommanditgesellschaften im Sinne des § 264a. (1) [1] Ausleihungen, Forderungen und Verbindlichkeiten gegenüber Gesellschaftern sind in der Regel als solche jeweils gesondert auszuweisen oder im Anhang anzugeben. [2] Werden sie unter anderen Posten ausgewiesen, so muss diese Eigenschaft vermerkt werden.

(2) [1] § 266 Abs. 3 Buchstabe A ist mit der Maßgabe anzuwenden, dass als Eigenkapital die folgenden Posten gesondert auszuweisen sind:

I. Kapitalanteile
II. Rücklagen

[1)] § 264b neu gef. mWv 23.7.2015 durch G v. 17.7.2015 (BGBl. I S. 1245); einl. Satzteil geänd. mWv 1.7.2021 durch G v. 3.6.2021 (BGBl. I S. 1534).

[2)] § 264c eingef. mWv 9.3.2000 durch G v. 24.2.2000 (BGBl. I S. 154); Abs. 4 Satz 3 aufgeh. mWv 29.5.2009 durch G v. 25.5.2009 (BGBl. I S. 1102); Abs. 5 angef. mWv 28.12.2012 durch G v. 20.12.2012 (BGBl. I S. 2751).

III. Gewinnvortrag/Verlustvortrag

IV. Jahresüberschuss/Jahresfehlbetrag.

[2] Anstelle des Postens „Gezeichnetes Kapital" sind die Kapitalanteile der persönlich haftenden Gesellschafter auszuweisen; sie dürfen auch zusammengefasst ausgewiesen werden. [3] Der auf den Kapitalanteil eines persönlich haftenden Gesellschafters für das Geschäftsjahr entfallende Verlust ist von dem Kapitalanteil abzuschreiben. [4] Soweit der Verlust den Kapitalanteil übersteigt, ist er auf der Aktivseite unter der Bezeichnung „Einzahlungsverpflichtungen persönlich haftender Gesellschafter" unter den Forderungen gesondert auszuweisen, soweit eine Zahlungsverpflichtung besteht. [5] Besteht keine Zahlungsverpflichtung, so ist der Betrag als „Nicht durch Vermögenseinlagen gedeckter Verlustanteil persönlich haftender Gesellschafter" zu bezeichnen und gemäß § 268 Abs. 3 auszuweisen. [6] Die Sätze 2 bis 5 sind auf die Einlagen von Kommanditisten entsprechend anzuwenden, wobei diese insgesamt gesondert gegenüber den Kapitalanteilen der persönlich haftenden Gesellschafter auszuweisen sind. [7] Eine Forderung darf jedoch nur ausgewiesen werden, soweit eine Einzahlungsverpflichtung besteht; dasselbe gilt, wenn ein Kommanditist Gewinnanteile entnimmt, während sein Kapitalanteil durch Verlust unter den Betrag der geleisteten Einlage herabgemindert ist, oder soweit durch die Entnahme der Kapitalanteil unter den bezeichneten Betrag herabgemindert wird. [8] Als Rücklagen sind nur solche Beträge auszuweisen, die auf Grund einer gesellschaftsrechtlichen Vereinbarung gebildet worden sind. [9] Im Anhang ist der Betrag der im Handelsregister gemäß § 172 Abs. 1 eingetragenen Einlagen anzugeben, soweit diese nicht geleistet sind.

(3) [1] Das sonstige Vermögen der Gesellschafter (Privatvermögen) darf nicht in die Bilanz und die auf das Privatvermögen entfallenden Aufwendungen und Erträge dürfen nicht in die Gewinn- und Verlustrechnung aufgenommen werden. [2] In der Gewinn- und Verlustrechnung darf jedoch nach dem Posten „Jahresüberschuss/Jahresfehlbetrag" ein dem Steuersatz der Komplementärgesellschaft entsprechender Steueraufwand der Gesellschafter offen abgesetzt oder hinzugerechnet werden.

(4) [1] Anteile an Komplementärgesellschaften sind in der Bilanz auf der Aktivseite unter den Posten A.III.1 oder A.III.3 auszuweisen. [2] § 272 Abs. 4 ist mit der Maßgabe anzuwenden, dass für diese Anteile in Höhe des aktivierten Betrags nach dem Posten „Eigenkapital" ein Sonderposten unter der Bezeichnung „Ausgleichsposten für aktivierte eigene Anteile" zu bilden ist.

(5) [1] Macht die Gesellschaft von einem Wahlrecht nach § 266 Absatz 1 Satz 3 oder Satz 4 Gebrauch, richtet sich die Gliederung der verkürzten Bilanz nach der Ausübung dieses Wahlrechts. [2] Die Ermittlung der Bilanzposten nach den vorstehenden Absätzen bleibt unberührt.

§ 264d[1)] Kapitalmarktorientierte Kapitalgesellschaft. Eine Kapitalgesellschaft ist kapitalmarktorientiert, wenn sie einen organisierten Markt im Sinn des § 2 Absatz 11 des Wertpapierhandelsgesetzes durch von ihr ausgegebene Wertpapiere im Sinn des § 2 Absatz 1 des Wertpapierhandelsgesetzes in An-

HGB

[1)] § 264d eingef. mWv 29.5.2009 durch G v. 25.5.2009 (BGBl. I S. 1102); geänd. mWv 23.7.2015 durch G v. 17.7.2015 (BGBl. I S. 1245); geänd. mWv 3.1.2018 durch G v. 23.6.2017 (BGBl. I S. 1693).

spruch nimmt oder die Zulassung solcher Wertpapiere zum Handel an einem organisierten Markt beantragt hat.

§ 265[1)] Allgemeine Grundsätze für die Gliederung. (1) [1]Die Form der Darstellung, insbesondere die Gliederung der aufeinanderfolgenden Bilanzen und Gewinn- und Verlustrechnungen, ist beizubehalten, soweit nicht in Ausnahmefällen wegen besonderer Umstände Abweichungen erforderlich sind. [2]Die Abweichungen sind im Anhang anzugeben und zu begründen.

(2) [1]In der Bilanz sowie in der Gewinn- und Verlustrechnung ist zu jedem Posten der entsprechende Betrag des vorhergehenden Geschäftsjahrs anzugeben. [2]Sind die Beträge nicht vergleichbar, so ist dies im Anhang anzugeben und zu erläutern. [3]Wird der Vorjahresbetrag angepaßt, so ist auch dies im Anhang anzugeben und zu erläutern.

(3) Fällt ein Vermögensgegenstand oder eine Schuld unter mehrere Posten der Bilanz, so ist die Mitzugehörigkeit zu anderen Posten bei dem Posten, unter dem der Ausweis erfolgt ist, zu vermerken oder im Anhang anzugeben, wenn dies zur Aufstellung eines klaren und übersichtlichen Jahresabschlusses erforderlich ist.

(4) [1]Sind mehrere Geschäftszweige vorhanden und bedingt dies die Gliederung des Jahresabschlusses nach verschiedenen Gliederungsvorschriften, so ist der Jahresabschluß nach der für einen Geschäftszweig vorgeschriebenen Gliederung aufzustellen und nach der für die anderen Geschäftszweige vorgeschriebenen Gliederung zu ergänzen. [2]Die Ergänzung ist im Anhang anzugeben und zu begründen.

(5) [1]Eine weitere Untergliederung der Posten ist zulässig; dabei ist jedoch die vorgeschriebene Gliederung zu beachten. [2]Neue Posten und Zwischensummen dürfen hinzugefügt werden, wenn ihr Inhalt nicht von einem vorgeschriebenen Posten gedeckt wird.

(6) Gliederung und Bezeichnung der mit arabischen Zahlen versehenen Posten der Bilanz und der Gewinn- und Verlustrechnung sind zu ändern, wenn dies wegen Besonderheiten der Kapitalgesellschaft zur Aufstellung eines klaren und übersichtlichen Jahresabschlusses erforderlich ist.

(7) Die mit arabischen Zahlen versehenen Posten der Bilanz und der Gewinn- und Verlustrechnung können, wenn nicht besondere Formblätter vorgeschrieben sind, zusammengefaßt ausgewiesen werden, wenn

1. sie einen Betrag enthalten, der für die Vermittlung eines den tatsächlichen Verhältnissen entsprechenden Bildes im Sinne des § 264 Abs. 2 nicht erheblich ist,
   oder
2. dadurch die Klarheit der Darstellung vergrößert wird; in diesem Falle müssen die zusammengefaßten Posten jedoch im Anhang gesondert ausgewiesen werden.

(8) Ein Posten der Bilanz oder der Gewinn- und Verlustrechnung, der keinen Betrag ausweist, braucht nicht aufgeführt zu werden, es sei denn, daß

[1)] § 265 eingef. durch G v. 19.12.1985 (BGBl. I S. 2355); Abs. 3 Satz 2 aufgeh. mWv 29.5.2009 durch G v. 25.5.2009 (BGBl. I S. 1102); Abs. 5 Satz 2 geänd. mWv 23.7.2015 durch G v. 17.7.2015 (BGBl. I S. 1245).

im vorhergehenden Geschäftsjahr unter diesem Posten ein Betrag ausgewiesen wurde.

Zweiter Titel. Bilanz

§ 266[1)] Gliederung der Bilanz. (1) [1] Die Bilanz ist in Kontoform aufzustellen. [2] Dabei haben mittelgroße und große Kapitalgesellschaften (§ 267 Absatz 2 und 3) auf der Aktivseite die in Absatz 2 und auf der Passivseite die in Absatz 3 bezeichneten Posten gesondert und in der vorgeschriebenen Reihenfolge auszuweisen. [3] Kleine Kapitalgesellschaften (§ 267 Abs. 1) brauchen nur eine verkürzte Bilanz aufzustellen, in die nur die in den Absätzen 2 und 3 mit Buchstaben und römischen Zahlen bezeichneten Posten gesondert und in der vorgeschriebenen Reihenfolge aufgenommen werden. [4] Kleinstkapitalgesellschaften (§ 267a) brauchen nur eine verkürzte Bilanz aufzustellen, in die nur die in den Absätzen 2 und 3 mit Buchstaben bezeichneten Posten gesondert und in der vorgeschriebenen Reihenfolge aufgenommen werden.

(2) Aktivseite

A. Anlagevermögen:
- I. Immaterielle Vermögensgegenstände:
  1. Selbst geschaffene gewerbliche Schutzrechte und ähnliche Rechte und Werte;
  2. entgeltlich erworbene Konzessionen, gewerbliche Schutzrechte und ähnliche Rechte und Werte sowie Lizenzen an solchen Rechten und Werten;
  3. Geschäfts- oder Firmenwert;
  4. geleistete Anzahlungen;
- II. Sachanlagen:
  1. Grundstücke, grundstücksgleiche Rechte und Bauten einschließlich der Bauten auf fremden Grundstücken;
  2. technische Anlagen und Maschinen;
  3. andere Anlagen, Betriebs- und Geschäftsausstattung;
  4. geleistete Anzahlungen und Anlagen im Bau;
- III. Finanzanlagen:
  1. Anteile an verbundenen Unternehmen;
  2. Ausleihungen an verbundene Unternehmen;
  3. Beteiligungen;
  4. Ausleihungen an Unternehmen, mit denen ein Beteiligungsverhältnis besteht;
  5. Wertpapiere des Anlagevermögens;
  6. sonstige Ausleihungen.

B. Umlaufvermögen:
- I. Vorräte:
  1. Roh-, Hilfs- und Betriebsstoffe;

[1)] § 266 eingef. durch G v. 19.12.1985 (BGBl. I S. 2355); Abs. 2 geänd. mWv 9.3.2000 durch G v. 24.2.2000 (BGBl. I S. 154); Abs. 2 Posten A.I und B.III neu gef., Posten D und E angef., Abs. 3 Posten A III.2 neu gef., Posten E angef. mWv 29.5.2009 durch G v. 25.5.2009 (BGBl. I S. 1102); Abs. 1 Satz 4 angef. mWv 28.12.2012 durch G v. 20.12.2012 (BGBl. I S. 2751); Abs. 1 Satz 2 geänd. mWv 23.7.2015 durch G v. 17.7.2015 (BGBl. I S. 1245).

2. unfertige Erzeugnisse, unfertige Leistungen;
3. fertige Erzeugnisse und Waren;
4. geleistete Anzahlungen;

II. Forderungen und sonstige Vermögensgegenstände:
1. Forderungen aus Lieferungen und Leistungen;
2. Forderungen gegen verbundene Unternehmen;
3. Forderungen gegen Unternehmen, mit denen ein Beteiligungsverhältnis besteht;
4. sonstige Vermögensgegenstände;

III. Wertpapiere:
1. Anteile an verbundenen Unternehmen;
2. sonstige Wertpapiere;

IV. Kassenbestand, Bundesbankguthaben, Guthaben bei Kreditinstituten und Schecks.

C. Rechnungsabgrenzungsposten.
D. Aktive latente Steuern.
E. Aktiver Unterschiedsbetrag aus der Vermögensverrechnung.

(3) Passivseite

A. Eigenkapital:
I. Gezeichnetes Kapital;
II. Kapitalrücklage;
III. Gewinnrücklagen:
1. gesetzliche Rücklage;
2. Rücklage für Anteile an einem herrschenden oder mehrheitlich beteiligten Unternehmen;
3. satzungsmäßige Rücklagen;
4. andere Gewinnrücklagen;
IV. Gewinnvortrag/Verlustvortrag;
V. Jahresüberschuß/Jahresfehlbetrag.

B. Rückstellungen:
1. Rückstellungen für Pensionen und ähnliche Verpflichtungen;
2. Steuerrückstellungen;
3. sonstige Rückstellungen.

C. Verbindlichkeiten:
1. Anleihen,
davon konvertibel;
2. Verbindlichkeiten gegenüber Kreditinstituten;
3. erhaltene Anzahlungen auf Bestellungen;
4. Verbindlichkeiten aus Lieferungen und Leistungen;
5. Verbindlichkeiten aus der Annahme gezogener Wechsel und der Ausstellung eigener Wechsel;
6. Verbindlichkeiten gegenüber verbundenen Unternehmen;
7. Verbindlichkeiten gegenüber Unternehmen, mit denen ein Beteiligungsverhältnis besteht;

8. sonstige Verbindlichkeiten,
   davon aus Steuern,
   davon im Rahmen der sozialen Sicherheit.

D. Rechnungsabgrenzungsposten.

E. Passive latente Steuern.

§ 267[1)] Umschreibung der Größenklassen. (1) Kleine Kapitalgesellschaften sind solche, die mindestens zwei der drei nachstehenden Merkmale nicht überschreiten:

1. 6 000 000 Euro Bilanzsumme.
2. 12 000 000 Euro Umsatzerlöse in den zwölf Monaten vor dem Abschlußstichtag.
3. Im Jahresdurchschnitt fünfzig Arbeitnehmer.

(2) Mittelgroße Kapitalgesellschaften sind solche, die mindestens zwei der drei in Absatz 1 bezeichneten Merkmale überschreiten und jeweils mindestens zwei der drei nachstehenden Merkmale nicht überschreiten:

1. 20 000 000 Euro Bilanzsumme.
2. 40 000 000 Euro Umsatzerlöse in den zwölf Monaten vor dem Abschlußstichtag.
3. Im Jahresdurchschnitt zweihundertfünfzig Arbeitnehmer.

(3) [1] Große Kapitalgesellschaften sind solche, die mindestens zwei der drei in Absatz 2 bezeichneten Merkmale überschreiten. [2] Eine Kapitalgesellschaft im Sinn des § 264d gilt stets als große.

(4) [1] Die Rechtsfolgen der Merkmale nach den Absätzen 1 bis 3 Satz 1 treten nur ein, wenn sie an den Abschlußstichtagen von zwei aufeinanderfolgenden Geschäftsjahren über- oder unterschritten werden. [2] Im Falle der Umwandlung oder Neugründung treten die Rechtsfolgen schon ein, wenn die Voraussetzungen des Absatzes 1, 2 oder 3 am ersten Abschlußstichtag nach der Umwandlung oder Neugründung vorliegen. [3] Satz 2 findet im Falle des Formwechsels keine Anwendung, sofern der formwechselnde Rechtsträger eine Kapitalgesellschaft oder eine Personenhandelsgesellschaft im Sinne des § 264a Absatz 1 ist.

(4a) [1] Die Bilanzsumme setzt sich aus den Posten zusammen, die in den Buchstaben A bis E des § 266 Absatz 2 aufgeführt sind. [2] Ein auf der Aktivseite ausgewiesener Fehlbetrag (§ 268 Absatz 3) wird nicht in die Bilanzsumme einbezogen.

(5) Als durchschnittliche Zahl der Arbeitnehmer gilt der vierte Teil der Summe aus den Zahlen der jeweils am 31. März, 30. Juni, 30. September und 31. Dezember beschäftigten Arbeitnehmer einschließlich der im Ausland

---

[1)] § 267 eingef. durch G v. 19.12.1985 (BGBl. I S. 2355); Abs. 3 Satz 2 neu gef. durch G v. 16.12.1986 (BGBl. I S. 2478); Abs. 1 Nr. 1 und 2 sowie Abs. 2 Nr. 1 und 2 geänd. durch G v. 25.7.1994 (BGBl. I S. 1682); Abs. 4 Satz 2 geänd. durch G v. 28.10.1994 (BGBl. I S. 3210); Abs. 3 Satz 2 geänd. durch G v. 24.3.1998 (BGBl. I S. 529); Abs. 1 Nr. 1 und 2, Abs. 2 Nr. 1 und 2 geänd., Abs. 3 Satz 2 neu gef. mWv 9.3.2000 durch G v. 24.2.2000 (BGBl. I S. 154); Abs. 1 Nr. 1 und 2, Abs. 2 Nr. 1 und 2 geänd. mWv 1.1.2002 durch G v. 10.12.2001 (BGBl. I S. 3414); Abs. 1 Nr. 1 und 2, Abs. 2 Nr. 1 und 2 geänd. mWv 10.12.2004 durch G v. 4.12.2004 (BGBl. I S. 3166); Abs. 1 Nr. 1 und 2, Abs. 2 Nr. 1 und 2 geänd., Abs. 3 Satz 2 neu gef. mWv 29.5.2009 durch G v. 25.5.2009 (BGBl. I S. 1102); Abs. 1 Nr. 1 neu gef., Nr. 2 geänd., Abs. 2 Nr. 1 neu gef., Nr. 2 geänd., Abs. 4 Satz 3 angef., Abs. 4a eingef. mWv 23.7.2015 durch G v. 17.7.2015 (BGBl. I S. 1245).

beschäftigten Arbeitnehmer, jedoch ohne die zu ihrer Berufsausbildung Beschäftigten.

(6) Informations- und Auskunftsrechte der Arbeitnehmervertretungen nach anderen Gesetzen bleiben unberührt.

§ 267a[1] Kleinstkapitalgesellschaften. (1) [1] Kleinstkapitalgesellschaften sind kleine Kapitalgesellschaften, die mindestens zwei der drei nachstehenden Merkmale nicht überschreiten:
1. 350 000 Euro Bilanzsumme;
2. 700 000 Euro Umsatzerlöse in den zwölf Monaten vor dem Abschlussstichtag;
3. im Jahresdurchschnitt zehn Arbeitnehmer.

[2] § 267 Absatz 4 bis 6 gilt entsprechend.

(2) Die in diesem Gesetz für kleine Kapitalgesellschaften (§ 267 Absatz 1) vorgesehenen besonderen Regelungen gelten für Kleinstkapitalgesellschaften entsprechend, soweit nichts anderes geregelt ist.

(3) Keine Kleinstkapitalgesellschaften sind:
1. Investmentgesellschaften im Sinne des § 1 Absatz 11 des Kapitalanlagegesetzbuchs,
2. Unternehmensbeteiligungsgesellschaften im Sinne des § 1a Absatz 1 des Gesetzes über Unternehmensbeteiligungsgesellschaften oder
3. Unternehmen, deren einziger Zweck darin besteht, Beteiligungen an anderen Unternehmen zu erwerben sowie die Verwaltung und Verwertung dieser Beteiligungen wahrzunehmen, ohne dass sie unmittelbar oder mittelbar in die Verwaltung dieser Unternehmen eingreifen, wobei die Ausübung der ihnen als Aktionär oder Gesellschafter zustehenden Rechte außer Betracht bleibt.

§ 268[2] Vorschriften zu einzelnen Posten der Bilanz. Bilanzvermerke.

(1) [1] Die Bilanz darf auch unter Berücksichtigung der vollständigen oder teilweisen Verwendung des Jahresergebnisses aufgestellt werden. [2] Wird die Bilanz unter Berücksichtigung der teilweisen Verwendung des Jahresergebnisses aufgestellt, so tritt an die Stelle der Posten „Jahresüberschuß/Jahresfehlbetrag" und „Gewinnvortrag/Verlustvortrag" der Posten „Bilanzgewinn/Bilanzverlust"; ein vorhandener Gewinn- oder Verlustvortrag ist in den Posten „Bilanzgewinn/Bilanzverlust" einzubeziehen und in der Bilanz gesondert anzugeben. [3] Die Angabe kann auch im Anhang gemacht werden.

(2) *(aufgehoben)*

(3) Ist das Eigenkapital durch Verluste aufgebraucht und ergibt sich ein Überschuß der Passivposten über die Aktivposten, so ist dieser Betrag am Schluß der Bilanz auf der Aktivseite gesondert unter der Bezeichnung „Nicht durch Eigenkapital gedeckter Fehlbetrag" auszuweisen.

---

[1] § 267a eingef. mWv 28.12.2012 durch G v. 20.12.2012 (BGBl. I S. 2751); Abs. 1 Satz 1 Nr. 1 geänd., Satz 2 aufgeh., bish. Satz 3 wird Satz 2, Abs. 3 angef. mWv 23.7.2015 durch G v. 17.7.2015 (BGBl. I S. 1245).

[2] § 268 eingef. durch G v. 19.12.1985 (BGBl. I S. 2355); Abs. 2 Satz 1 geänd., Abs. 8 angef. mWv 29.5.2009 durch G v. 25.5.2009 (BGBl. I S. 1102); Abs. 1 Satz 2 geänd., Satz 3 angef., Abs. 2 aufgeh., Abs. 5 Satz 1 geänd. und Abs. 7 neu gef. mWv 23.7.2015 durch G v. 17.7.2015 (BGBl. I S. 1245).

(4) [1]Der Betrag der Forderungen mit einer Restlaufzeit von mehr als einem Jahr ist bei jedem gesondert ausgewiesenen Posten zu vermerken. [2]Werden unter dem Posten „sonstige Vermögensgegenstände" Beträge für Vermögensgegenstände ausgewiesen, die erst nach dem Abschlußstichtag rechtlich entstehen, so müssen Beträge, die einen größeren Umfang haben, im Anhang erläutert werden.

(5) [1]Der Betrag der Verbindlichkeiten mit einer Restlaufzeit bis zu einem Jahr und der Betrag der Verbindlichkeiten mit einer Restlaufzeit von mehr als einem Jahr sind bei jedem gesondert ausgewiesenen Posten zu vermerken. [2]Erhaltene Anzahlungen auf Bestellungen sind, soweit Anzahlungen auf Vorräte nicht von dem Posten „Vorräte" offen abgesetzt werden, unter den Verbindlichkeiten gesondert auszuweisen. [3]Sind unter dem Posten „Verbindlichkeiten" Beträge für Verbindlichkeiten ausgewiesen, die erst nach dem Abschlußstichtag rechtlich entstehen, so müssen Beträge, die einen größeren Umfang haben, im Anhang erläutert werden.

(6) Ein nach § 250 Abs. 3 in den Rechnungsabgrenzungsposten auf der Aktivseite aufgenommener Unterschiedsbetrag ist in der Bilanz gesondert auszuweisen oder im Anhang anzugeben.

(7) Für die in § 251 bezeichneten Haftungsverhältnisse sind

1. die Angaben zu nicht auf der Passivseite auszuweisenden Verbindlichkeiten und Haftungsverhältnissen im Anhang zu machen,
2. dabei die Haftungsverhältnisse jeweils gesondert unter Angabe der gewährten Pfandrechte und sonstigen Sicherheiten anzugeben und
3. dabei Verpflichtungen betreffend die Altersversorgung und Verpflichtungen gegenüber verbundenen oder assoziierten Unternehmen jeweils gesondert zu vermerken.

(8) [1]Werden selbst geschaffene immaterielle Vermögensgegenstände des Anlagevermögens in der Bilanz ausgewiesen, so dürfen Gewinne nur ausgeschüttet werden, wenn die nach der Ausschüttung verbleibenden frei verfügbaren Rücklagen zuzüglich eines Gewinnvortrags und abzüglich eines Verlustvortrags mindestens den insgesamt angesetzten Beträgen abzüglich der hierfür gebildeten passiven latenten Steuern entsprechen. [2]Werden aktive latente Steuern in der Bilanz ausgewiesen, ist Satz 1 auf den Betrag anzuwenden, um den die aktiven latenten Steuern die passiven latenten Steuern übersteigen. [3]Bei Vermögensgegenständen im Sinn des § 246 Abs. 2 Satz 2 ist Satz 1 auf den Betrag abzüglich der hierfür gebildeten passiven latenten Steuern anzuwenden, der die Anschaffungskosten übersteigt.

§ 269[1)] *(aufgehoben)*

§ 270[2)] **Bildung bestimmter Posten.** (1) Einstellungen in die Kapitalrücklage und deren Auflösung sind bereits bei der Aufstellung der Bilanz vorzunehmen.

(2) Wird die Bilanz unter Berücksichtigung der vollständigen oder teilweisen Verwendung des Jahresergebnisses aufgestellt, so sind Entnahmen aus Gewinn-

HGB

[1)] § 269 aufgeh. mWv 29.5.2009 durch G v. 25.5.2009 (BGBl. I S. 1102).

[2)] § 270 eingef. durch G v. 19.12.1985 (BGBl. I S. 2355); Abs. 1 Satz 2 aufgeh. mWv 29.5.2009 durch G v. 25.5.2009 (BGBl. I S. 1102).

rücklagen sowie Einstellungen in Gewinnrücklagen, die nach Gesetz, Gesellschaftsvertrag oder Satzung vorzunehmen sind oder auf Grund solcher Vorschriften beschlossen worden sind, bereits bei der Aufstellung der Bilanz zu berücksichtigen.

§ 271[1)] **Beteiligungen. Verbundene Unternehmen.** (1) [1] Beteiligungen sind Anteile an anderen Unternehmen, die bestimmt sind, dem eigenen Geschäftsbetrieb durch Herstellung einer dauernden Verbindung zu jenen Unternehmen zu dienen. [2] Dabei ist es unerheblich, ob die Anteile in Wertpapieren verbrieft sind oder nicht. [3] Eine Beteiligung wird vermutet, wenn die Anteile an einem Unternehmen insgesamt den fünften Teil des Nennkapitals dieses Unternehmens oder, falls ein Nennkapital nicht vorhanden ist, den fünften Teil der Summe aller Kapitalanteile an diesem Unternehmen überschreiten. [4] Auf die Berechnung ist § 16 Abs. 2 und 4 des Aktiengesetzes entsprechend anzuwenden. [5] Die Mitgliedschaft in einer eingetragenen Genossenschaft gilt nicht als Beteiligung im Sinne dieses Buches.

(2) Verbundene Unternehmen im Sinne dieses Buches sind solche Unternehmen, die als Mutter- oder Tochterunternehmen (§ 290) in den Konzernabschluß eines Mutterunternehmens nach den Vorschriften über die Vollkonsolidierung einzubeziehen sind, das als oberstes Mutterunternehmen den am weitestgehenden Konzernabschluß nach dem Zweiten Unterabschnitt aufzustellen hat, auch wenn die Aufstellung unterbleibt, oder das einen befreienden Konzernabschluß nach den §§ 291 oder 292 aufstellt oder aufstellen könnte; Tochterunternehmen, die nach § 296 nicht einbezogen werden, sind ebenfalls verbundene Unternehmen.

§ 272[2)] **Eigenkapital.** (1) [1] Gezeichnetes Kapital ist mit dem Nennbetrag anzusetzen. [2] Die nicht eingeforderten ausstehenden Einlagen auf das gezeichnete Kapital sind von dem Posten „Gezeichnetes Kapital" offen abzusetzen; der verbleibende Betrag ist als Posten „Eingefordertes Kapital" in der Hauptspalte der Passivseite auszuweisen; der eingeforderte, aber noch nicht eingezahlte Betrag ist unter den Forderungen gesondert auszuweisen und entsprechend zu bezeichnen.

(1a) [1] Der Nennbetrag oder, falls ein solcher nicht vorhanden ist, der rechnerische Wert von erworbenen eigenen Anteilen ist in der Vorspalte offen von dem Posten „Gezeichnetes Kapital" abzusetzen. [2] Der Unterschiedsbetrag zwischen dem Nennbetrag oder dem rechnerischen Wert und den Anschaffungskosten der eigenen Anteile ist mit den frei verfügbaren Rücklagen zu verrechnen. [3] Aufwendungen, die Anschaffungsnebenkosten sind, sind Aufwand des Geschäftsjahrs.

(1b) [1] Nach der Veräußerung der eigenen Anteile entfällt der Ausweis nach Absatz 1a Satz 1. [2] Ein den Nennbetrag oder den rechnerischen Wert über-

[1)] § 271 eingef. durch G v. 19.12.1985 (BGBl. I S. 2355); Abs. 1 Satz 3 geänd. durch G v. 25.3.1998 (BGBl. I S. 590); Abs. 2 geänd. mWv 10.12.2004 durch G v. 4.12.2004 (BGBl. I S. 3166); Abs. 1 Satz 3 neu gef., Abs. 2 geänd. mWv 23.7.2015 durch G v. 17.7.2015 (BGBl. I S. 1245).

[2)] § 272 eingef. durch G v. 19.12.1985 (BGBl. I S. 2355); Abs. 2 Nr. 1 geänd. durch G v. 25.3.1998 (BGBl. I S. 590); Abs. 1 Sätze 4, 5 und 6 angef. durch G v. 27.4.1998 (BGBl. I S. 786); Abs. 1 und 4 neu gef., Abs. 1a und 1b eingef. mWv 29.5.2009 durch G v. 25.5.2009 (BGBl. I S. 1102); Abs. 5 angef. mWv 23.7.2015 durch G v. 17.7.2015 (BGBl. I S. 1245); Abs. 1 Satz 1 neu gef., Satz 2 aufgeh., bish. Satz 3 wird Satz 2 mWv 31.12.2015 durch G v. 22.12.2015 (BGBl. I S. 2565).

steigender Differenzbetrag aus dem Veräußerungserlös ist bis zur Höhe des mit den frei verfügbaren Rücklagen verrechneten Betrages in die jeweiligen Rücklagen einzustellen. [3]Ein darüber hinausgehender Differenzbetrag ist in die Kapitalrücklage gemäß Absatz 2 Nr. 1 einzustellen. [4]Die Nebenkosten der Veräußerung sind Aufwand des Geschäftsjahrs.

(2) Als Kapitalrücklage sind auszuweisen

1. der Betrag, der bei der Ausgabe von Anteilen einschließlich von Bezugsanteilen über den Nennbetrag oder, falls ein Nennbetrag nicht vorhanden ist, über den rechnerischen Wert hinaus erzielt wird;
2. der Betrag, der bei der Ausgabe von Schuldverschreibungen für Wandlungsrechte und Optionsrechte zum Erwerb von Anteilen erzielt wird;
3. der Betrag von Zuzahlungen, die Gesellschafter gegen Gewährung eines Vorzugs für ihre Anteile leisten;
4. der Betrag von anderen Zuzahlungen, die Gesellschafter in das Eigenkapital leisten.

(3) [1]Als Gewinnrücklagen dürfen nur Beträge ausgewiesen werden, die im Geschäftsjahr oder in einem früheren Geschäftsjahr aus dem Ergebnis gebildet worden sind. [2]Dazu gehören aus dem Ergebnis zu bildende gesetzliche oder auf Gesellschaftsvertrag oder Satzung beruhende Rücklagen und andere Gewinnrücklagen.

(4) [1]Für Anteile an einem herrschenden oder mit Mehrheit beteiligten Unternehmen ist eine Rücklage zu bilden. [2]In die Rücklage ist ein Betrag einzustellen, der dem auf der Aktivseite der Bilanz für die Anteile an dem herrschenden oder mit Mehrheit beteiligten Unternehmen angesetzten Betrag entspricht. [3]Die Rücklage, die bereits bei der Aufstellung der Bilanz zu bilden ist, darf aus vorhandenen frei verfügbaren Rücklagen gebildet werden. [4]Die Rücklage ist aufzulösen, soweit die Anteile an dem herrschenden oder mit Mehrheit beteiligten Unternehmen veräußert, ausgegeben oder eingezogen werden oder auf der Aktivseite ein niedrigerer Betrag angesetzt wird.

(5) [1]Übersteigt der auf eine Beteiligung entfallende Teil des Jahresüberschusses in der Gewinn- und Verlustrechnung die Beträge, die als Dividende oder Gewinnanteil eingegangen sind oder auf deren Zahlung die Kapitalgesellschaft einen Anspruch hat, ist der Unterschiedsbetrag in eine Rücklage einzustellen, die nicht ausgeschüttet werden darf. [2]Die Rücklage ist aufzulösen, soweit die Kapitalgesellschaft die Beträge vereinnahmt oder einen Anspruch auf ihre Zahlung erwirbt.

§ 273[1] *(aufgehoben)*

§ 274[2] **Latente Steuern.** (1) [1]Bestehen zwischen den handelsrechtlichen Wertansätzen von Vermögensgegenständen, Schulden und Rechnungsabgrenzungsposten und ihren steuerlichen Wertansätzen Differenzen, die sich in späteren Geschäftsjahren voraussichtlich abbauen, so ist eine sich daraus insgesamt ergebende Steuerbelastung als passive latente Steuern (§ 266 Abs. 3 E.) in der Bilanz anzusetzen. [2]Eine sich daraus insgesamt ergebende Steuerentlastung kann als aktive latente Steuern (§ 266 Abs. 2 D.) in der Bilanz angesetzt

[1] § 273 aufgeh. mWv 29.5.2009 durch G v. 25.5.2009 (BGBl. I S. 1102).
[2] § 274 neu gef. mWv 29.5.2009 durch G v. 25.5.2009 (BGBl. I S. 1102).

werden. [3] Die sich ergebende Steuerbe- und die sich ergebende Steuerentlastung können auch unverrechnet angesetzt werden. [4] Steuerliche Verlustvorträge sind bei der Berechnung aktiver latenter Steuern in Höhe der innerhalb der nächsten fünf Jahre zu erwartenden Verlustverrechnung zu berücksichtigen.

(2) [1] Die Beträge der sich ergebenden Steuerbe- und -entlastung sind mit den unternehmensindividuellen Steuersätzen im Zeitpunkt des Abbaus der Differenzen zu bewerten und nicht abzuzinsen. [2] Die ausgewiesenen Posten sind aufzulösen, sobald die Steuerbe- oder -entlastung eintritt oder mit ihr nicht mehr zu rechnen ist. [3] Der Aufwand oder Ertrag aus der Veränderung bilanzierter latenter Steuern ist in der Gewinn- und Verlustrechnung gesondert unter dem Posten „Steuern vom Einkommen und vom Ertrag" auszuweisen.

§ 274a[1)] Größenabhängige Erleichterungen. Kleine Kapitalgesellschaften sind von der Anwendung der folgenden Vorschriften befreit:

1. § 268 Abs. 4 Satz 2 über die Pflicht zur Erläuterung bestimmter Forderungen im Anhang,
2. § 268 Abs. 5 Satz 3 über die Erläuterung bestimmter Verbindlichkeiten im Anhang,
3. § 268 Abs. 6 über den Rechnungsabgrenzungsposten nach § 250 Abs. 3,
4. § 274 über die Abgrenzung latenter Steuern.

Dritter Titel. Gewinn- und Verlustrechnung

§ 275[2)] Gliederung. (1) [1] Die Gewinn- und Verlustrechnung ist in Staffelform nach dem Gesamtkostenverfahren oder dem Umsatzkostenverfahren aufzustellen. [2] Dabei sind die in Absatz 2 oder 3 bezeichneten Posten in der angegebenen Reihenfolge gesondert auszuweisen.

(2) Bei Anwendung des Gesamtkostenverfahrens sind auszuweisen:

1. Umsatzerlöse
2. Erhöhung oder Verminderung des Bestands an fertigen und unfertigen Erzeugnissen
3. andere aktivierte Eigenleistungen
4. sonstige betriebliche Erträge
5. Materialaufwand:
   a) Aufwendungen für Roh-, Hilfs- und Betriebsstoffe und für bezogene Waren
   b) Aufwendungen für bezogene Leistungen
6. Personalaufwand:
   a) Löhne und Gehälter
   b) soziale Abgaben und Aufwendungen für Altersversorgung und für Unterstützung,
   davon für Altersversorgung

HGB

---

1) § 274a eingef. durch G v. 25.7.1994 (BGBl. I S. 1682); Nr. 5 neu gef. mWv 29.5.2009 durch G v. 25.5.2009 (BGBl. I S. 1102); Nr. 5 geänd. mWv 1.9.2009 durch G v. 30.7.2009 (BGBl. I S. 2479); Nr. 1 aufgeh., bish. Nr. 2–5 werden Nr. 1–4 mWv 23.7.2015 durch G v. 17.7.2015 (BGBl. I S. 1245).

2) § 275 eingef. durch G v. 19.12.1985 (BGBl. I S. 2355); Abs. 2 Nr. 7 Buchst. a geänd. mWv 29.5. 2009 durch G v. 25.5.2009 (BGBl. I S. 1102); Abs. 5 angef. mWv 28.12.2012 durch G v. 20.12.2012 (BGBl. I S. 2751); Abs. 2 Nr. 14–17 neu gef., Nr. 18–20 aufgeh., Abs. 3 Nr. 13–16 neu gef., Nr. 17–19 aufgeh. mWv 23.7.2015 durch G v. 17.7.2015 (BGBl. I S. 1245).

7. Abschreibungen:
   a) auf immaterielle Vermögensgegenstände des Anlagevermögens und Sachanlagen
   b) auf Vermögensgegenstände des Umlaufvermögens, soweit diese die in der Kapitalgesellschaft üblichen Abschreibungen überschreiten
8. sonstige betriebliche Aufwendungen
9. Erträge aus Beteiligungen,
   davon aus verbundenen Unternehmen
10. Erträge aus anderen Wertpapieren und Ausleihungen des Finanzanlagevermögens,
    davon aus verbundenen Unternehmen
11. sonstige Zinsen und ähnliche Erträge,
    davon aus verbundenen Unternehmen
12. Abschreibungen auf Finanzanlagen und auf Wertpapiere des Umlaufvermögens
13. Zinsen und ähnliche Aufwendungen,
    davon an verbundene Unternehmen
14. Steuern vom Einkommen und vom Ertrag
15. Ergebnis nach Steuern
16. sonstige Steuern
17. Jahresüberschuss/Jahresfehlbetrag.

(3) Bei Anwendung des Umsatzkostenverfahrens sind auszuweisen:

1. Umsatzerlöse
2. Herstellungskosten der zur Erzielung der Umsatzerlöse erbrachten Leistungen
3. Bruttoergebnis vom Umsatz
4. Vertriebskosten
5. allgemeine Verwaltungskosten
6. sonstige betriebliche Erträge
7. sonstige betriebliche Aufwendungen
8. Erträge aus Beteiligungen,
   davon aus verbundenen Unternehmen
9. Erträge aus anderen Wertpapieren und Ausleihungen des Finanzanlagevermögens,
   davon aus verbundenen Unternehmen
10. sonstige Zinsen und ähnliche Erträge,
    davon aus verbundenen Unternehmen
11. Abschreibungen auf Finanzanlagen und auf Wertpapiere des Umlaufvermögens
12. Zinsen und ähnliche Aufwendungen,
    davon an verbundene Unternehmen
13. Steuern vom Einkommen und vom Ertrag
14. Ergebnis nach Steuern
15. sonstige Steuern
16. Jahresüberschuss/Jahresfehlbetrag.

(4) Veränderungen der Kapital- und Gewinnrücklagen dürfen in der Gewinn- und Verlustrechnung erst nach dem Posten „Jahresüberschuß/Jahresfehlbetrag“ ausgewiesen werden.

(5) Kleinstkapitalgesellschaften (§ 267a) können anstelle der Staffelungen nach den Absätzen 2 und 3 die Gewinn- und Verlustrechnung wie folgt darstellen:

1. Umsatzerlöse,
2. sonstige Erträge,
3. Materialaufwand,
4. Personalaufwand,
5. Abschreibungen,
6. sonstige Aufwendungen,
7. Steuern,
8. Jahresüberschuss/Jahresfehlbetrag.

§ 276[1)] Größenabhängige Erleichterungen. [1] Kleine und mittelgroße Kapitalgesellschaften (§ 267 Abs. 1, 2) dürfen die Posten § 275 Abs. 2 Nr. 1 bis 5 oder Abs. 3 Nr. 1 bis 3 und 6 zu einem Posten unter der Bezeichnung „Rohergebnis“ zusammenfassen. [2] Die Erleichterungen nach Satz 1 gelten nicht für Kleinstkapitalgesellschaften (§ 267a), die von der Regelung des § 275 Absatz 5 Gebrauch machen.

§ 277[2)] Vorschriften zu einzelnen Posten der Gewinn- und Verlustrechnung. (1) Als Umsatzerlöse sind die Erlöse aus dem Verkauf und der Vermietung oder Verpachtung von Produkten sowie aus der Erbringung von Dienstleistungen der Kapitalgesellschaft nach Abzug von Erlösschmälerungen und der Umsatzsteuer sowie sonstiger direkt mit dem Umsatz verbundener Steuern auszuweisen.

(2) Als Bestandsveränderungen sind sowohl Änderungen der Menge als auch solche des Wertes zu berücksichtigen; Abschreibungen jedoch nur, soweit diese die in der Kapitalgesellschaft sonst üblichen Abschreibungen nicht überschreiten.

(3) [1] Außerplanmäßige Abschreibungen nach § 253 Absatz 3 Satz 5 und 6 sind jeweils gesondert auszuweisen oder im Anhang anzugeben. [2] Erträge und Aufwendungen aus Verlustübernahme und auf Grund einer Gewinngemeinschaft, eines Gewinnabführungs- oder eines Teilgewinnabführungsvertrags erhaltene oder abgeführte Gewinne sind jeweils gesondert unter entsprechender Bezeichnung auszuweisen.

(4) *(aufgehoben)*

(5) [1] Erträge aus der Abzinsung sind in der Gewinn- und Verlustrechnung gesondert unter dem Posten „Sonstige Zinsen und ähnliche Erträge“ und Aufwendungen gesondert unter dem Posten „Zinsen und ähnliche Aufwen-

HGB

[1)] § 276 eingef. durch G v. 19.12.1985 (BGBl. I S. 2355); Satz 2 angef. durch G v. 25.7.1994 (BGBl. I S. 1682); Satz 3 angef. mWv 28.12.2012 durch G v. 20.12.2012 (BGBl. I S. 2751); Satz 2 aufgeh., bish. Satz 3 wird Satz 2 und geänd. mWv 23.7.2015 durch G v. 17.7.2015 (BGBl. I S. 1245).

[2)] § 277 eingef. durch G v. 19.12.1985 (BGBl. I S. 2355); Abs. 3 Satz 1, Abs. 4 Satz 3 neu gef., Abs. 5 angef. mWv 29.5.2009 durch G v. 25.5.2009 (BGBl. I S. 1102); Abs. 1 neu gef., Abs. 3 Satz 1 geänd. und Abs. 4 aufgeh. mWv 23.7.2015 durch G v. 17.7.2015 (BGBl. I S. 1245).

dungen“ auszuweisen. [2]Erträge aus der Währungsumrechnung sind in der Gewinn- und Verlustrechnung gesondert unter dem Posten „Sonstige betriebliche Erträge“ und Aufwendungen aus der Währungsumrechnung gesondert unter dem Posten „Sonstige betriebliche Aufwendungen“ auszuweisen.

§ 278[1)] *(aufgehoben)*

Vierter Titel.[2)] *(aufgehoben)*

§§ 279–283[2)] *(aufgehoben)*

Fünfter Titel. Anhang

§ 284[3)] **Erläuterung der Bilanz und der Gewinn- und Verlustrechnung.** (1) [1]In den Anhang sind diejenigen Angaben aufzunehmen, die zu den einzelnen Posten der Bilanz oder der Gewinn- und Verlustrechnung vorgeschrieben sind; sie sind in der Reihenfolge der einzelnen Posten der Bilanz und der Gewinn- und Verlustrechnung darzustellen. [2]Im Anhang sind auch die Angaben zu machen, die in Ausübung eines Wahlrechts nicht in die Bilanz oder in die Gewinn- und Verlustrechnung aufgenommen wurden.

(2) Im Anhang müssen

1. die auf die Posten der Bilanz und der Gewinn- und Verlustrechnung angewandten Bilanzierungs- und Bewertungsmethoden angegeben werden;
2. Abweichungen von Bilanzierungs- und Bewertungsmethoden angegeben und begründet werden; deren Einfluß auf die Vermögens-, Finanz- und Ertragslage ist gesondert darzustellen;
3. bei Anwendung einer Bewertungsmethode nach § 240 Abs. 4, § 256 Satz 1 die Unterschiedsbeträge pauschal für die jeweilige Gruppe ausgewiesen werden, wenn die Bewertung im Vergleich zu einer Bewertung auf der Grundlage des letzten vor dem Abschlußstichtag bekannten Börsenkurses oder Marktpreises einen erheblichen Unterschied aufweist;
4. Angaben über die Einbeziehung von Zinsen für Fremdkapital in die Herstellungskosten gemacht werden.

(3) [1]Im Anhang ist die Entwicklung der einzelnen Posten des Anlagevermögens in einer gesonderten Aufgliederung darzustellen. [2]Dabei sind, ausgehend von den gesamten Anschaffungs- und Herstellungskosten, die Zugänge, Abgänge, Umbuchungen und Zuschreibungen des Geschäftsjahrs sowie die Abschreibungen gesondert aufzuführen. [3]Zu den Abschreibungen sind gesondert folgende Angaben zu machen:

1. die Abschreibungen in ihrer gesamten Höhe zu Beginn und Ende des Geschäftsjahrs,
2. die im Laufe des Geschäftsjahrs vorgenommenen Abschreibungen und
3. Änderungen in den Abschreibungen in ihrer gesamten Höhe im Zusammenhang mit Zu- und Abgängen sowie Umbuchungen im Laufe des Geschäftsjahrs.

[1)] § 278 aufgeh. mWv 23.7.2015 durch G v. 17.7.2015 (BGBl. I S. 1245).

[2)] 4. Titel (§§ 279–283) aufgeh. mWv 29.5.2009 durch G v. 25.5.2009 (BGBl. I S. 1102).

[3)] § 284 eingef. durch G v. 19.12.1985 (BGBl. I S. 2355); Abs. 2 Nr. 2 geänd. durch G v. 9.6.1998 (BGBl. I S. 1242); Abs. 1 neu gef., Abs. 2 Nr. 2 aufgeh., bish. Nr. 3–5 werden Nr. 2–4, Abs. 3 angef. mWv 23.7.2015 durch G v. 17.7.2015 (BGBl. I S. 1245).

[4] Sind in die Herstellungskosten Zinsen für Fremdkapital einbezogen worden, ist für jeden Posten des Anlagevermögens anzugeben, welcher Betrag an Zinsen im Geschäftsjahr aktiviert worden ist.

§ 285[1)] Sonstige Pflichtangaben. Ferner sind im Anhang anzugeben:

1. zu den in der Bilanz ausgewiesenen Verbindlichkeiten
   a) der Gesamtbetrag der Verbindlichkeiten mit einer Restlaufzeit von mehr als fünf Jahren,
   b) der Gesamtbetrag der Verbindlichkeiten, die durch Pfandrechte oder ähnliche Rechte gesichert sind, unter Angabe von Art und Form der Sicherheiten;
2. die Aufgliederung der in Nummer 1 verlangten Angaben für jeden Posten der Verbindlichkeiten nach dem vorgeschriebenen Gliederungsschema;
3. Art und Zweck sowie Risiken, Vorteile und finanzielle Auswirkungen von nicht in der Bilanz enthaltenen Geschäften, soweit die Risiken und Vorteile wesentlich sind und die Offenlegung für die Beurteilung der Finanzlage des Unternehmens erforderlich ist;

3a. der Gesamtbetrag der sonstigen finanziellen Verpflichtungen, die nicht in der Bilanz enthalten sind und die nicht nach § 268 Absatz 7 oder Nummer 3 anzugeben sind, sofern diese Angabe für die Beurteilung der Finanzlage von Bedeutung ist; davon sind Verpflichtungen betreffend die Altersversorgung und Verpflichtungen gegenüber verbundenen oder assoziierten Unternehmen jeweils gesondert anzugeben;

4. die Aufgliederung der Umsatzerlöse nach Tätigkeitsbereichen sowie nach geografisch bestimmten Märkten, soweit sich unter Berücksichtigung der Organisation des Verkaufs, der Vermietung oder Verpachtung von Produkten und der Erbringung von Dienstleistungen der Kapitalgesellschaft die Tätigkeitsbereiche und geografisch bestimmten Märkte untereinander erheblich unterscheiden;
5. *(aufgehoben)*
6. *(aufgehoben)*
7. die durchschnittliche Zahl der während des Geschäftsjahrs beschäftigten Arbeitnehmer getrennt nach Gruppen;
8. bei Anwendung des Umsatzkostenverfahrens (§ 275 Abs. 3)

[1)] § 285 eingef. durch G v. 19.12.1985 (BGBl. I S. 2355); Nr. 9 Buchst. a, Nr. 10 und 11 geänd. durch G v. 27.4.1998 (BGBl. I S. 786); Nr. 11a und 15 eingef., Nr. 14 geänd. mWv 9.3.2000 durch G v. 24.2.2000 (BGBl. I S. 154); Nr. 9 Buchst. a, Nr. 15 geänd., Nr. 16 angef. mWv 26.7.2002 durch G v. 19.7.2002 (BGBl. I S. 2681); Satz 1 Nr. 16 geänd., Nr. 17–19 und Sätze 2–6 angef. mWv 10.12. 2004 durch G v. 4.12.2004 (BGBl. I S. 3166); Satz 1 Nr. 9 Buchst. a neu gef. mWv 11.8.2005 durch G v. 3.8.2005 (BGBl. I S. 2267); Nr. 2 geänd., Nr. 3 neu gef., Nr. 3a eingef., Nr. 5 aufgeh., Nr. 13 neu gef., Nr. 16–19 neu gef., Nr. 20–29 angef., Sätze 2–6 aufgeh. mWv 29.5.2009 durch G v. 25.5. 2009 (BGBl. I S. 1102); Nr. 10 und 23 Buchst. a geänd. mWv 1.9.2009 durch G v. 30.7.2009 (BGBl. I S. 2479); Nr. 9 Buchst. a geänd. mWv 5.8.2009 durch G v. 31.7.2009 (BGBl. I S. 2509); Nr. 26 geänd. mWv 22.7.2013 durch G v. 4.7.2013 (BGBl. I S. 1981); Nr. 3, 3a, 4, 11, 13 und 14 neu gef., Nr. 6 aufgeh., Nr. 11b, 14a und 15a eingef., Nr. 9, 18, 26, 27 und 29 geänd. und Nr. 30–34 angef. mWv 23.7.2015 durch G v. 17.7.2015 (BGBl. I S. 1245); Nr. 27 geänd. mWv 26.11.2015 durch G v. 20.11.2015 (BGBl. I S. 2029); Nr. 20 geänd. mWv 19.4.2017 durch G v. 11.4.2017 (BGBl. I S. 802); Nr. 9 Buchst. a geänd. mWv 1.1.2020 durch G v. 12.12.2019 (BGBl. I S. 2637); Nr. 26 geänd. mWv 2.8.2021 durch G v. 3.6.2021 (BGBl. I S. 1498).

a) der Materialaufwand des Geschäftsjahrs, gegliedert nach § 275 Abs. 2 Nr. 5,

b) der Personalaufwand des Geschäftsjahrs, gegliedert nach § 275 Abs. 2 Nr. 6;

9. für die Mitglieder des Geschäftsführungsorgans, eines Aufsichtsrats, eines Beirats oder einer ähnlichen Einrichtung jeweils für jede Personengruppe

a) die für die Tätigkeit im Geschäftsjahr gewährten Gesamtbezüge (Gehälter, Gewinnbeteiligungen, Bezugsrechte und sonstige aktienbasierte Vergütungen, Aufwandsentschädigungen, Versicherungsentgelte, Provisionen und Nebenleistungen jeder Art). In die Gesamtbezüge sind auch Bezüge einzurechnen, die nicht ausgezahlt, sondern in Ansprüche anderer Art umgewandelt oder zur Erhöhung anderer Ansprüche verwendet werden. Außer den Bezügen für das Geschäftsjahr sind die weiteren Bezüge anzugeben, die im Geschäftsjahr gewährt, bisher aber in keinem Jahresabschluss angegeben worden sind. Bezugsrechte und sonstige aktienbasierte Vergütungen sind mit ihrer Anzahl und dem beizulegenden Zeitwert zum Zeitpunkt ihrer Gewährung anzugeben; spätere Wertveränderungen, die auf einer Änderung der Ausübungsbedingungen beruhen, sind zu berücksichtigen;

b) die Gesamtbezüge (Abfindungen, Ruhegehälter, Hinterbliebenenbezüge und Leistungen verwandter Art) der früheren Mitglieder der bezeichneten Organe und ihrer Hinterbliebenen. Buchstabe a Satz 2 und 3 ist entsprechend anzuwenden. Ferner ist der Betrag der für diese Personengruppe gebildeten Rückstellungen für laufende Pensionen und Anwartschaften auf Pensionen und der Betrag der für diese Verpflichtungen nicht gebildeten Rückstellungen anzugeben;

c) die gewährten Vorschüsse und Kredite unter Angabe der Zinssätze, der wesentlichen Bedingungen und der gegebenenfalls im Geschäftsjahr zurückgezahlten oder erlassenen Beträge sowie die zugunsten dieser Personen eingegangenen Haftungsverhältnisse;

10. alle Mitglieder des Geschäftsführungsorgans und eines Aufsichtsrats, auch wenn sie im Geschäftsjahr oder später ausgeschieden sind, mit dem Familiennamen und mindestens einem ausgeschriebenen Vornamen, einschließlich des ausgeübten Berufs und bei börsennotierten Gesellschaften auch der Mitgliedschaft in Aufsichtsräten und anderen Kontrollgremien im Sinne des § 125 Abs. 1 Satz 5 des Aktiengesetzes. Der Vorsitzende eines Aufsichtsrats, seine Stellvertreter und ein etwaiger Vorsitzender des Geschäftsführungsorgans sind als solche zu bezeichnen;

11. Name und Sitz anderer Unternehmen, die Höhe des Anteils am Kapital, das Eigenkapital und das Ergebnis des letzten Geschäftsjahrs dieser Unternehmen, für das ein Jahresabschluss vorliegt, soweit es sich um Beteiligungen im Sinne des § 271 Absatz 1 handelt oder ein solcher Anteil von einer Person für Rechnung der Kapitalgesellschaft gehalten wird;

11a. Name, Sitz und Rechtsform der Unternehmen, deren unbeschränkt haftender Gesellschafter die Kapitalgesellschaft ist;

11b. von börsennotierten Kapitalgesellschaften sind alle Beteiligungen an großen Kapitalgesellschaften anzugeben, die 5 Prozent der Stimmrechte überschreiten;

12. Rückstellungen, die in der Bilanz unter dem Posten „sonstige Rückstellungen" nicht gesondert ausgewiesen werden, sind zu erläutern, wenn sie einen nicht unerheblichen Umfang haben;
13. jeweils eine Erläuterung des Zeitraums, über den ein entgeltlich erworbener Geschäfts- oder Firmenwert abgeschrieben wird;
14. Name und Sitz des Mutterunternehmens der Kapitalgesellschaft, das den Konzernabschluss für den größten Kreis von Unternehmen aufstellt, sowie der Ort, wo der von diesem Mutterunternehmen aufgestellte Konzernabschluss erhältlich ist;

14a. Name und Sitz des Mutterunternehmens der Kapitalgesellschaft, das den Konzernabschluss für den kleinsten Kreis von Unternehmen aufstellt, sowie der Ort, wo der von diesem Mutterunternehmen aufgestellte Konzernabschluss erhältlich ist;

15. soweit es sich um den Anhang des Jahresabschlusses einer Personenhandelsgesellschaft im Sinne des § 264a Abs. 1 handelt, Name und Sitz der Gesellschaften, die persönlich haftende Gesellschafter sind, sowie deren gezeichnetes Kapital;

15a. das Bestehen von Genussscheinen, Genussrechten, Wandelschuldverschreibungen, Optionsscheinen, Optionen, Besserungsscheinen oder vergleichbaren Wertpapieren oder Rechten, unter Angabe der Anzahl und der Rechte, die sie verbriefen;

16. dass die nach § 161 des Aktiengesetzes vorgeschriebene Erklärung abgegeben und wo sie öffentlich zugänglich gemacht worden ist;
17. das von dem Abschlussprüfer für das Geschäftsjahr berechnete Gesamthonorar, aufgeschlüsselt in das Honorar für
    a) die Abschlussprüfungsleistungen,
    b) andere Bestätigungsleistungen,
    c) Steuerberatungsleistungen,
    d) sonstige Leistungen,

    soweit die Angaben nicht in einem das Unternehmen einbeziehenden Konzernabschluss enthalten sind;
18. für zu den Finanzanlagen (§ 266 Abs. 2 A. III.) gehörende Finanzinstrumente, die über ihrem beizulegenden Zeitwert ausgewiesen werden, da eine außerplanmäßige Abschreibung nach § 253 Absatz 3 Satz 6 unterblieben ist,
    a) der Buchwert und der beizulegende Zeitwert der einzelnen Vermögensgegenstände oder angemessener Gruppierungen sowie
    b) die Gründe für das Unterlassen der Abschreibung einschließlich der Anhaltspunkte, die darauf hindeuten, dass die Wertminderung voraussichtlich nicht von Dauer ist;
19. für jede Kategorie nicht zum beizulegenden Zeitwert bilanzierter derivativer Finanzinstrumente
    a) deren Art und Umfang,
    b) deren beizulegender Zeitwert, soweit er sich nach § 255 Abs. 4 verlässlich ermitteln lässt, unter Angabe der angewandten Bewertungsmethode,
    c) deren Buchwert und der Bilanzposten, in welchem der Buchwert, soweit vorhanden, erfasst ist, sowie

d) die Gründe dafür, warum der beizulegende Zeitwert nicht bestimmt werden kann;

20. für mit dem beizulegenden Zeitwert bewertete Finanzinstrumente
    a) die grundlegenden Annahmen, die der Bestimmung des beizulegenden Zeitwertes mit Hilfe allgemein anerkannter Bewertungsmethoden zugrunde gelegt wurden, sowie
    b) Umfang und Art jeder Kategorie derivativer Finanzinstrumente einschließlich der wesentlichen Bedingungen, welche die Höhe, den Zeitpunkt und die Sicherheit künftiger Zahlungsströme beeinflussen können;
21. zumindest die nicht zu marktüblichen Bedingungen zustande gekommenen Geschäfte, soweit sie wesentlich sind, mit nahe stehenden Unternehmen und Personen, einschließlich Angaben zur Art der Beziehung, zum Wert der Geschäfte sowie weiterer Angaben, die für die Beurteilung der Finanzlage notwendig sind; ausgenommen sind Geschäfte mit und zwischen mittel- oder unmittelbar in 100-prozentigem Anteilsbesitz stehenden in einen Konzernabschluss einbezogenen Unternehmen; Angaben über Geschäfte können nach Geschäftsarten zusammengefasst werden, sofern die getrennte Angabe für die Beurteilung der Auswirkungen auf die Finanzlage nicht notwendig ist;
22. im Fall der Aktivierung nach § 248 Abs. 2 der Gesamtbetrag der Forschungs- und Entwicklungskosten des Geschäftsjahrs sowie der davon auf die selbst geschaffenen immateriellen Vermögensgegenstände des Anlagevermögens entfallende Betrag;
23. bei Anwendung des § 254,
    a) mit welchem Betrag jeweils Vermögensgegenstände, Schulden, schwebende Geschäfte und mit hoher Wahrscheinlichkeit erwartete Transaktionen zur Absicherung welcher Risiken in welche Arten von Bewertungseinheiten einbezogen sind sowie die Höhe der mit Bewertungseinheiten abgesicherten Risiken,
    b) für die jeweils abgesicherten Risiken, warum, in welchem Umfang und für welchen Zeitraum sich die gegenläufigen Wertänderungen oder Zahlungsströme künftig voraussichtlich ausgleichen einschließlich der Methode der Ermittlung,
    c) eine Erläuterung der mit hoher Wahrscheinlichkeit erwarteten Transaktionen, die in Bewertungseinheiten einbezogen wurden,

    soweit die Angaben nicht im Lagebericht gemacht werden;
24. zu den Rückstellungen für Pensionen und ähnliche Verpflichtungen das angewandte versicherungsmathematische Berechnungsverfahren sowie die grundlegenden Annahmen der Berechnung, wie Zinssatz, erwartete Lohn- und Gehaltssteigerungen und zugrunde gelegte Sterbetafeln;
25. im Fall der Verrechnung von Vermögensgegenständen und Schulden nach § 246 Abs. 2 Satz 2 die Anschaffungskosten und der beizulegende Zeitwert der verrechneten Vermögensgegenstände, der Erfüllungsbetrag der verrechneten Schulden sowie die verrechneten Aufwendungen und Erträge; Nummer 20 Buchstabe a ist entsprechend anzuwenden;
26. zu Anteilen an Sondervermögen im Sinn des § 1 Absatz 10 des Kapitalanlagegesetzbuchs oder Anlageaktien an Investmentaktiengesellschaften mit veränderlichem Kapital im Sinn der §§ 108 bis 123 des Kapitalanlage-

gesetzbuchs oder vergleichbaren EU-Investmentvermögen oder vergleichbaren ausländischen Investmentvermögen von mehr als dem zehnten Teil, aufgegliedert nach Anlagezielen, deren Wert im Sinne der §§ 168, 278 oder 286 Absatz 1 des Kapitalanlagegesetzbuchs oder vergleichbarer ausländischer Vorschriften über die Ermittlung des Marktwertes, die Differenz zum Buchwert und die für das Geschäftsjahr erfolgte Ausschüttung sowie Beschränkungen in der Möglichkeit der täglichen Rückgabe; darüber hinaus die Gründe dafür, dass eine Abschreibung gemäß § 253 Absatz 3 Satz 6 unterblieben ist, einschließlich der Anhaltspunkte, die darauf hindeuten, dass die Wertminderung voraussichtlich nicht von Dauer ist; Nummer 18 ist insoweit nicht anzuwenden;

27. für nach § 268 Abs. 7 im Anhang ausgewiesene Verbindlichkeiten und Haftungsverhältnisse die Gründe der Einschätzung des Risikos der Inanspruchnahme;
28. der Gesamtbetrag der Beträge im Sinn des § 268 Abs. 8, aufgegliedert in Beträge aus der Aktivierung selbst geschaffener immaterieller Vermögensgegenstände des Anlagevermögens, Beträge aus der Aktivierung latenter Steuern und aus der Aktivierung von Vermögensgegenständen zum beizulegenden Zeitwert;
29. auf welchen Differenzen oder steuerlichen Verlustvorträgen die latenten Steuern beruhen und mit welchen Steuersätzen die Bewertung erfolgt ist;
30. wenn latente Steuerschulden in der Bilanz angesetzt werden, die latenten Steuersalden am Ende des Geschäftsjahrs und die im Laufe des Geschäftsjahrs erfolgten Änderungen dieser Salden;
31. jeweils der Betrag und die Art der einzelnen Erträge und Aufwendungen von außergewöhnlicher Größenordnung oder außergewöhnlicher Bedeutung, soweit die Beträge nicht von untergeordneter Bedeutung sind;
32. eine Erläuterung der einzelnen Erträge und Aufwendungen hinsichtlich ihres Betrags und ihrer Art, die einem anderen Geschäftsjahr zuzurechnen sind, soweit die Beträge nicht von untergeordneter Bedeutung sind;
33. Vorgänge von besonderer Bedeutung, die nach dem Schluss des Geschäftsjahrs eingetreten und weder in der Gewinn- und Verlustrechnung noch in der Bilanz berücksichtigt sind, unter Angabe ihrer Art und ihrer finanziellen Auswirkungen;
34. der Vorschlag für die Verwendung des Ergebnisses oder der Beschluss über seine Verwendung.

§ 286[1)] Unterlassen von Angaben. (1) Die Berichterstattung hat insoweit zu unterbleiben, als es für das Wohl der Bundesrepublik Deutschland oder eines ihrer Länder erforderlich ist.

[1)] § 286 eingef. durch G v. 19.12.1985 (BGBl. I S. 2355); Abs. 4 angef. durch G v. 25.7.1994 (BGBl. I S. 1682); Abs. 3 Satz 1 geänd. mWv 9.3.2000 durch G v. 24.2.2000 (BGBl. I S. 154); Abs. 3 Satz 3 neu gef., Satz 4 angef. mWv 26.7.2002 durch G v. 19.7.2002 (BGBl. I S. 2681); Abs. 2, Abs. 3 Satz 1 geänd. mWv 10.12.2004 durch G v. 4.12.2004 (BGBl. I S. 3166); Abs. 4 neu gef., Abs. 5 angef. mWv 11.8.2005 durch G v. 3.8.2005 (BGBl. I S. 2267); Abs. 2, 3 Satz 1, Abs. 4 und 5 Satz 1 geänd., Abs. 3 Satz 3 neu gef. mWv 29.5.2009 durch G v. 25.5.2009 (BGBl. I S. 1102); Abs. 5 Satz 1 geänd. mWv 5.8.2009 durch G v. 31.7.2009 (BGBl. I S. 2509); Abs. 2, Abs. 3 Satz 1 einl. Satzteil und Satz 2 geänd. mWv 23.7.2015 durch G v. 17.7.2015 (BGBl. I S. 1245); Abs. 5 aufgeh. mWv 1.1.2020 durch G v. 12.12.2019 (BGBl. I S. 2637).

(2) Die Aufgliederung der Umsatzerlöse nach § 285 Nr. 4 kann unterbleiben, soweit die Aufgliederung nach vernünftiger kaufmännischer Beurteilung geeignet ist, der Kapitalgesellschaft einen erheblichen Nachteil zuzufügen; die Anwendung der Ausnahmeregelung ist im Anhang anzugeben.

(3) [1] Die Angaben nach § 285 Nr. 11 und 11b können unterbleiben, soweit sie

1. für die Darstellung der Vermögens-, Finanz- und Ertragslage der Kapitalgesellschaft nach § 264 Abs. 2 von untergeordneter Bedeutung sind oder
2. nach vernünftiger kaufmännischer Beurteilung geeignet sind, der Kapitalgesellschaft oder dem anderen Unternehmen einen erheblichen Nachteil zuzufügen.

[2] Die Angabe des Eigenkapitals und des Jahresergebnisses kann unterbleiben, wenn das Unternehmen, über das zu berichten ist, seinen Jahresabschluß nicht offenzulegen hat und die berichtende Kapitalgesellschaft keinen beherrschenden Einfluss auf das betreffende Unternehmen ausüben kann. [3] Satz 1 Nr. 2 ist nicht anzuwenden, wenn die Kapitalgesellschaft oder eines ihrer Tochterunternehmen (§ 290 Abs. 1 und 2) am Abschlussstichtag kapitalmarktorientiert im Sinn des § 264d ist. [4] Im Übrigen ist die Anwendung der Ausnahmeregelung nach Satz 1 Nr. 2 im Anhang anzugeben.

(4) Bei Gesellschaften, die keine börsennotierten Aktiengesellschaften sind, können die in § 285 Nr. 9 Buchstabe a und b verlangten Angaben über die Gesamtbezüge der dort bezeichneten Personen unterbleiben, wenn sich anhand dieser Angaben die Bezüge eines Mitglieds dieser Organe feststellen lassen.

§ 287[1)] *(aufgehoben)*

§ 288[2)] **Größenabhängige Erleichterungen.** (1) Kleine Kapitalgesellschaften (§ 267 Absatz 1) brauchen nicht

1. die Angaben nach § 264c Absatz 2 Satz 9, § 265 Absatz 4 Satz 2, § 284 Absatz 2 Nummer 3, Absatz 3, § 285 Nummer 2, 3, 4, 8, 9 Buchstabe a und b, Nummer 10 bis 12, 14, 15, 15a, 17 bis 19, 21, 22, 24, 26 bis 30, 32 bis 34 zu machen;
2. eine Trennung nach Gruppen bei der Angabe nach § 285 Nummer 7 vorzunehmen;
3. bei der Angabe nach § 285 Nummer 14a den Ort anzugeben, wo der vom Mutterunternehmen aufgestellte Konzernabschluss erhältlich ist.

(2) [1] Mittelgroße Kapitalgesellschaften (§ 267 Absatz 2) brauchen die Angabe nach § 285 Nummer 4, 29 und 32 nicht zu machen. [2] Wenn sie die Angabe nach § 285 Nummer 17 nicht machen, sind sie verpflichtet, diese der Wirtschaftsprüferkammer auf deren schriftliche Anforderung zu übermitteln. [3] Sie brauchen die Angaben nach § 285 Nummer 21 nur zu machen, sofern die Geschäfte direkt oder indirekt mit einem Gesellschafter, Unternehmen, an denen die Gesellschaft selbst eine Beteiligung hält, oder Mitgliedern des Geschäftsführungs-, Aufsichts- oder Verwaltungsorgans abgeschlossen wurden.

---

1) § 287 aufgeh. mWv 29.5.2009 durch G v. 25.5.2009 (BGBl. I S. 1102).
2) § 288 neu gef. mWv 23.7.2015 durch G v. 17.7.2015 (BGBl. I S. 1245).

Stichwortverzeichnis

Die fett gedruckten Ziffern nach dem Stichwort bezeichnen die Nummern innerhalb dieser Ausgabe, die nachfolgende magere Ziffer den Paragraphen, die in Klammern gesetzten Zahlen verweisen auf die Nummern innerhalb dieser Vorschrift. Mit F ist eine Fußnote zu der Vorschrift bezeichnet. Mit a. F. ist die Altfassung einer Vorschrift bezeichnet.

Abbauland
Bedarfsbewertung **3** 142, 160, 163
Einheitsbewertung **3** 34, 43
Einkommensdurchschnittssätze bei Land- und Forstwirten **5** 13a
Grundsteuerwert **3** 234, 237, Anl. 31
Umsatzsteuer **23** 4 (12)
Abbruch
Bedarfsbewertung **3** 190
Einheitsbewertung **3** 77, 82, 92, 94, 129a
Grundsteuerwert **3** 259
Abfallstoffe, Umsatzsteuer **23** 13b, Anl. 3
Abfertigungsplätze, Einfuhrumsatzsteuer **23** 21
Abfindungen
Arbeitnehmer **5** 3 (9, 27, 55c, 63)
im Erbfall, Erbschaftsteuer **7** 3, 7, 10, 13a
mit Land, Grunderwerbsteuer **12** 1
Landwirte, Einkommensteuer **5** 3 (27)
mit Lebensversicherung **5** 10, 20
Leistungsanwärter **5** 4d
Renten und Pensionen **5** 3 (3)
an weichende Erben, Einkommensteuer **5** 14a
Abfließen, Ausgaben **5** 11; **15** 38
Abführung
Altersvorsorgezulage **5** 90, 94
Einkommensteuer bei beschränkter Steuerpflicht **5** 50a; **6** 73e
Kapitalertragsteuer **5** 44, 45b, 45c, 50c; **15** 33
Kirchensteuer **5** 51a
Lohnsteuer **5** 37a, 37b, 40a, 41a
Mehrerlöse, Einkommensteuer **5** 4
Steuern bei Bauleistungen **5** 48, 48a
Abgabepflicht, Solidaritätszuschlag **20** 2
Abgekürzte Leibrenten
Einkommensteuer **6** 55
Vermögenswert **3** 13
Abgeltungsteuer
Kapitalerträge **5** 2, 32d, 43; **15** 7, 29
Solidaritätszuschlag **20** 3, 4
Abgeordnete
Auskunftsverweigerungsrecht **1** 102
Einkünfte **5** 22, 57
Sonderausgaben **5** 10
Abgrenzung
land- und forstwirtschaftliche Flächen **3** 69, 159, 233
Spezialinvestmenterträge **15** 38
Vermögen, Erbschaftsteuer **7** 13b
Vermögen, Grundsteuer **3** 233
Abhilfe
außergerichtliches Verfahren **1** 132, 363, 367
gerichtliches Verfahren **1** 132; **9** 98, 130
Abhilfebescheid, Aufhebung oder Änderung **1** 172
Abkömmlinge, Erbschaftsteuer **7** 4, 13, 15, 20
Ablaufhemmung
Festsetzungsfrist **1** 171
Zahlungsverjährung **1** 230
Ablehnung
Ausschussmitglieder **1** 84
Gerichtspersonen **9** 51
Nichtzulassungsbeschwerde **9** 116
Sachverständige **1** 96; **9** 88
Verwaltungsakt **1** 172; **9** 46, 101
Ablösung, Erbschaftsteuer **7** 23, 25, 37
Abnehmer, Umsatzsteuer **23** 3, 6a, 13a, 25b
Abnehmernachweis, Umsatzsteuer **24** 17
Abnutzbare Anlagegüter
Bewertung in Steuerbilanz **5** 6, 7
Sammelposten **5** 6
Sonderabschreibungen **5** 7c, 7g; **6** 81, 82f

Abrechnung
Einkommensteuer **5** 36
Gewerbesteuer **10** 20
Grundsteuer **13** 30
Umsatzsteuer **23** 14, 18; **24** 48
Abrechnungsbescheid **1** 218; **4** Art. 97 § 13a
Abruf, Lohnsteuerabzugsmerkmale **5** 39e
Abrundung
Allgemeines **1** 156; **4** Art. 97 § 9a
Bedarfswert **3** 139
Einheitswert **3** 30
Gewerbeertrag **10** 11
Grundbesitzwert **3** 139
Grunderwerbsteuer **12** 11
Grundsteuerwert **3** 230
Kapitalertragsteuer **5** 44
Körperschaftsteuer **17** 31
Steuerabzugsbeträge **5** 36
Vermögen **7** 10
Zinsen **1** 238
Abschläge
Bedarfswert **3** 143, 145, 147, 173
Einheitswert **3** 41, 47, 53, 56, 82, 85–88, 92, 129a
Erbschaftsteuer **7** 13a, 13c
Grundsteuer **13** 15
Abschlusszahlung
Einkommensteuer **5** 36
Gewerbesteuer **10** 20
Grundsteuer **13** 30, 31
Körperschaftsteuer **17** 31
Umsatzsteuer **23** 18
Abschöpfung, Mehrerlöse **5** 4
Abschreibungen *s. Absetzung für Abnutzung*
Abschreibungsgesellschaft *s. Verlustzuweisungsgesellschaft*
Absetzung für Abnutzung
Allgemeines **5** 6, 7, 9, 56; **6** 11d
Bedarfsbewertung **3** 146
Durchschnittssatzgewinnermittlung **5** 13a
Einheitsbewertung **3** 86
Elektrofahrzeuge **5** 6
erhöhte Absetzungen **5** 7a, 7h, 7i; **6** 82a, 82g, 82i
Handelsbilanz **34** 253, 255
Handelsschiffe **5** 5a
nach erhöhten Absetzungen **5** 7h, 7i
privates Veräußerungsgeschäft **5** 23
Sonderabschreibungen **5** 7a, 7g; **6** 81, 82f
Spezialinvestmentfonds **15** 35, 39
Überschussrechnung **5** 6; **6** 10
Umwandlungssteuergesetz **22** 4, 23
Zinsschranke **5** 4h
Absetzung für Substanzverringerung **5** 7, 9; **6** 11d
Abspaltung
Kapitaleinkünfte **5** 20
Körperschaftsteuer **17** 29
Umwandlungssteuergesetz **22**
Abstandnahme
Kapitalertragsteuerabzug **5** 44a, 50g; **15** 7, 29, 50
Steuerabzug bei beschränkter Einkommensteuerpflicht **5** 50a, 50g
Abtretung
Altersvorsorge **5** 82
Anzeigepflichten **6** 29
Direktversicherung **5** 4b
Erstattungs- und Vergütungsansprüche **1** 37, 46, 383
Investmentanteile **15** 2, 19
Kapitaleinkünfte **5** 20; **17** 8b
Kapitalertragsteuer **5** 43
Körperschaftsteuerguthaben **17** 37
Nachversteuerung **5** 10; **6** 30
Umsatzsteuer **23** 13c, 22, 27
Abwälzung, Lohnsteuer **5** 40
Abweichende Fälligkeitsbestimmung, Umsatzsteuer und Verbrauchsteuern **1** 221
Abweichende Feststellung, Bedarfswert **3** 151
Abweichende Steuerfestsetzung **1** 163
Abweichendes Wirtschaftsjahr
Einkommensteuer **5** 4a; **6** 8b, 8c
Gewerbesteuer **10** 10
Körperschaftsteuer **15** 6; **17** 7, 31
Abwendung, Vollstreckung **1** 292, 339–341
Abwesenheitspfleger **1** 81
Abwicklung von Betrieben
Gewerbesteuer **11** 16
Körperschaftsteuer **17** 11; **22** 22
Abwicklung von Investmentfonds **15** 17
Abwicklungsschein, Umsatzsteuer **24** 73

Abziehbare Aufwendungen
Einkommensteuer **5** 4, 9, 10, 10b, 33
Körperschaftsteuer **17** 9
Abzinsung
Bodenwert **3** 257, Anl. 41
Forderungen und Schulden **3** 12
Rückstellungen **5** 6; **17** 20, 21, 21a; **34** 253, 277
Verbindlichkeiten **5** 6
wiederkehrende Nutzungen und Leistungen **3** 13
Abzug
ausländische Einkommensteuer **2** 15; **5** 32d, 34c; **10** 8; **15** 47
ausländische Körperschaftsteuer **10** 8; **15** 47; **17** 31
Erbschaftsteuer aus früherem Erwerb **7** 14
vom Gewinn, Einkommensteuer **5** 3 (40), 6b, 6c
Kapitalertragsteuer **5** 36a
Lohnsteuer bei Schiffsbesatzungen **5** 41a
von Schulden, Bewertung Betriebsvermögen **3** 103
Abzugsbetrag
Betriebe im Beitrittsgebiet **5** 58
Erbschaftsteuer **7** 13a
Investitionen **5** 7g
selbst genutzte Wohnung **5** 10e, 10f
Abzugsverbot
Ausgaben **5** 3 (26, 26a), 3a, 3c, 4k, 9, 10, 12, 52; **15** 21, 44; **17** 8, 8b, 10
ausländische Steuern **5** 34c
Erbschaftsteuer **7** 10
Strafen **5** 12; **17** 10
Vorsteuern **23** 15
Adoptivkinder
Abgabenordnung **1** 15
Einkommensteuer **5** 32
Erbschaftsteuer **7** 15
Adressat, Verwaltungsakt **1** 118, 122
AfA *s. Absetzung für Abnutzung*
Akkumulationsrücklage **5** 58
Akteneinsicht
der Finanzbehörde **1** 395
beim Finanzgericht **9** 78
Aktenvermerk über Einleitung Strafverfahren **1** 397
Aktien *s. Aktienfonds bzw. Aktiengesellschaft bzw. Wertpapiere*
Aktienfonds **15** 2, 20, 48
Aktiengesellschaft
Bewertung Betriebsvermögen **3** 97, 109
Erbschaftsteuer **7** 2
Gewerbesteuer **10** 2; **11** 25
Immobilien-AG **5** 3 (70)
Investmentaktiengesellschaft **15** 6, 27, 29, 54
Körperschaftsteuer **17** 1, 14
Aktiengewinn, Spezialinvestmentanteile **15** 48, 49
Aktive Tätigkeit, ausländische Zwischengesellschaft **2** 8
Aktivierung
Direktversicherung **5** 4b
und Euroumrechnungsrücklage **5** 6d
immaterielle Anlagegüter **5** 5
Umwandlung **22** 4, 11
Aktivvermögen, Investmentfonds **15** 2
Aktivitätsklausel, ausländische Verluste **5** 2a
Aktivlegitimation, finanzgerichtliches Verfahren **9** 48
Alkohol
Umsatzsteuer **23** 1a, 24, 28, Anl. 2
Alkoholerzeugnisse, Umsatzsteuer **23** 4 (19)
Alleinerziehende, Einkommensteuer **5** 2, 24b, 38b
Alleinstehende
Entlastungsbetrag für Kinder **5** 2, 24b
Steuerermäßigung bei haushaltsnahen Tätigkeiten **5** 35a
Allgemeine Verwaltungsvorschriften
Vertrauensschutz **1** 176
Zuständigkeit **32** 108
Allgemeinverfügung **1** 118, 121, 122, 172, 367; **4** Art. 97 § 18a; **13** 25
Altanteile **15** 17, 56
Altbauten, selbst genutztes Wohneigentum **5** 10e
Altenheim
Gewerbesteuer **10** 3
Nutzungsrechte **5** 10; **27** 2
Umsatzsteuer **23** 4 (16)
Zweckbetrieb **1** 68
Altenteiler
Einheitswert Wohnung **3** 34
Nutzungswert Wohnung **5** 13
Alternative Investmentfonds, Vermögensbildung **25** 2

Altersentlastungsbetrag 5 24a, 39b
Altersgrenze, betriebliche Altersversorgung **5** 4d, 6a
Altersheim *s. Altenheim*
Altersklassen, Einheitsbewertung für Forstwirtschaft **3** 55
Alterssicherung, Landwirte **5** 3 (1, 17)
Altersteilzeit
einkommensteuerfreie Einnahmen **5** 3 (28, 65)
Lohnsteuer **5** 41, 41b, 42b
Progressionsvorbehalt **5** 32b
Altersversorgung, Erbschaftsteuer **7** 13b
Altersvorsorge
Beiträge **5** 82; **27** 2
Eigenheimbetrag **5** 22, 92a, 92b
Einkünfte **5** 22, 22a, 49
über Investmentanteile **5** 49; **15** 8, 12, 14, 16
Sonderausgaben **5** 10, 10a, 37
Übertragung von Vermögen **5** 3 (55c–55e)
Altersvorsorgeeigenheimbetrag 5 92a, 92b
Altersvorsorgevermögensfonds 15 8, 53, 54
Altersvorsorgezulage
Allgemeines **5** 79–99; **31** 5
Anrechnung auf Einkommensteuer **5** 2
Datenübermittlung **1** 87b, 88
Sonderausgaben **5** 10a
Alterswertminderung, bebautes Grundstück **3** 146, 190, 259, Anl. 22
Altverluste, privates Veräußerungsgeschäft **5** 23
Altverträge, Lebensversicherung **5** 52
Ambulanzeinrichtungen
Gewerbesteuer **10** 3
Umsatzsteuer **23** 4 (14, 16)
Amtsermittlungspflicht
Finanzgerichtsverfahren **9** 76
Verwaltungsverfahren **1** 88
Amtshilfe
Besteuerungsverfahren **1** 111–115, 117, 117c; **5** 10b; **7** 13, 17; **10** 9; **15** 2, 8; **17** 9
gerichtliches Verfahren **9** 13
Vollstreckungsverfahren **1** 250; **5** 10b; **10** 9; **17** 9
s. a. Rechtshilfe
Amtspflichtverletzung 1 32
Amtssprache 1 87
Amtsträger
Allgemeines **1** 7, 30, 82, 83
Bearbeitung durch A. **1** 150, 154
Beihilfe zur Hinterziehung **1** 370
Amtsverschwiegenheit 1 30
Anbauverzeichnis, Land- und Forstwirtschaft **1** 142
Anbieter, Altersvorsorgeverträge **5** 80, 89
Änderung der Altersvorsorgezulage 5 90, 91
Änderung der Anmeldung
beschränkte Einkommensteuerpflicht **5** 50a, 50c
Kapitalertragsteuer **5** 44b
Änderung von Aufzeichnungen 1 146
Änderung der Bemessungsgrundlage, Umsatzsteuer **23** 17, 22
Änderung von Bescheiden
auf Antrag oder mit Zustimmung **1** 172
Arbeitnehmersparzulage **25** 14
Aufteilungsbescheid **1** 280
Bewertung **3** 5–7, 14, 24a
bei Datenübermittlung durch Dritte **1** 175b
Einkommensteuer **5** 3a, 3c, 4, 5a, 7b, 7g, 10d, 32c, 34a, 111
Einspruch gegen Änderungsbescheid **1** 347
Erbschaftsteuer **7** 28a
Festsetzungsverjährung **1** 169–171; **4** Art. 97 § 10
Gewerbesteuer **10** 35b
Grunderwerbsteuer **12** 16
Grundsteuer **13** 21, 27, 30
Grundsteuerwert **3** 225
Kindergeld **5** 70
Körperschaftsteuer **17** 32a, 37
offenbare Unrichtigkeit **1** 129, 169, 171, 173a
personenbezogene Daten **1** 32f
Säumniszuschläge **1** 240
Solidaritätszuschlag **20** 1
teilweise Rücknahme **1** 130, 132
Umsatzsteuer **23** 27
Umwandlungssteuergesetz **22** 6
Verfahrensmängel **1** 127
Vermögensbindung **1** 61
bei Verständigungsvereinbarung **1** 175a
Vertrauensschutz **1** 176
Verzinsung von Steuern **1** 233a

Vorbehalt der Nachprüfung **1** 164, 172
vorläufige Steuerfestsetzung **1** 165, 171, 172
während gerichtlichen Verfahrens **9** 42, 68, 123, 127
Zerlegungsverfahren **1** 189
Änderung von Beteiligungsverhältnissen, Grunderwerbsteuer **12** 1, 13, 19
Änderung der Bilanz 5 4
Änderung der Klage 9 67, 123
Änderung des Lohnsteuerabzugs 5 39, 39a, 39c, 41c
Änderung der Rechtsprechung, Vertrauensschutz **1** 176
Änderung des Teilfreistellungssatzes 15 22
Änderung der Unternehmensform 22
Änderung der verbindlichen Zusage 1 207
Änderung von Verhältnissen
Einheitswert **3** 22, 41
Einkommensteuer **5** 26, 89
Grundsteuerwert **3** 222, 228, 266
Vorsteuerabzug **23** 15a, 17; **24** 44, 45
Änderung des Wohnungsbauprämienanspruchs nach Festlegung **27** 4a, 4b
Andienung, Wertpapiere **5** 20, 52
Androhung, Zwangsmittel **1** 332, 336; **9** 154
Anerkenntnis, Zahlungsverpflichtung **1** 167
Anfechtung
Kostenentscheidung **9** 145
Rechtsgeschäft **1** 41
Verlustfeststellung **5** 15b
Verwaltungsakt **1** 177, 351; **9** 42
Anfechtungsklage 9 40, 44, 45, 47
Anfrage, Identifikationsnummer **1** 93a; **5** 43
Angehörige
Auskunfts- und Eidesverweigerungsrecht **1** 101
Begriff **1** 15, 58
Grunderwerbsteuer **12** 3
unbeschränkte Einkommensteuerpflicht **5** 1, 1a
Unterhaltsaufwendungen für A. **5** 10, 12, 33a, 50
Anhang zum Jahresabschluss **34** 264, 284–288
Anhörung 1 91, 117c, 126
Anhörungsrüge bei Steuergericht **9** 133a
Anlagebedingungen, Investmentfonds **15** 2, 10, 26, 52, 56
Anlageformen, Vermögensbildung **25** 2
Anlagegold, Umsatzsteuer **23** 25c
Anlagegüter
Bewertung **5** 6
geringwertige A. **5** 6
immaterielle A. **5** 5; **34** 240, 241a
nichtabnutzbare A. in Überschussrechnung **5** 4
Reinvestitionsvergünstigung **5** 6b, 6c
und Schulden **5** 4
Sonderabschreibungen **5** 7c, 7g; **6** 81, 82f
Vorsteuerabzug **23** 15a
Anlagen
in Wohngebäude, energetische Maßnahmen **5** 35c
in Wohngebäude, erhöhte Absetzungen **6** 82a
zur Einkommensteuererklärung **6** 60
Anlagevermögen *s. Anlagegüter*
Anlaufhemmung, Festsetzungsfrist **1** 170
Anleihen, Kapitalertragsteuer **5** 43
Anmeldung
Altersvorsorgezulagen **5** 90, 94
Einkommensteuer bei beschränkter Steuerpflicht **5** 50a, 50c; **6** 73e
in Euro **4** Art. 97 § 21
Feuerschutzsteuer **1** 152
Grundsteuer **13** 44 a. F.
Kapitalertragsteuer **5** 36a, 44b, 45a, 50c
Kirchensteuer **5** 51a
Lohnsteuer **5** 37a, 37b, 40a, 41a, 72
Steuern, Bauleistungen **5** 48, 48a
Steuern, Verfahren **1** 150, 167, 168, 170, 218, 249; **4** Art. 97 § 21
Umsatzsteuer **23** 18, 21a; **24** 46–48
Versicherungsteuer **1** 152
Wohnungsbauprämien **27** 4a
Annahmewerte für Sicherheiten **1** 246
Anonyme Konten 1 154
Anpassungsgelder, Kohleausstiegsgesetz **5** 3 (60), 32b, 52
Anrechnung
ausländische Einkommensteuer **2** 12, 15; **5** 5a, 32d, 34c, 50; **6** 68a, 68b; **22** 20
ausländische Körperschaftsteuer **2** 12, 15, 20; **15** 47; **17** 26; **22** 20

Bauleistungen **5** 48c
Einkünfte und Bezüge auf Einkommensteuerfreibeträge **5** 33a
Erbschaftsteuer **7** 6, 14, 21, 26
EU-Gemeinschaftssteuer **5** 22
Forschungszulage **5** 36
Gewerbesteuer **5** 35
Kapitalertragsteuer **5** 36a, 43-45d; **15** 47; **17** 32
Körperschaftsteuer **1** 180, 182; **17** 36–39
Steuerabzugsbeträge **1** 180, 182; **5** 32d, 36, 48c, 50a, **17** 19
Vorauszahlungen **5** 36, 51a; **17** 31; **23** 18
Zahlungen bei Gesamtschuldnern **1** 276
Zinsen, von **1** 235, 236
Anrechnungsverfügung **1** 218; **4** Art. 97 § 13a
Anrufungsauskunft
Lohnsteuer **5** 19a, 42e
Wohnungsbauprämie **27** 4a
Ansammlung
Rückstellung **5** 6
von Vermögen **1** 62
Ansässigkeit, Unternehmen **5** 50g; **23** 18h, 18j, 18k; **24** 59
Anschaffung, Zeitpunkt **6** 9a
Anschaffungskosten
anschaffungsnaher Aufwand **5** 6, 9, 10e
Begriff **34** 255
Investmentfondsanteile **5** 6e; **15** 52, 56
Kapitalanteile **2** 6; **5** 17; **6** 53; **16** 3; **22** 5, 13, 20–23
Reinvestition **5** 6b
Rückstellung **5** 5
Vermögensbeteiligung **5** 19a
Vorsteuerabzug **5** 9b
Anschlusspfändung **1** 307
Ansparabschreibung, Weitergeltung **5** 7g a. F.
Anspruch auf Gewinn oder Liquidationserlös, Außensteuergesetz **2** 1
Anspruchsberechtigter
Altersvorsorgezulage **5** 79
Kindergeld **5** 62
Mobilitätsprämie **5** 102
Anstalten
Bewertung Betriebsvermögen **3** 97, 109
Leistungen aus A. **5** 3 (40), 20, 43
Umsatzsteuer **23** 10
Vollstreckung gegen A. **9** 151–153
Anteilklassen, Investmentfonds **15** 10–14
Anteilsbewertung **3** 11
Anteilseigner
Begriff für Einkommensteuer **5** 20
Umwandlungssteuergesetz **22** 5, 7, 13, 22
Anteilstausch, Umwandlungssteuergesetz **22** 21, 22
Anteilsvereinigung, Grunderwerbsteuer **12** 1
Antiquitäten, Umsatzsteuer **23** 25a, Anl. 2
Antrag
Abgeltungsteuer **5** 32d
Altersvorsorgezulage **5** 89, 90, 92a, 95
Einkommensteuerveranlagung **5** 32d, 46
Einlagenrückgewähr **17** 27
Gewerbeverlust **10** 10a
Kindergeld **5** 67
Massenanträge **4** Art. 97 § 18a
Mobilitätsprämie **5** 104
nicht entnommener Gewinn **5** 34a
Rechnungsberichtigung **23** 14c
Steuerabzug bei Kirchensteuer **5** 51a
Umsatzsteuer-Durchschnittssätze **23** 23, 23a
Umsatzsteuer-Identifikationsnummer **23** 27a
Umsatzsteuerlager **23** 4 (4a)
Umsatzsteuer-Vergütung **23** 18g; **24** 24, 60, 61, 61a
Vorabverständigungsverfahren **1** 89a
Anwartschaft
betriebliche Altersversorgung **5** 3 (55c, 55d)
Betriebsrente, Vermögensbewertung **3** 104
Kapitaleinkünfte **5** 20, 43
Anwendungsbereich
Abgabenordnung **1** 1-2a
Investmentsteuergesetz **15** 1
Anwendungsvorschriften
Abgabenordnung **1** 1, 2, 415; **4** Art. 96-97a
Bewertungsgesetz **3** 1, 266
Einkommensteuer **5** 52, 57; **6** 84
Erbschaftsteuer **7** 37
Finanzgerichtsordnung **9** 155–184
Grunderwerbsteuer **12** 23
Investmentsteuergesetz **15** 56, 57
Umsatzsteuer **23** 18h, 27, 29

Umwandlungssteuergesetz **22** 27
Vermögensbildung **25** 17, 18
Wohnungsbauprämie **27** 10
Anzahlungen
Abzinsung **5** 6
erhöhte Absetzungen **5** 7a
Sonderabschreibungen **5** 7a
Umsatzsteuer **5** 5; **23** 13, 13b, 14, 15, 17, 22, 27
Anzeigepflichten
Abtretungsanzeige **1** 46
Arbeitgeber **5** 38, 39e
Bausparvertrag **27** 4a, 5
Beihilfen **6** 52
Berichtigung Erklärungen **1** 153; **23** 18b
Einkommensteuer **5** 4g, 32c, 36, 36a, 44, 45a, 92a; **6** 29
Erbschaftsteuer **7** 13a, 28a, 30, 33, 34; **8**
Erfassung der Steuerpflichtigen **1** 137–139, 379
Erwerbsteuer **23** 18
Grunderwerbsteuer **12** 18–20
Grundsteuer **13** 19, 34 a.F., 35
Grundsteuerwert **3** 228
Investmentfonds **15** 13, 28, 31
Kindergeld **5** 67
Lohnsteuer **5** 39, 39e
Lotteriesteuer **1** 139
multinationale Unternehmensgruppe **1** 138a, 379
Notare **1** 102; **6** 54; **7** 30, 34; **8** 7, 8, Muster 5; **12** 18
Steuerstraftat **1** 116
Umsatzsteuer **23** 18, 18h–18k; **31** 5
Vermögensbildung **26** 2, 8
Vermögenszuwachs nach Außensteuergesetz **2** 6, 18
Versicherungsteuer **1** 139
Wohnungsbauprämie **27** 4
Apotheker, Auskunftsverweigerungsrecht **1** 102
Arbeitgeber
Außenprüfung beim A. **1** 193
Begriff **5** 38; **19** 1
Kindergeld **5** 72, 78
Lohnsteuerhaftung **5** 42d
Arbeitnehmer
Bedarfsbewertung von Wohnungen für A. **3** 146
Begriff **19** 1
beschränkte Einkommensteuerpflicht **5** 49, 50
betriebliche Altersversorgung **3** 104; **5** 3 (55, 55c, 56, 62, 63), 4b, 6a
Einkommensteuerveranlagung **5** 46
Einkünfte **5** 19
Freizügigkeit **30** Art. 45–46
auf Handelsschiffen **5** 41a, 52
Kindergeld **5** 72, 78
Leistungen an A. **5** 3 (11a, 19, 34, 37, 60)
Lohnsteuerabzug **1** 20a, 71; **5** 38–42f
Pauschbetrag für Werbungskosten **5** 9a
Umsatzsteuer **23** 2, 3, 4 (7, 23, 24), 10
unbeschränkte Einkommensteuerpflicht **5** 1
Vermögensbeteiligungen **5** 3 (39), 19a, 37b, 44a
Vermögensbildung **25**; **26**
Vorwegabzug von Sonderausgaben **5** 10
Zuschüsse an A. **5** 3 (2, 11a, 15. 28a), 10, 32b, 40
Arbeitnehmerfreizügigkeit, Vorsorgeaufwendungen **5** 10
Arbeitnehmerpauschbetrag **5** 9a
Arbeitnehmersparzulage **25** 13; **26** 1, 6
Arbeitnehmerüberlassung
Kontrollmitteilungen **1** 93a
Lohnsteuer **1** 20a; **5** 38, 42d, 48, 51
Mitteilung **1** 31a
steuerbegünstigte Zwecke **1** 58
Umsatzsteuer **23** 3a, 12
Arbeitsgemeinschaften
Feststellung von Einkünften **1** 180
Gewerbesteuer **10** 2a
Arbeitslohn
Begriff **19** 2
Sozialversicherung **21**
Zerlegungsmaßstab für Gewerbesteuer **10** 29, 31
Zuschläge **5** 3b
Arbeitslosigkeit
Altersvorsorge **5** 10a
Einkommensteuerveranlagung **5** 46
Kinderberücksichtigung **5** 32
Leistungen **5** 3 (2)
Nachversteuerung **5** 10
Progressionsvorbehalt bei Einkommensteuer **5** 32b
Umsatzsteuer **23** 4 (15a, 15b)

Versicherungsbeiträge **5** 10
Wohnungsbauprämie **27** 2
Arbeitsmittel, Werbungskosten **5** 9
Arbeitsplatzschutzgesetz, steuerfreie Leistungen **5** 3 (47)
Arbeitszimmer **5** 4, 9, 10
Architekt
Einkünfte **5** 18
Umsatzsteuer **23** 3a; **24** Anl.
Archive
Einkommensteuer **5** 10g
Erbschaftsteuer **1** 224a; **7** 13, 13b
Umsatzsteuer **23** 4 (20)
Vermögensteuer **1** 224a
Armenrecht, Prozesskostenhilfe **9** 142
Arrest, Vollstreckungsverfahren **1** 324–326
Artfortschreibung
Einheitsbewertung **3** 22, 27
Grundsteuerwert **3** 222, 227, 266
Ärzte
Auskunftsverweigerungsrecht **1** 102
Einkünfte **5** 18
Umsatzsteuer **23** 4 (14)
Atomkraftwerk, Rückstellungen **5** 5, 6
Aufbewahrungspflichten
Bausparkassen **27** 4a
beschränkte Einkommensteuerpflicht **6** 73d
Buchführung und Aufzeichnungen **1** 146–148; **4** Art. 97 § 19a; **34** 257
Kapitalertragsteuer **5** 43
Spenden **6** 50
Steuerdaten **1** 87c, 87d
Umsatzsteuer **23** 14b, 22, 22f; **24** 40
Aufenthalt, gewöhnlicher A. **1** 9
Aufgabe
ausländische Betriebsstätte, Einkommensteuer **5** 2a, 52
Wohnsitz oder gewöhnlicher Aufenthalt, Einkommensteuer **5** 2a
Aufhebung
Arrest **1** 325, 326
Einheitswert **3** 24, 25, 266
Grundsteuerwert **3** 224
Veranlagung, Gewerbesteuer **10** 35b
Veranlagung, Grunderwerbsteuer **12** 16
Veranlagung, Grundsteuer **3** 266; **13** 20
Veranlagung, Säumniszuschläge **1** 240
verbindliche Zusage **1** 207
Verwaltungsakt **1** 60a, 127, 130, 132, 164, 165, 169–177; **4** Art. 97 § 9, Art. 97a; **5** 4, 7b, 70; **9** 100; **17** 32a, 37
Vollstreckung **1** 257, 258, 262
Vollziehung **1** 361; **9** 69
Vorbehalt der Nachprüfung **1** 164, 347
Wohnungsbauprämienanspruch **27** 4a, 4b
Aufklärungsanordnung, Finanzgericht **9** 79, 128
Aufklärungspflichten
Finanzbehörde **1** 88
Steuerpflichtiger **1** 90, 160
Aufkommen
steuerliche Nebenleistungen **1** 3
Verteilung Steueraufkommen **31** 5
s. a. Steueraufkommen
Auflagen
Erbschaftsteuer **7** 3, 6, 7, 10
Grunderwerbsteuer **12** 3
Verwaltungsakt **1** 120, 131, 379
Auflösend bedingter Erwerb **3** 5
Auflösend bedingte Lasten **3** 7
Auflösung
Ausgleichsposten **5** 4g; **17** 14
Ehe **1** 15; **5** 32a
Körperschaften **5** 2a, 3 (40), 15, 16, 17; **17** 1a, 8b, 11, 28; **22** 22
Rücklagen **1** 62; **5** 5a, 6b, 6d, 7g a.F., 13a, 52, 58; **17** 17; **22** 6
Rückstellungen **5** 5, 6a; **17** 34; **22** 6
Sammelposten für abnutzbare Anlagegüter **5** 6
Spezialinvestmentfonds **15** 52
Wohnförderkonto **5** 92a, 92b
Zugewinngemeinschaft **7** 5
Aufmerksamkeiten, Umsatzsteuer **23** 3
Aufnahme, Gesellschafter in Einzelunternehmen **5** 6
Aufrechnung
Allgemeines **1** 226
Gesamtschuldner **1** 44
Gewerbesteuer **10** 20
Grundsteuer **13** 30
Kindergeld **5** 75
Umsatzsteuer **24** 48
Verzinsung **1** 238
Aufschiebend bedingter Erwerb **3** 4
Aufschiebend bedingte Lasten **3** 6
Aufschiebende Wirkung **1** 284; **9** 69, 131

Aufschlagsverfahren, Umsatzsteuer **24** 63
Aufschub
Außenprüfung **1** 197
Vollstreckung **1** 258
Aufsicht
Beihilfen in der EU **30** Art. 108
Datenschutz **1** 32g–32h
Aufsichtsrat
Außenprüfung **1** 194
Einkünfte **5** 18
Steuerabzug bei beschränkter Einkommensteuerpflicht **5** 50a
Umsatzsteuer **23** 3a
Vergütungen bei Körperschaftsteuer **17** 10
Aufsichtsratsteuer, Stundung **1** 222
Aufspaltung
Körperschaftsteuer **17** 29
Umwandlungssteuergesetz **22**
Aufstiegshilfen, Umsatzsteuer **23** 12
Aufstockung, Buchwerte bei Sacheinlage **22** 4, 23
Aufstockungsbeträge, Altersteilzeit **5** 3 (28), 32b, 41, 41b, 42b
Aufteilung
Allgemeinkosten **15** 40
Aufteilungsbescheid **1** 279
Ausbildungsfreibetrag **5** 33a, 46
außergewöhnliche Belastungen bei Einzelveranlagung **5** 26a; **6** 61
Behindertenpauschbetrag **5** 33b
Betriebsausgaben bei Holznutzungen **5** 34b
Einheitswert **3** 3
Gesamtschulden **1** 268–280
Gewinn **1** 90; **5** 4a
Hinterbliebenenpauschbetrag **5** 33b
Sonderausgaben bei Einzelveranlagung **5** 26a
Steuerermäßigung bei Einzelveranlagung **5** 26a
Verluste **6** 62d
Vorsteuerbetrag **23** 15, 22; **24** 43
Werbungskosten **15** 21, 44
Auftragsforschung
Gewerbesteuer **10** 3
Körperschaftsteuer **17** 5
Zweckbetrieb **1** 68
Aufwandsentschädigung
Einkommensteuer **5** 3 (12, 45), 26b
Sozialversicherung **21** 1
steuerbegünstigte Zwecke **1** 67a
Vollziehungsbeamte **1** 345
Aufwendungen
außergewöhnliche Belastungen **5** 33-33b
Betriebsausgaben **5** 4
energetische Maßnahmen **5** 35c
Gewerbesteuer **10** 9
Rechteüberlassung **5** 4j
Rechtsverteidigung **9** 139
selbst genutzte Wohnung **5** 10e, 10f
Sonderausgaben **5** 10, 10b, 10e–10i
Umsatzsteuerbemessungsgrundlage **23** 10
Wege des Steuerpflichtigen **5** 4, 9
Werbungskosten **5** 9
Aufwendungsersatz, Spendenabzug **5** 10b; **6** 50; **17** 9
Aufwuchs auf Grund und Boden
Durchschnittssatzgewinnermittlung **5** 13a
Reinvestitionsvergünstigung **5** 6b, 6c
Aufzeichnungen
Anforderungen an Ordnungsmäßigkeit **1** 145, 146-146b; **4** Art. 97 § 30; **34** 239
Beweiskraft **1** 158
Aufzeichnungspflichten
Allgemeines **1** 90, 140, 141; **4** Art. 97 § 22
Ausgleichsposten bei Entstrickung **5** 4g
Auslandsbeziehungen **1** 90; **4** Art. 97 § 22
beschränkte Einkommensteuerpflicht **6** 73d
bei Datenübermittlung **1** 87c, 87d
Erbschaftsteuer **7** 31
Erleichterungen **1** 148
Investitionsabzugsbetrag **5** 7g
Kapitalertragsteuer **5** 43; **15** 7
Körperschaftsteuer **17** 27, 28
Lohnsteuerabzug **5** 19a, 41; **19** 4, 5
Schätzung der Besteuerungsgrundlagen **1** 162; **5** 4
Schuldzinsenabzug **5** 4
Spenden **6** 50
steuerbegünstigte Zwecke **1** 63
Tierzucht und Tierhaltung **3** 51a; **5** 13b
Umsatzsteuer **23** 6b, 22, 22b, 22f, 25-25c; **24** 13, 17c, 18, 18i–18k, 21, 22, 24, 63–68, 72, 73
Verletzung der A. **1** 379
vermögenswirksame Leistungen **26** 3
Wareneingang und Warenausgang **1** 142, 144

Aufzeichnungsträger, Umsatzsteuer **23** Anl. 2
Aufzucht, Vieh, Umsatzsteuer **23** 12
Augenschein, Finanzbehörde **1** 98, 99
Ausbau
erhöhte Absetzungen **6** 15
Reinvestitionsvergünstigung **5** 6b
Sonderausgabenabzug für selbst genutzte Wohnung **5** 10e
Ausbeutung von Bodenschätzen
Absetzung für Substanzverringerung **5** 7; **6** 11d
Einkünfte **5** 21
Ausbilder, einkommensteuerfreie Einnahmen **5** 3 (26)
Ausbildungsbedarf, Freibetrag bei Einkommensteuer **5** 32, 33a
Ausbildungsdienstverhältnis
Kinderfreibetrag **5** 32
Werbungskosten **5** 9
Ausbildungsfreibetrag **5** 33a, 46
Ausbildungsplatzmangel, Kinderberücksichtigung **5** 32
Ausfuhr
Abgaben **1** 3, 23, 87e, 370, 373, 374, 379, 382
Aufhebung oder Änderung Verwaltungsakt **1** 172
Festsetzungsfrist **1** 169–171
Sachhaftung, Abgaben **1** 76
Steueraufsicht **1** 209–217
Umsatzsteuer **23** 4 (1, 3, 6), 4a, 6, 7, 15, 24; **24** 8–13, 17, 20, 21; **30** Art. 111, 112
Ausgaben
Betriebsausgaben **5** 4
nichtabzugsfähige A. **5** 12
selbst genutzte Wohnung **5** 10e, 10f
Sonderausgaben **5** 10, 10b
Umsatzsteuer **5** 9b; **23** 10
Werbungskosten **5** 9
Ausgangsbetrag, Grundstücksbewertung **5** 55
Ausgangswert, Einheitsbewertung **3** 83, 90
Ausgleichsanspruch, Lebensversicherung **5** 10, 20
Ausgleichsforderung, Zugewinngemeinschaft, Erbschaftsteuer **7** 5, 30
Ausgleichsgelder, landwirtschaftliche Arbeitnehmer **5** 3 (27)
Ausgleichsleistungen, Einkommensteuer **5** 1a, 3 (7), 10
Ausgleichsposten
Auflösung bei Entstrickung **5** 4g
Körperschaftsteuer **17** 34
Organschaft **17** 14
Ausgleichszahlungen
Einkommensteuer **5** 1a, 3 (3), 4, 10, 22, 24
Körperschaftsteuer **17** 14, 16
Ausgliederung
Finanzamtsaufgaben **1** 29a
Umwandlungssteuergesetz **22**
Aushilfskräfte, Lohnsteuer **5** 40a
Auskunft
Bundeszentralamt für Steuern **31** 5
Datenerhebung **1** 32c, 32e
Steuerabzug bei Bauleistungen **5** 48b
steuerbegünstigte Zwecke **1** 60a
verbindliche Auskunft **1** 89
verbindliche Zusage **1** 204
Vermögensauskunft **1** 284
Auskunftsersuchen, Vollstreckungsverfahren **1** 249
Auskunftspflichten
Altersvorsorge **5** 92, 96
Auslandsbeziehungen **1** 90; **2** 16, 17
Außenprüfung **1** 200
Behörden **1** 89, 105, 106; **9** 86
Betriebseröffnung **1** 138
Bundesausbildungsförderungsgesetz **1** 150
Drittschuldner **1** 316
Einheitsbewertung **3** 29
Grundsteuerwert **3** 229
Kindergeld **5** 67, 68
Kreditinstitut **1** 154; **5** 45d
Schätzung der Besteuerungsgrundlagen **1** 162
Steuergeheimnis **1** 30-31a
Umsatzsteuer **1** 138; **23** 27b
Verfahren bei Finanzbehörde **1** 93, 105, 106, 146b
Verfahren bei Finanzgericht **9** 86
Vollstreckungsverfahren **1** 249, 315
Zölle und Verbrauchsteuern **1** 211
Auskunftsverweigerungsrecht **1** 101–103, 106
Auslagen
Amtshilfe **1** 115
gerichtliches Verfahren **9** 139

Steuerstrafverfahren **1** 408
Vollstreckungsverfahren **1** 344, 345
Auslagenersatz, Arbeitnehmer **5** 3 (50)
Auslagerung, Umsatzsteuerlager **23** 4 (4a), 5, 10, 13, 13a, 15, 22
Ausland
Altersvorsorge **5** 10a, 79, 86
Amts- und Rechtshilfe **1** 117-117d
Anzeigepflichten **1** 138, 379; **6** 29
Aufzeichnungspflichten **1** 90, 146; **4** Art. 97 § 22
Ausbildungsfreibetrag **5** 33a
Ausschüttungen an Muttergesellschaften **5** 43b, Anl. 2
Außensteuergesetz **2**
Bausparkassen im A. **27** 2
Bekanntgabe im A. **1** 122
Bestätigungsvermerke ausländischer Behörden **2** 17
Betriebsausgabenabzug **5** 4k
Bewertung von Vermögen im A. **3** 31, 32, 151, 231
Beziehungen zum A. **1** 90
Buchführungspflichten **1** 146
Drittlandsgebiet **23** 1
Drittstaat-Gesellschaften **1** 138b, 147a, 170, 370; **4** Art. 97 § 32
Einkünfte aus dem A. **1** 170; **5** 20, 32b, 34c, 34d, 49; **6** 68a, 68b; **17** 26
Empfangsbevollmächtigter **1** 123
Entstrickung **5** 4, 4g, 17; **17** 12
Erbschaftsteuer **2** 5, 15; **7** 2, 3, 7, 12, 13-13b, 20, 21, 30, 33; **8** 9
Gesellschaften **5** Anl. 2–3
Gewerbesteuer für Betriebsstätten im A. **10** 2, 9; **11** 7
Grunderwerbsteuer **12** 19
Immobilienfonds und -gesellschaften **15** 2
Investmentfonds und -gesellschaften **2** 7, 13, 13; **15**
Kapitalanteile **16** 7; **17** 8b
Kapitalertragsteuer **5** 43, 43a, 44a, 44b, 50d, 50j
Kaufkraftausgleich **5** 3 (64)
Kinder im A. **5** 10, 32, 33a
Kindergeld **5** 31, 62, 63, 65
Lohnsteuer **5** 40a
Nachversteuerung bei Rückkehr ins A. **5** 10
Nachweis- und Mitwirkungspflichten **1** 90; **4** Art. 97 § 22
negative ausländische Einkünfte **5** 2a
Organschaft **10** 2; **17** 14, 19; **23** 2
Quellensteuer **5** 32d, 43a
Reisekosten **5** 4
Schätzung von Besteuerungsgrundlagen **1** 162
Schulen im A. **5** 10
Sonderabschreibungen für Mietwohnungsneubau **5** 7b
Sonderbetriebsausgabenabzug **5** 4i
Steuerabzug bei Bauleistungen **1** 20a; **5** 48-48d
steuerbegünstigte Zwecke **1** 51; **5** 10b; **10** 9; **17** 9
Steuerbürge im A. **1** 244
Steuerstraftaten **1** 370, 374, 378, 379
Stiftung im A. **2** 15
Umsatzsteuer **1** 21; **23** 1-1b, 2a, 3, 3b–3d, 4 (1), 4a, 4b, 6, 6a, 7, 13b, 14a, 15, 18-18k, 22a, 24, 27a; **24** 2–4, 6–7
Umzug ins A. **2** 2, 4, 5
Unterhaltsfreibetrag **5** 33a
Verlegung des Betriebs ins A. **5** 2a
Verluste **5** 2a
Vermögen im A., Erbschaftsteuer **7** 13a
Versicherungsunternehmen im A. **5** 10
zwischengeschaltete Gesellschaften **2** 5, 7–12
Auslandsbeziehungen
Aufzeichnungspflichten **1** 90; **4** Art. 97 § 22
Außensteuergesetz **2**
Beteiligungen **1** 138, 379
Unterlagen **31** 5
Ausleihungen, Euroumrechnungsrücklage **5** 6d
Ausrüstung, Beförderungsmittel, Umsatzsteuer **23** 1, 6, 8
Ausscheiden
Betriebsvermögen **5** 4, 6
Gesellschafter **5** 16; **7** 3, 7; **10** 7; **17** 1a
Ausschließliche Wirtschaftszone *s. Wirtschaftszone*
Ausschließlichkeit, steuerbegünstigte Zwecke **1** 56
Ausschluss
Amtsträger **1** 82, 83
Aufhebung oder Änderung Bescheid **1** 173

Besteuerungsrecht **2** 6; **5** 4, 4g, 16, 17; **17** 12; **22** 2–4, 11, 13, 20, 21, 24
Durchschnittssatzgewinnermittlung **5** 13a
Einkommensteuerbefreiung **5** 3 (26a)
Einspruch **1** 348
Förderung Wohneigentum **5** 10e, 10f
Gerichtspersonen **9** 51
Kapitalertragsteuererstattung **5** 44b
Öffentlichkeit **9** 52
Richteramt **9** 18–21, 51
Sonderausgabenabzug **5** 10
Straffreiheit bei Selbstanzeige **1** 371
Umsatzsteuervergütung **24** 59
Vorsteuerabzug **23** 3, 15, 22, 25, 25c, 25f; **24** 43, 62, 70
Ausschüttungen
Einkommensteuer **5** 17, 20, 43-45d, Anl. 2
Erbschaftsteuer **7** 13a, 28a
Investmentfonds **15** 2, 6, 16, 17, 29, 35, 37–41
Körperschaftsteuer **17** 1a, 8, 8b, 27, 28, 34–39
Umwandlungssteuergesetz **22** 22
Ausschüttungsbelastung 17 36–39
Ausschüttungsgleiche Erträge, Spezialinvestmentfonds **15** 33–35, 49
Außenanlagen
Bedarfsbewertung **3** 184, 189
Einheitsbewertung **3** 78, 89, 92, 94
Grundsteuerwert **3** 252, 258
privates Veräußerungsgeschäft **5** 23
Außenprüfung
Allgemeines **1** 146b, 193–203
abgekürzte A. **1** 203
Aufhebung oder Änderung Bescheid **1** 173
bei Auslandsbeziehungen **1** 90; **2** 18
Festsetzungsverjährung **1** 171
Feststellung von Besteuerungsgrundlagen **3** 156
Investmentfonds **15** 5
Kapitalertragsteuer und anrechenbare Körperschaftsteuer **5** 50b
Lohnsteuer **5** 42f
Nutzung der Datenverarbeitung **1** 146, 147, 200
und Selbstanzeige **1** 371
Steuerabzug bei beschränkter Steuerpflicht **6** 73d
Umsatzsteuer **23** 27b
verbindliche Zusage nach A. **1** 204–207
Vorbehalt der Nachprüfung **1** 164
Wohnungsbauprämie **27** 4a
Zölle und Verbrauchsteuern **1** 210
Außergerichtliches Rechtsbehelfsverfahren 1 347–367; **4** Art. 97 § 18; **9** 44
Außergewöhnliche Abnutzung
Einkommensteuer **5** 7; **6** 11c
Handelsbilanz **34** 253, 277
Außergewöhnliche Belastungen
Allgemeines **5** 33-33b
Einzelveranlagung **5** 26a; **6** 61, 62d
Außergewöhnliche Grundsteuerbelastung, Einheitsbewertung **3** 81
Außerordentliche Einkünfte 5 32b, 32c, 34, 34b; **15** 47, 56
Außersteuerliche Vergünstigungen, Kontenabruf **1** 93
Aussetzung
außergerichtliches Rechtsbehelfsverfahren **1** 363
gerichtliches Rechtsbehelfsverfahren **9** 46, 74, 128
Körperschaftsteuerguthabenerstattungen **17** 37
Steuerfestsetzung **1** 165, 171
Steuerstraf- oder Bußgeldverfahren **1** 396, 410
Verwertung **1** 297
Vollziehung, außergerichtliches Rechtsbehelfsverfahren **1** 237, 361; **9** 69, 113, 131
Aussetzungszinsen 1 237; **4** Art. 97 § 15
Ausspielungen, Zweckbetrieb **1** 68
Ausstellungen, Umsatzsteuer **23** 13b
Austausch
Informationen innerhalb der EU **1** 138d–138h; **31** 5
Sicherheiten **1** 247
Austauschpfändung 1 284
Auswärtige Unterbringung, Einkommensteuer **5** 10, 33a; **6** 64
Ausweispflichten 1 198
Auswertung
Daten **1** 117c, 138j; **31** 5, 5a
Prüfungsfeststellungen **23** 27b
Auszahlende Stelle
Kapitalertragsteuer **5** 44, 45a–45c
Kirchensteuer **5** 51a

Auszahlung
Altersvorsorgeeigenheimbetrag **5** 92b
Altersvorsorgezulage **5** 90
Arbeitnehmer-Sparzulage **26** 1, 7
Investmentfonds **15** 12, 13, 31
Kindergeld **5** 70, 71
Körperschaftsteuerguthaben **17** 37
Mobilitätsprämie **5** 105
Authentifizierung bei Datenübermittlung **1** 87a; **5** 39e
Automationsgestützte Steuerfestsetzung **1** 150, 154
Automatisierter Abruf
personenbezogene Daten **1** 29c
Steuergeheimnis **1** 30
Automatisierter Austausch
über Finanzkonten **1** 138e
über grenzüberschreitende Gestaltungen **1** 138j

Bäckerei, Vorsteuer-Durchschnittssätze **24** Anl.
Backwaren, Umsatzsteuer **23** Anl. 2
Badeanstalt, Umsatzsteuer **23** 12
Bandenmäßige Steuerhinterziehung **1** 370a
Banken *s. Kreditinstitute*
Bannbruch **1** 369, 372, 373
Barablösung, Sachzuwendungsansprüche, Einkommensteuer **5** 3 (31)
Bareinzahlungsbeleg, Spenden **6** 50
Bargeschäfte, Aufzeichnungen **1** 146
Barrierefreies Wohnen, Verwendung von Altersvorsorgevermögen **5** 92a
Barwert, Pensionsverpflichtungen **5** 6a
Basiszinssatz bei Vorabpauschale **15** 18
Bauabschnitt
Bedarfsbewertung **3** 149, 180
Einheitsbewertung **3** 74, 91
Grundsteuerwert **3** 248
Bauaufgaben, Übertragung **31** 5b
Bauausführung, Betriebsstätte **1** 12
Baudenkmal
Erbschaftsteuer **7** 13
Erhaltungsaufwand **5** 4, 10f, 10g, 11b
erhöhte Absetzungen **5** 7i, 51; **6** 82i
Grundsteuer **13** 15
Nutzungswertbesteuerung **5** 13
Sonderausgabenabzug **5** 10f, 10g
Umsatzsteuer **23** 4 (12, 20)
Baureife Grundstücke, Grundsteuer **13** 25
Baugenossenschaft
vermögenswirksame Leistungen **25** 2, 6
Wohnungsbauprämie **27** 2
Baugesetzbuch
Erhaltungsaufwand **5** 4, 11a
erhöhte Absetzungen **5** 7h; **6** 82g
Bauherrengemeinschaft, negative Einkünfte **5** 2b
Baukindergeld, Einkommensteuer **5** 34f
Baukosten, Obergrenze im Mietwohnungsneubau **5** 7b
Bauland **3** 69, 73, 159, 233
Baulandumlegung, Grunderwerbsteuer **12** 1
Bauleistungen
Steuerabzug **1** 20a; **5** 48-48d
Umsatzsteuer **23** 13b, 14, 27; **24** 73
Baumängel, Einheitsbewertung **3** 80, 81, 87
Baumaßnahmen auf fremdem Grund und Boden **3** 70, 149, 180, 195, 244, 262, Anl. 26
Baumschule
Bedarfsbewertung **3** 142
Einheitsbewertung **3** 48a, 59, 61
Grundsteuerwert **3** 234, 237, 242, Anl. 30
Umsatzsteuer **23** 24
Baureife Grundstücke, Einheitsbewertung **3** 73
Bausparbeiträge
Arbeitnehmersparzulage **25** 2, 8, 13, 14, 15
Wohnungsbauprämie **27**
Bausparkasse
Anzeigepflichten **6** 29; **27** 4a
Aufbewahrungspflichten **27** 4a
Begriff **27** 2
Haftung für Wohnungsbauprämie **27** 4a
Kapitalertragsteuer **5** 43
Bausparkassenvertreter, Umsatzsteuer **23** 4 (11)
Bauwerk
Steuerabzug bei Leistungen an B. **5** 48-48d
Umsatzsteuer bei Leistungen an B. **23** 13b
Beamte
Altersvorsorge **5** 10a
Amtsträger **1** 7

Bearbeitung, Umsatzsteuer **23** 3, 4 (3), 6, 6a, 7, 22; **24** 8, 11, 17c
Bearbeitungsmerkmal, Meldebehörden **1** 139b
Beauftragter
Steuerabzug bei beschränkter Einkommensteuerpflicht **5** 50a
Steueraufsicht **1** 214
Bebaute Grundstücke
Bedarfsbewertung **3** 146–150, 180–191, 194
Einheitsbewertung **3** 74–94
Grundsteuer **13** 15, 34
Grundsteuerwert **3** 248–262
Bedarfsbewertung
Erbschaftsteuer **3** 157–203; **7** 12
Grunderwerbsteuer **3** 138–156
Bedingungen
Berichtigung von Erklärungen **1** 153
Bewertung **3** 4–7
Erbschaftsteuer **7** 3, 7
Grunderwerbsteuer **12** 14, 16
Steueransprüche **1** 47, 50
für Tarifermäßigung **5** 32c
Verwaltungsakt **1** 120
Bedürfnisprüfung, Erbschaftsteuer **7** 28a
Befangenheit
Amtsträger **1** 83
Gerichtspersonen **9** 51
Sachverständige **1** 96
Beförderung, Umsatzsteuer **23** 3-3e, 4 (6), 6b; **24** 8, 9, 17, 17b
Beförderungseinzelbesteuerung **23** 13, 13b, 16, 18; **24** 59
Beförderungsleistungen
ausländisches Unternehmen im Inland, Einkommensteuer **5** 49
Umsatzsteuer **23** 2, 3-3b, 4 (3, 17), 10, 12, 13, 16, 18, 26, 27; **24** 2–4, 6–7, 34, 40
Beförderungsmittel **23** 1, 3a, 4 (6)
Befreiungen
Aufzeichnungspflichten betr. Umsatzsteuer **24** 66–68
Buchführungspflicht und Aufzeichnungen **1** 148; **34** 241a, 242, 264, 264b–264c, 286; **23** 20, 23
Umsatzsteuerheft **24** 68
s. a. Steuerbefreiungen
Befristung
Bewertung **3** 8
Verwaltungsakt **1** 120
Befugnis
Einspruchseinlegung **1** 350, 352
Klageeinlegung **9** 40, 48, 58
Beginn
Abwicklung Investmentfonds **15** 17
Außenvertrieb **5** 52
energetische Maßnahmen **5** 52
Herstellung **5** 52
Verjährungsfristen **1** 170
Begründung
Gerichtsbeschluss **9** 105, 113
Klage **9** 65
Nichtzulassungsbeschwerde **9** 116
Revision **9** 118, 120
Verwaltungsakt **1** 121, 126
Begünstigung zu Steuerstraftaten **1** 369; **25** 14; **27** 8
Begutachtung, Umsatzsteuer **23** 3a
Behaltefrist
Betriebsvermögensübertragung **5** 6
Erbschaftsteuer **7** 13a, 19a, 28a
Kapitalanteile **5** 3 (40); **17** 8b; **22** 15, 22, 24
Behaltensregelung, Erbschaftsteuer **7** 13a, 28a
Behelfsbauten, Einheitsbewertung **3** 76
Beherbergung
Einkommensteuer bei B. von Geschäftsfreunden **5** 4
Umsatzsteuer **23** 4 (12, 23–26), 12, 25
Beherrschender Einfluss
Auslandsbeziehungen **2** 1, 7
Grunderwerbsteuer **12** 6a, 23
Haftung **1** 74
Personengesellschaft **5** 49
Behinderung von Menschen *s. Menschen mit Behinderungen*
Behinderungsbedingte Fahrtkostenpauschale **5** 33; **6** 64
Behörden
Amtshilfe **1** 111–115; **9** 13; **31** 13
Anzeigepflichten **7** 34; **8** 4, 10; **12** 18; **23** 18
Auskunftspflichten gegenüber Finanzbehörde **1** 93, 105
elektronische Kommunikation mit Steuergericht **9** 52d

Finanzbehörden **1** 6; **31**
Grunderwerbsteuer **12** 4
Mitteilungspflichten gegenüber Finanzbehörde **6** 52
Umsatzsteuer **23** 2b, 4, 15; **24** 73
Vollstreckung **1** 255
Vorlagepflichten gegenüber Steuergerichten **9** 86
Behördliche Anordnung, Umsatzsteuer **23** 1
Beibehaltung, Ansatz- und Bewertungsmethoden **34** 246, 253
Beihilfen
Mitteilungspflichten **6** 52
steuerfreie B. **5** 3 (11, 11a, 44)
und Sonderabschreibungen **5** 7b
neben Tarifermäßigung **5** 32c
Zulässigkeit von staatlichen B. **30** Art. 107–108
Beiladung
Revisionsverfahren **9** 123
Verfahren bei Finanzbehörde **1** 174
Verfahren bei Finanzgericht **9** 60, 60a, 73, 135, 139, 160
Beiordnung, Prozessvertreter **9** 142
Beistand
Verfahren bei Finanzbehörde **1** 80
Verfahren bei Finanzgericht **9** 62, 139
Beitragserstattungen **5** 3 (3, 9), 10; **17** 21
Beitreibung *s. Vollstreckung*
Beitreibungshilfe, Investmentfonds **15** 2, 8
Beitritt
Revisionsverfahren **9** 122
Schuldbeitritt **5** 4f, 5
Beitrittsgebiet
Arbeitnehmersparzulage **25** 13, 17
Bewertungsgesetz **3** 125–133, 137
Einkommensteuer **5** 3 (7), 10, 10e, 56–58
Grunderwerbsteuer **12** 4
Grundsteuer **13** 3, 40–46 a. F.
Kindergeld **5** 78
Körperschaftsteuer **17** 34, 35
Verfahren bei Finanzbehörde **4** Art. 97a
Wohnungsbauprämie **27** 10
Bekanntgabe
Lohnsteuerabzugsmerkmale **5** 39, 39e
Prüfungsanordnung **1** 197
Prüfungsbericht **1** 202
Verwaltungsakt **1** 87a, 122, 123, 182; **3** 154; **4** Art. 97 § 1 u. 28; **7** 32
Bekanntmachung
Besteuerungsgrundlagen durch Spezialinvestmentfonds **15** 48
Grundsteuer **13** 27, 38
Beklagter **9** 63
Bekleidungshandel, Vorsteuer-Durchschnittssätze **24** Anl.
Beköstigung, Umsatzsteuer **23** 4 (23–25), 25
Belastung
außergewöhnliche B. **5** 33-33b
Erbbaurecht **3** 92, 148, 192
Grunderwerbsteuer **12** 9
Belegablage als Buchführung **34** 239
Belege
Ausgabepflicht **1** 146a
Ordnungswidrigkeit **1** 379
Umsatzsteuer **23** 17; **24** 17a
Belegschaftsaktien **5** 44a
Belegschaftsrabatte **5** 8
Belehrung, Rechtsbehelf und Rechtsmittel **1** 356; **9** 55, 105
Beleihung
Anzeigepflichten **6** 29
Direktversicherung **5** 4b
Nachversteuerung **5** 10
Bemessungsgrundlage
Einkommensteuer **5** 2, 10e, 37, 37b
Erbschaftsteuer **7** 10
Gewerbesteuer **10** 6
Grunderwerbsteuer **12** 1, 3, 8
Grundsteuer **13** 13–15
Investmentanteile **15** 56
Kapitalertragsteuer **5** 43a
Körperschaftsteuer **17** 7
Lohnsteuer **5** 38a, 39b, 40
Mobilitätsprämie **5** 101
Solidaritätszuschlag **20** 3
Umsatzsteuer **23** 10, 11, 16, 17, 21, 25-25b; **24** 72
Verspätungszuschlag **1** 152
Benennung
Gläubiger und Zahlungsempfänger **1** 160
voraussichtliche Investition **5** 7g
Beratung
durch Finanzbehörde **1** 89
Umsatzsteuer **23** 3a
Bereicherung, Erbschaftsteuer **7** 7

Bereitschaftsräume, Grundsteuer **13** 5
Bergbahn, Umsatzsteuer **23** 12
Bergbau
Betriebsstätte **1** 12
Einkommensteuer **5** 3 (60), 7, 15
Gewerbesteuer **10** 28
Sonderabschreibungen **5** 51; **6** 81, Anl. 5 u. 6
Berichtigung
Bemessungsgrundlage, Umsatzsteuer **23** 17
Bescheinigung über Kapitalertragsteuer **5** 45a
Besteuerungsgrundlagen bei Spezialinvestmentfonds **15** 49
Bilanz **5** 4
Datenübermittlung **1** 93c, 117
Einkünfte aus Auslandsbeziehungen **2** 1
Eintritt von Bedingungen **3** 5, 7
Erklärungen **1** 153, 171, 371; **15** 51, 56; **23** 18a, 18b
offenbare Unrichtigkeit **1** 129, 173a
Rechnung, Umsatzsteuer **23** 14; **24** 31
Steuerbescheinigung **17** 27
Umsatzsteuerausweis **23** 14c, 17, 22
Urteil **9** 107, 108
Verrechnungspreis **2** 1
Verwaltungsakt **1** 129, 172–177
Voranmeldung **23** 18
Vorsteuerabzug **23** 3, 15a, 17; **24** 44, 45
Zusammenfassende Meldung **23** 18a
Berlin
Einheitsbewertung **3** 122
Grunderwerbsteuer **12** 11 F
Berufliche Fahrten, Werbungskosten **5** 9
Berufliche Tätigkeit, Umsatzsteuer **23** 2
Berufsausbildung
Erbschaftsteuer **7** 13
Einkommensteuer **5** 4, 9, 10, 32, 33a
Berufsbildungsmaßnahmen, Umsatzsteuer **23** 4 (21)
Berufsgeheimnis *s. Betriebsgeheimnis*
Berufskleidung
steuerfreie Gestellung, Einkommensteuer **5** 3 (31)
Werbungskosten **5** 9
Berufskonsuln
Einkommensteuerbefreiung **5** 3 (29)
Umsatzsteuer **23** 1c, 4 (7)
Berufssportler
Einkommensteuer **5** 49, 50a
Umsatzsteuer **23** 3a
Berufsständische Versorgungseinrichtungen
Beiträge **5** 10
Einkünfte **5** 3 (3), 22
Berufsunfähigkeit, Versicherungsbeiträge **5** 10
Berufsverband
Beiträge als Werbungskosten **5** 9
Gewerbesteuer **10** 3
Grundsteuer **13** 3
Körperschaftsteuer **17** 5
Umsatzsteuer **23** 4 (22)
Bescheid
Altersvorsorgezulage **5** 90, 92a, 92b, 94
Aufteilungsbescheid **1** 279
Kindergeldbescheid **5** 70
Lohnsteuerabzugsmerkmale **5** 39
Wohnungsbauprämienbescheid **27** 4a, 4b
Zinsbescheid **1** 239
s. a. Steuerfestsetzung
Bescheinigung
Altersvorsorge **5** 92, 94
Ansässigkeit oder Betriebsstätte im Inland **5** 50h
ausländische Steuerbehörde **5** 1, 1a; **17** 32
Bauleistungen **5** 48, 48b, 48d; **23** 13b
beschränkte Einkommensteuerpflicht **5** 50a
Betriebsaufgabe, Land- und Forstwirtschaft **5** 14a
Einbringungsgewinn **22** 22, 23
energetische Maßnahmen **5** 35c
für Familienkasse **5** 68
Gebäudereinigungsleistungen **23** 13b
Gesundheitsbehörde **6** 64
Grunderwerbsteuer **12** 22
Investmentfonds **15** 7, 11, 29
Kapitaleinkünfte **5** 20
Kapitalertragsteuer **5** 43, 43a, 44a, 44b, 45a–45c, 50d, 51a
Kindergeld **5** 68, 73
Körperschaftsteuer **17** 27, 37, 38
Kulturgüter **5** 10g
Lohnersatzleistungen **5** 32b
Lohnsteuerabzug **5** 39, 39c, 39e
Postdienstleistungen **31** 5

Reinvestitionen **5** 6b
Umsatzsteuer **23** 4 (20), 13b, 18, 22f; **24** 34, 61, 61a, 68, 73; **31** 5
Umweltschutzinvestitionen **5** 7d
vermögenswirksame Leistungen **25** 15; **26** 5
Versicherungsbeiträge **5** 20
Beschlagnahme
als Sicherheit **1** 76
im Strafverfahren **1** 399
Vermögen, Pfändung **1** 281, 282
Beschluss, steuergerichtliches Verfahren **9** 107, 108, 113, 115, 126a, 132, 138
Beschränkte Haftung, negatives Kapitalkonto **5** 15a
Beschränkte Steuerpflicht
Einkommensteuer **2** 7; **5** 1, 32b, 49, 50a
Erbschaftsteuer **7** 2, 16
Feststellung von Einkünften **1** 180
Inlandsvermögen **3** 121
Investmentfonds **15** 11
Kapitalertragsteuer **5** 45b, 50c; **31** 5
Körperschaftsteuer **17** 2, 26
Lohnsteuer **5** 39, 39a, 39b
Organschaft **17** 14
Spezialinvestmentfonds **15** 33
Beschränkung
Ausschüttungen und Entnahmen, Erbschaftsteuer **7** 13a, 28a
Aussetzung der Vollziehung **1** 361; **9** 69
Besteuerungsrecht **2** 6; **5** 4, 4g, 17; **17** 12; **22** 3, 4, 11, 13, 20, 21, 24
Zinsvortrag **5** 4h
Beschwer
bei Einspruch **1** 350
bei Klage **9** 40
Beschwerde
gegen Entscheidungen Finanzgericht **9** 36, 128
gegen Nichtzulassung der Revision **9** 116
Besitzzeit, Reinvestitionsvergünstigung **5** 6b; **22** 4
Besondere Aufsichtsmaßnahmen, Einfuhr-, Ausfuhrabgaben, Verbrauchsteuern **1** 213
Besonderes Besteuerungsverfahren, Umsatzsteuer **23** 5, 14a, 16, 18, 18h–18k; **24** 59: **31** 5
Besorgungsleistung, Umsatzsteuer **23** 3, 8
Bestandsaufnahme
Durchführung **34** 240, 241
Fehlmengen **1** 161
Bestandskraft, Verwaltungsakt **1** 172–177
Bestandsnachweis, Investmentanteile **15** 8
Bestandsobergrenzen, Tierhaltung **3** 51, 169, 241; **5** 13, 13b
Bestandsverzeichnis **34** 240
Bestätigung
Ansässigkeit **5** 50h
Ausfuhrnachweis **24** 9, 10, 17b
Spenden **1** 63; **6** 50
Bestattungskosten, Erbschaftsteuer **7** 10
Bestechungsgelder **5** 4
Besteuerungsgrundlagen
Allgemeines **1** 157
Auslandsbeziehungen **2** 18
Einkommensteuer **5** 20, 23
Feststellungsverfahren **1** 179–183
Schätzung **1** 162
Spezialinvestmenterträge **15** 48, 49
Besteuerungsgrundsätze für Finanzbehörden **1** 85
Besteuerungsinkongruenzen
Einkommensteuer **5** 4k, 9, 52
Körperschaftsteuer **17** 12
Besteuerungsmerkmale im Ausland **5** 49
Besteuerungszeitraum
Einkommensteuer **5** 2
Gewerbesteuer **10** 14
Grundsteuer **13** 9, 16–18
Körperschaftsteuer **17** 31
Umsatzsteuer **23** 16, 18
Beteiligte
außergerichtliches Rechtsbehelfsverfahren **1** 359
Datenschutzverfahren **1** 32i
Feststellungsverfahren **3** 154
Revisionsverfahren **9** 122
Verfahren bei Finanzbehörde **1** 78, 186
Verfahren bei Finanzgericht **9** 57, 160
Beteiligung, Finanzbehörde am gerichtlichen Strafverfahren oder Bußgeldverfahren **1** 403, 406, 407, 410
Beteiligungen
an anderen Körperschaften und Personenvereinigungen **2** 15; **5** 16; **15** 16, 20, 30,

42, 45, 49; **17** 8b, 8d, 26; **22** 4, 12; **34** 271
Auslandsbeziehungen **1** 138b, 147a, 170, 370; **2** 6, 13, 15; **4** Art. 97 § 32
Bewertung **3** 11; **5** 6
Einkommensteuer **5** 2a, 2b, 3 (40, 71), 3c, 4, 13a, 15, 15b, 17, 32d, 49; **6** 53
Erbschaftsteuer **7** 7, 10, 13a, 13b
Gewerbesteuer **10** 8, 9
Grunderwerbsteuer **12** 1, 13, 19
in Investmentfonds **15** 2, 6, 10, 29, 30, 35, 42, 43
Körperschaftsteuer **17** 8b–8d, 13, 15, 34
Umwandlungssteuergesetz **22** 5, 13
s. a. Wesentliche Beteiligung
Beteiligungsgesellschaften *s. Kapitalbeteiligungsgesellschaften bzw. Unternehmensbeteiligungsgesellschaft*
Beteiligungsverhältnisse, Änderung bei Personengesellschaft, Grunderwerbsteuer **12** 1, 11, 13, 19, 20
Betrachtungszeitraum für Tarifermäßigung **5** 32c, 52
Betretungsrecht
Augenschein **1** 99
Grundstücke **1** 99, 200
Kassen-Nachschau **1** 146b
Lohnsteuer-Nachschau **5** 42g
Umsatzsteuer-Nachschau **23** 27b
Betreuer
Einkommensteuer **5** 3 (26, 26b)
Vertretung in Steuersachen **1** 79, 81, 171; **9** 58
Betreuungsfreibetrag 5 32
Betreuungsleistungen
Einkommensteuer **5** 3 (34a), 10, 35a
Umsatzsteuer **23** 4 (16, 23)
Betrieb gewerblicher Art
Amtshilfe **1** 111
Auskunftspflichten **1** 93
Gewerbesteuer **10** 2; **11** 8
Grundsteuer **13** 3
Körperschaftsteuer **17** 1, 4, 8, 8b, 38; **22** 22
Leistungen aus B. **5** 20, 43
steuerbegünstigte Zwecke **1** 55; **4** Art. 97 § 1f
Betriebliche Altersversorgung
Aufzeichnungspflichten **19** 5
Einkünfte **5** 19
Handelsbilanz **34** 253, 255
über Investmentfonds **15** 8, 53, 54
steuerfreie Einnahmen **5** 3 (55, 55c, 56, 62, 63)
Betriebsaufgabe
Entstrickung **5** 16, 36
Erbschaftsteuer **7** 13a, 19a, 28a
Erklärung **5** 16
freiberufliche Tätigkeit **5** 18
Gewerbebetrieb **5** 16; **10** 2, 7, 9; **11** 4
Kapitalanteile **5** 3 (40), 3c, 34
Land- und Forstwirtschaft **5** 14, 14a
nicht entnommener Gewinn **5** 34a
Schuldübernahme **5** 4f
Veräußerung nach B. **5** 23
Veräußerung von Betriebsvermögen an REIT **5** 3 (70)
Verpachtung **5** 16
verrechenbarer Verlust **5** 15a
Wirtschaftsjahr **6** 6
Zinsvortrag **5** 4h
Betriebsaufspaltung
Einkommensteuer **5** 3c
Erbschaftsteuer **7** 13a, 13b
Betriebsausgaben
Abzugsverbot **5** 3 (10, 26, 26a), 3a, 3c, 4; **15** 21, 44; **17** 8, 8b
ausländische Einkünfte **5** 34c
ausländische Zwischengesellschaft **2** 10
Auslandsbeziehungen **2** 16
Begriff **5** 4
Beitragsrückerstattungen **17** 21
beschränkte Steuerpflicht **5** 50, 50a
Besteuerungsinkongruenzen **5** 4k, 52
Beteiligungserträge **10** 9; **17** 8b
betriebliche Altersversorgung **5** 4c–4e
genossenschaftliche Rückvergütungen **17** 22
geringwertiges Wirtschaftsgut **5** 6
Gewerbesteuer **5** 4
Holznutzungen **6** 51
Mobilitätsprämie **5** 101
Nachweis Zahlungsempfänger **1** 160; **5** 48
Pauschbeträge **5** 51
Rechnungsabgrenzung **5** 5
Schuldzinsen **5** 4, 4h; **17** 8a
Streckung **5** 4f
Überschussrechnung **5** 4, 11
Umsatzsteuer **5** 9b
Verpflegungsmehraufwendungen **5** 4

Betriebseinbringung
in Kapitalgesellschaft **22** 11–13, 15, 19–23, 25
in Personengesellschaft **22** 3–8, 10, 16, 18, 24
Umsatzsteuer **23** 1
Betriebseinnahmen
Kapitalertragsteuer **5** 43, 43a, 44a
Rechnungsabgrenzung **5** 5
steuerfreie B. **5** 3 (40); **17** 8b
Umsatzsteuer **5** 9b
Betriebseröffnung
Anzeigepflichten **1** 138, 139
Einkommensteuer **5** 5b, 6; **6** 6, 8b
Gewerbesteuer **10** 2, 5, 19
Betriebsgeheimnis
Auskunftsverweigerungsrecht **1** 102
Offenbarung durch Amtsträger **1** 30
Betriebsgewöhnliche Nutzungsdauer **5** 7
Betriebsgrundstück
Einheitsbewertung **3** 26, 99, 121a
Erbschaftsteuer **3** 157–198; **7** 12
Grunderwerbsteuer **3** 138–150
Grundsteuer **13** 2, 33 a.F., 34
Grundsteuerwert **3** 218
Betriebsgründung *s. Betriebseröffnung*
Betriebsgutachten, Holznutzungen **6** 68
Betriebshelfer, Umsatzsteuer **23** 4 (27)
Betriebskosten zur Miete **3** 79, 146, 187, 255, Anl. 40
Betriebsmittel, Land- und Forstwirtschaft **3** 33, 158, 232
Betriebsprüfung s. *Außenprüfung*
Betriebsrenten *s. Betriebliche Altersversorgung*
Betriebsschulden
Bewertung **3** 103; **5** 6
Erbschaftsteuer **7** 10, 13b
Gewerbesteuer **10** 8
Betriebsstätte
Anzeigepflichten **1** 138
Aufzeichnungspflichten **1** 90
ausländische B. **1** 90, 138, 138d, 138g, 146; **2** 2, 20
Begriff **1** 12
beschränkte Einkommensteuerpflicht **5** 49
EU **5** 43b, 50g
Gewerbesteuer **10** 2, 9, 28–34; **11** 5–7, 30
im Inland **17** 14
Umsatzsteuer **23** 1, 3a
Betriebssteuern
Haftung **1** 74, 75
Umsatzsteuer bei Einkommensteuer **5** 9b
Betriebsteil, Land- und Forstwirtschaft **3** 141
Betriebsübernahme
Buchführungspflicht **1** 141
Gewinnermittlung nach B. **5** 13a
Betriebsunterbrechung
Einkommensteuer **5** 16
Gewerbesteuer **10** 2
Betriebsveranstaltung, Lohnsteuer **5** 19, 40
Betriebsveräußerung
Einkommensteuer **5** 3 (40), 3c, 4f, 6, 14, 14a, 15a, 16, 18, 34, 34a
Gewerbesteuer **10** 2, 5, 7
Umsatzsteuer **23** 1, 15a
Veräußerung von Betriebsvermögen an REIT **5** 3 (70)
Wirtschaftsjahr **6** 6
Betriebsvermögen
Betriebsvermögensvergleich **5** 4, 5, 13a
Bewertung **3** 31, 95–109, 121a, 157–203
Buchführungspflicht **1** 141; **4** Art. 97 § 19
Direktversicherung **5** 4b
Erbschaftsteuer **7** 12, 13-13d, 19a, 28, 28a
Grundstücke **6** 8
Investmentanteile **15** 56
Spezialinvestmentanteile **15** 44, 45
Steuerbilanz **5** 6
steuerfreie Zuführungen **5** 3 (40, 70), 3c, 34; **15** 20, 21, 44; **17** 8b
Betriebsvermögensvergleich **5** 4, 5, 13a
Betriebsverpachtung
Betrieb gewerblicher Art **17** 4
Einkommensteuer **5** 16
Erbschaftsteuer **7** 13b
Betriebsvorrichtungen
Einheitsbewertung **3** 68
Grunderwerbsteuer **12** 1
Grundsteuerwert **3** 243
Umsatzsteuer **23** 4 (12), 13b; **24** 70
Betriebswerk, Holznutzungen **6** 68
Betriebswirt, Einkünfte **5** 18
Betriebswohnungen, Land- und Forstwirtschaft **3** 141, 143, 160, 167

Beurlaubung, Altersvorsorge **5** 10a
Bevollmächtigte
Bekanntgabe Verwaltungsakt an B. **1** 122, 123, 183
Bußgeld **1** 411
Haftung **1** 191
Kostenerstattung im gerichtlichen Verfahren **9** 139
Unterschreiben von Steuererklärungen **1** 150
Verfahren bei Finanzbehörde **1** 80, 80a, 183, 364a
Vertretung im steuergerichtlichen Verfahren **9** 62
Wirkung von Steuerfestsetzungen gegenüber Vollmachtgeber **1** 166
Bewegliche Anlagegüter
Absetzung für Abnutzung **5** 7
Investitionsabzugsbetrag **5** 7g
Reinvestitionen **5** 6b
Sammelposten **5** 6
Sonderabschreibungen **5** 7c, 7g
Bewegliches Vermögen
privates Veräußerungsgeschäft **5** 23
Umsatzsteuer **23** 25a
Vollstreckung **1** 281–321
Beweisaufnahme, finanzgerichtliches Verfahren **9** 81–89
Beweislast, Gestaltungsmissbrauch **1** 42
Beweismittel
Verfahren bei Finanzbehörde **1** 92, 173, 365
Verfahren bei Finanzgericht **1** 172; **9** 65, 76, 137
Bewertung
Ausgleichsposten bei Entstrickung **5** 4g
Auslandsvermögen **2** 10; **3** 31, 231
Betriebsgrundstück **3** 99, 121a, 138–150, 158–198
Einbringung in Kapitalgesellschaft **22** 11–13, 20, 21, 23–25
Einbringung in Personengesellschaft **22** 3–5, 24
Einnahmenüberschussrechnung **5** 6
Erbschaftsteuer **3** 157–203; **7** 12, 13b
Forderungen **3** 12
Grunderwerbsteuer **3** 138–150
Grundsteuerwert **3** 218–266
Grundvermögen **3** 68–94, 129–133, 145–150, 176–198, 243–262
Handelsbilanz **34** 252-256a
land- und forstwirtschaftliches Vermögen **3** 33–67, 125–128, 138–144, 158–175, 232–242
Nutzungen und Leistungen **3** 13, 14
Sachbezüge **5** 8; **21**
Sacheinlagen nach Umwandlungssteuergesetz **22** 20, 21
Sachgesamtheiten **5** 50i
Schulden **3** 12
Spezialinvestmentanteile **15** 48
Steuerbilanz **3** 11; **5** 4d, 6; **17** 13, 20; **22** 3
Umwandlungssteuergesetz **22** 3–5, 11–13, 20, 21, 24
Vermögen im Beitrittsgebiet **3** 125–133, 137
bei Verschmelzung **15** 23
Wertpapiere **3** 11
Bewertungsabschlag, Bedarfswert **3** 143, 145, 147, 173
Bewertungsbeirat, Land- und Forstwirtschaft **3** 63–66
Bewertungseinheiten
Handelsbilanz **34** 254
Übernahme aus Handelsbilanz **5** 5
Bewertungsfreiheit
Forschungs- und Entwicklungsinvestitionen **5** 51
geringwertige Wirtschaftsgüter **5** 6
Kohle- und Erzbergbau **5** 51; **6** 81
Schiffe und Luftfahrzeuge **5** 51; **6** 82f
Bewertungsstichtag, Land- und Forstwirtschaft **3** 35, 54, 59, 161, 235
Bewertungsstützpunkte, Land- und Forstwirtschaft **3** 39, 57
Bewirtschaftungskosten zur Miete
Bedarfsbewertung **3** 187
Einheitsbewertung **3** 79
Grundsteuerwert **3** 255, Anl. 40
Bewirtungskosten
Einkommensteuer **5** 4
Umsatzsteuer **23** 15
Bezüge
ausländische Zwischengesellschaft **2** 8, 11
Kinderberücksichtigung **5** 32
Körperschaftsteuer **17** 8b
nahestehende Person **5** 3 (40)
steuerfreie B. **5** 3 (40)
Lohnsteuer **5** 40

Bezugsfertigkeit, Gebäude **3** 72, 145, 178, 246
Bezugsrecht, Einkommensteuer **5** 20
Bibliothek
Abzugsbeträge bei Einkommensteuer **5** 10g
Erbschaftsteuer **1** 224a; **7** 13, 13b
Grundsteuer **13** 32
Vermögensteuer **1** 224a
Bilanz
Handelsbilanz **34** 242, 246-256a, 266-274a
Steuerbilanz **5** 4, 5b, 6; **6** 60; **17** 13; **22** 3, 4, 11, 24
Umwandlungssteuergesetz **22** 3, 4, 11, 24
Bilanzänderung 5 4
Bilanzansatz
Gewinnabführungsvertrag **17** 14
Steuerbilanz **5** 6; **17** 13; **22** 3, 11
Bilanzberichtigung 5 4
Bilanzierung, Handelsbilanz **34** 247, 248
Bilanzierungsverbot 34 248
Bildberichterstatter 5 18
Bildhauer, Vorsteuer-Durchschnittssätze **24** Anl.
Bildungseinrichtung
Gewerbesteuer **10** 3
steuerbegünstigte Zwecke **1** 52, 68
Umsatzsteuer **23** 4 (21, 22)
Billigkeitsmaßnahmen
abweichende Steuerfestsetzung **1** 163, 184; **4** Art. 97 § 29
Aussetzung der Vollziehung **1** 361
Einheitsbewertung **3** 20
Erbschaftsteuer **7** 28a
Gewerbesteuer **1** 184; **4** Art. 97 § 10c
Grundsteuer **13** 32–35
Grundsteuerwert **3** 220
Realsteuermessbetrag **1** 184
Steuererlass **1** 227
Stundung **1** 222
Umsatzsteuer **23** 18
Verwertung von Pfandsachen **1** 297
Vollstreckung **1** 258
Zinsen auf Steuern **1** 234, 237
Bindungswirkung
Änderungsbescheid **1** 351
Feststellungsbescheid **1** 182, 351
Tatsachenfeststellung des Finanzgerichts **9** 118
Umsatzsteueroption **23** 19
Zusage **1** 206
Binnenfischerei *s. Fischerei*
Binnenmarkt, Beihilfen **30** Art. 107–108
Binnenschifffahrt *s. Schiffe*
Biometrische Rechnungsgrundlagen, Pensionsrückstellungen **5** 6a
Blinde
Einkommensteuer-Pauschbetrag **5** 33b
Einrichtungen für B. als Zweckbetrieb **1** 68
Umsatzsteuer **23** 4 (19), 9
Blindenwerkstätten 23 4 (19), 9
Blumenhandel, Vorsteuer-Durchschnittssätze **24** Anl.
Blutkonserven 23 4 (17), 4b, 5
Blutspendedienst, Gewinnpauschalierung **1** 64
Bodenbewirtschaftung, Einkommensteuer **5** 15
Bodengewinnbesteuerung 5 55
Bodenrichtwert
Bedarfsbewertung **3** 145, 147, 179
Grundsteuerwert **3** 247
Bodenschätze
Absetzung für Substanzverringerung **6** 11d
Bedarfsbewertung **3** 142, 160
Einheitsbewertung **3** 43, 68
Erbschaftsteuer **7** 12
Grundsteuerwert **3** 243
Umsatzsteuer **23** 4 (12)
s. a. Mineralgewinnungsrecht
Bodenschätzung
Bedarfsbewertung **3** 142, 160
Einheitsbewertung **3** 50, 60
Bodenwert
Bedarfsbewertung **3** 145, 179, 184, 189, 193–195
Einheitsbewertung **3** 78, 84, 92
Grundsteuerwert **3** 252, 257, 258, Anl. 36
Bordlieferungen 23 3e
Börsenhandel, Umsatzsteuer **24** 49
Börsenklausel, Mitteilungspflichten **1** 138
Börsenkurse, Stichtag für Bewertung **3** 11
Botanische Gärten 23 4 (20)
Botschaften *s. Diplomatische Mission*

Brennstoffhandel, Vorsteuer-Durchschnittssätze **24** Anl.
Briefkastengesellschaft, Entlastung von Abzugsteuern **5** 50d, 50g
Buchbinder, Vorsteuer-Durchschnittssätze **24** Anl.
Bücher 23 12, Anl. 2
Bücherei 23 4 (20)
Buchführung
Anforderungen an B. **1** 145, 146-146b; **4** Art. 97 § 30
Aufbewahrungspflichten **1** 147
Beweiskraft **1** 158
Erleichterungen **1** 148
Buchführungsgrenzen 1 141
Buchführungspflicht
außersteuerliche Vorschriften **1** 140; **34** 238-241a
erhöhte Absetzungen oder Sonderabschreibungen **5** 7a
Erleichterungen **1** 148
Schätzung der Besteuerungsgrundlagen **1** 162
steuerliche Grenzen **1** 141, 148; **4** Art. 97 § 19
Buchmacher, Umsatzsteuer **23** 4 (9)
Buchnachweis *s. Aufzeichnungen bzw. Nachweis*
Buchprüfer
Beiordnung als Prozessvertreter **9** 142
Einkünfte **5** 18
Hilfe in Steuersachen **1** 392
Umsatzsteuer **23** 3a
Buchungsbestätigung, Spenden **6** 50
Buchwert
Begriff **22** 1
Einbringung nach Umwandlungssteuergesetz **22** 3, 11, 20, 24
Reinvestitionsvergünstigung **5** 6b
wieder eingelegtes Wirtschaftsgut **5** 6
Bühnenmitarbeiter, Vorsteuer-Durchschnittssätze **24** Anl.
Bundesbank
Auskunftspflichten gegenüber Finanzbehörde **1** 105
Gewerbesteuer **10** 3
Körperschaftsteuer **17** 5
Bundeseisenbahnvermögen
Gewerbesteuer **10** 3
Grundsteuer **13** 3
Körperschaftsteuer **17** 5
s. a. Eisenbahn
Bundesfamilienkassen 31 5
Bundesfinanzbehörden
Aufzählung **31** 1
Zuständigkeit **32** 108
Bundesfinanzhof
Steuergericht **9** 2, 36, 37
Vertretung vor B. **9** 62a
Bundesfreiwilligendienst, einkommensteuerfreie Leistungen **5** 3 (5, 6)
Bundespolizei
Grundsteuer **13** 5
steuerfreie Leistungen an Angehörige der B. **5** 3 (4)
Bundespost
Umsatzsteuer **23** 4 (11a)
s. a. Kreditinstitute bzw. Post bzw. Telekom
Bundesschuldbuch, Kapitalertragsteuer **5** 43a
Bundesverwaltungsamt, Kindergeld **5** 72
Bundeswehr
Grundsteuer **13** 5, 6
Nachschau betr. Zölle und Verbrauchsteuern **1** 210
steuerfreie Leistungen an Angehörige der B. **5** 3 (4, 5)
Umsatzsteuer **23** 1c
Bundeszentralamt für Steuern
Amtshilfe **1** 117c
Aufgaben **31** 5
Auskunftsersuchen **1** 93
Bußgeldvorschriften **23** 26a
Datenweiterleitung **31** 5
Einkommensteuerveranlagung **5** 10, 50
grenzüberschreitende Steuergestaltungen **1** 138d, 138f, 138h, 379
Identifikationsmerkmal **1** 139a–139d
Identifikationsnummer **1** 93a; **23** 18, 18a, 18e, 18h, 22, 27a
Investmentfonds **15** 4
kapitalmarktbezogene Gestaltungen **1** 88c
Kindergeld **5** 72; **31** 5
Kirchensteuer **5** 51a
Kontenabruf **1** 93, 93b
Lohnsteuerabzugsmerkmale **5** 39e
Steuerfahndung **1** 208a
Umsatzsteuer **23** 18, 18a, 18e, 18h–18k, 22; **24** 61, 61a; **31** 5

Verfolgung von Ordnungswidrigkeiten **5** 50e
Zuwendungsempfängerregister **1** 60b
Bürgschaft
Sicherheitsleistung **1** 241, 244
Steuerschulden **1** 48
Umsatzsteuer **23** 4 (8)
Bürgschaftsbanken
Gewerbesteuer **10** 3
Körperschaftsteuer **17** 5
Bußgeld
Allgemeines **1** 377–384, 401, 407, 409–412
Datenübermittlung **1** 383b
Datenweiterleitung **1** 88
Einkommensteuer **5** 50c, 50e, 50f, 96, 108
Erbschaftsteuer **7** 33
Festsetzungsverjährung **1** 171
Investmentsteuergesetz **15** 55
Lohnsteuer **5** 50e
Mitteilung grenzüberschreitender Steuergestaltungen **1** 379
Steuergeheimnis **1** 30
Umsatzsteuer **23** 26a, 26b
s. a. Ordnungswidrigkeit

Computergestütztes Kassensystem 1 146a
Campingplätze, Umsatzsteuer **23** 4 (12), 12
Carried Interest 5 3 (40a), 3c, 18, 34a
Chemikalien 23 Anl. 2
Chemiker
Einkommensteuer **5** 18
Umsatzsteuer **23** 4 (14)
Chor 23 4 (20)
Computer
Lohnsteuer **5** 40
steuerfreie Vorteile **5** 3 (45)
Übermittlung von Steuerdaten **1** 87c
Umsatzsteuer **23** 13b
Containerverkehr, Umsatzsteuer **23** 4 (6)
Corona-Pandemie
Einkommensteuer **5** 3 (11a, 28a), 6, 6b, 7, 7g, 10d, 24b, 35, 39a, 52, 110, 111
Gewerbesteuer **10** 8; **32** 143h
Steuererklärungsfristen **4** Art. 97 § 36
Umsatzsteuer **23** 12, 21, 27, 28
CpD-Konten 1 154
Cum/Cum-Geschäfte, Kapitalertragsteuer **5** 36a, 50j

Dach-Investmentfonds 15 2, 30, 33, 37, 48
Dachverband, Sportveranstaltungen **1** 67a
Damnum 5 11
Darbietungen im Inland
Einkommensteuer **5** 49, 50a
Umsatzsteuer **23** 3a, 4 (20), 12; **24** 30
Darlehen
Altersvorsorge **5** 82, 92a
Betriebsvermögen **5** 4
Golddarlehen **23** 25c
bei haushaltsnahen Tätigkeiten **5** 35a
Kapitalertragsteuerabzug für Zinsen aus D. **5** 43
an Kapitalgesellschaft **5** 3c, 17; **17** 8a, 8b
partiarisches D. **5** 2a, 20
Policendarlehen **5** 10, 20
Zinsen aus D. als Einkünfte **5** 20, 32d
Datenabgleich
Altersvorsorge **5** 10a, 91
Steuergeheimnis **1** 30
Datenabruf
Bekanntgabe von Verwaltungsakten **1** 122a
bei Familienkasse **5** 68
bei Finanzbehörden **1** 30, 88b
bei grenzüberschreitenden Steuergestaltungen **1** 138j
bei Kreditinstituten **1** 93, 93b; **31** 5
durch Finanzbehörden **6** 50
Sozialleistungen **5** 32b
Umsatzsteuervergütung **24** 61
vermögenswirksame Leistungen **25** 15
Datenaustausch, Rechnung **23** 14
Datenbereitstellung
Bundeszentralamt für Steuern **31** 5
Lohnsteuerabzug **19** 4
Realsteuermessbetrag **1** 184; **4** Art. 97 § 35
Verwaltungsakt **1** 122a
Zuschlagsteuern **5** 51a
Datenerhebung, Altersvorsorge **5** 91
Datenfernübertragung
Bilanz u. Gewinn- und Verlustrechnung **5** 5b
Durchschnittssatzgewinnermittlung **5** 13a

Einkommensteuererklärung **5** 25
Grundsteuerwert **3** 228, 229, 247
Grundstücksdaten **3** 29
Identifikationsnummer **5** 44a
Investitionsabzugsbetrag **5** 7g
Investmentsteuergesetz **15** 56
Kirchensteuer **5** 51a
länderbezogener Bericht **1** 138a
Optionserklärung **17** 1a
Sonderabschreibungen **5** 7c
Steueranmeldung **6** 73e
Steuerdaten **1** 87d, 138
Umsatzsteuer **23** 18, 18a, 18h–18k, 21a; **24** 61, 61a
Wohnförderkonto **5** 92a, 92b
Wohnungsbauprämie **27** 4a
s. a. Datenübermittlung
Datensammlung 1 88a, 249
Datenschutz
Kirchensteuer **5** 51a
personenbezogene Daten **1** 29b, 29c, 30, 32a
Steuerdaten **1** 32c–32j, 93c
Steuergeheimnis **1** 30
Datenspeicherung
Bundeszentralamt für Steuern **1** 60b, 88c, 139b, 139c; **5** 45b, 45c, 51a; **31** 5
Ermächtigung **1** 147b
Vorhaltung von Daten **1** 147; **4** Art. 97 § 19b
Datenübermittlung
Allgemeines **1** 87a–87e, 146b; **4** Art. 97 § 27, 30
Altersvorsorge **5** 10, 10a
Behinderten-Pauschbetrag **6** 65, 84
Beihilfen **6** 52, 84
Bundeszentralamt für Steuern **1** 60b, 139b
durch Dritte **1** 32b, 32e, 87d, 93c, 93d, 138b, 138c, 147, 175b; **23** 22f, 27
Einkommensteuer **5** 10, 10a, 10b, 32b, 39, 45a
an Familienkasse **5** 69
freigestellte Kapitalerträge **5** 45d
Geldwäsche **1** 31b
grenzüberschreitende Steuergestaltungen **1** 138f, 138h–138j; **31** 5, 5a
Grundsteuerwert **3** 229
Haftung **1** 72a
innerhalb EU **1** 117a, 117b
international **1** 117c; **31** 5
Kapitalvermögen **5** 43, 45b, 45c, 50c; **31** 5
Konteninformation **1** 93b
Lohnsteuerabzugsmerkmale **5** 39, 39e
Lohnsteueranmeldung **5** 41a
Lohnsteuerbescheinigung **5** 41b
meldepflichtige Ereignisse **1** 138
Rentenbezüge **5** 22a
Steuergeheimnis **1** 30
Terrorismusfinanzierung **1** 31b
Umsatzsteuer **23** 14, 22f
vermögenswirksame Leistungen **25** 15, 17
Wohnungsbauprämie **27** 4a
s. a. Datenfernübertragung
Datenverarbeitung
Anzeigepflichten für Erbschaftsteuer **8** 11
Buchführung und Aufzeichnungen **1** 146, 147; **34** 239, 257, 261
Einkommensteuer **5** 10a
finanzgerichtliches Verfahren **9** 52a, 52b
Kirchensteuer **5** 51a
Lohnsteuer **5** 3 (45), 39, 39e, 40
nicht amtliche Programme **1** 87c
personenbezogene Daten **1** 2a, 29b, 29c, 31c
Solidaritätszuschlag **20** 1
Steuergeheimnis **1** 30, 31c
Umsatzsteuer **23** 3a, 27b
Dauerfristverlängerung, Umsatzsteuer **23** 18, 18a; **24** 46–48
Dauerkleingartenland, Grundsteuerwert **3** 40, Anl. 30
Dauerleistungen, Umsatzsteuer **23** 13b
Dauernde Lasten
Gewerbesteuer **10** 8
Grunderwerbsteuer **12** 9
Werbungskosten **5** 9
s. a. Lasten
Dauernde Überbesteuerung durch Kapitalertragsteuer **5** 44a, 44b
Dauersachverhalt, verbindliche Zusage **1** 204–207
Dauerverlustgeschäft
Gewerbesteuer **10** 7
Körperschaftsteuer **17** 8, 15
Dauerwohnrecht
Altersvorsorge **5** 92a
Arbeitnehmersparzulage **25** 2
DDR, Erbschaftsteuer **7** 37a
Deckungskapital, Unterstützungskasse **5** 4d

Deckungsrückstellungen, Körperschaftsteuer **17** 21a
Degressive Absetzung für Abnutzung
Einkommensteuer **5** 7, 56
Umwandlung **22** 23
Deiche, Grundsteuer **13** 4
Dekorateur, Vorsteuer-Durchschnittssätze **24** Anl.
De-Mail im Steuerverfahren **1** 30, 87a, 119
Denkmal *s. Baudenkmal*
Deputate, Lohnsteuer **19** 2
Destinatäre, Einkommensteuer **5** 3 (40), 22
Deutsche Rentenversicherung Bund
Altersvorsorgezulage **31** 5
Rentenbezugsmitteilungen **31** 5
Dialysezentrum 23 4 (14)
Diätverpflegung 5 33
Dienstaufsicht über Finanzgericht **9** 31
Dienstfahrrad
private Nutzung **5** 6
Überlassung **5** 3 (37), 9
Dienstleistungen
Einkommensteuer **5** 3 (34a), 8, 10, 13a, 35a
Europäische Union **30** Art. 56–58
Sozialversicherung **21** 3
Umsatzsteuer **23** 4 (11b); **24** 59; **31** 5
Dienstleistungsgewerbe, ausländische Zwischengesellschaft **2** 8
Dienststelle, Spendenempfänger **5** 10b; **10** 9; **17** 9
Dienstverhältnis
Beendigung **5** 3 (19)
Begriff **19** 1
inländischer Arbeitgeber **5** 1, 1a
Differenzbesteuerung, Umsatzsteuer **23** 14a, 25, 25a
Digitale Aufzeichnungen 1 146-146b
Digitale Signatur, Umsatzsteuer **23** 14
Dinglicher Arrest, Vollstreckungsverfahren **1** 324, 325
Dingliche Wirkung
Einheitswertbescheid **1** 182 a. F.
Grundsteuerwertbescheid **1** 182 n. F.
Diplomatische Mission
Einkommensteuerbefreiung **5** 3 (29)
Grunderwerbsteuer **12** 4
Umsatzsteuer **23** 1c, 4 (7)
Direktgutschriften, Körperschaftsteuer bei Versicherungsunternehmen **17** 21
Direktkosten, Spezialinvestmentfonds **15** 38
Direktversicherung
Einkommensteuer **5** 3 (63), 4b, 22, 49, 52
Erbschaftsteuer **8** 3
Lohnsteuer **5** 40b; **19** 5
Disagio 5 11
Diskont
als Einkünfte **5** 20
Gewerbesteuer **10** 8
Diskriminierungsverbot
Europäische Union **30** Art. 45, 65, 110
Grundgesetz **32** 3
Dividenden
bei Auslandsbeziehungen **2** 8
Einkommensteuer **5** 3 (40), 3c, 20, 32d
Gewerbesteuer **10** 8
Kapitalertragsteuer **5** 43, 43b, 44, 50d, Anl. 2; **17** 32
Körperschaftsteuer **17** 8b, 37
Spezialinvestmentfonds **15** 38, 42, 43, 45
Dividendenschein
Einkünfte **5** 20
Kapitalertragsteuer **5** 36a, 43, 44, 44a, 45
DM-Eröffnungsbilanz, Anschaffungskosten **6** 10, 53
Dolmetscher, Umsatzsteuer **23** 3a
Doppelabzug, Betriebsausgaben **5** 4k
Doppelbesteuerung, Kapitalerträge **5** 20
Doppelbesteuerungsabkommen
Amts- und Rechtshilfe **1** 117
Auskunftserteilung **1** 90
ausländische Zwischengesellschaft **2** 7, 20
Außensteuergesetz **2** 6, 20
Einkommensteuer **5** 2a, 4k, 10, 15, 17, 32b, 32d, 34c, 35, 46, 48d, 49, 50, 50d, 50i
Erbschaftsteuer **7** 19, 21
Feststellung Einkünfte und Vermögen **1** 180
Gewerbesteuer **10** 2, 7, 9
grenzüberschreitende Gestaltungen **1** 138e
Investmentfonds **15** 16, 33, 34, 42, 43, 47, 48
Kapitalertragsteuer **5** 43b, 44a, 50d, 50j
Körperschaftsteuer **5** 2a; **17** 8b, 15
Solidaritätszuschlag **20** 5

Umwandlungssteuergesetz **22** 1, 3, 13, 20, 21
vorläufige Steuerfestsetzung **1** 165
Vorrang gegenüber innerstaatlichem Recht **1** 2
Doppelte Haushaltsführung, Einkommensteuer **5** 3 (16), 4, 9, 10
Drahtseilbahn 23 12
Dreiecksgeschäft, Umsatzsteuer **23** 3, 3d, 13, 14a, 16, 18-18b, 19, 25b, 25f
Drittaufwand, Umsatzsteuer **23** 10
Dritter
Ausstellung von Rechnungen **23** 14
Datenübermittlung **1** 32b, 32e, 87d, 93c, 93d, 138b, 138c, 147, 175b, 203a
Einschaltung in Kapitalerträge **5** 32d
Festsetzungsfrist **1** 171
Gesellschafter-Fremdfinanzierung **17** 8a, 8b, 15
Identifikationsmerkmal **1** 139a, 139b
Mitteilungspflichten **1** 138b
Steuergeheimnis **1** 30
Übernahme von Arbeitgeberpflichten **5** 3 (65), 38, 39c
Umsatzsteuer **23** 10
Drittlandsgebiet
Kapitalverkehr **30** Art. 64, 65
Umsatzsteuer **23** 1, 3, 3c, 5, 6b, 18i–18k
Warenverkehr **30** Art. 29
Drittmittelforschung, Zweckbetrieb **1** 68
Drittrechte im Vollstreckungsverfahren **1** 262, 293
Drittschuldner
Erstattungs- und Vergütungsansprüche **1** 46
Umsatzsteuer **23** 17
Vollstreckungsverfahren **1** 309, 315, 316
Drittstaat
Buchführung und Aufzeichnungen **1** 146
grenzüberschreitende Gestaltungen **1** 138e, 138g
Informationsübermittlung **31** 5
negative Einkünfte aus D. **5** 2a
Drogerie, Vorsteuer-Durchschnittssätze **24** Anl.
Drohverlustrückstellungen 5 5
Druckerzeugnisse 23 12, Anl. 2; **24** Anl.
Duldung als sonstige Leistung **23** 3
Duldungsbescheid, Vollstreckungsverfahren **1** 191, 323; **4** Art. 97 § 11b
Duldungspflicht, Vollstreckungsverfahren **1** 77, 287
Durchfuhr, Umsatzsteuer **23** 4 (3)
Durchlaufende Gelder, Arbeitnehmer **5** 3 (50)
Durchlaufende Posten
Einkommensteuer **5** 4
Umsatzsteuer **23** 10
Durchschnittsbeförderungsentgelt 23 10; **24** 25
Durchschnittskurse, Umsatzsteuer **23** 16
Durchschnittssätze
Gewinnermittlung **5** 13a
Reinvestitionsvergünstigung **5** 6c
Umsatzsteuer **23** 1a, 3c, 4 (4a), 23, 23a, 24; **24** 67
Vorsteuer **23** 23, 23a, 24; **24** 66–67, 69, 70, Anl.
Durchschnittswerte
für Inventar **34** 240
Sachbezüge **21** 3
Durchsuchungsbefugnisse
Strafverfahren **1** 399, 404
Vollziehungsbeamter **1** 287

EBITDA
Einkommensteuer **5** 4h
Körperschaftsteuer **17** 8a
Umwandlungssteuergesetz **22** 2, 4, 15, 20, 24
Edelmetalle
Erbschaftsteuer **7** 13, 13b
Umsatzsteuer **23** 3a, 13b, 18, 25a, Anl. 4; **24** 49
Versteigerung im Vollstreckungsverfahren **1** 300
Edelsteine 23 25a
EDV *s. Datenverarbeitung*
Eheähnliche Gemeinschaft *s. Eingetragene Lebenspartnerschaft*
Ehegatten
Altersentlastungsbetrag **5** 24a
Altersvorsorgebeiträge **5** 3 (55c), 10a, 92a, 93
Altersvorsorgezulage **5** 79, 86, 92a, 93
Angehörige **1** 15
Aufbewahrungspflichten **1** 147a
Bekanntgabe Verwaltungsakt **1** 122

Berufsausbildungskosten bei Einkommensteuer **5** 10
Einkommensteuererklärungspflicht **5** 25; **6** 56
Erbschaftsteuer **7** 3, 4, 5, 7, 13, 15, 16–18, 20, 31
europäisches Ausland, Einkommensteuer **5** 1a, 32b
Förderung selbst genutztes Wohneigentum **5** 10e, 10f
Freibetrag für Kinder **5** 32
Freibetrag für Land- und Forstwirte **5** 13
Freibetrag für Lohnsteuerabzug **5** 39a
Grunderwerbsteuer **12** 3
Kinderfreibetrag **5** 32
Kirchensteuer **5** 51a
Lohnsteuer **5** 38b, 39e, 39f
Mobilitätsprämie **5** 101
Sonderausgabenhöchstbeträge **5** 10
Sonderausgabenpauschbeträge **5** 10c
Sparerpauschbetrag **5** 20
Spenden **5** 10b
Tarif bei Einkommensteuer **5** 32a, 32c
Unterhaltsleistungen bei Einkommensteuer **5** 10, 22, 33a
Veranlagung bei Einkommensteuer **5** 26-26b, 46
Verlustabzug **5** 10d; **6** 62d
Verlustausgleich **5** 43a
Vermögenszusammenrechnung **3** 26
Versorgungsausgleich **5** 3 (55a, 55b), 10, 19, 22
Verteilung von außergewöhnlichen Belastungen **5** 26a; **6** 61
Vollstreckung **1** 263
Wohnungsbauprämie **27** 2, 2a, 3, 4, 4a
Zeugnisverweigerungsrecht **9** 84
Zusammenveranlagung **5** 3a, 26b
Ehrenamtliche Richter, Finanzgericht **9** 16–30
Ehrenamtliche Tätigkeit
Einkommensteuer **5** 3 (26-26b)
Umsatzsteuer **23** 4 (26)
Ehrensold 5 3 (43)
Ehrenstrafen bei Steuerstraftaten **1** 375
Eidesstattliche Versicherung
Allgemeines **1** 95
Auslandsbeziehungen **2** 16
Vollstreckungsverfahren **1** 284, 315; **4** Art. 97 § 17b
Eidliche Vernehmung 1 94; **9** 158
Eigenbeitrag, Altersvorsorge **5** 86, 87
Eigenbesitz, Zurechnung **1** 39
Eigenbetrieb *s. Betrieb gewerblicher Art*
Eigene Einkünfte und Bezüge 5 33a
Eigenheimbetrag, Altersvorsorge **5** 22, 92a, 92b
Eigenkapital
Handelsbilanz **34** 272
Körperschaftsteuer **17** 8b, 21, 27, 28, 36, 38
Umwandlungssteuergesetz **22** 7, 12
Eigenkapitalersetzende Fremdfinanzierung 17 8a, 8b
Eigenkapitalvergleich für Schuldzinsenabzug **5** 4h
Eigentumsübergang
beschlagnahmte Sachen **1** 394
sichergestellte Waren **1** 216
Eigentumswohnung
Absetzung für Abnutzung **5** 7
Bedarfsbewertung **3** 146, 181
Einheitsbewertung **3** 68, 93, 131
energetische Maßnahmen **5** 35c
erhöhte Absetzungen **6** 15
Grundsteuer **13** 15 a. F.
Grundsteuerwert **3** 243, 244, 249, 250, 256
privates Veräußerungsgeschäft **5** 23
Sonderausgabenabzug **5** 10e, 10f
Umsatzsteuer **23** 4 (13), 9
Wohnungsbauprämie **27** 2
Eigenverantwortliche Tätigkeit, freie Berufe **5** 18
Eigenverbrauch 23 3, 10, 13, 22
Eigenwirtschaftliche Zwecke, steuerbegünstigte Einrichtung **1** 55
Eilbedürftigkeit, Entscheidung, Zuständigkeit **1** 29
Einbehaltung
Einkommensteuer bei beschränkter Steuerpflicht **1** 222; **5** 50c; **6** 73e
Kapitalertragsteuer **1** 222; **5** 44, 50c; **15** 7, 29
Lohnsteuer **1** 222; **5** 38, 39b, 39c, 41a
Umsatzsteuer **1** 222
Einbringung einer Beteiligung, Einkommensteuer **5** 3 (40), 3c, 17
Einbringung eines Betriebs
Grunderwerbsteuer **12** 8

in Kapitalgesellschaft **5** 34a, 50i; **22** 11–13, 15, 19–23, 25; **23** 1
in Personengesellschaft **22** 3–8, 10, 16, 18, 24; **23** 1
Einbringung von Unternehmensteilen **5** 50i; **22** 20–23, 27
Einbringungsgeborene Anteile
Aufwendungen **5** 3c
Reinvestitionsvergünstigung **5** 6b
Steuerverhaftung **5** 20, 44, 52; **17** 34; **22** 20–22
Einfamilienhaus
Bedarfsbewertung **3** 181
Einheitsbewertung **3** 75, 76, Anl. 7
erhöhte Absetzungen **6** 15
Grundsteuer **13** 15, 42 a. F.
Grundsteuerwert **3** 249–251, 256, 257, Anl. 36
Einfuhr
Abgaben **1** 3, 23, 87e
Abgabenverkürzung **1** 370, 373, 374, 379, 382
Aufhebung oder Änderung Verwaltungsakt **1** 172
Aufzeichnungen **23** 22
Festsetzungsfrist **1** 169–171
Sachhaftung, Abgaben **1** 76
Steueraufsicht **1** 209–217
Umsatzsteuer **23** 1, 4 (3), 5, 11, 21, 21a; **30** Art. 112
vorangehende Lieferung **23** 4 (4b)
Einfuhrnachweis **24** 20
Einfuhrumsatzsteuer
Gesetz **23** 1, 3, 4 (3), 5, 11, 13, 13a, 15, 17, 21
Verordnung **24** 20, 21, 64
Zuständigkeit **1** 23
Eingangsabgaben, Klage **9** 37
Eingetragene Lebenspartnerschaft
Altersvorsorgezulage **5** 85, 93
Aufhebung oder Änderung Bescheide **4** Art. 97 § 9
Angehörige **1** 15
Aufbewahrungspflichten **1** 147a
Bekanntgabe Verwaltungsakt **1** 122
Einkommensteuer **5** 2, 24b; **6** 1
Erbschaftsteuer **7** 3, 5, 7, 15–18, 20, 31, 37
Grunderwerbsteuer **12** 3
vermögenswirksame Leistungen **25** 3, 4, 8; **26** 2
Vermögenszusammenrechnung **3** 26
Vollstreckung **1** 263
Wohnungsbauprämie **27** 3
Zuständigkeit für Zusammenveranlagung **1** 19
Eingliederung, Organschaft **17** 14
Eingliederungsleistungen
Einkommensteuer **5** 3 (2)
Umsatzsteuer **23** 4 (15b, 16)
Einheit, wirtschaftliche E. **3** 2
Einheitliche Feststellung
Besteuerungsgrundlagen **1** 179–183; **2** 18
Besteuerungsverfahren **3** 154
Einheitliche Pauschsteuer, geringfügige Beschäftigung **5** 40a; **31** 5
Einheitlichkeit der Rechtsprechung **9** 11
Einheitsbewertung
Feststellungsverfahren **1** 179–183, 352
Gewerbesteuer **10** 9 a.F.; **11** 20 a. F.
Grundsteuer **13** 13 a. F.
Einkommen
Einkommensteuer **5** 2
Körperschaftsteuer **17** 6a-13, 15, 24
Einkommensgrenzen
Arbeitnehmersparzulage **25** 13
außersteuerliche Rechtsnormen **5** 2
Einkommensteuer **5** 10e, 14a
Wohnungsbauprämie **27** 2a
Einkommensteuer
Abzug als steuermindernde Ausgabe **5** 12
Aufteilung bei Gesamtschuldnern **1** 270, 274; **4** Art. 97 § 17e
Gemeindeanteil **32** 106
Steueraufkommen **32** 106, 107, 143g
Einkommensteuererklärung, Abgabepflicht **5** 25; **6** 56, 60
Einkommensteuertarif
Allgemeines **5** 32a, 32d, 34a
beschränkte Steuerpflicht **5** 50
ermäßigter Steuersatz bei Holznutzungen **5** 34b
Progressionsvorbehalt **5** 32b
Einkünfte
Ausland **2** 10; **5** 34c, 34d
außerordentliche E. **5** 34, 34b
beschränkte Einkommensteuerpflicht **5** 49
Ehegatten **5** 26a, 26b
ehemalige Tätigkeit **5** 24
Entschädigung **5** 24
fortgesetzte Gütergemeinschaft **5** 28

Gewerbebetrieb **5** 5a, 15, 16, 17, 35; **17** 8
Kapitalvermögen **5** 20; **22** 7, 12
Land- und Forstwirtschaft **5** 13, 13b
nichtselbständige Arbeit **5** 19
selbständige Arbeit **5** 18
sonstige E. **5** 22, 23
Vermietung und Verpachtung **5** 21, 37
von Zwischengesellschaft **2** 8, 10
Einkünfteverlagerung
Außensteuergesetz **2** 1
multinationale Unternehmensgruppe **1** 138a
Einkunftsarten
Einkommensteuer **5** 2, 3 (55, 65), 13–22
Hinzurechnungsbetrag **2** 10
Einkunftserzielungsabsicht, Aufwendungen **5** 3c
Einkunftsteile, Doppelbesteuerungsabkommen **5** 50d
Einlageminderung bei Verlusten **5** 15a
Einlagen
einbringungsgeborene Anteile **22** 22
Einkommensteuer **5** 4, 6, 17, 23
Investmentanteile **15** 22
Körperschaftsteuer **17** 27, 28, 39
Sacheinlagen **22** 20
Umwandlung **22** 5, 20, 22
Einlagenrückgewähr
Einkommensteuer **5** 15
Körperschaftsteuer **17** 27; **31** 5
Einlagerung, Umsatzsteuerlager **23** 4 (4a)
Einlegung
Rechtsbehelf **1** 356, 357; **9** 47, 63–68
Rechtsmittel **9** 90a, 120, 129, 133
Einleitung
Amtshilfeverfahren **1** 114
Straf- oder Bußgeldverfahren **1** 397, 410
Verfahren bei Finanzbehörde **1** 86
Einmalbeitrag **5** 10
Einmalbeträge, Kindergeld **5** 66
Einmalige Verwendung, Vorsteuerabzug **23** 15a
Einnahmen
Kapitalvermögen **5** 20
steuerfreie E. **5** 3, 3b, 19a
Überschusseinkünfte **5** 8, 9b, 11
Einnahmenüberschussrechnung
s. Überschussrechnung
Einrede bei Anfechtung **1** 191
Einschaltung in Erbringung sonstiger Leistung **23** 3
Einschränkung Grundrechte **1** 413
Einspruch
Allgemeines **1** 347, 348, 350–358, 364a, 364b, 366, 367
Abhilfe **1** 172
Festsetzungsfrist **1** 171
während Klageverfahren **9** 68
Einspruchsentscheidung
Allgemeines **1** 366, 367
Aufhebung oder Änderung **1** 172
Einstellung
Geschäftsbetrieb **17** 8d
Kindergeldzahlung **5** 71
landwirtschaftliche Erwerbstätigkeit, Einkommensteuer **5** 3 (27), 13
Strafverfahren **1** 398, 403, 407
Versteigerung **1** 301
Vollstreckung **1** 257, 258, 262
Einstweilige Anordnung durch Finanzgericht **9** 114
Eintrittsberechtigung, Umsatzsteuer **23** 3a, 12, 13b
Einwilligung
in Datenübermittlung **1** 139c; **5** 39, 90; **25** 15
in Klagerücknahme **9** 72
Einzelbekanntgabe, Feststellungsbescheid **1** 183
Einzelbesteuerung, Umsatzsteuer **23** 13, 16, 18
Einzelertragswert
Bedarfsbewertung **3** 142
Einheitsbewertung **3** 37, 42, 43
Einzelhandel, Vorsteuer-Durchschnittssätze **24** Anl.
Einzelrichter, finanzgerichtliches Verfahren **9** 6
Einzelveranlagung **5** 26a; **6** 61, 62d
Einziehung
gepfändete Forderung **1** 314, 315
Geschäftsanteil, Erbschaftsteuer **7** 10
Kapitalertragsteuer **5** 44
Steueranspruch **1** 218
Vorteil bei Steuer- und Abgabenstraftaten **1** 375, 401, 406
Einzweck-Gutschein, Umsatzsteuer **23** 3

Eisdiele, Vorsteuer-Durchschnittssätze **24** Anl.
Eisenbahn
Umsatzsteuer **23** 3e, 4 (3, 6), 12, 13b; **24** 4, 34
s. a. Bundeseisenbahnvermögen
Elektrizitätsversorgung, Umsatzsteuer **23** 3a, 3g, 5, 13b
Elektrofahrzeuge
Einkommensteuer **5** 3 (46), 6, 7c, 40
Gewerbesteuer **10** 8, 36
Elektrohandel, Vorsteuer-Durchschnittssätze **24** Anl.
Elektroinstallation, Vorsteuer-Durchschnittssätze **24** Anl.
Elektronische Abrechnung, Umsatzsteuer **23** 14
Elektronische Antragstellung, Kindergeld **5** 67
Elektronische Aufbewahrung, Umsatzsteuer **23** 14b
Elektronische Aufzeichnungen **1** 146–146b; **4** Art. 97 § 30
Elektronische Bescheinigung
Altersvorsorgezulagen-Rückzahlungsbeträge **5** 94
vermögenswirksame Leistungen **25** 15; **26** 5
Elektronische Bücher, Umsatzsteuer **23** 12, Anl. 2
Elektronische Dienstleistungen **23** 3, 3a, 13, 16, 18, 18h, 22; **24** 59; **31** 5
Elektronische Erzeugnisse, Umsatzsteuer **23** 12
Elektronischer Handel, Umsatzsteuer **31** 5
Elektronische Kommunikation
Finanzbehörden **1** 87a, 138; **23** 18a
Finanzgericht **9** 52a–52d
Elektronische Lohnsteuerabzugsmerkmale **1** 139b; **5** 39e
Elektronische Lohnsteuerbescheinigung **5** 41b, 41c
Elektronische Schnittstelle **1** 147b; **23** 3, 4 (4c), 18j, 22f, 25e
Elektronische Steuererklärung
Allgemeines **1** 87a, 87b
Einkommensteuer **5** 25
Gewerbesteuer **10** 14a
Grunderwerbsteuer **12** 19
Kapitalertragsteueranmeldung **5** 45a
Körperschaftsteuer **17** 31
Lohnsteueranmeldung **5** 41a
Umsatzsteuer **23** 18
Elektronische Überlassung, Umsatzsteuer **23** 12
Elektronische Übermittlung
Bilanz u. Gewinn- und Verlustrechnung **5** 5b
Einnahmenüberschussrechnung **6** 60
Einspruch **1** 357
grenzüberschreitende Steuergestaltungen **1** 138f, 138h
Spendenbestätigung **6** 50
Umsatzsteuer **23** 18, 18a; **24** 9, 10, 17b
Vollmachtdaten **1** 80a
Elterngeld, Einkommensteuer **5** 3 (2, 67), 32b
Elternzeit, steuerfreie Einnahmen **5** 3 (1), 32b, 41, 42b
Emissionsgeschäft, Umsatzsteuer **23** 4 (8)
Emissionshandel, Umsatzsteuer **23** 13b
Empfänger, Spenden **5** 10b; **10** 9; **17** 9
Empfangsbevollmächtigter
Finanzgerichtsverfahren **9** 48, 53, 60
Verwaltungsakt **1** 123, 183, 352; **23** 13a, 22f
Vorabverständigungsverfahren **1** 89a
Endbestände beim Übergang zum Halbeinkünfteverfahren **17** 36–39
Endgültigkeitserklärung **1** 165
Energetische Maßnahmen **5** 35c, 52
Energieerzeugnisse **23** 4 (19)
Energieerzeugung, Zerlegungsmaßstab für Gewerbesteuer **10** 29
Energiesparmaßnahmen, Einkommensteuer **5** 35c, 51; **6** 82a
Energiesteuer auf Erdgas **1** 170
Enkel
Kinderfreibetrag **5** 32
Kindergeld **5** 63
Enkelgesellschaft, Gewerbesteuer **10** 9
Enteignung, Grunderwerbsteuer **12** 9, 19
Entfernungspauschale **5** 4, 9
Entgelt
für Schulden, Gewerbesteuer **10** 8
Umsatzsteuer **23** 10, 11, 25b

Entgeltlicher Erwerb
Einkommensteuer **5** 5, 6, 20; **6** 6, 8b
Grunderwerbsteuer **12** 1, 9
Entgeltumwandlung
betriebliche Altersversorgung **5** 6a
Sozialversicherung **21** 1
Entlastung
Abzugsteuern bei beschränkter Steuerpflicht **5** 50a, 50c, 50d, 50g, 50h
Erbschaftsteuer **7** 19a
gewerbliche Einkünfte **5** 5a, 35
Kapitalertragsteuer **5** 50c, 50d, 50g, 50h, 50j
Entlastungsbetrag, Alleinerziehende **5** 2, 24b, 38b
Entlohnung, mehrjährige Tätigkeit **5** 34
Entnahmen
auf Antrag **5** 4
Begriff **5** 4
Bewertung **5** 2a, 6; **6** 6
Entstrickung **5** 4, 4g
und Erbschaftsteuer **7** 13a
Gebäude **5** 13a
Grund und Boden **5** 13, 13a, 14a, 15, 18
Investmentanteile **15** 2, 16, 19
private Kraftfahrzeugnutzung **5** 6
privates Veräußerungsgeschäft nach E. **5** 23
Realteilung **5** 16
Schuldzinsenabzug **5** 4
Spendenabzug **5** 10b; **10** 9
steuerbegünstigte Zwecke **1** 55; **5** 6, 10b
steuerfreie E. **5** 3 (40), 3c
Überschussrechnung **5** 4
Umsatzsteuer **23** 3, 6, 10
Umwandlung **22** 20
Wohnung Land- und Forstwirt **5** 13
Entrichtungspflichtiger, Kapitalertragsteuer **5** 44; **15** 7
Entschädigungen
Arbeitslohn **19** 2
Auskunftspflichtige und Sachverständige **1** 107, 405, 410
ehrenamtliche Richter **9** 29
Einheitsbewertung des Erbbaurechts **3** 92
Einkünfte **5** 3 (7, 12, 25, 26, 26a, 30, 54, 68, 69), 13a, 24, 32c, 46, 49
Erbschaftsteuer **7** 13
Grunderwerbsteuer **12** 9
Progressionsvorbehalt **5** 32b
Steuerermäßigung **5** 34
Umsatzsteuer **23** 3a
Entschädigungseinrichtungen
Gewerbesteuer **10** 3
Körperschaftsteuer **17** 5
Entscheidung
über Beschwerde **9** 132
über Einspruch **1** 367
gerichtliche Anordnung **9** 133
über Klage **9** 79a, 90, 90a, 95–114
Kosten **9** 138, 143, 144
über Revision **9** 124, 126, 126a, 127
Entsendung
ins Ausland, Altersvorsorgezulage **5** 95
ins Inland, Lohnsteuer **5** 38
Vertretung vor Steuergerichten **9** 80
Entsorgung, Altfahrzeuge **5** 6
Entstehung
Altersvorsorgezulage **5** 88
Einkommensteuer **5** 36, 37, 44, 50a
Erbschaftsteuer **7** 9
Gewerbesteuer **10** 18, 21
Grunderwerbsteuer **12** 14
Grundsteuer **13** 9
Kapitalertragsteuer **5** 44
Körperschaftsteuer **17** 30, 38
Körperschaftsteuerguthaben **17** 37
Mobilitätsprämie **5** 103
Steueransprüche **1** 38
Umsatzsteuer **23** 13, 13b
Vollstreckungsgebühren **1** 339–341
Wohnungsbauprämie **27** 4
Entstrickung
Einkommensteuer **5** 4, 16, 17, 36
Körperschaftsteuer **17** 1a, 12
Entwicklungshelfer
Einnahmen als E. **5** 3 (61)
Kinderberücksichtigung **5** 32
Entwicklungsländer, Besteuerung von Einkunftsteilen aus E. **18** 5, Anl.
Erbauseinandersetzung
Einkommensteuer **5** 14a
Grunderwerbsteuer **12** 3
Erbbaurecht
Bedarfsbewertung **3** 148, 153, 192–194, Anl. 26
Einheitsbewertung **3** 68, 92, 131
Einkünfte **5** 11, 21
Erbschaftsteuer **7** 13b
Grunderwerbsteuer **12** 2, 9

Grundsteuer **13** 10, 13, 15 a. F.
Grundsteuerwert **3** 243, 244, 261
Umsatzsteuer **23** 4 (9, 12), 9, 13b, 15a
Vollstreckung **1** 322, 323
Erben
Haftung **1** 45
Vollstreckung **1** 265
Erbengemeinschaft
Erbschaftsteuer **7** 13, 31, 35
Feststellungsverfahren **3** 154, 155
Erbersatzanspruch **7** 3, 10, 13
Erbfall
Anzeigepflichten **7** 30, 34; **8** 4–10
Erbschaftsteuer **7**
steuerbegünstigte Zwecke **1** 62
Erbschaftsteuer
Ansatz Grundbesitzwerte **7** 12
Anzeigen **31** 5
begünstigte Vermögen **7** 13a, 13b, 13d, 28, 28a
Bewertung Grundbesitz **3** 157–203
Durchführungsverordnung **8**
Ermäßigung der Einkommensteuer **5** 35b
Festsetzungsverjährung **1** 170, 171
Gesetz **7**
Kunstgegenstände als Zahlungsmittel **1** 224a
Steueraufkommen **32** 106
Erfassung Steuerpflichtige **1** 137, 139
Erfinder, bewertungsrechtliche Behandlung **3** 121
Erfolgsabhängige Verpflichtung, Passivierung **5** 5
Ergänzungsabgabe, Solidaritätszuschlag **20**
Ergänzungsbescheid, Feststellungsverfahren **1** 179
Ergänzungsbilanz
Einbringung **22** 24
Übertragung Einzelwirtschaftsgut **5** 6
Ergänzungspfleger, Umsatzsteuer **23** 4 (25)
Ergänzungszuweisungen **32** 107, 143g
Erhaltungsaufwand
anschaffungsnaher Aufwand **5** 6, 9
selbst genutzte Wohnung **5** 10e, 35a; **6** 82a
Verteilung **5** 4, 11a, 11b, 51; **6** 82a
Erhebung
Allgemeines **1** 6, 218–248
Einkommensteuer **5** 36, 37-37b
Erbschaftsteuer **7** 20–35
Gewerbesteuer **10** 10, 14, 16, 19, 20
Grundsteuer **13** 25–31
hinterzogene Steuern und Abgaben **1** 371
Kapitalertragsteuer **5** 44; **15** 7, 29, 33
Körperschaftsteuer **17** 31, 32
Kosten im Vollstreckungsverfahren **1** 337–346
Lohnsteuer **5** 38, 39b, 40a
örtliche Erhebungen für Einheitsbewertung **3** 29
örtliche Erhebungen für Grundsteuerwert **3** 229
Solidaritätszuschlag **20** 1, 3
Steuerabzug bei beschränkter Einkommensteuerpflicht **5** 50a
Umsatzsteuer **23** 18, 18h, 19; **24** 44, 46–48
Verspätungsgeld **5** 22a; **31** 5
Zuschlagsteuern **5** 51a
Erhöhte Absetzungen
Allgemeines **5** 7a
Baudenkmal **5** 7i, 51, 57; **6** 82i
Bewertung Wirtschaftsgut **5** 6
als Bezüge bei Unterhaltsfreibetrag **5** 33a
Energiesparmaßnahmen **5** 51, 57; **6** 82a
bei privatem Veräußerungsgeschäft **5** 23
Sanierungsmaßnahmen **5** 7h, 51, 57; **6** 82g
Schutzräume **5** 57
umgekehrte Maßgeblichkeit **5** 5
Umweltschutzinvestitionen **5** 57
Vorauszahlungsverfahren **5** 37
Wohngebäude **5** 57; **6** 15, 82a
Erhöhte Einkommensteuer, Einkünfte aus Land- u. Forstwirtschaft **5** 32c
Erhöhter Entlastungsbetrag für Alleinerziehende **5** 24b, 39a
Erhöhte Grundzulage, Altersvorsorge **5** 2, 10a, 84
Erhöhte Mitwirkungspflichten, Auslandsbeziehungen **1** 90; **2** 16, 17
Erholungsbeihilfen, Lohnsteuer **5** 40
Erholungsheime, Zweckbetrieb **1** 68
Erinnerung
gegen Kostenfestsetzung **9** 149
gegen Ablehnung der Prozesskostenhilfe **9** 142
Erklärungspflichten
Drittschuldner **1** 316

Umsatzsteuer **23** 18, 18a, 18b
s. a. Steuererklärungspflicht
Erlass
Allgemeines **1** 227
abweichende Steuerfestsetzung **1** 163
Altersvorsorgezulagen-Rückzahlungsbeträge **5** 95
Einfuhrumsatzsteuer **23** 5
Einkommensteuer **5** 34c, 50
Erbschaftsteuer **7** 28a
Grundsteuer **13** 32–35
Haftung **1** 191
Schulden **5** 3a
Umsatzsteuer **23** 26
Erläuterungen zum Jahresabschluss **34** 284
Erledigung
Hauptsache **9** 46, 138
Massenrechtsbehelfe und Massenanträge **4** Art. 97 § 18a
Erleichterungen
Bekanntgabe von Feststellungsbescheiden **1** 183
Buchführungs- und Aufzeichnungspflichten **1** 148; **34** 241, 274a, 276, 286, 288
Umsatzsteuer **23** 18a, 22; **24** 43, 44, 46–48, 63
Erlöschen
Steueransprüche **1** 47, 50, 169–171, 232; **7** 29
Vertretungsmacht, steuerliche Pflichten **1** 36
Ermächtigungsvorschriften
Abgabenordnung **1** 2, 117c, 138c, 139d, 146a; **4** Art. 97 § 33, Art. 99
Außensteuergesetz **2** 1
Bewertungsgesetz **3** 123, 263
Einkommensteuer **5** 13a, 26a, 33, 34b, 35c, 51, 52, 68, 99, 109
Erbschaftsteuer **7** 36
Gewerbesteuer **10** 35c
Grunderwerbsteuer **12** 22a
Kindergeld **5** 68; **31** 5
Körperschaftsteuer **17** 33
Umsatzsteuer **23** 13b, 22f
Wohnungsbauprämie **27** 9
Zinsinformationsverordnung **5** 45e
Ermäßigter Steuersatz
Einkommensteuer **5** 34, 34a, 34b
Grundsteuer **13** 15
Umsatzsteuer **23** 12, 28, Anl. 2
Ermessensausübung
durch Finanzbehörde **1** 5, 86, 128
Nachprüfung **9** 102
Ermittlung
Altersvorsorgezulagenanspruch **5** 90
Einkommen bei Unterstützungskassen **17** 6a
Fremdvergleichspreis **2** 1
Kapitaleinkünfte **5** 20
Lohnsteuer **5** 39b, 39c
Spezialinvestmenteinkünfte **15** 15, 36, 37, 48, 49
Steuerfestsetzungsverfahren **1** 88
Steuerstrafverfahren **1** 386, 397–405
Wohnungsbauprämienanspruch **27** 4a
Ermittlungszeitraum
Einkommensteuer **5** 2
Körperschaftsteuer **17** 7
Eröffnung eines Betriebs *s. Betriebseröffnung*
Eröffnungsbilanz, Aufstellung **34** 242
Erörterung, Sach- und Rechtsstand im Einspruchsverfahren **1** 364a
Ersatzbemessungsgrundlage
Grundsteuer **13** 42
Investmentanteile **15** 56
Kapitalertragsteuer **5** 43a
Ersatzbeschaffung, Erbschaftsteuer **7** 13b
Ersatzbescheinigung, Kapitalertragsteuer **5** 45a
Ersatzteile, Vollstreckung **1** 306
Ersatzvornahme im Vollstreckungsverfahren **1** 328, 330
Ersatzwirtschaftswert
Anwendung **4** Art. 97a
Einheitsbewertung **3** 125–128
Ersatzzuständigkeit **1** 24
Ersatzzwangshaft, Vollstreckungsverfahren **1** 334
Erstattung
Ansprüche **1** 37; **7** 10
Auslagenerstattung **1** 178; **9** 139, 149
Beitragserstattungen **5** 3 (3, 9), 10
an Bevollmächtigten **1** 80
Einkommensteuer **5** 10, 50a, 50c; **31** 5
Festsetzungsverjährung **1** 171
Gewerbesteuer **10** 20

Grundsteuer **13** 30
Kapitalertragsteuer **5** 44a, 44b, 50c, 50j; **15** 7, 11, 12, 14, 29; **17** 32; **31** 5
Körperschaftsteuerguthaben **17** 37
Kosten im Kindergeldverfahren **5** 77
Prozesszinsen **1** 236
Solidaritätszuschlag **15** 11
Steuern bei Bauleistungen **5** 48c, 48d
Umsatzsteuer **23** 5, 18, 18f, 26, 27; **24** 48
Verzinsung von Steuererstattungen **1** 233a; **5** 50c
Erstausbildung oder -studium
Betriebsausgaben **5** 4
Werbungskosten **5** 9
Erstobjekt bei Wohneigentum **5** 10e
Ersuchen um Vollstreckung **1** 250
Ertragsanteil, Rente **5** 22
Ertragsbedingungen, Einheitsbewertung **3** 38, 50, 53, 60
Ertragsfähigkeit, Land- und Forstwirtschaft **3** 36, 38, 55, 163, 236, 237
Ertragsklassen, Bedarfsbewertung für Forstwirtschaft **3** 163
Ertragsmesszahl, Bodengewinnbesteuerung **5** 55
Ertragsminderung, Erlass von Grundsteuer **13** 33, 34 n. F.
Ertragswert
Betriebsvermögen **3** 199–203
Grundvermögen **3** 76, 78–82, 93, 146–150, 182, 184–188, 250, 252–257
immaterielle Anlagegüter **2** 1
Kapitalanteile **3** 199–203
land- und forstwirtschaftliches Vermögen **3** 36–40, 53, 142, 236, 237
Erweiterte beschränkte Steuerpflicht
Außensteuergesetz **2** 2, 4, 5
Solidaritätszuschlag **20** 2
Erweiterte Kürzung, Gewerbeertrag bei Grundstücksunternehmen **10** 9
Erweiterung
anschaffungsnaher Aufwand **5** 6, 9
erhöhte Absetzungen **6** 15
Reinvestitionsvergünstigung **5** 6b
Sonderausgabenabzug **5** 10e
Erwerb
Beteiligung, Körperschaftsteuer **17** 8a, 8c, 8d
Betrieb **1** 75; **6** 6, 8b; **7** 19a
Erstattungs- und Vergütungsansprüche **1** 383
Gegenstand, Umsatzsteuer **23** 1, 1a, 1b, 3d, 4b, 10
Grundbesitz **12** 1, 3; **13** 11
Lebensversicherung **5** 10, 20
von Todes wegen **2** 6; **7** 1, 3; **12** 3
Wirtschaftsgut, Bedingung **3** 4, 5
Wirtschaftsgut, Befristung **3** 8
Erwerbsminderung
Behindertenpauschbetrag **5** 33b
Sonderausgaben **5** 10
Erwerbsschwelle, innergemeinschaftlicher Erwerb **23** 1a, 3c
Erwerbstätigkeit
Anzeigepflichten **1** 138
Europäische Union **30** Art. 49–50, 56–58
Kinderfreibetrag **5** 32
Erwerbsteuer 23 1, 1a, 1b, 3d, 4b, 10
Erwerbsunfähigkeit
Einkommensteuer **5** 10, 10a, 33b, 86; **6** 65
Erbschaftsteuer **7** 13
Wohnungsbauprämie **27** 2
Erzbergbau *s. Bergbau*
Erzieher 5 3 (26), 18
Erziehungsbedarf, Freibetrag **5** 32
Erziehungsbeihilfen
Einkommensteuer **5** 3 (11)
Umsatzsteuer **23** 4 (25)
Erziehungsgeld, steuerfreie Einnahmen **5** 3 (67)
Erziehungsheim, Grundsteuer **13** 5
Erziehungsleistungen, Umsatzsteuer **23** 4 (23)
Erzwingungsmaßnahmen
eidesstattliche Versicherung oder Vermögensauskunft **1** 284
Finanzbehörde **1** 328–336
Finanzgericht **9** 89
Essensdienste, Zweckbetrieb **1** 68
Euro, Steueranmeldungen in E. **4** Art. 97 § 21
Europäischer Amtsträger *s. Amtsträger*
Europäische Genossenschaft
Einkommensteuer **5** 4, 15, 17
Gewerbesteuer **10** 2
Körperschaftsteuer **17** 1, 11
Umwandlungssteuergesetz **22**
Europäische Gesellschaft
Bewertung Betriebsvermögen **3** 97, 109

Einkommensteuer **5** 4, 15, 17
Gewerbesteuer **11** 25
Körperschaftsteuer **17** 1, 11, 14
Umwandlungssteuergesetz **22**
Europäisches Nachlasszeugnis, Erbschaftsteuer **7** 34; **8** 7
Europäische Union
Abgabenordnung **1** 1
Abgeordnetenbezüge **5** 22
Altersvorsorgezulage **5** 79, 92a, 93, 95
Amts- und Rechtshilfe **1** 117-117d
Arbeitsweise **30**
Austausch von Auskünften **23** 18a–18d
Beihilfen **30** Art. 107–108
Betriebsausgabenabzug **5** 4k, 50a
Buchführung und Aufzeichnungen **1** 146
Datenschutz **1** 32j, 384a
degressive Gebäude-AfA **5** 7
Ehegattenbesteuerung **5** 1a
Einfuhrumsatzsteuer **23** 11
einkommensteuerfreie Leistungen **5** 3 (2, 26, 26a)
Einkommensteuerveranlagung **1** 19; **5** 46, 50
Empfangsbevollmächtigter **1** 123
energetische Maßnahmen **5** 35c
Entstrickung **5** 4, 16, 17, 36
Erbschaftsteuer **7** 13, 13a, 13b, 13d, 17
Familienstiftung **2** 15
grenzüberschreitende Steuergestaltungen **1** 138d–138k
Grunderwerbsteuer **12** 1, 6a, 23
Kapitalertragsteuer **5** 43a, 43b, 44a, Anl. 2; **17** 32
Kindergeld **5** 62, 63, 65, 68
Konzernbetriebe **34** 264
Körperschaftsteuer **17** 5, 8b, 14, 17, 26, 27, 32, 34, 40
Lohnsteuer bei Schiffsbesatzungen **5** 41a
Muttergesellschaften **5** 43b, Anl. 2; **10** 9; **17** 8b
negative Einkünfte **5** 2a
personenbezogene Daten **1** 2a, 30
Progressionsvorbehalt **5** 32b
Reinvestitionsvergünstigung **5** 6b
Sonderabschreibungen für Mietwohnungsneubau **5** 7b
Sonderausgaben **5** 10, 50
Spendenabzug **5** 10b; **10** 9; **17** 9
Umsatzsteuer **23**; **24** 17a–17d
Umwandlung von Gesellschaften **22**
Verkürzung von Abgaben **1** 370, 373, 374, 379, 382
Versorgungsausgleich **5** 1a
Werbungskostenabzug **5** 50a
Wohnungsbauprämie **27** 2
Zinsen und Lizenzgebühren **5** 50g, 50h, Anl. 3
Europäische wirtschaftliche Interessenvereinigung, Gewerbesteuer **10** 5
Europäischer Wirtschaftsraum
Altersvorsorgezulage **5** 79, 92a, 93, 95
Betriebsausgabenabzug **5** 50a
degressive Gebäude-AfA **5** 7
Ehegattenbesteuerung **5** 1a
einkommensteuerfreie Leistungen **5** 3 (2, 26, 26a)
Einkommensteuerveranlagung **1** 19; **5** 46, 50
Empfangsbevollmächtigter **1** 123
energetische Maßnahmen **5** 35c
Entstrickung **5** 16, 36
Erbschaftsteuer **7** 13, 13a, 13b, 13d, 17
Familienstiftung **2** 15
Grunderwerbsteuer **12** 1, 6a, 23
Investmentfonds **15** 2
Kapitalertragsteuer **5** 43a, 44a; **17** 32
Kindergeld **5** 62, 63
Konzernbetriebe **34** 264
Körperschaftsteuer **17** 5, 14, 17, 32
Lohnsteuer bei Schiffsbesatzungen **5** 41a
negative Einkünfte **5** 2a
Progressionsvorbehalt **5** 32b
Reinvestitionsvergünstigung **5** 6b
Sonderausgaben **5** 10, 50
Spendenabzug **5** 10b; **10** 9; **17** 9
Umwandlungssteuergesetz **22**
Versorgungsausgleich **5** 1a
Werbungskostenabzug **5** 50a
Wohnungsbauprämie **27** 2
Euroumrechnungsrücklage **5** 6d
Existenzgründer, Zuschüsse **5** 3 (2)
Existenzminimum, Einkommensteuer **5** 31, 32
Externes Versandverfahren **23** 4 (3); **24** 20, 21
Extremistische Organisation
steuerbegünstigte Zwecke **1** 51
Zuwendungsempfänger **31** 5

Fabrikgrundstück, Bedarfsbewertung **3** 147
Factoring, Umsatzsteuer **23** 4 (8), 9, 13c
Fahrausweise, Umsatzsteuer **23** 12; **24** 34, 35
Fahrradhandel, Vorsteuer-Durchschnittssätze **24** Anl.
Fahrten
Menschen mit Behinderungen **5** 33; **6** 64
Wohnung/Ausbildungsort **5** 10
Wohnung/Betrieb **5** 4
Wohnung/Tätigkeitsstätte **5** 3 (15, 32), 9
Fahrtenbuch 5 6
Fährverkehr, Umsatzsteuer **23** 4 (6), 12; **24** 7
Fahrzeuge
Ausfuhrnachweis **24** 9, 10, 17b
Rückstellungen **5** 6
Umsatzsteuer bei Erwerb neuer Fahrzeuge **23** 1a, 1b, 2a, 3, 3c, 6a, 13, 14a, 16, 18c, 19, 27
Umsatzsteuer bei Gebrauchtfahrzeugen **23** 25a
Umsatzsteuer bei Vermietung **23** 3a
Fahrzeuglieferer 23 2a, 14a, 14b, 15, 18c; **24** 17d
Faktorverfahren 5 39f
Fälligkeit
Allgemeines **1** 220–222
Arbeitnehmer-Sparzulage **25** 14
Einkommensteuer **2** 6; **5** 36
Erbschaftsteuer **7** 28a
Grunderwerbsteuer **12** 15
Grundsteuer **13** 28
Kapitalertragsteuer **5** 44
Körperschaftsteuer **17** 38
Steuerabzug bei Bauleistungen **5** 48a
Umsatzsteuer **23** 13c, 18, 18i–18k, 21, 21a
Falschbelege und -buchungen 1 379
Familienangehörige *s. Angehörige*
Familienheimfahrten 5 6, 9
Familienkasse, Kindergeld **5** 62, 67, 71, 72; **31** 5
Familienleistungsausgleich
Allgemeines **5** 31
Freibetrag für Kinder **5** 31, 32
Kindergeld **5** 31, 62–78
Kostentragung **31** 5
Familienstiftung 2 15
Familienwohnheim, Erbschaftsteuer **7** 13
Farbenhandel, Vorsteuer-Durchschnittssätze **24** Anl.
Fehler in Verwaltungsakt **1** 125–129; **5** 70
Fehlerbeseitigung
Fortschreibung Einheitswert **3** 22
Grundsteuerneuveranlagung **13** 17, 20
Grundsteuerwert **3** 222
offenbare Unrichtigkeit **1** 129, 173a
Rechtsfehler **1** 177
widerstreitende Steuerfestsetzungen **1** 174
Fehlmengen 1 161
Feiertag
Vollstreckungsmaßnahmen **1** 289
Zuschläge zum Arbeitslohn **5** 3b
Ferienwohnung, Sonderausgabenabzug **5** 10e
Fernmeldegeheimnis 1 105, 413
Fernsehdienstleistungen, Umsatzsteuer **23** 3, 3a, 18h; **24** 59; **31** 5
Fernsehhandel, Vorsteuer-Durchschnittssätze **24** Anl.
Fernsehschaffende
Auskunftsverweigerungsrecht **1** 102
Umsatzsteuer **24** Anl.
Fernverkäufe 23 3, 3a, 3c, 16, 18, 18j, 18k; **24** 59; **31** 5
Fernwärmeversorgungsanlagen, erhöhte Absetzungen **6** 82a
Fertigstellung, Zeitpunkt der F. **6** 9a
Feste Einrichtung, beschränkte Einkommensteuerpflicht **5** 49
Festlandsockel
als Inland **5** 1; **10** 2, 4; **17** 1
Zuständigkeit **1** 22a
Festlegungsfrist
Bausparbeiträge **5** 10; **27** 2
Wertpapiere **26** 4
Festsetzung
Mobilitätsprämie **5** 105
Nutzungssatz **6** 68
Steuermessbetrag **1** 184
Festsetzungsfrist
Allgemeines **1** 169–171, 174, 175, 175a, 181
Einkommensteuer **5** 3c, 5a, 7b, 7g, 10d, 32c, 34a, 94
Erbschaftsteuer **1** 171; **7** 2, 13a, 19a
Grunderwerbsteuer **12** 16
Grundsteuer **1** 171; **13** 16

Haftung **1** 191; **5** 10b
Körperschaftsteuer **17** 32a, 37, 38
Verlustrücktrag **5** 111
Vermögensteuer **1** 171
Vollstreckungskosten **1** 346
Zinsen auf Steuern **1** 239; **5** 50c
Festsetzungsverjährung **1** 169–171; **4** Art. 97 § 10, Art. 97a
Feststellung
Allgemeines zum Feststellungsverfahren **1** 179–183
Altersvorsorge **5** 10a, 92b, 93
Anteilswert **3** 113a
Bedarfswert **3** 151–157
bei geringer Bedeutung **1** 180
Besteuerungsgrundlagen **2** 5, 18; **4** Art. 97 § 10b; **5** 35; **15** 41, 51
Buchführungspflicht **1** 141
Einheitswert **1** 18; **3** 2, 19, 21, 22, 23, 25
Einkommensteuer **5** 4h, 10e, 34a
Einkünfte **1** 18, 180, 352
Einspruch **1** 352, 366
Erbschaftsteuer **7** 13a, 13b
Feststellungsbescheid **1** 183
Feststellungsfrist **1** 181; **3** 25, 153, 226
Grundbesitzwert **3** 138–157
Grunderwerbsteuergrundlagen **12** 17
Grundsteuerwert **3** 219, 221, 223, 225, 226, 266
Investmentfonds **31** 5
Körperschaftsteuer **17** 8, 14, 27, 28, 36, 37, 39; **31** 5
Lohnsteuerabzugsmerkmale **5** 39
Nachholung **3** 25, 226
Nichtigkeit **1** 125
Rechtsbehelfsbefugnis **9** 47
Satzungsmäßigkeit **1** 60a
Schätzung der Besteuerungsgrundlagen **1** 162
Spendenabzug **5** 10b; **10** 9; **17** 9
Verluste **5** 2a, 10d, 15-15b, 20, 57; **10** 10a, 35b; **17** 8, 8d
Verlustrücktrag **5** 111
Zinsvortrag **5** 4h
Feststellungsfrist
Feststellungsbescheide **1** 181; **3** 153; **5** 3a, 10d; **10** 35b
nicht entnommener Gewinn **5** 34a
Feststellungsklage **9** 41
Festwert **34** 240
Festzusetzende Einkommensteuer **5** 2
Fette, Umsatzsteuer **23** Anl. 2
Feuerversicherung, Feuerschutzsteuer **4** Art. 97 § 3
Feuerwehr, steuerfreie Leistungen an Angehörige der F. **5** 3 (4)
Fifo-Methode
Fremdwährungsgeschäfte **5** 23
Investmentanteile **15** 56
Fiktive unbeschränkte Steuerpflicht, Einkommensteuer **5** 1a, 32b
Filme, Umsatzsteuer **23** 12
Filmschaffende, Umsatzsteuer **24** Anl.
Finanzämter **31** 17
Finanzausgleich **32** 106, 107, 143g
Finanzbeamte als Finanzrichter **9** 19
Finanzbehörden
Begriff **1** 6
Zuständigkeit **32** 107
Finanzdienstleistungsinstitut
Erbschaftsteuer **7** 13b
Gewerbesteuer **10** 35c; **11** 19
Kapitalertragsteuer **5** 43, 43a, 44, 44a, 44b, 45a
Körperschaftsteuer **17** 8b
Mitteilungspflichten **1** 138b
Teileinkünfteverfahren **5** 3 (40), 3c
Termingeschäfte **5** 15
Finanzielle Hilfen bei Körperschäden **5** 3 (68)
Finanzierungsanstalten, Körperschaftsteuer **17** 5
Finanzinstrumente
Bewertung in Steuerbilanz **5** 6
Umwandlungssteuergesetz **22** 2
Finanzkonten, Informationsaustausch **31** 5
Finanzmittel, Erbschaftsteuer **7** 13b
Finanzmonopole
Gesetzgebungsrecht **32** 105
Rechtsbehelf **1** 347
Rechtsmittel **9** 33
Verteilung **32** 106
Finanzrechtsweg
Altersvorsorgezulage **5** 98
Zulässigkeit **9** 33, 44, 70
Finanztransaktionen, Untersuchungsbehörde **1** 31b; **31** 5a
Finanzumsätze, Umsatzsteuer **23** 3a, 4 (8), 9, 15

Finanzunternehmen, Teileinkünfteverfahren **5** 3 (40), 3c
Finanzverwaltung
Aufbau und Aufgaben **31**
Zuständigkeit **32** 108
Fingierte Geschäfte 1 160
Firmenwert
Absetzung für Abnutzung **5** 7
Eigenkapitalvergleich **5** 4h
Handelsrecht **34** 246, 253
Fische, Umsatzsteuer **23** Anl. 2
Fischerei
Bedarfsbewertung **3** 175
Einheitsbewertung **3** 62
Einkünfte **5** 13, 32c, Anl. 1a
Gewerbesteuer **10** 3
Grundsteuerwert **3** 242, Anl. 31
Umsatzsteuer **23** 15, 24
Fiskalvertretung *s. Vertretung*
Flächenabhängigkeit, Tierbestände **3** 51, 169, 241, Anl. 2 u. 20 u. 35
Fleisch, Umsatzsteuer **23** Anl. 2
Fliesenleger, Vorsteuer-Durchschnittssätze **24** Anl.
Flüchtlinge
Erbschaftsteuer **7** 13
Leistungen an F. **5** 3 (7)
Flüchtlingsfürsorge, Zweckbetrieb **1** 68
Flughafen, Grundsteuer **13** 4
Flugzeuge *s. Luftfahrzeuge*
Flurbereinigung, Grunderwerbsteuer **12** 1
Flüssige Mittel
Erbschaftsteuer **7** 13b
Land- und Forstwirtschaft **3** 33, 158, 232
Folgebescheid
Allgemeines **1** 155, 171, 182, 351
Aussetzung der Vollziehung **1** 361; **9** 69
Zinsen auf Steuern **1** 236, 237
Folgeobjekt 5 10e
Fonds
Etablierungskosten **5** 6e
Venture Capital- und Private Equity-Fonds **5** 3 (40a), 3c, 18
s. a. Investmentanteile bzw. Investmentfonds bzw. Investmentvermögen bzw. Kapitalanlagegesellschaften
Förderung
der Allgemeinheit **1** 52
Altersvorsorge **5** 10a, 79–99
Einstellung der landwirtschaftlichen Erwerbstätigkeit, Einkommensteuer **5** 3 (27), 13
energetische Maßnahmen **5** 35c
kleiner und mittlerer Betriebe **5** 7g
Rückkehrbereitschaft von Ausländern, Bausparbeiträge **5** 10
steuerbegünstigte Zwecke **5** 10b; **6** 50; **10** 9; **17** 9
Wohneigentum **5** 10e, 10f, 39a, 57
Wohnräume, Grundsteuer **13** 15
Wohnungsbau **5** 3 (59), 7; **13** 15; **27**
Forderungen
Bewertung **3** 12
Erbschaftsteuer **7** 13b
Euroumrechnungsrücklage **5** 6d
Handelsbilanz **34** 268
Pfändung **1** 309–321
Überschussrechnung **5** 4
Umsatzsteuer **23** 4 (8), 9, 13c, 17
s. a. Geldforderungen bzw. Kapitalforderungen
Fördervereine 1 58
Form
Aufteilungsbescheid **1** 279
Auskunft über Datenerhebung **1** 32d
Buchführung **1** 146
Klage **9** 64
Rechtsbehelfsentscheidung **1** 366
Steuerbescheid **1** 157
Steuererklärungen **1** 150
Urteil **9** 105
verbindliche Zusage **1** 205
Verwaltungsakt **1** 119
Formfehler *s. Fehler*
Formulare, elektronische F. **9** 52c
Formwechsel *s. Umwandlung*
Forschungs- und Entwicklungsinvestitionen
Handelsbilanz **34** 255
Sonderabschreibungen **5** 51
Forschungszulage, Anrechnung **5** 36
Forschungseinrichtungen
Gewerbesteuer **10** 3
Körperschaftsteuer **17** 5
Zweckbetrieb **1** 68; **4** Art. 97 § 1e
Forstwirtschaft
Aufgabe des landwirtschaftlichen Teilbetriebs **5** 14a
Bedarfsbewertung **3** 142, 160, 163, 164, 171, 172, Anl. 15 u. 15a

Betriebsausgaben **6** 51
Durchschnittssätze **5** 13a
Einheitsbewertung **3** 34, 53–55
Einkommensteuersätze **5** 34b
Einkünfte **5** 13; **17** 3
Genossenschaften **5** 13; **10** 3; **17** 3, 5
Grundsteuer **13** 6, 14, 33
Grundsteuerwert **3** 234, 237, Anl. 28
Umsatzsteuer **23** 12, 24
Wirtschaftsjahr **6** 8c
s. a. Land- und Forstwirtschaft
Fortbildungsmaßnahmen, einkommensteuerfreie Leistungen **5** 3 (19)
Fortführung, Betrieb, Verlustabzug **17** 8
Fortführungswert, Land- und Forstwirtschaft **3** 165
Fortgesetzte Gütergemeinschaft
Einkommensteuer **5** 28
Erbschaftsteuer **7** 4, 31
Grunderwerbsteuer **12** 3
Fortlaufende Bezüge, Pfändung **1** 312
Fortschreibung
Einheitswert **3** 22, 25, 27, 41, 79, 132
Einlagekonto bei Körperschaftsteuer **17** 27
Grundsteuerwert **3** 222, 225–227, 266
Frachtbrief als Versendungsnachweis, Umsatzsteuer **24** 10
Freianteile, Kapitaleinkünfte **5** 20
Freiberufliche Tätigkeit
Anzeigepflichten **1** 138
Außenprüfung **1** 193
Einkünfte **5** 18
Erbschaftsteuer **7** 13a
Europäische Union **30** Art. 57
Umsatzsteuer **23** 3a, 4 (12), 20; **24** Anl.
Vermögensbewertung **3** 96, 109
Freibetrag
Abfindung weichender Erben **5** 14a
Alterseinkünfte **5** 24a
Arbeitnehmer, Einkommensteuer **5** 3 (34a), 8, 19, 19a
Berufsausbildungskosten **5** 33a
beschränkte Einkommensteuerpflicht **5** 50
Betriebsveräußerung **5** 14, 14a, 16, 18, 32, 34a; **22** 20, 21, 22, 24
Betriebsvermögen, Erbschaftsteuer **7** 13a
einbringungsgeborene Anteile **22** 22
Erbschaftsteuer **7** 6, 13, 16 18
Gewerbesteuer **10** 8, 11
Investmenterträge **15** 56
Kapitaleinkünfte **5** 20
Kind, Einkommensteuer **5** 10a, 32
Körperschaftsteuer **17** 24, 25
Land- und Forstwirt, Einkommensteuer **5** 13, 14a
Lohnsteuerabzug **5** 39a, 39b
Sachprämien **5** 3 (38)
Schuldentilgung **5** 14a
Umsatzsteuer **23** 19
Umwandlungssteuergesetz **22** 20, 21, 22, 24
Unterhaltsaufwendungen **5** 33a
Veräußerung von Kapitalanteilen, Einkommensteuer **5** 17
Vermögensbeteiligungen **5** 19a
Versorgungsbezüge **5** 19
Freie Beweiswürdigung **9** 96
Freie Verpflegung, Sozialversicherung **21** 2
Freigrenze
Anzeigepflichten **6** 29
Betriebsveranstaltungen **5** 19
Einkünfte aus Leistungen **5** 22
Einkünfte ausländischer Zwischengesellschaften **2** 9
gesellige und kulturelle Veranstaltungen **1** 68
Grunderwerbsteuer **12** 3
private Veräußerungsgeschäfte **5** 23
Sachbezüge **5** 8
Solidaritätszuschlag **20** 3
Steuerabzug für Bauleistungen **5** 48
Freihafen, Umsatzsteuer **23** 1, 4 (3); **24** 7
Freiheitsrechte, Grundgesetz **32** 2
Freimengen, Einfuhr **23** 5
Freistellung
Kapitalertragsteuer **5** 44a, 50c; **31** 5
Steuerabzug bei Bauleistungen **5** 48-48b; **31** 5
Steuerabzug bei beschränkter Einkommensteuerpflicht **5** 50a, 50c
Freistellungsauftrag
Abstandnahme vom Steuerabzug **5** 44a
Erstattung von Kapitalertragsteuer **5** 44b
Freistellungsbescheid
Kapitalertragsteuer **17** 32
Steuerfestsetzungsverfahren **1** 155
Freistellungsbescheinigung **5** 50c
Freiwillige Gewinnermittlung, Land- und Forstwirt **5** 13a

Freiwilligenaktivität, Einkommensteuer **5** 32
Freiwilligendienst, Einkommensteuer **5** 3 (5), 32
Freiwilliges ökologisches Jahr, Einkommensteuer **5** 3 (5), 32
Freiwilliges soziales Jahr, Einkommensteuer **5** 3 (5), 32
Freizeitbetätigungen
Kinderbetreuungskosten **5** 10
Mitgliedsbeiträge **5** 10b; **10** 9; **17** 9
steuerbegünstigte Zwecke **1** 52
Freizügigkeit, Europäische Union **30** Art. 45–46
Fremde Gelder, Überschussrechnung **5** 4
Fremdenbeherbergung
Sonderabschreibungen **5** 7b
Umsatzsteuer **23** 4 (12), 12; **24** Anl.
Fremder Grund und Boden
Bedarfsbewertung **3** 148a, 180, 195, Anl. 26
Einheitsbewertung **3** 94
Grunderwerbsteuer **12** 2
Grundsteuerwert **3** 262
Fremdfinanzierung
Kapitalgesellschaft **17** 8a
Zinsschranke **5** 4h; **17** 8a
Fremdvergleich
Auslandsbeziehungen **2** 1
Gesellschafter-Fremdfinanzierung **5** 3c
Schätzung von Besteuerungsgrundlagen **1** 162
Fremdwährungsbeträge, privates Veräußerungsgeschäft **5** 23
Friedhof, Grundsteuer **13** 4
Friseur, Vorsteuer-Durchschnittssätze **24** Anl.
Fristen
Abfindung weichender Erben **5** 14a
Altersvorsorgezulagen **5** 89, 95
Aufbewahrungsf. **1** 147, 147a; **4** Art. 97 § 19a; **23** 14b; **34** 257
Berechnung **1** 108; **4** Art. 97 § 2, Art. 97a; **9** 54
Beschwerde beim Bundesfinanzhof **9** 129
Datenübermittlung **1** 138f, 138h; **4** Art. 97 § 33; **5** 45b, 45c
Einheitsbewertung **3** 8, 21, 28
Einspruchsverfahren **1** 355, 364b
Erbschaftsteuer **7** 13a, 13b, 14, 19a, 28a
Festsetzungsf. **1** 169–171
Feststellungsf. **1** 181
freiwillige Gewinnermittlung bei Landwirten **5** 13a
Grundsteuerwert **3** 221, 228
Investitionsabzugsbetrag **5** 7g, 52
Investmentsteuergesetz **15** 11, 56
Kapitalertragsteuererstattung **15** 11
Klageverfahren **1** 367; **9** 47, 55, 76
Lohnsteuer **5** 19a, 39, 39a, 41
Mahnf. **1** 259
Mobilitätsprämie **5** 105
Rechtsbehelfsf. **1** 126, 355, 356; **9** 47
Reinvestitionsf. **5** 6b, 52
Revisionsf. **9** 116, 120
Rücknahme Verwaltungsakt **1** 130
Schonf. **1** 240
Spekulationsf. **5** 23
Sperrf. **5** 10, 19a; **23** 15a; **25**; **27** 2
Steuererklärungsf. **1** 149; **4** Art. 97a
Umsatzsteuer **23** 1a, 3c, 14, 14b, 18, 24; **24** 24, 46–48, 61, 61a
Umwandlungssteuergesetz **22** 4, 6, 15, 18, 22, 24
verbindliche Auskunft **1** 89
Verbleibensf. **23** 15a
Verjährungsf. **1** 169–171, 181, 228, 376; **7** 28a
Verlängerung **1** 109; **23** 18; **24** 46–48
Versäumnis **1** 110, 126, 152; **9** 56
Verwendung von Rücklagen **1** 63; **5** 6b, 52
Vollstreckungsf. **1** 254
bei Vollverzinsung von Steuern **1** 233a
Wiedereinsetzung in vorigen Stand **1** 110, 126; **9** 56
Wohnungsbauprämie **27** 4
Zahlungsverjährung **1** 228
Früchte
Pfändung **1** 294, 304
Umsatzsteuer **23** Anl. 2
Fulbright-Abkommen, Einkommensteuerfreiheit für Zuwendungen **5** 3 (42)
Funktions- und Risikoanalyse, Fremdvergleichswert **2** 1
Funktionsverlagerungen
Auslandsbeziehungen **2** 1
Schätzung von Besteuerungsgrundlagen **1** 162

Fürsorgepflichten, Finanzbehörde **1** 88, 89
Fusion
Grunderwerbsteuer **12** 1
Umwandlungssteuergesetz **22**
Fußbodenleger, Vorsteuer-Durchschnittssätze **24** Anl.
Futtermittel, Umsatzsteuer **23** Anl. 2

Garagen
Einheitsbewertung **3** 70
Grundsteuerwert **3** 244
Grundstückswert **3** 138, 157
Wohnfläche **6** 82b
Gartenbau
Bedarfsbewertung **3** 142, 160, 163, 164, 174, Anl. 17
Einheitsbewertung **3** 48a, 59–61
Einkünfte **5** 13, 13a, Anl. 1a
Grundsteuerwert **3** 234, 237, 238, 242, Anl. 30 u. 31
Umsatzsteuer **23** 24; **24** Anl.
Zweckbetrieb **1** 68
Gasinstallation, Vorsteuer-Durchschnittssätze **24** Anl.
Gästehäuser
Betriebsausgaben **5** 4
Umsatzsteuer **23** 15
Gastwirtschaft, Vorsteuer-Durchschnittssätze **24** Anl.
Gasversorgung, Umsatzsteuer **23** 3a, 3g, 13b
Gebäude
Absetzung für Abnutzung **3** 86; **5** 7, 56; **6** 11c
anschaffungsnaher Aufwand **5** 6, 9
Bedarfsbewertung **3** 145–150, 180–191
Durchschnittssatzgewinn **5** 13a
Einheitsbewertung **3** 68–94
energetische Maßnahmen **5** 35c
erhöhte Absetzungen **5** 7h, 7i; **6** 82a
Grunderwerbsteuer **12** 2, 8
Grundsteuerwert **3** 243–262
privates Veräußerungsgeschäft **5** 23
Realteilung **5** 16
Reinvestitionsvergünstigung **5** 6b, 6c
Überschussrechnung **5** 4
Vorsteuerabzug **23** 15a
Gebäudenormalherstellungswert
Einheitsbewertung **3** 85
Grundsteuerwert **3** 259, Anl. 42
Gebäudereinigung
Umsatzsteuerschuldner **23** 13b
Vorsteuer-Durchschnittssätze **24** Anl.
Gebäudesachwert
Bedarfsbewertung **3** 190
Einheitsbewertung **3** 85
Grundsteuerwert **3** 258–260
Gebäudeteile
Absetzung für Abnutzung **5** 7
energetische Maßnahmen **5** 35c
privates Veräußerungsgeschäft **5** 23
Gebietskörperschaft, Umsatzsteuer **23** 18
Gebrauchsgegenstände **5** 23
Gebrauchsmuster, Inlandsvermögen **3** 121
Gebrauchtgegenstände
Einkommensteuer **5** 23
Umsatzsteuer **23** 25a
Gebrauchtpolice
Kapitaleinkünfte **5** 20
Sonderausgaben **5** 10
Gebühren
Gerichtsgebühren **9** 128, 139
verbindliche Auskunft **1** 89; **4** Art. 97 § 25
Vollstreckungsverfahren **1** 338–341
Vorabverständigungsverfahren **1** 89a
Zollbehörden **1** 178
s. a. Kosten
Geburtshilfe, Umsatzsteuer **23** 4 (14)
Gedenkstätten, steuerbegünstigte Zwecke **1** 52
Gefahr im Verzug, Zuständigkeit **1** 29
Gefährdung, Steuern und Abgaben **1** 379–382; **5** 48b; **23** 14c
Gegendübliche Ertragsbedingungen, Einheitsbewertung **3** 39, 41
Gegenleistung
Grunderwerbsteuer **12** 9
Steuerabzug bei Bauleistungen **5** 48
Umsatzsteuer **23** 3, 10
Umwandlungssteuergesetz **22** 20, 21, 22, 24
Gegenseitigkeit bei Aufrechnung **1** 226
Gegenstandswert
Einspruch **1** 365
verbindliche Auskunft **1** 89
Gegenwartswert, Forderungen und Schulden **3** 12
Gehaltsforderungen, Pfändung **1** 313

Geheimhaltung, steuergerichtliches Verfahren **9** 86
Gehilfen, Auskunftsverweigerungsrecht **1** 102
Geistliche
Auskunftsverweigerungsrecht **1** 102
Grundsteuer für Dienstwohnung **13** 3
Gelangensnachweis 24 17b
Gelangensvermutung 24 17a
Geldbuße *s. Bußgeld*
Geldforderungen
Umsatzsteuer **23** 4 (8); **24** 43
Vollstreckung **1** 259–327; **9** 152
s. a. Forderungen bzw. Kapitalforderungen
Geldkarte 5 8
Geldwäsche
Kontenwahrheit **1** 154
Mitteilungen der Finanzbehörden **1** 31b
Geldwerte Vorteile
Lohnsteuer **5** 19, 40; **19** 2
steuerfreie Einnahmen **5** 3 (15, 45, 46)
Gelegenheitsgeschenke, Erbschaftsteuer **7** 13
Gelegentliche Beschäftigung, Lohnsteuer **5** 39b
GEMA, Steuerabzug bei beschränkter Einkommensteuerpflicht **6** 73f
Gemeinbedarfsflächen, Einheitsbewertung **3** 73
Gemeinde
Betriebsaufnahme **1** 138
Gewerbesteuer **10** 1
Grundsteuer **13** 1
Steuereinnahmen **32** 106
Gemeindegrößenklasse, Einheitsbewertung **3** 80
Gemeindesteuerkraftzuweisungen, Finanzausgleich **32** 107
Gemeiner Wert
Bedarfsbewertung **3** 138, 162, 177
Einheitsbewertung **3** 9, 13, 14, 31, 90, 109
Einkommensteuer **5** 6, 17
Umwandlungssteuergesetz **22** 3–5, 11, 13, 20, 21, 24
Gemeinnützige Unternehmen
Erbschaftsteuer **7** 13, 29
Gewerbesteuer **10** 3
Grundsteuer **13** 3
Körperschaftsteuer **17** 5
Umsatzsteuer **23** 4 (29), 4a, 12, 23a; **24** 66a
Gemeinnützige Zwecke
ehrenamtliche Tätigkeit **5** 3 (26, 26a)
Erbschaftsteuer **7** 29
Körperschaftsteuer **17** 5
Spendenabzug **5** 10b; **7** 29; **10** 9; **17** 9, 13
Voraussetzungen **1** 52
Gemeinsamer Empfangsbevollmächtigter für Feststellungsbescheid **1** 183
Gemeinsame Tarifvertragseinrichtungen
Gewerbesteuer **10** 3
Körperschaftsteuer **17** 5
Gemeinsame Wertpapieranlagen
Investmentanteile **23** 4 (8)
Investmentfonds **15** 1
Vermögensbildung **25** 2
Gemeinschaften
Einkommensteuer **5** 6b, 7g, 18
Erbschaftsteuer **7** 10, 12
Umsatzsteuer **23** 10
s. a. Gesamthandsvermögen bzw. Miteigentümer
Gemeinschaftliche Tierhaltung
Bedarfsbewertung **3** 142
Einheitsbewertung **3** 51a, 97, 109
Einkommensteuer **5** 13, 13b
Gewerbesteuer **10** 3
Gemeinschaftsgebiet, Umsatzsteuer **23** 1
Gemeinschaftssteuer
EU, Anrechnung auf Einkommensteuer **5** 22
Verteilung **32** 106
Gemeinschaftsunterkünfte 13 5
Gemischtgenutztes Grundstück
Bedarfsbewertung **3** 181
Einheitsbewertung **3** 75, 76, Anl. 4 u. 5
Grundsteuerwert **3** 249, 250
Umsatzsteuer **23** 15, 15a
Gemischtgenutztes Wirtschaftsgut, Umsatzsteuer **23** 15
Gemüse 23 Anl. 2
Gemüsebau, Grundsteuerwert **3** 234, 237, 240, Anl. 30
Generalzolldirektion 1 6, 138j; **31** 1, 5, 5a, 12
Genossenschaften
Altersvorsorge **5** 92a
Erbschaftsteuer **7** 2, 7, 15
Forstwirtschaft **5** 13; **10** 3; **17** 3

Gewerbesteuer **10** 2, 3, 9
Grundsteuer **13** 3, 15, 19
Kapitalertragsteuer **5** 44a
Körperschaftsteuer **17** 1, 5, 11, 22, 25, 34, 38
Tierzucht und Tierhaltung **3** 51a, 97, 109; **5** 13, 13b; **10** 3; **17** 25
Umsatzsteuer **23** 4 (27), 10
Umwandlungssteuergesetz **22**
Vermögensbewertung **3** 97, 109
vermögenswirksame Leistungen **25** 2, 6
Wohnungsbauprämie **27** 2
Genussmittel **23** Anl. 2; **24** Anl.
Genussrechte
Einkommensteuer **5** 20
Kapitalertragsteuer **5** 36a, 43, 44a
Körperschaftsteuer **17** 8
Vermögensbildung **25** 2
Genussscheine *s. Genussrechte*
Gerichte
Amtshilfe **1** 111–115
Anzeigepflichten **7** 34; **8** 6–8, Muster 5; **12** 18
Bundesfinanzhof **9** 2, 10, 11, 14, 36
Finanzgerichte **9** 2, 3, 5, 35, 116, 119
Kosten **33**
Steuerstrafverfahren **1** 406, 407
Verfahrensabwicklung bei Steuergerichten **9** 51–62
Vollstreckungsgericht **9** 151
Zuständigkeit im Steuerstraf- und Bußgeldverfahren **1** 391, 410
Gerichtsbescheid **9** 90a, 106
Gerichtskosten *s. Gebühren bzw. Kosten*
Gerichtspersonen
Ausschließung **9** 51
Befangenheit **9** 51, 119
Gerichtssprache **9** 52
Gerichtsverfassung **9** 5, 10
Geringfügige Beschäftigung
Kinderfreibetrag **5** 32
Lohnsteuer **5** 39e, 40a, 41b
Solidaritätszuschlag **20** 3
Verfolgung von Straftaten **5** 50e
Geringstland
Bedarfsbewertung **3** 142, 160, 163
Einheitsbewertung **3** 34, 44
Grundsteuerwert **3** 234, 237, Anl. 31
Geringwertige Wirtschaftsgüter, Einkommensteuer **5** 4, 6, 13a
Gesamtbetrag der Einkünfte **5** 2
Gesamtdifferenzbesteuerung, Umsatzsteuer **23** 25a
Gesamthafenbetriebe
Gewerbesteuer **10** 3
Körperschaftsteuer **17** 5
Gesamthandsvermögen
Bewertung **3** 97; **5** 6
Erbschaftsteuer **7** 10, 12
Grunderwerbsteuer **12** 1, 5, 6, 19
Kapitalertragsteuererstattung **5** 44b
Reinvestitionsvergünstigung **5** 6b
Zurechnung **1** 39
Gesamtrechtsnachfolge
Berichtigung von Erklärungen **1** 153
Erbschaftsteuer **7**
Steueransprüche **1** 45
Umwandlungssteuergesetz **22**
Vollstreckung **1** 265
Wirkung von Steuerfestsetzungen **1** 166
Gesamtschuldner
Allgemeines **1** 44
Aufteilung von Steuerschulden **1** 268–280
Gewerbesteuer **10** 5
Grundsteuer **13** 10
Säumniszuschläge **1** 240
Steuerbescheide **1** 155
Vollstreckungsgebühren **1** 342
Gesamtumsatz **23** 19; **24** 69
Gesandtschaft *s. Diplomatische Mission*
Geschäftsbetrieb, Körperschaftsteuer **17** 8d
Geschäftsbeziehungen, Ausland **1** 90; **2** 1
Geschäftsbriefe
Aufbewahrungspflichten **1** 147
Vorlage **23** 27a
Geschäftsführung
Haftung **1** 69
steuerbegünstigte Zwecke **1** 59, 63
steuerliche Pflichten **1** 34, 36
Vollstreckung **1** 77
Geschäftsgeheimnis, Offenbarung durch Amtsträger **1** 30
Geschäftsgrundstück
Bedarfsbewertung **3** 181
Einheitsbewertung **3** 75, 76, Anl. 6
Grundsteuerwert **3** 249, 250
Geschäftsguthaben, Erbschaftsteuer **7** 13b
Geschäftsjahr, Handelsrecht **34** 240

Geschäftsleitung 1 10
Geschäftsmäßiger Erwerb, Erstattungs- oder Vergütungsansprüche **1** 46
Geschäftspapiere *s. Geschäftsbriefe*
Geschäftsräume, Betreten durch Amtsträger **1** 99, 146b
Geschäftsreise, Einkommensteuer **5** 4
Geschäftsveräußerung 23 1, 15a, 20
Geschäftsvorfälle, Aufzeichnungen **1** 90, 162
Geschäftswert
Absetzung für Abnutzung **5** 7
Handelsrecht **34** 246, 253
Geschenke
Betriebsausgaben **5** 4
Einkommensteuerpauschalierung **5** 37b
Erbschaftsteuer **7** 1
Umsatzsteuer **23** 3, 15, 17
Geschwister
Angehörige **1** 15
Erbschaftsteuer **7** 15
Kindergeld **5** 78
Gesellige Veranstaltungen 1 58, 68
Gesellschaften
Drittstaat-Gesellschaften **1** 138b, 147a, 170, 370; **4** Art. 97 § 26
Grunderwerbsteuer **12** 1, 13, 19
Kapitalertragsteuer **5** 43b
mit beschränkter Haftung **3** 97, 109; **7** 2, 3, 7, 10; **10** 2; **11** 25; **17** 1
zwischengeschaltete G. im Ausland **2** 5, 7–12
s. a. Kapitalgesellschaften bzw. Mitunternehmer bzw. Personengesellschaft
Gesellschafter *s. Kapitalanteile bzw. Mitunternehmer bzw. Personengesellschaft*
Gesellschafter-Fremdfinanzierung, Körperschaftsteuer **17** 8a, 8b
Gesellschafterwechsel, Grunderwerbsteuer **12** 1, 13, 19
Gesellschaftsanteile *s. Kapitalanteile*
Gesetz- oder sittenwidriges Handeln 1 40
Gesetzgebungsrecht, Steuern und Zölle **32** 105
Gesetzliche Anordnung, Umsatzsteuer **23** 1
Gesetzlicher Vertreter *s. Vertretung*
Gesondert geführter Betrieb, Umsatzsteuer **23** 1
Gesonderte Feststellung
Allgemeines **1** 179–183; **4** Art. 97 § 10b
Bedarfswert **3** 151–157
Einkommensteuer **5** 2a, 3a, 4h, 10d, 15-15b, 20, 34a, 35
Erbschaftsteuer **7** 13a, 13b
Hinzurechnungsbetrag **2** 11, 18
Körperschaftsteuer **17** 8, 27, 28, 36, 37, 39
Lohnsteuerabzugsmerkmale **5** 39
Satzungsmäßigkeit **1** 60a
Spendenabzug **5** 10b; **10** 9; **17** 9
Spezialinvestmentfonds **15** 41, 51
Unterstützungskasse **17** 6
Veräußerungsgewinn **15** 56
Zinsen auf Steuern **1** 239
Zuständigkeit **1** 18, 19
Gesonderte Gewinnteile 5 13a
Gesonderter Hebesatz, Grundsteuer **13** 25
Gesonderter Steuerausweis 23 14, 14a, 14c, 15, 19
Gestaltungsklage 9 41
Gestaltungsmissbrauch 1 42
Gestellung
Berufskleidung, Einkommensteuer **5** 3 (31)
Personal **5** 42d; **23** 3a, 4 (27), 12
Gesundheitsbehörden, Ausstellung von Nachweisen **6** 64
Gesundheitsförderung
einkommensteuerfreie Einnahmen **5** 3 (34)
Umsatzsteuer **23** 4 (14)
Getränke 23 1a, 3a, 3e, 4 (6), 12, 13b, 24, 28, Anl. 2; **24** 26, Anl.
Getreide 23 Anl. 2
Gewährleistungen, Rückstellung **5** 6
Gewährleistungsansprüche, Erwerb von Pfandgegenständen **1** 283
Gewahrsam, Anzeigepflichten für Erbschaftsteuer **8** 1
Gewährträgerhaftung, Gesellschafter-Fremdfinanzierung **17** 34
Gewerbeberechtigung, Grunderwerbsteuer **12** 2
Gewerbebetrieb
Anzeigepflichten **1** 138, 139
Außenprüfung **1** 193
Betrieb im Ausland **1** 138; **5** 2a
Betriebsveräußerung **5** 5a, 16, 32

Buchführungspflicht **1** 141
Einkünfte **5** 5a, 15, 16, 35
Erbschaftsteuer **7** 10, 13a, 13b, 19a, 28a
Europäische Union **30** Art. 57
Gewerbesteuer **10** 2; **11** 1
Gewinnermittlung **5** 5, 5a
Kapitalerträge **5** 32d, 43
Reinvestitionen **5** 6b, 6c
Umsatzsteuer **23** 2
Vermögensbewertung **3** 95–109, 121a
Vorsteuer-Durchschnittssätze **24** Anl.
Wareneingangs- und Warenausgangsaufzeichnungen **1** 143, 144
Wirtschaftsjahr **5** 4a
Gewerbeertrag, Gewerbesteuer **10** 7–11, 36; **11** 16
Gewerbegrundstück, Bedarfsbewertung **3** 147
Gewerbesteuer
Anrechnung auf Einkommensteuer **5** 35; **22** 18
Ansatz von Einheitswerten **3** 121a
Betriebsausgaben **5** 4
Investmenterträge **15** 15, 20, 29, 45
Steueraufkommen **32** 106, 143h
Umwandlungssteuergesetz **22** 18, 19, 23
Verfahrensrecht **1** 1, 3
Verlust **10** 9a, 10a, 35b
Gewerbezweige, Vorsteuer-Durchschnittssätze **24** 69, 70, Anl.
Gewerblich geprägte Personengesellschaft
Bewertung Betriebsvermögen **3** 97, 109
Einkommensteuer **5** 15, 50i
Erbschaftsteuer **7** 13b
Organschaft **17** 14
Gewerbliche Schutzrechte, Steuerabzug bei beschränkter Einkommensteuerpflicht **5** 50a; **6** 73a
Gewerbliche Tierzucht und Tierhaltung, Einkommensteuer **5** 15
Gewerbsmäßige Steuerhinterziehung **1** 370a; **23** 26c
Gewinn
ausländische Zwischengesellschaft **2** 7, 8, 10
Betriebsvermögensvergleich **5** 4, 5
Einkommensteuer **5** 2, 4h, 6b, 13a
Gewerbebetrieb **5** 15, 35; **10** 7
Gewerbesteuer **10** 7
Körperschaftsteuer **17** 8–11, 14
Liquidationsgewinn **17** 11
Umwandlungssteuergesetz **22**
Wirtschaftsjahr **5** 4a; **17** 7
Gewinn- und Verlustrechnung
nach Handelsrecht **34** 242, 265–275, 277
Unterlage zur Einkommensteuererklärung **6** 60
Gewinnabführungsvertrag
Gewerbesteuer **10** 8
Körperschaftsteuer **17** 14
Gewinnabhängige Bezüge
Gesellschafter-Fremdfinanzierung **17** 8a
Pensionsrückstellung **5** 6a
Gewinnabhängige Verpflichtung **5** 5
Gewinnabzug
Durchschnittssatzgewinnermittlung **5** 57
Reinvestitionen **5** 6b, 6c
Gewinnanteil
Auslandsbeteiligung **2** 8
Gewerbesteuer **10** 8, 9
Kapitaleinkünfte **5** 20
Personengesellschaft **5** 15
s. a. Dividenden
Gewinnausschüttungen
ausländische Zwischengesellschaft **2** 8
Einkommensteuer **5** 20, 43, 43b, 44, Anl. 2; **17** 8
Körperschaftsteuer **17** 27, 28, 34–38
Spezialinvestmentfonds **15** 30, 43
verdeckte G. **5** 20; **17** 8, 27, 28
s. a. Dividenden
Gewinneinkünfte
elektronische Einkommensteuererklärung **5** 25
nicht entnommener Gewinn **5** 34a
Gewinnermittlungszeitraum
Allgemeines **5** 4a
Liquidation **17** 11
Gewinnerzielungsabsicht
Einkommensteuer **5** 15
Körperschaftsteuer **17** 8
Umsatzsteuer **23** 2, 4 (18, 23, 29)
Gewinnfeststellung *s. Feststellung*
Gewinngrenze, Investitionsabzugsbetrag **5** 7g
Gewinnminderung bei Kapitalanteilen
Gewerbesteuer **10** 8
Körperschaftsteuer **17** 8b

Gewinnobligationen, Kapitalertragsteuer **5** 43
Gewinnpotenziale, Verrechnungspreis **2** 1
Gewinnschwankungen, Korrektur bei Land- u. Forstwirten **5** 32c
Gewinnverlagerung bei grenzüberschreitenden Steuergestaltungen **1** 138d–138h
Gewöhnlicher Aufenthalt, Verfahrensrecht **1** 9
Glaser, Vorsteuer-Durchschnittssätze **24** Anl.
Gleichberechtigung, Grundgesetz **32** 3
Gleichheitsgrundsätze, Grundgesetz **32** 3
Gleichmäßigkeit der Besteuerung **1** 85
Gliederung
Jahresabschluss **34** 265, 266, 275
verwendbares Eigenkapital **17** 36
GmbH *s. Gesellschaften mit beschränkter Haftung*
Gold 500 3a, 4 (4), 5, 13b, 18, 25c; **24** 49
Grabmalkosten, Erbschaftsteuer **7** 10
Grafiker, Vorsteuer-Durchschnittssätze **24** Anl.
Gratifikationen 5 19
Grenzpendler 5 1, 32b, 39d, 50
Grenzüberschreitende Beförderungen 23 3b, 4 (3, 5), 13b, 16, 18, 26; **24** 2–4, 6–7, 21, 34
Grenzüberschreitender Gewerbebetrieb
Gewerbesteuer **10** 2, 4
Mitteilungspflichten **1** 138d
Grenzüberschreitender Innenumsatz 23 3
Grenzüberschreitende Steuergestaltungen
Mitteilungspflichten **1** 138d–138h; **4** Art. 97 § 33
Verjährung **1** 376
Grenzüberschreitender Warenverkehr
Steueraufsicht **1** 209
Umsatzsteuer **23**
Grobes Verschulden, Aufhebung oder Änderung Steuerbescheid **1** 173
Großbritannien
einbringungsgeborene Anteile **22** 22
Entnahme bei Entstrickung **5** 4g
Erbschaftsteuer **7** 37
Grunderwerbsteuer **12** 4, 5, 6, 6a
Rückzahlung Altersvorsorgezulage **5** 95
schädliche Verwendung von Altersvorsorgevermögen **5** 95
selbst genutzte Wohnung, Altersvorsorge **5** 92a
Übertragung von Altersvorsorgevermögen **5** 3 (55c)
Zahlungsaufschub bei Reinvestitionsvergünstigungen **5** 6b
Großeltern
Erbschaftsteuer **7** 15
Kinderberücksichtigung bei Einkommensteuer **5** 32
Größenklassen, Handelsrecht **34** 267
Größenmerkmale, Vermögensbeteiligung **5** 19a
Großer Senat 9 11
Großhandel, Warenausgangsaufzeichnungen **1** 144
Grünanlagen, Grundsteuer **13** 32
Grund und Boden
Bedarfsbewertung **3** 138–150, 157–203
Bewertung in Steuerbilanz **5** 6
Einheitsbewertung **3** 68–94, 99, 121a
Grundsteuerwert **3** 232, 243, 244, 257
Realteilung **5** 16
Reinvestitionsvergünstigung **5** 6b, 6c
Überschussrechnung **5** 4
Veräußerung oder Entnahme **5** 13, 13a, 15, 18, 55
Grundbesitz
Bedarfsbewertung **3** 138–150, 157–203
Einheitsbewertung **3** 19–137
Erbschaftsteuer **3** 157–203; **7** 12
Gewerbesteuer **10** 9; **11** 20
Grunderwerbsteuer **3** 138–150
Grundsteuer **13** 2, 15, 19
Grundsteuerwert **3** 218–266
Veräußerung an Immobiliengesellschaft **5** 3 (70)
Grundbesitzwert
Erbschaftsteuer **3** 157, 168; **7** 12
Feststellung **3** 138, 151–157
Grundbetrag, Durchschnittssatzgewinnermittlung **5** 13a, Anl. 1a

Grundbucheintragung
Einheitsbewertung **3** 29
Grunderwerbsteuer **12** 22
Grundsteuerwert **3** 29, 229
Pfändung **1** 310
Grunderwerbsteuer
Bewertung von Grundbesitz **3** 138–150, 155
Gesetz **12**
Gesetzgebungsrecht **32** 105
und Umsatzsteuer **23** 4 (9)
Verfahren **4** Art. 97 § 3
Grundfreibetrag
Einkommensteuer **5** 32a
Übertragung im Lohnsteuerverfahren **5** 39a
Grundlagenbescheid
Allgemeines **1** 155, 171, 175, 182
Altersvorsorge **5** 82
Anfechtung **1** 351, 361
Gewerbesteuer **5** 35
Körperschaftsteuer **17** 27, 37
Grundrechte, Grundgesetz **32** 1–3
Grundsteuer
Berücksichtigung bei Einheitsbewertung **3** 81
Festsetzungsverjährung **1** 170
Gesetz **13**
Gesetzgebungsrecht **32** 72, 105, 125b
Grundsteuerwert **3** 218–266
Steueraufkommen **32** 106
Verfahrensrecht **1** 1, 3, 31, 77
Vollstreckung **1** 77
Werbungskosten **5** 9
Grundsteuerwert
Allgemeines **3** 218–266
Feststellungsfrist **1** 181
Gewerbesteuer **10** 9 n.F.; **11** 20 n. F.
Grundsteuer **13** 13
Grundstücke
Betreten durch Amtsträger und Sachverständige **1** 99
Einheitsbewertung **3** 68–94, 99, 121a
Einkommensteuer **5** 23; **6** 8
Erbschaftsteuer **3** 157–203; **7** 13b, 13d, 28
Grundsteuer **13** 2, 15, 19, 22, 33 a.F., 34, 41–43 a. F.
Grundsteuerwert **3** 243–262
Investmentfonds **15** 6
Kürzung beim Gewerbeertrag **10** 9
Umsatzsteuer **23** 3a, 4 (9, 12), 9, 13b, 14, 14b, 15a
Vollstreckung **1** 322, 323
Grundstücksarten
Bedarfsbewertung **3** 181
Einheitsbewertung **3** 73, 75
Grundsteuerwert **3** 249
Grundstücksunternehmen, Gewerbesteuer **10** 9
Grundtabelle **5** 32a, Anl.
Gründungszuschuss **5** 3 (2)
Grundvermögen
Einheitsbewertung **3** 68–94, 99, 121a, 129–133
Erbschaftsteuer **3** 159, 176–198; **7** 12, 13
Grunderwerbsteuer **3** 138–150; **12**
Grundsteuer **13** 2, 15, 19
Grundsteuerwert **3** 243–262
Gruppenbewertung **34** 240
Gruppenerwerb, Verlustabzug **17** 8c
Gruppenkassen, Unterstützungskasse **5** 4d
Günstigerprüfung
Abgeltungsteuer auf Kapitalerträge **5** 32d
Altersvorsorgebeiträge **5** 10a
Vorsorgeaufwendungen **5** 10
Gutachten
gemeiner Wert **3** 198
Gesundheitsbehörde **6** 64
Verfahren bei Finanzbehörde **1** 96, 98, 104, 107
Gutachterausschuss
Bedarfsbewertung **3** 145, 177, 179, 183, 187, 188, 191, 198
Einheitsbewertung **3** 67
Grundsteuerwert **3** 247
Gütergemeinschaft
Erbschaftsteuer bei Begründung der G. **7** 7
Grunderwerbsteuer **12** 3
Güterverkehr, Umsatzsteuer **23** 3a, 3b, 4 (3); **24** 2–4, 6–7
Guthaben
Körperschaftsteuerguthaben **17** 37
Sicherheitsleistung durch Verpfändung **1** 241
Gutschein
Einkommensteuer **5** 8
Umsatzsteuer **23** 3, 10

Gutschrift
Umsatzsteuer **23** 14
Warenausgang **1** 144

Hafenbetriebe
Gewerbesteuer **10** 3
Grundsteuer **13** 4
Körperschaftsteuer **17** 4, 5
Haftbefehl gegen Vollstreckungsschuldner **1** 284
Häftlingshilfe
Einkommensteuer **5** 3 (23)
Erbschaftsteuer **7** 13
Haftpflichtversicherung, Beiträge als Sonderausgaben **5** 10
Haftung
Altersvorsorge **5** 96
Amtsträger **1** 32
Beiladung zum finanzgerichtlichen Verfahren bei H. **9** 60
Bescheide **1** 191, 219
Betriebsübernahme **1** 75
Datenübermittlung **1** 72a
Einlagekonto-Bescheinigung **17** 27
Erbe **1** 45
Erbschaftsteuer **7** 20
erweiterte beschränkte Steuerpflicht **2** 5
Falschkonten **1** 72
Gerichtskosten **9** 135
Geschäftsführer **1** 69
gesetzlicher Vertreter **1** 69
Grundsteuer **13** 11, 12
Hinzuziehung zum außergerichtlichen Rechtsbehelfsverfahren bei H. **1** 360
Investmentfonds **15** 14, 32
Kapitalertragsteuer **1** 219; **5** 44, 44b, 45
Lohnsteuer **1** 219; **5** 42d
Organschaft **1** 73; **4** Art. 97 § 11
Spendenbestätigung **5** 10b; **10** 9; **17** 9
Steuerabzug **1** 219; **5** 48, 48a, 50a, 51a; **6** 73g
Stundung **1** 222
Umsatzsteuer **23** 6a, 13c, 21a, 25e
Verfügungsberechtigter **1** 69
Verjährung **1** 229
Vermögensverwalter **1** 69
Vertragshaftung **1** 48, 192
Vertretener **1** 70
Vollstreckung **1** 266
Wegfall der Steuerbefreiung **5** 3 (70)
Wohnungsbauprämie **27** 4a
Zahlungsaufforderung **1** 219
Haftungsminderung bei Verlusten **5** 15a
Halbeinkünfteverfahren
Organschaft **17** 15
Übergang **17** 36–39
Umwandlungssteuergesetz **22** 4, 20, 24
Halten, Vieh, Umsatzsteuer **23** 12
Handel mit Belegen, Ordnungswidrigkeit **1** 379
Handelsbestand
und Kapitalanteile **17** 8b, 34
und Teileinkünfteverfahren **5** 3 (40), 3c
Handelsbetriebe von ausländischen Zwischengesellschaften **2** 8
Handelsbilanz
Allgemeines **34** 246-256a, 265-274a
Betriebsvermögen **5** 5, 6b
Wertansatz **5** 5
Handelsbriefe, Aufbewahrungspflichten **1** 147; **34** 238, 257
Handelsbücher
Aufbewahrungspflichten **1** 147
Führung **34** 239
Handelspapiere, Umsatzsteuer **23** 4 (8)
Handelsregistereintragung, Wirtschaftsjahr **5** 4a
Handelsschiffe
ausländische Einkünfte **5** 2a, 5a
Betriebsausgaben **5** 4
Gewerbesteuer **10** 7, 9, 11
Lohnsteuerabzug **5** 41a
Sonderabschreibungen **5** 51; **6** 82f
Handelsvertreter
Ausgleichsanspruch **5** 24
Zuwendungen an Unterstützungskasse **5** 4d
Handlungsfähigkeit
Verfahren bei Finanzbehörde **1** 79
Verfahren bei Finanzgericht **9** 58
Handschriften, Zahlungsmittel für Erbschaftsteuer oder Vermögensteuer **1** 224a
Handwerk, Vorsteuer-Durchschnittssätze **24** Anl.
Harmonisierung, Steuern **30** Art. 113
Härteausgleich **5** 46; **6** 70
Härtefälle *s. Billigkeitsmaßnahmen*
Hauptbewertungsstützpunkte, Einheitsbewertung **3** 39

Hauptfeststellung
Einheitsbewertung **3** 21
Grundsteuerwert **3** 221, 266
Hauptveranlagung, Grundsteuer **13** 16, 36, 37 a. F.
Hauptzollämter 31 1
Hausbandweber, Vorsteuer-Durchschnittssätze **24** Anl.
Hausgarten, Einheitsbewertung **3** 40
Hausgehilfin 5 35a
Hausgewerbetreibende, Gewerbesteuer **10** 11; **11** 22
Haushaltsaufnahme, behinderte Menschen **5** 3 (10)
Haushaltsausgaben 5 12
Haushaltsfreibetrag, Massenrechtsbehelfe und Massenanträge **4** Art. 97 § 18a
Haushaltsführung, doppelte *s. Doppelte Haushaltsführung*
Haushaltsgemeinschaft, Entlastungsbetrag für Alleinerziehende **5** 24b
Haushaltshilfe 5 35a
Haushaltsnahe Tätigkeiten, Steuerermäßigung **5** 35a
Hausrat und Kleidung, Erbschaftsteuer **7** 13; **8** 7, 8
Hebamme
Auskunftsverweigerungsrecht **1** 102
Umsatzsteuer **23** 4 (14)
Heberecht
Gewerbesteuer **10** 4, 35a; **11** 15
Grundsteuer **13** 1, 25
Hebesatz
Gewerbesteuer **10** 16
Grundsteuer **13** 25–27
Hehlerei
Besteuerung **1** 40
Haftung **1** 71, 191, 219
Steuerstraftat **1** 374
Heilbäder, Umsatzsteuer **23** 12
Heilberufliche Tätigkeit
Einkünfte **5** 18
Umsatzsteuer **23** 4 (14, 16)
Heilung, Fehler in Verwaltungsakt **1** 126
Heimatpflege und Heimatkunde
Mitgliedsbeiträge **5** 10b; **10** 9; **17** 9
steuerbegünstigte Zwecke **1** 52
Heime
Gewerbesteuer **10** 3
Grundsteuer **13** 5
Umsatzsteuer **23** 4 (16, 23)
Zweckbetrieb **1** 68
Heimunterbringung 5 35a
Heizungsanlage
energetische Maßnahmen **5** 35c
erhöhte Absetzungen **5** 51; **6** 82a
Hektarwert, Einheitsbewertung **3** 40
Helgolandfahrten 24 7
Hemmung
Festsetzungsfrist **1** 171
Rechtskraft Finanzgerichtsurteil **9** 116
Vollziehung **1** 361; **9** 69
Zahlungsverjährung **1** 230
Herabschleusung von verwendbarem Eigenkapital **17** 37
Herabsetzung, Nennkapital **17** 8b, 28, 29
Herausgabe
Geschenk, Erbschaftsteuer **7** 29, 37
Sachen und Urkunden **1** 133, 154, 315, 318
Herstellung, Zeitpunkt **3** 72, 145, 178, 246; **6** 9a
Herstellungskosten
anschaffungsnaher Aufwand **5** 6, 9
Begriff **34** 255
Einheitsbewertung **3** 85, 89
erhöhte Absetzungen **5** 7h, 7i; **6** 82a, 82g, 82i
Grundsteuerwert **3** 259, Anl. 42
nachträgliche H. **5** 7a
Reinvestitionen **5** 6b
Rückstellung **5** 5
Sonderabschreibungen **5** 7g; **6** 81, 82f
Umwandlungssteuergesetz **22** 23
Vorsteuerabzug **5** 9b
Wahlrecht **5** 6
Hilfe in Steuersachen
Auskunftsverweigerungsrecht **1** 102, 104
Steuererklärungsfristen **1** 149
Zurückweisung des Bevollmächtigten **9** 62
Hilfen bei Körperschäden **5** 3 (68)
Hilflosigkeit, Einkommensteuerermäßigung **5** 33b
Hilfsbedürftigkeit
Umsatzsteuer **23** 4 (18)
Unterstützung wegen H. **1** 53, 66, 68
Hilfsgeschäfte, Umsatzsteuer **23** 4 (28), 24

Hilfsmittel für körperbehinderte Menschen, Umsatzsteuer **23** Anl. 2
Hilfspersonen
Einfuhr-, Ausfuhrabgaben, Verbrauchsteuern **1** 217
steuerbegünstigte Zwecke **1** 57
Hilfsumsätze 23 24
Hinterbliebene
Altersvorsorge **5** 93
Bezüge **5** 3 (1), 19
Einkommensteuerpauschbeträge **5** 33b
Hinterlegung, Sicherheiten **1** 241, 242, 342
Hinterlegungsschein, Kapitalertragsteuer **5** 45b, 50c
Hinterziehung
Allgemeines **1** 370, 370a
Aufhebung oder Änderung Steuerbescheid **1** 173
besondere Aufsichtsmaßnahmen, Einfuhr-, Ausfuhrabgaben, Verbrauchsteuern **1** 213
Festsetzungsfrist **1** 169
Haftung **1** 70, 71, 191, 219
Selbstanzeige **1** 371; **4** Art. 97 § 24
Strafverfolgung **1** 398a
Umsatzsteuer **23** 25f
Zinsen auf hinterzogene Steuern **1** 235, 371, 378, 398a; **5** 4, 12
Hinweis
auf Abfrage beim Bundeszentralamt für Steuern **5** 51a
auf Aufbewahrungspflicht **23** 14
auf Buchführungspflicht **1** 141
auf Kontenabruf **1** 93
Hinzurechnungsbesteuerung, Außensteuergesetz **2** 7–12, 21
Hinzuziehung
zum außergerichtlichen Rechtsbehelfsverfahren **1** 359, 360
Sachverständige **1** 96
Verfahren bei widerstreitenden Steuerfestsetzungen **1** 174
Hochbau, Vorsteuer-Durchschnittssätze **24** Anl.
Hochschullehrer, Umsatzsteuer **23** 4 (21); **24** Anl.
Hochseefischerei, Gewerbesteuer **10** 3
Höchstbetragsgemeinschaft, Wohnungsbauprämie **27** 3
Hofstelle, Grundsteuerwert **3** 233, 234, 237, 238, Anl. 32
Hoheitsausübung durch Amtsträger **1** 7
Hoheitsbetriebe
Gewerbesteuer **11** 2
Grundsteuer **13** 3
Körperschaftsteuer **17** 4
Umsatzsteuer **23** 2b
Höherbewertung in Steuerbilanz **5** 6
Höhere Gewalt
Festsetzungsverjährung **1** 171
Rechtsbehelfseinlegung **1** 356; **9** 55, 56
Zahlungsverjährung **1** 230
Höherer Teilwert, Bodengewinnbesteuerung **5** 55
Holding
Gesellschafter-Fremdfinanzierung **17** 8a
Verluste aus ausländischer H. **5** 2a
Holz
Bedarfsbewertung **3** 142, 160, 163, 164, 171, 172, Anl. 15-15a
Betriebsausgabenpauschsatz **6** 51
Einheitsbewertung **3** 53–55
Einkommensteuer **5** 32c, 34b; **6** 51
Grundsteuerwert **3** 234, 237, Anl. 28
Umsatzsteuer **23** 12, 24, Anl. 2
Homeoffice 5 4, 9
Hopfenbau
Bedarfsbewertung **3** 142, 160, 163, 164, 175, Anl. 18
Einheitsbewertung **3** 40, 52
Einkommensteuer **5** 13a, Anl. 1a
Grundsteuerwert **3** 237, 242, Anl. 31
Hörbücher 23 12, Anl. 2
Hospizleistungen, Umsatzsteuer **23** 4 (14)
Hotel, Umsatzsteuer **23** 4 (12), 12
Hybridelektrofahrzeuge
Gewerbesteuer **10** 8, 36
private Kraftfahrzeugnutzung **5** 6
Hygieneartikel, Umsatzsteuer **23** Anl. 2
Hypotheken
als Pfandsache **1** 310, 311, 315, 318, 322, 323
als Sicherheiten **1** 241
Übertragung **5** 20, 43

Identifikationsmerkmal 1 139a–139d; **4** Art. 97 § 5; **31** 5

Identifikationsnummer
Allgemeines **1** 93a, 138b, 139b, 154; **4** Art. 97 § 26; **31** 5
Einkommensteuer **5** 10, 22a, 24b, 33a, 33b, 44a, 45b, 91; **6** 65;
Erbschaftsteuer **7** 30; **8** 2, 3, 7, 10
Grunderwerbsteuer **12** 20
Kindergeld **5** 62, 63
Kirchensteuer **5** 51a
Lohnsteuer **5** 39, 39c, 39e
Umsatzsteuer **23** 1a, 3-3b, 3d, 5, 6a, 6b, 18a, 18e, 18k, 19, 22d, 25b, 25e, 27a
Vergabe **31** 5
Identifizierung
bei Datenübermittlung **1** 87d
Kindergeld **5** 63
Umsatzsteuer **23** 22f
Identität
Anteilseigner **17** 8c
Körperschaften für Verlustabzug **10** 10a; **17** 8c
Nachweis **1** 87a
Veräußerer und Erwerber **5** 16
Illegale Beschäftigung, Steuergeheimnis **1** 31a
Imkerei
Bedarfsbewertung **3** 175
Einheitsbewertung **3** 62
Einkünfte **5** 13, Anl. 1a
Grundsteuerwert **3** 242
Umsatzsteuer **23** 24
Immaterielle Anlagegüter
Auslandsbeziehungen **2** 1, 1a
Bedarfsbewertung **3** 140, 158
Einkommensteuer **5** 5, 13a
grenzüberschreitende Gestaltungen **1** 138e
Grundsteuerwert **3** 232
Handelsbilanz **34** 248, 253, 255, 268
Immerwährende Nutzungen oder Leistungen, Bewertung **3** 13
Immissionen, Grundstückswertermäßigung **3** 82
Immobilienfonds **15** 2, 6, 10, 20, 29, 33, 42
Immobiliengesellschaft
Einkommensteuer **5** 3 (70), 34d
Gewerbesteuer **15** 15
Investmentfonds **15** 2, 15
Immobilien-Transparenzoption, Investmentanteile **15** 33
Industrieland, land- und forstwirtschaftlich genutzte Flächen **3** 69, 159, 233
Industrielle Tätigkeit, ausländische Zwischengesellschaft **2** 8
Industrieschrott, Umsatzsteuer **23** 13b, Anl. 3
Infektionsschutz, steuerfreie Einnahmen **5** 3 (25), 32b
Informationen
Auslandsbeziehungen **31** 5
Datenübermittlung **1** 93c, 138f, 138i
Datenverarbeitung **5** 48b
Finanzkonten **31** 5
Umsatzsteuer-Betrugsfälle **31** 5
Informationsaustausch
innerhalb EU-Staaten **1** 117a, 117b; **23** 18a–18d
international **1** 117c; **31** 5
kapitalmarktbezogene Gestaltungen **1** 88c
Informationspflicht, personenbezogene Daten **1** 32a, 32b, 32d, 32e
Ingenieur
Einkünfte **5** 18
Umsatzsteuer **23** 3a, 4 (8), 9; **24** Anl.
Inkasso, Umsatzsteuer **23** 4 (8)
Inklusionsbetriebe, Zweckbetrieb **1** 68
Inkompatibilität **9** 19
Inland
Einkommensteuer **5** 1
Erbschaftsteuer **7** 2
Gewerbesteuer **10** 2
Körperschaftsteuer **17** 1
Umsatzsteuer **23** 1
Inländische Einkünfte
Einkommensteuer **5** 49, 50
Spezialinvestmentfonds **15** 33
Inlandsvermögen
Einheitsbewertung **3** 32, 121, 121a
Erbschaftsteuer **7** 2
Innenumsätze **23** 1a, 2
Innergemeinschaftliche Beförderung **23** 3b, 4 (3), 14a
Innergemeinschaftliches Dreiecksgeschäft **23** 3, 3d, 13, 14a, 16, 18-18b, 19, 25b, 25f; **24** 59
Innergemeinschaftlicher Erwerb **23** 1-1c, 3d, 4a, 4b, 10, 12, 13, 15, 16, 18, 18a, 22, 25a, 25b; **24** 59
Innergemeinschaftliche Fernverkäufe **23** 3, 3a, 3c, 18j, 18k; **24** 59; **31** 5

Innergemeinschaftliche Lieferung 23 2a, 3c–3e, 4 (1, 6), 5, 6a, 14a, 18a, 18b, 18j, 19, 25a; **24** 17a–17d
Innergemeinschaftliche sonstige Leistung 23 3a, 18a
Innergemeinschaftliches Verbringen 23 1a, 3, 6a, 6b, 10, 18a, 22; **24** 17d
Innergemeinschaftlicher Versandhandel 23 3c
Insolvenz
betriebliche Altersversorgung **5** 3 (65)
Festsetzungsverjährung **1** 171
Gewerbesteuer **11** 4, 16
Haftung bei Erwerb aus Insolvenzmasse **1** 75
Verfahren **4** Art. 97 § 11a
Verjährung **1** 231
Vollstreckungsverfahren **1** 251
Zuständigkeit **1** 26
Insolvenzgeld
einkommensteuerfreie Leistungen **5** 3 (2)
Progressionsvorbehalt **5** 32b
Insolvenzsicherung
Beiträge **5** 3 (65)
Träger **10** 3; **17** 5
Instandsetzungsmaßnahmen
anschaffungsnaher Aufwand **5** 6, 9
Baugesetzbuch **5** 7h, 51; **6** 82g, 82h
Fahrzeug **23** 4 (2), 8
Wohnungseigentümergemeinschaft, Umsatzsteuer **23** 4 (13)
Intensiv genutzte Flächen
Einheitsbewertung **3** 48a, 56–61
Gewinnermittlung **5** 13a
Umsatzsteuer **23** 24
Interbankengeschäfte, Kapitalertragsteuer **5** 43
Intermediär, grenzüberschreitende Steuergestaltungen **1** 138d–138f, 138h, 379
Internate, Grundsteuer **13** 5
Internationale Sachverhalte, Datenübermittlung **1** 117c
Internationale Verflechtungen, Außensteuergesetz **2** 1
Internet
elektronische Abrechnung **23** 14
Kapitalertragsteuer **5** 43, 44
Lohnsteuer **5** 40
Umsatzsteuer **23** 25e
Inventar
Aufbewahrungspflichten **1** 147
Aufstellung **34** 240, 241a
Inventur nach Handelsrecht **34** 240-241a
Inventurerleichterungen 34 241
Investitionen, Investitionsabzugsbetrag **5** 7g
Investitionsabzugsbetrag 5 7g, 13a
Investmentaktiengesellschaften 15 6, 27, 29, 54
Investmentanteile
Anleger **15** 1, 2, 8, 16–22, 34–51
Arbeitnehmersparzulage **25** 2
beschränkte Einkommensteuerpflicht **5** 49
Bewertung **3** 11
Einkünfte **5** 19, 20, 52; **15**
Kapitalertragsteuer **5** 43, 43a, 44, 44b
Körperschaftsteuer **17** 8b, 15
Organschaft **17** 15
Zuständigkeit **31** 5
s. a. Kapitalanlagegesellschaften
Investmenterträge
Einkünfte **5** 20, 52; **15** 16–19, 34–51
Kapitalertragsteuer **5** 43, 43a, 44, 44b
Investmentfonds
ausländische Zwischengesellschaft **2** 7, 13
Ertragsbesteuerung **5** 20, 43, 52; **17** 24
Investmentsteuergesetz **15**
Kapitalertragsteuer **5** 44, 45a
Umsatzsteuer **23** 4 (8)
Zuständigkeit **31** 5
s. a. Fonds
Investmentkommanditgesellschaft 15 53
Investmentvermögen, Vermögensbildung **25** 2
INVEST-Zuschuss 5 3 (71)
Irrtum bei Erlass Verwaltungsakt **1** 129, 174, 177
Istversteuerung, Umsatzsteuer **23** 13, 20

Jacht, Betriebsausgaben **5** 4
Jagd
Betriebsausgaben **5** 4
Einkünfte **5** 13
Umsatzsteuer **23** 15
Jahresabschluss
Eigenkapitalvergleich **5** 4h
Handelsrecht **34** 242-256a, 264–277

Jahresarbeitslohn, Lohnsteuer **5** 38a, 42b
Jahresausgleich, Lohnsteuer **5** 42b
Jahresboni, Umsatzsteuer **23** 17
Jahreslohnsteuer **5** 38a, 42b
Jahresmiete
Bedarfsbewertung **3** 146, 186
Grundsteuererlass **13** 34 n. F.
Jahresrohmiete
Einheitsbewertung **3** 79, 93, 129a
Grundsteuererlass **13** 33 a. F.
Jahresrückvergütung, Umsatzsteuer **23** 17
Jahresversteuerung, Erbschaftsteuer **7** 23, 24
Jahreswert, Nutzungen und Leistungen **3** 13–16
Jobticket, Zuschüsse **5** 3 (15), 40
Journalist
Auskunftsverweigerungsrecht **1** 102
Einkünfte **5** 18
Umsatzsteuer **24** Anl.
Jubiläumsrückstellungen **5** 5
Jugendfreiwilligendienst, einkommensteuerfreie Leistungen **5** 3 (5, 6)
Jugendherbergswesen
Umsatzsteuer **23** 4 (24)
Zweckbetrieb **1** 68
Jugendhilfe
Körperschaftsteuer **17** 5
Umsatzsteuer **23** 4 (23–25)
Zweckbetrieb **1** 68
Juristische Personen
Anzeigepflichten **1** 137
ehrenamtliche Tätigkeit **5** 3 (26, 26a)
elektronische Kommunikation mit Steuergericht **9** 52d
Erbschaftsteuer **8** 10
Geldbußen **1** 401, 406
Gewerbesteuer **10** 2, 3; **11** 2
Grundsteuer **13** 3
Identifikationsnummer **1** 139c
Investmentanteile **15** 8
Kapitalertragsteuer **5** 44a, 44b
Körperschaftsteuer **17** 1, 4, 8b, 38
Leistungen von j. P. **5** 3 (40), 20, 43
Prozessfähigkeit **9** 58
Spendenempfänger **5** 6, 10b; **10** 9; **17** 9
steuerbegünstigte Zwecke **1** 51–68
steuerliche Pflichten **1** 34
Umsatzsteuer **23** 1, 1a, 2b, 3a–3c, 4 (16, 20), 4a, 6a, 10, 13b, 18, 18a, 25b, 27, 27a; **24** 30a
Vermögensbewertung **3** 97, 109
Versorgungskassen **10** 3; **17** 5
Vollstreckung **1** 255; **9** 152

Kaffee **23** Anl. 2
Kakao **23** Anl. 2
Kalamitätsnutzungen **5** 34b
Kältelieferung **23** 3a, 3g, 5, 13b
Kapitalabfindungen, einkommensteuerfreie Leistungen **5** 3 (3)
Kapitalanlagegesellschaften
im Ausland **2** 13
Investmentfonds **15** 1
Kapitalanlagen
Ausland **2** 10, 11, 13, 20; **5** 2a
Veräußerung **5** 20, 43
Kapitalanteile
an anderen Gesellschaften, Körperschaftsteuer **17** 8b, 37
Anschaffungskosten **6** 53
Anzeigepflichten **1** 138
Ausgabekosten **17** 9
ausländische Zwischengesellschaft **2** 7
bei Auslandsbeziehungen **2** 1, 6, 7
Bewertung **3** 11, 121, 157, 199–203
Einkünfte **5** 20
Erbschaftsteuer **7** 3, 7, 10, 12, 13-13b, 19a, 28a, 37
Gewerbesteuer **10** 8, 9
Grunderwerbsteuer **12** 1, 13, 19
Investmentanteile **15** 2
Kapitalertragsteuer **5** 43-45d, Anl. 2
Organschaft **17** 14
Reinvestitionsvergünstigung **5** 6b
Überschussrechnung **5** 4
Umsatzsteuer **23** 4 (8)
Umwandlungssteuergesetz **22** 2, 4, 5, 7, 13, 21, 22
Venture Capital- und Private Equity-Fonds **5** 3 (40a), 3c, 18
Veräußerung **5** 5 3 (40), 3c, 6b, 17, 32; **17** 8b; **22** 22
Vermögensbeteiligungen an Arbeitnehmer **5** 19a
Wagniskapital **5** 3 (71)
Kapitalbeteiligungsgesellschaften
Gewerbesteuer **10** 3

Investmentfonds **15** 1
Körperschaftsteuer **17** 5
Kapitaleinkünfte
Aufzählung **5** 20, 50
Ausland **2** 2, 8, 15; **5** 34c
Durchschnittssatzgewinn **5** 13a
Festsetzungsfrist bei ausländischen K. **1** 170
Investmentfonds **15** 6, 29, 31
bei Kapitalerhöhung **16** 1
Kontenabruf **1** 93; **4** Art. 97 § 26
Solidaritätszuschlag **20** 3, 4
Steuerbescheinigung **5** 45a
Steuersatz **5** 32d
in Umwandlungsfällen **22** 7, 12
Kapitalerhöhung
Umwandlung von Rücklagen **16** 1
Verlustabzug **17** 8c
Kapitalertragsteuer
Allgemeines **5** 32d, 36, 36a, 43-45d, 50j, Anl. 2; **15** 6–8, 29, 31, 33, 50, 56; **17** 32
Datenübermittlung **31** 5
kapitalmarktbezogene Gestaltungen **1** 88c
Solidaritätszuschlag **20** 3
Stundung **1** 222
Zuschlagsteuern **5** 51a
Kapitalforderungen
Bewertung **3** 12
Eigenkapitalvergleich **5** 4h
Kapitaleinkünfte **5** 20, 43
Umsatzsteuer **24** 43
Kapitalgesellschaften
Erbschaftsteuer **7** 2, 3, 7, 13b
Gewerbesteuer **10** 2, 7, 9
Handelsbilanz **34** 253, 264, 264d-272, 274a, 288
Körperschaftsteuer **17** 1, 2, 8, 8b, 9, 11, 14–17
Mitunternehmer **5** 6, 15; **12** 1; **17** 8b; **22** 4
Umsatzsteuer **23** 10
Umwandlungssteuergesetz **22**
Vermögensbewertung **3** 97, 109
Kapitalherabsetzung
Einkommensteuer **5** 2a, 3 (40), 15, 17, 20; **22** 22
Körperschaftsteuer **17** 8b, 28, 29; **22** 22
Kapitalisierungsfaktor, Kapitalanteile **3** 203
Kapitalmarktbezogene Gestaltungen, Informationsaustausch **1** 88c
Kapitalrücklage **34** 270, 272
Kapitalrückzahlung, Einkommensteuer **5** 20, 43
Kapitalverkehr
Europäische Union **30** Art. 63–65
Umsatzsteuer **23** 4 (8)
Kapitalvermögen
Betriebsausgaben **5** 4k
Einkommensteuersatz **5** 32d
Einkünfte **5** 20, 50
Einlage **5** 6
Vermögensverwaltung **1** 14
Kapitalversicherung
Einkünfte **5** 20
Sonderausgaben **5** 10
Vermögensbewertung **3** 12
Kapitalverwaltungsgesellschaft
Investmentfonds **15** 1, 3
Kapitalertragsteuer **5** 43
Kapitalwert, Nutzungen und Leistungen **3** 13, 14, Anl. 9a
Karenzzeit bei Verzinsung von Steuern **1** 233a
Karussellgeschäfte **23** 25f
Kassen, Körperschaftsteuer **17** 5, 6
Kassengeschäfte
Aufzeichnungen **1** 146; **4** Art. 97 § 30
bei Finanzbehörden **1** 6, 249
Nachschau **1** 146b
Kassenvermögen, Unterstützungskassen **5** 4d
Katastrophenfälle, Spenden **6** 50
Kaufanwartschaftsvertrag, Umsatzsteuer **23** 4 (12), 9
Kaufkraftausgleich, Einkommensteuer **5** 3 (64)
Kaufpreissammlung
Einheitsbewertung **3** 29
Grundsteuerwert **3** 229
Kennzeichen, grenzüberschreitende Steuergestaltungen **1** 138d, 138e
Kernkraftwerk, Rückstellungen **5** 5, 6
Ketteneinbringung, Umwandlungssteuergesetz **22** 22
Kettengeschäfte **23** 25, 25f
Kilometergeld
Fahrten Wohnung/Betrieb **5** 4
Fahrten Wohnung/Tätigkeitsstätte **5** 9
Kinder
Angehörige **1** 15

Ausbildungsfreibetrag **5** 33a
Baukindergeld **5** 34f
Bekanntgabe von Verwaltungsakten **1** 122
Einkommensteuer **5** 10, 10a, 24b, 31, 32, 37, 50
Erbschaftsteuer **7** 13, 15, 17
Grunderwerbsteuer **12** 3
Identifikationsnummer **5** 63
Kinderbetreuungskosten **5** 2, 3 (33), 10, 31, 32, 34c
Kindergeld **5** 31, 62–78
Lohnsteuer **5** 38b, 39, 39a
Massenrechtsbehelfe und Massenanträge **4** Art. 97 § 18a
Solidaritätszuschlag **20** 3
Steuerermäßigung bei Förderung des selbst genutzten Wohneigentums **5** 34f
Übertragung von Pauschbeträgen für Menschen mit Behinderungen und Hinterbliebene **5** 33b, 46
Zuschlagsteuern **5** 51a
Kinderbeihilfen **5** 3 (11)
Kinderbetreuungskosten *s. Kinder*
Kinderbonus *s. Einmalbeträge Kindergeld*
Kindererziehung
steuerfreie Einnahmen **5** 3 (67)
Umsatzsteuer **23** 4 (23)
Kinderfreibetrag **5** 31, 32, 37, 38b, 39, 39a, 50
Kindergarten
Arbeitgeberleistungen **5** 3 (33)
Umsatzsteuer **23** 4 (23)
Zweckbetrieb **1** 68
Kindergeld
Allgemeines **5** 31, 62–78
Anrechnung auf Einkommensteuer **5** 2
und Kinderzulage bei Altersvorsorge **5** 85
Massenrechtsbehelfe und Massenanträge **4** Art. 97 § 18a
steuerfreie Einnahmen **5** 3 (24)
Kinderhilfe, Umsatzsteuer **23** 4 (25)
Kinderzulagen
Altersvorsorge **5** 85, 86
Kindergeld **5** 65
Kinderzuschläge, Einkommensteuer **5** 3 (11)
Kinderzuschüsse
Einkommensteuer **5** 3 (1)
Kindergeld **5** 65
Kino, Umsatzsteuer **23** 12
Kirchensteuer
Abgeltungsteuer auf Kapitalerträge **5** 32d, 43a, 45b, 51a
Abzug als Sonderausgaben **5** 10
Pauschalierung **5** 40a
Kirchliche Zwecke
Allgemeines **1** 52, 54
ehrenamtliche Tätigkeit **5** 3 (26, 26a)
Erbschaftsteuer **7** 13
Gewerbesteuer **10** 3
Grundsteuer **13** 3
Körperschaftsteuer **17** 5
Spenden **5** 10b; **10** 9; **17** 9, 13
Umsatzsteuer **23** 4a, 12
Klage
Abhilfe **1** 172
Änderung der K. **9** 67, 123
Arten der K. **9** 40, 41, 45, 46, 47
Befugnis zur K. **9** 48, 58
Einlegung der K. **9** 63–68
Festsetzungsfrist **1** 171
Fristen **1** 367; **4** Art. 97 § 18a; **9** 46, 47
Gegenstand der K. **1** 363; **9** 68, 77
Klageschrift **9** 71, 77
Rechte Dritter im Vollstreckungsverfahren **1** 262, 293
Rücknahme der K. **9** 72
Verbindung von Klagen **9** 43
Verzicht auf K. **9** 50
Zuständigkeit des Bundesfinanzhofs **9** 37
Kleidung, Erbschaftsteuer **7** 13
Kleinbetrag
Allgemeines **1** 156; **4** Art. 97 § 9a
Aufhebung oder Änderung von Bescheiden **1** 173
Erbschaftsteuer **7** 22
Gewerbesteuer **10** 19, 34; **11** 34
Grundsteuer **13** 28
Rechnungserteilung für Umsatzsteuerzwecke **24** 33, 35
Zinsen auf Steuern **1** 239
Kleingartenland, Grundsteuerwert **3** 40, Anl. 30
Kleinstkapitalgesellschaften, Jahresabschluss **34** 253, 264, 266, 267a, 275
Kleinunternehmer **23** 1a, 3c, 13b, 18a, 19; **24** 65
Klempner, Vorsteuer-Durchschnittssätze **24** Anl.

Klimaschutz, steuerbegünstigte Zwecke **1** 52
Klinik *s. Krankenhäuser*
Knappschaftsversicherung, Leistungen **5** 3 (1)
Know how
Einkommensteuer **5** 49, 50a
Umsatzsteuer **23** 3a
Kohleausstieg, Leistungen an Arbeitnehmer **5** 3 (60), 32b, 52
Kollision von Steuerfestsetzungen **1** 174
Kommanditgesellschaft
auf Aktien **3** 97, 109; **5** 15, 35; **7** 13a, 13b; **10** 2, 7, 9; **17** 1, 9, 14
Bewertung des Betriebsvermögens **3** 97, 109
Einkommensteuer **5** 15, 15a
Erbschaftsteuer **7** 2
Gewerbesteuer **10** 2, 8
Handelsbilanz **34** 264a–264c
Körperschaftsteuer **17** 9, 14
Kommissionsgeschäft 23 3
Kommunale Spitzenverbände, Körperschaftsteuer **17** 5
Kommunale Wählervereinigungen
Abzug von Mitgliedsbeiträgen und Spenden an k. W. **5** 34g
Körperschaftsteuer **17** 5
Kompensation von Kosten **9** 136
Kompensationsverbot bei Selbstanzeige **1** 398a
Konditorei, Vorsteuer-Durchschnittssätze **24** Anl.
Konfusion, Umwandlungssteuergesetz **22** 6, 12
Kongregation, steuerbegünstigte Zwecke **4** Art. 97 § 1f
Kongresse, Umsatzsteuer **23** 13b
Konkurs *s. Insolvenz*
Konnossement als Versendungsnachweis **24** 10
Konsignationslagerregelung 23 1a, 3, 6b
Konsortium, Umsatzsteuer **23** 26
Konsulate
Grunderwerbsteuer **12** 4
Umsatzsteuer **23** 1c, 4 (7)
Konsulatsangehörige, Einkommensteuer **5** 3 (29)
Konsultationsvereinbarung, Doppelbesteuerungsabkommen **1** 2; **4** Art. 97 § 1
Kontenabruf 1 93, 93b, 162
Kontenpfändung
Allgemeines **1** 310
Kindergeld **5** 76a
Kontenwahrheit
Allgemeines **1** 154, 379; **4** Art. 97 § 26
Haftung **1** 72
Kontingentierungsverfahren, Abgabe der Steuererklärungen **1** 149
Kontokorrentverkehr, Umsatzsteuer **23** 4 (8)
Kontrolle, Freistellungsauftrag **5** 45d
Kontrollmitteilung
bei Außenprüfung **1** 194
von Behörden **1** 93a
Konzernbetriebe
Berichtspflichten **1** 138a, 379
Erbschaftsteuer **7** 13b
Grunderwerbsteuer **12** 6a, 23
Handelsbilanz **34** 264, 264b, 271
Identifikationsnummer **1** 139b
Kapitalertragsteuer **5** 44a
Körperschaftsteuer **17** 8c
Schuldzinsenabzug **5** 4h; **17** 8a
Konzernkasse, Unterstützungskasse **5** 4d
Konzernverzeichnis 31 5
Konzerte
Umsatzsteuer **23** 4 (20), 12
Zweckbetrieb **1** 68
Konzessionen, Gewerbesteuer **10** 8
Körperbehinderte Menschen *s. Behinderte Menschen*
Körperersatzstücke 23 Anl. 2
Körperflüssigkeiten 23 4 (17), 4b, 5
Körperliche Unversehrtheit, Einschränkung durch Abgabenordnung **1** 413
Körperschaften
Anzeigepflichten **1** 137
Gewerbesteuer **10** 2, 3
Grundsteuer **13** 3, 4
inländische Einkünfte **5** 49, 50a
Kapitalerträge, Steuerabzug **5** 43, 43a, 44b, 50d
Körperschaftsteuer **17** 1, 2, 5, 8b, 13, 14
Mitteilung an K. **1** 31
als Mitunternehmer **5** 6; **17** 8b; **22** 4
Nichtrechtsfähigkeit **3** 95; **7** 13b; **12** 5, 6; **17** 8
Realteilung auf K. **5** 16

Reinvestitionsvergünstigung **5** 6b
Sitz **1** 11
als Spendenempfänger **5** 10b; **10** 9; **17** 9
Steuerabzug bei beschränkter Steuerpflicht **5** 50d
Umsatzsteuer **23** 2, 4a, 10, 12, 23a; **24** 66a
Umwandlungssteuergesetz **22**
Vermögensbewertung **3** 97, 109
Versorgungskassen **10** 3; **17** 5
Vollstreckung **1** 255; **9** 150–153
Körperschaftsteuer
Erhöhungsbetrag **17** 34, 38
Guthaben **17** 37
Investmentfonds **15** 6, 29
Solidaritätszuschlag **20** 3
Steueraufkommen **32** 106, 107, 143g
Korrektur
bei Kapitaleinkünften **5** 20, 43a
Steuerbescheide **1** 172–177, 182
Verlustfeststellungsbescheid **5** 10d
Kosten
bei Altersvorsorge **5** 96
Amtshilfe **1** 115
Außenprüfung **1** 147
Beförderungskosten **23** 11
Bußgeldverfahren **1** 410, 412
Datenzugriff **1** 147
der Familienkasse **31** 5
Kindergeldverfahren **5** 77
der Lebensführung, Einkommensteuer **5** 4, 12
steuergerichtliches Verfahren **9** 135–149; **33**
als steuerliche Nebenleistungen **1** 3
Strafverfahren **1** 408
verbindliche Auskunft **1** 89
der Vollstreckung **1** 337–346; **4** Art. 97 § 17a
Wohnungsbauprämienverfahren **27** 4a
Zollbehörden **1** 178
Kraftfahrzeuge
private Nutzung **5** 6
Umsatzsteuer **23** 1a, 1b, 12, 25a, 27
Kraftfahrzeugkosten
Fahrten Wohnung/Betrieb **5** 4
Fahrten Wohnung/Tätigkeitsstätte **5** 9
geldwerter Vorteil **5** 8
Kraftfahrzeugsteuer
Steueraufkommen **32** 106, 106b
Verwaltung **31** 12
Krankenanstalt *s. Krankenhäuser*
Krankenfahrzeuge, Umsatzsteuer **23** 1b, Anl. 2
Krankengymnast, Einkünfte **5** 18
Krankenhäuser
Gewerbesteuer **10** 3
Grundsteuer **13** 4
Umsatzsteuer **23** 4 (14, 16)
Zweckbetrieb **1** 67; **4** Art. 97 § 1c
Krankenkassen
Anzeigepflichten für Erbschaftsteuer **8** 3
Gewerbesteuer **10** 3, 8, 9
Körperschaftsteuer **17** 5, 6, 8b; **18** 1
Umsatzsteuer **23** 4 (15a)
Krankentransport, Umsatzsteuer **23** 1b, 4 (17)
Krankenversicherung
Beiträge als Sonderausgaben **5** 10
Datenübermittlung **31** 5
einkommensteuerfreie Leistungen **5** 3 (1, 11), 32b
Zuschüsse **5** 3 (14, 62), 10
Krankheit, Nachweis der Kosten **6** 64
Kreditanstalten *s. Kreditinstitute*
Kreditgarantiegemeinschaft
Gewerbesteuer **10** 3
Körperschaftsteuer **17** 5
Kreditinstitute
Abtretung von Erstattungs- oder Vergütungsansprüchen **1** 46
Amtshilfe **1** 111
Aufzeichnungspflichten **1** 154; **4** Art. 97 § 26
ausländische Zwischengesellschaft **2** 8
Beteiligungen **17** 8b
Bürgschaften **1** 244
Datenabruf **1** 93b
Erbschaftsteuer **7** 13b, 33; **8** 1
Gewerbesteuer **10** 3, 9; **11** 19
Kapitalertragsteuer **5** 43, 43a, 44, 44a, 45a, 45d
Kontenwahrheit **1** 154; **4** Art. 97 § 26
Körperschaftsteuer **17** 5, 8b
Mitteilungspflichten **1** 138b
Postbank **5** 4d F, 43
Teileinkünfteverfahren **5** 3 (40), 3c
Termingeschäfte **5** 15
Umsatzsteuer **23** 3a, 4 (8); **24** 43
Vermögensbewertung **3** 97, 109
Vollstreckung **1** 255; **9** 152

Kriegsbeschädigte, Einkommensteuer **5** 3 (6), 101
Kriegsgefangene 5 52
Kryptowerte, Spezialinvestmentfonds **15** 26
Kulturelle Einrichtung
Grunderwerbsteuer **12** 4
Umsatzsteuer **23** 4 (20, 22)
Zweckbetrieb **1** 68
Kulturelle Leistungen, Umsatzsteuer **23** 3a
Kulturelle Veranstaltungen, Umsatzsteuer **23** 4 (25)
Kulturelle Zwecke
Spenden **5** 10b; **10** 9; **17** 9
steuerbegünstigte Einrichtung **1** 52
Kulturgüter
Abzugsbeträge bei der Einkommensteuer **5** 10g
Grundsteuer **13** 32
Umsatzsteuer **23** 4 (20)
Kulturvereinigung, beschränkte Einkommensteuerpflicht **5** 50a
Kultusgemeinden
Erbschaftsteuer **7** 13
Grundsteuer **13** 3, 4
Kumulierungsverbot
Altersvorsorgeförderung **5** 82
energetische Maßnahmen **5** 35c
erhöhte Absetzungen und Sonderabschreibungen **5** 7a
haushaltsnahe Dienstleistungen **5** 35a
Kündigung, Vermögensbildungsvertrag **25** 18
Kunstausstellung, Zweckbetrieb **1** 68
Kunstgegenstände
Abzugsbeträge bei Einkommensteuer **5** 10g
Erbschaftsteuer **7** 13, 13b
Umsatzsteuer **23** 12, 25a, Anl. 2
Zahlungsmittel für Erbschaftsteuer oder Vermögensteuer **1** 224a
Künstler
Ehrensold **5** 3 (43)
Einkünfte **5** 3 (26), 18, 49, 50a
Leistungen der Künstlersozialkasse **5** 3 (57)
Umsatzsteuer **23** 3a, 12
Vorsteuer-Durchschnittssätze **24** Anl.
Kuraufenthalt 6 64
Kureinrichtungen, Umsatzsteuer **23** 12
Kurse, Umsatzsteuer **23** 4 (22)
Kurswerte, Wertpapiere **3** 11
Kurzarbeitergeld 5 3 (2, 28a), 32b
Kurzfristige Beschäftigung 5 40a
Kurzumtriebsplantage, Grundsteuerwert **3** 242, Anl. 31
Kurzveranlagung 5 51
Küstenfischerei, Gewerbesteuer **10** 3
Küstenschifffahrt, Gewerbesteuer **11** 6, 15
Küster, Grundsteuer für Dienstwohnung **13** 3

Lackierer, Vorsteuer-Durchschnittssätze **24** Anl.
Ladung, Beteiligte **9** 53, 79, 81
Länderbezogener Bericht, multinationale Unternehmensgruppe **1** 138a, 379; **4** Art. 97 § 31
Lage, Grundstückslage **3** 88
Lagebericht, Aufstellung **34** 264, 289
Lagefinanzamt 1 18
Lagenbewertung, Weinbau **3** 57
Lagerhalter, Steuerschuldner **23** 13a
Land- und Forstwirtschaft
Abfindung weichender Erben **5** 14a
Altersvorsorge **5** 10, 10a, 86
Anzeigepflichten **1** 138
Aufzeichnungspflichten **23** 22
ausländische Verluste **5** 2a
Außenprüfung **1** 193
Bedarfsbewertung **3** 138–144, 158–175, Anl. 14–20
Beihilfen **6** 52
Betrieb gewerblicher Art **17** 4
Betriebsveräußerung **5** 14, 14a, 32, 32c, 57
Bodengewinnbesteuerung **5** 55
Buchführungspflicht **1** 141; **4** Art. 97 § 19
Durchschnittssätze **5** 13a
Einheitsbewertung **3** 33, 67, 69, 121, 125–128
Einkommensteuersätze **5** 34b
Einkünfte **5** 13, 13b
Erbschaftsteuer **3** 158–175; **7** 10, 12, 13–13b, 19a, 28
Freibeträge bei Einkommensteuer **5** 13, 14, 14a
Genossenschaften **17** 5, 25
Gestellung von Personal, Umsatzsteuer **23** 4 (27), 12

Gewerbesteuer **10** 3
Gewinnabzug für Investitionen **5** 57
Gewinnermittlung **5** 4, 13a
Grunderwerbsteuer **3** 138–144; **12** 1
Grundsteuer **13** 2, 6, 14, 22, 24, 33, 40 a. F.
Grundsteuerwert **3** 232–242, Anl. 27
innergemeinschaftlicher Erwerb **23** 24
Kapitalerträge **5** 32d, 43
Lohnsteuer für Aushilfskräfte **5** 40a
Produktionsaufgaberente **5** 3 (27), 13
Reinvestitionsvergünstigungen **5** 6b, 6c
Schuldentilgungsfreibetrag **5** 14a
Sonderabschreibungen **5** 57
Sozialleistungen **5** 3 (1, 17)
Steuererklärungsfristen **1** 109, 149; **4** Art. 97 § 10a
Tarifermäßigung **5** 32c, 36, 52
Tierzucht und Tierhaltung **3** 51, 51a, 142, 158, 169, 241, 242, Anl. 19 u. 20, Anl. 34 u. 35; **5** 13, 13a, Anl. 1a
Umsatzsteuer **23** 1a, 2, 3, 3c, 4 (4a), 4a, 12, 24; **24** 67, 71
Verzinsung von Steuern **1** 233a; **4** Art. 97 § 15
Warenausgangsaufzeichnungen **1** 144
Wirtschaftsjahr **5** 4a; **6** 8c
Wohnung **5** 13
Zweckbetrieb **1** 68
s. a. Forstwirtschaft
Landeplatz, Grundsteuer **13** 4
Landesbanken
Gewerbesteuer **10** 3
Körperschaftsteuer **17** 5
Landesbewertungsstützpunkte, Einheitsbewertung **3** 39
Landesfinanzbehörden
Aufzählung **31** 2
statt Oberfinanzdirektion **1** 6
Zuständigkeit **32** 108
Landesförderanstalten
Gewerbesteuer **10** 3
Körperschaftsteuer **17** 5
Landeskassen **31** 10a
Landfahrzeuge, Erwerbsteuer **23** 1b, 18
Landkarten **23** 12, Anl. 2
Langfristige Verträge, Umsatzsteuer **23** 29
Lärmbelästigung, Einheitswertermäßigung **3** 82
Lasten
bei Auslandsbeziehungen **2** 16
Bewertung **3** 6, 7, 8, 11, 148, 192
Einkommensteuer **5** 9
Empfängernachweis **1** 160
Erbschaftsteuer **7** 10, 19a
Gewerbesteuer **10** 8
s. a. Dauernde Lasten
Lastenausgleich
Einkommensteuer **5** 3 (7, 18)
Erbschaftsteuer **7** 13
Latente Steuern, Handelsbilanz **34** 274
Laubgenossenschaft *s. Realgemeinde*
Leasingraten, Gewerbesteuer **10** 8
Lebensdauer von Gebäuden
Absetzungen für Abnutzung **5** 7; **6** 11c
Bedarfsbewertung **3** 146, 185, 190
Einheitsbewertung **3** 80, 86
Grundsteuerwert **3** 253
Lebenshaltungskosten
Einkommensteuer **5** 4, 9, 12
Umsatzsteuer **23** 15
Lebenslängliche Nutzungen und Leistungen **3** 14
Lebensmittel, Umsatzsteuer **23** Anl. 2; **24** Anl.
Lebenspartnerschaft *s. Eingetragene Lebenspartnerschaft*
Lebensversicherung
Beiträge als Sonderausgaben **5** 10, 10a
Direktversicherung **5** 4b
Einkünfte **5** 20, 22, 32d, 43, 52
Erbschaftsteuer **8** 3, Muster 2
fondsgebundene L. **5** 20, 36a
Kapitalertragsteuer **5** 43a, 44a, 44b
Policendarlehen **5** 10, 20
Veräußerung **5** 20, 43
Vermögensbewertung **3** 12
Vermögensbildung **25** 9
Lebensversicherungsunternehmen
Gewerbesteuer **10** 8, 9
Körperschaftsteuer **17** 8b, 21
Leerverkäufe, Kapitalertragsteuer **5** 44, 45a
Lehrtätigkeit
Einkünfte **5** 18
Umsatzsteuer **23** 4 (21)
Leibrente
Bewertung **3** 14

Einkünfte **5** 22, 49; **6** 55
Werbungskosten **5** 9, 9a
Leibrentenversicherung
Einkünfte **5** 22
Sonderausgaben **5** 10
Leichtfertige Steuerverkürzung **4** Art. 97 § 24
Leiharbeit
Lohnsteuer **5** 38, 42d, 48, 51
steuerbegünstigte Zwecke **1** 58
Steuergeheimnis **1** 31a
Umsatzsteuer **23** 3a, 12
Leistungen
Altersvorsorgeverträge **5** 22, 49
an behinderte Menschen **23** 4 (15c)
Bewertung **3** 13–15, Anl. 9a
Einkünfte **5** 20, 22, 49
Entnahmen **5** 4, 6; **23** 3, 10
Erbschaftsteuer **7** 23
Haftung Dritter **1** 48
Kindergeld **5** 62–78
Spenden **5** 10b; **10** 9; **17** 9
steuerfreie Einnahmen **5** 3 (34a, 40), 3c
an Unterstützungskassen **5** 4d
Leistungsanwärter **5** 4d; **17** 5, 6; **18** 1–3
Leistungsaustausch **23** 1, 3
Leistungsempfänger
Bauleistungen **5** 48
Umsatzsteuer **23** 13b, 27
Leistungsgebot **1** 218, 219, 254
Leistungsklage **9** 41
Leistungsmissbrauch, Mitteilungen der Finanzbehörden **1** 31a
Leistungsprüfung, Tiere, Umsatzsteuer **23** 12
Leistungsverkauf, Umsatzsteuer **23** 3
Leitung, Finanzverwaltung **31** 3, 8a, 9a
Letzterwerb, Erbschaftsteuer **7** 14, 27
Lichtspieltheater, Umsatzsteuer **23** 12
Lieferscheine, Aufbewahrungsfristen **1** 147
Lieferschwelle **23** 3c
Lieferung
Strom **17** 5
Umsatzsteuer **23** 1, 2a, 3, 3c, 3e, 3g, 4, 6a, 15a, 18b; **24** 59
Liegenschaftskataster, Bodengewinnbesteuerung **5** 55
Liegenschaftszinssatz
Bedarfsbewertung **3** 188, 193
Grundsteuerwert **3** 256
Lifo-Verfahren **5** 6
Lineare Absetzung für Abnutzung **5** 7
Linienverkehr, Umsatzsteuer **23** 12; **24** 2
Liquidation
Einkommensteuer **5** 3 (40), 17
Gewerbesteuer **11** 4
Haftung **1** 75
Körperschaftsteuer **17** 8b, 11, 37, 38, 40
Zuständigkeit **1** 26
Liquidationswert, Land- und Forstwirtschaft **3** 165
Lizenzgebühren
Einkommensteuer **5** 21, 49, 50a, 50g, 50h
Gewerbesteuer **10** 8
Umsatzsteuer **23** 12
Lohnabrechnung, Kindergeld **5** 72
Löhne *s. Arbeitslohn*
Lohnersatzleistungen
Einkommensteuerveranlagung **5** 46
Progressionsvorbehalt **5** 32b
steuerfreie Einnahmen **5** 3 (1–2)
Lohnkonto, Lohnsteuerabzug **5** 19a, 41, 41b; **19** 4
Lohnsteuer
Allgemeines **5** 38–42f, 50; **19**
Außenprüfung **1** 193, 194; **5** 42f
Bescheinigung **5** 41b, 41c
Ermäßigungsverfahren **5** 39, 39a, 46
Haftung **5** 42d
Jahresausgleich **5** 42b, **20** 3
maschinelle Berechnung **5** 39b, 51
Pauschalierung **5** 40-40b
Solidaritätszuschlag **20** 3
Stundung **1** 222
Lohnsteuerabzugsmerkmale **5** 39, 39e
Lohnsteueranmeldung
Allgemeines **5** 41a
Selbstanzeige **1** 371
Lohnsteuerhilfeverein, Bevollmächtigter im Verfahren bei Finanzbehörde **1** 80, 80a
Lohnsteuertabellen, Programmablaufplan **5** 39b, 51
Lohnsummen, Erbschaftsteuer **7** 13a, 28a

Lohnveredelung, Umsatzsteuer **23** 4 (1), 7; **24** 12
Lohnzahlung durch Dritte **5** 38
Lohnzuschläge
Arbeitslohn **19** 2
Einkommensteuer **5** 3b
Löschung, Daten **1** 32f
Lotsen, Einkünfte **5** 18
Lotterieeinnehmer
Einkünfte **5** 18
Gewerbesteuer **11** 13
Vermögensbewertung **3** 96
Lotteriesteuer, Anzeigepflichten **1** 139
Lotterieunternehmen
Gewerbesteuer **10** 3; **11** 13
Körperschaftsteuer **17** 5
Staatslotterie **10** 3; **17** 5
Umsatzsteuer **23** 4 (9)
Zweckbetrieb **1** 68
Luftfahrzeuge
Aufwendungen **5** 9
ausländische Einkünfte **5** 34d
inländische Einkünfte **5** 49
Sonderabschreibungen **5** 51; **6** 82f
Umsatzsteuer **23** 1, 1b, 3e, 4 (2, 5), 5, 8, 13b, 18, 26; **24** 18, 35
Vollstreckung **1** 306, 311, 315, 318, 322, 323
Luftverkehr *s. Luftfahrzeuge*

Mahlzeitendienste **1** 68
Mahlzeitenüberlassung **5** 8, 40, 41b
Mahnung, Vollstreckungsverfahren **1** 259, 337
Maler, Vorsteuer-Durchschnittssätze **24** Anl.
Mantelkauf, Verlustabzug **10** 10a; **17** 34
Margenbesteuerung, Reiseleistungen **23** 25, 25a
Markenrechte, Umsatzsteuer **23** 3a
Marktfähigkeit, grenzüberschreitende Steuergestaltungen **1** 138h
Maschinen
Einheitsbewertung **3** 68
Grunderwerbsteuer **12** 2
Grundsteuerwert **3** 243
Umsatzsteuer **23** 4 (12)
Massenanträge und -rechtsbehelfe **4** Art. 97 § 18a
Massenverfahren, Hinzuziehung **1** 360
Maßgeblichkeit, Handelsbilanz und Steuerbilanz **5** 5
Mastvieh
Einheitsbewertung **3** 51
Grundsteuerwert **3** 241, Anl. 34
Materialbeistellung **23** 3
Mauervorlagen
Einheitsbewertung **3** 68
Grundsteuerwert **3** 243
Mechanische Fehler **1** 129, 173a
Medaillen **23** 3a, Anl. 2
Medizinischer Dienst
Gewerbesteuer **10** 3
Körperschaftsteuer **17** 5
Umsatzsteuer **23** 4 (15a)
Meeresfrüchte **23** Anl. 2
Mehl **23** Anl. 2
Mehrabführungen, Organschaft **17** 14, 27, 34, 37
Mehraufwendungen für Verpflegung
Ausbildungskosten **5** 10
doppelte Haushaltsführung **5** 9
Geschäftsreise **5** 4
Mehrentnahmen, Erbschaftsteuer **7** 13a
Mehrere Dienstverhältnisse
Einkommensteuerveranlagung **5** 46
Lohnsteuer **5** 38b
Mehrere Gemeinden
Grundsteuer **13** 22
Grundsteuerwert **3** 239
Mehrere Leistungen, Umsatzsteuer **23** 15a
Mehrere Nutzer, grenzüberschreitende Steuergestaltungen **1** 138g
Mehrere Verträge, Wohnungsbauprämie **27** 4
Mehrfacher Erwerb, Erbschaftsteuer **7** 13a, 13c, 27
Mehrfache Pfändung **1** 308, 320
Mehrfache Steuerfestsetzungen, Aufhebung **1** 174
Mehrfacher Wohnsitz
Fahrten Wohnung/Tätigkeitsstätte **5** 9
Zuständigkeit **1** 19
Mehrfache Zuständigkeit **1** 25
Mehrgemeindliche Betriebsstätte, Gewerbesteuer **10** 4, 28, 30
Mehrheit von Schuldnern, Vollstreckungsgebühren **1** 342, 344
Mehrjährige Tätigkeit **5** 32c, 34, 46

Mehrmütterorganschaft 17 14
Mehrstufige Beteiligungen, Grunderwerbsteuer **12** 1
Mehrwertsteuer *s. Umsatzsteuer*
Mehrzweck-Gutschein, Umsatzsteuer **23** 3, 10
Meilengutschriften 5 3 (38), 37a
Meistgebot, Grunderwerbsteuer **12** 1
Meldebehörden
Lohnsteuerabzugsmerkmale **5** 39e
Übermittlung von Angaben zu Kindern **5** 69
Übermittlung von Daten **1** 139b
Meldepflicht *s. Mitteilung*
Meldestelle, Kapitalertragsteuer **5** 44a, 45d
Menschen mit Behinderungen
Einrichtungen als Zweckbetrieb **1** 68
Fahrtkostenpauschale **5** 33; **6** 64
Kinderberücksichtigung **5** 32
Kinderbetreuungskosten **5** 10, 52
Nachversteuerung bei Vorsorgeaufwendungen **5** 10
Pauschbetrag bei Einkommensteuer **5** 33b; **6** 65
Sonderausgaben **5** 10
steuerfreie Einnahmen **5** 3 (10, 68)
Werbungskosten **5** 9
Zweckbetrieb **1** 68
Menschenrechte, Grundgesetz **32** 1
Messen 23 3a, 13b
Metalle 23 13b, Anl. 3 u. 4
Miete
Einkünfte **5** 21
Gewerbesteuer **10** 8
steuerfreie Einnahmen **5** 3 (59)
Umsatzsteuer **23** 4 (12), 12
Mieter, Modernisierungsmaßnahmen **5** 10; **27** 2
Mietgegenstände
Gewerbesteuer **10** 8
Inlandsvermögen **3** 121
Mietpreissammlung
Einheitsbewertung **3** 29
Grundsteuerwert **3** 229
Mietwert
Einheitsbewertung **3** 79
Einkommensteuer **5** 21
Mietwohngrundstück
Bedarfsbewertung **3** 181
Einheitsbewertung **3** 75, 76, Anl. 3
Erhaltungsaufwand **6** 82b
Grundsteuer **13** 42 a. F.
Grundsteuerwert **3** 249, 250, 256
Sonderabschreibungen **5** 7b
Milcherzeugnisse 23 Anl. 2; **24** Anl.
Milchwirtschaft 23 12
Mildtätige Zwecke
ehrenamtliche Tätigkeit **5** 3 (26, 26a)
Erbschaftsteuer **7** 13
Gewerbesteuer **10** 3, 9
Grundsteuer **13** 3
Körperschaftsteuer **17** 5, 9
Spenden **5** 10b; **10** 9; **17** 9, 13
steuerbegünstigte Einrichtung **1** 53, 66, 68
Umsatzsteuer **23** 4a, 12
Minderabführungen, Organschaft **17** 14, 27, 34
Minderbeteiligung, Körperschaftsteuer **17** 8b
Minderung
Einheitswert **3** 41, 81, 82, 85–88
Erwerbsfähigkeit, Einkommensteuer **5** 33b
Investitionskosten, Einkommensteuer **5** 7a
Körperschaftsteuer **17** 37
Lohnsteuer **5** 41c
Mindestbemessungsgrundlage, Umsatzsteuer **23** 10
Mindestbesteuerung, Gewerbesteuer **10** 10a
Mindestbeteiligung an ausländischer Zwischengesellschaft **2** 7
Mindesteigenbeitrag, Altersvorsorge **5** 86, 87
Mindestgebot, Versteigerung von Pfandsachen **1** 300
Mindesthaltedauer
Investmentfonds **15** 31
Wertpapiere **5** 36a, 50j
Mindesthebesatz 10 16
Mindestistversteuerung 23 13, 14
Mindestlohnsumme, Erbschaftsteuer **7** 13a, 28a
Mindestwert
Bedarfsbewertung **3** 143, 146, 164
Einheitsbewertung **3** 77
Grundsteuerwert **3** 251
Mindestwertänderungsrisiko 5 36a, 50j

Mineralgewinnungsrecht
Einkünfte **5** 21
Grunderwerbsteuer **12** 2
privates Veräußerungsgeschäft **5** 23
s. a. Bodenschätze
Mineralöle, Erwerbsteuer **23** 1a
Mischfonds 15 2, 20
Missbrauch
Gestaltungsmissbrauch **1** 42
Opferausgleich, Erbschaftsteuer **7** 13
Miteigentümer
energetische Maßnahmen **5** 35c
Erbschaftsteuer **8** 1
erhöhte Absetzungen und Sonderabschreibungen **5** 7a
Förderung des selbst genutzten Wohneigentums **5** 10e, 10f
Grunderwerbsteuer **12** 5, 6
Grundstückswert **3** 138, 151, 157, 162
Vermögensbewertung **3** 3, 34, 70, 93
Zurechnung **1** 39
Mitgliederbeiträge
Einkommensteuer **5** 10b; **6** 50
Erbschaftsteuer **7** 18
Gewerbesteuer **10** 9
Körperschaftsteuer **17** 8, 9
Mitgliedergestellung durch geistliche Genossenschaften **23** 4 (27)
Mitteilung
Altersvorsorge **5** 10, 10a, 22, 82, 89, 91, 92a, 92b, 94
Arbeitnehmer-Sparzulage **26** 6
bei Außenprüfung **1** 202
Behördenmitteilungen zu Kontrollzwecken **1** 93a; **4** Art. 97 § 4; **5** 45d; **23** 18
Beihilfen **6** 52
Bestechungsgelder und Schmiergelder **5** 4
Besteuerungsgrundlagen **1** 364; **9** 75
betriebliche Altersversorgung **19** 5
Bodenrichtwert **3** 145, 179
Buchführungspflicht **1** 141; **4** Art. 97 § 19
an Bundeszentralamt für Steuern **5** 45d
Datenübermittlung, über **1** 93c, 138f
Einheitsbewertung **3** 29
Einleitung Strafverfahren **1** 397
elektronisches Aufzeichnungssystem **1** 146a; **4** Art. 97 § 30
elektronisches Dokument **1** 87a
Erstattungen **5** 10
an Familienkasse **5** 68
Geldwäsche u. Terrorismusfinanzierung **1** 31b, 138b
grenzüberschreitende Steuergestaltungen **1** 138d–138h; **4** Art. 97 § 33; **31** 5, 5a
Grundsteuerwert **3** 229
Identifikationsnummer **5** 67
Investmentfonds **15** 13, 28, 56
Kapitalerhöhung **16** 4
Kapitalertragsteuer **5** 43, 43a, 45d
über Kapitalgesellschaft **6** 54
Kindergeld **5** 62, 68, 69, 71
Kontenabruf **1** 93
meldepflichtige Ereignisse **1** 137–139, 139b, 154, 379; **4** Art. 97 § 26
Rentenbezüge **5** 22a; **31** 5
Steuergeheimnis **1** 31, 31a, 31b
Steuermessbescheide **1** 184
Tarifermäßigung **5** 32c
Umsatzsteuer **23** 5, 18a, 18c, 25e
an Verfassungsschutzbehörde **1** 51
Versicherungsunternehmen **5** 20
Versorgungsausgleich **5** 3 (55b)
Vollstreckung **1** 290
Wegfall der Durchschnittssatzgewinnermittlung **5** 13a
Wohnungsbauprämienanspruch **27** 4a
Zuschüsse **5** 10
Mitteilungspflichten *s. Anzeigepflichten*
Mittelbare Anteilsübertragungen, Grunderwerbsteuer **12** 1
Mittelbare Beteiligung
ausländische Zwischengesellschaft **2** 7, 10
Organschaft **17** 14
Vermögensbeteiligung **5** 19a
Mittelbehörden 1 6; **31** 2, 2a, 7
Mittelständische Beteiligungsgesellschaft, Investmentsteuergesetz **15** 1
Mittelverwendung 1 55, 58a, 62
Mitunternehmer
Abfindung als weichender Erbe **5** 14a
Anteilsveräußerung **5** 6, 14, 16, 52
Aufteilung des Werts des Betriebsvermögens **3** 97
Einbringung von Anteilen **22** 20–24
Einkünfte **5** 4i, 5a, 13b, 15, 16, 34a, 35
Erbschaftsteuer **7** 10, 13a, 13b, 19a, 28a
Gewerbesteuer **10** 2, 7–9, 10a
Investitionsabzugsbetrag **5** 7g
Investmentanteile **15** 28, 56
Kapitalanteile **17** 8b, 8d

Körperschaftsteuer **17** 1a
Realteilung **5** 16
Schuldübernahme **5** 4f, 5
Steuerermäßigung bei gewerblichen Einkünften **5** 35
Tierzucht und Tierhaltung **3** 51a; **5** 13, 13b; **10** 3
Umwandlungssteuergesetz **22** 4–8, 10, 15, 18, 24
unentgeltliche Anteilsveräußerung **5** 6
Veräußerungsgeschäft zwischen Gesellschaft und Gesellschafter **5** 6
Verluste **5** 15, 15a, 52
Mitwirkungspflichten
Allgemeines **1** 90
Auslandsbeziehungen **2** 16, 17
Auslandsvermögen **7** 13a
Außenprüfung **1** 200
Datenerhebung **1** 32i
Einfuhr-, Ausfuhrabgaben, Verbrauchsteuern **1** 211, 213
Gesundheitsbehörde **6** 64
grenzüberschreitende Steuergestaltungen **31** 21a
Kindergeld **5** 68
Schätzung der Besteuerungsgrundlagen **1** 162; **4** Art. 97 § 22
Mobilfunkgeräte, Umsatzsteuer **23** 13b
Mobilitätsprämie **5** 101–109
Modernisierungsmaßnahmen
anschaffungsnaher Aufwand **5** 6, 9
Baugesetzbuch **5** 7h, 51; **6** 82g
Mieter **5** 10; **27** 2
selbst genutzte Wohnung **5** 35a
Montage, Betriebsstätte **1** 12
Motorjacht, Betriebsausgaben **5** 4
Müllabfuhr, Gewerbesteuer **11** 2
Müllereierzeugnisse **23** Anl. 2
Münzen
Erbschaftsteuer **7** 13, 13b
Umsatzsteuer **23** 3a, 18, 25c, Anl. 2
Multinationale Unternehmensgruppe
Aufzeichnungspflichten **1** 90
Begriff **1** 90
Berichtspflichten **1** 138a, 379; **4** Art. 97 § 31
Museum
Grundsteuer **13** 32
Umsatzsteuer **23** 4 (20), 12
Zweckbetrieb **1** 68
Musikerzeugnisse **23** 12
Musikgruppen **23** 4 (20)
Mustersatzung **1** Anl. 1
Musterverfahren, vorläufige Steuerfestsetzung **1** 165
Muttergesellschaft
Ausschüttungen an M. **5** 43b, Anl. 2
Gewerbesteuer **10** 9, 11
Körperschaftsteuer **17** 8b
Mutterhaus, Gestellung von Angehörigen **23** 4 (27)
Mutterschaftsgeld, Einkommensteuer **5** 3 (1)

Nachbelastung, Körperschaftsteuer **17** 34, 38
Nachentrichtung, Grundsteuer **13** 31
Nacherbschaft, Erbschaftsteuer **7** 3, 6, 7, 10
Nachfeststellung
Einheitswert **3** 23, 24a, 25, 27, 41, 79, 132
Grundsteuerwert **3** 223, 225, 227, 266
Nachforderung
Aufteilung bei Gesamtschuldnern **1** 273, 274
Lohnsteuer **5** 38, 39, 39a, 40, 41c, 42d
Verzinsung von Steuernachforderungen **1** 233a
s. a. Rückforderung bzw. Zahlung
Nachhaltigkeit
Einkommensteuer **5** 15
Umsatzsteuer **23** 2, 13b
Nachholung
von Angaben, Bußgelder **1** 378
durch Ergänzungsbescheid **1** 179
Feststellung **3** 25, 226
Körperschaftsteuerguthabenerstattungen **17** 37
Kindergeldzahlung **5** 71
Pensionsrückstellungen **5** 6a
Sonderausgaben bei Förderung des Wohneigentums **5** 10e
Steuerfestsetzung **1** 174
Zerlegungsbescheid **1** 189
Nachlass
Einkünfte **5** 20
Erbschaftsteuer **7**
Festsetzungsverjährung **1** 171
Grunderwerbsteuer **12** 3
Vollstreckung **1** 265

Nachlassverbindlichkeiten, Erbschaftsteuer **7** 10
Nachlassverzeichnis, Erbschaftsteuer **7** 31
Nachprüfungsvorbehalt 1 164
Nachschau
Kassen **1** 146b
Lohnsteuer **5** 42g
und Selbstanzeige **1** 371
Umsatzsteuer **23** 27b
Zölle und Verbrauchsteuern **1** 210
Nachschüsse bei Sicherheiten **1** 248
Nachsicht 1 110, 126; **9** 56
Nachtarbeitszuschläge 5 3b
Nachträgliche Altersvorsorgebeiträge, Zulage **5** 82
Nachträgliche Anschaffungskosten
Einkommensteuer **5** 7a, 10e, 17
Umsatzsteuer **23** 15a; **24** 44
Nachträgliches Bekanntwerden 1 173
Nachträgliche Bescheinigung, Änderung von Bescheiden **1** 175; **4** Art. 97 § 9
Nachträgliche Einkünfte 5 15, 24
Nachträgliche Einlagen, Verlustverrechnung **5** 15a
Nachträgliche Herstellungskosten
Bedarfsbewertung **3** 146
Einkommensteuer **5** 7a, 10e
Grundsteuerwert **3** 259
Umsatzsteuer **23** 15a; **24** 44
Nachträgliche Investitionsabzugsbeträge 5 7g
Nachträgliche Maßnahmen zum Verwaltungsakt **1** 126
Nachträgliche Minderung, Investitionskosten, Einkommensteuer **5** 7a
Nachträgliche Veränderung der Sachlage **1** 131
Nachträgliche Vereinnahmung, Umsatzsteuer **23** 17
Nachträgliche Vorauszahlungen
Einkommensteuer **5** 37, 52
Gewerbesteuer **10** 19, 36
Nachtzeit, Vollstreckung zur N. **1** 289
Nachveranlagung, Grundsteuer **13** 18, 21
Nachversteuerung
Bausparbeiträge **5** 10
Erbschaftsteuer **7** 13, 13a, 19a
Gewinn **5** 34a
Körperschaftsteuer **17** 38
steuerbegünstigte Zwecke **1** 61
Versicherungsbeiträge **5** 10; **6** 30
Vermögensbeteiligung **5** 19a
Nachweis
Abwendung der Pfändung **1** 292
Altersvorsorgebeiträge **5** 10a
ausländische Einkünfte **6** 68b
ausländische Steuern **6** 68b; **7** 21
ausländisches Vermögen **7** 21
Behinderung von Menschen **6** 64, 65
energetische Maßnahmen **5** 35c
gemeiner Wert **3** 198
haushaltsnahe Dienstleistungen **5** 35a
Hilfsbedürftigkeit **1** 53
Holznutzungen **5** 34b
Investmentfonds **15** 20
für Kapitalertragsteuererstattung **17** 32
Kinderbetreuungskosten **5** 10
Krankheitskosten **6** 64
Pflegebedürftigkeit **6** 65, 84
Prüfungsbeginn bei Außenprüfung **1** 198
steuerbegünstigte Anleger **15** 9, 10
steuerbegünstigte Zwecke **1** 58a
Umsatzsteuer **23** 3, 4 (4a, 4b, 6, 7), 6a, 7, 8, 22, 22f, 25; **24** 8–13, 17-17d, 20, 24, 36, 37, 39, 62, 73; **31** 5
Vollmacht **1** 80
Zurechnung von Kapitalanteilen **22** 22
Nachzahlung *s. Rückforderung bzw. Zahlung*
Nachzahlungszinsen 1 71, 233a
Nahestehende Person
Aufzeichnungspflichten **1** 90
Auslandsbeziehungen **2** 1, 7
Betriebsausgabenabzug **5** 4k
Bezüge **5** 3 (40)
Gesellschafter-Fremdfinanzierung **17** 8a, 8b, 26
Kapitalerträge **5** 32d
Rechteüberlassung **5** 4j
Umsatzsteuer **23** 10
Verlustabzug bei Körperschaften **17** 8c
Nahrungsmittel 23 Anl. 2; **24** Anl.
Natotruppen
Grundsteuer **13** 5, 6
Umsatzsteuer **23** 1c, 4 (7), 26; **24** 73
Naturalleistungen *s. Sachbezüge*

Natürliche Ertragsbedingungen, Einheitsbewertung **3** 38, 50, 60
Naturschäden, Forstwirtschaft **5** 34b
Naturschutz, Grundsteuer **13** 32
Nebenbestimmungen zum Verwaltungsakt **1** 120
Nebenbetriebe der Land- und Forstwirtschaft
Bedarfsbewertung **3** 142, 160, 163
Einheitsbewertung **3** 34, 42
Einkommensteuer **5** 13, 13a
Grundsteuerwert **3** 234, 237, 238
Umsatzsteuer **23** 24
Nebeneinkünfte, Einkommensteuerveranlagung **5** 46; **6** 70
Nebenerzeugnisse, Umsatzsteuer **23** 3
Nebenfolgen, Steuer-, Abgabenstraftaten **1** 375, 401
Nebenkosten
Jahresrohmiete, Einheitsbewertung **3** 79
Kapitalanteile **5** 17
Nebenleistungen
Beförderungsleistungen **23** 3b
Säumniszuschläge **1** 240
Steuern **1** 1, 3, 155, 233–240, 337–346; **10** 9
Nebenräume, Sonderabschreibungen **5** 7b
Nebensachen, Umsatzsteuer **23** 3
Nebentätigkeit, Einkommensteuer **5** 46
Negatives Einkommen, Organschaft **17** 14
Negative Einkünfte
mit Auslandsbezug **2** 10, 21; **5** 2a
Verlustabzug **5** 10d; **17** 8c
Verlustzuweisungsgesellschaft **5** 2b, 15b
Vermietung und Verpachtung, Einkommensteuervorauszahlungen **5** 37
Negatives Kapitalkonto 5 15a, 15b
Nennkapital
Einkommensteuer **16** 1
Körperschaftsteuer **17** 28
Netzzugang, Umsatzsteuer **23** 3a
Neubauten, Sonderabschreibungen **5** 7b
Neue Fahrzeuge
Erwerbsteuer **23** 1a, 1b, 1c
Sonderabschreibungen **5** 7c
Neue Tatsachen oder Beweismittel, Änderung von Bescheiden **1** 173, 280
Neuermittlung, Zerlegungsanteile, Grundsteuer **13** 23
Neuveranlagung, Grundsteuer **13** 17, 21
Nichtabgabe, Steuererklärungen, Verspätungszuschlag **1** 152
Nichtabnutzbare Anlagegüter, Überschussrechnung **5** 4
Nichtabzugsfähige Ausgaben
Einkommensteuer **5** 12
Körperschaftsteuer **17** 10
Nichtabzugsfähige Betriebsausgaben
Gewinnermittlung **5** 3c, 4, 4h, 12; **17** 8b, 10
Umsatzsteuer **23** 15
Nichtabzugsfähige Werbungskosten 5 3c
Nichtbesteuerung, Betriebsausgabenabzug **5** 4k
Nichteheliche Lebensgemeinschaft *s. Eingetragene Lebenspartnerschaft*
Nicht entnommener Gewinn
Einkommensteuervorauszahlungen **5** 37
Einkünfte aus Land- u. Forstwirtschaft **5** 32c
Steuersatz **5** 34a
Verlustrücktrag **5** 10d
Nichterhebung
Einkommensteuer **2** 2; **5** 50g
Grunderwerbsteuer **12** 5–7
Kapitalertragsteuer **5** 50g
Umsatzsteuer **23** 19; **24** 44, 49
Vollstreckungsgebühren **1** 346
Nichtfestsetzung 1 156
Nichtiges Gesetz
Aufhebung oder Änderung von Bescheiden **1** 176
Folgen **9** 157
Nichtiges Rechtsgeschäft 1 41
Nichtiger Verwaltungsakt
Allgemeines **1** 124, 125
Klage **9** 41
Nichtige Vorschriften, Folgen **9** 157
Nichtnotierte Anteile, Bewertung **3** 11
Nicht öffentliche Stellen 1 6, 30
Nichtselbständige Arbeit
beschränkte Steuerpflicht **5** 50
Einkommensteuerveranlagung **5** 46
Einkünfte **5** 19; **19** 1, 2
Lohnsteuerabzug **5** 38–42f
Umsatzsteuer **23** 2

Vorsorgeaufwendungen **5** 10
Werbungskostenpauschbetrag **5** 9a
Nichtunternehmerische Zwecke 23 1b, 2a, 2b, 3, 3c, 10, 13b, 14b, 15, 18, 22
Nichtveranlagung
Allgemeines **5** 44a, 44b, 46
Bescheinigung **5** 44a, 44b, 45d
Nichtvorlage, Aufzeichnungen **1** 162; **5** 4
Nichtvornahme, Steuerabzug, Außenprüfung **5** 48a, 50b
Nichtzulassungsbeschwerde, steuergerichtliches Verfahren **9** 116
Niederlassungsfreiheit, Europäische Union **30** Art. 49–50
Niederschlagung, Steuerschulden **1** 261
Niederschrift
mündliche Auskunft **1** 93
Rechtsbehelfseinlegung durch N. **1** 357
Sicherstellung von Waren **1** 215
Steuererklärungen **1** 151
Versicherung an Eides Statt **1** 95
Vollstreckungshandlung **1** 290, 291, 307
s. a. Protokoll
Niedriger Teilwert
ausländisches Vermögen **5** 2a
Kapitalanteil **5** 3 (40)
Sanierungsmaßnahmen **5** 3a
Spezialinvestmentanteile **15** 49
Veräußerung von Betriebsvermögen an REIT **5** 3 (70)
Niedrigsteuerländer
grenzüberschreitende Gestaltungen **1** 138e
Rechteüberlassung **5** 4j
Verlagerung von Einkünften und Vermögen **2** 2, 8
Nießbrauch
Einkommensteuer **5** 20
Erbschaftsteuer **7** 29
Grunderwerbsteuer **12** 9
Grundsteuer **13** 11
Kapitalertragsteuer **5** 44a
Vermögensbewertung **3** 14
Vollstreckung **1** 264
Normalwert, Forstwirtschaft **3** 55
Notar
Anzeigepflichten **7** 30, 34; **8** 7, 8, Muster 5; **12** 18, 21
Auskunftsverweigerungsrecht **1** 102
Einkünfte **5** 18
Finanzrichter **9** 19
Haftung **1** 191
Mitteilung über Kapitalgesellschaften **6** 54
Vorsteuer-Durchschnittssätze **24** Anl.
Nummernkonto
Haftung **1** 72
Zulässigkeit **1** 154
Nutzer, grenzüberschreitende Steuergestaltungen **1** 138d–138g, 138k, 379
Nutzungen
Bedarfsbewertung **3** 142, 160, Anl. 14–18
Betriebsvermögen **3** 95–109
Entnahmen **5** 4, 6; **23** 3, 10
Erbschaftsteuer **7** 23, 25, 37
Fischerei und Fischzucht **3** 62, 142, 175, 242, Anl. 31
forstwirtschaftliche Nutzung **3** 53–55, 142, 163, 164, 234, 237, Anl. 15-15a u. 28
gärtnerische Nutzung **3** 59–61, 142, 163, 164, 234, 237, 238, 242, Anl. 17 u. 30 u. 31
Grundvermögen **3** 68–94, 146–150, 176–198, 243–262
Imkerei **3** 62, 142, 175, 242
landwirtschaftliche Nutzung **3** 50–52, 142, 163, 164, 241, 242, Anl. 14
Spenden **5** 10b; **10** 9; **17** 9
Teichwirtschaft **3** 62, 142, 175, 242, Anl. 31
Vermögensbewertung **3** 13–16, 82, 88, 121, Anl. 9a
weinbauliche Nutzung **3** 56–58, 142, 163, 164, 234, 237, 238, Anl. 16 u. 29
Nutzungsänderung
Einkommensteuer **5** 4
Grundsteuer **13** 19
land- und forstwirtschaftlich genutzte Flächen **3** 69, 159, 233
Umsatzsteuer **23** 15
Nutzungsausschluss, Gebäude, Grundsteuerwert **3** 246
Nutzungsbefugnisse, Bodengewinnbesteuerung **5** 55
Nutzungsdauer
Bedarfsbewertung **3** 146, 185, 190
Einheitsbewertung **3** 80, 86
Einkommensteuer **5** 7; **6** 11c
Grundsteuerwert **3** 253, 259, Anl. 38

Nutzungslast, Erbschaftsteuer **7** 25
Nutzungsrecht
Bewertung **3** 13, 14
Einkommensteuer **5** 4j, 21, 49, 50a
Erbschaftsteuer **7** 10
Grundsteuer **13** 11
Umsatzsteuer **23** 4 (12), 9
Nutzungssatz 3 53; **5** 34b; **6** 68
Nutzungsüberlassung
Einkommensteuer **5** 3c, 11, 21, 49, 50a, 50g
Erbschaftsteuer **7** 13b, 13d, 28
Haftung **1** 74
Umsatzsteuer **23** 4 (12), 9, 27
Nutzungsvergütungen 5 24, 32c, 34, 50a
Nutzungswert der Wohnung, Land- und Forstwirt **5** 13
Nutzvieh
Einheitsbewertung **3** 51
Grundsteuerwert **3** 241, Anl. 34
NV-Fälle *s. Nichtveranlagung*

Oberbehörden 1 6; **31** 1, 2, 4–6
Oberste Finanzbehörden
Aufzählung **31** 1, 2
Begriff **1** 6
Objektbeschränkung, Förderung selbst genutztes Wohneigentum **5** 10e, 10f
Objektverbrauch
erhöhte Absetzungen für Wohngebäude **5** 10e
Förderung selbst genutztes Wohneigentum **5** 10e, 10f
Obstbau
Bedarfsbewertung **3** 142
Einheitsbewertung **3** 40
Einkommensteuer **5** 13a, Anl. 1a
Grundsteuerwert **3** 234, 237, Anl. 30
Umsatzsteuer **23** 24
Offenbare Unrichtigkeit
Gerichtsentscheidung **9** 107
Verwaltungsakt **1** 129, 169, 171, 173a, 177
Offenbarung
altersvorsorgemäßige Verhältnisse **5** 96
Kindergeld **5** 68
steuerliche Verhältnisse **1** 1, 30-31b, 32a, 60b; **27** 4
Offene Handelsgesellschaft
Einkünfte **5** 15
Gewerbesteuer **10** 8, 9
Handelsbilanz **34** 264a–264c
Vermögensbewertung **3** 97, 109
Offene Investmentkommanditgesellschaft *s. Investmentkommanditgesellschaft*
Offene-Posten-Buchhaltung 1 146
Offenlegung
Besteuerungsgrundlagen für außergerichtliches Rechtsbehelfsverfahren **1** 364
Verhältnisse **1** 90
Öffentlich private Partnerschaft
Grunderwerbsteuer **12** 4
Grundsteuer **13** 3
Öffentliche Bekanntgabe 1 122
Öffentliche Bekanntmachung, Abgabe der Steuererklärungen **1** 149
Öffentlicher Dienst
Altersvorsorge **5** 10a
Einkommensteuerpflicht **5** 1, 1a
Europäische Union **30** Art. 45
Grundsteuer für Grundbesitz **13** 3
Kindergeld **5** 72
Öffentliche Einrichtungen, Steuerbefreiungen **13** 3, 4; **17** 5
Öffentlicher Gebrauch, Grundsteuer **13** 3
Öffentliches Interesse an Vermögenserhaltung
Erbschaftsteuer **7** 13
Grundsteuer **13** 32
Öffentliche Last, Grundsteuer **13** 12
Öffentliche Stellen
Allgemeines **1** 6, 30
Mitteilungen zu Kontrollzwecken **1** 93a; **6** 52
Öffentlicher Verkehr
Grundsteuer **13** 4
Zuschüsse an Arbeitnehmer **5** 3 (15), 40
Öffentlichkeit, steuergerichtliches Verfahren **9** 52
Öffentlichkeitsarbeit, Umsatzsteuer **23** 3a
Öffentlich-rechtlicher Vertrag 1 78, 224a
Offshore-Bereich 5 1; **10** 2; **17** 1
Ohne-Rechnung-Geschäfte 1 160
Omnibusse, Umsatzsteuer **23** 2, 10, 12, 13, 18
Onlineleistungen, Umsatzsteuer **23** 3, 3a
Onlinezugriff für Finanzbehörde **23** 14b; **31** 5

Opferausgleich, Erbschaftsteuer **7** 13
Optionserklärung
Bewertungsgesetz **3** 97
Bundeszentralamt für Steuern **31** 5
Einkommensteuer **5** 17, 20, 50d
Erbschaftsteuer **7** 13a, 13b
Gewerbesteuer **10** 2
Grunderwerbsteuer **12** 5, 6
Investmentfonds **15** 1, 2, 20
Umsatzsteuer **23** 1a, 3c, 9, 19, 23, 23a, 24, 25a, 26; **24** 71
Optionsgeschäfte, Umsatzsteuer **23** 4 (8)
Optionsrechte, Kapitaleinkünfte **5** 20, 22, 43
Orchester, Umsatzsteuer **23** 4 (20)
Ordensgemeinschaft
Grundsteuer **13** 3
steuerbegünstigte Zwecke **4** Art. 97 § 1f
Umsatzsteuer **23** 4 (27)
Ordnungsgelder
Betriebsausgaben **5** 4
Finanzgericht **9** 30, 80
Ordnungsmäßige Buchführung 1 146; **34** 239, 243, 265
Ordnungsnummer, Datenübermittlung **5** 45b, 51
Ordnungswidrigkeit
Allgemeines **1** 377, 379–382
Datenübermittlung **1** 383b
Identifikationsmerkmal **1** 383a
Identifikationsnummer **5** 50f
Mitteilung an Bundeszentralamt für Steuern **5** 50e
Umsatzsteuer **23** 26a, 26b
s. a. Bußgeld
Organisation der Finanzverwaltung **31**
Organisationseinheit, Umsatzsteuer **23** 18
Organleihe
Bauaufgaben **31** 5b
Kraftfahrzeugsteuer **31** 12
Organlieferungen 23 4 (17), 4b, 5
Organschaft
Betriebsausgaben **5** 4
Buchführungs- und Aufzeichnungspflichten im Ausland **1** 146
Gewerbesteuer **10** 2, 7a, 8, 10a, 36
Grunderwerbsteuer **12** 1
Haftung **1** 73
Kapitalertragsteuer **5** 44
Körperschaftsteuer **17** 8b, 8d, 14–19, 27, 37
Progressionsvorbehalt **5** 32b
Teileinkünfteverfahren **5** 3 (40), 3c
Umsatzsteuer **23** 2, 27a
Umwandlungssteuergesetz **22** 2
Ort
Beförderungsleistungen, Umsatzsteuer **23** 3b
Buchführung, der **1** 146
innergemeinschaftlicher Erwerb **23** 3d
Lieferung, Umsatzsteuer **23** 3, 3c, 3e, 3g
mündliche Verhandlung **9** 91a
sonstige Leistung, Umsatzsteuer **23** 3a, 25
Vermittlungsleistungen, Umsatzsteuer **23** 3a
Zahlung von Steuern und Abgaben **1** 224
Örtliche Finanzbehörden
Aufgaben und Befugnisse **31** 1, 2, 12, 13, 17
Begriff **1** 6
Örtliche Zuständigkeit 1 17–29
Ortsbewertungsstützpunkte, Einheitsbewertung **3** 39
Ortskrankenkassen, Anzeigepflichten für Erbschaftsteuer **8** 3
Ortsverschönerung, steuerbegünstigte Zwecke **1** 52

Pächter, Einheitsbewertung **3** 48a
Pachtgegenstände
Gewerbesteuer **10** 8
Inlandsvermögen **3** 121
Pachtland
Einheitsbewertung **3** 39, 48a
Grundsteuerwert **3** 237
Pachtpreissammlung
Einheitsbewertung **3** 29
Grundsteuerwert **3** 229
Pachtzinsen
Einkünfte **5** 13a
Gewerbesteuer **10** 8
Parkanlagen
Grundsteuer **13** 32
Umsatzsteuer **23** 4 (12)
Partnerschaftsgesellschaft
Bevollmächtigte im Verfahren bei Finanzbehörde **1** 80, 80a
Körperschaftsteuer **17** 1a

Parteien
Erbschaftsteuer **7** 13
Körperschaftsteuer **17** 5
Umsatzsteuer **23** 4 (18a)
Parteizuwendungen
Einkommensteuer **5** 10b, 34g; **6** 50
Körperschaftsteuer **17** 5
Partiarisches Darlehen, Einkommensteuer **5** 2a, 20, 32d, 43
Partielle Körperschaftsteuerpflicht 17 5
Passagierschiffe, Umsatzsteuer **24** 7
Passiver Erwerb, Einkünfte einer ausländischen Zwischengesellschaft **2** 8
Passivierung 5 5
Passivlegitimation, Klageverfahren **9** 63
Patentanwalt
Auskunftsverweigerungsrecht **1** 102
Einkünfte **5** 18
Finanzrichter **9** 19
Haftung **1** 191
Umsatzsteuer **23** 3a; **24** Anl.
Patentrechte
Rückstellungen **5** 5
Umsatzsteuer **23** 3a
Pauschalierung
Betriebsausgaben **5** 4, 13a, Anl. 1a; **6** 51
Bodengewinnbesteuerung **5** 55
Einkommensteuer **5** 37a, 37b
Fahrten Menschen mit Behinderungen **5** 33; **6** 64
Lohnsteuer **5** 37a, 37b, 40-40b
Umsatzsteuer **23** 23, 23a, 24, 28
Vorsteuerabzug **24** 69, 70, Anl.
wirtschaftlicher Geschäftsbetrieb **1** 64
Pauschalversicherung, Arbeitnehmer, Lohnsteuer **19** 2
Pauschbesteuerung
Einkommensteuer **5** 34c, 37a, 37b, 50
Gewerbesteuer **10** 15
Grunderwerbsteuer **12** 12
Lohnsteuer **5** 37a, 37b, 40-40b
Pauschbetrag
Betriebsausgaben **5** 51; **6** 51
Fahrten Wohnung/Tätigkeitsstätte **5** 9
Hinterbliebene, Einkommensteuer **5** 33b
Menschen mit Behinderungen, Einkommensteuer **5** 33b; **6** 65
Nachlassverbindlichkeiten, Erbschaftsteuer **7** 10
Pflegebedürftigkeit, Einkommensteuer **5** 33b
Reisekosten **5** 9
Sonderausgaben **5** 10c
Werbungskosten **5** 9a
Pauschsteuer, geringfügige Beschäftigung **5** 40a; **31** 5
Pelztiere
Einheitsbewertung **3** 51
Grundsteuerwert **3** 241
Pendlerpauschale 5 4, 9
Pensionsbezüge *s. Versorgungsbezüge*
Pensionsfonds
Einkommensteuer **5** 3 (63, 66), 4d, 4e, 22, 49
Gewerbesteuer **10** 8, 9
Investmenterträge **15** 20, 30
Körperschaftsteuer **17** 1, 8b, 21, 21a
Pensionskassen
Einkommensteuer **5** 3 (56, 62, 63), 4c, 22, 49
Erbschaftsteuer **7** 13
Gewerbesteuer **10** 3
Körperschaftsteuer **17** 5, 6; **18** 1, 2
Lohnsteuer **5** 40b; **19** 5
Pensionsrückstellung
Einkommensteuer **5** 5, 6a
Umwandlungssteuergesetz **22** 3, 11, 20, 24
Pensionssicherungsverein *s. Insolvenzsicherung*
Pensionsverpflichtungen
Bedarfsbewertung **3** 140, 158
Einkommensteuer **5** 6a
Gewerbesteuer **10** 8
Grundsteuerwert **3** 232
Vermögensbewertung **3** 104
Permanente Inventur 34 241
Personal Computer
Lohnsteuer **5** 40
steuerfreie Vorteile **5** 3 (45)
Personalgestellung, Umsatzsteuer **23** 3a, 4 (27), 12
Personalleistungen, Umsatzsteuer **23** 3, 10
Personenbeförderung, Umsatzsteuer **23** 3a, 3b, 4 (5, 6, 17), 10, 12, 13b, 16, 18, 26; **24** 2–4, 6–7, 25, 34, Anl.
Personengesellschaft
Anzeigepflichten **15** 28

ausländische P. **1** 138, 180; **2** 7
Außenprüfung **1** 194
Betriebsausgabenabzug **5** 4k, 49
doppelstöckige P. **5** 15
Einkünfte **5** 13b, 15
Erbschaftsteuer **7** 3, 7, 10, 13a, 13b, 19a
Gewerbesteuer **10** 5, 7–9, 10a
Grunderwerbsteuer **12** 1, 5, 13, 19
Gründung **5** 6
Handelsbilanz **34** 264a–264c
Investitionsabzugsbetrag **5** 7g
Investmentanteile **15** 28, 38
Investmentfonds **15** 1, 2, 20
Kapitaleinkünfte **5** 20, 44a
Kapitalertragsteuer **5** 44a
Körperschaftsteuer **17** 1a
nachgeschaltete P. **17** 8a
Organschaft **17** 14, 19
privates Veräußerungsgeschäft **5** 23
Realteilung **5** 16
Reinvestitionsvergünstigung **5** 6b
Schuldzinsenabzug **5** 4h
Sonderabschreibungen **5** 7g, 51; **6** 82f
Sonderbetriebsausgabenabzug **5** 4i
Überführung und Übertragung **5** 50i
Überlassung von Kapitalanteilen **17** 8b
Umsatzsteuer **23** 18
Umwandlungssteuergesetz **22** 1, 3–10, 16, 18, 24
Veräußerungsgeschäft zwischen Gesellschaft und Gesellschafter **5** 6
Vermögensbewertung **3** 34, 97, 109
Personenkraftwagen
geldwerter Vorteil **5** 8
private Nutzung **5** 6
Personensteuern
Abzug bei Einkommensteuer **5** 12
Abzug bei Körperschaftsteuer **17** 10
Personenvereinigung
Anzeigepflichten **1** 137
Bußgelder **1** 401
Erbschaftsteuer **7** 2, 18
Identifikationsnummer **1** 139c
inländische Einkünfte **5** 50a
Kapitalerträge, Steuerabzug **5** 43, 43a, 44b, 50d
Körperschaftsteuer **17** 1, 3, 5, 8, 8b, 12, 24
Mitunternehmer **5** 6; **17** 8b; **22** 4
Realteilung auf P. **5** 16
Reinvestitionsvergünstigung **5** 6b
Spendenempfänger **5** 10b; **10** 9; **17** 9
Steuerabzug bei beschränkter Steuerpflicht **5** 50d
steuerliche Pflichten **1** 34
Umsatzsteuer **23** 2, 10, 23a; **24** 66a
Vermögensbewertung **3** 97, 109
Vollstreckung **1** 267
Personenzusammenschluss, Umsatzsteuer **23** 4 (29)
Persönliches Erscheinen bei Gericht **9** 80
Pfandbriefe, Zinsen **5** 20, 43
Pfandgläubiger
Einkommensteuer **5** 20
Nachweis **1** 159
Pfandrecht, Vollstreckungsverfahren **1** 282, 293
Pfandschein, Umsatzsteuer **23** 10
Pfändung
Erstattungs- und Vergütungsansprüche **1** 37, 46
Kindergeld **5** 76, 76a
Umsatzsteuer **23** 13c, 22
Vollstreckungsverfahren **1** 281, 282, 286, 292–321, 339; **4** Art. 97 § 17c
Pfarrer *s. Geistliche*
Pflanzen, Umsatzsteuer **23** 12, 24, Anl. 2
Pflege von Menschen **5** 3 (10, 26, 26b, 36), 35a, 86; **7** 13
Pflegebedürftigkeit
Altersvorsorge-Eigenheimbetrag **5** 92a
Einkommensteuerpauschbeträge **5** 33b
Nachweis **6** 65, 84
Pflegegeld **5** 3 (36), 33b
Pflegeheime
Gewerbesteuer **10** 3
Umsatzsteuer **23** 4 (16)
Zweckbetrieb **1** 68
Pflegekinder, Einkommensteuer **5** 32
Pflegeleistungen
Erbschaftsteuer **7** 13
Umsatzsteuer **23** 4 (16)
Pflegepauschbetrag **5** 33b
Pflegeversicherung
Datenübermittlung **31** 5
Einkommensteuer **5** 3 (1), 10, 22, 37
Pflichtmitgliedschaft, zusätzliche Altersvorsorge **5** 10a, 79, 86
Pflichtteil, Erbschaftsteuer **7** 3, 10, 13

Pflichtversicherte, zusätzliche Altersvorsorge **5** 10a, 79–99
Physiotherapeut, Umsatzsteuer **23** 4 (14)
Pilzanbau, Grundsteuerwert **3** 242, Anl. 31
Policendarlehen, Einkommensteuer **5** 10, 20, 43; **6** 29
Politische Parteien *s. Parteien*
Polizei
einkommensteuerfreie Leistungen an Bedienstete **5** 3 (4)
Grundsteuer **13** 5
Vollstreckungshandlung **1** 287, 288
Polsterer, Vorsteuer-Durchschnittssätze **24** Anl.
Pool-Abkommen, beschränkte Einkommensteuerpflicht **5** 49
Poolabschreibung **5** 6
Post
Einkommensteuer **5** 3 (35)
Umsatzsteuer **23** 4 (11a, 11b); **31** 5
Unterstützungskasse **5** 4d F
s. a. Bundespost bzw. Kreditinstitute bzw. Telekom
Posteinlieferungsschein **24** 10
Postgeheimnis **1** 105, 413
PPP *s. Öffentlich private Partnerschaft*
Präklusionsregelung
Einspruchsverfahren **1** 364b
Klageverfahren **1** 172; **9** 79b
Prämien
Sachprämien **5** 3 (38), 37a
Wohnungsbauprämien **27**
Preisanpassungsklausel, Auslandsbeziehungen **2** 1a
Preisnachlässe, Umsatzsteuer **23** 3, 11, 17
Presse, Auskunftsverweigerungsrecht **1** 102
Priester *s. Geistliche*
Privataufenthalt **1** 9
Private Lebensführung, Gegenstände der p. L. bei Erbschaftsteuer **7** 13b
Privatentnahmen *s. Entnahmen*
Privates Veräußerungsgeschäft
Einkommensteuer **5** 23
Investmentanteile **15** 6
Privathaushalt, geringfügige Beschäftigung **5** 50e
Privatkrankenanstalt *s. Krankenhäuser*
Privatnutzung
Betriebsvermögen **5** 6
steuerfreie Vorteile **5** 3 (45)
Privatpersonen, Aufzeichnungspflichten **23** 22
Privatschule
Gewerbesteuer **10** 3
Umsatzsteuer **23** 4 (21)
Privatvermögen
Umwandlungssteuergesetz **22** 8
Veräußerung **5** 22, 23; **15** 19, 34, 49, 56
Produktionsaufgaberente, Landwirt **5** 3 (27), 13
Programmablaufplan, Lohnsteuer **5** 39b, 51
Progressionsvorbehalt
Einkommensteuer **5** 32b, 34, 34c, 46, 50; **15** 47
Feststellung von Einkünften **1** 180
Projektgesellschaften, Spezialinvestmentfonds **15** 26
Prostitution **1** 40
Protektionsverbot, Europäische Union **30** Art. 110
Prothesen **23** 4 (14), Anl. 2
Protokoll
mündliche Verhandlung **9** 94
s. a. Niederschrift
Provisionen
Arbeitslohn **19** 2
ausländische Einkünfte **5** 34d
Prozessakten **9** 52b
Prozessfähigkeit **9** 58
Prozesskosten, außergewöhnliche Belastungen **5** 33
Prozesskostenhilfe, steuergerichtliches Verfahren **9** 142
Prozessvertretung **9** 58, 62, 62a, 80
Prozesszinsen **1** 236; **24** 61
Prüfung
Altersvorsorge **5** 96
Augenschein **1** 98, 99
Außenprüfung **1** 193–203
Bausparkasse **27** 4a
Datenübermittlung **1** 93c, 117, 117c
Investmentfonds **15** 5
Jahresbescheinigung **5** 50b
Kapitalertragsteuer **5** 50b

Lohnsteuer **5** 42f
Selbstanzeige **1** 371
Steuerdatenprogramme **1** 87c
Umsatzsteuer **31** 5
Wohnungsbauprämie **27** 4a
Zinserträge **5** 50b
Zölle und Verbrauchsteuern **1** 210
zugunsten des Steuerpflichtigen **1** 88, 89
Prüfungsanordnung
Außenprüfung **1** 196, 197
Selbstanzeige **1** 371
Prüfungsbericht, Außenprüfung **1** 202
Prüfverfahren, Bausparkasse bei Wohnungsbauprämien **27** 4a
Psychotherapeuten, Auskunftsverweigerungsrecht **1** 102
Publikums-Investmentfonds *s. Investmentfonds*
Putzmacher, Vorsteuer-Durchschnittssätze **24** Anl.

Qualifizierter Anteilstausch, Umwandlungssteuergesetz **22** 21, 22
Qualitätsprüfung, Tierzucht **23** 12
Quellensteuer, ausländische Qu. **5** 32d, 50g, 50h, Anl. 3
Quittungen *s. Aufzeichnungen*

Rabattfreibetrag **5** 8
Rangfolge
Kinderberücksichtigung **5** 32
Kindergeld **5** 64
Ratenzahlung, Einkommensteuer nach Außensteuergesetz **2** 6
Realgemeinde
Einkommensteuer **5** 13
Gewerbesteuer **10** 3
Körperschaftsteuer **17** 3
Reallast, Pfändung **1** 321
Realsplitting
Einkünfte **5** 22
Sonderausgabenabzug **5** 1a, 10
Werbungskostenpauschbetrag **5** 9a
Realsteuern
Gewerbesteuer **10**
Grundsteuer **13**
Zuständigkeit **1** 22
Realteilung **5** 16
Rechenfehler **1** 129, 173a; **9** 107
Rechenzentrum **31** 2
Rechnung
Aufbewahrung **23** 14b
Umsatzsteuer **23** 13a, 14, 14a, 17, 22c, 24, 25b, 27; **24** 31–34
Warenausgang **1** 144
Rechnungsabgrenzung
Handelsbilanz **34** 250, 268
Spezialinvestmentfonds **15** 38
Steuerbilanz **5** 5
Zuwendungen an Unterstützungskasse **5** 4d
Rechnungslegung, Zinsschranke **5** 4h
Rechnungsprüfungsverfahren, Steuergeheimnis **1** 30
Rechnungszinsfuß, Pensionsverpflichtungen **5** 6a
Rechte
Aberkennung **1** 375
Einheitsbewertung **3** 92, 121
Einkünfte **5** 4j, 21, 49, 50a; **6** 73a
Gewerbesteuer **10** 8
Pfandrecht **1** 282
Pfändung von Vermögensrechten **1** 309–321
Rückstellungen **5** 5
Überschussrechnung **5** 4
Umsatzsteuer **23** 3, 3a, 10, 12
Rechtliches Gehör
Allgemeines **1** 91, 126, 201, 202, 360, 367
Beiladung zum finanzgerichtlichen Verfahren **9** 60
Rüge bei Steuergericht **9** 133a
Rechtsanwalt
Auskunftsverweigerungsrecht **1** 102
Bußgelder **1** 411
Einkünfte **5** 18
elektronische Kommunikation mit Steuergericht **9** 52d
Finanzrichter **9** 19
Haftung **1** 191
Umsatzsteuer **23** 3a; **24** Anl.
Rechtsbehelf
Arbeitnehmersparzulage **25** 14
Bedarfsbewertung **3** 155
Massenrechtsbehelfe **4** Art. 97 § 18
Solidaritätszuschlag **20** 1
Wohnungsbauprämie **27** 8
s. a. Rechtsweg
Rechtsbehelfsbelehrung **1** 157, 356; **9** 55

Rechtsbehelfsverfahren
außergerichtliches R. **1** 132, 347–367; **4** Art. 97a
Festsetzungsverjährung **1** 171
gerichtliches R. **9** 33–114
Vollstreckung **1** 256
Rechtsfehler 1 177
Rechtshängigkeit 9 66, 70
Rechtshilfe
gerichtliches Verfahren **9** 13
zwischenstaatliche R. **1** 117 117d
s. a. Amtshilfe
Rechtskraftwirkung, steuergerichtliches Verfahren **9** 110
Rechtsmissbrauch, Steueranspruch bei R. **1** 42
Rechtsmittelverfahren, Bundesfinanzhof **9** 55, 115–133
Rechtsnachfolger
Bindungswirkung von Urteilen **9** 110
Einheitswertbescheid **1** 182 a. F.
Einkünfte **5** 24; **19** 1
Einspruchsbefugnis **1** 353
Grundsteuerwertbescheid **1** 182 n. F.
unentgeltlicher Erwerb **5** 6, 23
Vollstreckung **1** 323
Zuwendungen an Pensionsfonds **5** 4e
Zuwendungen an Unterstützungskasse **5** 4d
Rechtsnachteile, Abzugsverbot **5** 12
Rechtsnorm, Begriff **1** 4
Rechtsprechungswandel, Vertrauensschutz **1** 176
Rechtsschutz, Datenverarbeitung **1** 32i
Rechtsweg
Altersvorsorgezulage **5** 98
Finanzrechtsweg **9** 33, 44, 70
personenbezogene Daten **1** 32i
s. a. Rechtsbehelf
Rechtswidrige Handlung, Betriebsausgaben **5** 4
Rechtswidrigkeit
Bescheinigung **5** 7h, 7i
Verwaltungsakt **1** 125, 126, 130
Reformwaren, Vorsteuer-Durchschnittssätze **24** Anl.
Regelbesteuerung 23 16, 17, 19, 24; **24** 62
Regelherstellungskosten, Bedarfsbewertung **3** 190, Anl. 24
Regelmäßig wiederkehrende Einnahmen und Ausgaben 5 11
Register
Anzeigepflichten für Grunderwerbsteuer **12** 18
Zuwendungsempfänger **1** 60b; **31** 5
Registerpfandrecht 1 311
Registrierkassen *s. Kassengeschäfte*
Registriernummer bei grenzüberschreitenden Steuergestaltungen **1** 138f, 138h
Rehabilitationseinrichtungen
Gewerbesteuer **10** 3
Umsatzsteuer **23** 4 (14, 15c)
Rehabilitierungsleistungen
Einkommensteuer **5** 3 (23)
Erbschaftsteuer **7** 13
Reihenfolge
Ausschüttungsreihenfolge **15** 35
Minderung bei Sanierungsertrag **5** 3a; **10** 7b, 36
Tilgung von Steuern und Abgaben **1** 225
Übergang zum Halbeinkünfteverfahren **17** 36
Verteilung des Versteigerungserlöses **1** 308
Reihengeschäft 23 3
Reinertrag
Grundsteuerwert **3** 238
Grundvermögen **3** 78–82, 185, 186, 263, Anl. 37
Reinertragsfähigkeit, Land- und Forstwirtschaft **3** 36, 38, 236, 237
Reinertragsminderung, Grundsteuererlass **13** 33
Reinvestitionsvergünstigung
Einkommensteuer **5** 3 (70), 6b, 6c, 34, 52
Erbschaftsteuer **7** 13b
Reisegepäck 23 6; **24** 13
Reisegewerbe
Gewerbesteuer **10** 35a; **11** 35
Umsatzsteuer **23** 12, 22; **24** 68
Reisekosten
Einkommensteuer **5** 4, 9, 10, 50a
Vergütung an Arbeitnehmer **5** 3 (13, 16), 40
Vollziehungsbeamter **1** 345
Reiseleistungen 23 3e, 4 (5), 14a, 25; **24** 72
Reiseverkehr 23 6, 12; **24** 17, 34
Reisevorleistungen 23 3a, 25; **24** 72

REIT
Investmentfonds **15** 1, 42
Veräußerung von Betriebsvermögen an REIT **5** 3 (70), 3c
Reklamenutzung, Einheitsbewertung **3** 82, 88
Religiöse Zwecke
Erbschaftsteuer **7** 13
Grundsteuer **13** 3, 4
steuerbegünstigte Einrichtung **1** 52
Rennwettsteuer
Anzeigepflichten **1** 139
Umsatzsteuer auf Umsätze mit R. **23** 4 (9)
Renovierungsmaßnahmen, Einkommensteuer **5** 35a
Renten
Abfindungen **5** 3 (3)
Bewertung **3** 13, 14, 104
Datenübermittlung **5** 22a
Einkünfte **5** 22
Erbschaftsteuer **7** 23, 25, 37
Gewerbesteuer **10** 8
Produktionsaufgaberente an Landwirte **5** 3 (27), 13
steuerfreie R. **5** 3 (8, 8a, 27, 67)
Vollstreckung **1** 321
Werbungskosten **5** 9
Rentenbezugsmitteilungen 5 22a; **31** 5
Rentenlast, Erbschaftsteuer **7** 25
Rentenversicherung
Beiträge als Sonderausgaben **5** 10
Datenübermittlung **5** 68
Identifikationsnummer **5** 22a
Leistungen, Einkommensteuer **5** 3 (1, 3)
Übernahme von Beiträgen durch Arbeitgeber **5** 3 (28)
Reparationsschäden, Leistungen für R. **5** 3 (7)
Reparatur, Kraftfahrzeug **24** Anl.
Repräsentationskosten
Einkommensteuer **5** 12
Umsatzsteuer **23** 15, 17
Reservepolster, Unterstützungskasse **5** 4d
Restaurantdienstleistungen 23 12, 28
Restaurationsleistung 23 3a, 3e, 4 (6), 13b
Restnutzungsdauer
Bedarfsbewertung **3** 185, 190, Anl. 22
Grundsteuerwert **3** 253
Restwert nach AfA **3** 86; **5** 7, 7a, 7h, 7i
Revisionsverfahren, Steuersachen **9** 36, 115–127, 160
Richter
Amtsträger **1** 7
richterliche Anordnung **1** 287
Steuergericht **9** 14–30
Richtigstellungsbescheid 1 182
Richtlinien, Vertrauensschutz **1** 176
Risikomanagementsystem 1 88, 155; **31** 5
Rohbauten, Einheitsbewertung **3** 91
Rohertrag
Grundsteuererlass **13** 33, 34 n. F.
Grundstück **3** 186, 254, Anl. 39
Rückdeckungsversicherung, Unterstützungskasse **5** 4d
Rückerwerb, Grunderwerbsteuer **12** 3, 16
Rückfall, Vermögen, Erbschaftsteuer **7** 13, 29
Rückforderung
Altersvorsorgezulage **5** 90, 93–95
Arbeitnehmer-Sparzulage **26** 1, 6, 7, 9
Kapitalertragsteuererstattung **5** 44
Steuern **1** 37
Urkunden und Sachen **1** 133
Wohnungsbauprämie **27** 4, 4a
s. a. Nachforderung bzw. Zahlung
Rückgabe
Bescheinigung **15** 7
Beteiligung **17** 8b
Investmentanteile **15** 2, 16, 19
sichergestellte Waren **1** 216
Rückgängigmachung
Grunderwerbsteuer **12** 16
Investitionsabzugsbetrag **5** 5a, 7g
Sonderabschreibungen **5** 7b
Tarifermäßigung **5** 32c
Umsatzsteuer **23** 14c, 17
Rückgewähr, Einlagen **17** 27
Rückgriffsberechtigter Dritter, Gesellschafter-Fremdfinanzierung **17** 8a, 8b, 26, 34
Rückkaufswert, Versicherung **3** 12; **25** 9
Rückkehr, Ausländer in Heimatland **5** 10
Rücklagen
Beitrittsgebiet **5** 58
Euroumrechnungsrücklage **5** 6d

Handelsbilanz **34** 270, 272
Reinvestitionen **5** 6b, 52
steuerbegünstigte Zwecke **1** 62, 68
Umwandlung in Nennkapital **17** 28
Umwandlungssteuergesetz **22** 4, 6, 7
Vermögensbewertung **3** 103
Verpflichtungsübernahmen **5** 5, 52
Versicherungsunternehmen **3** 103
verwendbares Eigenkapital **17** 38
Rücknahme
Altfahrzeuge **5** 6
Bescheinigung **23** 13b
Billigkeitsentscheidung **1** 163
Rechtsbehelf **1** 362; **9** 72, 136
Rechtsmittel **9** 125, 136, 144
Steuerermäßigung für nicht entnommenen Gewinn **5** 34a
Verwaltungsakt **1** 130, 132, 218; **4** Art. 97 § 13a
Rücknahmepreis, Wertpapiere **3** 11
Rückoption, Körperschaftsteuer **17** 1a
Rückstellungen
Bewertung **5** 6
Drohverlustrückstellung **5** 5
Handelsbilanz **34** 247, 253
Jubiläumsrückstellungen **5** 5
Pensionsfonds **17** 21, 21a
Pensionsrückstellung **5** 6a
Schwankungsrückstellungen **17** 20
Verletzung von Rechten **5** 5
Versicherungsunternehmen **17** 20, 21, 21a, 34
Zuwendungen an Unterstützungskasse **5** 4d
Rücktrag
Baukindergeld **5** 34f
Gewinn auf Investitionen **5** 6b
Verlust **5** 10d, 111
Rücktritt, Umsatzsteuer **23** 17
Rückvergütungen von Genossenschaft
Einkommensteuer **5** 13a
Körperschaftsteuer **17** 22
Rückwirkendes Ereignis
Aufhebung oder Änderung Bescheid **1** 175; **22** 22
Verzinsung von Steuern **1** 233a; **4** Art. 97 § 15
Rückwirkende Versteuerung, Erbschaftsteuer **7** 13a
Rückwirkung, Umwandlungssteuergesetz **22** 2, 6, 20, 22, 23, 27
Rückzahlung
Altersvorsorgezulage **5** 90, 93–95
Arbeitnehmer-Sparzulage **25** 14; **26** 1
Bausparbeiträge **5** 10; **27** 2
Eigenkapital **22** 22
Einlagen **5** 17
Geschäftsguthaben **17** 38
Kindergeld **5** 75
Nennkapital **17** 28
Versicherungsbeiträge, Nachversteuerung **5** 10
Rüge, Steuergericht **9** 133a
Ruhegelder *s. Versorgungsbezüge*
Ruhenlassen, außergerichtliches Rechtsbehelfsverfahren **1** 363
Rumpfwirtschaftsjahr **6** 6, 8b, 8c; **15** 52, 56
Rundfunkdienstleistungen **23** 3, 3a, 18h; **24** 59; **31** 5
Rundfunkhandel, Vorsteuer-Durchschnittssätze **24** Anl.
Rundfunkschaffende
Auskunftsverweigerungsrecht **1** 102
Vorsteuer-Durchschnittssätze **24** Anl.

Saatzucht
Bedarfsbewertung **3** 175
Einheitsbewertung **3** 48a, 62
Grundsteuerwert **3** 242
Umsatzsteuer **23** 24
Sachbezüge
Einkommensteuer **5** 3 (11a, 15), 8, 19a, 40
Kapitalertragsteuer **5** 44
Sozialversicherung **21** 2, 3
Umsatzsteuer **23** 3, 3a
Vermögensbewertung **3** 15
Sacheinlagen
Erbschaftsteuer **7** 13a
Investmentsteuergesetz **15** 5a
steuerbegünstigte Zwecke **1** 55
Umwandlungssteuergesetz **22** 20, 22
Sachhaftung, Ausfuhr-, Einfuhrabgaben, Verbrauchsteuern **1** 76
Sachinbegriff
ausländische Einkünfte **5** 2a
Mieteinkünfte **5** 21
Sachleistung, Kapitaleinkünfte **5** 20

Sachleistungsverpflichtungen, Rückstellung **5** 6
Sachprämien **5** 3 (38), 37a
Sachspenden, Aufzeichnungspflichten **6** 50
Sachverhaltsaufklärung
Allgemeines **1** 88; **9** 76
Auslandsbeziehungen **2** 17
Revisionsverfahren **9** 118
Sachverhaltsdokumentation bei Auslandsbeziehungen **1** 90
Sachverständige
Entschädigungen **1** 405, 410
Steuergeheimnis **1** 30
Umsatzsteuer **23** 3a
Verfahren bei Finanzbehörde **1** 96, 98, 104, 107; **9** 158
Verfahren bei Finanzgericht **9** 88
Sachwertverfahren
Bedarfsbewertung **3** 182, 189–191
Einheitsbewertung **3** 76, 83–90
Grundsteuerwert **3** 250, 258–260
Sachzuwendungen
an Arbeitnehmer, Umsatzsteuer **23** 3, 10
Einkommensteuerpauschalierung **5** 37b
steuerbegünstigte Zwecke **1** 58
Safe haven, Gesellschafter-Fremdfinanzierung **17** 8a
Sägewerkserzeugnisse **23** 24, 28
Saldierung, Rechtsfehler **1** 177
Sammelauskunftsersuchen, Finanzbehörde **1** 93
Sammelbeförderung Arbeitnehmer
Entfernungspauschale **5** 9
Lohnsteuer **5** 3 (32)
Sammelposten, abnutzbare Anlagegüter **5** 4, 6, 13a
Sammel-Steuerbescheinigung, Kapitalertragsteuer **5** 44a
Sammelverwahrung, Kapitaleinkünfte **5** 20, 36a, 43, 44, 44a, 50j
Sammlermünzen *s. Münzen*
Sammlungen
Abzugsbeträge bei Einkommensteuer **5** 10g
Datensammlungen **1** 88a
Erbschaftsteuer **7** 13, 13b
Grundsteuer **13** 32
Umsatzsteuer **23** 4 (20), 25a, Anl. 2; **24** 28
Zahlungsmittel für Erbschaftsteuer und Vermögensteuer **1** 224a
Sanierungserträge
Einkommensteuer **5** 3a, 52
Gewerbesteuer **10** 7b, 36
Körperschaftsteuer **17** 8, 8c, 8d, 15
Sanierungsgelder, Einkünfte **5** 19
Sanierungsmaßnahmen
Einkommensteuer **5** 3a, 4, 7h, 10f, 11a, 35c, 51; **6** 82g
Körperschaftsteuer **17** 5, 8, 8c
Sanktionen, Umsatzsteuer **23** 18
Satzung, steuerbegünstigte Zwecke **1** 59–61, Anl. 1
Satzungsmäßige Zwecke **1** 55, 59, 60, Anl. 1
Säumniszuschläge
Allgemeines **1** 3, 218, 240; **4** Art. 97 § 16, Art. 97a
Haftung **1** 69
Schachtelbeteiligung, Anzeigepflichten **1** 138
Schachtelprivileg, Gewerbesteuer **10** 9
Schadenrückstellungen, Körperschaftsteuer **17** 20
Schadensmeldung, Kalamitätsnutzungen **5** 34b
Schädliche Verwendung, Altersvorsorgevermögen **5** 93, 94
Schäferei *s. Wanderschäferei*
Schalentiere **23** Anl. 2
Schaltkreise **23** 13b
Schatzanweisungen, Einkünfte **5** 20
Schätzung
Allgemeines **1** 162; **3** 11
bei Auslandsbeziehungen **2** 17; **4** Art. 97 § 22
Mietwert **3** 47
Steuererklärungspflicht **1** 149
übliche Miete für Bedarfsbewertung **3** 146, 186
Schausteller, Umsatzsteuer **23** 12; **24** 30
Scheck
Umsatzsteuer **23** 4 (8)
Vollstreckung **1** 312
Zahlungsmittel **5** 7a
Scheidung
Einkünfte **5** 20
Wohnförderkonto **5** 92a

Scheingeschäfte 1 41
Schenkung
Betriebsvermögen **5** 6; **7** 13a, 19a
Grundstück **12** 3
Kapitalanteil **5** 17
Privatvermögen **5** 23
Vermögen **1** 278; **2** 4; **7** 1, 7; **8** 8, Muster 6
Schenkungsteuer *s. Erbschaftsteuer*
Scherer, Vorsteuer-Durchschnittssätze **24** Anl.
Schienenbahnverkehr *s. Beförderungsleistungen bzw. Eisenbahn*
Schienenwege, Grundsteuer **13** 4
Schiffe
ausländische Einkünfte **5** 2a, 5a, 34d, 52
Betriebsausgaben **5** 4
Gewerbesteuer **10** 7, 9; **11** 5, 6, 15
inländische Einkünfte **5** 49
Lohnsteuerabzug **5** 41a
Reinvestitionsvergünstigung **5** 5a, 6b
Sonderabschreibungen **5** 51; **6** 82f
Umsatzsteuer **23** 1, 3e, 4 (2, 5, 6), 4b, 5, 8, 12, 13b; **24** 7, 18
Vollstreckung **1** 311, 315, 318, 322, 323
Schlichte Änderung 1 172
Schlosser, Vorsteuer-Durchschnittssätze **24** Anl.
Schlussbesprechung, Außenprüfung **1** 201
Schlussbesteuerung
Einkommensteuer **5** 14, 14a, 16, 17, 18
Investmentfonds **15** 52, 56
Körperschaftsteuer **17** 11–13
Schmiede, Vorsteuer-Durchschnittssätze **24** Anl.
Schmiergelder
Nachweis des Empfängers **1** 160
nichtabzugsfähige Ausgaben **5** 4
Schmuck, Erbschaftsteuer **7** 13, 13b
Schmuggel, Zölle und Verbrauchsteuern **1** 210, 373, 394
Schneider, Vorsteuer-Durchschnittssätze **24** Anl.
Schokolade 23 Anl. 2
Schonfrist, Säumniszuschläge **1** 240
Schornsteinfeger, Vorsteuer-Durchschnittssätze **24** Anl.
Schreibfehler 1 129, 173a; **9** 107
Schriftform *s. Form*
Schriftsteller
Einkünfte **5** 18
Umsatzsteuer **24** Anl.
Schuhmacher, Vorsteuer-Durchschnittssätze **24** Anl.
Schuldbeitritt, Einkommensteuer **5** 4f, 5
Schuldbuchforderungen
Einkommensteuer **5** 20
Kapitalertragsteuer **5** 43
s. a. Wertpapiere
Schulden
bei Auslandsbeziehungen **2** 16
Bewertung **3** 6–8, 11, 12, 97, 103, 121; **5** 4f, 6
Erbschaftsteuer **7** 10, 12, 13b, 19a
Erlass **5** 3a, 3c, 52
Euroumrechnungsrücklage **5** 6d
Freibetrag für Schuldentilgung **5** 14a
Gewerbesteuer **10** 8; **11** 19
Grunderwerbsteuer **12** 9
Handelsbilanz **34** 251, 253, 268
Nachweis des Gläubigers **1** 160
Schuldbeitritt **5** 4f, 5
Umsatzsteuer **23** 10
Schuldnerverzeichnis, eidesstattliche Versicherung oder Vermögensauskunft **1** 284
Schuldübernahme
Einkommensteuer **5** 4f
Steuerschulden **1** 48
Schuldverschreibungen
Einkommensteuer **5** 20
Erbschaftsteuer **7** 33; **8** 2
Kapitalertragsteuer **5** 43
Vermögensbewertung **3** 11
Vermögensbildung **25** 2
Schuldzinsen
Betriebsausgaben **5** 4, 4h, 52; **17** 8a, 15
Durchschnittssatzgewinnermittlung **5** 13a
Gewerbesteuer **10** 8
selbst genutzte Wohnung **5** 10e
Werbungskosten **5** 9
Schulen
Gewerbesteuer **10** 3
Schulgeld **5** 10
Umsatzsteuer **23** 4 (21, 22)
Schülerheime, Grundsteuer **13** 5
Schulgeld, Abzug bei Einkommensteuer **5** 10
Schullandheime, Zweckbetrieb **1** 68

Schutzräume
Bedarfsbewertung **3** 150, 197
Einheitsbewertung **3** 71, 101
Grundsteuerwert **3** 245
Schutzrechte
Rückstellungen **5** 5
Überlassung **5** 4j
Schwarze Geschäfte
Besteuerung **1** 40
Kontrollmitteilungen **1** 93a
Steuergeheimnis **1** 31a
Schwebende Geschäfte
Gewerbesteuer **10** 8
Rückstellungen **5** 5
Schweigepflicht *s. Betriebsgeheimnis bzw. Geheimhaltung bzw. Steuergeheimnis*
Schweißer, Vorsteuer-Durchschnittssätze **24** Anl.
Schweiz, Einkommensteuer **5** 3 (2, 26, 26a), 10, 32b, 50, 50g, 50h
Schwellenwert 23 3a
Schwerbehinderte Menschen
Einrichtungen als Zweckbetrieb **1** 68
s. a. Menschen mit Behinderungen
Schwimmbäder 23 12
Seefischerei *s. Hochseefischerei*
Seeschiffe *s. Schiffe*
Segeljacht, Betriebsausgaben **5** 4
Selbst genutzte Wohnung
Altersvorsorge **5** 22, 82, 92a, 92b, 93
Bedarfsbewertung **3** 146, 186
energetische Maßnahmen **5** 35c
Erbschaftsteuer **7** 13, 28
Nutzungswert **5** 13
Sonderausgabenabzug **5** 10e, 10f
Veräußerung **5** 23
Wohnungsbauprämie **27** 2
Selbständige Arbeit
Einkünfte **5** 18
Kapitalerträge **5** 32d, 43
Reinvestitionsvergünstigung **5** 6b
Selbständigkeit
Einkommensteuer **5** 15
Umsatzsteuer **23** 2
Selbstanzeige
Ablaufhemmung **1** 171
Straffreiheit **1** 371, 378, 398a; **4** Art. 97 § 24
Selbstkosten, Umsatzsteuerbemessungsgrundlage **23** 10
Selbstlosigkeit 1 55
Selbstversorgungsbetrieb, Zweckbetrieb **1** 68
Sicherheiten
Allgemeines **1** 241–248
Außensteuergesetz **2** 6
Aussetzung der Vollziehung **1** 361; **9** 69
Erzwingung **1** 328, 336
Fristverlängerung **1** 109
Gesamtschuldner **1** 44
Gesellschafter-Fremdfinanzierung **5** 3c; **17** 8b
Handelsbilanz **34** 251, 268
durch Sachhaftung **1** 76
Stundung **1** 222
Umsatzsteuer **1** 221; **23** 4 (8),18f, 21, 21a
Verbrauchsteuern **1** 221
Verwertung **1** 327
vorläufige Steuerfestsetzung **1** 165
Sicherheitsarrest, Vollstreckungsverfahren **1** 326
Sicherstellung, Waren **1** 215
Sicherung
digitale Aufzeichnungen **1** 146a
Lebensunterhalt **1** 53
Sicherungsabtretung, Erstattungs- oder Vergütungsansprüche **1** 46
Sicherungseigentum 1 39
Sicherungseinrichtungen
Gewerbesteuer **10** 3
Körperschaftsteuer **17** 5
Sicherungsgeld, Altfälle **4** Art. 97 § 13
Sicherungsgeschäft, Betriebsvermögen **5** 15
Sicherungshypothek, Vollstreckung **1** 318, 322
Sicherungsübereignung 23 13b
Sicherungsverfahren, Sprungklage **9** 45
Siedlungsunternehmen *s. Wohnungs- und Siedlungsunternehmen*
Signatur
digitale S. **23** 14
elektronisches Dokument **1** 87a; **9** 52a, 52b
elektronische S. **9** 52a, 52b, 78
Silbermünzen *s. Münzen*
Sittenwidriges Verlangen 1 125
Sitz, Geschäftssitz **1** 11
Sitzungspolizei 9 52

Sitzverlegung
Anzeigepflichten **1** 137
Einkommensteuer **5** 4, 15
Körperschaftsteuer **5** 2a; **17** 40
Skonti, Gewerbesteuer **10** 8
Sockelbetrag, Altersvorsorge **5** 86
Solaranlage, Gewerbesteuer **10** 3
Soldaten
einkommensteuerfreie Leistungen **5** 3 (2, 4, 5, 23), 32b, 101
Finanzrichter **9** 19
Lohnsteuer **5** 40
Solidaritätszuschlag
Kapitalertragsteuer auf Investmenterträge **15** 29; **20** 1
Milderungszone **20** 4
Pauschalierung **5** 40a
Sollversteuerung, Umsatzsteuer **23** 13
Sonderabschreibungen
Allgemeines **5** 7a
Bewertung **5** 6
Elektrofahrzeug **5** 7c
Förderung kleiner und mittlerer Betriebe **5** 57
Forschungs- und Entwicklungsinvestitionen **5** 51
Kohlen- und Erzbergbau **5** 51; **6** 81, Anl. 5 u. 6
Land- und Forstwirtschaft **5** 13a, 57
Mietwohnungsneubau **5** 7b
privates Veräußerungsgeschäft **5** 23
Schiffe und Luftfahrzeuge **5** 51, 57; **6** 82f
umgekehrte Maßgeblichkeit **5** 5
Unterhaltsfreibetrag **5** 33a
Vorauszahlungsverfahren **5** 37
Sonderausgaben
Allgemeines **5** 10, 10b
beschränkte Steuerpflicht **5** 50
Einzelveranlagung **5** 26a
Förderung des Wohneigentums **5** 10e, 10f; **6** 82a
Pauschbetrag **5** 10c
schutzwürdige Kulturgüter **5** 10g
Sonderbetriebsausgaben **5** 4i
Sonderbetriebsvermögen
Einkommensteuer **5** 4h, 6, 14, 52
Vermögensbewertung **3** 34, 97
Sonderbilanz, Vermögensbewertung **3** 97
Sondereigentum, Einheitsbewertung **3** 93
Sondergewinne, Durchschnittssatzgewinnermittlung **5** 13a
Sonderkulturen
Bedarfsbewertung **3** 142, 160, 163, 164, 175, Anl. 18
Einheitsbewertung **3** 48a, 52, 62
Gewinnermittlung **5** 13a
Grundsteuerwert **3** 242
Umsatzsteuer **23** 24
Sondernutzungen
Gewinnermittlung **5** 13a
Grunderwerbsteuer **12** 2
Sonderprüfungen, Zulässigkeit **1** 193
Sondervermögen
beschränkte Einkommensteuerpflicht **5** 49
Spezialinvestmentfonds **15** 27, **54**
Vermögensbildung **25** 2
Sonderverwahrung, Kapitalertragsteuer **5** 36a, 43, 44, 44a, 50j
Sondervorauszahlung, Umsatzsteuer **23** 18; **24** 47, 48
Sonderzahlungen
Lohnsteuer **5** 19
Sozialversicherung **21** 1
Sonn- und Feiertage
Vollstreckungsmaßnahmen **1** 289
Zuschläge zum Arbeitslohn, Einkommensteuer **5** 3b
Sonstige Bezüge
Einkommensteuer **5** 20, 32d, 50
Körperschaftsteuer **17** 8b
Lohnsteuer **5** 38a, 39b, 39c, 40
Solidaritätszuschlag **20** 3
Sonstige Einkünfte
Einkommensteuer **5** 22, 23
Körperschaftsteuer **15** 6, 29
Sonstige Leistung **23** 1, 1a, 3-3b, 4, 7, 15a, 18j, 25
Soziale Einrichtungen
Gewerbesteuer **10** 3
Körperschaftsteuer **17** 5; **18** 1–3
Umsatzsteuer **23** 4 (15b, 15c))
Sozialgesetzbuch, Leistungen **5** 3 (2)
Sozialhilfeträger
Datenaustausch **5** 45d
Umsatzsteuer **23** 4 (15, 15a)
Sozialleistungen
Mitteilung über Leistungsmissbrauch **1** 31a

Progressionsvorbehalt **5** 32b
steuerbegünstigte Einrichtung **1** 53
Umsatzsteuer **23** 4 (18)
Sozialleistungsträger
Datenaustausch **5** 45d
einkommensteuerfreie Leistungen von S. **5** 3 (2)
Sozialversicherung
Beiträge als Sonderausgaben **5** 10
Leistungen aus S. **5** 3 (1)
sozialversicherungsfreie Bezüge **21** 1
Zuschüsse des Arbeitgebers **5** 3 (62), 10
Zuwendungen des Arbeitgebers **21**
Sozialversicherungsträger, Umsatzsteuer **23** 2, 4 (15, 15a), 12
Sozialwohnungen, steuerfreie Einnahmen **5** 3 (59)
Spaltung von Unternehmen
Grunderwerbsteuer **12** 4
Körperschaftsteuer **17** 29
Umwandlungssteuergesetz **22**
Sparerpauschbetrag **5** 20, 50
Spargelanbau, Grundsteuerwert **3** 242, Anl. 31
Sparvertrag, Wohnungsbauprämie **27** 2
Speicherbuchführung **1** 146
Speichermedium, Umsatzsteuer **23** 12, Anl. 2
Speisen **23** 3a, 3e, 4 (6), 13b, 27, Anl. 2
Spekulationsgeschäft **5** 22, 23
Spenden
Einkommensteuer **1** 63; **5** 10b, 34g; **6** 50
Gewerbesteuer **10** 8, 9
Körperschaftsteuer **17** 9
Spendensammelverein **1** 62
Sperrfrist
Bausparbeiträge **5** 10; **27** 2
Betriebsvermögen **5** 6, 16
Erwerbsteuer **23** 1a
Kapitalanteil **5** 3 (40), 3c; **17** 8b
Umsatzsteuer-Durchschnittssätze **23** 23, 23a, 24; **24** 71
Vermögensbeteiligungen **5** 19a
Vermögensbildung **25** 4–8
Vermögensübertragung **5** 3 (70), 6
Verzicht auf Umsatzbesteuerung für Kleinunternehmer **23** 3c, 19
Vorsteuerabzug **23** 15a
Spezialfonds
Ertragsbesteuerung **5** 20, 43, 52
Investmentfonds **15** 25–53; **31** 5
Spezialinvestmentfonds **15** 25–53, 56; **17** 24
Spielbanken
Gewerbesteuer **10** 3
Umsatzsteuer **23** 4 (9)
Spielekonsolen **23** 13b
Spielplätze, Grundsteuer **13** 32
Splittingtabelle **5** 32a, Anl.
Splittingverfahren **5** 32a
Sportanlagen, Umsatzsteuer **23** 27
Sportförderung
Mitgliedsbeiträge **5** 10b; **10** 9; **17** 9
steuerbegünstigte Zwecke **1** 52
Sportlerleihe, Steuerabzug bei beschränkter Einkommensteuerpflicht **5** 50a
Sportliche Leistungen **23** 3a
Sportplätze, Grundsteuer **13** 32
Sportveranstaltungen
Umsatzsteuer **23** 4 (22)
Zweckbetrieb **1** 67a; **4** Art. 97 § 1c
Sportvereine **1** 52, 58, 67a
Sprungklage **9** 45
Staatsangehörigkeit
Einkommensteuer **5** 1, 1a
Umsatzsteuer **23** 1
Staatsanwaltschaft, Steuerstrafverfahren **1** 386, 393, 397, 398, 402, 403
Staatswohl, Einschränkung der Auskunfts- und Vorlagepflicht **1** 106; **9** 86
Städtebauliche Maßnahmen
Bescheinigungsverfahren **5** 6b, 7h
Erhaltungsaufwand **5** 4, 10f, 11a
erhöhte Absetzungen **5** 7h, 51; **6** 82g
Grundsteuer **13** 25
Körperschaftsteuer **17** 5
Reinvestitionsvergünstigung **5** 6b
selbst genutzte Wohnung **5** 10f
Stammdokumentation, multinationale Unternehmensgruppe **1** 90
Standesämter, Anzeigepflichten für Erbschaftsteuer **7** 34; **8** 4, Muster 4
Ständiger Vertreter *s. Vertretung*
Statistik
personenbezogene Daten **1** 31c
Steuergeheimnis **1** 30
Steuerstatistiken **1** 150

zwischenstaatliche Amts- und Rechtshilfe **1** 117d
Statusbescheinigung, Investmentfonds **15** 7, 11, 29
Stehende Betriebsmittel, Land- und Forstwirtschaft **3** 34, 158, 232
Stehender Gewerbebetrieb, Gewerbesteuer **10** 2; **11** 1
Steinbruch *s. Substanzabbau*
Steinkohlenbergbau *s. Bergbau*
Steinmetz, Vorsteuer-Durchschnittssätze **24** Anl.
Stellplätze, Umsatzsteuer **23** 4 (12)
Sterbefall, Anzeigepflichten für Erbschaftsteuer **7** 34; **8** 4–7, 9
Sterbekassen
Anzeigepflichten für Erbschaftsteuer **8** 3
Gewerbesteuer **10** 3
Körperschaftsteuer **17** 5, 6; **18** 1, 2
Steuerabzug
Anmeldung **1** 167
Außenprüfung **1** 193, 194
Bauleistungen **1** 20a, 22; **5** 48-48d
beschränkte Einkommensteuerpflicht **5** 1, 50a; **6** 73e, 73f; **20** 3
Betriebe im Beitrittsgebiet **5** 58
energetische Maßnahmen **5** 35c
Hinterziehungszinsen **1** 235
Kapitalertragsteuer **5** 43-45d; **15** 31, 33
Körperschaftsteuer **15** 6, 32; **17** 19, 32
Lohnsteuer **5** 38-42f
Solidaritätszuschlag **20** 1, 3
Steuergefährdung **1** 380
Stundung **1** 222
Verzinsung von Abzugsbeträgen **1** 233a
Zuschlagsteuern **5** 51a
Steueranmeldung *s. Anmeldung*
Steueranspruch, Begriff **1** 37
Steueraufkommen
Aufteilung **31** 5; **32** 106
s. a. Aufkommen
Steueraufsicht
durch Finanzbehörde **1** 85, 193–203, 209–217
Steuerabzug bei beschränkter Einkommensteuerpflicht **6** 73d
Steuerausgleich, Grundsteuer **13** 24
Steuerausweis, Umsatzsteuer **23** 14, 14a, 14c
Steuerbare Umsätze 23 1
Steuerbefreiungen
Einfuhrumsatzsteuer **23** 5
Einkommensteuer **5** 3, 3b, 19a, 20, 22, 49; **15** 16, 20, 36, 42, 43, 56, 106; **27** 6
Erbschaftsteuer **7** 13, 13a, 13b, 13d, 18
Gewerbesteuer **10** 2, 3, 7, 25; **11** 12a; **22** 18
Grunderwerbsteuer **12** 3–7
Grundsteuer **13** 3–8, 19, 20, 43 a. F.
Investmentfonds **15** 6
Kapitalertragsteuer **5** 44a
Körperschaftsteuer **15** 6, 8–10, 13, 16, 20, 26, 29, 42, 43, 48, 49; **17** 5, 6, 8b, 13, 37, 38, 40; **18** 4; **22** 12, 20, 24
Solidaritätszuschlag **20** 2
Umsatzsteuer **23** 1, 4, 4b, 5, 6a, 15, 24, 25, 25a, 25c, 25f; **24** 20–22, 72, 73
s. a. Steuerfreie Einnahmen
Steuerbegünstigte Anleger bei Investmentfonds **15** 8, 12
Steuerbegünstigte Einkünfte 5 34, 34b
Steuerbegünstigte Zwecke
Entnahmen **5** 6
Erbschaftsteuer **7** 13, 29
Gewerbesteuer **10** 3; **15** 15, 45
Grundsteuer **13** 3, 4, 6–8
Kapitalertragsteuer **5** 44a, 44b
Körperschaftsteuer **17** 5, 9, 13
Mitgliedsbeiträge **5** 10b; **10** 9; **17** 9
Spenden **5** 6, 10b; **10** 9; **17** 9, 13
Umsatzsteuer **23** 4 (25, 27), 4a, 12, 23a
Voraussetzungen **1** 51–68; **4** Art. 97 § 1d
Steuerberater
Auskunfts- und Vorlageverweigerungsrecht **1** 102
Beiordnung als Prozessvertreter **9** 142
Bevollmächtigter im Verfahren bei Finanzbehörde **1** 80, 80a
Bußgelder **1** 411
Einkünfte **5** 18
Einspruchsverfahren **1** 347
Finanzrichter **9** 19
Gebührenerstattung **9** 139
Haftung **1** 191
Kosten im Strafverfahren oder Bußgeldverfahren **1** 408, 410
Umsatzsteuer **23** 3a
Verteidiger im Steuerstrafverfahren oder Bußgeldverfahren **1** 392, 410

Zulassungs- und Prüfungsausschuss **1** 84
Steuerberechtigung
Gewerbesteuer **10** 1
Grundsteuer **13** 1, 22
Steuerbescheid *s. Steuerfestsetzung*
Steuerbescheinigung
Kapitalertragsteuer **5** 44a, 45a; **15** 56
Körperschaftsteuer **17** 27; **31** 5
Steuerbevollmächtigter
Auskunftsverweigerungsrecht **1** 102
Beiordnung als Prozessvertreter **9** 142
Bußgelder **1** 411
Einkünfte **5** 18
Finanzrichter **9** 19
Gebührenerstattung **9** 139
Haftung **1** 191
Verteidiger im Steuerstrafverfahren oder Bußgeldverfahren **1** 392, 410
Steuerbilanz **5** 5a, 6
Steuerbürge, Sicherheitsleistung **1** 241, 244
Steuerdaten, elektronische Übermittlung **1** 87a–87e
Steuerentstrickung **5** 4, 4g, 17
Steuererklärungen
elektronische St. **1** 87a, 87b
Fristverlängerung **1** 149
grenzüberschreitende Steuergestaltungen **1** 138k
Schreib- oder Rechenfehler **1** 173a
Steuererklärungspflicht
Allgemeines **1** 149–151; **4** Art. 97 § 10a
Außensteuergesetz **2** 18
Bedarfsbewertung **3** 153
Einheitsbewertung **3** 28, 127
Einkommensteuer **5** 25, 111; **6** 56
Erbschaftsteuer **7** 13a, 28a, 31
Festsetzungsfrist **1** 170
Feststellungserklärung **1** 181; **4** Art. 97 § 10a; **15** 56
Fiskalvertreter **23** 22b
Gewerbesteuer **10** 14a; **11** 25
Grundsteuerwert **3** 228
Körperschaftsteuer **17** 27
Spezialinvestmentfonds **15** 51
Umsatzsteuer **23** 18-18b, 18h–18k, 22b
Verlustfeststellung **11** 25
s. a. Erklärungspflichten
Steuererlass *s. Erlass*
Steuerermäßigung
ausländische Einkünfte **5** 5a, 34c; **6** 68a, 68b; **17** 26
außerordentliche Einkünfte **5** 34, 34b; **22** 20, 21, 22, 24
Einkünfte mit Erbschaftsteuer **5** 35b
Einkünfte aus Land- u. Forstwirtschaft **5** 32c
energetische Maßnahmen **5** 35c
Entschädigungen **5** 34
Erbschaftsteuer **7** 27
Förderung des selbst genutzten Wohneigentums **5** 34f
Gewerbesteuer **10** 11
gewerbliche Einkünfte **5** 35
Grundsteuer **13** 15
haushaltsnahe Tätigkeiten **5** 35a
Holznutzungen **5** 34b
Organschaft, Körperschaftsteuer **17** 19
Spenden an Parteien und Wählervereinigungen **5** 34g
Umsatzsteuer **23** 12
Veräußerungsgewinn **5** 5a, 34; **22** 20, 21, 22, 24
Vermögensbeteiligungen **5** 19a
Steuererstattung *s. Erstattung*
Steuerertragsverteilung, Grundgesetz **32** 107, 143g
Steuerfahndung
Allgemeines **1** 171, 208, 404, 410
Bundeszentralamt für Steuern **1** 208a
Datenübermittlung **1** 93, 117a, 117b
Festsetzungsverjährung **1** 171
Steuerfestsetzung
Allgemeines **1** 155, 157, 169–171, 218
Aufhebung oder Änderung **1** 172–177
automationsgestützte St. **1** 150, 154
Grundsteuer **13** 27
Umsatzsteuer **23** 18
Verwirklichung von Steueransprüchen **1** 218
Steuerfreie Einkünfte
Ausland **5** 1
Doppelbesteuerungsabkommen **5** 34c
Steuerfreie Einnahmen
Ausgabenabzug **5** 3a, 3c, 10
und Entfernungspauschale **5** 9
s. a. Steuerbefreiungen
Steuerfreies Vermögen, Erbschaftsteuer **7** 5, 10, 13-13d

Steuerfreistellung, Existenzminimum **5** 31
Steuergegenstand
Erbschaftsteuer **7** 1
Gewerbesteuer **10** 2
Grunderwerbsteuer **12** 1, 2
Grundsteuer **13** 2
Umsatzsteuer **23** 1
Steuergeheimnis
Allgemeines **1** 30-31a, 96; **9** 86
Datenübermittlung **1** 87a
Datenverarbeitung **1** 29c, 30
Steuerhaftung *s. Haftung*
Steuerharmonisierung **30** Art. 113
Steuerheft, Umsatzsteuer **23** 22; **24** 68
Steuerhehlerei *s. Hehlerei*
Steuerhinterziehung *s. Hinterziehung*
Steuerklassen
Erbschaftsteuer **7** 6, 15
Lohnsteuer **5** 38b, 39f
Steuerlicher Vorteil bei grenzüberschreitenden Steuergestaltungen **1** 138d, 138e, 138g
Steuermarken
Allgemeines **1** 167, 170
Berichtigung von Erklärungen **1** 153
Straftat bei Fälschung **1** 369, 370
Steuermessbetrag
Allgemeines **1** 184; **4** Art. 97 § 35
Gewerbesteuer **1** 184; **10** 11, 14–15
Grundsteuer **1** 184; **13** 13
Steuermesszahl
Gewerbesteuer **10** 11
Grundsteuer **13** 13–15
Steuern
Begriff **1** 3
EU **5** Anl. 2–3; **30** Art. 113
Gesetzgebungsrecht **32** 105
latente St. **34** 274
Steuernachforderung *s. Nachforderung*
Steuernummer
Angabe in Rechnung **23** 14
Fiskalvertreter **23** 22d
Steuerordnungswidrigkeit
Allgemeines **1** 2a, 29c, 377
s. a. Bußgeld
Steuerpflicht
Einkommensteuer **2** 2, 7; **5** 1, 1a
Erbschaftsteuer **2** 4; **7** 1–9
Gewerbesteuer **10** 2
Körperschaftsteuer **17** 1–6
Solidaritätszuschlag **20** 2
Steuerpflichtiger
Begriff **1** 33, 43
Einkommensteuer **5** 26b
Erbschaftsteuer **7** 20
Gewerbesteuer **10** 5
Grunderwerbsteuer **12** 13
Grundsteuer **13** 10
Umsatzsteuer **23** 13a
Verfahrensbeteiligter **1** 78
s. a. Steuerschuldner
Steuerpflichtiges Vermögen, Erbschaftsteuer **7** 10
Steuersatz
außerordentliche Einkünfte aus Forstwirtschaft **5** 34b
Einkommensteuer **2** 2; **5** 32a, 32b, 32d, 34-34b, 50, 50a
Erbschaftsteuer **7** 6, 19, 19a
Gewerbesteuer **10** 11
Grunderwerbsteuer **12** 11
Grundsteuer **13** 13, 15
Kapitalertragsteuer **5** 43a
Körperschaftsteuer **17** 5, 23
Progressionsvorbehalt **5** 32b, 34, 34c
Umsatzsteuer **23** 12, 25a, 28, Anl. 2
Steuerschuldner
Allgemeines **1** 43
Einfuhrumsatzsteuer **23** 21
Kapitalertragsteuer **5** 44
Steuerabzug bei beschränkter Einkommensteuerpflicht **5** 50a; **6** 73g
Umsatzsteuer **23** 6a, 13a, 13b, 21, 25b; **24** 30a
s. a. Steuerpflichtiger
Steuerschuldverhältnis **1** 37, 38, 47, 218, 220, 261
Steuerstempler
Allgemeines **1** 167, 170
Berichtigung von Erklärungen **1** 153
Straftat bei Fälschung **1** 369, 370
Steuerstrafen
Anzeige **1** 116
Ordnungswidrigkeiten **1** 385–408
Straftaten **1** 2a, 29c, 369–376; **5** 50e
Steuerstundungsmodell
Einkommensteuer **5** 13, 15b, 18, 20, 21
Spezialinvestmentanteile **15** 49
Steuerumgehung **1** 42

Steuervergütungsanspruch
Allgemeines **1** 37
Erwerb **1** 383
Mobilitätsprämie **5** 107
Umsatzsteuer **23** 4a
Verwirklichung **1** 218
Steuervergütungsgläubiger 1 43
Steuerverkürzung
Ordnungswidrigkeit **1** 378
Selbstanzeige **1** 378; **4** Art. 97 § 24
Steuervermeidung bei grenzüberschreitenden Steuergestaltungen **1** 138d–138h
Steuerverschluss, Warenlager unter St. **1** 241
Steuerverwaltung *s. Finanzbehörden*
Steuerzahlung *s. Zahlung*
Steuerzeichen als Steueranmeldung **1** 167
Steuerzerlegung *s. Zerlegung*
Stichprobenverfahren 34 241
Stichtag
Bedarfsbewertung **3** 138, 151, 157, 161, 172, 174
Bewertung von Rückstellungen **5** 6
Einheitsbewertung **3** 21–24, 25, 27, 35, 54, 59
Erbschaftsteuer **7** 11
Grundsteuer **13** 9, 23
Grundsteuerwert **3** 221–224, 226, 227
Umwandlungssteuergesetz **22** 2, 9, 20, 27
Stiefkinder
Einkommensteuer **5** 32
Grunderwerbsteuer **12** 3
Kindergeld **5** 63
Stiftung
ausländische St. **2** 15
Erbschaftsteuer **7** 1–3, 7, 10, 13a, 15, 24, 26, 28, 28a, 29, 30, 31; **8** 10
Gewerbesteuer **10** 3
Kapitalertragsteuer **5** 44a
Körperschaftsteuer **17** 1, 3, 5, 9, 10
Leistungen aus St. **5** 3 (40), 20, 43
Spenden **5** 6, 10b; **10** 9
steuerbegünstigte Zwecke **1** 55, 58; **4** Art. 97 § 1f
Umsatzsteuer **23** 10
Vermögensbewertung **3** 97, 109
Vollstreckung **1** 255; **9** 150–153
Stille Reserven
bei unentgeltlicher Übertragung **5** 6
und Verlustabzug **17** 8c
Stiller Gesellschafter
Arbeitnehmersparzulage **25** 2
Beteiligung im Ausland **5** 2a
Einkünfte **5** 20, 32d
Gewerbesteuer **10** 8
Inlandsvermögen **3** 121
Kapitalertragsteuer **5** 43, 44
Mitunternehmer **5** 15
Stillhalterprämien, Kapitaleinkünfte **5** 20, 22, 43, 44
Stilllegung, Kernkraftwerk, Rückstellungen **5** 5, 6
Stipendien 5 3 (44)
Strafbares Verlangen in Verwaltungsakt **1** 125
Strafbefehl 1 400, 406, 410
Strafen
Abzugsverbot **5** 12; **17** 10
Altersvorsorgevergünstigungen **5** 96
Festsetzungsverjährung **1** 171
Mobilitätsprämie **5** 108
Ordnungsstrafen gegen ehrenamtliche Richter **9** 30
Steuer- und Zollstraftaten **1** 116, 369–376, 385–408; **23** 26c
Straffreiheit 1 371, 398a
Strafverfolgung
Auskunftsverweigerungsrecht **1** 103
Datenübermittlung **1** 117a, 117b, 379
Hinterziehung **1** 398a
Selbstanzeige **1** 371, 398a
Straßen, Grundsteuer **13** 4
Straßenhändler, Umsatzsteuer **23** 22; **24** 68
Streitigkeiten
über Erhebung **1** 218
über Zuständigkeit **1** 28
Streitkräfte, Umsatzsteuer **23** 1c, 4 (7), 5, 26
Streitwert 33 3, 52, Anl. 1
Stromerzeugung, Gewerbesteuer **10** 3
Stromlieferungen
Gewerbesteuer **10** 9
Körperschaftsteuer **17** 5
Stromsteuer, Beginn der Festsetzungsfrist **1** 170
Stückländereien
Erbschaftsteuer **7** 13a, 13b
Land- und Forstwirtschaft **3** 34, 38, 41, 160

Stückzinsen
Erbschaftsteuer **8** 1
Kapitalertragsteuer **5** 43a
Studentenheim, Zweckbetrieb **1** 68
Studienbeihilfen, Einkommensteuer **5** 3 (44)
Stukkateur, Vorsteuer-Durchschnittssätze **24** Anl.
Stundung
Allgemeines **1** 222
Altersvorsorgezulagen Rückzahlungsbeträge **5** 95
Einkommensteuer **2** 6, 21; **5** 6b, 36, 111
Erbschaftsteuer **1** 224a; **7** 25, 28, 28a, 37
Nachversteuerung **5** 34a
Spezialinvestmentanteile **15** 52
Tierhaltung **5** 13
Vermögensteuer **1** 224a
Zinsen **1** 224a, 234; **5** 6b, 111
Substanzabbau
Absetzung für Substanzverringerung **5** 7; **6** 11d
Bedarfsbewertung **3** 142, 160, 163
Einheitsbewertung **3** 43
Einkünfte **5** 15, 21
Grundsteuerwert **3** 243
Umsatzsteuer **23** 4 (12)
Substanzverringerung, Absetzung für S. **5** 7; **6** 11d
Subventionen
Mitteilung über Subventionsmissbrauch **1** 31a
Umsatzsteuer **23** 10
Swapgeschäfte mit Anlagegold **23** 25c
Symbole in Rechnungen, Umsatzsteuer **24** 31

Tabak, Umsatzsteuer **23** 1a, Anl. 2
Tabellen
Deckungskapital bei Unterstützungskasse **5** Anl. 1
Einkommensteuer **5** 32a, Anl.
Kapitalwert von Nutzungen oder Leistungen **3** Anl. 9a
Rentenertragsanteile **5** 22; **6** 55
Vervielfältiger **3** Anl. 3–8 u. 37
Vieheinheitenumrechnungsschlüssel **3** Anl. 1 u. 2 u. 34
Tafelgeschäfte **5** 43a, 44, 44a, 49
Tagespflege, Umsatzsteuer **23** 4 (25)
Tantiemen **5** 19; **19** 2
Tapezierer, Vorsteuer-Durchschnittssätze **24** Anl.
Tarif
Einkommensteuer **5** 32a, 32c, 32d, 34a, 36, 52; **15** 22; **17** 19
Erbschaftsteuer **7** 19, 19a
Körperschaftsteuer **17** 19, 23
Organschaft **17** 19
Solidaritätszuschlag **20** 4
Tarifvertrag, Vermögensbildung **25** 12
Tarifvertragseinrichtungen
Gewerbesteuer **10** 3
Körperschaftsteuer **17** 5
Tätigkeit im Inland, Lohnsteuer **5** 40a
Tätigkeitsort, Umsatzsteuer **23** 3a
Tätigkeitsstätte, Fahrten zur ersten T. **5** 9
Tatsachen
Feststellung im Revisionsverfahren **9** 118
nachträglich bekanntgewordene T. **1** 173
widerstreitende Steuerfestsetzungen **1** 174
Taubblinde, Einkommensteuer-Pauschbetrag **5** 33b
Tausch
Einkommensteuer **5** 6, 20
Erbschaftsteuer **7** 13a
Grunderwerbsteuer **12** 1, 9
Kapitalanteile **22** 21, 22
Spezialinvestmentanteile **15** 38
Umsatzsteuer **23** 3, 10
Tauschähnlicher Umsatz **23** 3, 10
Taxi
Umsatzsteuer **23** 12, 13b
Vorsteuer-Durchschnittssätze **24** Anl.
Tee **23** Anl. 2
Teichwirtschaft
Bedarfsbewertung **3** 175
Einheitsbewertung **3** 62
Einkommensteuer **5** 13, 32c, Anl. 1a
Grundsteuerwert **3** 242, Anl. 31
Umsatzsteuer **23** 24
Teilbeträge, verwendbares Eigenkapital **17** 36
Teilbetrieb
Einbringung **22** 15, 16, 20, 24
Erbschaftsteuer **7** 13a, 13b
Gewerbesteuer **10** 7; **22** 18
Realteilung **5** 16

unentgeltliche Übertragung **5** 6
Veräußerung **5** 4f, 14, 14a, 16, 18
Teileigentum
Bedarfsbewertung **3** 146, 181
Einheitsbewertung **3** 68, 93, 131
Grundsteuerwert **3** 243, 244, 249, 250
privates Veräußerungsgeschäft **5** 23
Umsatzsteuer **23** 4 (13)
Teileinkünfteverfahren
Einkommensteuer **5** 3 (40); 3c, 43
Gewerbesteuer **10** 7, 8
Organschaft **17** 15
Spezialinvestmentfonds **15** 42, 49
Umwandlungssteuergesetz **22** 4, 20, 24
Teilentgelt 23 13, 13b, 22, 27
Teilerbbaurecht
Bedarfsbewertung **3** 148
Einheitsbewertung **3** 68, 92, 131
Grundsteuerwert **3** 243, 244, 261
Teilfertige Bauten
Bedarfsbewertung **3** 149, 180
Einheitsbewertung **3** 74, 91
Grundsteuerwert **3** 248
Teilflächen, Grundsteuerwert **3** 257
Teilfonds 15 1
Teilfreistellung
Erbschaftsteuer **7** 13a
Investmentfonds **15** 20–22, 42, 43, 45, 48
Teilgesellschaftsvermögen 15 1, 6, 29
Teilhafter, Einkommensteuer **5** 15a
Teilherstellungskosten
erhöhte Absetzungen **5** 7a
Sonderabschreibungen **5** 7a
Teilinvestmentvermögen, Verschmelzung **15** 54
Teilleistungen, Umsatzsteuer **23** 13, 13b, 22, 27
Teilmitunternehmeranteil
Einbringung **22** 20, 24
unentgeltliche Übertragung **5** 6
Veräußerung **5** 16
Teilschuldverschreibungen, Kapitalertragsteuer **5** 43
Teilübertragung, Umwandlungssteuergesetz **22**
Teilung
Grundstück, Grunderwerbsteuer **12** 7
Nachlass, Erbschaftsteuer **7** 13, 13b, 13d, 19a, 28a
Teilurteil, Finanzgericht **9** 98
Teilwert
Abschreibung **5** 6, 7; **10** 8; **15** 49; **22** 4, 11
Bodengewinnbesteuerung **5** 55
Pensionszusage **5** 6a
Steuerbilanz **5** 6
Umsatzsteuer **23** 10
Vermögensbewertung **3** 10
Teilzeitbeschäftigte, Lohnsteuer **5** 40a
Telekom
Einkommensteuer **5** 3 (35)
Umsatzsteuer **23** 4 (11a)
Telekommunikationsdienstleistungen **23** 3, 3a, 13b, 18h; **24** 59; **31** 5
Telekommunikationsgeräte, steuerfreie Vorteile **5** 3 (45)
Termin
Berechnung **1** 108
Bestimmung **9** 53, 91, 104
Termingeschäft
im Betriebsvermögen **5** 15
im Privatvermögen **5** 20
Terminkontrakte, Umsatzsteuer **23** 25c
Terrorismusfinanzierung, Mitteilungen der Finanzbehörden **1** 31b
Testament, Erbschaftsteuer **7** 30; **8** 7
Testamentsvollstrecker
Einkünfte **5** 18
Erbschaftsteuer **7** 31, 32; **8** 1
Textilwarenhandel, Vorsteuer-Durchschnittssätze **24** Anl.
Theater
Umsatzsteuer **23** 4 (20), 12
Zweckbetrieb **1** 68
Thesaurierung
Gewinne **5** 34a
Kapitalerträge **15** 36
Tierarzt
Einkünfte **5** 18
Umsatzsteuer **23** 4 (14)
Tierbesamung, Umsatzsteuer **23** 12
Tiere, Umsatzsteuer **23** Anl. 2; **24** Anl.
Tierpark, Umsatzsteuer **23** 4 (20)
Tierprodukte 23 Anl. 2; **24** Anl.
Tierzucht und Tierhaltung
Bedarfsbewertung **3** 142, 158, 169, Anl. 19
Einheitsbewertung **3** 33, 41, 51, 51a, 62, 97, Anl. 1 u. 2
Einkommensteuer **5** 13-13b, 15, Anl. 1a

Gewerbesteuer **10** 3
Grundsteuerwert **3** 232, 241, 242, Anl. 34
Körperschaftsteuer **17** 25
Umsatzsteuer **23** 12, 24
Tilgung
Betriebsschulden **5** 14a
Steuern und Abgaben **1** 225, 226; **5** 36
Tilgungsleistungen, Altersvorsorge **5** 82, 92a
Tischler, Vorsteuer-Durchschnittssätze **24** Anl.
Tochtergesellschaft
Gesellschafter-Fremdfinanzierung **17** 8a
Gewerbesteuer **10** 9
Gewinnausschüttungen **5** 43b, Anl. 2
Körperschaftsteuer **17** 8b
Todeserklärung, Anzeigepflichten für Erbschaftsteuer **8** 6
Tonaufnahmen bei Gericht **9** 159
Tonträger **23** 12, Anl. 2
Topographien, Inlandsvermögen **3** 121
Torfgewinnung, Einkünfte **5** 15
Totalisatorunternehmen, Gewinnpauschalierung **1** 64
Totenliste, Erbschaftsteuer **8** 4, Muster 3
Trägerunternehmen
Pensionskasse, Betriebsausgaben **5** 4c
Unterstützungskasse, Betriebsausgaben **5** 4d
Traktatländereien, Einheitsbewertung **3** 31, 32
Transaktionen, grenzüberschreitende Gestaltungen **1** 138e
Transferpaket, Funktionsverlagerung **2** 1
Transparenzoption, Spezialinvestmentfonds **15** 30–32
Trennung der Entgelte, Umsatzsteuer **24** 63
Trennungsgelder **5** 3 (13, 16)
Treu und Glauben
Aufhebung oder Änderung von Bescheiden **1** 176
Spendenbestätigung **5** 10b; **10** 9; **17** 9
Treuhandverhältnis
Feststellung von Besteuerungsgrundlagen **1** 179
Grunderwerbsteuer **12** 3
Kapitalertragsteuer **5** 36a, 44a
Nachweis **1** 159
Vollstreckungsverfahren **1** 318
Zurechnung von Wirtschaftsgütern **1** 39, 159
Trinkgelder
Einkommensteuer **5** 3 (51)
Lohnsteuer **5** 38
Trust, Erbschaftsteuer **7** 3, 7
Überalterung, Gebäude, Einheitsbewertung **3** 88
Überbestand
flüssige Mittel, Erbschaftsteuer **7** 13b
umlaufende Betriebsmittel, Land- und Forstwirtschaft **3** 33, 35, 158, 232
Vieh **3** 51, 51a, 241; **5** 13-13b; **23** 24
Wirtschaftsgüter **3** 41, 232
Überbesteuerung durch Kapitalertragsteuer **5** 44a
Übereignung, Unternehmen **1** 75
Überentnahmen und Schuldzinsenabzug **5** 4, 52
Überführung Wirtschaftsgut
Einkommensteuer **5** 50i
Erbschaftsteuer **7** 13a, 19a
Gewerbesteuer **10** 9
Übergabe
als Lieferung, Umsatzsteuer **23** 3
Unternehmen **5** 16, 22
Übergang
Absetzungsmethode, zu anderer **5** 7
Anrechnungsverfahren zum Halbeinkünfteverfahren **17** 36–39
Buchführungspflicht **1** 141
Gewinnermittlungsart, zu anderer **5** 4, 34a
Körperschaftsbesteuerung **17** 1a
sichergestellte Waren in Bundeseigentum **1** 216, 394
Steuerschulden **1** 50
Umsatzbesteuerung, zu anderer **23** 15a, 19, 20, 23, 24; **24** 71
Veranlagungsart, zu anderer **5** 26
Übergangsgelder, -beihilfen **5** 3 (1, 2), 22
Übergangsregelungen
Investmentsteuergesetz **15** 56
Kindergeld **5** 78
Umsatzsteuer **23** 27; **24** 74a
Versorgungsleistungen bei Einkommensteuer **5** 52
Übergangszeit, Kinderberücksichtigung **5** 32

Überhöhter Umsatzsteuerausweis 23 14c
Überlassung
Informationen, Umsatzsteuer **23** 3a
Kapitalanteile **17** 8b
land- und forstwirtschaftlicher Betrieb **3** 232
Räume, steuerbegünstigte Zwecke **1** 58
Rechte **5** 4j, 21, 50a; **10** 8
Wohnräume **3** 79, 146, 186; **5** 10e, 10f
Überleitung, Kindergeldanspruch **5** 74
Übermittlung
Angaben zu Altersvorsorge **5** 10, 10a, 89, 91, 92a, 92b, 94
Angaben zu freigestellten Kapitalerträgen **5** 45d
Angaben zu Kindern **5** 69
elektronischer Dokumente **5** 5b, 25; **9** 52a, 52b, 52d, 78; **23** 18a
länderbezogener Bericht **1** 138a
personenbezogene Daten **1** 117a, 117b
Umsatzsteuervergütungsantrag **24** 61a
Umsatzsteuervoranmeldung **24** 46–48
Übermittlungssperre, Identifikationsmerkmale **1** 139b
Übernachtungskosten
Betriebsausgaben **5** 4
Werbungskosten **5** 9
Übernahme
Anwartschaft auf betriebliche Altersversorgung **5** 3 (65, 66), 4d, 4e
Betrieb **23** 18
Erfüllungsübernahmen **5** 4f, 5
Steuern **5** 37b
Verbindlichkeiten, Umsatzsteuer **23** 4 (8)
Verpflichtungsübernahmen **5** 4f, 5
Übernahmegewinn/-verlust
bei Organschaft **17** 15
bei Umwandlung **17** 37; **22** 4, 12, 18
Überpfändungsverbot 1 281
Überschuss
Betriebseinnahmen/Betriebsausgaben **5** 4, 13a
Einnahmen/Werbungskosten **5** 2, 8, 9
Überschusseinkünfte
Aufbewahrungspflichten **1** 147a
Aufzählung **5** 2
Überschussrechnung
Absetzungen für Abnutzung **5** 6; **6** 10
Ausgleichsposten bei Entstrickung **5** 4g
Gewinnermittlung **5** 4
Reinvestitionsvergünstigung **5** 6c
Schuldzinsenabzug **5** 4
Unterlage zur Einkommensteuererklärung **6** 60
Übersetzer
Einkünfte **5** 18
Umsatzsteuer **23** 3a
Übersetzung
Aufzeichnungen **1** 146
Schriftstück **1** 87
Überstaatliche Einrichtungen
Einkommensteuer **5** 3 (55e)
Kindergeld **5** 65, 72
Übertragung
Altersvorsorgeverträge **5** 3 (55), 4d, 92a, 93, 97
Anteil **2** 6; **5** 3c, 10, 17, 50i; **12** 1
Betrieb oder Teilbetrieb **5** 5a, 6, 10, 16; **7** 28a
Betriebsstätte **5** 2a, 52
Betriebsvermögen an REIT **5** 3 (70)
Gewinn **5** 6b, 6c
Grundbesitz **5** 14, 52; **7** 13, 13b, 13d, 19a; **10** 9
Gutschein, Umsatzsteuer **23** 3
Investmentanteil **15** 14
Kapitalvermögen **5** 4k, 43a
Kinderfreibetrag **5** 32, 33b
Kindergeldauszahlung **5** 72
Mitunternehmeranteil **5** 5a, 6, 10, 16, 50i; **7** 7, 10, 13a
Umsatzsteuerschuld **23** 25b
Vergünstigungen für Kinder **5** 33a, 33b, 46
Vermögen **7** 1–9, 13a, 13b, 19a, 28a; **17** 8c, 37, 40; **22**
Vermögensbeteiligung **5** 19a
Wertguthaben auf Rentenversicherung **5** 3 (53), 38
Wirtschaftsgut **5** 6, 16, 34a, 43, 50i; **15** 5a
Übertragungsstichtag 22 2, 9, 20, 27
Überwachung
Geschäftsbeziehungen **1** 154
Umsatzsteuer **23** 18
zollamtliche Ü. **1** 209; **31** 12
Überweisungsbeschluss, Erstattungs- oder Vergütungsansprüche **1** 46
Überweisungsverkehr, Umsatzsteuer **23** 4 (8)

Übliche Miete
Bedarfsbewertung **3** 146, 149, 186
Einheitsbewertung **3** 79
Übriges Gemeinschaftsgebiet 23 1
Übungsleiter 5 3 (26)
Umbau
Reinvestitionsvergünstigung **5** 6b
Verwendung von Altersvorsorgevermögen **5** 92a
Umbauten, Umsatzsteuer **23** 8
Umdeutung, Verwaltungsakt **1** 128
Umfang
Außenprüfung **1** 194, 196
Besteuerung **17** 1
Betriebsvermögen **3** 95
Durchschnittssätze, Vorsteuer **24** 70
Inlandsvermögen **3** 121
land- und forstwirtschaftliches Vermögen **3** 33, 140, 141, 158, 232
Unternehmen **23** 2
wirtschaftliche Einheit **3** 26, 33, 34, 140, 158, 176, 234
Umgehung
Allgemeines **1** 42
Briefkastengesellschaft **5** 50d, 50g
Dividendenbesteuerung **5** 36a, 50j
Umgekehrte Maßgeblichkeit 5 5
Umgemeindung, Vervielfältiger bei Einheitsbewertung **3** 80
Umgliederung, verwendbares Eigenkapital **17** 36
Umlagen zur Miete 3 79, 146, 187, 255, Anl. 40
Umlaufende Betriebsmittel, Land- und Forstwirtschaft **3** 33, 35, 53, 56, 158, 170, 171, 173, 232
Umlaufvermögen
Bewertung in Handelsbilanz **34** 253
Bewertung in Steuerbilanz **5** 6
Überschussrechnung **5** 4, 15b, 32b
Umlegung, Grundstück **12** 1
Umrechnung
ausländische Währung **5** 6d, 20, 32, 33a; **23** 11, 16; **34** 256a, 277
auf Jahressteuer bei Umsatzsteuer **23** 18
verwendbares Eigenkapital **17** 36
Umrechnungsschlüssel, Tierbestände **3** 51, 169, 241, Anl. 1 u. 2, Anl. 19 u. 34; **5** 13
Umsatzabhängige Bezüge, Gesellschafter-Fremdfinanzierung **17** 8a
Umsätze
Durchschnittssätze für Vorsteuern **24** 69
im europäischen Ausland **23** 14, 14a
Kleinunternehmer **23** 19
steuerbare U. **23** 1
Umsatzsteuer
Abzugsverfahren **1** 222
Amts- und Rechtshilfe **1** 117
Bundeszentralamt für Steuern **31** 5
einkommensteuerliche Auswirkungen **5** 5, 9b, 10b, 12, 13a
Fälligkeit **1** 221
Gemeindeanteil **32** 106
Hinterziehung **1** 371
Identifikationsnummer **23** 3a, 3b, 3d, 18a, 18e, 19, 22d, 25b, 27a
körperschaftsteuerliche Auswirkungen **17** 10
Nachschau **23** 27b
Steuererklärungspflicht **1** 149
Steuerheft **23** 22; **24** 68
Vergütungsverfahren **23** 4a; **24** 59-61a
Verteilung Steueraufkommen **32** 106, 107, 143g
Zuständigkeit **1** 21
Umsatzsteuerlager, Lieferung und Auslagerung **23** 4 (4a), 5, 10, 13, 13a, 18e, 22, Anl. 1
Umschichtung von Vermögen, Erbschaftsteuer **7** 13b
Umstellung
Vertrag, Umsatzsteuer **23** 29
Wirtschaftsjahr **5** 4a; **6** 8b, 8c; **17** 7
Umstrukturierung, Grunderwerbsteuer **12** 6a, 23
Umwandlung
Anlagegold **23** 25c
ausländische Betriebsstätte **5** 2a, 52
Außensteuergesetz **2** 21
betriebliche Altersversorgung **5** 3 (66), 4d, 4e
Entgelt, betriebliche Altersversorgung **5** 6a
Erbschaftsteuer **7** 7, 13a
Grunderwerbsteuer **12** 6a, 8, 17
Kapitalveränderungen **17** 29, 40
Körperschaftsteuer **17** 1a
Rücklagen in Nennkapital **17** 28
Umwandlungssteuergesetz **22**
Wirtschaftsgüter u. Anteile **5** 50i
s. a. Vermögensübertragung

Umwidmung, Grundstücke **3** 69, 159, 233
Umzäunungen, Einheitsbewertung **3** 89
Umzug
Altersvorsorge **5** 82, 92a
Einkommensteuer **5** 3 (13, 16)
Umsatzsteuer **23** 15
Unanfechtbarkeit
Verwaltungsakt **1** 172–177
Wiedereinsetzung **9** 56
Unbebaute Grundstücke
Bedarfsbewertung **3** 145, 178, 179
Einheitsbewertung **3** 72
Grundsteuer **13** 15
Grundsteuerwert **3** 246, 247
Unbedenklichkeitsbescheinigung, Grunderwerbsteuer **12** 22
Unbenannte Zuwendungen 7 13
Unberechtigter Umsatzsteuerausweis 23 13, 14c, 18
Unbeschränkte Steuerpflicht
Altersvorsorgevermögen **5** 95
Außensteuergesetz **2** 6
Einkommensteuer **5** 1, 50, 95
Erbschaftsteuer **7** 2
Körperschaftsteuer **17** 1, 27
Lohnsteuer **5** 39a–39c
Unbewegliches Vermögen
ausländische Einkünfte **5** 2a, 52
Vollstreckung **1** 318, 322, 323
Uneinbringliche Forderungen, Bewertung **3** 12
Uneinbringlichkeit des Entgelts 23 17
Unentgeltliche Überlassung
Absetzung für Abnutzung **6** 11d
Betriebsvermögen **5** 6, 34a
Grundvermögen **3** 79, 146, 186
Vermögen **7; 22** 22
Vermögensbeteiligungen **5** 3 (39)
Wohnräume **5** 35c
Unentgeltliche Wertabgaben 23 3, 6, 10
Unerlaubte Hilfe in Steuersachen **1** 194; **9** 62
Unfallfürsorge, einkommensteuerfreie Leistungen **5** 3 (6)
Unfallversicherung
Beiträge **5** 10
Leistungen **5** 3 (1)
Lohnsteuerpauschalierung **5** 40b
Ungerechtfertigte Bereicherung, Erbschaftsteuer **7** 3
Ungewisse Tatsachen, vorläufige Steuerfestsetzung **1** 165
Ungewisse Verbindlichkeiten, Rückstellung **5** 6
Universaldienstleistungen, Umsatzsteuer **23** 4 (11b)
Unland 3 45, 160, 163, 234, 237, Anl. 31
Unlautere Mittel
Rücknahme der verbindlichen Zusage **1** 207
Rücknahme des Verwaltungsakts **1** 130
Unmittelbarer Zwang, Vollstreckungsverfahren **1** 328, 331
Unmöglichkeit, Befolgung eines Verwaltungsakts **1** 125
Unorganischer Gebäudeaufbau, Einheitsbewertung **3** 88
Unparteilichkeit
Amtsträger **1** 83
Sachverständiger **1** 96
Unpfändbarkeit, Vollstreckungsverfahren **1** 295, 319
Unrichtigkeit
Rechtsbehelfsbelehrung **1** 356; **9** 55
Selbstanzeige **1** 371
Umsatzsteuerausweis **23** 13, 14c
Verwaltungsakt **1** 125–129
Unschädliche Tätigkeiten 1 58; **4** Art. 97 § 1a
Unschädliche Verwendung
Altersvorsorgevermögen **5** 92a, 92b
Bausparbeiträge **27** 2
Unselbständigkeit
Umsatzsteuer **23** 2
s. a. Nichtselbständige Arbeit
Untätigkeitseinspruch
Frist **1** 355
Statthaftigkeit **1** 347
Untätigkeitsklage 9 46
Unterbehörden, Amtshilfe **1** 113
Unterbeteiligung
Feststellung der Besteuerungsgrundlagen **1** 179
an Kapitalgesellschaft **5** 15
an Personengesellschaft **5** 20
Unterbrechung
Aufenthalt **1** 9
Berufsausbildung **5** 32, 33a

Betrieb **5** 16; **10** 2
Strafverfolgungsverjährung **1** 376
Zahlungsverjährung **1** 231
Unterentnahmen und Schuldzinsenabzug **5** 4, 52
Untergeordnete Bedeutung Gebäude
Bedarfsbewertung **3** 145
Einheitsbewertung **3** 72
Unterhaltende Leistungen 23 3a
Unterhaltsaufwendungen 5 1a, 10, 12, 22, 32, 33a, 50
Unterhaltsbezüge
Einkommensteuer **5** 9a, 22
Erbschaftsteuer **7** 13
hilfsbedürftige Personen **1** 53
Unterhaltssicherung
einkommensteuerfreie Leistungen **5** 3 (48)
Progressionsvorbehalt **5** 32b
Unterkunft, Sachbezugswerte **21** 2
Unterlagen
Außenprüfung **1** 200
Buchführung und Aufzeichnungen **1** 147, 147a
Einkommensteuererklärung **6** 60
Rechnung, Umsatzsteuer **24** 31
Steuererklärung **1** 150; **15** 50
Umsatzsteuer **23** 18
Vorlage bei Finanzbehörde **1** 97, 104; **23** 18d, 27b
Unterlassen
Rechtsbehelfsbelehrung **1** 356; **9** 55
sonstige Leistung, als **23** 3
Verwaltungsakt **9** 46
Unterlassungsklage 9 63
Untermietzuschläge, Jahresrohmiete **3** 79
Unternehmen
Anzeigepflichten **1** 138
Erbschaftsteuer **7** 12, 13-13d, 19a, 28, 28a
EU **5** 50g, Anl. 3
Umsatzsteuer **23** 2
Unternehmensberatung, Vorsteuer-Durchschnittssätze **24** Anl.
Unternehmensbeteiligungsgesellschaft
Gewerbesteuer **10** 3, 9
Investmentfonds **15** 1
Unternehmensteile, Einbringung **22** 20–23, 27
Unternehmensübergabe, Versorgungsleistungen **5** 10, 22
Unternehmer
Gewerbesteuer **10** 5
Unternehmer
Gewerbesteuer **10** 5
Umsatzsteuer **23** 2, 2b
Unterrichtende Tätigkeit
Einkünfte **5** 18
Umsatzsteuer **23** 3a, 4 (21)
Unterrichtskosten, Kinderbetreuungskosten **5** 10
Unterrichtswesen
Grundsteuer **13** 4
Umsatzsteuer **23** 4 (21)
Unterrichtung
Beihilfen in der EU **30** Art. 108
Daten bei grenzüberschreitenden Steuergestaltungen **1** 138j; **31** 5, 5a
Identifikationsmerkmal **1** 139a
über Mitteilung an Finanzbehörden **3** 229
Prüfungsergebnisse bei Außenprüfung **1** 199
rechtliches Gehör **1** 91
Steuerübernahme **5** 37a, 37b
Umsatzsteuer-Identifikationsnummer **23** 27a
Untersagung
Berufsausübung **1** 361; **9** 69
Fiskalvertretung **23** 22e
Unterschrift
elektronische Abrechnung **23** 14
Steuererklärungen **1** 150; **3** 153; **5** 25; **17** 27
Urteil **9** 105
Unterstützung von anderem Finanzamt **1** 29a
Unterstützungsersuchen, Vollstreckungsverfahren **1** 249
Unterstützungskassen
Einkommensteuer **5** 3 (40, 66), 4d
Erbschaftsteuer **7** 13
Gewerbesteuer **10** 3
Körperschaftsteuer **17** 5, 6, 6a; **18** 1, 3
Umwandlungssteuergesetz **22** 4
Untersuchungsgrundsatz
Außenprüfung **1** 199
außergerichtliches Rechtsbehelfsverfahren **1** 365, 367

Verfahren bei Finanzbehörde **1** 88
Verfahren bei Finanzgericht **9** 76
Unübliche Bedingungen, Auslandsbeziehungen **2** 1
Unveräußerliche Rechte, Vollstreckung **1** 321
Unvereinbarkeit, Amt/Mandat und richterliche Tätigkeit **9** 19
Unverfallbarkeit, betriebliche Altersversorgung **5** 6a
Unverzinsliche Forderungen und Schulden, Vermögensbewertung **3** 12
Unwirksames Rechtsgeschäft 1 41
Unwirksamer Verwaltungsakt 1 124, 131
Unzuständigkeit 1 28
Urheberrechte
Nutzungsvergütungen **5** 4j, 21, 50a; **6** 73a; **23** 3a
Rückstellungen **5** 5
Umsatzsteuer **23** 12
Urkunden *s. Rechnung bzw. Unterlagen*
Urkundsbeamter 9 12, 51, 105, 133, 149
Urteil, Steuergericht **9** 90–110

Vatertierhaltung, Umsatzsteuer **23** 12
Veranlagung
Allgemeines **1** 155–157, 163–165, 169–171
ausländische Zwischengesellschaft **2** 18
durch Bundeszentralamt für Steuern **31** 5
Einkommensteuer **5** 2, 25-26b, 32d, 46, 50
Erbschaftsteuer **7** 20–35
Gewerbesteuer **10** 14–21
Grunderwerbsteuer **12** 16
Grundsteuer **13** 16–18, 20–24, 25–31
Kirchensteuer **5** 51a
Körperschaftsteuer **17** 7, 31
Lohnsteuerabzugsmerkmale **5** 39e
Umsatzsteuer **23** 16, 18
Wohnungsbauprämie **27** 4a, 4b, 8
Veranlagungszeitraum
Einkommensteuer **5** 25
Körperschaftsteuer **17** 7
Veranstaltungen
beschränkte Einkommensteuerpflicht **5** 50a
steuerbegünstigte Zwecke **1** 58, 67a, 68; **4** Art. 97 § 1c
Umsatzsteuer **23** 3a, 4 (22, 25), 12
Verarbeitung
Umsatzsteuer **23** 3, 4 (3), 6, 6a, 7, 22; **24** 8, 11, 17c
s. a. Datenverarbeitung
Verausgabung
Einkommensteuer **5** 11
Spezialinvestmentfonds **15** 38
Veräußerung
Anlagegüter **5** 13a
Anteile **2** 13; **5** 2a, 3 (40), 3c, 6b, 15, 17, 20, 34; **17** 8b; **22** 2, 22
ausländische Betriebsstätte **5** 2a
beschränkte Einkommensteuerpflicht **5** 49
Betriebsvermögen **7** 13a, 19a, 28a
Dividenden- und Zinsscheine **5** 20, 36, 43, 43a, 45; **17** 8b
einbringungsgeborene Anteile **22** 22
vor Erwerb **5** 23
Gebäude **5** 3 (70), 13a
Geschäftsveräußerung **23** 1, 15a
Gewerbebetrieb **5** 5a, 16, 32; **7** 13a, 19a, 28a; **10** 7, 9
Grund und Boden **5** 3 (70), 13a, 14a; **15** 6, 29
Investmentanteile **5** 43, 43a; **15** 2, 16, 19, 41, 48, 49, 52, 56
land- und forstwirtschaftlicher Betrieb **5** 14, 14a, 32, 32c, 57; **7** 13a, 19a, 28a
Lebensversicherung **5** 20, 32d, 52
Miet- und Pachtzinsforderungen **5** 21
Mietwohnung **5** 7b
Organbeteiligung **17** 14
Privatvermögen **5** 20, 22, 23
Rechte **5** 49
Sacheinlagen **22** 20, 21, 24
selbständige Arbeit **5** 18, 32
Spekulationsgeschäft **5** 23
Überschussrechnung **5** 4
unentgeltliche V. **5** 6
Wagniskapital **5** 3 (71)
wesentliche Beteiligung **7** 13a, 19a, 28a, 37
Wirtschaftsjahr **6** 6
Veräußerungsgewinn
abweichendes Wirtschaftsjahr **5** 4a
als Bezüge bei Unterhaltsfreibetrag **5** 33a
einbringungsgeborene Anteile **22** 22
Gewerbebetrieb **5** 5a, 16; **10** 7
Grund und Boden **5** 13a, 14a
Investmentanteile **15** 19, 49

Kapitalanteil **5** 6b, 17; **17** 8b
land- und forstwirtschaftlicher Betrieb **5** 14, 14a, 32c
privates Veräußerungsgeschäft **5** 23
Reinvestitionen **5** 6b
selbständige Arbeit **5** 18
Steuerermäßigung **5** 16, 34, 34a; **22** 20, 21, 22, 24
Steuersatz **5** 34
Wagniskapital **5** 3 (71)
Wohnung des Steuerpflichtigen **5** 13
Veräußerungskosten
Abzugsverbot **5** 3c; **15** 21, 44
Kapitalanlage **5** 20, 43a
Verbände
Körperschaftsteuer **17** 5
steuerbegünstigte Zwecke **1** 57
Verbandsbeiträge 5 9
Verbilligte Überlassung
Bedarfsbewertung **3** 146, 186
Einheitsbewertung **3** 79
Lohnsteuer **5** 40
Sachbezüge **21** 3
bei Umwandlung **22** 20, 21, 22, 24
Vermögensbeteiligungen **5** 3 (39)
Verbindliche Auskunft
Allgemeines **1** 89
Vorabverständigungsverfahren **1** 89a
Zuständigkeit **31** 5
Verbindliche Zusage 1 204–207; **4** Art. 97 § 12, Art. 97a
Verbindlichkeiten
Bewertung in Steuerbilanz **5** 4f, 6
Erbschaftsteuer **3** 158; **7** 10, 12, 13b, 19a
Euroumrechnungsrücklage **5** 6d
Freibetrag bei Schuldentilgung **5** 14a
Gewerbesteuer **10** 8
Grunderwerbsteuer **12** 9
Handelsbilanz **34** 251, 253, 268
Übernahme von V., Umsatzsteuer **23** 4 (8), 10
Vermögensbewertung **3** 6–8, 11, 12, 97, 103, 105, 121
Verbindung
Feststellungen **5** 15b, 34a
Klagen **9** 43, 73
Verbindungsstrecken, Umsatzsteuer **24** 2, 3
Verbleibende negative Einkünfte aus Ausland **5** 2a
Verbleibensfristen
Erbschaftsteuer **7** 13, 13a, 13b, 28a
Grunderwerbsteuer **12** 5
Sonderabschreibungen **5** 7g
Vorsteuerabzug **23** 15a
Verböserung
außergerichtliches Rechtsbehelfsverfahren **1** 367
gerichtliches Rechtsbehelfsverfahren **9** 96
Verbrauchsteuern
Anzeigepflichten **1** 139
Aufhebung oder Änderung von Verwaltungsakten **1** 172
Einfuhrumsatzsteuer **23** 11, 21
elektronische Übermittlung von Steuerdaten **1** 87e
Erlöschen oder Unbedingtwerden **1** 50
Erwerbsteuer **23** 10
Fälligkeit **1** 221
Fehlmengen bei Bestandsaufnahme **1** 161
Festsetzungsfrist **1** 169–171
Gesetzgebungsrecht **32** 105
Hinterziehung **1** 370
Rechnungsabgrenzung **5** 5
Sachhaftung **1** 76
Steueraufsicht **1** 209–217
Steuergefährdung **1** 381
Verteilung **32** 106
Zuständigkeit **1** 23; **9** 5, 38
Verbrauchsteuerpflichtige Waren
Erwerbsteuer **23** 1a
Lieferung **23** 3c
Verbringung 23 1a, 3, 6a, 6b, 10, 22; **24** 17d
Verbundenes Unternehmen
Erbschaftsteuer **7** 13b
Gewinnberichtigungen **31** 5
grenzüberschreitende Gestaltungen **1** 138e, 138f
Handelsbilanz **34** 264, 271
Speicherung **1** 139c
vermögenswirksame Leistungen **25** 6, 7
Zinsen und Lizenzgebühren **5** 50g
Vercharterung 23 8
Verdachtsnachschau 1 210
Verdeckte Einlage
Anschaffungskosten **5** 6, 17
einbringungsgeborene Anteile **22** 22
Erbschaftsteuer **7** 13a
Investmentanteile **15** 2, 16, 19

Kapitalanteile **5** 15, 17, 20
Körperschaftsteuer **17** 8, 8b, 32a
Umwandlungssteuergesetz **22** 4, 11
Verdeckte Gewinnausschüttung
Einkommensteuer **5** 3 (40), 20, 32d
Gewerbesteuer **10** 9
Kapitalertragsteuer **5** 44
Körperschaftsteuer **17** 8, 8a, 32a
Verdeckte Rechtsgeschäfte 1 41
Verdunkelungsgefahr bei Steuerstraftaten **1** 399
Veredelung, Umsatzsteuer **23** 6, 11
Vereidigte Buchprüfer, Beiordnung als Prozessvertreter **9** 142
Vereinbarte Entgelte 23 13, 16, 22
Vereinbarung, Zuständigkeit **1** 27
Vereine
Bewertung des Betriebsvermögens **3** 97, 109
Erbschaftsteuer **7** 2, 7, 10, 13, 15, 26, 30, 31; **8** 3
Gewerbesteuer **10** 2, 3; **11** 8, 12a
Grundsteuer **13** 15, 19
Körperschaftsteuer **17** 1, 5, 10, 24, 25
Land- und Forstwirtschaft **3** 51a, 97, 109; **5** 13b; **10** 3; **17** 5, 25
Leistungen aus V. **5** 3 (40), 20, 43
Tierzucht und Tierhaltung **3** 51a; **5** 13b
Umsatzsteuer **23** 10
Wählervereinigungen **5** 34g
Vereinigung
Forderungen und Verbindlichkeiten **22** 6, 12
Gesellschaftsanteile, Grunderwerbsteuer **12** 1
Vereinigungen *s. Verbände*
Vereinnahmte Entgelte, Umsatzsteuer **23** 13, 13b, 16, 19, 20, 22
Vereinnahmung
Einkommensteuer **5** 11
Spezialinvestmentfonds **15** 38
Umsatzsteuer **23** 13c
Verfahren
Altersvorsorgezulage **5** 90, 92a, 92b, 94, 96
Bedarfsbewertung **3** 153
Beihilfen in der EU **30** Art. 108
Einspruchsverfahren **1** 365
Identifikationsmerkmal **1** 139a–139d
Kindergeld **5** 70–74
Mängel **1** 126, 127; **9** 115, 116, 118
Mitteilung grenzüberschreitender Steuergestaltungen **1** 138g
nach Klagerücknahme **9** 72
Solidaritätszuschlag **20** 1
Vollzug der Steuergesetze **31** 21a
Wohnungsbauprämie **27** 4a, 4b
Verfahrensbeteiligte *s. Beteiligte*
Verfahrenskosten *s. Kosten*
Verfahrensverbindung *s. Verbindung*
Verfall Gebäude 3 72, 145, 178, 246
Verfassungswidrigkeit 1 176
Verfolgte, Einkommensteuer **5** 3 (8a)
Verfolgung, Straftat, geringfügige Beschäftigung **5** 50e
Verfügbares Vermögen, Erbschaftsteuer **7** 28a
Verfügungsberechtigter
Konten **1** 93, 154
Steuerpflichten **1** 35
Verfügungsberechtigung
Haftung **1** 69
Vollstreckung **1** 77
Verfügungsbeschränkungen
Bewertung **3** 9
Erbschaftsteuer **7** 13a, 13c
Vergleichbarkeitsanalyse, Fremdvergleichswert **2** 1
Vergleichendes Verfahren, Einheitsbewertung **3** 37–41, 55, 61, 62
Vergleichsmieten, Einheitsbewertung **3** 79
Vergleichsverfahren, Haftung für Erwerb aus V. **1** 75
Vergleichswert
Bedarfsbewertung **3** 182, 183
Einheitsbewertung **3** 40, 55, 62
Vergleichszahlen, Einheitsbewertung **3** 38, 39, 125
Vergütungen
Ansprüche auf Steuervergütungen **1** 37
Aufsichtsrat **5** 18, 50a; **17** 10
Bevollmächtigte **1** 80, 81
Erbschaftsteuer **7** 13a, 13b
genossenschaftliche Rückvergütungen **17** 22
Gesellschafter-Fremdfinanzierung **17** 8a
Gewerbesteuer **10** 8, 9
grenzüberschreitende Gestaltungen **1** 138e
Körperschaftsteuer **20** 3

Mitunternehmer **5** 15; **10** 7, 9
Umsatzsteuervergütung **23** 4a, 18, 18g; **24** 24, 59-61a; **31** 5
Venture Capital- und Private Equity-Fonds **5** 3 (40a), 3c, 18
Vorwegvergütungen **5** 15
Vergütungszeitraum, Umsatzsteuer **24** 60
Verhaftung, Vollstreckungsschuldner **1** 284
Verhandlung, mündliche V. im steuergerichtlichen Verfahren **9** 79–94
Verjährung
Aufrechnung **1** 226
Festsetzungsverjährung **1** 169–171; **4** Art. 97 § 10
Haftungsanspruch **1** 191
Steuer-, Abgabenstraftaten **1** 376, 396
Steuerordnungswidrigkeiten **1** 384
Zahlungsverjährung **1** 228–232; **4** Art. 97 § 14
Verkaufsstelle
Betriebsstätte **1** 12
Kapitalertragsteuer **5** 44
Verkehrsauffassung **3** 2
Verkehrsbetriebe
Gewerbesteuer **10** 28; **11** 2
Umsatzsteuer **23** 12
Verkehrsflächen, Grundsteuer **13** 4, 6
Verkehrssteuern, Anzeigepflichten **1** 139
Verkleinerung, land- und forstwirtschaftlicher Betrieb **5** 14
Verkündung **9** 104
Verkürzung von Abgaben und Steuern
Allgemeines **1** 369–412
Aufhebung oder Änderung von Steuerbescheiden **1** 173
Berichtigung von Erklärungen **1** 153
Festsetzungsfrist **1** 169
Haftung **1** 70
Umsatzsteuer **23** 26b, 26c
Verlegung
Betriebsstätte, Gewerbesteuer **11** 30
Geschäftsleitung oder Sitz **5** 2a, 17; **17** 12, 40
Verletzung
Bundesrecht **9** 119
Mitwirkungspflichten **1** 90, 162, 193
Pflichten, Steuerhinterziehung **1** 370
Steuergeheimnis **1** 30
Unterhaltspflicht, Kindergeld **5** 74
Verlust
Beitrittsgebiet **17** 35
Handelsschiffe **5** 5a
Investmentfonds **15** 2
aus Kapitalanteil **5** 17; **17** 8b, 8d
Kapitaleinkünfte **5** 20, 43a
Organschaft **17** 14
privates Veräußerungsgeschäft **5** 23
Progressionsvorbehalt **5** 32b
schwebendes Geschäft **5** 5
Steuerstundungsmodell **5** 13, 15b, 18, 20, 21
Umwandlung **22** 2, 4, 12, 18, 19, 27
Veräußerung **5** 3 (70), 17
Verlustzuweisungsgesellschaft **5** 2b, 15b
Vermietung und Verpachtung **5** 37, 39a
Verrechnung mit positiven Einkünften **5** 10d
Verlust- und Gewinnrechnung **5** 5b
Verlustabzug
ausländische Verluste **5** 2a, 15a
ausländische Zwischengesellschaft **2** 10, 21
bei beschränkter Haftung **5** 15a, 52
Einzelveranlagung **6** 62d
Gewerbesteuer **10** 10a
gewerbliche Tierzucht und Tierhaltung **5** 15
Investmentfonds **15** 6, 29, 41
Kapitaleinkünfte **5** 20, 43a
Körperschaftsteuer **17** 8, 8c, 15
Land- und Forstwirtschaft **5** 32c
Mitunternehmerbeteiligung an Kapitalgesellschaft **5** 15
nicht entnommener Gewinn **5** 34a
Sonderausgaben **5** 10d, 57
Termingeschäft **5** 15
Verlustzuweisungsgesellschaft **5** 2b, 15b
Verlustausgleich
ausländische Verluste **5** 2a, 15a
bei beschränkter Haftung **5** 15a, 52
Einkommensteuerveranlagung **5** 46
Gewerbesteuer **10** 7
gewerbliche Tierzucht und Tierhaltung **5** 15
Kapitaleinkünfte **5** 20, 43a, 44a
Körperschaftsteuer **17** 8
nicht entnommener Gewinn **5** 34a

Termingeschäfte **5** 15, 23
Umwandlungssteuergesetz **22** 2
Verlustzuweisungsgesellschaft **5** 2b, 15b
Verlustklausel
Bodengewinnbesteuerung **5** 55
Einkünfte aus Leistungen **5** 22
privates Veräußerungsgeschäft **5** 23
Sparerpauschbetrag **5** 20
Werbungskostenpauschbetrag **5** 9a
Verlustrücktrag
Einkommensteuer **5** 10d, 15, 22, 23, 26a, 111
Körperschaftsteuer **17** 8
Verzinsung von Steuern **1** 233a; **4** Art. 97 § 15
Verlustübernahme
grenzüberschreitende Gestaltungen **1** 38e
Körperschaftsteuer **17** 17
Verlustvortrag
Einkommensteuer **5** 10d, 15, 20, 22, 23, 26a, 43a
Gewerbesteuer **10** 10a
Körperschaftsteuer **15** 6, 29; **17** 8
Spezialinvestmentfonds **15** 39–41
Umwandlung **22** 4, 15
Verlustzuweisungsgesellschaft **5** 2b, 15a, 15b, 37
Vermächtnis **7** 3, 6
Vermessungsbehörden, Umsatzsteuer **23** 2b
Vermieter, Steuerabzug bei Bauleistungen **5** 48
Vermietung und Verpachtung
ausländische Zwischengesellschaft **2** 8
Einkommensteuer **5** 2a, 7b, 21, 32d, 43, 49
Erbschaftsteuer **7** 13b, 13d, 28
Investmentfonds **15** 6, 29, 36, 42
Umsatzsteuer **23** 3a, 4 (12), 8, 9, 12
Vermögensverwaltung **1** 14
Vermittlungskosten, Einfuhrumsatzsteuer **23** 11
Vermittlungsleistungen
Einkünfte **5** 22
Umsatzsteuer **23** 3a, 3b, 4 (5, 8, 25), 9, 25c; **24** 22
Vermögen
für Unterhaltsfreibetrag **5** 33a
Vollstreckung **1** 281–327
Vermögensarten
Einheitsbewertung **3** 18
Grundsteuerwert **3** 218
Vermögensauskunft, Vollstreckungsverfahren **1** 93, 284
Vermögensbeteiligungen
Arbeitnehmersparzulage **25** 2
Einkommensteuer **5** 3 (39), 19a, 37b
Vermögensbewertung *s. Bewertung bzw. Einheitsbewertung bzw. Grundsteuerwert*
Vermögensbildung *s. Vermögenswirksame Leistungen*
Vermögensbindung
Körperschaftsteuer **17** 5
steuerbegünstigte Zwecke **1** 55, 61
Vermögensmassen
Anzeigepflichten **1** 137
Erbschaftsteuer **7** 2, 3, 7
inländische Einkünfte **5** 50a
Investmentfonds **15** 6
Kapitalerträge, Steuerabzug **5** 43, 43a, 44b, 50d
Körperschaftsteuer **17** 1, 5, 24
Mitunternehmer **5** 6; **17** 8b; **22** 4
Realteilung auf V. **5** 16
Reinvestitionsvergünstigung **5** 6b
Sitz **1** 11
Spendenempfänger **5** 10b; **10** 9; **17** 9
Steuerabzug bei beschränkter Steuerpflicht **5** 50d
steuerliche Pflichten **1** 34
Umsatzsteuer **23** 23a; **24** 66a
Vermögensbewertung **3** 97, 109
Vermögensmehrungen
Kapitaleinkünfte **5** 20
Teileinkünfteverfahren **5** 3 (40)
Vermögensstock, Zuführungen **1** 62; **5** 10b; **10** 9
Vermögensteuer
Aufteilung bei Gesamtschuldnern **1** 271, 274
Festsetzungsverjährung **1** 170
Kunstgegenstände als Zahlungsmittel **1** 224a
Zuständigkeit **1** 19, 20
Vermögensübergang *s. Umwandlung*
Vermögensübersicht **5** 4
Vermögensvergleich *s. Betriebsvermögensvergleich*

Vermögensverwahrung, Anzeigepflichten für Erbschaftsteuer **7** 33; **8** 1, Muster 1
Vermögensverwaltende Gesellschaft
Einkommensteuer **5** 2b, 15, 18, 23
Erbschaftsteuer **7** 10, 12, 13b
Vermögensverwaltender Versicherungsvertrag, Tausch von Kapitalanteilen **5** 20
Vermögensverwaltung
Begriff **1** 14
Einkünfte **5** 18
Erbschaftsteuer **7** 13b, 33; **8** 1, Muster 1
Gewerbesteuer **10** 3, 9
Haftung **1** 69
Körperschaftsteuer **17** 5
steuerbegünstigte Zwecke **1** 58
steuergerichtliches Verfahren **9** 58
steuerliche Pflichten **1** 34, 36
Umwandlungssteuergesetz **22** 12
Vollstreckung **1** 77
Vermögensverzeichnis, Vollstreckung **1** 284
Vermögenswirksame Leistungen
Arbeitnehmer-Sparzulage **25**; **26**
Sonderausgabenabzug **5** 10
Wohnungsbauprämie **27** 1
Vermögenszuwachs
Außensteuergesetz **2** 6
Kapitalanteil nach Zuzug **5** 17
Veröffentlichung
Allgemeinverfügung **1** 367
Bodenrichtwerte **3** 247
Investmentfonds **15** 48, 56; **31** 5
Weisungen **1** 88, 156
Verpachtung *s. Betriebsverpachtung*
Verpfändung
Erstattungs- und Vergütungsansprüche **1** 37, 46
Körperschaftsteuerguthaben **17** 37
Sicherheit **1** 241, 243
Umsatzsteuer **23** 13c, 22
Versicherungsanspruch **6** 29
Verpflegung
Einkommensteuer **5** 4, 9, 10
Sachbezugswerte **21** 2
Umsatzsteuer **23** 3a, 3e, 4 (6, 23), 12
Verpflegungsdienstleistungen, Umsatzsteuer **23** 12, 28
Verpflichtungen
Übernahme, Einkommensteuer **5** 4f, 5
Umsatzsteuer **23** 14
Vermögensbewertung **3** 92, 104
Verrechnung
ausländische Verluste **5** 2a, 15a
Beitragserstattungen **5** 10
von Einnahmen bei Rückstellungen **5** 6
Kindergeld **5** 31, 75
Spezialinvestmenterträge **15** 41
beim Übergang zum Halbeinkünfteverfahren **17** 36
Verluste bei beschränkter Haftung **5** 15a
Verluste bei gewerblicher Tierzucht und Tierhaltung **5** 15
Verluste bei Kapitalvermögen **5** 20, 43a
Verluste bei Leistungen **5** 22
Verluste bei Mitunternehmerbeteiligung an Kapitalgesellschaft **5** 15
Verluste bei privaten Veräußerungsgeschäften **5** 23
Verluste bei Termingeschäften **5** 15, 23
Verluste bei Umwandlung **22** 2
Verluste bei Verlustzuweisungsgesellschaft **5** 2b, 15b
Zahlungen, Steuern **5** 44
Verrechnungspreise
Aufzeichnungspflichten **1** 90
Auslandsbeziehungen **2** 1, 1a
grenzüberschreitende Gestaltungen **1** 138e
Verrechnungsverbot, Jahresabschluss **34** 246
Verrentung, Erbschaftsteuer **7** 24
Versandhandel **23** 3c; **24** 33
Verschaffung, Verfügungsmacht **23** 3
Verschiedenartige Bezüge, Lohnsteuer **5** 39e
Verschmelzung
Grunderwerbsteuer **12** 4
Investmentfonds **15** 23, 54
Körperschaftsteuer **17** 29
Umwandlungssteuergesetz **22**
Verschollenheit **1** 49
Verschonungsabschlag, Erbschaftsteuer **7** 13a, 13c
Verschonungsbedarfsprüfung, Erbschaftsteuer **7** 28a
Verschulden, Aufhebung oder Änderung von Steuerbescheiden **1** 173
Verschwiegenheitspflicht *s. Betriebsgeheimnis bzw. Geheimhaltung bzw. Steuergeheimnis*

Versehen 1 129
Versendung 23 3, 3c, 3d, 6b; **24** 8, 9, 10, 17b, 30a, 40
Versicherung an Eides Statt 1 95, 162, 284, 315; **2** 16
Versicherungsanstalt *s. Versicherungsunternehmen bzw. Versicherungsvereine*
Versicherungsbeiträge
Sonderausgaben **5** 10; **6** 30
Umsatzsteuer **23** 3a, 4 (10)
vermögenswirksame Leistungen **25** 2, 9
Werbungskosten **5** 9
Versicherungsleistungen, Umsatzsteuer **23** 4 (10), 15
Versicherungsmakler, Umsatzsteuer **23** 4 (11)
Versicherungsteuer
Anzeigepflichten **1** 139
Steueraufkommen **32** 106
Versicherungsunternehmen
ausländische V. **5** 10
ausländische Zwischengesellschaft **2** 8
Bürgschaft **1** 244
Erbschaftsteuer **7** 13b, 20, 33; **8** 3, Muster 2
Gewerbesteuer **10** 3, 9; **11** 12a
Investmentanteile **15** 20, 48
Kapitalertragsteuer **5** 43, 44a
Körperschaftsteuer **17** 8b, 20, 21, 21a
Versicherungsvereine
Gewerbesteuer **10** 2; **11** 12a
Körperschaftsteuer **17** 1, 5, 11; **18** 4
Leistungen aus V. **5** 3 (40), 20, 43
Vermögensbewertung **3** 97, 109
Versicherungsvermittler, Mitteilungspflichten **5** 45d
Versicherungsvertreter, Umsatzsteuer **23** 4 (11)
Versorgung mit Beförderungsmitteln **23** 6, 8
Versorgungsausgleich
Altersvorsorgevermögen **5** 93
Einkünfte **5** 19, 20, 22
Sonderausgaben **5** 1a, 10
Übertragung von Anrechten **5** 3 (55a, 55b)
Werbungskostenpauschbetrag **5** 9a
Versorgungsbetriebe
Gewerbesteuer **10** 28; **11** 2
Körperschaftsteuer **17** 4
Versorgungsbezüge
Einkünfte **5** 1, 19, 22
Entschädigung **5** 3 (6)
Erbschaftsteuer **7** 13, 17
Freibetrag bei Einkommensteuer und Lohnsteuer **5** 19, 39b
Unterstützungskasse **5** 4d
Werbungskostenpauschbetrag **5** 9a
Versorgungsfreibetrag
Einkommensteuer **5** 19, 33a, 39b
Erbschaftsteuer **7** 17
Versorgungskassen
Gewerbesteuer **10** 3
Körperschaftsteuer **17** 5, 6
Versorgungsleistungen
einkommensteuerfreie Leistungen **5** 3 (6), 52
Einkünfte **5** 19, 22, 49
Sonderausgaben **5** 1a, 10
Verspätungsgeld
Erhebung **31** 5
bei Rentenbezugsmitteilungen **5** 22a
steuerliche Nebenleistungen **1** 3
Verspätungszuschlag
Allgemeines **1** 152; **4** Art. 97 § 8
Gewerbesteuer **10** 14b
Grunderwerbsteuer **12** 19
steuerliche Nebenleistungen **1** 3
Verständigungsvereinbarung 1 175a, 354, 362; **9** 50, 72; **31** 5
Verständigungsverfahren, Vorabverständigung **1** 89a
Versteigerung
Grunderwerbsteuer **12** 1, 9
Pfandsachen **1** 296, 298–301, 304, 308, 341
Umsatzsteuer **23** 13b
Versuch
Hinterziehung **1** 370
Pfändung **1** 339
Verteidigung
Auskunftsverweigerungsrecht **1** 102
Steuerstrafverfahren und Bußgeldverfahren **1** 392, 410
Verteilung
Ausgaben **5** 11; **23** 10
außerordentliche Einkünfte **5** 34
Bedarfswert **3** 148
Besteuerungsgrundlagen bei Einzelveranlagung **5** 26a; **6** 61
Betriebsausgaben **5** 4f, 11, 34b

Stichwortverzeichnis

fette Ziffern = Gesetzesnummern

Betriebseinnahmen bei Einnahmenüberschussrechnung **5** 11
Einheitswert **3** 3, 92
Einkommensteuer bei gemeinschaftlicher Tierhaltung **5** 13
Einkünfte aus Land- u. Forstwirtschaft **5** 32c
Einnahmen bei Nutzungsüberlassung **5** 11
Erhaltungsaufwand **5** 11a, 11b, 51; **6** 82a, 82b
Pensionsrückstellung **5** 6a
Spenden **5** 10b; **10** 9; **17** 9
Steueraufkommen **32** 106
Zuwendungen **5** 4e, 4d
Vertrauensschutz
Aufhebung oder Änderung von Bescheiden **1** 176
Grundsteuerneuveranlagung **13** 17
Spendenbestätigung **5** 10b; **10** 9; **17** 9
steuerbegünstigte Zwecke **1** 58a
Umsatzsteuer **23** 6a
Vertretung
Bekanntgabe Erbschaftsteuerbescheid **7** 32
Beteiligter **1** 79
Finanzbehörde, vor **1** 79–81, 110
Fiskalvertretung **23** 13a, 22a–22e
Haftung **1** 69
Investmentfonds **15** 3, 14, 28, 32
Ständiger Vertreter **1** 13; **5** 49
Steuergericht, vor **9** 52d, 58, 62, 62a, 80
steuerliche Pflichten **1** 34, 36
Verspätungszuschlag **1** 152
Vollstreckung **1** 77
Wirkung von Steuerfestsetzungen gegenüber dem Vertretenen **1** 166
Vertriebene
Erbschaftsteuer **7** 13
steuerfreie Einnahmen **5** 3 (7)
Vervielfältiger
Bedarfsbewertung **3** 185, 193, Anl. 21
Einheitsbewertung **3** 80, Anl. 3–8
Grundsteuerwert **3** 253, Anl. 37
lebenslängliche Nutzungen und Leistungen **3** 11
Verwahrstelle, Investmentfonds **15** 3
Verwahrung
Auskunftsverweigerungsrecht **1** 104
Vermögen, Anzeigepflichten für Erbschaftsteuer **7** 33; **8** 1, Muster 1
Wertpapiere **5** 44, 45b; **23** 4 (8); **26** 4
Verwalter, Erbschaftsteuer **7** 31–33; **8** 1, Muster 1
Verwaltung, Wertpapiere **5** 44; **23** 4 (8)
Verwaltungsakt
Abschrift **1** 122
Aufhebung oder Änderung **1** 172–177
außergerichtliches Rechtsbehelfsverfahren **1** 347, 348
Begriff **1** 118, 155
begünstigender V. **1** 130
Form und Inhalt **1** 119–121
Vollstreckung **1** 251
Wirksamkeit **1** 124
Verwaltungsaufgaben, Mitteilungen zu Kontrollzwecken **1** 93a
Verwaltungsgebühren *s. Gebühren bzw. Kosten*
Verwaltungsrat *s. Aufsichtsrat*
Verwaltungsverfahren, Identifikationsmerkmal **1** 139a
Verwaltungsvermögen, Erbschaftsteuer **7** 13a, 13b
Verwaltungszustellung *s. Zustellung*
Verweigerung
Amtshilfe **1** 112
Auskunft **1** 101–103; **9** 84, 86, 158
Eid **1** 101; **9** 84, 158
Gutachten **1** 104; **9** 158
Verweisung an anderes Gericht **9** 70
Verwendbares Eigenkapital **17** 36, 38
Verwerfung
Einspruch **1** 358
Revision **9** 126
Verwertung
Aufzeichnungen **1** 162
im Inland, Einkommensteuer **5** 49, 50a
Kenntnisse **1** 393; **27** 4
Pfandsachen **1** 296–305, 308, 317, 341
sichergestellte Waren **1** 216
Sicherheiten **1** 327, 341
Verwertungsgebühr, Vollstreckungsverfahren **1** 341
Verwertungsgesellschaft, Kapitalertragsteuer **5** 44a
Verwitwete, Einkommensteuer **5** 32a
Verzehr an Ort und Stelle **23** 3a, 3e, 4 (6), 13b, 27
Verzeichnis
Anbauverzeichnis **1** 142
Anlagegüter **5** 13a

Ausgleichsposten bei Entstrickung **5** 4g
ausländische Gesellschaften und Genossenschaften **5** Anl. 2–3
Entwicklungsländer **18** 5, Anl.
erhöhte Absetzungen oder Sonderabschreibungen **5** 7a
ermäßigt besteuerte Gegenstände bei Umsatzsteuer **23** Anl. 2
geringwertige Wirtschaftsgüter **5** 6
Handelsschiffe **6** 60
Nachlass **7** 31
nichtabnutzbare Anlagegüter **5** 4
Reinvestitionen **5** 6c
Standesämter **8** 5
steuerliches Wahlrecht **5** 5
Umlaufvermögen **5** 4
Umsatzsteuerlager **23** Anl. 1
Verfügungsberechtigte bei Konten **1** 154
Vermögen, Vollstreckung **1** 284
Viehverzeichnis **5** 13b
Verzicht
Berufsausübung, Umsatzsteuer **23** 3a
Datenübermittlung **5** 5b, 7g, 13a; **6** 60; **15** 56; **23** 18; **24** 61a
Dienstleistungen, Umsatzsteuer **23** 3a
Differenzbesteuerung **23** 25a
Einspruch **1** 354
Kindergeldfestsetzung und -auszahlung **5** 72
Klage **9** 50
Nachversteuerung **5** 34a
Steuerbefreiung **7** 13; **17** 34; **23** 1a, 3c, 9, 22, 24, 25c, 27
Steuererhebung, Umsatzsteuer **24** 49
Umsatzbesteuerung **23** 1a, 19, 24
Urheberrechte, Umsatzsteuer **23** 3a
Zinsen für Steuern **1** 224a, 234, 237; **4** Art. 97 § 15; **5** 111
Verzinsung
Rücklagen **5** 6b, 7g a. F.
Steuern **1** 233–239; **2** 6; **4** Art. 97 § 15 u. 36, Art. 97a; **5** 6b, 7g, 20, 50c, 111
s. a. Zinsen
Verzögerungsgeld **1** 3, 146
Videoerzeugnisse **23** 12
Vieh
Bedarfsbewertung **3** 142, 158, 169, Anl. 19
Einheitsbewertung **3** 41, 51, 51a, Anl. 1 u. 2
Einkünfte aus Viehhaltung **5** 13, 13a, 13b, 15, Anl. 1a
Grundsteuerwert **3** 241, 242, Anl. 34
Umsatzsteuer **23** 12, 24
Vieheinheiten
Bedarfsbewertung **3** 169, Anl. 19
Einheitsbewertung **3** 51, Anl. 1
Einkommensteuer **5** 13, 13a
Grundsteuerwert **3** 241, Anl. 34
Völkerrechtliche Vereinbarungen **1** 2
Völkerverständigung, steuerbegünstigte Zwecke **1** 51
Vollkaufleute, Gewinn **5** 5
Vollmacht
Altersvorsorgezulage **5** 89
zur elektronischen Übermittlung **6** 50
Verfahren bei Finanzbehörde **1** 80, 80a; **23** 22a
Verfahren bei Finanzgericht **9** 62
Vollrisikozertifikat, Kapitaleinkünfte **5** 20, 43
Vollstreckung
Allgemeines **1** 249–346; **4** Art. 97 § 17, 17a, Art. 97a
Aufschub **1** 258
außergerichtliches Rechtsbehelfsverfahren **1** 347
Bußgelder **1** 412
Duldung **1** 191
Ersuchen **1** 250
Gerichtskosten **9** 150–154
Gläubiger **1** 252
Haftung **1** 75, 77, 191
Nichtigkeit von Vorschriften **9** 157
rechtliches Gehör **1** 91
Reihenfolge der Tilgung von Steuern und Abgaben **1** 225
Schuldner **1** 253
bei Zusammenveranlagung **1** 44
Vollverzinsung **1** 233a
Vollwaisen, Wohnungsbauprämie **27** 1
Vollziehung, Aussetzung **1** 361; **9** 69
Vollziehungsbeamter **1** 285
Vollzug, Steuergesetze **32** 108
Vorabanforderung **1** 149
Vorabpauschale
Investmenterträge **15** 16, 18, 19
Kapitalertragsteuer **5** 44
Vorabverständigung, Doppelbesteuerungsabkommen **1** 89a; **31** 5

Vorangehende Lieferung 23 4 (4b)
Voranmeldung 1 371; **23** 18, 18b, 22b; **24** 46
Vorauserwerb, Grunderwerbsteuer **12** 1
Vorauszahlungen
Aufteilung bei Gesamtschuldnern **1** 272, 274
Einkommensteuer **5** 37, 110
Gewerbesteuer **10** 19–21, 36; **11** 29, 30
Grundsteuer **13** 29, 30
Körperschaftsteuer **17** 31
Solidaritätszuschlag **20** 1, 3
Umsatzsteuer **23** 15, 18; **24** 46–48
Verteilung bei Einkommensteuer **5** 11
Verzinsung von V. **1** 233a
Vorbehalt der Nachprüfung **1** 164
Zuschlagsteuern **5** 51a
Vorbehalt
Billigkeitsentscheidung **1** 163
der Nachprüfung **1** 164, 168
Pensionszusage **5** 6a
Verwaltungsakt **1** 131
Vorbesitzzeit
Reinvestitionsvergünstigungen **5** 6b
Veräußerung an REIT-AG **5** 3 (70)
Vorerbschaft, Erbschaftsteuer **7** 6, 7, 20
Vorerwerb, Erbschaftsteuer **7** 14, 27
Vorfeldermittlungen 1 208; **31** 5
Vorkostenabzug, Steuerbegünstigung für selbst genutzte Wohnung **5** 10e
Vorladung 1 93
Vorlage
Aufzeichnungen **1** 90, 146b; **34** 258–261
Behinderten-Nachweis **6** 65
Beschwerde an Bundesfinanzhof **9** 130
Spendenbelege **6** 50
Urkunden **1** 97, 104–106; **23** 18d; **9** 77, 85, 86, 89
Wertsachen bei Finanzbehörde **1** 100, 104–106
Vorläufige Nichtbesteuerung, Vermögensbeteiligung **5** 19a
Vorläufiger Rechtsschutz
durch Finanzbehörde **1** 361
durch Finanzgericht **9** 69, 114
Vorläufige Steuerfestsetzung 1 165, 171; **5** 43
Vorläufiger Verlustrücktrag 5 111
Vorleistungen 23 25
Vormund, Umsatzsteuer **23** 4 (25)
Vorratsgesellschaft, Umsatzsteuer **23** 18
Vorratsvermögen
Bewertung in Steuerbilanz **5** 6
Einheitsbewertung **3** 56
Vor-REIT, Veräußerung von Betriebsvermögen an Vor-REIT **5** 3 (70), 3c
Vorsorgeaufwendungen
Lohnsteuer **5** 39a, 39b
Nachversteuerung **6** 30
Sonderausgaben **5** 10, 10a
Vorsorgepauschale
Einkommensteuer **5** 19a, 46, 50
Lohnsteuer **5** 39b
Vorspiegelungstaten 1 385
Vorsteuerabzug
einkommensteuerliche Auswirkungen **5** 9b, 12
Umsatzsteuer **23** 15, 15a, 17, 19, 22, 23, 23a, 24, 25-25c, 25f, 26; **24** 35–45, 62, 70
Vortrag
Baukindergeld **5** 34f
EBITDA **5** 4h
Spenden **5** 10b; **10** 9; **17** 9
Verlust **5** 10d, 20, 43a
Vortragsveranstaltungen 23 4 (22)
Vorübergehende Verwendung 23 1a, 3, 4 (3, 6), 22
Vorverfahren 1 347–367; **5** 77; **9** 44–46
Vorwegabzug, Sonderausgaben **5** 10
Vorweggenommene Erbfolge, Erbschaftsteuer **7** 19a
Vorzeitige Verfügung, vermögenswirksame Leistungen **25** 4

Wagniskapital
Einkommensteuer **5** 3 (71)
Körperschaftsteuer **17** 8c
Umsatzsteuer **23** 4 (8)
Wahl zum ehrenamtlichen Finanzrichter **9** 22–26
Wählervereinigungen
Erbschaftsteuer **7** 13
Körperschaftsteuer **17** 5
Mitgliedsbeiträge und Spenden an W. **5** 34g; **6** 50
Wahlkampfkosten 5 22
Wahlrecht
Bilanzierungswahlrechte **34** 248
Einbringung nach Umwandlungssteuergesetz **22** 3, 11, 13, 20, 21, 24

Einkommensteuerveranlagung **5** 26, 32d
Erbschaftsteuer **7** 13a, 23, 37
geringwertige Wirtschaftsgüter **5** 6
Gewinnermittlung **5** 5, 5a
Herstellungskosten **5** 6
Kirchensteuer **5** 51a
nicht entnommener Gewinn **5** 34a
Sanierungsmaßnahmen **5** 3a
Umsatzsteuervoranmeldung **23** 18
Verlustabzug **5** 10d
Wirtschaftsjahr **5** 4a; **6** 8c
Währungskursverluste, Körperschaftsteuer **17** 8b
Währungsumrechnung *s. Umrechnung*
Waisengelder **5** 19
Wald
Bedarfsbewertung **3** 142, 160, 163, 164, 171, 172, Anl. 15 u. 15a
Betriebsausgabenpauschsatz **6** 51
Einheitsbewertung **3** 53–55
Einkünfte **5** 13, 13a, 34b
Grundsteuerwert **3** 234, 237, Anl. 28
Waldgenossenschaft *s. Genossenschaften bzw. Realgemeinde*
Wandergewerbe *s. Reisegewerbe*
Wanderschäferei
Bedarfsbewertung **3** 142, 175
Einheitsbewertung **3** 62
Einkünfte **5** 13, Anl. 1a
Grundsteuerwert **3** 242
Umsatzsteuer **23** 24
Waren, Sachbezüge **5** 8; **21** 3; **23** 3, 10
Warenausgang, Aufzeichnungen **1** 144
Wareneingang, Aufzeichnungen **1** 143
Warenlager
Betriebsstätte **1** 12
Fehlmengen **1** 161
Sicherheit **1** 241
Warenverkehr, Europäische Union **30** Art. 28–29, 110, 111
Wärmelieferung **23** 3a, 3g, 4 (13), 5, 13b
Warmwasseranlagen, erhöhte Absetzungen **5** 51; **6** 82a
Wartegelder **5** 19
Wartungsleistungen, Umsatzsteuer **23** 8
Wäsche, Erbschaftsteuer **7** 13
Wasser **23** Anl. 2
Wasser- und Bodenverbände, Grundsteuer **13** 4
Wasserfahrzeuge, Umsatzsteuer **23** 1b, 4b, 5, 8; **24** 7
Wasserinstallation, Vorsteuer-Durchschnittssätze **24** Anl.
Wasserstraßen, Grundsteuer **13** 4
Wechsel
Absetzungsmethode **5** 7
Anteilseigner **17** 8c
Besteuerungsform **15** 24; **23** 15a, 20; **24** 71
Erwerber, Umsatzsteuer **23** 6b, 18a
Gewinnermittlungsart, Nachversteuerung **5** 34a
Steuerklasse **5** 38b
Steuerpflicht **5** 2, 36, 50
Steuerpflicht **17** 32
Unternehmen **10** 2, 5, 10a, 19
bei Vollstreckung **1** 312
Wohnsitz ins Ausland **2** 2, 4–6
Zahlungsmittel **5** 7a; **24** 43
Zuständigkeit, der **1** 26
Wege
Aufwendungen **5** 4, 9
Grundsteuer **13** 4
Wegebefestigungen, Einheitsbewertung **3** 89
Wegfall
Betrieb oder Teilbetrieb im Ausland **5** 36
Buchführungspflicht **1** 141; **4** Art. 97 § 19
Erbschaftsteuer **7** 29
Nutzungswertbesteuerung **5** 13
selbst genutzte Wohnung, Altersvorsorge **5** 92a
Steuerbefreiung **1** 153; **5** 2a, 3 (70); **7** 13–13c; **10** 19; **13** 18; **15** 13; **17** 13; **23** 4 (4a)
Steuerpflicht **2** 2, 4–6; **5** 2a, 10a; **17** 12, 40
Teilfreistellung **15** 22
ungewisse Tatsachen, endgültige Steuerfestsetzung **1** 165
verbindliche Zusage **1** 206, 207
Voraussetzungen für Spezialinvestmentfonds **15** 52
Wegnahmegebühr im Vollstreckungsverfahren **1** 340
Wegzug
Körperschaftsteuer **17** 12, 38
Zuständigkeit **1** 19

Wehrdienst, einkommensteuerfreie Leistungen **5** 3 (2, 4–6)
Weichende Erben, Einkommensteuer **5** 14a
Weinbau
Bedarfsbewertung **3** 142, 160, 163, 164, 173, Anl. 16
Einheitsbewertung **3** 56–58
Einkünfte **5** 13, 13a, Anl. 1a
Grundsteuerwert **3** 234, 237, 238, Anl. 29
Umsatzsteuer **23** 24
Wirtschaftsjahr **6** 8c
Weisungen der obersten Finanzbehörden **1** 88, 156
Weisungsgebundenheit bei ausländischer Zwischengesellschaft **2** 7
Weiterbildungsmaßnahmen **5** 3 (19)
Weiterleitung, Daten **1** 117c
Werbebetrieb
Gewinnpauschalierung **1** 64
steuerbegünstigte Zwecke **1** 67a
Umsatzsteuer **23** 3a
Werbesendungen
Gewerbesteuer **10** 7
Kapitaleinkünfte **5** 20
Körperschaftsteuer **17** 8
Werbung, Grundstücksnutzung durch W., Einheitsbewertung **3** 82, 88
Werbungskosten
Allgemeines **5** 9, 20, 22, 50, 50a
Abzugsverbot **5** 3 (26, 26a), 3c; **15** 21, 44; **17** 8
Auslandsbeziehungen **2** 16
Mobilitätsprämie **5** 101
Nachweis des Zahlungsempfängers **1** 160; **5** 48
Pauschbeträge **5** 9a
Progressionsvorbehalt **5** 32b
Spezialinvestmentfonds **15** 38, 39, 41
Zuschüsse **5** 3 (15)
Werkleistung **23** 3, 3a, 4 (3), 7
Werklieferung **23** 3, 4 (1), 13b
Werkstätten für behinderte Menschen, Zweckbetrieb **1** 68
Werkswohnungen, steuerfreie Einnahmen **5** 3 (59)
Werkzeuge, Werbungskosten **5** 3 (30), 9
Werkzeuggeld **5** 3 (30)
Wertabgaben aus Unternehmen **23** 3, 10
Wertaufholung
Investmentfonds **15** 22, 56
Kapitalanteil **5** 3 (40); **17** 8b
nach außergewöhnlicher Absetzung für Abnutzung **5** 7; **6** 11c
nach Teilwertabschreibung **5** 6; **6** 11c
Steuerbilanz **5** 6
Veräußerung an Immobiliengesellschaft **5** 3 (70)
Werterhöhung, Grundstück, Einheitswert **3** 82, 88
Wertermittlung
Erbschaftsteuer **7** 10, 12, 13b
Körperschaftsteuer **17** 12
Wertfeststellung
Einheitsbewertung **3** 23, 27
Grundsteuerwert **3** 223, 227
Wertfortschreibung
Einheitsbewertung **3** 22, 27, 92
Grundsteuerwert **3** 222, 227
Wertgebühren bei steuergerichtlichem Verfahren **33** 34
Wertguthaben, Übertragung auf Rentenversicherung **5** 3 (53), 38
Wertminderung
Bewertung in Steuerbilanz **5** 6
Grundstück, Einheitswert **3** 81, 82, 86–88, 146, 185, 190; **12** 9
Investmentfonds **15** 22, 56
Kapitalanteil **5** 2a; **17** 8b
Wertpapiere
Einkünfte **5** 20, 32d, 49, 52
Erbschaftsteuer **3** 158, 199–203; **7** 3, 7, 12, 13a, 13b, 19a, 33, 37; **8** 1
Kapitalanlagegesellschaft **3** 12
Kapitalertragsteuer **5** 36a, 43-45d
Überschussrechnung **5** 4
Umsatzsteuer **23** 4 (8), 4b, 5, 9
Vermögensbewertung **3** 11, 121
Vermögensbildung **25** 2, 4–7; **26** 4
Verpfändung als Sicherheit **1** 241, 243
Versteigerung im Vollstreckungsverfahren **1** 302, 303
Wertpapierhandel, Kapitalertragsteuer **5** 44
Wertpapierinstitut
Gewerbesteuer **10** 35c
Kapitalertragsteuer **5** 43, 43a, 44-44b, 45a
Körperschaftsteuer **17** 5, 8b

Teileinkünfteverfahren **5** 3 (40) Termingeschäfte **5** 15
Wertpapierleihe
Einkommensteuer **5** 3c
Körperschaftsteuer **17** 2, 8b, 32
Wertpapierpensionsgeschäft, Körperschaftsteuer **17** 2, 8b, 32
Wertpapiersammelbank, Kapitalertragsteuer **5** 45c
Wertverhältnisse
Bedarfsbewertung **3** 138, 157
Einheitsbewertung **3** 21, 27
Grundsteuerwert **3** 221, 227
Wertverlust, Gesellschafterdarlehen **17** 8b
Wertzahlen
Bedarfsbewertung **3** 191, Anl. 25
Einheitsbewertung **3** 90
Grundsteuerwert **3** 260, Anl. 43
Wertzeichen, Umsatzsteuer **23** 4 (8); **24** 43
Wertzuwachs
Investmentfonds **15** 2, 17
Kapitaleinkünfte **5** 20
Kapitalertragsteuer **5** 43
Wesentliche Beteiligung
Auslandsbeziehungen **2** 1
Erbschaftsteuer **7** 13a, 13b, 19a, 37
Gesellschafter-Fremdfinanzierung **17** 8a
Haftung **1** 74
Inlandsvermögen **3** 121
Kapitalertragsteuer **5** 50j
s. a. Beteiligungen
Wesentliche Betriebsgrundlagen 5 16
Wesentliche wirtschaftliche Interessen im Inland **2** 2
Widerruf
Billigkeitsentscheidung **1** 163; **7** 28a
Datenabruf **1** 122a
elektronische Aufzeichnungen im Ausland **1** 146
Empfangsbevollmächtigung **1** 183
Steuerabzug bei Kirchensteuer **5** 51a
Umsatzsteuer **23** 13a, 13b, 18, 18h–18k, 23, 24; **24** 71
verbindliche Zusage **1** 207
Verwaltungsakt **1** 120, 131, 132
Verzicht **17** 34; **23** 19
Vollmacht **1** 80, 80a
Zustimmung **5** 10, 32
Widerspruch
gegen Datenerhebung **1** 32f
gegen Vollstreckungsmaßnahmen **1** 262, 293, 294
Widerstreitende Steuerfestsetzungen 1 174
Wiederanlage
bei Altersvorsorge **15** 12
Gewinn, Einkommensteuer **5** 6b, 6c
Wiederaufforstungskosten 6 51
Wiederaufnahme
gerichtliches Verfahren **9** 134, 135
Steuerstrafverfahren **1** 398a
Wiederbeschaffung
Hausrat oder Kleidung **5** 33
Rücklage **1** 62
Wiedereinlage 5 4
Wiedereinsetzung in vorigen Stand **1** 110; **9** 56, 136
Wiedergutmachung
Einkommensteuer **5** 3 (8)
Erbschaftsteuer **7** 13
Wiederkehrende Bezüge
Einkünfte **5** 22
Pfändung **1** 313
Sonderausgaben **5** 10
Werbungskostenpauschbetrag **5** 9a
Wiederkehrende Einnahmen und Ausgaben 5 11
Wiederkehrende Nutzungen und Leistungen
Bewertung **3** 13, 14, Anl. 9a
Erbschaftsteuer **7** 23, 25, 37
Wiederverkäufer
Differenzbesteuerung **23** 25a
Erdgas **23** 13b
Windenergieanlage
Grundsteuer **13** 25
Grundsteuerwert **3** 233, 238, Anl. 33
Winder, Vorsteuer-Durchschnittssätze **24** Anl.
Wirkung, Urteil **9** 110
Wirtschaftliche Betrachtungsweise 1 39–42
Wirtschaftliches Eigentum, Zurechnung **1** 39
Wirtschaftliche Einheit
Bedarfsbewertung **3** 138, 140, 158
Einheitsbewertung **3** 2, 26, 70, 92, 93, 95
Grundsteuerwert **3** 232, 244

Wirtschaftlicher Geschäftsbetrieb
Begriff **1** 14
Gewerbesteuer **10** 2, 3; **11** 8
Kapitalertragsteuer **5** 44
Körperschaftsteuer **17** 4, 5, 38; **22** 22
Leistungen **5** 20, 43
steuerbegünstigte Zwecke **1** 64–68; **4** Art. 97 § 1b
Umsatzsteuer **23** 4a, 12
Vermögensbewertung **3** 97, 109
Wirtschaftliche Tätigkeiten im Inland **5** 1; **10** 2; **17** 1
Wirtschaftsförderungsgesellschaften
Gewerbesteuer **10** 3
Körperschaftsteuer **17** 5
Wirtschaftsgebäude
Absetzung für Abnutzung **5** 7
Land- und Forstwirtschaft **3** 33, 158, 232, 238, 240, Anl. 31 u. 32
Wirtschaftsgut
Bodengewinnbesteuerung **5** 55
geringwertiges W. **5** 6
Haftung **1** 74
immaterielles W. **5** 5
Zurechnung **1** 39
Wirtschafts-Identifikationsnummer **1** 138b, 139c; **5** 45b; **12** 20
Wirtschaftsjahr
Einkommensteuer **5** 4a; **6** 6, 8b, 8c
Gewerbesteuer **10** 10
Körperschaftsteuer **17** 7
Wirtschaftsprüfer
Auskunftsverweigerungsrecht **1** 102
Beiordnung als Prozessvertreter **9** 142
Bußgelder **1** 411
Einkünfte **5** 18
Haftung **1** 191
Umsatzsteuer **23** 3a; **24** Anl.
Verteidiger in Steuerstraf- und Bußgeldverfahren **1** 392
Wirtschaftsteil, Land- und Forstwirtschaft **3** 34, 141, 160, 162–166; **7** 13b
Wirtschaftswert, Land- und Forstwirtschaft **3** 46, 163; **5** 14a
Wirtschaftszone
als Inland **5** 1; **10** 2, 4; **17** 1
Zuständigkeit **1** 22a
Wissenschaftliche Tätigkeit
Einkommensteuer **5** 18
Umsatzsteuer **23** 3a
Wissenschaftliche Veranstaltungen, Umsatzsteuer **23** 4 (22)
Wissenschaftliche Zwecke
Grundsteuer **13** 4, 32
steuerbegünstigte Einrichtung **1** 52
Wissenschaftseinrichtungen
Gewerbesteuer **10** 3
Körperschaftsteuer **17** 5
Zweckbetrieb **1** 68
Witwe **5** 32a, 46
Witwengelder, Einkünfte **5** 19
Wochenendwohnung, Sonderausgabenabzug **5** 10e
Wohlfahrtspflegeeinrichtungen
Körperschaftsteuer **17** 5
Spenden **6** 50
steuerbegünstigte Zwecke **1** 52, 66
Wohnförderkonto
Altersvorsorge **5** 92a, 93
Einkünfte **5** 22, 92a, 92b
Wohngeld **5** 3 (58)
Wohnräume, Grundsteuer **13** 5, 15
Wohnsitz
Verfahrensrecht **1** 8
Wechsel in niedrigbesteuernde Gebiete **2** 2, 4–6
Wohnsitzfinanzamt **1** 19
Wohnteil Land- und Forstwirtschaft
Bedarfsbewertung **3** 141, 143, 160, 167
Einheitsbewertung **3** 34, 47
Einkommensteuer **5** 10
Wohnung
Altersvorsorge **5** 22, 82, 92a, 92b, 93
Bedarfsbewertung **3** 141, 143, 158, 181
Betretungsrecht **1** 99, 146b; **23** 27b
degressive AfA **5** 7
Einheitsbewertung **3** 34, 47, 75, 79, 92, 93
energetische Maßnahmen **5** 35c
Erbschaftsteuer **7** 13, 13d, 28
Erhaltungsaufwand **6** 82b
erhöhte Absetzungen **6** 82a
Grundsteuer **13** 5, 15, 35 a.F., 43 a. F.
Grundsteuerwert **3** 249
Land- und Forstwirt **3** 34, 37, 141, 143, 158; **5** 13
Modernisierung durch Mieter **5** 10, 35a; **27** 2
Nutzungswert bei Einkommensteuer **5** 13
Sachbezugswerte **21** 2
Sonderausgabenabzug **5** 10e, 10f

Überlassung an Arbeitnehmer **5** 8
Umsatzsteuer **23** 4 (12), 9, 27b
Unverletzlichkeit **1** 413; **23** 27b
Veräußerung **5** 23
Wohnsitz **1** 8
Zuschuss **5** 3 (59)
Wohnungs- und Siedlungsunternehmen
Gewerbesteuer **10** 9, 36
Körperschaftsteuer **17** 5, 13, 34
Wohnungsbaugesellschaft, Grundsteuer **13** 15, 19
Wohnungseigentum *s. Eigentumswohnung*
Wohnungserbbaurecht *s. Erbbaurecht*
Wohnungsgenossenschaft
vermögenswirksame Leistungen **25** 2, 6
Wohnungsbauprämie **27** 2
Wolle 23 Anl. 2

Yacht, Betriebsausgaben **5** 4

Zahlung
Altersvorsorgebeiträge **5** 82
Altersvorsorgeeigenheimbetrag **5** 92b
Altersvorsorgezulage **5** 90
Einkommensteuer **5** 6b, 36
Erbschaftsteuer **7** 31, 32
Gebühren **1** 89
Gesamtschuldner **1** 44
Gewerbesteuer **10** 16, 19, 20
Grundsteuer **13** 28–31
Haftungsschuldner **1** 219
Kapitalertragsteuer **5** 36a, 44
Kindergeld **5** 66, 70–74
Körperschaftsteuer **17** 31, 38
Lohnsteuer **5** 41a
Steuerabzugsbeträge bei beschränkter Einkommensteuerpflicht **5** 50a; **6** 73e
Steuern und Abgaben **1** 224–226, 240
Umsatzsteuer **23** 18, 18i–18k, 21, 21a; **24** 46–48
Wohnungsbauprämie **27** 4a, 4b
s. a. Nachforderung bzw. Rückforderung
Zahlungsaufschub 5 6b; **23** 21, 21a
Zahlungsempfänger 1 160
Zahlungserinnerung 1 259
Zahlungsinstitut
Gewerbesteuer **10** 35c; **11** 19
Mitteilungspflichten **1** 138b

Zahlungsmittel
Erbschaftsteuer **7** 13, 13b
Sicherheitsleistung **1** 241, 242
Umsatzsteuer **23** 4 (8), 5, 9; **24** 43
Zahlungsverjährung 1 228–232; **4** Art. 97 § 14, Art. 97a; **7** 28a
Zahlungsverkehr, Europäische Union **30** Art. 63, 65
Zahlungszeitraum, Kindergeld **5** 66, 71
Zahnärzte
Auskunftsverweigerungsrecht **1** 102
Einkünfte **5** 18
Umsatzsteuer **23** 4 (14), 12
Zahnprothesen 23 4 (14)
Zahntechniker, Umsatzsteuer **23** 12
Zeitanteilige Absetzung für Abnutzung 5 7
Zeitgebühren, verbindliche Auskunft **1** 89
Zeitschriften 23 12, Anl. 2; **24** 68, Anl.
Zeitungen 23 12, Anl. 2; **24** 68, Anl.
Zeitverschobene Inventur 34 241
Zeitwert, Begriff **34** 255
Zentralbanken, Umsatzsteuer **23** 4 (4)
Zentrale Stelle
Altersvorsorgezulage **1** 6, 87b, 88; **5** 81, 92a
Arbeitnehmer-Sparzulage **26** 5. 7, 8
Pauschsteuer bei Geringverdienern **1** 6
Rentenbezugsmitteilungen **5** 22a
Wohnungsbauprämie **26** 5, 7, 8
Zentralstelle für Finanztransaktionsuntersuchungen 1 31b; **31** 5a
Zentralverzeichnis, grenzüberschreitende Steuergestaltungen **1** 5
Zerlegung
Gewerbesteuer **10** 28–34, 35a; **11** 29, 35
Grundsteuer **13** 22–24
Steuern allgemein **32** 107
Verfahren **1** 185–189; **9** 37
Zerstörte Gebäude
Bedarfsbewertung **3** 145, 178
Einheitsbewertung **3** 72
Grundsteuerwert **3** 246
Zertifikate, Umsatzsteuer **23** 13b
Zertifizierung, Altersvorsorgevertrag **5** 10, 82
Zeugen
Entschädigung **1** 405, 410

Finanzgerichtsverfahren **9** 81, 85
Vollstreckungsverfahren **1** 288
Zeugnisverweigerungsrecht
gegenüber Finanzbehörde **1** 94, 102
gegenüber Finanzgericht **9** 84, 158
Zielgesellschaft, Körperschaftsteuer **17** 8c
Ziel-Investmentfonds **15** 2
Zimmerer, Vorsteuer-Durchschnittssätze **24** Anl.
Zinsabschlag, Solidaritätszuschlag **20** 3
Zinsbescheid **1** 233a, 236, 237, 239
Zinsen
einkommensteuerfreie Z. **5** 3 (54)
Entschädigungen und Nutzungsvergütungen **5** 24, 32c, 34
Erbschaftsteuer **7** 25; **8** 1
Gewerbesteuer **10** 8
Haftung für Z. **1** 71
Kapitalertragsteuer **5** 43-45d, 50g, 50h
Kapitalforderungen **5** 20
Kürzung beim Gewerbeertrag **10** 9
Mitteilungspflichten **1** 102
nichtabzugsfähige Z. **5** 4, 12
Schatzanweisungen **5** 20
Schuldzinsen **5** 4, 4h; **17** 8a, 15; **34** 255
steuerliche Nebenleistungen **1** 3
Verzinsung von Steuern **1** 233–239; **2** 6; **4** Art. 97 § 15 u. 36, Art. 97a; **5** 6b, 7g, 20, 50c, 111
Werbungskosten **5** 9
Wertpapiere **5** 20
Zinsinformationsverordnung **5** 45e
s. a. Verzinsung
Zinsforderungen
Einkommensteuer **5** 20, 43a, 44, 49
Spezialinvestmentfonds **15** 38
Zinsschein
Einkommensteuer **5** 20, 43a, 44, 49
Spezialinvestmentfonds **15** 38
Zinsschranke
Einkommensteuer **5** 4h
Körperschaftsteuer **17** 8a
Spezialinvestmentfonds **15** 46
Zinsvortrag
Einkommensteuer **5** 4h
Körperschaftsteuer **17** 8a
Umwandlung **22** 2, 4, 15, 20, 24
Zirkusunternehmen, Umsatzsteuer **23** 12
Zivildienst
einkommensteuerfreie Leistungen an Zivildienstleistende **5** 3 (5)
Kinderberücksichtigung **5** 32
Zivilschutzgebäude
Bedarfsbewertung **3** 150, 197
Einheitsbewertung **3** 71
Grundsteuerwert **3** 245
Zollämter **31** 1
Zölle
Amtshaftung **1** 111
außergerichtliches Rechtsbehelfsverfahren **1** 347–367
Bußgelder **1** 377–384, 409–412
Finanzgerichtszuständigkeit **9** 5, 38
Geltung der Abgabenordnung **1** 3
gerichtliches Rechtsbehelfsverfahren **9** 37, 116
Gesetzgebungsrecht **32** 105
örtliche Behörden **31** 12
Rechnungsabgrenzung **5** 5
Strafen **1** 369–376, 385–408
Zollfahndung **1** 171, 208, 404, 410; **31** 12
Zollunion **30** Art. 28
Zuständigkeit **1** 23
Zollkriminalamt
Begriff **1** 6
Sitz **31** 7
Zollordnungswidrigkeiten **1** 377, 382
Zollstraftaten **1** 369, 372–374
Zolltarif **23** Anl. 2
Zollunion, Europäische Union **30** Art. 28
Zollverwaltung, steuerfreie Leistungen an Bedienstete der Z. **5** 3 (4)
Zollwert, Einfuhrumsatzsteuer **23** 11
Zoo, Umsatzsteuer **23** 4 (20), 12
Zubehör Grundstück
Einheitsbewertung **3** 31, 68
Grundsteuerwert **3** 243
Zuchtvieh
Einheitsbewertung **3** 51
Grundsteuerwert **3** 241, Anl. 34
Zucker **23** Anl. 2
Zufließen
Einkünfte nach Außensteuergesetz **2** 10
Einnahmen **5** 11, 20; **6** 73c; **15** 18, 22, 33, 36, 56
Zuführungen
Beitragsrückerstattungsrückstellung **17** 21, 34

Betriebsvermögen, Verlustabzug **17** 8
Pensionsrückstellung **5** 6a
steuerbegünstigte Zwecke **1** 62
Zugang, elektronisches Dokument **1** 122a; **9** 52a
Zugewinngemeinschaft
Erbschaftsteuer **7** 5
Grunderwerbsteuer **12** 3
Zugriff auf Datenverarbeitung **1** 146, 147, 200; **4** Art. 97 § 19b
Zugriffsbesteuerung, Auslandsbeziehungen **2**
Zugvieh
Einheitsbewertung **3** 51
Grundsteuerwert **3** 241, Anl. 34
Zukunftssicherung
Kürzung des Vorwegabzugs **5** 10
Leistungen an Arbeitnehmer **5** 3 (56, 62, 63), 40b; **19** 2
Zulagen
Altersvorsorgezulage **5** 79–99
Arbeitnehmersparzulage **25**
Zulagenummer, Altersvorsorge **5** 10a, 90
Zumutbare Belastung 5 33
Zuordnung
Kind, Altersvorsorgezulage **5** 85
Lieferung, Umsatzsteuer **23** 3
Tätigkeiten, Körperschaftsteuer **17** 8
Werbungskosten **15** 39, 40
Wirtschaftsgut **17** 12; **23** 10
Zurechnung
Bedarfsbewertung **3** 148a, 180
Bezüge **5** 3 (40)
Dividenden **5** 50d
Einheitsbewertung **3** 22, 26, 94, 95, 97
Einkünfte **2** 5, 10, 14, 15; **5** 22
Grundsteuerwert **3** 222
Organschaft **17** 14
Rente **5** 22
Vermögen **2** 5, 10, 15
Wirtschaftsgut **1** 39, 159
Zurechnungsfortschreibung
Einheitsbewertung **3** 22, 27
Grundsteuerwert **3** 222, 227, 266
Zurücknahme *s. Rücknahme*
Zurückverweisung 9 126, 127, 143
Zurückweisung, Bevollmächtigter und Beistand **1** 80; **9** 62
Zusage, verbindliche Z. **1** 204–207; **4** Art. 97a
Zusammenfassende Meldung 1 72a; **23** 4 (1), 18a, 22b
Zusammenfassung
Bescheide **1** 155
Betriebe gewerblicher Art **17** 4, 8
steuerbegünstigte Körperschaften **1** 57
Steuererklärungen **1** 149
beim Übergang zum Halbeinkünfteverfahren **17** 36
Wirtschaftsgüter **3** 2, 26; **23** 15a
Zusammenrechnung
Beteiligungen **17** 8b
Umsätze **23** 16; **24** 63
Vermögen, Erbschaftsteuer **7** 13a, 13b, 13c, 14
Vieheinheiten **5** 13b
Zusammenschluss, Unternehmen **10** 3; **17** 5; **22**
Zusammentreffen
mehrere Altersvorsorgeverträge **5** 87, 89
mehrere Ansprüche **5** 64, 85
Zusammenveranlagung
Bekanntgabe Bescheid **1** 155
Einkommensteuer **5** 3a, 26, 26b; **6** 62d
Gesamtschuldner **1** 44, 268–280
Vollstreckung **1** 268–280
Zuständigkeit **1** 19
Zusammenwirken, steuerbegünstigte Körperschaften **1** 57
Zusatzförderung, sozialer Wohnungsbau **5** 3 (59)
Zusatzleistungen an Arbeitnehmer **5** 8
Zusätzliche Altersvorsorge
Beiträge **5** 82
Einkünfte **5** 22, 22a, 49
Sonderausgaben **5** 10a, 37
Werbungskostenpauschbetrag **5** 9a
Zulagen **5** 79–99
Zusatzversorgung, betriebliche Altersversorgung **5** 3 (56, 63)
Zuschlag
Arbeitslohn **5** 3b; **19** 2
Einheitswert **3** 41, 82, 85, 88
Einkommensteuer **5** 2; **20**
Einkünfte mit Auslandsbezug **1** 162; **5** 4
Gewinn **5** 4h, 6b, 6c, 13a, Anl. 1a
Grundsteuerwert **3** 238
hinterzogene Steuern **1** 398a
Kapitalertragsteuer, Kirchensteuer **5** 51a

Körperschaftsteuer, Solidaritätszuschlag **17** 31; **20**
Rente, Kinderzuschlag **5** 3 (67)
Versorgungsfreibetrag **5** 19
Versteigerung von Pfandsachen **1** 299, 300
Zuschlagsteuern 5 32d, 51a
Zuschreibung 5 3 (40), 5, 6, 7; **6** 11c
Zuschüsse
Arbeitnehmer **5** 3 (2, 11a, 15, 28a), 10, 32b, 40
Berufsausbildung **5** 3 (11, 44), 33a
Einkünfte **5** 22
bei energetischen Maßnahmen **5** 35c
Existenzgründer **5** 3 (2)
bei haushaltsnahen Tätigkeiten **5** 35a
Kranken- und Pflegeversicherung **5** 3 (14), 10
Kulturgüter **5** 10g
Land- und Forstwirte **5** 3 (17)
Mitteilungspflichten **5** 10
öffentlicher Personennahverkehr **32** 106a
Sonderausgaben **5** 10
für steuerbegünstigte Zwecke **1** 58
Umsatzsteuer **23** 10
Wagniskapital **5** 3 (71)
Wohneigentum **5** 3 (59)
Zukunftssicherung des Arbeitnehmers **5** 3 (62), 10; **19** 2
Zustand der Bebauung
Bedarfsbewertung **3** 149, 196
Einheitsbewertung **3** 91
Grundsteuerwert **3** 248
Zuständigkeit
Allgemeines **1** 16, 17, 24-29a
Allgemeinverfügung **1** 367
Altersvorsorgezulage **5** 81a
Annahme von Bürgschaften **1** 244
Aufteilung Gesamtschuld **1** 269
ausländische Zwischengesellschaft **2** 18
Außenprüfung **1** 195
Bedarfsbewertung **3** 151, 152
beschränkte Einkommensteuerpflicht **1** 6
Bußgeldverfahren **1** 409, 410; **31** 5
Datenschutz **1** 32i
Datenübermittlung **5** 32b, 41b; **6** 50
eidesstattliche Versicherung **1** 284
Einheitsbewertung **1** 18
bei Einkommen und Vermögen natürlicher Personen **1** 19
Einkommensteuerpauschalierung **5** 37a
Einkommensteuerveranlagung **5** 50
Einspruchsentscheidung **1** 367
Erbschaftsteuer **7** 13a, 13b, 35; **8** 1
Festlandsockel **1** 22a
Feststellungsverfahren **1** 180; **5** 3a, 4h, 15b; **15** 56; **17** 14, 27; **31** 5
Feuerschutzsteuer **31** 5
Finanzbehörden allgemein **32** 108
Finanzbehörden im Beitrittsgebiet **4** Art. 97a
Fiskalvertreter **23** 22d
Gewerbesteuer **1** 22; **10** 35b
Großer Senat beim Bundesfinanzhof **9** 11
Grunderwerbsteuer **12** 17
Grundsteuer **1** 22; **13** 46 a. F.
Grundsteuerwert **3** 228
Investmentfonds **15** 4
Kapitalertragsteuerabführung **5** 43
Kindergeld **5** 67, 72
Körperschaftsteuerveranlagung **1** 20
Kraftfahrzeugsteuer **31** 12
Lohnsteuer **1** 20a; **5** 37a, 37b, 39, 39c, 39e, 40a, 41b, 42d–42f
nicht entnommener Gewinn **5** 34a
nichtiger Verwaltungsakt bei Unzuständigkeit **1** 125
öffentlich-rechtlicher Vertrag **1** 224a
Optionserklärung **17** 1a
Rechtsbehelfseinlegung **1** 357
Steuerabzug bei Bauleistungen **1** 20a; **5** 48d
Steuerermäßigung bei gewerblichen Einkünften **5** 35
Steuergerichte **9** 33–39, 70
Steuerstrafverfahren **1** 386–391
Streit über Z. **1** 28
Übertragung **31** 17
Umsatzsteuer **23** 16, 25e; **24** 61
verbindliche Auskunft **1** 89
Vermögensauskunft **1** 284
Vermögensteuerveranlagung **1** 19, 20
vermögenswirksame Leistungen **25** 15
Versicherungsteuer **31** 5
Wechsel der Z. **1** 26
Wirtschaftszone **1** 22a
Wohnungsbauprämien **27** 4, 4a
Zustellung
Bußgeldbescheid **1** 412

Steuergerichtsentscheidungen und -mitteilungen **9** 53, 60, 71, 77, 83, 104
Verwaltungsakt **1** 122
Zustellungsbevollmächtigter
Allgemeines **9** 53, 60
s. a. Empfangsbevollmächtigter
Zustimmung
Aufhebung oder Änderung, Steuerbescheide **1** 172
Erstattung oder Vergütung **1** 168
Kontenabruf **1** 93, 162
Offenlegung steuerlicher Verhältnisse **1** 30
Sonderausgabenabzug bei Unterhaltsleistungen **5** 10
Übertragung des Kinderfreibetrags **5** 32
Umstellung des Wirtschaftsjahres **5** 4a; **6** 8b; **17** 7
Vertretung, Steueraufsicht **1** 214
Vollstreckung **1** 255
Zuständigkeit **1** 26, 27
Zutaten **23** 3
Zuteilung
Land **12** 1
Wertpapiere **5** 20, 52
Zuteilungsverfahren, Steuermessbetrag **1** 190
Zu versteuerndes Einkommen
Einkommensteuer **5** 2
Körperschaftsteuer **17** 7
Zuwendungen
ausländische Stiftung, von **2** 15
Erbschaftsteuer **7**
Gemeinnützigkeit **1** 55, 58a
nichtabzugsfähige Ausgaben **5** 4, 12
an Pensionskassen **5** 3 (56), 4c
Sachzuwendungen **5** 37b
Spenden **1** 63; **5** 10b; **10** 9; **17** 9
steuerfreie Z. **5** 3
Umsatzsteuer **23** 3
an Unterstützungskasse **5** 4d
Zuwendungsbestätigung **6** 50
Zuwendungsempfängerregister **1** 60b; **31** 5
Zuziehung, Zeugen bei Vollstreckungshandlungen **1** 288
Zwangsgelder
gegen Finanzbehörden **9** 154
gegen Steuer- oder Haftungsschuldner **1** 3, 45, 316, 328, 329, 332, 334
Zwangsläufigkeit, außergewöhnliche Belastungen **5** 33; **6** 64
Zwangsmittel
nichtabzugsfähige Betriebsausgaben **5** 4
Steuerstrafverfahren **1** 393
Vollstreckungsverfahren **1** 328–336
Zwangsumsätze **23** 1
Zwangsversteigerung
Grunderwerbsteuer **12** 1, 19
Umsatzsteuer **23** 9, 13b
Vollstreckungsverfahren **1** 322, 323
Zwangsverwaltung im Vollstreckungsverfahren **1** 322, 323
Zwangsvollstreckung *s. Vollstreckung*
Zweckbetriebe
steuerbegünstigte Körperschaft **1** 65–68; **4** Art. 97 § 1e
Umsatzsteuer **23** 12
Zweckgesellschaften, Gewerbesteuer **11** 19
Zweckvermögen
Investmentfonds **15** 6
Körperschaftsteuer **17** 1, 3
Leistungen aus Z. **5** 3 (40), 20, 43
Umsatzsteuer **23** 10
Vermögensbewertung **3** 97, 109
Vollstreckung **1** 267
Zweckzuwendungen, Erbschaftsteuer **7** 1, 3, 7, 8, 10, 15, 30, 31, 35; **8** 8, Muster 6
Zweifamilienhaus
Bedarfsbewertung **3** 181
Einheitsbewertung **3** 75, 76, Anl. 8
erhöhte Absetzungen **6** 15
Grundsteuer **13** 15 a. F.
Grundsteuerwert **3** 249–251, 256, 257, Anl. 36
Zweigniederlassung
Betriebsstätte **1** 12
Gewerbesteuer für inländische Z. **10** 2
Kapitalertragsteuer **5** 43, 43a
Mitteilung durch Notar **6** 54
Umsatzsteuer bei ausländischer Z. **23** 6, 7
Zwingendes öffentliches Interesse
Offenlegung steuerlicher Verhältnisse **1** 30, 393
rechtliches Gehör **1** 91
Zwischenberechtigter, Erbschaftsteuer **7** 7
Zwischeneinkünfte, ausländische Gesellschaft **2** 7, 8, 21; **10** 7

Zwischengesellschaften im Ausland **2** 7–12
Zwischengewinn 15 56
Zwischenhändler, Umsatzsteuer **23** 3
Zwischenschaltung
Kapitalgesellschaft **2** 5, 7–12; **5** 2a
Mitunternehmerschaft **17** 8b
Zwischenstaatliche Amts- und Rechtshilfe 1 117-117d
Zwischenstaatliche Einrichtungen
Einkommensteuer **5** 3 (55e)
Kindergeld **5** 65, 72
Zwischenstaatliches Übereinkommen 5 32b
Zwischenurteil 9 97, 99

Einstieg

RVG · Rechtsanwaltsvergütungsgesetz
Textausgabe TOPTITEL NEU
14. Aufl. 2021. 300 S.
€ 13,90. dtv 5762
Neu im März 2021

Rechtsanwaltsvergütungsgesetz, Gerichtskostengesetz, Justizvergütungs- und -entschädigungsgesetz.

Loos
Recht: verstanden!
So funktioniert unser Rechtssystem. Juristische Grundlagen einfach erklärt.
Beck im dtv
2. Aufl. 2015. 186 S.
€ 12,90. dtv 50764
Auch als **ebook** erhältlich.

Warum gibt es Recht? Wer macht die Gesetze? Warum bekommt der, der Recht hat, nicht immer Recht. Mit vielen Beispielen.

Haft
Aus der Waagschale der Justitia
Eine Reise durch 4000 Jahre Rechtsgeschichte.
Beck im dtv
4. Aufl. 2009. 335 S.
€ 18,90. dtv 5690

Europa

EuR · Europa-Recht
Textausgabe TOPTITEL
28. Aufl. 2020. 777 S.
€ 13,90. dtv 5014

Vertrag über die Europäische Union, Vertrag über die Arbeitsweise der Europäischen Union, Charta der Grundrechte der Europäischen Union, Rechtsstellung des Unionsbürgers, Integrationsverantwortungsgesetz, Ausführungsgesetze zu Art. 23 GG, Europawahl-Gesetz, Verfahrensordnungen, Satzung des Europarates, Menschenrechtskonvention

Schrötter
Kleines Europa-Lexikon
Geschichte · Politik · Recht.
Beck im dtv
2. Aufl. 2016. 623 S.
€ 24,90. dtv 50782
Auch als **ebook** erhältlich.

Über 200 praxisnahe Stichworte von der Agrarpolitik bis hin zur Zypernfrage. Die rechtlichen und politischen Hintergründe des modernen Europa werden in diesem Lexikon klar und verständlich dargestellt.

Weltweit

Völkerrechtliche Verträge
Vereinte Nationen, Zwischenstaatliche Beziehungen, Menschenrechte, See-, Luft- und WeltraumR, UmweltR, Streitbeilegung, KriegsverhütungsR, KriegsR, Internationale Strafgerichtsbarkeit.
Textausgabe TOPTITEL
15. Aufl. 2019. 886 S.
€ 19,90. dtv 5031

Europäisches Beihilfenrecht
Textausgabe
1. Aufl. 2017. 407 S.
€ 15,90. dtv 5784

WTO · Welthandelsorganisation
Textausgabe
6. Aufl. 2020. 448 S.
€ 25,90. dtv 5752

Mit WTO-Übereinkommen, GATT 1947/1994, Landwirtschaftsübereinkommen, Übereinkommen über Handelserleichterungen (TFA), Übereinkommen über gesundheitspolizeiliche Maßnahmen (SPS), Übereinkommen über technische Handelshemmnisse (TBT), Subventionsübereinkommen, Antidumping-Übereinkommen, Dienstleistungsabkommen (GATS), Übereinkommen über geistiges Eigentum (TRIPS), Streitbeilegungsvereinbarung (DSU), Übereinkommen über das öffentliche Beschaffungswesen (GPA)

Menschenrechte – Ihr internationaler Schutz
Menschenrechtspakte, EU-Grundrechtecharta, Flüchtlinge, Folter/Todesstrafe, Antidiskriminierung, Biomedizin/Genomforschung, Internationaler Strafgerichtshof, Verfahrensordnungen.
Textausgabe
7. Aufl. 2018. 759 S.
€ 28,90. dtv 5531

Jugend und Recht

JugR · Jugendrecht
SGB VIII – Kinder- und Jugendhilfe, AdoptionsvermittlungsG, UnterhaltsvorschussG, JugendschutzG.
Textausgabe
TOPTITEL
NEU
42. Aufl. 2021. 664 S.
€ 10,90. dtv 5008
Neu im März 2021

AdoptionsvermittlungsG, BAföG, Bayerisches StrafvollzugsG (Auszug), BerufsbildungsG (Auszug), Brüssel IIa-VO (Auszug), Bürgerliches Gesetzbuch mit EGBGB (Auszug), Bundes-ImmissionsschutzG (Auszug), FamFG (Auszug), JugendarbeitsschutzG, JugendfreiwilligendiensteG, JugendgerichtsG, Jugendmedienschutz-Staatsvertrag, JugendschutzG, JugendstrafvollzugsG NRW, Gesetz zur Kooperation und Information im Kinderschutz (KKG), Kinderschutzübereinkommen (Auszug), SGB I: Allgemeiner Teil (Auszug), SGB II: Grundsicherung für Arbeitsuchende (Auszug), SGB III: Arbeitsförderung (Auszug), SGB VIII: Kinder- und Jugendhilfe, SGB XII: Sozialhilfe (Auszug), Strafgesetzbuch (Auszug), UnterhaltsvorschussG

Schule und Hochschule

Glossner/Dallmayer
Jura – erfolgreich studieren
Für Schüler und Studenten.
Rechtsberater
TOPTITEL
NEU
8. Aufl. 2021. 298 S.
€ 16,90. dtv 51258
Auch als **ebook** erhältlich.
Neu im Februar 2021

Brehm/Zimmerling/
Brehm-Kaiser/Zimmerling
Erfolgreich zum Wunschstudienplatz
Bewerbung · hochschulstart.de · NC · Auswahlverfahren und -tests · Rechtsschutz · Studienplatzklage.
Rechtsberater
2. Aufl. 2015. 300 S. € 16,90. dtv 50765

BAföG · Bildungsförderung
Textausgabe
32. Aufl. 2016. 400 S. € 15,90. dtv 5033

Theisen
ABC des wissenschaftlichen Arbeitens
Erfolgreich in Schule, Studium und Beruf.
Beck im dtv
1. Aufl. 2006. 263 S. € 9,50. dtv 50897